SEITE 58

REISEZIELE IN KALIFORNIEN

ALLE ZIELE AUF EINEN BLICK
Fundierte Einblicke, detaillierte Adressen, Insider-Tipps und mehr

SEITE 845

PRAKTISCHE INFORMATIONEN

SCHNELL NACHGESCHLAGEN
Tipps für Unterkünfte, sicheres Reisen, Smalltalk und vieles mehr

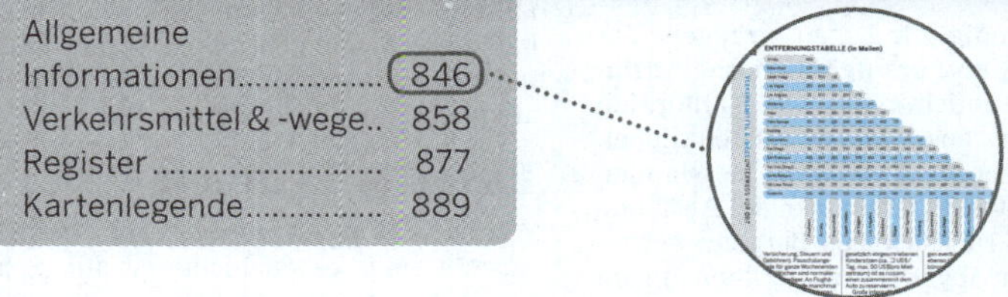

Sara Benson
Andrew Bender, Alison Bing, Nate Cavalieri, Bridget Gleeson, Beth Kohn, Andrea Schulte-Peevers, John A. Vlahides

Willkommen in Kalifornien

Schöne Natur

Auf die ständig zur Schau getragene Jugendlichkeit und draufgängerische Attitüde sollte man nicht reinfallen: Kalifornien ist älter als es aussieht. Die Küstenklippen und schneebedeckten Gipfel entstanden im Verlauf vieler Jahrtausende. Als Ende des 19. Jhs. rücksichtslos Bergbau betrieben, Wälder abgeholzt und Ölbohrungen angestellt wurden, reagierten vorausschauende Umweltschutzpioniere. Ihnen ist die Rettung von rund 1 Mio. ha ursprünglicher Wälder zu verdanken, deren Bäume zwischen 150 und 5000 Jahren alt sind. Die Umweltschutzbestrebungen von John Muir und der von ihm mitbegründeten, wegweisenden Umweltorganisation Sierra Club führten zur Gründung des Yosemite National Park, des Redwood National und Redwood State Park. Die Unesco hat diese Schutzgebiete zu Welterbestätten ernannt, und für Besucher sind sie ein atemberaubendes Erlebnis.

Essen & Trinken

Wer in Kalifornien ein Gespräch anfangen möchte, sollte es gar nicht erst mit „Schönes Wetter heute" versuchen – wie sollte das Wetter denn sonst sein? Besser ist es, einfach in die Runde zu werfen: „Weiß vielleicht jemand, wo man hier in der Gegend einen anständigen Taco bekommt?" Da kommt sofort eine Diskussion in Gang. Da Kalifornien das meiste frische Obst und Gemüse in den USA sowie Fleischspezialitäten produziert, haben kleinere Ent-

RICHARD CUMMINS/LONELY PLANET IMAGES ©

Alles strömt in den Golden State, um Ruhm und Reichtum zu finden. Schlauer stellt sich an, wer wegen der Landschaft kommt, wegen des guten Essens bleibt und an Amerikas kreativer Küste einen Blick in die Zukunft wirft.

(links) Surfer am Silver Strand (S. 692), bei San Diego
(unten) Weinprobe beim Iron Horse Vineyards (S. 212) in Sebastopol, Sonoma County

JUDY BELLAH/LONELY PLANET IMAGES ©

scheidungen im Speiseplan große landesweite Auswirkungen. Immer, wenn sich die Kalifornier zum Essen niederlassen, beziehen Stellung zu moralischen Streitfragen: mit Biozertifikat oder ungespritzt, aus Gras- oder Körnerfütterung, frisch von der Farm oder aber aus einem städtischen Garten, strikt veganisch oder doch Fleisch aus artgerechter Haltung. Aber was man auch bestellt, es wird aus Zutaten der Region bestehen, kreativ und hoffentlich auch gut sein – das liegt auch im Interesse der Anbieter, denn Kalifornier tauschen sich über Restauranterlebnisse gern und ausführlich über Netzwerke wie Facebook, Twitter und Yelp aus, die übrigens alle in Kalifornien entwickelt wurden. Zum Essen passen starke Getränke: Kalifornien produziert die prestigeträchtigsten Weine. Außerdem gibt es hier dreimal mehr Brauereien als in jedem anderen Bundesstaat.

Weltbewegende Ideen

Vom Goldrausch bis zur Dotcom-Blase hat Kalifornien viele Aufschwünge und Pleiten überstanden, und auch in der gegenwärtigen Rezession behauptet es sich gut. Hollywood produziert immer noch weltweit die meisten Filme, denn es kann sich auf eine florierende Theaterszene stützen. Die Trends werden hier nicht n Büropalästen losgetreten, sondern von einer kunterbunten Schar von Surfern, Künstlern und Träumern, die all die Ideen ausbrüten, die dem Skateboarden, der interaktiven Kunst oder der Biotechnologie zugrunde liegen.

› Kalifornien

Top-Erlebnisse ›

Redwood-Wälder
Die größten Bäume der Welt umarmen (S.285)

Lassen Volcanic National Park
Geologisches Wunderland voller Vulkane (S. 299)

Sonoma Valley
Bodenständige, unprätentiöse Weingüter (S. 198)

Gold Country
Die wahre Geschichte des Golden State (S. 335)

Point Reyes National Seashore
Tiere, Pflanzen und windgepeitschte Strände (S.139)

Yosemite National Park
Märchenhafte Sierra Nevada (S. 442)

San Franciscos Golden Gates
Die wichtigsten Orte der Stadt (S. 63)

OREGON
IDAHO
NEVADA
125°W
42°N
41°N
40°N
39°N
Crescent City
Klamath River
Lava Beds National Monument
Goose Lake
Mt. Shasta (4317 m)
Weed
Alturas
Redwood National Park
Arcata
Eureka
Shasta Lake
Lassen Volcanic National Park
Redding
Susanville
Coast Range
Red Bluff
Leggett
Sacramento Valley
Sacramento River
Chico
Oroville Reservoir
Mendocino
Nevada City
Truckee
Reno
Clear Lake
Grass Valley
Sierra
Lake Tahoe
Carson City
South Lake Tahoe
Calistoga
Davis
Sacramento
Santa Rosa
Sonoma
Nevada
Sutter Creek
Locke
San Rafael
Berkeley
Stockton
Sonora
San Francisco
Oakland
Yosemite National Park
Mono Lake
0 100 km
0 50 Meilen

HÖHENSTUFEN
3660 m
3050 m
2440 m
1830 m
1220 m
610 m
0 m

Death Valley National Park
Eine Wüste – und doch voller Leben (S. 764)
Monterey
Hier warten Meereswunder auf Erkundung (S. 513)
Big Sur
Sich unter die Boheme-Beatniks mischen (S. 528)
Hollywood
Sterne gucken – und zwar auf dem Boden (S. 594)
Disneyland
SoCals größter Themenpark (S. 643)
Pacific Coast Highway
Hier werden Kalifornien-träume wahr (S. 659)
Laguna Beach
Die künstlerische Enklave Orange Countys (S. 668)
San Diego Zoo & Balboa Park
Super für Kids (S. 685)
PAZIFIK
MEXIKO
ARIZONA
Palo Alto
San Jose
Santa Cruz
Monterey
Carmel-by-the-Sea
Big Sur
Diablo Range
San Joaquin River
Kings River
Fresno
Mammoth Lakes
Bishop
White Mountain (4344 m)
Kings Canyon National Park
Mt. Williamson (4390 m)
Mt. Whitney (4421 m)
Sequoia National Park
Death Valley National Park
Death Valley
Las Vegas
Coronado
Paso Robles
Morro Bay
San Luis Obispo
Bakersfield
Mojave
Barstow
Mojave National Preserve
Needles
Santa Barbara
Mojave Desert
Los Angeles
Santa Monica
Anaheim
Disneyland
Channel Islands
Channel Islands National Park
Newport Beach
Laguna Beach
Palm Springs
Indio
Blythe
Salton Sea
Catalina Island
San Nicolas Island
Oceanside
San Clemente Island
Imperial Valley
La Jolla
San Diego
Tijuana
Mexicali
Yuma
37°N
36°N
35°N
34°N
33°N
32°N
124°W
123°W
122°W
121°W
120°W
119°W
118°W

25 TOP ERLEBNISSE

Pacific Coast Highway

1 Runter von den verworrenen und verstopften Freeways und stattdessen gemütlich an der Küste entlangfahren! Die Küsten-Highways führen vorbei an Klippen und vielen Uferstädtchen, die alle ihre besondere Eigenart haben, ob abgedrehte Bohème-Gemeinden oder Vorposten des glamourösen Reichtums. Der PCH (wie der Highway kurz genannt wird) verbindet aber auch die großen Küstenstädte: das surfverrückte San Diego, das rockige Los Angeles und die Beatnik-Stadt San Francisco. Zwischendrin harren Strände und Surfspots genauso der Entdeckung wie rustikale Meeresfrüchteschuppen und Bootsanleger, von denen aus man den Sonnenuntergang über der Weite des Pazifiks genießen kann.

Mammutbaumwälder

2 Dem Handy Sendepause verordnen und einen Baum umarmen. Warum nicht gleich mit den größten Bäumen der Welt anfangen, den Mammutbäumen? Kaliforniens Baumriesen wachsen an weiten Teilen der Küste, von Big Sur nach Norden bis zur Grenze von Oregon. Man kann gemächlich an den Bäumen vorbeifahren – in einigen altmodischen Touristenfallen sogar mitten durch die Wälder. Aber unvergleichlich eindrucksvoll ist ein Spaziergang unter den alten Giganten. Das geht im Muir Woods National Monument (S. 134), im Humboldt Redwoods State Park (S. 271) oder im Redwood National Park & Redwood State Park (S. 285). Umgestürzter Baum im Humboldt Redwoods State Park

1

2

Sonoma Valley

3 Während der Weinbau im benachbarten Napa Valley immer raffinierter wird, liegen die hiesigen sonnenverwöhnten Weingüter inmitten von ländlichem Weideland. Die Einmaligkeit dieses bodenständigen Weinbaugebiets erschließt sich erst, wenn man in einem Schuppen den neuen Jahrgang direkt vom Fass probiert, während man mit dem Hund des Winzers spielt. Wen stört es, wenn es noch nicht Mittag ist? Hier relaxt man und genießt Spätlese-Zinfandel mit einer Kugel weißem Schokoladeneis, beträufelt mit Bio-Olivenöl. In Sonoma gelten keine Konventionen.

Disneyland Resort

4 Wo einst Orangenhaine und Walnussbäume standen, eröffnete Walt Disney 1955 sein Magic Kingdom. Heute ist Disneyland (S. 643) Südkaliforniens meist besuchte Attraktion. In Anaheims ungeheuer populären Themenparks tanzen Zeichentrickfiguren Walzer auf der Main Street, USA, und an Sommerabenden explodiert das Feuerwerk über dem Sleeping Beauty Castle. Dass Disneyland aber nicht wirklich der „glücklichste Ort auf Erden" ist, wird man wohl keinem Kind und auch keinem Kindskopf erklären können. Indiana Jones Adventure Ride (S. 647), Disneyland

3

4

5
EMILY RIDDELL/LONELY PLANET IMAGES ©

6
SABRINA DALBESIO/LONELY PLANET IMAGES ©

7
JUDY BELLAH/LONELY PLANET IMAGES ©

Yosemite National Park

5 Willkommen im Yosemite National Park (S. 442), den Umweltschutzpionier John Muir als „hohe Lustwiese" und „großen Tempel" bezeichnete. Man wandert in Tälern, die von Gletschern, Lawinen und Erdbeben geformt wurden, über von Wildblumen bedeckte Wiesen. Alles wirkt hier größer: die tosenden Wasserfälle, die Granitkuppeln und natürlich die Riesenmammutbäume, die größten Bäume des Planeten. Die beste Aussicht genießt man, wenn man bei Vollmond auf dem Glacier Point steht oder im Sommer über die berauschend schöne Tioga Rd fährt. El Capitan (S. 443)

San Franciscos Golden Gates

6 Beim Herumspazieren auf dem Brückenwahrzeichen (S. 63) kann man die Frachtschiffe sehen, die sich durch die in „International Orange" angestrichenen Brückenpfeiler fädeln und sich den Panoramablick auf die Marin Headlands, die fernen Wolkenkratzer und die Insel Alcatraz (S. 79) einprägen. Man kann sich tagelang im Golden Gate Park (S. 75) verlieren und die umweltbewussten Wissenschafts- und innovative Kunstmuseen erkunden, ohne etwa den Tretboot-Teich oder das japanische Teehaus entdeckt zu haben. Sonntags ist der Park autofrei und verwandelt sich zum Fußgängerparadies.

Ferry Building Marketplace

7 Andere Städte haben ihre Gourmetghettos, doch San Francisco steckt all seine Liebe zum Essen, die fast eine Besessenheit ist, in das Ferry Building (S. 64). Seit es 1898 eröffnet wurde, hat das Gebäude mit seinem Wahrzeichen, dem über 72 m hohen Uhrenturm, Millionen von Passagieren begrüßt. Die luftigen Einkaufshallen und die Tische am Ufer sind der ideale Ort, um frische Produkte aus Nordkalifornien zu essen. Käse, Olivenöl aus dem Wine Country, Bio-Gemüse und sogar Wild gibt es auf dem Farmers Market, der dreimal wöchentlich den Bürgersteig einnimmt. Bio-Möhren auf dem Farmers Market

ARIADNE VAN ZANDBERGEN/LONELY PLANET IMAGES ©

MARK NEWMAN/LONELY PLANET IMAGES ©

Death Valley National Park

8 Bei diesem Namen denkt man an Pionier-Planwagen mit Achsenbruch und an Verdurstende, die sich über Sanddünen quälen. Das Überraschende am Death Valley (S. 764) ist jedoch, dass es voller Leben steckt. Im Frühling verwandeln Wildblumen die sonst lehmbraunen Hügel in ein Farbenmeer. Abenteuerlustige bahnen sich den Weg durch Schluchten voller geologischer Merkwürdigkeiten, erklimmen Vulkankrater, die von prähistorischen Explosionen gebildet wurden, oder erkunden Geisterstädte, in denen Goldgräber Vermögen fanden oder verloren.

San Diego Zoo & Balboa Park

9 Die Einwohner San Diegos strömen – wenn sie nicht am Strand sind – in den Balboa Park (S. 683). Hier kann man tagelang die mehr als Dutzend Kunst-, Kultur- und Wissenschaftsmuseen erkunden, die Architektur im Stil des Spanish Revival bewundern und sich an der Promenade El Prado sonnen. Im berühmten Zoo (S. 683) kann man exotische Tiere bestaunen, mit der „Skyfari"-Seilbahn fahren oder sich im Old Globe Theater (S. 712), einem Nachbau von Shakespeares Theater, eine Vorstellung anschauen.

Oben: Eisbär, San Diego Zoo

Santa Monica & Venice

10 Wer braucht schon die Staus in L.A.? Besser man geht an den Strand. In Santa Monica (S. 605) gibt's alles, was das Herz begehrt. Man kann surfen, mit dem solarbetriebenen Riesenrad fahren, auf einem Pier unter Sternen tanzen, die Gezeiten-Streichelbecken erkunden oder die Zehen ins Wasser strecken. Und erst die Sonnenuntergänge! Am Venice Beach beobachtet man den verrückten Aufmarsch der New-Age-Typen, Bodybuilder, Goth-Punks und Hippie-Trommler (S. 606).

S. 11 oben: Bodybuilderinnen, Venice Beach

10

DIE BILDAGENTUR DER FOTOGRAFEN GMBH/ALAMY ©

Hollywood

11 Die Film- und Fernsehstudios sind fort, aber Hollywood (S. 594) und die rosa Sterne des Walk of Fame ziehen dennoch jedes Jahr Millionen staunender Besucher an. Wie ein alterndes Starlet beim Comeback erlebt das einst heruntergekommene Viertel von L.A. eine Wiedergeburt – ganz cool mit hippen Hotels, glitzernden restaurierten Filmpalästen und schicken Bars und Nachtclubs. Vor Grauman's Chinese Theatre oder im Babylon Court des Hollywood & Highland kann kaum einer widerstehen, ein Foto mit dem Hollywood-Schriftzug im Hintergrund zu knipsen. Rechts: Walk of Fame

LOU JONES/LONELY PLANET IMAGES ©

Kaliforniens Missionen

12 Wer von San Diego nach Sonoma die Küste entlangfährt, wandelt unvermeidlich auf den Spuren der spanischen Konquistadoren und katholischen Priester. Der wichtigste Priesterkolonist war Padre Junípero Serra, der Ende des 18. Jhs. viele der 21 beeindruckenden historischen Missionen gründete. Einige sind authentisch restauriert und haben prächtige Gärten, steinerne Bogengänge, Springbrunnen und mit Fresken geschmückte Kapellen. Andere sind nur mehr Ruinen, in denen die Geister der Vergangenheit nicht ruhen. Unten: Mission Santa Barbara (S. 569)

Laguna Beach

13 Am Huntington Beach treffen sich Surfer, während das Fantasieland Newport Beach Tummelplatz der Jachtbesitzer ist. Weiter südlich lockt Laguna Beach (S. 668) mit Reichtum, Kultur und Natur – der hinreißenden Landschaft wegen siedelte sich Anfang des vorigen Jahrhunderts eine Künstlerkolonie an. Die Bohème-Vergangenheit ist noch in den Kunstgalerien spürbar, ebenso in den Arts-and-Crafts-Bungalows, die sich zwischen den Villen verstecken, sowie beim jährlichen Festival of Arts and Pageant of the Masters (S. 670). Rechts: Crescent Bay (S. 696)

12

ANGUS OBORN/LONELY PLANET IMAGES ©

DOUGLAS STEAKLEY/LONELY PLANET IMAGES ©

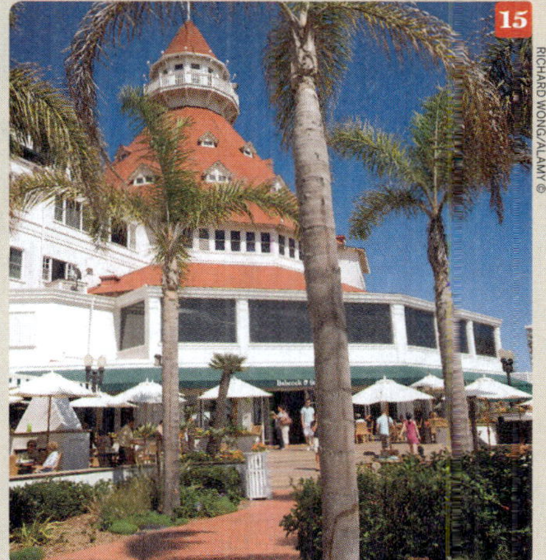

RICHARD WONG/ALAMY ©

Monterey

14 Nordkaliforniens Fischerdörfer sind etwas für abgehärtete Outdoorfans – da braucht man nur an John Steinbecks schonungslos realistische Romane zu denken. Bei einer Walbeobachtungstour geht es ins Meeresschutzgebiet der Monterey Bay (S. 513). Mancher sehenswerte Bewohner schwimmt auch im Aquarium (S. 513) von Cannery Row. Maritime Atmosphäre kann man in Pacific Grove (S. 523), am ältesten Leuchtturm der Westküste, schnuppern. Im Ortszentrum locken blühende Gärten und Lehmziegelbauten aus Kaliforniens mexikanischer Vergangenheit.

Rechts oben: Qualle, Monterey Bay Aquarium

Coronado

15 Wieso nicht die Zeit zurückdrehen? Von San Diego aus kommt man über die 3,2 km lange Brücke oder per Fähre nach Coronado (S. 692), wo man sich in eine elegantere Ära zurückversetzt sieht. Das „Hotel Del" hat das Ambiente der Gesellschaft des späten 19. Jhs. Gekrönte Häupter und Präsidenten stiegen dort ab und Marilyn Monroe machte hier in den 1950er-Jahren im Klassiker *Manche mögen's heiß* ihre Späße. Am besten fährt man mit dem Rad an dem unwahrscheinlich weißen Silver Strand entlang und gönnt sich dabei ein Eis oder eine regenbogenbunte Zuckerwatte.

Oben: Hotel del Coronado (S. 692)

Big Sur

16 Mit geheimnisvollen Mammutbaumwäldern präsentiert sich die felsige Küste von Big Sur (S. 528) als verschwiegener Ort. Man muss sich auf ihn einlassen, wenn man versteckte Thermalquellen oder Strände entdecken will, an denen der Sand lila schimmert und Jade gefunden wurde. Am besten kommt man im Mai, wenn die Wasserfälle viel Wasser führen, oder im Spätsommer – dann haben sich die Massen verzogen, nicht aber der Sonnenschein. Vielleicht erspäht man gar einen Kalifornischen Kondor. Unten: McWay Falls, Julia Pfeiffer Burns State Park (S. 531)

Santa Barbara

17 Santa Barbara (S. 568), das sich als „amerikanische Riviera" bezeichnet, ist hinreißend: Palmen, die sich im Wind wiegen, zuckerweiße Sandstrände, Boote, die im Hafen schaukeln – das klingt nach Reiseprospekt, ist aber nichts als die Wahrheit. Kaliforniens „Königin der Missionen" ist wunderschön. Hübsch sind auch die weißen Lehmziegelgebäude mit roten Dächern, die nach dem Erdbeben von 1925 in historischer Gestalt wiederaufgebaut wurden. Die Stadt eignet sich für einen Tagesbesuch oder ein Wein-Wochenende im Umland. Unten: State St, Downtown Santa Barbara

18

DAVID PEEVERS/LONELY PLANET IMAGES ©

19

STEPHEN SAKS/LONELY PLANET IMAGES ©

20

STEVE SHUEY/ALAMY ©

Surfen

18 Auch wer noch nie auf dem Brett stand – was aber durchaus empfehlenswert ist –, bemerkt den Einfluss des Surfens auf alle Aspekte des kalifornischen Strandlebens – von der Mode bis zur Umgangssprache. Angesichts der mächtigen Wellen braucht man nicht nach Hawaii zu düsen, um einen Adrenalinkick zu erleben. Profis reiten auf den erstklassigen Wellen vor Malibu, vor San Diego, am Huntington Beach in Orange County (auch „Surf City USA" genannt) und vor Santa Cruz, während Anfänger an der sonnigen Küste Südkaliforniens Unterricht in „Surfari"-Camps nehmen können. Oben links: Surfen in L.A.

Gold Country

19 „Auf nach Westen, Männer!" – das hätte die Losung für Zehntausende von Einwanderern sein können, die während des Goldrauschs ab 1848 nach Kalifornien strömten. Heute sind die rauen Ausläufer der Sierra Nevada ein Hort der Geschichte des Golden State, erfüllt mit Storys von Banditen, Bordellen und Blutdurst. Der Hwy 49, der an verschlafenen Ortschaften und alten Minen vorbeiführt, bringt einen zu Bade- und Rafting-Stellen, Mountainbike-Abfahrten und zu Weingütern (mit die ältesten Kaliforniens), die Weinproben anbieten. Oben rechts: Goldwaschen im Columbia State Historic Park (S. 357)

Mit der Amtrak die Küste entlang

20 Zugverbindungen mit Namen wie *Coast Starlight* und *Pacific Surfliner* verführen dazu, das Auto stehen zu lassen. Von den Aussichtswagen der Amtrak kann man südlich von San Luis Obispo abgelegene Strände erspähen. Schon ist man in Santa Barbara, wo man eine Weinprobe mitmacht. Dann – an den Haltepunkten Carpinteria oder Ventura – ein Bad im Meer, ehe L.A.s imposante Union Station erreicht ist. Es folgen die Mission San Juan Capistrano und die Strandorte von North County, bevor die Fahrt in San Diego endet. Unten rechts: Amtrak Pacific Surfliner

Lake Tahoe

21 Hoch in der Sierra Nevada ist der zweittiefste See der USA zu jeder Jahreszeit Ausgangspunkt für Outdooraktivitäten. Im Sommer verlockt das kristallklare blaue Wasser zum Baden, Kajakfahren und Tauchen. Mountainbiker wagen sich an lange, schmale Abfahrten, während Wanderer die Wege durch den dichten Wald erkunden. Nachher kann man sich in Cottages am Seeufer zurückziehen und im Kamin Marshmallows rösten. Wenn sich der See in ein Winterparadies verwandelt, stellen die Skiresorts Abfahrtsläufer, freakige Snowboarder und traditionelle Langläufer gleichermaßen zufrieden. Oben links: Skifahren am Lake Tahoe

Lassen Volcanic National Park

22 Als südlichster Teil der vulkanischen Kaskadenkette beeindruckt diese fremdartige Landschaft mit kochenden Schlammlöchern, giftigen Schwefeldämpfen und rauchenden Fumarolen, wozu noch die farbenfrohen Aschekegel und Kraterseen kommen. Hier findet man nicht die Besuchermassen wie in den berühmteren Nationalparks, gleichwohl bietet Lassen (S. 300) Gipfel, die es zu bezwingen gilt, azurblaues Wasser zum Paddeln, Campingplätze und Plankenwege durch Bumpass Hell, die wirklich beeindrucken. Oben rechts: Plankenweg über Fumarolen in Bumpass Hell

Palm Springs

23 Schon seit den Tagen von Frank Sinatras Rat Pack ist Palm Springs (oder kurz „PS") eine schicke Oase in der Mojave-Wüste. Man macht es wie die Stars: am Pool des Mid Century Modern Hotel relaxen, golfen, Galerien besuchen, Antiquitätenläden durchstöbern und bis zur Morgendämmerung Cocktails trinken. Man kann sich aber auch auf schweißtreibende Wege begeben, die durch Canyons ins Gebiet der amerikanischen Ureinwohner führen, oder durch die San Jacinto Mountains wandern, die man mit der schwindelerregenden Gondelbahn Aerial Tramway (S. 728) erreicht. Unten rechts: Haus in der Wüste mit Garten, Palm Springs

Mendocino

24 Mendocino (S. 245) ist die in Salzwasser getauchte Traumsandburg der Nordküste. Nichts ist so erholsam wie ein Spaziergang inmitten der Beerensträucher auf den Klippen. Im Sommer liegt der Duft von Lavendel und Jasmin in der Luft. Die tosende See ist nie außer Hörweite und mit Treibholz übersäte Strände erinnern stets an die Gewalt des Meeres. Mendocino wurde im 19. Jh. von Seefahrern aus New England als Hafen gebaut, ist aber heute in der Hand von Bohemiens, die Kunst lieben und die Natur verehren. Unten: Bowling Ball Beach (S. 241), Mendocino County

Point Reyes National Seashore

25 Wer einen Park sucht, der alles zeigt, was Nordkalifornien zu bieten hat, besucht Point Reyes (S. 139). Hier kann man auf der San-Andreas-Verwerfung wandern und vom Leuchtturm aus (gefühlt am Ende der Welt) nach Walen Ausschau halten. Am Chimney Rock erhält man Einblick in die Kinderstube und das Brunftverhalten der See-Elefanten, spaziert an Tule-Wapiti-Herden vorbei, fährt zu windgepeitschten Stränden und lässt den Blick in unendliche Weiten schweifen. Unten: Point Reyes Lighthouse (S. 140)

24

WES WALKER/LONELY PLANET IMAGES ©

25

EMILY RIDDELL/LONELY PLANET IMAGES ©

Gut zu wissen

Währung
» US-Dollar (US$)

Sprache
» Englisch

Reisezeit

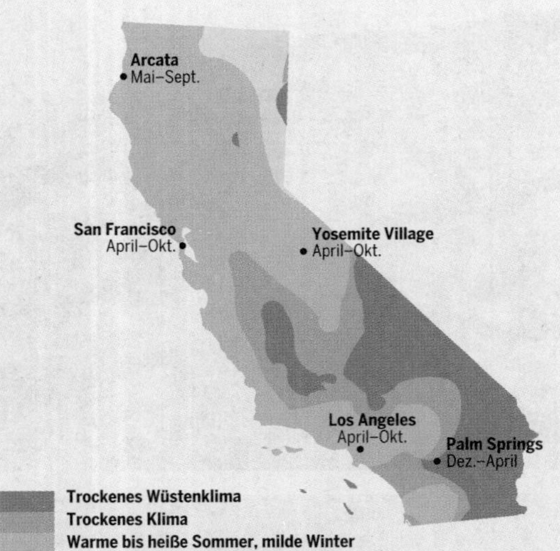

Hauptsaison (Juni–Aug.)

» Übernachtungspreise liegen 50 bis 100 % über dem Durchschnitt.

» Die Hauptferienzeit ist noch betriebsamer und teurer

» In der Wüste ist Nebensaion, hier herrschen Temperaturen über 38 °C.

Zwischensaison (April–Mai & Sept.–Okt.)

» Besucherzahlen und Preise fallen, besonder an der Küste und in den Bergen.

» Milde Temperaturen und sonnige, heitere Tage.

» Typisches Wetter im Frühling, im Herbst etwas trockener.

Nebensaison (Nov.–März)

» Übernachtungspreise stürzen an der Küste in den Keller

» Kühles Wetter mit häufigen Schauern und Stürmen, heftige Schneefälle in den Bergen.

» In der Wüste von SoCal ist Hauptsaison.

Tagesbudget

Günstig – unter 75 US$

» Schlafsaalbett im Hostel: 25–40 US$

» Themenparks auslassen und Museen an Tagen mit freiem Eintritt besuchen

» Nach günstigen Bauernmärkten Ausschau halten

Mittleres Budget 75–200 US$

» Doppelzimmer in Zwei-Stern-Motels oder Hotels: 75–150 US$

» Mietauto: ab 30 US$ pro Tag, ohne Versicherung und Benzin

Teuer – mehr als 250 US$

» Drei-Sterne-Quartiere: ab 150 US$ pro Nacht in der Hauptsaison

» Drei-Gänge-Menüs in Spitzenrestaurants: 75 US$ plus Wein

Geld

» Geldautomaten sind weit verbreitet. Kreditkarten werden normalerweise für Hotelreservierungen, Mietwagen usw. benötigt. Trinkgeld ist üblich und nicht freiwillig.

Visa

» Besucher aus Deutschland, Österreich und der Schweiz benötigen für Aufenthalte unter 90 Tagen kein Visum, die vorherige ESTA-Registrierung online ist obligatorisch.

Handys

» In den USA funktionieren nur Triband- oder Quadband-Handys. Die Netzabdeckung kann in abgelegenen Gegenden (Wüsten, Berge) lückenhaft sein.

Autofahren

» Der Verkehr in Städten und an der Küste kann ein Albtraum sein. Die Pendler-Rush-Hour (Mo–Fr ca. 7–10 & 15–19 Uhr) vermeiden!

Infos im Internet

California Travel and Tourism Commission (www.visitcalifornia.com) Mehrsprachige Routenplaner.

California State Parks (www.parks.ca.gov) Outdooraktivitäten und kostenlose e-Guides.

CalTrans (www.dot.ca.gov) Aktuelle Straßenberichte.

LA Times Travel (www.latimes.com/travel) News, Reiseangebote und Blogs.

Lonely Planet (www.lonelyplanet.com/california) Infos zu Zielen, Hotelbuchungen, Reiseforum und Bilder.

Roadside America (www.roadsideamerica.com) Die schrullige und schräge Seite der USA.

Wechselkurse

Eurozone	1 €	1,32 US$
	1 US$	0,76 €
Schweiz	1 SFr	0,83 US$
	1 US$	1,21 SFr

Aktuelle Wechselkurse gibt's unter www.oanda.com/convert/classic.

Wichtige Telefonnummern

Um herkömmliche Anschlüsse zu erreichen, wählt man die Ortsvorwahl gefolgt von der siebenstelligen Nummer. Für Ferngespräche und gebührenfreie Nummern die ☎1 und alle zehn Ziffern wählen.

Landesvorwahl	☎1
Vorwahl für internationale Gespräche	☎011
Vermittlung	☎0
Notruf (Ambulanz, Feuerwehr, Polizei)	☎911
Telefonauskunft	☎411

Ankunft am ...

» **Los Angeles International Airport** (LAX; S. 633)

Taxis: 30–55 US$, 30 Min.–1 Std.; Tür-zu-Tür-Shuttles: 16–25 US$; Kostenloser Shuttle C zum LAX Transit Center oder Metro FlyAway Bus (7 US$) nach Downtown L.A.

» **San Francisco International Airport** (SFO; S. 115)

Taxis: 35–50 US$, 25–50 Min; Tür-zu-Tür-Shuttles: 15–20 US$; Zug: BART (8,10 US$, 30 Min.) 6–11.45 Uhr alle 20 Min.

Pacific Coast Highway

Vorbei an schwindelerregenden Klippen und über bahnbrechende Brücken schlängelt sich die Straße über 1600 km an der Küste entlang. Sie passiert Mammutbäume und Strandorte und verbindet Kaliforniens große Städte (San Diego, Los Angeles & San Francisco) mit dem Nachbarstaat Oregon im Norden. Die Bezeichnung „Pacific Coast Highway (PCH)" bezieht sich eigentlich auf einen Abschnitt des Hwy 1, meint aber meistens die ganze Küstenroute. Zwischen Juni und August kommt man oft nur im Schneckentempo voran, im Mai und Juni legt sich zäher Nebel über die Route im Norden. Die sonnigen Strände von SoCal locken besonders im Juli und August, die besten Chancen, einen wolkenfreien Tag zu erwischen und allzu großen Andrang zu vermeiden, hat man im September und Oktober. Im Winter schließlich können Wale beobachtet werden, während im Frühjahr Wildblumen eine Farbenpracht herbeizaubern.

Was gibt's Neues?

Für die neue Ausgabe von „Kalifornien" haben unsere Autoren alles daran gesetzt, aufzuspüren, was neu entstanden ist, aufgemöbelt oder umgestaltet wurde, was angesagt und trendig ist. Topaktuelle Berichte: lonelyplanet.com/usa/california.

Food Trucks

1 Trucks, die am Straßenrand Tacos verkaufen, hat es in Kalifornien schon immer gegeben. Doch kürzlich hat sich hier eine Gourmetrevolution ereignet, die besonders in Los Angeles und der San Francisco Bay Area zu erleben ist. Worauf man gerade Lust hat – koreanische Grillgerichte, indische Dosas, gegrillter Käse oder das altbewährte Brathähnchen – ziemlich sicher steht schon ein Restaurant auf vier Rädern bereit, um einen zu bedienen. Auf Twitter lassen sie sich leicht alle aufspüren.

Disneyland

2 Small World wurde aufgemotzt, Captain EO ist wieder da, die Pixar Play Parade und die World of Color feierten ihre spektakuläre Premiere, und auch Ariel's Undersea Adventure und Cars Land wurden neu eröffnet (s. S. 643).

Downtown Los Angeles

3 Zunächst kann man sich im neuen Unterhaltungskomplex LA Live das hochkarätige Grammy Museum (S. 593) anschauen und dann im La Plaza de Cultura y Artes (S. 588) das mexikanisch-amerikanische Erbe der Stadt erkunden.

GLBT History Museum

4 San Francisco schwingt mit dem ersten, nur der Kultur von Schwulen, Lesben, Bi- und Transsexuellen gewidmeten Museum (S. 75) in den USA wieder einmal stolz seine Regenbogenfahne.

Das Wine Country setzt auf Öko

5 Die Köche in den Restaurants entdecken den Wert lokaler Produkte mit Grasfütterung und Bio-Qualität, Weingüter setzen auf Solarstrom und biodynamischen Anbau, und auch immer mehr Boutiquehotels springen auf den Öko-Zug auf (s. S. 173).

San Diegos East Village

6 Schlemmerkneipen, Gourmetpizzerien, Bistros und Bars schießen rund um Petco Park aus dem Boden und machen dem Gaslamp Quarter mächtig Konkurrenz (s. S. 678).

Hiking Permits für den Half Dome

7 Wer den Gipfel der berühmtesten Granitkuppel im Yosemite National Park erklimmen will, muss wissen, dass inzwischen selbst Tageswanderer eine Genehmigung brauchen (s. S. 444). Und die sind online bereits Monate im Voraus ausverkauft – rechtzeitig besorgen!

Shorebreak Hotel

8 Partymacher regieren immer noch am Huntington Beach (S. 661), aber dieses hippe Boutiquehotel im Zentrum treibt das Niveau mit einem „Surf Concierge", einem Yogastudio und hundefreundlichen Unterkünften etwas höher.

Ungewöhnliche Touren

9 Man kann an Drahtseilen durch Mammutbaumwälder sausen, auf einem Weingut im Napa Valley zu Mittag essen, an Bord von Sausalitos bezaubernden Hausbooten gehen, die Gourmettempel in Los Angeles' Einwanderervierteln kennenlernen und vieles mehr.

Schließung von State Parks

10 Wegen der andauernden Haushaltskrise in Kalifornien sollen 70 State Parks (S. 842) im Lauf des Jahres 2012 für die Öffentlichkeit geschlossen werden. Aktuelle Infos dazu findet man unter www.parks.ca.gov.

Wie wär's mit ...

Tolles Essen

Seit mehr als 200 Jahren steht die kalifornische Küche unter dem Einfluss von Zuwanderern und setzt sich zum Ziel, die diversen kulinarischen Kulturen kreativ zu verbinden – von Gimchi-Tacos bis zu veganem Soulfood. Köche teilen ihren Ruhm gern mit Fischern, Farmern, Ranchern und Weingütern, indem sie deren Namen auf ihre Speisekarten drucken.

Chez Panisse Chefköchin Alice Waters revolutionierte in den 1970en die kalifornische Küche mit frischen saisonalen und regionalen Produkten (S. 156)

French Laundry Die hochkarätige Küche wird von Thomas Keller geleitet und ist das gastronomische Highlight im Wine Country (S. 189)

Ferry Building Draußen findet der Farmers Market statt, drinnen versammeln sich viele Spezialitätenläden (S. 64)

L.A.s Food Trucks Food Trucks gibt's inzwischen überall, aber in L.A. startete mit Kogi BBQ die gastronomische Revolution auf Rädern – heute verkaufen hier mehr als 200 Köche ihr Essen von der Laderampe (S. 618)

South Beach Bar & Grill Die Suche nach dem perfektem Fisch-Taco in San Diego kann man hier beginnen (S. 706)

Kleinbrauereien

Obgleich Kaliforniens Weingüter die meiste Aufmerksamkeit für sich beanspruchen, ist auch das Bier verdammt lecker, das in den Kupferbottichen überall im Golden State heranreift. Brauhäuser sind beliebt, um bei einem Burger und einem Bier zu politisieren oder sich über eine tolle Mountainbiketour auszutauschen.

Lost Coast Brewery In Eureka entspannt man sich bei einem Downtown Brown und bewundert die wie Konzeptkunst gestalteten Bieretiketten (S. 277)

Anderson Valley Brewing Im ländlichen Mendocino County kann man in diesem mit Solarenergie betriebenen bayerischen Brauhaus mit einer Flasche Amber Ale oder Oatmeal Stout in der Hand Discgolf spielen (S. 259)

Sierra Nevada Brewing Co Ein Pionier, der aus seinen Kinderschuhen als Kleinbrauerei hinausgewachsen ist, aber in Chico immer noch Führungen und Proben seines beliebten Pale Ale anbietet (S. 375)

Stone Brewing Company Die neue Firma aus San Diego schreckt nicht vor Arrogant Bastard Ale und Barleywine zurück (S. 711)

Städte

Es stimmt: Sechs von zehn Kaliforniern leben weniger als eine Autostunde vom Ozean entfernt. Es ist also kein Wunder, dass die Städte an der Pazifikküste die multikulturelle und gegenkulturelle Identität im Bundesstaat bestimmen. Die drei Metropolen sind ein Kaleidoskop des Landes; wer in sie eintaucht, weiß, was Kalifornien wirklich ausmacht.

San Francisco Mit weniger als 1 Mio. Einwohnern ist die Stadt eine Welthauptstadt der Cuisine, der Technologie, der Künste, der Schwulenbewegung und des Umweltbewusstseins (S. 60)

Los Angeles In Kaliforniens größter Metropole sorgt ein beständiger Zustrom kreativer Träumer, zielbewusster Einwanderer und nach Starruhm strebender Leute für mächtigen Betrieb rund um die Uhr (S. 583)

San Diego Mit entspannter Strandatmosphäre, mexikanischer Küche und Brauereien hat das sonnenverwöhnte San Diego keine Schwierigkeiten die Herzen der Menschen zu erobern (S. 675)

» *Vintage-Boutique, San Francisco*

Themenparks

Südkaliforniens Themenparks rangieren unter den Familienattraktionen ganz oben. Ob man sich von Disneys „glücklichstem Ort auf Erden" verzaubern oder von Hollywoods Filmmagie verführen lassen will oder einfach nur das Verlangen nach einer krassen Achterbahn verspürt – in Kalifornien ist man richtig.

Disneyland Ganz oben auf der Liste der Ziele, die fast jede Familie unbedingt besuchen muss, steht Walt Disneys aus Fantasie und Ingenieurskunst geschaffener Themenpark, und auch Disneys California Adventure gleich nebenan (S. 645)

Universal Studios Hollywood Der Film-Themenpark bietet eine Tramtour über das Studiogelände, zahme Fahrgeschäfte, Live-Action und Shows mit Spezialeffekten (S. 609)

Six Flags Magic Mountain & Hurricane Harbor Bei den Achterbahnen stehen geschwindigkeitsbesessenen Teenagern die Haare zu Berge. Anschließend kann man sich nebenan im Wasserpark abkühlen (S. 635)

San Diego Zoo Safari Park Mit der Safari-Tram geht's durch das offene Zoogelände (S. 683)

Legoland California Entspannter Themenpark rund um die bunten Bausteine (S. 722)

Wandern

Wanderstiefel schnüren! Seit die amerikanischen Ureinwohner sich ihren Weg durch die Wildnis bahnten und die Goldsucher die Gebirgsketten freisprengten, ist Wandern hier eine verbreitete Beschäftigung. Es erwarten einen Spaziergänge am Meer, Oasen in der Wüste, Berggipfel und idyllische Wälder.

Sierra Nevada In den Nationalparks Yosemite, Sequoia & Kings Canyon könnte man ein ganzes Leben zubringen; den Mt. Whitney schafft man aber an einem Tag (S. 439)

North Coast Hartgesottene wagen sich an den abgelegenen Lost Coast Trail oder tummeln sich in den von Farnen überwucherten alten Mammutbaumwäldern (S. 232)

Marin County Die braunen Landspitzen locken Wanderer auf die andere Seite von San Franciscos Golden Gate Bridge. Toll ist auch eine Wanderung auf der San-Andreas-Verwerfung an der wilden Point Reyes National Seashore (S. 118)

Palm Springs & die Wüsten Bei Wanderungen entdeckt man versteckte Palmenoasen, marschiert über Salzebenen oder wagt sich mit einem Führer in die Canyons auf dem Land der Ureinwohner (S. 725)

Kleinstädte

Als bevölkerungsreichster Bundesstaat der USA ist Kalifornien voller Menschen und Verkehr. Wer dem ewigen Gedränge auf den Freeways entkommen will, kann sich in den Zwischenräumen umschauen – an den Stränden, in den Bergen oder Weinbergen.

Calistoga Hier im Napa Valley, wo die Leute in Jeans und Stiefeln herumlaufen, säumen Schlammbäder die idyllischen Straßen im Zentrum (S. 192)

Bolinas Der abgelegene Weiler im Marin County ist kein Geheimtipp mehr (S. 136)

San Luis Obispo Oprah nannte das Städtchen den „glücklichsten Ort Amerikas". Angesichts des fahrradfreundlichen Zentrums und des unterhaltsamen Farmers Market kann man dem zustimmen (S. 551)

Seal Beach Der altmodische Strandort in Orange County lockt mit einer netten Hauptstraße und einem Pier, an dem man gut surfen kann (S. 659)

Mammoth Lakes Ein Sprungbrett zu Outdoorabenteuern in der Eastern Sierra (S. 483)

Julian In den Hügeln östlich von San Diego erwarten einen Apple Pies und die Goldgräbervergangenheit aus den Tagen des Wilden Westens (S. 756)

Wie wär's mit ... Architektur?
Los geht's in L.A. (S. 585) mit seinen Arts-and-Crafts-Bungalows und postmodernen, skulptural anmutenden Gebäuden – und dann mit dem Auto ab nach Palm Springs (S. 727), wo modernistische Meisterwerke aus der Mitte des vorigen Jahrhunderts locken

Nationalparks & Schutzgebiete

Kaliforniens Naturschönheiten erschöpfen sich nicht mit den Stränden. Im Binnenland sind zerklüftete Berggipfel, Bergwiesen und Sanddünen zu entdecken. Und an der Küste schützen National- und State Parks unterschiedliche Lebensräume bis hinaus zu den Inseln im Meer.

Redwoods Parks In den Wäldern an der nebligen North Coast kann man sich unter riesigen Bäumen verlieren (S. 285)

Yosemite National Park In der Sierra Nevada stürzen Wasserfälle in von Gletschern geformte Täler, und Wildblumen blühen auf den Wiesen (S. 442)

Death Valley National Park In der Wüstenlandschaft voller geologischer Merkwürdigkeiten harren versteckte Lebensräume ihrer Entdeckung (S. 764)

Lassen Volcanic National Park Hier kann man an Bergseen campen und um die brodelnden Schlammlöcher der Bumpass Hell herumspazieren (S. 299)

Channel Islands National Park Auf den abgelegenen südkalifornischen Inseln, die man wegen ihrer Artenvielfalt auch als die „kalifornischen Galapagosinseln" bezeichnet, entkommt man der Zivilisation (S. 578)

Nachtleben

Nachdem man gesehen hat, wie bei Filmpremieren der rote Teppich für die Stars ausgerollt wird, möchte man vielleicht auch stilvoll in einem ultraschicken Nachtclub aufmarschieren. Doch auch wer nicht auf Absperrseile und Türsteher steht, findet überall in Kalifornien weniger exklusive, ebenso unterhaltsame Location, von Hipster-Bars in Los Angeles und der San Francisco Bay Area bis zu Tiki-Bars für Surfer in San Diego und Cocktaillounges mitten in der Wüste.

Los Angeles In Hollywoods glamouröser Clubszene legen DJs alles von Hip-Hop bis Weltmusik und von Techno bis Trance auf. In der Nähe ist „WeHo", das Partygelände der Schwulen und Lesben von L.A. (S. 626)

San Francisco In North Beach gibt man sich als Beatnik, im Mission District als Hipster, im Castro feiert man Partys unter der Regenbogenfahne (S. 60)

San Diego Hier lockt ein Kneipenbummel im Gaslamp Quarter, dem historischen Rotlichtbezirk der Downtown (S. 678)

Las Vegas, Nevada Die aufgedrehten Nachtclubs am Strip übertreffen alle Fantasien (S. 785 & 786)

Shoppen

Von Secondhandläden und Outlets mit Kampfpreisen bis zu teuren Boutiquen, in denen Promis nebenbei mal Tausende Dollars ausgeben, präsentiert sich Kalifornien als ein Einkaufsparadies. Wo man auch ist (besonders aber an der Küste) warten Läden mit Haute Couture und andere mit Schnäppchen auf Kundschaft.

Los Angeles Den Rodeo Dr in Beverly Hills kann man vergessen, denn die größte Dichte an Promiboutiquen findet man in L.A. am Robertson Blvd, während die Melrose Ave mit avantgardistischer Mode punktet (S. 629)

San Francisco In San Francisco ist das Stöbern nach Secondhandklamotten eine echte Kunst. Es gibt massenweise kreative Läden von der Marina bis zum Mission District, die alles von Bastelpapier bis zu SM-Spielzeug anbieten (S. 112)

Orange County In Costa Mesa lohnt sich ein Besuch im Camp und im Lab, zwei Anti-Malls für Modekenner und Eigenwillige. Stöbern kann man auch in Laguna Beachs Boutiquen (S. 667)

Palm Springs Ein Paradies für alle, die gern in alten Klamotten und anderen alten Dingen wühlen. Hier kann man Prachtstücke entdecken. Auch Outlets gibt's en masse (S. 738)

Wie wär's mit ... Thermalquellen?
Wer in Thermalpools baden will, macht einen Abstecher nach Palm Springs (S. 727), in die Eastern Sierra (S. 474), nach Big Sur (S. 528) oder nach Calistoga (S. 192)

Film & Fernsehen

Man könnte meinen, ganz Kalifornien sei ein Filmset. In jedem Winkel baut die Branche ihre Scheinwerfer und Kameras auf. Will man den Zauber in Aktion erleben, kann man sich in Los Angeles als Zuschauer an Live-Aufzeichnungen von Fernsehshows beteiligen (S. 605) oder an Führungen über Studiogelände teilnehmen (S. 595).

Los Angeles Vom Mulholland Drive bis nach Malibu kann man kein Regisseur-Megafon in die Gegend schleudern, ohne nicht irgendetwas zu treffen, das schon auf Zelluloid verewigt wurde (S. 583)

San Francisco Bay Area Klassiker der Schwarzen Serie wie *Die Spur des Falken* und Alfred Hitchcocks *Vertigo* und *Die Vögel* werden am Originalschauplatz lebendig (S. 60 & 118)

Lone Pine Beim Gedenken an die vielen Western, die in den Alabama Hills der Eastern Sierra gedreht wurden, hat mancher eine Träne im Auge (S. 494)

Mendocino Seit über hundert Jahren ist das Städtchen als Kulisse beliebt. Zu sehen war es z. B. in *Jenseits von Eden* und *The Majestic* (S. 245)

Orange County Seifenopern, Comedy-Dramen und Reality-TV sind hier zu Hause (S. 658)

Skurriles

In Kalifornien stößt man Schritt und Tritt auf schräge Charaktere und Orte. Besonders in den Wüsten und an der North Coast konzentrieren sich Exzentriker, aber auch Städte wie L.A. und San Francisco haben so viele Durchgeknallte zu bieten, dass überall interessante Skurrilitäten zu entdecken sind.

Venice Boardwalk Ein Menschenzoo voller Schausteller, die mit Kettensägen jonglieren oder in Badehose Schlangen beschwören (S. 607)

Kinetic Grand Championship Schräge, kunstvolle, von Menschen angetriebene Skulpturen liefern sich ein Rennen an der North Coast (S. 273)

Integratron Dank der Hilfe von Außerirdischen steht diese Verjüngungs- und Zeitmaschine (S. 749)

Madonna Inn Ein durchgeknallt-kitschiges Hotel mit 110 Themenzimmern von „Caveman" bis „Hot Pink" (S. 545)

Mystery Spot Die kitschige Touristenfalle aus den 1940ern stellt in Santa Cruz alle Ansichten auf den Kopf (S. 504)

Las Vegas, Nevada Vulkanattrappen, ein falscher Eiffelturm und eine ägyptische Pyramide – das sollte wohl reichen (S. 775)

Museen

Wer behauptet, dass Kalifornien nur Popkultur zu bieten hat, irrt: Man könnte auf seiner Reise die meiste Zeit in erstklassigen Museen zubringen, ohne auch nur einen einzigen Themenpark zu besuchen. Viele Millionen Dollar teure Kunstgalerien, High-Tech-Wissenschaftsmuseen, Planetarien und mehr sind hier zu finden.

Getty Center & Villa Die Kunstmuseen in West L.A. (S. 603) und Malibu (S. 601) sind so schön wie der Blick aufs Meer, den man von ihnen aus genießt

L.A. County Museum of Art Über 150 000 Werke aus allen Epochen und Ländern (S. 601)

M. H. de Young Museum Ein mit Kupfer verkleideter Tempel für Kunst aus aller Welt im Golden Gate Park (S. 79)

California Academy of Sciences San Franciscos Naturkundemuseum prunkt mit einem vierstöckigen Regenwald und einem lebenden Dach (S. 78)

Balboa Park In diesem Viertel San Diegos kann man einen Tag lang von Museum zu Museum tingeln und Kunst-, Geschichts- und Wissenschaftsausstellungen anschauen (S. 683)

Griffith Observatory Im Planetarium in Hollywood gibt's mehr Sterne zu sehen als Stars im Ort (S. 598)

» Mädchen mit Schlange, Venice Boardwalk

Geschichte

Das Gold wird als Ursache für den verrückten Verlauf der kalifornischen Geschichte angesehen, und die Geisterstädte der Goldsucher liegen überall verstreut. Aber auch die Völker der Ureinwohner, die *presidios* (Forts) der spanischen Kolonialherren, die katholischen Missionen und mexikanischen *pueblos* haben Spuren hinterlassen, denen nachzuspüren sich lohnt.

Mission San Juan Capistrano Ein restauriertes Juwel am „Camino Real", der kalifornischen Missionsstraße (S. 672)

Gold Country Hier kann man den Spuren der Wildwest-Pioniere und Goldgräber folgen oder sich selber als Goldwäscher versuchen (S. 334)

Old Town San Diego Am Ort des ersten *pueblo* der spanischen Kolonialzeit taucht man in die Vergangenheit ein (S. 689)

El Pueblo de Los Angeles In der munteren Olvera St wird die Vergangenheit von Los Angeles wieder lebendig (S. 588)

Bodie State Historic Park Eine unvergessliche Geisterstadt in der Eastern Sierra (S. 478)

Manzanar National Historic Site Das Internierungslager aus dem Zweiten Weltkrieg für japanische US-Amerikaner erinnert an ein düsteres Kapitel (S. 493)

Wassersport

Schon 1963 sangen die Beach Boys: „If everybody had an ocean/Across the USA/Then everybody'd be surfin'/like Californ-I-A". Um Kaliforniens Strände zu genießen, braucht man aber kein Wellenreiter zu sein. Man kann auch prima in einem Kajak auf dem Meer paddeln, sich mit Taucherbrille und Neoprenanzug in die Tiefe wagen oder einfach gemütlich am Strand im Wasser planschen.

Huntington Beach Der Mittelpunkt der Surferkultur in Orange County mit Beachvolleyballplätzen und Lagerfeuern im Sand (S. 660)

La Jolla Hier gibt's einen Öko-Unterwasserpark und eine Bucht, die Taucher und Schnorchler anlockt, während es Schwimmer nach Torrey Pines und Surfer zum legendären Windansea zieht (S. 696)

Channel Islands Auf Santa Catalina (S. 635) oder im Channel Islands National Park (S. 578) kann man im Meer Kajak fahren, schnorcheln und wunderbare Tauchgänge erleben

Sierra Nevada Hier kann man sich mit den anspruchsvollsten Wildwasser-Abenteuern in den USA stellen (S. 450) oder auf dem Lake Tahoe ins „tiefe Blau" hineinpaddeln (S. 401)

Haustiere

Wer lässt schon gern seinen geliebten Vierbeiner im Urlaub zu Hause? In den National- und State Parks gibt es zu viele Einschränkungen, als dass Hund und Herrchen oder Frauchen dort Spaß haben könnten, aber diese Ziele heißen auch Tiere willkommen:

Huntington Beach An Südkaliforniens größtem und bestem Hundestrand kann Fiffi auf über 3 km frei von Leinenzwang herumtoben (S. 660)

Lake Tahoe Der beste Outdoor-Spielplatz für Hunde in der Sierra Nevada. Auf den Wanderwegen, an den Stränden, auf den Campingplätzen und in den Hütten ist Bello willkommen (S. 401)

Carmel-by-the-Sea An der Central Coast nehmen alle ihr Schoßtier zum Lunch mit und lassen es dann in der Brandung toben (S. 524)

Big Bear Lake In den Bergen nahe von L. A. gibt's hundefreundliche Cottages, Campingplätze und Wanderwege, auf denen man mit dem angeleinten Hund spazieren kann (S. 637)

Fort Bragg Das Hafenstädtchen an der North Coast bietet Parks mit Hundefreilaufgebieten, Strände für angeleinte Hunde, hundefreundliche Unterkünfte und sogar Kajaktouren mit Hund (S. 250)

Monat für Monat

Top-Events

1. **Tournament of Roses**, Januar
2. **Festival of Arts & Pageant of the Masters**, Juli
3. **Pride Month**, Juni
4. **Coachella Music & Arts Festival,** April
5. **Cinco de Mayo**, Mai

Januar

Als in der Regel feuchtester Monat ist der Januar an der Küste Nebensaison. Großer Betrieb herrscht hingegen in den Skiresorts in den Bergen, in Palm Springs und in den Wüsten Südkaliforniens.

Tournament of Roses

Vor dem Collegefootballspiel in der Rose Bowl lockt der berühmte Neujahrsumzug mit blumengeschmückten Festwagen, Marschkapellen und Reitern mehr als 100 000 Zuschauer nach Pasadena, eine Vorstadt von Los Angeles.

Chinesisches Neujahrsfest

Mit Feuerwerk, Umzügen, Tänzen und Imbissbuden wird Ende Januar/Anfang Februar das neue Jahr nach dem Mondkalender gefeiert. Die größten Feiern sind in San Francisco und in L.A.

Februar

An der kalifornischen Küste regnet es immer noch, und auch in den Skiresorts ist noch viel los. Viele Besucher kommen zu Beginn der Wildblumenblüte in die tief gelegene Wüste. Am Valentinstag herrscht in vielen Restaurants und Resorthotels großer Andrang.

Modernism Week

Wer in Palm Springs in die Atmosphäre der Mitte des 20. Jhs. eintauchen will, erlebt bei diesem Event Mitte Februar eine Woche lang Führungen zur modernistischen Architektur der Stadt, zahlreiche Kunstausstellungen, Filmvorführungen, Vorträge von Experten und swingende Cocktailpartys.

Tiere beobachten

Die Winterstürme sollten einen nicht von der Küste fernhalten, denn der Februar ist einfach der beste Monat, wenn man die Wale auf ihrer Wanderung vor der Küste, die Geburt der Kälber und das Brunftverhalten der Bullen in der See-Elefantenkolonie beobachten will und die überwinternden Monarchfalter und außerdem Hunderte von Vogelarten auf dem Pacific Flyway sichten möchte.

März

Der Regen lässt nach, und damit kehren die Traveller an die Küste zurück, vor allem während Spring Break (die genauen Termine variieren in Abhängigkeit von den Schulferien und Ostern). In der Wüste hält der Touristenstrom an, da immer noch die Wildblumen blühen. Die Skisaison geht zu Ende.

Festival of the Swallows

Nach der Überwinterung in Südamerika halten die Schwalben um den 19. März herum ihren berühmten Einzug in Mission San Juan Capistrano in Orange County. Den ganzen Monat lang feiert die historische Missionsstadt ihr spanisches und mexikanisches Erbe.

Dinah Shore Weekend & White Party

Beim gesellschaftlichen Hauptevent der lesbischen Gemeinde von Palm Springs gibt es Poolpartys, Tänzerinnen und Mischpulte. Ebenfalls Ende März oder Anfang April findet das LPGA-Golfturnier statt. Männer amüsieren sich bei der viertägigen White Party am Osterwochenende.

April

In der Hochwüste erreicht die Wildblumenblüte den Höhepunkt. Die Nebensaison in den Bergen und an der Küste bringt günstigere Hotelpreise (außer in der Zeit des Spring Break).

Coachella Music & Arts Festival

Mitte April treffen sich unbekannte Indie-Rockbands, Kult-DJs, Rapper-Superstars und Popdiven außerhalb von Palm Springs zu einem dreitägigen Musikevent. Unbedingt viel Sonnencreme und viel Trinkwasser mitnehmen!

Doo Dah Parade

Bei der „verdorbenen Schwester" der weltberühmten Rose Parade, einem schrägen, einfallsreichen und irre komischen Umzug, ziehen Ende April künstlerisch gestaltete verrückte Festwagen und unvorhersagbare Partylustige den Colorado Blvd hinunter.

San Francisco International Film Festival

Trotz aller Star-Prominenz in Hollywood: Das älteste Filmfestival Amerikas gibt es schon seit 1957 und es findet in San Francisco statt. Ende April oder Anfang Mai stehen mehr als 150 überwiegend unabhängig produzierte Filme auf dem Programm, darunter provokante Filmpremieren aus aller Welt.

Mai

Im ganzen Bundesstaat setzt die Hitze ein, nur einige Küstenregionen liegen noch im Nebel („may grey"). Das Memorial-Day-Wochenende ist der offizielle Sommeranfang und eine der stärksten Reisezeiten im ganzen Jahr.

Cinco de Mayo

¡Viva Mexico! Mit Margaritas, Musik und Spaß wird des Siegs der mexikanischen Truppen über die französische Armee in der Schlacht von Puebla am 5. Mai 1862 gedacht. Besonders in L.A. und San Diego wird der Tag groß gefeiert.

Calaveras County Fair & Jumping Frog Jubilee

Inspiriert von Mark Twains berühmter Kurzgeschichte bietet die Pioniersiedlung aus der Goldrauschära an einem langen Maiwochenende guten altmodischen Familienspaß mit Country und Western, Rodeoreiten und dem berühmten Frosch-Hüpf-Wettbewerb.

Bay to Breakers

Am dritten Maisonntag rennen Läufer in Kostümen (Nackte und Betrunkene sind nicht mehr erwünscht) in San Francisco vom Embarcadero zum Ocean Beach oder laufen, als Lachse verkleidet, vom Ziel aus „gegen den Strom".

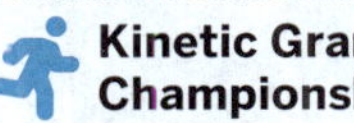

Kinetic Grand Championship

Am Memorial-Day-Wochenende steigt dieser dreitägige „Triathlon der Kunstwelt", ein 61 km langes Rennen von Arcata nach Ferndale an der North Coast. Die Teilnehmer versuchen, sich mit ihren bemannten, mit Muskelkraft betriebenen, skulpturalen Gefährten zu übertreffen.

Juni

Mit dem Beginn der Schulferien ist überall in Kalifornien, an den Stränden wie in den Bergresorts, viel los. Nur nicht in der Wüste, da ist es zu heiß. Mancherorts hält sich an der Küste der Nebel („june gloom").

Pride Month

Seit 1970 steht in Kalifornien der Juni im Zeichen der Lesben, Schwulen, Bi- und Transsexuellen. Gefeiert wird mit Umzügen und Kostümen, Coming-out-Partys, Livemusik, DJs und mehr. Die größten Feste gibt's in San Francisco und L.A., in San Diego findet die Feier erst Mitte Juli statt.

Juli

An den Stränden (vor allem in Südkalifornien) ist das Strandleben in vollem Gang. Urlauber stürmen die Themenparks und die Bergresorts, während die Wüste nun vollkommen verlassen ist. Der Höhepunkt der sommerlichen Reisesaison ist das vierte Wochenende im Juli.

Reggae on the River

Mitte Juli feiert die „Humboldt Nation" der Hippies, Rastafaris, Baum-Umarmer und sonstigen NorCal-Freaks mit Reggaebands, Kunstgewerbe, Grillfesten,

Jongleuren, Einrädern, Camping- und Badespaß.

Festival of Arts & Pageant of the Masters

Im Juli und August halten Ausstellungen von Hunderten Künstlern und die von Darstellern nachgestellten Meisterwerke der Malerei Laguna Beach im Orange County ganz schön in Atem.

California State Fair

Ende Juli strömen zwei Wochen lang insgesamt 1 Mio. Besucher zu der Landwirtschaftsschau, um auf dem Riesenrad eine Runde zu drehen, sich bei Pie-Esswettbewerben und Pferderennen zu amüsieren, die preisgekrönten landwirtschaftlichen und kunstgewerblichen Erzeugnisse zu bestaunen, Weine und Biere zu probieren und den Livebands zu lauschen.

Comic-Con International

Die liebevoll als „Nerd Prom" bezeichnete, größte Jahresversammlung von Comicfans, Science-Fiction- und Animationsfreunden sowie Sammlern von Popkultur-Artefakten steigt Ende Juli als abgedrehtes Kostümfest in San Diego.

August

Warmes Wetter und Wasser sorgen weiterhin für eine ganze Menge Betrieb an den Stränden. Die Schulferien gehen zwar nun zu Ende, aber überall (außer in der Wüste) herrscht immer noch großer Andrang, vor allem am Wochenende vor dem Labor Day.

(oben) Wilde Kostüme für die Doo Dah Parade (S. 27)
(unten) Verkleidete Läufer beim Bay to Breakers (S. 85), San Francisco

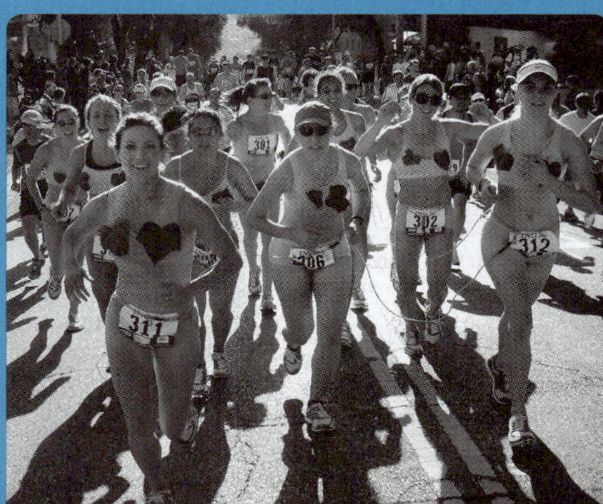

Old Spanish Days Fiesta

Santa Barbara feiert Anfang August seine historische spanische, mexikanische und amerikanische *rancho*-Kultur mit Umzügen, Rodeos, Kunsthandwerk, Livemusik und Tanz.

Perseiden

Der jährliche Meteoritenschauer erreicht Mitte August seinen Höhepunkt. Dann ist die beste Zeit, um mit bloßem Auge Sternschnuppen zu beobachten. Am besten kann man das fern der städtischen Lichtverschmutzung an Orten wie den Nationalparks Joshua Tree und Death Valley in den südkalifornischen Wüsten.

September

Das letzte Aufbegehren des Sommers ist das Labor-Day-Wochenende, an dem noch mal fast überall (außer in den Wüsten) starker Betrieb herrscht. Mit dem Schulbeginn geht an Stränden und in Städten der Andrang zurück.

Monterey Jazz Festival

Jazzer, Fusion-Künstler und Weltmusiker geben sich bei einem der ältesten Jazzfestivals an einem langen Wochenende Mitte September ein Stelldichein. An der Central Coast gibt's große Freiluftkonzerte und intimere Veranstaltungen.

Oktober

Obwohl das Wetter schön und sonnig bleibt, geht es in der Nebensaison fast überall ruhig zu. Günstige Angebote gibt es überall an der Küste, in den Städten, in den Bergen und auch in den Wüsten, wo es nun langsam erträglicher wird.

Vineyard Festivals

Den ganzen Monat lang wird die Lese gefeiert. Starköche veranstalten Gelage mit gutem Essen und Wein, es gibt „Traubenstampfpartys" und Verkostungen.

Halloween

Hunderttausende feiern in L.A.s LGBT-Viertel West Hollywood mit Tanz und Liveunterhaltung. Die überdrehten Kostüme sind absolut unglaublich.

November

Überall fallen die Temperaturen, Regenschauer und Schneestürme kommen. An den Küsten, in den Städten und Wüsten lassen sich (außer rund um Thanksgiving) nur wenige Traveller blicken. Jetzt läuft außerdem die Skisaison an.

Día de los Muertos

Die mexikanischen Gemeinden ehren am 2. November ihre Verstorbenen mit Umzügen in Kostümen, Schädeln aus Zucker, Picknicks an den Gräbern, Lichterprozessionen und Altären. Das farbenfrohe Spektakel kann man in San Francisco, Los Angeles oder San Diego miterleben.

Death Valley '49ers

Das jährliche Lager in Furnace Creek erinnert Anfang November mit altmodischem Gesang am Lagerfeuer, Lesungen von Cowboy-Poesie, Hufeisenwerfen und einer Western-Kunstshow an die rauen Zeiten des Goldrauschs.

Dezember

In den Küstengebieten setzt der Regen ein, während die Traveller in die meist sonnigen Wüstenregionen strömen. Starker Reisebetrieb herrscht zu Weihnachten und Neujahr, dazwischen ist es kurz etwas ruhiger.

Mavericks

Der Monsterwellen-Surfwettbewerb findet in der Half Moon Bay südlich von San Francisco nur statt, wenn die Wellen über 15 m hoch werden, was in der Regel zwischen Dezember und März der Fall ist. Dann haben Profisurfer 24 Stunden Zeit, um aus aller Welt einzufliegen.

Parade of Lights

Um der Weihnachtszeit einen maritimen Anstrich zu geben, paradieren geschmückte, beleuchtete Boote durch viele Häfen, sehr eindrucksvoll in Newport Beach in Orange County und in San Diego. In S.F. und L.A. gibt es Winterwunderland-Umzüge.

Silvester

Millionen betrinken sich und geloben Besserung, um am nächsten Tag beim Collegefootballschauen ihren Kater auszukurieren. In einigen Städten und Ortschaften gibt's als Alternative das alkoholfreie Straßenfest First Night.

Reise-routen

Ob man nun sechs oder 60 Tage Zeit hat – diese Routen bieten einen Anhaltspunkt für eine fantastische Reise. Lust auf weitere Anregungen? Im Internetforum lonelyplanet.com/thorntree kann man sich mit anderen Travellern austauschen.

Zwei Wochen

Am Pazifik entlang

Die entspannte Küstentour beginnt in **San Diego**, und sei es nur, um ein paar Fisch-Tacos zu verputzen. Auf der Fahrt nach Norden lohnt sich ein Abstecher zur **Mission San Juan Capistrano**. Dann besucht man **Laguna Beach** und **Huntington Beach**, auch „Surf City USA" genannt. Nächste Station ist **Los Angeles**.

Weiter geht's durch **Malibu** mit seinen Promis. **Ventura** ist der Ausgangspunkt für Bootstouren zum **Channel Islands National Park**, während **Santa Barbara** an ein Weingebiet grenzt. Nördlich des **Pismo Beach** und der Uni-Stadt **San Luis Obispo** schlängelt sich der Highway 1 an Strandstädten wie **Morro Bay** und **Cayucos** vorbei, aber auch am **Hearst Castle**, am **Big Sur** und der Hauptstadt alternativer Kultur: **San Francisco**.

Nördlich der Golden Gate Bridge führt der Highway 1 an felsigen Küsten, abgelegenen Buchten und windumtosten Stränden vorbei. Reizvoll ist der einsame Abschnitt zwischen **Jenner** und **Mendocino** – den Leuchtturm **Point Arena Lighthouse** sollte man sich nicht entgehen lassen. Weiter geht die Fahrt auf dem Highway 101 vorbei an Abzweigen zur entlegenen **Lost Coast** und einer Reihe von Naturparks an der **Redwood Coast**.

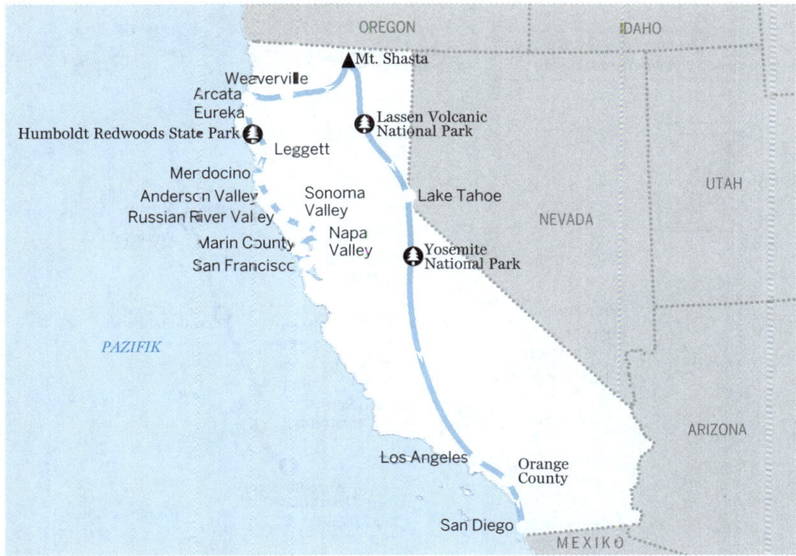

Drei bis vier Wochen

Die klassische Kalifornien-Tour

Die Tour beginnt in **San Francisco** mit Großstadtkultur. Nach einem Happen inspirierender kalifornischer Küche im Ferry Building Marketplace geht es auf einem Boot hinüber zum Gefängnis Alcatraz. Die Fahrt in einem Cable Car bietet Panoramaaussichten über die Bucht, danach folgt ein Abstecher in den grünen Golden Gate Park.

Auf der nördlichen Seite der Golden Gate Bridge liegt das **Marin County** mit vielen Outdoor-Möglichkeiten. Die berühmtesten Weine Kaliforniens wachsen im ländlichen **Russian River Valley**, im boomenden **Sonoma Valley** und im schicken **Napa Valley**. Ein Abstecher nach Westen führt durch die Wildnis des versteckten **Anderson Valley** auf den Highway 1 und Richtung Norden nach **Mendocino**, einer Bilderbuchstadt am Meer.

Weiter geht es nordwärts, bis man bei **Leggett** wieder auf den Highway 101 stößt. Hier beginnt die magische Tour an der Redwood Coast. Im **Humboldt Redwoods State Park** wachsen einige der höchsten Bäume der Welt. Die Hafenstadt **Eureka** mit ihren viktorianischen Häusern und **Arcata**, ihr radikaler Nachbar, laden zum Relaxen ein.

Nun folgt eine schöne Fahrt auf dem Highway 299 Richtung Osten. Sie führt durch die ehemalige Goldgräberstadt **Weaverville** und windet sich um die mit Seen gespickten Trinity Alps. Erst geht es noch weiter Richtung Osten, dann auf der I-5 gen Norden zum **Mt. Shasta**. Nun fährt man auf dem Highway 89 Richtung Südosten zum **Lassen Volcanic National Park**, einer schauerlich schönen Welt in der vulkanischen Kaskadenkette.

Weiter geht's zum **Lake Tahoe**, einem Feriengebiet in den Bergen. Der Highway 395 führt durch die Eastern Sierra, später geht es auf einer Nebenroute, der hoch gelegenen Tioga Road (im Winter und Frühling geschlossen), zum **Yosemite National Park**. Wenn man seine Wasserfälle, die über hoch aufragende Granitfelsen stürzen, bewundert hat, laden Wälder mit Giant Sequoias, den höchsten Bäumen der Welt, zum Spaziergang ein.

Eine fünfstündige Fahrt gen Süden führt nach **Los Angeles** mit seinen legendären Stränden, den ganz verschiedenartigen Stadtvierteln und der angesagten Restaurantszene. Erst klappert man in Hollywood, das sich energisch neu erfunden hat, die Bürgersteige ab, dann begibt man sich zum Entspannen ins schicke Santa Monica oder ins verrückte Venice. Dann geht es weiter südwärts, vorbei an den schönen Stränden des sooo eleganten **Orange County** bis ins lockere **San Diego**. Die lange, aufregende Reise endet mit einem feucht-fröhlichen Abend im Gaslamp Quarter oder bei einem Besuch im berühmten Zoo.

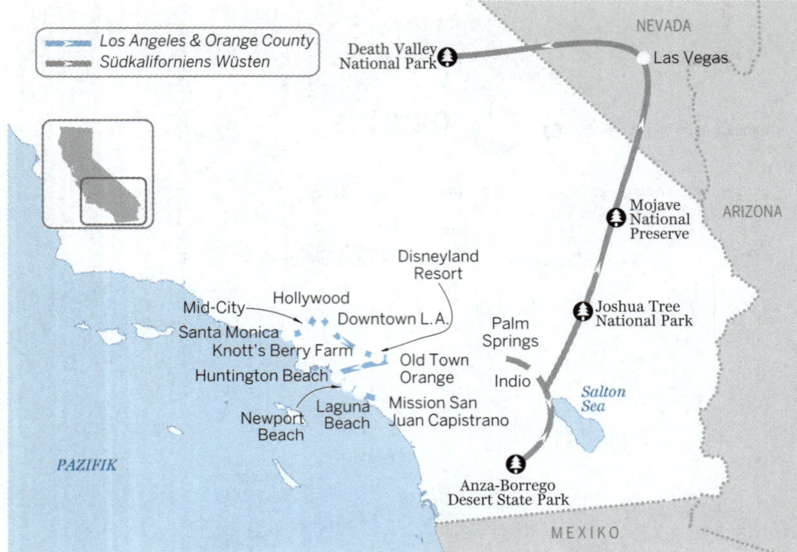

Fünf Tage bis eine Woche

L. A. & Orange County

Los geht es in **Los Angeles** mit seinen erstklassigen Sehenswürdigkeiten, tollen Stränden und dem leckerem Essen. Nach einem Bummel in **Hollywood** ist es Zeit, sich in die Kulturszene von **Downtown** zu stürzen und den Museen von **Mid-City** einen Besuch abzustatten. Das noble **Santa Monica** am Meer lockt mit einem Pier, Restaurants und Boutiquen.

Nun steht eine Begegnung mit Mickey Mouse im **Disneyland Park** an. Das benachbarte **Disney California Adventure** feiert den „Golden State“. Beide Parks gehören zum **Disneyland Resort** in Anaheim. Nicht weit weg liegen der Themenpark **Knott's Berry Farm** und die **Old Town Orange**, wo die Zeit stehen geblieben ist.

Im Westen lockt der Pazifik mit dem **Huntington Beach**. Hier kann man Surfbretter ausleihen, Beachvolleyball spielen, ein Lagerfeuer machen und sich entspannen. Der **Newport Beach** verdient einen kurzen Stopp, dann fährt man Richtung Süden zum **Laguna Beach**, einer früheren Künstlerkolonie mit mehr als zwei Dutzend öffentlichen Stränden. Jetzt geht es wieder zurück auf die I-5 und zur **Mission San Juan Capistrano**, um in die spanische Kolonial- und mexikanische Ranchgeschichte einzutauchen.

Eine Woche bis zehn Tage

Südkaliforniens Wüsten

Die Fahrt beginnt in **Palm Springs**, dem Promi-Treff und einem Meisterstück der Architektur der Mitte des 20. Jhs. Hier locken Mojitos, Wanderungen in Canyons, Touren zu Windenergieparks und die Fahrt in einer Seilbahn in die Berge.

Durch das Coachella Valley geht es an den verwitterten Farmen von **Indio** und dem Ufer des **Salton Sea** vorbei und dann nach Westen in den **Anza-Borrego Desert State Park**. Hier kann man Schafe, vom Wind geformte Höhlen und Postkutschenstopps des Wilden Westens sehen.

Von hier geht es zurück nach Norden zum **Joshua Tree National Park** mit seinen riesigen Felsbrocken und den skurrilen Bäumen. Wenn man die herbe Schönheit der Landschaft ausgiebig genossen hat, fährt man weiter gen Norden zum **Mojave National Preserve**, einem wenig besuchten Gebiet mit „singenden Sanddünen“, vulkanischen Schlackekegeln und dem größten Joshua-Tree-Wald der Welt.

Bereit für mehr Trubel? Dann auf nach **Las Vegas**! Doch ehe man seine Ersparnisse in den Kasinos verspielt, sollte man nach Westen zum **Death Valley National Park** fahren, der an Mondlandschaften erinnernde Salzebenen und Canyons mit mosaikartigen Marmorwänden zu bieten hat.

Fünf Tage bis eine Woche

San Fran – Wine Country

Im innovativen San Francisco warten die Gassen von **Chinatown** und der mit Wandbildern geschmückte **Mission District** auf die Erkundung. Danach trotzt man auf einer Bootsfahrt nach **Alcatraz** dem Nebel oder verträumt einen sonnigen Tag im **Golden Gate Park**.

Über die weltberühmte **Golden Gate Bridge** entkommt man der Stadt, um über die **Marin Headlands** zu wandern, oder man nimmt die Fähre von **Tiburon** zur **Angel Island**, um Kajak zu fahren, zu wandern oder eine Mountainbiketour zu machen. In vielen Kurven führt die Route die Küste von Marin County entlang nach Norden und kommt dabei an den Redwood-Bäumen des **Muir Woods National Monument**, der Kleinstadt **Stinson Beach** und dem quirligen **Bolinas** vorbei, bis die Halbinsel **Point Reyes National Seashore** mit ihrer wilden Schönheit erreicht ist.

Hinter **Bodega Bay** führen Landstraßen durch die Weingärten von **Occidental** und des **Russian River Valley**. Auf dem Highway 101 geht die Fahrt nach **Napa**, das stilvolle Herzstück des **Wine Country**, und ins ländlichere, aber immer noch schicke **Sonoma**. Vor der Rückfahrt nach San Fran kann man seine von der Reise müden Knochen in **Calistoga** in ein Schlammbad tauchen.

Eine Woche bis zehn Tage

Durch die Sierra Nevada

Nichts kann Besucher auf den **Yosemite National Park** mit tosenden Wasserfällen, ausgewaschenen Granitmonolithen, Wildblumenwiesen und alpinen Seen vorbereiten. Für einen Abstecher nach Süden zum **Sequoia & Kings Canyon National Park** sollte man zusätzlich Zeit einplanen, hier reicht der Blick hinauf zu den größten Bäumen der Welt und hinab in eine Schlucht, die tiefer ist als der Grand Canyon.

Über das verschneite Dach der Sierra Nevada führt die **Tioga Road**, die in der Regel nur zwischen Juni und Oktober geöffnet ist. In der Geisterstadt **Bodie** wird die Goldgräberzeit wieder lebendig. Sie liegt auf einer windgepeitschten Ebene gleich nördlich vom **Mono Lake**, wo man an Kalktuff-Formationen vorbeipaddeln kann. Von hier ist es nur eine kurze Fahrt auf dem Highway 395 nach **Mammoth Lakes**, einem Urlaubsort für Adrenalinjunkies.

Weiter nördlich liegt der **Lake Tahoe**, eine tiefblaue Perle im Schoß hoher Gipfel, die mit rauen Wanderwegen, heißen Quellen und den Hängen weltbekannter Skiorte gespickt ist. Von der Eisenbahnstadt **Truckee** geht es auf der I-80 Richtung Osten hinüber in den Bundesstaat Nevada nach **Reno**, die „Biggest Little City in the World", wo das Nachtleben in die Kasinos lockt.

Reiseplaner Disneyland

Beste Reisezeit

Mitte April–Mitte Mai Keine Menschenmassen wie in den Frühjahrs- und Sommerferien aber trotzdem eine gute Chance auf sonniges Wetter.

Mitte–Ende Sept. Sommerurlauber reisen nach dem Labor Day ab und es wird kühler, bleibt aber immer noch sonnig.

Ende Nov.–Anfang Dez. Zwischen Thanksgiving und Weihnachten glänzen die Parks im Feiertagsschmuck.

Unter der Woche Ist das ganze Jahr weniger los als an den Wochenenden.

Top Rides & Attraktionen

Disneyland Park Pirates of the Caribbean, Indiana Jones Adventure, Haunted Mansion, Space Mountain, Finding Nemo Submarine Voyage, It's a Small World, die Fantasmic Show

Disney California Adventure Soarin' Over California, Cars Land, Twilight Zone Tower of Terror, California Screamin', Grizzly River Run, Little Mermaid – Ariel's Sea Adventure, die Show World of Color

Der glücklichste Ort auf Erden? Auf den ersten Blick mag das nicht so scheinen, wenn man sich durch die ganzen Informationen zum Park wühlt und ausrechnet, was das alles kostet. Aber keine Sorge – Walt Disney hatte einen Masterplan! Die Parks sind für Familienspaß konzipiert, und das Disneyland Resort funktioniert wie ein Uhrwerk. Zur Vorbereitung gilt es einige Tipps und Strategien zu beachten. Ist man erstmal da, lässt man die Disneyleute ihren Job tun.

Ausführliche Informationen zu beiden Themenparks, dem Disneyland Park (Disneyland) und Disney's California Adventure (DCA), mit einem Überblick zu Rides („Fahrgeschäften") und Attraktionen, Unterkünften und Essen gibt's auf S. 655.

Die zeitliche Planung

» Beide Themenparks, Disneyland und DCA, sind 365 Tage im Jahr geöffnet. Die aktuellen Öffnungszeiten sollten im Voraus überprüft werden (aufgezeichnete Infos ☎714-781-4565, Hotline ☎714-781-7290; www.disneyland.com). Die Öffnungszeiten der Parks hängen von der voraussichtlichen Besucherzahl ab und können sich jederzeit ändern.

» Während der Hauptsaison im Sommer (etwa Mitte Juni bis Anfang Sept.) hat Disneyland normalerweise von 8 Uhr bis Mitternacht geöffnet, ansonsten von 10 bis 20 oder 22 Uhr. DCA schließt im Sommer um 22 oder 23 Uhr, in der Nebensaison früher.

» In der Nebensaison gibt es manche Attraktionen oder Shows eventuell nicht, etwa das abendliche Feuerwerk in Disneyland. Ein Blick auf die Website hilft Enttäuschungen zu vermeiden.

» Und keine Sorge! Niemand wird in der Warteschlange eines Fahrgeschäft von der Schließung überrascht. Die Parks bleiben geöffnet, bis der Letzte in der Reihe dran war.

Den Massen ein Schnippchen schlagen

» Parkplätze und Kartenschalter der Disneyland Resorts öffnen eine Stunde vor dem Einlass in die Themenparks. Wer früh kommt, kann also pünktlich in die Parks.

» Am vollsten sind die Parks zwischen 11 und 16 Uhr – die beste Zeit um im Hotel eine Runde zu schwimmen (und ein Nickerchen zu machen!) und nach dem Abendessen wiederzukommen.

» Informationen über das FASTPASS-System in beiden Parks, das die Wartezeit für manche Rides und Attraktionen deutlich verringern kann, stehen auf S. 644.

» Zu Smartphone-Apps, die ebenfalls helfen, lange Schlangen zu vermeiden, s. S. 656 .

Ticketkauf

» Tickets sind nie ausverkauft, aber wer sie im Voraus kauft, spart sich das Schlangestehen im Park und wahrscheinlich auch etwas Geld.

» Tickets werden jedes Jahr teurer. Die neuesten Preise stehen auf S. 656.

» Einige „Park Hopper"-Bonustickets beinhalten einen „Magic Morning"-Frühaufsteher-Einlass. Dieser gilt für bestimmte Tage und bestimmte Attraktionen, je nach Verfügbarkeit (man muss 75 Minuten vor der Öffnung des Themenparks für die Allgemeinheit auftauchen).

Rabatte & Absprachen

» Der Disneyland Park hat ab und an Sonderangebote, etwa das Fünftages-„Park Hopper"-Ticket zum Preis der Dreitageskarte; diese Spezialangebote findet man online.

» Südkalifornier erhalten verbilligte Eintrittskarten – Besucher aus Europa leider nicht.

» Wer über die **Walt Disney Travel Company** (☎714-520-5060, 800-225-2024; www.disneytravel.com) bucht, kann deutlich sparen; es gibt Komplettangebote inklusive Flug, Hotel und Karten für die Themenparks.

Mit Kindern unterwegs

Man ist nie zu jung oder zu alt für Disneyland. Familien sind häufig generationenübergreifend in den Parks unterwegs: von Müttern mit Neugeborenen im Arm bis zu den Urgroßeltern genießen alle die Rides und Attraktionen.

Säuglinge & Kleinkinder

» Man kann Kinderwagen mieten (S. 656), sie dürfen aber nur in den Themenparks benutzt werden, nicht in Downtown Disney. Wer seinen eigenen Buggy dabei hat, spart Zeit und Geld.

» Buggys sind auf Rolltreppen oder in der Parkplatzbahn nicht erlaubt, in der Monorail nur zusammengelegt.

» Babyzentren mit Wickelkommoden und Stillmöglichkeiten gibt's in Disneyland (Main Street, USA) und im DCA (Pacific Wharf).

» In der Main Street, USA (Disneyland), am Sunshine Plaza (DCA) und außerhalb der Haupteingänge beider Parks befinden sich Schließfächer. Die Tagesmiete beträgt, je nach Schließfachgröße, zwischen 7 und 15 US$.

Kinder bis 12 Jahre

» Wenn Kinder ihre Eltern nicht mehr finden, sollen sie sich an den nächstbesten Disney-Mitarbeiter wenden, er oder sie wird die Kleinen zu einem der *lost children*-Zentren bringen (auf der Main Street, USA, in Disneyland oder am Pacific Wharf in DCA).

» Wer die Angaben zu Mindestkörpergrößen für Rides und Attraktionen bereits vorher im Internet nachliest, erspart sich und den Kindern Enttäuschungen vor Ort.

» Kinder bis neun Jahre dürfen kostümiert in die Parks (ohne Masken, Spielzeugwaffen oder andere scharfe Gegenstände). Während Halloween dürfen sich Kinder bis 12 Jahre verkleiden.

» Hinweis für sensible Kinder: viele der Fahrgeschäfte für Kinder – etwa Roger Rabbit's Car Toon Spin und Mr. Toad's Wild Ride – können durchaus beängstigend sein.

Teenager

» Teenagern sollte man sagen, dass sie Nachrichten für „verlorengegangene Eltern" in der City Hall, am Eingang ins Disneyland hinterlassen können, falls ihre Handys nicht funktionieren.

TO-DO-LISTE FÜR DISNEYLAND

Mindestens einen Monat vorher

☐ Ein Hotel in der Gegend reservieren oder ein Disneyland-Urlaubspaket buchen.

☐ Sich online für Disney Fans Insider-Newsletter und Updates zu den Resorts registrieren.

Eine Woche oder zwei Wochen vorher

☐ Im Internet die Öffnungszeiten der Parks und Anfangszeiten der Liveshows und Unterhaltungen heraussuchen.

☐ Tische im Restaurant oder für spezielle Mahlzeiten mit den Disneyfiguren reservieren.

☐ Unbedingt noch Tickets und Pässe online kaufen und zu Hause ausdrucken.

Einen Tag oder eine Nacht vorher

☐ Noch einmal die Park-Öffnungszeiten des nächsten Tages überprüfen, ebenso die Abfahrtszeiten für den Shuttledienst von Anaheim oder dem Hotel.

☐ Einen kleinen Tagesrucksack packen mit Sonnenschutz, Hut, Sonnenbrille, Badesachen, Kleider zum Wechseln, Jacke oder Kapuzenpulli, leichtem Regenumhang und Extra-Batterien und Speicherkarten für Digitalkameras und Camcorder.

☐ Alle elektronischen Geräte (einschließlich Kameras und Handys) sollten voll aufgeladen sein.

☐ Smartphone-Besitzer könnten eine Disneyland-App herunterladen (S. 656).

» Kleidung oder Tattoos mit Sprüchen oder Zeichnungen, die als beleidigend erachtet werden, sind verboten, ebenso was Disneyland für zu viel nackte Haut hält (z. B. Bikini-Tops).

Übernachtungen

Disneyland Resort

» Für die Disney-Kompletterfahrung bucht man eines der drei **Hotels** des Resorts (Reservierungen ☎714-956-6425, 800-225-2024; www.disneyland.com). Bewertungen s. S. 652).

» Gäste der Resorthotels erhalten meist Vergünstigungen, vom frühzeitigen Einlass in die Attraktionen des Parks bis zu bevorzugten Sitzplätzen bei Liveshows und Paraden.

» Die Buchung für eine Nacht in den Disneyland Resorthotels ist vergleichsweise teuer, aber wer mehrere Nächte oder Urlaubspakete bucht, spart.

Außerhalb der Parks

» Viele Motels und Hotels in der Anaheim-Region bieten Unterkunft und Eintrittskarten im Paket; die meisten haben Familienzimmer oder Suiten für vier bis sechs Personen .

» Einige örtliche Unterkünfte bieten ihren Gästen einen kostenlosen Shuttleservice zu den Parks. Falls nicht, sollte man möglichst in fußläufiger Entfernung übernachten oder an der öffentlichen Shuttle-Route Anaheims (s. S. 657).

Essen & Trinken

» Eigentlich dürfen Essen und Getränke nicht in die Parks gebracht werden, aber die Sicherheitsleute schauen oft weg, wenn man nur kleine Wasserflaschen und Snacks dabei hat.

» Wer im Restaurant nicht reserviert hat, sollte das Essen für außerhalb der Stoßzeiten einplanen (also mittags nicht zwischen 12 und 15 Uhr und abends vor 18 oder nach 21 Uhr).

» Für Essen guter Qualität und eine Auswahl frischer Speisen sollte man die Parks verlassen und nach Downtown Disney gehen (S. 654).

» Für die vorhandenen Trinkbrunnen nimmt man am besten eine auffüllbare Wasserflasche mit.

Reservierungen & „Special Meals"

» Wer in den Parks oder Resorthotels am Tisch essen möchte, sollte in der Hauptsaison unbedingt reservieren. Restaurantbewertungen s. S. 653. Wer Diätvorgaben beachten muss, Tische reservieren oder sich nach den Mahlzeiten mit Disneyfiguren erkundigen will, ruft für beide Parks **Disney Dining** an (☎714-781-3463).

Camping & Outdoor-Aktivitäten

Beste Zeit für Outdoor-Aktivitäten

Camping Mai–Sept.

Radfahren, Mountainbiken Jun –Okt.

Hiking April–Okt.

Kajakfahren, Schnorcheln, Tauchen Juni–Okt.

Klettern April–Okt.

Rafting April–Okt.

Surfen Sept.–Nov.

Schwimmen Juli–Aug.

Walbeobachtung Jan.–März

Die besten Outdoor-Erlebnisse in Kalifornien

Mit dem Rucksack auf dem John Muir Trail wandern

Mit dem Fahrrad den Pacific Coast Highway lang fahren

Klettern im Yosemite Valley

Seekajakfahren und Wale beobachten im Channel Islands National Park

Schnorcheln oder Tauchen in La Jolla

Surfen in Mavericks, Malibu oder Santa Cruz

Wildwasser-Rafting auf dem Cherry Creek im oberen Tuolumne River

Der Golden State ist rund ums Jahr ein Paradies für Outdoor-Aktivitäten. Er lädt zu Frühlingswanderungen zwischen Wüstenblumen ein, zum Schwimmen im sommerlichen, sonnenbeschienenen Pazifik, zu Mountainbiketouren im bunten Herbstwald und zu wilden Schussfahrten durch tiefen Pulverschnee im Winter. Wer es aufregender mag, kann mit einem Gleitsegler von Klippen am Meer abheben, Granitwände erklimmen und in einem Felsen-Märchenland freeclimben, oder er befestigt einen Drachen am Surfbrett und jagt über die schäumenden Wellen. Hier kommt jeder Adrenalinjunkie auf seine Kosten.

Camping

In ganz Kalifornien haben Camper die Qual der Wahl. Man kann das Zelt neben Seen oder Flüssen im Hochgebirge mit Blick auf die gezackten Gipfel der Sierra Nevada aufstellen, in Südkalifornien an herrlichen Stränden campen oder nördlich von Big Sur an der Grenze zu Oregon im Schatten von Redwood-Bäumen, den höchsten Bäumen der Welt, Schutz suchen. Auch die Wüsten im Landesinneren von Südkalifornien sind einfach magische Orte, um in Vollmondnächten neben Sanddünen zu zelten. Wer kein eigenes Zelt dabei hat, kann die Campingausrüstung in den meisten Städten leihen oder kaufen.

Campingplätze & Ausstattung

Einfache Campingplätze Meistens haben sie Feuerstellen, Picknicktische, Zugang zu Trinkwasser und Toilettenhäuschen mit Chemietoiletten; am häufigsten finden sich solche Plätze in National Forests (United States Forest Service; USFS) und auf Land des Bureau of Land Management (BLM).

Ausgebaute Campingplätze Diese befinden sich in der Regel in State Parks und Nationalparks und haben Annehmlichkeiten wie normale Toiletten, Grillplätze und manchmal auch Warmwasserduschen und Münzwaschmaschinen.

Campingplätze in Kalifornien

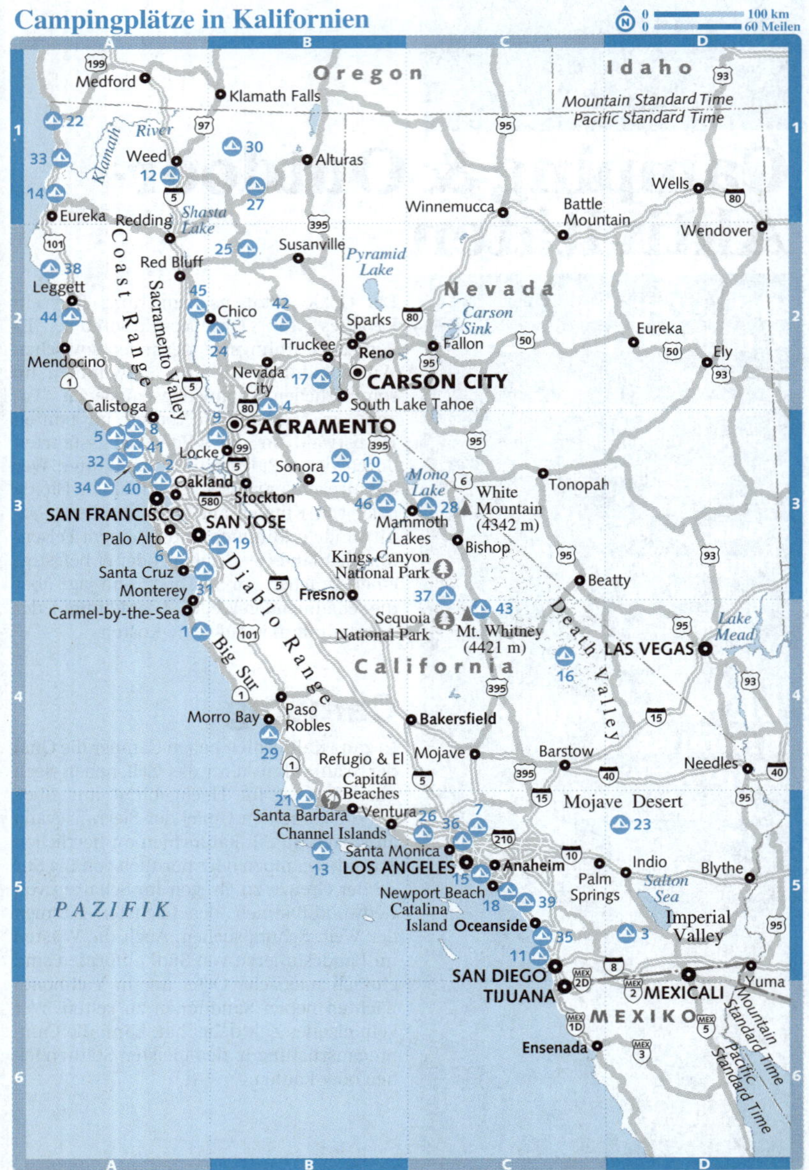

Anschlüsse für Wohnmobile (Recreational Vehicle – RV) und **Müllstationen** gibt es auf vielen privaten Campingplätzen, aber nur selten auf staatlichen.

Private Campingplätz sind vor allem auf Wohnmobile ausgerichtet und bieten warme Duschen, Pools, WLAN und Hütten für Familien. Für Zelte gibt es eventuell nur wenige und nicht besonders einladende Stellplätze.

Umweltfreundliche Walk-in-Zeltplätze Sie bieten mehr Ruhe und Privatsphäre und sind auf einigen öffentlichen Campingplätzen für Fernwanderer und Radfahrer reserviert.

Saison, Preise & Reservierungen

Viele Campingplätze sind vom Spätherbst bis zum Beginn des Frühlings geschlossen, besonders in den Bergen und in Nordkalifornien. Die Daten der Schließung und Öffnung ändern sich je nach Wetterverhältnissen von Jahr zu Jahr. Private Campingplätze sind oft das ganze Jahr über geöffnet, vor allem solche in der Nähe von Städten und wichtigen Highways.

Viele öffentliche und private Campingplätze nehmen Reservierungen entgegen, dabei geht es strikt nach der Reihenfolge der Anmeldung. Die einfachsten Zeltplätze können kostenlos sein, der Übernachtungspreis für ein Wohnmobil mit allen Anschlüssen kann aber auch 45 US$ und mehr kosten.

Bei folgenden Einrichtungen kann man online Campingplätze finden, sich über ihre Ausstattung informieren, Verfügbarkeiten prüfen und Stellplätze reservieren:

Recreation.gov (☎518-885-3639, 877-444-6777; www.recreation.gov) Reservierung von Stellplätzen und Hütten in Nationalparks, National Forests und auf BML-Gebiet.

ReserveAmerica (☎916-638-5883, 800-444-7275; www.reserveamerica.com) Reservierungen für kalifornische State Parks, Regionalparks in

Campingplätze in Kalifornien

Schlafen

1 Andrew Molera State Park A4
2 Angel Island State Park A3
3 Anza-Borrego Desert State Park D5
4 Auburn State Recreation Area B2
5 Austin Creek State Recreation Area A3
6 Big Basin Redwoods State Park A3
7 Big Bear Lake C5
8 Bothe-Napa Valley State Park A3
9 Brannan Island State Recreation Area B3
10 Calaveras Big Trees State Park B3
11 Campland on the Bay C5
Casini Ranch .... (siehe 5)
12 Castle Lake A1
13 Channel Islands National Park B5
14 Clam Beach County Park A1
15 Crystal Cove State Park C5
16 Death Valley National Park C4
17 DL Bliss State Park B2
18 Doheny State Beach C5
19 Henry W Coe State Park B3
20 Indian Grinding Rock State Park B3
21 Jalama Beach County Park B5
22 Jedediah Smith Redwoods State Park A1
23 Joshua Tree National Park D5
Julia Pfeiffer Burns State Park .... (siehe 1)
24 Lake Oroville State Recreation Area B2
25 Lassen Volcanic National Park B2
26 Leo Carrillo State Beach C5
27 McArthur-Burney Falls State Park B1
28 Minaret Falls Campground C3
29 Montaña de Oro State Park B4
30 Mount Shasta B1
31 New Brighton State Beach A3
Newport Dunes Waterfront Resort .... (siehe 15)
32 Point Reyes National Seashore A3
33 Prairie Creek Redwoods State Park A1
34 Samuel P Taylor State Park A3
35 San Elijo State Beach C5
36 Santa Monica Mountains National Recreation Area C5
37 Sequoia & Kings Canyon National Parks C3
38 Sinkyone Wilderness State Park A2
39 South Carlsbad State Beach C5
40 Steep Ravine A3
41 Sugarloaf Ridge State Park A3
42 Tahoe National Forest B2
43 Tuttle Creek Campground C4
44 Van Damme State Park A2
45 Woodson Bridge State Recreation Area A2
46 Yosemite National Park B3

der East Bay und in Orange County sowie einige private Campingplätze.

Kampgrounds of America (KOA; http://koa.com) Nationale Kette guter, aber eher teurer privater Campingplätze mit kompletter Ausstattung, auch für Wohnmobile.

Radfahren & Mountainbiken

Helm auf! Kalifornien ist ein tolles Ziel für Radfahrer, ob nun für eine entspannte Tour am Strand, eine adrenalingesättigte Mountainbikefahrt oder ein mehrtägiges Abenteuer an der Küste. In den meisten Küstengebieten ist Radfahren das ganze Jahr über möglich, im Winter sollte man allerdings nicht in den Bergen fahren und im Sommer nicht in der Wüste.

Allgemeine Regeln

» In Nationalparks und State Parks darf man mit dem Rad in der Regel nur auf asphaltierten und unbefestigten Straßen fahren, Wanderwege und ausgewiesene Wildnisgebiete sind tabu für Drahtesel.

» Die meisten National Forests und BLM-Gebiete sind für Mountainbiker geöffnet. Auf den bereits vorhandenen Wegen bleiben und Wanderern und Reitern immer die Vorfahrt gewähren!

» Infos zu Verkehrsregeln, Mietpreisen, Hilfe bei Notfällen und zum Fahrradtransport sowie Tipps zum Fahrradkauf s. S. 864.

Die besten Gegenden zum Radfahren

» Selbst in verkehrsreichen urbanen Gebieten kann es gute Möglichkeiten zum Radfahren geben, besonders in Südkalifornien. So gibt es etwa in Los Angeles den South Bay Bicycle Trail (S. 611) am Strand entlang und in Santa Barbara den Oceanfront Recreational Path (S. 562).

» Im fahrradfreundlichen San Francisco in Nordkalifornien kann man durch den Golden Gate Park (S. 81) und über die Golden Gate Bridge fahren und dann mit der Fähre von Sausalito zurückkehren.

» Der am Wasser entlang führende Monterey Peninsula Recreational Trail (S. 517) und der für seine landschaftliche Schönheit berühmte 17-Mile Drive (S. 517) im Süden an der Central Coast begeistern Sonntagsradler ebenso wie anspruchsvolle Radfahrer.

KEINE RESERVIERUNG?

Wer keine Reservierung hat, sollte versuchen, zwischen 10 und 12 Uhr auf dem Campingplatz einzutreffen, wenn viele Camper abreisen. Allzu wählerisch sollte man nicht sein, sonst hat man am Ende gar keinen Stellplatz, das gilt vor allem während der Sommerferien und wenn in der Wüste die Wildblumen blühen. Ranger in den Parks, Visitor Centers und die Mitarbeiter auf Zeltplätzen wissen oft, wo es vielleicht noch freie Plätze gibt, ansonsten erkundigt man sich nach zusätzlichen Campingkapazitäten und kleineren Campinggebieten in der Nähe.

» Das Wine Country in Nordkalifornien bietet einige schöne Radtouren, doch der Highway 1 entlang der Küste ist nach wie vor unübertroffen, vor allem der schwindelerregende Abschnitt durch Big Sur.

» Oben im Norden im Humboldt Redwoods State Park lockt die Fahrt auf der kurvenreichen Avenue of the Giants zwischen den höchsten Bäumen der Welt (S. 271).

» Der Yosemite National Park (S. 454) in der Sierra Nevada bietet überwiegend ebene, asphaltierte Wege durch das von Gletschern geschaffene Tal mit seinen Wasserfällen.

Die besten Mountainbike-Gebiete

» Die Marin Headlands (S. 119) gleich nördlich von San Francisco bieten eine Fülle von Wegen für Freunde von Fat-Tire-Bereifung, und der Mt. Tamalpais (S. 118) darf für sich in Anspruch nehmen, der Geburtsort dieses Sports zu sein.

» Erstklassige einspurige Abfahrten in der Nähe des Lake Tahoe sind Mr. Toad's Wild Ride (S. 413) und der Flume Trail (S. 438). Downieville (S. 344) im benachbarten Gold Country bietet einen gigantischen Abfahrtsrausch.

» Geschwindigkeitsfreaks singen auch Lobeshymnen auf den Mammoth Mountain (S. 584) in der Eastern Sierra, dessen nur im Sommer geöffneter Bikepark 113 km einspuriger unbefestigter Wege aufweist.

» Weitere Skigebiete, deren Abfahrten und Sessellifte im Sommer für Mountainbiker geöffnet sind, sind z. B. Big Bear Lake (S. 637) außerhalb von L. A. und einige Ferienorte am Lake Tahoe (S. 401).

(oben) Camping am John Muir Trail, Ansel Adams Wilderness Area (S. 485), Sierra Nevada
(links) Rafting auf dem Kern River (S. 399)

» In den südkalifornischen Nationalparks Joshua Tree (S. 741) und Death Valley (S. 764) gibt es viele Kilometer Landstraßen zum Mountainbiken, das gilt auch für den Anza-Borrego Desert State Park (S. 750) außerhalb von San Diego und die Santa Monica Mountains (S. 611) nördlich von Los Angeles.

» Zu den bei Mountainbikern besonders beliebten State Parks zählen Nordkaliforniens Prairie Creek Redwoods (S. 286), Andrew Molera in Big Sur, Montaña de Oro bei San Luis Obispo und Crystal Cove im Orange County.

Karten & Infos im Internet

Fahrradläden vor Ort haben zusätzliche Vorschläge für Fahrradtouren, Karten und Tipps.

» **California Association of Bicycling Organizations** (www.cabobike.org) Kostenlose Infos zu Fahrradtouren und zum Zugang zu Freeways.

» **California Bicycle Coalition** (www.calbike.org) Links zu kostenlosen Online-Fahrradkarten, Fahrradverleih-Programmen und kommunalen Fahrradläden.

» **Adventure Cycling Association** (www.adventurecycling.org) Verkauft Führer und Karten für längere Radwanderrouten, darunter auch für den Pacific Coast Highway (PCH).

» **League of American Bicyclists** (www.bikeleague.org) Kann bei der Suche nach Läden für Spezialfahrräder, örtlichen Fahrradclubs, Gruppentouren und anderen besonderen Events helfen.

» Nach Onlineforen und Erfahrungen mit den Mountainbike-Strecken in Kalifornien kann man auf **DirtWorld.com** (http://dirtworld.com) und **MTBR.com** (www.mtbr.com) suchen.

Rafting

In Kalifornien gibt es Dutzende Wahnsinnsflüsse, und ihre mitreißende Kraft fühlt sich an wie eine aufregende Fahrt auf einer natürlichen Achterbahn. Beim Paddeln durch gigantische Wildwasser-Stromschnellen, die durch die Schneeschmelze angeschwollen sind, reduzieren sich die Gedanken auf zwei einfache Worte: „Überleben“ und „Verdammt!“. Zu viel Aufregung? Unter den unzähligen Möglichkeiten zum Rafting sind auch welche für Möchtegern-Flussbezwinger und sogar für blutige Anfänger.

California Whitewater Rafting (www.c-w-r.com) hat Infos zu allen wichtigen Spots für Raftingtouren in Kalifornien sowie Links zu Ausrüstern und Gruppen, die sich um den Schutz der Flüsse kümmern. Die meisten der besten Raftingstrecken sind in der Sierra Nevada und im Gold Country zu finden, doch auch in den Northern Mountains gibt es einige wilde Bootsfahren, etwa auf den Flüssen Klamath, Trinity, Sacramento, Smith und California Salmon.

Wildwasser-Touren sind nicht ungefährlich, und es ist nicht ungewöhnlich, dass die Teilnehmer bei schwierigen Bedingungen aus dem Boot fallen. Es kommt aber nur selten zu schweren Verletzungen, und die meisten Fahrten verlaufen ohne Zwischenfälle. Für geführte Flusstouren bis zur Klasse III ist keine vorherige Erfahrung nötig, doch für Klasse IV sollte man in guter Form und ein sehr guter Schwimmer sein, der neben der Schwimmweste auch etwas Erfahrung mitbringt.

Saison, Preise & Reservierungen

Kommerzielle Agenturen veranstalten eine Vielzahl von Touren, von kurzen, billigen Bootsfahrten am Morgen oder Nachmittag bis zu zwei- oder mehrtägigen Expeditionen mit Übernachtungen. Für eine geführte Tagestour sollte man mit 100 US$ rechnen. Reservierungen sind empfehlenswert, besonders für mehrtägige Fahrten.

Die Hauptsaison für Raftingtouren dauert von April bis Oktober, je nach dem jeweiligen Fluss und der aktuellen Menge des Tauwassers, das von den Bergen kommt, variieren die besten Monate. Das Boot ist entweder ein großes Schlauchboot für mindestens ein Dutzend Personen oder ein kleineres für sechs Personen; im kleinen Boot ist es aufregender, da es stärkere Stromschnellen bewältigen kann und alle mitpaddeln.

Strände & Schwimmen

» Angesichts der endlosen Kilometer breiter Sandstrände, vor allem zwischen Santa Barbara und San Diego, ist es ein Leichtes, ins kühle Nass zu springen.

» Der unglaublich detaillierte *California Coastal Access Guide* (University of

DIE BESTEN WILDWASSERTOUREN IN KALIFORNIEN

NAME	KLASSE	ZEIT	BESCHREIBUNG
American River	Klasse II, IV	April, Okt.	Der South Fork (S. 346) ist für Familien und Neulinge ideal, die sich mal nasse Füße holen wollen, die anspruchsvolleren Middle Fork und North Fork (S. 337) bahnen sich im Gold Country ihren Weg durch tiefe Schluchten.
Kern River	Klasse II, V	April, Sept.	Der Upper und der Lower Forks (S. 400) in der Nähe von Bakersfield bieten mit die besten Wildwasser-Fahrten der südlichen Sierra.
Kaweah River	Klasse IV+	April, Juli	Diese schnelle, furiose Fahrt führt durch den Sequoia National Park steil nach unten und ist etwas für erfahrene Rafter.
Kings River	Klasse III, V	April, Juli	Einer der mächtigsten kalifornischen Flüsse bahnt sich durch eine Schlucht, die tiefer als der Grand Canyon ist; die Touren beginnen außerhalb des Kings Canyon National Park.
Merced River	Klasse III, V	April, Juli	Die Bootsfahrt durch diesen Canyon (S. 460), die vor dem Yosemite National Park beginnt, ist die beste mittelschwere Tagestour in der Sierra.
Stanislaus River	Klasse II, IV	April, Okt.	Der North Fork im Gold Country bietet Raftingtouren für jeden Geschmack, von Anfängern bis hin zu Abenteuerlustigen.
Truckee River	Klasse II, IV	April, Aug.	Dieser Fluss (S. 431) in der Nähe des Lake Tahoe bietet eine tolle Anfängertour und einen Wasserpark für Kajakfahrer auf dem Fluss im Zentrum von Reno (S. 496).
Tuolumne River	Klasse IV, V	April, Sept.	Erfahrene Rafter dürften im Sommer die extremen Fahrten auf dem „T" bevorzugen – der nur für Profis geeignete Cherry Creek ist eine legendäre Bootstour in der Sierra Nevada.

California Press, 2003) enthält ausführliche Anfahrtsbeschreibungen und Karten, in denen Strände eingezeichnet sind.

» Die Wassertemperaturen in Südkalifornien sind ab Mai oder Juni passabel und im Juli und August am höchsten. An den Stränden Nordkaliforniens ist das Wasser das ganze Jahr über kühl, am besten bringt man sich deshalb einen Neoprenanzug mit oder leiht einen aus.

» An beliebten Stränden gibt es Rettungsschwimmer, trotzdem kann das Schwimmen an manchen Stellen gefährlich sein. Warnzeichen sollte man immer Folge leisten und sich vor dem Baden nach den örtlichen Bedingungen erkundigen.

» Die Wasserqualität variiert von Strand zu Strand und von Tag zu Tag. Nach einem großen Regensturm sollte man mindestens drei Tage nicht ins Wasser gehen, da giftige Schadstoffe durch die Regenkanäle ins Meer gespült werden können. Die aktuellen Wasser-Sicherheitsbedingungen für den ganzen Staat findet man auf der Seite **Beach Report Card** (http://brc.healthebay.org).

» Sicherheitshinweise im Zusammenhang mit Strömungen s. S. 848.

Die besten Strände zum Schwimmen

» **San Diego** La Jolla, Coronado, Mission Beach, Pacific Beach, Torrey Pines

» **Orange County** Newport Beach, Laguna Beach, State Parks Crystal Cove und Doheny Beach

» **Los Angeles** Santa Monica, South Bay, Malibu, Leo Carrillo State Beach

» **Central Coast** Ventura, Carpinteria, Santa Barbara, El Capitan State Beach, Refugio State Beach

Surfen

Surf's up! Die mächtigsten Wogen kommen im späten Herbst und im Winter an die Küste. Im Mai und Juni sind die Wellen in der Regel am flachsten, dafür ist aber das Wasser wärmer. Was die Temperaturen angeht, so sollte man sich die Bilder von blonden Schönheiten, die in winzigen Bikinis surfen, schnell aus dem Kopf schlagen, denn ohne Neoprenanzug friert man sich den Hintern ab (außer vielleicht im Hochsommer), besonders in Nordkalifornien.

An manchen Surfspots sind sehr viele Surfer unterwegs, und einige Locals verteidigen ihr Territorium ziemlich aggressiv. Am besten freundet man sich mit einem einheimischen Surfer an, ehe man sich in die berühmten kalifornischen Wellen stürzt. In den Gewässern vor Kalifornien leben zwar Haie, doch Angriffe sind selten. Die meisten passieren im sogenannten „Red Triangle" zwischen Monterey an der Central Coast, der Tomales Bay nördlich von San Francisco und den Farallon Islands vor der Küste.

Top-Surfspots für Profis

In Kalifornien gibt es jede Menge leicht zugänglicher Weltklasse-Surfspots, den Löwenanteil davon hat Südkalifornien.

» Huntington Beach (S. 660) im Orange County hat die vielleicht beständigsten Wellen an der Westküste, kilometerlange Breaks treffen auf den Pier.

» Trestles (S. 674) in Orange County ist ein erstklassiger Sommer-Surfspot mit großen, aber nachsichtigen Wellen, hohem Tempo und sowohl linken als auch rechten Breaks.

» Am Windansea Beach (S. 697) in San Diego gibt es einen mächtigen Reefbreak, während sich beim nahe gelegenen Big Rocks krasse Röhren bilden.

» Der Surfrider Beach (S. 605) in Malibu hat saubere rechte Breaks, die bei größeren Wellen noch besser werden.

» Bei Santa Barbaras Rincon Point in Carpinteria gibt es einen weiteren legendären rechten Break, der unendlich zu sein scheint.

» Steamers Lane (S. 505) in Santa Cruz hat glasklare Pointbreaks und felsige Reefbreaks.

» Mavericks (S. 169; www.maverickssurf.com) in der Half Moon Bay ist bei Big-Wave-Surfern berühmt, hier werden die mächtigsten Wellen im Winter über 15 m hoch.

Die besten Breaks für Anfänger

Um surfen zu lernen, eignen sich am besten die langen, flachen Buchten, wo die Wellen klein sind und rollen, z. B. die folgenden:

» **San Diego** Mission Beach, Pacific Beach, Oceanside

» **Orange County** Seal Beach, Newport Beach, Dana Point

» **Los Angeles** Santa Monica, Manhattan Beach

» **Central Coast** Santa Cruz, Santa Barbara, Cayucos

Verleih & Unterricht

Surfbretter werden so ziemlich an jedem Fleckchen Strand verliehen, wo gesurft werden kann. Ein Surfbrett kostet pro halben Tag etwa 20 US$, ein Neoprenanzug noch mal 10 US$.

Zweistündiger Surfunterricht in Gruppen kostet ab 74 US$ pro Person, zweistündiger Einzelunterricht schlägt mit über 100 US$ zu Buche. Wer einfach ins kalte Wasser springen will, findet bei vielen Surfschulen teurere Wochenendkurse, die sich „Surf Clinic" nennen, und einwöchige „Surfari"-Camps.

Stand-up-Paddle-Surfing (SUP, Stehpaddeln) ist leicht zu erlernen und verbreitet sich rasend schnell. An der ganzen Küste von San Diego bis nördlich der San Francisco Bay werden Bretter und Paddel verliehen und es wird Unterricht angeboten.

Bücher, Karten & Infos im Internet

» Der umfangreiche Atlas, die Live-Webcams und die Surfberichte bei **Surfline** (www.surfline.com) bieten Infos von San Diego bis Santa Barbara.

» Auf der Website der in Orange County beheimateten Zeitschrift *Surfer* (www.surfermag.com) kann man Reiseberichte, Meinungen zu Ausrüstungsartikeln, aktuelle Blogs und Videos abrufen.

» Ein Surfabenteuer an der Küste lässt sich gut mit **SurfMaps** (www.surfmaps.net) planen, die Seite hat sogar Details zum saisonalen Wetter und den Wassertemperaturen.

» Aufgeklärte Surfer können sich **Surfrider** (www.surfrider.org) anschließen, einer gemeinnützigen Organisation, deren Ziel der Schutz der Küstenökologie ist.

Tauchen & Schnorcheln

An der ganzen Küsten wimmelt es in den Riffen, Schiffswracks und Kelpwäldern nur so von Meereslebewesen, die tolle Fotomotive abgeben, vor allem in den wärmeren Gewässern Südkaliforniens.

Wer bereits ein PADI-Zertifikat hat, kann eine Tauchausrüstung mit einer Flasche für 65 bis 100 US$ ausleihen, Tauchgänge vom Boot aus mit zwei Flaschen kosten über 100 US$ und sollten mindestens einen Tag vorher reserviert werden. Die Organisation **LA Diver** (http://ladiver.com) hat eine ausführliche Liste von Tauchgebieten, Tauchshops, Zertifizierungsprogrammen, Notfalladressen und Wetterbedingungen für das Gebiet um L.A. sowie Links zu Seiten für Süd-, Zentral- und Nordkalifornien.

Schnorchelausrüstung verleihen die meisten Tauchshops für ca. 15 bis 40 US$ pro Tag. Wer öfter als nur ein oder zwei mal ins Wasser springen will, kommt wahrscheinlich günstiger weg, wenn er seine eigene Maske und Flossen mitbringt oder kauft. Immer daran denken: Beim Schnorcheln nichts berühren, nicht allein schnorcheln und immer den Rücken mit Sonnenschutz oder einem T-Shirt schützen.

Die besten Gebiete zum Tauchen & Schnorcheln

» Der La Jolla Underwater Park (S. 697) in San Diego ist toll für Tauchanfänger, die La Jolla Cove (S. 696) eignet sich besonders gut zum Schnorcheln.

» Für erfahrenere Taucher und Schnorchler bieten sich der Crystal Cove State Park (S. 664) und die Diver's Cove (S. 670) im Orange Country an.

» Catalina Island (S. 635) bei L.A. und der Channel Islands National Park (S. 578) vor der Küste von Ventura sind Hauptziele für Taucher und Schnorchler.

» Monterey Bay (S. 517) bietet mit seinem staatlichen Meeresschutzgebiet weltbekannte Tauch- und Schnorchelmöglichkeiten, ohne Neoprenanzug ist es hier aber zu kalt.

» Das weiter südlich gelegene Point Lobos State Natural Reserve (S. 517) ist ein anderes Highlight für Taucher (Schnorcheln ist hier verboten); die Reservierung einer Permit ist erforderlich!

Walbeobachtung

» Grauwale können von Dezember bis April während ihrer jährlichen Wanderung vor der kalifornischen Küste gesehen werden, während Blau-, Buckel- und Pottwale im Sommer und Herbst vorbeiziehen (s. auch S. 838).

» Mit etwas Glück sind Wale von der Küste aus (z. B. von einem Leuchtturm) zu sehen; das kostet zwar nichts, die Wahrscheinlichkeit, welche zu sehen, ist aber geringer und man ist weit weg vom Geschehen.

» Praktisch in jeder Hafenstadt an der Küste werden Walbeobachtungstouren angeboten, besonders im Winter. Fernglas nicht vergessen!

» Halbtägige Bootstouren kosten 30 bis 45 US$, Tagestouren im Durchschnitt 65 bis 100 US$, man sollte mindestens einen Tag vorher reservieren.

» Bei den besseren Bootstouren ist die Zahl der Passagiere begrenzt und ein ausgebildeter Naturforscher oder Meeresbiologe ist an Bord.

» Einige Unternehmen lassen Fahrgäste kostenlos an einer zweiten Fahrt teilnehmen, wenn sie auf der ersten keine Wale gesehen haben.

» Raue See kann Übelkeit hervorrufen. Um Seekrankheit zu vermeiden, sitzt man am besten auf der oberen Ebene, aber nicht zu dicht an den Dieselabgasen hinten.

Wandern & Trekken

Von der Wanderlust gepackt? Kalifornien ist mit seinen tollen Landschaften für die Erkundung zu Fuß perfekt geeignet. Ob man die Gipfel der Sierra Nevada erklimmen, in den südkalifornischen Wüstenoasen herumwandern, zwischen den höchsten, größten und ältesten Bäumen der Welt umherstreifen oder einfach bei dröhnender Brandung am Strand entlang spazieren will – hier ist alles möglich. Im Frühling und Frühsommer erblühen in den Hügeln an der Küste, auf den Bergwiesen, in den feuchten Wäldern und in den endlosen Wüsten die Wildblumen zu voller Pracht.

Die besten Gegenden zum Wandern

Wo auch immer in Kalifornien man gerade ist, der nächste Wanderweg ist nie weit weg, selbst in belebten städtischen Gebieten. Die Nationalparks und State Parks bie-

ES GIBT NOCH MEHR!

AKTIVITÄT	ORT	REGION	SEITE
Angeln*	Dana Point	Disneyland & Orange County	S. 673
	San Diego	San Diego	S. 701
	Bodega Bay	North Coast & Redwood Coast	S. 236
	Klamath River	North Coast & Redwood Coast	S. 287
Caving	Lava Beds National Monument	Northern Mountains	S. 324
	Crystal Cave	Yosemite & Sierra Nevada	S. 470
	Pinnacles National Monument	Central Coast	S. 548
Drachenfliegen & Paragliding	Torrey Pines	San Diego	S. 702
	Santa Barbara	Central Coast	S. 573
Golf	Palm Springs & Coachella Valley	Palm Springs & die Wüsten	S. 733
	Pebble Beach	Central Coast	S. 526
	Torrey Pines	San Diego	S. 699
Kajakfahren	Channel Islands National Park	Central Coast	S. 578
	Morro Bay	Central Coast	S. 542
	Elkhorn Slough	Central Coast	S. 513
	Tomales Bay	Marin County & Bay Area	S. 139
	Santa Barbara	Central Coast	S. 572
	Bodega Bay	North Coast & Redwood Coast	S. 236
	Mission Bay	San Diego	S. 693

ten inmitten atemberaubender Landschaften eine Fülle von unterschiedlichen Wanderwegen, von leichten Naturlehrpfaden, die auch für Rollstühle und Kinderwagen kein Problem darstellen, bis zu mehrtägigen Rucksackwanderungen durch schroffe Wildnis.

» **Sierra Nevada** In den Nationalparks Yosemite (S. 442) und Sequoia & Kings Canyon (S. 462) kann man zwischen Wasserfällen, Wildblumenwiesen und Bergseen herumkraxeln, mächtige Granittürme bezwingen oder zwischen den höchsten Bäumen der Welt, den Riesenmammutbäumen, spazieren gehen.

» **San Francisco Bay Area** Die Marin Headlands (S. 119), Muir Woods, der Mt. Tamalpais (S. 133), Point Reyes National Seashore und der Big Basin Redwoods State Park (S. 511) befinden sich alle weniger als 90 Fahrminuten von San Francisco entfernt und sind mit einem Netz großartiger Wanderwege durchzogen.

» **Südkalifornische Wüsten** Der Frühling und der Herbst sind am besten geeignet, um in den Nationalparks Death Valley (S. 764) und Joshua Tree (S. 741), im Mojave National Preserve und im Anza-Borrego Desert State Park (S. 768) zu wandern. Sie bieten Wege durch Palmenoasen in Canyons und Bergbau-Geisterstädte, auf

AKTIVITÄT	ORT	REGION	SEITE
Klettern	Yosemite National Park	Yosemite & Sierra Nevada	S. 449
	Joshua Tree National Park	Palm Springs & die Wüsten	S. 746
	Pinnacles National Monument	Central Coast	S. 547
	Bishop	Yosemite & the Sierra Nevada	S. 491
	Truckee	Lake Tahoe	S. 431
Kitesurfen & Windsurfen	San Francisco Bay	San Francisco	S. 83
	Lake Tahoe	Lake Tahoe	S. 431
	Long Beach	Los Angeles	S. 608
	Mission Bay	San Diego	S. 700
Reiten	Yosemite National Park	Yosemite & Sierra Nevada	S. 449
	Wild Horse Sanctuary	Northern Mountains	S. 303
	Point Reyes National Seashore	Marin County & Bay Area	S. 140
	Del Mar	San Diego	S. 717
	Temecula	San Diego	S. 717
	Napa	Napa & Sonoma im Wine Country	S. 177
Vogelbeobachtung	Klamath Basin NWR	Northern Mountains	S. 325
	Mono Lake	Yosemite & Sierra Nevada	S. 480
	Salton Sea	Palm Springs & die Wüsten	S. 756

*Infos zu Angelscheinen und den Bestimmungen und örtlichen Bedingungen zum Angeln gibt es auf der **Website des California Department of Fish & Game** (www.dfg.ca.gov).

vulkanische Schlackenkegel und über Sanddünen und Salzebenen.

» **Los Angeles** Im Santa Monica Mountains National Recreation Area, wo viele Filme und Fernsehshows gedreht wurden, kann man das Auto getrost stehen lassen, oder man macht sich zum Big Bear Lake (S. 637) mit seinem kühleren Klima oder zum Mt. San Jacinto State Park in der Nähe von Palm Springs auf.

» **Northern Mountains** Die Besteigung des Mt. Shasta ist ein erhebendes Erlebnis, der Lassen Volcanic National Park bietet dagegen eine bizarre Welt der Fumarole, Schlackenkegel und Krater.

» **North Coast** In den Nationalparks und State Parks der Redwood Coast kann man im Nebel durch Wälder uralter Redwood-Bäume wandern oder die wirklich wilden Strände des anspruchsvollen Lost Coast Trail (S. 269) in Angriff nehmen.

Gebühren & Wilderness Permits

» Die meisten kalifornischen State Parks verlangen eine Parkgebühr von 5 bis 15 US$ pro Tag; zu Fuß oder mit dem Fahrrad ist der Eintritt oft frei.

FERNWANDERWEGE

Zu den berühmten Wanderwegen, die durch Kalifornien führen, gehören der 4270 km lange **Pacific Crest National Scenic Trail** (PCT; www.pcta.org), der von Mexiko bis nach Kanada führt. Der 340 km lange John Muir Trail folgt größtenteils dem PCT und führt von Yosemite Valley über das Hochland der Sierra Nevada bis zum Mt. Whitney. Auf dem 266 km langen **Tahoe Rim Trail** (www.tahoerimtrail.org) kann man den Spuren der frühen Pioniere und Ureinwohner folgen und dabei herrliche Aussichten genießen.

» Der Eintritt für die Nationalparks beträgt 10 bis 20 US$ pro Fahrzeug für sieben aufeinanderfolgende Tage, in einigen Nationalparks ist er frei.

» Der Jahrespass „America the Beautiful" gewährt unbegrenzten Eintritt in die Nationalparks, National Forests und andere staatliche Erholungsgebiete (siehe S. 846).

» Für Wanderungen mit Übernachtung und für längere Tagestouren ist oft eine Wilderness Permit erforderlich, die in den Ranger Stations und Visitor Centers der Parks ausgestellt wird. Während der Hochsaison – in der Regel vom späten Frühling bis in den Frühherbst – kann es Tagesquoten für Wanderer geben.

» Für einige Wege können Wilderness Permits im Voraus reserviert werden, und für sehr beliebte Wanderungen (z. B. Half Dome, Mt. Whitney) sind sie möglicherweise mehrere Monate im Voraus ausverkauft.

» Um in einigen südkalifornischen National Forests zu parken, benötigt man einen National Forest Adventure Pass (5 US$/Tag, 30 US$/Jahr). Man bekommt sie in Ranger Stations des USFS und bei einigen örtlichen Verkäufern, z. B. in Sportartikelgeschäften.

Karten & Infos im Internet

» In den meisten Nationalparks, State Parks und Regionalparks gibt es an den Ausgangspunkten der Wanderwege Tafeln mit einfachen Übersichtskarten zu den Wegen und anderen Informationen.

» Für kurze, häufig begangene Wege reichen die kostenlosen Karten, die es im Visitor Center oder in der Ranger Station gibt, in der Regel vollkommen aus.

» Für längere Wanderungen im Hinterland ist oft eine detailliertere topografische Karte notwendig. Solche Karten werden in den Parks in Buchläden, Visitor Centers, Ranger Stations und bei Outdoor-Ausstattern wie **REI** (www.rei.com) verkauft.

» Die **US Geological Survey** (USGS; www.store.usgs.gov) hat topografische Karten zum kostenlosen Download, gedruckte Karten können online bestellt werden.

» Bei **Trails.com** (www.trails.com) kann man Hunderte von Wegen für verschiedene Aktivitäten in ganz Kalifornien durchsuchen (ein Kurzüberblick über die Wege ist kostenlos).

» **Coastwalk** (www.coastwalk.org) engagiert sich für einen Fernwanderweg entlang der mehr als 1900 km langen Küste Kaliforniens. Man kann an einer Gruppenwanderung teilnehmen oder bei der Strandsäuberung oder der Wartung der Wege helfen.

» Auf der Seite **Leave No Trace Center** (www.lnt.org) lernen Interessierte, wie sich die Auswirkungen eines Besuchs in der Wildnis minimieren lassen.

Wintersport

Moderne Hochgeschwindigkeitslifte, Berge von Pulverschnee, unzählige Pisten, von der kinderleichten „Sesame Street" (Sesamstraße) bis zur Black-Diamond-Abfahrt „Death Wish" (Todeswunsch), eine in den Himmel ragende Berglandschaft und luxuriöse Berghütten – all das sind Markenzeichen eines kalifornischen Winterurlaubs. Die Sierra Nevada bietet die besten Hänge und Pisten für Skifahrer und Snowboarder sowie die zuverlässigsten Schneeverhältnisse.

Saison, Preise & Unterricht

Die Skisaison dauert von November oder Anfang Dezember bis Ende März oder Anfang April, das hängt aber auch von der jeweiligen Höhenlage und den Wetterbedingungen ab. In allen Wintersportorten gibt es Skischulen und die Möglichkeit, Ausrüstung auszuleihen sowie eine Vielzahl von Skipässen, darunter Halbtagespässe, Tagespässe und Mehrtagespässe. Die Preise variieren extrem und reichen von 25 bis 95 US$ pro Tag. Normalerweise gibt es Ermäßigungen für Kinder, Teenager, Studenten und Senioren. Am günstigsten sind unter Umständen „Ski & Stay"-Pakete, die Skipass und Unterkunft einschließen.

Die besten Wintersport-Gebiete

Was ihre unglaubliche Vielfalt angeht, so sind die gut Dutzend Wintersportorte für Abfahrtsski und Snowboarden rings um den Lake Tahoe unschlagbar. Neben so berühmten Orten wie Squaw Valley (S. 404), dem Gastgeber der Olympischen Winterspiele 1960, und Heavenly (S. 405) gibt es zahlreiche kleinere Skigebiete, die oft billiger und nicht so voll sind und tolle Abfahrten für Anfänger und Familien bieten. Royal Gorge (S. 407), das in der Nähe von Truckee westlich vom Lake Tahoe liegt, ist Nordamerikas größtes Resort für Skilanglauf. Infos zu familienfreundlichen Schneeparks mit Schlittenfahren und Spielen im Schnee gibt es auf der Website http://ohv.parks.ca.gov/?page_id=1233.

Eine ungefähr dreistündige Fahrt auf dem Hwy 395 führt zum Mammoth Mountain (S. 483) in der Eastern Sierra, einem anderen Lieblingsziel der Abfahrtsläufer. Hier dauert die Skisaison am längsten, oft sogar bis in den Juni hinein. Es gibt genug Abfahrten für mindestens eine Woche und sich ständig weiterentwickelnde Terrainparks für Snowboarder. Anfänger und fortgeschrittene Anfänger sind allerdings auf dem ruhigeren Nachbarn des Mammoth, dem June Mountain (S. 481), besser aufgehoben.

Im winterlichen, von Gletschern geschaffenen Märchenland des Yosemite National Park in der westlichen Sierra Nevada ist Badger Pass (S. 450) für Anfänger und Familien besonders geeignet. Das Skigebiet ist eines der ältesten Kaliforniens und ist auch eine gute Basis für Skilanglauf und Schneeschuhwanderungen in der Wildnis; die Kids werden außerdem vom Snow-Tubing-Hügel begeistert sein. Im Sequoia & Kings Canyon National Park in der südlichen Sierra kann man zwischen Riesenmammutbäumen wandern oder Skilanglauf machen.

In Nordkalifornien ist der Mt. Shasta Board & Ski Park (S. 312) am beliebtesten. Sogar im sonnigen Südkalifornien kommen Wintersportfans am Big Bear Lake (S. 638) auf ihre Kosten. Mit der Palm Springs Aerial Tramway (S. 728), ebenfalls nicht weit von L.A. entfernt, geht es ruckzuck hinauf in die San Jacinto Mountains, wo die ganze Familie Schneeschuhe und Langlaufski ausleihen kann.

Mit Kindern reisen

Top-Ziele für Kids

Los Angeles

Hier begegnet man den Hollywood-Stars und blickt bei den Universal Studios hinter die Kulissen, dann geht's für den typisch südkalifornischen *fun in the sun* an die Strände und in den Griffith Park. Wie, es regnet? Dann nichts wie hinein in die kinderfreundlichen Museen der Stadt.

San Diego, Disneyland & Orange County

Themenparks zuhauf: Disneyland, Knott's Berry Farm, der San Diego Zoo Wild Animal Park und mehr.
Und die Strände könnten einfach nicht schöner sein!

Marin County & Bay Area

Die naturwissenschaftlichen Museen sind interaktiv und skurril, am Pier 39 hört man die Seelöwen bellen und dann bummelt man durch den Golden Gate Park und über die berühmte Brücke.

Yosemite & Sierra Nevada

Man bestaunt die Wasserfälle und Granitfelsen im Yosemite Nationalpark und wandert inmitten der uralten Hainen von Riesenmammutbäumen, den größten Bäumen der Welt. Mammoth ist das ganzjährig zugängliche Basiscamp für Familienabenteuer.

Kalifornien ist ein perfektes Ziel für alle, die mit Kindern unterwegs sind. Sicher werden sie schon wegen der südkalifornischen Themenparks quengeln. Und warum nicht – auch Erwachsene haben dort ihren Spaß! Danach kann man ihnen noch viele andere Welten zeigen, große und kleine.

Das sonnige Wetter ist bestens geeignet für Outdoor-Aktivitäten aller Art. Für den Anfang (tief Luft holen!): Schwimmen, Bodysurfen, Schnorcheln, Radfahren, Kajakfahren, Wandern, Reiten und noch mehr. Viele Outdoor-Ausrüster und Tourveranstalter bieten gezielt Aktivitäten für Kinder an. Bei Kälte, Regen, Nebel oder Schnee findet jeder ausreichend Museen und Unterhaltungsangebote für Drinnen.

Manchmal sind auch gar keine organisierten Aktivitäten notwendig. Da stehen kleine Kinder hingerissen vor ihrer ersten Palme und Teenager genießen auf einem Bauernmarkt zum ersten Mal den Geschmack alter Tomatensorten. Fazit: Wenn die Kinder Spaß haben, geht's auch den Eltern gut.

Kalifornien mit Kindern

Wer mit Kindern durch Kalifornien reist, muss sich eigentlich keine Sorgen machen, solange sie dick mit Sonnencreme eingeschmiert sind.

Kinderrabatte sind weit verbreitet, für Museen und Kinos genauso wie für Busse und Motels. „Kinder" definieren sich jedoch überall anders – mal sind das alle unter 18, mal nur Kinder bis sechs. In den Vergnügungsparks gelten bei manchen Rides

Mindestkörpergrößen; wenn jüngere Kinder das vorher wissen, beugt man Enttäuschungen und Tränen vor.

Normale Restaurants heißen Kinder herzlich willkommen und bieten häufig auch Hochstühle an. Viele Diner und Familienlokale legen Malstifte und Papierplatzdecken bereit. Man sollte auch nach Kindergerichten auf der Speisekarte fragen. Für Ausflüge in die Themenparks gehört eine Kühltasche ins Auto, damit man auf dem Parkplatz picknicken und die in den Parks üblichen Preise meiden kann. Die örtlichen Supermärkte bieten gesunde Fertigmahlzeiten zum Mitnehmen für unterwegs an.

Babynahrung, Pflegeprodukte, Soja- und Kuhmilch, Einwegwindeln etc. sind in allen Drogerien und Supermärkten erhältlich. Die wenigsten Frauen stillen in der Öffentlichkeit. In vielen öffentlichen Toiletten stehen Wickeltische und manche Flughäfen oder Museen haben geschlechtsneutrale „Familienwaschräume".

Highlights für Kinder

In Kalifornien ist der Nachwuchs leicht bei Laune zu halten. In diesem Buch weist das Kindersymbol (👪) auf kinder- und familienfreundliche Attraktionen oder unterhaltsame Aktivitäten hin. Besucher von National- und State Parks sollten beim jeweiligen Visitor Center unbedingt nach Aktivitäten unter Rangerleitung fragen. Es gibt auch „Junior-Ranger"-Programme ohne Führer, die Kindern für gewisse Aktivitäten ein Abzeichen einbringen. Informationen zu den städtischen Dschungeln Kaliforniens stehen in den „... mit Kindern"-Abschnitten in den einzelnen Kapiteln dieses Buches.

Themenparks

» **Disneyland Park & Disney's California Adventure** Kinder jeden Alters, selbst Teenager, und alle im Herzen jung Gebliebene schwärmen fürs „Magic Kingdom".

» **Knott's Berry Farm** In der Nähe von Disney; der südkalifornische Original-Themenpark bietet Nervenkitzel im Minutentakt, ganz besonders während der gruseligen Spuknächte um Halloween.

» **Legoland** Nördlich von San Diego; die Fantasielandschaft aus bunten Steinen ist etwas für die Jüngeren.

» **Universal Studios Hollywood** Hier genießt man an Kinofilme angelehnte, rasante Rides, Special Effect Shows und eine Straßenbahntour durch das Studiogelände während der Arbeitszeit.

» **Six Flags Magic Mountain & Hurricane Harbor** Außerhalb von L.A.; hier garantieren Achterbahnen, rasante Fahrgeschäfte und Wasserrutschen höchsten Adrenalinausstoß.

Aquarien & Zoos

» **Monterey Bay Aquarium** Gleich neben dem größten Meeresschutzgebiet der Central Coast schließt man Bekanntschaft mit den Bewohnern der Tiefe.

» **San Diego Zoo & Safari Park** Im besten und größten Zoo Kaliforniens kann man um die Welt reisen und auf Safari gehen.

» **Aquarium of the Pacific** Das Hightech-Aquarium in Long Beach beherbergt Kreaturen von der milden Baja California bis zum frostigen Nordpazifik, es gibt auch eine Hailagune.

» **Living Desert** Außerhalb von Palm Springs; der sehr lehrreiche Zoo in natürlicher Umgebung bietet einen Spaziergang durch die Tierklinik, Vorlesestunden und Zelten mit der Familie unter Sternen.

» **Seymour Marine Discovery Center** Das von der Universität in Santa Cruz betreute Aquarium macht interaktive Wissenschaft zum Spaßfaktor und bietet am nahe gelegenen Strand Tierbeobachtung in den Gezeitenbecken.

Strände

» **Los Angeles** Volksfeststimmung und ein Aquarium am Santa Monica Pier oder Malibus perfekte Strände direkt am Hwy 1.

» **Orange County** Newport Beach mit seinen Fahrgeschäften in Kindergröße am Balboa Pier kilometerlange Sandstrände hinter millionenschweren Häusern in Laguna Beach, Huntington Beach (auch bekannt als „Surf City USA") und das altmodische Seal Beach.

» **San Diego** Auf zum idyllischen Silver Strand von Coronado oder zum Spielen in der Mission Bay beim SeaWorld. La Jolla kann man begierig aufnehmen und dann in den Surfer-Strandorten des North County entspannen.

» **Central Coast** An Santa Barbaras Stränden lässt sich gut faulenzen, bevor man sich auf den Weg nach Norden zur berühmten Strandpromenade und dem Pier von Santa Cruz macht.

» **Lake Tahoe** Im Sommer flüchten die Kalifornier gern vor dem Strand hierher: ein glänzender Diamant, hoch in die zerklüfteten Berge der Sierra Nevada eingepasst.

Parks

» **Yosemite National Park** Hier bekommt man eine saftige Scheibe der Sierra Nevada-Landschaft, mit schäumenden Wasserfällen, Bergseen, von Gletschern geformten Tälern und Gipfeln.

» **Redwood National & State Parks** Eine Kette Naturreservate an der North Coast schützt eine wunderbare Tierwelt und die größten Bäume des Planeten.

» **Lassen Volcanic National Park** Die Vulkanlandschaft dieses Ziels abseits ausgetretener Pfade in den Northern Mountains scheint nicht von dieser Welt. An den Seen kann man zelten und Hütten mieten.

» **Griffith Park** Der Grünzug in L.A. ist größer als der New Yorker Central Park und bietet jede Menge Spaß für jüngere Kinder, vom Minizug über ein Karussell bis zum Planetarium.

» **Channel Islands National Park** Zu den kalifornischen Galapagosinseln segelt man für Tierbeobachtungen, Kajak-, Wander- und Campingabenteuer.

Museen

» **San Francisco** Die ganze Stadt ist ein bewusstseinsveränderndes Klassenzimmer für Kinder, besonders im interaktiven Exploratorium, im multimedialen San Francisco's Children's Creativity Museum und in der umweltfreundlichen California Academy of Sciences.

» **Los Angeles** Im Griffith Observatory sieht man Sterne (die echten am Himmel), Dinosaurierknochen zeigen das Natural History Museum von L.A. County und das Page Museum in La Brea Tar Pits, und im lustigen California Science Center kann man handgreiflich werden.

» **San Diego** Der Balboa Park ist vollgepackt mit Museen und auch einem weltberühmten Zoo. Jüngeren Kindern gefällt es sicher im fesselnden New Children's Museum.

» **Orange County** Angehende Laboranten bringt man am besten ins Discovery Science Center oder man verpasst ihnen eine winzige Dosis Kunst und Kultur im Kidseum des Bowers Museum, beide in der Nähe von Disneyland.

» **Northern Mountains** Der Turtle Bay Exploration Park in Redding ist eine Familienattraktion für Drinnen und Draußen, die Verknüpfung eines Ökomuseums mit einer Baumschule sowie botanische Gärten und Schmetterlingsgärten am Sacramento River.

Planung

Reisezeit

Tipps zu den besten Reisezeiten und zum Aufstellen eines Budgetplans für den Familientrip stehen auf S. 18. Eine Übersicht über Kaliforniens familienfreundliche Feste & Events bietet S. 26.

Ein Ratschlag: Der Zeitplan sollte nicht zu dicht gedrängt sein. Reisen mit Kindern dauern immer länger als erwartet, vor allem wenn Metropolen wie L.A. und San Francisco auf der Route liegen. Hier muss man immer Extrazeit einplanen, weil sich der Verkehr staut oder man sich einfach verlaufen hat.

Unterkunft

Motels und Hotels bieten für Familien normalerweise Zimmer mit zwei Betten oder einem separatem Schlafsofa an. Gegen Aufpreis bekommt man auch spezielle Kinderbetten mit Rädern. Manchmal wird mit „kostenlosen Kinderaufenthalten" („kids stay free") geworben, allerdings gilt dies oft nur, wenn keine Zusatzbetten benötigt werden. Manche B&Bs nehmen keine Kinder auf – vor dem Buchen nachfragen!

Einige Resorts bieten Tagesbetreuung für Kinder oder Babysitterdienste an. Anderswo können sie vom Rezeptionspersonal vermittelt werden. Eltern sollten sich unbedingt erkundigen, ob der jeweilige Babysitter eine offizielle Lizenz hat. Auch wichtig sind Stundensätze, eventuell Mindestpreise und Zuschläge für Anfahrt oder Verpflegung.

Verkehrsmittel

Die meisten Fluglinien nehmen Kleinkinder bis zwei Jahre kostenlos mit – gegen Altersnachweis –, ältere Kinder bekommen eigene vergünstigte Sitze. Auch in Amtrak-Zügen und Greyhound-Bussen können Kinder für wesentlich weniger Geld mitreisen. Kleine Autopassagiere unter sechs Jahre bzw. unter 27 kg Körpergewicht sind grundsätzlich in speziellen Kindersitzen auf der Rückbank anzugurten. Die meisten Autovermieter verleihen Kindersitze (pro Tag/Reise ca. 10/50 US$; vorab reservieren!). Auf den Freeways gibt es nur wenig Rastplätze in großen Abständen, und die Waschräume an Tankstellen und Schnellrestaurants sind oft eklig. Aber normalerweise ist man nie weit weg vom nächsten Einkaufszentrum, wo es in der Regel gut gepflegte Toiletten gibt.

Das muss mit

Sonnenschutz. Und das heißt nicht nur Sonnencreme, sondern auch Hüte, Badekleidung, Flip-Flops und Schutzbrille. Wer Sonnenschirme und Liegestühle, Eimerchen und Schaufeln braucht, kann seine eigenen mitnehmen oder sie vor Ort in Supermärkten oder Drogerien kaufen. An vielen Stränden kann man Fahrräder und Wassersportausrüstung ausleihen (z.B. Schnorchelsets).

Für draußen sind schon eingelaufene Wanderschuhe und die eigene Campingausrüstung zu empfehlen. Zwar können solcherlei Dinge auch in entsprechenden Läden erworben oder manchmal ausgeliehen werden, aber es sei an Murphys Gesetz erinnert: Brandneue Wanderschuhe führen immer zu Blasen, und ein neues Zelt im Dunkeln aufzubauen ist auch nicht unbedingt einfach.

Wer ganz wichtige Ausrüstungsstücke vergisst: **Baby's Away** (www.babysaway.com) verleiht Kinderbetten, Buggys, Autositze, Hochstühle, Rucksäcke, Strandklamotten und mehr.

Vor der Reise

» Der Lonely Planet Band *Travel with Children* enthält Tipps und amüsante Anekdoten, vor allem für Eltern mit Kindern, die noch nie verreist sind.

» **Lonelyplanet.com** (www.lonelyplanet.com): In den Thorn Tree-Foren „Kids to Go" und „USA" kann man Fragen stellen und bekommt Ratschläge von anderen Travellern.

» Die offizielle Website des Staats, **California Travel & Tourism** (www.visitcalifornia.com), gibt Auskunft über familienfreundliche Attraktionen – nach „Family Fun" und „Events"suchen.

» **Family Travel Files** (www.thefamilytravelfiles.com/locations/california) ist eine mit Infos vollgepackte Seite zur Ferienplanung – mit Artikeln, Tipps und Rabatten für Nord- und Südkalifornien.

» **Parents Connect** (www.parentsconnect.com/family-travel) hat ein Lexikon für alles, was Familien wissen müssen, die zum ersten Mal reisen.

Kalifornien im Überblick

Als ein Mosaik aus Alter und Neuer Welt bieten die Städte Kaliforniens mehr Vielfalt als eine Tüte Jellybeans. Man beginnt in San Francisco – zu gleichen Teilen Mutter Erde und Nerd-Chic – oder in Los Angeles, wo fast 90 unabhängige Städte zu einem multikulturellen Mix zusammengefügt sind, um sich dann weiter die Küste runterspülen zu lassen, vorbei an perfekten Stränden bis zum Surferparadies San Diego.

Oder man flüchtet in die Berge der Sierra Nevada, macht einen Umweg in die Wüsten von SoCal und verirrt sich in den Mammutbaum-Wäldern im Norden. Wenn sich der Küstennebel verzieht, erwarten einen mehr als 1700 km Pazifikstrände. Und egal, wohin man geht: Wein ist nie fern.

San Francisco

Essen ✓✓✓
Kultur ✓✓✓
Museen ✓✓✓

Kaliforniens Ruf steht und fällt mit S.F. Selbstverwirklichung und Spontaneität gehören zu den höchsten Tugenden. Freidenker, erstklassige Museen und eine bahnbrechende Kunstszene blühen hier voll auf.

S. 60

Marin County & Bay Area

Wandern & Rad ✓✓✓
Bauernhofferien ✓✓✓
Essen ✓✓

Outdoor-Fans lieben Marin County für seine Strände, Tierwelt und die Wege. Es gibt sehr viel Ökotourismus, u.a. auf Farmen, von denen die Küchenchefs der gesamten Bay Area inspiriert werden.

S. 118

Napa & Sonoma Wine Country

Weingüter ✓✓✓
Essen ✓✓✓
Rad & Kanu ✓✓

Zwischen Obstplantagen und Farmen werden die sonnenverwöhnten Täler vom Küstennebel geküsst, der die Gegend zu Kaliforniens bestem Weingebiet macht. Viele Zutaten kommen direkt vom Bauernhof.

S. 173

North Coast & Redwoods

Natur ✓✓✓
Wandern ✓✓✓
Strände ✓✓

Urzeitliche Mammutbäume sind das Highlight an der nebligen, felsigen Küste. Hier kann man in Humboldt County den inneren Hippie rauslassen oder die aneinander gereihten Fischerdörfer von Bodega Bay bis Eureka erkunden.

S. 232

Northern Mountains

Berge ✓✓✓
Seen ✓✓✓
Panoramastraßen ✓✓

Der heilige Mt. Shasta hat amerikanische Ureinwohner, eisaxtschwingende Bergsteiger und New-Age-Poeten zusammengebracht. Wildere Orte gibt es hier auch noch, von Lassens vulkanischem Bumpass Hell bis zu den Nebenstraßen und Seen im Hinterland.

S. 292

Gold Country & Central Valley

Geschichte ✓✓✓
Museen ✓✓
Outdooraktivitäten ✓✓

Nichts eignet sich besser als die Hauptstadt Sacramento, um sich auf die Suche nach dem ursprünglichen Kalifornien zu machen. Danach geht es weiter über das Flussdelta in die Gebirgsausläufer, um einen reichen Schatz an Wild-West-Geschichte vorzufinden.

S. 334

Lake Tahoe

Wintersport ✓✓✓
Wassersport ✓✓
Hütten & Camping ✓✓

Nordamerikas größter alpiner See ist ein Ganzjahres-Outdoor-Abenteuerland, sei es für olympiareifes Skifahren im Winter oder schönstes Strandleben im Sommer. Als Bonus gibt es noch die Kasinos von Nevada.

S. 401

Yosemite & Sierra Nevada

Panorama ✓✓✓
Natur ✓✓✓
Wandern ✓✓✓

Granitfelsen, alpine Wiesen, der tiefste Canyon Nordamerikas und schattige Wälder aus Mammutbäumen zieren Kaliforniens legendäre Bergkette. Im Sommer kann man auf jede erdenkliche Art aktiv sein.

S. 439

Central Coast

Natur ✓✓✓
Strände ✓✓✓
Panoramastraßen ✓✓✓

Wandern durch Big Surs Mammutbaumwälder. Rausfahren an Bord eines Walbeobachtungsboots in Monterey Bay. Surfen von Santa Cruz bis Santa Barbara. Oder Kajakfahren rund um die Channel Islands.

S. 501

Los Angeles

Nachtleben ✓✓✓
Essen ✓✓✓
Strände ✓✓✓

Hier gibt es noch mehr zu sehen, als sonnige Strände und Promis, die sich Luftküsschen geben. Eine Dosis Kultur findet man in Downtown, dann geht's weiter in L. A.s diverse Stadtteile, vom historischen Little Tokyo bis zu Hollywood mit dem roten Teppich.

S. 583

Disneyland & Orange County

Themenparks ✓✓✓
Strände ✓✓✓
Surfen ✓✓✓

Die Strände von O.C. sind oft voll von gebräunten Surfern, Beachvolleyball-Fans und Seifenopernschönheiten. Im Landesinneren schnappt man seine Kinder und die Großeltern – ach was, packt den ganzen Minivan voll – und ab in Disneys Magisches Königreich!

S. 641

San Diego

Strände ✓✓✓
Mexik. Küche ✓✓✓
Museen ✓✓✓

Bei ganzjährig fast perfektem Wetter scheinen die glücklichen Einwohner von Kaliforniens südlichster Stadt immer entspannt zu sein. In den lässigen Stranddörfchen ist immer Urlaubsstimmung, während man sich mit dem Verputzen von Fischtacos beschäftigt.

S. 675

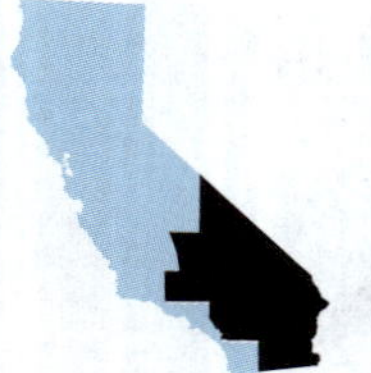

Palm Springs & die Wüste

Wandern ✓✓✓
Wildblumen ✓✓✓
Resorts & Spas ✓✓

In Palm Springs ist die Ära der Rat Pack Coolness wieder auferstanden. Man kann sich beim Klettern in Joshua Tree verausgaben und dann das Durchhaltevermögen seines Allradgefährts im Death Valley testen.

S. 725

› **Sämtliche Empfehlungen wurden von unseren Autoren getroffen, ihre Favoriten werden jeweils als erstes aufgeführt.**

› **Empfehlungen von Lonely Planet:**

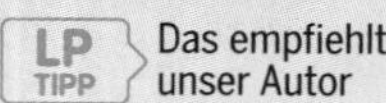

Das empfiehlt unser Autor

Nachhaltig und umweltverträglich

GRATIS Hier bezahlt man nichts

Alle in diesem Reiseführer vorgestellten Reiseziele listet das Register auf.

Reiseziele

San Francisco

Inhalt »

Gut essen

» Coi (S. 95)
» Benu (S. 97)
» La Taquería (S. 98)
» Frances (S. 101)
» Aziza (S. 103)

Schön übernachten

» Orchard Garden Hotel (S. 86)
» Hotel Vitale (S. 90)
» Hotel Bohème (S. 89)
» Inn San Francisco (S. 91)
» Argonaut Hotel (S. 89)

Auf nach San Francisco!

Es lohnt schon, die berühmte Hauptstadt des Verrückten gründlich kennenzulernen, von den mit Wandmalereien geschmückten, nach Dichtern benannten Gassen bis zu den FKK-Stränden auf einer früheren Militärbasis. Dabei sollte man die wilden Ideen der Stadt nicht vorschnell abtun: Biotechnologie, Schwulenrechte, PCs, Cable Cars und gute Bio-Küche galten einst auch als abwegig, ehe San Francisco vor Jahrzehnten diese Dinge aus dem „Underground" holte und zu Mainstream machte. Im Morgennebel von San Francisco verschwimmen die Grenzen zwischen Land und Meer, zwischen Realität und unbegrenzten Möglichkeiten.

Die Golden Gate Bridge und Alcatraz gehören nicht zum Pflichtprogramm (die meisten Einwohner bewundern beides lieber aus der Ferne), sodass man jeden Freiraum hat, sich durch den Golden Gate Park inspirieren zu lassen, an viktorianischen Häusern vorbeizuschlendern und die Galerien im Mission District zu erkunden. Aber ein sensationelles Abendessen mit sollte man sich schon gönnen!

Reisezeit

San Francisco

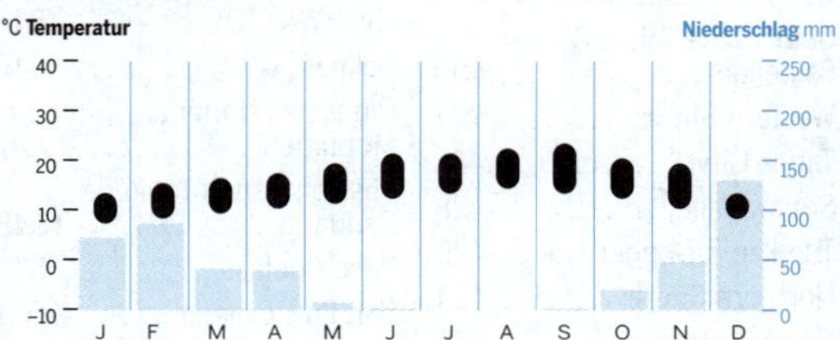

Jan.–März Nebensaison; frische, aber selten kalte Tage und die bunte Lunar New Year Parade.

Mai–Aug. Farmers Markets und Festivals bieten einen Ausgleich für die Preise und den kühlen Nebel.

Sept.–Nov. Blauer Himmel, Gratis-Konzerte, Schnäppchen und tolles Essen zur Erntezeit.

Cable Cars

Quietschende Bremsen und bimmelnde Glocken gehören zur Fahrt mit San Franciscos Cable Cars einfach dazu. Die Bahn hat sich seit ihrer Einführung 1873 praktisch nicht verändert. Immer noch können die Cable Cars nicht rückwärts fahren, und immer noch sind kräftige „Greifer" (und eine zähe Greiferin) da, um per Hand die Bremsen zu betätigen. Viele Leute bewerben sich um diesen Job, aber 80% bestehen die anspruchsvollen Tests, bei denen es um Armkraft und die Koordination von Hand und Auge geht, nicht. Heute wirken die Cable Cars eher wie eine altmodische Achterbahnfahrt, aber zur Bewältigung der steilen Hänge sind sie immer noch ideal. An Bord gibt's keine Sicherheitsgurte, Kindersitze oder Airbags – einfach auf das hölzerne Trittbrett springen, sich einen Griff schnappen und genießen!

NICHT VERSÄUMEN

» **Saloons** Mit originalgetreuen Whiskey-Cocktails und berauschenden Absinth-Kreationen erwacht die Barbary Coast mit San Franciscos tollem Western-Saloon-Revival zu neuem Leben (S. 104).

» **Fein essen** Kein Verkostungsmenü wäre in San Francisco komplett ohne wilde Pfifferlinge, Tellerkraut von den Hängen um Berkeley oder Kapuzinerkresse aus dem Hinterland. Das gilt für alle Gourmettreffs vom **Commonwealth** (S. 98) bis zum **Coi** (S. 95).

» **Ökologie** Aktuelle Berichte bezeichnen San Francisco als die ökologisch bewussteste Großstadt Nordamerikas dank der „grünen" Hotels mit LEED-Zertifikat, der wegweisenden Kompostierungsvorschriften und nicht zuletzt auch, weil die Stadt den größten städtischen Grünstreifen in den USA besitzt: den **Golden Gate Park** (S. 78).

» **Showtime** Satire mit Perücken, Opernpremieren, Filmfestivals, mit Grammys ausgezeichnete Sinfonieorchester und legendäre, atemberaubende Travestieshows: San Francisco versteht es wie keine andere Stadt, eine Show aufzuziehen. Das begeisterte Publikum verlangt immer nach Zugaben.

Gratis-Highlights in San Francisco

» **Musik** Von Sommer bis Herbst gibt's im Golden Gate Park (S. 78) kostenlose Konzerte von Opernarien bis zu Hardly Strictly Bluegrass (S. 86).

» **Freie Rede** Der City Lights Bookstore (S. 67) gewann 1957 den Prozess um die Veröffentlichung von Allen Ginsbergs *Das Geheul;* man nimmt Platz im Poet's Chair und genießt das Recht auf ungehinderte Lektüre.

» **Liebe** Beim Pride (S. 85) gibt's in den Straßen von San Francisco kostenlose Süßigkeiten und Kondome.

» **Alkohol** Den gibt's innerhalb der Stadtgrenzen rund um die Uhr – man sei gewarnt!

SCHON GEWUSST?

Obwohl San Francisco sich mit seinen 30 medizinischen Marihuanaclubs gern als Faulenzerparadies präsentiert, halten die Einwohner pro Kopf mehr Patente, lesen mehr Bücher und besitzen mehr akademische Grade als die Bewohner jeder anderen Großstadt in den USA.

Kurzinfos

» **Bevölkerung** 805235

» **Fläche** 18 km^2

» **Ortsvorwahl** 415

Reiseplanung

» **Drei Wochen vor Reiseantritt** Alcatraz-Touren und Abendessen im Coi oder Frances reservieren.

» **Zwei Wochen vor Reiseantritt** Für die Hüge von Downtown, die Galerien von South of Market (SoMa) und die Bars im Mission District Kondition tanken.

» **Eine Woche vor Reiseantritt** Tickets für das San Francisco Symphony oder die Oper sichern und sich ein Kostüm ausdenken – denn irgendein Umzug ist in San Francisco immer angesagt

Infos im Internet

» **SF Bay Guardian** (www.sfbg.com) Heiße Tipps zu Unterhaltung, Kunst und Politik in San Francisco.

» **SFGate** (www.sfgate.com) Nachrichten und Veranstaltungshinweise.

Highlights

1. Sich im **Golden Gate Park** (S. 78), wo die Büffel grasen, wie zu Hause fühlen
2. Auf dem Skulpturen-Dachgarten des **San Francisco Museum of Modern Art** (S. 72) neue künstlerische Höhen entdecken
3. Über den Art-déco-Türmen der **Golden Gate Bridge** (S. 63) den Nebel tanzen sehen
4. Im **Ferry Building** (S. 64), dem Gourmettreff für nachhaltige, regionale Küche, richtig schlemmen
5. Seinen Ausbruch aus **Alcatraz** (S. 86) planen
6. An der **Fisherman's Wharf** (S. 69) Meerestiere wie Seelöwen und Haie sehen
7. In **Japantown** (S. 70) ins Kino gehen und ein japanisches Bad besuchen
8. Beim Aufstieg auf den **Coit Tower** (S. 70) ins Staunen geraten
9. In **Chinatown** (S. 66) 150 Jahre kalifornische Geschichte erleben

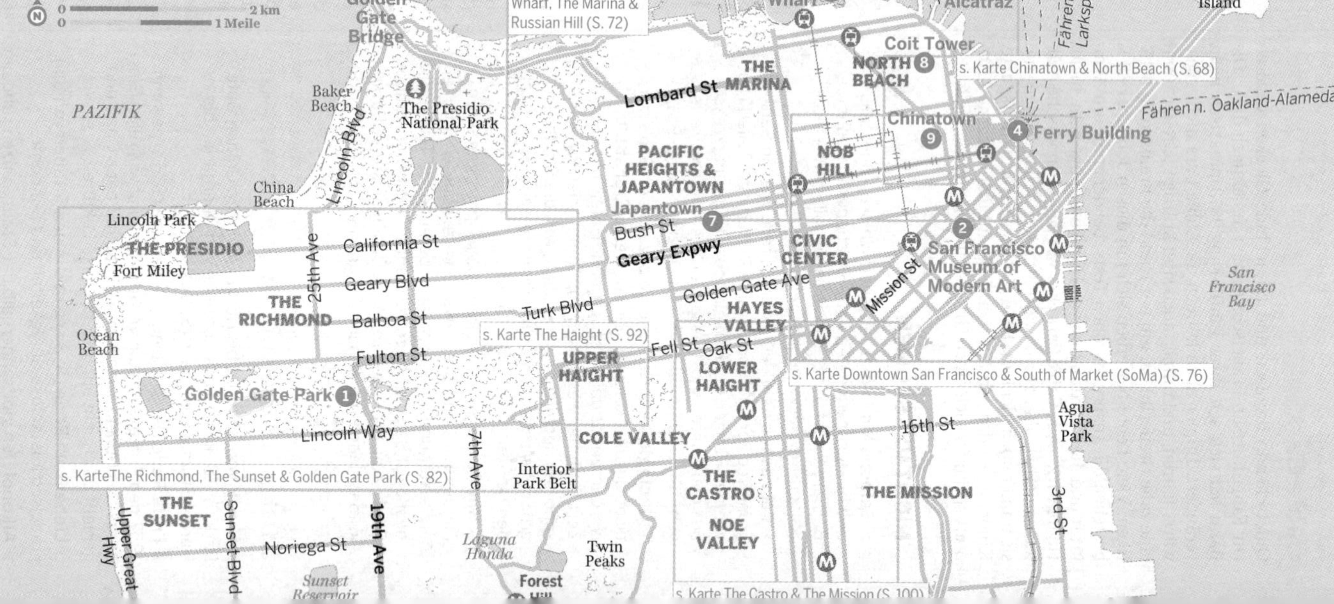

Geschichte

Austern und Eichelbrot waren noch 1848 die Hauptnahrung in der von den Mexikanern beherrschten Ohlone-Siedlung San Francisco – doch nur ein Jahr und einige Goldfunde später gab es hier eimerweise Champagner und gebratene Nudeln. Durch das Gold, das in den nahen Ausläufern der Sierra Nevada gefunden wurde, verwandelte sich das Dorf mit seinen 800 Seelen in eine Hafenstadt mit 100 000 Menschen – Goldsucher, Künstler, Prostituierte und anständige Leute, die sich auf anständige Art ihren Lebensunterhalt verdienen wollten, wobei man oft nicht so recht sagen konnte, wer nun genau zu welcher Gruppe gehörte. Der freundliche Barkeeper mixte einem irgendwas in den Drink und schon fand man sich „shanghait" an Bord eines Schiffes auf dem Weg nach Argentinien wieder.

1848 wurde Kalifornien aus Mexiko herausgelöst und wurde 1850 zum US-Bundesstaat. San Francisco stand angesichts von 200 Saloons und unzähligen Bordellen und Spielhöllen vor dem Problem, eine öffentliche Ordnung durchzusetzen. Panik breitete sich aus, als Australien 1854 den Markt mit Gold überschwemmte, und der Zorn richtete sich irrationalerweise gegen die chinesische Gemeinde der Stadt, die von 1877 bis 1945 durch rassistische Gesetze gezwungen wurde, nur in Chinatown zu leben und zu arbeiten. Um aus den Schulden herauszukommen, verdingten sich viele als Arbeiter beim Eisenbahnbau der Räuberbarone der Stadt, die sich ihren Weg durch den Goldenen Westen sprengten, gruben und rodeten und prächtige Villen auf dem Nob Hill oberhalb von Chinatown errichteten.

Die hochfliegenden Träume und mehr als 20 Theater der Stadt stürzten zusammen, als 1906 ein Erdbeben und anschließende Brände 3000 Menschenleben forderten, 100 000 obdachlos machten und den Großteil der Stadt in Trümmer legten – darunter auch fast alle Villen auf dem Nob Hill. Theatertruppen und Operndiven traten kostenlos inmitten der qualmenden Ruinen der Downtown und begründeten so die Tradition der kostenlosen öffentlichen Vorstellungen in Parks.

Ehrgeizige öffentliche Bauprojekte gab es bis in die 1930er-Jahre, als Diego Rivera, Frida Kahlo und andere Muralisten in rund 400 Wandgemälden im Mission District mit öffentlicher Förderung keinen Hehl aus ihrer linken politischen Einstellung machten und damit eine Tradition starteten.

Der Zweite Weltkrieg brachte gewaltige Veränderungen. Frauen und Afroamerikaner arbeiteten nun in den Werften der Stadt und sorgten für einen neuen Wirtschaftsboom. Gleichzeitig ließ Präsident Franklin Delano Roosevelt per „Anordnung 9066" die gesamte alteingesessene Gemeinde japanischer Amerikaner San Franciscos in Lager sperren. Nach 40 Jahre andauernden gerichtlichen Auseinandersetzungen fand sich die US-Regierung zu einer Entschuldigung bereit – ein einmaliger Vorgang. San Francisco wurde zu einem Experimentiergelände für Bürgerrechte und Redefreiheit, Der Beatpoet Lawrence Ferlinghetti und der City Lights Bookstore errangen 1957 einen bahnbrechenden Sieg gegen die Zensur im Kampf um die Veröffentlichung von Allen Ginsbergs wunderbarem, aufrührerischen Gedichtband *Howl and Other Poems*.

Die CIA hoffte, mit der experimentellen Droge LSD das aus San Francisco stammende Testsubjekt Ken Kesey in die ultimative Kampfmaschine zu verwandeln, stattdessen aber servierte der Autor von *Einer flog über das Kuckucksnest* die Droge als Brause und trat die psychedelischen Sixties los. Der Summer of Love brachte freie Liebe, kostenloses Essen und kostenlose Musik ins Haight, und in den 1970er-Jahren schufen wagemutige schwule Hippies die offene, stolze Schwulengemeinde in Castro. San Francisco erlebte dann in den 1980er-Jahren verheerende Verluste durch Aids, tat aber schnell alles, um zu einem Vorbild für die Behandlung und Prävention dieser Krankheit zu werden.

Mitte der 1990er-Jahre sammelten sich Computerfreaks und Cyberpunks in San Francisco und schufen das Internet und die Dotcom-Blase, die dann im Jahr 2000 platzte. Aber neue Ideen sind im Risiken liebenden San Francisco immer angesagt. Während anderswo die Rezession voll zuschlägt, erleben soziale Netzwerke, Apps und Biotechnologie hier einen Boom. Man ist also genau zur rechten Zeit hier – der nächste wilde Ritt beginnt.

Sehenswertes

THE BAY & THE EMBARCADERO

LP TIPP **Golden Gate Bridge** BRÜCKE (Karte S. 62; ☎415-921-5858; www.goldengate.org; Fort Point Lookout, Marine Dr; Auto in Richtung Süden 6 US$, Fahrgemeinschaften kostenl.) Die Einwohner von San Francisco vertreten ihre Standpunkte leiden-

DIE VIERTEL IM ÜBERBLICK

North Beach & The Hills Poesie und Papageien, tolle Aussichtspunkte, italienische Gespräche und Opernarien aus der Jukebox.

Embarcadero & Piers Gourmetküche, lustige Seelöwen, alte Videospiele und Ausflüge nach Alcatraz.

Downtown & Financial District Die berüchtigte Barbary Coast ist zwar mit Banken und Boutiquen ehrbar geworden, präsentiert aber in den Kunstgalerien immer noch ihre ungebärdige Seite.

Chinatown Pagodendächer, Mahjong und historische Gassen, in denen Vermögen gemacht und verspielt wurden.

Hayes Valley, Civic Center & Tenderloin Prächtige Gebäude und großartige Vorstellungen, urige Bars und Cable Cars, entdeckenswerte Gourmetlokale und lokale Designer.

SoMa Hochtechnologie trifft auf Kunst, und auf den Dancefloors steigt die Party.

Mission Mit einem Buch und einem Burrito in der Hand die Wandmalereien bewundern.

Castro Mit Sambatrommeln, Regenbogenflaggen und politischen Plattformen gibt Castro seine schwule Identität zu erkennen.

Haight Modische Aufgeschlossenheit und freie Rede, kostenlose Musik und kostspielige Skateboards.

Japantown, Fillmore & Pacific Heights Sushi am Springbrunnen, John Coltrane über dem Altar und Rock in Fillmore.

Marina & Presidio Boutiquen, Bio-Restaurants, Frieden und FKK auf einem früheren Militärstützpunkt.

Golden Gate Park & Avenues San Franciscos kilometerweiter Grünzug, umgeben von Gourmetrestaurants für hungrige Surfer.

schaftlich, natürlich auch die Frage, von wo man den besten Blick auf das berühmte Wahrzeichen hat. Filmfans finden, dass Hitchcock Recht hatte: von unten bei **Fort Point** betrachtet, erzeugt die 1937 errichtete Brücke tatsächlich *Vertigo* – Schwindelgefühle. Leute, die Nebel mögen, bevorzugen den Aussichtspunkt am Nordende bei Marins **Vista Point**, um die Schwaden zu beobachten, die wie Trockeneis bei einem Kiss-Konzert durch die Brückenseile quellen. Es ist kaum zu glauben, dass die Marine den majestätischen Art-Déco-Entwurf der Architekten Gertrude und Irving Murrow sowie des Statikers Joseph B. Strauss fast zugunsten einer schwerfälligen, mit gelben Warnstreifen bemalten Betonbrücke abgelehnt hätte.

Um beide Seiten der Golden-Gate-Debatte zu verstehen, sollte man die 2737 m lange Brücke zu Fuß oder mit dem Fahrrad überqueren. Die MUNI-Busse 28 und 29 fahren bis zur Mautstation, Fußgänger und Radfahrer können die Brücke auf der Ostseite überqueren. Von Marin fahren Golden-Gate-Transit-Busse zurück nach San Francisco.

Ferry Building HISTORISCHES GEBÄUDE

(Karte S. 76; www.ferrybuildingmarketplace.com; Embarcadero) Bummelanten sind im Ferry Building, dem zum Gourmetzentrum gewordenen Verkehrsknotenpunkt, genau richtig, denn hier muss niemand mehr eilig wegfahren. Seit der Errichtung der großen Halle und des Uhrenturms im Jahr 1898 ist der Fährverkehr stark zurückgegangen, und seit den 1950er-Jahren stand das Gebäude buchstäblich im Schatten einer Autobahnüberführung. Als aber die Autobahn 1989 beim Loma-Prieta-Erdbeben einstürzte, erweckte die Stadt das Ferry Building als Tribut an San Franciscos guten Architekturgeschmack zu neuem Leben. An den Wochenenden breitet sich der **Ferry Building Farmers Market** (s. Kasten S. 96) wie eine großartige Garnierung um das Südende des Gebäudes aus.

UNION SQUARE

Powell St Cable Car Drehscheibe CABLE CAR

(Karte S. 76) Man sollte einen Moment an der Ecke Powell und Market stehen bleiben und zuschauen, wie der Fahrer aus der 100 Jahre alten Cable Car springt und das Gefährt langsam per Hand auf der hölzernen Drehscheibe in die entgegengesetzte Richtung dreht. Technisch gesehen wirkt das Verkehrsmittel etwas zweifelhaft: Cable Cars können nicht rückwärts fahren, bei der Fahrt die Hügel hinauf quietschen und ächzen sie, und die Fahrer müssen sehr kräftig sein, um hart in die Bremsen zu gehen, damit das Gefährt nicht den Nob Hill hinuntersaust. Für eine Stadt mit wagemutigen Menschen ist dieses altmodische Verkehrsmittel aber so lustig wie eine Achterbahnfahrt.

Folk Art International KULTURSTÄTTE
(Karte S. 76; ☎415-392-9999; www.folkartintl.com; 140 Maiden Lane; ⏲Di–Sa 10–18 Uhr) Wenn man das Guggenheim in eine Ziegelbox mit einem versenkten romanischen Bogengang hineinquetschte, käme so etwas heraus wie Frank Lloyd Wrights Circle Gallery Building von 1949, in dem seit 1979 die **Xanadu Gallery** zu Hause ist.

FINANCIAL DISTRICT

Geary 14, 49 & 77 GALERIEN
(Karte S. 76; www.sfada.com; ⏲meiste Galerien Di–Fr 10.30–17.30, Sa 11–17 Uhr) Exzentrische Kunstsammler flattern von ihren Villen auf den Hügeln hinunter zu den First-Thursday-Galerieeröffnungen, wo sie unvorhersehbare Kunst und ein Publikum finden, das seine Meinung deutlich kundtut. In der **Gallery Paule Anglim**, Geary 14, steht Konzeptkunst im Mittelpunkt; in den vier Stockwerken mit zeitgenössischer Kunst in der Geary 49 erwarten einen u. a. in der **Haines Gallery** Installationen des politisch verfolgten chinesischen Künstlers Ai Weiwei und konzeptuelle Fotografie in der **Fraenkel Gallery**; und in der Geary 77 sind in der **Marx & Zavattero Gallery** Taravat Talepasands iranisch-amerikanische Superheldenporträts und in der **Rena Bransten Gallery** Vik Muniz' meisterliche Collagen zu bewundern.

Transamerica Pyramid WAHRZEICHEN
(Karte S. 76; 600 Montgomery St) Unterhalb des an eine Rakete erinnernden Betonbaus von 1972, der die Skyline von San Francisco bestimmt, hat sich ein 2000 m² großes Mammutbaumwäldchen in den Resten alter Walfangschiffe angesiedelt. Das Gebäude ist für die Öffentlichkeit nicht zugänglich, aber der Hain ist tagsüber geöffnet. So kann man an der Stelle picknicken, wo sich früher ein Saloon befand, in dem Mark Twain verkehrte, und wo die Zeitungsredaktion war, in der Sun Yat-sen die Proklamation der Republik China verfasste.

CIVIC CENTER & TENDERLOIN

LP TIPP **Asian Art Museum** MUSEUM
(Karte S. 76; ☎415-581-3500; www.asianart.org; 200 Larkin St; Erw./Student 12/7 US$; ⏲Di, Mi, Fr–So 10–17, Do bis 21 Uhr; 👪) Das Civic Center mag zwar von Land eingeschlossen sein, aber dank dieses Museums bietet es einen unvergleichlichen Blick über den Pazifik. In weniger als einer Stunde kann man hier 6000 Jahre und Tausende von Kilometern zurücklegen – von gewagten antiken Miniaturen aus Rajasthan bis zu futuristischen japanischen Mangas. Auch unbezahlbare Ming-Vasen und sogar eine Sammlung aus Bhutan sind hier zu sehen. Mit seiner wechselnden Ausstellung von 17000 kostbaren Werken gelingt dem Museum das diplomatische Kunststück, die VR China, die Republik China auf Taiwan und Tibet und ebenso Pakistan und Indien zusammenzubringen und zwischen Japan, Korea und China ein harmonisches Gleichgewicht herzustellen. Darüber hinaus gibt's ausgezeichnete Veranstaltungen, darunter Schattenspielaufführungen, Yoga für Kinder und die MATCHA-Abende am ersten Donnerstag im Monat, bei denen Soju-Cocktails fließen, DJs japanischen Hip-Hop auflegen und Gast-Akupunkteure sich an den Zungen der Besucher zu schaffen machen.

City Hall HISTORISCHES GEBÄUDE
(Karte S. 76; ☎415-554-4000, Infos zu Führungen 415-554-6023, Infos zu Kunstausstellungen 415-554-6080; www.ci.sf.ca.us/cityhall; 400 Van Ness Ave; ⏲Mo–Fr 8–20 Uhr, Führung 10, 12 & 14 Uhr; 👪) Von ihrer Kuppel als Zeugnis des „Vergoldeten Zeitalters" bis zur Avantgardekunst im Keller ist die City Hall absolut typisch für San Francisco. Das aus der Asche des Erdbebens von 1906 auferstandene Beaux-Arts-Gebäude mit der prächtigen Rotunde aus rosa Marmor aus Tennessee und Sandstein aus Colorado hat viele historische Meilensteine erlebt: 1960 fand auf der Freitreppe das erste Sit-in der USA statt, das gegen McCarthys Hexenjagd organisiert wurde; 1977 wurde Harvey Milk hier als erster bekennender Schwuler zum Stadtrat gewählt und 1978 ermordet; und 2004 wurden hier 4037 gleichgeschlechtliche Ehen eingetragen, bis der Bundesstaat

intervenierte. Die interessanten Kunstausstellungen unten widmen sich einheimischen Künstlern. Die Stadtratssitzungen dienstags um 14 Uhr sind öffentlich.

GRATIS **Luggage Store Gallery** GALERIE

(Karte S. 76; ☎415-255-5971; www.luggagestoregallery.org; 1007 Market St; ⌚Mi–Sa 12–17 Uhr) Wie eine Blume, die sich durch Risse im Bürgersteig zwängt, setzt diese tapfere, gemeinnützige Galerie im zweiten Stock über einer ehemaligen Gepäckaufbewahrung seit 20 Jahren ein Lebenszeichen in einem der härtesten Blocks im Tenderloin. Straßenkunst steht im Mittelpunkt der Ausstellungen, die u.a. die Straßensatiriker Barry McGee, Clare Rojas und Rigo zu Kunststars machten. Zu erkennen ist die Galerie an der mit Graffiti bemalten Tür und an dem Fassaden-Gemälde des brasilianischen Künstlerduos Osgemeos, auf dem ein trotziges Kind einen angezündeten Feuerwerkskörper in der Hand hält. Mit derartig anrührenden Werken, Dichterlesungen und monatlichen Performances bringt die Galerie Poesie ins Tenderloin.

Glide Memorial United Methodist Church KIRCHE

(Karte S. 76; ☎415-674-6090; www.glide.org; 330 Ellis St; ⌚So 9 & 11 Uhr) An Sonntagen verstärken 1500 Besucherstimmen den elektrisierenden Gospelchor bei den Gottesdiensten in dieser schwulen- und lesbenfreundlichen (und auch sonst sehr netten) Kirche. Wenn der Gottesdienst mit herzlichem Händeschütteln und Umarmungen beendet ist, geht die radikale methodistische Gemeinde an die Arbeit: Sie verteilt 1 Mio.kostenlose Mahlzeiten im Jahr und gibt 52 zuvor obdachlosen Familien ein Dach über dem Kopf.

CHINATOWN

Chinese Historical Society of America Museum MUSEUM

(Karte S. 68; ☎415-391-1188; www.chsa.org; 965 Clay St; Erw./Kind 5/2 US$, 1. Di im Monat Eintritt frei; ⌚Di–Fr 12–17, Sa 11–16 Uhr) Im größten chinesisch-amerikanischen Geschichtsinstitut der USA kann man erfahren, wie die Chinesen im Land während des Goldrauschs, während des Baus der transkontinentalen Eisenbahn oder zur Zeit der Beatniks lebten. Die Wechselausstellungen werden gegenüber vom Hof in dem anmutigen Gebäude aus roten Ziegeln und mit grünem Fliesendach gezeigt, das Julia Morgan, die Chefarchitektin des Hearst Castle, 1932 als Chinatowns YWCA errichtete.

Chinese Culture Center KULTURZENTRUM

(Karte S. 68; ☎415-986-1822; www.c-c-c.org; 3. Stock, Hilton Hotel, 750 Kearny St; Galerie Eintritt frei, Spende erwartet; ⌚Di–Sa 10–16 Uhr) Im Kulturzentrum im 3. Stock des Hilton gewinnt man einen Einblick in die chinesische Kultur. Neben Ausstellungen traditioneller Kunst gibt es avantgardistische Installationen unter dem Titel Xian Rui (frisch & scharf), z.B. Stella Zhangs unbehaglich aussehende Zahnstocherkissen, sowie „Art at Night" mit chinesisch inspirierter Kunst, Küche und Jazz. Auf der Website des Zentrums stehen die Termine von Konzerten, Kunstworkshops und Chinesischkursen sowie Infos zum Ahnenforschungsdienst und zu den Kunstfestivals in Chinatown.

Dragon Gate WAHRZEICHEN

(Karte S. 68; Ecke Bush St & Grant Ave) Wenn man durch das Dragon Gate, das 1970 von Taiwan gespendet wurde, schreitet, steht man auf der berühmt-berüchtigten Straße, die in ihrer Rotlicht-Blütezeit als Dupont bekannt war. Vorausschauende Geschäftsleute aus Chinatown brachten unter Leitung von Look Tin Ely in den 1920er-Jahren die Mittel zusammen, um das Viertel als die Touristenattraktion neu zu erfinden, die es heute ist. Die angeheuerten Architekten schufen jenes typische „Chinatown Déco", das einen mit pagodenartigen Dächern und Drachenlaternen in der Grant Ave begrüßt.

Old St. Mary's Cathedral KIRCHE

(Karte S. 68; ☎415-288-3800; www.oldsaintmarys.org; 660 California St) Nach ihrer Erbauung im Jahr 1854 versuchte die Kathedrale des katholischen Erzbistums tapfer Jahrzehnte lang, etwas Religion in das Bordellviertel hineinzutragen. Die Brände im Jahr 1906 zerstörten gegenüber eines der größten Bordelle des Viertels und machten damit Platz für den St. Mary's Sq, auf dem heute Skateboarder auf dem Geländer fahren, während Beniamino Bufanos **Sun Yat-sen Statue** ein wachsames Auge auf sie hat.

Portsmouth Square PLATZ

(Karte S. 68) Chinatowns Open-Air-Wohnzimmer ist dieser Volkspark, der nach John B. Montgomerys Schaluppe benannt ist, die 1846 in der Nähe anlegte. Über den Besuchern wacht die **Goddess of Democracy**, eine Bronzereplik der Gipsfigur, die Demonstranten 1989 auf dem Tiananmen-Platz aufgestellt hatten. Hinweistafeln verweisen rund um den historischen Platz auf die Standorte von San Franciscos erstem Buchladen und erster Zeitung sowie des Jenny Lind Theater, in dem unzüchtige Possen gezeigt wurden, ehe es mit wenigen Umbauten zu San Franciscos erstem Rathaus wurde. Von Juli bis Oktober findet hier samstags von 18 bis 23 Uhr ein **Nachtmarkt** statt.

NORTH BEACH

LP TIPP **City Lights Bookstore** KULTURSTÄTTE
(Karte S. 68; www.citylights.com; 261 Columbus Ave; ⌚10–24 Uhr) Seit Geschäftsführer Shigeyoshi Murao und der Beat-Poet und Mitbegründer des Buchladens Lawrence Ferlinghetti vor Gericht ihr Recht durchsetzten, „willentlich und in unzüchtiger Absicht" Allen Ginsbergs prachtvollen Gedichtband *Howl and Other Poems* (1957) zu veröffentlichen, ist dieser Buchladen ein Wahrzeichen. Im ausgewiesenen Poet's Chair im Obergeschoss kann man sich beim Blick in die Jack Kerouac Alley seines Rechts auf freie Lektüre freuen, im Mezzanin Zeitschriften durchstöbern und sich im Erdgeschoss in den Abteilungen „Muckracking" („Nestbeschmutzer") und „Stolen Continents" über radikale Ideen informieren.

Beat Museum MUSEUM
(Karte S. 68; ☎1-800-537-6822; www.thebeatmuseum.org; 540 Broadway; Eintritt 5 US$; ⌚Di–So 10–19 Uhr) Für die komplette Beat-Erfahrung kann man sich hier die verbotene City-Lights-Ausgabe von Allen Ginsbergs *Geheul,* in einem improvisierten Kino Dokumentarmaterial und außerdem Zeugnisse der Autoren anschauen, die den Rändern der amerikanischen Gesellschaft eine Stimme gaben – z. B. einen Scheck über 10,18 US$, mit dem Jack Kerouac Spirituosen bezahlte.

Columbus Tower GEBÄUDE
(Karte S. 68; 916 Kearny St) Der politische Strippenzieher Abe Ruef hatte das kupferverkleidete Gebäude gerade fertiggestellt (1905), als es vom Erdbeben von 1906 erschüttert wurde. Er konnte es gerade noch renovieren, ehe er 1907 wegen Bestechung verurteilt wurde und anschließend Bankrott ging. In den 1960er-Jahren kaufte das Kingston Trio das Haus und produzierte im Keller Reggae-Platten und Scheiben von Grateful Dead. Seit 1970 gehört das Gebäude dem Filmemacher Francis Ford Coppola, der die beiden obersten Stockwerke an seine Kollegen Sean Penn und Wayne Wang vermietet und im Erdgeschoss im Café Niebaum-Coppola italienische Lebensmittel und Napa-Wein seiner eigenen Marke verkauft. Unser Tipp: Die Cannol
i nehmen und die Pasta stehen lassen!

Bob Kauffman Alley STRASSE
(Karte S. 68; abseits der Grant Ave nahe der Filbert St) Hier kann man auf der Spur des Beat-Bebop-Jazz-Poeten, anarchistisch-Voodoo-jüdischen und afrikanisch-amerikanischen Straßenpropheten einige Minute tiefe Stille erleben. Der Mann weigerte sich nach der Ermordung John F. Kennedys zwölf Jahre lang, ein einziges Wort zu sprechen. An dem Tag, als der Vietnamkrieg endete, brach er sein Schweigen, indem er in ein

DREI GASSEN IN CHINATOWN, DIE GESCHICHTE SCHRIEBEN

» **Waverly Place** (Karte S. 68) Nachdem das Erdbeben und die anschließenden Brände Chinatown 1906 verwüstet hatten, planten die Erschließer, die obdachlos gewordenen Bewohner des Viertels auf weniger begehrte Grundstücke außerhalb der Stadt zu verbannen. Aber Vertreter des chinesischen Konsulats und mehrere bewaffnete Kaufleute marschierten zum Waverly Place, und hielten inmitten der Trümmer an den noch schwelenden Altären Tempelzeremonien ab. Die Gasse ist auch Namensgeber für die Hauptfigur in Amy Tans Bestseller *Töchter des Himmels.*

» **Spofford Alley** (Karte S. 68) Im Haus Nr. 36 plante Sun Yat-sen den Sturz des letzten chinesischen Kaisers, und in den 1920er-Jahren lieferten sich hier Schnapsschmuggler Schießereien, doch mit dem Alter ist die Spofford Alley ruhiger geworden. Abends hört man aus den örtlichen Seniorenzentren das Klappern von Mahjong-Steinen und das Stimmen von *erhu* (zweiseitigen chinesischen Fiedeln).

» **Ross Alley** (Karte S. 68) Die mit Wandmalereien bemalte Gasse wird nach den Arbeiterinnen, die einst in diesem Block schufteten, auch als Manila, Spanish oder Mexico St bezeichnet und diente gelegentlich als Kulisse für Hollywood-Streifen, so für *Karate Kid II* und *Indiana Jones und der Tempel des Todes.*

Chinatown & North Beach

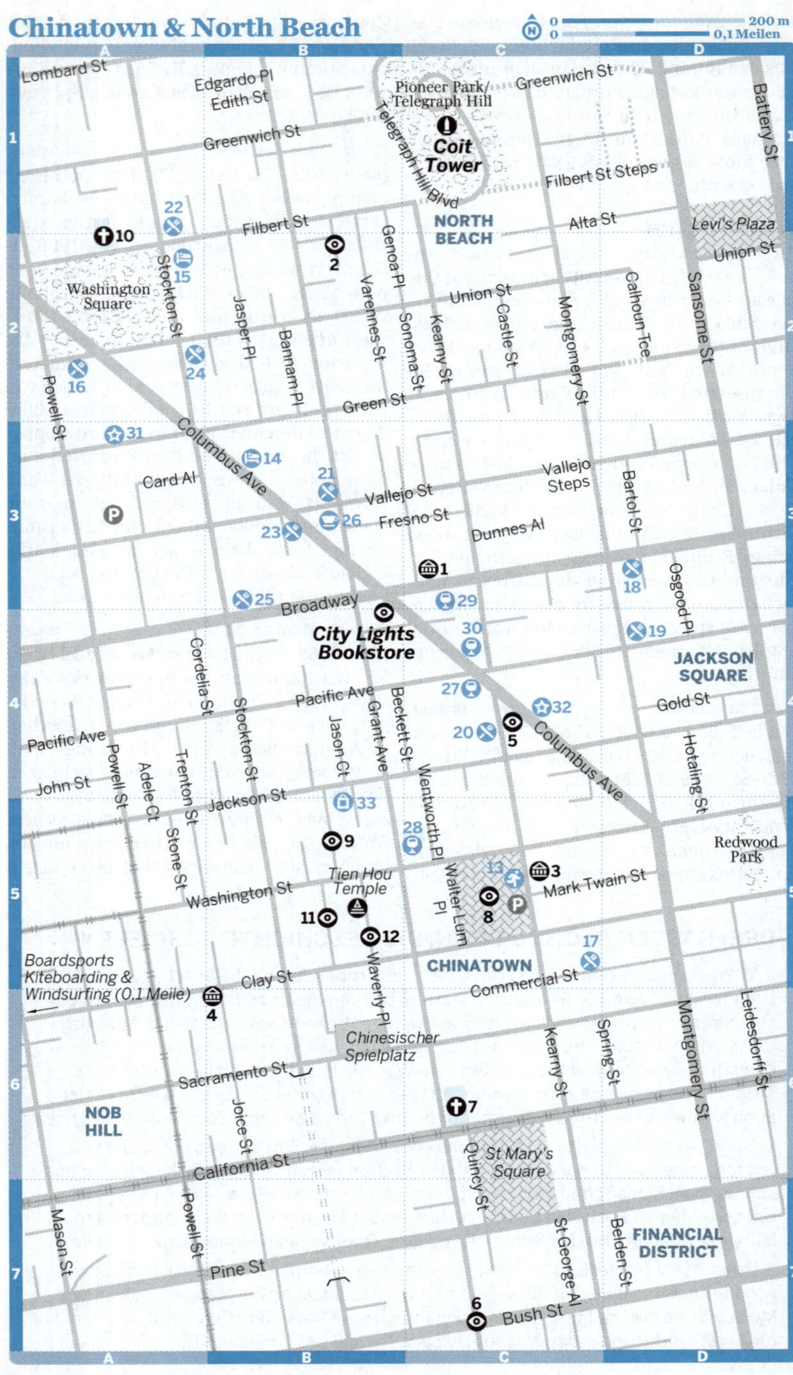

Chinatown & North Beach

Highlights
City Lights Bookstore B4
Coit Tower C1

Sehenswertes
1 Beat Museum C3
2 Bob Kaufman Alley B2
3 Chinese Culture Center C5
4 Chinese Historical Society of America Museum B6
5 Columbus Tower C4
6 Dragon Gate C7
7 Old St. Mary's Cathedral C6
8 Portsmouth Square C5
9 Ross Alley B5
10 Saints Peter & Paul Church A2
11 Spofford Alley B5
12 Waverly Place B5

Aktivitäten, Kurse & Touren
13 Chinatown Alleyways Tours C5

Schlafen
14 Hotel Bohème B3
15 Washington Square Inn A2

Essen
16 Cinecittà A2
17 City View C5
18 Coi D3
19 Cotogna D4
20 House of Nanking C4
21 Ideale B3
22 Liguria Bakery A1
23 Molinari B3
24 Tony's Coal-fired Pizza & Slice House A2
25 Yuet Lee B3

Ausgehen
26 Caffe Trieste B3
27 Comstock Saloon C4
28 Li Po C5
29 Specs' C3
30 Tosca Cafe C4

Unterhaltung
31 Beach Blanket Babylon A3
32 Purple Onion C4

Shoppen
33 Golden Gate Fortune Cookie Company B5

Café trat und dort sein Gedicht „All Those Ships That Never Sailed" („All die Schiffe, die nie ablegten") rezitierte.

Sts. Peter & Paul Church KIRCHE
(Karte S. 68; ☎415-421-0809; www.stspeterpaul.san-francisco.ca.us; 666 Filbert St; ⊙7.30–16 Uhr) Angesichts der sahneweißen, dreistöckigen Kirche von 1924 kann man schon Lust auf eine Hochzeitstorte bekommen. Joe Di Maggio und Marilyn Monroe posierten vor ihr für Hochzeitsfotos (drinnen heiraten durften sie nicht, da beide geschieden waren). Die Kirche blickt hinab auf den Washington Sq, den Park von North Beach, in dem uralte *nonnas* (italienische Großmütter) im Schatten der **Benjamin-Franklin-Statue** von 1897 wilde Papageien füttern

FISHERMAN'S WHARF

Aquatic Park Bathhouse HISTORISCHES GEBÄUDE
(Karte S. 72; ☎415-447-5000; www.nps.gov/safr; 499 Jefferson Höhe Hyde; Erw./Kind 5 US$/frei; ⊙10–16 Uhr) Als monumentaler Hinweis an Seeleute, die dringend ein Bad brauchen, ist das kürzlich renovierte, 1939 erbaute schiffsförmige Wahrzeichen der stromlinienförmigen Moderne mit Kunstwerken geschmückt, die von der Works Progress Administration (WPA) in Auftrag gegeben wurden: Da sieht man spielerische Robben- und Froschskulpturen von Beniamino Bufano, Hilaire Hilers Wandbilder, die surreale Unterwasser-Traumlandschaften darstellen, und kürzlich wieder freigelegte Holzreliefs von Richard Ayer. Der berühmte afroamerikanische Künstler Sargent Johnson schuf das verblüffende Markisen-Vordach aus grünem Schiefer und die spannenden Wassermosaiken der Veranda, die er auf der Ostseite bewusst unvollendet ließ, um damit gegen Pläne zu protestieren, ein privates Restaurant in diese öffentliche Einrichtung zu integrieren. Johnson setzte sich durch: Im Ostflügel ist heute das Büro eines Schifffahrtsmuseums untergebracht

GRATIS **Musée Mecanique** MUSEUM
(Karte S. 72; ☎415-346-2000; www.museemecanique.org; Pier 45, Shed A; ⊙Mo–Fr 10–19, Sa & So bis 20 Uhr; 👪) Für ein paar Vierteldollars kann man in münzbetriebenen Wildwest-Saloons Schlägereien anfangen, durch ein altes Mutoskop Bauchtänzerinnen beäugen, die Welt vor Angreifern aus dem Weltraum retten und sich von einem unheimlich lebensechten Swami aus Holz die Zukunft voraussagen lassen.

USS Pampanito HISTORISCHE STÄTTE
(Karte S. 72; ☎415-775-1943; www.maritime.org; Pier 45; Erw./Kind 10/4 US$; ⊙9–17 Uhr) Hier

ABSTECHER

COIT TOWER

Als Ausrufezeichen in der Landschaft von San Francisco gewährt der **Coit Tower** (Karte S. 68; ☎415-362-0808; Telegraph Hill; Eintritt frei, Fahrstuhlfahrt 5 US$; ⏱10–18 Uhr) einen begeisternden Ausblick – vor allem, wenn man zuvor die schwindelerregend steile Treppe von der Filbert St oder Greenwich St bis zur Spitze des Telegraph Hill hinaufgelaufen ist. Der auffällige, an ein Projektil erinnernde 64 m hohe Turm ehrt die Feuerwehrmänner von San Francisco und wurde von der exzentrischen Erbin Lillie Hitchcock Coit finanziert. Lillie konnte trinken, rauchen und Karten spielen wie jeder Feuerwehrmann außer Dienst, sie ließ kaum einen Einsatz oder ein Begräbnis eines Feuerwehrmanns aus und selbst ihre Bettwäsche war mit dem Emblem der Feuerwehr bestickt.

Als Lillies Totempfahl 1934 vollendet war, wurden die als Arbeitsbeschaffungsmaßnahme finanzierten, die Arbeit verherrlichenden Wandmalereien im Stil Diego Rivera und ihre 25 Künstler als kommunistisch verunglimpft, doch heute sind sie geschützte historische Denkmäler. Tatsächlich weiten die Malereien in der Lobby den Blick auf die Welt und die Stadt nicht weniger als der Rundblick von der Aussichtsplattform auf der Spitze. Wer die Wandmalereien sehen will, die sich im Treppenhaus des Coit Tower verbergen, sollte an einer der kostenlosen Führungen teilnehmen, die samstags um 11 Uhr stattfinden.

lockt ein restauriertes U-Boot aus dem Zweiten Weltkrieg, das sechs Kampfeinsätze überstand. In der fesselnden Audio-Führung (2 US$) berichten Seeleute von Schleichfahrten und plötzlichen Angriffen. Da fühlt man sich erleichtert, wenn man wieder an Land ist (für Klaustrophobe ungeeignet!).

Pier 39 WAHRZEICHEN

(Karte S. 72; ☎415-981-1280; www.pier39.com; Beach St & Embarcadero; 👪) Seit sie sich 1990 hier ansiedelten, sind an diesem Pier winters und sommers 300 bis 1300 Seelöwen zu Hause. Während die Bullen auf dem Pier Revierkämpfe um den besten Platz an der Sonne austragen, konkurrieren Breakdancer auf der Promenade um die Streetdance-Vorherrschaft und Kinder versuchen, ihre Eltern zum Kauf von Teddys zu nötigen.

RUSSIAN HILL & NOB HILL

Grace Cathedral KIRCHE

(Karte S. 72; ☎415-749-6300; www.gracecathedral.org; 1100 California St; empfohlene Spende Erw./Kind 3/2 US$; ⏱Mo–Fr 7–18, Sa 8–18, So 8–19 Uhr, Gottesdienst mit Chor So 8:30 & 11 Uhr) Die seit dem Goldrausch dreimal wiederaufgebaute Kathedrale der Episkopalkirche ist immer noch progressiv und hält mit der Zeit Schritt. Zu ihren neuen Kunstwerken gehören die Aids Interfaith Memorial Chapel mit einem Bronzealtarbild von Keith Haring, die Buntglasfenster „Human Endeavor", auf denen Albert Einstein inmitten eines nuklearen Partikelgestöbers zu sehen ist, und die Pflasterlabyrinthe, die ruhelose Seelen zum Meditieren anleiten sollen.

San Francisco Art Institute GALERIE

(SFAI; Karte S. 72; ☎415-771-7020; www.sfai.edu; 800 Chestnut St; ⏱9–19.30 Uhr) Das in den 1870er-Jahren gegründete SFAI war in den 1940er- und 1950er-Jahren das Zentrum der figurativen Künstler der Bay Area, wandte sich dann aber in den 1960er-Jahren der Bay Area Abstraction und in den 1970er-Jahren der Konzeptkunst zu. Seit den 1990er-Jahren fördert es in seiner **Walter and McBean Gallery** (⏱Mo–Sa 11–18 Uhr) Kunst mit neuen Medien. Ebenfalls auf dem Campus zeigt die **Diego Rivera Gallery** Riveras monumentale Wandmalerei *Die Verwirklichung eines Freskos, das den Bau einer Stadt darstellt.* Dieses Bild im Bild von 1931 zeigt den Rücken des Künstlers, der sein Werk über den Ausbau von San Francisco betrachtet.

JAPANTOWN & PACIFIC HEIGHTS

Japan Center KULTURSTÄTTE

(außerhalb der Karte S. 72; www.sfjapantown.org; 1625 Post St; ⏱10–24 Uhr) Mit hölzernen Fußgängerstegen im Innern, Ikebana-Arrangements und *maneki-neko* (winkenden Katzen) vor den Restauranteingängen sieht dieses Zentrum fast noch genauso aus wie bei seiner Eröffnung im Jahr 1968.

Haas-Lilienthal House HISTORISCHES GEBÄUDE

(Karte S. 72; ☎415-441-3004; 2007 Franklin St; Erw./Kind 8/5 US$; ⏱Mi & Sa 12–15, So 11–16

Uhr) Mit seiner Gestaltung, zu der ein Ballsaal in dunklem Holz, ein mit rotem Samt ausgeschlagener Salon und düstere Treppen gehören, wirkt das 1882 im Queen-Anne-Stil errichtete Haus wie die Kulisse eines Krimis. Ehrenamtliche Helfer, die sich für Viktorianisches begeistern, veranstalten einstündige Führungen.

Peace Pagoda DENKMAL
(außerhalb der Karte S. 76; Peace Plaza) San Franciscos japanische Partnerstadt Osaka stiftete den Einwohnern San Franciscos 1968 diese eindrucksvoll minimalistische Betonpagode von Yoshiro Taniguchi.

THE MARINA

LP TIPP **Exploratorium** MUSEUM
(Karte S. 72; ☎415-561-0360; www.exploratorium.edu; 3601 Lyon St; Erw./Kind 15/10 US$, mit Tactile Dome 20 US$; ⌚Di–So 10–17 Uhr; 🚻) In diesem interaktiven Museum, das seit 1969 die Besucher verblüfft, tummeln sich die hoffnungsvollen Einsteins von morgen und warten neugierig auf die Antworten zu Fragen, die man schon immer mal im Physikunterricht stellen wollte: Wirkt die Erdanziehungskraft auch beim Skateboarden, haben Roboter Gefühle und läuft das Wasser in australischen Waschbecken tatsächlich gegen den Uhrzeigersinn ab? Eine besonders abgefahrene Attraktion ist der **Tactile Dome**, ein stockdunkler Raum, durch den man kriechen, klettern und rutschen kann (Vorab-Reservierung erforderlich!). Das Museum wird 2013 an die Piers 15 und 17 umziehen.

Palace of Fine Arts DENKMAL
(Karte S. 72; www.lovethepalace.org; Palace Dr) Als die Panama-Pacific-Exposition (1915) vorbei war, konnte sich San Francisco nicht von dem eigens aus Gips errichteten Palast im griechisch-römischen Stil trennen. Die künstliche Ruine des kalifornischen Arts-and-Crafts-Architekten Bernard Maybeck wurde neu in Beton gegossen, damit auch künftige Generationen das Relief an der Rotunde bestaunen können, das den Angriff der Materialisten auf die Kunst zeigt, die von einer Schar Idealisten verteidigt wird.

Wave Organ DENKMAL
(Karte S. 72) Ein weiteres spannendes Exploratorium-Projekt ist diese Geräuschinstallation aus PVC-Röhren, Betonrohren und Marmor von San Franciscos altem Friedhof, die 1986 vom Künstler Peter Richards in die Anlegestelle des Marina Boat Harbor eingebaut wurde. Abhängig von Wellen, Wind und Gezeiten, gibt die Orgel ein nervöses Summen von sich, gluckst wie ein Baby oder atmet schwer wie jemand, der einen Telefonstreich macht.

Fort Mason HISTORISCHE STÄTTE
(Karte S. 72; ☎415-345-7500; www.fortmason.org) Von den Lustbarkeiten in diesem ehemaligen Militärstützpunkt wären Armeeoffiziere wohl entsetzt – hier gibt's z. B. Comedy-Workshops, vegetarische Brunchs im **Greens** (S. 97) und **Off the Grid** (S. 97), wobei Gourmet-Laster wie Pionierplanwagen eine Wagenburg bilden.

PRESIDIO

Presidio Visitors Center HISTORISCHES GEBÄUDE
(Karte S. 72; ☎415-561-4323; www.nps.gov/prsf; Ecke Montgomery St & Lincoln Blvd; ⌚9–17 Uhr) San Franciscos offizieller Wahlspruch lautet noch immer: „Oro in Paz, Fierro in Guerra" (Gold im Frieden, Eisen im Krieg), aber der wichtigste Stützpunkt der Stadt hat, seit er 1776 von zwangsverpflichteten Ohlone als spanisches *presidio* (Militärposten) errichtet wurde, kaum Kampfhandlungen erlebt. Jerry Garcias ruhmlose militärische Karriere begann hier und endete hier, als er neunmal in acht Monaten abgängig war und zweimal vor dem Kriegsgericht stand, noch bevor er zum Mitbegründer der Grateful Dead wurde.

Die militärische Rolle des Presidio endete 1994, als das rund 600 ha große Gelände Teil der Golden Gate National Recreation Area wurde. Das Visitors Center weist einem den Weg zum **Tierfriedhof** abseits der Crissy Field Ave, wo handgefertigte Grabsteine zu Ehren von Hamstern stehen, die ihre Pflicht erfüllt haben. Die einzigen Kriege, die heute in der Gegend noch stattfinden, sind die interstellaren in George Lucas' Vorführraum im **Letterman Digital Arts Center** gleich neben der Yoda-Statue.

Crissy Field PARK
(Karte S. 72; www.crissyfield.org; 603 Mason St; ⌚Sonnenaufgang–Sonnenuntergang, Center 9–17 Uhr) Auf dem früheren Militärflugplatz ist der Krieg endgültig vorbei, denn das Gelände wurde als Gezeitenmarsch wiederhergestellt und von X-beinigen Watvögeln erobert. An stürmischen Tagen kann man die Vögel aus dem sicheren Unterstand des Crissy Field Center beobachten, wo es eine Cafétheke gibt, von der aus man die Marsch mit dem Feldstecher beäugen kann. Jogger und junge Hunde tummeln sich auf den

Fisherman's Wharf, The Marina & Russian Hill

Wegen am Strand, die früher ölverschmutzte Pisten waren. An nebligen Tagen kann man in der öko-zertifizierten **Warming Hut** (außerhalb der Karte S. 72; 983 Marine Dr; ⌚9–17 Uhr) einkehren, einen Fair-Trade-Kaffee trinken, in Naturführern blättern und von Presidio-Honigbienen produzierten Honig kosten.

Fort Point HISTORISCHES GEBÄUDE

(außerhalb der Karte S. 72; ☎415-561-4395; www.nps.gov/fopo; Marine Dr; ⌚Do–Mo 10–17 Uhr) Trotz eindrucksvoller Geschütze erlebte dieses Fort aus dem Bürgerkrieg keine Schlacht – bis Alfred Hitchcock hier Szenen von *Vertigo* drehte, darunter faszinierende Blicke auf die Golden Gate Bridge von unten.

Baker Beach STRAND

Am besten Strand der Stadt findet man bergauf vom Wind zerzauste Kiefern, schroffe Klippen und am windigen Nordende, wo FKK erlaubt ist, jede Menge entblößte Gänsehaut.

SOUTH OF MARKET (SOMA)

LP TIPP **San Francisco Museum of Modern Art** MUSEUM

(SFMOMA; Karte S. 76; ☎415-357-4000; www.sfmoma.org; 151 3rd St; Erw./Student/Kind 18/11 US$/frei, 1. Di im Monat Eintritt frei; ⌚Fr–Di 11–18, Do bis 21 Uhr) Die lichtdurchflutete Backsteinbox des Schweizer Architekten Mario Botta streckt sich zum Horizont, und auch die Kuratoren dieses Museums neigen dazu, frühzeitig etwas zu riskieren. Das beweisen Matthew Barneys poetische Videos, die gewaltige Mengen von Vaseline mit einbeziehen, und Olafur Eliassons außerweltliche Lichtinstallationen. Das SFMOMA besitzt die womöglich beste Sammlung von Fotokunst weltweit mit Arbeiten von Ansel Adams, Daido Moriyama, Diane Arbus, Edward Weston, William Eggleston und Dorothea Lange; und da seine großartige Neueröffnung 1995 mit dem Technikboom zusammenfiel, wurde das Museum auch zu einem Vorreiter der neuen Medi-

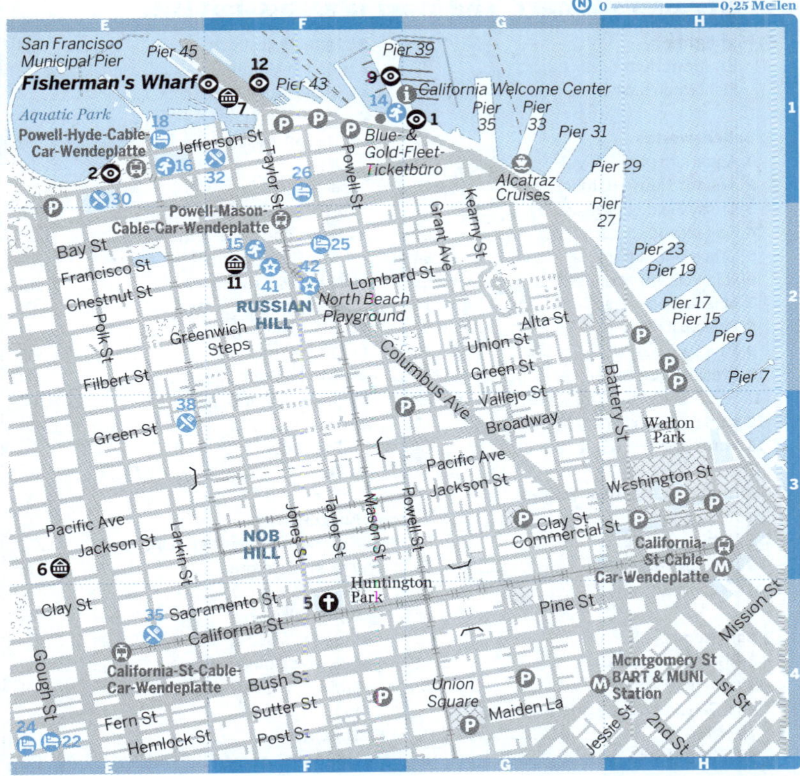

enkunst. Auf dem Dachgarten sprießen die Skulpturen, und eine 480 Mio. US$ teure Erweiterung ist im Bau: Sie soll 1100 bedeutende Werke der Moderne aufnehmen, eine Spende der Familie Fisher (der vor Ort ansässigen Gründer der Bekleidungskette Gap). Donnerstags kostet der Eintritt nach 18 Uhr nur die Hälfte – eine gute Gelegenheit, um stilvoll zu flirten.

Contemporary Jewish Museum MUSEUM

(Karte S. 76; ☎415-655-7800; www.jmsf.org; 736 Mission St; Erw./Student/Kind 10/8 US$/frei; ⊙Fr–Di 11–17.30, Do 13–20.30 Uhr) 2008 gab der Architekt Daniel Libeskind San Franciscos 1881 errichtetem Kraftwerk durch seinen Erweiterungsbau aus blauem Stahl eine neue Form: Es bildet das hebräische Wort *l'chaim* („Auf das Leben"). Im Innern dieses Architekturmanifests werden spannende Ausstellungen gezeigt, z. B. über die aus der Bay Area stammende Schriftstellerin und Wegbereiterin moderner Kunst Gertrude Stein oder Linda Ellias Projekt *Our Struggle: Artists Respond to Mein Kampf,* bei dem 600 Künstler aus 17 Ländern aufgerufen waren, eine Seite aus Hitlers Buch zu verändern.

Cartoon Art Museum MUSEUM

(Karte S. 76; ☎415-227-8666; www.cartoonart.org; 655 Mission St; Erw./Student 7/5 US$, 1. Di im Monat Eintritt mit Bezahlung nach eigenem Ermessen; ⊙Di–So 11–17 Uhr; 👪) Comicsfans brauchen keine Einführung in dieses Museum, das mit einer Spende der Bay-Area-Cartoonlegende Charles M. Schultz (des Schöpfers der *Peanuts*) gegründet wurde. Zu den internationalen und lokalen bemerkenswerten Talenten, die hier ausgestellt sind, gehören der lange im Haight ansässige R. Crumb sowie die East-Bay-Comicroman-Autoren Daniel Clowes *(Ghostworld),* Gene Yang *(American Born Chinese)* und Adrian Tomine *(Optic Nerve).* Lesungen und Premieren bieten die seltene Gelegenheit, sich unter Comiclegenden, leitende Mitarbeiter der Pixar Studios und Sammler zu mischen.

Fisherman's Wharf, The Marina & Russian Hill

Highlights
Exploratorium ... B2
Fisherman's Wharf ... F1

Sehenswertes
1 Aquarium of the Bay ... G1
2 Aquatic House Bathhouse ... E1
3 Crissy Field ... A2
4 Fort Mason ... D1
5 Grace Cathedral ... F4
6 Haas-Lilienthal House ... E3
7 Musée Mecanique ... F1
8 Palace of Fine Arts ... B2
9 Pier 39 ... F1
10 Presidio Visitors Center ... B3
11 San Francisco Art Institute ... F2
12 USS Pampanito ... F1
13 Wave Organ ... C1

Aktivitäten, Kurse & Touren
14 Adventure Cat ... F1
15 Blazing Saddles ... F2
16 Fire Engine Tours ... E1
17 Oceanic Society ... D1

Schlafen
18 Argonaut Hotel ... E1
19 Coventry Motor Inn ... D2
20 HI San Francisco Fisherman's Wharf ... D1
21 Hotel Del Sol ... D2
22 Hotel Majestic ... E4
23 Marina Motel ... C2
24 Queen Anne Hotel ... E4
25 San Remo Hotel ... F2
26 Tuscan Inn ... F1

Essen
27 A16 ... C2
28 Benkyodo ... D4
29 Blue Barn Gourmet ... C2
30 Crown & Crumpet ... E1
31 Greens ... D1
32 In-N-Out Burger ... F1
33 Off the Grid ... D2
34 Out the Door ... D4
35 Swan Oyster Depot ... E4
36 Tataki ... C4
37 The Grove ... D4
38 Za ... E3

Ausgehen
39 California Wine Merchant ... C2
40 MatrixFillmore ... C3

Unterhaltung
41 Bimbo's 365 Club ... F2
42 Cobb's Comedy Club ... F2
43 Magic Theatre ... D1

Shoppen
44 Sports Basement ... B2

Museum of the African Diaspora MUSEUM (MoAD; Karte S. 76; ☎415-358-7200; www.moadsf.org; 685 Mission; Erw./Student 10/5 US$; ⌚Mi–Sa 11–18, So 12–17 Uhr;) Kunstwerke aus vielen Ländern erzählen die ewige Geschichte der Diaspora, von den dreigesichtigen Ikonen des äthiopischen Malers Qes Adamu Tesfaw bis zu den gewebten Decken des indischen Volks der Siddi, die von afrikanischen Sklaven des 16. Jhs. abstammen. Die interaktiven Ausstellungen mit thematischem Schwerpunkt sind in Qualität und Anspruch unterschiedlich. Auf jeden Fall sollte man sich das bewegende Video mit den Erzählungen von Sklaven anschauen, die Maya Angelou vorträgt!

Museum of Craft and Folk Art MUSEUM (Karte S. 76; ☎415-227-4888; www.mocfa.org; 51 Yerba Buena Lane; Erw./Kind 5 US$/frei; ⌚Di–So 11–17 Uhr) Feine Handarbeiten mit faszinierenden persönlichen Hintergrundgeschichten, von Holzarbeiten der Shaker-Frauen bis zu zeitgenössischen koreanischen *bojagi* (Verpackungen aus Stoff).

GRATIS **Catharine Clark Gallery** GALERIE (Karte S. 76; ☎415-399-1439; www.cclarkgallery.com; 150 Minna St; ⌚Di–Sa 11–18 Uhr) Für San Franciscos avantgardistischste Galerie ist nichts zu politisch oder zu provokant: Masami Teraoka malt Geishas und Göttinnen als Superheldinnen, die widerspenstige Priester vertreiben, und Packard Jennings präsentiert Gebrauchsanweisungen zur Umwandlung von Städten in Naturreservate.

MISSION DISTRICT

Mission Dolores KIRCHE (Karte S. 100; ☎415-621-8203; www.missiondolores.org; Ecke Dolores & 16th St; Erw./Kind 5/3 US$; ⌚9–16 Uhr) Dem ältesten Gebäude verdankt die Stadt ihren Namen: der weiß getünchten, aus Lehmziegeln erbauten Misión San Francisco de Asis. Die Mission wurde 1776 gegründet und 1782 von zwangsverpflichteten Ohlone- und Miwok-Indianern neu gebaut – die Decke zeigt die Muster von Flechtkörben der indigenen Amerikaner. Auf dem Friedhof neben der Adobe-Mission steht eine nachgebaute Ohlone-Hütte zum Gedenken an die 5000 Ohlone und Miwok, die 1814 und 1826 während Masernepidemien starben. Heute steht die Mission im Schatten der neben ihr stehenden, prächtigen **Basilika** von 1913, deren Buntglasfenster an die 21 originalen kalifornischen Missionen von Santa Cruz bis San Diego erinnern.

826 Valencia KULTURSTÄTTE
(Karte S. 100; ☎415-642-5905; www.826valencia.com; 826 Valencia St; ⏲12–18 Uhr;) Ein Wandgemälde des Comickünstlers Chris Ware schmückt die Ladenfassade dieses gemeinnützigen Schreibprojekts für Jugendliche, das zugleich ein Anbieter von Piratenbedarf wie Augenklappen, Schweineschmalz und aufschneiderische Geschichten für lange Nächte auf See ist. Im Fish Theater kann man sehen, wie ein Kugelfisch in Method Acting eintaucht. Zugegeben, ein Sean Penn ist er nicht, aber ein Schild bittet auch darum, „den Fisch nicht zu beurteilen". Auf der Website stehen Infos zu den Workshops für Kinder und Erwachsene zu den Themen Entwerfen von Videospielen und Gründung einer Zeitschrift, die Experten aus der Branche veranstalten.

Creativity Explored GALERIE
(Karte S. 100; ☎415-863-2108; www.creativityexplored.org; 3245 16th St; Spende erbeten; ⏲Mo–Fr 10–15, Do bis 19, Sa 13–18 Uhr) Eine neue Sicht auf Themen von Superhelden bis zur Architektur von entwicklungsbeeinträchtigten, von der Kritik gefeierten Künstlern – die fröhlichen Vernissagen mit den Künstlern, ihren Familien und Fans sollte man nicht versäumen.

Dolores Park PARK
(Karte S. 100; Ecke Dolores & 18th St) Fußballspiele, Streetbasketball, ständige politische Demonstrationen, Sonnenbaden als Wettbewerb und andere beliebte Freizeitaktivitäten prägen diesen Park.

CASTRO

GLBT History Museum MUSEUM
(Karte S. 100; ☎415-621-1107; www.glbthistory.org/museum; 4127 18th St; Eintritt 5 US$, 1. Mi im Monat Eintritt frei; ⏲Di–Sa 11–19 & So–Mo 12–17 Uhr) Amerikas erstes Museum der schwulen Geschichte hält stolze Momente und historische Wendepunkte fest: Man findet hier Harvey Milks Wahlkampfbroschüren, Interviews mit dem avantgardistischen bisexuellen Autor Gore Vidal, Zündholzheftchen aus lange verschwundenen Badehäusern und Seiten aus einem Strafgesetzbuch der 1950er-Jahre mit den Strafandrohungen gegen Homosexualität.

Harvey Milk Plaza WAHRZEICHEN
(Karte S. 100; Ecke Market & Castro St) Eine riesige Regenbogenfahne grüßt die Besucher an diesem Platz in Castro, der nach dem Fotoladenbesitzer benannt ist, der als erster bekennender Schwuler in den USA in ein öffentliches Amt gewählt wurde.

Human Rights Campaign Action Center HISTORISCHE STÄTTE
(Karte S. 100; ☎415-431-2200; www.hrc.org; 600 Castro St) Harvey Milks früheres Fotogeschäft ist heute Sitz einer Bürgerrechtlergruppe, deren Anhänger hier Petitionen unterschreiben und sich „Equality"-Sticker von Marc Jacobs holen.

HAIGHT

Alamo Square PARK
(Karte S. 100; Hayes & Scott St) Der Park auf der Hügelspitze bietet einen Rundblick auf die Downtown und ist von malerischen „Painted Ladies" umgeben – bunt gestrichenen und extravagant dekorierten viktorianischen Villen, die dem hochherrschaftlichen englischen Vorbild mit all den Freiheiten folgen, die für San Francisco typisch sind. Die ebenfalls viktorianisch dekorierten Häuser der Postcard Row gegenüber dem Park an der Steiner St wurden leider in unaufdringlichen Neutraltönen neu verputzt, wenn man aber zwischen der Steiner und der Scott St um den Platz herumgeht, erblickt man Painted Ladies, die die Farbenpracht einer Drag-Diva zur Schau stellen.

Zen Center HISTORISCHES GEBÄUDE
(Karte S. 100; www.sfzc.org; 300 Page St) In der größten buddhistischen Gemeinschaft außerhalb Asiens, die ihren Sitz in einem eleganten, von Julia Morgan entworfenen Gebäude hat, kann man einen Zen-Moment erleben.

RICHMOND

California Palace of the Legion of Honor MUSEUM
(Karte S. 82; ☎415-750-3600; http://legionofhonor.famsf.org; 100 34th Ave; Erw./Kind 10/6 US$, mit Muni-Ticket 2 US$ Rabatt, 1. Di im Monat Eintritt frei; ⏲Di–So 9.30–17.15 Uhr) „Big

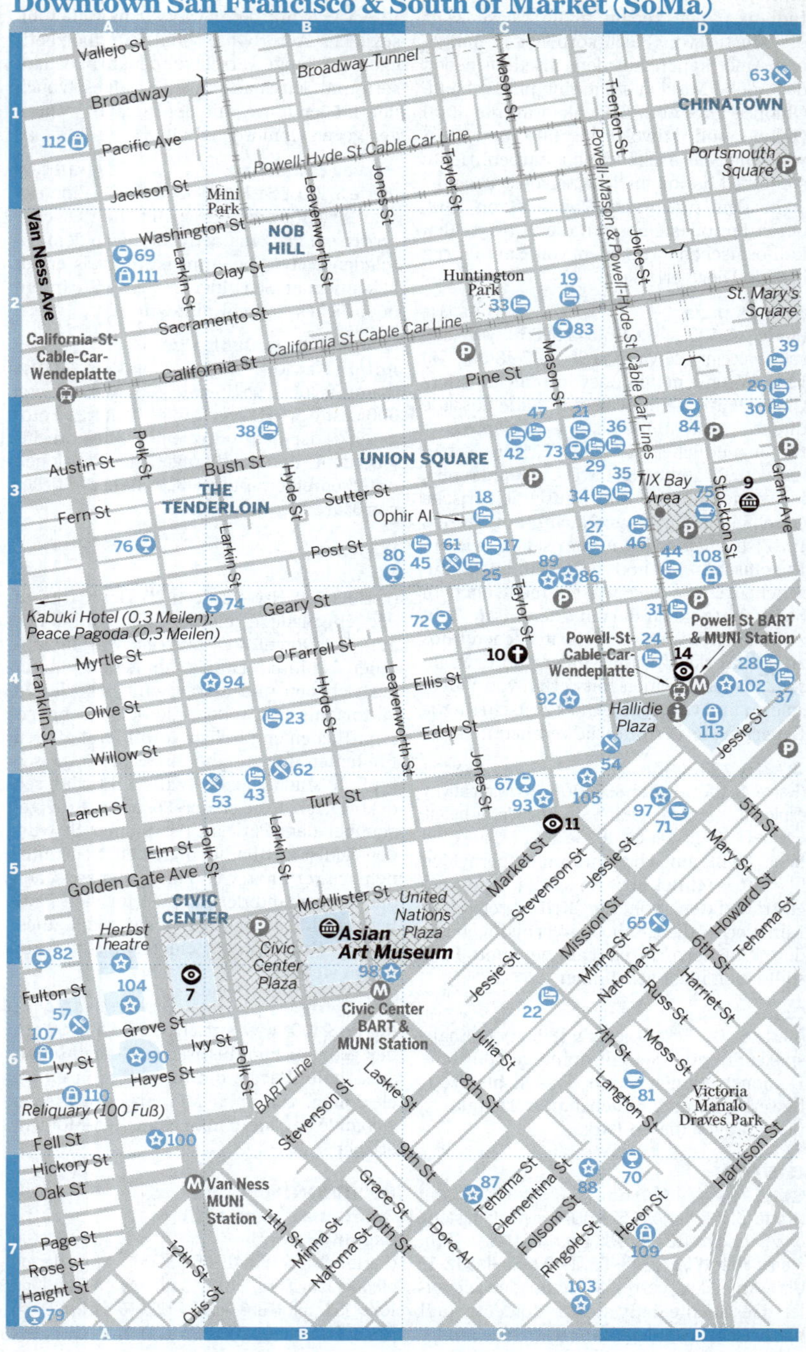

Vallejo St
Broadway Tunnel
Broadway
Pacific Ave
Powell-Hyde St Cable Car Line
Jackson St
Mini Park
Washington St
NOB HILL
Clay St
Sacramento St
California St Cable Car Line
California St
California-St-Cable-Car-Wendeplatte
Van Ness Ave
Huntington Park
Pine St
CHINATOWN
Portsmouth Square
St. Mary's Square
Mason St
Taylor St
Jones St
Leavenworth St
Larkin St
Hyde St
Polk St
Trenton St
Powell-Mason & Powell-Hyde St Cable Car Lines
Joice St
Austin St
Bush St
THE TENDERLOIN
UNION SQUARE
Sutter St
Fern St
Ophir Al
Post St
TIX Bay Area
Stockton St
Grant Ave
Geary St
Kabuki Hotel (0,3 Meilen); Peace Pagoda (0,3 Meilen)
Myrtle St
O'Farrell St
Ellis St
Powell-St-Cable-Car-Wendeplatte
Powell St BART & MUNI Station
Hallidie Plaza
Franklin St
Olive St
Eddy St
Willow St
Jessie St
Turk St
Larch St
Elm St
Golden Gate Ave
5th St
Mary St
Market St
Stevenson St
CIVIC CENTER
McAllister St
United Nations Plaza
Howard St
Tehama St
Herbst Theatre
Civic Center Plaza
Asian Art Museum
Mission St
Minna St
Natoma St
6th St
Harriet St
Russ St
Fulton St
Civic Center BART & MUNI Station
Grove St
Ivy St
Hayes St
Julia St
7th St
Moss St
Langton St
BART Line
Laskie St
8th St
Reliquary (100 Fuß)
Victoria Manalo Draves Park
Fell St
Stevenson St
Hickory St
9th St
Harrison St
Oak St
Van Ness MUNI Station
Grace St
Clementina St
Folsom St
Heron St
11th St
10th St
Dore Al
Page St
Minna St
Natoma St
Ringold St
Rose St
12th St
Haight St
Otis St
SAN FRANCISCO

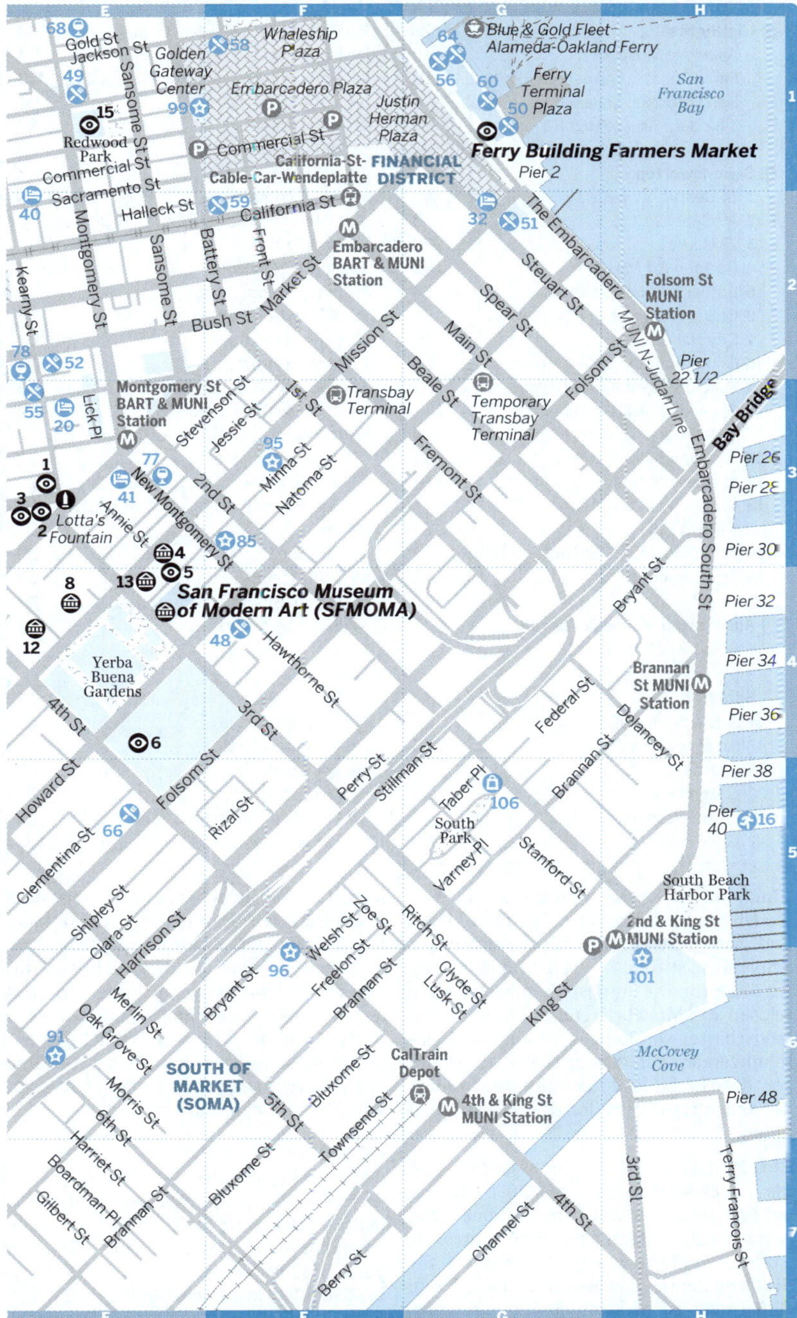
Ferry Building Farmers Market
San Francisco Museum of Modern Art (SFMOMA)
FINANCIAL DISTRICT
SOUTH OF MARKET (SOMA)
Blue & Gold Fleet Alameda-Oakland Ferry
Ferry Terminal Plaza
San Francisco Bay
Whaleship Plaza
Golden Gateway Center
Embarcadero Plaza
Justin Herman Plaza
Redwood Park
California-St-Cable-Car-Wendeplatte
Embarcadero BART & MUNI Station
Folsom St MUNI Station
Montgomery St BART & MUNI Station
Transbay Terminal
Temporary Transbay Terminal
Lotta's Fountain
Yerba Buena Gardens
Bay Bridge
Brannan St MUNI Station
South Park
South Beach Harbor Park
2nd & King St MUNI Station
McCovey Cove
CalTrain Depot
4th & King St MUNI Station
Pier 2
Pier 22 1/2
Pier 26
Pier 28
Pier 30
Pier 32
Pier 34
Pier 36
Pier 38
Pier 40
Pier 48

Downtown San Francisco & South of Market (SoMa)

Highlights
Asian Art Museum ... B5
Ferry Building Farmers Market ... G1
San Francisco Museum of Modern Art (SFMOMA) ... E4

Sehenswertes
1 14 Geary ... E3
2 49 Geary ... E3
3 77 Geary ... E3
4 Cartoon Art Museum ... E3
5 Catharine Clark Gallery ... E4
6 Children's Creativity Center ... E4
7 City Hall ... A6
8 Contemporary Jewish Museum ... E4
9 Folk Art International Building ... D3
10 Glide Memorial United Methodist Church ... C4
11 Luggage Store Gallery ... C5
12 Museum of Craft and Folk Art ... E4
13 Museum of the African Diaspora ... E4
14 Powell St Cable Car Turnaround ... D4
15 Transamerica Pyramid ... E1

Aktivitäten, Kurse & Touren
16 Spinnaker Sailing ... H5

Schlafen
17 Adelaide Hostel ... C3
18 Andrews Hotel ... C3
19 Fairmont ... C2
20 Galleria Park ... E3
21 Golden Gate Hotel ... C3
22 Good Hotel ... C6
23 HI San Francisco City Center ... B4
24 Hotel Abri ... D4
25 Hotel Adagio ... C3
26 Hotel Des Arts ... D2
27 Hotel Frank ... C3
28 Hotel Palomar ... D4
29 Hotel Rex ... C3
30 Hotel Triton ... D3
31 Hotel Union Square ... D4
32 Hotel Vitale ... G2
33 Huntington Hotel ... C2
34 Inn at Union Square ... C3
35 Kensington Park Hotel ... D3
36 Larkspur Hotel ... D3
37 Mosser Hotel ... D4
38 Nob Hill Hotel ... B3
39 Orchard Garden Hotel ... D2
40 Pacific Tradewinds Guest House ... E2
41 Palace Hotel ... E3
42 Petite Auberge ... C3
43 Phoenix Motel ... B5
44 Stratford Hotel ... D3
45 USA Hostels ... C3
46 Westin St Francis Hotel ... D3
47 White Swan Inn ... C3

Essen
48 Benu ... F4
49 Bocadillos ... E1
50 Boulette's Larder ... G1
51 Boulevard ... G2
52 Boxed Foods ... E2
53 Brenda's French Soul Food ... B5
54 farmerbrown ... D4

Alma" de Bretteville Spreckels war Aktmodell eines Bildhauers, heiratete reich und sammelte Kunst mit Leidenschaft. Schließlich stiftete sie San Francisco dieses Museum. Die ausgestellten Kunstwerke reichen von Monets Seerosen bis zu Klanglandschaften von John Cage, von Elfenbeinschnitzereien aus dem Irak bis zu Comics von R. Crumb (die zu den 90000 Grafiken der Achenbach Collection des Museums gehören).

Cliff House HISTORISCHES GEBÄUDE
(Karte S. 82; www.cliffhouse.com; 1090 Point Lobos Ave) Das 1883 von dem Millionär und populistischen Politiker Adolph Sutro erworbene und zu einem Erholungsort für die arbeitende Bevölkerung umgebaute Cliff House ist heute in seiner vierten Inkarnation ein gehobenes (und überteuertes) Restaurant. Drei der vier Attraktionen des Resorts sind allerdings geblieben: die Wanderwege rund um die prächtigen Ruinen der **Sutro Baths**, im Winter der Blick auf die Seelöwen, die am **Seal Rock** spielen und die **Camera Obscura** (Eintritt 2 US$; ⏲11 Uhr–Sonnenuntergang), ein kleines Gebäude aus viktorianischer Zeit, in das die Aussicht aufs Meer hineinprojiziert wird.

GOLDEN GATE PARK

California Academy of Sciences AQUARIUM, NATURSCHUTZGEBIET
(Karte S. 82; ☎415-321-8000; www.calacademy.org; 55 Concourse Dr; Erw./Kind 30/25 US$, mit Muni-Ticket 3 US$ Rabatt, Do 18–22 Uhr (nur Menschen über 21 Jahre) 10 US$; ⏲Mo–Sa 9.30–17, So 11–17 Uhr; 👪) Das grüne,

55 Gitane E3
56 Hog Island Oyster Company..................G1
57 Jardinière A6
58 Kokkari F1
59 Michael Mina..F2
60 Mijita G1
61 Millennium...C3
62 Saigon Sandwich Shop B4
63 Sentinel D1
64 Slanted Door G1
65 Split Pea Seduction D5
66 Zero Zero...E5

Ausgehen

67 Aunt Charlie's Lounge C5
68 Barrique...E1
69 Bigfoot Lodge A2
70 Bloodhound..D7
71 Blue Bottle Coffee Company D5
72 Bourbon & Branch................................C4
73 Cantina C3
74 Edinburgh Castle B4
75 Emporio Rulli Caffè..............................D3
76 Hemlock Tavern A3
77 House of Shields..................................E3
78 Irish Bank E2
79 Rebel..A7
Rickhouse.....................................(siehe 52)
80 Rye...B3
81 Sightglass Coffee D6
82 Smuggler's Cove A5
83 Top of the Mark C2
84 Tunnel Top Bar D3

Unterhaltung

85 111 Minna F3
86 American Conservatory Theater C3
87 AsiaSF C7
88 Cat Club C7
89 Curran Theatre C3
90 Davies Symphony Hall..........................A6
91 EndUp...B6
92 Exit Theatre C4
93 Golden Gate Theatre.............................C5
94 Great American Music Hall...................B4
95 Harlot F3
96 Hotel Utah...F5
97 Mezzanine...D5
98 Orpheum Theatre..................................B5
99 Punch Line E1
100 Rickshaw Stop.....................................A5
101 San Francisco Giants..........................H5
102 Sisters of Perpetual Indulgence D4
103 The Stud..C7
104 War Memorial Opera House................A6
105 Warfield...C5

Shoppen

106 Jeremy's G5
107 MAC..A6
108 Macy's D3
109 Madame S & Mr S Leather D7
110 Nancy Boy...A6
111 Studio..A2
112 Velvet da Vinci A2
113 Westfield Shopping Center D4

mit LEED-Zertifikat ausgezeichnete Gebäude des Architekten Renzo Piano (2008) ist ein Wahrzeichen, das unter einem „lebendigen Dach" aus kalifornischen Wildblumen in einem vierstöckigen Regenwald und einem Aquarium auf zwei Ebenen 38 000 sonderbare und wundervolle Tiere beherbergt. Nachdem die Pinguine in die Heia gegangen sind, setzt bei den Kindern vorbehaltenen Übernachtungen in der Akademie wildes Treiben ein, während man bei den „NightLife Thursdays" (nur für Menschen über 21 Jahre) bei Regenwald-Cocktails die seltsamen Balzrituale scheuer Internetbewohner beobachten kann.

MH de Young Memorial Museum MUSEUM

(Karte S. 82; ☎415-750-3600; www.famsf.org/deyoung; 50 Hagiwara Tea Garden Dr; Erw./Kind 10 US$/frei, mit Muni-Ticket 2 US$ Rabatt, 1. Di im Monat Eintritt frei; ⌚Di–So 9.30–17.15, Fr bis 20.45 Uhr) Folgt man der künstlichen Verwerfungslinie im Bürgersteig – ein Werk des Bildhauers Andy Goldsworthy –, gelangt man zu dem eleganten Museumsgebäude von Herzog & de Meuron, dessen grün oxidierte Kupferverkleidung mit dem Park verschmilzt. Doch die Zurückhaltung der Fassade täuscht: Die Ausstellungen erweitern mit Zeremonialmasken aus Ozeanien, Balenciaga-Roben, den aus Gewehrkugeln gebauten Kathedralen des Bildhauers Al Farrow und vielem mehr den künstlerischen Horizont. Der Zugang zum Aussichtsraum auf dem Turm ist kostenlos; es lohnt sich, für den Fahrstuhl anzustehen.

Conservatory of Flowers GARTEN

(Karte S. 82; ☎415-666-7001; www.conservatoryofflowers.org; Conservatory Dr West; Erw./Kind 7/2 US$; ⌚Di–So 10–16 Uhr) Das kürzlich renovierte viktorianische Gewächshaus von 1878 beherbergt Orchideen, die sich wie Diven spreizen, zum Meditieren einladende

WANDMALEREIEN IM MISSION DISTRICT

Inspiriert von Diego Rivera und den Wandmalereien, die als öffentliche Beschäftigungsmaßnahme entstanden waren, und aufgebracht über die US-amerikanische Mittelamerikapolitik machten sich die *muralistas* im Mission District in den 1970er-Jahren daran, die politische Landschaft, Gasse für Gasse, zu verändern. Precita Eyes (S. 83) restauriert historische Malereien, gibt neue in Auftrag und veranstaltet von Künstlern geleitete Führungen. Viele der sehenswertesten Wandmalereien des Mission District finden sich an folgenden drei Standorten:

» **Balmy Alley** (Karte S. 100; www.balmyalley.com; abseits der 24th St) Zwischen Treat Ave und Harrison St finden sich frühe, inzwischen historische Malereien, die auf Garagentoren künstlerische und politische Aussagen machen, angefangen von einem frühen Denkmal für den progressiven salvadorianischen Erzbischof Óscar Romero bis hin zu einer Hommage an das goldene Zeitalter des mexikanischen Kinos.

» **Clarion Alley** (Karte S. 100; zw. 17th & 18th St, abseits der Valencia St) Nur die aussagekräftigste Straßenkunst überlebt in der Clarion, wo schwächere Werke angepinkelt oder übermalt werden. Nur wenige Werke haben Jahre überdauert, z. B. Andrew Schoultz' Malerei, auf der Gentrifizierungs-Elefanten zottelige Vögel vertreiben. Aktuelle Werke, etwa das neue zu Ehren des Arabischen Frühlings landen üblicherweise schnell im Westend.

» **Women's Building** (Karte S. 100; ☎415-431-1180; www.womensbuilding.org; 3543 18th St) San Franciscos größtes Wandgemälde ist das *MaestraPeace* von 1994, das sich um das Women's Building herumzieht. 90 Malerinnen ehrten hier die Stärke der Frauen mit Bildern von chinesischen und Maya-Göttinnen sowie modernen Pionierinnen wie der Nobelpreisträgerin Rigoberta Menchu, der Dichterin Audre Lorde oder von Dr. Jocelyn Elders, der früheren Leiterin des Public Health Service der USA.

Seerosen und fleischfressende Kriechpflanzen, deren Ausdünstungen nach Insektenfleisch riechen.

Strybing Arboretum & Botanical Gardens GARTEN

(Karte S. 82; ☎415-661-1316; www.strybing.org; 1199 9th Ave; Eintritt 7 US$; ⌚April–Okt. 9–18 Uhr, Nov.–März 10–17 Uhr) In diesem 28 ha großen Park blüht immer irgendetwas. Der „Garten der Düfte" wurde für Sehbehinderte angelegt, und in der Abteilung mit endemischen kalifornischen Pflanzen ist zu Frühlingsanfang bei der Blüte der Wildblumen, gleich neben dem Mammutbaum-Pfad, ein intensives Farbenmeer zu bewundern.

Japanese Tea Garden GARTEN

(Karte S. 82; http://japaneseteagardensf.com; Hagiwara Tea Garden Dr; Erw./Kind 7/5 US$, Mo, Mi, Fr vor 10 Uhr Eintritt frei; ⌚9–18 Uhr; 👪) In dem malerischen, 2 ha großen Garten, der 1894 angelegt wurde, kann man sich im Zen-Garten entspannen, puppengroße Bäume bewundern, die auf die 100 zugehen, und unter einer Pagode grünen Tee mit gebratenem Reis schlürfen.

Stow Lake SEE

(Karte S. 82; http://sfrecpark.org/StowLake.aspx; Tretboot/Kanu/Ruderboot/Fahrrad 24/20/19/8 US$ pro Std.; ⌚Verleih 10–16 Uhr) Die Huntington Falls stürzen vom Strawberry Hill 120 m hinunter in den See. Ganz in der Nähe stehen ein äußerst romantischer chinesischer Pavillon und ein Bootshaus von 1946, an dem Boote und Fahrräder verliehen werden.

Ocean Beach STRAND

(Karte S. 82; ☎415-561-4323; www.parksconservancy.org; ⌚Sonnenaufgang–Sonnenuntergang) Der tosende Strand am Ende des Parks ist für Strandhäschen im Bikini natürlich zu kühl, aber ideal für Surfprofis, die den Brandungsrückstrom im Neoprenanzug meistern (das ist wirklich nichts für Freizeitschwimmer!). Lagerfeuer dürfen nur in ausgewiesenen Feuergruben entfacht werden, und Alkohol ist am Strand komplett verboten. 1 Meile (1,6 km) südlich von Ocean Beach stürzen sich nahe beim Parkplatz von **Fort Funston** (Skyline Blvd) Hängegleiter von 60 m hohen Klippen, während Watvögel in ausgedienten Nike-Raketensilos nisten. Um hinzukommen, dem Great Hwy nach Süden folgen und rechts in den Skyline Blvd einbiegen! Der Parkeingang befindet sich hinter dem Lake Merced auf der rechten Seite.

Aktivitäten

Radfahren & Skaten

Avenue Cyclery FAHRRADVERLEIH
(Karte S. 82; ☎415-387-3155; www.avenuecyclery.com; 756 Stanyan St; Fahrrad pro Std/Tag 8/30 US$; ⊙Mo–Sa 10–18, So bis 17 Uhr) Gleich außerhalb des Golden Gate Park in Upper Haight – zum Leihfahrrad gibt's den Helm noch dazu.

Blazing Saddles FAHRRADVERLEIH
(Karte S. 68; ☎415-202-8888; www.blazingsaddles.com; 2715 Hyde St; Fahrrad pro Std./Tag ab 8/32 US$; ⊙8–19.30 Uhr) Mit einem Rad aus den Filialen dieses Fahrradverleihs an der Fisherman's Wharf kann man die Golden Gate Bridge überqueren und anschließend mit der Sausalito-Fähre nach San Francisco zurückfahren (wenn das Wetter mitspielt).

Golden Gate Park Bike & Skate RADFAHREN, SKATEN
(Karte S. 82; ☎415-668-1117; www.goldengateparkbikeandskate.com; 3038 Fulton St; Skates pro Std./Tag ab 5/20 US$, Fahrrad ab 3/15 US$; ⊙10–18 Uhr;) Um den Golden Gate Park richtig zu genießen, kann man sich ein Fahrrad ausleihen – besonders zu empfehlen sonntags und im Sommer auch samstags, weil dann der JFK Dr für den Autoverkehr gesperrt ist. Wenn das Wetter nicht so toll ist, werktags vorher anrufen, um sicherzugehen, dass der Laden geöffnet hat!

Wheel Fun Rentals RADFAHREN, SKATEN
(Karte S. 82; ☎415-668-6699; www.wheelfunrentals.com; 50 Stow Lake Dr; Skates pro Std./Tag 6/20 US$, Fahrrad 8/25 US$, Tandem 12/40 US$; ⊙9–19 Uhr) Hier kann man mit einem vernünftigen Leihgerät um die Golden Gate gleiten und den Sonnenuntergang genießen. Um am Ufer entlangzurauschen, bietet sich die zweite Filiale in der Marina bei Fort Mason an.

Segeln, Kajakfahren, Windsurfen & Walbeobachtung

Spinnaker Sailing SEGELN
(Karte S. 76; ☎415-543-7333; www.spinnaker-sailing.com; Pier 40; Unterricht 375 US$; ⊙10–17 Uhr) Erfahrene Segler können bei Spinnaker ein Boot mieten und in den Sonnenuntergang segeln, während Landratten ein Boot mit Kapitän chartern oder Segelunterricht nehmen.

City Kayak KAJAKFAHREN
(☎415-357-1010; http://citykayak.com; South Beach Harbor; Kajakverleih 35–65 US$/Std., 3-std. Unterricht & Kajakverleih 59 US$, Tour 55–75 US$) Erfahrene Kajakfahrer wagen sich auf die unruhige See unterhalb der Golden Gate Bridge oder unternehmen eine Gruppentour bei romantischem Mondschein, während Neulinge lieber in den ruhigen Gewässern nahe der Bay Bridge herumpaddeln.

Adventure Cat SEGELN
(Karte S. 72; ☎415-777-1630; www.adventurecat.com; Pier 39; Erw./Kind 35/15 US$, Fahrt in den Sonnenuntergang 50 US$) Zwischen März und Oktober gibt es täglich drei Katamaranfahrten, von November bis Februar nur an den Wochenenden.

NICHT VERSÄUMEN

GOLDEN GATE PARK

Wenn ein Einheimischer „den Park" erwähnt, gibt's nur einen, der den bestimmten Artikel erhält: den Golden Gate Park. Hier findet sich alles, was den Einwohnern wichtig ist: Freier Geist, freie Musik, Mammutbäume, Frisbee, Demonstrationen, Kunst, Bonsais und Büffel. Der 24-jährige William Hammond Hall gewann 1870 den Gestaltungswettbewerb für den Park, er verbrachte die nächsten 20 Jahre damit, eisern gegen Kasino-Bauherren, Themenpark-Spekulanten und aalglatte Politiker zu kämpfen, um die 411 ha großen Dünen in den größten erschlossenen Park der Welt zu verwandeln. Sportliche und auch weniger Sportliche wissen die Fülle der Freizeitaktivitäten zu schätzen. Es gibt 12 km an Radwegen, 19 km an Reitwegen, eine Anlage zum Bogenschießen, Baseball- und Softballplätze, Teiche zum Fliegenfischen, Bowlingbahnen, vier Fußball- und 21 Tennisplätze. An vielen Stellen im Park und rund herum kann man Fahrräder und Skates ausleihen.

Infos zum Park bekommt man in der **McLaren Lodge** (Karte S. 82; ☎415-831-2700 Ecke Fell & Stanyan St; ⊙Mo–Fr 8–17 Uhr). Kostenlose Parkspaziergänge organisieren die **Friends of Recreation & Parks** (☎415-263-0991).

The Richmond, The Sunset & Golden Gate Park

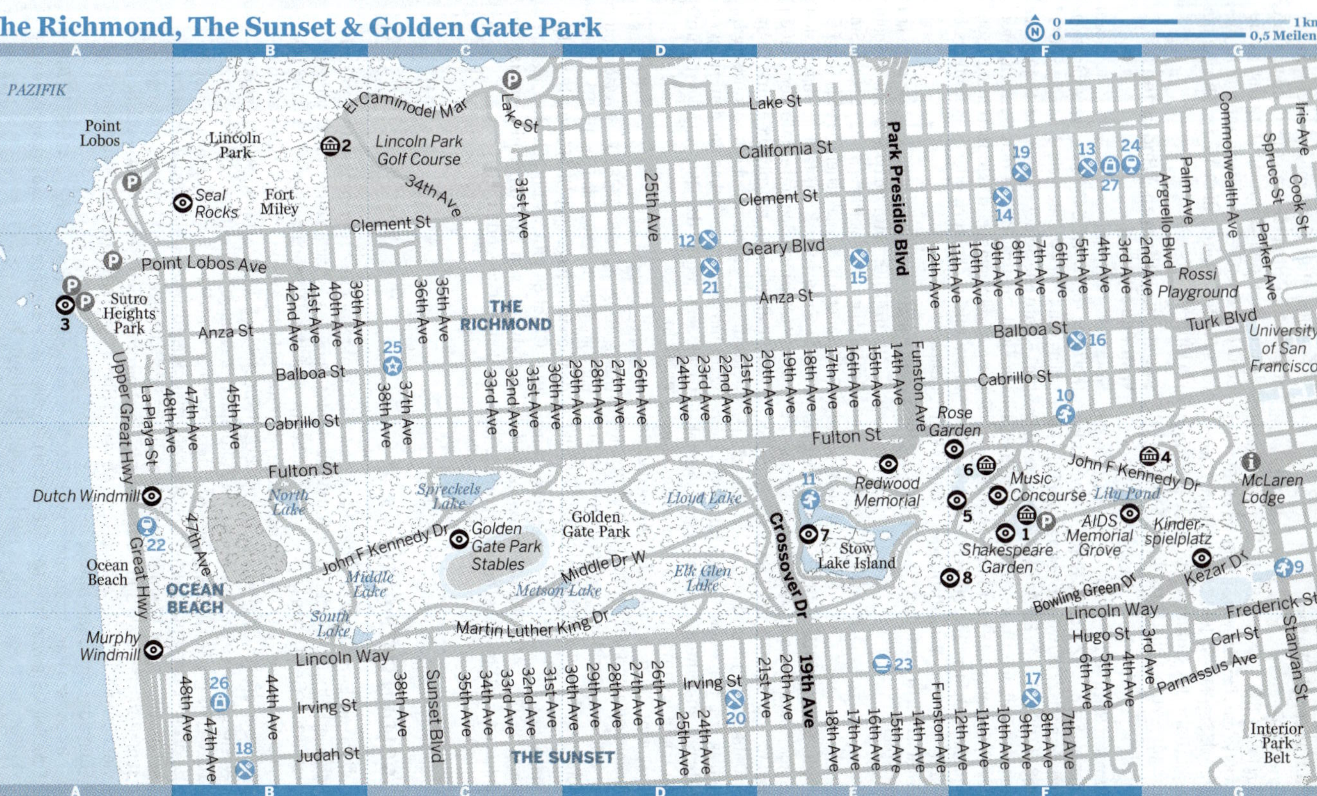

The Richmond, The Sunset & Golden Gate Park

Sehenswertes
1 California Academy of Sciences F3
2 California Palace of the Legion of Honor B1
3 Cliff House A2
4 Conservatory of Flowers G3
5 Japanese Tea Garden F3
6 MH de Young Memorial Museum F3
7 Stow Lake E3
8 Strybing Arboretum & Botanical Gardens F3

Aktivitäten, Kurse & Touren
9 Avenue Cyclery G3
10 Golden Gate Park Bike & Skate F2
11 Wheel Fun Rentals E3

Essen
12 Aziza D2
13 Genki F1
14 Halu F1
15 Kabuto E2
16 Namu F2
17 Nanking Road Bistro F4
18 Outerlands B4
19 Spices F1
20 Sunrise Deli D4
21 Ton Kiang D2

Ausgehen
22 Beach Chalet Brewery A3
23 Hollow E4
24 Plough & Stars F1

Unterhaltung
25 Balboa Theater C2

Shoppen
26 Mollusk B4
27 Park Life F1

Boardsports Kiteboarding & Windsurfing WINDSURFEN
(außerhalb der Karte S. 68; ☎415-385-1224; www.boardsportsschool.com; 1200 Clay St; 1,5- bis 2-std. Unterricht 50–220 US$; ⊙nach Vereinbarung) Gibt Unterricht im Kiteboarden und Windsurfen und verleiht die Ausrüstung; erfahrene Windsurfer nehmen sich die Bucht am Strand beim Crissy Field vor. Die meisten Anfängerkurse finden östlich jenseits der Bucht in Alameda statt.

Oceanic Society WALBEOBACHTUNG
(Karte S. 72; ☎415-474-3385; www.oceanic-society.org; Tour 100–120 US$/Pers.; ⊙Büro Mo–Fr 8.30–17 Uhr, Touren Sa & So) Walbeobachtungen sind bei den von Naturkundlern geführten Bootstouren auf dem Meer, die von Mitte Oktober bis Ende Dezember während der Wanderungen der Tiere an den Wochenenden stattfinden, so gut wie garantiert. Außerhalb der Saison führen die Touren zu den Farallon Islands, 43 km westlich von San Francisco.

Spas

Kabuki Springs & Spa SPA
(außerhalb der Karte S. 72; ☎415-922-6000; www.kabukisprings.com; 1750 Geary Blvd; Eintritt 22–25 US$; ⊙10–21.45 Uhr) Die durch die 43 Hügel der Stadt strapazierten Muskeln kann man hier in einem japanischen Bad entspannen – nach Männern und Frauen getrennt an verschiedenen Tagen. Eine Ausnahme ist der gemischte Dienstag; dann sind Badehose bzw. Badeanzug Pflicht.

Geführte Touren

Precita Eyes Mural Tours STADTSPAZIERGANG
(Karte S. 100; ☎415-285-2287; www.precitaeyes.org; 2981 24th St; Erw./Kind 12–15/5 US$; ⊙Sa & So 11, 12 & 13.30 Uhr) Einheimische Künstler führen zweistündige Spaziergänge oder Radtouren zu 60 bis 70 Wandmalereien in einem Umkreis von sechs bis zehn Blocks der mit Wandmalereien bedeckten Balmy Alley; die Erlöse wandern in die Erhaltung der Malereien.

Chinatown Alleyways Tours STADTSPAZIERGANG
(Karte S. 68; ☎415-984-1478; www.chinatownalleywaytours.org; Erw./Kind 18/5 US$; ⊙Sa & So 11 Uhr) Jugendliche aus dem Viertel geben den Teilnehmern bei zweistündigen Führungen intensive und persönliche Einblicke in Chinatowns Vergangenheit (wenn das Wetter mitspielt). Fünf Tage im Voraus buchen; samstags kann man auch spontan teilnehmen, zahlt dann aber das Doppelte. Nur Barzahlung. Die Treffpunkte variieren.

GRATIS **Public Library City Guides** STADTSPAZIERGANG
(www.sfcityguides.org) Ehrenamtliche Lokalhistoriker leiten nach Vierteln und Themen untergliederte Spaziergänge. Angeboten werden beispielsweise Art Déco in der Ma-

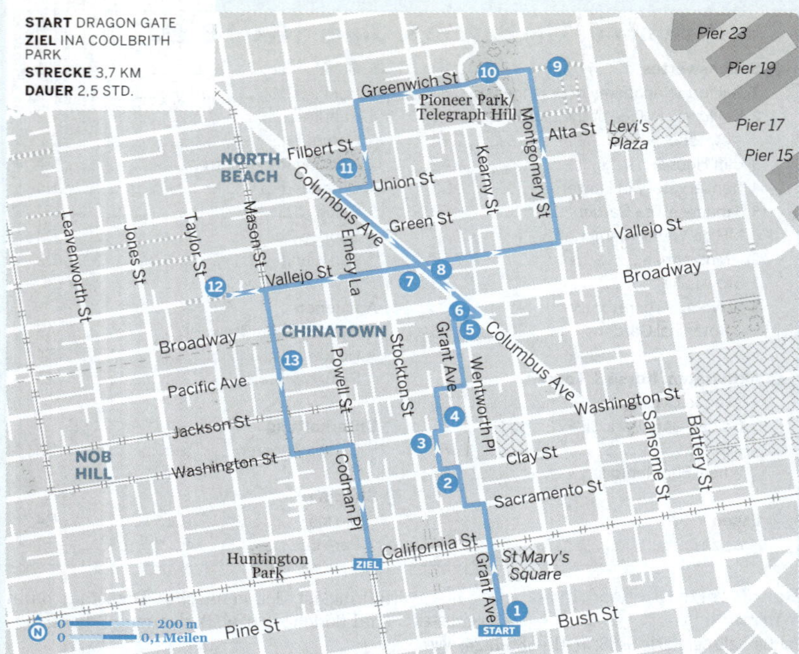

Stadtspaziergang

Die Hügel von San Francisco

Die Aussicht nach der Besteigung der drei berühmtesten Hügel von San Francisco – den Telegraph, den Russian und den Nob Hill – ist ein wahres Gedicht.

Durch das 1 **Dragon Gate** geht es die von Drachenlaternen gesäumte Grant Ave bis zur Sacramento St, wo man einen halben Block nach links läuft und dann nach rechts auf den 2 **Waverly Place** abbiegt, wo Gebetsfahnen Tempelbalkone schmücken. An der Clay St nach links und dann wieder rechts auf die 3 **Spofford Alley** treten, wo Sun Yat-sen die chinesische Revolution plante. Am Ende des Blocks in die Washington rechts und dann gleich wieder links in die 4 **Ross Alley** einbiegen, die früher San Franciscos Bordellstraße war.

Nach rechts die Jackson entlang zur Grant laufen, dann den Durchgang rechts von der Grant zur 5 **Jack Kerouac Alley** nehmen, wo das Pflaster von Kerouacs Ode an San Francisco widerhallt: „Die Luft war weich, die Sterne waren so schön, und jede Kopfsteingasse verhieß Großartiges…". Voraus liegt das literarische Wahrzeichen 6 **City Lights**.

Nun geht's links die Columbus hinauf bis zur Ecke Vallejo. Bei 7 **Molinari** kann man sich mit Panini für ein Picknick auf dem Telegraph Hill eindecken. Man überquert die Columbus, marschiert einen Block nach rechts die Vallejo hinauf und stärkt sich mit einem Espresso im 8 **Caffe Trieste**, wo Francis Ford Coppola das Drehbuch für den *Paten* skizzierte. Dann geht es weiter auf der Vallejo und die Stufen hoch zur Montgomery St. Nun drei Blocks nach links und links die von Häuschen gesäumten 9 **Greenwich Street Steps** hinauf, dann ist der Gipfel des Telegraph Hill erreicht. Im 10 **Coit Tower** genießt man die einst umstrittenen Wandmalereien im Erdgeschoss und den Rundblick von der Spitze hinunter auf die Bucht.

Nun geht es bergab auf dem 11 **Washington Square**. Links in die Columbus, dann rechts in die Vallejo einbiegen und drei Blocks hochlaufen, dann ist eine weitere malerische Treppe erreicht, die zum 12 **Ina Coolbrith Park** führt mit Blick auf Alcatraz. Mit dem letzten Gipfel macht man es sich einfach: Man nimmt die 13 **Mason-Powell Cable Car** hinauf auf den Nob Hill.

rina, Goldrausch in Downtown, viktorianische Villen in Pacific Heights oder North Beach bei Nacht. Die Webseite informiert über Themen und Termine.

Haight-Ashbury Flower Power Walking Tour STADTSPAZIERGANG
(Karte S. 92; ☎415-863-1621; www.haightashburytour.com; Erw./Kind unter 9 Jahren 20 US$/frei; ⌚Di & Sa 9.30, Do 14, Fr 11 Uhr) Der lange, schräge Trip folgt zwölf Blocks lang den Spuren von Jimi, Jerry und Janis durch die Hippiegeschichte – wer da nach den Nachnamen fragen muss, hat die Tour eindeutig nötig. Treffpunkt des rund zweistündigen Spaziergangs, zu dem man sich vorab anmelden muss, ist die Ecke Stanyan und Waller St oder ein anderer Ort in der Nähe.

Victorian Home Walk STADTSPAZIERGANG
(Karte S. 76; ☎415-252-9485; www.victorianwalk.com; Westin St. Francis Hotel, Ecke Powell & Post St; 25 US$/Pers.; ⌚11 Uhr) Anhand der erstklassigen Beispiele in Pacific Heights erfährt man, was Architektur im Queen-Anne-Stil ausmacht. Die Führungen dauern zweieinhalb Stunden und starten an verschiedenen Treffpunkten.

Feste & Events

Februar

Lunar New Year KULTUR
(www.chineseparade.com) Böller, Legionen kleiner Kampfkünstler und ein 61 m langer tanzender Drache machen diese Parade Ende Februar zu einem Winterhighlight in San Francisco.

April & Mai

Cherry Blossom Festival KULTUR
(www.nccbf.org) Mitte April wird mit leckeren Yakitori-Essensständen, lauten Taiko-Trommeln und Origami-Arrangements auf diesem Kunstjahrmarkt der Frühling gefeiert.

San Francisco International Film Festival FILM
(www.sffs.org) Hier sollte man seine Kräfte einteilen: Das älteste Filmfestival der USA Ende April geht zwei Wochen lang – ein Eventmarathon mit 325 Filmen, 200 Regisseuren und jeder Menge Schauspielern und Produzenten.

Bay to Breakers SPASSLAUF
(www.baytobreakers.com; Teilnahmegebühr 44–48 US$) Am dritten Maisonntag rennen kostümierte oder nackte Läufer vom Embarcadero zum Ocean Beach, während als Lachse verkleidete Läufer stromauf rennen.

Carnaval KULTUR
(www.carnavalsf.com) Ende Mai werden am Memorial-Day-Wochenende im Mission District die Schwanzfedern geschüttelt.

Juni

Andere Städte haben einen Schwulentag, aber San Francisco funktioniert den gesamten Juni zum **Pride Month** um.

Gay and Lesbian Film Festival FILM
(www.frameline.org) Schwul und premierenbereit: Das älteste und größte GLBT-Filmfest präsentiert in der zweiten Junihälfte neue Talente aus 30 Ländern bei 200 Filmvorführungen.

Dyke March & Pink Saturday UMZUG
(www.dykemarch.org & www.sfpride.org) Rund 50 000 lesbische, bisexuelle und transsexuelle Frauen treffen sich am letzten Junisamstag um 19.30 Uhr im Dolores Park und ziehen zur Castro St, um beim Pink-Saturday-Straßenfest gemeinsam Flagge zu zeigen.

Lesbian, Gay, Bisexual and Transgender Pride Parade UMZUG
(www.sfpride.org) Niemand macht eine Pride Parade wie San Francisco: Am letzten Junisonntag versammeln sich 1,2 Mio. Besucher, es gibt sieben Bühnen, Unmengen an Glitzer, winzige Bikinis und mehr Königinnen für einen Tag, als irgendwer zählen kann.

September

SF Shakespeare Fest KULTUR
(www.sfshakes.org; ⌚Sa 19.30, So 14.30 Uhr) An sonnigen Septemberwochenenden stehen im Presidio Theateraufführungen (kostenlos und unter freiem Himmel) auf dem Programm.

Folsom Street Fair JAHRMARKT
(www.folsomstreetfair.com) Am letzten Septembersonntag kann man hier öffentliche Züchtigungen zugunsten örtlicher Wohltätigkeitsorganisationen erleben. Um die übliche Frage gleich zu beantworten: Ja, hier lassen sich Leute tatsächlich piercen, aber man sollte nicht hinstarren, sofern man nicht selber etwas vorzuweisen hat.

Oktober & November

Jazz Festival MUSIK
(www.sfjazz.org) Ende Oktober jammen alte Hasen und spannende neue Talente in der Stadt.

Litquake KULTUR
(www.litquake.org) Beim größten Literaturfest im Westen erzählen Autoren in der

ABSTECHER

ALCATRAZ

Fast 150 Jahre vor Guantanamo wurde mitten in der San Francisco Bay die Felsinsel **Alcatraz** (Karte S. 62; ☎415-981-7625; www.alcatrazcruises.com, www.nps.gov/alcatraz; Erw./Kind Tag 26/16 US$, Nacht 33/19,50 US$; ⊙Callcenter 8–19 Uhr, Fähre ab Pier 33 9–15.55 Uhr alle 30 Min. sowie 18.10 & 18.45 Uhr) zum ersten Militärgefängnis in den USA. In Holzverschlägen wurden Deserteure des amerikanischen Bürgerkriegs verwahrt, aber auch „unfreundliche" amerikanische Ureinwohner, darunter 19 Hopis, die sich weigerten, ihre Kinder in staatliche Internate zu schicken, in denen die Religion und die Sprache der Hopi verboten waren.

1934 übernahm das Federal Bureau of Prisons die Insel, um hier ein abschreckendes öffentliches Beispiel gegen Schnapsschmuggler und andere Gangster zu statuieren. Auf „The Rock" saßen durchschnittlich nur 264 Gefangene ein, darunter Top-Kriminelle wie der Gangsterboss Al Capone aus Chicago, der Harlemer Mafiosopoet „Bumpy" Johnson oder Morton Sobell, der mit Julius und Ethel Rosenberg wegen Spionage zugunsten der Sowjets verurteilt worden war. Obwohl Alcatraz als ausbruchssicher galt, gelang es den Anglin-Brüdern und Frank Morris, 1962 auf einem selbstgezimmerten Floß zu entkommen – sie wurden nie wieder aufgefunden.

Da der Transport von Wachen und Versorgungsgütern mehr Geld verschlang als eine Unterbringung der Insassen im Ritz gekostet hätte, wurde das Gefängnis 1963 geschlossen. Indianeraktivisten besetzten die Insel von 1969 bis 1971, um gegen die Wegnahme indigenen Lands durch die US-Regierung zu protestieren – an ihren Widerstand gegen das FBI erinnern ein Museum am Kai und das Graffiti „Dies ist Indianerland" am Wasserturm.

Die Fähren nach Alcatraz legen hinter dem Ticketschalter von Pier 33 ab. Im Sommer sollte man Tickets mindestens zwei Wochen im Voraus online buchen. Die Tagestouren beinhalten eine faszinierende Audio-Führung, bei der Gefangene und Wärter vom Leben auf der Insel erzählen. Die beliebten und gruseligen nächtlichen Führungen werden von Parkrangern geleitet.

zweiten Oktoberwoche Geschichten und verraten beim legendären Lit Crawl für ein paar Drinks Betriebsgeheimnisse.

Hardly Strictly Bluegrass MUSIK
(www.strictlybluegrass.com) Anfang Oktober feiert San Francisco seine Western-Wurzeln drei Tage lang mit kostenlosen Konzerten im Golden Gate Park und Auftritten von Stars wie Elvis Costello oder Gillian Welch.

Día de los Muertos KULTUR
(Tag der Toten; www.dayofthedeadsf.org) Zombiebräute, Aztekentänzer und kleine Frida Kahlos mit aufgemalten zusammengewachsenen Augenbrauen führen am 2. November den Umzug zu Ehren der Toten die 24th St hinunter an.

Schlafen

UNION SQUARE

LP TIPP **Orchard Garden Hotel** BOUTIQUEHOTEL $$
(Karte S. 76; ☎415-399-9807; www.theorchardgardenhotel.com; 466 Bush St; Zi. 179–249 US$; ❄@📶) San Franciscos erstes Öko-Hotel hat angenehm ruhige Zimmer mit luxuriösen Extras wie Betttüchern aus ägyptischer Baumwolle und einen Öko-Garten auf dem Dach.

Hotel Rex BOUTIQUEHOTEL $$
(Karte S. 76; ☎415-433-4434; www.jdvhotels.com; 562 Sutter St; Zi. 169–279 US$; P❄@📶) Schick im Stil eines Roman noir: Hier gibt's eine Literaturlounge im Stil der 1920er-Jahre und kompakte Zimmer mit handbemalten Lampenschirmen, Kunst aus der Region und üppigen Betten mit Daunenkissen.

Hotel Palomar BOUTIQUEHOTEL $$$
(Karte S. 76; ☎415-348-1111, 866-373-4941; www.hotelpalomar-sf.com; 12 4th St; Zi. 199–299 US$; ❄@📶) Das schicke Palomar bietet Teppichboden im Krokolook, schokoladenbraunes Holz und Bademäntel im Leopardendesign im Wandschrank. Die Betten sind mit federleichten Daunendecken und Frette-Bettwäsche ausgestattet. Man hat genügend Bodenfläche, um in den Zimmern Yoga zu praktizieren (beim Einchecken nach Matte und einer DVD fragen!). Das Hotel liegt direkt in der Downtown, die Zimmer haben aber schalldichte Fenster.

Hotel Triton BOUTIQUEHOTEL **$$**
(Karte S. 760; ☎415-394-0500, 800-800-1299; www.hotel-tritonsf.com; 342 Grant Ave; Zi. 169–239 US$; ❄@📶) Die Lobby wirkt wie einem Comicheft entstiegen, und die Zimmer sind launig dekoriert und umweltfreundlich. Die billigsten sind winzig und die Promi-Suiten nach Carlos Santana und Jerry Garcia benannt. Während der abendlichen Happy Hour kann man sich die Tarotkarten legen und sich eine Massage verpassen lassen.

Hotel Abri BOUTIQUEHOTEL **$$**
(Karte S. 76; ☎415-392-8800, 866-823-4669; www.hotel-abri.com; 127 Ellis St; Zi. 149–229 US$; ❄@📶) Das flotte Boutiquehotel in Schwarz und Hellbraun hat ultramoderne Extras: iPod-Anschlüsse, Federbetten, Flachbildfernseher und Duschkabinen mit Deckendüsen.

Hotel des Arts HOTEL **$$**
(Karte S. 76; ☎415-956-3232; www.sfhoteldesarts.com; 447 Bush St; r $139-199, ohne Bad $99-149; 📶) Ein Budgethotel für Kunstfreaks: Underground-Künstler haben einige Zimmer ausgemalt, da übernachtet man gewissermaßen in einer Kunstinstallation. Die Standardzimmer sind weniger interessant, aber sauber und ihr Geld wert; Ohrenstöpsel mitbringen!

White Swan Inn BOUTIQUEHOTEL **$$**
(Karte S. 76; ☎415-775-1755, 800-999-9570; www.jdvhotels.com; 845 Bush St; Zi. 159–199 US$; P@📶) Ein englischer Landgasthof mit Rosentapete, rot karierten Tagesdecken und Möbeln im Kolonialstil. Auf trendige Leute wirkt das Haus vielleicht etwas steif, aber wer den Tudor-Stil liebt, wird sich hier ganz zu Hause fühlen. Jedes Zimmer hat einen Gaskamin.

Hotel Adagio BOUTIQUEHOTEL **$$**
(Karte S. 76; ☎415-775-5000, 800-228-8830; www.thehoteladagio.com; 550 Geary St; Zi. 159–249 US$; ❄@📶) Sehr große Zimmer und ein kecker Stil – schokoladenbraune und mattweiße Ledermöbel, dazu ein paar Spuren leuchtendes Orange – zeichnen das Adagio aus. Die luxuriösen Betten haben Federkissen und Bettdecken aus ägyptischer Baumwolle; die Badezimmer sind allerdings enttäuschend. Trotzdem ist das Hotel eine tolle Adresse mit fairen Preisen, und eine wunderbare Bar gibt's auch.

Westin St. Francis Hotel HISTORISCHES HOTEL **$$$**
(Karte S. 76; ☎415-397-7000, 800-228-3000; www.westin.com; 335 Powell St; Zi. 209–369 US$; ❄@📶) Als eines der berühmtesten Hotels der Stadt residiert das St. Francis am Union Sq. In den Turmzimmern hat man eine erstklassige Aussicht, aber sie wirken steril; wir ziehen den altmodischen Charme des ursprünglichen Gebäudes vor, wo hohe Decken mit Stuckverzierung warten. Die Betten des Westin bilden die Norm in Sachen Komfort.

Hotel Frank BOUTIQUEHOTEL **$$**
(Karte S. 76; ☎415-986-2000, 800-553-1900; www.hotelfranksf.com; 386 Geary St; Zi. 169–299 US$; ❄📶) Einen Block vom Union Square entfernt, präsentiert sich das Frank in einer kecken, swingenden Ästhetik mit großen schwarzweißen, Hahnentrittgemusterten Teppichen und falschen Alligator-Kopfenden. Die Badezimmer sind beengt, aber Extras wie Plasmafernseher entschädigen dafür.

Larkspur Hotel BOUTIQUEHOTEL **$$**
(Karte S. 76; ☎415-421-2865, 866-823-4669; www.larkspurhotelunionsquare.com; 524 Sutter St; Zi. 169–199 US$; @📶) Das 1915 erbaute und 2008 renovierte Larkspur präsentiert sich zurückhaltend schick mit schlichten, klaren Linien und einem monochromatischen Farbschema in Erdtönen. Die Badezimmer sind zwar klein, haben aber Duschen mit wunderbaren Deckendüsen.

SONDERANGEBOTE UND VERSTECKTE KOSTEN

San Francisco ist die Geburtsstätte des Boutiquehotels, die stilvolle Zimmer zum stolzen Preis anbieten: Für ein Mittelklassezimmer zahlt man 100 bis 200 US$, und oben drauf kommen noch 15,5 % Hotelsteuer (außer bei Hostels) und Parkplatzgebühren von 35 bis 50 US$ pro Nacht. Ob Zimmer frei sind und Infos zu Sonderangeboten erfährt man bei der **Reservierungshotline** (☎800-637-5196, 415-391-2000; www.onlyinSanFrancisco.com) des SF Visitor Information Center, bei **Bed & Breakfast SF** (☎415-899-0060; www.bbsf.com) und auf der Website von **Lonely Planet** (http://hotels.lonelyplanet.com).

Golden Gate Hotel HOTEL $$
(Karte S. 76; ☎415-392-3702, 800-835-1118; www.goldengatehotel.com; 775 Bush St; Zi. 165 US$, ohne Bad 105 US$; @📶) Das gemütliche edwardianische Hotel mit freundlichen Inhabern, selbstgebackenen Keksen und einer verschmusten Katze steht auf dem Hügel über Tenderloin. Die meisten Zimmer besitzen ein eigenes Bad, manche auch Badewannen mit Klauenfüßen.

Petite Auberge B&B $$
(Karte S. 76; ☎415-928-6000, 800-365-3004; www.jdvhotels.com; 863 Bush St; Zi. 169–219 US$; 📶) Eine Art Landgasthof aus der französischen Provinz. Einige der netten Zimmer haben Gaskamine.

Stratford Hotel HOTEL $
(Karte S. 76; ☎415-397-7080; hotelstratford.com; 242 Powell St; Zi. inkl. Frühstück 89–149 US$; @📶) Das Hotel hat schlichte, recht kleine, aber saubere Zimmer mit Duschkabinen mit Deckendüsen. Man sollte ein Zimmer wählen, das nicht auf die Powell St blickt, weil durch diese die Cable Cars rumpeln.

Kensington Park Hotel BOUTIQUEHOTEL $$$
(Karte S. 76; ☎415-788-6400; www.kensingtonparkhotel.com; 450 Post St; Zi. 189–269 US$; ❄@📶) Das Hotel hat eine traumhafte Lage für Einkaufstouren, wunderbare Betten und stilvolle Zimmer.

Andrews Hotel HOTEL $$
(Karte S. 76; ☎415-563-6877, 800-926-3739; www.andrewshotel.com; 624 Post St; Zi. inkl. Frühstück 109–199 US$; 📶) Ein geselliges Haus mit tollen Preisen in guter Lage.

Inn at Union Square HOTEL $$$
(Karte S. 76; ☎415-397-3510, 800-288-4346; www.unionsquare.com; 440 Post St; Zi. 229–289 US$; Suite 309–359 US$; ❄@📶) Das Hotel ein paar Schritte vom Union Sq entfernt bietet ruhige, konservative Eleganz.

Hotel Union Square HOTEL $$
(Karte S. 76; ☎415-397-3000, 800-553-1900; www.hotelunionsquare.com; 114 Powell St; Zi. 150–220 US$; ❄@📶) Ein paar schicke Deko-Elemente wie indirekte Beleuchtung, verspiegelte Wände und üppige Stoffe ergänzen die originalen Backsteinwände und schaffen einen Ausgleich für die kleinen, dunklen Zimmer. Das Haus ist gut an den öffentlichen Nahverkehr angebunden. Nicht alle Zimmer haben eine Klimaanlage.

Adelaide Hostel HOSTEL $
(Karte S. 76; ☎415-359-1915, 877-359-1915; www.adelaidehostel.com; 5 Isadora Duncan Lane; B 30–35 US$, Zi. 70–90 US$, inkl. Frühstück; @📶) Mit modernen Möbeln, Badezimmern mit Marmorböden, mit Gruppenaktivitäten und Abendessen (optional) für 5 US$ setzt das Adelaide mit seinen 22 Zimmern den Maßstab für Hostels in San Francisco. Die Privatzimmer können sich auch in den nahe gelegenen Hotels Dakota oder Fitzgerald befinden – das Fitzgerald ist vorzuziehen.

USA Hostels HOSTEL $
(Karte S. 76; ☎415-440-5600, 877-483-2950; www.usahostels.com; 711 Post St; B 30–34 US$, Zi. 73–83 US$; 📶) Das 1909 erbaute ehemalige Hotel wurde kürzlich in ein schickes Hostel mit großartigem Service umgewandelt. In den privaten Zimmer haben drei bis vier Personen Platz; im Café vor Ort gibt's preisgünstiges Cafeteria-Abendessen.

FINANCIAL DISTRICT

Palace Hotel HISTORISCHES HOTEL $$$
(Karte S. 76; ☎415-512-1111, 800-325-3535; www.sfpalace.com; 2 New Montgomery St; Zi. 199–329 US$; ❄@📶🏊) Als Denkmal für die Pracht der Wende zum 20. Jh. erstrahlt das Palace im Glanz seiner 100 Jahre alten österreichischen Kristallkronleuchter. Die gemütlichen (wenn auch biederen) Unterkünfte sind auf Reisende mit Spesenkonto ausgerichtet, aber an den Wochenenden sinken die Preise. Auch wer nicht hier wohnt, sollte im opulenten Garden Court einen Tee trinken.

Galleria Park BOUTIQUEHOTEL $$
(Karte S. 76; ☎415-781-3060, 800-738-7477; www.jdvhotels.com; 191 Sutter St; Zi. 189–229 US$; ❄@📶) Das neu gestaltete Hotel von 1911 bietet zeitgenössische Kunst, Frette-Bettwäsche, Toilettenartikel der Spitzenklasse, eine kostenlose abendliche Weinstunde und – das Wichtigste – guten Service. Die Zimmer an der Sutter St sind lauter, bekommen aber mehr Licht; am ruhigsten sind die Zimmern im Inneren.

Pacific Tradewinds Guest House HOSTEL $
(Karte S. 76; ☎415-433-7970, 888-734-6783; www.Sanfranciscohostel.org; 680 Sacramento St; B 29,50 US$; @📶) San Franciscos attraktivstes Hostel ohne Privatzimmer hat blauweißes Seefahrtsdekor, eine voll ausgestattete Küche und blitzblanke Duschen aus Glasbausteinen. Der nächstgelegene BART-Bahnhof ist Embarcadero, und man muss sein Gepäck vier Treppen hoch schleppen, aber ansonsten ist der Service toll.

CIVIC CENTER & TENDERLOIN

Phoenix Motel MOTEL $$

(Karte S. 76; ☎415-776-1380, 800-248-9466; www.jdvhospitality.com; 601 Eddy St; Zi. 119–169 US$ inkl. Frühstück; P 📶 🏊) Die Rockerabsteige lockt Künstler und Hipster in dieses alte Motel der 1950er-Jahre mit tropischem Dekor, das im heruntergekommenen Tenderloin liegt. Sehenswert ist der Schrein für den Schauspieler Vincent Gallo gegenüber von Zimmer 43. In der Chambers Lounge ist mächtig was los – Ohrstöpsel nicht vergessen! Parkplätze sind kostenlos, ebenso werktags der Eintritt ins Kabuki Springs & Spa (S. 83).

HI San Francisco City Center HOSTEL $

(Karte S. 76; ☎415-474-5721; www.sfhostels.com; 685 Ellis St; B inkl. Frühstück 25–30 US$, Zi. 85–100 US$; @ 📶) Das Hostel in einem umgebauten siebenstöckigen Apartmentgebäude aus den 1920er-Jahren bietet 262 Betten und elf Privatzimmer mit eigenem Bad. Das Viertel ist trostlos, aber in der Nähe gibt's billige Restaurants und gute Bars.

NORTH BEACH

LP TIPP **Hotel Bohème** BOUTIQUEHOTEL $$

(Karte S. 68; ☎415-433-9111; www.hotelboheme.com; 444 Columbus Ave; Zi. 174–194 US$; @ 📶) Eine Ode an die Beat-Ära von North Beach ist dieses Hotel aus den 1950er-Jahren mit seinen alten Fotos, stimmungsvollen Zimmern in Orangegold, Schwarz und Graugrün und von chinesischen Sonnenschirmen abgemilderten Deckenleuchten. Die Zimmer sind ziemlich klein, und einige liegen zur lauten Columbus Ave, dafür steht das Hotel mitten in der munteren Straßenszene von North Beach.

San Remo Hotel HOTEL $

(Karte S. 68; ☎415-776-3688, 800-352-7366; www.sanremohotel.com; 2237 Mason St; DZ 65–99 US$; @ 📶) Das 1906 erbaute San Remo bietet altmodischen Charme und ein sehr gutes Preis-Leistungs-Verhältnis. Die Zimmer sind mit kunterbuntem Jahrhundertwende-Mobiliar schlicht eingerichtet und haben nur Gemeinschaftsbäder. Achtung: Die billigsten Zimmer besitzen nur Fenster zum Korridor, nicht nach draußen; kein Fahrstuhl.

Washington Square Inn B&B $$$

(Karte S. 68; ☎415-981-4220, 800-388-0220; www.wsisf.com; 1660 Stockton St; Zi. inkl. Frühstück 179–329 US$; @ 📶) An einem grünen, von der Sonne verwöhnten Park bietet diese Pension europäischen Stils geschmackvolle Zimmer mit ein paar erlesenen Antiquitäten, darunter geschnitzte Holzschränke; die billigsten Zimmer sind winzig. Jeden Abend gibt es Wein und Käse; das Frühstück wird am Bett serviert.

FISHERMAN'S WHARF

LP TIPP **Argonaut Hotel** HOTEL $$$

(Karte S. 72; ☎415-563-0800, 866-415-0704; www.argonauthotel.com; 495 Jefferson St; Zi. 205–325 US$; P ❄ 📶 👪) Das 1908 als Konservenfabrik errichtete Gebäude ist heute ein maritim gestaltetes Hotel mit 100 Jahre alten Holzbalken, freiliegenden Backsteinwänden und Spiegeln in Form von Bullaugen. Alle Zimmer haben superkomfortable Betten und CD-Player, aber einige sind winzig und bekommen nicht viel Sonnenlicht ab; die Zimmer mit tollem Blick auf die Bay kosten mehr.

🍃 **Tuscan Inn** HOTEL $$

(Karte S. 72; ☎415-561-1100, 800-648-4626; www.tuscaninn.com; 425 North Point St; Zi. 169–229 US$; P ❄ @ 📶 👪) Mit seinen kräftigen Farben und kühnen Mustern, die beweisen, dass Streifen und Karos durchaus zusammenpassen, bietet dieses Hotel mehr Ambiente als die anderen Touristenhotels in der Gegend. Das Haus wird von der modebewussten Kette Kimpton Hotels stilvoll geführt. Die Zimmer sind geräumig, es gibt Nintendos und für die Eltern eine Weinstunde.

HI San Francisco Fisherman's Wharf HOSTEL $

(Karte S. 72; ☎415-771-7277; www.sfhostels.com; Bldg 240, Fort Mason; B 25–30 US$, Zi. 65–100 US$; P @ 📶) Statt einer praktischen Downtown-Lage erfreut einen hier die üppig grüne Umgebung. In den Schlafsälen, von denen einige nicht nach Geschlechtern getrennt sind, stehen vier bis 22 Betten. Es gibt keine Sperrstunde und im Winter tagsüber keine Heizung – also warme Kleidung mitbringen! Eine begrenzte Zahl kostenloser Parkplätze steht zur Verfügung.

NOB HILL

Huntington Hotel LUXUSHOTEL $$$

(Karte S. 76; ☎415-474-5400, 800-227-4683; www.huntingtonhotel.com; 1075 California St; Zi. ab 325 US$; ❄ @ 📶 🏊) Die erste Adresse für Damen der Gesellschaft, die traditionellen Komfort gegenüber modischem Stil bevorzugen. Am besten bucht man ein renoviertes Zimmer und gleich noch einen Termin im Nob Hill Spa vor Ort, einem der besten Spas in der Stadt.

Fairmont HISTORISCHES HOTEL $$$
(Karte S. 76; ☎415-772-5000, 800-441-1414; www.fairmont.com; 950 Mason St; Zi. 219–339 US$; ❄@📶) Die historische Lobby ist mit Kristalllüstern und hohen gelben Marmorsäulen geschmückt. Die Zimmer sind komfortabel wie in einem Geschäftshotel, am stilvollsten sind jene im Originalgebäude von 1906. Die Zimmer im Hochhausturm bieten zwar eine wundervolle Aussicht, wirken aber ansonsten steril.

Nob Hill Hotel HOTEL $$
(Karte S. 76; ☎415-673-6080; www.nobhillinn.com; 1000 Pine St; Zi. 125–165 US$, Suite 195–275 US$; 📶) Messingbetten und Teppiche mit Blumenmuster verraten, dass sich das Hotel von 1906 viktorianisch gibt. Der Stil mag etwas omahaft wirken, ist aber hier eindeutig nicht nach Schema F umgesetzt. Die Zimmer zur Hyde St haben unter Lärm zu leiden – besser eines nach hinten nehmen! Der Service ist freundlich, und in der Lobby gibt's WLAN.

JAPANTOWN & PACIFIC HEIGHTS

Kabuki Hotel HOTEL $$
(außerhalb der Karte S. 76; ☎415-922-3200, 800-333-3333; www.radisson.com; 1625 Post St; Zi. 189–249 US$; ❄@📶) Sonnenschutz aus Shoji (Reispapier), Futonbetten, tiefe japanische Badezuber und angrenzende Duschen hauchen der schachtelförmigen Architektur der 1960er-Jahre etwas Leben ein. Pluspunkte sind der Bonsai-Garten und der kostenlose Eintritt ins Kabuki Springs & Spa (S. 83) an den Wochenenden.

Hotel Tomo HOTEL $$
(außerhalb der Karte S. 72; ☎415-921-4000, 888-822-8666; www.jdvhotels.com/tomo; 1800 Sutter St; Zi. 119–189 US$; P❄@📶👪) In den minimalistischen, mit weißem Holz ausgestatteten Zimmern, die an coole College-Buden erinnern und mit Sitzsäcken und animierten Cartoons an den Wänden dekoriert sind, geben sich Luxus und japanische Popkultur ein Stelldichein.

Hotel Majestic HOTEL $$
(Karte S. 72; ☎415-441-1100, 800-869-8966; www.thehotelmajestic.com; 1500 Sutter St; Zi. 100–175 US$; @📶) Das Hotel zeigt mit chinesischen Porzellanlampen und Betten, die mit drei Laken bezogen sind, eine traditionelle Eleganz, wie sie 1902 Mode gewesen sein mag. Die Standardzimmer sind klein und müssten mal renoviert werden, bieten aber ein gutes Preis-Leistungs-Verhältnis. Die an ein Clubzimmer erinnernde Bar in der Lobby lohnt einen Besuch.

Queen Anne Hotel B&B $$
(Karte S. 72; ☎415-441-2828, 800-227-3970; www.queenanne.com; 1590 Sutter St; Zi. inkl. Frühstück 123–169 US$, Suite 203–255 US$; P@📶) Das Queen Anne Hotel residiert in einer hübschen ehemaligen viktorianischen Mädchenschule von 1890 und bietet viele Extras. Die komfortablen (wenn auch teilweise winzigen) Zimmer sind mit Antiquitäten dekoriert, einige haben auch Kamine mit Holzfeuerung.

MARINA & COW HOLLOW

Hotel Del Sol MOTEL $$
(Karte S. 72; ☎415-921-5520; www.thehoteldelsol.com; 3100 Webster St; DZ 149–199 US$; P❄@📶🏊👪) Das farbenfrohe, renovierte Motel aus den 1950er-Jahren bietet einen beheizten Außenpool, Brettspiele und Familiensuiten mit Doppelstockbetten.

Marina Motel MOTEL $
(Karte S. 72; ☎415-928-1000; www.marinainn.com; 3110 Octavia Blvd; Zi. 79–109 US$; 📶) Das mit Bougainvilleen geschmückte Motel von 1939 bietet auch einige Zimmer mit Küche (10 US$ zusätzlich) und kostenlose Parkplätze. Man sollte eines der ruhigen Zimmer nach hinten hinaus wählen.

Coventry Motor Inn MOTEL $
(Karte S. 72; ☎415-567-1200; www.coventrymotorinn.com; 1901 Lombard St; Zi. 95–145 US$; P❄📶👪) Von den Motels in der Lombard St bietet das für solche Anlagen typische Coventry mit geräumigen Zimmern und überdachten Parkplätzen insgesamt das beste Preis-Leistungs-Verhältnis.

SOUTH OF MARKET (SOMA)

LP TIPP **Hotel Vitale** HOTEL $$$
(Karte S. 76; ☎415-278-3700, 888-890-8688; www.hotelvitale.com; 8 Mission St; DZ 239–379 US$; ❄@📶) Hinter der Wolkenkratzerfassade verbirgt sich ein entspannendes Wellnesshotel mit seidig weicher Luxusbettwäsche und Whirlpools auf dem Dach; es lohnt sich, für ein Zimmer mit Blick auf die Bay den Aufpreis zu zahlen!

Good Hotel MOTEL $$
(Karte S. 76; ☎415-621-7001; www.thegoodhotel.com; 112 7th St; Zi. 109–169 US$; P@📶🏊) Das aufgemöbelte Motel legt seinen Schwerpunkt auf Umweltverträg-

lichkeit, deshalb sind die Betten aus Recycling-Holz, die Lampen aus Flaschen und die Vliesdecken aus wiederverwerteten Plastikflaschen. Das Ambiente im Haus ist luxuriös, es gibt Leihfahrräder und einen Pool auf der gegenüberliegenden Straßenseite, aber das Viertel, in dem sich die Unterkunft befindet, ist zweifelhaft.

Mosser Hotel HOTEL $$
(Karte S. 76; ☎415-986-4400, 800-227-3804; www.themosser.com; 54 4th St; Zi. 129–159 US$, mit Gemeinschaftsbad 69–99 US$; @ WLAN) Das Hotel hat winzige Zimmer und noch winzigere Badezimmer, bietet aber stilvolle Details und eine zentrale Lage.

MISSION DISTRICT

Inn San Francisco B&B $$
(Karte S. 100; ☎415-641-0188; www.innsf.com; 943 S Van Ness Ave; Zi. inkl. Frühstück 175–285 US$, mit Gemeinschaftsbad 120–145 US$, Cottage 335 US$; P @ WLAN) Die makellos gepflegte und mit Antiquitäten vollgestopfte, 1872 erbaute viktorianische Villa im italienischen Stil prunkt mit einem Redwood-Badebecken im englischen Garten und vornehmen Gästezimmern mit Federbetten und frischen Schnittblumen. Die Zahl der Parkplätze ist begrenzt.

CASTRO

Parker Guest House B&B $$
(Karte S. 100; ☎415-621-3222; www.parkerguesthouse.com; 520 Church St; Zi. inkl. Frühstück 149–229 US$; P @ WLAN) San Franciscos bestes schwules B&B bietet gemütliche Zimmer mit superbequemen Betten und Daunendecken in nebeneinander stehenden edwardianischen Villen, ein Dampfbad und einen Garten.

Belvedere House B&B $$
(außerhalb der Karte S. 100; ☎415-731-6654; www.belvederehouse.com; 598 Belvedere St; Zi. inkl. Frühstück 125–190 US$; @ WLAN) Das romantische Refugium in einer grünen Seitenstraße von Castro bietet sechs behagliche Zimmer mit alten Kronleuchtern und bunt zusammengewürfelter Kunst. Das Haus ist in erster Linie auf schwule Gäste eingestellt, aber alle sind willkommen. Für Kinder gibt's auch kleine Bademäntel. Kein Fahrstuhl vorhanden!

Inn on Castro B&B $$
(Karte S. 100; ☎415-861-0321; www.innoncastro.com; 321 Castro St; Zi. 165–195 US$, ohne Bad 125–155 US$, jeweils inkl. Frühstück; Apartment für Selbstversorger 165–220 US$; WLAN) Als Hommage an die Disco-Ära im Castro ist diese edwardianische Stadtvilla mit modernen Spitzenmöbeln aus den 1970er-Jahren möbliert. Der Patio hat eine mit Blumengirlanden geschmückte private Terrasse. Die Frühstücksgerichte – der Betreiber kocht sie selbst – sind außerordentlich. Das Hotel vermietet auch in der Nähe gelegene Apartments.

Willows B&B $$
(Karte S. 100; ☎415-431-4770; www.willowssf.com; 710 14th St; Zi. 110–140 US$; WLAN) Das Hotel bietet den anheimelnden Komfort eines B&B, aber ohne Schnörkel und Trara. Alle zwölf Zimmer haben ein Waschbecken, aber sonst nur Gemeinschaftsbäder. Es gibt auch eine Gemeinschaftsküche. Die Zimmer zur 14th St sind sonniger und bieten eine gute Aussicht auf die Straße, sind aber auch lauter. Kein Fahrstuhl.

HAIGHT & HAYES VALLEY

The Parsonnage B&B $$$
(Karte S. 100; ☎415-863-3699, 888-763-7722; www.theparsonage.com; 198 Haight St; Zi. inkl. Frühstück 200–250 US$; @ WLAN) Die viktorianische Villa im italienischen Stil nahe der Market St hat 23 Zimmer, originale Messingkandelaber und Kamine aus Carrara-Marmor. Die luftigen Zimmer sind mit Orientteppichen und Antiquitäten ausgestattet, einige haben Kamine mit Holzfeuerung. Vor dem Schlafengehen gibt's einen Brandy und Pralinen.

Chateau Tivoli INN $$
(außerhalb der Karte S. 100; ☎415-776-5462, 800-228-1647; www.chateautivoli.com; 1057 Steiner St; Zi. 140–200 US$, ohne Bad 100–130 US$, Suite 250–290 US$; WLAN) Der Glanz des mit Türmchen verzierten Chateaus ist seit den Tagen, als Mark Twain und Isadora Duncan hier abstiegen, zwar verblasst und die Zimmer sind bescheiden, aber das Haus besitzt Seele und Charakter – sogar der Geist einer viktorianischen Operndiva soll in ihm spuken. In der Lobby gibt's WLAN.

Red Victorian HOTEL $$
(Karte S. 92; ☎415-864-1978; www.redvic.net; 1665 Haight St; Zi. 149–229 US$, ohne Bad 89–129 US$, inkl. Frühstück; WLAN) Im ausgeflippten Red Vic leben die 1960er-Jahre mit Themenzimmern („Sunshine", „Flower Children", „Summer of Love") wieder auf. Nur vier der 18 Zimmer haben eigene Bäder. Alle Gäste bekommen ein Frühstück im Öko-Café. In der Lobby gibt's WLAN. Kein Fahrstuhl.

The Haight

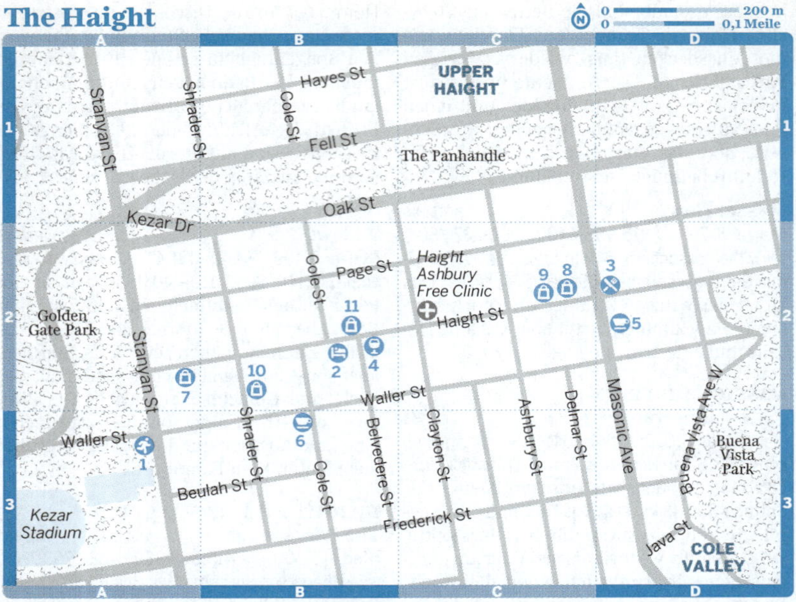

The Haight

Aktivitäten, Kurse & Touren

1 Haight-Ashbury Flower Power Walking Tour A3

Schlafen

2 Red Victorian B2

Essen

3 Magnolia Brewpub D2

Ausgehen

4 Aub Zam Zam B2
5 Coffee to the People D2
6 Cole Valley Café B3

Shoppen

7 Amoeba Records A2
8 Goorin Brothers Hats C2
9 Piedmont Boutique C2
10 SFO Snowboarding & FTC Skateboarding B2
11 Wasteland B2

Metro Hotel HOTEL $

(Karte S. 100; ☎415-861-5364; www.metrohotelsf.com; 319 Divisadero St; Zi. 76–120 US$; 📶) Das Haus bietet schlichte Zimmer im Zentrum von Haight. Unten gibt's gute Pizza und einen Garten und gleich draußen Bars und Shopping-Gelegenheiten. Die nach hinten gelegenen Zimmer sind am ruhigsten.

Essen

EMBARCADERO

Slanted Door VIETNAMESISCH, KALIFORNISCH $$

(Karte S. 76; ☎415-861-8032; www.slanteddoor.com; 1 Ferry Bldg; Hauptgerichte mittags/abends 13–24/18–36 US$; ⏲mittags &abends) Der preisgekrönte Chefkoch und Besitzer Charles Phan bietet kalifornische Zutaten, europäische Gerichte, vietnamesisches Flair und einen wunderbaren Blick auf die Bay. Vorab reservieren oder sich beim Imbiss Open Door was für ein Picknick holen!

Hog Island Oyster Company SEAFOOD $$

(Karte S. 76; ☎415-391-7117; www.hogislandoysters.com; 1 Ferry Bldg; Austernplatte 15–30 US$; ⏲Mo–Fr 11.30–20, Sa & So 11–18 Uhr) Nachhaltig geerntete Austern aus der nahen Tomales Bay werden hier roh oder perfekt gegart mit erstklassigen Würzmischungen und einen Glas Sonoma-Sekt serviert. Montags und donnerstags gibt's die Austern zwischen 17 und 19 Uhr zum halben Preis und das große Bier für 4 US$.

Mijita MEXIKANISCH $

(Karte S. 76; ☎415-399-0814; www.mijitasf.com; No 44, 1 Ferry Bldg; kleine Gerichte 2–9 US$;

⌚Mo–Mi 10–19, Do–Sa bis 20, So 10–16 Uhr; 🖉👪) Bei Chefköchin Traci des Jardins' wohl überlegter Hommage an die Kochkunst ihrer mexikanischen Großmutter stehen Bio-Fischtacos ganz oben, und das *agua fresca* (Saftbowle) wird aus frischem Saft zubereitet. Von seinem Lederhocker aus genießt man sein Essen beim Blick auf die Bucht.

Boulette's Larder KALIFORNISCH $$
(Karte S. 76; ☎415-399-1155; www.bouletteslarder.com; 1 Ferry Bldg; Frühstück 7,50–16,50 US$, Mittagessen 9–20 US$, Brunch 7–22 US$; ⌚Mo–Fr morgens, Mo–Sa mittags, So Brunch) Kein Dinnertheater kann besser sein als der Brunch am Gemeinschaftstisch im Boulette, wo man den Küchenchefs beim Wirbeln zuschaut, die sich auf ihren Abenddienst vorbereiten. Von den getrüffelten Eiern und den Beignets inspiriert? An der Theke gibt's Gewürze und Mischungen zum Mitnehmen.

Il Cane Rosso KALIFORNISCH $$
(Karte S. 76; ☎415-391-7599; http://canerossosf.com; 1 Ferry Bldg; Hauptgerichte 13 US$; ⌚morgens, mittags &abends) In einem Korridor des Ferry Building oder draußen an den Bistrotischen serviert dieses Lokal farmfrische Frühstücks- und Mittagsgerichte sowie von 17 bis 21 Uhr leckere und sättigende Drei-Gänge-Menüs für 25 US$.

UNION SQUARE

Michael Mina KALIFORNISCH $$$
(Karte S. 76; ☎415-397-9222; www.michaelmina.net; 252 California St; Mittagsmenü/Hauptgerichte abends 49–59 US$/35–42 US$; ⌚Mo–Fr mittags, tgl. abends) Der mit dem James Beard Award ausgezeichnete Koch hat das schicke Restaurant, das seinen Namen trägt, als beschwingte Version französisch-japanischer Kochkunst neu gestaltet. Es gibt immer noch Kaviar und Hummer, aber auch Erdnussbutter-Marmeladen-Sandwiches mit Stopfleber und Hummerpastete. Reservierung erforderlich, wenn man sich nicht mit Barhappen und einem Cocktail an der Bar begnügen will!

farmerbrown MODERN-AMERIKANISCH, BIO $$
(Karte S. 76; ☎415-409-3276; www.farmerbrownsf.com; 25 Mason St; Hauptgerichte 12–23 US$; ⌚Di–So 18–22.30 Uhr, Brunch Wochenende 11–14 Uhr) Der Rebell von der falschen Seite des Blocks bietet saisonal Wassermelonen-Margaritas mit einer Kruste aus Cayenne-Pfeffer, deftige Rippchen und Krautsalat mit Pfiff. Chefköchin und Betreiberin Jay Foster versorgt ihren Laden mit frischen Produkten örtlicher afroamerikanischer und Bio-Farmer und serviert sie in einem Shotgun-House, untermalt von live auftretenden Funk-Bands.

Millennium VEGETARISCH, VEGAN $$$
(Karte S. 76; ☎415-345-3900; www.millenniumrestaurant.com; 580 Geary St; Menü 39–72 US$; ⌚abends; 🖉) Drei Wörter, die man anderswo selten zusammen hört, fassen die Speisekarte zusammen: opulente vegane Speisen. Die leckeren saisonalen Gerichte verzichten stolz auf genmanipulierte Zutaten und setzen auf Wildpilze und Bio-Produkte. Für die anregenden Abendessen und das vegetarische Festessen zu Thanksgiving vorab reservieren!

FINANCIAL DISTRICT

Kokkari GRIECHISCH $$$
(Karte S. 76; ☎415-981-0983; www.kokkari.com; 200 Jackson St; Hauptgerichte 21–35 US$; ⌚Mo–Fr mittags, tgl. abends; 🖉) Das ist eines der

SAN FRANCISCO: ESSEN & SCHNÄPPCHEN

Hunger mitbringen, denn in San Francisco gibt's zehnmal mehr Restaurants pro Kopf als in jeder anderen Stadt der USA! Neben den hiesigen Empfehlungen lohnt sich ein Blick auf kulinarische Websites wie **www.chowhound.com** und **http://sf.eater.com**, danach kann man unter **www.blackboardeats.com** und **www.opentable.com** nach Sonderangeboten fahnden. Wei San Franciscos Spitzenrestaurants recht klein sind, sollte man immer reservieren.

Die Preise sind häufig günstiger als man bei nachhaltiger Bio-Kost erwarten würde, allerdings schlagen einige Restaurants jetzt 4 % für die von der Stadt vorgeschriebene Krankenversicherung für Angestellte in der Gastronomie auf ihre Preise auf – eine kleinkarierte Art, grundlegende Geschäftskosten auf die Kundschaft umzulegen, die insbesondere bei gehobenen Restaurants sauer aufstößt. Zum Preis fürs Essen kommen noch 9,5 % Steuern sowie ein Trinkgeld in Höhe von 15 bis 25 % hinzu.

griechischen Restaurants, wo man seinen Teller lieber ablecken als zerbrechen will. Dafür sorgen Vorspeisen wie gegrillter Tintenfisch mit Zitronen-Oregano-Dressing und ein mächtig reichhaltiges Lamm-Auberginen-Musaka. Vorher reservieren oder sich mit ein paar Vorspeisen an der Bar begnügen!

Bocadillos MEDITERRAN **$$**
(Karte S. 76; ☎415-982-2622; www.bocasf.com; 710 Montgomery St; Gerichte 9–15 US$; ⌚Mo–Fr 7–22, Sa 17–22.30 Uhr) Genau richtig für leckere baskische Mittagsgerichte, die weder Bank noch Hosennaht sprengen. Zu Hamburgern mit Lammfleisch, Snapper-Ceviche mit Nashi-Birnen oder katalanischen Würstchen gibt's die passenden Tischweine.

Gitane MEDITERRAN **$$**
(Karte S. 76; ☎415-788-6686; www.gitanerestaurant.com; 6 Claude Lane; Hauptgerichte 15–25 US$; ⌚Di–Sa 17.30–24, Bar bis 1 Uhr; 🍸) Aus dem Financial District entschlüpft man in dieses gemütliche, als Boudoir aufgemachte Bistro mit baskisch und marokkanisch inspirierten Gerichten wie gefüllten Kürbisblüten, zarten, in der Pfanne gebratenen Jakobsmuscheln, Lamm-Tartar mit Kräutern sowie kunstvollen Cocktails.

Boxed Foods SANDWICHES **$**
(Karte S. 76; www.boxedfoodscompany.com; 245 Kearny St; Gerichte 8–10 US$; ⌚Mo–Fr 8–15 Uhr; 🍸) Hier wird täglich der Maßstab der Stadt in Sachen Salat definiert: Auf den grünen Bio-Salat kommen herzhafter Ziegenkäse, Räucherspeck, wilde Erdbeeren und andere leckere Dinge aus der Region. Man kann sich hinten im versteckten Sitzbereich niederlassen oder nimmt sich sein Essen zu einem Picknick in dem Mammutbaum-Wäldchen an der Transamerica Pyramid mit.

CIVIC CENTER & TENDERLOIN

LP TIPP **Jardinière** KALIFORNISCH **$$$**
(Karte S. 76; ☎415-861-5555; www.jardiniere.com; 300 Grove St; Hauptgerichte 18–38 US$; ⌚abends) Traci des Jardins, „Iron Chef"- und „Top Chef"-Siegerin sowie James-Beard-Award-Preisträgerin, schlägt hier so hohe Töne an, dass keine Opernarie mithalten kann. So verbindet sie Ravioli mit geschmortem Ochsenschwanz mit Sommertrüffeln oder füllt knusprigen Schweinebauch mit Salami und Feigen. Montags gibt's ein dekadentes Drei-Gänge-Menü mit passendem Wein schon für 45 US$, und nach einem Besuch in der Oper kann man unten in der Bar etwas essen.

Brenda's French Soul Food KREOLISCH **$**
(Karte S. 76; ☎415-345-8100; www.frenchsoulfood.com; 652 Polk St; Hauptgerichte 8–12 US$; ⌚So–Di 8–15, Mi–Sa 8–22 Uhr) Die Köchin und Besitzerin Brenda Buenviaje kombiniert mit ihren Speisen die kreolische und französische Küche. Jeden Kater vertreibt das „Hangtown Fry" (Omelett mit geräuchertem Schweinefleisch und in Maismehl panierten Austern), und auch die mit Shrimps gefüllten Po'boys und die gebratenen Hähnchen mit Kohl und scharfem Gelee lohnen das Warten in der recht zwielichtigen Straße.

Saigon Sandwich Shop VIETNAMESISCH **$**
(Karte S. 76; ☎415-475-5698; 560 Larkin St; Sandwiches 3,50 US$; ⌚6.30–17.30 Uhr) Wer gleich zwei der mit gebratenem Schweinefleisch und selbstgemachtem eingelegten Gemüse gefüllten *banh mi* (vietnamesischen Sandwiches) bestellt, spart sich ein erneutes Anstellen in der dubiosen Straße.

Bar Jules KALIFORNISCH **$$**
(Karte S. 100; ☎415-621-5482; www.barjules.com; 609 Hayes St; Hauptgerichte 10–26 US$; ⌚Di 18–22, Mi–Sa 11.30–15 & 18–22, So 11–15 Uhr) Klein, aber lecker lautet das Credo in diesem winzigen Nachbarschaftsbistro, dessen täglich neue, kurze Speisekarte mit einer Menge lokaler Genüsse aufwartet – z. B. Entenbrust mit Kirschen, Mandeln und Rucola, Napa-Weine und die dunkle, verführerische „Schokoladen-Nemesis". Man muss immer warten, aber die Atmosphäre ist zwanglos und das Essen lecker.

CHINATOWN

City View CHINESISCH **$**
(Karte S. 68; ☎415-398-2838; 662 Commercial St; kleine Gerichte 3–5 US$; ⌚Mo–Fr 11–14.30, Sa & So 10–14.30 Uhr) In dem großzügigen, sonnigen Raum wählen Dim-Sum-Fans von den Wagen, die mit delikaten Klößen mit Garnelen und Lauch, zartem Spargel mit schwarzen Bohnen, knuspriger Pekingente und anderen superfrischen Köstlichkeiten beladen sind.

Yuet Lee CHINESISCH, SEAFOOD **$$**
(Karte S. 68; ☎415-982-6020; 1300 Stockton St; ⌚Mi–Mo 11–3 Uhr; 👪) Die aufdringliche Neonbeleuchtung ist nicht gerade das richtige für ein romantisches Date, wenn man aber bereit ist, die legendären gesalzenen und gepfefferten Krabben oder die rauchig süße

gebratene Ente mit ihm oder ihr zu teilen, muss das schon Liebe sein.

House of Nanking CHINESISCH $$
(Karte S. 68; ☎415-421-1429; 919 Kearny St; Vorspeisen 5–8 US$, Hauptgerichte 9–15 US$; ⏲Mo–Fr 11–22, Sa 12–22, So 12–21 Uhr) Herrischer Service und bravouröse Kochkunst: Wenn man nur kurz umreißt, was man sich zum Abendessen vorstellt – vielleicht Meeresfrüchte, nichts Frittiertes, vielleicht noch etwas Gemüse – zaubert einem das Restaurant binnen Minuten in der Pfanne gebratene Muscheln, sautierte Erbsenschößlinge und Knoblauchnudeln auf den Tisch.

NORTH BEACH

LP TIPP **Coi** KALIFORNISCH $$$
(Karte S. 68; ☎415-393-9000; http://coirestaurant.com; 373 Broadway; Menü 145 US$/Pers.; ⏲Di–Fr 18–22, Fr & Sa 17.30–22 Uhr;) Im gewagten Verkostungsmenü von Chefkoch Daniel Patterson finden sich Zutaten wie von Hand gesammelte Morcheln, Wildblumen und Meeresfrüchte aus dem Pazifik. Bei den schwarzen und grünen Nudeln aus Muschelfleisch und pazifischem Seegras, den Sonoma-Entenzungen mit rosa Eisblumenblüten, frisch gefangenen Seeohren und erntefrischem Rucola genießt man ein echtes Stück kalifornischer Küste. Bei diesen einmaligen Gerichten mit passendem Wein (95 US$; die Portion reicht auch für zwei Personen) bleibt die Erinnerung an Kalifornien frisch.

Cotogna ITALIENISCH $$
(Karte S. 68; ☎415-775-8508; www.cotognasf.com; 470 Pacific Av; Hauptgerichte 14–24 US$; ⏲Mo–Sa 12–15 & 19–22 Uhr;) Dass Chefkoch und Besitzer Michael Tusk 2011 mit dem James Beard Award ausgezeichnet wurde, kann angesichts seiner rustikalen italienischen Pastagerichte und seiner köstlichen Pizzas nicht überraschen, mit denen er einfache und ortstypische Geschmacksnuancen in eine magische Balance bringt. Im Voraus buchen! Das Menü zum Festpreis von 24 US$ gehört zu den günstigsten Angeboten seiner Art in San Francisco.

Ideale ITALIENISCH $$
(Karte S. 68; ☎415-391-4129; 1315 Grant Ave; ⏲Mo–Sa 17.30–22.30, So 17–22 Uhr) San Franciscos authentischstes italienisches Restaurant hat einen römischen Chefkoch, der wunderbare Fischgerichte und köstliche getrüffelte Zucchini zaubert. Bestellt man etwas mit Schinken oder Fleisch und hält sich an die Weinempfehlung der toskanischen Bedienung, geht man glücklich nach Hause.

Liguria Bakery ITALIENISCH, BÄCKEREI $
(Karte S. 68; ☎415-421-3786; 1700 Stockton St; Focaccia 3 US$; ⏲Mo–Fr 8–13, Sa 7–13, So 7–12 Uhr) Verschlafene Kunststudenten und italienische Großmütter stehen um 8 Uhr wegen der Zimt-Rosinen-Focaccia Schlange, sodass Langschläfern um 9 Uhr nur noch die Wahl zwischen Tomate und klassischem Rosmarin bleibt und Nachzügler um 12 Uhr leer ausgehen.

Cinecittà PIZZA $
(Karte S. 68; ☎415-291-8830; 663 Union St; ⏲So–Do 12–22, Fr & Sa bis 23 Uhr;) Man quetscht sich an die Theke, um eine dünnkrustige Pizza, ein Anchor Steam vom Fass und ein paar kesse Bemerkungen von der römischen Inhaberin Romina zu bekommen. Am besten hält man sich an eine der beiden Pizza-Versionen des Hauses: mit Wildpilzen und sonnengetrockneten Tomaten für Vegetarier oder die Pizza mit Artischockenherzen, Oliven, Schinken und Ei.

Molinari ITALIENISCH, SANDWICHES $
(Karte S. 68; ☎415-421-2337; 373 Columbus Ave; Sandwiches 5–8 US$; ⏲Mo–Fr 9–17.30, Sa 7.30–17.30 Uhr) Man schnappt sich eine Nummer und wartet, bis man dran ist. Während man die italienischen Weine und Käsesorten beäugt, haben der Duft der hausgeräucherten Salami, die an den Deckenbalken baumelt, und des Parmaschinkens bereits die Wahl für einen getroffen.

Tony's Coal-Fired Pizza Slice House PIZZA, SANDWICHES $
(Karte S. 68; ☎415-835-9888; www.tonyspizzanapoletana.com; 1556 Stockton St; ⏲Mi–So 12–23 Uhr) Man holt sich ein Riesensandwich mit Hackfleisch oder ein dünnkrustiges Stück Pizza von Tony Gemignani, dem neunmaligen Weltmeister im Pizzaschleudern, und isst es dann im sonnigen Washington Square Park inmitten wilder Papageien.

FISHERMAN'S WHARF

Crown & Crumpet DESSERTS, SANDWICHES $$
(Karte S. 72; ☎415-771-4252; www.crownandcrumpet.com; 207 Ghirardelli Square; Gerichte 8–12 US$; ⏲Mo–Fr 10–21, Sa 9–21, So 9–18 Uhr;) Designerstil und rosa Fröhlichkeit führen die Teestunde ins 21. Jh.: Väter und Töchter lassen mit abgespreiztem kleinen

TOP 5: FARMERS MARKETS IN SAN FRANCISCO

» **Leckere Lebensmittel** Im **Ferry Building** (www.cuesa.org) gibt's während der Märkte, die ganzjährig am Dienstag-, Donnerstag und Samstagvormittag stattfinden, kalifornisches Bio-Gemüse, Fleisch- und Wurstspezialitäten sowie fertig zubereitete Gourmetspeisen zu moderaten bis hohen Preisen.

» **Beste Qualität und Auswahl** Seit 1943 bietet das von der Stadt betriebene **Alemany** (www.sfgov.org/site/alemany) ganzjährig am Samstag regionales und Bio-Gemüse zu günstigen Preisen und außerdem Stände mit fertig zubereiteten Speisen.

» **Bequemste Lage** Sonntags und mittwochs gibt es bei **Heart of the City** (www.hocfarmersmarket.org) auf der UN Plaza von 7 bis 17 Uhr regionales Gemüse (teilweise aus Bio-Anbau) zu günstigen Preisen und Stände mit Fertigspeisen, damit man direkt vor Ort sein Mittagessen zu sich nehmen kann – an anderen Tagen ist die UN Plaza ein Hindernisparcours mit vielen Skateboardern, Scientologen, Leuten, die manisch Selbstgespräche führen, und ein paar Kunstgewerbeständen.

» **Ideal für Familien** Bei **Inner Sunset** (Parkplatz zw. 8th & 9th Ave, abseits der Irving St; ⏲9–13 Uhr) gibt es von April bis September sonntags regionales Obst und Gemüse und einige Bio-Produkte und Spezialitäten zu moderaten Preisen und dazu ein Kinderprogramm.

» **Bester Abendmarkt** Der **Castro Farmers Market** (Market St Höhe Noe St; ⏲März–Dez. 16–20 Uhr) bietet regionales und Bio-Gemüse sowie Spezialitäten zu moderaten Preisen. Hinzu kommen Kochvorführungen und live Folkmusik.

Finger die Teetassen klingen, Goth-Teenies knabbern Gurkensandwichs und Freundinnen tratschen bei Scones und Champagner. An Wochenenden ist eine Reservierung empfohlen!

In-N-Out Burger BURGER $

(Karte S. 72; ☎800-786-1000; www.in-n-out.com; 333 Jefferson St; Burger 3–6 US$; ⏲So–Do 10.30–1, Fr & Sa bis 1.30 Uhr; 👪) Hier werden seit 60 Jahren Burger so serviert, wie man es in Kalifornien liebt: mit erstklassigem Rinderkamm, mit Fritten und Shakes, deren Inhalt identifizierbar ist, und das Ganze serviert von Angestellten mit einem Gehalt, von dem sie leben können.

RUSSIAN HILL & NOB HILL

Swan Oyster Depot SEAFOOD $$

(Karte S. 72; ☎415-673-1101; 1517 Polk St; Gerichte 10–20 US$; ⏲Mo–Sa 8–17.30 Uhr) Erstklassige Frische ohne die hochnäsige Attitüde der meisten Fischrestaurants. Man bestellt sein Essen zum Mitnehmen, durchstöbert nahe gelegene Boutiquen und marschiert dann an der Schlange vorbei, um sein Picknick aus Krabbensalat und Austern mit Sauce Mignonette (Wein und Schalotten) abzuholen.

Za PIZZA $

(Karte S. 72; ☎415-771-3100; www.zapizzasf.com; 1919 Hyde St; ⏲So–Mi 12–22, Do–Sa bis 23 Uhr) Pizzafreunde erklimmen den Hügel, um sich hier in gemütlichem Barambiente von den stets zu einem Flirt aufgelegten Pizzabäckern ein Stück dünnkrustige, mehlbestäubte Pizza mit frischem Belag und ein großes Glas Anchor Steam servieren zu lassen – und das alles kostet keine 10 US$.

JAPANTOWN & PACIFIC HEIGHTS

Tataki SUSHI $$

(Karte S. 72; ☎415-931-1182; www.tatakisushibar.com; 2815 California St; Gerichte 12–20 US$; ⏲Mo–Fr 11.30–14 & 17.30–22.30, Sa 17–23.30, So 17–21.30 Uhr) Dinner-Verabredungen und den Ozean mit sensationellem, ökologisch vertretbarem Sushi retten: Zarter Seesaibling mit Yuzu-Saft und Kapern ersetzt hier den Lachs aus zweifelhafter Quelle. Ein lokaler Favorit ist die „Golden State Roll" aus pikanten, handgeernteten Jakobsmuscheln, Pazifischem Thun, Bio-Apfelstücken und essbarem Gold.

Out the Door VIETNAMESISCH $$

(Karte S. 72; ☎415-923 9575; www.outthedoors.com; 2232 Bush St; Hauptgerichte mittags/abends 12–18/18–28 US$; ⏲Mo–Fr 8–16.30 & 17.30–22, Sa & So 8–15 & 17.30–22 Uhr) In diesem Ableger des berühmten Slanted Door (S. 92) bekommt man himmlische französische Beignets und vietnamesischen Kaffee oder salzig-süße Dungeness-Krabben-Frittata. Mittags gibt's Reisgerichte und Nudeln, abends leckere Fleisch- und Fischgerichte aus dem Lehmtopf.

Benkyodo JAPANISCH, SANDWICHES $
(Karte S. 72; ☎415-922-1244; www.benkyodo company.com; 1747 Buchanan St; Sandwiches 3–4 US$; ⊙Mo–Sa 8–17 Uhr) Der ideale Retro-Imbiss serviert fröhlich Eiersalat- und Pastramisandwiches alter Schule sowie vor Ort zubereitete Erdbeeren mit Schokofüllung (1 US$) und Grüntee-Mochi.

The Grove AMERIKANISCH $
(Karte S. 72; ☎415-474-1419; 2016 Fillmore St; Gerichte 8–12 US$; ⊙7–23 Uhr;) Mit seinen groben Möbeln aus recycletem Holz und dem Steinkamin herrscht in diesem Café in der Fillmore St Skihütten-Gemütlichkeit – ideal für ein nach Wunsch zubereitetes Frühstück, ein arbeitsames Mittagessen mit Salaten, Sandwiches und WLAN oder Chat-Sessions mit Keksen, warm aus dem Ofen, und heißem Kakao.

MARINA & COW HOLLOW

Off the Grid IMBISSTRUCKS $
(Karte S. 72; http://offthegridsf.com; Parkplatz Fort Mason; Gerichte unter 10 US$; ⊙Fr 17–22 Uhr;) Bei San Franciscos größtem Gourmet-Volksfest bilden rund 30 Imbisstrucks eine Wagenburg (an anderen Terminen und Orten sind es weniger als ein Dutzend; s. Website). Vor 18.30 Uhr kommen oder eine 20-minütige Wartezeit für Chairman Baos Muschelbrötchen mit Ente und Mango, Roli Rotis mit Kräutern gebratene Hähnchen und die Desserts des Crème Brûlée Man in Kauf nehmen! Nur Barzahlung; am besten nimmt man sein Essen mit und schaut sich von den nahe gelegenen Docks den Sonnenuntergang über der Golden Gate Bridge an.

Blue Barn Gourmet SANDWICHES $
(Karte S. 72; ☎415-441-3232; www.blue barngourmet.com; Salate & Sandwiches 8–10 US$; 2105 Chestnut St; ⊙So–Do 11–20.30, Fr & Sa bis 19 Uhr;) An übliche Salate wagt man angesichts der Bio-Kreationen mit Bio-Käse, karamelisierten Zwiebeln, alten Tomatensorten, kandierten Pekannüssen, Granatapfelkernen und sogar gegrillter Rinderlende nicht zu denken. Wer etwas richtig Scharfes probieren will, wählt die getoasteten Panini mit Manchego-Käse, Feigenmarmelade und Salami.

Greens VEGETARISCH $$
(Karte S. 72; ☎415-771-6222; www.greens restaurant.com; Fort Mason Center, Bldg A; Hauptgerichte 7–20 US$; ⊙Di–Sa 12–14.30, Mo–Sa 17.30–21, So 9–16 Uhr;) In einer umgebauten Armeebaracke genießt man den Blick auf die Golden Gate Bridge, gebratenes Auberginen-Panini oder das herzhafte Chili mit schwarzen Bohnen und eingelegten Jalapeños. Alle Speisen sind fleischfrei und aus Bio-Produkten zubereitet, das meiste Gemüse stammt von einer Zen-Farm in Marin County – schon was anderes als Heeresverpflegung im Fort.

A16 ITALIENISCH $$
(Karte S. 72; ☎415-771-2216; www.a16sf.com; 2355 Chestnut St; Pizza 12–18 US$, Hauptgerichte 18–26 US$; ⊙Mi–Fr mittags, tgl. abends) Für ein Essen in San Franciscos mit dem James Beard Award ausgezeichneter neapolitanischer Pizzeria muss man reservieren und darf dann im Foyer wie auf einen Termin mit einer wichtigen Persönlichkeit warten. Der hausgemachte Burata und die kauintensive, aber nicht zu dicke Pizza mit erstklassigen Calamari lohnt das Warten aber auch.

Warming Hut CAFÉ
(außerhalb der Karte S. 72; Crissy Field; Gebäck 2–4 US$; ⊙9–17 Uhr) Wenn der Nebel über Crissy Field aufzieht, kann man sich in diese Hütte zurückziehen, deren Wände mit recyceltem Baumwollstoff gedämmt sind, und sich an Fair-Trade-Kaffee, Bio-Gebäck und Hotdogs laben. Die Einnahmen unterstützen die Erhaltung von Crissy Field.

SOUTH OF MARKET (SOMA)

LP TIPP **Benu** KALIFORNISCH, FUSION $$$
(Karte S. 76; ☎415-685-4860; www.benusf.com; 22 Hawthorne St; Hauptgerichte 25–40 US$; ⊙Di–Sa 17.30–22 Uhr) San Francisco besitzt schon seit mehr als 150 Jahren eine ausgeprägte Fusion-Küche, aber niemand zelebriert sie so wie Chefkoch Corey Lee, der typische lokale Gerichte mit pazifischem Aroma mixt und sie mit der Finesse eines DJs aus SoMa serviert. Die samtige Sonoma-Gänseleber mit würzig-waldiger Yuzu-Sake-Glasur lässt die Geschmacksknospen explodieren, während die Kalifornischen Taschenkrebse mit schwarzer Trüffelcreme die falsche Haifischflossensuppe so gehaltvoll machen, dass man glaubt, es schwämmen Fangzähne darin. Das Verkostungsmenü hat einen stolzen Preis (160 US$) und mit den passenden Getränken kommen noch mal 110 US$ hinzu, aber wer will schon die Einfälle des Star-Sommelier Yoon Ha versäumen, z. B. der seltenen Madeira von 1968 zur Suppe?

Boulevard KALIFORNISCH $$$
(Karte S. 76; ☎415-543-6084; www.boulevardrestaurant.com; 1 Mission St; Hauptgerichte mittags/abends 17–25/29–39 US$; ⏰ Mo–Fr mittags, tgl. abends) Das Belle-Époque-Dekor hübscht das Gebäude von 1889 auf, in dem einst eine Seeleutegewerkschaft ihren Sitz hatte, doch Chefköchin Nancy Oakes hält die Karte bodenständig – mit saftigen Schweinekoteletts, genug Krebsen mit weicher Schale, um jeden Seemann zufrieden zu stellen, und beliebten Desserts.

Zero Zero PIZZA $$
(Karte S. 76; ☎415-348-8800; www.zerozerosf.com; 826 Folsom St; Pizza 12–17 US$; ⏰So–Do 12–14.30 & 17.30–22, Fr & Sa bis 23 Uhr) Der Name ist eine Anspielung darauf, dass für die neapolitanischen Pizzas mit gebauschter Kruste nur Mehl der italienischen Type 00 (entspricht der deutschen 405) verwendet wird. Und das merkt man den Pizzas mit ihren leckeren, von San Francisco inspirierten Belägen auch an: Die Pizza „Geary“ ist mit Manila-Muscheln, Schinken und Paprika belegt, aber den meisten Zuspruch findet die Pizza „Castro“, auf der sich hausgemachte Wurst stapelt.

Juhu Beach Club INDISCH $
(Karte S. 100; ☎415-298-0471; www.facebook.com/JuhuBeachClub; 320 11th St; Gerichte 4–8 US$; ⏰Mo–Fr 11.30–14.30 Uhr) SoMas raue Straßen wirken deutlich aufgebessert, seit neu erfundene *chaat* (indische Straßensnacks) im Garage Café aufgetaucht sind. Zu Mittag gibt's Schweinefleisch-Vindaloo mit Brötchen, aromatischen gebratenen Nahu-Hähnchensalat und das Sandwich mit dem passenden Namen „Holy Cow“, gefüllt mit schonend gegartem Rinderhack.

Sentinel SANDWICHES $
(Karte S. 76; ☎415-284-9960; www.thesentinelsf.com; 37 New Montgomery St; Sandwiches 8,50–9 US$; ⏰Mo–Fr 7.30–14.30 Uhr) Der rebellische einheimische Chefkoch Dennis Leary nimmt sich die Klassiker vor: Thunfisch-Salat wird mit Chipotle-Mayo radikal umgekrempelt, und Corned Beef befreundet sich mit Schweizer Käse und hausgemachtem russischen Dressing. Die Speisekarte wechselt täglich. Wartezeiten von zehn Minuten sind in Kauf zu nehmen, weil die Sandwiches nach Kundenwunsch zubereitet werden.

Split Pea Seduction SANDWICHES $
(Karte S. 76; ☎415-551-2223; www.splitpeaseduction.com; 138 6th St; Mittagessen 6–9,75 US$; ⏰Mo–Fr 8–17 Uhr; ✎) Gleich an der Skid Row gibt's unerwartet gesunde Hausmannskost in Form von Suppen mit Sandwiches, z. B. Kartoffelsuppe mit hausgemachtem Pesto und ein *crostata* (belegtes Brot), belegt z. B. mit Cambozola-Käse, Honig und Nektarinen.

THE MISSION

LP TIPP **La Taquería** MEXIKANISCH $
(Karte S. 100; ☎415-285-7117; 2889 Mission St; Burritos 6–8 US$; ⏰Mo–Sa 11–21, So 11–20 Uhr) Hier bleibt man von Tofu, Safranreis, Spinattortillas und Mango-Salsa verschont. Stattdessen gibt's Mehltortillas ganz klassisch mit Grillfleisch, pikanten Bohnen und Salsa aus marinierten Tomatillos oder Mesquite gefüllt. Eine höchst empfehlenswerte Beilage sind die pikanten hausgemachten Mixed Pickles mit Schmand.

Commonwealth KALIFORNISCH $$
(Karte S. 100; ☎415-355-1500; www.commonwealthsf.com; 2224 Mission St; kleine Gerichte 5–16 US$; ⏰Di–Do & So 17.30–22, Fr & Sa bis 23 Uhr; ✎) Kaliforniens einfallsreichstes Restaurant mit Essen frisch von der Farm auf den Teller residiert nicht in einer idyllischen Scheune, sondern in einer umgebauten Kneipe aus Betonziegeln im Mission District. Hier serviert Küchenchef Jason Fox knuspriges Hühnchen mit in Heu (!) gegarten Karotten und Seeigel auf einem Bett aus Farmeiern und Bio-Spargel, das wie ein Gezeitenbecken aussieht und traumhaft schmeckt. Das Menü zum Festpreis von 65 US$ kann man um so mehr genießen, wenn man weiß, dass 10 US$ wohltätigen Zwecken zufließen.

Locanda ITALIENISCH $$
(Karte S. 100; ☎415-863-6800; www.locandasf.com; 557 Valencia St; Teller für zwei 10–24 US$; ⏰17.30–24 Uhr) Das alte Poster von Duran Durans Rom-Konzert gibt den ersten Hinweis darauf, dass es in diesem Lokal um pfiffige, urbane römische Kost geht. Die leckeren Innereien in einer reichhaltigen Tomaten-Minz-Sauce sind ein Muss, die Pizza bianco mit Feigen und Schinken kann süchtig machen, und die gebratenen römischen Artischocken mit Bries sind absolut authentisch – den Flug nach Rom kann man sich sparen.

Pizzeria Delfina PIZZA $$
(Karte S. 100; ☎415-437-6800; www.delfinasf.com; 3611 18th St; Pizza 11–17 US$; ⏰Di–Do 11.30–22, Fr bis 23, Sa & So 12–23, Mo 17.30–22

Uhr; ✆) Beim Zubeißen versteht man, warum Pizza in San Francisco in letzter Zeit so angesagt ist: Die dünnkrustigen Pizzas dieses Ladens halten das Gewicht von Fenchelwürstchen oder frischem Mozzarella aus, ohne durchzuhängen oder zu brechen, und bei den weißen Pizzas können die Köche ihrer Fantasie mit kalifornischen Gourmet-Zutaten wie Maitake-Pilzen, Stängelkohl und handgemachtem Käse freien Lauf lassen. Keine Reservierung; man trägt sich auf der Kreidetafel ein und wartet bei einem Glas Wein nebenan in der Bar des Delfina.

Range KALIFORNISCH **$$**
(Karte S. 100; ☎415-282-8283; www.rangesf.com; 842 Valencia St; Hauptgerichte 20–28 US$; ⌚So–Do 17.30–22, Fr & Sa bis 23 Uhr; ✆) Im Range steht inspirierte amerikanische Küche in Saft und Kraft. Die Speisekarte ist saisonal und kalifornisch, die Preise sind vernünftig, und das Dekor ist umgebauter Industrie-Chick. Zu essen gibt's beispielsweise mit Kaffee abgeriebene Schweineschulter und dazu ein Spezialbier, das in einem Blutbank-Kühlschrank gelagert wird.

Bi-Rite Creamery EISCREME **$$**
(Karte S. 100; ☎415-626-5600; http://biritecreamery.com; 3692 18th St; Eiscreme 3,25–7 US$; ⌚So–Do 11–22, Fr & Sa bis 23 Uhr) Absperrungen an Clubs mögen im entspannten San Francisco prätentiös wirken, aber an dieser Bio-Eisdiele sind sie durchaus angebracht, denn die Schlangen winden sich noch um die Ecke, weil die Leute nach dem legendären salzigen Karamelleis mit hausgemachtem heißem Toffee süchtig sind. Wer nur schnell etwas schlecken will, holt sich ein aromatisches Erdbeer-Softeis am Softeis-Schalter (⌚13–21 Uhr).

Pancho Villa MEXIKANISCH **$**
(Karte S. 100; ☎415-864-8840; www.sfpanchovilla.com; 3071 16th St; Burritos 7–8,50 US$; ⌚10–12 Uhr; ✆) Dieser Held der Unterdrückten und Burrito-Beraubten liefert in Alufolie eingewickelte Mahlzeiten von der Größe eines Unterarms und hat eine angemessene Würztheke. Die Schlange rückt schnell vorwärts, und beim Hinausgehen wird einem die Tür aufgehalten, damit man mit seinem glücklich erworbenen Pancho-Bauch hinauskommt.

Udupi Palace INDISCH **$**
(Karte S. 100; ☎415-970-8000; www.udupipalaceca.com; 1007 Valencia St; Hauptgerichte 8–10 US$; ⌚Mo–Do 11–22, Fr–So bis 22.30 Uhr; ✆) Tandoorgerichte sind im Tenderloin was für Neulinge: San Franciscos Gourmets schwören auf den starken, klaren Geschmack von südindischer *dosa*, einem leichten, knusprigen Pfannkuchen aus Linsenmehl, den man in eine mild-würzige Gemüse-*sambar* (Suppe) und Kokos-Chutney taucht.

Mission Chinese KALIFORNISCH, CHINESISCH **$$**
(Karte S. 100; Lung Shan; ☎415-863-2800; www.missionchinesefood.com; 2234 Mission St; Gerichte 9–16 US$; ⌚Mo–Di & Do–So 11.30–22.30 Uhr) Freunde von scharfer Kost, chinesischem Essen zum Mitnehmen und nach-

VEGETARISCH ESSEN IN SAN FRANCISCO

San Francisco hat Vegetariern und Veganern weit mehr zu bieten als gegrillten Käse oder vegetarische Burger.

» **Veganisch** Drei Bio-Restaurants könnten sogar felsenfest überzeugte Fleischesser bekehren: **Millennium** (S. 93), **Greens** (S. 97) und die **Samovar Tea Lounge** (S. 107).

» **Vegetarische Menüs zum Festpreis** Mehrgängige Menüs mit regionalem und saisonalem Gemüse wird in schicken Restaurants wie **Michael Mina** (S. 93) und **Benu** (S. 97) angeboten.

» **Vegetarisches aus ausländischen Küchen** Auch wer kein überzeugter Vegetarier ist, wird den vegetarischen Seiten der Speisekarten in Restaurants mit ethnischen Spezialitäten, z. B. im äthiopischen **Axum Café** (S. 103), im mexikanischen **Pancho Villa** (S. 99) oder im indischen **Udupi Palace** (S. 99), einen wohlwollenden Blick gönnen.

» **Vegetarische Mittagsgerichte** In Lokalen, die Suppen, Salate und Sandwiches mit Bio-Zutaten anbieten, eröffnen sich neue Perspektiven aufs Mittagessen, z. B. bei **Boxed Foods** (S. 94) und **Split Pea Seduction** (S. 98).

The Castro & The Mission

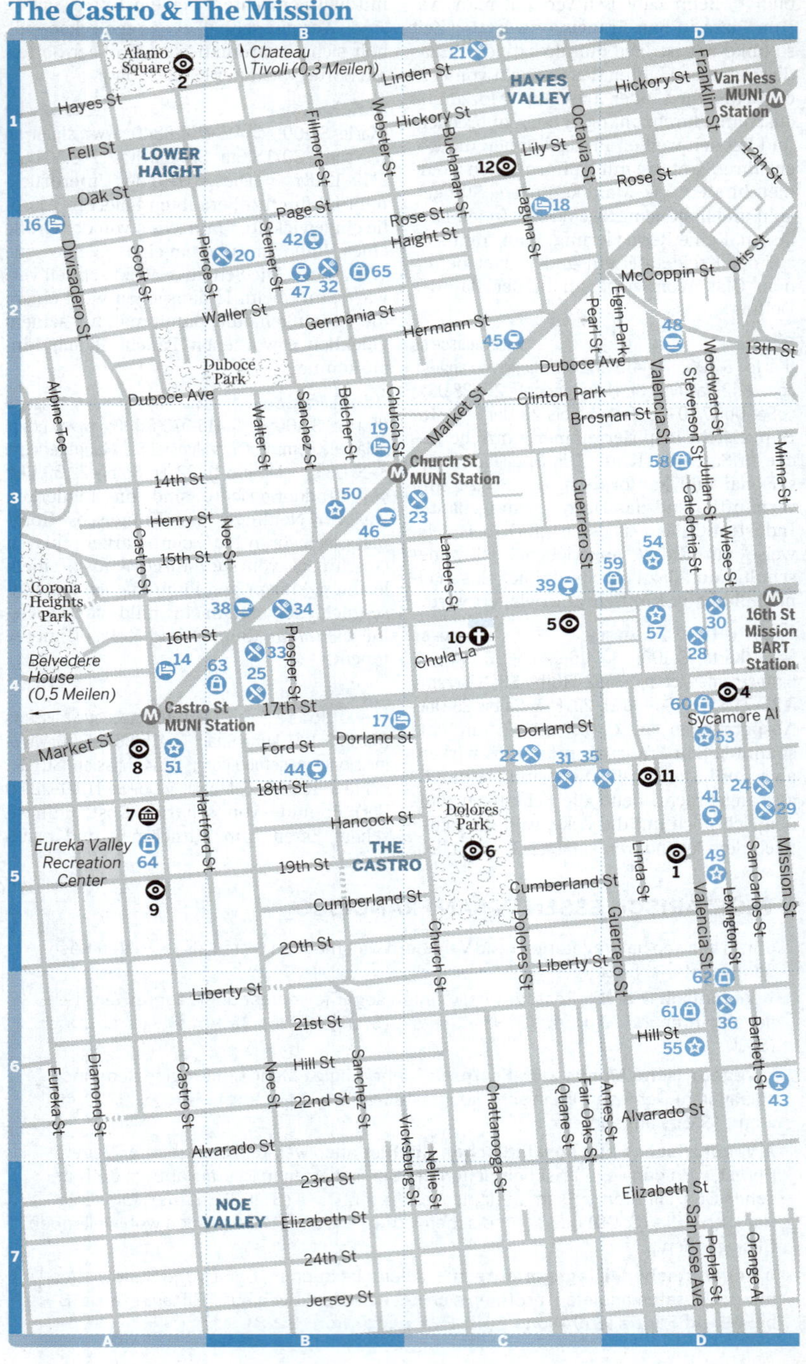

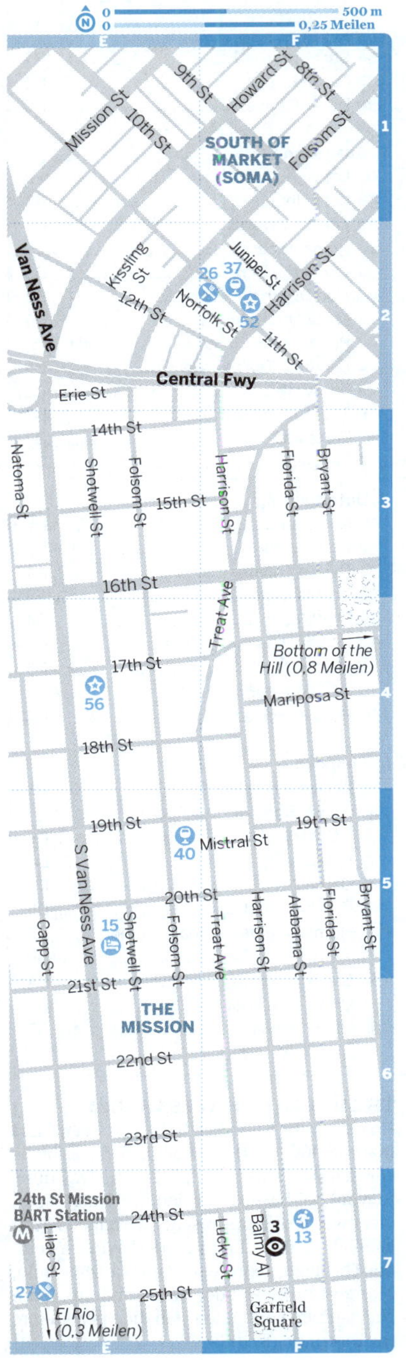

haltigen Fleischgerichten treffen sich in diesem Gourmetlokal. Die kreativen, fleischhaltigen Hauptgerichte wie pikante Nudeln mit Lamm reichen für zwei – sofern einem scharfe Würzung nichts ausmacht. 0,75 US$ vom Preis für jedes Hauptgericht werden der San Francisco Food Bank gespendet.

Tartine BÄCKEREI $

(Karte S. 100; ☎415-487-2600; www.tartinebakery.com; 600 Guerrero St; Gebäck 2–5 US$; ⏲Mo–Mi 8–19, Do–Sa bis 20, So 9–20 Uhr) Die Kunden stehen bis nach draußen für die Kürbisbrötchen, Valrhona-Schokoladenkekse und *croques monsieurs* (Toasts mit Schinken und Käse) an – alles ist so mächtig gebuttert, dass man schon vom Hinsehen dick und glücklich wird.

CASTRO

LP TIPP **Frances** KALIFORNISCH $$

(Karte S. 100; ☎415-621-3870; www.frances-sf.com; 3870 17th St; Hauptgerichte 14–27 US$; ⏲Di–So 17–22.30 Uhr) Chefköchin und Besitzerin Melissa Perello verdiente einen Michelin-Stern für gehobene Gastronomie und zog dann nach Downtown, um dieses marktähnliche Bistro zu gründen. Auf der täglich neuen Karte stehen starke, saisonale Geschmäcker und luxuriöse Dinge wie samtweiche Gnocchi mit Schafsmilch-Ricotta, knusprigen Brotkrumen und Broccolini oder gegrillte Calamari mit eingelegten Meyer-Zitronen. Dazu gibt's Wein in Portionsgläsern, direkt bezogen aus dem Wine Country.

Chilango MEXIKANISCH $$

(Karte S. 100; ☎415-552-5700; chilangorestaurantsf.com; 235 Church St; Gerichte 8–12 US$; ⏲11–22 Uhr) Besser als ein Taqueria-Imbiss: Die original mexikanischen Gerichte wie Filet-Mignon-Tacos, Schweine-*carnitas* und das sensationelle Hühnchen-*mole* wären eines gehobenen Abendessens würdig. Zumal alle Zutaten aus Bio-Produktion stammen.

Starbelly KALIFORNISCH $$

(Karte S. 100; ☎415-252-7500; www.starbellysf.com; 3583 16th St; Gerichte 6–19 US$ ⏲11.30–23, Fr & Sa bis 24 Uhr) Das Dekor aus Recycling-Holz wird dem Essen gerecht: Hier gibt's marktfrische Salate, leckere Pasteten, gebratene Muscheln mit hausgemachten Würstchen und saftige Burger mit Bio-Fleisch. Vorab reservieren, wenn man inmitten von blühenden Kräutern auf dem

The Castro & The Mission

beheizten Patio essen will, ansonsten setzt man sich an den Gemeinschaftstisch!

Sushi Time SUSHI $

(Karte S. 100; ☎415-552-2280; www.sushitime-sf.com; 2275 Market St; Rollen 4–10 US$; ⏲ Mo–Sa abends) In dem winzigen, eingeglasten Patio kann man wie ein Hai im Aquarium Sashimi oder „Barbie"-, „GI Joe"- und „Hello Kitty"-Rollen verschlingen. Die Happy Hour mit Sonderangeboten geht von 17 bis 18.30 Uhr.

THE HAIGHT & HAYES VALLEY

Rosamunde Sausage Grill SANDWICHES $

(Karte S. 100; ☎415-437-6851; 545 Haight St; Würstchen 4–6 US$; ⏲11.30–22 Uhr) Das dürfte wohl bei Baseballspielen im Himmel serviert werden: Himmlische, würzige Würstchen mit Enten-, Lamm- oder Wildschweinfleisch, dazu gebratene Paprika, Zwiebeln, Mango-Chutney oder Wasabi-Senf. Zum Nachspülen empfehlen sich die Spezialbiere im Toronado (S. 108).

Axum Café ÄTHIOPISCH $

(Karte S. 100; ☎415-252-7912; www.axumcafe.com; 698 Haight St; 7–14 US$; ⌚abends; ✎) Wer eine heiße Verabredung mit einer Veganerin hat, dazu einen Mordsappetit und/oder wenig Geld, für den ist die vegetarische Platte für zwei die Rettung: prickelnde rote Linsen, feurige Pilze und mürbe gelbe Kichererbsen und dazu lockeres *injera*-Brot.

Magnolia Brewpub KALIFORNISCH $$

(Karte S. 92; ☎415-864-7468; www.magnoliapub.com; 1398 Haight St; Hauptgerichte 11–20 US$; ⌚Mo–Do 12–24, Fr bis 1, Sa 10–1, So 10–24 Uhr) Bio-Kneipenkost und Hausbierproben halten die Gespräche an den Gemeinschaftstischen in Gang. Gleichzeitig stillen Prather-Ranch-Burger mit Fleisch von grasgefütterten Rindern auch den heftigsten Heißhunger in den separaten Sitznischen – es wirkt, als wäre der Summer of Love zurückgekehrt, nur mit besserem Essen.

RICHMOND

Aziza KALIFORNISCH, NORDAFRIKANISCH $$

LP TIPP (Karte S. 82; ☎415-752-2222; www.azizasf.com; 5800 Geary Blvd; Hauptgerichte 16–29 US$; ⌚Mi–Mo 17.30–22.30 Uhr; ✎) Mourad Lahlou verbindet marokkanische Küche und kalifornische Bio-Produkte zu überirdischen Gerichten wie Confit von Sonoma-Enten mit glasierten Zwiebeln in lockerem *bastiya*-Teig oder langsam gegarte Lammkeule von örtlichen Farmen mit Gerste und Sauerkirschen.

Namu KOREANISCH, KALIFORNISCH $$

(Karte S. 82; ☎415-386-8332; www.namusf.com; 439 Balboa St; kleine Gerichte 8–16 US$; ⌚So–Di 18–22.30, Mi–Sa 18–24, Sa & So 10.30–15 Uhr) Bio-Zutaten, Erfindungsreichtum à la Silicon Valley und die Verwurzelung im pazifischen Raum sind die Markenzeichen der Gerichte im koreanischen Namu. Hier gibt's hausgemachtes Gimchi, umamireiche Klöße mit Shiitake-Pilzen und das beste *bibimbap* Nordkaliforniens (Bio-Gemüse, Steak von grasgefütterten Rindern aus der Region und ein Ei von einer Farm in Sonoma, serviert auf Reis in einem dampfenden Steintopf).

Ton Kiang DIM SUM $

(Karte S. 82; ☎415-387-8273; www.tonkiang.net; 5821 Geary Blvd; Dim Sum 3–7 US$; ⌚Mo–Do 10–21, Fr 10–21.30, Sa 9.30–21.30, So 9–21 Uhr; 👪) Gar nicht erst fragen, was in diesen Bambus-Dampfgarern drin ist, sondern einfach etwas nach dem Geruch auswählen und dann die legendären Gerichte *gao choy gat* (Shrimps-Schnittlauch-Teigtaschen), dem *dao miu gao* (Erbsensprossen und Shrimps-Klößchen) und *jin doy* (Sesambällchen) beim Namen nennen.

Kabuto KALIFORNISCH, SUSHI $$

(Karte S. 82; ☎415-752-5652; www.kabutosushi.com; 5121 Geary Blvd; Sushi 2–7 US$, Hauptgerichte 9–13 US$; ⌚Di–So abends) In dem umgebauten alten Hotdog-Drive-in wird innovatives Sushi serviert: In Nori eingewickelter Sushi-Reis mit Gänseleber und Ollaliberry-Sauce, *hamachi* (japanische Makrele) mit Erbsen und Wasabi-Senf und sogar – hurra! – 49er-Auster mit Seeigel, Kaviar, einem Wachtelei und Blattgold, gefolgt von einem edlen Sake.

Spices CHINESISCH $

(Karte S. 82; ☎415-752-8884; http://spicesrestaurantonline.com; 294 8th Ave; Hauptgerichte 7–13 US$; ⌚mittags & abends) Die Speisekarte liest sich wie ein seltsam untertitelter Hongkong-Actionfilm, auf der die Gerichte als „explosiv!!" und „stinkend!" bezeichnet werden, aber die Köche können den pikant eingelegten Napa-Kohl, den seidenweichen Mapo-Tofu und das brennend scharfe Hühnchen nennen, wie sie wollen – ein Ausrufezeichen haben die Gerichte allemal verdient. Nur Barzahlung!

Halu JAPANISCH $

(Karte S. 82; ☎415-221-9165; 312 8th Ave; Yakitori 2,50–4 US$, Ramen 10–11 US$; ⌚Di–Sa 17–22 Uhr) Ein Abendessen in diesem surrealen gemütlichen Yakitori-Lokal voller Erinnerungsstücke an die Beatles ist, als hätte man sich an Bord des Yellow Submarine geschmuggelt. Die kleinen Bissen, z. B. in Schinken eingewickelte Muscheln, Wachteleier und Mochi, werden auf Spieße gesteckt und gebraten – wer sich an Innereien wagen will, nur zu!

Genki DESSERTS, SELBSTVERSORGER $

(Karte S. 82; ☎415-379-6414; www.genkicrepes.com; 330 Clement St; Crêpes 5 US$; ⌚Mo 14–22.30, Di–Do & So 10.30–22.30, Fr & Sa 10–23.30 Uhr) Hier treffen sich Teenies, um französische Crêpes auf Tokio-Art zu essen (mit Grüntee-Eis und Nutella) sowie tropischen Frucht-Tapioka-Schaumtee zu trinken. Es gibt auch eine Drogerie- und eine Süßwarenabteilung, sodass der Befriedigung des dringenden Verlangens nach Haarfärbemitteln oder plötzlichen Lust auf Pocky (Mikado) nichts im Wege steht.

THE SUNSET

Outerlands — LP TIPP — KALIFORNISCH $

(Karte S. 82; ☎415-661-6140; http://outerlandssf.com; 4001 Judah St; Sandwiches & kleine Gerichte 8–9 US$; ⏲Di–Sa 11–15 & 18–22, So 10–14.30 Uhr) In diesem Strandschuppen-Bistro bekommt man kalifornische Bio-Kost: Zu Mittag gibt's gegrillten Bio-Käse mit saisonaler hausgemachter Suppe (9 US$), zum Abendessen langsam gegarte Schweineschulter in einem Gemüse-Knoblauch-Risotto. Früh kommen und draußen einen Wein trinken, bis drinnen die Sitze bereit sind!

Nanking Road Bistro — CHINESISCH $

(Karte S. 82; ☎415-753-2900; 1360 9th Ave; Hauptgerichte 7–12 US$; ⏲Mo–Fr 11.30–22, Sa & So 12–22 Uhr; ✍👪) Regionale nordchinesische Küche ist im traditionell kantonesischen San Francisco unterrepräsentiert, aber die absoluten Highlights auf der Karte dieses Lokals sind Muschelschalen-*bao* (Brötchen) um knusprige Pekingente und das absolut überzeugende *kung-pao*-Hähnchen-Mittagsmenü (7 US$), bei dem das Verhältnis zwischen Chili und gerösteten Erdnüssen ganz genau stimmt.

Sunrise Deli — NAHÖSTLICH $

(Karte S. 82; ☎415-664-8210; 2115 Irving St; Gerichte 4–7 US$; ⏲Mo–Sa 9–21, So 10–20 Uhr; ✍) Das im Nebelgürtel versteckte Schatzkästlein tischt das wohl beste pikante Baba Ghanoush in der Stadt, *mujeddrah* (Linsen, Reis und knusprige Zwiebeln), Ful mit Knoblauch und knusprige Falafel auf. Man kann sein Essen mitnehmen oder es in gemütlicher Café-Atmosphäre verzehren.

Ausgehen

DOWNTOWN & SOUTH OF MARKET (SOMA)

Emporio Rulli Caffè — CAFÉ

(Karte S. 76; www.rulli.com; 333 Post St; ⏲7.30–19 Uhr) In dem Café über dem Union Sq kann man prima Leute beobachten und sich bei einem ausgezeichneten Espresso und Gebäck für eine Shoppingtour stärken oder sich danach bei einem Glas Wein entspannen.

Bar Agricole — BAR

(Karte S. 100; www.baragricole.com; 355 11th St; So–Mi 18–22 Uhr, Do–Sa Open End) Die gut ausgewählten Cocktails sind akademischer Ehren würdig: Bellamy Scotch Sour mit Eigelb bewährt sich, aber Tequila Fix mit Zitronen- und Ananassaft sowie Hellfire Bitter haut einen von den Socken.

Sightglass Coffee — CAFÉ

(Karte S. 76; http://sightglasscoffee.com; 270 7th St; ⏲Mo–Sa 7–18, So 8–18 Uhr) San Franciscos neuester Kultkaffee wird in einem Lagerhaus von SoMa geröstet: Man kann sich vom Duft des Owl's Howl Espresso verführen lassen oder den von der Familie selbst angebauten, 100%-igen Spitzen-Bourbon-Strauchkaffee probieren.

Bloodhound — BAR

(Karte S. 76; www.bloodhoundsf.com; 1145 Folsom St; ⏲16–2 Uhr) Der an die Decke gemalte Krähenschwarm ist definitiv ein Omen: Abende im Bloodhound arten mit Schnaps, der aus der Flasche in Einmachgläsern serviert wird, und mit Billard-Turnieren ins Mythische aus. Draußen parken oft die besten Imbiss-Trucks von San Francisco – und der Barkeeper kann einem dann sagen, welches seiner Getränke zu welchem Essen passt.

House of Shields — BAR

(Karte S. 76; 39 New Montgomery St; ⏲Mo–Fr 14–2, Sa ab 19 Uhr) In dieser restaurierten Mahagonibar, in der originale Kronleuchter (von ca. 1908) von der Decke hängen, kann man altmodische Cocktails ohne Firlefanz trinken und fühlt sich um hundert Jahre in der Zeit zurückversetzt.

Blue Bottle Coffee Company — CAFÉ

(Karte S. 76; www.bluebottlecoffee.net; 66 Mint St; ⏲Mo–Fr 7–19, Sa 8–18, So 8–16 Uhr) Der Kleinröster produziert mit der schrill aussehenden, 20000 US$ teuren Kaffeemaschine einen erstklassigen Fair-Trade-Bio-Filterkaffee, mit dem es nur die bittersüßen Mokkas und die Cappuccinos mit dem Muster im Schaum aufnehmen können. Man wird warten müssen und für seinen Luxuskaffee 4 US$ berappen.

UNION SQUARE

Rickhouse — BAR

(Karte S. 76; www.rickhousebar.com; 246 Kearny St; ⏲Mo–Sa) Es gibt hier umfunktionierte Whiskeyfässer aus Kentucky und hinter der Theke Regale, die aus einem Nonnenkloster in den Ozark Mountains stammen, in dem einst heimlich Schnaps gebrannt wurde. Diese Bar wirkt wie ein in die Downtown versetztes Shotgun-House. Bourbon steht hier im Mittelpunkt, aber es gibt auch authentischen Pisco-Punsch (einen Cocktail aus peruanischem Schnaps und Zitronensaft), der in alten Bowlenschüsseln serviert wird.

Barrique BAR
(Karte S. 76; www.barrquesf.com; 461 Pacific Ave; Di–Sa 15–22 Uhr) Hier gibt's den Spitzenwein aus kleinen Partien direkt vom Weinberg gleich aus dem Fass. Man lässt sich hinten, gleich bei den Fässern, mit seiner Käse- und Wurstplatte auf weißen Ledersofas nieder.

Irish Bank PUB
(Karte S. 76; www.theirishbank.com; 10 Mark Lane; 11.30–2 Uhr) Perfekt gezapfte Pints, dick geschnittene Fritten mit Malzessig und saftige Würstchen werden hier in einer versteckten Gasse oder drinnen auf Kirchenbänken serviert. Der irische Besitzer Ronin hat den Laden von seinem Chef gekauft und ist nun der beste Freund jedes einfachen Arbeiters.

Tunnel Top Bar BAR
(Karte S. 76; www.tunneltop.com; 601 Bush St; Mo–Sa) Eine coole zweistöckige Bar mit offenen Deckenbalken, einem Kronleuchter aus Bierflaschen und einem Balkon, von dem aus man die Menge unten beobachten kann, die zu Hip-Hop tanzt. Nur Bares ist Wahres!

Cantina BAR
(Karte S. 76; www.cantinasf.com; 580 Sutter St; Mo–Sa) Dank der lateinamerikanisch inspirierten Cocktails, die mit frischem Saft zubereitet werden – es gibt hier noch nicht mal eine Sodamaschine hinter der Theke –, ist diese Bar ein beliebter Ort für Barkeeper, die Feierabend haben. An den Wochenenden legen DJs auf.

CIVIC CENTER & TENDERLOIN

Hemlock Tavern BAR
(Karte S. 76; www.hemlocktavern.com; 1131 Polk St; 16–2 Uhr) Hier gibt's billige Drinks an der ovalen Bar, im Hinterzimmer Punkrock, der zum Pogo tanzen anregt, einen beheizten Raucherbereich und kostenlos ungeschälte Erdnüsse, die man bei Literaturevents essen und auch werfen kann.

Edinburgh Castle BAR
(Karte S. 76; www.castlenews.com; 950 Geary St; 19–1 Uhr) Fotos von Dudelsackspielern, in der Jukebox der Soundtrack von *Trainspotting*, Dartscheiben und essigsaure Fish & Chips – noch authentischer schottisch geht es kaum, aber Haggis (gefüllten Schafsmagen) gibt's dann doch nicht.

Rye BAR
(Karte S. 76; www.ryesf.com; 688 Geary St; Mo–Fr 17.30–2, Sa & So 19–2 Uhr) In einem schicken, von dunklem Holz geprägten Ambiente bietet diese Bar gepflegte Cocktails aus Kräuterschnaps und frisch gepressten Säften. Früh kommen, etwas Herausforderndes mit dunklem Rum oder Wacholdergin trinken und gehen, bevor der Raucherkäfig überquillt!

Bourbon & Branch BAR
(Karte S. 76; 415-346-1735; www.bourbonandbranch.com; 501 Jones St; Mi–Sa nach Reservierung) „Nicht einmal daran denken, nach einem Cosmopolitan zu fragen", lautet eine der vielen Hausregeln in dieser neu belebten Flüsterkneipe, die auch noch geheime Ausgänge aus den goldenen Tagen der Prohibitionszeit besitzt. Wer erstklassige Gin- und Bourbon-Cocktails in der „Library" trinken will, drückt auf den Summer und sagt das Losungswort „books".

CHINATOWN

Li Po BAR
(Karte S. 68; 916 Grant Ave; 14–2 Uhr) Beim Eintreten durch den grottenartigen Eingang wird man kurz von dem verstaubten Buddha gemustert. Beatniks lieben die roten Sitzecken, wo man Bier oder einen chinesischen Mai Tai mit *baiju* (Reisschnaps) trinkt.

NORTH BEACH

LP TIPP **Caffe Trieste** CAFÉ
(Karte S. 68; www.caffetrieste.com; 601 Vallejo St; So–Do 6.30–23, Fr & Sa 6.30–24 Uhr;) Immer für eine Inspiration gut: Francis Ford Coppola skizzierte hier unter dem sizilianischen Wandbild das Drehbuch des *Paten,* und der Poeta Laureatus Lawrence Ferlinghetti schaut immer noch auf dem Weg zu seinem Buchladen City Lights herein. Mit Opernarien in der Jukebox und Akkordeon-Jam-Sessions am Wochenende präsentiert sich hier North Beach schon seit 1956 in bester Form.

Specs' BAR
(Karte S. 68; 12 William Saroyan Pl; 17–2 Uhr) Der Saloon, der zugleich ein Museum für nautische Erinnerungsstücke ist, gibt Leuten aus der Nachbarschaft die Gelegenheit, zu trinken wie die Matrosen, leichtgläubigen Neuankömmlingen derbe Lügengeschichten aufzutischen und Meutereien gegen die Sperrstunde anzuzetteln.

Comstock Saloon BAR
(Karte S. 68; 155 Columbus Ave; Mo–Fr 11.30–2, Sa 14–2 Uhr) Ein viktorianischer Saloon mit

perfekt der Zeit entsprechendem Pisco Punch mit echtem Ananassaft und Hop Toads mit Jamaika-Rum, Angostura und Aprikosenbrandy. Im angrenzenden Restaurant gibt's dazu einen Auflauf mit Rinderhüfte und Ahornsirup-Bourbon-Kuchen.

Tosca Cafe COCKTAILBAR
(Karte S. 68; toscacafesf.com; 242 Columbus Ave; ⌚Di–So 17–2 Uhr) Früh kommen, um sich seine rote Sitzecke zu sichern und eine Opernarie aus der Jukebox zu wählen und lange bleiben, um die Massen zu erleben, die auf einen Irish-Coffee-Schlummertrunk kommen. Manchmal lassen sich auch Sean Penn, Bono oder Robert De Niro blicken.

NOB HILL

Bigfoot Lodge BAR
(Karte S. 76; ☎415-440-2355; www.bigfootlodge.com; 1750 Polk St; ⌚15–2 Uhr) In dieser Blockhütten-Bar kann man seinen Lagerkoller im Schatten eines 2,40 m großen Bigfoot kurieren und mit „Toasted Marshmallows" – Vanille-Wodka, Bailey's und einem flambierten Marshmallow – ganz schön betrunken werden.

Top of the Mark BAR
(Karte S. 76; www.topofthemark.com; 999 California St; Grundpreis 5–15 US$; ⌚So–Do 17–24, Fr & Sa 16–1 Uhr) Wer hier über die Tanzfläche gleitet, kann sich beim Blick auf San Francisco ganz oben fühlen. Cocktails kosten 15 US$ plus Grundpreis, weil die Sonnenuntergänge hier aber so schön sind, beschwert sich niemand.

MARINA

California Wine Merchant WEINSTUBE
(Karte S. 72; www.californiawinemerchant.com; 2113 Chestnut St; ⌚Mo–Mi 10–24, Do–Sa bis 1.30, So 11–23 Uhr) In diesem Weinkeller kann man bei einem Glas Wein aus der Region gepflegt flirten, und man staunt über die Raffinesse der Pinots von der Central Coast und der Playboys, die ihr Spiel perfektioniert haben.

MatrixFillmore LOUNGE
(Karte S. 72; 3138 Fillmore St; ⌚18–2 Uhr) Die einzige Bar vor Ort, wo angenommen wird, dass man heterosexuell und interessiert ist. Modern und gepflegt, aber nicht sehr feinsinnig – und das gilt auch fürs Publikum.

MISSION DISTRICT

LP TIPP **Zeitgeist** BAR
(Karte S. 100; www.zeitgeistsf.com; 199 Valencia St; ⌚9–2 Uhr) Wenn die Temperaturen die 21 °C übersteigen, versammeln sich Biker und Hipster draußen im riesigen Biergarten (ohne Garten). San Franciscos toughste Barkeeperinnen zapfen hier 40 Biersorten. Dank der Tamale Lady gibt's zu später Stunde auch etwas zu futtern.

Elixir BAR
(Karte S. 100; www.elixirsf.com; 3200 16th St; ⌚Mo–Fr 15–2, Sa & So 12–2 Uhr) In San Franciscos erster zertifizierter grüner Bar mit Bio-, grünen und sogar biodynamischen Cocktails ist Trinken gut für die Umwelt. Empfehlenswert sind *ayiyi*, Pfirsichmargaritas, für die Tequila mit Poblano-Aroma verwendet wird. Man kann Darts spielen und sich mit der tollen Jukebox vergnügen.

Homestead BAR
(Karte S. 100; 2301 Folsom St; ⌚17–1 Uhr) Eine seit ca. 1893 bestehende freundliche viktorianische Eckkneipe mit geschnitzter Holztheke, ungeschälten gerösteten Erdnüssen, billigem Bier vom Fass und einer viktorianischen Decke mit Schablonenverzierungen.

Make-Out Room BAR
(Karte S. 100; www.makeoutroom.com; 3225 22nd St) Wenn die Bierspezialitäten von Pabst und anderer Alkohol in Strömen fließen, kommt es vor, dass sonst vernünftige Leute auf die Bühne springen und bei den „Mortified Nights" aus ihren Jugendtagebüchern lesen, zu Punkrock-Fiedeln singen und richtig ausflippen, wenn DJs Hits aus den 1980er-Jahren auflegen.

Ritual Coffee Roasters CAFÉ
(Karte S. 100; www.ritualroasters.com; 1026 Valencia St; ⌚Mo–Fr 6–22, Sa 7–22, So 7–21 Uhr; 📶) Im Ritual stehen die Leute bis nach draußen an, um den vor Ort gerösteten Cappuccino mit hübschem Muster im Schaum zu genießen. Es gibt hier bewusst nur wenige elektrische Maschinen, damit man sich auch noch unterhalten kann.

CASTRO

Café Flore CAFÉ
(Karte S. 100; 2298 Market St; ⌚7–1 Uhr; 📶) Das eingeglaste Eckcafé zum Sehen und Gesehen werden ist der Mittelpunkt des schwulen Universums. Bei starkem Cappuccino und umhauendem Absinth kann man bei Blind Dates Mäuschen spielen.

Thorough Bread CAFÉ, BÄCKEREI
(Karte S. 100; www.thoroughbreadandpastry.com; 248 Church St; ⌚Di–Sa 7–19, So bis 15 Uhr)

SCHWULEN-, LESBEN-, BI- & TRANSSEXUELLENSZENE IN SAN FRANCISCO

Die schwulenfreundlichsten Orte San Franciscos aufzuführen, ist eigentlich überflüssig. Sicher ist Castro ein Zentrum der Schwulen und der Mission District ein Magnet für Lesben, aber die ganze Stadt ist schwulenfreundlich, was auch die immer große Zahl der bekennenden Homosexuellen im Stadtrat beweist. New Yorker Schwule mögen San Francisco als ein Altersheim für junge Leute ansehen – und tatsächlich werden die Bürgersteige früh hochgeklappt –, aber in Sachen sexuelle Fantasien und Underground-Verrücktheit stellt San Francisco New York glatt in den Schatten. Tanzende Tunten und nuttige Boys strömen nach South of Market (SoMa), wo die meisten hämmernden Clubs liegen. In den 1950er-Jahren bezeichneten Bars ihr Sonntagnachmittagprogramm verschämt als *tea dances*, weil sie Schwule anlocken und so in diesen fürs Geschäft sonst flauen Stunden Geld verdienen wollten. Wegen dieser Tradition ist heute in den Schwulenbars der Stadt sonntags besonders viel los. Zu den Top-Treffs für Schwule, Lesben, Bi- und Transsexuelle zählen:

The Stud (Karte S. 76; ☎415-252-7883; www.studsf.com; 399 9th St; Eintritt 5–8 US$; ⌚17–3 Uhr) Die Bar ist seit 1966 ein Treffpunkt für Schwule, der über die Lederszene hinausgreift. Montags stehen Rockerlesben im Mittelpunkt, dienstags gibt's Travestieshows, mittwochs derbe Comedy und Karaoke, freitags Dancepartys mit Dragqueens. Cabaretveranstaltungen gibt es immer dann, wenn Gastgeberin/DJ Anna Conda die Sache auf die Beine stellt.

Lexington Club (Karte S. 100; ☎415-863-2052; 3464 19th St; ⌚15–2 Uhr) Die Chancen stehen gefährlich hoch, dass frau hier bei einem starken Drink, am Flipper und beim Tattoo-Vergleichen auf die heiße neue Freundin ihrer Ex-Freundin abfährt – egal, einfach weitermachen und in der berühmt-berüchtigten Vollzeit-Lesbenbar von San Francisco gefährlich leben!

Rebel Bar (Karte S. 76; ☎415-431-4202; 1760 Market St; Eintritt unterschiedl.; ⌚Mo–Do 17–3, Fr bis 4, Sa & So 11–4 Uhr) Einem Rummelplatz ähnliche Südstaaten-Biker-Disco mit alten Spiegelwänden, Hell's-Angel-Cocktails (Bulleit Bourbon, Chartreuse, OJ) und frei liegenden Rohren. Die Gäste sind meist jenseits der 30, schwul und tätowiert; in einer guten Nacht geht es hier ganz schön zur Sache.

Aunt Charlie's (Karte S. 76; ☎415-441-2922; www.auntcharlieslounge.com; 133 Turk St; ⌚9–2 Uhr) Kneipe mit der besten klassischen Dragshow vor Ort (Fr & Sa 22 Uhr). Am Donnerstagsabend zieht es männliche Kunststudenten zur Bäder-Disco im Tubesteak (5 US$).

Endup (Karte S. 76; ☎415-646-0999; www.theendup.com; 401 6th St; Eintritt 5–20 US$; ⌚Mo–Do 22–4, Fr 23–11, Sa 22–Mo 4 Uhr) Hier finden seit 1973 die sonntäglichen *tea dances* (schwulen Dancepartys) statt, die aber eigentlich schon am Samstag beginnen – Kleidung zum Wechseln mitnehmen! Der Spaß endet am Montagmorgen, wenn man den Sonnenaufgang über der Autobahnauffahrt beobachtet.

Sisters of Perpetual Indulgence (Karte S. 76; ☎415-820-9697; www.thesisters.org) Subversives Straßentheater und wilde Spendensammelaktionen organisiert dieser selbsternannte „Vorreiterorden lesbischer Nonnen". Die Wohltätigkeitsorganisation ist eine Institution in San Francisco.

Hier gibt es erstklassiges Gebäck und ausgezeichnetes Brot von den Bäckern des San Francisco Baking Institute. Das kann man auch vor Ort zusammen mit einem starken Filterkaffee genießen.

Samovar Tea Lounge TEEHAUS
(Karte S. 100; 498 Sanchez St; ⌚10–23 Uhr; 📶) Zum Tee gibt's brillante Beilagen, von herzhaften Kürbisklößen bis zu Schokoladen-Brownies mit Grüntee-Mousse.

The Mint THEMENBAR
(Karte S. 100; www.themint.net; 1942 Market St; ⌚16–2 Uhr) Bei den Karaoke-Sessions, die abends um 21 Uhr starten, werden Musicalmelodien ernst genommen – da braucht man schon Mut und einen Wodka-Gimlet, um sich an Barbra Streisand zu versuchen. Man muss sich darauf gefasst machen, dass einem ein Banker mit Federboa und prächtiger Falsettstimme die Schau stiehlt.

HAIGHT & HAYES VALLEY

Cole Valley Café CAFÉ

(Karte S. 92; www.colevalleycafe.com; 701 Cole St; ⌚Mo–Fr 6.30–20.30, Sa & So 6.30–20 Uhr; 📶) Hier gibt's starken Kaffee und Tee, kostenloses WLAN und warme Gourmet-Sandwiches, die zu jedem Preis ein Schnäppchen wären, z.B. das leckere Sandwich mit in Thymian mariniertem Hähnchen und zitronigem Avocado-Aufstrich für 6 US$ oder jenes mit rauchiger gebratener Aubergine, Ziegenkäse und sonnengetrockneten Tomaten.

Coffee to the People CAFÉ

(Karte S. 92; www.coffeetothepeople.squarespace.com; 1206 Masonic Ave; ⌚Mo–Fr 6–20, Sa & So bis 21 Uhr; 📶✍👪) Das vereinte Volk in diesem utopischen Café wird sich niemals einem Kaffee-Entzug beugen. Hier gibt's kostenloses WLAN, einen 3%-Spendenzuschlag zugunsten gemeinnütziger Organisationen von Kaffeebauern, linksradikale Lektüre und genug Fair-Trade-Kafee, und die Sandinistische Bewegung wiederzubeleben.

LP TIPP **Smuggler's Cove** THEMENBAR

(Karte S. 76; http://smugglerscovesf.com; 650 Gough St; ⌚17–2 Uhr) Jo-ho-ho und 'ne Buddel voll Rum – oder besser gesagt 200 in dieser Tiki-Bar, die wirkt wie ein Schiffswrack an der Barbary Coast. Angesichts der Probiergläser und der 70 historischen Cocktailrezepte aus aller Welt liegt man hier ganz bestimmt nicht am Trockendock.

LP TIPP **Toronado** BAR

(Karte S. 100; www.toronado.com; 547 Haight St; ⌚18–1 Uhr) Vor der Kreidetafel erst mal eine Verbeugung machen: Hier gibt's mehr als 50 Spezialbiere kleiner Brauereien und außerdem noch hunderte weitere in Flaschen, darunter auch nur saisonal verfügbare Bierspezialitäten. Nur Barzahlung. Früh kommen, lange bleiben und zur richtigen Grundlage für die saisonalen Ales nebenan im Rosamunde ein paar Würstchen essen!

Aub Zam Zam LOUNGE

(Karte S. 92; 1633 Haight St; ⌚15–2 Uhr) Hufeisenbögen, Jazz aus der Jukebox und genug Paisley-Muster, dass sich Prince ganz wie zu Hause fühlen würde, zollen dem puristischen persischen Charme des lieben verstorbenen Cocktail-Faschisten Bruno Tribut, der jeden hinauswarf, der einen Wodka-Martini bestellte.

RICHMOND

Beach Chalet Brewery BRAUEREI

(Karte S. 82; www.beachchalet.com; 1000 Great Hwy; ⌚So–Do 9–22, Fr & Sa bis 23 Uhr) Biere und tolle Sachen zum Anschauen: der Sonnenuntergang über dem Pazifik, die Bar im Hinterhof und kürzlich restaurierte, im Rahmen der Arbeitsbeschaffungsmaßnahmen der 1930er-Jahre entstandene Fresken im Erdgeschoss, die die Geschichte San Franciscos in Kurzform erzählen.

Plough & Stars PUB

(Karte S. 82; www.theploughandstars.com; 116 Clement St; ⌚Mo–Do 15–2, Fr–So 14–2 Uhr, Showtime 21 Uhr) Die Grüne Insel direkt an der Golden Gate Bridge. Nach den ersten paar Runden darf man mit Jigs rechnen, und an den meisten Abenden greifen erstklassige keltische Talente zur irischen Fiedel.

SUNSET

Hollow CAFÉ

(Karte S. 82; http://hollowsf.com; 1493 Irving St; ⌚Mo–Fr 8–17, Sa & So 9–17 Uhr) Zwischen einfachen Erklärungen und dem Golden Gate Park klafft die *hollow* (Furche): Hier gibt's kultigen Ritual-Kaffee und Guiness-Cupcakes inmitten einer künstlerischen Installation bestehend aus Vergrößerungsgläsern, Blecheimern und Radierungen, die Monster darstellen.

☆ Unterhaltung

Nachtclubs

El Rio CLUB

(außerhalb der Karte S. 100; ☎415-282-3325; www.elriosf.com; 3158 Mission St; Eintritt 3–8 US$) Hier hört man freie funkige Rhythmen, zu denen sich Stammgäste aller denkbaren Ethnien und sexuellen Orientierungen bewegen. Die „Salsa-Sundays“sind legendär; wer am Unterricht teilnehmen will, kommt um 15 Uhr. An den anderen Abenden gibt's Austern-Happy-Hours und bunt zusammengestellte Musik, während im Gartenpatio schamlos geflirtet wird.

Cat Club CLUB

(Karte S. 76; www.catclubsf.com; 1190 Folsom St; Eintritt nach 22 Uhr 5 US$; ⌚Di–So) Bei „1984“ am Donnerstag trifft sich eine dynamische Bi-/Schwulen- und Heteroszene, die wie aus einem verlorenen Film von John Hughes wirkt. An anderen Abenden gibt es ein unterschiedliches Programm von Power Pop am Samstag bis zu Fetisch-Partys („Bondage-a-Go-Go“).

TICKETS KAUFEN

Große Events sind in San Francisco schnell ausverkauft. Am besten schaut man die kostenlosen Wochenblätter *San Francisco Bay Guardian* und *SF Weekly* durch und ermittelt dann, was **TIX Bay Area** (Karte S. 76; ☎415-433-7827; Union Sq Höhe 251 Stockton St; ⏰Di–Do 11–18, Fr & Sa bis 19 Uhr) an Karten zum halben Preis oder Last-Minute-Tickets anzubieten hat. Die Karten werden am Veranstaltungstag nur gegen bar verkauft. Theaterkarten und Tickets für große Konzerte gibt's im Vorverkauf bei **Ticketmaster** (☎415-421-8497) und **BASS** (☎415-478-2277).

AsiaSF CLUB
(Karte S. 76; ☎415-255-2742; www.asiasf.com; 201 9th St; min. 35 US$/Pers.; ⏰Mi–So) Cocktails und asiatisch angehauchte Gerichte werden mit viel Schmiss und einem kleinen Geheimnis serviert: die Bedienungen sind Drag-Stars. Die rocken stündlich die Bar/den Laufsteg. Sobald aber Inspiration und die Drinks zuschlagen, mischt sich alles unten auf der Tanzfläche. Das Drei-Gänge-Menü „Menage à trois" beläuft sich auf 39 US$, Cocktails kosten um die 10 US$, und das Trinkgeld ist hier wirklich verdient.

DNA Lounge CLUB
(Karte S. 100; www.dnalounge.com; 375 11th St; Eintritt 3–25 US$) In San Franciscos Megaclub treten Livebands und DJs mit großem Namen auf. Am zweiten und vierten Samstag des Monats steigt mit „Bootie" die tolle Mashup-Originalparty, und montags gibt's „Goth Death Guild" mit Shuffle-Dancing und kostenlosem Tee.

Harlot CLUB
(Karte S. 76; www.harlotsf.com; 46 Minna St; Eintritt 10–20 US$, Mi–Fr 17–21 Uhr Eintritt frei; ⏰Mi–Sa) Nach 22 Uhr, wenn in dem bordellartig aufgemachten Club die Partys steigen (donnerstags House, mittwochs Indie-Rock, und abends die den Frauen vorbehaltene „Fem Bar"), wirkt der Name echt passend .

111 Minna CLUB
(Karte S. 76; www.111minnagallery.com; 111 Minna St) Die kesse Kunstgalerie wird mit Büroschluss zur Lounge und nach 21 Uhr zu einem Club. Die Dance-Partys im Stil der 1980er- und 1990er-Jahre mischen dann den hinteren Raum ganz schön auf.

Livemusik

LP TIPP **The Fillmore** LIVEMUSIK
(außerhalb der Karte S. 58; www.thefillmore.com; 1805 Geary Blvd; Karten ab 20 US$) Hendrix, Zeppelin, Janis Joplin – sie alle sind schon im legendären Fillmore aufgetreten. Nur 1250 Zuschauerplätze garantieren eine größtmögliche Nähe zur Bühne. Im Obergeschoss kann man psychedelische Poster bewundern.

Slim's LIVEMUSIK
(www.slims-sf.com; 333 11th St; Karten 11–28 US$) Für tolle Stimmung sorgen Gogol Bordello, Tenacious D und AC/DShe (die weibliche Hardrock-Tribute-Band) in diesem mittelgroßen Club, in dem schon Prince und Elvis Costello unangekündigte improvisierte Auftritte hingelegt haben.

Yoshi's JAZZ
(außerhalb der Karte S. 72; www.yoshis.com; 1330 Fillmore St; Karten 12–50 US$) San Franciscos definitiver Jazzclub lockt die Top-Talente der Welt in das historische afrikanisch-japanisch-amerikanische Jazzviertel. Außerdem gibt's hier echt gutes Sushi.

Mezzanine LIVEMUSIK
(Karte S. 76; www.mezzaninesf.com; 444 Jessie St; Eintritt 10–40 US$) Die beste Sound-Anlage in San Francisco bringt bei kommenden Hip-Hop-Größen wie Quest Love, Method Man, Nas oder Snoop Dogg und Alternative-Klassikern wie den Dandy Warhols und den Psychedelic Furs die Backsteinwände zum Wackeln.

Warfield LIVEMUSIK
(Karte S. 76; www.thewarfieldtheatre.com; 982 Market St) Ursprünglich ein Vaudeville-Theater, doch heute ein obligatorischer Stopp für bekannte Bands und Musiker wie die Beastie Boys, PJ Harvey oder Furthur (früher Grateful Dead).

Great American Music Hall LIVEMUSIK
(Karte S. 76; www.musichallsf.com; 859 O'Farrell St; Eintritt 12–35 US$) In der prunkvollen Spielstätte, die früher ein Bordell und ein Tanzsaal war, treten heute Musiker von Rock, Country, Jazz bis Weltmusik auf. Man sollte früh kommen, um sich mit einem Bier und einem (passablen) Burger einen Platz in der ersten Reihe auf dem Rang zu sichern.

Bottom of the Hill LIVEMUSIK
(außerhalb der Karte S. 100; www.bottomofthehill.com; 1233 17th St; Eintritt 5–12 US$; ⏲Di–Sa) Ganz oben auf der Liste, wenn es um Bands geht, die ihren Durchbruch erleben, von bemerkenswerten lokalen Alternative-Rock-Bands wie Deerhoof bis zu Newcomern, deren Name allein schon einiges verspricht (Yesway, Stripmall Architecture, Excuses for Skipping). Für *Rolling Stone* der beste Treff in San Francisco. Nur Barzahlung!

Bimbo's 365 Club LIVEMUSIK
(Karte S. 72; www.bimbos365club.com; 1025 Columbus Ave; Eintritt ab 20 US$) Hinter den Samtvorhängen dieses alten Speakeasy von 1931 ist alles möglich. In letzter Zeit hat es beispielsweise Liveshows von Cibo Matto, Ben Harper und Coldplay gegeben. Nur Barzahlung; etwas Kleingeld für das Personal der Damentoilette dabeihaben – der Laden hat Stil.

Hotel Utah LIVEMUSIK
(Karte S. 76; www.thehotelutahsaloon.com; 500 4th St; Bar Eintritt frei, Shows 5–10 US$) Whoopi Goldberg und Robin Williams standen in den 1970er-Jahren auf der Bühne dieses historischen viktorianischen Hotels. Der Reiz, San Franciscos verborgene Talente zu entdecken, lockt die Massen zum Open Mike für Liedermacher (montags), zu Premieren von Independent-Labels und zu den Konzerten von Lokalfavoriten wie Riot Earp, Saucy Monkey und The Dazzling Strangers.

Cafe du Nord LIVEMUSIK
(Karte S. 100; www.cafedunord.com; 2170 Market St; Eintritt 7–15 US$) Die historische Flüsterkneipe im Keller der Swedish-American Hall bietet fast jeden Abend Glam-Rock, Afrobeats, Retro-Rockabilly oder Premierenpartys unabhängiger Musiklabels sowie improvisierte Auftritte zufällig anwesender Musiker oder Romanautoren.

Elbo Room LIVEMUSIK
(Karte S. 100; www.elbo.com; 647 Valencia St; Eintritt 5–8 US$) An Veranstaltungsabenden geht hier mit Funkbands, Dancehall Dub und unkonventionellen Indie-Bands wie Uni und Her Ukelele die Post ab.

Rickshaw Stop LIVEMUSIK
(Karte S. 76; www.rickshawstop.com; 155 Fell St; Eintritt 5–35 US$) Lärmsüchtige, exzentrische Rocker und geschickte DJs mixen die Hemisphären und bieten allen etwas: coole Banghra-Nächte, explosive Latino-Bands, lesbische Disco und als Hauptact jeden Donnerstag den Popscene für Leute ab 18 Jahren.

Amnesia LIVEMUSIK
(Karte S. 100; www.amnesiathebar.com; 853 Valencia St) Eine winzige Bar, in der jeden Abend Musiker aus der Gegend (vielleicht das allererste Mal) auftreten. Also den Leuten für ihre Bemühungen Anerkennung zollen und dem schüchternen Rapper ruhig einen Drink spendieren!

Theater

Musicals und Broadwayshows sind in einer Reihe von Theatern in Downtown zu erleben. **SHN** (☎415-512-7770; www.shnsf.com) bringt Broadwayshows auf Tour ins opulente **Orpheum Theatre** (Karte S. 76; 1192 Market St), ins **Curran Theatre** (Karte S. 76; 445 Geary St) und in das aus den 1920er-Jahren stammende **Golden Gate Theatre** (Karte S. 76; 1 Taylor St). Der eigentliche Stolz der Stadt sind aber die vielen unabhängigen Theater, die Originalproduktionen, Soloauftritte und experimentelle Shows zeigen. Eine Auswahl:

LP TIPP **American Conservatory Theater** THEATER
(Karte S. 76; ACT; ☎415-749-2228; www.act-sf.org; 415 Geary St) San Franciscos berühmteste Mainstream-Bühne hat wegweisende Aufführungen von Tony Kushners *Angels in America* und Robert Wilsons *Black Rider* (mit einem Libretto von William S. Burroughs und Musik vom aus der Bay Area stammenden Tom Waits) auf die Bretter gebracht.

Beach Blanket Babylon COMEDY, CABARET
(Karte S. 68; ☎415-421-4222; www.beachblanketbabylon.com; 678 Green St; Karten 25–78 US$) San Franciscos am längsten bestehendes Comedy-Cabaret hält das Publikum immer noch mit riesigen Hüten, erstklassigen Drags und bissiger Sozialkritik bei Laune. Außer bei den Nachmittagsvorstellungen müssen Zuschauer mindestens 21 Jahre alt sein.

Magic Theatre THEATER
(Karte S. 72; ☎415-441-8822; www.magictheatre.org; Fort Mason, Bldg D) Wagemutige Originalproduktionen von Stücken erstrangiger Stückeschreiber wie Sam Shepard, Edna O'Brien und Terrence McNally, in denen Schauspieler wie Ed Harris oder Sean Penn auftreten, außerdem Aufführungen von Stücken junger Leute.

Cobb's Comedy Club COMEDY
(Karte S. 72; ☎415-928-4320; www.cobbscomedyclub.com; 915 Columbus Ave; Eintritt 13–33 US$ plus min. 2 Getränke) Dicht gedrängte Gemeinschaftstische sorgen für ein intimes (und schutzloses) Publikum bei der Stand-up-Comedy. Man sieht neue Talente und bewährte Kräfte wie Dave Chapelle von HBO oder Tracy Morgan von der NBC.

Exit Theater THEATER
(Karte S. 76; ☎415-673-3847; http://theexit.org; 156 Eddy St; Eintritt 15–20 US$) Veranstaltet das SF Fringe Festival und zeigt das ganze Jahr über Avantgarde-Produktionen.

Intersection for the Arts LIVEMUSIK, THEATER
(Karte S. 100; ☎415-626-2787; www.theintersection.org; 446 Valencia Eintritt 5–20 US$) Die seit 1965 bestehende, vielseitige Veranstaltungsstätte bringt berühmte Stückeschreiber, ist eine wichtige Jazzbühne und zeigt in der Galerie im Obergeschoss provokante Ausstellungen.

Marsh THEATER
(Karte S. 100; ☎415-826-5750; www.themarsh.org; 1062 Valencia St; Karten 15–35 US$) Hier heißt es, seinen Platz klug wählen, denn die Einakter, Monologe und Szenen aus unfertigen Werken, die das Publikum einbeziehen, werden einen den ganzen Abend lang an seinem Stuhl fesseln.

Punch Line COMEDY
(Karte S. 76; ☎415-397-4337; www.punchlinecomedyclub.com; 444 Battery St; Eintritt 12–23 US$ plus Min. 2 Getränke; ⌚Di–So) Hier wurden unbekannte Komiker zu bekannten Größen, z.B. Chris Rock, Ellen DeGeneres und David Cross.

Purple Onion COMEDY
(Karte S. 68; ☎415 956-1653; www.caffemacaroni.com; 140 Columbus Ave; Eintritt 10–15 US$) In diesem grottenartigen Nachtclub arbeiteten sich Woody Allen, Robin Williams und Phyllis Diller aus dem Underground nach oben, und Zach Galifianakis gelang ein wunderbar lustiges Comedy-Special.

Klassische Musik, Oper & Tanz

LP TIPP **Davies Symphony Hall** KLASSISCHE MUSIK
(Karte S. 76; ☎415-864-6000; www.sfsymphony.org; 201 Van Ness Ave) Die Spielstätte des neunmal mit dem Grammy ausgezeichneten SF Symphony unter seinem dynamischen Musikdirektor Michael Tilson Thomas. Die Spielzeit reicht von September bis Mai – Beethoven nicht verpassen!

War Memorial Opera House OPER
(Karte S. 76; ☎415-864-3330; www.sfopera.com; 301 Van Ness Ave) Das 1932 erbaute Haus kann es an Pracht mit San Franciscos City Hall aufnehmen. Das Haus ist Spielstätte der **San Francisco Opera** (www.sfopera.com), deren Spielzeit von Juni bis Dezember dauert, und des **San Francisco Ballet** (www.sfballet.org), Spielzeit Januar bis Mai. Studententickets und Stehplätze gehen zwei Stunden vor Vorstellungsbeginn in den Verkauf.

LP TIPP **ODC Theater** TANZ
(Karte S. 100; ☎415-863-9834; www.odctheater.org; 3153 17th St) Seit 40 Jahren wird hier mit riskanten, provozierenden Aufführungen von September bis Ende Dezember Tanz neu definiert. Die echte Freude an Bewegung herrscht auch bei den 200 Tanzkursen pro Woche

Kinos

LP TIPP **Castro Theatre** KINO
(Karte S. 100; www.thecastrotheatre.com; 429 Castro St; Erw./Kind 10/7,50 US$) Melodien auf einer Wurlitzer-Orgel bilden die Ouvertüre zu Independent-Kino, Filmklassikern und immense Zuschauerbeteiligung.

Sundance Kabuki Cinema KINO
(außerhalb der Karte S. 72; www.sundancecinemas.com/kabuki.html; 1881 Post St; Erw./Kind 10–14 US$) Trendiges grünes Multiplex-Kino mit Popcorn aus nicht genmanipuliertem Mais, Platzkarten für bequeme Sitze aus Recyclingmaterialien und der schlicht brillanten Balcony Bar, wo man während des Films Cocktails schlürfen kann.

Roxie Cinema KINO
(Karte S. 100; www.roxie.com; 3117 16th St; Erw./Kind 10/6,50 US$) Das Kino in einem kürzlich mit Dolby ausgestatteten Filmpalast von 1909 zeigt erstklassige Independent-Filme, interessante Dokumentationen und Filme der Schwarzen Serie, die man anderswo kaum zu sehen bekommt.

Balboa Theater KINO
(Karte S. 82; www.balboamovies.com; 3630 Balboa St; Doppelvorstellung Erw./Kind 10/7,50 US$) Die Doppelvorstellungen in dem renovierten Art-déco-Filmtheater von 1926 sind ideal für nebliges Wetter. Gezeigt werden u.a. vom Direktor des Telluride Film Festival ausgewählte Beiträge zu diesem Festival.

Sport

San Francisco Giants BASEBALL

(Karte S. 76; http://Sanfrancisco.giants.mlb.com; AT&T Park; Tickets 5–135 US$; ⌚Saison April–Okt.) Hier erfährt man, wie es bei der World Series zugeht – mit wilden Bärten, Frauenunterwäsche und allem Drum und Dran. Das National-League-Baseballteam zieht die Massen in den AT&T Park mit seiner mit Solarenergie betriebenen Anzeigetafel; von der Waterfront Promenade hat man freie Sicht auf den rechten Teil des Spielfelds.

San Francisco 49ers FOOTBALL

(www.49ers.com; Candlestick Park; Tickets ab 59 US$; ⌚Saison Aug.–Dez.) NFL-Football, garniert mit Bier und Knoblauchfritten gibt's im Candlestick Park. Die 49ers sind zwar in letzter Zeit in der Krise, aber eines der erfolgreichsten Teams in der Geschichte der National Football League mit nicht weniger als fünf Super-Bowl-Titeln. Die Heimspiele werden im kalten und windigen Candlestick Park abseits des Hwy 101 südlich der Stadt ausgetragen.

Shoppen

San Francisco besitzt rund um den Union Sq Filialen von Markenboutiquen und große Warenhäuser, darunter **Macy's** (Karte S. 76; www.macys.com; 170 O'Farrell Street) und das weitläufige neue **Westfield Shopping Centre** (Karte S. 76; www.westfield.com/SanFrancisco; 865 Market St; ⌚Mo–Sa 9.30–21, So 10–19 Uhr), aber besondere Sachen, die es ausschließlich in San Francisco gibt, findet man in Haight, in Castro, im Mission District sowie in Hayes Valley (westlich vom Civic Center).

LP TIPP **Adobe Books & BackRoom Gallery** BÜCHER

(Karte S. 100; http://adobebooksbackroomgallery.blogspot.com; 3166 16th St; ⌚11–24 Uhr) Hier findet man – gebraucht und billig – all die Bücher, die man schon immer einmal lesen wollte. Außerdem Releasepartys von Zeitschriften, Dichterlesungen und die BackRoom Gallery – zunächst aber muss man einen Hindernisparcours aus Sofas, Katzen, Kunstbänden und Büchern deutscher Philosophen bewältigen.

LP TIPP **Under One Roof** GESCHENKE

(Karte S. 100; www.underoneroof.org; 518a Castro St; ⌚Mo–Sa 10–20, So 11–19 Uhr) Aids-Hilfsorganisationen kommen 100 % der Einnahmen aus dem Verkauf der Waren zu Gute, die einheimische Designer und Läden gespendet haben. Da sollte man den ehrenamtlichen Verkäufern, die bislang 11 Mio. US$ erzielt haben, schon etwas Dank und Anerkennung zollen.

Reliquary KLEIDUNG, ACCESSOIRES

(außerhalb der Karte S. 76; http://reliquarysf.com; 537 Octavia Blvd; ⌚Di–Sa 11–19, So 12–18 Uhr) Inhaberin Leah Bershad war einst Designerin bei Gap, aber die folkloristische Jetset-Ästhetik steht im direkten Gegensatz zur globalen Vorherrschaft von Khaki und Vlies: Hier findet man Wolldecken aus Santa Fe, Silberschmuck, zusammengehämmert von Hippies aus Humboldt Bay, Majestic-Stoff-T-Shirts und Verschlüsse aus genarbtem Leder von Clare Vivier.

Piedmont Boutique ACCESSOIRES

(Karte S. 92; 1452 Haight St; ⌚11–19 Uhr) Bei diesem Lieferanten sagenhafter Drag-Klamotten wie Hot Pants aus Kunstleder, großen Ohrringen und Federboas ohne Ende kann man sich richtig aufmotzen.

Amoeba Records MUSIK

(Karte S. 92; www.amoeba.com; 1855 Haight St; ⌚Mo–Sa 10.30–22, So 11–21 Uhr) In der zum Megastore umgebauten Bowlingbahn gibt's neue und gebrauchte Platten aller Genres, kostenlose Konzerte und für tolle Neuentdeckungen das Magazin Music We Like.

MAC KLEIDUNG

(Karte S. 76; http://modernappealingclothing.com; 387 Grove St; ⌚Mo–Sa 11–19, So 12–18 Uhr) Hier findet man makellose Outfits für Männer vom belgischen Minimalisten Dries Van Noten und Tsumori Chisatos Japan-Luxus für die Damen; an den Ständen mit Sonderangeboten gibt's sagenhafte 40 bis 75 % Rabatt.

Velvet da Vinci SCHMUCK

(Karte S. 76; www.velvetdavinci.com; 2015 Polk St; ⌚Di–Sa 11–18, So bis 16 Uhr) Raffinierter Schmuck von einheimischen und internationalen Kunsthandwerkern: Julia Turners Satellitenschüssel-Ring, Ben Neubauers Käfig-Ohrringe oder ein Trinkflaschen-Ohrring von William Clark.

Nancy Boy KOSMETIK

(Karte S. 76; www.nancyboy.com; 347 Hayes St; ⌚Mo–Fr 11–19, Sa & So bis 18 Uhr) Die sehr wirksamen Feuchtigkeitscremes, Pomaden und Sonnencremes kann man mit Stolz tragen, denn alle wurden vor Ort aus Pflanzenölen hergestellt und an Freunden getestet, nie an Tieren.

SAN FRANCISCO MIT KINDERN

In dieser Märchenstadt erwachen Fantasien zum Leben: Wilde Papageien krächzen nahe dem **Coit Tower** (S. 70) auf dem Telegraph Hill ungehalten die Passanten an, auf **Pier 39** (S. 70) sonnen sich Seelöwen und schubsen sich lustig von der Planke. Für Aufregung sorgen Fahrten mit den klapprigen **Cable Cars** (S. 61), in denen es keine Sitzgurte gibt, oder ein Drachen, den man in Chinatowns Souvenirläden kaufen und auf dem **Crissy Field** (S. 71) steigen lassen kann – aber gut einpacken wegen des Winds! Kinder finden Spielkameraden auf den Spielplätzen im **Golden Gate Park** (S. 78) und am **Portsmouth Square** (S. 66).

Bei organisierten Aktivitäten bieten sich diese kinderfreundlichen Attraktionen an:

» **Children's Creativity Museum** (Karte S. 76; ☎415-820-3320; www.zeum.org; 221 4th St; Eintritt 10 US$; ⏲Di–So 11–17 Uhr; 👪) Technologie, die für Schulen zu cool ist: Roboter, Videospiele mit Live-Action, selbstgemachte Musikvideos und Workshops zur 3D-Animation mit Erfindern aus dem Silicon Valley. Das alte Loof Carousel von 1906 draußen vor der Tür ist täglich bis 18 Uhr in Betrieb (2 Fahrten 3 US$).

» **Aquarium of the Bay** (Karte S. 72; www.aquariumofthebay.com; Pier 39; Erw./Kind 17/8 US$; ⏲Sommer 9–20 Uhr, Winter 10–18 Uhr; 👪) Unter Wasser auf Transportbändern durch Glasröhren gleiten, während Haie und Mantas darüber ihre Kreise ziehen.

» **Fire Engine Tours** (Karte S. 72; ☎415-333-7077; www.fireenginetours.com; Beach St an der Cannery; Erw./Kind 50/30 US$; ⏲Tour 13 Uhr; 👪) Heiße Sache: die Golden Gate Bridge in einem alten, offenen Feuerwehrwagen überqueren (75 Min.).

Ebenfalls für Kinder geeignet: das **Exploratorium** (S. 71), die **California Academy of Sciences** (S. 78), das **Cartoon Art Museum** (S. 73), das **Musée Mecanique** (S. 69) und **826 Valencia** (S. 75).

New People KLEIDUNG, GESCHENKE
(außerhalb der Karte S. 72; www.newpeopleworld.com; 1746 Post St) Das auffällige dreistöckige Kaufhaus hat sich der japanischen Kunst und Popkultur verschrieben. Man findet hier zeitgenössische Kunst, Lolita-Mode, traditionelle japanische Kleider, zeitgenössische Grafik und *kawaii* (japanischen Schnickschnack).

Gravel & Gold HAUSHALTSWAREN, GESCHENKE
(Karte S. 100; gravelandgold.com; 3266 21st St; ⏲Di–Sa 12–19, So 12–17 Uhr) Die Galerie/Boutique setzt auf die Hippiekultur der 1960er- und 1970er-Jahre. Man findet hier Teepötte aus Steingut und handgefärbte Überkleider – die kann man hinter einem Flickenvorhang inmitten psychedelischer Wandmalereien anprobieren.

Goorin Brothers Hats ACCESSOIRES
(Karte S. 92; www.goorin.com; 1446 Haight St; ⏲So–Fr 11–19, Sa bis 20 Uhr) Pfauenfedern, hohe Kronen und von einheimischen Künstlern entworfene Verzierungen machen es leicht, in einer Menge von Leuten aufzufallen, indem man weiche Filzhüte, Mützen oder Glockenhüte im San-Francisco-Style trägt.

Accident & Artifact GESCHENKE, ACCESSOIRES
(Karte S. 100; www.accidentandartifact.com; 381 Valencia St; ⏲Do–So 12–18 Uhr) Ein selbst für den Mission District sehr kurioser Kuriositätenladen: Hier gibt's dekorative getrocknete Pilze, alte Indigo-Textilien aus Okinawa, kunstvoll nachgezeichnete topografische Karten und pelzbedeckte und Geweihe tragende Fernseher.

Dema KLEIDUNG
(Karte S. 100; www.godemago.com; 1038 Valencia St; ⏲Mo–Fr 11–19, Sa & So 12–18 Uhr) Mode zum Überalltragen und von alten Entwürfen inspirierte Muster der einheimischen Designerin Dema, außerdem pfiffige Cardigans und Orla-Kiely-T-Shirts.

Madame S & Mr S Leather KLEIDUNG
(Karte S. 76; www.madame-s.com; 385 8th St; ⏲11–19 Uhr) SM-Großmarkt mit Must-Haves wie Leinen, Kerkermobiliar und verchromten Schamkapseln.

Wasteland SECONDHAND, KLEIDUNG
(Karte S. 92; www.thewasteland.com; 1660 Haight St; ⏲Mo–Sa 11–20, So 12–19 Uhr) Der Laufsteg für Sparsame mit psychedelischen Maxi-Röcken von Pucci, kaum getragenen Kit-

teln von Marc Jacobs und einem ständigen Nachschub an Go-Go-Stiefeln.

Jeremy's KLEIDUNG, ACCESSOIRES
(Karte S. 76; www.jeremys.com; 2 South Park St; Mo–Sa 11–18, So bis 17 Uhr) Schaufensterauslagen, Fotoshooting-Ensembles und remittierte Waren aus Kaufhäusern garantieren Damen- und Herrenmode großer Designer zu umwerfenden Schnäppchenpreisen.

Park Life KUNST, BÜCHER
(Karte S. 82; www.parklifestore.com; 220 Clement St; 11–20 Uhr) Designladen, unabhängiger Verlag und Kunstgalerie in einem. Hier gibt's tolle Mitbringsel wie T-Shirts mit angehefteten Taschen, den Park-Life-Katalog des Graffitikünstlers Andrew Schoultz oder Ian Johnsons Porträt eines Gedankenwellen ausstrahlenden Miles Davis.

Sui Generis SECONDHAND, KLEIDUNG
(Karte S. 100; Herren 2231 Market St, Damen 2265 Market St; Di–Do 12–19, Fr & Sa bis 20, So bis 16 Uhr) Wenig getragene Mode von Prada, Zegna, Armani & Co. Einige Stücke liegen im zweistelligen Preisbereich.

Studio GESCHENKE
(Karte S. 76; www.studiogallerysf.com; 1815 Polk St; Mi–Fr 11–20, Sa & So bis 18 Uhr) Gefälliges, vor Ort hergestelltes Kunsthandwerk zu Schnäppchenpreisen, darunter Chiami Sekines Collagen mit boxenden Bären, San-Francisco-Architekturradierungen von Alice Gibbons und fettfreie Glas-Cupcakes von Monique Tse.

Golden Gate Fortune Cookie Company ESSEN & TRINKEN
(Karte S. 68; 56 Ross Alley; Eintritt frei; 8–19 Uhr) In dieser Bäckerei kann man sein Glück finden. Der Keks-Teig wird auf alten Pressen ausgestanzt und über die auf die Kunden zugeschnittenen Botschaften gefaltet (Stück 0,50 US$). Nur Barzahlung; für Fotos wird ein Trinkgeld von 0,50 US$ verlangt.

Sports Basement OUTDOOR-AUSRÜSTUNG
(Karte S. 72; www.sportsbasement.com; 610 Mason St; Mo–Fr 9–20, Sa & So 8–19 Uhr) In der früheren Verkaufsstelle der US Army im Presidio gibt's Sport- und Campingausrüstung auf 6500 m². Während man einkauft, bekommt man kostenlos Kaffee und heißen Cider.

Community Thrift KLEIDUNG, HAUSHALTSWAREN
(Karte S. 100; www.communitythriftsf.org; 623 Valencia St; 10–18.30 Uhr) Alte Haushaltswaren und Restposten örtlicher Händler. Die Erlöse kommen Wohltätigkeitsorganisationen zu Gute.

FO Snowboarding & FTC Skateboarding OUTDOOR-AUSRÜSTUNG
(Karte S. 92; 1630 Haight St; 11–19 Uhr) Hochmoderne Ausrüstung, Snowboards und Skateboards, einige verziert mit Entwürfen einheimischer Künstler.

Mollusk OUTDOOR-AUSRÜSTUNG
(Karte S. 82; www.mollusksurfshop.com; 4500 Irving St; 10–18.30 Uhr) Vor Ort entworfene Surfausstattung.

Praktische Informationen

Gefahren & Ärgernisse

Man muss überall in der Stadt auf der Hut sein, vor allem nachts in SoMa, im Mission District und in Haight. Wenn man sich genau auskennt, sollte man um das zweifelhafte und niederdrückende Tenderloin (das im Osten und Westen von der Powell bzw. Polk St sowie im Norden und Süden von der O'Farrell bzw. Market St begrenzt wird) einen Bogen machen. Gleiches gilt für Skid Row (6th St zw. Market und Folsom St) und den Bayview-Hunters Point. Muss man Tenderloin durchqueren, sollte man die Geary oder Market St nehmen – die sind zwar auch ziemlich heruntergekommen, aber vergleichsweise tolerabel. Bettler und Obdachlose gehören in San Francisco zum Straßenbild. Man kann damit rechnen, nach Kleingeld gefragt zu werden. Wer wirklich helfen will, spendet lieber etwas an eine gemeinnützige Organisation. Aus Sicherheitsgründen sollte man Schnorrer nachts oder in der Nähe von Geldautomaten ignorieren. Ansonsten reicht ein einfaches „I'm sorry" als höfliche Ablehnung aus.

Geld

Bank of America (www.bankamerica.com; One Market Plaza; Mo–Fr 9–18 Uhr)

Infos im Internet

sfbay.craigslist.org Infos zu Events, Aktivitäten, kostenlosem Kram und Dates.

sf.eater.com Restaurants, Nachtleben und Bars in San Francisco.

www.flavorpill.com Livemusik, Vorträge, Kunstvernissagen und Filmpremieren.

www.urbandaddy.com Bars, Läden, Restaurants und Events.

Internetzugang

Überall in San Francisco finden sich kostenlose WLAN-Hotspots – wo einer in der Nähe ist, erfährt man unter www. openwifispots.com. Kostenlosen Zugang hat man z. B. am Union Sq und in den meisten Cafés und Hotellobbys.

Apple Store (☎415-392-0202; www.apple.com/retail/SanFrancisco; 1 Stockton St; ⏲Mo–Sa 9–21, So 10–20 Uhr; 📶) Gratisnutzung von WLAN und Internetterminals.

Main Library (http://sfpl.org; 100 Larkin St; ⏲Mo & Sa 10–18, Di–Do 9–20, Fr & So 12–17 Uhr; 📶) 15 Minuten Gratiszugang zu Internetterminals; unzuverlässiger WLAN-Zugang.

Brain Wash (www.brainwash.com; 1122 Folsom St; ab 2 US$/Wäscheladung; ⏲Mo–Do 7–22, Fr & Sa bis 23, So 8–22 Uhr; 📶) Man kommt mit seiner Wäsche und bleibt zum Lunch. Es gibt auch Bier, Liveunterhaltung, Flipperautomaten, kostenloses WLAN und Computer (3 US$/20 Min.).

Notfall & Medizinische Versorgung

San Francisco General Hospital (☎Notaufnahme 415-206-8111, Zentrale 415-206-8000; www.sfdph.org; 1001 Potrero Ave) Rund um die Uhr.

Walgreens (☎415-861-3136; www.walgreens.com 498 Castro St; ⏲24 Std.) Apotheke, die auch rezeptfreie Arzneien verkauft, mit Dutzenden Filialen überall in der Stadt.

Post

Postamt Rincon Center (Karte S. 76; www.usps.com; 180 Steuart St; ⏲Mo–Fr 8–18, Sa 9–14 Uhr) Postdienste und historische Wandmalereien.

Postamt Union Square (Karte S. 76; www.usps.com; 170 O'Farrell St; ⏲Mo–Sa 10–17.30, So 11–17 Uhr) Im Untergeschoss des Kaufhauses Macy's.

Touristeninformation

California Welcome Center (Karte S. 72; ☎415-981-1280; www.visitcwc.com; Pier 39, Bldg P, Suite 241b; ⏲10–17 Uhr) Praktisch für Reiseinformationen, Broschüren, Stadtpläne. Hilft bei der Buchung von Unterkünften.

San Francisco Visitors Information Center (Karte S. 76; ☎415-391-2000; www onlyin SanFrancisco.com; untere Ebene, Hallidie Plaza; ⏲Mo–Fr 9–17, Sa & So 9–15 Uhr) Stadtpläne, Führer, Broschüren, Hilfe bei Unterkünften.

An- und Weiterreise

Auto & Motorrad

Alle großen Autovermieter (Alamo, Avis, Budget, Dollar, Hertz, Thrifty) sind an den Flughäfen vertreten, viele haben auch Büros in Downtown.

Bus

Bis zur 2017 geplanten Fertigstellung des neuen Busbahnhofs bleibt das **Temporary Transbay Terminal** (Karte S. 76; Howard & Main St) in Betrieb. Von hier fahren Busse von **AC Transit** (www.actransit.org) zur East Bay, von **Golden Gate Transit** (http://goldengatetransit.org) nordwärts nach Marin und Sonoma County und die Busse von **SamTrans** (www.samtrans.com) südwärts nach Palo Alto und zur Pazifikküste. **Greyhound** (☎800-231-2222; www.greyhound.com) hat täglich Busse nach Los Angeles (56,50 US$, 8–12 Std.), Truckee (nahe Lake Tahoe; 33 US$, 5½ Std.) und zu weiteren Zielen.

Flugzeug

In der Bay Area gibt es drei größere Flughäfen: den **San Francisco International Airport** (SFO; www.flysfo.com) 14 Meilen (22,6 km) südlich der Downtown von San Francisco abseits vom Hwy 101, den Oakland International Airport (s. S. 149), mehrere Kilometer jenseits der Bucht, und den Mineta San José International Airport (S. 167) am südlichen Ende der Bucht. Die meisten Auslandsflüge starten und landen auf dem SFO. Für Reisende aus anderen Städten der USA gibt es möglicherweise günstigere Flüge nach Oakland mit Billigfliegern wie JetBlue und Southwest.

Zu den Verbesserungen der letzten zehn Jahre zählen ein neuer internationaler Terminal, der LEED-zertifizierte „grüne" Terminal 2 und die BART-Verlängerung bis zum Flughafen. Alle drei Terminals des SFO haben auf der unteren Ebene Geldautomaten und Informationsschalter und auf der oberen Ebene **Travelers'-Aid-Informationsschalter** (⏲9–21 Uhr). Der Personenruf und die Information sind rund um die Uhr besetzt und von jedem weißen Telefon aus kostenlos erreichbar.

Schiff/Fähre

Zu den Fähren nach Alcatraz s. S. 86.

Blue & Gold Fleet Ferries (Karte S. 76; www.blueandgoldfleet.com) Die Alameda-Oakland Ferry fährt vom Ferry Building zum Jack London Sq in Oakland (6,25 US$, 30 Min.). Die Fähren nach Tiburon, Sausalito und Angel Island starten von 41 am Fisherman's Wharf.

Golden Gate Ferries (Karte S. 76; ☎415-923-2000; www.goldengateferry.org; ⏲Mo–Fr 6–22, Sa & So 10–18 Uhr) Regelmäßig verkehren Fähren vom Ferry Building nach Larkspur und Sausalito in Marin County. Es gibt Anschluss an MUNI-Busse, die Mitnahme von Fahrrädern ist erlaubt.

Vallejo Ferries (Karte S. 76; ☎415-773-1188; einfache Strecke Erw./Kind 15/7,50 US$) Ins Napa Valley ohne Auto kommen: An den Anlegestellen am Ferry Building legen werktags zwischen 6.30 und 19 Uhr ungefähr stündlich und an den Wochenenden zwischen 11 und 19.30 Uhr alle zwei Stunden Fähren zum Vallejo Ferry

Terminal ab, die Mitnahme von Fahrrädern ist erlaubt. Dort hat man Anschluss an den Napa-Valley-Vine-Bus 10 zur Downtown von Napa, nach Yountville, St. Helena oder Calistoga. Es besteht ebenfalls Anschluss zum Themenpark Six Flags Marine World in Vallejo.

Zug

CalTrain (Karte S. 76; www.caltrain.com; Ecke 4th & King St) verbindet San Francisco mit der South Bay, darunter auch mit Palo Alto (Stanford University) und San Jose.

Amtrak (☎800-872-7245; www.amtrakcalifornia.com) bietet klimafreundliche, entspannte Reisen von und nach San Francisco an. Die 35 Stunden dauernde, spektakuläre Fahrt des *Coast Starlight* von Los Angeles nach Seattle legt einen Halt in Oakland ein, und der *California Zephyr* braucht 51 Stunden für die Fahrt von Chicago durch die Rocky Mountains bis nach Oakland. Beide Züge haben Schlaf- und Speise-/Loungewagen mit Panoramafenstern. Kostenlose Amtrak-Shuttlebusse fahren zum Ferry Building und zur CalTrain Station in San Francisco.

Unterwegs vor Ort

Auskünfte zu Transportoptionen in der Bay Area, zu Ankunfts- und Abfahrtszeiten, erhält man unter ☎511 oder unter www.511.org.

Auto & Motorrad

In San Francisco sollte man aufs Autofahren verzichten: Parkplätze an der Straße sind hier seltener als die wahre Liebe, und die Parkuhren kennen keine Gnade. Abstellmöglichkeiten in Downtown gibt's am Embarcadero Center, in der 5th und Mission St, am Union Sq und in der Sutter und Stockton St. Die großen US-Autovermieter haben Büros am Flughafen und in Downtown.

Bevor man zu einer der Brücken oder einem anderen Verkehrsnadelöhr aufbricht, sollte man unter ☎511 kostenlos den aktuellen Verkehrslagebericht abhören. Mitglieder der **American Automobile Association** (AAA; ☎415-773-1900, 800-222-4357; www.aaa.com; 160 Sutter St; ⌚Mo–Fr 8.30–17.30 Uhr) können unter der 800er-Rufnummer jederzeit den Pannen- und Abschleppdienst anfordern. Die AAA bietet auch Reiseversicherungen und kostenlose Straßenkarten der Region.

Falsch geparkte Autos werden umgehend abgeschleppt. Um sein Auto zurückzubekommen, muss man sich an **Autoreturn** (☎415-865-8200; www.autoreturn.com; 450 7th St; ⌚24 Std.) wenden. Neben einer Geldstrafe von mindestens 73 US$ wegen Verstoß gegen die Parkbestimmungen muss man zusätzlich noch die Abschlepp- und Lagerungsgebühren bezahlen (392,75 US$ für die ersten vier Stunden, 61,75 US$ für den Rest des ersten Tages, 61,75 US$ für jeden weiteren Tag plus 25,50 US$ Umsetzgebühr, wenn das Fahrzeug auf einen Langzeit-Parkplatz verbracht wird). Die Autos werden in der Regel in der 415 7th St, Ecke Harrison St, abgestellt.

Zu den günstigeren Parkhäusern in der Downtown zählen die **Sutter-Stockton Garage** (Karte S. 76; ☎415-982-7275; Ecke Sutter & Stockton St), die **Ellis-O'Farrell Garage** (Karte S. 76; ☎415-986-4800; 123 O'Farrell St) und die **Fifth & Mission Garage** (Karte S. 76; ☎415-982-8522; 833 Mission St) nahe den Yerba Buena Gardens. Das Parkhaus unter dem Portsmouth Sq in Chinatown hat für kürzere Parkzeiten vernünftige Preise; gleiches gilt für die **St. Mary's Square Garage** (☎415-956-8106; California St) unter dem gleichnamigen Platz an der Ecke Grant und Kearny St. Die Tagessätze liegen zwischen 20 und 35 US$.

Fahrrad

Radfahren ist in San Francisco möglich, aber der Verkehr im Zentrum kann gefährlich sein; am besten fährt es sich östlich der Van Ness Ave und jenseits der Bucht. Infos zu Fahrradläden und -verleihen stehen auf S. 81. Fahrräder können in den BART-Zügen mitgenommen werden, aber werktags während der Rushhours nicht in der Richtung, in der die Pendler unterwegs sind.

Vom/zum Flughafen

» **BART** (Bay Area Rapid Transit; www.bart.gov; einfache Strecke 8,10 US$) Bietet eine schnelle, direkte Verbindung zur Downtown von San Francisco.

» **SamTrans** (www.samtrans.com; einfache Strecke 5 US$) Der Expressbus KX fährt zum Temporary Transbay Terminal (rund 30 Min.).

» **SuperShuttle** (☎800-258-3826; www.supershuttle.com; einfache Strecke 17 US$) Die Tür-zu-Tür-Kleinbusse starten vor den Gepäckausgabebereichen und brauchen zu den meisten Zielen in San Francisco rund 45 Minuten.

» **Taxi** Die Fahrt in die Downtown von San Francisco kostet zwischen 35 und 50 US$.

Öffentliche Verkehrsmittel

BART

Bay Area Rapid Transit (BART; ☎415-989-2278; www.bart.gov; ⌚Mo–Fr 4–24, Sa 6–24, So 8–24 Uhr) ist ein U-Bahnnetz, das den SFO, den Mission District, die Downtown von San Francisco und die East Bay miteinander verbindet. Die schnellste Verbindung zwischen der Downtown und dem Mission District gibt auch Anschluss zum San Francisco Airport, nach Oakland (3,20 US$) und Berkeley (3,75 US$). Innerhalb San Franciscos kosten einfache Fahrten ab 1,75 US$.

MUNI

MUNI (Municipal Transit Agency; www.sfmuni.com) betreibt Busse, Straßenbahnen und die Cable-Car-Linien. Zwei davon starten an der Ecke Powell und Market St, eine dritte an der Ecke California und Markets St. Die detaillierte *MUNI Street & Transit Map* ist online kostenlos und am MUNI-Kiosk in der Powell St für 3 US$ erhältlich. Ein einfaches Ticket für Bus oder Bahn kostet 2 US$ und ist 90 Minuten gültig; es gilt nicht in BART-Zügen und für die Cable Cars; bei letzteren kostet die einfache Fahrt 6 US$.

Tickets erhält man an Bord, man muss aber passend zahlen. Den Fahrschein unbedingt aufbewahren – wer bei einer Kontrolle ohne erwischt wird, zahlt eine Strafe von 75 US$.

Mit dem **MUNI Passport** (1/3/7 Tage 14/21/27 US$) kann man alle MUNI-Verkehrsmittel nutzen, auch die Cable-Cars; die Zeitkarten gibt's im San Franciscos Visitor Information Center (S. 115), beim TIX-Bay-Area-Kiosk am Union Sq und in einer Reihe von Hotels. Der sieben Tage gültige **City Pass** (Erw./Kind 69/39 US$) umfasst die Nutzung der MUNI-Verkehrsmittel und den Eintritt zu fünf Attraktionen.

Wichtige MUNI-Linien:

» F Vom Fisherman's Wharf und Embarcadero nach Castro

» J Von Downtown nach Mission District/Castro/Noe Valley

» K, L, M Von Downtown nach Castro

» N Von Caltrain und dem SBC Ballpark nach Haight, zum Golden Gate Park und nach Ocean Beach

» T Vom Embarcadero nach Caltrain und Bayview

Taxi

Der Grundpreis beträgt 3,50 US$, jede Meile kostet rund 2,25 US$. Hinzu kommt ein Trinkgeld von 10 %, mindestens aber 1 US$. Wichtige Taxiunternehmen:

Green Cab (☎415-626-4733; www.626green.com) Treibstoffsparende Hybridfahrzeuge, Fahrergenossenschaft.

DeSoto Cab (☎415-970-1300)

Luxor (☎415-282-4141)

Yellow Cab (☎415-333-3333)

Marin County & Bay Area

Inhalt »

Gut essen

- » Chez Panisse (S. 156)
- » Fish (S. 127)
- » Bakesale Betty (S. 145)
- » Duarte's Tavern (S. 172)
- » Gather (S. 155)

Schön übernachten

- » Cavallo Point (S. 126)
- » Mountain Home Inn (S. 130)
- » Hotel Shattuck Plaza (S. 154)
- » Pigeon Point Lighthouse Hostel (S. 171)
- » East Brother Light Station (S. 160)

Auf ins Marin County & in die Bay Area!

Die Region rund um San Francisco ist reich an schöner Natur und wilden Tieren. Gleich hinter der Golden Gate Bridge im Marin County findet man uralte Mammutbäume und Herden eleganter Wapitis, die an den Klippen der Tomales Bay herumspringen. Vor der windumtosten Halbinsel Point Reyes zeigen sich ab und zu Grauwale, und über den Hügeln der Marin Headlands ziehen Falken ihre Kreise.

Aber auch in intellektueller Hinsicht ist man hier auf dem neuesten Stand: Die Stanford University und die University of California in Berkeley ziehen Wissenschaftler und Studierende aus aller Welt an. Berkeley startete die Locavore-Bewegung, die die Umweltbelastung für Lebensmittel aus regionalem Anbau reduzieren will, und ist noch immer Vorreiter der Umweltbewegung und linksliberaler Ideen. Südlich von San Francisco schlängelt sich der Hwy 1 an der unberührten Küste und an sandigen Strandbuchten entlang.

Reisezeit

Berkeley

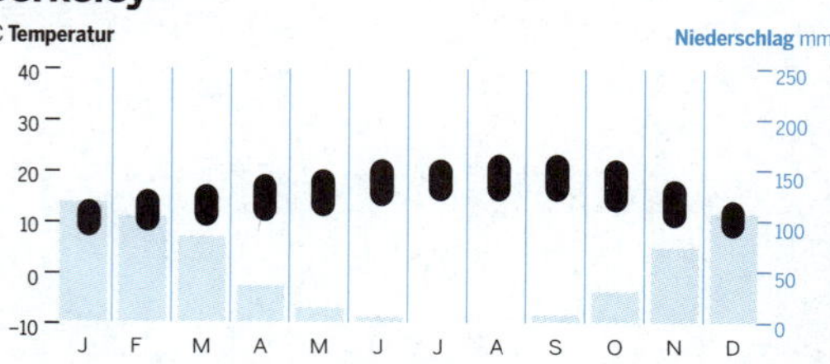

Dez.–März Die See-Elefanten bringen ihre Jungen zur Welt und viele Grauwale sind unterwegs.

März–April An den Wanderwegen der Region stehen die Wildblumen in voller Pracht.

Juni–Sept. In der Erntesaison sind die Farmers Markets übervoll mit süßem Obst.

Unterwegs vor Ort

Für die verschiedenen öffentlichen Verkehrsmittel, die überall in der Bay Area unterwegs sind, gibt's die regionale **Clipper Card** (www.clippercard.com), die für die Transportsysteme Caltrain, BART, SamTrans, VTA, Golden Gate Transit und Golden Gate Ferry gilt. Die Karte kann sich als praktisch erweisen, weil man den Kauf mehrerer Fahrkarten vermeidet, kleinere Ermäßigungen erhält und bei der Golden Gate Ferry fast 50 % spart.

MARIN COUNTY

Wenn irgendwo in der Bay Area der kalifornische Traum ganz bewusst gelebt wird, dann im Marin County, gleich nördlich der Golden Gate Bridge. Die Einwohner in der Region sind wohlhabend und pflegen einen entspannten Lebensstil. Die Ortschaften sehen aus wie idyllische ländliche Nester, aber in den Läden wimmelt es nur so von Waren für eine kosmopolitische Kundschaft mit Sinn für teuren Luxus. Die Leute hier ernähren sich von Bioprodukten, wählen die Demokraten und fahren Hybrid-Autos.

Geographisch gesehen ist das Marin County fast ein Spiegelbild von San Francisco. Die sich nach Süden erstreckende Halbinsel berührt fast den nördlichsten Zipfel der Stadt und grenzt an den Pazifik und die Bucht. Das County ist aber wilder, grüner und gebirgiger als San Francisco: Auf der zur Küste hin gelegenen Seite der Hügellandschaft wachsen Mammutbäume, die Brandung kracht gegen die Klippen, und überall verlaufen Wander- und Radwege kreuz und quer durch die großartige Landschaft von Point Reyes, Muir Woods und Mt. Tamalpais. Diese wunderschöne Natur ist es, die das Marin County zu einem exzellenten Ziel für einen Tages- oder Wochenendausflug von San Francisco aus macht.

Der stark befahrene Hwy 101 führt von der Golden Gate Bridge (bei der Rückfahrt nach San Francisco zahlt man 6 US$ Maut) nach Norden direkt durch die Mitte des Marin County. Ruhiger ist es auf dem Hwy 1, der sich an der dünn besiedelten Küste entlang schlängelt. In San Rafael kreuzt der Sir Francis Drake Blvd den Hwy 101 und führt nach Westen zum Pazifik.

Der Hwy 580 kommt von der East Bay über die Richmond–San Rafael Bridge (wer Richtung Westen fährt, zahlt 5 US$ Mautgebühr) und trifft bei Larkspur auf den Hwy 101.

Marin Headlands

Majestätisch ragen die Headlands am Nordende der Golden Gate Bridge aus dem Wasser. Ihre zerklüftete Schönheit ist umso bemerkenswerter, da sie nur ein paar Kilometer von San Franciscos Zentrum entfernt sind. Aus den 100 Jahren der militärischen Nutzung stehen hier noch ein paar Befestigungsanlagen und Bunker. Ironie des Schicksals: Gerade weil das Gebiet Militärgelände war, blieb es von der urbanen Erschließung verschont und steht heute unter Naturschutz. Kein Wunder also, dass die Headlands zu den beliebtesten Zielen für Wander- und Fahrradtouren in der Bay Area zählen. Die Wege schlängeln sich über die Landzungen und führen einen zu einsamen Stränden sowie abgelegenen Plätzen zum Picknicken – und dabei hat man immer wieder einen atemberaubenden Blick auf das Meer, die Golden Gate Bridge und San Francisco.

Sehenswertes

Auf der anderen Seite der Golden Gate Bridge sofort die Abfahrt auf die Alexander Ave nehmen; dann geht's links unter dem Highway hindurch und nach Westen, wo man einen umwerfenden Blick hat und die Wanderwege beginnen. Die Conzelman Rd windet sich nach oben in die Hügel, wo sie sich dann gabelt: Die Conzelman Rd führt weiter nach Westen, wird beim Abstieg nach Point Bonita zu einer steilen, einspurigen Straße und führt von dort aus weiter nach Rodeo Beach und Fort Barry. Die McCullough Rd dagegen führt ins Inland und trifft auf die Bunker Rd zum Rodeo Beach.

KURZINFOS

Einwohner von Berkeley 112 500

Durchschnittstemperatur in Berkeley min./max. Jan. 6/13 °C, Juli 12/21 °C

Von Downtown Berkeley bis Sacramento 80 Meilen (129 km), 1½ Std.

Von San Jose bis San Francisco 45 Meilen (72 km), 1 Std.

Von San Francisco bis zum Point Reyes Lighthouse 55 Meilen (88 km), 2½ Std.

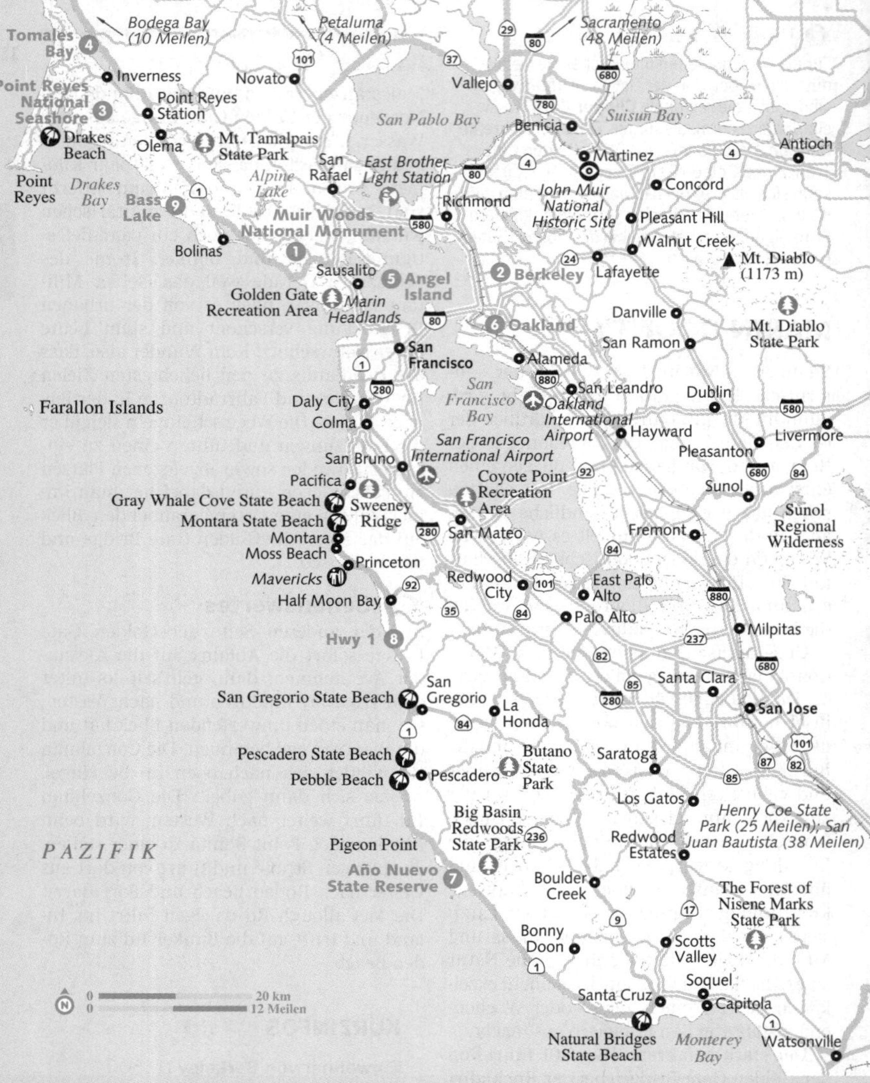

Highlights

1. Die majestätischen Mammutbäume im **Muir Woods National Monument** (S. 134) bestaunen
2. Im **Gourmet Ghetto** (S. 152) von Berkeley Leckerbissen probieren
3. Elche und Grauwale an der **Point Reyes National Seashore** (S. 139) beobachten
4. Mit dem Kajak die **Tomales Bay** (S. 139) mit ihren Seehunden und der fantastischen Küste entdecken
5. Mit dem Fahrrad oder zu Fuß die malerische **Angel Island** (S. 129) erkunden
6. Im **Chabot Space & Science Center** (S. 144) von Oakland in die Sterne blicken
7. Die See-Elefanten im **Año Nuevo State Reserve** (S. 172) beobachten
8. Auf dem **Hwy 1** (S. 168) von Pacifica bis Santa Cruz die mit Buchten übersäte Küste abklappern
9. Sich mit einem mächtigen Sprung in den **Bass Lake** (S. 136) abkühlen

Hawk Hill HÜGEL

Fährt man ungefähr 2 Meilen (3,2 km) die Conzelman Rd entlang, gelangt man zum Hawk Hill, wo man im Spätsommer bis Anfang Herbst Tausende von Wanderfalken auf den Klippen beobachten kann.

Point Bonita Lighthouse LEUCHTTURM

(www.nps.gov/goga/pobo.htm; ⌚Sa–Mo 12.30–15.30 Uhr) Der Leuchtturm am Ende der Conzelman Rd ist 800 m von dem kleinen Parkplatz entfernt. Von der Spitze Point Bonitas sieht man in der Ferne die Golden Gate Bridge und dahinter die Skyline von San Francisco. Es ist ein ungewöhnlicher Blick auf die Stadt an der Bucht, und zu bestimmten Zeiten tummeln sich in der Nähe Seehunde. Jeden Monat bei Vollmond finden kostenlose Touren zu dieser Landspitze statt; Reservierung unter ☎415-331-1540.

GRATIS **Nike Missile Site SF-88** HISTORISCHE STÄTTE

(☎415-331-1453; www.nps.gov/goga/nike-missile-site.htm; ⌚Mi–Fr & 1. Sa im Monat 12.30–15.30 Uhr) In dem faszinierenden, von Veteranen geleiteten Museum über den Kalten Krieg zeugen die mit uniformierten Puppen ausstaffierten Wachhäuschen von der noch gar nicht so weit zurückliegenden Vergangenheit der Gegend als Militärstützpunkt. Man kann zusehen, wie die Veteranen eine Rakete (natürlich ohne Sprengkopf) in Abschussposition bringen. Mit dem Fahrstuhl geht's dann in das riesige unterirdische Raketensilo mit den vielen mehrfach gesicherten Kontrollpulten, wo der rote Knopf gottseidank nie gedrückt wurde.

GRATIS **Marine Mammal Center** TIERRETTUNGSZENTRUM

(☎415-289-7325; www.marinemammalcenter.org; ⌚10–17 Uhr; 👪) Auf dem Hügel oberhalb der Rodeo Lagoon kümmert sich die kürzlich ausgebaute Pflegestation um verletzte, kranke und verwaiste Meeressäuger und entlässt sie dann wieder in die Freiheit. Es gibt hier auch aufschlussreiche Ausstellungen über diese Tiere und die Gefahren, denen sie ausgesetzt sind. Im Frühjahr, wenn die Seehunde ihre Jungen zur Welt bringen, befinden sich in dem Center manchmal mehrere Dutzend Heuler, die ihre Mutter verloren haben. Oft kann man sie auch sehen, bevor sie wieder freigelassen werden.

Headlands Center for the Arts KUNSTZENTRUM

(☎415-331-2787; www.headlands.org) Die ehemalige Kaserne in Fort Barry wurde saniert und umgebaut. Entstanden sind Künstlerateliers und Tagungseinrichtungen mit Werkstattbesichtigungen, Artists-in-Residence-Programmen, Gesprächsrunden, Vorführungen und anderen Events.

Aktivitäten

Wandern

Am Ende der Bunker Rd liegt der dank hoher Klippen windgeschützte Rodeo Beach. Von hier aus schlängelt sich der **Coastal Trail** 5,6 km ins Landesinnere, vorbei an verlassenen Militärbunkern, bis er auf den **Tennessee Valley Trail** trifft. Dieser windet sich dann 9,7 km weiter über die stürmischen Headlands bis zum Muir Beach.

An der ganzen Küste findet man alte Stellungen – verlassene Betonbunker im Boden, von denen aus man einen tollen Blick hat. Zu Fuß oder per Rad vom Parkplatz des Fort Cronkite erreicht man nach 0,8 km das atmosphärische **Battery Townsley**, das am ersten Sonntag im Monat (12–16 Uhr) unterirdische Führungen anbietet.

Mountainbiken

Auf den Marin Headlands gibt's ein paar tolle Strecken für Mountainbiker. Außerdem ist die Fahrt über die Golden Gate Bridge bis dahin (s. Kasten S. 128) einfach klasse.

Der unbefestigte **Coastal Trail** ist eine ca. 19 km lange Schleife. Er beginnt westlich der Abzweigung der McCullough Rd von der Conzelman Rd und windet sich über Stock und Stein hinab bis zur Bunker Rd, wo er auf den **Bobcat Trail** trifft, der in den **Marincello Trail** übergeht und steil nach unten zum Parkplatz im Tennessee Valley führt. Der **Old Springs Trail** und der **Miwok Trail** bringen einen zurück zur Bunker Rd. Diese Wege sind weniger steil als der Bobcat Trail – aber auch hier gibt's ein paar heftige Aufstiege.

Reiten

Wer Lust auf einen Ausflug hoch zu Ross hat, kann sich an die **Miwok Livery Stables** (☎415-383-8048; www.miwokstables.com; 701 Tennessee Valley Rd; Wanderritt 75 US$) wenden. Die Ausritte bieten einen atemberaubenden Blick auf den Mt. Tam und den Ozean.

Schlafen

In den Headlands gibt's vier kleine Campingplätze. Zwei von ihnen erreicht man nur nach einem mindestens 1,6 km langen Fußmarsch (oder einer Radtour) vom nächsten Parkplatz aus. Auf den im Inland gelegenen Campingplätzen **Hawk**, **Bicen**

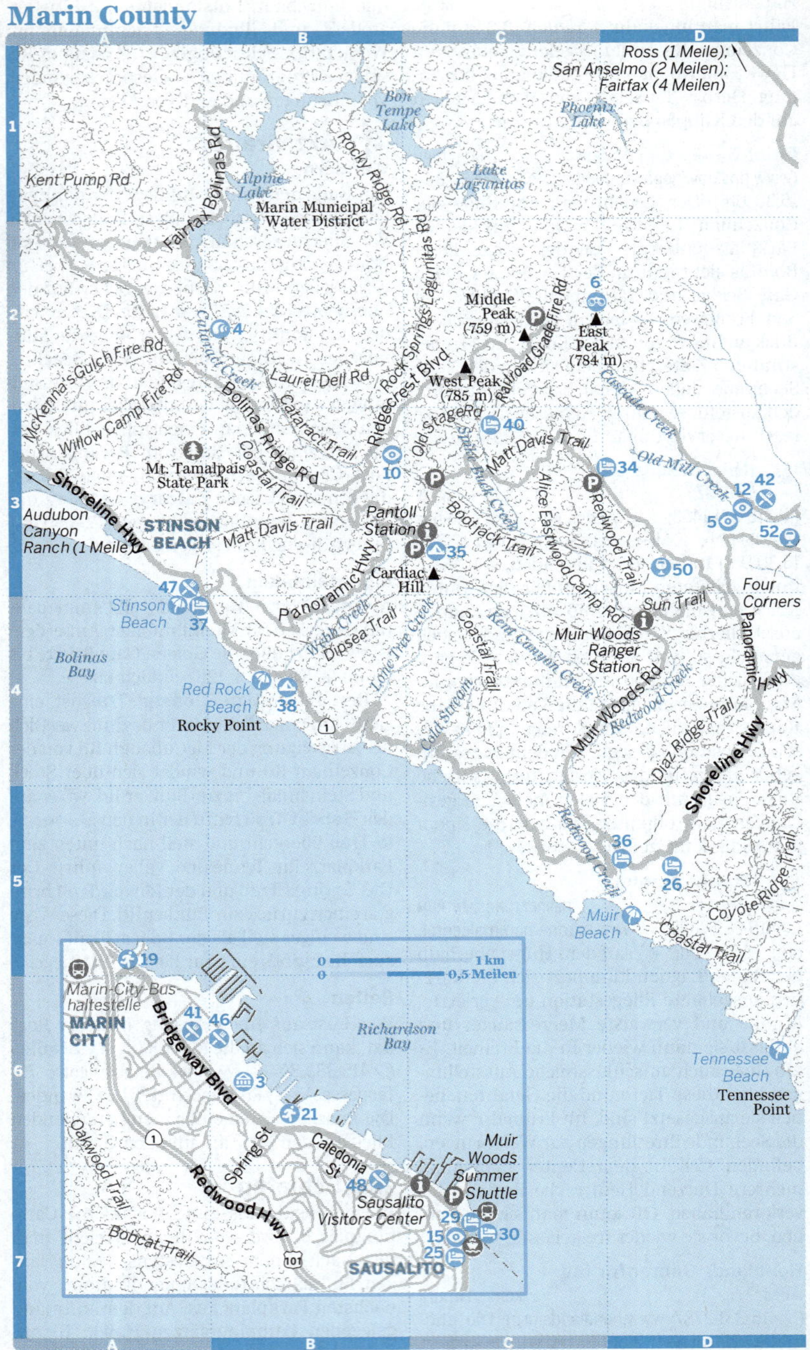

Ross (1 Meile); San Anselmo (2 Meilen); Fairfax (4 Meilen)
Bon Tempe Lake
Phoenix Lake
Lake Lagunitas
Alpine Lake
Marin Municipal Water District
Kent Pump Rd
Fairfax Bolinas Rd
Rocky Ridge Rd
Lagunitas Rd
Rock Springs
Ridgecrest Blvd
Middle Peak (759 m)
East Peak (784 m)
West Peak (785 m)
Railroad Grade Fire Rd
Cataract Creek
Laurel Dell Rd
Cataract Trail
McKenna's Gulch Fire Rd
Willow Camp Fire Rd
Bolinas Ridge Rd
Coastal Trail
Mt. Tamalpais State Park
Old Stage Rd
Spike Buck Creek
Matt Davis Trail
Cascade Creek
Old Mill Creek
Shoreline Hwy
Audubon Canyon Ranch (1 Meile)
STINSON BEACH
Pantoll Station
Bootjack Trail
Alice Eastwood Camp Rd
Redwood Trail
Cardiac Hill
Panoramic Hwy
Stinson Beach
Bolinas Bay
Webb Creek
Dipsea Trail
Lone Tree Creek
Coastal Trail
Kent Canyon Creek
Muir Woods Ranger Station
Sun Trail
Four Corners
Red Rock Beach
Rocky Point
Cold Stream
Muir Woods Rd
Redwood Creek
Diaz Ridge Trail
Coyote Ridge Trail
Muir Beach
Coastal Trail
Tennessee Beach
Tennessee Point
Marin-City-Bushaltestelle
MARIN CITY
Bridgeway Blvd
Richardson Bay
1 km
0,5 Meilen
Spring St
Caledonia St
Oakwood Trail
Redwood Hwy
Bobcat Trail
Sausalito Visitors Center
Muir Woods Summer Shuttle
SAUSALITO

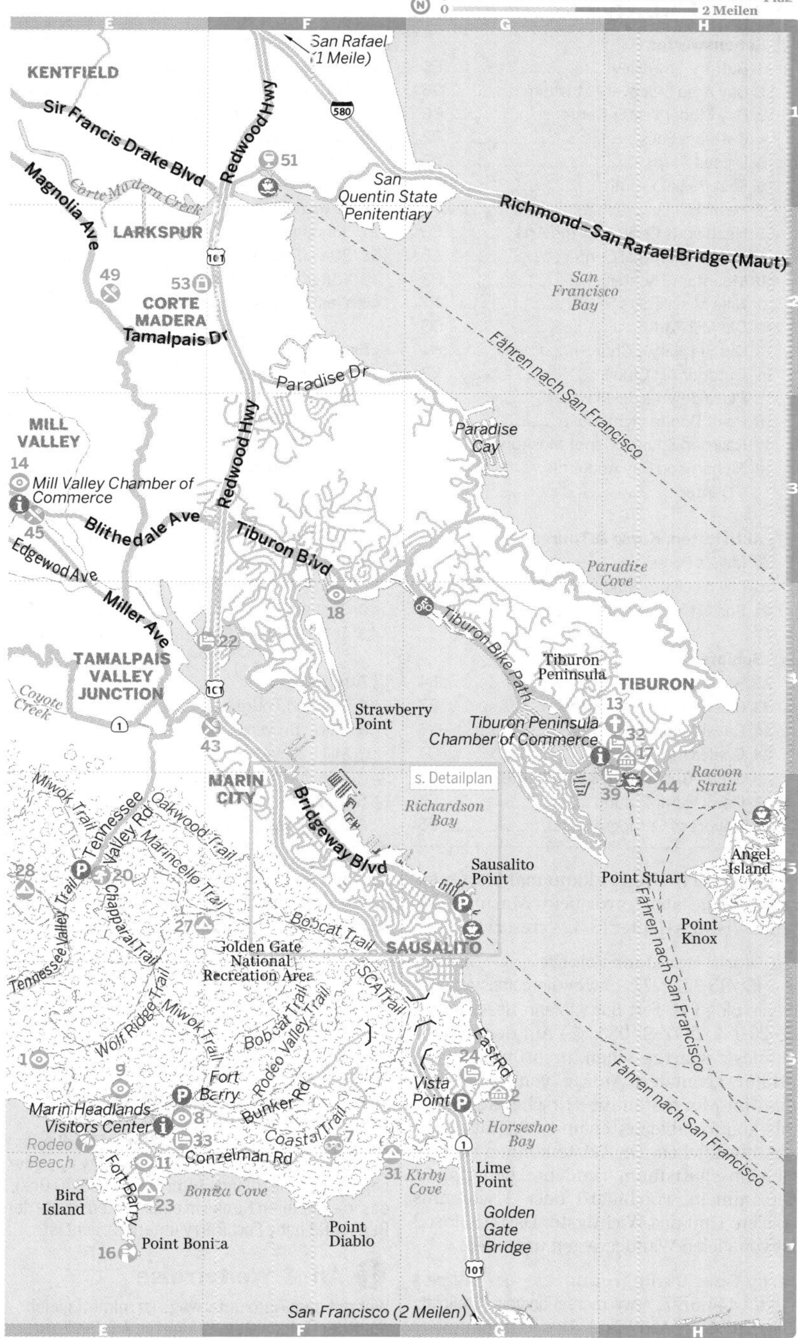
0 4 km
0 2 Meilen
San Rafael (1 Meile)
KENTFIELD
Sir Francis Drake Blvd
Redwood Hwy
Magnolia Ave
Corte Madera Creek
LARKSPUR
San Quentin State Penitentiary
Richmond–San Rafael Bridge (Maut)
San Francisco Bay
CORTE MADERA
Tamalpais Dr
Fähren nach San Francisco
Paradise Dr
Paradise Cay
MILL VALLEY
Mill Valley Chamber of Commerce
Blithedale Ave
Tiburon Blvd
Edgewod Ave
Miller Ave
Paradise Cove
Tiburon Bike Path
Tiburon Peninsula
TIBURON
TAMALPAIS VALLEY JUNCTION
Coyote Creek
Strawberry Point
Tiburon Peninsula Chamber of Commerce
MARIN CITY
s. Detailplan
Racoon Strait
Miwok Trail
Tennessee Valley Rd
Oakwood Trail
Richardson Bay
Bridgeway Blvd
Marincello Trail
Sausalito Point
Point Stuart
Angel Island
Tennessee Valley Trail
Chapparal Trail
Bobcat Trail
SAUSALITO
Point Knox
Golden Gate National Recreation Area
SCA Trail
Wolf Ridge Trail
Miwok Trail
Bobcat Trail
Rodeo Valley Trail
East Rd
Fort Barry
Bunker Rd
Vista Point
Marin Headlands Visitors Center
Coastal Trail
Horseshoe Bay
Rodeo Beach
Conzelman Rd
Kirby Cove
Lime Point
Fort Barry
Bonita Cove
Bird Island
Golden Gate Bridge
Point Diablo
Point Bonita
San Francisco (2 Meilen)

Marin County

Sehenswertes

1 Battery Townsley E6
2 Bay Area Discovery Museum G6
3 Bay Model Visitor Center B6
4 Cataract Falls B2
5 Dipsea Steps D3
6 East Peak Summit C2
7 Hawk Hill F6
8 Headlands Center for the Arts E6
9 Marine Mammal Center E6
10 Mountain Theater B3
11 Nike Missile Site SF-88 .... E7
12 Old Mill Park D3
13 Old St Hilary's Church H4
14 Outdoor Art Club E3
15 Plaza de Viña del Mar C7
16 Point Bonita Lighthouse E7
17 Railroad & Ferry Depot Museum H4
18 Richardson Bay Audubon Center F4

Aktivitäten, Kurse & Touren

19 Mike's Bikes A5
20 Miwok Livery Stables E5
21 Sea Trek B6

Schlafen

22 Acqua Hotel F4
23 Bicentennial Campground E7
24 Cavallo Point G6
25 Gables Inn C7
26 Green Gulch Farm & Zen Center D5
27 Hawk Campground E5
28 Haypress Campground E5
29 Hotel Sausalito C7
30 Inn Above Tide C7
31 Kirby Cove Campground F7
32 Lodge at Tiburon H4
33 Marin Headlands Hostel E6
34 Mountain Home Inn D3
35 Pantoll Station Campground C3
36 Pelican Inn D5
37 Sandpiper A4
38 Steep Ravine B4
39 Water's Edge Hotel H5
40 West Point Inn C3

Essen

41 Avatar's A6
42 Avatar's Punjabi Burritos D3
43 Buckeye Roadhouse F4
44 Caprice H5
45 Depot Bookstore & Cafe E3
46 Fish B6
Guaymas .... (siehe 39)
Murray Circle .... (siehe 24)
47 Parkside Cafe A3
Sam's Anchor Cafe .... (siehe 39)
48 Sushi Ran B7
49 Tavern at Lark Creek E2

Ausgehen

50 German Tourist Club D3
51 Marin Brewing Company F1
52 Mill Valley Beerworks D3

Shoppen

53 Book Passage E2

tennial und **Haypress** kann man kostenlos zelten, muss aber zuvor beim Marin Headlands Visitors Center (S. 124) reservieren.

Marin Headlands Hostel HOSTEL $
(☎415-331-2777; www.norcalhostels.org/marin; Bldg 941, Fort Barry, Marin Headlands; B 22–26 US$, Zi. 72–92 US$; @) Auf dem Gelände dieser spartanischen, ursprünglich vom Militär genutzten Anlage von 1907 sieht man im Morgentau die Hirsche grasen. Es gibt komfortable Betten und zwei gut ausgestattete Küchen. Die Gäste können sich im Gemeinschaftsraum rund um den Kamin versammeln, Poolbillard oder Tischtennis spielen. Und das Wichtigste: Das HI-Hostel ist von vielen Wanderwegen umgeben.

Kirby Cove Campground CAMPING $
(☎877-444-6777; www.recreation.gov; Stellplatz Zelt 25 US$; ⏲April–Okt.) Der Campingplatz liegt in einer spektakulären, schattigen Ecke nahe dem Eingang zur Bucht. Nicht weit entfernt ist auch ein kleiner Strand mit Blick auf die Golden Gate Bridge. Abends sieht man die Umrisse vorüberziehender Frachtschiffe (und wird manchmal von ihren Nebelhörnern eingeschläfert). Frühzeitig reservieren.

Praktische Informationen

Infos gibt's bei der **Golden Gate National Recreation Area** (GGNRA; ☎415-561-4700; www.nps.gov/goga) und dem **Marin Headlands Visitors Center** (☎415-331-1540; www.nps.gov/goga/marin-headlands.htm; ⏲9.30–16.30 Uhr), das in einer alten Kirche in einer Seitenstraße der Bunker Rd nahe Fort Barry untergebracht ist.

An- & Weiterreise

Wer mit dem Auto unterwegs ist, nimmt gleich nach der Golden Gate Bridge die Ausfahrt zur

Alexander Ave und fährt dann links unter dem Freeway durch. Die Conzelman Rd zur Rechten lotst einen an den Klippen entlang. Man kann aber auch die Bunker Rd nehmen, die durch einen einspurigen Tunnel bis zu den Headlands führt. Auch mit dem Fahrrad kommt man kinderleicht von der Brücke zu diesen Straßen.

Golden Gate Transit (☎415-455-2000, 511; www.goldengatetransit.org) betreibt den Bus 2, der werktags von der Ecke Pine St und Battery St in San Franciscos Financial District nach Sausalito und zu den Headlands (4,25 US$) fährt. An Sonn- und Feiertagen kommt man mit dem **MUNI-Bus 76** (☎415-701-2311, 511; www.sfmta.com) vom Caltrain Depot an der 4th St in San Francisco zum Marin Headlands Visitors Center und zum Rodeo Beach.

Sausalito

Sausalito mit seiner perfekten Lage an einem geschützten kleinen Hafen an der Bucht ist unbestreitbar hübsch. Benannt nach den „winzigen Weiden", die früher an den Ufern seiner Bäche standen, ist Sausalito heute eine wohlhabende kleine Siedlung mit schönen Häusern, die in übersichtlicher Ordnung auf dem grünen Hang stehen. So hat man fast von überall aus einen unbehinderten Blick auf San Francisco und Angel Island. Und wegen des Gebirgskamms in seinem Rücken zieht der Nebel meist über den Ort hinweg.

Sausalito entstand, als 1838 ein Hauptmann der Armee hier 77 km² Land bekam. Als der Ort dann die Endstation der Bahnlinie entlang der Pazifikküste wurde, begann für Sausalito eine neue Ära als geschäftiger Umschlagplatz für Bauholz, und es erhielt einen Hafen mit einer tollen Uferbebauung. Im Zweiten Weltkrieg erlebte Sausalito einen dramatischen Wandel, als hier eine riesige Werft (Marinship) entstand. Nach Kriegsende hielt die Boheme Einzug in Sausalito: Im Ort siedelte sich eine Kolonie von Künstlern an, die in *arks* (an der Bucht verteilten Hausbooten) lebten. Noch heute sieht man Dutzende dieser schwimmenden Behausungen.

Sausalito ist heute ein Touristenort mit Souvenirladen und teuren Boutiquen. Von San Francisco aus ist es der erste Ort hinter der Golden Gate Bridge, sodass tagsüber die Leute scharenweise hierherkommen und man kaum einen Parkplatz findet. Daher sollte man besser in San Francisco die Fähre nehmen.

Sehenswertes

Sausalito liegt an der Richardson Bay, einer kleinen Bucht in der San Francisco Bay. Das Geschäftsviertel besteht eigentlich nur aus einer Straße, dem Bridgeway Blvd am Ufer.

GRATIS **Bay Model Visitor Center** MUSEUM
(☎415-332-3871; www.spn.usace.army.mil/bmvc; 2100 Bridgeway Blvd; Di–Fr 9–16 Uhr, im Sommer auch Sa & So 10–17 Uhr;) Eines der coolsten Dinge hier, für Jung und Alt gleichermaßen faszinierend, ist das vom Army Corps of Engineers betriebene Visitor Center. Es ist in einem der alten Lagerhäuser der Marinship untergebracht und beherbergt ein 0,6 ha großes hydraulisches Modell der San Francisco Bay und der Delta-Region. Man kann sich das Modell

WO KOMMT NUR DER NEBEL HER?

Wenn die Sonne im Sommer die Luft über dem kühlen Pazifik erwärmt, bildet sich Nebel, der an Land zieht. Um zu verstehen, wie er sich ins Hinterland ausbreitet, muss man sich die geografische Beschaffenheit Kaliforniens vor Augen führen: Das große Agrargebiet im Inneren des Bundesstaates, das Central Valley, ist wie eine gigantische Badewanne von Bergen umgeben. Die einzige größere Öffnung auf der Höhe des Meeresspiegels gibt es am Golden Gate im Westen – und das ist genau die Richtung, aus der die Winde hauptsächlich kommen. Heizt sich das Tal im Landesinneren auf, steigt die warme Luft nach oben, sodass auf Bodenhöhe ein Unterdruck entsteht und durch die einzige Öffnung am Golden Gate kühle Luft angesaugt wird. Solche Winde treten schnell und unvorhergesehen auf. Die Windböen sind das einzige Anzeichen für aufkommenden Nebel. Der ist aber nicht gleichmäßig verteilt: Die Strände südlich vom Golden Gate können im Nebel liegen, während nur ein paar Kilometer weiter nördlich die Sonne scheint. Insbesondere bei Hochdruck, der im Sommer häufig ist, blocken die Hügel den Nebel ab. Deswegen sprechen die Wetterfrösche von den „Mikroklimata" der Bay Area. Im Juli kann die Temperatur im Binnenland bei 38 °C liegen, während an der Küste die Quecksilbersäule kaum 21 °C zeigt.

ZU FUSS ODER MIT DEM FAHRRAD ÜBER DIE BRÜCKE

Zu Fuß oder mit dem Rad die Golden Gate Bridge nach Sausalito zu überqueren, macht Spaß. Man vermeidet Staus, hat einen prima Blick auf den Ozean und lässt sich die frische Luft des Marin County um die Nase wehen. Der Trip ist zudem noch einfach: Von San Francisco aus in nördlicher Richtung geht es vor allem durch ebenes Gelände oder hügelab. Nur bei der Rückfahrt mit dem Rad nach San Francisco ist hinter Sausalito ein größerer Anstieg zu bewältigen – dem kann man aus dem Wege gehen, indem man einfach die Fähre nimmt (s. S. 128).

Vom Südende der Brücke fährt man etwa 4 Meilen (6 km); das dauert per Rad weniger als eine Stunde. Fußgänger können täglich zwischen 5 und 21 Uhr (im Winter bis 18 Uhr) den östlichen Gehweg der Brücke benutzen. Radfahrer nutzen in der Regel den westlichen, außer werktags zwischen 5 und 15.30 Uhr, wenn sie sich den östlichen mit den Fußgängern (die Vorrang haben) teilen müssen. Nach 21 Uhr (18 Uhr im Winter) überqueren Radfahrer die Brücke auf der östlichen Seite durch ein Sicherheitstor. Über Änderungen informiert http://goldengatebridge.org/bikesbridge/bikes.php.

Anspruchsvolleren Radfahrern bietet der wiedereröffnete Cal Park Hill Tunnel eine sichere unterirdische Strecke von Larkspur (ein anderer Fährhafen) nach San Rafael.

Weitere Infos gibt's auf den Websites der **San Francisco Bicycle Coalition** (www.sfbike.org) und der **Marin County Bicycle Coalition** (www.marinbike.org).

auf eigene Faust von allen Seiten anschauen, während das Wasser seiner Wege fließt.

Bay Area Discovery Museum MUSEUM
(☎415-339-3900; www.baykidsmuseum.org; Erw./Kind 10/8 US$; ⏲Di–Fr 9–16, Sa & So 10–17 Uhr; 👪) Direkt unterhalb des nördlichen Pfeilers der Golden Gate Bridge, am East Fort Baker, ist dieses ausgezeichnete, speziell für Kinder gestaltete interaktive Museum. Die mehrsprachige Dauerausstellung umfasst einen Wellen-Workshop, einen kleinen Unterwassertunnel und einen Spielplatz im Freien mit einem Schiffswrack zum Herumtollen. Im Café bekommt man auch was Gesundes zum Beißen.

Plaza de Viña Del Mar PARK
Auf der Plaza nahe der Fähranlegestelle steht ein Springbrunnen, der von 4,30 m großen Elefantenfiguren gesäumt ist, die 1915 bei der Panama-Pacific Exposition in San Francisco ausgestellt waren.

Aktivitäten

Sausalito eignet sich prima zum **Radfahren**, egal, ob man entspannt im Ort herumfährt, mit dem Rad die Golden Gate Bridge überquert oder eine längere Tour macht. Von der Fähranlegestelle führt eine einfache Strecke nach Süden über den Bridgeway Blvd, dann links in die East Rd Richtung Bay Area Discovery Museum. Eine andere hübsche Strecke verläuft über den Bridgeway Blvd nach Norden, dann unter dem Hwy 101 hindurch bis nach Mill Valley. An der Blithedale Ave kann man nach Osten Richtung Tiburon einbiegen; ein Radweg verläuft teilweise parallel zum Tiburon Blvd.

Sea Trek KAJAKFAHREN
(☎415-488-1000; www.seatrek.com; Schoonmaker Point Marina; 1er/2er-Kajak 20/35 US$ pro Std.) An schönen Tagen ist die Richardson Bay einfach unwiderstehlich. In der Nähe des Bay Model Visitor Center kann man sich Kajaks und Bretter zum Stehpaddeln ausleihen. Erfahrungen braucht man keine, kann aber Stunden nehmen oder an Gruppenausflügen teilnehmen.

Angeboten werden auch geführte Kajakausflüge (ab 75 US$/Pers.) rund um Angel Island (s. S. 129), optionsweise mit Übernachtung im Zelt (140 US$). Im Preis enthalten sind Ausrüstung und Anleitung. Mai bis Oktober ist die beste Zeit zum Paddeln.

Mike's Bikes FAHRRADVERLEIH
(☎415-332-3200; 1 Gate 6 Rd; 40 US$/24 Std.) Der Laden am Nordende des Bridgeway Blvd nahe dem Hwy 101 verleiht Fahrräder und Mountainbikes. Die Bestände sind aber begrenzt, und Räder reservieren kann man nicht.

Schlafen

Alle im Folgenden genannten Unterkünfte nehmen zusätzlich 15 bis 20 US$ pro Tag fürs Parken.

Cavallo Point HOTEL $$$
(☎415-339-4700; www.cavallopoint.com; 601 Murray Circle, Fort Baker; Zi. ab 280 US$;

) Das Hotel erstreckt sich über 18 ha mitten in dem malerischsten Parkgelände der Bay Area. Die tolle, auf Grün getrimmte Lodge bietet ein Spa mit allem Drum und Dran. Von hier aus kommt man auch schnell zu Outdoor-Aktivitäten aller Art. Zur Auswahl stehen aufwändig renovierte Zimmer in den Offiziersquartieren von Fort Baker, einem Wahrzeichen des Ortes, oder moderne Unterkünfte mit Solarstrom und tollem Blick auf die Bucht (und einen Pfeiler der Golden Gate Bridge).

Inn Above Tide GASTHOF **$$$**
(415-332-9535, 800-893-8433; www.innabovetide.com; 30 El Portal; Zi. mit Frühstück 320–595 US$, Suite 695–1100 US$;) Neben dem Fährhafen kann man es sich in einem der 29 modernen, geräumigen Zimmer, die praktisch über dem Wasser schweben, gemütlich machen. Die meisten haben sogar eine eigene Terrasse und einen knisternden Kamin. Vom Fenster aus hat man einen beneidenswerten Blick auf die Bucht und kann mit dem zimmereigenen Fernglas den Horizont näher ranzoomen. Gäste können die Fahrräder gratis nutzen.

Gables Inn GASTHOF **$$$**
(415-289-1100; www.gablesinnsausalito.com; 62 Princess St; Zi. mit Frühstück 185–445 US$;) Das ruhige, einladende Gables bietet seinen Gästen neun Zimmer in einem historischen Haus von 1869 und sechs in einem neueren Gebäude. Die teureren Zimmer bieten Whirlpool, Kamin und Balkon sowie einen spektakulären Ausblick. Aber auch die kleineren, preisgünstigen Zimmer sind stylish und ruhig. Ein Gläschen Wein am Abend ist im Preis enthalten.

Hotel Sausalito HISTORISCHES HOTEL **$$**
(415-332-0700; www.hotelsausalito.com; 16 El Portal; Zi. 155–195 US$, Suite 265–285 US$;) Nur ein paar Schritte von der Anlegestelle entfernt liegt mitten im Zentrum dieses tolle Hotel von 1915. Aus den alten Zeiten hat es sich den Charme bewahrt und bietet daneben auch moderne Extras wie MP3-Player-Anschlüsse Jedes Gästezimmer ist in mediterranen Farbtönen gehalten und hat ein geräumiges Bad und einen Blick auf den Park oder teilweise auf die Bucht.

Essen

Auf dem Bridgeway Blvd gibt's jede Menge nicht allzu teure Cafés, ein paar preisgünstige Imbisse und einige teurere Restaurants mit Blick auf die Bucht.

Fish SEAFOOD **$$**
(www.331fish.com; 350 Harbor Dr; Hauptgerichte 13–25 US$; 11.30–20.30 Uhr;) Hier gibt's Meeresfrüchte-Sandwiches, Austern und kalifornische Taschenkrebs-Rollen mit Biobutter aus lokaler Herstellung. Man sitzt an Picknicktischen aus Mammutbaumholz mit Blick auf die Richardson Bay. Das Fish ist eines der führenden Lokale für frischen Fisch und steht für nachhaltigen Fischfang. Fische aus Fischfarmen kommen hier nicht auf den Teller, dafür aber in der Saison wundervoller wilder Lachs. Nur Barzahlung.

Murray Circle AMERIKANISCH **$$**
(415-339-4750; www.cavallopoint.com/dine.html; 601 Murray Circle, Fort Baker; Hauptgerichte 17–29 US$; Mo–Fr 7–11 & 11.30–14, Sa & So bis 14.30, So–Do 17.30–22, Fr & Sa bis 23 Uhr) Im Restaurant des Hotels Cavallo Point gibt's Fleisch, Meeresfrüchte und Gemüse aus der Region, z. B. Bioburger und Sandwiches mit Kalifornischem Taschenkrebs. Der Speiseraum mit seiner verzierten Metalldecke erinnert an einen Club. Mittags und abends lieber reservieren, vor allem, wenn man auf dem Balkon mit Panoramablick sitzen will. Platz lassen für das Buttertoffe-Soufflé.

Avatar's INDISCH **$$**
(www.enjoyavatars.com; 2656 Bridgeway Blvd; Hauptgerichte 10–17 US$; Mo–Sa 11–15 & 17–21.30 Uhr;) Das Avatar's punktet mit seiner Küche der „ethnischen Mischung": Die indischen Fusion-Gerichte hier beinhalten mexikanische, italienische und karibische Zutaten und verzaubern einen mit ihrer Geschmacksintensität und Kreativität. Es gibt z. B. Punjab-Enchilada mit Süßkartoffeln und reichlich Curry oder Spinat- und Pilz-Ravioli mit einer Mango-Rosenblätter-Käsesauce. Alle Speisen (veganisch, glutenfrei usw.) werden wunderschön angerichtet.

Sushi Ran SUSHI **$$**
(415-332-3620; www.sushiran.com; 107 Caledonia St; Sushi 4–19 US$) Viele Einwohner der Bay Area halten dieses Lokal für das beste Sushi-Restaurant in der Gegend. Direkt daneben gibt's eine Wein- und Sake-Bar, wo man sich die Zeit vertreiben kann, bis ein Tisch frei wird.

Praktische Informationen

Das **Sausalito Visitors Center** (415-332-0505; www.sausalito.org; 780 Bridgeway Blvd; Di–So 11.30–16 Uhr) bietet Infos über die Region. Es gibt auch einen Informationskiosk an der Fähranlegestelle.

An- & Weiterreise

Wer mit dem Auto aus San Francisco kommt, nimmt man nach der Golden Gate Bridge die erste Ausfahrt (Alexander Ave) und folgt der Ausschilderung nach Sausalito. Im Ort gibt es fünf öffentliche Parkplätze; am Straßenrand findet man nur schwer einen Parkplatz.

Der Bus 10 von **Golden Gate Transit** (☎415-455-2000; www.goldengatetransit.org) fährt täglich von Downtown San Francisco nach Sausalito (4,25 US$).

Die Überfahrt mit der Fähre nach Sausalito ist einfach und unterhaltsam. **Golden Gate Ferry** (☎415-455-2000; www.goldengateferry.org; einfache Strecke 9,25 US$) betreibt Fähren vom und zum Ferry Building in San Francisco (tgl. 6–9-mal, 30 Min.). Nach Sausalito kommt man auch mit der **Blue & Gold Fleet** (☎415-705-8200; www.blueandgoldfleet.com; Pier 41, Fisherman's Wharf; einfache Strecke 10,50 US$) vom Fisherman's Wharf in San Francisco (tgl. 4–5-mal). Beide Fähren sind das ganze Jahr über unterwegs, und Fahrräder kann man kostenlos mitnehmen.

Tiburon

Am Ende einer kleinen Halbinsel, die zur Mitte der Bucht zeigt, liegt Tiburon. Ganz ähnlich wie in Sausalito hat man auch hier einen prächtigen Ausblick. Der Name leitet sich von der spanischen Bezeichnung „Punta de Tiburon" für „Kap der Haie" ab. Man fährt mit der Fähre von San Francisco aus hierher, sieht sich in den Läden an der Main St um, isst etwas – und schon hat man Tiburon gesehen. Von hier aus kommt man auch zur nahen Angel Island (s. S. 129).

Sehenswertes & Aktivitäten

Das Zentrum liegt rund um den Tiburon Blvd, von dem die Juanita Lane und die hübsche Main St abzweigen. An der Main St, auch Ark Row genannt, liegen die alten Hausboote an Land und wurden zu noblen Shops und Boutiquen umfunktioniert.

GRATIS Railroad & Ferry Depot Museum — MUSEUM

(1920 Paradise Drive; www.landmarks-society.org; ⏲März–Okt. Mi, Sa & So 13–16 Uhr) Das Gebäude aus dem späten 19. Jh. war früher die Anlegestelle der 3000-Personen-Fähre nach San Francisco. Von hier fuhr auch eine Eisenbahn nordwärts bis nach Ukiah. Heute sieht man hier ein maßstabgetreues Modell von Tiburons Geschäftszentrum, wie es um 1909 ausgesehen hat. Im Obergeschoss kann man auch die restaurierte Wohnung des Bahnhofsvorstehers besichtigen.

Angel Island–Tiburon Ferry — RUNDFAHRT

(☎415-435-2131; www.angelislandferry.com; Erw./Kind 20/10 US$) Betreibt von Mai bis Oktober (Fr & Sa) Rundfahrten bei Sonnenuntergang. Reservierung empfohlen.

Old St. Hilary's Church — KIRCHE

(201 Esperanza; ⏲April–Okt. So 13–16 Uhr) Von dem Hügel, auf dem die Kirche – ein schönes Beispiel der Zimmermannsgotik des 19. Jhs. – steht, hat man einen tollen Blick auf die Umgebung.

Richardson Bay Audubon Center — NATURSCHUTZGEBIET

(☎415-388-2524; www.tiburonaudubon.org; 376 Greenwood Beach Rd; ⏲Mo–Sa 9–17 Uhr) Das Zentrum abseits des Tiburon Blvd ist die Heimat vieler Wasservogelarten.

Schlafen

Water's Edge Hotel — HOTEL $$

(☎415-789-5999; www.watersedgehotel.com; 25 Main St; Zi. mit Frühstück 169–499 US$; ❄@📶) Das Hotel mit seiner Terrasse, die über das Wasser hinausreicht, ist in seiner geschmackvollen Modernität beispielhaft. Die Zimmer sind elegant minimalistisch eingerichtet, kombinieren Komfort mit Stil und blicken alle direkt auf die Bucht. Richtig romantisch sind die Zimmer mit den hohen, rustikalen Holzdecken.

Lodge at Tiburon — HOTEL $$

(☎415-435-3133; www.larkspurhotels.com/collection/tiburon; 1651 Tiburon Blvd; Zi. ab 135 US$; ❄≈@📶🐾) Heute ist das moderne Hotel mit Grillrestaurant stilvoll und komfortabel, aber die Betonflure und -Treppen zeugen noch von seiner Zeit als schlichtes Motel. Es hat nicht nur das beste Preis-Leistungs-Verhältnis im Ort, sondern liegt auch praktisch, sodass man überall gut zu Fuß hinkommt – auch zur Fähre. Zudem gibt's einen Pool, eine DVD-Videothek, kostenlose Parkplätze, eine Dachterrasse mit Kamin und einen tollen Blick auf den Mt. Tamalpais.

Essen

Sam's Anchor Cafe — SEAFOOD $$

(www.samscafe.com; 27 Main St; Hauptgerichte 17–28 US$; ⏲Mo–Fr 11–22, Sa & So ab 9.30 Uhr) Das Sam's serviert schon seit 1920 Meeresfrüchte und Burger. Auch wenn es am Eingang wie ein wackliger kleiner Schuppen aussieht, bietet sich nach hinten hinaus ein unschlagbaren Blick. An warmen Nachmittagen kann man auf der Terrasse einen Cocktail oder leckere gedünstete Krabben genießen.

NICHT VERSÄUMEN

ANGEL ISLAND

Angel Island (☎415-435-5390; www.parks.ca.gov/?page_id=468) liegt in der San Francisco Bay und hat ein mildes Klima. Dank der frischen Brisen in der Bucht lässt es sich hier prima wandern und radfahren. Ein Picknick in einer geschützten Bucht mit Blick auf die nahe und doch so ferne Großstadt ist ein einmaliges Erlebnis. Die vielfältige Geschichte der Insel – erst lagen hier die Jagd- und Fischgründe der Miwok, dann diente sie als Militärstützpunkt, Einwanderungsstation, im Zweiten Weltkrieg als Internierungslager für Japaner und als Abschussplatz für Nike-Raketen – hat ihre Spuren hinterlassen: Es gibt alte Befestigungsanlagen und Bunker, in denen man sich umsehen kann. Auf der Insel findet man mehr als 19 km an Straßen und Wegen, darunter der Wanderweg zum Gipfel des 238 m hohen **Mt. Livermore** (Fahrräder verboten) und der 8 km lange Rundweg um die Insel.

Die **Immigration Station**, das Ellis Island der Westküste, war von 1910 bis 1940 in Betrieb. Sie diente aber vor allem als Überwachungs- und Internierungslager für chinesische Einwanderer, denen damals wegen des rassistischen Chinese Exclusion Act die Einwanderung in die USA versagt wurde. Viele wurden hier längere Zeit festgehalten, ehe sie schließlich wieder in ihr Heimatland abgeschoben wurden. Zu den anrührendsten Dingen, die es hier zu sehen gibt, gehören die traurigen und sehnsuchtsvollen chinesischen Verse, die in die Wände der Baracken geritzt wurden. Das **Visitor Center** (www.aiisf.org/visit; ⏲normalerweise Mi–So 11–15 Uhr) bietet aufschlussreiche Ausstellungen und umfangreiche **Führungen** (☎415-435-3522, Erw./Kind 7/5 US$). Karten kann man vorab reservieren oder im Café nahe der Fähranlegestelle kaufen.

Sea Trek (s. S. 126) betreibt **Kajakausflüge** rund um die Insel. **Leihfahrräder** bekommt man an der Ayala Cove (10/35 US$ pro Std./Tag), und es gibt **Tramtouren** (13,50 US$) rund um die Insel. Der Fahrplan ändert sich je nach Saison; weitere Infos erhält man unter www.angelisland.com.

Auf der Insel kann man auch campen. Wenn abends die letzte Fähre abgelegt hat, hat man die Insel ganz für sich – abgesehen von den allgegenwärtigen Waschbären. Die zwölf zu Fuß, mit dem Fahrrad oder mit dem Kajak erreichbaren **Campingplätze** (☎800-444-7275; www.reserveamerica.com; Zelt-Stellplatz 30 US$) sind in der Regel Monate im Voraus ausgebucht. In der Nähe der Fähranlegestelle gibt's ein **Café**, dessen Spezialität Austern vom Grill sind.

Ab San Francisco fährt die Fähre (hin & zurück Erw./Kind 16/9 US$) von **Blue & Gold Fleet** (☎415-705-8200; www.blueandgoldfleet.com) vom Pier 41 oder vom Ferry Building ab. Zwischen Mai und September fahren am Wochenende drei Fähren täglich, werktags zwei. In den übrigen Monaten gilt ein eingeschränkter Fahrplan.

Ab Tiburon nimmt man die **Angel Island-Tiburon Ferry** (☎415-435-2131; www.angelislandferry.com; hin & zurück 13,50 US$, Fahrrad zzgl. 1 US$).

Caprice AMERIKANISCH **$$$**
(☎415-435-3400; www.thecaprice.com; 2000 Paradise Dr; Hauptgerichte 18–49 US$; ⏲Di–So 17–22, So zusätzl. 11–15 Uhr) In dem lohnenden, romantischen Restaurant sollte man sich einen Tisch reservieren und bei Sonnenuntergang den unvergleichlichen Blick auf Angel Island, die Golden Gate Bridge und San Francisco genießen. Auf der Karte stehen vor allem Meeresfrüchte, aber es gibt noch andere tolle Gerichte wie Artischocken-Bisque und Filet Mignon. Unbedingt den Kamin im Erdgeschoss ansehen – er wurde in den Felsen hineingehauen. Werktags schlägt das Drei-Gänge-Abendessen (25 US$) kein allzu großes Loch in die Brieftasche.

Guaymas MEXIKANISCH **$$**
(www.guaymasrestaurant.com; 5 Main St; Hauptgerichte 15–25 US$; ⏲So–Do 11–21, Fr & Sa 11–22 Uhr) Nur ein paar Schritte von der Anlegestelle entfernt liegt das recht laute Guaymas mit ausgelassenem, spaßversessenem Publikum. Die Margaritas heizen die Stimmung auf, und die handfesten mexikanischen Meeresfrüchte-Gerichte halten die Leute auf den Beinen.

Praktische Informationen

Die **Tiburon Peninsula Chamber of Commerce** (☎415-435-5633; www.tiburonchamber.org; 96b Main St) hat Informationen über die ganze Gegend.

An- & Weiterreise

Golden Gate Transit (☎415-455-2000; www.goldengatetransit.org) betreibt werktags den direkten Pendlerbus 8 zwischen San Francisco und Tiburon (4,25 US$).

Mit dem Auto geht's über den Hwy 101 und die Ausfahrt Tiburon Blvd, E Blithedale Ave und Hwy 131. Dort fährt man nach Osten; die Straße führt direkt in den Ort und kreuzt die Juanita Lane und die Main St.

Blue & Gold Fleet (☎415-705-8200; einfache Strecke 10,50 US$) bietet täglich Fähren vom Pier 41 bzw. vom Ferry Building in San Francisco nach Tiburon; die Anlegestelle ist direkt vor dem Restaurant Guaymas an der Main St. Fahrräder kann man kostenlos mitnehmen. Von Tiburon fahren auch regelmäßig Fähren zur Angel Island.

Mill Valley

Am Fuß des Mt. Tamalpais liegt unter den Mammutbäumen das kleine Mill Valley, einer der malerischsten Orte der Bay Area. Mill Valley lebte ursprünglich von der Holzverarbeitung. Der Name hat seinen Ursprung im ersten Sägewerk in der Bay Area, das in den 1830er-Jahren die Gegend mit Bauholz versorgte. Zwar werden die Autofahrer auf der Miller Ave noch immer von der 1892 gegründeten Mill Valley Lumber Company begrüßt, aber das Städtchen sieht inzwischen ganz anders aus. Heute schmücken viele kostspielige Häuser, schicke Autos und Nobelboutiquen die Straßen im Ort.

In Mill Valley begann auch die malerische Bahnlinie, die Besucher zum Mt. Tamalpais (s. S. 133) hinauf brachte. Die Gleise wurden 1940 abgebaut, und heute ist auf dem Gelände des ehemaligen Bahnhofs das Depot Bookstore & Cafe zu Hause.

Sehenswertes & Aktivitäten

Old Mill Park PARK

Der Park an der Throckmorton Ave, mehrere Häuserblocks westlich des Zentrums, ist perfekt für ein Picknick. Hier steht auch ein Nachbau der Sägemühle, die dem Ort seinen Namen gab. Gleich hinter der Brücke über den Old Mill Creek markieren die **Dipsea Steps** den Beginn des Dipsea Trail.

Mill Valley Film Festival FILMFESTIVAL

(www.mvff.com) Im Oktober präsentiert dieses innovative, international angesehene Filmfestival Filme unabhängiger Produzenten.

Tennessee Valley Trail WANDERN

Dieser Wanderweg in den Marin Headlands mit wunderschönem Blick auf die zerklüftete Küste ist vor allem bei Familien einer der beliebtesten im Marin County (am Wochenende sind hier Massen unterwegs). Der Rundweg ist nur 6 km lang und bietet einen leichten, ebenen Zugang zum Strand an der Bucht. Vom Hwy 101 nimmt man die Ausfahrt Mill Valley-Stinson Beach-Hwy 1 und biegt vom Shoreline Hwy links in die Tennessee Valley Rd ein, die bis zum Parkplatz und dem Startpunkt des Wegs führt.

LP TIPP **Dipsea Trail** WANDERN

Eine größere Herausforderung ist dieser beliebte 11,3 km lange Wanderweg, der hinauf zu den Coastal Ranges und durch eine Ecke der Muir Woods hinab nach Stinson Beach führt. Der Trail beginnt am Old Mill Park mit drei separaten Treppen von insgesamt 676 Stufen. Bis man zum Ozean kommt, geht es aber noch einige steile Anhöhen hinauf und hinunter. Die Route 61 von **West Marin Stagecoach** (www.marintransit.org/stage.html) führt von Stinson Beach nach Mill Valley, wodurch man die Wanderung an einem Tag bewältigen kann.

Outdoor Art Club HISTORISCHE STÄTTE

(www.outdoorartclub.org; Ecke W Blithedale & Throckmorton Ave) Der private, angeblich von 35 engagierten Frauen aus Mill Valley zum Schutz der heimischen Umwelt gegründete Club ist in einem charakteristischen Gebäude von 1904 untergebracht, das von dem berühmten Architekten Bernard Maybeck entworfen wurde.

Schlafen

Mountain Home Inn GASTHOF $$$

(☎415-381-9000; www.mtnhomeinn.com; 810 Panoramic Hwy; Zi. mit Frühstück 195–345 US$; WLAN) Auf einem Kamm des Mt. Tamalpais liegt mitten in einem Wald aus Mammutbäumen, Fichten und Kiefern dieses zugleich moderne und rustikale Refugium. Die größeren (teureren) Zimmer sind eine wahre Pracht: Unbehandelte Holzbalken reichen vom Boden bis zur Decke und erwecken den Eindruck, der Wald würde mitten durch das Haus wachsen. Die kleineren Zimmer sind gemütliche Höhlen für zwei. Das Fehlen von Fernsehern und die unübersehbare ausführliche Wanderkarte über der Kommode machen deutlich, dass man hier entspannen und auftanken kann.

Acqua Hotel BOUTIQUEHOTEL $$

(☎415-380-0400, 888-662-9555; www.marinhotels.com; 555 Redwood Hwy; Zi. mit Frühstück ab 169 US$; ❄@WLAN🐾) Mit dem Blick auf die

Bucht und den Mt. Tamalpais und der stimmungsvoll mit Kamin und Springbrunnen ausgestatteten Lobby ist das Acqua eine Augenweide. Die modernen Zimmer sind schick mit erlesenen Stoffen geschmückt.

Essen & Ausgehen

Depot Bookstore & Cafe CAFÉ $
(www.depotbookstore.com; 87 Throckmorton Ave; Gerichte bis 10 US$; 7–19 Uhr;) Das Café direkt im Zentrum serviert Cappuccinos, Sandwiches und kleine Gerichte. Außerdem erhält man im Buchladen viele regionale Publikationen (auch Wanderführer).

Buckeye Roadhouse AMERIKANISCH $$
(415-331-2600; www.buckeyeroadhouse.com; 15 Shoreline Hwy; Hauptgerichte 15–33 US$; Mo–Sa 11.30–22.30, So 10.30–22 Uhr) Das Buckeye, bei seiner Eröffnung 1932 eine einfache Raststätte, ist heute ein echtes Juwel im Marin County. Seine gehobene amerikanische Küche kann man mit dem Essen in einer normalen Fernfahrerkneipe nicht vergleichen. Wie wär's mit einem im Ziegelofen gebackenen Hühnchen mit Chili und Zitrone oder mit Rippchen oder Austern und einem Riesen-Stück Pie, bevor es wieder zurück auf den Highway geht?

Mill Valley Beerworks KNEIPE
(www.millvalleybeerworks.com; 173 Throckmorton Ave; Sandwiches & kleine Gerichte 9–14 US$; 11–24 Uhr) Bei den 100 verschiedenen Sorten von Flaschenbieren und ein paar Fassbieren können Biertrinker neue Geschmacksdimensionen entdecken und dazu hausgemachte Brezeln futtern. Das Ambiente mit Tischen aus unbehandeltem Holz und Wänden aus gepresstem Metall ist schlicht, aber stylish.

Avatar's Punjabi Burritos INDISCH $
(www.enjoyavatars.com; 15 Madrona St; Hauptgerichte 6,50–9 US$; Mo–Sa 11–20, So bis 19 Uhr;) Auf die Schnelle bekommt man hier leckeres Lamm-Burrito, Currys und pikante Gemüsegerichte.

Praktische Informationen

Touristeninfos gibt's bei der **Mill Valley Chamber of Commerce** (415-388-9700; www.millvalley.org; 85 Throckmorton Ave; Mo–Fr 9–17 Uhr).

An- & Weiterreise

Von San Francisco oder Sausalito fährt man über den Hwy 101 nach Norden bis zur Ausfahrt Mill Valley-Stinson Beach-Hwy 1. Man folgt dem Hwy 1 (auch Shoreline Hwy genannt) bis zum Almonte Blvd (der später zur Miller Ave wird) und dann der Miller Ave bis ins Zentrum von Mill Valley.

Von Norden kommend nimmt man vom Hwy 101 die Ausfahrt E Blithedale Ave und fährt dann nach Westen bis ins Zentrum von Mill Valley.

Golden Gate Transit (415-455-2000; www.goldengatetranist.org) betreibt werktags den Bus 4 von San Francisco direkt nach Mill Valley (4,25 US$).

Sir Francis Drake Blvd & Umgebung

Die Orte am Sir Francis Drake Blvd – Larkspur, Corte Madera, Ross, San Anselmo und Fairfax – sind von charmantem Kleinstadtleben geprägt, auch wenn es am Hwy 101 recht turbulent zugeht.

Beginnen kann man mit dem östlichen Abschnitt in **Larkspur**, wo man an der Magnolia Ave einen Schaufensterbummel machen kann. Wer will, kann auch die Mammutbäume im nahen Baltimore Canyon erkunden. An der Ostseite des Freeways ragt die gewaltige Masse des **San Quentin State Penitentiary** von 1852 auf, Kaliforniens ältestes und berüchtigtstes Gefängnis. Johnny Cash nahm hier 1969 ein Album auf, nachdem er ein paar Jahre zuvor mit seinem Livealbum *Folsom Prison* einen Hit gelandet hatte.

Vom Fährhafen geht's über die Radfahrer- und Fußgängerbrücke auf die andere Straßenseite zur **Marin Brewing Company** (www.marinbrewing.com; 1809 Larkspur Landing Cir, Marin Country Mart, Bldg 2, Larkspur; Hauptgerichte 10–15 US$; So–Do 11.30–24, Fr & Sa bis 1 Uhr). In der Brauereikneipe sieht man hinter der Bar die verglasten Brauereikessel. Arne Johnson ist der mehrfach preisgekrönte Braumeister hier, und das Mt. Tam Pale Ale vervollständigt die Speisekarte mit Pizza, Burger und herzhaften Sandwichs.

Die hübsche **Tavern at Lark Creek** (415-924-7766; 234 Magnolia Ave, Larkspur; Hauptgerichte 13–29 US$; Mo–Do 17.30–21.30, Fr & Sa bis 22, So 10–14 & 17–21.30 Uhr;) ist genau das Richtige für ein feines Dinner. Sie ist in einem viktorianischen Haus von 1888 untergebracht, das abgelegen in einem Redwood-Canyon steht. Und das farmfrische amerikanische Essen (z.B. Makkaroni-Käse-Kroketten, Schweinelende und Regenbogenforelle in brauner Butter) lohnt sich wirklich.

Gleich südlich in **Corte Madera** findet man einen der besten Buchläden der Bay Area: **Book Passage** (415-927-0960; www.

bookpassage.com; 51 Tamal Vista Blvd) mit einer guten Reiseliteratur-Abteilung und häufigen Autorenlesungen befindet sich im Einkaufszentrum Marketplace.

Fährt man auf dem Sir Francis Drake Blvd weiter nach Westen, erreicht man **San Anselmo**. Im hübschen, kleinen Zentrum an der San Anselmo Ave gibt's auch ein paar Antiquitätenläden. Das schöne Zentrum des benachbarten **Fairfax** bietet unzählige Möglichkeiten zum Essen und Shoppen. Radfahrer treffen sich im **Gestalt Haus Fairfax** (28 Bolinas Rd, Fairfax). Hier kann man sein Rad unterstellen und sich ganz den Brettspielen, europäischen Bieren vom Fass und den fleischhaltigen oder vegetarischen Würstchen widmen.

Arti (www.articafe.com; 7282 Sir Francis Drake Blvd, Lagunitas; Hauptgerichte 9–14 US$; Di–So 12–21.30 Uhr;) Das Lokal in dem winzigen Nest Lagunitas zwischen dem Hwy 1 und dem Hwy 101 ist mit seinen verlockenden indischen Bio-Gerichten wie Hühnchen-Tikka einen Zwischenstopp wert. Es hat einen gemütlichen Speiseraum und für warme Tage einen Hof im Freien.

Golden Gate Ferry (415-455-2000; www.goldengateferry.org) bietet täglich Fähren (8,75 US$, 50 Min.) vom Ferry Building in San Francisco zum Larkspur Landing am E Sir Francis Drake Blvd, gleich östlich des Hwy 101. Fahrräder kann man mit an Bord nehmen.

San Rafael

Das älteste und größte Städtchen in Marin County ist San Rafael. Hier geht es nicht ganz so gehoben zu wie in den meisten benachbarten Orten, aber auch San Rafael fehlt es nicht an Stil. Oft legen Traveller auf ihrem Weg nach Point Reyes hier einen Stopp ein. Gleich nördlich von San Rafael führt die Lucas Valley Rd westwärts nach Point Reyes Station, vorbei an der Skywalker Ranch von George Lucas. Die Fourth St, San Rafaels Hauptstraße, ist voller Cafés und Shops. Sie führt nach Westen aus San Rafaels Zentrum hinaus, kreuzt den Sir Francis Drake Blvd und verläuft weiter westwärts bis zur Küste.

Sehenswertes & Aktivitäten

Mission San Rafael Arcángel MISSION
(1104 5th Ave) Die Geschichte des Städtchens begann mit der 1817 gegründeten Mission, die als Sanatorium für Indianer diente, die an europäischen Krankheiten litten. Das heutige Gebäude ist ein Nachbau von 1949.

China Camp State Park PARK
(415-456-0766; Parken 5 US$) Der Park, rund 4 Meilen (6,4 km) östlich von San Rafael, ist ein hübscher Ort für ein Picknick oder eine kleine Wanderung. Vom Hwy 101 nimmt man die Ausfahrt N San Pedro Rd und fährt 3 Meilen (4,8 km) Richtung Osten weiter. Früher gab es hier ein chinesisches Fischerdorf; ein kleines Museum zeigt interessante Gegenstände aus jener Zeit. Zum Zeitpunkt der Recherche war unklar, wie es mit dem State Park weitergehen sollte.

Rafael Film Center KINO
(415-454-1222; www.cafilm.org/rfc; 1118 4th St) Das restaurierte Kino in der Downtown zeigt in drei supermodernen Kinosälen innovative, künstlerisch anspruchsvolle Filme.

Schlafen & Essen

Panama Hotel B&B $$
(415-457-3993; www.panamahotel.com; 4 Bayview St; Zi. 120–195 US$;) Die zehn kunstvoll gestalteten Zimmer in diesem B&B in einem Gebäude von 1910 haben jeweils einen eigenen Stil und charmantes Dekor wie witzige Steppdecken und mit kräftigen Farben akzentuierte Wände. Das Hotelrestaurant hat einen einladenden Innenhof.

LP TIPP **Sol Food Puerto Rican Cuisine** PUERTORICANISCH $$
(415-451-4765; www.solfoodrestaurant.com; Lincoln Ave & 3rd St; Hauptgerichte 7,50–16 US$; Mo–Do 7–24, Fr bis 2, Sa 8–2, So bis 24 Uhr) Träge Deckenventilatoren, tropische Pflanzen und lateinamerikanische Rhythmen bilden das stimmungsvolle Ambiente für so leckeres Essen wie *jíbaro*-Sandwiches (in dünne Scheiben geschnittenes Steak, das mit grünen Kochbananen serviert wird) und andere puertoricanisch inspirierte Gerichte aus *plátanos*, Biogemüse und jeder Menge Fleisch.

China Camp State Park CAMPING $
(800-444-7275; www.reserveamerica.com; Stellplatz Zelt 35 US$;) Der Park bietet 30 zu Fuß erreichbare, angenehm schattige Campingplätze.

An- & Weiterreise

Zahlreiche Busse von **Golden Gate Transit** (415-455-2000; www.goldengatetransit.org) fahren zwischen San Francisco und dem San Rafael Transit Center, Ecke 3rd und Hetherton St (5,25 US$, 1 Std.).

Mt. Tamalpais State Park

Über das Marin County wacht der majestätische Mt. Tamalpais (Mt. Tam). Von seinem Gipfel aus hat man einen atemberaubenden Rundblick auf den Pazifik, die Bucht und die Hügel in der Entfernung. Die unvergleichliche Schönheit des 784 m hohen Bergs und der Umgebung ist umwerfend – vor allem, wenn man bedenkt, dass er gerade mal eine Autostunde von einer der größten Städte des Bundesstaates entfernt liegt.

Der Mt. Tamalpais State Park entstand 1930, teilweise aus den Ländereien, die der Kongressabgeordnete und Naturliebhaber William Kent (der auch das Land stiftete, das 1907 zum Muir Woods National Monument erklärt wurde) zur Verfügung stellte. Auf dem 25,5 km² großen Gelände gibt's neben Hirschen, Füchsen und Rotluchsen auch viele Wander- und Fahrradwege.

Für die an der Küste siedelnden Miwok-Indianer war der Mt. Tam schon Jahrtausende vor der Ankunft europäischer und amerikanischer Siedler ein heiliger Ort. Ende des 19. Jhs. machten es sich die Einwohner San Franciscos zur Gewohnheit, Tagesausflüge in die Berge zu unternehmen, um dem Gedränge der Stadt zu entkommen. So wurde 1896 die „Bahnlinie mit den weltweit meisten Kurven" (281!) von Mill Valley aus zum Gipfel fertiggestellt. Die Linie wurde zwar 1930 eingestellt, aber der Old Railroad Grade ist heute noch einer der beliebtesten und malerischsten Wander- und Fahrradwege des Mt. Tam.

Sehenswertes

Der Panoramic Hwy führt von Mill Valley durch den Park nach Stinson Beach. Von Pantoll Station sind es mit dem Auto 4,2 Meilen (6,7 km) bis zum **East Peak Summit**; man nimmt die Pantoll Rd und dann den malerischen Ridgecrest Blvd bis zum Gipfel. Parken kostet 8 US$ (das gilt für den ganzen Park); vom Parkplatz aus läuft man zehn Minuten bis zu einem Feuerwachturm auf dem Gipfel, wo sich ein sagenhafter Blick auf das Meer und die Bucht bietet.

Mountain Theater THEATER
(☎415-383-1100; www.mountainplay.org) Im Park befindet sich auch das aus Naturstein erbaute Theater mit 4000 Sitzplätzen, in dem jedes Jahr an sechs Wochenenden zwischen Mitte Mai und Ende Juni nachmittags die „Mountain Plays" stattfinden. Kostenfreie Shuttles fahren ab Mill Valley.

ABSTECHER

DEUTSCHER TOURISTENVEREIN

Der **German Tourist Club** (☎415-388-9987; www.touristclubsf.org; ⏲1., 3. & 4. Wochenende im Monat 13–17 Uhr), „Die Naturfreunde", ist ein privater Club, der mit seinem tollen Biergarten und dem Blick auf die Muir Woods und den Mt. Tamalpais Gleichgesinnte und Wanderer mit ausgedörrter Kehle anlockt. Mit dem Auto biegt man vom Panoramic Hwy in die Ridge Ave ein, parkt am Ende der Straße an der kiesigen Einfahrt und marschiert 500 m hügelabwärts. Man kann auch vom Panoramic Hwy eine halbstündige Wanderung über den meist ebenen Sun Trail mit Blick aufs Meer und die Muir Woods machen.

Zudem gibt's jeden Monat rund um Neumond am Samstagabend kostenlose **Astronomie-Veranstaltungen** (☎415-455-5370; www.mttam.net/astronomy.html; ⏲April–Okt.).

Aktivitäten

Wandern

Eine Parkkarte ist eine gute Investition, denn dort sind ein Dutzend lohnender Wanderwege in der Region aufgeführt. Von Pantoll Station folgt der etwa 3,4 km lange **Steep Ravine Trail** einem Bach im Wald bis zur Küste. Wer eine längere Wanderung vorzieht, biegt nach 2,4 km rechts (nordwestlich) in den **Dipsea Trail** ein. Dieser schlängelt sich 1,6 km durch den Wald und endet in Stinson Beach. Hier kann man zu Mittag essen und dann durch den Ort Richtung Norden weitergehen und der Ausschilderung zum **Matt Davis Trail** folgen, der nach 4,3 km wieder zurück nach Pantoll Station führt. Der Matt Davis Trail geht auch hinter Pantoll Station noch weiter, verläuft rund um den Berg und bietet tolle Ausblicke.

Lohnenswert ist auch der **Cataract Trail**. Der ca. 4,8 km lange Trail zum Alpine Lake verläuft am Cataract Creek entlang, der am Ende der Pantoll Rd beginnt. Die letzten 1,6 km sind wahrhaft spektakulär: Der Abstieg führt direkt neben den **Cataract Falls** über Stufen aus Wurzelwerk hinab.

Mountainbiken

Fahrradfahrer müssen sich an die Feuerwehrstraßen halten und dürfen nicht auf den einspurigen Trails fahren. Für sie gilt eine Geschwindigkeitsbegrenzung von 24 km/h. Die Ranger achten mit Argusaugen auf die Einhaltung dieser Regeln; ansonsten droht eine saftige Geldbuße.

Der beliebteste Radweg ist der **Old Railroad Grade**. Bei dem ca. 9,6 km langen Aufstieg bis in eine von Höhe 695 m kommt man ordentlich ins Schwitzen. Der Radweg beginnt in Mill Valley am Ende der W Blithedale Ave und führt hinauf zum East Peak. Von Mill Valley braucht man ungefähr eine Stunde bis zum West Point Inn (s. rechte Spalte). Wer es leichter angehen will, beginnt auf halber Strecke am Mountain Home Inn (S. 130) und folgt dem **Gravity Car Grade** bis zum Old Railroad Grade und West Point Inn. Vom West Point Inn ist es eine halbstündige Radfahrt bis zum Gipfel.

Westlich von Pantoll Station nehmen Radfahrer entweder die **Feuerwehrstraße Deer Park**, die nahe des Dipsea Trail verläuft und durch gigantische Redwoods bis zum Haupteingang des Muir Woods führt, oder die südöstliche Verlängerung des **Coastal Trail**, der einen atemberaubenden Blick auf die Küste ermöglicht, bevor er etwa 3,2 km nördlich von Muir Beach auf den Hwy 1 trifft. Egal, welche Strecke man nimmt, muss man auf der Rückfahrt nach Mill Valley über das Frank Valley bzw. die Muir Woods Rd fahren, die bis zum Panoramic Hwy nur bergauf (bis auf 244 m Höhe) führt und beim Abstieg Richtung Mill Valley zur Sequoia Valley Rd wird. Fährt man links auf die Wildomar St und dann am Mill Creek Park zweimal nach rechts, kommt man ins Zentrum von Mill Valley.

Weitere Infos zu Radwegen und Bestimmungen erhält man bei der **Marin County Bicycle Coalition** (☎415-456-3469; www.marinbike.org). Für regionale Radtouren ist die Fahrradkarte von Marin die beste.

Schlafen & Essen

LP TIPP **Steep Ravine** HÜTTEN, CAMPEN $
(☎800-444-7275; www.reserveamerica.com; Stellplatz/Hütte 25/100 US$; ⊙Okt. geschl.) Ungefähr 1 Meile (1,6 km) südlich von Stinson Beach liegt gleich abseits des Hwy 1 dieser tolle Campingplatz mit sieben Stellplätzen am Strand und neun rustikalen Hütten für je fünf Personen mit Holzofen und Blick auf den Ozean. Alles ist schon Monate vorher ausgebucht; zum Glück kann man bis zu sieben Monate im Voraus reservieren.

West Point Inn GASTHOF $
(☎Gasthof 415-388-9955, Reservierung 415-646-0702; www.westpointinn.com; Zi. oder Hütte 50 US$/Pers.; ⊙So & Mo abends geschl.) Schlafsack einpacken und eine Wanderung zu diesem rustikalen Refugium machen, das 1904 als Zwischenstopp auf dem Weg zum Mill Valley und der Mt. Tamalpais Scenic Railway gebaut wurde. Mitte September bis Ende Mai fällt der Preis dienstags bis donnerstags auf 35 US$ pro Person. Im Sommer gibt's einmal im Monat ein Pancake-Sonntagsfrühstück (10 US$).

Pantoll Station Campground CAMPING $
(☎415-388-2070; Stellplatz Zelt 25 US$; 🐾) Vom Parkplatz sind es zu Fuß oder per Rad etwa 90 m bis zu dem Campingplatz mit 16 Stellplätzen ohne Duschen (keine Voranmeldung).

Praktische Informationen

In **Pantoll Station** (☎415-388-2070; 801 Panoramic Hwy; 📶) hat die Parkverwaltung ihren Sitz, die auch detaillierte Karten verkauft. Die **Mt. Tamalpais Interpretative Association** (www.mttam.net; ⊙Sa & So 11–16 Uhr) betreibt eine kleine Touristeninformation in East Peak.

An- & Weiterreise

Mit dem Auto erreicht man Pantoll Station über den Hwy 1 bis zum Panoramic Hwy; dann den Schildern folgen. Minibusse der Linie 61 (2 US$) von **West Marin Stagecoach** (☎415-526-3239; www.marintransit.org/stage.html) fahren täglich von Marin City (über Mill Valley, an Wochenenden und Feiertagen auch von der Sausalito-Fähre) nach Pantoll Station und zum Mountain Home Inn.

Muir Woods National Monument

Durch diesen ehrfurchtgebietenden Wald aus den weltweit höchsten Bäumen zu laufen, ist ein Erlebnis, das nur in Nordkalifornien und in kleinen Teilen des südlichen Oregon möglich ist. Die uralten Redwoods in **Muir Woods** (☎415-388-2595; www.nps.gov/muwo; Erw./Kind bis 16 Jahre 5/frei US$; ⊙8 Uhr–Sonnenuntergang), nur 12 Meilen (19 km) nördlich der Golden Gate Bridge, bilden den San Francisco am nächsten gelegenen Mammutbaumwald. Eigentlich hatten die Holzfäller schon ein Auge auf die großen Bäume geworfen, und Redwood Creek, wie das Gebiet genannt wurde, schien ein idealer Ort für einen Damm. Glücklicherweise wurden diese Pläne durchkreuzt, als der Kongressabgeordnete und Naturliebhaber William Kent einen Teil von Redwood Creek kaufte und 1907 rund 120 ha den USA schenkte. Präsident Theodore Roosevelt erklärte die Stätte 1908 zum National Monument und benannte sie nach John Muir, dem Naturliebhaber und Gründer der Umweltorganisation Sierra Club.

Muir Woods kann ziemlich voll werden, vor allem am Wochenende. Daher lieber in der Woche am frühen Morgen oder späten Nachmittag herkommen, wenn die Ausflugsbusse nicht unterwegs sind. Aber selbst wenn viele Menschen da sind, bringt einen schon ein kleiner Spaziergang weg von den Massen und auf Wege mit riesigen Bäumen und atemberaubender Aussicht. Ein nettes Café serviert lokale Süßigkeiten aus Bio-Anbau und heiße Getränke, die an nebligen Tagen die Laune heben.

Aktivitäten

Der lange **Main Trail Loop** (1,6 km) ist ein leichter Weg am Redwood Creek, der zu den 1000-jährigen Bäumen im **Cathedral Grove** führt. Zurück geht's über den **Bohemian Grove**, wo die mit 77,4 m höchsten Bäume des Parks stehen. Der **Dipsea Trail** ist ein guter, 3,2 km langer Wanderweg auf den Gipfel des passend benannten **Cardiac Hill**.

Man kann auch in den Muir Woods hinuntergehen. Entsprechende Trails zweigen vom Panoramic Hwy ab, z.B. der am Picknickgelände Bootjack beginnende **Bootjack Trail** oder der **Ben Johnson Trail** vom Campingplatz Pantoll Station am Mt. Tamalpais.

An- & Weiterreise

Der Parkplatz ist schnell voll, wenn viel los ist. Deshalb sollte man im Sommer lieber den Shuttle von **Marin Transit** (www.marintransit.org; hin & zurück Erw./Kind 3/1 US$; Ende Mai–Sept. Wochenende & Feiertage) nehmen. Der Shuttle ist bei Ankunft der vier Sausalito-Fähren aus San Francisco da; die Fahrt dauert 40 Minuten.

Mit dem Auto fährt man auf dem Hwy 101 nach Norden, nimmt die Ausfahrt zum Hwy 1 und fährt über den Hwy 1/Shoreline Hwy nach Norden zum Panoramic Hwy (rechte Abzweigung). Ihm folgt man ca. 1 Meile (1,6 km) bis Four Corners, wo es links in die Muir Woods Rd geht (ausgeschildert).

Die Küste

MUIR BEACH

Die Ausfahrt vom Hwy 1 nach Muir Beach erkennt man an der längsten Reihe von Briefkästen an der Nordküste. Muir Beach ist ein ruhiger kleiner Ort mit hübschem Strand. Es gibt aber keinen Direktbus hierher. Gleich nördlich von Muir Beach hat man vom **Muir Beach Overlook** einen tollen Blick auf die Küste. Während des Zweiten Weltkriegs hielt man von den betonierten Aussichtsplattformen in der Gegend Ausschau nach japanischen Schiffen.

Das **Pelican Inn** (415-383-6000; www.pelicaninn.com; 10 Pacific Way; Zi. mit Frühstück 190–265 US$;) ist die einzige kommerzielle Einrichtung in Muir Beach. Das Restaurant und der Pub (Hauptgerichte 9–34 US$) im Untergeschoss sind ein echter anglophiler Traum und perfekt für eine Stärkung vor oder nach dem Wandern.

Green Gulch Farm & Zen Center (415-383-3134; www.sfzc.org; 1601 Shoreline Hwy; EZ 90–135 US$, DZ 160–205 US$, DZ Cottage 300–350 US$, alle mit 3 Mahlzeiten;) Das Zen Center ist eine buddhistische Klause in den Hügeln oberhalb von Muir Beach. Die Unterkünfte hier sind elegant, erholsam und modern, und das Buffet mit köstlichen vegetarischen Gerichten ist im Preis inbegriffen. Zum Center gehört auch die kleine Hütte oben auf dem Hügel, die man zu Fuß in 25 Minuten erreicht.

STINSON BEACH

An warmen Wochenenden ist in Stinson Beach, 5 Meilen (8 km) nördlich von Muir Beach, richtig was los. Etwa drei Häuserblocks liegen direkt am Hwy 1 und sind voller Galerien, Shops, Lokale und B&Bs. Der Strand selbst ist oft von Nebel bedeckt. Wenn die Sonne scheint, tummeln sich hier Surfer, Familien und Zuschauer. An klaren Tagen sieht man Point Reyes und San Francisco, und der Strand ist lang genug für einen ausgiebigen Spaziergang. Von San Francisco aus fährt man mit dem Auto ca. eine Stunde, aber an Wochenenden kann der Verkehr ziemlich zähfließend sein.

Der 3 Meilen (4,8 km) lange **Stinson Beach** ist bei Surfern sehr beliebt, baden kann man aber nur von Ende Mai bis Mitte September. Aktuelle Infos zu Wetter- und Surfbedingungen gibt's unter 415-868-1922. Der Strand liegt einen Block westlich des Hwy 1.

Ungefähr 1 Meile (1,6 km) südlich von Stinson Beach liegt der **Red Rock Beach**, wo FKK-Anhänger die Hüllen fallen lassen können. Der Strand ist nicht so stark besucht, vermutlich, weil man ihn nur über einen steilen Abhang vom Hwy 1 erreicht.

LP TIPP **Audubon Canyon Ranch** (☎415-868-9244; www.egret.org; Spende erwünscht; ⏲Mitte März–Mitte Juli Sa, So & Feiertage 10–16 Uhr) Die Ranch liegt rund 3,5 Meilen (5,6 km) nördlich vom Ort am Hwy 1 in den Hügeln oberhalb der Bolinas Lagoon. Die Gegend ist ein wichtiger Brutplatz für Kanada- und Silberreiher, und von den Aussichtspunkten am Hügelhang kann man die prächtigen Vögel beobachten, wie sie in den hohen Mammutbäumen nisten und ihre Jungen aufpäppeln. Bei Ebbe dösen oft Seehunde auf den Sandbänken der Lagune.

Gleich abseits des Hwy 1 in unmittelbarer Nähe zum Strand bietet das **Sandpiper** (☎415-868-1632; www.sandpiperstinsonbeach.com; 1 Marine Wy; Zi. 140–210 US$; 📶) versteckt in einem üppigen Garten und Picknickgebiet zehn komfortable Zimmer mit Gaskamin und Einbauküche. Von November bis März gibt's günstigere Preise.

Parkside Cafe (☎415-868-1272; www.parksidecafe.com; 43 Arenal Ave; Hauptgerichte 9–25 US$; ⏲Mo–Fr 7.30–21, Sa & So ab 8 Uhr) Das Café ist bekannt für seine herzhaften Frühstücks- und Mittagsgerichte und für seine ausgezeichnete Küstenküche. Abends sollte man besser reservieren.

West Marin Stagecoach (☎415-526-3239; www.marintransit.org/stage.html) betreibt täglich Minibusse der Linie 61 (2 US$) von Marin City und an Wochenenden und Feiertagen Busverbindungen zur Sausalito-Fähre. Die Linie 62 ab San Rafael fährt an drei Tagen in der Woche.

BOLINAS

Für einen Ort, der sich bekanntermaßen wenig um den Tourismus schert, bietet Bolinas seinen Besuchern ein paar recht verlockende Attraktionen. Das verschlafene Nest am Strand, in dem Schriftsteller, Musiker und Fischer leben, war in den Tagen des Goldrauschs als Jugville bekannt und ist nur schwer zu finden – was pure Absicht ist: Immer wieder brachte das Straßenbauamt an der Ausfahrt vom Hwy 1 Schilder an, und jedes Mal nahmen Einheimische sie wieder ab, bis das Amt irgendwann aufgab.

Sehenswertes & Aktivitäten

GRATIS **Bolinas Museum** MUSEUM
(☎415-868-0330; www.bolinasmuseum.org; 48 Wharf Rd; ⏲Mi 16–19, Fr 13–17, Sa & So 12–17 Uhr) In dem Gebäudekomplex mit fünf Galerien rund um einen Hof sind Werke einheimischer Künstler sowie Exponate zur Geschichte der Region ausgestellt. Das an der Wand angebrachte verwitterte Ortsschild ist eine Sehenswürdigkeit, denn auf der Anfahrt über den Highway hat man bestimmt keines gesehen.

2 Mile Surf Shop SURFEN
(☎415-868-0264; 22 Brighton Ave) Surfen ist hier sehr beliebt. Dieser Laden hinter der Post verleiht Bretter und Anzüge und bietet auch Surfstunden. Infos zur aktuellen Wellenlage gibt's unter ☎415-868-2412.

Agate Beach STRAND
Am Agate Beach, beim Ende von Duxbury Point, gibt's an der Küste etwa 3 km lang Gezeitenpools.

PRBO Conservation Science VOGELBEOBACHTUNG
(☎415-868-0655; www.prbo.org) Westlich der Downtown abseits der Mesa Rd liegt das ehemalige Point Reyes Bird Observatory, das heute Palomarin Field Station of PRBO heißt. Morgens kann man hier beobachten, wie die Vögel eingefangen und beringt werden (Mai–Nov. Di–So, sonst Mi, Sa & So). Außerdem gibt's ein Visitor Center und einen Naturlehrpfad. Infos zu den monatlichen Führungen zur Vogelbeobachtung in der Region findet man auf der Website.

WANDERN

Hinter dem Observatorium liegt der Palomarin-Parkplatz, von dem aus man zu verschiedenen **Wanderwegen** des südlichen Teils der Point Reyes National Seashore (s. S. 139) gelangt. Einfach (und sehr beliebt) ist der 4,8 km lange Weg zum hübschen **Bass Lake**. Der niedliche kleine See ist von hohen Bäumen umgeben und eignet sich prima für ein erfrischendes Bad an heißen Tagen. Man kann splitterfasernackt (oder auch nicht) ins Wasser springen, sich einen Schwimmreifen zum Herumtollen mitbringen oder aber bis ans andere Ufer schwimmen.

Fährt man 2,4 km nach Nordwesten weiter, erreicht man den unbefestigten Weg zu den **Alamere Falls**, einem fantastischen Wasserfall, der sich aus 15 m Höhe über die Klippen nach unten zum Strand ergießt. Aber wegen des schwierigen Zugangs zum Strand macht es größeren Spaß, weitere 2,4 km bis zum **Wildcat Beach** zu laufen und dann auf dem Sandstrand rund 1,6 km zurückzugehen.

Schlafen & Essen

Smiley's Schooner Saloon & Hotel MOTEL $
(☎415-868-1311; www.smileyssaloon.com; 41 Wharf Rd; Zi. 89–109 US$; 📶) Das knorrige,

alte Haus von 1851 hat einfache, aber ordentliche Zimmer, die werktags als Last-Minute-Schnäppchen manchmal schon für 60 US$ zu haben sind. In der Bar, in der auch etwas zu essen serviert wird, treten donnerstags bis samstags Livebands auf. Hier trifft man auf jede Menge Seeleute und ergraute alte Männer.

Coast Café AMERIKANISCH $$
(www.bolinascafe.com; 46 Wharf Rd; Hauptgerichte 10–22 US$; ⏲Di & Mi 11.30–15 & 17–20, Do & Fr bis 21, Sa 8–15 & 17–21, So bis 20 Uhr;) Das einzige „richtige" Restaurant im Ort. Heiß begehrt sind die Sitzplätze im Freien mitten unter den Blumenkästen, wo man Fish'n'Chips, Austern vom Grill oder Buttermilch-Pancakes mit verdammt gutem Kaffee genießen kann.

Bolinas People's Store MARKT $
(14 Wharf Rd; ⏲8.30–18.30 Uhr;) Der fantastische kleine Lebensmittelladen wird von einer Genossenschaft betrieben und liegt versteckt hinter dem Gemeindezentrum. Hier gibt's Fair-Trade-Kaffee, Bioprodukte, frisch gekochte Suppen und exzellente Tamale. Man isst an den Tischen im schattigen Innenhof. Dann kann man noch die Free Box durchstöbern, eine Hütte voller Klamotten und anderem Kleinkram, der darauf wartet, mitgenommen zu werden.

An- & Weiterreise

Die Linie 61 von **West Marin Stagecoach** (☎415-526-3239; www.marintransit.org/stage.html) fährt täglich (2 US$) vom Transit Hub Marin City (an Wochenenden und Feiertagen von der Sausalito-Fähre) zum Zentrum von Bolinas, die Linie 62 drei Tage in der Woche von San Rafael. Mit dem Auto folgt man dem Hwy 1 vor Stinson Beach nach Norden und biegt an der ersten Straße nördlich der Lagune Richtung Westen (links) nach Bolinas ab. Am ersten Stoppschild geht es wieder nach links in die Olema-Bolinas Rd, der man 2 Meilen (3,2 km) bis in den Ort folgt.

OLEMA & NICASIO

Ungefähr 10 Meilen (16 km) nördlich von Stinson Beach liegt nahe der Kreuzung des Hwy 1 mit dem Sir Francis Drake Blvd **Olema**, in den 1860er-Jahren die größte Siedlung in West Marin. Damals gab es hier sage und schreibe sechs Saloons, und es fuhr regelmäßig eine Postkutsche nach San Rafael. Als 1875 die Bahnlinie durch Point Reyes Station statt durch Olema gebaut wurde, verlor der Ort an Bedeutung. 1906 bekam Olema aber wieder Aufmerksamkeit – als Epizentrum des Großen Erdbebens.

Der **Bolinas Ridge Trail**, ein rund 19 km langer Wander- und Radweg mit vielen Aufs und Abs und tollem Ausblick, beginnt etwa 1,6 km westlich von Olema am Sir Francis Drake Blvd.

Mit dem Auto von Olema landeinwärts erreicht man nach etwa 15 Minuten **Nicasio**, das geographische Zentrum von Marin County. Der winzige Ort am Westende der Lucas Valley Rd, 10 Meilen (16 km) vom Hwy 101 entfernt, hat eine ruhig-ländliche Atmosphäre und einen coolen Saloon, der auch als Musiktreff fungiert.

Olema Inn & Restaurant (☎415-663-9559; www.theolemainn.com; Ecke Sir Francis Drake Blvd & Hwy 1; Zi. mit Frühstück Mo–Do 174–198 US$, Fr & Sa 198–222 US$; Restaurant ⏲9–21 Uhr;) ist ein sehr stilvolles, friedliches Refugium auf dem Land. Die sechs Zimmer zeigen noch Zeichen des altertümlichen Charmes des Hauses, halten

ABSTECHER

UNTERWEGS IN DER UMGEBUNG

An der Grenze zwischen Marin und Sonoma County sollte man einen Abstecher zu folgenden zwei örtlichen Top-Favoriten machen:

Der Zwischenstopp bei **Marin French Cheese** (www.marinfrenchcheese.com; 7500 Red Hill Rd, Novato; ⏲8.30–17 Uhr) verspricht ein tolles Picknick am ruhigen Teich der 150 Jahre alten Käserei. Man kann hier Weichkäse kaufen, bei einer der vier Führungen täglich die Herstellung von Käse beobachten und sich auf den wogenden grünen Hügeln niederlassen, um ein dreifach mit Crème Brie belegtes Baguette zu genießen.

Fährt man auf der Petaluma-Point Reyes Rd weitere 9 Meilen (14,5 km) nach Norden bis zum Petaluma Blvd und biegt dann links ab, kommt man zur **Petaluma Seed Bank** (http://rareseeds.com/petaluma-seed-bank; 199 Petaluma Blvd N, Petaluma; ⏲So–Fr 9.30–17.30 Uhr, Winter kürzere Öffnungszeiten), der ehemaligen Sonoma County National Bank. Das Gebäude von 1925 ist dank der hohen Fenster und der geschnitzte Decke eindrucksvoll – ein perfekter Ort, um die 1200 Arten alter Kulturpflanzen zu studieren.

sich aber an den modernen Standard des Komforts. Im **Restaurant** (Hauptgerichte 22–30 US$) wird fast nur mit Bio-Produkten gekocht; man bekommt hier Hog-Island-Austern und kleine Gerichte. Außerdem gibt's eine lange Weinkarte mit kalifornischen Weinen aus kleineren Weingütern.

Der **Samuel P. Taylor State Park** (☎415-488-9897; www.reserveamerica.com; Stellplatz Zelt & Wohnmobil 35 US$;) mit wunderschönen, einsamen Campingplätzen in Redwood-Hainen befindet sich 6 Meilen (9,7 km) östlich von Olema am Sir Francis Drake Blvd. Der Park liegt am **Cross Marin Bike Path**, einer alten Bahnstrecke, die kilometerweit an einem Bach entlangführt. Zum Zeitpunkt der Recherche war der State Park mal ganz geschlossen oder nur zeitweise geöffnet und seine Zukunft ungewiss.

Im Zentrum von Nicasio liegt das örtliche Unterhaltungszentrum **Rancho Nicasio** (☎415-662-2219; www.ranchonicasio.com; Hauptgerichte 17–23 US$; ⌚Mo–Do 11.30–15 & 17–21, Fr bis 22, Sa 11–15 & 17–22, So bis 21 Uhr), ein rustikaler Saloon, in dem regelmäßig einheimische und landesweit bekannte Blues-, Rock- und Country-Musiker auftreten.

Die Linie 68 von **West Marin Stagecoach** (☎415-526-3239; www.marintransit.org/stage.html) fährt täglich vom San Rafael Transit Center nach Olema und zum Samuel P. Taylor State Park (2 US$).

POINT REYES STATION

Point Reyes Station ist zwar klein, und die Eisenbahn hält hier schon seit 1933 nicht mehr, aber es ist die Drehscheibe von West Marin. Früher gab es hier vor allem Molkereien und Ranches, bis in den 1960er-Jahren Künstler den Ort für sich entdeckten. Heute ist Point Reyes Station eine interessante Mischung aus Kunstgalerien und Touristenläden. Es gibt einen rauen Saloon, und manchmal liegt am Nachmittag der Geruch von Kühen in der Luft.

Schlafen & Essen

In und rund um Point Reyes gibt's viele hübsche, kleine Cottages, Hütten und B&Bs. Eine lange Liste haben die **West Marin Chamber of Commerce** (☎415-663-9232; www.pointreyes.org) und die **Point Reyes Lodging Association** (www.ptreyes.com).

Holly Tree Inn GASTHOF, COTTAGES **$$**
(☎415-663-1554, 800-286-4655; www.hollytreeinn.com; Silver Hills Rd; Zi. mit Frühstück 130–180 US$, Cottage 190–265 US$) Das Holly Tree Inn, abseits der Bear Valley Rd, hat vier Zimmer und drei private Cottages in schöner ländlicher Lage. Das **Sea Star Cottage** ist ein romantisches Refugium am Ende eines kleinen Piers an der Tomales Bay.

Bovine Bakery BÄCKEREI **$**
(11315 Hwy 1; ⌚Mo–Do 6.30–17, Sa & So 7–17 Uhr) Nicht wegfahren, ohne von den köstlichen Butter-Spezialitäten der wohl besten Bäckerei im Marin County gekostet zu haben. Eine süße Bärentatze und ein Bio-Kaffee sind ein guter Start in den Tag.

Pine Cone Diner DINER **$$**
(www.pineconediner.com; 60 4th St; Hauptgerichte 9–13 US$; ⌚8–14.30 Uhr;) Das Pine Cone serviert große Frühstücks- und Mittagsgerichte in einem hübschen, im Retro-Stil aufgemachten Speiseraum und an den schattigen Picknicktischen im Freien. Probieren sollte man die Buttermilch-Kekse, die Chorizo- oder Tofu-Bratlinge oder das Sandwich mit gebratenen Austern.

Osteria Stellina ITALIENISCH **$$**
(☎415-663-9988; www.osteriastellina.com; 11285 Hwy 1; Hauptgerichte 15–25 US$; ⌚11.30–14.30 & 17–21 Uhr;) Das Restaurant für rustikale italienische Küche hat Pizza, Pasta und Gerichte mit Fleisch von der Niman Ranch. Dienstagabends gibt's Lasagne und Livemusik. Fürs Wochenende unbedingt reservieren.

Tomales Bay Foods and Cowgirl Creamery MARKT **$$**
(☎415-663-9335; www.cowgirlcreamery.com; 80 4th St; ⌚Mi–So 10–18 Uhr;) Ein lokaler Markt, der in einer alten Hütte untergebracht ist und Picknickutensilien wie Gourmetkäse und Bioprodukte verkauft. Bei der kleinen Führung (5 US$, im Voraus anmelden) erfährt man, wie der Käsebruch zubereitet und geschnitten wird. Danach kann man ein halbes Dutzend der frisch gemachten und der bereits gereiften Käsesorten probieren. Die für den Käse verwendete Bio-Milch stammt aus der Region. Für die Zubereitung aller Weichkäsesorten wird nur vegetarisches Lab eingesetzt.

Unterhaltung

Im lebhaften Gemeindezentrum **Dance Palace** (☎415-663-1075; www.dancepalace.org; 503 B St), gibt's am Wochenende Events, Filmvorführungen und Livemusik. Der **Old Western Saloon** (☎415-663-1661; Ecke Shoreline Hwy & 2nd St) ist ein rustikaler Saloon von 1906 mit coolen, mit Hufeisen geschmückten Tischen und Livebands. Prinz Charles kehrte hier bei seinem Besuch 2006 spontan auf ein Pint ein.

An- & Weiterreise

Der Hwy 1 wird im Ort zur Main St und führt direkt durchs Zentrum. Die Linie 68 von **West Marin Stagecoach** (☎415-526-3239; www.marintransit.org/stage.html) fährt täglich vom San Rafael Transit Center hierher (2 US$), die Linie 62 (Di, Do & Sa) fährt südwärts nach Bolinas und Stinson Beach.

INVERNESS

Der winzige Ort ist der letzte Außenposten auf der Fahrt nach Westen und liegt an der Westseite der Tomales Bay. Hier kann man gut essen, die umliegenden Hügel und die malerische Küste erkunden oder auch in den zur Vermietung stehenden Cottages und idyllischen B&Bs absteigen. Mehrere tolle Strände liegen nur eine kurze Autofahrt weiter nördlich.

Blue Waters Kayaking (☎415-669-2600; www.bwkayak.com; Kajakverleih 2/4 Std. 50/60 US$) am Tomales Bay Resort, gegenüber der Bucht in Marshall (8 Meilen bzw. knapp 13 km nördlich von Point Reyes Station am Hwy 1), bietet diverse Rundfahrten in der Tomales Bay. Man kann sich aber auch ein Kajak ausleihen und an abgelegenen Stränden und Felsspalten herumpaddeln (keine Erfahrung nötig).

Das an der Bucht gelegene **Tomales Bay Resort** (☎415-669-1389; www.tomalesbayresort.com; 12938 Sir Francis Drake Blvd; Zi. 120–225 US$;), das frühere Golden Hinde Inn, hat 36 kürzlich renovierte Motelzimmer, einen unbeheizten Pool und ein Restaurant. Wenn die Preise fallen – sonntags bis donnerstags und im Winter –, ist das Resort eines der besten Schnäppchen in der Gegend.

Inverness Valley Inn (☎415-669-7250, 800-416-0405; www.invernessvalleyinn.com; 13275 Sir Francis Drake Blvd; Zi. 149–219 US$;) Das familienfreundliche Haus liegt nur 1 Meile (1,6 km) vom Ort entfernt versteckt im Wald (hinter dem Ort auf dem Weg zur Pt Reyes Peninsula). Es bietet saubere, moderne Zimmer mit Kochnische und DVD-Player in Nurdachhäusern, einen Tennisplatz, Bahnen zum Hufeisenwerfen und Grillstellen. Auf dem Gelände findet man einen großen Garten und ein paar Farmtiere, und die Gäste bekommen kostenlos Eier von den hauseigenen Hühnern.

Vom Hwy 1 aus führt der Sir Francis Drake Blvd direkt nach Inverness. Die aus San Rafael kommende Linie 68 von **West Marin Stagecoach** (☎415-526-3239; www.marintransit.org/stage.html) fährt täglich hier vorbei (2 US$).

POINT REYES NATIONAL SEASHORE

Die windumtoste Halbinsel Point Reyes ist von einer rauen Schönheit und lockt viele Meeressäuger und Zugvögel an. Vor der Küste liegen unzählige Schiffswracks. Hier ging 1579 Sir Francis Drake an Land, um sein Schiff, die *Golden Hind*, zu reparieren. Während seines fünfwöchigen Aufenthalts ließ er in der Nähe der Küste eine Messingtafel anbringen und nahm dieses Land im Namen Englands in Besitz. Historiker glauben, dass sich die Tafel am **Drakes Beach** befand; heute markiert ein Schild die Stelle. Es gibt eine Reihe von Schiffen, die in diesen Gewässern Schiffbruch erlitten: Als erstes sank hier 1595 die *San Augustine*. Sie war ein spanisches Schiff voller Luxusgüter, das in Manila in See gestochen war. Noch immer werden ab und zu Teile ihrer wertvollen Fracht an Land gespült. Trotz moderner Navigationsgeräte fällt auch heute noch das eine oder andere Boot den gefährlichen Gewässern zum Opfer.

Point Reyes National Seashore bietet insgesamt 285 km² einsame Strände am Pazifik. Auf der Halbinsel lässt es sich außerdem hervorragend wandern und campen. Unbedingt warme Kleidung mitbringen, denn selbst an sonnigen Tagen kann es schnell kalt und neblig werden.

Sehenswertes & Aktivitäten

Am Bear Valley Visitor Center beginnt der informative **Earthquake Trail**. Der Weg führt zu einer fast 5 m breiten Verschiebung zwischen den beiden Hälften eines Zauns – eine Hinterlassenschaft des Erdbebens von 1906, dessen Epizentrum in diesem Gebiet lag. Ein anderer Weg führt vom Visitor Center zum nahen **Kule Loklo**, einer Rekonstruktion eines Miwok-Dorfs.

Die Limantour Rd zweigt etwa 1 Meile (1,6 km) nördlich des Bear Valley Visitor Center von der Bear Valley Rd ab und führt zum Point Reyes Hostel (S. 140) sowie zum **Limantour Beach**. Dort geht ein Weg ab, der an der Landzunge Limantour Spit entlangführt. Auf der einen Seite der Landzunge liegt der Estero de Limantour und auf der anderen Seite die Drakes Bay. Der **Inverness Ridge Trail** führt von der Limantour Rd hinauf zum 391 m hohen Mt. Vision, der eine spektakuläre Aussicht auf das ganze Küstengebiet bietet. Von der anderen Seite aus kann man fast bis auf den Gipfel des Mt. Vision hinauffahren.

Etwa 2 Meilen (3,2 km) hinter Inverness zweigt vom Sir Francis Drake Blvd die Pierce Point Rd nach rechts ab. Diese Straße führt zu zwei hübschen Badestränden an der Bucht: Zum Marshall Beach muss man vom Parkplatz aus etwa 1,5 km laufen, Hearts Desire im **Tomales Bay State Park** (dessen Zukunft zum Zeitpunkt der Recherche recht unsicher war) ist hingegen mit dem Auto zu erreichen.

Die Pierce Point Rd führt weiter bis zu den riesigen windgepeitschten Sanddünen der **Abbotts Lagoon**, an der man jede Menge Keilschwanz-Regenpfeifer und andere Strandvögel beobachten kann. Am Ende der Straße liegt die Pierce Point Ranch, wo der etwa 5,6 km lange Tomales Point Trail durch das **Tule Elk Reserve** beginnt. Die vielen Wapitihirsche mit ihrem großen Geweih sind ein toller Anblick. Und im Hintergrund sieht man den Tomales Point mit der Bodega Bay im Norden, der Tomales Bay im Osten und dem Pazifik im Westen.

Five Brooks Stables REITEN
(☎415-663-1570; www.fivebrooks.com; Wanderritt ab 40 US$; 👪) Hoch zu Ross lässt sich die Landschaft prima erkunden. Man kann gemütlich durch die Wiesen oder hinauf zum 305 m hohen Inverness Ridge reiten und den Blick aufs Olema Valley genießen. Wer es sechs Stunden im Sattel aushält, kann die Küste entlang über den Wildcat Beach bis zu den Alamere Falls (s. S. 136) reiten.

LP TIPP **Point Reyes Lighthouse** LEUCHTTURM
(☎415-669-1534; ⌚Do–Mo 10–16.30 Uhr) Am Ende des Sir Francis Drake Blvd steht mitten im wilden Gelände der windumtoste Leuchtturm. Hier fühlt man sich wie am Ende der Welt. Außerdem ist dies der beste Ort an der Küste zum **Wale beobachten**. Der Leuchtturm steht unterhalb der Landzungen, und man muss mehr als 300 Stufen hinabsteigen, um ihn zu erreichen. Man kann auch eine kleine Wanderung zum nahen **Chimney Rock** machen. Vor allem im Frühling, wenn die Wildblumen blühen, ist das sehr hübsch. In der Nähe befindet sich ein Aussichtspunkt, von dem aus sich die **See-Elefanten-Kolonie** des Parks beobachten lässt.

Achtung: An den ungeschützten Stränden North Beach und South Beach vom Wasser wegbleiben; die gefährlichen Wellen haben schon so manchem das Leben gekostet.

Schlafen & Essen

Um beim Aufwachen im Morgennebel Rehe auf den Wiesen grasen zu sehen, sollte man in Point Reyes auf einem der vier beliebten **Campingplätze** (☎415-663-8054; www.nps.gov/pore/planyourvisit/campgrounds.htm; Stellplatz Zelt 15 US$) mit Hocktoiletten, Wasser und Tischen übernachten. Reservierungen sind bis zu drei Monate im Voraus möglich; am Wochenende sind sie schnell ausgebucht. Um sie zu erreichen, muss man 2 bis 6 Meilen (3,2–9,7 km) wandern oder radeln. Wer eine Paddeltour mit dem Kajak machen und am Strand in der Tomales Bay campen will, kann eine Genehmigung beantragen.

Point Reyes Hostel HOSTEL $
(☎415-663-8811; www.norcalhostels.org/reyes; B/Zi. 24/68 US$; @) Das rustikale HI-Anwesen gleich abseits der Limantour Rd hat Schlafbaracken mit warmen, gemütlichen Zimmern nach vorne hinaus, großen Aussichtsfenstern und Außenbereichen mit tollem Blick auf die Hügel. Außerdem entsteht derzeit noch ein brandneues Gebäude mit vier weiteren Zimmern, das mit dem Zertifikat für energie- und umweltgerechtes Bauen ausgezeichnet ist. Das Hostel befindet sich in einem wunderschönen, einsamen Tal rund 3 km vom Ozean entfernt und ist von hübschen Wanderwegen umgeben.

Drakes Bay Oyster Company SEAFOOD $$
(☎415-669-1149; www.drakesbayoyster.com; 17171 Sir Francis Drake Blvd, Inverness; 1 Dutzend Austern zum Mitnehmen/in halber Schale 15/24 US$; ⌚8.30–16.30 Uhr) Die Drakes Bay und die nahe Tomales Bay sind bekannt für ihre ausgezeichneten Austern. Einfach hier stoppen und entweder gleich die köstlichen Dinger knacken und ausschlürfen oder welche mitnehmen, um sie später zu grillen.

Praktische Informationen

Die Parkverwaltung, das **Bear Valley Visitor Center** (☎415-464-5100; Bear Valley Rd; ⌚Mo–Fr 9–17, Sa & So ab 8 Uhr), befindet sich in der Nähe von Olema und hat Infos und Karten. Infos gibt's auch am Point Reyes Lighthouse und im **Ken Patrick Center** (☎415-669-1250; ⌚Sa, So & Feiertage 10–17 Uhr) am Drakes Beach. Alle Visitor Centers sind im Sommer etwas länger geöffnet.

An- & Weiterreise

Mit dem Auto kommt man auf verschiedenen Wegen nach Point Reyes. Der kurvenreichste führt über den Hwy 1 durch Stinson Beach und Olema. Etwas direkter ist es, wenn man in San Rafael vom Hwy 101 abfährt und dann dem

Sir Francis Drake Blvd bis zur Spitze von Point Reyes folgt. Für letztere Strecke nimmt man die Ausfahrt Central San Rafael und fährt die 4th St nach Westen, die zum Sir Francis Drake Blvd wird. Über beide Strecken braucht man ungefähr 1½ Stunden von San Francisco nach Olema.

Gleich nördlich von Olema, kurz nachdem der Hwy 1 auf den Sir Francis Drake Blvd trifft, ist die Bear Valley Rd. Dort geht's nach links, um zum Bear Valley Visitor Center zu gelangen. Wer tiefer nach Point Reyes hinein will, folgt dem Sir Francis Drake Blvd durch Point Reyes Station und fährt auf die Halbinsel. Die Fahrt dauert etwa eine Stunde.

Die Linie 68 von **West Marin Stagecoach** (☎415-526-3239; www.marintransit.org/stage.html) fährt täglich von San Rafael und hält am Bear Valley Visitor Center (2 US$).

POINT REYES SHUTTLE

Bei gutem Wetter ist von Ende Dezember bis Mitte April an Wochenenden und Feiertagen die Straße nach Chimney Rock und dem Leuchtturm für Privatfahrzeuge gesperrt. Stattdessen nimmt man das Shuttle (5 US$, Kind bis 17 Jahre frei) von Drakes Beach.

EAST BAY

Ist von der East Bay die Rede, denken die meisten Bewohner San Franciscos an Berkeley und Oakland, die wegen der gemeinsamen Vorwahl 510 liebevoll *five and dime* genannt werden. Tatsächlich gibt's in dem Gebiet noch viele andere Vororte – von Apartmenthaussiedlungen an der Bucht bis hin zu exklusiven Enklaven in den Hügeln. Viele Bewohner der „West Bay" hätten es gerne, wenn sie nie über die Bay Bridge oder unter dem Wasser mit der BART zum anderen Ufer fahren müssten. Aber die vielen Museen, bekannten Restaurants, Universitäten, Waldgebiete und das bessere Wetter sind nur einige Dinge, die die Leute aus San Francisco an die East Bay locken.

Oakland

Benannt nach den großen Eichen, die früher die Straßen säumten, ist Oakland für San Francisco, was Brooklyn für Manhattan ist. Weil es eine preiswerte Alternative zur nahen Metropole ist, zogen viele Bohemiens auf der Flucht vor den hohen Wohnungskosten in San Francisco hierher. Oakland ist von seiner ethnischen Vielfalt geprägt; es gibt hier eine große afroamerikanische Gemeinschaft und eine traditionell starke Gewerkschaft. Stadtbauern halten in ihren Hinterhöfen Hühner oder besetzen leerstehende Grundstücke und gründen Gemeinschaftsgärten. Familien finden hier mehr Raum, um sich zu entfalten, und selbstzufriedene Einwohner drehen San Francisco spöttisch eine Nase, wenn es im Nebel versinkt, während Oakland sich im mediterranen Klima sonnt.

Sehenswertes & Aktivitäten

Der Broadway ist das Rückgrat von Downtown Oakland und verläuft vom Jack London Sq am Ufer nach Norden bis Piedmont und Rockridge. An der 15th St zweigt die Telegraph Ave vom Broadway ab und führt nordwärts über das Viertel Temescal (zwischen 40th St und 51st St) direkt nach Berkeley. Auch die San Pablo Ave verläuft vom Zentrum Richtung Norden nach Berkeley. Vom Broadway nach Osten führt die Grand Ave zum Geschäftsviertel Lake Merritt.

Die BART-Bahnhöfe im Zentrum findet man am Broadway an der 12th St und an der 19th St; weitere Bahnhöfe gibt's nahe Lake Merritt, Rockridge und Temescal (Bahnhof MacArthur).

ZENTRUM

Downtown Oakland ist voller historischer Gebäude, und es entstehen immer mehr bunte einheimische Läden. Von San Francisco aus kommt man mit dem BART-Zug oder der Fähre schnell nach Oakland, sodass es sich lohnt, einen halben Tag lang zu Fuß oder per Rad Oakland, das nahe Chinatown und den Jack London Sq zu erkunden.

Die Fußgängerzone im **City Center** ist das Herz von Downtown Oakland und liegt zwischen dem Broadway und der Clay St, an der 12th und 14th St. Die Zwillingstürme des **Ronald Dellums Federal Building** befinden sich gleich dahinter an der Clay St. Die **City Hall** an der 14th St und der Clay St ist ein wunderschön restauriertes Gebäude von 1914 im Beaux-Arts-Stil.

Geht man vom City Center weiter nordwärts, kommt man zur **Uptown**, in der viele der schönen Art-déco-Gebäude der Stadt und eine große Kunst- und Restaurantszene zu finden sind. Das Viertel liegt ungefähr zwischen der Telegraph Ave und

Oakland

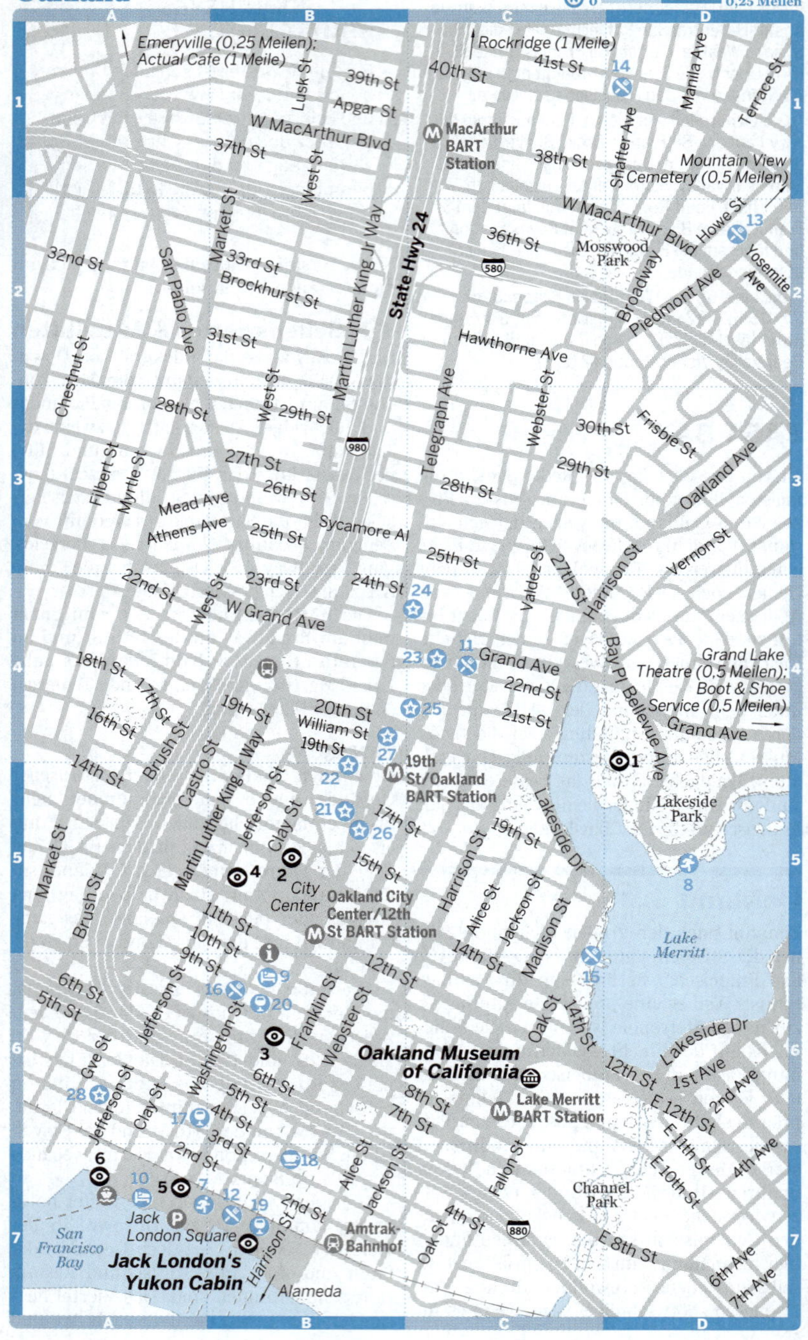

0 500 m
0 0,25 Meilen
Emeryville (0,25 Meilen); Actual Cafe (1 Meile)
Rockridge (1 Meile)
Mountain View Cemetery (0,5 Meilen)
Grand Lake Theatre (0,5 Meilen); Boot & Shoe Service (0,5 Meilen)
MacArthur BART Station
19th St/Oakland BART Station
Oakland City Center/12th St BART Station
Lake Merritt BART Station
Oakland Museum of California
Jack London's Yukon Cabin
Jack London Square
Amtrak-Bahnhof
City Center
Mosswood Park
Lakeside Park
Channel Park
Lake Merritt
San Francisco Bay
Alameda
State Hwy 24

Oakland

Highlights
- Jack London's Yukon Cabin B7
- Oakland Museum of California C6

Sehenswertes
1. Children's Fairyland D4
2. City Hall B5
3. Farmers Market (Freitag) B6
4. Ronald Dellums Federal Building B5
5. Farmers Market (Sonntag) A7
6. USS Potomac A7

Aktivitäten, Kurse & Touren
7. California Canoe & Kayak A7
8. Lake Merritt Boating Center D5

Schlafen
9. Washington Inn B6
10. Waterfront Hotel A7

Essen
11. Bakesale Betty C4
12. Bocanova B7
13. Commis .... D[illegible]
14. Homeroom .... [illegible]
15. Lake Chalet .... C[illegible]
- Plum .... (siehe 1[illegible]
16. Ratto's .... B[illegible]

Ausgehen
17. Beer Revolution .... A[illegible]
18. Blue Bottle Coffee Company .... B[illegible]
19. Heinold's First & Last Chance Saloon .... B[illegible]
- Punchdown .... (siehe 1[illegible]
20. Trappist .... B[illegible]

Unterhaltung
21. Café Van Kleef .... B[illegible]
22. Fox Theater .... B[illegible]
23. Luka's Taproom & Lounge .... C[illegible]
24. Mama Buzz Café .... C[illegible]
25. Paramount Theatre .... C[illegible]
26. Rock Paper Scissors Collective .... B[illegible]
27. Uptown .... B[illegible]
28. Yoshi's .... A[illegible]

dem Broadway und grenzt im Norden an die Grand Ave.

Old Oakland an der Washington St zwischen der 8th St und der 10th St ist gesäumt mit historischen Gebäuden aus den 1860er- bis 1880er-Jahren. Die Häuser wurden restauriert, und es gibt hier eine lebendige Restaurant- und Freizeitszene. Jeden Freitagmorgen findet hier außerdem ein lebhafter **Farmers Market** statt.

Östlich des Broadways liegt das geschäftige **Chinatown**, dessen Zentrum seit den 1870er-Jahren an der Franklin und der Webster St liegt. Es ist viel kleiner als sein Pendant in San Francisco.

JACK LONDON SQUARE

Der Platz, an dem der Schriftsteller und Abenteurer Jack London einst Krawall machte, trägt heute seinen Namen. Die letzten Baumaßnahmen haben der Gegend einen neuen Kinokomplex, Eigentumswohnungen, tolle Restaurants und ein paar neue Kneipen beschert. Der hübsche Platz am Wasser lohnt einen Spaziergang, vor allem am Sonntag, wenn hier ein **Farmers Market** (10–14 Uhr) stattfindet. Man kann auch eine Kajakfahrt am Hafen machen. Mit der Fähre aus San Francisco – die Fahrt an sich ist schon den Ausflug wert – geht man nur ein paar Schritte von hier an Land.

Jack London's Yukon Cabin HISTORISCHES GEBÄUDE

Am östlichen Ende des Platzes steht ein Nachbau der Hütte Jack Londons, die er während des Yukon-Goldrauschs bewohnte. Für den Bau wurde teilweise das Holz der ursprünglichen Hütte verwendet. Seltsamerweise werfen die Leute Münzen in die kleine Hütte wie in einen Brunnen. Auch der Heinold's First & Last Chance Saloon (s. S. 147) daneben ist sehr interessant.

USS Potomac HISTORISCHES SCHIFF

(510-627-1215; www.usspotomac.org; Eintritt 10 US$; Mi, Fr & So 11–15 Uhr) Franklin D. Roosevelts „schwimmendes Weißes Haus", die rund 50 m lange USS Potomac, liegt an der Clay St und der Water St bei der Fähranlegestelle vor Anker. Das Deck kann man besichtigen. Zwischen Mai und Oktober werden mehrmals im Monat auch zweistündige geschichtliche Rundfahrten (Erw./Kind 45/25 US$) veranstaltet.

LAKE MERRITT

Der Lake Merritt ist wie eine Oase mitten in der Stadt. Die Leute kommen zum Spazierengehen oder Joggen hierher, denn ein 5,6 km langer Weg führt rund um den See. Die beiden Hauptgeschäftsstraßen am Lake Merritt sind die Lakeshore Ave am Ost- und die Grand Ave am Nordufer.

LP TIPP **Oakland Museum of California** MUSEUM

(☎510-238-2200; www.museumca.org; 1000 Oak St; Erw./Kind 9–17 Jahre/Kind bis 9 Jahre 12/6 US$/frei, 1. So im Monat frei; ⏲Mi–So 11–17, Fr bis 21 Uhr; 👪) In der Nähe des Südufers des Sees und einen Block vom BART-Bahnhof Lake Merritt entfernt liegt dieses Museum mit Wechselausstellungen zu Kunst und Wissenschaft sowie exzellenten Dauerausstellungen zur vielfältigen Flora und Fauna, zur Geschichte und zur Kunst Kaliforniens.

Children's Fairyland VERGNÜGUNGSPARK

(☎510-238-6876; www.fairyland.org; Eintritt 8 US$; ⏲Sommer Mo–Fr 10–16, Sa & So bis 17 Uhr, Frühjahr & Herbst Mi–So 10–16 Uhr, Winter Fr–So; 👪) Der Lakeside Park liegt am Nordufer des Salzwassersees. Dort findet man auch diese 4 ha große Attraktion von 1950 mit einer reizenden Märchenbahn, einem Karussell und einem Mini-Riesenrad.

Lake Merritt Boating Center BOOTSVERLEIH

(☎510-238-2196; ⏲Nov.–Feb. Sa & So, März–Okt. tgl.; 👪) Hier kann man Kanus, Ruderboote, Kajaks, Tretboote und Segelboote ausleihen (10–18 US$/Std.).

PIEDMONT AVE & ROCKRIDGE

Nördlich des Zentrums befindet sich am Broadway eine Reihe von Autohäusern, die sogenannte Broadway Auto Row. Gleich dahinter liegt die **Piedmont Ave** mit vielen Antiquitätenläden, Kaffeehäusern, guten Restaurants und einem Programmkino.

Eines der beliebtesten Shoppinggebiete Oaklands ist das lebhafte, vornehme Viertel **Rockridge**. Sein Zentrum liegt an der College Ave, die vom Broadway bis zum Campus der UC Berkeley führt. An der College Ave reihen sich Boutiquen, gute Buchläden, ein Laden für alte Schallplatten, mehrere Kneipen und Cafés sowie ein paar teure Restaurants aneinander – die wohl höchste Konzentration in der Bay Area. Fährt man mit dem BART-Zug bis zum Bahnhof Rockridge, ist man auch schon mittendrin.

Mountain View Cemetery FRIEDHOF

(www.mountainviewcemetery.org; 5000 Piedmont Ave) Am Ende der Piedmont Ave liegt dieser Friedhof mit der wohl friedlichsten und hübschesten Landschaftsgestaltung der ganzen East Bay. Er wurde von Frederic Law Olmstead entworfen, von dem auch der Central Park in New York City stammt. Hier kann man prima spazierengehen und hat einen fantastischen Blick.

OAKLAND HILLS

Die großen Parks in den Oakland Hills sind ideal für Tageswanderungen und anspruchsvolle Radtouren. Der **East Bay Regional Parks District** (www.ebparks.org) verwaltet 65 regionale Parks, Schutz- und Erholungsgebiete in den Countys Alameda und Contra Costa mit insgesamt mehr als 1930 km an Wanderwegen.

Das **Robert Sibley Volcanic Regional Preserve**, abseits des Hwy 24, ist der nördlichste Park der Oakland Hills. Von seinem 537 m hohen Round Top Peak aus bietet sich eine tolle Aussicht auf die Bay Area. Der Skyline Blvd führt vom Sibley südwärts am **Redwood Regional Park** und dem benachbarten **Joaquin Miller Park** vorbei zum **Anthony Chabot Regional Park**. Bei einer Wanderung oder einer Radtour durch die Wälder und Hügel dieser riesigen Parks vergisst man schnell, dass man eigentlich in der Stadt ist. Am Südende des Chabot Parks liegt der große **Lake Chabot** mit einem leicht zu bewältigenden Uferweg. Kanus, Kajaks und andere Boote kann man von der **Lake Chabot Marina** (☎510-247-2526; www.norcalfishing.com/chabot) ausleihen.

Chabot Space & Science Center SCIENCE CENTER

(☎510-336-7300; www.chabotspace.org; 10000 Skyline Blvd, Oakland; Erw./Kind 15/11 US$; ⏲Mi & Do 10–17, Fr & Sa bis 22, So 11–17 Uhr, Sommer auch Di 10–17 Uhr; 👪) Sterngucker werden von diesem Zentrum für Wissenschaft und Technologie in den Oakland Hills begeistert sein. Es bietet jede Menge Ausstellungen zu Themen wie Raumfahrt und Sonnen- bzw. Mondfinsternisse sowie coole Planetariumsvorführungen. Bei gutem Wetter kann man bei den kostenlosen Abendvorführungen (Fr & Sa) durch ein Fernrohr mit einer 50,8 cm dicken Linse schauen.

Schlafen

Wer B&Bs mag, bekommt beim **Berkeley and Oakland Bed & Breakfast Network** (www.bbonline.com/ca/berkeley-oakland) eine Liste mit Privathäusern, die Zimmer, Suiten und Cottages vermieten (ab 100 US$/Nacht, oft mit Mindestbuchung für 2 Tage). Reservierung empfohlen.

Claremont Resort and Spa RESORT **$$$**

(☎510-843-3000, 800-551-7266; www.claremontresort.com; 41 Tunnel Rd; Zi. 189–309 US$; ❄🏊@📶) In Oakland steigt die Crème de la Crème hier ab. Das Claremont ist ein glamouröses weißes Gebäude von 1915 mit eleganten Restaurants, einem Fitnesscenter, Pools, Tennisplätzen und einem Spa mit Komplettprogramm (es gibt Zimmer- bzw. Spa-Pauschalangebote). Die Zimmer mit Blick auf die Bucht sind super. Das Resort liegt am Fuß der Oakland Hills abseits des Hwy 13 (Tunnel Rd) nahe der Claremont Ave.

Waterfront Hotel BOUTIQUEHOTEL $$
(☎510-836-3800; www.waterfronthoteloakland.com; 10 Washington; Zi. 149–269 US$;) Das Paddelmuster auf den Tapeten und die an Leuchtturmlichter erinnernden Lampen runden das Schifffahrtsthema des hellen, fröhlichen Hotels am Hafen ab. Ein großer Kamin wärmt das Foyer, und die komfortablen Zimmer sind mit MP3-Player-Anschlüssen und Kaffeemaschinen ausgestattet; auf Nachfrage bekommt man auch Mikrowelle und Kühlschrank. Die meisten Leute, mit Ausnahme von Eisenbahnliebhabern, bevorzugen die Zimmer mit Blick aufs Wasser, denn auf der Seite zur Stadt hin rattern Güterzüge vorbei.

Washington Inn HISTORISCHES HOTEL $$
(☎510-452-1776; www.thewashingtoninn.com; 495 10th St; Zi. mit Frühstück 89–149 US$;) Das Washington in der Altstadt ist klein und modern und hat die Atmosphäre eines Boutiquehotels. Es bietet neuesten Komfort und Charakter, eine Lobby und Zimmer, die Chic und effiziente Raffinesse widerspiegeln. Die geschnitzte Bar in der Lobby ist perfekt für einen Cocktail vor dem Essen. Zur Auswahl stehen mehrere feine Restaurants im Umkreis von ein paar Blocks.

Anthony Chabot Regional Park CAMPING $
(☎510-639-4751; www.ebparks.org/parks/anthony_chabot; Stellplatz Zelt 22 US$, Stellplatz Wohnmobil mit Stromanschluss 22–28 US$;) In dem 20 km² großen Park gibt's 75 ganzjährig geöffnete Campingplätze mit Warmwasserduschen. Reservieren (8 US$ Bearbeitungsgebühr) kann man unter ☎888-327-2757 oder www.reserveamerica.com.

Essen

Oakland erlebt eine Renaissance der Restaurantszene: Überall in der Stadt werden jede Menge kurzweilige und stilvolle Lokale eröffnet.

ZENTRUM & JACK LONDON SQUARE

LP TIPP **Bakesale Betty** BÄCKEREI $
(www.bakesalebetty.com; 2228 Broadway; Gebäck ab 2 US$, Sandwich 6,50–9 US$; ⌚Di–Fr 11–14 Uhr;) Betty Barakat (unverkennbar dank der blauen Perücke) stammt aus Australien und hat bei Chez Panisse gelernt. Vor der Tür stehen die Leute begierig auf ihre himmlischen Scones, Erdbeertörtchen und leckeren Brathähnchen-Sandwiches Schlange. Von der Decke baumeln Nudelhölzer, und zufriedene Stammgäste sitzen draußen an den auf dem Bürgersteig aufgebauten Bügelbrettern und genießen die köstlich buttrigen Backwaren und saisonalen Spezialitäten wie den gehaltvollen Dattelpudding. Bei langen Schlangen gibt's gratis Cookies!

Bocanova LATEINAMERIKANISCH $$
(☎510-444-1233; www.bocanova.com; 55 Webster St; Hauptgerichte 12–28 US$; ⌚Mo–Do 11.30–22, Fr & Sa 11–23, So bis 22 Uhr) Ein Neuzugang am Jack London Square. Von der Terrasse aus kann man prima Leute beobachten. Man kann aber auch in dem im industriellen Chic gestalteten Speiseraum essen, der mit Glashängelampen beleuchtet wird. Hier dreht sich alles um die panamerikanische Küche. Spezialitäten sind mit Strandkrabben gefüllte Eier, Muscheln in brasilianischer Currysauce und Süßkartoffelgratin mit Chipotle. Am Mittwoch, wenn es die Flasche Wein zum halben Preis gibt, und am Wochenende sollte man reservieren.

Ratto's DELI $
(www.rattos.com; 821 Washington St; Sandwich ab 6 US$; ⌚Mo–Fr 9–17.30, Sa 10–15 Uhr;) Wer an einem sonnigen Tag draußen essen will, holt sich einfach bei Ratto's ein Sandwich. Den Lebensmittelladen gibt's schon seit 1897, und seine Delikatessentheke lockt mittags viele Stammkunden an.

Plum BIO $$
(☎510-444-7586; www.plumoakland.com; 2214 Broadway; Gerichte 10–22 US$; ⌚Mo–Fr 11.30–14 & 17.30–1, Sa & So 10–14 & 17–1 Uhr;) Feinschmecker und Schöngeister zieht es zu dem minimalistisch wie eine Kunstgalerie gestalteten Lokal mit großen Tischen, blauschwarzen Wänden und Bio-Vorspeisen.

LAKE MERRITT

Lake Chalet SEAFOOD $$
(☎510-208-5253; www.thelakechalet.com; 1520 Lakeside Dr; Hauptgerichte 13–28 US$; ⌚Mo–Do 11–22, Fr bis 23, Sa 10–23, So bis 22 Uhr) Ob man nun an der langen Bar mit Blick aufs Pumpenhaus bei der beliebten Happy Hour (15–18 & 21 Uhr–Ladenschluss) auf einen Martini und Austern reinschaut oder sich in dem festlich gestalteten Speiseraum einen Platz am Fenster schnappt und einen

ganzen gerösteten Krebs genießt oder aber eine Rundfahrt auf dem Lake Merritt in einer venezianisch anmutenden **Gondel** (www.gondolaservizio.com; ab 40 US$/2 Pers.) macht – das Restaurant in dem 100 Jahre alten Gebäude, in dem früher die Parkverwaltung und das Bootshaus untergebracht waren, ist wirklich einen Besuch wert. Am Wochenende sollte man besser reservieren.

Boot & Shoe Service PIZZERIA $$
(☎510-763-2668; www.bootandshoeservice.com; 3308 Grand Ave; Pizza ab 10 US$; ⏲Di–Do 17.30–22, Fr & Sa 17–22.30, So bis 22 Uhr) Manchmal fragt noch jemand nach der schon lange nicht mehr bestehenden Schusterei, aber die meisten Leute kommen ohnehin wegen den Holzofenpizzas, kreativen Cocktails und Antipasti aus frischen Bio-Zutaten. Man sitzt meist an Gemeinschaftstischen, und an den Wänden hängen Bilder von Schuhen in Menschengestalt.

Arizmendi BÄCKEREI $
(http://lakeshore.arizmendi.coop; 3265 Lakeshore Ave; Pizzastück 2,50 US$; ⏲Di–Sa 7–19, So bis 18, Mo bis 15 Uhr;) Super Adresse fürs Frühstück oder Mittagessen – aber Achtung: die Bäckerei-Genossenschaft ist nichts für Leute, die auf ihre Linie achten. Die vegetarischen Gourmetpizzen, köstlichen frischen Brote und die himmlischen Scones sind verführerisch.

PIEDMONT AVE & ROCKRIDGE

Wood Tavern AMERIKANISCH $$$
(☎510-654-6607; www.woodtavern.net; 6317 College Ave; Hauptgerichte mittags 10–19 US$, Hauptgerichte abends 19–32 US$; ⏲Mo–Do 11.30–22, Fr & Sa bis 22.30, So 17–21 Uhr) Das Restaurant mit fantastischer Käse- und Wursttheke stellt selbst Pökelfleisch und Salami her. Auf der ständig wechselnden Speisekarte findet man französisch und italienisch beeinflusste Fisch-, Schweinefleisch- und Rindfleischgerichte der lokalen kalifornischen Bio-Küche. Die Wood Tavern hat sich als lokaler Favorit für gehobenes Essen in komfortablem Ambiente etabliert. Die formelle Holzbar serviert Absinth-Drinks und andere elegante Cocktails. Der Speiseraum mit seiner hohen Decke ist recht gemütlich, sodass man am Wochenende fürs Abendessen reservieren sollte.

À Côté MEDITERRAN $$
(☎510-655-6469; www.acoterestaurant.com; 5478 College Ave; Gerichte 8–18 US$; ⏲So–Di 17.30–22, Mi & Do bis 23, Fr & Sa bis 24 Uhr) Dieses Lokal mit kleinen Portionen, Einzeltischen und netten Tischen für größere Runden ist eines der besten Restaurants der College Ave. Das *flatbread* (Fladenbrot) ist eigentlich eine göttliche Pizza. Die Spezialität sind Muscheln mit Pernod.

Commis KALIFORNISCH $$$
(☎510-653-3902; www.commisrestaurant.com; 3859 Piedmont Ave; 5-Gänge-Abendmenü 68 US$; ⏲Mi–Sa ab 17.30, So ab 17 Uhr;) Das diskrete Restaurant ohne Schild ist das einzige mit einem Michelin-Stern an der East Bay. Es hat ein minimalistisches Dekor, und heiß begehrte Plätze an der Theke (nur telefonisch reservierbar), von wo aus man dem Chefkoch James Syhabout und seinem Team bei der Zubereitung der kreativen, innovativen Gerichte zuschauen kann. Reservierung stark empfohlen.

TEMESCAL & EMERYVILLE

Emeryville ist ein separates winziges Städtchen zwischen Oakland und dem Süden von Berkeley an der I-80.

Homeroom AMERIKANISCH $
(☎510-597-0400; www.homeroom510.com; 400 40th St; Hauptgerichte 7,50–10 US$; ⏲Di–Sa 11–14, zusätzl. So–Do 17–21 & Fr & Sa 17–22 Uhr;) Das witzige Mac-&-Cheese-Restaurant wirkt wie eine Schule. Auf der Speisekarte befindet sich eine Anleitung, wie man aus ihr ein Papierflugzeug bastelt. Auf der Kalifornien-Karte auf der Kreidetafel ist eingezeichnet, woher die regionalen Zutaten stammen. Und die Käsesorten – Cheddar, Ziegenkäse, veganischer Käse, Firehouse Jack u.a. – sind wahre Köstlichkeiten.

Emeryville Public Market INTERNATIONAL $
(www.emerymarket.com; 5959 Shellmound St, Emeryville; Hauptgerichte bis 10 US$; ⏲Mo–Do 7–21, Fr & Sa ab 9, So 9–20 Uhr) Wer mal etwas anderes probieren will, überquert die Amtrak-Gleise und findet in der Markthalle ein Dutzend Imbissstände mit Gerichten aus aller Welt.

Ausgehen

LP TIPP **Beer Revolution** BIERHALLE
(www.beer-revolution.com; 464 3rd St) Man kann schon ins Staunen geraten angesichts der fast 50 Fass- und mehr als 500 Flaschenbiere. Da könnte man ein ganzes Leben mit Ausprobieren verbringen. Also macht man es sich einfach auf der sonnigen Terrasse gemütlich oder an dem Fass, das als Tisch dient und mit Bierdeckeln über-

sät ist. Hier kann man gut mit anderen ins Gespräch kommen, denn es gibt keinen störenden Fernseher, und die Punk-Musik im Hintergrund ist nicht laut. Auf der Website findet man Infos zu besonderen Events wie das Treffen mit dem Brauer am Mittwoch und das Grillen am Sonntag.

Actual Café CAFÉ
(www.actualcafe.com; 6334 San Pablo Ave; Hauptgerichte 4–7 US$; ⌚Mo–Do 7–20, Fr bis 22, Sa 8–22, So bis 20 Uhr; 📶) Die Leute lieben das Café, weil die WLAN-Nutzung am Wochenende gratis ist und man sein Fahrrad unterstellen kann. Das Actual steht für Nachhaltigkeit und geselliges Beisammensein und hält die Leute mit den hausgemachten Backwaren und Sandwiches bei Laune. Jede Woche locken auch Filmabende (mit kostenlosem Popcorn!) und Livemusik die Leute an die langen Holzbänke.

Blue Bottle Coffee Company CAFÉ
(www.bluebottlecoffee.net; 300 Webster St; Gebäck 2–3 US$; ⌚Mo–Fr 7–17, Sa & So ab 8 Uhr) Kaffeekenner stehen hier wegen den sortenreinen Espressos und dem wohl besten Kaffee im Land Schlange. Die biologisch angebauten Kaffeebohnen werden vor Ort geröstet, und damit man seinen Kaffee auch mitnehmen kann, gibt's kompostierbare Becher.

Trappist KNEIPE
(www.thetrappist.com; 460 8th St) Die backstein- und holzverkleidete winzige Kneipe ist derart beliebt, dass sie expandiert hat und noch ein zweiter Laden und eine Terrasse hinten hinzugekommen sind. Die Spezialität sind belgische Ales. Mehr als ein Dutzend Sorten fließen aus den Zapfhähnen. Für jedes Gebräu gibt es spezielle Gläser, und die Größe richtet sich nach dem Alkoholgehalt. Dank der leckeren Eintöpfe und Sandwiches (8–14 US$) bleibt man länger auf den Beinen.

Punchdown WEINBAR
(www.punchdownwine.com; 2212 Broadway; ⌚Di–Do 16–21, Fr bis 22, Sa 17–1 Uhr) Das Punchdown ist eine brandneue Öko-Weinbar, die sich auf biologisch und nachhaltig angebaute, biodynamische Weine spezialisiert hat. An Probierportionen gibt's das „Adventurous Orange" (Weißweine, die länger mit den Schalen zusammen reifen) und den „Blind Flight", den man nicht bezahlen muss, wenn man die Herkunft der drei Proben erraten kann. Die Bar hat auch einen schönen Außenbereich und eine Wurst- und Käsetheke.

Heinold's First & Last Chance Saloon BAR
(48 Webster St) Diese Bar von 1883 wurde aus dem Holz eines alten Walfangschiffs gezimmert. Hier muss man sich an seinem Bier festhalten, denn seit dem Erdbeben von 1906 hat die Bar eine Schieflage von 20°. Da torkelt man schon, bevor man bestellt hat. Der Laden ist dafür bekannt, dass Jack London hier Stammgast war.

☆ Unterhaltung

Kunst

Am ersten Freitag im Monat kann man im Rahmen des **Oakland Art Murmur** (www.oaklandartmurmur.com; ⌚18–22 Uhr) eine Tour durch die Galerien im Zentrum und in Temescal machen. Unbedingt ansehen sollte man sich die handwerkliche Do-it-yourself-Galerie des **Rock Paper Scissors Collective** (www.rpscollective.com; 2278 Telegraph Ave).

Musik

LP TIPP **Café Van Kleef** LIVEMUSIK, BAR
(www.cafevankleef.com; 1621 Telegraph Ave) Einen Greyhound (mit frisch gepresstem Grapefruitsaft) bestellen und einen Blick auf die vielen alten Musikinstrumente, die falschen ausgestopften Köpfe, die großen Kronleuchter und all die bizarren Dinge, die hier jeden Winkel ausfüllen, werfen. Selbst, wenn man nüchtern ist, wirkt das zehn Jahre alte Café skurril, kitschig und hinreißend. Donnerstags bis samstags gibt's live Blues, Jazz und manchmal auch Rockmusik (Grundpreis 5 US$).

Uptown LIVEMUSIK
(www.uptownnightclub.com; 1928 Telegraph Ave) Der Club bietet ein buntes Programm mit Indie-, Punk- und experimenteller Musik, eine wöchentliche Varieté-Vorstellung und muntere DJ-Dance Partys. Nur zwei Blocks vom BART-Bahnhof entfernt, findet man hier eine gute Mischung aus landesweit bekannten und lokalen Talenten.

Yoshi's JAZZ
(☎510-238-9200; www.yoshis.com/oakland; 510 Embarcadero W; Show 12–40 US$) Im Yoshi's ist Jazz angesagt: Fast jeden Abend treten hier Talente aus aller Welt auf. Oft schauen auch tourende Künstler für zwei oder drei Abende rein. Da der Schuppen auch ein japanisches Restaurant ist, kann man sich vor der Show noch eine Sushi-Platte genehmigen

Mama Buzz Café LIVEMUSIK
(www.mamabuzzcafe.com; 2318 Telegraph Ave; 📶🖉) Das hippe Café und Zentrum für

FLIPPER-VIRTUOSEN VEREINIGT EUCH!

Die Spielkonsole weglegen und das Handy ausschalten – jetzt wird geflippert! Im **Pacific Pinball Museum** (☎510-769-1349; www.pacificpinball.org; 1510 Webster St, Alameda; Erw./Kind 15/7,50 US$; ⏲Di–Do 14–21, Fr bis 24, Sa 11–24, So bis 21 Uhr; 👪) kann man sich in den Klingeln und Blinklichtern verlieren. Der Flippersalon zeigt fast 100 Spiele von den 1930er-Jahren bis heute und eine alte Jukebox, die Hits von damals spielt. Hierher gelangt man mit dem AC-Transit-Bus 51A vom Zentrum Oaklands.

alternative Kunst bietet an den meisten Abenden ein buntes Programm mit kostenlosen Musikshows. Es werden auch simple vegetarische Gerichte und Bier serviert.

Luka's Taproom & Lounge DJ
(www.lukasoakland.com; 2221 Broadway) Zum Relaxen geht's in die Uptown. Abend für Abend legen DJs in dieser beliebten Restaurant-Lounge einen gefühlvollen Mix aus Hip-Hop, Reggae, Funk und House auf. Freitags und samstags kostet in der Regel der Eintritt nach 23 Uhr 10 US$.

Theater & Kinos

Die Neueröffnung des Fox Theater 2009 hat in der Uptown auch die Entstehung unzähliger neuer Restaurants und Abendveranstaltungen nach sich gezogen.

Fox Theater THEATER
(www.thefoxoakland.com; 1807 Telegraph Ave) Wie ein Phönix ist dieses großartige Art-déco-Gebäude von 1928 aus der Asche der Großstadt gestiegen. Das restaurierte Fox gibt dem Zentrum Chic und ist ein Eckmeiler im umtriebigen Theaterviertel Uptown. Heute fungiert es als beliebte Konzertstätte.

Paramount Theatre THEATER
(☎510-465-6400; www.paramounttheatre.com; 2025 Broadway) Das große Art-déco-Meisterwerk von 1931 zeigt mehrmals im Monat Filmklassiker. Hier haben auch die Oakland East Bay Symphony (www.oebs.org) und das Oakland Ballet (www.oakland ballet.org) ihren Sitz. Regelmäßig finden auch Konzerte namhafter Künstler statt. Führungen (5 US$) gibt's am ersten und dritten Samstag des Monats um 10 Uhr.

Grand Lake Theatre KINO
(☎510-452-3556; www.renaissancerialto.com; 3200 Grand Ave) In Lake Merritt lockt dieses Schmuckstück von 1926 mit seiner großen Eckmarkise (an der manchmal linke Parolen prangen). Hier gibt's humoristische Veranstaltungen, und am Wochenende dudelt die Wurlitzer-Orgel.

Sport

Die Spiele der verschiedenen Mannschaften finden im **Overstock.com Coliseum** oder in der **Oracle Arena** abseits der I-880 (BART-Bahnhof Coliseum/Oakland Airport) statt. Die **Golden State Warriors** sind das NBA-Basketballteam der Bay Area, die **Oakland A's** das American-League-Baseballteam der Bay Area und die **Raiders** das NFL-Team von Oakland.

ℹ Praktische Informationen

Oaklands Tageszeitung ist die *Oakland Tribune*. Einen guten Veranstaltungskalender für Oakland und Berkeley gibt's im kostenlosen Wochenblatt *East Bay Express* (www.eastbayexpress.com).

Oakland Convention & Visitors Bureau
(☎510-839-9000; www.visitoakland.org; 463 11th St; ⏲Mo–Fr 9–17 Uhr) Zwischen dem Broadway und der Clay St.

ℹ An- & Weiterreise

Auto & Motorrad

Von San Francisco aus fährt man über die Bay Bridge und hat dann zwei Möglichkeiten, um nach Oakland zu kommen: über die I-580, die zur I-980 führt und einen bis in die Nähe des City Center bringt, oder über die I-880, die einen Schlenker durch West Oakland macht und einen fast bis zum Südende des Broadway bringt. Die I-880 führt dann weiter zum Coliseum, zum Oakland International Airport und schließlich nach San Jose.

Auf der Brücke Richtung San Francisco zahlt man je nach Wochentag und Uhrzeit eine Maut von 4 bis 6 US$.

BART

Innerhalb der Bay Area kommt man am besten mit den Zügen von **BART** (☎510-465-2278, 511; www.bart.gov) nach Oakland und zurück. Die Züge fahren nach festem Fahrplan (werktags 4–24, Sa 6–24, So 8–24 Uhr) durchschnittlich im 15- oder 20-Minuten-Takt.

Zum Zentrum Oaklands nimmt man den Zug Richtung Richmond oder Pittsburg/Bay Point. Der Fahrt vom Zentrum San Franciscos zu den Bahnhöfen 12th St oder 19th St kostet 3,10 US$. Von San Francisco nach Lake Merritt (3,10 US$) oder zum Bahnhof Oakland Coliseum/Airport (3,80 US$) nimmt man den BART-Zug Richtung

Fremont oder Dublin/Pleasanton. Rockridge (3,50 US$) liegt auf der Linie Pittsburg/Bay Point. Zwischen Oakland und dem Zentrum von Berkeley kann man den Zug Fremont-Richmond (1,75 US$) nehmen.

Beim Umsteigen in die Busse von AC Transit sollte man einen Umsteigefahrschein aus den weißen AC-Transit-Automaten ziehen, die im BART-Bahnhof stehen; dann spart man 0,25 US$.

Bus

Das regionale Busunternehmen **AC Transit** (☎510-817-1717, 511; www.actransit.org) bietet bequeme Busverbindungen von San Franciscos Transbay Temporary Terminal an der Howard St und der Main St zu den Stadtzentren von Oakland und Berkeley und zwischen den beiden East-Bay-Städten. In der Stoßzeit fahren unzählige Busse von San Francisco nach Oakland (4,20 US$), aber nur die Linie „O" fährt ganztägig und am Wochenende in beide Richtungen. Die Linie „O" erwischt man an der Ecke 5th St und Washington St im Zentrum Oaklands.

Nach dem Betriebsschluss der BART-Züge fährt der Nachtbus 800 zwischen San Francisco und Oakland – und zwar stündlich von der Market St im Zentrum und dem Transbay Temporary Terminal in San Francisco zur Kreuzung 14th St und Broadway.

Der Bus 1R ist werktags eine schnelle und häufige Busverbindung zwischen Berkeley und dem Zentrum Oaklands (2,10 US$) über die Telegraph Ave. Eine Alternative ist der täglich verkehrende Bus 18 über den Martin Luther King Jr Way.

Greyhound (☎510-832-4730; www.greyhound.com; 2103 San Pablo Ave) betreibt Direktbusse von Oakland nach Vallejo, San Jose, Santa Rosa und Sacramento. Der Busbahnhof in Oakland ist ziemlich heruntergekommen.

Fähre

Die schönste Art, von San Francisco nach Oakland zu gelangen, ist die Fahrt mit der Fähre. Das geht zwar am langsamsten und ist am teuersten, dafür kann man einen prachtvollen Blick auf die Bucht genießen. Vom Ferry Building in San Francisco fährt die **Alameda-Oakland-Fähre**(☎510-522-3300; www.eastbayferry.com) zum Jack London Sq (einf. Fahrt 6,25 US$, 30 Min., werktags ca. 12-mal, Wochenende 6–9-mal). Im Fährpreis enthalten ist die kostenlose Weiterfahrt mit den Bussen von AC Transit vom Jack London Sq.

Flugzeug

Der **Oakland International Airport** (www.flyoakland.com) liegt direkt gegenüber vom San Francisco International Airport auf der anderen Seite der Bucht. Er ist normalerweise weniger frequentiert, und die Flüge sind billiger. Die Fluggesellschaft Southwest Airlines ist hier stark vertreten.

Zug

Die Amtrak-Züge, die die Küste hinauf- und hinunterfahren, halten regelmäßig in Oakland. Von Oaklands **Amtrak-Bahnhof** (☎800-872-7245; www.amtrak.com; 245 2nd St) am Jack London Sq fährt der AC-Transit-Bus 72 zum Zentrum Oaklands (werktags auch das kostenlose Broadway Shuttle). Hier ist auch die Anlegestelle der Fähre, die über die Bucht nach San Francisco fährt.

Amtrak-Reisende, die nach San Francisco gebucht haben, steigen am **Amtrak-Bahnhof Emeryville** (5885 Horton St), eine Haltestelle vor Oakland aus. Von dort bringt sie ein Amtrak-Shuttlebus zur Bushaltestelle am Fährhafen in San Francisco. Das kostenlose Shuttle **Emery Go Round** (www.emerygoround.com) kommt auf seiner Runde auch am Amtrak-Bahnhof Emeryville und am BART-Bahnhof MacArthur vorbei.

Unterwegs vor Ort

Bus

AC Transit (☎510-817-1717, 511; www.actransit.org) betreibt ein umfangreiches Busnetz innerhalb von Oakland. Der Fahrpreis beträgt 2,10 US$ (passend zahlen).

Werktags fährt der kostenlose neue **Broadway Shuttle** (www.meetdowntownoak.com/shuttle.php; ⌚Mo–Fr 7–19 Uhr) zwischen Jack London Square und Lake Merritt den Broadway entlang und hält unterwegs in Old Oakland/Chinatown, an den BART-Bahnhöfen im Zentrum und im Viertel Uptown. Die limettengrünen Busse fahren alle 10 bis 15 Minuten.

Vom/Zum Flughafen

Die BART-Züge sind das billigste und praktischste Transportmittel. AirBART-Busse pendeln zwischen dem Flughafen und dem BART-Bahnhof Coliseum/Oakland Airport (bis 24 Uhr alle 10 Min.). Ein Ticket kostet 3 US$. Passend zahlen oder ein BART-Ticket im selben Wert benutzen.

SuperShuttle (☎800-258-3826; www.supershuttle.com) ist eine der vielen Shuttledienste am Oakland International Airport, die Direkttransporte anbieten. Die einfache Fahrt zu Zielen in San Francisco kostet rund 27 US$ für eine Person und 10 US$ für eine weitere. Auch Ziele in der East Bay werden bedient. Im Voraus reservieren.

Ein Taxi vom Oakland International Airport zum Zentrum Oaklands kostet rund 30 US$, zum Zentrum von San Francisco etwa 60 US$.

Berkeley

Als Geburtsstätte der Bürgerrechtsbewegung und des Einsatzes für die Rechte Behinderter sowie als Standort der ehrwürdigen Hallen der University of California ist Berkeley definitv kein Mauerblümchen. Die

WASSERSPORT AN DER BAY

Die San Francisco Bay ist nicht nur ein hübsches Motiv für eine Postkarte oder einen Schnappschuss. Es gibt unzählige Anbieter, die einen aufs Wasser bringen.

California Canoe & Kayak (☎510-893-7833; www.calkayak.com; 409 Water St; Verleih pro Std. Einer/Zweier-Kajak 15/25 US$, Kanu 25 US$, Stehpaddelbrett 15 US$) Befindet sich am Jack London Sq in Oakland. Vermietet Kajaks, Kanus und Stehpaddelbretter.

Cal Adventures (☎510-642-4000; www.recsports.berkeley.edu; 124 University Ave;) Wird vom UC Berkeley Aquatic Center betrieben und befindet sich an der Berkeley Marina. Bietet Segel-, Surf- und Seekajakkurse für Erwachsene und Jugendliche.

Cal Sailing Club (www.cal-sailing.org) Ein gemeinnütziger Club mit erschwinglicher Mitgliedschaft, der von ehrenamtlichen Mitarbeitern betrieben wird und ebenfalls seinen Sitz an der Berkeley Marina hat. Auf dem Programm stehen Segeln und Windsurfen.

Boardsports School & Shop (http://boardsportsschool.com) Hat drei Filialen – eine in San Francisco, eine in Alameda (East Bay) und eine in Coyote Point (S. 162) – und bietet Kurse und einen Verleih zum Kiteboarden, Windsurfen und Stehpaddeln.

Sea Trek (S. 126) Bietet Kajaks und Stehpaddelbretter und eine fabelhafte Paddeltour bei Vollmond. Mit Sitz in Sausalito.

Stadt ist ein USA-weites Zentrum des (meistens linksgerichteten) intellektuellen Diskurses, und ihre Einwohner gehören zu den engagiertesten im Land. In der berühmten Universitätsstadt trifft man auf eine interessante Mischung aus ergrauten Altlinken und idealistischen Studenten. Man kann sich leicht über „Beserkeley" lustig machen, weil hier der Recyclingfanatismus und die politische Korrektheit oft übertrieben werden. Dabei sollte man aber nicht vergessen, dass die Stadt in Umweltfragen und bei politischen Anliegen Vorreiter gewesen ist und die hier vertretenen Meinungen schließlich zum Mainstream wurden.

In Berkeley wohnen sehr viele Menschen südasiatischer Herkunft, was schon die Unmenge an Sari-Geschäften in der University Ave und die große Zahl ausgezeichneter indischer Restaurants verrät.

Sehenswertes & Aktivitäten

Berkeley liegt etwa 13 Meilen (21 km) östlich von San Francisco und grenzt im Westen an die Bucht, im Osten an die Hügel und im Süden an Oakland. Die I-80 verläuft am westlichen Stadtrand, nahe der Marina. Von dort führt die University Ave ostwärts ins Zentrum und zum Uni-Campus.

Die Shattuck Ave kreuzt die University Ave einen Block westlich des Campus. Diese Kreuzung ist die wichtigste im Zentrum. Unmittelbar südlich von ihr finden sich die Shoppingmeile des Zentrums und der BART-Bahnhof Berkeley.

UNIVERSITY OF CALIFORNIA, BERKELEY

Die University of California (UCB, von Studierenden und Einheimischen gleichermaßen „Cal" genannt) ist die älteste Universität Kaliforniens. 1866 wurde ihre Gründung beschlossen, und 1873 begannen die ersten Studenten zu studieren. Heute kann die UCB mehr als 35 000 Studierende, über 1500 Dozenten und unglaublich viele Nobelpreisträger vorweisen.

Den Campus erreicht man von der Telegraph Ave aus über die Sproul Plaza und das Sather Gate, ein Zentrum zum Leutebeobachten, für Volksredner und Pseudo-Stammesrituale. Auch von der Center St und der Oxford Lane aus (nahe dem BART-Bahnhof im Zentrum) kommt man auf den Campus.

UC Berkeley Art Museum MUSEUM

(☎510-642-0808; www.bampfa.berkeley.edu; 2626 Bancroft Way; Erw./Student 10/7 US$, 1. Do im Monat frei; ⏲Mi–So 11–17 Uhr) Das Museum zeigt in elf Sälen unzählige Kunstwerke von Kunst aus dem alten China bis hin zu avantgardistischen Werken. Auf dem Gelände sind auch ein Buchladen, ein Café und ein Skulpturengarten. Das Museum und das hochgeschätzte Pacific Film Archive (s. S. 157) sollen 2014 in die Oxford St zwischen der Addison St und der Center St umziehen.

Campanile TURM

(Aufzugfahrt 2 US$; ⏲Mo–Fr 10–16, Sa bis 17, So bis 13.30 & 15–17 Uhr) Der Campanile, offiziell der Sather Tower, wurde nach dem Vorbild des venezianischen Markusturms errichtet. Von dem 100 m hohen Turm aus hat man einen tollen Blick auf die Bay Area. Außerdem kann man sich oben das Glockenspiel aus der Nähe betrachten. Es besteht aus 61 Glocken von der Größe einer Müslischale bis zu der eines Volkswagens. Geläutet wird täglich um 7.50, 12 und 18 Uhr, sonntags um 14 Uhr ist ein längeres Konzert zu hören.

GRATIS **Museum of Paleontology** MUSEUM
(☎510-642-1821; www.ucmp.berkeley.edu; ⏲Mo–Do 8–22, Fr bis 17, Sa 10–17, So 13–22 Uhr) Das Museum befindet sich in dem aufwändig verzierten Valley Life Sciences Building, das vorrangig als Forschungseinrichtung dient und daher für das Publikum geschlossen ist. Im Atrium kann man aber eine Reihe von Fossilien bestaunen, darunter das Skelett eines *Tyrannosaurus rex*.

Bancroft Library BIBLIOTHEK
(☎510-642-3781; http://bancroft.berkeley.edu; ⏲Mo–Fr 10–17 Uhr) Die Bancroft-Bibliothek beherbergt neben anderen Schätzen den Nachlass Mark Twains, ein Exemplar der First Folio von Shakespeares Werken und die Aufzeichnungen der Donner Party (s. Kasten S. 430). In der kleinen öffentlichen Ausstellung zur Geschichte Kaliforniens kann man u.a. das überraschend kleine Gold-Nugget sehen, das den Goldrausch von 1849 auslöste. Bibliotheksnutzer müssen sich anmelden und mindestens 18 Jahre alt sein (oder einen Hochschulabschluss vorweisen) und zwei Identitätsnachweise (eines mit Foto) vorlegen. Beim Kommen einfach an den Anmeldeschalter gehen.

GRATIS **Phoebe Hearst Museum of Anthropology** MUSEUM
(☎510-643-7649; http://hearstmuseum.berkeley.edu; ⏲Mi–Sa 10–16.30, So 12–16 Uhr) Südlich des Campanile befindet sich in der Kroeber Hall dieses Museum mit Ausstellungsstücken aus vielen Kulturen der Welt, darunter aus dem alten Peru, Ägypten und Afrika. Eine große Sammlung ist den Kulturen der kalifornischen Indianer gewidmet.

SÜDLICH DES CAMPUS

Telegraph Ave STRASSE
Die Telegraph Ave ist traditionell das pulsierende Herz des Studentenlebens in Berkeley. Hier drängen sich Studierende, Leute, die gerade ihren Doktor gemacht haben und kauflustige junge Menschen auf dem Bürgersteig durch die Massen der Verkäufer, Straßenmusikanten und Obdachlosen. Zahlreiche Cafés und Billigimbisse sorgen für das leibliche Wohl der Studierenden; die meisten davon sind sehr gut.

Am Sather Gate der Universität tobt das Leben: Da gibt es jugendliche Posthippies, die einer Zeit nachtrauern, die sie selbst nicht mehr erlebt haben und junge Hipster und Punks, die für diese Nostalgie nur Verachtung übrig haben. Typen mit Pferdeschwanz schnorren einen an, und die Straßenstände verkaufen alles Mögliche von Kristallgläsern bis hin zu Autoaufklebern und selbstverfassten Traktaten.

People's Park PARK
Der Park, gleich östlich der Telegraph Ave zwischen der Haste St und dem Dwight Way, ist ein denkwürdiger Ort. Hier tobte in den späten 1960er-Jahren ein politischer Kampf zwischen den Einwohnern, der Stadt und der Regierung des Bundesstaats. Seither ist der Park die meiste Zeit ein Anlaufpunkt für die Obdachlosen Berkeleys. Ein öffentlich finanziertes Sanierungsprojekt hat ihn etwas aufgehübscht, und gelegentlich finden hier Feste statt, aber insgesamt ist die Anlage ziemlich verkommen.

Elmwood District VIERTEL
Im Süden an der College Ave befindet sich der Elmwood District, ein charmantes Viertel mit Läden und Restaurants – eine geruhsame Alternative zum frenetischen Trubel an der Telegraph Ave. Weiter südlich liegt Rockridge.

First Church of Christ Scientist KIRCHE
(www.friendsoffirstchurch.org; 2619 Dwight Way; ⏲So Gottesdienst) Bernard Maybecks eindrucksvolle Kirche wurde 1910 aus Beton und Holz in einem Stil errichtet, der von Arts and Crafts, asiatischer Architektur und gotischen Anklängen beeinflusst ist. Maybeck lehrte an der UC Berkeley Architektur; er entwarf u.a. den Palace of Fine Arts in San Francisco und viele Maßstäbe setzende Wohnhäuser in den Berkeley Hills. Kostenlose Führungen gibt's am ersten Sonntag jeden Monats um 12.15 Uhr.

Julia Morgan Theatre THEATER
(☎510-845-8542; 2640 College Ave) Südöstlich des People's Park findet sich das wunderbar zurückhaltende, mit Mammutbaumholz verkleidete Theater von 1910. Diese Veranstaltungsstätte (die früher ein Kirche war) ist ein Werk der Architektin Julia Morgan, die zahlreiche Gebäude in der Bay Area errichtete. Ihr berühmtestes Bauwerk ist das Hearst Castle (s. S. 537).

Berkeley Zentrum

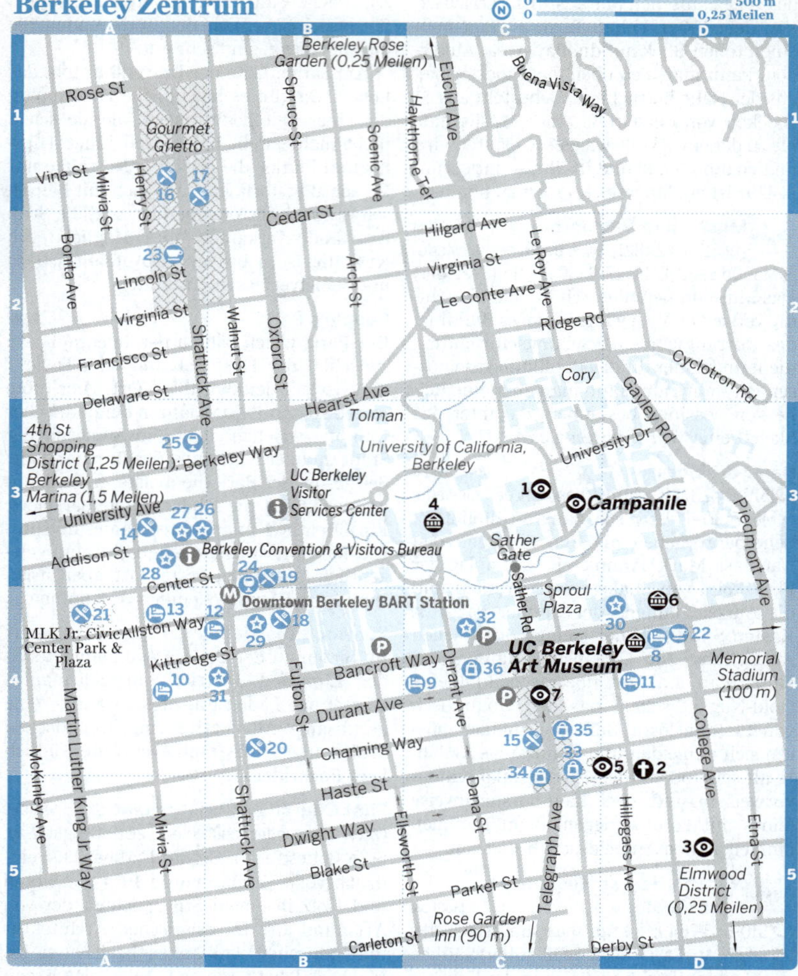

ZENTRUM

Hier findet sich kaum eine Bestätigung für Berkeleys Ruf als Versammlungsort von Hippies in Batikklamotten. Das Gebiet rund um die Shattuck Ave zwischen der University Ave und dem Dwight Way ist ein geschäftiges Viertel mit Läden, Restaurants, restaurierten öffentlichen Gebäuden und einer boomenden Kunstszene. Mittendrin liegen gefeierte Theater – das Berkeley Repertory Theatre (s. S. 157) und die Aurora Theatre Company (s. S. 158) –, das Freight & Salvage Coffeehouse (s. S. 157) mit Livemusik und auch noch ein paar gute Kinos.

NORTH BERKELEY

Nicht weit vom Campus entfernt liegt im Norden ein reizendes Viertel voller Häuser mit hübschen Vorgärten, Parks und ein paar der besten Restaurants Kaliforniens. Das beliebte **Gourmet Ghetto** mit seinem Flaggschiff, dem Chez Panisse (s. S. 156), erstreckt sich nördlich der University Ave über mehrere Blocks an der Shattuck Ave. Nordwestlich davon findet man an der **Solano Ave**, die von Berkeley hinüber nach Albany führt, jede Menge witziger Läden und noch mehr gute Restaurants.

An der Euclid Ave, gleich südlich der Eunice St, liegt der **Berkeley Rose Garden** mit

Berkeley Zentrum

Highlights
Campanile C3
UC Berkeley Art Museum D4

Sehenswertes
1 Bancroft Library C3
2 First Church of Christ Scientist D4
3 Julia Morgan Theatre D5
4 Museum of Paleontology C3
5 People's Park D4
6 Phoebe Hearst Museum of Anthropology D4
7 Telegraph Avenue C4

Schlafen
8 Bancroft Hotel D4
9 Berkeley City Club C4
10 Downtown Berkeley Inn A4
11 Hotel Durant D4
12 Hotel Shattuck Plaza B4
13 YMCA A4

Essen
14 Au Coquelet Café A3
15 Café Intermezzo C4
16 Cheese Board Collective A1
17 Chez Panisse A1
18 Gather B4
19 Ippuku B3
20 La Note B4
21 Berkeley Farmers Market (Samstag) A4

Ausgehen
22 Caffe Strada D4
23 Guerilla Café A2
24 Jupiter B3
25 Triple Rock Brewery & Ale House A3

Unterhaltung
26 Aurora Theatre Company A3
27 Berkeley Repertory Theatre A3
28 Freight & Salvage Coffeehouse A3
29 Marsh B4
30 Pacific Film Archive D4
31 Shattuck Down Low B4
32 Zellerbach Hall C4

Shoppen
33 Amoeba Music C4
34 Moe's C4
35 Rasputin C4
36 University Press Books C4

seinen acht, in bunten Farben leuchtenden Terrassen. Hier findet man ruhige Bänke und Unmengen an farblich angeordneten Rosen, die fast immer blühen. Auf der anderen Straßenseite gibt's einen malerischen Park mit einem Kinderspielplatz (u.a. mit einer tollen, 30 m langen Betonrutsche).

DIE BERKELEY HILLS

Tilden Regional Park PARK

(www.ebparks.org/parks/tilden) Der 8,4 km² große Park in den Hügeln östlich der Stadt ist das Kronjuwel Berkeleys. Er bietet rund 50 km Wanderwege verschiedener Schwierigkeitsgrade – von gepflasterten Wegen bis zu hügeligen Kletterpfaden, darunter auch einen Teil des Bay Area Ridge Trail. Weitere Attraktionen sind ein Mini-Dampfzug (2 US$), eine Kinderfarm, ein botanischer Garten, ein **Golfplatz** (☎510-848-7373) mit 18 Löchern und ein Umwelt-Bildungszentrum. **Lake Anza** ist ein beliebtes Picknickgebiet, und vom Frühjahr bis zum Spätherbst kann man hier baden (3,50 US$). Der Bus 67 von AC Transit fährt an Wochenenden und Feiertagen vom BART-Bahnhof zum Park; werktags hält er nur an den Eingängen.

UC Botanical Garden GARTEN

(☎510-643-2755; http://botanicalgarden.berkeley.edu; 200 Centennial Dr; Erw./Kind 13–17 Jahre/Kind 5–12 Jahre 9/5/2 US$, 1. Do des Monats frei; ⌚9–17 Uhr, 1. Di im Monat geschl.) Im Strawberry Canyon findet sich ein weiterer Schatz in den Hügeln. Auf einer Fläche von 14 ha gibt es in dem botanischen Garten mehr als 12000 verschiedenen Pflanzenarten – eine der vielfältigsten Sammlungen der USA. Hierher gelangt man mit dem Bear Transit Shuttle, Linie H.

Die nahe gelegene Feuerschneise ist eine bewaldete Wanderschleife rund um den Strawberry Canyon mit tollem Blick auf die Stadt und das der Öffentlichkeit nicht zugängliche Lawrence Berkeley National Laboratory. Der Weg beginnt am Parkplatz am Centennial Dr, gleich südwestlich des Botanical Garden, und endet nahe der Lawrence Hall of Science.

Lawrence Hall of Science SCIENCE CENTER

(☎510-642-5132; www.lawrencehallofscience.org; Centennial Dr; Erw./Senior & Kind 7–8 Jahre/Kind 3–6 Jahre 12/9/6 US$; ⌚tgl. 10–17 Uhr;) Das Science Center nahe des Grizzly Peak Blvd ist nach Ernest Lawrence benannt, der für die Erfindung des Teilchenbeschleunigers Zykloton den Nobelpreis erhielt. Lawrence war im Zweiten Weltkrieg beim Manhattan-Projekt maßgeblich an der Entwicklung der Atombombe beteiligt, und seinen Namen tragen auch die Laboratorien Lawrence Berkeley und Lawrence Livermore. Die Hall of Science hat eine große Sammlung interaktiver Ausstellungsstücke für Kinder und Erwachsene, u.a. zu den Themenbereichen Erdbeben und Nanotechnologie. Draußen steht ein 18 m hohes Modell eines DNS-Moleküls. Der Bus 65 von AC Transit fährt vom BART-Bahnhof im Zentrum hierher. Man kann auch den Bear Transit Shuttle der Universität (Linie H) vom Hearst Mining Circle nehmen.

WEST BERKELEY

San Pablo Ave STRASSE

Bevor die I-80 gebaut wurde, war die San Pablo Ave (die frühere US Rte 40) die Hauptdurchfahrtsstraße von Osten. Das Gebiet nördlich der University Ave ist noch immer gesäumt von ein paar älteren Motels, Diners und stimmungsvollen Bars mit Neonschildern. Südlich der University Ave gibt's trendige Ecken, beispielsweise den kurzen Streifen mit Cafés und Geschenkartikelläden rund um den Dwight Way.

4th St Shopping District VIERTEL

Versteckt in einem Industriegebiet nahe der I-80 liegt das drei Häuserblocks umfassende Gebiet mit schattigen Bürgersteigen zum Luxusshoppen oder Bummeln und ein paar gute Restaurants.

Berkeley Marina JACHTHAFEN

Am Westende der University Ave liegt der Jachthafen, an dem es kreischende Möwen, schweigsame Angler am Pier, freilaufende Hunde und – vor allem an windigen Wochenenden – viele bunte Drachen gibt. Der Bau des Jachthafens begann 1936, aber Landungsbrücken gab es hier schon viel früher: Die erste wurde in den 1870er-Jahren gebaut und 1920 durch eine 5 km lange Fähranlegestelle ersetzt (die Brücke musste so lang sein, weil das Wasser in der Bucht extrem seicht ist). Teile der originalen Landungsbrücke wurden wieder aufgebaut und bieten Besuchern einen herrlichen Blick auf die Bucht.

Adventure Playground SPIELPLATZ

(☎510-981-6720; www.cityofberkeley.info/marina; ⏲Sa & So 11–16 Uhr, letzte Woche im Jahr geschl.; 👪) Am Jachthafen befindet sich einer der tollsten Spielplätze des Landes. In dem kostenlos zugänglichen Park können Kinder jeden Alters ihrer Phantasie freien Lauf lassen und lernen, mit anderen zusammen unter Anleitung ihre eigenen Häuschen zu bauen und anzumalen. Die Sonntagskleidung lieber im Schrank lassen, denn hier werden die Kleinen garantiert richtig dreckig.

GRATIS **Takara Sake** MUSEUM

(www.takarasake.com; 708 Addison St; ⏲12–18 Uhr) Das Museum zeigt traditionelle Holzgeräte für die Herstellung von Sake und ein kurzes Video über den Brauprozess. Führungen durch die Fabrik werden nicht angeboten, aber man kann durch ein Fenster einen Blick auf die Gerätschaften werfen, die heute für die Herstellung und Abfüllung zum Einsatz kommen. Kostproben (5 US$) gibt's im großen Verkostungsraum, bei dem wiederverwertetes Holz und Bodenfliesen aus recyceltem Glas verbaut wurden.

Schlafen

Die Preise für eine Unterkunft schnellen während spezieller Universitätsveranstaltungen wie Abschlussfeiern (Mitte Mai) und Heimspielen des Footballteams in die Höhe. An der University Ave gibt's eine Reihe älterer Motels – das ist in den Spitzenzeiten ganz praktisch. Eine Liste mit B&Bs hat das Berkeley & Oakland Bed & Breakfast Network (S. 144).

LP TIPP **Hotel Shattuck Plaza** BOUTIQUEHOTEL $$$

(☎510-845-7300; www.hotelshattuckplaza.com; 2086 Allston Way; Zi. 219–59 US$; ❄@📶) Mit der 15 Mio. US$ teuren umweltgerechten Sanierung des 100 Jahre alten Schmuckstücks in der Downtown ist das friedliche Hotel richtig schick geworden. Das Foyer mit Tapeten im viktorianischen Stil wird mit roten italienischen Glaslampen beleuchtet, und auf dem Boden prunkt ein Peace-Zeichen aus Fließen. Die komfortablen Zimmer sind mit Federbetten ausgestattet, und das mit Säulen bestückte Restaurant serviert alle Mahlzeiten. Die Zimmer auf der der Shattuck Ave gegenüberliegenden Seite sind die ruhigsten, und die Cityscape-Zimmer haben einen tollen Blick auf die Bucht.

Hotel Durant BOUTIQUEHOTEL $$

(☎510-845-8981; www.hoteldurant.com; 2600 Durant Ave; Zi. ab 134 US$; @📶🐾) Das klassische Hotel von 1928 ist einen Block vom Campus entfernt. Es wurde gewagt renoviert, um die Verbindung zur Universität zu betonen. Die Lobby ist mit peinlichen

Jahrbuchfotos und einem Deckenmobile aus Prüfungsbüchern geschmückt. Die etwas kleinen Zimmer haben Duschvorhänge, die mit Vokabeln übersät sind und Nachttischlampen aus umfunktionierten Bongs.

Berkeley City Club HISTORISCHES HOTEL **$$**
(☎510-848-7800; www.berkeleycityclub.com; 2315 Durant Ave; Zi./Suite mit Frühstück ab 145/235 US$;) Das Gebäude von 1929 ist ein historisches Wahrzeichen (und zugleich ein Privatclub). Es wurde von Julia Morgan, der Architektin des Hearst Castle (s. S. 537), entworfen. Die 36 Zimmer und die tollen Gemeinschaftsbereiche wurden kürzlich renoviert und erinnern an die gute alte Zeit. Das Hotel hat üppig begrünte, heitere Höfe im italienischen Stil, Gärten und Terrassen und eine umwerfende Schwimmhalle. Die eleganten, altmodisch europäisch anmutenden Zimmer haben keine Fernseher; die Zimmer mit der Endziffer 4 oder 8 bieten einen sagenhaften Blick auf die Bucht und die Golden Gate Bridge.

Bancroft Hotel HISTORISCHES HOTEL **$$**
(☎510-549-1000, 800-549-1002; www.bancrofthotel.com; 2680 Bancroft Way; Zi. mit Frühstück 129–149 US$;) Das prachtvolle Gebäude von 1928 ist im Arts-and-Crafts-Stil errichtet und war früher ein Frauenclub. Das Hotel liegt gleich gegenüber vom Campus und zwei Blocks von der Telegraph Ave. Es bietet 22 komfortable, schön möblierte Zimmer (Nr. 302 hat einen hübschen Balkon) und eine Dachterrasse mit tollem Blick auf die Bucht. Es gibt aber keinen Aufzug.

YMCA HOSTEL **$**
(☎510-848-6800; www.ymca-cba.org/downtown-berkeley; 2001 Allston Way; EZ/DZ 49/81 US$;) Die 100 Jahre alte Jugendherberge im Zentrum ist noch immer die beste Budgetunterkunft der Stadt. Dank der kürzlichen Renovierung gibt es jetzt neue Betten und Teppiche. Im Preis für die asketischen privaten Zimmer (alle mit Gemeinschaftsbad) ist die Nutzung von Sauna, Pool und Fitnesscenter inbegriffen. Es gibt auch eine Küche und rollstuhlgeeignete Zimmer. Die Eckzimmer 310 und 410 haben einen beneidenswerten Blick auf die Bucht. Der Eingang ist an der Milvia St.

Downtown Berkeley Inn MOTEL **$**
(☎510-843-4043; www.downtownberkeleyinn.com; 2001 Bancroft Way; Zi. 89–109 US$;) Das Budgetmotel im Boutique-Stil hat 27 große Zimmer mit entsprechend großen Flachbild-TVs.

Rose Garden Inn GASTHOF **$$**
(☎510-549-2145, 800-922-9005; www.rosegardeninn.com; 2740 Telegraph Ave; Zi. mit Frühstück 98–185 US$;) Die ruhige, hübsche Unterkunft mit blumig verspieltem Dekor liegt ein paar Blocks südlich vom Trubel der Telegraph Ave. Die zwei alten Häuser sind von einem schönen Garten umgeben.

Essen

Die Telegraph Ave ist voller Cafés, Pizzatheken und Billigrestaurants. Das „Little India" Berkeleys verläuft genau längs der Schneise der University Ave. Noch viel mehr Restaurants findet man in der Downtown an der Shattuck Ave nahe des BART-Bahnhofs. Der Abschnitt der Shattuck Ave nördlich der University Ave ist als „Gourmet Ghetto" bekannt; hier gibt's viele ausgezeichnete Lokale.

ZENTRUM & RUND UM DEN CAMPUS

Gather AMERIKANISCH **$$**
(☎510-809-0400; www.gatherrestaurant.com; 2200 Oxford St; Hauptgerichte mittags 10–17 US$, Hauptgerichte abends 14–19 US$; ⏲Mo–Fr 11.30–14, Sa & So 10–14.30 & tgl. 17–22 Uhr;) Wenn vegane Feinschmecker und passionierte Freunde superfrischer Produkte essen gehen wollen, dann kommen sie oft hierher. Der mit Treibholz gestaltete Innenraum wird durch grüne Weinranken über der offenen Küche aufgelockert. Die Leute schwärmen vom hiesigen Essen, für dessen Zubereitung Fleisch und Produkte aus der Region und aus nachhaltigem Anbau verwendet werden. Abends reservieren.

LP TIPP **Ippuku** JAPANISCH **$$**
(☎510-665-1969; www.ippukuberkeley.com; 2130 Center St; kleine Gerichte 5–18 US$; ⏲17–23 Uhr) Japaner schwärmen vom Ippuku, das sie an die *izakayas* (kneipenartige Restaurants) daheim in Tokio erinnert. Es hat sich auf *shochu* (Kostprobe 12 US$) spezialisiert, ein alkoholisches Getränk aus Reis, Gerste oder Süßkartoffeln. Es gibt eine Auswahl an Fleisch am Spieß, und man sitzt an einem der traditionellen Holztische (Schuhe ausziehen!) oder in gemütlichen Sitzecken. Unbedingt reservieren.

La Note FRANZÖSISCH **$$**
(☎510-843-1535; www.lanoterestaurant.com; 2377 Shattuck Ave; Hauptgerichte 10–17 US$; ⏲Mo–Fr 8–14.30, Sa & So bis 15 & Do–Sa 18–22 Uhr) Das ländlich-rustikale französische Bistro im Zentrum serviert ausgezeichnetes Frühstück. Mit einer großen Schale Café au

lait und einem Haferflocken-Pancake mit Himbeeren oder einem Zitronenpfefferkuchen-Pancake mit warmen Birnen kommt man prima in den Tag. Am Wochenende mit Wartezeiten rechnen.

Café Intermezzo CAFETERIA $
(2442 Telegraph Ave; Sandwich & Salat 6,50 US$) Die riesigen Salate sorgen für viel Kundschaft, und auch die Portionen der anderen leckeren Gerichte sind alles andere als klein. Am besten kommt man zu zweit her, denn alleine kann man das Veggie Delight mit Bohnen, hartgekochten Eiern und Avocado kaum verputzen.

Au Coquelet Café CAFÉ $
(www.aucoquelet.com; 2000 University Ave; Hauptgerichte 6–9 US$; ⏲So–Do 6–1, Sa & So bis 1.30 Uhr; 📶) In das lang geöffnete Café gehen die Leute gern zum Essen nach einem Kinobesuch oder zum Lernen am späten Abend. Vorne gibt's Kaffee und Kuchen, im geräumigen, von oben beleuchteten hinteren Raum eine große Auswahl an Omelettes, Pasta, Sandwiches, Burgern und Salaten.

Berkeley Farmers Market MARKT $
(⏲Sa 10–15 Uhr) Den ganzjährig stattfindenden Farmers Market im Zentrum findet man an der Center St und dem MLK Way. Hier gibt's Bioprodukte und leckeres Essen, das man dann gleich im MLK Park gegenüber der City Hall verdrücken kann.

NORTH BERKELEY

LP TIPP **Chez Panisse** AMERIKANISCH $$$
(☎Restaurant 510-548-5525, Café 510-548-5049; www.chezpanisse.com; 1517 Shattuck Ave; Restaurant Hauptgerichte 60–95 US$, Café Hauptgerichte 18–29 US$; ⏲Restaurant Mo–Sa abends, Café Mo–Sa mittags & abends) Feinschmecker pilgern scharenweise in die Geburtsstätte der kalifornischen Cuisine. Alice Waters' Restaurant ist so gut und beliebt wie eh und je und hat sich trotz der Berühmtheit seine einladende Atmosphäre erhalten. Es ist in einem hübschen Arts-and-Crafts-Haus im Gourmet Ghetto untergebracht. Entweder geht man aufs Ganze und gönnt sich im Erdgeschoss ein Menü zum Festpreis oder besucht das etwas preisgünstigere und nicht ganz so formelle Café oben. Mehrere Wochen vorher reservieren.

Cheese Board Collective PIZZERIA $
(☎510-549-3183; www.cheeseboardcollective.coop; 1504 & 1512 Shattuck Ave; Pizzastück 2,50 US$; 🖉) In dem von allen Mitarbeitern gemeinsam betriebenen Laden gibt's über 300 verschiedene Käsesorten – da kann man seinen Vorrat richtig aufstocken. Man bekommt auch frisches Brot und kann mittags ein tolles Picknick machen. Oder man holt sich gleich nebenan, wo oft auch Livemusik gespielt wird, ein Stück der sagenhaft knusprigen vegetarischen Pizza (jeden Tag gibt's eine bestimmte Sorte).

WEST BERKELEY

Vik's Chaat Corner INDISCH $
(www.vikschaatcorner.com; 2390 4th St; Gerichte 5–7 US$; ⏲Mo–Do 11–18, Fr–So bis 20 Uhr; 🖉) Das alteingesessene, beliebte *chaat*-Haus ist in eine größere Bleibe an der Ecke Channing Way (einen Block östlich vom Ufer) umgezogen, lockt aber mittags immer noch seine vielen Stammgäste und ebenso viele hungrige Büroangestellte und indische Familien an. Probieren sollte man eine *cholle* (würziges Kichererbsen-Curry) oder eine der vielen Sorten gefüllter *dosas* (herzhafte Crêpes) von der Wochenendkarte.

Bette's Oceanview Diner DINER $
(☎510-644-3230; www.bettesdiner.com; 1807 4th St; Hauptgerichte 7–11 US$; ⏲Mo–Fr 6.30–14.30, Sa & So bis 16 Uhr) Viele Leute kommen zum Frühstücken her, vor allem am Wochenende. Serviert werden köstliche Soufflé-Pancakes, deutsche Kartoffelpuffer mit Apfelmus sowie Eier und Sandwichs. Das frische Essen und die elegante Einrichtung lohnen das Warten. Einen Block nördlich der University Ave.

Ausgehen

Guerilla Café CAFÉ
(☎510-845-2233; www.guerillacafe.com; 1620 Shattuck Ave) In dem kleinen Café im Stil der 1970er-Jahre herrscht eine kreative Atmosphäre, und die Gerichte sind nach Guerilleros und Freiheitskämpfern benannt. Die mit gepunkteten Fliesen versehene Theke hat einer der Künstler und Mitbesitzer des Cafés selbst gebaut. Zum Frühstück gibt's Bio- und Fair-Trade-Produkte sowie Panini-Sandwiches, dazu vor Ort gerösteten Blue-Bottle-Kaffee. Gelegentliche Film- und Cuisine-Abende locken die Leute an.

Caffe Strada CAFÉ
(2300 College Ave; 📶) Das beliebte Studentencafé hat einen netten schattigen Hof und starke Espressos. Unbedingt die Spezialität probieren: Mokka mit weißer Schokolade.

Jupiter KNEIPE
(www.jupiterbeer.com; 2181 Shattuck Ave) Der Pub im Zentrum mit einem Biergarten hat

viele regionale Biersorten und gute Pizzas im Angebot, und an den meisten Abenden spielen Livebands. Vom Obergeschoss aus sieht man die geschäftige Shattuck Ave aus der Vogelperspektive.

Casa Vino WEINBAR
(www.casavinobistro.com; 3136 Sacramento St) Die bescheidene und etwas unscheinbare Weinbar liegt ein paar Blocks westlich vom BART-Bahnhof Ashby und serviert sage und schreibe 95 verschiedene offene Weine. An warmen Abenden kann man auf der Terrasse draußen relaxen.

Albatross PUB
(www.albatrosspub.com; 1822 San Pablo Ave; 🐾) Einen Block nördlich der University Ave befindet sich der älteste Pub Berkeleys, einer der einladendsten und freundlichsten der Bay Area. Hier kann man prima eine Runde Dart spielen, und an den abgewetzten Tischen gibt's Brettspiele. Sonntags ist Pub Quiz Night.

Triple Rock Brewery & Ale House BRAUEREI
(1920 Shattuck Ave) Das 1986 eröffnete Triple Rock war eine der ersten Kleinbrauereien mit angeschlossener Kneipe des Landes. Die hauseigenen Biersorten und die Kneipenkost sind ganz gut. Es gibt eine alte Holzbar und eine sonnige Dachterrasse – herrlich.

☆ Unterhaltung

Die Kunstmeile an der Addison St zwischen der Milvia St und der Shattuck St bietet eine lebendige Unterhaltungsszene im Zentrum.

Livemusik

Berkeley hat viele gemütliche Schuppen mit Livemusik. Der Grundpreis beträgt 5 bis 20 US$. In manchen herrscht eine Altersbegrenzung von 18 Jahren, in anderen nicht.

924 Gilman PUNKROCK
(www.924gilman.org; 924 Gilman St ⏲Fr–So) Die ehrenamtlich betriebene Einrichtung ist eine Punkrock-Institution an der West Coast. Alkohol gibt's hier nicht, dafür auch keine Altersbegrenzung. Hierher gelangt man mit dem AC-Transit-Bus 9 vom BART-Bahnhof Berkeley.

Freight & Salvage Coffeehouse FOLK, WELTMUSIK
(☎510-644-2020; www.thefreight.org; 2020 Addison St; 👪) Der legendäre Club hat mehr als 40 Jahre auf dem Buckel und ist vor Kurzem in das Künstlerviertel im Zentrum umgezogen. Er bietet weiterhin großartige traditionelle Folk- und Weltmusik. Hier sind Leute aller Altersstufen willkommen, und alle unter 21 Jahren kommen für den halben Preis rein.

Shattuck Down Low CLUB
(☎510-548-1159; www.shattuckdownlow.com; 2284 Shattuck Ave) In dem Kellergewölbe, in dem oft auch bekannte Bands auf der Bühne stehen, treffen sich Menschen aller Art und aller Kulturen. Die Einheimischen lieben die Karaoke-Abende am Dienstag und die berauschenden Salsa-Abende am Mittwoch, zu denen Anfänger wie Fortgeschrittene willkommen sind.

La Peña Cultural Center WELTMUSIK
(☎510-849-2568; www.lapena.org; 3105 Shattuck Ave) Das sich für Frieden und Gerechtigkeit einsetzende Zentrum ein paar Blocks östlich des BART-Bahnhofs Ashby ist zugleich ein chilenisches Café. Auf dem Programm stehen dynamische Veranstaltungen zu Musik und bildender Kunst. Ein lebenssprühendes Wandbild schmückt die Fassade.

Ashkenaz FOLK, WELTMUSIK
(☎510-525-5054; www.ashkenaz.com; 1317 San Pablo Ave; 👪) Das Ashkenaz ist ein Musik- und Tanztreff, der politisch Engagierte, Hippies und Feunde von Folk, Swing und Weltmusik anlockt, die gerne tanzen (es gibt auch Tanzstunden).

Kinos

Pacific Film Archive KINO
(☎510-642-1124; www.bampfa.berkeley.edu; 2575 Bancroft Way; Erw./Student & Senior 9,50/6,50 US$) Ein Muss für Cineasten: Das berühmte Filmzentrum hat ein ständig wechselndes Programm mit internationalen Filmen und Klassikern. Das geräumige Filmtheater hat Sitze, auf denen man gut und gerne auch lange Movie-Marathons aushält.

Theater & Tanz

Zellerbach Hall DARSTELLENDE KUNST
(☎510-642-9988; http://tickets.berkeley.edu) Am Südende des Campus liegt nahe des Bancroft Way und der Dana St die Zellerbach Hall. Hier gibt's Tanzveranstaltungen, Konzerte und Vorführungen aller Art von nationalen und internationalen Künstlern. Das **Cal Performances Ticket Office** liegt auf dem Gelände; kauft man hier die Karten, zahlt man keine Bearbeitungsgebühr

Berkeley Repertory Theatre THEATER
(☎510-647-2949; www.berkeleyrep.org; 2025 Addison St) Das hochgeachtete Theateren-

semble bringt seit 1968 gewagte Inszenierungen klassischer und moderner Stücke auf die Bühne.

California Shakespeare Theater THEATER
(☎510-548-9666; www.calshakes.org; Kartenschalter 701 Heinz Ave) Das Haupthaus des „Cal Shakes" liegt in Berkeley; es hat aber auch noch ein fantastisches Freilufttheater weiter östlich in Orinda, wo bei warmem Wetter (Juni–Sept.) Shakespeare (und andere Klassiker) aufgeführt werden.

Aurora Theatre Company THEATER
(☎510-843-4822; www.auroratheatre.org; 2081 Addison St) Das gemütliche Theater im Zentrum bringt moderne und nachdenkliche Stücke in geschickter Kammerspiel-Ästhetik auf die Bühne.

Marsh DARSTELLENDE KUNST
(☎510-704-8291; www.themarsh.org; 2120 Allston Way) Die „Brutstätte für neue Inszenierungen" hat jetzt auch einen Ableger in Berkeley für Solo- und Comedy-Acts.

Shotgun Players THEATER
(☎510-841-6500; www.shotgunplayers.org; 1901 Ashby Avenue) Das erste vollständig mit Solarstrom betriebene Theater zeigt spannende und provokante Arbeiten in gemütlichem Ambiente. Gegenüber vom BART-Bahnhof Ashby.

Sport

Das **Memorial Stadium** wurde 1923 erbaut und ist mit seinen 71000 Sitzplätzen der Austragungsort von Sportveranstaltungen der Universität. Direkt darunter verläuft die Hayward-Verwerfung. Alle zwei Jahre geht's hier bei den berühmten Footballspielen zwischen den Teams der UC Berkeley und der Stanford University heiß her.

Infos zu Tickets und allen Sportveranstaltungen der UC Berkeley gibt's am **Cal Athletic Ticket Office** (☎800-462-3277; www.calbears.com). Achtung: Manchmal sind die Karten schon Wochen vorher ausverkauft.

Shoppen

Die vom Campus abzweigende Telegraph Ave ist vor allem auf Studenten ausgerichtet. Hier findet man allerlei Kram für Stadthippies, Straßenstände mit selbstgemachtem Modeschmuck und sogar Utensilien für Hasch-Raucher. Plattenfreunde kommen in den Musikläden auf ihre Kosten. Andere Shoppingmeilen sind die College Ave im Elmwood District, die 4th St (nördlich der University Ave) und die Solano Ave.

Amoeba Music MUSIK
(☎510-549-1125; 2455 Telegraph Ave) Musikjunkies verbringen Stunden in der ältesten Amoeba-Music-Filiale. Hier gibt's massenweise neue und gebrauchte CDs, DVDs, Kassetten und Schallplatten (ja, Vinyl!).

Moe's BÜCHER
(☎510-849-2087; 2476 Telegraph Ave) Das schon seit langem bestehende Moe's ist ein einheimischer Favorit. Es bietet auf vier Etagen neue und antiquarische Bücher sowie Bände aus Restbeständen, sodass man hier stundenlang schmökern kann.

University Press Books BÜCHER
(☎510-548-0585; 2430 Bancroft Way) Dieser Buchladen für Wissenschaftler und Studenten gegenüber dem Campus hat Publikationen von Professoren der UC Berkeley und von anderen Wissenschafts- und Museumsverlagen auf Lager.

Down Home Music MUSIK
(☎510-525-2129; 10341 San Pablo Ave, El Cerrito) Nördlich von Berkeley, in El Cerrito, liegt dieser erstklassige Laden für Roots, Blues, Folk, lateinamerikanische und Weltmusik. Er gehört zum Plattenlabel Arhoolie, das schon seit den frühen 1960er Jahren bahnbrechende Aufnahmen herausbringt.

Rasputin MUSIK
(☎800-350-8700; 2401 Telegraph Ave) Großer Musikladen voller neuer und gebrauchter Tonträger.

Marmot Mountain Works OUTDOOR-AUSRÜSTUNG
(☎510-849-0735; 3049 Adeline St) Verleiht und verkauft Kletter-, Ski- und Backpackerausrüstung. Ein Block nördlich vom BART-Bahnhof Ashby.

North Face Outlet OUTDOOR-AUSRÜSTUNG
(☎510-526-3530; Ecke 5th & Gilman St) Der Discounter der angesehenen Bay-Area-Marke für Outdoor-Ausrüstung liegt ein paar Blocks westlich der San Pablo Ave.

REI OUTDOOR-AUSRÜSTUNG
(☎510-527-4140; 1338 San Pablo Ave) Der gemeinschaftlich verwaltete Laden lockt mit seinem Verleih an Camping- und Klettersachen, Sportklamotten und Outdoor-Ausrüstungen aktive Freizeitsportler an.

Praktische Informationen

Alta Bates Summit Medical Center (☎510-204-4444; 2450 Ashby Ave) Notfalldienst rund um die Uhr.

WO DIE ERDE BEBTE

Wer schon immer mal ein paar Stellen sehen wollte, an denen die Erde gebebt hat, kommt in der Bay Area und in ihrer Umgebung auf seine Kosten.

» Am **Earthquake Trail** (S. 139) im Point Reyes National Seashore sieht man noch die Auswirkungen des großen Bebens von 1906.

» Eine der schrecklichsten Folgen des Loma-Prieta-Bebens von 1989 war der Einsturz des Cypress Freeway in West Oakland, bei dem 42 Menschen ums Leben kamen. Die grauenvollen Bilder sind unvergessen. Der **Cypress Freeway Memorial Park** an der 14th St und dem Mandela Parkway erinnert an die Opfer und die Helfer bei der Bergung der Verletzten.

» In der Nähe von Aptos im Santa Cruz County markiert ein Schild am Aptos Creek Trail im **Forest of Nisene Marks State Park** (☎831-763-7062; www.parks.ca.gov) die genaue Stelle des Epizentrums des Loma-Prieta-Bebens. Auf dem Big Slide Trail sieht man noch Risse im Erdreich.

» Die Hayward-Verwerfung liegt direkt unter dem **Memorial Stadium** (S. 158) der UC Berkeley.

Berkeley Convention & Visitors Bureau (☎510-549-7040, 800-847-4823; www.visitberkeley.com; 2030 Addison St; ⊙Mo–Fr 9–13 & 14–17 Uhr) Das hilfreiche Büro hat einen kostenlosen Reiseführer für Besucher.

UC Berkeley Visitor Services Center (☎510-642-5215; http://visitors.berkeley.edu; 101 Sproul Hall) Hier bekommt man einen Campusplan und Infos. Im Angebot sind auch kostenlose 90-minütige Führungen über den Campus (Mo–Sa 10, So 13 Uhr, Anmeldung erforderlich).

An- & Weiterreise

Auto & Motorrad

Von San Francisco fährt man über die Bay Bridge und hat dann zwei Möglichkeiten, um nach Berkeley zu gelangen: über die I-80 (zur University Ave, zu Berkeleys Zentrum und zum UCB-Campus) oder über den Hwy 24 (zur College Ave und zu den Berkeley Hills).

Bei der Überquerung der Brücke Richtung San Francisco wird je nach Wochentag und Uhrzeit eine Maut von 4 bis 6 US$ fällig.

BART

Der einfachste Weg von San Francisco nach Berkeley, Oakland und zu anderen Zielen in der East Bay sind die **BART-Züge** (☎510-465-2278, 511; www.bart.gov). Sie fahren werktags zwischen 4 und 24 Uhr etwa alle zehn Minuten und weniger oft samstags ab 6 Uhr bzw. sonntags ab 8 Uhr.

Nach Berkeley kommt man mit einer BART-Bahn Richtung Richmond ab den Bahnhöfen Ashby (Adeline St und Ashby Ave), Downtown Berkeley (Shattuck Ave und Center St) oder North Berkeley (Sacramento St und Delaware St). Eine Fahrt zwischen Berkeley und San Francisco kostet 3,50 bis 3,85 US$ und zwischen Berkeley und dem Zentrum Oaklands 1,75 US$. Werktags nach 20 Uhr, samstags ab 19 Uhr und sonntags den ganzen Tag über gibt's keinen Direktzug von San Francisco nach Berkeley. Stattdessen kann man einen Zug nach Pittsburg/Bay Point nehmen und am Bahnhof 19th St in Oakland umsteigen.

Ein **BART-to-Bus**-Umsteigeticket erhält man an den weißen AC-Transit-Automaten nahe der BART-Drehkreuze; damit spart man beim Busticket 0,25 US$.

Bus

Das regionale Busunternehmen **AC Transit** (☎510-817-1717, 511; www.actransit.org) betreibt eine Reihe von Bussen vom **Transbay Temporary Terminal** (Howard St & Main St) in San Francisco zur East Bay. Die Linie F fährt etwa jede halbe Stunde vom Transbay Temporary Terminal bis zur Kreuzung University Ave und Shattuck Ave (4,20 US$, 30 Min.).

Zwischen Berkeley und Oaklands Zentrum (2,10 US$) gibt's werktags eine häufige und schnelle Busverbindung über die Telegraph Ave: den Bus 1R. Der Bus 18 fährt täglich über den Martin Luther King Jr Way zwischen den Stadtzentren. Der Bus 51B fährt vom BART-Bahnhof Berkeley über die University Ave zur Berkeley Marina.

Zug

Züge von Amtrak halten zwar in Berkeley, aber es gibt kaum Direktzüge und kein Personal an dem überdachten Bahnsteig. Insofern nutzt man besser den ein paar Kilometer weiter südlich gelegenen **Amtrak-Bahnhof Emeryville** (☎800-872-7245; www.amtrak.com; 5885 Horton St).

Zum Bahnhof Emeryville gelangt man vom Zentrum Berkeleys mit dem Transbay-Bus F oder mit dem BART-Zug zum BART-Bahnhof MacArthur und von dort mit dem kostenlosen Bus Emery Go Round (Hollis Route) zum Amtrak-Bahnhof.

Unterwegs vor Ort

Am besten lässt sich Berkeleys Zentrum mit öffentlichen Verkehrsmitteln, per Fahrrad und zu Fuß erkunden.

AUTO & MOTORRAD Um zu verhindern, dass Autos durch die Straßen in Wohnvierteln rasen, wurden Barrieren aufgestellt. Autofahrer müssen sich also aufs Zickzackfahren einstellen.

BUS AC Transit betreibt öffentliche Busse in und rund um Berkeley. Das an die UC Berkeley angeschlossene **Bear Transit** (http://pt.berkeley.edu/around/transit/routes) bietet ein Shuttle vom BART-Bahnhof im Zentrum zu verschiedenen Punkten auf dem Campus (1 US$). Von der Haltestelle am Hearst Mining Circle fährt die H Line über den Centennial Dr zu den höher gelegenen Teilen des Campus.

FAHRRAD Radfahren ist hier sehr beliebt. Die Radwege (Bicycle Boulevards) sind sicher, gut markiert und mit Schildern versehen, auf denen die Entfernung bis zu bestimmten Gebäuden angegeben ist. Gleich nördlich von Berkeley verleiht **Solano Avenue Cyclery** (☎510-524-1094; 1554 Solano Ave, Albany; ⏱Mo–Sa) rund um die Uhr Fahrräder und Mountainbikes (35–45 US$).

Mt. Diablo State Park

Der 1173 m hohe Mt. Diablo ist über 305 m höher als der Mt. Tamalpais im Marin County. An kalten Wintertagen bildet sich auf seinem Gipfel eine dünne Schneedecke. An klaren Tagen (am besten an einem frühen Wintermorgen) hat man von seinem Gipfel einen atemberaubenden Blick auf die weite Umgebung. Im Westen sieht man die andere Seite der Bucht und sogar die Farallon Islands, im Osten das Central Valley und dahinter auch die Sierra Nevada.

Zum **Mt. Diablo State Park** (☎925-837-2525; www.mdia.org; 6–10 US$/Fahrzeug; ⏱8 Uhr–Sonnenuntergang) mit seinen Wanderwegen von insgesamt 80 km kommt man von Walnut Creek, Danville oder Clayton aus. Wer will, kann auch bis auf den Gipfel hinauffahren, wo es ein **Visitors Center** (⏱10–16 Uhr) gibt. Die Parkverwaltung befindet sich an der Kreuzung der beiden Zufahrtsstraßen. Von den drei **Campingplätzen** (☎800-444-7275; www.reserveamerica.com; Stellplatz Zelt & Wohnmobil 30 US$) hat nur Juniper Duschen. Bei hoher Waldbrandgefahr können aber alle geschlossen sein.

John Muir National Historic Site

Weniger als 15 Meilen (24 km) nördlich von Walnut Creek liegt die **John Muir Residence** (☎925-228-8860; www.nps.gov/jomu; 4202 Alhambra Ave, Martinez; Erw./Kind 3 US$/frei; ⏱Mi–So 10–17 Uhr), das Anwesen von John Muir, auf einem idyllischen Fleck Bauernland im geschäftigen Martinez. Muir schrieb, dass er nur mit Brot und Tee durch die High Sierra gezogen sei. Und so wird wohl manch einer, der schon von dem wettergegerbten Gründer des Sierra Clubs gehört hat, schockiert sein, dass sein Wohnhaus (das sein Schwiegervater erbaute), ganz anders, als sein legendäres asketisches Auftreten vermuten lässt, eine viktorianische Villa im italienischen Stil mit Turmkuppel, einem Salon mit üppigen Polstermöbeln und viel weißer Spitze ist. Seine „Schreibhöhle“ sieht heute noch so aus wie zu seinen Lebzeiten: Die Papierkörbe aus Draht quellen über von zerknüllten Zetteln, auf dem Fensterbrett liegen vertrocknete Brotkügelchen, die er beim Schreiben aß. Auch seine Obstplantage ist noch erhalten – zur Freude der Besucher, die Früchte von den Bäumen naschen. Zum Anwesen gehört auch das **Martinez Adobe** von 1849, das zu der Ranch gehörte, auf deren Gelände das Haus errichtet wurde.

ABSTECHER

EAST BROTHER LIGHT STATION

Die meisten Bewohner der Bay Area haben noch nie etwas von der kleinen Insel vor der Küste des East-Bay-Städtchens Richmond gehört, und noch weniger wissen, dass die **East Brother Light Station** (☎510-233-2385; www.ebls.org; DZ mit Frühstück & Abendessen 355–415 US$; ⏱Do–So) ein außergewöhnliches viktorianisches B&B mit fünf Zimmern ist. Man kann im romantischen Leuchtturm oder Nebelsignalgebäude (das Nebelhorn wird von Okt.–März benutzt) übernachten, in dem alle Fenster einen umwerfenden Blick auf die Bucht und die sich in der kalten Strömung tummelnden Seehunde bietet. Die Besitzer, die auch selbst hier wohnen, servieren nachmittags Hors d'oeuvre und Champagner, und zwischen den köstlichen Mahlzeiten kann man einen Bummel über die 0,4 ha kleine windige Insel machen oder sich alte Fotos und Gegenstände ansehen.

Der Park liegt gleich nördlich des Hwy 4. Erreichbar mit **County Connection** (http://cccta.org) und Bussen von Amtrak und BART.

Vallejo

1852 war Vallejo eine Woche lang die Hauptstadt Kaliforniens. Dann aber änderte die wankelmütige Regierung ihre Meinung. Sie startete 1853 einen zweiten Versuch, verlegte aber schon einen Monat später wieder ihren Sitz von Vallejo nach Benicia. Im selben Jahr wurde Vallejo zum ersten Stützpunkt der US-Marine an der West Coast (heute ist der Mare Island Naval Shipyard geschlossen) – das **Vallejo Naval & Historical Museum** (☎707-643-0077; www.vallejomuseum.org; 734 Marin St; Eintritt 5 US$; ⏲Di–Sa 12–16 Uhr) erzählt die Geschichte dazu.

Die größte Attraktion Vallejos ist das **Six Flags Discovery Kingdom** (☎707-643-6722; www.sixflags.com/discoverykingdom; Erw./Kind bis 1,20 m 50/36 US$; ⏲Frühjahr & Herbst Fr–So 10.30–18 Uhr, Sommer tgl. bis 20 oder 21 Uhr, Dez. wechselnde Öffnungszeiten an Wochenenden & Feiertagen), ein moderner Tier- und Freizeitpark mit gewaltigen Achterbahnen und anderen Rides sowie Tiershows mit Haien und einem Killerwal. Über die Park-Website kann man große Rabatte abstauben. Man fährt über die I-80 und nimmt 5 Meilen (8 km) nördlich des Zentrums von Vallejo die Ausfahrt zum Hwy 37 Richtung Westen. Parken kostet 15 US$.

Die von der Blue & Gold Fleet betriebene **Vallejo Baylink Ferry** (☎877-643-3779; www.baylinkferry.com; einfache Strecke Erw./Kind 13/6,50 US$) bietet Fähren von San Franciscos Pier 41 am Fisherman's Wharf zum Ferry Building in Vallejo; die Überfahrt dauert eine Stunde. Pauschalangebote mit ermäßigtem Fährpreis und Eintritt ins Six Flags gibt's in San Francisco.

Vallejo ist in gewisser Weise auch das Tor zum Wine Country (s. S. 175).

DIE HALBINSEL

Auf der Halbinsel, auf der San Francisco liegt (hier nur „The Peninsula" genannt), zieht sich südlich der Stadt zwischen der Bucht und den Ausläufern der Coastal Range ein langer schmaler Streifen mit Vorstädten bis nach San Jose und darüber hinaus. In dem Gebiet liegen Palo Alto, die Stanford University und das Silicon Valley, das Hightech-Zentrum der Bay Area. Der Hwy 1 verläuft westlich der Berge entlang der Pazifikküste, vorbei an Half Moon Bay und ein paar Stränden bis nach Santa Cruz. Der Hwy 101 und die I-280 führen beide nach San Jose; dort treffen sie auf den Hwy 17, auf dem man am schnellsten nach Santa Cruz kommt. Über alle diese Strecken lässt sich eine interessante Rundtour zusammenstellen, die man auch bis zur Monterey Peninsula ausdehnen kann.

Man braucht gar nicht erst versuchen, die Bezeichnung Silicon Valley auf einer Karte zu finden. Das Santa Clara Valley, das sich von Palo Alto über Mountain View, Sunnyvale, Cupertino und Santa Clara bis nach San Jose erstreckt, wurde „Silicon Valley" getauft, weil es als die Geburtsstätte des modernen Computers gilt, dessen Grundbausteine Chips aus Silikon sind. Das Santa Clara Valley ist ein breites ebenes Tal, und die Orte hier sind eigentlich nichts weiter als eine Kette von Einkaufszentren und Industrieparks, die von unzähligen Freeways durchzogen sind. Kaum zu glauben, dass noch nach dem Zweiten Weltkrieg hier Obstplantagen und Farmen das Bild bestimmen.

Von San Francisco nach San Jose

Südlich der Halbinsel von San Francisco bildet die I-280 die Grenzlinie zwischen der dicht bevölkerten South Bay Area und der rauen, dünn besiedelten Pazifikküste. Mit ihrem weitläufigen Blick auf Hügel und Stauseen ist die I-280 viel malerischer als der überfüllte Hwy 101, der kilometerlang durch langweilige Gewerbegebiete führt. Leider sind diese beiden parallelen Nord-Süd-Verbindungen in der Hauptverkehrszeit und auch am Wochenende oft überlastet.

Die **Sweeney Ridge** (www.nps.gov/goga/planyourvisit/upload/sb-sweeney-2008.pdf) ist eine historische Stätte, denn von hier aus erblickten europäische Entdecker erstmals die San Francisco Bay. Der Gebirgskamm hat eine prachtvolle Lage zwischen Pacifica und San Bruno und bietet Wanderern einen unvergleichlichen Ausblick auf den Ozean und die Bucht. Von der I-280 nimmt man die Ausfahrt Sneath Lane und folgt der Straße 2 Meilen (3,2 km) nach Westen, wo sie am Startpunkt des Wanderwegs endet.

Am Nordrand von San Mateo, 4 Meilen (6,4 km) südlich des San Francisco Interna-

ABSTECHER

STANFORD UNIVERSITY

Auf einem 33,2 km² großen grünen Gelände in Palo Alto liegt die **Stanford University** (www.stanford.edu). Ihr Gründer Leland Stanford war einer der vier großen Begründer der Central Pacific Railroad und ehemaliger Gouverneur von Kalifornien. Als das einzige Kind der Stanfords 1884 während einer Europareise an Typhus starb, beschlossen die Eltern zu seinem Gedächtnis eine Universität zu stiften. Die Stanford University wurde schließlich 1891 eröffnet, nur zwei Jahre vor dem Tod von Leland Stanford, und entwickelte sich schnell zu einer angesehenen, finanziell gut ausgestatteten Institution. Der Campus wurde auf dem Gelände des Gestüts der Stanfords errichtet, weshalb die Uni heute noch den Spitznamen „The Farm" trägt.

Auguste Rodins Bronzeplastik *Die Bürger von Calais* markiert den Eingang zum **Main Quad**. An dieser offenen Plaza stehen die ersten zwölf Gebäude des Campus, die in einer Mischung aus neoromanischem und Missionsstil errichtet wurden; 1903 kam die **Memorial Church** (kurz auch MemChu genannt) hinzu. Die Kirche wird vor allem wegen der schönen, mosaikverzierten Fassade, der Buntglasfenster und der vier Orgeln mit mehr als 8000 Orgelpfeifen geschätzt.

Ein Wahrzeichen an der Ostseite des Main Quad ist der 87 m hohe **Hoover Tower** (Erw./Kind 2/1 US$; ⌚10–16 Uhr, während der Abschlussprüfungen geschl., Pause zwischen Seminaren & einigen Feiertagen) mit tollem Blick. In diesem Hochhaus sind die Universitätsbibliothek, Büros und ein Teil der rechtsorientierten Hoover Institution on War, Revolution & Peace (als Donald Rumsfeld nach seinem Rücktritt als Verteidigungsminister hier eine Stelle antrat, gab es einen uniweiten Aufstand) untergebracht.

Das **Cantor Center for Visual Arts** (http://museum.stanford.edu; 328 Lomita Dr; Eintritt frei; ⌚Mi & Fr–So 11–17, Do bis 20 Uhr) ist ein großes Museum, das ursprünglich von 1894 stammt. Die Sammlung umfasst Werke von den antiken Kulturen bis zu moderner Malerei, Bildhauerei und Fotografie. Außerdem gibt es hier viele Sonderausstellungen.

Gleich südlich liegt der **Rodin Sculpture Garden**, der die größte Sammlung von Bronzeplastiken Auguste Rodins außerhalb von Paris beherbergt, darunter auch Reproduktionen seines mächtigen *Höllentors*. Auf dem Campus stehen noch weitere Skulpturen, darunter Werke von Andy Goldsworthy und Maya Lin.

Das **Stanford Visitor Center** (www.stanford.edu/dept/visitorinfo; 295 Galvez St) veranstaltet täglich (außer in den Winterferien Mitte Dez.–Anfang Jan. und an manchen Feiertagen) um 11 und 15.15 Uhr kostenlose einstündige Führungen über den Campus. Auf Wunsch gibt's auch Sonderführungen.

Der kostenlose Shuttledienst der Stanford University heißt **Marguerite** (http://transportation.stanford.edu/marguerite). Er bringt einen von den Caltrain-Bahnhöfen Palo Alto und California Ave zum Campus. Die Mitnahme von Fahrrädern ist gestattet. Wer auf dem Campus parken will, muss erst mal einen Parkplatz finden und dann tief in die Tasche greifen.

tional Airport, liegt direkt an der Bucht die **Coyote Point Recreation Area** (5 US$/Fahrzeug; 👪), ein beliebter Freizeitpark, der hervorragende Möglichkeiten zum Windsurfen bietet. Die größte Attraktion hier ist aber das **CuriOdyssey** (☎650-342-7755; www.curiodyssey.org; Erw./Kind 8/4 US$; ⌚Di–Sa 10–17, So 12–17 Uhr, 1. So im Monat frei; 👪), das frühere Coyote Point Museum. Die innovative Ausstellung zur Ökologie und zu Umweltfragen ist für Kinder und Erwachsene gleichermaßen interessant. Um hinzukommen, vom Hwy 101 die Ausfahrt zum Coyote Point Dr nehmen.

San Jose

San Jose ist zwar eine kulturell vielfältige Stadt mit Geschichte, stand aber allezeit im Schatten San Franciscos und ist heute im Vorstadtgürtel des Silicon Valley aufgegangen. 1777 als El Pueblo de San José de Guadalupe gegründet, ist San Jose die älteste zivile spanische Ansiedlung in Kalifornien. Im Verhältnis zu ihrer Größe hat die Stadt zwar nur ein kleines, kaum genutztes Zentrum, aber an den Wochenenden ist hier in den rund 20 Nachtclubs einiges los. Industrieparks, Hightech-Computerfirmen und immergleiche Wohnsiedlungen prägen das Bild der Stadt; sie haben die Farmen, Ranches und freien Flächen verdrängt, die früher das Gebiet zwischen der Bucht und den umliegenden Hügeln bestimmten.

Sehenswertes

Das Zentrum San Joses liegt an der Kreuzung des Hwy 87 mit der I-280. Die weiteren Grenzen bilden der Hwy 101 und die I-880. Die 1st St durchquert ungefähr in Nord-Süd-Richtung der Länge nach die ganze Stadt vom alten Hafenstädtchen Alviso an der San Francisco Bay bis zum Zentrum; südlich der I-280 wechselt sie ihren Namen und heißt dann Monterey Hwy.

Die San Jose State University liegt gleich östlich vom Zentrum. Das SoFA-Viertel mit zahlreichen Nachtclubs, Restaurants und Galerien nimmt einen Abschnitt der S 1st St südlich der San Carlos St ein.

LP TIPP **History Park** PARK
(☎408-287-2290; www.historysanjose.org; Ecke Senter Rd & Phelan Ave; ⏲Di–So 11–17 Uhr) Historische Gebäude aus ganz San Jose wurden in diesem Freiluft-Geschichtsmuseum, südöstlich des Zentrums im Kelley Park zusammengetragen. Das Kernstück ist der eindrucksvolle, im Maßstab 1:2 verkleinerte Nachbau des 72 m hohen **Electric Light Tower** von 1881. Der originale Turm war ein Vorreiter unserer heutigen Straßenbeleuchtung: Er sollte dem ganzen Zentrum Licht spenden. Der Versuch erwies sich als Fehlschlag, doch blieb der Turm – Licht hin oder her – als bestimmendes Wahrzeichen stehen, bis ihn 1915 Wind und Rost zum Einsturz brachten. Zu den weiteren hier stehenden Gebäuden gehören ein **chinesischer Tempel** von 1888 und das **Pacific Hotel**, in dem Wechselausstellungen stattfinden. Im **Trolley Restoration Barn** werden historische Straßenbahnen restauriert, die dann auf San Joses Straßenbahnstrecke eingesetzt werden. Auf der Website gibt's Infos, wann Wagen auch über die kurze, parkeigene Bahnstrecke rollen.

Tech Museum MUSEUM
(☎408-294-8324; www.thetech.org; 201 S Market St; Museum & IMAX-Kino 10 US$; ⏲Mo–Mi 10–17, Do–So bis 20 Uhr; 👪) Das exzellente Technikmuseum, gegenüber der Plaza de Cesar Chavez, widmet sich Themen von der Robotertechnik über die Raumfahrt bis zur Genetik. Zum Museum gehört auch ein IMAX-Dome-Kino, das tagsüber verschiedene Filme zeigt.

San Jose Museum of Art MUSEUM
(☎408-271-6840; www.sjmusart.org; 110 S Market St; Erw./Student & Senior 8/5 US$; ⏲Di–So 11–17 Uhr) Mit seiner starken Dauerausstellung zur Kunst des 20. Jhs. und einer Palette einfallsreicher Wechselausstellungen gehört San Joses zentrales Kunstmuseum zu den besten seiner Art in der Bay Area. Das Hauptgebäude wurde 1892 als städtische Hauptpost erbaut, 1906 bei dem Erdbeben beschädigt und 1933 zur Kunstgalerie umgebaut. 1991 kam ein moderner Flügel hinzu.

Rosicrucian Egyptian Museum MUSEUM
(☎408-947-3635; www.egyptianmuseum.org; 1342 Naglee Ave; Erw./Kind/Student 9/5/7 US$; ⏲Mi–Fr 9–17, Sa & So 10–18 Uhr) Das ungewöhnliche, lehrreiche Ägyptische Museum westlich der Innenstadt gehört zu den interessanteren Sehenswürdigkeiten San Joses. Die große Sammlung umfasst u.a. Statuen, Haushaltsgegenstände und Mumien. Es gibt sogar die Reproduktion eines unterirdischen Grabmals, das aus zwei Räumen besteht und begehbar ist. Das Museum ist der Mittelpunkt des **Rosicrucian Park** (Ecke Naglee & Park Ave) westlich des Zentrums.

GRATIS **MACLA** GALERIE
(Movimiento de Arte y Cultura Latino Americana; ☎408-998-2783; www.maclaarte.org; 510 S 1st St; ⏲Mi & Do 12–19, Fr & Sa 12–17 Uhr) Die avantgardistische Kunstgalerie bietet etablierten und aufstrebenden lateinamerikanischen Künstlern ein Forum und ist eine der besten kommunalen Kunstinstitutionen der Bay Area. Neben Open-Mike-Veranstaltungen, Hip-Hop- und anderen Livekonzerten sowie experimentellen Theaterinszenierungen finden hier gut durchdachte, anregende Kunst-Ausstellungen statt. Die Galerie ist auch eine Anlaufstelle bei den beliebten **South First Fridays** (www.southfirstfridays.com), einem Kunst- und Straßenfest.

Plaza de Cesar Chavez PLAZA
Der grüne Platz mitten im Zentrum bildete einen Teil der originalen Plaza der Ursprungssiedlung El Pueblo de San José de Guadalupe und ist damit der älteste öffentliche Platz in der Stadt. Er ist nach Cesar Chavez benannt, dem Gründer der Landarbeitergewerkschaft United Farm Workers, der zeitweise in San Jose lebte. Rund um die Plaza stehen Museen, Theater und Hotels.

Cathedral Basilica of St. Joseph KIRCHE
(80 S Market St) Ganz oben an der Plaza befindet sich die erste Kirche des Pueblo. Sie

WAS ZUM ...?

Ein exzentrisches Bauwerk, und genau das sollte es auch werden: Errichtet von der Erbin des mit dem berühmten Winchester-Gewehr verdienten Vermögens, ist das **Winchester Mystery House** (☎408-247-2101; www.winchestermysteryhouse.com; 525 S Winchester Blvd; Erw./Senior/Kind 6–12 Jahre 30/27/20 US$; ⏲Okt.–März 9–17 Uhr, April–Sept. 8–19 Uhr) ein witziges viktorianisches Landhaus mit 160 Räumen von verschiedener Größe und wenig Nutzen, mit Korridoren, die als Sackgasse enden, und einer Treppe, die blind gegen die Decke stößt. Das Ganze wirkt, als hätte ein Krabbelkind sich als Architekt versucht. Vielleicht verbrachte Sarah Winchester 38 Jahre mit dem Aufbau dieses riesigen Kuriosums, weil sie die Geister der mit Winchester-Gewehren Getöteten heimsuchten. Jedenfalls scheute sie keine Kosten beim Bau der Anlage, die sich über 1,6 ha erstreckt. Jede halbe Stunde beginnt eine Führung. Bei der normalen einstündigen Führung durch die Villa hat man auch Zutritt zum Garten und zur Ausstellung von Gewehren und sonstigen Schusswaffen. Das Haus steht westlich des Zentrums von San Jose gleich nördlich der I-280, gegenüber der Santana Row.

wurde ursprünglich 1803 aus Lehmziegeln errichtet, aber dreimal nach Erdbeben und Bränden wiederaufgebaut. Der heutige Bau stammt von 1877.

Santana Row MARKT

(www.santanarow.com; Stevens Creek Blvd & Winchester Blvd) Westlich des Zentrums findet sich die recht exklusive Mall Santana Row. Neben Läden, Restaurants und Unterhaltungsstätten gibt es hier auch ein Boutiquehotel, Lofts und Apartments. Die Restaurants breiten sich bis auf den Bürgersteig aus, und die öffentlichen Bereiche laden zum Bummeln ein. An warmen Abenden tummeln sich hier so viele lebenslustige Menschen, dass die Gegend fast mediterran anmutet.

San Jose mit Kindern

Children's Discovery Museum MUSEUM

(☎408-298-5437; www.cdm.org; 180 Woz Way; Eintritt 10 US$; ⏲Di–Sa 10–17, So ab 12 Uhr; 👪) Im Zentrum bietet das Museum für Wissenschaft und Kreativität interaktive Ausstellungen zur Kunst, Technik und Umwelt mit vielen Dingen zum Spielen und ein paar sehr coolen Bereichen zum spielerischen Lernen. Das Museum liegt am Woz Way, der nach Steve Wozniak, dem Mitbegründer von Apple, benannt ist.

Great America VERGNÜGUNGSPARK

(☎408-986-5886; www.cagreatamerica.com; Erw./Kind bis 1,20 m 55/35 US$; 4701 Great America Pkwy, Santa Clara; ⏲April–Okt.; 👪) Hier ist man zwar permanent schamloser Schleichwerbung ausgesetzt, aber Kinder lieben die Achterbahn und die anderen Rides hier. Achtung: Online sind die Tickets viel günstiger als die hier aufgeführten Schalterpreise. Parken kostet 12 US$; man kommt aber auch mit öffentlichen Verkehrsmitteln hierher.

Raging Waters VERGNÜGUNGSPARK

(☎408-238-9900; www.rwsplash.com; 2333 South White Rd; Erw./Kind bis 1,20 m 34/24 US$, Parken 6 US$; ⏲Mai–Sept.; 👪) Dieser Aquapark im Lake Cunningham Regional Park bietet Wasserrutschen zum Hinuntersausen, ein Gezeitenbecken und eine hübsche Wasserburg.

Schlafen

Wegen der vielen Tagungen und Messen sind die Hotels im Zentrum das ganze Jahr über gut besucht. In der Wochenmitte ist es in der Regel günstiger als am Wochenende.

LP TIPP **Sainte Claire Hotel** HISTORISCHES HOTEL $$

(☎408-295-2000, 866-870-0726; www.thesainteclaire.com; 302 S Market St; Zi. Wochenende/Wochenmitte ab 95/169 US$; ❄@📶🐾) Die mit geprägtem Leder verkleideten Decken geben der wunderschönen Lobby des 1926 erbauten Hotel-Wahrzeichens an der Plaza de Cesar Chavez den letzten Pfiff. Die Gästezimmer sind zwar recht klein, aber modern und schick gestaltet. Im Bad findet man Deckenmalereien, Armaturen aus dunklem Holz und restaurierte Fliesenböden.

Hotel De Anza HOTEL **$$**

(☎408-286-1000, 800-843-3700; www.hoteldeanza.com; 233 W Santa Clara St; Zi. 149–229 US$; ❄@📶🐾) Das Hotel im Zentrum ist ein restauriertes Art-déco-Schmuckstück, auch wenn die modernen Gestaltungselemente die Geschichte des Hauses in den Hintergrund drängen. Die Gästezimmer bieten üppigen Komfort (die nach Süden ausgerichteten sind etwas größer), und es gibt auch einen umfassenden Zimmerservice.

Hotel Valencia BOUTIQUEHOTEL $$$
(☎408-551-0010, 866-842-0100; www.hotelvalencia-santanarow.com; 355 Santana Row; Zi. mit Frühstück 199–309 US$;) Der blubbernde Springbrunnen in der Lobby und der mit dunkelrotem Teppich ausgelegte Korridor bilden die Kulisse in dem ruhigen modernen Hotel mit 212 Zimmern mitten auf der Einkaufsmeile Santana Row. Minibars und Bademäntel in den Zimmern und der Außenpool mit warmem Whirlpool schaffen eine Oase des Luxus mit europäischen und asiatischen Stilelementen.

Henry Coe State Park CAMPING $
(☎408-779-2728, Reservierung 800-444-7275 oder www.reserveamerica.com; www.coepark.org; Stellplatz 20 US$) Südöstlich von San Jose in der Nähe von Morgan Hill bietet dieser große State Park 20 mit dem Auto erreichbare Stellplätze (ohne Duschen) oben auf einem offenen Hügelkamm mit Blick auf die Hügel und Canyons des Parks. Reservierungen sind nur mindestens zwei Tage im Voraus möglich; allerdings wird es hier kaum voll – abgesehen von den Ferien und Wochenenden im Frühjahr und Sommer.

Essen

Original Joe's ITALIENISCH $$
(www.originaljoes.com; 301 S 1st St; Hauptgerichte 14–34 US$; ⏲11–1 Uhr) Die Kellner tragen Fliege und flitzen schnell durch dieses gut besuchte Wahrzeichen San Joses aus den 1950er-Jahren, das Einheimischen und Tagungsbesuchern italienische Standardgerichte bietet. Der Speiseraum präsentiert sich als kurioser, aber durchaus geschmackvoller Mischmasch aus Backsteinwänden der 1950er-Jahre, moderner Holztäfelung und 1,50 m hohen asiatischen Vasen. Man muss mit Wartezeiten rechnen.

Amber India INDISCH $$
(☎408-248-5400; www.amber-india.com No 1140, 377 Santana Row; Abendgerichte 14–24 US$) Die Küche dieses gehobenen indischen Restaurants ist erstklassig und bietet das ganze Sortiment an Kebabs, Currys und Tandur-Gerichten. Sehr stilvoll ist auch das Ambiente mit kunstgewerblichem Porzellan und stimmungsvollen Malereien an den Wänden. Während man sich über das leckere Butterhähnchen hermacht, kann man sich die Kehle mit einem exotischen Cocktail anfeuchten.

Arcadia STEAK $$$
(☎408-278-4555; www.michaelmina.net/restaurants; 100 W San Carlos St; Mittagsgerichte 11–16 US$, Abendgerichte 24–42 US$) Das gute neuamerikanische Steakhaus im Marriott Hotel wird von Michael Mina geführt, der zu den am meisten gefeierten Promiköchen San Franciscos gehört. Es ist aber nicht so kühn und avantgardistisch, wie man es sonst von Mina gewohnt ist, dafür aber schick, teuer und, selbstverständlich, sehr gut.

Tofoo Com Chay VEGETARISCH $
(www.tofoocomchay.com; 388 E Santa Clara St; Hauptgerichte 6,50 US$; ⏲Mo–Fr 9–21, Sa 10–18 Uhr;) Praktisch am Campusrand der San Jose State University gelegen, stehen hier Studenten und Vegetarier nach vietnamesischen Gerichten wie *pho* mit Fleischersatz oder den mächtigen gemischten Tellern an.

Ausgehen

singlebarrel COCKTAILBAR
LP TIPP (www.singlebarrelsj.com; 43 W San Salvador St; ⏲Di–So) Eine neue, kneipenartige Lounge mit Barkeepern in Tweed-Westen, die gekonnt auf die Vorlieben der Kunden zugeschnittene Cocktails (10–11 US$) mixen; manche Rezepte stammen noch aus der Zeit vor der Prohibition. Vor der Tür gibt's oft eine Schlange; man wird hineingewunken.

DAS GEHEIMNIS DER PSYCHO-DONUTS

Wer hätte gedacht, dass Süßwaren mit einem Loch in der Mitte so viel himmlischen Spaß und teuflischen Genuss bereiten? Am besten schaut man bei **Psycho Donuts** (www.psycho-donuts.com; 288 S 2nd St; ⏲Mo–Do 7–22, Fr bis 24, Sa 8–23, So bis 22 Uhr;) vorbei. Hier bekommt man von den Angestellten in frechen Krankenschwesterkleidung eine Luftpolsterverpackung, die man ploppen lassen kann, während man aus den sonderbaren Donut-Kreationen wählt: z. B. Cereal Killer (mit Marshmallows und Frühstückflocken), Headbanger (mit einer Death-Metal-Visage aus roter Marmelade) oder einen täuschend echten Hamburger (in Wahrheit ein Donut mit Sesam und Schinken).

Caffe Trieste CAFÉ

(www.caffetrieste.com; 315 S 1st St; ⏲Mo–Do 7–22, Fr bis 24, Sa 8–24, So bis 21 Uhr; 📶) Fotos einheimischer Theaterleute schmücken die Wände des mit hohen Decken ausgestatteten Ablegers des in San Franciscos North Beach beheimateten Cafés (S. 105). Man kann bei einem Cappuccino mit Gebäck oder Panini entspannen. Donnerstags, freitags und samstags gibt's abends Livemusik. Am ersten Freitag im Monat lassen Opernaufführungen die Gläser klirren.

Trials Pub KNEIPE

(www.trialspub.com; 265 N 1st St) Auf der Suche nach einem gut gezapften Pint in gemütlicher Atmosphäre? Da ist der Trials Pub nördlich des San Pedro Sq genau das Richtige. In dem warmen, freundlichen Raum (ohne TVs) gibt's viele ausgezeichnete Ales aus dem Fass (ein Fat Lip probieren), gute Kneipenkost und im Hinterzimmer einen Kamin.

Hedley Club Lounge LOUNGE

(www.hoteldeanza.com/hedley_club.asp; 233 W Santa Clara St) Der Club mit schickem Art-déco-Ambiente befindet sich in dem eleganten Hotel De Anza von 1931 im Zentrum – perfekt für einen entspannten Drink. Donnerstags bis samstags spielen abends Jazzcombos.

☆ Unterhaltung

Clubs

Die meisten Clubs finden sich an der S 1st St, auch SoFA genannt, und rund um die S 2nd St an der Ecke zur San Fernando St. Freitag- und samstagabends ziehen junge Clubgänger lärmend durch die Straßen.

South First Billiards BILLARD

(420 S 1st St; www.sofapool.com) Toller Club, um ein paar Runden Billard zu spielen oder einfach nur aufzutanken. Die kostenlosen Rockkonzerte am Freitag und Samstag locken immer ein großes Publikum an.

Blank Club LIVEMUSIK

(44 S Almaden; www.theblankclub.com; ⏲Di–Sa) Kleiner Club in der Nähe des Greyhound-Busbahnhofs, abseits der großen Partymeilen. Auf der mit Silberlametta behängten Bühne spielen Livebands, und ein schimmernder Discoball thront über den abgefahrenen Retro-Tanzpartys.

Fahrenheit Ultra Lounge LOUNGE

(☎408-998-9998; www.fahrenheitsj.com; 99 E San Fernando St) In dem immer gut besuchten Tanzclub erwarten einen knappe Partykleidchen, Samtabsperrungen sowie Clubgänger, die den Tischservice und die kleinen Gerichte genießen. DJs spielen einen Mix aus aktuellen Hits, House und Hip-Hop, und die Barkeeper halten die Gäste bei Laune, während sie die Drinks ausschenken.

Theater

California Theatre THEATER

(☎408-792-4111; http://californiatheatre.sanjose.org; 345 S 1st St) Die spanische Innendekoration dieses Wahrzeichens ist absolut sehenswert. Die Spielstätte beheimatet die Opera San José und das Symphony Silicon Valley. Außerdem wird hier jedes Jahr (Ende Feb. oder Anfang März) das jährliche Filmfestival **Cinequest** (www.cinequest.org) veranstaltet.

San Jose Repertory Theatre THEATER

(☎408-367-7255; www.sjrep.com; 101 Paseo de San Antonio) Das Theaterensemble geht auf sein drittes Jahrzehnt zu und bietet während der Spielzeit in seinem modernen Theatersaal im Zentrum mit 525 Sitzplätzen erstklassige Theaterproduktionen.

Sport

HP Pavilion STADION

(☎408-287-9200; www.hppsj.com; Ecke Santa Clara St & N Autumn St) Die San Jose Sharks, das NHL-Team (National Hockey League) der Stadt, haben eine riesige Fangemeinde und spielen im HP Pavilion, einem großen Stadion aus Glas und Metall. Die NHL-Saison dauert von September bis April.

Buck Shaw Stadium STADION

(www.sjearthquakes.com; 500 El Camino Real, Santa Clara) Das Stadion auf dem Gelände der Santa Clara University ist die Heimat der San Jose Earthquakes, des Major-League-Fußballclubs von San Jose. Spielzeit ist von Februar bis Oktober.

ℹ Praktische Informationen

Was wann und wo stattfindet, erfährt man im kostenlosen Wochenblatt *Metro* (www.metroactive.com) oder in der Freitagsbeilage „Eye" der Tageszeitung *San Jose Mercury News* (www.mercurynews.com).

San Jose Convention & Visitors Bureau (☎408-295-9600, 800-726-5673; www.sanjose.org; 150 W San Carlos St; ⏲Mo–Fr 8–17 Uhr) Im San Jose Convention Center.

Santa Clara Valley Medical Center (☎408-885-5000; 751 S Bascom Ave; ⏲24 Std.)

An- & Weiterreise

Auto & Motorrad

San Jose liegt genau am unteren Ende der San Francisco Bay, etwa 40 Meilen (64 km) von Oakland (über die I-880) oder San Francisco (über den Hwy 101 oder die I-280) entfernt. Auf dem Hwy 101 ist stets dichter Verkehr. Die I-280 ist zwar etwas länger, aber viel schöner und normalerweise auch nicht so stark befahren. In Richtung Süden führt der Hwy 17 über den Hügel nach Santa Cruz.

Bei vielen Einzelhändlern im Zentrum kann man kostenlos zwei Stunden parken, und am Wochenende sind die städtischen Parkplätze und Parkhäuser im Zentrum bis 18 Uhr kostenlos. Details gibt's unter www.sjdowntownparking.com.

BART

Der **VTA-Bus** (☎408-321-2300; www.vta.org) 181 verkehrt täglich zwischen dem BART-Bahnhof Fremont und der Innenstadt (4 US$) und bietet Zugang zum BART-Netz in der East Bay.

Bus

Die Greyhound-Busse nach San Francisco (10 US$, 90 Min.) und Los Angeles (42–60 US$, 7–10 Std.) starten am **Greyhound-Busbahnhof** (☎408-295-4151; www.greyhound.com; 70 Almaden Ave).

Der VTA-Expressbus über den Hwy 17 (Linie 970) fährt täglich zwischen dem Bahnhof Diridon Station und Santa Cruz (5 US$, 1 Std.).

Flugzeug

Der **Mineta San José International Airport** (www.flysanjose.com) befindet sich 2 Meilen (3,2 km) nördlich der Innenstadt zwischen dem Hwy 101 und der I-880. Mit dem Bevölkerungszuwachs in der South Bay nimmt auch der Betrieb auf dem Flughafen zu. Es gibt zahlreiche Inlandsflüge von zwei Terminals und kostenloses WLAN.

Zug

Zwischen San Jose und San Francisco betreibt **Caltrain** (☎800-660-4287; www.caltrain.com) einen Doppeldecker-Pendlerzug, der täglich mehr als drei Dutzend mal (am Wochenende weniger) die Halbinsel rauf und runter tuckert. Die Fahrt dauert mit dem Pendlerzug Baby Bullet 60 Minuten, sonst 90 Minuten und kostet jeweils 8,50 US$; die Mitnahme von Fahrrädern ist in ausgewiesenen Abteilen gestattet. Mit dem Zug kommt man am besten voran, denn der tagtägliche Stau auf den Straßen kann einen wahnsinnig machen. San Joses Bahnhof, die **Diridon Station** (abseits der 65 Cahill St), liegt gleich südlich der Alameda.

Die Diridon Station wird auch von **Amtrak** (☎408-287-7462; www.amtrak.com) genutzt, mit Zügen nach Seattle, Los Angeles und Sacramento. Auch der **Altamont Commuter Express** (ACE; www.acerail.com) nach Great America, Livermore und Stockton hält an dem Bahnhof.

VTA betreibt werktags einen kostenlosen Shuttle (den Downtown Area Shuttle, auch DASH genannt) vom Bahnhof zur Innenstadt.

Unterwegs vor Ort

VTA-Busse bedienen das ganze Silicon Valley. Vom Flughafen fahren die VTA-Shuttles „Airport Flyer" (Linie 10) alle 10 bis 15 Minuten zum Bahnhof der Metro/Airport Light Rail, von wo man Anschluss zur Straßenbahn San Jose Light Rail hat, die einen zur Innenstadt von San Jose bringt. Der „Airport Flyer" fährt auch zum Caltrain-Bahnhof Santa Clara. Eine einfache Fahrt im Bus (Expressbusse ausgenommen) und in der Straßenbahn kostet 2 US$, eine Tageskarte 6 US$.

Die wichtigste Strecke der San Jose Light Rail verläuft 20 Meilen (32 km) vom Zentrum in Nord-Süd-Richtung. In südlicher Richtung gelangt man bis nach Almaden und Santa Teresa, in nördlicher Richtung zum Civic Center, Flughafen und nach Tasman, wo man Anschluss an die Linie nach Westen (vorbei an Great America bis ins Zentrum von Mountain View) hat.

Von San Francisco nach Half Moon Bay

Zu den wirklichen Überraschungen in der Bay Area gehört, wie schnell die städtische Bebauung der zerklüfteten, weitgehend unerschlossenen Küste weicht. Der 70 Meilen (112 km) lange Küstenabschnitt des Hwy 1 zwischen San Francisco und Santa Cruz gehört zu den schönsten Highway-Strecken überhaupt. Größtenteils handelt es sich bei ihm um eine zweispurige, gewundene Asphaltstraße, die an kleinen Farmen und zahlreichen Stränden vorbeiführt, von denen viele kleine, sandige Buchten sind, die versteckt hinter dem Highway liegen. Die meisten Strände am Hwy 1 haben jedoch starke und trügerische Wellen, sodass sie sich (bei schönem Wetter) eher zum Sonnenbaden als zum Schwimmen eignen. Die staatlich verwalteten Strände entlang dieser Küste verlangen zwar keinen Eintritt, aber das Parken kann ein paar Dollar kosten.

Dank einer Reihe abgelegener, ausgesprochen malerischer HI-Hostels – bei Point Montara und bei Pigeon Point 22 Meilen (35,2 km) bzw. 36 Meilen (57,6 km) südlich von San Francisco – ist diese Strecke auch für Radfahrer interessant, aller-

ABSTECHER

DER HIMMEL FÜR COMPUTERFREAKS

Der 19 Mio. US$ teure Umbau hat das **Computer History Museum** (☎650-810-1010; www.computerhistory.org; 1401 N Shoreline Blvd, Mountain View; Erw./Student & Senior 15/12 US$; ⏰Mi–So 10–17 Uhr) in eine neue Liga katapultiert, denn es gilt jetzt als weltweit größte Ausstellung zur Computergeschichte. Die Ausstellungsstücke reichen vom Abakus bis zum iPod; man bekommt u. a. auch den Supercomputer Cray-1 und den ersten Google-Server zu Gesicht. Die 100 000 Exponate des Museums werden in wechselnden Ausstellungen gezeigt und fesseln die Besucher stundenlang.

dings ist die Fahrt auf dem schmalen Hwy 1 für unerfahrene Radler anstrengend, wenn nicht sogar gefährlich.

PACIFICA & DEVIL'S SLIDE

In Pacifica und am Point San Pedro, 15 Meilen (24 km) vom Zentrum San Franciscos entfernt, ist das Ende der Vorstadtgebiete erreicht. Südlich von Pacifica liegt das Devil's Slide, ein Gebiet instabiler Klippen, durch das sich der Hwy 1 hindurchschlängelt. Hier muss man vor allem nachts und bei Regen unbedingt sehr vorsichtig fahren, da es oft zu Fels- und Erdrutschen kommt. Im Winter ist die Straße nach schweren Unwettern häufig gesperrt. Ein Tunnel soll bald dieses gefährliche Stück des Highways ersetzen.

Zu den Hauptattraktionen von Pacifica gehört es, sich am **Rockaway Beach** oder dem noch beliebteren **Pacifica State Beach** (auch Linda Mar Beach) zu bräunen oder in den Wellen zu planschen. Nahe dem Pacifica State Beach vermietet der **Nor-Cal Surf Shop** (☎650-738-9283; 5460 Coast Hwy) Surfbretter (18 US$/Tag) und Neoprenanzüge (16 US$).

VON GRAY WHALE COVE NACH MAVERICKS

Zu den beliebten Stränden dieser Küste, an denen man die Hüllen fallen lassen kann, gehört der **Gray Whale Cove State Beach** (☎650-726-8819) gleich südlich von Point San Pedro. Das Auto auf der anderen Straßenseite parken und dann vorsichtig den Hwy 1 zum Strand überqueren. Der **Montara State Beach** liegt 800 m weiter südlich. Von der Ortschaft Montara, 22 Meilen (35,2 km) von San Francisco entfernt, führen Wege vom Parkplatz Martini Creek hügelaufwärts bis in den **McNee Ranch State Park**, in dem es jede Menge Wander-und Radwege gibt, darunter den anstrengenden Aufstieg zum Panorama-Aussichtspunkt Montara Mountain.

Point Montara Lighthouse Hostel (☎650-728-7177; www.norcalhostels.org/montara; Ecke Hwy 1 & 16th St; B 29 US$, Zi. 78 US$; @📶) Ab 1875 wies hier ein Licht Schiffen im Nebel den Weg. Das sehr beliebte Hostel steht neben dem derzeitigen Leuchtturm (1928 erbaut) und hat ein Wohnzimmer, Kücheneinrichtungen und Gäste aus aller Welt. Für Pärchen oder Familien gibt es auch ein paar Privatzimmer. Es empfiehlt sich, hier stets zu reservieren, ganz besonders aber an Sommerwochenenden. Montags bis freitags kann man sich vom SamTrans-Bus 294 am Hostel absetzen lassen, wenn man den Fahrer bittet. Der Bus 17 fährt täglich und hält jenseits des Highways (von dort sind es 10 Min. zu Fuß).

In Montara gibt's ein paar B&Bs, darunter das historische **Goose & Turrets B&B** (☎650-728-5451; www.gooseandturretsbandb.com; 835 George St; Zi. 145–190 US$; 📶) mit hübschem Garten, Nachmittagstee und feuerroten Kanonen vor dem Haus, die einen begrüßen.

LP TIPP Das **Fitzgerald Marine Reserve** (☎650-728-3584; 👪), ein großes Gebiet mit natürlichen Gezeitenpools und einem Habitat für Seehunde, befindet sich am Moss Beach südlich des Leuchtturms. Bei Ebbe kann man nach draußen zu den Becken laufen (wasserdichte Schuhe anziehen) und die vielen Krabben, Seesterne, Weichtiere und regenbogenfarbenen Seeanemonen erkunden. Es ist verboten, irgendwelche Lebewesen, Muschelschalen oder Felsbrocken mitzunehmen – schließlich handelt es sich um ein Naturschutzgebiet. Vom Hwy 1 in Moss Beach westwärts auf die California Ave abbiegen und dieser Straße bis zu ihrem Ende folgen. Die SamTrans-Busse 294 und 17 halten am Hwy 1.

Die **Moss Beach Distillery** (☎650-728-5595; www.mossbeachdistillery.com; Ecke Beach Way & Ocean Blvd; Hauptgerichte 15–33 US$; ⏰Mo–Sa 12–21, So ab 11 Uhr; 🐾) ist ein Wahrzeichen von 1927 mit Blick auf den Ozean. Bei gutem Wetter ist die Terrasse kilometerweit der schönste Ort, um entspannt einen Cocktail oder ein Glas Wein zu genießen. Reservierung empfohlen.

Südlich davon findet man ein kleines Nest namens Princeton und den Küstenabschnitt Pillar Point. Fischerboote bringen ihren Fang zum Pillar Point Harbor. Einige der Fische landen in den vielen Uferrestaurants auf dem Teller. **Half Moon Bay Kayak** (☎650-773-6101; www.hmbkayak.com) im Hafen vermietet Kajaks und bietet geführte Touren zum Pillar Point und zum Fitzgerald Marine Reserve an. Die **Half Moon Bay Brewing Company** (www.hmbbrewinco.com; 390 Capistrano Rd; Hauptgerichte 11–21 US$; ⌚11.30–20.30 Uhr, am Wochenende länger) serviert Meeresfrüchte, Burger und verlockend viele lokale Biersorten. Von der überdachten und beheizten Terrasse draußen blickt man über die ganze Bucht. Am Wochenende gibt's auch Livemusik

Am Westende von Pillar Point liegt **Mavericks**. Die schweren Brecher ziehen Spitzensportler aus aller Welt an, die sich mit den hohen, steilen und sehr gefährlichen Wellen messen wollen. Jedes Jahr findet irgendwann zwischen Dezember und März (wird je nach Wellenqualität kurz vorher angekündigt) der Mavericks Surf Contest statt.

Half Moon Bay

Schon in der viktorianischen Ära als ein Strandresort erschlossen, ist Half Moon Bay die wichtigste Küstenstadt zwischen San Francisco (28 Meilen bzw. 44,8 km weiter nördlich) und Santa Cruz (40 Meilen bzw. 64 km weiter südlich). Der lange Strand lockt immer noch muntere Wochenendurlauber und beherzte Surfer an. Der Ort Half Moon Bay breitet sich längs dem Hwy 1 aus (der in der Stadt Cabrillo Hwy heißt), doch trotz aller Erschließungen ist das Städtchen immer noch relativ klein. Das eigentliche Zentrum ist der fünf Blocks umfassende, als Main St bezeichnete Straßenabschnitt, an dem es Läden, Cafés, Restaurants und ein paar B&Bs der gehobenen Kategorie gibt. Besucherinfos erhält man in der **Half Moon Bay Coastside Chamber of Commerce** (☎650-726-8380; www.halfmoonbaychamber.org; 235 Main St; ⌚Mo–Fr 9–17 Uhr).

Kürbisse sind ein wichtiger Handelsartikel rund um Half Moon Bay; die Ernte vor Halloween wird beim jährlichen **Art & Pumpkin Festival** (www.miramarevents.com/pumpkinfest) gefeiert. Das Event beginnt Mitte Oktober mit der Weltmeisterschaft im Kürbisauswiegen, wo die kugelförmigen Kolosse schon einmal mehr als 450 kg auf die Waage bringen.

Rund 1 Meile (1,6 km) nördlich der Kreuzung mit dem Hwy 92 veranstaltet die **Sea Horse Ranch** (☎650-726-9903; www.seahorseranch.org) täglich Ausritte am Strand. Ein zweistündiger Ausritt kostet 75 US$; für Frühaufsteher gibt's um 8 Uhr einen Ausritt zum Sonderpreis (50 US$).

Schlafen & Essen

San Benito House HISTORISCHES HOTEL $$$
(☎650-726-3425; www.sanbenitohouse.com; 356 Main St; Zi. mit Frühstück & Gemeinschaftsbad 80–100 US$, Zi. mit Frühstück 130–200 US$; 📶) Das traditionelle viktorianische Haus mit knarrenden Holzböden und elf hüb-

PANORAMASTRASSE: HIGHWAY 84

Im Landesinneren schützt ein Flickenteppich aus Parks weite Teile des Hügellands, das genauso wie die Küste bemerkenswert unberührt ist – und das obwohl die großen städtischen Siedlungen nur eine kurze Autofahrt nach Norden oder Osten entfernt sind. Auf dem Weg ostwärts nach Palo Alto schlängelt sich der Hwy 84 durch Mammutbaumhaine und Parks, in denen man gut wandern und mountainbiken kann.

1 Meile (1,6 km) vom San Gregorio State Beach entfernt liegt am Hwy 1 ein Wahrzeichen der Region: der **San Gregorio General Store** (www.sangregoriostore.com) mit seiner sehenswerten Holzbar, in die ortsübliche Brandzeichen eingeprägt sind. Am Wochenende gibt's hier live Bluegrass, Celtic und Folkmusik.

8 Meilen (13 km) östlich findet man die winzige Ortschaft **La Honda**. Hier lebte früher Ken Kesey, der Autor von *Einer flog über das Kuckucksnest*. Hier begann er 1964 auch seine psychedelische Busreise, die durch Tom Wolfes *Unter Strom. Die legendäre Reise von Ken Kesey und den Pranksters* unsterblich wurde. Das in einer alten Schmiede untergebrachte **Apple Jack's Inn** (☎650-747-0331) ist eine rustikale, bodenständige Kneipe mit Livemusik am Wochenende und viel Lokalkolorit.

schen altmodischen Zimmern ohne Fernseher war früher angeblich ein Bordell. Im Erdgeschoss gibt's einen Saloon, in dem an einigen Abenden in der Woche Livemusik gespielt wird; aber er macht früh zu.

Pasta Moon ITALIENISCH $$

(☎650-726-5125; www.pastamoon.com; 315 Main St; Hauptgerichte 12–32 US$; ⊙11.30–14.30 & 17.30–21 Uhr) Wer Lust auf ein romantisches Essen beim Italiener hat, ist hier richtig. Es gibt leckere hausgemachte Pasta, Bioprodukte, Zutaten aus der Region und eine italienische Weinkarte. Am Wochenende empfiehlt es sich zu reservieren.

An- & Weiterreise

Der Bus 294 von **SamTrans** (☎800-660-4287; www.samtrans.com) fährt werktags bis gegen 19.30 Uhr vom Caltrain-Bahnhof Hillsdale nach Half Moon Bay und die Küste hinauf nach Moss Beach und Pacifica (2 US$).

Von Half Moon Bay nach Santa Cruz

Wegen der langen Küstenlinie, dem milden Klima und dem reichlich vorhandenen Süßwasser waren die Grundstücke in dieser Gegend schon immer heiß begehrt. Bevor die spanischen Missionare im späten 18. Jh. an der kalifornischen Küste Fuß fassten, war das Gebiet Jahrtausende lang Territorium der Muwekma-Ohlone-Indianer. Pescadero wurde formal 1856 gegründet und war in erster Linie eine Siedlung, die von Farm- und Milchwirtschaft lebte. Der Ort wurde aber durch seine Lage an der Postkutschenroute – der heutigen Stage Rd – schnell zu einem beliebten Ausflugsziel. Bis 1900 befand sich am Kap Pigeon Point eine Walfangstation; während der Zeit der Prohibition entdeckten Schmuggler die abgelegenen Strände für sich und schmuggelten von hier aus ihren Schnaps ins Land.

PESCADERO

Ein paar sich kreuzende Straßen an der Küste zwischen San Francisco und Santa Cruz: Das 150 Jahre alte Pescadero ist eine ländliche Kleinstadt, in der sich die Nachbarn schon mal Zucker leihen und gemeinsam Pfannkuchen frühstücken. An den Wochenenden aber platzt das winzige Zentrum förmlich aus den Nähten, wenn nach Kohlenhydraten lechzende Radwanderer und vom Highway aus die Tagesausflügler einfallen. Verlockend wirken im Winter der Anblick der smaragdgrünen Hügel, die sich im Sommer ausgedörrt und fahlbraun zeigen, die wilden, von Robben und Pelikanen bevölkerten Pazifikstrände und das Essen in einem altehrwürdigen Ausflugsrestaurant. Die Städter kommen hierher, um an den unzähligen Buchten voller Gezeitenpools und in den Parks mit himmelhohen Mammutbäumen auszuspannen und den über Felder mit Artischockensträuchern ziehenden Duft des Meeres zu genießen.

Sehenswertes & Aktivitäten

An der Küste liegen verteilt einige hübsche Sandstrände. Eine der interessantesten Stellen für einen Halt ist der **Pebble Beach**, ein wunderschöner Strand mit Gezeitenpools, nur 1,5 Meilen (2,4 km) südlich der Pescadero Creek Rd. Wie der Name schon vermuten lässt, finden sich an dem Strand jede Menge kleine bunte Steinchen, darunter Achat, Jade und Karneol. Man entdeckt auch Sandsteinaushöhlungen mit seltsamen, Tafoni genannten Wabenmustern. Vogelfreunde kommen im **Pescadero Marsh Reserve**, das vom Pescadero State Beach aus gesehen auf der anderen Seite des Highways liegt, auf ihre Kosten. Hier sind das ganze Jahr über viele Vogelarten zu sehen.

LP TIPP **Pigeon Point Light Station** LEUCHTTURM

(☎650-879-2120; www.parks.ca.gov/?page_id=533) Der 35 m hohe Leuchtturm von 1872 ist einer der höchsten an der West Coast und steht 5 Meilen (8 km) weiter südlich an der Küste. Der Zugang zur Fresnel-Linse ist gesperrt, weil Teile aus der Mauerbrüstung abbrechen. Aber immer noch erstrahlt das Leuchtfeuer, und die Klippe selbst ist ein erstklassiger, wenn auch stürmischer Ort, um Grauwale zu beobachten. Das hiesige Hostel ist eines der besten im Bundesstaat.

Butano State Park PARK

(☎650-879-2040; Parken 10 US$) Rund 5 Meilen (8 km) südlich von Pescadero bevölkern Rotluchse und heulende Kojoten einen Canyon voller Mammutbäume. Gut wandern kann man auch ein Stück weiter die Küste hinunter im Big Basin Redwoods State Park (S. 511), der am einfachsten von Santa Cruz aus zu erreichen ist. In beiden Parks gibt's Campingplätze (35 US$/Stellplatz).

Schlafen & Essen

Pescadero Creek Inn B&B B&B $$

(☎888-307-1898; www.pescaderocreekinn.com; 393 Stage Rd; Zi. 170–255 US$; 📶) Hier

DIE KULINARISCHE KÜSTE

Pescadero ist wegen Duarte's Tavern (S. 156) bekannt, aber es gibt ganz in der Nähe noch viele andere Orte für Leckermäuler.

Phipps Country Store (2700 Pescadero Creek Rd;) In diesem Laden, der allgemein nur als der „Bohnenladen" bekannt ist, sollte man unbedingt mal vorbeischauen. Die weißen Behälter quellen über von getrockneten Bohnen alter Kultursorten mit so seltsamen Namen wie Eye of the Goat, Painted Lady und Desert Pebble.

Arcangeli Grocery/Norm's Market (287 Stage Rd; Sandwich 6–8,50 US$) Hier bekommt man alle Zutaten für ein perfektes Picknick: leckere, nach Wunsch belegte Sandwiches, hausgemachte Artischockensalsa und eine kühle Flasche kalifornischer Wein. Unbedingt auch das berühmte Krustenbrot mit Artischocken, Knoblauch und Kräutern probieren, das hier fast jede Stunde frisch aus dem Ofen kommt.

Harley Farms Cheese Shop (650-879-0480; www.harleyfarms.com; 250 North St;) Die ausgesägten Holzfiguren, die eine Ziege und ein Mädchen mit verträumten Augen und Gummistiefeln zeigen, weisen den Weg zur Käserei. Hier gibt's sahnigen Ziegenkäse, der eine lokale Spezialität ist und mit Früchten, Nüssen und allerlei essbaren Blumen verfeinert wird. Am Wochenende kann man die Farm besichtigen, wenn man zuvor reserviert hat. Das Abendessen mit fünf Gängen, das einmal im Monat im luftigen Heuboden der restaurierten Scheune veranstaltet wird, ist heiß begehrt.

Pie Ranch (www.pieranch.org; 2080 Cabrillo Hwy; März–Okt. Sa & So 12–18 Uhr;) Es lohnt sich, auf die Bremsen zu treten, um am Straßenrand an dem Stand in einer Holzscheune frisches Obst und Gemüse, Eier und Kaffee und umwerfende Pies mit Obst aus hiesigem Anbau mitzunehmen. Die historische Farm in Form eines Kuchenstücks ist eine gemeinnützige Organisation, die sich für die Entwicklung von Führungsqualitäten und gesunde Ernährung bei städtischen Jugendlichen einsetzt. Auf der Website findet man Details über die monatliche Führung und die Tanzveranstaltungen in der Scheune. Die Farm liegt 11 Meilen (18 km) südlich der Pescadero Creek Rd.

Swanton Berry Farm (650-469-8804; www.swantonberryfarm.com; Coastways Ranch, 640 Cabrillo Hwy) Wer schon immer wissen wollte, wie es sich als Farmer lebt, kann auf dieser Biofarm in der Nähe von Año Nuevo die Ärmel hochkrempeln und selbst Obst pflücken. Die Farm ist Eigentum der von Cesar Chavez gegründeten Gewerkschaft United Farm Workers. Je nach Saison warten die Kiwis und Olallieberries nur darauf, körbeweise geerntet zu werden. Der Farmstand und das Erdbeerbeet zum Selberpflücken befinden sich 8,5 Meilen (14 km) weiter südlich nahe Davenport.

kann man prima entspannen. Zur Wahl stehen das Cottage mit zwei Zimmern und makellose viktorianische Zimmer in einem 100 Jahre alten restaurierten Farmhaus. Nachmittags gibt's Käse und Wein, den die Inhaber selber gekeltert haben. Das warme Frühstück wird mit Biozutaten aus dem eigenen Garten am Bach verfeinert.

Pigeon Point Lighthouse Hostel HOSTEL $

(650-879-0633; www.norcalhostels.org/pigeon; B 24–26 US$, Zi. 72–98 US$;) Das ist kein alltäglicher HI-Vorposten: Das Küstenhostel ist heiß begehrt, weil seine Lage einfach herrlich ist. Man muss früh einchecken, um sich einen Platz im warmen Freiluftwhirlpool zu sichern. Während das Leuchtfeuer des Turms über den Sternenhimmel jagt, kann man den donnernden Wellen lauschen.

Costanoa Lodge RESORT $$

(650-879-1100, 877-262-7848; www.costanoa.com; 2001 Rossi Rd; Zelthütte 89–145 US$, Hütte 189–199 US$, Lodge Zi. 179–279 US$;) Das Resort hat zwar auch einen **Campingplatz** (800-562-9867; www.koa.com/campgrounds/santa-cruz-north; Stellplatz Zelt 22–52 US$, Stellplatz Wohnmobil ab 65 US$), aber niemand kann ernsthaft behaupten, es ginge hier primitiv zu. Daunenbetten erwarten die Gäste in gemütlichen Zelthütten, und fröstelnde Camper können die gemeinschaftlichen „Komfortstationen" mit rund um die Uhr funktionierenden Saunen,

Terrassen mit Feuerstellen und Sitzgelegenheiten, beheizten Fußböden und Warmwasserduschen nutzen. Die Zimmer in der Lodge haben eigene Kamine sowie Zugang zum Warmwasser-Whirlpool und lassen keine Wünsche offen. Auf dem Gelände gibt's auch ein **Restaurant** (Hauptgerichte abends 15–27 US$), ein Spa, einen Fahrradverleih und Reitpferde.

LP TIPP **Duarte's Tavern** AMERIKANISCH $$ (☎650-879-0464; www.duartestavern.com; 202 Stage Rd; Hauptgerichte 11–40 US$) In dem gemütlichen, unprätentiösen Lokal, das in vierter Generation in Familienbesitz ist, sitzt man Seite an Seite mit Feinschmeckern im Anzug, Radfahrern in Elastantrikots und eingestaubten Cowboys in Sporenstiefeln. Das Duarte's (sprich: Du-arts) ist der kulinarische Magnet Pescaderos, und für manch einen sind der Ort und das Restaurant eigentlich dasselbe. Zum Schlemmen gibt's Krabben-Cioppino, Artischockencreme- und grüne Chilisuppe und zum Abschluss ein Stück Olallieberry-Pie. Außer in den langweiligen Jahren der Prohibition wurden an der holzgetäfelten Bar die Einheimischen und ihre Gäste seit 1894 immer gut bewirtet. Reservierung empfohlen.

ℹ An- & Weiterreise

Der Ort liegt 3 Meilen (5 km) östlich des Hwy 1 an der Pescadero Creek Rd, südlich des San Gregorio State Beach. Werktags fährt der **SamTrans**-Bus 17 von/nach Half Moon Bay (2-mal tgl.).

AÑO NUEVO STATE RESERVE

Hier geht's heftiger zu als bei einem Mondscheinrave am Strand: Tausende gewaltige See-Elefanten tummeln sich das ganze Jahr über auf den Dünen am Año Nuevo Point. Wenn die Jungen zur Welt kommen, erreicht das Bellen und Brüllen seinen Höhepunkt. Der Strand liegt 5 Meilen (8 km) südlich von Pigeon Point und 27 Meilen (43 km) nördlich von Santa Cruz. Man kann online über die **SealCam** (www.parks.ca.gov/popup/main.asp) einen Blick auf das Geschehen werfen.

Vor 200 Jahren waren die See-Elefanten zwar nicht furchtsamer als heute, aber anders als die nur mit Fotoapparat bewaffneten Touristen waren damals Keulen schwingende Robbenschläger eine ernste Bedrohung. Zwischen 1800 und 1850 wurden die See-Elefanten bis an den Rand der Ausrottung bejagt. Nur eine Handvoll überlebte rund um die Guadalupe Islands vor der Küste des mexikanischen Bundesstaats Baja California. Mit dem Aufkommen von Ersatzstoffen für Robbenfett und der größeren Bedeutung von Naturschutz erholten sich die Bestände, und seit 1920 kehrten die See-Elefanten an die südkalifornische Küste zurück. Seit 1955 gibt es sie auch wieder am Año Nuevo Beach.

Wer im Hochwinter, wenn sich die Tiere paaren und die Kühe kalben (15. Dez.–Ende März), das Schutzgebiet besuchen will, muss weit im Voraus planen, weil dann Besucher nur im Rahmen der sehr gefragten Führungen Zugang zu dem Gebiet bekommen. In der absoluten Spitzenzeit (Mitte Jan.–Mitte Feb.) sollte man unbedingt acht Wochen im Voraus buchen. Ohne Buchung hat man vielleicht Glück, wenn jemand in letzter Minute wegen schlechtem Wetter abgesagt hat.

In den restlichen Monaten sind Reservierungen nicht notwendig; man braucht aber eine Besuchserlaubnis von der Eingangsstation. Deshalb muss man zwischen September und November bis 15 Uhr und zwischen April und August bis 15.30 Uhr da sein.

Die **Parkverwaltung** (☎650-879-2025, Bandansage 650-879-0227; www.parks.ca.gov/?page_id=523) kann zwar allgemeine Auskünfte erteilen, aber Tour-Buchungen sind in der Hauptsaison nur telefonisch unter ☎800-444-4445 oder online unter http://anonuevo.reserveamerica.com möglich. Diese Touren kosten 7 US$, hinzu kommen das ganze Jahr über 10 US$ pro Auto für einen Parkplatz. Von der Rangerstation ist es eine 5 bis 8 km lange Wanderung über Sand; der Besuch dauert zwei bis drei Stunden. Das Mitführen von Hunden ist verboten, und die ersten zwei Dezemberwochen sind Besucher nicht zugelassen.

Ein weiterer, bequemer Beobachtungspunkt befindet sich weiter südlich in Piedras Blancas.

Wine Country

Inhalt »

Gut essen

» Zazu (S. 226)

» Fremont Diner (S. 206)

» Madrona Manor (S. 229)

Schön übernachten

» Beltane Ranch (S. 209)

» Cottages of Napa Valley (S. 184)

» Mountain Home Ranch (S. 194)

» Auberge du Soleil (S. 190)

Auf ins Wine Country!

Trotz des Hypes um den Wine-Country-Stil prägen Landschaft und Böden die eigentlichen Legenden der Region. Sanfte Hügel mit zig jahrhundertealten Eichen schimmern in der Sommersonne goldgelb, während Reben die Hänge bis zum Horizont bedecken und üppige Mammutbaumwälder mäandernde Flüsse bis hinunter zum Meer säumen.

Die Countys Napa und Sonoma County bringen es zusammen auf über 600 Weingüter. Die Region zeichnet sich allerdings durch Qualität und nicht durch Quantität aus – vor allem im Napa Valley, das durchaus mit Europas Weinzentren konkurrieren kann und zugleich als Außenposten von San Franciscos Gastroszene fungiert. Mit Ziegenkäsereien, SB-Fruchtplantagen und Obstständen am Straßenrand rühmt sich Sonoma seiner landwirtschaftlichen Vielfalt. Wer beim Picknicken an sonnenverwöhnten Hängen etwas Erde in die Hand nimmt, erfährt quasi aus erster Hand, was am Wine Country am wichtigsten ist.

Reisezeit

Napa

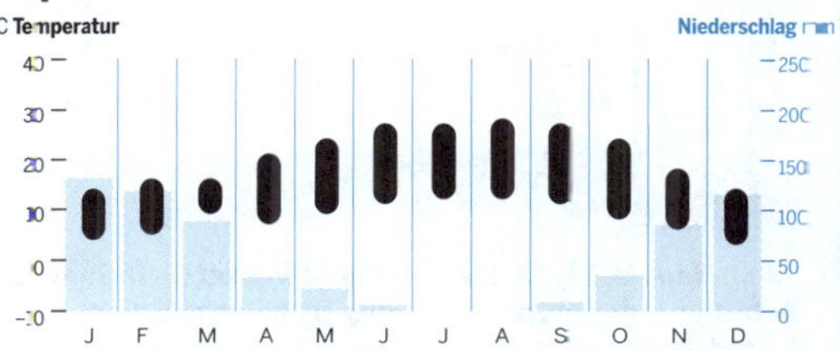

Januar In der Nachsaison fallen die Zimmerpreise, während hellgelbe Blumen die Täler bedecken.

Mai Die langen, heißen Tage vor den Sommerferien sind perfekt für Erkundungstouren.

Sept.–Okt. Hauptsaison ist die „Kelterzeit", wenn die Weinproduktion auf Hochtouren läuft.

Weinproben

Damit das wahre Wine Country erkundet werden kann, werden nachfolgend keine Weinfabriken empfohlen, sondern größtenteils kleine edle Familienbetriebe (max. 20000 Kisten/Jahr) und mittelgroße Winzereien (20000–60000 Kisten/Jahr). Was den Unterschied macht? Eine weitere Frage gibt darauf die Antwort: Man ist auf zwei Dinnerpartys eingeladen – eine mit zehn und die andere mit mehr als 1000 Gästen. Auf welcher ist das Essen wohl besser? Kleine Weingüter haben die bessere Produktkontrolle. Zudem sind ihre guten Tropfen nicht problemlos überall zu haben.

Weinproben, *flights* genannt, umfassen vier bis sechs verschiedene Tropfen. In Napa und Umgebung bezahlt man dafür 10 bis 50 US$, im Sonoma Valley 5 bis 15 US$ (wird bei Kauf verrechnet). Besucher des

Highlights

1 Im **Napa Valley** (S. 177) die besten Rotweine des Bundesstaats probieren

2 Auf der **Sonoma Plaza** (S. 202), Kaliforniens größtem Stadtplatz, im Schatten picknicken

3 Auf Napas **Oxbow Public Market** (S. 186) in kulinarische Kunst beißen

4 Sich auf den Nebenstraßen im Westen von **Sonoma County** (S. 211) verirren

5 In **Calistoga** (S. 192) Schlammbäder aus Vulkanasche genießen

6 Auf dem **Occidental Farmers Market** (S. 218) mit Einheimischen relaxen

7 Auf der ländlichen **West Dry Creek Rd** (S. 214) von Weingut zu Weingut radeln

8 Per Floß oder Kajak den **Russian River** (S. 211) hinuntertreiben

Sonoma County können Wein gratis oder für 5 bis 10 US$ verkosten. Das Mindestalter für Proben liegt bei 21 Jahren.

Ein gut gemeinter Rat: Der Fahrer sollte stets nüchtern bleiben! Die kurvigen Straßen sind auch gefährlich, wenn man noch alle Sinne beisammen hat, und Polizeikontrollen sind vor allem auf Napas Hwy 29 keine Seltenheit.

Um abends nicht völlig groggy zu sein, sollte man höchstens drei Weingüter pro Tag besuchen. Die meisten haben täglich von 10 oder 11 bis 16 oder 17 Uhr geöffnet. Wer unbedingt ein bestimmtes Weingut besuchen oder eine geführte Tour machen will, sollte vorher anrufen – besonders in Napa, wo manche Winzereien laut Gesetz nur auf Voranmeldung besichtigt werden dürfen. Vor dem Kauf empfiehlt sich die Frage, ob das Weingut einen Weinclub hat. Diesem kann man oft gratis beitreten und bekommt dann Rabatt. Voraussetzung ist jedoch, dass man im Jahr eine bestimmte Mindestmenge abnimmt.

Haupt- & Nachsaison

Viele Restaurants und Hotels des Wine Country haben einen eingeschränkten Winterbetrieb. Alle aufgeführten Öffnungszeiten und Preise gelten für die Hauptsaison. Vor allem im Sommer geht ohne Tischreservierung eventuell gar nichts. Während der Lese (Sept.–Okt.) ist Hauptsaison mit höheren Hotelpreisen.

 An- & Weiterreise

Napa bzw. Sonoma stehen jeweils für ein County, eine Stadt und ein Tal. So liegt die Stadt Sonoma am Südende des Sonoma Valley im Sonoma County. Gleiches gilt für Napa.

Es fahren zwar ab San Francisco öffentliche Verkehrsmittel zu den Tälern, Weingut-Hopping wird dann aber schwierig. In der Bay Area gibt's Nahverkehrsinfos entweder unter ☎511 oder online unter www.transit.511.org.

Beide Täler liegen 90 Autominuten von San Francisco entfernt. Die über 400 Weingüter Napas befinden sich weiter landeinwärts und ziehen die meisten Besucher an. Besonders an Sommerwochenenden herrscht oft starker Verkehr. Von den 260 Weingütern des Sonoma County sind 40 im Sonoma Valley zu Hause, das nicht so kommerziell und überlaufen wie Napa ist. Wer also nur Zeit für ein Tal hat, sollte sich für dieses entscheiden.

Auto & Motorrad

Ab San Francisco geht's zuerst auf dem Hwy 101 nordwärts über die Golden Gate Bridge, dann entlang des Hwy 37 nach Osten und weiter auf dem Hwy 121 gen Norden, bis dieser auf dem Hwy 12 trifft. Dieser führt nordwärts ins Sonoma Valley; zum Napa Valley nimmt man Hwy 12/121 in Richtung Osten. Die Fahrt dauert bei mäßigem Verkehr ca. 70 Minuten, während der Rush Hour an Werktagen aber bis zu zwei Stunden.

Hwy 12/121 gabelt sich südlich von Napa: Hwy 121 führt nach Norden und kreuzt den Hwy 29 (alias St. Helena Hwy); Hwy 12 mündet in den Hwy 29 in Richtung Süden bzw. Vallejo. Wochentags zwischen 15 und 19 Uhr staut sich der Verkehr auf dem Hwy 29 in Richtung San Francisco.

Von der East Bay oder Downtown San Francisco aus nimmt man die I-80 nach Osten. Dann geht's auf dem westwärts führenden Hwy 37 nördlich an Vallejo vorbei und auf dem Hwy 29 gen Norden.

Hwy 12 in Richtung Osten verbindet Santa Rosa mit dem Nordende des Sonoma Valley. Aus Richtung Petaluma bzw. Hwy 101 nimmt man den Hwy 116 nach Osten.

Bus

Evans Transportation (☎707-255-1559; www.evanstransportation.com) Fährt von San Franciscos und Oaklands Flughäfen nach Napa (29 US$).

Golden Gate Transit (☎415-923-2000; www.goldengate.org) Ab San Francisco (Ecke 1st & Mission St) rollt Bus 70/80 nach Petaluma (9,25 US$) und Santa Rosa (10,25 US$); dort besteht jeweils Anschluss zu den Bussen von Sonoma County Transit (s. unten).

Greyhound (☎800-231-2222; www.greyhound.com) Fährt ab San Francisco nach Santa Rosa (22–30 US$) und Vallejo (17–23 US$); dort muss man in Nahverkehrsbusse umsteigen.

Napa Valley Vine (☎800-696-6443, 707-251-2800; www.nctpa.net) Bus 10 verbindet Vallejos Fähranleger und Busbahnhof mit Calistoga (über Napa; 2,90 US$).

Sonoma County Airport Express (☎707-837-8700, 800-327-2024; www.airportexpressinc.com) Shuttlebusse (34 US$) zwischen dem Sonoma County Airport (Santa Rosa) und den Flughäfen San Francisco bzw. Oakland.

Sonoma County Transit (☎707-576-7433, 800-345-7433; www.sctransit.com) Schickt Busse von Santa Rosa nach Petaluma (2,35 US$, 70 Min.), Sonoma (2,90 US$, 1¼ Std.) oder ins westliche Sonoma County und bedient dabei auch Städte im Russian River Valley (2,90 US$, 30 Min.).

Schiff/Fähre

Baylink Ferry (☎877-643-3779; www.baylinkferry.com) Schippert ab Downtown San Francisco nach Vallejo (Erw./Kind 13/6,50 US$, 60 Min.), wo Anschluss zur Napa-Valley-Vine-Buslinie 10 (s. oben) besteht.

NAPA ODER SONOMA?

Mit nur wenigen Kilometern Abstand verlaufen das Napa Valley und das Sonoma Valley mehr oder weniger parallel. Dazwischen liegen die schmalen, aber imposanten Mayacamas Mountains. Die beiden Täler könnten verschiedener nicht sein: Im unverhohlen mondänen Napa mit seinen versnobten Weintouristen, 1000-Dollar-Übernachtungen oder Verkostungen ab 40 US$ wird mit Prachtvillen und Vorzeigepüppchen ordentlich das Ego aufpoliert. Doch auch wenn man über all dies leicht herziehen kann, stammen ein paar der weltbesten Weine aus dem Tal. Die Geografie beschränkt Napa auf ein einziges Tal, das sich daher leicht erkunden lässt. Für die Schattenseiten (hohe Preise, starker Verkehr) entschädigen 400 dicht gedrängte Weingüter in herrlicher Umgebung.

Das deutlich bodenständigere Sonoma County ist politisch eher links angesiedelt, was nicht zuletzt an den vielen verrosteten Pickups zu erkennen ist, die hier umherfahren. Obwohl die Gentrifizierung nun auch in Sonoma begonnen hat, hat sich die Schickeria hier noch nicht breitgemacht(Ausnahme: Healdsburg) – und darauf sind die Bewohner stolz. Die Weine sind erschwinglicher, während die 260 Weingüter weit verstreut liegen (s. Kasten S. 202). Am Wochenende empfiehlt sich ein Ausflug in das weniger überlaufene Sonoma County bzw. Valley, an Werktagen wird aber auch eine Tour nach Napa lohnend sein. Idealerweise nimmt man sich zwei bis vier Tage Zeit: Einen für jedes Tal und die beiden übrigen für das westliche Sonoma County.

Frühling und Herbst sind die besten Reisezeiten. Im Sommer ist das Wine Country stets heiß, staubig und überfüllt. Im Herbst werden die Trauben bei Traumwetter gelesen und gekeltert, allerdings schießen auch die Zimmerpreise durch die Decke. Wie man beim Quartier in Napa sparen kann, erfährt man auf S. 181.

Zug

Amtrak (☎800-872-7245; www.amtrak.com) hält südlich von Vallejo in Martinez; dort starten Anschlussbusse nach Napa (45 Min.), Santa Rosa (1¼ Std.) und Healdsburg (1¾ Std.).

BART-Züge (☎415 989-2278; www.bart.gov) rollen von San Francisco nach El Cerrito del Norte (4,05 US$, 30 Min.). Von dort aus fährt **Vallejo Transit** (☎707-648-4666; www.vallejotransit.com) nach Vallejo (5 US$, 30 Min.), wo wiederum Napa-Valley-Vine-Busse Richtung Napa und Calistoga aufbrechen.

ℹ Unterwegs vor Ort

Weingut-Hopping erfordert ein Auto. Eine Alternative sind Probierstuben in den Stadtzentren von Napa und Sonoma.

Auto & Motorrad

Das 30 Meilen (48,2 km) lange Napa Valley misst an seiner breitesten Stelle (Stadt Napa) 8 km, 1,6 km an seiner schmalsten (Calistoga). Zwei Straßen verlaufen von Norden nach Süden: Hwy 29 (St. Helena Hwy) und der landschaftlich schönere Silverado Trail (1,6 km weiter östlich). Am besten eine hinauf- und die andere hinunterfahren!

Die American Automobile Association (AAA) listet das Napa Valley unter den verkehrsreichsten Ferienorten der USA auf Platz acht. Vor allem auf dem Hwy 29 (Napa–St. Helena) ist der Stau an Sommer- und Herbstwochenenden unerträglich. Entsprechende Planung ist daher ratsam.

Die ländlichen Verbindungsstraßen zwischen Silverado Trail und Hwy 29 (z. B. Yountville, Oakville oder Rutherford Cross Rd) sind weniger stark befahren. Die Trinity Rd, die südwestwärts zum Hwy 12 im Sonoma Valley verläuft, führt durch eine zauberhafte Landschaft. Sie ist so schmal, kurvig und schön wie der Oakville Grade, bei Gewitterschauern aber genauso tückisch. Die Mt. Veeder Rd durchquert die Naturlandschaft westlich von Yountville.

Achtung: Die Polizei späht mit Argusaugen nach Verkehrssündern. *Niemals betrunken fahren!*

Abkürzungen zwischen Napa und Sonoma Valley: ab Oakville über den Oakville Grade zur Trinity Rd, ab St. Helena über die Spring Mountain Rd zur Calistoga Rd und ab Calistoga über die Petrified Forest Rd zur Calistoga Rd.

Fahrrad

Radtouren durchs Wine Country sind unvergesslich und auf Nebenstraßen am schönsten. Unser Favorit ist die ländlich geprägte West Dry Creek Rd nordwestlich von Healdsburg (Sonoma County). Im Sonoma Valley empfiehlt sich der Arnold Dr anstelle des Hwy 12, im Napa Valley sollte man den Silverado Trail statt dem Hwy 29 nehmen.

In den flachen Tälern ist eine Tour von Weingut zu Weingut gut zu bewältigen. Der Übergang vom Napa Valley zum Sonoma Valley hat es dagegen in sich – vor allem, wenn man über den steilen Oakville Grade und die Trinity Rd (zw. Oakville und Glen Ellen) radelt.

Greyhound-Busse nehmen in Transportkisten (zzgl. 10 US$; vorher anrufen) verpackte Bikes für 30 bis 40 US$ mit. Bei Golden-Gate-Transit können Drahtesel in Fahrständern kostenlos transportiert werden; keine Reservierung möglich. Infos zu Leihfahrrädern gibt's unter „Geführte Touren" (s. unten).

Öffentliche Verkehrsmittel

Napa Valley Vine (☎800-696-6443, 707-251-2800; www.nctpa.net) Bus 10 von Napas Zentrum nach Calistoga (2,15 US$, 1¼ Std.).

Sonoma County Transit (☎707-576-7433, 800-345-7433; www.sctransit.com) Schickt Busse von Santa Rosa nach Petaluma (2,35 US$, 70 Min.), Sonoma (2,90 US$, 1¼ Std.) oder ins westliche Sonoma County und bedient dabei auch Städte im Russian River Valley (2,90 US$, 30 Min.).

Zug

Das Wine Country lässt sich mit dem etwas touristischen **Napa Valley Wine Train** (☎707-253-2111, 800-427-4124; www.winetrain.com; Erw./Kind ab 89/55 US$, 3 Std., tgl.) erkunden. Die hübsche Fahrt im historischen Pullman-Speisewagen führt von Napa nach St. Helena und zurück. Unterwegs gibt's optional eine Weingutführung. Start an der McKinstry St nahe der 1st St.

☞ Geführte Touren

Infos zu Panoramaflügen im Heißluftballon oder Flugzeug stehen im Kasten S. 188.

Fahrrad

Der Tagespreis für geführte Touren beginnt bei 90 US$ (inkl. Leihfahrrad, Mittagessen und Verkostungen). Mietbikes kosten 25 bis 85 US$ pro Tag; Reservierung ist ratsam.

Backroads (☎800-462-2848; www.backroads.com) Geführte Wander- oder Radtouren mit allem Drum und Dran.

Calistoga Bike Shop (☎707-942-9687, 866-942-2453; www.calistogabikeshop.com; 1318 Lincoln Ave, Calistoga) Weinguttouren (80 US$) inklusive Leihfahrrad; unterwegs gekaufte Flaschen werden gratis abgeholt.

Getaway Adventures (☎707-568-3040, 800-499-2453; www.getawayadventures.com) Tolle Touren (ein- und mehrtägig), bei denen man zum Teil auch auf den Flüssen Napa, Sonoma, Calistoga, Healdsburg oder Russian Kajak fährt.

Good Time Touring (☎707-938-0453, 888-525-0453; www.goodtimetouring.com) Touren durch Dry Creek Valley und Sonoma Valley oder das westliche Sonoma County.

Napa River Vélo (☎707-258-8729; www.naparivervelo.com; 680 Main St, Gebäuderückseite, Napa) Bikeverleih (auch tageweise) und Wochenendtouren, bei denen gekaufte Flaschen abgeholt werden.

Napa Valley Adventure Tours (☎707-259-1833, 877-548-6877; www.napavalleyadventuretours.com; Oxbow Public Market, 610 1st St, Napa) Geführte Weingut-, Offroad-, Wander- und Kajaktrips; verleiht Räder auch tageweise.

Napa Valley Bike Tours (☎707-944-2953, 800-707-2453; www.napavalleybiketours.com; 6488 Washington St, Yountville) Leichte und mittelschwere Touren; verleiht Räder auch tageweise.

Sonoma Valley Cyclery (Karte S. 200; ☎707-935-3377; www.sonomacyclery.com; 20093 Broadway, Sonoma) Fahrten durchs Sonoma Valley; verleiht Räder auch tageweise.

Spoke Folk Cyclery (☎707-433-7171; www.spokefolk.com; 201 Center St, Healdsburg) Nahe dem Dry Creek Valley; verleiht Räder auch tageweise.

Jeep

Wine Country Jeep Tours (☎707-546-1822, 800-539-5337; www.jeeptours.com; 75 US$/3 Std.) Erkundet die Boutiqueweingüter an den Nebenstrecken des Wine Country (ganzjährig 10 & 13 Uhr) und die Sonoma Coast.

Limousine

Antique Tours Limousine (☎707-226-9227; www.antiquetours.net; 130 US$/Std., mind. 5 Std.) Stilvolles Cruisen in einem Packard-Cabrio von 1947.

Beau Wine Tours (☎707-938-8001, 800-387-2328; www.beauwinetours.com; 60–95 US$/Std., Wochentag/Wochenende min. 3/6 Std.) Weinguttouren in (Stretch-)Limos.

Beyond the Label (☎707-363-4023; www.btlnv.com; 299 US$/Pers.) Maßgeschneiderte Trips unter Leitung eines Einheimischen aus Napa; ein Mittagessen im Wohnhaus eines Winzers ist inklusive.

Flying Horse Carriage Company (☎707-849-8989; www.flyinghorse.org; 4-stündige Touren 145 US$/Pers.) Klipperdiklapp: per Pferdekutsche durchs Alexander Valley. Picknick inklusive.

Magnum Tours (☎707-753-0088; www.magnumwinetours.com; 65–125 US$/Std., Sa/übrige Woche mind. 5/4 Std.) Fahrten mit normalen Limos und Spezialgefährten; Spitzenservice.

NAPA VALLEY

Die Geburtsstätte des modernen Wine Country ist für grandiose Cabernet Sauvignons, palastartige Weingüter und Spitzenküche berühmt. Die 4 Mio. Menschen, die das Napa Valley Jahr für Jahr besuchen, wissen ganz genau, was sie wollen: feinen Wein, leckeres Essen, Verwöhnprogramme in Thermalbädern und erholsame Nächte zwischen frisch gestärkten Bettlaken.

Noch vor ein paar Jahrzehnten war der 8 km breite und 56,3 km lange Streifen, in dem sich einst Postkutschenstationen aneinanderreihten, scheinbar von der Zeit vergessen. Die ersten Weinstöcke hatte man zwar schon zu Goldrauschzeiten gesetzt, doch Rebläuse, Prohibition und Weltwirtschaftskrise reduzierten die Zahl der Weingüter von 140 in den 1890er-Jahren auf rund 25 in den 1960er-Jahren.

1968 wurde das Tal zur „Napa Valley Agricultural Preserve" erklärt, was eine nicht landwirtschaftlich motivierte Talerschließung effektiv blockierte. Das Gesetz verbot die Zerteilung des Tals in Flurstücke unter 16 ha Größe. So blieb die natürliche Schönheit des Napa Valley erhalten. Als 1976 bei einer Blindverkostung in Paris Weine aus dem Tal zu höchsten Ehren gelangten, wurden den Weinkonsumenten in aller Welt auf Napa aufmerksam. In der Folge stiegen die Grundstückspreise so extrem, dass es sich nur noch Superreiche leisten konnten, sich hier niederzulassen. Sie ließen Weingüter mit atemberaubender Architektur errichten. Zwar existieren bis heute eigenständige Familienbetriebe – Beispiele werden im Folgenden genannt –, doch das Napa Valley gehört heute größtenteils internationalen Konzernen.

Während die eigentliche Arbeit weiter oben stattfindet, fungiert die Stadt Napa als Geschäftszentrum des Tals. Sie ist nicht so hübsch wie andere Ortschaften, hat aber ein paar lohnende Attraktionen (z.B. den Oxbow Public Market; S. 183). Zu den malerischen Siedlungen zählen St. Helena, Yountville und Calistoga. Letzteres ist aber eher für Wasser als für Wein bekannt.

Weingüter im Napa Valley

Im Napa Valley herrscht König Cab. Keine Rebsorte erweckt soviel Fantasie wie der Cabernet-Sauvignon, der ursprünglich in Bordeaux beheimatet ist. Kein Wein erzielt höhere Preise – und kein Napa-Winzer kann es sich erlauben, keinen anzubauen. Hier gedeihen aber auch andere wärmeliebende Sorten wie Sangiovese oder Merlot.

Mit ihren komplexen Luxusaromen zählen die hiesigen Weine zu Recht zu den besten der Welt. Napas Weingüter verkaufen

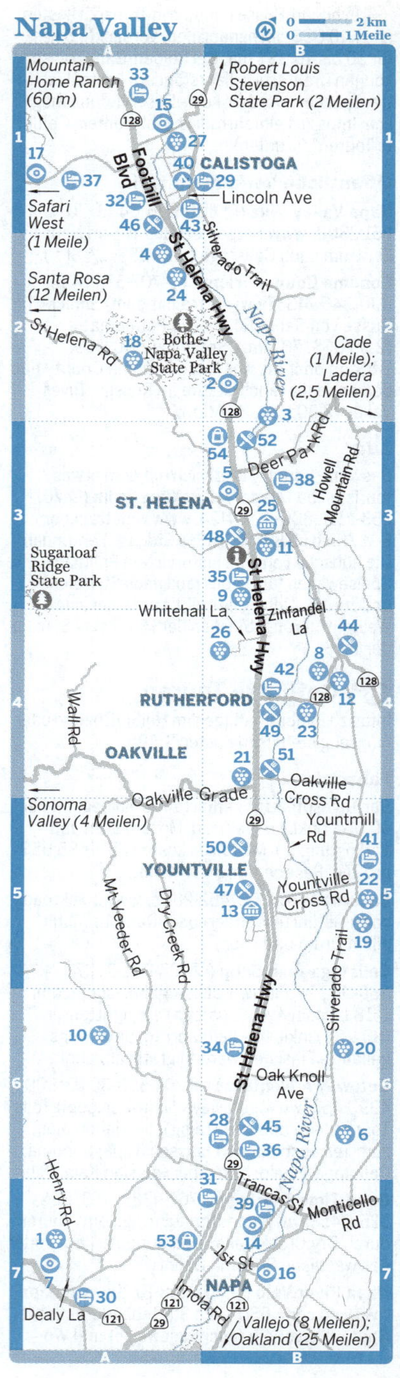

Napa Valley

Sehenswertes

1 Artesa Winery A7
2 Bale Grist Mill State Historic Park B2
3 Casa Nuestra B2
4 Castello di Amorosa A2
5 Culinary Institute of America at Greystone B3
6 Darioush B6
7 Di Rosa Art & Nature Preserve A7
Elizabeth Spencer .... (siehe 49)
8 Frog's Leap B4
9 Hall B3
10 Hess Collection A6
Lava Vine .... (siehe 43)
11 Long Meadow Ranch B3
12 Mumm Napa B4
13 Napa Valley Museum B5
14 Napa Valley Wine Train Depot B7
Oat Hill Mine MTB Trail .... (siehe 29)
15 Old Faithful Geyser A1
16 Oxbow Public Market B7
17 Petrified Forest A1
18 Pride Mountain A2
19 Quixote B5
20 Regusci B6
21 Robert Mondavi B4
22 Robert Sinskey B5
23 Round Pond B4
24 Schramsberg A2
25 Silverado Museum B3
26 Tres Sabores B4
27 Vincent Arroyo A1

Aktivitäten, Kurse & Touren

Calistoga Spa Hot Springs .... (siehe 29)
Lavender Hill Spa .... (siehe 46)
Spa Solage .... (siehe 43)

Schlafen

Auberge du Soleil .... (siehe 44)
Aurora Park Cottages .... (siehe 32)
28 Best Western Ivy Hotel B6
29 Calistoga Spa Hot Springs B1
30 Carneros Inn A7
31 Chablis Inn B7
32 Chanric A1
33 Chateau de Vie A1
34 Cottages of Napa Valley B6
35 El Bonita Motel B3
36 John Muir Inn B6
37 Meadowlark Country House A1
38 Meadowood B3
39 Milliken Creek Inn B7
40 Napa County Fairgrounds & RV Park A1
Napa Valley Redwood Inn .... (siehe 31)
41 Poetry Inn B5
42 Rancho Caymus B4
43 Solage A1
Wine Way Inn .... (siehe 46)

Essen

44 Auberge de Soleil B4
45 Bistro Don Giovanni B6
Boon Fly Café .... (siehe 30)
46 Buster's Southern BBQ A1
47 Étoile B5
Farmstead .... (siehe 11)
48 Gott's Roadside B3
49 La Luna Market & Taqueria B4
50 Mustards Grill B5
51 Oakville Grocery & Cafe B4
Oxbow Public Market .... (siehe 16)
Pica-Pica Maize Kitchen .... (siehe 16)
Restaurant at Meadowood .... (siehe 38)
52 Silverado Brewing Co. B3
Solbar .... (siehe 43)
Wine Spectator Restaurant at Greystone .... (siehe 5)

Unterhaltung

Lincoln Theater .... (siehe 13)

Shoppen

53 Napa Premium Outlets A7
54 St Helena Marketplace B3

viele Sorten, die sich zum Lagern eignen. Sonomas Weine sollten dagegen relativ bald getrunken werden.

Artesa Winery WEINGUT

(Karte S. 178; ☎707-224-1668; www.artesawinery.com; 1345 Henry Rd; Verkostung ohne/mit Reservierung 10/15 US$; ⊙10–16.30 Uhr) Südwestlich von Napa beginnt bzw. endet hier der Tag mit einem Glas Schampus oder Pinot. Die ultramoderne, atemberaubende Anlage im katalanischen Stil ist direkt in einen Berg hineingebaut. Unschlagbar ist auch der Traumblick auf die San Pablo Bay. Gratisführungen (11 & 14 Uhr) und Verkauf (20–60 US$/Flasche).

Vintners' Collective VERKOSTUNG

(Karte S. 185; ☎707-255-7150; www.vintnerscollective.com; 1245 Main St, Napa; Verkostung 25 US$;

WEINGUTBESUCHE BUCHEN

Wegen strenger Flächennutzungsgesetze dürfen viele Napa-Winzer offiziell keine unangemeldeten Besucher empfangen – es sei denn, man will direkt kaufen und nicht probieren. Man muss also vorher anrufen. Dies gilt jedoch nicht für alle Weingüter. Generell ist es ratsam, einen Termin zu buchen und den restlichen Tagesablauf darauf abzustimmen.

⏲11–18 Uhr) Auto abstellen und in Napas Zentrum relaxen: Diese supercoole Verkostungsbar belegt ein Ex-Bordell aus dem 19. Jh. Sie bietet 20 edle Boutiqueweingütern Unterschlupf, die zu klein sind, um eigene Probierstuben zu unterhalten.

Ceja WEINGUT

(Karte S. 185; ☎707-226-6445; www.cejavineyards.com; 1248 First St; Verkostung 10 US$; ⏲So–Mi 11–18, Do–Sa 11–20 Uhr; 🐾) Ceja wurde von früheren Weingutarbeitern gegründet, die nun vorzügliche Pinot Noirs und ungewöhnliche Cuvées keltern (z. B. einen Verschnitt aus Pinot, Syrah und Cabernet für 20 US$). Die Probierstube hat lang geöffnet und zeigt interessante Kunst wie Maceo Montoyas Wandgemälde, das die Wurzeln der Weinherstellung feiert. Einzelflaschen 20 bis 50 US$.

Twenty Rows WEINGUT

(außerhalb der Karte S. 185; ☎707-287-1063; www.vinoce.com; 880 Vallejo St, Napa; Verkostung 10 US$; ⏲11–17 Uhr) Die einzige bewirtschaftete Winzerei in Napas Zentrum keltert leichten Cabernet Sauvignon für läppische 20 US$ pro Flasche. Probiert wird im Fasslager, einer kühlen Garage mit Plastikstühlen. Die lustigen Jungs kennen sich mit Wein aus und verkaufen guten Sauvignon Blanc.

Hess Collection WEINGUT

(Karte S. 178; ☎707-255-1144; www.hesscollection.com; 4411 Redwood Rd; Verkostung 10 US$; ⏲10–16 Uhr; 🐾) Kunstfans sollten keinesfalls die Hess Collection verpassen. Deren Galerien mit verschiedensten Kunstformen und Großgemälden zeigen z. B. Werke von Francis Bacon oder Louis Soutter. In der höhlenartigen Probierstube kann bzw. sollte man neben bekannten Sorten (Cabernet, Chardonnay) auch den Viognier verkosten. Hess liegt oberhalb des Tals, die Anfahrt erfolgt über eine kurvenreiche Straße. Einzelflaschen kosten 15 bis 60 US$; Reservierung ratsam. Achtung: Bitte nicht mit der Lebensmittelkette Hess Select verwechseln!

Darioush WEINGUT

(Karte S. 178; ☎707-257-2345; www.darioush.com; 4240 Silverado Trail; Verkostung 18–35 US$; ⏲10.30–17 Uhr) Einem modernen persischen Palast gleich, steht Darioush mit mächtigen Säulen, Le-Corbusier-Möbeln, Perserteppichen und Wänden aus Kalksintersteinen ganz oben auf der Hitliste. Obwohl das Ganze eigentlich für Cabernet bekannt ist, werden hier auch Chardonnay, Merlot und Syrah hergestellt – jeweils zu 100 % aus der jeweiligen Rebsorte. Pro Flasche bezahlt man 40 bis 80 US$. Für kombinierte Wein- und Käseverkostungen am besten vorher anrufen.

Regusci WEINGUT

(Karte S. 178; ☎707-254-0403; www.regusciwinery.com; 5584 Silverado Trail, Napa; Verkostung 15–25 US$; ⏲10–17 Uhr; 🐾) Als eine von Napas ältesten Winzereien wurde das schnörkellose Regusci Anfang des 19. Jhs. gegründet. Die Weinberge (70 ha) umgeben ein 100 Jahre altes Betriebsgebäude aus Stein, in dem Weine im Stil eines Bordeaux entstehen. Regusci liegt auf der ruhigeren Ostseite des Tals (prima bei starkem Verkehr flussaufwärts) und hat auch einen schattigen Picknickplatz. Besucher müssen sich nicht anmelden und berappen pro Flasche 36 bis 125 US$.

Robert Sinskey WEINGUT

(Karte S. 178; ☎707-944-9090; www.robertsinskey.com; 6320 Silverado Trail; Verkostung 25 US$; ⏲10–16.30 Uhr) Der Betrieb des Winzers Robert Sinskey punktet mit toller Aussicht auf die Hügel und Weinen, die gut zu vielen diversen Speisen passen. Die mit viel Stein, Mammutbaum- und Teakholz leicht pathetisch wirkende Probierstube ähnelt einer kleinen Kathedrale. Spezialitäten des Hauses sind neben Bio-Pinot, -Merlot und -Cabernet auch exzellente Elsässer, Vin Gris, Cabernet Franc und trockener Rosé. Zum Wein werden Häppchen gereicht. Beim Kauf von zwei Flaschen wird der Verkostungspreis verrechnet – eine Seltenheit in Napa. Infos zu kulinarischen Sonderveranstaltungen bekommt man telefonisch. Einzelflaschen 22 bis 95 US$.

Quixote WEINGUT

(Karte S. 178; ☎707-944-2659; www.quixotewinery.com; 6126 Silverado Trail; Verkostung

25 US$; nach Vereinbarung) Friedensreich Hundertwasser (1928–2000) gestaltete einst das skurrile Quixote, dessen Äußeres einer Farbexplosion gleicht. Der mit Blattgold verzierte Zwiebelturm ist die Krönung des Ganzen und typisch für den berühmten Architekten. Kein Fenster entspricht dem anderen, es gibt weder gerade Linien noch ebene Flächen. Gebäudeführungen unter der Woche sind nur nach Vereinbarung möglich; am Wochenende kann man das Prachtstück nur von außen bewundern. Probiert wird eine kleine, aber feine Auswahl an Syrah und Cabernet (jeweils 100% Bio). Einzelflaschen 40 bis 60 US$.

Robert Mondavi WEINGUT

(Karte S. 178; 888-766-6328; www.robertmondavi.com; 7801 Hwy 29, Oakville; Führung 25 US$) Dieser Monsterbetrieb in Konzernbesitz ist unglaublich überlaufen. Wer aber wenig von Wein versteht, erhält bei den lohnenden Führungen einen super Einblick in den Produktionsprozess. Ansonsten lohnt sich ein Besuch nur wegen der tollen **Sommerkonzerte** (Klassik, Jazz, R&B und Latin; Termine telefonisch erfragen). Einzelflaschen 19 bis 150 US$.

Tres Sabores WEINGUT

(Karte S. 178; 707-967-8027; www.tressabores.com; 1620 South Whitehall Lane, St. Helena; Führung mit Verkostung 20 US$; nach Vereinbarung;) Wo abschüssige Weinberge am westlichsten Talrand auf bewaldete Hänge treffen, liegt mit Tres Sabores ein Tor zum alten Napa: Statt schicken Probierstuben und Snobismus gibt's hier einfach Spitzenwein in spektakulärer Lage. Statt des üblichen Cabernet keltern die Betreiber Zinfandel im edlen Burgunderstil und süffigen Sauvignon Blanc, den die *New York Times* bereits unter ihre Top Ten gewählt hat. Perlhühner und Schafe vertilgen das Unkraut auf dem 14 ha großen Anwesen, während Golden Retriever zwischen knorrigen alten Rebstöcken den Schmetterlingen nachjagen. Verkostungen – nur nach Reservierung – werden jeweils mit einer Führung kombiniert. An Picknicktischen unter schattigen Olivenbäumen genießt man danach den super Blick ins Tal. Einzelflaschen 22 bis 80 US$.

Mumm Napa WEINGUT

(Karte S. 178; 800-686-6272; www.mummnapa.com; 8445 Silverado Trail Rutherford; Verkostung 7–25 US$; 10–16.45 Uhr;) Auf einer separaten Terrasse für Privatverkostungen (zzgl. 5 US$) lässt sich der anständige Mumm-Sekt mit spektakulärer Aussicht auf Tal und Weinberge testen – ideal, um konservative Schwiegereltern zu beeindrucken und den Besucherscharen zu entgehen. Voranmeldung ist nicht erforderlich. Die Website informiert über Rabattaktionen.

Round Pond WEINGUT

(Karte S. 178; 888-302-2575; www.roundpond.com; 875 Rutherford Rd, Rutherford; Verkostung 25 US$; nach Vereinbarung) Auf der Steinterrasse mit Weinbergblick finden klasse Kombi-Verkostungen statt. Unser Favorit ist die Variante mit Olivenöl und Weinessig, die im Preis der Führung durch die Olivenpressanlage (25 US$) enthalten ist. Einzelflaschen 24 bis 95 US$.

LP TIPP **Frog's Leap** WEINGUT

(Karte S. 178; 707-963-4704, 800-959-4704; www.frogsleap.com; 8815 Conn Creek Rd; Führung & Verkostung 20 US$, nach Vereinbarung;) Pfade winden sich hier durch zauberhafte Gärten und Obstplantagen, in denen man im Juli Pfirsiche pflücken kann. Mittendrin liegt ein Gehöft von 1884 – inklusive Scheune, Katzen, Hühnern und 100% Biowein. Highlight ist jedoch die Atmosphäre: bodenständig, zwanglos und spaßbetont. Das Gut macht vor allem mit seinem Sauvignon Blanc von sich reden. Aufmerksamkeit verdienen aber auch der

SPAREN IN NAPA

Um bei Verkostungen nicht arm zu werden, lassen sich Wein und Kosten problemlos zwischen zwei Personen aufteilen – am besten auch vorher nachfragen, ob die Weinprobe mit Käufen verrechenbar ist (normalerweise nicht). Die Preise für Führungen können nicht gesplittet werden. Zudem sollte man sich im eigenen Hotel nach Gutscheinen für kostenlose oder vergünstigte Weinproben erkundigen. Falls die Unterkünfte im Tal zu teuer sind, empfiehlt sich das westlich gelege Sonoma County. Näher an Napas Zentrum (ca. 20 Min.) liegen jedoch die Vororte Vallejo und American Canyon mit Motelzimmern für ca. 75 bis 125 US$ (Hauptsaison). Weitere Kettenmotels gibt's in Fairfield (30 Min.) sowie an den I-80-Ausfahrten 41 (Pittman Rd) und 45 (Travis Blvd).

Merlot und der trockene, dezente Cabernet (untypisch für Napa). Anmeldung erforderlich; Einzelflaschen 18 bis 42 US$.

Hall WEINGUT

(Karte S. 178; ☎707-967-2626; www.hallwines.com; 401 St Helena Hwy, St. Helena; Verkostung 15–25 US$; ⏲10–17.30 Uhr; 🐾) Hall gehört dem früheren US-Österreichbotschafter der Regierung Clinton und besitzt als erstes Weingut Kaliforniens ein LEED-Umweltzertifikat in Gold. Hauptprodukte sind Merlot, Sauvignon Blanc, Cabernet Franc und Cabernet Sauvignon. Vor Ort gibt's einen coolen, abstrakten Figurengarten und einen reizenden Picknickbereich, wo Wein glasweise unter schattigen Maulbeerbäumen ausgeschenkt wird. Führungen mit Fassverkostung kosten 45, Einzelflaschen 22 bis 80 US$.

Elizabeth Spencer VERKOSTUNG

(Karte S. 178; ☎707-963-6067; www.elizabethspencerwines.com; 1165 Rutherford Rd, Rutherford; Verkostung 20 US$; ⏲10–18 Uhr; 🐾) Hier wird in einem Eisenbahndepot von 1872 oder draußen im Garten probiert. Zu den in Kleinmengen kreierten Weinen zählen z. B. ein schwerer Pinot Noir oder günstiger Sauvignon Blanc mit Grapefruit-Note. Einzelflaschen 20 bis 85 US$.

Long Meadow Ranch VERKOSTUNG

(Karte S. 178; ☎707-963-4555; www.longmeadowranch.com; 738 Main St, St. Helena; Verkostung 10–30 US$; ⏲11–18 Uhr) Das Bauernhaus von 1874 liegt inmitten von attraktiven Gärten. Es veranstaltet super Verkostungen mit Olivenöl (gratis) und tollem Cabernet oder Sauvignon Blanc (19–35 US$/Flasche).

Pride Mountain WEINGUT

(Karte S. 178; ☎707-963-4949; www.pridewines.com; 4026 Spring Mountain Rd, St. Helena; Verkostung 10 US$; ⏲nach Vereinbarung; 👪🐾) Hoch droben auf dem Spring Mountain führt die Grenze zwischen Napa und Sonoma durch das kultverdächtige Weingut, das Weine beider Gebiete keltert. Am bekanntesten sind wohl der gut strukturierte Cabernet Sauvignon und der intensive Merlot. Zudem gibt's einen eleganten Viognier (perfekt zu Austern) und einen super Cabernet Franc (nur direkt vor Ort erhältlich). Für ein spektakuläres Picknick eignen sich der atemberaubende Aussichtspunkt oder die schattigen, historischen Ruinen der Ghost Winery aus dem 19. Jh. Vorher ist jedoch grundsätzlich ein Termin zu vereinbaren. Einzelflaschen 37 bis 85 US$.

Cade WEINGUT

(außerhalb der Karte S. 178; ☎707-965-2746; www.cadewinery.com; 360 Howell Mtn Rd, Angwin; Verkostung 20 US$; ⏲nach Vereinbarung) Wer den Mt. Veeder erklimmt, stößt in ca. 550 m Höhe auf Napas allererstes Bioweingut. Die superschicke Anlage garantiert eine Traumaussicht (Kamera mitbringen!) und besitzt ein LEED-Umweltzertifikat in Gold. Mitinhaber ist San Franciscos Ex-Bürgermeister Gavin Newsom. Falken nutzen hier die Thermik auf Augenhöhe der Gäste, während diese den prima Sauvignon Blanc oder leckeren Cabernet Sauvignon probieren, der eher an Bordeaux als an Kalifornien erinnert. Reservierung erforderlich.

Casa Nuestra WEINGUT

(Karte S. 178; ☎707-963-5783; www.casanuestra.com; 3451 Silverado Trail, St. Helena; Verkostung 10 US$, mit Käufen verrechenbar; ⏲nach Vereinbarung; 👪🐾) Eine Friedensfahne und ein Elvis-Porträt begrüßen Besucher des altmodischen Familienbetriebs im klassischen Stil der 1970er-Jahre. Vor Ort entstehen ungewöhnliche Cuvées und interessante unverschnittene Weine (z. B. ein guter Chenin Blanc oder Cabernet Franc). Der Wein wird komplett biologisch angebaut, die Sonne liefert den Strom. Das Beste aber: Hier kann gratis neben zwei glücklichen Ziegen unter Trauerweiden gepicknickt werden – vorausgesetzt, man ruft vorher an und kauft eine Flasche (20–55 US$).

Ladera WEINGUT

(außerhalb der Karte S. 178; ☎707-965-2445, 866-523-3728; www.laderavineyards.com; 150 White Cottage Rd S, Angwin; Verkostung 15 US$; ⏲nach Vereinbarung) An den oberen Hängen des Howell Mountain keltert Ladera seit 1886 wunderbaren, wenig bekannten Cabernet Sauvignon und Sauvignon Blanc aus eigenen Trauben. Dieses Weingut mit einer Umrandungsmauer aus Naturstein liegt weitab der Touristenpfade und lässt sich nur angemeldet besuchen. Beim Kauf von zwei Flaschen (je 25–70 US$) wird die Verkostungsgebühr verrechnet.

Schramsberg WEINGUT

(Karte S. 178; ☎707-942-4558; www.schramsberg.com; 1400 Schramsberg Rd; Verkostung 45 US$; ⏲nach Vereinbarung) Am Peterson Dr produziert Napas zweitälteste Winzerei ein paar der besten trockenen Schaumweine Kaliforniens. 1972 wurde einer ihrer Tropfen als erster Wein aus den USA im Weißen Haus serviert. Ein Blancs de Blancs ist das hiesige Markenzeichen. Die Führung mit Verkostung ist anmeldungspflichtig (rechtzeitig reservieren!) und teuer. Allerdings probiert man dabei alle *tête de cuvées* und nicht nur die günstigsten Weine. Weil auch die Lagerungskeller besichtigt werden, empfiehlt es sich, einen Pulli mitzubringen. Einzelflaschen 22 bis 100 US$.

Castello di Amorosa WEINGUT
(Karte S. 178; ☎707-967-6272; www.castellodiamorosa.com; 4045 Hwy 29, Calistoga; Verkostung 10–15 US$, Führung Erw./Kind 32/22 US$; ⊙nach Vereinbarung;) Die perfekte Replik eines italienischen Schlosses aus dem 12. Jh. war erst nach 14 Jahren komplett fertiggestellt. In dieser Zeit entstanden hier z. B. ein Burggraben, Mauern aus handbehauenen Steinen, Kreuzgewölbe-Katakomben im römischen Stil, Deckenfresken von italienischen Künstlern und eine Folterkammer mit historischen Gerätschaften. Obwohl Verkostungen keine Voranmeldung erfordern, lohnt sich eine Führung auf jeden Fall. Und der Wein? Da gibt's ein paar anständige italienische Sorten wie einen samtweichen toskanischen Cuvée oder einen verschnittenen Merlot, der prima zu Pizza passt. Einzelflaschen 20 bis 125 US$.

Vincent Arroyo WEINGUT
(Karte S. 178; ☎707-942-6995; www.vincentarroyo.com; 2361 Greenwood Ave, Calistoga; Verkostung gratis; ⊙nach Vereinbarung;) Als Probierstube dient eine Garage, in der Besucher eventuell Herrn Arroyo persönlich antreffen. Der ist für selbst angebauten, in Kleinmengen gekelterten Syrah und Cabernet Sauvignon bekannt. Diese Weine sind sonst nirgendwo erhältlich und von so konstant hoher Qualität, dass die Produktion schon vor dem Abfüllen in Flaschen (je 22–45 US$) zu 75 % verkauft ist. Die Gratisverkostungen sind anmeldungspflichtig.

Lava Vine VERKOSTUNG
(Karte S. 178; ☎707-942-9500; www.lavavine.com; 965 Silverado Trail, Calistoga; Verkostung 10 US$, Verrechnung mit Käufen; ⊙10–17 Uhr, Voranmeldung erwünscht;) Ein Gegenpol zum Napa-Snobismus: Die Partyjünger vom Lava Vine präsentieren ihre Spitzenweine mit viel Fröhlichkeit und reichen dazu jeweils Häppchen, die teilweise frisch vom heißen Grill kommen. Draußen spielen Kinder und Hunde, während man sich in der Mini-Probierstube sorglos dem Groove von James Brown hingibt. Picknick mitbringen und am besten reservieren.

TOLLE PICKNICKPLÄTZE

Anders als im Sonoma County ist rund um Napa Picknicken vielerorts untersagt. Einige Ausnahmen sind unten – von Süden nach Norden sortiert – aufgelistet. Am besten vorher an und dem Gastgeber eine Flasche (oder, falls möglich, ein Glas) Wein abkaufen. Übrigens dürfen in Kalifornien entkorkte Flaschen nicht im Innenraum eines Autos mitgeführt werden und gehören daher immer in den Kofferraum!

» **Regusci** (S. 180)
» **Napa Valley Museum** (S. 188)
» **Hall** (S. 182)
» **Pride Mountain Vineyards** (S. 182)
» **Casa Nuestra** (S. 182)
» **Vincent Arroyo** (s. linke Spalte)
» **Lava Vine** (s. linke Spalte)

Napa

Das Geschäftszentrum des Tals war früher ein ganz normaler Ort mit Ladenfronten, viktorianischen Cottages und Lagerhäusern am Flussufer. Als aber der Immobilienboom frisches Geld hierherbrachte, verwandelte sich Napa in eine wachsende Kunst- und Restaurantstadt.

Sehenswertes & Aktivitäten

Napa liegt zwischen Silverado Trail und dem St. Helena Hwy (Hwy 29). Um das Ortszentrum zu erreichen, den Hwy 29 an der 1st St verlassen und Richtung Osten fahren. Als Hauptstraße wird die 1st St von Läden und Restaurants gesäumt.

Oxbow Public Market MARKTHALLE
(Karte S. 185; ☎707-226-6529; www.oxbowpublicmarket.com; 610 1st St; ⊙Mo–Sa 9–19, Di 9–20, So 10–18 Uhr;) Das kulinarisch geprägte Rundumangebot dieses Feinschmeckerparadieses (Details auf S. 186) reicht von Ständen mit Agrarprodukten und Küchenutensilien bis hin zu exzellenten Lebensmitteln. Der Schwerpunkt liegt dabei auf saisonalen Bioprodukten aus der Region.

Di Rosa Art & Nature Preserve KUNSTGALERIE, NATURSCHUTZGEBIET
(Karte S. 178; ☎707-226-5991; www.dirosapreserve.org; 5200 Carneros Hwy 121; ⊙Galerie Mi–Fr 9.30–15 Uhr, Sa nach Vereinbarung) Zum 88 ha

großen Di Rosa Preserve westlich vom Zentrum gehören auch die Carneros-Weinberge mit grasenden Schafen aus Metallschrott. Ferner ist hier eine tolle nordkalifornische Kunstsammlung in Galerien (drinnen) und Skulpturengärten (draußen) ausgestellt. Führungen möglichst reservieren!

Schlafen

Im Sommer übersteigt die Nachfrage das Angebot. An den Wochenenden ziehen die Preise extrem an. Eine Alternative ist Calistoga (S. 194).

LP TIPP **Carneros Inn** RESORT $$$
(Karte S. 178; 707-299-4900; www.thecarnerosinn.com; 4048 Sonoma Hwy; Zi. Mo–Fr 485–570 US$, Sa & So 650–900 US$;) Mit schwungvoller Ästhetik und kleinstädtischem Retro-Farmdekor fällt das Carneros Inn aus dem üblichen Wine-Country-Muster. Die Doppelhaushälften aus Wellblech wirken wie Quartiere für Wanderarbeiter, sind innen aber fesch und elegant. Hierfür sorgen z. B. Kirschholzparkett, Bettkopfenden mit Bezügen aus Kunstwildleder, offene Kamine, Bäder mit beheizten Fliesenböden, Riesenbadewannen oder Duschen drinnen und draußen. Der dicke Aufpreis für ein Zimmer mit Weinbergblick lohnt sich. Tagsüber wird am Pool auf dem Hügel relaxt, abends an den Feuerstellen der Bar unter freiem Himmel. Das Resort hat auch zwei hervorragende Hausrestaurants.

Milliken Creek Inn INN $$$
(Karte S. 178; 707-255-1197, 888-622-5775; www.millikencreekinn.com; 1815 Silverado Trail; Zi. inkl. Frühstück 275–650 US$;) Das unauffällig elegante Milliken Creek vereint den Charme eines kleinen Gasthauses mit dem Service eines Spitzenklassehotels und der Vertraulichkeit eines B&Bs. Die tadellosen Zimmer im englischen Kolonialstil punkten mit topmodernen Extras, offenen Kaminen und hochwertigster Bettwäsche. Das Frühstück wird ans Bett gebracht. Tipp: Zimmer mit Flussblick buchen!

Cottages of Napa Valley BUNGALOWS $$$
(Karte S. 178; 707-252-7810; www.napacottages.com; 1012 Darns Lane; DZ 395–500 US$, 4BZ 475–575 US$;) Die acht Bungalows aus den 1940er-Jahren wurden 2005 topmodern umgebaut. Mit extragroßen Badewannen, gasbetriebenen Kaminen und Feuerstellen unter mächtigen Kiefern eignen sie sich super für romantische Stunden. Nr. 4 und 8 haben eigene Veranden mit Schaukelstühlen. Kleine Abzüge gibt's für den Straßenlärm, von dem aber nichts nach innen dringt.

Avia Hotel HOTEL $$
(Karte S. 185; 707-224-3900; www.aviahotels.com; 1450 1st St, Napa; Zi. 149–249 US$;) Das neueste Hotel im Zentrum wurde 2009 eröffnet. Aparte Businesszimmer mit heißem Retrodekor im Stil der 1970er-Jahre zaubern Großstadtflair nach Napa. Restaurants und Bars sind zu Fuß erreichbar.

Napa River Inn HOTEL $$$
(Karte S. 185; 707-251-8500, 877-251-8500; www.napariverinn.com; 500 Main St; Zi. inkl. Frühstück 229–349 US$;) Die Option im historischen Hatt Building (1884) am Fluss vermietet noble Mittelklassezimmer mit viktorianisch-modernem Flair. Die drei Nebengebäude mit den Unterkünften liegen in Laufentfernung zu Restaurants und Bars. Spezieller Service für Hunde.

Best Western Ivy Hotel HOTEL $$
(Karte S. 178; 707-253-9300, 800-253-6272; www.ivyhotelnapa.com; 4195 Solano Ave, Napa; Zi. 149–249 US$;) Das fesch wirkende Hotel in Napas nördlicher Vorortzone wurde 2011 renoviert. Es punktet mit Extras wie Kühlschränken, Mikrowellen oder hauseigener Waschküche. Die Zimmer bis 200 US$ haben ein gutes Preis-Leistungs-Verhältnis.

John Muir Inn HOTEL $$
(Karte S. 178; 707-257-7220, 800-522-8999; www.johnmuirnapa.com; 1998 Trower Ave; Zi. inkl. Frühstück Mo–Fr 130–155 US$, Sa & So 170–240 US$;) Das Hotel nördlich der Innenstadt ist sein Geld wert – dank Whirlpool, super Service und Zimmern, die teilweise Kochecken (zzgl. 5 US$) haben. Am besten ein renoviertes Quartier nehmen!

Chablis Inn MOTEL $$
(Karte S. 178; 707-257-1944, 800-443-3490; www.chablisinn.com; 3360 Solano Ave, Napa; Zi. Mo–Fr 89–109 US$, Wochenende 159–179 US$;) Gepflegtes Motel in Highwaynähe; Whirlpool und faire Preise.

River Terrace Inn HOTEL $$$
(7070-320-9000, 866-627-2386; www.riverterraceinn.com; 1600 Soscol Ave; Zi. 189–289 US$;) Luxus-Kettenhotel am Napa River; beheizter Pool im Freien

Casita Bonita BUNGALOW $$$
(707-259-1980, 707-738-5587; www.lacasitabonita.com; 4BZ 375 US$;) Das hübsch dekorierte Cottage mit zwei Schlafzimmern,

Napa

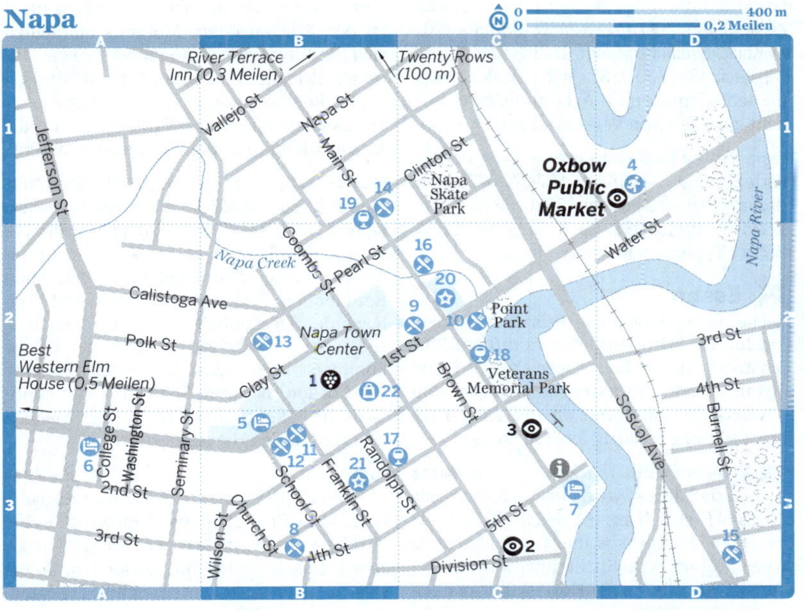

Napa

Highlights

Oxbow Public Market D1

Sehenswertes

1 Ceja B2
2 Napa Library C3
3 Napa River Vélo C3

Aktivitäten, Kurse & Touren

4 Napa Valley Adventure Tours D1

Schlafen

5 Avia Hotel B3
6 Blackbird Inn A3
7 Napa River Inn C3

Essen

8 Alexis Baking Co B3
9 Bistro Sabor C2
10 Bounty Hunter Wine Bar C2
11 Norman Rose Tavern B3
12 Oenotri B3
13 Pearl Restaurant B2
14 Pizza Azzuro B1
15 Soscol Café D3
16 Ubuntu C2

Ausgehen

17 Billco's Billiards & Darts B3
18 Downtown Joe's C2
19 Vintners' Collective B1

Unterhaltung

20 Napa Valley Opera House C2
Salsa Saturdays at Bistro Sabor .... (siehe 9)
Silo's Jazz Club .... (siehe 7)
21 Uptown Theater B3

Shoppen

22 Betty's Girl B2
Napa General Store .... (siehe 7)

voll ausgestatteter Küche und Gemüsegarten ist perfekt für zwei Paare oder eine Familie. Kinder freuen sich über die Hühner.

Best Western Elm House INN $$
(außerhalb der Karte S. 185; ☎707-255-1831; www.bestwesternelmhouseinn.com; 800 California Blvd; Zi. inkl. Frühstück 149–229 US$; ❄@📶) Die tadellos gepflegten und mit Standardmöbeln eingerichteten Zimmer sind in sanften Pastelltönen gehalten und eignen sich ideal für konservativ veranlagte Gäste. Whirlpool und leichter Zugang zur Innenstadt (10 Gehmin.) und zum Highway.

Blackbird Inn B&B $$$
(Karte S. 185; ☎707-226-2450, 888-567-9811; www.blackbirdinnnapa.com; 1775 1st St; Zi. inkl. Frühstück 185–300 US$; ❄📶) Tolles B&B mit acht Zimmern im Arts-und-Crafts-Stil; nicht ganz frei von Verkehrslärm.

Napa Valley Redwood Inn MOTEL $$
(Karte S. 178; ☎707-257-6111, 877-872-6272; www.napavalleyredwoodinn.com; 3380 Solano Ave; Zi. Mo–Fr 90–110 US$, Sa & So 140–150 US$; ❄📶🏊) Typisches Freeway-Motel.

Essen

Tische sollten möglichst reserviert werden. Von Juli bis Mitte August verkauft ein Pfirsichstand an der Ecke Deer Park Rd und Silverado Trail (exakter: gegenüber vom Stewarts-Verkaufsstand an der Deer Park Rd) traditionelle saftig-leckere Sorten.

Oxbow Public Market MARKTHALLE $
(Karte S. 185; www.oxbowpublicmarket.com; 610 & 644 First St, Napa; ⏲Mo–Sa 9–19, So 10–17 Uhr; 👪✎) Der Feinkostmarkt offenbart das ganze kulinarische Spektrum Nordkaliforniens. Hier gibt's z.B. Hog-Island-Austern (à 6 Stück 15 US$), Hausmannskost in Todd Humphries' Starkoch-Restaurant Kitchen Door (Hauptgerichte 13–20 US$), venezolanische Maisbrot-Sandwiches (8 US$; Pica Pica), tolles kalifornisch-mexikanisches Essen (Tacos 4–8 US$; Casa), Backwaren (1,50 US$; Ca'Momi) oder Eis aus Biozutaten (3,65 US$/Waffel; Three Twins). Dienstags ist *local nights* mit zahlreichen Rabatten. Dienstags und samstags findet morgens ein Bauernmarkt statt, freitagabends gibt's Livemusik. Manche Stände haben selbst sonntags bis 21 Uhr geöffnet, die meisten schließen aber früher.

Ubuntu VEGETARISCH $$
(Karte S. 185; ☎707-251-5656; www.ubuntunapa.com; 1140 Main St, Napa; Gerichte 14–18 US$; ⏲tgl. abends, Sa & So mittags; ✎) Das saisonale vegetarische Menü mit zwei Michelinsternen präsentiert kunstvoll angerichtete Wunder aus dem biodynamischen Restaurantgarten. Wer's herzhaft mag, bestellt eine Kombination aus vier bis fünf tollen Kleinportionen. Für umweltbewusste Weintrinker gibt's über 100 nachhaltig produzierte Weine.

Boon Fly Café AMERIKANISCH $$
(Karte S. 178; ☎707-299-4870; www.theboonflycafe.com; 4048 Sonoma Hwy; Hauptgerichte 10–20 US$; ⏲7–21 Uhr) Moderne, gelungene Hausmannkost bekommt man im Boon Fly – ohne Reservierung aber am besten nicht zu den Spitzenzeiten. Morgens empfehlen sich hausgemachte Krapfen oder Arme Ritter aus Brioche. Mittags und abends sind gegrillte Reuben-Sandwiches, Grillhuhn oder Spinatsalat eine gute Wahl. Platz für die warmen Kekse mit Schokosplittern lassen!

Pearl Restaurant MODERN-AMERIKANISCH $$
(Karte S. 185; ☎707-224-9161; www.therestaurantpearl.com; 1339 Pearl St; Hauptgerichte 14–19 US$; ⏲Di–Sa 17.30–21 Uhr; 🐾) In dem hundefreundlichen Bistro mit rot gestrichenen Betonböden, Kiefernholztischen und freiliegenden Deckenbalken gesellen sich Touristen zu Ortsansässigen. Aus der Küche kommen bodenständige Spitzengerichte wie Cordon Bleu vom Schwein, Hühnereintopf mit Polenta, Steak-Tacos oder Austern (Spezialität des Hauses).

Oenotri ITALIENISCH $$
(Karte S. 185; ☎707-252-1022; www.oenotri.com; 1425 First St, Napa; Hauptgerichte 15–25 US$; ⏲abends, mittags wechselnde Öffnungszeiten) Das stets belebte Oenotri profiliert sich mit hausgemachten Schinkensorten, Nudeln und Holzofenpizzas im neapolitanischen Stil. Es lockt Gourmets mit einem täglich wechselnden, rustikalen italienischen Menü aus regionalen Zutaten, das in einem großen Speiseraum mit Backsteinwänden serviert wird.

Bistro Don Giovanni ITALIENISCH $$$
(Karte S. 178; ☎707-224-3300; www.bistrodongiovanni.com; 4110 Howard Lane am Hwy 29; Hauptgerichte 19–26 US$) Die seit Langem beliebte Trattoria kredenzt moderne italienische Pastagerichte, knusprige Pizzas und Fleisch vom Holzkohlegrill. Am Wochenende wird's voll und laut. Am besten einen Tisch mit Weinbergblick verlangen (viel Glück!); Reservierung erforderlich.

Bounty Hunter Wine Bar AMERIKANISCH $$
(Karte S. 185; www.bountyhunterwine.com; 975 1st St; Gerichte 14–24 US$; ⏲11–22 Uhr; 👪) In einem Lebensmittelladen von 1888 herrscht hier der Vibe des Wilden Westens. Auf den Tisch kommen z.B. tolles Barbecue mit selbst geräuchertem Fleisch, zehn verschiedene Lokalbiere und 40 offene Weine. Das herrliche ganze Hühnchen wird über einer Dose Tecate-Bier geröstet.

Bistro Sabor LATEINAMERIKANISCH $
(Karte S. 185; ☎707-252-0555; www.bistrosabor.com; 1126 1st St; Gerichte 8–11 US$; ⏲Di–Do 11.30–23, Fr & Sa 11.30–1.30 Uhr; 👪) Kein typi-

scher Mexikaner: Es kommen superfrische lateinamerikanische Imbissgerichte (z. B. Ceviche, Papusa, Chile Relleno) direkt über den Tresen. Im Magen Platz für die Churros reservieren! Im Stadtzentrum gelegen.

Alexis Baking Co CAFÉ $
(Karte S. 185; ☎707-258-1827; www.alexisbakingcompany.com; 1517 3rd St; Gerichte 6–10 US$; ⏰Mo–Fr 7.30–15, Sa 7–15, So 8–14 Uhr; 👪📝) Unser Favorit für Rühreier, Müsli, Focaccia-Sandwiches, große Kaffeebecher und Mittagessen zum Mitnehmen.

Pizza Azzuro PIZZERIA $$
(Karte S. 185; ☎707-255-5552; www.azzurropizzeria.com; 1260 Main St; Hauptgerichte 12–16 US$; 👪📝) Für den ohrenbetäubenden Lärm in diesem Napa-Klassiker entschädigen knusprig-zarte Pizzas, „Manciata"-Brote mit Salatgarnierung, prima Pasta und guter Caesar Salad.

Norman Rose Tavern KNEIPE $$
(☎707-258-1516; normanrosenapa.com; 1401 1st St; Hauptgerichte 10–20 US$; ⏰11.30–22 Uhr; 👪) Prima für Bier, Burger und super Pommes: Die angesagte Restaurantkneipe ist mit Recyclingholz und gesteppten Ledersitzbänken gestaltet. Ausgeschenkt werden nur Wein und Gerstensaft.

Soscol Café DINER $
(Karte S. 185; ☎707-252-0651; 632 Soscol Av; Gerichte 6–9 US$; ⏰Mo–Sa 6–14, So 7–13 Uhr) Das ultimative Billig-Diner tischt üppige Huevos Rancheros und panierte Steaks mit Ei auf. Stöckelschuhe sieht man sicher nicht.

Ausgehen & Unterhaltung

Silo's Jazz Club LIVEMUSIK
(Karte S. 185; ☎707-251-5833; www.silosjazzclub.com; 530 Main St; wechselnder Grundpreis; ⏰Mi & Do 16–22, Fr & Sa 16–24 Uhr) Wein- und Bierbar im Kabarettstil, die abends Jazz- oder Rockbands auftreten lässt (Fr & Sa) und ansonsten (Mi & Do) gut für Drinks ist. Am Wochenende empfiehlt sich Reservierung.

Salsa Saturdays at Bistro Sabor TANZ
(Karte S. 185; www.bistrosabor.com; 1126 1st St; Eintritt frei; ⏰Sa 22–1.30 Uhr) Bei der beliebten Sabor-Tanzparty am Samstagabend beschallen DJs das Restaurant mit Salsa und Merengue.

Billco's Billiards & Darts SPORTSBAR
(Karte S. 185; www.billcos.com; 1234 3rd St; ⏰12–1 Uhr) Männer in Khaki-Klamotten schlürfen handgebrautes Bier bei einer Runde Poolbillard oder Dart.

Downtown Joe's SPORTSBAR, BRAUEREI
(Karte S. 185; www.downtownjoes.com; 902 Main St an der 2nd St; 📶) Livemusik (Do–So) und allabendlich Sport im TV; oft rappelvoll und manchmal chaotisch.

Napa Valley Opera House THEATER
(Karte S. 185; ☎707-226-7372; www.nvoh.org; 1030 Main St) Das restaurierte, historische Opernhaus aus den 1880er-Jahren präsentiert gesangsfreie Theaterstücke, Comedyshows und bekannte Künstler.

Uptown Theatre THEATER
(Karte S. 185; ☎707-259-0333; www.uptowntheatrenapa.com; 1350 3rd St) In dem restaurierten Theater von 1937 treten berühmte Stars auf.

Shoppen

Betty's Girl DAMENBEKLEIDUNG, VINTAGE
(Karte S. 185; ☎707-254-7560; 1144 Main St) Die Hollywood-Kostümdesignerin Kim Northrup steckt Damen in wunderbare Vintage-Cocktailkleider, die gratis abgeändert und ausgeliefert werden.

Napa General Store GESCHENKE
(Karte S. 185; ☎707-259-0762; www.napageneralstore.com; 540 Main St) Endlich mal attraktive Wine-Country-Souvenirs zu bezahlbaren Preisen! Die dazugehörige Bar ist super für Ehemänner, die genug vom Shoppen haben.

Praktische Informationen

Napa Valley Welcome Center (☎707-260-0107; www.legendarynapavalley.com; 600 Main St; ⏰9–17 Uhr) Spa-Sonderangebote, Verkostungspässe und detaillierte Weingut-Lagekarten.

Napa Library (☎707-253-4241; www.countyofnapa.org/Library; 580 Coombs St; ⏰Mo–Do 10–21, Fr & Sa 10–18 Uhr; @) Möglichkeit zum E-Mail-Check.

Queen of the Valley Medical Center (☎707-252-4411; 1000 Trancas St) Notfallklinik.

Unterwegs vor Ort

Im Sommer warten Fahrradrikschas vor Innenstadtrestaurants – insbesondere am unteren Ende der Main St nahe dem Napa Valley Welcome Center.

Yountville

Yountville verzeichnet mehr Michelin-Sterne pro Einwohner als alle anderen US-Städte. Rund 9 Meilen (ca. 14,5 km) nördlich von Napa lockt diese ehemalige

DAS WINE COUNTRY VON OBEN

Aus der Luft wirkt das Wine Country wie ein faszinierender, kunterbunter Gobelin aus sanften Hügeln, tiefen Tälern und weitläufigen Weinbergen. Rundflüge erfordern Reservierung.

Die **Vintage Aircraft Company** (Karte S. 200; ☎707-938-2444; www.vintageaircraft.com; 23982 Arnold Dr) schwirrt in einem historischen Doppeldecker über Sonoma (1/2 Erw. 175/270 US$, 20 Min.). Auf Wunsch dreht der tolle Pilot auch Loopings (zzgl. 50 US$).

Die charakteristischen Heißluftballons des Napa Valley starten frühmorgens gegen 6 oder 7 Uhr, wenn die Luft am kühlsten ist. Der Preis (Erw. ca. 200–250 US$, Kind 130–150 US$) beinhaltet normalerweise ein Champagnerfrühstück nach der Landung. Interessenten rufen am besten in Yountville bei **Balloons above the Valley** (☎707-253-2222, 800-464-6824; www.balloonrides.com) oder **Napa Valley Balloons** (☎707-944-0228, 800-253-2224; www.napavalleyballoons.com) an.

Postkutschenstation heute zahllose Feinschmecker an. Sie hat ein paar gute Inns, ist abends aber kreuzlangweilig: Man übernachtet hier üblicherweise nur, um nach einem Dinner mit Wein nicht mehr fahren zu müssen. St. Helena und Calistoga sind bessere Ausgangspunkte. Die meisten Geschäfte liegen an der Washington St.

Ma(i)sonry (☎707-944-0889; www.maisonry.com; 6711 Washington St; ⌚9–22 Uhr) heißt ein umgebautes Steinhaus von 1904, das Möbel, Kunst und Wein im rustikal-modernen Ambiente präsentiert. An der Feuerstelle des schicken Gartens wird Vino nach dem Abendessen gemeinsam genossen.

Das modernistische, ca. 3700 m² große **Napa Valley Museum** (☎707-944-0500; www.napavalleymuseum.org; 55 Presidents Circle; Erw./Kind 5/2,50 US$; ⌚Mi–Mo 10–17 Uhr) am California Dr beleuchtet die Kulturgeschichte und zeigt Gemälde einheimischer Künstler. Draußen kann man prima picknicken.

Einzig lohnender (wenn auch überteuerter) Laden am V Marketplace ist **Napa Style** (www.napastyle.com; 6525 Washington St) von Fernsehkoch Michael Chiarello.

Schlafen

Bardessono LUXUSHOTEL **$$$**
(☎707-204-6000, 877-932-5333; www.bardessono.com; 6524 Yount St; Zi. 600–800 US$, Suite ab 800 US$;) Super, um richtig Geld loszuwerden: In Kaliforniens allererstem Ökohotel mit LEED-Platinzertifikat verschmelzen nahtlos Freiluft- und Innenbereich miteinander. Seine nüchterne Einrichtung im japanischen Stil besteht aus allen möglichen Recyclingmaterialien. Die neutralen Farbtöne und harten Winkel wirken für den ländlichen Raum außergewöhnlich urban. Mit Spa und eleganter Poolterrasse.

Poetry Inn INN **$$$**
(☎707-944-0646; www.poetryinn.com; 6380 Silverado Trail; Zi. inkl. Frühstück 650–1400 US$;) Hoch droben auf den Hügeln östlich von Yountsville bietet diese unaufdringlich schicke Unterkunft den wohl besten Blick auf das Napa Valley. Hier gibt's gerade mal drei Zimmer im Stil der Arts and Crafts Movement mit eigenen Balkonen, Holzkaminen, hochwertiger Bettwäsche und Riesenbädern mit einer Dusche für Drinnen und Draußen. Verlobungsring nicht vergessen!

Maison Fleurie B&B **$$$**
(☎707-944-2056, 800-788-0369; www.maisonfleurienapa.com; 6529 Yount St; Zi. inkl. Frühstück 145–295 US$;) Die Zimmer des efeubewachsenen Landgasthofs befinden sich in einem 100 Jahre alten Wohn- und Kutschenhaus, das im Stil der französischen Provençe dekoriert ist. Gäste kommen in den Genuss eines üppigen Frühstücks, eines Whirlpool im Freien, von Wein und *hors d'oeuvres* am Nachmittag.

Napa Valley Lodge HOTEL **$$$**
(☎707-944-2468, 888-944-3545; www.napavalleylodge.com; 2230 Madison St; Zi. 300–455 US$;) Dieses Hotel mit Sauna, Fitnessraum und Whirlpool sieht aus wie ein Apartmentkomplex. Manche der geräumigen, modernen Zimmer haben offene Kamine.

Petit Logis INN **$$$**
(☎707-944-2332, 877-944-2332; www.petitlogis.com; 6527 Yount St; Zi. Mo–Fr 195–255 US$, Sa & So 235–285 US$;) Umringt von Zedern findet man hier fünf individuell gestaltete Zimmer mit weißen Korbmöbeln und Tex-

tilien in Altrosa. Frühstück für zwei Personen kostet 20 US$ extra.

Napa Valley Railway Inn THEMEN-INN $$
(☎707-944-2000; www.napavalleyrailwayinn.com; 6523 Washington St, Yountville; Zi. 125–260 US$; ❄@📶🚭) Als Quartiere dienen umgebaute Bahnwaggons, die zwei kurze Züge an einem zentralen Bahnsteig bilden. Erschwingliche Preise und wenig Privatsphäre – Ohrenstöpsel mitbringen!

Essen

Ohne Tischreservierung geht eventuell gar nichts. Der **Yountville Park** (Ecke Washington & Madison St) hat Picknicktische und Grillplätze. Lebensmittel gibt's gegenüber der Post. Hinzu kommt ein toller **Taco-Truck** (6764 Washington St).

French Laundry KALIFORNISCH $$$
(☎707-944-2380; www.frenchlaundry.com; 6640 Washington St; Festpreismenü inkl. Bedienung 270 US$; ⏰tgl. abends, Sa & So mittags) Thomas Kellers Lokal ist die Krönung der kalifornischen Küche: Hier wartet eins der weltbesten, spannendsten Genussabenteuer. Interessenten müssen genau zwei Monate im Voraus um 10 Uhr reservieren oder sich exakt um 24 Uhr auf OpenTable.com einloggen. Am besten keinen Tisch für die Zeit vor 19 Uhr bestellen – andernfalls wird man schneller abgefertigt als spätere Gäste (manchmal auch zu schnell).

Bouchon FRANZÖSISCH $$$
(☎707-944-8037; www.bouchonbistro.com; 6534 Washington St; Hauptgerichte 17–36 US$; ⏰11.30–0.30 Uhr) Die französische Brasserie des Starkochs Thomas Keller ist rundum authentisch. Ob Essen, Einrichtung, Zinktresen oder Kellner mit weißen Schürzen: Man könnte schwören, sich in Paris zu befinden. Selbst die Amerikaner in Bermudashorts wirken da deplatziert. Das perfekt präsentierte Menü umfasst Austern, Zwiebelsuppe, Brathähnchen, Lammkeule, Forelle mit Mandeln, überreifen Käse und Profiteroles zum Nachtisch.

LP TIPP **Ad Hoc** MODERN-AMERIKANISCH $$$
(☎707-944-2487; www.adhocrestaurant.com; 6476 Washington St, Yountville; Menü 48 US$; ⏰Mi–Mo abends, So 10.30–14 Uhr) Ein weiteres Erfolgsrezept von Yountvilles Gastro-Oligarch Thomas Keller. Es serviert die US-Lieblingskost des Meisters in Form eines Vier-Gänge-Menüs, das lediglich Änderungen aus gesundheitlichen Gründen gestattet. Brathähnchen gibt's am Montagabend – ebenso mittags am Wochenende (nur Mitnahme!) beim **Addendum** (⏰Do–Sa 11–14 Uhr), Kellers neuestem Lokal hinter dem Ad Hoc. Dort wird auch Gegrilltes serviert. Das aktuelle Tagesmenü lässt sich per Twitter (@AddendumatAdHoc) einsehen.

Étoile KALIFORNISCH $$$
(Karte S. 178; ☎707-944-8844; www.chandon.com; 1 California Dr; Hauptgerichte mittags 26–31 US$, abends 32–36 US$; ⏰Do–Mo 11.30–14.30 & 18–21 Uhr) Das Étoile mit seinem Michelin-Stern gehört zum Weingut Chandon. Es eignet sich perfekt für ein ausgedehntes Mittagessen an Weinbergtischen mit weißen Tüchern – ideal, wenn man mit minimalem Fahraufwand eine Winzerei besuchen und etwas Gutes essen möchte.

Bistro Jeanty FRANZÖSISCH $$$
(☎707-944-0103; www.bistrojeanty.com; 6510 Washington St; Hauptgerichte 18–29 US$) Ein echtes französisches Bistro mit Hausmannkost für müde Touristen – genau das betreibt der französischstämmige Eigentümer und Küchenchef Philippe Jeanty. Er serviert z. B. Cassoulet (deftiger Eintopf mit Bohnen und Fleisch), Coq au vin, Steak mit Pommes, geschmortes Schweinefleisch mit Linsen oder fabelhafte Tomatensuppe.

Paninoteca Ottimo SANDWICHES, CAFÉ $
(☎707-945-1229; www.napastyleottimocafe.com; 6525 Washington St; Gerichte 8–10 US$; ⏰Mo–Sa 10–18, Sa 10–17 Uhr) Das Café des Fernsehkochs Michael Chiarello tischt super Salate und prima Panini auf (Tipp: die Variante mit langsam gegartem Schweinefleisch), alles toll passend zum hauseigenen Biowein. Zudem bekommt man hier spitzenmäßigen Picknick-Proviant.

Bouchon Bakery BÄCKEREI $
(☎707-944-2253; www.bouchonbakery.com; 6528 Washington St; Gerichte 3–9 US$; ⏰7–19 Uhr) Perfekte französische Backwaren und starker Kaffee – entweder an der Theke bestellen und gleich draußen im Sitzen verzehren oder einpacken lassen und mitnehmen.

Mustards Grill KALIFORNISCH $$$
(Karte S. 178; ☎707-944-2424; www.mustardsgrill.com; 7399 St Helena Hwy; Hauptgerichte 22–27 US$; 👪) Das älteste Rasthaus des Tals ist extrem beliebt und kredenzt kalifornische Hausmannskost vom Holzkohlegrill. Auf der Karte stehen z. B. Grillfleisch, Lammhaxe, Schweinekoteletts, herzhafte Salate und Sandwiches.

Ausgehen & Unterhaltung

Pancha's BILLIGBAR
(6764 Washington St) Tequila-Trinken mit Weinbergarbeitern (morgens) und Restaurantkellnern (abends).

Lincoln Theater THEATER
(Karte S. 178; ☎707-944-1300, 866-944-9199; www.lincolntheater.org; 100 California Dr) 1200 Sitze und verschiedene Künstler wie das Napa Valley Symphony.

Oakville & Rutherford

Ohne seinen berühmten Lebensmittelladen würde Oakville (71 Ew.) von durchfahrenden Touristen wohl einfach übersehen werden. Das Nest liegt mitten in den Weinbergen, die sich von hier aus in alle Richtungen erstrecken. Rutherford (164 Ew.) ist etwas auffälliger. Ihre Winzereien machen beide Orte dennoch besuchenswert.

Schlafen & Essen

Vor Ort gibt's keine Budgetunterkünfte.

Auberge du Soleil LUXUSHOTEL $$$
(Karte S. 178; ☎707-963-1211, 800-348-5406; www.aubergedusoleil.com; 180 Rutherford Hill Rd; Zi. 650–975 US$, Suite 1400–2200 US$;) Als superluxuriöse Option für ein kompromisslos romantisches Wochenende sind die Cottages am Hügel unschlagbar. Da die günstigeren Zimmer vergleichsweise beengt wirken, empfiehlt sich eine Suite. Das Hotel hat auch ein tolles Gäste-Spa und ein **Restaurant** (Hauptgerichte morgens 16–19 US$, mittags 29–42 US$, 3-/4-/6-gängiges Festpreismenü abends 98/115/140 US$). Dessen hervorragend präsentiertes, europäisch-kalifornisches Menü zählt zu den besten des Tals – prima für ein fesches Frühstück, gediegenes Mittagmahl oder Abendessen mit Heiratsantrag. Wegen des hypnotischen Talblicks von der Terrasse heißt's unbedingt draußen sitzen. Reservieren und vor Sonnenuntergang herkommen!

Rancho Caymus HOTEL $$$
(Karte S. 178; ☎707-963-1777, 800-845-1777; www.ranchocaymus.com; 1140 Rutherford Rd, Rutherford; Zi. 175–285 US$;) Dieses Hotel im Hacienda- bzw. kalifornischen Missionsstil punktet mit einem gefliesten Innenhof (inkl. Springbrunnen), Kiva-Kaminen in den Zimmern, Holzfußböden und Deckenbalken aus Eichenholz. Die Möbel sehen allerdings abgenutzt aus.

La Luna Market & Taqueria MARKT $
(Karte S. 178; ☎707-963-3211; 1153 Rutherford Rd, Rutherford; Gerichte 4–6 US$; ⊙Mai–Nov. 9–17 Uhr) Wer anständige Burritos mit hausgemachter scharfer Sauce mag, ist hier genau richtig.

Rutherford Grill AMERIKANISCH $$
(☎707-963-1792; www.hillstone.com; 1180 Rutherford Rd, Rutherford; Hauptgerichte 15–30 US$) In diesem Kettenlokal (gehört zu Houston's) futtert man mittags auf Barhockern direkt neben einheimischen Winzern. Das verlässlich gute Angebot umfasst z. B. Rippchen und Hähnchen oder hervorragende Artischocken vom Grill. Da der Laden keine Entkorkungsgebühr verlangt, können Gäste prima ihre soeben gekauften Flaschen köpfen.

Oakville Grocery & Cafe FEINKOST $$
(Karte S. 178; ☎707-944-8802; www.oakvillegrocery.com; 7856 Hwy 29, Oakville; ⊙8–17.30 Uhr) Das einstmals ultimative Deli des Wine Country ist inzwischen lächerlich überteuert und nicht mehr so gut sortiert. Nichtsdestotrotz verkauft es super Käse, Wurstwaren, Brot, Oliven und Wein. Kunden können die Tische im Freien nutzen oder sich nach Picknickmöglichkeiten in der Nähe erkundigen.

St. Helena

Stockender Verkehr kündigt mit St. Helena (Aussprache ha-*lih*-na) den „Rodeo Drive" von Napa an. Die Main St (Hwy 29) wird von schicken Boutiquen gesäumt, während sich der historische Ortskern toll zum (Schaufenster-)Bummeln eignet. Dummerweise sind an Sommerwochenenden so gut wie alle Parkplätze belegt!

Das **St. Helena Welcome Center** (☎707-963-4456, 800-799-6456; www.sthelena.com; 657 Main St; ⊙Mo–Fr 9–17 Uhr) liefert Infos und hilft bei der Unterkunftssuche.

Sehenswertes & Aktivitäten

GRATIS **Silverado Museum** MUSEUM
(Karte S. 178; ☎707-963-3757; www.silveradomuseum.org; 1490 Library Lane; ⊙Di–Sa 12–16 Uhr) Die faszinierende Sammlung erinnert an Robert Louis Stevenson: 1880 bewohnte der damals kranke, mittellose und noch unbekannte Schriftsteller zusammen mit seiner Frau Fanny Osbourne eine verlassene Schlafbaracke der Silverado Mine am Mt. St. Helena (S. 198). Seine Novelle *The*

Silverado Squatters basiert auf diesem Aufenthalt. Um die Library Lane vom Hwy 29 aus zu erreichen, an der Ampel ostwärts in die Adams St einbiegen und die Bahngleise überqueren.

Culinary Institute of America at Greystone KOCHSCHULE

(Karte S. 178; ☎707-967-2320; www.ciachef.edu/california; 2555 Main St; Hauptgerichte 25–29 US$, Kochvorführung 20 US$; ⌚Restaurant 11.30–21 Uhr, Kochvorführungen Sa & So 13.30 Uhr) Das steinerne Chateau von 1889 beherbergt neben einem **Küchenfachgeschäft** voller Kochbücher und -geräte auch ein tolles **Restaurant.** Zudem gibt's **Kochvorführungen** am Wochenende und **Weinseminare** unter der Leitung von Experten wie Karen MacNeil (Autorin der *Wine Bible).*

Bauernmarkt MARKT

(www.sthelenafarmersmkt.org; ⌚Mai–Okt. Fr 7.30–12 Uhr) Findet südlich vom Ortskern (800 m) am Crane Park statt.

Schlafen

Meadowood RESORT $$$

(Karte S. 178; ☎707-963-3646, 800-458-8080; www.meadowood.com; 900 Meadowood Lane; Zi. ab 600 US$;) Napas prächtigstes Resort versteckt sich in einer bewaldeten Talmulde mit hohen Kiefern und kilometerlangen Wanderpfaden. Die Cottages und Nebengebäude mit den Zimmern umgeben ein Krocketfeld. Die Quartiere mit Rasenblick bieten wenig Privatsphäre, eignen sich dank der Spielmöglichkeiten im Freien aber gut für Familien. Kinder freuen sich auch über den Riesenpool. Uns haben am besten die Hügelhütten mit offenen Kaminen gefallen. Die weißen Schindelhäuser sorgen für Country-Club-Atmosphäre à la New England – daher Leinenklamotten tragen und *Großer Gatsby* spielen!

Harvest Inn INN $$$

(☎707-963-9463, 800-950-8466; www.harvestinn.com; 1 Main St; Zi. inkl. Frühstück 329–549 US$;) Falls Meadowood zu teuer sein sollte, ist dieses Ex-Landgut mit weitläufigen Gärten und Zimmern in Nebengebäuden eine reizende Alternative. Während der Neubau eher konventionell wirkt, empfehlen sich die Zimmer mit Weinbergblick und eigenen Whirlpools.

El Bonita Motel MOTEL $$

(Karte S. 178; ☎707-963-3216, 800-541-3284; www.elbonita.com; 195 Main St, St. Helena; Zi. 119–179 US$;) Bei diesem gefragten Motel auf attraktivem Gelände ist rechtzeitige Reservierung ratsam. Hier warten moderne Zimmer (im Hinterbereich am ruhigsten), ein Whirlpool und eine Sauna.

Hotel St. Helena HISTORISCHES HOTEL $$

(☎707-963-4388; www.hotelsthelena.net; 1309 Main St; Zi. ohne Bad 105–165 US$, Zi. mit Bad 125–235 US$;) Das rustikale und zeitgenössisch eingerichtete Hotel von 1881 steht mitten im Ort. Seine winzigen Zimmer sind ihr Geld wert – besonders die mit Gemeinschaftsbad. Kein Aufzug.

Essen

Tische sollten möglichst reserviert werden. Für einen schnellen Imbiss empfiehlt sich **Gillwood's Cafe** (www.gillwoodscafe.com; 1313 Main St; Gerichte 8–12 US$; ⌚7–15 Uhr), das von morgens bis nachmittags Frühstück anbietet. **Sunshine Foods** (www.sunshinefoodsmarket.com; 1115 Main St; ⌚7.30–20.30 Uhr) heißt St. Helenas bester Lebensmittel- und Feinkostladen. Die **Model Bakery** (www.themodelbakery.com; 1357 Main St; Gerichte 5–10 US$; ⌚Di–Sa 7–18, So 8–16 Uhr) verkauft super Küchlein Muffins, Salate, Pizzas, Sandwiches, Eis und starken Kaffee. Beim **Armadillo's** (1304 Main St; Hauptgerichte 8–12 US$) gibt's Gutes und Günstiges aus Mexiko.

Gott's Roadside (Taylor's Auto Refresher) BURGER $$

(Karte S. 178; ☎707-963-3486; www.gottsroadside.com; 933 Main St; Gerichte 8–15 US$; ⌚10.30–21 Uhr;) Mit den Zehen im Gras futtert man hier Bio-Burger, Cobb-Salate und gebratene Calamari. Der Originalname des klassischen Drive-In-Lokals („Taylor's Auto Refresher") steht immer noch auf dem Schild am Straßenrand. Um am Wochenende langes Warten zu vermeiden, telefonisch vorbestellen! Der **Oxbow Public Market** (S. 186) beherbergt eine Filiale.

Napa Valley Olive Oil Mfg Co MARKT $

(☎707-963-4173; www.oliveoilsainthelena.com; 835 Charter Oak St; ⌚8–17.30 Uhr) Vor dem Aufkommen schicker Lebensmittelläden brachte dieser marode italienische Markt italienische Feinkost nach Napa. Bis heute verkauft er saftigen Parmaschinken, Salami, dicke Oliven, frisches Brot, nussigen Käse und natürlich Olivenöl. Vergilbte, 50 Jahre alte Visitenkarten zieren die Wände. Der Eigentümer kennt jeden im Ort. Er leiht Kunden gern ein Messer und ein Brettchen fürs Picknick an den wackligen Holztischen auf der Wiese. Nur Barzahlung.

Cook KALIFORNISCH-ITALIENISCH **$$**
(☎707-963-7088; www.cooksthelena.com; 1310 Main St; Hauptgerichte mittags 12–21 US$, abends 17–25 US$; ⏲Mo–Sa 11.30–22, So 17–22 Uhr) Das Minibistro in einer Ladenzeile ist bei Einheimischen schwer angesagt. Die kommen schwarenweise wegen der herzhaften Kost wie hausgemachte Pasta, super zarte Rippchen oder schlichte, aber leckere Burger. Tipp: Der in Butter geschmorte Rosenkohl ist sensationell! Selbst bei Reservierung ist mit Wartezeit zu rechnen.

Market MODERN-AMERIKANISCH **$$**
(☎707-963-3799; www.marketsthelena.com; 1347 Main St; Hauptgerichte 13–24 US$; ⏲11.30–21 Uhr) Wir stehen total auf die einfache, frisch zubereitete US-Kost in üppigen Portionen. Mit kreativen Riesensalaten und himmlischen Hauptgerichten (z.B. in Buttermilch geschmortes Hühnchen) weiß der Küchenchef die besten Zutaten der Saison optimal zu verarbeiten. Der Speiseraum mit Steinwänden stammt aus dem 19. Jh. – ebenso die verschnörkelte Bar, an der hinten Cocktails geschüttelt werden.

Cindy's Backstreet Kitchen MODERN-AMERIKANISCH **$$**
(☎707-963-1200; www.cindysbackstreetkitchen.com; 1327 Railroad Ave; Hauptgerichte 17–25 US$) Das einladende, gemütliche Retro-Dekor passt prima zur kalifornisch-amerikanischen Hausmannskost auf der Karte. Hier gibt's z.B. Avocado-Papaya-Salat, Ente vom Holzkohlegrill, Steak mit Pommes oder einfache Burger. Die Bar mixt starke Mojitos.

Farmstead MODERN-AMERIKANISCH **$$$**
(Karte S. 178; ☎707-963-9181; www.farmsteadnapa.com; 738 Main St; Hauptgerichte 16–26 US$; ⏲11.30–21 Uhr) Der riesige Schuppen mit freiliegendem Fachwerk, Ledersitzbänken und Schaukelstuhlveranda produziert viele seiner Zutaten selbst (z.B. Fleisch vom Freilandrind). Beim bodenständigen Menü liegt der Schwerpunkt auf Gegrilltem.

Terra KALIFORNISCH **$$$**
(☎707-963-8931; www.terrarestaurant.com; 1345 Railroad Ave; Menü mit 3/4/5/6 Gängen 57/66/81/92 US$; ⏲Mi–So 18–21 Uhr) In einem Steinhaus von 1884 beeindruckt das Terra seine Gäste mit einer perfekten Kombination aus japanischer, französischer und italienischer Küche. Spezialität des Hauses ist gebratener, in Sake marinierter Black Cod mit Garnelenklößen in Shiso-Brühe. Besser geht's nicht. Trotz der Bar mit Häppchen ist der Speiseraum das Highlight.

Restaurant at Meadowood KALIFORNISCH **$$$**
(Karte S. 178; ☎707-967-1205; www.meadowood.com; 900 Meadowood Lane; Menü mit 4/9 Gängen 125/225 US$; ⏲Mo–Sa 17.30–22 Uhr) Keine Panik, falls es mit einer Reservierung im French Laundry nicht geklappt hat: Das einzige andere Restaurant im Tal mit drei Michelin-Sternen ist vergleichsweise günstiger und besitzt einen eleganten, aber schnörkellosen Speiseraum. Im clubartigen Ambiente kredenzt es opulente Spitzenküche, die aber nie zu esoterisch wirkt. Das Auberge hat die bessere Aussicht, rangiert jedoch in puncto Essen und Service weit hinter dem Meadowood.

Silverado Brewing Co BRAUEREIKNEIPE **$$**
(Karte S. 178; ☎707-967-9876; www.silveradobrewingcompany.com; 3020 Hwy 29; Hauptgerichte 12–18 US$; ⏲11.30–1 Uhr; 👪) Die selbstgebrauten Hausbiere stehen Napas Weinen in nichts nach: Das „Certifiable Blonde" von Braumeister Ken Mee besteht aus Bio-Zutaten und hat ein ungewöhnliches, leckeres Malzaroma. Mit dem hopfigen Amber Ale konkurriert es um den Spitzenplatz in unserem Ranking. Die typische Kneipenkost bildet eine gute Grundlage.

Shoppen

Trotz der Luxusboutiquen an der Main St – Lust auf ein Paar Socken für 100 US$? – gibt's hier auch noch ein paar Tante-Emma-Läden. Tipps zum Outlet-Shoppen s. S. 197.

Woodhouse Chocolates ESSEN
(www.woodhousechocolate.com; 1367 Main St) Woodhouse ähnelt eher Tiffany & Co. als einer Konfiserie. Die Schokolade ist entsprechend teuer, aber hausgemacht und absolut tadellos.

Napa Soap Company BEAUTY-PRODUKTE
(www.napasoap.com; 651 Main St) Hand- und hausgemachte, umweltfreundliche Badeprodukte.

Lolo's Consignment VINTAGE
(www.lolosconsignment.com; 1120 Main St) Fetzige Klamotten und Second-Hand-Kaschmir.

Main Street Books BUCHLADEN
(1315 Main St; ⏲Mo–Sa) Gute Gebrauchtbücher.

Calistoga

Calistoga, das sich wie kein anderer Ort im Napa Valley seine Ursprünglichkeit bewahrt hat, wirkt erfrischend einfach: Statt Boutiquen säumen Läden die altmodische Hauptstraße, während sich ein buntes Völkchen auf den Bürgersteigen tummelt. Schlecht frisiert? Kein Problem! Das mondäne St. Helena könnte gefühlsmäßig gar nicht weiter weg sein. Die meisten Touristen fahren nicht so weit nach Norden – ein Fehler.

Der berühmte Schriftsteller Robert Louis Stevenson sagte im 19. Jh. über Calistoga: „Der ganze Umkreis des Mt. St. Helena ist voller schwefliger und heißer Quellen ... Calistoga selbst scheint auf einer dünnen Erdschicht über einem kochenden, unterirdischen See zu ruhen."

Das stimmt tatsächlich. Calistoga ist ein Synonym für das gleichnamige Mineralwasser, das hier seit 1924 in Flaschen abgefüllt wird. Den Quellen und Geysiren verdankt der Ort seinen Spitznamen: „Hot Springs of the West". Besucher sollten unbedingt eins der örtlichen Spas besuchen und in Calistogas Spezialität eintauchen: heiße Schlammbäder aus der Vulkanasche des nahe gelegenen Mt. St. Helena

Der seltsame Ortsname stammt von Sam Brannan, der Calistoga 1859 gründete – in dem Glauben, es würde sich genauso entwickeln wie der Kurort Saratoga im Bundesstaat New York. Bei der Gründungszeremonie verhaspelte sich der offenbar beschwipste Sam und erzählte etwas von „Cali-stoga" in „Sara-fornia". Dabei blieb's.

Sehenswertes

Ab Rutherford führen Hwy 128 und 29 als Gemeinschaftsstraße über St. Helena nach Calistoga, wo sie sich wieder trennen: Der Hwy 29 biegt ostwärts ab, wird zur Lincoln Ave und erstreckt sich über den Silverado Trail in Richtung Clear Lake. Der Hwy 128 setzt sich als Foothill Blvd (nicht St. Helena Hwy) nach Norden fort. Calistogas Läden und Restaurants säumen die Lincoln Ave.

Old Faithful Geyser GEYSIR

(Karte S. 178; ☎707-942-6463; www.oldfaithfulgeyser.com; 1299 Tubbs Lane; Erw./Kind 10 US$/frei; ⏲Sommer 9–18 Uhr, Winter 9–17 Uhr; 👪) Calistogas Miniversion des Old Faithful im Yellowstone National Park bläst alle 30 Minuten kochendes Wasser 18 bis 30 m hoch in die Luft. Volkstümlich handbemalte Infotafeln, Picknickmöglichkeiten und ein kleiner Streichelzoo mit Lamas sorgen drumherum für uramerikanische Ausflugsatmosphäre. Das Ganze befindet sich 2 Meilen (3,2 km) abseits des Silverado Trail. In Calistoga liegen Rabattcoupons aus.

TOP-WEINGÜTER MIT KINDERN

» **Kaz** (S. 201) Play-Doh-Spielzeug, Spielplatz und Traubensaft

» **Benziger** (S. 200) Minibahnfahrten und Pfaue

» **Frog's Leap** (S. 181) Katzen, Hühner und Krocket

» **Casa Nuestra** (S. 182) Verspielte Ziegen

» **Castello di Amorosa** (S. 183) Macht Geschichte vorstellbar

» **Lava Vine** (S. 183) Entspannte Atmosphäre, Spielwiese

Sharpsteen Museum MUSEUM

(☎707-942-5911; www.sharpsteen-museum.org; 1311 Washington St; Erw./Kind 3 US$/frei; ⏲11–16 Uhr; 👪) Das Sharpsteen Museum steht gegenüber dem schmucken Rathaus von 1902, das ursprünglich ein Opernhaus war. Es wurde von einem ehemaligen Disney-Trickfilmzeicher gegründet und zeigt neben dessen Oscar ein märchenhaftes Diorama der Stadt in den 1860er-Jahren. Hinzu kommen ein großes viktorianisches Puppenhaus, eine Pferdekutsche in Originalgröße, coole ausgestopfte Tiere und ein restauriertes Cottage aus Brannans Originalresort. Nahe dem Brannan Cottage Inn steht übrigens das einzige Brannan-Cottage (106 Wapoo Ave), das sich noch an seinem ursprünglichen Platz befindet.

Aktivitäten

Gleich außerhalb der Stadt können Hardcore-Mountainbiker mit dem **Oat Hill Mine Trail** einen von Nordkaliforniens anspruchsvollsten Trails in Angriff nehmen. Infos und Leihausrüstung gibt's beim **Calistoga Bike Shop** (☎707-942-9687, 866-942-2453; www.calistogabikeshop.com; 1318 Lincoln Ave), der vollgefederte MTBs (75 US$/Tag) und Trekkingräder (pro Std./Tag 10/35 US$) verleiht. Die Pauschalangebote für Weintouren (80 US$/Tag) beinhalten Transportkörbe und die Gratisabholung von Flaschen.

Spas

Calistoga ist für Thermal- und Schlammbäder bekannt. Wer sich dort in heißem Schlamm einbuddeln lässt, entsteigt diesem geschmeidig, entgiftet und erfrischt. Der Schlamm besteht aus Vulkanasche und

Torf – je höher der Aschegehalt, desto besser die Wirkung.

Bei den Anwendungen (60–90 Min., 70–90 US$) taucht man zuerst halb in Schlamm, dann ganz in heißes Mineralwasser ein. Es folgen ein Dampfbad, bevor man in Decken eingewickelt wird. Eine Massage erhöht den Preis auf 130 US$ oder mehr.

Die Bäder können allein oder mancherorts auch zu zweit genossen werden. Eine Variante sind dünn aufgetragene Ton-Schlamm-Wickel bzw. Fangopackungen (prima für alle, die nicht gern direkt im Schlamm sitzen). Ferner gibt's noch Kräuterpackungen, Seetangbäder und diverse Massagen. Das Visitors Center verteilt manchmal Rabattgutscheine. Vor allem an Sommerwochenenden ist rechtzeitiges Buchen ratsam. Alle Spas erfordern Reservierung.

Die folgenden Adressen in Calistogas Zentrum bieten Tagespakete an. Teilweise gibt's auch ermäßigte Pauschalangebote inklusive Unterkunft.

LP TIPP **Indian Springs** SPA
(☎707-942-4913; www.indianspringscalistoga.com; 1712 Lincoln Ave; ⌚8–21 Uhr) Calistogas Originalresort ist am längsten ohne Unterbrechung in Betrieb. Es besitzt Schlammwannen aus Beton und baut selbst Asche ab. Zu den Anwendungen zählen z. B. Bäder im heißen Quellwasser des Riesenpools. Super Gurken-Bodylotion.

Spa Solage SPA
(Karte S. 178; ☎707-226-0825; www.solagecalistoga.com; 755 Silverado Trail; ⌚8–20 Uhr) Das schicke, asketische Spitzenklasse-Spa hat Räume für Paare und eine Fango-Bar, an der man sich die Packungen selbst aufpinseln kann. Hinzu kommen ein FKK-Pool und „Schwerelos-Stühle" fürs Liegen in Laken.

Dr. Wilkinson's Hot Springs SPA
(☎707-942-4102; www.drwilkinson.com; 1507 Lincoln Ave; ⌚8.30–17.30 Uhr) Der „Doc" rührt seit 50 Jahren mehr Torf als üblich in seinen Schlamm.

Mount View Spa SPA
(☎707-942-6877, 800-816-6877; www.mountviewhotel.com; 1457 Lincoln Ave; ⌚9–21 Uhr) Traditionelles Spa mit Rundumservice und zwölf Behandlungsräumen; prima für Sauberkeitsfreaks, die Schlammwickel einem Schlammbad vorziehen.

Lavender Hill Spa SPA
(Karte S. 178; ☎707-942-4495; www.lavenderhillspa.com; 1015 Foothill Blvd; ⌚So–Do 10–18, Fr & Sa 10–20 Uhr) Kleines, niedliches Spa mit zwei Räumen, das deutlich leichteren und weniger ekligen Schlamm mit Lavendelzusatz verwendet. Paare können sich gemeinsam behandeln lassen.

Golden Haven Hot Springs SPA
(☎707-942-8000; www.goldenhaven.com; 1713 Lake St; ⌚8–20 Uhr) Schnörkelloses Traditionsspa mit Schlammbädern und Massagen für Paare.

Calistoga Spa Hot Springs SPA
(Karte S. 178; ☎707-942-6269, 866-822-5772; www.calistogaspa.com; 1006 Washington St; ⌚Termine Di–Do 8.30–16.30, Fr–Mo 8.30–21 Uhr; 👪) Traditionelle Schlammbäder und Massagen in einem Motelkomplex mit zwei riesigen **Schwimmbecken** (⌚10–21 Uhr; Pass 25 US$), in denen sich Kinder während der Behandlung ihrer Eltern vergnügen können.

Schlafen

Siehe auch Safari West (S. 198).

LP TIPP **Mountain Home Ranch** LODGE, B&B $$
(außerhalb der Karte S. 178; ☎707-942-6616; www.mountainhomeranch.com; 3400 Mountain Home Ranch Rd; Zi. 109–119 US$, Hütte ohne Bad 69 US$, Hütte mit Bad 119–144 US$; @📶🏊👪🐾) Wander- statt Stöckelschuhe einpacken: Die 137 ha große Ranch mit Wohngebäuden ist seit 1913 ununterbrochen in Betrieb und erlaubt Zeitreisen ins alte Kalifornien. Da sie auch als Erholungszentrum fungiert, gibt's hier einfache Zimmer in Lodges und rustikale, freistehende Hütten. Manche davon haben Küchen und offene Kamine und eignen sich ideal für Familien. Allerdings kann es passieren, das gerade die Familienzusammenführung oder spirituelle Suche anderer Gäste stattfindet. Doch egal: Dank Hügelpool, Privatsee mit Angel- und Kanumöglichkeiten, zu Fuß erreichbarer Thermalquellen in einer magischen Schlucht bzw. geologischen Verwerfungslinie und kilometerlanger Pfade durch Eichenwälder bekommt man davon theoretisch kaum etwas mit – und schafft es vielleicht nie zu einem einzigen Weingut. Das Frühstück ist im Preis enthalten, während zum Abendessen in die Stadt gefahren werden muss (15 Min.).

Solage RESORT $$$
(Karte S. 178; ☎707-226-0800, 866-942-7442; www.solagecalistoga.com; 755 Silverado Trail; Zi. 510–625 US$; ❄📶🏊🐾) Der Newcomer in Calistogas Spa-Hotelszene erhöht den Stylefaktor mit kalifornisch-schicken Doppel-

cottages und einem glitzernden Pool unter Palmen. In den nüchternen Zimmern gibt's Gewölbedecken, hochwertigste Bettwäsche und Duschen mit Kieselböden. Gäste können gratis Cruiser-Bikes benutzen.

Indian Springs Resort RESORT $$$
(☎707-942-4913; www.indianspringscalistoga.com; 1712 Lincoln Ave; Motelzi. 229–299 US$, Bungalow 259–349 US$, Bungalow mit 2 Schlafzi. 359–419 US$; ❄📶🏊👪) Calistogas ultimatives Oldschool-Resort umgibt eine zentrale Wiese mit Palmen, Shuffleboard, Boccia, Hängematten und Weber-Grills – ähnlich wie eine traditionelle Ferienanlage in Florida. Bungalows (teilweise für 6 Pers.) am Rasenrand, motelartige Spitzenklassezimmer und ein Riesenpool mit warmem Quellwasser komplettieren das Ganze.

Chateau de Vie B&B $$$
(Karte S. 178; ☎707-942-6446, 877-558-2513; www.cdvnapavalley.com; 3250 Hwy 128; Zi. inkl. Frühstück 229–429 US$; ❄📶🏊🐾) Die fünf modernen B&B-Zimmer mit Luxuseinrichtung und Traumblick auf den Mt. St. Helena liegen mitten in den Weinbergen. Die charmanten Eigentümer servieren jeden Nachmittag Wein auf der sonnenverwöhnten Terrasse und lassen einen dann allein. Das schwulenfreundliche Haus punktet zudem mit schnörkelloser Eleganz, Whirlpool und einem großen normalen Pool.

Meadowlark Country House B&B $$$
(Karte S. 178; ☎707-942-5651, 800-942-5651; www.meadowlarkinn.com; 601 Petrified Forest Rd; Zi. inkl. Frühstück 195–275 US$, Suite 285 US$; ❄📶🏊🐾) Auf 8 ha westlich der Stadt verteilen sich moderne Luxuszimmer, die meist über Privatterrassen und Whirlpools verfügen. Im Freien warten ein Whirlpool, eine Sauna, ein FKK-Pool und ein super Cottage (450 US$). Der wahrheitsliebende Betreiber des schwulenfreundlichen B&Bs wohnt in einem anderen Haus. Er gibt nützliche Tipps und zieht sich zurück, wenn Privatsphäre angesagt ist.

Mount View Hotel & Spa HISTORISCHES HOTEL $$$
(☎707-942-6877, 800-816-6877; www.mountviewhotel.com; 1457 Lincoln Ave; Zi. 179–329 US$; ❄📶🏊) Das im Mission-Revival-Stil errichtete Hotel steht seit 1917 mitten in der Stadt. Die Modernisierung mit italienischem Touch (2009) passt teilweise nicht ganz zum historischen Gebäude. Nichtsdestotrotz wirkt alles fröhlich und sauber. Blitzende Bäder, hauseigenes Spa und ganzjährig beheizter Pool, aber kein Aufzug.

Eurospa Inn MOTEL $$
(☎707-942-6829; www.eurospa.com; 1202 Pine St, Calistoga; Zi. 139–189 US$; ❄📶🏊) Der makellose Einstöcker an einer ruhigen Nebenstraße wartet mit Extras wie Gaskaminen, Nachmittagswein und eigenem Mini-Spa auf. Super Service, winziger Pool.

Brannan Cottage Inn B&B $$$
(☎707-942-4200; www.brannancottageinn.com; 109 Wapoo Ave; Zi. inkl. Frühstück 195–230 US$, Suite 230–270 US$; ❄📶🐾) 1860 erbaute Sam Brannan dieses Cottage, das heute im National Register of Historic Places geführt wird. Zu seinen Pluspunkten zählen freundlicher Service, viel volkstümlicher Charme, Stoffe mit Blumenmuster und einfaches Mobiliar im Landhausstil. Nicht so toll sind die dünnen Wände und knarrenden Fußböden. Die Suiten bieten Platz für vier Personen. Gäste dürfen den Pool vom Motel Golden Haven (S. 196) benutzen.

Dr. Wilkinson's Motel & Hideaway Cottages MOTEL, HÜTTEN $$
(☎707-942-4102; www.drwilkinson.com; 1507 Lincoln Ave; Zi. 149–255 US$, Hütte mit Küche 165–270 US$; ❄📶🏊) Das preiswerte, klassische Motel aus den 1950er-Jahren hat gut gepflegte Zimmer, die zu einem Innenhof mit Pool hinausführen. Ferner gibt's zwei weitere Pools (einer davon überdacht) und Schlammbäder. Ein Whirlpool ist aber nicht vorhanden. Der Ableger namens Hideaway Cottages vermietet einfache, freistehende Hütten mit Küche.

Chanric B&B $$$
(Karte S. 178; ☎707-942-4535; www.thechanric.com; 1805 Foothill Blvd; Zi. inkl. Frühstück 229–349 US$; ❄📶🏊) Das umgebaute viktorianische Haus in Straßennähe besitzt moderne, aber recht beengte Zimmer. Dafür entschädigen einen die umgänglichen, schwulenfreundlichen Eigentümer mit einem üppigen Drei-Gänge-Frühstück.

Aurora Park Cottages HÜTTEN $$$
(Karte S. 178; ☎707-942-6733, 877-942-7700; www.aurorapark.com; 1807 Foothill Blvd; Hütte inkl. Frühstück 259–289 US$; ❄📶) Die sechs tadellos gepflegten Cottages in strahlendem Gelb punkten mit polierten Holzböden, Federbetten und Sonnenterrassen. Sie stehen am Rand von Blumengärten und sind nachts trotz der Nähe zur Straße recht ruhig. Der Betreiber könnte nicht netter sein.

Calistoga Spa Hot Springs MOTEL $$
(Karte S. 178; ☎707-942-6269, 866-822-5772; www.calistogaspa.com; 1006 Washington St; Zi. 132–252 US$;) Das Motelresort eignet sich super für Familien und wird von diesen am Wochenende entsprechend überlaufen. WLAN (Lobby), Snackbar und Grills (draußen) und leicht abgenützte Standardzimmer mit Küche. Die sensationelle Badelandschaft umfasst zwei große Pools, ein Kinderbecken mit Miniwasserfall und einen riesigen Whirlpool nur für Erwachsene.

Golden Haven Hot Springs MOTEL $$
(☎707-942-8000; www.goldenhaven.com; 1713 Lake St; Zi. 149–219 US$;) Motel mit Spa, Pauschalangeboten (inkl. Schlammbäder) und gepflegten Zimmern, die teilweise über Whirlpools verfügen.

Calistoga Inn & Brewery INN $
(☎707-942-4101; www.calistogainn.com; 1250 Lincoln Ave; Zi. Mo–Fr 69 US$, Sa & So 119 US$;) Über einer belebten Bar (Ohrstöpsel mitbringen!) finden anspruchslose Sparfüchse hier 18 einfache, saubere Quartiere mit Gemeinschaftsbädern vor. Kein TV.

Bothe-Napa Valley State Park CAMPING $
(☎707-942-4575, Reservierungen 800-444-7275; www.reserveamerica.com; Stellplatz für Zelt & Wohnmobil 35 US$;) Die schattigen Stellplätze unweit von Mammutbäumen liegen 3 Meilen (4,8 km) südlich der Stadt. Am ruhigsten sind die Nummern 28 bis 36. Es gibt münzbetriebene Duschen und wunderbare Wanderwege. Interessenten sollten aber telefonisch ermitteln, ob der Platz gerade geöffnet hat.

Napa County Fairgrounds & RV Park CAMPING $
(Karte S. 178; ☎707-942-5221; www.napacountyfair.org; 1435 Oak St; Stellplatz für Zelt 20 US$, Stellplatz für Wohnmobil mit Anschlüssen 33–36 US$;) Staubiger Wohnmobilpark nordwestlich vom Ortszentrum.

Cottage Grove Inn BUNGALOWS $$$
(☎707-942-8400, 800-799-2284; www.cottagegrove.com; 1711 Lincoln Ave; Hütte 250–425 US$;) Die romantischen Cottages mit Holzkaminen, Badewannen für Zwei und Schaukelstühlen auf den Veranden sind etwas für Touristen ab 40 Jahren.

Chelsea Garden Inn B&B $$$
(☎707-942-0948; www.chelseagardeninn.com; 1443 2nd St; Zi. inkl. Frühstück 195–275 US$;) Die fünf Zimmer mit Blumendruckdekor und eigenen Eingängen liegen in hübschen Gärten an einer ruhigen Straße. Zum Recherchezeitpunkt sah der Pool jedoch recht schäbig aus.

Wine Way Inn B&B $$
(Karte S. 178; ☎707-942-0680, 800-572-0679; www.winewayinn.com; 1019 Foothill Blvd; Zi. 180–220 US$;) Straßennahes, kleines B&B in einem Haus aus den 1910er-Jahren; freundliche Eigentümer.

Essen

Jolé KALIFORNISCH $$
(☎707-942-5938; www.jolerestaurant.com; 1457 Lincoln Ave, Calistoga; Hauptgerichte 15–20 US$; ⌚So–Do 17–21, Fr & Sa 17–22 Uhr) Der Eigentümer und Küchenchef zaubert rustikale, einfallsreiche Kleingerichte aus saisonalen Zutaten, die direkt vom Bauernhof kommen. So paart er z. B. einheimische Seezunge mit pikanten Minitrauben aus Napa, karamellisierten Rosenkohl mit Kapern oder Strudel mit Baldwin-Bioäpfeln und flambiertem Karamelleis. Vier Gänge kosten 50 US$. Reservierung erforderlich.

Solbar KALIFORNISCH $$$
(Karte S. 178; ☎707-226-0850; www.solagecalistoga.com; 755 Silverado Trail; Hauptgerichte mittags 15–19 US$, abends 30–37 US$; ⌚7–11, 11.30–15 & 17.30–21 Uhr) Mit Betonböden, nackten Holztischen und hohen Decken wirkt dieses schicke Spitzenrestaurant sehr spartanisch. Im Mittelpunkt stehen saisonale Zutaten – jeweils elegant und teils mit verspieltem Augenzwinkern kombiniert. Die Menüs sind in leicht und herzhaft unterteilt – Kalorienzählen wird also leicht gemacht. Reservierung erforderlich.

All Seasons Bistro MODERN-AMERIKANISCH $$$
(☎707-942-9111; www.allseasonsnapavalley.net; 1400 Lincoln Ave; Hauptgerichte mittags 10–15 US$, abends 16–22 US$; ⌚Di–So 12–14 & 17.30–20.30 Uhr) Obwohl der Speiseraum wie ein Kurbad mit weißen Tischtüchern aussieht, kommt hier super Essen auf den Tisch. Das Angebot reicht von guter Hummercremesuppe und schlichtem Steak mit Pommes bis hin zu komplexeren Kompositionen (z. B. in Maismehl panierte Jakobsmuscheln mit sommerlichem Bohnengemüse).

Buster's Southern BBQ BARBECUE $
(Karte S. 178; ☎707-942-5605; www.busterssouthernbbq.com; 1207 Foothill Blvd; Gerichte 8–11 US$; ⌚Mo–Sa 10–19.30, So 10.30–18.30 Uhr;) In dem Grilllokal mit Plätzen drin-

nen und draußen isst auch der Sheriff zu Mittag. Serviert werden Bier und Wein zu geräucherten Rippchen, Huhn, Tri-Tip-Steaks (Bürgermeister- bzw. Pastorenstück) oder Burgern. Abends schließt der Laden recht früh.

Calistoga Inn & Brewery US-AMERIKANISCH $$
(☎707-942-4101; www.calistogainn.com; 1250 Lincoln Ave; Hauptgerichte mittags 9–13 US$, abends 14–26 US$; ⌚11.30–15 & 17.30–21 Uhr) Sonntags bevölkern Einheimische den Biergarten im Freien. Unter der Woche empfiehlt sich der behagliche, ländlich gestaltete Speiseraum mit großen Eichenholztischen, auf den Schmorfleisch und andere schlichte US-Gerichte kommen. Livemusik an Sommerwochenenden.

Ausgehen

Yo El Rey CAFÉ
(☎707-942-1180; www.yoelrey.com; 1217 Washington St; ⌚6.30–20 Uhr) Dieser Mix aus Trendsettertreff, Café, Minirösterei und Wohnzimmer verwandelt kleine Fair-Trade-Bohnenkontingente in klasse Kaffee.

Hydro Grill BAR
(☎707-942-9777; 1403 Lincoln Ave) Belebtes Eckrestaurant mit Bar und abendlicher Livemusik am Wochenende.

Solbar BAR
(Karte S. 178; ☎707-226-0850; www.solagecalistoga.com; 755 Silverado Trail) Im Freien schlürfen weiß gekleidete Gäste auf Rattansofas am Kamin oder palmgesäumten Pool Cocktails und Wein.

Brannan's Grill BAR
(☎707-942-2233; www.brannansgrill.com; 1374 Lincoln Ave) Calistogas schickstes Restaurant hat eine Bar aus Mahagoni, die sich bestens für Martinis und Biere aus der Umgebung eignet – vor allem am Wochenende, wenn hin und wieder Jazzbands auftreten.

Susie's Bar BILLIGBAR
(☎707-942-6710; 1365 Lincoln Ave) Baseballkappe quer aufsetzen, Schnäpse kippen, Billard spielen und Classic Rock, Country oder Western aus der dröhnenden Jukebox lauschen.

Shoppen

Wine Garage WEIN
(☎707-942-5332; www.winegarage.net; 1020 Foothill Blvd) Wunderbarer Weinladen in einer früheren Tankstelle, der maximal 25 US$ pro Flasche verlangt.

Mudd Hens BEAUTY-PRODUKTE
(☎707-942-0210; www.muddhens.com; 1348 Lincoln Ave) Der niedliche Beauty-Shop verkauft für selbst gemachte Erholungsbäder Seife aus Vulkanasche und mineralreichem Calistoga-Schlamm (27 US$/Pfund) .

Calistoga Pottery KERAMIK
(☎707-942-0216; www.calistogapottery.com; 1001 Foothill Blvd) Winzer sind nicht die einzigen Kunsthandwerker in Napa: Hier kann man Vasen, Schüsseln oder Teller kaufen und den Leuten bei der Arbeit zuschauen.

Coperfield's Bookshop BUCHLADEN
(☎707-942-1616; 1330 Lincoln Ave) Toller eigenständiger Buchladen mit Regionalkarten und -führern.

Praktische Informationen

Chamber of Commerce & Visitors Center
(☎707-942-6333, 866-306-5588; www.calistogavisitors.com; 1133 Washington St; ⌚9–17 Uhr)

Rund um Calistoga

Sehenswertes & Aktivitäten

Bale Grist Mill & Bothe-Napa Valley State Park GESCHICHTSPARK $
Für ein Wochenendpicknick empfiehlt sich der **Bale Grist Mill State Historic Park** (☎707-963-2236; Erw./Kind 3/2 US$; ⌚Sa & So 10–17 Uhr). Seit 1846 dreht sich hier Nordamerikas größtes wasserbetriebenes Mühlrad (11 m Durchmesser), das noch voll funktionsfähig ist. Samstags und sonntags

OUTLET-SHOPPEN

Hier kann man sein Kreditkartenlimit mit Restposten der letzten Saison ausreizen:

Napa Premium Outlets (Karte S. 178; ☎707-226-9876; www.premiumoutlets.com; 629 Factory Stores Dr, Napa) 50 Läden

Petaluma Village Premium Outlets (☎707-778-9300; www.premiumoutlets.com; 2200 Petaluma Blvd North, Petaluma) 60 Läden im Sonoma County

Vacaville Premium Outlets (☎707-447-5755; www.premiumoutlets.com/vacaville; 321 Nut Tree Rd, Vacaville) 120 Läden an der I-80 nordöstlich des Wine Country

können Besucher beim Mahlen von Mais und Weizen zuschauen (Zeiten telefonisch erfragen). Anfang Oktober wird die Geschichte bei den **Old Mill Days** lebendig.

Ein 1,6 km langer Pfad führt zum nahen **Bothe-Napa Valley State Park** (Karte S. 178; ☎707-942-4575; Parken 8 US$; ⏱8 Uhr–Sonnenuntergang; 👪) mit einem **Schwimmbecken** (Erw./Kind 5/2 US$; ⏱nur Sommer) und schönen Wanderwegen durch Mammutbaumhaine.

Der Eintritt gilt jeweils für beide Parks. Gruppen ab drei Personen besuchen am besten zuerst Bothe und bezahlen kollektiv 8 US$, statt die Pro-Kopf-Gebühr an der Bale Grist Mill zu berappen.

Die beide Parks und die Mühle liegen am Hwy 29/128, auf halber Strecke zwischen St. Helena und Calistoga.

GRATIS **Robert Louis Stevenson State Park** BERG

(außerhalb der Karte S. 178; ☎707-942-4575; www.parks.ca.gov) Rund 8 Meilen (13 km) nördlich von Calistoga markiert der erloschene Vulkankegel des Mt. St. Helena das Talende. Der nicht erschlossene State Park am Hwy 29 ist im Winter oft verschneit.

Die Belohnung für den anstrengenden, 8 km langen Aufstieg zum 1324 m hohen Gipfel ist eine Traumaussicht, die an klaren Wintertagen bis zu 320 km weit reicht. Vor dem Start unbedingt die aktuellen Wanderbedingungen ermitteln! Grandiosen Talblick bietet auch der Table Rock Trail (einfache Strecke 3,5 km), der vom Gipfelparkplatz gen Süden führt. Während der Wildblumensaison (Feb.–Mai) sind die Temperaturen am angenehmsten. Am schönsten ist der Herbst, wenn sich die Weinberge allmählich verfärben.

Zum Park gehört auch die Silverado Mine mit der Schlafbaracke, in der Stevenson und seine Frau 1880 ihre Flitterwochen verbrachten.

Petrified Forest WALD

(Karte S. 178; ☎707-942-6667; www.petrifiedforest.org; 4100 Petrified Forest Rd; Erw./Kind 10/5 US$; ⏱Sommer 9–19 Uhr, Winter 9–17 Uhr) Vor 3 Mio. Jahren entwurzelte ein Ausbruch des Mt. St. Helena einen Mammutbaumwald zwischen Calistoga und Santa Rosa. Die Bäume wurden von der Druckwelle alle in dieselbe Richtung geschleudert und dann unter Asche bzw. Schlamm begraben. Über die Jahrtausende versteinerten die Riesenstämme. Als die oberste Schicht mit der Zeit erodierte, kamen sie wieder zum Vorschein – 1870 entdeckte man die ersten Stümpfe. Ein Denkmal erinnert an Stevensons Besuch (1880), den der Schriftsteller in seinem Buch *The Silverado Squatters* beschreibt.

Etwa 5 Meilen (8 km) nördlich der Stadt liegt der versteinerte Wald am Hwy 128. Online werden Gutscheine (10% Rabatt) angeboten.

Safari West SAFARIPARK

(außerhalb der Karte S. 178; ☎707-579-2551, 800-616-2695; www.safariwest.com; 3115 Porter Creek Rd; Erw./Kind 68/30 US$; 👪) Giraffen im Wine Country? Aber sicher! Auf 162 ha leben hier Zebras, Geparden und andere exotische Tiere, die größtenteils frei herumlaufen und bei geführten Safaris in offenen Jeeps (3 Std.; Reservierung erforderl.) beobachtet werden können. Zudem spaziert man durch eine Vogelvoliere und ein Lemurenhaus. Das Café (Reservierung erforderl.) serviert Mittag- und Abendessen. Abenteuerlustige können direkt auf dem Gelände in schicken **Zelthütten** (Hütte inkl. Frühstück 200–295 US$) mit Segeltuchwänden nächtigen.

SONOMA VALLEY

Sonomas herzlich-rustikale Art fasziniert mit Sicherheit jeden. Anders als im noblen Napa interessiert es hier niemanden, ob man in einem klapprigen alten Auto anreist oder Grün wählt. Die Einheimischen nennen ihren Ort auch „Slow-noma". Die nur eine Autostunde von San Francisco entfernte Stadt Sonoma am Ende des idyllischen, 27 km langen Sonoma Valley ist der ideale Ausgangspunkt für Erkundungstouren ins Wine Country. Der Ort ist wunderschön gelegen. Historische Sehenswürdigkeiten aus dem 19. Jh. säumen den größten Stadtplatz Kaliforniens. Auf halber Strecke das Tal hinauf liegt das winzige Glen Ellen, das geradewegs einem Gemälde von Norman Rockwell entsprungen sein könnte. Santa Rosa am Nordende des Tals ist das genaue Gegenteil. Diese ganz normale Stadt ist für ihren Verkehr berühmt. Wer mehr als nur einen Tag Zeit hat, sollte auch noch einen Abstecher in das ruhige, dörfliche Russian River Valley (S. 211) machen und sich dann langsam in Richtung Meer vorarbeiten.

Am Sonoma Hwy/Hwy 12 reihen sich die Weingüter aneinander. Die Straße führt von Sonoma nach Santa Rosa und weiter in den westlichen Teil des Sonoma County. Auf dem Arnold Dr ist der Verkehr nicht ganz so stark (dafür gibt's aber auch weniger Weingüter). Er verläuft parallel zum Hwy 12 auf der Westseite des Tals nach Glen Ellen.

Weingüter im Sonoma Valley

Sanft gewellte, grasbewachsene Hügel säumen das 27 km lange Sonoma Valley. Dessen 40 Weingüter erhalten weniger Aufmerksamkeit als jene in Napa, sind aber oft gleichermaßen gut. Zinfandel- und Syrah-Liebhaber kommen voll auf ihre Kosten.

Auf den hiesigen Weingütern darf gepicknickt werden. Karten und Rabattgutscheine gibt's in der Stadt Sonoma (S. 208); bei Anreise aus Richtung Süden empfiehlt sich hierfür das **Sonoma Valley Visitors Bureau** (Karte S. 200; ☎707-935-4747; www.sonomavalley.com; Cornerstone Gardens, 23570 Hwy 121; ⌚10–16 Uhr) in den Cornerstone Gardens (S. 203).

Wer das ganze Tal von unten nach oben erkunden will, sollte mindestens fünf Stunden einplanen. Weitere Weingüter im Sonoma County nennt der Abschnitt zum Russian River Valley (S. 211).

Homewood WEINGUT
(Karte S. 200; ☎707-996-6353; www.homewoodwinery.com; 23120 Burndale Rd am Hwy 121/12; Verkostung frei; ⌚10–16 Uhr; 🐾) Ein gestreifter Gockel namens Steve jagt Hunde über den Parkplatz des bodenständigen Weinguts, dessen Probierstube eine Garage ist. Hier entstehen überragende Portweine, Grenache à la Rhône, Mourvèdre und Syrah – je röter, desto besser. Beim *vertical tasting* werden die verschiedenen Jahrgänge derselben Weinsorten und -berge verkostet. Hunde sind herzlich willkommen, sollten sich aber wie erwähnt vorsehen. Einzelflaschen 18 bis 32 US$.

Nicholson Ranch WEINGUT
(☎707-938-8822; www.nicholsonranch.com; 4200 Napa Rd; Verkostung 10 US$; ⌚10–18 Uhr) Ungefilterter Pinot Noir und nicht buttriger Chardonnay in einer Probierstube oben auf einem Hügel; prima zum Picknicken.

Robledo WEINGUT
(Karte S. 200; ☎707-939-6903; www.robledofamilywinery.com; 21901 Bonness Rd am Hwy 116; Verkostung 5–10 US$; ⌚nach Vereinbarung) Das Wohlfühl-Weingut des Sonoma Valley wurde von einem früheren Traubenpflücker aus Mexiko gegründet, der sich schrittweise zum Weingut-Manager, Landbesitzer und schließlich Winzer hochgearbeitet hat. Heute führen seine Kinder den Laden. In der fensterlosen Probierstube stehen handgeschnitzte Möbel aus Mexiko. Verkostet werden können u.a. ein Sauvignon Blanc ohne Eichentouch, ein fruchtiger Syrah, ein würziger Cabernet und ein leicht fruchtiger Pinot Noir. Einzelflaschen 18 bis 45 US$.

Gundlach-Bundschu WEINGUT
(Karte S. 200; ☎707-938-5277; www.gunbun.com; 2000 Denmark St; Verkostung 10 US$; ⌚11–16.30 Uhr) Gundlach-Bundschu wurde 1858 von dem bayrischen Einwanderer Jacob Gundlach gegründet und sieht wie ein echtes Märchenschloss aus. Als eins der ältesten und schönsten des Tals ist dieses Weingut heute ein Vorbild in Sachen Nachhaltigkeit. Markenzeichen sind Riesling und Gewürztraminer. „Gun-Bun" war aber auch die erste US-Winzerei, die 100%igen Merlot herstellte. Der Weinkeller mit 2000 Fässern kann besichtigt werden (20 US$, Reservierung erforderl.). Die Anfahrt erfolgt über eine kurvenreiche Straße, die sich prima zum Radeln eignet. Vor Ort kann man picknicken, wandern und sich an einen kleinen See setzen. Einzelflaschen 22 bis 40 US$.

Bartholomew Park Winery WEINGUT, MUSEUM
(Karte S. 200; ☎707-939-3026; www.bartpark.com; 1000 Vineyard Lane; Verkostung 5–10 US$, Museum & Park Eintritt frei; ⌚Probierstube & Museum 11–16.30 Uhr) Gundlach-Bundschu betreibt auch die nahe gelegene Bartholomew Park Winery, die ebenfalls gut per Drahtesel zu erreichen ist. Die biozertifizierten Weinberge des 162 ha großen Schutzgebiets wurden ursprünglich 1857 angelegt. Heute bringen sie zitronigen Sauvignon Blanc und rauchigen Merlot hervor. Einzelflaschen 22 bis 40 US$.

Hawkes VERKOSTUNG
(Karte S. 204; ☎707-938-7620; www.hawkeswine.com; 383 1st St W; Verkostung 10 US$, Verrechnung bei Käufen über 30 US$; ⌚12–18 Uhr) Wer nicht gegen den Verkehr in Sonomas Zentrum kämpfen will, sollte diese erfrischend schnörkellose Probierstube besuchen. Der gehaltvolle Merlot bzw. Cabernet Sauvignon ist jeweils komplett unverschnitten. Einzelflaschen 20 bis 60 US$.

Little Vineyards WEINGUT
(Karte S. 200; ☎707-996-2750; www.littlevineyards.com; 15188 Sonoma Hwy, Glen Ellen; Verkos-

tung 5 US$; ⌚Do–Mo 11–16.30 Uhr; 👪) Die passend benannte, familiengeführte Kleinwinzerei ist sehr atmosphärisch und vermietet auch Hütten zwischen ihren Reben. Besucher werden von einem trägen Hund begrüßt. An der abgenutzten Probierbar mit vielen Zigaretten-Brandspuren nahm Jack London einst einen zur Brust. Die winzige Probierstube ist super für alle, die keine Menschenmassen mögen. Für Weinneulinge empfiehlt sich der Einführungskurs (20 US$; vorher anrufen). Die Terrasse mit Weinbergblick ist ein guter Picknickplatz. Unter den feinen Roten sind Syrah, Durif, Zinfandel, Cabernet und diverse leckere Cuvées. Einzelflaschen 17–35 US$.

BR Cohn WEINGUT

(Karte S. 200; ☎707-938-4064; www.brcohn.com; 15000 Sonoma Hwy, Glen Ellen; Verkostung 10 US$, Verrechnung mit Käufen; ⌚10–17 Uhr) Picknicken wie ein Rockstar: Der Gründer des stets geschäftigen Weinguts managte die 70ies-Superband Doobie Brothers, bevor er sich auf die Herstellung von hervorragendem Bio-Olivenöl und Spitzenweinen verlegte. Zu letzteren zählt auch ein super Cabernet Sauvignon (ungewöhnlich für Sonoma). Bei den herbstlichen Benefizkonzerten zwischen den Olivenbäumen treten z. B. Lynyrd Skynyrd oder die Doobies auf. Einzelflaschen 16–55 US$.

Arrowood WEINGUT

(Karte S. 200; ☎707-935-2600; www.arrowoodvineyards.com; 14347 Sonoma Hwy; Verkostung 5–10 US$; ⌚10–16.30 Uhr) Super Cabernet und Chardonnay; Traumaussicht.

Benziger WEINGUT

(Karte S. 200; ☎888-490-2739; www.benziger.com; 1883 London Ranch Rd, Glen Ellen; Verkostung 10–20 US$, Tramfahrt Erw. inkl. Verkostung/Kind 15/5 US$; ⌚10–17 Uhr; 👪) Anfänger in puncto Vino besuchen idealerweise zuerst Benziger: Bei Sonomas bestem Wein-Crashkurs fährt man z. B. in einem vom Traktor gezogenen Anhänger durch die biolgisch bewirtschafteten Rebreihen und verkostet insgesamt vier Weine (keine Reservierung möglich). Kinder freuen sich über die Pfauen. Während die in Großmengen gekelterten Weine ganz o. k. sind, empfehlen sich die älteren Jahrgänge. Der Hit ist aber die wirklich gute Tour. Einzelflaschen 15–80 US$.

Imagery Estate WEINGUT

(Karte S. 200; ☎877-550-4278; www.imagerywinery.com; 14355 Sonoma Hwy; Verkostung 10–15 US$; ⌚10–16.30 Uhr) Dunkle Bio-

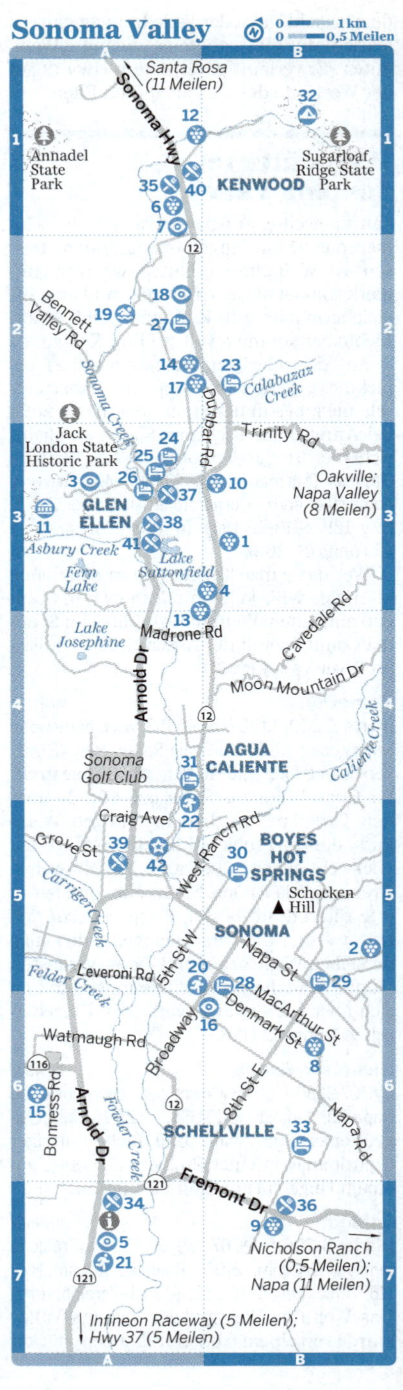

Sonoma Valley

Sehenswertes

1 Arrowood B3
2 Bartholomew Park Winery B5
3 Benziger A3
4 BR Cohn B3
5 Cornerstone Gardens A7
6 Family Wineries A1
7 Figone's Olive Oil A1
8 Gundlach Bundschu B6
9 Homewood B7
10 Imagery Estate B3
11 Jack London Museum A3
12 Kaz A1
13 Little Vineyards A4
14 Loxton A2
15 Robledo A6
16 Traintown B6
17 Wellington A2
18 Wildwood Farm Nursery & Sculpture Garden A2
Wine Country Chocolates Tasting Bar .... (siehe 7)

Aktivitäten, Kurse & Touren

19 Morton's Warm Springs Resort A2
20 Sonoma Valley Cyclery A5
21 Vintage Aircraft Company A7
22 Willow Stream Spa at Sonoma Mission Inn A5

Schlafen

23 Beltane Ranch B2
24 Gaige House A3
25 Glen Ellen Cottages A3
26 Jack London Lodge A3
27 Kenwood Inn & Spa A2
28 MacArthur Place B5
29 Les Petites Maisons B5
30 Sonoma Chalet B5
31 Sonoma Creek Inn A4
32 Sugarloaf Ridge State Park B1
33 Windhaven Cottage B6

Essen

34 Angelo's Wine Country Deli A7
35 Cafe Citti A1
fig café & winebar .... (siehe 25)
36 Fremont Diner B7
37 Garden Court Cafe A3
Glen Ellen Inn .... (siehe 25)
38 Glen Ellen Village Market A3
39 Juanita Juanita A5
Mayo Winery Reserve Room .... (siehe 6)
Olive & Vine .... (siehe 7)
40 Vineyards Inn Bar & Grill A1
41 Yeti A3

Unterhaltung

42 Little Switzerland A5

Shoppen

Kenwood Farmhouse .... (siehe 6)

rebsorten; Künstler gestalten die Flaschenetiketten.

Loxton WEINGUT

(Karte S. 200; ☎707-935-7221; www.loxtonwines.com; 11466 Dunbar Rd, Glen Ellen; Verkostung gratis) Ein Australier namens Chris betreibt das schmucklose Weingut mit sensationeller Aussicht. In seiner „Probierstube" (eigentlich ein kleiner Lagerraum) kredenzt er wunderbaren Syrah, tollen Zinfandel, prima Portwein und leichten, fruchtigen Chardonnay. Einzelflaschen 15–25 US$.

Wellington WEINGUT

(Karte S. 200; ☎707-939-0708; www.wellingtonvineyards.com; 11600 Dunbar Rd, Glen Ellen; Verkostung 5 US$) Wellington ist für Portwein (darunter eine weiße Sorte) und gehaltvolle Rotweine bekannt. Eine der exzellenten Zinfandel-Variationen stammt von Rebstöcken, die 1892 gepflanzt wurden – wow, welch Farbe! Der Noir de Noir hat bereits Kultstatus. Gäste blicken leider nur in Richtung Lager, während das Servierpersonal auf die Weinberge schaut. Einzelflaschen 15–30 US$.

Family Wineries VERKOSTUNG

(Karte S. 200; ☎707-433-0100; www.familywines.com; 9380 Sonoma Hwy an der Laurel Ave; Verkostung 5–10 US$; ⏲10.30–17 Uhr) Mehrere Marken unter einem Dach; überragend: der Pinot Noir von David Noyes.

LP TIPP **Kaz** WEINGUT

(Karte S. 200; ☎707-833-2536; www.kazwinery.com; 233 Adobe Canyon Rd, Kenwood; Verkostung 5 US$; ⏲Fr–Mo 11–17 Uhr; 👪🐾) Bei Sonomas supercoolem Kultweingut dreht sich alles um Verschnitte: Im Wein landet alles, was die biologisch bewirtschafteten Reben hergeben. Der Verschnitt erfolgt bereits beim Keltern und nicht beim Gären. So entstehen z.B. weniger bekannte Sorten (Alicante Bouchet, Lenoir) und ein interessan-

KLEINER WINE-COUNTRY-LEITFADEN

Wenn Leute über Sonoma reden, meinen sie das *ganze* County, das im Gegensatz zu Napa riesig ist: Ab der Küste erstreckt es sich durch das Russian River Valley ins Sonoma Valley und ostwärts bis zum Napa Valley. Im Süden reicht es von der San Pablo Bay (einer Verlängerung der San Francisco Bay) bis nach Healdsburg im Norden. Sonoma muss daher unbedingt in Bezirke unterteilt werden.

Das **West County** umfasst alles westlich des Hwy 101 – somit auch das **Russian River Valley** und die Küste. Das **Sonoma Valley** säumt den Hwy 12 in Nord-Süd-Richtung. Im nördlichen Sonoma County liegen das **Alexander Valley** und das **Dry Creek Valley** östlich bzw. nördlich von Healdsburg. Das nördlich der San Pablo Bay befindliche **Carneros** im Süden gehört teils zu Sonoma, teils zu Napa. Jede Region hat ihre ureigenen Weine – was wo wächst, hängt vom Wetter ab.

In den landeinwärts gelegenen Tälern kann es recht heiß werden, die Küstenregionen sind dagegen kühl. Nachts bedeckt Nebel die Weinberge von West County und Carneros. Dies bekommt Weinen à la Burgund (vor allem Pinot Noir, Chardonnay) am besten. Weiter landeinwärts bleiben das Alexander Valley und das Sonoma Valley vom Nebel verschont – ebenso große Teile des Dry Creek Valley und des Napa Valley. Folglich fühlen sich dort vor allem Cabernet Sauvignon, Sauvignon Blanc, Merlot und andere wärmeliebende Rebsorten im Bordeaux-Stil wohl. Kaliforniens berühmte Cabernets kommen aus Napa. Zinfandel und Rhône-Sorten (z. B. Syrah, Viognier) gedeihen in warmen und kühlen Ecken. Weine aus kühleren Gefilden sind leichter und eleganter als die schwereren, rustikaleren Sorten der wärmeren Gegenden.

Wer mit Weinwissen protzen will, legt sich praktische Nachschlagewerke wie *The Wine Bible* (Karen MacNeil; 2001, Workman Publishing) oder den *Concise Wine Companion* (Jancis Robinson; 2001, Oxford University Press) ins Auto.

ter Cabernet-Merlot. Während Erwachsene selbst Schallplatten mit ihren Lieblingshits auflegen dürfen, können Kinder Traubensaft probieren und sich auf dem Spielplatz hinterm Haus austoben – ein verrückter Spaß. Auch Hunde sind willkommen. Einzelflaschen 20 bis 48 US$.

Sonoma & Umgebung

In letzter Zeit werden die alten Baumärkte zwar mehr und mehr von originellen Boutiquen abgelöst, aber trotzdem ist Sonoma noch immer ein Ort mit altmodischem Charme. Das liegt vor allem an der Plaza – Kaliforniens größter Stadtplatz – und die sie säumenden wunderbar erhaltenen historischen Gebäude. Auf der Plaza darf man in aller Öffentlichkeit Alkohol trinken (eine echte Seltenheit in kalifornischen Parks).

Sonoma blickt auf eine aufregende Geschichte zurück. 1846 fand hier ein zweiter amerikanischer Unabhängigkeitskrieg statt, diesmal gegen Mexiko, als General Mariano Guadalupe Vallejo alle Ausländer aus Kalifornien abschob und so geschockte amerikanische Grenzbewohner veranlasste, den Militärposten Sonoma zu besetzen und die Unabhängigkeit zu erklären. Nach der gehissten Kriegsflagge gaben sie Kalifornien den Namen Bear Flag Republic.

Die Republik war aber nur von kurzer Dauer. Einen Monat später brach der Mexikanisch-Amerikanische Krieg aus und Kalifornien wurde von den USA annektiert. Kalifornien hat seine Flagge der Revolte zu verdanken: ein mächtiger brauner Bär mit den Worten „California Republic" darunter. Vallejo kam zunächst ins Gefängnis, kehrte schließlich aber nach Sonoma zurück und war dann erheblich an der Entwicklung der Region beteiligt.

Sehenswertes

Der Sonoma Hwy (Hwy 12) verläuft durch die Stadt. Die Sonoma Plaza wurde 1834 von General Vallejo angelegt. Als Herz des Zentrums wird sie von Hotels, Restaurants und Geschäften gesäumt. Das Visitors Bureau verteilt Broschüren für Erkundungsspaziergänge. Gleich nördlich der Stadt führt der Hwy 12 kurz durch eine Vorortzone und dann in die ländliche Herrlichkeit des Tals hinein.

SONOMA PLAZA & UMGEBUNG

Sonoma Plaza PLATZ

(Karte S. 204) Mitten auf dem Platz steht die von 1906 bis 1908 errichtete **City Hall** im

Missionsstil. Ihre vier Fassaden sind identisch – angeblich, weil alle Geschäfte an der Plaza die Rathausfront vor der Nase haben wollten. Das **Bear Flag Monument** am nordöstlichen Platzrand gedenkt Sonomas großer revolutionärer Stunden. Einheimische treffen sich auf dem **Bauernmarkt** (April–Okt. Di 17.30–20 Uhr), auf dem die landwirtschaftlichen Spitzenprodukte der Region probiert werden können.

Sonoma State Historic Park HISTORISCHE GEBÄUDE

(707-938-1519; www.parks.ca.gov; Erw./Kind 3/2 US$; Di–So 10–17 Uhr) Der Park besteht aus mehreren Stätten: Die **Mission San Francisco Solano de Sonoma** (Karte S. 204; E Spain St) am nordöstlichen Platzrand wurde 1823 errichtet und sollte u.a. ein Ausbreiten der russischen Küstenkolonie bei Fort Ross weiter landeinwärts verhindern. Als 21. und letzte kalifornische Mission war sie auch die einzige ihrer Art, die unter mexikanischer Herrschaft entstand (alle übrigen Missionen gehen auf die Spanier zurück). Am nördlichsten Ende des El Camino Real sind hier heute noch fünf Originalräume erhalten. Unbedingt besichtigt werden sollte die Kapelle von 1841.

Die aus Lehmziegeln gebauten **Sonoma Barracks** (Karte S. 204; E Spain St; tgl.) wurden zwischen 1836 und 1840 von Vallejo für mexikanische Soldaten errichtet. Am 14. Juni 1846 machten zum Teil betrunkene US-Siedler die Kaserne jedoch zur Hauptstadt eines Schurkenstaats: Sie überraschten die Wachen und proklamierten eine unabhängige „Republik Kalifornien" (!), indem sie eine selbst gemachte Flagge mit einem gefleckten Bären darauf hissten. Die USA übernahmen die Republik einen Monat später, gaben die Kaserne aber während des Goldrauschs auf. Diese wurde letztlich 1860 zu einem Weingut (was sonst?). Heute beleuchten Ausstellungen das Leben während der mexikanischen und amerikanischen Periode.

Das **Toscano Hotel** (Karte S. 204; 20 E Spain St) neben den Sonoma Barracks entstand in den 1850er-Jahren als Laden mit Bibliothek, der 1886 zum Hotel umgebaut wurde. Beim Besichtigen der Lobby (geöffnet 10–17 Uhr) erinnert nur der Verkehr vor der Tür daran, dass man nicht ganz in die Vergangenheit gereist ist. Montags und am Wochenende finden Gratisführungen statt (13–16 Uhr).

Etwa 800 m weiter nordwestlich steht das reizende **Vallejo Home** (außerhalb der Karte S. 204; 363 3rd St W) alias Lachryma Montis (lat. für „Tränen des Berges"). Es wurde 1851/52 für General Vallejo errichtet und ist nach der örtlichen Quelle benannt. Die Familie Vallejo verdiente später ganz ordentlich, indem sie Wasser durch Rohre in die Stadt pumpte. Das Anwesen blieb bis 1933 in ihrem Besitz und wurde schließlich vom Bundesstaat Kalifornien erworben. Bis heute ist größtenteils die Originaleinrichtung erhalten. Vom Stadtzentrum aus führt ein Radweg zum Gelände.

Der Parkeintritt gilt auch für die historische Ranch **Petaluma Adobe** (Karte S. 174; 707-762-4871; www.petalumaadobe.com; 3325 Adobe Rd, Petaluma; Sa & So 10–17 Uhr) im nordwestlich gelegenen Vorort Petaluma (15 Meilen/24 km).

La Haye Art Center KUNSTZENTRUM

(Karte S. 204; 707-996-9665; www.lahayeartcenter.com; 148 E Napa St; 11–17 Uhr) Das Kollektiv ermöglicht Galerietouren in der Ladenfront einer umgebauten Gießerei. Besucher können auch die Künstler – Maler, Töpfer, Bildhauer – in deren Gartenateliers treffen. Das asymmetrische Keramikgeschirr von Beverly Prevost gibt's nebenan im Café La Haye (S. 206) zu sehen.

Sonoma Valley Museum of Art MUSEUM

(Karte S. 204; 707-939-7862; www.svma.org; 551 Broadway; Erw./Fam. 5/8 US$; Mi–So 11–17 Uhr) Das 740 m² große Museum zeigt faszinierende Werke einheimischer und internationaler Künstler (z. B. von David Hockney). Alljährliches Highlight ist aber die Ausstellung zum Diá de los Muertos im Oktober.

JENSEITS DER SONOMA PLAZA

GRATIS **Bartholomew Park** PARK

(Karte S. 200; 707-935-9511; www.bartholomewparkwinery.com; 1000 Vineyard Lane) Das 152 ha große Gelände an der Castle Rd ist das beste Freiluftziel in Stadtnähe. Hier kann man unter riesigen Eichen picknicken, insgesamt 4,8 km lange Wege abwandern und San Francisco von einem Gipfel aus bewundern. Hinzu kommen ein gutes Weingut (S. 202) und ein kleines Museum. Die palladianische Villa am Parkeingang entstand während der Wende zum 20. Jh. als Nachbau der Originalresidenz des Grafen Haraszthy. Sie ist öffentlich zugänglich (Sa & So 12–15 Uhr) und wird von der **Bartholomew Foundation** (707-938-2244) verwaltet.

GRATIS **Cornerstone Gardens** GARTEN

(Karte S. 200; 707-933-3010; www.cornerstonegardens.com; 23570 Arnold Dr; 10–16 Uhr;

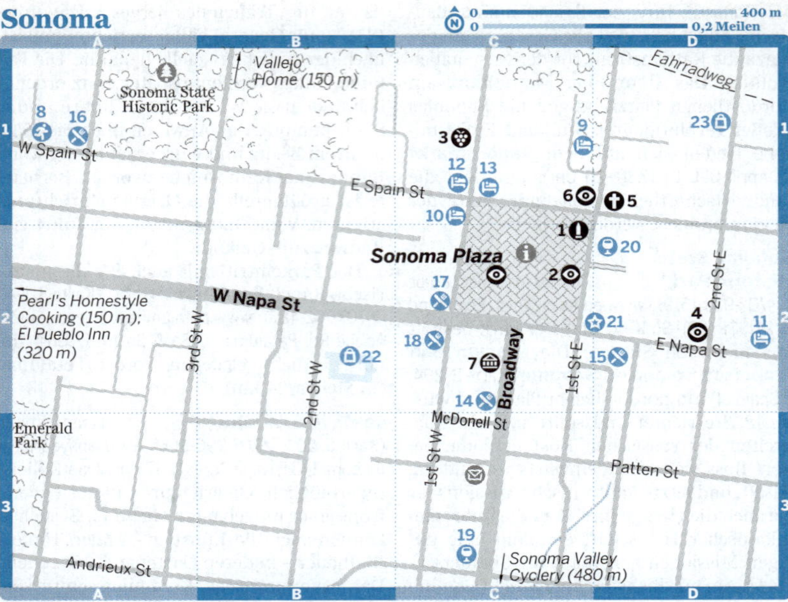
400 m
0,2 Meilen
Vallejo Home (150 m)
Sonoma State Historic Park
Fahrradweg
W Spain St
E Spain St
Sonoma Plaza
W Napa St
E Napa St
Pearl's Homestyle Cooking (150 m); El Pueblo Inn (320 m)
3rd St W
2nd St W
1st St W
1st St E
2nd St E
Broadway
McDonell St
Patten St
Emerald Park
Andrieux St
Sonoma Valley Cyclery (480 m)

Sonoma

(👪) Alles andere als traditionell: Die Cornerstone Gardens präsentieren die Arbeiten von 19 bekannten Avantgarde-Landschaftsarchitekten. Besonders schön sind z. B. Pamela Burtons „Earth Walk" (führt unter die Erde) oder „Rise" von Planet Horticulture (überhöht das Raumgefühl). Kinder können frei herumtollen, während Erwachsene die genialen Gartenshops durchstöbern und Infos beim örtlichen **Sonoma Valley Visitors Bureau** (☎707-935-4747; www.sonomavalley.com; ⏲10–16 Uhr) einholen. Später kann im hiesigen Café neue Energie getankt werden. Einfach nach dem blauen Riesenstuhl am Straßenrand Ausschau halten.

Traintown VERGNÜGUNGSPARK

(Karte S. 200; ☎707-938-3912; www.traintown.com; 20264 Broadway; ⏲Sommer tgl. 10–17 Uhr, Mitte Sept.–Ende Mai nur Fr–So) Kleinkinder lieben Traintown. Rund 1,5 km südlich der Plaza können sie z. B. mit einer Minidampflok fahren (4,75 US$, 20 Min.). Ebenfalls vorhanden sind diverse altmodische Fahrgeschäfte (2,75 US$/Fahrt) wie ein Karussell oder ein Riesenrad.

Aktivitäten

Viele Unterkünfte vor Ort verleihen Fahrräder.

Sonoma V184000; ☎707-935-3377; www.sonomacyclery.com; 20091 Broadway/Hwy 12; Leihfahrrad ab 25 US$/Tag; ⏲Mo–Sa 10–18, So 10–16 Uhr; 👪) Sonoma ist nicht zu hügelig und daher perfekt für Radtouren geeignet – beispielsweise zu den vielen Weingütern in Innenstadtnähe. Am Wochenende empfiehlt sich Reservierung.

Willow Stream Spa im Sonoma Mission Inn SPA

(Karte S. 200; ☎707-938-9000; www.fairmont.com/sonoma; 100 Boyes Blvd; ⏲7.30–20 Uhr) Nur wenige Spas im Wine Country können dem glamourösen Sonoma Mission Inn das Wasser reichen. Wer zwei Anwendungen bucht bzw. 89 US$ bezahlt, hat freien Zugang zum romanischen Badehaus. Dazu gehören zwei überdachte Mineralpools, drei Freiluftbecken, ein Fitnessraum, eine Sauna und ein Kräuterdampfbad. Kinder sind unerwünscht.

Triple Creek Horse Outfit REITEN

(☎707-887-8700; www.triplecreekhorseoutfit.com; 1-/2-stündige Ausritte 60/100 US$; ⏲Mi–Mo) Ausritte mit Traumaussicht auf das Sonoma Valley; eine Reservierung ist erforderlich.

Kurse

Ramekins Sonoma Valley Culinary School KOCHSCHULE

(Karte S. 204; ☎707-933-0450; www.ramekins.com; 450 W Spain St; 👪) Super Vorführungen, Mitmachkurse für Chefköche am heimischen Herd und „kulinarische Wochenendcamps" für Erwachsene oder Kinder.

Schlafen

In der Nachsaison purzeln die Zimmerpreise. Unbedingt rechtzeitig buchen und nach Parkmöglichkeiten fragen – manche historischen Inns haben keine eigenen Abstellflächen. Eine Alternative ist Glen Ellen (S. 209), bei kleinem Geldbeutel empfiehlt sich Santa Rosa (S. 225).

Sonoma Chalet B&B, HÜTTEN $$

(Karte S. 200; ☎707-938-3129; www.sonomachalet.com; 18935 5th St W; Zi. ohne Bad 125 US$, Zi. mit Bad 140–180 US$, Hütte 190–225 US$; ❄) Das alte Gehöft inmitten sanft gewellter Hügel vermietet Zimmer in einer Art Schweizer Berghütte, die von kleinen Balkonen und Country-Kitsch geziert wird. Besonders nett sind die frei stehenden Cottages – vor allem Laura's Cottage mit offenem Holzkamin. Von der Frühstücksterrasse blickt man auf ein Naturschutzgebiet. Die Quartiere mit Gemeinschaftsbad haben keine Klimaanlage. Telefon und Internet sind nicht vorhanden.

Sonoma Hotel HISTORISCHES HOTEL $$

(Karte S. 204; ☎707-996-2996; www.sonomahotel.com; 110 W Spain St Zi. inkl. Frühstück 170–200 US$; ❄📶) Dieses todschicke historische Hotel aus den 1880er-Jahren ist sehr charmant und mit amerikanischen Bauernmöbeln eingerichtet. Hinzu kommt Mobiliar aus der spanischen Kolonialzeit. Aufzug und Parkplatz sucht man vergeblich.

El Dorado Hotel HOTEL $$$

(Karte S. 204; ☎707-996-3030, 800-289-3031; www.eldoradosonoma.com; 405 1st St W; Zi. Wochentag/Wochenende 195/225 US$; ❄📶🏊) Für die recht kleinen Zimmer entschädigen stilvolle Elemente wie hochwertige Bettwäsche. Gleiches gilt für die Privatbalkone mit Plaza- oder Hinterhofblick. Trotz des Lärms empfiehlt sich ein Quartier mit Aussicht auf den Platz. Kein Aufzug.

Swiss Hotel HISTORISCHES HOTEL $$

(Karte S. 204; ☎707-938-2884; www.swisshotelsonoma.com; 18 W Spain St; Zi. inkl. Frühstück Mo–Fr 150–170 US$, Sa & So 200–240 US$;

(❄️📶) Angesichts des Baujahrs (1905) sind die welligen Fußböden zu verzeihen. Die Einrichtung besteht aus Korbmöbeln und knorrigem Kiefernholz. Den Morgenkaffee gibt's auf einem Gemeinschaftsbalkon mit Plazablick. Unten befindet sich eine lärmige Restaurantbar. Kein Aufzug oder Parkplatz.

El Pueblo Inn MOTEL $$
(außerhalb der Karte S. 204; 707-996-3651, 800-900-8844; www.elpuebloinn.com; 896 W Napa St; Zi. inkl. Frühstück 169–289 US$; ❄️@📶🏊👪) 1,5 km westlich der Innenstadt warten hier überraschend gemütliche Zimmer mit tollen Betten. Die breiten Rasenflächen und der beheizte Pool des familiengeführten Motels eignen sich ideal für Kinder. Eltern freuen sich über den rund um die Uhr benutzbaren Whirlpool.

Sonoma Creek Inn MOTEL $$
(Karte S. 200; 707-939-9463, 888-712-1289; www.sonomacreekinn.com; 239 Boyes Blvd; Zi. 139–199 US$; ❄️📶🐾) Dieses zuckersüße Motel wartet mit fröhlichen, retro-amerikanisch angehauchten Zimmern in Primärfarben auf. Darin liegen Steppdecken im Farmerstil. Liegt zwar nicht zentral, aber nur eine kurze Fahrt von den Weingütern des Tals entfernt.

Les Petites Maisons HÜTTEN $$$
(Karte S. 200; 707-933-0340, 800-291-8962; www.lespetitesmaisons.com; 1190 E Napa St; Hütte 165–295 US$; ❄️📶👪🐾) 1,5 km östlich der Plaza stehen hier vier farbenfrohe, einladende Cottages mit Küche, Grill, bequemen Möbeln, Wohn- und Schlafzimmer. Als Extras gibt's Stereoanlagen, DVDs und Leihfahrräder.

Windhaven Cottage COTTAGE $$
(Karte S. 200; 707-938-2175, 707-483-1856; www.windhavencottage.com; 21700 Pearson Ave; Hütte 155–165 US$; ❄️📶) Dieses tolle Schnäppchen besitzt zwei Wohneinheiten: ein attraktives Wohnstudio (74 m²) sowie ein verstecktes, romantisches Cottage mit gewölbter Holzdecke und Kamin (unser Favorit). Beide haben einen Whirlpool. Tennisplätze, Leihfahrräder und Grills runden das Paket ab.

Bungalows 313 BUNGALOWS $$$
(Karte S. 204; 707-996-8091; www.bungalows313.com; 313 1st St E; DZ 229–329 US$, 4BZ 379–469 US$; ❄️📶🐾) Zimmer in einem 100 Jahre alten Bauernhaus aus Backstein, Bungalows mit Küche und ein traumhafter Garten. Perfekt für Paare.

MacArthur Place INN $$$
(Karte S. 200; 707-938-2929, 800-722-1866; www.macarthurplace.com; 29 E MacArthur St; Zi. ab 350 US$, Suite ab 425 US$; ❄️@📶S) Sonomas Topunterkunft mit Rundumservice steht im 100 Jahre alten Garten eines ehemaligen Gutshofs.

Hidden Oak Inn B&B $$$
(Karte S. 204; 707-996-9863, 877-996-9863; www.hiddenoakinn.com; 214 E Napa St; Zi. inkl. Frühstück 195–245 US$; ❄️📶S) Um 1914 erbautes B&B.

Sugarloaf Ridge State Park CAMPING $
(Karte S. 200; 707-833-5712, Reservierungen 800-444-7275; www.reserveamerica.com; 2605 Adobe Canyon Rd; Stellplatz 30 US$) Der reizende Campingplatz auf einem Hügel nördlich von Kenwood liegt am nächsten zu Sonoma. Hier gibt's 50 direkt anfahrbare Stellplätze, saubere Münzduschen und prima Wandermöglichkeiten.

Essen

Im **Sugarloaf Ridge State Park** (2605 Adobe Canyon Rd; 8 US$/Auto) weiter oben im Tal kann man am Ufer picknicken und grillen. Zu später Stunde stehen Taco-Trucks zwischen dem Boyes Blvd und Aqua Caliente am Hwy 12. In puncto Essen empfiehlt sich auch Glen Ellen (S. 226).

Fremont Diner AMERIKANISCH $
(Karte S. 200; 707-938-7370; 2698 Fremont Dr am Hwy 121; Hauptgerichte 8–11 US$; Mo–Fr 8–15, Sa & So 7–16 Uhr; 👪) Das Straßendiner mit Bestelltheke bekommt seine Zutaten direkt vom Bauernhof. Auf Tischen drinnen wie im Freien landen z.B. Ricotta-Pfannkuchen mit echtem Ahornsirup, Hühnchen, Waffeln, Po'boy-Sandwiches mit Austern oder Leckeres vom Grill. Am Wochenende reicht die Warteschlange oft bis auf den Bürgersteig hinaus – also früh erscheinen!

Café La Haye MODERN-AMERIKANISCH $$$
(Karte S. 204; 707-935-5994; www.cafelahaye.com; 140 E Napa St; Hauptgerichte 15–25 US$; Di–Sa 17.30–21 Uhr) Eine von Sonomas besten Adressen für moderne US-Hausmannskost bezieht ihre Zutaten aus maximal 100 km Umkreis. Der winzige Speiseraum ist stets rappelvoll, während der Service manchmal fast nachlässig wirkt. Schnörkelloses, schmackhaftes Essen macht das La Haye dennoch zum Favoriten vieler Feinschmecker. Daher rechtzeitig reservieren.

Harvest Moon Cafe MODERN-AMERIKANISCH $$
(Karte S. 204; ☎707-933-8160; www.harvestmooncafesonoma.com; 487 1st St W; Hauptgerichte abends 18–25 US$, Brunch 10–15 US$; ⏲Mi–Mo 17.30–21, So 10–14 Uhr) Das zwanglose Bistro in einem Lehmziegelbau von 1836 kombiniert regionale Zutaten zu einem wechselnden Menü. Unter den schlichten Köstlichkeiten ist z. B. Entenrisotto mit Ricotta von den Bellwether Farms. Am besten einen Gartentisch reservieren.

Estate ITALIENISCH-KALIFORNISCH $$
(Karte S. 204; ☎707-933-3633; www.estate-sonoma.com; 400 W Spain St; Pizzas 10–14 US$, Hauptgerichte abends 21–24 US$, Brunch 11–14 US$; ⏲tgl. ab 17, So 10–15 Uhr) Dieses Sonoma-Wahrzeichen mit eigenem Küchengarten und feiner Freiluftveranda tischt Bodenständiges im kalifornisch-italienischen Stil auf. Vor 18.30 Uhr (Fr & Sa 18.15 Uhr) bekommt man eine Pizza und ein Glas Pinot Noir für 15 US$. Zudem gibt's viergängige Abendmenüs (26 US$, tgl.) und einen tollen Sonntagsbrunch. Reservierung erforderlich.

girl & the fig FRANZÖSISCH-KALIFORNISCH $$$
(Karte S. 204; ☎707-938-3634; www.thegirlandthefig.com; 110 W Spain St; Hauptgerichte mittags 10–15 US$, abends 18–26 US$) Lust auf einen geselligen Abend? Dann einen Gartentisch in diesem Bistro buchen, das so auch in der Provençe stehen könnte. Der Hit sind die kleinen Gerichte (11–14 US$) – vor allem die gedünsteten Muscheln mit hauchdünnen Pommes oder das Entenconfit mit Linsen. Unter der Woche wird ein Drei-Gänge-Menü zum Festpreis (34 US$; Wein zzgl. 10 US$) serviert. Die Käsesorten sind spitze. Reservierung erforderlich.

Della Santina's ITALIENISCH $$
(Karte S. 204; ☎707-935-0576; www.dellasantinas.com; 135 E Napa St; Hauptgerichte 11–17 Uhr) Kellner und „Tagesgerichte" sind hier schon ewig dieselben. Nichtsdestotrotz ist die italienisch-amerikanische Küche (Pesto-Linguine, mit Parmesan überbackenes Kalbfleisch, Grillhähnchen) gleichbleibend gut. An warmen Abenden wirkt der Backsteininnenhof sehr charmant.

El Dorado Corner Cafe CAFÉ $$
(Karte S. 204; ☎707-996-3030; www.eldoradosonoma.com; 405 1st St W; Gerichte 9–15 US$; ⏲7–22 Uhr) Kleiner, vergleichsweise günstigerer Ableger des El Dorado Kitchen – das eigentlich erwähnenswerte Lokal wird nicht beschrieben, da sein Küchenchef zum Recherchezeitpunkt gerade gekündigt hatte. Im Corner Cafe werden jedenfalls den ganzen Tag über Pizzas, Sandwiches und Salate aufgetischt. Alles besteht aus regionalen Zutaten, die in kleinen Mengen produziert werden. Platz im Magen für das hausgemachte Eis lassen!

Juanita Juanita MEXIKANISCH $$
(Karte S. 200; ☎707-935-3981; 19114 Arnold Dr; Hauptgerichte 8–15 US$; ⏲Mi–Mo 11–20 Uhr;) Das mexikanische Drive-In ist an einer verrückten Wandmalerei zu erkennen. Serviert werden tolle Tostadas, stark knoblauchlastige Burritos und feuriges *chile verde* (grüner Chili-Eintopf mit Schweine- oder Hühnerfleisch). Hundefreundliche Terrasse, Bier und Wein.

Red Grape PIZZERIA $$
(Karte S. 204; ☎707-996-4103; www.theredgrape.com; 529 1st St W; Hauptgerichte 11–15 US$; ⏲11.30–20.30 Uhr;) Die verlässliche Adresse für ein lässiges Mahl kredenzt in einem großen, widerhallenden Speiseraum üppige Salate und prima Pizzas mit dünner Kruste. Das Essen kann auch mitgenommen werden.

Pearl's Homestyle Cooking DINER $
(außerhalb der Karte S. 204; ☎707-996-1783; 561 5th St W; Hauptgerichte 7–10 US$; ⏲7–14.30 Uhr;) Gegenüber der Safeway-Westmauer serviert das Pearl's gigantisches Frühstück mit Speck und Waffeln. Deren Teiggeheimnis ist geschmolzenes Vanilleeis.

Angelo's Wine Country Deli FEINKOST $
(Karte S. 200; ☎707-938-3688; 23400 Arnold Dr; Sandwiches 6 US$; ⏲Di–So 9–17 Uhr) Das straßenseitige Feinkostgeschäft südlich der Stadt wird für dicke Sandwiches und hausgemachtes Dörrfleisch geschätzt. Erkennungszeichen sind eine Kuh auf dem Dach und grasende Lämmer (Frühling) vor der Tür.

Taste of the Himalayas INDISCH, NEPALESISCH $$
(Karte S. 204; ☎707-996-1161; 464 1st St E; Hauptgerichte 10–20 US$; ⏲11–22 Uhr) Pikante Currys, leckere Linsensuppe und Brutzelplatten mit Fleisch – eine erfrischende Alternative zur üblichen französisch-italienisch angehauchten Wine-Country-Kost.

599 Thai Cafe THAI $
(Karte S. 204; ☎707-938-8477; 599 Broadway; Hauptgerichte 7–10 US$; ⏲Mo–Sa 11–21 Uhr;) Gleichbleibend gutes, winziges Thai-Café.

Sonoma Market FEINKOST, MARKT $
(Karte S. 204; ☎707-996-3411; www.sonoma-glenellenmkt.com; 500 W Napa St; Sandwiches 7 US$) Sonomas beste Lebensmittel und Feinkost-Sandwiches.

Ausgehen

Murphy's Irish Pub KNEIPE
(Karte S. 204; ☎707-935-0660; www.sonomapub.com; 464 1st St E) Nicht nach Budweiser fragen – hier gibt's nur *richtiges* Bier zu Shepherd's Pie, hausgemachten Pommes und abendlicher Livemusik (Do–So).

Swiss Hotel BAR
(Karte S. 204; 18 W Spain St) Viele Einheimische und Touristen schlürfen im Swiss Hotel von 1909 ihre Nachmittagscocktails. Das Essen schmeckt ganz o.k.; der Knüller ist aber die Bar.

Hopmonk Tavern BRAUEREIKNEIPE
(Karte S. 204; ☎707-935-9100; www.hopmonk.com; 691 Broadway; Gerichte 12–22 US$; ⌚11.30–22 Uhr) Die angesagte Brauereikneipe mit Biergarten und Livemusik (Fr–So) nimmt Gerstensaft ernst: Ganze 16 Sorten werden frisch vom Fass in die jeweils passenden Gläser gezapft.

Enoteca Della Santina WEINBAR
(Karte S. 204; www.enotecadellasantina.com; 127 E Napa St; ⌚Mi–Fr 14–22, Sa 12–23, Di & So 16–22 Uhr) Dank 30 offener Weine aus aller Welt lassen sich hier Kaliforniens gute Tropfen mit der internationaler Konkurrenz vergleichen.

Steiner's BAR
(Karte S. 204; 456 1st St W) Am Sonntagnachmittag wird Sonomas älteste Bar von Radlern und Motorradfahrern bevölkert. Man beachte die ausgestopften Berglöwen.

Sunflower Caffé & Wine Bar CAFÉ $$
(☎707-996-6845; www.sonomasunflower.com; 421 1st St W; Gerichte 9–14 US$; ⌚7–20 Uhr; 📶) Der große Hintergarten dieses Nachbarschaftstreffs eignet sich prima für ein Frühstück, schlichtes Mittagessen oder Glas Wein am Nachmittag.

☆ Unterhaltung

Von Juni bis September finden jeden zweiten Dienstag kostenlose Jazzkonzerte auf der Plaza statt (18–20.30 Uhr). Früh erscheinen und Picknick mitbringen.

Little Switzerland BIERKNEIPE
(Karte S. 200; ☎707-938-9990; www.lilswiss.com; 401 Grove St; ⌚Mi–So) Lange bevor Sonoma zum „Wine Country" wurde, trafen sich Einheimische in der altmodischen Bier- und Tanzkneipe zum Zechen und Billardspielen. Der Laden hat seit 1906 ununterbrochen geöffnet und wird von historischen Schweiz-Wandbildern aus dem Jahr 1936 geziert. Freitagabends spielen Bands Latin, samstags Jazz, Swing oder Zydeco. Sonntags steigen nach guter alter Sitte Polka-Partys (⌚17–21 Uhr) für die ganze Familie. Von Freitag bis Sonntag wird auch der Grill angeworfen.

Sebastiani Theatre KINO
(Karte S. 204; ☎707-996-2020; sebastianitheatre.com; 476 1st St E) Das großartige Kino im spanischen Missionsstil steht seit 1934 an der Plaza. Es zeigt Kunstfilme, Revival-Reihen und manchmal auch Livetheater.

Shoppen

Vella Cheese Co ESSEN
(Karte S. 204; ☎707-928-3232; www.vellacheese.com; 315 2nd St E) Seit den 1930er-Jahren produziert Vella seinen bekannten Monterey- bzw. Dry-Jack-Käse. Der Mezzo Secco mit Kakaopulverrinde ist ebenfalls prima. Auf Wunsch werden Käufe vakuumverpackt nach Hause geschickt.

Tiddle E Winks SPIELZEUG
(Karte S. 204; ☎7070-939-6993; www.tiddleewinks.com; 115 E Napa St; 👪) Historisches Billigwarenhaus mit Spielzeugklassikern aus der Mitte des 20. Jhs.

Sign of the Bear HAUSHALTSWAREN
(Karte S. 204; ☎707-996-3722; 435 1st St W) Für Freunde von Küchen-Gadgets heißt's nichts wie hin in das eigenständige Fachgeschäft.

Chateau Sonoma HAUSHALTSWAREN, GESCHENKE
(Karte S. 204; ☎707-935-8553; www.chateausonoma.com; 153 W Napa St) Verschenkbare Unikate und künstlerisches Heimdekor vereinen hier Sonoma mit der Provençe.

Chanticleer Books & Prints BUCHLADEN
(Karte S. 204; ☎707-996-7613; chanticleerbooks.com; 127 E Napa St; ⌚Mi–So) Seltene Bücher, Erstausgaben und Titel zu Kaliforniens Geschichte.

Readers' Books BUCHLADEN
(Karte S. 204; ☎707-939-1779; www.readers.indiebound.com; 130 E Napa St) Eigenständiger Buchhändler.

Praktische Informationen

Sonoma Post (☎800-275-8777; www.usps.com; 617 Broadway; ⌚Mo–Fr)

WINE COUNTRY SONOMA VALLEY

Sonoma Valley Hospital (☎707-935-5000; 347 Andrieux St)

Sonoma Valley Visitors Bureau (☎707-996-1090; www.sonomavalley.com; 453 1st St E; ⊙Juli–Sept. 9–18 Uhr, Okt.–Juni 9–17 Uhr) Vermittelt Unterkünfte, verteilt eine gute Broschüre für Stadtspaziergänge und liefert Veranstaltungsinfos; Ableger in den Cornerstone Gardens (S. 203).

Glen Ellen & Umgebung

Weiße Lattenzäune, winzige Cottages, von Pappeln gesäumte Bachufer und Backsteingebäude aus dem 19. Jh. machen das verschlafene Glen Ellen zum Abbild des alten Sonoma. Bei Hochbetrieb in Sonomas Zentrum kann man hier in aller Ruhe spazieren gehen und sich ganz weit weg fühlen. Glen Ellen ist ideal, um beim Weingut-Hopping kurz auszuspannen oder romantisch unterm funkelnden Sternenhimmel zu übernachten.

Die Hauptstraße, der Arnold Dr, führt ins Tal hinein bzw. aus diesem heraus. Kenwood liegt gleich nördlich am Hwy 12, hat aber kein Ortszentrum wie Glen Ellen. Dienstleistungen gibt's im 8 Meilen (12 km) entfernten Sonoma.

Glen Ellens Hauptattraktionen sind der Jack London State Historic Park (S. 211) und das Weingut Benziger (S. 200). Mehrere interessante Läden säumen den Arnold Dr.

Zwei familienfreundliche Alternativen zu Weinproben: **Figone's Olive Oil** (Karte S. 200; ☎707-282-9092; www.figoneoliveoil.com; 9580 Sonoma Hwy, Kenwood) lässt Besucher sein selbst gepresstes Natives Olivenöl Extra verkosten – darunter auch eine leckere Variante, die mit dem Aroma der Meyer-Zitrone verfeinert ist. Die **Wine Country Chocolates Tasting Bar** (Karte S. 200; ☎707-996-1010; www.winecountrychocolates.com; 14301 Arnold Dr) in Glen Ellen ermöglicht das Vergleichen von Schokoladensorten mit unterschiedlichem Kakaogehalt.

Pflicht für Gärtner ist der **Wildwood Farm Nursery & Sculpture Garden** (Karte S. 200; ☎707-833-1161, 888-833-4181; www.wildwoodmaples.com; 10300 Sonoma Hwy, Kenwood; ⊙Mi–So 10–16, Di 10–15 Uhr) mit abstrakter Freiluftkunst zwischen exotischen Pflanzen und Fächer-Ahornen.

Wenn es nicht gerade unerträglich heiß ist, kann man im **Sugarloaf Ridge State Park** (Karte S. 200; ☎707-833-5712; www.parks.ca.gov; 2605 Adobe Canyon Rd, Kenwood; 8 US$/Auto) sensationell wandern: An klaren Tagen bietet der Bald Mountain eine Traumaussicht aufs Meer; vom Bushy Peak Trail fällt der Blick ins Napa Valley. Beide Routen (jeweils hin & zurück ca. 4 Std.) sind mittelschwer.

Bei heißem Wetter erfrischen sich Familien in den quellengespeisten Mineralwasserpools von **Morton's Warm Springs Resort** (Karte S. 200; ☎707-833-5511; www.mortonswarmsprings.com; 1651 Warm Springs Rd; Erw./Kind 8/7 US$, reservierungspflichtiger Picknick- & Grillplatz 11 US$/Pers.; ⊙Juni–Aug. Di–So 10–18 Uhr, Mai & Sept. nur Sa & So, Okt.–April geschl.; 🏊👪). Hierher führt die Warm Springs Rd, die westwärts vom Sonoma Hwy in Kenwood abzweigt.

Wer am **Kenwood Farmhouse** (Karte S. 200; 9255 Sonoma Hwy, Kenwood; ⊙10.30–19 Uhr) einen Zwischenstopp einlegt, kann bei einer Händlerkooperative Kunsthandwerk und handgemachte Geschenke kaufen.

Schlafen

Jack London Lodge MOTEL $$
(Karte S. 200; ☎707-938-8510; http://jacklondonlodge.com; 13740 Arnold Dr; Zi. Mo–Fr 120 US$, Sa & So 180 US$; ❄📶🏊👪) Das altmodische, zwischen Bäumen gelegene Motel vermietet gepflegte Zimmer mit ein paar Antiquitäten. Unter der Woche ist es ein echtes Schnäppchen. Zudem lässt sich der Manager mitunter auf Preisverhandlungen ein. Draußen befindet sich ein Whirlpool, nebenan ein Saloon.

LP TIPP **Beltane Ranch** INN $$
(Karte S. 200; ☎707-996-6501; www.beltaneranch.com; 11775 Hwy 12; Zi. inkl. Frühstück 150–240 US$; 📶) Inmitten von Pferdekoppeln fühlt man sich hier ins Sonoma des 19. Jhs. zurückversetzt: Die fröhliche, zitronengelbe Ranch aus den 1890er-Jahren nimmt ein 40,5 ha großes Grundstück in Beschlag. Auf ihren Doppelveranden stehen Schaukelstühle und weiße Korbmöbel. Obwohl dies eigentlich ein B&B ist, besitzen die schnörkellosen Zimmer im amerikanischen Landhausstil jeweils einen eigenen Eingang – so hat man stets seine Ruhe. Gefrühstückt wird im Bett. Kein TV oder Telefon – die ländliche Idylle kommt also voll zum Zug.

Gaige House INN $$$
(Karte S. 200; ☎707-935-0237, 800-935-0237; www.gaige.com; 13540 Arnold Dr, Glen Ellen; Zi. 249–299 US$, Suite 299–599 US$; ❄📶🏊) Sonomas schickstes Inn serviert ein üppiges Frühstück. Fünf der 22 Zimmer im

WEINLESE

Wenn die Weinlese beginnt, bricht im Wine Country die atmosphärischste Zeit des Jahres an: Die Blätter der Rebstöcke erstrahlen in herrlichen Rot- und Gelbtönen und überall liegt der Duft gärender Trauben in der Luft. Zudem ehren die Winzer die Mühen ihrer Weinbergarbeiter mit großen Festen. Da dann jedermann dabei sein möchte, steigen die Zimmerpreise ins Unermessliche. Wer es sich leisten kann, sollte dennoch im Herbst herkommen. Um auch zu Partys eingeladen zu werden, tritt man am besten dem Club der Lieblingswinzerei bei.

europäisch-asiatischen Stil befinden sich in einem Haus von 1890. Am besten sind aber die japanisch angehauchten Spa-Suiten mit allerlei noblem Schnickschnack (z. B. frei stehenden Badewannen aus ausgehöhlten Granitblöcken). Großartig!

Kenwood Inn & Spa INN $$$
(Karte S. 200; ☎707-833-1293, 800-353-6966; www.kenwoodinn.com; 10400 Sonoma Hwy, Kenwood; Zi. inkl. Frühstück 425–850 US$, Suite 850–1375 US$;) Das tolle Inn wirkt wie ein mediterranes Château. Seine efeubewachsenen Bungalows stehen inmitten üppiger Gärten. Zwei Whirlpools (einer davon mit Wasserfall) und ein hauseigenes Spa machen dies zur idealen Option für verliebte Pärchen – daher die Kinder zu Hause lassen und am besten ein Balkonzimmer im Obergeschoss buchen.

Glen Ellen Cottages BUNGALOWS $$
(Karte S. 200; ☎707-996-1174; www.glenelleninn.com; 13670 Arnold Dr; Hütte Mo–Fr 149 US$, Sa & So 239 US$;) Die fünf Cottages verstecken sich an einem Bach hinter dem Glen Ellen Inn. Übergroße Badewannen mit Massagedüsen, Dampfduschen und Gaskamine sorgen für viel Romantik.

Essen

fig café & winebar KALIFORNISCH, FRANZÖSISCH $$
(Karte S. 200; ☎707-938-2130; www.thefigcafe.com; 13690 Arnold Dr, Glen Ellen; Hauptgerichte 15–20 US$; tgl. 17.30–21, Sa & So 10–14.30 Uhr) Die Fahrt nach Glen Ellen lohnt sich allein wegen der herzhaften, kalifornisch-provençalischen Hausmannskost im fig: Hier gibt's z. B. kurz gebratene Calamari mit Zitronen-Aioli, Entenconfit oder *moules-frites* (Miesmuscheln mit Pommes). Die prima Weinpreise und der Wochenendbrunch lassen einen ebenfalls gern zurückkehren.

Vineyards Inn Bar & Grill SPANISCH, TAPAS $$
(Karte S. 200; ☎707-833-4500; www.vineyardsinn.com; 8445 Sonoma Hwy 12, Kenwood; Hauptgerichte 8–20 US$; 11.30–21.30 Uhr;) Die Taverne am Straßenrand ist nicht sonderlich schick, hat aber eine richtige Bar und serviert super Essen. Auf den Tisch kommen saftige Bio-Burger, selbst geangelter Fisch, Paella, Ceviche und Produkte von der biologisch-dynamischen Ranch des Küchenchefs.

Cafe Citti ITALIENISCH $$
(Karte S. 200; ☎707-833-2690; www.cafecitti.com; 9049 Sonoma Hwy; Hauptgerichte 8–15 US$; 11–15.30 & 17–21 Uhr;) Einheimische strömen zu diesem italoamerikanischen Tante-Emma-Mix aus Trattoria und Feinkostgeschäft. Gäste bestellen an der Theke und schnappen sich dann einen Terrassenplatz. Unter den Highlights sind Grillhähnchen und hausgemachte Gnocchi bzw. Ravioli. Mittags gibt's auch Pizza und Sandwiches aus selbst gebackenem Focaccia-Brot.

Glen Ellen Village Market MARKT $
(Karte S. 200; www.sonoma-glenellenmkt.com; 13751 Arnold Dr; 6–21 Uhr) Spitzenmäßiger Markt; perfekt für Picknickproviant.

Olive & Vine MODERN-AMERIKANISCH $$$
(Karte S. 200; ☎707-996-9152; oliveandvinerestaurant.com; 14301 Arnold Dr; Hauptgerichte 17–28 US$; Mi–Sa 17.30–21 Uhr) Teils Catering-Küche, teils Restaurant mit tollen saisonalen Gerichten. Reservierung erforderlich.

Yeti INDISCH $$
(Karte S. 200; ☎707-996-9930; www.yetirestaurant.com; 14301 Arnold Dr; Hauptgerichte 10–18 US$; 11.30–14.30 & 17–21 Uhr) Indisches Essen auf einer Veranda am Bach; großartiges Naan.

Glen Ellen Inn US-AMERIKANISCH $$
(Karte S. 200; ☎707-996-6409; www.glenelleninn.com; 13670 Arnold Dr; Hauptgerichte 13–23 US$; 11.30–21 Uhr) Austern, Martinis, Grillsteaks, reizender Garten und voll ausgestattete Bar.

Garden Court Cafe CAFÉ $
(Karte S. 200; ☎707-935-1565; www.gardencourtcafe.com; 13647 Arnold Dr; Hauptgerichte 9–12 US$; Mi–Mo 7.30–14 Uhr) Einfaches Frühstück, Sandwiches und Salate.

Mayo Winery Reserve Room WEINGUT $$
(Karte S. 200; ☎707-833-5544; www.mayofamilywinery.com; 9200 Sonoma Hwy, Kenwood; 7-gängiges Menü 35 US$; ⌚11–17 Uhr; Reservierung erforderl.) Für nur 35 US$ kredenzt die an der Straße gelegene Winzerei mit Probierstube ein siebengängiges Menü mit kleinen Platten und sieben verschiedenen Weinen.

Jack London State Historic Park

Napa hat Robert Louis Stevenson, Sonoma Jack London. In diesem 5,6 km² großen **Park** (Karte S. 200; ☎707-938-5216; www.jacklondonpark.com; 2400 London Ranch Rd, abseits Hwy 12, Glen Ellen; Parkplatz 6 US$; ⌚Do–Mo 8–17 Uhr; 👪) wandeln die Besucher auf den Spuren der letzten Jahre von Jack Londons Leben.

London (1876–1916) übte verschiedene Berufe aus: Fischer in Oakland, Goldsucher in Alaska und Seemann im Pazifik – und natürlich war er immer auch Schriftsteller. Zuletzt versuchte er sich als Farmer: 1905 kaufte er die Beauty Ranch und zog 1910 dort ein. Während des Baus des Herrenhauses, Wolf House, lebte er mit seiner zweiten Frau Charmian in einer kleinen Hütte, in der er auch an seinen Werken arbeitete. Am Vorabend der Fertigstellung 1913 brannte das Haus jedoch völlig ab. Dieses Desaster warf London aus der Bahn. Er dachte an Wiederaufbau, starb aber, bevor es mit den Bauarbeiten losging. Seine Witwe Charmian baute das House of Happy Walls, das als Museum erhalten ist. Es steht nur 800 m von den Überresten des Wolf Houses entfernt. Der Spaziergang dorthin führt an Londons Grabstätte vorbei. Verschiedene Wege rund um die Farm führen zur Hütte, in der er lebte und arbeitete. Kilometerlange Wanderwege (einige dürfen auch mit Mountainbikes befahren werden) schlängeln sich auf einer Höhe von 180 bis 700 m durch Eichenwälder. Vorsicht vor Gifteichen! Übrigens: Wenn das staatliche Budget gekürzt werden sollte, kann es sein, dass der Park zeitweise geschlossen ist. Besser im Voraus telefonisch erkundigen.

RUSSIAN RIVER & UMGEBUNG

Der weniger bekannte westliche Teil des Sonoma Countys war früher für seine Apfelfarmen und Feriendomizile berühmt. In letzter Zeit wurden die Obstbäume von Weinreben verdrängt und inzwischen hat die Gegend am Russian River ihren festen Platz unter den kalifornischen Weinanbaugebieten erobert. Der hier angebaute Pinot Noir ist hervorragend.

„The River", wie die Gegend genannt wird, ist schon lange die Sommerfrische für Nordkalifornier, die hier vor allem an den Wochenenden einfallen, um Kanu zu fahren, durch die Landschaft zu streifen, Weine zu probieren, durch Mammutbaumwälder zu wandern oder auch einfach nur um zu relaxen. Im Winter, wenn der Fluss Hochwasser führt, es ist hier wie ausgestorben.

Der Russian River entspringt in den Bergen nördlich von Ukiah, im Mendocino County. Der berühmteste Abschnitt liegt südwestlich von Healdsburg, wo er in Serpentinen bis zum Meer fließt. Direkt nördlich von Santa Rosa verbindet die River Rd, die Hauptarterie durch das untere Tal, den Hwy 101 und den Coast Hwy 1 bei Jenner. Hwy 116 führt nach Nordwesten von Cotati durch Sebastopol und weiter nach Guerneville. Die Westside Rd verbindet Guerneville und Healdsburg. Die kurvenreichen Straßen im West County können einen leicht verwirren. Also besser eine Landkarte einstecken!

Weingüter im Umkreis des Russian River

Das Sonoma Valley ist nicht der einzige Landstrich des Sonoma County, in dem Wein hergestellt wird (s. Kasten S. 202). Tipp: Touristeninformationen verteilen die nützliche Gratiskarte *Russian River Wine Road* (www.wineroad.com).

RUSSIAN RIVER VALLEY

Nachts wabert Küstennebel ins Russian River Valley, wo er sich normalerweise gegen Mittag auflöst. Pinot Noir wächst hier wunderbar – ebenso Chardonnay, der auch in heißeren Regionen gedeiht, aber die längere Reifezeit in kühleren Ecken bevorzugt. Die meisten Weingüter säumen die **Westside Rd** zwischen Guerneville und Healdsburg.

Hartford Family Winery WEINGUT
(Karte S. 212; ☎707-887-8030; www.hartfordwines.com; 8075 Martinelli Rd, Forestville; Verkostung 5–15 US$, Verrechnung mit Käufen; ⌚10–16.30 Uhr; 🐾) Fürs West County ist diese Winzerei überraschend nobel. An einer der schönsten regionalen Nebenstraßen liegt

Russian River & Umgebung

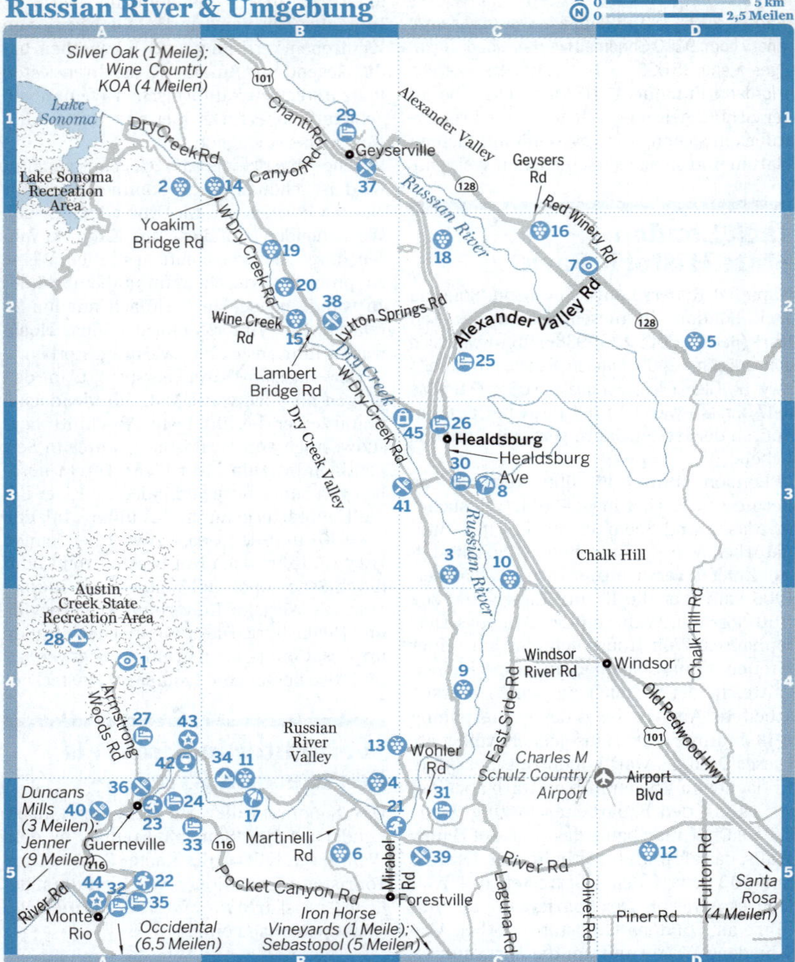

sie in einem ländlichen Tal, das von Hügeln mit Mammutbäumen umgeben wird. Hartford ist Spezialist für Chardonnay und Zinfandel sowie einem Pinot von einem einzigen Weinberg (acht Sorten). Manche Weine stammen von alten Rebstöcken. Im Garten stehen Picknicktische unter Sonnenschirmen. Einzelflaschen 35–70 US$.

Sophie's Cellars WEINLADEN $

(Karte S. 212; ☎707-865-1122; www.sophiescellars.com; 20293 Hwy 116; ⏲Do–Di 11–19 Uhr) Der tolle Laden gegenüber vom Rio Villa Beach Resort führt viele schwer aufzutreibende Kultmarken. Die Eigentümerin und Weinexpertin zeigt Kunden den Weg zu guten Winzereien. Zudem verkauft sie Käse aus Sonoma, der sich prima fürs Picknicken eignet.

Korbel WEINGUT

(Karte S. 212; ☎707-824-7316, 707-824-7000; www.korbel.com; 13250 River Rd; Verkostung gratis; ⏲10–17 Uhr; 🐾) Wunderbare Rosengärten (April–Okt.) und ein hauseigenes Spitzen-Feinkostgeschäft machen Korbel zu einer lohnenden Zwischenstation. Der Schampus ist aber gerade mal Mittelklasse.

Iron Horse Vineyards WEINGUT

(Karte S. 174; ☎707-887-1507; www.ironhorsevineyards.com; 9786 Ross Station Rd, Sebas-

Russian River & Umgebung

Sehenswertes
1 Armstrong Redwoods State Reserve A4
2 Bella Vineyards A1
3 De la Montanya C3
4 Gary Farrell B5
5 Hanna D2
6 Hartford Family Winery B5
7 Hawkes C2
8 Healdsburg Veterans Memorial Beach C3
9 Hop Kiln Winery C4
10 J Winery C3
11 Korbel B4
Locals Tasting Room .... (siehe 37)
12 Martinelli D5
13 Porter Creek B4
14 Preston Vineyards B1
15 Quivira B2
Sophie's Cellars .... (siehe 32)
16 Stryker Sonoma C2
17 Sunset Beach B5
18 Trentadue C2
19 Truett-Hurst B2
20 Unti Vineyards B2

Aktivitäten, Kurse & Touren
21 Burke's Canoe Trips B5
22 Northwood Golf Course A5
23 Pee Wee Golf & Arcade A5
River's Edge Kayak & Canoe Trips .... (siehe 8)
Russian River Adventures .... (siehe 8)

Schlafen
24 Applewood Inn A5
25 Belle de Jour Inn C2
26 Best Western Dry Creek Inn C3
27 Boon Hotel & Spa A4
28 Bullfrog Pond A4
Farmhouse Inn .... (siehe 39)
29 Geyserville Inn B1
Highland Dell .... (siehe 35)
30 L&M Motel C3
Madrona Manor .... (siehe 41)
31 Raford Inn C5
32 Rio Villa Beach Resort A5
33 Santa Nella House A5
34 Schoolhouse Canyon Campground B4
35 Village Inn A5

Essen
Applewood Inn Restaurant .... (siehe 24)
36 Coffee Bazaar A5
37 Diavola B1
Don's Dogs .... (siehe 44)
38 Dry Creek General Store B2
39 Farmhouse Inn C5
40 Garden Grill A5
Highland Dell .... (siehe 35)
Jimtown Store .... (siehe 7)
41 Madrona Manor C3
Village Inn .... (siehe 35)

Ausgehen
42 Stumptown Brewery A4

Unterhaltung
43 Rio Nido Roadhouse A4
44 Rio Theater A5

Shoppen
45 Gardener C3

topol; Verkostung 10–20 US$, Verrechnung mit Käufen; ⌚10–16.30 Uhr; 🐾) Auf einer Hügelspitze abseits des Hwy 116 liegt Iron Horse mit Traumaussicht auf das County. Dieses Weingut ist berühmt für seinen Pinot Noir und Sekt, der oft auch im Weißen Haus ausgeschenkt wird. In der „Probierstube" im Freien geht's erfrischend zwanglos zu: Wer genug verkostet hat, schüttet den Rest einfach ins Gras. Einzelflaschen 20–85 US$.

Marimar WEINGUT
(Karte S. 174; ☎707-823-4365; www.marimarestate.com; 11400 Graton Rd, Sebastopol; Verkostung 10 US$; ⌚11–16 Uhr; 🐾) Dieser Spezialist für reinen Bio-Chardonnay und -Pinot (sieben Sorten) liegt mitten im Nirgendwo oben auf einem Hügel. Zur spanisch anmutenden Probierstube gehört eine Terrasse mit traumhaftem Blick auf die Weinberge – ein super Platz fürs Picknick. Toll sind auch die Kombi-Verkostungen mit Tapas und Wein (35 US$). Einzelflaschen 29–52 US$.

Gary Farrell WEINGUT
(Karte S. 212; ☎707-473-2900; www.garyfarrellwines.com; 10701 Westside Rd; Verkostung 10–15 US$; ⌚10.30–16.30 Uhr; 🐾) Zwischen nachgewachsenen Mammutbäumen klebt die Probierstube von Gary Farrell hoch droben auf einem Hügelgipfel, von dem man auf den Russian River schaut. Der bekannte Winzer keltert eleganten Chardonnay und Pinot mit langem Abgang, die jeweils für

ihre gleichbleibende Qualität gelobt werden. Einzelflaschen 32–60 US$.

Porter Creek WEINGUT
(Karte S. 212; ☎707-433-6321; www.portercreekvineyards.com; 8735 Westside Rd; Verkostung gratis; 🐾) Dieser nordkalifornische Traditionswinzer zählt zu den Pionieren des biodynamischen Anbaus. Die Probierstube befindet sich in einer alten Garage aus den 1920er-Jahren. Ihre Bar besteht aus ehemaligen Bowlingbahn-Planken auf Fässern. Spezialitäten des Hauses sind ein sehr säurelastiger Pinot Noir und Chardonnay, die jeweils gut zum Essen passen. Hinzu kommen seidenweicher Zinfandel und andere Weine à la Burgund oder Rhône. Unbedingt auch die Vogelvoliere und die Jurte besichtigen! Einzelflaschen 24–65 US$.

Hop Kiln Winery WEINGUT
(Karte S. 212; ☎707-433-6491; www.hopkilnwinery.com; 6050 Westside Rd; Verkostung 5–7 US$; ⌚10–17 Uhr) Fotogenes, historisches Wahrzeichen mit geschäftigem Probierschuppen aus Mammutbaumholz; die hervorragenden Weinessigsorten (10 US$/Flasche) sind tolle Mitbringsel.

De la Montanya WEINGUT
(Karte S. 212; ☎707-433-3711; www.dlmwine.com; 2651 Westside Rd an der Foreman Lane; Verkostung 5 US$, Verrechnung mit Käufen; ⌚Mo–Do nach telefon. Vereinbarung, Fr–So 11–16.30 Uhr; 🐾) Am Wochenende trifft man den humorvollen Winzer selbst auf seinem winzigen Weingut an, aus dem 17 Sorten stammen. Es werden aus eigenen Trauben nur kleine Mengen gekeltert. Highlights sind Viognier, Primitivo (Zinfandel), Pinot und Cabernet. Der superbe „Sommer-Weißwein" und der Gewürztraminer wachsen quasi hinterm Haus. Für Gäste gibt's auch eine Bocciabahn und einen Picknickbereich im Schatten von Apfelbäumen. Einzelflaschen 20–60 US$.

Martinelli WEINGUT
(Karte S. 212; ☎707-525-0570; www.martinelliwinery.com; 3360 River Rd, Windsor; Verkostung 5–15 US$; ⌚10–17 Uhr; 🐾) Die Promi-Winzerin Helen Turley produziert einen fantastischen Pinot. In ihrem Probierschuppen mit Geschenkshop können zudem ein guter Syrah, Sauvignon Blanc und Chardonnay getestet werden.

J Winery WEINGUT
(Karte S. 212; ☎707-431-3646; www.jwine.com; 11447 Old Redwood Hwy; Verkostung 20 US$; ⌚11–17 Uhr) Die süffigen Schaumweine zählen zu den besten des Wine Country; die Verkostung kostet allerdings zu viel. Am besten in Läden vor Ort kaufen.

DRY CREEK VALLEY

Das zwischen bis zu 610 m hohen Bergen gelegene Dry Creek Valley ist relativ warm und bietet daher Rebsorten wie Sauvignon Blanc, Zinfandel oder (mancherorts) Cabernet Sauvignon ideale Bedingungen. Das Tal liegt westlich vom Hwy 101 zwischen Healdsburg und Lake Sonoma. Die Dry Creek Rd mit ziemlich flüssigem Verkehr fungiert als Hauptdurchgangsstraße. Die parallel verlaufende West Dry Creek Rd ist ein kurvenreiches Landsträßchen ohne Mittelmarkierung – und somit eine der herrlichen Nebenstrecken Sonomas, die sich ideal zum Radeln eignen.

Bella Vineyards WEINGUT
(Karte S. 212; ☎707-473-9171; www.bellawinery.com; 9711 W Dry Creek Rd; Verkostung 5–10 US$; ⌚11–16.30 Uhr; 🐾) Dieses stets fröhliche Weingut am oberen Nordende des Tals punktet u.a. mit super Atmosphäre und dynamischem Personal. Seine Keller sind direkt in den Berg hineingebaut. Die hauseigenen Trauben stammen z. B. von 100 Jahre alten Rebstöcken aus dem Alexander Valley. Der Schwerpunkt liegt auf großen Roten (Zinfandel und Syrah). Im Angebot sind aber auch ein vorzüglicher Rosé (super fürs Barbecue) und eine Zinfandel-Spätlese, die perfekt zu Schokoladenkuchen passt. Einzelflaschen 25–40 US$.

Preston Vineyards WEINGUT
(Karte S. 212; ☎707-433-3372; www.prestonvineyards.com; 9282 W Dry Creek Rd; Verkostung 10 US$, Verrechnung mit Käufen; ⌚11–16.30 Uhr; 👪) Die Farm von Bio-Pionier Lou Preston stammt aus dem 19. Jh. und versetzt Besucher zurück ins alte Sonoma County. Ein verwitterter Lattenzaun umgibt das zur Probierstube umgebaute Bauernhaus. Bonbonfarbene Wände sowie Decken mit Nut und Feder verleihen dem Ganzen eine ländliche Atmosphäre. Aushängeschild ist der Sauvignon Blanc mit leichtem Zitrusaroma. Unbedingt probieren sollte man aber auch die Rhône-Sorten und limitierten Weine (Mourvèdre, Viognier, Cinsault, kultverdächtiger Barbera). Preston bäckt zudem gutes Brot. Wer möchte, kann im Schatten eines Walnussbaums picknicken und danach eine Runde Boccia spielen (Mo–Fr). Einzelflaschen 24–38 US$.

Truett-Hurst
WEINGUT

(Karte S. 212; ☎707-433-9545; www.truetthurst.com; 5610 Dry Creek Rd; Verkostung 5 US$, Verrechnung mit Käufen; ⏲10–17 Uhr; 🐾) Auf dem jüngsten Bioweingut des Dry Creek Valley kann man auf Adirondack-Gartensesseln am Bachufer picknicken. Die fesche, moderne Probierstube präsentiert Zinfandel von alten Reben, einen großartigen Petite Syrah und Pinot vom Russian River. Nach dem Verkosten geht's über gewundene Pfade durch duftende Schmetterlingsgärten zum Bach, wo im Herbst Lachse laichen. Am stets spaßigen Wochenende gibt's **Livemusik** (⏲Sa & So 13–17 Uhr) zu Kombis aus Essen und Wein.

Unti Vineyards
WEINGUT

(Karte S. 212; ☎707-433-5590; www.untivineyards.com; 4202 Dry Creek Rd; Verkostung 5 US$, Verrechnung mit Käufen; ⏲10–16 Uhr nach Vereinbarung; 🐾) In einer fensterlosen Garage mit Neonröhren entstehen hier Rote aus eigenen Trauben – darunter Grenache à la Châteauneuf-du-Pape, ein unwiderstehlicher Syrah und ein sensationeller Sangiovese. Kenner schätzen die Weine für ihre strukturierten Tannine und konzentrierten Fruchtaromen. Fans traditionell gekelterter Weine sollten Unti unbedingt besuchen. Einzelflaschen 22–35 US$.

Quivira
WEINGUT

(Karte S. 212; ☎707-431-8333; www.quivirawine.com; 4900 W Dry Creek Rd; Verkostung 5 US$, Verrechnung mit Käufen; ⏲11–17 Uhr; 👪🐾) Sonnenblumen, Lavendel und krähende Hähne begrüßen Besucher dieses Biobauernhofs mit Weingut. Gäste dürfen auf eigene Faust den Garten erkunden und am Rand der Weinberge picknicken. Zwischen den Reben können Kinder nach dem Betriebsmaskottchen, einem Mini-Wildschwein, suchen. Erwachsene probieren währenddessen Rhône-Sorten und ungewöhnliche Cuvées wie die leckere Kreation aus Sauvignon Blanc und Gewürztraminer. Einzelflaschen 18–45 US$.

ALEXANDER VALLEY

Postkartenreife Panoramen und weitläufige Weinberge prägen das ländliche Alexander Valley am Rand der Mayacamas Mountains. Die heißen Sommer sind ideal für Cabernet Sauvignon, Merlot und wärmeliebenden Chardonnay. Sauvignon Blanc und Zinfandel gedeihen hier aber ebenfalls bestens. Veranstaltungsinfos gibt's unter www.alexandervalley.org.

Stryker Sonoma
WEINGUT

(Karte S. 212; ☎707-433-1944; www.strykersonoma.com; 5110 Hwy 128; Verkostung 10 US$, Verrechnung mit Käufen; ⏲10.30–17 Uhr; 👪) Wow! Die Aussicht von der Probierstube ist grandios. Oben auf einem Hügel verkostet man Spitzenweine (Sangiovese, fruchtigen Zinfandel), die sonst nirgendwo erhältlich sind. Prima Picknickmöglichkeiten; Einzelflaschen 20–50 US$.

Hawkes
VERKOSTUNG

(Karte S. 212; ☎707-433-4295; www.hawkeswine.com; 6734 Hwy 128; Verkostung 10 US$, Verrechnung mit Käufen; ⏲10–17 Uhr; 🐾) Abgefahrene Teekannen zieren die Wände dieser freundlichen Probierstube, die beim Erkunden des Tals einen lässigen Zwischenstopp am Straßenrand ermöglicht. Der Cabernet aus Einzellage ist extrem gut. Gleiches gilt für die Cuvées oder den klaren, erfrischenden und nicht malolaktisch gegärten Chardonnay mit einer dadurch ausgeprägten Säure und Fruchtigkeit. Einzelflaschen 20–70 US$.

Hanna
WEINGUT

(Karte S. 212; ☎707-431-4310, 800-854-3937; http://hannawinery.com; 9280 Hwy 128; Verkostung 10 US$; ⏲10–16 Uhr; 🐾) Am Rand von mit Eichen bestandenen Hügeln wartet die Hanna-Probierstube mit schönem Weinbergblick und prima Picknickmöglichkeiten auf. An der Bar lassen sich neben Merlot und Cabernet aus hauseigenen Trauben auch volle Zinfandel und Syrah testen. Wer möchte, kann obendrein Wein und Käse kombiniert am Tisch verkosten (25 US$). Einzelflaschen 20–70 US$.

Silver Oak
WEINGUT

(außerhalb der Karte S. 212; ☎800-273-8809; www.silveroak.com; 24625 Chianti Rd; Verkostung 20 US$, teilweise Verrechnung mit Käufen; ⏲Mo–Sa 9–16 Uhr) Die Filiale des legendären Napa-Weinguts kredenzt gleichermaßen edlen Cabernet aus dem Alexander Valley. Einzelflaschen ab 70 US$.

Trentadue
WEINGUT

(Karte S. 212; ☎707-433-3104, 888-332-3032; www.trentadue.com; 19170 Geyserville Ave; Fortwein-Verkostung 5 US$; ⏲10–17 Uhr) Spezialist für Portweine (nur Rubys, keine Tawnys); der Chocolate Port ist ein super Mitbringsel.

Sebastopol

Weintrauben haben die Äpfel inzwischen als hiesige Haupteinkommensquelle verdrängt. Dennoch fußt Sebastopols ländliche Identität immer noch auf dem Apfel. Hiervon zeugt z.B. der stark beworbene Gravenstein Apple Fair im Sommer. Der Verkehr im Ortszentrum erinnert an den Vorort einer Großstadt. Ein leichter Hippie-Touch verleiht dem Ganzen aber etwas Farbe. Sebastopol steht für die erfrischend schnörkellose Seite des Wine Country und ist ein preiswerter Ausgangspunkt für die Erkundung der Gegend.

Der Hwy 116 gabelt sich im Stadtzentrum: Südwärts wird er zur Main St, gen Norden zur Petaluma Ave. Nördlich der Stadt heißt die Straße Gravenstein Hwy N und führt weiter nach Guerneville. Südlich vom Zentrum erstreckt sie sich als Gravenstein Hwy S in Richtung Hwy 101 und Sonoma.

Sehenswertes & Aktivitäten

Rund um Sebastopol gibt's familienfreundliche Bauernhöfe, Gärten, Tierschutzgebiete und SB-Obstplantagen. Der **Sonoma County Farm Trails Guide** (www.farmtrails.org) liefert eine Übersicht fürs ganze County.

Bauernmarkt MARKT
(Ecke Petaluma & McKinley Ave; April–Mitte Dez. So 10–13.30 Uhr) Auf der Plaza im Stadtzentrum.

Sturgeon's Mill SÄGEMÜHLE
(www.sturgeonsmill.com; 2150 Green Hill Rd;) Jedes Jahr wird die historische, dampfbetriebene Sägemühle an mehreren Wochenenden für Besucher angeworfen (Details s. Website).

Feste & Events

Apple Blossom Festival KULTUR
(www.sebastopol.org) Apfelblütenfest im April.

Gravenstein Apple Fair ESSEN
(www.farmtrails.org/gravenstein-apple-fair) Sebastopols großes Apfelfest im August.

Schlafen

Sebastopol ist prima für Unternehmungslustige, die das Russian River Valley und die Küste erkunden wollen.

Sebastopol Inn MOTEL $$
(707-829-2500, 800-653-1082; www.sebastopolinn.com; 6751 Sebastopol Ave; Zi. 119–179 US$;) Das eigenständige, *ungewöhnliche* Motel punktet mit ruhiger Lage abseits der Straße und generell vernünftigen Preisen für seine einfachen, aber attraktiven Zimmer. Draußen warten ein Whirlpool und eine Spielwiese für Kinder.

Vine Hill Inn B&B $$
(707-823-8832; www.vine-hill-inn.com; 3949 Vine Hill Rd; Zi. inkl. Frühstück 170 US$;) Alte Landschaftgärten umgeben dieses viktorianische Bauernhaus von 1897. Die vier Zimmer mit Weinbergblick liegen gleich nördlich der Stadt am Hwy 116. Zwei davon besitzen einen Whirlpool. Die Frühstückseier stammen von hauseigenen Hühnern.

Raccoon Cottage COTTAGE $$
(707-545-5466; www.raccooncottage.com; 2685 Elizabeth Ct; Cottage inkl. Frühstück 130–150 US$) Kleines B&B-Cottage, das abseits der Vine Hill Rd inmitten von Eichen, Obstbäumen und Gärten steht.

Fairfield Inn & Suites HOTEL $$
(707-829-6677, 800-465-4329; www.winecountryhi.com; 1101 Gravenstein Hwy S; Zi. 129–209 US$;) Modernes Standardhotel mit Whirlpool. Die Zimmer haben Kühlschrank und Kaffeemaschine.

Essen

Imbiss-Trucks (Do 11.30–14.30 Uhr) verkaufen Köstliches auf dem Parkplatz von **O'Reilly Media** (1050 Gravenstein Hwy N).

K&L Bistro FRANZÖSISCH $$$
(707-823-6614; www.klbistro.com; 119 S Main St; Gerichte mittags 14–20 US$, abends 19–29 US$; Mo–Sa 11.30–14.30 & 17.30–21 Uhr) Sebastopols Toprestaurant serviert ländliche, französisch-kalifornisch angehauchte Hausmannskost. In geselliger, wenn auch lauter Bistro-Atmosphäre landen hier Klassiker wie Muscheln mit Pommes oder Grillsteaks mit eingedickter Rotweinsauce auf dem Teller. An den dicht gedrängten Tischen sitzen stets freundliche Gäste. Reservierung erforderlich.

Hopmonk Tavern KNEIPE $$
(707-829-7300; www.hopmonk.com; 230 Petaluma Ave; Hauptgerichte 10–20 US$; 11.30–21 Uhr) Das exzellente Essen in dem umgebauten Bahnhofs von 1903 passt prima zu den insgesamt 76 Biersorten, die jeweils in passenden Gläsern serviert werden. Vorzügliche Burger, Wurstplatten, Salate und gebratene Calamari.

East-West Cafe MEDITERRAN $
(707-829-2822; www.eastwestcafesebastopol.com; 128 N Main St; Hauptgerichte 9–12 US$; Mo–Sa 8–21, So 8–20 Uhr;) Das Angebot des schlichten Cafés reicht von Pfannengerichten, makrobiotischen Wraps und Burgern mit Fleisch vom Freilandrind bis hin zu

huevos rancheros (Maismehl-Tortillas mit Spiegelei und Chili-Tomaten-Sauce). Morgens gibt's feine Pancakes aus Blauem Mais.

Slice of Life VEGETARISCH $
(☎707-829-6627; www.thesliceoflife.com; 6970 McKinley St; Hauptgerichte unter 10 US$; ⏲Di–Fr 11–21, Sa & So 9–21 Uhr;) Das vegan-vegetarische Superlokal kredenzt auch Pizzas, leckere Smoothies, Dattelshakes und Frühstück (ganztägig).

Mom's Apple Pie KUCHEN $
(☎707-823-8330; www.momsapplepieusa.com; 4550 Gravenstein Hwy N; ganzer Kuchen 7–15 US$; ⏲10–18 Uhr;) Hier dreht sich alles um Kuchen mit lecker-lockerer Kruste. Vor allem im Herbst schmeckt der Apfelkuchen erwartungsgemäß gut. Der Hit ist aber die Blaubeer-Variante mit extra Vanilleeis.

Viva Mexicana MEXIKANISCH $
(☎707-823-5555, 707-829-5555; 841 Gravenstein Hwy S; Hauptgerichte 8–10 US$; ⏲8–20 Uhr;) Winzige *taquería* mit guten vegetarischen Gerichten und Straßentischen im Freien.

Fiesta Market MARKT $
(☎707-823-9735; fiestamkt.com; 550 Gravenstein Hwy N; ⏲8–20 Uhr) Beste örtliche Quelle für Lebensmittel und Picknickproviant.

Screamin' Mimi EIS $
(☎707-823-5902; www.screaminmimisicecream.com; 6902 Sebastopol Ave; ⏲11–22 Uhr) Köstliches hausgemachtes Eis.

Ausgehen & Unterhaltung

Hardcore Espresso CAFÉ
(☎707-823-7588; 1798 Gravenstein Hwy S; ⏲6–19 Uhr;) Das unkonventionelle, aber dennoch klassische Café im nordkalifornischen Stil ist eigentlich eine Bretterbude mit Wellblechdach; Tische stehen drinnen oder draußen unter Sonnenschirmen. Einheimische Hippies und Kunstfreaks laben sich hier an Fruchtshakes oder Sebastopols bestem Biokaffee.

Hopmonk Tavern KNEIPE
(☎707-829-7300; www.hopmonk.com; 230 Petaluma Ave; ⏲11.30–22, Wochenende 11.30 Uhr–open end) Stets spaßiger Biergarten mit 76 traditionell und teils selbst gebrauten Gerstensaftsorten; Open-Mic-Events (Di) und Livemusik an den meisten Abenden.

Aubergine After Dark KABARETT
(☎707-861-9190; aubergineafterdark.com; 755 Petaluma Ave; ⏲So–Do 16–24, Sa & So 16–1 Uhr) In dem coolen Café mit Boheme-Touch, Snacks, Koffeingetränken und Bar treten am Wochenende verschiedene Künstler auf. Nebenan befindet sich ein Vintage-Kaufhaus.

Jasper O'Farrell's BAR
(☎707-823-1389; 6957 Sebastopol Ave; ⏲Di–So) Belebte Bar mit Billard, abendlicher Livemusik (Mi) und guten Getränke-Specials.

Coffee Catz CAFÉ
(☎707-829-6600; www.coffeecatz.com; 6761 Sebastopol Ave; ⏲Fr & Sa 7–22, So–Do 7–18 Uhr) Café in einem historischen Bahnhof (Gravenstein Station) mit akustischer Livemusik am Nachmittag bzw. frühen Abend (Do–So).

Shoppen

Antiquitätenläden säumen den Gravenstein Hwy S in Richtung Hwy 101.

Renga Arts KUNSTHANDWERK, GESCHENKE
(☎707-823-9407; www.rengaarts.com; ⏲Do–Mo 11–17 Uhr) Aus Alt mach Neu – und das mit Stil: Vom Vogelhäuschen bis hin zur Halskette aus Flaschenverschlüssen verkauft der Laden ausschließlich raffinierte, funktionale Kunstartikel aus Recyclingmaterial. Eigentümer Joe liefert viele umfassende Infos zum westlichen Sonoma County – einfach mal Hallo sagen.

Aubergine VINTAGE-BEKLEIDUNG
(☎707-827-3460; www.aubergineafterdark.com; 755 Petaluma Ave, Sebastopol) Großes Vintage-Kaufhaus, das auf europäische Secondhand-Klamotten spezialisiert ist.

Sumbody BEAUTY
(☎707-823-2053; www.sumbody.com; 118 N Main St; ⏲Mo–Sa 10–19, So 10–17 Uhr) Umweltfreundliche Badeprodukte und kleines, günstiges Wellnesscenter (Gesichtsbehandlung/Massage 49/75 US$).

Toyworks SPIELZEUG
(☎707-829-2003; www.sonomatoyworks.com; 6940 Sebastopol Ave;) Eigenständiger Spielzeugladen mit sensationellem, hochwertigem Kindersortiment.

Antique Society ANTIQUITÄTEN
(☎707-829-1733; www.antiquesociety.com; 2661 Gravenstein Hwy S) 125 Antiquitätenhändler unter einem Dach.

Beekind ESSEN, HAUSHALTSWAREN
(☎707-824-2905; www.beekind.com; 921 Gravenstein Hwy S) Honig- und Bienenwachskerzen aus einheimischer Produktion.

Copperfield's Books BUCHLADEN
(☎707-823-2618; www.copperfields.net; 138 N Main St) Eigenständiger Buchladen mit Literaturevents.

Incredible Records MUSIKLADEN
(☎707-824-8099; 112 N Main St) Legendärer Plattenladen.

Midgley's Country Flea Market MARKT
(☎707-823-7874; mfleamarket.com; 2200 Gravenstein Hwy S; ⌚Sa & So 6.30–16.30 Uhr) Größter Flohmarkt der Region.

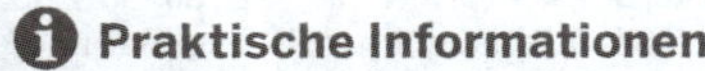

Praktische Informationen

Sebastopol Area Chamber of Commerce & Visitors Center (☎707-823-3032, 877-828-4748; www.visitsebastopol.org; 265 S Main St; ⌚Mo–Fr 10–16 Uhr) Karten, Infos und Ausstellungen.

Occidental

Unser Favorit im West County ist eine Oase für Künstler, Aussteiger und Stadtflüchtlinge. Die einzige Hauptstraße mit Häusern aus dem 19. Jh. lässt sich innerhalb einer Stunde gut zu Fuß erkunden. Wer nordwärts weiterfährt, trifft in Monte Rio auf den Russian River. **Bohemian Connection** (www.bohemianconnection.com) liefert Infos. Zur Weihnachtszeit putzt sich Occidental piekfein heraus, wenn Familien aus der Bay Area herbeiströmen, um den Baum zu kaufen. An den Wochenenden werden dann im Bocce Ballroom des Union Hotel Plätzchen dekoriert und Weihnachtslieder geträllert.

Sehenswertes & Aktivitäten

Als Treffpunkt der Gemeinde ist der **Bauernmarkt** (www.occidentalfarmersmarket.com; ⌚Juni–Okt. Fr 16 Uhr–Sonnenuntergang) einen Abstecher wert: Dort sind auch Musiker, Kunsthandwerker und – als Hauptattraktion – **Gerard's Paella** (www.gerardspaella.com) aus der bekannten TV-Kochserie zugegen.

Sonoma Canopy Tours ÖKOTOUR
(☎888-494-7868; www.sonomacanopytours.com; 6250 Bohemian Hwy; Erw. 79–89 US$, Kind 49 US$) Nördlich der Stadt können Wagemutige entlang von sieben vernetzten Seilrutschenstrecken durch die Mammutbaumwipfel flitzen und sich zum Schluss ca. 24 m tief abseilen. Reservierung erforderlich.

Osmosis Enzyme Bath & Massage BADEHAUS
(☎707-823-8231; www.osmosis.com; 209 Bohemian Hwy; ⌚9–21 Uhr) Rund 3 Meilen (4,8 km) weiter südlich liegt Freestone mit diesem japanisch angehauchten Badehaus, das ganz im Zeichen der Ruhe steht. Gäste werden z. B. mit Bädern verwöhnt, die auf dem aromatischen Trockenextrakt enzymhaltiger Zedernholzfasern basieren (Bad inkl. Lakenwickel 85 US$). Zudem kann man in den reizenden Gärten meditieren, Tee trinken oder sich massieren lassen. Reservierung erforderlich.

Schlafen

Inn at Occidental INN **$$$**
(☎707-874-1047, 800-522-6324; www.innatoccidental.com; 3657 Church St; Zi. inkl. Frühstück 229–339 US$; ❄@📶🐾) Der viktorianische, wunderschön restaurierte Inn voller antiker Sammlerstücke zählt zu Sonomas besten Unterkünften. In den 18 Zimmern gibt's Gaskamine und behagliche Daunendecken.

Valley Ford Hotel INN **$$**
(☎707-876-1983; www.vfordhotel.com; Zi. 115–165 US$) Umgeben von Weideland liegt das Inn aus dem 19. Jh. im benachbarten Nest Valley Ford. Seine sechs Zimmer verfügen

PANORAMASTRASSE: COLEMAN VALLEY ROAD

Die malerischste Panoramastrecke des Wine Country führt nicht durch die Weinberge, sondern windet sich zwischen Occidental und dem Meer durch das West County. Die Nebenroute (10 Meilen/16 km) ist am schönsten, wenn sich vormittags der Nebel verzogen hat. Am besten folgt man ihr westwärts, also mit der Sonne im Rücken und dem Meer voraus. Zuerst geht's durch Mammutbaumwälder und grüne Täler, in denen Douglasien mit Moosbärten stehen – im Nebel ein gruseliger Anblick. Die besten Fotomotive bieten sich etwas später, wenn die Straße zwischen schroffen Felsformationen rund 300 m hohe Hügel mit knorrigen Eichen erklimmt und drunten das weite Blau des Pazifiks erstrahlt. Die Fahrt endet am Küstenhighway 1, wo der Sonoma Coast State Beach zu Erkundungen einlädt. Danach kann man noch links abbiegen und das Nest Bodega (nicht Bodega Bay!) besuchen: Dort lassen sich einige Drehorte des Hitchcock-Klassikers *Die Vögel* (1963) besichtigen.

über gute Betten mit weichen Laken. Weitere Pluspunkte sammeln die tollen Preise und die spitzenmäßige Restaurantkneipe im Untergeschoss.

Occidental Hotel MOTEL $$
(☎707-874-3623, 877-867-6084; www.occidentalhotel.com; 3610 Bohemian Hwy; Zi. 130–160 US$, 4BZ mit 2 Schlafzi. 180–200 US$; ❄📶S🐾) Peppige Motelzimmer.

Essen

Auf dem **Bohemian Market** (☎707-874-3312; 3633 Main St; ⏲8–21 Uhr) gibt's die besten Lebensmittel. Die **Wild Flour Bakery** (☎707-874-3928; www.wildflourbread.com; 140 Bohemian Hwy; ⏲Fr–Mo 8.30–18 Uhr) in Freestone verkauft Kaffee, Milchbrötchen und herzhaftes, handgemachtes Steinofenbrot.

Bistro des Copains FRANZÖSISCH-KALIFORNISCH $$$
(☎707-874-2436; www.bistrodescopains.com; 3728 Bohemian Hwy; Hauptgerichte 23–25 US$, 3-gängiges Menü 38–42 US$; ⏲Mi–Mo 17–21 Uhr) Das Bistro ist einen Abstecher wert: Es lockt Genießer mit französisch-kalifornischer Landküche (z.B. Entenbraten, Steak plus Pommes) und tollen Weinen. Bei Weinen aus Sonoma beträgt die Entkorkungsgebühr 10 US$. Reservierung erforderlich.

Howard Station Cafe CAFÉ $
(☎707-874-2838; www.howardstationcafe.com; 3811 Bohemian Hwy; Hauptgerichte 8–11 US$; ⏲7–14.30 Uhr; 🖋📶) Üppig portionierte Hausmannskost und frisch gepresste Säfte.

Barley & Hops KNEIPE $$
(☎707-874-9037; barleyandhopstavern.blogspot.com; 3688 Bohemian Hwy; Hauptgerichte 10–15 US$; ⏲Mo–Fr 16–21.30, Sa & So 11–21.30 Uhr; 🖋) Serviert Sandwiches, riesige Salate, Lammragout und über 100 Biersorten.

Union Hotel ITALIENISCH $$
(☎707-874-3555; www.unionhoteloccidental.com; 3703 Bohemian Hwy; Gerichte 15–25 US$; 👪) Occidental hat zwei italoamerikanische Old-School-Restaurants mit familiärem Ambiente. Obwohl beide keine Top-Adressen sind, ist das Union etwas besser als das Negri's. In seinem Saloon von 1869 tischt es ein schwer zu schlagendes Mittagsspecial auf (ganze Pizza, Salat und Softdrink für 12 US$). Abends wird im fabelhaften Bocce Ballroom gefuttert.

Negri's ITALIENISCH $$
(☎707-823-5301; www.negrisrestaurant.com; 3700 Bohemian Hwy; Gerichte 15–25 US$; 👪) Mehrgängige Abendmenüs in familiärer Atmosphäre.

Shoppen

Verdigris HAUSHALTSWAREN
(☎707-874-9018; www.lightartlamps.com; 72 Main St; ⏲Do–Mo) Tolle kunstvolle Lampen.

Hand Goods KERAMIK
(☎707-874-2161; www.handgoods.net; 3627 Main St) Keramiker- und Töpferkollektiv.

Guerneville & Umgebung

Guerneville, der größte Urlaubsort am Russian River, ist an den Sommerwochenenden belebt von partywütigen Schwulen, sonnenanbetenden Lesben und langhaarigen, biertrinkenden Harleyfahrern – daher auch der Spitzname „Groin-ville". Die Schwulenszene lässt sich allerdings seit der unglückseligen Schließung von Fifes, dem ersten Schwulen-Resort der Welt, seltener hier blicken. Aber dennoch kommen viele hierher, um Kanu oder Kajak zu fahren, in den Wäldern zu wandern oder am Pool mit einem Cocktail in der Hand einen drauf zu machen.

Flussabwärts ist man an einigen Stellen nicht wirklich sicher (Drogen). Die hiesige Handelskammer hat zwar die meisten Junkies aus Guernevilles Main St verjagt, aber dennoch kann einem auf einigen der abgelegeneren Nebenstraßen mulmig werden. Ein ungutes Gefühl – besonders auf Campingplätzen – ist meistens berechtigt.

4 Meilen (6,5 km) weiter stromabwärts liegt das winzige Monte Rio. Auf einem Schild über dem Hwy 116 steht: „Vacation Wonderland" – eine schamlose Übertreibung. Aber der hundefreundliche Strand ist für Familien der Renner. Weiter im Westen wirkt das idyllische Duncans Mills mit nur ein paar Dutzend Einwohnern und historischen Gebäuden, als sei es einem Bilderbuch entsprungen. Das weiter flussaufwärts, östlich von Guerneville gelegene Forestville markiert den Übergang zum landwirtschaftlich geprägten Gebiet.

Sehenswertes & Aktivitäten

Der Fluss wird von Sandstränden und Badebuchten gesäumt. Der **Sunset Beach** (Karte S. 212; www.sonoma-county.org/parks; 11403 River Rd, Forestville; 6 US$/Auto) östlich der Stadt bietet guten Zugang zum Ufer. Angel- und Wassersportausrüster sind von Mitte Mai bis Anfang Oktober aktiv. Danach lassen die Winterregenfälle den Fluss gefährlich anschwellen. Der **Bauernmarkt** im Ortszentrum findet von Juni bis September statt (Mi 16–19 Uhr). Im Sommer kommt samstags (11–14 Uhr) ein zweiter am Monte Rio Beach hinzu.

Armstrong Redwoods State Reserve NATURSCHUTZGEBIET
(Karte S. 212; www.parks.ca.gov; 17000 Armstrong Woods Rd; Fahrzeug 8 US$/Tag) Rund 2 Meilen (3,2 km) nördlich von Guerneville liegt dieser Mammutbaumwald (326 ha), der im 19. Jh. von einem Holzmagnaten verschont wurde. Fußgänger und Radler müssen keinen Eintritt bezahlen; nur Parken ist kostenpflichtig. Kurze Lehrpfade führen in die verwunschenen Haine hinein. Dahinter beginnen die Eichenwälder der benachbarten **Austin Creek State Recreation Area** mit einem insgesamt 32 km langen Wegenetz. Dieser Park zählt zu den letzten verbliebenen Wildnisgebieten des Sonoma County. Achtung: Da der US-Staat Kalifornien notorisch klamm ist, ist der Park eventuell vorübergehend geschlossen!

Burke's Canoe Trips KANU- & KAJAKFAHREN
(Karte S. 212; ☎707-887-1222; www.burkescanoetrips.com; 8600 River Rd, Forestville; Leihkanu 60 US$; 👪) Für einen Tag auf dem Fluss gibt's nichts Besseres als Burke's. Die selbstgeführten Kanu- und Kajaktrips beinhalten stets den Rücktransport zum eigenen Auto. Sie dauern jeweils ca. vier Stunden und müssen im Voraus gebucht werden. Kunden können auch am Flussufer im Mammutbaumhain campieren (10 US$/Pers.).

Pee Wee Golf & Arcade MINIGOLF, RADFAHREN
(Karte S. 212; ☎707-869-9321; 16155 Drake Rd am Hwy 116; Spiel 18/36 Löcher 8/12 US$; ⏲Memorial Day–Labor Day 11–22 Uhr, Sept. nur Sa & So; 👪) Gleich südlich der Brücke (Hwy 116) versetzt einen der tadellos gepflegte, altmodisch-kitschige Minigolfplatz mit 36 Löchern zurück ins Jahr 1948. Unter den Hindernissen in fröhlichen Farben sind z. B. ein Tyrannosaurus Rex oder Yogi Bär. Gäste können ihre eigenen Cocktails mitbringen und auch Gasgrills (20 US$) oder Fahrräder (30 US$) leihen.

Armstrong Woods Pack Station REITEN
(☎707-887-2939; www.redwoodhorses.com) Veranstaltet ganzjährig zweieinhalbstündige (80 US$) und ganztägige Ausritte sowie Pferdetreks mit Übernachtung. Reservierung erforderlich.

Johnson's Beach BOOTSVERLEIH
(☎707-869-2022; www.johnsonsbeach.com; am Ende der Church St, Guerneville) Verleiht Kanus, Paddelboote und andere Wasserfahrzeuge (ab 30 US$).

King's Sport & Tackle ANGELN, KANU- & KAJAKFAHREN
(☎707-869-2156; www.kingsrussianriver.com; www.guernevillesport.com; 16258 Main St, Guerneville) *Die* örtliche Quelle für Angelausrüstung und Infos zum Fluss. Verleiht auch Kanus (55 US$) und Kajaks (35–55 US$).

ABSTECHER

VALLEY FORD

Sanfte Hügel mit grasenden Kühen und der dazugehörige Duft in der Luft machen Valley Ford (147 Ew.) zu einem lebendigen Gemälde kalifornischer Ursprünglichkeit – die mitunter regelrecht erzwungene Kultiviertheit anderer Wine-Country-Ecken ist hier überhaupt nicht zu spüren. Das Nest eignet sich ideal, um während der Fahrt über Nebenstrecken einmal günstig zu übernachten oder gemütlich zu speisen.

Mit den Werkstätten eines Steinmetzes und eines Möbeltischlers vermittelt **West County Design** (☎707-875-9140; 14390 Hwy 1; ⏲Do–So) einen Eindruck von modernem kalifornischem Einrichtungsdesign. Hinterm Haus produziert ein weiterer Handwerker seine Vogelhäuschen.

Rocker Oysterfeller's (☎707-876-1983; www.rockeroysterfellers.com; 14415 Hwy 1; Hauptgerichte 14–22 US$; ⏲Mi–Fr 16.30–20.30, Sa & So 10–20.30 Uhr) hat eine super Weinbar und punktet mit leckerem Essen wie gegrillten Austern, Steaks, Brathähnchen oder Krebsküchlein. Alternative: Auf Picknicktischen serviert das **Fish Bank** (☎707-876-3473; www.sonomacoastfishbank.com; 14435 Hwy 1; ⏲Mi–So 11.30–18 Uhr) Krabbenbrötchen, Fischsalate, Suppen aus Meeresfrüchten, Käse und Brot – auch prima Proviant für die Weiterfahrt zur Küste gibt's hier. Zum Übernachten empfiehlt sich das Valley Ford Hotel (S. 218) mit schlichten B & B-Landhauszimmern.

Northwood Golf Course GOLF

(Karte S. 212; ☎707-865-1116; www.northwoodgolf.com; 19400 Hwy 116, Monte Rio) Der Golfplatz (Par 36, 9 Löcher) wurde in den 1920er-Jahren von Alistair MacKenzie entworfen.

Feste & Events

Monte Rio Variety Show MUSIK

(www.monterioshow.org; Juli) Mitglieder der Elite-Geheimgesellschaft Bohemian Club (googeln!) treten öffentlich auf. Gelegentlich machen auch Promis unangekündigt mit.

Lazy Bear Weekend KULTUR

(www.lazybearweekend.com; Aug.) Im Klartext: kräftige, behaarte Schwule.

Russian River Jazz & Blues Festival MUSIK

(www.omegaevents.com/russianriver; Sept.) Beim Bluestag nach dem Jazztag stehen manchmal Berühmtheiten wie B.B. King auf der Bühne.

Schlafen

Am Russian River gibt's nur wenige Budgetoptionen. Allerdings fallen die Zimmerpreise unter der Woche. An Wochenenden und Feiertagen ist Reservierung erforderlich. Viele Unterkünfte haben kein TV. Da der Fluss manchmal über die Ufer steigt, bestehen die Fußböden in einigen Hotels aus kaltem Linoleum. Schlappen bzw. Hausschuhe sind daher sicher nützlich.

GUERNEVILLE

Der Vorteil von Unterkünften im Stadtzentrum ist die Laufentfernung zu Restaurants und Bars. Das Russian River Resort (alias Triple R) war zum Recherchezeitpunkt gerade geschlossen. Das alteingesessene Schwulenhotel mit Disko könnte aber jederzeit wieder eröffnen – die Handelskammer weiß Näheres.

Applewood Inn INN $$$

(Karte S. 212; ☎707-869-9093, 800-555-8509; www.applewoodinn.com; 13555 Hwy 116; Zi. inkl. Frühstück 195–345 US$; ❄@📶≋) Der gemütliche Ex-Landsitz auf einem bewaldeten Hügelgipfel südlich der Stadt ist ein tolles Refugium. Er punktet mit eigenem Mini-Spa und großartigen Details im Stil der Arts and Crafts Movement (dunkles Holz, schwere Möbel). In den Zimmern warten Whirlpools, Doppelduschen, Luxusbettwäsche und teils auch offene Kamine.

Fern Grove Cottages HÜTTEN $$

(☎707-869-8105; www.ferngrove.com; 16650 River Rd; Hütte inkl. Frühstück 159–219 US$, Hütte mit Küche 199–269 US$; @📶S) Das fröhliche Resort in Guernevilles Zentrum vermietet altmodische, mit Kiefernholz vertäfelte Hütten aus den 1930er-Jahren. Die verstecken sich in üppigen Blumengärten unter Mammutbäumen und besitzen teilweise Whirlpools oder offene Kamine. Das Poolwasser enthält Salz statt Chlor. Der liebenswerte britische Gastwirt fungiert auch als Portier. Zum Frühstück gibt's hausgemachte Milchbrötchen.

Boon Hotel & Spa INN $$$

(Karte S. 212; ☎707-869-2721; www.boonhotels.com; 14711 Armstrong Woods Rd; Zi. 180–225 US$; 📶≋🐾) Das moderne Motel aus der Mitte des 20. Jhs. kommt minimalistisch daher. Elemente wie Bettwäsche aus Bio-Baumwolle lassen es nüchtern, aber lebhaft erscheinen. Die 14 geräumigen Zimmer umgeben einen Innenhof mit (Whirl-)Pool und verfügen meist über Holzkamine. In die Stadt gelangt man mit dem Auto oder dem kostenlosen Leihfahrrad.

Santa Nella House B&B $$

(Karte S. 212; ☎707-869-9448; www.santanellahouse.com; 12130 Hwy 116; Zi. inkl. Frühstück 179–199 US$; @📶) Südlich der Stadt vermietet dieses viktorianische Haus von 1871 insgesamt vier blitzsaubere Zimmer mit Holzkaminen und verspielten viktorianischen Möbeln. Die Quartiere im Obergeschoss sind am größten. Draußen gibt's einen Whirlpool und eine Sauna. Beste Option für Fans geschmackvoller B&Bs.

Highlands Resort HÜTTEN, CAMPING $$

(☎707-869-0333; www.highlandsresort.com; 14000 Woodland Dr; Stellplatz für Zelt 20–25 US$; Zi. ohne Bad 70–80 US$, Zi. mit Bad 90–100 US$, Hütte 120–205 US$; 📶≋) Guernevilles ruhigstes reines Schwulenresort liegt in Laufentfernung zur Stadt an einem bewaldeten Hang. Die einfach möblierten Zimmer und kleinen Hütten mit Veranden werden durch Zeltstellplätze ergänzt. In das große Schwimmbecken und in den Whirlpool (Tagesgebühr Wochentag/Wochenende 5/10 US$) darf auch ohne Badehose gesprungen werden.

Riverlane Resort HÜTTEN $$

(☎707-869-2323, 800-201-2324; www.riverlaneresort.com; 16320 1st St; Hütte 90–150 US$; 📶≋) Mitten im Stadtzentrum stehen hier supersaubere Hütten mit Küchen, zusammengewürfelten Möbeln und eigenen Grillterrassen. Hinzu kommen ein freundlicher Service, ein beheizter Pool, ein Whirlpool und ein Privatstrand. Beste Option für Budgettouristen oder Camper, die mal etwas nobler wohnen möchten.

Johnson's Beach Resort HÜTTEN, CAMPING **$**
(☎707-869-2022; www.johnsonsbeach.com; 16241 1st St; Stellplatz für Zelt 25 US$, Stellplatz für Wohnmobil ab 25–35 US$, Hütte pro Tag/Woche 50/300 US$) Die rustikalen, sauberen Pfahlhütten am Fluss in Guerneville haben eigene Küchen, aber dünne Wände. Aufgrund des Lärms sind Ohrstöpsel auch für Camper wichtig. Keine Kreditkarten.

Bullfrog Pond CAMPING **$**
(Karte S. 212; www.parks.ca.gov; Stellplatz für Zelt 25 US$) Von den Armstrong Redwoods aus führt eine steile Straße zu diesem Waldcampingplatz mit reinem Kaltwasser. Manche der einfachen Stellplätze liegen mitten in der Wildnis und sind nur zu Fuß oder auf dem Rücken eines Pferdes zu erreichen. Bundesstaatliche Sparmaßnahmen beschränken den Betrieb eventuell auf den Sommer. Keine Reservierung möglich.

Schoolhouse Canyon Campground CAMPING **$**
(Karte S. 212; ☎707-869-2311; www.schoolhousecanyon.com; 12600 River Rd; Stellplatz für Zelt 30 US$; 👪🐾) Die ruhigen Zeltstellplätze liegen 2 Meilen (3,2 km) östlich von Guerneville unter mächtigen Bäumen. Gleich gegenüber vom Fluss gibt's auch saubere Sanitäranlagen und münzbetriebene Warmwasserduschen.

FORESTVILLE

Raford Inn B&B **$$**
(Karte S. 212; ☎707-887-9573, 800-887-9503; www.rafordhouse.com; 10630 Wohler Rd, Healdsburg; Zi. 160–260 US$; ❄@📶) Das viktorianische B&B von 1880 begeistert mit abgeschiedener Hügellage und sensationellem Sonnenuntergangsblick. Die großen, luftigen Zimmer liegen inmitten von mächtigen Palmen und weitläufigen Weinbergen. Sie sind mit hochwertigen Stoffen, Antiquitäten und teilweise auch offenen Kaminen ausgestattet.

Farmhouse Inn INN **$$$**
(Karte S. 212; ☎707-887-3300, 800-464-6642; www.farmhouseinn.com; 7871 River Rd; Zi. 325–695 US$; ❄@📶🏊) Das beste Inn der Gegend ist ein echtes Liebesnest: Die geräumigen Zimmer bzw. Hütten verfügen über behagliche Extras wie Dampfduschen, Saunas und holzbefeuerte Kamine. Hinzu kommen ein hauseigenes Mini-Spa und ein Spitzenrestaurant (S. 223). Für maximalen Genuss so früh wie möglich einchecken!

MONTE RIO

Village Inn INN **$$**
(Karte S. 212; ☎707-865-2304; www.villageinn-ca.com; 20822 River Blvd; Zi. 145–235 US$; @📶) Das reizende, altmodische Inn unter mächtigen Bäumen gehört einem pensionierten Portier. Die elf Zimmer mit Mikrowelle und Kühlschrank bieten teilweise Aussicht auf das direkt davorliegende Flussufer.

Rio Villa Beach Resort INN **$$**
(Karte S. 212; ☎707-865-1143, 877-746-8455; www.riovilla.com; 20292 Hwy 116; Zi. ohne Küche 139–189 US$, Zi. mit Küche 149–209 US$; ❄📶🐾) Das kleine Resort auf üppigem Ufergelände bekommt jede Menge Sonne ab: Von den einfachen, gepflegten Zimmern schauen Gäste auf Mammutbäume, wohnen aber nicht darunter. Am besten verlangt man ein ruhiges Quartier abseits der Straße. Mit Feuerstelle, Grills und großer Terrasse am Flussufer liegt der Schwerpunkt klar auf Aktivitäten im Freien.

Highland Dell INN **$$**
(Karte S. 212; ☎707-865-2300; highlanddell.com; 21050 River Blvd; Zi. 109–179 US$; ❄📶) Das 2007 renovierte Inn im Stil einer prächtigen Lodge wurde 1906 am Flussufer errichtet. Über dem riesigen Speisesaal befinden sich zwölf helle, peppige Zimmer mit bequemen Betten und leicht fleckigen Teppichböden.

DUNCANS MILLS

Casini Ranch CAMPING **$**
(☎707-865-2255, 800-451-8400; www.casiniranch.com; 22855 Moscow Rd, Duncans Mills; Stellplatz für Zelt 38–45 US$, Stellplatz für Wohnmobil mit Strom & Wasser 40–51 US$, mit zusätzlichen Anschlüssen 46–49 US$; 📶👪🐾) Der riesige, gut geführte Campingplatz im ruhigen Duncans Mills liegt wunderschön auf Wiesen am Flussufer. Er punktet mit blitzsauberen Sanitäranlagen und Extras wie Kajaks oder Paddelbooten zum Ausleihen (3 US$/Tag).

Essen

GUERNEVILLE

Auf dem Safeway-Parkplatz macht ein guter **Taco-Truck** (16451 Main St) Station.

Boon Eat + Drink MODERN-AMERIKANISCH **$$$**
(☎707-869-0780; www.eatatboon.com; 16248 Main St; Hauptgerichte mittags 10–12 US$, abends 20–24 US$; ⏰11–15 & 17–21 Uhr) Das moderne

amerikanische Bistro verwendet regionale Zutaten für seine raffinierte kalifornische Saisonküche. Die dicht gedrängten Tische des winzigen Ladens sind jeden Abend rappelvoll – also reservieren oder warten.

Applewood Inn Restaurant KALIFORNISCH $$$
(Karte S. 212; ☎707-869-9093; www.dineatapplewood.com; 13555 Hwy 116; Hauptgerichte 20–28 US$; ⌚Mi–So 17.30–20.30 Uhr) Im Speiseraum auf Baumwipfelhöhe genießt man europäisch-kalifornische Küche gemütlich am Kamin. Das mit Michelin-Sternen ausgezeichnete Lokal nutzt regionale Zutaten auf bestmögliche Art. Ergebnis sind z. B. Lammkarree mit frisch zubereitetem *chimichuri* (Knoblauch-Petersilien-Vinaigrette) oder Räucherforelle mit Mais und Flusskrebs. Reservierung erforderlich.

Coffee Bazaar CAFÉ $
(Karte S. 212; ☎707-869-9706; www.mycoffeeb.com; 14045 Armstrong Woods Rd; Gerichte 5–9 US$; ⌚6–20 Uhr; 📶) Angesagtes Café mit Salaten, Sandwiches und Ganztagsfrühstück; nebenan befindet sich ein guter Secondhand-Buchladen.

Garden Grill BARBECUE $
(☎707-869-3922; www.gardengrillbbq.com; 17132 Hwy 116, Guernewood Park; Hauptgerichte 6–12 US$; ⌚8–20 Uhr) Das an der Straße gelegene Grilllokal mit einer Veranda unter Mammutbäumen liegt 1,5 km westlich von Guerneville. Sein selbst geräuchertes Fleisch schmeckt gut, bei den Pommes ist Luft nach oben. Frühstück gibt's bis 15 Uhr.

Andorno's Pizza PIZZERIA $
(☎707-869-0651; www.andornospizza.com; 16205 1st St; ⌚11.30–21 Uhr; 👪) Zentral gelegene Pizzeria, von deren Terrasse man auf den Fluss schaut.

Taqueria La Tapatia MEXIKANISCH $
(☎707-869-1821; 16632 Main St; Hauptgerichte 7–14 US$; ⌚11–21 Uhr) Anständige mexikanische Traditionsküche.

Big Bottom Market MARKT $
(☎707-604-7295; www.bigbottommarket.com; 16228 Main St) Spitzenmäßiger Feinkost- und Weinladen mit Picknickproviant zum Mitnehmen.

Food for Humans MARKT $
(☎707-869-3612; 16385 1st St; ⌚9–20 Uhr; 🥕) Bessere Alternative zum benachbarten Safeway; verkauft Biolebensmittel, aber kein Fleisch.

FORESTVILLE

Farmhouse Inn MODERN-AMERIKANISCH $$$
(Karte S. 212; ☎707-887-3300; www.farmhouseinn.com; 7871 River Rd; Menü mit 3/4 Gängen 69/89 US$; ⌚Do–So abends) Das Farmhouse mit seinen Michelin-Sternen ist besonderer Anlässe würdig. Das europäisch-kalifornische Menü wechselt täglich, die Küche verarbeitet saisonale Biozutaten aus der Region (z. B. Sonoma-Lamm, Wildlachs oder Kaninchen als Spezialität des Hauses). Vom Aperitif im Garten bis hin zur Käseauswahl am Tisch stimmt alles bis ins kleinste Detail. Reservierung erforderlich.

MONTE RIO

Highland Dell DEUTSCH $$
(Karte S. 212; ☎707-865-2300; http://highlanddell.com; 21050 River Blvd; Hauptgerichte mittags 9–15 US$, abends 16–26 US$; ⌚Juni–Sept. Mo, Di, Fr & Sa 17–21, So 13–19 Uhr, Okt.–Mai geschl.) Die spektakuläre dreistöckige Lodge hat eine Terrasse mit Flussblick und eine Bar mit Ausschanklizenz. Hier gibt's tolles Essen ganz wie zu Hause, z. B. Steaks, Schnitzel, Sauerbraten und Würstchen.

Village Inn AMERIKANISCH $$
(Karte S. 212; ☎707-865-2304; www.villageinn-ca.com; 20822 River Blvd; Hauptgerichte 19–26 US$; ⌚Mi–So 17–20.30 Uhr) Das schnörkellos-schlichte Menü (Steaks und Seafood) lenkt nicht vom wundervollen Flussblick ab. Super Weine aus der Region und Bar mit Ausschanklizenz.

Don's Dogs SNACKBAR $
(Karte S. 212; ☎707-865-4190; Ecke Bohemian Hwy & Hwy 116; ⌚Mi–So 9–17 Uhr) Feinste Hotdogs und Kaffee hinter dem Rio Theater.

Ausgehen & Unterhaltung

Stumptown Brewery BRAUEREI
(Karte S. 212; www.stumptown.com; 15045 River Rd; ⌚So–Do 11–24, Fr & Sa 11–2 Uhr) Guernevilles beste Hetero-Bar ist schwulenfreundlich und serviert diverse selbst gebraute Biere und ziemlich gutes Kneipenessen (z. B. selbst geräuchertes Grillfleisch). Für Unterhaltung sorgen Billard, ein Biergarten am Fluss und mitreißende Musik aus der Jukebox.

Rio Theater KINO
(Karte S. 212; ☎707-865-0913; www.riotheater.com; Ecke Bohemian Hwy & Hwy 116, Monte Rio; Erw./Kind 7/5 US$; ⌚Fr–So) Filme schauen und zu Abend essen bekommen in der alten Wellblechbaracke aus dem Zweiten Welt-

krieg eine neue Bedeutung. Sie wurde 1950 zum Kino umgebaut und beherbergt einen Gastrostand mit super Hotdogs (7 US$). An kühlen Abenden werden charmanterweise Decken verteilt. Vor allem in der Nachsaison sollten die Vorführungszeiten telefonisch erfragt werden.

Rainbow Cattle Company SCHWULENKNEIPE
(www.queersteer.com; 16220 Main St) Die Institution unter den Schwulenkneipen.

Guerneville River Theater LIVEMUSIK, DJS
(www.rivertheater.biz; 16135 Main St; ⌚Mi, Fr & Sa) Das frühere Theater ist heute eine Tingeltangel-Disko mit Guernevilles größter Tanzfläche, Open-Mic-Abenden (Mi), Livebands am Wochenende und ausgeprägtem Heimwerker-Flair. Nur Bier- und Weinausschank in ausgesprochener Selbstbedienungs-Atmosphäre.

Rio Nido Roadhouse BAR, LIVEMUSIK
(www.rionidoroadhouse.com; 14540 Canyon Two an der River Rd) Lärmige Rasthausbar, in der samstags ab 18 Uhr alle möglichen Livebands loslegen (teilweise auch So; Details s. Website).

Main Street Station KABARETT
(☎707-869-0501; www.mainststation.com; 16280 Main, Guerneville; Grundpreis 3–6 US$) Im Sommer gibt's hier jeden Abend Livejazz, -blues und -kabarett der rein akustischen Art (Winter nur Wochenende). Reservierung wird zwar empfohlen, ist aber normalerweise nicht nötig. Vor Ort findet man auch ein italoamerikanisches Restaurant.

Kaya Organic Espresso CAFÉ
(16626 Main St, Guerneville; ⌚7–14 Uhr) Draußen vor der Tür schrammeln Hippie-Kids auf ihren Gitarren rum und spielen Hackie-Sack (Footbag).

Wine Tasting of Sonoma County WEINBAR $
(☎707-865-0565; winetastingofsonomacounty.com; 25179 Hwy 116, Duncans Mills; Verkostung 5 US$; ⌚Fr–Mo 12–17 Uhr) Lokale Wein- und Käsesorten im Freien.

Praktische Informationen

Infos und Unterkunftsempfehlungen gibt's hier:

Russian River Chamber of Commerce & Visitor Center (☎707-869-9000, 877-644-9001; www.russianriver.com; 16209 1st St, Guerneville; ⌚Mo–Sa 10–17, So 10–16 Uhr)

Russian River Visitor Information Center (☎707-869-4096; ⌚10–15.45 Uhr) In den Korbel Cellars.

Santa Rosa

Den Verwaltungssitz des Sonoma County und zugleich die größte Stadt im Wine Country prägen Verkehr und Suburbanisierung. Santa Rosa besitzt zwar keinen Kleinstadtcharme, dafür aber erschwingliche Unterkünfte. Zudem gelangt man von hier gut ins Sonoma County bzw. Valley.

Mit einem weltbekannten Cartoonisten und einem gefeierten Gartenbauexperten hat die Stadt gleich zwei berühmte Söhne hervorgebracht. Museen, Gärten und Einkaufsmöglichkeiten beschäftigen einen durchaus einen Nachmittag. Ansonsten können Besucher nicht viel unternehmen – außer im Juli, wenn der **Sonoma County Fair** (www.sonomacountyfair.com) auf dem Festplatz an der Bennett Valley Rd stattfindet.

Sehenswertes & Aktivitäten

Die Haupteinkaufsmeile (4th St) hört am Hwy 101 unvermittelt auf, setzt sich aber auf dessen anderer Seite am historischen Railroad Sq fort. Im Zentrum sind Parkhäuser (0,75 US$/Std., max. 8 Std.) günstiger als Parkplätze an der Straße. Östlich der Stadt wird die 4th St in Richtung Sonoma Valley zum Hwy 12.

GRATIS **Luther Burbank Home & Gardens** GARTEN
(☎707-524-5445; www.lutherburbank.org; ☎8 Uhr–Sonnenuntergang) In seinem Wohnhaus an der Ecke Santa Rosa und Sonoma Ave entwickelte der Gartenbaupionier Luther Burbank (1849–1926) viele Hybridzüchtungen wie die Große Margerite. Die weitläufigen Gärten sind bezaubernd. Das Haus und das zugehörige **Carriage Museum** (geführte Tour Erw./Kind 7 US$/frei, selbst geführte Handytour frei; ⌚April–Okt. Di–So 10–15.30 Uhr) zeigt Exponate zu Burbanks Leben und Werk. Gegenüber von Burbanks Zuhause, auf der anderen Straßenseite, liegt der Julliard Park mit einem Spielplatz.

Charles M. Schulz Museum MUSEUM
(☎707-579-4452; www.schulzmuseum.org; 2301 Hardies Lane; Erw./Kind 10/5 US$; ⌚Mo–Fr 11–17, Sa & So 10–17 Uhr, Sept.–Mai Di geschl.; 👪) Charles Schulz (1922–2000) lebte lange Zeit in Santa Rosa. Der geniale Vater der *Peanuts* veröffentlichte 1937 seine ersten Zeichnungen. 1950 schenkte er der Welt Snoopy und Charlie Brown. Noch bis kurz vor seinem Tod produzierte Schulz die *Peanuts*-Cartoons.

Museumsbesucher blicken durch eine Glaswand in den Innenhof mit Snoopy-Labyrinth. Bewundert werden können z.B. Schulzes Atelier und Künstlerisches rund um die *Peanuts*. Am besten den Geschenkshop Snoopy's Gallery ignorieren: Die guten Sachen gibt's im Museum.

Redwood Empire Ice Arena EISBAHN
(☎707-546-7147; www.snoopyshomeice.com; Erw./Kind inkl. Schlittschuhe 12/10 US$;) Diese Eisbahn gehörte früher Schulz, der sie auch sehr mochte. Geöffnet hat das Ganze an den meisten Nachmittagen (Zeiten telefonisch erfragen). Pulli nicht vergessen.

Bauernmärkte MARKT
Der größte Bauernmarkt des Sonoma County findet an der Ecke 4th und B St statt (Mitte Mai–Aug. Mi 17–20.30 Uhr). Einen kleineren Samstagsmarkt gibt's (8.30–13 Uhr) vor dem Santa Rosa Veterans Building an der 1351 Maple Ave.

Schlafen

Hotels finden sich nahe dem Railroad Square. Standardmotels (Nr. 6 möglichst meiden!) säumen die Cleveland Ave westlich des Hwy 101 zwischen den Ausfahrten Steele und Bicentennial Lane. Ansonsten liegen im nahe gelegenen Windsor zwei Kettenhotels abseits des Hwy 101 an der Ausfahrt Central Windsor.

Hotel La Rose HISTORISCHES HOTEL $$
(☎707-579-3200; www.hotellarose.com; 308 Wilson St; Zi. Mo–Fr 129–189 US$, Sa & So 199–219 US$;) Seit 1907 steht am Railroad Sq dieses charmante, relative erschwingliche Hotel mit Whirlpool auf dem Dach. Die Zimmer haben Marmorbäder, Sitzecken mit Ohrensesseln und flauschige Teppiche. Auf den superbequemen Matratzen liegen Daunendecken.

Vintners Inn INN $$$
(☎707-575-7350, 800-421-2584; www.vintnersinn.com; 4350 Barnes Rd; Zi. 225–495 US$;) Das Vintners Inn aus den 1980er-Jahren steht in ländlicher Umgebung am Stadtrand, nahe der River Rd. Die schicken Zimmer mit Extras à la Businessclass gefallen vor allem Leuten, die lieber unter sich bleiben wollen. Es gibt einen Whirlpool, aber keinen Pool. Nach Last-Minute-Schnäppchen fragen.

Flamingo Resort Hotel HOTEL $$
(☎707-545-8530, 800-848-8300; www.flamingoresort.com; 2777 4th St; Zi. 99–219 US$;) Das Mitte des 20. Jhs. errichtete, moderne Hotel verteilt sich über 4,5 ha Land und dient auch als Kongresszentrum. Es hat moteltypische Zimmer und einen ganzjährig 28 °C warmen Riesenpool – herrlich für Kinder. Hinzu kommen ein hauseigener Wellnessbereich und ein Fitnessstudio. An Sommerwochenenden verdoppeln sich die Preise.

OLIVENÖL PROBIEREN

Genug vom Wein? Dann empfiehlt sich eine Olivenöl-Verkostung mit knusprigem Brot. Mit Ausnahme von Round Pond ist diese bei den folgenden Ölmühlen gratis. Geerntet und gepresst wird im November.

» **B. R. Cohn** (S. 200)

» **Long Meadow Ranch** (S. 182)

» **Round Pond** (S. 181) Mühlenführungen mit Verkostung (25 US$, insges. 90 Min.).

» **Figone's Olive Oil** (S. 209)

Hillside Inn MOTEL $
(☎707-546-9353; www.hillside-inn.com; 2901 4th St, Santa Rosa; Nov.–März EZ/DZ 70/82 US$, April–Okt. EZ/DZ 74/86 US$;) Eins der am besten geführten Motels in Santa Rosa liegt nahe dem Sonoma Valley: Das Hillside hat betagtes Mobiliar, ist aber ansonsten tadellos in Schuss. Zimmer mit Küche kosten 4 US$ mehr. Nebenan befindet sich ein super Frühstückscafé.

Best Western Garden Inn MOTEL $$
(☎707-546-4031, 888-256-8004; www.thegardeninn.com; 1500 Santa Rosa Ave; Zi. 119–149 US$;) Das gepflegte Standardmotel südlich der Innenstadt besitzt zwei Arten von Zimmern: Die im hinteren Bereich bieten Ruhe, vorne hat man hingegen mehr Privatsphäre. Obwohl die Straße bei Dunkelheit nicht ganz geheuer ist, wohnt man hier sicher, sauber und bequem.

Spring Lake Park CAMPING $
(☎707-539-8092, Reservierungen 707-565-2267; www.sonoma-county.org/parks; 5585 Newanga Ave; Stellplatz 28 US$; ⏲Mai–Sept. tgl., Okt.–April nur Wochenende;) Der reizende, ganzjährig geöffnete Park am Seeufer liegt 4 Meilen (6,4 km) vom Stadtzentrum entfernt. Stellplätze lassen sich wochentags von 10 bis 15 Uhr reservieren (7 US$). Im Sommer können Gäste im **See schwim-**

men. Um den Park zu erreichen, der 4th St ostwärts folgen, die Farmer's Lane zur Rechten nehmen und die erste Hoen St passieren. Dann die *zweite* Hoen St zur Linken nehmen und wiederum nach links in Newanga Ave einbiegen.

Best Western Wine Country Inn & Suites HOTEL **$$**
(☎707-545-9000, 800-780-7234; www.winecountryhotel.com; 870 Hopper Ave; Zi. Wochentag/Wochenende 120/170 US$;) Gewöhnliches Kettenmotel abseits der Cleveland Ave.

Sandman Hotel MOTEL **$**
(☎707-544-8570; www.sandmansantarosa.com; 3421 Cleveland Ave; Zi. 83–102 US$;) Verlässliche Budgetoption an der Cleveland Ave.

Essen

Zazu LP TIPP KALIFORNISCH, ITALIENISCH **$$**
(☎707-523-4814; 3535 Guerneville Rd, Santa Rosa; Hauptgerichte Brunch 11–15 US$, abends 18–26 US$; Mi–Mo 17.30–20.30, So 9–14 Uhr) Ein Muss für alle, die Zutaten direkt vom Bauernhof schätzen: Das an der Straße gelegene Kleinrestaurant 10 Meilen (16 km) westlich von Downtown Santa Rosa repräsentiert die Region – was im Garten wächst, kommt hier auf den Teller. Das Betreiber-Ehepaar Duske Estes und John Stewart verwendet nur einheimische Zutaten aus maximal 50 km Umkreis. Die wunderbaren Wurstwaren stammen von einer alten Schweinerasse, die John selbst züchtet. Duske verwendet Eier von eigenen Hühnern für ihren hausgemachten Nudelteig. Das Essen im Stil modifizierter italienischer Landküche besteht nur aus wenigen Zutaten, die das volle Aromaspektrum zur Geltung kommen lassen. Als eine von Sonomas besten Adressen für saisonale Regionalküche serviert das Zazu auch einen super Brunch. Am Pizza-und-Pinot-Abend (Mi, Do & So) sind die Weine exakt auf die jeweiligen Pizzas abgestimmt.

Rosso Pizzeria & Wine Bar PIZZERIA **$$**
(☎707-544-3221; 53 Montgomery St, Creekside Shopping Centre; Pizzen 12–15 US$; 11–22 Uhr;) Die knusprigen Steinofenpizzas zählen zu den besten Nordkaliforniens. Zusammen mit den einfallsreichen Salaten und der exzellenten Weinkarte lohnen sie jeden Abstecher zum Rosso.

Jeffrey's Hillside Cafe AMERIKANISCH **$**
(www.jeffreyshillsidecafe.com; 2901 4th St; Gerichte 8–12 US$; 7–14 Uhr;) Nahe dem höchsten Punkt des Sonoma Valley liegt östlich der Innenstadt das Jeffrey's. Hier steht der Eigentümer selbst am Herd. Super fürs Frühstücken oder Brunchen vor einer Weinprobe.

Taqueria Las Palmas MEXIKANISCH **$**
(☎707-546-3091; 415 Santa Rosa Ave; Gerichte 4–7 US$; 9–21 Uhr;) Die vorzüglichen *carnitas* (gegrilltes Schweinefleisch), hausgemachten Salsas und vegetarischen Burritos lassen Liebhaber mexikanischen Essens voll auf ihre Kosten kommen.

Pho Vietnam VIETNAMESISCH **$**
(☎707-571-7687; No. 8, 711 Stony Point Rd; Gerichte 6–8 US$; Mo–Sa 10–20.30, So 10–19.30 Uhr) Kleines Verkaufsfenster in einem Einkaufszentrum am Hwy 12, westlich der Innenstadt; kredenzt fantastische Nudelsuppen und Reisgerichte.

Willi's Wine Bar TAPAS **$$$**
(☎707-526-3096; www.williswinebar.net; Gerichte 10–15 US$; Mi–Sa 11–21.30, So & Mo 17–21 Uhr) Hervorragende Tapas.

Traverso's Gourmet Foods FEINKOST **$**
(☎707-542-2530; www.traversos.com; 2097 Stagecoach Rd; Mo–Sa 10–18 Uhr) Exzellenter italienischer Feinkost- und Weinladen.

Mac's Delicatessen FEINKOST **$**
(☎707-545-3785; 630 4th St; Gerichte unter 10 US$; Mo–Fr 7–17, Sa 7–16 Uhr) Koschere Delikatessen; im Stadtzentrum gelegen.

Ausgehen

Third Street Aleworks BRAUEREI
(thirdstreetaleworks.com; 610 3rd St;) Die riesige Brauereikneipe ist an Wochenenden oder Tagen mit Sportevents rappelvoll. Prima Knoblauch-Pommes und ein Halbes Dutzend Pooltische.

Aroma Roasters CAFÉ
(www.aromaroasters.com; 95 5th St, Railroad Sq;) Das hippste Café der Stadt serviert keinen Alkohol; akustische Livemusik am Freitag- und Samstagabend.

Russian River Brewing Co BRAUEREI
(www.russianriverbrewing.com; 729 4th St) Vor Ort gebraute Biere.

Praktische Informationen

Aroma Roasters (☎707-576-7765; 95 5th St, Railroad Sq; Internet 1,50 US$/15 Min.; Mo–Do 6–23, Fr & Sa 7–24, So 7–22 Uhr;) Internetzugang, aber keine Steckdosen für Laptops.

California Welcome Center & Santa Rosa Visitors Bureau (☎707-577-8674, 800-404-7673; www.visitsantarosa.com; 9 4th St; ⌚Mo–Sa 9–17, So 10–17 Uhr) Am Railroad Sq westlich des Hwy 101; vom Hwy 12 oder 101 die Ausfahrt in Richtung Downtown Santa Rosa nehmen.

Santa Rosa Memorial Hospital (☎707-935-5000; 347 Andrieux St)

Healdsburg

Healdsburg war einst ein verschlafenes Landstädtchen und vor allem für die Parade der Future Farmers of America bekannt. Inzwischen aber hat es sich zur kulinarischen Hauptstadt des nördlichen Sonoma County gemausert. Feinschmeckerrestaurants und -cafés, Weinprobierstuben und schicke Boutiquen säumen die Healdsburg Plaza, den sonnigen Hauptplatz zwischen Healdsburg Ave, Center, Matheson und Plaza St. An Sommerwochenenden kommt regelmäßig der Verkehr zum Erliegen, wenn Ferienhausbesitzer und Touristen zuhauf in die Innenstadt strömen.

Alteingesessene beäugen die Gentrifizierung à la Napa skeptisch. Doch obwohl ruhige Sommer nun Vergangenheit sind, bewahrt sich Healdsburg zumindest sein historisches Gesicht. Idealerweise kommt man unter der Woche her, um nordkalifornische Atmosphäre, Spaziergänge entlang baumgesäumter Straßen und Gerichte aus einheimischen Zutaten zu genießen.

Sehenswertes

Probierstuben liegen an der Plaza, auf der im Sommer dienstags kostenlose Nachmittagskonzerte stattfinden.

Healdsburg Museum MUSEUM
(☎707-431-3325; www.healdsburgmuseum.org; 221 Matheson St; Eintritt gegen Spende; ⌚Do–So 11–16 Uhr) Das Museum östlich der Plaza gewährt Einblicke in Healdsburgs Vergangenheit. Gezeigt werden z.B. faszinierende Installationen zur Geschichte des nördlichen Sonoma County. Hier bekommt man auch Broschüren für Stadtspaziergänge.

Locals Tasting Room VERKOSTUNG
(Karte S. 212; ☎707-857-4900; www.tastelocalwines.com; Ecke Geyserville Ave & Hwy 128; Verkostung gratis; ⌚10–18 Uhr) Rund 8 Meilen (13 km) nördlich der Stadt liegt das postkartenreife Nest Geyserville mit dieser eigenständigen Probierstube, die zehn Weingüter mit geringen Produktionsmengen repräsentiert.

Bauernmärkte MARKT
(www.healdsburgfarmersmarket.org) Auf den **Bauernmärkten am Dienstag** (Ecke Vine & North St; ⌚Juni–Okt. 16–19 Uhr) und **Samstag** (einen Block westlich der Plaza; ⌚Mai–Nov. 9–12 Uhr) lässt sich die landwirtschaftliche Produktvielfalt der Region in Gesellschaft vieler Einheimischer entdecken.

Aktivitäten

Je mehr man sich bewegt, desto mehr kann man von Leckereien in Healdsburg kosten. Nach dem Erkunden der Plaza gibt's direkt vor Ort jedoch nicht viel zu tun. Somit empfehlen sich z.B. Weinproben im Dry Creek Valley (S. 214) oder Russian River Valley (S. 211). Eine Radtour auf der kurvigen West Dry Creek Rd ist genauso großartig wie ein Paddelausflug auf dem Russian River, der auch durch die Stadt fließt. Am **Healdsburg Veterans Memorial Beach** (Karte S. 212; ☎707-433-1625; www.sonoma-county.org/parks; 13839 Healdsburg Ave; Parken 7 US$; 👪) wachen Rettungsschwimmer im Sommer täglich über die Badegäste (Details telefonisch erfragen). Zimperliche Naturen können die aktuelle Wasserqualität online (www.sonoma-county.org/health/eh/russian_river.htm) ermitteln.

Russian River Adventures KANUFAHREN
(Karte S. 212; ☎707-433-5599; www.rradventures.info; 20 Healdsburg Ave; Erw./Kind 50/25 US$; 👪🐾) Kunden des Ökotourismus-Ausrüsters gleiten in aufblasbaren Kanus still über einen einsamen Flussabschnitt. Unterwegs warten Schwingseile, Badebuchten, Kiesstrände und Möglichkeiten zur Vogelbeobachtung. Die Firma gibt Routentipps und transportiert einen nach Tourende zurück zum Ausgangspunkt. Alternativ geleitet sie Kinder flussabwärts (Führer 120 US$/Tag), während Eltern eine Weinprobe genießen. Trips auf eigene Faust starten Punkt 10 Uhr. Reservierung erforderlich.

Getaway Adventures RADFAHREN, KAJAKFAHREN
(☎707-763-3040, 800-499-2453; www.getawayadventures.com) Die spektakulären geführten Radtouren erkunden morgens die Weinberge des Dry Creek Valley – gefolgt von einem Mittagessen und optionaler Kajaktour auf dem Russian River (150–175 US$).

River's Edge Kayak & Canoe Trips KANU- & KAJAKFAHREN
(Karte S. 212; ☎707-433-7247; www.riversedgekayakandcanoe.com; 13840 Healdsburg Ave) Verleiht Kanus (halber/ganzer Tag 70/85 US$)

und Kajaks (40/55 US$) mit festen Bordwänden; bei Trips auf eigene Faust sind Hin- und Rücktransport im Mietpreis enthalten. Die geführten Paddeltouren (Reservierung erforderl.) beginnen flussaufwärts im Alexander Valley und enden in Healdsburg.

Healdsburg Spoke Folk Cyclery FAHRRADVERLEIH
(☎707-433-7171; www.spokefolk.com; 201 Center St) Verleiht Tandems, Touren- und Rennräder; super Service.

Relish Culinary Adventures KOCHKURS
(☎707-431-9999, 877-759-1004; www.relishculinary.com; 14 Matheson St; ⏲nach Vereinbarung) Kulinarische Tagesausflüge, Kochkurse mit Vorführungen und Abendmahlzeiten bei Winzern, die jeweils Einblicke in die örtliche Feinschmeckerszene gewähren.

Feste & Events

Russian River Wine Road Barrel Tasting WEIN
(www.wineroad.com) Im März

Future Farmers Parade KULTUR
(www.healdsburgfair.org) Im Mai

Wine & Food Affair ESSEN
(www.wineroad.com/events) Im November

Schlafen

Im teuren Healdsburg übersteigt die Nachfrage das Angebot. Zwischen Winter und Frühling sind die Zimmerpreise etwas (!) niedriger. Das deutlich günstigere Guerneville (S. 221) liegt nur 20 Minuten entfernt.

Von den meisten Unterkünften im Ort ist die Plaza zu Fuß zu erreichen. Im Umland der Stadt gibt's mehrere B&Bs. Zwei ältere Motels stehen südlich der Plaza, zwei weitere nördlich davon an der Highwayausfahrt Dry Creek (Hwy 101).

Hotel Healdsburg HOTEL $$$
(☎707-431-2800, 800-889-7188; www.hotelhealdsburg.com; 25 Matheson St; Zi. inkl. Frühstück 335–585 US$; ❄@📶≋) Direkt an der Plaza. Im Hotel Healdsburg regiert schicker, cooler Minimalismus – anpassen und Armani tragen! Die ultrabehaglichen Zimmer empfangen Gäste mit harten Winkeln, Pastellfarben, super Betten und extra tiefen Badewannen. Im Untergeschoss befindet sich ein Spa mit allem Drum und Dran.

SH2 Hotel HOTEL $$$
(☎707-431-2202, 707-922-5251; www.h2hotel.com; 219 Healdsburg Ave; Zi. inkl. Frühstück Mo–Fr 255–455 US$, Wochenende 355–555 US$; ❄@📶≋) Die kleine Schwester des Hotel Healdsburg ist ein ähnlich eckiger Betonbunker. Allerdings wurde das H2 von vorn herein gemäß des LEED-Goldzertifikats errichtet. Dies äußert sich z. B. im begrünten Dach, dem umfassenden Recyclingkonzept oder den peppigen Zimmern mit bequemer Bettwäsche aus Biostoffen. Minipool und kostenlose Leihfahrräder.

Madrona Manor HISTORISCHER INN $$$
(Karte S. 212; ☎707-433-4231, 800-258-4003; www.madronamanor.com; 1001 Westside Rd; Zi. & Suite 270–390 US$; ❄📶≋) Das fürstliche Madrona Manor von 1881 strotzt vor viktorianischer Eleganz und ist die erste Wahl für alle, die Landgasthöfe und stattliche Landsitze lieben. Etwa 1,5 km westlich der Innenstadt steht die Villa oben auf einem Hügel. Sie ist mit vielen Originalmöbeln eingerichtet und wird von einem 3,3 ha großen Waldgelände mit herrlichen, 100 Jahre alten Gärten umgeben. Günstiges Basislager für Besuche der Weingüter an der Westside Rd.

Belle de Jour Inn B&B $$$
(Karte S. 212; ☎707-431-9777; www.belledejourinn.com; 16276 Healdsburg Ave; Zi. 225–295 US$, Suite 355 US$; ❄📶) Die sonnigen, schnörkellos-attraktiven Zimmer im US-Landhausstil punkten mit Extras wie Hängematten, CD-Playern oder im Freien getrockneter Bettwäsche. Der Landschaftsgarten ist ideal für ein Stelldichein im Mondenschein.

Healdsburg Inn on the Plaza INN $$$
(☎707-433-6991, 800-431-8663; www.healdsburginn.com; 110 Matheson St; Zi. 295–375 US$; ❄📶🐾) Die schicken Zimmer in konservativen Khaki- und Beigetönen haben eine klare Linienführung. Hochwertige Bettwäsche, Gaskamine und teilweise auch Doppelwannen mit Massagedüsen schaffen darin die zwanglose Atmosphäre eines bürgerlichen Ferienhauses. Die Lage direkt an der Plaza erklärt den Preis.

Best Western Dry Creek Inn MOTEL $$
(Karte S. 212; ☎707-433-0300, 800-222-5784; www.drycreekinn.com; 198 Dry Creek Rd, Healdsburg; Zi. Mo–Fr 59–129 US$, Sa & So 199–259 US$; ❄@📶≋) Das beste Motel der Stadt wartet mit gutem Service und Whirlpool im Freien auf. Die neuen Zimmer haben Gaskamine und Badewannen mit Massagedüsen. Nach Wochentagsrabatten fragen.

Geyserville Inn MOTEL $$
(Karte S. 212; ☎707-857-4343, 877-857-4343; www.geysevilleinn.com; 21714 Geyserville Ave,

Geyserville; Zi. Mo–Fr 119–169 US$, Sa & So 189–249 US$;) Das gut geführte Nobelmotel mit Whirlpool steht mitten in den Weinbergen, etwa 8 Meilen (13 km) nördlich von Healdsburg. Features wie dick gepolsterte Sessel oder weiche Federkissen machen die Einrichtung unerwartet elegant. Am besten ein renoviertes Zimmer nehmen.

Honor Mansion INN $$$
(707-433-4277, 800-554-4667; www.honormansion.com; 891 Grove St; Zi. inkl. Frühstück 300–550 US$;) Viktorianische Villa von ca. 1883 auf einem tollen Grundstück.

Camellia Inn B&B $$$
(707-433-8182, 800-727-8182; www.camelliainn.com; 211 North St; Zi. 139–329 US$;) Italienisch anmutendes Haus von 1869; vermietet u.a. ein Familienzimmer.

George Alexander House B&B $$$
(707-433-1358, 800-310-1358; www.georgealexanderhouse.com; 423 Matheson St; Zi. 180–350 US$;) Im Queen-Anne-Ambiente von ca. 1905 gibt's hier eine Sauna und viktorianische bzw. asiatische Antiquitäten.

Haydon Street Inn B&B $$$
(707-433-5228, 800-528-3703; www.haydon.com; 321 Haydon St; Zi. 195–325 US$ Cottage 425 US$;) Zweistöckiges Haus im Queen Anne Style mit großer Vorderveranda und dahinterliegendem Cottage.

Piper Street Inn INN $$$
(707-433-8721, 877-703-0370; www.piperstreetinn.com; 402 Piper St; Zi. 195–265 US$;) Zimmer im Haupthaus und Gartenhütte.

L&M Motel MOTEL $$
(Karte S. 212; 707-433-6528; www.landmmotel.com; 70 Healdsburg Ave, Healdsburg; Zi. inkl. Frühstück 100–140 US$; S) Einfaches, sauberes Old-School-Motel mit großen Rasenflächen, Grills, Trockensauna und Whirlpool. Super für Familien.

Cloverdale Wine Country KOA CAMPING $
(707-894-3337, 800-368-4558; www.winecountrykoa.com; 1166 Asti Ridge Rd, Cloverdale; Stellplatz für Zelt/Wohnmobil ab 42/60 US$, Hütte mit 1/2 Schlafzi. 80/90 US$; S) 6 Meilen (9,6 km) von der Ausfahrt Central Cloverdale (Hwy 101) entfernt; Anlage mit warmen Duschen, einem (Whirl-)Pool, einer Waschküche, Paddelbooten und Fahrrädern.

Essen

Als Hauptstadt der Gastronomie im Sonoma Country steht Healdsburg für die Qual der Restaurantwahl. Reservierung ist überall erforderlich.

Cyrus FRANZÖSISCH-KALIFORNISCH $$$
(707-433-3311; www.cyrusrestaurant.com; 29 North St, Healdsburg; Festpreismenü 102–130 US$; Do–Mo abends, Sa mittags) Napas altehrwürdiges French Laundry muss im eleganten Cyrus einen starken Konkurrenten sehen. Der ultraschicke Speiseraum ist großartig und ganz traditionell im Stil französischer Landgasthöfe eingerichtet. Serviert werden Spitzengerichte, die gewieft mit französischer Rafinesse zubereitet werden. Gewürze aus der ganzen Welt verfeinern dabei z.B. den charakteristischen Hummer mit Thai-Marinade. Die Kellner bewegen sich wie Balletttänzer und und lesen Gästen alle Wünsche von den Augen ab. Vom Kaviarwägelchen bis hin zum Käse – ein Mahl im Cyrus wird wohl ewig in Erinnerung bleiben.

LP TIPP **Madrona Manor** KALIFORNISCH $$$
(Karte S. 212; 707-433-4231, 800-258-4003; www.madronamanor.com; 1001 Westside Rd; Menü mit 4/5/6 Gängen 73/82/91 US$; Mi–So 18–21 Uhr) Für einen Heiratsantrag gibt's wohl keinen reizenderen Ort als die hiesige Veranda mit Gartenblick. Obwohl dieses viktorianische Herrenhaus altehrwürdig und elegant wirkt, ist seine kunstvolle kalifornische Spitzenküche keinesfalls altmodisch: Die Küche stampft eigene Butter, während alle Gänge von noch warmem selbst gebackenem Brot in verschiedenen Varianten begleitet werden. Lammfleisch und Käse stammen von Produzenten in unmittelbarer Nähe. Zu den Desserts zählt z.B. Eiscreme, die direkt am Tisch schockgefrostet wird. Unbedingt einen Tisch vor Sonnenuntergang reservieren!

Scopa ITALIENISCH $$
(707-433-5282; www.scopahealdsburg.com; 109-A Plaza St, Healdsburg; Hauptgerichte 12–26 US$; Di–So 17.30–22 Uhr) In dem umgebauten Friseurladen geht's recht beengt zu. Dennoch lohnt sich ein Besuch: Auf den Tisch kommen perfekte Pizzas mit dünner Kruste und rustikale italienische Hausmannskost wie in Tomaten geschmortes Huhn mit sautiertem Gemüse, das geradezu in geröstete Polenta hineinschmilzt. Lebhaftes Publikum und gute Weinpreise sorgen für gesellige Atmosphäre.

Bovolo ITALIENISCH, CAFÉ $$
(707-431-2962; www.bovolorestaurant.com; 106 Matheson St, Healdsburg; Gerichte 6–14 US$; Mo, Mi & Do 9–16, Di, Fr & Sa 9–20,

So 9–18 Uhr; 👪) Das kalifornisch-italienische Thekenbistro, eine kleine Filiale des Zazu (S. 226), bringt sein Slow Food fix auf den Tisch. So kredenzt es z. B. Frühstück mit frischen Eiern vom Bauernhof, gerade geerntete Salate oder handgemachte Pizzas, die mit selbst gepökeltem Schinken von einer alten Schweinerasse belegt sind. Am besten draußen hinsetzen und im Magen Platz für das handgerührte Eis lassen. Hinein geht's durch den Buchladen.

Healdsburg Bar & Grill KNEIPE $$
(☎707-433-3333; www.healdsburgbarandgrill.com; 245 Healdsburg Ave; Hauptgerichte 9–15 US$; ⌚11.30–21 Uhr) Toll für Halbverhungerte, die nicht auf ein großes Brimborium stehen: Das HBG serviert klasse Kneipenkost wie Käsemakkaroni, super Burger, Trüffel-Parmesan-Pommes oder Sandwiches mit langsam gegartem Grillfleisch. Am besten setzt man sich in den Garten oder guckt Sport an der Bar.

Zin MODERN-AMERIKANISCH $$
(☎707-473-0946; www.zinrestaurant.com; 344 Center St; Hauptgerichte mittags 10–20 US$, abends 76–27 US$; ⌚Mo–Fr 11.30–14.30 Uhr, tgl. abends; 👪) Das verlässlich gute Zin tischt herzhafte Hausmannskost (z. B. Schmorfleisch, Apfelkuchen) im kalifornisch-amerikanischen Stil auf, zu der Zinfandel und andere lokale Weine prima passen. Witzige Weinbar und guter Service.

Oakville Grocery FEINKOST $$
(☎707-433-3200; www.oakvillegrocery.com; 124 Matheson St; Sandwiches 10 US$; ⌚8–19 Uhr) Hier gibt's edlen Räucherfisch, Kaviar, extravagante Sandwiches und Picknickproviant für Feinschmecker. Der Laden ist überteuert, seine Terrasse mit Blick auf die Plaza aber immer ein Vergnügen: Wer dort Wein und Käse am Feuer genießt, kann nebenher nach Botox-Blondinen spähen.

Diavola ITALIENISCH $$
(Karte S. 212; ☎707-814-0111; www.diavolapizzera.com; 21021 Geyserville Ave, Geyserville; Pizzen 12–15 US$; ⌚Mi–Mo 11.30–21 Uhr; 👪) Das Diavola im Wildweststil ist eine ideale Mittagsadresse bei Weinverkostungstouren im Alexander Valley. Inmitten von Backsteinwänden serviert es super Salumi und Pizzas mit dünner Kruste. Der Lärm im Laden übertönt locker die Kinder.

Barndiva KALIFORNISCH $$$
(☎707-431-0100; www.barndiva.com; 231 Center St; Hauptgerichte Brunch 16–22 US$, abends 25–34 US$; ⌚Mi–So 12–23 Uhr) Tadellose Saisonküche aus regionalen Zutaten, beliebte Bar und wunderschöner Garten, aber manchmal mangelhafter Service.

Ravenous MODERN-AMERIKANISCH $$
(☎707-431-1770; www.theravenous.com; 420 Center St; Hauptgerichte 13–17 US$) Die Betreiber des in einem ehemaligen Cottage untergebrachten Ravenous kritzeln die aktuellen Gerichte auf eine Tafel. Drinnen kommen kalifornische Hausmannskost und hervorragende Burger s-e-h-r langsam auf den Tisch. Draußen kann man sich zu Healdsburgs hipperer Hälfte gesellen. Entkorkungsgebühr 10 US$.

Flaky Cream Coffee Shop DINER $
(☎707-433-3895; Healdsburg Shopping Center, 441 Center St; Gerichte 5–9 US$; ⌚6–14 Uhr) Leckere Donuts und Frühstück mit Eiern und Speck.

SELBSTVERSORGER

Dry Creek General Store FEINKOST $
(Karte S. 212; ☎707-433-4171; www.dcgstore.com; 3495 Dry Creek Rd; Sandwiches 8–10 US$; ⌚6–18 Uhr) Vor Weinproben im Dry Creek Valley empfiehlt sich ein Zwischenstopp bei diesem alten Gemischtwarenladen mit knarrender Veranda, auf der Einheimische und Radfahrer ihren Kaffee schlürfen. Perfekter Picknickproviant sind z. B. die bissfesten Ciabatta-Sandwiches mit toskanischer Salami und Manchego-Käse.

Jimtown Store FEINKOST $
(Karte S. 212; ☎707-433-1212; www.jimtown.com; 6706 Hwy 128; Sandwiches 8–11 US$; ⌚7.30–16 Uhr) Einer unserer bevorzugten „Boxenstopps" im Alexander Valley. Jimtown verkauft super Picknickvorräte und Sandwiches, die mit hausgemachten Zutaten belegt sind.

Downtown Bakery & Creamery BÄCKEREI $
(☎707-431-2719; www.downtownbakery.net; 308a Center St; ⌚7–17.30 Uhr) Healdsburgs beste Bäckerei mit leckeren Produkten.

Costeaux French Bakery & Cafe BÄCKEREI $
(☎707-433-1913; www.costeaux.com; 417 Healdsburg Ave; ⌚Mo–Sa 7–16, So 7–13 Uhr) Frisches Brot und prima Mittagessen zum Mitnehmen.

Cheese Shop KÄSE $
(☎707-433-4998; www.doraliceimports.com; 423 Center St; ⌚Mo–Fr 11–18, Sa 10–18 Uhr) Klasse Käse aus regionaler und ausländischer Produktion.

Shelton's Natural Foods MARKT, FEINKOST $
(707-431-0530; www.sheltonsmarket.com; 428 Center S; 8–20 Uhr) In puncto Lebensmittel und Picknickproviant ist das eigenständige Shelton's eine günstigere Alternative zur Oakville Grocery.

Ausgehen & Unterhaltung

Flying Goat Coffee CAFÉ
(www.flyinggoatcoffee.com; 324 Center St; 7–18 Uhr) Tschüss Starbucks: So sollte Kaffee sein – fair gehandelt und selbst geröstet. Verständlich, dass dafür Einheimische jeden Morgen anstehen.

Bear Republic Brewing Company BRAUEREI
(www.bearrepublic.com; 345 Healdsburg Ave; 11.30 Uhr–open end) Traditionell gebrautes, preisgekröntes Bier, Livemusik am Wochenende und nicht grade hitverdächtiges Kneipenessen.

Barndiva COCKTAILBAR
(707-431-0100; www.barndiva.com; 231 Center St; Mi–So 12–23 Uhr) Attraktives Publikum und saisonale Nobelcocktails (z. B. Margaritas mit Blutorangensaft).

Raven Theater & Film Center THEATER
(707-433-5448; www.raventheater.com; 115 N Main St) Konzerte, Veranstaltungen und aktuelle Arthaus-Filme.

Shoppen

Arboretum BEKLEIDUNG
(707-433-7033; www.arboretumapparel.com; 332 Healdsburg Ave; Mi–Mo) „Modebewusst" erhält hier eine neue Bedeutung: Die Öko-Boutique mit Fair-Trade-Klamotten und Stücken von US-Designern verkauft tolle Artikel wie Männerunterhosen aus Bio-Baumwolle oder Damenstrickjacken aus ultraweichen Bambusfasern.

Jimtown Store GESCHENKE
(Karte S. 212; 707-433-1212; www.jimtown.com; 6706 Hwy 128) Der Feinkost- und Geschenkeladen am Straßenrand im Alexander Valley führt z. B. antiken Krimskrams, Kerzen oder mexikanische Wachstücher.

Baksheesh GESCHENKE, HAUSHALTSWAREN
(707-473-0880; www.baksheeshfairtrade.com; 106B Matheson St) Haushaltswaren mit globaler Perspektive: Vom Alpaka-Schal bis hin zum vietnamesischen Untersetzer – hier stammt alles von Fair-Trade-Kooperativen.

Gardener GARTENBEDARF
(Karte S. 212; 707-431-1063; www.thegardener.com; 516 Dry Creek Rd) Gartenshopfans sollten diese Schönheit auf dem Lande keinesfalls verpassen.

Studio Barndiva GESCHENKE, HAUSHALTSWAREN
(707-431-7404; www.studiobarndiva; 237 Center St) Recyceltes war wohl noch nie so schick und wird hier in Form von Kunstobjekten verkauft, die bis zu 1000 US$ kosten.

Copperfield's Books BÜCHER
(707-433-9270; copperfieldsbooks.com; 104 Matheson St) Gute Bücher für alle Interessen.

Levin & Company BÜCHER, MUSIK
(707-433-1118; 306 Center St) Belletristik, CDs und eine genossenschaftlich betriebene Galerie.

Praktische Informationen

Healdsburg Chamber of Commerce & Visitors Bureau (707-433-6935, 800-648-9922; www.healdsburg.org; 217 Healdsburg Ave; Mo–Fr 9–17, Sa 9–15, So 10–14 Uhr) Einen Block südlich der Plaza. Hier bekommt man Weingut-Lagekarten und Infos zu Heißluftballonfahrten, Spas, nahe gelegenen Farmen (Tipp: die Broschüre *Farm Trails*), Golf- oder Tennisplätzen. Der SB-Schalter steht rund um die Uhr zur Verfügung.

Healdsburg Public Library (707-433-3772; www.sonoma.lib.ca.us; Ecke Piper & Center St; Mo & Mi 10–18, Di & Do–Sa 10–20 Uhr; @) Führende Weinkunde-Fachbibliothek des Wine Country; Gratis-Internetzugang (1 Std.; Ausweis erforderl.).

North Coast & Redwoods

Inhalt »

Gut essen

» Café Beaujolais (S. 248)
» Six Rivers Brewery (S. 281)
» Ravens (S. 248)
» Franny's Cup & Saucer (S. 243)
» Table 128 (S. 259)

Schön übernachten

» Mar Vista Cottages (S. 241)
» Victorian Gardens (S. 243)
» Apple Farm (S. 258)
» Andiron (S. 246)
» Redwood National Park (S. 285)

Auf an die North Coast & in die Redwoods!

Schroffe Klippen, Mammutbäume und windgepeitschte Strände – all das hat nur wenig mit der restlichen Küste Kaliforniens und den Songs der Beach Boys zu tun; hier gibt's keine Bikinis und kaum Surfer. Der zerklüftete Rand des Kontinents ist wild und malerisch. Der Nebel, das Eigenbrötlerische, die größten Bäume der Welt, das beste Gras und ein paar skurrile Miniorte geben der Region einen fast unheimlichen Touch. Hier kann man versteckte Buchten erkunden, den Horizont nach Walen absuchen und es sich abends am Kamin in einem der viktorianischen Häuser gemütlich machen. Je weiter man nach Norden kommt, umso eindrucksvoller wird die Landschaft – Redwoods, breite Flüsse und moosbedeckte Wälder. Und wie es sich für diese derart widersprüchliche Gegend gehört, ist auch die Bevölkerung bunt gemischt: Holzbarone und Umweltschützer, Marihuana-Bauern und politisch Radikale jeder Couleur.

Reisezeit

Eureka

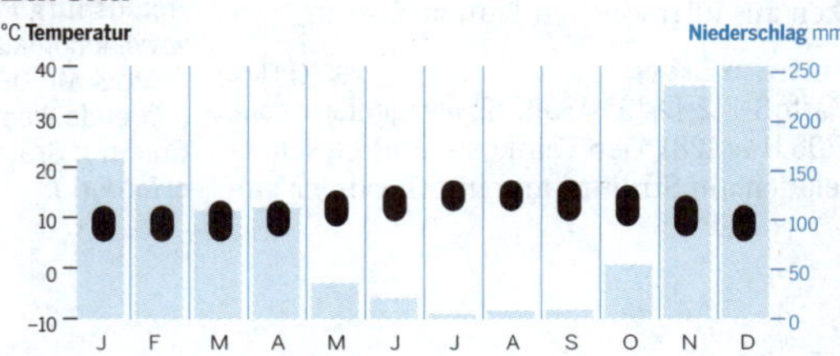

Juni–Juli Die trockenste Zeit des Jahres ist perfekt für Tageswanderungen in den Redwoods.

Aug.–Okt. Wärme und ein klarer Himmel: die richtige Zeit für Wanderungen an der Lost Coast.

Dez.–April Vor der Küste ziehen Wale vorbei – im Vorfrühling kann man Mütter mit Kälbern sehen.

Unterwegs vor Ort

Der Hwy 1 ist bei Radfahrern sehr beliebt. Es gibt zwar auch Busverbindungen, aber trotzdem braucht man ein Auto, wenn man diese Gegend genauer erkunden will. Wer in den hohen Norden möchte und nicht viel Zeit hat, sollte zunächst die schnellere Route im Landesinneren, den Hwy 101, nehmen und dann zur Küste abbiegen. Der windumtoste Hwy 1 schlängelt sich an der Küste entlang, führt dann ins Landesinnere und endet bei Leggett, wo er auf den Hwy 101 trifft. Weder Amtrak noch Greyhound fahren die Küstenstädte am Hwy 1 an.

Amtrak (☎800-872-7245; www.amtrakcalifornia.com) betreibt den *Coast Starlight* zwischen Los Angeles und Seattle (s. S. 861). Von L. A. fahren Busse in verschiedene Orte an der North Coast, z. B. Leggett (82 US$, 11 Std., 2-mal tgl.) und Garberville (84 US$, 11½ Std., 2-mal tgl.).

Wer abenteuerlustig ist und viel Zeit hat, kann die Region auch per Bus erkunden – es gibt Verbindungen in fast jede Stadt. **Greyhound** (☎800-231-2222; www.greyhound.com) fährt von San Francisco nach Santa Rosa (22 US$, 1¾ Std., 1-mal tgl.), Ukiah (40 US$, 3 Std., 1-mal tgl.), Willits (40 US$, 3½ Std., 1-mal tgl.), Rio Dell (bei Fortuna, 52,50 US$, 6 Std., 1-mal tgl.), Eureka (52,50 US$, 6¾ Std., 1-mal tgl.) und Arcata (52,20 US$, 7 Std., 1-mal tgl.). Von Santa Rosa fährt Bus 80 von **Golden Gate Transit** (☎707-541-2000; www.goldengatetransit.org) nach San Rafael (5,55 US$, 1½ Std.) und San Francisco (8,80 US$, 1¼ Std., 19-mal tgl.). Busse von **Sonoma County Transit** (☎800-345-7433; www.sctransit.com) fahren nach Sonoma County und der **Sonoma County Airport Express** (☎707-837-8700, 800-327-2024; www.airportexpressinc.com) zu den Flughäfen von San Francisco (32 US$, 2¼ Std., 15-mal tgl.) und Oakland (34 US$, 2¼ Std., 10-mal tgl.).

Bus 65 von **Mendocino Transit Authority** (MTA; ☎707-462-1422, 800-696-4682; www.4mta.org; Fahrkarte 3,25–7,75 US$) verkehrt täglich zwischen Mendocino, Fort Bragg, Willits, Ukiah und Santa Rosa mit Rückfahrt am Nachmittag. Bus 95 fährt über Jenner, Bodega Bay und Sebastopol von Point Arena nach Santa Rosa. Wochentags verbindet Bus 54 Ukiah mit Hopland. Bus 75 fährt wochentags Richtung Norden von Gualala zur Navarro-River-Kreuzung am Hwy 128 und dann ins Landesinnere durch das Anderson Valley nach Ukiah, nachmittags geht's zurück. Die North-Coast-Route wird montags bis freitags in nördliche Richtung von der Navarro-River-Kreuzung nach Albion, Little River, Mendocino und Fort Bragg befahren. Die Strecke von Fort Bragg in südliche Richtung nach Santa Rosa via Willits und Ukiah (21 US$, 3 Std.) ist die beste Langstreckenverbindung.

Nördlich vom Mendocino County verkehren die Busse (2,75 US$) vom **Redwood Transit System** (☎707-443-0826; www.hta.org) montags bis samstags zwischen Scotia und Trinidad (2½ Std.); in Eureka (1¼ Std.) und Arcata (1½ Std.) wird ein Zwischenstopp eingelegt. Die Busse von **Redwood Coast Transit** (☎707-464-9314; www.redwoodcoasttransit.org) verkehren von montags bis samstags zwischen Crescent City, Klamath (1,50 US$, 1 Std., 5-mal tgl.) und Arcata (25 US$, 2 Std., 3-mal tgl.) mit vielen Zwischenstopps.

KURZINFOS

» **Einwohner von Mendocino** 1000

» **Durchschnittstemperatur in Mendocino min./max.** Jan. 8/15 °C, Juli 10/22 °C

» **Von Mendocino nach San Francisco** 155 Meilen (250 km), 3¼ Std.

» **Von Mendocino nach Los Angeles** 530 Meilen (853 km), 9 Std.

» **Von Mendocino nach Eureka** 145 Meilen (233 km), 3 Std.

COASTAL HIGHWAY 1

Im Süden wird er „PCH" oder Pacific Coast Hwy genannt, aber die Bewohner der North Coast nennen ihn einfach „Hwy 1". Wie auch immer sie heißt, diese grandiose Küstenstraße verläuft in Serpentinen durch einsame Klippen hoch über der Brandung. Verglichen mit der berühmten Big-Sur-Küste ist dieser kurvige Abschnitt des Hwy 1 an der North Coast spannender, einsamer und realer – er führt vorbei an Farmen, Fischerorten und versteckt liegenden Stränden. Immer wieder halten die Autofahrer am Straßenrand an, um den Horizont nach vorbeiziehenden Walen abzusuchen und die Küste mit all ihren von Wellen umspülten Felsformationen zu bewundern. Die Fahrt von Bodega Bay nach Fort Bragg dauert tagsüber ohne Pause vier Stunden. Im nächtlichen Nebel braucht man für diese Strecke sehr viel länger und vor allem Nerven wie Drahtseile. Der beliebteste, reizvollste Küstenort ist Mendocino.

Obwohl die Counties Sonoma und Mendocino nahe der Bay Area liegen, sind sie noch unberührt und haben karge Uferklippen zu bieten, die zu den spektakulärsten des Landes gehören. Aber auf der Fahrt gen Norden gelangt man mit jedem Kilometer in noch faszinierendere, abgelegenere Gegenden. Dann verlässt der Hwy 1 die Küste

Highlights

1. Im **Humboldt Redwoods State Park** (S. 271) die größte Ansammlung alter Mammutbäume bewundern
2. An der einsamen, wilden **Lost Coast** (S. 268) wandern
3. Am **Redwood Creek** (S. 286) unter Giganten schlendern
4. An der **Sonoma Coast** versteckte Buchten (S. 237) ausfindig machen
5. Sich in einem **B & B** in **Mendocino** (S. 246) verwöhnen lassen
6. In der **Six Rivers Brewery** (S. 281), NorCals bester Kleinbrauerei, die verschiedenen Biere testen
7. Den **Big River** (S. 245) im Kanu bezwingen
8. In **Fort Bragg** (S. 250) den traumhaften botanischen Garten besuchen
9. Das **Anderson Valley** (S. 258) und seine Weingüter unsicher machen
10. Sich in **Gualala** (S. 241) einen schicken, nachhaltig geführten Unterschlupf suchen

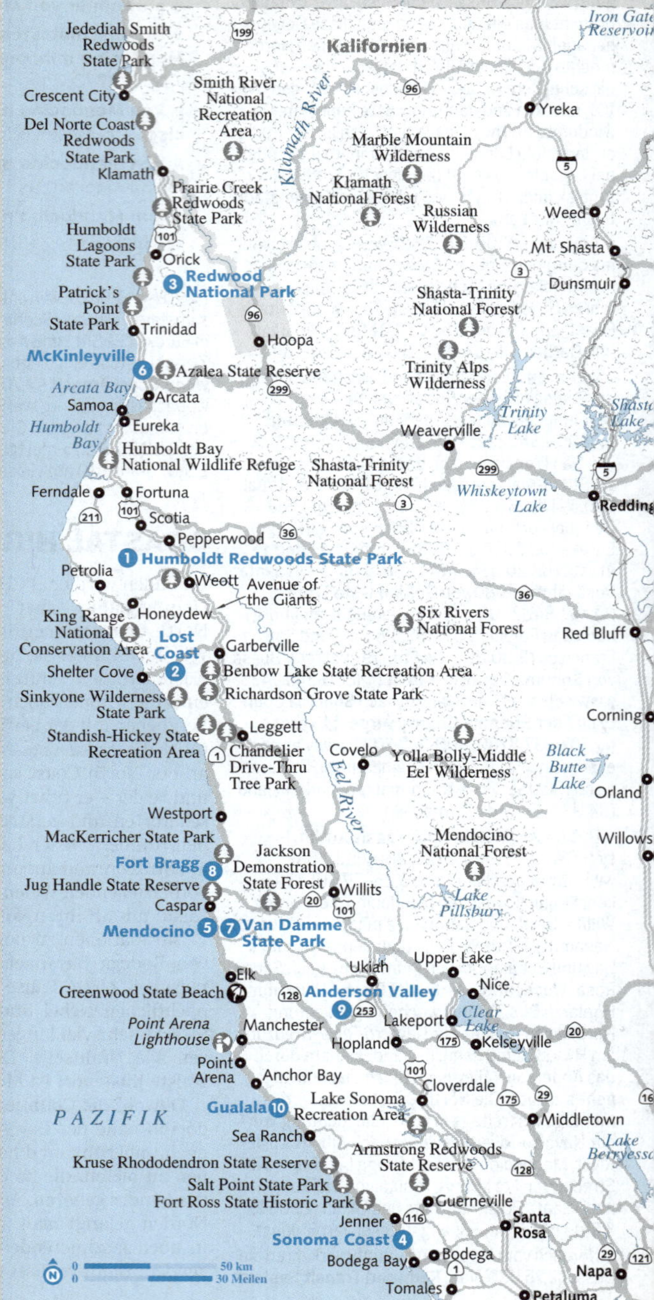

und geht im Landesinneren in den Hwy 101 über. Der Abschnitt am Pazifik – die sogenannte Lost Coast – kann mit dem besterhaltenen Geschenk der Natur des ganzen Bundesstaates aufwarten.

Die Unterkünfte an der Küste (inkl. Campingplätze) sind vom Memorial Day bis zum Labor Day und an den Wochenenden im Herbst schnell ausgebucht, und oft muss man mindestens zwei Nächte bleiben. Es ist also ratsam, im Voraus zu buchen. Die beste Reisezeit ist Frühjahr oder Herbst, vor allem September und Oktober, wenn sich der Nebel lichtet, der Ozean glitzert und die meisten schon wieder nach Hause gefahren sind.

Bodega Bay

Bodega Bay ist die erste Perle einer Kette verschlafener Fischerdörfer an der North Coast. Hier spielt Hitchcocks 1963 gedrehter Psychothriller *Die Vögel.* Statt der blutrünstigen Krähen am Himmel (Achtung: beim Picknick die Möwen im Auge behalten!) tummeln sich jetzt hier die Menschenmassen: Sie genießen die Traumstrände und Gezeitenpools, beobachten Wale, angeln, surfen und verputzen Unmengen Meeresfrüchte. Auf beiden Seiten des Hwy 1 gibt's ein paar Restaurants, Hotels und Geschäfte. Der Ort eignet sich aber nicht zum Bummeln, er ist vielmehr ein guter Ausgangspunkt, um die endlosen, in der Nähe gelegenen Buchten am Sonoma Coast State Beach (S. 237) zu erkunden.

Die Bucht wurde ursprünglich von den Pomo bewohnt und erhielt ihren Namen von Juan Francisco de la Bodega y Quadra, dem Kapitän der spanischen Sloop *Sonora,* der 1775 in der Bucht ankam. Anfang des 19. Jhs. besiedelten dann Russen die Gegend. Farmen wurden errichtet, um Weizen für das russische Pelzhändler-Imperium anzupflanzen, das sich entlang der Küste von Alaska bis nach Fort Ross erstreckte. Die Russen zogen 1842 wieder davon und hinterließen Fort und Farmen. Dann ließen sich amerikanische Siedler hier nieder.

Der Hwy 1 führt durch den Ort und an der Ostküste von Bodega Bay entlang. An der Westseite ragt eine Halbinsel wie ein gekrümmter Finger ins Meer und bildet den Eingang von Bodega Harbor.

Sehenswertes & Aktivitäten

Surfen, Strandspaziergänge und Sportangeln sind hier die Hauptaktivitäten. Sportangeln muss man im Voraus buchen. Von Dezember bis April bieten Fischerboote Walbeobachtungsausflüge an, die man ebenfalls vorab buchen sollte. Im Sonoma Coast Visitor Center ist der ausgezeichnete Führer *Farm Trails* (www.farmtrails.org) erhältlich. Er enthält viele Vorschläge für Touren zu Ranches, Obstplantagen, Farmen und Imkereien.

Bodega Head AUSSICHTSPUNKT

An der Spitze der Halbinsel ragt Bodega Head 81 m über dem Meeresspiegel empor. Um hierher zu kommen (und das offene Meer zu sehen), fährt man vom Hwy 1 nach Westen in die Eastshore Rd und biegt am Stoppschild rechts in die Bay Flat Rd ab. Hier kann man hervorragend Wale beobachten. Landratten können oberhalb der Brandung **wandern**, wo es mehrere gute Wanderwege gibt, u.a. den 3,75 Meilen (6 km) langen Pfad zum Bodega Dunes Campground und den 2,2 Meilen (3,5 km) langen Weg zur Salmon Creek Ranch. **Candy & Kites** (☎10–17 Uhr) verkauft Drachen, die man im Wind steigen lassen kann. Der Laden ist mitten im Ort direkt am Hwy 1 (man kann ihn gar nicht verpassen).

Bodega Marine Laboratory & Reserve SCIENCE CENTER

(☎707-875-2211; www.bml.ucdavis.edu; 2099 Westside Rd; Eintritt frei; ⌚Fr 14–16 Uhr) In dem zur University of California (UC) Davis gehörenden, spektakulär vielseitigen Lehr- und Forschungszentrum mit funktionstüchtigem Forschungslabor werden seit den 1920er-Jahren die Gewässer der Bodega Bay unter die Lupe genommen. Das 1 km² große Gelände kann mit vielen verschiedenen Meeresbeschaffenheiten aufwarten, u.a. felsige Gezeitenzonen an der Küste, Schlick- und Sandwatt, Salzmarsch, Sanddünen und Süßwasserbiotope. Freitagnachmittags veranstalten Dozenten Führungen durchs Labor und die Aquarien.

Ren Brown Collection Gallery GALERIE

(www.renbrown.com; 1781 Hwy 1; ⌚Mi–So 10–17 Uhr) Die Galerie, die einen ruhigen Kontrast zu den Elementen draußen bildet, beherbergt eine tolle Sammlung moderner japanischer Drucke und kalifornischer Arbeiten.

Chanslor Riding Stables REITEN

(☎707-875-3333; www.chanslor.com; 2660 Hwy 1, Ausritte in Gruppen 40–125 US$) Direkt nördlich des Orts organisiert dieser freundliche Outfitter Ausritte am Strand und über die Hügel im Landesinneren. Ron, der Füh-

BLUTRÜNSTIGE VÖGEL IN BODEGA BAY

Das Besondere an Bodega Bay wird immer sein, dass hier Alfred Hitchcocks *Die Vögel* gedreht wurde. Obwohl Filmtricks das Aussehen des Ortes erheblich verändert haben, bekommt man im Film trotzdem einen guten Eindruck von der Gegend, in der sich die Farm von Mitch Brenner (gespielt von Rod Taylor) befindet. Das einst gemütliche Tides Restaurant, in dem im Film viel durch Vögel verursachtes Chaos entsteht, gibt es immer noch, es wurde aber schon 1962 in einen riesigen Restaurantkomplex umgewandelt. 5 Meilen (8 km) im Landesinneren liegt der winzige Ort Bodega, in dem zwei Gebäude aus dem Film zu bewundern sind: das Schulhaus und die Kirche. Beide stehen genauso da wie im Film – und wer dann noch eine Krähe sieht, bekommt sicher eine Gänsehaut.

Seltsamerweise ereignete sich kurz nach dem Beginn der Dreharbeiten von *Die Vögel* in Capitola, einem verschlafenen Küstenort südlich von Santa Cruz, wirklich ein Angriff durch Vögel. Tausende Möwen flogen Amok, beschädigten Gebäude und griffen Menschen an.

rer, ist ein liebenswerter, sonnengebräunter Cowboy, der alles perfekt plant. Er empfiehlt Ausritte am Salmon Creek und informiert sich vorab, ob die Witterungsverhältnisse für Ausritte unterm Sternenhimmel gut genug sind. Die 90-minütigen Ausritte am Strand werden auf Spendenbasis angeboten, die Einnahmen gehen an ein Pferderettungsprogramm. Es können auch Ausflüge mit Übernachtung in einfachen Zelten organisiert werden. Diese Trips sind genau das Richtige für Familien. Wer einen Ausritt bucht, kann sein Wohnmobil kostenlos auf der Ranch abstellen.

Bodega Bay Sportfishing Center ANGELN, WALBEOBACHTUNG
(☎707-875-3344; www.bodegacharters.com; 1410 Bay Flat Rd) Neben dem Sandpiper Café organisiert auch dieses Zentrum ganztägige Angelausflüge (135 US$) und Walbeobachtungstouren (3 Std. Erw./Kind 35/25 US$). Hier werden auch Köder, Angelschnüre und -lizenzen verkauft. Vorher anrufen und nachfragen, ob in der letzten Zeit Wale gesichtet wurden.

Bodega Bay Surf Shack SURFEN, KAJAKFAHREN
(www.bodegabaysurf.com; 1400 N Hwy 1; Surfbrett 15 US$/Tag, Einer-/Zweierkajak pro 4 Std. 45/65 US$ ⏲Mo–Fr 10–18, Sa & So 9–19 Uhr) Wer einen Tag auf dem Wasser verbringen will, bekommt hier alles, was er braucht: Ausrüstung, Unterricht und gute Infos über die örtlichen Gegebenheiten.

Feste & Events

Bodega Seafood, Art & Wine Festival ESSEN, WEIN
(www.winecountryfestivals.com) Ende August bieten die besten Bier- und Weinhersteller der Gegend ihre Produkte an. Auch Meeresfrüchte und Aktivitäten für Kids kommen nicht zu kurz.

Bodega Bay Fishermen's Festival KULTUR
(www.bbfishfest.org) Das Ende April stattfindende Festival erreicht seinen Höhepunkt mit der Segnung der Flotte, einer auffälligen Schiffsparade, einem Kunst- und Handwerksmarkt, Drachenfliegen und Schlemmereien.

Schlafen

Hier findet bestimmt jeder die richtige Bleibe. Es gibt Campingplätze für Wohnmobile und Zelte, urige Motels und schicke Hotels, die in der Hauptsaison schnell ausgebucht sind. Camper sollten sich nördlich der Stadt auf einem der staatlichen Campingplätze einen Platz suchen.

Bodega Bay Lodge & Spa LODGE $$$
(☎707-875-3525, 888-875-2250; www.bodegabaylodge.com; 103 Hwy 1; Zi. 300–470 US$;) Das kleine Resort am Meer mit gutem Preis-Leistungs-Verhältnis und schönen Unterkünften ist das vornehmste in Bodega. Es bietet einen Pool mit Meerblick, einen Whirlpool, einen modernen Fitnessraum und abends Weinproben. Alle Zimmer haben einen Balkon (die teureren mit Traumblick), gediegene Bettwäsche, Daunenkissen und die üblichen Annehmlichkeiten eines Hotels dieser Preisklasse. Weitere Pluspunkte sind ein Golfplatz, Bodega Bays bestes Spa und das hervorragende Restaurant **Duck Club** (☎707-875-3525; Hauptgerichte 16–37 US$; ⏲7.30–11 & 18–21 Uhr).

Bodega Harbor Inn MOTEL $$
(☎707-875-3594; www.bodegaharborinn.com; 1345 Bodega Ave; Zi. 90–155 US$;) Einen

halben Block hinter dem Hwy 1 liegt in einem grünen Garten das bescheidene Motel mit blau-weißen Schindeln sowie echten und falschen Antiquitäten. Es ist die günstigste Unterkunft des Orts. In einigen Zimmern sind Haustiere gegen einen Aufpreis von 15 US$ und eine Kaution von 50 US$ erlaubt. Die freistehenden Cottages haben einen eigenen Grill.

Chanslor Guest Ranch RANCH $$
(☎707-875-2721; www.chanslorranch.com; 2660 Hwy 1; Zelt mit Einrichtung & Ökohütte 75–125 US$, Zi. 350 US$) Etwa 1 Meile (1,6 km) nördlich des Orts bietet diese Pferderanch drei Zimmer und komfortable Campingmöglichkeiten. Hier gibt's Natur pur und einen umwerfenden Blick über Weideland bis zum Meer. Es werden auch geführte Ausritte angeboten. Wer hier reiten will, kann einen Superpreis für die Übernachtung im eigenen Zelt aushandeln

Sonoma County Regional Parks CAMPING $
(☎707-565-2267; www.sonoma-county.org/parks; Stellplatz Zelt/Wohnmobil ohne Strom 30 US$) Es gibt ein paar Stellplätze auf dem ruhigen Miwok Tent Campground im **Doran Regional Park** (201 Doran Beach Rd) und im **Westside Regional Park** (2400 Westshore Rd), der für Wohnmobile am besten geeignet ist. Auf diesem windumtosten Platz mit Strand, warmen Duschen, Angelstegen und Bootsrampen tummeln sich vor allem Bootsleute. Beide Plätze sind sehr beliebt. Super Campingmöglichkeiten gibt's auch am Sonoma Coast State Beach (S. 237).

Essen & Ausgehen

Für Seafood-Fans gibt's an den Docks zwei wunderbar altmodische Lokale: **Tides Wharf & Restaurant** (835 Hwy 1; Frühstück 6–12 US$, Mittagessen 12–22 US$, Abendessen 15–25 US$; ⌚Mo–Do 7.30–21.30, Fr 7.30–22, Sa 7–22, So 7–21.30 Uhr; 👪) und **Lucas Wharf Restaurant & Bar** (595 Hwy 1; Hauptgerichte 14–25 US$; ⌚Mo–Fr 11.30–21, Sa 11–22 Uhr; 👪), beide mit schöner Aussicht, Muschelsuppe, Bratfisch, Krautsalat und alles, was man für ein Picknick braucht. Zum Tides gehört ein großartiger Fischmarkt, das Lucas fühlt sich nicht so fabrikmäßig an. Nicht wundern, wenn hier ganze Busladungen von Gästen absteigen.

Spud Point Crab Company SEAFOOD $
(www.spudpointcrab.com; 1860 Bay Flat Rd; Hauptgerichte 4–10 US$; ⌚Do–Di 9–17 Uhr; 👪) In klassischer Crab-Shack-Tradition gibt's hier salzig-süße Krabbencocktails und echte Muschelsuppe an Picknicktischen mit Blick auf den Yachthafen. Hin kommt man über die Bay Flat Rd.

Terrapin Creek Cafe & Restaurant KALIFORNISCH $$
(☎707-875-2700; www.terrapincreekcafe.com; 1580 Eastshore Dr; Hauptgerichte 18–20 US$; ⌚Do–So 11–14 & 16.30–21 Uhr; ✍) Bodega Bays interessantestes Restaurant wird von einem Ehepaar geführt, das die Slow-Food-Bewegung unterstützt und nur Zutaten aus der Region benutzt. Einfache Hausmannskost wie Sandwiches mit geräuchertem, gegrilltem Schweinefleisch wird kunstvoll angerichtet. Der Dungeness-Krebssalat ist frisch, salzig und einfach nur perfekt. Jazz und sanfte Beleuchtung runden die schöne Atmosphäre ab.

Sandpiper Restaurant SEAFOOD $$
(www.sandpiperrestaurant.com; 1410 Bay Flat Rd; Hauptgerichte 13–26 US$; ⌚So–Do 8–20, Fr & Sa 8–20.30 Uhr) Das bei Einheimischen beliebte Sandpiper serviert Frühstück, einfaches Seafood und Fischsuppe, die man in einer Respekt einflößenden „Viking Bowl" bestellen kann (wer zwei Schalen schafft, bekommt ein T-Shirt geschenkt).

Dog House AMERIKANISCH $
(573 Hwy 1; Gerichte 5–9 US$ ⌚11–18 Uhr) Hier gibt's Vienna-Beef-Hotdogs, handgeschnittene Pommes und Shakes aus selbstgemachtem Eis. Der tolle Blick ist gratis.

Gourmet Au Bay WEINBAR $$
(⌚Do–Di 11–18 Uhr) Auf der Terrasse dieser Weinbar können die Gäste zu ihrem Zinfandel salzige Meerluft schnuppern.

Praktische Informationen

Sonoma Coast Visitor Center (☎707-875-3866; www.bodegabay.com; 850 Hwy 1; ⌚Mo–Do & Sa 9–17, Fr 9–18, So 10–17 Uhr) Gegenüber von Tides Wharf. Der Hauptgrund für einen Zwischenstopp im Visitor Center ist die *North Coaster*, eine Zeitung aus einem kleinen, unabhängigen Verlag mit Essays und ausgezeichneten Berichten über die hiesige Kultur.

Sonoma Coast State Beach

Der herrliche **Sonoma Coast State Beach** (☎707-875-3483) erstreckt sich 17 Meilen (27 km) von Bodega Head nach Vista Trail in Richtung Norden. Eigentlich ist es eine Reihe von Stränden, die von wunderschö nen, felsigen Landzungen getrennt werden. Einige Strände sind winzig und in kleinen Buchten versteckt, andere sind lang und breit. Die meisten Strände sind durch Küstenwanderwege miteinander verbunden, die atemberaubende Aussichten bieten und sich an den Klippen entlang schlängeln. Hier kann man einen wunderschönen Tag verbringen – also den Picknickkorb nicht vergessen. Aber Achtung: Die Brandung ist oft zu heimtückisch, um sie zu durchwaten; auf Kinder aufpassen! An den Stränden und in den Parks gibt's ein paar Möglichkeiten zu campen, man darf sein Zelt aber nicht überall aufstellen. An den meisten Stränden ist der Aufenthalt nur tagsüber erlaubt.

Sehenswertes & Aktivitäten

Strände

Die folgenden Strände werden in Süd-Nord-Richtung beschrieben.

Salmon Creek Beach STRAND

Die Lagune bietet einen über 3 km langen Wanderweg und tolle Wellen zum Surfen.

Portuguese Beach & Schoolhouse Beach STRAND

Beide Strände sind sehr bequem zu erreichen und haben geschützte Buchten zwischen Felsvorsprüngen.

Duncan's Landing STRAND

In der Nähe dieser felsigen Landzunge werden jeden Morgen kleine Boote entladen. Im Frühjahr blühen hier unzählige Wildblumen.

Shell Beach STRAND

Diesen perfekten Strand mit Gezeitenpool und viel Strandgut erreicht man über eine Promenade und einen Wanderweg.

Goat Rock STRAND

Die hiesigen Seehunde aalen sich an der Mündung des Russian River in der Sonne.

Schlafen

Bodega Dunes CAMPING $

(☎800-444-7275; www.reserveamerica.com; 3095 Hwy 1, Bodega Bay; Stellplatz Zelt & Wohnmobil 35 US$, Tagesgebühr 8 US$) Der größte und am dichtesten bei Bodega Bay gelegene Campingplatz in den Parks am Sonoma Coast State Beach. Hier ist immer viel los. Es gibt Warmwasser, hohe Dünen und nachts den Sound des Nebelhorns.

Wright's Beach Campground CAMPING $

(☎800-444-7275; www.reserveamerica.com; Stellplatz Zelt & Wohnmobil 35 US$, Tagesgebühr 8 US$) Von den wenigen Parks, in denen man am Sonoma Coast State Beach campen kann, ist dieser der beste, obwohl die Stellplätze kaum Privatsphäre bieten. Die Stellplätze können sechs Monate im Voraus gebucht werden, die Plätze eins bis zwölf liegen direkt am Strand. Es gibt Grillstellen, die man tagsüber benutzen darf. Außerdem ist dieser Platz ein idealer Ausgangspunkt für Touren im Seekajak. Ins Wasser gehen sollte man hier allerdings nicht, denn in der gefährlichen Gezeitenströmung kommen jedes Jahr Menschen ums Leben.

Willow Creek Environmental Campground CAMPING $

(Stellplatz Zelt 20 US$) Der wunderschöne Öko-Campingplatz unter einem kathedralenartigen Hain aus Sekundär-Redwoods liegt an der Willow Creek Rd, vom Hwy 1 im Landesinneren auf der Südseite der Russian River Bridge. Um dorthin zu kommen, läuft man den **Pomo Canyon Trail** entlang und kommt dann auf Wiesen voller Wildblumen raus, wo sich eine grandiose Aussicht auf den Russian River und an klaren Tagen bis nach Pt. Reyes im Süden bietet. Willow Creek bietet kein fließendes Wasser, man kann aber das Wasser aus dem Fluss filtern. Der Campingplatz ist normalerweise von April bis November geöffnet.

Jenner

Der winzige Ort Jenner, der Zugang zur Küste und zur Weinregion des Russian River (s. S. 211) bietet, liegt hoch über der Mündung des Russian River auf den Hügeln mit Blick auf den Pazifik. An der Flussmündung hat es sich eine **Seehundkolonie** gemütlich gemacht; Jungtiere kommen von März bis August auf die Welt. Es ist verboten, sich den niedlichen, pummeligen Kleinen zu sehr zu nähern oder sie gar anzufassen, was nicht nur gefährlich ist, sondern auch die Mütter veranlasst, ihre Jungen zu verlassen. Freiwillige Helfer beantworten Fragen der Tagesausflügler, die die Tiere aus sicherer Entfernung hinter den Absperrungen beobachten können. Am besten sieht man die Tiere im Rahmen einer Kajaktour. Kajaks kann man fast das ganze Jahr über am Flussufer mieten. Die weitere Strecke des Hwy 1 Richtung Norden ist einer der schönsten und windigsten Abschnitte der kalifornischen Highways. Hier gibt es dann auch oft keinen Handyempfang mehr – ein Segen!?

Schlafen & Essen

Jenner Inn & Cottages GASTHAUS $$
(☎707-865-2377; www.jennerinn.com; 10400 Hwy 1; Zi. inkl. Frühstück Flussseite 118–178 US$, mit Meerblick 178–278 US$, Cottage 228–278 US$; @) Wie soll man nur diese in ganz Jenner verstreut liegenden Unterkünfte unter einen Hut kriegen? Es gibt luxuriöse Cottages mit Meerblick, Küche und bestücktem Kamin genauso wie kleine Hütten an einem Bach weiter im Landesinneren. Eines haben sie aber alle gemeinsam: Möbel im Stil der frühen 1990er-Jahre.

LP TIPP **River's End** KALIFORNISCH $$$
(☎707-865-2484; www.rivers-end.com; 11048 Hwy 1; Hauptgerichte mittags 13–26 US$, Hauptgerichte abends 25–39 US$; ⊙Do–Mo 12–15 & 17–20.30 Uhr; ✎) In dem hübschen Restaurant auf den Klippen über der Flussmündung mit Blick auf den tosenden Pazifik können sich die Gäste stilvoll entspannen. Hier wird Weltklasse-Essen zu Weltklasse-Preisen serviert. Aber das Tollste ist wirklich der Blick. Die holzverkleideten **Cottages** (Zi. & Cottage 120–200 US$) mit Meerblick haben weder TV, WLAN noch Telefon. Nicht empfehlenswert für Kinder unter zwölf Jahren.

Café Aquatica CAFÉ $
(www.cafeaquatica.com; 11048 Hwy 1; Sandwiches 10–13 US$; ☜) Von einem solchen Café hat man hier wohl schon lange geträumt. Es gibt frische Backwaren, guten Kaffee und geschwätzige Einheimische. Weitere Pluspunkte sind der Blick von der Veranda über den Russian River und die merkwürdigerweise passende New-Age-Musik.

Fort Ross State Historic Park

Die vom Salzwasser angegriffenen Gebäude im Fort Ross State Historic Park zeugen vom Vordringen von Händlern aus der Zarenzeit zur kalifornischen Küste und geben einen faszinierenden Einblick in den frühen Wilden Westen Amerikas. Es ist ein ruhiges, malerisches Fleckchen mit einer fesselnden Vergangenheit.

Im März 1812 errichtete eine Gruppe von 25 Russen und 80 Einwohnern Alaskas (einschließlich Mitgliedern der Stämme der Kodiak und Aleutian) hier in der Nähe des Kashaya-Pomo-Dorfs ein hölzernes Fort. Fort Ross war der südlichste Außenposten des russischen Pelzhandels im 19. Jh. an Amerikas Pazifikküste. Es wurde als Basis für Seeotterjagd und -handel mit Alta California benutzt, zudem baute man Getreide für russische Siedlungen in Alaska an. Die Russen weihten das Fort im August 1812 ein und besetzten es bis 1842. Dann verließen sie es, weil der Seeotterbestand stark geschwächt und die landwirtschaftliche Produktion nie wirklich erfolgreich war.

Fort Ross State Historic Park (☎707-847-3286; www.fortrossstatepark.org; 19005 Hwy 1; 8 US$/Auto; ☎10–16.30 Uhr) An einem schönen Ort 11 Meilen (18 km) nördlich von Jenner steht die exakte Nachbildung des Forts. Die Originalgebäude wurden während des Goldrauschs verkauft, abgerissen und nach Sutter's Fort verfrachtet. Im **Visitor Center** (☎707-847-3437) gibt's ein hervorragendes Museum mit historischen Ausstellungsstücken und einen ausgezeichneten Buchladen mit Büchern über die kalifornische und russische Geschichte. Nach den Wanderungen zum russischen Friedhof fragen.

Am **Fort Ross Heritage Day**, dem letzten Samstag im Juli, erwecken kostümierte Freiwillige die Geschichte des Forts zu neuem Leben. Infos über weitere Veranstaltungen stehen auf der Website www.parks.ca.gov oder sind telefonisch zu erfragen.

Das **Timber Cove Inn** (☎707-847-3231, 800-987-8319; www.timbercoveinn.com; 21780 N Hwy 1; Zi. ohne/mit Meerblick ab 155/183 US$), ein grandioses, schnörkeliges Gasthaus am Meer im Stil der 1960er-Jahre, war früher eine erstklassige Luxuslodge. Die Preise sind zwar noch immer recht hoch, aber der Luxus ist nicht mehr allgegenwärtig. Das architektonisch bemerkenswerte Äußere ist auch heute noch überwältigend. In der Lobby ist leise Klaviermusik und das Knistern des Feuers im Kamin zu hören. In den urigen Zimmern mit Meerblick, vielen rustikalen Redwood-Details, Balkon, Kamin und weichen Betten fühlt man sich fast wie in einem Baumhaus. Auch wenn man nicht hier übernachtet, sollte man sich Benny Bufanos 28 m hohe Friedensstatue anschauen. Dieser spektakuläre Totempfahl steht auf den Klippen direkt am Meer. Das teure Restaurant ist nicht erwähnenswert.

Der **Stillwater Cove Regional Park** (☎Reservierung 707-565-2267; www.sonoma-county.org/parks; 22455 N Hwy 1; Stellplatz Zelt & Wohnmobil 28 US$) 2 Meilen (3,2 km) nördlich von Timber Cove hat warme Duschen und Wanderwege unter Monterey-Kiefern. Die Stellplätze 1, 2, 4, 6, 9 und 10 haben Meerblick.

Salt Point State Park

Wer nur Zeit für einen Park an der Sonoma Coast hat, sollte den 24 km² großen **Salt Point State Park** (☎707-847-3221; 8 US$/Auto) besuchen. Hier hängen Sandsteinklippen abschüssig über dem Meer, Wanderwege führen kreuz und quer über die windumtosten Ebenen und bewaldeten Hügel und verbinden Pygmäenwälder und Buchten an der Küste mit Gezeitenpools. Der 6 Meilen (10 km) breite Park wird vom San-Andreas-Graben zweigeteilt – die Felsen an der Ostseite unterscheiden sich stark von denen an der Westseite. Sehenswert sind auch die schaurig-schönen *tafonis* (wabenförmige Sandsteinformationen) bei Gerstle Cove. Bei MM 45 sollte man halten und die verfallenen Redwood-Hütten, grasenden Ziegen und ins Meer ragenden Landzungen knipsen.

Obwohl viele Abschnitte aus Geldmangel gesperrt sind, führen doch einige Wege von den Haltebuchten am Hwy 1 zu schönen Aussichtspunkten. Die Plattform über dem **Sentinel Rock** ist nur einen kurzen Spaziergang vom Fisk-Mill-Cove-Parkplatz am Nordende des Parks entfernt. Weiter südlich faulenzen Seehunde im **Gerstle Cove Marine Reserve**, einem der ersten Unterwasserparks Kaliforniens. Vorsichtig durch die Gezeitenpools waten und keine Steine anheben: Schon ein kleiner Sonnenstrahl kann einige Kriechtiere töten! Wer im Frühjahr hier ist, *muss* das **Kruse Rhododendron State Reserve** besuchen. Die Rhododendren wachsen in Hülle und Fülle im gefilterten Waldlicht, haben wunderschöne rosa Blüten und werden über 9 m hoch. Sie sind die größte Rhododendron-Spezies der Welt. Vom Hwy 1 Richtung Osten in die Kruse Ranch Rd abbiegen und den Schildern folgen.

Die Campingplätze **Woodside** und **Gerstle Cove** (☎800-444-7275; www.reserveamerica.com; Stellplatz Zelt & Wohnmobil 35 US$) haben kaltes Wasser; den Schildern vom Hwy 1 folgen. Woodside im Hinterland wird von Monterey-Kiefern geschützt. Die Bäume von Gerstle Cove sind vor mehr als zehn Jahren einem Brand zum Opfer gefallen und erst zur Hälfte nachgewachsen. Die knorrigen, schwarzen Stämme sehen vor allem im Nebel leicht gespenstisch aus.

Sea Ranch

Das exklusive Sea Ranch könnte zwar auch Stepford-by-the-Sea genannt werden, hat aber dennoch Fans. Der vornehme Bezirk erstreckt sich 10 Meilen (16 km) an der Küste entlang, die einzelnen Orte sind über ein gut bewachtes Netz von Privatstraßen verbunden. Die Gegend wurde vor der Gründung der Überwachungskommission Coastal Commission zur Bebauung freigegeben und bildete den Wegbereiter des Konzepts „Slow Growth". Strenge Baugesetze besagen, dass Häuser nur aus Treibholz gebaut werden dürfen. In *The Sea Ranch Design Manual* heißt es: „Dies ist kein Ort für große architektonische Statements, es ist vielmehr ein Ort subtiler Nuancen…" Hier gibt's einige wunderschöne Häuser, die man für einen Kurzaufenthalt mieten kann; aber bitte nicht gegen die Regeln der Gemeinschaft verstoßen, sonst gibt's sofort Ärger mit dem Sicherheitspersonal! Wilde Partys sind hier nicht angesagt. Lebensmittel und Benzin bekommt man in Gualala.

Nach jahrelangen Rechtsstreitigkeiten wurden öffentliche Durchgänge zu privaten Stränden gerichtlich angeordnet und sind jetzt gut ausgeschildert. Wanderwege führen von Parkplätzen an der Straße ans Meer und an den Steilklippen entlang. Es ist aber strengstens untersagt, die angrenzenden Grundstücke zu betreten. **Stengel Beach** (Hwy 1, MM 53,96) hat eine Treppe zum Strand, **Walk-On Beach** (Hwy 1, MM 56,53) ist behindertengerecht und **Shell Beach** (Hwy 1, MM 55,24) hat ebenfalls eine Treppe zum Strand. Parken kostet überall 6 US$. Wanderinfos und Karten gibt's bei der **Sea Ranch Association** (www.tsra.org).

Sea Ranch Lodge (☎707-785-2371, www.searanchlodge.com; 60 Sea Walk Dr; Zi. inkl. Frühstück ab 212 US$;) Ein Wunderwerk kalifornischer Architektur aus den 1960er-Jahren mit geräumigen, luxuriösen, minimalistisch eingerichteten Zimmern, die einen grandiosen Blick aufs Meer und teilweise Whirlpools sowie Kamine bieten. In den letzten Jahren sollte die Lodge von oben bis unten renoviert werden, es fanden sich aber keine Geldgeber. Das gute, zeitgenössische **Restaurant** (Hauptgerichte mittags 12–16 US$, Hauptgerichte abends 22–35 US$; ☎8–21 Uhr) wird auch dem anspruchsvollsten Gast gerecht. Es serviert alles von Entenbrust bis zu kalifornischen Fischtacos. Nördlich der Lodge steht eine kultige, nicht konfessionsgebundene **Kapelle** auf der Landseite vom Hwy 1 bei MM 55,66. Für alle mit wenig Zeit und Geld ist dies ein genialer Zwischenstopp in Sea Ranch.

Je nach Jahreszeit kann es überraschend preiswert sein, sich ein Haus in Sea Ranch zu mieten. Infos gibt's bei **Rams Head Realty** (www.ramshead-realty.com), **Sea Ranch Rentals** (www.searanchrentals.com) und **Sea Ranch Escape** (www.searanchescape.com).

Gualala & Anchor Bay

Nur 2½ Autostunden nördlich von San Francisco liegt Gualala (die meisten Einheimischen sagen „Wah-*la*-la"), das Zentrum des nördlichen Küstenabschnitts in Sonoma. Der beliebte Wochenendausflugsort liegt mitten im „Banana Belt", ein Küstenstreifen, der für sein ungewöhnlich sonniges Klima bekannt ist. Der in den 1860er-Jahren als Holzfällerdorf gegründete Ort liegt am Hwy 1 und hat ein Geschäftszentrum mit gutem Lebensmittelladen und einigen netten, etwas besseren Geschäften. Direkt nördlich liegt das ruhige Örtchen Anchor Bay. Hier gibt's mehrere Gasthäuser, ein winziges Einkaufszentrum und weiter im Norden eine Reihe einsamer, schwer zu findender Strände. Beide Orte sind ausgezeichnete Ausgangspunkte zum Erkunden der Gegend.

Sehenswertes & Aktivitäten

Gualala Arts Center KUNSTZENTRUM
(☎707-884-1138; www.gualalaarts.org; ☎Mo–Fr 9–16, Sa & So 12–16 Uhr) In Richtung Landesinneres entlang der Old State Rd, am südlichen Ende des Orts beherbergt dieses Zentrum, das komplett von Freiwilligen errichtet wurde, wechselnde Ausstellungen und organisiert Ende August das Art in the Redwoods Festival. Außerdem bekommt man hier viele Infos über die hiesige Kunst.

Adventure Rents KANUFAHREN, KAJAKFAHREN
(☎707-884-4386, 888-881-4386; www.adventurerents.com) Im Sommer bildet sich in der Flussmündung eine Sandbank, wodurch der Fluss zu einen See mit warmem Wasser wird. Dieser Outfitter verleiht **Kanus** (2 Std./halber/ganzer Tag 70/80/90 US$) und **Kajaks** (2 Std./halber/ganzer Tag 35/40/45 US$) und gibt Unterricht.

7 Meilen (11 km) nördlich von Anchor Bay geht's bei Meilenstein 11,41 zur **Schooner Gulch**. Ein Pfad durch den Wald führt die Klippen hinunter zu einem Sandstrand mit Gezeitenpools. Folgt man der rechten Weggabelung, kommt man zum **Bowling Ball Beach**, wo bei Ebbe große, runde Felsen zu sehen sind, die Bowlingkugeln ähneln. Im Gezeitenkalender kann man nachsehen, wann die Kugeln aus dem Wasser kommen. Die auf der Gezeitentafel vorhergesagte Ebbe muss niedriger sein als +1,5 ft (47 cm), sonst bleiben die Felsen unter Wasser.

Schlafen & Essen

Gualala hat mehr zu bieten als Anchor Bay – es gibt ein paar nette Motels und gute Lebensmittelläden. Frisches Obst und Gemüse bekommt man auf dem **Farmers Market** (Gualala Community Center; ☎Juni–Okt. Sa 10–12.30 Uhr), Bio-Produkte und Weine aus der Gegend auf dem **Anchor Bay Village Market** (35513 S Hwy 1).

LP TIPP **Mar Vista Cottages** COTTAGES $$$
(☎707-884-3522, 877-855-3522; www.marvistamendocino.com; 35101 S Hwy 1, Anchor Bay; Cottage ab 155 US$;) Die elegant renovierten, einfachen, stilvollen Fischerhütten aus den 1930er-Jahren sind ein Paradebeispiel für Nachhaltigkeit. Die schöne Umgebung des sonnigen „Banana Belt" an der North Coast zeigt sich hier auch in vielen Details: Die Bettwäsche wird auf einer Wäscheleine über Lavendel getrocknet, die Gäste können sich aus dem Bio-Gemüsegarten alles fürs Abendessen holen und überall gackern Hühner und legen Frühstückseier. Zu bestimmten Zeiten muss man mindestens zwei Nächte bleiben.

North Coast Country Inn B&B $$
(☎707-884-4537, 800-959-4537; www.northcoastcountryinn.com; 34591 S Hwy 1; Zi. inkl. Frühstück 195–225 US$; @) Diese Unterkunft auf einem Hügel landeinwärts steht mitten in einem hübschen Garten mit hohen Bäumen. Es gibt einen geselligen Besitzer, einen Whirlpool und sechs geräumige Zimmer im Countrystil mit schönen Drucken, Holzbalken an den Decken, Kamin, Brettspielen und separaten Eingängen.

Gualala Point Regional Park CAMPING $
(www.sonoma-county.org/parks; 42401 S Hwy 1, Gualala; Stellplatz Zelt & Wohnmobil 28 US$) Schattiger Platz mit Redwoods und duftenden kalifornischen Lorbeerbäumen. Ein kurzer Weg verbindet den an einem Fluss gelegenen Campingplatz mit dem windumtosten Strand. Die guten Stellplätze, u.a. einige einsame, die nur zu Fuß zu erreichen sind, machen diesen Drive-in-Campingplatz zum Besten an diesem Küstenabschnitt.

St. Orres Inn GASTHAUS $$
(☎707-884-3303; www.saintorres.com; 36601 Hwy 1; B&B 95–135 US$, Cottage ab 140 US$;)

DIE BESTEN ORTE ZUM WALE BEOBACHTEN

Ausschau halten nach ihren Nasen, nach singenden und auftauchenden Walen und ganzen Walschulen! Eigentlich eignet sich die gesamte Küste gut zum Wale beobachten, aber die folgenden Stellen gehören zu den besten an der North Coast:

» Bodega Head (S. 235)

» Mendocino Headlands State Park (S. 246)

» Jug Handle State Reserve (S. 250)

» MacKerricher State Park (S. 254)

» Shelter Cove & The Lost Coast (S. 270)

» Trinidad Head Trail (S. 282)

» Klamath River Overlook (S. 287)

Diese Unterkunft ist bekannt für ihre ungewöhnliche, russisch beeinflusste Architektur: ungehobeltes Holz und Kupferkuppeln. Das St. Orres ist wirklich einzigartig. Die selbst gebauten Cottages auf dem 36 ha großen Grundstück reichen von rustikal bis luxuriös. Das gute **Restaurant** (707-884-3335; Hauptgerichte abends 40–50 US$) serviert kalifornisch inspirierte Speisen in einem der romantischsten Räume der Küste. Zweifellos teuer, aber der mit Innereien gefüllte Fasan mit Pilzrisotto ist jeden Cent wert.

Gualala River Redwood Park CAMPING $

(707-884-3533; www.gualalapark.com; Tagesgebühr 6 US$, Stellplatz Zelt & Wohnmobil 22–42 US$; Memorial Day–Labor Day) Der ausgezeichnete Campingplatz im Sonoma County Park liegt landeinwärts an der Old State Rd. Von hier aus kann man kurze Wanderungen am Fluss entlang unternehmen.

Laura's Bakery & Taqueria MEXIKANISCH $

(707-884-3175; 38411 Robinson Reef Rd am Hwy 1; Hauptgerichte 7–12 US$; Mo–Sa 7–19 Uhr;) Laura's ist eine erfrischende, preiswerte Abwechslung von den teuren Restaurants am Hwy 1. Das Essen in der Taqueria ist fantastisch (die Fisch-Tacos nach einem Rezept aus Baja California sind der Hammer) und die frisch zubereiteten *moles* sowie der Blick aufs Meer sind umwerfend.

Bones Roadhouse BARBECUE $$

(www.bonesroadhouse.com; 39350 S Hwy 1, Gualala; Hauptgerichte 10–20 US$; So–Do 11.30–21, Fr & Sa 11.30–22 Uhr) Schmackhaft geräuchertes Fleisch – ein besseres Mittagessen ist kaum vorstellbar. An den Wochenenden singen kauzige Blues-Typen manchmal „Mustang Sally".

Praktische Informationen

Redwood Coast Chamber of Commerce (www.redwoodcoastchamber.com) In Gualala; hier sind Infos über die Region erhältlich

Point Arena

Der entspannte Ort verbindet angenehmen Komfort mit dem lockeren Lebensstil Kaliforniens. Es ist der erste Ort an der Küste, in dem die Mehrheit der Bewohner offenbar keine aus der Bay Area geflohenen Ruheständler sind. An den Docks, 1 Meile (1,6 km) westlich des Orts bei Arena Cove, mischen sich Surfer unter Fischer und Hippies.

Point Arena Lighthouse LEUCHTTURM

(www.pointarenalighthouse.com; Erw./Kind 7,50/1 US$; Winter 10–15.30 Uhr, Sommer 10–16.30 Uhr) Etwa 2 Meilen (3,2 km) nördlich des Orts ragt der 1908 errichtete Leuchtturm zehn Stockwerke in die Höhe. Es ist der einzige Leuchtturm in Kalifornien, den man besteigen kann. Der Eintritt wird im Museum bezahlt, dann geht's die 145 Stufen hinauf zur Spitze, wo man eine Fresnelllinse bewundern und die atemberaubende Aussicht genießen kann. Der Leuchtturm und das dazugehörige Gebäude mit dem Nebelsignal wurden kürzlich für 1,5 Mio. US$ renoviert und beide sehen jetzt fantastisch aus. Echte Leuchtturmfreaks können in einem der drei einfachen Zimmer der früheren **Coast Guard Homes** (707-882-2777; Haus 125–300 US$) übernachten. Hier ist man allein mit sich und dem Wind.

Stornetta Public Lands NATUR

Hier kann man hervorragend Vögel beobachten, auf Terrassenfelsen hinter Meereshöhlen wandern und versteckte Buchten entdecken. Vom Hwy 1 ca. 1 Meile (1,6 km) der Lighthouse Rd folgen und auf der linken Seite Ausschau halten nach Schildern des Bureau of Land Management (BLM), die zu dem 460 ha großen Grundstück führen.

Schlafen & Essen

Wharf Master's Inn HOTEL $$$

(707-882-3171, 800-932-4031; www.wharfmasters.com; 785 Port Rd; Zi. 105–255 US$;) Kleine, modern eingerichtete Zimmer in einem Gebäude auf einer Klippe mit Blick auf Fischerboote und einen Bootsanleger auf Stelzen. Die ordentlichen, sehr sauberen Zimmer erinnern an die von Kettenhotels.

Coast Guard House Inn GASTHAUS $$
(☎707-882-2442; www.coastguardhouse.com; 695 Arena Cove; Zi. 105–225 US$) Wer den Charme der alten Welt genießen möchte und bereit ist, mit historischen Sanitäranlagen zu leben, wird sich in diesem Haus und Cottage im Cape-Cod-Stil von 1901 sicher wohlfühlen. Die Zimmer haben Meerblick.

LP TIPP **Franny's Cup & Saucer** PATISSERIE $
(☎707-882-2500; www.frannyscupandsaucer.com; 213 Main St; Gebäck 1–5 US$; ⏱Mi–Sa 8–16 Uhr;) Die niedlichste Patisserie an diesem Küstenstreifen wird von Franny und ihrer Mutter Barbara (einer ehemaligen Mitarbeiterin des Chez Panisse) betrieben. Die frischen Beeren-Torten und die köstlichen Schokoladen-Desserts sehen so toll aus, dass man sie kaum antasten mag. Aber gleich nach dem ersten Bissen wird man sich mehr bestellen. Mehrmals im Jahr wird sonntags ein Brunch im Garten (28 US$) veranstaltet.

Pizzas N Cream PIZZERIA $
(www.pizzasandcream.com; 790 Port Rd; Pizzas 10–18 US$; ⏱11.30–21 Uhr;) In dem netten Lokal in Arena Cove kommen tolle Pizzas, knackige Salate, Bier und Eis aus der Küche.

Arena Market BIO-FEINKOST $
(www.arenaorganics.org; 183 Main St; ⏱Mo–Sa 7.30–19, So 8.30–18 Uhr;) Der Imbiss vor dem gut sortierten Bio-Feinkostladen bereitet ausgezeichnete vegetarische Speisen zum Mitnehmen. Es werden vorwiegend Zutaten aus der Region verwendet.

Ausgehen & Unterhaltung

215 Main BAR
(www.facebook.com/215Main; 215 Main; ⏱Di–So 14–2 Uhr) Wer Lust auf ein Glas Bier oder Wein aus der Region hat, sollte der Bar in diesem frisch renovierten historischen Gebäude einen Besuch abstatten. An den Wochenenden gibt's Jazz.

Arena Cinema KINO
(www.arenatheater.org; 214 Main St) In diesem schön restaurierten Kino werden Hollywoodstreifen, ausländische Filme und Kunstfilme gezeigt. Sue, die Kartenverkäuferin, sitzt seit 40 Jahren an der Kasse. Wer eine Frage über Point Arena hat, fragt am besten sie.

Praktische Informationen

Öffentliche Bibliothek (☎707-882-3114; 225 Main St; ⏱Mo–Fr 12–18, Sa 12–15 Uhr) Kostenloser Internetzugang.

Manchester

Etwa 7 Meilen (11 km) nördlich von Point Arena verläuft der Hwy 1 durch traumhafte, hügelige Felder, die sich bis hinunter zum Ozean erstrecken. Eine Abzweigung führt zum **Manchester State Beach**, einem langen, wilden Sandstrand. Die Umgebung hier ist abgeschieden und wunderschön (es gibt nur einen Lebensmittelladen), aber für größere Besorgungen kann man schnell mal nach Point Arena fahren.

Die **Ross Ranch** (☎707-877-1834; www.elkcoast.com/rossranch) am Irish Beach, weitere 5 Meilen (8 km) nördlich, organisiert zweistündige Ausritte am Strand (60 US$) und in die Berge (50 US$). Reservierung empfohlen.

LP TIPP **Victorian Gardens** (☎707-882-3606; www.innatvictoriangardens.com; 14409 S Hwy 1; Zi. 240–310 US$) ist zweifellos das beste B&B an der Küste. Das liebevoll restaurierte Bauernhaus von 1904 (es wurde von dem Eigentümer, einem Architekten, clever ausgebaut) steht auf einem 37 ha großen Grundstück in ausgezeichneter Lage nördlich von Manchester. Jedes Detail ist wie aus dem Bilderbuch. Es gibt einen großen Blumengarten, das hier ebenfalls angebaute Gemüse wird zu Gourmet-Mahlzeiten verarbeitet, das rustikale, luftige Gewächshaus dient als Speisesaal und die gemütlichen Gemeinschaftsräume sind mit einer eleganten Mischung aus alten Gegenständen und modernen Möbeln eingerichtet. Es gibt sogar einen Picasso. Für größere Gruppen bereiten die Besitzer echt italienische 5-Gänge-Menüs mit sorgfältig ausgewählten Weinen zu.

Mendocino Coast KOA (☎707-882-2375; www.manchesterbeachkoa.com; Stellplatz Zelt/Wohnmobil ab 35/50 US$, Hütte 68–78 US$;) ist ein beeindruckender privater Campingplatz mit unzähligen Stellplätzen unter enormen Monterey-Kiefern, einem Kochpavillon, warmen Duschen, einem Whirlpool und Fahrrädern. Die Hütten sind genau das Richtige für Familien, die Camping-Feeling ohne Stress haben wollen.

400 m weiter westlich bietet der sonnige, ungeschützte Campingplatz im **Manchester State Park** (Stellplatz Zelt/Wohnmobil

25–35 US$) kaltes Wasser und eine ruhige Lage direkt am Meer. Die Stellplätze kann man nicht reservieren. Sparmaßnahmen haben dazu geführt, dass es hier außer einem Ranger-Service nichts gibt.

Elk

Mit dem Auto nur eine halbe Stunde nördlich von Point Arena liegt das winzige Elk am Rand der Klippen. Von hier hat man einen tollen Blick auf die aus dem Meer in den Himmel ragenden Felsformationen. Nach dem Abendessen gibt's hier wahrhaft nichts zu tun – Leseratten sollten sich ein Buch mitbringen, Nachteulen Schlaftabletten. Handy-Empfang kann man vergessen! Das **Visitor Center** (5980 Hwy 1; Mitte März–Okt. Sa & So 11–13 Uhr) von Elk zeigt eine Ausstellung über die Holzfällervergangenheit des Orts. Am südlichen Ortsrand befindet sich der **Greenwood State Beach**. Hier mündet der Greenwood Creek ins Meer. **Force 10** (707-877-3505; www.force10tours.com) veranstaltet Kajaktouren auf dem Meer (115 US$).

Die **Elk Studio Gallery & Artist's Collective** (www.artists-collective.net; 6031 S Hwy 1; 10–17 Uhr) in einem winzigen mit Schindeln bedeckten Haus an der Straße zum Meer, ist übersät mit Werken einheimischer Künstler. Hier gibt's fast alles, von Holzschnitzereien und Töpferwaren bis zu Fotografien und Schmuck.

Einige vornehme B&Bs haben sich die Aussicht zu Nutze gemacht. Das **Harbor House Inn** (707-877-3203, 800-720-7474; www.theharborhouseinn.com; 5600 S Hwy 1; Zi. & Cottage inkl. Frühstück & Abendessen 360–490 US$;) ist in einem Herrenhaus von 1915 im Arts-and-Crafts-Stil untergebracht. Es wurde vom Holzfällerbaron des Ortes erbaut und verfügt über einen prächtigen Garten auf den Klippen und einen Privatstrand. Die Zimmer Lookout, Oceansong und Shorepine bieten den besten Blick. Im Preis enthalten ist ein hervorragendes 4-Gänge-Abendessen mit ausgesuchten Weinen für zwei Personen.

Griffin House (707-877-3422; www.griffinn.com; 5910 S Hwy 1; Cottage 130–160 US$, Cottage mit Meerblick 145–325 US$; @) Einfache, taubenblaue, mit Holzkamin ausgestattete Cottages auf den Klippen.

Ein New-Age-Gefühl durchflutet das mit Buddhas übersäte Gelände und die Cottages mit Meerblick des **Greenwood Pier Inn** (707-877-9997; www.greenwoodpierinn.com; 5928 S Hwy 1; DZ inkl. Frühstück 185–335 US$;). Die Zimmer mit den schrägen Kunstwerken haben einen Kamin und eine eigene Terrasse. Das Café ist mittags und abends offen.

Jeder schwört auf das kreative und vielseitige Frühstück (unbedingt die Wildreiswaffeln probieren!) und das köstliche Mittagessen im tollen **Queenie's Roadhouse Cafe** (707-877-3285; 6061 S Hwy 1; Gerichte 6–10 US$; Do–Mo 8–15 Uhr;). Das süße, kleine **Bridget Dolan's** (707-877-1820; 5910 S Hwy 1; Hauptgerichte 10–15 US$; 16.30–20 Uhr) serviert einfache Gerichte wie Pot Pies und Würstchen mit Kartoffelbrei.

Van Damme State Park

Der großartige, 740 ha große **Van Damme State Park** (707-937-5804; www.parks.ca.gov; Tagesgebühr 6 US$) liegt 3 Meilen (5 km) südlich von Mendocino. Sein leicht zugänglicher Strand zieht Taucher, Strandgutsammler und Kajakfahrer gleichermaßen an. Er ist auch für seinen **Pygmäenwald** bekannt, wo der säurehaltige Boden und eine undurchdringbare Schicht Ortstein direkt unter der Oberfläche einen Bonsaiwald mit Jahrzehnte alten Bäumen erschaffen hat, die nur wenige Zentimeter hoch werden. Ein behindertengerechter Fußweg ermöglicht den Zugang zum Wald. Hin kommt man über den Hwy 1, von dem man 800 m südlich des Van Damme State Park in östlicher Richtung in die Little River Airport Rd abbiegt und diese 3 Meilen (5 km) weiterfährt. Oder man wandert oder radelt vom Campingplatz den 3,5 Meilen (5,6 km) langen **Fern Canyon Scenic Trail** entlang, der immer wieder den Little River kreuzt.

Im **Visitor Center** (707-937-4016; Fr–So 10–15 Uhr) gibt's Ausstellungen über die Natur sowie Videos und Programme. Ganz in der Nähe beginnt ein Rundwanderweg (30 Min.) durch das Marschland.

Es gibt zwei schöne **Campingplätze** (800-444-7275; www.reserveamerica.com; Stellplatz Zelt & Wohnmobil 35 US$;), die für Familien mit Wohnmobil perfekt sind. Beide haben heiße Duschen. Einer liegt direkt am Hwy 1. Der andere auf einer Hochlandwiese hat viel Platz für herumtollende Kids. Nach einer rund 3,2 km langen Wanderung hinauf zum Fern Canyon erreicht man neun **Öko-Campingplätze** (Stellplatz Zelt 25 US$). Dort gibt's unbehandeltes Flusswasser.

Lost Coast Kayaking (☎707-937-2434; www.lostcoastkayaking.com) organisiert Kajaktouren zu Meereshöhlen (50 US$).

Mendocino

Das salzwasserschwangere, auf einer grandiosen Landzunge gelegene Mendocino ist die Perle der North Coast. Die B&Bs stehen mitten in Rosengärten und haben weiße Lattenzäune rundherum. Auch die Redwood-Wassertürme im Neuengland-Stil fehlen nicht. Wochenendausflügler von der Bay Area gehen auf der Landzunge spazieren, auf der Brombeersträucher, Wildblumen und Zypressen wachsen. Von Treibholzfeldern und Höhlentunneln bis hin zur brüllenden Brandung ist die Kraft der Natur hier überall zu spüren. Aufgrund der vielen reizenden Luxusgeschäfte – keine Ketten – wird der Ort auch „Spendocino" genannt. Im Sommer mischt sich der Duft von Lavendel und Jasmin mit dem nebeligen, salzhaltigen Wind vom Meer, und das Dröhnen der Brandung ist allgegenwärtig.

Mendocino wurde in den 1850er-Jahren von Siedlern aus Neuengland errichtet und florierte bis ins späte 19. Jh. Damals transportierten Schiffe Redwood-Holz von hier nach San Francisco. In den 1930er-Jahren schlossen die Sägewerke, und der Ort verfiel zusehends, bis ihn Künstler in den 1950er-Jahren wiederentdeckten. Heute heißen die kulturell klugen, politisch interessierten und weit gereisten Einwohner Besucher zwar willkommen, meiden aber unternehmerische Eindringlinge – nach einem Big Mac hält man hier vergeblich Ausschau – und auch das Handy funktioniert nicht. Um die Menschenmassen zu umgehen, kommt man am besten unter der Woche oder außerhalb der Hauptsaison hierher. Dann ist die Stimmung freundlicher, und die Preise sind erschwinglicher.

Sehenswertes

In Mendocino gibt's die unterschiedlichsten interessanten Galerien, in denen am zweiten Samstag im Monat von 17 bis 20 Uhr Vernissagen abgehalten werden.

Mendocino Art Center GALERIE
(www.mendocinoartcenter.org; 45200 Little Lake St; ⏲April–Okt. 10–17 Uhr, Nov.–März Di–Sa 10–16 Uhr) Hinter einem Hof mit skurrilen Eisenskulpturen befindet sich das Kunstzentrum des Orts. Es nimmt einen ganzen Block ein, bietet im ganzen Land anerkannte Kunstkurse an und beherbergt Ausstellungen sowie das Helen Schonei Theatre mit 81 Sitzplätzen. Hier ist auch die vierteljährlich erscheinende Broschüre *Mendocino Arts Showcase* erhältlich, in der alle in Mendocino stattfindenden Veranstaltungen und Festivals aufgeführt sind.

Kelley House Museum MUSEUM
(www.mendocinohistory.org; 45007 Albion St; Eintritt 2 US$; ⏲Juni–Sept. Di–Do 11–15 Uhr, Okt.–Mai Fr–Mo) In dem Museum von 1861 gibt's eine wissenschaftliche Bibliothek und Wechselausstellungen über das frühe Kalifornien und Mendocino. In der Hauptsaison werden zweistündige Spaziergänge angeboten (10 US$) – Termine telefonisch erfragen.

Point Cabrillo Lighthouse LEUCHTTURM
(www.pointcabrillo.org; Point Cabrillo Dr; Eintritt frei; ⏲Jan. & Feb. Sa & So 11–16 Uhr, März–Okt. tgl., Nov. & Dez. Fr–Mo) Der restaurierte Leuchtturm von 1909 steht in einem 120 ha großen Naturschutzgebiet nördlich des Orts zwischen Russian Gulch und Caspar Beach. In dem alten Zuhause des Leuchtturmwärters befindet sich jetzt eine einfache Unterkunft (S. 248). Von Mai bis September finden sonntags um 11 Uhr geführte Spaziergänge im Naturschutzgebiet statt.

Kwan Tai Temple TEMPEL
(www.kwantaitemple.org; 45160 Albion St) Späht man durch das Fenster dieses 1852 erbauten Tempels, entdeckt man einen alten Altar, der dem chinesischen Kriegsgott gewidmet ist. Nach vorheriger Absprache gibt's auch Führungen.

Aktivitäten

Weintouren, Wale beobachten, shoppen wandern, radeln ... es ist einfach unmöglich, alles zu schaffen. Kajaktouren auf dem Fluss oder dem Meer beginnt man am besten im winzigen Albion am Nordufer der Mündung des Albion River, 5 Meilen (8 km) südlich von Mendocino.

LP TIPP **Catch A Canoe & Bicycles, Too!** FAHRRAD- & KANUVERLEIH
(www.stanfordinn.com; Comptche-Ukiah Rd & Hwy 1; ☎9–17 Uhr) Dieser freundliche Outfitter direkt am Fluss verleiht Fahrräder, Kajaks und stabile Auslegerkanus für Ausflüge in dem 8 Meilen (13 km) langen Big-River-Mündungsgebiet, dem längsten unerschlossenen Mündungsgebiet in Nordkalifornien. Hier gibt's keine Highways oder Gebäude, nur Strände, Wälder, Marschland, Bäche, jede Menge Tiere wie majestätische Grau-

Mendocino

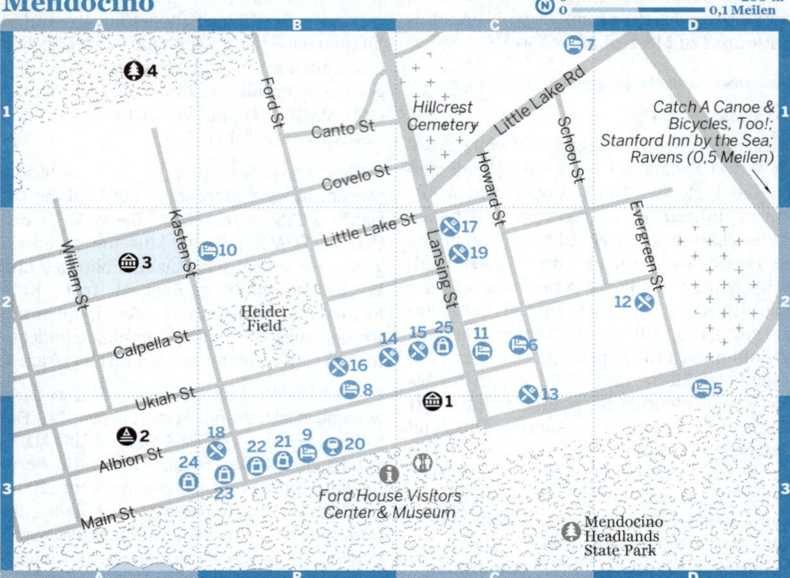

reiher und historische Holzfällerstätten, darunter Jahrhunderte alte Zugböcke. Picknickkorb und Kamera nicht vergessen!

Mendocino Headlands State Park KÜSTENPARK

Der spektakuläre Park umgibt den Ort, seine Pfade schlängeln sich kreuz und quer durch die Klippen und felsigen Buchten. Das Visitor Center informiert über geführte Wanderungen am Wochenende. Im Frühjahr werden auch Wanderungen zu den Wildblumen und Walbeobachtungstouren angeboten.

Feste & Events

Eine komplette Liste der Events in Mendocino ist im Visitor Center oder unter www.gomendo.com erhältlich.

Mendocino Whale Festival WALBEOBACHTUNG

(www.mendowhale.com) Wein- und Fischsuppenverköstigungen, Walbeobachtungen und Musik (Anfang März).

Mendocino Music Festival MUSIK

(www.mendocinomusic.com) Orchester- und Kammermusik auf der Landzunge, Matinees für Kids und öffentliche Proben (Mitte Juli).

Mendocino Wine & Mushroom Festival ESSEN, WEIN

(www.mendocino.com) Pilze en masse, geführte Touren und Symposien (Anfang Nov.).

Schlafen

Der Standard ist hoch, genau wie die Preise. Am Wochenende beträgt der Mindestaufenthalt oft zwei Nächte. In Fort Bragg, 10 Meilen (16 km) nördlich, gibt's preiswertere Unterkünfte (s. S. 252). Alle B&B-Preise beinhalten Frühstück, nur wenige Unterkünfte haben TV. Wer ein Cottage oder ein B&B-Zimmer sucht, kann sich an **Mendocino Coast Reservations** (707-937-5033, 800-262-7801; www.mendocinovacations.com; 45084 Little Lake St; 9–17 Uhr) wenden.

LP TIPP **Andiron** COTTAGES $$

(800-955-6478; www.theandiron.com; 6051 N Hwy 1, Mendocino; Zi. 99–149 US$;) Die Cottages im hippen Retro-Design der 1950er-Jahre sind eine erfrischend verspielte Option zu Mendocinos ansonsten biederer Rosen- und Spitzendeckchen-Ästhetik. Jede Hütte hat zwei Zimmer, die wiederum ein bestimmtes Motto haben: „Read" ist vollgestopft mit Büchern, bequemen Sesseln und hippen Brillen, „Write" ist mit einer riesigen Schultafel und einer alten Schreibmaschine geschmückt. Und auch für Traveller gibt's die richtige Bleibe: „Here" und „There" mit alten Landkarten, Flugzeugrequisiten und Sammlerstücken aus der guten alten North-Coast-Zeit.

Mendocino

Sehenswertes
1 Kelley House Museum C3
2 Kwan Tai Temple A3
3 Mendocino Art Center A2
4 Mendocino Headlands State Park A1

Schlafen
5 Alegria D2
6 Headlands Inn C2
7 Joshua Grindle Inn C1
8 MacCallum House Inn B2
9 Mendocino Hotel B3
10 Packard House B2
11 Sea Gull Inn C2

Essen
12 Café Beaujolais D2
13 Farmers Market C2
14 Garden Bakery B2
15 Lu's Kitchen C2
MacCallum House Restaurant ... (siehe 8)
Mendocino Cafe .... (siehe 11)
16 Mendocino Market B2
17 Mendosa's C2
18 Moosse Cafe B3
19 Patterson's Pub C2

Ausgehen
20 Dick's Place B3
Grey Whale Bar .... (siehe 8)
Mendocino Hotel .... (siehe 9)
Pattersons Pub .... (siehe 19)

Unterhaltung
Mendocino Theatre Company ... (siehe 3)

Shoppen
21 Compass Rose Leather B3
22 Gallery Bookshop B3
23 Out of This World B3
24 Twist A3
25 Village Toy Store C2

MacCallum House Inn B&B $$$
(☎707-937-0289, 800-609-0492; www.maccallumhouse.com; 45020 Albion St; Zi. ab 204 US$;) Das edelste B&B im Zentrum. Wenn es warm wird, spielt sich im Garten rund um die umgebaute Scheune von 1882 eine wahre Farborgie ab. Es gibt helle, freundliche Cottages und ein Luxushaus. Am unvergesslichsten übernachtet man aber in einem von Mendocinos historischen Wassertürmen mit Kultcharakter: im Erdgeschoß befinden sich Wohnräume, darüber eine Sauna und von ganz oben hat man einen umwerfenden Blick über die Küste. Alle Unterkünfte bieten angenehme Extras wie Bademäntel, DVD-Player, Stereoanlage und kuschelige Bettwäsche.

Stanford Inn by the Sea GASTHAUS $$
(☎707-937-5615, 800-331-8884; www.stanfordinn.com; Ecke Hwy 1 & Comptche-Ukiah Rd; Zi. 195–305 US$;) Dieses Meisterwerk einer Lodge steht auf einem 4 ha großen, grünen Gelände. In jedem Zimmer gibt's einen Kamin, Kunstwerke, Stereoanlagen und hochwertige Matratzen. In dem ausgezeichneten Restaurant werden die Produkte aus dem eigenen Bio-Garten verarbeitet. Außerdem gibt es einen Pool mit Solarium und Whirlpool – eine grandiose Bleibe.

Brewery Gulch Inn B&B $$$
(☎800-578-4454; www.brewerygulchinn.com; 9401 N Hwy 1, Mendocino; Zi. 210–450 US$;) Die Unterkunft direkt südlich von Mendocino hat 10 moderne Zimmer (alle mit LCD-TV, i-Pod Docking-Station, Gaskamin und Whirlpool), in denen den Gästen Luxus wie Daunendecken und Ledersessel geboten wird. In der „Weinstunde" sind die Gastgeber mit dem Ausschenken von Wein nicht kleinlich, auch den süßen Mitternachtssnack gibt's gratis. Das auf Bestellung zubereitete Frühstück wird in einem kleinen Speisesaal mit Blick übers Meer serviert.

Sea Gull Inn B&B $$
(☎707-937-5204, 888-937-5204; www.seagullbb.com; 44960 Albion St; Zi. 130–165 US$, Scheune 185 US$;) Das niedliche, umgebaute Motel ist extrem gemütlich, die Bettwäsche ist makellos weiß, es gibt Bio-Frühstück und einen Blumengarten, und der Preis stimmt auch. Außerdem ist man hier direkt im Mittelpunkt des Geschehens.

Mendocino Hotel HISTORISCHES HOTEL $$
(☎707-937-0511, 800-548-0513; www.mendocinohotel.com; 45080 Main St; Zi. mit Bad 135–295 US$, ohne Bad 95–125 US$, Suite 325–395 US$;) Das kleine Stück Old West wurde 1878 als erstes Hotel der Stadt errichtet. Die modernen, zweckdienlich eingerichteten Gartensuiten hinter dem Hauptgebäude haben aber so gar nichts Altmodisches. Einige sind barrierefrei.

Packard House B&B $$$
(☎707-937-2677, 888-453-2677; www.packardhouse.com; 45170 Little Lake St; Zi. 190–275 US$;

Mendocinos schickstes B&B in zeitgenössischem Stil – glänzend und elegant mit wunderschönen Stoffen, bunten, minimalistischen Gemälden und Kalksteinbädern.

Alegria B&B **$$**
(☎707-937-5150, 800-780-7905; www.oceanfrontmagic.com; 44781 Main St; Zi. 159–189 US$, Zi. mit Meerblick 239 US$, Cottage 179–269 US$) Perfekt für einen romantischen Aufenthalt. Die Zimmer haben Terrassen mit Meerblick und Holzkamine. Draußen führt ein herrlicher Pfad zum Privatstrand. Die freundlichen Gastwirte vermieten auch einfachere Zimmer in einer Kunsthandwerksunterkunft von 1900 auf der anderen Straßenseite.

Headlands Inn B&B **$$$**
(☎707-937-4431; www.headlandsinn.com; Ecke Albion St & Howard St; Zi. 139–249 US$) Gemütliches Saltbox-Haus mit Federbetten und Kamin. Die ruhigen Zimmer haben Meerblick, und das Personal bringt einem das Gourmetfrühstück ans Bett.

Lighthouse Inn at Point Cabrillo HISTORISCHES B&B **$$**
(☎707-937-6124; 866-937-6124; www.pointcabrillo.org; Point Cabrillo Dr; Zi. 152–279 US$) Auf dem 121 ha großen Gelände im Schatten des Point Cabrillo Lighthouse wurden das Haus des Leuchtturmwärters und mehrere Cottages in B&B-Zimmer verwandelt. Im Preis enthalten sind eine private Führung bei Nacht durch den Leuchtturm und ein Fünf-Gänge-Frühstück.

Joshua Grindle Inn B&B **$$$**
(☎707-937-4143, 800-474-6353; www.joshgrin.com; 44800 Little Lake Rd; Zi. 189–299 US$) Mendocinos ältestes B&B hat helle, luftige Zimmer ohne Fensterläden in einem Haus von 1869, in einem wettergegerbten Saltbox-Cottage und einem Wasserturm. Hier genießen die Gäste fluffige Muffins, herzliche Gastfreundschaft und prächtige Gärten.

Glendeven B&B **$$$**
(☎707-937-0083; www.glendeven.com; 8205 N Hwy 1; Zi. 135–320 US$; 📶) Elegantes Anwesen 2 Meilen (3,2 km) südlich des Orts. Einen Bio-Garten gibt's auch.

Russian Gulch State Park CAMPING **$**
(☎Reservierung 800-444-7275; www.reserveamerica.com; Stellplatz Zelt & Wohnmobil 35 US$) In dem bewaldeten Canyon 2 Meilen (3,2 km) nördlich der Stadt gibt's abgelegene Stellplätze, warme Duschen, einen kleinen Wasserfall und den Devil's Punch Bowl (ein eingestürztes Meeresgewölbe).

Essen

Die Qualität der Restaurants steht denen im Napa Valley in nichts nach, und dank der wachsenden Zahl der Wochenendgäste aus der Bay Area gibt's hier jetzt eine ausgezeichnete Essensszene, die besonderen Wert auf Bio-Produkte und Nachhaltigkeit legt. Reservierung erforderlich. Alles für ein leckeres Picknick bekommt man in den Geschäften im Ortszentrum und dem **Farmers Market** (Howard St & Main St; ☎Mai–Okt. Fr 12–14 Uhr).

LP TIPP **Café Beaujolais** KALIFORNISCH, FUSION **$$**
(☎707-937-5614; www.cafebeaujolais.com; 961 Ukiah St; Hauptgerichte mittags 9–16 US$, abends 24–36 US$; ⏲Mi–So 11.30–14.30, tgl. abends ab 17.30 Uhr) Mendocinos beliebtes, französisch-kalifornisches Kultrestaurant befindet sich in einem Haus von 1896, das in einen städtisch-schicken Speisesaal umgebaut wurde. Hier kann man wunderbar im Kerzenschein Händchen halten. Wegen der raffinierten, kreativen Speisen kommen die Gäste sogar aus San Francisco hierher. Die kross gebratene Petaluma-Entenbrust ist himmlisch. Die Speisekarte wechselt je nach Jahreszeit.

Ravens KALIFORNISCH **$$$**
(☎707-937-5615; www.ravensrestaurant.com; Stanford Inn, Comptche-Ukiah Rd; Frühstück 11–15 US$, Hauptgerichte 22–35 US$; ⏲Mo–Sa 8–10.30, So 8–12, abends 17.30–22 Uhr; 🖉) Zeitgenössische Haute Cuisine trifft bei Ravens auf Vegetarisches und Veganes. Hier kommen die Zutaten aus dem eigenen idyllischen Biogarten des Gasthauses. Auf der Speisekarte steht so ziemlich alles von Meeresalgen-Strudel über Miniburger mit Portabella-Pilzen bis hin zu dekadent leckeren Desserts.

MacCallum House Restaurant KALIFORNISCH **$$$**
(☎707-937-0289; www.maccallumhouse.com; 45020 Albion St; Bistrogerichte 12–16 US$, Hauptgerichte 25–42 US$; ⏲Mo–Fr 8.15–10, Sa & So 8.15–11, tgl. 17.30–21 Uhr; 🖉) Auf der Veranda oder am Kamin können die Gäste Biowild, Fisch oder Risotto Primavera genießen. Der Küchenchef Alan Kantor kocht *alles* ohne Fertigprodukte, und seine Hingabe in puncto Nachhaltigkeit und Biozutaten ist fast schon genauso unwirklich wie die Speisekarte. Die Bistrogerichte, die in der Grey Whale Bar serviert werden, gehören zu Mendocinos wenigen Vier-Sterne-Schnäppchen.

Garden Bakery BÄCKEREI $
(☎707-937-0282; 10450 Lansing; Backwaren 3–6 US$; ⊙9–16 Uhr) Fast jede Ecke in Mendocino ist überlaufen, aber diese kleine Bäckerei mit Garten ist ein verstecktes Juwel. Die Qualität der Backwaren lässt sich kaum beschreiben: sie ist um-wer-fend. Das Angebot ändert sich je nach Jahreszeit und Laune des Bäckers: einen Tag duftet es nach pikanten, deutschen Kraut-Pasteten (ein Familienrezept), am nächsten nach Apfel-Cheddar-Croissants. Wer früh genug hier ist, kann vielleicht auch die berühmten Bear Claws probieren. Die Bäckerei ist nicht leicht zu finden: Sie liegt abseits der Straße und ist über Fußwege durch den Block zu erreichen.

Mendocino Cafe KALIFORNISCH, FUSION $$
(www.mendocinocafe.com 10451 Lansing St; Hauptgerichte mittags 12–15 US$, Hauptgerichte abends 12–24 US$; ⊙11.30–20 Uhr;) Eines von Mendocinos wenigen Lokalen der mittleren Preisklasse serviert auf der von Rosen umgebenen Terrasse mit Meerblick leckere Mittagsgerichte. Unbedingt die Fisch-Tacos oder die Thai-Burritos probieren. Abends gibt's gegrilltes Steak und Meeresfrüchte.

Patterson's Pub PUB $$
(www.pattersonspub.com; 10485 Lansing St; Hauptgerichte 10–15 US$ ⊙Mo–Fr 11–23, Brunch Sa & So 10–14 Uhr) Wer spätabends in der Stadt ankommt, kann hier seinen Hunger stillen. Es gibt tolles Kneipenessen: Fish'n'Chips, riesige Burger, knackige Salate und kühles Bier. Der einzige Nachteil in diesem traditionellen Irish Pub sind die vielen TVs.

Moosse Cafe KALIFORNISCH $$
(☎707-937-4323; www.themoosse.com; 390 Kasten St; Hauptgerichte mittags 12–16 US$, Hauptgerichte abends 22–28 US$; ⊙12–14.30 & 17.30–20.30 Uhr;) Helles Holz und gestärkte Baumwollservietten verleihen der erstklassigen kalifornisch-französischen Küche einen relaxten, aber dennoch eleganten Touch. Abends gibt's z. B. Cioppino in Safran-Fenchel-Tomaten-Brühe, mittags geht's hier recht zwanglos zu. Achtung: Wechselnde Öffnungszeiten im Winter und an bestimmten Wochentagen!

Ledford House MEDITERRAN $$
(☎707-937-0282; www.ledfordhouse.com; 3000 N Hwy 1, Albion; Hauptgerichte 19–30 US$; ⊙Mi–So 17–20 Uhr;) In diesem freundlichen, kalifornisch-mediterranen Bistro weitab von Mendocinos Trubel (8 Meilen/13 km südlich) können die Gäste zusehen, wie das Wasser gegen die Felsen schlägt und die Sonne untergeht. Cassoulet und Gnocchi sind besonders lecker. In dem bei den Einheimischen beliebten Lokal gibt's fast jeden Abend Livejazz.

Mendosa's MARKT $
(www.harvestmarket.com; 10501 Lansing St; ☎8–21 Uhr) Der größte Lebensmittelladen des Ortes hat schon einige Bio-Plaketten eingeheimst. Es gibt einen Tresen mit hervorragenden kalten Speisen, fantastischem Käse und gutem Fleisch.

Mendocino Market FEINKOST $
(45051 Ukiah St; Sandwiches 6–9 US$; ⊙Mo–Fr 11–17, Sa & So 11–16 Uhr;) Enorme Sandwiches und köstliche Picknickzutaten.

Lu's Kitchen INTERNATIONAL $
(☎707-937-4939; 45013 Ukiah St; Hauptgerichte 8–10 US$; ☎11.30–17.30 Uhr;) Bereitet in einer winzigen Hütte fabelhafte Bio-Gemüse-Burritos zu; Tische nur im Freien.

Ausgehen

Cocktails gibt's im **Mendocino Hotel** (45080 Main St) oder in der **Grey Whale Bar** (45020 Albion St) im MacCallum House Inn.

Patterson's Pub PUB
(www.pattersonspub.com; 10485 Lansing St) In dem lauten, einladenden Irish Pub mit seinem freundlichen Personal herrscht eine tolle Stimmung.

Dick's Place KNEIPE
(45080 Main St) Diese Bar ist zwischen all den schicken Boutiquen vielleicht ein wenig deplatziert, es ist aber ein ausgezeichneter Ort, um auch mal das *andere* Mendocino kennenzulernen und mit rüpelhafteren Einheimischen anzustoßen.

Moody's Coffee Bar COFFEESHOP
(10450 Lansing St; ⊙6–20 Uhr;) Moody's hat alles, was man braucht: Starken Kaffee, WLAN und die *New York Times*.

Shoppen

Mendocinos Straßen eignen sich hervorragend zum Shoppen, und da es hier keine Kettenläden gibt, findet man bestimmt witzige und oft auch hochpreisige Mitbringsel. Es gibt viele kleine Galerien, die einzigartige Kunstwerke zum Verkauf anbieten.

Compass Rose Leather LEDERWAREN
(45150 Main St) Handgefertigte Gürtel, in Leder gebundene Tagebücher, Geldbörsen, verschließbare Schachteln und vieles mehr. Ausgezeichnete Handwerkskunst.

Out of This World OUTDOOR- & WISSENSCHAFTSAUSRÜSTUNG
(45100 Main St) Vogelbeobachter, Astronomie- und Wissenschaftsfreaks sollten direkt in diesen Laden mit Teleskopen, Ferngläsern und wissenschaftlichem Spielzeug gehen.

Village Toy Store SPIELWAREN
(10450 Lansing St) Hier gibt's Drachen, die man am Bodega Head steigen lassen kann, und eine gute Auswahl an Holzspielzeug und Spielen, die man in Kettenläden nicht findet. Fast nichts Batteriebetriebenes.

Gallery Bookshop BÜCHER
(www.gallerybookshop.com; 319 Kasten St) Große Auswahl an Büchern über die Region, Titel kleiner kalifornischer Verlage und spezielle Outdoor-Führer.

Twist BEKLEIDUNG
(45140 Main St) Ökofreundliche Bekleidung aus Naturfasern und viele in der Region hergestellte Kleidungsstücke und Spielwaren.

Moore Used Books GEBRAUCHTBÜCHER
(990 Main St) Bei schlechtem Wetter kann man hier stundenlang in über 10 000 gebrauchten Büchern schmökern. Der Laden befindet sich in einem alten Haus am östlichen Ende der Main Street.

Praktische Informationen

Ford House Visitor Center & Museum (☎707-937-5397; www.gomendo.com; 735 Main St; empfohlene Spende 2 US$; ⏲11–16 Uhr) Karten, Bücher, Infos und Ausstellungen sowie ein Modell von Mendocino im Jahre 1890.

Mendocino Coast Clinics (☎707-964-1251; 205 South St; ⏲Mo–Fr 9–17, Mi 9–20, Sa 9–13 Uhr) Keine Notfälle.

Jug Handle State Reserve

Zwischen Mendocino und Fort Bragg wird im Jug Handle State Reserve eine **natürliche „Treppe“** erhalten, die man auf einem 8 km langen, selbst geführten Rundwanderweg sehen kann. Fünf von Wellen ausgewaschene Terrassen führen in Stufen hinunter zum Meer, jede ist 30 m hoch und im Abstand von 100 000 Jahren zur vorherigen entstanden – und jede Stufe weist ihre eigene Geologie und Vegetation auf. Auf einer der Terrassen wächst ein Pygmäenwald, der dem besser bekannten Beispiel im Van Damme State Park (S. 244) ähnelt. Beim Parkplatz gibt's einen detaillierten Führer zur Geologie, Flora und Fauna der Gegend. Das Schutzgebiet eignet sich auch gut für einen Spaziergang auf den Landzungen, zur Walbeobachtung oder zum Entspannen am Strand. Der Eingang ist leicht zu übersehen; nach der Abzweigung nördlich von Caspar Ausschau halten.

Jug Handle Creek Farm & Nature Center (☎707-964-4630; www.jughandlecreekfarm.com; Stellplatz 12 US$, Zi. & Hütte Erw. 40–50 US$, Kind 15 US$, Student 28–33 US$; 🐾) ist eine gemeinnützige Farm auf knapp 16 ha mit rustikalen Hütten und Hostelzimmern in einem Bauernhaus aus dem 19. Jh. Ermäßigungen gibt's bei Arbeitsaufenthalten. 5 Meilen (8 km) nördlich von Mendocino Richtung Caspar liegt das Bauernhaus an der Ostseite des Hwy 1. Nach der Fern Creek Rd die zweite Auffahrt nehmen.

Fort Bragg

Früher gab es in Fort Bragg, Mendocinos hässlicher Stiefschwester, eine Sägemühle, eine heruntergekommene Innenstadt und Arbeiter, die Fremde ausgesprochen kühl in Empfang nahmen. Die Sägemühle wurde 2002 geschlossen, und so musste sich der Ort neu erfinden und sich allmählich mit der Tourismus-Industrie anfreunden. Die Hauptsorge der Bewohner ist, was aus der Sägemühle am Meer wird. Im Gespräch sind progressive Ansätze wie ein Meeresforschungszentrum oder eine Universität, aber auch Erschreckendes wie ein Apartmentblock, ein Golfplatz der Weltklasse oder (schluck!) eine neue Mühle. Egal, die Auswirkungen auf Fort Bragg werden erheblich sein. Wer sich für den Stand der Dinge interessiert, kann sich unter www.fortbraggmillsite.com informieren.

In der Zwischenzeit entwickelt sich Fort Braggs Innenstadt zu einer schlichten Alternative zu Mendocino, auch wenn der südliche Teil des Orts noch immer grässlich ist. Anders als im *ganzen* 180 Meilen (290 km) langen, Franchise-freien Abschnitt des Coastal Hwy 1 zwischen hier und der Golden Gate Bridge gibt's in Fort Braggs Süden McDonalds, Starbucks und andere US-Ketten, die die Ästhetik der Küste verschandeln. Einfach Scheuklappen anlegen und erst in der Innenstadt anhalten, wo es bessere Hamburger und guten Kaffee, schöne, alte Architektur und Einwohner gibt, die stolz auf ihre kleine Stadt sind.

Der kurvige Hwy 20 stellt von Osten her die Hauptzufahrt nach Fort Bragg dar. Die meisten Einrichtungen liegen in der Nähe der Main St, einem 2 Meilen (3 km) langen Abschnitt des Hwy 1. Die Franklin St verläuft parallel einen Block weiter östlich.

Sehenswertes & Aktivitäten

In puncto Aktivitäten unterscheidet sich Fort Bragg nicht wesentlich von Mendocino – Treibgut sammeln, surfen, wandern. Hier übernachtet man zwar preiswerter, dafür aber auch etwas weniger malerisch. Am Kai bei Noyo Harbor – der Mündung des Noyo River – südlich des Zentrums werden Walbeobachtungstouren und Hochseeangelausflüge angeboten.

LP TIPP **Skunk Train** HISTORISCHER ZUG
(707-964-6371, 866-866-1690; www.skunktrain.com; Erw./Kind 49/24 US$) Der ganze Stolz und die Freude von Fort Bragg ist der altmodische Zug, der seinen Spitznamen 1925 wegen seiner stinkenden Gasturbine bekam. Heute sind die historischen Dampf- und Dieselloks aber geruchsfrei. Die Züge fahren von Fort Bragg und Willits (S. 263) durch mit Redwoods bewachsene Berge, an Flüssen entlang, über Brücken und durch tiefe Bergtunnel nach Northspur, wo sie dann auf halber Strecke umdrehen (wer sich Willits ansehen möchte, sollte übernachten). Das Depot liegt im Ortszentrum am Fuß der Laurel St, einen Block westlich der Main St.

Mendocino Coast Botanical Gardens GARTEN
(707-964-4352; www.gardenbythesea.org; 18220 N Hwy 1; Erw./Kind/Senior 14/5/10 US$; März–Okt. 9–17 Uhr, Nov.–Feb. 9–16 Uhr) Dieses nordkalifornische Schmuckstück beherbergt einheimische Flora, Rhododendren und seltene Rosen. Allein die Sukkulenten sind umwerfend. Der Biogarten wird von Freiwilligen betreut, die die Produkte Hilfsbedürftigen geben. Südlich der Stadt schlängeln sich Serpentinenpfade durch ein 19 ha großes Gelände am Meer. Die Hauptwege sind für Rollstuhlfahrer geeignet.

Glass Beach STRAND
Dieser Strand wurde nach dem vom Meer geschliffenen Glas (oder was davon noch übrig ist) im Sand benannt. Es sind Überbleibsel aus den Tagen, als hier die städtische Müllkippe war. Heute ist der Strand Teil des MacKerricher State Park, und die Besucher durchforsten den Sand nach buntem Glas. Hin kommt man über den Weg über die Landzunge, der an der Elm St, abseits der Main St, beginnt. Aber bitte das Glas nicht aufsammeln. Von Besuchern eines State Parks wird erwartet, dass sie keine Souvenirs mitnehmen.

NORTH-COAST-BIERTOUR

Die Kleinbrauereien an der North Coast panschen nicht. Sie stellen kräftige Biere her – belgisches Ale und süffiges Lager sind die regionalen Spezialitäten. Die Biere werden hier mit Stil gebraut. Einige Brauereien sind besser als andere. Die folgende Brauerei-Tour füllt ein langes, ausgezeichnetes Bierwochenende in der Region.

» Ukiah Brewing Company (S. 261), Ukiah

» Anderson Valley Brewing Company (S. 258), Boonville.

» North Coast Brewing Company (S. 253), Fort Bragg

» Six Rivers Brewery (S. 281), McKinleyville

» Eel River Brewing (S. 273), Fortuna

All-Aboard Adventures ANGELN, WALBEOBACHTUNG
(707-964-1881; www.allaboardadventures.com; 32400 N Harbor Dr) Captain Tim organisiert Krabben- und Lachsangelausflüge (5 Std., 80 US$) sowie Walbeobachtungstouren (2 Std., 35 US$).

Northcoast Artists Gallery GALERIE
(www.northcoastartists.org; 362 N Main St; 10–18 Uhr) In der ausgezeichneten hiesigen Kunstgenossenschaft gibt's den nützlichen *Fort Bragg Gallery & Exhibition Guide* der auch zu anderen Galerien in der Stadt führt. Jeden ersten Freitag im Monat finden Vernissagen statt. Die Franklin St, einen Block östlich, ist von Antiquitäten- und Buchläden gesäumt.

GRATIS **Triangle Tattoo & Museum** MUSEUM
(www.triangletattoo.com; 356B N Main St; Eintritt frei; 12–19 Uhr) Hier ist multikulturelle, internationale Tätowierkunst zu sehen.

Guest House Museum MUSEUM
(707-964-4251; www.fortbragghistory.org; 343 N Main St; Eintritt 2 US$; Mo 13–15, Di–Fr 11–14 Uhr, Mai–Okt. Sa & So 10–16, Do–So 11–14 Uhr) In dem majestätischen viktorianischen Gebäude von 1892 kann man historische Fotos

und Überbleibsel aus Fort Braggs Geschichte bewundern. Wechselnde Öffnungszeiten, also vorher anrufen.

Pudding Creek Trestle PROMENADE
Ein Spaziergang entlang des Pudding Creek Trestle nördlich der Innenstadt ist ein Spaß für die ganze Familie.

Feste & Events

Fort Bragg Whale Festival NATUR
(www.mendowhale.com) Am dritten Wochenende im März mit Bierproben in der Kleinbrauerei, einer Kunsthandwerksmesse und Walbeobachtungsausflügen.

Paul Bunyan Days GEMEINDEFEST
(www.paulbunyandays.com) Am Labor-Day-Wochenende im September wird die Holzfällergeschichte Kaliforniens mit einer Holzfällershow, Square Dance, Parade und Jahrmarkt zelebriert.

Schlafen

Fort Braggs Unterkünfte sind günstiger als die in Mendocino, aber die meisten Motels am lauten Hwy 1 haben keine Klimaanlage. Durch die offenen Fenster ist daher der Verkehrslärm zu hören. Die wenigsten B&Bs haben TVs zu bieten, bei allen ist das Frühstück im Preis enthalten. Die üblichen Ketten sind reichlich vertreten.

Shoreline Cottages COTTAGES $$
(707-964-2977; www.shoreline-cottage.com; 18725 N Hwy 1; Zi. 120–155 US$;) Die einfachen, haustierfreundlichen Zimmer und Cottages mit Küche für vier Personen sind um eine Wiese mit vielen Bäumen angeordnet. Die Familienzimmer haben ein gutes Preis-Leistungs-Verhältnis. Die sauberen Suiten sind schlicht und mit moderner Kunst dekoriert. In allen Zimmern gibt's Snacks und Docking-Stations für iPods. Zudem hat man Zugriff auf eine DVD-Sammlung.

Country Inn B&B $
(707-964-3737; www.beourguests.com; 18725 N Hwy 1; Zi. 90–145 US$;) Dieses schlichte B&B ist mitten im Zentrum und die perfekte Lösung für alle, die nicht in Kettenmotels übernachten wollen. Die herzlichen, unkomplizierten Gastgeber können gute Tipps geben. Morgens kann man sich das Frühstück aufs Zimmer bringen lassen und abends hinter dem Haus im Whirlpool entspannen.

Weller House Inn B&B $$
(707-964-4415, 877-893-5537; www.wellerhouse.com; 524 Stewart St; Zi. 130–195 US$;) Die Zimmer in diesem schön restaurierten Herrenhaus von 1886 haben Betten mit Daunendecken, weichen Matratzen und schönen Bezügen. Der Wasserturm ist der höchste des Orts – obendrauf befindet sich ein Whirlpool! Das Frühstück wird in dem großen Redwood-Saal serviert.

Grey Whale Inn B&B $$
(707-964-0640, 800-382-7244; www.greywhaleinn.com; 615 N Main St; Zi. 100–195 US$;) Das gemütliche Gasthaus in Familienhand ist in einem historischen Gebäude im Norden der Stadt untergebracht. Die einfachen, schnörkellosen Zimmer bieten ein gutes Preis-Leistungs-Verhältnis und sind besonders für Familien geeignet.

California Department of Forestry CAMPING $
(707-964-5674; 802 N Main St; Mo 8–16.30, Di–Do 8–12 Uhr) Hier gibt's Karten, Genehmigungen und Infos zum Jackson State Forest östlich von Fort Bragg, wo man kostenlos campen kann.

Essen

Wie mit den Zimmern, so verhält es sich auch mit den guten Restaurants in Fort Bragg, sie sind preiswerter als die in Mendocino. Selbstversorger bekommen auf dem **Farmers Market** (Ecke Laurel St & Franklin St; Mai–Okt. Mi 15.30–18 Uhr) im Zentrum oder auf dem **Harvest Market** (707-964-7000; Ecke Hwy 1 & Hwy 20; 5–23 Uhr) frische Lebensmittel.

LP TIPP **Piaci Pub & Pizzeria** PIZZA $
(www.piacipizza.com; 120 W Redwood Ave; Pizzas 8–12 US$; Mo–Fr 11–16, So–Do 16–21, Fr & Sa 16–22 Uhr) Diese Pizzeria ist ein Muss in Fort Bragg, wenn man mit Einheimischen plaudern und dabei ein Bier aus einer Kleinbrauerei genießen will. Auf der Speisekarte stehen hervorragende Pizzen für „Erwachsene" aus dem Steinkohlenofen (deutlich anspruchsvoller als eine Domino's Pizza). Die „Gustoso" mit Ziegenkäse, Pesto und Birnen hat eine knusprig dünne Kruste. In dem kleinen, lauten Lokal geht's lustig zu, man sollte aber mit Wartezeiten rechnen.

Mendo Bistro AMERIKANISCH $$
(707-964-4974; www.mendobistro.com; 301 N Main St; Hauptgerichte 14–25 US$; 17–21 Uhr;) An den Wochenenden treffen sich hier junge Leute und stellen sich ihre eigenen Gerichte zusammen: Man wählt das Fleisch, die Zubereitung und die Sauce aus einer Vielzahl von Möglichkeiten aus.

In dem lauten, sich über zwei Stockwerke erstreckenden Speisesaal rennen viele Kids rum. Da der Raum aber wahrhaft groß ist, fällt das niemandem auf.

Chapter & Moon AMERIKANISCH $
(32150 N Harbor Dr; Hauptgerichte 8–18 US$; ☎8–20 Uhr) Das kleine Café mit Blick auf Noyo Harbor serviert günstige amerikanische Küche: Huhn mit Knödeln, Fleischbällchen mit Kartoffelpüree und Fisch mit Pommes aus Süßkartoffeln. Genügend Platz für die Obst-Pastete lassen.

North Coast Brewing Company BRAUEREIKNEIPE $$
(www.northcoastbrewing.com; 444 N Main St; Hauptgerichte 8–25 US$; ⌚So–Do 7–21.30, Fr & Sa 7–22 Uhr) Auch wenn die dicken, rosa Steaks und eine Reihe Specials beweisen, dass das Essen hier genauso ernst genommen wird wie Getränke, so sind der eigentliche Renner aber die Burger und Pommes mit Knoblauch, die hervorragend zur fantastischen Bierauswahl passen.

Headlands Coffeehouse FEINKOST $
(www.headlandscoffeehouse.com; 120 E Laurel St; Gerichte 4–8 US$; ⌚Mo–Sa 7–22, So 7–19 Uhr;) Das beste Café vor Ort liegt mitten im historischen Zentrum, es hat hohe Decken und viel Atmosphäre. Auf der Karte stehen leckere belgische Waffeln, selbst gemachte Suppen, Salate, Panini und Lasagne.

Living Light Café VEGAN, ROHKOST $
(☎707-964-2420; 444 N Main St; Hauptgerichte 5–11 US$; ⌚Mo–Sa 8–17.30, So 8–16 Uhr;) Dieses helle Café, das zum angesehenen Living Light Culinary Institute, einer der führenden Rohkost-Schulen des Landes, gehört, bereitet schmackhafte Menüs zum Mitnehmen zu, die etwas besser sind als die faden Rohkostspeisen wie beispielsweise sizilianische Pizza mit Samenkruste, rohe Desserts und kalte Suppen.

Eggheads FRÜHSTÜCK $
(www.eggheadsrestaurant.com; 326 N Main St; Hauptgerichte 8–13 US$; ⌚7–14 Uhr) Umgeben von Themen aus dem *Zauberer von Oz* genießen die Gäste eine der 50 Omelett-, Crêpe- und Burritovarianten, u. a. mit Dungeness-Krebs.

La Playa MEXIKANISCH $
(542 N Main St; Hauptgerichte 6–12 US$; ⌚Mo–Sa 10–21 Uhr) Bodenständige, mexikanische Küche ohne Schnickschnack direkt an den Schienen – unbedingt *carne asada* (gewürztes Roastbeef) probieren.

Cap'n Flint's SEAFOOD $$
(32250 N Harbor Dr; Hauptgerichte 11 US$; ⌚11–21 Uhr) Das überteuerte Wharf Restaurant (alias Silver's) sollte man einfach ignorieren und stattdessen in diesem schlichten Lokal den gleichen gebratenen Fisch wie nebenan für weniger Geld genießen.

Ausgehen & Unterhaltung

Caspar Inn LIVEMUSIK
(www.casparinn.com; 14957 Caspar Rd; Eintritt 3–25 US$, Di–Sa) Etwas abseits vom Hwy 1 und genau zwischen Mendocino und Fort Bragg liegt diese quirlige Kneipe, in der Reggae, Hip-Hop und Rockabilly gespielt wird. Im besten Veranstaltungsort dieser Gegend werden auch Jam-Sessions veranstaltet, und es treten internationale Künstler auf. Was wann los ist, steht in den Bekanntmachungsblättern und auf den hiesigen Infotafeln. Die Öffnungszeiten variieren je nach Event und Jahreszeit.

North Coast Brewing Company BRAUEREI
(www.northcoastbrewing.com; 444 N Main St) Von den vielen Brauereien an der Küste könnte diese mit den vielen vor Ort gebrauten Bieren die *seriöseste* sein. Wer sich den Sampler bestellt, sollte vorher festlegen, wer fährt.

Gloriana Opera Company THEATERENSEMBLE
(www.gloriana.org; 721 N Franklin St) Hier werden Musicals und Operetten aufgeführt.

Shoppen

Fort Braggs kompaktes Zentrum eignet sich wunderbar für einen Schaufensterbummel. In der Franklin St gibt's ein paar Antiquitätenläden.

Outdoor Store OUTDOOR-AUSRÜSTUNG
(www.mendooutdoors.com; 247 N Main St) Der beste Outfitter der Region. Wer vorhat, an der Küste zu campen oder die Lost Coast zu erkunden, findet hier alles Erforderliche super detaillierte Karten, Benzin für Spirituskocher und erstklassige Ausrüstung.

Mendocino Vintage ANTIQUITÄTEN
(www.mendocinovintage.com; 344 N Franklin St) Dieser Antiquitätenladen in der Franklin St ist mit Abstand der hipste. Im Angebot sind Schmuck, Glaswaren und alter Schnickschnack.

Praktische Informationen

Fort Bragg-Mendocino Coast Chamber of Commerce (www.fortbragg.com, www.men\do

cinocoast.com; 332 N Main St; 15 Min./1 US$; ⏲Mo–Fr 9–17, Sa 9–15 Uhr) Internetzugang.

Mendocino Coast District Hospital (☎707-961-1234; 700 River Dr; ⏲24 Std.) Notaufnahme.

ℹ Anreise & Unterwegs vor Ort

Fort Bragg Cyclery (☎707-964-3509; www.fortbraggcyclery.com; 221a N Main St) Verleiht Fahrräder.

Mendocino Transit Authority (MTA; ☎707-462-1422, 800-696-4682; www.4mta.org) betreibt die „BraggAbout"-Busse Nr. 5 zwischen Noyo Harbor und Elm St, nördlich des Zentrums (1 US$). Die Busse fahren den ganzen Tag über.

Mackerricher State Park

3 Meilen (4,8 km) nördlich von Fort Bragg liegt der **MacKerricher State Park** (☎707-964-9112; www.parks.ca.gov) mit 9 Meilen (14,4 km) langen, unberührten, felsigen Landzungen, mit Sandstränden, Dünen und Gezeitentümpeln.

Das **Visitor Center** (⏲Sommer Mo–Fr 10–16 Uhr, Sa & So 9–18 Uhr, restliches Jahr 9–15 Uhr) befindet sich neben dem Walskelett am Parkeingang. Der **Küstenwanderweg** führt vorbei an Stränden mit dunklem Sand und seltenen, bedrohten Pflanzenarten (vorsichtig auftreten!). Der **Lake Cleone** ist ein 12 ha großer Süßwassersee voller Forellen. Über 90 Vogelarten kommen hierher. Der nahe gelegene **Laguna Point**, ein behindertengerechter Informationspfad, bietet Blicke auf Seehunde und – von Dezember bis April – vorüberziehende Wale. Die **Ricochet Ridge Ranch** (☎707-964-7669; www.horse-vacation.com; 24201 N Hwy 1) veranstaltet Ausritte durch Redwood-Wälder oder am Strand entlang (45 US$/90 Min.).

Beliebte **Campingplätze** (☎800-444-2725; www.reserveamerica.com; Stellplatz Zelt & Wohnmobil 35 US$) inmitten der Kiefernwälder haben warme Duschen und Wasser. Die besten der reservierbaren Stellplätze sind die Nummern 21 bis 59. Zehn ausgezeichnete, abgelegene Stellplätze (Nr. 1–10) gehören denjenigen, die zuerst da sind.

Westport

Westport ist ein verschlafenes Dorf im Nirgendwo. Es ist der letzte Ort vor der Lost Coast an einer kurvigen Straße 15 Meilen (24 km) nördlich von Fort Bragg, bevor der Hwy 1 über 22 Meilen (35 km) hinauf ins Landesinnere verläuft und in Leggett auf den Hwy 101 trifft. Wie man von Westport aus die südlichen Regionen der Lost Coast erreicht, steht auf S. 269.

1,5 Meilen (2,4 km) nördlich des Ortes liegt der wunderschön schroffe **Westport-Union Landing State Beach** (☎707-937-5804; Zeltstellplatz 25 US$), der sich über 3 Meilen (5 km) an Steilküsten entlang erstreckt. Ein holpriger Wanderweg startet an dem einfachen Campingplatz und führt an Gezeitenpools und Bächen vorbei, die man bei Ebbe durchwaten kann. Trinkwasser mitbringen!

Zu den einfachen Unterkünften im Ort gehört auch das blau-rote, mit Plastikblumen geschmückte **Westport Inn** (☎707-964-5135; 37040 N Hwy 1; Zi. inkl. Frühstück ab 77 US$).

LP TIPP **Westport Hotel & Old Abalone Pub** (☎877-964-3688; www.westporthotel.us; Hwy 1; Zi. 90–165 US$, Suite 125–200 US$, Hütte 140–195 US$; 📶) hat jetzt ein neues Management und wurde elegant renoviert. Hier ist es so ruhig, dass der Satz „Endlich im Nirgendwo angekommen" perfekt passt. Die hellen, schönen Zimmer bieten eine grandiose Aussicht, Daunendecken und Hartholzmöbel. Die klassische historische Kneipe im Erdgeschoss ist die einzige Möglichkeit, abends etwas Essbares zu bekommen. Man sollte also für die witzig-leckeren kalifornischen Fusion-Gerichte (Turducken mit Wurst und Buttermilchkartoffeln, Burger mit Felsgarnelen und Käse) und das herzhafte, expertenmäßig zubereitete Kneipenessen dankbar sein.

Howard Creek Ranch (☎707-964-6725; www.howardcreekranch.com; 40501 N Hwy 1; Zi. 90–165 US$, Suite 125–200 US$, Hütte 75–200 US$; 📶) Auf überwältigenden 24 ha Wald und Ackerland, die an die freie Natur grenzen, liegt die Howard Creek Ranch mit Unterkünften in einem Bauernhaus aus den 1880er-Jahren oder in einem Fahrzeugschuppen. Die absolut coolen Redwood-Zimmer wurden vom Besitzer selbst fachmännisch angefertigt. Das Frühstück ist im Preis enthalten. Hier sind Wanderschuhe, keine Stöckelschuhe angesagt.

HIGHWAY 101

Wer möglichst schnell in die entlegensten und wildesten Teile der North Coast kommen will, sollte den kurvigen Hwy 1 meiden und stattdessen den Hwy 101 im Landesinneren nehmen. Nördlich von San Francisco ist er ein Freeway, nördlich des Sonoma

County wird er dann zu einem zwei- bzw. vierspurigen Highway, auf dem man gelegentlich an der roten Ampel einer Kleinstadt anhalten muss.

Achtung: Die Bay Area in der Rushhour (wochentags zwischen 16 und 19 Uhr) verlassen zu wollen, kann nervenaufreibend sein! In Santa Rosa und Willits, wo die LKWs in den Hwy 20 Richtung Küste abbiegen, fährt man in dieser Zeit im Schneckentempo.

Auch wenn der Hwy 101 nicht so verlockend wirkt wie die Küstenstraße, so ist er doch schneller und weniger kurvig. Da bleibt auch noch Zeit, auf dem Weg einen Abstecher in die Weinregionen von Sonoma und Mendocino County zu machen, das Anderson Valley zu erkunden, im Clear Lake zu planschen oder sich in den Thermalquellen bei Ukiah zu entspannen – und diese Zeit hat man dann wirklich gut genutzt!

Hopland

Das niedliche Hopland ist das Tor zur Weinregion vom Mendocino County. 1866 wurde hier zum ersten Mal Hopfen angebaut, aber die Prohibition brachte die Alkoholindustrie zwischenzeitlich zum Erliegen. Heute wird die hiesige Wirtschaft von der Hauptattraktion namens „Weinprobe" angekurbelt.

Sehenswertes & Aktivitäten

Wer ein tolles Wochenende erleben möchte, sollte Hopland als Ausgangsbasis für Erkundungstouren zu den regionalen Weingütern nehmen. Detaillierte Infos über die ständig wachsende Zahl von Weingütern bekommt man unter www.destinationhopland.com. Eine Karte der Weinregion gibt's unter www.visitmendocino.com.

Real Goods Solar Living Center SONNENENERGIEZENTRUM
(www.solarliving.org; 13771 S Hwy 101; ⌚9–17 Uhr;) Der fortschrittliche, futuristische, fast 5 ha große Campus am Südrand des Ortes ist im Wesentlichen dafür verantwortlich, dass diese Region so umweltfreundlich wurde. Der Eintritt ist zwar frei, es wird aber eine Spende von 3 bis 5 US$ erwartet.

SIP! Mendocino VERKOSTUNG
(www.sipmendocino.com; 13420 S Hwy 101; ⌚11–18 Uhr) An diesem freundlichen Ort mitten in Hopland bekommt man eine Karte der Region und kann verschiedene Weine aus der Gegend probieren, ohne Hopland verlassen zu müssen. In einem blühenden Innenhof kredenzen die liebenswürdigen Inhaber ihren Besuchern 18 verschiedene Weine und köstliche Appetithäppchen.

Saracina WEINGUT
(www.saracina.com; 11684 S Hwy 101; ⌚10–17 Uhr) Das Highlight der Besichtigungstour sind die kühlen Keller. Die weichen Weißweine werden biodynamisch und nachhaltig angebaut.

Fetzer Vineyards Organic Gardens WEINGUT
(www.fetzer.com; 13601 Eastside Rd; ⌚9–17 Uhr) Fetzers nachhaltiger Weinanbau hat die Messlatte höher gelegt. Es gibt hier einen schönen Garten, und die Weine sind ihr Geld eindeutig wert.

Brutocao Schoolhouse Plaza VERKOSTUNG
(www.brutocaoschoolhouseplaza.com; 13500 S Hwy 101; ⌚11–20 Uhr) Hier kann man mitten in Hopland Boccia spielen und kräftige Rotweine genießen – die perfekte Mischung.

Graziano Family of Wines WEINGUT
(www.grazianofamilyofwines.com; 13251 S Hwy 101; ⌚10–17 Uhr) Dieses Weingut hat sich auf „kalifornisch-italienische" Weine zu fantastischen Preisen spezialisiert – Nebbiolo, Dolcetto, Barbera und Sangiovese.

Schlafen & Essen

Hopland Inn HISTORISCHES HOTEL $$
(707-744-1890, 800-266-1891; www.hoplandinn.com; 13401 S Hwy 101; Zi 180 US$;) Wer mitten in Hopland übernachten will, kann das nur hier in diesem Gasthaus von 1890 tun – und das ist eine gute Wahl. Im Erdgeschoss kann man in der gemütlichen, holzgetäfelten Bibliothek ganz wunderbar ein Schlückchen genießen.

Bluebird Cafe AMERIKANISCH $
(707-744-1633; 13340 S Hwy 101; Frühstück & Mittagessen 5–12 US$, Abendessen 12–17 US$; ⌚Mo–Do 7–14, Fr–So 7–19 Uhr;) Der typisch amerikanische Diner serviert herzhaftes Frühstück, riesige Burger und hausgemachte Pies (der Pfirsich-Blaubeer-Pie, den es aber nur im Sommer gibt, ist himmlisch). Wer es nicht ganz so klassisch mag, sollte den Wild-Burger mit Wildschwein und Apfelchutney oder mit Elch und Meerrettich probieren.

Clear Lake

Mit über 100 Meilen (160 km) Uferlinie ist der Clear Lake der größte Süßwassersee Kaliforniens (der Lake Tahoe ist zwar größer, liegt aber zum Teil in Nevada). Im Sommer gedeihen in dem warmen Wasser viele Algen, die dem See ein dunkelgrünes Aussehen verleihen und einen fabelhaften Lebensraum für Fische – vor allem Seebarsche – und für Zehntausende von Vögeln schaffen. Der 1280 m hohe Mt. Konocti, ein inaktiver Vulkan, wacht über die Kulisse. Aber leider Gottes erreichen die Bauwerke der Menschen diese grandiose Schönheit manchmal bei Weitem nicht, und außerdem wurden 2008 Hunderte Hektar Wald nahe des Sees durch Brände zerstört.

Sehenswertes & Aktivitäten

Die Einheimischen unterscheiden zwischen dem „Oberen See" (nordwestlicher Teil) und dem „Unteren See" (südöstlicher Teil). **Lakeport** (5240 Ew.) liegt am Nordwestufer, 45 Autominuten östlich von Hopland am Hwy 175 (der vom Hwy 101 abzweigt); **Kelseyville** (3000 Ew.) liegt 7 Meilen (11 km) südlich. **Clearlake** am Südostufer ist der größte (und hässlichste) Ort.

Der Hwy 20 verbindet am Nordufer die Dörfer **Nice** (der nördlichste Ort) und **Lucerne**, 4 Meilen (6,4 km) südöstlich. Das niedliche Dorf **Middletown** liegt 20 Meilen (32 km) südlich von Clearlake an der Kreuzung des Hwy 175 mit dem Hwy 129, 40 Minuten nördlich von Calistoga.

Boote kann man sich u.a. bei **On the Waterfront** (☎707-263-6789; 60 3rd St, Lakeport, Boote für 6 Pers. pro 3 Std./Tag 185/350 US$) und beim Konocti Harbor Resort & Spa in Kelseyville (s. rechte Spalte) leihen.

Clear Lake State Park STATE PARK
(☎707-279-4293; 5300 Soda Bay Rd, Kelseyville; 8 US$/Auto) Dieser idyllische, traumhafte Park am Westufer des See ist 6 Meilen (9,6 km) von Lakeport entfernt. Er bietet Wanderwege, Möglichkeiten zum Angeln, Bootfahren und Campen. Außerdem kann man hier hervorragend **Vögel beobachten**. Im **Visitor Center** gibt's geologische und historische Ausstellungen.

Redbud Audubon Society VOGELBEOBACHTUNG
(www.redbudaudubon.org) Diese Naturschutzgruppe veranstaltet Vogelbeobachtungstouren am Lower Lake.

Schlafen & Essen

An den Wochenenden und im Sommer, wenn die Massen das kühle Wasser genießen wollen, sollte man reservieren.

LAKEPORT & KELSEYVILLE

Es gibt eine Reihe von Motels entlang der Hauptstraße von Kelseyville und Lakeport. Wer aber lieber in der frischen Luft übernachtet, findet im Clear Lake State Park vier **Campingplätze** (☎800-444-7275; www.reserveamerica.com; Stellplatz Zelt & Wohnmobil 35 US$) mit Duschen. In Kelseyville findet jede Woche ein **Farmers Market** (Hwy 29 & Thomas Rd; ⏲Mai–Okt. Sa 8.30–12 Uhr) statt.

LP TIPP **Lakeport English Inn** B&B $$
(☎707-263-4317; www.lakeportenglishinn.com; 675 N Main St, Lakeport; Zi. 159–210 US$, Cottage 210 US$; ❄📶) Das schönste B&B am Clear Lake wurde 1875 im Carpenter-Gothic-Stil errichtet und vermietet 10 einwandfrei eingerichtete Zimmer mit einem Touch englischer Ländlichkeit. Am Wochenende gibt's High Tea (nach Reservierung auch für Nicht-Hotelgäste) – mit echter Devonshire Cream.

Konocti Harbor Resort & Spa RESORT $$
(☎707-279-4281, 800-660-5253; www.konoctiharbor.com; 8727 Soda Bay Rd, Konocti Bay; Zi. 89–

TOP-WEINGÜTER IN CLEAR LAKE

Die folgenden vier Weingüter – von Norden nach Süden – sind die besten. Einige bieten nach vorheriger Terminabsprache auch Führungen an.

» **Ceago Vinegarden** (www.ceago.com; 5115 E Hwy 20, Nice; ⏲10–18 Uhr) Ceago (cie-*ey*-go) liegt spektakulär am Nordufer und schenkt biodynamische, fruchtige Weine aus.

» **Wildhurst Vineyards** (www.wildhurst.com; 3855 Main St, Kelseyville; ⏲10–17 Uhr) Der beste Wein am See, aber es fehlt an Atmosphäre. Unbedingt den Sauvignon Blanc probieren.

» **Ployez Winery** (1171 S Hwy 29, Lower Lake; ⏲11–17 Uhr) Überdurchschnittliche Schaumweine à la *méthode champenoise*; umgeben von Ackerland.

» **Langtry Estate Vineyards** (21000 Butts Canyon Rd, Middletown; ⏲11–17 Uhr) Das schönste Weingut. Unbedingt den Portwein testen!

199 US$, Apt. & Strandhütte 199–349 US$, Suite 259–399 US$;) Das riesige Resort in Konocti Bay, 4 Meilen (6,4 km) von Kelseyville entfernt, ist für große Konzerte bekannt. Es gibt vier Pools, ein Fitness-Center, einen Tennis- und einen Golfplatz, einen Jachthafen und ein Wellness-Center. An Konzertabenden schießen die Preise in die Höhe.

Mallard House MOTEL $

(707-262-1601; www.mallardhouse.com; 970 N Main St, Lakeport; Zi. mit Küche 69–149 US$, ohne Küche 49–99 US$;) Dieses Motel im Cottage-Stil befindet sich direkt am Ufer und hat eine Bootsrampe. Unter der Woche ist das Preis-Leistungs-Verhältnis fantastisch.

LP TIPP **Saw Shop Gallery Bistro** KALIFORNISCH $$$

(707-278-0129; www.sawshopbistro.com; 3825 Main St, Kelseyville; kleine Gerichte 10–12 US$, Hauptgerichte 18–30 US$; Di–Sa abends) Das beste Restaurant im Lake County serviert kalifornische Küche mit Wildlachs und Lammkarree sowie kleine Gerichte wie Sushi, Hummer-Tacos, Burger aus Kobe-Rind und Fladenbrotpizzas. Lockere Atmosphäre.

Molly Brennan's KNEIPE $

(www.mollybrennans.com; 175 Main St, Lakeport; Hauptgerichte 9–20 US$; Mo, Mi & Do 11–23, Fr–So 11–2 Uhr) Große Spiegel, dunkles Holz, Guinness und Würstchen mit Kartoffelbrei: das ist Molly Brennan's erstklassige Kneipe. Auch die Speisekarte mit anspruchsvolleren Gerichten wie Lammeintopf und Lachs mit Pistazienkruste sollte man sich nicht entgehen lassen.

Bigg's 155 DINER $

(155 Park St, Lakeport; Hauptgerichte 5–12 US$) Das Bigg's 155 sieht zwar wie ein bescheidener Diner aus, hat aber eine echt abenteuerliche Speisekarte (Shrimp Po' Boys?) und enorme Eisportionen.

NORTH SHORE

Tallman Hotel HISTORISCHES HOTEL $$

(707-274-0200, 888-880-5253; www.tallmanhotel.com; 4057 E Hwy 20, Nice; Cottage 159–229 US$;) Das Herzstück ist mit Sicherheit das elegant renovierte historische Hotel – geflieste Bäder, gedämpfte Beleuchtung, schöne Bettbezüge. Aber auch die modernen, nachhaltig gebauten Cottages strahlen Ruhe aus. Der schattige Garten, der von einem Zaun umgebene Pool, die Steinterrassen und die großen Veranden sind von zeitloser Eleganz. In den Gartenzimmern gibt's japanische Badewannen, die alle über ein energiesparendes geothermisches Solarsystem erwärmt und abgekühlt werden.

Featherbed Railroad Co HOTEL $$

(707-274-8378, 800-966-6322; www.featherbedrailroad.com; 2870 Lakeshore Blvd, Nice; Eisenbahnwaggon inkl. Frühstück 140–190 US$;) Die zehn gemütlichen, echten Eisenbahnwaggons auf einer Wiese sind für Eisenbahnfreaks und Kinder Vergnügen pur. Einige der Waggons übertreten die Grenze zu Kitsch und Geschmacklosigkeit (der „Easy Rider" hat ein riesiges Harley-Davidson-Emblem am Kopfende des Betts und eine Spiegeldecke), aber wer Sinn für Humor hat, wird seinen Spaß haben. Auf der gegenüberliegenden Straßenseite befindet sich ein kleiner Strand.

Sea Breeze Resort COTTAGES $$

(707-998-3327; www.seabreezeresort.net; 9595 Harbor Dr, Glenhaven; Cottage mit Küche 130–150 US$, ohne Küche 100 US$; April–Okt.;) Gleich südlich von Lucerne auf einer kleinen Halbinsel stehen sieben makellose Cottages am See inmitten von schönen Gärten. Alle haben eine Grillstelle.

MIDDLETOWN

Harbin Hot Springs SPA $$

(707-987-2377, 800-622-2477; www.harbin.org; Harbin Hot Springs Rd; Zelt & Stellplatz wochentags/Wochenende 25/35 US$, B 35/50 US$, EZ wochentags 60–75 US$, Wochenende 95–120 US$, DZ wochentags 90–190 US$, Wochenende 140–260 US$) Harbin ist typisch für Nordkalifornien. Das ursprüngliche Heilbad und Resort aus dem 19. Jh. hat heute ein Ambiente wie ein Erholungscenter, in dem sich die Gäste in ruhigen, heißen und kalten Quellen (mit oder ohne Klamotten) entspannen. Hier wurde Watsu (Massageanwendung im Wasser) erfunden, und es gibt wunderbare Körperbehandlungen wie Yoga, Gesundheitsseminare und Wandermöglichkeiten auf fast 5 km². Die Gäste sind in viktorianischen Gebäuden (denen etwas Aufpolieren nicht schaden würde) mit Gemeinschaftsküche nur für Vegetarier untergebracht. Essen gibt's auf dem Markt, im Café und im Restaurant. Auch Tagesausflügler sind willkommen; der Preis pro Tag beträgt 25 US$, und einer aus der Gruppe muss eine Mitgliedschaft beantragen (1 Monat 10 US$).

Die Quellen liegen 3 Meilen (4,8 km) vom Hwy 175 entfernt. Von Middletown nimmt man die Barnes St, die zur Big Canyon Rd wird, und biegt an der Gabelung links ab.

Unterhaltung

Jeden Freitagabend finden im Library Park in Lakeport kostenlose **Sommerkonzerte** mit Blues und Rockabilly für Menschen mittleren Alters statt. Die Harbin Hot Springs (S. 257) bieten ein überraschendes Repertoire mit Weltmusik und Tanz. Das Konocti Harbor Resort & Spa (S. 256) präsentiert nationale Größen wie Los Lonely Boys und Lyle Lovett in einem Amphitheater im Freien und in einer Konzerthalle.

Praktische Informationen

Lake County Visitor Information Center (www.lakecounty.com; 6110 E Hwy 120, Lucerne; Mo–Sa 9–17, So 12–16 Uhr) Jede Menge Infos und eine tolle Website, die nach Interessensgebieten der Region strukturiert ist.

Unterwegs vor Ort

Lake Transit (707-263-3334, 707-994-3334; www.laketransit.org) fährt wochentags zwischen Middletown und Calistoga (3,50 US$, 35 Min., 3-mal tgl.); donnerstags gibt's Verbindungen nach Santa Rosa. Busse fahren von Clearlake via Lakeport (2,25 US$, 1¼ Std., 7-mal tgl.) nach Ukiah (3,50 US$, 2 Std., 4-mal tgl.). Da es schwierig sein kann, Reisezeiten und Strecken unter einen Hut zu bringen, sollte man sich vor Antritt der Reise telefonisch informieren.

Anderson Valley

Geschwungene Hügel umgeben das ländliche Anderson Valley, das bekannt ist für Apfelplantagen, Weingärten, Weiden und Ruhe. Die Besucher kommen in erster Linie wegen der Weingüter hierher, aber in den Hügeln kann man auch gut wandern und radeln – und der hektischen Zivilisation entfliehen. Viele Reisende, die von San Francisco nach Mendocino unterwegs sind, fahren die Strecke durch das Tal.

Sehenswertes & Aktivitäten

Boonville (1370 Ew.) und **Philo** (1000 Ew.) sind die Hauptorte des Tals. Von Ukiah schlängelt sich der Hwy 253 20 Meilen (32 km) gen Süden nach Boonville. Der landschaftlich ebenso schöne Hwy 128 windet sich auf 60 Meilen (96 km) zwischen Cloverdale am Hwy 101, südlich von Hopland, und Albion am Coastal Hwy 1.

Apple Farm OBSTPLANTAGE
(707-895-2333; www.philoapplefarm.com; 18501 Greenwood Rd, Philo; bei Tageslicht) Das beste Obst bekommt man nicht an den Straßenständen, sondern auf dieser fantastischen Farm. Hier gibt's Biokonserven, Chutneys sowie alte Apfel- und Birnensorten. Einige der besten Köche des Wine Country bieten hier auch **Kochkurse** an. Wer Lust auf ein verlängertes Wochenende hat, kann ganz wunderbar in einer der Plantagenhütten übernachten (S. 258).

Anderson Valley Brewing Company BRAUEREI, FRISBEEPLATZ
(707-895-2337; www.avbc.com; 17700 Hwy 253; geführte Touren 5 US$; 11–18 Uhr) Die mit Solarenergie betriebene Brauerei östlich der Kreuzung mit dem Hwy 128 stellt preisgekröntes Bier in einer Brauerei im bayerischen Stil her. Hier kann man bei einem kühlen Blonden auch versuchen, Frisbeescheiben in die dafür vorgesehenen Löcher zu werfen. Aber Achtung: die Sonne ist erbarmungslos! Die Führungen beginnen täglich um 13.30 und 15 Uhr (im Winter nur Di und Mi); vorher anrufen.

Anderson Valley Historical Society Museum MUSEUM
(www.andersonvalleymuseum.org; 12340 Hwy 128; Feb.–Nov. Fr–So 13–16 Uhr) In dem vor Kurzem renovierten kleinen, roten Schulhaus westlich von Boonville kann man historische Ausstellungsstücke bewundern.

Feste & Events

Pinot Noir Festival WEIN
(www.avwines.com) Eines der vielen Weinfeste im Anderson Valley.

Sierra Nevada World Music Festival MUSIK
(www.snwmf.com) Im Juni vermischen sich der Sound von Reggae und Roots mit dem Duft der anderen im Mendocino County zum Verkauf bestimmten Pflanze.

California Wool & Fiber Festival KUNSTHANDWERK
(www.fiberfestival.com) Veranstaltungen wie die „Angora Rabbit Demonstration" ziehen Naturfaserfans aus ganz Kalifornien an.

Mendocino County Fair VOLKSFEST
(www.mendocountyfair.com) Der Klassiker findet Mitte September statt.

Schlafen

An den Wochenenden sind die Unterkünfte schnell ausgebucht.

LP TIPP **Apple Farm** COTTAGES $$$
(707-895-2333; www.philoapplefarm.com; 18501 Greenwood Rd, Philo; Zi. wochentags/

TOP-WEINGÜTER IM ANDERSON VALLEY

Die kühlen Nächte des Tals bringen säurereiche, fruchtige, gut zum Essen passende Weine hervor. Pinot Noir, Chardonnay und trockener Gewürztraminer gedeihen hier prächtig. Die meisten **Weingüter** (www.avwines.com) liegen außerhalb von Philo. Viele sind in Familienbesitz und bieten Weinproben an, einige organisieren auch Führungen. Die folgenden Weingüter sind besonders empfehlenswert:

» **Navarro** (www.navarrowine.com; 5601 Hwy 128; ⏲10–18 Uhr) Die beste Wahl, Picknicker sind gern gesehen.

» **Esterlina** (www.esterlinavineyards.com) Den Picknickkorb packen und hoch oben in den geschwungenen Hügeln fantastische Rotweine genießen; vorher anrufen.

» **Husch** (www.huschvineyards.com; 4400 Hwy 128; ⏲10–17 Uhr) Husch bietet exquisite Weinproben in einem mit Rosen bewachsenen Cottage an.

Wochenende 175/250 US$) Die Gäste auf Philos ländlicher Apple Farm können zwischen vier exquisiten, aus recycelten Materialien errichteten Cottages wählen. Jedes Cottage ist mit seinen hellen, luftigen Räumen, den glänzenden Dielenböden, der einfachen Einrichtung und dem Blick auf die umstehenden Bäume ein absoluter Traum. Das Red-Door-Cottage ist besonders toll – es hat ein Bad mit freistehender Wanne und eine Dusche im Freien auf der Terrasse. Die Cottages sind oft von den Teilnehmern der **Kochkurse** ausgebucht, also rechtzeitig reservieren! Und falls man schwimmen will: Der Navarro River ist nur ein paar Schritte entfernt.

Boonville Hotel BOUTIQUEHOTEL **$$**
(☎707-895-2210; www.boonvillehotel.com; 14040 Hwy 128; Zi. 125–200 US$, Suite 225 US$) Die Zimmer in dem historischen Hotel sind in zeitgenössischem amerikanischem Country-Stil mit Seegrasböden, Pastellfarben und feiner Bettwäsche ausgestattet. Martha Stewart wäre stolz. Städter, die nicht auf Stil verzichten möchten, nur weil sie auf dem Land sind, fühlen sich hier bestimmt wohl.

Hendy Woods State Park CAMPING **$**
(☎707-937-5804, Reservierung 800-444-7275; www.reserveamerica.com; Stellplatz Zelt & Wohnmobil 35 US$, Hütte 50 US$) Der Park am Rand des Navarro River westlich von Philo am Hwy 128 bietet Möglichkeiten zum Wandern und Picknicken sowie einen Campingplatz im Wald mit warmen Duschen.

Other Place COTTAGES **$$**
(☎707-895-3979; www.sheepdung.com; Cottage 140–200 US$; 📶👪🐾) Die privaten Cottages stehen vor den Toren der Stadt auf einem 200 ha großen, hügeligen Stück Farmland.

Essen & Ausgehen

Boonvilles Restaurants scheinen je nach Lust und Laune zu öffnen und zu schließen, sodass die nachstehend genannten Öffnungszeiten nicht unbedingt stimmen. Am Hwy 128 gibt's ein paar Läden, die Picknickkörbe mit leckerem Käse aus der Region und frischem Brot anbieten.

Table 128 NEU-AMERIKANISCH **$$**
(☎707-895-2210; www.boonvillehotel.com; 14040 Hwy 128; Festpreis 3-/4-Gänge 40/50 US$; ⏲Do–Mo 17–21 Uhr) Feinschmecker lieben die immer wechselnde, neu-amerikanische Speisekarte mit einfachen, gut zubereiteten Gerichten wie Brathähnchen, gegrilltes Lammfleisch und Erdbeerkuchen. Der familiäre Service, große Bauerntische und sanfte Beleuchtung sorgen dafür, dass ein Abendessen hier zu einer unbekümmerten, eleganten, geselligen Angelegenheit wird.

Paysenne EISCREME **$**
(14111 Hwy 128; Eistüte 3 US$; ⏲Do–Mo 10–15 Uhr) In Boonevilles neuem Eisladen bekommt man die innovativen Geschmacksrichtungen von Three Twins Ice Cream wie Lemon Cookie und Strawberry Je Ne Sais Quoi (mit einem Hauch Balsamico).

Boonville General Store FEINKOST **$**
(17810 Farrer Lane; Gerichte 5–8 US$; ⏲Mo–Fr 7.30–15, Sa & So 8.30–15, Fr Pizzaabend 17.30–20 Uhr) In diesem Feinkostladen gegenüber vom Boonville Hotel kann man seinen Picknickkorb mit Sandwiches aus hausgemachtem Brot, Pizza mit dünner Kruste und Biokäse auffüllen.

Lauren's AMERIKANISCH **$$**
(www.laurensgoodfood.com; 14211 Hwy 128 Boonville; Hauptgerichte 8–14 US$; ⏲Di–Sa 17–21 Uhr; 🍸👪) Die Einheimischen mögen die vielseitigen, hausgemachten Gerichte im

BOONTLING

Boonville ist bekannt für seine einzigartige Sprache „Boontling", die um 1900 entstand, als Boonville noch sehr abgeschieden war. Die Einheimischen erfanden diese Sprache, um Leute von außerhalb aus der Fassung zu bringen (to *shark*) und zur eigenen Belustigung. *Codgie kimmies* (alte Männer) fragen nach einem *horn of zeese* (einer Tasse Kaffee) oder nach *bahl gorms* (gutem Essen). Wer viel Glück hat, sieht auch den Abschleppwagen namens „Boont Region Dearkin' Moshe" (wörtlich „Anderson-Valley-Abschlepp-Maschine").

Lauren's und die gute Weinkarte. Manchmal treffen sich auch Musiker zum Jammen auf der Bühne am Eingang.

Praktische Informationen

Anderson Valley Chamber of Commerce
(☎707-895-2379; www.andersonvalleychamber.com) Touristeninfos und Veranstaltungskalender.

Ukiah

In Ukiah, der Kreisstadt und größten Stadt Mendocinos, halten die meisten Traveller nur kurz – um zu tanken und einen Happen zu essen. Wer hier übernachten muss, könnte es auch schlechter treffen, denn die Stadt ist recht nett. Es gibt viele durchschnittliche Kettenhotels, ein paar preiswerte Hotels aus den 1950er-Jahren und eine Handvoll guter Restaurants. Die coolsten Attraktionen befinden sich vor den Toren der Stadt: Thermalquellen und ein großer Campus, wo man alles über Buddhismus erfährt.

Sehenswertes

Grace Hudson Museum-Sun House MUSEUM
(www.gracehudsonmuseum.org; 431 S Main St; Spende 2 US$; ⌚Mi–Sa 10–16.30, So 12–16.30 Uhr) Die Hauptattraktion in diesem Museum einen Block östlich der State St sind die Gemälde von Grace Hudson (1865–1937). Ihre feinfühligen Darstellungen der Pomo ergänzen die ethnologische Arbeit ihres Mannes John Hudson und die Indianer-Körbe, die er gesammelt hat.

Feste & Events

Redwood Empire Fair VOLKSFEST
(www.redwoodempirefair.com) Am zweiten Wochenende im August.

Ukiah Country PumpkinFest KULTUR
(www.cityofukiah.com) Ende Oktober: Kunsthandwerksmarkt, Kinderfasching und Geigenwettbewerb.

Schlafen

Direkt am Highway gibt's jedes nur vorstellbare Kettenresort. Etwas persönlicher geht's in den Resorts und auf den Campingplätzen rund um Ukiah (s. S. 262) zu.

Sanford House B&B B&B $$
(☎707-462-1653; www.sanfordhouse.com; 306 S Pine St; EZ/DZ 95/175 US$; ❄) Das gut erhaltene viktorianische Haus steht in einem lieblichen Garten. Die Zimmer entsprechen denen anderer nordkalifornischer B&Bs im viktorianischen Stil – Spitzengardinen, Rattanstühle, Blümchentapeten und Betten mit Messinggestell. Morgens servieren die netten Betreiber ein Bio-Frühstück.

Sunrise Inn MOTEL $
(☎707-462-6601; www.sunriseinn.net; 650 S State St; Zi. 58–78 US$; ❄📶) In Ukiahs bestem Budgetmotel sollte man nach einem der renovierten Zimmer fragen. Alle Zimmer haben Mikrowelle und Kühlschrank.

Discovery Inn Motel MOTEL $
(☎707-462-8873; www.discoveryinnukiahca.com; 1340 N State St; Zi. 55–95 US$; ❄📶🏊) Sauber, aber veraltet mit einem 23 m langen Pool und mehreren Jacuzzis.

Essen

Es wäre ein Verbrechen, in einem der Fast-Food-Läden am Highway zu essen, wo es doch in Ukiah so viele ausgezeichnete, erschwingliche Restaurants gibt.

LP TIPP **Oco Time** JAPANISCH $$
(☎707-462-2422; www.ocotime.com; 111 W Church St; Hauptgerichte mittags 7–10 US$, Hauptgerichte abends 8–16 US$; ⌚Di–Fr 11.15–14.30, Mo–Sa 17.30–20.30 Uhr; 🖊) Hier verzehrt man Seite an Seite mit Einheimischen das beste Sushi, die besten Nudelsuppen und das beste *oco* (eine köstliche Mischung aus Algen, gegrilltem Kohl, Eiern und Nudeln). Im „Peace Café" herrscht eine tolle Stimmung, die Bedienung ist freundlich und es gibt interessant gefüllte Rollen. Und wo ist der Haken? Hier ist es immer rappelvoll, sodass man reservieren sollte.

Patrona NEU-AMERIKANISCH $$
(☎707-462-9181; www.patronarestaurant.com; 130 W Standley St; Hauptgerichte mittags 10–15 US$, Hauptgerichte abends 15–28 US$; ⊙Di–Sa 11–15 & 17–21 Uhr;) Feinschmecker kommen in Scharen ins Patrona, um die bodenständige, schmackhafte, saisonale und regionale Bioküche zu genießen. Auf der einfachen Speisekarte stehen Gerichte wie Brathähnchen, gepökelte und gebratene Schweinekoteletts, hausgemachte Pasta und Weine aus der Gegend. Unbedingt reservieren und nach dem Festpreismenü fragen.

Ukiah Brewing Company BRAUEREIKNEIPE $$
(www.ukiahbrewingco.com; 102 S State St, Ukiah; Hauptgerichte abends 15–25 US$; ⊙So–Do 11.30–21, Fr & Sa 11.30–22 Uhr;) Die Biere übertreffen hier vielleicht – geringfügig – das Essen, aber es ist gar keine Frage: Der Dancefloor ist der beliebteste Treff in der Innenstadt. Wenn es an den Wochenenden Livemusik gibt, ist die Hölle los. Für die hier zubereiteten Gerichte werden hauptsächlich Bio-Zutaten verwendet. Auch Veganes und Rohkost stehen auf der Speisekarte.

Schat's Courthouse Bakery & Cafe CAFÉ $
(www.schats.com; 113 W Perkins St; Hauptgerichte mittags 3–7 US$, Hauptgerichte abends 8–14 US$; ⊙Mo–Fr 5.30–18, Sa 5.30–17 Uhr) Das von holländischen Bäckern gegründete Schat's stellt jede Menge umwerfende weiche und feste Brote, Sandwiches, Wraps, große Salate, leckere warme Hauptgerichte und hausgemachte Kuchen her.

Kilkenny Kitchen CAFÉ $
(www.kilkennykitchen.com; 1093 S Dora St; Mittagessen 7–10 US$; ⊙Mo–Fr 10–15 Uhr;) Die Arbeiter aus der Gegend lieben dieses in Gelbtönen gehaltene, versteckte Lokal südlich des Zentrums. Hier gibt's täglich eine andere Suppe und Sandwich-Specials (neulich gab es an einem brütend heißen Tag eine göttliche, kalte Gurken-Dill-Suppe). Auch die Salate, z.B. mit Birne, Walnuss und Schimmelkäse, sind hervorragend.

Himalayan Cafe HIMALAYISCH $
(www.thehimalayancafe.com; 1639 S State St; Hauptgerichte mittags 9–13 US$, abends 10–17 US$;) Südlich vom Zentrum kommt köstlich gewürzte nepalesische Küche auf den Tisch – Tandoori-Brot und Currys.

Ukiah Farmers Market MARKT
(Ecke School St & Clay St; ⊙Mai–Okt. Sa 8.30–12 Uhr, Juni–Okt. Di 15–18 Uhr) Auf diesem Markt gibt's frische Erzeugnisse vom Bauernhof, Kunsthandwerk und Unterhaltung.

Ausgehen & Unterhaltung

Kneipen und heruntergekommene Cocktailbars säumen die State St. Bei der Chamber of Commerce bekommt man Infos über kulturelle Veranstaltungen, beispielsweise die sonntäglichen Sommerkonzerte im Todd Grove Park mit der schönen Atmosphäre und die hiesigen Square Dances.

Ukiah Brewing Co BRAUEREI
(www.ukiahbrewingco.com; 102 S State St;) Der Pub mit Brauerei stellt Biobier her und zieht an den Wochenenden jede Menge Volk an.

Coffee Critic COFFEESHOP
(www.thecoffeecritic.com; 476 N State St;) Hier gibt's Fair-Trade-Espresso, Eis und gelegentlich Livemusik.

Shoppen

Am besten shoppen kann man in Ukiah in der School St, in der Nähe vom Gericht.

Nomad's World SCHMUCK, WOHNUNGSUTENSILIEN
(www.nomads-world.com; 111 S School St; ⊙Mo–Sa) Cooler Schmuck und Möbel für daheim.

Ruby Slippers VINTAGE
(110 N School St; ⊙Mi–Sa) Trödelklamotten.

Mendocino Book Co BÜCHER
(www.mendocinobookcompany.com; 102 S School St; ⊙Mo–Sa) Der beste Buchladen der Stadt.

Praktische Informationen

Die von Norden nach Süden verlaufende State St, westlich vom Hwy 101, ist Ukiahs Hauptstraße. Die School St in der Nähe der Perkins St eignet sich gut zum Spazierengehen.

Bureau of Land Management (☎707-468-4000; 2550 N State St) Karten und Infos über Wildzelten, Wandern und Radfahren in der Wildnis.

Greater Ukiah Chamber of Commerce (☎707-462-4705; www.gomendo.com; 200 S School St; ⊙Mo–Fr 9–17 Uhr) Ein Block westlich der State St; Infos über Ukiah, Hopland und das Anderson Valley.

Rund um Ukiah

UKIAHS WEINGÜTER

Wer auf dem Weg in die Stadt ist, fährt durch unendlich erscheinende Weinanbaugebiete. In Ukiah herrschen die gleichen klimatischen Bedingungen wie im berühmten Napa Valley. In Ukiahs Chamber of Commerce (S. 261) gibt's eine Karte, auf der die Weingüter verzeichnet sind.

Parducci Wine Cellars WEINGUT
(www.parducci.com; 501 Parducci Rd, Ukiah; ⌚10–17 Uhr) Die erschwinglichen, kräftigen, erdigen Rotweine werden in „America's Greenest Winery" aus nachhaltig angebauten, geernteten und gekelterten Reben hergestellt. Die Probierstube mit unverputzten Steinwänden und sanfter Beleuchtung ist der perfekte Ort, um der Sommerhitze zu entkommen, an einem Gläschen Wein zu nippen und über nachhaltige Praktiken zu plaudern.

Fife WEINGUT
(☎707-485-0323; www.fifevineyards.com; 3621 Ricetti Lane, Redwood Valley; ⌚10–17 Uhr) Zu den fruchtigen Rotweinen gehören ein pfeffriger Zinfandel und ein Petite Sirah, die beide erschwinglich sind und gut zum Essen passen. Unbedingt einen Picknickkorb mitbringen, die Aussicht von hier ist wunderschön.

Germain-Robin BRENNEREI
(☎707-462-0314; Unit 35, 3001 S State St; ⌚nach Vereinbarung) Hier wird einer der weltbesten Brandys erzeugt. Der Brandyproduzent in fünfter Generation aus Frankreichs Cognac-Region stellt ihn in Handarbeit her. Der Betrieb ist zwar nur eine Lagerhalle an einer Schnellstraße, aber wer Cognac liebt, für den ist Germain-Robin ein Muss.

VICHY HOT SPRINGS RESORT

Vichy wurde 1854 eröffnet und ist das älteste fortlaufend geöffnete Heilbad mit Mineralquellen in Kalifornien. Die Zusammensetzung des Wassers entspricht genau der des bekannten Namensgebers in Vichy, Frankreich. Vor einem Jahrhundert kamen Mark Twain, Jack London und Robert Louis Stevenson wegen der erholsamen Eigenschaften des Wassers hierher, das alles von Arthritis bis Vergiftungen der Gifteiche heilen soll.

Heute verfügt das wunderschön erhaltene, historische **Resort** (☎707-462-9515; www.vichysprings.com; 2605 Vichy Springs Rd; Ukiah; Lodge EZ/DZ 135/195 US$, EZ/DZ am Bach 195/245 US$, Cottage ab 280 US$; ❄📶🏊) über die einzigen natürlich sprudelnden Warmwasser-Mineralbäder in Nordamerika. Anders als in anderen Heilbädern muss man in Vichy Badeanzüge tragen (Verleih 2 US$). Zwei Stunden kosten 30 US$, der ganze Tag 50 US$.

Zu den Einrichtungen gehören ein Swimmingpool, ein Warmwasserbecken im Freien, zehn Becken drinnen und draußen mit 37 °C warmem natürlichem Wasser und eine Grotte, in der man das sprudelnde Wasser trinken kann. Auch Massagen und kosmetische Gesichtsbehandlungen werden angeboten. Wer Eintritt bezahlt hat, darf auch das 283 ha große Grundstück und die angrenzenden Ländereien des Bureau of Land Management (BLM) nutzen: Wanderwege führen zu einem 12 m hohen Wasserfall, einer alten Zinnobermine und zu 335 m hohen Gipfeln – hervorragend, um den Sonnenuntergang zu beobachten.

Die Suite und die zwei Cottages des Resorts wurden 1854 gebaut und sind die drei ältesten Gebäude von Mendocino County. In den gemütlichen Zimmern gibt's Holzböden, erstklassige Betten, Frühstück und Wellness-Privilegien, aber keine Fernseher.

Vom Hwy 101 die Ausfahrt Vichy Springs Rd nehmen und den Markierungen 3 Meilen (4,8 km) weit in Richtung Osten folgen. Ukiah liegt nur fünf Minuten entfernt, aber doch in einer anderen Welt.

ORR HOT SPRINGS

Das Resort, in dem man auch nackt baden kann, ist besonders bei Einheimischen, bei Hippies auf ihrem Weg zurück zur Natur, bei Backpackern und bei liberalen Touristen beliebt. In **Springs** (☎707-462-6277; Zeltplatz 45–50 US$, DZ 140–160 US$, Cottage 195–230 US$; ⌚10–22 Uhr; 🏊) gibt's Wannen, eine Sauna, einen aus Quellen gespeisten Pool mit Steinboden, Dampfbäder, Massagen und magische Gärten. Die Tagesgebühr beträgt 25 US$, montags nur 20 US$.

Im Preis für die Unterkünfte ist die Benutzung der Bäder und der Gemeinschaftsküche enthalten. Einige Cottages haben auch eine eigene Küche. Reservierungen sind unbedingt notwendig.

Um vom Hwy 101 hierher zu gelangen, nimmt man den Exit N State St, fährt 400 m Richtung Norden zur Orr Springs Rd und dann 9 Meilen (14,5 km) nach Westen. Die Fahrt auf der steilen, kurvigen Bergstraße dauert 30 Minuten.

MONTGOMERY WOODS STATE RESERVE

2 Meilen (3,2 km) westlich von Orr liegt dieses 460 ha große **Naturschutzgebiet** (Orr Springs Rd) mit fünf Redwood-Hainen aus Altbestand und einigen schönen Baumgruppen. Das Gebiet kann man gut im Rah-

men eines Tagesausflugs von San Francisco aus erkunden. Ein etwa 3 km langer Rundweg führt über einen Bach und schlängelt sich durch ruhige Haine. Er beginnt in der Nähe der Picknicktische und Toiletten. Das Reservat ist etwas abgelegen, sodass man das Gebiet wahrscheinlich fast für sich alleine hat. Nur Tagesnutzung, kein Camping.

LAKE MENDOCINO

Inmitten geschwungener Hügel, 5 Meilen (8 km) nordöstlich von Ukiah, füllt dieser ruhige, 7 km² große künstliche See ein Tal, in dem einst die Pomo lebten. Am Nordufer des Sees ist das **Pomo Visitor Center** (☎707-467-4200); es wurde einem Rundhaus der Pomo nachempfunden und zeigt Ausstellungen über die Stammeskultur und den Damm. Zum Zeitpunkt der Recherchen war das Zentrum zwar auf unbestimmte Zeit geschlossen, man bekam aber telefonisch Auskunft über Campingmöglichkeiten.

Der 1 km lange und 49 m hohe Coyote Dam markiert die Südwestecke des Sees; der östliche Teil besteht aus einem 279 ha großen Naturschutzgebiet. Das **Army Corps of Engineers** (www.spn.usace.army.mil/mendocino; 1160 Lake Mendocino Dr; ⏲Mo–Fr 8–16 Uhr) baute den Damm, verwaltet den See und informiert über Freizeitaktivitäten. Das Büro liegt sehr unpraktisch am Lower Lake.

Es gibt 300 **Zelt- und Wohnmobilstellplätze** (☎877-444-6777; www.reserveusa.com; 20–22 US$), die meisten haben warme Duschen und einfache Bootsanlegestellen (8 US$).

CITY OF TEN THOUSAND BUDDHAS

Die ehemalige staatliche Nervenklinik (☎707-462-0939; www.cttbusa.org; 2001 Talmage Rd; ⏲8–18 Uhr) liegt 3 Meilen (5 km) östlich von Ukiah und ist über die Talmage Rd zu erreichen. Seit 1976 gehört diese grüne, ruhige 2 km² große **Stätte** einer chinesisch-buddhistischen Gemeinde. Auf keinen Fall die Tempelhalle verpassen, in der es wirklich 10 000 Buddhas gibt. In dieser Andachtsstätte wird meditiert, man sollte sich also respektvoll verhalten. Mittagessen kann man in dem vegetarischen chinesischen **Restaurant** (4951 Bodhi Way; Hauptgerichte 10 US$; ⏲12–15 Uhr; ☑).

Willits

In Willits, 20 Meilen (32 km) nördlich von Ukiah, treffen nordkalifornische Aussteiger auf Holzarbeiter und Rancher (in der High School gibt's ein Bullenreiterteam). Die Laternenpfähle auf der Hauptstraße sind zwar mit buckelnden Pferden und Cowboys dekoriert, aber dennoch geht es hier recht unkonventionell zu. Pferdezucht, Holz- und verarbeitende Industrie sind die Hauptstützen, aber auch Batiktechniken stehen hoch im Kurs. Besucher kennen Willits vor allem durch den Skunk Train, der hier seine östliche Endhaltestelle hat. Fort Bragg liegt 35 Meilen (56 km) entfernt an der Küste; die Fahrt auf dem kurvigen Hwy 20 dauert bestimmt eine Stunde.

Sehenswertes & Aktivitäten

10 Meilen (16 km) nördlich von Willits bietet sich der **Hwy 162/Covelo Rd** für eine tolle Fahrt auf der Strecke der Northwestern Pacific Railroad entlang des Eel River und durch den Mendocino National Forest an. Die ca. 30 Meilen (48 km) lange Fahrt dauert auf der kurvigen Straße mindestens eine Stunde. Sie führt vorbei an grandiosen Canyons und geschwungenen Hügeln und erreicht schließlich **Covelo**, das für sein ungewöhnlich rundes Tal bekannt ist.

Skunk Train HISTORISCHER ZUG

(☎707-964-6371, 866-866-1690; www.skunktrain.com; Erw./Kind 49/24 US$) Das Depot befindet sich in der E Commercial St, drei Blocks östlich des Hwy 101. Die Züge fahren zwischen Willits und Fort Bragg (S. 250).

Mendocino County Museum MUSEUM

(www.mendocinomuseum.org; 400 E Commercial St; Erw./Kind 4/1 US$; ⏲Mi–So 10–16.30 Uhr) Dieses Museum ist das beste Heimatmuseum in der nördlichen Hälfte des Bundesstaates. Es setzt das Leben der frühen Siedler in einen ausgezeichneten historischen Kontext, vieles wurde aus alten Briefen abgeleitet. Außerdem gibt's einen unversehrten Getränkespender aus den 1920er-Jahren und einen Friseursalon. Man kann eine Stunde damit verbringen, sich Korbflechtarbeiten und Artefakte der Pomo und Yuki anzusehen oder über Skandale in der Gegend und Bewegungen der Gegenkultur zu lesen. Draußen demonstriert die Ausstellung **Roots of Motive Power** (www.rootsofmotivepower.com) gelegentlich dampfbetriebene Maschinen zur Holzbearbeitung.

Ridgewood Ranch RANCH

(☎Reservierung 707-459-7910; www.seabiscuitheritage.com; 16200 N Hwy 101; geführte Touren 15–25 US$) Willits berühmtester Einwohner war das Pferd Seabiscuit, das auf dieser Ranch aufwuchs. Von Juni bis September werden montags, mittwochs und freitags 90-minütige Führungen angeboten; einmal im Monat gibt's samstags nach Reservierung eine dreistündige geführte Tour.

Jackson Demonstration State Forest WANDERN
Der 15 Meilen (24 km) westlich von Willits am Hwy 20 gelegene Wald eignet sich für Freizeitaktivitäten wie Wanderungen auf Lehrpfaden und Mountainbiken. Hier kann man auch campen (s. rechte Spalte).

Feste & Events

Willits Frontier Days & Rodeo RODEO
(www.willitsfrontierdays.com) Das älteste regelmäßig stattfindende Rodeo Kaliforniens wird seit 1926 in der ersten Juliwoche in Willits veranstaltet.

Willits Renaissance Faire KULTUR
(www.willitsfaire.com) Spiele aus den schottischen Highlands, Essen, Musik, Gaukler, Kunst und Kunsthandwerk (im August).

Schlafen

Einige der Motels im Zentrum – es scheint um die hundert zu geben – sind ziemlich deprimierend, sodass man sich vor dem Einchecken unbedingt das Zimmer ansehen sollte. Nach Skunk-Train-Pauschalen fragen. Wenn sonst gar nichts mehr geht, kann man am Stadtrand in einem der überlaufenen, lauten Wohnmobilparks campen.

Baechtel Creek Inn & Spa BOUTIQUEHOTEL $$
(☎707-459-9063, 800-459-9911; www.baechtelcreekinn.com; 101 Gregory Lane; DZ inkl. Frühstück 100–130 US$; ❄@≋) Da dieses Hotel Willits einzige Unterkunft der gehobenen Klasse ist, trifft man hier auf eine interessante Mischung: Busladungen mit japanischen Pauschaltouristen, Geschäftsreisende und Weinfreaks. Die Standardzimmer sind nicht allzu elegant, haben aber erstklassiges Bettzeug, iPod-Dockingstationen und geschmackvolle Kunst an den Wänden. In den größeren Custom Rooms werden die Gäste mit Wein begrüßt. Der tolle Pool und das ausgezeichnete Frühstück, das auf der Veranda serviert wird, sind weitere Pluspunkte.

Best Value Inn Holiday Lodge MOTEL $
(☎707-459-5361, 800-835-3972; www.bestvalueinn.com; 1540 S Main St; DZ ab 63 US$; ❄📶≋) Diese Unterkunft an Willits Hauptstraße erinnert etwas an die Motels aus den 1950er-Jahren. Es ist aber trotzdem eine tolle Unterkunft, denn das Personal ist supernett und die Zimmer sind relativ ruhig.

Jackson Demonstration State Forest CAMPING $
(☎707-964-5674; Stellplatz frei) Stellplätze mit Grill und Plumpsklos, aber ohne Wasser. Die Genehmigung bekommt man beim Platzwart oder an dem Selbstregistrierungsschalter.

Essen

LP TIPP **Zaza's Bakery, Bistro & Gallery** BÄCKEREI, CAFÉ $
(35 E Commercial St; Backwaren 2–4 US$, Sandwiches 8 US$; ⌚9–14 Uhr) Bis jetzt ist das kleine Zaza's die einzige Bäckerei in Kalifornien, die Bagels verkauft, die genauso gut sind wie die in New York. Und das ist nur der Anfang der leckeren Überraschungen: Auf der Speisekarte steht jeden Tag eine andere köstliche Suppe (z. B. eine Suppe mit Red Snapper, Mais und Kokos), die in lockerer Atmosphäre umgeben von guten Kunstwerken und zum Klang von Jazz aus dem Radio serviert wird. Es gibt auch herzhafte Sandwiches mit knusprigem Mehrkornbrot.

Purple Thistle FUSION $$
(☎707-459-4750; 50 S Main St; Hauptgerichte 13–25 US$; ⌚17–21 Uhr) Das Beste in Willits; hier gibt's „mendonesische" Küche mit Cajun- und japanischen Einflüssen aus frischen Biozutaten. Reservierung erforderlich, es ist meistens ziemlich voll.

Loose Caboose Cafe SANDWICHES $
(10 Woods St; Sandwiches 7–10 US$; ⌚7.30–15 Uhr) Die Leute bekommen glänzende Augen, wenn sie über die Sandwiches im Loose Caboose Café reden. Mittags ist es hier richtig voll. Das Reuben-Sandwich und das Sante-Fe-Chicken-Sandwich sind ein Hochgenuss.

Burrito Exquisito MEXIKANISCH $
(42 S Hain St; Hauptgerichte 7 US$; ⌚11–19 Uhr) Aus der Küche des niedlichen Burrito-Ladens kommen riesige Burritos, die im Garten hinter dem Haus serviert werden.

Ardella's Kitchen DINER $$
(35 E Commercial St; Hauptgerichte 5–11 US$; ⌚Di–Sa 6–12 Uhr) In diesem winzigen Diner gibt's ein schnelles Frühstück – es ist auch *der* Ort für Klatsch und Tratsch.

Mariposa Market LEBENSMITTEL $
(600 S Main St) Willits Naturkostladen.

Ausgehen & Unterhaltung

Shanachie Pub BAR
(50B S Main St; ⌚Mo–Sa) Der kleine, nette Pub teilt sich den Garten mit Burrito Exquisito und hat viele Biere vom Fass.

Willits Community Theatre THEATER
(www.willitstheatre.org; 212 S Main St) Hier werden preisgekrönte Stücke, Dichterlesungen und Comedy gezeigt.

Shoppen

JD Redhouse & Co BEKLEIDUNG, WOHNUNGSUTENSILIEN
(212 S Main St; ⌚10–18 Uhr) Der Laden in Familienhand ist ein gutes Spiegelbild von Willits selbst. Hier gibt's alles für echte Cowboys – Stiefel und Sporen, Werkzeug und Jeans – und Krimskrams für Wochenendtouristen. Am Eisstand kann man sich wunderbar abkühlen, wenn es draußen zu heiß wird.

Book Juggler BÜCHER
(50B S Main St; ⌚Mo–Do 10–19, Fr 10–20, Sa 10–18, So 12–17 Uhr) Dicht bepackte Regale mit alten und neuen Büchern, Musikbüchern und Lokalzeitungen. (Nicht vergessen, den witzigen, in Willits gedruckten *Anderson Valley Advertiser* mitzunehmen).

SÜDLICHE REDWOOD COAST

Wahre Magie entsteigt dem Lehmboden und der diesigen Luft „jenseits des Redwood-Vorhangs". Hier wachsen die größten Bäume und das stärkste Gras unseres Planeten. Nördlich von Fort Bragg weichen die Bay-Area-Wochenendurlauber und mit Antiquitäten gefüllten B&Bs den Holzkriegen, Cannabisfarmen und einem Heer von geschnitzten Bären. Hier ist die „wachsende" Kultur greifbar, und der enorme Profit bringt deutliche Nebenwirkungen mit sich: Zeitarbeiter, die die Ernten einfahren, unbedingt zu befolgende „No Trespassing"-Schilder, eine politische Kultur mit einem unbehaglichen Gleichgewicht zwischen Waffen tragenden Liberalisten, ultralinken Progressiven und dem typischen Chaos von Uni-Städten. Der Hauptgrund für einen Besuch hier ist die traumhafte Landschaft mit ihren unberührten, alten Redwood-Wäldern.

Praktische Informationen

Redwood Coast Heritage Trails (www.redwoods.info) Die Wege vermitteln einen guten Eindruck von der Region. Die Schwerpunkte der Routen sind Leuchttürme, Indianerkultur, Holz- und Eisenbahnindustrie sowie das Leben im und am Wasser.

Leggett

Leggett markiert den Beginn des Redwood-Lands und das Ende des Hwy 1. Hier gibt es nicht viel mehr als eine teure Tankstelle, einen Pizzaverkäufer und zwei Märkte.

Die 4 km² große **Standish-Hickey State Recreation Area** (69350 Hwy 101; Tagesgebühr 8 US$) 1,5 Meilen (2,4 km) weiter im Norden eignet sich hervorragend für Picknicks, zum Schwimmen und Angeln im Eel River und zum Wandern zwischen Sekundär- und Primär-Redwood-Wäldern. Die ganzjährig geöffneten **Campingplätze** (☎800-444-7275; www.reserveamerica.com; Stellplatz Zelt & Wohnmobil 35 US$) haben warme Duschen und sind im Sommer schnell ausgebucht. Stellplätze am Highway sollte man besser meiden.

Der **Chandelier Drive-Thru Tree Park** (www.drivethrutree.com; Drive-Thru Tree Rd; 5 US$/Auto; ⌚8 Uhr–Sonnenuntergang) bietet 80 ha Privatgrundstück mit Primär-Redwoods, Picknickplätzen und Naturpfaden. Und hier steht tatsächlich ein Redwood-Baum, aus dem ein viereckiges Loch herausgeschnitten wurde, damit Autos durchfahren können. Sowas gibt's nur in Amerika!

Der **Confusion Hill** (www.confusionhill.com; 75001 N Hwy 101; Erw./Kind Gravity House 5/4 US$, Bahnfahrt 8,50/6,50 US$; ⌚Mai–Sept. 9–18 Uhr, Okt.–April 10–17 Uhr; 👪), eine Touristenfalle von 1949, ist ein fortwährendes Kuriosum und einer der witzigsten von den altmodischen Stopps an der Strecke gen Norden. Im Gravity House müssen die Besucher in einem 40°-Winkel ihr Gleichgewicht halten (tolle Fotos). Kids und Kitschliebhaber werden allein schon beim Anblick der Spielhäuser durchdrehen, und eine Fahrt in der Schmalspurbahn macht selbst den Kleinsten Spaß.

Grundnahrungsmittel gibt's im **Price's Peg House** (☎707-925-6444; 69501 Hwy 101; ⌚8–21 Uhr).

Richardson Grove State Park

15 Meilen (24 km) weiter nördlich und vom Eel River durchschnitten, erstreckt sich der ruhige **Richardson Grove State Park**

Southern Redwood Coast

(Hwy 101; 8 US$/Auto) über 566 ha Land mit Primärwald. Viele Bäume sind über 1000 Jahre alt und 90 m hoch, aber es gibt nur wenige Wanderwege. Im Winter kann man hier gut Silber- und Königslachse fangen. Zum Zeitpunkt der Recherche wurde bei CalTrans überlegt, die Straße durch den Richardson Grove zu verbreitern, was aber auf enorme Proteste stieß.

Das **Visitor Center** (☎707-247-3318; ⏲9–14 Uhr) verkauft in einer Lodge aus den 1930er-Jahren Bücher. Bei kaltem Wetter knistert hier oft ein Feuer. Der Park ist hauptsächlich ein **Campingplatz** (☎Reservierung 800-444-7275; www.reserveamerica.com; Stellplatz Zelt & Wohnmobil 35 US$) mit drei separaten Bereichen mit heißen Duschen; einige Plätze sind ganzjährig geöffnet. Der Oak Flat am Ostufer des Flusses ist nur im Sommer geöffnet. Dieser Platz ist schattig und liegt an einem Sandstrand.

Benbow Lake

In der 485 ha großen **Benbow Lake State Recreation Area** (☎Sommer 707-923-3238, Winter 707-923-3318; 8 US$/Auto) am Eel River, 2 Meilen (3,2 km) südlich von Garberville, entsteht von Mitte Juni bis Mitte September infolge eines saisonbedingten Damms der 105 ha große Benbow Lake. Zwei Wochen nach dem Reggae on the River Festival (S. 267) Mitte August sollte man weder im See noch im Fluss baden, denn die ca. 25 000 Besucher benutzen den Fluss als Badewanne. Im Frühsommer ist das Wasser am saubersten. Der **Campingplatz** (☎Reservierung 800-444- 7275; www.reserveamerica.com; Stellplatz Zelt & Wohnmobil 35 US$) am Fluss ist ganzjährig geöffnet, im Winter ist die Brücke wegen Überflutung aber manchmal geschlossen. Dieser Teil des Eel hat ein breites Ufer und eignet sich ausgezeichnet zum Schwimmen und Sonnenbaden. Die Gebühr für die Tagesnutzung kann man umgehen, indem man in der Nähe der Brücke parkt und zum Fluss runterläuft. Laut Aussage eines Rangers kann man sich von hier aus die ganze Strecke durch die Redwood-Haine an der Avenue of the Giants entlang im Wasser treiben lassen.

Benbow Inn (☎707-923-2124, 800-355-3301; www.benbowinn.com; 445 Lake Benbow Dr; Zi. 90–305 US$, Cottage 395–595 US$; ❄📶🏊) Das erste Luxusresort des Redwood Empire ist ein Denkmal für die rustikale Eleganz der 1920er-Jahre und ein National Historic Landmark. Hollywoods Elite feierte früher in der Lobby des Resorts im Tudor-Stil, in der man heute am knisternden Kaminfeuer Schach spielen, nachmittags kostenlosen Tee und abends Häppchen genießen kann. Die Zimmer sind mit erstklassigen Betten und antiken Möbeln eingerichtet.

Im Speisesaal mit seinen unzähligen Fenstern (Frühstück & Mittagessen 10–15 US$, Hauptgerichte abends 22–32 US$) werden ausgezeichnete Gerichte serviert, die Rib-Eye-Steaks ernten stets viel Applaus.

Garberville

Garberville ist das Hauptversorgungszentrum des südlichen Humboldt County und das Tor nach Westen zur Lost Coast und nach Norden zur Avenue of the Giants. Hier treffen Holzfäller der alten Garde auf Hippies, von denen viele in den 1970er-Jahren hierher kamen, um Sinsemilla (starkes, samenloses Marihuana) anzubauen, nachdem sie von der Bundespolizei aus Santa Cruz vertrieben wurden. Laut der letzten Zählung gewinnen die Hippies zwar die Kulturkriege, Ruhe herrscht aber trotzdem nicht. Auf einem Schild an der Tür einer Kneipe steht: „Absolutely NO patchouli oil!!!" 2 Meilen (3,2 km) westlich liegt Garbervilles bunt zusammengewürfelte Schwester Redway. Hier gibt's weniger Serviceeinrichtungen. Garberville liegt ca. vier Autostunden nördlich von San Francisco und eine südlich von Eureka.

Feste & Events

Das **Mateel Community Center** (www.mateel.org) in Redway ist das Zentrum vieler seit Langem alljährlich stattfindender Festivals – von Hanf bis Pantomine wird so ziemlich alles gefeiert.

Reggae on the River/Reggae Rising MUSIK
(www.reggaeontheriver.com) Dieses Festival zieht Mitte Juli mit Reggae, Weltmusik sowie Kunst- und Kunsthandwerksmärkten wahre Menschenmassen hierher. Es wird gecampt und im Fluss geschwommen.

Avenue of the Giants Marathon MARATHON
(www.theave.org) Einer der malerischsten Marathons in den USA findet im Mai statt.

Harley-Davidson Redwood Run MOTORRADTREFFEN
(www.redwoodrun.com) Im Juni treffen sich Hunderte Motorradfahrer mit ihren glitzernden Bikes in den Redwoods.

Schlafen

In Garberville gibt's viele brauchbare, wenn auch wenig reizvolle Hotels. Südlich des Orts lässt der Benbow Inn (S. 266) die Konkurrenz links liegen. Für Leute, die nicht so tief in die Tasche greifen wollen, gibt es zwei recht gute Motels. Das **Sherwood Forest** (☎707-923-2721; www.sherwoodforestmotel.com; 814 Redwood Dr; Zi. 66–84 US$; ❄≋) und das **Humboldt Redwoods Inn** (☎707-923-2451; www.humboldtredwoodsinn.com; 987 Redwood Dr; Zi. 59–95 US$; ❄≋). Man sollte aber vorher anrufen, da die Rezeptionen nur selten besetzt sind.

Essen & Ausgehen

Woodrose Café FRÜHSTÜCK $
(www.woodrosecafe.com; 911 Redwood Dr; Gerichte 7–11 US$; ⊙7–13 Uhr; ✎👪) Garbervilles heiß geliebtes Café serviert in einem gemütlichen Raum Bio-Omeletts, vegetarische Scrambles und Buchweizen-Pfannkuchen mit *echtem* Ahornsirup. Mittags gibt's knackige Salate, Sandwiches mit Biofleisch und gute Burritos. Keine Kreditkarten!

Cecil's New Orleans Bistro CAJUN $$$
(www.cecilsrestaurant.com; 733 Redwood Dr; Hauptgerichte abends 20–26 US$; ⊙Do–Mo 18–22 Uhr) In dem zweistöckigen Lokal mit Blick auf die Main St gibt's anspruchsvolle kalifornische Speisen mit Cajun-Touch. Als Vorspeise sollte man die gebratenen grünen Tomaten nehmen, bevor man sich auf die Wildschwein-Gumbo stürzt.

Mateel Café AMERIKANISCH $$
(3342-3344 Redwood Dr, Redway; Hauptgerichte mittags 8–12 US$, Hauptgerichte abends 20–26 US$; ⊙Mo–Sa 11.30–21 Uhr) Auf der langen, vielfältigen Speisekarte stehen u.a. Lammkarree, Steinofenpizzas und knackige Salate. Hinten gibt's eine nette Veranda.

Chautauqua Natural Foods NATURKOST $
(436 Church St; Sandwiches & Mittagsplatter 5–10 US$; ⊙Mo–Sa 10–18 Uhr) Hier gibt's Bio-Lebensmittel, einen kleinen Essbereich und ein informatives Schwarzes Brett.

Nacho Mama MEXIKANISCH $
(375 Sprowel Creek Rd; Gerichte unter 6 US$; ⊙Mo–Sa 11–19 Uhr) In dem winzigen Lokal in der Sprowel Creek Rd Ecke Redwood Dr kommt mexikanisches Bio-Fast-Food aus der Küche.

Calico's Deli & Pasta ITALIENISCH $
(808 Redwood Dr; Gerichte 6–13 US$; ⊙11–21 Uhr; 👪) Calico's serviert hausgemachte Pasta und Sandwiches. Hier fühlen sich auch Kids wohl.

Branding Iron Saloon BAR $
(744 Redwood Dr) Bier aus einer Kleinbrauerei, nette Einheimische und ein Billard-

tisch. Über die Stripstange mitten in der Kneipe sollte man großzügig hinwegsehen.

Praktische Informationen

Garberville-Redway Area Chamber of Commerce (www.garberville.org; 784 Redwood Dr; ⌚Mai–Aug. 10–16 Uhr, Sept.–April Mo–Fr) Im Redwood Dr Center.

KMUD FM91 (www.kmud.org) Im Lokalradio erfährt man, was wirklich in der Gegend los ist.

Lost Coast

Das großartigste Backpacker-Ziel an der North Coast ist ein schroffer, geheimnisvoller Küstenabschnitt, an dem schmale Sandwege über zerklüftete Gipfel zu vulkanischen Stränden mit schwarzem Sand führen. Über der tosenden Brandung schwebt unwirklicher Dunst und in den Wäldern grasen majestätische Roosevelt-Wapitis. Die Lost Coast beginnt nördlich von Westport, dort wo der Hwy 1 ins Landesinnere führt, und reicht bis nach Ferndale. Und dazwischen, nur 3 Meilen (5 km) von der Küste entfernt, ragt die steile, raue King Range 1220 m in die Höhe. Die Küste ging „verloren", als das kalifornische Highway-System diese Region Anfang des 20. Jhs. links liegen ließ.

Die besten Wander- und Campingmöglichkeiten bieten die King Range National Conservation Area und der Sinkyone Wilderness State Park, die den mittleren und südlichen Abschnitt der Region bilden. Das Gebiet nördlich der King Range ist zugänglicher, dafür aber nicht so spektakulär.

Im Herbst ist es klar, aber kühl. Von April bis Mai blühen Wildblumen, und von Dezember bis April ziehen Grauwale vorbei. Die wärmsten und trockensten Monate sind Juni bis August, aber tagsüber ist es nebelig. Achtung: Das Wetter kann sich hier schnell ändern!

Wandern & Trekken

Am besten erkundet man die Lost Coast zu Fuß. Die besten Wanderwege führen durch die südlichen Gebiete des Sinkyone Wilderness State Park und der Kings Range Wilderness Area. Einige der besten Wege beginnen am Mattole Campground, südlich von dem Ort Petrolia, der am Nordrand der Kings Range liegt. Der Campingplatz ist am ozeanseitigen Ende der Lighthouse Rd zu finden, 4 Meilen (6,5 km) von der Mattole Rd (manchmal als Hwy 211 ausgeschildert), die südöstlich von Petrolia verläuft.

Der **Lost Coast Trail** führt vom Mattole Campground im Norden fast 40 km an der Küste entlang bis zum Black Sands Beach bei Shelter Cove im Süden. Da der Wind vorwiegend aus Norden pustet, wandert man am besten von Norden nach Süden. Für die Strecke sollte man drei oder vier Tage einplanen. Im Oktober und November sowie im April und Mai ist das Wetter launisch und es kann auch schon mal Südwind aufkommen. Je nach Wetterlage zieht dann ein Tiefdruckgebiet über die Region. Hierher sollte man an sonnigen Wochentagen Anfang Juni, Ende August, im September oder Oktober kommen. Der Weg ist bei Wanderern sehr beliebt, vor allem am Memorial Day, Labor Day und an den Wochenenden im Sommer. Es gibt nur zwei Backpacker-Shuttles durch das Gebiet: **Lost Coast Trail Transport Services** (☎707-986-9909; www.lostcoasttrail.com) und den zuverlässigeren **Lost Coast Shuttle** (☎707-223-1547; www.lostcoastshuttle.com). Beide sind teuer: Für die Fahrt von Mattole zum Black Sands Beach muss man mindestens 100 US$ pro Person hinlegen, zwei Fahrgäste sind Minimum.

Zu den Highlights gehören ein verlassener Leuchtturm bei Punta Gorda, alte Schiffswracks, Gezeitenpools und jede Menge wilde Tiere, u. a. Seelöwen, Seehunde und mehr als 300 Vogelarten. Der Weg ist meistens flach, er passiert Strände und felsige Landzungen. Das beliebteste Ziel am Lost Coast Trail ist **Big Flat**. Man sollte immer einen Gezeitenkalender dabei haben, damit man nicht irgendwo festsitzt: Vom Buck Creek zum Miller Creek kommt man nur bei ablaufendem Wasser.

Eine gute **Tageswanderung** beginnt am Mattole Campground und führt 4,8 km in südliche Richtung an der Küste entlang zum Punta Gorda Lighthouse (auf dem Rückweg bläst einem der Wind ins Gesicht).

Viele Leute haben jetzt den Lost Coast Trail entdeckt. Wer den Massen entkommen will, kann einen der (anstrengenden) Wege oberhalb des Strands vor der Kammlinie nehmen. Ein schöner, aber harter, fast 34 km langer Weg zweigt vom Lost Coast Trail ab. Er führt über den Buck Creek Trail, den King Crest Trail und den Rattlesnake Ridge Trail. Der Rundumblick vom **King Peak** ist umwerfend, vor allem bei Vollmond oder wenn Meteore vom Himmel regnen. Achtung: Auf den Bergkämmen kann es höllisch heiß werden, auch wenn es an der Küste kühl und nebelig ist! In puncto

Kleidung ist der Zwiebelschalen-Look angebracht. Eine topografische Karte und ein Kompass dürfen auf der Wanderung auch nicht fehlen, denn Schilder sind eher selten.

Sowohl Wailaki als auch Nadelos bieten **Campingplätze** (Zeltstellplatz 8 US$) mit Toiletten und Wasser. Rund um die Gebirgskette liegen noch vier weitere Campingplätze mit Toiletten, aber ohne Wasser (außer Honeydew, wo es gefiltertes Flusswasser gibt). Außerdem gibt's zahlreiche einfache, nur zu Fuß zu erreichende Stellplätze. Man benötigt einen Bärenkanister und eine Genehmigung fürs Hinterland. Beides ist in den BLM-Büros erhältlich.

Praktische Informationen

Abgesehen von einigen wenigen winzigen Örtchen gibt es nur in Shelter Cove, dem abgelegenen Ort 25 lange Meilen (40 km) westlich von Garberville, ein paar Serviceeinrichtungen. Proviant sollte man sich in Garberville, Fort Bragg, Eureka oder Arcata besorgen. Das Gebiet setzt sich aus Regierungsland und Privatgrundstücken zusammen. Im Bureau of Land Management (S. 282) sind Infos, Genehmigungen und Karten erhältlich. Es gibt ein paar Rundwanderwege. Ranger können über zuverlässige (aber teure) Shuttle-Dienste in der Gegend informieren. Einige warnende Worte: Hier wird Marihuana angebaut. Es ist sicher keine dumme Idee, auf den Wegen zu bleiben und die Schilder mit der Aufschrift „No Trespassing" zu respektieren, es sei denn, man möchte unbedingt jemandem gegenüberstehen, der mit einer Waffe rumfuchtelt. Marihuana-Bauern sind aber nicht die einzige Bedrohung. Es gibt Zecken (Borreliose kommt häufig vor) und Bären. Auf Campingplätzen sind Bärenkanister vorgeschrieben.

SINKYONE WILDERNESS STATE PARK

Dieses 30 km² große Gebiet, das nach den Sinkyone benannt ist, die früher hier lebten, erstreckt sich südlich von Shelter Cove entlang einer unberührten Küste. Der **Lost Coast Trail** führt von hier aus weitere 35 km von Whale Gulch nach Süden zum Usal Beach Campground. Die Wanderung dauert mindestens drei Tage. Der Weg schlängelt sich an hohen Bergkämmen lang und bietet eine tolle Aussicht auf die einsamen Strände und die tosende Brandung (Nebenwege führen hinunter zum Wasser). In der Nähe des nördlichen Parkendes dient die abgelegene **Needle Rock Ranch** (☎707-986-7711; Zeltstellplatz 35 US$) in der es spuken soll als Touristeninformation und einzige Trinkwasserquelle. Hier kann man sich für die umliegenden Campingplätze (25–35 US$) registrieren. Wenn die Ranch geschlossen ist (und das ist sie fast immer) und man Infos benötigt, kann man sich telefonisch an den **Richardson Grove State Park** (☎707-247-3318) wenden.

Um zum Park zu kommen, muss man von Garberville und Redway 21 Meilen (34 km) auf der Briceland-Thorn Rd durch Whitethorn nach Four Corners fahren. Dann links (Richtung Süden) abbiegen und weitere 3,5 Meilen (5,6 km) auf einer sehr holprigen Straße zur Touristeninformation fahren; die Fahrt dauert 1½ Stunden.

Der **Usal Beach Campground** (Zeltstellplatz 25 US$) ist vom Hwy 1 am Südende des Parks zugänglich (reservieren kann man nicht). Nördlich von Westport bei MM 90,88 des Hwy 1 beginnt die ungeteerte County Rd 431 und führt 6 Meilen (9,6 km) die Küste hinauf zum Campingplatz. Die Straße wird jedes Jahr im Spätfrühling planiert und ist im Sommer mit normalen Fahrzeugen passierbar. Die meisten Stellplätze befinden sich bei der Informationstafel am Strand. Unbedingt einen Bärenkanister im Gepäck haben oder Essbares im Kofferraum aufbewahren. Nach riesigen Elchen im hohen Gras Ausschau halten – sie leben hinter den Stellplätzen 1 und 2 – und nach Fischadlern an der Flussmündung.

Nördlich des Campingplatzes wird die Usal Rd (County Rd 431) noch viel holpriger. Sie sollte nur in Angriff genommen werden, wenn man einen hohen Allradwagen und eine Kettensäge im Gepäck hat. Kein Witz!

KING RANGE NATIONAL CONSERVATION AREA

Das 243 km² große, bergige Gebiet erstreckt sich an mehr als 35 Meilen (56 km) unberührter Küste und hat ihre höchste Erhebung am namensgebenden King's Peak (1245 m). Als feuchtester Ort in Kalifornien fallen hier jährlich mehr als 3000 mm – und manchmal sogar fast 6000 mm – Regen, wodurch es oft zu Erdrutschen kommt. Im Winter schneit es auf dem Bergkamm. (Demgegenüber fallen in Shelter Cove auf Meereshöhe nur 1750 mm Regen oder Schnee). Zwei Drittel des Gebiets kann man als Wildnis bezeichnen.

9 Meilen (14,5 km) östlich von Shelter Cove sind im **Bureau of Land Management** (BLM; ☎707-986-5400, 707-825-2300; 768 Shelter Cove Rd; ⌚ Memorial Day–Labor Day Mo–Sa 8–16.30 Uhr, Mai–Sept. Mo–Fr 8–16.30 Uhr) Karten und Wegbeschreibungen für Wanderwege und Campingplätze erhältlich;

außerhalb der Öffnungszeiten sind sie draußen angebracht. Wer Nachtwanderungen unternehmen möchte, benötigt eine Genehmigung fürs Hinterland. Man braucht nicht links in die Briceland-Thorn Rd abzubiegen, um in den „Ort" Whitethorn zu kommen – den gibt es nämlich gar nicht. Whitethorn ist die Bezeichnung des BLM für die Gegend *im Allgemeinen*. Wer zum BLM von Garberville/Redway will, folgt den Schildern nach Shelter Cove, dann 0,25 Meilen (400 m) hinter dem Postamt nach den Hinweisschildern am Straßenrand Ausschau halten. Infos und Genehmigungen gibt's auch beim BLM in Arcata (S. 282).

Die Brandschutzauflagen sind vom 1. Juli bis zu den ersten starken Regenfällen in Kraft, das ist meist im November. In dieser Zeit ist außerhalb von bewirtschafteten Campingplätzen keinerlei Feuer erlaubt.

NÖRDLICH DER KING RANGE

Es ist zwar mit weniger Abenteuer verbunden, aber der nördliche Abschnitt der Lost Coast ist ganzjährig über die asphaltierte, schmale Mattole Rd zu erreichen. Für die 68 Meilen (109 km) lange Fahrt auf der kurvenreichen Straße von Ferndale im Norden bis zum Cape Mendocino sollte man drei Stunden einplanen. Von dort geht's weiter ins Landesinnere zum Humboldt Redwoods State Park und zum Hwy 101. Redwoods sollte man hier nicht erwarten, die Vegetation besteht vielmehr aus Weideland und Wiesen. An einigen Stellen hat man eine schöne Aussicht und im Frühjahr blühen unzählige Wildblumen.

Man kommt an zwei winzigen Siedlungen vorbei, die im 19 Jh. Postkutschenstopps waren. In **Petrolia** gibt's einen **Laden** (☎707-629-3455; ⌚9–17 Uhr), in dem man so gut wie alles bekommt – von Wanderausrüstung über kaltes Bier bis hin zu Benzin, auch Bärenkanister kann man sich hier leihen. In **Honeydew** gibt's ebenfalls einen **Gemischtwarenladen**. Es ist eine schöne Fahrt, aber die wirklich wilde, spektakuläre Landschaft der Lost Coast liegt in den abgelegeneren Gegenden weiter im Süden.

SHELTER COVE

Shelter Cove, die einzige, etwas größere Gemeinde an der Lost Coast, ist von der King Range National Conservation Area umgeben und liegt an einer großen, nach Süden ausgerichteten Bucht. Es ist ein winziger Ort am Meer mit einer Start- und Landebahn in der Mitte – viele Besucher sind in der Tat Privatpiloten. Vor 50 Jahren teilten gewiefte Herren aus Südkalifornien das Land auf, bauten einen Flugplatz, flogen potenzielle Investoren ein und überzeugten sie davon, Grundstücke am Meer zu kaufen – jeder würde ja schließlich irgendwann in Rente gehen. Aber sie erzählten den Käufern nicht, dass eine steile, kurvige, einspurige Schotterstraße die einzige Zufahrt war und dass die Parzellen am Meer bald in Selbigem verschwinden würden.

Heute führt immer noch nur eine Straße hierher, die aber inzwischen asphaltiert ist. Handys funktionieren hier nicht – man kann sich also perfekt verstecken. Der Ort ist nichts Besonderes, man kann kaum etwas unternehmen, außer auf dem grandiosen **Black Sands Beach** meilenweit Richtung Norden wandern.

Schlafen

In Shelter Cove gibt's ein paar einfache Motels und recht ordentliche Gasthäuser. Die Campingplätze sind weit weg, sodass sich dieser Ort als Zwischenstopp anbietet.

LP TIPP **Tides Inn** GASTHAUS $$
(☎707-986-7900, 888-998-4377; www.sheltercovetidesinn.com; 59 Surf Point Rd; Zi. ab 155 US$; 📶👪) Diese Unterkunft oberhalb von Gezeitenpools voller Seesterne und Seeigel ist die beste Wahl in Shelter Cove. Die blitzsauberen Zimmer bieten einen fantastischen Blick (vor allem die Minisuiten im

EINE FAHRT DURCH DIE REDWOODS

Drei ausgehöhlte (aber lebende) Redwood-Bäume warten am Hwy 101 darauf, durchfahren zu werden – ein bizarres Überbleibsel aus alten Zeiten.

Chandelier Drive-Thru Tree Seitenspiegel einklappen und Stück für Stück hindurchfahren, danach geht's in den ultrakitschigen Souvenirshop in Leggett.

Shrine Drive-Thru Tree An der Ave of the Giants in Myers Flat beim Durchfahren zum Himmel aufblicken. Es ist der am wenigsten beeindruckende Baum der drei.

Tour Thru Tree Die Ausfahrt 769 in Klamath nehmen, sich durch den Baum quetschen und einen Emu begutachten.

2. OG). Die Suiten sind perfekt für Familien. Kids werden hier vom Besitzer herzlich mit einem Aktivitäten-Set begrüßt.

Inn of the Lost Coast GASTHAUS $$
(☎707-986-7521, 888-570-9676; www.innofthelostcoast.com; 205 Wave Dr; Zi. 160–250 US$;) Nach umfassenden Renovierungsarbeiten bietet dieses Gasthaus mit dem atemberaubenden Blick aufs Meer jetzt saubere Zimmer mit Kamin. Im Erdgeschoss gibt's Pizzas zum Mitnehmen und Shelter Coves einziges Frühstückslokal, ein Espresso-Stand namens Fish Tanks.

Oceanfront Inn & Lighthouse GASTHAUS $$
(☎707-986-7002; www.sheltercoveoceanfrontinn.com; 10 Seal Court; Zi. 135–165 US$, Suite 195 US$) Die sauberen, modernen Zimmer haben Mikrowelle, Kühlschrank und Balkon mit Blick aufs Meer. Die Deko ist spartanisch – man will ja schließlich nicht von der Sicht ablenken. Wer etwas tiefer in den Geldbeutel greifen will, sollte eine Suite mit Küche nehmen, die besten sind im Obergeschoss. Sie haben eine spitz zulaufende Decke und riesige Fenster.

Shelter Cove RV Park, Campground & Deli CAMPING $
(☎707-986-7474; 492 Machi Rd; Stellplatz Zelt/Wohnmobil 33/43 US$) Die Einrichtungen sind zwar einfach, aber die frische Brise ist unschlagbar und die Fish'n'Chips sind auch gut.

Essen

Das beste Lokal hier ist das **Cove Restaurant** (☎707-986-1197; 10 Seal Court; Hauptgerichte 6–19 US$; ⏲Do–So 17–21 Uhr), wo von vegetarischen Wok-Gerichten bis zu New-York-Steaks so ziemlich alles aus der Küche kommt. Selbstversorger können sich im **Shelter Cove General Store** (☎707-986-7733; 7272 Shelter Cove Rd) 2 Meilen (3,2 km) hinter dem Ort mit Lebensmitteln und Benzin eindecken.

Humboldt Redwoods State Park & Avenue of the Giants

Die zauberhafte Fahrt durch Kaliforniens größten Redwood-Park ist ein Muss. Der **Humboldt Redwoods State Park** (www.humboldtredwoods.org) ist 215 km² groß – davon sind 69 km² Primärwald – und beherbergt einige der weltweit prachtvollsten Bäume. Hier stehen drei Viertel der 100 größten Bäume der Welt. Baumliebhaber aufgepasst: Die Bäume hier stehen in strengem Wettbewerb zu denen im Redwood National Park, der viel weiter nördlich ist. (Es heißt sogar, dass hier die größeren sind.)

Beim Schild „Avenue of the Giants" vom Hwy 101 abfahren und dann der kleineren Straße zur Interstate folgen; die unglaubliche, zweispurige Straße ist 32 Meilen (51 km) lang. Sowohl am Südeingang zur Avenue, 6 Meilen (9,6 km) nördlich von Garberville nahe Phillipsville, als auch am Nordeingang, südlich von Scotia bei Pepperwood, gibt's an Straßenschildern kostenlose Karten; vom Hwy 101 aus gibt's Zufahrten.

Südlich von Weott zeigt ein **Visitor Center** (☎707-946-2263; ⏲Mai–Sept. 9–17 Uhr, Okt.–April 10–16 Uhr) mit freiwilligen Mitarbeitern Videos und verkauft Karten.

3 Meilen (4,8 km) weiter nördlich beherbergt der **California Federation of Women's Clubs Grove** eine interessante vierseitige Feuerstelle aus Naturstein (fast schon ein Gebäude), das 1931 von der bekannten Architektin Julia Morgan aus San Francisco entworfen wurde. Sie wollte mit der Konstruktion und den Inschriften an den vier Seiten „der unberührten Natur des Waldes" gedenken.

Der urzeitliche **Rockefeller Forest**, 4,5 Meilen (7,2 km) westlich der Avenue über die Mattole Rd, sieht noch immer wie vor 100 Jahren aus. Schnell kommt man außer Sichtweite der Autos und fühlt sich tatsächlich in die Zeit der Dinosaurier zurückversetzt. Es ist der älteste zusammenhängende Redwood-Primärwald der Welt und beherbergt etwa 20 % der Gesamtzahl dieser verbliebenen Bäume. Die leicht gefleckten Ringe (einer für jedes Jahr) im Querschnitt einiger der gefällten Riesen sind sehr interessant. Die Baumstämme wurden zurückgelassen, um über die nächsten paar hundert Jahre als Mulch in die Erde zurückzukehren.

Im **Founders Grove** nördlich des Visitor Center wurde der **Dyerville Giant** 1991 von einem anderen fallenden Baum umgehauen. Beim Anblick dieses 113 m langen Riesen mit seinem breiten, aufragenden Stamm begreift man, wie groß diese alten Bäume sind.

Im Park gibt es über 160 km Wander-, Mountainbike- und Reitwege. Zu den einfachen Wanderungen gehören kurze Naturpfade im Founders Grove und im Rockefeller Forest sowie der **Drury-Chaney Loop Trail** (im Sommer kann man hier Beeren pflücken). Der beliebte **Grasshopper Peak Trail** südlich des Visitor Center ist mit seinem Anstieg zum 1030 m hohen Feueraussichtspunkt (von hier hält der *fire looker* nach Waldbränden Ausschau) sehr anspruchsvoll.

Schlafen & Essen

In den Orten an der Avenue gibt's Unterkünfte jeder Preisklasse mit unterschiedlich gastfreundlichen Betreibern. Campen ist im Humboldt Redwoods State Park aber die mit Abstand beste Option.

Humboldt Redwoods State Park Campgrounds CAMPING $

(☎Reservierung 800-444-7275; www.reserveamerica.com; Stellplatz Zelt & Wohnmobil 20–35 US$) Im Park gibt's drei Campingplätze mit warmen Duschen, zwei Umweltcamps, fünf Trail Camps, ein Wander-/Fahrradcamp und ein Reitercamp. Von den ausgebauten Plätzen ist der **Burlington Campground** neben dem Visitor Center in der Nähe der Startpunkte einiger Wanderwege ganzjährig geöffnet. Der **Hidden Springs Campground**, 5 Meilen (8 km) südlich, und der **Albee Creek Campground** an der Mattole Rd hinter dem Rockefeller Forest haben von Mitte Mai bis Anfang Herbst geöffnet.

Miranda Gardens Resort RESORT $$

(☎707-943-3011; www.mirandagardens.com; 6766 Ave of the Giants, Miranda; Cottage mit Küche 165–275 US$, ohne Küche 115–175 US$; 🏊👪🐾) Wenn man nicht campen will, ist dies die beste Option an der Avenue. Die gemütlichen, leicht rustikalen Cottages haben Redwood-Täfelung und einige sogar einen Kamin. Sie sind alle blitzblank. Die Anlage mit Tischtennisplatte im Freien, einem Spielbereich für Kids und im Wind schwankende Redwoods ist genial für Familien.

Riverbend Cellars VERKOSTUNG $$

(www.riverbendcellars.com; 12990 Ave of the Giants, Myers Flat; ⏲11–17 Uhr) Wer es etwas vornehmer mag, ist hier richtig. Der nach Pancho Villa benannte, rote El Centauro ist ein ausgezeichnetes Tröpfchen.

Groves NEU-AMERIKANISCH $$

(13065 Ave of the Giants, Myers Flat; ⏲17–21 Uhr) Dies ist im Umkreis einer Meile das beste Lokal, trotz des distanzierten Personals. Aus der Küche kommen einfache Pizzas aus dem Steinofen, würzige Shrimps und knackige, kunstvoll angerichtete Salate.

Chimney Tree AMERIKANISCH $

(1111 Ave of the Giants, Phillipsville; Burger 7–11 US$; ⏲Mai–Sept. 10–19 Uhr) Wer auf der Durchfahrt ist und Hunger verspürt, sollte hier einen Zwischenstopp einlegen. Die Rinder werden vor Ort gezüchtet und mit saftigem Gras gefüttert. Aber leider kommen die Pommes aus der Tiefkühltruhe, aber diese Burger … mmmh-mmmh!

Scotia

Jahrelang war Scotia Kaliforniens letzte „Company Town", die voll und ganz der Pacific Lumber Company gehörte und von ihr verwaltet wurde. Es wurden einfache Häuser gebaut und langhaarige Sonderlinge, die sich gern zwischen ihre Sägen und die großen, dicken Bäume stellten, wurden schief von der Seite angesehen. Das Unternehmen hat vor Kurzem bankrott gemacht, das Sägewerk wurde an eine andere Redwood-Gesellschaft verkauft und man muss sich nun nicht mehr an den von der Pacific Lumber Company erlassenen „Code of Conduct" halten, aber dennoch herrscht in dem Ort noch immer eine unheimliche *Twilight-Zone*-Stimmung. Einen Einblick in die Geschichte der Stadt bekommt man im **Scotia Museum & Visitor Center** (www.townofscotia.com; Ecke Main St & Bridge St; ⏲Juni–Sept. Mo–Fr 8–16.30 Uhr) am südlichen Ende des Orts. Das **Fisheries Center** (Eintritt frei) im Museum informiert ironisch darüber, dass Abholzung den Lebensraum der Fische zerstört. Auch ist hier das größte Süßwasseraquarium der North Coast zu finden.

In **Rio Dell** (alias „Real Dull") auf der anderen Flussseite gibt's schmuddelige Motels und Lokale. Hier wurde früher ein ausschweifendes Leben geführt: Da Rio Dell nicht zur „Company Town" gehörte, gab es hier Bars und leichte Mädchen. Seit 1969 führt der Freeway an dem Ort vorbei, und so geriet er schnell in Vergessenheit.

Wer auf dem Hwy 101 fährt und einen scheinbar endlosen Redwood-Wald sieht, der muss wissen, dass der „Wald" manchmal nur ein paar Baumreihen – den sogenannten „Schönheitsstreifen" – breit ist, eine Illusion, die extra für Besucher erschaffen wurde. Die meisten alten Bäume sind gefällt worden. Die **Bay Area Coalition for Headwaters Forest** (www.headwaterspreserve.org) trug dazu bei, dass fast 30 km² Land mithilfe von öffentlichen Mitteln erhalten wurden, zuvor waren aber lange Verhandlungen mit der Pacific Lumber Company und Vertretern von Staat und Bund vonnöten.

Ebenfalls am Hwy 101 befindet sich die tolle Brauerei **Eel River Brewing** (www.eelriverbrewing.com; 1777 Alamar Way, Fortuna; ⌚Mo–So 11–23 Uhr) mit luftigem Biergarten, Bio-Bier und ausgezeichneten Burgern.

Ferndale

Ferndale ist der reizendste Ort an der North Coast. Hier reiht sich ein wunderschönes viktorianisches Haus ans andere. Man nennt sie auch „Butterfat Palaces", weil in ihnen das Geld aus der Milchwirtschaft steckt. Es gibt so viele davon, dass der ganze Ort unter Denkmalschutz gestellt wurde. Milchbauern errichteten ihn im 19. Jh. und noch heute hat hier die „Milchmafia" das Sagen: Als Einheimischer gilt man erst, wenn man 40 Jahre lang hier gelebt hat. In der Main St gibt's Galerien, kuriose Läden und Lokale. Und obwohl sich Ferndale auf den Tourismus stützt, konnte es der Ort bis jetzt vermeiden, zur Touristenfalle zu werden – es gibt keine Kettenläden. Ein schönes Fleckchen also, um im Sommer eine Nacht zu bleiben, im Winter ist hier tote Hose.

Sehenswertes & Aktivitäten

800 m über die Bluff St vom Zentrum entfernt liegt der 44,5 ha große **Russ Park**, in dem man zwischen Teichen, Redwood-Hainen und Eukalyptusbäumen durch Wildblumenfelder wandern kann. Der ebenfalls in der Bluff St liegende **Friedhof** ist mit seinen Gräbern aus den 1800er-Jahren und der tollen Aussicht aufs Meer schon etwas Besonderes. 5 Meilen (8 km) die Centerville Rd runter ist der **Centerville Beach**, einer der wenigen Strände im Humboldt County, an denen man Hunde von der Leine lassen darf.

GRATIS **Kinetic Sculpture Museum** MUSEUM, GALERIE
(580 Main St; ⌚Mo–Sa 10–17 Uhr, So 12–16 Uhr; 👪) In dem Lagerhaus stehen fantastische, verblüffend bewegliche Gerätschaften, die beim jährlichen Kinetic Grand Championship des Ortes verwendet werden. Die farbenfrohen, wie Riesenfische und UFOs geformten, fahrbaren Schrottvehikel jagen im Mai über Straßen, Wasser und Sumpfland.

Fern Cottage HISTORISCHES GEBÄUDE
(☎707-786-4835; www.ferncottage.org; Centerville Rd; Gruppenführung 10 US$/Pers.; ⌚nach Vereinbarung) Das Herrenhaus von 1866 im Carpenter-Gothic-Stil hat 32 Zimmer. Hier lebte nur eine Familie, und so ist innen alles noch vollständig erhalten.

Gingerbread Mansion HISTORISCHES GEBÄUDE
(400 Berding St) Dieses Gebäude von 1898 im Queen-Anne/Eastlake-Stil ist das am häufigsten fotografierte Gebäude des Orts. Das ehemalige B&B war zum Zeitpunkt der Recherchen leider geschlossen.

Feste & Events

Dieser kleine Ort hat vor allem im Sommer jede Menge gesellige Veranstaltungen zu bieten. Wer einen Abstecher nach Ferndale plant, sollte vorher die Events unter www.victorianferndale.com abchecken.

Tour of the Unknown Coast FAHRRADRENNEN
(www.tuccycle.org) Eine Herausforderung im Mai. Die Teilnehmer an dem 160 km langen Rennen müssen bis auf fast 3000 m hinauf radeln.

Humboldt County Fair VOLKSFEST
(www.humboldtcountyfair.org) Das älteste Volksfest Kaliforniens findet Mitte August statt.

Schlafen

Shaw House B&B $$
(☎707-786-9958, 800-557-7429; www.shawhouse.com; 703 Main St; Zi. 145–175 US$, Suite 225–275 US$; 📶) Das Shaw House, ein typischer „Butterfat Palace", war das erste feste Gebäude Ferndales. Es wurde 1866 von dem Gründungsvater Seth Shaw fertiggestellt. Jetzt ist es Kaliforniens ältestes B&B. Es steht auf einem ausgedehnten Grundstück. Originaldetails wie bemalte Holzdecken sind noch zu bewundern. Die meisten Zimmer haben Privatzugänge, drei einen eigenen Balkon mit Blick auf den Garten.

Francis Creek Inn MOTEL $
(☎707-786-9611; www.franciscreekinn.com; 577 Main St; Zi. ab 85 US$; 📶) Dieses süße, kleine Innenstadtmotel mit Balkonen mit weißer Balustrade befindet sich in Familienhand (einchecken muss man um die Ecke im Gemischtwarenladen Red Front). Die sauberen, einfachen Zimmer mit spartanischer Ausstattung bieten ein hervorragendes Preis-Leistungs-Verhältnis.

Hotel Ivanhoe HISTORISCHES HOTEL $$
(☎707-786-9000; www.ivanhoe-hotel.com; 315 Main St; Zi. 95–145 US$) Ferndales älteste Unterkunft eröffnete 1875. Es gibt vier mit

Antiquitäten ausgestattete Zimmer und im 1. OG eine Galerie im Old-West-Stil. Perfekt für den Morgenkaffee. Der angrenzende Saloon mit schwarzem Holz und viel Messing ist ein netter Ort für einen Schlummertrunk.

Victorian Inn HISTORISCHES HOTEL **$$**
(☎707-786-4949, 888-589-1808; www.victorianvillageinn.com; 400 Ocean Ave; Zi. 105–225 US$; 📶) Die hellen, sonnigen Zimmer in dem ehrwürdigen, zweistöckigen ehemaligen Bankgebäude von 1890 sind gemütlich mit dicken Teppichen und alten Möbeln eingerichtet. Auch die Bettwäsche kann sich sehen lassen.

Humboldt County Fairgrounds CAMPING **$**
(☎707-786-9511; www.humboldtcountyfair.org; 1250 5th St; Stellplatz Zelt/Wohnmobil 10/20 US$) In Richtung Westen in die Van Ness St abbiegen. Nach ein paar Blocks kommt der Campingplatz mit viel Rasen und Duschen.

Essen

Auf dem **Farmers Market** (400 Ocean Ave; ⌚Mai–Okt. 10.30–14 Uhr) findet man Obst, Gemüse und Milchprodukte aus der Region. Hier gibt's den frischesten Käse weit und breit. In der Main St sind mehrere Cafés, in denen man Essbares bekommt. Wer will, kann aber auch an weiß gedeckten Tischen in den beiden historischen Hotels speisen.

Lotus Asian Bistro & Tea Room PAN-ASIATISCH **$**
(www.lotusasianbistro.com; 619 Main St; Hauptgerichte 7–14 US$; ⌚Sa, So & Di 11.30–21, Mo & Fr 16–21 Uhr) Die Speisekarte dieses ausgezeichneten asiatischen Fusion-Bistros bietet eine willkommene Abwechslung zu Ferndales sonstigen Essensangeboten. Es gibt u.a. in Sherry glasiertes Rindfleisch, knusprige Pfannkuchen mit Frühlingszwiebeln und Entenstückchen sowie Schälchen mit Udon-Nudeln in Ingwerbrühe.

No Brand Burger Stand BURGER **$**
(989 Milton St; Burger 7 US$; ⌚11–17 Uhr) Dieses Minilokal am Ortseingang serviert saftige Jalapeño-Double-Cheeseburger, die man als die besten an der North Coast bezeichnen könnte. Die Shakes, die so dickflüssig sind, dass man Mühe hat, sie durch den Strohhalm in den Mund zu bekommen, sollte man unbedingt probieren.

Poppa Joe's AMERIKANISCH **$**
(409 Main St; Hauptgerichte 5–7 US$; ⌚Mo–Fr 11–20.30, Sa & So 6–12 Uhr) Die Atmosphäre in diesem Diner ist unschlagbar. An den Wänden hängen Tierköpfe, der Fußboden ist gefährlich schief und alte Männer spielen den ganzen Tag Poker. Auch das amerikanische Frühstück ist gut – vor allem die Pancakes.

Sweetness & Light SÜSSIGKEITEN **$**
(554 Main St; Konfekt 2–3 US$) Die klebrigen, hausgemachten „Moo-Bars" sind das absolut Leckerste, was dieser Laden zu bieten hat. Es gibt außerdem gutes Eis und starken Espresso.

Unterhaltung

Ferndale Repertory Theatre THEATER
(☎707-786-5483; www.ferndale-rep.org; 447 Main St) Diese erstklassige Truppe zeigt hervorragendes, zeitgenössisches Theater im historischen Hart Theatre Building.

Shoppen

Blacksmith Shop & Gallery METALLWAREN
(☎707-786-4216; www.ferndaleblacksmith.com; 455 & 491 Main St) Die größte Sammlung von zeitgenössischen Schmiedearbeiten in Amerika. Hier gibt's von schmiedeeiserner Kunst bis zu handgeschmiedeten Möbeln so ziemlich alles.

Abraxas Jewelry & Leather Goods SCHMUCK
(505 Main St) Die vor Ort geschmiedeten Schmuckstücke sind extrem cool und erschwinglich. Das Hinterzimmer ist vollgestopft mit Hüten.

Farmer's Daughter BEKLEIDUNG
(358 Main; ⌚Di–Sa 11–17, So 12–16 Uhr) Die niedliche Western-Boutique gehört tatsächlich der Tochter eines Milchbauern.

Humboldt Bay National Wildlife Refuge

Dieses unberührte **Schutzgebiet** (☎707-733-5406; ⌚Sonnenaufgang–Sonnenuntergang) mit seinen Feuchtgebieten bietet mehr als 200 Vogelarten, die alljährlich den Pacific Flyway bewältigen, einen optimalen Lebensraum. Wenn die Kanadagänse zwischen Herbst und Vorfrühling in Massen hier einfallen, kann man vor dem Visitor Center mehr als 25000 Gänse schnattern hören.

Die Hochsaison für Wasser- und Raubvögel dauert von September bis März, für schwarzbäuchige Ringelgänse und Küstenzugvögel von Mitte März bis Ende April. Möwen, Seeschwalben, Kormorane, Pelikane, Silber- und Fischreiher sind hier ganzjährig anzutreffen. Vor der Küste lassen sich vielleicht auch ein paar Seehunde blicken – Fernglas nicht vergessen. Wenn die South Jetty Rd gerade befahrbar ist, kann man bis zur Mündung der Humboldt Bay hinausfahren, wo sich eine überwältigende Aussicht bietet.

Beim **Visitor Center** (1020 Ranch Rd; ⌚8–17 Uhr) ist eine Karte erhältlich. Am Exit Hookton Rd, 11 Meilen (18 km) südlich von Eureka, vom Hwy 101 abfahren, dann auf der Nebenfahrbahn an der Westseite des Freeway Richtung Norden fahren. Im April findet hier das Festival **Godwit Days** statt.

Eureka

Eine Autostunde nördlich von Garberville am Ufer der riesigen Humboldt Bay, der größten Bucht nördlich von San Francisco, liegt Eureka mit seinem netten historischen Zentrum. In den Vororten reihen sich Einkaufszentren aneinander, und der Ort wirkt etwas unbeholfen, wenn es darum geht, seine Aufgabe als Kreisstadt zu erfüllen. Trotz der vielen Künstler, Schriftsteller, Heiden und Freidenker zeigt sich Eurekas wilde Seite nur ab und zu, z.B. beim **Redwood Coast Dixieland Jazz Festival** (www.redwoodcoastmusicfestivals.org), einem ausgelassenen Fest mit Events in der ganzen Stadt, und bei den Sommerkonzerten auf dem F Street Pier. Sonst geht man hier aber eher früh zu Bett. In der Altstadt gibt's farbenfrohe viktorianische Gebäude, gute Shopping-Möglichkeiten und eine restaurierte Uferpromenade. Nachteulen können sich in Eurekas schräger Schwester Arcata austoben.

Sehenswertes

In der kostenlosen *Eureka Visitors Map*, die in allen Touristeninformationen erhältlich ist, werden Spaziergänge und landschaftlich schöne Fahrten mit den Schwerpunkten Architektur und Geschichte beschrieben. Die **Altstadt**, entlang 2nd St und 3rd St von der C St zur M St, war einst eine heruntergekommene Gegend, wurde aber in eine belebte Fußgängerzone umgewandelt. Die F Street Plaza und der Boardwalk führen am Ende der F St am Ufer entlang. Jeden ersten Samstag im Monat finden in den Galerien Vernissagen statt.

Blue Ox Millworks & Historic Park MÜHLE
(www.blueoxmill.com; Erw./Kind 6–12 Jahre 7,50/3,50 US$; ⌚Mo–Sa 9–16 Uhr; 👪) Eine von nur sieben Mühlen dieser Art in Amerika. Hier wird mit alten Werkzeugen die Verkleidung für reich verzierte viktorianische Gebäude hergestellt. Im Rahmen einstündiger Besichtigungstouren auf eigene Faust können die Besucher die Mühle und historische Gebäude wie eine Schmiedewerkstatt und ein Schlittenlager aus dem 19. Jh. bewundern. Kinder lieben die Ochsen.

Romano Gabriel Wooden Sculpture Garden KUNSTINSTALLATION
(315 2nd St) Die Sammlung skurriler Outsider-Kunst hinter Glas ist das Coolste, das das Stadtzentrum zu bieten hat. 30 Jahre lang verzauberten die Holzgegenstände in Gabriels Vorgarten die Einheimischen. Nach seinem Tod 1977 brachte die Stadt die Sammlung hierher.

Clarke Historical Museum MUSEUM
(www.clarkemuseum.org; 240 E St; Eintritt 1 US$; ⌚Mi–Sa 11–16 Uhr) Das beste historische Gemeindemuseum an diesem Küstenabschnitt zeigt typische Relikte: bestickte Taschentücher und Gemälde von Honoratioren (in diesem Fall von Ulysses Grant, der wegen Trunkenheit seinen Posten im Fort Humboldt verlor). Die Sammlung der kompliziert geflochtenen Körbe der hiesigen Stämme ist schon etwas Besonderes. Ein Blick auf die Tier- und Kriegerszenen im Flechtwerk und man versteht, warum die Pomo sagen, dass „jeder Korb eine Geschichte erzählt".

Carson Mansion HISTORISCHES GEBÄUDE
(134 M St) Von Eurekas schönen viktorianischen Gebäuden ist das kunstvolle Heim des Holzfällerbarons William Carson aus den 1880er-Jahren das bekannteste. Für den Bau brauchten 100 Männer ein ganzes Jahr. Heute ist es ein privater Herrenclub. Das **rosafarbene Haus** gegenüber in 202 M St ist ein viktorianisches Queen-Anne-Gebäude von 1884. Es wurde von demselben Architekten entworfen und war ein Hochzeitsgeschenk für Carsons Sohn.

Sequoia Park PARK
(www.sequoiaparkzoo.net; 3414 W St; Park frei, Zoo Erw./Kind 5,50/3,50 US$; ⌚Zoo Mai–Sept. 10–17 Uhr, Okt.–April Di–So; 👪) Der 31 ha große Redwood-Hain aus Altbestand ist eine überraschend grüne Perle mitten in einem Wohngebiet. Im Park gibt's Rad- und Wanderwege, einen Spielplatz und einen Zoo.

Morris Graves Museum of Art MUSEUM
(www.humboldtarts.org; 636 F St; empfohlene Spende 4 US$; ⌚Do–So 12–17 Uhr) Auf der

anderen Seite des Hwy 101 zeigt das hervorragende Museum in der Carnegie Library von 1904, der ersten öffentlichen Bibliothek des Staates, wechselnde Ausstellungen und Aufführungen von kalifornischen Künstlern.

Discovery Museum MUSEUM
(www.discovery-museum.org; 517 3rd St; Eintritt 4 US$; Di–Sa 10–16, So 12–16 Uhr) Interaktives Museum für Kinder.

Aktivitäten

Harbor Cruise HAFENRUNDFAHRT
(www.humboldtbaymaritimemuseum.com; kommentierte Fahrt 75 Min. Erw./Kind 18/10 US$, Cocktail-Fahrt 1 Std. 10 US$) Auf einer Fahrt an Bord der *Madaket* von 1910, Amerikas ältestem Passagierschiff, das ununterbrochen in Betrieb ist, erfährt man alles über die Geschichte der Humboldt Bay. Das Schiff liegt am Ende der C St und transportierte ursprünglich Mühlenarbeiter und Reisende, bis 1972 die Samoa Bridge gebaut wurde. Die Cocktail-Fahrt (10 US$) bei Sonnenuntergang dient gleichzeitig als kleinste Bar mit Alkohollizenz in Kalifornien.

Hum-Boats Sail, Canoe & Kayak Center BOOTSVERLEIH
(www.humboats.com; Startare Dr; April–Okt. Mo–Fr 9–17, Sa & So 9–18 Uhr, Nov.–März 9–14.30 Uhr) Dieses Zentrum in der Woodley Island Marina verleiht Kajaks und Segelboote und bietet Kurse, geführte Touren, Schiffsfahrten, Segeltörns bei Sonnenuntergang und Paddelausflüge bei Vollmond an.

Schlafen

Am Hwy 101 sind alle Kettenhotels vertreten. Im Hochsommer steigen die Zimmerpreise. Manchmal findet man in Arcata im Norden oder in Fortuna im Süden günstigere Unterkünfte. Es gibt auch eine Handvoll Motels für 60 bis 100 US$ ohne Klimaanlage; man sollte ein Zimmer nehmen, das nicht allzu dicht an der Straße liegt. Die preiswertesten Unterkünfte sind südlich des Zentrums am Stadtrand zu finden.

Hotel Carter & Carter House Victorians HOTEL, B&B $$$
(707-444-8067, 800-404-1390; www.carterhouse.com; 301 L St; Zi. inkl. Frühstück 159–225 US$, Suite inkl. Frühstück 304–385 US$;) Wer ein paar Dollar übrig hat, sollte im Hotel Carter und dem dazugehörigen Victorians übernachten, denn hier wird der Standard für Luxus an der North Coast gesetzt. Es wurde vor Kurzem im viktorianischen Stil erbaut. In den Zimmern gibt's feinste Bettwäsche und allerlei moderne Annehmlichkeiten, in den Suiten Whirlpools und Marmorkamine. Die Eigentümer betreiben auch die Victorians, drei aufwändig dekorierte Häuser: ein einstöckiges Haus von 1900, ein romantisches Cottage für Flitterwöchner und die Nachbildung eines Herrenhauses aus den 1880er-Jahren aus San Francisco, das der Besitzer eigenhändig gebaut hat. Anders als bei anderen Unterkünften lässt sich der Besitzer hier nur auf Verlangen blicken. Das Frühstück können die Gäste entweder im Zimmer oder im elegant schlichten Restaurant genießen.

Eagle House Inn HISTORISCHES GASTHAUS $$
(707-444-3344; www.eaglehouseinn.com; 139 2nd St; Zi. 105–205 US$;) Die 24 Zimmer über einem Jahrhundertwendeballsaal in diesem wuchtigen viktorianischen Hotel eignen sich perfekt zum Versteckspiel. Die Zimmer sind aufwändig, aber mit nicht allzu wertvollen alten Möbeln eingerichtet: geschnitzte Kopfbretter, Teppiche mit Blumenmuster und antike Kleiderschränke. Einige der Zimmer sind auch leicht skurril (wie das mit der knallroten Badewanne, die Teil der Kulisse eines Films für Erwachsene aus den 1980er-Jahren sein könnte). Die coolsten Zimmer sind die Eckzimmer mit Sitzecke im Turm und Blick auf die Straße.

Abigail's Elegant Victorian Mansion B&B $$
(707-444-3144; www.eureka-california.com; 1406 C St; Zi. 145–215 US$) In diesem National Historic Landmark, das im Grunde ein lebendes viktorianisches Museum ist, verwöhnen die reizenden Gastgeber ihre Besucher mit herzlicher Gastfreundschaft.

Daly Inn B&B $$
(707-445-3638, 800-321-9656; www.dalyinn.com; 1125 H St; Zi. mit Bad 170–185 US$, ohne Bad 130 US$) Das fantastisch erhaltene Herrenhaus von 1905 im Colonial-Revival-Stil hat individuell eingerichtete Zimmer mit europäischen und amerikanischen Antiquitäten der Jahrhundertwende. Die Gaststuben sind mit seltenem Holz verkleidet und draußen blühen jahrhundertealte Bäume

Bayview Motel MOTEL $
(707-442-1673, 866-725-6813; www.bayviewmotel.com; 2844 Fairfield St; Zi. 109 US$;) Makellose Zimmer mit dem Standard von Kettenmotels, einige mit Terrasse und Blick auf die Humboldt Bay.

Eureka Inn HISTORISCHES HOTEL $
(☎707-497-6903, 877-552-3985; www.eurekainn.com; Ecke 7th St & F St; Zi. 65–90 US$, Suite 85–130 US$; 📶) Das riesige historische Hotel hat nach langem Dornröschenschlaf einen neuen Besitzer gefunden. Die Zimmer sind nichtssagend, dafür aber preiswert. Das Gebäude als solches ist großartig.

Ship's Inn B&B $$
(☎707-443-7583, 877-443-7583; www.shipsinn.net; 821 D St; Zi. 130–175 US$, Cottage 160 US$; 📶) Die gemütliche, moderne Einrichtung mit nautischem Touch, die netten Gastgeber und das sättigende Frühstück sind der Grund dafür, dass man immer wieder gern in einem der drei Zimmer übernachtet.

Essen

Eureka ist mit zwei tollen Bio-Läden gesegnet: **Eureka Co-op** (Ecke 5th St & L St) und **Eureka Natural Foods** (1626 Broadway). Außerdem gibt's jede Woche noch zwei Farmers Markets, einen an der Ecke **2nd St & F St** (⏲Juni–Okt. Di 10–13 Uhr) und einen im **Henderson Center** (☎Juni–Okt. Do 10–13 Uhr). Die meisten Lokale befinden sich in der Altstadt.

Kyoto JAPANISCH $$
(☎707-443-7777; 320 F St; Sushi 4–6 US$, Hauptgerichte 15–25 US$; ⏲Mi–Sa 17.30–21.30 Uhr) Als die neuen Besitzer das als bestes Sushi-Lokal im Humboldt County geltende Kyoto übernahmen, wurden hohe Erwartungen an sie gestellt. Es ist ihnen gelungen, sowohl die Qualität der Speisen als auch die Atmosphäre in dem kleinen Raum zu halten. Hier kann man gar nicht anders, man muss einfach mit den Nachbarn ins Gespräch kommen – es ist lustig wie eh und je. Die Speisekarte mit Sushi und Sashimi wird mit gegrillten Jakobsmuscheln und Farnspitzensalat abgerundet. Wer Heißhunger auf Sushi hat und gerade in der Gegend ist, sollte vorher telefonisch reservieren.

Hurricane Kate's TAPAS $$
(www.hurricanekates.com; 511 2nd St; Hauptgerichte mittags 9–15 US$, Hauptgerichte abends 16–26 US$; ⏲11–14.30 & 17–21 Uhr; 🍸) Aus der Küche des Lieblingstreffs der einheimischen *bon vivants* kommen gute, vielseitige Gerichte im Tapas-Stil sowie gebratenes Fleisch und hervorragende Holzofenpizzas. Bar mit Alkohollizenz.

Restaurant 301 KALIFORNISCH $$$
(☎707-444-8062; www.carterhouse.com; 301 L St; Frühstück 11 US$, Hauptgerichte abends 20–35 US$, 4-Gänge-Menü 62 US$; ⏲7.30–10 & 18–21 Uhr) Eurekas romantisches, elegantes Top-Restaurant serviert moderne kalifornische Speisen, die aus Produkten aus dem zugehörigen Biogarten (Besichtigung möglich) zubereitet werden. Die Hauptgerichte sind recht teuer, aber das Menü mit festem Preis ist eine gute Möglichkeit, aufs Beste Zubereitetes aus der Region zu probieren. Das Chef's Grand Menu (8 Gänge 92 US$) lohnt sich nur für *wirklich* besondere Anlässe.

Waterfront Café Oyster Bar SEAFOOD $$
(102 F St; Hauptgerichte mittags 8–13 US$, Hauptgerichte abends 13–20 US$; ⏲9–21 Uhr) Mit schönem Blick auf die Bucht kann man hier gedämpfte Venusmuscheln, Fish'n'Chips, Austern und Fischsuppe genießen. Sonntags gibt's Brunch, Jazz und Ramos Fizzes.

La Chapala MEXIKANISCH $
(201 2nd St; Hauptgerichte 6–14 US$; ⏲11–20 Uhr) Das La Chapala ist ein mexikanischer Familienbetrieb und serviert starke Margaritas und hausgemachten Pudding.

Ramone's BÄCKEREI, FEINKOST $
(2223 Harrison St; Hauptgerichte 6–10 US$; ⏲Mo–Sa 7–18, So 8–16 Uhr) Hier gibt's Sandwiches zum Mitnehmen, gute Suppen und Wraps.

Ausgehen

Lost Coast Brewery BRAUEREI
(☎707-445-4480; 617 4th St; 📶) Die Liste der Biere in Eurekas farbenfroher Brauerei reißt echte Biersnobs vielleicht nicht vom Hocker (und kann auch nicht mit einigen anderen an der Küste Schritt halten), aber dennoch gibt's u.a. gutes Downtown Brown Ale, Great White und Lost Coast Pale Ale. Nach ein paar Gläschen sieht dann auch das Kneipenessen aus der Fritteuse lecker aus.

Shanty KNEIPE
(213 2nd St; ⏲23–2 Uhr; 📶) Der coolste Laden in der Stadt ist schäbig, verspricht aber Spaß. Hier können die Gäste Billard, Donkey Kong, Ms Pac Man oder Pingpong spielen und im Hinterhof mit 20 bis 30 Jahre alten Hipstern kicken.

321 Coffee COFFEESHOP
(321 3rd St; ⏲8–21 Uhr; 📶) In dem wohnzimmerartigen Café trinken Studenten Durchdrück-Kaffee und spielen Schach. Es gibt auch gute Suppen.

Shoppen

Eurekas Straßen sind gitterförmig angeordnet: Straßen mit Nummern kreuzen

Straßen mit Buchstaben. Zum Schaufensterbummel geht man am besten zu den Blocks 300, 400 und 500 der 2nd St zwischen D St und G St. In den coolen alten Gebäuden mit den niedrigen Mieten haben sich zahlreiche Indie-Boutiquen niedergelassen.

Shipwreck VINTAGE
(430 3rd St) Neben guten Trödelklamotten – *echt* ausgewaschene Jeans und alte Lederjacken, Schürzenkleider und Hüte aus den 1940er-Jahren – bekommt man hier auch handgefertigten Schmuck und Papierprodukte.

Going Places REISEUTENSILIEN, BÜCHER
(www.goingplacesworld.com; 1328 2nd St) Die Reiseführer, Reiseutensilien und internationalen Waren lassen bestimmt jeden Traveller in Verzückung geraten. Going Places ist einer der drei ausgezeichneten Buchläden in der Altstadt.

☆ Unterhaltung

Morris Graves Museum of Art VERANSTALTUNGSORT
(www.humboldtarts.org; 636 F St; empfohlene Spende 4 US$; ⌚Do–So 12–17 Uhr) Zwischen September und Mai, meistens samstagabends und sonntagnachmittags, finden hier Vorführungen darstellender Künste statt.

Arkley Center for the Performing Arts KUNSTZENTRUM
(www.arkleycenter.com; 412 G St) Heimat von Eureka Symphony und North Coast Dance. Hier werden Musicals und Theaterstücke aufgeführt.

Club Triangle at The Alibi CLUB
(535 5th St) Sonntagabends wird diese Location zum Schwulenclub der North Coast. Infos über Schwulenveranstaltungen gibt's unter www.queerhumboldt.com.

ℹ Praktische Informationen

Eureka Chamber of Commerce (☎707-442-3738, 800-356-6381, www.eurekachamber.com; 2112 Broadway; ⌚Mo–Fr 8.30–17 Uhr) Die Haupttouristeninformation ist am Hwy 101.

Pride Enterprises Tours (☎707-445-2117, 800-400-1849) Der einheimische Historiker Ray Hillman leitet hervorragende Geschichtstouren. Er hat auch eine Lizenz für die Nationalparks.

Six Rivers National Forest Headquarters (☎707-442-1721; 1330 Bayshore Way; ⌚Mo–Fr 8–16.30 Uhr) Karten und Infos.

ℹ Anreise & Unterwegs vor Ort

Der Arcata/Eureka Airport (ACV) ist ein kleiner Flughafen mit teuren Kurzstreckenflügen. Weitere Infos s. S. 282. Die Haltestelle der Greyhound-Busse ist in Arcata (s. S. 282).

Eureka Transit Service (☎707-443-0826; www.eurekatransit.org) betreibt von montags bis samstags Lokalbusse (1,30 US$).

Samoa Peninsula

Grasbewachsene Dünen und windumtoste Strände bedecken die 800 m breite und 11 km lange Samoa Peninsula westlich der Humboldt Bay. Einige Abschnitte sind wirklich spektakulär, besonders die Dünen, die Teil eines 55 km langen Dünensystems sind (das längste in Nordkalifornien). Aber auch Flora und Fauna haben hier einiges zu bieten. Die Küstenstraße (Hwy 255) ist der Schleichweg zwischen Arcata und Eureka.

Am Südzipfel der Halbinsel befindet sich die **Samoa Dunes Recreation Area** (⌚Sonnenaufgang–Sonnenuntergang). Hier kann man gut picknicken und angeln. Jede Menge wilde Tiere und Pflanzen gibt's in den **Mad River Slough & Dunes**; von Arcata aus fährt man den Samoa Blvd 3 Meilen (4,8 km) nach Westen, biegt dann rechts in die Young Ln ein, die Abzweigung nach Manila. Weiter geht's zum Parkplatz des Gemeindezentrums, von wo aus sich ein Weg durch Schlick, Salzmarsche und Priele schlängelt. Hier gibt es über 200 Vogelarten: im Frühling und Herbst Wasserzugvögel, im Frühling und Sommer Singvögel, im Herbst und Winter Küstenvögel und das ganze Jahr über Watvögel.

Die unberührten Dünen erreichen eine Höhe von mehr als 25 m. Der Natur zuliebe ist das Betreten nur im Rahmen geführter Touren erlaubt. Die **Friends of the Dunes** (www.friendsofthedunes.org) bieten kostenlose geführte Spaziergänge an; man muss sich über die Website per E-Mail registrieren. Infos über Zeiten und Ausgangspunkte gibt's ebenfalls online.

Der Ort zum Mittagessen auf der Halbinsel ist das **Samoa Cookhouse** (☎707-442-1659; www.samoacookhouse.net; am Samoa Blvd; Frühstück/Mittagessen/Abendessen 12/13/16 US$; 👪). Es ist die letzte überlebende Küche eines Holzfällercamps im Westen. Hier gibt's All-you-can-eat-Familiengerichte an langen Tischen mit rot karierten Tischdecken. Für Kinder zahlt man die Hälfte. Das Cookhouse liegt fünf Minuten nordwestlich von Eureka auf der anderen Seite der Samoa Bridge; den Schildern folgen. Von Arcata den Samoa Blvd (Hwy 255) nehmen.

Arcata

Arcata, die progressivste Stadt an der North Coast, wurde um einen hübschen Platz herum gebaut, an dem sich Studenten, Camper, Durchreisende und Touristen treffen. Klar, hier duftet es gelegentlich nach Patschuli, und in puncto Politik ist man hier extrem links (2003 stimmte der Stadtrat nicht nur gegen den USA Patriot Act, er erklärte auch jede freiwillige Einhaltung davon als gegen das Gesetz; 2006 führte er einen Zusammenschluss von Städten an, um den konservativen Präsidenten George W. Bush wegen Amtsvergehen anzuklagen). Das ernsthafte Bemühen um Nachhaltigkeit war für ganz Amerika ein Vorbild und hatte einige der progressivsten Bürgerbewegungen des Landes zur Folge. Hier fahren Müllaster mit Biodiesel, recyclebarer Abfall wird mit Tandemrädern abgeholt, Abwasser wird im Marschland gefiltert und fast jede Straße hat einen Radweg.

Arcata wurde 1850 als Basis für die Holzfällercamps gegründet. Heute ist die Stadt Anziehungspunkt für Menschen um die 20, die nach einem Ort suchen, an dem sie ihr Denken und ihren Intellekt erweitern können: entweder an der Humboldt State University (HSU) und/oder mit starkem Marihuana, das hier wie – na sagen wir mal – Gras wächst und gedeiht. Nachdem Marihuana 1996 durch die Annahme eines State Proposition für den medizinischen Gebrauch legalisiert wurde, wurde Arcata – wie es in einem Artikel des *New Yorker* so schön heißt – das „Zentrum erstklassigen Marihuanas". Die Wirtschaft der Region hängt seit dieser Zeit erbarmungslos von der Marihuana-Ernte ab.

Die Straßen sind gitterförmig angelegt: Straßen mit Zahlen führen von Ost nach West und Straßen mit Buchstaben von Nord nach Süd. Die G St und die H St führen nach Norden bzw. nach Süden zur HSU und zum Hwy 101. Die Plaza wird von der G St und der H St sowie von der 8th St und der 9th St begrenzt.

Sehenswertes

An der **Arcata Plaza** stehen zwei National Historic Landmarks: **Jacoby's Storehouse** (Ecke H St & 8th St) von 1857 und das **Hotel Arcata** (Ecke G St & 9th St) von 1915. Ein weiteres historisches Gebäude ist das **Minor Theatre** (1013 10th St) von 1914, von dem einheimische Historiker behaupten, es sei das älteste Haus der USA, das speziell für Filmvorführungen gebaut wurde.

Humboldt State University UNIVERSITÄT
(HSU; www.humboldt.edu) Die Universität am Nordostrand der Stadt beherbergt das Campus Center for Appropriate Technology (CCAT), das in der Entwicklung nachhaltiger Technologien weltweit führend ist; freitags um 14 Uhr kann man das **CCAT House**, ein umgebautes Wohnhaus, das lediglich 4 % der Energie eines vergleichbaren Wohngebäudes verbraucht, auf eigene Faust erkunden.

Arcata Marsh & Wildlife Sanctuary NATURSCHUTZGEBIET
Dieses Naturschutzgebiet an der Küste der Humboldt Bay bietet 8 km an Wanderwegen und hervorragende Möglichkeiten zum Vögel beobachten. Die **Redwood Region Audubon Society** (www.rras.org; Spende erwartet) bietet samstags um 8.30 Uhr bei jedem Wetter geführte Touren vom Parkplatz am Südende der I St an. Die Friends of Arcata Marsh organisieren samstags um 14 Uhr geführte Touren vom **Arcata Marsh Interpretive Center** (☎707-826-2359; 569 South G St; kostenlose Touren; ☎9–17 Uhr).

Aktivitäten

LP TIPP **Finnish Country Sauna & Tubs** WHIRLPOOLS, SAUNA
(☎707-822-2228, www.cafemokkaarcata.com; Ecke 5th St & J St; ⌚So–Do 12–23, Fr & Sa 12–1 Uhr) Es ist wie ein schöner unkonventioneller Traum mit europäischem Touch. Die privaten Open-Air-Redwood-Whirlpools (30/60 Min. 9/17 US$) und die Sauna sind rund um einen kleinen Froschteich angeordnet. Sie sind perfekt für die müden Knochen der Wanderer und Traveller, die auf dem Hwy 101 unterwegs sind. Die Preise sind angemessen, das Personal ist unkompliziert und die Einrichtungen sind einfach und sauber. Vor allem an den Wochenenden muss man reservieren.

HSU Center Activities OUTDOORAKTIVITÄTEN
(www.humboldt.edu/centeractivities) Das Büro im 1. OG des University Center neben dem Uhrenturm des Campus veranstaltet unzählige Workshops und Ausflüge und verleiht Sportausrüstungen. Auch Nicht-Studenten sind willkommen.

Arcata Community Pool SCHWIMMEN
(ww.arcatapool.com; 1150 16th St; Erw./Kind 7/5,25 US$; ⌚Mo–Fr 5.30–21, Sa 9–18, So 13–16 Uhr; 👪) Hier gibt's Whirlpool, Sauna und Fitnessraum (gemischtgeschlechtlich).

Adventure's Edge OUTDOOR-AUSRÜSTUNG
(www.adventuresedge.com; 650 10th St; ⌚Mo–Sa 9–18, So 10–17 Uhr) Verleiht, verkauft und repariert Outdoor-Ausrüstungen.

Feste & Events

Kinetic Grand Championship RENNEN
(www.kineticgrandchampionship.com) Arcatas berühmtestes Event findet am Memorial-Day-Wochenende statt. Menschen fahren in erstaunlichen, von ihrer eigenen Körperkraft angetriebenen Vehikeln die 38 Meilen (61 km) lange Strecke von Arcata nach Ferndale.

Arcata Bay Oyster Festival ESSEN
(www.oysterfestival.net) Das magische Fest mit vielen Austern und viel Bier findet im Juni statt.

North Country Fair VOLKSFEST
(www.sameoldpeopl.org) Auf dem lustigen Volksfest im September treten Bands wie The Fickle Hillbillies auf.

Schlafen

In Arcata gibt's erschwingliche, aber nicht allzu viele Unterkünfte. Mehrere Hotels (Comfort Inn, Hampton Inn, etc.) stehen direkt nördlich des Orts in der Giuntoli Lane beim Hwy 101. Am Clam Beach (S. 283) weiter im Norden gibt's preiswerte Campingmöglichkeiten.

Hotel Arcata HISTORISCHES HOTEL $$
(☎707-826-0217, 800-344-1221; www.hotelarcata.com; 708 9th St; Zi. 96–156 US$; 📶) Das 1915 errichtete, renovierte Wahrzeichen aus Ziegelsteinen befindet sich direkt an der Plaza und hat freundliches Personal, hohe Decken und gemütliche, altmodische Zimmer unterschiedlicher Qualität. Die Zimmer nach vorn hinaus sind eine ausgezeichnete Wahl für alle, die gern die Passanten auf der Plaza beobachten. Ruhiger sind aber die Zimmer, die nach hinten raus gehen.

Lady Anne Inn B&B $$
(☎707-822-2797; www.ladyanneinn.com; 902 14th St; Zi. 125–140 US$) Rosen säumen den Fußweg zu diesem Herrenhaus von 1888, das mit viktorianischem Schnickschnack vollgestellt ist. Die Zimmer sind schnuckelig, aber es gibt kein Frühstück.

Arcata Stay FERIENWOHNUNGEN $$
(☎707-822-0935, 877-822-0935; www.arcatastay.com; Apt. ab 165 US$) Zahlreiche ausgezeichnete Apartments und Cottages. Mindestaufenthalt zwei Nächte.

Fairwinds Motel MOTEL $
(☎707-822-4824; www.fairwindsmotelarcata.com; 1674 G St; EZ 70–75 US$, DZ 80–90 US$; 📶) Die Zimmer in diesem Standardmotel sind in Ordnung, es ist aber der Lärm vom Hwy 101 zu hören.

Essen

In den überwiegend zwanglosen Restaurants in Arcata gibt's jede Menge gutes Essen. Auf der **Arcata Plaza** (⌚April–Nov. Sa 9–14 Uhr) und auf dem Parkplatz des **Wildberries Market** (⌚Juni–Okt. Di 15.30–6.30 Uhr) sind fantastische **Farmers Markets** zu finden. Aber auch sonst gibt's im **Wildberries Marketplace** (www.wildberries.com; 747 13th St; ⌚7–23 Uhr) einen Feinkoststand und eine große Auswahl an Bioprodukten. Im gigantischen **North Coast Co-op** (Ecke 8th St & I St; ⌚6–21 Uhr) bekommt man Naturkost, zudem trifft sich hier die halbe Stadt, vor allem am Kiosk davor. In der G St, ein paar Blocks nördlich der Innenstadt, gibt's einige der besten Restaurants von Arcata.

Folie Douce NEU-AMERIKANISCH $$$
(☎707-822-1042; www.holyfolie.com; 1551 G St; Hauptgerichte abends 27–36 US$; ⌚Di–Do 17.30–21, Fr–Sa 17.30–22 Uhr; 🍷) Winziger Laden mit Wahnsinnsruf. Auf der kurzen

DIE GELDDRUCKMASCHINE: HUMBOLDT-GRAS

» Geschätzter Anteil der (18- bis 65-jährigen) Einwohner des Humboldt County, die teilweise mit dem Marihuana-Anbau zu tun haben: 50 %

» Geschätzter Großhandelspreis von einem Pfund „Humboldt Kush": 3000 US$

» Anzahl der Pflanzen, die gemäß Proposition 215 pro Inhaber einer Genehmigung erlaubt sind: 99

» Von einer ertragsstarken Pflanze produzierte Menge: 1 Pfund

» Geschätzte Produktionskosten pro Unze (28 g): 100–180 US$

» Geschätzter Straßenverkaufswert pro Unze: 300–600 US$

aber einfallsreichen Speisekarte steht saisonbedingt inspiriertes Bistro-Essen, von asiatisch bis mediterran, mit Schwerpunkt auf heimischen Bioprodukten. Die Holzofenpizzas (14–19 US$) sind legendär, genau wie der Sonntagsbrunch. Reservierung erforderlich.

Jambalaya LATEINAMERIKANISCH, FUSION $$
(915 H St; Hauptgerichte mittags 7–9 US$, abends 15–20 US$; ⏰Mo–Di & Do–Fr 17–2, Mi 21–2, Sa–So 10–2 Uhr) Das Jambalaya ist wahrscheinlich das quirligste Restaurant. Hier kommt ein Mischmasch aus karibisch beeinflussten Speisen aus der Küche – mittags kubanische Sandwiches, abends Wildlachs und (natürlich) Jambalaya. Auch die Getränkekarte kann sich sehen lassen: frische Obstcocktails und viele Biersorten. Und als ob all das nicht reichen würde, wird hier auch noch die beste Livemusik in Arcata geboten.

3 Foods Cafe FUSION $$
(www.cafeattheendoftheuniverse.com; 835 J St; Brunch 8–14 US$, Hauptgerichte abends 10–30 US$; ⏰Di–Do 5.30–22, Fr & Sa 5.30–23, So 5.30–21 Uhr; 🌿) Perfekt für Gourmets: ungewohnte, kreative Fusionküche (z.B. koreanisches Rindfleisch in scharfer Chilisauce) zu annehmbaren Preisen (manchmal gibt's sogar ein Menü für 20 US$). Die mit Lavendel verfeinerten Cocktails sind ein wunderbarer Aperitif. Der Cheeseburger ist der Renner.

Wildflower Cafe & Bakery CAFÉ $$
(☎707-822-0360; 1604 G St; Frühstück & Mittagessen 5–8 US$, Hauptgerichte abends 15–16 US$; ☎So–Mi 8–20 Uhr; 🌿) Genau das Richtige für Vegetarier. In dem winzigen Ladencafé werden fabelhafte Frittatas, Pancakes und Currys sowie große, knackige Salate serviert.

Japhy's Soup & Noodles NUDELN $
(1563 G St; Hauptgerichte 5–8 US$; ⏰Mo–Fr 11.30–20 Uhr) Riesige Salate, leckeres Kokoscurry, kalte Nudelsalate und hausgemachte Suppen. Hier ist alles preiswert!

Stars Hamburgers BURGER $
(1535 G St; Burger 3–5 US$; ⏰Mo–Do 11–20, Fr 11–21, Sa 11–19, So 12–18 Uhr; 👪) Fantastische Burger aus Fleisch von mit Gras gefütterten Rindern.

Don's Donuts FAST FOOD $
(933 HSt; Donuts 0,80–1,35 US$, Sandwiches ab 6 US$; ☎24 Std.) Wie wär's mit einem südostasiatischen Sandwich?

Ausgehen

Kneipen und Cocktailbars säumen die Nordseite der Plaza. Und mit Cafés ist Arcata förmlich überflutet.

LP TIPP **Six Rivers Brewery** BRAUEREIKNEIPE
(www.sixriversbrewery.com; 1300 Central Ave, McKinleyville; Hauptgerichte 11–18 US$; ⏰Di–So 11.30–24, Mo ab 16 Uhr) Eine der ersten Brauereien Kaliforniens, die sich in Frauenhand befindet. Die „Brauerei mit Weitsicht" schenkt großartiges Bier aus, in der Kneipe herrscht eine gesellige Stimmung – manchmal gibt's Livemusik und köstlich scharfe Chicken Wings. Das würzige Chilli-Pfeffer-Ale ist umwerfend. Auf den ersten Blick erscheint die Speisekarte etwas langweilig, aber der Heilbutt in Bierteig ist himmlisch. Die frischen Salate kommen in riesigen Portionen daher. Es gibt auch eine verdammt gute Pizza.

Humboldt Brews BAR
(www.humbrews.com; 856 10th St; Kneipenessen 5–10 US$) Die beliebte Bierkneipe wurde elegant renoviert und bietet viele, sorgfältig ausgewählte Biere vom Fass, Fischtacos und Buffalo Wings. Jeden Abend Livemusik.

Cafe Mokka COFFEESHOP
(www.cafemokkaarcata.com; Ecke 5th St & J St; Snacks 4 US$) In diesem Café in der Finnish Country Sauna & Tubs (S. 279) treffen sich unkonventionelle Menschen zu Kaffee und Kuchen in netter, altmodischer Atmosphäre.

Unterhaltung

Arcata Theatre KINO
(www.arcatatheater.com; 1036 G St) Der exquisite Umbau hat diesem klassischen Kino neues Leben eingehaucht. Hier werden Kunstfilme, Dokumentationen, Stummfilme und vieles mehr gezeigt. Und außerdem gibt's hier sogar Bier.

Center Arts KUNSTZENTRUM
(☎Tickets 707-826-3928; www.humboldt.edu/centerarts/) Es ist erstaunlich, wer hier im Campus alles auftritt: von Diana Krall und Dave Brubeck bis Lou Reed und Ani Difranco. Tickets bekommt man im University Ticket Office im HSY Bookstore im 2. OG des University Center.

Praktische Informationen

Arcata Eye (www.arcataeye.com) Kostenlose Zeitung mit Veranstaltungskalender. Die Kolumne „Police Log" ist urkomisch.

Bureau of Land Management (BLM; ☎707-825-2300; 1695 Heindon Rd) Infos über die Lost Coast.

California Welcome Center (☎707-822-3619; www.arcatachamber.com; 1635 Heindon Rd; ⏲9–17 Uhr) 2 Meilen (3,2 km) nördlich der Stadt an der Giuntoli Lane an der Westseite des Hwy 101. Das Zentrum wird von der Arcata Chamber of Commerce betrieben und informiert über die Region und ganz Kalifornien. Hier ist auch der kostenlose *Official Map Guide to Arcata erhältlich.*

Tin Can Mailman (www.tincanbooks.com; 1000 H St) Gebrauchte und seltene Bücher auf zwei Etagen.

Anreise & Unterwegs vor Ort

Horizon Air (www.alaskaair.com) und **United** (www.united.com) fliegen den Arcata/Eureka Airport an. Wie nicht anders zu erwarten, sind die Flüge teuer.

Greyhound (www.greyhound.com) verkehrt zwischen Arcata und San Francisco (53 US$, 7 Std.). **Redwood Transit Buses** (www.hta.org) fahren täglich außer sonntags über die Trinidad-Scotia-Strecke von Arcata nach Eureka (2,50 US$, 2½ Std.).

Arcatas Stadtbusse (☎707-822-3775; ⏲Mo–Sa) halten am **Arcata Transit Center** (☎707-825-8934; 925 E St an der 9th St). Wer eine Mitfahrgelegenheit sucht, wird vielleicht am Schwarzen Brett im North Coast Co-op (S. 280) fündig.

Revolution Bicycle (www.revolutionbicycle.com; 1360 G St) und **Life Cycle Bike Shop** (www.lifecyclearcata.com; 1593 G St; ⏲Mo–Sa) verleihen, reparieren und verkaufen Fahrräder.

Nur in Arcata: Bei **Library Bike** (www.arcata.com/greenbikes; 865 8th St) ein Fahrrad leihen, 20 US$ Kaution zahlen und die ganze Summe bei Rückgabe des Fahrrads wiederbekommen – bis zu sechs Monate später! Die Drahtesel sind klapprig, aber sie fahren.

Obwohl Trampen hier nicht üblich ist und Sicherheitsbedenken ernst genommen werden sollten, so ist Trampen doch nirgendwo so leicht wie hier bei all den Hippies und Marihuana-Bauern jeden Alters.

NÖRDLICHE REDWOOD COAST

Herzlichen Glückwunsch – jetzt ist man wirklich mitten im Nirgendwo oder zumindest an der Spitze von Mitten im Nirgendwo. Hier sind die Bäume so groß, dass die winzigen Dörfer noch winziger erscheinen. Die Landschaft ist einzigartig: Klippen und Felsen, Indianerland, legendäre Lachswanderungen, Mammutbäume, Dörfer mit echten Landeiern und Ruheständlern in Wohnmobilen. Diese Gegend ist bestimmt der *urigste* Abschnitt der kalifornischen Küste. Man sollte sich Zeit nehmen und ausgiebig in der unvergesslichen Pracht herumstreifen. Es gibt zwar viele Motels aus den 1950er-Jahren, aber hier sollte man unbedingt auch mal im Freien übernachten.

Trinidad

Das fröhliche Trinidad schmiegt sich hübsch ans Meeresufer. Trotz seiner vornehmen Häuser herrscht hier eine lockere Surfer-Atmosphäre. Obwohl der Tourismus die bislang von der Fischerei geprägte Wirtschaft ins Rollen bringt, kommt man sich hier etwas abseits vom Geschehen vor.

Trinidad kam zu seinem Namen, als spanische Seefahrerkapitäne an Trinitas (am ersten Sonntag nach Pfingsten) 1775 hier ankamen und die Gegend La Santisima Trinidad (die Heilige Dreifaltigkeit) nannten. Doch erst als das Gebiet in den 1850er-Jahren ein wichtiger Hafen für Minenarbeiter wurde, florierte die Stadt.

Sehenswertes & Aktivitäten

Trinidad ist klein: Man kommt vom Hwy 101 oder aus dem Norden über den Patrick's Point Dr (der weiter südlich zum Scenic Dr wird) hierher. In die Stadt geht's über die Main St.

Die kostenlose Stadtkarte am Informationskiosk zeigt einige fantastische Wanderwege, vor allem den **Trinidad Head Trail** mit erstklassigen Aussichten auf die Küste; er eignet sich perfekt zum Wale beobachten (Dez.–April). Am **Trinidad State Beach** gibt's eine außergewöhnlich schöne Bucht zum Spazierengehen; die Main St nehmen und sich bei der Stagecoach Rd rechts halten, dann an der zweiten Abzweigung links auf den kleinen Parkplatz fahren (die erste führt zu einem Picknickplatz).

Der Scenic Dr windet sich an Steilküsten entlang, vorbei an winzigen Buchten mit Ausblicken zurück zur Bucht. Er läuft aus, bevor er den weiten **Luffenholtz Beach** (über die Treppe zugänglich) und den ruhigen, weißsandigen **Moonstone Beach** erreicht. Bei 6th Ave/Westhaven vom Hwy 101 abfahren, um hierher zu gelangen. Weiter südlich wird der Moonstone Beach zum **Clam Beach County Park**.

Surfen ist das ganze Jahr über möglich, aber eventuell gefährlich: Wer die Bedingungen nicht einschätzen kann und nicht zu 100 % sicher auf dem Brett ist – es gibt hier keine Rettungsschwimmer –, der surft besser beim bewachten Crescent City Beach.

GRATIS **HSU Telonicher Marine Laboratory** SCIENCE CENTER
(☎707-826-3671; www.humboldt.edu/marinelab; Ewing St; ⊙Sept.–Mitte Mai Mo–Fr 9–16.30, Sa 12–16 Uhr; 👪) Dieses Zentrum nahe der Edwards St hat ein Anfassbecken, mehrere Aquarien (nach der riesigen Pazifikkrake Ausschau halten), einen gigantischen Walkiefer und eine tolle, dreidimensionale Karte des Meeresbodens. Man kann auch einen Naturforscher auf Expeditionen zu Gezeitenpools begleiten (90 Min., 3 US$); vorher telefonisch die Bedingungen erfragen.

Schlafen

Viele Gasthäuser reihen sich am Patrick's Point Dr nördlich der Stadt aneinander. **Trinidad Retreats** (www.trinidadretreats.com) und **Redwood Coast Vacation Rentals** (www.enjoytrinidad.com) verwalten Mietwohnungen und -häuser vor Ort.

LP TIPP **Trinidad Bay B&B** B&B $$$
(☎707-677-0840; www.trinidadbaybnb.com; 560 Edwards St; Zi. inkl. Frühstück ab 200 US$; 📶) Das traumhafte, lichtdurchflutete Haus im Cape-Cod-Stil gegenüber vom Leuchtturm überblickt den Hafen und Trinidad Head. Das Frühstück wird in den einzigartig eingerichteten Zimmern serviert. Nachmittags zieht der Duft frisch gebackener Kekse durchs Haus. In jedem Zimmer befindet sich ein iPad mit unzähligen Apps, die über Veranstaltungen und Aktivitäten informieren.

Clam Beach CAMPING $
(Stellplatz Zelt 10 US$/Auto) Der ausgezeichnete Campingplatz südlich der Stadt am Hwy 101 ist manchmal sehr voll. Hier kann man in den Dünen zelten (nach natürlichem Windschutz Ausschau halten). Zu den Einrichtungen gehören Plumpsklos, kaltes Wasser, Picknicktische und Feuerstellen.

View Crest Lodge LODGE $$
(☎707-677-3393; www.viewcrestlodge.com; 3415 Patrick's Point Dr; Stellplatz 32 US$, 1-Zi.-Cottage 95–170 US$; 📶) Auf einem Hügel über dem Ozean im Landesinneren stehen einige gut geführte, moderne Cottages mit schöner Aussicht und Whirlpool; die meisten haben

eine Küche. Auf dem Gelände befindet sich auch ein guter Campingplatz.

Trinidad Inn GASTHAUS $
(☎707-677-3349; www.trinidadinn.com; 1170 Patrick's Point Dr; Zi. 75–115 US$; 📶) Blitzsaubere und schön eingerichtete Zimmer (viele mit Küche) in einem vornehmen Motel mit grauen Schindeln unter großen Bäumen.

Bishop Pine Lodge LODGE $$
(☎707-677-3314; www.bishoppinelodge.com; 1481 Patrick's Point Dr; Cottage mit/ohne Küche ab 150/110 US$; 🐾) Hier kommt man sich vor wie in einem Sommercamp: freistehende Redwood-Cottages auf einer Wiese. Hölzerner Charme und Möbel in ungewolltem Retro-Stil warten auf die Gäste.

Lost Whale Inn B&B $$$
(☎707-677-3425; www.lostwhaleinn.com; 3452 Patrick's Point Dr; Zi. inkl. Frühstück 200–285 US$, Suite inkl. Frühstück 375 US$; 📶👪) Das geräumige, moderne, lichtdurchflutete B&B steht auf einer grasbewachsenen Klippe hoch über den donnernden Wellen und brüllenden Seelöwen und bietet einen atemberaubenden Blick aufs Meer. In dem hübschen Garten steht ein Whirlpool, der rund um die Uhr benutzt werden kann.

✕ Essen & Ausgehen

LP TIPP **Larrupin Cafe** KALIFORNISCH $$$
(☎707-677-0230; www.larrupin.com; 1658 Patrick's Point Dr; Hauptgerichte 20–30 US$; ⏲Do–Di 17–21 Uhr) Jeder liebt das Larrupin, wo marokkanische Teppiche, schokoladenbraune Wände, der Schwerkraft trotzende Blumenarrangements und burgunderrote Orientteppiche eine stimmungsvolle Atmosphäre schaffen – perfekt für ein romantisches Stelldichein. Auf der Karte stehen durchweg gute, über Mesquite gegrillte Meeresfrüchte und Fleischgerichte. Im Sommer am besten einen Tisch auf der Gartenterrasse reservieren. Keine Kreditkarten.

Kahish's Catch Café FAST FOOD $
(☎707-677-0390; 355 Main St; Hauptgerichte 6–9 US$; ⏲Di–So 11–19 Uhr; 👪) Dieses witzige Lokal gegenüber der Chevron-Tankstelle bereitet gutes Fast Food meist aus Bio-Produkten – kleine Pizzas, Burger aus Fleisch von mit Gras gefütterten Rindern, brauner Reis, Gemüse. Man bestellt sein Essen am Tresen und kann es dann im Freien verputzen.

Moonstone Grill SEAFOOD $$$
(Moonstone Beach; Hauptgerichte 20–32 US$; ⏲Mi–So 17.30–20.30 Uhr) Leckereien wie Austern, wilder Königslachs oder würzige Rib-Eye-Steaks können bei einem atemberaubenden Sonnenuntergang über dem malerischen Strand genossen werden. Wer nicht so tief in die Tasche greifen will, kann auch nur ein Gläschen Wein ordern.

Katy's Smokehouse & Fishmarket SEAFOOD $
(www.katyssmokehouse.com; 740 Edwards St; ⏲9–18 Uhr) Stellt eigenen chemikalienfreien Räucherfisch und Fischkonserven aus geangeltem Fisch von Sushi-Qualität her.

Beachcomber Café CAFÉ $
(☎707-677-0106; 363 Trinity St; ⏲Mo–Fr 7–16, Sa & So 9–16 Uhr) Beim Genuss der leckeren selbstgebackenen Kekse kommt man leicht mit Einheimischen ins Gespräch. Freitags Livemusik.

ℹ Praktische Informationen

Beachcomber Cafe (☎707-677-0106; 363 Trinity St; 5 US$/Std.; ⏲ Mo–Do 7–16, Fr 7–21, Sa & So 9–16 Uhr) Internetzugang.

Informationskiosk (Ecke Patrick's Point Dr & Main St) Direkt westlich der Schnellstraße. In der Broschüre *Discover Trinidad* gibt's eine ausgezeichnete Karte.

Trinidad Chamber of Commerce (☎707-667-1610; www.trinidadcalif.com) Nur Infos im Internet, keine Touristeninformation.

Patrick's Point State Park

Im 2,5 km² großen **Patrick's Point State Park** (☎707-677-3570; 4150 Patrick's Point Dr; Tagesgebühr 8 US$; 👪) ragen die steilen Klippen hinaus ins Meer. Hier grenzen Sandstrände an felsige Landzungen. Der Park liegt 5 Meilen (8 km) nördlich von Trinidad, und da die spektakulären Steilküsten supereinfach zu erreichen sind, eignet er sich bestens für Familien. In diesem gepflegten Park kann man auf Spaziergängen die wunderschöne Aussicht genießen, auf gigantische Felsformationen klettern, auftauchende Wale bewundern, in Gezeitenbecken starren oder den brüllenden Seehunden und singenden Vögeln lauschen.

Sumêg ist die authentische Nachbildung eines Yurok-Dorfs mit Gebäuden aus handgefällten Redwood-Bäumen, in denen sich die amerikanischen Ureinwohner zu traditionellen Zeremonien treffen. Im Garten wachsen einheimische Pflanzen, die für die Herstellung von traditionellen Körben und Medizin verwendet werden.

Am **Agate Beach** finden sich verirrte Jadestückchen und vom Meer geschliffene Achate. Den Schildern zu den Gezeitenbecken folgen, aber vorsichtig auftreten und die Regeln beachten. Der rund 3 km lange **Rim Trail**, ein ehemaliger Yurok-Pfad um die Klippen herum, umkreist eine Stelle mit Zugang zu riesigen Felsvorsprüngen. Nicht den **Wedding Rock** verpassen, einen der romantischsten Flecken des Parks. Weitere Wege führen rund um ungewöhnliche Formationen wie den **Ceremonial Rock** und den **Lookout Rock**.

In den drei gut gepflegten **Campingplätzen** (☎Reservierung 800-444-7275; www.reserveamerica.com; Zelt & Stellplatz 35 US$) im Park gibt es Münzduschen und ein sehr sauberes Bad. Die Campingplätze Penn Creek und Abalone sind geschützter als Agate Beach.

Humboldt Lagoons State Park

Die **Humboldt Lagoons** erstrecken sich kilometerweit an der Küste entlang. Im Park gibt's Sandstrände und eine Reihe von Küstenlagunen. Die **Big Lagoon** und die sogar noch schönere **Stone Lagoon** eignen sich beide hervorragend zum Kajakfahren und Vögel beobachten. Die Sonnenuntergänge hier sind spektakulär, mit keinem von Menschenhand errichteten Bauwerk in Sichtweite. Am Nordende der Stone Lagoon gibt's Möglichkeiten für ein Picknick. Das Stone-Lagoon-Visitor-Center am Hwy 101 ist wegen Personalmangel geschlossen, aber es gibt eine Toilette und ein Schwarzes Brett mit Informationen.

1 Meile weiter nördlich eignet sich die **Freshwater Lagoon** ebenfalls perfekt zum Vögel beobachten. Südlich der Stone Lagoon liegt die winzige **Dry Lagoon** (ein Süßwassersumpf), ein guter Ausgangspunkt für eine fantastische Tageswanderung. Am Picknickplatz der Dry Lagoon parken und auf den unmarkierten Wegen Richtung Norden zur Stone Lagoon wandern. Der Weg umrundet die Südwestküste und endet am Meer. Dabei führt er durch Wälder und Sümpfe mit jeder Menge wilder Tiere und Pflanzen. Einfach ist die Strecke etwa 4 km lang und meistens eben – und keiner läuft hier entlang, da der Weg nicht markiert ist.

Auf allen Campingplätzen gilt: Wer zuerst kommt, mahlt zuerst. Der Park betreibt auch zwei **Öko-Campingplätze** (Stellplatz Zelt 20 US$; ⏲April–Okt.); Wasser mitbringen. An der Stone Lagoon gibt's sechs Öko-Stellplätze mit Bootszugang, an der Dry Lagoon sechs Stellplätze, die zu Fuß erreichbar sind. Mindestens 30 Minuten vor Sonnenuntergang im Patrick's Point State Park einchecken!

Humboldt County Parks (☎707-445-7651; Stellplatz 20 US$) betreibt einen hübschen Picknickplatz im Zypressenhain und einen Campingplatz neben der Big Lagoon mit Toiletten und kaltem Wasser, aber ohne Duschen; 1 Meile vom Hwy 101 entfernt.

Redwood National & State Parks

Zu den zusammengestückelten öffentlichen Ländereien der **Redwood National & State Parks**, die von Staat und Bund gemeinsam verwaltet werden, gehören der Redwood National Park, der Prairie Creek Redwoods State Park (S. 286), der Del Norte Coast Redwoods State Park (S. 288) und der Jedediah Smith Redwoods State Park (S. 291). Ein paar vereinzelte kleine Orte lockern die bewaldete Gegend auf, sodass man nicht sofort das Gefühl bekommt, in einem großen Park zu sein. Das Land der Parks Prairie Creek und Jedediah Smith sollte ursprünglich abgeholzt werden, aber das konnten Umweltschützer in den 1960er-Jahren verhindern, und heute sind diese Parks ein internationales Biosphärenreservat und Welterbestätte. Es gab eine Zeit, da sollte der Nationalpark mindestens zwei der State Parks aufnehmen, aber das wurde nicht umgesetzt, und so blieb die zusammenarbeitende Struktur erhalten.

Verglichen mit ihren Brüdern im Süden werden die größten lebenden Bäume der Welt nur selten besucht und stehen hier schon seit Urzeiten. Es gab sie schon mehr als 500 Jahre vor dem Römischen Reich. Das ist schon ziemlich beeindruckend.

Das kleine **Orick** (650 Ew.) am Südzipfel des Parks in einem üppig grünen Tal besteht aus kaum mehr als ein paar Ladenfronten und einer Anhäufung von Holzschnitzereien.

👁 Sehenswertes & Aktivitäten

Nördlich vom südlichen Visitor Center geht's Richtung Osten auf die Bald Hills Rd. Nach 2 Meilen (3,2 km) kommt der **Lady Bird Johnson Grove**, eine der spektakulärsten Baumgruppen des Parks, die auf einem leichten, 1,5 km langen Rundweg zu erkunden ist. Dann geht's weitere 5 Meilen (8 km) die Bald Hills hinauf zum **Redwood Creek Overlook**. Auf dem Kamm in 640 m Höhe bietet sich eine Aussicht über den Wald und die Wasserscheide – vorausgesetzt, es ist nicht neblig. Gleich hinter dem Aussichtspunkt liegt die durch ein Tor versperrte Abzweigung zum **Tall Trees Grove**, wo einige der größten Bäume der Welt stehen. Die Ranger lassen hier nur 50 Autos pro Tag rein, aber so viele kommen selten her. Beim Visitor Center bekommt man eine Genehmigung zusammen mit dem Code für das Tor. Für die Rundfahrt sollten vier Stunden eingeplant werden. Man fährt u.a. auf einer 6 Meilen (9,6 km) langen schwierigen Schotterstraße (Geschwindigkeitsbegrenzung 15 mph; 24 km/h). 2 km legt man wandernd auf einem steilen Weg zurück, der 244 m hinunter zur Baumgruppe führt.

Zu den längeren Wanderwegen gehört der Ehrfurcht gebietende **Redwood Creek Trail**, der ebenfalls im Tall Trees Grove rauskommt. Zum Wandern und Campen, was hier sehr empfehlenswert ist, denn Besseres gibt's an der North Coast kaum, benötigt man eine kostenlose Genehmigung fürs Hinterland. Die beste Zeit ist vom Memorial Day bis zum Labor Day, wenn die Fußgängerbrücken geöffnet sind. Ansonsten ist es recht gefährlich oder gar unmöglich, den Bach zu überqueren.

Praktische Informationen

Anders als die meisten Nationalparks kostet der Redwood National Park keinen Eintritt, und es gibt keine Zugangsstationen am Highway. Es ist also zwingend nötig, sich die kostenlose Parkkarte bei der Hauptverwaltung des Parks (S. 290) in Crescent City oder im **Redwood Information Center** (Kuchel Visitor Center; ☎707-464-6101; www.nps.gov/redw; Hwy 101; ⌚Juni–Aug. 9–18 Uhr, Sept.–Okt. & März–Mai 9–17 Uhr, Nov.–Feb. 9–16 Uhr) in Orick zu besorgen. Die Ranger hier stellen auch Genehmigungen für den Besuch des Tall Trees Grove aus und verleihen Bärenkanister. Detaillierte Infos über die Ökologie der Redwoods stehen im ausgezeichneten offiziellen Handbuch des Parks. Die Website der **Redwood Parks Association** (www.redwoodparksassociation.org) bietet gute Infos und detaillierte Beschreibungen aller Wanderwege im Park.

Prairie Creek Redwoods State Park

Dieser 57 km² große Abschnitt der Redwood National & State Parks ist bekannt für seine jungfräulichen Redwood-Wälder und seine unberührte Küste. Hier gibt es spektakuläre Panoramastraßen und Wanderwege (70 Meilen; 113 km), von denen viele auch für Kinder geeignet sind. Beim **Prairie Creek Visitor Center** (☎707-464-6101; ⌚März–Okt. 9–17 Uhr, Nov.–Feb. 10–16 Uhr; 👪) bekommt man Karten und Informationsmaterial, das man dann am Fluss an der Feuerstelle aus Stein eingehend studieren kann. Kinder werden die Dioramen mit präparierten Tieren lieben. Sie können Knöpfe drücken und Lichter bestaunen. Draußen weiden Wapitis auf der Wiese.

Sehenswertes & Aktivitäten

Newton B. Drury Scenic Parkway PANORAMASTRASSE

Direkt nördlich von Orick liegt die Abzweigung zum 8 Meilen (13 km) langen Parkway, der parallel zum Hwy 101 durch unberührte, alte Redwood-Wälder führt. Der kurze Umweg lohnt sich, um die Herrlichkeit dieser Bäume zu sehen. Zahlreiche Wanderwege zweigen vom Straßenrand ab, u.a. familienfreundliche und behindertengerechte ADA-Wege (American Disabilities Act) wie der Big Tree und der Revelation Trail.

Wandern, Trekken & Mountainbiking

Im Park gibt's 28 Mountainbike- und Wanderwege, von einfach bis anstrengend. Nur wenige dieser Wege werden den Ansprüchen von Hardcore-Wanderern gerecht – diese sollten besser in den Del Norte Coast Redwoods wandern. Wer nicht viel Zeit hat oder nicht so mobil ist, hält am **Big Tree**, der knapp 100 m vom Parkplatz entfernt ist. Weitere einfache Naturpfade beginnen in der Nähe des Visitor Center, u.a. der **Revelation Trail** und der **Elk Prairie Trail**. Am Nordende des Parks eignet sich die kürzlich wieder aufgeforstete Holzfällerstraße am **Ah-Pah Interpretive Trail** für einen Spaziergang. Die anspruchsvollste Wanderung in dieser Ecke des Parks bietet der wirklich spektakuläre 18,5 km lange **Coastal Trail**, der durch ursprüngliche Redwood-Wälder führt.

Gleich hinter dem **Gold Bluffs Beach Campground** endet die Straße am **Fern Canyon**, dessen 18 m hohen, mit Farnen bedeckten nackten Felswände in Steven Spielbergs *Vergessene Welt: Jurassic Park* zu sehen sind. Dies ist der am meisten fotografierte Ort an der North Coast. Den feuchten, smaragdgrünen Boden sollte man unbedingt mit nackten Füßen berühren – ein tolles Gefühl.

Schlafen

Willkommen in der Natur: Hier gibt's keine Motels oder Hütten. Wer hier übernachten will, muss sein Zelt auf einem der Campingplätze am Südrand des Parks aufstellen.

Gold Bluffs Beach CAMPING $
(Keine Reservierung; Stellplatz Zelt 35 US$) Dieser Campingplatz liegt zwischen 30 m hohen Klippen und dem weiten, offenen Meer. Es gibt aber auch ein paar windgeschützte Stellen und mit Solarenergie beheizte Duschen. Nach einem Platz auf den Klippen unter den Bäumen Ausschau halten.

Elk Prairie Campground CAMPING $
(☎Reservierung 800-444-7275; www.reserveamerica.com; Stellplatz Zelt & Wohnmobil 35 US$) Auf dem beliebten Campingplatz, auf dem Wapitis umherstreifen, kann man unter Redwoods oder am Rand der Grasebene schlafen. Es gibt warme Duschen, einige Stellplätze, die man nur zu Fuß erreicht, und einen seichten Bach zum Planschen. Die Stellplätze 1–7 und 69–76 sind Grasflächen in der prallen Sonne; die Stellplätze 8–68 liegen im Wald. Wer in einem gemischten Redwood-Wald zelten möchte, muss einen der Stellplätze mit den Nummern 20–27 reservieren.

Klamath

Riesige, goldfarbene Metallbären stehen an der Brücke über den Klamath River Wache und verkünden, dass hier Klamath beginnt, einer der winzigen Orte in den Redwood National & State Parks. Im Prinzip ist Klamath mit einer Tankstelle/Laden, einem großartigen Diner und einem Kasino nicht viel mehr als ein großer Fleck an der Straße. Hier befinden sich die Yurok Tribal Headquarters – der ganze Ort sowie große Teile der Umgebung liegen auf dem Land der Yurok. Klamath befindet sich ca. eine Autostunde nördlich von Eureka.

Sehenswertes & Aktivitäten

Die Mündung des **Klamath River** ist dramatisch anzusehen. Ökozonen aus Meer, Küste, Wald und Wiesen treffen alle aufeinander: ausgezeichnet zum Vögel beobachten! Die beste Aussicht gibt's nördlich des Ortes am **Klamath River Overlook** an der Requa Rd. Hier kann man an hohen Steilufern über Stränden voller Treibholz ein Picknick machen. An einem klaren Tag ist dies einer der spektakulärsten Aussichtspunkte an der North Coast und eine der besten Stellen zur Walbeobachtung in Kalifornien. Eine schöne Wanderung bietet sich Richtung Norden entlang des Coastal Trails. Am **Hidden Beach** hat man den ganzen Strand für sich; über den Pfad am nördlichen Ende von Motel Trees kommen!

Südlich vom Fluss am Hwy 101 führen Schilder zum landschaftlich schönen **Coastal Drive**, einer schmalen, kurvigen Landstraße (für Wohnwagen und Anhänger nicht befahrbar) auf extrem hohen Klippen über dem Meer. Am besten nicht bei Nebel und immer vorsichtig fahren. Obwohl die Straße technisch gesehen im Redwood National Park liegt, ist sie viel näher an Klamath.

Klamath Jet Boat Tours BOOTSFAHRT
(www.jetboattours.com; 2 Std. Erw./Kind 42/22 US$) Hier kann man Jetboat- und Angelausflüge buchen.

Schlafen & Essen

In Klamath mit seinen vielen Bäumen übernachtet man preiswerter als in Crescent City, dafür gibt es aber nicht so viele Restaurants und Lebensmittelgeschäfte. Und abends kann man nichts anderes tun als Kartenspielen. Es gibt große, private Parks für Wohnmobile.

LP TIPP **Historic Requa Inn** HISTORISCHES HOTEL $
(☎707-482-1425; www.requainn.com; 451 Requa Rd, Klamath; Zi. 85–155 US$;) Das gemütliche, total umweltbewusste Landgasthaus von 1914 mit Blick über die Mündung des Klamath ist unser Favorit an der North Coast. Viele der bezaubernden Zimmer im ländlichen Stil bieten einen traumhaften Blick auf den Fluss, genau wie der Speisesaal, in dem das Frühstück serviert wird.

Ravenwood Motel MOTEL $$
(☎707-482-5911, 866-520-9875; www.ravenwoodmotel.com; 131 Klamath Blvd; Zi./Suite mit Küche 75/115 US$) Die makellos sauberen Zimmer sind besser als alles, was es sonst in Crescent City gibt. Sie sind individuell eingerichtet und bieten ein Flair, das in einem Stadthotel, nicht aber in einer Kleinstadtunterkunft zu erwarten wäre.

GRATIS **Flint Ridge Campground** CAMPING
(☎707-464-6101) Diesen Campingplatz auf einer Wiese mit wildem Bewuchs, Moos

WAS ZUM ...?

Die riesigen Statuen von Paul Bunyan und seinem blauen Ochsen Babe, die über dem Parkplatz von **Trees of Mystery** (☎707-482-2251; www.treesofmystery.net; 15500 Hwy 101; Erw./Kind & Senior 14/7 US$; ⌚Juni–Aug. 8–19 Uhr, Sept.–Mai 9–16 Uhr; 👪) thronen, sind kaum zu übersehen. Das Ganze ist eine schamlose Touristenfalle mit kleinen Gondeln an Drahtseilen, die durch die Baumkronen der Redwoods fahren. Das **End of the Trail Museum** hinter dem Souvenirladen von Trees of Mystery beherbergt dagegen eine hervorragende Sammlung mit Kunstwerken und Artefakten der amerikanischen Ureinwohner – der Eintritt ist frei.

und gespenstischen Farnen erreicht man nach 4 Meilen (6,5 km) von der Klamath River Bridge aus über den Coastal Dr. Hier gibt's nur Zeltstellplätze und die sind nur zu Fuß zu erreichen. Vom Parkplatz muss man 10 Minuten bergauf in Richtung Osten laufen. Es gibt kein Wasser, dafür aber Bären (Bärenkanister sind vor Ort). Seinen Abfall muss man mitnehmen. Die Übernachtungen sind kostenlos!

Klamath River Cafe AMERIKANISCH **$**
(☎707-482-1000; Hauptgerichte 8–12 US$; ⌚7.30–14 Uhr) Ausgezeichnete, hausgemachte Backwaren, täglich ein Pie-Special und ein hervorragendes Frühstück. Dieses schöne, neue Café ist im Umkreis von mehreren Meilen das beste Lokal. Das Frühstück ist der Hammer. Die Öffnungszeiten variieren je nach Saison, also lieber vorher anrufen. Wer abends ankommt, sollte unbedingt die Daumen drücken, denn manchmal ist auch abends geöffnet.

Del Norte Coast Redwoods State Park

Die Hälfte des fast 26 km² großen **Parks** (Tagesgebühr 8 US$/Auto), der von tiefen Canyons und dichten Wäldern geprägt ist, besteht aus jungfräulichen Redwood-Wäldern, die von 24 km langen Wanderwegen durchzogen sind. Selbst die größten Zyniker werden beim Anblick der Redwoods unweigerlich bewegt sein.

Bei der Hauptverwaltung der Redwood National & State Parks (S. 290) in Crescent City oder beim Redwood Information Center in Orick (S. 286) gibt's Karten und Infos über geführte Wanderungen.

Der Hwy 1 schlängelt sich vom rauen, dramatischen **Wilson Beach** an der Küste ins Landesinnere durch dichte Wälder mit Baumgruppen soweit das Auge reicht.

Der Sand bei der **False Klamath Cove** lädt zum Picknick ein. Weiter Richtung Norden hängen große Bäume abschüssig an den Canyonwänden, die zur felsigen, mit Holz bedeckten Küste hin abfallen. Es ist fast unmöglich, ans Wasser zu kommen, außer über den traumhaften, aber steilen **Damnation Creek Trail** oder den **Footsteps Rock Trail**.

Der Damnation Creek Trail wird echte Wanderfreaks mit Sicherheit begeistern. Er ist nur 6,5 km lang, überwindet aber einen Höhenunterschied von 335 m. Und dank der Redwoods an den Klippen gehört dieser Weg zu den schönsten überhaupt. Der Startpunkt ist nicht gekennzeichnet, er liegt an einem Parkplatz am Hwy 101 bei MM 16.

Der **Crescent Beach Overlook** mit Picknickfläche eignet sich im Winter hervorragend zum Wale beobachten. Am Nordende des Parks kracht die Brandung an den **Crescent Beach** direkt südlich von Crescent City; er ist über die Enderts Beach Rd zu erreichen.

Auf dem **Mill Creek Campground** (☎800-444-7275; www.reserveamerica.com; Stellplatz Zelt & Wohnmobil 35 US$) gibt es warme Duschen und 145 Stellplätze in einem Redwood-Hain, 2 Meilen (3,2 km) östlich vom Hwy 101 und 7 Meilen (11 km) südlich von Crescent City. Die Stellplätze 1–74 sind im Wald, 75–145 sind der Sonne ausgesetzt. Am schönsten sind die Stellplätze, die man nur zu Fuß erreichen kann.

Crescent City

Obwohl Crescent City schon 1853 als Seehafen und Versorgungszentrum für die Goldminen im Landesinneren gegründet wurde, wurde die Geschichte der Stadt 1964 doch buchstäblich weggeschwemmt, als ein Tsunami den halben Ort zerstörte. Natürlich hat man die Stadt neu aufgebaut (wenn auch in der zweckmäßigen Hässlichkeit von 08/15-Häusern). Der Hafen wurde dann 2011 durch das Erdbeben und den Tsumani in Japan verwüstet. Damals wurde der Ort evakuiert. Crescent City ist zwar Kaliforniens letzte größere Siedlung nördlich von Arcata, aber der ständige Nebel (und die dröhnenden Nebelhörner) sowie die Feuchtigkeit, machen diesen Ort mit dem Charme der 1960er-Jahre so reizvoll wie einen nassen Sack voller dreckiger Wäsche. Die Wirtschaft ist stark auf den Krabben- und Krebsfang sowie die Hotelsteuer angewiesen. Das Hochsicherheitsgefängnis Pelican Bay gleich nördlich der Stadt führt zu ständigen Spannungen und ist der Grund für die vielen Polizisten auf den Straßen.

Sehenswertes & Aktivitäten

Der Hwy 101 teilt sich in zwei parallel verlaufende Einbahnstraßen: die L St Richtung Süden und die M St Richtung Norden. Die wichtigsten Sehenswürdigkeiten erreicht man über die Front St Richtung Westen (d.h. Richtung Leuchtturm). Das Zentrum liegt rund um die 3rd St.

Im August findet in der Stadt die **Del Norte County Fair** mit einem Rodeo und vielen urigen Typen statt.

North Coast Marine Mammal Center SCIENCE CENTER

(☎707-465-6265; www.northcoastmmc.org; 424 Howe Dr; Eintritt gegen Spende; ⏲10–17 Uhr; 👪) Dieses Zentrum östlich des Battery Point ist das ökologisch gesinnte Gegenstück zur grellen Ocean World. In der Klinik werden verletzte Seehunde, Seelöwen und Delfine gesund gepflegt und anschließend wieder ausgesetzt (Spende erwünscht).

Battery Point Lighthouse LEUCHTTURM

(www.delnortehistory.org/lighthouse) Der Leuchtturm von 1856 am Südende der A St ist immer noch in Betrieb. Er steht auf einer winzigen Felseninsel, die bei Ebbe gut zu erreichen ist. Von April bis September lohnt sich ein Besuch im **Museum** (Erw./Kind 3/1 US$; ⏲Mai–Sept. Mo–Sa 10–16 Uhr); die Öffnungszeiten variieren je nach Gezeiten und Wetter.

Beachfront Park PARK

(Howe Dr; 👪) Dieser Park zwischen der B St und der H St bietet einen Hafenstrand für die Kleinen, wo es keine großen Wellen gibt. Weiter östlich am Howe Dr bei der J St befindet sich **Kidtown** mit Rutschen, Schaukeln und einem Phantasieschloss.

Schlafen

Die meisten Traveller bleiben nur eine Nacht hier. Die Motels sind überteuert, aber es gibt noch einige Hotels an den Hauptausfallstraßen. Die County-Verwaltung betreibt direkt vor den Toren der Stadt zwei ausgezeichnete, reservierbare **Campingplätze** (☎707-464-7230; Stellplatz Zelt & Wohnmobil 10 US$). Der **Florence Keller Park** (3400 Cunningham Lane) hat 50 Stellplätze in einem schönen Hain mit jungen Redwoods (den Hwy 101 Richtung Norden zur Elk Valley Cross Rd nehmen und den Schildern folgen). Auf dem **Ruby Van Deventer Park** (4705 N Bank Rd) gibt's 18 Stellplätze am Smith River beim Hwy 197. Beide Plätze bieten ein ausgezeichnetes Preis-Leistungs-Verhältnis.

LP TIPP **Curly Redwood Lodge** MOTEL $

(☎707-464-2137; www.curlyredwoodlodge.com; 701 Hwy 101 S; Zi. 68–73 US$; ❄📶) Die Redwood Lodge ist ein wahres Wunderwerk: Sie wurde vollständig aus dem Holz eines einzigen Curly-Redwood-Baums mit einem Durchmesser von ca. 5 m gebaut und getäfelt. Das immer wieder restaurier-

ABSTECHER

SMITH RIVER NATIONAL RECREATION AREA

Westlich von Jedediah Smith Redwoods fließt der Smith River, der letzte Wasserweg Kaliforniens ohne Damm, direkt neben dem Hwy 199. Er entspringt hoch in den Siskiyou Mountains und bahnt sich seinen kurvenreichen Weg durch tiefe Canyons unter dichten Wäldern hindurch. Königslachse und Regenbogenforellen ziehen jedes Jahr durch seine klaren Gewässer. Hier kann man wunderbar Campen, Wandern, Raften und Kajakfahren; Angler müssen die Vorschriften beachten. Um sich zurechtzufinden, hält man am besten bei **Six Rivers National Forest Headquarters** (☎707-457-3131; www.fs.fed.us/r5/sixrivers; 10600 Hwy 199, Gasquet; ⏲Mai–Sept. tgl. 8–16.30 Uhr, Okt.–April Mo–Fr 8–16.30 Uhr). Hier gibt's Broschüren über den **Darlingtonia Trail** und die **Myrtle Creek Botanical Area**, beides einfach zu erreichende Ziele in den Wäldern, wo es seltene Pflanzen zu sehen gibt und man viel über die Geologie der Region lernen kann.

te und polierte Hotel wurde allmählich zu einem kitschigen Juwel und ist eine wahre Augenweide für Liebhaber des Kitschs der 1950er-Jahre. Saubere, große, gemütliche Zimmer (man sollte sich eines aussuchen, das nicht allzu dicht an der Straße liegt). Wer eine wirklich moderne Bleibe sucht, ist hier an der falschen Adresse.

Bay View Inn HOTEL $
(☎800-742-8439; www.bayviewinn.net; 2844 Fairfield; Zi. 74–89 US$; ❄📶) Dieses zentral gelegene Hotel hat helle, moderne, frisch renovierte Zimmer mit Mikrowelle und Kühlschrank. Es macht einen besseren Eindruck als die durchschnittlichen Kettenhotels an Highway-Ausfahrten, und die netten Betreiber verleihen dem Ganzen einen heimeligen Touch. Von den nach hinten hinausgehenden Zimmern im Obergeschoss hat man einen schönen Blick auf den Leuchtturm und den Hafen.

Crescent Beach Motel MOTEL $
(☎707-464-5436; www.crescentbeachmotel.com; 1455 Hwy 101 S; Zi. 70–100 US$; ❄📶) Dieses einfache, altmodische Motel südlich der Stadt ist die einzige Unterkunft direkt am Strand. Der schöne Ausblick entschädigt für das etwas schmucklose Innere. Ein Zimmer ohne Aussicht sollte man nicht nehmen.

Anchor Beach Inn HOTEL $
(☎707-464-2600; www.anchorbeachinn.com; 880 Hwy 101 S; Zi. 85–105 US$; ❄📶🐾) Mikrowelle, DSL, schalldichte Wände und kein Charakter.

Essen & Ausgehen

Beacon Burger BURGER $
(160 Anchor Way; Burger 6–10 US$; ⏲Mo–Sa 11.30–20.30 Uhr) Das kleine Burger-Lokal mitten auf einem Parkplatz mit Blick über die South Bay gibt's schon seit eh und je. Es sieht aus, als müsste hier mal der Gesundheitsinspektor aufräumen. Das ist aber nach dem ersten Biss in den fettigen, auf mysteriöse Weise göttlich schmeckenden Burger mit Pommes schnell vergessen. Auf der Speisekarte stehen auch gute Shakes.

Wing Wah Restaurant CHINESISCH $
(383 M St; Hauptgerichte 7–11 US$; ⏲So–So 11.30–21, Fr & Sa 11.30–21.30 Uhr) Das Wing Wah versteckt sich in einem Einkaufszentrum und serviert das beste chinesische Essen in Crescent City. Auf die leckeren, frisch zubereiteten Schweine- und Rindfleischgerichte braucht man nicht lange zu warten.

Good Harvest Café AMERIKANISCH $
(575 Hwy 101 S; Hauptgerichte 7–10 US$; ⏲Mo–Sa 7–21, So 8–21 Uhr; 👪) Dieses bei Einheimischen beliebte Café ist erst kürzlich in neue, größere Räume gegenüber vom Hafen umgezogen. Jetzt gibt es hier auch Abendessen, das genauso gut ist wie die Salate, Smoothies und Sandwiches, für die dieses Café bekannt ist. Gute Biere, ein knisternder Kamin und viele vegetarische Speisen tragen wohl dazu bei, dass dieses Lokal das Beste in Crescent City ist.

Chart Room SEAFOOD $
(130 Anchor Way; Hauptgerichte abends 9–23 US$; ⏲So–Do 6.30–19, Fr & Sa 6.30–20 Uhr; 👪) Das Lokal an der Spitze des South-Harbor-Piers ist nah und fern für seine Fish'n'Chips – in Bierteig frittierte goldene Schönheiten – bekannt. Hier sind immer viele Familien, Ruheständler, Harley-Fahrer und Geschäftsleute. Die Wartezeit kann man sich mit einem Bier von der kleinen Bar versüßen.

Tomasini's CAFÉ $
(960 3rd St; Hauptgerichte 4–8 US$; ⏲7.30–14 Uhr; 🖋) Salate, Sandwiches und am Wochenende Jazz. Hier ist zweifelsohne am meisten los.

Praktische Informationen

Crescent City-Del Norte Chamber of Commerce (☎707-464-3174, 800-343-8300; www.northerncalifornia.net; 1001 Front St; ⏲Mai–Aug. 9–17 Uhr, Sept.–April Mo–Fr 9–17 Uhr) Informationen über die Gegend.

Redwood National & State Parks Headquarters (☎707-464-6101; 1111 2nd St; ⏲Okt.–Mai 9–17 Uhr, Juni–Sept. 9–18 Uhr) Ecke K St; Ranger und Infos über alle vier Parks in ihrem Zuständigkeitsbereich.

Anreise & Unterwegs vor Ort

United Express (☎800-241-6522) fliegt zum winzigen **Crescent City Airport** (CEC) nördlich des Orts. Die Nahverkehrsbusse von **Redwood Coast Transit** (www.redwoodcoasttransit.org) fahren nach Crescent City (1 US$) und von montags bis samstags nach Klamath (1,50 US$, 1 Std., 2-mal tgl.) und Arcata (20 US$, 2 Std., 2-mal tgl.) mit mehreren Zwischenstopps.

Tolowa Dunes State Park & Lake Earl Wildlife Area

2 Meilen (3,2 km) nördlich von Crescent City umfasst dieser **State Park mit Wild-**

reservat (☎707-464-6101, Durchwahl 5112; ⊙Sonnenaufgang–Sonnenuntergang) 40 km² mit Feuchtgebieten, Dünen, Wiesen und zwei Seen, den **Lake Earl** und den **Lake Tolowa**. Dieser wichtige Zwischenstopp an der Pacific-Flyway-Route wird von mehr als 250 Vogelarten besucht. Es macht Spaß, dem pfeifenden und trällernden Chor zu lauschen. Zu Lande lassen sich Kojoten und Hirsche blicken, im Wasser Wale, Seehunde und Seelöwen. Außerdem kann man hier angeln und auf insgesamt über 32 km langen Wegen wandern oder fahren.

Der Park und das Wildreservat bestehen aus zusammengewürfelten Ländereien, die von den California State Parks und dem Department of Fish and Game (DFG) verwaltet werden. Das DFG konzentriert sich auf die Überwachung von Einzelspezies, Jagen und Angeln. Die State Parks legen ihren Schwerpunkt auf Artenvielfalt und Erholung. Es kann passieren, dass man beim Wandern durch die weiten unberührten Dünen plötzlich einen Schuss oder das Aufheulen eines Geländewagens hört. Strenge Vorschriften besagen, wann und wo gejagt und gefahren werden darf; die Wege sind deutlich ausgeschildert.

Es gibt zwei sehr einfache, nicht reservierbare **Campingplätze** (Stellplatz Zelt 20 US$). Bei den Campingplätzen des Jedediah Smith und des Del Norte Coast Redwoods State Park muss man sich anmelden. Im Frühling und zu Beginn des Sommers wimmelt es hier von Mücken.

Jedediah Smith Redwoods State Park

Jedediah Smith (Tagesgebühr 8 US$), der nördlichste Park der Redwood National & State Parks, liegt 10 Meilen (16 km) nordöstlich von Crescent City (über den Hwy 101 Richtung Osten zum Hwy 197). Die Redwood-Bäume stehen hier so dicht, dass nur wenige Wege durch den Park führen – aber der spektakuläre, 11 Meilen (17,7 km) lange **Howland Hill Scenic Drive** windet sich durch ansonsten unzugängliche Gebiete (den Hwy 199 zur South Fork Rd nehmen, dann nach zwei Brücken rechts abbiegen). Die Straße ist sehr holprig und für Wohnmobile nicht passierbar. Wer aber nicht wandern kann, für den ist das die einzige Möglichkeit, den Wald zu sehen.

Der **Simpson-Reed Grove** eignet sich sehr gut für einen Spaziergang unter riesigen Bäumen. Wenn es an der Küste neblig ist, scheint hier eventuell die Sonne. In der Nähe des Parkeingangs gibt es ein **Becken zum Schwimmen** und einen Picknickplatz. Ein einfacher, 800 m langer Weg, der am anderen Ende des Campingplatzes beginnt, überquert nur im Sommer per Fußgängerbrücke den **Smith River** und führt zum **Stout Grove**, dem bekanntesten Hain im Park. Das **Visitor Center** (☎707-464-6101; ⊙Juni–Aug. tgl. 10–16 Uhr, Sept.–Okt. & April–Mai Sa & So 10–16 Uhr) verkauft Wanderkarten und Naturführer. Wer durch den Fluss watet, sollte im Frühling, wenn die Strömung stark und das Wasser kalt ist, vorsichtig sein.

Der beliebte **Campingplatz** (☎Reservierung 800-444-7275; www.reserveamerica.com; Stellplatz Zelt & Wohnmobil 35 US$) bietet traumhafte Stellplätze zwischen den Redwoods am Smith River.

Wer nicht campen will, kann im renovierten **Hiouchi Motel** (☎707-458-3041, 888-881-0819; www.hiouchimotel.com; 2097 Hwy 199; EZ 50 US$, DZ 65–70 US$; @📶) in einem der sauberen, einfachen Zimmer übernachten.

Pelican Beach State Park

Der immer leere **Pelican State Beach** (☎707-464-6101, App. 5151) erstreckt sich über 2 ha an der Küste und grenzt an Oregon. Hier gibt's keine Einrichtungen, aber der Strand eignet sich ausgezeichnet zum Drachensteigenlassen. Drachen gibt's in dem Laden gleich hinter der Grenze in Oregon.

Der beste Grund hierher zu kommen, ist eine Übernachtung in der abgeschiedenen, zauberhaften **Casa Rubio** (☎707-487-4313; www.casarubio.com; 17285 Crissey Rd; Zi. 108–168 US$; @📶🐾), wo drei der vier Zimmer mit Meerblick eine Küche haben.

Im **Clifford Kamph Memorial Park** (☎707-464-7230; 15100 Hwy 101; Stellplatz Zelt 10 US$) können Camper am Meer zelten (keine windgeschützten Stellen); keine Wohnmobile. Das ist für diese Lage ein Schnäppchen, auch wenn die Stellplätze auf den Wiesen windig sind und Privatsphäre fehlt. Alle Stellplätze haben Grillmöglichkeiten.

Northern Mountains

Inhalt »

Gut essen

» Jack's Grill (S. 295)

» Red Onion Grill (S. 305)

» Café Le Coq (S. 309)

» Trinity Café (S. 316)

» Vivify (S. 317)

Schön übernachten

» McCloud River Mercantile Hotel (S. 322)

» Hausboot auf dem Shasta Lake (S. 298)

» Bidwell House B&B (S. 305)

» Feather Bed B&B (S. 308)

» Campingplätze im Feather River Canyon (S. 308)

Auf in die Northern Mountains!

Die nordöstliche Ecke ist das entlegene, raue und erfrischend unberührte Hinterland eines Bundesstaats, der vor allem für seine sonnigen Städte, Sandstrände und neblige Mammutbaum-Wälder berühmt ist. Im wilden Grenzgebiet Kaliforniens gibt es riesige Wildnisgebiete – fast 10 000 ha geschützte Landschaft –, die von Flüssen zerteilt werden und mit kobaltblauen Seen, Pferderanches und alpinen Gipfeln gespickt sind. Vieles davon hat wenig mit dem typischen Bild von Kalifornien gemein – die Landschaft erinnert mehr an die viel älteren Berge der Rocky Mountains als an die relativ jungen Granitriesen im Yosemite National Park. Hierher kommt man nicht auf der Suche nach Gesellschaft (die Städte sind zwar gastfreundlich, aber winzig, und bieten kaum städtische Annehmlichkeiten), sondern um sich in der abgeschiedenen Weite zu verlieren. Selbst die beiden berühmtesten Sehenswürdigkeiten, der Mt. Shasta und der Lassen Volcanic National Park, sind im Hochsommer fast menschenleer (und manchmal schneebedeckt).

Reisezeit

Lassen National Park

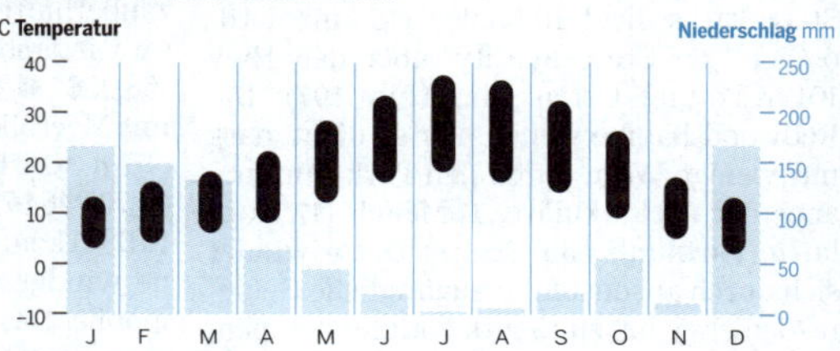

Juli–Sept. Dank Wärme und schneefreien Pässen die beste Zeit, um im Hinterland zu zelten.

Okt.–Nov. & April–Mai Zwischensaison; einzelne Schauer und in hohen Lagen Schnee.

Nov.–Jan. Viele wollen am Mt. Shasta Ski fahren. Außerhalb der Skigebiete gibt's kleinere Preise.

REDDING & UMGEBUNG

Nördlich von Red Bluff tauchen beiderseits des Central Corridor an der I-5 malerische Bergketten auf. Redding ist der letzte größere Ort vor den Kleinstädten ganz im Norden, und die Seen in der Umgebung sind wie geschaffen für unkomplizierte Tagestouren oder einen Campingausflug. Wer hier vom Highway abfährt, kann eine außerordentlich lohnende Gegend Kaliforniens entdecken.

KURZINFOS

» **Einwohner von Redding** 90 050

» **Durchschnittstemperatur in Redding min./max.** Jan. 2/13 °C, Juli 18/37 °C

» **Von Redding nach San Francisco** 215 Meilen (346 km), 3½ Std.

» **Von Redding nach Los Angeles** 545 Meilen (877 km), 8¼ Std.

» **Von Redding nach Eureka** 150 Meilen (241 km), 3 Std.

Redding

Während der Zeit des Goldrauschs wurde die Stadt ursprünglich wegen ihrer Armut Poverty Flats genannt, doch heute gibt es in Redding viel Geld mit wenig Stil – rund um die Innenstadt liegen Einkaufszentren, billige Supermärkte und große neue Wohnviertel. Ein Touristenziel ist Redding nicht gerade, obwohl es das wichtigste Tor zur Nordostecke Kaliforniens ist. Auf jeden Fall lassen sich hier aber hervorragend die Vorräte auffüllen, ehe es zu langen Ausflügen hinaus in die Wildnis geht. Neuere Bauwerke wie die Sundial Bridge und der Turtle Bay Exploration Park wecken zwar das Interesse – allerdings nur für kurze Zeit. Der Sacramento River bildet im Norden und Osten die Grenze des Zentrums. Wichtige Hauptstraßen sind die Pine Street und die Market Street.

Sehenswertes & Aktivitäten

Sundial Bridge BRÜCKE

Die im Jahr 2004 erbaute, weiß schimmernde Sundial Bridge überspannt den Fluss und ist eine der populärsten Sehenswürdigkeiten der Stadt, die sich für tolle Fotos anbietet. Die gläserne Fußgängerpassage führt zum Turtle Bay Exploration Park am Nordufer des Sacramento und wurde von dem namhaften spanischen Architekten Santiago Calatrava entworfen. Die Brücke, die zugleich eine Sonnenuhr ist, zieht Besucher aus aller Welt an, die diese einzigartige Leistung der Ingenieurskunst bewundern. Der Zugang erfolgt vom Park aus, die Brücke ist mit dem Sacramento River Trail verbunden.

Turtle Bay Exploration Park SCIENCE CENTER

(www.turtlebay.org; 840 Auditorium Dr; Erw./Kind 4–12 Jahre 14/10 US$; ⌚Mai–Sept. 9–17, Okt.–April Mi–Sa 9–16 & So 10–16 Uhr; 👪) Dieses weitläufige Kunst-, Kultur- und Wissenschaftszentrum für Besucher jeder Altersstufe erstreckt sich über 121 ha. Der Schwerpunkt des Zentrums liegt auf der Wasserscheide, die der Sacramento River bildet. Im Komplex befinden sich Kunst- und Naturwissenschaftsmuseen und vergnügliche interaktive Ausstellungen für Kinder (eine der jüngeren Ausstellungen war „Grossology" über die weniger appetitlichen Seiten der menschlichen Biologie). Außerdem gibt's hier ein weitläufiges Arboretum, ein Schmetterlingshaus und ein begehbares Aquarium mit einem Fassungsvermögen von 83 000 l Wasser voller regionaler Wasserlebewesen (klar, auch die Schildkröten, die dem Park seinen Namen gaben). Das im Komplex befindliche **Café at Turtle Bay** (Mahlzeiten 12 US$) serviert hervorragenden Gourmet-Kaffee und tolle kleine Mahlzeiten.

Redding Aquatic Center WASSERPARK

(www.reddingaquaticcenter.com; Erw./Kind 5/3 US$; ⌚Sommer 13–17 Uhr mit saisonalen Abweichungen) Weiter westlich im Caldwell Park liegt dieser überaus beliebte Wasserpark mit einem Pool, der mit Olympiamaßen aufwartet, einem weiteren riesigen Spaßpool und einer fast 50 m langen Wasserrutsche. In Caldwell hat man auch Zugang zum **Sacramento River Trail** (www.reddingtrails.com), einem asphaltierten Fuß- und Radweg, der dem kurvenreichen Fluss kilometerweit folgt.

Cascade Theatre HISTORISCHES GEBÄUDE

(www.cascadetheatre.org; 1733 Market St) Dieses sanierte Theater im Art-déco-Stil aus dem Jahr 1935 ist ein schöner Konzertsaal im Zentrum. Meistens treten hier zweitrangige amerikanische Musiker auf, doch zumindest lohnt ein Blick in dieses neonbeleuchtete Juwel.

Highlights

1 Die geothermischen Spektakel im **Lassen Volcanic NationalPark** (S. 299) bestaunen

2 Im hübschen Bergort **Mt. Shasta City** (S. 313) spazieren gehen

3 Die vielen Höhlen des **Lava Beds National Monument** (S. 324) erkunden

4 Den Superhighway der Vögel hoch oben beim **Tule Lake** (S. 324) beobachten

5 Sich im **Modoc** (S. 326) verlaufen, dem entlegensten National Forest Kaliforniens

6 Abtauchen und bei **Weaverville** (S. 327) durch die forellenreichen Gewässern waten

7 Am Ufer des wunderbaren **Eagle Lake** (S. 307) zelten

8 Die dramatischen Hänge des **Mt. Shasta** (S. 310) erobern

9 Sich mit einem Dutzend Freunde auf einem **Hausboot auf dem Shasta Lake** (S. 298) treiben lassen

10 In der berühmten **Dance Hall in McCloud** (S. 323) eine flotte Sohle aufs Parkett legen

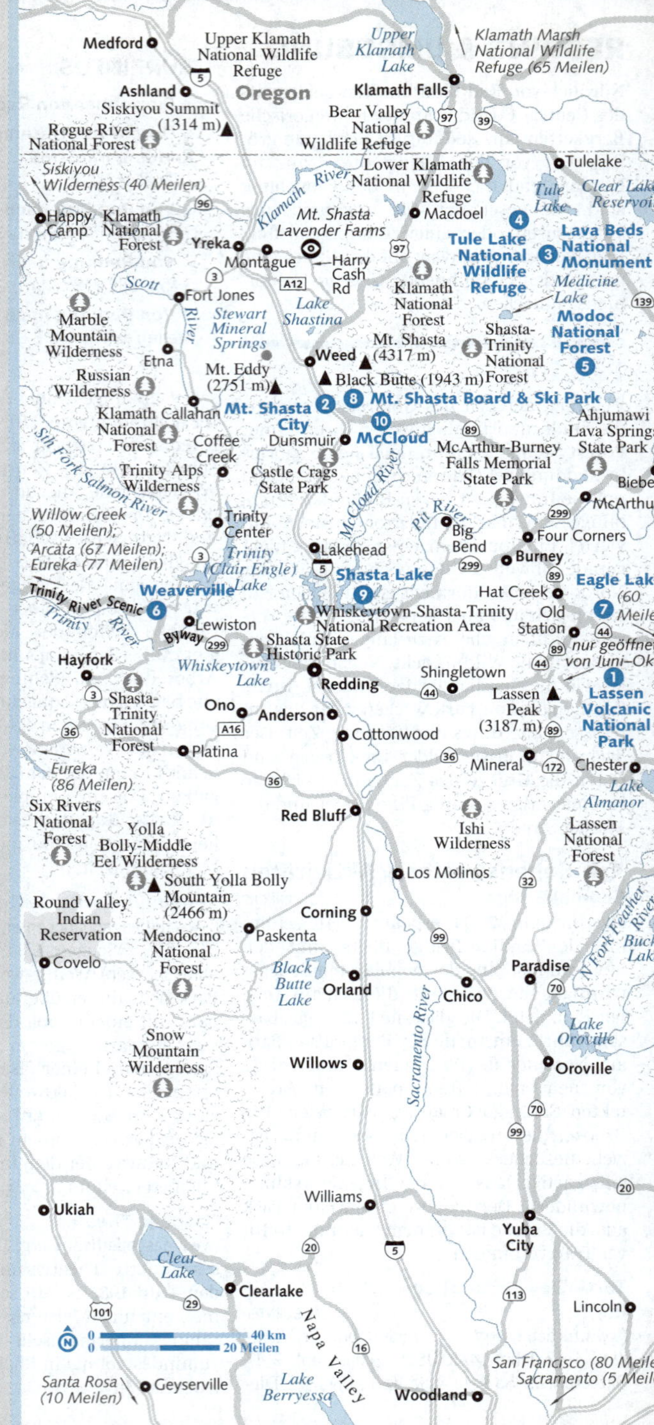

Schlafen

Die vielen Motels und Hotels von Redding liegen überwiegend an lauten Hauptstraßen, ein paar gibt's aber auch an der etwas ruhigeren N Market St. Am südlichen Ende der Stadt findet man auch einige Motels in der Nähe der I-5: gleich westlich des Freeways in der Bechelli Lane unweit der Abfahrt Cypress Ave sowie auf der Ostseite des Freeways auf dem Hilltop Dr. Die zahlreichen Hotels der großen Ketten liegen alle abseits der I-5, im Internet lassen sich tolle Last-Minute-Angebote entdecken. Die besten Campingplätze zum Zelten befinden sich weiter die Straße hoch am Whiskeytown Lake (S. 298) und am Shasta Lake (S. 298).

Apples' Riverhouse B&B B&B
(☎530-243-8440; www.applesriverhouse.com; 201 Mora Ct; Zi. 95–110 US$) Dieses moderne Haus im Ranch-Stil liegt nur ein paar Schritte vom Sacramento River Trail und hat drei komfortable Zimmer im Obergeschoss, zwei davon mit Balkon. Das Riverhouse wirkt ein wenig vorstädtisch, ist aber die beste unabhängige Unterkunft in Redding. Der gesellige Gastgeber lädt die Gäste abends zu Käse und Wein ein. Fahrräder stehen bereit und die Nähe zum River Trail ist verführerisch.

Tiffany House B&B Inn B&B
(☎530-244-3225; www.tiffanyhousebb.com; 1510 Barbara Rd; Zi. 110–120 US$, Cottage 170 US$; 🏊) In einer ruhigen Sackgasse eine Meile nördlich vom Fluss liegt dieses viktorianische Cottage mit einem großen Garten, der weite Ausblicke bietet. Die gemütlichen Zimmer sind mit Antiquitäten, Rosenknospen und Rüschen vollgestopft. Die liebenswerten Gastgeber servieren ein großes, leckeres Frühstück.

Essen & Ausgehen

Wer Reddings bestes Essen genießen will, muss den Highway verlassen und nach Downtown fahren.

Carnegie's KALIFORNISCH
(1600 Oregon St; Mahlzeiten 12 US$; ⏲Mo & Di 10–15, Mi–Fr 10–23 Uhr 🖉) Das hippe und gemütliche Café, das sich über zwei Ebenen erstreckt, serviert gesundes Essen, z. B. große frische Salate, Garnelen mit Knoblauch sowie Pasta und hausgemachte Tomatensuppe. Freitagabends kann es hier laut und voll werden, sodass man auf einen Tisch warten muss.

ABSTECHER DURCH DAS SCOTT VALLEY

Eine gute Alternative für Reisende, die auf der I-5 Richtung Norden oder Süden fahren, ist die Route auf dem Hwy 3 durch das Scott Valley, die fantastische Aussichten auf die Trinity Alps bietet. Verglichen mit der langweiligen Fahrt auf dem Highway ist man auf dieser malerischen Strecke aber einen halben Tag länger unterwegs.

Jack's Grill STEAK
(www.jacksgrillredding.com; 1743 California St; Hauptgerichte 15–31 US$; ⏲17–23 Uhr, Bar Mo–Sa ab 16 Uhr) Dieses funkige, altmodische Restaurant ist klein und sieht nicht besonders einladend aus – die Fenster sind verdunkelt und drinnen ist es ziemlich düster. Doch bei den Einheimischen ist es beliebt, sowohl wegen seiner eigensinnigen Haltung „Warum was reparieren, was nicht kaputt ist?" als auch wegen der Steaks – großen, dicken, über Holzfeuer gegrillten Köstlichkeiten. Die Stammgäste treffen schon ab 16 Uhr zum Abendessen ein, denn dann beginnt die Cocktailstunde. Reserviert wird hier nicht, es kann allerdings durchaus mal eine Stunde dauern, ehe Plätze frei werden.

Grilla Bites SANDWICHES
(www.grillabites.com; 1427 Market St; Mahlzeiten 5–10 US$; ⏲Mo–Do 11–20, Fr & Sa bis 21, So bis 16 Uhr; 📶🖉) Viel schlichter als mit diesem Angebot an getoasteten Sandwiches und einer Salatbar, an der nach Gewicht bezahlt wird, geht es kaum. Doch das Essen ist frisch und stammt aus der Region, und die Sandwiches sind mit frischen Kräutern und Elementen der internationalen Fusionsküche aufgepeppt. Das getoastet vegetarische Italienische Sandwich ist sehr pikant, das Pesto und der Käse zerschmelzen geradezu im Mund, und das Thai-Thunfisch-Sandwich ist bei den Einheimischen sehr beliebt.

Thai Cafe THAI
(www.thaicafeofredding.com; 820 Butte St; Hauptgerichte 10–15 US$; ⏲Mo–Sa 11–21 Uhr) Nach einer paar Tagen mit dem Campingkocher in der Wildnis ist dieses Thai-Restaurant mit seiner umfangreichen Karte ein toller Ausgleich. Die Meeresfrüchte sind – so weit weg vom Meer – erstaunlich frisch, und die *tom yum*-Suppe mit Zitronengras, Korian-

Redding

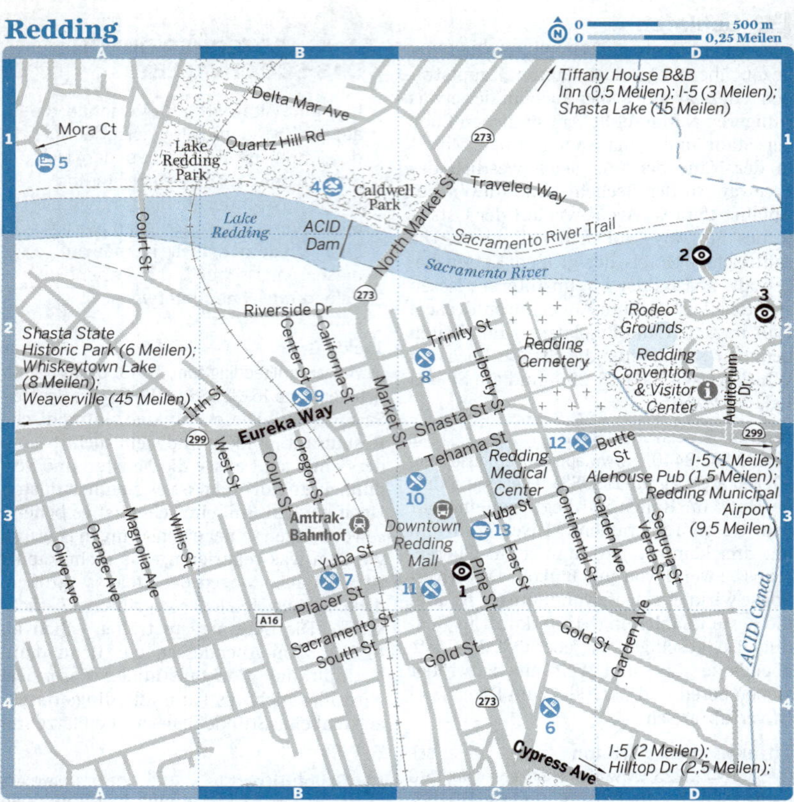

der und genau der richtigen Säure ist perfekt geraten.

Gironda's Chicago Style Italian Restaurant ITALIENISCH
(www.2girondas.com; 1100 Center St; Hauptgerichte 10–20 US$; ⌚Mo–Do 11.30–21, Sa bis 22 Uhr; 👪) Das Gironda's ist ein bisschen teuer und auch nicht leicht zu finden (das Restaurant versteckt sich in der Nähe der Bahnüberführung Eureka Way, nur ein kleines Stück abseits des Zentrums von Redding). Doch die Teller mit Pizzas im Chicagoer Stil, die frischen Pastas und die entspannte, familiäre Atmosphäre sind eine schöne Abwechslung von den Restaurantketten am Highway. Die knusprigen Tintenfische sind eine leckere Vorspeise.

Buz's Crab SEAFOOD
(www.buzscrab.com; 2159 East St; Mahlzeiten 5–12; ⌚11–21 Uhr) Buz's ist ganz unprätentiös das, was es ist: ein schlichtes Krabbenlokal im geschäftigen Zentrum der Stadt. Auf der Karte stehen Fish & Chips neben gesünderen Sachen wie gegrillter Forelle und Lachs. Dazu gibt's Knoblauchbrot und das schon fast berühmte Sauerteigbrot mit Krautsalat. Im angeschlossenen Markt bekommt man Hummer und gute Ratschläge, was sich bei einem Picknick zum Grillen eignet.

Alehouse Pub BAR
(www.reddingalehouse.com; 2181 Hilltop Dr; ⌚Mo–Do 15–24, Fr & Sa 15–1.30 Uhr) Freunde von preiswertem Bier werden enttäuscht sein, denn dieser Pub bietet eine Auswahl stark gehopfter Biere vom Fass und verkauft T-Shirts mit der Aufschrift „No Crap on Tap" („Kein Mist vom Fass"). Es ist eine gutgelaunte Kneipe, in der es richtig voll wird, wenn die jungen Berufstätigen abends aus ihren Büros kommen.

Breaking New Grounds CAFÉ
(☎530-246-4563; 1320 Yuba St; ⌚Mo–Do 6–19, Fr 6– 22, Sa 7–16 Uhr; 📶) In dieses Café mit einer entspannten Wohnzimmeratmosphä-

Redding

Sehenswertes
1 Cascade Theatre C3
2 Sundial Bridge D2
3 Turtle Bay Exploration Park D2

Aktivitäten, Kurse & Touren
4 Redding Aquatic Center B1

Schlafen
5 Apples' Riverhouse B&B A1

Essen
6 Buz's Crab C4
7 Carnegie's B3
8 Chu's Too C2
9 Gironda's Chicago Style Italian Restaurant B2
10 Grilla Bites C3
11 Jack's Grill C3
12 Thai Cafe C3

Ausgehen
13 Breaking New Grounds C3

re und WLAN kommt eine bunte Mischung von Einheimischen. Freitags gibt's abends Akustikmusik.

Praktische Informationen

California Welcome Center (☎530-365-1180; www.shastacascade.org; 1699 Hwy 273, Anderson; ⌚Mo–Sa 9–18, So ab 10 Uhr) Liegt etwa 10 Meilen (16 km) südlich von Redding in der Prime Outlets Mall in Anderson, unkompliziert für Reisende Richtung Norden die es wahrscheinlich von der I-5 kommend passieren. Hier gibt es Wanderkarten und Führer für Outdooraktivitäten. Die Webseite bietet einen ausgezeichneten Reiseplanungsbereich für die Region.

Redding Convention & Visitor Center (☎530-225-4100; www.visitredding.com; 777 Auditorium Dr; ⌚Mo–Fr 9–18, Sa 10–17 Uhr) In der Nähe vom Turtle Bay Exploration Park.

Shasta-Trinity National Forest Headquarters (☎530-226-2500; 3644 Avtech Pkwy; ⌚Mo–Fr 8–16.30 Uhr) Im Süden der Stadt im USDA Service Center in der Nähe des Flughafens. Hat Karten und kostenlose Camping Permits für alle sieben National Forests in Nordkalifornien.

Anreise & Unterwegs vor Ort

Redding Municipal Airport (RDD; www.ci.redding.ca.us; 6751 Woodrum Circle, 📶) Der Flughafen liegt 9,5 Meilen (15 km) südöstlich des Zentrums an der Airport Rd. United Express fliegt nach San Francisco.

Im **Amtrak-Bahnhof** (www.amtrak.com; 1620 Yuba St), einen Block westlich von der Downtown Redding Mall, gibt's kein Personal. Reservierungen für den *Coast Starlight* können telefonisch oder online im Voraus gemacht werden, bezahlt wird dann im Zug beim Schaffner. Amtrak-Züge fahren einmal täglich nach Oakland (62 US$, 6 Std.), Sacramento (47 US$, 4 Std.) und Dunsmuir (22 US$, 1¾ Std.).

Der **Greyhound-Busbahnhof** (1321 Butte St) grenzt an die Downtown Redding Mall und ist rund um die Uhr geöffnet. Greyhound-Busse fahren von hier aus u. a. nach San Francisco (41 US$, 8½ Std., 4-mal tgl.) und Weed (24,50 US$, 1½ Std., 3-mal tgl.).

Die **Redding Area Bus Authority** (RABA; www.rabaride.com) betreibt Dutzende Stadtrouten, die montags bis samstags bis ca. 18 Uhr fahren. Tickets kosten ab 1,50 US$ (es muss passend bezahlt werden).

Rund um Redding

SHASTA STATE HISTORIC PARK

Dieser **State Historic Park** (⌚Sonnenaufgang–Sonnenuntergang) bewahrt die Ruinen einer Goldgräberstadt aus den 1850er-Jahren namens Shasta (nicht zu verwechseln mit Mt. Shasta City; s. S. 313). Als sich der Goldrausch auf seinem schwindelerregenden Höhepunkt befand, kamen Gott und die Welt durch dieses Shasta. Doch dann wurde die Eisenbahn abseits der Stadt in Poverty Flats (dem heutigen Redding) gebaut und Shasta verlor seine Existenzberechtigung. Die Ladenbesitzer packten buchstäblich ihre Läden zusammen – viele der Geschäfte in Shasta wurden Ziegel für Ziegel abtransportiert – und zogen nach Redding.

Im 1861 erbauten Gerichtsgebäude befindet sich heute das hervorragende **Museum** (☎530-243-8194; Eintritt 2 US$; ⌚Mi–So 10–17 Uhr; 👪), das beste in diesem Teil des Staates. Mit seiner erstaunlichen Waffensammlung, gespenstischen Hologrammen im Untergeschoss und einem Galgen hinter dem Haus ist es auch durchaus spannend. Eine fantastische Kunstsammlung ist ebenfalls zu sehen. Beim Informationsschalter gibt es Begleitbroschüren für ausgeschilderte Spazierwege, die zum katholischen Friedhof, den Ruinen der Brauerei und vielen anderen historischen Stätten führen. Zum Zeitpunkt der Recherche war die Zukunft des State Parks ungewiss und die Schließung des Parks stand zur Diskussion.

WHISKEYTOWN LAKE

Der glitzernde **Whiskeytown Lake** (☎530-242-3400; www.nps.gov/whis; Tagesgebühr 5 US$/Fahrzeug), der nach einem alten Bergarbeiterlager benannt wurde, liegt zwei Meilen (3 km) weiter am Hwy 299. Als der See in den 1960er-Jahren durch den Bau eines 80 m langen Dammes für die Stromerzeugung und die Bewässerung des Central Valley geschaffen wurde, wurden die letzten Gebäude des ehemaligen Whiskeytown fortgebracht und das alte Lager überflutet. John F. Kennedy war bei der Einweihung anwesend, die keine zwei Monate vor seiner Ermordung stattfand. Heute kommen die Leute ans 58 km lange, bewaldete Ufer des Sees, um zu zelten, zu schwimmen, zu segeln, Mountainbike zu fahren und Gold zu schürfen.

Die entgegenkommenden und sachkundigen Mitarbeiter im **Visitors Center** (☎530-246-1225; ⌚Mai–Sept. 9–18 Uhr, Okt.–April 10–16 Uhr), das am nordöstlichsten Punkt des Sees in der Nähe des Hwy 299 liegt, haben kostenlose Karten und Infos zu Whiskeytown und zur Whiskeytown-Shasta-Trinity National Recreation Area. Es werden auch von Rangern geleitete Veranstaltungen und geführte Wanderungen angeboten. Die Wanderung vom Visitors Center zu den **Whiskeytown Falls** (hin- & zurück 5,5 km) folgt einer früheren Holzabfuhrstraße und bietet sich für eine kurze Tour an.

Der **Brandy Creek** am Südufer des Sees eignet sich wunderbar zum Schwimmen. Ganz dicht am Hwy 299 am nördlichen Ende des Sees befindet sich die **Oak Bottom Marina** (☎530-359-2269), die Boote verleiht. Im **Tower House Historic District** auf der westlichen Seeseite befinden sich die Ruinen der Mine El Dorado und das Camden House, eine ehemalige Postkutschenstation; im Sommer ist sie zur Besichtigung geöffnet. Im Winter, wenn die Bäume das Laub verloren haben, ist dies ein sehr atmosphärischer Ort.

Der **Oak Bottom Campground** (☎800-365-2267; Stellplatz Zelt/Wohnmobil 20/22 US$) ist ein privat geführter Campingplatz mit Stellplätzen für Wohnmobile und Zelte. Es ist ein bisschen eng, aber trotzdem angenehmer als die meisten privaten Campingplätze. Manzanita-Bäume spenden viel Schatten. Am schönsten sind die autofreien Stellplätze direkt am Ufer.

Rund um den See liegen **einfache Campingplätze** (Sommer/Winter 10/5 US$). Am leichtesten zugänglich ist der bei **Crystal Creek** – hier gibt es zwar kein Wasser, aber die Aussicht ist sehr schön.

Shasta Lake

Etwa 15 Autominuten nördlich von Redding liegt der **Shasta Lake** (www.shastalake.com), Kaliforniens größter Stausee. Hier nistet die größte Population von Weißkopfseeadlern des Staates. Der See ist von Wanderwegen sowie Campingplätzen umgeben und im Sommer ist hier ziemlich viel los. Mehr als 20 verschiedene Fischarten leben im See, darunter Regenbogenforellen.

In der **Ranger Station** (☎530-275-1589; 14250 Holiday Rd; ⌚Mai–Sept. tgl. 8–16.30 Uhr, Okt.–April nur Mo–Fr) bekommt man kostenlose Karten und Informationen zum Angeln, Bootfahren und Wandern. Man erreicht die Station, indem man von der I-5 an der Ausfahrt Mountaingate Wonderland Blvd abfährt. Von dort aus geht's etwa 9 Meilen (14,5 km) Richtung Redding und dann biegt man nach rechts ab.

Sehenswertes & Aktivitäten

Shasta Dam STAUDAMM

Die riesigen Maße des kolossalen, 15 Mio. t schweren Staudamms passen zu den enormen Dimensionen der umgebenden Natur. Er wird in seiner Größe nur noch vom Hoover Dam in Nevada übertroffen. Der Shasta Dam liegt am Südende des Sees am Shasta Dam Blvd (Hwy 151). Gebaut wurde er zwischen 1938 und 1945, und sein fast 150 m hoher Abflusskanal ist so hoch wie ein sechzigstöckiges Gebäude – dreimal höher als die Niagarafälle! Der Liedermacher Woody Guthrie schrieb den Song „This Land is Your Land", während er beim Bau des Damms mitarbeitete. Das **Shasta Dam Visitors Center** (☎530-275-4463; ⌚8.30–16.30 Uhr) bietet faszinierende kostenlose Führungen durch das donnernde Innere des Bauwerks an.

Lake Shasta Caverns HÖHLENTOUR

(www.lakeshastacaverns.com; Erw./Kind 3–11 Jahre 22/13 US$; ⌚Führungen 9–16 Uhr; 👪) Diese prähistorischen Höhlen verstecken sich hoch oben in den Kalksteinmegalithen am Nordende des Sees. Die täglich stattfindenden Touren durch die kristallinen Höhlen beinhalten auch eine Bootsfahrt über den Shasta Lake, und beim Büro gibt's einen geräumigen Spielbereich für Kinder. Besonders beeindruckend ist der Cathedral

Room. In der Höhle herrschen rund ums Jahr 14 °C, darum sollte man einen Pullover mitbringen. Die Höhle erreicht man, indem man von I-5 an der Ausfahrt Shasta Caverns Rd abfährt, etwa 15 Meilen (24 km) nach Norden Richtung Redding fährt und dann noch 1,5 Meilen (2 km) den Schildern folgt.

Schlafen & Essen

Rund um den See gibt es Campingplätze für Wanderer sowie Wohnmobilparks. Eine andere überaus beliebte Übernachtungsmöglichkeit sind Hausboote. Für die meisten Hausboote ist ein Mindestaufenthalt von zwei Nächten erforderlich. Reservieren sollte man so früh wie möglich, vor allem im Sommer. In den meisten Booten können 10 bis 16 Erwachsene übernachten, pro Woche kostet das 1400 bis 8400 US$.

Die Wohnmobil-Parks sind oft überfüllt und bieten kaum Schatten, dafür gibt's aber Restaurants. Wer die Gegend nur auf einem Tagesausflug erkunden will, übernachtet am besten in Redding (S. 293).

Campingplätze des US Forest Service (USFS) CAMPING
(☎877-444-6777; www.reserveusa.com; Stellplatz Zelt 6–26 US$) Etwa die Hälfte der USFS-Campingplätze rund um den See sind ganzjährig geöffnet. Die vielen Seitenarme des See bieten eine große Vielfalt an Campingmöglichkeiten mit See- und mit Bergblick, einige liegen auch sehr abgeschieden. Bei der Vergabe der kostenlosen Bootsanlegeplätze gilt das Motte „Wer zuerst kommt, mahlt zuerst". Für das Zelten außerhalb der offiziellen Campingplätze benötigt man von Mai bis Oktober ein Campfire Permit, das kostenlos in jedem Büro des USFS erhältlich ist.

Holiday Harbor Resort HAUSBOOTE & CAMPING
(☎530-238-2383; www.lakeshasta.com; Holiday Harbor Rd; Stellplatz Zelt & Wohnmobil 36 US$, Hausboot für 2 Nächte ab 920 US$;) Dies ist in erster Linie ein Campingplatz für Wohnmobile, außerdem werden hier Hausboote vermietet. Die geschäftige Marina bietet zudem Parasailing an und vermietet Boote zum Angeln. Am Ufer ist ein kleines **Café** (8–15 Uhr). Man erreicht die Anlage über die Shasta Caverns Rd, die am See verläuft.

Antlers RV Park & Campground CAMPING & HÜTTEN
(☎530-238-2322; www.shastalakevacations.com; 20679 Antlers Rd; Stellplatz Zelt & Wohnmobil 17–35 US$, Hütte ab 179 US$;) Dieser familienfreundliche Campingplatz mit Hütten, einem Laden und einer Marina, die Wasserfahrzeuge und Hausboote verleiht, liegt in Lakehead am Nordende des Sees, östlich der I-5.

Lakeshore Inn & RV CAMPING
(☎530-238-2003; www.shastacamping.com; 20483 Lakeshore Dr; Stellplatz Wohnmobil 20–33 US$, Hütte ab 95 US$;) Dieser Ferienpark auf der Westseite der I-5 hat ein Restaurant und eine Kneipe, ein Horseshoe-Spielfeld (zum Hufeisenwerfen) und einfache Hütten.

MT. LASSEN & UMGEBUNG

Die dramatischen Felsen, vulkanische Formationen und Bergseen des Lassen Volcanic National Park wirken angesichts der Tatsache, dass sie nur ein paar Stunden von der Bay Area entfernt liegen, erstaunlich unberührt. Fast den ganzen Winter über ist der Park eingeschneit, doch im Spätfrühling beginnt er zu blühen. Er liegt nur 50 Meilen (80 km) von Redding entfernt und lässt sich daher problemlos auf einem Tagesausflug besuchen. Doch um ihm wirklich gerecht zu werden, sollte man sich ein paar Tage Zeit lassen, um das Gebiet auf den durch malerische Landschaften führenden Straßen zu erkunden. Vom Lassen Volcanic National Park aus gibt es zwei sehr reizvolle Routen: den Hwy 36, der Richtung Osten an Chester, Lake Almanor und dem historischen Susanville vorbeiführt, und den Hwy 89, der nach Südosten zur gemütlichen Bergstadt Quincy führt.

Lassen Volcanic National Park

Das trockene, schwelende, baumlose Gelände innerhalb dieses fast 43 000 ha großen Nationalparks bildet einen überwältigenden Kontrast zu den kühlen, grünen Nadelwäldern ringsum. Zumindest im Sommer, denn im Winter sorgt tonnenweise Schnee dafür, dass niemand weit in den Park hineingelangt. Wenn man vom südöstlichen Eingang in den Park kommt, befindet man sich plötzlich in einer anderen Welt. Die Lavalandschaft bietet einen faszinierenden Einblick in den feurigen Kern der Erde. Das

Lassen Volcanic National Park

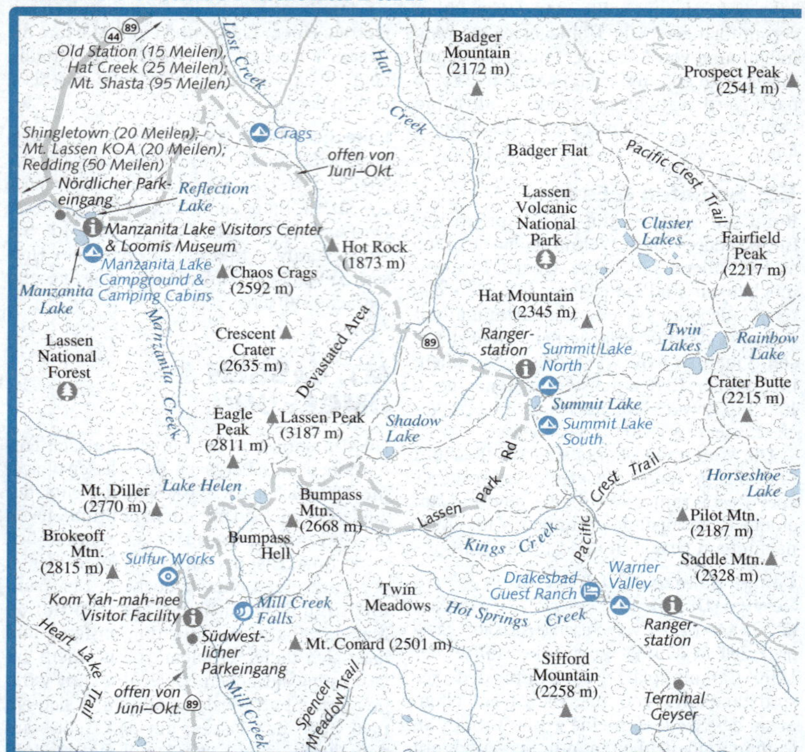

Gelände ist ein dampfendes Spektakel mit brodelnden heißen Quellen, qualmenden Schlammlöchern, giftigen Schwefelschloten, Fumarolen, Lavaströmen, Schlackenkegeln und Kraterseen.

Früher war diese Region das Sommerlager und der Treffpunkt der Indianerstämme Atsugewi, Yana, Yahi und Maidu. Sie jagten Wild und sammelten Pflanzen, um daraus Körbe zu machen. Einige Indianer leben noch in der Nähe und arbeiten eng mit der Parkverwaltung zusammen, um Besucher über ihre Geschichte und ihre heutige Kultur aufzuklären.

Sehenswertes & Aktivitäten

Lassen Peak, der größte Lavadom-Vulkan der Welt, erhebt sich 3187 m über den Meeresspiegel und thront 610 m über seiner Umgebung. Er ist als aktiver Vulkan klassifiziert. Die jüngste Eruption fand 1917 statt, als der Vulkan eine riesige Wolke aus Rauch, Dampf und Asche 11 km hinauf in die Atmosphäre spie. Im darauffolgenden Jahr wurde der Nationalpark geschaffen, um die neu entstandene Landschaft zu schützen. Einige Bereiche wurden durch den Ausbruch zerstört, darunter das passend benannte **Devastated Area**, ein wahrhaftig „verwüstetes Gebiet" nordöstlich vom Lassen Peak. Es ist möglich, auf dem **Lassen Peak Trail**, an dem seit einiger Zeit gearbeitet wird, zum Gipfel zu wandern – vor dem Aufstieg sollte man aber mit den Rangern sprechen. Die leichte, 2 km lange Teilstrecke hinauf zum Aussichtspunkt Grandview ist für Familien geeignet. Der Panoramablick vom Gipfel ist einfach überwältigend, selbst wenn das Wetter ein bisschen dunstig ist.

Der Hwy 89 führt durch den Park und windet sich an drei Seiten um den Lassen Peak herum. Die Straße bietet Zugang zu einigen dramatischen geothermalen Formationen, glasklaren Seen, herrlichen Picknickplätzen und abgelegenen Wanderwegen.

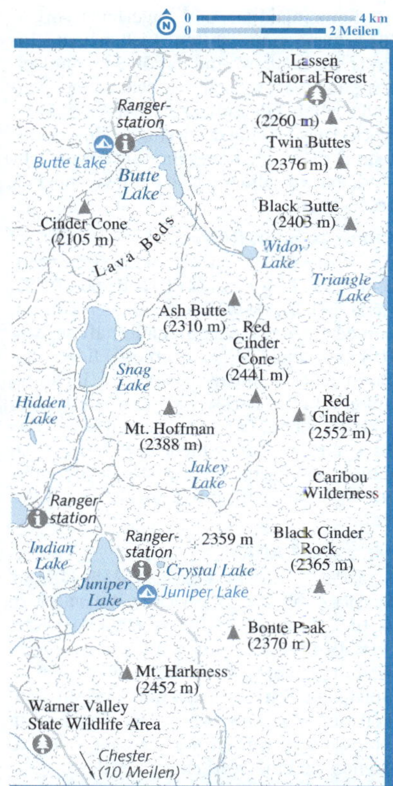

Alles in allem gibt es im Park 214 km **Wanderwege**, darunter einen 27 km langen Abschnitt des Pacific Crest Trail. Erfahrene Wanderer können den Lassen Peak Trail in Angriff nehmen; die 8 km lange Rundwanderung dauert mindestens 4½ Stunden. Zu Beginn der Saison benötigt man Schnee- und Eiskletterausrüstung, um den Gipfel zu erreichen. In der Nähe der Kom Yah-mah-nee Visitor Facility führt ein knapp 4 km langer Weg durch Wiesen und Wälder zu den **Mill Creek Falls**. Weiter nördlich liegen die **Sulfur Works** am Hwy 89, erkennbar an ihren blubbernden Schlammtümpeln, fauchenden Dampflöchern, Fontänen und Fumarolen. Bei **Bumpass Hell** führt ein relativ leichter 2,4 km langer Wanderweg zu einem aktiven geothermalen Gebiet mit Seen in bizarren Farben und wogenden Dampfwolken.

Die Straße und die Wege verlaufen zwischen Schlackenkegeln, Lava und üppigen Berglichtungen mit Aussichten auf den Juniper Lake, den Snag Lake und die Ebenen dahinter. Die meisten höher gelegenen Seen sind auch im Sommer noch teilweise zugefroren und sehen sehr malerisch aus. Der **Manzanita Lake**, ein etwas tiefer gelegenes Juwel in der Nähe des Nordeingangs, lädt ein zum angeln, schwimmen oder Boot fahren.

Schlafen & Essen

Wer von Norden auf dem Hwy 89 zum Lassen Volcanic National Park kommt, wird hinter Mt. Shasta City nicht mehr viele Schilder für Tankstellen, Essen und Übernachtungen sehen. Am besten ist es, sich unterwegs mit Vorräten einzudecken und auf Campingplätzen zu übernachten.

Im Park gibt es acht ausgebaute **Campingplätze** (☎877-444-6777; www.recreation.gov; Stellplatz Zelt & Wohnmobil 10–18 US$), und rings um den Park im Lassen National Forest noch etliche mehr. Die Campingplätze im Park sind (abhängig von den Schneeverhältnissen) von Ende Mai bis Ende Oktober geöffnet. Manzanita Lake ist der einzige mit warmen Duschen, doch die beiden Campingplätze am Summit Lake in der Mitte des Parks sind auch sehr beliebt. Reservierungen sind nur für Butte Lake in der nordöstlichen Ecke des Parks, Manzanita Lake im Nordwesten, Summit Lake North und Summit Lake South möglich.

Wer nicht campen will, findet die nächste Unterkunft in Chester (S. 304) vor dem südlichen Parkeingang. In der Nähe der Stelle, wo sich der Hwy 88 und der Hwy 44 trennen, gibt's einige einfache Dienstleistungsangebote.

NORDEINGANG DES PARKS

Manzanita Lake Camping Cabins HÜTTEN & CAMPING

(☎Winter 530-200-4578, Sommer 530-335-7557; www.lassenrecreation.com; Hwy 89, Nähe Manzanita Lake; Stellplatz Zelt & Wohnmobil 18 US$, Zi. 57–81 US$;) Diese neu gebauten Holzhütten liegen wunderschön an einem der Seen des Nationalparks. Es gibt Hütten mit einem und zwei Schlafzimmern und etwas schlichtere mit Etagenbetten, die für Gruppen ein Schnäppchen sind. Alle haben Bärenkisten und Feuerstellen. Wer die rustikaleren Freuden des Parks erleben will, kann im Voraus ein „Camper Package" buchen, das die wichtigsten Dinge für eine Nacht unter den Sternen beinhaltet (ab 100 US$, einschließlich eines S'mores-Kits).

ÜBER DEN SCHNEE BESCHEID WISSEN

Die Ranger erzählen Geschichten von bedauernswerten Besuchern, die mit ihren Wohnmobilen quer durch die Region fahren, nur um festzustellen, dass die Straßen im Lassen Volcanic National Park unpassierbar sind – dem sollte man vorbeugen. Die Straße durch den Park ist normalerweise von Juni bis Oktober geöffnet, es ist aber auch schon vorgekommen, dass sie wegen Schnee (bis zu 12 m) im Juli geschlossen war. Reisende sollten vorher anrufen oder die Webseite des Parks besuchen (www.nps.gov/lavo; „Current Conditions" anklicken), um sich über die aktuellen Wetterbedingungen zu informieren, bevor man einen Besuch des Parks außerhalb der einzigen sicher schneelosen Monate August und September plant. Eine langsame Schneeschmelze oder ein außergewöhnlicher Sturm können zu jeder anderen Zeit des Jahres dazu führen, dass wichtige Teile des Parks geschlossen sind.

Hat Creek Resort & RV Park HÜTTEN, CAMPING

(☎800-568-0109; www.hatcreekresortrv.com; 12533 Hwy 44/89; Stellplatz Zelt & Wohnmobil mit/ohne Anschlüsse 22/39 US$, Zi. 90–180 US$;) Die Old Station außerhalb des Parks ist eine ordentliche Unterkunft vor dem Parkbesuch und eine gute zweite Wahl nach den Manzanita Lake Camping Cabins. Sie liegt an einem schnell fließenden Bach voller Forellen. Die einfachen Motelzimmer haben komplett ausgestattete Küchen. Im Mini-Markt und im Feinkostladen kann man sich mit Vorräten eindecken und dann an einem Picknicktisch am Fluss essen.

SÜDEINGANG DES PARKS

Drakesbad Guest Ranch RANCH

(☎530-529-1512, Durchwahl 120; www.drakesbad.com; Warner Valley Rd; Zi. 176–190 UD$/Pers.; ⏲Juni–Anfang Okt.;) 17 Meilen (27 km) westlich von Chester und innerhalb der Südgrenze des Parks liegt diese wunderbare, entlegene Ranch. Viele Besucher sind begeisterte Stammgäste. Sie können im aus heißen Quellen gespeisten Swimmingpool schwimmen oder reiten. Außer im Haupthaus gibt es keinen Strom, doch die Kerosinlampen und Lagerfeuer sorgen für einen zauberhaften Lichtschein. Im Preis inbegriffen sind ländliche Mahlzeiten (auch vegetarisches Essen ist möglich) und Grillabende am Lagerfeuer jeden Mittwoch. Dies ist eine der wenigen Unterkünfte in der Region, die regelmäßig ausgebucht sind, darum sollte man so früh wie möglich reservieren.

Childs Meadow Resort HÜTTEN

(☎530-595-3383; www.childsmeadowresort.com; 41500 E Hwy 36, Mill Creek; DZ 60–70 US$, Hütte 75–150 US$;) Die rustikalen Hütten, von denen einige eher an dauerhaft geparkte Wohnmobil-Trailer erinnern, liegen am Rand einer wunderbar üppigen Lichtung außerhalb des Parks, 9 Meilen (14 km) vom südwestlichen Parkeingang entfernt. Das Ritz darf man hier nicht erwarten, es ist eine altmodische, sehr rustikale Berghütte, doch sie liegt günstig in der Nähe des Parks.

Mt. Lassen KOA CAMPING

(☎530-474-3133; www.koa.com; 7749 KOA Rd; Stellplatz Zelt 28 US$, Stellplatz Wohnmobil ab 40 US$, Hütten 57–140 US$; ⏲Mitte März–Nov.;) Hier kann man alle Standardeinrichtungen von KOA-Zeltplätzen genießen: Spielplatz, Feinkostladen und eine Möglichkeit zum Wäschewaschen. Der Platz liegt in Shingletown unweit des Hwy 44, etwa 20 Meilen (32 km) westlich vom Park.

Praktische Informationen

Besucher erhalten sowohl am Nord- als auch am Südwesteingang eine kostenlose Karte mit allgemeinen Informationen.

Kom Yah-mah-nee Visitor Facility (☎530-595-4480; ⏲Juni–Sept. 9–18 Uhr, Okt.–Mai wechselnde Öffnungszeiten) Etwa 800 m nördlich vom Südwesteingang des Parks befindet sich dieses neue Center, das vom US Green Building Council mit dem höchsten Standard zertifiziert wurde. Drinnen gibt's lehrreiche Ausstellungsstücke (darunter ein cooles Vulkanmodell), einen Buchladen, einen Vortragssaal, einen Souvenirladen und ein Restaurant. Es gibt Besucherinformationen und Karten.

Manzanita Lake Visitors Center & Loomis Museum (☎530-595-4480; ⏲Juni–Sept. 9–17 Uhr) Gleich hinter der Eintrittsgebühren-Station an der Nordgrenze des Parks befindet sich dieses Museum, das verschiedene Ausstellungsstücke und ein Orientierungsvideo zeigt. Im Sommer leiten Ranger und Freiwillige Veranstaltungen zu Geologie, Tieren und Pflanzen, Astronomie und zur örtlichen Kultur. Es gibt Besucherinformationen und Karten.

Park Headquarters (☎530-595-4444; www.nps.gov/lavo; 38050 Hwy 36; ⊙Juni–Sept. tgl. 8–16.30 Uhr, Okt.–Mai nur Mo–Fr) Liegt etwa 1 Meile (1,6 km) westlich der winzigen Stadt Mineral und bietet die nächstgelegene Möglichkeit, um zu tanken und die Vorräte wieder aufzufüllen.

An- Weiterreise

Es ist so gut wie unmöglich, diesen Park ohne ein Auto zu besuchen. Angesichts der vielen zweispurigen Straßen rund um den Park und den zahlreichen kostenlosen Zeltplätze des National Forest ist aber auch eine tolle, wenn auch ziemlich anstrengende Radtour denkbar.

Der Park hat zwei Eingänge. Der Nordeingang beim Manzanita Lake liegt 50 Meilen (80 km) östlich von Redding; man erreicht ihn über den Hwy 44. Der Südwesteingang liegt am Hwy 89, etwa 5 Meilen (8 km) nördlich von der Kreuzung mit dem Hwy 36. Von dieser Kreuzung sind es Richtung Westen 5 Meilen (8 km) nach Mineral und 44 Meilen (71 km) nach Red Bluff. Richtung Osten erreicht der Hwy 36 nach 25 Meilen (40 km) Chester und nach etwa 60 Meilen (97 km) Susanville. Quincy liegt 65 Meilen (105 km) südöstlich von der Kreuzung mit dem Hwy 89.

Busse von **Mt. Lassen Transit** (☎530-529-2722; www.mtlassentransit.com) fahren zwischen Red Bluff und Susanville (25 US$) und kommen an Mineral (15 US$) vorbei, das dem Park am nächsten liegt. Auf den 5 Meilen (8 km) zwischen dem Hwy 36 und dem Parkeingang gibt es keine öffentlichen Verkehrsmittel. Man kann vorher im Park anrufen, um eine Abholung zu arrangieren.

Lassen National Forest

Der riesige **Lassen National Forest** (www.fs.fed.us/r5/lassen) rund um den Lassen Peak und den Lassen Volcanic National Park ist beinahe unvorstellbar groß: Er umfasst annähernd 5000 km² Wildnis in einer Region, die „The Crossroads“ (Die Kreuzung) genannt wird und wo sich die Granit-Sierra, die vulkanische Kaskadenkette, das Modoc-Plateau und das Central Valley treffen. Das gesamte Gebiet ist nahezu unberührt, doch wer sich weit genug von den Nebenstraßen rund um den Park wegbewegt, sieht auch Anzeichen für Holzwirtschaft und Bergbauaktivitäten, die noch immer innerhalb seiner Grenzen stattfinden.

Das 740 km große **Wanderwegnetz** im Lassen National Forest bietet etliche herausfordernde Wandermöglichkeiten, vom unglaublich anstrengenden, 120 Meilen (193 km) langen Teilstück des Pacific Crest Trail über anspruchsvolle Tageswanderungen wie dem 12 Meilen (19 km) langen Spencer Meadows National Recreation Trail bis zu gemütlichen kleinen Spaziergängen, z.B. dem 3,5 Meilen (6 km) langen Heart Lake National Recreation Trail. In der Nähe der Kreuzung der Highways 44 und 89 stoßen Besucher auf eine der imposantesten Sehenswürdigkeiten des Lassen National Forest: die rabenschwarze, 550 m lange Lavaröhre der **Subway Cave**. Andere Sehenswürdigkeiten sind der 2,5 km lange vulkanische **Spattercone Crest Trail**, der **Willow Lake** und der **Crater Lake**, der 2342 m hohe **Antelope Peak** und die 274 m hohe, 14 Meilen (23 km) lange Steilwand **Hat Creek Rim**.

Wer die ausgetretenen Pfade komplett verlassen will, findet im Lassen National Forest gleich drei einsame Schutzgebiete: Zwei davon liegen ziemlich hoch, die **Caribou Wilderness** und die **Thousand Lakes Wilderness**; man besucht sie am besten zwischen Mitte Juni und Mitte Oktober. Die **Ishi Wilderness** dagegen liegt sehr viel tiefer in den Gebirgsausläufern des Central Valley östlich von Red Bluff und ist im Frühling und Herbst deutlich angenehmer, denn im Sommer erreichen die Temperaturen hier häufig mehr als 37°C. Die Ishi Wilderness ist der Lebensraum von Kaliforniens größter wandernder Rotwildherde mit bis zu 20000 Tieren.

ABSTECHER

WILD HORSE SANCTUARY

Seit 1978 beherbergt das **Wild Horse Sanctuary** (☎530-335-2241; www.wildhorsesanctuary.com; Shingletown; Eintritt frei; ⊙Mi & Sa 9–16 Uhr) Pferde und Esel, die hier ihr Gnadenbrot bekommen. Das bescheidene Besucherzentrum ist mittwochs und samstags geöffnet. Dann kann man die wunderbaren Tiere sehen oder bei vorherigem Arrangement sogar einen Tag als Freiwilliger hier arbeiten. Wer die Tiere im offenen Gelände erleben möchte, kann im Frühling und Sommer ein zwei- oder dreitägiges Wochenendpaket buchen (ab 435 US$/Pers.). Shingletown liegt 20 Meilen (32 km) westlich vom Lassen Volcanic National Park.

Das Lassen National Forest Supervisor's Office befindet sich in Susanville (S. 306). Weitere Ranger-Büros sind z.B. das **Eagle Lake Ranger District** (530-257-4188; 477-050 Eagle Lake Rd, Susanville), das **Hat Creek Ranger District** (530-336-5521; 43225 E Hwy 299, Fall River Mills) und das **Almanor Ranger District** (530-258-2141; 900 E Hwy 36, Chester), etwa 1 Meile (1,6 km) westlich von Chester.

Lake Almanor & Umgebung

Der ruhige, türkisfarbene Lake Almanor liegt südlich vom Lassen Volcanic National Park, man erreicht ihn über die Highways 89 und 36. Dieser von Menschenhand geschaffene See ist ein kristallklares Beispiel der manchmal befremdlich anmutenden kalifornischen Umweltschutz- und Landentwicklungspolitik: Der See wurde von der mittlerweile nicht mehr existierenden Great Western Power Company geschaffen und gehört heute offensichtlich der Pacific Gas & Electric Company. Er ist von üppigen Wiesen und hohen Kiefern umringt und wurde früher kaum besucht. Inzwischen befindet sich in den Hügeln über dem See ein 1200 ha großes Skigebiet, und immer mehr Gebäude werden in der Nähe des Ufers gebaut, während über den See Motorboote rasen.

Die größte Stadt in der Nähe des Sees, Chester (2500 Ew., Höhe 1380 m), ist ein bisschen angenehmer als die langweiligen Kleinstädte der Gegend. Auf den ersten Blick scheint es zwar, als sei es eine genauso öde Stadt mit ein paar Blocks der immer gleichen Geschäfte am Straßenrand, doch der Schein trügt. Diese stabile kleine Gemeinschaft hat eine florierende Kunstszene, ordentliche Restaurants und ein paar komfortable Unterkünfte zu bieten.

Schlafen & Essen

Die besten Übernachtungsmöglichkeiten für Camper befinden sich im umgebenden National Forest.

CHESTER

An der Hauptstraße von Chester liegen verstreut einige Gästehäuser im Stil der 1950er-Jahre, ein paar Kettenmotels und -hotels (das netteste dieser Hotels ist das ziemlich überteuerte Best Western Rose Quartz Inn). Viele der Unterkünfte sind nur saisonal geöffnet, und an einem Ort, an dem es auch im Juni schneien kann, ist die Saison ziemlich kurz.

St. Bernard Lodge B&B

(530-258-3382; www.stbernardlodge.com; 44801 E Hwy 36, Mill Creek; DZ mit Gemeinschaftsbad 99 US$;) Dieses charmante, altmodische B&B liegt 10 Meilen (16 km) westlich von Chester in Mill Creek und hat

PANORAMASTRASSEN: LASSEN SCENIC BYWAY

Selbst im Hochsommer sind die ruhigen Nebenstraßen des Lassen Scenic Byway fast menschenleer. Die lange Rundfahrt durch Nordkalifornien führt am Rand des Lassen Volcanic National Park (S. 299) vorbei und umkreist den Lassen Peak (S. 300), einen der größten schlafenden Vulkane der Welt. Die Strecke führt vor allem durch die grünen Flecken auf der Landkarte, große Gebiete, die sich wunderbar zum Wandern, Angeln, Campen oder einfach zum Nichtstun eignen. Nur wenige kommen hierher, und wer es tut, hat hinterher viel zu erzählen.

Ausgangspunkte für diese Rundfahrt können sowohl Redding (S. 293) als auch Sacramento (S. 361) sein, unterwegs gibt es aber kaum Annehmlichkeiten für Reisende. Die einzigen Städte in dieser Ecke sind kleine Orte wie Chester (S. 304) und Susanville (S. 306). Diese Orte sind nicht besonders interessant, bieten aber die Möglichkeit, noch mal aufzutanken, sich mit Beef Jerky einzudecken und die einzige warme Mahlzeit der Woche zu essen. Doch die eigentlichen Sehenswürdigkeiten sind rundum weithin sichtbar: der Unheil verkündende schlafende Vulkangipfel Lassen Peak, die windgepeitschten Hochebenen und die scheinbar endlose Wildnis des Lassen National Forest und des Plumas National Forest.

Die Rundfahrt führt über die Highways 36, 44 und 89. Auf der Webseite www.byways.org/explore/byways/2195 gibt's eine Karte und ein paar Fotos der Highlights. Am besten unternimmt man die Fahrt zwischen Ende Juni und Mitte Oktober. Zu anderen Zeiten können einige Straßen wegen Schnee geschlossen sein.

sieben Zimmer mit Frühstück und Aussicht auf die Berge und Wälder. Alle haben rustikale Kiefernwände und auf den Betten liegen Steppdecken. Zum B&B gehören Ställe – wer reiten möchte, kann einfach aufs Pferd steigen das nahe gelegene Wegenetz des Lassen benutzen. Auch das Gasthaus ist gut, es serviert fleischlastige amerikanische Mittags- und Abendmahlzeiten.

Bidwell House B&B B&B
(☎530-258-3338; www.bidwellhouse.com; 1 Main St; Zi. mit Gemeinschaftsbad 85 US$, Zi. mit eigenem Bad 115–165 US$, Cottage 175 US$; 📶) Das historische Sommerhaus der Pioniere John und Annie Bidwell ist mit Antiquitäten vollgestopft. Die klassische Unterkunft, die ein Stück von der Straße zurückgesetzt liegt, hat alle modernen Annehmlichkeiten (einige Zimmer haben sogar ein Spa) und ist das Gegenstück zur rauen Wildnis. Es gibt ein dreigängiges Frühstück, selbstgebackene Kekse und nachmittags Sherry.

Cinnamon Teal Inn FERIENHAUS
(☎530-258-3993; www.cinnamontealinn.net; 227 Feather River Dr; Zi. ab 140 US$) Hier kann man ein Zimmer oder das ganze Haus mieten. Das kleine Cottage auf dem Grundstück bietet eine noch privatere Übernachtungsmöglichkeit, die für drei Personen perfekt ist. Vom Garten aus gibt es einen Zugang zum Fluss. Die holzverkleideten Zimmer haben alle flauschige Federbetten, und zum Cottage gehört eine komplette Küche. Es liegt einen halben Block von der Hauptstraße entfernt.

LP TIPP **Red Onion Grill** NEU-AMERIKANISCH
(www.redoniongrill.com; 384 Main St; Mahlzeiten 10–25 US$; ⏲11–21 Uhr) Die gehobene neue amerikanische Küche im zweifellos besten Restaurant der Stadt zeigt deutliche italienische Einflüsse (z.B. die einfach zubereitete Felsgarnele und die Krabben Alfredo), und die Bargerichte sind mit echter Verve zubereitet. Die Atmosphäre ist mit den Wandlaternen und einem knisternden Feuer leger und fröhlich gehalten, und dank der besten Weinkarte der Stadt wird es noch gemütlicher.

Knotbumper Restaurant AMERIKANISCH
(274 Main St; Mahlzeiten 8–10 US$; ⏲Di–Sa 11–20 Uhr) Im Knotbumper werden wohl nur wenige das denkwürdigste Mahl ihres Lebens essen, doch hier gibt es eine umfangreiche Karte mit Feinkostgerichten, darunter Tamale-Pasteten, Sandwiches mit Garnelensalat und andere Gerichte der unterschiedlichsten Herkunft. An Sommertagen kann man auf der belebten Terrasse vor dem Haus essen und die Trucks vorüberfahren sehen. Im Winter ist hier praktisch komplett geschlossen.

RUND UM DEN SEE

Im Sommer sollte man die Unterkünfte im Voraus buchen. In den Ferienanlagen gibts Restaurants.

Staatliche Campingplätze CAMPING
(☎Reservierungen 877-444-6777; www.reserveusa.com; Stellplatz Zelt 12–20 US$) Diese Campingplätze liegen in der Umgebung des Lassen National Forest und des Plumas National Forest am Südwestufer des Sees. Die Stellplätze hier sind oft ruhiger als die der auf Wohnmobile ausgerichteten privaten Campingplätze, die direkt am See liegen. Sehr beliebt zum Zelten und für Wohnmobile ist der **Rocky Point Campground** direkt am Ufer – einige Stellplätze befinden sich praktisch direkt am Strand. Etwas abgelegener ist der **Cool Springs Campground** an dem kleinen Stausee Butt Valley Reservoir. Er liegt am Südende des Sees, am Ende der Prattville Butt Reservoir Rd.

North Shore Campground HÜTTEN, CAMPING
(☎530-258-3376; www.northshorecampground.com; Stellplatz Zelt 35 US$, Stellplatz Wohnmobil 39–51 US$, Hütten 150–230 US$; 📶) Diese große, bewaldete Anlage liegt 2 Meilen (3 km) östlich von Chester am Hwy 36 und zieht sich eine Meile am Wasser entlang, allerdings stehen hier vorwiegend Wohnmobile. Die Hütten im Ranch-Stil haben eine komplett ausgestattete Küche und sind gut für Familien geeignet. Hier ist es schön, wenn man den ganzen Tag auf dem See Wasserski fahren will, doch wer Einsamkeit in der Natur sucht, ist hier fehl am Platze.

Knotty Pine Resort & Marina HÜTTEN
(☎530-596-3348; www.knottypine.net; 430 Peninsula Dr; Stellplatz Wohnmobil 175 US$/Woche, Hütte mit 2 Schlafzimmern und Küche 155 US$, Zi. 195 US$; 🐕) Diese Ferienanlage mit komplettem Service bietet einfache Hütten sowie Boot-, Kajak- und Kanuverleih. Sie liegt 7 Meilen (11 km) östlich von Chester.

ℹ Praktische Informationen

An vielen Orten rund um den See werden Boote und Wassersportausrüstung vermietet.

Bodfish Bicycles & Quiet Mountain Sports
(☎530-258-2338; www.bodfishbicycles.com;

152 Main St, Chester) Dieser Ausrüster vermietet Fahrräder (40 US$/Tag), Langlaufskier und Schneeschuhe und verkauft Kanus und Kajaks. Er hat tolle Tipps zu Mountainbike- und Fahrradtouren parat. Wer nur einen kleinen Vorgeschmack auf die wunderbaren Touren in diesem Teil des Staates bekommen will, sollte unbedingt herkommen.

Chester & Lake Almanor Chamber of Commerce (☎530-258-2426; www.chester-lake almanor.com; 529 Main St, Chester; ⊙Mo–Fr 9–16 Uhr) Informationen zu Unterkünften und Freizeitmöglichkeiten für das Gebiet um den See, den Lassen National Forest und den Lassen Volcanic National Park.

Lassen National Forest Almanor Ranger Station (☎530-258-2141; 900 E Hwy 36; ⊙Mo–Fr 8–16.30 Uhr) Ca. 1 Meile (1,6 km) westlich von Chester, bietet ähnliche Infos wie die Chamber of Commerce.

Susanville

Der Verwaltungssitz von Lassen County (17974 Ew.) liegt zwar auf einem hübschen Wüstenhochplateau, doch eine besonders charmante Stadt ist Susanville nicht, sondern eher eine Versorgungsstation mit einem Wal-Mart, ein paar Verkehrsampeln und zwei Gefängnissen. Sie ist kein eigentliches Touristenziel, versorgt aber Durchreisende mit dem Wichtigsten. Susanville liegt 35 Meilen (56 km) östlich vom Lake Almanor und 85 Meilen (137 km) nordwestlich von Reno – immerhin wartet die Stadt mit einigen bescheidenen historischen Stätten auf. In der Zeitschrift *Outdoor Life* landete sie zwar auf Platz 29 als Ort für Angler und Jäger, doch für die meisten Besucher wird sie nur ein Zwischenstopp auf dem Weg zu anderen Zielen sein. Die beste Veranstaltung der Stadt ist die **Lassen County Fair** (☎530-251-8900; www.lassencountyfair.org), die im Juli stattfindet.

Die **Lassen County Chamber of Commerce** (☎530-257-4323; www.lassencounty chamber.org; 84 N Lassen St; ⊙Mo–Fr 9–16 Uhr) hat Informationen zum Besuch der Stadt, das **Lassen National Forest Supervisor's Office** (☎530-257-2151; 2550 Riverside Dr; ⊙Mo–Fr 8–16.30 Uhr) hält Karten und Freizeitinformationen für Touren in die Wildnis ringsum bereit.

Das **Susanville Railroad Depot** liegt südlich der Main St nahe der Weatherlow Street neben dem Endpunkt des Bizz Johnson Trail (s. Kasten S. 307). Das **Visitors Center** (☎530-257-3252; 601 Richmond Rd; ⊙Mai–Okt. 10–16 Uhr) verleiht Fahrräder und hat Broschüren zu Mountainbike-Trails in der Gegend.

Roop's Fort (erbaut 1853), das älteste Gebäude der Stadt, wurde nach dem Gründer von Susanville, Isaac Roop, benannt. Das Fort war ein Handelsposten auf dem Nobles Trail, einer kalifornischen Emigrantenroute. Die Stadt selbst wurde nach Roops Tochter Susan benannt. Neben dem Fort steht das neu erbaute **Lassen Historical Museum** (75 N Weatherlow St; Eintritt gegen Spende; ⊙Mai–Okt. Mo–Fr 10–16 Uhr), das gut präsentierte Ausstellungen mit Kleidung und Erinnerungsstücken aus der Gegend zeigt und einen 20-minütigen Besuch lohnt.

Die Motels an der Main St sind alle nichts Besonderes und kosten durchschnittlich 50 bis 75 US$ pro Nacht. Mehr Charakter hat das **Roseberry House B&B** (☎530-257-5675; www.roseberryhouse.com; 609 North St; Zi/Suite 110/135 US$; 🅿). Das süße viktorianische Haus aus dem Jahr 1902 liegt zwei Blocks nördlich der Main St. Markante Betten und Kleiderschränke aus dunklem Holz sind mit reichlich Rosenknospen und Rüschen kombiniert, hinzu kommen nette kleine Extras wie Badesalz und Süßigkeiten. Morgens werden die Gäste von Richard, einem gelernten Koch, mit einem großen Frühstück inklusive hausgemachter Muffins und Marmelade verwöhnt.

Wer ein einfaches, schnelles Mittag- oder Abendessen möchte, geht am besten ins hervorragende **Happy Garden** (1960 Main St; Hauptgerichte 6–13 US$; ⊙11–19 Uhr). Hier gibt's dampfende Nudelgerichte und einen großen Mittagsteller einschließlich Suppe, Frühlingsrolle und Reis für 7 US$. Das ordentliche chinesische Essen wird in einem hellen, zentral gelegenen ehemaligen Diner serviert.

Die zweite Möglichkeit, essen zu gehen, ist das historische **Pioneer Café** (724 Main St), die älteste überlebende Kneipe an der Main St. Seit 1862 war hier immer irgendein Saloon; heute ist es eine Kombination aus Bar, Billardraum und billigem Restaurant. Zum Zeitpunkt der Recherche war es aber geschlossen.

Busse von **Mt. Lassen Transit** (☎530-529-2722) fahren von montags bis samstags um 8.30 Uhr in Red Bluff ab (25 US$, 4½ Std.) und um 14 Uhr von Susanville aus zurück. Die **Susanville City Buses** (☎530-252-7433) machen eine Runde durch die Stadt (Fahrpreis 1 US$).

Eagle Lake

Wer genug Zeit hat, den weiten Weg hinaus zum Eagle Lake, dem zweitgrößten natürlichen See Kaliforniens, zurückzulegen, wird mit einer der bemerkenswertesten Sehenswürdigkeit der Region belohnt: einem überwältigend blauen Juwel auf einem Hochplateau. Vom späten Frühling bis in den Herbst zieht dieser schöne See, der etwa 15 Meilen (24 km) nordwestlich von Susanville liegt, vereinzelte Besucher an, die sich hier abkühlen, schwimmen, angeln, Boot fahren und campen wollen. Am Südufer gibt es einen abgelegenen, 8 km langen **Recreational Trail** und mehrere lebhafte **Campingplätze** (☎Reservierungen 877-444-6777; www.recreation.gov; Stellplatz Zelt 20 US$, Stellplatz Wohnmobil 29–33 US$) unter der Verwaltung des Lassen National Forest und des **Bureau of Land Management** (BLM; ☎530-257-5381). Campingplätze für Zelte sind in Merrill, Aspen, Christie und Eagle zu finden. Die meisten sind ziemlich armselig, wenn man bedenkt, wie schön der See ist, doch einige Stellplätze am See in Merrill sind sehr begehrt. In Merrill und Eagle gibt es auch Stellplätze für Wohnmobile. Die **Eagle Lake Marina** (www.eaglelakerecreationarea.com) in der Nähe bietet warme Duschen, Waschmöglichkeiten und Bootsverleih. Sie kann auch beim Erwerb eines Angelscheins helfen.

Sowohl der **Eagle Lake RV Park** (☎530-825-3133; www.eaglelakeandrv.com; 687-125 Palmetto Way; Stellplatz Zelt/Wohnmobil 25/37 US$, Hütten 115–170 US$; 📶) am Westufer als auch das **Mariners Resort** (☎530-825-3333; Stones Landing; Stellplatz Wohnmobil 37–40 US$, Hütten 115–185 US$) am ruhigeren Nordufer verleihen Boote.

Quincy

Das idyllische Quincy (1738 Ew.) ist eine der drei Bergstädte der Northern Mountains, die kurz davor sind, den offiziellen Status als Stadt zu erreichen (die anderen beiden sind Burney im Shasta County und Weaverville). Quincy ist keine Großstadt, doch es hat einen großen Lebensmittelladen und zwei der drei Fastfoodketten-Restaurants des Plumas County. Quincy liegt südöstlich vom Lassen Volcanic National Park und vom Lake Alamanor in einem hoch gelegenen Tal in der nördlichen Sierra und ist über den Hwy 89 zu erreichen. Es ist ein reizendes Städtchen, dem die Studenten des örtlichen Feather River College etwas Schwung verleihen. Der Ort ist eine gute Ausgangsbasis für den Feather River, den Plumas National Forest, den Tahoe National Forest und die vielen landschaftlich schönen Gebiete in der Umgebung.

Der Hwy 70/89 teilt sich in der Stadt in zwei Einbahnstraßen: Der Verkehr auf der Main St führt nach Osten, der auf der Lawrence Street nach Westen. Die Jackson Street verläuft einen Block südlich parallel zur Main St und ist eine weitere Hauptstraße. Diese drei Straße bilden das bescheidene Geschäftsviertel der Stadt, fast alles von Interesse befindet sich hier oder ganz in der Nähe.

ABSTECHER

WESTWOOD & DER BIZZ JOHNSON TRAIL

Ein paar Meilen östlich von Chester liegt Westwood, ein winziges Städtchen, in dem der **Bizz Johnson Trail** beginnt. Der äußerst malerische Weg führt auf einer abgelegenen Route über 25,5 Meilen (41 km) von Westwood nach Susanville. Er war früher Teil einer Bahntrasse der Southern Pacific Railroad, und der heitere, frei zugängliche Weg mit seinen hölzernen Brücken kann mit dem Mountainbike, dem Pferd und Langlaufskiern zurückgelegt werden (für Motorfahrzeuge verboten). Am besten wählt man die Richtung von Westwood nach Susanville, denn dann geht es überwiegend bergab. Führer zum Weg gibt's bei der Chamber of Commerce in Chester (S. 306) und beim Susanville Railroad Depot (S. 306).

Sehenswertes & Aktivitäten

Im Visitor Center gibt's kostenlose Broschüren für Wanderungen und Autofahrten durch das wunderbare umliegende **American Valley**. Der Feather River Scenic Byway (Hwy 70) führt in die Sierra. Im Sommer eignet sich das eisige Wasser des **Feather River**, der dem Plumas County seinen Namen gab (*plumas* ist das spanische Wort für Federn), hervorragend zum Schwimmen, Kajakfahren, Angeln und Tubing (dabei treibt man in einem großen Reifenschlauch den Fluss hinunter). Die Gegend ist auch ein Paradies für Wintersportaktivitäten, besonders die Umgebung des Bucks Lake (S. 310).

Plumas County Museum MUSEUM
(www.plumasmuseum.org; 500 Jackson St, bei der Coburn St; Erw./Kind 2/1 US$; ⊙Di–Sa 9–16.30 Uhr; 👪) Dieses hervorragende Museum mit mehreren Etagen liegt in dem Block hinter dem Gerichtsgebäude. Es hat einen blühenden Garten und zeigt Hunderte historische Fotos und Ausstellungsstücke aus den Tagen der Pioniere und des Maidu-Volkes, aus den Anfangszeiten der Bergbau- und Holzindustrie im County und vom Bau der Western Pacific Railroad. Im Gegensatz zu vielen anderen städtischen Museen in den Northern Mountains ist es hier gar nicht so einfach, in einer Stunde alles zu sehen.

Plumas County Courthouse HISTORISCHES GEBÄUDE
(Main St) Das Innere des 1921 erbauten Plumas County Courthouse am westlichen Ende der Main St beeindruckt mit riesigen Säulen und Treppen aus Marmor und einem 1 t schweren Kronleuchter aus Bronze und Glas in der Lobby.

Sierra Mountain Sports OUTDOORAKTIVITÄTEN
(www.sierramountainsports.net; 501 W Main St) Gegenüber vom Gerichtsgebäude, verleiht Langlaufskiausrüstung und Schneeschuhe.

Big Daddy's Guide Service ANGELTOUREN
(www.bigdaddyfishing.com) Captain Bryan Roccucci ist der Big Daddy, denn er ist der einzige Angelführer in Nordkalifornien. Er kennt die Seen gut und leitet Touren für alle Niveaus (ab 150 US$/Pers.).

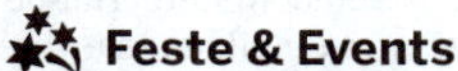

Feste & Events

LP TIPP High Sierra Music Festival MUSIK
(www.highsierramusic.com) Am ersten Juliwochenende findet im ruhigen Quincy dieses lebhafte Festival statt, das in ganz Kalifornien bekannt ist. Bei dem viertägigen Spektakel wird auf fünf Bühnen eine bunte Mischung aus Kunst und Musik vieler Stilrichtungen geboten, besonders Indie-Rock, klassischer Blues, Folk und Jazz. Zu den amerikanischen Künstlern, die hier auftreten, gehören die Band My Morning Jacket, Gillian Welch, der frühere Saxophonist von James Brown, Maceo Parker sowie Neko Case. Der eine oder andere griesgrämige Einwohner mag es zwar als Hippie-Festival bezeichnen, doch im Vergleich zu anderen wirklich alternativen Festivals in Nordkalifornien ist es ziemlich brav. Wer beim Festival dabei sein will, sollte ein Zimmer oder einen Zelt-Stellplatz mehrere Monate im Voraus reservieren. Eine Alternative für all jene, die nicht im National Forest in der Nähe zelten wollen, ist das eine Stunde entfernte Susanville (S. 306), hier gibt es die meisten Zimmer.

Schlafen

LP TIPP Quincy Courtyard Suites FERIENHAUS
(☎530-283-1401; www.quincycourtyardsuites.com; 436 Main St; Apt. 129–159 US$; 📶) Es ist einfach eine Freude, in dem schön renovierten Clinch Building aus dem Jahr 1908 mit Blick auf die kleine Hauptstraße von Quincys Downtown zu übernachten. Die freundlich dekorierten Zimmer sind modern ohne überflüssigen Schnickschnack und die Apartments haben geräumige, moderne Küchen, frei stehende Badewannen und Gaskamine.

Feather Bed B&B B&B
(☎530-283-0102; www.featherbed-inn.com; 542 Jackson St, an der Court St; DZ ab 150 US$, Cottages 179–190 US$; 👪) Gleich hinter dem Gerichtsgebäude liegt dieses rosafarbene im Queen-Anne-Stil erbaute Haus aus dem Jahr 1893. Es ist voller Antiquitäten und Niedlichkeiten – auf jedem der mit Steppdecken bedeckten Betten sitzt z. B. ein Teddybär (nur ein Zeichen für die Familienfreundlichkeit des B&Bs). Die Gebäude belegen einen ganzen Block mit viel Rasen und großen alten Bäumen. Die liebenswürdigen Gastgeber servieren nachmittags Tee mit Keksen und ein tolles Frühstück (frische Frucht-Smoothies, Eier und Würstchen). Die Gäste können Fahrräder ausleihen. Das Cottage ist behindertengerecht.

Feather River Canyon Campgrounds CAMPING
(☎Reservierungen 877-444-6777; www.recreation.gov; Stellplatz Zelt & Wohnmobil 15–20 US$) Die Campingplätze der Region werden vom Mt. Hough Ranger District Office verwaltet. Sie liegen dicht beieinander an der nördlichen Gabelung des Feather River, westlich von Quincy. Fünf sind kostenlos, haben aber auch kein Leitungswasser.

Ada's Place B&B
(☎530-283-1954; www.adasplace.com; 562 Jackson St; Cottages 100–145 US$; 📶) Es wirkt zwar wie ein B&B, trotzdem ist die Bezeichnung irreführend, denn Frühstück gibt es nicht. Das macht aber nichts, da jedes der

drei leuchtend gestrichenen Cottages im Garten eine komplett ausgestattete Küche hat. Die kleine Mehrausgabe für das Ada's Cottage lohnt sich, denn durch das Skylight wirkt es sehr offen. Ada's Place ist ruhig und bietet viel Privatsphäre sowie eine DSL-Internetverbindung.

Pine Hill Motel MOTEL
(☎530-283-1670; www.pinehillmotel.com; 42075 Hwy 70; EZ/DZ/Hütte ab 59/75/150 US$; ❄📶) Dieses kleine Hotel liegt eine Meile westlich vom Zentrum Quincys. Es wird von einer ganzen Armee von Statuen geschützt und ist von einem großen Rasen umgeben. Die Wohneinheiten sind nichts Besonderes, doch sie sind sauber und werden regelmäßig renoviert. In jeder gibt es eine Mikrowelle, eine Kaffeemaschine und einen Kühlschrank, einige Hütten haben komplette Küchen.

Greenhorn Guest Ranch RANCH
(☎800-334-6939; www.greenhornranch.com; 2116 Greenhorn Ranch Rd; pro Tag inkl. Ausritte ab 290 US$/Pers.; ⏱Mai–Okt.;) Keine „Ferienranch", sondern eine Ranch für echte Gäste – hier misten sie nicht den Stall aus, sondern bekommen Ausritte auf Bergwegen und Reitunterricht geboten und lernen sogar ein wenig Rodeo-Reiten. Andere Aktivitäten sind Angeln, Wandern, Square Dance, abendliche Lagerfeuer, Grillpartys und Froschrennen. Das Ganze ist quasi die Cowboyversion der Ferienanlage aus dem Film *Dirty Dancing*. Falls der Preis etwas hoch erscheint – alle Mahlzeiten und das Reiten sind inklusive.

Essen & Ausgehen

Quincy ist eine guter Ort um sich vor dem Aufbruch in die Wildnis noch mal mit Vorräten einzudecken. Es gibt ein paar gute Restaurants, einen großen Lebensmittelladen und einen weitläufigen **Farmers Market** (Ecke Church St & Main Street; ⏱Mitte Juli–Mitte Sept. Do 17–20 Uhr).

Café Le Coq FRANZÖSISCH
(☎530-283-0114; www.cafelecoq.biz; 189 Main St; Festpreismenü Mittagessen/Abendessen 17/32 US$; ⏱Mo–Mi 11.30–13.30 & Di–Sa 17–20 Uhr) Der französische Besitzer und Koch Michel LeCoq liebt sein süßes kleines viktorianisches Restaurant. Bei einem gemächlichen (ganz und gar französischen) Mittagessen kommt er aus der Küche, um die Specials zu erläutern (das Festpreismittagessen für 10 US$ ist ein absolutes Schnäppchen), gibt die richtigen Empfehlungen, kocht das gewünschte Essen und erkundigt sich, wie es schmeckt. Die köstlichen französischen Gourmetmahlzeiten, darunter selbstgeräucherte Wurstwaren, werden in einem gemütlichen Speisebereich oder im Sommer auf der rings ums Haus führenden Terrasse serviert.

Pangaea Café & Pub CAFÉ
(www.pangaeapub.com; 461 W Main St; Hauptgerichte 8–12 US$; ⏱Mo–Do 11–21, Fr bis 22 Uhr @📶) Dieses bodenständige Café wirkt sofort vertraut, wie ein Fremder, den man zu kennen glaubt. Die Tatsache, dass hier überwiegend Produkte örtlicher Farmer verwendet werden, macht es noch liebenswerter. Die Spezialität sind Panini in vielen leckeren, überwiegend vegetarischen Kombinationen. Auch die Bierkarte weist einige interessante Sorten auf. In der kleinen Nische hinten steht ein Computer und an den meisten Wochenenden gibt's hier Livemusik.

Morning Thunder Café FRÜHSTÜCK
(557 Lawrence St; Mahlzeiten 9–15 US$; ⏱7–14 Uhr;) Dieses gemütliche und hippe Cafe ist die beste Adresse der Stadt zum Frühstücken. Die von Weinlaub beschattete Terrasse ist ein wunderbarer Ort, um den Tag zu beginnen. Die Karte ist überwiegend, aber nicht ausschließlich vegetarisch. Empfehlenswert: die „Vegetaters", geröstete Gemüse und Kartoffeln unter reichlich Käse, das „Thunder Melt" mit Hühnchen und Avocado und das „Drunken Pig", eine wunderbare Kombination aus leckerem Schweinefleisch und Ananas.

Moon's ITALIENISCH
(☎530-283-0765; 497 Lawrence St; Hauptgerichte 11–24 US$; ⏱Di–So 17–20.30 Uhr) Um in dieses einladende kleine Chalet mit seinem charmanten Ambiente zu kommen, folgt man einfach dem Knoblauchduft. Hier gibt's erstklassige Steaks und italienisch-amerikanische Klassiker, z. B. hervorragende Pizza und reichhaltige Lasagne.

Sweet Lorraine's KALIFORNISCH
(384 Main St; Mahlzeiten 12–22 US$; ⏱Mo–Fr mittags, Mo–Sa abends) An einem warmen Tag oder besser noch Abend ist die kleine Terrasse besonders reizend. Auf der Karte steht leichte kalifornische Küche (Fisch, Geflügel, Suppen und Salate), doch das Lorraine's ist auch für seine preisgekrönten St. Louis Ribs bekannt. Der Whiskey-Brotpudding ist der perfekte Nachtisch.

Drunk Brush WEINBAR (www.facebook.com/TheDrunkBrush; 438 Main St) In der charmanten kleinen Hof-Weinbar gibt es 25 Wein- und ein paar Biersorten sowie leckere Appetizer-Kombinationen. Die Atmosphäre ist freundlich und hat einen künstlerischen Touch.

Praktische Informationen

Mt. Hough Ranger District Office (☎530-283-0555; 39696 Hwy 70; ⊙Mo–Fr 8–16.30 Uhr) 5 Meilen (8 km) westlich der Stadt. Hat Karten und Infos zu Outdooraktivitäten.

Plumas County Visitors Center (☎530-283-6345; www.plumascounty.org; 550 Crescent St; ⊙Mo–Sa 8–17 Uhr) Eine halbe Meile (800 m) westlich der Stadt.

Plumas National Forest Headquarters (☎530-283-2050; 159 Lawrence St; ⊙ Mo–Fr 8–16.30 Uhr) Hier gibt's Karten und Infos zu Outdooraktivitäten.

Bucks Lake

Dieser klare Bergsee wird von Einheimischen, die ihn kennen, sehr geschätzt. Er ist von Kiefernwald umgeben und eignet sich wunderbar zum Schwimmen, Angeln und Boot fahren. Der See liegt etwa 17 Meilen (27 km) südwestlich von Quincy und ist über die anstrengenden Kurven der Bucks Lake Rd (Hwy 119) zu erreichen. Durch die Region ziehen sich schöne **Wanderwege,** darunter der Pacific Crest Trail, der durch die angrenzende, 8500 ha große Bucks Lake Wilderness im nordwestlichen Teil des Plumas National Forest führt. Im Winter sind die letzten 3 Meilen (5 km) der Bucks Lake Rd wegen des Schnees geschlossen und damit ideal zum Skilanglauf.

Die **Bucks Lake Lodge** (☎530-283-2262; www.buckslakelodge.com; 16525 Bucks Lake Rd; DZ & Hütten 109–119 US$; 🐾) verleiht im Sommer Boote und Angelausrüstung und im Winter Langlaufskier. Das **Restaurant** (Hauptgerichte 7–16 US$) ist bei den Einwohnern beliebt. Das **Haskins Valley Inn** (☎530-283-9667; www.haskinsvalleyinn.com; 1305 Haskins Circle; Zi. ab 149 US$; 📶) ist eigentlich ein B&B direkt am See, das randvoll mit gemütlichen Möbeln, Waldbildern, Whirlpools, Kaminen und einer Terrasse ist. Der Cowboy Room mit Teppichen aus dem Südwesten und schweren hölzernen Bettpfosten ist besonders beliebt.

Die **Campingplätze** (Stellplatz 20–25 US$) sind von Juni bis September geöffnet. Die Stellplätze werden nach Reihenfolge der Ankunft vergeben. Karten gibt es in Quincy (s.S. 307) in den Plumas National Forest Headquarters und in der Ranger Station.

MT. SHASTA & UMGEBUNG

„So allein wie Gott und so weiß wie der Wintermond, so erhebt sich der Mount Shasta plötzlich und einsam aus dem Herzen des großen schwarzen Waldes Nordkalifornien", schrieb der Dichter Joaquin Miller beim Anblick dieses wunderschönen Berges. Sein Anblick ist so überwältigend, dass das New-Age-Gerede von seiner Macht als „Energie-Wirbel" nach ein paar Tagen in seinem Schatten beginnt, plausibel zu klingen. Es gibt – je nach Jahreszeit – unzählige Arten, den Berg und den ihn umgebenden Shasta-Trinity National Forest zu erkunden: imAuto auf einer Panoramafahrt oder zu Fuß, mit dem Mountainbike, dem Boot, Skiern oder Schneeschuhen. Am Fuß des Mt. Shasta liegen drei tolle kleine Orte, Dunsmuir, Mt. Shasta City und McCloud. Jeder Ort hat einen ganz eigenen Charakter, doch alle werden von der Atmosphäre der rauen Bergwelt geprägt und bieten erstklassige Restaurants und Unterkünfte. In der ebenso dramatischen Umgebung, nur 6 Meilen (10 km) westlich von Dunsmuir, erheben sich die gezackten Gipfel des Castle Crags.

Nordöstlich vom Mt. Shasta führt eine lange Fahrt zum völlig andersartigen, abgelegenen und schaurig-schönen Lava Beds National Monument, einem mit Blasen bedeckten unfruchtbaren Gebiet aus versteinerter Lava. Im Kontrast dazu stehen die kühlen Feuchtgebiete des Klamath Basin National Wildlife Refuges gleich westlich von Lava Beds.

Weiter östlich weichen die hoch gelegenen Wüstenplateaus den Bergen der nördlichen Sierra. Die Menschen in dieser entlegenen Gegend freuen sich von ganzem Herzen über jeden Besucher, den sie begrüßen können, auch wenn sie sich vielleicht über den Grund des Besuchs wundern.

Mt. Shasta

Der Naturforscher John Muir sah den Mt. Shasta 1874 zum ersten Mal aus 80 km Entfernung. Er war alleine, zu Fuß unterwegs und ziemlich abgekämpft, und trotzdem wurde ihm, wie er selbst sagte, warm ums Herz: Der Anblick gab ihm neue Kraft. Die Schönheit des Mt. Shasta ist wahrhaft berauschend, und je näher man ihm kommt, desto trunkener fühlt man sich. Der Berg dominiert die Landschaft und ist auf über 160 km von vielen Orten Nordkaliforniens und Südoregons aus zu sehen. Obwohl er nicht der höchste Gipfel Kaliforniens ist (mit seinen 4316 m belegt er nur Platz 5), übt der Mt. Shasta doch eine ganz besondere Anziehungskraft aus, so einsam und unangefochten, wie er sich am Horizont erhebt.

Der Mt. Shasta ist ein Teil der gewaltigen vulkanischen Kaskadenkette, zu der auch der Lassen Peak im Süden und die Berge Mt. St. Helens und Mt. Rainier im Norden (im Bundesstaat Washington) gehören. Die heißen Quellen hier deuten darauf hin, dass der Mt. Shasta nur ruht, aber keineswegs erloschen ist. In den 1850er-Jahren trat Rauch aus dem Gipfelkrater aus, aber sein letzter Ausbruch fand vor etwa 200 Jahren statt. Der Berg besteht aus zwei Kegeln: Der Krater des Hauptkegels hat einen Durchmesser von etwa 183 m, der des jüngeren und nicht so hohen Kegels an der Westflanke, der Shastina genannt wird, ist ungefähr 800 m breit.

Wanderwege verlaufen über den Berg und durch den angrenzenden **Shasta-Trinity National Forest** (www.fs.fed.us/r5/shastatrinity), und überall stößt man auf Bergseen. Man kann hier mühelos Tage oder gar Wochen mit Campen, Wandern, River-Rafting, Skifahren, Mountainbike fahren und Bootfahren zubringen.

Die Geschichte der ersten Siedler ist eine traurige Familiengeschichte: Als in den 1820er-Jahren europäische Pelzjäger in dieses Gebiet kamen, fanden sie mehrere Eingeborenenstämme vor, darunter die Shasta, die Karok, die Klamath, die Modoc, die Wintu und die Achumawi. Im Jahr 1851 waren im Zuge des Goldrauschs schon unzählige Goldgräber hier angekommen. Sie überrollten diesen Ort und zerstörten das traditionelle Leben der Stämme und rotteten jene beinahe aus. Später schwemmte die eben fertig gestellte Eisenbahnlinie viele Arbeiter herein und exportierte Holz für die boomende Bauholzindustrie. Mt. Shasta City (damals wurde es Sisson genannt), die einzige Stadt, in der offiziell Alkohol verkauft werden durfte, wurde für die Holz-

arbeiter zum unzüchtigen, vergnüglichen Treffpunkt schlechthin.

Die Holzfäller wurden mittlerweile von mittelalten Esoterikern und Outdoor-Sportlern abgelöst, da die Hänge eine direkte Wirkung auf die Abenteurer und Mystiker haben: Die Suchenden werden von den kosmischen Kräften angezogen, die man dem Gipfel zuspricht. Im Jahr 1987 versammelten sich hier etwa 5000 Gläubige aus aller Welt zur berühmten „Harmonischen Konvergenz", einer gemeinsamen Meditation für den Frieden. Die Verehrung des Berges ist nicht neu – die Ureinwohner haben ihn jahrhundertelang als heilig verehrt, da er für sie der Wigwam des Großen Geistes ist.

Viele Besucher nutzen Redding (S. 293) als Ausgangsbasis, denn dort gibt's viele Kettenhotels entlang des Highways, aber Mt. Shasta City (S. 313) bietet den besten Mix aus Bequemlichkeit, Wert und Charakter. In allen Bergorten gibt's zufriedenstellende Restaurants – allerdings empfiehlt es sich, immer mal wieder auf mitgenommenene Snacks zurückzugreifen, denn man braucht viel Zeit, um über die kurvenreichen Straßen aus den Wäldern zu den Restaurants zu gelangen.

Sehenswertes & Aktivitäten

DER BERG

Der Everitt Memorial Hwy (Hwy A10) führt fast bis ganz hinauf zum Gipfel und bietet zu jeder Jahrzeit wunderbare Aussichten. Man nimmt die Lake St im Zentrum von Mt. Shasta City Richtung Osten, biegt am Washington Dr links ab und fährt immer geradeaus. Am geschäftigen **Bunny Flat** (2090 m) mit Parkplätzen, Infotafeln und einer Toilette beginnen der Weg zum Horse Camp und die Avalanche Gulch Summit Route. Der Straßenabschnitt hinter Bunny Flat ist nur etwa von Mitte Juni bis Oktober geöffnet, je nach den Schneeverhältnissen, doch bei klarer Sicht lohnt sich der Besuch. Diese Straße führt zur **Lower Panther Meadow**, wo Wege vom Campingplatz zu einer heiligen Quelle der Wintu führen; sie liegt in den oberen Wiesen in der Nähe des Parkplatzes **Old Ski Bowl** (2377 m). Kurz danach erreicht man das Highlight der Fahrt, den **Everitt Vista Point** (2408 m). Von hier aus führt ein kurzer Naturlehrpfad vom Parkplatz zu einem von einer Steinmauer umgebenen Felsvorsprung. Von diesem Felsvorsprung eröffnen sich großartige Aussichten zum Lassen Peak im Süden, zum Mt. Eddy und den Marble Mountains im Westen und ins Strawberry Valley tief unten.

Die Besteigung des Gipfels sollte man zwischen Mai und September unternehmen, am besten im Frühling oder Frühsommer, denn dann liegt auf dem Südhang noch genug weicher Schnee, um auf der nicht präparierten Route Halt zu finden. Das Wetter ist zwar häufig unbeständig und der Wind kann unglaublich stark sein, trotzdem kann man den Hin- und Rückweg theoretisch an einem Tag bewältigen, wobei mit mindestens zwölf Stunden reiner Gehzeit zu rechnen ist. Angenehmer ist es, sich mindestens zwei Tage Zeit zu nehmen und auf dem Berg zu übernachten. Wie lange man wirklich braucht, hängt von der gewählten Route, der eigenen Kondition und dem Wetter ab (aufgezeichnete Wetterinformationen erhält man beim Forest Service Mt. Shasta Climbing Advisory unter ☎530-926-9613).

Die Wanderung von Bunny Flat zum Gipfel folgt der **Avalanche Gulch Route**. Der Weg ist nur etwa 7 Meilen (11 km) lang, doch er überwindet mehr als 2100 Höhenmeter, darum ist die Höhenakklimatisation sehr wichtig. Selbst geübte Wanderer werden schnell außer Atem kommen. Die Route erfordert zudem Steigeisen, eine Eisaxt und einen Helm. All das kann man vor Ort ausleihen. Bergrutsche sind eine zusätzliche Gefahr, auch wenn sie nur selten vorkommen. Um den Gipfel ohne Ausrüstung zu erreichen, gibt es nur eine Alternative, die **Clear Creek Route**, die an der Ostseite des Berges beginnt. Im Spätsommer kann man diese Route meist in normalen Wanderschuhen bewältigen, es gibt aber loses Geröll, und man sollte eine Übernachtung auf dem Berg einplanen. Neulinge sollten sich an die Mt. Shasta Ranger Station wenden, sie hat eine Liste mit zur Verfügung stehenden Wanderführern.

Für den Aufstieg oberhalb der Höhe von 3050 m wird eine Gebühr fällig: Ein Summit Pass für drei Tage kostet 20 US$, ein Jahrespass 30 US$. Genaueres erfährt man in der Ranger Station. Für jeden Ausflug in die Wildnis benötigt man eine kostenlose Wilderness Permit, ob nun auf den Berg oder in die Umgebung.

Mt. Shasta Board & Ski Park WINTERSPORT
(☎Schneebericht 530-926-8686; www.skipark.com; Tagesliftticket Erw./Kind 39/20 US$; ⏲Do–Sa 9–21, So–Di 9–16 Uhr) Am Südhang des Mt. Shasta, nicht weit vom Hwy 89 in Richtung McCloud, liegt dieser Ski- und Snowboard-Park, der im Winter je nach Schneeverhältnissen geöffnet ist. Der Park zieht sich über 425 Höhenmeter und bietet mehr als 20 Abfahrten und 18 Meilen (29 km) Langlaufloipen, die besonders für Anfänger und fortgeschrittene Anfänger geeignet sind und eine gute Alternative zu den vollen Hängen rund um den Lake Tahoe darstellen. Hier kann man auch Ausrüstung leihen, Unterricht nehmen und nach speziellen Wochenpreisen fragen. Der Park ist die größte Nachtskianlage in Nordkalifornien. Es gibt viele preiswerte Optionen, um einen halben Tag oder nur eine Nacht Ski zu fahren, was besonders bei Vollmond zauberhaft sein kann.

Im Sommer finden im Park manchmal Mountainbike-Events statt.

DIE SEEN

In der Nähe des Mt. Shasta gibt's eine Reihe unberührter Bergseen. Manche sind nur über nicht befestigte Straßen oder zu Fuß erreichbar und sind daher eine perfekte Möglichkeit, sich dem Trubel zu entziehen.

Der Mt. Shasta City am nächsten liegende See ist zugleich der größte in der Gegend: **Lake Siskiyou**. Er liegt 2,5 Meilen (4 km) südwestlich der Stadt auf der Old Stage Rd, von der aus man auch in die 61 m tiefe Schlucht des **Box Canyon Dam** spähen kann. Weitere 7 Meilen (11 km) bergaufwärts, südwestlich des Lake Siskiyou auf der Castle Lake Rd, liegt der **Castle Lake**, ein unberührtes Juwel, das von Granitformationen und Pinienwäldern umgeben ist. Schwimmen, Angeln, Picknicken und kostenloses Campen sind hier im Sommer sehr beliebt. Im Winter kann man auf dem See Schlittschuh laufen. **Lake Shastina**, etwa 15 Meilen (24 km) nordwestlich der Stadt (am Hwy 97), ist ebenfalls eine Perle.

Praktische Informationen

Die touristische Hochsaison umfasst den Zeitraum vom Memorial Day (letzter Mo im Mai) bis zum Labor Day (1. Mo im Sept.) sowie die Wochenenden während der Skisaison (Ende Nov. bis Mitte April). Die Ranger Station und das Visitor Center sind in Mt. Shasta City (S. 313).

Mt. Shasta City

Kein Ort, ganz egal wie reizend – und Mt. Shasta City (3394 Ew.) *ist* reizend! –, könnte es mit der Schönheit der umgebenden Natur aufnehmen. Verständlicherweise pilgern die meisten Besucher nicht hierher, um die Fischaufzuchtstation zu besichtigen, sondern des Berges wegen. Aber auch der Ortskern selbst hat eine nette Atmosphäre: Man kann Stunden damit zubringen, in Buchläden, Galerien und Boutiquen herumzustöbern.

Sehenswertes & Aktivitäten

Wer auf eigene Faust wandern gehen will, sollte zunächst bei der Ranger Station oder dem Visitor Center vorbeigehen, um die ausgezeichneten kostenlosen Wanderführer mitzunehmen, u.a. für mehrere Zugangspunkte am **Pacific Crest Trail**. Die prächtige **Black Butte**, ein markanter, baumloser schwarzer Vulkankegel, steigt über 900 m in die Höhe. Der 2,5 Meilen (4 km) lange Weg zum Gipfel dauert hin und zurück mindestens 2½ Stunden. Er ist steil, an manchen Stellen sehr steinig und es gibt keinen Schatten und kein Wasser, darum sollte man ihn nicht an einem heißen Sommertag gehen. Unterwegs sind gute Schuhe mit dicken Sohlen oder Wanderstiefel und viel Wasser wichtig. Eine einfachere Wanderung ist der 10 Meilen (16 km) lange **Sisson-Callahan National Recreation Trail**. Der teilweise asphaltierte Weg bietet wunderbare Blicke auf den Mt. Shasta und die zerklüfteten Castle Crags und folgt einer historischen Route, die in der Mitte des 19. Jhs. von Goldsuchern, Trappern und Rinderfarmern angelegt wurde, um die Bergbaustadt Callahan mit der Stadt Sisson, dem heutigen Mt. Shasta City, zu verbinden.

Mt. Shasta City Park & Sacramento River Headwaters PARK
(Nixon Rd) Etwa eine Meile (1,6 km) nördlich vom Stadtzentrum abseits des Mt Shasta Blvd entspringt in einer großen, kühlen Quelle gurgelnd der Sacramento River aus dem Boden. Klarer kann Wasser gar nicht sein – eine Flasche mitbringen und trinken. Im Park gibt's auch Spazierwege, Sportplätze und einen Spielplatz.

Sisson Museum MUSEUM
(www.mountshastasissonmuseum.org; 1 Old Stage Rd; Eintritt 1 US$; ⌚Juni–Sept. Mo–Sa 10–16, So 13–16 Uhr, Okt.–Dez. Fr–So 13–16 Uhr, April & Mai tgl. 13–16 Uhr) Das frühere Hauptquartier der Fischaufzucht liegt eine halbe Meile (800 m) westlich vom Freeway und ist voll mit kuriosen Ausstellungsstücken aus der Bergsteigerwelt und alten Fotos. Die Wechselausstellungen beschäftigen sich mit geologischer und menschlicher Geschichte, doch manchmal werden auch die Arbeiten örtlicher Künstler gezeigt. Daneben befindet sich die älteste noch betriebene Fischaufzuchtstation des Westens. In den Teichen draußen wimmelt es von Tausenden Regenbogenforellen, die später in Seen und in Flüssen ausgesetzt werden.

Shastice Park SCHLITTSCHUHLAUFEN, SKATEN
(www.msrec.org; Erw./Kind 10/5; Ecke Rockfellow & Adams Drs; ⌚Mo–Do 10–17, Fr & Sa 10–21, So 13.30–17 Uhr) Diese riesige Eislaufbahn östlich vom Zentrum ist im Winter zum Schlittschuhlaufen und an Sommerwochenenden zum Inlineskaten geöffnet.

River Dancers Rafting & Kayaking RUDERN
(☎530-926-3517; www.riverdancers.com; 302 Terry Lynn Ave) Das hervorragende Unternehmen wird von aktiven Umweltschützern geleitet. Sie veranstalten ein- bis fünftägige

Wildwasser-Raftingtouren auf den Flüssen der Gegend: Klamath, Sacramento, Salmon, Trinity und Scott. Die Preise beginnen bei 75 US$ für einen halben Tag auf dem Sacramento River in der Nähe.

Shasta Mountain Guides KLETTERN
(www.shastaguides.com) Bietet zweitägige Besteigungen des Mt. Shasta zwischen April und September inklusive aller Ausrüstung und Mahlzeiten für um die 500 US$. Die erfahrenen Bergsteiger sind seit 30 Jahren in Shasta tätig.

Shasta Valley Balloons BALLONFAHRTEN
(☎530-926-3612; 316 Pony Trail; Fahrten 200 US$) Bei der Fahrt im Heißluftballon über der Gegend werden Träume wahr.

Kurse

Osprey Outdoors Kayak School KAJAKFAHREN
(www.ospreykayak.com; 2925 Cantara Loop Rd) Der Besitzer und Lehrer Michael Kirwin hat sich mit seinen guten Kursen auf hoch gelegenen Seen und Flüssen einen Ruf erworben. Pro Tag und Erwachsenem sollte man mit 80 bis 100 US$ rechnen.

Mt. Shasta Mountaineering School KLETTERN
(www.swsmtns.com; 210a E Lake St) Bietet verschiedene Kurse für ernsthafte Bergsteiger (und die, die zumindest so aussehen). Eine zweitägige Gipfelbesteigung des Mt. Shasta kostet 450 US$.

Geführte Touren

Die Besteigung des Mt. Shasta erfordert zwar keine geführte Tour, doch wer dies vorzieht, findet jede Menge Anbieter. Informationen zur Gipfelbesteigung auf eigene Faust siehe S. 312.

Shasta Vortex Adventures SPIRITUELL
(www.shastavortex.com; 400 Chestnut St) Ein einzigartiges Outdoor-Erlebnis am Mt. Shasta bietet Shasta Vortex mit umweltfreundlichen Touren, bei denen die spirituelle Reise genauso wichtig ist wie die physische. Im Mittelpunkt der Trips stehen geführte Meditationen und eine Erkundung der metaphysischen Macht des Berges. Ganztägige Touren für zwei Personen kosten 456 US$, bei größeren Gruppen wird es ein kleines bisschen billiger.

Schlafen

In Shasta gibt's die ganze Palette – von rustikalem Camping bis zu noblen B&Bs im Boutique-Stil. Wer eine gehobene Unterkunft möchte, reserviert besser deutlich im voraus, besonders an Wochenenden und Feiertagen sowie während der Skisaison.

Camping & Hütten

Das Campingangebot in der Gegend ist hervorragend, und das Visitor Center hat genaue Infos zu den mehr als 20 Campingplätzen rund um den Mt. Shasta. Bei der Mt. Shasta Ranger Station und der McCloud Ranger Station kann man sich über die USFS-Campingplätze in diesem Gebiet informieren. In der Nähe vieler Bergseen ist das Zelten erlaubt, vorausgesetzt, man hält mindestens 61 m Abstand zum Wasser und besorgt sich bei einer Ranger Station eine kostenlose Campfire Permit. Am Castle Lake (1966 m) und am Gumboot Lake (1829 m) gibt es die Möglichkeit, sein Zelt kostenlos aufzustellen (Trinkwasser muss selbst gereinigt werden), die Stellplätze sind aber im Winter geschlossen. Der hübsche Toad Lake (2151 m), der 18 Meilen (29 km) von Mt. Shasta City entfernt liegt, ist zwar kein ausgewiesenes Campinggebiet, das Zelten ist aber erlaubt, solange man die Regeln befolgt. Man erreicht ihn über eine 11 Meilen (18 km) lange Schotterstraße (Fahrzeug mit Allradantrieb empfehlenswert), die letzten 400 m muss man laufen.

LP TIPP **Historic Lookout & Cabin Rentals** HÜTTEN
(☎530-994-2184; www.fs.fed.us/r5/shastatrinity; bis zu 4 Pers. ab 35 US$) Wo könnte das schlichte Leben in der Natur stilvoller sein als in einem der restaurierten Feuerwachtürme an den Hängen des Little Mt. Hoffman oder der Girard Ridge? Sie wurden zwischen den 1920er- und 1940er-Jahren gebaut, haben Panoramaaussichten, sind mit Liegen, Tischen und Stühlen ausgestattet und bieten vier Personen Platz. Auf der Webseite des National Forest gibt's eine Liste.

Panther Meadows CAMPING
(Stellplatz Zelt kostenlos) Die zehn Stellplätze für Zelte (kein Trinkwasser) befinden sich an der Baumgrenze direkt am Fuß des Berges. Sie liegen einige Meilen oberhalb der anderen Unterkünfte, sind aber über den Everitt Memorial Hwy leicht zu erreichen. Keine Reservierungen – am besten ist man früh da.

McBride Springs CAMPING
(Stellplatz Zelt 10 US$) In diesem Campingplatz für Zelte, den man über den Everitt

ABSTECHER

WEED & STEWART MINERAL SPRINGS

Gleich außerhalb von Weed liegen die **Stewart Mineral Springs** (☎530-938-2222; www.stewartmineralsprings.com; 4617 Stewart Springs Rd; Mineralbad 28 US$, Sauna 18 US$; ⊙So–Mi 10–18, Do–Sa bis 19 Uhr), eine beliebte alternative (d. h. Bekleidung ist freiwillig) Thermalquelle am Ufer eines klaren Bergflusses. Die Leute aus der Gegend kommen für einen Tag, Besucher von weither manchmal für Wochen. Henry Stewart gründete das Bad hier 1875, nachdem ihn Indianer hier wieder auf die Beine gebracht hatten, als er dem Tode nahe war. Er schrieb seine Genesung den gesundheitsfördernden Eigenschaften des mineralienhaltigen Wassers zu, das den Körper entgiften soll.

Heute kann man sich in einer privaten frei stehenden Badewanne einweichen lassen oder in der Trockensauna schwitzen. Weitere verlockende Möglichkeiten sind Massagen, Ganzkörperpackungen, Meditation, eine indianische Schwitzhütte und eine Sonnenterrasse am Fluss. Am besten ruft man vorher an, um sicherzugehen, dass in den Einrichtungen Platz ist, besonders an den gut besuchten Wochenenden. Restaurants und **Unterkünfte** (Stellplatz Zelt & Wohnmobil 35 US$, Tipis 45 US$, Zi. 65–85 US$) sind ebenfalls vorhanden. Um herzukommen, fährt man auf der I-5 von Mt. Shasta City 10 Meilen (16 km) nach Norden, vorbei an Weed bis zur Ausfahrt Edgewoode, biegt dann links in die Stewart Springs Rd ein und folgt der Ausschilderung.

Wenn man schon in der Gegend ist, kann man auf den **Mt. Shasta Lavender Farms** (www.mtshastalavenderfarms.com) seine anderen Sinne verwöhnen lassen. Sie liegt 16 Meilen (26 km) nordwestlich von Weed in der Nähe des Highways A12 an der Harry Cash Rd. Während der Blütezeit im Juni und Juli kann man hier seinen eigenen süßen französischen Lavendel pflücken. Oder man trinkt in der **Weed Mt. Shasta Brewing Company** (www.weedales.com; 360 College Ave, Weed) den köstlichen Porter. Aber Vorsicht: Das schwere, bernsteinfarbene Indian Pale Ale Mountain High ist zwar köstlich, hat aber mit 7 % auch eine ganze Menge Alkohol.

Memorial Hwy erreicht, gibt es fließendes Wasser und Toilettenhäuschen, aber keine Duschen. Er liegt in der Nähe des Meilenmarkers 4 auf 1524 m Höhe. Ein Traumplatz ist es nicht, denn eine Wurzelkrankheit tötete vor kurzem viele der schattenspendenden Kolorado-Tannen, doch er liegt sehr praktisch. Am besten kommt man gleich morgens, um sich einen Stellplatz zu sichern (keine Reservierungen).

Horse Camp BERGHÜTTE
(mit/ohne Zelt 3/5 US$/Pers.) Diese Berghütte aus dem Jahr 1923 wird vom Sierra Club geführt. Von Bunny Flat führt eine 2 Meilen (3 km) lange Wanderung zu ihr hinauf. Das steinerne Gebäude und die Lage auf 2438 m Höhe sind zauberhaft. Die Hütte ist nur von Mai bis September mit einem Hausmeister besetzt.

Lake Siskiyou Camp-Resort WOHNMOBILPARK
(☎530-926-2618; www.lakesis.com; 4239 WA Barr Rd; Stellplatz Zelt/Wohnmobil 20/29 US$, Hütten 100–145 US$; 🐾) Am Ufer des Lake Siskiyou versteckt sich dieser weitläufige Platz, der an ein Sommerlager erinnert (es gibt eine Spielhalle und einen Eisstand) und nicht gerade rustikal ist. Er bietet einen Strand und den Verleih von Kajaks Kanus, Angel- und Paddelbooten. Viele Annehmlichkeiten machen ihn zu einer guten Option für Familien, die mit dem Wohnmobil unterwegs sind.

B&Bs, Hotels & Motels

Am S Mt. Shasta Blvd liegen viele moderne Hotels. Alle haben Whirlpools und WLAN, in der Hauptsaison kosten die Zimmer zwischen 60 und 140 US$. Viele der Hotels wurden in den 1950er-Jahren gebaut und die Preisunterschiede beziehen sich vor allem darauf, wie lange die letzte Renovierung zurückliegt. Viele Motels bieten im Winter ermäßigte Skipakete und ganzjährig günstigere Preise außerhalb der Wochenenden.

LP TIPP **Shasta MountInn** B&B
(☎530-926-1810; www.shastamountinn.com; 203 Birch St; Zi. ohne/mit Kamin 130/175 US$; @📶) Nur von außen wirkt dieses frische viktorianische Farmhaus alt, innen ist es in entspanntem Minimalismus, kräftigen Farben und mit eleganter Dekoration gestaltet. Die luftigen Zimmer haben alle Designer-Matratzen und bieten wunderbare Ausblicke auf den leuchtenden Berg. Gäs-

te können sich im großen Garten, auf der ums Haus führenden Terrasse und in der Sauna im Freien erholen. Und wer immer noch nicht entspannt ist, setzt sich in eine der perfekt platzierten Hollywoodschaukeln oder gönnt sich eine Massage vor Ort.

Dream Inn B&B
(☎530-926-1536; www.dreaminnmtshastacity.com; 326 Chestnut St; Zi. mit Gemeinschaftsbad 80–110 US$, Suite 120–160 US$; @📶) Dieses B&B im Zentrum besteht aus zwei Häusern: Eines ist ein akribisch gepflegtes viktorianisches Cottage mit viel sorgfältig ausgewähltem Schnickschnack, das andere ein zweistöckiges Haus im spanischen Stil mit massiven Möbeln aus unbehandeltem Holz und ohne Krimskrams. Zwischen beiden liegt ein Rosengarten mit einem Koi-Teich. Ein deftiges Frühstück ist inklusive.

Finlandia Motel MOTEL
(☎530-926-5596; www.finlandiamotel.com; 1612 S Mt. Shasta Blvd; Zi. 60–120 US$, mit Küche 89–150 US$) Ein hervorragendes Angebot. Die Standardzimmer sind, wie Standardzimmer eben so sind: sauber und einfach. Die Suiten mit ihren gewölbten Holzdecken und dem Blick auf die Berge erinnern ein wenig an Berghütten. Es gibt einen Whirlpool im Freien und nach Anmeldung kann man die Finnische Sauna benutzen.

Woodsman Cabins & Lodge MOTEL
(☎530-926-3411; 1121 S Mt. Shasta Blvd; Zi. 89–139 US$; ❄📶) Das Woodsman gehört den Besitzern des Strawberry Valley Inn auf der anderen Straßenseite. Es besteht aus mehreren renovierten Gebäuden aus der Mitte des 20. Jhs. und hat einen recht urigen Charakter. Über dem Rezeptionsbereich, der im Winter mit einem offenen Feuer beheizt wird, hängen ausgestopfte Tiere. Zum Zeitpunkt der Recherche war geplant, hier ein legeres Restaurant zu eröffnen.

Strawberry Valley Inn B&B
(☎530-926-2052; 1142 S Mt. Shasta Blvd; DZ ab 139 US$; 📶) Die schlichten Zimmer liegen um einen begrünten Hof und bieten das vertraute Gefühl eines B&Bs ohne die Verpflichtung, sich beim Frühstück mit irgendwelchen netten Frischvermählten unterhalten zu müssen. Ein komplettes vegetarisches Frühstück ist inklusive. Abends gibt's Wein auf Kosten des Hauses.

Mt. Shasta Resort RESORT
(☎530-926-3030; www.mountshastaresort.com; 1000 Siskiyou Lake Blvd; Zi. ab 90 US$, Chalets mit 1/2 Schlafzimmern ab 154/193 US$) Dieses gehobene Golf-Resort und Spa liegt traumhaft außerhalb der Stadt. Die gediegenen, stilvollen Chalets stehen im Wald am Ufer des Lake Siskiyou. Sie sind ein wenig seelenlos, aber tadellos gepflegt; in jedem gibt es eine Küche und einen Gaskamin. Einfache Zimmer befinden sich in der Nähe des Golfplatzes, der einige anspruchsvolle Greens und erstaunliche Blicke auf die Berge aufweist. Auch vom Restaurant aus bieten sich herrliche Ausblicke, hier wird kalifornische Cuisine mit einer großen Steakauswahl serviert.

Evergreen Lodge MOTEL
(☎530-926-2143; www.evergreenlodgemtshasta.com; 1312 S Mt. Shasta Blvd; Zi. 70 US$; ❄🏊) Die preiswertesten Zimmer nach vorne raus sind ein wenig abgewohnt, doch die Zimmer hinten sind neuer und haben hohe Decken und viel Licht. Die kleine Gebühr für die Nutzung der Sauna lohnt sich!

Swiss Holiday Lodge MOTEL
(☎530-926-3446; www.swissholidaylodge.com; 2400 S Mt. Shasta Blvd; DZ 60 US$; ❄📶🏊) Diese Möbel sind nicht einfach alt – sie sind vintage!

Essen

Trendige Restaurants und Cafés kommen und gehen in Shasta wie die Jahreszeiten. Die hier genannten sind bewährt und bei Einwohnern und Besuchern gleichermaßen beliebt. Im Sommer findet am Mt. Shasta Blvd ein **Farmers Market** (⌚Mo 15.30–18 Uhr) statt.

LP TIPP **Trinity Café** KALIFORNISCH
(☎530-926-6200; 622 N Mt. Shasta Blvd; Hauptgerichte 17–28 US$; ⌚Di–Sa 17–21 Uhr) Das Trinity ist seit Langem ein ernsthafter Konkurrent der besten Restaurants der Bay Area. Die aus Napa stammenden Besitzer haben dafür gesorgt, dass im Bistro ein Hauch des Wine Country zu spüren ist und haben auch eine große Auswahl hervorragender Weine im Angebot. Auf der Karte stehen Bio-Gerichte, die von leckeren, perfekt zubereiten Steaks über pikantes gebratenes Hähnchen bis zur Polenta, die innen cremig, außen knusprig ist. Die warmherzige, entspannte Atmosphäre macht das köstliche Erlebnis komplett.

Mount Shasta Pastry BÄCKEREI
(610 S Mt. Shasta Blvd; Hauptgerichte 17–28 US$; ⌚Mo–Sa 6–14.30, So 7–13 Uhr) Wer hier hungrig herkommt, steht schnell vor einer exis-

tenziellen Entscheidung: Soll es die Kartoffel- und Eifrittata mit roter Paprika, Schinken und geschmolzenem Käse sein oder der duftende Frühstücksburrito? Die lockeren Croissants oder die Pfirsichpastete? Tolle Sandwiches und Gourmetpizza gibt's ebenfalls.

Vivify JAPANISCH
(☎530-926-1345; www.vivifyshasta.com; 531 Chestnut St; Mahlzeiten 9–18 US$; ⏲Mi–Mo 17.30–22 Uhr) In Shastas führendem Sushi-Restaurant gibt's zu einer großen Auswahl an Sushi-Rollen Schüsseln mit Udon und Ramen. Doch das Angebot geht weit über die typischen japanischen Delikatessen hinaus, so kann man hier auch leckeres herzhaftes Essen genießen, z.B. Lammkarree von hiesigem Lamm mit Quinoa und Curry, sowie leichte Rohkost- und weizenfreie Gerichte. Da es sehr beliebt ist, wird der Speiseraum schnell voll.

Poncho & Lefkowitz FOOD CART
(401 S Mt Shasta Blvd; Mahlzeiten 4–10 US$; Di–Sa 11–16 Uhr;) Dieser klassische, holzverkleidete Food Cart, eine Art Café auf Rädern, ist von Picknicktischen umgeben und hat Brühwürste, große Teller mit Nachos und vegetarische Burritos im Angebot – eine gute Wahl für einen Imbiss.

Lily's FRÜHSTÜCK
(www.lilysrestaurant.com; 1013 S Mt. Shasta Blvd; Frühstück & Mittagessen Hauptgerichte 9–15 US$, Abendessen Hauptgerichte 15–22 US$; ⏲Mo–Fr 8–16, Sa & So 16–22 Uhr;) In diesem niedlichen weißen Schindelhaus kann man hochwertige kalifornische Küche genießen, z.B. Salate mit asiatischem und mediterranem Touch, frische Sandwiches und alle Arten vegetarischer Speisen. Die Tische im Freien liegen unter einem Spalier mit blühenden Blumen und sind fast immer besetzt, besonders zum Frühstück.

Berryvale Grocery & Deli MARKT
(www.berryvale.com; 305 S Mt. Shasta Blvd; Hauptgerichte 9 US$; ⏲Mo–Sa 8.30–19, So 10–18 Uhr;) In diesem Markt gibt es Lebensmittel und Bioprodukte für Gesundheitsbewusste. Das hervorragende Deli-Café serviert guten Kaffee und eine große Auswahl an vorwiegend vegetarischen Salaten, Sandwiches und Burritos.

Andaman Healthy Thai Cuisine THAI
(313 N Shasta Blvd; Hauptgerichte 8 US$; ⏲Mo, Di, Do & Fr 11–21, Sa & So ab 16 Uhr) Das Essen ist toll, doch die Küche und das Personal kommen bei großem Andrang nicht hinterher. Wenn es voll ist, sollte man also woanders hingehen.

Black Bear Diner DINER
(401 W Lake St; Hauptgerichte 8 US$; ⏲morgens, mittags & abends) Das Diner gehört zu einer Kette mit niedlichem Bären-Thema, liegt ganz dicht am Highway und bietet eine schöne Aussicht.

Ausgehen & Unterhaltung

The Goats Tavern BAR
(www.thegoatmountshasta.com; 107 Chestnut St; ⏲7–18 Uhr;) Für den ersten Drink sollte man diese Bar wählen. Aus den zwölf Hähnen kommen abwechselnd einige der besten Biersorten von Kleinbrauereien des Landes. Dazu passt ein „Wino Burger" mit gepfeffertem Ziegenkäse, dicken Schinkenspeckstreifen und einer eingedickten Rotweinsauce. Ein freundliches Lokal mit umgänglichen Mitarbeitern, mürrischen Stammgästen und einer tollen Sommerterrasse.

Stage Door Coffeehouse & Cabaret LIVEMUSIK
(www.stagedoorcabaret.com; 414 N Mt. Shasta Blvd; ⏲7–18 Uhr, länger bei Veranstaltungen;) Auf der Karte dieser beliebten Café-Bar mit Theater stehen Espresso, Biere aus Kleinbrauereien, Weine und jede Menge vegetarischer Gerichte. Mittwochabends werden hier Arthouse-Filme gezeigt, am Wochenende gibt's Livemusik – von keltischem Punk bis zu Bluegrass.

Has Beans Coffeehouse COFFEESHOP
(www.hasbeans.com; 1011 S Mt. Shasta Blvd; ⏲5.30–19 Uhr; @) In dem gemütlichen kleinen Café gibt's vor Ort gerösteten Biokaffee. Hinten versteckt sich eine Computerecke (Internet 3 US$/Std.). Abends treten manchmal Livemusiker auf.

Shoppen

Wer eine importierte afrikanische Handtrommel, Gebetsfahnen oder einen schönen Kristall sucht, ist hier genau richtig. Im Einkaufsviertel im Zentrum gibt's ein paar süße kleine Boutiquen für diejenigen, die auf spiritueller Suche sind. Sowohl **Village Books** (320 N Mt. Shasta Blvd) als auch **Golden Bough Books** (219 N Mt. Shasta Blvd) und der Laden im Sisson Museum (S. 313).haben faszinierende Bücher über den Mt. Shasta im Angebot, die Themen reichen von Geologie und Wandern bis zu Volkskunde und Mystizismus.

Fifth Season Sports (www.thefifthseason.com; 300 N Mt. Shasta Blvd, bei der Lake St) ist eines der beliebtesten Outdoorgeschäfte der Stadt. Es verleiht Camping-, Bergsteiger- und Backpackerausrüstung, und die Mitarbeiter kennen sich mit dem Berg aus. Die Ausleihe von Klettereisen und einer Eisaxt für drei Tage, um den Gipfel des Mt. Shasta zu erklimmen, kostet 24 US$. Auch Skier, Schneeschuhe und Snowboards werden hier verliehen.

Praktische Informationen

Mt. Shasta Ranger Station (☎530-926-4511; 204 W Alma St; ⏲8–16.30 Uhr) Liegt einen Block westlich vom Mt. Shasta Blvd. Die Ranger-Station erteilt Wilderness Permits sowie Genehmigungen zum Bergsteigen und hat gute Tipps – den aktuellen Wetterbericht und alles, was sonst noch für die Erkundung der Gegend wichtig ist. Außerdem kann man hier topografische Karten kaufen.

Mt. Shasta Visitors Center (☎530-926-4865; www.mtshastachamber.com; 300 Pine St; ⏲Sommer Mo–Sa 9–17.30, So bis 16.30 Uhr, Winter tgl. 10–16 Uhr) Ausführliche Informationen zu Freizeitmöglichkeiten und Unterkünften im ganzen Siskiyou County.

Anreise & Unterwegs vor Ort

Busse von **Greyhound** (www.greyhound.com), die auf der I-5 nach Norden und Süden fahren, halten gegenüber vom Vet's Club (406 N Mt. Shasta Blvd) und am **Depot** (628 S Weed Blvd) in Weed, 8 Meilen (13 km) nördlich an der I-5. Sie fahren u. a. nach Redding (27,50 US$, 1 Std. 20 Min., 3-mal tgl.), Sacramento (63 US$, 5½ Std., 3-mal tgl.) und San Francisco (80,50 US$, 10½ Std., 2- oder 3-mal tgl.).

Der **STAGE Bus** (☎530-842-8295; www.co.siskiyou.ca.us) fährt auf seiner regionalen Route auf der I-5 auch nach Mt. Shasta City (Fahrpreis 1,50–8 US$, je nach Entfernung) sowie an Werktagen mehrmals täglich nach McCloud, Dunsmuir, Weed und Yreka. Weitere Busse fahren ab Yreka (s. S. 332).

Die Tonbandansage der **California Highway Patrol** (CHP; ☎530-842-4438) meldet die Wetter- und Straßenverhältnisse im Siskiyou County.

Dunsmuir

Dunsmuir (1650 Ew.) wurde von der Central Pacific Railroad gebaut und hieß ursprünglich Pusher, nach den „Pusher" genannten Hilfsmaschinen, die die schweren Dampfloks bei starken Steigungen den Berg hinauf schoben. 1886 kam der kanadische Kohlebaron Alexander Dunsmuir nach Pusher und war so verzaubert, dass er den Einwohnern einen Brunnen versprach, wenn sie die Stadt nach ihm benennen würden. Der Brunnen steht heute im Park, man kann hier wunderbar seinen Durst stillen, denn die Einheimischen sagen, sie habe „das beste Wasser der Welt".

Ein passender Name für Dunsmuir wäre auch Phoenix gewesen, denn die Stadt erstand mehrmals wie Phoenix aus der Asche, nachdem sie eine verheerende Katastrophe nach der anderen erlebt hatte: Lawinen, Überflutungen und sogar einen Eisenbahnunfall, bei dem Pestizide austraten und den Fluss verunreinigten. Der Fluss wurde inzwischen längst gesäubert und ist wieder ganz ursprünglich. Die Einwohner haben trotz allem ihre beherzte Haltung nicht verloren, auch wenn heute etliche leere Geschäfte von der größten Gefahr für die Stadt zeugen: der globalen Wirtschaftskrise.

Doch noch lebt hier eine lebendige Truppe von Künstlern, Naturfreunden, Stadtflüchtlingen und hier geborenen Einwohnern, die zu Recht auf die unverdorbenen Flüsse rund um ihren Ort stolz sind. In den Straßen des Zentrums, das einst ein derbes Goldrausch-Viertel mit fünf Saloons und drei Bordellen war, gibt's heute Cafés, Restaurants und Galerien, und der Name der Stadt ist noch immer untrennbar mit der Eisenbahn verbunden.

Sehenswertes & Aktivitäten

Die Chamber of Commerce hat Karten von **Fahrradwegen** und **Badestellen** am Upper Sacramento River.

Ruddle Cottage GALERIE

(www.ruddlecottage.net; 5815 Sacramento Ave; ⏲Mai–Okt. 10–16, Nov.–April 11–16 Uhr) Hinter einem schattigen Garten voller ganz unterschiedlicher Skulpturen liegt die farbenfrohe Galerie von Jayne Bruck-Fryer. Sie wirkt ein bisschen wie aus einem Märchenland. Jede einzelne Arbeit der Künstlerin, ob eine Skulptur oder ein Schmuckstück, wurde aus recycelten Materialien hergestellt. Der hübsche Fisch, der im Fenster hängt? Flusen aus dem Wäschetrockner!

California Theater HISTORISCHES GEBÄUDE

(5741 Dunsmuir Ave) Am nördlichen Ende des Zentrums steht der frühere Stolz der Stadt. In einer Gemeinschaftsaktion der Einwohner wurde dieses lange leerstehende, einst glamouröse Theater restauriert und bekam seine ursprüngliche Pracht zurück. Es wurde 1926 eröffnet und konnte Stars wie Clark Gable, Carole Lombard und die Marx Brothers auf der Bühne begrüßen. Heute finden hier Filmvorführungen, Konzerte sowie Auftritte von Theatergruppen und Comedians statt.

Dunsmuir City Park & Botanical Gardens PARK
(www.dunsmuirparks.org; Eintritt frei; ⌚Sonnenaufgang–Sonnenuntergang) Wenn man auf der kurvigen Dunsmuir Ave Richtung Norden über den Freeway fährt, sollte man auf diesen Park mit seinen Gärten mit einheimischen Pflanzen und einer **historischen Dampflokomotive** davor achten. Ein Waldweg führt von den Gärten am Fluss zu einem kleinen Wasserfall. Die größeren und spektakuläreren Wasserfälle von Dunsmuir sind aber die **Mossbrae Falls**. Diese Fälle erreicht man, indem man von der Dunmuir Ave rechts in den Scarlett Way einbiegt und an einem Torbogen mit der Aufschrift „Shasta Retreat" vorbeifährt. Bei den Eisenbahngleisen kann man parken (dort steht kein Hinweisschild), dann läuft man auf der rechten Seite der Gleise etwa eine halbe Stunde nach Norden, bis man eine Eisenbahnbrücke erreicht, die 1901 gebaut wurde. Von hier geht es etwas zurück bis zu einem kleinen Pfad, der zwischen den Bäumen hindurch zum Fluss und zu den Wasserfällen führt. An den Eisenbahnschienen muss man äußerst vorsichtig sein – der Fluss ist so laut, dass man die Züge möglicherweise nicht kommen hört!

Schlafen

Railroad Park Resort BOUTIQUEHOTEL
(☎530-235-4440; www.rrpark.com; 100 Railroad Park Rd; Stellplatz Zelt & Wohnmobil 27/35 US$, Eisenbahn- & Güterwagen Suite 115–120 US$;) Etwa 1 Meile (1,6 km) südlich der Stadt, nahe der I-5, können Besucher die Nacht in alten Eisenbahn- oder Güterwagen verbringen. Sie wurden von mehreren Spezialunternehmen aus der Region umgerüstet. Kids werden von dem Gelände begeistert sein, sie können zwischen Lokomotiven herumrennen und in den zentral gelegenen Pool springen. Die Luxuswagen, die Boxcars, sind mit Antiquitäten und frei stehenden Badewannen ausgestattet, die anderen Wagen sind schlichter und etwas preiswerter. Herrliche Aussichten auf die Castle Crags, die friedliche Lage an einem Fluss und hohe Kiefern, die den angrenzenden Campingplatz beschatten, sind inklusive.

Dunsmuir Lodge MOTEL
(☎530-235-2884; www.dunsmuirlodge.net; 6604 Dunsmuir Ave; Zi. 79–153 US$;) Dieses Motel liegt in der Nähe des südlichen Eingangs der Stadt und hat einfache, aber geschmackvolle Zimmer mit Hartholzböden, großen, massiven Bettgestellen aus hellem Holz und gekachelten Bädern. Vom gemeinschaftlichen Picknickbereich mit Rasen schaut man auf die Wände des Canyons.

Cave Springs Resort MOTEL
(☎530-235-2721; www.cavesprings.com; 4727 Dunsmuir Ave; Zi. 56–76 US$;) In diesen Hütten direkt am Fluss scheint sich seit den 1950er-Jahren nichts verändert zu haben – und sie sind rustikal, sehr rustikal sogar, doch ihre Lage ist fantastisch. Sie liegen auf einem bewaldeten Felsen über dem Sacramento River, und der Fluss ist direkt vor der Tür, was für Angler ideal ist. Die meisten Gäste kommen auch zum Angeln, das Resort hat aber auch eine romantische Note (falls man sich nicht an den Spinnweben stört): Nachts ist hier außer dem Rauschen des Flusses und dem geheimnisvollen Pfeifen der Züge nichts zu hören. Die Motelzimmer sind langweilig, sie entsprechen aber modernem Standard und bieten mehr Annehmlichkeiten.

Dunsmuir Inn & Suites MOTEL
(☎530-235-4395; www.dunsmuirinn.com; 5400 Dunsmuir Ave; Zi. 69–159 US$;) Die gradlinigen, blitzsauberen Motelzimmer sind eine gute, unkomplizierte Option.

Essen & Ausgehen

LP TIPP **Café Maddalena** MEDITERRAN
(☎530-235-2725; 5801 Sacramento Ave; Hauptgerichte 17–25 US$; ⌚Do–So 17–22 Uhr) Dieses schlichte und elegante Café hat Dunsmuir einen Platz auf der kulinarischen Landkarte verschafft. Die wöchentlich wechselnde Karte stammt aus der Feder des Kochs Bret LaMott (berühmt aus dem Trinity Café, S. 316) und bietet Gerichte aus Südeuropa und Nordafrika. Zu dem Highlights gehören die getrockneten Jakobsmuscheln mit Orangenglasur und das frische Engelshaar mit Tomaten von historischen Pflanzen. In der Weinbar warten seltene mediterrane Weine, darunter eine große Auswahl spanischer Sorten.

Dunsmuir Brewery Works BRAUEREIPUB
(☎530-235-1900; www.dunsmuirbreweryworks.info; 5701 Dunsmuir Ave; Hauptgerichte 11–20 US$; ⌚Di–So 11–21 Uhr;) Dieser

KULINARISCHE GENÜSSE DES NORDENS

Es waren die gehobenen Restaurants der Bay Area und des Wine County und nicht die fetttriefende Küche der Northern Mountains, die Nordkalifornien kulinarischen Ruhm bescherten. Trotzdem müssen Feinschmecker in der Region nicht hungern. Reihenweise edle Bistros darf man hier nicht erwarten, dafür aber immer mal wieder herausragende Restaurants.

Hier die empfehlenswertesten Gastro-Highlights der Region:

Café Maddalena (S. 319) Dunsmuir

Trinity Café (S. 316) Mt. Shasta City

La Grange Café (S. 328) Weaverville

Vivify (S. 317) Mt. Shasta City

winzige Pub einer Kleinbrauerei lässt sich kaum beschreiben, ohne dass man ins Schwärmen kommt. Das beginnt beim Bier: Sowohl die frischen Ales als auch die schokoladenbraunen Porter sind vom Feinsten, und das Indian Pale Ale muss auch ziemlich gut sein, denn die Stammgäste trinken es die ganze Zeit. Dazu passt bestens etwas von der kurzen Speisekarte, die tolle Bargerichte bietet, etwa einen warmen Kartoffelsalat, Bratwurst oder einen dicken Burger mit Fleisch vom Angusrind. Die schöne Atmosphäre, die belebte Terrasse und die lockeren Mitarbeiter steigern das Vergnügen noch.

Sengthongs Restaurant & Blue Sky Room ASIATISCH
(☎530-235-4770; www.sengthongs.com; 5843 Dunsmuir Ave; Hauptgerichte 11–20 US$; ⏲Mo–Fr 11–20 Uhr, mit saisonalen Abweichungen) In dem funkigen Restaurant gibt es brutzelnde Thai-, laotische und vietnamesische Küche und an den meisten Abenden spielen hier erstklassige Jazz-, Salsa-, Reggae- oder Bluesmusiker. Viele Gerichte sind einfach große Portionen Nudeln, doch die mit Ingwer, Frühlingszwiebeln und Gewürzen verfeinerten Fleischgerichte, sind komplexer und schmecken durch die Bank köstlich.

Cornerstone Bakery & Café CAFÉ
(5759 Dunsmuir Ave; Hauptgerichte 8–9 US$; ⏲Do–Mo 8–14 Uhr; ✎) Liegt mitten im Zentrum und serviert guten, starken Kaffee, Espresso und Tee. Die Backwaren, darunter dicke, klebrige Zimtschnecken, kommen direkt aus dem Backofen. Zu den kreativen Omelettes gehört auch eines mit Kaktus. Die Weinliste und die Dessertauswahl sind gleichermaßen umfangreich.

Brown Trout Café & Gallery CAFÉ
(☎530-235-0754; 5841 Sacramento Ave; Hauptgerichte 10 US$; ⏲Mo–Sa 7–17, So ab 8 Uhr; 📶✎) In dem legeren Café mit hohen Ziegelwänden (dem früheren Handelshaus der Stadt) gibt's starken Fairtrade-Kaffee und leichte Snacks sowie einige Weine und Biere aus Kleinbrauereien.

Railroad Park Dinner House KALIFORNISCH
(☎530-235-4440; Railroad Park Resort, 100 Railroad Park Rd; Hauptgerichte 15–25 US$; ⏲April–Nov. Fr & Sa 17–21 Uhr) Die beliebte Restaurant-Bar befindet sich in einem historischen Eisenbahnwagen und bietet jede Menge Speisewagen-Ambiente und gehobene kalifornische Küche.

ℹ Praktische Informationen

Die **Dunsmuir Chamber of Commerce** (☎530-235-2177; www.dunsmuir.com; Suite 100, 5915 Dunsmuir Ave; ⏲Di–Sa 10–15.30 Uhr) hat kostenlose Karten, Begleitbroschüren für Wanderwege und hervorragende Infos zu Outdooraktivitäten.

ℹ An- & Weiterreise

Der **Amtrak-Bahnhof** (www.amtrak.com; 5750 Sacramento Ave) in Dunsmuir ist der einzige Bahnhof im Siskiyou County und nicht mit Personal besetzt. Fahrkarten für den von Norden nach Süden fahrenden *Coast Starlight* kann man im Zug kaufen, aber nur nach vorheriger Reservierung per Telefon oder auf der Webseite. Der *Coast Starlight* fährt einmal täglich nach Redding (22 US$, 1¾ Std.), Sacramento (60 US$, 5 ¾ Std.) und Oakland (79 US$, 8 Std.).

Der **STAGE Bus** (☎530-842-8295) bedient auf seiner regionalen Verbindungsroute auf der I-5 auch Dunsmuir. Von hier fährt er an Werktagen mehrmals täglich nach Mt. Shasta City (2 US$, 20 Min.), Weed (3,50 US$, 30 Min.) und Yreka (5 US$, 1¼ Std.).

Castle Crags State Park

Die Stars dieses prächtigen State Parks am Rande der Castle Crags Wilderness Area sind die emporragenden Spitzen aus uraltem Granit. Der Granit wurde vor etwa 225 Mio. Jahren geformt und ist unterschiedlich hoch: von 610 m entlang des

Sacramento River bis zu über 1980 m an seinen Gipfeln. Die Felszacken ähneln den Granitformationen der östlichen Sierra, und der Castle Dome erinnert an den berühmten Half Dome im Yosemite National Park.

Die Ranger am **Parkeingang** (☎530-235-2684; Tagesnutzung 8 US/Fahrzeug) haben Infos und Karten zu den fast 45 km **Wanderwegen**. Bei den Picknicktischen auf der anderen Seite der I-5 kann man im Sacramento River **angeln**.

Wenn man am Campingplatz vorbeifährt, kommt man zum **Vista Point** beim Ausgangspunkt des anspruchsvollen, 4,4 km langen **Crags Trail**. Dieser schlängelt sich durch den Wald, vorbei am Indian Springs Spur Trail, und führt zum Fuß des **Castle Dome**. Zur Belohnung gibt's einen überwältigenden Blick auf den Mt. Shasta. Besonders schön ist die Aussicht für diejenigen, die die letzten 90 m zum felsigen Pass hinaufkraxeln. Man findet auch gemütlichere **Nature Trails** und kann knapp 13 km des **Pacific Crest Trail** ablaufen, der am Fuß der Felsen durch den Park führt.

Der **Campingplatz** (☎Reservierungen 800-444-7275; www.reserveamerica.com; Stellplatz 35 US) ist einer der schöneren in dieser Gegend und vom Highway aus sehr leicht zu erreichen. Es gibt fließendes Wasser, warme Duschen und drei Wohnmobilstellplätze (allerdings ohne Stromanschluss). Die Stellplätze sind schattig, man hört aber den Verkehrslärm. Der Shasta-Trinity National Forest umgibt den Park. Hier darf man überall campen – vorausgesetzt, man hat ein von einem Park Office ausgestelltes kostenloses Campfire Permit. Zum Zeitpunkt der Recherche war die Zukunft des Parks aufgrund von Budget-Problemen unsicher.

McCloud

Dieser winzige, historische Sägemühlenort (1101 Ew.) liegt am Fuß des Südhangs des Mt. Shasta und ist für Besucher eine Alternative zu Mt. Shasta City. Die ruhigen Straßen haben einen schlichten, entspannten Charme. Ihr Zentrum bildet das riesige McCloud Mercantile, das einstige Handelshaus, das erfolgreich wiederbelebt wurde und nun das beste Hotel der Stadt, ein süßes Geschäft und einige gute Restaurants beherbergt. McCloud ist der dem Mt. Shasta Board & Ski Park (S. 312) am nächsten gelegene Ort. Er ist nach allen Seiten von prächtiger Natur umgeben. In den Wäldern flussaufwärts verstecken sich die rustikalen Feriensitze der Oberschicht des Westens, darunter sind Villen, die zum Besitz von Hearst und Levi Strauss gehören.

In jüngster Zeit geriet die Stadt in die Schlagzeilen im Zusammenhang mit dem Kampf gegen Nestlé. Das Unternehmen hatte Pläne für den Bau einer Wasserabfüllfabrik an der Stelle der früheren Sägemühle verkündet. Die Einwohner befürchteten, dass die örtliche Wasserscheide dabei Schaden nehmen könnte und einige von ihnen organisierten sich, um gegen die Fabrik zu kämpfen. 2009 war es ihnen gelungen, den internationalen Konzern mit einem gewaltigen Papierkrieg und jeder Menge schlechter Presse so in Bedrängnis zu bringen, dass Nestlé den Plan aufgab. Allerdings führte dies in der Kleinstadt, die jeden neuen Job brauchen kann, auch zu hitzigen Auseinandersetzungen der Einwohner untereinander. Inzwischen haben sich die Dinge wieder beruhigt und neugierige Besucher können an der gespenstisch stillen Sägemühle von McCloud herumspazieren, wo die Fabrik gebaut werden sollte. Das Hauptgebäude der Mühle ist so groß wie ein Flugzeughangar und vollkommen leer.

Sehenswertes & Aktivitäten

Der **McCloud River Loop** ist eine wunderschöne, 6 Meilen (9,5 km) lange, teilweise geteerte Straße entlang des Upper McCloud River. Der Rundweg beginnt am Fowlers Camp, am Hwy 89, 5,5 Meilen (9 km) östlich von McCloud und endet wiederum etwa 11 Meilen (18 km) östlich des Ortes. Auf der Wanderung sollte man unbedingt einen Abstecher zu den **Three Falls** einplanen. Man passiert diese (und das ist jetzt nicht wirklich überraschend) drei Wasserfälle auf einem schönen Weg. Dieser führt auch zur Bigelow Meadow, wo man hervorragend Vögel in ihrem natürlichen Lebensraum an einem Flussufer beobachten kann. Der Rundweg lässt sich leicht mit dem Auto, Fahrrad oder zu Fuß bewältigen; außerdem findet man hier fünf Zeltplätze. Früh ankommen, um sich einen Platz zu sichern!

Ein weiterer schöner Wanderweg ist der **Squaw Valley Creek Trail** (der oft mit dem Skigebiet beim Lake Tahoe verwechselt wird), ein einfacher, 8 km langer Rundweg südlich des Ortes. Hier kann man toll schwimmen, angeln und picknicken. Ebenfalls im Süden liegt **Ah-Di-Na**, die Überreste einer Indianersiedlung und eines historischen Bauernhofes, der einst der Familie von William Randolph Hearst gehörte. Am hiesigen Campingplatz an der Squaw Valley Rd und in der Nähe des Bartle Gap gibt's einen Zugang zu einem Abschnitt des **Pacific Crest Trail**. Der Ausblick hier ist sagenhaft.

Das abgelegene Schutzgebiet **Lake McCloud** ist ein beliebter Ort zum Angeln und Schwimmen. Es liegt 9 Meilen (14,5 km) südlich von McCloud auf der Squaw Valley Rd, die im Ort als Southern Ave ausgeschildert ist. Auch auf dem Upper McCloud River (viele Forellen) und am Squaw Valley Creek lässt es sich gut angeln.

Der riesige **McCloud Mercantile** (www.mccloudmercantile.com; ⌚8–18 Uhr) bildet das Kernstück des Zentrums. Oben ist ein Hotel, außerdem befinden sich hier einige Restaurants(S. 323),dieeinenBesuchlohnen. Wer nur auf der Durchfahrt ist, kann am altmodischen Süßwarenstand eine Tüte Lakritze kaufen oder sich einfach im Hauptteil des Ladens umschauen. Hier gibt es allerlei Rustikales, das für Nordkalifornien sehr typisch ist: Woolrich-Decken, selbstgemachte Seife und interessante Geschenke für Gärtner, Outdoormenschen und Köche.

Gegenüber vom Depot liegt ein winziges **historisches Museum** (Eintritt frei; ⌚Mo–Sa 11–15, So 13–15 Uhr), das ziemlich desorganisiert ist und mehr wie ein überfüllter, unordentlicher Gebrauchtwarenladen wirkt – in seinen Ecken und Winkeln finden sich viele lohnenswerter Kuriositäten aus der Vergangenheit der Stadt.

Schlafen

In McCloud werden Unterkünfte nicht auf die leichte Schulter genommen – alle sind hervorragend, und es empfiehlt sich, im Voraus zu reservieren. Infos zu dem halben Dutzend Campingplätze in der Nähe gibt's beim McCloud Ranger District Office. Am beliebtesten ist das Fowlers Camp. Die Campingplätze sind unterschiedlich ausgestattet, von ganz einfach (kein fließendes Wasser und kostenlos) bis zu ausgebaut (heiße Duschen und Gebühren von bis zu 20 US$/Stellplatz). Auch nach den Hütten bei Feuerwachtürmen in der Nähe sollte man sich erkundigen, sie bieten erstaunliche, einsame Aussichten auf das Gebiet.

LP TIPP **McCloud River Mercantile Hotel** BOUTIQUEHOTEL
(☎530-964-2330; www.mccloudmercantile.com; 241 Main St; Zi. 129–250 US$; 📶) Wer die Treppen zur zweiten Etage des Mercantile im Zentrum von McCloud hinaufsteigt, könnte sich angesichts der hohen Decken, des unverputzten Mauerwerks und der perfekten Kombination von wunderbar restaurierten Räumen und moderner Frische Hals über Kopf in das Hotel verlieben. Die Zimmer mit alten Möbeln liegen um offene Gemeinschaftsbereiche. Gäste werden mit frischen Blumen begrüßt und können nach einem Bad in der frei stehenden Badewanne unter dicken Federbetten in den Schlaf fallen. Ganz sicher das beste Hotel in den Northern Mountains.

McCloud Hotel HISTORISCHES HOTEL
(☎530-964-2822; www.mccloudhotel.com; 408 Main St; Zi. 100–235 US$; ❄) Das majestätische, buttergelbe Hotel gegenüber vom Depot erstreckt sich über einen ganzen Block. Es wurde 1916 eröffnet und ist seitdem ein beliebtes Ziel von Besuchern des Mt. Shasta. Das elegante historische Gebäude wurde luxuriös restauriert. Das im Preis enthaltene Frühstück bietet Gourmetgenüsse. In vielen Zimmern gibt es Whirlpools, ein Zimmer ist behindertengerecht.

Stoney Brook Inn HOTEL
(☎530-964-2300; www.stoneybrookinn.com; 309 W Colombero Dr; EZ & DZ mit Gemeinschaftsbad 79 US$, mit eigenem Bad 94 US$, Suite mit Küche 99–156 US$) Mitten im Zentrum in einem Kiefernhain liegt dieses alternative B&B, das auch Gruppenaufenthalte fördert. Es bietet einen heißen Whirlpool im Freien, eine indianische Schwitzhütte und nach Anmeldung Massagen. Die Zimmer unten sind die schönsten. Ein vegetarisches Frühstück ist möglich.

McCloud River Lodge BERGHÜTTE
(☎530-964-2700; www.mccloudlodge.com; 140 Squaw Valley Rd; DZ 89–113 US$, 📶🐾) Die ordentlichen neuen Blockhütten sind von einem grünen Rasenbereich umgeben. In den einfachen Zimmern gibt's gemütliche, üppige Betten mit Steppdecken, in einigen auch Kamine und Whirlpools. Auch behindertengerechte Zimmer sind vorhanden.

McCloud River Inn B&B
(☎530-964-2130; www.mccloudriverinn.com; 325 Lawndale Ct; Zi. 115–199 US$; ❄) Die Zimmer in diesem weitläufigen, altmodischen viktorianischen Haus sind großartig – al-

lein im Badezimmer könnten locker zwei Personen unterkommen. Morgens sind die Frittatas empfehlenswert, abends kann man ein Gläschen Wein in der gemütlichen Bar unten genießen. Die entspannte und familiäre Atmosphäre trägt dazu bei, dass hier immer schnell ausgebucht ist.

McCloud Dance Country RV Park CAMPING
(☎530-964-2252; www.mccloudrvpark.com; 480 Hwy 89, bei der Southern Ave; Stellplatz Zelt 14–24 US$, Stellplatz Wohnmobil 21–37 US$, Hütten 85–120 US$;) Die Anlage mit Stellplätzen unter Bäumen und einem Bach ist immer rappelvoll mit Wohnmobilen. Sie ist eine gute Option für Familien. Die Aussicht auf den Berg ist atemberaubend und es gibt einen großen Picknickplatz mit Rasen. Die Hütten sind einfach, aber sauber.

Essen

Die Möglichkeiten zum Essen gehen sind in McCloud begrenzt. Eine größere Auswahl bietet das 10 Meilen (16 km) entfernte Mt. Shasta City.

Mountain Star Café VEGETARISCH
(241 Main St; Hauptgerichte 7–9 US$; ⌚8–15 Uhr) Tief im alten Mercantile liegt diese nette Lunch-Theke. Sie ist mit ihren vegetarischen, aus regionalen Bio-Zutaten zubereiteten Specials eine tolle Überraschung. Bei unserem jüngsten Besuch bot die Karte z. B. Bisquits und Gravy, Tempeh Ruben mit viel Knoblauch, gebratenen Gemüsesalat und einen hausgemachten Hafer-Gemüse-Burger.

White Mountain Fountain Café AMERIKANISCH
(241 Main St; Hauptgerichte 8 US$; ⌚8–16 Uhr) Dieses altmodische kleine Soda-Café, das in einer Ecke des Mercantile mit vielen Fenstern liegt, serviert Burger und Shakes. Das Gericht mit dem rätselhaften Namen „Not the Dolly Varden" ist ein hervorragendes vegetarisches Sandwich mit gerösteten Zucchini, roter Paprika und Knoblauchmayonnaise.

Unterhaltung

McCloud Dance Country TANZ
(www.mcclouddancecountry.com; Ecke Broadway & Pine St; 20 US$/Paar; ⌚Fr & Sa 19 Uhr) Auf dem fast 5000 m² großen Ahornholz-Tanzboden des Broadway-Ballrooms aus dem Jahr 1906 kann man mal wieder so richtig Staub aufwirbeln. Squaredance, Round Dance, Standardtänze – alles ist im Angebot. Die Dancehall ist ein lohnender Anlass für einen Wochenendbesuch. Auf der Webseite erfährt man alles über die nächsten Veranstaltungen und ob Reservierungen notwendig sind.

ℹ Praktische Informationen

McCloud Chamber of Commerce (☎530-964-3113; www.mccloudchamber.com; 205 Quincy St; ⌚Mo–Fr 10–16 Uhr)

McCloud Ranger District Office (☎530-964-2184; Hwy 89; ⌚Sommer 8–16.30 Uhr, restliches Jahr Mo–Fr 8–16.30 Uhr) Eine Viertelmeile (400 m) östlich der Stadt. Detaillierte Informationen zu Camping, Wandern und Freizeit.

McArthur-Burney Falls Memorial State Park

Dieser wunderschöne State Park (☎530-335-2777; www.parks.ca.go; Tagesnutzung 8 US$/Fahrzeug) liegt südöstlich von McCloud, von Redding kommend in der Nähe der Kreuzung von Hwy 89 und Hwy 299. Die 39 m hohen Wasserfälle stürzen das ganze Jahr über mit gleichbleibender Wassermenge (fast 3,8 Mio. l/Tag) und gleicher Temperatur (5 °C) hinab. Das klare, von der Lava gefilterte Wasser stürzt von oben herab und dringt auch aus Quellen in der Wand hinter dem Fall. Theodor Roosevelt liebte den Wasserfall und nannte ihn „das achte Weltwunder".

Von einem Aussichtspunkt neben dem Parkplatz führen Wege hinauf zum Wasserfall und am Fluss entlang bergab (Vorsicht auf diesem Weg: 2011 gab es im Park einen tödlichen Unfall, als jemand auf den Steinen ausrutschte). Der Naturlehrpfad flussabwärts führt zum Lake Britton, andere Wanderwege bilden Teilstücke des Pacific Crest Trail. Die Szene aus dem Film *Stand By Me – Das Geheimnis eines Sommers* (1986), in der die Jungen dem Zug ausweichen, wurden im Park an der Lake Britton Bridge gedreht.

Die **Campingplätze** (☎530-335-2777, Reservierungen Sommer 800-444-7275; www.reserveamerica.com; Tagesnutzung 8 US$, Stellplatz 35 US$) des Parks sind das ganze Jahr über geöffnet und haben warme Duschen.

Etwa 10 Meilen (16 km) nordöstlich von den McArthur-Burney Falls liegt der über 2400 ha große **Ahjumawi Lava Springs State Park**, der für seine vielen Quellen, aquamarinblauen Buchten, Inselchen und die zerklüfteten Ströme aus schwarzer Basaltlava bekannt ist. Man kann den State Park nur mit Booten erreichen. Sie fahren ab Rat Farm, das 3 Meilen (4,8 km) nördlich von der Stadt MacArthur an einer befestigten Schotterstraße liegt. Einfaches Campen ist nach telefonischer Anmeldung beim McArthur-Burney Falls Memorial State Park möglich.

Lava Beds National Monument

Dieses abgelegene **National Monument** (☎530-667-8100; www.nps.gov/labe; Eintritt für 7 Tage pro Fahrzeug/Wanderer/Radfahrer 10/5/5 US$, nur Barzahlung), eine wilde, hügelige Landschaft aus verkohltem Vulkangestein, ist Grund genug, die Region zu besuchen. Es liegt nahe des Hwy 139, gleich südlich vom Tule Lake National Wildlife Refuge. Das überaus bemerkenswerte, 186 km² große Gebiet weist zahlreiche vulkanische Besonderheiten auf: Lavaströme, Krater, Schlackenkegel, Aschenkegel, Schildvulkane und erstaunliche Lavaröhren.

Lavaröhren entstehen, wenn sich heiße, fließende Lava abkühlt und verhärtet, weil die Oberfläche der kühleren Luft ausgesetzt ist. Die Lava im Inneren ist dann isoliert und bleibt flüssig. Wenn sie dann nach draußen fließt, bleiben leere Röhren aus festem Lavagestein zurück. Im National Monument wurden fast 400 solcher röhrenartiger Höhlen gefunden und es wird mit der Entdeckung vieler weiterer gerechnet. Etwa 20 sind gegenwärtig für die Erkundung durch Besucher geöffnet.

An der Südseite des Parks befindet sich das **Visitors Center** (☎530-667-2282, Apparat 230; ⏲8–18 Uhr, im Winter kürzer). Es hat kostenlose Karten, Spielbücher für Kinder und Informationen über das National Monument, seine vulkanischen Eigenschaften und seine Geschichte. Die Ranger borgen Taschenlampen und verleihen Helme und Kniepolster für die Erforschung der Höhlen. Im Sommer führen sie auch Bildungsprogramme wie Vorträge am Lagerfeuer und geführte Höhlenwanderungen durch. Für den Besuch der Höhlen benötigt man unbedingt eine starke Taschenlampe, gute Schuhe und langärmlige Kleidung (Lava ist scharf); man sollte sich keinesfalls allein auf den Weg machen.

Der kurze **Cave Loop**, eine Einbahnstraße in der Nähe des Visitor Center, führt zu vielen Lavaröhren-Höhlen. Die **Mushpot Cave**, die dem Visitor Center am nächsten liegt, ist beleuchtet und mit Informationstafeln ausgestattet; sie bietet eine gute Einstiegswanderung. Es gibt mehrere Höhlen, die eine größere Herausforderung darstellen, sie tragen Namen wie Labyrinth, Hercules Leg, Golden Dome und Blue Grotto. Jede dieser Höhlen hat eine interessante Geschichte: So war es üblich, dass Besucher am Grund der Merrill Cave bei Laternenlicht Schlittschuh liefen, und als die Ovls Cave entdeckt wurde, war sie voller Schädel von Dickhornschafen. Beim Visitor Center gibt's gute Broschüren mit Einzelheiten zu jeder Höhle. Die Ranger sind mit ihren Warnungen für Höhlenneulinge sehr streng, auf jeden Fall sollte man sich daher zuerst im Visitor Center melden, ehe man die fragilen geologischen und biologischen Ressourcen im Park erforscht.

Vom hohen schwarzen Kegel der **Schonchin Butte** (1601 m) bietet sich ein herrlicher Blick. Man erreicht die Butte über einen steilen, 1 Meile (1,6 km) langen Weg. Oben kann man zwischen Juni und September die Mitarbeiter des Feuerwachturms besuchen. Der **Mammoth Crater** ist der Ursprung der meisten Lavaströme in der Gegend.

Am Fuß eines hohen Felsens am nordöstlichen Ende des National Monument, der Petroglyph Point heißt, befinden sich verwitterte **Petroglyphen** (Felszeichnungen) der Modoc, die Tausende Jahre alt sind. Man sollte unbedingt ein Faltblatt aus dem Visitor Center mitnehmen, das den Ursprung der Petroglyphen und ihre wahrscheinliche Bedeutung erklärt. Hoch oben in der Felswand gibt es viele Löcher, die Vögeln Schutz bieten, die in den nahe gelegenen Naturschutzgebieten beheimatet sind.

Die labyrinthartige Landschaft des **Captain Jack's Stronghold**, das ebenfalls am nördlichen Ende des National Monument liegt, sollte man keinesfalls verpassen. Eine Broschüre begleitet Besucher auf dem atemberaubenden Stronghold Trail.

Im **Indian Well Campground** (Stellplatz Zelt & Wohnmobil 10 US$) in der Nähe des Visitor Center am südlichen Ende des Parks gibt es Wasser und Toiletten mit Spülung, aber keine Duschen. Die Stellplätze sind hübsch und bieten Panoramablicke auf die Täler ringsum. Die nächste Gelegenheit, um Essen und Campingzubehör zu kaufen, gibt's in der nahegelegenen Stadt Tulelake am Hwy 139. Der ziemlich raue Ort besteht eigentlich nur aus ein paar Bars, einigen selbstgezimmerten Holzhäusern und zwei Tankstellen.

Klamath Basin National Wildlife Refuges

Zwei dieser sechs atemberaubenden Naturschutzgebiete liegen komplett innerhalb Kaliforniens, nämlich das Tule Lake und das Clear Lake. Das Lower Klamath befindet sich direkt auf der Grenze zwischen Kalifornien und Oregon, und das Upper Klamath, das Klamath Marsh und das Bear Valley liegen auf der anderen Seite der Grenze, in Oregon. Das Bear Valley und das Clear Lake (nicht zu verwechseln mit dem Clear Lake gleich westlich von Ukiah) sind für die Öffentlichkeit nicht zugänglich, um den empfindlichen Lebensraum zu schützen; die restlichen Naturschutzgebiete sind immer von Sonnenaufgang bis Sonnenuntergang geöffnet.

Die Schutzgebiete bieten zahlreichen Zugvögeln, die auf dem Pacific Flyway unterwegs sind (s. Kasten unten), Schutz und einen vorübergehenden Lebensraum. Manche Vögel machen hier nur kurz Halt, andere bleiben länger, um zu balzen, zu nisten und ihre Jungen aufzuziehen. In den Wildlife Refuges kann man immer eine Menge Vögel beobachten, während der Wanderzeit im Frühling und Herbst sind es sogar Hunderttausende.

Das **Klamath Basin National Wildlife Refuges Visitors Center** (☎530-667-2231; http://klamathbasinrefuges.fws.gov; 4009 Hill Rd, Tulelake; ⏲Mo–Fr 8–16.30, Sa & So 10–16 Uhr) liegt im Westen des Schutzgebiets Tule Lake, etwa 5 Meilen (8 km) westlich des Hwy 139, nahe dem Ort Tulelake. Vom Hwy 139 oder vom Lava Beds National Monument der Ausschilderung folgen. In der Touristeninformation gibt's einen Buchladen und interessante Videofilme, man bekommt Karten, Informationen über aktuelle Vogelsichtungen und Updates zu den Straßenverhältnissen. Außerdem kann man hier Blenden für Kameras ausleihen. Um auch ja nichts zu verpassen, sollte man sich die hervorragende kostenlose Broschüre *Klamath Basin Birding Trail* mit detaillierten Infos über die Aussichtspunkte mitnehmen. Darin sind auch Karten, Farbfotos und eine Übersicht über die verschiedenen Vogelarten aufgeführt.

Der Höhepunkt der Zugvogelzeit im Frühling ist im März: In manchen Jahren sind dann über eine Million Vögel am Himmel zu sehen. Im April kommen die Sing-, Wasser- und Watvögel an. Einige nisten hier, andere stärken sich nur, bevor sie weiter nach Norden ziehen. Im Sommer kann man Enten, Kanadagänse und viele andere Wasservögel bei der Aufzucht ihrer Jungen beobachten. Die Wanderzeit im Herbst erreicht ihren Höhepunkt im November. Während der kalten Jahreszeit findet sich in diesem Gebiet die höchste Konzentration überwinternder Weißkopfseeadler auf dem US-amerikanischen Festland; zwischen Dezember und Februar steigt die Zahl hier schon mal auf 1000 Tiere. Das Tule Lake und das Lower Klamath bieten die besten Gelegenheiten, Adler und andere Raubvögel zu Gesicht zu bekommen.

Das ganze Jahr über beherbergen das Lower Klamath und das Tule Lake die meisten

DER SUPERHIGHWAY DER VÖGEL

Kalifornien liegt am Pacific Flyway, einer Wanderroute für Hunderte von Vogelarten, die im Winter nach Süden ziehen und im Sommer nach Norden. Hier kann man das ganze Jahr über Vögel sehen, doch die besten Zeiten, um sie zu beobachten, sind die Vogelwanderungen im Frühling und im Herbst. Zu den vielen Arten, die regelmäßig hier vorbeifliegen, gehören sowohl die winzigen Finken, Kolibris, Schwalben und Spechte als auch Adler, Habichte Schwäne, Gänse, Enten, Kraniche und Reiher. Ein großer Teil der Vogelflugroute folgt der I-5 (oder Fly-5, was die Vögel angeht), darum bietet die Fahrt auf der Interstate 5 im Frühling oder Herbst ein tolles Erlebnis: unzählige Gänse fliegen in V-Formationen am Himmel und erhabene Habichte schauen von Aussichtspunkten am Straßenrand herab.

In Nordkalifornien schützen schon lange bestehende Tierschutzgebiete die Feuchtgebiete, die von wandernden Wasservögeln genutzt werden. Die Klamath Basin National Wildlife Refuges (S. 325) bieten das ganze Jahr über hervorragende Möglichkeiten zur Vogelbeobachtung.

gefiederten Lebewesen. Es wurden **befahrbare Strecken** eingerichtet, und ein kostenloses Faltblatt der Touristeninformation dient als Orientierungshilfe. In dreien der Schutzgebiete sind **Kanustrecken** ausgeschildert, die man auf eigene Faust bewältigen kann. Die Strecken im Tule Lake und im Klamath Marsh sind normalerweise vom 1. Juli bis zum 30. September geöffnet, allerding gibt's hier keinen Kanuverleih. Die Kanustrecken im Upper Klamath sind ganzjährig geöffnet, Leihkanus bekommt man im **Rocky Point Resort** (☎541-356-2287; 28121 Rocky Point Rd, Klamath Falls, OR; Kanu-, Kajak- & Paddelbootverleih Std./halber Tag/ganzer Tag 15/30/40 US) westlich des Upper Klamath Lake im Bundesstaat Oregon.

Campen kann man am besten im nahegelegenen Lava Beds National Monument (S. 324). Einige Campingplätze, die speziell auf Wohnmobile ausgerichtet sind, und günstige Motels drängen sich entlang des Hwy 139 nahe dem kleinen Örtchen **Tulelake** (1230 m), darunter das sympathische **Ellis Motel** (☎530-667-5242; 2238 Hwy 139; DZ ohne/mit Küche 75/95 US). Das angenehme **Fe's B&B** (☎877-478-0184; www.fesbandb.com; 660 Main St; EZ/DZ mit Gemeinschaftsbad 60/70 US) hat vier schlichte Zimmer; ein ausgiebiges Frühstück ist im Preis inbegriffen.

Modoc National Forest

Dieser riesige **National Forest** (www.fs.usda.gov/modoc) umfasst ein über 800000 ha großes spektakuläres, abgelegenes Gebiet in der nordöstlichsten Ecke Kaliforniens. Wer durch die einsame Nordostecke des Staates fährt, wechselt ständig über die Staatsgrenze und wieder zurück. Am westlichen Rand des National Forest, 14 Meilen (23 km) südlich vom Lava Beds National Monument, liegt der **Medicine Lake**, ein überwältigender Kratersee in einer Caldera (eingestürzter Vulkan). Er ist von Kiefernwäldern, Vulkanformationen und Campingplätzen umgeben. Der gewaltige Vulkan, der den See einst schuf, ist der flächenmäßig größte Kaliforniens. Bei Eruptionen stieß er zunächst Bimsgestein aus, danach folgten Ströme von Gesteinsglas (Obsidian); diese Reihenfolge ist am **Little Glass Mountain** östlich vom See noch gut zu erkennen.

Die im McCloud Ranger District Office (S. 323) erhältliche Broschüre *Medicine Lake Highlands: Self-Guided Roadside Geology Tour* weist den Weg zu den Gesteinsglasströmen, Lavaröhren und Schlackenkegeln in der Region und hilft dabei, sie zu verstehen. Die Straßen sind wegen des Schnees etwa von Mitte November bis Mitte Juni geschlossen. Trotzdem ist das Gebiet auch eine beliebte Wintersportgegend und eignet sich zum Skilanglauf und zum Schneeschuhlaufen.

Reisende, die den ganzen Weg bis zu den **Warner Mountains** schaffen, haben Glückwünsche verdient. Dieser Ausläufer der Kaskadenkette im Osten des Modoc National Forest dürfte der am seltensten besuchte Gebirgszug Kaliforniens sein. Mit seinem extrem unbeständigen Wetter ist er auch nicht besonders einladend, Schneestürme sind hier zu jeder Jahreszeit möglich. Der Gebirgszug teilt sich am **Cedar Pass** (1922 m) östlich von Alturas in die North Warners und die South Warners. Der abgelegene **Cedar Pass Snow Park** (☎530-233-3323; Tageskarte Schleppschlift Erw./Kind under 6 Jahren/6–18 Jahre 15/5/12 US$, Tageskarte Schleppseil 5 US$; ⏲Sa, So & Feiertage während der Skisaison 10–16 Uhr) bietet Abfahrtsski und Skilangkauf. In der majestätischen **South Warner Wilderness** gibt's 77 Meilen (123 km) Wander- und Reitwege, am besten kommt man zwischen Juli und Mitte Oktober her.

In den **Modoc National Forest Supervisor's Headquarters** (☎530-233-5811; 800 W 12th St; ⏲Mo–Fr 8–17 Uhr) in Alturas gibt es Karten, Campfire Permits und weitere Informationen.

Wer vom National Forest Richtung Osten nach Nevada fährt, kommt durch **Alturas**, den nicht sehr inspirierenden Verwaltungssitz des Modoc County. Die Stadt wurde 1874 von der Dorris-Familie als Versorgungspunkt für Reisende gegründet. Die gleiche Funktion erfüllt sie noch heute: Es gibt hier wichtige Dienstleistungen, Motels und Familienrestaurants. Vorräte kann man im **Four Corners Market** (1077 N Main St) kaufen, einem hellen und freundlichen Lebensmittelgeschäft mit einigen speziellen Artikeln und erstaunlich frischen Nahrungsmitteln.

WESTLICH DER I-5

Die Wildnis westlich der I-5 liegt perfekt. Hier befinden sich einige der rauesten Orte und reizvollsten Wildnisgebiete Kaliforniens, doch sie sind abgelegen genug, um einen Massenandrang zu verhindern.

Auf dem Weg von den Ebenen bei Redding zu den Redwood-Wäldern an der Küste um Arcata schlängelt sich der Trinity River Scenic Byway (Hwy 299) auf einer spektakulären Strecke am Trinity River mit seinen hoch aufragenden Felsen entlang. Die Straße ermöglicht eine Fahrt durch eines der unberührtesten Wildnisgebiete der Northern Mountains und führt auch durch die lebhafte Goldgräberstadt Weaverville.

Der himmlische Hwy 3 (eine sehr empfehlenswerte, wenn auch langsamere und kurvenreichere Alternative zur I-5) verläuft von Weaverville Richtung Norden. Die Gebirgsnebenstraße führt durch die Trinity Alps, eine überwältigende Granitbergkette, die mit azurblauen Seen gespickt ist, vorbei an den Ufern des Lewiston Lake und des Trinity Lake, über die Scott Mountains und schließlich ins smaragdgrüne, von Bergen umgebene Scott Valley. Die Fahrt endet im ziemlich rauen Yreka.

Weaverville

1941 interviewte ein Reporter James Hilton, den britischen Autor von *Der verlorene Horizont*. Der Journalist fragte: „Welcher von den realen Orten, die Sie auf all ihren Reisen gesehen haben, kam Shangri-La am nächsten?“ Hilton antwortete: „Eine kleine Stadt in Nordkalifornien. Eine kleine Stadt namens Weaverville.“

Die Straßen des niedlichen Weaverville sind im Sommer von Blumenkästen und im Winter von Schneeverwehungen gesäumt. Der Verwaltungssitz des Trinity Country liegt inmitten eines endlosen Gebiets aus Bergen und Wäldern, das zu 75 % dem Staat gehört. Mit fast 8450 km² ist das County etwa so groß wie Delaware und Rhode Island zusammen, doch es hat nur etwa 13 700 Einwohner und nicht eine Verkehrsampel, Schnellstraße oder Parkuhr.

Weaverville (3600 Ew.), ein echtes Juwel, ist im National Register of Historic Places eingetragen. Die Atmosphäre hier ist entspannt und relativ unkonventionell, teilweise ist das auch den jugendlichen Nischenkulturen der Stadtflüchtlinge, die zurück zur Natur wollen, und der Haschischanbauer zu verdanken. Beim Bummel entlang der altmodischen Schaufenster und beim Besuch der Kunstgalerien, Museen und historischen Sehenswürdigkeiten vergeht ein Tag hier wie im Flug.

WAS ZUM ...?

Im **Willow Creek China Flat Museum** (☎530-629-2653; www.bigfootcountry.net; Hwy 299, Willow Creek; Eintritt frei, Spenden werden angenommen; ⏲Mai–Sept. Mi–So 10–16 Uhr, Okt.–April Fr & Sa 11–16, So 12–16 Uhr) können Besucher eine überzeugende Bigfoot-Sammlung begutachten. Fuß- und Handabdrücke, Haare ... – Dinge aller Art, die die Existenz des alten Kerls belegen sollen. Sogar der nach ihm benannte Bigfoot Scenic Byway (Hwy 96) beginnt hier und führt auf dem Weg nach Norden durch eine atemberaubende Berg- und Flusslandschaft.

Sehenswertes & Aktivitäten

LP TIPP **Joss House State Historic Park** TEMPEL
(☎530-623-5284; Ecke Hwy 299 & Oregon St; Eintritt 3 US$; ⏲Winter Sa 10–17 Uhr, restliches Jahr Mi–So 10–17 Uhr) Von allen historischen Parks Kaliforniens ist dieser einer der interessantesten – die Wände des Gebäudes sprechen tatsächlich Bände. Innen sind sie mit 150 Jahre alten Spendenscheinen von der hier früher florierenden chinesischen Gemeinschaft tapeziert – ein Zeugnis der reichen, heute fast verschwundenen Kultur der Einwanderer, die die Infrastruktur Nordkaliforniens errichteten. Es ist eine unerwartete Überraschung, dass der älteste ununterbrochen genutzte chinesische Tempel Kaliforniens im kleinen Weaverville steht. Er wurde in den 1870er-Jahren gebaut. Der prächtige, blau-goldene taoistische Schrein enthält einen kunstvoll geschmückten, mehr als 3000 Jahren alten Altar, der aus China hergebracht wurde. Die angrenzende Schule war die erste in Kalifornien, die chinesische Schüler unterrichtete. Von 10 bis 16 Uhr finden immer zur vollen Stunde Führungen statt. Leider ist die Zukunft des Parks wegen der kalifornischen Finanzsituation unsicher.

JJ Jackson Memorial Museum & Trinity County Historical Park MUSEUM
(www.trinitymuseum.org; 508 Main St; Eintritt gegen Spende ; ⏲Mai–Okt. tgl. 10–17 Uhr, April & Nov.–24. Dez. tgl. 12–16 Uhr. 26. Dez.–März Di & Sa 12–16 Uhr) Im Museum neben dem Joss

House sind Ausstellungsstücke aus dem Goldabbau, kulturelle Exponate sowie historische Maschinen, verschiedene Erinnerungsstücke, eine alte Bergarbeiterhütte und eine Schmiede zu sehen.

Highland Art Center GALERIE
(www.highlandartcenter.org; 691 Main St; ⌚Mo–Sa 10–17, So 11–16 Uhr) Die Ausstellungen zeigen Arbeiten örtlicher Künstler.

Coffee Creek Ranch AUSRÜSTUNG
(☎530-266-3343; www.coffeecreekranch.com) Im Trinity Center, organisiert Angel- und komplett ausgestattete Reittouren in die Trinity Alps Wilderness sowie einwöchige Angeltrips.

Schlafen

In der Ranger Station gibt's Infos zu vielen Campingplätzen des USFS in der Region, besonders rund um den Trinity Lake. Am Hwy 299 liegen etliche private Wohnmobilparks, von denen einige auch Stellplätze für Zelte haben.

LP TIPP **Weaverville Hotel** HISTORISCHES HOTEL
(☎800-750-8957; www.weavervillehotel.com; 203 Main St; Zi. 100–260 US$; ❄📶) In diesem gehobenen Hotel und historischen Wahrzeichen, das in prächtigem viktorianischem Stil instandgesetzt wurde, kann man „Wilder Westen" spielen. Es ist luxuriös, aber nicht vollgestopft, und die freundlichen Besitzer kümmern sich sehr um ihre Gäste. Diese können das Fitnessstudio auf der anderen Straßenseite benutzen und in einem benachbarten Café auf Kosten des Hause frühstücken.

Red Hill Motel & Cabins MOTEL
(☎530-623-4331; 116 Red Hill Rd; DZ 42 US$, Hütten ohne/mit Küche 48/59 US$) Am westlichen Ende der Stadt, nahe der Main St und neben der Bibliothek, liegt dieses einfache, ruhige Motel unter Ponderosa-Kiefern versteckt. Die roten Holzhütten wurden in den 1940er-Jahren gebaut und eignen sich mit ihren Kochnischen und Minikühlschränken gut für längere Aufenthalte. Es ist nicht besonders schick, doch die Zimmer sind einfach und sauber und das Preis-Leistungs-Verhältnis ist gut.

Whitmore Inn HISTORISCHES GÄSTEHAUS
(☎530-623-2509; www.whitmoreinn.com; 761 Main St; Zi. 100–165 US$; ❄📶) Das viktorianische Haus im Zentrum, das von einer Terrasse umgeben ist, bietet gemütliche, komfortable Zimmer und einen großen Garten.

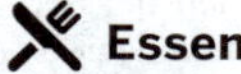

Essen

Weavervilles Zentrum ist auf hungrige Wanderer eingestellt – im Sommer gibt es auf der Hauptstraße viele Möglichkeiten, sich preiswert den Bauch vollzuschlagen. Außerdem findet in den wärmeren Monaten ein toller **Farmers Market** (⌚Mai–Okt. Mi 16.30–19.30 Uhr) in der Main St statt. Im Winter kommen kaum noch Besucher und die Öffnungszeiten verkürzen sich deutlich.

LP TIPP **La Grange Café** KALIFORNISCH
(☎530-623-5325; 315 N Main St; Hauptgerichte 15–30 US$; ⌚Mo–Do 11.30–21, Fr–So 11.30–22 Uhr, mit saisonalen Abweichungen) Diese gefeierte, mit mehreren Sternen gekrönte Restaurant ist geräumig, aber anheimelnd. Es serviert außergewöhnlich leichte, frische und sättigende Gerichte. Die Köchin und Besitzerin Sharon Heryfort sorgt für wunderbare, ganz unprätentiöse Abendessen: Mit Apfel gefüllter Kohl im Herbst und kräftig gewürzte Enchilada mit Huhn im Sommer, dazu kommen Wildgerichte und saisonales Gemüse. Unverputztes Mauerwerk und offene Blickachsen vervollständigen die ausgesprochen freundliche Atmosphäre. Wenn alle Tische besetzt sind (was recht häufig vorkommt), sind die Plätze an der Bar toll. Die Suppen und Salate nach dem Prinzip „All you can eat" sind einfach genial.

Trinideli FEINKOST
(201 Trinity Lakes Blvd, an der Center St; Sandwiches 5–7 US$; ⌚Mo–Fr 6–16 Uhr) Die fröhlichen Mitarbeiter bereiten himmlische Sandwiches voller frischer Zutaten zu. Das „Peasant's Pleasure" (Bauernvergnügen) mit Braunschweiger, Meerrettich und Essiggurken ist etwas für Liebhaber herzhafter Sachen, und das schlichte Truthahn-Schinken-Sandwich bietet viel frisches Gemüse und jede Menge Geschmack. Die verschiedenen Frühstücks-Burritos sind perfekt, um vor einer Wanderung schnell noch etwas zu essen.

Noelle's Garden Café CAFÉ
(☎530-623-2058; 252 Main St; Hauptgerichte 9 US$; ⌚morgens & mittags; 🖉) *Das* Café zum Frühstücken. Man kann drinnen in dem fröhlichen weißen Schindelhaus oder bei schönem Wetter draußen auf der mit Weinreben überdachten Terrasse essen. Mittags sind Suppen, Sandwiches und Salate, dar-

unter viele vegetarische Varianten, im Angebot.

Johnny's Pizza PIZZA
(227 Main St; Pizza 10–15 US$; ⏲11–20 Uhr) Eine Kleinstadt-Pizzeria mit guter Stimmung, Rock-'n'-Roll aus den Lautsprechern und freundlichen Mitarbeitern.

La Casita MEXIKANISCH
(570 Main St; Hauptgerichte 9 US$; ⏲11–19 Uhr) Das kleine La Casita mit niedrigen Decken versteckt sich neben Noelle's und serviert passable mexikanische Klassiker.

Mountain Marketplace MARKT
(222 S Main St; ⏲Mo–Fr 9–18, Sa 10–17 Uhr;) Hier kann man sich mit Bio-Lebensmitteln eindecken oder sich an der Saftbar und der vegetarischen Feinkosttheke niederlassen.

Ausgehen & Unterhaltung

Mamma Llama COFFEESHOP
(www.mammallama.com; 208 N Main St; ⏲Mo–Fr 6–18, Sa 7–18, So 7–15 Uhr;) Dieser geräumige und relaxte Coffeeshop ist eine lokale Institution. Unter der weißen Arkade draußen kann man wunderbar chillen. Der Espresso ist sehr gut, es gibt Sofas zum Loungen und eine Auswahl an Büchern und CDs. Auf der kleinen Karte stehen Wraps und Sandwiches. Manchmal spielen hier Folkmusiker, oft ist auch eine Handtrommel dabei.

Red House COFFEESHOP
(www.vivalaredhouse.com; 218 S Miner St; ⏲Mo–Fr 6.30–17.30, So 7.30–13 Uhr) In dem luftigen, hellen und mit Bambus überdachten Café gibt's eine große Auswahl an Tees, leichten Snacks und Fairtrade-Bio-Schattenkaffee. Zu den Tagesangeboten gehört montags eine köstliche Hühner-Reis-Suppe. Wer es eilig hat (was in Weaverville nicht oft vorkommt), kann das Drive-Trough-Fenster nutzen.

Trinity Theatre KINO
(310 Main St) Zeigt Erstaufführungen.

Praktische Informationen

Trinity County Chamber of Commerce (☎530-623-6101; www.trinitycounty.com; 215 Main St; ⏲10–16 Uhr) Das sachkundige Personal hilft mit vielen nützlichen Informationen.

Weaverville Ranger Station (☎530-623-2121; 210 N Main St; ⏲Mo–Fr 8–16.30 Uhr) Karten, Infos und Permits für alle Seen, National Forests und Wildnisgebiete in und um Trinity County.

An- & Weiterreise

Ein Nahverkehrsbus von **Trinity Transit** (☎530-623-5438; www.trinitytransportation.org; Fahrpreis 0,50 US$) macht von montags bis freitags die Runde zwischen Weaverville und Lewiston über den Hwy 299 und den Hwy 3. Ein anderer Bus fährt zwischen Weaverville und Hayfork, einer Kleinstadt, die etwa 30 Meilen (48 km) südwestlich am Hwy 3 liegt.

Lewiston Lake

Das nette kleine **Lewiston** (www.lewistonca.com) ist eigentlich nur eine Ansammlung von Gebäuden neben einer Kreuzung. Es befindet sich ca. 5 Meilen (8 km) abseits des Hwy 299 am Trinity Dam Blvd, 26 Meilen (42 km) westlich von Redding und ein paar Meilen südlich vom Lewiston Lake. Der Ort liegt direkt am Trinity River und die Einwohner sind in der Natur zu Hause – sie kennen die besten Stellen an den Flüssen und Seen zum Angeln und wissen, wo man wandern kann und wie man von einem Ort zum anderen kommt.

Der See liegt 1,5 Meilen (2 km) nördlich der Stadt. Er ist eine friedliche Alternative zu den anderen Seen in der Gegend, denn hier gilt für Boote eine Höchstgeschwindigkeit von 10 mph (16 km/h). Der Wasserspiegel wird konstant auf einer Höhe gehalten und das Wasser ist der nährende Lebensraum von Fischen und Wasservögeln. Auch Zugvögel treffen sich hier, am frühen Abend kann man möglicherweise Fischadler und Weißkopfseeadler sehen, die sich aus der Luft auf Fische stürzen. Die Fischaufzuchtstation **Trinity River Fish Hatchery** (⏲Sonnenaufgang–Sonnenuntergang) fängt junge Lachse und Stahlkopfforellen und zieht sie auf, bis sie groß genug sind, um im Fluss ausgesetzt zu werden.

Die einzige Marina am See, die **Pine Cove Marina** (www.pine-cove-marina.com; 9435 Trinity Dam Blvd), hat kostenlose Informationen zum See und seiner Pflanzen- und Tierwelt, verleiht Boote und Kanus und organisiert geführt Offroad-Touren sowie Abendessen, zu denen jeder Gast selbst etwas mitbringt.

Wer nur auf der Durchfahrt ist, sollte am **Country Peddler** (4 Deadwood Rd) eine Pause einlegen; die zugige alte Scheune liegt hinter einem Mohnfeld und ist vollgestopft mit coolen Antiquitäten, rostenden Straßenschildern und Sammlerstücken, die aussehen, als hätte man sie aus der Jagdhütte eines seit Langem verschollenen Onkels gerettet. Die Besitzer sind aufgeweckte Outdoor-Enthusiasten und kennen die Gegend wie ihre Westentasche.

Schlafen & Essen

Am Ufer des Sees liegen mehrere private Campingplätze. Infos zu Campingplätzen des USFS erhält man in der Ranger Station in Weaverville (S. 329). Zwei davon sind direkt am See: der bewaldete **Mary Smith**, der mehr Privatsphäre bietet, und der sonnige **Ackerman** (Stellplatz 11 US$), der mehr Rasenplätze für Familien hat. Wenn kein Mitarbeiter da ist, kann man sich in beiden selbst anmelden. In Lewiston gibt's alle Arten von Wohnmobilparks sowie Hütten zur Vermietung und Motels.

Lewiston Hotel HISTORISCHES HOTEL
(☎530-778-3823; www.lewistonhotel.net; 125 Deadwood Rd; Zi. 69–89 US$; 📶) Mitten im Zentrum der Stadt liegt dieses Hotel von 1862, das vor Kurzem wieder eröffnet wurde. Die Zimmer haben mit ihren Steppdecken, historischen Fotografien und Aussichten auf den Fluss unglaublich viel Atmosphäre. Das Pizzarestaurant im Haus, **Trinity Dam Good Pizza** (Hauptgerichte 8–10 US$; ⏲11–19 Uhr, mit saisonalen Abweichungen), serviert fantastisches „Tuna Melt" (überbackenes Thunfischsandwich), pappige Pizza und steife Drinks. Außerdem ist es der beste Ort der Stadt, um nach Einbruch der Dunkelheit abzuhängen. Mit etwas Glück gibt es sogar Livemusik und Tanz.

Old Lewiston Inn B&B B&B
(☎530-778-3385; www.theoldlewistoninn.com; Deadwood Rd; Zi. 110–125 US$; ❄) Dieses B&B in der Stadt ist in einem Haus neben dem Fluss aus dem Jahr 1875 untergebracht. Hier gibt es morgens ein ländliches Frühstück und ein Whirlpool lädt zum Entspannen ein. Auch ein Paket inklusive Fliegenfischen ist möglich.

Lewiston Valley Motel MOTEL
(☎530-778-3942; www.lewistonvalleymotel.com; 4789 Trinity Dam Blvd; Stellplatz Wohnmobil 20 US$, Zi. 60 US$; 🏊🐾) Dieses schlichte, durchschnittliche Motel hat einen Wohnmobilpark und liegt neben einer Tankstelle und einem Minimarkt.

Old Lewiston Bridge RV Resort WOHNMOBILPARK
(☎530-778-3894; www.lewistonbridgerv.com; 8460 Rush Creek Rd, an der Turnpike Rd; Stellplatz Zelt/Wohnmobil 15/28 US$) Ein hübscher Platz für Wohnmobile mit Stellplätzen direkt neben der Brücke, die über den Fluss führt.

Lakeview Terrace Resort HÜTTEN, WOHNMOBILPARK
(☎530-778-3803; www.lakeviewterraceresort.com; Stellplatz Wohnmobil 30 US$, Hütte 80–135 US$; ❄🏊) Eine Art rustikaler Club Med, der 5 Meilen (8 km) nördlich von Lewiston liegt und auch Boote verleiht.

Trinity (Clair Engle) Lake

Der beschauliche Trinity Lake, der drittgrößte Stausee Kaliforniens, liegt im Schatten der dramatischen schneebedeckten Berge nördlich vom Lewiston Lake. Außerhalb der Saison ist es hier sehr ruhig, doch im Sommer kommen viele Besucher, die hier baden, angeln und Wassersport betreiben wollen. Die meisten Campingplätze, Motels, Bootsverleihe und Restaurants liegen am Westufer des Sees.

Das **Pinewood Cove Resort** (☎530-286-2201; www.pinewoodcove.com; 45110 Hwy 3;Stellplatz Zelt/Wohnmobil 28/40 US$, Hütten 126–147 US$; ❄) direkt am Ufer ist sehr beliebt, Bettwäsche wird hier allerdings nicht gestellt.

Die Ostseite des Sees ist ruhiger und bietet abgelegenere Campingplätze; einige kann man nur mit dem Boot erreichen. Die Ranger Station in Weaverville (S. 329) hat Informationen zu Campingplätzen des USFS.

Klamath & Siskiyou Mountains

Der dichten Ansammlung von zerklüfteten Küstenbergen verdankt diese Region ihren Spitznamen „Klamath Knot" (Klamath-Knäuel). Der regenreiche, gemäßigte Regenwald der Küstengebiete weicht im Landesinneren feuchten Wäldern. Das schafft einen außerordentlich vielfältigen Lebensraum für viele Arten, von denen einige nirgendwo sonst auf der Welt zu finden sind. Etwa 3500 heimische Pflanzen wachsen hier. Zur Tierwelt der Region gehören der Fleckenkauz, der Weißkopfseeadler, der Schwanzfrosch, mehrere Arten des Pazifischen Lachses sowie Raubtiere wie der Vielfraß und der Puma. Eine Theorie zur Erklärung der außergewöhnlichen Artenvielfalt des Gebiets besagt, dass die Region während der jüngsten Eiszeiten nicht so stark von der Gletscherbildung betroffen war. Dadurch könnten für viele Arten Zufluchtsorte entstanden sein, in denen über relativ lange Zeiträume günstige Lebensbedingungen herrschten, während derer sie sich an die neuen Lebensräume anpassen konnten.

In der Region ist auch die größte Konzentration wilder und landschaftlich reizvoller Flüsse der ganzen USA zu finden, z.B. Salmon, Smith, Trinity, Eel und Klamath River. Die Laubfärbung im Herbst ist prachtvoll.

Im Klamath Knot gibt es fünf Schutzgebiete. Die **Marble Mountain Wilderness** im Norden zeichnet sich durch hohe, zerklüftete Berge, Täler und Seen aus, die alle mit farbenfrohen Marmor- und Granitformationen durchsetzt sind, und weist eine riesige Pflanzenvielfalt auf. Die **Russian Wilderness** umfasst ein 3200 ha großes Gebiet mit hohen Gipfeln und herrlichen, entlegenen Seen. Die **Trinity Alps Wilderness,** westlich vom Hwy 3, ist eine der schönsten Regionen der Gegend zum Wandern und Campen; hier gibt es 960 km Wanderwege, die über Granitgipfel und vorbei an tiefen Bergseen führen. Die im Süden liegende **Yolla Bolly-Middle Eel Wilderness** wird selten besucht, obwohl sie nicht weit von der Bay Area entfernt ist und mit spektakulärer, abgeschiedener Wildnis lockt. Am dichtesten an der Küste liegt die **Siskiyou Wilderness** mit über 2200 m hohen Gipfel, von denen man bis zur Küste sehen kann. Durch das Gebiet zieht sich ein umfangreiches Wegenetz, für Rundwanderungen ist es allerdings nicht geeignet.

Der Trinity River Scenic Byway (Hwy 299) folgt dem sprudelnden **Trinity River** bis zum Pazifik. An der Strecke liegen viele Unterkünfte, Wohnmobilparks und kleine Burger-Restaurants, die man leicht übersehen kann. Bei Willow Creek, 55 Meilen (89 km) westlich von Weavervill, sind Raftingtouren auf dem Fluss möglich. Die **Bigfoot Rafting Company** (☎530-629-2263; www.bigfootrafting.com) veranstaltet geführte Touren (ab 79 US$) und vermietet auch Flöße und Kajaks (ab 38 US$/Tag).

ABSTECHER

ALPEN CELLARS

Ein Abstecher zu den wenig bekannten aber überaus malerischen **Alpen Cellars** (☎530-266-9513; www.alpencellars.com; ⌚Sommer 10–16 Uhr, Okt.–Mai nach Vereinbarung) lohnt sich. Das Weingut hat sich auf Riesling, Gewürztraminer, Chardonnay und Pinot Noir spezialisiert und ist für Besichtigungstouren, Weinverkostungen und Picknicke auf dem idyllischen Gelände am Fluss geöffnet. Von Weaverville fährt man man ca. 35 Meilen (56 km) auf dem Hwy 3 bis zum Nordende des Trinity Lake (hinter dem Trinity Center noch 5 Meilen/8 km) und biegt dann rechts in die East Side Rd ein; nach weiteren 8 Meilen (13 km) hält man sich an der East Fork Rd links und fährt noch 2 Meilen (3 km) weiter.

Scott Valley

Nördlich vom Trinity Lake klettert der Hwy 3 entlang der prächtigen Ostflanke der Trinity Alps Wilderness bis zum Scott Mountain Summit (1646 m) hinauf und führt dann elegant hinab ins grüne Scott Valley, ein idyllisches, landwirtschaftlich genutztes Tal, das von hoch aufragenden Bergen umgeben ist. Hier gibt's gute Möglichkeiten zum Wandern und Mountainbiken sowie für Reitausflüge zu Bergseen. Vor der grandiosen Fahrt sollte man in der Weaverville Ranger Station (S. 329) die Broschüre *Trinity Heritage Scenic Byway* mitnehmen, um sich über den historischen Hintergrund zu informieren.

Etna (737 Ew.) am nördlichen Ende des Tals wird von seinen Einwohnern „California's Last Great Place" genannt – und sie könnten Recht haben. Hier findet Ende Juli ein fantastisches **Bluegrass Festival** statt, und bei der winzigen **Etna Brewing Company** (www.etnabrew.net; 131 Callahan St; Brauereiführungen kostenlos; ⌚Pub Di 11–16, Mi & Do 11–20, Fr & Sa 11–21, So 11–19 Uhr, Führungen nach Vereinbarung) gibt es tolle Biere und Pubessen. Wer übernachten will, ist im **Motel Etna** (☎530-467-5338; 317 Collier Way; DZ 55 US$) mit zehn blitzsauberen Zimmern gut aufgehoben. **Scott Valley Drug** (www.scottvalleydrug.com; 511 Main St; ⌚Mo–Sa) serviert traditionelle Eiscreme-Sodas.

Fort Jones (839 Ew.) liegt hinter Etna und nur 18 Meilen (29 km) von Yreka entfernt. Das **Visitors Center** (☎530-468-5442; 11943 Main St; ⌚Di–Sa 10–17, So 12–16 Uhr) befindet sich auf der Rückseite des Guild Shop Mercantile. Die Straße runter liegt ein **Museum** (www.fortjonesmuseum.com; 11913 Main

DER BUNDESSTAAT JEFFERSON

Willkommen im **State of Jefferson** (www.jeffersonstate.com) – wenn man die Schilder und Autoaufkleber („Jefferson: A State of Mind"), die den vorgeschlagenen 51. US-Bundesstaat befürworten, zum ersten Mal sieht, hält man sie vielleicht für einen Scherz. Doch je länger man auf den zweispurigen Asphaltstraßen in Nordkalifornien und Südoregon unterwegs ist, desto deutlicher werden die kulturellen Unterschiede der Grenzregion. Der State of Jefferson wurde ursprünglich 1941 von einem Trupp gut bewaffneter Einheimischer vorgeschlagen, die über den Zustand der Straßen der Region extrem verärgert waren. Der erste Gebietsentwurf des geplanten Bundesstaats umfasste auch ein großes Stück von Nordkalifornien, einschließlich der Countys Del Norte, Siskiyou, Modoc, Humboldt, Trinity, Shasta und Lassen, sowie einige weitere Countys in Südoregon. Doch gerade als die Bewegung in Fahrt kam, bombardierten die Japaner Pearl Harbour und lösten damit eine große Welle des amerikanischen Nationalismus aus – die Pläne für den 51. Bundesstaat wurden rasch aufgegeben. Heute lebt Jefferson im freiheitlichen Geist der Einwohner weiter; wer News aus der Gegend hören will, sollte **Jefferson Public Radio** (www.ijpr.org) einschalten, das in Redding auf KNCA 89.7 FM und in Mt. Shasta auf KNSQ 88.1 FM sendet.

St; Eintritt gegen Spende; ⌚Ende Mai–Anfang Sept. Mo–Sa) mit Ausstellungsstücken zu Indianern.

Yreka

Yreka (wai-rie-kaa; 7400 Ew.), die nördlichste Stadt des kalifornischen Festlands, war früher eine boomende Goldgräbersiedlung. Die meisten Reisenden kommen hier nur auf dem Weg nach Oregon durch. Die Stadt – besonders ihr historisches Zentrum – ist aber ein angenehmer Zwischenstopp, um mal die Glieder zu strecken, ans leibliche Wohl zu denken und zu tanken, ehe es weiter ins abgelegene Scott Valley oder in die Wildnis Nordostkaliforniens geht.

Sehenswertes & Aktivitäten

Etwa 25 Meilen (40 km) nördlich von Yreka, gleich an der Grenze zu Oregon an der I-5, erhebt sich der Siskiyou Summit (1314 m). Im Winter ist die Zufahrt aber oft geschlossen, selbst wenn das Wetter auf beiden Seiten gut ist. Telefonisch kann man unter ☎530-842-4438 nachfragen.

Siskiyou County Museum MUSEUM
(www.siskiyoucountyhistoricalsociety.org; 910 S Main St; Eintritt 3 US$; ⌚Di–Do 9–15, Sa 10–16 Uhr) Einige Blocks südlich vom eigentlichen Zentrum liegt dieses außergewöhnlich gut geführte Museum, das die Geschichte der Pioniere und der Ureinwohner miteinander verbindet. Eine Open-Air-Ausstellung zeigt historische Gebäude aus dem ganzen County.

Siskiyou County Courthouse HISTORISCHES GEBÄUDE
(311 4th St) Dieses niedrige Gebäude stammt aus dem Jahr 1857 und zeigt im Foyer eine Sammlung von Nuggets, Goldblättchen und -staub.

Yreka Creek Greenway WANDERN & TREKKEN, RADFAHREN
(www.yrekagreenway.org) Hinter dem Museum beginnt der Yreka Creek Greenway mit Wegen für Fußgänger und Fahrräder, die zwischen Bäumen entlang führen.

Blue Goose Steam Excursion Train ZUGFAHRT
(www.yrekawesternrr.com; Erw./Kind 2–12 Jahre 20/1 US$) Dieser Zug zischt und tuckert auf 100 Jahre alten Gleisen dahin. Einen regelmäßigen Fahrplan gibt es nicht, für aktuelle Infos am besten auf die Webseite schauen. Dies ist eine der letzten noch existierenden Bahnlinien des schnell verschwindenden historischen Eisenbahnnetzes Kaliforniens.

Schlafen & Essen

Motels, Motels und noch mehr Motels – Budgetreisende können auf Yrekas Main St wunderbar die Preise vergleichen. Es gibt massenweise Motels aus der Mitte des 20. Jhs. Viele Hotelketten haben Hotels am Highway, um die Autofahrer an der I-5 abzufangen, eine Gruppe solcher Hotels liegt in der Nähe des Exit 773 im Süden der Stadt. Der Klamath National Forest betreibt mehrere Campingplätze, Informationen gibt's im Supervisor's Office (S. 333). Verschiedene Wohnmobilparks liegen am Rand der Stadt.

Third Street Inn
B&B

(☎530-841-1120; www.yrekabedandbreakfast.com; 326 Third St; DZ 105–120 US$) Das niedliche kleine Cottage ist die beste Option, wenn man Privatsphäre will, doch auch die anderen drei Zimmer dieses familiengeführten viktorianischen B&B sind makellos und strahlen schlichten Charme aus.

Klamath Motor Lodge
MOTEL

(☎530-842-2751; www.klamathmotorlodge.net; 1111 S Main St; DZ 70 US$) Die Mitarbeiter dieses Motels sind besonders freundlich, die Zimmer sind sauber und es gibt eine Wäscherei vor Ort – ein großer Vorteil für Gäste, die gerade aus der Wildnis kommen. Dies ist das beste Motel der Stadt.

The Audacity & Cafe
CAFÉ & WEINBAR

(http://theaudacitycafe.wordpress.com; 200 W Miner St; Sandwiches 7–10 US$; Mo–Do 9–17, Sa bis 22 Uhr;) Dieses Mutter-Tochter-Unternehmen ist an Samstagabenden der lebhafteste Ort der Stadt, denn dann treten auf der kleinen Bühne Folk- und Rockmusiker aus der Gegend auf, während die Gäste sich auf den bequemen Sofas zurücklehnen und Wein trinken. Das Essen ist einfach, es gibt Wraps, frische Salate, Smoothies und Sandwiches.

Klander's Deli
FEINKOST

(211 S Oregon St; Sandwiches 6 US$; Mo–Fr 8–14 Uhr) In diesem durch und durch lokalen Laden sind die leckeren Sandwiches nach Stammgästen benannt. Eines der beliebtesten ist das Bob, das den Namen des ersten Besitzer trägt und mit Schinken, Truthahn, Roastbeef und Schweizer Käse belegt ist.

Nature's Kitchen
NATURKOST

(☎530-842-1136; 412 S Main St; Gerichte 7 US$; Mo–Sa 8–17 Uhr;) In dem freundlichen Naturkostladen mit Bäckerei gibt's gesunde und leckere vegetarische Gerichte, frischen Saft und guten Espresso. Der angrenzende Laden verkauft alle Sorten von Kräuterartikeln und New-Age-Nippes.

Grandma's House
AMERIKANISCH

(123 E Center St; Hauptgerichte 8–15 US$; 7–20 Uhr) Hier gibt es ordentliche Hausmannskost, z.B. ein tolles Truthahnsandwich und herzhafte Frühstücksangebote. Auf das süße Pfefferkuchenhaus östlich vom Zentrum zwischen der Main St und der I-5 achten.

Praktische Informationen

Klamath National Forest Supervisor's Office (☎530-842-6131; 1312 Fairlane Rd, an der Oberlin Rd; Mo–Fr 8–16.30 Uhr) Am südlichen Stadtrand, hat detaillierte Infos zu Freizeitaktivitäten und Camping. Das Gebäude ist riesig und schon vom Highway aus zu sehen.

Yreka Chamber of Commerce (☎530-842-1649; www.yrekachamber.com; 117 W Miner St; 9–17 Uhr, mit saisonalen Abweichungen;)

An & Weiterreise

Busse von STAGE (☎530-842-8295; Fahrpreis ab 1,75 US$) fahren durch die Region und halten an ein paar Haltestellen in Yreka. An Werktagen verkehren täglich mehrere Busse entlang der I-5 nach Weed, Mt. Shasta, McCloud und Dunsmuir. Außerdem fahren täglich Busse nach Fort Jones (25 Min.), Greenview (35 Min.) und Etna (45 Min.) im Scott Valley. Busse nach Klamath River (40 Min.) und Happy Camp (2 Std.) sind nur montags und freitags unterwegs.

Gold Country & Central Valley

Inhalt »

Gut essen

» Noriega Hotel (S. 398)
» Dusty Buns Bistro Bus (S. 394)
» Treats (S. 341)
» V Restaurant (S. 357)
» Mulvaney's Building and Loan (S. 367)

Schön übernachten

» Padre Hotel (S. 397)
» Citizen Hotel (S. 366)
» Outside Inn (S. 341)
» Lure Resort (S. 344)
» Camino Hotel (S. 351)

Auf ins Gold Country & ins Central Valley!

Verschlafene Dörfer in hügeliger Landschaft, von Eichen gesäumte Nebenstraßen: Beinahe könnte man vergessen, dass Kaliforniens Geburtshelfer Chaos hieß und dass hier die Wiege des Staats stand. 1848 erregte ein Funkeln die Aufmerksamkeit eines gewissen James Marshall. Kurz darauf spülte der Goldrausch 300 000 „49ers" in die Ausläufer der Sierra. Heute zeugen nur noch vereinzelte historische Wegweiser von Blutdurst und Banditentum. Die verbliebenen ehemaligen Boom-Towns halten sich mit dem Verkauf von Antiquitäten, Eis, Wein und den flüchtigen Überbleibseln des Goldrauschs über Wasser. Das rund 640 km lange Central Valley, das sich durch die Mitte des Staates zieht, ist die landwirtschaftlich produktivste Region Amerikas. Kaum einer, der hier durchkommt, hält auch an. Die, die es tun, werden belohnt mit Wochenmärkten, Countrymusik und – selbstverständlich – Wein.

Reisezeit

Sacramento

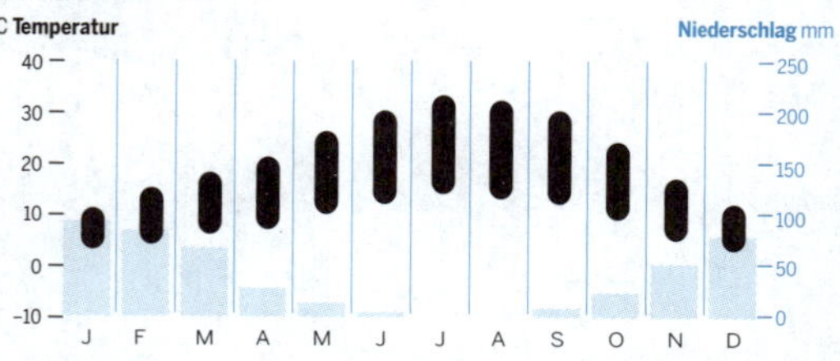

Juli Bei sengender Hitze im Gold Country baden gehen.

Okt. & Nov. Die Bäume leuchten in bunter Pracht und überall finden Herbstfeste statt.

April–Juni Mit der Früherernte kommen unzählige Food-Festivals.

NEVADA COUNTY & NORTHERN GOLD COUNTRY

Die 49ers haben's gut getroffen in Nevada County – die fetteste Ader, der Jackpot –, und dieser Reichtum schuf eine der schönsten und am besten erhaltenen Goldgräberstädte der Region: Nevada City. Jenseits der Stadtgrenzen warten traumhafte Wildnis, eine Reihe historischer Parks und rostende Zeugnisse des längst vergangenen Goldrauschs auf Besucher. Und die Gegend ist ein Paradies für Adrenalin-Junkies, ausgestattet mit haarigen Mountainbike-Strecken und eisigen Badestellen, die abgelegen genug sind, um darin nackt zu baden.

Auburn

Es lohnt sich, nach dem „Big Man" Ausschau zu halten, einer 45 t schweren Nachbildung des Goldwäschepioniers Claude, die den Besucher im Gold Country begrüßt. Alles, wofür das Gold Country steht, findet man hier: Eisdielen, historische Stadtteile, die sich zu Fuß erobern lassen, Antiquitäten, kuriose Geschichtsstätten. Auburn ist ein wichtiger Verkehrsknotenpunkt. Die Züge der Union Pacific halten hier auf ihrem Weg nach Osten, und die Stadt ist ein beliebter Stopp für alle, die auf der I-80 zwischen Bay Area und Lake Tahoe unterwegs sind. Will man tiefer ins Gold Country eindringen, muss man weiter den Highway 409 entlangfahren. Aber alle, denen eine Kostprobe genügt, sind mit Auburn gut beraten.

Sehenswertes & Aktivitäten

Auburn bezeichnet sich selbst als „Welthauptstadt des Ausdauersports", was eine Vorstellung davon vermittelt, wie gut die Gegend zum Radfahren, Trail-Running und zu anderen sportiven Foltern geeignet ist. Eine vollständige Liste aller Aktivitäten findet sich unter www.auburnendurance capital.com.

GRATIS **Placer County Museum** MUSEUM
(101 Maple St; Eintritt frei; ⌚10–16 Uhr) Im Erdgeschoss des imposanten, 1898 erbauten **Placer County Courthouse** ⌚8–17 Uhr) erwarten den Besucher indianische Artefakte und Exponate aus Auburns Verkehrsgeschichte. Dieses von allen Museen am einfachsten zugängliche bietet einen guten Überblick über die Geschichte der Gegend – und zudem eine faszinierend funkelnde Gold-Sammlung.

KURZINFOS

» **Sacramento** 407 000 Ew.

» **Durchschnittstemperatur Sacramento min./max.** Jan. 3/11 °C, Juli 13/30 °C

» **San Francisco–Nevada City** 148 Meilen (238 km), 2½ Std.

» **Sacramento–Bakersfield** 277 Meilen (446 km), 4½ Std.

» **Bakersfield–Los Angeles** 112 Meilen (180 km), 2 Std.

Bernhard Museum Complex MUSEUM
(☎530-888-6891; 291 Auburn-Folsom Rd; Spende erbeten; ⌚Di–So 11–16 Uhr) High St, südliches Ende: 1851 als Traveler's Rest Hotel erbaut, zeigt das Museum heute Szenen aus dem Leben einer typischen Farmer-Familie aus dem 19. Jh., gelegentlich aufgepeppt durch Freiwillige in historischen Kostümen.

GRATIS **Gold Country Museum** MUSEUM
(1273 High St; Eintritt frei; ⌚Di–So 11–16 Uhr) Geschichte zum Anfassen gibt's in diesem im hinteren Teil des Messegeländes gelegenen Museum. Man kann durch die Nachbildung eines Bergbautunnels gehen und sich gegen eine geringe Gebühr im Goldwaschen versuchen.

Schlafen & Essen

Am oberen Lincoln Way, Richtung Chamber of Commerce, gibt es mehrere bei den Einheimischen beliebte Restaurants. Gelegenheiten, draußen zu essen und dabei die Sonne zu genießen, finden sich direkt am Highway – und zwar massig. Wer eine Übernachtungsmöglichkeit sucht, der sollte bei den Ausfahrten die Augen offen halten: Hier sind alle Hotelketten vertreten.

Auburn Ale House BRAUHAUS $
(www.auburnalehouse.com; 289 Washington; Gericht 7–17 US$; ⌚So–Do 11–22, Wochenende bis 23 Uhr) Eines jener seltenen Brauhäuser, die von Hand gebrautes Bier und exzellentes Essen anbieten. Hier lässt man sich seinen Burger schmecken, die Pommes aus Süßkartoffeln, Mac'n'Cheese für Große sowie süßlich-pikante Salate (die Walnuss-Gorgonzola-Variante ist megaköstlich!). Der Preis fürs „Probier-Bier" ist mehr als

Highlights

1 In den Hügeln um **Plymouth** durch Amador Countys Weingärten wandern (S. 350)

2 Im **Marshall Gold Discovery Park** (S. 347) den Geburtsort Kaliforniens entdecken

3 Kaliforniens beste Mountainbikestrecke in **Downieville** (S. 343) runterrumpeln

4 Durch die historischen Straßen des Juwels von Gold County, **Nevada City** (S. 340), schlendern

5 Mit **Bakersfields** (S. 397) Musik-Ikonen die Nächte durchmachen

6 **Lodis** (S. 389) aufstrebende Weinszene entkorken

7 Die eisigen Flüsse von **Chico** (S. 375) hinabrasen

8 Die Stromschnellen des **American River** (S. 337) meistern

9 Entlang des **Highway 49** nach Antiquitäten und Eiscreme Ausschau halten

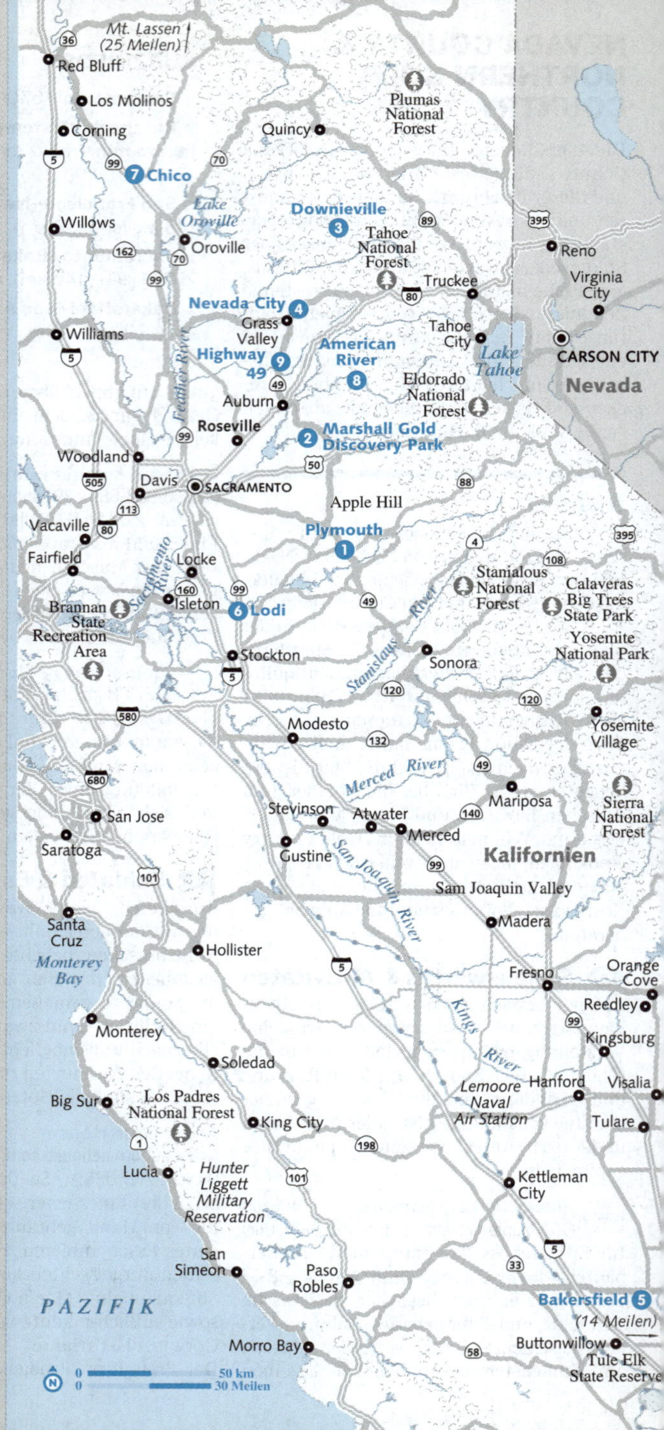

anständig und ein Muss für jeden Fan von fein Gebrautem, schließlich darf sich Auburn Jahr für Jahr tonnenweise Medaillen für seine Palette von Ales und Pils nach Hause holen. Die Autoschlüssel sollten all diejenigen abgeben, die sich mehr als ein Glas der „PU240 Imperial IPAs" genehmigen wollen, ein Gebräu, das hier nicht umsonst als „waffenfähige Hopfen-Bombe" bezeichnet wird.

Ikedas BURGER, LEBENSMITTEL **$**
(www.ikedas.com; 13500 Lincoln Way; Burger 9–12 US$; ⌚8–19 Uhr, Wochenende bis 20 Uhr) Wem in diesem Teil des Staates nur wenig Zeit für Erkundungen bleibt, der legt seinen Boxenstopp am besten bei Exit 121 der I-80 ein. Hier kriegen Reisende mit Ziel Tahoe saftige Burger (von glücklichen Kühen), hausgemachte Kuchen und Snacks. Wahnsinnig lecker sind auch die frischen Pfirsich-Shakes (saisonabhängig).

Awful Annie's AMERIKANISCH **$**
(www.awfulannies.com; 321 Spring St; Gerichte 9–15 US$; ⌚8–15 Uhr) Riesiges Frühstücksangebot und die sonnige Terrasse sorgen dafür, dass bei Annie's selten ein Platz frei ist. Auf einen zu warten lohnt sich!

Katrina's FRÜHSTÜCK **$**
(www.katrinascafe.com; 456 Grass Valley Hwy; Gerichte 10–15 US$; ⌚Mi–Sa 7–14.30, So bis 13.30 Uhr) Zitronenpfannkuchen und toskanische Leckereien in heimeliger Atmosphäre. Schwer o.k., das Katrina's!

Tsuda's Old Town Eatery DELI **$**
(www.tsudas.com; 103 Sacramento; Gerichte 8 US$; ⌚Mo–Do 7–18, Fr & Sa bis 21, So 8–18 Uhr;) Bio-Deli, in dem auch wählerische Esser finden, wonach sie suchen (glutenfrei, vegetarisch, etc.), mit ausgezeichneter Speisekarte für Kinder und einer ummauerten Terrasse, auf der Hunde willkommen sind.

Praktische Informationen

Auburn Area Chamber of Commerce (☎530-885-5616; www.auburnchamber.net; 601 Lincoln Way; ⌚Mo–Fr 9–17 Uhr) Im alten Depot der Southern-Pacific-Eisenbahn; bietet viele nützliche lokale Informationen. In der Nähe erinnert ein Denkmal an die erste transkontinentale Eisenbahnverbindung.

California Welcome Center (☎530-887-2111; www.visitplacer.com; 13411 Lincoln Way; ⌚Mo–Sa 9–16.30, So 11–16 Uhr) Direkt an der I-80, Ausfahrt Foresthill; Reisende, die vom Osten in den Staat kommen, finden hier Unmengen von Informationen.

An- & Weiterreise

BUS Täglich verbinden mehrere **Amtrak**-Busse (☎800-872-7245; www.amtrak.com) Auburn mit Sacramento (15 US$, 1 Std.), von wo aus Zugverbindungen in die Bay Area und ins Central Valley abgehen. Richtung Osten fahren üblicherweise zwei Busse nach Reno (2½ Std.).

Gold Country Stage (www.goldcountrystage.com) verbindet mehrmals täglich Auburn mit Grass Valley und Nevada City, mit weniger Fahrten an Wochenenden. Erwachsene zahlen 3 US$ und der Trip dauert ca. 50 Minuten.

ZUG Auf seiner täglichen Fahrt zwischen Bay Area und Chicago, über Reno und Denver, hält Amtraks *California Zephyr* in Auburn. Die Fahrt von Auburn nach San Francisco dauert rund drei Stunden und kostet 32 US$.

Auburn State Recreation Area

Seine tiefen Schluchten verdankt dieser beliebte **Park** (☎530-885-4527; www.parks.ca.gov, Tagesnutzungsgebühr für manche Bereiche 10 US$) den rauschenden Gewässern zweier der Quellarme (North Fork und Middle Fork) des **American River**, die sich unterhalb der Brücke am Hwy 49, ca. 6,5 km südlich von Auburn, vereinigen. Zu Beginn des Frühjahrs, wenn der Pegel hoch steht, ist diese Stelle bei Wildwasser-Raftern extrem beliebt. Wenn sich dann im Verlauf des Sommers die Strömung wieder etwas beruhigt hat, ist es hier perfekt zum Sonnen und Baden. Wanderer, Mountainbiker und Reiter teilen sich die unzähligen Wege in dem Gebiet.

Die besten Trips in der Region bietet **All-Outdoors California Whitewater Rafting** (☎800-247-2387; www.aorafting.com), ein Familienunternehmen und Pionier am abgelegenen Middle Fork. All-Outdoors gehört

WAS ZUM ...?

Egal auf welchem der Gold-Country-Flüsse man dahintreibt, früher oder später trifft man auf jemanden, der mit einem Saugbagger versucht, an das Gold der Sierras und somit zu Reichtum zu gelangen. Auch wenn die Saison für derartige Baggerschürfereien kurz und staatlich streng reguliert ist, soll sie sich lohnen, wird erzählt. Mancher Einheimische käme damit auf rund 50 000 US$ im Jahr. Angeblich.

Gold Country

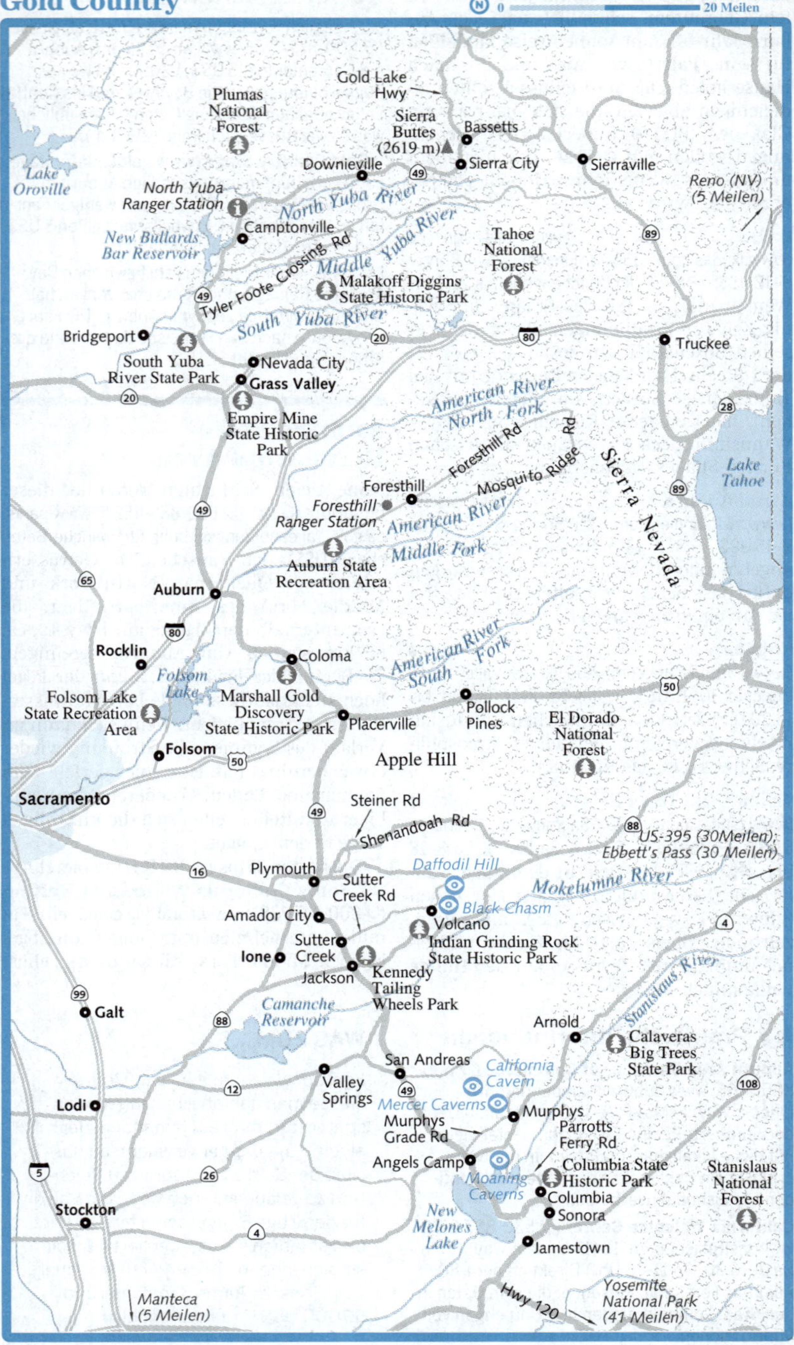

zu den wenigen Unternehmen, die eine zweitägige Abenteuertour durch die Wildnis mit Wanderungen vorbei an diversen Wasserfällen und geschichtlich relevanten Zwischenstationen im Canyon verbinden. Während dieser Trips kümmert sich das Personal um das Gepäck der Gäste und um die Verpflegung. Das Ganze lohnt sich wahrscheinlich schon allein wegen des Burrito-Lunchs. Darüber hinaus bietet All-Outdoors auch exzellente Touren auf anderen Flüssen in dem Gebiet.

Einer der beliebtesten Wanderwege ist der **Western States Trail**, der die Auburn State Recreation Area mit der Folsom Lake State Recreation Area und dem Folsom Lake verbindet. Hier wird auch der **Western States 100 Mile Endurance Run** (www.ws100.com) durchgeführt. Weitere Informationen hierüber finden sich auf der Website.

Der **Quarry Trail** folgt einer ebenen Strecke entlang des Middle Fork des American Rivers und beginnt am Hwy 49, südlich der Brücke. Immer wieder zweigen Pfade hinunter zum Fluss ab. Zum Campen bietet sich die **Ford's Bar** an; sie liegt an einer Flussbiegung, an deren Ufer Brombeerbüsche wachsen. Hierher gelangt man nur nach einer 3-km-Wanderung oder einem halbtägigen Rafting-Ausflug. Eine der Routen beginnt am Ende der Ruck-A-Chucky Rd. Genehmigungen für diesen und andere von der Regierung angebotene Campingplätze erhält man in der **Foresthill Ranger Station** (☎530-367-2224; www.fs.fed.us; 22830 Foresthill Rd, Foresthill) für 25 bis 35 US$.

Grass Valley

Mit dem üblichen Angebot von Niederlassungen all jener Kettenläden am Stadtrand, wie man sie überall in den USA findet, wirkt Grass Valley auf den ersten Blick wie Nevada Citys hässliche, zweckmäßige Schwester. Hier erledigt man seine Lebensmitteleinkäufe, Ölwechsel und die Haustierpflege. Lässt man die Außenbezirke allerdings hinter sich und macht sich auf den Weg in die Altstadt, dann stößt man auf ein weiteres Juwel von Gold Country.

Die Bergwerke in Grass Valley – einige der ersten, in denen Schachtbergbau zur Anwendung kam – waren hoch profitabel und nutzten als erste die Vorteile des Gangbergbaus aus. Die Empire Mine besteht aus fast 644 Schachtkilometern und ist heute Teil eines Naturschutzgebiets.

Die beiden Hauptverkehrsstraßen von Grass Valley – Mill St und W Main St – verlaufen durch das Herz des historischen Viertels mit seinen Cafés, Bars und einem historischen Filmtheater. Die E Main St führt nach Norden zu diversen Shoppingmalls und Einkaufszentren und dann weiter nach Nevada City, während die S Auburn St die E und W Main St teilt.

Im Juli und August wird an Donnerstagen die Mill St abends für den Verkehr gesperrt. Stattdessen gibt's dann hier Stände mit selbst angebauten Lebensmitteln, Kunsthandwerk und natürlich Musik.

Sehenswertes & Aktivitäten

Empire Mine State Historic Park PARK
(www.empiremine.org; 10791 E Empire St; Erw./Kind 7/3 US$; ⏲10–17 Uhr) Oberhalb kilometerlanger Minenschächte erstreckt sich der Empire Mine State Historic Park.

Es lohnt sich, der am besten erhaltenen Goldquarzmine des Gold Country einen guten halben Tag zu widmen. Zwischen 1850 und 1956 förderte die Anlage ca. 170 t Gold im heutigen Wert von etwa 4 Mrd. US$. Auf dem Gelände stehen gewaltige Bergbaumaschinen und Gebäude aus Abfallgestein. Hier kann man Wanderungen oder geführte Touren unter der Leitung von Fachpersonal absolvieren. Der Hauptschacht soll zukünftig für Führungen unter Tage geöffnet werden. Sein Eingang im Hof befindet sich direkt neben dem größten Förderturm, dessen Flaschenzüge früher die Loren mit dem Erz an die Oberfläche holten.

Die stattlichen Gebäude im Bereich des Visitors Center gehörten einst der Familie Bourne, die das Bergwerk offenbar mit Stil betrieb. Hiervon zeugen ein eleganter Countryclub, ein englisches Herrenhaus, ein Rosengarten und ein Gärtnerhaus. Besucher nehmen am besten an geführten Touren teil, deren Anfangszeiten beim Visitors Center erfragt werden können.

Nahe dem alten Brechwerk im Hof beginnen Wanderwege, die stillgelegte Stollen und Maschinen passieren. Wegkarten sind beim Visitors Center erhältlich. Der Park liegt 2 Meilen (3,2 km) östlich von Grass Valley. Man erreicht ihn über die Ausfahrt Empire St, die vom Hwy 49 abzweigt.

Schlafen & Essen

Die Qualität des Essens auf dem Teller steht im Verhältnis zum Aufwand, den man dafür betreibt. Im Stadtzentrum finden sich eine ganze Reihe guter Restaurants und

Bars, während in den Einkaufszentren am Highway jede erdenkliche Fast-Food-Kette auf Kundschaft lauert.

Holbrooke Hotel HISTORISCHES HOTEL **$$**
(☎530-273-1353; www.holbrooke.com; 212 W Main St; Zi. 119–239 US$; ❄@📶) Das Gästebuch dieses 1862 eröffneten Hotels kann mit den Unterschriften von Mark Twain und Ulysses Grant aufwarten. Die anständig ausgestatteten Zimmer tragen die Namen diverser Präsidenten, die hier genächtigt haben. Das Bistro (Gericht 10–20 US$) bietet unkomplizierte Küche in einem prunkvollen Speisesaal oder auf der schattigen Terrasse. Von der Bar aus hat man einen Blick auf das Treiben auf der Main St.

Cousin Jack Pasties PASTETEN **$**
(100 S Auburn St; Gerichte 4–10 US$; ⏲11–19 Uhr) Seit fünf Generationen verwöhnen Cousin Jack und seine Verwandten ihre Kunden mit speziellen, mit Fleisch und Kartoffeln gefüllten Blätterteigpasteten (ein Lieblingsgericht Cornwallscher Minenarbeiter). Die Pasteten – Lamm-Pesto, Steak & Beer sowie verschiedene vegetarische Optionen – enthalten ausschließlich Fleisch bzw. Gemüse aus der Gegend.

Tofanelli's ITALIENISCH **$$**
(www.tofanellis.com; 302 W Main St; Gerichte 13–26 US$) Bei Einheimischen mit Insiderwissen extrem beliebt! Von Salaten bis zu herzhaften Steaks mit saisonalen Akzenten wie Ravioli mit Sommerkürbis: Die Auswahl dieses sehr kreativen Restaurants ist beachtlich. Die Portionen sind anständig, die Preise klein und die Terrasse ist ein Genuss.

Dorado Chocolates SÜSSIGKEITEN **$**
(104 E Main St; Snacks 3 US$; ⏲Di–Sa 10–17 Uhr) Die handgemachten Schokoladen von Ken Kossoudji sind dazu da, genossen zu werden. Wenn der Schnee fällt, gibt es nichts Besseres als die heiße Schokolade hier.

ℹ Praktische Informationen

Grass Valley/Nevada County Chamber of Commerce (☎530-272-8315; www.grassvalleychamber.com; 248 Mill St; ⏲Mo–Fr 9–17 Uhr) Das ehemalige Mill-St-Heim der bezaubernden Lola Montez bietet einige sehr gute Karten und Broschüren. Insbesondere die mit den historischen Wanderungen sollte man sich nicht entgehen lassen.

ℹ An- & Weiterreise

Gold Country Stage Bus Service (www.goldcountrystage.com) Verbindet Nevada City mit Grass Valley (Erw. 1,50 US$, Tageskarte Erw. 4,50 US$, 30 Min.) mindestens einmal stündlich zwischen 7 und 17 Uhr. Auf der Website findet man Informationen über Bus-Sightseeingtouren durchs Gold Country sowie Tagespässe für alle Destinationen zwischen Auburn und Nevada City (7,50 US$).

Nevada City

Vielleicht liegt es an den ganzen Gebetsfahnen oder an den New-Age-Zen-Leckerlis, die hinter den Sandelholzduftschwaden der Souvenirläden angeboten werden, aber wie bei einem Yogi im Lotussitz dreht sich auch in Nevada City alles um die Balance. Die Stadt bietet die erforderlichen viktorianischen Goldrausch-Sehenswürdigkeiten: ein elegant restauriertes Stadtzentrum, ein informatives Heimatmuseum und unzählige mädchenhaft dekorierte B&Bs. Gleichzeitig präsentiert Nevada City seine zeitgenössische Identität stolz mit einer kleinen, aber florierenden Kunst- und Kulturszene. Hat man auf einem Barhocker in einer der Kneipen Platz genommen, ist es sehr gut möglich, dass neben einem ein wettergegerbter Alter, ein sonnenverbrannter Tourist oder aber ein geheimnisvoll weltentrückter Künstler sitzt.

Innerhalb weniger Tage kriegt man hier alle Facetten jener typischen NorCal-Kultur geboten – darunter Theatergruppen, die alternative Filmszene, Buchläden und, fast allabendlich, Livemusik. Nevada Citys Straßen erobert man am besten zu Fuß. Entsprechend treten sich hier die Leute tagsüber beinahe gegenseitig auf die Hacken, vor allem im Sommer. Die Broad St, die Hauptstraße, erreicht man über den Exit „Broad St“ vom Hwy 49/20. Etwas weiter nördlich der Stadt zweigen staubige Abzweigungen vom Hwy 49 ab, die zu eisigen Badestellen führen. Im Dezember wirken die Schneedecken und blinkenden Lichter all überall, als entstammten sie einem Bilderbuch.

👁 Sehenswertes & Aktivitäten

Die Hauptattraktion ist die Stadt selbst mit ihren stolz präsentierten, restaurierten Gebäude samt Ziegel- und schmiedeeisernen Verzierungen. Es gibt interessante (wenn auch teure) Boutiquen, Galerien und vielfältige Gelegenheiten, gut zu essen und zu trinken, und jeder dieser Orte wartet mit erschöpfenden Informationen über die Geschichte der Stadt auf.

Firehouse Museum MUSEUM
(www.nevadacountyhistory.org; 214 Main St; Spende; ⌚Di–So 13–16 Uhr, saisonal wechselnde Öffnungszeiten) Geschichtsinteressierte strömen in dieses Museum. Geführt wird es von der Nevada Country Historical Society. Das schattige Innere riecht nach altem Holz und bietet beeindruckende Erinnerungsstücke an die chinesischen Arbeiter, die zumeist die Minen gebaut, aber nur selten von ihnen profitiert haben.

Nevada City Winery WEINGUT/KELLEREI
(☎530-265-9463; 321 Spring St ⌚Mo–Sa 11–17, So 12–17 Uhr) Das beliebte Weingut zieht zwei der hiesigen Rebsorten auf Flaschen: Syrah und Zinfandel. Man genießt sie mit Ausblick über die Produktionsanlagen. Ein guter Ort, um Informationen über Ausflüge in die umliegende Weinregion zu erhalten!

Schlafen

An den Wochenenden füllt sich Nevada City mit Stadtflüchtlingen, die sich irgendwann unweigerlich mit Immobilienbroschüren abschleppen. Zwar gibt es überall aufgerüschte B&Bs, doch die günstigste Option bleiben die Campingplätze des National Forest, die – in jeder Richtung – direkt außerhalb der Stadtgrenzen liegen.

LP TIPP **Broad Street Inn** B&B $$
(☎530-265-2239; www.broadstreetinn.com; 517 E Broad St, Nevada City; Zi. 110–120 US$; ❄📶) Es scheint, als gäbe es 1 Mio. B&Bs in der Stadt. Aber dieses Sechs-Zimmer-Hotel ist etwas Besonderes – weil es sich auf das Wesentliche konzentriert (keine komischen alten Puppen; keine vergilbten Spitzendeckchen). Die Zimmer sind modern, hell und elegant eingerichtet. Das köstliche Frühstück ist das Tüpfelchen auf den „i"s in „Preis-Leistungs-Verhältnis."

Outside Inn MOTEL $
(☎530-265-2233; www.outsideinn.com; 575 E Broad St, Nevada City; Zi. 75–150 US$; ❄📶 🏊 👪) Die ideale Wahl für aktive Entdecker. Die Mitarbeiter dieses außerordentlich freundlichen und angenehmen Motels lieben die Natur. Es gibt 14 individuell benannte und eingerichtete Zimmer mit hübschen Steppdecken und Zugang zu den BBQ-Grills. Manche Zimmer bieten eine eigene Terrasse mit Blick auf einen kleinen Bach Zudem erhält man hier ausgezeichnete Informationen über Wanderrouten in der Umgebung. Das Motel liegt lediglich zehn Minuten zu Fuß von der Innenstadt entfernt.

Red Castle Historic Lodgings B&B $$
(☎530-265-5135; www.redcastleinn.com; 109 Prospect St; Zi. 120–185 US$; ❄🏊) In einer Stadt, die gerammelt voll ist mit B&Bs, ist das der Urvater derselben – das erste in Nevada City und eines der ältesten im Land. Das historische Gebäude aus rotem Backstein kombiniert eine neugotische Fassade mit einem gut ausgestatteten viktorianischem Interieur. Jedes Detail hält sich an die Vorgaben aus dem 19. Jh. Das gilt auch für die Auswahl der angebotenen Speisen und für die erhöhten Betten. Das B&B liegt auf einem Hügel, nur einen kurzen Fußmarsch von der Stadt entfernt, und ist von schattigen Wanderwegen umgeben. Der Garden Room ist der ruhigste.

Northern Queen Inn MOTEL, HÜTTEN $$
(☎530-265-3720; www.northernqueeninn.com; 400 Railroad Ave; Zi. 99–154 US$; ❄@📶👪) Mit seinem vielfältigen Angebot von Unterkünften – von einfachen Zimmern mit Queen-Size-Bett bis zu zweistöckigen Chalets – wirkt dieses Motel womöglich ein bisschen in die Jahre gekommen. Die Hütten mit eigener kompakter Küche sind vor allem für kleine Gruppen und Familien eine echt günstige Option.

Essen

LP TIPP **Treats** EIS $
(www.treatsnevadacity.com; 110 York St; Gerichte 7–21 US$; ⌚So–Do 12–20, Fr & Sa bis 22 Uhr) Viele Eisdielen in Gold Country dürften berechtigten Anspruch auf die Krone erheben, aber dieser süße, kleine Laden – in dem der alte Bob Wright den Eiskugel-Löffel schwingt – ist einfach unschlagbar. Die natürlichen Aromen entstammen den reifen Früchten der Gegend. Zu den Highlights zählen Rhabarber-Erdbeer, Rosen- und Salzkaramell und schließlich Schoko-Chips mit natürlicher Minze. Und das ist eine Offenbarung!

Sopa Thai THAI $$
(www.sopathai.net; 312 Commercial St; Gerichte 7–21 US$; ⌚Mo–Fr 11–15 & 17–21.30 Uhr) Red-Curry-Mango, gedämpfte Muscheln und Frühlingsrollen… Im besten und beliebtesten Thai-Restaurant von Nevada City ist jedes dieser Gerichte absolut empfehlenswert. Das Innere ist liebevoll mit importierten Schnitzereien und Seide ausgestattet und die nach hinten raus liegende Terrasse wird zur Mittagszeit proppenvoll. Das Lunch-Special bietet viel Leckeres für gerade mal 10 US$.

Café Mekka CAFÉ $

(237 Commercial St; Gerichte 5–15 US$; ⌚Mo–Do 7–22, Fr bis 24, Sa 8–24, So bis 22 Uhr) Das Dekor lässt sich am besten mit „Bordell-Barock" beschreiben. Das kleine, charmante Etwas bietet durchgängig Kaffee, Bier, Sandwiches, Pizza und seine berühmten Desserts. An manchen Abenden Livemusik.

Ike's Quarter Cafe CAJUN, FRÜHSTÜCK $$

(www.ikesquartercafe.com; 401 Commercial St; Gerichte 8–19 Uhr; ⌚Mi–Mo 8–20 Uhr) Im Ike's kommen Cajun-Spezialitäten auf den Tisch – und zwar mit so viel frechem Charme, dass manch blau-gespültes Damenhaupt den Laden mit rosa Wangen verlässt. Die ausgefallene Speisekarte bietet Dinge wie Pekannuss-Pfannkuchen, Jambalaya und vieles mehr. Hier kriegt man auch ein klasse „Hangover-Fry" – ein mit Maismehl überbackenes Durcheinander aus Austern, Speck, karamellisierten Zwiebeln und Spinat. Gerade so, als käme es direkt aus dem Garden District von New Orleans!

New Moon Café KALIFORNISCH $$

(www.thenewmooncafe.com; 230 York St; Gerichte 13–20 US$; ⌚Di–Fr 11.30–14 & Di–So 17–20.30 Uhr) Peter Selayas regelmäßig wechselnde Speisekarte setzt auf Bio-Zutaten aus der Region. Bei einem Besuch während der Hauptsaison im Sommer empfiehlt es sich, auf den Themenschwerpunkt „Wasser" zu vertrauen: beispielsweise mit der Leine gefangener Fisch oder gebratene Ente, zubereitet im Stil der französisch-asiatischen Fusion-Küche.

☆ Unterhaltung

Dank der lebendigen Kunstszene ist in Nevada City immer irgendetwas los. Ein Komplettprogramm mit allen Angeboten veröffentlicht das Feuilleton des *Union* jeden Donnerstag.

Nevada Theater THEATER, KINO

(www.nevadatheatre.com; 401 Broad St) Die Ziegelfestung gehört zu den frühesten Filmtheatern Kaliforniens (1865). Auf seiner Bühne gaben sich schon Größen vom Schlage eines Jack London und Mark Twain die Ehre. Neben ausgefallenen Filmen kommen hier heutzutage die Spitzenproduktionen der **Foothill Theater Company** (☎530-265-8587; www.foothillstheatre.com) zur Aufführung.

Magic Theatre KINO

(www.themagictheatrenc.com; 107 Argall Way) Dieses fantastische Kino (etwa 1 Meile, d.h. 1,6 km, südlich der Innenstadt) bietet ein unvergleichliches Programm mit außergewöhnlichen Filmen. Dazu gibt es frisches Popcorn und, in den Pausen, Kaffee aus richtigen Tassen und heiße Brownies.

ℹ Praktische Informationen

Nevada City Chamber of Commerce (☎530-265-2692, 800-655-6569; www.nevadacity chamber.com; 132 Main St; ⌚Mo–Sa 9–17, So 11–16 Uhr) Günstig am östlichen Ende der Commercial St gelegen, erwarten den Reisenden hier eine makellose öffentliche Toilette sowie ortskundige Beratung.

Tahoe National Forest USFS Headquarters (☎530-265-4531; 631 Coyote St; ⌚Mo–Sa 8–17 Uhr) Eine nützliche und freundliche Anlaufstelle für alle, die Informationen über Wanderwege und Campingplätze zwischen hier und Lake Tahoe suchen. Hier kann man auch topografische Landkarten kaufen.

ℹ An- & Weiterreise

Gold Country Stage Bus Service (☎530-477-0103; www.goldcountrystage.com) Verbindet Nevada City zwischen 7 und 17 Uhr mindestens einmal stündlich mit Grass Valley. Mehrmals täglich Zubringerdienst zur Amtrak-Station in Auburn (1,50 US$).

South Yuba River State Park

Stromschnellen füllen eisige Badestellen in diesem rund 45 km² großen Schutzgebiet, das sich zu beiden Seiten des Flusses erstreckt. Der South Yuba River State Park untersteht in Kooperation kalifornischen und bundesstaatlichen Stellen und verfügt über ein ständig wachsendes Netz an Wanderwegen, darunter auch der rollstuhlgerechte **Independence Trail**. Der einige Kilometer lange Weg fängt beim Hwy 49 an, auf der Südseite der South Yuba River Bridge, und bietet Aussicht auf den Canyon. Die beste Zeit für einen Besuch ist im Juni, wenn die Flüsse rauschen und die Wildblumen blühen.

Die **Bridgeport Covered Bridge** ist mit ihren 76,5 m die längste gedeckte Fachwerk-Einbogenbrücke der USA (Achtung: Aufgrund von Sanierungsarbeiten könnte die Brücke noch gesperrt sein!) und überspannt den South Yuba River bei Bridgeport (nicht zu verwechseln mit dem gleichnamigen Städtchen in der Eastern Sierra). In dieser wunderbar wilden Gegend kann man problemlos einen ganzen Tag mit Wandern und Schwimmen verbringen. Menschenmassen lässt man schnell hinter sich. Der **Buttermilk Bend Trail** folgt dem South Yuba auf ca. 2,2 km, bietet Zugang zum Fluss und im April großartige Möglichkeiten, auf Wildblumenentdeckertour zu gehen.

Karten und Informationen über den Park sind in den **State Park Headquarters** (☎530-432-2546; ⊙11–16 Uhr) in Bridgeport erhältlich oder auch im Hauptsitz des Tahoe National Forest USFS (United States Forest Service) in Nevada City. Zur Zeit der Recherche war die Zukunft des Parks aus Budgetgründen ungewiss. Andererseits kümmert sich die **South Yuba Citizen's League** (www.yubariver.org) – eine ausgezeichnete Informationsquelle – mit großem Einsatz um seinen Erhalt.

Malakoff Diggins State Historic Park

Die **Malakoff Diggins** (8 US$/Auto; ⊙Sonnenaufgang–Sonnenuntergang) sind ein bizarrer Beleg für die manische Verbissenheit der Goldsucher. Hier kann man sich auf farngesäumten Wegen verlieren und sich der Anmut einer Landschaft hingeben, die sich langsam wieder erholt. Die roten Klippen sowie die Abraumberge, Überbleibsel der Misshandlung dieses Fleckchen Erde durch hydraulischen Bergbau, sind von eigenartiger Schönheit.

In den 1850er-Jahren schnitten hier Wasserwerfer, die eigens für diese Art des Abbaus entwickelt worden waren, einen rund 60 m tiefen Canyon in urzeitliches Gestein, um zu den Goldadern zu gelangen. Schutt, vermischt mit giftigem Abfall, wurde in den Yuba River gespült. Noch heute zeugt der Schwermetallgehalt in den Böden des Sacramento Valleys von der damaligen Sorglosigkeit (und Gier). In den 1860er-Jahren blockierten bis zu 6 m hohe Gletscher aus Eis und Schlamm die Flüsse, was mit Einsetzen der Schneeschmelze zu schweren Überflutungen führte. Nach einem Jahr hitziger Debatten vor Gericht (und an den Bars) zwischen Farmern und Minenarbeitern wurde 1884 von einem Richter eine Entscheidung getroffen (die sogenannte „Sawyer Decision"), deren Aussage auch in der Gegenwart Bedeutung hat: Ist öffentliches Wohl bedroht, dann kann einer zerstörerischen Industrie Einhalt geboten werden – und sei sie noch so profitabel.

Der Möglichkeit beraubt, die Hügel abzutragen, war das Ende der Glücksjäger gekommen. Kurz darauf leerte sich North Bloomfield, die Minenarbeiter zogen weiter. Zurück blieb eine Geisterstadt, die heute inmitten dieses Naturschutzgebiets liegt.

Die **Park Headquarters and Museum** (☎530-265-2740; 6 US$/Auto; ⊙9–17 Uhr) bieten täglich um 13.30 Uhr Touren an sowie die Möglichkeit, einige beeindruckende Goldnuggets zu bestaunen. Der nur rund 1,6 km lange **Digging Loop Trail** ermöglicht einen einfachen und schnellen Blick auf die vernarbte Mondlandschaft. Man erreicht die Tyler Foote Crossing Rd, die Abzweigung zum Park, 10 Meilen (16 km) nordwestlich von Nevada City über den Hwy 49.

Zur Zeit der Recherche war die Zukunft des Parks aus Budgetgründen ungewiss.

North Yuba River

Der nördlichste Abschnitt des Hwy 49 folgt dem North Yuba River durch einige atemberaubende, abgelegene Gebiete der Sierra Nevada. Hier ist die Raftingsaison kurz, aber heftig, und es warten großartige Plätze auf Fliegenfischer. Ein ganzes Leben würde nicht ausreichen, um all die Wege zu erkunden, die hier in jeder Saison Wanderer, Mountainbiker und Skifahrer erfreuen. Selbst während des Sommers ist Schnee in den höheren Lagen keine Seltenheit, und mancherorts werden die Kamine ganzjährig befeuert. Die beste Quelle für Wanderwege und Campinginformationen ist die **North Yuba Ranger Station** (☎530-288-3231; 15924 Hwy 49; ⊙Mo–Fr 8–16.30) in Camptonville.

DOWNIEVILLE

Downieville liegt an der Stelle, wo sich North Yuba River und Downie River vereinigen, und ist die größte Stadt im abgelegenen Sierra County. Downievilles Ruf als erste Adresse für Mountainbiker und echte Wildnisabenteurer nähert sich beständig dem von Moab, Utah, an (bevor dieses „in" wurde).

Wie für die meisten Überlebenden des Goldrauschs war das Dasein auch für diese Stadt zunächst kein Zuckerschlecken. Der erste Friedensrichter war der Barkeeper, und die einzige Frau, die in Kalifornien am Galgen hingerichtet wurde, fand ihr Ende hier – die Bestrafung hatte rassistische Gründe, so sagt man. (Überhaupt scheint in der Stadt eine gewisse Faszination von der „Frontier Justice“ erhalten geblieben zu sein; auf der anderen Flussseite, vor einem städtischen Gebäude, erwartet den Besucher die Rekonstruktion eines Galgens.)

Sehenswertes & Aktivitäten

Ganz Mutige werfen sich die 1,5 km des **Downieville Downhill** hinab, eine steile, die Knochen durchschüttelnde Abfahrt, die zu den besten Mountainbikestrecken der USA zählt. Hier werden auch die jährlichen Downieville Classic abgehalten, ein Stelldichein für Athleten aus aller Welt (und von ebensolcher Klasse). Der eher gemütlich veranlagte Radfahrer kann sich von Ausrüstern in der Stadt mit dem Shuttle hochbringen lassen.

Yuba Expeditions (530-289-3010; www.yubaexpeditions.com; 105 Commercial St; Fahrradverleih 65–85 US$; Do–Mo 9–17 Uhr) ist das Zentrum der sommerlichen Mountainbikeszene. Eine weitere Adresse für Leihräder und Shuttleservice ist **Downieville Outfitters** (530-289-3010; www.downievilleoutfitters.com; 114 Main St; Fahrradverleih ab 65 US$, Shuttle-Service 20 US$; Shuttles wochentags 10 & 14 Uhr, Wochenenden alle 2 Std.).

Beliebte Wanderrouten in der Gegend sind der **Chimney Rock Trail** und der **Empire Creek Trail**. Beide sind nicht ganz so einfach zu erreichen. Am besten besorgt man sich einen Wanderführer, entweder bei der North Yuba Ranger Station oder dem Hauptsitz der USFS in Nevada City.

Schlafen

Im Zentrum von Downieville gibt es diverse Möglichkeiten für ausgepowerte Radsportler, um sich vom stetigen Rauschen der Stromschnellen in den Schlaf wiegen zu lassen. Die entzückenden Straßen der Stadt bieten einige altmodische Bars und Restaurants, manche davon mit Blick auf den Fluss.

Lure Resort HÜTTEN, CAMPING $$
(800-671-4084; www.lureresort.com; Hütte 75 US$, Cottage 135–260 US$) Ideal, wenn man mit Bike-Kumpels oder der Familie unterwegs ist. Die modernen Blockhütten der gepflegte Anlage stehen am Ufer einer besonders schönen Flussstelle. Auf großen Rasenflächen können sich die Kleinen austoben und die Erwachsenen die Sonne genießen. Die Hütten – mit Feuerstelle anstatt Küche und gemeinsamem Bad – sind eine einfache und erschwingliche Alternative.

Riverside Inn INN $
(530-289-1000; www.downieville.us; 206 Commercial St; Zi. 97–120 US$) Die elf ofengewärmten Zimmer sind in Downieville erste Wahl. Einige von ihnen haben einen Balkon mit Flussblick, alle strahlen mit warmen Decken und einem gemütlichen Eckchen zum frühstücken einen ruhigen, ländlichen Charme aus. Die „Riverside“-Zimmer sind die besten; öffnet man die Tür, kann man dem Rauschen des Flusses lauschen. An der Rezeption erhält man exzellente Auskünfte über Radfahr- und Wandermöglichkeiten in der Umgebung. Im Winter kann man sich Schneeschuhe leihen.

Tahoe National Forest Campgrounds CAMPING $
(530-993-1410; Stellplatz 21 US$) Gleich westlich der Stadt liegt am Hwy 49 eine Reihe Campingplätze, die meisten davon haben Plumpsklos und fließend Wasser. Am Yuba River gibt es einige Plätze ohne Reservierungsmöglichkeit. Darunter ist der **Fiddlecreek** der hübscheste, mit Stellplätzen am Fluss (ausschließlich für Zelte).

Carriage House Inn INN $
(530-289-3573; www.downievillecarriagehouse.com; 110 Commercial St; Zi. 55–100 US$) Dieses reizende, heimelige Gasthaus im Landhausstil bietet Schaukelstühle und Blick auf den Fluss. Einige der Zimmer verfügen über private Bäder und TV.

Sierra Shangri-La HÜTTEN, HOTEL $$
(530-289-3455; www.sierrashangrila.com; Zi. 115 US$, Hütte 160–260 US$) Etwas abgeschieden gelegen, in der Nähe von Lure (Hwy 49, 3 Meilen bzw. 4,8 km östlich von Downieville). Die Hütten sind im Juli und August meist ausgebucht, die Zimmer – mit Balkon und Aussicht auf den Fluss – sind allerdings oft noch zu kriegen.

SIERRA CITY & LAKES BASIN

Sierra City ist Hauptversorgungspunkt all derer, die auf dem Weg in die **Sierra Buttes** sind, ein zerfurchtes Bergmassiv und Kaliforniens Gegenstück zu den Alpen. Zugleich ist hier die letzte Möglichkeit, sich mit Proviant & Co. einzudecken, bevor man sich in das abgelegene und wunderschöne Anglerparadies **Lakes Basin** aufmacht. Informationen zu Unterkünften und Aktivitäten finden sich unter www.sierracity.com.

Sehenswertes & Aktivitäten

Es gibt ein ausgedehntes Netz von Wanderwegen, einschließlich eines Zugangs zum berühmten **Pacific Crest Trail** – ideal zum Backpacking und für gemütliche Wanderungen. Der **Sierra Country Store** (☎530-862-1181; Hwy 49; ⌚9–19 Uhr; 📶) ist in der Stadt mehr oder weniger das einzige, das immer auf hat. Er beglückt Pacific-Crest-Trail-Wanderer mit Waschsalon und Snacks.

Zu den Buttes und den Seen und Flüssen der Gegend gelangt man, indem man vom Hwy 49 bei Bassett, 9 Meilen (etwa 14,5 km) nordöstlich von Sierra City, auf den Gold Lake Hwy (nördliche Richtung) wechselt. Ein toller Wanderweg führt 2,4 km zum Haskell Peak (2471 m), von wo aus man von den Sierra Buttes bis zum Mt. Shasta und noch weiter blicken kann. Zum Ausgangspunkt: vom Gold Lake Hwy rechts auf die Haskell Peak Rd (Forest Rd 9) abbiegen und der Straße 8,5 Meilen (rund 14 km) folgen.

Schlafen

Einer von mehreren USFS-Campingplätzen nördlich des Hwy 49 – und empfehlenswert – ist der **Salmon Creek Campground** (☎530-993-1410; Stellplatz f. Zelt & Wohnmobil ohne Anschlüsse 21 US$), 2 Meilen (3,2 km) nördlich von Bassetts am Gold Lake Hwy. Es gibt Plumpsklos, fließend Wasser und Stellplätze für Wohnmobile und Zelte. Wer zuerst kommt, mahlt zuerst. Von hier aus hat man einen unglaublichen Blick auf die Sierra Buttes. Plätze 16 und 20 sind durch einen Bach vom Rest getrennt.

Am Hwy 49 in östlicher Richtung von Sierra City liegen die **USFS-Zeltplätze** (☎530-993-1410; Stellplatz 21 US$) Wild Plum, Sierra, Chapman Creek und Yuba Pass, allesamt mit Plumpsklos und fließend Wasser (das beim Sierra dem Fluss entnommen

GOLDRAUSCH

Kaliforniens Goldrausch begann 1848, als James Marshall jenes schicksalhaft gelegene Sägewerk inspizierte, das er seinerzeit in der Nähe des heutigen Coloma für John Sutter aufbaute. Ihm fiel ein Funkeln im Abflusswasser der Mühle auf – und kurz darauf ein Nugget in die Hände, das „etwa halb so groß wie eine Erbse" war. Marshall raste nach Sacramento und beratschlagte sich mit Sutter, der das Gold mit Methoden untersuchte, die in einer Enzyklopädie beschrieben waren. Da Sutter sein Sägewerk fertigstellen wollte, vereinbarte er mit seinen Arbeitern, dass sie Gold, das sie in ihrer freien Zeit fanden, behalten dürften, sofern sie ihre Arbeit beendeten.

Es dauerte nicht lange, bis Gerüchte von Funden die Runde machten.

So reiste etwa Sam Brannan nur wenige Monate nach Marshalls Entdeckung nach Coloma, um zu überprüfen, was an den Geschichten dran war, die er gehört hatte. Nachdem er an einem einzigen Nachmittag 6 Unzen Gold gefunden hatte, kehrte er nach San Francisco zurück, lief durch die Straßen und verkündete: „In den Ausläufern der Sierra gibt es Gold!" Davon überzeugt, dass hier ein Geschäft zu machen sei, kaufte Brannan alles an Minenausrüstung in der Umgebung auf, dessen er habhaft werden konnte, von Taschentüchern bis zu Schaufeln – und reichte es mit einem Aufschlag von 100 % an die Goldsucher weiter, die in die Sierra wollten. Bevor die ersten Abenteuerer dort eintrafen, war Brannan bereits ein gemachter Mann.

Mit Fertigstellung der Mühle 1848 traf die erste Welle Goldsucher aus San Francisco ein. Dort war schon nach wenigen Monaten kaum noch ein arbeitsfähiger Mann aufzutreiben. Gleichzeitig gingen die Einwohnerzahlen der Städte rings um die *diggins*, wie man die Gruben nannte, in die Tausende. Die Nachricht vom Goldrausch verbreitete sich über den gesamten Erdball. 1849 hatten sich mehr als 60 000 Leute auf den Weg nach Kalifornien gemacht – Leute, die unter dem Begriff „49ers" in die Geschichte eingegangen sind. Sie suchten nach der Hauptader, jener mythischen, riesigen Lagerstätte, aus der all das Gold stammen musste, das in den Bächen und Flussbetten gefunden worden war.

Nachdem die ersten Grabungen im Sande verlaufen waren, verließen die meisten Goldsucher die Gegend wieder. Die Abbauverfahren wurden zunehmend komplexer und invasiver und gipfelten schließlich im hydraulischen Bergbau. Flüsse und Seen wurden ausgetrocknet, damit die Bergleute mit ihren Wasserwerfern ganze Hügel wegblasen konnten (s. auch Malakoff Diggins State Historic Park, S. 343). Schließlich zogen diejenigen, die flussabwärts mit dem Dreck überschwemmt wurden, vor Gericht. Der ökologische Preis war zu hoch geworden, um das Geschäft weiter betreiben zu können.

wird). Wieder kriegt der einen Stellplatz, der schneller ist als andere. Wild Plum (47 Stellplätze) ist landschaftlich der schönste.

Das kleine **Buttes Resort** (☎530-862-1170, 800-991-1170; www.sierracity.com; 230 Main St; Hütte 75–145 US$) im Herzen von Sierra City liegt wunderschön und hat Blick auf den Fluss. Er ist bei Wanderern beliebt, die Zivilisation nachtanken wollen. Die meisten Hütten verfügen über eine private Terrasse und einen Grill, einige bieten zudem eine voll ausgestattete Küche. Fahrräder und Spiele kann man sich von den netten Eigentümern ausleihen.

Essen

Red Moose Cafe CAFÉ $

(☎530-862-1502; 224 Main St; Gericht 6–12 US$; ⏲Di–So morgens & mittags) Eine Institution vor Ort seit 1940. In allem, das „Red Moose" im Namen trägt, ist Chili drin – egal ob Omelett oder Burger. Jeden Morgen erfüllt der Duft von frischem Zimt die Main St.

Big Springs Gardens BRUNCH $$$

(☎530-862-1333; www.bigspringsgardens.com; 32163 Hwy 49; Gericht inkl. Eintritt 37–39 US$; ⏲Fr Buffet 12–18, Sa 13, So 22.30 Uhr, Reservierung erforderl.) Bietet den idealen Brunch mit Beeren aus den umliegenden Hügeln und Forellen fangfrisch aus dem Teich. Gegessen wird al fresco, also draußen. Wanderwege führen am „Wild Garden" vorbei, einem mit Wasserfällen gesäumten Stück Natur. Allein die Aussicht rechtfertigt den Puls antreibenden Marsch.

EL DORADO COUNTY & AMADOR COUNTY

Zwischen den Kiefern und Eichen der Hügel am Fuß der Sierra wurde erstmals kalifornisches Gold gefunden. Spanischsprachige Siedler benannten das El Dorado County somit passend nach der mythischen Stadt des Reichtums. Auf dem Weg nach South Lake Tahoe biegen SUVs heute oft an dieser Stelle vom Hwy 50 ab, um durch die sanft gewellte Hügellandschaft zu rollen. Der felsige Boden rund um die historischen Kleinstädte nährt neben sonnenverwöhnten Terrassenfeldern auch eine der schönsten und zugleich unbekanntesten Weinbauregionen des Bundesstaats. Besucher sollten unbedingt den Zinfandel probieren, der wie die Einheimischen nur so vor urigem Lokalkolorit strotzt. Zudem lohnt sich ein kurzer Abstecher zu der berühmten Uferstelle, wo goldenes Glitzern einst ins Auge James Marshalls stach und so die Geburt des „Golden State" einläutete.

Da zwischen den Kleinstädten kaum öffentliche Verkehrsmittel unterwegs sind, lässt sich ein Großteil des zentralen Gold Country nur mit einem eigenen Fahrzeug erkunden. Die gute Nachricht: Dieser Abschnitt des Hwy 49 ist wirklich eine tolle Autotour!

Coloma

Coloma ist die Stadt, die sowohl Sutter's Mill (der Ort von Kaliforniens erstem Goldfund) als auch dem Marshall Gold Discovery State Historic Park (S. 347) am nächsten gelegen ist. Viel gibt es hier nicht – abgesehen von ein paar morschen, historischen Holzbauten und dem obligatorischen Schmied –, aber für **Raftingausflüge** ist Coloma ein toller Ausgangspunkt. Der **South Fork des American River** ist am beliebtesten. Seine aufregenden Stromschnellen können gerade noch von Anfängern gemeistert werden. Adrenalinjunkies ohne Raftingerfahrung sollten den Middle Fork (S. 337) ausprobieren.

Halbtägige Raftingtrips beginnen normalerweise an der Chile Bar und enden nahe dem State Park. Ganztagesausflüge führen von der Coloma Bridge zu den Salmon Falls beim Folsom Lake. Die halbtägigen Optionen bieten viel Action und starten mit Stromschnellen der Stufe III, den Höhepunkten der ganztägigen Varianten mit üppigem Mittagessen und vergleichsweise sanfterem Anfang. Die Dauer der Raftingsaison (meist Mai–Mitte Okt.) hängt von der Schneeschmelze ab. An Wochentagen sind die Preise allgemein niedriger.

Wie in dieser Gegend üblich, wartet **Whitewater Connection** (☎530-622-6446, 800-336-7238; www.whitewaterconnection.com; Trips halbtags 89–109 US$, ganztags 109–129 US$) mit professionellen Führern und exzellentem Essen auf.

Keine Lust, nass zu werden? Auf der Brücke neben der Sutter's Mill im State Park kann man die Boote in den flussaufwärts gelegenen **Trouble Maker Rapids** beobachten.

Schlafen & Essen

Wem ein einfaches Hotel genügt und wer sich nicht an der Farblosigkeit eines Highway-Motels stört, für den ist Auburn die bessere Alternative.

Coloma Country Inn B&B $$
(☎530-622-6919; www.colomacountryinn.com; 345 High St; Zi. 125–195 US$;) B&B in einem historischen Farmhaus mit vier freundlichen, liebenswerten Zimmern – und so sind auch die Gastgeber, die zudem allerlei gute Tipps zum Thema Rafting bereithalten. Hat man's nicht eilig, sollte man die ruhig gelegene Cottage Suite ausprobieren, wo man den Nachmittag in einem Teich schwimmend verbringen kann.

American River Resort CAMPING, HÜTTEN $
(☎530-622-6700;www.americanriverresort.com; 6019 New River Rd; Stellplatz f. Zelt & Wohnmobil 30–35 US$, Hütte 170–280 US$;) Lediglich 400 m vom Hwy 49 entfernt, südlich des State Parks. Der Platz ist bequemer als die meisten anderen Campingplätze. Es gibt ein Restaurant, eine Bar, einen Spielplatz, einen Teich und Bauernhoftiere. Die Stellplätze sind einfach, aber einige liegen direkt am Fluss. Die großzügigsten, unter schattigen Eichen, sind die Plätze 14 bis 29.

Coloma Resort CAMPING, HÜTTEN $
(☎530-621-2267; www.colomaresort.com; 6921 Mt Murphy Rd; Stellplatz f. Zelt & Wohnmobil 45–49 US$, Zelthütten- & Wohnmobilverleih 125–165 US$;) Ein weiterer Campingplatz in Flussnähe mit Tradition – und besser für Wohnmobile geeignet. Hier kann man einiges unternehmen. Zudem gibt es einen Spielplatz und WLAN. Wegen der vielfältigen Möglichkeiten für Familien hat der Platz etwas von einem typisch amerikanischen Sommercamp.

Coloma Club Cafe & Saloon BAR & GRILLRESTAURANT $
(☎530-626-6390; 7171 Hwy 49; ⏲Restaurant 6.30–21, Bar 10–2 Uhr) Nördlich von Marshall SHP. Bei Hochwasser quirliger, berüchtigter Treffpunkt von Fremdenführern und Wasserratten.

Marshall Gold Discovery State Historic Park

Bedenkt man die üblichen Räuberpistolen von aus der Hüfte schießenden, Hügel abtragenden, die Welt auf den Kopf stellenden Siedlern, die überall am Hwy 49 zum Besten gegeben werden, dann ist der **Marshall Gold Discovery State Historic Park** (5 US$/Fahrzeug; ⏲8–19 Uhr;) ein vergleichsweise idyllischer Fleck der Besinnlichkeit, gewidmet zwei tragischen Helden: John Sutter und James Marshall.

Der Fortbesitzer Sutter aus Sacramento tat sich 1847 mit Marshall zusammen, um an einem schnell fließenden Abschnitt des American River ein Sägewerk zu errichten. Dort stieß Marshall am 24. Januar 1848 auf Gold. Obwohl die beiden Männer ihren Fund bestmöglich verheimlichten, löste er letztendlich eine internationale Glücksrittertwelle aus. Der Goldrausch war auch hier mit tragischer Ironie verbunden: Seine beiden Initiatoren starben fast mittellos.

Der ländliche Park wird seinem Erbe mit stiller Beschaulichkeit gerecht – wenn nicht gerade jede Menge Schulkinder lärmen und quietschen. Im Osten grenzen seine Rasenflächen an den Fluss. Ein unbefestigter Trampelpfad führt zu der Stelle, wo Marshall das erste Nugget entdeckte und damit die Geburt des „Golden State" einläutete.

Der Charme des Geländes offenbart sich größtenteils im Freien. Beim Erkunden kommen Besucher am sorgsam wieder aufgebauten Sägewerk vorbei. Das schlichte **Visitor Information Center & Museum** (☎530-622-3470; Bridge St; ⏲10–15 Uhr) beherbergt einen ordentlichen Laden mit diversem Wildwestkitsch.

Auf einem Hügelgipfel ruht Marshall seit 1885 im **James Marshall Monument**, das vom Staat Kalifornien gestiftet wurde. Die vielen gewundenen Pfade des Parks sind eine empfehlenswerte Alternative zur möglichen Rundfahrt. Sie führen z.B. an alten Bergbauartefakten und Pionierfriedhöfen vorbei. Goldwaschen ist sehr populär. Entweder man bezahlt 7 US$ für eine kleine Trainingseineinheit und 45 Minuten Goldwaschen oder man versucht es, wenn man die passende Ausrüstung hat, einfach allein.

Placerville

Placerville war schon immer ein Reiseziel: Zunächst strömten Glücksritter hierher, die Kalifornien über den South Fork des American River erreichten. 1857 durchquerte eine Postkutsche erstmals die Sierra Nevada und verband Placerville mit Carson Valley in Nevada. Schließlich wurde diese Strecke zu einem Teil von Amerikas erster transkontinentaler Postkutschenroute. Wer heute auf dem Hwy 50 zwischen Sacramento und Tahoe unterwegs ist, kann in Placerville tanken, mal die Beine ausstrecken und etwas essen. Das blühende, schön erhaltene Zentrum empfängt Besucher mit Antiquitätenläden und charaktervollen

Bars, in denen einheimische Witzbolde die Fahne des wilden „Hangtown" hochhalten: Dieser Spitzname entstand Mitte des 19. Jhs., als hier eine Handvoll Männer am Galgen baumelte. Zu den vielen tollen Lokalhelden zählt auch John A. Thompson alias „Snowshoe". Als Postkurier zwischen Placerville und Carson Valley schleppte er einst ca. 36 kg Fracht auf Skiern durch die winterliche Sierra.

Sehenswertes & Aktivitäten

Die Main St ist das Herz von Placerville. Sie verläuft zwischen Canal St und Cedar Ravine Rd parallel zum Hwy 50. Der Hwy 49 trifft am westlichen Ende der Innenstadt auf die Main St. Die falschen Fassaden an stabilen Ziegelbauten aus den 1850ern erinnern an eine Filmkulisse. Der spindeldürre **Bell Tower**, ein Relikt von 1856, bestimmt das Bild.

Gold Bug Park HISTORISCHE STÄTTE

(www.goldbugpark.org; April–Okt. 11–16 Uhr, Nov.–März Sa & So 12–16 Uhr) Placervilles bestes Museum liegt an der Bedford Ave, ca. 1 Meile (1,6 km) nördlich der Stadt. Der Park befindet sich oberhalb von vier Minenabschnitten, aus denen von 1849 bis 1888 Gold abgebaut wurde. Man kann sich auf eigene Faust in die Gold Bug Mine hinabbegeben und sich im Goldwaschen versuchen (2 US$). Umschauen auf dem Platz und Nutzung des Picknickbereichs kostet nichts.

GRATIS **El Dorado County Historical Museum** MUSEUM

(530-621-5865; 104 Placerville Dr; Eintritt frei; Mi–Sa 10–16, So 12–16 Uhr) Auf dem Gelände des El-Dorado-County-Jahrmarkts, westlich der Innenstadt (vom Hwy 50 die Abfahrt Richtung Norden auf den Placerville Dr nehmen). Umfangreicher Komplex aus restaurierten Gebäuden, Bergbauanlagen und nachgebildeten Geschäften.

Schlafen & Essen

Kettenmotels und Fast-Food-Restaurant finden sich am Hwy 50 an beiden Enden des historischen Zentrums von Placerville.

Cary House Hotel HISTORISCHES HOTEL $$

(530-622-4271; www.caryhouse.com; 300 Main St; Zi. ab 114 US$;) Historisches Hotel, direkt in der Mitte von Downtown Placerville. Die Lobby ist großzügig und angenehm. Von hinten beleuchtete Glasfenster zeigen geschichtliche Ereignisse der Region. Das ehemalige Bordell, in dem es angeblich spukt, scheint mit modernen Zimmern (teils mit Kitchenette), geschmackvollem Dekor und abgehängten Decken seine eigene Historie zu verleugnen. Die zum Innenhof – und somit fernab des Straßenlärms – liegenden Zimmer sind den anderen vorzuziehen. Man kann auch nach Zimmer 212 fragen, dem nachgesagt wird, Zentrum des Spukgeschehens zu sein.

National 9 Inn MOTEL $

(530-622-3884, 1500 Broadway; Zi. 50–89 US$;) Kürzlich von einem jungen Paar renoviert, ist dieses Motel aus der Mitte des vergangenen Jahrhunderts das Schnäppchen von Placerville – auch wenn es ein wenig einsam am Nordrand der Stand liegt. Von außen mag es langweilig aussehen, aber die Zimmer sind exzellent, mit neuen Bädern, Kühlschrank und Mikrowelle. Super für Leute, denen es auf Sauberkeit ankommt und die kein Spektakel erwarten – und die gerne kleine Einzelunternehmungen unterstützen!

Albert Shafsky House B&B B&B $$

(530-642-2776; www.shafsky.com; 2942 Coloma St; Zi. 145–185 US$;) Die Nähe zur Innenstadt, die reich verzierten antiken Möbel und die luxuriösen Betten machen das Albert (drei Zimmer) zum Juwel unter den viktorianischen B&Bs von Placerville.

Heyday Café CAFÉ $

(www.heydaycafe.com; 325 Main St; Gerichte 9–24 US$; Di–So 11–20 Uhr) Frisch und gekonnt zubereitete italienische Hausmannskost in gemütlichem Holz-und-Ziegel-Ambiente. Die reichhaltige Weinkarte bietet vor allem Erzeugnisse regionaler Weinberge. Bei der Mittagskarte geraten Einheimische ins Schwärmen.

Z-Pie AMERIKANISCH $

(www.z-pie.com; 3182 Center St; Gerichte 5–6 US$; 11–21 Uhr) Lässiges Lokal gegenüber dem Rathaus, in dem man sich einem der amerikanischsten aller amerikanischen Lieblingsspeisen, dem *pot pie*, auf eher skurrile Weise nähert, nämlich mit „Gourmet-Fanfaren". Als da wären: Steak Cabernet! Thai Chicken! Chili aus schwarzen Bohnen und Tofu! Kalifornische Biere gibt's vom Fass und das Angebot „Probier vier Bier" (9 US$) ist geradezu ideal für alle Unentschlossenen.

Sweetie Pie's FRÜHSTÜCK $

(www.sweetiepies.biz; 577 Main St; Gerichte 5–12 US$; Di–So morgens & mittags) Skihasen und Rumtreiber bevölkern vor allem an den Wochenenden auf ihrem Weg zu den Hängen von Tahoe die Bäckerei und das Diner und lassen sich Eierspeisen und die erstklassigen frischen Backwaren schmecken. Spezialität: Frühstück. Aber auch das Mittagessen (Salate & Sandwiches) kann sich sehen lassen. Schon allein die Zimtschnecken sind einen Besuch wert.

Cozmic Cafe CAFÉ $
(www.ourcoz.com; 594 Main St; Gerichte 6–10 US$; ⌚morgens, mittags & abends; ☑) Im Gebäude der ehemaligen Sodafabrik von Placerville. Großes Angebot von vegetarischen und gesunden Speisen aus biologischem Anbau, flankiert von frischen Smoothies. Gute Auswahl an Bieren aus Kleinbrauereien. An Wochenenden häufig Livemusik, dann ist bis spät abends geöffnet.

Ausgehen

Die Weine aus El Dorado County genießen steigendes Ansehen. Die Hauptstraße wird von mehreren Lokalitäten gesäumt, in denen man die erdigen, eleganten Zinfandel-Weine der Region verkosten kann (weitere Infos über Weingüter und Kellereien s. rechte Spalte). Placervilles Bars ähneln hingegen eher den typischen Kneipen des Mittleren Westens: Sie öffnen alle so gegen 6 Uhr morgens, werden einmal jährlich zu Weihnachten gereinigt und sind perfekt, um mit Einheimischen ins Gespräch zu kommen.

Liars' Bench BAR
(☎530-622-0494; 255 Main St) Nach der Schließung des etwas zwielichtigen Hangman's Tree lockt mit Anbruch der Dunkelheit ein Neon-Martiniglas ins Liar's Bench als einzig verbliebene Traditionskneipe.

Shoppen

LP TIPP **Gothic Rose Antiques** ANTIQUITÄTEN, RARITÄTEN
(www.gothicroseantiques.com; 484 Main St) Wahrscheinlich bringt das kunstvoll gestaltete Kuriositätenkabinett die anderen Antiquitätenhändler vor Ort ins Schwitzen, wartet es doch mit einem ganz speziellen Angebot auf: gehobene Haushaltswaren im Gothic-Style sowie altertümliche okkulte Gegenstände – alles mit der gebotenen makabren Feinfühligkeit. Es hat was, die antiken medizinischen Instrumente, ausgestopften Tiere, Leichenfotos aus dem 19. Jh. und Klamotten aus Latex und Spitze zu durchstöbern. Ist Gothic Rose der interessanteste Antiquitätenladen im gesamten Gold Country? Auf jeden Fall ist er einzigartig.

Placerville Hardware HAUSHALTSWAREN
(www.placervillehardware.com; 441 Main St) In dem Gebäude von 1852 befindet sich der älteste durchgängig als solcher betriebene Haushalts- und Eisenwarenladen westlich des Mississippi (und eines der Geschäfte der Main St, in dem man eine Broschüre für eine Stadterkundung erhält). Neben dem typischen Gold-Country-Schnickschnack sind die Regale an den engen Gängen tatsächlich vor allem mit gewöhnlichen Dingen wie Hammer und Eimer vollgestopft – was einen ungewöhnlichen Charme hat.

Placerville Antiques ANTIQUITÄTEN
(448 Main St) Unter all den Antiquitätengeschäften der Stadt ist dieser Händlerverbund etwas Besonderes. Eine seiner Stärken ist das zu recht anständigen Preisen angebotene Geschirr aus der Mitte der vergangenen Jahrhunderts.

Bookery BÜCHER
(326 Main St; ⌚Mo–Do 10–17.30, Fr & Sa bis 19, So bis 16 Uhr) Toller Secondhand-Buchladen, um sich mit Urlaubslektüre einzudecken.

Praktische Informationen

El Dorado County Chamber of Commerce (www.eldoradocounty.org; 542 Main St; ⌚Mo–Fr 9–17 Uhr) Ordentliche Karten und Informationen über die Region.

Placerville News Co (www.pvillenews.com; 409 Main St; ⌚Mo–Do 8–18.30, Fr & Sa bis 19 So bis 17.30 Uhr) Der Laden mit Holzboden bietet eine Fülle exzellenter Karten sowie Bücher über die Geschichte der Stadt und der Gegend.

An- & Weiterreise

Busse von **Amtrak** (☎800-872-7245; www.capitolcorridor.org) fahren mehrmals täglich nach Sacramento (15 US$, 1 Std. 20 Min.). Orte, die weiter entfernt auf der Capital-Corridor-Route liegen, sind mit dem Zug erreichbar.

El Dorado Transit (www.eldoradotransit.com) betreibt an Wochentagen Pendlerbusse nach Sacramento (5 US$, 1,5 Std.), die von der **Placerville Transit Station** (2984 Mosquito Rd) abfahren, einer charmanten überdachten Bushaltestelle mit Bänken und Toiletten. Sie liegt etwa 800 m außerhalb der Stadt, Hwy 50, nördliche Richtung.

Placervilles Weingüter

Hitze und steinige Böden sind zwei der Gründe für die exzellenten Weine, die diese Region hervorbringt und die regelmäßig auf kalifornischen Weinkarten angeboten werden. Weinliebhaber können problemlos einen ausgedehnten Nachmittag allein damit verbringen, durch die gastfreundlichen Weingüter des El Dorado Country zu ziehen (schließt man das benachbarte Amador Country mit ein, kriegt man schnell ein ganzes Wochenende zusammen). Weitere Informationen gibt es bei der **El Dorado Winery Association** (☎800-306-3956; www.eldoradowines.org) oder bei **Wine Smith** (www.thewinesmith.com; 346 Main St; ⌚11–20 Uhr), einem Laden, der so ziemlich alles anbietet, was in der Region angebaut wird.

Einige bemerkenswerte Weingüter, alle am Hwy 50 Richtung Norden gelegen, sind u.a. **Lava Cap Winery** (www.lavacap.com; 2221 Fruitridge Rd; ⌚11–17 Uhr) mit praktischem Deli fürs Picknick und **Boeger Winery** (www.boegerwinery.com; 1709 Carson Rd; ⌚10–17 Uhr). Beide bieten kostenlose Weinproben an.

Weinregion Amador County

Amador County ist vielleicht ein Außenseiter unter den Weinanbauregionen Kaliforniens. Aber eine ganze Reihe florierender Familienweingüter, die Geschichte des Goldrausches und der ganz eigene Charakter der Gegend machen Weintouren hier zu einem gänzlich unprätentiösen Vergnügen. Amador County erhebt Anspruch darauf, Heimat der ältesten Zinfandel-Reben der USA zu sein. Und tatsächlich hat die Umgebung viel mit dieser berühmten Sorte gemein: kühn und voll kräftiger Farben, erdig und immer wieder überraschend.

Die beiden kleinen Städte des Countys, Plymouth und Amador City, sind mit einer ganzen Reihe von Angeboten auf Weinbegeisterte eingestellt. Eine Tour über die Weingüter von Amador beginnt mit dem Verlassen des Hwy 49 in Plymouth. Weiter geht es auf der Shenandoah Rd, die durch Reihen von säuberlich beschnittenen Rebstöcken führt, die die allzu grelle Sonne in sich aufsaugen. Die Verkostungen in den Familienbetrieben haben nur wenig gemeinsam mit denen im Napa Valley. Die meisten Gastgeber sind herzlich und hilfsbereit, bieten kostenlose Weinproben und beantworten gerne die Fragen der Besucher, die sich für ihre Arbeit interessieren.

Karten sind in den Weingütern oder bei der **Amador Vintners Association** (www.amadorwine.com) erhältlich.

Drytown Cellars WEINGUT
(www.drytowncellars.com; 16030 Hwy 49; ⌚Fr–So 11–17 Uhr) Dank Allen, einem geselligen Gastgeber, und einer ganzen Reihe beeindruckender Rotweine die vergnüglichste Weinprobe in Amador County.

Deaver Vineyards WEINGUT
(www.deavervineyard.com; 12455 Steiner Rd; ⌚10.30–16 Uhr) Ein echter Familienbetrieb, in dem fast jeder den selben Namen trägt wie das Etikett auf den Flaschen.

Sobon Estate WEINGUT
(www.sobonwine.com; 14430 Shenandoah Rd; ⌚10–17 Uhr) 1856 gegründet und heute Heimat des Shenandoah Valley Museum mit Erinnerungsstücken rund ums Thema Wein.

Wildrotter WEINGUT
(www.wildrottervineyard.com; 19890 Shenandoah School Rd; ⌚Fr–So 10–17, Mo–Do 11–16 Uhr) Dieses Weingut gewann vor Kurzem eine prestigeträchtige Auszeichnung für den besten Rotwein Kaliforniens.

PLYMOUTH & AMADOR CITY

Die beiden kleinen, netten Städtchen eignen sich beide gleich gut als Basis zur Erkundung der Weinregion von Amador County. Plymouths Goldrausch-Vergangenheit findet sich in seinem ursprünglichen Namen: Pokerville. Heutzutage lassen sich kaum noch Zocker in dem verschlafenen Städtchen blicken. Erst spät erwacht es zum Leben, wenn der Duft eines Barbecues durch die kleine Main St zieht oder ein paar Touristen oder der eine oder andere Motorradfan. Amador City war einst Heimat der Keystone Mine – einer der produktivsten Goldproduzenten Kaliforniens. Nachdem 1942 die Mine aufgegeben wurde, war die Stadt verlassen und leer, bis 1950 eine Familie aus Sacramento die verfallenen Gebäude aufkaufte und in Antiquitätenläden umwandelte.

GRATIS **Amador Whitney Museum** (www.amador-city.com; Main St, Amador City; Eintritt frei; ⌚Fr–So 12–16 Uhr) ist die einzig lohnende Sehenswürdigkeit. Zu besichtigen gibt es einen Planwagen, die Darstellung einer Schulhausszene und einen Minenschacht. Die 15 Minuten sind es wert.

LP TIPP **Imperial Hotel** (☎209-267-9172; www.imperialamador.com; 14202 Main St, Amador City; Zi. 120–145 US$; ❄📶) – die schönste Übernachtungsoption! Das 1879 erbaute Imperial ist dank schicker und clever integrierter Art-déco-Elemente eine der einfallreicheren Variantionen der ansons-

ABSTECHER

APPLE HILL

1806 pflanzte ein Bergmann auf einem Hügel gleich außerhalb von Placerville einen Apfelbaum der Sorte Rhode Island Greening – und machte damit den Anfang für das heute rund 52 km² große und ertragreiche, östlich von Placerville und nördlich des Hwy 50 gelegene Apple Hill. Die Farmer der mehr als 60 Obstplantagen verkaufen ihre Erzeugnisse direkt an den Endverbraucher. Äpfel gibt es in der Regel von August bis Dezember, weitere Obstsorten zu anderen Jahreszeiten.

Eine recht anständige Karte von Apple Hill ist im **Apple Hill Visitors Center** (☎530-644-7692; www.applehill.com) im Camino Hotel erhältlich – neben der Camino-Ausfahrt (Hwy 50). Eine gute Karte ist auch die mit dem Titel „El Dorado County Trails" unter www.visit-eldorado.com.

Das **Camino Hotel** (☎530-644-1800; www.caminohotel.com; Zi. inkl. Frühstück 75–125 US$; 👪) ist eine ehemalige Holzfällerschlafbaracke – und genauso krumm und schief, wie sich das anhört. Die Zimmer wurden kürzlich renoviert. Die Preise sind fantastisch (werktags 60 US$), und Zimmer 4 ist mit zwei Schlafzimmern und einem Wohnzimmer ideal für Familien. Frühstück gibt's ganz nach Wunsch. Großartig als Basis für Entdeckungstouren durch die Farmen von Apple Hill!

ten für diese Region so typischen, mit Antiquitäten überladenen Interpretation viktorianischen Stils. Die Bar ist vornehm und das Restaurant mit saisonal ausgerichteter Karte exzellent (Abendessen 20–30 US$). An Sommerwochenenden sind Buchungen unter zwei Nächten kaum möglich.

Im **Taste** (☎209-245-3463; 9402 Main St, Plymouth; Gerichte 31–50 US$; ⏲Do–Mo 17–21, Sa 11.30–14 Uhr) sollte man seinen Tisch reservieren. Hervorragende Weine aus Amador begleiten ein Vier-Gänge Menü moderner, kalifornischer Küche. Die kunstvoll servierten Gerichte wechseln mit der Saison, wobei Frische im Mittelpunkt steht.

Genug vom Wein? Dann ab in den **Drytown Club** (www.drytownclub.com; 15950 Hwy 49), der Art Raststätte, wo die Gäste ein klitzekleines bisschen zu früh mit dem Trinken anfangen und am Wochenende den Alkohol mit Fettigem vom Grill neutralisieren. Dann spielen oft Bands, die aus der Blues-Ecke kommen, Bier lieben und gelegentlich bravourös sind. Auf der Tanzfläche fanden die Hemmungen von so manchem Besucher ihr vorzeitiges Ende.

Sutter Creek

Von den Balkonen der liebevoll renovierten Gebäude an Sutter Creeks Main St blickt man auf ein perfektes Beispiel für die kalifornische Architektur des 19. Jhs.: überdachte Veranden, die gleichzeitig als Bürgersteige dienen, Balkone, die hoch über der Straße schweben, und Fassaden, die nicht selten prachtvoller sind als die Gebäude dahinter. Sutter Creek ist eine wundervolle Basis für Ausflüge in die Weingebiete von Amador und El Dorado County.

Einen Besuch startet man am besten im von Ehrenamtlichen betriebenen **Sutter Creek Visitor Center** (☎209-267-1344; www.suttercreek.org; 25 Eureka St; ⏲wechselnde Öffnungszeiten). Hier kann man sich eine Karte holen, auf der Touren eingetragen sind, mit denen man die Stadt auf eigene Faust zu Fuß oder die nähere Umgebung (inkl. Minen) mit dem Auto erkunden kann. Auf der Internetseite finden sich Tipps für Tagesausflüge zu jeder Jahreszeit.

Sehenswertes & Aktivitäten

GRATIS **Monteverde General Store** HISTORISCHES GEBÄUDE
(☎209-267-0493; Eintritt frei; ⏲nach Vereinbarung) Direkt neben dem Sutter Creek Visitor Center lässt sich ein Blick in die Vergangenheit erhaschen, in eine Zeit, in der der örtliche „General Store" (Gemischtwarenladen) Mittelpunkt allen sozialen und wirtschaftlichen Lebens einer Stadt war. Auf Anfrage geben Senioren unterhaltsame Führungen.

Knight Foundry MINE
(www.knightfoundry.org; 81 Eureka St) In seiner Blütezeit war Sutter Creek das wichtigste Versorgungszentrum des Gold Country. 1873 stellten drei Gießereien Pfannen und Brecher (zum Zerkleinern von Steinen) her. 1996 schloss die Knight Foundry und mit ihr der letzte noch mit Wasserkraft betriebene Metallbearbeitungsbetrieb mit Gieße-

rei in den USA. Die Funktionsweisen lassen sich auch heute noch besichtigen. An manchen Tagen erklären Ehrenamtliche die einzelnen Abläufe, während sie dabei sind, den Betrieb der Gießerei wieder aufzunehmen.

Sutter Creek Theatre THEATER
(www.suttercreektheater.com; 44 Main St) Eine von mehreren ausgezeichneten Künstlergruppen des Gold Country, die seit fast 100 Jahren Theaterstücke, Filmvorführungen und andere kulturelle Veranstaltungen präsentieren.

Schlafen & Essen

Eureka Street Inn B&B $$
(☎209-267-5500; www.eurekastreetinn.com; 55 Eureka St; Zi. 145 US$; ❄📶) Jedes der vier Zimmer ist individuell ausgestattet und wird mit einem Gasofen beheizt. Das Gebäude im Arts-and-Crafts-Stil aus dem Jahr 1914 gehörte einst einem vermögenden Postkutschendienstbetreiber. Es liegt an einer ruhigen Straße und doch zentral. Das Frühstück ist köstlich, der Kaffee stark und die Früchte sind frisch.

Sutter Creek Inn B&B $$
(☎209-267-5606; www.suttercreekinn.com; 75 Main St; Zi. 90–195 US$; ❄) Die 17 Zimmer und Cottages sind unterschiedlich in Einrichtung und Ausstattung (Antiquitäten, Kamine, sonnige Terrassen), aber alle haben ein eigenes Badezimmer. Gäste können in Hängematten dösen oder sich mit einem Buch in einen der im weitläufigen Garten verteilten Stühle fallen lassen. Natürlich findet sich auch im Sutter Creek Inn allerlei Nippes, darunter eine spektakuläre Sammlung von Milchkännchen in Kuhform.

Sutter Creek Ice Cream Emporium SÜSSIGKEITEN $
(51 Main St; ⏲Do–So 11–18 Uhr) Wenn Stevens Price, der Mann hinterm Tresen, sich an sein Milton-Piano von 1919 setzt, dann durchdringt ein ganz eigener Zauber die sowieso schon zuckersüße Atmosphäre des kleinen Ladens. Price organisiert auch das jährlich im August stattfindende Sutter Creek Ragtime Festival.

Pizza Plus PIZZA $
(20 Eureka St; Pizzas 14 US$; ⏲11–21 Uhr; 👪) Dünne, knusprige Pizzas und Krüge voll Bier sind der Grund für die Beliebtheit des Pizza Plus. Perfekt zum Abhängen und um mit den Einheimischen ins Gespräch zu kommen! Spezielle Toppings wie bei der BBQ-Pizza setzten dem Ganzen die Krone auf.

Thomi's Coffee & Eatery AMERIKANISCH $
(40 Hanford St; Gerichte 7–12 US$; ⏲Fr–Mi 8–15 Uhr; 📶) Ein wahrer Stern in einer Galaxie von vielen. Bei Thomi's gibt's das klassische Grillfrühstück und zum Abendessen Riesensalate und Prime Ribs, im Winter im heimeligen Backsteininnenraum, im Sommer auf einer kleinen, sonnigen Terrasse.

Sutter Creek Cheese MARKT $
(www.suttercreekcheese.com; 33 Main St; ⏲11–17 Uhr) Käse aus Kalifornien und Europa.

Volcano

Eine der vielen dem Zahn der Zeit anheimfallenden Gedenktafeln hier beschreibt Volcano richtigerweise als Ort der „stillen Historie". Einst konnte sich die kleine L-förmige Siedlung am Ufer des Sutter Creek Tonnen geförderten Goldes und einer Schlacht im Bürgerkrieg rühmen. Heute schlummert sie in abgelegener Einsamkeit. Lediglich ein paar vereinzelte Denkmäler aus Bronze, an denen der Grünspan nagt, zeugen noch von der lebendigen Vergangenheit des Städtchens.

Große Sandsteine liegen an den Ufern des Sutters Creek, der sich durch Volcanos Zentrum windet. Die Steine, heute von Picknick-Tischen umgeben, wurden einst beim hydromechanischen Abbau des Goldes aus den umgebenden Hügeln herausgesprengt, bevor man den goldhaltigen Schmutz von ihnen abkratzte. Der Prozess hatte zwar schlimme Folgen für die Umwelt, brachte den Minenarbeitern auf dem Höhepunkts des Abbaus aber fast 100 US$ am Tag.

Die 12 Meilen (19,3 km) lange Fahrt von Sutter Creek führt über die schöne Sutter Creek Rd.

Sehenswertes & Aktivitäten

Daffodil Hill BLUMENFARM
(Spenden erbeten; ⏲Mitte März–Mitte April tgl.) Diese auf einem Hügel 2 Meilen (gute 3 km) nordöstlich von Volcano gelegene Blumenfarm ist von einem Teppich aus über 300 000 Narzissen umgeben. Seit 1887 betreiben die Familien McLaughlin und Ryan die Farm und kümmern sich um Hyazinthen, Tulpen, Veilchen, Flieder und den ein oder anderen Pfau inmitten der Narzissen.

Black Chasm HÖHLENTOUR
(☎888-762-2837; www.caverntours.com; 15701 Pioneer Volcano Rd; Erw./Kind 14,75/7,50 US$; ⏲9–17 Uhr) Die eine viertel Meile (400 m)

östlich von Volcano liegenden Höhlen scheinen auf den ersten Blick eine typische Touristenfalle zu sein. Doch ein einziger Blick auf die Exzentrique-Kristalle, diese eigenartigen, weißen Gebilde, die an Riesenschneeflocken erinnern, genügt, und die Besuchermassen sind vergessen. Die Fremdenführer sind allesamt erfahrene Höhlenspezialisten.

Indian Grinding Rock State Historic Park HISTORISCHE STÄTTE
(☎209-296-7488; Pine Grove-Volcano Rd; 8 US$/Fahrzeug) Das 2 Meilen (gute 3 km) südwestlich von Volcano liegende Gebiet ist der hiesigen Miwokbevölkerung heilig. Mittelpunkt ist ein Kalkstein-Aufschluss, der mit Petroglyphen übersät ist: 363 ursprüngliche und einige weitere aus jüngeren Tagen. Zudem ist der marmorierte Fels mit über 1000 Mörserlöchern bedeckt, sogenannten *chaw'ses*, in denen Eicheln zu Mehl gemahlen wurden.

Volcano Theatre Company THEATER
(☎209-223-4663; www.volcanotheatre.org; Erw./Kind 16/11 US$) An den Wochenenden zwischen April und November bringt das angesehene Ensemble im restaurierten Cobblestone Theater Stücke zur Aufführung.

Schlafen & Essen

Volcano Union Inn HISTORISCHES HOTEL $$
(☎209-296-4458; www.volcanounion.com; 16104 Main St, Volcano; Zi. inkl Frühstück 109–129 US$; ❄@📶) Das zu bevorzugende der beiden historischen Hotels in Volcano. Von den vier liebevoll modernisierten Zimmer haben zwei einen Balkon zur Straße raus, und alle vier haben schiefe Fußböden. Die Flachbildschirme und anderes „Neuzeitliches" wirken in dem alten Gebäude womöglich ein wenig unpassend, doch alles in allem ist's ein angenehmes Hotel. Der Union Pub im Haus bietet hervorragendes Essen und gelegentlich einen Fiedler.

St. George Hotel HISTORISCHES HOTEL $$
(☎209-296-4458; www.stgeorgehotel.com; 16104 Main St; Zi. 80–190 US$) Über verwinkelte Treppen geht's zu den 20 Zimmern dieses entzückenden Hotels. Größe und Annehmlichkeiten der einzelnen Zimmer variieren. Auf jeden Fall sind sie nicht vollgestopft mit Krempel. Im Restaurants (Do–So abends; So auch Brunch) gibt's hauptsächlich Steaks. Besonders angenehm ist die zum Hotel gehörende Bar. Den neckischen Warnungen des Barkeepers, die auf die Bestellung eines „Moose Milk" (ein auf Whiskey und Milchprodukten basierendes lokales Rauschmittel) folgen, sind gerechtfertigt.

Indian Grinding Rock State Historic Park CAMPING $
(www.reserveamerica.com; Stellplatz f. Zelt & Wohnmobil 25 US$) Der schöne Campingplatz im Indian Grinding Rock State Historic Park bietet Trinkwasser und Toiletten. Die 23 Plätze unter Bäumen (und mit Anschlüssen für Wohnmobile) werden ohne Reservierung vergeben.

Jackson

Zwar gibt es auch in Jackson ein paar historische Gebäude und eine kleine Innenstadt, aber eigentlich kann man sich das Ganze sparen. Von der Kreuzung Hwy 49 und Hwy 88 aus betrachtet, scheint Jackson der am wenigsten attraktive Goldrausch-Knotenpunkt zu sein. Hier geht's vom Hwy 49 auf den Hwy 88 Richtung Osten, über die Sierra in der Nähe des Skiresorts Kirkwood (s. S. 405).

Sehenswertes

Kennedy Tailing Wheels Park HISTORISCHE STÄTTE
Auf den ersten Blick scheint auch der Kennedy Trailing Wheels Park (1 Meile bzw. 1,6 km von Jackson über die North Main St) nicht viel herzumachen. Doch einst transportierten die vier Räder aus Eisen und Holz (die mit ihren knapp 18 m Durchmesser aussehen wie ausrangierte Jahrmarktsattraktionen) Abraum der Eureka Mine über zwei kleinere Hügel. Sie sind auch heute noch erstaunliche Zeugnisse alter Ingenieurs- und Handwerkskunst. Es lohnt sich, den Hügel zu erklimmen und einen Blick auf die Speichersperre zu werfen.

Mokelumne Hill HISTORISCHES GEBIET
Das leider etwas vernachlässigte Mokelumne Hill liegt 7 Meilen (gute 11 km) südlich von Jackson am Hwy 49. In den frühen 1840ern siedelten sich hier französische Fallensteller an. Es ist ein Ort, wo man sich historische Gebäude ansehen kann, ohne vom übliche Überangebot an Antiquitäten- und Souvenirläden abgelenkt zu werden.

Schlafen & Essen

National Hotel HISTORISCHES HOTEL $
(☎209-223-0500; www.national-hotel.com; 2 Water St; Zi. 75–195 US$) Das National ist Jacksons historisches Hotel. Allerdings verträgt

sich die an Pop-Ikonen orientierte Zimmerdeko nicht wirklich mit der historischen Fassade. Die Zimmer sind in die Jahre gekommen und für Krach sorgen der nahe Highway und die Gäste auf dem Balkon der Bar. Leute mit leichtem Schlaf sollten vielleicht besser woanders absteigen.

Mel's and Faye's Diner AMERIKANISCH **$$**
(www.melandfayesdiner.com; 205 N Hwy 49; Gerichte 5–12 US$; ⌚Mo–Do 4–22, Fr–So bis 23 Uhr) Eine absolute Institution in der Nähe vom Hwy 88. Auf den Tisch kommt ausgezeichnete Diner-Kost. Allein die Frühstücksportion könnte eine Kleinfamilie satt machen. Es gibt klassische Burger (und andere – den chiligetränkten „Miner" sollte man versuchen) und, um das ganze Fettgelage auszugleichen, ein anständiges Salatbuffet.

Praktische Informationen

Amador County Chamber of Commerce (☎209-223-0350, www.amadorcountychamber.com; 125 Peek St; ⌚Mo–Fr 9–16 Uhr) An der Ecke Hwy 49 und Hwy 88. Bietet genügend Prospekte an, um damit eine Recycling-Tonne zu füllen.

An- & Weiterreise

Verlässlich kommt man in dieser Gegend nur mit dem eigenen Fahrzeug vorwärts. Von Jackson aus betreibt Placer Country zwar seinen eigenen (ziemlich erbärmlichen) Busservice, aber um einen Bus zu erwischen ... da braucht man Glück, denn die fahren nur selten. **Amador Transit** (209-267-9395; www.amadortransit.com) ist da schon ein wenig besser. Die bieten zwei tägliche Verbindungen nach Sacramento (1 US$, 1 Std.) und, sofern man die Geduld dazu aufbringt, auch Verbindungen nach Calaveras County und ins südliche Gold Country. Mit dem Auto ist Jackson zweieinhalb Stunden von San Francisco entfernt – und etwas über eine Stunde von den Skiresorts von South Lake Tahoe.

CALAVERAS COUNTY & SÜDLICHES GOLD COUNTRY

Im Sommer ist es im südlichen Teil des Gold Country heißer als heiß. Eine Tour durch die historischen Goldrausch-Städte dürfte also mehr als nur einmal von einem Stopp zum Eisessen zu unterbrechen sein. Lügengeschichten aus längst vergangener Zeit werden durch berüchtigte ehemalige Bewohner der Gegend wieder lebendig. Der Autor Mark Twain hatte hier seinen Durchbruch mit einer Geschichte über einen Froschweitsprungwettbewerb in Calaveras County. Und Joaquin Murrieta, eine Art lokaler Robin Hood, scheint das Kunststück gelungen zu sein, jeder Bar und jedem Hotel der Gegend seine Aufwartung gemacht zu haben.

Angels Camp

Am südlichen Abschnitts des Hwy 49 überragt eine Figur alle anderen: die des literarischen Riesen Mark Twain, der hier seinen Durchbruch mit der in Angels Camp geschriebenen und angesiedelten Geschichte *Der berühmte Springfrosch von Calaveras* hatte. Wann und wo Twain von der Story gehört hat, darüber gehen die Meinungen auseinander. Aber das Beste daraus macht Angels Camp. Es gibt weltmännische Twain-Imitatoren, Statuen und Dutzende von Bronzefröschen, die zu Ehren der amphibischen Champions der vergangenen 80 Jahre in den Bürgersteig der Main St eingelassen sind. Man beachte die Gedenktafel für „Rosie The Riveter", die 1986 mit einem Sprung über 6,4 m einen Rekord aufgestellt hat. Heute sind die Gebäude der Stadt eine reizvolle Mischung aus der Zeit des Goldrausches und des Art déco.

Calaveras County Visitors Bureau (☎209-736-0049; www.gocalaveras.com; 1192 S Main St; ⌚Mo–Sa 9–17, So 11–15 Uhr; 📶) bietet Touren zu Fuß oder mit dem Auto durch Angels Camp an, dazu Geschichtsbücher und jede Menge Infos für den Trip.

Sehenswertes & Aktivitäten

Angels Camp versteckt seine Verbindung zu Mark Twain nicht. Am dritten Maiwochenende finden die **Jumping Frog Jubilee** statt (in Verbindung mit der „County Fair" und einer Art Harley-Rally) und übers Wochenende zum 4. Juli die **Mark Twain Days**.

Moaning Cavern HÖHLENTOUR
(☎209-736-2708; www.caverntours.com; Erw./Kind 14,75/7,50 US$; ⌚10–17 Uhr) Obwohl die California Caverns ganz in der Nähe wesentlich größer sind und beeindruckendere Formationen aufweisen, bietet diese Höhle mehr Nervenkitzel. Besucher dürfen sich 50 m tief abseilen lassen, bis nach ganz unten (65 US$). Oben gibt es eine Seilrutsche und einen *nature walk*, den man auf eigene Faust erkunden kann. Die Knochen, auf die man tief unten stieß, gehören zu den ältesten menschlichen Überresten, die jemals in den USA gefunden wurden. Im Winter

ABSTECHER

CALAVERAS BIG TREES STATE PARK

Von Angels Camp erklimmt der Hwy 4 die High Sierra. Nach dem Ebbetts Pass (2660 m) windet er sich schließlich auf der anderen Seite wieder hinab, bis er die Hwys 89 und 395 kreuzt. Unterwegs geht's vorbei am nüchternen Städtchen Arnold, mit einigen Cafés und Motels am Straßenrand. Der Anlass, den Hwy 4 zu nehmen, liegt 2 Meilen (3,2 km) östlich von Arnold bzw. 20 Meilen (32 km) östlich von Murphys: nämlich die Gelegenheit einer Begegnung mit den größten Lebewesen auf diesem Planeten.

Der **Calaveras Big Trees State Park** (☎209-795-2334; 6 US$/Fahrzeug) ist die Heimat der riesigen Küstenmammutbäume, die bis zu 99 m in den Himmel wachsen, bei einen Stammdurchmesser, der 10 m erreichen kann. Es wird angenommen, dass diese Überbleibsel aus dem Mesozoikum bis zu 3000 t wiegen – oder, anders ausgedrückt, fast so viel wie 20 Blauwale!

Die Giganten stehen in zwei großen Hainen, von denen einer vom **North Grove Big Trees Trail** aus gut zu sehen ist. Dieser etwa 2,5 km lange Rundkurs beginnt und endet in der Nähe des Parkeingangs, wo die Luft frisch und nach Kiefern und Erde duftet, und kann auf eigene Faust gemeistert werden. Von diesem Rundkurs zweigt ein 4 Meilen (rund 6,5 km) langer Weg ab, der zunächst über den Höhenzug und dann rund 500 m hinab zum Stanislaus River führt.

Man findet die riesigen Bäume überall in dem ca. 24 km² großen Park, wobei die höchsten in ziemlich abgelegenen Gegenden stehen. Im **Visitor Center** (⏲9–16 Uhr) erhält man Karten und gute Tipps zu den kilometerlangen Wanderwegen. Außerdem kann man sich hier in einer gut gemachten Ausstellung über die Bäume informieren und über die Handvoll engagierter Menschen, die jahrzehntelang dafür gekämpft haben, dass aus den Bäumen nicht Tausende von Picknicktischen werden.

Camping ist beliebt und **Reservierungen** (☎800-444-7275; www.parks.ca.gov; Stellplatz f. Zelt & Wohnmobil 35 US$) sind unerlässlich. Der North-Grove-Campingplatz ist in Eingangsnähe. Weniger überlaufen ist der Oak-Hollow-Campingplatz, der 4 Meilen (6,4 km) weiter im Inneren des Parks liegt. Am stimmungsvollsten sind die naturbelassenen Stellplätze, die nur zu Fuß erreicht werden können.

findet ein Sternsingen statt (angesichts der Akustik in der Höhle großartig) und ein Weihnachtsmann wird abgeseilt.

Essen

Entlang dem Hwy 49 gibt es eine ganze Reihe Motels, Fast-Food-Restaurants und Gelegenheiten, den Tank nachzufüllen.

Sidewinders KALIFORNISCH/MEXIKANISCH **$**
(1251 S Main St; Gerichte 8–12 US$; ⏲Di–Sa 11–20 Uhr; 👪) Die Tacos mit weißem Panko (Fisch) mit Guacamole sind vorzüglich. Wenn die Sonne hoch am Himmel brennt, sind die kühlen Steinwände und ein kaltes kalifornisches Bier mehr als wohltuend.

Crusco's ITALIENISCH **$$**
(www.cruscos.com; 1240 S Main St; Gerichte 14–26 US$; ⏲Do–Mo 11–15 & 17–21 Uhr) Das Crusco's in der Innenstadt ist eine Klasse für sich. Man setzt alles auf eine seriöse, authentisch norditalienische Karte. Auf der Suche nach neuen Rezepten reisen die Besitzer jedes Jahr nach Italien und bringen dann Leckereien wie Polenta Castellana (Maismehl mit Knoblauch und Petersilie) mit zurück und hier auf den Tisch.

An- & Weiterreise

Calaveras Transit (☎209-754-4450; www.calaverastransit.com) bietet ab **Government Center** (891 Mountain Ranch Rd, Innenstadt von San Andreas) die zuverlässigsten öffentlichen Verkehrsmittel in der Region. Damit kommt man auch bis Angels Camp (2 US$, 30 Min., mehrmals tgl.) oder in andere Städte in der Gegend. Mit öffentlichen Verkehrsmitteln den Rest von Kalifornien zu erreichen, ist hingegen eher schwierig. Man muss mit dem „Route 1"-Bus bis Mokelumne Hill fahren und dort auf den Amador County Transit umsteigen.

Murphys

Mit den gepflegten Vorgärten und dem Charme der Alten Welt gehört Murphys zu den malerischsten Orten im südlichen Arm des Gold Country. Nicht zu Unrecht trägt es den Beinamen „Queen oft the Sierra". Murphys liegt 8 Meilen (13 km) östlich des Hwy 49 an der Murphys Grade Rd. Seinen Namen verdankt der Ort Daniel und John Murphy, die im Jahr 1848 in Zusammenarbeit mit den Maisu im Murphy Creek ein Postamt und einen Bergwerksbetrieb ins Leben riefen. John war den Maidu sehr verbunden – er heiratete sogar die Tochter des Häuptlings. In der Main St laden eine Unmenge Weinverkoster, Boutiquen und Galerien zum Bummeln und Verweilen ein. Mehr Informationen sowie eine Übersicht gibt's unter www.visitmurphys.com.

Sehenswertes & Aktivitäten

Nicht nur Frösche, sondern vor allem Weintouren gehören im Calaveras County zum Leben dazu – besonders in Murphys. Im Zentrum scheinen jeden Sommer mehr Verkostungslokale aus dem Boden zu schießen.

California Cavern HÖHLENTOUR

(209-736-2708; www.caverntours.com; Erw./Kind 14,75/7,50 US$; April–Okt. 10–17 Uhr;) Wenn man von Murphys aus 12 Meilen (20 km) nach Norden fährt (über die Main St zur Sheep Ranch Rd und dann auf die Cave City Rd), erreicht man Cave City, bekannt für ihre natürliche Höhle. John Muir beschrieb sie so: „Anmutig fließende Falten – als hätte jemand steife Seide mit tiefen Schlitzen dort drapiert". Eine Tour dauert zwischen 60 und 90 Minuten. Für 148 US$ kann man die fünfstündige Middle Earth Expedition wagen. Hierbei geht man wie ein Höhlenforscher ans Werk. Dieses Angebot gilt nur während der trockenen Sommermonate, doch auch die Lakes Walking Tour, die nur in der feuchten Jahreszeit angeboten wird, ist zauberhaft.

Ironstone Vineyards WEINGUT

(www.ironstonevineyards.com; 1894 Six Mile Rd; 10–17 Uhr;) Bis auf den Wein ist in Ironstone einfach alles wunderbar: der Wasserfall, die mechanische Orgel, die häufigen Ausstellungen der ortsansässigen Künstler und die Baumblüte in der Umgebung. Das große Weingut ist besonders für die familienfreundliche Atmosphäre bekannt. Hier gibt es einen Deli und ein Museum, in dem der größte kristalline Goldklumpen der Welt zu bestaunen ist (er wiegt 22 kg und wurde 1992 in Jamestown gefunden). Für das zahlreiche Publikum bietet der Verkostungsraum jede Menge Platz. Ironstone befindet sich 1 Meile (1,6 km) südlich des Ortes, zu erreichen über die Six Mile Rd. In der Umgebung befinden sich mehrere weitere Weingüter.

Murphys Old Timers Museum MUSEUM

(209-728-1160; Spende erbeten; Fr–So 11–16 Uhr) Der Name ist Programm: Dieses Museum blickt mit einem Augenzwinkern in die Vergangenheit. In dem Gebäude aus dem Jahr 1856 ist eine Fotografie von Joaquin Murrieta zu sehen (S. 359), dem sogenannten mexikanischen Robin Hood – und die großartige „Wall of Relative Ovation". Jeden Samstagvormittag um 10 Uhr starten am Museum geführte Touren.

Schlafen

In Murphys gibt es vor allem B&Bs der oberen Kategorie. Günstigere Alternativen findet man im nahen Angels Camp oder in Arnold.

LP TIPP **Victoria Inn** B&B $$

(209-728-8933; www.victoriainn-murphys.com; 402 Main St; Zi. 125–350 US$;) Das erst vor Kurzem errichtete B&B verzichtet dankenswerterweise auf staubigen Antiquitätenkrempel. Die elegant eingerichteten Zimmer und gut ausgestatteten Gemeinschaftsräume im modernen Landhausstil bieten Badewannen mit Klauenfüßen, Schlittenbetten und Balkone. („Opi's Cabin" mit zwei großen Doppelbetten mit Eisenrahmen und freiliegenden Holzbalken ist das interessanteste unter den einfachen Zimmern.) Auf der langen Veranda kann man leckere Tapas und Weine von der umfangreichen Karte der **Bar** (Gerichte 6–12 US$; Mi–So 12–22 Uhr) genießen.

Murphys Historic Hotel & Lodge B&B $$

(209-728-3444, 800-532-7684; www.murphyshotel.com; 457 Main St; Zi. 89–125 US$) Entweder seit 1855 oder 1856 (die Schilder neben dem Eingang überlassen einem die Entscheidung) ist das Murphys eine feste Einrichtung der Main St und ein Muss auf jeder Mark-Twain-Tour (er war hier Gast, ebenso wie der Bandit Black Bart). Das ursprüngliche Gebäude hat seine besten Zeiten eindeutig hinter sich, bietet aber eine Bar, in der Einheimische und Wildwestambiente kein Widerspruch sind. Die Zimmer im Nebengebäude sind modern, wenn auch ein wenig fad. Das Angebot des Restaurants (Gerichte 8–35 US$) ist von Wildgerichten wie Elch, Ente und Wildschwein geprägt.

Murphys Inn Motel MOTEL $$

(209-728-1818, 888-796-1800; www.centralsierralodging.com; 76 Main St; Zi. 129–149 US$;

HÖHLEN AUF EINEN BLICK

» **California Cavern** Viele unterschiedliche Touren, auch lange Abenteuertrips.

» **Moaning Cavern** Mutige können sich in diesem tiefsten öffentlich zugänglichen Schacht Kaliforniens abseilen lassen.

» **Black Chasm** Außerhalb der Höhle bietet sich ein stiller Spaziergang durch einen Zen-Garten an; im Innern warten seltene Exzentrique-Kristalle.

» **Lake Shasta Caverns** Grandiose Lage, auch eine Bootsfahrt ist Teil des Tourenangebots.

» **Lava Beds National Monument** Sehr abgelegene, verblüffende Landschaft, die nicht von Touristen überlaufen ist.

» **Crystal Cave** Im Sequoia National Park; große Marmorsälen, nur 3 Meilen (5 km) von den Riesenmammutbäumen entfernt.

❄@📶🏊) Das Murphys Inn liegt nur eine halbe Meile (800 m) vom Stadtzentrum entfernt direkt am Hwy 4. Die Zimmer sind sauber und modern, einen kleinen Pool gibt's auch. Wenig Ausstrahlung, doch solide.

Essen

V Restaurant MEDITERRAN $$
LP TIPP (☎209-728-0107; 402 Main St; Gerichte 10–25 US$; ⏲Do–So 11.30–21, Mi ab 17 Uhr) Das „V" ist Teil des Victoria Inn und Murphys' elegantestes Restaurant. Der Schwerpunkt liegt auf mediterraner Küche, in Groß- und Kleinportionen, und einfallsreichen Cocktails. Die Tapas sind famos (frittierte Oliven mit Anchovisfüllung!) und das beeindruckende Rib Eye (eingerieben mit Kümmel) wird mit wissenschaftlicher Perfektion zubereitet. An Wochenenden füllt sich das Restaurant mit Weintouristen, weswegen man besser vorher anruft und reserviert.

Fire Wood PIZZA $
(www.firewoodeats.com; 420 Main St; Gerichte 9–15 US$; ⏲11–21 Uhr) Das minimalistische Design – freiliegender Beton, Wellblech – erinnert an ein urbanes Loft und ist in einer Stadt, die sich sonst eher im historischen Gewand präsentiert, eine Seltenheit. Bei schönem Wetter wird die Wand zur Straße hin geöffnet. Es gibt offene Weine im Glas, ein halbes Dutzend Biere vom Fass sowie die üblichen Pub-Snacks. Markenzeichen ist aber die Pizza aus dem Holzofen.

Grounds BISTRO $
(☎209-728-8663; www.groundsrestaurant.com; 402 Main St; Gerichte 8–24 US$; ⏲7–15, So ab 8, Mi–So bis 21 Uhr; 🥕) Lässig und kultiviert. Alles was das Grounds anbietet, bietet es gekonnt an: Frühstück, leichte Speisen zu Mittag und an den Wochenenden Steak und frischen Fisch zum Abendessen. Der Kräutereistee und die vegetarischen Gerichte sind bei hohen Temperaturen ein Genuss.

Alchemy Market & Café MARKT $
(www.alchemymarket.com; 191 Main St; Gerichte 7–15 US$; ⏲11–19 Uhr, saisonal wechselnde Öffnungszeiten) Extravagante Picknickzutaten. Im angeschlossenen Café mit Terrasse findet sich für jeden Gaumen etwas.

Columbia State Historic Park

Mehr als an allen anderen Orten im Gold Country verwischt im Columbia State Historic Park die Grenze zwischen Vergangenheit und Gegenwart. Dafür sorgt eine sorgsam erhaltene Goldrausch-Siedlung im Herzen einer modernen Gemeinde, die von Freiwilligen in historischen Kostümen bevölkert wird. Columbia wurde 1856 über dem „Juwel der südlichen Minen" gegründet. Das Zentrum ist mittlerweile ein historischer State Park und sieht heute noch fast genauso aus wie damals. Die Authentizität der alten Main St wird lediglich ein wenig vom zuckrigen Geruch der Buttertoffees geschmälert – oder gelegentlich von Schauspielern in '49er-Kluft, die vergessen haben ihre Digitaluhren abzulegen. Die Wohnhäuser und Geschäfte am Rand der Blocks passen so gut dazu, dass der eigentliche Park nur schwer auszumachen ist.

Die Schmiede, das Theater, die alten Hotels und die original erhaltene Bar stellen ein sorgsam eingerahmtes Fenster in die Vergangenheit dar. Möglichkeiten zum Goldwaschen und luftige Picknickplätze runden das Gesamtpaket ab.

Die bemerkenswerten Kalkstein- und Granitbrocken im Umkreis des Ortes erinnern eher an Dinosaurierknochen. Sie wurden einst mithilfe von Wasserkanonen aus den umliegenden Hügeln herausgebrochen und von den Goldsuchern gesäubert.

Das renovierte **Columbia Museum** (☎209-532-4301; Ecke Main St & State St; Eintritt frei; ⏲10–16.30 Uhr) erklärt den hydromechanischen Gewinnungsprozess auf faszinierende Weise. **Columbia Mercantile** (☎209-532-7511; Ecke Main St & Jackson St; ⏲9–18 Uhr) mit seinem großem Lebensmittelangebot ist eine gute Adresse für Infos.

Die meisten Geschäfte und Attraktionen schließen um ca. 17 Uhr. Danach hat man die atmosphärische Kleinstadt quasi für sich allein, was eine Übernachtung hier attraktiv macht.

Von den vielen Hotelrenovierungen in der Region ist die des **City Hotel** (☎209-532-1479; www.cityhotel.com; Zi. 126–148 US$; ❄📶) am besten gelungen. Die Zimmer bieten Blick auf eine schattige Straße und grenzen an herrliche Aufenthaltsräume. Im renommierten **Restaurant** (Gerichte 14–30 US$) fühlt sich auch ein Twain-Imitator zu Hause und im angrenzenden What Cheer Saloon erwartet einen klassische Gold-Country-Saloon-Atmosphäre, inklusive Ölgemälde mit lüsternen Damen und gestreiften Tapetenmustern.

Das **Fallon Hotel** (☎209-532-1470; www.cityhotel.com; cnr Washington St & Broadway; Zi. 90–148 US$; ❄📶) ist ebenso empfehlenswert, bietet aber mehr Möglichkeiten. Hier hat auch das professionellste Bühnenensemble der Region sein Quartier, das **Sierra Repertory Theatre** (☎209-532-3120; www.sierrarep.org). Klassiker (*Romeo & Juliet, South Pacific*), aber auch moderne Stücke kommen auf die Bühne.

Sonora & Jamestown

1848 besiedelten Bergarbeiter aus Sonora in Mexiko das Gebiet, das einstmals ein weltoffenes Handels- und Kulturzentrum mit vielen Parks und aufwendig gebauten Saloons war und die größte Konzentration von Glücksspielern, Säufern und Gold aufbot. Rassenunruhen vertrieben die mexikanischen Siedler, und ihre europäischen Nachfolger verdienten sich an der Big Bonanza Mine, wo jetzt die Sonora High School steht, buchstäblich eine goldene Nase. Diese Mine warf in zwei Jahren 12 t Gold ab (darunter ein 13 kg schwerer Klumpen).

Heute nutzen Durchreisende auf dem Weg zum Yosemite National Park Sonora als Zwischenhalt für eine Kneipentour oder für einen schnellen Imbiss in den Restaurantketten und Läden, die sich in den Randbezirken breit gemacht haben. Zum Glück ist das historische Stadtzentrum sehr gut erhalten geblieben (es wurde schon häufiger als Filmkulisse verwendet, u. a. für *Unforgiven* und *Zurück in die Zukunft III*).

Little Jamestown liegt 3 Meilen (4,8 km) südlich von Sonora an der Kreuzung von Hwy 49 und Hwy 108. Gegründet wurde das Städtchen 1848 zur Zeit des ersten Goldfundes in Tuolumne County. Es teilte das Schicksal der ganzen Region mit all den Höhen und Tiefen. Heute hält es sich nur noch mit Tourismus und Antiquitäten über Wasser. Der Charme ist unverkennbar, erstreckt sich aber nur auf ein paar wenige Straßenkreuzungen.

Sehenswertes & Aktivitäten

Zwei Highways durchschneiden die Sierra Nevada östlich von Sonora, bevor sie auf den Hwy 395 in der östlichen Sierra treffen: Hwy 108 führt über den Sonora Pass und Hwy 120 über den Tioga Pass. Es gilt zu beachten, dass Hwy 120 auf dem Abschnitt durch den Yosemite National Park nur im Sommer zugänglich ist (s. Kasten S. 445)!

Das Zentrum von Sonora ist die T-Kreuzung von Washington St und Stockton St, wobei die Washington St die Hauptdurchgangsstraße bildet. Dort gibt's Boutiquen, Läden, Cafés, Bars und mehr. Wer die Stadt satt hat, macht eine kurze Wanderung durch den Eichenwald am neu angelegten **Dragoon Gulch Trail**, der im Nordwesten der Hauptstraße an der Alpine Lane liegt.

Sonora ist auch ein Ausgangspunkt für Wildwasserfahrten: Der Tuolumne River ist für seine Klasse-IV-Stromschnellen und den Bestand an Steinadlern und Rotschwanzbussarden bekannt; der Stanislaus River dagegen ist leichter zu bewältigen und für Anfänger besser geeignet. **Sierra Mac River Trips** (☎209-532-1327; www.sierramac.com; Trips ab 225 US$) und **All-Outdoors** (☎800-247-2387; www.aorafting.com) genießen beide einen guten Ruf und bieten ein- oder mehrtägige Ausflüge an.

LP TIPP **Railtown 1897 State Historic Park** HISTORISCHER BETRIEBSHOF
(☎209-984-3953; www.railtown1897.org; 5th Ave, Jamestown; Eintritt 5 US$, Zugfahrt 8 US$; ⏲9.30–16.30 Uhr; 👪) Fünf Blocks südlich von Jamestowns Main St. Die Ansammlung von Zügen und Eisenbahngerätschaften auf 10,5 ha Fläche ist die kleine Schwester des riesigen Eisenbahnmuseums in Sacramento. Die Berge der Umgebung haben dafür

unzählige Male als Film- und Fernsehkulisse gedient, z.B. für *Zwölf Uhr mittags* und *Zurück in die Zukunft*. Den Ort umgibt eine Art lyrischer Zauber, wenn sich ein orangefarbenes Meer aus Mohnblumen zwischen den rostigen Hüllen der Stahlriesen den Weg bricht. An manchen Wochenenden und Feiertagen kann man die Schmalspurbahn besteigen, die einst Erz, Nutzholz und Bergleute transportierte, auch wenn die Strecke heute nur noch aus einem 3 Meilen (4,8 km) kurzen Rundkurs besteht. Trotzdem ist es nach wie vor die schönste Zugfahrt im Gold Country: die Luft riecht nach Teeröl, nach Lagerfeuern und Kieferwäldern, und überall lockt die Aussicht ins Grüne. Das Personal des staatseigenen Parks bilden freiwillige Helfer, die mit Feuer und Flamme am Werk sind, und man findet dort einen restaurierten Bahnhof, ein Stellwerk und einen Buchladen.

Gold Prospecting Adventures GOLDWASCHEN (www.goldprospecting.com; 18170 Main St, Jamestown) Der Ausflug als Goldsucher beginnt bei 30 US$, inklusive Goldpfannen und Waschrinnen. Man kann dort sogar einen dreitägigen, wissenschaftlich anerkannten Kurs im Goldwaschen absolvieren (595 US$). Man sollte sich auch nicht die (angsteinflößende!) Galgenpuppe an der Hauptstraße in Jamestown entgehen lassen.

GRATIS **Tuolumne County Museum** HISTORISCHES MUSEUM (www.tchistory.org; 158 W Bradford St, Sonora; Eintritt frei; ⌚10–16 Uhr) Zwei Blocks westlich der Washington St kann man in diesem interessanten Museum im ehemaligen Be-

JOAQUIN MURRIETA: RÄCHER ODER TERRORIST?

In einem Land mit einer hohen Ammenmärchendichte sticht eine Sage dennoch hervor: die vom verwegenen Bergmann Joaquin Murrieta. Lange Zeit wurde der Einwanderer, dessen unergründliches Antlitz von einer Ferrotypie (ein frühes Fotografieverfahren) an den Wänden von Murphys Old Timers Museum prangt (S. 356), als Robin Hood der Goldgräberzeit angesehen. Legenden über den blutrünstigen Murrieta sind nicht nur allgegenwärtig, sondern stecken auch voller Ungereimtheiten: Entweder kam er in Sonora, Mexiko, oder in Quillota, Chile, zur Welt, und nachdem er 1850 dem Ruf des Goldes nach Kalifornien gefolgt war, sah man in ihm entweder einen heimtückischen Verbrecher oder einen Racheengel, der gegen die brutale Verfolgung von Mexikanern im Gold Country eintrat. Im weichzeichnenden Filter der historischen Rückschau macht sein hitziges Gemüt Joaquin Murrieta – ob nun wahr oder nicht – zum faszinierendsten Anti-Helden im Goldgräberland.

Belege dafür findet man in märchenhaften Erzählungen wie dieser: Murrieta und sein Bruder besaßen einen Claim in der Nähe von Hangtown (das nun unter dem eher farblosen Namen Placerville bekannt ist). Der war einigermaßen ertragreich, aber sie weigerten sich standhaft, die neu eingeführte Steuer für ausländische Bergarbeiter zu zahlen, die im Bundesstaat als Reaktion auf den einzigartigen Erfolg erfahrener mexikanischer und chilenischer Goldgräber erhoben wurde. Aus Neid – und um Murrieta von seinem Claim zu vertreiben – stürzte sich ein Mob weißer Bergarbeiter auf ihn, peitschte ihn aus und vergewaltigte seine Frau. Murrieta wandte sich nicht an die Justiz, sondern trommelte einen Haufen Männer zusammen, um sich an seinen Angreifern zu rächen. Damit begann ein Leben als Bandit, in dem viele durchgeschnittene Kehlen und Golddiebstähle eine Rolle spielen sollten. Mit seinen Kumpanen terrorisierte er unter dem Namen „Die Fünf Joaquins" von 1850 bis 1853 das Land.

Gouverneur John Bigler setzte eine Belohnung auf Murrietas Ergreifung aus, und im Juli 1853 zeigte ein texanischer Kopfgeldjäger namens Harry Love eine Dose mit einem abgetrennten Kopf herum, bei dem es sich angeblich um Murrietas Kopf handeln sollte. Love ging damit in vielen Städten Nordkaliforniens hausieren und zeigte seine Trophäe allen, die bereit waren, 1 US$ dafür zu zahlen. Aber selbst im Tod zog Murrietas Legende weiter Kreise: Eine Frau, die sich als seine Schwester ausgab, bestritt den Tod des Bruders vehement, und noch lange nach seinem vermeintlichen Ende kursierten Gerüchte, dass der Bandit gesehen worden sei. Aus Wut über die repressiven, rassistischen Gesetze aus der Zeit des Goldrauschs, die heutzutage fast in Vergessenheit geraten sind, verehrten viele Latinos Joaquin Murrieta als Volksheld, und seine Legende ist ein wesentlicher Bestandteil der Goldgräberfolklore.

zirksgefängnis von Tuolumne County von 1857 ein wahres Vermögen bestaunen.

Schlafen & Essen

Gunn House Hotel HISTORISCHES HOTEL $

(☎209-532-3421; www.gunnhousehotel.com; 286 S Washington St, Sonora; Zi. 79–115 US$;) Das historische Hotel ist eine mehr als liebenswerte Alternative zu den immer gleichen Kettenunterkünften im Gold Country. Die Zimmer sind mit Stilmöbeln eingerichtet. Abends machen es sich die Gäste auf den breiten Veranden in Schaukelstühlen bequem. Ausgestopfte Bären, ein hübscher Pool und das reichhaltige Frühstück sind nur einige Gründe dafür, dass das Gunn House bei Familien beliebt ist.

Bradford Place Inn B&B $$

(☎209-532-2400; www.bradfordplaceinn.com; 56 W Bradford St, Sonora; Zi. 130–245 US$;) Wunderschöne Gärten und eine einladende Veranda mit jeder Menge Sitzgelegenheiten umgeben das B&B mit seinen vier Zimmern. Naturschutz wird groß geschrieben. Eine Wanne mit Klauenfüßen für Zwei machen die Bradford Suite zu einem romantischen B&B-Erlebnis.

LP TIPP **Lighthouse Deli & Ice Cream Shop** CAJUN-DELI $

(www.thelighthousedeli.com; 28 S Washington, Sonora; Gerichte 7–9 US$; Mo–Fr 10–16, Sa 11–15 Uhr, saisonal wechselnde Öffnungszeiten) (Mehr als) ein Hauch von New Orleans lässt dieses bescheidene Deli zu einem unerwarteten Vergnügen werden. Die Muffeletta – ein geröstetes Stück aus dem Cajun-Paradies mit einem Stapel Schinken, Käse und Olivenpaste – ist das beste Sandwich im Umkreis von 100 Meilen.

Diamondback Grill MEDITERRAN $$

(www.thediamondbackgrill.com; 93 S Washington St, Sonora; Gerichte 6–10 US$; 11–21 Uhr) Unverputzte Ziegelwände, moderne Einrichtung und zeitgenössische Details bereiten eine willkommene Abwechslung zu der ansonsten oft auch erdrückenden viktorianischen Spitzendeckennostalgie. Der Schwerpunkt der Karte liegt auf hausgemachten Sandwiches (Lachs und Mozzarella-Aubergine sind beide ausgezeichnet!). Besonders empfehlenswert sind die sechs (jepp … sechs!) täglichen Specials.

☆ Unterhaltung

Jeden Freitag informiert die überall kostenlos erhältliche Wochenendbeilage des *Union Democrat* über neue Filme, Konzerte, Theater- und andere Aufführungen im Tuolumne County.

Iron Horse Lounge BAR

(☎209-532-4482; 97 S Washington St, Sonora) Unter allen Traditionskneipen im Zentrum ist das Iron Horse die prunkvollste. Die Flaschen auf der von hinten beleuchtenden Bar glitzern wie Gold.

Sierra Repertory Theatre THEATER

(☎209-532-3120; www.sierrarep.com; 13891 Hwy 108, Sonora; Karten 18–32 US$) In East Sonora, in der Nähe des Junction Shopping Centers. Das von der Kritik gefeierte Ensemble ist übrigens dasselbe, das auch im Fallon Hotel in Columbia auftritt.

ℹ Praktische Informationen

Mi-Wuk Ranger District Office (☎209-586-3234; 24695 State Hwy 108; Mo–Fr 8–16.30 Uhr) Informationen und Genehmigungen für den Stanislaus National Forest.

Sierra Nevada Adventure Company (www.snacattack.com; 173 S Washington St, Sonora; So–Do 9–18, Fr & Sa bis 19 Uhr) Karten, Verleih und Verkauf von Ausrüstung sowie freundliche Tipps von Leuten mit Ahnung – und großer Leidenschaft für ihre Region.

Tuolumne County Visitors Bureau (☎209-533-4420; www.tcvb.com; 542 Stockton St, Sonora; Juni–Sept. 9–18 Uhr, Okt.–Mai Mo–Sa 9–18 Uhr) Mehr noch als in vielen anderen mit Broschüren vollgestopfte Chambers of Commerce geben die Mitarbeiter hier hilfreiche Tipps zur Tourenplanung durchs gesamte Gold Country, inklusive Yosemite, Stanislaus National Forest und die Sierras am Hwy 108.

ℹ An- & Weiterreise

Wie allgemein im südlichen Gold Country ist man hier ohne Auto aufgeschmissen. Selbst Sonora, die größte Stadt in der Region, wird seit 2005 nicht mehr von öffentlichen Verkehrsmitteln angefahren. Der Hwy 108 ist die Hauptzugangsstraße. 55 Meilen (88 km) westlich von Stockton verbindet er sich mit der I-5. Über 60 hübsche Meilen (97 km) auf dem Hwy 120 nach Süden gelangt man zu einem Eingang des Yosemite National Park. Viele Yosemite-Besucher übernachten in der Region um Sonora, das ein neuer **Historic Trolley Service** (www.historic49trolleyservice.com) an den Wochenenden bis zum Labor Day kostenlos mit Jamestown verbindet.

SACRAMENTO VALLEY

Das Labyrinth aus Wasserwegen, aus dem das Sacramento-San-Joaquin-Binnendelta

Großraum Sacramento

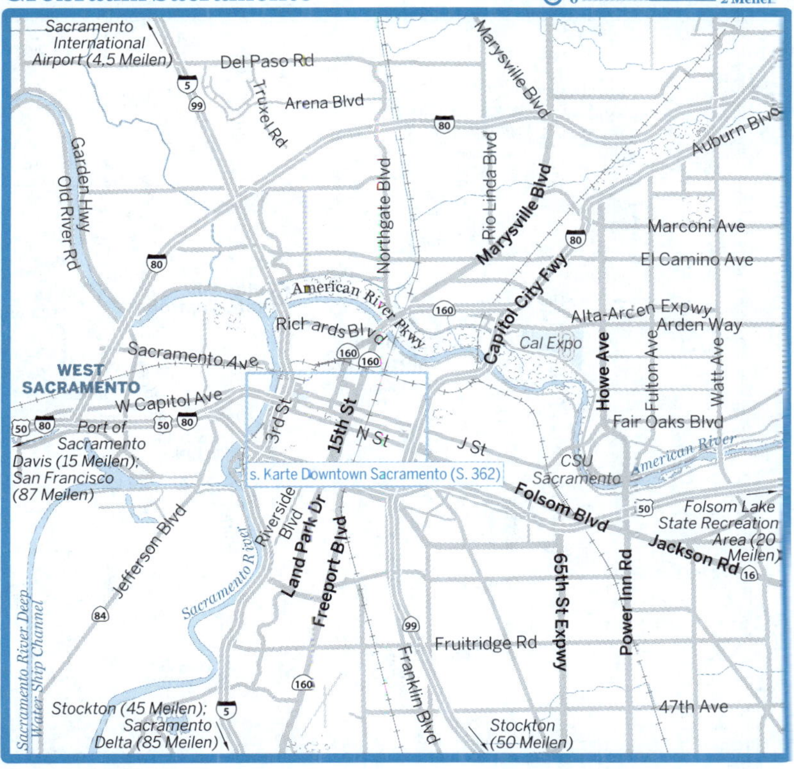

besteht, mündet in die San Francisco Bay und trennt das Central Valley in zwei Teile – das Sacramento Valley im Norden und das San Joaquin Valley im Süden. Der Sacramento River, der größte Fluss Kaliforniens, rauscht im Norden am Shasta Lake aus den Bergen, bevor er oberhalb von Red Bluff auf das Talbecken trifft. Von dort fließt er durch Grasebenen und Obstplantagen, bis er sich schließlich gemächlich um die Hauptstadt des Staates schlängelt, sich über das ganze Delta ausbreitet und letztendlich in die San Francisco Bay mündet. Gesäumt von Obst- und Nussplantagen und riesigen Weidelandflächen, weist das Tal eine unaufdringliche Schönheit auf, besonders wenn im Frühling die Obstgärten in voller Blüte stehen. Im Sommer zeichnet es sich durch einen unglaublich weiten Horizont und sengenden, unbarmherzigen Sonnenschein aus. Im Herbst, wenn man die großen V-Formationen der Zugvögel bestaunen kann, färbt sich der ganze Himmel grau.

Wer das Valley besucht, ist oft nur auf der Durchreise von einem Ziel zum nächsten – Bay Area, Gold Country und der Lake Tahoe sind die beliebtesten Nachbarn –, doch die schattigen Straßen, Gärten und stattlichen Marmorgebäude von Sacramento und das einladende College-Städtchen Davis sind eine Erkundungstour wert.

Sacramento

Sacramento hat sich zu einer Stadt entwickelt, die über so viele Besonderheiten verfügt, dass man sich nur ungläubig am Kopf kratzen kann: Das ehemalige Kuhdorf erstickt während der Stoßzeiten in einer Verkehrslawine, in der verdreckte schwere Pick-ups neben hochglanzpolierten Limousinen wichtiger Staatsdiener brummen. Es ist stolz auf seine erstaunliche ethnische Vielfalt, aber in den einzelnen Stadtvierteln ist meist nur eine ethnische Gruppe zu Hause. Mitten im Herzen des brennend

Downtown Sacramento

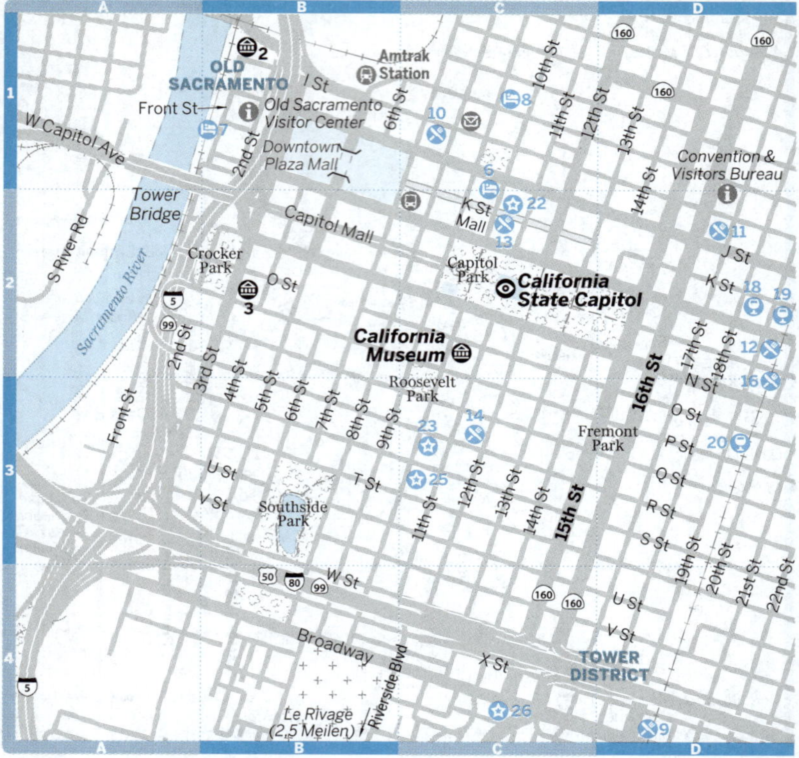

heißen Tales treffen in Sacramento zwei kühle Ströme aufeinander – der American River und der Sacramento River –, und die Blätter riesiger Eichen spenden auf den Straßen angenehmen Schatten. Die rasante Ausbreitung der Vororte ist in den letzten Jahren ins Stocken geraten, als nach und nach immer mehr schicke Lofts und teure Restaurants neben verlassenen Geschäften aus der Mitte des 20. Jhs. in Midtown aus dem Boden sprossen – ein Gebiet, das wegen seiner gleichmäßig rechtwinklig zueinander angeordneten Straßen als „The Grid" (das Gitter) bezeichnet wird.

Wer auf einer der Straßen rund um Sacramento feststeckt, sollte einfach mal vom Highway abfahren und sich mit ein paar Kugeln an einem der traditionellen Eisstände abkühlen oder den Abend in einem der klassisch-eleganten Kinos oder heimeligen Kneipen verbringen, in denen man neue Gesichter mit günstigen Getränken willkommen heißt und mit einem freundschaftlichen Klaps auf den Rücken wieder verabschiedet.

Die Einwohner von „Sac" sind ein bescheidenes Völkchen, das eine kleine, aber sehr feine Kunstszene und ein tolles Nachtleben geschaffen hat. Sie strahlen vor Stolz über den Second Saturday, den monatlichen Spaziergang durch die Galerien der Stadt – ein Sinnbild für das kulturelle Erwachen der Stadt. Der Sommer ist die beste Zeit für einen Besuch, dann kreuzen fett bereifte Fahrzeuge durch das Grid, alle genießen kühle Getränke und plaudern auf der Veranda ihrer hochwassersicheren viktorianischen Häuser (die früher den Fluten der Flüsse standhalten mussten) mit den Nachbarn. In zahllosen Parks der Stadt kann man jeden Tag über einen Farmers Market bummeln.

Wenn man die Gefühle der Einwohner nicht verletzen will, sollte man jedoch immer daran denken, Sacramento keinesfalls mit der Bay Area zu vergleichen – in der Stadt blickt man mit den Augen eines ver-

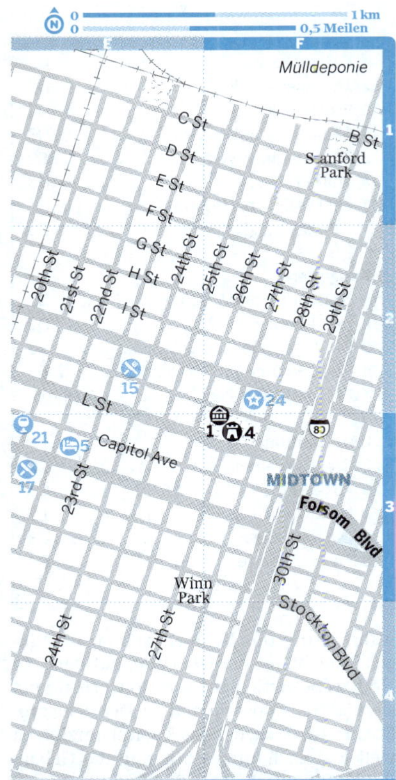

ächtlichen Außenseiters auf die größere, hübschere Schwester. Und wenn man dann mal ein paar Stunden hier verbracht hat, könnte einem der laute Trubel der Bay Area durchaus auch schon wie ein unangenehmer Missklang vorkommen.

Geschichte

Fragt man die örtlichen Historiker, dann wurde Kalifornien hier geboren.

Paläo-Indianer lebten bereits seit vielen Generationen in der Region und fischten in den Flüssen, bevor ein hitzköpfiger Schweizer Auswanderer namens John Sutter hierher kam. Als er die strategische Bedeutung der Flüsse erkannte, errichtete er einen Außenposten, der schnell zu einem sicheren Anlaufpunkt für Händler wurde. Sutter stellte eine Privatarmee aus Indianern auf und weitete seine Geschäfte auf die weitere Umgebung aus – 1848 wurde dann an seinem Sägewerk in der Nähe von Coloma Gold entdeckt. Ströme von Goldsuchern rauschten daraufhin durch den Handelsposten, der schließlich von Sutters Sohn übernommen wurde. Er war es auch, der die neu entstandene Stadt „Sacramento" taufte. Obwohl sie immer wieder von Bränden und unbarmherzigen Überschwemmungen heimgesucht wurde, florierte die Stadt am Fluss zusehends und wurde 1850 zur Hauptstadt des Staates ernannt.

Es war in Sacramento, wo vier Händler, die als „Big Four" bekannt waren (Leland Stanford, Mark Hopkins, Collis P. Huntington, Charles Crocker), die transkontinentale Eisenbahn erdachten – sie wurden später dafür auf einem Fresko im Amtrak-Bahnhof verewigt. Sie gründeten die Central Pacific Railroad, die 1863 in Sacramento mit dem Bau begann und 1869 in Promontory, Utah, auf die Union Pacific traf.

Sehenswertes

Sacramento liegt am Zusammenfluss von Sacramento River und American River etwa auf halber Strecke zwischen San Francisco und dem Lake Tahoe. Die Stadt ist von vier großen Highways umgeben: dem Hwy 99, der besten Strecke durch das Central Valley, der I-5, die an der Westseite Sacramentos entlangführt, der I-80, die das Zentrum am nördlichen Stadtrand begrenzt und dann weiter nach Westen zur Bay Area bzw. Richtung Osten nach Reno führt, sowie dem Hwy 50, der am südlichen Rand des Zentrums verläuft (wo er auch Business Route 80 genannt wird), bevor er zum Lake Tahoe im Osten führt.

Im Zentrum führen nummerierte Straßen von Nord nach Süd, Straßen von Ost nach West sind mit Buchstaben versehen (die M St wird durch die Capitol Ave ersetzt). Die J St ist eine Einbahnstraße und eine wichtige Verbindung vom Zentrum Richtung Osten nach Midtown. Der Tower District liegt südlich von Downtown an der Ecke Broadway und 16th St.

Auf der **Cal Expo** (Karte S. 361) findet jeden August die California State Fair statt. Sie liegt östlich der I-80 und ist über die Ausfahrt Cal Expo zu erreichen.

THE GRID

Sich im „Grid" zurechtzufinden, ist einfach – jede Straße verläuft in einer gerade Linie; trotzdem sind sie weitläufig.

LP TIPP **California Museum** MUSEUM
(Karte S. 362; www.californiamuseum.org; 1020 O St; Erw./Kind 6–13 Jahre 8,50/7 US$; Mo–Sa 10–17, So 12–17 Uhr;) Nur wenige

Downtown Sacramento

Highlights
- California Museum C2
- California State Capitol C2

Sehenswertes
- 1 California State Indian Museum F3
- 2 California State Railroad Museum B1
- 3 Crocker Art Museum B2
- Discovery Museum .... (siehe 2)
- 4 Sutter's Fort State Historic Park F3

Schlafen
- 5 Amber House E3
- 6 Citizen Hotel C1
- 7 Delta King B1
- 8 Sacramento HI Hostel C1

Essen
- 9 Andy Nguyen's D4
- 10 La Bonne Soupe Café C1
- 11 Lucca D2
- 12 Mulvaney's Building And Loan D2
- 13 Pizza Rock C2
- 14 Shoki II Ramen House C3
- 15 Sugar Plum Vegan E2
- 16 Water Boy D3
- 17 Zelda's Original Gourmet Pizza E3

Ausgehen
- 18 58 Degrees and Holding Co D2
- 19 Head Hunters D2
- 20 Old Tavern Bar & Grill D3
- 21 Rubicon Brewing Company E3
- Temple Coffee House .... (siehe 6)

Unterhaltung
- 22 Crest Theatre C2
- 23 Fox & Goose C3
- 24 Harlow's F2
- 25 Old Ironsides C3
- 26 Tower Theatre C4

Blocks von der strahlend weißen Kuppel des Kapitols entfernt liegt das attraktive und moderne California Museum, in dem auch die California Hall Of Fame untergebracht ist – womöglich der einzige Ort, um gleichzeitig auf Cesar Chavez, Mark Zuckerberg und Amelia Earhart zu treffen. Unter den modernen Exponaten, die eine ausgewogene Geschichte Kaliforniens abbilden, findet sich kein einziges verstaubtes Relikt aus dem 19. Jh. Hier liegt das Augenmerk auf Teilen der Geschichte, die üblicherweise in Büchern zum Thema unterrepräsentiert sind. Ein perfektes Beispiel ist die soeben eröffnete Ausstellung *California Indians: Making A Difference*, die den besten Einblick in Vergangenheit und Gegenwart der Traditionen und Kulturen von Kaliforniens ersten Bewohnern bietet.

GRATIS **California State Capitol** HISTORISCHES GEBÄUDE

(Karte S. 362; ☎916-324-0333; Ecke 10th & L St; ⏲9–17 Uhr) Das im späten 19. Jh. erbaute California State Capitol ist das Gebäude in Sacramento mit dem größten Wiedererkennungswert – und mit Marmorhallen, in denen man sich bei einem kleinen Spaziergang angenehm abkühlen kann. In den 1970er-Jahren wurde das State Capitol umfassend renoviert. Im Untergeschoss gibt es einen **Bookstore** (⏲9.30–16 Uhr), aber die wahre Attraktion befindet sich im Westflügel: Hier hängt ein Gemälde, auf dem ein Hollywood-Actionstar als Gouverneur posiert (ähm ... Moment mal ...). Der 16 ha große **Capitol Park**, der das Kapitol umgibt, ist vielleicht noch interessanter als das Gebäude selbst. Zwischen exotischen Bäumen aus aller Herren Länder finden sich hier Statuen ernst dreinblickender Missionare und ein beeindruckendes Vietnam-Denkmal. Auch den Opfern des Amerikanischen Bürgerkriegs ist ein Denkmal gewidmet, wenn auch ein wesentlich stilleres: Der kleine Hain des Civil War Memorial Grove wurde 1897 angelegt – mit jungen Bäumen von berühmten Schlachtfeldern.

Sutter's Fort State Historic Park HISTORISCHE STÄTTE

(Karte S. 362; www.parks.ca.gov/suttersfort; Ecke 27th & L St; Erw./Kind 5/3 US$; ⏲10–17 Uhr) Einst war das ursprünglich von John Sutter erbaute Fort der einzige Beleg für weiße Siedler im Umkreis von Hunderten von Meilen – heutzutage kaum vorstellbar, angesichts der viele Häuser, die den Park inzwischen umgeben. Wer sich für die Geschichte Kaliforniens interessiert, sollte ein paar Stunden einplanen, um sich die Möbel und Ausrüstungsgegenstände sowie einen Schmied mit allem Drum und Dran aus den 1850er-Jahren anzusehen.

California State Indian Museum MUSEUM
(Karte S. 362; ☎916-324-0971; 2618 K St; Erw./Kind 3/2 US$; ⊙10–14 Uhr) Es entbehrt nicht einer gewissen Ironie, dass das bescheidene Gebäude des State Indian Museum auf der anderen Seite des Parks ausgerechnet im Schatten der Türme von Sutters Fort steht. Die faszinierenden Kunsthandwerksstücke der Indianer – einschließlich der makellosen Webkunst, die einst in dieser Gegend gedieh – wären während des Goldrauschs beinahe verloren gegangen.

OLD SACRAMENTO

Auch wenn die Kunst- und Kulturszene in Midtown die bisherige Wahrnehmung, Sacramentos Sehenswürdigkeiten seien eher glanzlos, stark verändert haben, bleibt dieser historische Flusshafen direkt beim Zentrum der unangefochtene Anziehungspunkt für Touristen. Überall scheint der Geruch von leckeren Salt Water Taffys in der Luft zu liegen, und die auffälligen, grellen Restaurierungen verleihen Sacramento das Flair eines zweitklassigen Grenzlands, aber für einen Spaziergang an einem Sommerabend ist es wunderbar geeignet. Dann brummen echte Kerle auf ihren Harleys über die Pflasterstraßen, und Touristen und aufgetakelte, „wahnsinnig wichtige" Regierungsangestellte schlendern über die erhöhten Bürgersteige. Das Viertel hat die größte Dichte von Gebäuden, die im National Register of Historic Places verzeichnet sind (in den meisten werden heute Goldrausch-Souvenirs oder Toffee angeboten), und birgt auch einige großartige Sehenswürdigkeiten. Die Restaurants sind jedoch leider nicht zu empfehlen – Essen und Ausgehen sollte man lieber in Midtown.

California State Railroad Museum MUSEUM
(Karte S. 362; www.californiastaterailroadmuseum.org; 125 I St; Erw./Kind 6–17 Jahre 9/4 US$; ⊙10–17 Uhr) Das hervorragende Museum liegt am Nordrand von Old Sac. Es ist das größte seiner Art in den USA. Jeder Eisenbahnfan wird seine wahre Freude haben an dieser beeindruckenden Sammlung von Eisenbahnwaggons, Lokomotiven einem komplett eingerichteten Pullman-Schlafwagen, alten Speisewagen, Spielzeugmodellen und anderen Erinnerungsstücken. Im Eintrittspreis enthalten ist der Besuch des restaurierten **Central Pacific Passenger Depot**, das gegenüber vom Museumseingang auf der anderen Seite der Plaza liegt. Von April bis September bricht an Wochenenden ein Dampfzug vom Depot zu einer 40-minütigen Spritztour am Fluss entlang auf (Erw./Kind 10/5 US$).

Crocker Art Museum MUSEUM
(Karte S. 362; www.crockerartmuseum.org; 216 O St; Erw./Student 10/5 US$, 3. So des Monats Eintritt gegen Spende; ⊙Di–So 10–17, Do bis 21 Uhr) Das in zwei nebeneinander liegenden viktorianischen Gebäuden untergebrachte Crocker Art Museum überwältigt durch seine unglaublichen Treppen, die schönen Bodenfliesen und durch seine Sammlung, darunter einige herrliche frühe kalifornische Gemälde und brillante Werke europäischer Meister. Die kuratorische Leidenschaft wird in der begeisternden Präsentation der modernen Kunst besonders sichtbar.

Discovery Museum KINDERMUSEUM
(Karte S. 362; www.thediscovery.org; 101 I St; Erw./Kind 5/3 US$; ⊙Juni–Aug. 10–17 Uhr, Sept.–Mai Di–So; 👪) Das neben dem Eisenbahnmuseum gelegene, auf Kinder ausgerichtete Museum bietet Ausstellungsstücke zum Anfassen und eine Ausstellung über den Goldrausch. Momentan wird das Museum erheblich erweitert.

TOWER DISTRICT

Der südlich von Midtown gelegene Tower District wird vom Tower Theatre dominiert, einem wunderschönen Art-déco-Kino von 1938 (s. S. 369), das einem bereits bei der Ankunft in der Stadt auffällt. Vom Kino kommt man auf dem Broadway in östlicher Richtung an einigen ungewöhnlichen Restaurants (mit erträglichen Preisen) aus aller Welt vorbei, darunter auch zwei nebeneinander stehende ausgezeichneten Thai-Restaurants. Hier eröffnete einst die Ladenkette **Tower Records** ihr erstes Geschäft. Der Händler schloss zwar 2006 seine Türen für immer, aber noch heute erinnert die ursprüngliche Leuchtreklame an eine Zeit vor der digitalen Musikrevolution.

Aktivitäten

Der **American River Parkway** (Karte S. 361), ein 23 Meilen (37 km) langes Flusssystem am Nordufer des American River ist zweifellos Sacramentos attraktivste geografische Sehenswürdigkeit. Er gilt als einer der weitläufigsten Flusslebensräume in den Kernstaaten der USA und ist von einem Netz gut beschilderter und sauberer Wanderwege und Picknickplätze umgeben. Von Old Sacramento ist der Parkway über die Front St Richtung Norden zu erreichen, die im weiteren Verlauf zur Jiboom St wird und über den Fluss führt. Alternativ findet man über die Jiboom-St-Ausfahrt der I-5/des Hwy 99 hierher. Der Parkway bietet eine sehr schöne Fahrrad- und Joggingstrecke, den **Jedediah Smith National Recreation Trail**, der über fast 50 km von Old Sac nach Folsom führt.

Feste & Events

Wenn im Sommer im Central Valley die Ernte auf Hochtouren läuft, finden in Sacramento fast täglich großartige Farmers Markets statt. Details und Termine gibt's unter www.california-grown.com.

Second Saturday STRASSENFEST
Jeden zweiten Samstag verlagert sich in Midtown das Geschehen von den Galerien und Läden auf die Straßen, wo Open-Air-Musik- und Kulturveranstaltungen für Menschen jeden Alters angeboten werden. Zu Recht sind die Bürger inzwischen stolz auf dieses Event, das dazu beigetragen hat, Sacramentos vormals dahinsiechenden Midtown-Bezirk zu revitalisieren.

Jazz Festival & Jubilee MUSIK
(www.sacjazz.com) Am Memorial-Day-Wochenende steht die Stadt ganz im Zeichen dieses schon über 30 Jahre existierenden Dixieland- und Jazzfestivals.

Gold Rush Days HISTORISCHES FEST
(www.sacramentogoldrushdays.com;) Am Labor-Day-Wochenende geht es mit Pferderennen, historischen Kostümen, Musik und Events für Kinder in Old Sacramento besonders ausgelassen zu.

Schlafen

Die Hauptstadt zieht vor allem Geschäftsreisende an, und Sacramento braucht deshalb nicht über einen Mangel an Hotels zu klagen; viele bieten während der Parlamentsferien günstige Sonderangebote. Wenn man nicht gerade wegen der California State Fair oder einer anderen Cal-Expo-Veranstaltung in der Stadt ist, sollte man in Downtown oder Midtown absteigen, da dort viele Sehenswürdigkeiten in Gehweite liegen. Wer auf preiswerte, kitschige Motels aus den 1950er-Jahren steht, sollte sich jenseits des Flusses in West Sac die „Motel Row" an der Rte 40 anschauen.

LP TIPP **Citizen Hotel** BOUTIQUEHOTEL $$
(Karte S. 362; 916-492-4460; 926 J St; Zi. 159 US$, Suite ab 215 US$;) Die elegante, ultrahippe Renovierung durch die Hotelkette Joie de Vivre hat das lange leerstehende Citizen urplötzlich zu einer der coolsten Unterkünfte in diesem Teil des Bundesstaats gemacht. Die Zimmer sind hübsch mit Luxusbettwäsche, kräftig gemusterten Stoffen und iPod-Stationen eingerichtet. Auch die kleinen Details können sich sehen lassen: alte Polt-Karikaturen zieren die Wände, es gibt einen Fahrradverleih und abends einen Weinempfang. Im Erdgeschoss gibt es ein gehobenes Restaurant mit täglich wechselnden, saisonalen Gerichten aus Zutaten frisch von der Farm (Hauptgerichte ab ca. 25 US$).

Sacramento HI Hostel HOSTEL $
(Karte S. 362; 916-443-1691, www.norcalhostels.org/sac; 925 H St; B 28 US$, Zi. 56 US$; P @) Das in einem prächtigen viktorianischen Herrenhaus untergebrachte Hostel bietet ein eindrucksvolles Ambiente zu günstigen Preisen. Das Haus liegt in Laufentfernung vom Capitol, von Old Sac und vom Bahnhof und besitzt einen Salon mit Klavier sowie einen großen Speisesaal. Da es ein internationales Publikum anlockt, wird man hier auf der Suche nach einer Mitfahrgelegenheit nach San Francisco oder zum Lake Tahoe bestimmt fündig.

Amber House B&B $$
(Karte S. 362; 916-444-8085, 800-755-6526; www.amberhouse.com; 1315 22nd St; Zi. 149–259 US$; @) Das Gebäude im niederländischen Kolonialstil in Midtown wurde in ein elegantes B&B umgewandelt; seine Zimmer sind mit Whirlpool und Kamin ausgestattet und nach Komponisten und Schriftstellern benannt. Das Frühstück wird auf dem Zimmer serviert – am besten genießt man es im Mozart-Zimmer, das über einen eigenen Balkon verfügt.

Le Rivage BOUTIQUEHOTEL $$$
(außerhalb der Karte S. 362; 916-443-8400; www.lerivagehotel.com; 4800 Riverside Blvd; Zi. ab 199 US$; @) Von außen sieht das Hotel aus wie viele Bauten in Sacramento: groß, neu und mit vage mediterran anmutenden Zierelementen aus dem Musterkatalog. Innen aber sorgen edle Bettwäsche und ein hübscher Ausblick für einen ganz anderen Eindruck. Nimmt man noch die Flusslage und das schöne Spa mit dazu, erweist sich dieses selbständige Luxushotel als tolle Bleibe für die Schnellboot-Szene.

Delta King HAUSBOOT $$
(Karte S. 362; 916-444-5464, 800-825-5464; www.deltaking.com; 100 Front St; Zi. 113–163 US$;

) In der Nähe von Old Town geht nichts über eine Übernachtung an Bord der 1927 gebauten und heute fest vor Anker liegenden *Delta King*. Nachts erstrahlt der alte Schaufelraddampfer im Glanz vieler Lichter wie ein Weihnachtsbaum.

Folsom Lake State Recreation Area CAMPING $
(außerhalb der Karte S. 361; 916-988-0205; www.parks.ca.gov; 7806 Folsom-Auburn Rd; Stellplatz f. Zelt & Wohnmobil ohne/mit Strom 25/55 US$; Büro Sommer 6–22 Uhr, Winter 7–19 Uhr) Sacramento ist eine gute Durchgangsstation auf dem Weg in die Sierras, und dieser Campingplatz ist die beste Gelegenheit, seine Ausrüstung vor dem Aufbruch in die Berge zu testen. Seine Lage ist nicht gerade malerisch und auch sonst ist er nicht ideal: Die Ranger treten manchmal arrogant auf, die Stellplätze sind felsig, und der See ist mit Rennbooten übersät. Aber die einzige Alternative in der Nähe ist der KOA-Campingplatz westlich der Stadt an der I-80.

Essen

Das überteuerte Angebot in Old Sacramento und in der Nähe des Kapitols links liegen lassen, denn in Midtown und im Tower District gibt's besseres Essen zu günstigeren Preisen! Bei einer Fahrt über die J St oder den Broadway kommt man an einer Reihe angesagter, günstiger Restaurants vorbei, die im Sommer Tische nach draußen stellen.

LP TIPP **La Bonne Soupe Cafe** SANDWICHES $
(Karte S. 362; www.labonnesoupe.com; 920 8th St; 8–10 US$; Mo–Fr 11–15 Uhr) Küchenchef Daniel Pont belegt seine himmlischen Sandwiches mit so viel Liebe und Hingabe, dass die Schlange der Hungrigen mittags bis vor die Tür reicht. Wer es eilig hat, ist fehl am Platz, denn Ponts bescheidener Lunch-Imbiss legt Wert auf eine Qualität, die mit Fast-Food-Abfütterung unvereinbar ist. Wer die Zeit hat, darf sich glücklich schätzen und schon mal überlegen: geräucherte Entenbrust oder Apfel und Brie? Geschmorter Schweinebraten oder Räucherlachs? Die frisch zubereiteten cremigen Suppen beweisen zudem, dass der Name des Restaurants geradezu eine Untertreibung ist.

Andy Nguyen's VEGETARISCH, THAILÄNDISCH $$
(Karte S. 362; www.andynguyenvegetarianrestaurant.com; 2007 Broadway; Gerichte 8–16 US$; So–Mo 11.30–21, Di–Do bis 21.30, Fr & Sa bis 22 Uhr;) In diesem beschaulichen buddhistisch-thailändischen Diner gibt es die vielleicht besten vegetarischen Gerichte in ganz Kalifornien. Zu empfehlen sind die dampfenden Currys und die Pseudo-Fleischgerichte (im „Hähnchenschenkel" steckt sogar ein kleiner Holzknochen).

Shoki II Ramen House JAPANISCH $$
(916-441-0011; 1201 R St; Gerichte 8–16 US$; Mo–Fr 11–22, Sa ab 12, So 11–20 Uhr) Am alten Standort saß man dicht gedrängt im Kreis der Nudelsuppe schlürfenden Abendgäste; das neue Lokal in Midtown bietet mehr Platz, aber die gleichen wunderbaren, hausgemachten Nudeln. Das methodische Vorgehen, wovon die Notizzettel zur Zubereitung der Suppen an den Wänden zeugen, und der strikte Verzicht auf Essen zum Mitnehmen verraten, dass hier Nudelmeister am Werk sind.

Mulvaney's Building and Loan MODERN-AMERIKANISCH $$$
(Karte S. 362; 916-443-1189; 2726 Capitol Ave; Hauptgerichte 20–40 US$; Mi–So abends) Saisonal essen wird hier so groß geschrieben, dass die Karte täglich wechselt. Patrick Mulvaney schwirrt ständig zwischen Küche und Speisesaal hin und her und verwöhnt seine Gäste mit delikaten Nudelgerichten und saftigen Schmorbraten.

Zelda's Original Gourmet Pizza PIZZA $$
(Karte S. 362; www.zeldasgourmetpizza.com; 1415 21st St; Hauptgerichte 10–20 US$; Mo–Fr mittags, tgl. abends) Die schäbige, fensterlose Fassade des Zelda's sieht nicht gerade einladend aus, aber im Innern dieses Pizzalokals aus der Nixon-Ära servieren etwas mürrische, altgediente Kellnerinnen magisch-wilde Versionen hoher Chicago-Style-Pizzas. Manchmal dauert es eine Weile, bis sie wieder aus der Küche kommen, aber in der Zeit kann man sich an der Bar ein günstiges kleines Bud gönnen. Und nein, man kann den Salat nicht selbst anmachen.

Sugar Plum Vegan VEGAN $
(Karte S. 362; www.sugarplumvegan.com; 2315 K St; 8–11 US$; Mi–So 10–21 Uhr;) Das ausgezeichnete Veganerlokal residiert in einem restaurierten viktorianischen Haus mit knarrenden Dielen und einem Garten. Die veganen Tacos sind gut, aber die Backwaren – darunter ein dunkler Schoko-Cupcake mit Mandelcreme – sündhaft lecker.

Pizza Rock PIZZA $
(Karte S. 362; www.pizzarocksacramento.com; 1020 K St; Gerichte 8–18 US$; So–Di 11–22, Mi bis 24, Do–Sa bis 3 Uhr) Als Fixpunkt im Bereich der kürzlich renovierten K Street

Mall fungiert diese laute, riesige Pizzeria mit nett-kitschiger Rock'n'Roll-Deko, DJs und lustigem, über und über tätowiertem Personal. Beim Pizza Cup 2007 in Neapel fuhr Pizzakoch Tony Gemignani mit seiner superschlichten Margherita einen überraschenden Außenseitersieg ein.

Water Boy KALIFORNISCH **$$**
(Karte S. 362; ☎916-498-9891; www.waterboyrestaurant.com; 2000 Capitol Ave; Hauptgerichte 15–40 US$; ⌚Do–Mo 11.30–21, Fr & Sa bis 22 Uhr) Die Korbmöbel und Palmen im Speisesaal passen zu den kolonialfranzösisch angehauchten kalifornischen Gerichten auf der Karte. Die saisonale Auswahl reicht von salzigen Austern als Vorspeise über knusprig gebratenes Geflügel bis zu frisch geräuchertem Fisch. Wem das zu nobel ist, der findet gegenüber bei Jack's Urban Eats leckere Hausmannskost.

Kitchen Restaurant KALIFORNISCH **$$**
(☎916-568-7171; www.thekitchenrestaurant.com; No 101, 2225 Hurley Way; Menü abends 125 US$; ⌚Mi–So 17–22 Uhr) Der gemütliche Speisesaal des Ehepaars Randall Selland und Nancy Zimmer ist Sacramentos Gourmet-Olymp. Bei ihren Menüs mit Kochvorführung konzentrieren sich die beiden auf lokale Bio-Zutaten, die vor den Augen der Gäste perfekt zubereitet werden. Man muss weit im Voraus buchen – Reservierung ist unbedingt erforderlich – und darf gespannt sein. Und wenn alles geregelt ist, an die Anfahrt denken: Das Restaurant liegt in der nordöstlichen Vorstadt. Man nimmt die I-80 Richtung Osten und verlässt sie an der Ausfahrt Exposition Blvd. Danach links in die Howe Ave und dann rechts in den Hurley Way abbiegen!

Lucca ITALIENISCH **$$**
(Karte S. 362; ☎916-669-5300; 1615 J St; Gerichte 8–18 US$; ⌚Mo–Do 11.30–22, Fr bis 23, Sa 12–23, So 16–21 Uhr) Das hervorragende italienische Lokal liegt in Gehweite vom Convention Center. Die Weinbergschnecken im butterweichen Teigmantel sind die Vorspeise der Wahl.

Gunther's EIS **$**
(www.gunthersicecream.com; 2801 Franklin Blvd; Shakes 4 US$; ⌚10–22 Uhr) Die wunderbar altmodische Milchbar stellt ihre ausgezeichnete Eiscreme selber her. Südlich vom Broadway und vom Hwy 50.

Ausgehen

In Sachen Ausgehen ist Sacramento eine gespaltene Persönlichkeit: Auf der einen Seite gibt's teure Bars, wo am Wochenende schick angezogene Gäste aus den Vororten Wodka-Cocktails schlürfen, auf der anderen schlichte Kneipen mit altmodischen Neonschildern, deren Auswahl sich auf Bier und

UNTERWEGS IM CENTRAL VALLEY

Obwohl die Hauptverkehrsadern durchs Central Valley von Bus und Amtrak bedient werden, erreicht man den Großteil der Region am einfachsten mit dem eigenen Auto. Die wichtigsten Verbindungen durch diesen Teil Kaliforniens sind der Hwy 99 und die I-5. Die I-80 trifft in Sacramento auf den Hwy 99 und die I-5 auf den Hwy 99 südlich von Bakersfield. Auch Amtrak durchquert den Staat auf zwei Strecken – mit dem *San Joaquin* durch das Central Valley und dem *Pacific Surfliner* zwischen der Central Coast und San Diego (mehr Informationen hierzu auf S. 867). Der San-Joaquin-Service hält fast in jeder Stadt, die hier behandelt wird. **Greyhound** (☎800-229-9424) hält in allen Städten und Gemeinden, die in diesem Kapitel vorkommen. Fahrten zwischen Sacramento und Bakersfield dauern etwa sechseinhalb Stunden und kosten rund 50 US$.

Im Central Valley gibt es viele schnurgerade Nebenstraßen für alle, die die Region per Fahrrad erkunden wollen. Der **American River Parkway** (S. 365) ist eine regelrechte Radschnellstraße für Pendler zwischen Downtown Sacramento und Auburn.

Bei den Diskussionen zum Thema Transport im Central Valley dreht sich in diesen Tagen alles um Hochgeschwindigkeitszüge. Die Wähler haben grünes Licht gegeben, mit den Arbeiten an einem Netz von superschnellen Zugverbindungen zu beginnen, die am Ende Los Angeles mit San Francisco verbinden sollen – und das mit einer Geschwindigkeit von 220 mph (gut 350 km/h), was die Fahrt auf nur noch zweieinhalb Stunden verkürzen würde. Die Kosten für die Umsetzung der Vision werden auf fette 50 Mrd. US$ geschätzt. Der Anfang des Projekts nimmt sich hingegen eher nett bescheiden aus: eine Verbindung zwischen den beiden Farmstädtchen Bordon und Concordion im Central Valley.

Schnaps beschränkt. Die Bars und Kneipen konzentrieren sich im Midtown-Gürtel.

Rubicon Brewing Company BRAUEREISTUBE
(Karte S. 362; www.rubiconbrewing.com; 2004 Capitol Ave;) Die Betreiber sind mit Ernst dabei; die Krönung ihrer selbst gebrauten Biere ist das Monkey Knife Fight Pale Ale, mit dem sich die leckeren Chicken Wings (10 US$/Dutzend) runterspülen lassen.

Temple Coffee House KAFFEEHAUS
(Karte S. 362; www.templecoffee.com; 1014 10th St; 6–23 Uhr;) Das freundliche Ambiente dieses Kaffeehauses in Downtown strahlt immer noch die behagliche Atmosphäre des Buchladens aus, der früher hier war. Die hippen jungen Gäste schlürfen ihren Fair-Trade-Bio-Kaffee oder -Tee, während sie mit ihren Laptops per WLAN im Netz surfen.

58 Degrees and Holding Co WEINSTUBE
(Karte S. 362; www.58degrees.com; 1217 18th St) Dank der riesigen Auswahl von kalifornischen Rotweinen und raffinierter Bistro-Gerichte ist dieses Lokal ein beliebter Treff junger berufstätiger Singles.

Old Tavern Bar & Grill BAR
(Karte S. 362; 1510 20th St) Aus den vielen ausgezeichneten Eckkneipen der Stadt sticht diese freundliche Bar durch ihre riesige Bierauswahl, großzügig eingeschenkte Gläser und die wilde Mischung tätowierter Thekengäste hervor.

Head Hunters CLUB
(Karte S. 362; www.headhuntersonk.com; 1930 K St) In der Nähe liegen zwar wildere Bars, aber diese ist ein guter Ausgangspunkt für eine Partynacht in den Schwulenbars und -clubs, die im Umkreis von zwei Blocks liegen – die Einheimischen bezeichnen das Viertel etwas verschämt als „Lavender Heights". Am Ende des Abends kann man hier noch einmal einkehren, denn die Küche bleibt bis spät in die Nacht geöffnet.

☆ Unterhaltung

Die aktuellen Events in der Stadt sind im kostenlosen Wochenblatt *Sacramento News & Review* (www.newsandreview.com) aufgelistet.

Harlow's LIVEMUSIK
(Karte S. 362; www.harlows.com; 2708 J St) Erstklassige Bar, in der man immer erstklassigen Jazz, R&B und manchmal auch Salsa oder Indie hören kann – wenn einen die starken Martinis nicht davon abhalten.

NICHT VERSÄUMEN

CALIFORNIA STATE FAIR

In den letzten beiden Augustwochen wird die Cal Expo bei der **California State Fair** (916-263-3000; 1600 Exposition Blvd, Sacramento; Erw./Kind 10/6 US$) zu einer kleinen Stadt mit Kühen, kandierten Äpfeln und Fahrgeschäften. Das dürfte der einzige Ort auf Erden sein, wo man einen Mammutbaum pflanzen, einer Sau beim Werfen der Ferkel zuschauen, Achterbahn fahren und Zuschauer beim Barrel Racing sein kann, alles hineingestopft in einen – zugegebenermaßen anstrengenden – Nachmittag. Dazu gibt's ausgezeichnete Weine aus dem Napa Valley und frittierte Schokoriegel. Unbedingt bequeme Laufschuhe anziehen und zwei ganze Tage einplanen, wenn man sich ein paar Auktionen (500 US$ für ein Dutzend Eier!) und die interaktiven Ausstellungen der University of California, Davis, anschauen will! Man sollte versuchen, ein Zimmer in einem der Hotels in der Nähe der Cal Expo zu buchen, die regelmäßige Shuttlebusse zur Messe einsetzen.

Old Ironsides LIVEMUSIK
(Karte S. 362; www.theoldironsides.com; 1901 10th St; Grundpreis 3–10 US$) In dem winzigen Hinterzimmer dieses coolen, etwas ungehobelten Ladens treten einige der besten Indie-Bands auf, die in der Stadt sind.

California Musical Theatre MUSIKTHEATER
(www.calmt.com) Das Spitzenensemble hält in mehreren Spielstätten vor Ort Hof, u. a. im Music Circus und im Cosmopolitan Cabaret.

Tower Theatre KINO
(Karte S. 362; 916-442-4700; www.thetowertheatre.com; 2508 Landpark Dr) In dem historischen Filmtheater werden klassische, ausländische und Independent-Filme gezeigt. Man sollte vorher telefonisch abklären, ob der Film der Wahl in dem großen Hauptsaal oder in einem der kleineren läuft.

Crest Theatre KINO
(Karte S. 362; www.thecrest.com; 1013 K St) In diesem klassischen Kino von 1949, das liebevoll restauriert wieder im alten Glanz erstrahlt, werden Independent- und ausländi-

sche Filme gezeigt. Außerdem findet jedes Jahr das Festival Trash Film Orgy statt.

Fox & Goose Pub LIVEMUSIK
(Karte S. 362; www.foxandgoose.com; 1001 R St) In der großen, farngeschmückten Lagerhaus-Kneipe gibt's gutes Bier vom Fass und unterhaltsame Open-Mike-Abende.

Praktische Informationen

Convention & Visitors Bureau (Karte S. 362; ☎916-264-7777; www.discovergold.org; 1608 I St; ⊙Mo–Fr 8–17 Uhr) Infos zur Stadt, darunter Veranstaltungstermine und Busfahrpläne.

Old Sacramento Visitor Center (Karte S. 362; www.oldsacramento.com; 1002 2nd St; ⊙10–17 Uhr) Hat auch Infos zur Stadt, darunter Veranstaltungstermine und Busfahrpläne.

An- & Weiterreise

Amtrak Station (Karte S. 362; Ecke 5th & I St) Der Bahnhof zwischen Downtown und Old Sacramento ist ein wichtiger Knotenpunkt, von dem Züge nach Ost und West fahren. Hier halten auch die Regionalbusse ins Central Valley.

Greyhound (Karte S. 362; ☎916-444-6858; Ecke 7th & L St) Der Busbahnhof liegt in der Nähe des Kapitols. Die Fahrt von Sacramento nach Colfax im Gold Country kostet 20 US$ und dauert eineinhalb Stunden.

Sacramento International Airport (außerhalb der Karte S. 361; ☎916-929-5411; www.sacairports.org) Der kleine, aber geschäftige Flughafen liegt 15 Meilen (24 km) nördlich von Downtown abseits der I-5 und wird von allen großen Fluglinien angeflogen, von denen einige auch Flüge nach Europa anbieten (mit Zwischenlandung). Flüge von und zu diesem Flughafen können erstaunlich preisgünstig sein, insbesondere weil es von hier bequeme Zugverbindungen in die Bay Area gibt.

Unterwegs vor Ort

Die Fahrt mit dem Regionalbus 42A von **Yolobus** (☎916-371-2877; www.yolobus.com) vom Flughafen nach Downtown (stündl.; die Ringlinie gegen den Uhrzeigersinn benutzen!) kostet 2 US$; die Linie fährt außerdem auch West Sacramento, Woodland und Davis an. Die Fahrt mit den Stadtbussen von **Sacramento Regional Transit** (RT; ☎916-321-2877; www.sacrt.com) kostet 2,50 US$ pro Einzelfahrt, eine Tageskarte kostet 6 US$. RT betreibt außerdem einen Trolley zwischen Old Sacramento und Downtown sowie Sacramentos Straßenbahnnetz, das hauptsächlich von Pendlern aus den Vororten genutzt wird. Die Stadt eignet sich auch prima zum Radfahren. Die beste Adresse, um ein Fahrrad zu leihen (ab 5 US$/ab 20 US$ pro Std./Tag), ist **City Bicycle Works** (www.citybicycleworks.com; 2419 K St; ⊙Mo–Fr 10–19, Sa bis 18, So bis 17 Uhr).

Sacramento River Delta

Das Sacramento Delta ist ein breites Netz aus Wasserstraßen und kleinen Städtchen mit nur einer Ampelkreuzung, die aussehen, als stammten sie direkt aus den 1930er-Jahren. Das Delta ist bei allen beliebt, die gern mit ihrem Jetboot über glasklares Wasser rasen oder Spritztouren auf kurvigen, unebenen Straßen unternehmen. Dieses Marschland nimmt eine große Fläche des Staates ein – es erstreckt sich von der San Francisco Bay bis nach Sacramento und Stockton im Süden. Die meisten Besucher rauschen nur auf der I-80 oder der I-5 hindurch – ohne anzuhalten, tief durchzuatmen und die moosige Delta-Brise zu genießen, die vom Zusammenfluss des Sacramento Rivers und des San Joaquin Rivers herüberweht, bevor beide schließlich in die San Francisco Bay münden. Wer es nicht eilig hat, sollte sich die Zeit nehmen, auf dem Hwy 160 von San Francisco nach Sacramento zu fahren. Dieser Highway schlängelt sich elegant durch saftig-grüne Feuchtgebiete, riesige Obstplantagen und kleine Städte mit großer Geschichte und führt dabei immer wieder über rostige Eisenbrücken.

In den 1930er-Jahren verabschiedete die Behörde für Landgewinnung ein aggressives Wasserumleitungsprogramm mit dem Namen „Central Valley and California State Water Projects". Im Rahmen des Programms wurden die großen Flüsse Kaliforniens mit Dämmen versehen, und 75% des Wassers wurde zu landwirtschaftlichen Zwecken ins Central Valley und nach Südkalifornien umgeleitet. Die Entwässerung beeinträchtigte die Feucht- und Mündungsgebiete des Sacramento Deltas stark, und das Programm war von Anfang an Gegenstand einer heftigen politischen Umwelt- und Naturschutzdebatte. Niemand weiß mehr über dieses Thema als die Menschen, die in der Hartland Nursery arbeiten. Diese Baumschule ist das Zuhause der **Delta Ecotours** (☎916-775-4545; www.hartlandnursery.com; 13737 Grand Island Rd, Walnut Grove; Eintritt frei, Touren Erw./Kind 45/20 US$; ⊙Sa nach Anmeldung). Die Touren unter Führung von Jeff Hart sind eine tolle Möglichkeit für Landratten, über die Kanäle zu fahren und alles über die einzigartigen landwirtschaftlichen und historischen Gegebenheiten sowie über die Besonderheiten des Umweltschutzes in diesem Gebiet zu erfahren. In der Baumschule gibt's jede Menge Pflanzen, die in der Gegend wachsen, und die Hartland Nursery lohnt auch einen Besuch, wenn keine Touren stattfinden.

Locke (www.locketown.com) ist die faszinierendste Ortschaft im Delta. Sie wurde von chinesischen Bauern gegründet, nachdem ein Feuer 1912 Walnut Groves Chinatown vernichtet hatte. Damals war Locke das einzige unabhängige Chinatown in den USA. Diese Unabhängigkeit schützte Locke vor lästigen Gesetzesvertretern, sodass bald Glücksspiel und Bars mit schwarz gebranntem Gin florierten. Versteckt unterhalb der Straße und des Damms, vermittelt die Hauptstraße von Locke noch immer das Flair einer alten Geisterstadt aus dem Wilden Westen, an der die verwitterten Gebäude sich gegenseitig stützen; alle sind im National Register of Historic Places verzeichnet. Die Handvoll Geschäfte und Galerien, denen man ihr Alter und die Nähe zum Wasser ansieht, sind einen Bummel wert. Das leicht angestaubte, aber sehenswerte **Dai Loy Museum** (www.locketown.com/museum; Eintritt 1,25 US$; Sa & So 12–16 Uhr) erhält das Erbe der Stadt am Leben. Die alte Spielhalle ist mit Fotos und Erinnerungsstücken rund ums Glücksspiel gefüllt, zur Ausstellung zählen Wetttische und ein antiker Safe.

Lockes ungewöhnliches Herzstück ist das **Al the Wop's** (Hauptgerichte 8–20 US$), eine Holzbar, die seit 1934 ihre Gäste versorgt. Die Menschen werden jedoch weniger vom Essen angezogen – das Spezialgericht ist ein Texas Toast mit tonnenweise Erdnussbutter – als vielmehr vom besonderen Ambiente. Unter den Füßen knarrt der Dielenboden, und die Decke ist mit uralten Dollarnoten tapeziert und mit mehr als einem Paar altmodischer Unterhosen dekoriert.

Der Hwy 160 führt durch **Isleton**, das auch als „Crawdad Town USA" (Flusskrebs-Stadt) bekannt ist. Isletons Hauptstraße ist mit Geschäften, Restaurants, Bars und Gebäuden gesäumt, die an das chinesische Erbe der Stadt erinnern. Isletons Crawdad Festival findet Ende Juni statt und zieht Besucher aus dem ganzen Staat an. Im Restaurant **Isleton Joe's** (www.isletonjoes.com; Hauptgerichte 6–16 US$, 8–21 Uhr) kann man die kleinen frischen Krebse aber das ganze Jahr über genießen.

Weiter westlich auf dem Hwy 160 begegnet man Hinweisschildern auf den **Delta Loop**, eine schöne Strecke, auf der sich Segler-Kneipen an hübsche Hafengebiete reihen, in denen man unterschiedlichste Wasserfahrzeuge ausleihen kann. An ihrem Ende liegt die **Brannan State Recreation Area** (Fr–Mo; Stellplatz f. Zelt/Wohnmobil 30/40 US$), eine saubere, staatlich geführte Anlage, die Liegeplätze für Boote, Wohnmobil- und Zeltstellplätze sowie zahlreiche Picknickmöglichkeiten für Ausflügler bietet.

Davis

Davis, einer der Standorte der University of California, ist ein sonniges College-Städtchen, in dem es doppelt so viele Fahrräder wie Autos gibt (die Stadt rühmt sich des größten Fahrrad-pro-Kopf-Aufkommens der USA). Da etwa die Hälfte der Einwohner Studenten sind, ist Davis ein fortschrittlicher Außenposten inmitten der konservativen Farmstädte des Sacramento Valley. Seine lebendige Café-, Kneipen- und Kunstszene erwacht während der Vorlesungszeit so richtig zum Leben.

Während man bei einem Spaziergang durch das Zentrum von Davis den Fahrrädern ausweicht, kommt man an zahlreichen hübschen, kleinen Geschäften vorbei (der progressive Gemeinderat verbietet Geschäfte, deren Ladenfläche größer ist als 46 000 m² – sorry, Wal-Mart).

Die I-80 führt südlich an der Stadt vorbei, das Zentrum erreicht man über den Richards Blvd. Die University of California, Davis (UCD), liegt südwestlich des Stadtzentrums, sie wird von der A St, der 1st St und dem Russell Blvd umschlossen. Die Haupteingänge des Campus' sind von der I-80 über die Old Davis Rd oder vom Stadtzentrum über die 3rd St zu erreichen. Östlich des Campus' führt der Hwy 113 über 10 Meilen (16 km) in nördlicher Richtung nach Woodland, wo er auf die I-5 stößt und nach weiteren 28 Meilen (45 km) Richtung Norden auf den Hwy 99 trifft.

Sehenswertes & Aktivitäten

Radfahren ist eine beliebte Aktivität, wohl auch, weil die einzige Anhöhe in der ganzen Gegend die Brücke ist, die den Freeway überquert. Ein beliebtes Ausflugsziel ist **Lake Berryessa** rund 30 Meilen (48 km) westlich. Infos zum Fahrradverleih s. S. 373.

Pence Gallery GALERIE
(www.pencegallery.org; 212 D St; Di–So 11.30–17 Uhr) Die eindrucksvolle, als Zweckbau errichtete Galerie zeigt zeitgenössische kalifornische Kunst und veranstaltet Vorträge und Vorführungen anspruchsvoller Filme.

UC Davis Arboretum PARK
(arboretum.ucdavis.edu) Zu einem kurzen Spaziergang bietet sich der 3,2 km lange Weg durch den friedvollen Baumgarten an.

Schlafen

Davis ist nicht gerade eine Hotelstadt. Wie in den meisten Universitätsstädten sind die Preise stabil, wenn nicht gerade Abschlussfeiern oder besondere Events auf dem Campus anstehen. Dann aber sind die Zimmer schnell ausgebucht, und die Preise steigen gewaltig. Schlimmer ist, dass die Züge direkt durch die Stadt fahren und jeden, der einen leichten Schlaf hat, um den Verstand bringen können. Zweckmäßige, wenn auch langweilige Unterkunft bieten die Kettenmotels am Highway.

University Park Inn & Suites HOTEL $$
(☎530-756-0910; www.universityparkinn.com; 111 Richards Blvd; Zi. 110–140 US$; P❄@📶) Direkt abseits des Highway und nur einen kurzen Spaziergang vom Campus und dem Ortszentrum entfernt liegt dieses unabhängige Hotel. Es ist zwar nicht das Ritz, aber die Zimmer sind sauber und geräumig.

Aggie Inn HOTEL $$
(☎530-756-0352; www.aggieinn.com; 245 1st St; Zi,. ab 129 US$; ❄📶) Gegenüber vom Osteingang der UCD liegt das saubere, moderne und bescheidene Hotel. Als Extras gibt's einen Whirlpool und gratis Kaffee und Gebäck.

Essen

College-Studenten essen und trinken gern günstig, und im Zentrum finden sich viele muntere Restaurants mit Küche aus aller Welt, die um die Dollars der Studierenden wetteifern. Auf dem **Davis Farmers Market** (www.davisfarmersmarket.org; Ecke 4th & C St; ⏲Sa 8–12, Mi 14–20.30 Uhr) tummeln sich Imbissverkäufer, Straßenkünstler und Livebands. Für Selbstversorger gibt's eine Reihe guter Optionen.

Davis Noodle City ASIATISCH $
(129 E St; Hauptgerichte 5–10 US$; ⏲Mo–Sa 11–21, So bis 20.30 Uhr) Versteckt in dem Hinterhof hinter Sophia's Thai Kitchen bietet dieses Lokal Gerichte aus ganz Asien, darunter hausgemachte Nudeln und erstklassige Pfannkuchen mit Frühlingszwiebeln. Die Nudelsuppe mit Schweinefleisch – mit dicken Nudeln und zarten Schweinefleischstreifen, die mit chinesischem Fünf-Gewürze-Pulver eingerieben sind – ist das Leckerste auf der Karte.

Delta of Venus Coffeehouse & Pub CAFÉ $
(www.deltaofvenus.org; 122b St; Gerichte 5–10 US$; ⏲7.30–22 Uhr; 🥗) Der umgebaute Bungalow im Arts-and-Crafts-Stil hat eine sehr einladende, schattige Terrasse. Auf der Kreidetafel stehen Frühstücksgerichte, Salate, Suppen und Sandwiches, darunter auch Angebote für Vegetarier und Veganer. Abends gibt's marinierte karibische Gerichte, die man mit einem Bier oder Wein hinunterspülen kann. Und danach dreht der Pub noch mal richtig auf, wenn die hippen Gäste kommen.

Woodstocks PIZZA $
(www.woodstocksdavis.com; 219 G St; Stück 2,50 US$, Pizza 15–20 US$; ⏲mittags & abends) Das Woodstocks hat die beliebtesten Pizzas der Stadt. Mittags werden sie auch in einzelnen Stücken verkauft. Neben den beliebten, billigen Versionen mit viel Fleisch gibt's auch eine Reihe vegetarischer und Gourmet-Pies mit weichem Teigmantel. In der Vorlesungszeit ist der Laden donnerstags bis samstags bis 2 Uhr geöffnet.

Redrum BURGER $
(☎530-756-2142; 978 Olive Dr; Gerichte 5–10 US$; ⏲Mo–Do 10–23, Fr & Sa bis 24 Uhr) Das frühere Murder Burger ist bei Studenten und Travellern wegen seiner frischen, nach Kundenwunsch belegten Rindfleisch-, Truthahn- und Straußenburger, der dickflüssigen Espresso-Shakes und knusprigen Spiralfritten sehr beliebt. Das ZOOM – ein deftiges, frittiertes Gericht mit Zucchini, Zwiebelringen und Pilzen – ist ein Muss!

Unterhaltung

Große Theater-, Musik-, Tanzaufführungen und weitere Veranstaltungen finden im **Mondavi Center for the Performing Arts** (www.mondaviarts.org; 1 Shields Ave), einer hochmodernen Spielstätte auf dem Campus der UCD statt. Aufführungen gibt es auch im **Varsity Theatre** (☎530-759-8724; 616 2nd St). Karten und Infos zu den Veranstaltungen im Varsity und dem Mondavi Center bekommt man auch im **UC Davis Ticket Office** (☎530-752-1915, 866-823-2787).

In Winters, einfach die Straße weiter, stehen in **Palm's Playhouse** (www.palmsplayhouse.com) Rhythm'n'Blues, Coverbands und Blues auf dem Programm.

Praktische Informationen

Davis Conference and Visitor Bureau (☎530-297-1900; www.davisvisitor.com; Suite 300,

TULE FOG

Der Tule Fog (ausgesprochen Tu-lieh), ein Strahlungsnebel, verursacht jedes Jahr auf den Straßen im Central Valley, u. a. auf dem Hwy 99 und der I-5, Dutzende von Verkehrsunfällen. Dieser Nebel wird so dicht wie die sprichwörtliche Erbsensuppe – bei Sichtweiten von rund 3 m ist Autofahren nahezu unmöglich. Am stärksten ist der Nebel zwischen November und Februar, wenn kalte Luft aus den Bergen auf den warmen Talgrund sinkt und nachts, während der Boden auskühlt, zu Nebel kondensiert. Oft löst sich der Nebel nachmittags für ein paar Stunden auf, gerade lange genug, dass sich der Boden wieder erwärmt und sich so der Kreislauf der Nebelbildung fortsetzt.

Wer auf einer eingenebelten Straße landet, sollte das Abblendlicht einschalten, einen großen Abstand zu dem voranfahrenden Auto einhalten und mit gleichbleibender Geschwindigkeit fahren. Auf alle Fälle sollte man plötzliches Bremsen vermeiden und niemals versuchen, andere Autos zu überholen.

105 E St; ⊙Mo–Fr 8.30–16.30 Uhr) Verteilt kostenlose Karten und Broschüren. Die ausführliche Website www.daviswiki.org ist ebenfalls nützlich.

An- & Weiterreise

Amtrak (☎530-758-4220; 840 2nd St) Der Bahnhof von Davis liegt am südlichen Rand von Downtown. Den ganzen Tag über fahren Züge nach San Francisco (25 US$; ca. 2 Std.) und Sacramento.

Yolobus (☎530-666-2877; ⊙5–23 Uhr) Die Buslinie 42A (2 US$) fährt eine Schleife zwischen Davis und dem Flughafen von Sacramento und verbindet Davis außerdem mit Woodland und der Downtown von Sacramento.

Unterwegs vor Ort

Beim Herumfahren und insbesondere beim Ausparken unbedingt auf den Fahrradverkehr achten: Fahrräder sind hier das meistbenutzte Verkehrsmittel.

Ken's Bike & Ski (www.kensbikeski.com; 650 G St) Verleiht einfache Fahrräder (ab 19 US$/Tag) sowie professionelle Straßenräder und Mountainbikes.

Unitrans (☎530-752-2877; http://unitrans.ucdavis.edu; einfache Strecke 1 US$) Wer nicht Rad fahren möchte, kann auf diesen von Studenten geführten Anbieter zurückgreifen, der Passagiere durch die Stadt und zum Campus befördert. Viele der eingesetzten Busse sind rote Doppeldecker.

Oroville

In Oroville wurden die Verhältnisse auf den Kopf gestellt: Einst zog die Goldgier weiße Siedler in das Gebiet, die die ansässigen indigenen Stämme verdrängten, doch heute strömen die Massen in die gut besuchten Stammeskasinos am Stadtrand, um dort ihr Glück zu machen. Abgesehen von den Spielautomaten beruht die Wirtschaft auf der Plastiktütenfabrik am Stadtrand sowie auf den Touristen, die die vielen Antiquitätenläden vor Ort durchstöbern. Oroville hat in den letzten Jahren einen starken Bevölkerungszuwachs erlebt, weil Familien der teuren Wohnsituation in der Bay Area den Rücken kehrten, aber das Platzen der Immobilienblase hat die entstandenen Vorstädte hart getroffen. Orovilles eindrucksvollste Attraktion, abgesehen vom nahe gelegenen See, ist ein ausgezeichnetes Museum, das von der längst verschwundenen chinesischen Gemeinde der Stadt zeugt.

1848 fand John Bidwell Gold in der Nähe; die rasant wachsende Kleinstadt erhielt den Namen Ophir (Gold) City. 1911 wurde Ishi, der letzte überlebende Angehörige des örtlichen Yahi-Stammes, in Oroville „entdeckt" (S. 375).

Sehenswertes & Aktivitäten

Chinese Temple TEMPEL
(1500 Broderick St; Erw./Kind 3 US$/frei; ⊙12–16 Uhr) Als relativ ruhiges Denkmal für die 10 000 Chinesen, die einst in der Gegend lebten, ist der Tempel eine bewegende Attraktion, die alle Erwartungen übertrifft. Der Tempel war für die Chinesen, die nach der Zerstörung der Chinatown durch eine Überflutung im Jahr 1907 geblieben waren, um die Dämme wieder aufzubauen. Im 19. Jh. veranstalteten chinesische Theatertruppen Gastspielreisen durch die vielen Chinatowns in Kalifornien; Oroville bildete die letzte Station dieser Touren. Viele Truppen ließen hier ihre Bühnenbilder, Kostüme und Marionetten zurück, ehe sie die Heimfahrt nach China antraten. Aus diesem Grund besitzt der Tempel eine einmalige Sammlung chinesischer Theatere-

quisiten des 19. Jhs. Der Tempel selbst ist ein wunderbar erhaltenes Gebäude, in dem sich viele Schreine, festliche Wandbehänge, alte Löwenmasken und Möbel befinden. Wer Näheres wissen will, sollte an einer der Führungen durch fachkundige Dozenten teilnehmen, die bis zu eine Stunde dauern.

Sacramento National Wildlife Refuge VOGELBEOBACHTUNG

Wer an Vogelbeobachtungen interessiert ist, sollte im Winter dem Sacramento National Wildlife Refuge einen Besuch abstatten, denn dann sammeln sich dort große Scharen von wandernden Wasservögeln. Das **Visitor Center** (☎530-934-2801; www.fws.gov/sacramentovalleyrefuges; 752 County Rd, Willows; ⊙Mo–Fr 7.30–16 Uhr) befindet sich abseits der I-5 in der Nähe von Willows; die 6 Meilen (9,7 km) lange Panoramastraße (3 US$) und die Wanderwege sind täglich geöffnet. Die Hauptsaison für Vogelbeobachtungen dauert von Oktober bis Ende Februar, die großen Gänsescharen sind im Dezember und Januar zu bewundern.

Lake Oroville (www.lakeoroville.net) ist im Sommer ein beliebtes Ausflugsziel und befindet sich 9 Meilen (14,5 km) nordöstlich der Stadt hinter dem **Oroville Dam**, dem größten Erddamm in den USA. Die umliegende Lake Oroville State Recreation Area bietet Möglichkeiten zum Bootfahren, Campen, Baden, Radfahren, Wandern und Angeln. Oroville ist auch das Zugangstor zum prächtigen Feather River Canyon und zu den zerklüfteten nördlichen Hängen der Sierra Nevada. Im **Visitor Center** (☎530-538-2219; 917 Kelly Ridge Rd; ⊙9–17 Uhr) von Lake Oroville gibt's Ausstellungen zum California State Water Project und zur Geschichte der örtlichen amerikanischen Ureinwohner, außerdem einen Aussichtsturm und viele Infos zur Freizeitgestaltung.

Im Gebiet um Lake Oroville finden sich viele Wanderwege, besonders beliebt ist der 11,3 km lange Rundweg zu den 195 m hohen **Feather Falls**, für den man rund vier Stunden braucht. Der **Freeman Bicycle Trail** ist ein 66 km langer Querfeldein-Rundkurs, der Radfahrer auf die Spitze des 235 m hohen Oroville Dam bringt und dann dem Feather River zurück zu den Staubecken Thermalito Forebay und Afterbay östlich des Hwy 70 folgt. Die Fahrt führt die meiste Zeit durch ebenes Gelände, aber der Anstieg zum Damm ist steil. Eine kostenlose Karte der Strecke ist bei der Chamber of Commerce erhältlich. Das **Forebay Aquatic Center** (www.aschico.com/forebayaquaticcenter; Garden Dr) vermietet Wasserfahrzeuge.

Die Hwys 162 und 70 führen von Oroville nach Nordosten in die Berge und weiter nach Quincy. Der Hwy 70 schlängelt sich durch den **Feather River Canyon**; die Fahrt ist im Herbst besonders malerisch.

Schlafen & Essen

Da die Stadt ein Ausgangspunkt für Ausflüge in die Natur ist, gibt es in der Gegend viele Campingmöglichkeiten, die über die Chamber of Commerce, das Büro des USFS oder das Lake Oroville Visitor Center gebucht werden können. Eine Reihe ordentlicher Budgetmotels – hauptsächlich Kettenmotels und ein paar bescheidene Billigmotels aus der Mitte des vorigen Jahrhunderts – ballen sich am Feather River Blvd zwischen dem Hwy 162 im Süden und der Montgomery St im Norden. Die Essensoptionen reißen einen nicht gerade vom Hocker, aber abgesehen von Fast-Food-Lokalen der großen Ketten gibt es in der kleinen Downtown auch ein paar passable Restaurants, die mexikanische Gerichte und Kneipenkost anbieten.

Lake Oroville State Recreation Area CAMPING $

(☎530-538-2219; www.parks.ca.gov; 917 Kelly Ridge Rd; Stellplatz f. Zelt/Wohnmobil 20/40 US$;) Das WLAN könnte ein Hinweis darauf sein, dass es hier nicht besonders rustikal zugeht, aber es gibt verschiedene Stellplätze. Wer bereit ist, eine Wanderung in Kauf zu nehmen, findet gute, einfache Plätze, doch am coolsten sind die Plätze auf den schwimmenden Plattformen, die nur per Boot erreichbar sind.

Praktische Informationen

Im Büro des USFS **Feather River Ranger District** (☎530-534-6500; 875 Mitchell Ave; ⊙Mo–Fr 8–16.30 Uhr) gibt's Karten und Broschüren. Straßenzustandsberichte sind unter ☎800-427-7623 telefonisch abrufbar.

An- & Weiterreise

Zwar halten Greyhound-Busse an **Tom's Sierra Chevron** (☎530-533-1333; Ecke 5th Ave & Oro Dam Blvd) ein paar Blocks östlich des Hwy 70, aber das Auto ist das bei Weitem bequemste und kostengünstigste Verkehrsmittel, um in diese Gegend zu gelangen. Täglich fahren zwei Busse zwischen Oroville und Sacramento. Die Fahrt dauert anderthalb Stunden und kostet 37 US$.

DER LETZTE YAHI IN OROVILLE

Am 29. August 1911 wurden die Metzger, die in einem Schlachthaus außerhalb von Oroville schliefen, bei Tagesanbruch vom wütenden Gebell der Hunde geweckt. Als sie herauskamen, sahen sie, dass die Tiere einen Mann in Schach hielten – einen Indianer, der nur einen Lendenschurz trug, halb verhungert und erschöpft war und sich nicht auf Englisch verständigen konnte.

Die Geschichte von der Entdeckung eines „Wilden" machte ihre Runde durch die kalifornischen Zeitungen und weckte schließlich auch das Interesse der Anthropologen Alfred L. Kroeber und Thomas Talbot Waterman von der Universität in Berkeley. Sie fuhren nach Oroville und fanden gestützt auf fragmentarische Vokabellisten erloschener Indianersprachen schließlich heraus, dass der Mann den Yahi angehörte, dem südlichsten Stamm der Yana, die man schon seit Langem für ausgestorben hielt.

Waterman nahm „Ishi", was in der Sprache der Yahi „Mensch" bedeutet, mit in das Museum der Universität, wo er gepflegt und versorgt wurde. Ishi verbrachte dort die letzten Jahre seines Lebens damit, den Anthropologen seine Lebensgeschichte zu erzählen und ihnen seine Kenntnisse über die Sprache, die Mythologie und die Lebensweise seines Volkes zu vermitteln.

Ishis Stamm war von den Siedlern schon vor seiner Geburt nahezu ausgelöscht worden. 1870, als er noch ein Kind war, gab es nur noch zwölf oder 15 Yahi, die versteckt in abgelegenen Gebieten in den Gebirgsausläufern östlich von Red Bluff lebten. 1908 waren nur noch Ishi, seine Mutter, seine Schwester und ein alter Mann am Leben. In jenem Jahr starben die letzteren drei, sodass Ishi als einziger übrigblieb. Als Ishi am 25. März 1916 im Universitätskrankenhaus an Tuberkulose verstarb, erlosch der Stamm der Yahi endgültig.

Die Stätte, wo Ishi „gefunden" wurde, befindet sich östlich von Oroville am Oro-Quincy Hwy auf Höhe der Oak Ave. Sie ist durch ein kleines Denkmal markiert. Der Teil des Lassen National Forest, wo Ishi und die Yahi einst lebten, heißt heute Ishi Wilderness.

Chico

Wegen seiner vielen Studenten hat Chico in der Vorlesungszeit die ausgelassene Energie einer Collegeparty und verfällt im Sommer in verkaterte Lethargie. Die Downtown, in der Eichen Schatten spenden, und die Attraktionen der Uni machen die Stadt zu einem gesellschaftlichen und kulturellen Zentrum im Sacramento Valley. Hier treffen sich entspannte Leute noch spät in den Restaurants und Bars, wo man an lauen Sommerabenden auf der Terrasse sitzen kann.

Im Sommer glüht Chico unter der heißen Sonne, aber die Badestellen im Bidwell Park oder eine Schlauchreifenfahrt auf dem sanft dahinfließenden Sacramento River sorgen für Abkühlung. Die guten, hellen Ales, die die Sierra Nevada Brewing Company nahe der Downtown produziert, sind bei der Hitze gewiss auch nicht zu verachten.

Es liegt schon Ironie darin, dass Chico, eine Stadt, die weithin für ihr Bier bekannt ist, ausgerechnet von John Bidwell gegründet wurde (1860), dem berühmten kalifornischen Pionier, der später als Kandidat der Prohibitionist Party für die US-Präsidentschaft kandidierte. 1868 bezogen Bidwell und seine Frau Annie Ellicott Kennedy ihr neu errichtetes Herrenhaus; das Anwesen bildet heute den Bidwell Mansion State Historic Park. Nach Johns Tod im Jahr 1900 tat sich Annie als Wohltäterin hervor, bis sie 1918 starb.

Sehenswertes

Die Downtown liegt westlich des Hwy 99 und ist über den Hwy 32 (8th St) leicht zu erreichen. Die Main St und der Broadway sind die wichtigsten Straßen im Zentrum; von dort aus führt die Park Ave nach Süden und die von Bäumen gesäumte Esplanade nach Norden.

Sierra Nevada Brewing Company BRAUEREI

(www.sierranevada.com; 1075 E 20th St) Obwohl das Unternehmen zu groß ist, um offiziell als „Kleinbrauerei" zu gelten, strömen Bierfans in Scharen zu der Geburtsstätte des landesweit erhältlichen Sierra Nevada Pale Ale und des Schwarber, eines Black Ale, das es nur in Chico gibt. Ebenfalls im Angebot sind die **„Beer Camp"-Biere** (www.sierrabeercamp.com), schnell ausverkaufte Spezalbiere, die von echten Bier-Nerds während dreitägiger Sommerseminare, an denen man nur mit Einladung teilnehmen kann, gebraut werden. In Sachen Nachhaltigkeit ist die Brauerei topmodern: Die Solaranlage auf dem Dach gehört zu den größten privaten Anlagen dieser Art im ganzen Land, und das Unternehmen hat extra eine Zweigstrecke zum örtlichen Bahnnetz legen lassen, um die Transporteffizienz zu erhöhen. Die ausgezeichneten Werksführungen finden täglich um 14.30 Uhr und samstags durchgehend von 12 bis 17 Uhr statt. Vor Ort gibt's auch einen Pub und ein Restaurant (s. S. 377).

Chico Creek Nature Center NATURKUNDEMUSEUM
(www.bidwellpark.org; 1968 East 8th St; empfohlene Spende 1 US$; ⌚Di–So 11–16 Uhr; 🚸) Wer den Nachmittag im Bidwell Park verbringen will, sollte zunächst einen Halt bei diesem funkelnagelneuen Naturkundemuseum einlegen. Es bietet großartige Ausstellungen zur örtlichen Flora und Fauna und ausgezeichnete interaktive Naturkundeprogramme für die ganze Familie.

Chico State University UNIVERSITÄT
Im **CSU Information Center** (☎530-898-4636; www.csuchico.edu; Ecke Chestnut & W 2nd St) im Hauptgeschoss der Bell Memorial Union erhält man einen kostenlosen Lageplan des Campus und kann sich über Führungen und Events informieren. Der hübsche Campus ist im Frühling von Blumenduft erfüllt; in seiner Mitte befindet sich ein Rosengarten.

Honey Run Covered Bridge HISTORISCHE STÄTTE
Die historische Brücke von 1894 scheint direkt aus *Sleepy Hollow* zu stammen – überdachte Brücken sind in diesem Teil des Landes absolut ungewöhnlich. Am Südrand von Chico die Ausfahrt Skyway vom Hwy 99 nehmen, weiter nach Osten fahren und links in die Honey Run-Humbug Rd abbiegen und dieser 5 Meilen (8 km) folgen; die Brücke steht in einem kleinen Park.

Bidwell Mansion State Historic Park HISTORISCHES GEBÄUDE
(☎530-895-6144; 525 Esplanade; Erw./Kind 6/3 US$; ⌚Mi–Fr 12–17, Sa & So 11–17 Uhr) Chicos auffälligstes Wahrzeichen ist das prachtvolle viktorianische Herrenhaus, das die Gründer der Stadt, John und Annie Bidwell, erbauten. In der zwischen 1865 und 1868 errichteten, 26 Zimmer fassenden Villa waren viele US-Präsidenten zu Gast. Die Führungen beginnen stündlich zur vollen Stunde. Wegen der Haushaltsprobleme ist geplant, den Park 2012 bis auf Weiteres zu schließen.

Aktivitäten

Der 1485 ha große **Bidwell Park** (www.bidwellpark.org) erstreckt sich über die Stadtgrenze hinaus; er ist der drittgrößte Stadtpark des Landes. Er erstreckt sich entlang des Chico Creek 16 km nach Nordwesten und bietet herrlich grüne Wäldchen und ein kilometerlanges Netz aus Spazierwegen. Der obere Teil des Parks ist relativ unberührt, was angesichts seiner Lage mitten in der Stadt eine Überraschung ist. Hier wurden schon viele Filmklassiker gedreht, beispielsweise *Robin Hood, König der Vagabunden* und Teile von *Vom Winde verweht*.

Im Park gibt's unzählige Wander- und Mountainbikewege und Bademöglichkeiten; er bietet außerdem ein Naturzentrum. Im Upper Bidwell Park nördlich der Manzanita Ave gibt's in der One-Mile- bzw. Five-Mile-Grünanlage Swimmingpools und Badetümpel (z. B. Bear Hole, Salmon Hole und Brown Hole). Nicht wundern, wenn die Einheimischen hier lieber im Adamskostüm schwimmen statt in Badekleidung!

Im Sommer kann man sich nach einer anstrengenden Wanderung beim **Tubing** auf dem Sacramento abkühlen. Die Schlauchreifen kann man in Lebensmittelgeschäften und anderen Läden in der Nord Ave (Hwy 32) für ca. 6 US$ ausleihen. Die Flussfahrt beginnt an der Irvine Finch Launch Ramp am Hwy 32 ein paar Kilometer westlich von Chico und endet am Washout in der Nähe der River Rd.

Feste & Events

Wenn die Studenten im Sommer die Stadt verlassen haben, steht die Stadt ganz im Zeichen von Freiluft-Events für die ganze Familie. Von April bis September füllt der **Thursday Night Market** jeden Donnerstag mehrere Straßenblocks. Auf der City Plaza finden ab Mai die kostenlosen **Friday Night Concerts** statt. Von Mitte Juli bis Ende August ist im Cedar Grove im unteren Teil des Bidwell Park **Shakespeare in the Park** (☎530-891-1382; www.ensembletheatreofchico.com; Eintritt frei) angesagt.

Schlafen

In der Stadt gibt es eine Reihe gut geführter, unabhängiger Motels mit schimmernden Swimmingpools, darunter einige an der schattigen Esplanade nördlich vom Zentrum. Man sollte beachten, dass während der Examensfeiern und Absolvententreffen an der Chico State University (im Mai bzw. Oktober) die Preise gewaltig in die Höhe schnellen.

LP TIPP **Hotel Diamond** HISTORISCHES HOTEL $$$
(☎866-993-3100; www.hoteldiamondchico.com; 220 W 4th St; Zi. ab 189 US$;) Das weiß getünchte Gebäude von 1904 ist die luxuriöseste Unterkunft in Chico und verwöhnt Gäste mit hochwertiger Bettwäsche, Reinigungsdienst und einem Zimmerservice, der einem typische Gerichte der kalifornischen Fusionküche wie Makkaroni mit Käse und Krabben bringt. Die Diamond Suite mit Balkon, originalen antiken Möbeln und geräumiger Empore ist wunderbar groß und erinnert an ein Labyrinth.

Matador Motel MOTEL $
(☎530-342-7543; 1934 Esplanade; Zi 47–51 US$;) Das angenehme, um einen Hof verteilte Motel unweit der Downtown bietet einfache Zimmer mit schöner, altmodischer Einrichtung im Missionsstil. Im Mittelpunkt der Anlage befindet sich ein schöner, gefliester Swimmingpool mit Schatten spendenden Palmen.

The Grateful Bed B&B $$
(☎530-342-2464; www.thegratefulbed.net; 1462 Arcadian Ave; Zi. 105–160 US$;) Wer hier übernachtet, schläft bequem. Das stattliche viktorianische Haus von 1905 versteckt sich in einem Wohnviertel nahe Downtown und bietet vier niedlich dekorierte Zimmer bei freundlichen Gastgebern. Das Frühstück ist im Preis inbegriffen.

Woodson Bridge State Recreation Area CAMPING $
(☎530-839-2112; Stellplatz 25 US$) Der schattige Campingplatz neben einem riesigen Wasserschutzgebiet umfasst 46 Zeltstellplätze am Ufer des Sacramento River. Der Platz liegt rund 25 Meilen (40 km) nördlich von Chico, zu erreichen über den Hwy 99 und dann nach Westen Richtung Corning.

Essen

In Chico Downtown gibt's nette Restaurant, von denen viele auf die knappen finanziellen Mittel der Studenten zugeschnitten sind. Der **Farmers Market** (Ecke Wall & E 2nd St; ⏲Sa 7.30–13 Uhr) findet unter freiem Himmel statt und bietet Produkte aus dem umliegenden fruchtbaren Tal.

Café Coda FRÜHSTÜCK, BRUNCH $
(www.cafecoda.com; 265 Humboldt Ave; Hauptgerichte 6–10 US$; ⏲Di–So 7–14 Uhr;) Das Café Coda ist wegen seiner hervorragenden, südwestamerikanisch beeinflussten Pfannengerichte, seiner Auswahl von süßen Sachen (z.B. Zitronenpfannkuchen mit Mohn und Minzsauce) und seines günstigen Champagner-Brunchs (nur 4,50 US$ mit beliebigem Getränkenachschub) die erste Adresse für ein Frühstück in Chico. Von allen Frühstücksgerichten serviert das fidele Personal auf Wunsch auch halbe Portionen. An einigen Abenden gibt es, dem Namen des Lokals angemessen, abends Livemusik.

Nobby's BURGER $
(1444 Park Ave; Burger 5–7 US$; ⏲Di–So 10.30–21 Uhr) Der Nobby Burger mit einer großen Scheibe gegrilltem Käse und knusprigem, dickem Speck ist sicherlich ein Angriff auf die Herzkranzgefäße. Aber man gönnt sich ja sonst nichts. Das Lokal ist so klein, dass man wahrscheinlich im Stehen essen muss. Nur Barzahlung!

Sierra Nevada Taproom & Restaurant BRAUEREIKNEIPE $$
(www.sierranevada.com; 1075 E 20th St; Gerichte 8–15 US$; ⏲So–Do 11–21, Fr & Sa bis 22 Uhr) Die Schweinshaxe mit Apfel-Malz-Sauce ist eine Spezialität im Restaurant der Sierra Nevada Brewery, einer Attraktion von Chico. Hier kann man prima die hiesigen Biere probieren, auch wenn das Ambiente zu wünschen übrig lässt: Der riesige, laute Speisesaal erinnert an eine Werkskantine (was er schließlich auch ist). Das ändert aber nichts daran, dass das Kneipenessen überdurchschnittlich ist und dass die frischen Ales und Lager vom Fass erstklassig und teilweise anderswo gar nicht zu haben sind.

5th Street Steakhouse AMERIKANISCH $$$
(☎530-899-8075; www.5thstreetsteakhouse.com; 345 W 5th Street; Hauptgerichte 16–37 US$; ⏲ab 16.30 Uhr) In dieses Restaurant führen Collegestudenten ihre Eltern aus, wenn diese auf Besuch kommen. Die Steaks sind so zart, dass sie auf der Zunge zergehen. Gelegentlich gibt es Livejazz. Das Ambiente ist nobel; unverputzte Backsteinwände und gestärkte weiße Tischwäsche bestimmen das Bild.

Red Tavern FUSION $$$
(☎530-894-3463; www.redtavern.com; 1250 Esplanade; Hauptgerichte 15–29 US$; ⏲Mo–Sa ab 16.30 Uhr) Das Red Tavern ist recht nobel und eine der ersten Adressen

für feines Essen in Chico. Die raffinierten Gerichte halten geschickt die Balance zwischen Europa und Asien und werden aus saisonalen Biozutaten aus der Region zubereitet.

Celestino's Live from New York Pizza PIZZA $
(101 Salem St; Hauptgerichte 3–7 US$; ⏲Mo–Do 10.30–22, Fr & Sa bis 23 Uhr) Hier gibt's eine der besten Nachahmungen der „echten" New-York-Pizza Nordkaliforniens – der dünne Boden wird mit verspielten Kreationen belegt, z.B. bei der fleischlastigen Godfather Pizza. Das Mittagsangebot „Pizzastück und Limo" ist für 4 US$ ein echtes Schnäppchen.

Sins of Cortez CAFÉ $
(www.sinofcortez.com; 101 Salem St; Hauptgerichte 6–16 US$; ⏲7–21 Uhr) Der Service ist zwar hinsichtlich der Geschwindigkeit nicht gerade preisverdächtig, aber das Lokal ist wegen seiner mächtigen Frühstücksgerichte sehr beliebt. Alle Gerichte mit der hausgemachten Chorizo sind eine gute Wahl.

Shubert's Ice Cream & Candy EIS $
(178 E 7th St; ⏲Mo–Fr 9.30–22, Sa & So 11–22 Uhr) Schon seit mehr als 60 Jahren liefert diese beliebte Institution in Chico köstliche selbstgemachte Eiscreme und Schokoladen.

El Pasia Taco Truck MEXIKANISCH $
(Ecke 8th & Pine St; Hauptgerichte 1,50–5 US$; ⏲11–20 Uhr) Diskussionen darüber, welcher Taco-Truck in Chico der beste sei, können schnell in Handgemenge ausarten, aber die *carnitas*-Tacos (mit geschmortem Schweinefleisch) sind allemal ein Traum für jeden Studenten, der knapp bei Kasse ist.

Ausgehen

Der Ruf Chicos als Party-Uni-Stadt legt nahe, dass man hier nicht verdursten muss. Wer um die Häuser ziehen will, findet in der Main St eine Reihe von Bars.

Madison Bear Garden BAR
(www.madisonbeargarden.com; 316 W 2nd St; ⏲12–2 Uhr; 📶) Die lustig dekorierte Studentenkneipe ist in einem geräumigen Backsteingebäude untergebracht. Hier kann man sich bei dicken Burgern und kaltem Bier mit Studenten unterhalten. Gegen Ende des Abends passt die kunterbunte Unordnung der Dekoration bestens zu dem bierseligen Radau der Studentinnen und Studenten in dem großen Biergarten. Die angebotenen Burger sorgen dafür, dass das Bier eine Grundlage hat.

Panama Bar & Cafe BAR
(128 Broadway; ⏲11–22 Uhr) Die Bar ist auf die unterschiedlichsten Versionen von Long Island Iced Tea (die meisten kosten um die 3 US$) spezialisiert – Vorsicht ist also geboten! Nirgendwo bekommt man bei einer wilden Nacht in Chico mehr Alkohol ins Blut als hier – es sei denn, man lässt sich an einen Tropf hängen.

Naked Lounge CAFÉ
(118 2nd St; ⏲So–Do 10–21, Fr & Sa bis 24 Uhr; 📶) Den besten Kaffee in Chico genießt man hier in dem behaglichen, dunkelroten Schankraum mit kundig zubereiteten Espresso-Variationen.

☆ Unterhaltung

Das Unterhaltungsangebot kann man dem kostenlosen Wochenblatt *Chico News & Review* (www.newsandreview.com) entnehmen, dass in den Zeitungsboxen und in Geschäften in Downtown erhältlich ist. Wegen Theateraufführungen, Filmvorstellungen, Konzerten und anderen Kulturevents auf dem Campus der California State University wendet man sich an das **CSU Box Office** (☎530-898-6333) oder das **CSU Information Center** (☎530-898-4636) in der Bell Memorial Union.

LaSalle's CLUB
(www.lasallesbar.com; 229 Broadway) Hier werden jeden Abend Hip-Hop-, Top-40- oder Retro-Dance-Nights oder aber Livebands geboten, die von Reggae bis Hard Rock alles spielen, was die Massen anzieht.

Pageant Theatre KINO
(www.pageantchico.com; 351 E 6th St) Zeigt ausländische und avantgardistische Filme. Montags ist Kinotag, dann kosten alle Plätze nur 3 US$.

Chico Caberet CABERET
(☎530-895-0245; www.chicocabaret.com; Karten 16 US$) Netzstrümpfe und kecke Sprüche: Diese lokale Theatertruppe bringt jedes Jahr mitreißende Shows auf die Bühnen des Butte County.

ℹ Praktische Informationen

Chico Chamber of Commerce & Visitor Center (☎530-891-5559; www.chicochamber.com; 300 Salem St; ⏲Mo–Fr 9–17, Sa 10–15 Uhr) Bietet Infos zur Stadt.

ℹ Anreise & Unterwegs vor Ort

Die Busse von **Greyhound** (www.greyhound.com) halten am **Amtrak-Bahnhof** (Ecke W 5th

& Orange St). Der Bahnhof hat keinen Schalter, Fahrkarten müssen vorab im Reisebüro oder im Zug beim Schaffner gekauft werden. Die Fahrt von Chico nach Sacramento mit dem *Coast Starlight* kostet 26 US$ (2½ Std., tgl.). Mehrmals täglich bedienen auch Busse der Amtrak dieselbe Strecke zu ähnlichen Preisen.

B-Line (☎530-342-0221, www.blinetransit.com) betreibt das gesamte Busnetz im Butte County, mit dem man in Chico herumkommt und bis nach Oroville fahren kann (2 US$, 4-mal tgl.).

Fahrräder verleiht **Campus Bicycles** (www.campusbicycles.com; 330 Main St; Mountainbike halber/ganzer Tag 20/35 US$).

Red Bluff

Die glühend heißen Straßen von Red Bluff – dank der von den Shasta Cascades gebildeten Hitzefalle eine der heißesten Städte Kaliforniens – sind an sich eher unspektakulär, aber bei einem Blick über den von Bergen dominierten Horizont erhält man einen guten Eindruck von den vielen Outdoor-Aktivitäten, die die meisten Reisenden in die Stadt locken. In den hübschen Wohnvierteln wachsen herrliche Bäume zwischen schön restaurierten viktorianischen Herrenhäusern aus dem 19. Jh., und im Geschäftsviertel gibt's ein paar historische Ladenzeilen voller Antiquitäten und Westernkleidung zu bewundern.

Peter Lassen legte 1847 den Grundstein für die Stadt, und sie wurde schnell zu einem wichtigen Hafen am Sacramento River. Heute ist sie eher ein Boxenstopp auf dem Weg in den gleichnamigen Nationalpark und zu anderen Zielen entlang der I-5.

Die Cowboy-Kultur wird hier sehr gepflegt. Beim **Red Bluff Round-Up** (www.redbluffroundup.com; Tickets 10–20 US$), einem wichtigen Rodeo-Event, das seit 1921 an jedem dritten Aprilwochenende stattfindet, oder in einer der vielen Kneipen, in denen die Musikboxen die größten Hits aus Nashville spielen, während an der Bar jede Menge Cowboys mit riesigen Gürtelschnallen sitzen, ist sie besonders lebendig.

Sehenswertes & Aktivitäten

Red Bluff Lake Recreation Area PARK

Für eine Erholungspause von der Fahrt auf dem Highway bietet sich die Red Bluff Lake Recreation Area am Ostufer des Sacramento River an, ein großer Park voller Bäume, Vögel und Wiesen. Er bietet zahllose Picknick-, Bade-, Wander- und Campingmöglichkeiten, außerdem Naturlehrpfade, Fahrradwege, Bootsanlegestellen, ein Tierbeobachtungsgelände, in dem man ausgezeichnet Vögel beobachten kann, eine Fischtreppe (Mai–Sept.) sowie einen 0,8 ha großen Garten mit einheimischen Pflanzen.

William B. Ide Adobe State Historic Park HISTORISCHE STÄTTE

(☎530-529-8599; 21659 Adobe Rd; ⌚Sonnenaufgang–Sonnenuntergang) Der Park auf einem schönen, schattigen Gelände über einem träge fließenden Abschnitt des Sacramento River schützt das originale Lehmziegelhaus und Anwesen des Pioniers William B. Ide, der 1846 in der Bärenflagge-Revolte in Sonoma (S. 794) „kämpfte" und zum Präsidenten der kurzlebigen Republik Kalifornien ernannt wurde. Für einen Präsidentenwohnsitz ist das Anwesen trotz Schmiede und Souvenirshop recht bescheiden. Zum Park kommt man über die Main St Richtung Norden; nach 1 Meile (1,6 km) nach Osten in die Adobe Rd abbiegen und 1 Meile der Ausschilderung folgen! Zum Zeitpunkt der Recherche war die Zukunft des State Park ungewiss und seine Schließung vorgesehen.

Sacramento River Discovery Center WISSENSCHAFTSMUSEUM

(1000 Sale Lane; ⌚Di–Sa 11–16 Uhr; 👪) Das Center bietet kindgerechte Ausstellungen zum Fluss, ziemlich einseitige Informationen über die Vorzüge der Weidehaltung und informatives Material über den Diversion Dam direkt vor der Tür. Von Mitte Mai bis Mitte September wird das Wasser über den Damm in Bewässerungskanäle umgeleitet. Dabei bildet sich der Red Bluff Lake, ein beliebtes Badeziel.

Schlafen & Essen

Mehr als ein Dutzend Motels finden sich neben der I-5 und südlich des Orts in der Main St. Im historischen Wohnviertel gibt's ein paar B&Bs. Die Restaurantszene ist nicht gerade berauschend: Es gibt eine Menge billiger chinesischer Imbisse mit Essen zum Mitnehmen, Pizzaläden und Abfüllendes direkt aus der Dose.

Sycamore Grove Camping Area CAMPING $

(☎530-824-5196; www.recreation.gov; unbefestigter/befestigter Stellplatz 16/25 US$) Neben dem Fluss in der Red Bluff Lake Recreation Area liegt dieser ruhige, attraktive USFS-Campingplatz. Bei den Stellplätzen für Zelte und Wohnmobile gilt: Wer zuerst kommt, mahlt zuerst. Es gibt hier auch einen Platz für große Gruppen, Camp Discovery, wo

Hütten zur Verfügung stehen (Reservierung erforderlich).

Los Mariachis MEXIKANISCH $
(☎530-529-1217; 248 S Main St; Hauptgerichte 5–14 US$ ⊙9–21 Uhr;) Aus den Fenstern des hellen, freundlichen, von einer Familie geführten mexikanischen Restaurants blickt man direkt auf die zentrale Kreuzung von Red Bluff. Das Lokal ist ein idealer Zwischenstopp für Familien. Es gibt großartige Salsa und *molcajetes* (einen Eintopf mit Fleisch oder Meeresfrüchten), der in einer Keramikschüssel serviert wird und üppig genug ist, um hungrige Camper zu sättigen oder ihn sich zu teilen. Wer mit den Einheimischen ins Gespräch kommen will, setzt sich an die leuchtend gelbe Theke, über der eine ausgestopfte Klapperschlange prunkt, und bestellt sich ein kühles Bier im eisgekühlten Humpen.

New Thai House THAILÄNDISCH $
(www.newthaihouse.com; 248 S Main St; Hauptgerichte 5–14 US$; ⊙Mo–Fr 11–21, Sa ab 12 Uhr,) Ein bemerkenswertes gutes thailändisches Restaurant mit ausgezeichneten Currys und Tom-Yam-Suppe.

Hal's Eat 'Em Up DRIVE-IN $
(158 Main St) Wenn die Hitze übermächtig wird, holt man sich ein Rootbeer bei Hal's, einem tollen Kleinstadt-Drive-in gleich südlich vom Ortszentrum.

Praktische Informationen

Red Bluff Chamber of Commerce (☎530-527-6220, www.redbluffchamber.com; 100 Main St; ⊙Mo 8.30–16, Di–Do bis 17, Fr bis 16.30 Uhr) Das kleine Büro hat Infos und Broschüren und liegt südlich vom Ortszentrum.

An- & Weiterreise

Die meisten Traveller kommen nach Red Bluff, um eine Pause bei der Fahrt auf der stark befahrenen I-5 einzulegen. Auf dem Highway Richtung Norden braucht man für die Fahrt von San Francisco drei Stunden und von Sacramento 15 Minuten. Busse von **Greyhound** (www.greyhound.com) und **Amtrak** (www.amtrak.com) verbinden den Ort mit anderen kalifornischen Städten. Der Busbahnhof liegt östlich der Stadt an der Kreuzung mit dem Hwy 36 E.

SAN JOAQUIN VALLEY

Die südliche Hälfte von Kaliforniens Central Valley ist nach dem San Joaquin River benannt und erstreckt sich von Stockton bis zu den mit Windrädern bedeckten Tehachapi Mountains südöstlich von Bakersfield. Alles läuft hier schnurgerade auf den Horizont zu: die Eisenbahngleise, die zweispurigen Asphaltstraßen und die langen Bewässerungskanäle. Dank der ausgeklügelten, maschinell geregelten Wasserbewirtschaftung zählt diese einst trockene Region heute zu den landwirtschaftlich produktivsten Gebieten der Erde, allerdings gehen die Profite häufig an Anteilseigner von Agrarunternehmen und nicht an die langsam aussterbenden landwirtschaftlichen Familienbetriebe. Während einige der kleinen Ortschaften, die verstreut in der Region liegen, z.B. Gustine und Reedley, ein klassisch-amerikanisches Main-Street-Erscheinungsbild bewahrt haben, zeigt sich in vielen anderen der Einfluss der lateinamerikanischen Kultur durch den Zustrom der Arbeitsmigranten, die in großen Zahlen die Felder abernten. Und viele weitere Orte sind mit Wohnanlagen zubetoniert, in denen Menschen leben, die vor den horrenden Wohnungspreisen in der Bay Area geflohen sind.

Heute ist das San Joaquin Valley für Traveller und Einheimische gleichermaßen attraktiv. Als Zeugnis der großen Hitze und der zweifelhaften Vergangenheit und Zukunft des Tals erblickt man Reihenhäuser und verrostete Traktoren, die aufgesprühten Graffiti-Zeichen von Gangs und den Sprühnebel der Bewässerungsanlagen.

Der Tal ist aber auch Schauplatz einer geradezu erdbebenartigen, häufig von Widerständen begleiteten Zersiedlung. Die hohen Wohnkosten in den Städten an der Küste haben zu einer ungeregelten Ausbreitung nach Osten geführt: In den letzten zehn Jahren wurden hier über 200000 ha Land versiegelt. An die Stelle von Rinderranches und Weingütern treten gesichtslose Wohnsiedlungen mit nostalgischen Namen – das große, kastenförmige Einkaufszentrum nennt sich Indian Ranch, die gepflegte Reihe protziger neuer Wohnhäuser lässt sich als Vineyard Estates vermarkten.

Wer richtig in die Region eintauchen will, verlässt die I-5 und fährt auf dem Hwy 99, einer Straße mit einer Geschichte, die fast so lang ist wie die der berühmten Route 66. Es ist heiß auf der Fahrt, sehr heiß – also kurbelt man das Fenster hinunter und dreht den scheppernden traditionellen Country oder dröhnenden traditionellen *norteño* (eine aus Mexiko importierte Gat-

(Fortsetzung auf S. 389)

Best of Golden State

Kalifornische Küche »
Weinregionen »
Panoramastraßen »
Strände »

Senfpflanzen und Weinreben auf einem Weingut im Napa Valley (S. 177)

Kalifornische Küche

Slow Food, Lebensmittel direkt vom Erzeuger und ganzjährige Ernten – Essen wird hier nie langweilig. Bei Taquerías und Fusion Food Trucks, städtischer Küche und Obst- und Gemüseständen am Straßenrand hat man Zeit für den Geschmack des Golden State.

Central Valley

1 Entlang des ländlichen Hwy 99 steht Amerikas Früchtekorb. Bewässerte Obst- und Gemüsefelder liegen neben Plantagen alter Pfirsich- und Aprikosensorten. (S. 360).

Wine Country

2 Bei Farm-to-Table-Restaurants sitzt man direkt an der Quelle, etwa in Thomas Kellers berühmtem Restaurant French Laundry (S. 189) in Napa Valley. Die Küchenchefs mischen das Beste der jeweiligen Saison mit topaktuellen Gourmethits (S. 806).

Los Angeles

3 Die Starköche im spießigen Beverly Hills kann man vergessen. Die einzig wahren Köstlichkeiten in L. A. sind die authentischen ethnischen Küchen (S. 619), die ihre Mahlzeiten in winzigen Kochnischen ihrer Viertel anbieten, von Thai Town bis „Tehrangeles".

San Francisco Bay Area

4 Sei es ein Burrito im Missionsstil oder frische Austern aus dem Marin County, die Bewohner San Franciscos bemühen sich fanatisch, die besten Lebensmittel zu finden. Ein Besuch des Marktes im Ferry Building (S. 64) zeigt den Reichtum Nordkaliforniens.

San Luis Obispo

5 Hier, wo der den Begriff *locavarian* erfunden wurde, kann man auf Biobauernhöfen und bei Weinbergtouren einen Blick hinter die Kulissen werfen, frische Meeresfrüchte kaufen und auf Plantagen Früchte vom Baum pflücken. (S. 551).

Im Uhrzeigersinn von links oben
1. Frische Erdbeeren auf dem Markt **2.** Im vegetarischen Restaurant Ubuntu (S. 186), Napa **3.** Spargelsalat in einem Restaurant in L. A.

RICHARD CUMMINS/LONELY PLANET IMAGES ©

2

JERRY ALEXANDER/LONELY PLANET IMAGES ©

Weinregionen

In Kalifornien ist der nächste Weinberg, an dem die weltbesten Weine auf ihre Verkostung warten, nie weit. Doch die Weinanbaugebiete bieten noch viel mehr: Besuche von Biobauernhöfe, Radeln auf sonnigen Landstraßen, Speisen in Edelrestaurants ...

Die Napa & Sonoma Valleys

1 In Nordkaliforniens führendem Weinanbaugebiet (S. 173) kann man immer noch die Einzigartigkeit des *terroir* aufspüren und bei Winzern Weine aus dem Fass verkosten. Chardonnays und Cabernet Sauvignons werden besonders geschätzt.

Die Santa Ynez & Santa Maria Valleys

2 Nördlich von Santa Barbara wird das Weinangebot (S. 562) immer besser. Wer den Landstraßen folgt, kann mit Winzern plaudern und dabei an einem ausgezeichneten Pinot Noir nippen.

Paso Robles

3 Dieses heiße, sonnige Weingebiet (S. 549) an der Central Coast ist berühmt für seinen fruchtigen Zinfandel. Die Weinberge östlich und westlich des Hwy 46 liegen zwischen Pferdefarmen und Verkaufsständen der Bauernhöfe.

Mendocino County

4 Die kurvige Strecke auf dem Hwy 128 führt durch das Anderson Valley (S. 258), das für köstliche Weißweine, Schaumweine und Pinot Noir bekannt ist.

El Dorado County

5 In den Ausläufern der Sierra Nevada (S. 346) bringt der mineralreiche Boden herzhafte Trauben mit einzigartigem Charakter hervor: kräftig, erdig und farbintensiv.

Im Uhrzeigersinn von links oben
1. Heißluftballon über einem Weinberg, Napa Valley 2. Weinlese in Santa Maria Valley 3. Traubenstampfen im Bottich, Paso Robles 4. Weinglas im Navarro Weinberg (S. 259), Anderson Valley

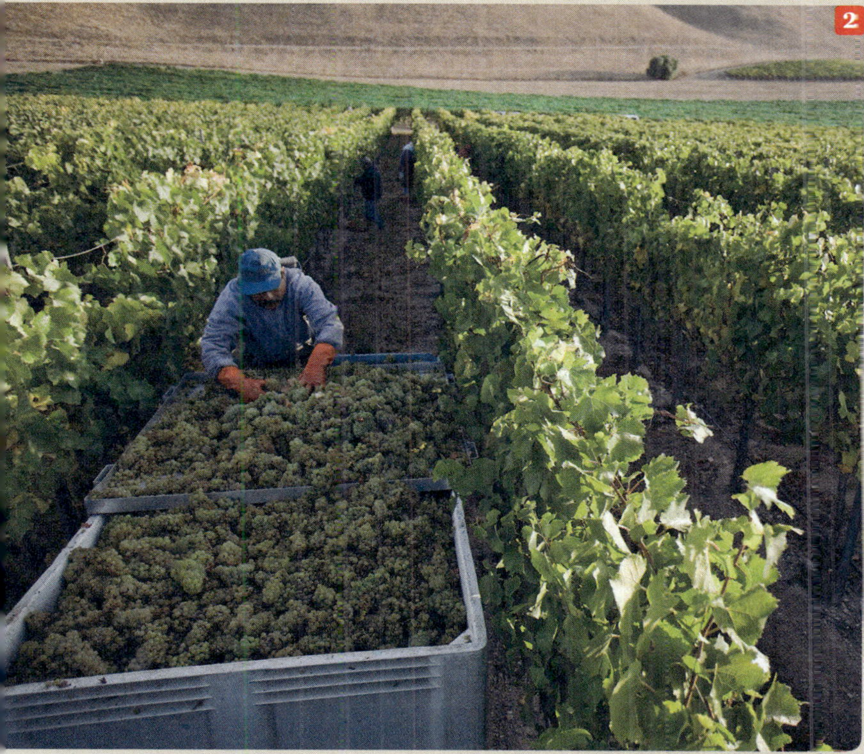

2

BRENT WINEBRENNER/LONELY PLANET IMAGES ©

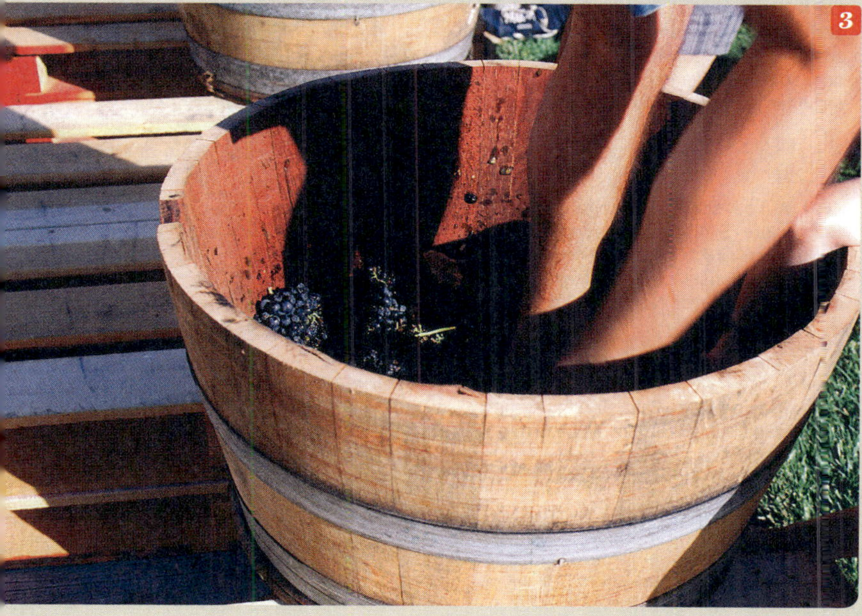

3

CLAVER CARROLL/LONELY PLANET IMAGES ©

Panoramastraßen

Von turmhohen Mammutbäumen zu sonnigen Surfstränden – die Landschaft entlang der Küstenhighways ist spektakulär. Im Landesinneren schrauben sich abenteuerliche Highways in die zerfurchten Berge der Sierra Nevada oder tauchen in tiefe Canyons.

Avenue of the Giants

1 Die gut 50 km lange Nebenstraße (S. 271) führt an Baumriesen vorbei. Am besten fährt man morgens, wenn das Sonnenlicht auf mit Tau benetzten Farnen funkelt.

Pacific Coast Highway

2 Der Hwy 1 zieht sich fast durch den gesamten Bundesstaat, aber es ist der Pacific Coast Highway (PCH), der Abschnitt von Orange County (S. 673) bis nördlich von L.A. vorbei an Santa Monica und Malibu, von dem alle schwärmen.

Gold Country's Hwy 49

3 Die Nummerierung dieses Highways erinnert an den kalifornischen Goldrausch, als 1849 die '49er kamen, um Ruhm und Glück zu finden. Der Highway (S. 346) windet sich durch die Ausläufer der Sierra Nevada vorbei an Minen und viktorianischen Gasthäusern.

Kings Canyon Scenic Byway

4 Auf der schwindelerregenden Felsenroute (S. 464) vorbei an uralten Bäumen im Kings Canyon NP und dem Giant Sequoia National Monument bevor man in den tiefsten Canyon Nordamerikas eintaucht.

Palms to Pines Scenic Byway

5 Von der Wüste Palm Springs kommt man über die Sonora-Wüste in die kühlen Pinienwälder und schneebedeckten Gipfeln um das Bergdorf Idyllwild (S. 745).

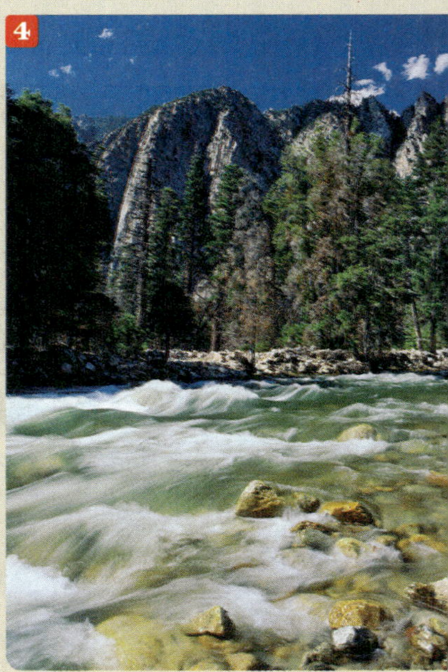

Im Uhrzeigersinn von links oben
1. Avenue of the Giants 2. Pacific Coast Highway, Malibu (S. 605) 3. Hwy 49 bei Nevada City (S. 340) 4. Kings River, Kings Canyon National Park (S. 464)

2

SCOTT KEELER/CORBIS ©

3

RICHARD WONG/ALAMY ©

Strände

Kaliforniens Spitzname „Golden State" stammt aus der Goldgräberzeit. Aber an sonnigen Tagen, wenn sich der Küstennebel hebt, könnte er genauso gut die mehr als 1770 km langen Strände am Pazifik beschreiben. Ob man schwimmen, surfen oder sich nur sonnen will – diese verführerischen Plätze an der Küste sollte man nicht verpassen.

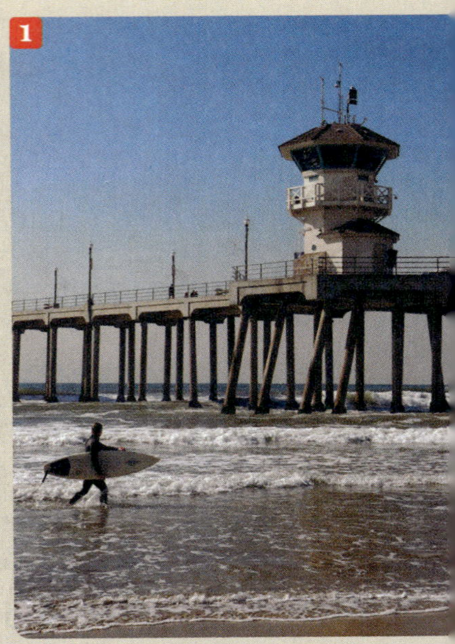

Coronado

1 San Diegos Strände weiter nördlich ziehen vielleicht mehr Massen an, aber der ruhigere Silver Strand (S. 692) von Coronado mit altmodischen Vergnügungsangeboten und einem Radweg ist bei Familien beliebt.

Santa Cruz

2 Auf der Strandpromenade (S. 503) mit der Achterbahn Giant Dipper aus den 1920er-Jahren fahren, die Surfer an der Steamer Lane (S. 505) beobachten und schließlich mit Kindern zu den Gezeitenbecken am Natural Bridges State Beach (S. 505).

Huntington Beach

3 Nirgendwo in Südkalifornien ist der Lebensstil des Orange County so echt wie in der „Surf City USA" (S. 660). Hier spielt man Beachvolleyball, surft und entzündet nach Einbruch der Dunkelheit ein Lagerfeuer.

Malibu

4 Kilometerlange weiße Strände und anrollende Pazifikwellen werden in Malibu (S. 605) von millionenschweren Villen mit Meerblick abgeschottet. Glücklicherweise sind diese prachtvollen Gestade, die bei den Hollywoodstars so beliebt sind, in der Regel auch für die Öffentlichkeit zugänglich.

Trinidad

5 Genug vom Strandlaken-Bingo im sonnigen Süden? Wer wilde Strände erleben will, geht an die nordkalifornische Bucht (S. 282), wo Wanderpfade an spektakulären Klippen vorbeiführen.

Rechts
1. Surfer am Strand von Huntington **2.** Strandpromenade von Santa Cruz in der Abenddämmerung

(Fortsetzung von S. 380)

tung des Folk mit Akkordeonbegleitung) voll auf. Wer die Zeit hat, sollte oft vom Highway herunterfahren, um sich mit dem frischesten Obst der Welt einzudecken und Kaliforniens fast vergessener Vergangenheit nachzuspüren.

Viele der folgenden Ortschaften sind klasse Ausgangspunkte für einen Besuch im Yosemite National Park. Der Hwy 99 ist von vielen klassischen, preisgünstigen Motor Lodges und von Kettenhotels gesäumt.

Lodi

Obwohl Lodi früher die „Wassermelonen-Hauptstadt der Welt" war, regiert heute der Wein diesen Teil des Tals. Sanfte Brisen aus dem Sacramento River Delta kühlen die glühend heißen Weinanbaugebiete ab, in denen mehr Zinfandel-Trauben wachsen als irgendwo sonst auf der Welt. Einige besonders alte Rebensorten werden seit einem Jahrhundert von denselben Familien gehegt und gepflegt. Lodis vielfältiger Boden ist manchmal recht steinig, manchmal besteht er aus feinsandigem Lehm, sodass er den Zinfandel-Trauben eine einzigartige Geschmacksvielfalt verleiht.

Im **Lodi Wine & Visitor Center** (☎209-365-0621; www.lodiwine.com; 2545 W Turner Rd; Weinverkostung 5 US$; ⊙10–17 Uhr), in dem 100 einheimische Weinsorten glasweise an der soliden Holzbar verkauft werden, bekommt man einen Vorgeschmack auf die kräftigen, sonnengereiften Zinfandels der Gegend. Außerdem gibt's hier Karten, auf denen alle Weingüter der Region verzeichnet sind. In der **Vino Piazza** (☎209-727-3270; 1240 Locke Rd, Lockeford) mit italienischem Ambiente besteht ebenfalls die Möglichkeit, die Boutique-Weine und experimentellen Traubensäfte namhafterer Winzer zu kosten. Hier kann man außerdem das Auto abstellen, ein kleines Mittagessen zu sich nehmen und von einem Weinprobenraum zum anderen schlendern.

Schlafen & Essen

Eine Reihe billiger Kettenhotels säumen den Hwy 99 in Lodi. Die Zimmer sind zwar kahl, aber dank der starken Konkurrenz

SPITZENWEINGÜTER IN LODI

Die relaxten und immer besser werdenden Weingüter von Lodi sind von der Bay Area aus leicht zu erreichen – die Qualität der Weine wird auch altgediente Napa-Kenner überzeugen. Und überdies kann man sich auf den gut markierten Straßen dieser Weinregion ganz leicht zurecht finden. Eine Übersichtskarte erhält man im **Lodi Wine & Visitor Center** (www.lodiwine.com). Die Meinungen, welche Weingüter hier die besten sind, sind so unübersichtlich wie Weinranken, aber die im Folgenden genannten sind sicher darunter. Die Anfahrt erfolgt am besten über die I-5 oder den Hwy 99.

» **Jesse's Grove** (www.jessiesgrovewinery.com; 1973 W Turner Rd; ⊙12–17 Uhr) Mit der Sommerkonzertreihe „Groovin' in the Grove" und der langen Familientradition des Weinbaus gehört dieses Weingut zu den Fixpunkten der hiesigen Weinszene. In der Probierstube findet sich eine wunderbare Sammlung historischer Fotos von Lodi. Während Events kann man manchmal auch auf dem Gelände campen.

» **Michael David** (www.michaeldavidwinery.com; 4580 W Hwy 12; ⊙10–17 Uhr) Das Weingut produziert den berühmten Zinfandel „7 Deadly Zins". Es gibt ein Café, das Teller mit frischen Produkten serviert (wer am „Taco-Dienstag" kommt, kann sich glücklich schätzen), und eine altmodische Kurzwarenhandlung.

» **Harney Lane** (www.harneylane.com; 9010 E Harney Lane; ⊙Do–So 12–17 Uhr) Das nette, kleine Familienunternehmen gibt's in Lodi schon seit Urzeiten. Bei Wettbewerben schneidet sein Tempranillo immer ausgezeichnet ab.

» **d'Art** (www.dartwines.com; 13299 N Curry Ave; ⊙Do–So 12–17 Uhr) Helen und Dave Dart kümmern sich mit kunstgerechter Leidenschaft um ihren kräftigen Cabernet. Die Probierstube ist gemütlich und macht Spaß.

» **Jeremy Wine Co** (www.jeremywineco.com; 6 W Pine St; ⊙Mi–So 13–17 Uhr) Wer keine Zeit für eine Tour über Land hat, erhält in der mit Messing und Holz eingerichteten Probierstube des Jeremy im Zentrum von Lodi einen guten Eindruck von dem, was die Region zu bieten hat. Der beste Tropfen auf Lager ist der leichte Sangiovese.

bemühen sich alle um äußerste Sauberkeit und bietet regelrechte Schnäppchenpreise.

Wine & Roses BOUTIQUEHOTEL **$$$**
(☎209-334-6988; www.winerose.com; 2505 W Turner Rd; Zi. 169–269 US$, Suite ab 325 US$) Das von einem riesigen Rosengarten und saftig grünen Rasenflächen umgebene Wine & Roses präsentiert sich inmitten der gleißenden Hitze der Weinberge von Lodi als eine überraschend luxuriöse Bleibe. Die geschmackvollen, modernen und doch romantischen Zimmer bieten Badezimmer aus Schiefer mit hochwertigen Toilettenartikeln, Luxusbettwäsche und große Sitzbereiche. Das in jedem Zimmer Weingläser parat stehen, versteht sich von selbst. Die Suiten sind noch luxuriöser, einige haben auch eine eigene Terrasse. Vor Ort gibt es ein vielgerühmtes Spa und ein Restaurant.

Crush Kitchen & Bar ITALIENISCH **$$**
(www.crushkitchen.com; 115 S School St; Hauptgerichte 17–23 US$; ⏲So, Mo & Do 11.30–21.30, Fr & Sa bis 23.30, Mi 17–21 Uhr) Mit seiner ausgezeichneten, langen Weinkarte und Gerichten mit starkem italienischen Einschlag überragt dieses Restaurant in Sachen Raffinesse die Konkurrenz vor Ort um ein gehöriges Stück. Im Vordergrund stehen einfache, kundig zubereitete rustikale Gerichte: frischer Tomatensalat, Gnocchi mit einem Hauch Trüffelöl und Entenconfit. Wer sich nicht hinsetzen will, kann sich in dem zugehörigen Markt mit Schinken und Pökelfleisch, diversen Käsesorten und örtlichem Honig für ein wunderbares Picknick eindecken.

Cheese Central MARKT **$**
(www.cheesecentrallodi.com; 11 N School St; ⏲Mo–Sa 10–18 Uhr) Man sollte Cindy, die Besitzerin des Ladens, fragen, was zu den Weinen aus Lodi jeweils besonders gut passt. Wenn man nur zu zweit ist, lohnt sich die „Mausefalle". Dabei handelt es sich um eine Käseplatte mit kleinen Portionen ausgezeichneter Importkäsesorten. Wer ein Wochenende in Lodis Weinregion verbringt, kann an den berühmten Kochkursen teilnehmen, die hier veranstaltet werden.

Stockton

Für eine gewisse Zeit schien das kleine Stockton bereits ausgezählt. Was von seiner stolzen Vergangenheit als wichtiger Binnenhafen übrig geblieben war, wurde von einer hohen Kriminalitätsrate und bröckelnden Fassaden vollkommen zerstört. Diese gar nicht so weit zurückliegende Vergangenheit spiegelt sich in den Vororten der Stadt wider, in denen sich verfallene, sonnengebleichte Häuser, alte Donut-Läden, Schnapsläden und Taco-Trucks aneinanderreihen – sie versinnbildlichen das traurige Schicksal der einst für die Goldgräber so wichtigen Versorgungsstation, die vom Niedergang der Schiffsbau- und Transportindustrie schwer getroffen wurde. Der Wiederaufbau des Zentrums und des Hafengebiets ist jedoch eine der vielversprechendsten Wiederauferstehungsgeschichten des Tales und den kurzen Umweg auf jeden Fall wert.

Man weiß, dass man den schönen Teil der Stadt erreicht hat, wenn man das moderne weiße Gebäude des **Weber Point Events Center** (221 Center St) sieht, das in der Mitte eines grasbewachsenen Parks steht und aussieht wie ein paar aufeinandergestapelte Segelboote. Im Events Center findet der Großteil des kulturellen Lebens statt, z.B. das riesige Spargel-Festival im April und eine Reihe von Open-Air-Konzerten – und die Springbrunnen bieten quietschenden Kindern in den Sommerferien Abkühlung. Gleich nebenan liegt der wunderschöne neue **Banner Island Ballpark** (www.stocktonports.com; 404 W Freemont St), in dem die Nachwuchstalente der Stockton Seals Baseball spielen (April–Sept.). Ebenfalls in der Nähe befindet sich das **Haggin Museum** (www.hagginmuseum.org; 1201 N Pershing Ave; Eintritt 5 US$; ⏲Mi–Fr 13.30–17, Sa & So 12–17 Uhr), in dem eine ausgezeichnete Sammlung amerikanischer Landschaftsmalereien und eine ägyptische Mumie zu sehen sind.

Auf der anderen Seite des Kanals ist das **Department of Tourism** (☎209-547-2770; www.visitstockton.org; Suite 220, 445 W Weber Ave; ⏲Mo–Fr 9–17 Uhr), das sämtliche Informationen zum Veranstaltungskalender der Stadt bereithält.

Einige Blocks weiter nördlich kann man sich in **Manny's California Fresh Cafe** (☎209-463-6415; 1612 Pacific Ave; Hauptgerichte 6–15 US$; ⏲10–21.45 Uhr) ein leckeres Mittagessen schmecken lassen, bei dem Grillgerichte und Brathähnchen-Sandwiches die Geschmacksknospen kitzeln. Das Café liegt am Ende der **Miracle Mile** (einer neu entstehenden Einkaufsmeile in der Pacific Ave nördlich der Innenstadt).

Wenn man nach einem Baseballspiel hier übernachtet, ist das **University Plaza Waterfront Hotel** (☎209-944-1140; www.uni

NICHT VERSÄUMEN

STOCKTONS SPARGELFEST

Von allen kulinarischen Festen im Central Valley widmet sich keines dem erkorenen Produkt mit solch kreativer Hingabe wie das Stockton Asparagus Festival (www.asparagusfest.com), bei dem Ende April mehr als 500 Anbieter die kleinen, grünen Stangen auf jede nur denkbare Art zubereiten – mehr als 10 t Spargel werden hier alljährlich aufgeboten. Die hübsche Uferfront wird während des Fests zur „Asparagus Alley".

versityplazawaterfronthotel.com; 110 W Fremont St; Zi. 99–109 US$;) die beste Adresse. Hier mischen sich reisende Arbeiter mit Studenten (denn in den oberen Stockwerken befinden sich Studentenwohnungen). Das hochmoderne Gebäude mit Blick auf den Hafen und den historischen Park liegt, anders als die Kettenhotels am Highway, in Laufentfernung zu den interessanten Stellen im Stadtzentrum.

Modesto

Cruising wurde in Modesto 1993 verboten, aber die Stadt bezeichnet sich trotzdem noch immer als „Cruising-Hauptstadt der Welt". Diesen Beinamen hat sie hauptsächlich dem Film *American Graffiti* (1973) von George Lucas zu verdanken, einem berühmten Sohn der Stadt. Man sieht noch immer überall in der Stadt frisierte Fahrzeuge und heiße Öfen, aber sie verstopfen freitagabends nicht mehr die Hauptstraßen. Die Ernest & Julio Gallo Winery, in der der meistverkaufte Tischwein der USA produziert wird, gehört zu den wichtigsten Unternehmen der Stadt. Alte Eichen säumen Modestos hübsche Straßen, und im kompakten Zentrum kann man sehr gut essen – hier lassen sich ein paar schöne Stunden abseits des staubigen Highways genießen.

Das Zentrum liegt etwas östlich des Hwy 99 (das Gebiet westlich des Freeways sollte man meiden) zwischen der 10th und J St. Aus der Stadtmitte heraus führt der Yosemite Blvd (Hwy 132) Richtung Osten zum Yosemite National Park.

Viele historische Gebäude haben die Wiederbelebungsmaßnahmen gut überstanden, etwa das **State Theatre** (www.thestate.org; 1307 J St) von 1934, in dem Filme gezeigt und Livemusik dargeboten werden, oder das alte **SP-Depot**, eine wahre Schönheit im Missionsstil. Der berühmte **Modesto Arch** an der Ecke 9th St und I St wurde 1912 errichtet und steht dort, wo früher der wichtigste Zugang zur Stadt lag (s. Kasten unten). Während des „Graffiti Month" (Juni) finden klassische Autoshows statt. Näheres gibt's telefonisch bei der **Chamber of Commerce** (209-577-5757; 1114 J St; Mo–Fr 8.30–17 Uhr).

Inmitten all des 1950er-Jahre-Charmes von Modesto ist in einer schindelbedeckten ehemaligen Tankstelle der bodenständige kleine Sandwich-Laden **Brighter Side** (www.brighter-side.com; Ecke 13th & K St; Hauptgerichte 4–6 US$, Mo–Fr 11–15.30 Uhr) untergebracht, der wirkt, als hätte er sich ein Jahrzehnt verspätet. Die Sandwiches hier sind unglaublich: Alle haben einen eigenen Namen, z.B. der leckere Larry (Roggenbrot mit polnischer Wurst, Pilzen und Frühlingszwiebeln) oder die knusprige Christine. Am besten genießt man sie auf dem sonnigen Hof mitten unter den vielen Büroangestellten im Zentrum.

Papachino's Greco-Roman Restaurant (www.mypapachinos.com; 1212t J St; Hauptgerichte 9–13 US$, Mo–Sa 11–20 Uhr;) ist eine weitere Adresse für ein schnelles, gutes Mahl in buntem Ambiente (von den schrägen Wandgemälden sollte man sich

WAS ZUM ...?

Der alte Modesto Arch, der die Stadt berühmt gemacht hat, zeigt Travellern gleich auf den ersten Blick, welche vier Dinge hier die wichtigsten sind: Wasser, Wohlstand, Zufriedenheit und Gesundheit. Der Slogan stammt aus einem Wettbewerb, den die Gemeinde vor dem Bau des Bogens ausgerufen hatte. Dieser einprägsame kleine Wahlspruch trifft heute noch genauso zu wie 1912, als der Bogen errichtet wurde. Interessanterweise hat das Motto, das den Bogen ziert, in Wahrheit gar nicht den Wettbewerb gewonnen. Die Jury hatte sich für den volkstümlichen, weniger eloquenten Slogan „Nobody's Got Modesto's Goat" (im übertragenen Sinne: Niemand bringt Modesto auf die Palme) entschieden, wurde jedoch vom Stadtrat überstimmt.

nicht abschrecken lassen). Beliebt sind das herzhafte Gyros mit Knoblauch und würziger Dillsauce sowie das Lamm. Der Joghurt ist hausgemacht, und es gibt auch viele vegetarische Gerichte. Das Mittagessen wird mit einer einfachen Suppe aus weißen Bohnen serviert.

Der **A&W Drive-In** (Ecke 14th & G St; Hauptgerichte 3–9 US$, ⌚10–22 Uhr) ist ein altmodischer Burger-Stand (er gehört zu einer Kette, die im nahen Lodi gegründet wurde) voller Tellerröcke, doch dank der Kellnerinnen auf Rollschuhen, die die im Auto sitzenden Gäste bedienen, der vielen Oldtimer und der Anlehnung an *American Graffiti* geht hier eine Menge Rootbeer über den Tresen (George Lucas soll in seiner Jugend oft hier gewesen sein).

Merced

Von vielen kleinen Städten in diesem Teil des Tals kann man quasi direkt zum Yosemite National Park wandern, aber dies hier ist die praktischste Ausgangsbasis, da Merced direkt am Hwy 140 liegt. Die Mühlen des Fortschritts haben es nicht gut mit dem Städtchen gemeint, und so muss es überdurchschnittlich viele Einkaufsmeilen ertragen. Im Herzen der Stadt gibt's aber auch hübsche, von Bäumen gesäumte Straßen, historische viktorianische Häuser und ein großartiges Gerichtsgebäude von 1875. Das Business-Viertel im Zentrum ist ein noch unvollendetes Werk, in dem ein Kino aus den 1930er-Jahren, Antiquitätenläden und einige nette Restaurants einem ständigen Renovierungsprozess unterzogen werden.

Auch Merceds Bevölkerung verändert sich momentan ganz entscheidend – dank des jüngsten Campus' der University of California, der 2005 eröffnet wurde. Der Anfangsjahrgang an der UC Merced zählte gerade einmal 1000 Studenten, doch die Universität und die Studentenschaft wachsen stetig weiter, und sie werden auch die Entwicklung der Stadt mitgestalten.

Merceds Innenstadt liegt östlich des Hwy 99 an der Main St zwischen der R St und dem Martin Luther King Jr Way. Das **California Welcome Center** (☎209-384-2791; 710 W 16th St) neben dem Busdepot hält Karten der Gegend und Infos zu Merced und zum Yosemite National Park bereit.

Die größte Attraktion ist das **Castle Air Museum** (☎209-723-2178; 5050 Santa Fe Dr; Erw./Kind 10/5 US$; ⌚9–17 Uhr) in Atwater, rund 6 Meilen (9,5 km) nordwestlich von Merced. Hier ist ein ganzes Geschwader von restaurierten Militärflugzeugen aus dem Zweiten Weltkrieg, dem Koreakrieg und dem Vietnamkrieg zu sehen, das unheimlich beeindruckend vor einem großen Hangar steht. Selbst Kriegsdienstverweigerer stehen staunend vor diesen stromlinienförmigen Tötungsmaschinen.

Das in einem großen, alten Herrenhaus im Kolonialstil untergebrachte **Hooper House Bear Creek Inn** (☎209-723-3991; www.hooperhouse.com; 575 W North Bear Creek Dr; Zi. 129–159 US$; ❄📶) ist ein entspanntes Refugium. Die großen Zimmer sind wunderschön mit Hartholzmöbeln, weichen Betten und gefliesten Badezimmern ausgestattet. Im Preis inbegriffen ist das üppige Frühstück, das man sich aufs Zimmer kommen lassen kann.

Das familiäre **HI Merced Home Hostel** (☎209-725-0407; B 15–18 US$; ⌚Rezeption 17.30–22 Uhr) hat sechs Betten und gehört alteingesessenen Einwohnern der Stadt. Hier fühlt man sich wie bei Tante und Onkel (man denke nur an die Besteckssammlung!), die am Küchentisch sitzen und einen mit Tipps für Ausflüge in den Yosemite National Park versorgen. Das Hostel ist schnell ausgebucht, besonders an Sommerwochenenden. Betten müssen vorab reserviert werden (Tel. 17.30–22 Uhr). Das Haus liegt in einem ruhigen Wohnviertel. Das Personal gibt die Adresse nicht bekannt, holt die Gäste aber vom Bahnhof oder Busbahnhof ab und bringt sie dort wieder hin.

Die Raststätte **Branding Iron** (www.thebrandingiron-merced.com; 640 W 16th St; Hauptgerichte mittags 9–11 US$, abends 10–25 US$; ⌚Mo–Fr 11–21, Sa & So ab 17 Uhr) ist bei den Farmern in der Gegend sehr beliebt und wurde für die vielen Reisebusinsassen ein wenig aufgehübscht, aber alle Gäste genießen die herzhaften Steaks und die tolle Western-Atmosphäre. Über den Speiseraum wacht „Old Blue", der mächtige ausgestopfte Kopf eines Stiers, der von einer Milchfarm vor Ort stammt.

Ins Yosemite Valley fahren viermal täglich Busse von **Yarts** (☎209-388-9589, www.yarts.com) ab verschiedenen Haltestellen in Merced, z.B. vom **Merced Transpo Center** (Ecke 16th & N St) und vom **Amtrak-Bahnhof** (Ecke 24th & K St). Die Fahrt dauert etwa zweieinhalb Stunden; die Busse halten u.a. in Mariposa, Midpines und am Yosemite Bug Lodge & Hostel. Hin- und Rückfahrt kosten 25 US$ (Kind 18 US$) und schließen den Eintrittspreis für den Park ein (ein echtes

Schnäppchen!). In den Yarts-Bussen gibt's auch einen kleinen Bereich zum Abstellen von Fahrrädern (frühzeitig kommen!).

Auch **Greyhound-Busse** (710 W 16th St) fahren vom Transpo Center ab.

Fresno

Fresno, das sich wie eine Blase im ausgetrockneten Zentrum des Staates erhebt, ist mit Abstand die größte Stadt im San Joaquin Valley. Die alten Backsteinhäuser, die zu beiden Seiten der Schienen der Santa Fe Railroad stehen, sind ein beeindruckender Anblick. Dies gilt auch für die vielen historischen Gebäude im Zentrum, etwa den Fresno Water Tower von 1894 oder das Pantages (Warnors) Theatre aus dem Jahr 1928. Sie konkurrieren mit neueren Bauwerken um die Aufmerksamkeit der Betrachter, z.B. mit dem riesigen Convention Center und dem modernen Stadion Chukchansi Park, in dem die Grizzlies, Fresnos Baseballteam aus der Triple-A-Liga, spielen.

Das Interessanteste, was Fresno für seine Besucher bereithält, ist der Tower District, das einzige Stadtviertel mit aktiver alternativer Kulturszene zwischen Sacramento und Los Angeles. Das nördlich des Zentrums gelegene Viertel lockt mit Buch- und Plattenläden, Musikclubs und einer Handvoll stilvoller Restaurants.

Wie viele Städte im Valley verdankt Fresno seine unglaubliche Vielfalt seinen mexikanischen, baskischen und chinesischen Gemeinden, die seit Jahrzehnten hier leben. In jüngerer Vergangenheit haben sich Tausende Angehörige der Hmong in der Gegend niedergelassen. Das prominenteste Mitglied der schon lange hier ansässigen armenischen Gemeinde war der Autor und Dramatiker William Saroyan, der in dieser Stadt, die er so sehr liebte, geboren wurde, lebte und starb.

Sehenswertes & Aktivitäten

Das Zentrum liegt zwischen der Divisadero St, dem Hwy 41 und dem Hwy 99. Der Tower District befindet sich 2 Meilen (3,2 km) nördlich an der Kreuzung von E Olive Ave und N Fulton Ave.

Forestiere Underground Gardens BOTANISCHER GARTEN
(☎559-271-0734; www.undergroundgardens.info; 5021 W Shaw Ave; Erw./Kind 12/7 US$; ⏲Führungen Do–Fr stündl. 11–14, Sa & So 10, 11, 12, 13.30 & 14.30 Uhr) Wer nur Zeit für eine Sache in Fresno hat, sollte dem botanischen Garten, zwei Blocks östlich des Hwy 99, einen Besuch abstatten. Er ist das großartige Vermächtnis des sizilianischen Einwanderers Baldasare Forestiere, der 1906 damit begann, etwa 28 ha unter dem steinharten Boden auszuhöhlen, um dort Zitruspflanzen anzubauen. Dank eines einzigartigen Oberlicht-Systems gelang es ihm, einen wunderschönen unterirdischen Bereich zu schaffen, in dem er kommerzielle Nutzpflanzen anbauen und auch selber leben konnte. Manche der Obstbäume wachsen allein mit dem Oberlicht zu voller Größe aus. Das Tunnelsystem umfasst mehrere Schlafzimmer, eine Bibliothek, Innenhöfe, Grotten und einen Fischteich und gehört heute zu den historischen Baudenkmälern. Bis zu seiner Vollendung beschäftigte dieses schlichtweg fantastische Unterfangen Forestiere an die 40 Jahre. Bei seinem Tod 1946 hinterließ er eine der faszinierendsten Attraktionen im Central Valley.

Tower Theatre HISTORISCHES GEBÄUDE
(☎559-485-9050; www.towertheaterfresno.com; 815 E Olive Ave) Fresnos **Tower District** begann in den 1920er-Jahren als Einkaufsmeile und verdankt seinen Namen dem wunderschönen Art-déco-Kino Tower Theatre, das 1939 eröffnet wurde. Das Filmtheater wird heute als Zentrum für Darstellende Künste genutzt. In der Umgebung gibt es Buchläden, Geschäfte, Spitzenrestaurants und Cafés, in denen Fresnos Schwulen- und Alternativszene zu finden ist. Nirgendwo in der Stadt kann man besser stöbern und bei einem Iced Latte entspannen – auch wenn (oder weil) der Hipster-Quotient hier im Vergleich zu, sagen wir mal, San Franciscos Mission District eher gering ist.

LEKTÜRETIPPS ZUM CENTRAL VALLEY

» *Where I Was From* (2003) – Joan Didion

» *Früchte des Zorns* (1939) – John Steinbeck

» *The Other California* (1990) – Gerald Haslam

» *Proud to Be an Okie: Cultural Politics, Country Music, and Migration to Southern California* (2007) – Peter La Chapelle

» *Cadillac Desert* (1986) – Marc Reisner

Fresno Art Museum KUNSTMUSEUM
(☎559-441-4221; www.fresnoartmuseum.org; 2233 N 1st St; Erw./Student 4/2 US$, Di Eintritt frei; ⌚Fr–Mi 11–17, Do bis 20 Uhr) Das Museum in Radio Park zeigt Wechselausstellungen zeitgenössischer Kunst – einschließlich Werke lokaler Künstler –, die zu den spannendsten im Valley zählen.

Fresno Metropolitan Museum of Art & Science WISSENSCHAFTSMUSEUM
(☎559-441-1444; www.fresnomet.org; 1515 Van Ness Ave; Erw./Kind bis 2 Jahre/Kind 3–12 Jahre/ Student & Senior 9 US$/frei/5/7 US$; ⌚Fr–Mi 10–18, Do bis 20 Uhr; 👪) Das kürzlich renovierte Museum ist bei Kindern sehr beliebt. Es bietet interaktive wissenschaftliche Ausstellungsstücke, Kunsthandwerk amerikanischer Ureinwohner, eine große Sammlung alter Puzzles und eine Galerie zu William Saroyan. Das Museum besitzt auch eine große Sammlung mit Fotografien von Ansel Adams. Nach dem Renovierungsmarathon ändern sich die Öffnungszeiten und Eintrittspreise; vor einem Besuch also besser anrufen!

Roeding Park PARK
(3 US$/Fahrzeug) Der große, schattige Park an der Olive Ave, gleich östlich des Hwy 99, beherbergt die kleinen **Chaffee Zoological Gardens** (☎559-498-2671; www.fresnochaffeezoo.com; Erw./Kind 7/3,50 US$; ⌚9–16 Uhr; 👪). Daneben findet man **Storyland** (☎559-264-2235; Erw./Kind 4/3 US$; ⌚Sa & So 10–17.30 Uhr, variiert je nach Saison; 👪), ein kitschiges Märchenland für Kinder von 1962, und **Playland** (Erw./Kind 5/3,50 US$; 👪) mit Fahrgeschäften und Spielen für Kinder.

Schlafen & Essen

In Bezug auf erstklassige Unterkünfte hat Fresno noch Luft nach oben. Aber wer die Stadt als Ausgangspunkt für Besuche im Sequoia bzw. Kings Canyon National Park nutzen will, findet hier viele Optionen: die leicht verwitterten Häuser aus der Mitte des letzten Jahrhunderts am Hwy 99, eine Reihe Kettenhotels in der Nähe des Flughafens und ein paar Hochhausburgen im Zentrum. Das beste Essen findet man im Tower District. Es gibt noch einen Abschnitt mit Lokalen, die jede Menge Bier und Chicken Wings für College-Studenten auf Lager haben.

Piccadilly Inn Shaw HOTEL $$
(☎559-226-3850; www.picadillyinn.com; 2305 W Shaw Ave; Zi. 119–179 US$; ❄@≋) Dies ist die schönste Unterkunft in Fresno mit einem hübschen Pool, großen Zimmern und zahllosen Annehmlichkeiten. Im Winter lässt man sich am besten ein Zimmer mit Kamin geben, an dem man prima kuscheln kann. Ist das Hotel ausgebucht, kann man es bei den anderen Ablegern der Kette versuchen: Piccadilly Inn University, Piccadilly Inn Express und Piccadilly Inn Airport.

LP TIPP **Dusty Buns Bistro Bus** FOOD-TRUCK $
(www.dustybuns.com, http://twitter.com/dustybunsbistro; Hauptgerichte 7 US$; ⌚Mi–So mittags, Öffnungszeiten variieren) Der bunt bemalte Bus hat Sandwiches mit saisonalen Bioprodukten, die im Alleingang Fresnos Esskultur auf die Sprünge geholfen haben. Das junge Pärchen auf dem Fahrersitz hat sein Geschäft spannend aufgezogen, indem per Twitter aktuell Geschäftszeiten, Standort und Speiseangebot bekanntgegeben werden. Die Spezialität ist der Dusty Bun, ein köstlich belegtes Brötchen mit Chipotle-Brathähnchen und Sesam-Gurkenscheiben. Ob sich der extravagante Truck wohl im schlichten, alten Fresno halten wird? Man kann ausgiebig darüber nachdenken, während man in der Schlange steht, die sich um den ganzen Block zieht.

Loving Hut THAI $
(www.lovinghut.us; 1495 N Van Ness Ave; Hauptgerichte 7 US$; ⌚Mi–Sa 11–14 & 17–20 Uhr; 📶🖉) Der Star des ausgezeichneten Veganer-Lokals gleich außerhalb des Tower District in einem alten Haus im Craftsman-Stil ist das „Heavenly Rhelms", ein herzhaftes Grillgericht mit Hühnchenschenkeln ohne Hühnchen. Genauso gut ist das „Ocean of Love", ein veganes Reisgericht mit einer Sauce aus schwarzem Pfeffer und Gemüsebeilage. Mitten im Rinderland werden hier Vegetarierträume wahr.

Grand Marie's Chicken Pie Shop AMERIKANISCH $
(☎559-237-5042; 2861 E Olive Ave; Hauptgerichte 5–12 US$; ⌚tgl. morgens & mittags, Mo–Sa abends) Dank der großen Kelle Bratensauce und der blättrigen Kruste sind die Hühnchen-Pies in dem geselligen Stammlokal im Tower District wahre Köstlichkeiten. Zum Frühstück gibt's herrliches butterweiches Gebäck.

Sam's Italian Deli & Market DELI $
(2415 N First St; Hauptgerichte 5–9 US$; ⌚Mo–Sa 8.30–18 Uhr) Der italienische Markt mit Feinkostladen ist echt klasse. Hier findet man „New Yorker" Pastrami sowie sensationellen Prosciutto und Mozzarella.

UNBLUTIGER STIERKAMPF

Seit 1957 sind Stierkämpfe in den USA verboten, aber es gibt Ausnahmen. Die portugiesischen Gemeinden im Central Valley dürfen während ihrer *festas* unblutige Stierkämpfe abhalten. Die *festas* sind große Events, die bis zu 25 000 portugiesischstämmige Amerikaner anlocken, und die Stierkämpfe sind immer der Höhepunkt der mehrtägigen Feierlichkeiten mit Umzügen, Essen, Musik und Schönheitswettbewerben.

Ende des 19. Jhs. siedelten sich überwiegend von den Azoren stammende portugiesische Fischer und Bauern in Kalifornien an. Die Gemeinden wuchsen, besonders im Central Valley, dank der anhaltenden Einwandererströme bis vor Kurzem stetig an. Viele Menschen im Valley sprechen fließend Portugiesisch und besuchen die *festas*, die überall im Bundesstaat stattfinden.

Festas sind in erster Linie Kulturevents, typischerweise zu Ehren religiöser Symbolfiguren wie den heiligen Antonius oder der Jungfrau Maria von Fátima. Kerzenprozessionen, Volkstänze, Segnungen der Kühe, Darbietungen von *pezinho*-Liedern (traurige Melodien mit Violinenbegleitung) und so viel Essen, bis man sich wie eine Presswurst fühlt, gehören unbedingt dazu. Die Miss-Festa-Wahlen nehmen die Teilnehmerinnen sehr ernst.

Die *festas* finden den ganzen Sommer über statt, die größten in Hanford, Gustine (am Hwy 33, nördlich der Kreuzung der I-5 mit dem Hwy 152) und Stevinson (östlich von Gustine). Sie werden nicht sehr stark beworben, und die entsprechenden Websites sind oft nur kurzzeitig online. Am besten gibt man einfach in eine Suchmaschine „festas california" ein.

☆ Unterhaltung

Tower Theatre for the Performing Arts THEATER
(www.towertheatrefresno.com; 815 E Olive Ave) Mitten im Zentrum des angesagtesten Viertels von Fresno ist der neonfarbene Phallus kaum zu übersehen. Auf der Bühne des atemberaubenden Art-déco-Palasts stehen tourende Rock- und Jazzbands. Außerdem gibt's Ballettvorführungen und saisonale Kulturveranstaltungen.

ℹ Praktische Informationen

Fresno Convention & Visitors Bureau (☎559-237-0988, 800-788-0836; www.fresnocvb.org; Ecke Fresno & O St; ⏲Mo–Fr 10–16, Sa 11–15 Uhr) Im Fresno Water Tower.

ℹ Anreise & Unterwegs vor Ort

Fresno Yosemite International Airport Gleich östlich vom Stadtzentrum liegt der trostlose, aber zweckmäßige Flughafen mit zwei Landebahnen. Rund um den Flughafen findet man Kettenhotels. Die Namensbestandteile „Yosemite" und „international" sind etwas zu hoch gegriffen, denn die Fahrt zum Nationalpark dauert zwei Stunden, und der einzige Auslandsflug geht nach Mexico City.

Fresno Area Express (FAX; ☎559-488-1122; einfache Strecke 1,25 US$) Das lokale Busunternehmen hat täglich Busverbindungen vom Downtown Transit Center an der Van Ness Ave und Fresno St zum Tower District (Bus 22 und 26) und zu den Forestiere Underground Gardens (Bus 20, umsteigen in Bus 9).

Greyhound (☎559-268-1829; 1033 Broadway) Die Busse halten im Zentrum in der Nähe des neuen Baseballplatzes. Die einfache Fahrt von/nach Los Angeles kostet 39 US$, von/nach San Francisco 29,50 US$ (5 Std., 5-mal tgl.).

Visalia

Sein landwirtschaftlicher Reichtum und das schöne Zentrum machen Visalia zu einem der charmantesten Zwischenstopps im Valley auf dem Weg in den Sequoia bzw. Kings Canyon National Park oder zu den Sierra Peaks. Das vor 100 Jahren beim Eisenbahnbau übergangene Städtchen liegt 5 Meilen (8 km) östlich vom Hwy 99 am Hwy 198. Die Innenstadt mit ihren großartigen alten Gebäuden lädt zu einem Bummel ein.

👁 Sehenswertes & Aktivitäten

Die originalen Häuser im viktorianischen und im Arts-and-Crafts-Stil in Visalia sind architektonische Schönheiten, die eine Erkundung zu Fuß lohnen. Infos zu einem Stadtspaziergang gibt's bei der **Visalia Chamber of Commerce & Visitor Center** (www.visaliatourism.com; 720 W Mineral King Ave ⏲Mo–Fr 8.30–17 Uhr). Der Rundgang, den

PANORAMASTRASSE: BLOSSOM TRAIL

Wenn die Bäume im Central Valley blühen, sind die Straßen rund um Visalia perfekt für eine entspannte Spazierfahrt, vorbei an Zitrusbäumen und Weinbergen. Der 62 Meilen (100 km) lange Blossom Trail (www.gofresnocounty.com) ist besonders malerisch zwischen Februar und März, wenn alles blüht (Allergiker sollten sich hüten!). Einen Streckenplan erhält man beim Fresno City & County Convention & Visitors Bureau, aber man kann auch auf eigene Faust losziehen. Einfach Landkarte aufschlagen und über die Landstraßen zwischen Reedley, Orange Cove, Selma und Kingsburg fahren!

Kingsburg ist ein weiteres Städtchen im Central Valley, in dem Traditionen von Einwanderern lebendig sind: Es wurde von schwedischen Farmern gegründet, und überall in der Main St gibt es knallig rote und gelbe Dalapferde, schwedische Souvenirläden und Bäcker.

man auf eigene Faust absolviert, führt einen von der Main St aus auf der N Willis und der Encina St nach Norden.

Kaweah Oak Preserve NATURSCHUTZGEBIET
Etwa 7 Meilen (11 km) östlich von Visalia befindet sich dieses 131 ha große Naturschutzgebiet voller Nordamerikanischer Roteichen, die in der Gegend einst von den Sierras bis zum (längst ausgetrockneten) Tulare Lake im Valley wuchsen. Hier kann man eine nette, kleine Wanderung machen und gleichzeitig einen Blick in die Vergangenheit des Tals werfen, in der weder Obstplantagen noch Weinberge das Bild der Region prägten. Vom Hwy 198 nach Norden auf die Rd 182 fahren; nach etwa einer halben Meile (800 m) sieht man linkerhand den Park.

Cellar Door LIVEMUSIK
(www.cellardoorvisalia.com; Ecke W Main & Court St) Visalias ganzer Stolz ist diese großartige kleine Veranstaltungsstätte, die tourende Indie-Bands weit über das Central Valley hinaus anlockt. Es gibt auch eine umfangreiche Weinkarte und Open-Mike-Abende.

Fox Theatre LIVEMUSIK
(Kartenschalter 559-625-1369; www.foxvisalia.org; Ecke W Main & Encina St) In dem prächtig restaurierten Filmtheater von 1930 finden Konzerte, Filmvorführungen von Klassikern und sonstige Events statt.

Schlafen & Essen

In der Stadtmitte gibt es haufenweise Lokale, u.a. solche mit internationaler Küche. Wer einfach mal seiner Nase folgen will, macht am besten einen Bummel über die Main St zwischen Floral und Bridge St.

Spalding House B&B $
(559-739-7877; www.thespaldinghouse.com; 631 N Encina St; Zi. 95 US$;) Das B&B hat drei erstklassige Suiten, die jeweils mit einem antiken Bett, einem Wohnzimmer und einem modernen Bad ausgestattet sind. Das üppige Frühstück bringt einen morgens auf Trab, und abends kann man im Salon ein wenig auf dem Steinway-Klavier von 1923 klimpern.

LP TIPP **Brewbaker's Brewing Company** BRAUHAUS $
(www.brewbakersbrewingco.com; 219 E Main St; Hauptgerichte 6–12 US$; 11.30–22 Uhr;) Dass man am Wochenende bei dem Andrang im Brewbaker's auf seine Bestellung warten muss, ist normal. Aber die hauseigenen Biere sind es wert, allen voran das weiche Sequoia Red, das Aushängeschild der Kleinbrauerei, und das schokoladige Possum Porter. Das hübsche Ambiente mit glänzend polierten Kupferkesseln und Buntglas-Details im Tiffany-Stil ist die passende Kulisse für das gute Kneipenessen.

The Vintage Press KALIFORNISCH $$$
(559-733-3033; www.thevintagepress.com; 216 N Willits; Hauptgerichte 12–29 US$; Mo–Sa 11.30–14 & 17.30–22, So 10–21 Uhr) Sitznischen mit rotem Lederüberzug, Buntglasfenster und dunkles Holz bilden den Rahmen für das recht konservative Essen in dem alteingesessenen Spitzenrestaurant im Central Valley. Das Restaurant geht nicht mit dem hippen Trend, dass alles aus der Region stammen muss – auf der Karte stehen australischer Hummer, neuseeländisches Lammkarree und hawaiianischer Fisch. Aber alles ist perfekt gegrillt und sautiert – zur vollsten Zufriedenheit der betuchten Rancher, die gerne zum Feiern herkommen.

An- & Weiterreise

Amtrak-Shuttles (www.amtrak.com) fahren zum Bahnhof in Hanford (nur Vorabreservierung). In Hanford haben Reisende Anschluss zu allen anderen Amtrak-Verbindungen im Bundesstaat, darunter zum *San Joaquin*, der nordwärts nach Sacramento (31 US$, 4 Std., tgl. 2 Direktzüge) und südwärts nach Bakersfield (16 US$, 1½ Std., tgl. 6 Züge) fährt.

Bakersfield

Je näher man Bakersfield kommt, desto mehr häufen sich die Beweise für Kaliforniens Sucht nach schwarzem Gold: Entlang der Strecke sieht man viele rostige Bohrtürme, die sich auf den weiten Ölfeldern Südkaliforniens tief in den Boden bohren. Hier wurde Ende des 19. Jhs. Öl gefunden, und im Kern County, dem südlichsten County am Hwy 99, wird noch immer mehr Öl gefördert als in manchen OPEC-Ländern (Übrigens spielt hier Upton Sinclairs Roman *Öl!*, der als Vorlage für den 2007 mit dem Oscar ausgezeichneten Film *There Will Be Blood* diente). In den 1930er-Jahren lockte das Öl einen Strom von „Okies" an – Farmer, die von den staubigen Great Plains herkamen, um an den Bohrtürmen zu arbeiten (s. Kasten S. 398). Die Kinder dieser stahlharten Bohrarbeiter prägten Mitte der 1950er-Jahre den „Bakersfield Sound", allen voran ihre Helden Buck Owens und Merle Haggard, die dem schicken Establishment in Nashville herausfordernd den Stinkefinger zeigten (Tipps zur passenden Musik für unterwegs gibt's im Kasten auf S. 399).

Weil Bakersfield inzwischen versucht, so mondän wie einige seiner Nachbarn im Valley zu werden, ist seine Beziehung zu den strassbesetzten Country-Schmetterern aus seiner Vergangenheit ziemlich angespannt. Und mit dem Tod von Buck Owens im Jahr 2006 wurde auch ein großer Teil des gepfefferten „Bakersfield Sounds" zu Grabe getragen.

Obwohl einige Ecken der Stadt recht schäbig sind, ist die Innenstadt von einem erstaunlichen Mix aus restaurierten Häusern, Amtsgebäuden, Restaurants und Antiquitätenläden wie dem **Five & Dime** (Ecke 19th & K St; ⌚Mo–Sa 10–17, So 12–17 Uhr) im originalen Woolworth-Gebäude geprägt. Im **Fox Theater** von 1930 finden regelmäßig Aufführungen statt. Hier ist auch Merle Haggard bei seinem letzten Besuch aufgetreten.

Sehenswertes

Der Kern River fließt am Nordrand von Bakersfield und trennt es vom benachbarten Arbeiterstädtchen Oildale sowie einer Reihe Ölfelder. Die wichtigsten Achsen der Innenstadt sind die Truxtun Ave und die Chester Ave. Old Town Kern, östlich des Zentrums rund um die Baker und Sumner St, war einst das lebendige, geschäftige Herz des Städtchens, leidet inzwischen aber unter Vernachlässigung. Dennoch bietet die Altstadt einen interessanten Einblick in die bröckelnde Vergangenheit der Region. Die **Bakersfield Historic Preservation Commission** (www.bakersfieldcity.us/edcd/historic/) bietet online Karten für Stadtspaziergänge durch Old Town Kern und die historische Downtown Bakersfields.

Kern County Museum & Lori Brock Children's Discovery Center MUSEUM
(www.kcmuseum.org; 3801 Chester Ave; Erw./Student 10/9 US$; ⌚Mi–So 10–17 Uhr, 👪) Das Museum bietet ein Pionierdorf mit mehr als 50 restaurierten und nachgebauten Gebäuden. Im modrigen Haupthaus gibt es eine große (etwas beunruhigende) Ausstellung, bei der man Tiere, die in der Gegend in der freien Natur vorkommen, ausgestopft bewundern kann. Im 2. Stock wartet eine Sammlung mit Erinnerungsstücken aus der musikalischen Glanzzeit Bakersfields.

California Living Museum ZOO
(www.calmzoo.org; 10500 Alfred Harrell Hwy; Erw./Kind 9/5 US$; ⌚9–17 Uhr; 👪) Eine halbe Stunde nordöstlich der Stadt gibt es im Zoo mit botanischem Garten viele einheimische Tiere, darunter Schwarzbären und Weißkopfseeadler. Kinder werden sich wohl schnell wieder aus dem Klapperschlangenhaus herauswinden wollen, in dem es alle möglichen in dem Bundesstaat lebenden Schlangenarten gibt. Die Fahrt ab Downtown Bakersfield dauert rund 20 Minuten.

Schlafen & Essen

An den Highways bei Bakersfield sprießen Kettenmotels wie Unkraut aus dem Boden. Budgetmotels der alten Schule (ab 35 US$) säumen die Union Ave, die vom Hwy 178 nach Süden führt; manche sind allerdings etwas zwielichtig. Bakersfield trumpft mit einigen traditionell baskischen Restaurants auf, in denen das Essen wie in einer Familienrunde in mehreren Gängen aufgetragen wird. Vor dem Hauptgang gibt's u.a, Suppe, Salat, Bohnen und dünne Scheiben herzhaft gewürzter Rinderzunge – also großen Hunger mitbringen!

LP TIPP **Padre Hotel** BOUTIQUEHOTEL $$
(☎661-427-4900; www.thepadrehotel.com; 1702 8th St; Zi. 89–199 US$, Suite ab

500 US$;) Nach jahrelangem Leerstand wurden endlich Investoren für den historischen Turm gefunden, der nach einer umwerfenden, stylishen Renovierung nun wiedereröffnet wurde. Angeschlossen sind ein gehobenes Restaurant und ein paar Bars, die schlagartig zur angesagtesten Cocktail-Location in Bakersfield wurden. Die Standardzimmer sind mit üppigen Details ausgestattet: Schaumstoffmatratzen, dicken Bettdecken und Designermöbeln. Die zwei Themen-Suiten – „Ölbaron" und „Farmerstochter" – sind mit Samttapeten, Ledersofas und Duschen für zwei ziemlich exklusiv. Und dann gibt's da noch die Suite mit der „Poledance-Stange" in der Dusche.

LP TIPP **Noriega Hotel** BASKISCH $$
(☎661-322-8419; www.noriegahotel.com; 525 Sumner St; Hauptgerichte mittags/abends 14/20 US$; ⊙Di–So) Griesgrämige baskische Herren streichen sich die runden Bäuche, scherzen in verschiedenen Sprachen und lassen die Flasche mit Zinfandel in Bakersfields letzter baskischer Familieninstitution herumgehen. An der langen Speisetafel wird ein wechselndes Angebot mit sahniger Ochsenschwanzsuppe, Schweinekoteletts und Kalbfleisch serviert. Das Ambiente ist traumhaft: lange Tische, in Schachbrettmuster geflieste Böden und Schwarzweißfotos von mehreren Generationen der Besitzer an den Wänden. Die ganze Familie dürfte zum Gewinn des prestigeträchtigen James Beard Award beigetragen haben. Achtung: Die Essenszeiten werden hier strikt eingehalten (Frühstück 7–9 Uhr, Mittagessen 12 Uhr, Abendessen 19 Uhr).

Dewar's Candy Shop EIS $
(www.dewarscandy.com; 1120 Eye St; Eis 3–10 US$; ⊙Mo–Do 11–21, Fr & Sa bis 22 Uhr) Auf den pastellfarbenen Hockern am Tresen stürzen sich Familien auf das hausgemachte Eis, dessen Zutaten von umliegenden Farmen stammen. Die traumhaften Geschmacksrichtungen wie „Zitronenflöckchen" und „Zuckerwatte" variieren je nach Saison.

Luigi's ITALIENISCH $
(www.shopluigis.com; 725 E 19th St; Hauptgerichte 6–12 US$; ⊙Di–Sa mittags) Das erstaunliche Mittagslokal, dessen Wände Schwarzweißfotos von Sportlegenden zieren, besteht schon seit mehr als 100 Jahren. Das gefüllte Hühnchen zergeht im Mund, und die ausgezeichnete Bäckerei liefert butterzarte Brötchen und einen erstaunlich kräftigen Butterfinger-Pie. Zu den vegetarischen Angeboten zählen Pilz-Ravioli mit Salbei-Buttersauce.

Jake's Original Tex Mex Cafe SÜDWESTAMERIKANISCH $
(www.jakestexmex.com; 1710 Oak E St; Hauptgerichte 7–14 US$; ⊙Mo–Sa mittags & abends) Die städtischen Angestellten strömen scharenweise in die ausgezeichnete Cafeteria, die mehr Tex als Mex ist, um sich an rau-

ABSTECHER

WEEDPATCH LABOR CAMP

In den Jahren nach der Weltwirtschaftskrise hatte Kern County unter allen kalifornischen Gemeinden den größten Anteil armer weißer Landarbeiter aus den Südstaaten und den Great Plains zu verzeichnen. Die sogenannten „Okies" (die durchaus nicht nur aus Oklahoma stammten) kamen mit der Hoffnung, sich auf den Feldern des Golden State ein neues Leben schaffen zu können. Die meisten fanden jedoch nur Jobs als Wanderarbeiter und litten andauernde Not und Entbehrungen.

Das 1935 gegründete Arbeitercamp der Farm Security Administration (das Vorbild für das „Weedpatch Camp" in *Die Früchte des Zorns*) war eines von 16, die seinerzeit gegründet wurden, um Wanderarbeiter zu unterstützen. Es ist das einzige, von dem noch Originalgebäude erhalten sind. Nach der kürzlich vorgenommenen Restaurierung erstrahlt das Camp in einem surrealen Glanz, bietet aber immer noch einen faszinierenden Einblick in die Vergangenheit – und erinnert zugleich an die fortdauernden harschen Konflikte zwischen den großen Agrarproduzenten und den ausgebeuteten Arbeitsmigranten. Von Bakersfield den Hwy 58 nach Osten bis zum Weedpatch Hwy nehmen, dann rund 7 Meilen (11,3 km) an Lamont vorbei nach Süden fahren und schließlich links in den Sunset Blvd abbiegen und der Straße eine weitere Meile (1,6 km) folgen! Die Gebäude (auf dem Schild steht „Arvin Farm Labor Center") befinden sich zur Rechten. Jedes Jahr im Oktober erinnern die **Dust Bowl Days** (www.weedpatchcamp.com) an die Geschichte der Okies.

KÖNIGE DES BAKERSFIELD SOUND

Wer den Hwy 99 hinunterfährt, sollte mit den beiden Titanen des Bakersfield Sounds auf Du und Du sein: Merle und Buck. Die virtuosen Meister der E-Gitarre und Herzensbrecher vom Lande sind die Country-Könige des Central Valley.

» „I'm Gonna Break Every Heart I Can" – Merle Haggard
» „I've Got A Tiger by the Tail" – Buck Owens
» „Okie from Muskogee" – Merle Haggard
» „Second Fiddle" – Buck Owens
» „The Bottle Let Me Down" – Merle Haggard
» „Under Your Spell Again" – Buck Owens
» „Swinging Doors" – Merle Haggard
» „The Streets of Bakersfield" – Buck Owens und Dwight Yoakam

chigem, langsam gegartem Rindfleisch zu laben. Die Fritten mit Paprika sind herrlich fettig und „Herb's Belcher Spuds" so dekadent wie der Name vermuten lässt.

Wool Growers BASKISCH $
(☎661-327-9584; www.woolgrowers.net; 620 E 19th St; Hauptgerichte 7–20 US$; ⏱Mo–Sa mittags & abends) Ein weiteres baskisches Lokal mit viel Lokalkolorit. Nach einem Abendessen mit gebratenen Hähnchen ist man für den Rest der Woche schön satt.

☆ Unterhaltung

LP TIPP Buck Owens' Crystal Palace LIVEMUSIK
(☎661-328-7560; www.buckowens.com; 2800 Buck Owens Blvd) Für die Fans des wackeren musikalischen Erbes der Stadt ist dies der erste Programmpunkt – dank des riesigen Neonschilds in Form von Bucks berühmter Gitarre in den amerikanischen Landesfarben Rot, Weiß und Blau kann man ihn nicht verfehlen. Das Palace ist Musikmuseum, Musikkaschemme und Steakhaus in einem; jeden Abend stehen Spitzenmusiker der Country-Szene auf der Bühne und Einheimische in tadelloser Westernkleidung schwingen das Tanzbein.

Trout's & the Blackboard Stage HONKYTONK
(www.troutsblackboard.com; 805 N Chester Ave Höhe Decatur St) Das legendäre Trout's im benachbarten Oildale ist die einzige verbliebene Honkytonk-Kneipe in der Gegend, die auch nach einem halben Jahrhundert noch an die längst vergangenen wilden Zeiten erinnert. Einen Kristallpalast darf man nicht erwarten: Das einzige, was hier glitzert, sind die Glasscherben auf dem Parkplatz, und die einzige Barfrau ist recht bärbeißig – aber die Livemusik kommt von Bakersfield-Legenden und deren Schülern. Montags ist die denkwürdige „Seniors Night".

ℹ Praktische Informationen

Greater Bakersfield Convention & Visitors Bureau (☎661-325-5051; www.bakersfieldcvb.org; 515 Truxtun Ave; ⏱Mo–Fr 8.30–17 Uhr) Hat Karten und Broschüren.

ℹ Anreise & Unterwegs vor Ort

Airport Bus of Bakersfield (☎805-395-0635; 2530 F St) bietet siebenmal täglich einen Shuttlebus zwischen Bakersfield und dem LAX (32 US$, 2½ Std.).

Amtrak-Bahnhof (☎661-395-3175; 601 Truxtun Ave Höhe S St) Züge fahren Richtung Norden nach Sacramento (43–77 US$, 5 Std., 2 Direktzüge). Die Busse nach Los Angeles (16–33 US$) können nur in Verbindung mit einem Zugticket genutzt werden.

Golden Empire Transit (GET; www.getbus.org; einfache Strecke 0,90 US$) Betreibt das örtliche Busnetz. Die Buslinie 2 fährt nordwärts über die Chester Ave zum Kern County Museum und nach Oildale.

Greyhound (☎661-327-5617; 1820 18th St) Der Busbahnhof befindet sich in Downtown nahe dem Padre Hotel.

Kern River Area

Vor einem halben Jahrhundert floss der an den Hängen des Mt. Whitney entspringende Kern River rund 275 km weit, ehe er schließlich in den Buena Vista Lake im Central Valley mündete. Heute wird sein Wasser nach dem wilden Sturz aus dem Hochland – das Gefälle beträgt dort unglaubliche 12,50 m pro Kilometer – im Tal an mehreren Stellen aufgestaut und fast gänzlich für landwirtschaftliche Zwecke abgeleitet. Der Oberlauf, den das Innenministerium als „wild und malerisch" bezeichnet, trägt den Spitznamen „Killer Kern", da er gelegentlich tödliche Kräfte freisetzt, bietet aber zweifellos mit die besten Möglichkeiten für Wildwasserfahrten im Westen der USA.

Der Hwy 178 folgt dem Verlauf des dramatischen **Kern River Canyon** und bietet eine tolle Panoramafahrt durch die unteren Bereiche des Sequoia National Forest. Östlich des Sees windet sich der Hwy 178 auf weiteren 50 Meilen (80 km) durch einen pittoresken Wald aus Kiefern und Josuabäumen, ehe er schließlich auf den Hwy 395 trifft.

Es gibt zwei **USFS-Rangerstationen** in dem Gebiet: die eine in Kernville (760-376-3781; 105 Whitney Rd; Mo–Fr 8–16.30 Uhr), die andere in Lake Isabella (760-379-5646; 4875 Ponderosa Dr; 8–16.30 Uhr). In beiden findet man Infos zum Wandern und Campen sowie Karten und erhält dort auch Wandergenehmigungen.

Sehenswertes & Aktivitäten

In diesem Teil des Bundesstaats dreht sich alles um Wildwasser, und Rafting ist die Hauptattraktion für Besucher. Die Ortschaft **Lake Isabella** ist eine trübsinnige Zeile kleiner Geschäfte am südlichen Ende des Sees. Von dort führt der Hwy 155 rund um die Westseite nach Norden in die niedliche Kleinstadt **Kernville**, die sich an beiden Ufern des Kern River erstreckt. Kernville ist das Raftingzentrum der Region. Der See eignet sich prima für ein erfrischendes Bad, aber nicht der Fluss, dessen tückische Strömungen äußerst gefährlich sein können.

Der Upper Kern und die Forks of the Kern (zwei Abschnitte des Flusses nördlich von Kernville) haben zur Schneeschmelze im Frühjahr Stromschnellen der Klassen IV und V und gehören zu den anspruchsvollsten Wildwasser-Raftingstrecken im Land. Nur erfahrene Rafter sollten sich an diese Abschnitte wagen; es gibt aber in der Gegend viele andere Strecken, die für Anfänger geeignet sind. Unterhalb von Lake Isabella fließt der Kern ruhiger und gleichmäßiger.

In Kernville operieren gegenwärtig fünf lizenzierte Rafting-Veranstalter, die sich mit günstigen Preisen Konkurrenz machen. Die Trips werden von Mai bis August angeboten, wenn die Bedingungen sie zulassen. Im Angebot sind beliebte einstündige Fahrten (30 US$), ganztägige Ausflüge auf dem Lower Kern (150–190 US$) und mehrtägige Abenteuer auf den Forks of the Kern (600–920 US$). Voranmeldung und Erfahrung sind nicht vonnöten. Kinder ab sechs Jahren dürfen in der Regel auch teilnehmen.

Mountain & River Adventures RAFTING, OUTDOOR
(800-861-6553, 760-376-6553; www.mtnriver.com; 11113 Kernville Rd) Veranstaltet Raftingtouren sowie geführte Klettertouren und Campingausflüge.

Sierra South RAFTING
(760-376-3745, 800-457-2082; www.sierrasouth.com; 11300 Kernville Rd)

Whitewater Voyages RAFTING
(800-400-7238, 660-376-8806; www.whitewatervoyages.com)

Schlafen

In Lake Isabella gibt's auch Motels, aber Kernville hat die hübschere Lage und vernünftigere Preise. In vielen Motels in Kernville muss man am Wochenende mindestens zwei Übernachtungen buchen.

USFS-Campingplätze CAMPING $
(877-444-6777; befestigter/unbefestigter Stellplatz 12/16 US$) Diese Campingplätze säumen die 16 km lange Strecke zwischen Lake Isabella und Kernville, und mehrere weitere liegen nördlich von Kernville am Mtn 99. Die Ranger empfehlen wegen der Abgeschiedenheit die Plätze Fairview und Limestone. Alle Campingplätze ohne fließendes Wasser und ohne Strom können kostenlos genutzt werden.

Whispering Pines Lodge B&B $$$
(760-376-3733; www.kernvalley.com/whisperingpines; 13745 Sierra Way; Zi. 219–299 US$;) Das idyllische B&B verbindet ein rustikales Erscheinungsbild mit luxuriösem Komfort und liegt gleich nördlich der Stadt.

Lake Tahoe

Inhalt »

Gut essen

» Moody's Bistro & Lounge (S. 433)

» Café Fiore (S. 418)

» Wild Goose (S. 435)

» Fire Sign Café (S. 425)

» Dockside 700 Wine Bar & Grill (S. 427)

Schön übernachten

» Cedar House Sport Hotel (S. 432)

» Plumpjack Squaw Valley Inn (S. 429)

» Tahoma Meadows Bed & Breakfast Cottages (S. 424)

» Deerfield Lodge at Heavenly (S. 416)

» Clair Tappaan Lodge (S. 432)

Auf zum Lake Tahoe!

Der in unzähligen Blau- und Grüntönen schimmernde Lake Tahoe ist der zweittiefste See der USA und gehört mit seiner Lage auf 1900 m außerdem zu den höchstgelegenen des Landes. Das Nordufer ist eher ruhig und exklusiv, das Westufer felsig und urtümlich, das Ostufer fast unberührt und das Südufer mit seinen in die Jahre gekommenen Motels und grellen Kasinos geschäftig und laut. Wer das Ufer per Auto erkunden will, hat 116 faszinierende Kilometer vor sich.

Die verkrusteten Gipfel rund um den See, der sich über die Grenze zwischen Kalifornien und Nevada erstreckt, sind ganzjährig beliebte Ziele. Am Tahoe scheint an drei von vier Tagen im Jahr die Sonne. Im Sommer lädt er zum Schwimmen, Boot- oder Kajakfahren, Windsurfen, Paddleboarding sowie zum Wandern, Campen und zu Abenteuern in der Wildnis ein. Im schneereichen Winter wiederum vergnügen sich Wintersportler aller Altersklassen in den wunderbaren Ski- und Snowboardgebieten der Tahoe-Region.

Reisezeit

South Lake Tahoe

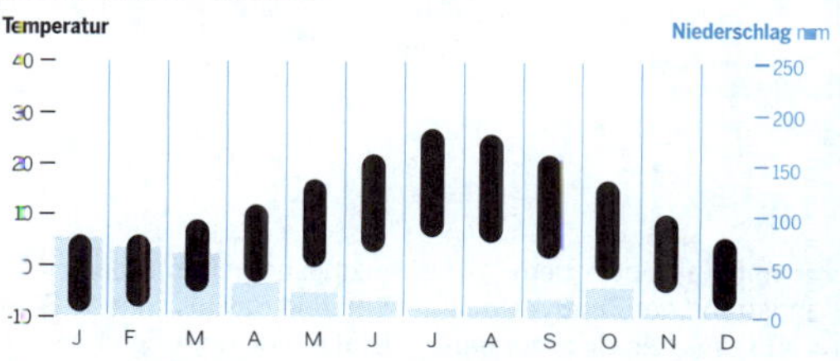

Juli–Aug. Strandsaison, Wildblumenblüte, Wander- und Mountainbikewege sind offen.

Sept.–Okt. Es wird kühler; Herbstlandschaften und weniger Touristen nach dem Labor Day.

Dez.–März Hochbetrieb in den Skiresorts; gefährliche Straßenverhältnisse durch Stürme.

Highlights

1. Vom Kajak oder dem Sandstrand der **Zephyr Cove** (S. 413) aus den Blick auf den Lake Tahoe genießen
2. Die steil abfallenden schwarzen Pisten des **Heavenly Ski Resort** (S. 405) hinunterdüsen
3. Eine Trekkingtour auf dem **Rubicon Trail** (S. 423), vom Vikingsholm Castle an der Emerald Bay bis zum DL Bliss State Park, unternehmen
4. Auf über 2400 m über der Seilbahnstation im **Squaw Valley** (S. 428) in einer Lagune schwimmen oder Schlittschuh laufen
5. Auf dem Mountainbike entlang des **Flume Trail** (S. 438) bis zum idyllischen Spooner Lake fahren.
6. Bei einer Nacht in der **Desolation Wilderness** (S. 412) mit ihren Bergseen und Wiesen den Massen entkommen
7. Es sich in **Tahoe Vista** (S. 434) am Nordufer beim Lagerfeuer oder in einer Hütte gemütlich machen

Rund um den Tahoe: Skifahren, Snowboarden & Schneeschuhlaufen

Der Lake Tahoe bietet mit mehr als einem Dutzend schneereichen Skiorten großartige Wintersportmöglichkeiten. Das Angebot reicht von den weitläufigen Jet-Set-Hängen von Squaw Valley, Heavenly und Northstar-at-Tahoe zu nicht so bekannten, jedoch nicht weniger attraktiven Orten wie Sugar Bowl und Homewood. Tahoe hält für jeden Wintersportler etwas bereit, vom Kind bis zum Kamikaze-Fahrer.

Die Skisaison dauert in der Regel von November bis April. Manchmal beginnt sie auch bereits im Oktober und endet erst mit den letzten Stürmen im Mai oder sogar Juni. In allen Wintersportresorts gibt es Skischulen, Möglichkeiten zum Leihen von Ausrüstungen und andere Angebote; die jeweiligen Websites informieren über Schneebedingungen, Wetterlage und die in der Skisaison verkehrenden Shuttle-Busse.

Skifahren & Snowboarden

Tahoes Wintersportresorts sind in der Regel (abhängig vom Wetter) von Dezember bis April jeden Tag geöffnet. In allen gibt es Ausrüstungsverleihstellen sowie Skihütten, in denen man sich aufwärmen und mit einem Snack oder Après-Ski-Bier stärken kann. Die meisten bieten außerdem Ski- und Snowboardkurse für Erwachsene und Kinder an; diese sind kostenpflichtig, eine Reservierung ist jedoch meist nicht vonnöten.

TRUCKEE & DONNER PASS

Northstar-at-Tahoe SKIFAHREN, SNOWBOARDEN
(☎530-562-1010, 800-466-6784; www.northstarattahoe.com; 5001 Northstar Dr, abseits des Hwy 267, Truckee; Erw./Kind 5–12 Jahre/Jugendl. 13–22 Jahre 92/41/80 US$; ⌚8.30–16 Uhr; 👪) Das riesige Skiresort 7 Meilen (11 km) südlich der I-80 bietet beste Bedingungen für etwas erfahrenere Wintersportler. Seine recht geschützte Lage macht Northstar bei Schneefall zur zweitbesten Option nach Homewood, zudem sind die sieben Terrain Parks und Pisten einfach erstklassig. Fortgeschrittene und Profis können an der Rückseite des Berges, zu der man mit einem neuen Hochgeschwindigkeitslift gelangt, zwischen Bäumen den Hang hinunterwedeln. Dank verschiedener Bauprojekte wird Northstars „Village" Squaw mit seinem riesigen Serviceangebot immer ähnlicher. Am Wochenende ist hier sehr viel los. Die Fakten: 19 Lifte, 695 Höhenmeter, 93 Pisten.

Sugar Bowl SKIFAHREN, SNOWBOARDEN
(☎530-426-9000; www.sugarbowl.com; 629 Sugar Bowl Rd, abseits der Donner Pass Rd, Truckee; Erw./Kind 6–12 Jahre/Jugendl. 13–22 Jahre 71/23/59 US$; ⌚9–16 Uhr; 👪) Der 1939 von Walt Disney mitbegründete Skiort ist einer der ältesten der Sierra und kann in Sachen Facettenreichtum fast mit Squaw Valley mithalten. So gibt es beispielsweise diverse adrenalinanregende schwarze Steilpisten. An sonnigen Tagen ist der Ausblick traumhaft, bei stürmischem Wetter hingegen sind die Bedingungen schwierig. Der Ort liegt 4 Meilen (6,5 km) südöstlich der I-80 (Ausfahrt Soda Springs/Norden). Die Fakten: 13 Lifte, 460 Höhenmeter, 95 Pisten.

Boreal SKIFAHREN, SNOWBOARDEN
(☎530-426-3666; www.borealski.com; 19659 Boreal Ridge Rd, Ausfahrt Castle Peak/Boreal Ridge Rd, Truckee der I-80; Erw./Kind 5–12 Jahre/Jugendl. 13–19 Jahre 49/15/39 US$, Skifahren abends Erw./Kind 5–12 Jahre 25/12 US$; ⌚9–21 Uhr; 👪) Boreal eröffnet traditionell die Skisaison in der Tahoe-Region und eignet sich bestens für Anfänger und Fortgeschrittene. Für Snowboarder gibt es vier Terrain Parks, u.a. mit einer professionellen, knapp 140 m langen Superpipe. Boreal ist neben Squaw das einzige Skiresort in North Tahoe, in dem man bei Flutlicht fahren kann. Die Fakten: 9 Lifte, 150 Höhenmeter, 41 Pisten.

Soda Springs SKIFAHREN, SNOWBOARDEN
(☎530-426-3901; www.skisodasprings.com; 10244 Soda Springs Rd, Ausfahrt Soda Springs/Norden, Soda Springs, der I-80; Erw./Kind unter 18 Jahren 35/25 US$, Schneemobil 10 US$, Tu-

KURZINFOS

» **Bevölkerung South Lake Tahoe** 21 403

» **Niedrigste/höchste Durchschnittstemperatur in South Lake Tahoe** Jan. −9,5/5 °C, Juli 4,5/26 °C

» **Reno, NV–Truckee** 35 Meilen (56 km), 40–60 Min.

» **Tahoe City–South Lake Tahoe/Stateline, NV** 30 Meilen (48 km), 1–1½ Std.

» **Truckee–San Francisco** 190 Meilen (306 km), 3½–5 Std

Tahoe Ski- & Snowboard-Gebiete

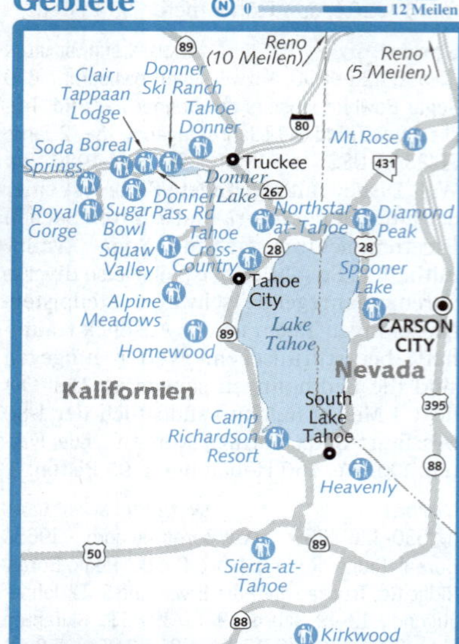

bing 25 US$; ⌚Do–Mo 9–16 Uhr, in den Ferien tgl.; 👪) Der reizende kleine Ort eignet sich wunderbar für Kinder, die hier in Reifen rodeln, in winzigen Schneemobilen herumfahren sowie Skifahren und Snowboarden lernen können. Die Fakten: 2 Lifte, 200 Höhenmeter, 16 Pisten.

Donner Ski Ranch SKIFAHREN, SNOWBOARDEN
(☎530-426-3635; www.donnerskiranch.com; 19320 Donner Pass Rd, Norden; Erw./Kind 7–12 Jahre/Jugendl. 13–19 Jahre 42/13/34 US$; ⌚9–16 Uhr; 👪) Das klitzekleine familienbetriebene Resort beglückte bereits Generationen von Wintersportliebhabern. Hier können sich Kinder oder Anfänger wunderbar am Skifahren versuchen. Die Preise sinken nach 12.30 Uhr. Es liegt 3,5 Meilen (5,5 km) südöstlich der I-80, Ausfahrt Soda Springs/ Norden. Die Fakten: 6 Lifte, 230 Höhenmeter, 52 Pisten.

Tahoe Donner SKIFAHREN, SNOWBOARDEN
(☎530-587-9444; www.skitahoedonner.com; 11603 Snowpeak Way, Ausfahrt Donner Pass Rd, Truckee, der I-80; Erw./Kind 7–12 Jahre 39/19 US$; ⌚9–16 Uhr; 👪) Das charmante Skiresort ist ein kleiner, einfacher und gediegener Familienbetrieb und eignet sich ausschließlich für Anfänger, Kinder und eher wenig Erfahrene. Die Fakten: 4 Lifte, 180 Höhenmeter, 14 Pisten.

TAHOE CITY & UMGEBUNG

LP TIPP **Squaw Valley** SKIFAHREN, SNOWBOARDEN
(☎530-583-6985, 800-403-0206; www.squaw.com; 1960 Squaw Valley Rd, abseits des Hwy 89, Olympic Valley; Erw./Kind unter 13 Jahren/Jugendl. 13–19 Jahre 88/10/64 US$; ⌚Mo–Do 9–19, Fr–So bis 21 Uhr) Der riesige, erstklassige und glamouröse Skiort richtete 1960 die Olympischen Winterspiele aus und lockt jede Menge Wintersportler an. Profifahrer versuchen sich an dramatischen Felsvorsprüngen und Steilabfahrten, während Anfänger in einem separaten Bereich am oberen Abhang üben können. Die Terrain Parks werden gerade aufgerüstet, u.a. mit einer großen Superpipe. Die Abzweigung nach Squaw Valley befindet sich 5 Meilen (8 km) nordwestlich von Tahoe City. Die Fakten: 34 Lifte, 870 Höhenmeter, über 170 Pisten.

Alpine Meadows SKIFAHREN, SNOWBOARDEN
(☎530-583-4232, 800-441-4423; www.skialpine.com; 2600 Alpine Meadows Rd, abseits des Hwy 89, Tahoe City; Erw./Kind 5–12 Jahre/Jugendl. 13–19 Jahre 69/15/54 US$; ⌚9–16 Uhr) Alpine Meadows ist ein unprätentiöses Resort ohne viel Tamtam, aufgemotzten Ortskern oder Besuchermassen. Hier fällt mehr Schnee als im benachbarten Squaw, zudem eignet es sich bestens für Skitouren, da es keine Begrenzungen zwischen den Pisten und dem Hinterland gibt. Snowboarder düsen den Berg in einem von Eric Rosenwald entworfenen Terrain Park hinunter. Besonders liebenswert und superintelligent sind die hiesigen Lawinenhunde. Die Abzweigung zu dem Skigebiet befindet sich 4 Meilen (6,5 km) nordwestlich von Tahoe City. Die Fakten: 13 Lifte, 550 Höhenmeter, 100 Pisten.

Homewood SKIFAHREN, SNOWBOARDEN
(☎530-525-2992; www.skihomewood.com; 5145 Westlake Blvd, abseits des Hwy 89; Erw./Kind 5–12 Jahre/Jugendl. 13–19 Jahre Fr–So 61/15/42 US$; ⌚9–16 Uhr; 👪) Dieses Juwel 6 Meilen (9,5 km) südlich von Tahoe City ist größer als es von der Straße aus wirkt und beweist, dass Qualität und nicht Quantität zählt. Einheimische und ortskundige Urlauber schwärmen von der Traumaussicht auf den See, der entspannten Atmosphäre, der geringen Besucherdichte, den von Bäumen gesäumten Abhängen, Open Bowls (darunter das exzellente, aber sehr anspruchsvolle „Quail Face") und einem Hochgeschwindigkeits-Quad. Zudem gibt es wunderbar familienfreundliche, weite

und sanfte Abhänge. Bei stürmischem Wetter sind die Skibedingungen hier am besten. Die Fakten: 7 Lifte, 500 Höhenmeter, 60 Pisten.

SOUTH LAKE TAHOE

Heavenly SKIFAHREN, SNOWBOARDEN

(☎775-586-7000, 800-432-8365; www.skiheavenly.com; 3860 Saddle Rd, South Lake Tahoe; Erw./Kind 5–12 Jahre/Jugendl. 13–19 Jahre 90/50/78 US$; ⏲Mo–Fr 9–16, Sa, So & Feiertage 8.30–16 Uhr) Die Mutter aller Tahoe-Resorts wartet mit dem größten Skigebiet, der längsten Abfahrt (8,5 km) und dem größten Höhenunterschied der Gegend auf. Sonnenhungrige fahren morgens auf den Hängen der Nevada-Seite und nachmittags auf denen der kalifornischen Seite. Die Aussicht auf den See und die Hochlandwüste ist einfach fantastisch. Die fünf Terrain Parks sind nicht allzu anspruchsvoll, der High Roller hingegen ist nur etwas für Profis. Die Fakten: 30 Lifte, 1060 Höhenmeter, 94 Pisten.

Kirkwood SKIFAHREN, SNOWBOARDEN

(☎209-258-6000; www.kirkwood.com; 1501 Kirkwood Meadows Dr, abseits des Hwy 88, Kirkwood; Erw./Kind 6–12 Jahre/Jugendl. 13–19 Jahre 79/20/62 US$; ⏲9–16 Uhr) Im abseits der Touristenpfade in einem tiefen Tal gelegenen Kirkwood schneit es viel, zudem bleibt die weiße Pracht länger liegen als in den meisten anderen Skiorten der Region. Es bietet erstklassige Baumabfahrten, schmale Steilhänge sowie Terrain Parks. Es ist das einzige Resort der Tahoe-Region, dessen Abfahrten außerhalb der markierten Pisten für Schneeraupen zugänglich sind. Wer das erste Mal in ungesichertem Terrain unterwegs ist, sollte sich für einen Kurs zum Thema Sicherheit anmelden. Der Skiort liegt 35 Meilen (56 km) südwestlich von South Lake Tahoe (über den Hwy 89); in der Skisaison verkehren Shuttles (ab 15 US$). Die Fakten: 14 Lifte, 610 Höhenmeter, 72 Pisten.

Sierra-at-Tahoe SNOWBOARDEN, SKIFAHREN

(☎530-659-7453; www.sierraattahoe.com; 1111 Sierra-at-Tahoe-Rd, abseits des Hwy 50, Twin Bridges; Erw./Kind 5–12 Jahre/Jugendl. 13–22 Jahre 75/18/65 US$; ⏲Mo–Fr 9–16, Sa, So & Feiertage 8.30–16 Uhr; 👪) Etwa 18 Meilen (29 km) südwestlich von South Lake Tahoe liegt das beliebte Snowboardgebiet mit fünf rasanten Terrain Parks und einer 5 m hohen Superpipe. Ein wunderbarer, 4 km langer Anfängerhang verläuft sanft vom Gipfel nach unten, zudem gibt es schwarze Pisten und Steilhänge für Geschwindigkeitsfanatiker. Kids toben sich in den vier „Adventure Zones" aus. Die Huckleberry Gates mit ihrem steilen Gelände außerhalb der markierten Pisten sind nur etwas für Profis. Die Fakten: 14 Lifte, 670 Höhenmeter, 46 Pisten.

NEVADA

Mt. Rose SKIFAHREN, SNOWBOARDEN

(☎775-849-0704, 800-754-7673; www.mtrose.com; 22222 Mt. Rose Hwy/Hwy 431, Reno; Erw./Kind 6–12 Jahre/Jugendl. 13–19 Jahre 69/19/55 US$; ⏲9–16 Uhr) Mt. Rose auf einer Höhe von 2500 m ist das von Reno aus nächste Skiresort und zudem das höchste der Region. Es bietet vier Terrain Parks und Schneesicherheit bis zum Frühling. Die Steilabfahrt „The Chutes" befindet sich am Nordhang. Die Besucherdichte ist akzeptabel, allerdings ist der Berg Stürmen fast schutzlos ausgeliefert, zeitweise werden Pisten wegen Lawinengefahr gesperrt. Die Fakten: 8 Lifte, 550 Höhenmeter, 60 Pisten.

Diamond Peak SKIFAHREN, SNOWBOARDEN

(☎775-832-1177, 877-468-4397; www.diamondpeak.com; 1210 Ski Way, abseits des Tahoe Blvd/Hwy 28, Incline Village; Erw./Kind 7–14 Jahre/

LAKE TAHOE: AUTOFAHREN IM WINTER

Von Ende Herbst bis Anfang Frühjahr muss man immer Schneeketten (für den Fall eines Sturms) dabeihaben. Diese können auch in Orten entlang der I-80 und am Hwy 50 gekauft und angebracht werden. In den Kofferraum gehört auch eine Notfallausstattung (z. B. Decken, Wasser, Taschenlampe) für den Fall einer Panne oder von großem Verkehrsaufkommen oder falls Straßen wegen Schneefalls oder Lawinengefahr komplett gesperrt werden.

Bevor man sich mit dem Auto in die Tahoe-Region aufmacht, sollte man sich bei folgenden Adressen über eventuelle Sperrungen und die Straßenbedingungen informieren:

California Department of Transportation (Caltrans; ☎800-427-7623; www.dot.ca.gov)

Nevada Department of Transportation (NDOT; ☎877-687-6237, 511 within Nevada; www.safetravelusa.com/nv)

Lake Tahoe

0 5 km
0 3 Meilen
A
B
C
D
ZGranite Flat Campground (1 Meile); Truckee (4 Meilen)
Nach Truckee (6 Meilen)
Mt. Rose Ski Area (6 Meilen); Reno (29 Meilen)
Northstar-at-Tahoe
North Shore Blvd
Mt. Rose Wilderness
Incline Village
Country Club Dr
Diamond Peak
Franktown Creek
Truckee River
River Rd
19
North Tahoe Regional Park
Tahoe Vista
Lakeshore Dr
13
Tahoe National Forest
Agate Bay
Kings Beach
Crystal Bay
Lake Tahoe-Nevada State Park
22
Carnelian Bay
Hidden Beach
Granite Chief Wilderness
Tahoe Cross Country
N Lake Blvd
Burton Creek
Twin Lakes
Squaw Valley
Carnelian Bay
Burton Creek State Park
Sand Harbor
Marlette Lake
16
Tahoe State Recreation Area
Alpine Meadows
Tahoe City
Chimney Beach
2
Lake Tahoe-Nevada State Park
Blackwood Canyon
Secret Harbor
Sunnyside
Skunk Harbor
23
Spooner Lake
Ward Creek
Lake Tahoe
Kalifornien
Nevada
Spooner Summit (2178 m)
W Lake Blvd
Glenbrook Bay
20
Glenbrook
Homewood
Glenbrook Creek
Homewood
Tahoma
1
Ed Z'berg Sugar Pine Point State Park
18
3
Toiyabe National Forest
8
21
14
General Creek
Meeks Bay
Meeks Creek
Zephyr Cove
24
Lester Cove
DL Bliss State Park
Rubicon Point
Calawee Cove
11
Lake Genevieve
Crag Lake
Stony Ridge Lake
15
Kingsbury Grade
El Dorado National Forest
9
Emerald Bay State Park
Fannette Is
Emerald Bay
Cliff Lake
5
12
Stateline
Lower Velma Lake
6
4
Baldwin Beach
Kiva Beach
Pope Beach
Middle Velma Lake
17
Cascade Lake
South Lake Tahoe
Heavenly
Upper Velma Lake
Eagle Lake
Cascade Falls
Fallen Leaf Rd
Fontanillis Lake
Granite Lake
10
South Lake Tahoe Airport
Dicks Lake
Mt. Tallac (2972 m)
Fallen Leaf Lake
s. Karte South Lake Tahoe (S. 410)
7
Upper Truckee River
Pioneer Trail
Trout Ck
Desolation Wilderness
Lily Lake
Angora Lakes
Meyers
89
267
431
28
50
1
2
3
4
5
6
7

Lake Tahoe

Sehenswertes

1 Cabin of William Phipps B4
2 Gatekeeper's Museum & Marion Steinbach Indian Basket Museum B2
3 Hellman-Ehrman Mansion B4
4 Inspiration Point B5
MS Dixie II .... (siehe 24)
5 Vikingsholm Castle B5

Aktivitäten, Kurse & Touren

Bayview Trailhead .... (siehe 17)
6 Eagle Falls Trailhead B5
7 Glen Alpine Trailhead B6
8 Meeks Bay Trailhead B4
9 Rubicon Trailhead B5
10 Tallac Trailhead B6

Schlafen

11 DL Bliss State Park Campground B5
12 Eagle Point Campground B5
13 Hyatt Regency Lake Tahoe D1
14 Meeks Bay Campground B4
15 Nevada Beach Campground C5
16 River Ranch Lodge A2
17 USFS Bayview Campground B5
18 USFS General Creek Campground B4
19 USFS Goose Meadow Campground A1
20 USFS Kaspian Campground A3
21 USFS Meeks Bay Resort B4
22 USFS Silver Creek Campground A1
23 USFS William Kent Campground A3
24 Zephyr Cove Resort & Marina D4

Jugendl. 15–17 Jahre 49/18/39 US$; 9–16 Uhr;) Der Berg mittlerer Höhe eignet sich gut für Anfänger. Snowboarder können sich im Terrain Park vergnügen, erfahrene Wintersportler werden sich allerdings schnell langweilen. Vom Gipfel bietet sich ein 360-Grad-Panoramablick auf die Wüste, die Berge und den See. In der Saison verkehrt ein kostenloser Shuttle ab Incline Village und Crystal Bay. Die Fakten: 6 Lifte, 560 Höhenmeter, 30 Pisten.

Skilanglauf & Schneeschuhlaufen

Die Skilanglaufgebiete Tahoes sind in der Regel von Dezember bis März, manchmal auch bis April geöffnet. Die meisten Skiresorts verleihen Ausrüstung und bieten Kurse an; Reservierungen sind meist nicht möglich, für eine gute Auswahl sollte man also möglichst früh am Morgen kommen.

TRUCKEE & DONNER PASS

LP TIPP Royal Gorge SKIFAHREN, SCHNEESCHUHLAUFEN
(530-426-3871; www.royalgorge.com; 9411 Hillside Dr, Ausfahrt Soda Springs/Norden, Soda Springs, der I-80; Erw./Kind Sa & So 29/18 US$, Mo–Fr 25/16 US$; Mo–Fr 9–17, Sa & So 8.30–17 Uhr;) Ski-Nordisch-Liebhaber sollten sich Nordamerikas größtes Langlaufgebiet mit unglaublichen 320 Loipenkilometern in einem knapp 3700 ha großen Terrain mit 90 Strecken nicht entgehen lassen. Es gibt tolle Skating-Routen und Parallel-Loipen, zudem kann man Telemarken und Schneeschuhlaufen. Zum Angebot gehören mehrmals am Tag stattfindende Gruppenkurse, Skicamps für Kinder von sechs bis zwölf Jahren (Reservierung empfehlenswert) und zwei gemütliche Lodges für Übernachtungsgäste.

Tahoe Donner SKIFAHREN, SCHNEESCHUHLAUFEN
(530-587-9484; www.tdxc.com; 15275 Alder Creek Rd, Ausfahrt Donner Pass Rd, Truckee, der I-80; Erw./Kind unter 13 Jahren 24 US$/frei; 8.30–17 Uhr, Skifahren abends Mi 17–19 Uhr;) Tahoe Donner erstreckt sich über eine 1940 ha große, dicht bewaldete Fläche nördlich von Truckee und wartet mit einem wunderschönen, abwechslungsreichen Wintersportgebiet mit rund 100 Loipenkilometern auf, die sich über drei Streckensysteme und 51 Wege verteilen. Der schönste Ort ist das abgeschiedene Euer Valley mit einer gemütlichen Skihütte, die am Wochenende warme Speisen serviert. Eine 2,5 km lange Strecke wird auch abends freigegeben, meist mittwochs. Zum Angebot gehören Gruppenkurse für Anfänger und ein betreutes Ski- und Spaßcamp namens „Tiny Tracks" für Kinder; für Fortgeschrittene muss man vorab reservieren.

Northstar-at-Tahoe SKIFAHREN, SCHNEESCHUHLAUFEN
530-562-3270, 800-466-6784; www.northstarattahoe.com; 5001 Northstar Dr, abseits des Hwy 267, Truckee; Erw./Kind 5–12 Jahre 25/13 US$; Mo–Do 9–15, Fr–So & Feiertage 8.30–16 Uhr;) 7 Meilen (11 km) südöstlich der I-80 bietet dieses riesige Skigebiet eine sehr

TAHOE: SKIFAHREN FÜR WENIG GELD

In der Regel gibt es in der Wochenmitte oder für den Nachmittag ermäßigte Skipässe, am Wochenende und in der Ferienzeit hingegen ziehen die Preise an. Die Skilifte erhöhen die Tarife zudem fast jedes Jahr. Manche Skigebiete bieten übertragbare „Parent Predicament"-Skipässe für Eltern an. Mit diesem kann einer Ski fahren, während der andere auf die Kinder aufpasst.

Der **Bay Area Ski Bus** (☎925-680-4386; www.bayareaskibus.com) kutschiert Besucher bequem entlang der I-80. Hin- und Rückfahrt inklusive Skipass kosten 109 US$, wobei der Tarif noch mit vielen weiteren Angeboten kombiniert werden kann. Haltestellen befinden sich u. a. in San Francisco und Sacramento.

Spartipps geben folgende Websites:

» **Ski Lake Tahoe** (www.skilaketahoe.com) Website der sieben größten Tahoe-Resorts mit verschiedenen Angeboten.

» **Sliding on the Cheap** (www.slidingonthecheap.com) Die von Einheimischen betriebene Website listet Rabatte und ermäßigte Skipässe auf..

renommierte Schule für Ski Nordisch und Telemarken und eignet sich damit bestens für Anfänger. Skipass, Leih-Ski und Gruppenunterricht gibt's für den Paketpreis von 65 US$. Danach kann man die knapp 40 Loipenkilometer erkunden. Einmal im Monat gibt es Schneeschuhwanderungen bei Mondschein, ein Biathlonrennen, bei dem jeder mitmachen kann, sowie Einführungskurse.

Clair Tappaan Lodge SKIFAHREN, SCHNEESCHUHLAUFEN

(☎530-426-3632; www.sierraclub.org/outings/lodges/ctl; 19940 Donner Pass Rd, Ausfahrt Soda Springs/Norden, Norden, der I-80; Erw./Kind unter 12 Jahren 7/3.50 US$; ⌚9–17 Uhr; 👪) Wer in dieser rustikalen Lodge in den Bergen (s. S. 432) nahe des Donner Summit nächtigt, kann direkt vor der Tür Ski fahren. Das 12 km lange Loipennetz eignet sich wunderbar für Anfänger und etwas Erfahrenere und ist an das Gebiet außerhalb der ausgewiesenen Pisten angeschlossen. (Wer in einer Hütte übernachten möchte, kann unter ☎800-679-6775 reservieren.) Die Lodge bietet einen Ski- und Snowboardverleih sowie Skikurse für jedes Niveau zu fairen Preisen; täglich kann man sich ab 9 Uhr anmelden.

TAHOE CITY & UMGEBUNG

Tahoe Cross Country SKIFAHREN, SCHNEESCHUHLAUFEN

(☎530-583-5475; www.tahoexc.org; 925 Country Club Dr, abseits der N Lake Blvd/Hwy 28, Tahoe City; Erw./Kind under 10 Jahren/Jugendl. 10–17 Jahre 22/frei/18 US$; ⌚8.30–17 Uhr; 👪🐾) Das etwa 3 Meilen (5 km) nördlich von Tahoe City gelegene Zentrum wird von der gemeinnützigen Tahoe Cross Country Ski Education Association betrieben und umfasst 65 Loipenkilometer (19 Strecken), die durch ein wunderschönes Waldgebiet führen und für jedes Niveau geeignet sind. Auf zwei Strecken sind Hunde erlaubt. Zum Angebot gehören Gruppenkurse mit hochwertiger Leihausrüstung, ermäßigte Skipässe für einen halben Tag oder abends sowie kostenlose Einführungen in die Skate-Technik und Langlaufkurse für Anfänger in der Wochenmitte.

Squaw Valley SKIFAHREN, SCHNEESCHUHLAUFEN

(☎530-583-6300, 800-403-0206; www.squaw.com; 1960 Squaw Valley Rd, abseits des Hwy 89, Olympic Valley; Erw./Kind unter 13 Jahren/Jugendl. 13–19 Jahre 88/10/64 US$; ⌚9–17 Uhr) Auch wenn in dem ehemaligen Olympiaort Abfahrtsläufer das Sagen haben, können sich Anfänger auf einer 18 km langen Loipe, die um eine Bergwiese herumführt, auspowern. Die jeden Monat stattfindenden Schneeschuhwanderungen bei Mondschein hoch auf dem Bergrücken müssen im Voraus gebucht werden. Zu den Startpunkten der Strecken im Resort bei Squaw Creek, wo Langlaufski, Schneeschuhe und Schlitten vermietet werden, verkehrt ein kostenloses Shuttle ab dem Hauptparkplatz.

SOUTH LAKE TAHOE

Kirkwood SKIFAHREN, SCHNEESCHUHLAUFEN

(☎209-258-7248; www.kirkwood.com; 1501 Kirkwood Meadows Dr, abseits des Hwy 88, Kirkwood; Erw./Kind unter 10 Jahren/Kind 11–12 Jahre/Jugendl. 13–19 Jahre 22/frei/8/17 US$; ⌚9–16 Uhr; 🐾) Das Langlaufgebiet hat zum Teil sehr anspruchsvolle, steile Abschnitte. Es gibt eine 80 km lange Loipe mit separater Skating-Spur sowie drei gemütliche Hütten am Weg; der Ausblick von den höher gelegenen Abschnitten ist fantastisch. Hunde sind auf einer Strecke am Bergkamm zugelassen. Es gibt Ausrüstungsverleihstellen, außerdem werden Kurse und Touren angeboten. Kirkwood liegt eine rund einstündige Fahrt südlich von Lake Tahoe.

Camp Richardson Resort SKIFAHREN, SCHNEESCHUHLAUFEN

(☎530-542-6584; www.camprichardson.com; 1900 Jameson Beach Rd, abseits der Emerald Bay Rd/Hwy 89, South Lake Tahoe; Erw./Kind unter 13 Jahren/Jugendl. 13–19 Jahre 20/frei/14 US$) Die 24 Loipenkilometer des bewaldeten Skigebiets führen entlang des Sees sowie in die idyllische Desolation Wilderness. Die Ski- und Schneeschuhpartys bei Vollmond, die im Beacon Bar & Grill stattfinden, erfreuen sich bei Einheimischen großer Beliebtheit.

NEVADA

Spooner Lake SKIFAHREN, SCHNEESCHUHLAUFEN

(☎775-749-5349; www.spoonerlake.com; 3709 Hwy 28, Glenbrook, NV; Erw./Kind unter 13 Jahren/Jugendl. 13–19 Jahre 21/frei/10 US$; ⌚9–17 Uhr; 👪) Das Naturreservat nahe der Kreuzung des Hwy 28 und Hwy 50 in Nevada bietet hübsche Strecken rund um den winzigen Spooner Lake, durch Nadelwälder und Bergland mit fantastischen Ausblicken. Bei den insgesamt 80 Loipenkilometern ist für jedes Niveau und jeden Fitnessstand etwas dabei. Zum Angebot gehören der Verleih von Ausrüstung, z.B von Schneeschuhen und Schlitten für Kinder, Gruppenkurse mit Rabatten zur Wochenmitte sowie ermäßigte Skipässe für den halben Tag und den späten Nachmittag. Wer in Skihütten mitten in der Natur übernachten möchte, sollte vorher reservieren.

South Lake Tahoe & Stateline

Das betriebsame, ganz auf den Tourismus zugeschnittene South Lake Tahoe ist ein kommerziell ausgerichteter, dicht bebauter Ort. Er liegt am See mit der Postkartenkulisse der alpinen Berglandschaft. Am Fuße des erstklassigen Skiresorts Heavenly und in direkter Nähe zu den Spieltischen der Kasinos im angrenzenden Stateline in Nevada lockt das Südufer des Lake Tahoe mit einem sehr großen Angebot an Aktivitäten, Unterkünften und Restaurants jede Menge Besucher, die sich im Sommer an den Stränden und im Winter im Pulverschnee vergnügen.

Sehenswertes

GRATIS **Tallac Historic Site** HISTORISCHE STÄTTE

(☎530-541-5227; www.fs.usda.gov; Tallac Rd, abseits des Hwy 89/Emerald Bay Rd; Führung Erw./Kind 6–12 Jahre 5/3 US$; ⌚Mitte Juni–Sept. meist 10–16.30 Uhr, Ende Mai–Mitte Juni nur Fr & Sa; 🐾) Die von einem Kiefernhain geschützte National Historic Site grenzt an einen langen Sandstrand und umfasst die Überreste des ehemaligen Tallac Resort, einer schicken Feriensiedlung, in der sich San Franciscos High Society um die Wende zum 20. Jh. erholte.

Das im Baldwin Estate von 1921 untergebrachte **Tallac Museum** (Spende erbeten; ⌚Ende Mai–Mitte Juni & Anfang Sept.–Mitte Sept. 11–16 Uhr, Mitte Juni–Anfang Sept. 10.30–16.30 Uhr) zeigt eine Ausstellung zur Geschichte des Resorts und zu seinem Gründer Elias „Lucky" Baldwin, der mit Nevadas Comstock Lode reich wurde. Ganz in der Nähe bietet das **Pope Estate** von 1894 Kunstausstellungen und Führungen (⌚tgl. außer Mi) an. Das Bootshaus des **Valhalla Estate** dient als Theaterbühne; Tickets und Spielpläne gibt's unter ☎530-541-4975. Die Grand Hall von 1923 beherbergt eine Kunstgalerie und einen Souvenirladen.

Das kühle, bewaldete Gebiet ist heute eine Freizeitanlage mit künstlerischem Anspruch, die zu Spaziergängen und Radtouren einlädt; angeleinte Hunde sind erlaubt. Im Sommer finden hier Konzerte, Theaterstücke und andere kulturelle Veranstaltungen statt. Das bedeutendste ist das bereits 30 Jahre alte **Valhalla Festival of Arts, Music & Film** (www.valhallatahoe.com; ⌚Juli–Sept.).

Der Parkplatz liegt etwa 3 Meilen (5 km) nördlich der Kreuzung des Hwy 89 und des Hwy 50.

GRATIS **Lake Tahoe Historical Society Museum** MUSEUM

(www.laketahoemuseum.org; 3058 Lake Tahoe Blvd; ⌚Ende Mai–Anfang Sept. Do–Mo 11–15 Uhr) Das kleine, aber interessante Museum zeigt Artefakte aus Tahoes Pionier-Vergangenheit, darunter Washoe-Körbe, Schwarzweißfilme, alte Bergbauexponate und ein Modell eines für den Lake Tahoe typischen Dampfschiffs. Im Sommer werden im hinteren Bereich samstagnachmittags von Freiwilligen geleitete Führungen durch die

South Lake Tahoe

South Lake Tahoe

Sehenswertes

1 El Dorado Beach E1
2 Kiva Beach A1
3 Lake Tahoe Historical Society Museum E2
4 Pope Beach B1
5 Stream Profile Chamber A1
6 Tallac Historic Site A1

Aktivitäten, Kurse & Touren

Action Watersports .... (siehe 16)
7 Anderson's Bike Rental B3
8 Bijou Community Park Disc Golf Course E3
9 Bijou Golf Course E3
Camp Richardson Corral & Pack Station .... (siehe 20)
Camp Richardson Resort Marina .... (siehe 46)
10 Edgewood Tahoe Golf Course G1
11 Hansen's Resort F3
12 Heavenly Gondola G2
Lake Tahoe Balloons .... (siehe 15)
Lake Tahoe Cruises (Tahoe Queen) .... (siehe 13)
Scuba Mood .... (siehe 15)
Shops at Heavenly Village .... (siehe 12)
Ski Run Boat Company .... (siehe 13)
13 Ski Run Marina F2
14 Tahoe Bowl E3
Tahoe Keys Boat & Charter Rentals .... (siehe 15)
15 Tahoe Keys Marina C2
16 Timber Cove Marina F2

Schlafen

17 968 Park Hotel G2
18 Alder Inn F2
Avalon Lodge .... (siehe 32)
19 Camp Richardson Campground B2
20 Camp Richardson Resort B1
21 Campground by the Lake E2
22 Deerfield Lodge at Heavenly F3
23 Fallen Leaf Campground A2
24 Fireside Lodge E2
25 Harrah's G2
26 Harvey's G2
27 Highland Inn C2
28 Horizon C1
29 Inn by the Lake E2
30 MontBleu G2
31 Paradice Inn G2
32 Seven Seas Inn G2
Spruce Grove Cabins .... (siehe 22)
33 Tahoe Lakeshore Lodge & Spa F2
Timber Lodge .... (siehe 12)

Essen

Blue Angel Cafe .... (siehe 22)
34 Burger Lounge C3
35 Café Fiore F3
36 Cork & More E3
37 Ernie's Coffee Shop C1
38 Freshie's E2
39 Grass Roots Natural Foods C3
40 Lake Tahoe Pizza Company C1
41 Off the Hook Sushi D3
42 Safeway E2
43 Sprouts E2
Sugar Pine Bakery .... (siehe 47)

Ausgehen

44 Alpina Coffee Café C3
45 Après Wine Company F2
46 Beacon Bar & Grill B1
47 Brewery at Lake Tahoe F2
Fresh Ketch .... (siehe 15)
Improv .... (siehe 26)
48 Keys Café C3
49 Macduffs Pub E2
Mt Tallac Brewing Company .... (siehe 39)
Opal Ultra Lounge .... (siehe 30)
Stateline Brewery .... (siehe 12)

restaurierte Hütte aus den 1930er-Jahren angeboten.

Aktivitäten

Infos zum Skifahren und Snowboarden rund um South Lake Tahoe gibt's auf S. 403, mehr über Langlaufen und Schneeschuhlaufen findet man auf S. 407

Heavenly Gondola SEILBAHN, ZIP-LINE
(www.skiheavenly.com; Heavenly Village; Erw./Kind 5–12 Jahre/Jugendl. 13–19 Jahre ab 32/20/26 US$; ⏲Juni–Aug. 10–17 Uhr, Nebensaison verkürzte Öffnungszeiten; 👪) Die Seilbahn scheint zum Dach der Welt zu führen. In gerade mal zwölf Minuten befördert sie Passagiere vom Heavenly Village 2,4 Meilen (4 km) den Berg hinauf. Die Aussichtsplattform auf einer Höhe von 2780 m bietet wirklich fantastische Panoramablicke über das gesamte Tahoe Basin, auf die Desolation Wilderness und das Carson Valley. Der Sessellift Tamarack Express führt sogar noch weiter hinauf, bis auf den Gipfel, wo man mit **Heavenly Flyer** (40 US$; ⏲11–15 Uhr) an einer der längsten Zip-Lines der

NICHT VERSÄUMEN

WANDERUNGEN IN DER DESOLATION WILDERNESS

Das vor Jahrmillionen von mächtigen Gletschern geformte, relative kompakte **Wildnisgebiet** (www.fs.fed.us/r5/eldorado/recreation/wild/deso/) erstreckt sich südlich und westlich des Lake Tahoe und ist das beliebteste in der Sierra Nevada. Das 260 km² große Naturparadies wartet mit glänzenden Granitgipfeln, tiefblauen Bergseen, Gletschertälern und Kieferwäldern auf, die in höheren Lagen zunehmend karger werden. Im Sommer leuchten Wildblumen zwischen den Felsen.

All diese Pracht bietet eine wunderbare Kulisse für Wandertouren. Auf der Seite des Lake Tahoe gibt es sechs große Routen; sie beginnen in Glen Alpine, Tallac, Echo Lakes (der südlichste Ausgangspunkt), Bayview, Eagle Falls und Meeks Bay. Die in Tallac und Eagle Falls sind die meist frequentierten; hat man die Tagesausflügler jedoch hinter sich gelassen, wird es schnell ruhiger.

Sowohl für Tagestouren als auch für Übernachtungen in diesem Gebiet braucht man das ganze Jahr über eine Genehmigung. Tagesausflügler registrieren sich einfach direkt am Beginn des jeweiligen Wanderwegs, Genehmigungen für Übernachtungen müssen online unter www.recreation.gov (Gebühr von 6 US$) beantragt und ausgedruckt werden; alternativ gibt es diese auch direkt beim USFS Taylor Creek Visitor Center oder bei der USDA Lake Tahoe Basin Management Unit in South Lake Tahoe (s. S. 409). Die Genehmigungen kosten 5 US$ pro Person und Nacht bzw. 10 US$ pro Person für zwei oder mehrere Nächte.

Von Ende Mai bis Ende September ist nur eine begrenzte Zahl an Besuchern zugelassen. Die Hälfte der Genehmigungen einer Saison kann etwa ab März oder April online beantragt werden. Die andere Hälfte ist direkt bei der Ankunft erhältlich– es gilt das bekannte Prinzip: Wer zuerst kommt, mahlt zuerst.

Bei Wanderungen in der freien Natur gehören immer „Bear Cans" (bärensichere Kanister) ins Gepäck; Proviant an Bäume zu hängen, hilft dagegen nichts – so leicht lassen sich die intelligenten Tiere nicht austricksen. Die Kanister verleiht das USFS Taylor Creek Visitors Center kostenlos. Wichtig ist außerdem Insektenschutz – die Stechmücken sind eine echte Plage. Lagerfeuer sind strengstens untersagt, tragbare Gaskocher sind hingegen erlaubt. Hunde müssen immer an der Leine geführt werden.

USA in einer Höhe von rund 950 m durch die Luft fliegen kann.

Wandern

Von der oberen Station der **Heavenly Gondola** (s. S. 411) starten kilometerlange Sommerwanderwege, von denen viele eindrucksvolle Ausblicke auf den See bieten. Auf der Nevada-Seite der Staatsgrenze führt der **Lam Watah Nature Trail** (hin & zurück 1,5 km) durch vom Unites States Forest Service (USFS) verwaltetes Terrain, vorbei an Kiefern, Wiesen und Teichen. Er fängt am Erholungspark beim Kahle Dr an und verläuft zwischen dem Hwy 50 und Nevada Beach.

In der Nähe des vom USFS betriebenen Taylor Creek Visitor Center abseits des Hwy 89 beginnen mehrere leicht zu bewältigende Wege, die sich für Spaziergänge mit Kindern und Hunden eignen. Der 1,6 km lange, größtenteils flache **Rainbow Trail** führt um eine an einem Bach gelegene Wiese und ist mit Infotafeln über die Pflanzen- und Tierwelt versehen. Auf der anderen Seite des Hwy 89 folgt der sanft gewellte **Moraine Trail** (1,6 km) dem Uferverlauf des Fallen Leaf Lake; in der Nähe des Campingplatzes No 75 kann man am Ausgangspunkt des Wegs kostenlos parken. Der 1,5 km lange Rundweg **Angora Lakes** in kühleren, höheren Lagen eignet sich ebenfalls wunderbar für Familien. Er endet an einem sandigen Badestrand und im Sommer verkauft eine Snackbar Eis. Ausgangspunkt ist die Angora Ridge Rd, abseits der Tahoe Mountain Rd, zu der der Hwy 89 führt.

Längere, anspruchsvollere Tageswanderungen zu Bergseen und Alpenwiesen bieten verschiedene Routen, die in die **Desolation Wilderness** (s. Kasten oben) führen. Ausgangspunkte sind **Echo Lakes** (südlich der Stadt), **Glen Alpine** (in der Nähe von Lily Lake, südlich vom Fallen Leaf Lake), ein historisches Touristenresort mit Wasserfall, und **Tallac** (gegenüber dem Eingang zum Baldwin Beach). Die Wege ab Echo Lakes und Glen Alpine führen außerdem zum Gipfel des Mt. Tallac (2967 m), eine anspruchsvolle, 16 bzw. 19 km lange Tageswanderung entfernt. Kostenlose Genehmigungen für Tageswanderer zum Betreten des Naturgebiets gibt's nur an den Ausgangspunkten der Wanderwege; über Genehmigungen für Übernachtungen, für die bestimmte Quoten gelten, informiert der Kasten auf S. 412.

Strände & Schwimmen

Die hübschesten Strände auf kalifornischer Seite sind **Pope Beach** (www.fs.usda.gov/tahoe; 7 US$/Auto;), **Kiva Beach** () und **Baldwin Beach** (www.fs.usda.gov/tahoe; 7 US$/Auto;), die alle über Picknicktische und Grillstellen verfügen. Am Kiva Beach gibt es kostenlose Parkplätze, zudem sind dort angeleinte Hunde erlaubt. Die Strände liegen an der Emerald Bay Rd (Hwy 89), die westlich und östlich der Tallac Historic Site verläuft. Der nahe gelegene **Fallen Leaf Lake**, an dem Szenen der Hollywoodfilme *Bodyguard* und *Stadt der Engel* gedreht wurden, lädt im Sommer zum Schwimmen ein. Abseits des Lake Tahoe Blvd liegt der kostenlose öffentliche Stadtstrand **El Dorado Beach**.

Viele Besucher fahren allerdings lieber nach Stateline und 2 Meilen (3 km) weiter nach Norden zum hübschen **Nevada Beach** (www.fs.usda.gov/tahoe; 7 US$/Auto), wo es nachmittags ziemlich windig ist, oder aber zur immer gut besuchten **Zephyr Cove** (www.zephyrcove.com; 8 US$/Auto;), dessen rund 1,5 km langes, sandiges Ufer ein rustikales Resort und Ankerplätze säumen.

Bootfahren & Wassersport

Sowohl die **Ski Run Boat Company** (530-544-0200; www.tahoesports.com; 900 Ski Run Blvd) am Ski Run Marina als auch **Tahoe Keys Boat & Charter Rentals** (530-544-8888; www.tahoesports.com; 2435 Venice Dr) am Tahoe Keys Marina vermieten Motorboote, Pontons, Segelboote und Jetskis (95–200 US$/Std.) sowie Kajaks, Kanus, Hydrobikes, Paddelboote und Paddleboards (15–35 US$/Std.). Am Ski Run Marina kann man zudem in einer Höhe von bis zu 365 m über dem Lake Tahoe mit einem Gleitschirm fliegen (Flug 50–75 US$). Im Sommer bietet **Scuba Mood** (916-420-9820; www.scubamood.com; Tahoe Keys Marina, 2435 Venice Dr East) Bootsfahrten an (im Voraus buchen!).

Kayak Tahoe KAJAKFAHREN
(530-544-2011; www.kayaktahoe.com; Mietkajak 15–60 US$, Kurse & Touren ab 30 US$; Juli & Aug. meist 9–17.30 Uhr, Juni & Sept. kürzere Öffnungszeiten) Der Veranstalter verleiht Kajaks, bietet Kurse an und organisiert Touren, z. B. Paddeltrips bei Sonnenuntergang sowie Ausflüge zur Emerald Bay, zur Mündung des Upper Truckee River und zum Ostufer. Es gibt vier (nur im Sommer geöffnete) Vertretungen am Timber Cove Marina, Baldwin Beach, Pope Beach und Nevada Beach.

Zephyr Cove Resort & Marina JACHTHAFEN
(Karte S. 406; 775-589-4901; www.zephyrcove.com; 760 Hwy 50, NV; 9–17 Uhr) Verleiht Motorboote, Tretboote, Waverunners, Jetskis, Kanus, Kajaks und Paddleboards (SUPs) und bietet Einzel-und Tandem-Gleitschirmflüge (59–129 US$).

Camp Richardson Resort Marina JACHTHAFEN
(530-542-6570; www.camprichardson.com; 1900 Jameson Beach Rd) Verleiht Motorboote, Wasserski, Kajaks und SUP-Ausrüstung.

Mountainbiken

Mr. Toad's Wild Ride ist mit seinen steilen Abfahrten und vielen wilden Kurven eine klassische, anspruchsvolle Strecke für erfahrene Mountainbiker. Die von Juni bis Oktober befahrbare Route verläuft entlang des Saxon Creek und beginnt abseits des Hwy 89 südlich der Stadt, in der Nähe von Grass Lake und vom Luther Pass.

Für Mountainbiker mit ein bisschen Erfahrung ist der größtenteils einspurige, durch Schluchten und Bäche führende **Powerline Trail** geeignet. Los geht's abseits des Ski Run Blvd in der Nähe des Heavenly Resort, vom westlichen Ende der Saddle Rd kommend. Wer eine etwas ruhigere, ebenere Strecke sucht, kann eine Tour um den malerischen Fallen Leaf Lake unternehmen. Wer fit genug ist, kann sich außerdem am steilen, aber technisch nicht allzu anspruchsvollen **Angora Lakes Trail** versuchen, der Panoramablicke auf den Mt. Tallac und den Fallen Leaf Lake bietet. Er beginnt weiter östlich, abseits der Angora Ridge Rd und Tahoe Mountain Ridge Rd.

Wanna Ride (775-588-5800; www.wannaridetahoe.com) bietet einen Shuttleservice, verleiht Mountainbikeausrüstungen für Touren auf dem Mr. Toad's Wild Ride und Tahoe Rim Trail sowie für andere Abenteuer und veranstaltet familienfreundliche Trips. Über den Zustand der Mountainbikestrecken, Renntermine, Volunteer Days und andere Veranstaltungen informiert die

Tahoe Area Mountain Biking Association (http://mountainbiketahoe.org).

Radfahren

Der ebene, leicht zu bewältigende **South Lake Tahoe Bike Path** eignet sich für jedermann. Er verläuft vom Dornado Beach in westlicher Richtung, trifft auf den **Pope-Baldwin Bike Path** und führt zum Camp Richardson, zur Tallac Historic Site und zum USFS Taylor Creek Visitor Center. In den Besucherzentren gibt's eine exzellente Karte für Fahrradtouren am Lake Tahoe. Eine Onlineversion liefert die **Lake Tahoe Bicycle Coalition** (www.tahoebike.org), deren Website passionierten Radfahrern außerdem jede Menge Infos liefert. **Anderson's Bike Rental** (☎530-541-0500, 877-720-2121; www.laketahoebikerental.com; 645 Emerald Bay Rd/Hwy 89; 9 US$/Std.; 👪) liegt rund 1,5 Meilen (2,5 km) nördlich der „Y"-Kreuzung und verleiht Hybridbikes mit Helm-en.

Golf & Discgolf

Edgewood Tahoe Golf Course GOLF
(☎775-588-2787; www.edgewood-tahoe.com; 100 Lake Pkwy, Stateline; Golfplatzgebühr 110–240 US$) Der anspruchsvolle, von George Fazio entworfene 18-Loch-Golfplatz beeindruckt mit einer wunderschönen Seekulisse und ist beliebter Austragungsort für Promi-Golfturniere. Man muss reservieren; Golfwagen und Schläger kann man ausleihen.

Bijou Golf Course GOLF
(☎530-542-6097; www.cityofslt.us; 3464 Fairway Ave; Golfplatzgebühr 19–37 US$, Club/Miete Golfwagen 15/5 US$; ⏲Öffnungszeiten telefonisch erfragen) Legerer und entspannter geht es auf dem städtischen Golfplatz mit Ausblick auf den Heavenly Mountain zu, für den keine Reservierung vonnöten ist. Er wurde in den 1920er-Jahren angelegt und hat nur neun Löcher, die zweimal bespielt werden.

GRATIS **Kirkwood Disc-Wood** DISCGOLF
(☎209-258-7210; www.kirkwood.com; 1501 Kirkwood Meadows Dr, Kirkwood) Dieser tolle 18-Loch-Platz bietet ein witziges Terrain, viel Platz und Ausblick auf die hoch aufragende Sierra Nevada. Bevor man die einstündige Fahrt südwestlich von South Lake Tahoe auf sich nimmt, sollte man den genauen Weg dorthin sowie die Öffnungszeiten telefonisch erfragen.

GRATIS **Zephyr Cove Park** DISCGOLF
(Hwy 50 beim Warrior Way, nördlich von Stateline, NV) Der PDGA-zertifizierte 18-Loch-Platz liegt malerisch am Ostufer und bietet einen attraktiven, bergauf- und bergabwärts verlaufenden Parcours.

GRATIS **Bijou Community Park** DISCGOLF
(Bijou Community Park, 1201 Al Tahoe Blvd) Der riesige, größtenteils flache und bewaldete 27-Loch-Parcours in der Stadt fordert selbst Experten.

Reiten

Die **Camp Richardson Corral & Pack Station** (☎530-541-3113, 877-541-3113; www.camprichardsoncorral.com; Emerald Bay Rd/Hwy 89; Wanderritte 40–90 US$; 👪) und die **Zephyr Cove Stables** (☎775-588-5664; www.zephyrcovestable.com; Hwy 50, NV; Wanderritte 40–70 US$; 👪) ungefähr 4 Meilen (6,5 km) nördlich der Kasinos von Stateline bieten im Sommer täglich Ausritte an, von einstündigen, kinderfreundlichen Touren durch den Wald bis hin zu Wanderritten mit Blick auf Wiesen und den See (Reservierung erforderlich!).

South Lake Tahoe mit Kindern

GRATIS **Stream Profile Chamber** WANDERN
(☎530-543-2674; Trailhead beim USFS Taylor Creek Visitor Center, abseits des Hwy 89; ⏲Ende Mai–Mitte Juni & Okt. 8–16.30 Uhr, Mitte Juni–Sept. bis 17.30 Uhr) Die in einen sprudelnden Bach eingelassene Glasstruktur neben einem familienfreundlichen Wanderweg gibt Einblicke in das Leben der Pflanzen und Tiere im Wasser. Am besten kommt man im Oktober, wenn die Kokanee-Lachse, leuchtend rote Schönheiten, laichen.

Tahoe Bowl BOWLEN
(☎530-544-3700; http://tahoebowl.com; 1030 Fremont Ave; Spiel 4,50 US$/Pers., Schuhverleih 4,50 US$; ⏲Öffnungszeiten variieren; 👪) Die unterhaltsame Indoor-Anlage mit 16 Bowlingbahnen, winzigem Pizzaimbiss und Spielautomaten eignet sich für schlechtes Wetter und ist für die Kleinen eine gute Gelegenheit, sich richtig auszutoben. Öffnungszeiten telefonisch erfragen!

Shops at Heavenly Village MINIGOLF, SCHLITTSCHUHLAUFEN
(☎530-542-1215; www.theshopsatheavenly.com; 1001 Heavenly Way; ⏲variierende, saisonale Öffnungszeiten; 👪) Wer keine Lust auf lange Fußmärsche hat, für den ist diese Outdoor-Mall im Zentrum genau das Richtige. Sie hat im Sommer einen kleinen Minigolfplatz und im Winter eine Eislaufläche im Freien

zu bieten. Öffnungszeiten und Preise am besten vorher telefonisch erfragen!

Geführte Touren

Lake Tahoe Cruises BOOTSFAHRTEN
(800-238-2463; www.zephyrcove.com; 2-stündige Bootsfahrt Erw./Kind ab 45/15 US$;) Das ganze Jahr über schippern zwei Raddampfer über den tiefblauen Lake Tahoe. Es gibt verschiedene Touren, mit Sightseeing, Unterhaltungsprogramm, Abendessen oder Tanzveranstaltungen, beispielsweise eine zweistündige, informative Fahrt zur Emerald Bay. Die *Tahoe Queen* legt am Ski Run Marina in der Stadt ab, die *MS Dixie II* am Zephyr Cove Marina am Ostufer in Nevada.

Woodwind Cruises BOOTSFAHRTEN
(775-588-1881; www.sailwoodwind.com; Zephyr Cove Marina, 760 Hwy 50, NV; 1-stündige Fahrt Erw./Kind 2–12 Jahre ab 34/15 US$) Die Champagner- und Happy-Hour-Touren an Bord eines Segelkatamarans bei Sonnenuntergang sind eine entspannte Möglichkeit nach einem sonnigen Nachmittag am Strand den Tag ausklingen zu lassen. Im Sommer gibt es fünf Fahrten täglich; Reservierung empfohlen.

Action Watersports SCHNELLBOOT
(530-544-5387; www.action-watersports.com; Timber Cove Marina, 3411 Lake Tahoe Blvd; Erw./Kind unter 13 Jahren 60/30 US$) Wer möglichst schnell zur Emerald Cove kommen und die ständigen Verkehrsstaus auf dem Hwy 89 meiden möchte, ist an Bord des Rennboots *Tahoe Thunder*, das über den See flitzt, richtig. Vorsicht, man wird nass!

Lake Tahoe Balloons BALLONFAHRT
(530-544-1221, 800-872-9294; www.laketahoeballoons.com; 250 US$/Pers.) Von Mai bis Oktober geht's bei entsprechendem Wetter zunächst auf einen Katamaran, der beim Tahoe Keys Marina ablegt, anschließend steigt man vom oberen Bootsdeck in einem Heißluftballon hoch in die Lüfte. Wer in einer Höhe von 3000 m noch Atem hat, dem wird er spätestens vom eindrucksvollen Blick auf den See und die Sierra Nevada geraubt.

Schlafen

SOUTH LAKE TAHOE

South Lake Tahoe bietet eine riesige Auswahl für jeden Geldbeutel. Unterkünfte gibt's am Lake Tahoe Blvd (Hwy 50) zwischen Stateline und dem Ski Run Blvd. Weiter westlich, nahe der „Y"-Kreuzung, wo der Hwy 50 auf den Hwy 89 trifft, reihen sich mehrere meist günstige Motels aneinander, deren Zustand von gerade noch erträglich bis inakzeptabel reicht. Die im Folgenden aufgelisteten Preise gelten für die Hauptsaison (die Skisaison dauert in der Regel von Dezember bis März, die Sommersaison von Juni bis August). In manchen

FÜR KINDER: SCHLITTENFAHREN, TUBING & SPASS IM SCHNEE

In größeren Skiorten wie Heavenly und Kirkwood bei South Lake Tahoe sowie Squaw Valley und Northstar-at-Tahoe in der Nähe von Truckee gibt es Rodelhügel für Kinder, teils mit Tubing-Verleih und Schleppseilen. Auch kleinere Skigebiete wie Sierra-at-Tahoe bei South Lake Tahoe sowie Boreal, Soda Springs und Tahoe Donner in der Nähe von Truckee bieten kinderfreundliche Hänge. Wer einen eigenen Schlitten hat, kann abseits des Trubels in ausgewiesenen „Snow Play Areas" beim North Tahoe Regional Park in Tahoe Vista am Nordufer sowie beim Incline Village in Nevada, in Tahoe Meadows abseits des Mt. Rose Hwy (Hwy 431) oder beim Spooner Summit am Hwy 50, alle am Ostufer, rodeln. Auf der kalifornischen Seite locken die kostenlosen **Sno-Parks** (916-324-1222; www.parks.ca.gov/?page_id=1233) entlang des Hwy 89 bei Blackwood Canyon, 3 Meilen (5 km) südlich von Tahoe City am Westufer, und in Taylor Creek, gleich nördlich des Camp Richardson bei South Lake Tahoe. Aus Sacramento oder der San Francisco Bay Area kommend trifft man auf der I-80 auf zwei Sno-Parks, nämlich bei Yuba Gap (Exit 161) und Donner Summit (Exit 176 Castle Peak/Boreal Ridge Rd); an Winterwochenenden sind die Parkplätze ab etwa 11 Uhr belegt.

Wer auf eigene Faust tuben oder rodeln möchte, ist beim **Hansen's Resort** (Karte S. 410; 530-577-4352; www.hansensresort.com; 1360 Ski Run Blvd; 10 US$/Pers. inkl. Mietgebühr; 9–17 Uhr) in South Lake Tahoe oder bei **Adventure Mountain** (530-577-4352; www.adventuremountaintahoe.com; 21200 Hwy 50; 15 US$/Auto, vermietet Ausrüstung; Mo–Fr 10–16.30, Sa, So & Feiertage 9–17 Uhr), südlich der Stadt beim Echo Summit, richtig.

Unterkünften gilt ein Mindestaufenthalt, insbesondere am Wochenende und zur Ferienzeit. Weitere Infos zu Ferienwohnungen und Hotelzimmern liefert **Heavenly** (☎775-586-7000, 800-432-8365; www.skiheavenly.com).

LP TIPP **Deerfield Lodge at Heavenly** BOUTIQUEHOTEL $$$
(☎530-544-3337, 888-757-3337; http://tahoedeerfieldlodge.com; 1200 Ski Run Blvd; Zi./Suite inkl. Frühstück ab 219/259 US$;) Das kleine Boutiquehotel in der Nähe des Skiorts Heavenly bietet ein Dutzend gemütliche Zimmer und geräumige Suiten, die über eine Terrasse oder einen Balkon mit Blick auf den Garten sowie Whirlpool-Wannen, flackernde Gaskamine und witzige, aus Skiern und Snowboards gefertigte Garderoben verfügen. Es gibt eine kostenlose Happy Hour mit Snacks und Drinks, im Sommer außerdem Grillabende. Für Haustiere wird eine Gebühr von 25 US$ erhoben.

Timber Lodge HOTEL $$
(☎530-542-6600, 800-845-5279; www.marriott.com; 4100 Lake Tahoe Blvd; Zi. 179–219 US$, Suite 219–299 US$; @) Man sollte sich nicht von dem Marriott-Schild abschrecken lassen, denn diese moderne Skilodge wartet mit einer unübertrefflichen Lage auf, die Heavenly-Seilbahn gleitet nämlich direkt am Fenster vorbei. Die Nullachtfünfzehn-Hotelzimmer verfügen über Küchenzeilen, während die apartmentähnlichen „Vacation Villa"-Suiten voll ausgestattete Küchen, Gaskamine und tiefe Badewannen für müde Skifahrerbeine zu bieten haben.

968 Park Hotel BOUTIQUEMOTEL $$
(☎530-544-0968, 877-544-0968; www.968parkhotel.com; 968 Park Ave; Zi. 109–309 US$; @) Trotz kritischer Stimmen präsentiert sich das umgebaute Motel als echter Trendsetter. Recycelte, aufbereitete und originelle Baumaterialien brachten dem Ökoparadies in der Nähe des Sees, einen Fußmarsch von der Grenze bei Stateline entfernt, eine LEED-Zertifizierung ein. Im Sommer kann man sich in einer Strohhütte am sonnigen Pool oder im Zen-Garten entspannen und anschließend in wunderbaren Sterling-Betten nächtigen.

Alder Inn B&B $$
(☎530-544-4485; www.thealderinn.com; 1072 Ski Run Blvd; Zi. 99–209 US$;) In dem gastfreundlichen Inn am See wird man fast wie von guten Freunden willkommen geheißen. Es liegt an der Skishuttle-Route nach Heavenly und bietet frische Farben, Pillow-Top-Matratzen, biologische Badezusätze, Minikühlschränke, Mikrowellen und Flachbildfernseher. Im Sommer kann man sich im nierenförmigen Pool erfrischen.

Fireside Lodge INN $$
(☎530-544-5515; www.tahoefiresidelodge.com; 515 Emerald Bay Rd/Hwy 89; DZ inkl. Frühstück 119–255 US$;) Das B&B ist mit seinen Holzhütten wunderbar für Familien geeignet und bietet Fahrräder für Gäste, einen Kajakverleih und am Abend „S'mores" (Kekse mit gegrillten Marshmallows und Schokolade). Die mit Küchenzeilen ausgestatteten Zimmer und Suiten verfügen über Gaskamine mit Steinen vom Fluss, gemütliche Patchwork-Decken und von der Pionierzeit inspiriertes Dekor wie Kutschräder und alte Ski. Für Haustiere wird eine Gebühr von 20 US$ fällig.

Paradice Inn MOTEL $$
(☎530-544-6800; www.paradicemoteltahoe.com; 953 Park Ave; Zi. 120–210 US$;) Gestresste Gäste werden die Gastfreundschaft in diesem kleinen zweistöckigen Motel mit minimalistischen Zimmern, die von Blumenkästen voller Geranien geschmückt werden, schätzen. Gegenüber ist die Heavenly-Seilbahn. Für Familien eignen sich die Suiten mit zwei Schlafzimmern.

Tahoe Lakeshore Lodge & Spa HOTEL $$$
(☎530-541-2180, 800-448-4577; www.tahoelakeshorelodge.com; 930 Bal Bijou Rd; DZ 169–319 US$; @) Das zentral gelegene Businesshotel punktet in erster Linie mit dem Seeblick. Die renovierten Zimmer in der Hauptlodge sind alle in typischem Holzhüttenstil gestaltet, die Apartments mit voll ausgestatteten Küchen wiederum sind nach dem Geschmack des jeweiligen Besitzers eingerichtet.

Inn by the Lake HOTEL $$$
(☎530-542-0330, 800-877-1466; www.innbythelake.com; 3300 Lake Tahoe Blvd; Zi. 170–270 US$; @) Die Zimmer sind enttäuschend einfallslos, dafür gibt es einen zweistöckigen Whirlpool im Freien, Spa-Suiten mit Küche sowie einen Verleih für Fahrräder und Schneeschuhe. Die hinteren Zimmer sind billiger und ruhiger, haben jedoch keinen Seeblick.

Highland Inn MOTEL $$
(☎530-544-4161, 800-798-7311; www.highlandlaketahoe.com; 3979 Lake Tahoe Blvd; Zi. 59–

159 US$; ❄📶🐾) Stilbewusste Sparfüchse werden sich in dem älteren, jedoch renovierten zweistöckigen Motel wohlfühlen. Kunstdrucke, heller Parkettboden und neue Plasmafernseher sorgen trotz der dünnen Wände für einen recht angenehmen Aufenthalt. Die Haustiergebühr beträgt 20 US$.

Avalon Lodge MOTEL $$
(☎530-544-2285, 888-544-7829; http://avalonlodge.com; 4075 Manzanita Ave; Zi. 115–220 US$; 📶👪🐾) Ruhiges und geräumiges, zweistöckiges Motel abseits der Hauptstraße; Haustiergebühr von 20 US$.

Seven Seas Inn MOTEL $
(☎530-544-7031, 800-800-7327; www.sevenseastahoe.com; 4145 Manzanita Ave; Zi. 50–100 US$; 📶🐾) Freundliches, gepflegtes und günstiges Motel mit Whirlpool; für Haustiere sind 10 US$ fällig.

Camping & Hütten

Spruce Grove Cabins HÜTTEN $$
(☎530-544-0549, 800-777-0914; http://sprucegrovetahoe.com; 3599–3605 Spruce Ave; DZ 159–205 US$; 📶👪🐾) Die gepflegten Privathütten liegen abseits des Trubels von Heavenly in einer ruhigen Wohngegend. Die mit Küchen ausgestatteten Häuschen mit ihren knorrigen Kiefernwänden und den von Steinen umrahmten Gaskaminen versprühen Vintage-Flair und erinnern an die Unterkünfte direkt am See. Hunde können im Garten herumtollen, während es sich ihre Besitzer in der Hängematte oder in den Whirlpools im Freien gemütlich machen. Die Reinigungsgebühr beträgt 30 US$; für Haustiere muss man eine Kaution von 100 US$ hinterlegen.

Camp Richardson Resort HÜTTEN, CAMPING $
(☎530-541-1801, 800-544-1801; www.camprichardson.com; 1900 Jameson Beach Rd; Zeltstellplatz ab 35 US$, Wohnmobilstellplatz mit teilweiser/voller Stromversorgung ab 40/45 US$, Zi. 95–180 US$, Hütte 100–265 US$; 📶👪) Abseits des Trubels der Stadt bietet dieses große, betriebsame Familiencamp in der Campingsaison Stellplätze (nachts sollte man sich auf räuberische Bären einstellen!), im Sommer außerdem Waldhütten, die wochenweise vermietet werden, und zusätzlich Hotelzimmer in Strandlage. Es gibt einen Verleih für Sportausrüstung und Fahrräder sowie kostenloses WLAN in der Lobby.

Fallen Leaf Campground HÜTTEN, CAMPING $
(☎Informationen 530-544-0426, Reservierungen 877-444-6777; www.recreation.gov; Fallen Leaf Lake Rd; Zelt- & Wohnmobilstellplatz 30 US$, Jurte 85 US$; ⏲Mitte Mai–Mitte Okt.; 🐾) Der Campingplatz nicht weit vom Nordufer des eindrucksvollen Fallen Leaf Lake ist einer der größten und beliebtesten am Südufer des Lake Tahoe. Zur Auswahl stehen 180 Stellplätze im Wald und neue Leinenjurten, in denen auch fünfköpfige Familien Platz finden (Schlafsäcke müssen aber mitgebracht werden).

Campground by the Lake CAMPING $
(☎530-542-6096; www.cityofslt.us; 1150 Rufus Allen Blvd; Zelt- & Wohnmobilstellplatz ohne/mit Strom ab 29/40 US$, Hütte 51–69 US$; ⏲April–Okt.; 📶🐾) Zwar stört hier oftmals rund um die Uhr der Verkehrslärm auf dem Highway, dafür liegt der Zeltplatz in direkter Nähe zu Zentrum und Eislauffläche und verfügt über Dump Stations für Wohnmobile. Vom Memorial Day (Ende Mai) bis zum Labor Day (Anfang September) werden schlichte Hütten mit einfachen Schlafplätzen vermietet.

STATELINE, NEVADA

In den hochgebauten Kasinokomplexen Nevadas steigen und fallen die Preise wie die Chancen an den Glücksspielautomaten. Die entscheidenden Faktoren sind die Saison, der Wochentag und der Zimmertyp. Im Winter gibt es manchmal spezielle Angebote für Skifahrer.

Harrah's KASINOHOTEL $$$
(☎775-588-6611, 800-223-7277; www.harrahslaketahoe.com; 15 Hwy 50, Stateline; Zi. 139–449 US$; ❄@📶🏊) Hinter einer überraschend geschmackvollen grünen Fassade verbirgt sich dieses betriebsame Kasinohotel. Es ist eines der schicksten in Stateline. Zur Auswahl stehen Standard-„Luxus"-Zimmer mit zwei Bädern samt eigenen Minifernsehern und Telefonen sowie edle Suiten mit Panoramafenstern und Seeblick. Weitere Traumausblicke bietet ein Tisch am Fenster in einem der hauseigenen Restaurants im Obergeschoss.

MontBleu KASINOHOTEL $$
(☎775-588-3515, 888-829-7630; www.montbleuresort.com; 55 Hwy 50, Stateline; Zi. 70–280 US$; ❄@📶🏊) Die Gemeinschaftsbereiche erstrahlen zwar in coolem, modernem Boutique-Dekor, die Zimmer jedoch sind

genauso kitschig wie in anderen Kasinohotels, auch wenn manche der mit Marmor versehenen Bäder über hedonistische Whirlpool-Wannen verfügen. Für Erholung sorgt ein Hallenbad mit Felslandschaft und Mini-Wasserfällen.

Harvey's KASINOHOTEL **$$**
(775-588-2411, 800-223-7277; www.harveystahoe.com; 18 Hwy 50, Stateline; Zi. 79–559 US$;) Das Harvey's war South Lake Tahoes erstes Kasino und ist mit seinen 740 Zimmern auch das größte. Die Lake-Tower-Zimmer bieten schicke Marmorbäder und viel Platz, die renovierten Mountain-Tower-Zimmer sind allerdings schicker und stilvoller. Der ganzjährig geöffnete, beheizte Außenpool lockt sowohl Strandliebhaber als auch Schneehasen an. Die Haustiergebühr beträgt 40 US$.

Horizon KASINOHOTEL **$$**
(775-588-6211, 800-648-3322; www.horizoncasino.com; 50 Hwy 50, Stateline; Zi. 70–290 US$;) Das Hotel, früher unter dem Namen „Sahara“ bekannt, ist nicht Besonderes, eingefleischte Elvis-Fans können jedoch in der Suite übernachten, auf deren Kissen einst der King sein Haupt niederlegte. Familienurlauber werden wohl an dem größten Freiluft-Pool Tahoes (nur im Sommer), einer großen Spielhalle und einem Multiplex-Kino Gefallen finden.

Camping & Hütten

Zephyr Cove Resort & Marina HÜTTEN, CAMPING **$$$**
(Karte S. 406; 800-238-2463; www.zephyrcove.com; 760 Hwy 50, NV; Zelt- & Wohnmobilstellplatz ohne/mit Strom an 27/43 US$, Hütte 169–339 US$; Hütten das ganze Jahr über, Camping Mai–Sept.;) Auf der Nevada-Seite, rund 4 Meilen (6,5 km) nördlich von Stateline, bietet das auf USFS-Gelände gelegene, familienfreundliche Resort am See historische Hütten inmitten von Kiefern. Die Campinganlagen mit heißen Duschen, Waschautomaten, Grillplätzen und Fire Rings erinnern an das Camp Richardson. Die Anlage umfasst 93 gepflasterte Wohnmobilstellplätze, zehn Zeltstellplätze für Autobesitzer (ein paar mit Seeblick) und 47 autofreie Zeltstellplätze mitten im schattigen Wald. Angeleinte Hunde sind (außer am Hauptstrand) erlaubt.

Nevada Beach Campground CAMPING **$**
(Karte S. 406; Informationen 775-588-5562, Reservierungen 877-444-6777; www.recreation.gov; abseits des Hwy 50, NV; Zelt- & Wohnmobilstellplatz 28–34 US$; Mitte Mai–Mitte Okt.;) In diesem gepflegten Campingplatz am See, 3 Meilen (5 km) nördlich von Stateline, nächtigt man auf einem weichen Nadelbett. Die 48 Stellplätze liegen inmitten von Kiefern; angeleinte Hunde sind auf dem Zeltplatz erlaubt, nicht aber am Strand.

Essen

Bei nächtlichen Hungerattacken schaffen die großen Kasinos in Stateline mit ihren rund um die Uhr geöffneten Coffeeshops, die Nachtschwärmern Frühstück servieren, Abhilfe. Die meisten Bars und Cafés, teils mit Seeblick und Livemusik, bieten sättigende, akzeptable Mahlzeiten sowie Après-Ski-Snacks und Cocktails an.

LP TIPP **Café Fiore** ITALIENISCH **$$$**
(530-541-2908; www.cafefiore.com; 1169 Ski Run Blvd; Hauptgerichte 16–31 US$; So–Do 17.30–21, Fr & Sa bis 21.30 Uhr) Das winzige, romantische Lokal serviert gehobene, unprätentiöse italienische Küche in Form von Pasta, saftigen Meeresfrüchten und Fleischgerichten sowie eine Auswahl von 300 hochwertigen Weinen. Empfehlenswert sind die Lammbrust, das hausgemachte Eis mit weißer Schokolade und das nahezu vollkommene Knoblauchbrot. Es gibt nur sieben Tische (im Sommer stehen noch ein paar mehr im kerzenbeleuchteten Patio), deswegen muss man reservieren.

Freshie's VERSCHIEDENES **$$**
(530-542-3630; www.freshiestahoe.com; 3330 Lake Tahoe Blvd; Hauptgerichte 14–27 US$; 11.30–21 Uhr) Vom Veganer bis zum Meeresfrüchteliebhaber – auf der umfassenden Speisekarte ist für jeden etwas dabei. Serviert wird von Hawaii inspirierte Fusion-Küche und oben bieten sich besonders bei Sonnenuntergang wunderschöne Ausblicke. Hier gibt es vorrangig Bio-Zutaten aus der Region und die gegrillten Fisch-Tacos sind die besten von South Lake Tahoe. Der Service ist allerdings sehr langsam. Abends sollte man reservieren!

Blue Angel Cafe KALIFORNISCH **$$**
(530-544-6544; www.theblueangelcafe.com; 1132 Ski Run Blvd; Mittagessen 10–14 US$, Abendessen 12–26 US$; So–Do 11–21, Fr & Sa bis 22 Uhr;) Das moderne amerikanische Café ist in einem charmanten Holzhaus auf dem Weg ins Skigebiet von Heavenly untergebracht und serviert knusprige Kettle-Chips, Club-Sandwiches, leckere Salate und Flank

Steaks. Zudem gibt's eine Happy Hour, günstige Mittagsmenüs und Spezialangebote am Abend.

Off the Hook Sushi FUSION $$
(www.offthehooksushi.com; 2660 Lake Tahoe Blvd; Hauptgerichte 14–23 US$; ⏲17–22 Uhr) Sushi, so weit vom Meer entfernt? Na klar! Das wunderbare kleine Sushilokal erfreut sich bei Einheimischen großer Beliebtheit und serviert japanische, hawaiianische und auch kalifornische Küche, z.B. Bento-Boxen, Nigiri-Kombis, dampfende Udon-Nudelsuppe und gebratenes Heilbuttsteak.

Latin Soul LATEINAMERIKANISCH $$
(www.lakesideinn.com; 168 Hwy 50, Stateline; Hauptgerichte 8–24 US$; ⏲8–22 Uhr) Ein Geschmackserlebnis der anderen Art bietet dieses kleine Kasinolokal mit seiner großen, kreativen Latino-Menüauswahl, zu der argentinisches Churrasco-Steak, Garnelen-Ceviche aus Veracruz, Ziegen-*birria* (Eintopf) und fantastische Mojitos gehören.

Getaway Cafe AMERIKANISCH $$
(www.getawaycafe.com; 3140 Hwy 50; Hauptgerichte morgens & mittags 8–12 US$, abends 10–22 US$; ⏲Mo & Di 7–14 Uhr, Juni–Aug. Mi–So 7–21 Uhr, Nebensaison verkürzte Öffnungszeiten; 👪) Am Stadtrand südlich des Flughafens gelegen, bietet das Lokal auch am Wochenende ein wunderbar ruhiges Essvergnügen. Freundliche Kellnerinnen servieren hoch aufgetürmte Buffalo-Chicken-Salate, Grillburger, Chorizo-Quesadillas, French Toast mit Kokoskruste und vieles mehr.

Burger Lounge AMERIKANISCH $
(www.tahoeburgerlounge.com; 717 Emerald Bay Rd/Hwy 89; Gerichte 3–6 US$; ⏲11–20 Uhr, Juni–Aug. bis 21 Uhr; 👪) Der riesige Bierkrug vor dieser Schindelhütte ist nicht zu verfehlen. Drinnen werden die leckersten Burger des Südufers aufgetischt, darunter die originelle Kreation „Just a Jiffy" (mit Erdnussbutter, Speck und Cheddar-Käse), außerdem gibt's sehr aromatische Pesto-Pommes.

Sprouts VEGETARISCH $
(3123 Harrison Ave; Hauptgerichte 6–9 US$; ⏲8–21 Uhr; 🌿👪) Geselliges Gemurmel begrüßt die Gäste in diesem dynamischen Bio-Café, das für seine Smoothies bekannt ist. Die gesunde Speisekarte umfasst herzhafte Suppen, Reiseintöpfe, Sandwiches, Burrito-Wraps, Tempeh-Burger und frische Salate.

Ernie's Coffee Shop DINER $
(www.erniescoffeeshop.com; 1207 Emerald Bay Rd/Hwy 89; Hauptgerichte 7–11 US$; ⏲6–14 Uhr; 👪) Das sonnige, sehr beliebte Diner überzeugt mit sättigenden Omeletts (aus vier Eiern!), herzhaftem Gebäck mit Bratensauce, fruchtigen und nussigen Waffeln, Salaten, die man sich selbst zusammenstellen kann sowie mit riesigen Kaffeetassen – die Bohnen dafür stammen aus regionalen Röstereien. Die lieben Kleinen werden sich begeistert über den Mickey-Mouse-Pfannkuchen hermachen.

Lake Tahoe Pizza Co PIZZERIA $$
(www.laketahoepizzaco.com; 1168 Emerald Bay Rd/Hwy 89; Pizzas 11–22 US$; ⏲16–21.30 Uhr, Juni–Aug. bis 22 Uhr; 👪) Seit den 1970er-Jahren serviert die klassische Pizzeria ihre kreativen Kreationen aus handgeknetetem Teig (u.a. aus Mais- und Vollkornmehl), beispielsweise das fleischlastige „Barnyard Massacre" oder den veganen „Green Giant".

Selbstversorger können hier ihre Vorräte auffüllen:

Cork & More FEINKOST $
(http://thecorkandmore.com; 1032 Al Tahoe Blvd; ⏲10–19 Uhr) Delikatessen, Gourmet-Essen (Sandwiches, Suppen, Salate) und Picknickkörbe zum Mitnehmen.

Sugar Pine Bakery BÄCKEREI $
(3564 Lake Tahoe Blvd; ⏲Di–Sa 8–18, So 8–16 Uhr) Knusprige Baguettes, köstliche Zimtbrötchen, Obstkuchen und Kekse mit Schokostückchen.

Grass Roots Natural Foods LEBENSMITTELGESCHÄFT
(2040 Dunlap Dr; ⏲Mo–Sa 9–19, So 10–18 Uhr; 🌿) Bio-Obst und Gemüse, hausgemachte Muffins, Sandwiches und Pizza.

Safeway LEBENSMITTELGESCHÄFT
(www.safeway.com; 1020 Johnson Blvd; ⏲Mo–Fr 9–20, Sa & So 9–17 Uhr) Das übliches Supermarktsortiment, außerdem gibt es einen Feinkostladen und eine Bäckerei.

Ausgehen & Unterhaltung

Das Klackern und Klappern der Blackjacktische und Glücksspielautomaten lockt jede Menge Besucher nach Stateline. Es ist zwar nicht Las Vegas, dennoch kann man hier wunderbar sein Geld loswerden. Die großen Kasinos bieten Live-Unterhaltung sowie mehrere Bars und Lounges. Die kostenlose, donnerstags erscheinende Zeitung **Reno News & Review** (www.newsreview.com) informiert umfassend über Unterhaltungsprogramm und Veranstaltungen in Stateline. Was in South Lake Tahoe los ist, erfährt man in der kostenlosen Wochenbeilage *Lake Tahoe Action* der **Tahoe Daily Tribune** (www.tahoedailytribune.com).

Beacon Bar & Grill BAR
(www.camprichardson.com; Camp Richardson Resort, 1900 Jameson Beach Rd; ⌚11–22 Uhr) Wenn man auf der großen Holzveranda dieser Bar sitzt, wähnt man sich fast schon im eigenen Vorgarten. Ordentlich in sich hat es der Rum Runner Cocktail. Im Sommer sorgen Bands für Stimmung.

Brewery at Lake Tahoe BRAUHAUS
(www.brewerylaketahoe.com; 3542 Lake Tahoe Blvd; ⌚tgl. 11 Uhr, schließt zu verschiedenen Zeiten) Das unheimlich beliebte Brauhaus serviert dem einheimischen Publikum, das Auswärtige auch gerne mal kritisch beäugt, literweise Bad Ass Ale, die Bierspezialität des Hauses. Das Barbecue ist großartig und im Sommer ist die Terrasse an der Straße geöffnet. Man sollte sich unbedingt einen der Autoaufkleber mitnehmen!

Macduffs Pub PUB
(www.macduffspub.com; 1041 Fremont Ave; ⌚11.30–2 Uhr) Mit Boddingtons-Bier, Fish & Chips, schottischem Frühstück und einer Dartscheibe an der Wand würde sich der dunkle, betriebsame Pub auch in Edinburgh gut machen. Wer Sport mag und jede Menge Alkohol verträgt, ist hier richtig.

Opal Ultra Lounge NACHTCLUB
(☎775-586-2000; www.montbleuresort.com; MontBleu, 55 Hwy 50, Stateline; Eintritt frei–10 US$; ⌚Mi–Sa 22–3 Uhr) Mit DJs, Go-Go-Tänzerinnen sowie Hits aus den Charts und Electro Dance zieht der Club eine junge, sehr modebewusste Partymeute an, die sich hier köstlich amüsiert. Weibliche Gäste kommen vor Mitternacht manchmal umsonst rein und im Sommer finden sonntagabends DJ-Partys am Pool statt.

Stateline Brewery BRAUHAUS
(www.statelinebrewery.com; 4118 Lake Tahoe Blvd; ⌚So–Do 11–21, Fr & Sa bis 22 Uhr) In der Kellerkneipe sitzt man neben glänzenden Braufässern. Nach einem langen sonnigen Tag am See oder auf den Skihängen von Heavenly (die Seilbahn fährt in der Nähe) schmecken die nach deutscher, schottischer und amerikanischer Art gebrauten Biere besonders gut.

Fresh Ketch BAR
(http://thefreshketch.com; Tahoe Keys Marina, 2345 Venice Dr; ⌚11.30–22 Uhr) Wer träumt nicht von einem Drink zum Sonnenuntergang mit wunderbarer Aussicht auf den See? Hier kann man sich auf der Terrasse am Ufer oder drinnen in der Bar zurücklehnen und an mehreren Abenden die Woche Blues-, Jazz- und Akustikgitarren-Konzerten lauschen.

Improv COMEDYCLUB
(www.harveystahoe.com; 18 Hwy 50, Stateline; Tickets 25–30 US$; ⌚Mi & Fr–So meist 21, Sa 20 & 22 Uhr) In diesem intimen Kabarett-Theater geben aufstrebende Stand-up-Comedians in Harvey's altem Kasino ihr Können zum Besten.

Mt. Tallac Brewing Company KLEINBRAUEREI
(2060 Eloise Ave; ⌚meist 17–19 Uhr) In der winzigen Kneipe drängen sich jede Menge Einheimische. Im Winter ist es ziemlich kalt, das Bier ist jedoch billig (und wirklich gut!) und die Atmosphäre entspannt.

Après Wine Company WEINBAR
(http://apreswineco.com; Ski Run Center, 3668 Lake Tahoe Blvd; ⌚Mo–Sa 11–22, So 14–21 Uhr) Die winzige Weinbar lockt Weinkenner mit ihren Happy Hours, diversen Weinproben, kleinen Snacks und den prall gefüllten Weinregalen.

Kaffee, Tee und WLAN gibt es an folgenden Adressen:

Alpina Coffee Café COFFEESHOP
(822 Emerald Bay Rd/Hwy 89; ⌚6–17 Uhr; @📶) Laptops mit Internetzugang, in der Region gerösteter Kaffee, getoastete Bagels und im Sommer eine Terrasse.

Keys Café COFFEESHOP
(www.tahoekeyscafe.com; 2279 Lake Tahoe Blvd; ⌚7–16 Uhr; 📶) Das buttergelbe Häuschen am Straßenrand verkauft hochwertigen Kaffee, Espresso, Bio-Tee und frische Smoothies.

Praktische Informationen

Barton Memorial Hospital (☎530-541-3420; www.bartonhealth.org; 2170 South Ave; ⌚24 Std.) Die Notaufnahme ist rund um die Uhr in Betrieb. Die Notfallklinik befindet sich im Stateline Medical Center, 155 Hwy 50, Stateline, Nevada.

Explore Tahoe (☎530-542-2908; www.cityofslt.us; Heavenly Village Transit Center, 4114 Lake Tahoe Blvd; ⌚9–17 Uhr) Das Zentrum bietet informative Ausstellungen sowie Informationen zum Freizeitangebot und Transportwesen.

AUF DEN STRASSEN VON SOUTH LAKE TAHOE

South Lake Tahoes von Ost nach West verlaufende Hauptverkehrsstraße ist ein 5 Meilen (8 km) langer Abschnitt des Hwy 50 namens Lake Tahoe Blvd. Die meisten Hotels und Geschäfte gibt es rund um die Grenzlinie zwischen Kalifornien und Nevada sowie im Heavenly Village. Kasinos findet man in Stateline, einer offiziell eigenständigen Stadt.

Westlich der Stadt trifft der Hwy 50 an der „Y"-Kreuzung auf den Hwy 89. Bei heftigem Schneefall ist der Hwy 89 nördlich der Tallac Historic Site manchmal gesperrt. Der Abschnitt des Hwy 89 zwischen South Lake Tahoe und Emerald Bay wird auch Emerald Bay Rd genannt.

Auf dem Hwy 50 zwischen der „Y"-Kreuzung und Heavenly Village staut es sich im Sommer und Winter montags bis freitags meist zur Mittagszeit sowie gegen 17 Uhr. Das größte Verkehrsaufkommen herrscht jedoch sonntagnachmittags, wenn die Wintersportler aus den Bergen zurückkehren.

Eine weniger befahrene Alternativroute durch die Stadt ist der Pioneer Trail, der in östlicher Richtung von der Kreuzung Hwy 89/Hwy 50 (südlich der „Y"-Kreuzung) abzweigt und bei Stateline wieder auf den Hwy 50 trifft.

Lake Tahoe Visitors Authority (☎800-288-2463; http://tahoesouth.com); Stateline (☎775-588-5900; 169 Hwy 50, Stateline, NV; ⊙Mo–Fr 9–17 Uhr); South Lake Tahoe (☎530-544-5050; 3066 Lake Tahoe Blvd; ⊙9–17 Uhr) Touristeninformation, Karten, Broschüren und Spargutscheine.

South Lake Tahoe Library (☎530-573-3185; www.eldoradolibrary.org/tahoe.htm; 1000 Rufus Allen Blvd; ⊙Di–Mi 10–20, Do–Sa 10–17 Uhr; @) Kostenlose Internetterminals (keine Reservierung möglich).

Tahoe Urgent Care (☎530-541-3277; 2130 Lake Tahoe Blvd; ⊙8–18 Uhr) Ambulanz für weniger dringliche Fälle.

USDA Lake Tahoe Basin Management Unit (☎530-543-2600; www.fs.usda.gov/ltbmu; 35 College Dr; ⊙Mo–Fr 8–16.30 Uhr) Genehmigungen für Ausflüge in die Wildnis sowie Infos zu Camping und Outdoor-Aktivitäten.

USFS Taylor Creek Visitor Center (☎530-543-2674; Hwy 89; ⊙Ende Mai–Mitte Juni & Okt. 8–16.30 Uhr, Mitte Juni–Sept. bis 17.30 Uhr) Outdoor-Infos, Genehmigungen für Ausflüge in die Wildnis und im Juli und August tägliche Wanderungen mit und Vorträge von Rangern.

An- & Weiterreise

Ab dem Reno-Tahoe International Airport (s. S. 500) fahren täglich mehrere Shuttles von **South Tahoe Express** (☎866-898-2463; www.southtahoeexpress.com; Erw./Kind 4–12 Jahre einfache Strecke 27/15 US$, hin & zurück 48/27 US$) zu den Kasinos in Stateline; die Fahrt dauert zwischen 75 Minuten und zwei Stunden.

Täglich verkehrt ein Thruway-Bus von **Amtrak** (☎800-872-7245; www.amtrak.com) zwischen Sacramento und South Lake Tahoe (34 US$, 2½ Std.); er hält am South Y Transit Center.

Unterwegs vor Ort

Die wichtigsten Verkehrsknotenpunkte von South Lake Tahoe sind das **South Y Transit Center** (1000 Emerald Bay Rd/Hwy 89), unmittelbar südlich der „Y"-Kreuzung des Hwy 50 und des Hwy 89, und das zentrale **Heavenly Village Transit Center** (4114 Lake Tahoe Blvd).

Die Stadtbusse von **BlueGO** (☎530-541-7149; www.bluego.org; einfache Strecke/Tagesticket 2/5 US$) verkehren das ganze Jahr über täglich von 6 bis 23 Uhr und halten entlang des Hwy 50 zwischen den beiden Verkehrszentren. BlueGO bietet zudem Shuttles, die auf Abruf (Reservierung möglich) Ziele in South Lake Tahoe (4–6 US$) anfahren.

Im Sommer fährt der **Nifty Fifty Trolley** (einfache Strecke/Tagesticket 2/5 US$; ⊙Juli–Anfang Sept. tgl. 9/10–17/18 Uhr stündl., Juni & Mitte Sept.–Anfang Okt. nur Sa & So) von BlueGO nördlich des South Y Transit Center entlang des Westufers nach Tahoma. In der Skisaison bietet BlueGO einen kostenlosen, alle 30 Minuten verkehrenden Shuttleservice von Stateline und South Lake Tahoe ins Skigebiet Heavenly; die Abfahrt erfolgt von Haltestellen entlang des Hwy 50, Ski Run Blvd und Pioneer Trail.

Western Shore

Lake Tahoes dicht bewaldetes, idyllisches Westufer erstreckt sich zwischen Emerald Bay und Tahoe City. Der Hwy 89 windet sich durch wunderschöne State Parks mit Badestränden, Wanderwegen, Campingplätzen und historischen Villen. Zudem führen mehrere Routen zur zerklüfteten Pracht der Desolation Wilderness (s. Kasten S. 412).

Alle Campingplätze und viele Geschäfte sind zwischen November und Mai geschlossen. Der Hwy 89 ist oft wegen Räumarbeiten nach Schneefällen oder akuter Lawinengefahr gesperrt. Wer die schwindelerregenden Kurven gesehen hat, kennt den Grund. In Richtung Süden erinnert die Straße saisonunabhängig zunehmend an eine Achterbahn, also Hände fest ans Steuer!

EMERALD BAY STATE PARK

Steile Granitfelsen und ein zerklüftetes Ufer säumen die aus einem Gletscher geformte **Emerald Bay** (☎530-541-3030; www.parks.ca.gov; 8 US$/Auto; ⏲Ende Mai–Sept.), eine malerische Bucht und ein wunderbares Fotomotiv. Am faszinierendsten ist das Farbenspiel des Wassers, das je nach Sonneneinstrahlung in dunklem Grün oder hellem Türkis schimmert.

Sehenswertes

Entlang des gesamten Hwy 89 bieten sich fantastische Ausblicke, beispielsweise am **Inspiration Point** gegenüber dem Bayview Campground. Unmittelbar südlich wird die Straße an beiden Seiten von steilen Abhängen gesäumt, hier hat man einen freien Blick auf das Postkartenpanorama der Emerald Bay im Norden und des Cascade Lake im Süden.

Das faszinierende blaugrüne Wasser der Bucht umspült **Fannette Island**. Auf der unbewohnten Granitinsel, der einzigen Insel im Lake Tahoe, befinden sich die verfallenen Überreste eines winzigen Teehauses aus den 1920er-Jahren, das Lora Knight gehörte. Die reiche Erbin machte mit Besuchern gelegentlich Motorbootausflüge vom **Vikingsholm Castle** (Führung Erw./Kind 6–13 Jahre 8/5 US$; ⏲Ende Mai–Sept. 10–16 Uhr), ihrer Villa an der Bucht, zu dieser Insel. Das auffällige Gebäude im State Park ist ein seltenes Beispiel für einen alten, skandinavisch geprägten Architekturstil und wurde 1929 fertiggestellt. Zu seinen vielen ungewöhnlichen Merkmalen gehören mit Gras bedeckte Dächer, auf denen zum Ende des Frühlings hin Wildblumen blühen. Das Vikingsholm Castle ist über einen 1,5 km langen steilen Weg zu erreichen, der außerdem zu einem Visitor Center führt.

Aktivitäten & Touren

Wandern

Das Vikingsholm Castle bildet das südliche Ende des berühmten Rubicon Trail (s. S. 423).

Zwei beliebte Routen führen in die Desolation Wilderness (s. Kasten S. 412). Ab dem Parkplatz der Eagle Falls (5 US$) führt der **Eagle Falls Trail** anderthalb steile Kilometer vorbei an den Eagle Falls und zum Eagle Lake. Der malerische, kurze Wanderweg ist bei Besuchern sehr beliebt, allerdings wird er schlagartig leerer, wenn es weiter zum Tahoe Rim Trail und zum Velma Lake, Dicks Lake und Fontanillis Lake geht (hin & zurück 16 km).

Hinter dem Bayview Campground führt ein 1,5 km langer, steiler Anstieg zum Gletschersee Granite Lake sowie eine weniger anspruchsvolle Route (hin & zurück 2,5 km) zu den Cascade Falls, die zu Sommeranfang aufgrund der Schneeschmelze jede Menge Wasser führen.

BOOTFAHREN

Außerhalb der Brutzeit der Kanadagans (meist Februar bis Mitte Juni) ist **Fannette Island** mit dem Boot zu erreichen. Bootsverleihstellen gibt es in Meeks Bay oder in South Lake Tahoe, wo außerdem informative Fahrten durch die Bucht sowie Motorboottouren angeboten werden.

Schlafen

Eagle Point Campground CAMPING $

(☎Informationen 530-525-7277, Reservierungen 800-444-7275; www.reserveamerica.com; Hwy 89; Stellplatz f. Zelt & Wohnmobil 35 US$; ⏲Mitte Juni–Anfang Sept. 👪) Der Campingplatz des State Park bietet über 90 oben auf dem Eagle Point gelegene Stellplätze, Spültoiletten, Münzduschen mit Warmwasser, Zugang zum Strand und Ausblick auf die Bucht. Weitere 20 auf das Gelände verteilte Stellplätze sind für jene Camper reserviert, die mit dem Boot kommen.

USFS Bayview Campground CAMPING $

(Hwy 89; Stellplatz f. Zelt & Wohnmobil 15 US$; ⏲Juni–Sept.) Der rustikale, einfache, vom Forest Service betriebene Campingplatz gegenüber dem Inspiration Point verfügt über 13 Stellplätze (keine Reservierung möglich) und Vault-Toiletten, die Wasservorräte sind allerdings meist irgendwann im Juli aufgebraucht.

DL BLISS STATE PARK

Der Emerald Bay State Park geht in den **DL Bliss State Park** (☎530-525-7277; www.parks.ca.gov; 8 US$/Auto; ⏲Ende Mai–Ende Sept.) über, der mit den Stränden bei der Lester Cove und der Calawee Cove über die hübschesten des Westufers verfügt. Ein rund 1 km langer Rundweg führt zum **Balancing Rock**, einem 130 t schweren Granitblock, der auf einem natürlichen Sockel thront. Eine Infobroschüre zur Flora und Fauna des Parks ist im **Visitor Center** (⏲8–17 Uhr) in der Nähe des Eingangs erhältlich.

Nahe der Calawee Cove befindet sich das nördliche Ende des malerischen **Rubicon Trail**, der sich ab dem Vikingsholm Castle über etwa sieben (meist flache) Kilometer entlang des Ufers im Emerald Bay State Park windet (vom Hwy 89 sind zusätzliche 1,5 km zum Castle hinunter zu bewältigen). Er führt an kleinen Höhlen vorbei, die zu einem erfrischenden Bad einladen, und bietet tolle Ausblicke. Wer noch 1,5 km weiter wandert, gelangt zu einem holzverkleideten, historischen Leuchtturm. Er wurde 1916 von der Coast Guard errichtet und ist der höchstgelegene Leuchtturm (2070 m) der USA.

Auf dem **Campingplatz** (☎800-444-7275; www.reserveamerica.com; Stellplatz f. Zelt & Wohnmobil 35–45 US$, Stellplatz Hike-and-Bike 7 US$; ⏲Mitte Mai–Sept.; 👪) des Parks gibt es 145 Stellplätze (am begehrtesten sind die am Strand), Spültoiletten, Münzduschen mit Warmwasser, Picknicktische, Feuerstellen und eine Dump Station für Wohnmobile.

Der kleine Besucherparkplatz an der Calawee Cove ist meist schon um 10 Uhr belegt. In diesem Fall gelangt man über einen 3 km langen Weg vom Parkeingang aus zum Strand. Alternativ befragt man die Parkmitarbeiter am Eingang über näher gelegene Ausgangspunkte des Rubicon Trail.

MEEKS BAY

Die seichte, an einem weitläufigen Uferabschnitt gelegene **Meeks Bay** bietet für Tahoe-Verhältnisse recht warmes Wasser und wird von einem wunderschönen, aber stark frequentierten Strand gesäumt. An der Westseite des Highway, ein paar hundert Meter nördlich der Feuerwache, gibt es noch einen **Ausgangspunkt** für eine Wanderung in die Desolation Wilderness (s. Kasten S. 412). Ein gut zu bewältigender, meist ebener und sehr schattiger Weg verläuft parallel zum Meeks Creek, bevor er bergaufwärts durch den Wald zum **Lake Genevieve** (hin & zurück 14,5 km), **Crag Lake** (hin & zurück 16 km) und zu anderen Naturseen inmitten malerischer Sierra-Gipfel führt.

Schlafen & Essen

Meeks Bay Resort HÜTTE, CAMPING **$$**
(☎530-525-6946, 877-326-3357; www.meeksbayresort.com; 7941 Emerald Bay Rd/Hwy 89; Stellplatz f. Zelt & Wohnmobil ohne/mit Strom 25/45 US$, Hütten 125–400 US$; ⏲Mai–Okt.; 👪) Stammesangehörige der Washoe bieten verschiedene Unterkünfte an (bei Hütten gilt ein Mindestaufenthalt) und verleihen Kajaks, Kanus und Paddelboote. Gegen den Hunger helfen eine Fast-Food-Snackbar und ein kleiner Markt, der eine begrenzte Auswahl an Lebensmitteln, Camping-, Angel- und Strandausrüstung sowie Kunsthandwerk der Ureinwohner und Bücher auf Lager hat.

USFS Meeks Bay Campground CAMPING **$**
(☎Informationen 530-525-4733, Reservierungen 877-444-6777; www.recreation.gov; Stellplatz Zelt & Wohnmobil 23–25 US$; ⏲Mitte Mai–Mitte Okt.; 🐾) Der gut ausgebaute Campingplatz verfügt über 36 Stellplätze am Strand (Reservierung möglich), Spültoiletten, Picknicktische und Feuerstellen. Münzduschen gibt's im Meeks Bay Resort nebenan.

ED Z'BERG SUGAR PINE POINT STATE PARK

Etwa 10 Meilen (16 km) südlich von Tahoe City erstreckt sich der bewaldete **State Park** (☎530-525-7982; www.parks.ca.gov; 8 US$/Auto) über eine von duftenden Kiefern, Wacholder, Espen und Tannen bedeckte Landzunge. Es gibt einen Badestrand, kilometerlange Wanderwege und gute Angelmöglichkeiten am General Creek. Ein befestigter Radweg verläuft nordwärts nach Tahoe City. Im Winter bietet der Park

> NICHT VERSÄUMEN
>
> **TAHOE RIM TRAIL**
>
> Der 165 Meilen (265 km) lange **Tahoe Rim Trail** (www.tahoerimtrail.org) verläuft zum Teil parallel zum Pacific Crest Trail und windet sich durch die luftigen Bergzüge und Gipfel des Tahoe Basin. Wanderer, Reiter und auf einigen Abschnitten auch Mountainbiker kommen in den Genuss wunderschöner Ausblicke auf den See und die schneebedeckte Sierra Nevada und wandeln auf den Spuren früher Pioniere, baskischer Hirten und der Stammesangehörigen der Washoe. Der Tourbeginn ist problemlos an verschiedenen gekennzeichneten Startpunkten entlang des Ufers möglich, sei es zu Fuß, auf dem Pferderücken oder mit dem Rad. Gelegentlich kann aber der Straßenlärm ganz schön stören.

NICHT VERSÄUMEN

SCHNEESCHUHLAUFEN UNTER DEN STERNEN

Eine ruhige, eiskalte Winternacht und ein leuchtendes Himmelszelt über dem See – gibt es eine magischere Kulisse für eine Schneeschuhtour bei Vollmond? Folgende Skiresorts bieten die sehr beliebten Ausflüge (Reservierung erforderlich) an:

» Ed Z'Berg Sugar Pine Point State Park (S. 423)

» Squaw Valley (S. 404)

» Camp Richardson Resort (S. 409)

» Northstar-at-Tahoe (S. 403)

» Kirkwood (S. 405)

eine 12 Meilen (19 km) lange Loipe, zudem gehören von Rangern geführte **Schneeschuhtouren** (☎530-525-9920; Erw./Kind unter 13 Jahren inkl. Leihgebühr für Schneeschuhe 15 US$/frei) bei Vollmond zum Programm, für die jedoch reserviert werden muss.

Zu den verschiedenen historische Sehenswürdigkeiten zählen die einfache **Hütte** aus dem Jahr 1872 – sie gehörte einst William „General" Phipps, einem frühen Tahoe-Siedler – und das um einiges größere, im Queen-Anne-Stil errichtete **Hellman-Ehrman Mansion** (Führung Erw./Kind unter 13 Jahren 5/3 US$; ⌚Mitte Juni–Sept. meist 10–15 Uhr) von 1903; das elegante Haus am See wird auch Pine Lodge genannt. Bei den Führungen bekommt man die kunstvolle Inneneinrichtung zu sehen, darunter Marmorkamine, Bleiglasfenster und historische Möbel.

Der abgeschiedene **USFS General Creek Campground** (☎800-444-7275; www.reserveamerica.com; Stellplatz f. Zelt & Wohnmobil 20–25 US$; ⌚Ende Mai–Mitte Sept.;) im Park verfügt über 110 recht große Stellplätze mit Schatten spendenden Kiefern, Spültoiletten und Münzduschen mit Warmwasser.

TAHOMA

Der Ort am See mit Postamt sowie ein paar Unterkünften und Restaurants ist so winzig, dass man ihn leicht übersieht.

Die niedlichen, aber nicht zu kitschigen roten Hütten der **Tahoma Meadows Bed & Breakfast Cottages** (☎530-525-1553, 866-525-1533; www.tahomameadows.com; 6821 W Lake Blvd; Hütte inkl. Frühstück 109–199 US$, mit Küchen 159–395 US$;) verteilen sich über einen Kiefernhain. Sie verfügen über stilvolles ländliches Dekor, dicke Daunendecken, einen kleinen Fernseher und Bäder samt Badewannen mit Löwenfüßen. Während man in den Tagebüchern, die in den Zimmern hinterlegt sind, seine Erlebnisse niederschreibt, kann man sich die Füße am Gaskamin wärmen. Die Haustiergebühr beträgt 20 US$.

Ganz in der Nähe befindet sich der **PDQ Market** (6890 W Lake Blvd; ⌚6.30–22 Uhr) mit Lebensmittelgeschäften und einem Feinkostladen. Am See lockt **Chamber's Landing** (☎530-525-9190; 6400 W Lake Blvd; ⌚Juni–Sept. meist 12–20 Uhr), die angeblich älteste Bar am Tahoe, jede Menge Gäste, die sich hier – vor allem in der Happy Hour – Drinks und Snacks schmecken lassen. Wer sich selbst einen Gefallen tun möchte, sollte auf den „Chamber's Punch" verzichten.

HOMEWOOD

Das ruhige Örtchen füllt sich im Sommer mit Freizeitkapitänen und im Winter mit Skifahrern und Snowboardern (s. S. 403). **West Shore Sports** (☎530-525-9920; www.westshoresports.com; 5395 W Lake Blvd; ⌚So–Fr 8–17, Sa 7.30–17.30 Uhr) verleiht Fahrräder, Kajaks sowie Ausrüstung fürs Paddleboarding (SUP) und für Wintersportler (z. B. Ski, Snowboards, Schneeschuhe).

Schlafen & Essen

West Shore Inn INN $$$

(☎530-525-5200; www.skihomewood.com/westshorecafe/lodging; 5160 W Lake Blvd; Zi./Suite inkl. Frühstück ab 249/349 US$;) Orientalische Teppiche und Kunsthandwerks-Dekor verleihen den sechs Zimmern des luxuriösen Inns in direkter Nähe zum See ein klassisches Vintage-Flair. Die elegante Berglodge bietet schicke, moderne, dekadent anmutende Suiten mit Kaminen und Balkonen samt Seeblick. Für Gäste stehen Fahrräder, Kajaks und Paddleboards bereit.

USFS Kaspian Campground CAMPING $

(☎877-444-6777; www.recreation.gov; Zeltstellplatz 17–19 US$; ⌚Mitte Mai–Mitte Okt.) Der nächstgelegene Campingplatz ist diese neun Zeltstellplätze umfassende Anlage inmitten von Gelbkiefern und Tannen, die u. a. Spültoiletten, Picknicktische und Feuerstellen zu bieten hat.

West Shore Café KALIFORNISCH $$$

(☎530-525-5200; www.skihomewood.com/westshorecafe; 5160 W Lake Blvd; Hauptgerichte 12–33 US$; ⌚Ende Juni–Sept. 11.30–21.30 Uhr, Okt.–Mitte Juni 17–21.30 Uhr) Im gemütlichen

Restaurant des Inns peppt Chefkoch Rusty Johns kalifornische Küche mit exquisitem Käse, frischen Produkten und Biofleisch auf. Das Ergebnis sind saftige Burger oder Büffel-Rib-Eye-Steaks mit zartem Wildbrokkoli. Abends sollte man reservieren.

SUNNYSIDE

Sunnyside ist ein weiteres kleines Örtchen am See. Auf der Landkarte mag es zwar nur einen winzigen Flecken ausmachen, dafür bietet es aber einige Restaurants, die einen Besuch wert sind. Für die nötige Bewegung danach sorgt der Fahrradverleih **Cyclepaths** (☎530-581-1171; www.cyclepaths.net; 1785 W Lake Blvd), der zudem über alle möglichen Outdoor-Aktivitäten informiert. Wer möchte, kann auf dem befestigten Radweg in nördlicher Richtung nach Tahoe City radeln oder sich mit einem geliehenen Paddleboard (SUP) an den örtlichen Stränden vergnügen.

Schlafen & Essen

USFS William Kent Campground CAMPING $

(☎877-444-6777; www.recreation.gov; Hwy 89; Stellplatz Zelt & Wohnmobil 23–25 US$; ⌚Mitte Mai–Mitte Okt.) Etwa 2 Meilen (3 km) südlich von Tahoe City bietet dieser am Straßenrand gelegene Campingplatz über 85 wunderbar schattige, aber recht kleine Stellplätze, die jedoch ziemlich begehrt sind, außerdem findet man hier Spültoiletten, Picknicktische, Feuerstellen und einen Zugang zum Badestrand.

Sunnyside Restaurant & Lodge INN, KALIFORNISCH $$

(☎530-583-7200; www.sunnysidetahoe.com; 1850 W Lake Blvd; DZ inkl. Frühstück 135–380 US$, Hauptgerichte mittags 11–17 US$, abends 15–35 US$; 📶) In dem Restaurant am See kommen klassische sowie innovativ-moderne Fleisch- und Meeresfrüchtevariationen auf den Tisch, beispielsweise Porterhouse-Schwein mit Kirsch-Chutney oder Brathähnchen mit geschmortem Fenchel. Im Sommer lädt die riesige Terrasse mit Seeblick zum Mittagessen, zu Snacks – besonders lecker sind die Zucchini-Sticks – und Cocktails ein. Für Übernachtungsgäste stehen zwei Dutzend (allerdings nicht gerade ruhige) Lodge-Zimmer an der Straße und klassische Suiten bereit; manche verfügen über Gaskamine, eingerahmt von Steinen aus dem See und gewähren schöne Ausblicke auf den Lake Tahoe.

LP TIPP **Fire Sign Café** DINER $

(☎530-583-0871; 1785 W Lake Blvd; Hauptgerichte 6–12 US$; ⌚7–15 Uhr; 👪) Das beliebte, freundliche Frühstückscafé serviert bodenständige Omeletts, Heidelbeerpfannkuchen, *Eggs Benedict* mit Räucherlachs, frisches Gebäck, andere kalorienreiche Leckereien und Bio-Kaffee. Im Sommer lockt der Patio im Freien. Die Warteschlangen sind meist sehr lang – man sollte also früh kommen.

Anreise & Unterwegs vor Ort

Im Sommer verkehrt stündlich der **Nifty Fifty Trolley** (☎530-541-7149; www.bluego.org; einfache Strecke/Tagesticket 2/5 US$; ⌚Juli–Anfang Sept. tgl. 9.15–17.15 Uhr, Juni & Mitte Sept.–Anfang Okt. nur Sa & So) des Unternehmens BlueGo entlang des Westufers. Er fährt vom South Y Transit Center in South Lake Tahoe Richtung Norden nach Tahoma und hält im Emerald Bay State Park (und an den Parkplätzen beim Inspiration Point und Vikingsholm Castle), außerdem beim DL Bliss State Park, Ed Z'berg Sugar Pine Point State Park und in Meeks Bay. Ab Tahoma fahren Busse von **Tahoe Area Rapid Transit** (TART; ☎530-550-1212, 800-736-6365; www.laketahoetransit.com; einfache Strecke/Tagesticket 2/4 US$; ⌚10–18 Uhr) jede Stunde in Richtung Norden nach Tahoe City und halten in Homewood und Sunnyside; von Juni bis September fahren sie außerdem den Ed Z'berg Sugar Pine Point State Park an.

Tahoe City

Der Verkehrsknotenpunkt des Nordufers, Tahoe City, liegt an der Kreuzung der Highways 89 und 28, deswegen kommen die meisten Besucher während ihres Aufenthalts hier irgendwann vorbei. Die Stadt eignet sich bestens, um sich zu stärken, seine Vorräte aufzufüllen oder eine Sportausrüstung auszuleihen, und ist außerdem jene Ortschaft am See, die Squaw Valley (S. 428) am nächsten liegt. An der Hauptstraße, dem N Lake Blvd, reihen sich Outdoor-Geschäfte, Touristenläden und Cafés aneinander.

Sehenswertes

Gatekeeper's Museum & Marion Steinbach Indian Basket Museum MUSEUM

(☎530-583-1762; 130 W Lake Blvd/Hwy 89; Erw./Kind unter 13 Jahren 3/1 US$; ⌚Mai–Sept. Mi–Mo meist 10–17 Uhr, Okt.–April Sa & So 11–15 Uhr) Das Museum ist in einer renovierten Blockhütte in Stadtnähe untergebracht und zeigt eine kleine, aber faszinierende Sammlung zur Geschichte des Tahoe Lake, darunter Exponate zu Olympia, aus der frühen Zeit der Dampfschifffahrt und zur touristischen Erschließung der Gegend. Der neuere Teil beherbergt kunstvolle Körbe von über 85 indigenen Stämmen in Kalifornien.

Fanny Bridge HISTORISCHES BAUWERK

Unmittelbar südlich der mit einer Ampel versehenen Kreuzung des Hwy 89 und 28, die quasi immer verstopft ist, fließt der Truckee River durch Schleusentore und unter dieser Brücke hindurch. Benannt ist sie charmanterweise nach jenem Körperteil, das Besucher so bereitwillig zur Schau stellen, wenn sie sich über das Geländer lehnen, um nach Fischen Ausschau zu halten: Denn *fanny* ist ein Slangwort für den Allerwertesten.

Watson Cabin MUSEUM

(☎530-583-8717; 560 N Lake Tahoe Blvd; Eintritt gegen Spende; ⏲Mitte Juni–Anfang Sept. Mi–Mo 12–16 Uhr) Ein paar Blocks östlich steht diese gut erhaltene Siedlerhütte von 1908 mit Strandblick, die zu den ältesten Gebäuden der Stadt zählt.

Aktivitäten

Strände & Rafting

Ein Badeparadies ist er zwar nicht wirklich, dafür bietet der kleine, attraktive Park **Commons Beach** sandige und grasbewachsene Abschnitte, Picknicktische, Grillstellen, einen Kletterfelsen, einen Kinderspielplatz sowie kostenlose Konzerte und Open-Air-Kino im Sommer. Angeleinte Hunde sind erlaubt.

Der weite, ruhige Truckee River fließt vom See aus in nordwestliche Richtung und eignet sich bestens für eine Paddeltour für Anfänger. **Truckee River Raft Rentals** (☎530-583-0123; www.truckeeriverraft.com; 185 River Rd; Erw./Kind 6–12 Jahre 30/25 US$; ⏲Juni–Sept. 8.30–15.30 Uhr; 👪) verleiht Raftingboote für die 8 km lange Route zwischen Tahoe City und der River Ranch Lodge, der Transport zurück in die Stadt ist inklusive. Man sollte reservieren.

Wandern

Wanderer können die großartigen Wege der **Granite Chief Wilderness** nördlich und westlich von Tahoe City erkunden. Karten und Infos zu den Routen gibt's bei den Besucherzentren. Zu den empfehlenswerten Tageswanderungen zählen der mittelschwere **Five Lakes Trail** (hin & zurück ca. 6,5 km), der an der Alpine Meadows Rd abseits des Hwy 89 in Richtung Squaw Valley beginnt, und die leichte Route nach **Paige Meadows**, die auf den Tahoe Rim Trail trifft. Paige Meadows ist außerdem ein gutes Terrain für unerfahrene Mountainbiker und zum Schneeschuhlaufen. Genehmigungen für Wanderungen in dem Gebiet sind nicht vonnöten, auch nicht, wenn man im Freien übernachtet. Allerdings braucht man eine (kostenlose) Genehmigung für Lagerfeuer sowie für Gaskocher. Angeleinte Hunde sind auf diesen Wegen erlaubt.

Radfahren

Der befestigte, 6,5 km lange **Truckee River Bike Trail** führt von Tahoe City in Richtung Squaw Valley. Der **West Shore Bike Path** verläuft 14,5 km weit in südliche Richtung zum Ed Z'berg Sugar Pine Point State Park und führt zum Teil über den Seitenstreifen des Highway sowie Straßen in Wohngebieten. Beide sind gut zu bewältigen, an Sommerwochenenden wird's jedoch ziemlich voll. Mehrere Läden am N Lake Blvd verleihen Räder für die ganze Familie.

Wintersport

Von Tahoe City gelangt man problemlos in verschiedene Wintersportgebiete für Skifahrer, Langläufer und Snowboarder (s. S. 404). Die entsprechende Ausrüstung gibt's bei:

Tahoe Dave's OUTDOOR-AUSRÜSTUNG

(☎530-583-6415/0400, 800-398-8915; www.tahoedaves.com; 590 N Lake Tahoe Blvd) Hat weitere Vertretungen in Squaw Valley, Kings Beach und Truckee (Leihausrüstung kann in jeder beliebigen Filiale zurückgegeben werden); Reservierungen möglich.

Porters Tahoe OUTDOOR-AUSRÜSTUNG

(☎530-583-2314; www.porterstahoe.com; 501 N Lake Blvd; ⏲10–18 Uhr) Ausrüstungsverleih; Reservierungen sind nicht möglich.

Schlafen

Wer nicht reserviert hat, kommt notfalls in den schmuddeligen Budget-Motels am N Lake Blvd unter. Camper werden in nördlicher Richtung bei den USFS-Campingplätzen abseits des Hwy 89 (s. S. 433) oder im Süden entlang des Hwy 89 in den State Parks oder den kleinen Städten am Westufer fündig.

Mother Nature's Inn INN $$

(☎530-581-4278, 800-558-4278; www.mothernaturesinn.com; 551 N Lake Blvd; Zi. 60–135 US$;

() Direkt in der Stadt hinter dem Geschenkeladen Cabin Fever bietet dieses Inn ruhige, gepflegte Zimmer im ländlichen Motel-Stil – mit Kühlschränken, bunt zusammengewürfelten Möbeln und bequemen Pillow-Top-Matratzen. Der Commons Beach ist zu Fuß zu erreichen und für Haustiere wird eine Gebühr von 5 US$ fällig.

Pepper Tree Inn MOTEL **$$**
(530-583-3711, 800-624-8590; www.peppertreetahoe.com; 645 N Lake Blvd; Zi. inkl. Frühstück 90–199 US$;) Das Motel mit trister Fassade ist das höchste Gebäude der Stadt und bietet dementsprechend schöne Ausblicke auf den See sowie recht komfortable Zimmer mit Blockhütten-Dekor, Mikrowelle und Minikühlschrank. Am begehrtesten sind die im obersten Stock mit Whirlpool.

Granlibakken LODGE **$$**
(530-583-4242, 800-543-3221; www.granlibakken.com; 725 Granlibakken Rd, abseits des Hwy 89; Zi./Suite ab 130/230 US$, 1/2/3-BZ-Townhome ab 330/380/430 US$;) Der Komplex richtet neben Konferenzen auch kitschige Hochzeiten aus und bietet altmodische Unterkünfte. Die einfachen Lodge-Zimmer sind geräumig und die Townhomes mit Küchen, Kaminen und Lofts eignen sich gut für Familien und Gruppen.

River Ranch Lodge INN **$$**
(530-583-4264, 866-991-9912; www.riverranchlodge.com; Hwy 89 at Alpine Meadows Rd; Zi. inkl. Frühstück 115–195 US$;) Fast könnte man sich hier vom direkt am Fenster vorbeifließenden Truckee River in den Schlaf plätschern lassen, wäre da nicht der Verkehrslärm von draußen und der hohe Geräuschpegel der Bar im unteren Stock. Die Zimmer warten mit Möbeln aus Küstenkiefer auf, die im oberen Stock zusätzlich mit hübschen Balkonen. Haustiere sind nur im Sommer und in bestimmten Zimmern zugelassen.

Essen & Ausgehen

LP TIPP **Dockside 700 Wine Bar & Grill** AMERIKANISCH **$$**
(530-581-0303; www.dockside700.com; 700 N Lake Blvd; Frühstück & Mittagessen 5–10 US$, Abendessen 13–29 US$; Mo–Fr 9–21, Sa & So 8–21 Uhr;) Die Tische auf der hinteren Terrasse mit Blick auf die Boote des Tahoe City Marina eignen sich wunderbar für einen faulen Sommernachmittag. Am Wochenende werden abends Hähnchen, Rippchen und Steaks gegrillt (auf Vorbestellung), zudem gibt's Pasta und Pizza mit Meeresfrüchten. Tagsüber stehen z. B. karamellisierter „Praline French Toast" und Sandwiches, die man sich selbst zusammenstellen kann, zur Auswahl.

River Ranch Lodge MODERN-AMERIKANISCH **$$$**
(530-583-4264; www.riverranchlodge.com; Hwy 89 at Alpine Meadows Rd; Hauptgerichte Patio & Café 8–15 US$, Restaurant 18–31 US$; Juni–Sept. mittags, ganzjährig abends, saisonale Öffnungszeiten telefonisch erfragen) Das beliebte Lokal am Fluss lockt zur Mittagszeit im Sommer Rafter und Radfahrer mit seinen Grillgerichten in den Patio. Das Abendessen ist fleischlastig (Filet Mignon, gebratene Ente), daneben gibt es aber eine separate Speisekarte an der Bar, die den Geldbeutel weniger strapaziert; die große Auswahl reicht dort von hawaiianischem „Ahi Poke" (mariniertem rohem Fisch) bis zu Pulled-Pork-Sandwiches.

Fat Cat KALIFORNISCH **$$**
(www.fatcattahoe.com; 599 N Tahoe Blvd; Hauptgerichte 10–15 US$; 11–21 Uhr, Bar bis 2 Uhr;) Der nicht zu teure und auch nicht zu billige, legere Familienbetrieb mit lokaler Kunst an den Wänden serviert hausgemachte Suppen, große Salate, Sandwiches, Pasta und verschiedene Teller mit frittierten Leckereien für mehrere Personen. Freitag- und samstagabends spielen Indie-Bands.

Rosie's Cafe DINER **$$**
(www.rosiescafe.com; 571 N Lake Blvd; Frühstück & Mittagessen 7–14 US$, Abendessen 14–20 US$; Mo–Do 7.30–21.30, Fr 7.30–22, Sa & So 7–22 Uhr;) Zwischen alten Ski, glänzenden Rädern, jeder Menge ausladender Geweihe und ausgestopften Tieren an den Wänden wird hier für Langschläfer noch bis 14.30 Uhr Frühstück serviert. Die amerikanische Speisenauswahl ist in Ordnung, eigentliches Highlight ist jedoch die gesellige Atmosphäre.

Tahoe House Bakery BÄCKEREI, ZUM MITNEHMEN **$**
(www.tahoe-house.com; 625 W Lake Blvd; Portion 2–10 US$; 6–18 Uhr, schließt Okt.–Mai So–Do um 16 Uhr) Bevor man sich auf eine Rad- oder Wandertour am Westufer aufmacht, sollte man bei diesem Familienbetrieb, der schon in den 1970er-Jahren eröffnet hat, vorbeischauen. Süßes Gebäck, europäische Backwaren, frische Gourmet-Sandwiches sowie hausgemachte Salate und Suppen schaffen eine wunderbare Grundlage.

Spoon AMERIKANISCH, ZUM MITNEHMEN **$$**
(530-581-5400; www.spoontakeout.com; 1785 W Lake Blvd; Hauptgerichte 9–14 US$; 15–21 Uhr, Okt.–Mai Di & Mi geschl.;) Entweder bestellt man sich telefonisch etwas zum Mitnehmen oder man isst in dem winzigen, aber gemütlichen Speiseraum im Obergeschoss des Häuschens am Highway. Zur Auswahl stehen Tri-Tip-Rind-Sandwiches, gebratenes Gemüse, Nudelaufläufe und Hühnchen-Enchiladas sowie Brownies und Eis als Nachtisch.

New Moon Natural Foods LEBENSMITTELGESCHÄFT, ZUM MITNEHMEN **$**
(505 W Lake Blvd; Gerichte 6–10 US$; Mo–Sa 9–19, So 10–18 Uhr;) Die wunderbare Feinkostabteilung versteckt sich in einem winzigen, aber gut sortierten Naturkostgeschäft und bietet leckeres Bio-Essen zum Mitnehmen an, und zwar verpackt in abbaubaren und kompostierbaren Materialien. Besonders lecker ist der Thai-Salat mit Bio-Gemüse und scharfer Erdnusssauce.

Dam Café CAFÉ **$**
(55 W Lake Blvd; Portion 2–8 US$; 7–15.30 Uhr) Direkt am Damm des Truckee River und an der Fanny Bridge lohnt ein Stopp bei diesem hübschen Häuschen, das Frühstück-Burritos, fruchtige Eis-Smoothies und Espresso zum Mitnehmen anbietet.

Syd's Bagelry and Espresso CAFÉ **$**
(550 N Lake Blvd; Portion 2–10 US$; 6–16 Uhr;) In dem an der Hauptstraße gelegenen Café gibt es Bagels, in der Region gerösteten Kaffee, Smoothies und hausgemachte Suppen (oftmals vegan) aus biologisch angebauten Zutaten.

Bridgetender Tavern BAR, GRILLRESTAURANT **$$**
(www.tahoebridgetender.com; 65 W Lake Blvd; Hauptgerichte 8–12 US$; 11–23, Fr & Sa bis 24 Uhr) In der holzgetäfelten Bar treffen sich Wintersportler auf ein Après-Ski-Bier, zudem gibt's Burger sowie die pommesähnlichen Waffle Fries mit Chili-Käse oder Knoblauch. Im Sommer kann man draußen im Innenhof sitzen.

Praktische Informationen

Tahoe City Downtown Association (www.visittahoecity.org) Kostenlose Besucherinfos und Online-Veranstaltungskalender.

Tahoe City Library (530-583-3382; Boatworks Mall, 740 N Lake Blvd; Di & Do–Fr 10–17, Mi 12–19, So 10–14 Uhr;) In der Bibliothek gibt's kostenloses WLAN und PCs mit Internetzugang.

Tahoe City Visitors Information Center (530-581-6900, 888-434-1262; www.gotahoenorth.com; 380 N Lake Blvd; 9–17 Uhr) Nördlich der Feuerwache.

Truckee Tahoe Medical Group (530-581-8864 Durchwahl 3; www.ttmg.net; Trading Post Center, 925 N Lake Blvd; ganzjährig Mo–Sa 9–18 Uhr, Anfang Juli–Anfang Sept. außerdem So 10–17 Uhr) Ambulanz für weniger dringliche Fälle.

Anreise & Unterwegs vor Ort

Tahoe Area Rapid Transit (TART; 530-550-1212, 800-736-6365; www.laketahoetransit.com; einfache Strecke/Tagesticket 2/4 US$) bietet verlässlichen Service und Busverbindungen entlang des Nordufers bis zum Incline Village, am Westufer bis nach Tahoma (von Juni bis September noch weiter südwärts zum Ed Z'berg Sugar Pine Point State Park) sowie in Richtung Norden über den Hwy 89 nach Squaw Valley und Truckee. Die Hauptlinien verkehren in der Regel täglich von 6 oder 7 Uhr bis 17 oder 18 Uhr alle 30 oder 60 Minuten.

Von Juni bis September bietet TART abends zusätzlich den **Tahoe Trolley**, einen kostenlosen Bus, der von 19 bis 22, 23 oder 24 Uhr stündlich zwischen Squaw Valley, Tahoe City, Carnelian Bay, Tahoe Vista, Kings Beach, Crystal Bay und Incline Village verkehrt. Zudem gibt es im Sommer zwei weitere kostenlose Nacht-Trolleys, die von 18 bis 22.30 Uhr täglich jede Stunde zwischen Tahoe City und Tahoma (über Sunnyside und Homewood) sowie zwischen Northstar-at-Tahoe, Kings Beach und Crystal Bay pendeln.

Squaw Valley

Squaw Valley, das Nirwana des Nordufers, richtete 1960 die Olympischen Winterspiele aus und gehört noch immer zu den besten Wintersportresorts der Welt (s. auch S. 404). Seine traumhafte Lage inmitten von Granitgipfeln macht es zu jeder Jahreszeit zu einem tollen Reiseziel – deshalb ist der Besucherandrang in dem familienfreundlichen Top-Urlaubsort im Sommer fast so groß wie im Winter.

Sehenswertes & Aktivitäten

Im Sommer konzentriert sich das Geschehen auf das in einer Höhe von 2500 m gelegene **High Camp** (800-403-0206; www.squaw.com; Seilbahn Erw./Kind under 13/Jugendl. 13–18 Jahre 29/10/22 US$, Tagespass 63/57/57 US$;), zu dem eine Seilbahn (angeleinte Hunde dürfen mitfahren) verkehrt.

Oben findet man in der Saison eine beheizte Schwimmlagune im Freien vor (Erw./Kind 14/7 US$), einen 18-Loch-Discgolf-Platz (kostenlos), zwei Höhentennisplätze (Schläger werden verliehen, Bälle verkauft), eine Zip-Line für Kinder (12 US$) und eine Rollschuhbahn (Erw./Kind US$10/5), die im Winter als Eislauffläche fungiert. Bei den Seilbahntickets ist der Eintritt ins **Olympic Museum** inklusive, das an die magischen Momente von 1960 erinnert.

Beim High Camp starten mehrere Wanderwege. Der hübsche, gut zu bewältigende **Shirley Lake Trail** (hin & zurück 8 km) verläuft entlang eines sprudelnden Bachs, vorbei an Wasserfällen, Granitfelsen und jeder Menge Wildblumen. Er beginnt am Fuß des Berges nahe dem Ende der Squaw Peak Rd hinter der Seilbahnstation. Angeleinte Hunde sind erlaubt.

In weniger luftigen Höhen bietet das **Squaw Valley Adventure Center** (☎530-583-7673; www.squawadventure.com) einen Seilgarten, eine Kletterwand, Minigolf und einen Sky Jump (Bungee-Trampolin). Golfer sind auf dem 18-Loch-Parcours (Par 71) im schottischen Stil **Resort at Squaw Creek Golf Course** (☎530-581-6637; www.squawcreek.com; Golfplatzgebühr inkl. Golfcart 50–95 US$) richtig; Schläger man kann ausleihen.

Schlafen & Essen

Weitere Resorthotels und Apartments sowie Angebote für Skiurlauber bietet **Squaw Valley** (☎800-403-0206; www.squaw.com).

LP TIPP PlumpJack Squaw Valley Inn BOUTIQUEHOTEL **$$$**
(☎530-583-1576, 800-323-7666; www.plumpjacksquawvalleyinn.com; 1920 Squaw Valley Rd, Olympic Valley; Zi. inkl. Frühstück 169–349 US$; ❄@📶🏊🐾) Gäste des künstlerisch angehauchten Boutiquehotels im Dorf schlafen in Zimmern mit Blick auf die Berge und luxuriösen Extras wie vornehmen Frottee-Bademänteln und Hausschuhen. Pluspunkte gibt's für den direkten Pistenzugang, Minuspunkte jedoch für die saftige Haustiergebühr von 150 US$. Das schicke **Plump Jack Cafe** (Hauptgerichte 23–31 US$; ⏰18–21 Uhr, Bar 11.30–22 Uhr) mit edlen Tischdecken und eleganten Sitzgelegenheiten serviert saisonale kalifornische Küche und erstklassige Weine.

Le Chamois & Loft Bar PIZZERIA, PUB **$$**
(www.squawchamois.com; 1970 Squaw Valley Rd; Hauptgerichte 8–16 US$; ⏰Mo–Fr 11–18, Sa & So bis 20 Uhr, Bar bis 21 oder 22 Uhr; 👪) Der beliebte Pub in praktischer Lage zwischen der Seilbahnstation und dem Ausrüstungsverleih eignet sich wunderbar für eine Stärkung in geselliger Runde nach einer Abfahrt. Hier gibt's warme Sandwiches, Pizza und Bier – und obendrauf einen tollen Ausblick auf die Berge.

Wildflour Baking Company BÄCKEREI, ZUM MITNEHMEN **$**
(http://wildfloursquaw.com; Portion 2–10 US$; ⏰7–19 Uhr oder später; 👪) Die frisch belegten Brote und Bagels der Bäckerei im Seilbahngebäude eignen sich wunderbar für ein Frühstück oder einen Mittagssnack. Zudem gibt's Scharffenberger-Kakao, Peet's-Kaffee und Tee.

An- & Weiterreise

Das Dorf bei Squaw Valley am Fuße der Seilbahn liegt eine rund 20-minütige Fahrt von Tahoe City oder Truckee über den Hwy 89 entfernt (Abzweigung bei der Squaw Valley Rd).

Die Busse von **Tahoe Area Rapid Transit** (TART; ☎530-550-1212, 800-736-6365; www.laketahoetransit.com; einfache Strecke/Tagesticket 2/4 US$), die zwischen Truckee und Tahoe City sowie Kings Beach und Crystal Bay verkehren, halten täglich zwischen 7 und 17 Uhr in Squaw Valley; von Dezember bis April gibt es morgens ein kostenloses Ski-Shuttle.

Truckee & Donner Lake

Inmitten von Bergen und dem Tahoe National Forest liegt das florierende und geschichtsträchtige Truckee. Es wurde als Eisenbahnort gegründet, durch die Holz- und Natureisindustrie reich und hatte 1924 sogar einen Auftritt in Charlie Chaplins Film *Goldrausch*. Dank der gut erhaltenen historischen Innenstadt sowie der Nähe zum Lake Tahoe, zu sechs Skiabfahrtsgebieten und vier Langlaufresorts (s. S. 403) ist heute der Tourismus die Haupteinnahmequelle der Stadt.

Sehenswertes

Die Aura des Wilden Westens ist in Truckees klitzekleiner Innenstadt noch immer spürbar. Einst vergnügten sich dort Eisenbahnarbeiter und Holzfäller in lärmigen Saloons, unzüchtigen Bordellen und zwielichtigen Spielhallen. In den meisten Gebäuden aus dem späten 19. Jh. sind heute Restaurants und Edelboutiquen untergebracht. 3 Meilen (5 km) weiter westlich lie-

DIE DONNER PARTY – VOM UNGLÜCK VERFOLGT

Im 19. Jh. zogen Zehntausende auf dem Overland Trail gen Westen. Sie träumten von einem besseren Leben in Kalifornien, darunter auch die vom Unglück verfolgte Donner Party.

Als die Familien von George und Jacob Donner sowie ihr Freund James Reed im April 1846 mit sechs Wagen und einer Viehherde in Springfield, Illinois, aufbrachen, wollten sie die mühselige Reise so angenehm wie möglich gestalten. Sie kamen jedoch nur langsam voran, und als ihnen andere Pioniere von einer Abkürzung erzählten, die über 300 km einsparen sollte, nutzten sie die Chance.

In den Wasatch Mountains gab es jedoch keine Straße für die Wagen und die meisten Tiere verendeten in der erbarmungslosen Hitze der Great Salt Lake Desert. Es kam zu Streitereien und Auseinandersetzungen. James Reed tötete einen Mann, wurde aus der Gruppe geworfen und musste sich allein nach Kalifornien durchschlagen. Als die Donner Party die östlichen Ausläufer der Sierra Nevada, in der Nähe des heutigen Reno, erreichte, war es mit der Moral und den Essensvorräten nicht mehr weit her.

Damit sich ihre Tiere erholen konnten und um ihre Vorräte aufzustocken, beschloss die Gruppe, ein paar Tage zu bleiben. Doch dann brach ein außergewöhnlich harter Winter aus; der Pass, der später den Namen Donner Pass erhielt, wurde unpassierbar und die Pioniere mussten in der Nähe des heutigen Donner Lake ausharren. Sie hatten Essensvorräte für einen Monat und die Hoffnung, dass das Wetter besser werden würde. Das bewahrheitete sich jedoch nicht.

Wochenlang fiel Schnee und erreichte eine Höhe von fast 7 m. Man konnte weder jagen noch angeln. Mitte Dezember startete eine kleine Gruppe den verzweifelten Versuch, den Pass zu überqueren. Schnell verloren sie die Orientierung, zudem zog ein dreitägiger Sturm auf, bei dem ein paar von ihnen starben. Einen Monat später kam weniger als die Hälfte der ursprünglichen Gruppe am Ende ihrer Kräfte in Sutter's Fort in der Nähe von Sacramento an; ein Reh und ihre toten Freunde waren für ihr Überleben verantwortlich.

Als Ende Februar die erste Rettungsmannschaft am Donner Lake eintraf, lebten die Pioniere noch – dank gekochter Ochsenfelle. Als sich jedoch im März die zweite Rettungstruppe, angeführt vom aus der Gruppe ausgestoßenen James Reed, zu ihnen durchgekämpft hatte, war es offensichtlich: Die Menschen ernährten sich durch Kannibalismus. Tagebüchern und Berichten zufolge trafen die Retter auf „halb wahnsinnige Menschen, die in absolutem Dreck lebten, mit nackten, halb aufgegessenen Leichen in ihren Hütten". Viele waren zu schwach, um zu reisen.

Als die letzte Suchmannschaft Mitte April eintraf, wurden sie von nur einem Überlebenden, Lewis Keseberg, begrüßt. Sie entdeckten George Donner, dessen Leiche gesäubert und in ein Tuch eingewickelt worden war, von Tasmen Donner, Georges Frau, fehlte jedoch jede Spur. Keseberg gab zu, das Fleisch der Toten gegessen zu haben, stritt jedoch ab, Tasmen getötet zu haben. Bis an sein Lebensende kämpfte er darum, seinen Ruf wieder herzustellen.

Letztendlich überlebten 47 der 89 Mitglieder der Donner Party. Sie siedelten sich in Kalifornien an, doch ihr Leben hatte sich aufgrund des grausamen Winters am Donner Lake für immer verändert.

gen der Donner Memorial State Park und der 5 km lange Donner Lake, ein beliebtes Naherholungsgebiet.

Donner Memorial State Park PARK
(☎530-582-7892; www.parks.ca.gov; 8 US$/Auto; ⏲Parkzeiten variieren saisonbedingt, Museum ganzjährig 9–16 Uhr) Der staatlich verwaltete Park am östlichen Ende des Donner Lake beherbergt einen der Orte, an denen die Donner Party in dem tragischen Winter von 1846/1847 festsaß (s. Kasten oben). Trotz der grausamen Geschichte ist der Park wunderschön und hat einen Sandstrand, Picknicktische sowie Wanderwege und eignet sich außerdem im Winter zum Lang- und Schneeschuhlaufen.

Die Parkgebühr umfasst den Eintritt für das ausgezeichnete **Emigrant Trail Mu-**

seum, das faszinierende, wenn auch makabere historische Exponate sowie einen 25-minütigen Film, der die schicksalshafte Reise der Donner Party nachzeichnet, zeigt. In naher Zukunft soll hier das größere und stärker multikulturell ausgerichtete High Sierra Crossing Museum entstehen. Draußen steht das **Pioneer Monument** mit einem knapp 7 m hohen Sockel – ziemlich genau die Höhe, die der Schnee in jenem verheerenden Winter erreichte. Ein kurzer Weg führt zu einem Denkmal bei der Hütte einer Familie.

Old Jail HISTORISCHES GEBÄUDE
(http://truckeehistory.org; 10142 Jiboom St, Ecke Spring St; Spende 2 US$; ⌚Ende Mai & Mitte Juni–Mitte Sept. Sa & So 11–16 Uhr) Das rote Backsteingebäude von 1875 diente bis in die 1960er-Jahre durchgehend als Gefängnis und zeigt Exponate aus der dunklen Vergangenheit. George „Machine Gun" Kelly soll hier einst wegen Ladendiebstahls eingesessen haben, ebenso „Baby Face" Nelson und „Ma" Spinelli und ihre Gang.

Aktivitäten

Folgende Anbieter verleihen Outdoor-Ausrüstung und geben gute Tipps:

Back Country OUTDOOR-AUSRÜSTUNG
(☎530-582-0909; www.thebackcountry.com; 11400 Donner Pass Rd; ⌚8.30–18 Uhr, im Winter & Frühling vorher anrufen) Verleiht Fahrräder und Schneeschuhe und vermietet und verkauft neue und gebrauchte Kletterausrüstung sowie Langlaufski.

Porters Tahoe OUTDOOR-AUSRÜSTUNG
(☎530-587-1500; www.porterstahoe.com; 11391 Deerfield Dr; ⌚10–18 Uhr; 👪) Der Anbieter in der Einkaufsmeile Crossroads Center verleiht Ski, Snowboards und Schneeschuhe; Reservierungen sind nicht möglich.

Truckee Sports Exchange OUTDOOR-AUSRÜSTUNG
(☎530-582-4510; www.truckeesportsexchange.com; 10095 W River St; ⌚saisonbedingte Öffnungszeiten telefonisch erfragen) Große Kletterhalle (Tagespass 5 US$, Schuhverleih 5 US$); verleiht Kajaks und SUP-Ausrüstung.

Strände & Wassersport

Der von Bäumen gesäumte **Donner Lake** ist wärmer als der Lake Tahoe und eignet sich bestens zum Baden, Bootfahren, Angeln (Lizenz erforderlich), Wasserskifahren und Windsurfen. Der **West End Beach** (Erw./Kind 1–17 Jahre 4/3 US$; 👪) erfreut sich mit seinem abgesperrten Schwimmbereich, Snackstand, Volleyballnetz und dem Verleih von Kajaks, Paddelbooten und Paddleboards (SUP) bei Familien großer Beliebtheit.

Tributary Whitewater Tours RAFTING
(☎530-346-6812, 800-672-3846; www.whitewatertours.com; halbtägige Tour Erw./Kind 7–17 Jahre 69/62 US$; 👪) Von etwa Mitte Mai bis September bietet der alteingesessene Anbieter eine halbtägige Raftingtour auf einem 11 km langen Abschnitt des Truckee River mit Stromschnellen der Klasse III+, die sowohl Kids als auch ihre nervösen Eltern begeistern werden.

Wandern & Klettern

Truckee ist eine tolle Ausgangsbasis für Wandertouren in den Tahoe National Forest, insbesondere rund um den Donner Summit. Eine beliebte, 8 km lange Wanderung führt zu dem Gipfel des 2500 m hohen **Mt. Judah**, der Traumblicke auf den Donner Lake und die umliegenden Gipfel bietet. Eine längere, anstrengendere Bergroute verläuft zwischen dem **Donner Pass** und **Squaw Valley** (einfache Strecke 15 km) am Fuß bedeutender Gipfel entlang; bei dieser Shuttle-Wanderung ist man allerdings auf zwei Autos angewiesen.

Der Donner Summit ist außerdem ein bedeutendes Felsenkletter-Mekka mit über 300 traditionellen Strecken und Sportkletterrouten. Entsprechende Kurse bietet **Alpine Skills International** (☎530-582-9170; www.alpineskills.com; 11400 Donner Pass Rd).

Geführte Touren

Tahoe Adventure Company OUTDOOR-SPORT
(☎530-913-9212, 866-830-6125; http://tahoeadventurecompany.com; Touren ab 50 US$/Pers.) Der Veranstalter bietet tolle geführte Bergwanderungen in die Sierra. Das Personal kennt sich in der Gegend bestens aus und stellt individuelle, an Interessen und Fähigkeiten angepasste Touren zusammen, seien es Kajak-, Mountainbiking- oder Klettertrips oder eine Kombination davon. Zum Angebot gehören außerdem Schneeschuhwanderungen bei Vollmond, SUP-Kurse und geführte Paddeltouren auf dem See.

Schlafen

Bei den Ausfahrten der I-80 gibt es ein paar verlässliche Kettenmotels der Mittelklasse.

LP TIPP **Cedar House Sport Hotel** BOUTIQUEHOTEL $$$

(☎530-582-5655, 866-582-5655; www.cedarhousesporthotel.com; 10918 Brockway Rd; Zi. inkl. Frühstück 170–270 US$;) Die schicke, umweltfreundliche und moderne Lodge bietet Natur pur sowie Arbeitsplatten aus recyceltem Papier, „Rain Chains", die das Wasser des Dachgartens umleiten, Low-Flow-Rohrleitungen und Zimmer mit Möglichkeit zur Mülltrennung. Dabei kommt der Luxus in Form von edlen Bademänteln, attraktiven Podest-Betten mit Pillow-Top-Matratzen, Flachbildfernsehern und einem Whirlpool im Freien aber auch nicht zu kurz. Auf Anfrage werden geführte Touren und verschiedene Outdoor-Aktivitäten organisiert. Die Haustiergebühr beläuft sich auf 50 bis 100 US$.

Clair Tappaan Lodge HOSTEL $

(☎530-426-3632, 800-629-6775; www.sierraclub.org/outings/lodges/ctl; 19940 Donner Pass Rd; B inkl. VP pro Erw. 50–60 US$, Kind unter 14 Jahre 25–32 US$;) Etwa 1,5 km westlich von Sugar Bowl bietet diese gemütliche, zum Sierra Club gehörende, rustikale Berglodge in der Nähe von wichtigen Skigebieten Schlafsäle und Familienzimmer für bis zu 140 Gäste. Im Preis sind die Mahlzeiten enthalten, allerdings muss man ein paar Aufgaben im Haushalt erledigen sowie Schlafsack, Handtuch und Badekleidung (für den Whirlpool!) mitbringen. Im Winter kann man langlaufen, Schneeschuhtouren unternehmen (s. S. 407) und außerdem auf dem Rodelhügel hinterm Haus Schlitten fahren.

Larkspur Hotel Truckee-Tahoe HOTEL $$$

(☎530-587-4525, 800-824-6385; www.larkspurhotels.com; 11331 Brockway Rd; Zi. inkl. Frühstück 159–249 US$;) Die frischen, bodenständigen und in Erdtönen gehaltenen Hotelzimmer liegen inmitten sonniger Wälder und lassen glücklicherweise jeden Retro-Skihütten-Kitsch vermissen. Hier können Gäste es sich auf Federkernmatratzen gemütlich machen, sich in spa-ähnlichen Bädern erholen oder im (saisonal) beheizten Pool, im Whirlpool oder in der Zedernholz-Sauna Entspannung suchen. Im Preis ist ein Frühstücksbuffet enthalten, die Haustiergebühr beträgt 25 bis 75 US$.

Truckee Donner Lodge HOTEL $$

(☎530-582-9999, 877-878-2533; www.truckeedonnerlodge.com; 10527 Cold Stream Rd, Ausfahrt Donner Pass Rd der I-80; Zi. inkl. Frühstück 84–204 US$;) Unmittelbar westlich des Hwy 89 liegt dieses ehemalige Holiday Inn. Wintersportler sparen morgens Zeit, denn die Anfahrtszeit zu den Skigebieten der Gegend ist angenehm kurz. Die praktischen, geräumigen Hotelzimmer sind mit Mikrowelle und Minikühlschrank sowie teilweise mit Gaskamin ausgestattet. Warmes und kaltes Kontinentalfrühstück ist im Preis inbegriffen.

Truckee Hotel HISTORISCHES HOTEL $$

(☎530-587-4444, 800-659-6921; www.truckeehotel.com; 10007 Bridge St; Zi. mit Gemeinschaftsbad 49–169 US$, mit eigenem Bad 99–169 US$, alle mit Frühstück;) Truckees Unterkunft mit der längsten Geschichte heißt seit 1873 hinter einem atmosphärischen Säulengang und rotem Backstein müde Reisende willkommen. Sie ist vollständig restauriert und versprüht jede Menge viktorianisches Flair. Die Zimmer sind einfach und mit düsteren, bunt zusammengewürfelten Antiquitäten eingerichtet, zudem hört man vorbeifahrende Züge. Parkplätze sind nur in begrenzter Menge vorhanden – Vorsicht, man wird ziemlich schnell abgeschleppt!

River Street Inn B&B $$

(☎530-550-9290; http://riverstreetinntruckee.com; 10009 E River St; Zi. inkl. Frühstück 115–195 US$) Auf der anderen Seite der Gleise bietet dieses charmante viktorianische B&B von 1885 in Truckees historischer Innenstadt elf Zimmer mit nostalgischen Details wie Badewannen mit Löwenfüßen und Daunendecken, jedoch – bis auf einen Fernseher – auch mit wenigen Annehmlichkeiten. Im Aufenthaltsraum wird Gästen Frühstück serviert. Ohrstöpsel helfen gegen den gelegentlichen Zuglärm.

Donner Memorial State Park Campground CAMPING $

(☎Informationen 530-582-7894, Reservierungen 800-444-7275; www.reserveamerica.com; Stellplatz Zelt & Wohnmobil 35 US$, Stellplatz Hike-and-Bike 7 US$; ⏲Ende Mai–Ende Sept.;) Der familienfreundliche Campingplatz in der Nähe des Donner Lake verfügt über 138 Stellplätze sowie Spültoiletten und Münzduschen mit Warmwasser.

USFS Campgrounds CAMPING $

(☎877-444-6777; www.recreation.gov; Stellplatz Zelt & Wohnmobil 17–38 US$; ⏲Mitte Mai–Mitte Okt.;) Entlang des Hwy 89 liegen drei sehr einfache USFS-Campingplätze, Granite Flat, Goose Meadow und Silver Creek. Alle verfügen über Trinkwasser und Vault-Toiletten.

Essen & Ausgehen

LP TIPP Moody's Bistro & Lounge KALIFORNISCH $$$
(☎530-587-8688; www.moodysbistro.com; 10007 Bridge St; Mittagessen 12–16 US$, Abendessen 20–34 US$; ⊙Mo–Do 11.30–21.30, Fr 11.30–22, Sa 11–22 & So 11–21.30 Uhr) Das Gourmet-Restaurant versprüht mit seinem schicken Dekor und den Livejazz-Abenden (Do & Sa) urbanes Flair. Für die perfekten Kreationen der Küchenchefs, etwa Schweinelende mit Pfirsich-Barbecue-Sauce, gebratene Rote Bete mit geraspeltem Fenchel oder Mozzarella in Tempurateig mit Kräutern, werden nur die frischsten Zutaten, natürlich biologisch und aus der Region, verwendet.

Stella VERSCHIEDENES $$$
(☎530-582-5665; www.cedarhousesport hotel.com; 10918 Brockway Rd; Hauptgerichte 18–31 US$; ⊙Mi–So meist 17.30–20.30 Uhr) Das moderne Berglodge-Restaurant im trendigen Cedar House Sport Hotel verleiht der kulinarischen Landschaft Truckees einen gewissen Pepp. Die saisonale Speisekarte ist von kalifornischen, asiatischen und mediterranen Einflüssen geprägt, so stehen hausgemachte Pasta, Grillteller und gebratene Meeresfrüchte zur Auswahl. Extrapunkte gibt's für das Gemüse aus eigenem Anbau, das hausgemachte Brot und die großartige Weinkarte.

Squeeze In DINER $$
(☎530-587-9814; www.squeezein.com; 10060 Donner Pass Rd; Hauptgerichte 8–13 US$; ⊙7–14 Uhr; 👪) Gegenüber dem Amtrak-Bahnhof bietet das gemütliche, bei Einheimischen sehr beliebte Diner Frühstücksteller, die jeden Feuerwehrmann sättigen. Über 60 riesige Omelett-Variationen, Burger, Burritos und Salate werden inmitten von viel kitschigem Nippes und vor Wänden voller bunter Notizzettel serviert.

Burger Me AMERIKANISCH $$
(http://burgermetruckee.com; 10418 Donner Pass Rd; Portion 2–14 US$; ⊙11–21 Uhr; 👪) Die positiven Kritiken des Gourmet-Punks Guy Fieri von Food Network sind den Besitzern eventuell etwas zu Kopf gestiegen, dennoch kann der Laden mit seinen Burgern aus Biofleisch und frischem Gemüse punkten. Wer es seinem Magen zutraut, kann den „Truckee Trainwreck" mit Rindfleisch, Cheddarkäse, Zwiebelringen, Chili und Spiegelei probieren.

Coffeebar CAFÉ $
(www.coffeebartruckee.com; 10120 Jiboom St; Portion 2–8 US$; ⊙6–20 Uhr; 📶) Formschalensitze in grellem Orange und Elektro-Rhythmen bilden die Kulisse für dieses Café in kühlem, minimalistischem Stil. Zur Auswahl stehen leckere Frühstück-Crêpes, dick belegte Panini mit würzigem Focaccia-Brot, Bio-Espresso und originelle, leckere Getränke wie Vanilla Earl Cambric.

Fifty Fifty Brewing Co BRAUEREI $$
(www.fiftyfiftybrewing.com; 11197 Brockway Rd; Hauptgerichte 10–27 US$; ⊙11.30–2 Uhr, Küche schließt früher) Der Duft nach geröstetem Weizen durchzieht dieses Brauhaus südlich der Innenstadt (in der Nähe der Kreuzung des Hwy 267). Das beliebte Donner Party Porter oder das im Fass gereifte Eclipse-Stout lassen sich bestens mit einem großen Teller Nachos kombinieren, von der übrigen Kneipenkost ist aber eher abzuraten. Die gemütliche Avec-Weinbar befindet sich ganz in der Nähe.

Praktische Informationen

Tahoe Forest Hospital (☎530-587-6011; www.tfhd.com; 10121 Pine Ave, Ecke Donner Pass Rd; ⊙24 Std.) Notaufnahme; auf Sportverletzungen spezialisiert.

Truckee Donner Chamber of Commerce (☎530-587-2757, 866-443-2027; www.truckee.com; 10065 Donner Pass Rd; Internetzugang 3 US$/15 Min.; ⊙9–18 Uhr; @📶) Im Amtrak-Betriebsbahnhof; bietet kostenlose Wanderkarten und WLAN.

USFS Truckee District Ranger Station (☎530-587-3558; 10811 Stockrest Springs Rd, Ausfahrt 188 der I-80; ⊙Mo–Sa 8–17 Uhr) Im Winter gelten verkürzte Öffnungszeiten.

Anreise & Unterwegs vor Ort

Truckee liegt an der I-80. Zum See gelangt man über den Hwy 89 (Tahoe City) oder über den Hwy 267 (Kings Beach). Die Hauptverkehrsstraße Truckees ist die Donner Pass Rd, an der der Amtrak-Betriebsbahnhof und gebührenpflichtige Parkplätze liegen. Die Brockway Rd beginnt südlich des Flusses und geht in den Hwy 267 über.

Am Truckee Tahoe Airport gibt es zwar keinen gewerblichen Flugdienstbetrieb, dennoch gibt es einen Shuttleservice von **North Lake Tahoe Express** (☎866-216-5222; www.northlaketahoe express.com; einfache Strecke/hin & zurück pro

Pers. 40/75 US$) zum nächstgelegenen Flughafen in Reno (s. S. 500). Von 3.30 bis 24 Uhr verkehren mehrmals täglich Busse zu verschiedenen Städten am See im Norden und Westen sowie zu den Skiorten Northstar-at-Tahoe und Squaw Valley. Man sollte vorab reservieren.

Greyhound (☎800-231-2222; www.greyhound.com) bietet täglich zwei Verbindungen nach Reno (18 US$, 1 Std.), Sacramento (36 US$, 2½ Std.) und San Francisco (34 US$, 5½–6 Std.). Die Greyhound-Busse halten am Betriebsbahnhof, ebenso die Thruway-Busse von **Amtrak** (☎800-872-7245; www.amtrak.com) und der täglich nach Reno (18 US$, 1½ Std.), Sacramento (37 US$, 4½ Std.) und Emeryville/San Francisco (41 US$, 6½ Std.) verkehrende Zug *California Zephyr*.

Täglich fahren von 9 bis 17 Uhr jede Stunde **Truckee Trolleys** (☎530-587-7451; www.laketahoetransit.com; einfache Strecke/Tagesticket 2/4 US$) vom Amtrak-Betriebsbahnhof zum Donner Lake. Tahoe City und andere Städte am Nord-, West- oder Ostufer werden ab dem Betriebsbahnhof vom TART-Bus (S. 428) bedient; die einfache Fahrt kostet 2 US$ (Tagespass 4 US$). In der Skisaison verkehren in viele Skigebiete zusätzliche Busse.

Northern Shore

Nordöstlich von Tahoe City führt der Hwy 28 an charmanten, teils von großartigen Sandstränden gesäumten Städtchen sowie an recht günstigen Highway-Motels und Hotels am Flussufer vorbei. Das Nordufer versprüht jede Menge ursprünglichen Charme und verspricht Erholung von den Besuchermassen in South Lake Tahoe, Tahoe City und Truckee. Zudem kann man sich im Winter ganz in der Nähe in Skiresorts und Snowparks vergnügen und im Sommer schwimmen, Kajak fahren und wandern.

Die **North Lake Tahoe Visitors' Bureaus** (☎800-824-0348; www.gotahoenorth.com) informieren über die Region, allerdings liegt das nächste Büro für Publikumsverkehr in Incline Village, Nevada (s. S. 437).

TAHOE VISTA

Das hübsche, kleine Tahoe Vista bietet mehr **öffentliche Strände** (http://northtahoeparks.com) als jeder andere Ort am See. Zu den Sandstränden am Hwy 28 gehören der kleine, aber immer gut besuchte **Moon Dunes Beach** mit Picknicktischen und Feuerstellen, die bei Einheimischen beliebte **Tahoe Vista Recreation Area** (7010 N Lake Blvd) mit einer kleinen Wiese und einem Jachthafen sowie der **North Tahoe Beach** (7860 N Lake Blvd) in der Nähe der Kreuzung des Hwy 267 mit Picknickplätzen, Grillstellen, Beachvolleyball-Anlagen und der **Tahoe Adventure Company** (☎530-913-9212, 866-830-6125; http://tahoeadventurecompany.com), die Kajaks und SUP-Ausrüstungen (15–80 US$) verleiht.

Abseits des Touristentrubels bietet der **North Tahoe Regional Park** (http://northtahoeparks.com; 6600 Donner Rd; 3 US$/Auto; 👪) Wanderwege und Mountainbike-Routen im Wald, einen 18-Loch-Discgolfplatz, einen Kinderspielplatz und Tennisplätze mit Flutlicht. Im Winter locken ein Rodelhügel, Skilanglaufwege und Schneeschuhwanderungen. Um zu dem versteckten Park zu gelangen, fährt man ungefähr 1 Meile (1,5 km) vom Hwy 28 bergaufwärts auf die National Ave, biegt dann links auf die Donner Rd ab und folgt den Schildern.

Schlafen

Rustic Cottages COTTAGE **$$**
(☎530-546-3523, 888-778-7842; www.rusticcottages.com; 7449 N Lake Blvd; Cottages inkl. Frühstück 75–229 US$; 📶🐾) Zur Auswahl stehen rund 20 kleine, fast märchenhafte Häuschen inmitten von Kiefern und mit handgemachten Holzschildern, wunderschönen schmiedeeisernen Betten und jeder Menge Extras. Die meisten Hütten verfügen über voll ausgestattete Küchen, manche auch über Gas- oder Holzkamine, die für gemütliche Wärme sorgen. Weitere Pluspunkte gibt's für die Waffeln und die hausgemachten Muffins zum Frühstück sowie den kostenlosen Verleih von Schlitten und Schneeschuhen im Winter.

Franciscan Lakeside Lodge HÜTTE, COTTAGE **$$**
(☎530-546-6300, 800-564-6754; http://franciscanlodge.com; 6944 N Lake Blvd; Hütten, Cottages & Suiten 85–345 US$; 📶🏊👪) Nach einem sonnigen Tag am privaten Sandstrand oder am Außenpool wird es bei Sonnenuntergang langsam Zeit, den Grill anzuwerfen – eine wunderbare Art, sich mal richtig zu erholen. Die einfachen Hütten, Cottages und Suiten sind allesamt mit Küchenzeile ausgestattet. Die Unterkünfte am See bieten einen besseren Zugang zum Strand und schönere Ausblicke, dafür sind die Hütten im hinteren Bereich der Anlage größer, ruhiger und besonders gut für Familien mit kleineren Kindern geeignet.

Cedar Glen Lodge INN $$
(☎530-546-4281; www.tahoecedarglen.com; 6589 N Lake Blvd; Zi., Suiten & Cottages inkl. Frühstück 89–199 US$;) Kids werden von dem großen Freizeitangebot begeistert sein, das von Ping-Pong-Tischen über Volleyball- und Krocketfelder bis hin zu einem Außenpool und einer wärmenden Feuerstelle reicht. Einige der Suiten und Holzcottages gegenüber dem Strand verfügen über Küchenzeile und Klimaanlage, die Standard-Zimmer wirken allerdings etwas langweilig. Am Wochenende helfen Frühstückswaffeln und Bananas Foster (gebackene Bananen mit Vanilleeis und süßer Zimt-Rum-Sauce) Langschläfern aus den Federn. Haustiergebühr: 30 US$.

Essen & Ausgehen

LP TIPP **Wild Goose** KALIFORNISCH $$$
(☎530-546-3640; www.wildgoosetahoe.com; 7320 N Lake Blvd; Hauptgerichte 20–36 US$; ⌚Mi–Mo 17.30–21 Uhr, Bar Mi–Do & So–Mo ab 14, Fr & Sa ab 16 Uhr) Dieses Bistro in einem restaurierten, umweltfreundlichen und mit tollen Panoramafenstern ausgestatteten Gebäude am See bietet moderne amerikanische Küche, zubereitet von einem international inspirierten Küchenchef, sowie einen von *Wine Spectator* gelobten Weinkeller. Zur Auswahl gehören Lauch-Ziegenkäse-Ravioli, Ofenhühnchen mit gebratener Artischocke, Filet Mignon mit geschmolzener Maytag-Blauschimmelkäse-Butter und Valhrona-Zartbitter-Schokoladenfondue. Man muss reservieren; die Tische auf der Terrasse am See ergattert jedoch nur, wer schnell ist.

Gar Woods Grill & Pier AMERIKANISCH $$$
(☎530-546-3366; www.garwoods.com; 5000 N Lake Blvd; Hauptgerichte mittags 12–18 US$, abends 18–37 US$; ⌚Mo–Do 12–21.30, Fr 12–22, Sa 11.30–22, So 11.30–21.30 Uhr, Bar So–Do bis 23.30, Fr & Sa bis 24 Uhr) Das beliebte, lärmig-gesellige Gar Woods am Seeufer erinnert an die Zeiten eleganter klassischer Holzboote. Auf die lieblosen Grillgerichte kann man verzichten, stattdessen genehmigt man sich einfach einen Wet-Woody-Cocktail mit Blick auf die über dem See untergehende Sonne. Die Terrasse im hinteren Bereich am Wasser ist heiß begehrt – Reservierungen sind dort nicht möglich.

Old Post Office Cafe DINER $
(5245 N Lake Blvd; Hauptgerichte 6–12 US$; ⌚6.30–14 Uhr) Westlich der Stadt in Richtung Carnelian Bay serviert dieses immer gut besuchte, gesellige Diner in einer Holzhütte leckeres Frühstück wie Butterkartoffeln, *Eggs Benedict* mit Krabbenpuffer, Kekse mit Bratensauce, fluffige Omeletts mit verschiedenen Füllungen und frische Frucht-Smoothies. Am Wochenende – sowohl im Sommer als auch im Winter – sind die Warteschlangen lang, also am besten früh kommen!

El Sancho's MEXIKANISCH, ZUM MITNEHMEN $
(7019 N Lake Blvd; Portion 4–10 US$; ⌚9–21 Uhr) In der *taqueria* am Straßenrand gibt's große, dicke Burritos, *huaraches* (*masa*, ein Maismehlteig, mit Sauce, Käse sowie gebratenem Fleisch oder Bohnen) und mexikanische Zuckerrohr-Limonade.

KINGS BEACH

Der praktische Aspekt des malerischen Kings Beach sind die verschiedenen einfachen Retro-Motels am Highway. Der Star des Sommers ist jedoch die **Kings Beach State Recreation Area** (www.parks.ca.gov;), ein großartiger, über 200 m langer Strand, der sich oft mit Sonnenanbetern und angeleinten Hunden samt ihren Besitzern füllt. Vor Ort gibt es Picknicktische, Grillplätze und einen Kinderspielplatz, ganz in der Nähe werden außerdem Kajaks, Jetskis, Paddelboote, SUP-Ausrüstungen und mehr verliehen. Zu den lokalen Anbietern gehört **Adrift Tahoe** (☎530-546-1112, 888-676-7702; www.standuppaddletahoe.com; 8338 N Lake Blvd; ⌚saisonale Öffnungszeiten telefonisch erfragen); er verleiht Kajaks, Auslegerkanus und SUP-Ausrüstungen und bietet Privatkurse, Touren sowie Yogaunterricht am Strand an. Weiter im Landesinneren liegt der nostalgische **Old Brockway Golf Course** (☎530-546-9909; www.oldbrockway.com; 7900 N Lake Blvd; Golfplatzgebühr 25–40 US$, Club/Golfcart-Miete ab 18/20 US$) aus den 1920er-Jahren. Der übersichtliche, von Kiefern gesäumte Neun-Loch-Golfplatz (Par 36) bietet eine tolle Aussicht auf den See und ist bei Hollywood-Promis beliebt.

Essen & Ausgehen

Log Cabin Café DINER $$
(☎530-546-7109; www.logcabinbreakfast.com; 8692 N Lake Blvd; Hauptgerichte 8–15 US$; ⌚7–14 Uhr) Hier heißt es früh aufstehen (besonders am Wochenende) und für das beste Frühstück des Nordufers Schlange stehen. *Eggs Benedict*, Vollkorn-Pfannkuchen mit heißen frischen Früchten und Preiselbeer-Orangen-Waffeln sind nur ein paar der

Highlights auf der umfangreichen Speisekarte. Tipp: Wer nicht eine Stunde auf einen Tisch warten möchte, sollte vorher anrufen und seinen Namen auf die Warteliste setzen lassen.

Lanza's ITALIENISCH $$
(www.lanzastahoe.com; 7739 N Lake Blvd; Hauptgerichte 12–22 US$; ⌚17–22 Uhr, Bar ab 16.30 Uhr) Neben dem Safeway-Supermarkt gelegen durchzieht diese beliebte italienische Trattoria ein verführerischer Duft nach Knoblauch, Rosmarin und geheimen Gewürzen. Die Abendmenüs sind zwar nicht das Beste vom Besten, dafür aber sättigend, und Salat und Brot sind inklusive. Den Eingang schmücken sepiafarbene Familienfotos des Besitzers.

Jason's Beachside Grille BAR & GRILLRESTAURANT $$
(www.jasonsbeachsidegrille.com; 8338 N Lake Blvd; Hauptgerichte mittags 8–13 US$, abends 13–25 US$; ⌚11–22 Uhr) Abendliche Partystimmung verbreitet diese Bar mit Terrasse und Kleinbrauerei am See. Die amerikanische Speisekarte – Pasta mit Grillhähnchen – ist allerdings wenig aufregend. Es gibt auch eine große Salatbar. An kälteren Tagen sorgen rote Samtsofas rund um einen eingelassenen Kamin für Behaglichkeit, im Sommer hingegen ist die Aussicht auf den See das Highlight.

Char-Pit AMERIKANISCH $
(www.charpit.com; 8732 N Lake Blvd; Portion 2–8 US$; ⌚11–21 Uhr; 👪) Der unprätentiöse Fast-Food-Stand brutzelt seit den 1960er-Jahren saftige Grillburger, Baby Back Ribs nach St.-Louis-Art, knusprige Zwiebelringe und Mozzarella-Sticks. Nichts für den erhöhten Cholesterinspiegel!

Grid Bar & Grill PUB $
(www.thegridbarandgrill.com; 8545 N Lake Blvd; Portion 4–11 US$; ⌚11–2pm) Der bei Einheimischen beliebte Pub wirkt etwas muffig, bietet jedoch supergünstige Happy Hours, DJs, Disco, Karaoke, Quizabende und Livemusik (Bluegrass, Punk).

ℹ Anreise & Unterwegs vor Ort

Busse von **Tahoe Area Rapid Transit** (TART; ☎530-550-1212, 800-736-6365; www.laketahoetransit.com; einfache Strecke/Tagesticket 2/4 US$) verkehren täglich von etwa 6 bis 18 Uhr alle 30 Minuten zwischen Tahoe City und Incline Village und halten in Tahoe Vista, Kings Beach und Crystal Bay. Eine weitere TART-Linie verbindet jeden Tag von 8 bis 17 Uhr fast stündlich Crystal Bay und Kings Beach mit Northstar-at-Tahoe; im Winter fährt der Bus weiter nach Truckee (von Mai bis November muss man in Tahoe City umsteigen).

Eastern Shore

Das Ostufer des Lake Tahoe liegt in Nevada. Dank George Whittell Jr., eines exzentrischen Playboys aus San Francisco, dem einst große Teile des Landes gehörten – darunter auch ein 27 Meilen (43 km) langer Uferabschnitt – wurde seine Ursprünglichkeit weitgehend bewahrt. Nach Whittells Tod im Jahr 1969 erwarb ein privater Investor das Gebiet und verkaufte es später zu großen Teilen an den US Forest Service und an die Nevada State Parks. Eine gute Entscheidung, denn heute gehören Landschaft und Outdoor-Angebot zu den besten am Tahoe. Der Hwy 28 führt bei Crystal Bay nach Nevada, dann vorbei an Incline Village und entlang des Ostufers, bis er schließlich auf den Hwy 50 trifft, der wiederum südwärts nach Zephyr Cove und zu den Kasinos in Stateline verläuft.

CRYSTAL BAY

Nach dem Übertreten der Grenze nach Nevada werden Besucher von blinkenden Lichtern und altmodischen Spielhallen, die um ihr hart verdientes Geld konkurrieren, begrüßt. Das historische **Cal-Neva Resort** (☎info 800-233-5551, Reservierungen 800-225-6382; www.calnevaresort.com; 2 Stateline Rd; Zi. 79–209 US$; ❄📶🏊🐾) erstreckt sich über die Grenze zwischen Kalifornien und Nevada und blickt auf eine schillernde Geschichte zurück, in der Geister, Gangster und Frank Sinatra, der einstige Besitzer, eine Rolle spielen. Die schäbigen Hotelzimmer sind wenig einladend (Haustiergebühr 50 US$), lohnenswert sind jedoch die Führungen durch einen Geheimtunnel.

Die auch in der Hauptstraße gelegene **Tahoe Biltmore Lodge & Casino** (☎800-245-8667;www.tahoebiltmore.com; 5 Hwy 28; Zi. 34–99 US$; 📶🏊) erinnert mit alten Fotos der Tahoe-Region in den verwohnten Hotelzimmern an seine lange Geschichte, auch wenn die Heizkörper das historische Flair etwas stören. Das kitschig-geschmacklose **Café Biltmore** (Hauptgerichte 8–15 US$; ⌚So–Do 7–22, Fr & Sa bis 24 Uhr) serviert billige, fettige Grillgerichte unter verspiegelten Decken in einer Art künstlichem Wald. Gute Livemusik gibt's auf der anderen Straßenseite im **Crystal Bay Club**

Casino (☎775-831-0512; www.crystalbaycasino.com; 14 Hwy 28).

Wer die verrauchten Kasinos gegen frischen Kiefernduft eintauschen möchte, macht sich auf die steile, 1,5 km lange Wanderung entlang der befestigten Forest Service Rd 1601 hinauf zum **Stateline Lookout**. Dort bieten sich wunderbare Ausblicke auf den Sonnenuntergang über dem Lake Tahoe und auf die verschneiten Berge. Ein Naturpfad führt zum ehemaligen Feuerwachturm, wo man heute eine Aussichtsplattform mit verschiedenen Ebenen findet. Um zum Ausgangspunkt des Wegs zu gelangen, folgt man der Reservoir Rd unmittelbar östlich vom Parkplatz bei Tahoe Biltmore, biegt dann rechts auf die Lakeview Ave ab und fährt rund 1 km bergaufwärts, bis linker Hand ein (meist verriegeltes) Eisentor auftaucht.

INCLINE VILLAGE

Incline Village ist einer der nobelsten Orte am Lake Tahoe sowie Ausgangspunkt für Aufenthalte in den Skiresorts Diamond Peak und Mt. Rose (s. S. 405). Zweiteres liegt eine Fahrt von 12 Meilen (19 km) in nordöstlicher Richtung auf dem Hwy 431 (Mt. Rose Hwy) entfernt. Im Sommer bietet die nahe gelegene **Mt. Rose Wilderness** kilometerweite ursprüngliche Wege, darunter eine anspruchsvolle, 16 km lange Rundtour auf den majestätischen **Mt. Rose** (3285 m). Die Route beginnt beim Mt.-Rose-Summit-Parkplatz (der Name ist irreführend!), 9 Meilen (14,5 km) bergaufwärts ab Incline Village. Für eine weniger anstrengende Wiesen-Wanderung, die auch Kinder bewältigen können, biegt man rund einen halben Kilometer früher beim von Wildblumen übersäten **Tahoe Meadows** ab. Wanderer müssen auf dem Naturpfad bleiben, um den empfindlichen Wiesen keinen Schaden zuzufügen; angeleinte Hunde sind erlaubt.

Im Sommer kann man zudem George Whittells Villa, die **Thunderbird Lodge** (☎800-468-2463; www.thunderbirdlodge.org; Erw./Kind 6–12 Jahre 39/19 US$; ⌚Juni–Sept. meist Di–Sa, Reservierung erforderlich), besuchen, wo er die Sommermonate mit seinem zahmen Löwen Bill verbrachte. Es werden verschiedene Führungen angeboten, u.a. durch einen 180 m langen Tunnel zu dem Häuschen, wo George einst mit Howard Hughes und anderen illustren Persönlichkeiten Poker spielte. Zu der Lodge gelangt man nur mit dem Shuttlebus, der vom hilfreichen **Incline Village/Crystal Bay Visitors Bureau** (☎775-832-1606, 800-468-2463; www.gotahoenorth.com; 696 Tahoe Blvd; ⌚Mo–Fr 8–17, Sa & So 10–16 Uhr; 📶) vor Ort abfährt, oder aber im Rahmen einer Bootsfahrt oder Kajaktour (110–135 US$).

Schlafen

Hyatt Regency Lake Tahoe HOTEL **$$$**
(☎775-832-1234, 800-633-7313; http://laketahoe.hyatt.com; 111 Country Club Dr; Zi. ab 305 US$; ❄@📶🏊👪) Die mit Kunsthandwerk dekorierte Berglodge bietet elegante Zimmer und Cottages am See sowie ein Spa, das sogar noch größer als das Kasino ist. Im Sommer können sich Gäste am Privatstrand am See entspannen und im Winter ihre müden Skifahrerbeine im beheizten Außenpool wärmen.

Essen & Ausgehen

Bite KALIFORNISCH **$$**
(☎775-831-1000; www.bitetahoe.com; Tapas 5–18 US$; ⌚So–Mi 17–22, Do–Sa bis 23 Uhr; 🌶) Man sollte sich nicht davon abschrecken lassen, dass sich diese Weinbar in einer Einkaufsmeile befindet, denn sie serviert eine tolle Auswahl an Tapas, leichte, saisonale und vegetarische Gerichte sowie modern zubereitete Klassiker wie Baby Back Ribs mit Honigkruste oder Mac'n'Cheese mit grünem Chili. Die Happy Hour zieht jede Menge Après-Ski-Klientel an.

Austin's AMERIKANISCH **$$**
(www.austinstahoe.com; 120 Country Club Dr; Hauptgerichte 7–22 US$; ⌚11–21 Uhr, Sept.–Juni Sa & So ab 17 Uhr; 👪) Das in einer Blockhütte untergebrachte Diner mit Terrasse serviert bodenständige Küche für die ganze Familie. Gegen den Hunger helfen Buttermilch-Pommes mit Jalapeño-Sauce, Chicken Fried Steak (eine Art Schnitzel), Fleischbällchen, Burger, riesige Salate und Sandwiches und gegen den Durst imposante Martinis.

Lone Eagle Grille BAR
(http://laketahoe.hyatt.com; 111 Country Club Dr; ⌚So–Do 11.30–22, Fr & Sa bis 23 Uhr) In Hyatt's Cocktail-Lounge können sich Gäste eine köstliche Orangen-Margarita schmecken lassen und dann bei Sonnenuntergang am Strandlagerfeuer romantische Stunden genießen.

LAKE TAHOE-NEVADA STATE PARK

Am See entlang Richtung Süden erstreckt sich der **Lake Tahoe-Nevada State Park** (☎775-831-0494; http://parks.nv.gov/lt.htm;

Hwy 50; 7–12 US$/Auto) mit Stränden, Seen und kilometerlangen Wegen. Nur 3 Meilen (5 km) südlich von Incline Village liegt der wunderschöne **Sand Harbor**, wo aus zwei Sandgruben eine seichte Bucht mit kristallklarem, warmem, türkisfarbenem Wasser und weißen Felsstränden entstanden ist. Hier ist meist sehr viel los, vor allem im Juli und August, wenn das **Lake Tahoe Shakespeare Festival** (☎800-747-4697; www.tahoebard.com) stattfindet.

Am südlichen Parkende, unmittelbar nördlich der Kreuzung Hwy 50/Hwy 28, kann man am **Spooner Lake** catch-and-release-angeln, picknicken, auf Naturpfaden wandern und langlaufen (S. 409). Hier beginnt außerdem der bekannte, 21 km lange **Flume Trail**, ein Paradies für Mountainbiker. Am Ende der Route, in der Nähe von Incline Village, fährt man entweder 16 km entlang des schmalen, kurvenreichen Seitenstreifens des Hwy 28 zurück oder nimmt einen Shuttlebus. Am Ausgangspunkt des Wegs (im Park) organisiert **Flume Trail Mountain Bikes** (☎775-749-5349; www.theflumetrail.com; Mountainbikeverleih 45–65 US$/Tag, Shuttle 10–15 US$; ⏲Juni–Nov. 8.30–18 Uhr) Shuttles und verleiht Fahrräder.

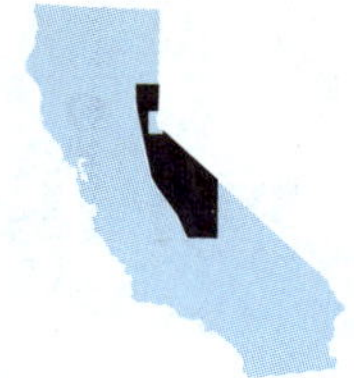

Yosemite National Park & Sierra Nevada

Inhalt »

Gut essen

» Mountain Room Restaurant (S. 455)

» Lakefront Restaurant (S. 486)

» Yosemite Bug Rustic Mountain Resort (S. 461)

» Convict Lake Resort (S. 490)

» Narrow Gauge Inn (S. 458)

Schön übernachten

» Yosemite High Sierra Camps (S. 455)

» Ahwahnee Hotel (S. 443)

» Sierra Sky Ranch (S. 459)

» Evergreen Lodge (S. 454)

» Benton Hot Springs (S. 490)

Auf in den Yosemite National Park & die Sierra Nevada!

Die Sierra Nevada bietet Outdoor-Fans das ganze Jahr über viel: Neben Wintersport und Rafting sind Wandern, Radeln und Klettern möglich. Skihasen und Boarder genießen die Stille der pinienbewachsenen Hänge, und wer dem Alltag entfliehen möchte, kann sich in die Wildnis zurückziehen.

Mit den gewaltigen Bergen, die über die hoch gelegenen Seen wachen, stellt der Gebirgszug im Osten Kaliforniens eine furchterregende, aber schöne topografische Barriere mit großartigen Landschaften dar. Zwischen den Canyons und den bis zu 4400 m hohen Gipfeln finden sich verfallende Geisterstädte, Thermalquellen, aber auch Ureinwohner, die diese Gegend immer noch als ihre Heimat betrachten.

In den Nationalparks Yosemite, Sequoia und Kings Canyon kann man nicht nur Riesenmammutbäume, Felsformationen und Täler bestaunen, es besteht auch die Möglichkeit, Bären und andere Wildtiere zu sehen.

Reisezeit

Yosemite National Park

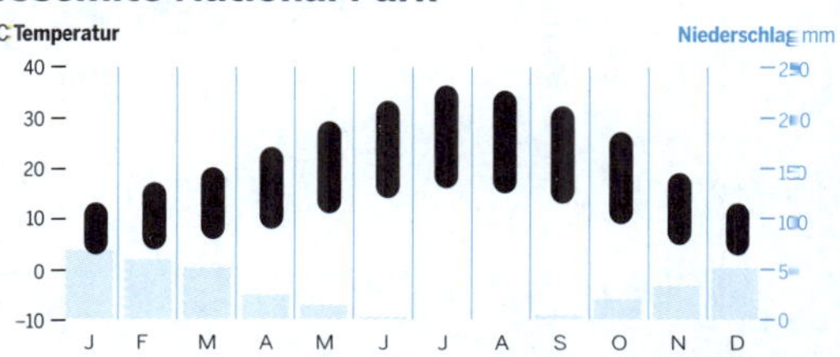

Mai & Juni Im Frühjahr stürzt viel Wasser die Yosemite-Fälle hinab. Ein spektakulärer Anblick!

Juli & Aug. Im Sommer sind die Berge toll: unberührte Wildnis und fantastisches Wetter.

Dez.–März Sport und Spaß gibt's in den Wintermonaten in den verschneiten Wäldern.

Highlights

1 Im Frühjahr die Wasserfälle im **Yosemite National Park** (S. 442) bewundern

2 Im Winter den schneebedeckten **Mammoth Mountain** (S. 483) hinuntersausen

3 In den **Sequoia & Kings Canyon National Parks** (S. 462) den Blick gen Himmel – also in die Kronen der Riesenmammutbäume – richten

4 Im **Truckee River Whitewater Park** (S. 496) in Reno, Nevada, Kajak fahren

5 Durch die stimmungsvolle Geisterstadt **Bodie** (S. 478) schlendern

6 Mit dem Kanu oder Kajak zwischen den tollen Kalktuffformationen über den **Mono Lake** (S. 480) paddeln

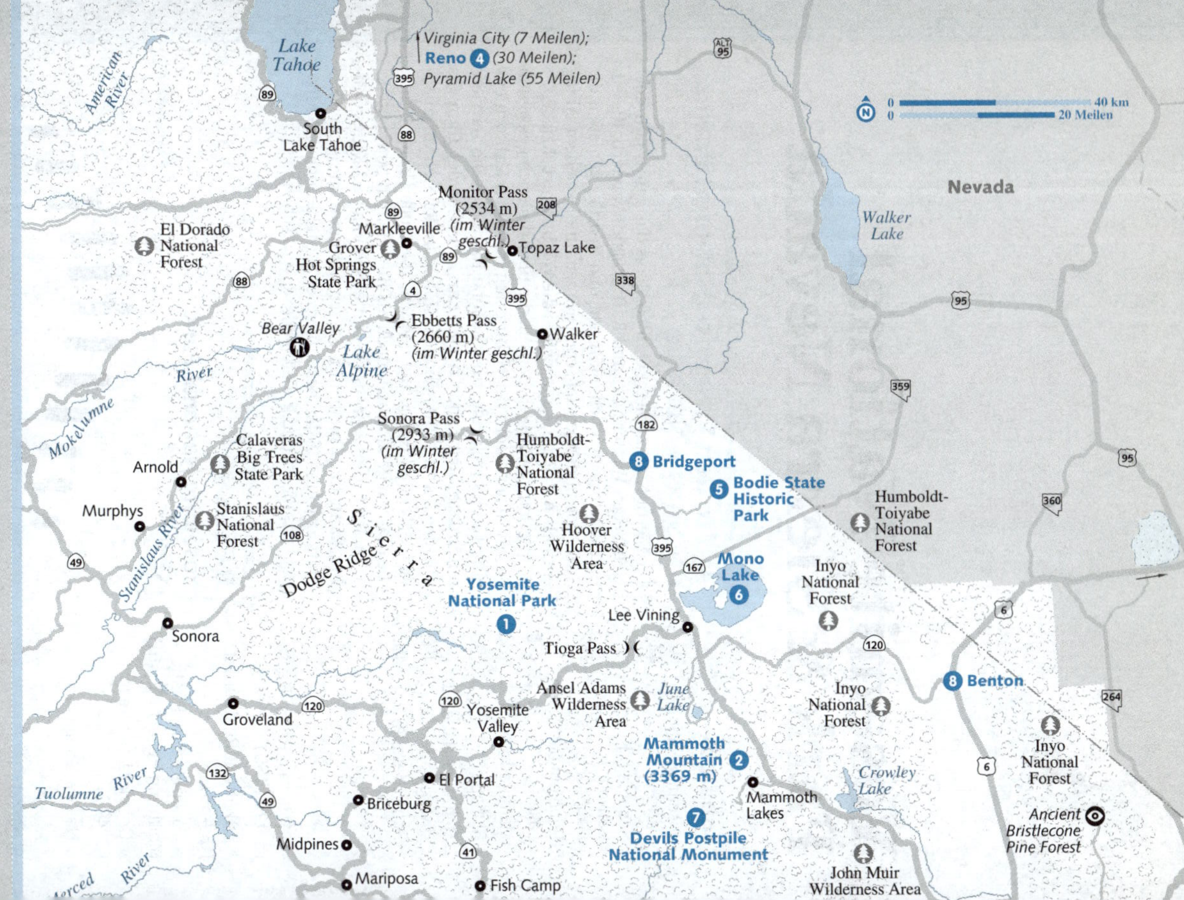

7 Die vulkanische Basaltformation **Devils Postpile** (S. 488) bewundern

8 In den **Thermalbecken** in Bridgeport (S. 475) und Benton (S. 490) die Sorgen einfach ertränken

9 An der **Manzanar National Historic Site** (S. 493) eines der dunkelsten Kapitel der amerikanischen Geschichte gedenken

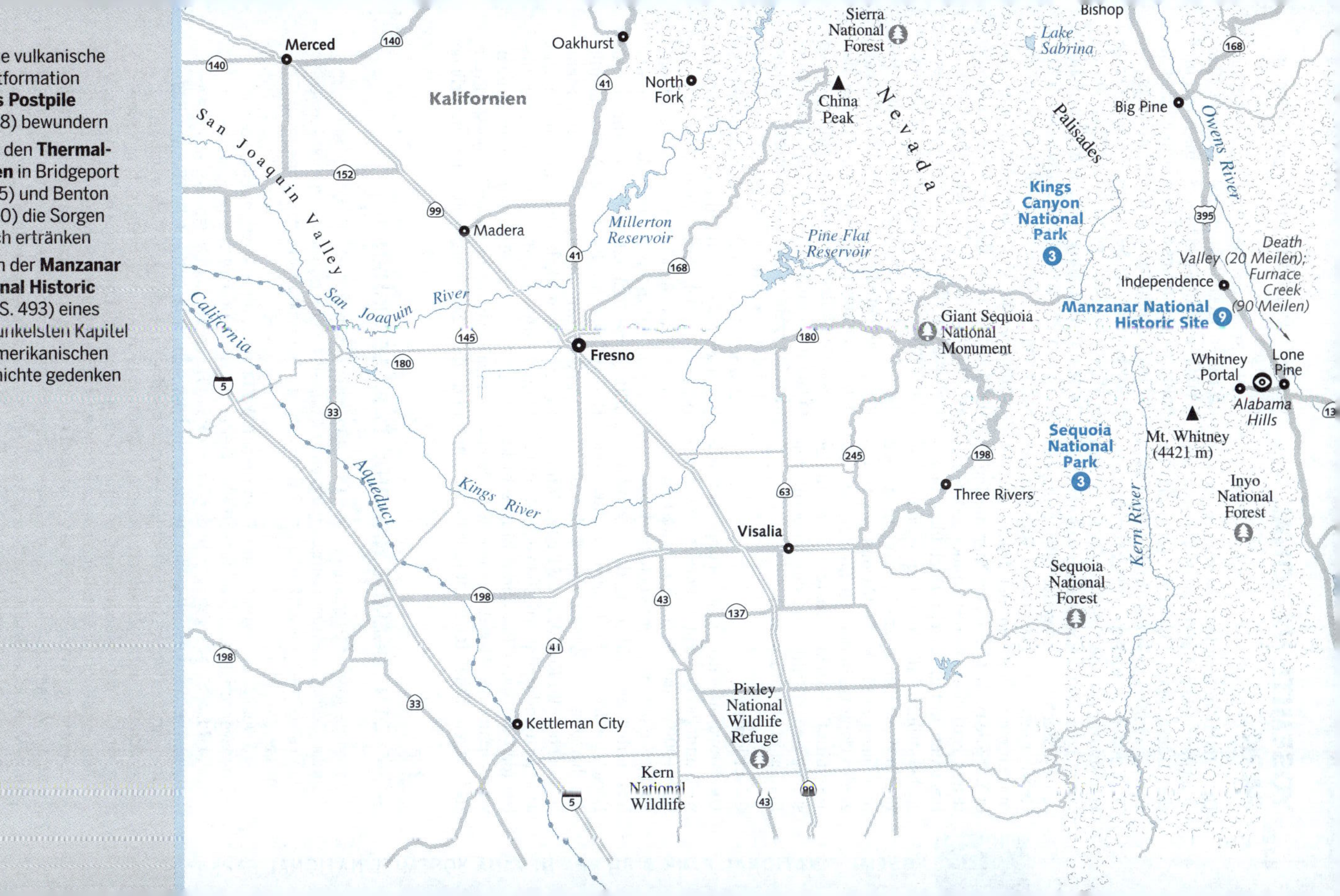

YOSEMITE NATIONAL PARK

Der atemberaubende Superstar unter den amerikanischen Nationalparks wurde von der Unesco zum Weltnaturerbe erklärt. Der Yosemite (jo-*sem*-it-ih) National Park lässt jeden Besucher andächtig staunen. Das smaragdgrüne Yosemite Valley ist von gewaltigen Granitwänden mit weltberühmten Wasserfällen umgeben. Bei Mariposa Grove ragen die gewaltigen Riesenmammutbäume in den Himmel. Dieser Anblick erfüllt alle rund 4 Mio. Besucher, die den ältesten Nationalpark des Landes jedes Jahr besuchen, mit Ehrfurcht. Doch über die Besucherströme sollte man hinwegsehen: Die Pracht diese Fleckchens Erde offenbart sich im stolzen Profil des Half Dome, im trutzigen El Capitan, in den feuchten Nebeln der Yosemite Falls, den Gemstone Lakes in der supalpinen Wildnis und den unberührten Pfaden in Hetch Hetchy.

Geschichte

Die Ahwahneechee, eine Gruppe von Miwok und Paiute, lebten bereits seit ungefähr 4000 Jahren in der Yosemite-Gegend, als 1833 einige Pioniere höchstwahrscheinlich unter der Führung des legendären Forschers Joseph Rutherford Walker hier durchzogen. Zu Zeiten des Goldrauschs eskalierten die Konflikte zwischen Minenarbeitern und Indianern, sodass 1851 Soldaten (das Mariposa Battalion) hingeschickt wurden, um die Ahwahneechee zur Räson zu bringen. Chief Tenaya und sein Stamm wurden schließlich zur Kapitulation gezwungen.

Die Soldaten des Mariposa Battalion erzählten Geschichten über tosende Wasserfälle und himmelhohe Steinsäulen, und bald war Yosemites Schönheit in aller Munde. 1855 organisierte James Hutchings, ein Unternehmer aus San Francisco, eine erste touristische Besichtigung des Tals. Durch die von ihm veröffentlichten Reiseberichte, in denen er von der makellosen Schönheit schwärmte, fühlten sich auch viele andere veranlasst, die Gegend zu besuchen. Und dann ließen natürlich die ersten Gasthäuser und Straßen nicht mehr lange auf sich warten. Von dieser Entwicklung alarmierte Naturschützer verlangten vom Kongress, die Gegend zu schützen – mit Erfolg. 1864 unterzeichnete Präsident Abraham Lincoln den Yosemite Grant. Damit wurden das Yosemite Valley und der Mariposa Grove of Giant Sequoias als State Park an Kalifornien übergeben. Diese bahnbrechende Entscheidung ebnete den Weg für ein Nationalparksystem. Dank der Bemühungen des Naturschützers John Muir wurde Yosemite 1890 schließlich Nationalpark.

Yosemites Beliebtheit als Touristenattraktion nahm im 20. Jh. ständig zu, und Mitte der 1970er-Jahre war es dann soweit: Das Tal war in eine Smog-Wolke gehüllt. Schuld daran waren Verkehr und Staus. Der 1980 entwickelte General Management Plan (GMP) sollte dieses und weitere Probleme lösen, was aber ganz und gar nicht einfach war. Trotz vieler Verbesserungen und der Notwendigkeit, die natürliche

DEN YOSEMITE NATIONAL PARK BESUCHEN

Von Ende Juni bis September steht Besuchern der gesamte Park offen – alle Anlagen sind in Betrieb, auf den Campingplätzen und an den Eisständen ist ordentlich was los. Dann also ist es am schwierigsten – wenn auch nicht unmöglich –, den Menschenmassen zu entgehen.

Am wenigsten Leute tummeln sich in den Wintermonaten im Nationalpark, allerdings werden da auch Zufahrtsstraßen gesperrt (die wichtigste Sperrung ist die der Tioga Rd, s. S. 445, gefolgt von der Glacier Point Rd oberhalb des Badger-Pass-Skigebiets). Das bedeutet, dass die meisten Besucher sich im Tal und auf dem Badger Pass tummeln. Die wenigsten Einrichtungen sind geöffnet, die meisten Campingplätze geschlossen und auch andere Übernachtungsmöglichkeiten nur eingeschränkt verfügbar. Der Winter beginnt im Yosemite National Park mit den ersten heftigen Schneefällen, die schon im Oktober einsetzen können. Oft liegt bis Mai Schnee.

Die mit Abstand beste Reisezeit ist der Frühling, denn da führen die Wasserfälle das meiste Wasser. Im Herbst sind weniger Gäste da; dann ist das welkende Laub schön bunt. Meist ist es knackig kalt, aber sonnig (die Wasserfälle sind allerdings bis dahin meist bis auf ein Rinnsal versiegt).

Schönheit, die Besucher nach Yosemite lockt, zu bewahren, ist der Plan noch nicht gänzlich realisiert worden.

Sehenswertes

Der Park verfügt über vier Haupteingänge: den Südeingang (Hwy 41), Arch Rock (Hwy 140), Big Oak Flat (Hwy 120 W) und den Tioga Pass (Hwy 120 E). Hwy 120 und die Tioga Rd durchziehen den Park. Ersterer verbindet so das Yosemite Valley mit der östlichen Sierra Nevada.

Die meisten Besucher zieht es ins Yosemite Valley, insbesondere ins Yosemite Village, wo auch das größte Visitors Center, eine Post, ein Museum, Restaurants und andere interessante Angebote zu finden sind. Auch das Curry Village gilt als Besuchermagnet. Wesentlich weniger los ist in Tuolumne (tu-*el*-ah-*mih*) Meadows am Ende der Tioga Rd. Hierher kommen überwiegend Radfahrer, Wanderer und Kletterer. Auch Wawona, das Zentrum im Süden, kann mit einer guten Infrastruktur aufwarten. Hetch Hetchy im Nordwesten hat die wenigsten Besucher – aber hier gibt es auch so gut wie nichts.

YOSEMITE VALLEY

Das Herz des Parks ist das Yosemite Valley mit seinem wunderschönen Wiesenteppich. Es ist 7 Meilen (11 km) lang, wird vom sich kräuselnden Merced River geteilt und von den weltweit größten Granitbrocken gesäumt. Die berühmtesten sind natürlich der gewaltige, 2427 m hohe **El Capitan** (El Cap; Karte S. 446), einer der weltweit größten Monolithen und Treffpunkt von Kletterern aus aller Welt, und der 2695 m hohe **Half Dome** (Karte S. 446), der mit seiner unverwechselbaren Silhouette zu den Wahrzeichen des Nationalparks zählt. Beide sind bestens vom **Valley View** (Karte S. 446) im Tal aus zu sehen. *Das* Foto kann man machen, wenn man dem Hwy 41 bis zum **Tunnel View** (Karte S. 446) folgt, wo ein neuer Aussichtspunkt lockt. Wer nichts dagegen hat, ein bisschen zu schwitzen, schießt die besten Fotos ohne Menschenmassen vom **Inspiration Point** (Karte S. 446) aus. Der Weg dorthin beginnt am Tunnel und ist (hin & zurück) gute 4 km lang.

Der Anblick der Wasserfälle entschädigt auch den abgekämpftesten Traveller für alle Strapazen, besonders wenn die Schneeschmelze im Frühling die Zuläufe in tosende Ströme verwandelt. Die dreiteiligen **Yosemite Falls** (Karte S. 446) sind mit ihrer Fallhöhe von fast 740 m die größten Wasserfälle in ganz Nordamerika. Ein – wenn auch rutschiger – rollstuhlgerechter Pfad führt zur Basis der Kaskade. Wer es lieber einsam hat und Wert auf unterschiedliche Perspektiven legt, der erklimmt den **Yosemite Falls Trail** (Karte S. 452), auf dem man nach mörderischen 5,5 km sogar eine Stelle oberhalb der Fälle erreicht. Nicht weniger beeindruckend: der nahe gelegene **Bridalveil Fall** (Karte S. 446) sowie all die anderen, die im Tal verstreut sind.

Wer auf eine Karriere als Profifotograf hofft, sollte seine Fotoausrüstung über den etwa 1,5 km langen, befestigten Pfad zum **Mirror Lake** (außerhalb der Karte S. 452) schleppen. Zu früher Stunde und gegen Ende des Tages spiegelt sich der Half Dome wunderschön in dem stillen Gewässer. Im Spätsommer ist dieser See allerdings völlig ausgetrocknet.

Etwas weiter südlich, wo der Merced River zwei kleine Inselchen umspült, liegen die **Happy Isles**, die zum Picknicken, Schwimmen oder Spazierengehen einladen. Hier beginnen auch der **John Muir Trail** (Karte S. 452) und der **Mist Trail**. Sie führen zu verschieden Wasserfällen und zum Half Dome.

> **KURZINFOS**
>
> » **Einwohner Reno** 225 000
>
> » **Fläche** ca. 3704 km²
>
> » **San Francisco–Yosemite Valley** 190 Meilen (305 km, 3,5–4 Std.)
>
> » **Los Angeles–Mammoth Lakes** 325 Meilen (523 km; 6 Std.)

GRATIS **Yosemite Museum** MUSEUM
(Karte S. 452; 9–16.30 od. 17 Uhr, mittags geschl.) In diesem Museum gibt es Artefakte der Miwok und der Paiute zu sehen, darunter Flechtkörbe, perlenbesetzte Wildlederkleidung oder Federumhänge, die beim Tanz getragen wurden. Auch eine **Kunstausstellung** mit Gemälden und Fotos aus der ständigen Sammlung des Museums ist zu sehen. Hinter dem Museum führt ein Pfad zu einem rekonstruierten **Indianerdorf** aus dem Jahr 1870, in dem man Mahlsteine, einen Speicher für Eicheln, ein Round House und ein konisches Bark House (eine Art Zelt aus Holz) besichtigen kann.

Ahwahnee Hotel HISTORISCHES GEBÄUDE
Etwa 400 m östlich von Yosemite Village steht das Ahwahnee Hotel aus dem Jahr

1927, eine gelungene Kreuzung aus rustikaler Berghütte und elegantem Herrenhaus. Sich staunend umschauen und umherstreifen darf hier jeder; auch Nichtgäste sind willkommen. Das aus heimischem Granit, Kiefern und Zedern errichtete Gebäude ist traumhaft dekoriert mit Bleiglas, behauenen Fliesen, indianischen Teppichen und türkischen Kelims. Gegessen wird in einem fürstlichen Speisesaal, einen leckeren Drink gibt's in der Piano-Bar. Zur Weihnachtszeit wird im Ahwahnee das **Bracebridge Dinner** (☎801-559-5000; www.bracebridgdinners.com; 425 US$/Pers.) abgehalten, ein festliches Bankett in Renaissanceatmosphäre. Frühzeitig buchen!

GRATIS **Nature Center at Happy Isles** MUSEUM

(Karte S. 452; ⏲Mai–Sept. 9.30–16 Uhr; ♿)
Ein großartiges interaktives Museum: Im Nature Center werden die Unterschiede zwischen den Zapfen der verschiedenen Nadelbäume, zwischen den diversen Gesteinsformationen, Tierpfaden und Exkrementen erklärt (Letzteres zum größten Vergnügen der Besucher). Nicht verpassen sollte man außerdem die Ausstellung über den Steinschlag von 1996. Damals krachte eine 80 000 t schwere Granitplatte gute 600 m ins Tal herab. Ein Mann wurde getötet, 1000 Bäume knickten um wie Streichhölzer.

GENEHMIGUNGEN FÜR DEN HALF DOME

Auf den letzten 120 Höhenmetern des Half Dome wurden Drahtseile angebracht, um auch weniger geübten Bergsteigern die Bewältigung der Steigung auf glattem, ungestuftem Granodiorit zu ermöglichen. Um übermäßig lange und dadurch immer gefährlichere Touren zu verhindern, müssen sich die Kletterer vorab eine **Genehmigung** (☎877-444-6777; www.recreation.gov; 1,50 US$/Pers.) ausstellen lassen. Diese Scheine werden vier Monate im Voraus verkauft, und die 300, die es pro Tag gibt, sind fast sofort weg. Bergwanderer erhalten die sogenannten Permits auch ohne vorherige Reservierung, wenn sie eine Wilderniss Permit haben – das ist die Genehmigung, in freier Wildbahn zu übernachten. Dieses Procedere ist noch im Aufbau, man sollte sich daher immer aktuell nach dem neuesten Stand erkundigen. www.nps.gov/yose/planyourvisit/hdpermits.htm.

GLACIER POINT

Auf 975 m über dem Tal ragt der 2199 m hohe Glacier Point (Karte S. 452) empor und bietet einen der besten Aussichtspunkte des Parks. Außerdem befindet man sich hier quasi auf Augenhöhe mit dem Half Dome. Links vom Half Dome sind der U-förmige, von Gletschern geformte Tenaya Canyon und weiter unten der Vernal Fall und der Nevada Fall zu sehen. Mit dem Auto braucht man vom Yosemite Valley etwa eine Stunde bis zum Glacier Point (über die Glacier Point Rd, die vom Hwy 41 abgeht). Von der Straße führen Wanderwege zu weiteren spektakulären Aussichtspunkten, z.B. zum **Dewey Point** (Karte S. 446) und zum **Sentinel Dome** (Karte S. 452). Man kann auch von der Talsohle auf dem anstrengenden **Four Mile Trail** (Karte S. 452) rauf zum Glacier Point wandern. Wer mit dem Auto zum Glacier Point gefahren ist und den Menschenmassen entkommen will, braucht nur den Four Mile Trail ein Stück hinunterzulaufen. Dort kann man dann in relativer Einsamkeit die atemberaubende Aussicht genießen. Eine Alternative ist der Glacier Point Hikers' Bus (S. 458): Viele Wanderer laufen nur eine Strecke und legen die andere dann mit dem Bus zurück. Autofahrer sollten lieber morgens aufbrechen um den spätnachmittäglichen Stau an den Parkplätzen zu umgehen.

TIOGA ROAD & TUOLUMNE MEADOWS

Die Tioga Rd (Hwy 120 E) ist die einzige Straße, die durch den Park hindurchführt. Auf 90 km geht sie durch eine grandiose Landschaft mit Höhenlagen von 1889 m am Crane Flat bis zu 3031 m am Tioga Pass. Etwa von November bis Mai ist die Straße gesperrt – dann liegt zu viel Schnee. Fast jede Kurve birgt einen wundervollen Aussichtspunkt. Am beeindruckendsten ist der Blick am **Olmsted Point** (Karte S. 446), wo man bis ganz runter in den Tenaya Canyon und die Rückseite des Half Dome sehen kann. Über der Ostseite des Canyons ragt der zu Recht so genannte, 3025 m hohe **Clouds Rest** (Karte S. 446) hervor. Weiter gen Osten führt die Tioga Rd zum **Tenaya Lake** (Karte S. 446), einem ruhigen, blauen See zwischen Kiefern und Felsen.

Tuolumne Meadows (Karte S. 446) liegt etwa 55 Meilen (88 km) vom Yosemite Valley entfernt auf einer Höhe von 2621 m. Es ist die größte subalpine Wiese in der Sierra. Mit ihren üppigen, weiten Rasenflächen, den klaren blauen Seen und den schroffen Granitfelsen und -kuppeln unterscheidet sie sich verblüffend vom Tal. Zudem ist es hier wesentlich kühler. Wer im Juli oder August herkommt, findet die ganze Palette aller nur erdenklichen Farben: Wildblumen, soweit man sieht!

In Tuolumne ist es lange nicht so voll wie im Tal. Trotzdem herrscht in der Gegend um den Campingplatz, den Laden in der Lodge und das Visitors Center vor allem an den Wochenenden ziemlich viel Betrieb. Einige Wanderwege, z.B. der zum **Dog Lake** (Karte S. 446), sind ebenfalls gut besucht. Bitte nicht vergessen, dass die Höhenluft dünner ist als die unten im Tal! Außerdem kann es nachts ziemlich frisch werden, sodass man unbedingt warme Sachen dabei haben sollte.

Die **Hauptwiese** ist ca. 4 km lang und liegt an der Nordseite der Tioga Rd zwischen dem **Lembert Dome** (Karte S. 446) und dem **Pothole Dome** (Karte S. 446). Wenn man die 61 m zur Spitze des Letzteren hinaufkraxelt, wird man vor allem bei Sonnenuntergang mit einem grandiosen Blick auf die Wiese belohnt. Ein Naturlehrpfad führt von den Stallungen zu den trüben **Soda Springs** (Karte S. 446), wo in rot gefärbten Becken Wasser mit Kohlensäure blubbert. In der **Parsons Memorial Lodge** (Karte S. 446) in der Nähe kann man sich eine kleine Ausstellung anschauen.

Wanderer und Kletterer finden rund um die Tuolumne Meadows schier unendliche Möglichkeiten. Hier ist auch der Ausgangspunkt zu den High Sierra Camps (S. 455).

Der Tuolumne Meadows Tour & Hikers' Bus (S. 458) fährt einmal täglich die Tioga Rd in jede Richtung ab – ideal für Leute, die nur eine Strecke laufen wollen. Außerdem gibt's noch einen kostenlosen Tuolumne Meadows Shuttle (S. 458), der am Tenaya Lake einen Zwischenstopp einlegt und zwischen der Tuolumne Meadows Lodge und dem Olmsted Point verkehrt.

WAWONA

Wawona, etwa 27 Meilen (43 km) südlich des Yosemite Valley, gilt als historisches Zentrum des Nationalparks, hier gab es unter Captain A.E. Wood an der Stelle des Wawona Campground das erste Headquarter des Gebiets – und die ersten Anlaufstellen für Traveller.

Mariposa Grove WALD
(Karte S. 446) Der Besuchermagnet in diesem Teil des Nationalparks ist der größte und beeindruckendste Hain von Riesenmammutbäumen (Sequoias) des Yosemite National Parks. Der Star des Ensembles – seinetwegen kommen alle hierher – ist der **Grizzly Giant**, ein Baumriese, der vor rund 2700 Jahren keimte, also etwa zur Zeit der ersten Olympischen Spiele der Antike. Dieses Ungetüm kann man nicht übersehen – der ausgetretene, etwa 800 m lange Pfad hin beginnt direkt am Parkplatz. Die Besuchermassen dünnen erst dahinter ein bisschen aus. Wer es lieber etwas einsamer hat, sollte entweder sehr früh herkommen oder nach 18 Uhr. Ebenfalls in der Nähe ist der durchgehbare **California Tunnel Tree**, der weiterhin gedeiht, obwohl im Jahr 1895 eine Durchfahrt für Pferdekutschen hineingesägt wurde.

Im oberen Hain ist der **Fallen Wawona Tunnel Tree** zu bestaunen. Der berühmte durchfahrbare Baum brach im Winter 1969

DER UNPASSIERBARE TIOGA PASS

Hwy 120, die Hauptstraße von der Eastern Sierra zum Yosemite National Park, führt über den Tioga Pass, den höchsten Pass in der Sierra Nevada auf 3031 m. Auf den meisten Karten von Kalifornien findet sich der beiläufige Hinweis „im Winter geschlossen". Das ist zwar korrekt, aber doch irreführend. Die Tioga Rd ist normalerweise ab dem ersten heftigen Schneefall im Oktober bis Mai gesperrt. Es kann aber auch Juni oder gar Juli werden! Wer im Frühjahr über den Tioga Pass will, hat oft Pech. Nach offiziellen Angaben des Nationalparks wird diese Straße frühestens am 15. April für den Verkehr freigegeben – allerdings war sie seit 1980 erst einmal schon im April befahrbar. Andere Bergstraßen weiter im Norden – z.B. die Hwys 108, 4 und 88/89 – werden bei starkem Schneefall ebenfalls gesperrt, wenn auch nur zeitweise. Unter ☎800-427-7623 gibt es aktuelle Straßenzustands- und Wetterberichte.

Yosemite National Park

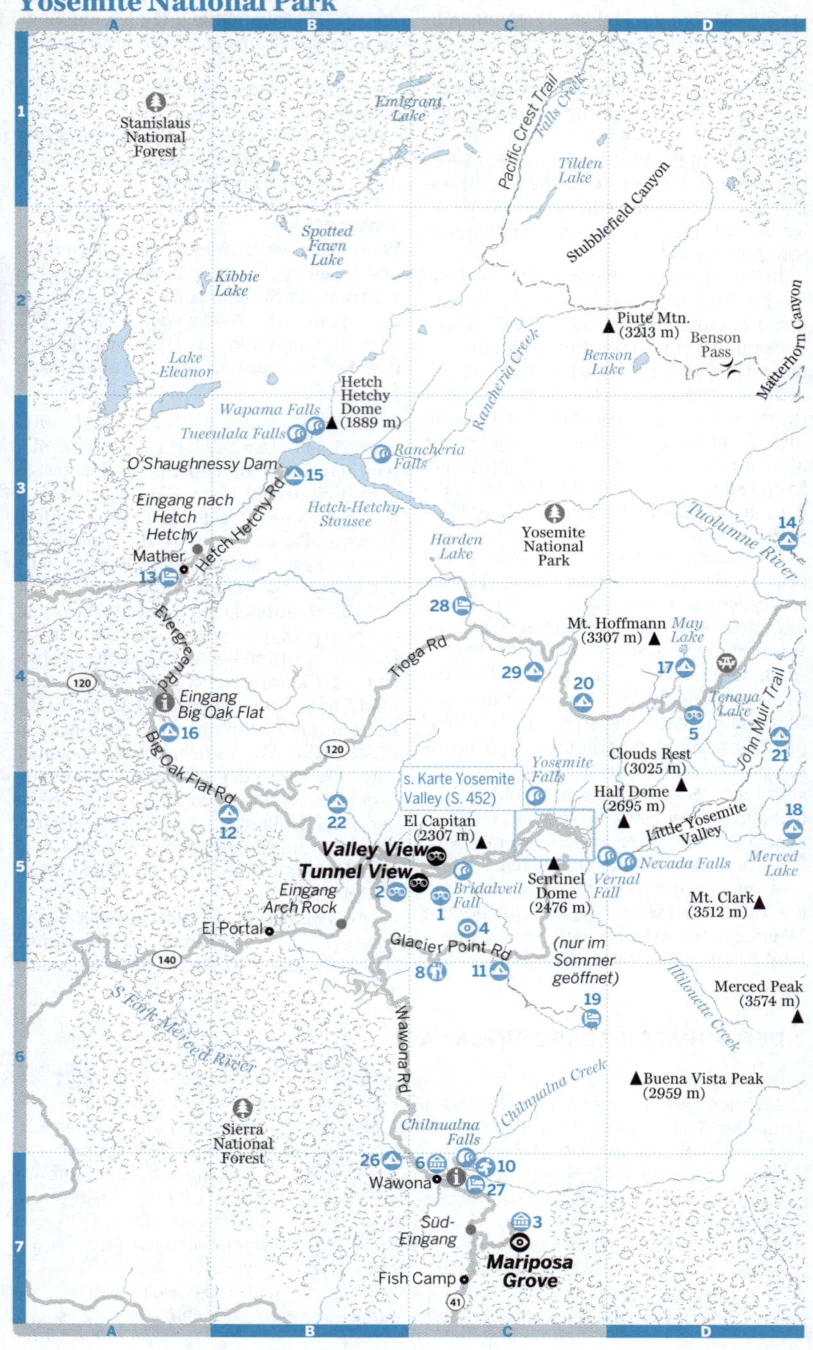

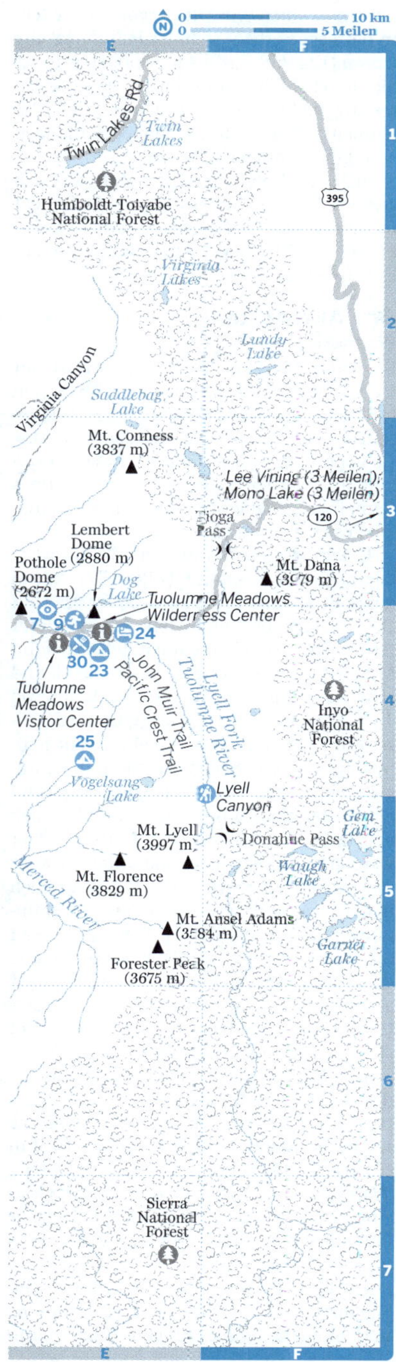

unter der Schneelast in sich zusammen. Auch lohnt es sich, die 1,5 km (hin & zurück) zum **Wawona Point** zu schlendern.

Im **Mariposa Grove Museum** (Eintritt frei; ⏲Mai–Sept. 10–16 Uhr) gibt es nähere Informationen über die Ökologie der Mammutbäume. Der gesamte Weg vom Parkplatz bis zum oberen Hain ist etwa 4 km lang.

Die Anzahl der Parkplätze ist begrenzt, daher empfiehlt es sich, sehr früh oder sehr spät herzukommen. Es ist zudem möglich, den kostenlosen Shuttle-Bus vom Wawona Store oder vom Eingang des Nationalparks aus zu nehmen. Man kann den Hain übrigens auch im Rahmen einer einstündigen **geführten Tour** (☎209-375-1621; Erw./Kind 25/18 US$; ⏲Mai–Sept.) an Bord einer ärmenden, offenen Bahn erkunden, die am Parkplatz abfährt.

GRATIS **Pioneer Yosemite History Center** MUSEUM

(Karte S. 446; ⏲24 Std.) Knappe 10 km nördlich des Hains liegt Wawona. Nebenbei: Der Anblick der äußerst gepflegten Außenanlage des eleganten Wawona Hotels (S. 454) ist herrlich! Eine überdachte Brücke führt zum rustikalen Pioneer Yosemite History Center. Einige der ältesten Gebäude des Nationalparks wurden hierher umgesetzt. Außerdem sind alte Postkutschen zu bestaunen, in denen die ersten Touristen nach Yosemite kamen. Angeboten werden damit auch kurze **Rundfahrten** (Erw./Kind 4/3 US$; ⏲Juni–Sept. Mi–So).

HETCH HETCHY

Im Nordwesten liegt Hetch Hetchy. In der Sprache der Miwok-Indianer bedeutet das „Ort des hohen Grases". Hierher verirren sich die wenigsten Traveller. Zwar besticht dieses Fleckchen Erde durch Wasserfälle und Granitwände, die denen im Yosemite Valley durchaus das Wasser reichen könnten, doch trotzdem dringt kaum jemand bis nach Hetch Hetchy vor. Der Hauptgrund dafür ist wohl, dass das Hetch Hetchy Valley nach langem Streit zwischen Politikern und Umweltschützern 1923 geflutet wurde und als Stausee für den wachsenden Wasserbedarf von San Francisco dient. Dies ist ein schönes, ruhiges Plätzchen, das die 40 Meilen (64 km) weite Anfahrt vom Yosemite Valley allemal wert ist – ganz besonders, wenn man irgendwann genug von den dortigen Besuchermassen hat.

Der knapp 13 km lange **Hetch-Hetchy-Stausee** (Karte S. 446), in dem sich Wol-

Yosemite National Park

Highlights

Mariposa Grove C7
Tunnel View C5
Valley View C5

Sehenswertes

1 Dewey Pt. Lookout C5
2 Inspiration Pt. B5
3 Mariposa Grove Museum C7
4 McGurk Meadow C5
5 Olmsted Pt. D4
Parsons Memorial Lodge .... (siehe 7)
6 Pioneer Yosemite History Center C7
7 Soda Springs E4

Aktivitäten, Kurse & Touren

8 Badger Pass Ski Area C6
9 Tuolumne Meadows Stables E4
10 Wawona Stables C7
Yosemite Ski School .... (siehe 8)

Schlafen

11 Bridalveil Creek Campground C6
12 Crane Flat Campground B5
13 Evergreen Lodge A3
14 Glen Aulin High Sierra Camp D3
15 Hetch Hetchy Campground B3
16 Hodgdon Meadow Campground A4
17 May Lake High Sierra Camp D4
18 Merced Lake High Sierra Camp D5
19 Ostrander Ski Hut C6
20 Porcupine Flat Campground C4
21 Sunrise High Sierra Camp D4
22 Tamarack Flat Campground B5
23 Tuolumne Meadows Campground E4
24 Tuolumne Meadows Lodge E4
25 Vogelsang High Sierra Camp E4
26 Wawona Campground B7
27 Wawona Hotel C7
White Wolf Campground .... (siehe 28)
28 White Wolf Lodge C4
29 Yosemite Creek Campground C4

Essen

30 Tuolumne Meadows Grill E4
Wawona Hotel Dining Room .... (siehe 27)

ken und Berge so eindrucksvoll spiegeln, erstreckt sich hinter dem O'Shaughnessy Dam, wo ein Parkplatz und der Ausgangsort diverser Wanderwege zu finden sind. Ein lockerer Fußweg von 8,5 km (hin & zurück) führt zu den spektakulären Wasserfällen **Tueeulala** (*twih*-lala) und **Wapama** (Karte S. 446), die sich jeweils mehr als 300 m über die zerklüfteten Granitwände an der Nordseite des Reservoirs ergießen. In der Ferne erhebt sich der **Hetch Hetchy Dome** (Karte S. 446). Am schönsten ist es hier im Frühjahr, dann sind die Temperaturen angenehm und überall sprießen Wildblumen. Vorsicht vor den Klapperschlangen – und im Sommer vor Bären!

In Hetch Hetchy sind Besucher auf sich gestellt. Die Straße wird nur bei Tageslicht für den Verkehr freigegeben; nähere Informationen gibt's an der Abzweigung von der Evergreen Rd.

Aktivitäten

Wandern

Bei rund 1300 km Wanderwegen ist für jedes Fitnesslevel etwas dabei, ob es ein lockerer 800-m-Spaziergang über Wiesen sein soll, ein ganzer Tag, an dem alle Aussichtspunkte, Wasserfälle und Seen abgeklappert werden, oder aber ein einsames Campingabenteuer in den entlegenen Teilen des Hinterlandes.

Einige der bekanntesten Wanderwege beginnen im Yosemite Valley. Der 27 km lange Rundgang führt zum Gipfel des Half Dome, dem berühmtesten Punkt dieser Route. Der Weg führt einen Teil des John Muir Trail entlang und ist anstrengend und schwierig. Am besten plant man dafür zwei Tage mit einer Übernachtung im Little Yosemite Valley ein. Den Gipfel erreicht man nur mithilfe von Seilen, die die Ranger angebracht haben – je nach Wetterlage und Schneebericht kann das im Mai oder auch erst im Juli geschehen sein. Mitte Oktober werden die Seile wieder abmontiert. Damit nur diejenigen raufkraxeln, die dazu auch in der Lage sind, vergibt der Park Genehmigungen (s. Kasten S. 444). Trotzdem kostet die Route Nerven, weil die Kletterer alle denselben Weg nach oben haben. Weniger ambitionierte und weniger trainierte Kletterer werden sich bestens amüsieren, wenn sie den Weg bis zum **Vernal Fall** (Karte S. 446; hin & zurück 4 km) nehmen, es auf den **Nevada Fall** (Karte S. 446; hin & zurück 10,5 km) schaffen oder das idyllische **Little Yosemite Valley** (Karte S. 446; hin & zurück 13 km) erkunden. Der **Four Mile Trail** (Karte S. 452; hin & zurück 15 km) zum Glacier Point ist anstrengend, doch der fantastische Ausblick entschädigt für alles (s. auch S. 443).

Es gibt Touren, die mit Kindern im Schlepptau zu bewältigen sind: Hübsche und einfache Wanderungen führen zum

Mirror Lake (außerhalb der Karte S. 452; hin & zurück gute 3 km – oder ca. 7 km über den Tenaya Canyon Loop) im Tal oder auf den **McGurk Meadow Trail** (Karte S. 446; hin & zurück 2,5 km) an der Glacier Point Rd, wo ein historisches Blockhaus zum Herumtollen einlädt. Auch auf diesen Wegen kommt man an den gewaltigen Bäumen der Mariposa Grove (S. 445) in Wawona vorbei.

In der Gegend von Wawona gibt es zudem einen der schönsten (und häufig übersehenen) Wege zu den **Chilnualna Falls** (Karte S. 446; hin & zurück knappe 14 km). Die beste Zeit für eine Wanderung hierher ist zwischen April und Juni. Man folgt einem Bach bis zum höchsten Punkt des dramatischen Wasserfalls, der erst zaghaft beginnt, dann tosend Fahrt aufnimmt und sich schließlich beruhigt. Die meisten Wanderwege gibt es in höher gelegenen Gebieten der Tuolumne Meadows, die nur im Sommer zugänglich sind. Gern gewandert wird die Route zum **Dog Lake** (Karte S. 446; hin & zurück 4,5 km), allerdings ist sie mittlerweile überlaufen. Genauso gut kann man einen verhältnismäßig flachen Teil des John Muir Trail entlangwandern, bis zum bezaubernden **Lyell Canyon** (Karte S. 446; hin & zurück 28 km), indem man dem Lyell Fork des Tuolumne River folgt.

Rucksäcke, Zelte und andere Ausrüstungsgegenstände kann man sich in der **Yosemite Mountaineering School** (Karte S. 452; ☎209-372-8344; www.yosemitemountaineering.com; Curry Village Mountain Shop) ausleihen. Die Schule bietet auch zweitägige Kurse für Wanderneulinge an sowie drei- bis viertägige geführte All-Inclusive-Touren (300–400 US$/Pers.) – eine großartige Gelegenheit für unerfahrene Wanderer oder Alleinreisende. Im Sommer betreibt die Schule eine Außenstelle an den Tuolumne Meadows.

Bergsteigen

Mit seinen Gipfeln, den glattten Kuppeln und den himmelhohen Monolithen ist Yosemite ein Eldorado für Kletterer. Die Hauptsaison ist zwischen April und Oktober. Die meisten Bergsteiger, darunter auch einige berühmte Stars, übernachten in Camp 4 (S. 452) am El Capitan, besonders im Frühjahr und Herbst. Im Sommer lockt ein anderes Base Camp auf dem Tuolumne Meadows Campground (S. 453). Sportler, die noch Tourenpartner suchen, tun das auf den Schwarzen Brettern beider Camps kund.

Die Yosemite Mountaineering School (s. linke Spalte) bietet sowohl Anfängern als auch erfahrenen Bergfexen erstklassige Anleitungen sowie Führungen und Leihausrüstung. Ganztageskurse für Anfänger gibt es ab 148 US$ pro Nase.

Der Wiesengrund zwischen dem El Capitan und dem nordöstlichen Ufer des Tenaya Lake (neben der Tioga Rd) eignet sich hervorragend, um von dort aus die Bergsteiger zu beobachten (am besten natürlich mit einem Fernglas). Am leichtesten sind die Materialsäcke auszumachen – die sind größer und bunter als die Bergsteiger selbst, außerdem nimmt man ihre Bewegungen schneller wahr. Die **Yosemite Climbing Association** (www.yosemiteclimbing.org) hat 2011 eine Art „Frag einen Bergsteiger"-Programm ins Leben gerufen. Von Mitte Mai bis Mitte Oktober steht ein Fernrohr auf der El Capitan Bridge, und jeden Tag werden mehrere Stunden lang Besucherfragen beantwortet.

Radfahren

Mountainbiken ist innerhalb des Nationalparks nicht erlaubt, aber Radfahren auf den insgesamt fast 20 km geteerter Straßen ist eine beliebte und umweltfreundliche Art, das Tal zu erkunden. Im Falle eines Staus ist es übrigens auch die schnellste Art! Viele Familien haben ihre Räder dabei, und auf den Campingplätzen sieht man die Kids oft ihre Runden drehen. Informationen zum Fahrradverleih gibt's auf S. 458.

Schwimmen

An heißen Sommertagen gibt es nichts Schöneres als ein Bad im ruhigen Merced River. Wem das zu kalt ist, der kann in die Außenbecken im Curry Village oder in der Yosemite Lodge at the Falls (S. 452; Erw./Kind 5/4 US$) ausweichen. Der Tenaya Lake mit seinem Sandstrand ist eine eiskalte, aber interessante Alternative. Den White Wolf's Harden Lake heizt die Sonne im Hochsommer angenehm auf.

Reiten

Die **Yosemite Stables** (Touren 2 Std./halber/ganzer Tag 64/85/128 US$) bieten geführte Touren zu malerischen Schauplätzen wie dem Mirror Lake, den Chilnualna Falls oder an den Tuolumne River an. Die Ausritte beginnen an den **Tuolumne Meadows** (Karte S. 446; ☎209-372-8427), in **Wawona** (Karte S. 446; ☎209-375-6502) oder im **Yosemite Valley** (Karte S. 452; ☎209-372-

8348). Auch hier ist von Mai bis Oktober Saison – je nach Stall mit geringfügigen Abweichungen. Für den zweistündigen und für den Halbtagesausflug braucht man keine Vorkenntnisse, allerdings empfiehlt es sich – besonders im Yosemite-Stall –, zu reservieren. Bei einigen Reittieren handelt es sich um Pferde, aber wahrscheinlich bekommt man ein wesentlich trittsichereres Maultier zugeteilt.

Rafting

Von Ende Mai bis Juli ist Raften auf dem Merced River (von Stoneman Meadow nahe Curry Village zur Sentinel Bridge) ein angenehmer Weg, all die wunderbaren Landschaften im Yosemite Valley in sich aufzunehmen. Beim **Schlauchbootverleih** (☎209-372-4386; Erw./Kind bis 22 kg 26/16 US$) gibt es Viersitzer für eine 5 km lange Fahrt, die in Curry Village beginnt. Im Preis inbegriffen sind die Ausrüstung sowie ein Shuttle zurück zur Verleihstelle. Wer mit dem eigenen Schlauchboot unterwegs ist, zahlt 5 US$ für den Shuttle-Bus zurück.

Wasserratten stehen besonders auf den kraftvollen **Tuolumne River** (Karte S. 446), einen Strom der Schwierigkeitsstufe IV, der zwischen Gesteinsformationen und Kaskaden hindurchrauscht. Ausrüster sind auf S. 460 genannt.

Wintersport

Im Winter bieten sich andere Möglichkeiten für Freizeit und Sport. Stille kehrt ein ins Tal und legt sich über die klirrend kalten, schneebedeckten Bäume und die vereisten Gewässer. Die weiß schimmernden Berge erheben sich glitzernd vor dem strahlend blauen Himmel. Mit voller Wucht fällt Mitte November der Winter ein – und er bleibt bis Anfang April.

Langläufern stehen mehr als 560 km Strecke zur Verfügung, davon 150 km gespurte Loipen und 40 km maschinell präparierte Loipen nahe dem Badger Pass. Der malerische und zugleich strapaziöse Weg zum Glacier Point (33 km) beginnt ebenfalls hier. Weitere Loipen gibt es beim Crane Flat und am Mariposa Hain. Mit Schneeschuhen lassen sich auch ungespurte Abschnitte bezwingen.

Ein kostenloser Shuttle-Bus fährt vom Tal zum Badger Pass und zurück. Die Straßen im Valley werden geräumt, und normalerweise sind auch die Hwys 41, 120 und 140 offen – sofern das Wetter dies zulässt. Die Tioga Rd (Hwy 120 E) wird jedenfalls mit dem ersten Schnee geschlossen (s. Kasten S. 445). Schneeketten mitbringen! Ist man erst einmal in den Bergen, sind die schnell doppelt so teuer …

Badger Pass Ski Area SKIFAHREN, SNOWBOARDEN

(Karte S. 446; ☎209-372-8430; www.badgerpass.com; Lift-Tickets Erw./Kind 42/23 US$;) Die meisten Besucher tummeln sich in diesem Skigebiet, einem der ältesten Kaliforniens. Die sanften Hänge sind wie gemacht für Familien oder Ski- bzw. Snowboard-Anfänger. Das Gebiet liegt rund 22 Meilen (35 km) vom Valley entfernt an der Glacier Point Rd. Es gibt fünf Sessellifte und zehn Abfahrten über 240 Höhenmeter, eine voll ausgestattete Lodge, einen Ausrüstungsverleih (komplette Ausrüstung 23–35 US$) sowie die herausragende **Yosemite Ski School**, in der schon Generationen von Möchtegern-Skihasen gelernt haben, sicher den Berg herunterzukommen (Gruppenunterricht ab 35 US$).

Badger Pass Cross Country Center & Ski School SKIFAHREN

(Karte S. 446; ☎209-372-8444) Die Schule im Skigebiet Badger Pass Ski Area bietet Anfängerkurse und Führungen an und verleiht Komplettausstattungen (46 US$) oder Einzelequipment. Das Langlaufzentrum organisiert zudem auch Übernachtungen in der **Glacier Point Ski Hut** (Karte S. 452), einer rustikalen Holz-Stein-Hütte. Die Kosten inklusive Verpflegung liegen pro Nacht bei 350 US$, wenn man sich einer geführten Tour anschließt, und bei 120 US$, wenn man keinen Führer braucht. Für zwei Näch-

TOP FIVE: IDEEN FÜR DEN WINTER

» Mit Schneeschuhen unter den Baumriesen der Mariposa Grove (S. 445) entlanglaufen

» Schlittschuh laufen im Curry Village (S. 451)

» Eine zweitägige Skitour mit Übernachtung in der Glacier Point Ski Hut (S. 450) unternehmen

» Am Lagerfeuer in der Mountain Room Lounge (S. 456) geröstete Keks-Sandwiches probieren

» Schlemmen wie ein König im Bracebridge Dinner (S. 444) des Ahwahnee Hotel

te werden entsprechend 550 bzw. 240 US$ fällig.

Ostrander Ski Hut SKIFAHREN
(Karte S. 446; www.yosemiteconservancy.org) Erfahrene Skiläufer übernachten 16 km weiter in der beliebten Hütte am Ostrander Lake, den die Yosemite Conservancy betreibt. Diese Hütte wird ganzjährig bewirtschaftet. Skifahrer und Schneeschuhläufer übernachten hier für 32 bis 52 US$ pro Nacht und Person. Weitere Einzelheiten gibt's online.

Curry Village Ice Rink SCHLITTSCHUHLAUFEN
(Karte S. 452; Eintritt Erw./Kind 8/6 US$, Leihschlittschuhe 3 US$; ⌚Nov.–März) Großen Spaß macht das Eislaufen vor der Kulisse des Half Dome.

Geführte Touren

Yosemite Bug (s. S. 461) veranstaltet von San Francisco aus das ganze Jahr über komfortable Fahrten nach Yosemite.

Die gemeinnützige **Yosemite Conservancy** (www.yosemiteconservancy.org) bietet Touren aller Art sowie maßgeschneiderte Ausflüge an.

Wer zum ersten Mal hier ist, dem gefällt sicher die zweistündige **Valley Floor Tour** (Erw./Kind 25/13 US$; ⌚ganzjährig), die vom DNC Parks & Resorts veranstaltet wird und die Highlights des Valleys abdeckt.

Wegen anderer Touren wendet man sich ans Personal der Tour-and-activity-Schalter in der Yosemite Lodge at the Falls (s. S. 452), im Curry Village oder im Yosemite Village. Weitere Informationen gibt es telefonisch unter ☎209-372-4386 und im Internet unter www.yosemitepark.com.

Schlafen

Die Nachfrage nach einem Zeltplatz ist zwischen Mai und September groß – das sollten diejenigen wissen, die nicht reserviert haben und einfach mal auf gut Glück vorbeikommen. Genauso gut könnte man darauf hoffen, dass einem jemand den Fernsehsessel den Half Dome hinaufschleppt ... Selbst die Campingplätze, die nach dem Prinzip „Wer zuerst kommt, mahlt zuerst" organisiert sind, haben oft mittags schon keine freien Stellplätze mehr, besonders an Wochenenden, Feiertagen und in den Ferien. Stellplätze kann man schon fünf Monate im Voraus buchen. **Reservierungen** (☎877-444-6777, 518-885-3639; www.recreation.gov) werden ab 7 Uhr morgens (Pacific Standard Time) am 15. jedes Monats monatsweise entgegengenommen. Häufig sind die Kontingente schon nach wenigen Minuten ausverkauft.

Ohne feste Zusage haben nur diejenigen eine Chance auf einen Zeltplatz, die frühstmöglich einen Campingplatz erreichen, der die Plätze in der Reihenfolge der Ankommenden vergibt. Manchmal klappt es auch, wenn man möglichst früh zu einem der vier Reservierungsbüros im Yosemite Valley, in Wawona, Big Oak Flat oder Tuolumne Meadows kommt. Aber Vorsicht: Die drei Letztgenannten haben nur während der Saison geöffnet! Am besten kommt man schon vor 8 Uhr morgens – also wenn sie gerade aufmachen –, trägt sich in eine Warteliste ein und hofft auf eine Stornierung oder frühe Abreise. Der Ranger sagt einem, wann man wiederkommen soll; meist ist das gegen drei Uhr nachmittags. Wer dann aufgerufen wird, darf sich wirklich glücklich schätzen.

Alle Campingplätze verfügen über Toiletten mit Wasserspülung – nur auf den Plätzen Tamarack Flat, Yosemite Creek und Porcupine Flat muss man mit Plumpsklo und ohne Trinkwasser auskommen. In größeren Höhen kann es auch im Sommer nachts kalt werden, entsprechend überlegt sollte man gepackt haben. Bei der Yosemite Mountaineering School (S. 449) kann man sich auch Campingausrüstungen ausleihen.

Wer eine Wildernis Permit hat, kann die Nacht vor und die nach seiner Tour auf den Backpacker-Zeltplätzen in Tuolumne Meadows, Hetch Hetchy, White Wolf oder hinter den North Pines im Yosemite Valley verbringen. Das kostet 5 US$ pro Nacht und Nase und ist jederzeit ohne Reservierung möglich.

Wann welcher Campingplatz geöffnet hat, hängt vom Wetter ab. Alle Nicht-Camper, die innerhalb des Nationalparks übernachten wollen, wenden sich an **DNC Parks & Resorts** (☎801-559-4884; www.yosemitepark.com). Hier kann man 366 Tage im Voraus reservieren – was für die Zeit zwischen Mai und Anfang September auch unbedingt anzuraten ist. Zwischen Oktober und April sind Nachfrage und Zimmerpreise niedriger.

YOSEMITE VALLEY

LP TIPP **Ahwahnee Hotel** HISTORISCHES HOTEL $$$
(Karte S. 452; Zi. ab 449 US$; ❄@📶🏊) Das Nonplusultra in Sachen Unterkunft in Yosemite: Das prächtige historische Anwesen beeindruckt mit hohen Decken, türk-

Yosemite Valley

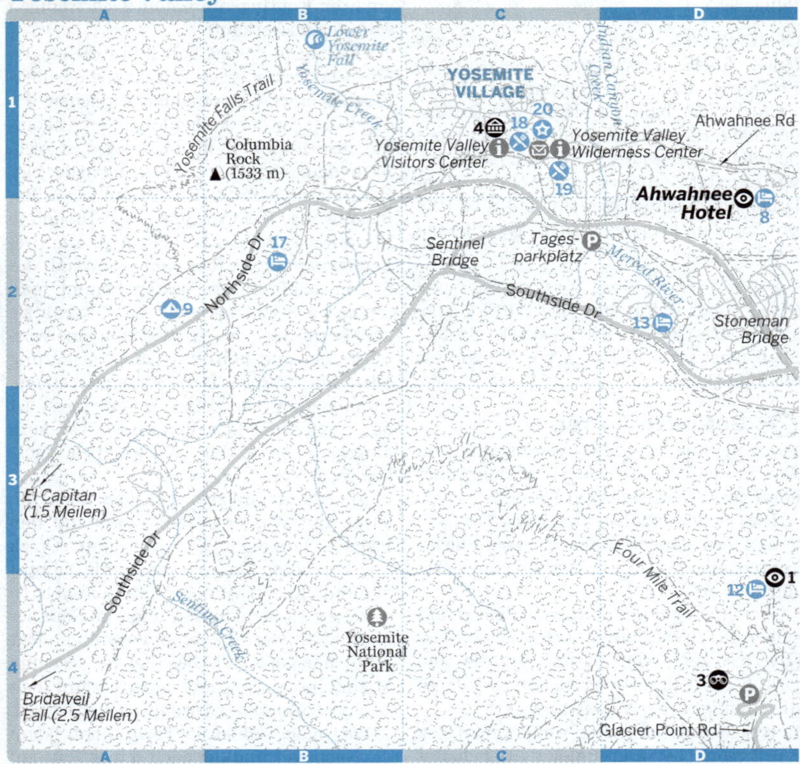

schen Kilims in den Fluren und stimmungsvollen Lounges mit riesigen Kaminen. Dies ist die Crème de la crème der gehobenen Hotelerie – wem das Kleingeld dafür fehlt, der sollte wenigstens zum Nachmittagstee vorbeischauen und sich einen Drink an der Bar oder ein extravagantes Mahl gönnen.

North Pines CAMPING $
(Karte S. 452; Yosemite Valley; Stellplatz f. Zelt & Wohnmobil 20 US$; April–Sept.;) 81 Stellplätze jenseits ausgetretener Pfade auf gut 1200 m nahe dem Mirror Lake. Reservieren!

Upper Pines CAMPING $
(Karte S. 452; Yosemite Valley; Stellplatz f. Zelt & Wohnmobil 20 US$; ganzjährig;) Extrem überlaufen (238 Stellplätze; 1200 m); für Mitte März bis November bitte reservieren!

Lower Pines CAMPING $
(Karte S. 452; Stellplatz f. Zelt & Wohnmobil 20 US$; März–Okt.;) Überfüllt und laut, 60 Stellplätze auf 1200 m; Reservierung erbeten.

Camp 4 CAMPING $
(Karte S. 452; 5 US$/Pers.; ganzjährig) Eingezäunte Anlage auf 1200 m, beliebt bei Kletterern, Stellplätze werden aufgeteilt.

Housekeeping Camp HÜTTEN $$
(Karte S. 452; Zelthütte f. 4 Pers. 93 US$; April–Okt.) Die Anlage mit 266 Hütten, von denen jede auf drei Seiten Betonwände und ein Dach aus Zelttuch hat, ist überlaufen und lärmig. Allerdings hat die Lage am Merced River Vorteile. Jede Hütte kann mit bis zu sechs Personen belegt werden und verfügt über Strom, Licht, Tisch und Stühle sowie über eine überdachte Terrasse mit Gartenmobiliar.

Yosemite Lodge at the Falls MOTEL $$
(Karte S. 452; Zi. 191–218 US$; @) Nur einen kurzen Fußmarsch von den Yosemite Falls entfernt bietet diese Anlage eine Menge verschiedener Lokale, eine flotte Bar, einen großen Swimmingpool und weitere Annehmlichkeiten. Zudem ist sie zentral

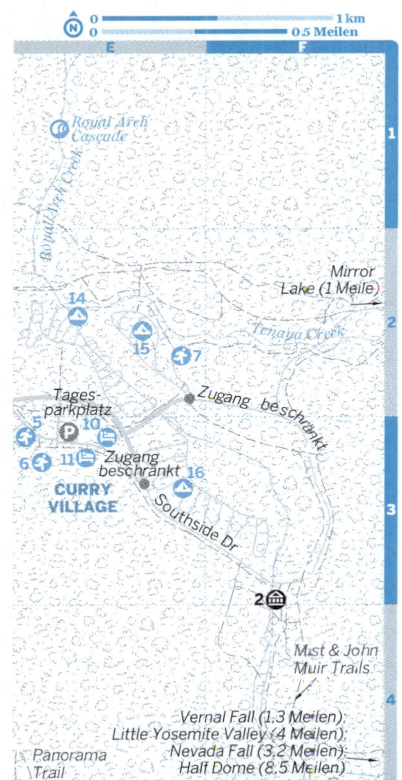

gelegen. Die Zimmer sind relativ langweilig; die schönsten sind die oberen mit den Balkendecken und der indianisch anmutenden Ausstattung. Alle Zimmer verfügen über Kabel-TV und Telefon. Von den meisten Terrassen oder Balkonen aus hat man einen wunderschönen Ausblick.

Curry Village HÜTTEN, ZELTHÜTTEN $$

(Karte S. 452; Zelthütte 112–120 US$, Hütte mit/ohne Bad 168/127 US$;) Die 1899 als Sommercamp im Nadelwald gegründete Anlage besteht aus hunderten dicht gedrängten Einheiten. Bei den Segeltuchhütten handelt es sich um eine Art bessere Zelte. Wem etwas mehr Komfort, Ruhe und Privatsphäre wichtig sind, der nimmt besser eine der gemütlichen Holzhütten mit Tagesdecke, Gardinen und altmodischen Postern an der Wand. Im **Stoneman House** (191 US$) gibt es noch 18 hübsche Zimmer im Motelstil sowie eine Suite, in der bis zu sechs Personen übernachten können.

TIOGA ROAD

Wer in Tuolumne Meadows campt, sollte wissen: Die nächstgelegenen Münzduschen gibt es im Mono Vista RV Park (S. 480).

Tuolumne Meadows CAMPING $

(Karte S. 446; Stellplatz f. Zelt & Wohnmobil 20 US$; Juli–Sept.;) Der größte Campingplatz des Nationalparks liegt auf 2600 m und hat 304 großzügig bemessene Plätze, von denen die Hälfte reserviert werden kann.

Porcupine Flat CAMPING $

(Karte S. 446; Stellplatz f. Zelt & Wohnmobil 10 US$; Juli–Sept.) Einfache Anlage auf 2500 m mit 52 Stellplätzen, einige davon nahe der Straße.

Tamarack Flat CAMPING $

(Karte S. 446; Stellplatz f. Zelt 10 US$; Juli–Sept.) Ruhig, einfach und abgeschieden auf 1900 m. Die 52 Stellplätze liegen etwa 5 km jenseits der Tioga Rd.

White Wolf CAMPING $

(Karte S. 446; Stellplatz f. Zelt & Wohnmobil 14 US$; Juli–Anfang Sept.;) Hübsche Anlage auf 2500 m. Die 74 Stellplätze liegen allerdings sehr nah beieinander.

Yosemite Creek CAMPING $

(Karte S. 446; Stellplatz f. Zelt 10 US$; Juli–Mitte Sept.;) Der abgeschiedenste und ruhigste Platz des Nationalparks auf 2300 m. Erreichbar ist er über eine holprige, 7,5 km lange Straße. 75 einfache Stellplätze.

Tuolumne Meadows Lodge ZELTHÜTTEN $$

(Karte S. 446; Zelthütte 107 US$; Mitte Juni–Mitte Sept.) Weiter oben gelegen, etwa 55 Meilen (88 km) vom Tal entfernt, lockt diese Lodge überwiegend Bergwanderer an. Die 69 Zelthütten habe jeweils vier Betten, einen Holzofen und Kerzen (kein Strom). Man kann dort frühstücken und zu Abend essen.

White Wolf Lodge HÜTTEN, ZELTHÜTTEN $$

(Karte S. 446; Zelthütte 99 US$, Hütte mit Bad 120 US$; Juli–Mitte Sept.) Diese Anlage ist wie eine eigene kleine Welt, die man entdeckt, wenn man einer Bergstraße etwa 1,5 km weit folgt. Das ist weit genug weg vom Lärm des Hwy 120 und vom Trubel im Valley. Die 24 Vier-Bett-Zelthütten sind spartanisch möbliert und haben keinen Stromanschluss. Außerdem gibt es vier Hütten mit rustikalem Motelzimmerflair. Der Generator wird um 23 Uhr abgestellt, bis zum frühen Morgen braucht man also eine Taschenlampe. Ein Speisesaal und ein kleiner Laden sind ebenfalls vorhanden.

Yosemite Valley

Highlights
Ahwahnee Hotel ... D2

Sehenswertes
Art Gallery ... (siehe 4)
1 Glacier Point ... D4
Indian Village ... (siehe 4)
2 Nature Center at Happy Isles ... F3
3 Sentinel Dome Lookout ... D4
4 Yosemite Museum ... C1

Aktivitäten, Kurse & Touren
5 Curry Village Ice Rink ... E3
6 Yosemite Mountaineering School ... E3
7 Yosemite Valley Stables ... E2

Schlafen
8 Ahwahnee Hotel ... D2
9 Camp 4 ... A2
10 Campingplatz-Reservierungsbüro ... E3
11 Curry Village ... E3
12 Glacier Point Ski Hut ... D4
13 Housekeeping Camp ... D2
14 Lower Pines Campground ... E2
15 North Pines Campground ... E2
16 Upper Pines Campground ... E3
17 Yosemite Lodge at the Falls ... B2

Essen
Ahwahnee Dining Room ... (siehe 8)
Curry Village Coffee Corner ... (siehe 6)
Curry Village Dining Pavilion ... (siehe 6)
Curry Village Pizza Patio ... (siehe 6)
Curry Village Taqueria ... (siehe 6)
Degnan's Deli ... (siehe 18)
18 Degnan's Loft ... C1
Mountain Room Restaurant ... (siehe 17)
Village Grill ... (siehe 19)
19 Village Store ... C1
Yosemite Lodge Food Court ... (siehe 17)

Ausgehen
Ahwahnee Bar ... (siehe 8)
Mountain Room Lounge ... (siehe 17)

Unterhaltung
20 Yosemite Theater ... C1

HETCH HETCHY & BIG OAK FLAT RD

LP TIPP **Evergreen Lodge** RESORT $$
(Karte S. 446; ☎209-379-2606, 800-935-6343; www.evergreenlodge.com; 33160 Evergreen Rd; Zelt 75–110 US$, Hütte 175–350 US$; @) Außerhalb des Nationalparks, nahe dem Eingang zum Hetch Hetchy, lädt das 1921 gegründete Resort zum Verweilen ein. Gäste können wählen zwischen gemütlichen, möblierten Zelthütten und rustikalen bis luxuriös ausgestatteten Blockhütten mit eigener Veranda, allerdings ohne Fernseher und Telefon. Viele Outdoor-Freizeitangebote sind speziell auf Familien ausgerichtet, Ausrüstung kann ausgeliehen werden. Es gibt einen **Gemischtwarenladen**, ein **Gasthaus** mit Poolbillardtisch und ein **Restaurant** (Gericht abends 18–28 US$), in dem täglich drei herzhafte Gerichte zur Auswahl stehen.

Crane Flat CAMPING $
(Karte S. 446; Big Oak Flat Rd; Stellplatz Zelt & Wohnmobil 20 US$; Juni–Sept.;) Großer Familien-Campingplatz mit 166 Stellplätzen auf 1900 m Höhe.

Hodgdon Meadow CAMPING $
(Karte S. 446; Big Oak Flat Rd; Stellplatz Zelt & Wohnmobil 14–20 US$; ganzjährig;) Zweckmäßig und stark frequentiert, 105 Stellplätze auf 1500 m; Reservierung von Mitte April bis Mitte Oktober erbeten.

WAWONA & GLACIER POINT ROAD

Bridalveil Creek CAMPING $
(Karte S. 446; Glacier Point Rd; Stellplatz Zelt & Wohnmobil 14 US$; Juli–Anfang Sept.;) Ruhiger als die Plätze im Valley, 110 Stellplätze auf 2200 m Höhe.

Wawona CAMPING $
(Karte S. 446; Wawona; Stellplatz Zelt & Wohnmobil 14–20 US$; ganzjährig;) Idyllische Anlage am Fluss auf 1200 m Höhe mit 93 großzügig bemessenen Stellplätzen; reservieren sollte man für die Zeit zwischen April und September.

Wawona Hotel HISTORISCHES HOTEL $$
(Karte S. 446; Wawona; Zi. mit/ohne Bad inkl. Frühstück 217/147 US$; Mitte März–Dez.;) Dieses Wahrzeichen aus dem Jahr 1879 besteht aus sechs geweißten Gebäuden im Neuenglandstil, die von breiten Terrassen eingerahmt werden. Die 104 Zimmer (alle ohne TV und Telefon) bestechen durch die Möblierung im viktorianischen oder einem anderen historischen Stil. Zu etwa der Hälfte der Zimmer gehören Gemeinschaftsbäder; für den Weg dorthin werden hübsche Bademäntel zur Verfügung gestellt. Wun-

derschöne Außenanlagen mit Gartenstühlen auf der großzügiger Liegewiese!

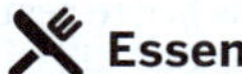

Essen

Es gibt für jeden Geschmack und jeden Geldbeutel etwas, von fettigem Fast Food bis zum protzigen Edelsteak.

Wer sich sein Essen selbst mitbringt oder kauft und zubereitet wird sicherlich einiges sparen. Allerdings darf man keinesfalls vergessen, alle Lebensmittel über Nacht immer aus dem Wagen, Rucksack oder aus der Satteltasche zu nehmen und in einem bärensicheren Kanister zu verstauen. Der **Village Store** (Karte S. 452) im Yosemite Village hat die größte Auswahl (auch Hygieneartikel, Reformkost und Bioprodukte). Die Geschäfte im Curry Village, in Wawona, Tuolumne Meadows, im Housekeeping Camp und in der Yosemite Lodge sind weniger gut bestückt.

Mountain Room Restaurant STEAK $$

(Karte S. 452; ☎209-372-1281; Yosemite Lodge; Gerichte 17–35 US$; ⏱17.30–21.30 Uhr, Winter kürzere Öffnungszeiten;) Die Fenstertische in diesem zwanglosen und doch eleganten und modernen Steakhouse sind heiß begehrt, denn von dort genießt man wirklich einen Wahnsinnsausblick auf die Yosemite Falls. Die Küche ist die mit Abstand beste im gesamten Park; sie beeindruckt sowohl mit den Fleisch- als auch mit Fischgerichten. Reservierungen werden nur für Gruppen ab acht Personen entgegengenommen. Legere Kleidung genügt.

Ahwahnee Dining Room KALIFORNISCH $$$

(Karte S. 452; ☎209-372-1489; Ahwahnee Hotel; Frühstück 7–16 US$, Mittagessen 16–23 US$, Abendessen 26–46 US$; ⏱7–10.30, 11.30–15 & 17.30–21 Uhr) Die vornehme Atmosphäre mag nicht jedermanns Sache sein, denn hier muss man gute Tischmanieren haben. Die prächtige Ausstattung, die hohen Balkendecken und die prunkvollen Lüster wirken auf die meisten Besucher einschüchternd. Die Speisekarte wechselt ständig, allerdings sind die meisten der wunderschön angerichteten Gänge sowieso köstlich. Zum Abendessen wird stilvolle Garderobe erwartet, ansonsten reichen Shorts und Halbschuhe. Der Sonntagsbrunch (39,50 US$; 7–15 Uhr) ist ein guter Tipp! Für Frühstück und Abendessen wird dringend empfohlen, rechtzeitig zu reservieren.

Wawona Hotel Dining Room AMERIKANISCH $$

(Karte S. 446; Wawona Hotel; Frühstück & Mittagsessen 11–15 US$, Abendessen 19–30 US$; ⏱Ostern–Dez. 7.30–10, 11.30–13.30 & 17.30–21 Uhr;) Wunderschön bemalte Lampen erhellen das Tischleinen in dem altmodisch anmutenden Speisesaal. In diesem viktorianischen Ambiente lässt man gerne mal fünf gerade sein und isst eine Klasse besser (und leicht überteuert). „Geschmackvolle, legere Kleidung" ist abends vorgeschrieben. Im Sommer wird samstags auf dem Rasen gegrillt. Die große, weiße Terrasse des Wawona Hotels ist eine schicke Umgebung für abendliche Cocktails. Und aus der Lobby

HIGH SIERRA CAMPS

Im Hinterland nahe Tuolumne Meadows bieten die außerordentlich beliebten **High Sierra Camps** (Karte S. 446) Wanderern, die keine Lust haben, Lebensmittel und Zelt durch die Gegend zu schleppen, Kost und Logis. Die Campingplätze **Vogelsang**, **Merced Lake**, **Sunrise**, **May Lake** und **Glen Aulin** liegen 9 bis 16 km abseits eines Rundwegs. Die Betten in den Zelthütten mit Wohnheimflair sind mit Woll- oder Daunendecken bestückt. In den Camps May Lake, Sunrise und Merced Lake kann man nur so lange duschen, wie Wasser vorhanden ist. Gäste müssen eigene Bettwäsche und Handtücher mitbringen. Pro Übernachtung zahlen Erwachsene 151 US$, für Kinder im Alter zwischen sieben und zwölf Jahren werden 91 US$ pro Nacht fällig. Frühstück und Abendessen inklusive. Geführte Wandertouren unter der Leitung von Naturforschern sind ab 901 US$ buchbar.

Die relativ kurze Saison (Ende Juni–Sept.) und die große Nachfrage machen Reservierungen zu einem Glücksspiel. **Anmeldungen** (☎801-559-4909; www.yosemitepark.com) werden nur in den Monaten September und Oktober angenommen. Wer nicht reserviert hat, ruft am besten im Februar an und fragt, ob jemand storniert hat. Da die Öffnungszeiten von Jahr zu Jahr anders sind, ist es ratsam, sich kurzfristig im Internet über Neuigkeiten zu informieren.

erklingt währenddessen das Spiel des erfahrenen Pianisten Tom Bopp.

Yosemite Lodge Food Court CAFETERIA $
(Karte S. 452; Yosemite Lodge; Gericht 7–12 US$; So–Do 6.30–20.30, Fr & Sa bis 21 Uhr;) In diesem Selbstbedienungsrestaurant kann man sich den Bauch mit Pasta, Hamburgern, Pizza und Sandwiches vollschlagen. Das Essen wird entweder frisch zubereitet oder kommt aus der Wärmetheke. Einen Tisch drinnen oder draußen bekommt man vom Kassierer zugewiesen.

Curry Village Pizza Patio PIZZERIA $
(Karte S. 452; Curry Village; Pizza ab 8 US$; 12–22 Uhr, Winter kürzere Öffnungszeiten) Leckere Pizza gibt's in diesem geschäftigen Lokal, in dem immer mehr Bergwanderer den späten Nachmittag verbringen.

Degnan's Loft PIZZERIA $
(Karte S. 452; Yosemite Village; Hauptgerichte 8–10 US$; Nov.–März Mo–Fr 17–21 Uhr, April–Okt. tgl.) Wer die Treppe zu diesem geselligen Lokal mit der hohem Balkendecke und einem Kamin, an dem viele Gästen Platz finden, hinaufsteigt, kann anständige Salate, vegetarische Lasagne und Pizza futtern.

Curry Village Dining Pavilion CAFETERIA $$
(Karte S. 452; Curry Village; Frühstück Erw./Kind 11,50/7,75 US$, Abendessen Erw./Kind 15,25/8,25; April–Nov. 7–10 & 17.30–20 Uhr) Diese Cafeteria hat zwar den Charme einer Bahnhofshalle, eignet sich aber dank der All-you-can-eat-Frühstücks- und -Abendbuffets bestens für Familien, Vielfraße und Unentschlossene.

Degnan's Deli DELI $
(Karte S. 452; Yosemite Village; Sandwiches 6–8 US$; 7–17 Uhr) Fantastische Sandwiches auf Bestellung, Frühstück und Snacks.

Curry Village Coffee Corner CAFÉ $
(Karte S. 452; Curry Village; Gebäck 2–4 US$; 6–22 Uhr, Winter kürzere Öffnungszeiten) Hierher kommen Koffeinjunkies und Unterzuckerte, um sich neue Energie zu holen.

Curry Village Taqueria MEXIKANISCH $
(Karte S. 452; Curry Village; Gericht 4,50–10 US$; Frühjahr–Herbst 11–17 Uhr) Tacos und große Burritos werden auf einer Terrasse nahe dem Parkplatz serviert.

Tuolumne Meadows Grill FAST FOOD $
(Karte S. 446; Tuolumne Meadows; Hauptgerichte unter 10 US$; Juli–Mitte Sept. 8–17 Uhr) Auf die Picknicktische unter freiem Himmel kommen Burger und Gegrilltes.

Village Grill FAST FOOD $
(Karte S. 452; Yosemite Village; Hauptgerichte 5–7 US$; April–Okt.) Hier machen einem die Baumhörnchen die Burger und die leckeren Pommes Frites streitig.

Ausgehen

Niemand würde wohl davon ausgehen, dass in Yosemite die Nacht zum Tag gemacht wird. Allerdings gibt es durchaus ein paar nette Lokale, in denen man einen Cabernet, einen Cocktail oder ein kühles Bier genießen kann. Im Yosemite Bug Rustic Mountain Resort (S. 461) und in der Evergreen Lodge (S. 454) – beide außerhalb des Nationalparks – gibt es peppige Lounges.

Mountain Room Lounge BAR
(Karte S. 452; Yosemite Lodge, Yosemite Valley) Die neuesten Sportnachrichten zum frisch gezapften Bier gibt's in dieser geräumigen Bar, die vor allem im Winter brummt. An der offenen Feuerstelle werden *s'mores* geröstet – Keks-Sandwiches aus Graham Crackers, Schokolade und Marshmallows. Kinder sind bis 21 Uhr willkommen.

Ahwahnee Bar BAR
(Karte S. 452; Ahwahnee Hotel, Yosemite Valley) Die perfekte Art und Weise, das Ahwahnee kennenzulernen, ohne allzu tief in den Geldbeutel greifen zu müssen, ist es, einen Drink in der gemütlichen Bar zu nehmen, in der ein Pianist spielt. Dazu gibt's Häppchen und leichte Mahlzeiten für 9,50 bis 23 US$.

☆ Unterhaltung

Im **Yosemite Theater** (Karte S. 452; Yosemite Village; Erw./Kind 8/4 US$) treten immer wieder andere Künstler auf – von Pianist Tom Bopp aus dem Wawona Hotel über den Schauspieler Lee Stetson, der das faszinierende Leben und die Gedankenwelt von John Muir porträtiert, bis hin zu Ranger Shelton Johnson, der von den Erfahrungen eines Buffalo Soldiers berichtet (s. Kasten S. 463). Außerdem gibt es Kindershows.

Das ganze Jahr über werden Events veranstaltet, u.a. Lagerfeuer, Fototouren für Kids, Abendspaziergänge, Nachtwanderungen und von Rangern kommentierte Diashows. In der Kneipe der Evergreen Lodge (S. 454) spielen am Wochenende manchmal Bands. Mehr dazu steht im *Yosemite Guide*.

Praktische Informationen

Der Eintritt in den Yosemite Nationalpark kostet 10 US$ für Wanderer und Radfahrer, pro Fahrzeug werden 20 US$ fällig. Dafür kann man sich eine Woche lang im Park aufhalten. Beim Betreten erhält man eine Karte des National Park Service, eine illustrierte Broschüre und vor allem eine Ausgabe des *Yosemite Guide*. In dieser Zeitung sind alle aktuellen Veranstaltungen und Öffnungszeiten abgedruckt.

Videomaterial, Informationen über freie Kapazitäten der Campingplätze sowie Straßenzustands- und Wetterberichte gibt's unter ☎209-372-0200.

Gefahren & Ärgernisse

Im Yosemite National Park leben Schwarzbären. Wie man die Tiere – und sich selbst vor ihnen – schützt, steht auf S. 848. Mücken können einem den letzten Nerv rauben, ein Mückenspray dabeizuhaben, ist daher keine schlechte Idee. Auch wird dringend davon abgeraten, die Erd- und Baumhörnchen zu füttern. Sie sehen zwar süß aus, können aber wirklich schmerzhaft zubeißen.

Geld

In den Geschäften im Yosemite Village, im Curry Village und in Wawona gibt es Geldautomaten, gleiches gilt für die Yosemite Lodge at the Falls.

Infos im Internet

Yosemite Conservancy (www.yosemiteconservancy.org) Die gemeinnützige Hilfsorganisation bietet Informationen und Bildungsprogramme.

Yosemite National Park (www.nps.gov/yose) Auf der offiziellen Website des Yosemite National Park Service gibt es die verständlichsten und aktuellsten Informationen.

Yosemite Park (www.yosemitepark.com) Der Internetauftritt von DNC Parks & Resorts, dem Hauptkonzessionär von Yosemite. Hier findet man jede Menge nützlicher Informationen, außerdem kann man über diese Website Reservierungen für die Unterkunft vornehmen.

Internetzugang

Curry Village Lounge (Curry Village, hinter dem Registration Office) Kostenloses WLAN.

Degnan's Cafe (Yosemite Village; 0,25 US$/Min.) Die Terminals können in diesem Café gegenüber vom Degnan's Deli gebucht werden.

Mariposa County Public Library Yosemite Valley (Girls Club Bldg, 58 Cedar Ct, Yosemite Valley; ⊙Mo 8.30–11.30, Di 14–17, Mi 8.30–12.30, Do 16–19 Uhr); Bassett Memorial Library (Chilnualna Falls Rd, Wawona; ⊙Mo–Fr 13–18, Sa 10–15 Uhr, Herbst–Frühjahr kürzere Öffnungszeiten) Gästen stehen kostenlos Internetterminals zur Verfügung.

Yosemite Lodge at the Falls (Yosemite Valley; 0,25 US$/Min.) In der Lobby finden sich Münzterminals. Wer kein Gast ist, zahlt für WLAN 6 US$/Tag.

Medizinische Versorgung

Yosemite Medical Clinic (☎209-372-4637; Ahwahnee Dr, Yosemite Valley; ⊙ca. 9–17 Uhr) Ein Notdienst steht 24 Stunden pro Tag zur Verfügung. Direkt daneben befindet sich eine **Zahnklinik** (☎209-372-4200).

Post

Die Hauptpost ist im Yosemite Village, doch auch in Wawona in der Yosemite Lodge wird die Post ganzjährig abgeholt und zugestellt. In Tuolumne Meadows wird während der Saison eine Zweigstelle betrieben.

Telefon

An allen bebauten Stellen im Park gibt es Münztelefone. Der Handyempfang ist – je nachdem, wo man sich gerade aufhält – meist unzureichend. Die besten Chancen hat man mit den Netzen von AT&T, Verizon und Sprint.

Touristeninformation

Im Sommer sind auch längere Öffnungszeiten möglich.

Big Oak Flat Information Station (Karte S. 446; ☎209-379-1899; ⊙Mai–Sept. 8–17 Uhr) Auch hier bekommt man Genehmigungen.

Tuolumne Meadows Visitor Center (Karte S. 446; ☎209-372-0263; ⊙Spätfrühling–Anfang Herbst 9–18 Uhr)

Tuolumne Meadows Wilderness Center (Karte S. 446; ☎209-372-0309; ⊙Frühjahr & Herbst ca. 8–16.30 Uhr, Juli & Aug. 7.30–17 Uhr) Hier werden Genehmigungen ausgegeben.

Valley Wilderness Center (Karte S. 452; ☎209-372-0745; Yosemite Village; ⊙Mai–Sept. 7.30–17 Uhr) Genehmigungen, Karten und nützliche Informationen für den Aufenthalt im Hinterland.

Wawona Information Station (Karte S. 446; ☎209-375-9531; ⊙Mai-Sept. 8.30–17 Uhr) Auch hier werden Genehmigungen ausgestellt.

Yosemite Valley Visitor Center (Karte S. 452; ☎209-372-0299; Yosemite Village; ⊙Sommer 9–19.30, restliches Jahr kürzere Öffnungszeiten) Hauptbüro mit Ausstellungen und kostenlosen Vorführungen des Films *Spirit of Yosemite*.

An- & Weiterreise

Auto

Der Yosemite National Park ist ganzjährig von Westen aus über die Hwys 120 W und 140 zu erreichen. Von Süden kommend folgt man Hwy 41, im Sommer erreicht man das Gebiet auch von Osten aus über Hwy 120 E. Die Straßen werden im Winter zwar geräumt, Schneeketten sind jedoch jederzeit angeraten. Nachdem ein Teil von Hwy 140 im Jahr 2006 von einem gewaltigen Felsrutsch verschüttet wurde, ist die Straße 6

Meilen (10 km) westlich des Nationalparks nur für Fahrzeuge zugelassen, die nicht länger als 13 m sind.

Tanken kann man das ganze Jahr über in Wawona, am Crane Flat im Park selbst oder kurz davor bei El Portal am Hwy 140. In den Sommermonaten kann man auch in Tuolumne Meadows tanken – und teuer dafür bezahlen.

Öffentliche Verkehrsmittel

Yosemite gehört zu den wenigen Nationalparks, die gut mit öffentlichen Verkehrsmitteln zu erreichen sind. Busse von **Greyhound** und Züge von **Amtrak** fahren Merced im Westen des Parks an. Von dort geht es weiter mit Nahverkehrsbussen des **Yosemite Area Regional Transportation System** (YARTS; ☎209-388-9589, 877-989-2787; www.yarts.com). Es gibt auch Amtrak-Tickets mit YARTS-Abschnitt – so kommt man mit einem Fahrschein bis ganz in den Park. Die Busse fahren mit Zwischenstopps das ganze Jahr über mehrmals täglich über den Hwy 140 ins Yosemite Valley.

In den Sommermonaten verkehrt ein weiterer Bus von Mammoth Lakes über den Hwy 395 via Hwy 120 ins Yosemite Valley. Die einfache Fahrt von Merced ins Yosemite Valley dauert drei Stunden und kostet 13 US$ (Kind & Senior 9 US$). Wer von Mammoth Lakes kommt und nicht erst später zusteigt, braucht eine halbe Stunde länger (Erw./Kind & Senior 15/10 US$).

In den YARTS-Tickets ist der Eintritt für den Park bereits enthalten, das lohnt sich also wirklich.

ℹ Unterwegs vor Ort

Auto

Verkehrsschilder mit roten Bären weisen auf die vielen Stellen hin, an denen es bereits zu Unfällen mit den Tieren gekommen ist. Daran sollte man denken, wenn man aufs Gaspedal tritt. Die Glacier Point Rd und die Tioga Rd sind im Winter gesperrt.

Fahrrad

Am besten erkundet man das Yosemite Vallley mit dem Rad. Bequeme Cruiser kann man in der Yosemite Lodge at the Falls oder im Curry Village für 10 US$ die Stunde oder auch zu einem Tagessatz von 28 US$ leihen. Ein Rad mit Anhänger für Kinder gibt's für 16,50/54 US$ pro Std./Tag.

Öffentliche Verkehrsmittel

Mit dem kostenlosen, klimatisierten **Yosemite Valley Shuttle Bus** kommt man schnell und bequem im Park herum. Die Busse fahren das ganze Jahr über in schneller Taktung 21 durchnummerierte Haltestellen an, darunter Park- und Campingplätze, Ausgangspunkte von Wanderwegen und Unterkünfte. Den Fahrplan mit der Route findet man im *Yosemite Guide*.

Von Frühjahr bis Herbst verkehren auch Busse zwischen Wawona und der Mariposa Grove. Im Winter besteht eine Busverbindung zwischen Yosemite Valley und Badger Pass. Der **Tuolumne Meadows Shuttle** fährt (normalerweise Mitte Juni–Anfang Sept.) zwischen Tuolumne Lodge und Olmsted Point in Tuolumne Meadows. In den Sommermonaten kommt man mit dem **El Capitan Shuttle** vom Yosemite Village zum El Capitan und wieder zurück.

Für Wanderer gibt es außerdem zwei gebührenpflichtige Buslinien, die im Yosemite Valley beginnen. Wer an der Tioga Rd loswandern will, nimmt den **Tuolumne Meadows Tour & Hikers' Bus** (☎209-372-4386; ⌚Juli–Anfang Sept.), der einmal täglich in beide Richtungen verkehrt. Der Fahrpreis richtet sich nach der Streckenlänge; die Strecke nach Tuolumne Meadows kostet einfach 14,50 und 23 US$ für Hin- und Rückfahrt. The **Glacier Point Hikers' Bus** (☎209-372-4386; einfache Strecke/hin & zurück 25/41 US$; ⌚Mitte Mai–Okt.) eignet sich gleichermaßen für Wanderer und diejenigen, die die lange, kurvenreiche Straße nicht selbst fahren möchten. Reservierung empfohlen!

YOSEMITE GATEWAYS

Fish Camp

Fish Camp liegt direkt südlich des Parks am Hwy 41 und ist nicht viel mehr als eine Kurve in der Straße. Allerdings gibt es dort einige gute Unterkünfte und die allzeit beliebte **Sugar Pine Railroad** (☎559-683-7273; www.yosemitesteamtrains.com; Erw./Kind 18/9 US$; ⌚März–Okt.; 👪), eine historische Dampflok, mit der man eine 6,5 km lange Rundfahrt durch die Wälder machen kann.

🛏 Schlafen & Essen

LP TIPP **Narrow Gauge Inn** INN $$
(☎559-683-7720, 888-644-9050; www.narrowgaugeinn.com; 48571 Hwy 41; Zi. inkl. Frühstück Nov.–März 79–109 US$, April–Okt 120–220 US$; ❄📶🏊🐾) Neben der Sugar Pine Railroad bietet das schöne und sehr gemütliche Gasthaus 26 Zimmer mit Badewanne, Minibar und dem besten **Restaurant** (Gerichte 19–37 US$, ⌚April–Okt. Mi–So 17.30–21.30 Uhr) der Gegend. Jedes der geschmackvollen Zimmer ist anders eingerichtet und verfügt über eine Terrasse mit Blick auf Wälder und Berge sowie über einen Flachbild-TV.

White Chief Mountain Lodge MOTEL $$
(☎559-683-5444; www.whitechiefmountainlodge.com; 7776 White Chief Mountain Rd; Zi. pro

GENEHMIGUNGEN FÜR CAMPER

Während der Hauptsaison geht man den Menschenmassen am ehesten aus dem Weg, indem man sich ins Hinterland wagt. Zunächst sollte man sich eine Route aussuchen, die zum eigenen Zeitplan, dem eigenen Können und der eigenen Fitness passt. Dann besorgt man sich eine **Wilderness Permit** (Genehmigung; ☎209-372-0740; Fax 209-372-0739; www.nps.gov/yose/planyourvisit/wpres.htm; Vorabreservierungen 5 US$ zzgl. 5 US$ Eintritt/Pers.; ⏲Ende Nov.–Okt. Mo–Fr 8.30–16.30 Uhr). Die ist bei Besuchen über Nacht obligatorisch. Damit nicht plötzlich ganze Zeltstädte aus dem Boden schießen, regelt ein Quotensystem, wie viele Personen von jedem Ausgangspunkt aus pro Tag losmarschieren dürfen. 60 % dieser Quote können für die Zeit zwischen Mitte Mai und September im Voraus reserviert werden – per Fax, Telefon oder E-Mail. Diese Reservierung muss 24 Wochen bis zwei Tage vor Besuchsantritt erfolgen. Faxe, die zwischen 17 Uhr des Vortages und 7.30 Uhr eintreffen, werden bevorzugt behandelt.

Der Restbestand wird von dem Büro, das dem Ausgangspunkt der Wanderung am nächsten liegt, nach der Devise „Wer zuerst kommt, mahlt zuerst" vergeben – und zwar um 11 Uhr des Vortages des gewünschten Trips. Die Büros befinden sich im Yosemite Valley Visitor Center (S. 457), im Tuolumne Meadows Wilderness Center (S. 457), an den Info-Ständen in Wawona (Karte S. 446) und Big Oak Flat (Karte S. 446) sowie am Hetch-Hetchy-Eingang (Karte S. 446). Wer ein Wilderness Center aufsucht, das die geringste Entfernung zum gewünschten Ausgangspunkt aufweist, wird gegenüber Bewerbern aus anderen Centers bevorzugt. Wenn also jemand schon stundenlang im Valley auf die letzte Genehmigung für den Lyell Canyon gewartet hat, dann ruft das Personal des Yosemite Valley Wilderness Center dasjenige des Tuolumne Meadows Wilderness Center an, um zu erfahren, ob dort vielleicht jemand diese Genehmigung haben möchte. Wenn dann ein Wanderer in das Tuolumne Büro marschiert und „Ja!" ruft, dann kriegt der die Wilderness Permit und nicht der, der schon so lange im Valley gewartet hat. Zwischen Oktober und April kann man übrigens nicht reservieren – braucht aber trotzdem eine Genehmigung.

Nachts muss alles, was irgendwie fressbar riechen könnte, in bärensicheren Behältern verstaut werden. Diese Boxen kann man für 5 US$ pro Woche in den Wilderness und Visitors Centers ausleihen. Nähere Informationen gibt's unter www.nps.gov/yose/planyourvisit/bearcanrentals.htm.

Nacht & Pers. 125–190 US$; ⏲April–Okt.) Die günstigste und schlichteste Übernachtungsmöglichkeit ist dieses Motel im Stil der 1950er mit seinen einfachen Zimmern mit Kochnische. Es liegt ein paar hundert Meter abseits des Hwy 41; ein Schild weist den Weg durch den Wald.

Summerdale Campground CAMPING $
(☎877-444-6677; www.recreation.gov; Stellplatz f. Zelt & Wohnmobil 21 US$; ⏲Mai–Sept.; 🐾) 28 weiträumig verteilte Plätze entlang des Big Creek.

Oakhurst

An der Kreuzung der Hwys 41 und 49, etwa 15 Meilen (24 km) südlich des Eingangs zum Park, befindet sich Oakhurst, das überwiegend der Versorgung dient – die letzte Gelegenheit, günstig an Lebensmittel, Benzin oder Campingzubehör zu kommen.

Schlafen & Essen

LP TIPP **Sierra Sky Ranch** LODGE $$
(☎559-683-8040; www.sierraskyranch.com; 50552 Rd 632; Zi. inkl. Frühstück 145–225 US$; ❄📶🏊🐾) Die ehemalige Ranch aus dem Jahr 1875 bietet auf 55 000 m² eine Vielzahl von Freizeitmöglichkeiten. Die schlichten Zimmer haben kein Telefon, dafür aber überdimensionale Kopfbretter an den Betten und Flügeltüren, die auf schattige Veranden führen. Haustiere sind willkommen. Das geschichtsträchtige Haus wurde bereits als Krankenstation für Tuberkulosepatienten und als Bordell genutzt, in seiner Zeit als Hotel haben schon Persönlichkeiten wie Marilyn Monroe oder John Wayne hier genächtigt. Angeblich soll es dort lautstark spuken.

Château du Sureau BOUTIQUEHOTEL $$$
(☎559-683-6860; www.chateaudusureau.com; Zi. inkl. Frühstück 385–585 US$, Villa mit 2 Schlaf-

PANORAMASTRASSE: SIERRA VISTA NATIONAL SCENIC BYWAY

Mitten durch den Sierra National Forest verläuft eine besonders schöne Strecke (www.sierravistascenicbyway.org) von 83 Meilen (133 km) Länge . Diese Rundfahrt beginnt auf 915 m Höhe und führt bis auf gut 2000 m. Überall erwarten den Traveller fantastische Ausblicke, beste Gelegenheiten zum Angeln sowie fast ausnahmslos überall die Möglichkeit zu campen. Toll für Camper, die mit dem Auto unterwegs sind – oder auch Tagesausflügler –, um die Berge so richtig zu genießen.

Von **North Fork** aus braucht man einen halben Tag dafür, die Route beginnt auf dem Hwy 41 ein paar Meilen nördlich von **Oakhurst**. Die enge, kurvenreiche Straße ist von Juni bis November für den Verkehr freigegeben und überwiegend befestigt. Unter www.byways.org/explore/by ways/2300 findet man eine Karte und Informationen über die eindrucksvollsten Aussichtspunkte.

zi. 2950 US$; ❄@📶🚭) So etwas würde man im Leben nicht in Oakhurst erwarten: ein luxuriöses, diskretes, voll ausgestattetes Hotel nach europäischem Vorbild mit einem Weltklasse-Spa und außergewöhnlichem Service. Im **Restaurant** (Abendessen 95 US$) mit Wandteppichen, Ölgemälden und verschnörkelten Kronleuchtern fühlt man sich wie in einem Landschloss.

Hounds Tooth Inn B&B $$
(☎559-642-6600; www.houndstoothinn.com; 42071 Hwy 41; Zi. inkl. Frühstück 95–179 US$; ❄📶) Dieses schöne B&B mit seinem viktorianischen Charme liegt ein paar Meilen nördlich von Oakhurst. Die Gartenanlagen quellen über vor Rosen, und in den zwölf Zimmern (einige mit Badewanne im Zimmer und Kamin) fühlt man sich wie in einem englischen Herrenhaus. Nachmittags werden kostenlos Wein und heiße Getränke kredenzt.

Oakhurst Lodge MOTEL $$
(☎559-683-4417, 800-655-6343; www.oakhurstlodge.com; 40302 Hwy 41; Zi. pro Nacht & Pers. 145–160 US$; ❄📶🚭🐾) Diese Anlage im Stadtkern bietet 58 ruhige, saubere Wohneinheiten (einige mit Kochzeile) für den schmalen Geldbeutel.

Merced River Canyon

Die Fahrt über den Hwy 140 gehört zu den schönsten auf dem Weg nach Yosemite, besonders der Teil durch den Merced River Canyon. Im Frühjahr sorgt das Schmelzwasser hier für ideale Voraussetzungen zum **Raften** (Schwierigkeitsstufe III und IV). Je nach Wasserstand kommen hier aber auch Anfänger gefahrlos zum Zug.

Ausrüstung und Touren organisieren **Zephyr Whitewater Expeditions** (☎209-532-6249, 800-431-3636; www.zrafting.com; Tour halber/ganzer Tag ab 105/125 US$ pro Pers.), ein großer, namhafter Betreiber mit saisonalem Büro in El Portal, oder **OARS** (☎209-736-4677, 800-346-6277; www.oars.com; ganztägige Tour 144–170 US$/Pers.), ein weltweit agierender Veranstalter mit gutem Ruf.

Mariposa

Auf halbem Weg zwischen Merced und Yosemite Valley liegt Mariposa (spanisch für „Schmetterling"), die größte und interessanteste Stadt in Nähe des Nationalparks. Sie entstand und florierte während des Goldrauschs, denn sie diente als Kohlelieferant und Eisenbahnstadt. In Mariposa steht das älteste dauerhaft genutzte Gerichtsgebäude westlich des Mississippis – verhandelt wird hier bereits seit 1854!

Wer sich für Bodenschätze interessiert, sollte die **Mariposa County Fairgrounds** 2 Meilen (3 km) südlich der Stadt am Hwy 49 besuchen. Im **California State Mining & Mineral Museum** (☎209-742-7625; www.parks.ca.gov/?page_id=588; Eintritt 4 US$; ⏱Mai–Sept. Do–So 10–17 Uhr, Okt.–April bis 16 Uhr) ist der 6 kg schwere Fricot Nugget zu bestaunen, einer der größten Goldklumpen, die während des Goldrauschs hier gefunden wurden. Auch schön ist eine Ausstellung von Mineralien, die im Dunkeln leuchten.

An der Kreuzung der Hwys 49 und 140 gibt es im **Mariposa County Visitor Center** (☎209-966-7081, 866-425-3366; www.homeofyosemite.com; ⏱Mitte Mai–Mitte Okt. 8–20 Uhr, Mitte Okt.–Mitte Mai bis 17 Uhr) Regale voller Infobroschüren und freundliches Personal.

🛏 Schlafen & Essen

LP TIPP **River Rock Inn** MOTEL $$
(☎209-966-5793; www.riverrockncafe.com; 4993 7th St; Zi. inkl. Frühstück 109–159 US$;

(❄📶🐾) Wie ein frecher Farbklecks in Blau-Rot-Orange blitzt das – nach eigener Aussage – älteste Motel der Stadt auf. In den in bemüht künstlerischen Erdfarben gehaltenen Zimmern gibt es Fernseher, aber keine Telefone; die Deckenventilatoren erinnern an Teichrosen. Das Haus mit der kleinen rückwärtigen Veranda liegt an einer ruhigen Seitenstraße des Hwy 140. Im dazugehörigen Feinkostcafé werden Bier und Wein angeboten, an manchen Sommerabenden wird Livemusik gespielt.

Mariposa Lodge MOTEL $$
(☎209-966-3607, 800-966-8819; www.mariposalodge.com; 5052 Hwy 140; Zi. pro Nacht/Pers. 119–159 US$; ❄📶🏊🐾) Eher ein typisches Motel, schlicht und gepflegt. Das Personal ist freundlich, die Zimmer sind sauber, ruhig und großzügig geschnitten. Zusätzliches Plus: die liebevoll gepflanzten Blumen im Außenbereich.

Happy Burger DINER $
(www.happyburgerdiner.com; Hwy 140 at 12th St; Hauptgerichte 6–10 US$; ⏰5.30–21 Uhr 📶🖉👪) Hier rühmt man sich, die längste Speisekarte der Sierra Nevada zu haben. In dem geschäftigen, mit Lonely Planet Covern geschmückten Lokal am Straßenrand werden die preiswertesten Gerichte von ganz Mariposa serviert. Alles typisch amerikanische Küche: Burger, Sandwiches, Mexikanisches und bergeweise Eiscreme.

Savoury's NEW AMERICAN $$
(☎209-966-7677; www.savouryrestaurant.com; 5034 Hwy 140; Hauptgerichte 15–30 US$; ⏰Do–Di 17–21 Uhr; 🖉) Auch nach dem Umzug in ein größeres Gebäude ist das vornehme und trotzdem lockere Savoury's immer noch das beste Restaurant der Stadt. Schwarz lackierte Tische und zeitgenössische Kunst bilden einen beschaulichen Rahmen für Leckereien wie Schweinekotelett mit Aprikosen-Miso-Glasur, herzhafte Nudelgerichte oder Steak Diane.

Midpines

Das Highlight dieser nahezu nicht vorhandenen Ortschaft ist das rustikale **Yosemite Bug Rustic Mountain Resort** (☎209-966-6666, 866-826-7108; www.yosemitebug.com; B 25 US$, Zelthütte 45–75 US$, Zi. 75–155 US$, Hütte ohne Bad 65–100 US$; @📶🖉🐾) das auf einem bewaldeten Berg 25 Meilen (40 km) außerhalb des Yosemite National Parks liegt. Hierbei handelt es sich eher um eine gesellige Klause als um eine herkömmliche Herberge: Vor dem Schlafengehen sitzen hier Jung und Alt beieinander, erzählen

PANORAMASTRASSE: EBBETTS PASS SCENIC BYWAY

Echten Outdoor-Fans empfiehlt sich ein beeindruckender, 61 Meilen (99 km) langer Abschnitt der Hwys 4 und 89 mit dem Namen **Ebbetts Pass Scenic Byway** (www.scenic4.org). Diese Strecke führt durchs Paradies: Von Arnold aus fährt man in nordöstlicher Richtung zu den gewaltigen Riesenmammutbäumen am **Calaveras Big Trees State Park** (www.parks.ca.gov/?page_id=551; Fahrzeug 8 US$). Im Winter bietet sich ein Halt im familienfreundlichen Skigebiet **Bear Valley** (☎209-753-2301; www.bearvalley.com; Liftkarte Erw./Kind 62/15 US$; 👪) an. Weiter geht es in Richtung Osten zum atemberaubend schönen **Lake Alpine**, der von Granitsteinplatten, tollen Stränden und einigen Campingplätzen gesäumt wird. Hier gibt es fantastische Wassersport-, Angel- und Wandermöglichkeiten.

Der folgende Abschnitt ist am beeindruckendsten: Der schmale Highway führt am malerischen **Mosquito Lake** vorbei zum **Pacific Grade Summit** (2456 m), schlängelt sich durch das historische Hermit Valley und erreicht schließlich auf 2660 m den höchsten Punkt des **Ebbetts Pass**. Weiter geht's in nördlicher Richtung auf dem Hwy 89. Im Westen von **Markleeville** lohnt sich ein Besuch der beiden Thermalquellen oder des (nur während der Saison geöffneten) Campingplatzes im **Grover Hot Springs State Park** (☎530-694-2249; www.parks.ca.gov/?page_id=508; Parkgebühr 8 US$, Eintritt Thermalquelle Erw./Kind 5/3 US$, Stellplatz f. Zelt & Wohnmobil 35 US$; ⏰ganzjährig; unterschiedliche Öffnungszeiten).

Von San Francisco aus fährt man über die Hwys 108 und 49 drei Stunden bis nach Arnold. Der Ebbetts Pass wird nach dem ersten heftigen Schneefall geschlossen und erst im Juni wieder geöffnet. Der Hwy 4 wird von Westen her normalerweise bis zum Bear Valley geräumt.

sich Geschichten und genießen gemeinsam Musik sowie die leckeren, frisch zubereiteten Gerichte im **Waldcafé** (Hauptgerichte 8,50–18 US$; ⏲7–21 Uhr; ✎). Es gibt eine Gemeinschaftsküche und Schlafsäle. Dafür kann man aber auch heiß baden sowie Yogastunden und Massagen buchen.

Der YARTS Bus hält eine Viertelmeile (400 m) weiter. Das Resort bietet mit den **Bug Bus Tours** ganzjährig diverse Wanderungen im Yosemite National Park an (auch mit Übernachtung). Ein dreitägiger Trip (2 Nächte) kostet inklusive Fahrt, Unterkunft und Verpflegung ab 245 US$. Nähere Einzelheiten unter www.yosemitebugbus.com.

Briceburg

Rund 20 Meilen (30 km) außerhalb des Parks, wo der Merced River auf den Hwy 140 trifft, liegt Briceburg. Hier finden sich ein **Visitors Center** (☎209-379-9414; www.blm.gov/ca/st/en/fo/folsom/mercedriverrec.html; ⏲Ende April–Anfang Sept. Fr 13–17, Sa-So ab 9 Uhr) sowie drei einfache **Campingplätze des Bureau of Land Management (BLM)** (Stellplatz f. Zelt & Wohnmobil 10 US$) an einer atemberaubend schönen Stelle am Fluss. Der Weg dorthin führt über eine herrliche hölzerne Hängebrücke aus den 1920ern, die sich für lange Anhänger und große Wohnwagen nicht eignet.

El Portal

Direkt außerhalb des Arch-Rock-Eingangs, der überwiegend von Angestellten genutzt wird, liegt El Portal – eigentlich eine geschickte Basisstation für einen Besuch im Yosemite National Park. Mit YARTS-Bussen kann man von hier aus einstündige Rundfahrten ins Yosemite Valley unternehmen (Erw./Kind 7/5 US$).

Der in erster Linie günstige private Campingplatz **Indian Flat RV Park** (☎209-379-2339, www.indianflatrvpark.com; 9988 Hwy 140; Stellplatz f. Zelt 25 US$, Stellplatz f. Wohnmobil 37–42 US$, Zelthütte 59 US$, Hütte 109 US$; ⏲ganzjährig; ❄🐾) bietet diverse Übernachtungsmöglichkeiten, darunter auch zwei hübsche, klimatisierte Steinhütten. Gäste können den Pool und das WLAN im Nachbarhaus nutzen. Wer nicht hier wohnt, kann gegen Gebühr duschen. Weniger als 2 Meilen (gute 3 km) vom Parkeingang entfernt liegt die **Yosemite View Lodge** (☎209-379-2681, 888-742-4371; www.stayyosemiteviewlodge.com; 11136 Hwy 140; Zi. 164–254 US$, Suite 304–714 US$; ❄📶🏊🐾), ein moderner Gebäudekomplex mit Whirlpools, zwei Restaurants und vier Swimmingpools. Alle 336 Zimmer verfügen über Küchenzeilen, einige haben Gasöfen und bieten Blick auf den Merced River. Die Zimmer im Erdgeschoss besitzen große Patios. Die aufgemotzten Majestic Suites sind ebenfalls sehr groß; in den opulenten Badezimmern gibt es Wasserfallduschen und außerdem Plasma-TVs.

Groveland

Vom Big-Oak-Flat-Eingang sind es 22 Meilen (35 km) nach Groveland. Dies ist ein entzückendes Städtchen mit restaurierten Gebäuden aus der Zeit des Goldrauschs.

Ein echtes Zuckerbäckerhäuschen aus dem Jahr 1918 ist das **Hotel Charlotte** (☎209-962-6455; www.hotelcharlotte.com; 18736 Main St; Zi. inkl. Frühstück 129–225 US$; ❄@📶🐾). In dem Zehn-Zimmer-Haus wird mit Quilts auf den Betten das altmodische Flair aufrecht erhalten. Das niedliche **Restaurant** (Hauptgerichte 12–20 US$) bietet einfallsreiche internationale Küche.

Gegenüber vom Hotel Charlotte liegt das **Groveland Hotel** (☎209-962-4000, 800-273-3314; www.groveland.com; 18767 Main St; Zi. inkl. Frühstück 135–349 US$; ❄@📶) aus dem Jahr 1850, zu dem inzwischen eine kleine **Bar**, ein gehobenes **Restaurant** (Hauptgerichte 14–21 US$) und 17 helle, liebevoll eingerichtete Zimmer mit umlaufender Veranda gehören. Witzig: Hier finden sich jede Menge Teddybären.

SEQUOIA & KINGS CANYON NATIONAL PARKS

Die beiden Nationalparks Sequoia & Kings Canyon warten mit jeder Menge Superlativen auf, auch wenn sie oft im Schatten des Yosemite National Parks stehen, des kleineren Nachbarn im Norden (etwa eine dreistündige Autofahrt entfernt). In den Hainen der turmhohen Riesenmammutbäume finden sich ein paar der höchsten Bäume der Welt, und der gewaltige Kings River pflügt durch den Kings Canyon – eine der landesweit tiefsten Schluchten. Trotzdem sind diese beiden Nationalparks nicht so überlaufen – was es leichter macht, dort Ruhe und Einsamkeit zu finden. Außerdem

BUFFALO SOLDIERS

Nach der Einrichtung der Nationalparks im Jahr 1890 wurde die amerikanische Armee beauftragt, diese Landschaftsschutzgebiete zu bewachen. Im Sommer 1903 wurden Truppen der 9. Kavallerie – eines der vier respektierten, wenn auch streng getrennten afroamerikanischen Regimenter, besser bekannt als Buffalo Soldiers – hier und in Yosemite auf Streife geschickt. Im Sequoia National Park und dem damaligen General Grant National Park waren die Soldaten im Sommer extrem fleißig: Sie bauten Straßen und ein Schienennetz und legten so die Messlatte für die anderen Parks sehr hoch.

Die Soldaten wurden von Captain (später Colonel) Charles Young befehligt. Zu dieser Zeit war Young der einzige afroamerikanische Captain in der Armee; sein Posten als amtierender Oberaufseher macht ihn auch zum ersten afroamerikanischen Superintendent eines Nationalparks.

kann man hier Höhlen erforschen, klettern, Radtouren durch die zerklüftete Granitlandschaft der Sierra Nevada unternehmen und sich dem Mt. Whitney von hinten nähern – dem höchsten Berg der amerikanischen Kernstaaten. Dies alles macht die beiden Nationalparks zu den besten in ganz Amerika.

Obwohl die beiden Parks durchaus unterschiedlich sind, gelten sie als Einheit. Mit ein und demselben Ticket (gilt für 7 Tage), das pro Fahrzeug 20 US$ kostet, kommt man in beide. Weitere Informationen (z. B. Straßenzustandsberichte) gibt es rund um die Uhr vom Band unter ☎559-565-3341 oder auf der leicht verständlichen gemeinsamen Website beider Parks unter www.nps.gov/seki. An jeder Zufahrt (Big Stump oder Ash Mountain) erhält man eine NPS-Karte und eine Ausgabe von *The Guide,* einer aktuellen Zeitung mit Informationen über saisonale Veranstaltungen, Campingplätze und besondere Programme (auch für die benachbarten Nationalparks oder das Giant Sequoia National Monument).

Handyempfang ist so gut wie nicht existent, nur am Grant Grove hat man wenigstens schlechten Empfang. Tanken kann man am Hume Lake und an der Stony Creek Lodge, beide auf USFS-Gebiet.

Geschichte

1890 wurde Sequoia der zweite amerikanische Nationalpark nach Yellowstone. Ein paar Tage später wurden die gut 10 km² um die Grant Grove zum General Grant National Park erklärt, der im Jahr 1940 mit dem neu eingerichteten Kings Canyon National Park zusammengelegt wurde. Im Jahr 2000 wurden zum Schutz weiterer Riesenmammutbaumhaine große Landstriche des umliegenden Waldgebietes zum Giant Sequoia National Monument deklariert.

Gefahren & Ärgernisse

Verschmutzte Luft, die vom Sequoia Central Valley und vom Kings Canyon herüberweht, verhindert häufig die Fernsicht. Besucher mit Atemproblemen sollten sich in einem der Visitor Centers über die aktuellen Schadstoffwerte informieren. Es gibt viele Schwarzbären in dem Gebiet, daher wird eindringlich empfohlen, Lebensmittel immer luftdicht zu verschließen. Man beachte die Informationen zu Wildtieren im Park. Weiterführende Informationen finden sich auf S. 848.

Kings Canyon National Park

Mit seiner dramatischen Schlucht, die tiefer als der Grand Canyon ist, bietet der Kings Canyon Abenteuer auf endlos erscheinenden Pfaden, an wilden Wassern und in gewaltigen Felsformationen. Ob Camping, Klettern oder Wanderungen durchs Hinterland – hier ist alles fantastisch!

Sehenswertes & Aktivitäten

Im Kings Canyon National Park gibt es zwei bebaute Flächen mit Märkten, Unterkünften, Duschen und Touristeninformationen. Grant Grove Village liegt nur 4 Meilen (6,5 km) hinter dem Big-Stump-Eingang im Westen des Parks, Cedar Grove Village hingegen befindet sich 31 Meilen (50 km) östlich am Grund des Canyons. Dazwischen liegt das Giant Sequoia National Monument; eine Straßenverbindung besteht über den Kings Canyon Scenic Byway/Hwy 180.

GRANT GROVE

General Grant Grove WALD

Ein schlichtweg prächtiger Riesenmammutbaumhain! Der befestigte, etwa 800 m lange **General Grant Tree Trail** führt an einigen wirklich alten Mammutbäumen vorbei. Der gut 81 m hohe **General Grant Tree** ist für dreierlei bekannt: Er gilt als zweitgrößter lebender Baum der Welt, als Gedenkstätte für im Krieg gefallene Soldaten und als „The Nation's Christmast Tree" (Amerikas Weihnachtsbaum). Der nahe gelegene **Fallen Monarch** ist vor etwa 300 Jahren umgestürzt. Ein Feuer hat ihn ausgehöhlt. Früher diente er als Hütte, Hotel, Saloon und Pferdestall der US Kavallerie.

Panoramic Point AUSSICHTSPUNKT

Einen atemberaubenden Blick auf den Kings Canyon hat man, wenn man die enge, steile und kurvenreiche Panoramic Point Rd 2,3 Meilen (3,7 km) hinauffährt (empfiehlt sich weder für Anhänger noch für Wohnmobile), die vom Hwy 180 abzweigt. Dann geht's einen kurzen befestigten Weg bergauf und vom Parkplatz hinüber zum Aussichtspunkt. Der Anblick der steil abfallenden Canyons und der schneebedeckten Gipfel der Great Western Divide ist unvergleichlich schön. Im Winter ist die Straße für den Verkehr gesperrt und dient als Skipiste bzw. Schneeschuhloipe.

Redwood Canyon CANYON

Südlich des Grant Grove Village drängen sich mehr als 15000 Riesenmammutbäume in dieser abgelegenen und kaum je berührten Ecke des Parks, die als weltweit größter Hain seiner Art gilt. Das Gebiet ist verhältnismäßig schlecht zugänglich, darum kann die Erhabenheit dieser Baumriesen fernab des Trubels nur genießen, wer über den mäßig schwierigen bis anstrengenden Weg hierher findet. Der Ausgangspunkt für Wanderer liegt am Ende einer unbeschilderten, 3 km langen Schotterstraße gegenüber von dem Hinweisschild mit der Aufschrift Hume Lake/Quail Flat am Generals Hwy, etwa 6 Meilen (knappe 10 km) südlich des Dorfes.

PANORAMASTRASSE: KINGS CANYON SCENIC BYWAY (HWY 180)

Die 31 Meilen (50 km) lange Straße führt in Achterbahnkurven von Grant Grove nach Cedar Grove und ist eine der tollsten Strecken Kaliforniens. Sie führt vorbei an der **Converse Basin Grove**, die früher einmal die meisten ausgewachsenen Sequoias der Welt beherbergte. In den 1880er-Jahren jedoch kamen die Holzfäller und verwandelten das Areal in einen Sequoia-Friedhof. Ein 800 m langer Rundwanderweg führt zum **Chicago Stump**, den Überresten eines Baumes, der gefällt, in Scheiben geschnitten und dann für die 1893 stattfindende World Columbian Exposition in Chicago wieder zusammengesetzt wurde. Nördlich von hier führt eine zweite Nebenstraße zur **Stump Meadow**, wo Baumstümpfe und Reste umgefallener Bäume ideale Picknicktische abgeben, und zum **Boole Tree Trail**, einem 4 km langen Rundwanderweg zu dem einzigen noch lebenden „Monarchen".

Die Straße verläuft dann atemberaubend steil in den Canyon hinein und schlängelt sich an behauenen Felswänden, die teilweise mit grünem Moos und roten Eisenmineralien bedeckt sind, entlang. An anderen Wänden stürzen Wasserfälle herunter. Hinter jeder Kurve, besonders beim **Junction View**, wartet eine neue grandiose Aussicht.

Auf dem letzten Stück verläuft die Straße parallel zum reißenden Kings River. Sein Getose wird von den bis zu 2438 m hohen Granitwänden zurückgeworfen, die den Kings Canyon zu einer der tiefsten Schluchten Nordamerikas machen; er ist sogar tiefer als der Grand Canyon. An der **Boyden Cavern** (☎888-965-8243; www.boydencavern.com; Touren Erw./Kind 13/8 US$; ⌚Ende Mai–Sept. 10–17 Uhr, Ende April–Ende Mai & Okt.–Mitte Nov. 11–16 Uhr) sollte man einen Zwischenstopp einlegen und sich auf einer geführten Tour die skurrilen Formationen zeigen lassen. Die Höhle ist zwar wunderschön, aber nicht so groß und imposant wie die Crystal Cave (S. 470) im Sequoia National Park. Dafür muss man sich hier aber das Ticket auch nicht im Voraus besorgen. Etwa 8 km weiter im Osten sind die **Grizzly Falls**, die je nach Jahreszeit sintflutartig oder tröpfchenweise in die Tiefe fallen.

Auf dem Rückweg bietet sich ein Umweg zum **Hume Lake** an, der 1908 als Stausee für den Holztransport angelegt wurde. Heutzutage eignet er sich ausgezeichnet zum Bootfahren, Schwimmen und Angeln. Außerdem gibt's hier einen kleinen Supermarkt und eine Tankstelle.

CEDAR GROVE VILLAGE & ROADS END

Cedar Grove Village hat eine einfache Unterkunft und eine Snackbar und ist quasi der letzte Außenposten der menschlichen Zivilisation, bevor die herbe Schönheit des Hinterlands beginnt. In der näheren Umgebung sind u.a. die **Roaring River Falls** sehenswert, die durch eine Felsrinne in ein aufgewühltes Becken hinabstürzen. Auch der 2,4 km lange **Zumwalt Meadow Loop**, ein leicht zu bewältigender Naturlehrpfad rund um eine tiefgrüne Wiese zwischen Fluss und Granit-Canyon, ist toll. Ein kurzer Spaziergang von Roads End aus führt zum **Muir Rock**, einem großen, flachen, in den Fluss ragenden Felsblock. John Muir, dem der Fels seinen Namen verdankt, hielt hier auf seinen Exkursionen mit dem Sierra Club oft Vorträge. Der träge dahinfließende Fluss wird im Sommer von unzähligen badewütigen Wasserratten für einen Sprung ins kühle Nass genutzt

Ein einfacher bis mittelschwerer Rundwanderweg (13 km) führt zu den **Mist Falls**, einem der größeren Wasserfälle des Parks. Die ersten 3 km sind ziemlich ungeschützt; wer sich nicht der Mittagssonne aussetzen will, sollte früh aufbrechen. Hinter den Mist Falls stößt man schließlich auf den John Muir Trail und den Pacific Crest Trail. Zusammen bilden sie den 67 km langen **Rae Lakes Loop**, die beliebteste Langstreckenwandertour im Kings Canyon National Park (eine Wilderness Permit ist erforderlich, s. S. 471).

Infos über ein- und mehrtägige geführte Touren zu Pferd gibt's bei der **Cedar Grove Pack Station** (☎559-565-3464).

Schlafen & Essen

Wenn nicht anders angegeben, gilt auf allen Campingplätzen „Wer zuerst kommt, mahlt zuerst". Duschen gibt es im Grant Grove Village und im Cedar Grove Village.

Wer vorhat zu campen, sollte daran denken, dass es auch große, kostenlose und unverbaute Campingplätze jenseits der Big Meadows Rd im Sequoia National Forest gibt, die nicht überlaufen sind. Während der Hauptsaison im Sommer sind das die einzigen leeren Plätze in der Sierra Nevada. Das kostenlose Campen im Wald ist erlaubt, wer ein Lagerfeuer möchte, braucht eine Genehmigung (Grant Grove Visitor Center).

Die Geschäfte im Grant Grove Village und im Cedar Grove Village haben ein beschränktes Lebensmittelsortiment.

GRANT GROVE

Princess CAMPING $
(☎877-444-6777; www.recreation.gov; Giant Sequoia National Monument; Stellplatz f. Zelt & Wohnmobil 18 US$; Mitte Mai–Ende Sept.; 🐾) Etwa 6 Meilen (10 km) nördlich von Grant Grove, mit Toilettenhäuschen und 90 reservierbaren Stellplätzen.

Azalea CAMPING $
(Stellplatz f. Zelt & Wohnmobil 10–18 US$; ganzjährig; 🐾) WCs, 110 Plätze, die schönsten davon entlang einer Wiese. Nicht weit vom Grant Grove Village (1981 m).

Crystal Springs CAMPING $
(Stellplatz f. Zelt & Wohnmobil 18 US$; Mitte Mai–Mitte Sept.; 🐾) 50 großzügig bemessene Plätze im Wald plus WCs; kleinster Campingplatz im Gebiet des Grant Grove und generell sehr ruhig.

Sunset CAMPING $
(Stellplatz f. Zelt & Wohnmobil 18 US$; Ende Mai–Anfang Sept.; 🐾) WCs, 157 Stellplätze, einige davon mit Blick auf die westlichen Gebirgsausläufer und das Central Valley. In der Nähe des Grant Grove Village.

Hume Lake CAMPING $
(☎877-444-6777; www.recreation.gov; Hume Lake Rd, Giant Sequoia National Monument; Stellplatz f. Zelt & Wohnmobil 20 US$; Ende Mai–Anfang Sept.; 🐾) WCs, 74 reservierbare, schattige Plätze, einige davon mit Blick auf den See; an der Nordseite des Sees, etwa 10 Meilen (16 km) nordöstlich von Grant Grove.

John Muir Lodge LODGE $$$
(☎559-335-5500, 866-522-6966; www.sequoia-kingscanyon.com; Grant Grove Village, abseits des Generals Hwy; Zi. 69–190 US$) Ein stimmungsvolles Holzhaus mit historischen Schwarzweißfotos an den Wänden. In diesem ganzjährig bewirtschaftete Hotel wohnt man komfortabel und ist dennoch mitten im Wald. Auf den geräumigen Veranden stehen hölzerne Schaukelstühle bereit. In den einfachen Zimmern mit den dünnen Wänden fallen als erstes die grob gehauenen Holzmöbel und die Patchwork-Tagesdecken auf. Fernseher gibt es nicht. Am großen Kamin kann man den Abend gemütlich ausklingen lassen – oder sich mit Brettspielen die Nacht um die Ohren schlagen.

Grant Grove Cabins HÜTTEN $$
(☎559-335-5500, 866-522-6966; www.sequoia-kingscanyon.com; Grant Grove Village, abseits

Sequoia & Kings Canyon National Parks

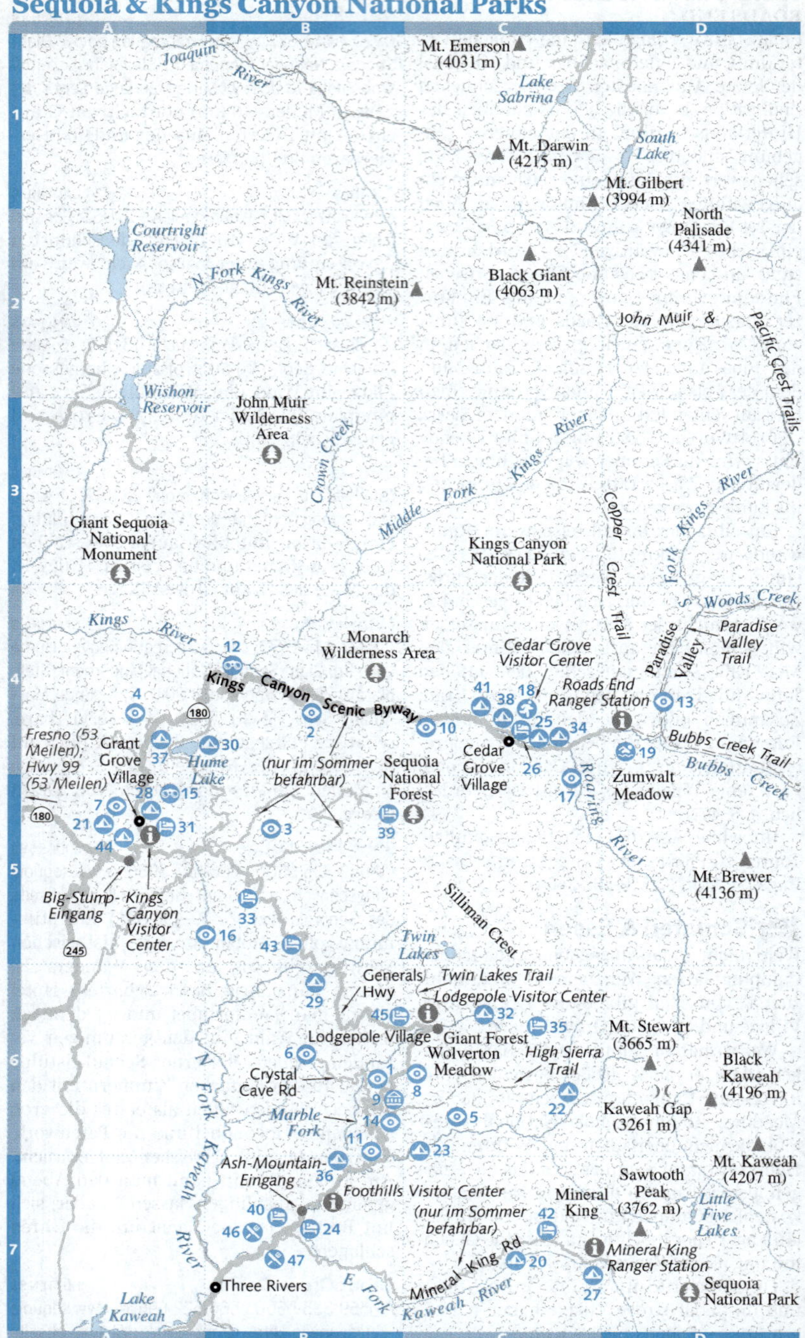

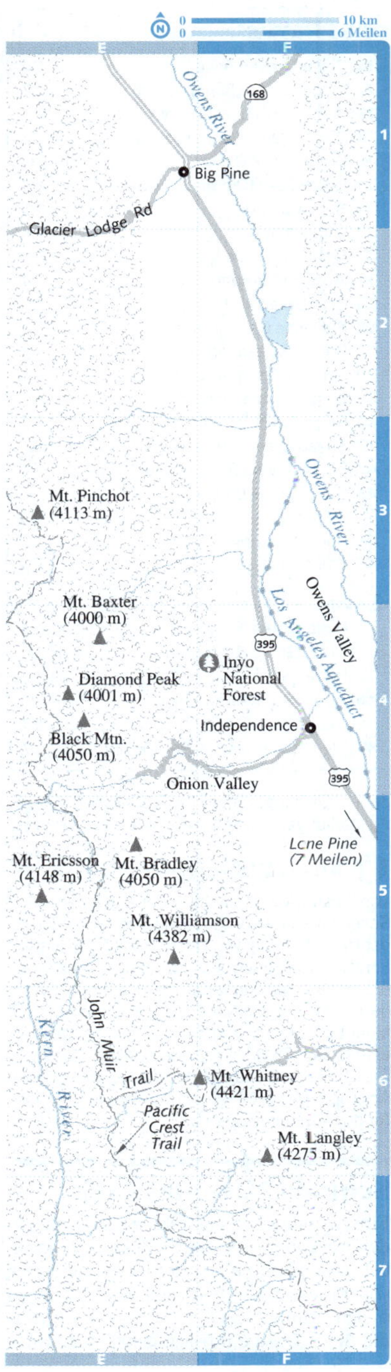

des Generals Hwy; Hütte 65–140 US$) Unter den 50 Hütten zwischen hohen Zuckerkiefern ist für jeden etwas dabei: von baufälligen Schuppen mit Zeltdach (Anfang Juni–Anfang Sept.) bis hin zu rustikalen, gemütlichen beheizbaren Doppelhäuschen (einige davon rollstuhlgerecht) mit Stromanschluss, eigenem Bad und Doppelbett. Für Frischverliebte steht die frei stehende Nr. 9 bereit, die Honeymoon Cabin mit Queensize-Bett. Diese Hütte ist oft schon ein Jahr im Voraus ausgebucht.

Grant Grove Restaurant AMERIKANISCH $$
(Grant Grove Village, abseits des Generals Hwy; Hauptgerichte 7–16 US$; ⏲Ende Mai–Anfang Sept. 7–10.30, 11–16 & 17– 21 Uhr, Anfang Sept.–Ende Mai kürzere Öffnungszeiten; 📶👪) Eher ein Imbiss als ein Restaurant: Die meisten Besucher des Grant Grove Village kommen hierher. Manchmal muss man auf den nächsten freien Tisch warten. Es gibt ein Frühstücksbuffet, mittags verschiedene Sandwiches und abends sättigende Hauptgerichte.

Pizza Parlor PIZZERIA $$
(Pizza 12–22 US$; ⏲Ende Mai–Anfang Sept. 14–21 Uhr, restliches Jahr unterschiedliche Öffnungszeiten; 👪) Hervorragende knusprige Pizzas im Hinterhof des Grant Grove Restaurant mit Filmvorführungen.

CEDAR GROVE

Der Campingplatz **Sentinel** in Ortsnähe öffnet seine Pforten, sobald der Hwy 180 geöffnet ist; die Plätze **Sheep Creek**, **Canyon View** (nur für Zelte) und **Moraine** werden geöffnet, wenn es nötig wird. Letztere Campingplätze füllen sich während der Stoßzeiten im Sommer zuletzt, sind aber dank der verhältnismäßig niedrigen Lage auf 1400 m auch zu Beginn und am Ende der Saison eine gute Wahl. Alle Plätze verfügen über Toiletten und Stellplätze zu 18 US$. Die anderen Anlagen im Dorf werden nicht vor Mitte Mai in Betrieb genommen.

Cedar Grove Lodge LODGE $$
(☎559-335-5500, 866-522-6966; www.sequoia-kingscanyon.com; Cedar Grove Village, Hwy 180; Zi. 119–135 US$; ⏲Mitte Mai–Mitte Okt.; ❄📶) Dies ist im gesamten Canyon die einzige Möglichkeit, in einem Haus zu übernachten. Die am Fluss gelegene Lodge bietet 21 Zimmer im Motelstil, einige davon klimatisiert. Die Flure sind schäbig, die Badezimmer eng und die Bettdecken himmelschreiend altbacken. Andererseits bestechen die

Sequoia & Kings Canyon National Parks

Sehenswertes

1 Beetle Rock Education Center B6
2 Boyden Cavern B4
3 Buck Rock Lookout B5
4 Converse Basin Grove A4
5 Crescent Meadow C6
6 Crystal Cave B6
7 General Grant Grove A5
8 General Sherman Tree C6
9 Giant Forest Museum B6
10 Grizzly Falls C4
11 Hospital Rock B6
12 Junction View B4
13 Mist Falls D4
14 Moro Rock B6
15 Panoramic Pt A5
16 Redwood Canyon B5
17 Roaring River Falls C5

Aktivitäten, Kurse & Touren

18 Cedar Grove Pack Station C4
19 Muir Rock D4

Schlafen

20 Atwell Mill Campground C7
21 Azalea Campground A5
22 Bearpaw High Sierra Camp C6
23 Buckeye Flat Campground C6
24 Buckeye Tree Lodge B7
25 Canyon View Campground C4
26 Cedar Grove Lodge C4
27 Cold Springs Campground C7
28 Crystal Springs Campground A5
29 Dorst Creek Campground B6
Grant Grove Cabins .... (siehe 31)
30 Hume Lake Campground B4
31 John Muir Lodge A5
32 Lodgepole Campground C6
33 Montecito Lake Resort B5
34 Moraine Campground C4
35 Pear Lake Ski Hut C6
36 Potwisha Campground B7
37 Princess Campground A4
38 Sentinel Campground C4
39 Sequoia High Sierra Camp B5
40 Sequoia Village Inn B7
41 Sheep Creek Campground C4
42 Silver City Mountain Resort C7
43 Stony Creek Lodge & Campground B5
44 Sunset Campground A5
45 Wuksachi Lodge B6

Essen

Cedar Grove Restaurant .... (siehe 26)
Grant Grove Restaurant .... (siehe 31)
Pizza Parlor .... (siehe 31)
46 River View Restaurant & Lounge B7
47 We Three Bakery & Restaurant B7

drei Zimmer im Erdgeschoss mit ihren schattigen, möblierten Patios durch eine schöne Aussicht auf den Fluss sowie Küchenzeilen. Telefone gibt es in allen Zimmern, TV in keinem.

Cedar Grove Restaurant FAST FOOD $
(Cedar Grove Village; Hauptgerichte unter 10 US$; Mitte Mai–Mitte Okt. 7–10.30, 11–14 & 17–20 Uhr;) Ein schlichtes Grillrestaurant, in dem Heißes und Fettiges serviert wird.

Praktische Informationen

Geldautomaten gibt es im Grant Grove Village und im Cedar Grove Village. Im Grant Grove Restaurant Building im Grant Grove Village kann man in der Nähe des Check-in kostenlos ins Internet.

Cedar Grove Visitor Center (559-565-3793; Ende Mai–Anfang Sept. 9–17 Uhr) Kleines Besucherzentrum im Cedar Grove Village. Die Roads End Ranger Station, in der es Wilderness Permits und bärensichere Behälter gibt, liegt 6 Meilen (knapp 10 km) östlich.

Kings Canyon Visitor Center (559-565-4307; Anfang Juli–Ende Aug. 8–19 Uhr, sonst andere Öffnungszeiten) Im Grant Grove Village. Ausstellungen, Karten und Wilderness Permits.

An- & Weiterreise

Von Westen kommend führt der Kings Canyon Scenic Byway (Hwy 180) 53 Meilen (85 km) in östlicher Richtung von Fresno zum Big-Stump-Eingang. Von Süden aus fährt man 46 Meilen (75 km) auf dem kurvenreichen Generals Hwy durch den Sequoia National Park. Vom Ash-Mountain-Eingang zum Grant Grove Village sollte man zwei Stunden Fahrtzeit einkalkulieren. Die Straße zum Cedar Grove Village wird erst im April oder Mai geöffnet und beim ersten Schnee für den Verkehr gesperrt.

Sequoia National Park

Eine wunderbare Vorstellung: Man macht den Reißverschluss seines Zeltes auf, krabbelt hinaus und blickt auf einen Vorgarten voller Bäume, die zwanzig Stockwerke hoch in den Himmel ragen und die so alt sind wie die Bibel. Dazu ein frisch gebrühter Kaffee und nur ein Gedanke: Was für ein herrlicher Tag in diesem außergewöhnlichen Park mit seinen unglaublichen Wäldern und den gigantischen Gipfeln von mehr als 3500 m Höhe!

Sehenswertes & Aktivitäten

Fast alle Highlights des Parks finden sich entlang des Generals Hwy, der am Ash-Mountain-Eingang beginnt und in Richtung Norden in den Kings Canyon führt. Die meisten Traveller tummeln sich im Giant-Forest-Gebiet und im Lodgepole Village, wo es die meisten Anlagen und Einrichtungen für sie gibt, darunter ein Visitors Center und einen Markt. Die Straße zum entfernten Mineral King zweigt im Städtchen Three Rivers scharf vom Hwy 198 ab, südlich des Ash-Mountain-Eingangs.

GIANT FOREST

Das Gebiet erhielt seinen Namen 1875 von John Muir. Es gehört zu den Top-Zielen im Park und befindet sich 2 Meilen (gut 3 km) südlich des Lodgepole Village. Vom Volumen her ist der 83 m hohe, gewaltige **General Sherman Tree** der größte lebende Baum der Welt. Man erreicht ihn über einen kurzen Abstieg vom Parkplatz an der Wolverton Rd oder über den **Congress Trail**, von dem ein befestigter, etwa 3 km langer Weg zum General Sherman und anderen bemerkenswerten Bäumen führt. Dazu gehören der **Washington Tree**, der einst als zweitgrößter Riesenmammutbaum der Welt galt (mittlerweile ist er durch einen Blitz „geköpft" worden), und der **Telescope Tree**, durch den man hindurchgehen kann. Wer sich von den Besuchermassen lösen will, nimmt den 8 km langen **Trail of the Sequoias**, der einen direkt ins Herz des Waldes führt.

Die in den Sommermonaten befahrbare Crescent Meadow Rd führt vom Giant Forest Museum 3 Meilen (5 km) in östlicher Richtung zur **Crescent Meadow**, einem entspannten Picknickplatz, auf dem im Frühjahr Wildblumen in voller Pracht bewundert werden können. Etliche kurze Wanderwege beginnen hier, z. B. der 1,5 km lange zum **Tharp's Log**, wo die ersten weißen Siedler im Sommer in einem umgestürzten Baumriesen lebten. Die Straße führt auch am **Moro Rock** entlang, einer Granitkuppel, auf die man über eine 400 m lange Treppe gelangt. Von hier aus genießt man einen atemberaubenden Ausblick auf die Great Western Divide, eine Bergkette, die von Nord nach Süd durch das Herz des Sequoia National Park verläuft.

GRATIS **Giant Forest Museum** MUSEUM
(☎559-565-4480; ⌚Sommer 9–19 Uhr, Frühjahr & Herbst bis 17 od. 18 Uhr, Winter bis 16 Uhr) Zur Einführung in die verblüffende Ökologie, die Brandzyklen und die Geschichte der Riesenmammutbäume ist dieses hervorragende Museum bestens geeignet. Anschließend empfiehlt sich ein knapp 2 km langer Spaziergang über den befestigten **Big Trees Trail**, der am Parkplatz des Museums beginnt.

GRATIS **Beetle Rock Education Center** BILDUNGSZENTRUM
(☎559-565-4480; ⌚Ende Juni–Mitte Aug. 13–16 Uhr; 👪) Käfer, Knochen und künstliche Tierexkremente – mit so coolen Sachen können Kinder in dieser heiteren Hütte die Besonderheiten der hiesigen Natur spielerisch erkunden. Wissbegierige Kids dürfen sich Käfer unter einem Digitalmikroskop ansehen, einen ausgestopften Rotluchs anfassen, eine Puppen-Show aufführen und

RIESENMAMMUTBÄUME: DIE KÖNIGE DES WALDES

In Kalifornien gibt es die ältesten und größten Bäume der Welt. Die voluminösesten sind die Riesenmammutbäume *(Sequoiadendron giganteum)*. Sie wachsen ausschließlich an den Westhängen der Sierra Nevada; die dichtesten Haine gibt es im Sequoia & Kings Canyon National Park sowie im Yosemite National Park. Der Wissenschaftler und Universalgelehrte John Muir nannte sie *nature's forest masterpiece* – also „Mutter Naturs Meisterstücke des Waldes". Wer jemals den Kopf in den Nacken gelegt und an einem dieser himmelhohen Stämme hinaufgeschaut hat, hat dies bestimmt mit der gebotenen Ehrfurcht getan. Diese Bäume können über 90 m hoch werden und einen Umfang von 30 m erreichen. Allein die Rinde kann bis zu 60 cm dick sein. Im Giant Forest Museum (S. 469) im Sequoia National Park gibt es eine ausgezeichnete Ausstellung über die Geschichte und die Ökologie dieser immergrünen Giganten.

Poster malen. Sie können in eigens dafür aufgestellten Zelten spielen oder sich mit dem Feldstecher draußen auf die Suche nach Wildtieren machen.

FOOTHILLS

Hinter dem Ash-Mountain-Eingang in Three Rivers steigt der Generals Hwy steil an und führt durch den südlichen Abschnitt des Sequoia National Park. Weil die Foothills im Durchschnitt auf einer Höhe von ca. 600 m liegen, ist das Klima hier erheblich trockener und wärmer als im restlichen Park. Wer **wandern** möchte, sollte vorzugsweise im Frühjahr herkommen, denn dann ist die Luft noch kühl und die Wildblumen bilden ein riesiges Farbenmeer. Im Sommer treiben sich hier jede Menge Käfer und Mücken rum, aber im Herbst sind die Temperaturen wieder angenehmer und alles leuchtet farbenfroh in warmen Herbsttönen.

Bis zum Anfang des 20. Jhs. lebte der Potwisha-Stamm in dieser Gegend. Die Menschen ernährten sich hauptsächlich von Eicheln. Piktogramme und Löcher schmücken noch heute die Gegend um den **Hospital Rock**, in der die Potwisha einst lebten. **Badestellen** gibt's zuhauf an der Marble Fork des Kaweah River, insbesondere in der Nähe des Potwisha Campground. Vorsicht: Die Strömung kann lebensgefährlich sein, vor allem wenn der Fluss wegen des Schmelzwassers beinahe überquillt!

MINERAL KING

Mineral King ist ein stimmungsvolles subalpines Tal auf knapp 2300 m Höhe. Es ist ein Backpacker-Mekka und bestens für diejenigen geeignet, denen der Sinn nach Einsamkeit steht. Das von Eismassen geformte gigantische Tal wird von gewaltigen Bergen gesäumt, darunter auch der zerklüftete, fast 3800 m hohe **Sawtooth Peak**. Der Weg dorthin führt über die Mineral King Rd – eine kurvenreiche, steile und enge 40 km lange Straße, die für Wohnmobile und Raser ungeeignet ist. Normalerweise ist diese Straße von Ende Mai bis Oktober für den Verkehr freigegeben. Man rechnet besser eine Übernachtung ein, sonst sitzt man an einem Tag drei Stunden lang im Auto.

Wohin auch immer man von hier aus loswandert – es geht über steile Steigungen und über anstrengende Pfade aus dem Tal, auch bei kurzen Wanderungen. Man darf nicht vergessen, auf welcher Höhe man sich befindet! Angenehme Tageswanderungen führen zum **Crystal Lake**, **Monarch Lake**, **Mosquito Lake** und **Eagle Lake**. Wer länger unterwegs sein möchte, dem seien die **Little Five Lakes** empfohlen sowie etwas weiter den High Sierra Trail entlang die **Kaweah Gap**, die von den Bergen **Black Kaweah**, **Mt. Stewart** und **Eagle Scout Peak** (alle über 3600 m) gesäumt wird.

Im Frühjahr und Frühsommer fallen Horden ausgehungerter Murmeltiere über die Fahrzeuge auf dem Parkplatz am Mineral King her und zerkauen Kühlerschläuche, Gurte und Reifen. So versuchen sie, ihren nach dem Winterschlaf erhöhten Salzbedarf zu decken. Wer in dieser Zeit dort wandern will, sollte sein Fahrzeug von unten mit Maschendraht oder Planen schützen.

NICHT VERSÄUMEN

CRYSTAL CAVE

1918 entdeckten zwei Fischer die **Crystal Cave** (☎559-565-3759; www.sequoiahistory.org; Crystal Cave Rd; Erw./Kind/Senior 13/7/12 US$; ⏲Touren Mitte Mai–Ende Okt. 10.30–16.30 Uhr). Ein unterirdischer Fluss hat diese Höhle in den Stein gegraben, in der sich Gebilde finden, die Schätzungen zufolge 10 000 Jahre alt sind. Wie Dolche hängen die Stalaktiten von der Decke. Die milchweißen Marmorausformungen erinnern an Vorhänge, Kuppeln, Säulen und Schilder. In dieser Höhle leben eine Menge unterschiedlicher Tiere: Spinnen, Fledermäuse und winzige Wasserlebewesen, die es sonst nirgendwo auf der Welt gibt. Die 45-minütige Tour deckt 800 m des Kammergeflechts ab. Erwachsene können mit Taschenlampen auch tiefer in den Berg hinein – oder auch einen ganzen Tag lang als Höhlenforscher unterwegs sein.

Eintrittskarten werden ausschließlich in den Besucherzentren Lodgepole und Foothills (s. S. 473) verkauft, nicht an der Höhle. Man braucht für die 800 m vom Parkplatz am Ende der kurvigen, 7 Meilen (11 km) langen Zufahrt etwa eine Stunde bis zum Höhleneingang; die Abzweigung liegt etwa 3 Meilen (5 km) südlich des Giant Forest. Pulli oder Jacke nicht vergessen! Im Inneren der Höhle herrschen nur knapp 9 °C.

RUCKSACKTOUREN IN DEN SEQUOIA & KINGS CANYON NATIONAL PARKS

Mit ihren insgesamt fast 1400 km langen gekennzeichneten Wanderwegen sind die beiden Nationalparks der Traum eines jeden Backbackers. Den besten Zugang zum Hinterland bieten **Cedar Grove** und **Mineral King**. Normalerweise werden die Wege Mitte bis Ende Mai freigegeben.

Wer im Hinterland übernachten will, braucht eine **Wilderness Permit** (Gruppenpreis 15 US$). Mit diesem System wird verhindert, dass in der Hauptsaison zu viele Menschen in die Wildnis vordringen.

Außerhalb der Saison sind die Genehmigungen kostenlos, in dieser Zeit kann man sich selbst registrieren. Etwa 75 % der Plätze sind reservierbar, der Rest wird nach dem Motto „Wer zuerst kommt, mahlt zuerst" vergeben. Reservieren kann man ab dem 1. Mai bis zwei Wochen vor Reiseantritt. Nähere Informationen gibt's unter www.nps.gov/seki/planyourvisit/wilderness_permits.htm. Übrigens existiert auch ein entsprechender Schalter im Lodgepole Visitor Center (s. S. 473).

In allen Ranger-Stationen und Visitors Centers gibt es topografische Karten und Wanderführer. Lebensmittel sind unbedingt und ausschließlich in den parkeigenen bärensicheren Kanistern aufzubewahren. Diese Boxen kann man sich für 5 US$ auf Märkten oder in Visitors Centers ausleihen.

Zwischen 1860 und 1890 wurde in dieser Gegend eine Menge Silber abgebaut und Holz geschlagen. Noch heute gibt es Überreste alter Schächte und Hütten, auch wenn man die nicht auf den ersten Blick sieht.

Als die Walt Disney Corporation aus dem Gebiet ein riesiges Skiresort machen wollte, wusste der Kongress dies zu verhindern – indem er die Gegend im Jahr 1978 kurzerhand zum Nationalpark ernannte. Auf der Website der **Mineral King Preservation Society** (www.mineralking.org) gibt es allerlei Informationen über das Gebiet und die urigen, auch heute noch bewohnten Förderhütten.

Schlafen & Essen

Der **Markt** im Lodgepole Village hat das größte Sortiment beider Parks. Grundnahrungsmittel und andere Basics sind aber auch in dem kleinen **Geschäft** in der Stony Creek Lodge erhältlich (im Winter geschl.).

GENERALS HIGHWAY

An diesem Highway liegt eine Reihe von Campingplätzen, die selten ganz voll werden – auch wenn es an Ferienwochenenden schon mal eng werden kann. Die Foothills-Plätze eignen sich am besten für Frühjahr- und Herbstaufenthalte, weil es in dieser zeit in höheren Regionen noch empfindlich kalt sein kann. Im Sommer allerdings wird es so weit unten unangenehm heiß. Sofern nicht anders erwähnt, heißt es auf diesen Plätzen „Wer zuerst kommt, mahlt zuerst". Wildcampen ist am Giant Sequoia National Monument erlaubt. Wer ein Lagerfeuer machen möchte, braucht dafür eine Sondergenehmigung. Diese sogenannten Fire Permits sind in den Visitors Centers oder in Ranger-Stationen erhältlich. Gegen Gebühr duschen kann man im Lodgepole Village und in der Stony Creek Lodge.

Stony Creek CAMPING $

(877-444-6777; www.recreation.gov; Stellplatz f. Zelt & Wohnmobil 20 US$; Mitte Mai–Ende Sept.;) Wird von der USFS betrieben und verfügt über 49 gemütliche Holzhütten mit Toiletten; einige Hütten liegen direkt am Creek. Kleiner und schlichter ausgestattet ist der **Upper Stony Creek Campground**. Er liegt auf der anderen Straßenseite. Hier kann man nicht reservieren.

Lodgepole CAMPING $

(877-444-6777; www.recreation.gov; Stellplatz f. Zelt & Wohnmobil 10–20 US$; ganzjährig;) Der Platz mit den über 200 eng beieinander liegenden Stellplätzen sowie Spültoiletten liegt in kürzestmöglicher Entfernung zum Giant Forest; wegen der Nähe zum Lodgepole Village (und dessen Vorzügen) ist er jedoch meist schnell ausgebucht.

Buckeye Flat CAMPING $

(Stellplatz f. Zelt 18 US$; April–Sept.;) Dieser Zeltplatz liegt inmitten von weitläufigem Eichenbestand in den Foothills, ca. 6 Meilen (9,5 km) nördlich der Ash-Mountain-Zufahrt. Es gibt 28 reine Zeltstellplätze sowie Spültoiletten. Auf dem Platz kann es manchmal etwas unruhig zugehen.

Potwisha CAMPING $
(Stellplatz f. Zelt & Wohnmobil 18 US$; ganzjährig;) Dieser Zeltplatz in den Foothills bietet im Sommer, wenn es brütend heiß wird, geeignete Schatten- und Badeplätze am Kaweah River. Er liegt 3 Meilen (5 km) nördlich der Ash-Mountain-Zufahrt, bietet 42 Stellplätze und Toiletten.

Dorst Creek CAMPING $
(877-444-6777; www.recreation.gov; Stellplatz f. Zelt & Wohnmobil 20 US$; Ende Juni–Anfang Sept.;) Riesiger und stets brummender Platz mit 204 Stellplätzen und WCs; die ruhigeren Plätze weiter hinten sind nur für Zelte bestimmt.

Stony Creek Lodge LODGE $$
(559-335-5500, 866-522-6966; www.sequoia-kingscanyon.com; 65569 Generals Hwy; Zi. 109–189 US$; Mitte Mai–Mitte Okt.;) Etwa auf halber Strecke zwischen dem Grant Grove Village und dem Giant Forest gelegen, bietet diese Lodge einen rustikalen, offenen Kamin in der Lobby und elf ebenso rustikale, wenn auch leicht ältliche Motelzimmer mit Telefon, aber ohne TV.

Wuksachi Lodge HOTEL $$$
(559-565-4070, 866-807-3598; www.visitsequoia.com; 64740 Wuksachi Way, abseits des Generals Hwy; Zi. 90–335 US$;) Die 1999 erbaute Wuksachi Lodge ist die gediegenste Übernachtungs- und Speisemöglichkeit im Park – aber nicht zu viel erwarten! Die holzverkleidete Lobby lockt mit einem offenen Kamin und Waldblick, doch die reizlosen Zimmer mit Eichenmöbeln und dünnen Wänden passen mit ihrem institutionellen Charme eher zu einem Motel. Die Lage am Nordende des Lodgepole Village ist aber top.

Sequoia High Sierra Camp HÜTTEN $$$
(877-591-8982; www.sequoiahighsierracamp.com; Zi. ohne Bad inkl. Mahlzeiten pro Erw./Kind 250/100 US$; Mitte Juni–Anfang Okt.) Abseits des General Hwy gelangt man durch den Sequoia National Forest nach 1 Meile (1,6 km) zu diesem All-Inclusive-Resort. Es liegt fern der Zivilisation und ist ein Paradies für aktive, kontaktfreudige Besucher, für die Luxuscamping kein Widerspruch in sich ist. Die Leinenzelthütten locken mit verstellbaren Matratzen, Daunenkissen und Bettvorlegern; Wasch- und Duschräume werden gemeinsam benutzt. Reservieren!

Lodgepole Village MARKT $
(Generals Hwy; Gericht 6–10 US$; Markt & Snack-Bar Mitte April–Ende Mai & Anfang Sept.–Mitte Okt. 9–18 Uhr, Ende Mai–Anfang Sept. 8–20 Uhr; Deli Mitte April–Mitte Okt. 11–18 Uhr;) Der am besten sortierte Markt im Park bietet alle Arten von Lebensmitteln, Campingutensilien und Snacks. Beim Fast-Food-Imbiss bekommt man neben Burgern und warmen Sandwiches auch Frühstück serviert. Die Feinkostabteilung nebenan glänzt mit Hochwertigem und Gesundem wie Focaccia, Veggie-Wraps und Salaten für ein Picknick.

BACKCOUNTRY

Bearpaw High Sierra Camp HÜTTEN $$$
(Reservierung 801-559-4930, 866-807-3598; www.visitsequoia.com; Zelthütte 175 US$/Pers.; Mitte Juni–Mitte Sept.) Knapp 11,5 Meilen (18,5 km) östlich des Giant Forests liegt dieses Zeltquartier am High Sierra Trail: die ideale Basis, wenn man das Hinterland ohne lästige Campingausrüstung erforschen will. Im Preis inbegriffen sind Frühstück und Abendessen, Duschwasser sowie Bettwäsche und Handtücher. Voranmeldungen sind ab dem 2. Januar (ab 7 Uhr morgens) möglich – und es empfiehlt sich, schnell zu buchen! Manche Traveller stornieren später wieder, Chancen gibt's also auch später noch.

MINERAL KING

Die zwei hübschen Zeltplätze im Mineral King Valley, **Atwell Mill** (Stellplatz f. Zelt 12 US$; Ende Mai–Okt.;) und **Cold Springs** (Stellplatz f. Zelt 12 US$; Ende Mai–Okt.;) sind an Sommerwochenenden häufig voll. Gebührenpflichtige Duschen finden sich im Silver City Mountain Resort.

Silver City Mountain Resort HÜTTEN $$
(559-561-3223; www.silvercityresort.com; Mineral King Rd; Hütte mit/ohne Bad 195/120 US$, Chalet 250–395 US$; Ende Mai–Ende Okt.;) Das Resort ist die einzige Speise- und Übernachtungsmöglichkeit im ganzen Umkreis. Das altmodisch-rustikale, aber familienfreundliche Anwesen bietet von schnuckligen, gemütlichen Holzhütten im Stil der 1950er-Jahre bis zu modernen Chalets (eines davon rollstuhlgerecht), in denen bis zu acht Personen nächtigen können, alles Mögliche. Es gibt einen Tischtennistisch, verschiedene Schaukeln, und Badeteiche zum Planschen liegen in Gehweite. Eigene Bettwäsche und Handtücher mitbringen! In den meisten Hütten gibt es keinen Strom, und der allgemeine Generator wird gewöhnlich gegen 22 Uhr abgestellt.

NICHT VERSÄUMEN

BUCK ROCK LOOKOUT

Dieser 1923 errichtete aktive **Feuerwachturm** (www.buckrock.org; 9.30–18 Uhr, Juli–Okt.) gehört zu den am schönsten restaurierten Wachtürmen seiner Art und ist in der Waldbrandzeit auch besetzt. 172 Treppenstufen führen eine Granitanhöhe hinauf zu einer Art Puppenhaus aus Holz, das von seinen imposanten 2400 m aus einen perfekten Rundblick über die Wälder erlaubt. Vom General Hwy aus ist es etwa 1 Meile (1,6 km) vom Montecito Lake Resort nach Norden und dann nach Osten auf der Big Meadows Rd (FS Road 14S11). Nach weiteren ca. 2,5 Meilen (4 km) biegt man an dem ausgeschilderten Feldweg (FS Road 13S04) nach Norden ab und folgt der Beschilderung weitere 3 Meilen (5 km) bis zum Parkplatz am Aussichtspunkt.

Im **Restaurant** (Hauptgerichte 6–10 US$; Do–Mo 8–20 Uhr, Di & Mi nur Kaffee & Kuchen 8–17 Uhr) kann man sich die leckeren, hausgemachten Kuchen und einfachen Speisen auf hölzernen Picknicktischen unter den Bäumen schmecken lassen. Es liegt 3,5 Meilen (5,6 km) westlich der Ranger-Station.

THREE RIVERS

Three Rivers, benannt nach dem nahe gelegenen Zusammenfluss der drei Arme des Kaweah Rivers, zeigt sich als freundliche Kleinstadt, in der hauptsächlich Rentner und Kunstliebhaber leben. Entlang der Hauptader der Stadt, dem Sierra Dr (Hwy 198), liegen Motels, Restaurant und Läden verstreut.

Sequoia Village Inn HÜTTEN, COTTAGES $$
(559-561-3652; www.sequoiavillageinn.com; 45971 Sierra Dr; DZ 120–235 US$;) Diese zehn schnuckeligen, modernen Cottages, Hütten und Chalets (darunter viele mit eigenen Küchen) grenzen an den Park und sind für Familien oder größere Gruppen ideal. Die meisten besitzen eine Holzveranda und einen Außengrill. Im größten Haus finden zwölf Personen Platz.

Buckeye Tree Lodge MOTEL $$
(559-561-5900; www.buckeyetreelodge.com; 46000 Sierra Dr; DZ inkl. Frühstück 125–150 US$;) Von der begrünten Terrasse oder vom Balkon aus sieht man, wie der Fluss sich durch ein Felslabyrinth windet. Die modernen, verputzten Motelzimmer, einige mit eigenen Küchenzeilen, wirken luftig und hell.

We Three Bakery & Restaurant CAFÉ $
(43368 Sierra Dr; Hauptgerichte 6–11 US$; 7–16 Uhr;) Arme Ritter mit Zimt, ein deftiges Bauernfrühstück und duftender Filterkaffee locken zum Frühstück; zur Mittagszeit lassen einem die warmen und kalten Sandwiches auf den grellbunten Tellern das Wasser im Mund zusammenlaufen. Herzhaft zubeißen kann man auch unter einer Schatten spendenden Eiche auf der Terrasse.

River View Restaurant & Lounge AMERIKANISCH $$
(42323 Sierra Dr; Hauptgerichte mittags 6–12 US$, abends 12–26 US$; 6.30–21, Fr & Sa bis 22 Uhr; Bar open end) Schillernde Westernkneipe mit einzigartiger Terrasse. Freitags und samstags gibt's Livemusik.

Praktische Informationen

Im Lodgepole Village steht ein Geldautomat; die Wuksachi Lodge bietet kostenloses WLAN.

Foothills Visitor Center (559-565-3135; 8–16.30 Uhr, Ende Mai–Anfang Sept. bis 18 Uhr) 1 Meile (1,6 km) nördlich der Ash-Mountain-Zufahrt.

Lodgepole Visitor Center (559-565-4436; Mitte April–Mitte Mai 9–16.30 Uhr, Mitte Mai–Ende Juli & Anfang Sept.–Mitte Okt. ab 8 Uhr, Ende Juni–Anfang Sept. 7–18 Uhr) Landkarten, Informationen, Ausstellungen, Tickets für die Crystal Cave sowie Genehmigungen (Wilderness Permits).

Mineral King Ranger Station (559-565-3768; Ende Mai–Anfang Sept. 8–16 Uhr) 24 Meilen (rund 39 km) östlich vom Generals Hwy; Genehmigungen und Informationen zu freien Stellplätzen.

An- & Weiterreise

Von Süden aus kommend führt Hwy 198 von Visalia aus nach Norden, durch Three Rivers hindurch und vorbei an der Mineral King Rd bis zur Ash-Mountain-Zufahrt. Ab dort wird die Straße zum Generals Hwy, einer engen, kurvenreichen Strecke, die sich bis in den Kings Canyon National Park hineinschlängelt, wo sie nahe der Big-Stump-Zufahrt im Westen in den Kings Canyon Scenic Byway (Hwy 180) mündet. Fahrzeuge mit mehr als 6,5 m Länge könnten auf der steilen Straße mit ihren etlichen Haarnadelkurven Prob-

WINTERSPASS

Im Winter liegt eine dichte Schneedecke über den Wäldern und Wiesen, alles geht langsamer, und die Straßen und Wanderwege sind einsam und verlassen. Achtung: Der Generals Hwy zwischen Grant Grove und Giant Forest ist nach Schneefällen häufig gesperrt; stets ist Winterausrüstung erforderlich! Schneeketten kann man sich an den Zufahrten zum Park ausleihen, allerdings sollte man sie Mietwagen nicht anlegen. Tagesaktuelle Berichte zu den Straßenverhältnissen gibt es telefonisch unter ☎559-565-3341 oder auf www.nps.gov/seki.

Schneeschuh- und Tourenskiwanderungen sind ein beliebter Zeitvertreib; 81 km markierter, aber unbefestigter Wanderwege verlaufen kreuz und quer zwischen Grant Grove und dem Giant Forest. Die im Winter gesperrten Straßen (im Sequoia National Park die Moro Rock-Crescent Meadow Rd, im Kings Canyon National Park die Panoramic Point Rd und im Sequoia National Forest die Big Meadows Rd) sorgen ebenfalls für super Möglichkeiten, sich sportlich zu betätigen. Kartenmaterial bekommt man in den Visitors Centers, und auch die Ranger bieten kostenlose Schneeschuhwanderungen (inkl. Ausrüstung) an. Die gekennzeichneten Skirouten sind mit denen am Giant Sequoia National Monument sowie den rund 48 km Wege verbunden, die vom privaten **Montecito Lake Resort** (☎559-565-3388, 800-227-9900; www.montecitosequoia.com; 8000 Generals Hwy) gepflegt werden. Die nötige Ausrüstung lässt sich im Grant Grove Village, in der Wuksachi Lodge oder dem Montecito Lake Resort mieten. Weitere Schneegebiete findet man in der Nähe von Columbine und Big Stump in der Region Grant Grove und in Wolverton Meadow im Sequoia National Park.

Im Winter können Tourengeher in einem der zehn Betten der **Pear Lake Ski Hut** (☎559-565-3759; www.sequoiahistory.org; B 40 US$; ⌚Mitte Dez.–Ende April), eines Gebäudes aus Holz und Granit aus den 1940er-Jahren, übernachten, das von der Sequoia Natural History Association betrieben wird – wenn sie reserviert haben. Nach den anstrengenden 9,6 km ab Wolverton Meadow auf Tourenskiern oder Schneeschuhen gibt es nichts Schöneres. Reservierungen werden im November per Lotterie vergeben. Einzelheiten lassen sich telefonisch oder über die Website in Erfahrung bringen.

leme bekommen. Man braucht etwa eine Stunde Fahrzeit vom Eingang bis zum Giant Forest/Lodgepole-Gebiet und eine weitere Stunde von dort bis zum Grant Grove Village im Kings Canyon.

Sequoia Shuttle (☎877-287-4453; www.sequoiashuttle.com; einfache Strecke/hin & zurück 7,50/15 US$; ⌚Ende Mai–Ende Sept.) Die Busse verkehren fünfmal täglich über Three Rivers zwischen Visalia und dem Giant Forest Museum (2½ Std.). Reservierung erforderlich!

Alle 15 Minuten fahren Shuttlebusse vom Giant Forest Museum nach Moro Rock und Crescent Meadow oder zu den Parkplätzen am General Sherman Tree und dem Lodgepole Village. Alternativ verkehren Busse alle 30 Minuten zwischen Lodgepole, der Wuksachi Lodge und dem Dorst Creek Campground. Alle Fahrten sind kostenlos und finden derzeit von Ende Mai bis Ende September statt.

EASTERN SIERRA

Hügel, die sich gelegentlich in den Wolken verstecken, und sonnenüberflutete Berggipfel mit Schneetupfern hie und da prägen das Landschaftsbild der Eastern Sierra, deren Gipfel – viele höher als 4200 m – plötzlich steil aus den dürren Ebenen des Great Basins und der Mojave-Wüste gen Himmel ragen. Es sind diese dramatischen Kontrapunkte, die das kraftvolle Landschafts-Potpourri bilden. Kiefernwälder, saftige Wiesen, eisblaue Seen, brodelnde Thermalquellen und von Gletschern gegrabene Canyons sind nur einige der herrlichen Szenerien, die in dieser Region zu finden sind.

Der Eastern Sierra Scenic Byway (offiziell Hwy 395) verläuft an der gesamten Gebirgskette entlang. Abzweigungen, die abrupt am Fuß der Berge enden, führen Naturfans zu unberührter Wildnis und unzähligen Wanderwegen, u.a. zu drei berühmten Trails: dem Pacific Crest Trail, dem John Muir Trail und dem Mt. Whitney Trail. Die Hauptzugänge sind die Städte Bridgeport, Mammoth Lakes, Bishop und Lone Pine. Es gilt zu beachten, dass viele Service-Einrichtungen im Winter, wenn der Verkehr abnimmt, geschlossen bleiben.

In den vor Ort produzierten und im gesamten Einzugsgebiet erhältlichen Freizeit- und Straßenkarten *Eastern Sierra: Bridgeport to Lone Pine* von Sierra Maps sind Thermalquellen, Geisterstädte, Wanderwege und Kletterrouten verzeichnet. Unter www.thesierraweb.com findet man Hinweise und Links zu örtlichen Veranstaltungen sowie diverse Informationen.

An- & Weiterreise

Die östliche Sierra lässt sich sehr gut auf eigene Faust erkunden, es existieren aber auch öffentliche Verkehrsmittel. Die Busse der **Eastern Sierra Transit Authority** (760-872-1901, 800-922-1930; www.easternsierratransitauthority.com) bieten montags, dienstags, donnerstags und freitags Fahrten zwischen Lone Pine und Reno (54 US$, 6 Std.) an. Gehalten wird in allen Städten, die am Hwy 395 liegen. Die Fahrpreise sind nach Streckenlänge gestaffelt. Vorausbuchungen sind empfehlenswert. Es gibt auch einen Expressbus zwischen Mammoth und Bishop (6,50 US$, 1 Std., Mo–Fr 3-mal tgl.).

Im Sommer existiert ab Mammoth Lakes oder Lee Vining eine YARTS-Busverbindung zum Yosemite National Park (s. S. 458).

Rund um den Mono Lake

BRIDGEPORT

Das Städtchen Bridgeport, das aus nicht mehr als drei Häuserblocks besteht und inmitten des offenen High Valleys in Sichtweite der Gipfel des Sawtooth Ridge liegt, besticht mit klassischem Westerncharme: reizende, alte Fassaden in heimeliger Atmosphäre. Während der strengen Winter bleibt in der Stadt fast alles geschlossen oder wird nur wenige Stunden am Tag geöffnet. Doch das restliche Jahr über versammeln sich hier Angler, Wanderer, Kletterer und Thermalwasserratten. Im **Bridgeport Ranger Station & Visitor Center** (760-932-7070; www.fs.usda.gov/htnf; Hwy 395; Juli–Aug. tgl. 8–16.30 Uhr, Sept.–Juni Mo–Fr 8–16.30 Uhr) gibt's Landkarten, Informationen und die Genehmigungen für die Hoover Wilderness.

Sehenswertes & Aktivitäten

Mono County Courthouse HISTORISCHES GEBÄUDE
(Mo–Fr 9–17 Uhr) Seit 1880 wird hier nun schon munter der Hammer geschwungen. Das historische Gebäude ist ein ganz in Weiß gehaltener Traum im italienischen Stil, umrahmt von einem gepflegten Rasen und einem schmiedeeisernen Zaun. An der Straße dahinter liegt das Old County Jail, das alte Bezirksgefängnis, ein spartanischer Bau mit eisernen Gittertüren und einer 60 cm dicken Steinmauer. Zwischen 1883 und 1964 mussten Gefangene die Nächte in den sechs Zellen verbringen.

Mono County Museum MUSEUM
(760-932-5281; www.monocomuseum.org; Emigrant St; Erw./Kind 2/1 US$; Juni–Sept. Di–Sa 9–16 Uhr) Zwei Blocks vom Gericht entfernt zeigt dieses Museum in einem Schulgebäude aus derselben Zeit Bergbauequipment aus all den Geisterstädten der Umgebung; ein Ausstellungsraum ist ganz der Flechttradition der Paiute-Indianer gewidmet.

Travertine Hot Spring THERMALQUELLE
Einen Katzensprung südlich der Stadt und umgeben von beeindruckenden Felsformationen kann man von drei Thermalquellen aus den Sonnenuntergang über der Sierra bestaunen. Um hinzukommen, an der Jack Sawyer Rd kurz vor der Ranger-Station nach Osten abbiegen und 1 Meile (1,6 km) der Schotterpiste den Berg hinauf folgen.

GENUG VON TAHOE?

Für eine zünftige Schneeballschlacht, wegen der man nicht gleich das Familienbudget sprengen oder sich durch den Wochenendverkehr plagen muss, bieten sich einige der 19 **Schneeparks** (http://ohv.parks.ca.gov/?page_id=1233; Tag/Saison pro Fahrzeug 5/25 US$) in Kalifornien an. Man findet sie überall entlang der Highways der Sierra Nevada. In diesen preiswerten Winterfreizeitparks findet sich immer die Gelegenheit für eine wilde Schlittenfahrt, gemütliche Skiwanderungen oder um ganz gelassen einen Schneemann zu bauen.

Alternativ kommen vielleicht auch einige der kleineren Skiresorts in Frage. Abgesehen von den niedrigeren Liftpreisen hat **Bear Valley** (Karte S. 440; www.bearvalley.com; Hwy 4) ein eigenes Ski- und Schneegelände, **Dodge Ridge** (Karte S. 440; www.dodgeridge.com; Hwy 108) bietet umfassende Kinderkurse für die ersten Schritte auf Skiern an und nach **China Peak** (Karte S. 440; www.skichinapeak.com; Hwy 168) fernab der verstopften Straßen in Richtung Tahoe dringen sowieso nur wenige Menschen vor.

Rund um den Mono Lake

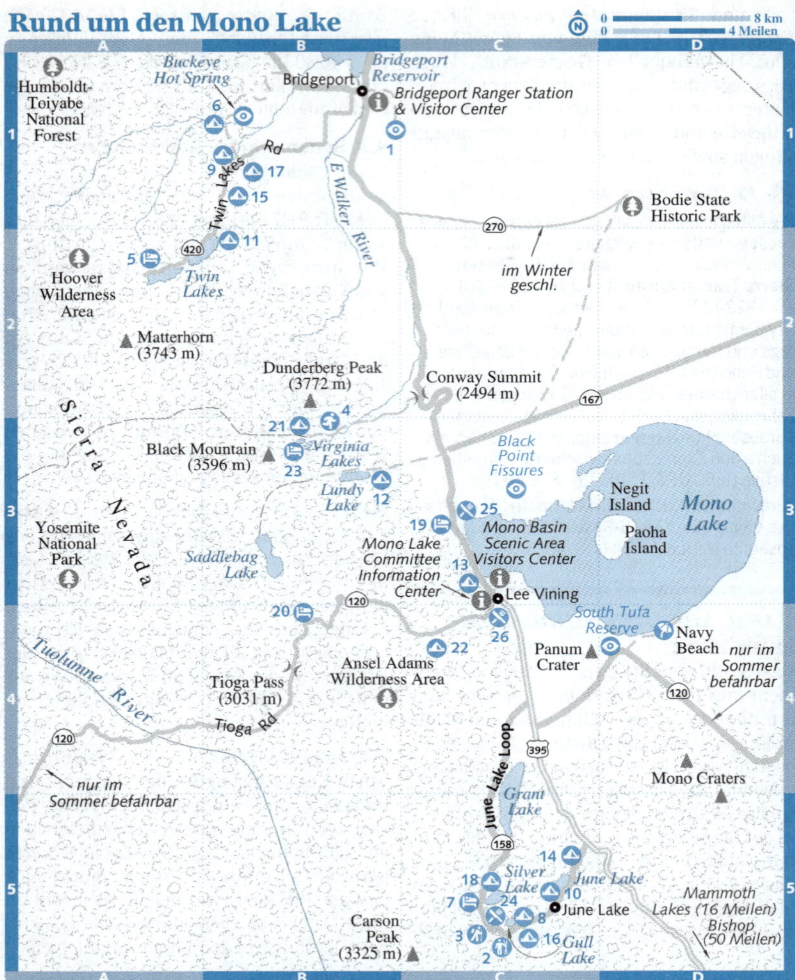

Forellenangler – und jene, die es werden wollen – versuchen ihr Glück am **Bridgeport Reservoir** oder dem **East Walker River**. Informationen und Angelausrüstungen gibt's bei **Ken's Sporting Goods** (☎760-932-7707; www.kenssport.com; 258 Main St; ⊙Mitte April–Mitte Nov. Mo–Do 7–20, Fr & Sa bis 21 Uhr, Mitte Nov.–Mitte April Di–Sa 9–16 Uhr).

Schlafen & Essen

Redwood Motel MOTEL $
(☎760-932-7060, 888-932-3292; www.redwoodmotel.net; 425 Main St; DZ 59–89 US$; ⊙April–Nov.;) Ein Wildpferd, ein Ochse im Hawaiihemd und weitere verrückte Tierskulpturen heißen Besucher in dem kleinen Motel freundlich willkommen. Die Zimmer sind makellos, und der Hausherr, ein Hundeliebhaber, versorgt Gäste freigiebig mit Tipps zu den lokalen Sehenswürdigkeiten.

Bodie Victorian Hotel HISTORISCHES HOTEL $
(☎760-932-7020; www.bodievictorianhotel.com; 85 Main St; Zi. 50–90 US$; ⊙Mai–Okt.) Direkt nach dem Betreten fühlt man sich in diesem eigenartigen Gebäude, das aus Bodie (S. 478) hierher verfrachtet wurde, ins 19. Jh. zurückversetzt. Es ist vollgestopft mit alten Möbeln, und Gerüchten zufolge spukt es hier. Die gewagten viktorianischen

Rund um den Mono Lake

Sehenswertes
Mono Basin Historical Society Museum .... (siehe 26)
1 Travertine Hot Spring B1

Aktivitäten, Kurse & Touren
2 June Mountain Ski Area C5
3 Rush Creek Trailhead C5
4 Virginia Lakes Pack Station B3

Schlafen
5 Annett's Mono Village A2
6 Buckeye Campground B1
Crags Campground .... (siehe 11)
7 Double Eagle Resort & Spa C5
8 Gull Lake Campground C5
9 Honeymoon Flat Campground B1
10 June Lake Campground C5
June Lake Motel .... (siehe 10)
11 Lower Twin Lakes Campground B2
12 Lundy Canyon Campground B3
13 Mono Vista RV Park C3
14 Oh! Ridge Campground C5
15 Paha Campground B1
16 Reversed Creek Campground C5
17 Robinson Creek Campground B1
18 Silver Lake Campground C5
19 Tioga Lodge C3
20 Tioga Pass Resort B4
21 Trumbull Lake Campground B3
22 USFS Campgrounds C4
23 Virginia Lakes Resort B3

Essen
24 Carson Peak Inn C5
25 Historic Mono Inn C3
Tiger Bar .... (siehe 10)
26 Whoa Nellie Deli C4

Tapeten und das aparte Bordellflair entschädigen einen für den etwas abgewohnten Look. Ist gerade niemand am Empfang, riskiert man am besten kurz einen Blick in die Sportsmens Bar & Grill nebenan; dort lässt sich sicher ein Angestellter auftreiben.

Rhino's Bar & Grille AMERIKANISCH $
(247 Main St; Hauptgerichte 9–20 US$; ⏲Mai–Okt. So–Do 10–21, Fr & Sa bis 22 Uhr, Nov.–Dez. & März–April 11–20 Uhr) Die stets frisch zubereiteten Burger und die Chicken Wings in Nitro-Tunke im Rhino's gelten unter den Einheimischen als Geheimtipp. Das Lokal besticht durch unzählige Nummernschilder und Zapfhähne, die von der Decke baumeln, sowie durch die vernünftigen Preise und die große Auswahl von Sandwiches, Salaten, Steaks und Pizzas (nur abends). Eine Bar und ein Pooltisch runden das Ganze ab.

Hays Street Cafe AMERIKANISCH $
(www.haysstreetcafe.com; 21 Hays St; Hauptgerichte unter 10 US$; ⏲Mai–Okt. 6–14 Uhr, Nov.–April 7–13 Uhr) Am südlichen Ende der Stadt findet sich dieses rustikale Lokal. Man ist zu Recht stolz auf die zahlreichen hausgemachten Köstlichkeiten wie deftige *biscuits and gravy* und die Zimtschnecken im Ziegelsteinformat.

Pop's Galley AMERIKANISCH $
(www.popsgalley.com; 247 Main St; Hauptgerichte 6–10 US$; ⏲Ende Mai–Anfang Sept. 7–21 Uhr, sonst wechselnde Öffnungszeiten) Fish & Chips wie man sie liebt: heiß und fettig.

TWIN LAKES

Angelfreunde versammeln sich an den Ufern der Twin Lakes, zweier atemberaubend schöner Flussbecken unterhalb der so trefflich benannten Sawtooth Ridge, des „Sägezahnkamms". Die Region ist berühmt für ihren Fischreichtum – besonders seit ein Glückspilz hier 1987 die größte Seeforelle des Bundesstaates an der Angel hatte (sie wog satte 12 kg). Der Lower Twin ist ruhiger, dafür kann man am Upper Twin Boot und Wasserski fahren. Zu den Freizeitaktivitäten zählen außerdem mountainbiken und – was sonst? – wandern in der Hoover Wilderness Area und bis in die östlichen, seenreichen Ausläufer des Yosemite National Parks. Der Hauptausgangspunkt für Wanderungen liegt am Ende der Twin Lakes Rd gleich hinter Annett's Mono Village; die Parkgebühr beträgt für die ganze Woche 10 US$ pro Fahrzeug.

Twin Lakes Rd (Rte 420) zieht sich etwa 10 Meilen (16 km) an saftigen Weiden und Gebirgsausläufern entlang, bevor sie den Lower Twin Lake erreicht. Die Strecke ist für halbwegs trainierte Radfahrer dank des meist flachen Terrains und der berückenden Landschaften eine angenehme Herausforderung.

Ein kurzer Spaziergang einen lockeren Abhang hinunter führt zur abseits gelegenen **Buckeye Hot Spring** (manchmal sind da aber recht viele Leute unterwegs). Das Wasser quillt kochend heiß aus einem steilen Hang und kühlt sich auf seinem Weg

GENEHMIGUNGEN: EASTERN SIERRA

In den Wilderness Areas Ansel Adams, John Muir, Golden Trout und Hoover sind zum Campen ganzjährig kostenlose Genehmigungen, sogenannte Wilderness Permits, erforderlich. Für die drei Erstgenannten gibt es in den Monaten Mai bis Oktober begrenzte Kontingente, von denen wiederum etwa 60 % gegen eine Gebühr von 5 US$ (pro Pers.) beim Inyo National Forest Wilderness Permit Office (☎760-873-2483) reserviert werden können. Zwischen November und April kann man die Genehmigungen an jeder Ranger-Station beziehen, die in diesem Abschnitt erwähnt wird. Sollte eine Station geschlossen sein, müssten dort Genehmigungen zum Selbstausstellen ausliegen. Wenn dieses Buch erscheint, sollten Permits auch online erhältlich sein. Am besten informiert man sich telefonisch oder über www.fs.fed.us/r5/inyo über Aktuelles.

Genehmigungen für die Hoover Wilderness (als Teil sowohl des Inyo als auch des Humboldt-Toiyabe National Forests) können auch am Tuolumne Meadows Wilderness Center (S. 457) und an der Bridgeport Ranger Station & Visitor Center (S. 475) bezogen werden.

– immer am Buckeye Creek entlang – in mehreren natürlichen Becken ab. Eines dieser Becken befindet sich teilweise in einer kleinen Höhle unter einem Felsvorsprung. Zum Abkühlen lädt der rauschende Buckeye Creek ein; Badebekleidung ist freiwillig.

Zur Anfahrt biegt man am Doc & Al's Resort (7 Meilen, d. h. 11 km, vom Hwy 395 entfernt) rechts ab und fährt 3 Meilen (5 km) auf einer ein Stück weit asphaltierten, dann aber holprigen Straße. Nach 2,5 Meilen (4 km) kommt man über die Brücke am Buckeye Creek. An der Y-Kreuzung hält man sich rechts und folgt immer der Beschilderung zur Thermalquelle. Nach einer halben Meile (800 m) die Anhöhe hinauf sieht man zur Rechten einen Parkplatz. Dann einfach dem Pfad runter zu den Becken folgen!

Bleibt man an der markierten Y-Kreuzung jedoch links, führt eine Straße 2 Meilen (3,2 km) zum **Buckeye Campground** (Stellplatz f. Zelt & Wohnmobil 17 US$; ⊙Mai–Mitte Okt.), der mit Tischen, Grillrosten, Trinkwasser und Toiletten aufwarten kann. Am Buckeye Creek darf man auch auf unbebauten Flächen beidseitig der Brücke einfach so (und gratis) campieren.

Honeymoon Flat, Robinson Creek, Paha, Crags und Lower Twin Lakes sind allesamt **Zeltplätze des USFS** (☎800-444-7275; www.recrea tion.gov; Stellplatz f. Zelt & Wohnmobil 17–20 US$; ⊙Mitte Mai–Sept.). Sie sind umgeben von Jeffrey-Kiefern und Wüstenbeifuß und liegen entlang des Robinson Creek und des Lower Twin Lake. Alle sind mit Spültoiletten ausgestattet – außer Honeymoon Flat, dort gibt es nur Plumpsklos.

Die Twin Lakes Rd endet an **Annett's Mono Village** (☎760-932-7071; www.monovil lage.com; Stellplatz f. Zelt/Wohnmobil mit Anschlüssen 18/29 US$, Zi. 68 US$, Hütte 80–185 US$; ⊙Ende April–Okt.; 📶), einer riesigen und etwas chaotischen, baufälligen Anlage am Upper Twin Lake. Man wohnt dort billig, aber beengt und kann in einem kitschigen **Café** (Hauptgerichte 8–16 US$) mit niedriger Decke und einer Deko aus unzähligen ausgestopften Fischen essen. Duschen ist gegen Gebühr möglich.

BODIE STATE HISTORIC PARK

Für eine Reise zurück ins Zeitalter des Goldrauschs empfiehlt sich ein Besuch in **Bodie** (☎760-647-6445; www.parks.ca.gov/?page_id=509; Hwy 270; Erw./Kind 7/5 US$; ⊙Juni–Aug. 9–18 Uhr, Sept.–Mai bis 15 Uhr), einer der ursprünglichsten und besterhaltenen Geisterstädte des Wilden Westens. 1859 stieß man hier erstmals auf Gold. Innerhalb von 20 Jahren wurde aus dem Bergarbeiterdorf eine raue Goldgräberstadt mit 10 000 Einwohnern und dem Ruch ungezügelter Gesetzlosigkeit. Schlägereien und Morde waren an der Tagesordnung, wobei der Alkohol, der in den 65 Saloons der Stadt kräftig floss, sicher das Seine zu den Gewaltausbrüchen beitrug – zumal einige der Saloons zusätzlich als Freudenhäuser, Spielhallen oder Opiumhöhlen fungierten. In den 1870er- und 1880er-Jahren rang man den umliegenden Hügeln fast 35 Mio. US$ an Gold und Silber ab. Als die Erträge zurückgingen, brachen auch die Bevölkerungszahlen ein, bis die Stadt schließlich ihrem Schicksal und damit der Natur überlassen wurde.

Etwa 200 verwitterte Gebäude stehen noch immer in diesem kalten, kargen Tal mit seinen unzähligen Trümmerhalden. Die Zeit scheint angehalten. Staubige Fenster gewähren einen nicht ganz klaren Blick auf bestückte Regale in den Läden, auf die Möbel in den Häusern, auf eine Schule mit Bänken und Büchern und auf Werkstätten und Werkzeuge. Das Gefängnis steht noch, genauso wie die Feuerwache, die Kirchen, ein Banktresor und viele andere Bauten. Das ehemalige Versammlungsgebäude der Minenarbeitergewerkschaft beherbergt jetzt ein **Museum** und ein **Visitors Center** (⌚9 Uhr–1 Std. vor Parkschließung). Ranger bieten kostenlose Führungen an. Im Sommer gibt es zusätzlich Landschaftsführungen und Führungen über den Friedhof; Details können telefonisch erfragt werden. Am zweiten Samstag im August findet der **Friends of Bodie Day** (www.bodiefoundation.org) statt: Dann gibt's Postkutschenfahrten und Präsentationen, und jede Menge Bodie-Fans sind in Originalkostümen unterwegs.

Bodie liegt etwa 13 Meilen (21 km) östlich des Hwy 395 an der Rte 270; die letzten 3 Meilen (5 km) sind unbefestigt. Der Park ist zwar das ganze Jahr über geöffnet, die Straße ist aber im Winter und an den ersten Frühlingstagen meist gesperrt. Man benötigt also für die Strecke Schneeschuhe oder Tourenskier.

VIRGINIA LAKES

Im Süden von Bridgeport erreicht der Hwy 395 allmählich seinen höchsten Punkt, den **Conway Summit** (2483 m), wo man beim Anblick des Ehrfurcht gebietenden Panoramas am Mono Lake sofort die Kamera zücken muss. Die Mono Craters und die June und Mammoth Mountains tun das Übrige.

Dort oben ist auch die Abzweigung zur Virginia Lakes Rd, die etwa 6 Meilen (rund 9,5 km) parallel zum Virginia Creek zu einer Gruppe Seen führt, flankiert vom **Dunderberg Peak** (3771 m) und dem **Black Mountain** (3596 m). Vom Beginn des Wanderwegs am Ende der Straße gelangt man zur Hoover Wilderness Area und dem **Pacific Crest Trail**. Der Pfad führt hinunter zum Cold Canyon bis zum Yosemite National Park. Die Betreiber des **Virginia Lakes Resorts** (☎760-647-6484; www.virginialakesresort.com; Hütte ab 107 US$; ⌚Mitte Mai–Mitte Okt.; 🐾), das 1923 eröffnet wurde, können mit Karten und Tipps zu bestimmten Wanderwegen weiterhelfen. Das Resort selbst bietet lauschige Hütten, ein **Café** und einen **Laden**. In den Hütten können zwei bis zwölf Personen übernachten; gewöhnlich ist ein Mindestaufenthalt erforderlich.

Es gibt auch die Möglichkeit, auf dem **Trumbull Lake Campground** (☎800-444-7275; www.recreation.gov; Stellplatz f. Zelt & Wohnmobil 17 US$; ⌚Mitte Juni–Mitte Okt.) zu campen. Die Stellplätze liegen im Schatten der Küstenkiefern.

Die nahe **Virginia Lakes Pack Station** (☎760-937-0326; www.virginialakes.com) bietet Ausritte an.

LUNDY LAKE

Hat man den Conway Summit hinter sich gelassen, windet sich der Hwy 395 steil hinab ins Mono Basin, einen Teil des „großen Beckens". Auf dem Weg zum Mono Lake schlängelt sich die Lundy Lake Rd rund 5 Meilen (8 km) westlich entlang des Highways bis zum Lundy Lake, einem traumhaften Fleckchen Erde – vor allem im Frühjahr, wenn ein Teppich aus Wildblumen den Canyon entlang des Mill Creek auskleidet, oder wenn im Herbst farbiges Laub die Landschaft erstrahlen lässt. Bevor sie den See erreicht, streift die Straße den **Lundy Canyon Campground** (Stellplatz f. Zelt & Wohnmobil 12 US$; ⌚Mitte April–Mitte Nov.), der zwar mit Plumpsklos aufwarten kann, aber nicht mit Wasser. Die Platzvergabe erfolgt nach dem Motto „Wer zuerst kommt, mahlt zuerst". Am anderen Ende des Sees befinden sich eine baufällige Ferienanlage, ein kleiner Laden sowie ein Bootsverleih auf dem Gelände einer Minenstadt aus den 1880ern.

Lässt man das Resort hinter sich, führt ein Feldweg in den **Lundy Canyon**, wo er nach etwa 2 Meilen (ca. 3 km) endet. Hier ist der Ausgangspunkt zur Hoover Wilderness Area. Nach einem mittelschweren, etwa 2,5 km langen Spaziergang steht man vor den 60 m hohen **Lundy Falls**. Ehrgeizigere können über den Lundy Pass weiter zum Saddlebag Lake marschieren.

LEE VINING

Auf dem Hwy 395 geht es kurz am westlichen Ufer des Mono Lake entlang, bevor er Lee Vining erreicht, wo man essen, schlafen und für ein hübsches Sümmchen tanken kann. Wer will, kann hier auf den Hwy 120 Richtung Yosemite National Park wechseln, sofern die Straße geöffnet ist. Lee Vining liegt nur 12 Meilen (19 km; ca. 30 Min.) vom Tioga-Pass-Eingang des Yosemite entfernt und ist ein herrlicher Ausgangspunkt für Ausflüge um den Mono Lake. Der **Lee Vining Canyon** ist beliebt bei **Eiskletterern**.

Während man in der Stadt ist, sollte man sich kurz das **Upside-Down House** anschauen, eine von der Stummfilmschauspielerin Nellie Bly O'Bryan ersonnene, verrückte Touristenattraktion. Ursprünglich an der Tioga Rd gelegen, befindet es sich jetzt in einem Park vor dem kleinen **Mono Basin Historical Society Museum** (www.monobasinhs.org; Spende 2 US$; Mitte Mai–Anfang Okt. Do–Mo 10–16, So ab 12 Uhr). Man erreicht es, wenn man in der 1st St nach Osten abbiegt und dann einen Block bis zur Mattley Ave geht.

Schlafen & Essen

Sobald der Tioga Pass geschlossen ist, sinken die Übernachtungspreise.

LP TIPP **Whoa Nellie Deli** DELI $$
(www.whoanelliedeli.com; Nahe der Kreuzung der Hwys 120 & 395; Hauptgerichte 8–19 US$; April–Okt. 7–21 Uhr) Super Essen in einer Tankstelle? Ja, im Ernst! Die erstaunlichen Gerichte von Matt „Tioga" Toomey sollte man sich nicht entgehen lassen! Einheimische und Eingeweihte wissen um die Köstlichkeit seiner Fisch-Tacos, des Hackbratens aus Büffelfleisch und all der anderen Leckereien.

El Mono Motel MOTEL $
(760-647-6310; www.elmonomotel.com; 51 Hwy 395; Zi. 69–99 US$; Mai–Okt.;) An diesem freundlichen, mit Blumen verzierten Ort neben einem ausgezeichneten Café kann man relaxen, sich ein Brettspiel schnappen oder Höhenluft und Sonnenschein genießen. In dem seit 1927 existierenden Motel sind die elf einfachen, mit farbenfroher Kunst und Stoffen ausgestatteten Zimmer (einige teilen sich ein Bad) oft ausgebucht.

Historic Mono Inn KALIFORNISCH $$$
(760-647-6581; www.monoinn.com; 55620 Hwy 395; Hauptgerichte abends 8–25 US$; Mai–Dez. 11–21 Uhr) Die restaurierte Lodge von 1922 gehört der Familie von Ansel Adams, die hier ein elegantes Restaurant direkt am See betreibt, in dem man kalifornische Spitzenküche genießt – bei fabelhaften Weinen und mit toller Aussicht. Im Obergeschoss kann man eine Sammlung von über 1000 Kochbüchern durchstöbern, während von der Terrasse Musik erklingt. 5 Meilen (8 km) nördlich von Lee Vining. Reservieren!

Tioga Lodge HÜTTEN $$
(760-647-6423; www.tiogalodgeatmonolake.com; Hütte 129–159 US$; Mitte Mai–Mitte Okt.; @) Die Gruppe rustikaler, charmanter Hütten mit Blick auf den Mono Lake befindet sich 2 Meilen (gute 3 km) nördlich von Lee Vining. **Restaurant** (Hauptgerichte abends 13–25 US$) und Rezeption wurden 1897 von Bondie hierher gebracht.

Tioga Pass Resort HÜTTEN $$
(tiogapassresortllc@gmail.com; Hwy 120; Zi. 125 US$, Hütte 160–240 US$; Mai–Mitte Okt.) Eingefleischte, treue Kunden schwören auf dieses 1914 eröffnete Resort (2 Meilen, d.h. 3 km, östlich des Tioga Pass) – trotz oder wegen der Schlichtheit der gemütlichen Hütten entlang des Lee Vining Creek. Das winzige **Café** (Hauptgerichte mittags 8–9 US$, abends 15 US$) mit nur wenigen Tischen und einem kaputten Tresen serviert den ganzen Tag über Leckeres, darunter Dutzende verschiedene, frisch zubereitete Desserts des hauseigenen Konditors. Zimmer können per E-Mail reserviert werden.

USFS-Campingplätze CAMPING $
(www.fs.usda.gov/inyo; Stellplatz f. Zelt & Wohnmobil 15–19 US$) Auf dem Weg Richtung Yosemite gibt es eine Handvoll Campingplätze entlang der Tioga Rd (Hwy 120) und dem Lee Vining Creek. Überall werden die Stellplätze nach der Reihenfolge der Ankunft vergeben. Die meisten haben Plumpsklos, die Hälfte auch Trinkwasser.

Mono Vista RV Park CAMPING $
(760-647-6401; Hwy 395; Dusche 2,50 US$; April–Okt. 9–18 Uhr) Dieser Campingplatz bietet die Tuolumne Meadows am nächsten gelegene Duschmöglichkeit.

MONO LAKE

Der zweitälteste See Nordamerikas ist ein ruhiges, geheimnisvolles, tiefblaues Gewässer, dessen Oberfläche die gezackten Gipfel der Sierra, Vulkankegel und Tuffsteintürme spiegelt – ein See von einzigartiger Anmut. Die aus dem Wasser ragenden Tuffsteingebilde entstehen, wenn Kalzium aus unterirdischen Quellen aufsteigt und sich im alkalischen Wasser mit Karbonat verbindet.

Mark Twain beschreibt den Mono Lake in *Durch dick und dünn* als das Tote Meer Kaliforniens. Doch das ist falsch: Das Brackwasser wimmelt von Alkali-Fliegen und Artemia (einer Krebstiergattung), beides Delikatessen für Dutzende Zugvogelarten, die Jahr für Jahr hierher zurückkehren. Dasselbe gilt für etwa 85 % der Kaliforniermöwen des Staates, die von April bis August die Vulkaninseln des Sees bewohnen. Der Mono Lake war auch Gegenstand einer Umwelt-Kontroverse (s. Kasten S. 482).

Sehenswertes & Aktivitäten

South Tufa Reserve NATURSCHUTZGEBIET
(Büro 760-647-6331; Erw./Kind 3 US$/Eintritt frei) Tuffsteintürme finden sich nahezu

überall entlang des Seeufers, aber die größte Ansammlung steht am Südrand. Dort ist zudem ein fast 2 km langer Lehrpfad. Es lohnt sich, beim Mono Basin Scenic Area Visitors Center (s. unten) nach von Rangern geführten Touren zu fragen. Zum Schutzgebiet gelangt man auf dem Hwy 395, 6 Meilen (ca. 9,5 km) von Lee Vining aus in südlicher Richtung; nach weiteren 5 Meilen (8 km) auf dem Hwy 120 kommt man zu einem Feldweg, der bis zu einem Parkplatz führt.

Navy Beach STRAND

Navy Beach, gleich östlich neben dem Naturschutzgebiet, ist die beste Stelle, um schwimmen zu gehen oder in ein Kanu oder ein Kajak zu steigen. Von Ende Juli bis Anfang September bietet das **Mono Lake Committee** (☎760-647-6595; www.monolake.org/visit/canoe; geführte Tour 25 US$; ⏲Sa & So 8, 9.30 & 11 Uhr) einstündige Kanutouren um die Tuffsteintürme an. Halbtagestouren mit dem Kajak in Ufernähe oder nach Paoha Island gibt es auch bei **Caldera Kayaks** (☎760-934-1691; www.calderakayak.com; geführte Tour 75 US$; ⏲Mitte Mai–Mitte Okt.). Bei beiden muss man sich im Voraus anmelden.

Panum Crater NATUR

Der Panum Crater erhebt sich über dem südlichen Ufer und ist der jüngste (ca. 640 Jahre), kleinste und am leichtesten zugängliche der Krater, die sich bis zum Mammoth Mountain ziehen. Ein Weg führt um den Kraterrand (ca. 30–45 Min.) und ein kurzer, aber steiler Abstieg führt ins Innere des Kraters. Den Ausgangspunkt für die Tour erreicht man über einen Pfad, der östlich vom Hwy 120 abgeht, etwa 3 Meilen (5 km) hinter der Kreuzung mit dem Hwy 395.

Black Point Fissures NATUR

Die etwa 13 000 Jahre alten Black Point Fissures, Risse im Felsgestein, die entstanden, als sich Lava abkühlte und wieder zusammenzog, sind am Nordufer des Sees zu bestaunen. Man erreicht sie aus drei verschiedenen Richtungen: von Osten über den Mono Lake County Park, über das Westufer, direkt vom Hwy 395 aus oder von Süden vom Hwy 167. Genaue Wegbeschreibungen erhält man im Mono Basin Scenic Area Visitors Center (s. unten).

Praktische Informationen

Mono Basin Scenic Area Visitors Center (☎760-647-3044; www.fs.usda.gov/inyo; Hwy 395; ⏲Mitte April–Nov. 8–17 Uhr) Eine halbe Meile nördlich von Lee Vining gelegen, bietet das Center Landkarten, Schaukästen, Genehmigungen, bärensichere Kanister, einen Buchladen und einen 20-minütigen Film zum Mono Lake.

Mono Lake Committee Information Center (☎760-647-6595; www.monolake.org; cnr Hwy 395 & 3rd St; ⏲Ende Okt.–Mitte Juni 9–17 Uhr, Mitte Juni–Sept. 8–21 Uhr) Hier finden Traveller Internetzugang (2 US$/15 Min.), Karten, Bücher, einen 30-minütigen Gratisfilm über den Mono Lake sowie Personal vor, das sich dem Erhalt der Umwelt verschrieben hat. Öffentliche Toiletten sind ebenfalls vorhanden.

JUNE LAKE LOOP

Im Schatten des massiven Carson Peak (3325 m) schlängelt sich der June Lake Loop (Hwy 158) über 14 Meilen (22,5 km) durch einen Bilderbuch-Canyon in Hufeisenform, vorbei am verschlafenen Städtchen June Lake und an vier glitzernden, fischreichen Seen: Grant Lake, Silver Lake, Gull Lake und June Lake. Im Herbst ist es dort besonders malerisch, wenn im Talkessel überall goldene Espen leuchten. Los geht's ein paar Meilen südlich von Lee Vining.

Aktivitäten

An den June Lake grenzt die Ansel Adams Wilderness, die wiederum in den Yosemite National Park übergeht. Am **Rush Creek Trailhead** findet sich ein Tagesparkplatz mit Landkarten und Genehmigungen, die man sich selbst ausstellen kann. Gem Lake und Agnew Lake eignen sich für spektakuläre Tagesausflüge, Thousand Island und Emerald Lake (beide an den Pacific Crest/John Muir Trails) sind super Übernachtungsziele.

Boote und Angelausrüstungen lassen sich an den fünf Anlegestellen mieten. Hier erhält man auch die nötigen Angelscheine.

June Mountain Ski Area SKIFAHREN

(☎24-Stunden-Schneeinfo 760-934-2224, 888-586-3686; www.junemountain.com; Liftpass Erw./Kind 69/35 US$) Diese Region hat sich dem Wintersport verschrieben. Sie ist viel kleiner und weniger überlaufen als der nahe Mammoth Mountain und ideal für Skianfänger. Auf über 200 ha verlaufen etwa 35 Pisten, die über sieben Lifts, darunter sogar zwei ultraschnelle Sessellifte, erreichbar sind. Snowboarder können sich ihren Adrenalinschub in drei Skiparks mit einer coolen Super-Halfpipe holen.

Ernie's Tackle & Ski Shop OUTDOOR-AUSRÜSTUNG

(☎760-648-7756; www.erniestackleandski.com; 2604 Hwy 158) Einer der angesehensten Ausrüster im June Lake Village.

DIE GESCHICHTE ZWEIER SEEN

L.A. mag 250 Meilen (400 km) weit weg sein, aber die Geschichte der Stadt ist eng mit der der Eastern Sierra verbunden. Als die Einwohnerzahl in L.A. zu Beginn des 20. Jhs. anstieg, wurde schnell klar, dass das Grundwasser kaum ausreichen würde – schon gar nicht bei weiterem Wachstum. Das nötige Wasser musste von außen zugeführt werden. Fred Eaton, einst Bürgermeister von L.A., und William Mulholland, der Leiter des Wasser- und Energieamtes der Stadt (LADWP), wussten genau, woher: über einen Aquädukt aus dem Owens Valley, das als Auffangbecken der Sierra Nevada fungiert.

Der Umstand, dass sich im Owens Valley Landwirtschaft einzig wegen der guten Wasserversorgung angesiedelt hatte, interessierte die beiden nicht. Auch bei der Staatsregierung stieß der Plan kaum auf Widerstand, sie unterstützte die ethisch fragwürdigen Maßnahmen der Stadt tatkräftig. Man bewilligte Mulholland die 24,5 Mio. US$, die er zum Bau des Aquädukts benötigte, und 1908 konnten die Arbeiten beginnen. Der Aquädukt, ein Wunderwerk der Ingenieurskunst, das sich durch Wüsten und Bergterrain windet, wurde am 5. November 1913 mit großem Tamtam eröffnet. Das Owens Valley sollte sich jedoch von Grund auf verändern.

Die Umleitung der meisten seiner Zuflüsse ließ den 9 m tiefen Owens Lake, der ein wichtiger Zwischenstopp für viele Wasservögel war, schnell verkümmern. Die ansässigen Landwirte und Viehzüchter stritten erbittert mit der Stadt. Gewalttätiger Höhepunkt war der Versuch einiger Gegner, den Aquädukt zumindest teilweise zu sprengen. Aber auch das nützte nichts. Ab 1928 gehörten der Stadt L.A. 90% des Wassers im Owens Valley, und die Agrarwirtschaft dort war praktisch tot. Diese frühen „Wasserkriege" dienten als Stoff für den Film *Chinatown* aus dem Jahr 1974.

Mit steigender Größe wuchs auch der Wasserbedarf L.A.s. In den 1930er-Jahren erwarb das LADWP die Wasserrechte im Mono Basin und baute den Aquädukt um ca. 170 km aus; damit wurden vier der fünf Gewässer umgeleitet, die in den Mono Lake mündeten. Wie zu erwarten, sank der Wasserpegel. Dafür stieg der Salzgehalt auf das Doppelte, was das ökologische Gleichgewicht gefährlich ins Wanken brachte.

1976 legte der Naturschützer David Gaines eine Studie über die Ausbeutung des Sees vor, in der er zu dem Schluss kam, dass dieser ohne geeignete Maßnahmen innerhalb von 20 Jahren austrocknen würde. Um dies noch abzuwenden, rief er 1978 unter Mithilfe der National Audubon Society das Mono Lake Comittee ins Leben. Jahrelange Lobby-Arbeit und viele Gerichtsverfahren später hatte das Komitee Erfolg: 1994 verpflichtete ein Beschluss des California State Water Resources Control Board das LADWP dazu, die Wasserentnahme zu senken, um den Pegel 6 m anzuheben. Im Juli 2011 lag der Wasserpegel aber noch immer etwa 2,5 m niedriger als vorgegeben.

Der Owens Lake kam dagegen nicht so glimpflich davon. Er war fast ausgetrocknet und alkalischer Staub fegte häufig über ihn hinweg, was für Menschen mit Atembeschwerden gefährlich war. 1999 trat jedoch ein Plan in Kraft, der eine seichte Bewässerung von über 78 km² (einem Drittel der Gesamtfläche) vorsah, und seit 2006 sorgt diese Maßnahme dafür, dass die Staubwinde fast völlig verschwunden und wichtige Nistplätze für Wasservögel entstanden sind.

Trotz dieser Verbesserungen behalten das **Owens Valley Commitee** (www.ovcweb.org) und der Sierra Club das LADWP streng im Auge und erzwingen regelmäßig vor Gericht die Mitarbeit des Amts an Abkommen zur Schadenseingrenzung.

Schlafen & Essen

Double Eagle Resort & Spa RESORT $$$
(☎760-648-7004; www.doubleeagleresort.com; 5587 Hwy 158; Zi. inkl. Frühstück 199 US$, Hütte 349 US$;) Die edelste Übernachtungsmöglichkeit vor Ort: Die gepflegten Holzhütten mit den zwei Schlafzimmern und die Hotelzimmer mit Balkon lassen keine Wünsche offen. Eventuell verbliebene Sorgen kann man im eleganten Spa vergessen. Das **Restaurant** (Hauptgerichte abends 15–30 US$; ⏲8–21 Uhr) mit den gemütlichen Nischen, der hohen Decke und einem offenen Kamin strahlt rustikale Eleganz aus.

June Lake Motel MOTEL $$
(☎760-648-7547, www.junelakemotel.com; 2716 Hwy 158; Zi. mit/ohne Küche 115/105 US$; @) In den riesigen Zimmern – die meisten sind

mit einer kompletten Küche ausgestattet – kann man zwischen den hübschen, hellen Holzmöbeln gut die frische Bergluft genießen. Es gibt eine Spüle zum Ausnehmen der gefangenen Fische und einen Grillplatz, nebst einem gut sortiertem Bücherregal – und dem Hofhund, einem Neufundländer.

USFS-Zeltplätze CAMPING $
(☎800-444-7275; www.recreation.gov; Stellplatz f. Zelt & Wohnmobil 20 US$; ⊙Mitte April–Okt.) Dazu gehören: June Lake, Oh! Ridge, Silver Lake, Gull Lake und Reversed Creek. Die ersten drei nehmen Reservierungen entgegen; in Silver Lake hat man einen traumhaft schönen Blick auf die Berge.

Carson Peak Inn AMERIKANISCH $$
(☎760-648-7575; Hwy 158 btwn Gull & Silver Lakes; Hauptgerichte 19–34 US$; ⊙5–22 Uhr, Winter verkürzte Öffnungszeiten) Das Restaurant befindet sich in einem gemütlich eingerichteten Haus mit offenem Kamin und wird wegen seiner klassischen Leckerbissen geschätzt, z.B. Rindfleischspießen, Forelle Müllerin und Geschnetzeltem von der Lende. Die Portionen lassen sich dem Appetit anpassen, von normal bis Heißhunger.

Tiger Bar AMERIKANISCH $$
(www.thetigerbarcafe.com; 2620 Hwy 158; Hauptgerichte 8–17 US$; ⊙8–22 Uhr) Den Tag auf den Hängen oder Pisten lassen viele gern an der langen Theke oder am Pooltisch dieses angenehm unaufgeregten Lokals ausklingen. Die deftige Hausmannskost aus Burgern, Salaten, Tacos und Pommes Frites sollte jeden zufriedenstellen.

eastsierra.net CAFÉ $
(2775 Hwy 158; ⊙6–17 Uhr; 📶) Internetcafé mit Biokaffee und -tee.

Mammoth Lakes

Mammoth Lakes ist ein kleines Urlaubsdorf in den Bergen, umgeben von einer wunderschönen Kulisse. Aktive Frischluftfanatiker gehen ihrem Freizeitvergnügen am Fuß des schwindelerregend hohen (3369 m) Mammoth Mountain nach. Die Hänge sind fast ständig von Pulverschnee bedeckt, und wenn der doch einmal schmilzt, stehen Travellern Mountainbike-Pfade, beste Angelgelegenheiten, endlose Bergwanderrouten und geheime Ecken für ein Bad in Thermalquellen zur Verfügung. Eingerahmt wird die Vier-Sterne-Anlage, die als Knotenpunkt der Eastern Sierra dient, von schroffen Bergen, kristallklaren Bergseen und den dichten Wäldern des Inyo National Forest.

Sehenswertes

Erdbebenfalte (LP TIPP) NATUR
(Karte S. 484) Es lohnt sich, an der Minaret Rd, etwa 1 Meile (1,6 km) westlich des Mammoth Scenic Loops, einen kleinen Umweg zu machen, um eine Erdbebenfalte zu bestaunen: eine enge Kluft, die sich über 800 m hinweg bis zu 6 m tief in die Erde gräbt. Häufig liegt dort unten bis weit in den Sommer hinein Schnee. Die Ureinwohner Amerikas und die ersten Siedler benutzten die Falte daher zur Aufbewahrung verderblicher Lebensmittel.

Mammoth Museum MUSEUM
(Karte S. 484; ☎760-934-6918; 5489 Sherwin Creek Rd; Spende 3 US$; ⊙Mitte Mai–Sept. 10–18 Uhr) In diesem kleinen Museum in einer historischen Blockhütte gehen Besucher auf eine kleine Zeitreise.

Aktivitäten

Ski- & Snowboardfahren

Die insgesamt 30,5 km unbefestigter Pfade des **Blue Diamond Trails System** im Dunstkreis des Ortes erlauben viele schöne, kostenlose Skitouren zwischen mehreren malerischen Wäldern. Karten gibt es am Mammoth Lakes Welcome Center (S. 488) oder unter www.mammothnordic.com.

Mammoth Mountain SKIFAHREN
(Karte S. 484; ☎760-934-2571, 800-626-6684, 24-Stunden-Schneeinfo 888-766-9778; www.mammothmountain.com; Lifttickets Erw./Senior & Kind 92/46 US$) Ein Traum von einem Skigebiet für alle Skifahrer und Snowboarder: Der Mix aus strahlendem Sonnenschein, einer verlässlich langen Skisaison (meist Nov.–Juni) und fantastischen Abfahrten durch über 1400 ha Wälder und über offene Hänge und Pisten macht's! Ganz oben warten als besondere Herausforderung ein paar ganz krasse, fast senkrechte Schneerinnen. Die anderen Daten sind ähnlich beeindruckend: 945 m Höhenunterschied, 150 Schneepfade, 29 Lifte (u.a. zehn Sessellifte). Snowboarder können sich inzwischen in neun Schneeparks der Region an drei Super-Halfpipes und coolen Rails messen.

Am Fuß des Berges gibt es fünf Ausgangspunkte: die **Main Lodge** (Karte S. 484), die **Canyon Lodge** (Karte S. 484), die **Eagle Lodge** (Karte S. 484), das **Mill Cafe** (Karte S. 484) und das **Mountain Center** (Karte S. 484); an allen gibt es Ti-

Rund um Mammoth Lakes

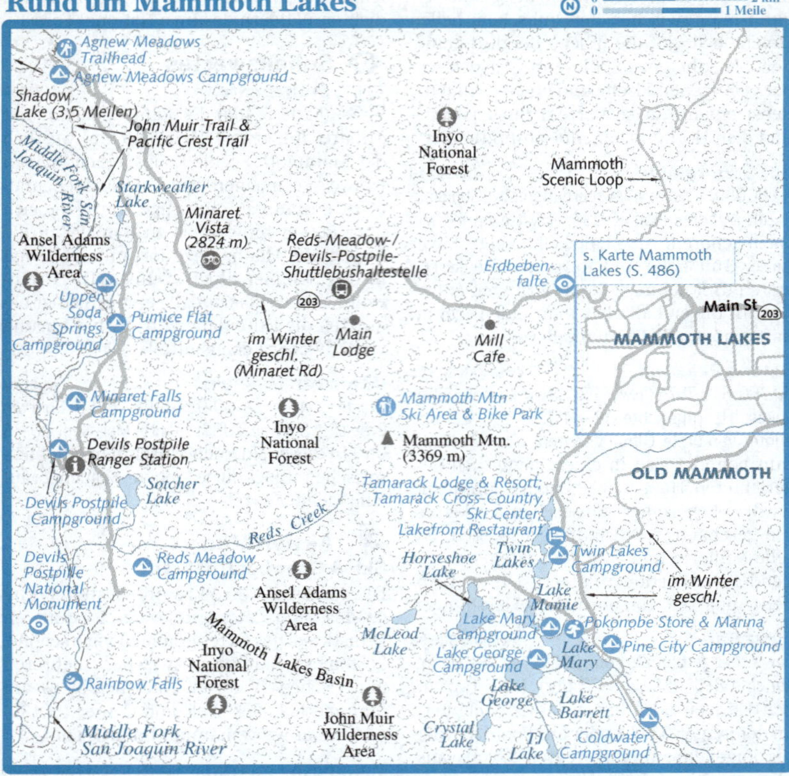

cketschalter und Parkplätze. Kostenlose Skibusse halten überall in der Stadt. Als Alternative bietet sich die **Village Gondola** (Karte S. 484) an, mit der man in sechs Minuten hoch zur Canyon Lodge flitzen kann, dem Ausgangspunkt mehrerer Sessellifte.

Tamarack Cross-Country Ski Center SKIFAHREN
(Karte S. 484; ☎760-934-2442; Lake Mary Rd; Tagespass Erw./Kind/Senior 27/15/21 US$; ⌚8.30–17 Uhr) Per Shuttle kann man bis zur Tamarack Lodge fahren, von wo aus sich 32 km sorgfältig gepflegter Loipen zwischen Twin Lakes und den Seen erstrecken. Das Gebiet ist auch ein Mekka für Schneeschuhwanderer. Verleihe und Lehrer sind vor Ort ansässig.

Radfahren & Mountainbiken

Im Mammoth Lakes Welcome Center (S. 488) sind kostenlose Landkarten mit Routenplaner und aktuelle Informationen über den Zustand der Wege erhältlich.

Lakes Basin Path RADFAHREN
(Karte S. 484; www.mammothtrails.org) Eine örtliche Dachorganisation für aktive Freizeitgestaltung hat ein neues, fantastisches System von Radwanderwegen geschaffen. Ein kompletter Abschnitt ist der 8,5 km lange Lakes Basin Path, der am südwestlichen Winkel zwischen Lake Mary und der Minaret Rds beginnt und bergauf (5–10 % Steigung) zum Horseshoe Lake führt, vorbei an hübschen Seen und Aussichtspunkten auf die umliegenden Berge. Der kostenlose Lakes Basin Trolley mit seinem Anhänger für zwölf Räder bringt Radler hin.

Mammoth Mountain Bike Park MOUNTAINBIKEN
(Karte S. 484; ☎800-626-6684; www.mammothmountain.com; Tagespass Erw./Kind 43/22 US$; ⌚Juni–Sept. 9–16.30 Uhr) In den Sommermonaten verwandelt sich der Mammoth Mountain in den riesigen Mammoth Mountain Bike Park mit über 130 km gut befestigter, schmaler Pfade. Andere Wege

führen durch die Wälder im Umland. Im Allgemeinen erwarten Mountainbiker hier zahlreiche Anstiege und weicher Sanduntergrund – Letzterer lässt sich am besten mit dicken, schweren Reifen bewältigen.

Für die schwindelerregende Fahrt mit der **Gondel** (Erw./Senior 23/12 US$) zum Gipfel braucht man aber weder ein Rad noch ärztlichen Beistand. Oben befindet sich ein Café, und die Fernrohre im Informationszentrum holen einem die Berge der Umgebung dicht vor Augen. Kinder bis zu 13 Jahren können sich inzwischen an der **Seilrutsche** (1. Fahrt 12 US$, jede weitere 7 US$, ⏲Sommer) hinter dem Adventure Center vergnügen.

Während der Öffnungszeiten betreibt der Park einen kostenlosen **Mountainbike-Shuttleservice** (⏲9–17.30 Uhr) vom Village zur Main Lodge. Die Shuttles fahren alle 30 Minuten. Mountainbiker haben Vorrang vor Fußgängern, sofern sie Gipfelpässe haben.

Wandern

Mammoth Lakes grenzt direkt an die **Ansel Adams Wilderness** und die **John Muir Wilderness**, deren traumhafte Wanderwege zu glitzernden Seen, Gipfeln und Schluchten führen. Die zentralen Ausgangspunkte sind das Mammoth Lakes Basin, Reds Meadow und die Agnew Meadows; Letztere sind nur mit dem Shuttle erreichbar (s. S. 489). Der **Shadow Lake** (Karte S. 484) ist ein wunderschönes Tagesausflugsziel; er liegt 11 km von Agnew Meadows entfernt.

Angeln & Bootfahren

Ab dem letzten Samstag im April locken die Seen, die der Stadt ihren Namen geben, Fliegen- und Forellenfischer aus aller Welt an. Angellizenzen sind in allen Sportgeschäften der Stadt erhältlich. Ausrüstung und gute Tipps bekommt man bei **Troutfitter** (Karte S. 484; ☎760-934-2517; Ecke Main St & Old Mammoth Rd) oder in **Rick's Sports Center** (Karte S. 484; ☎760-934-3416; Ecke Main & Center Sts).

Im **Pokonobe Store and Marina** (Karte S. 484; ☎760-934-2437; www.pokonoberesort.com) am Nordende des Lake Mary werden Motorboote (20 US$/Std.), Ruderboote (10 US$), Kanus (16 US$) und Kajaks (16–20 US$) vermietet. **Caldera Kayaks** (☎760-935-1691; www.calderakayak.com) bietet Einer- (halber Tag 30 US$) und Zweierkajaks (50 US$) für Fahrten auf dem Crowley Lake.

Schlafen

Die B&Bs und Gästehäuser in Mammoth sind werktags selten voll belegt. Die Preise sind dann auch meist niedriger. In der Skisaison kann es nicht schaden, fürs Wochenende zu reservieren, und in der Urlaubszeit sind Reservierungen ein Muss. Viele Betreiber bieten Ski-und-Übernachtungspakete an. Für Gruppen lohnen sich Apartments.

Eine komplette Liste der Zeltplätze, der verstreuten Möglichkeiten zum Wildcampen (die kostenlose, aber vorgeschriebene Genehmigung zum Feuermachen nicht vergessen!) und der öffentlichen Duschen ist im Mammoth Lakes Welcome Center (S. 488) bzw. auf deren Website verfügbar.

Mammoth Creek Inn INN $$
(Karte S. 484; ☎760-934-6162, 800-466-7000; www.mammothcreekinn.com; 663 Old Mammoth Rd; Zi. 190–235 US$, mit Küche 277–356 US$; @📶) Dieses schöne Inn am Ende einer Straße mit vielen Läden bietet Gästen Extras en masse: Daunendecken und flauschige Bademäntel, Sauna, Whirlpool und ein hippes Billardzimmer. Die besten Zimmer haben Ausblick auf die hohen Sherwin Mountains; manche besitzen eine komplette Küche und bieten Platz für bis zu sechs Personen.

LP TIPP **Tamarack Lodge & Resort** RESORT $$
(Karte S. 484; ☎760-934-2442, 800-626-6684; www.tamaracklodge.com; Zi. 99–169 US$, Hütte 169–599 US$; @📶🐾) Die Betreiber dieses charmanten Resorts am Strand des Lower Twin Lake sind wahre Engel. Schon seit 1924 wartet die gemütliche Lodge das ganze Jahr über mit einem offenen Kamin, einer Bar, einem tollen Restaurant, elf rustikalen Zimmern und 35 Hütten auf. Hütten gibt es von sehr einfach bis luxuriös. Alle verfügen über eine Küche, private Waschräume, eine Veranda und einen Holzofen. In manchen kommen bis zu zehn Leute unter.

Cinnamon Bear Inn B&B $$
(Karte S. 484; ☎760-934-2873, 800-845-2873; www.cinnamonbearinn.com; 133 Center St; Zi. inkl. Frühstück 79–179 US$; @📶) In den Himmelbetten dieses bodenständigen Gästehauses schlummert man selig; das gemütliche Gasfeuer im offenen Kamin ist einer der Gründe dafür. Nachmittags kann man mit anderen Gästen die Erlebnisse des Tages austauschen, während man hausgemachte Leckereien und Erfrischungen genießt. Oder man entspannt seine müden Muskeln im kleinen Jacuzzi im Freien.

Austria Hof Lodge LODGE $$
(Karte S. 484; ☎760-934-2764; www.austriahof.com; 924 Canyon Blvd; Zi. inkl. Frühstück 130–

Mammoth Lakes

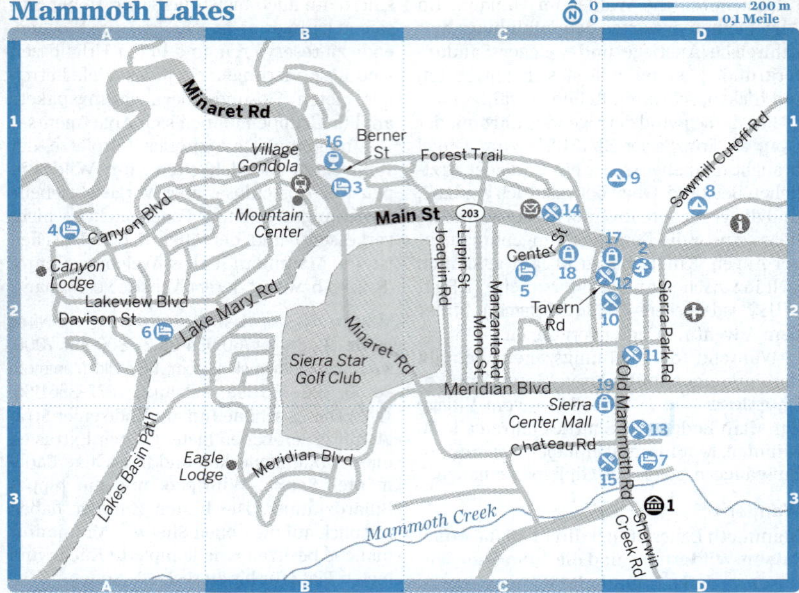

215 US$;) Die Zimmer dieses Nachbarn der Canyon Lodge sind mit modernen, knorrigen Kiefernholzmöbeln ausstaffiert, zudem locken dicke Daunendecken und ein DVD-Spieler. Spinde für die Skier und der Whirlpool auf der Sonnenterrasse versüßen den Winter hier zusätzlich. Das lodgeeigene Restaurant (Hauptgerichte abends 24–37 US$) mit den Mosaikfenstern glänzt mit herzhafter deutsch-österreichischer Küche.

Alpenhof Lodge HOTEL **$$**
(Karte S. 484; 760-934-6330, 800-828-0371; www.alpenhof-lodge.com; 6080 Minaret Rd; Zi. 159–239 US$;) Dieses Gästehaus im europäischen Stil liegt nur einen Schneeballwurf vom Ort entfernt und bietet neben etwas unscheinbaren, aber behaglichen Zimmern auch luxuriösere Suiten mit gasbetriebenen Kaminen oder Küchen.

Davison Street Guest House HOSTEL **$**
(Karte S. 484; 760-924-2188, Reservierung 858-755-8648; www.mammoth-guest.com; 19 Davison St; B 35–49 US$, DZ 75–120 US$;) Das Hostel, ein nettes, A-förmiges Chalet mit fünf Zimmern, liegt in einer ruhigen Wohngegend. Die Küche dort ist gut ausgestattet; das Wohnzimmer mit dem offenen Kamin und angeschlossener Sonnenterrasse bietet Bergblick. Man meldet sich selbst an, wenn der Manager nicht aufzutreiben ist.

USFS-Zeltplätze CAMPING **$**
(Karte S. 484 & Karte S. 484; 877-444-6777; www.recreation.gov; Stellplatz f. Zelt & Wohnmobil 20–21 US$; ; ca. Mitte Juni–Mitte Sept.) In und um Mammoth Lakes liegen 15 USFS-Zeltplätze (s. „Recreation" auf www.fs.usda.gov/inyo), von denen alle Spültoiletten haben, aber keine Duschen. Auf vielen Plätzen gilt das Prinzip „Wer zuerst kommt, mahlt zuerst"; auf einigen kann man auch reservieren. Nicht vergessen sollte man, dass die Nächte auch im Juli in diesen Höhen kühl sein können. Die Plätze heißen New Shady Rest, Old Shady Rest, Twin Lakes, Lake Mary, Pine City, Coldwater, Lake George, Reds Meadow, Pumice Flat, Minaret Falls, Upper Soda Springs und Agnew Meadows.

Essen & Ausgehen

Lakefront Restaurant KALIFORNISCH, FRANZÖSISCH **$$$**
(Karte S. 484; 760-934-3534; www.tamaracklodge.com/lakefront-restaurant; Lakes Loop Rd, Twin Lakes; Gerichte 28–38 US$; ganzjährig 17–21.30 Uhr, Sommer auch 11–14 Uhr, Herbst & Frühling Di & Mi geschl.) Die Tamarack Lodge hat einen traulichen, romantischen Speisesaal mit Blick über die Twin Lakes. Der Koch zaubert französisch-kalifornische Spezialitäten (Elchmedaillons *au poivre* und Tomaten mit baskischem Käse) auf die

Mammoth Lakes

Tische und das Personal ist enorm freundlich. Reservierung empfohlen!

LP TIPP **Skadi** EUROPÄISCH $$$
(Karte S. 484; 760-934-3902; www.skadirestaurant.com; 587 Old Mammoth Rd; Hauptgerichte 24–32 US$; Mi–So 17.30–21.30) Im ersten Stock eines unscheinbaren Bürogebäudes wird „alpine Küche" serviert, z. B. gebratener Lachs und Würste von Tieren aus hauseigener Zucht. Dazu gibt es tolle europäische und kalifornische Weine und eine traumhafte Aussicht auf die Sherwin Range. Reservieren!

Petra's Bistro & Wine Bar KALIFORNISCH, FRANZÖSISCH $$$
(Karte S. 484; 760-934-3500; www.petrasbistro.com; 6080 Minaret Rd; Hauptgerichte 19–34 US$; Di–So 17–21.30 Uhr) Hier sollte man sich saisonale Küche und Wein nach den Empfehlungen der drei Sommeliers gönnen. Im Winter sind die besten Plätze die auf den gemütlichen Sofas am offenen Kamin. Genießer leiten den Abend mit einer Käseplatte ein und wählen dazu einen der 28 offenen Tropfen – oder köpfen einen der 250 Jahrgangsweine. Reservierung empfohlen!

Good Life Cafe KALIFORNISCH $
(Karte S. 484; www.mammothgoodlifecafe.com; Mammoth Mall, 126 Old Mammoth Rd; Hauptgerichte 8–10 US$; 6.30–15 Uhr;) Gesunde Küche, großzügig gefüllte Veggie-Wraps und dazu eine Schüssel Salat haben dieses Lokal zu einem Dauerbrenner gemacht. Die Veranda vorne ist wie geschaffen für einen Brunch in der warmen Sonne.

Stellar Brew CAFÉ $
(Karte S. 484; www.stellarbrewnaturalcafe.com; 3280 B Main St; Salate & Sandwiches 5,50 US$; 5.30–20 Uhr;) Hier ist alles aus regionaler Bioproduktion. Man sinkt in ein bequemes Sofa und gönnt sich den täglichen Schluck Kaffee aus hauseigener Röstung, Müsli oder leckeres veganes (und manchmal glutenfreies) Gebäck.

Roberto's Cafe MEXIKANISCH $$
(Karte S. 484; www.robertoscafe.com; 271 Old Mammoth Rd; Hauptgerichte 7–15 US$; 11–20 Uhr, Winter & Sommer bis 22 Uhr) Das zweifellos beste mexikanische Restaurant in Mammoth ist nicht nur wegen seiner Auswahl von über 30 Tequilasorten meist randvoll. Die Einheimischen stehen dicht gedrängt auf der Terrasse, um den Wildblumengarten zu bewundern, oder kippen ihre Margaritas in der tropisch dekorierten Cantina im 1. Stock.

Stove CAFÉ $
(Karte S. 484; www.thestoverestaurant.com; 644 Old Mammoth Rd; Frühstück 6–10 US$; 6.30–14 & 17–21 Uhr) Erstklassiger Kaffee und klasse Kohlehydrate. Tipp: die Armen Ritter aus Zimtbrot probieren!

Sierra Sundance Whole Foods GESUND $
(Karte S. 484; 26 Old Mammoth Rd;) Vegetarier, die sich selbst verpflegen, können sich in diesem praktischen Natur- und Feinkostladen mit Bioprodukten, Lebensmitteln und Tofu eindecken.

Clocktower Cellar KNEIPE
(Karte S. 484; www.clocktowercellar.com; 6080 Minaret Rd) Gerade im Winter drängen die

Einheimischen in den halb versteckten Keller der Alpenhof Lodge. Die Decke ist mit Kronkorken gepflastert, die Bar bietet 31 Biersorten vom Fass (mit Schwerpunkt auf deutschen Erzeugnissen) und hat darüber hinaus ca. 50 Flaschenbiere vorrätig.

Mammoth Brewing Company Tasting Room BRAUEREI

(Karte S. 484; ☎760-934-7141; www.mammothbrewingco.com; 94 Berner St; ⏲10–18 Uhr) Gratisproben gefällig? Die kriegt man hier von Dutzenden Fassbieren, bevor man sich noch ein IPA *395* oder Double Nut Brown für den Weg mitnimmt.

Shoppen

Die Ausrüstung für Outdoor-Abenteuer kauft oder mietet man besser in den hiesigen Läden, da diese meist günstiger sind als die am Mammoth Mountain.

Footloose OUTDOOR-AUSRÜSTUNG

(Karte S. 484; ☎760-934-2400; www.footloosesports.com; Ecke Main St & Old Mammoth Rd) Das komplette Sortiment an Schuhen und saisonaler Ausstattung; Infos zum Biken.

Mammoth Mountaineering Supply OUTDOOR-AUSRÜSTUNG

(Karte S. 484; ☎760-934-4191; www.mammothgear.com; 3189 Main St) Tipps und Ratschläge, topografische Karten und Ausrüstungsverleih für die ganze Saison.

Mammoth Sporting Goods OUTDOOR-AUSRÜSTUNG

(Karte S. 484; ☎760-934-3239; www.mammothsportinggoods.com; Sierra Center Mall, Old Mammoth Rd) Bikes, Snowboards und Skier; gegenüber von Von's Supermarket.

Praktische Informationen

Das **Mammoth Lakes Welcome Center** (☎760-934-2712, 888-466-2666; www.visitmammoth.com; ⏲8–17 Uhr) und die **Mammoth Lakes Ranger Station** (☎760-924-5500; www.fs.fed.us/r5/inyo; ⏲8–17 Uhr) teilen sich ein Gebäude am Nordende des Hwy 203. In diesem Infozentrum bekommt man Genehmigungen, findet Unterstützung bei der Suche nach Unterkünften und Zeltplätzen und erfährt Aktuelles zum Zustand der Straßen und der Wanderwege – und das alles unter einem Dach! Von Mai bis Oktober, wenn nur gewisse Kontingente verteilt werden, werden kurzfristige Genehmigungen stets am Vortag um 11 Uhr morgens ausgestellt; ansonsten stellt man sich die Scheine selbst aus.

Mammoth Hospital (☎760-934-3311; 85 Sierra Park Rd; ⏲24 Std.) Notaufnahme.

Mammoth Times (www.mammothtimes.com) Kostenloses Wochenblatt.

An- & Weiterreise

Der modernisierte Flughafen von Mammoth, **Mammoth Yosemite** (MMH), bietet täglich Nonstop-Flüge nach San Francisco an, die zwischen Winter und Frühling über United (www.united.com) abgewickelt werden. **Alaska Airlines** (www.alaskaair.com) hat ähnliche saisonale (und günstigere) Flüge nach San José und das ganze Jahr über Flüge nach Los Angeles. Alle Flüge dauern etwa eine Stunde. Für die Neuankömmlinge stehen Taxis bereit, und einige Unterkünfte bieten kostenlose Transfers an. **Mammoth Taxi** (☎760-934-8294; www.mammoth-taxi.com) kutschiert neben Fluggästen auch alle Wanderfreunde durch die Sierra.

NICHT VERSÄUMEN

DEVILS POSTPILE

Die fesselndste Attraktion in Reds Meadow ist die surreale Vulkanformation des Devils Postpile National Monument (Karte S. 484). Die 18 m hohe Wand aus fast senkrechten Basaltsäulen hat sich aus glutheißer Lava gebildet, die langsam abkühlte und dabei Risse von verblüffender Symmetrie bildete. Dieses Wabenmuster lässt sich am besten von der Spitze der Säulen aus bewundern, die man über einen kurzen Weg erreicht. Die Säulen liegen einen Spaziergang von rund 1 km von der Devils Postpile Ranger Station (Karte S. 484; ☎760-934-2289; www.nps.gov/depo; ⏲Sommer 9–17 Uhr) entfernt.

Von dieser Stelle aus führt ein 4 km langer Wanderweg durch Wälder, in denen man noch die Spuren der letzten Waldbrände sieht, zu den spektakulären Rainbow Falls (Karte S. 484), wo der San Joaquin River über eine 31 m hohe Basaltklippe in die Tiefe rauscht. Die größte Chance, einen Regenbogen in der Gischt zu sehen, hat man zur Mittagszeit. Die Wasserfälle sind auch von Reds Meadow aus zu erreichen, wo es neben einem Café, einem Laden und dem Reds Meadow Campground (Karte S. 484) auch eine Servicestation gibt, in der man sich um Gepäck und Ausrüstung kümmert. Von dort aus ist es eher ein leichter Spaziergang von etwa 2,5 km Länge.

Mammoth lässt sich das ganze Jahr über locker mit öffentlichen Verkehrsmitteln erkunden. Den Sommer über fahren die Busse von **YARTS** (☎877-989-2787; www.yarts.com) vom und zum Yosemite Valley, und die **Eastern Sierra Transit Authority** (☎800-922-1930; www.easternsierra transitauthority.com) bedient das ganze Jahr über die Strecke am Hwy 395, nach Norden bis Reno und nach Süden bis Lone Pine. Details gibt's auf S. 475.

In Mammoth selbst verkehren kostenlos und regelmäßig **Shuttlebusse**, die die Stadt das ganze Jahr über mit den Lodges am Mammoth Mountain verbinden; im Sommer bedienen Fahrradtrailer das Gebiet des Lakes Basin und den Mammoth Mountain Bike Park.

Rund um Mammoth Lakes

REDS MEADOW

Zu den schönsten und abwechslungsreichsten Landschaften bei Mammoth zählt das Reds Meadow Valley westlich des Gebiets Mammoth Mountain. Folgt man dem Hwy 203 bis nach **Minaret Vista** (Karte S. 484) kann man sich über verblüffende Ausblicke (toll bei Sonnenuntergang!) auf die Ritter Range, gezackte Felsenminarette und die fernen Ausläufer des Yosemite National Parks freuen.

Die Straße ins Reds Meadow Valley ist nur von Juni bis September befahrbar (je nach Wetterlage). Um das Verkehrsaufkommen in diesen Zeiten zu minimieren, ist die Straße für Privatfahrzeuge ab Minaret Vista gesperrt. Ausnahmen werden nur für Campinggäste gemacht, für Personen mit einer Reservierung in einer der Unterkünfte oder für Fahrer mit Behindertenausweis; in diesen Fällen wird eine Gebühr von 10 US$ pro Fahrzeug erhoben. Alle anderen *müssen* mit dem **Shuttlebus** (Karte S. 484; Erw./Kind 7/4 US$) vorlieb nehmen. Abfahrt ist zwischen 7.30 und 19 Uhr ca. alle 30 Minuten vom Parkplatz vor dem Adventure Center (der letzte Bus verlässt Reds Meadow um 19.45 Uhr). Die Fahrkarten müssen vor Antritt der Fahrt gelöst werden. Morgens fahren auch sechs Busse direkt ab dem Village (Canyon Blvd, unter der Gondel). Der Bus hält auf der Fahrt nach Reds Meadow an den Einstiegen zu Wanderwegen, einzelnen Aussichtspunkten und an den Zeltplätzen (Fahrzeit 45 Min.–1 Std.).

Die Talstraße ist die Verbindung zu sechs Zeltplätzen entlang des San Joaquin River. Der ruhige **Minaret Falls Campground** (Karte S. 484; Stellplatz f. Zelt & Wohnmobil 20 US$; 🐾) im Schatten der Trauerweiden ist ein beliebter Anglertreff, von dem aus man häufig die beste Sicht auf die Wasserfälle hat, die zu seinem Namen inspiriert haben.

HOT CREEK GEOLOGICAL SITE

Einen Überblick über die geothermischen Kräfte der Region verschafft man sich am besten bei einem Ausflug ein paar Meilen südlich von Mammoth, wo sich der kühle Mammoth Creek mit den Wassern der Thermalquellen vereinigt und als Hot Creek weiterfließt. Dieser mündet schließlich in einer kleinen Schlucht in brodelnden Kraterkesseln, in denen das Wasser wie in tropischen Gefilden blaugrün schimmert. Noch bis vor Kurzem schwelgten Badegäste in den wonnigen, aber doch irgendwie unheimlich temperierten Zonen, wo sich das Thermalwasser mit dem eisigen Flusswasser vermischt. 2006 war jedoch ein deutlicher Anstieg der geothermischen Aktivitäten zu verzeichnen, was zu vermehrten Geysierausbrüchen führte, bei denen kochend heißes Wasser in die Luft geschleudert wird. Vorläufig dürfen hier also keine Badegäste mehr ins Wasser.

Zur Anfahrt biegt man etwa 5 Meilen (8 km) südlich der Stadt vom Hwy 395 ab und folgt der Beschilderung zur Hot Creek Fish Hatchery. Von dort geht es weitere 2 Meilen (3,2 km) über eine Schotterstraße zu einem Parkplatz. Zum Fluss gelangt man in einer kurzen Wanderung den Canyon hinab.

Wenn man nicht bei lebendigem Leib gekocht werden möchte, fährt man zum Baden ab Mammoth etwa 9 Meilen (14,5 km) den Hwy 395 entlang nach Süden bis zur Benton Crossing Rd, die zu einigen einfachen, natürlichen **Thermalbecken** führt. Die Einheimischen nennen sie auch „Green Church Rd". Detaillierte Anfahrtsskizzen und Landkarten findet man in der Kalifornien-Bibel – in Matt Bischoffs ausgezeichnetem Guide *Touring California and Nevada Hot Springs*. Drei goldene Regeln, die es immer zu beachten gilt: kein Glas, keine Badezusätze und, wenn möglich, keine Badekleidung!

CONVICT LAKE

Im Südosten von Mammoth liegt der Convict Lake. Er zählt zu den schönsten Seen in der Gegend – seine smaragdgrünen Fluten sind umrahmt von massiven Bergen. Eine einfache Wanderung durch Espen- und Pappelwälder am Rand des Sees entlang ist ideal, um sich an die Höhe zu gewöhnen. Vom Ausgangspunkt des Wanderweges am südöstlichen Ufer gelangt man zu den Seen

Genevieve, Edith, Dorothy und Mildred in der John Muir Wilderness. Die Zufahrt zum See erfolgt vom Hwy 395 aus. An der Convict Lake Rd (gegenüber vom Mammoth Airport) nach Süden abbiegen und dann 2 Meilen (3,2 km) der Straße folgen!

1871 war der Convict Lake Schauplatz einer blutigen Schießerei zwischen einer Bande entflohener Verurteilter und der Gruppe, die ihnen auf den Fersen war. Deren Anführer, Sheriff Robert Morrison, kam dabei ums Leben. Nach ihm wurde später der höhere Gipfel – Mt. Morrison (3739 m) – benannt. Die Bösen entkamen, wurden aber kurz darauf in der Nähe von Bishop erwischt.

Der **Zeltplatz** (☎877-444-6777; www.recreation.gov; Stellplatz f. Zelt & Wohnmobil 20 US$; ⌚Mitte April–Okt.) verfügt über WCs und terrassierte Stellplätze. Die einzige Alternative ist das **Convict Lake Resort** (☎760-934-3800, 800-992-2260; www.convictlake.com; Hütte ab 189 US$; 📶🐾), in dessen drei Häusern und 27 Hütten mit Küchen je zwei bis 34 Personen wohnen können. Die Einrichtung ist rustikal bis nobel. Feinschmecker mit Geld strömen in das elegante **Restaurant** (☎760-934-3803, Hauptgerichte mittags 8–15 US$, abends 23–42 US$; ⌚tgl. 17. 30–21 Uhr, Juli–Aug. auch 11–14.30 Uhr), das für manche zu den besten im Umkreis von 100 Meilen zählt.

Bishop

Bishop, die zweitgrößte Stadt in der Eastern Sierra, liegt etwa zwei Stunden vom Tioga-Pass-Eingang des Yosemite entfernt. Als zentraler Dreh- und Angelpunkt für Freizeitaktivitäten bietet Bishop super Möglichkeiten zum Angeln an nahe gelegenen Seen, zum Klettern in den Buttermilks im Westen der Stadt und zum Wandern in der John Muir Wilderness (Bishop Creek Canyon & Rock-Creek-Kanal). Im Herbst, wenn die sinkenden Temperaturen die zahlreichen Espen, Weiden und Pappeln in unzähligen Farben leuchten lassen, ist die Gegend besonders reizvoll.

Die allerersten Bewohner des Owens Valley waren die Paiute und Shoshonen-Stämme, die heute auf vier Reservate verteilt leben. Weiße Siedler tauchten erstmals in den 1860er-Jahren auf und verkauften Vieh aus ihrer Zucht an die Bewohner der Bergdörfer.

Sehenswertes

LP TIPP **Laws Railroad Museum** MUSEUM
(☎760-873-5950; www.lawsmuseum.org; Spende 5 US$; ⌚10–16 Uhr; 👪) Eisenbahnfans und Freunde des Wilden Westens sollten den 6 Meilen (9,6 km) langen Umweg nördlich des Hwy 6 zu diesem Museum nicht scheuen. Dort ist eine Replika des Dorfes Laws zu bewundern, eines wichtigen Halts der *Slim Princess*, einer Schmalspurbahn, die fast 80 Jahre lang Güter und Passagiere durch das Owens Valley befördert hat. Hier befinden sich der originale Betriebsbahnhof von 1883 sowie ein Postamt, eine Schule und andere Gebäude, an denen der Zahn

ABSTECHER

BENTON HOT SPRINGS

Sich im eigenen Thermalbecken aalen und hinterher ein Schläfchen im Mondlicht halten – das geht bei den **Benton Hot Springs** (☎760-933-2287; www.historicbentonhotsprings.com; Hwy 120, Benton; Stellplatz f. Zelt & Wohnmobil 2 Pers. 40–50 US$, DZ mit/ohne Bad inkl. Frühstück 129/109 US$; 📶🐾). Die kleine historische Ferienanlage in einem 150 Jahre alten ehemaligen Silberbergbaudorf schmiegt sich an die White Mountains. Neun großzügige Zeltplätze mit privaten Badezubern und eine der antik eingerichteten Pensionen mit halbprivaten Zubern stehen zur Wahl. Die Zuber stehen auch Tagesgästen zur Verfügung (pro Pers. 10 US$/Std.). Jeder muss reservieren.

Erreichbar ist das Ganze von Mono Lake aus über den Hwy 120 (im Sommer), von Mammoth Lakes über die Benton Crossing Rd oder über den Hwy 6 von Bishop aus; bei den ersten beiden Varianten fährt man über welliges Terrain mit Blick über mächtige Formationen aus roten Felsen, die im Sonnenuntergang leuchten. Die Fahrzeiten betragen etwa eine Stunde. Der **Eastern Sierra Transit Authority Bus** (☎800-922-1930; www.easternsierratransitauthority.com) verkehrt dienstags und freitags zwischen Bishop und Benton (5 US$/Std.) und hält direkt vor dem Resort.

Wer Zeit hat, sollte sich zu den **Felszeichnungen der Volcanic Tablelands** am Hwy 6 durchfragen, wo sich alte Zeichnungen auf Felsenwänden bestaunen lassen.

der Zeit genagt hat. Zudem sind kuriose und vielseitige Dinge aus den Pioniertagen ausgestellt (Puppen, Flaschen, Feuerwehrgerätschaften, alte Öfen etc.).

GRATIS **Owens Valley Paiute Shoshone Cultural Center** KULTURZENTRUM
(☎760-873-3584; www.bishoppaiutetribe.com/culturalcenter.html; 2300 W Line St; ⊙9–17 Uhr) 1 Meile (1,6 km) westlich vom Hwy 395 kann man vor dem Stammeskulturzentrum einen indianischen Garten und drinnen Werke einheimischer Korbflechter bewundern und einiges über den Einsatz von Heilkräutern lernen.

GRATIS **Mountain Light Gallery** GALERIE
(☎760-873-7700; 106 S Main St; ⊙10–18 Uhr) Hier kriegt man einen Eindruck von der Sierra in all ihrer Pracht, u.a. dank der beeindruckenden Naturbilder des mittlerweile verstorbenen Fotografen Galen Rowell. Seine Werke sprühen vor Farben und seine Fotos der High Sierra gehören zu den schönsten, die es gibt.

Aktivitäten

Bishop ist hauptsächlich ein Spielplatz für **Boulderer** und **Kletterer** jedes Fitness- und Erfahrungsniveaus und jedes Kletterstils. Die wichtigsten Stellen befinden sich in den Granitbergen des Buttermilk Country, westlich der Stadt an der Buttermilk Rd und den kahlen Ebenen der Volcanic Tablelands und des Owens River Valley im Norden. Über die Details gibt das Personal von **Wilson's Eastside Sports** (☎760-873-7520; 224 N Main St) gern Auskunft. Dort kann man sich auch Ausrüstung leihen und Landkarten und Reiseführer kaufen. Eine weitere gute Quelle ist **Mammoth Mountaineering Supply** (☎760-873-4300; 298 N Main St), wo man auch gebrauchte Ausrüstungsgegenstände bekommt, u.a. Schuhe. In den Tablelands wurden zudem viele Felszeichnungen der Ureinwohner gefunden – nichts zerstören!

Wanderer zieht es eher ins Hochland. Dazu folgt man der Line St (Hwy 168) nach Westen am Bishop Creek Canyon entlang, durch Buttermilk Country bis zu mehreren Seen, u.a. dem Lake Sabrina und dem South Lake. Die jeweiligen Ausgangspunkte führen in die John Muir Wilderness und weiter zum Kings Canyon National Park. In der White Mountain Ranger Station (S. 492) erhält man Anregungen und Landkarten sowie Genehmigungen für Aufenthalte über Nacht.

Angeln kann man überall sehr gut, aber der North Lake ist der am wenigsten frequentierte See.

Alle, die Thermalquellen lieben, sollten es mit **Keough's Hot Springs** (☎760-872-4670; www.keoughshotsprings.com; 800 Keough Hot Springs Rd; Erw./Kind bis 12 Jahre 8/6 US$; ⊙Mi–Fr & Mo 11–19, Sa & So 9–20 Uhr, im Sommer länger geöffnet) versuchen. Etwa 8 Meilen (12,8 km) südlich von Bishop speisen örtliche Mineralquellen den historischen (erbaut 1919) grünen Pool mit Wasser in Badetemperatur. An einem Ende des Beckens kann man im Sprühnebel einer Fontäne sitzen. Daneben ist noch ein kleinerer, überdachter Pool mit 40 °C warmem Wasser. Campingmöglichkeiten und Zelthütten sind vorhanden.

Schlafen

Für eine romantische Nacht muss man nur den Schlafsack unterm Himmelszelt ausbreiten. Die nächsten **USFS-Zeltplätze** (Stellplatz f. Zelt & Wohnmobil 21 US$; ⊙Mai–Sept.) liegen alle zwischen 9 und 15 Meilen (rund 14,5 bzw. 24 km) westlich von Bishop Creek am Hwy 168 (in Höhen zwischen 2286 und 2743 m). Bis auf eine Ausnahme vergeben auch hier alle die Plätze nach dem Prinzip „Wer zuerst kommt, mahlt zuerst".

Joseph House Inn Bed & Breakfast B&B $$
(☎760-872-3389; www.josephhouseinn.com; 376 W Yaney St; Zi. inkl. Frühstück 143–178 US$; ❄📶🐾) Die Veranda des wunderschön restaurierten Hauses im Ranch-Stil gibt den Blick auf einen ruhigen, 1,2 ha großen Garten frei. Manche der sechs hübsch eingerichteten Zimmer haben einen offenen Kamin; in allen gibt es TV und Videorecorder. Das Gourmetfrühstück und der Wein samt Imbiss am Nachmittag sind inklusive.

Chalfant House B&B $$
(☎760-872-1790, 800-641-2996; www.chalfanthouse.com; 213 Academy; DZ inkl. Frühstück 80–110 US$; ❄📶🐾) Vorhänge aus Spitze und viktorianische Highlights verschönern die sechs Zimmer dieses restaurierten historischen Gebäudes. Der Gründer – der Herausgeber und Verleger der ersten Zeitung in Owens Valley – hat einige der Zimmer nach Angehörigen der Familie Chalfant benannt.

Essen & Ausgehen

Raymond's Deli DELI $
(www.raymondsdeli.com; 206 N Main St; Sandwiches 7–9 US$; ⊙10–18 Uhr; 🍸) Kitsch, Flipperautomaten und Pac-Man prägen das Raymond's, in dem Sandwiches mit Namen

wie „When Pigs Fly", „Flaming Farm" und „Soy U Like Tofu" serviert werden. Während man ein Lobotomy Bock kippt, kann man zusehen, wie dem Koch die Bestellung über eine Miniseilrutsche entgegengesaust.

Looney Bean CAFÉ $
(399 N Main St; Gebäck 3 US$; ⏲6–19 Uhr; 📶) Richtig guter Kaffee, moderne, gemütliche Räumlichkeiten und kostenloses WLAN sind die Gründe für die Beliebtheit dieses Cafés. Neben einigen Biokaffeesorten gibt es hier auch unzählige leckere Backwaren für den kleinen Hunger zwischendurch.

Erick Schat's Bakkerÿ BÄCKEREI $
(www.erickschatsbakery.com; 763 N Main St; Sandwiches 5–8,50 US$; ⏲So–Do 6–18, Fr bis 20 Uhr) Der beliebte Touristentreffpunkt, in dem sich das frische Brot oft bis fast zur Decke stapelt, backt sein Markenzeichen, das Shepherd Bread, und andere Köstlichkeiten schon seit 1938. Die Bäckerei hält zudem eine große Sandwichauswahl parat.

Whiskey Creek AMERIKANISCH $$
(www.whiskeycreekbishop.com; 524 N Main St; Hauptgerichte 11–29 US$; ⏲11–21, Fr & Sa bis 22.30 Uhr) Dieses Lokal im Landhausstil bietet Hausmannskost wie Hackbraten und Hühnerpastete an, zudem Fisch und Pasta.

ℹ Praktische Informationen

Öffentliche Duschen finden sich bei **Wash Tub** (☎760-873-6627; 236 Warren St; ⏲ca. 17 & 20–22 Uhr), am South Lake in der **Bishop Creek Lodge** (☎760-873-4484; www.bishopcreekresort.com; 2100 South Lake Rd; ⏲Mai–Okt.) und im **Parchers Resort** (☎760-873-4177; www.parchersresort.net; 5001 South Lake Rd; ⏲Ende Mai–Mitte Okt.).

Bishop Area Visitors Bureau (☎760-873-8405; www.bishopvisitor.com; 690 N Main St; ⏲Mo–Fr 10–17, Sa & So bis 16 Uhr)

Inyo County Free Library (☎760-873-5115; 210 Academy) Kostenloser Internetzugang.

Spellbinder Books (☎760-873-4511; 124 S Main St; 📶) Toller alternativer Buchladen mit angrenzendem Café und WLAN.

White Mountain Ranger Station (☎760-873-2500; www.fs.usda.gov/inyo; 798 N Main St; ⏲Mai–Okt. tgl. 8–17 Uhr, restliches Jahr Mo–Fr) Genehmigungen, Informationen über Wanderwege und Zeltplätze in der ganzen Region.

Big Pine

In diesem winzigen Dorf gibt es eine Handvoll Motels und ein paar einfache Restaurants. Es dient hauptsächlich als Sprungbrett für Touren in den Acient Bristlecone Pine Forest (s. Kasten S. 493) und zu den steinernen **Palisades** in der John Muir Wilderness, einer Gruppe von Bergen, von denen sechs höher sind als 4200 m. Unterhalb dieser Zinnen liegt der **Palisades Glacier**, der südlichste seiner Art in den USA und der größte in der Sierra Nevada.

Zum Ausgangspunkt gelangt man über die Glacier Lodge Rd (im Dorf: Crocker Ave), die dem forellenreichen Big Pine Creek den Big Pine Canyon entlang folgt. Nach 10 Meilen (16 km) Richtung Westen biegt man in ein schüsselartiges Tal ein. Bei der anstrengenden Wanderung über 9 Meilen (14,4 km) über den North Fork Trail zum Palisades Glacier kommt man an mehreren Seen vorbei, denen der Gletscherzufluss eine milchig-türkise Färbung verleiht, und an einer Hütte, die der Horrorfilmstar Lon Chaney 1925 errichtet hat.

Wenn die Ohren nach der Fahrt die Glacier Lodge Rd hinauf wieder frei sind, kommt man an drei **USFS-Zeltplätzen** (☎877-444-6777; www.recreation.gov; Stellplatz f. Zelt & Wohnmobil 20 US$; ⏲Mai–Mitte Okt.) vorbei: Big Pine Creek, Sage Flat und Upper Sage Flat. Für 5 US$ kann man in der **Glacier Lodge** (☎760-938-2837; www.jewelofthesierra.com; Stellplatz f. Zelt & Wohnmobil 35 US$, Hütte 125 US$; ⏲Mitte April–Mitte Nov.; 🐾) duschen. Die Glacier Lodge selbst ist eine Ansammlung rusikaler Berghütten mit eigenen Küchen und dazugehörigem Zeltplatz. Der Mindestaufenthalt beträgt zwei Nächte. Bei der Erbauung 1917 war sie eines der ersten Ausflugsziele in der Sierra.

Independence

Dieses verschlafene Nest am Highway ist seit 1866 Hauptstadt des County und der Standort des **Eastern California Museum** (☎760-878-0364; www.inyocounty.us/ecmuseum; 155 N Grant St; Eintritt gegenn Spende; ⏲10–17 Uhr). Dort lässt sich eine der umfassendsten Sammlungen von Flechtkörben der Paiute und Shoshonen bestaunen, zusammen mit Überresten aus dem Umsiedlungslager Manzanar (s. Kasten S. 495) und historischen Fotos von primitiv ausgerüsteten Kletterern beim Besteigen der Gipfel der Sierra, u. a. des Mt. Whitney.

Fans von **Mary Austin** (1868–1934), der Autorin von *The Land of Little Rain* und beredten Kämpferin gegen die Versteppung

NICHT VERSÄUMEN

ANCIENT BRISTLECONE PINE FOREST

Wer sich einige der ältesten Lebewesen der Erde ansehen möchte, sollte einen mindestens halbtägigen Ausflug zum Ancient Bristlecone Pine Forest einplanen. Die knorrigen, außerirdisch anmutenden Bäume dort wachsen in über 3000 m Höhe an den Hängen der scheinbar unwirtlichen White Mountains, einer kargen Bergkette, die einst die Sierra sogar noch weiter überragte. Der älteste Baum, Methusalem, wird auf über 4700 Jahre geschätzt und ist somit zwei Jahrhunderte älter als die Sphinx von Gizeh.

Zu den Wäldern gelangt man über den Hwy 168 in östlicher Richtung. Nach 12 Meilen (rund 19 km) biegt man von Big Pine auf die White Mountain Rd ab, anschließend fährt man nach links (Norden) die kurvige Straße 10 Meilen (16 km) hinauf bis nach **Schulman Grove**, die nach dem Forscher benannt wurde, der in den 1950er-Jahren als erster das Alter der Bäume ermittelt hat. Die gesamte Fahrt dauert etwa eine Stunde. Es gibt Zufahrten zu Wanderwegen (ohne Führung), und im Sommer 2012 soll ein neues, solarbetriebenes **Visitors Center** (☎760-873-2500; www.fs.usda.gov/inyo; Eintritt 5 US$/Fahrzeug; ⌚Ende Mai–Okt.) eröffnet werden. Die White Mountain Rd ist meist zwischen November und April gesperrt. Am schönsten ist es dort im August, wenn Wildblumen sich durch die harte Erdschicht gekämpft haben.

Ein zweites Wäldchen, die **Patriarch Grove**, liegt in einer offenen Talsenke und ist über eine 12 Meilen (rund 19 km) lange, ansteigende Schotterstraße zu erreichen. Vier Meilen (etwa 6,5 km) weiter gelangt man schließlich an ein Absperrgatter, den Ausgangspunkt für Tageswanderungen zum **White Mountain Peak** – mit 4342 m der dritthöchste Berg Kaliforniens. Hin und zurück sind es etwa 14 Meilen (22,5 km) über eine verlassene Straße, die an der **Barcroft High Altitude Research Station** vorbeiführt. Die Strecke versuchen viele auch mit dem Mountainbike. Die Straße windet sich unter den Augen zahlreicher Murmeltiere über die Baumgrenze hinweg nach oben; die Höhe setzt vielen Leuten zu. Man sollte ordentlich Zeit für die Strecke einplanen und mindestens 2 l Wasser pro Nase mit sich führen. Landkarten und nähere Informationen gibt's an der White Mountain Ranger Station (S. 492) in Bishop.

Eine Nacht auf dem Zeltplatz **Grandview Campground** (Spende 5 US$) auf 2621 m hilft bei der Gewöhnung an die Höhe – und der Sternenhimmel ist toll! Sensationelle Ausblicke, Tische und Plumpsklos entschädigen für das nicht vorhandene Wasser.

des Owens Valley, folgen den Wegweisern zu ihrem Haus, Nr. 253 an der Market St.

Westlich der Stadt, an der Onion Valley Rd (im Dorf: Market St) gelegen, ist das hübsche **Onion Valley** der Ausgangspunkt zum **Kearsarge Pass** (hin & zurück 15 Meilen, d.h. 24 km), einer alten Handelsstraße der Paiute. Er ist auch der schnellste Zugang im Osten zum Pacific Crest Trail und Kings Canyon National Park.

Neben einigen kleinen Motels bietet Onion Valley auch zwei **Zeltplätze** (☎877-444-6777; www.recreation.gov; Stellplatz f. Zelt & Wohnmobil 16 US$; ⌚Mai–Sept.) am Independence Creek.

Aus unerfindlichen Gründen befindet sich in dem Dorf, in dem sonst nur günstige, einfache Küche geschätzt wird, das **Still Life Café** (☎760-878-2555; 135 S Edward St; Hauptgerichte mittags 10–16 US$, abends 20–25 US$; ⌚Mi–Mo 11–15 & 18–21.30 Uhr). Das französische Gourmetbistro wirkt so fremd hier wie eine Orchidee in einer Salzwüste. In diesem freundlichen, künstlerisch angehauchten Lokal mit gallischem Charme werden Weinbergschnecken, Mousse von der Entenleber, Steak au poivre und andere französische Köstlichkeiten serviert.

Im vielbesuchten **Jenny's Café** (246 N Edwards St; Hauptgerichte mittags 7–9 US$, abends 12–22 US$; ⌚Do–Di 6–21 Uhr) neben dem Gerichtsgebäude bekommt man in uriger Landgasthausatmosphäre (Gardinen mit Hahnmotiven, alte Teekessel) deftige Kost wie Burger, Sandwiches und Steaks.

Manzanar National Historic Site

Ein schlichter Wachturm aus Holz weist Autofahrer auf eines der dunkelsten Kapitel in der Geschichte der USA hin, das sich auf einem öden, windzerzausten Landstrich keine 5 Meilen (8 km) südlich von Independence abspielte. Von dem berüchtigten Lager sind nur noch einige wenige Überreste zu sehen. Auf einer staubigen Fläche von 2,6 km² waren dort im Zweiten Weltkrieg wegen des Angriffs auf Pearl Harbor (s. Kasten S. 495) mehr als 10 000 Menschen japanischer Herkunft zusammengepfercht. Das einzig verbliebene Gebäude des Lagers, die ehemalige Schulaula, ist nun das **Interpretive Center** (☎760-878-2194; www.nps.gov/manz; ⌚Nov.–März 9–16.30 Uhr, April–Okt. bis 17.30 Uhr). Ein Besuch hier zählt zu den Highlights im Bundesstaat – das sollte man sich nicht entgehen lassen!

Bevor man die verstörende Ausstellung besucht, sollte man sich den 20-minütigen Dokumentarfilm anschauen, in dem die Geschichten der Familien festgehalten wurden, die trotz allem hier eine lebendige Gemeinde aufgebaut haben. Anschließend kann man auf eigene Faust die 3,2 Meilen (knapp 5 km) lange Fahrt um die Anlage unternehmen. Zu sehen sind u.a. Nachbildungen der Kantine, der Baracken, einzelne Spuren von Gebäuden und Gärten sowie der eindrucksvolle Lagerfriedhof.

Lone Pine

Das winzige Städtchen Lone Pine ist das Tor zu gigantischen Höhen, vor allem zum Mt. Whitney (4421 m), dem erhabensten Gipfel der USA – und nach Hollywood. In den 1920er-Jahren erkoren Filmemacher die nahen Alabama Hills zur Kulisse für Western, und häufig genug liefen Stars wie Gary Cooper oder Gregory Peck durchs Dorf.

Sehenswertes & Aktivitäten

Eine Handvoll einfacher Motels, ein Supermarkt, Restaurants und Läden (u.a. für Wanderausrüstung) flankieren den Hwy 395 (die Main St des Städtchens). Die Whitney Portal Rd führt an der einzigen Ampel nach Westen, während der Hwy 136 Richtung Death Valley etwa 2 Meilen (3 km) außerhalb der Stadt nach Süden abbiegt.

Mt. Whitney BERG

Westlich von Lone Pine ragen die scharfen Zacken der Sierra in all ihrer rauen, wilden Schönheit gen Himmel. Weil er von unzähligen kleineren Zinnen umringt ist, ist der Mt. Whitney vom Hwy 395 nur schwer auszumachen. Für die beste Aussicht folgt man der Whitney Portal Rd durch die Alabama Hills. Hat man diesen stattlichen Megalithen geortet, muss man sich vor Augen führen, dass der tiefste Punkt des Landes nur 128 km Luftlinie von hier entfernt liegt: Badwater im Death Valley. Den Gipfel des Mt. Whitney zu erklimmen, zählt zu den beliebtesten Aktivitäten vor Ort (s. Kasten S. 497).

LP TIPP **Alabama Hills** NATUR

Die warmen Farben und runden Formen der Alabama Hills an der Whitney Portal Rd bilden einen starken Kontrast zu den gezackten, schneebedeckten Sierras im Hintergrund. Die tollen orangefarbenen Felsen dienten schon als Kulisse für zahlreiche Western sowie die Fernsehserie *Lone Ranger* und geben einen herrlichen Logenplatz für Sonnenauf- und -untergang ab. Die Schotterpisten durch die Felslandschaft und an den Flüssen Tuttle und Lone Pine Creek entlang sind mit dem Auto, dem Mountainbike oder per pedes zu bewältigen. Eine Vielzahl anmutiger Felsbögen findet sich in fußläufiger Entfernung zu den Straßen. Auf der Whitney Portal Rd nach Westen biegt man entweder nach einer halben Meile (knapp 1 km) an der Tuttle Creek Rd links ab oder nach ca. 3 Meilen (rund 5 km) an der Movie Rd nach Norden. Auf den Websites der Lone Pine Chamber of Commerce (S. 495) und im Museum of Lone Pine Film History findet man ausgezeichnete Karten von Drehorten.

Museum of Lone Pine Film History MUSEUM

(☎760-876-9909; www.lonepinefilmhistorymuseum.org; 701 S Main St; Eintritt 5 US$; ⌚Mo–Mi 10–18, Do–Sa bis 19, So bis 16 Uhr) Über 450 Filme wurden hier gedreht, und im Museum sind Requisiten ausgestellt. Traveller sollten sich weder die 19-Uhr-Kinofilme (Do & Fr) noch den Cadillac im Foyer entgehen lassen.

Schlafen & Essen

Dow Hotel & Dow Villa Motel MOTEL, HOTEL $$

(☎760-876-5521, 800-824-9317; www.dowvillamotel.com; 310 S Main St; Hotelzi. mit/ohne Bad 70/54 US$, Motelzi. 104–140 US$; ❄📶🏊🐾) John Wayne und Errol Flynn sind zwei der Stars, die in diesem altehrwürdigen Hotel abgestiegen sind. 1922 erbaut, wurde es inzwischen unter Erhaltung seines alten, rustikalen Charmes restauriert. Die Zimmer im neuen Motelbereich sind hübscher und freundlicher, aber auch eher Standard.

Whitney Portal Hostel HOSTEL $

(☎760-876-0030; www.whitneyportalstore.com; 238 S Main St; B 20 US$, 4BZ 60 US$; ❄@📶🐾)

DAS LAGER DER SCHANDE

Am 7. Dezember 1941 – einem Tag, der laut Präsident Roosevelt auf ewig mit Schande behaftet ist – bombardierten japanische Kampfflugzeuge Pearl Harbor. Der Angriff zwang die USA in den Zweiten Weltkrieg und ließ die Ausländerfeindlichkeit aufflammen, die japanischen Einwanderern schon seit Jahrzehnten entgegengebracht wurde. Aus Angst vor vermeintlicher Sabotage und Spionage weitete sich der blinde Eifer der Bevölkerung zu einer Massenhysterie aus, die Roosevelt dazu verleitete, im Februar 1942 die Executive Order 9066 zu unterzeichnen – noch ein Tag, der nun mit Schande behaftet ist. Das Gesetz besagte, dass alle Japaner an der Westküste (die meisten waren amerikanische Staatsbürger und in den USA geboren) zusammengetrieben und in Internierungslager umgesiedelt werden sollten.

Manzanar war das erste von zehn solchen Lagern und wurde unter Birnen- und Apfelbäumen im staubigen Owens Valley nahe Independence eingerichtet. Zwischen 1942 und 1945 hausten dort bis zu 10 000 Männer, Frauen und Kinder in Baracken, geplagt von eisigen Winden und der Wüstensonne, umgeben von Stacheldraht und bewacht von der Militärpolizei.

Nach dem Krieg wurde das Lager geschlossen; die dunkle Vergangenheit blieb Jahrzehnte unter Staub begraben. Die öffentliche Anerkennung ließ bis 1973 auf sich warten, als die Stätte unter Denkmalschutz gestellt wurde; 1992 wurde sie als National Historic Site eingestuft, und 2004 öffnete ein Interpretive Center seine Pforten. Jeden letzten Samstag im April begeben sich ehemalige Insassen und ihre Nachkommen auf eine **Pilgerreise** (www.manzanarcommittee.org) zu Ehren dort verstorbener Angehöriger, um das Andenken an diese Tragödie aufrechtzuerhalten. Ein bewegendes Bild vom Leben im Lager zeichnet Jean Wakatsuki Houstons Klassiker *Farewell to Manzanar*.

Beliebt als Basis für Ausflüge zum Mt. Whitney und ideal, um nach der Rückkehr zu duschen (öffentliche Duschen sind vorhanden)! Die Zimmer mit den Etagenbetten helfen müden Wanderern mit Handtüchern und TV zurück in die Zivilisation, und in der Gemeinschaftsküche (ohne Herd) gibt's kostenlos Kaffee. Für Juli und August sollte man zwei Wochen im Voraus reservieren.

Lone Pine Campground CAMPING $
(☎518-885-3639, 877-444-6777; www.recreation.gov; Whitney Portal Rd; Stellplatz f. Zelt & Wohnmobil 15–17 US$; ⏲Mitte April–Okt.) Auf etwa halber Strecke zwischen Lone Pine und Whitney Portal lockt der beliebte USFS-Zeltplatz am Fluss (1829 m) mit Spültoiletten und Trinkwasser.

Alabama Hills Cafe DINER $
(111 W Post St; Hauptgerichte 8–12 US$; ⏲Mo–Fr 6–14, Sa & So ab 7 Uhr; ✍) Hier geht jeder gern frühstücken: Die Portionen sind groß, das Brot ist frisch, und die herzhaften Suppen und selbstgemachten Obstkuchen verführen dazu, das Frühstück bis zum Mittagessen auszudehnen.

Seasons MODERN-AMERIKANISCH $$
(☎760-876-8927; 206 N Main St; Hauptgerichte 17–29 US$; ⏲April–Okt. tgl. 17–22 Uhr, Nov.–März Mo–Sa bis 21 Uhr) Das Seasons bietet alles, wovon man bei der letzten Fertigmahlzeit auf dem Berg geträumt hat. Gedünstete Forelle, gebratene Ente, Filet Mignon und tellerweise Kohlenhydrate in Form von Nudeln regen den Appetit wieder an, und dank den leckeren, verführerischen Desserts wird jedem warm ums Herz.

ℹ Praktische Informationen

Eastern Sierra InterAgency Visitor Center
(☎760-876-6222; www.fs.fed.us/r5/inyo; ⏲8–17 Uhr, Sommer längere Öffnungszeiten) Die Informationszentrale der USFS für die Sierra, das Death Valley und den Mt. Whitney; etwa 1,5 Meilen (2,5 km) südlich der Stadt an der Kreuzung von Hwy 395 und Hwy 136.

Lone Pine Chamber of Commerce (☎760-876-4444; www.lonepinechamber.org; 120 S Main St; ⏲Mo–Fr 8.30–16.30 Uhr)

RENO (NEVADA)

Reno, die Stadt, die von der wohltuend schizophrenen Mischung aus Glücksspiel und toller Natur geprägt ist, lässt sich in keine Schublade stecken. Die „größte Kleinstadt der Welt" bietet für alle etwas, für Adrenalinjunkies, überzeugte Zocker und Stadtmenschen, die schnell fernab der Zivilisation in weiter Natur sein wollen.

Sehenswertes

National Automobile Museum MUSEUM
(☎775-333-9300; www.automuseum.org; 10 S Lake St; Erw./Kind/Senior 10/4/8 US$; ⊙Mo–Sa 9.30–17.30, So 10–16 Uhr;) Die stilisierten Straßenszenen in diesem mitreißendem Automuseum veranschaulichen ein Jahrhundert Automobilgeschichte. Die Sammlung ist riesig und sehr eindrucksvoll. Zu sehen sind unvergleichliche Einzelstücke – u.a. James Deans 1949er Mercury aus *Denn sie wissen nicht was sie tun*, eine 1938er Phantom Corsair und ein mit 24-karätigem Gold vergoldeter DeLorean – und Wechselausstellungen mit allen möglichen aufgemotzten oder funkelnden Retro-Schlitten.

Nevada Museum of Art MUSEUM
(☎775-329-3333; www.nevadaart.org; 160 W Liberty St; Erw./Kind 10/1 US$; ⊙Mi–Sa 10–17, Do bis 20 Uhr) In dem funkelnden Gebäude, das von den geologischen Formationen der Black Rock Desert nördlich der Stadt inspiriert wurde, führt eine Rolltreppe zu einer Galerie mit zeitgenössischen Ausstellungsstücken und Bildern mit Bezug zum Westen Amerikas. Ein tolles **Café** gibt's auch.

GRATIS **Fleischmann Planetarium & Science Center** SCIENCE CENTER
(☎775-784-4811; http://planetarium.unr.nevada.edu; 1650 N Virginia St; ⊙Mo–Di 12–17, Fr bis 21, Sa 10–21, So bis 17 Uhr) In diesem UFO-artigen Gebäude bei der University of Nevada kann man im Rahmen von Sternenshows und Filmvorführungen einen Blick ins Universum erhaschen (Erw./Kind 6/4 US$).

Nevada Historical Society Museum MUSEUM
(☎775-688-1190; www.museums.nevadaculture.org; 1650 N Virginia St; Erw./Kind 4 US$/Eintritt frei; ⊙Mi–Sa 10–17 Uhr) Das Museum in der Nähe des Science Centers zeigt u.a. Ausstellungen über Neonreklamen, die örtliche Kultur der Ureinwohner Amerikas und die Präsenz der US-Regierung.

Aktivitäten

Reno liegt eine 30- bis 60-minütige Autofahrt von den Skigebieten um Lake Tahoe entfernt. Viele Hotels und Kasinos bieten spezielle Übernachtungs- und Skipakete an.

Für ausführliche Infos zu regionalen Wanderwegen und Mountainbike-Pfaden, u.a. zum Mt. Rose Summit Trail und zum Tahoe-Pyramid Bikeway, kann man sich den **Truckee Meadows Trails Guides** (www.reno.gov/Index.aspx?page=291) downloaden.

Die Stromschnellen der Schwierigkeitsstufen II und III im **Truckee River Whitewater Park** im Schatten der Kasinos sind so harmlos, dass sie Kinder auf aufblasbaren Reifen bewältigen können – aber auch die Könner unter den Freestyle-Kajakfahrern finden hier noch ihren Meister. Beide Kurse schlängeln sich um Wingfield Park herum, eine kleine Flussinsel, auf der im Sommer Gratiskonzerte stattfinden. **Tahoe Whitewater Tours** (☎775-787-5000; www.gowhitewater.com) und **Wild Sierra Adventures** (☎866-323-8928; www.wildsierra.com) bieten Kajakausflüge und -unterricht an.

Die **Historic Reno Preservation Society** (☎775-747-4478; www.historicreno.org; geführte Tour 10 US$) informiert im Rahmen eines Spaziergangs oder einer Fahrradtour durch die Stadt über Reno. Im Mittelpunkt stehen Themen wie Architektur, Politik und Literaturgeschichte.

Feste & Events

Reno River Festival SPORT
(www.renoriverfestival.com) Die besten Freestyle-Kajakfahrer der Welt treten Mitte Mai zu einem Paddelwettbewerb durch den Whitewater Park an. Konzerte gibt's auch.

Tour de Nez SPORT
(www.tourdenez.com) Beim „coolsten Fahrradrennen Amerikas", der Tour de Nez im Juli, kommen für fünf Renntage und fünf Partynächte Profis und Amateure zusammen.

Hot August Nights KULTUR
(www.hotaugustnights.net) Anfang August erlebt man sieben Tage lang *American Graffiti* vom Feinsten. Gefeiert werden Straßenflitzer und Rock'n'Roll. Die Hotelpreise steigen in schwindelerregende Höhen.

Schlafen

Die Zimmerpreise schwanken erheblich, je nach Wochentag und den jeweiligen Veranstaltungen vor Ort. Sonntag bis Donnerstag ist gewöhnlich der preisgünstigere Zeitraum, der Freitag ist schon etwas teurer, und an Samstagen wird fast das Dreifache der Wochentagspreise verlangt.

Peppermill KASINOHOTEL **$$**
(☎775-826-2121, 866-821-9996; www.peppermillreno.com; 2707 S Virginia St; Zi. So–Do 50–140 US$, Fr & Sa 70–200 US$;) Opulenz in bester Vegas-Tradition: Der neueste Turm mit 600 Zimmern im beliebten Peppermill besitzt im Toskana-Stil

DEN MT. WHITNEY ERKLIMMEN

Der Mt. Whitney hat einen besonderen Nimbus, und seinen Gipfel zu erklimmen, übt auf viele einen ganz speziellen Reiz aus. Der Mt. Whitney Trail (der bequemste und am stärksten frequentierte Weg) beginnt am Whitney Portal, das nach etwa 13 Meilen (21 km) auf der Whitney Portal Rd (im Winter gesperrt) westlich von Lone Pine in Sicht kommt, und steigt im Verlauf von 11 Meilen (18 km) auf etwa 1828 m an. Die lange Wanderung ist superanstrengend und stellt sogar die Kondition des erfahrensten Bergsteigers auf die Probe. Im Sommer oder Frühherbst erfordert sie jedoch keine weitere Technik. Früher oder später im Jahr sollte man Eispickel und Klettereisen einpacken.

Fast jeder mit guter körperlicher Verfassung schafft es bis zum Gipfel, doch sollten sich nur Wanderer mit hervorragender Kondition, die bereits akklimatisiert sind, den Aufstieg für einen Tag vornehmen. In dieser Höhe wird das Atmen schwierig und nicht selten ist Höhenkrankheit die Folge. Die Ranger raten, eine oder zwei Nächte am Ausgangspunkt zu kampieren und eine weitere Nacht in einem der zwei Lager am Weg: dem Outpost Camp nach 5,5 km oder dem Trail Camp nach 9,5 km.

Ein Aufstieg will gut vorbereitet sein. Ein empfehlenswertes Buch ist *Mt. Whitney: The Complete Trailhead-to-Summit Hiking Guide* von Paul Richins Jr. Wetterberichte und Infos zum Zustand der Wanderwege erhält man beim Eastern Sierra Interagency Visitor Center in Lone Pine. Hier gibt es auch die Genehmigung und die Ausrüstung (alle Wanderer müssen ihre Exkremente im Tal entsorgen).

Im **Whitney Portal Store** (www.whitneyportalstore.com; ⏲Mai–Okt.) am Ausgangspunkt bekommt man Lebensmittel und Snacks. Man kann dort duschen (3 US$), und das Café kredenzt riesige Burger und Pfannkuchen. Die ausgezeichnete Website ist ein guter Ausgangspunkt für die Recherche zum Mt. Whitney.

Das größte Hindernis beim Gipfelsturm könnte die Genehmigung (15 US$/Pers.) werden, die für alle Übernachtungen und für Tagesausflüge über Lone Pine Lake hinaus (ca. 2,8 Meilen, d. h. 4,5 km, vom Ausgangspunkt entfernt) erforderlich ist. Das tägliche Kontingent ist von Mai bis Oktober auf 60 Übernachtungsgäste und 100 Tagesausflügler begrenzt. Wegen der riesigen Nachfrage werden die Genehmigungen nur über die **Mt.-Whitney-Lotterie** vergeben. Traditionell nehmen nur die Bewerbungen an der Verlosung teil, die im Februar per Post kommen (und dann im Treppenhaus mit einem Laubbläser durcheinandergewirbelt werden). Möglicherweise kann man sich aber auch bald online bewerben. Auf www.fs.fed.us/r5/inyo kann man sich über das bisherige Verfahren informieren.

Wer diese Prozedur vermeiden will, könnte einen Aufstieg von Westen aus in Erwägung ziehen, durch die „Hintertür" Sequoia & Kings Canyon National Park. Man braucht etwa sechs Tage über den High Sierra Trail zum John Muir Trail nach Crescent Meadow – ohne Genehmigung für die Mt.-Whitney-Zone –; die Wilderness Permits sind viel leichter zu kriegen. Infos zu Genehmigungen gibt's auf S. 471.

eingerichtete Räumlichkeiten, und die üppige Neugestaltung der älteren Zimmer ist inzwischen fast abgeschlossen. Die drei Schwimmbäder (eines davon drinnen) sind ein Traum; ein Spa ist vorhanden. Für das Warmwasser und das Heizen des Hotels wird geothermische Energie genutzt.

Sands Regency KASINOHOTEL $
(☎775-348-2200, 866-386-7829; www.sandsregency.com; 345 N Arlington Ave; So–Do, Fr & Sa Zi. ab 29/89 US$; ❄📶🏊🐾) Die Zimmer, von denen manche zu den größten Standardzimmern der Stadt zählen, bestechen durch heitere tropische Blau-, Rot und Grüntöne – eine willkommene optische Abwechslung vom handelsüblichen Moteldekor. Das Studio und der Whirlpool im 17. Stock sind ideal platziert für einen umwerfenden Panoramablick auf die Berge. Die Zimmer im Empress Tower sind die besten.

Wildflower Village MOTEL $
(☎775-747-8848; www.wildflowervillage.com; 4395 W 4th St; Zi. 50–75 US$, B&B 100–125 US$; ❄@📶) Diese Künstlerkolonie am westlichen Ende der Stadt wirkt eher wie eine Geisteshaltung als wie ein Motel. Dabei besticht sie durch einen baufälligen, aber kreativen Charme. Jedes Zimmer ist durch Wandgemälde individuell dekoriert. Man hört die Güterzüge vorbeirumpeln.

GREAT BALLS OF FIRE!

Ende August ist in der dürren Black-Rock-Wüste für eine Woche **Burning Man** (www.burningman.com; Eintritt 210–320 US$) angesagt – und Nevada hat in dieser Zeit eine dritte Großstadt: Black Rock City. Das experimentelle Kunstfest (eine völlig andere Welt) Burning Man, das im Verbrennen einer baumlangen Puppe gipfelt, ist von obskuren Themencamps, staubverkrusteten Fahrrädern, bizarrem Tauschhandel, kostümierter Nacktheit und dem generellen Ablegen aller Hemmungen geprägt.

Mt. Rose CAMPING $

(☎877-444-6777; www.recreation.gov; Hwy 431; Stellplatz f. Zelt & Wohnmobil 16 US$) In den Sommermonaten ist Camping in großer Höhe der absolute Wahnsinn.

Essen & Ausgehen

Die Restaurantszene in Reno hat noch weit mehr zu bieten als nur die Buffets in den Kasinos.

LP TIPP **Old Granite Street Eatery** AMERIKANISCH $$

(☎775-622-3222; www.oldgranitestreeteatery.com; 243 S Sierra St; Hauptgerichte 9–24 US$; ⏲Mo–Do 11–22 Uhr, sonst wechselnde Öffnungszeiten) Ein zauberhaftes, hübsch beleuchtetes Lokal, das Biokost und hiesige Spezialitäten plus kleine Old-School-Cocktails und saisonale Biere serviert. Die Gäste dieses altmodisch eingerichteten Dauerbrenners schwärmen von dem stattlichen Holztresen, dem Wasser aus den alten Schnapsflaschen und der umfangreichen saisonalen Speisekarte. Keine Reservierung? Dann wartet man bei den kultigen Wandgemälden auf einen Platz am Gemeinschaftstisch – früher war die Platte einmal ein Scheunentor!

Pneumatic Diner VEGETARISCH $

(2. Stock, 501 W 1st St; Hauptgerichte 6–9 US$; ⏲Mo 12–22, Di–Sa 11–23, So 8–22 Uhr; 🖉) Vegetarische Leckerbissen im Licht alter Neonleuchtschilder: In dem netten, kleinen Laden beim Fluss werden fleischlose und vegane Küche sowie Desserts zubereitet, die das Kind in jedem wecken, z.B. die Keksbombe mit Eisfüllung. Das Diner ist Teil der Wohnanlage Truckee River Terrace; hin kommt man über die Ralston St.

Silver Peak Restaurant & Brewery KNEIPE $$

(www.silverpeakbrewery.com; 124 Wonder St; Hauptgerichte mittags 8–10 US$, abends 9–21 US$; ⏲11–24 Uhr) In diesem zwanglosen, unprätentiösen Lokal treffen sich die Einheimischen auf einen kurzen Plausch bei vor Ort gebrauten Bieren und leckerem Essen, von Pizza mit Grillhähnchen über Pasta mit Shrimps zu Filet Mignon.

Peg's Glorified Ham & Eggs DINER $

(www.pegsglorifiedhamneggs.com; 420 S Sierra St; Hauptgerichte 7–10 US$; ⏲6.30–14 Uhr; 👪) Unter Einheimischen gilt das Peg's als bestes Frühstückslokal in der Stadt. Im Angebot sind leckere Sachen vom Grill, die nie zu fettig sind.

Jungle Java & Jungle Vino CAFÉ, WEINBAR

(www.javajunglevino.com; 246 W 1st St; ⏲6–24 Uhr; 📶) Kaffeebar trifft Weinlokal trifft Internetcafé. Im Weinlokal mit dem coolen Mosaikboden werden wöchentlich Weinproben veranstaltet, im Café gibt's Bagels zum Frühstück und Sandwiches (8 US$) zu Mittag. Oft finden hier auch Musikevents statt.

Imperial Bar & Lounge BAR

(www.imperialbarandlounge.com; 150 N Arlington Ave; ⏲Do–Sa 11–2, So–Mi bis 24 Uhr) Elegante Bar und Relikt aus der Vergangenheit zugleich: Das Gebäude war früher eine Bank, und der Zement in der Mitte des Holzbodens zeigt die Stelle an, an der sich einst der Tresorraum befand. Außer an Sandwiches und Pizzas kann man sich an 16 Sorten Fassbier und einer lebhaften Wochenendszene erfreuen.

St. James Infirmary BAR

(445 California Ave) Die vielseitige Karte mit 120 Flaschenbieren und 18 Fasssorten wird bei Biertrinkern für Begeisterungsstürme sorgen. Die roten Lampen lassen die schwarz-weißen Sitzbänke im Retrostil und die Wand voller Produktionsfotos von Film- und Musikaufnahmen sanft erröten. In der Bar finden gelegentlich auch Veranstaltungen statt, u.a. Jazz- und Bluegrasskonzerte.

Unterhaltung

Das kostenlose Wochenblatt *Reno News & Review* (www.newsreview.com) ist die beste Quelle für Tipps und Hinweise.

Die N Virginia St zwischen der I-80 und dem Truckee River ist die Kasinohochburg. Südlich des Flusses wird sie zur S Virginia St. Alle aufgeführten Kasinos sind rund um die Uhr geöffnet.

Edge CLUB
(www.edgeofreno.com; Peppermill 2707 S Virginia St; Eintritt 10–20 US$ ⊙Do–So) Das Edge (innerhalb des Peppermill Resort & Spa) lockt Nachtschwärmer mit seinem schicken Club an, in dem Go-Go-Tänzer, Nebelmaschinen und Lasershows für schwere Reizüberflutung sorgen. Wem das zu viel wird, der kann sich auf die Veranda vor der Lounge zurückziehen und dort vor den gemütlichen Feuerstellen relaxen.

Knitting Factory LIVEMUSIK
(☎775-323-5648; http://re.knittingfactory.com; 211 N Virginia St) Der mittelgroße Treffpunkt füllt seit seiner Eröffnung im Jahr 2010 die Lücke in Renos Musikszene: hier gibt's Mainstream und Indie-Klassiker.

Circus Circus KASINO
(www.circusreno.com; 500 N Sierra St; 👪) Als das familienfreundlichste Kasino bietet das Circus Circus kostenlose Zirkusvorstellungen für Kinder unter einem riesigen, bunt gestreiften Zirkuszelt. Dort wird man zudem von einer Unmenge von Jahrmarkt- und Videospielen erschlagen, die schon sehr an die einarmigen Banditen erinnern.

Silver Legacy KASINO
(www.silverlegacyreno.com; 407 N Virginia St) Als Themenkasino im viktorianischen Stil ist das Silver Legacy leicht an seiner charakteristischen weißen Kuppel zu erkennen. An dem riesigen nachgebauten Bergbauturm wird in regelmäßigen Abständen eine eher lahme Sound-&-Lightshow gezeigt.

Eldorado KASINO
(www.eldoradoreno.com; 345 N Virginia St) Das Eldorado hat einen kitschigen Glücksbrunnen, bei dessen Anblick sich der italienische Bildhauer Bernini wohl im Grabe umdrehen würde.

ABSTECHER

VIRGINIA CITY

Knapp 23 Meilen (37 km) südlich von Reno liegt Virginia City, der Funcort der legendären Comstock-Ader, einer mächtigen Silberader, in der ab 1859 abgebaut wurde und die als eine der ergiebigsten Fundstellen der Welt gilt. Einige der Silberbarone wurden zu großen Persönlichkeiten in der Geschichte Kaliforniens, z. B. der Universitätsbegründer Leland Stanford und der Gründer der Bank of California William Ralston. Ein großer Teil San Franciscos wurde mithilfe des Schatzes erbaut, den man der Erde unter der Stadt entrissen hatte.

Zu seiner Blütezeit hatte Virginia City über 30 000 Einwohner und war, wie es sich für eine Bergarbeiterstadt gehört, ein wilder, rauer Ort. Ein junger, ortsansässiger Zeitungsredakteur fasste den ganzen Rummel in einem Buch mit dem Titel *Durch dick und dünn* zusammen und veröffentlichte es unter dem Pseudonym Mark Twain. Seit 1961 unter Denkmalschutz stehend, lockt Virginia City jede Menge Besucher an, die auf der Suche nach den Ikonen und Legenden des Wilden Westens sind. Auch wenn man manchmal das Gefühl hat, in einem Vergnügungspark für Wildwestfans zu sein, lohnt es sich doch, dort die eine oder andere Stunde totzuschlagen.

An der Hauptverkehrsader, der C Street, steht das **Visitors Center** (www.virginiacity-nv.org; 86 South C St; ⊙10–16 Uhr). Alte Gebäude, die in schräge Saloons umgebaut wurden, kitschige Souvenirläden und kleine Museen decken die ganze Skala von rührselig bis faszinierend ab. Für einen Einblick in das Leben der Bergbauelite empfiehlt sich ein Besuch der **Mackay Mansion** (D St) und des **Castle** (B St).

Die Saufexzesse waschechter Bergarbeiter lassen sich am besten in einer der zahlreichen Kneipen aus viktorianischer Zeit „nacherleben", die die C Street säumen. Der schon lange bestehende Familienbetrieb **Bucket of Blood Saloon** (www.bucketofbloodsaloonvc.com; 1 South C St; ⊙14–19 Uhr) kann am alten Tresen mit Bier und „Barregeln" aufwarten („Wenn der Barkeeper nicht lacht, ist es nicht witzig!"), und das **Palace Restaurant & Saloon** (www.palacerestaurant1875.com; 1 South C St; Hauptgerichte 6–10 US$; ⊙wechselnde Öffnungszeiten) steckt voller Erinnerungsstücke an die Stadt, wie sie früher war, und hat eine Speisekarte mit leckeren Frühstücks- und Mittagsgerichten.

Während der Fahrt von Reno nach Virginia City hat man eine grandiose Sicht auf den Berg. Den Hwy 395 etwa 10 Meilen (16 km) nach Süden fahren, dann 13 Meilen (21 km) nach Osten auf dem Hwy 341!

ABSTECHER

PYRAMID LAKE

Pyramid Lake, eine leuchtend blaue Fläche in einer ansonsten öden Landschaft 25 Meilen (40 km) nördlich von Reno im Paiute-Reservat, ist wegen seines großen Freizeitangebots so beliebt. Genehmigungen zum **Campen** (einfache Stellplätze pro Fahrzeug 9 US$/Nacht) und **Angeln** (9 US$/Pers.) sind in Campingläden und in den CVS-Drugstores in Reno erhältlich, zusätzlich auch bei der **Ranger-Station** (☎775-476-1155; www.pyramidlake.us; ⏲8–18 Uhr) an der SR 445 in Sutcliffe.

Harrah's KASINO
(www.harrahsreno.com; 219 N Center St) Das Kasino, das der Pionier des Glücksspiels in Nevada, William Harrah, im Jahr 1946 gegründet hat, ist noch immer eines der größten und beliebtesten der Stadt.

Peppermill KASINO
(www.peppermillreno.com; 2707 S Virginia St) Besticht durch einen 17-stöckigen Turm im Toskanastil. Etwa 2 Meilen (gute 3 km) südlich von Downtown.

Atlantis KASINO
(www.atlantiscasino.com; 3800 S Virginia St) Das umgebaute Kasino mit dem weitläufigen Spa wirkt nun viel eleganter und nicht mehr so albern, auch wenn ein paar der tropischen Spielereien wie Hallenwasserfälle und Palmengärten nach wie vor vorhanden sind.

ℹ Praktische Informationen

Ein Informationszentrum befindet sich an der Gepäckausgabe am **Reno-Tahoe International Airport**, das auch kostenloses WLAN bietet.

Java Jungle (246 W 1st St; 2 US$/Std.; ⏲6–24 Uhr; 📶) Schönes Café am Flussufer mit ein paar Computern und kostenlosem WLAN.

Reno-Sparks Convention & Visitors Authority (☎800-367-7366; www.visitrenotahoe.com; 2. Stock, Reno Town Mall, 4001 S Virginia St; ⏲Mo–Fr 8–17 Uhr)

ℹ An- & Weiterreise

Der **Reno-Tahoe International Airport** (RNO; www.renoairport.com; 📶) etwa 5 Meilen (8 km) südöstlich von Downtown wird von den meisten großen Fluglinien angeflogen.

North Lake Tahoe Express (☎866-216-5222; www.northlaketahoeexpress.com) betreibt einen Shuttleservice (40 US$, 6–8-mal tgl., 3.30–24 Uhr) vom und zum Flughafen bzw. zu mehreren Adressen am Nordufer des Lake Tahoe, u. a. Truckee, Squaw Valley und Incline Village. Reservieren!

South Tahoe Express (☎866-898-2463; www.southtahoeexpress.com; Erw./Kind einfache Strecke 27/15 US$, hin & zurück 48/27 US$) betreibt mehrere tägliche Shuttlebusse vom Flughafen zu den Stateline-Kasinos (75 Min.–2 Std.).

Für die Fahrt nach South Lake Tahoe (nur Mo–Fr) empfiehlt sich der mit WLAN ausgestattete **RTC Intercity Bus** (www.rtcwashoe.com) zur Nevada-DOT-Haltestelle in Carson City (4 US$, 1 Std., Mo–Fr 5-mal tgl.). Von dort kommt man mit dem **BlueGo** (www.bluego.org) Bus 21X (2 US$ inkl. RTC-Intercity-Transfer, 1 Std., 7- bis 8-mal tgl.) zum Stateline Transit Center.

Greyhoundbusse (☎775-322-2970; www.greyhound.com; 155 Stevenson St) verkehren täglich nach Truckee, Sacramento und San Francisco (34 US$, 5–7 Std.), genau wie die tägliche *California-Zephyr*-Linie von **Amtrak** (☎775-329-8638, 800-872-7245; 280 N Center St) nach Westen. Die Zugfahrt dauert länger und ist teurer, aber dafür landschaftlich schöner und gemütlicher. Es gibt einen Bus für Reisende von Emeryville nach San Francisco (46 US$, 7½ Std.).

ℹ Unterwegs vor Ort

Die Kasinohotels bieten Gästen einen regelmäßigen, kostenlosen Flughafenshuttleservice an (und wollen keine Reservierungen sehen).

Die **RTC-Ride-Busse** (☎775-348-7433; www.rtcwashoe.com; pro Fahrt/ganzer Tag 2/4 US$) vor Ort bedienen die ganze Stadt; die meisten Strecken laufen an der RTC-Haltestelle an der 4th St in Downtown zusammen. Interessante Strecken sind u. a. die RTC Rapid Line zur S Virginia St, die 11 nach Sparks und die 19 zum Flughafen.

Der kostenlose **Sierra-Spirit-Bus** klappert alle 15 Minuten von 7 Uhr bis 19 Uhr die wichtigen Sehenswürdigkeiten in Downtown ab – darunter auch die Kasinos und die Universität.

Central Coast

Inhalt »

Gut essen

» Passionfish (S. 524)

» Cracked Crab (S. 561)

» Cass House Restaurant (S. 541)

» San Luis Obispo Farmers Market (S. 552)

» Bouchon (S. 576)

Schön übernachten

» Post Ranch Inn (S. 533)

» Inn of the Spanish Garden (S. 574)

» Cass House Inn (S. 540)

» El Capitan Canyon (S. 574)

» Dream Inn (S. 507)

Auf an die Central Coast!

Zu Unrecht wird der märchenhafte Abschnitt zwischen San Francisco und L.A. oft vergessen oder als „Überfluggebiet" abgetan, obwohl es wilde Pazifikstrände, neblige Mammutbaumwälder mit Thermalquellen und goldene Hügelfelder und fruchtbarer Weinberge vorzuweisen hat.

Mit seinen herrlichen Aussichten lädt der Hwy 1 zum Anhalten ein. Über Santa Cruz mit seinem Flower-Power-Flair und die historische Hafenstadt Monterey gelangt man zur zerklüfteten Küstengegenden von Big Sur. Bis zum protzigen Hearst Castle hinunter ist es eine epische Reise, vorbei an Leuchttürmen und Klippen, über denen Kondore kreisen.

Oder man entdeckt das landwirtschaftliche Kalifornien und fährt auf dem Hwy 101 ins Landesinnere, eine Strecke, die von den Spaniern auch *El Camino Real*, die Königsstraße, genannt wurde. Danach können Naturliebhaber in der Region zwischen San Luis Obispo und der Küste Santa Barbaras mit Blick auf die Channel Islands entspannen.

Reisezeit

Santa Barbara

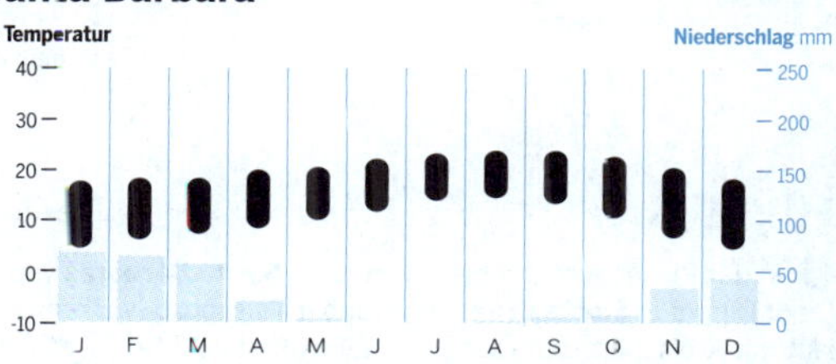

April Milde Temperaturen und weniger Touristen als im Sommer. Blühende Wildblumen.

Juli Sommerferien und Strandsaison beginnen; das Wasser vor Südkalifornien erwärmt sich.

Okt. Sonniger blauer Himmel, trotzdem weniger Betrieb. Das Wine Country feiert die Weinlese.

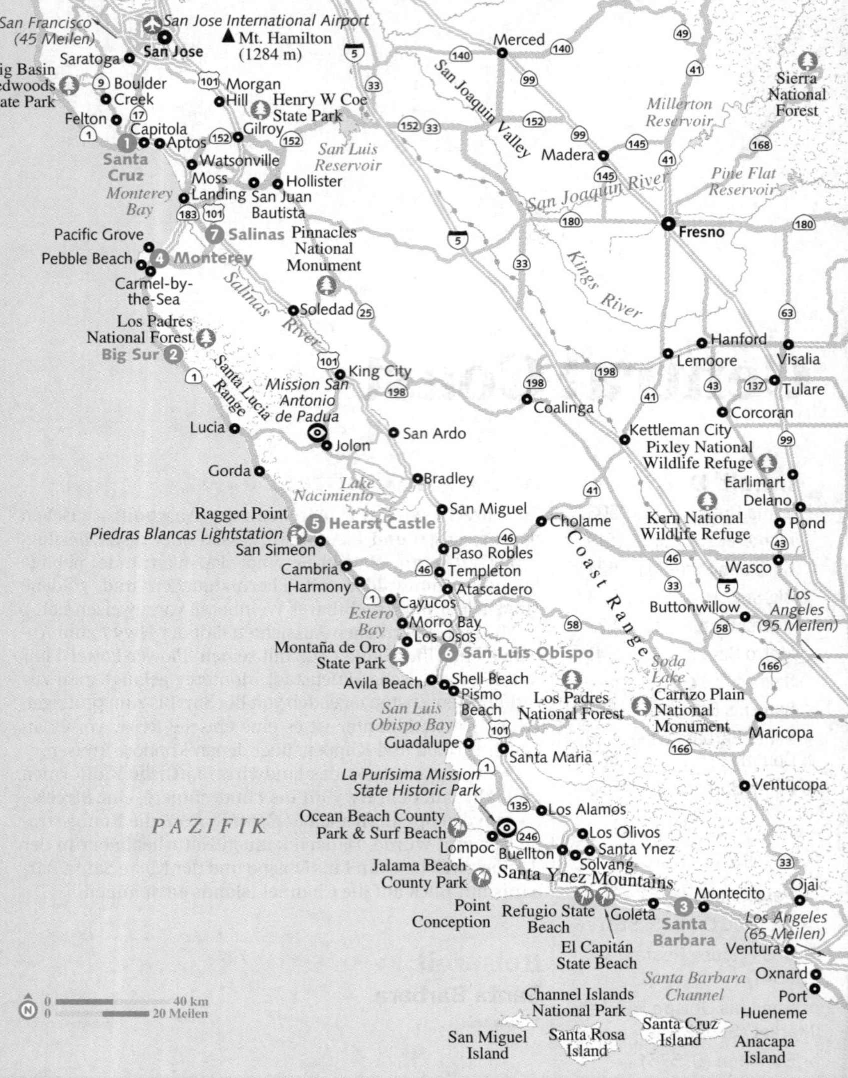

Highlights

1 In der Riesenachterbahn Giant Dipper in **Santa Cruz** lauthals kreischen, dann surfen lernen (S. 503)

2 Auf dem Hwy 1 an der felsigen Küstenlinie von **Big Sur** erleben, wo der Himmel die See berührt (S. 528)

3 Sich von den weißen, mit roten Schindeln gedeckten Häuser **Santa Barbaras** verzaubern lassen, bevor man ins Weingebiet flüchtet (S. 568)

4 Die Meeresbewohner im „überdachten Ozean" des **Monterey Bay Aquarium** versetzen Kinder in Staunen (S. 513)

5 Riesige See-Elefanten kennenlernen und die Prunksucht von **Hearst Castle** bestaunen (S. 537)

6 In der lässigen Uni-Stadt **San Luis Obispo** (S. 551) mit ihren großartigen Stränden und Parklandschaften abhängen

7 Die Arbeiterwelt des Schriftstellers John Steinbeck in **Salinas** erleben (S. 546)

AM HWY 1

Die Halbmondbucht von Monterey bis in den Norden nach Santa Cruz, die von häufig verlassenen Stränden und von Städten voller Charakter und eigenwilligem Charme gesäumt ist, strotzt nur so vor maritimer Lebensvielfalt. Von der Monterey-Halbinsel aus fährt man auf der 125 Meilen (201 km) langen, unglaublich pittoresken Küstenstraße in den Süden, bis sich der Hwy 1 bei San Luis Obispo mit dem Hwy 101 vereint.

KURZINFOS

» **Einwohner von Santa Barbara** 88 410

» **Durchschnittstemperatur min./max. in Santa Barbara** Jan. 6/18°C Juli 14/25°C

» **Los Angeles–Santa Barbara** 95 Meilen (153 km), ein dreiviertel bis zweieinhalb Stunden

» **Monterey–San Luis Obispo** 140 Meilen (225 km), zweieinhalb bis drei Stunden

» **San Francisco–Santa Cruz** 75 Meilen (120 km), eineinhalb bis zwei Stunden.

Santa Cruz

Schon lange vor der Beatgeneration folgte Santa Cruz seinem eigenen Rhythmus. Hier ist das Zentrum der Gegenkultur, eine gefühlsduselige New-Age-Stadt, berühmt für ihre linksliberale Politik und Leben-und-Leben-lassen-Ideologie – außer bei Hunden (dürfen so gut wie nie von der Leine), Parkuhren (laufen sieben Tage die Woche) und Republikanern (werden angeblich bei Sichtung sofort erschossen). Es ist immer noch cool, hier ein Hippie oder Kiffer zu sein (oder besser noch beides), auch wenn sich hinter dem ein oder anderen durchgeknallten Freak ein Silicon-Valley-Millionär oder Berufsreicher verbirgt.

Santa Cruz ist irre unterhaltsam, mit einem vibrierenden chaotischen Zentrum. Am Wasser verläuft die berühmte Strandpromenade und in den Hügeln wird die University of California Santa Cruz (UCSC) von Mammutbaumwäldern umzingelt. Hier sollte man mindestens einen halben Tag verbringen. Aber um die Ästhetik von klingelnden Kleidern, Kristallpendeln und Rastalocken wirklich genießen zu können, sollte man länger bleiben und sich in das lokale Gemisch aus Surfern, Studenten, Punks und Exzentrikern stürzen.

Sehenswertes

Eines der besten Dinge, die man in Santa Cruz tun kann, ist einfach die **Pacific Ave** hinunterschlendern, shoppen gehen und Leute beobachten. Am nur fünfzehn Minuten zu Fuß entfernten Strand und auf der **Municipal Wharf**, einem langen, ins Meer führenden Kai, buhlen Fischrestaurants, Souvenirläden und bellende Seelöwen um Aufmerksamkeit. Der **West Cliff Dr** mit Meerblick folgt der Küstenlinie südwestlich des Kai, mit einem parallel verlaufenden Freizeitweg.

Santa Cruz Beach Boardwalk ERLEBNISPARK
(Karte S. 506; ☎831-423-5590; www.beachboardwalk.com; 400 Beach St; 3–5 US$/Fahrt, Tageskarte 30 US$; ⊙Mai–Sept. ab 10 oder 11 Uhr; 👪) Der älteste Vergnügungspark der Westküste, gegründet 1907, hat eine wunderbar altamerikanische Atmosphäre. Der Duft von Zuckerwatte vermischt sich mit salziger Seeluft und jauchzende Kinder hängen kopfüber in den Fahrgeschäften. Berühmte Attraktionen sind der Giant Dipper, eine Holzachterbahn von 1924, und das Looff Karussell von 1911, beide National Historic Landmarks. Im Sommer gibt es freitagabends kostenlose Konzerte von Veteranen des Rockgeschäfts, von denen man dachte, sie seien eigentlich schon tot. Kinderfreundliche Zugfahrten in die Redwoods (Mammutbaumwälder) s. S. 511. Die Schließzeiten und Nebensaison-Öffnungszeiten sind unterschiedlich.

Seymour Marine Discovery Center MUSEUM
(Karte S. 512; www2.ucsc.edu/seymourcenter; Ende der Delaware Ave; Erw./Kind 4–16 Jahre 6/4 US$; ⊙Di–Sa 10–17, So 12–17, Juli & Aug. auch Mo 10–17 Uhr; 👪) In der Nähe des Natural Bridges State Beach gelegen ist dieses Bildungscenter für Kinder Teil des Long Marine Laboratory der UCSC. Interaktive naturwissenschaftliche Exponate umfassen Gezeitentümpel und Aquarien, während draußen das größte Blauwalskelett der Welt bestaunt werden kann. Geführte Touren beginnen normalerweise um 13, 14 und 15 Uhr; man muss sich eine Stunde vor Beginn in eine Liste eintragen (keine Reservierungen).

MYSTERY SPOT

Die kitschige altmodische Touristenfalle **Mystery Spot** (☎831-423-8897; www.mysteryspot.com; 465 Mystery Spot Rd; Eintritt 5 US$, Parken 5 US$; ⊙Ende Mai–Anfang Sept. So–Do 10–18, Fr & Sa 9–19 Uhr, Anfang Sept.–Ende Mai So–Do 10–16, Fr & Sa 10–17 Uhr; 👪) hat sich seit ihrer Eröffnung 1940 kaum verändert. Auf einem steilen Hügel scheinen sich Kompassnadeln im Kreis zu drehen, mysteriöse Kräfte schubsen einen herum und Gebäude stehen in schiefen Winkeln. Besser vorher reservieren, sonst steht man ewig an für eine Tour! Die Attraktion liegt 3 Meilen (5 km) nördlich der Innenstadt: die Water St bis zur Market St und dann links auf den Branciforte Dr in die Hügel.

Santa Cruz Surfing Museum MUSEUM
(Karte S. 512; www.santacruzsurfingmuseum.org; 701 W Cliff Dr; Spende erwartet; ⊙Sept.–Juni Do–Mo 12–16 Uhr, Juli & Aug. Mi–Mo 10–17 Uhr) An der Küste, 1 Meile südlich des Kais, steht ein alter Leuchtturm, vollgestopft mit Memorabilien, einschließlich alter Redwood-Surfbretter. Passenderweise liegt der Leuchtturm oberhalb von zwei beliebten Surfplätzen.

University of California, Santa Cruz UNIVERSITÄT
(UCSC; Karte S. 512; www.ucsc.edu) Krass: Das Maskottchen der Uni ist eine Bananenschnecke! Gestiftet 1965 in den Hügeln über der Stadt ist diese junge Uni bekannt für ihren kreativen und liberalen Geist. Der ländliche Campus hat schöne Redwoodbäume und architektonisch interessante Gebäude – einige aus recycelten Materialien –, die so designt wurden, dass sie mit dem hügeligen Wiesengelände verschmelzen. Zwei erstklassige Kunstgalerien, ein beschauliches **Arboretum** (http://arboretum.ucsc.edu/; 1156 High St; Erw./Kind 6–17 Jahre 5/2 US$, 1. Di im Monat kostenl.; ⊙9–17 Uhr) und pittoresk verfallende Gebäude der Cowell Ranch aus dem 19. Jh., auf deren Gelände der Campus errichtet wurde, vervollständigen das Bild.

Santa Cruz Museum of Natural History MUSEUM
(Karte S. 512; www.santacruzmuseums.org; 1305 E Cliff Dr; Erw./Kind unter 18 Jahren 4 US$/frei; ⊙Ende Mai–Anfang Sept. Mi–So 10–17 Uhr, Anfang Sept.–Ende Mai Di–Sa 10–17 Uhr; 👪) Die Sammlungen in diesem winzigen Museum beinhalten kulturelle Artefakte des Ohlone-Stammes und einen Gezeitenpool, in dem man die Tiere anfassen kann, die auf der anderen Straßenseite am Strand leben.

Museum of Art & History MUSEUM
(Karte S. 506; www.santacruzmah.org; McPherson Center, 705 Front St; Erw./Kind 12–17 Jahre 5/2 US$; ⊙Di–So 11–17 Uhr, 1. Fr im Monat bis 21 Uhr) Das kleine nette Museum im Zentrum lohnt einen Besuch wegen der Wechselausstellungen zeitgenössischer kalifornischer Künstler und der Exponate zur unbekannteren regionalen Geschichte.

Strände

Das sonnenverwöhnte Santa Cruz hat wärmere Strände als das oft noch nebligere Monterey. *Baywatch* ist es nicht gerade, aber 46 km Küstenlinie enthüllen ein paar Strände, für die sich selbst Hawaii nicht schämen müsste, zerklüftete Buchten, einige *Numero-Uno*-Surfspots und ein paar große Sandstrände, auf denen sich die lieben Kleinen austoben können. Leider ruiniert der Nebel viele Sommermorgen, ist aber am Nachmittag wieder verschwunden.

Am **West Cliff Dr** gibt es haufenweise Parkplätze und ein paar Buchten, in die man runter klettern muss. Wer keinen Sand in den Schuhen mag, setzt sich auf eine Bank und schaut den riesigen Pelikanen beim Fischen zu. Toiletten und Duschen findet man am Leuchtturmparkplatz.

Die Einheimischen bevorzugen die weniger ausgetrampelten **East-Cliff-Dr**-Strände, die größer und windgeschützter sind und ruhigeres Wasser bieten. Abgesehen von einem kleinen Abschnitt mit Parkuhren ist das Parken am Wochenende nur mit Genehmigung gestattet (die gibt's in der 9th Ave für 7 US$ pro Tag).

Weniger überlaufene **Staatsstrände** (www.parks.ca.gov; 10 US$/Auto; ⊙8 Uhr–Sonnenuntergang) warten jenseits des Hwy 1 Richtung Süden. In Aptos beherbergt der **Seacliff State Beach** (☎831-685-6442) ein „Zementboot", einen Schildbürger-Frachter erbaut aus Beton, der wohl ganz gut schwamm, aber dennoch hier als Angelpier endete. Weiter südlich nahe Watsonville führt die Ausfahrt La Selva Beach vom Hwy 1 zum **Manresa State Beach** (☎831-761-1975) und zum **Sunset State Beach** (☎831-763-7062), ein kilometerlanges, praktisch unberührtes Sand- und Surfparadies.

Aktivitäten

Surfen

Im Jahresmittel liegen die Wassertemperaturen unter 15 °C, was zur Folge hat, dass der Körper im Wasser ohne Neoprenanzug schnell auskühlt. Unter den Wassersportarten ist Surfen am beliebtesten. Könner gehen am besten zum **Steamer Lane**, Anfänger zum **Cowell's**, beide liegen hinter dem West Cliff Dr. Andere Favoriten sind **Pleasure Point Beach** am East Cliff Dr Richtung Capitola und **Manresa State Beach** im South County am Hwy 1.

Santa Cruz Surf School SURFEN
(Karte S. 506; ☎831-426-7072; www.santacruzsurfschool.com; 322 Pacific Ave; 2 Std. Kurs inkl. Ausrüstung 80–90 US$) Surfen lernen? In der Nähe des Kais sorgen die freundlichen Damen und Herren der oben genannten Schule dafür, dass man bereits am ersten Tag draußen auf dem Brett steht und surft.

O'Neill Surf Shop SURFEN
(Karte S. 512; ☎831-475-4151; www.oneill.com; 1115 41st Ave; Neoprenanzug/Surfbrettmiete ab 10/20 US$; ⌚Mo–Fr 9–20, Sa & So 8–20 Uhr) Um in dem Vorzeigeladen des weltweit berühmtesten Surfbrettherstellers zu lustwandeln, muss man sich gen Osten nach Capitola wenden. Filialen gibt es aber auch an der Strandpromenade und Downtown.

Cowell's Beach Surf Shop SURFEN
(Karte S. 506; ☎831-427-2355; 30 Front St; 2 Std. Kurs 80 US$; ⌚8–18 Uhr; 👪) Hier mietet man Surfbretter, Neoprenanzüge und andere Strandausrüstung. Das erfahrene Personal gibt Tipps und zeigt einem, wie man surft.

Kajakfahren

Kajakfahren ist eine der schönsten Arten, die zerklüftete Küste und die mit Seetang bewachsenen Gebiete, in denen sich Seeotter tummeln, zu entdecken.

Venture Quest KAJAKFAHREN
(Karte S. 506; ☎831-427-2267; www.kayaksantacruz.com; Municipal Wharf; Kajakmiete 30–100 US$, Touren 30–70 US$; 👪) Praktische Mietmöglichkeit am Kai, wo man bei Touren auch Wale beobachten und Höhlen erkunden kann, selbst Mondscheinausfahrten werden angeboten.

Kayak Connection KAJAKFAHREN
(Karte S. 512; ☎831-479-1121; www.kayakconnection.com; Santa Cruz Harbor, 413 Lake Ave; Kajakmiete 35–50 US$, Touren & Kurse 50–100 US$; 👪) Kajakvermietungen, Kurs- und Tourenangebote, einschließlich Ausfahrten in die Monterey-Bucht zum Sonnenauf- und -untergang sowie bei Vollmond.

Walbeobachtung & Angeln

Im Winter kann man Wale von Dezember bis April beobachten, aber auch im Sommer gibt es viele Tiere zu sehen. Viele Angeltrips legen am Kai ab. Dort gibt es einige Läden, in denen man sich seine Ausrüstung ausleihen kann – falls man wirklich Zeit haben sollte, mit den Einheimischen darauf zu warten, dass etwas anbeißt.

Stagnaro's BOOTSFAHRTEN, TOUREN
(☎800-979-3370; www.stagnaros.com) Dieses alteingesessene Unternehmen bietet Panorama- und Sonnenuntergangstouren durch die Bucht (Erw./Kind unter 14 Jahren ab

NICHT VERSÄUMEN

TOP-STRÄNDE IN SANTA CRUZ

» **Main Beach** *Der* Szenetreff mit großen sandigen Abschnitten, Volleyballfeldern und haufenweise Leuten. Am East Cliff Dr parken und über die Gerüstbrücke aus dem Horrorfilm *The Lost Boys* zur Uferpromenade.

» **Its Beach** Der einzige offizielle Strand, an dem man seinen Hund frei laufen lassen darf (vor 10 und nach 16 Uhr), ist gleich westlich des Leuchtturms. Das Feld auf der anderen Straßenseite ist ebenfalls ein guter Fleck, um den treuesten Gefährten des Menschen frei herumtollen zu lassen.

» **Natural Bridges State Beach** Der beste Strand für Sonnenuntergänge ist familienfreundlich, hat viele Gezeitentümpel und im Winter gibt es Monarchfalter zu sehen. Er befindet sich am hinteren Ende des West Cliff Dr; parken kostet 10 US$.

» **Twin Lakes State Beach** Riesenstrand mit Lagerfeuerstellen und einer Lagune, ideal für Kids und oft ziemlich leer. Er liegt hinter dem East Cliff Dr Richtung 7th Ave.

» **Moran Lake County Park** Gute Surfbedingungen und Bäder findet man an diesem hübschen Fleckchen, weiter östlich bei der 26th Ave jenseits des East Cliff Dr.

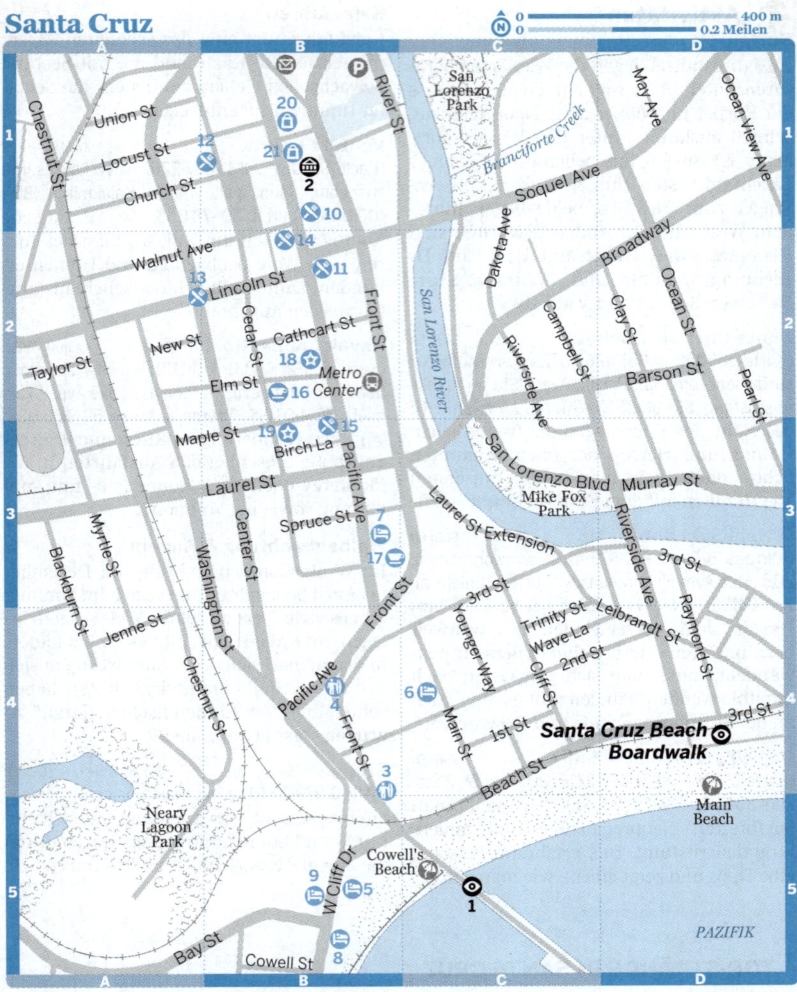

20/13 US$), Walbeobachtung- (Erw./Kind unter 14 Jahren 45/31 US$) und Angeltrips (Erw./Kind unter 16 Jahren ab 50/40 US$).

Feste & Events

Woodies on the Wharf KULTUR
(www.santacruzwoodies.com) Eine klassische Auto-Show mit Oldtimerkombis im Surfer-Style Ende Juni.

Shakespeare Santa Cruz THEATER
(www.shakespearesantacruz.org) Verdammt gute Shakespeare-Produktionen im Theater der UCSC und von Juli bis September auf einer Freilichtbühne im Redwoodwald.

Open Studio Art Tour KULTUR
(www.ccscc.org) An drei Wochenenden im Oktober kann man Workshops lokaler Künstler besuchen.

Schlafen

Santa Cruz' Bettenkapazität ist eng bemessen. Deshalb zahlt man zu Spitzenzeiten unverschämte Preise für ein einfaches Zimmer. Von freundlich bis gruselig ist bei den Häusern in der Nähe des Boardwalk alles dabei. Wer ein anständiges Motel sucht, sollte sich auf der Ocean St, landeinwärts oder auf der Mission St (Hwy 1) nahe des UCSC Campus umschauen.

Santa Cruz

Highlights
Santa Cruz Beach Boardwalk D4

Sehenswertes
1 Municipal Wharf C5
2 Museum of Art & History B1

Aktivitäten, Kurse & Touren
3 Cowell's Beach Surf Shop B4
4 Santa Cruz Surf School B4
Venture Quest ...... (siehe 1)

Schlafen
5 Dream Inn B5
6 HI Santa Cruz Hostel C4
7 Pacific Blue Inn B3
8 Sea & Sand Inn B5
9 West Cliff Inn B5

Essen
Bagelry ...... (siehe 19)
10 El Palomar B1
11 New Leaf Community Market B2
12 Penny Ice Creamery B1
13 Santa Cruz Farmers Market A2
14 Soif B2
15 Zachary's B3

Ausgehen
16 Caffe Pergolesi B2
17 Firefly Coffee House B3
Surf City Billiards & Café ...... (siehe 15)
Vino Prima ...... (siehe 1)

Unterhaltung
18 Catalyst E2
19 Kuumbwa Jazz Center E3

Shoppen
Annieglass ...... (siehe 21)
20 Bookshop Santa Cruz E1
21 O'Neill Surf Shop E1

LP TIPP **Dream Inn** BOUTIQUEHOTEL **$$$**
(Karte S. 506; ☎831-426-4330, 866-774-7735; www.dreaminnsantacruz.com; 175 W Cliff Dr; Zi. 200–380 US$;) Von diesem retro-schicken, vergleichsweise günstigen Boutiquehotel, das so stylish ist wie es in Santa Cruz nur geht, blickt man auf den Kai. Die Zimmer haben allen Komfort und der Strand ist nur wenige Schritte entfernt. Auf keinen Fall die Happy-Hour in der Seeblick-Bar des Aquarius Restaurants verpassen!

Adobe on Green B&B B&B **$$**
(Karte S. 512; ☎831-469-9866; www.adobeongreen.com; 103 Green St; Zi. inkl. Frühstück 149–199 US$;) Ruhe und Frieden bestimmen diese Herberge in der Nähe der Pacific Ave. Die Gastgeber sind praktisch unsichtbar, aber ihre Aufmerksamkeit ist überall zu spüren, von den einem Boutiquehotel ähnelnden Annehmlichkeiten in den geräumigen mit Solarstrom betriebenen Zimmern bis zum Frühstücksbuffet, bestückt mit Bioprodukten aus dem eigenen Garten.

Pleasure Point Inn INN **$$$**
(Karte S. 512; ☎831-475-4657; www.pleasurepointinn.com; 23665 E Cliff Dr; Zi. inkl. Frühstück 225–295 US$;) Hier wird der Traum vom kalifornischen Strandleben wahr; vier klar geschnittene, zeitgenössisch eingerichtete Zimmer mit Hartholzböden, gefliesten Bädern mit Jacuzzis, Küchenzeilen und privater Veranda. Der Meerblick vom Whirlpool auf dem Dach ist wunderschön.

Pacific Blue Inn B&B **$$**
(Karte S. 506; ☎831-600-8880; http://pacificblueinn.com; 636 Pacific Ave; Zi. inkl. Frühstück 170–240 US$;) Das B&B im Stadtzentrum hat einen Innenhof und ist ein umweltbewusstes Juwel. Es wurde aus erneuerbaren und recycelten Materialien gebaut und besitzt wassersparende Armaturen. Die Zimmer mit erfrischendem Ambiente haben gepolsterte Matratzen, offene Kamine und Flachbildschirme mit DVD-Recordern. Fahrräder werden kostenfrei verliehen.

West Cliff Inn INN **$$$**
(Karte S. 506; ☎831-457-2200; www.westcliffinn.com; 174 W Cliff Dr; Zi. inkl. Frühstück 175–400 US$;) In diesem eleganten Haus im viktorianischen Stil westlich des Kais treffen in den hübschen altmodischen Zimmern Seegraskörbe, dunkles Holz und lebhaft gestreifte Gardinen aufeinander. Die romantischsten Suiten haben Gaskamine und geben einen klitzekleinen Blick auf die Brandung frei.

Sea & Sand Inn MOTEL **$$$**
(Karte S. 506; ☎831-427-3400; www.santacruzmotels.com; 201 W Cliff Dr; Zi. 109–429 US$;) Von einer Wiese am Rande der Klippen bietet dieses schicke, wenn auch überteuerte Motel einen schönen Blick über den Main Beach und den Kai. Das Gebrüll der Seelö-

wen wiegt einen in den Schlaf! Die Zimmer sind klein, aber der Ausblick ist gigantisch.

Pelican Point Inn INN $$
(Karte S. 512; ☎831-475-3381; www.pelicanpointinn-santacruz.com; 21345 E Cliff Dr; Suite 99–199 US$;) Diese geräumigen Apartments in der Nähe eines kinderfreundlichen Strands sind ideal für Familien und mit allem ausgestattet, was man für einen faulen Strandurlaub so braucht, von Küchenzeile bis Highspeed-Internet. Man kann sie auch wochenweise mieten.

Sunny Cove Motel MOTEL $$
(Karte S. 512; ☎831-475-1741; www.sunnycovemotel.com; 21610 E Cliff Dr; Zi. 90–200 US$;) Das aufgeräumte kleine Haus ist zwar nichts Besonderes mit seiner Lage östlich vom Zentrum, dafür aber seit Jahren ein treuer Budget-Hit. Der seit Ewigkeit hier wohnende Besitzer vermietet Retrostrandhauszimmer und Suiten mit Einbauküche.

HI Santa Cruz Hostel HOSTEL $
(KarteS. 506; ☎831-423-8304;www.hi-santacruz.org; 321 Main St; B 25–28 US$, Zi. 55–105 US$, alle mit Gemeinschaftsbad; Check-in 5–22 Uhr; @) Gute Alternative für den schmalen Geldbeutel. Das hübsche Hostel liegt in den hundert Jahre alten Carmelita Cottages, die von Gärten umgeben sind. Nachteile: Um 23 Uhr ist Sperrstunde und die maximale Dauer des Aufenthalts beträgt drei Tage. Reservierung unbedingt erforderlich.

State Park Campgrounds CAMPING $
(☎Reservierung 800-444-7275; www.reserveamerica.com; Zelt- & Wohnmobilstellplatz 35–50 US$) Wenn man an den Stränden und in den coolen Cruz Mountains campen will, sollte man früh im Voraus buchen. Hervorragende Flecken sind auch die Henry Cowell Redwoods und Big Basin Redwoods State Parks in den Redwoodwäldern am Hwy 9 (s. S. 511), New Brighton State Beach, nahe Capitola sowie Manresa und Sunset State Strand weiter südlich am Hwy 1 (s. S. 504).

Best Western Plus Capitola By-the-Sea Inn & Suites MOTEL $$
(Karte S. 512; ☎831-477-0607; www.bestwesterncapitola.com; 1435 41st Ave; Zi. inkl. Frühstück 90–240 US$; @) Verlässliches, etwas vom Strand entferntes Motel mit blitzeblanken Zimmer, die groß genug für Familien sind.

Mission Inn MOTEL $$
(Karte S. 512; ☎831-425-5455, 800-895-5455; www.mission-inn.com; 2250 Mission St (Hwy 1); Zi. inkl. Frühstück 80–140 US$;) Zweckmäßiges Motel mit Sauna und Hofgarten, nahe der UCSC, aber weit weg vom Strand.

Essen

Leider ist die kulinarische Szene in Santa Cruz ziemlich glanzlos. Downtown ist vollgestopft mit Cafés, die einigermaßen o.k. sind. Wer Meeresfrüchte sucht, sollte am Kai nach Essensständen zum Mitnehmen Ausschau halten. Auf der Mission St nahe der UCSC und dem benachbarten Capitola wird preiswertes Essen in zwangloser Atmosphäre angeboten.

Soif BISTRO $$$
(Karte S. 506; ☎831-423-2020; www.soifwine.com; 105 Walnut Ave; kleine Teller 5–17 US$, Hauptgerichte 19–28 US$; So–Do 5–22, Fr & Sa bis 23 Uhr) Downtown treffen sich die Bon Vivants bei einer aufregenden Sammlung von 50 internationalen Weinen aus dem Glas, gepaart mit einer kultivierten saisonal geprägten europäisch-kalifornischen Karte. Es erwarten einen Gaumenfreuden wie Wilder Argula-(Rucola-)Salat mit gerösteten Aprikosen und einer Curry-Honig Vinaigrette oder Rippchen in Kaffee-Barbecue-Sauce. Manchmal gibt's auch Livemusik.

Cellar Door KALIFORNISCH $$$
(Karte S. 512; ☎831-425-6771; www.bonnydoonvineyard.com; 328 Ingalls St; kleine Teller 5–22 US$, Menü 25–40 US$; Do–So 17.30–21, Sa & So 12–14 Uhr, Mi gemeinsames Abendessen 18.30 Uhr) Im Verkostungsraum von Bonny Doon Vineyards packt dieses versteckte Café biodynamische und saisonale Kostbarkeiten auf ordentliche Tapasteller und veranstaltet Verkostungsdinner mit Wein vom Fass. Dabei kann man bei einem Glas vom ungewöhnlichen *Le Cigare Volant,* einem abgefahrenen Rhone-Verschnitt, verweilen.

Engfer Pizza Works PIZZERIA $$
(Karte S. 512; www.engferpizzaworks.com; 537 Seabright Ave; Pizzen 8–23 US$; Di–So 16–21.30 Uhr;) Der Umweg in diese alte Fabrik lohnt sich, denn hier werden Holzofenpizzas von Grund auf mit Liebe zubereitet. Die No-Name-Spezialität des Hauses gleicht einem gigantischen Salat auf geröstetem Brot. Das Warten vertreibt man sich mit Pingpong und ein paar Gläschen vom selbstgebrauten Bier.

El Palomar MEXIKANISCH $$
(Karte S. 506; ☎831-425-7575; 1336 Pacific Ave; Hauptgerichte 7–27 US$; 11–23 Uhr;) Immer voll und durchgehend gut (wenn auch

nicht großartig), serviert das El Palomar leckeres mexikanisches Essen – hier die Meeresfrüchte-*ceviches* probieren – und fruchtige Margaritas. Die Tortillas werden von charmanten Damen im überdachten Innenhof frisch zubereitet.

Zachary's AMERIKANISCH $
(Karte S. 506; 819 Pacific Ave; Hauptgerichte 6–11 US$; Di–So 7–14.30 Uhr) In dieser heruntergekommenen Kaschemme, die die Einheimischen gern verheimlichen würden, gehen enorme Portionen Sauerteigpfannkuchen und Blaubeerkäsekuchen über den Tresen, die einen den ganzen Tag auf Trab halten. Unbedingt bestellen sollte man hier „Mike's Mess".

Tacos Moreno MEXIKANISCH $
(Karte S. 512; www.tacosmoreno.com; 1053 Water St; Gerichte 2-6 US$; 11–20 Uhr) Wen kümmert's, wie lang die Schlange mittags vor dem Laden ist, wenn jeder hungrige Surfer der Stadt hier ist? Kenner sind im Taquería-Himmel angekommen, von den marinierten Schwein-, Huhn- und Rind-Soft-Tacos und Quesadillas bis zu den außerordentlich gefüllten Burritos.

Buttery BÄCKEREI $
(Karte S. 512; http://butterybakery.com; 702 Soquel Ave; Snacks 4–8 US$; 7–19 Uhr;) Seit mehr als 20 Jahren backt diese geschäftige Bäckerei altertümliche Schmankerln wie Schoko-Croissants und Obstkuchen. Am besten in das Eckcafé quetschen und Feinkost-Sandwiches und Suppen genießen!

Bagelry FEINKOST $
(Karte S. 506; 320a Cedar St; Waren 3–6 US$; Mo–Fr 6.30–17.30, Sa bis 16.30, So 6.30–16 Uhr;) Die Bagels hier sind zweifach zubereitet (zuerst gekocht und dann gebacken) und haben fantastisch knusprige Aufstriche wie Hummus oder Eiersalat. Am schwarzen Brett stehen die Gemeindenachrichten.

Penny Ice Creamery EISCREME $
(Karte S. 506; http://thepennyicecreamery.com; 913 Cedar St; Eis 2–4 US$; So–Mi 12–21, Do–Sa bis 23 Uhr) Diese Eisdiele mit Kultstatus stellt ausgefallenen Sorten wie Avocado, Kirsch-Balsamico oder geröstete Gerste komplett selbst her. Sie verwendet nur lokale Bio- oder gar Wildzutaten.

Donnelly Fine Chocolates SÜSSIGKEITEN $
(Karte S. 512; www.donnellychocolates.com; 1509 Mission St; Bonbons 2–5 US$; Di–Fr 10.30–18, Sa & So 12–18 Uhr) Der Willy Wonka von Santa Cruz macht himmlisch preisgekrönte Schokoladen auf Großstadtniveau. Der Junge ist ein Alchemist! Unbedingt die Kardamomtrüffel probieren.

New Leaf Community Market LEBENSMITTEL $
(Karte S. 506; www.newleaf.com; 1134 Pacific Ave; 9–21 Uhr) Lokale Bioprodukte, Natur- und Feinkost zum Mitnehmen im Zentrum.

Santa Cruz Farmers Market MARKT $
(Karte S. 506; www.santacruzfarmersmarket.org; Ecke Lincoln & Center Sts; Mi 14.30–18.30 Uhr) Ein Ort, um Bioprodukte und den authentischen Geschmack der Atmosphäre vor Ort zu erleben.

Ausgehen

Downtown quillt über von Bars, Hookah Lounges und Coffee Shops.

Caffe Pergolesi CAFÉ
(Karte S. 506; www.theperg.com; 418 Cedar St; 7–23 Uhr;) Auf der schattigen Veranda dieses viktorianischen Hauses mit Blick über die Straße kann man sich bei einem anständigen Kaffee, Tee oder Bier über die neuesten Verschwörungstheorien austauschen. An den Wänden hängt lokale Kunst und an manchen Abenden gibt's Livemusik.

Santa Cruz Mountain Brewing BRAUEREIAUSSCHANK
(Karte S. 512; www.santacruzmountainbrewing.com; Swift Street Courtyard, 402 Ingalls St; 12–22 Uhr) In diesem winzigen Brauereiausschank gleich westlich der Stadt hinter der Mission St (Hwy 1), der von den Weinverkostungssälen der Santa Cruz Mountains eingequetscht wird, wird kühne Biobraukunst gezapft. Abgefahrenste Sorte? Olallieberesahne Ale.

Vino Prima WEINBAR
(Karte S. 506; www.vinoprimawines.com; Municipal Wharf; Mo–Di 14–20, Mi–Fr 12–22, Sa 12–22, So 12–20 Uhr) Am hinteren Ende des Kais, von wo aus man einen traumhaften Blick aufs Meer hat, werden kalifornische Boutiqueweine kredenzt, einschließlich schwer zu findender Flaschen aus den Gebieten Santa Cruz und Monterey.

Surf City Billiards & Café BAR
(Karte S. 506; www.surfcitybilliards.com; 931 Pacific Ave; Mo–Do 16–23, Fr & Sa 16–1, So 10–23 Uhr) Dies ist eine wahre Erholung von den Kaschemmen im Zentrum; hier gibt es Brunswick Gold Crown Pooltische, Dartscheiben, Großbildfernseher und anständiges Kneipenfutter.

Verve Coffee Roasters CAFÉ

(Karte S. 512; www.vervecoffeeroasters.com; 816 41st Ave; ⌚Mo–Fr 6–19.30, Sa 7–20, So 7–19.30 Uhr; 📶) Wer frisch gerösteten Espresso schlürfen möchte, der tummelt sich mit Surfern und Internetfreaks in diesem Industrie-Zen-Café. Sortenreine Getränke und hauseigene Mischungen sind hier vorherrschend.

Firefly Coffee House CAFÉ

(Karte S. 506; 131 Front St; ⌚Mo–Sa 5.30-18, So 7–14 Uhr; 📶) Das unkonventionelle Kaffeehaus mit Sitzplätzen drinnen und draußen braut biologischen Fair-Trade-Gourmetkaffee und köstlichen Chai mit geriebenen Orangenschalen und Gewürzen, die einem indischen Basar zur Ehre gereichen würden.

☆ Unterhaltung

Die kostenlosen Wochenblätter *Metro Santa Cruz* (www.metrosantacruz.com) und *Good Times* (www.gtweekly.com) informieren lückenlos über das Nachtleben sowie über die Musik- und Kunstszene.

Catalyst LIVEMUSIK

(Karte S. 506; ☎831-423-1336; www.catalystclub.com; 1011 Pacific Ave) Über die Jahre hinweg sind in diesem Laden, in dem lokale Bands spielen, eine ganze Menge großer Künstler des Geschäfts aufgetreten, von Queens of the Stone Age bis Snoop Dogg. Wenn keine Musik gespielt wird, kann man einen Stock höher im Poolsaal und der Bar abhängen.

Moe's Alley LIVEMUSIK

(Karte S. 512; ☎831-479-1854; www.moesalley.com; 1535 Commercial Way; ⌚Di–So) Versteckt in einer Industriebrache gibt es fast jeden Abend Livemusik von Jazz über Blues und Reggae bis zu Roots, Salsa und akustischen Weltmusik-Jams.

Kuumbwa Jazz Center LIVEMUSIK

(Karte S. 506; ☎831-427-2227; www.kuumbwajazz.org; 320 Cedar St) Seit 1975 spielen Jazzkoryphäen in dem intimen, mit Elektrik ausgestatteten Saal dieses gemeinnützigen Theaters für wahre Jazzliebhaber.

Shoppen

In der Pacific Ave und den Seitenstraßen von Downtown findet man einzigartige, lokale Boutiquen (und nicht nur Kifferläden, versprochen!).

Annieglass KUNST

(Karte S. 506; www.annieglass.com; 110 Cooper St; ⌚Mo–Sa 11–18, So bis 17 Uhr) Handgefertigte Glasskulpturen, die in ultraschicken New Yorker Warenhäusern verkauft und im Smithsonian American Art Museum ausgestellt werden, kommen direkt hier aus dem durchgeknallten Santa Cruz. Das muss man sich mal vorstellen!

O'Neill Surf Shop SURFBRETTER, BEKLEIDUNG

(Karte S. 506; www.oneills.com; 110 Cooper St; ⌚10–18 Uhr) Santa Cruz' Marke O'Neill ist weltweit bekannt für Surfklamotten und -ausrüstung, von Kapuzen-Shirts bis zu Boardshorts. Filialen gibt es auch an der Strandpromenade und in Capitola.

Bookshop Santa Cruz BÜCHER

(Karte S. 506; www.bookshopsantacruz.com; 1520 Pacific Ave; ⌚So–Do 9–22, Fr & Sa bis 23 Uhr) Große Auswahl an neuen – und auch eine kleinere an gebrauchten – Büchern sowie bekannten und ungewöhnlichen Zeitschriften. Die Autoaufkleber mit „Keep Santa Cruz Weird" kann man hier auch kaufen.

ℹ Praktische Informationen

FedEx Office (Karte S. 506; 712 Front St 0,20–0,30 US$/Min.; ⌚Mo–Do 24 Std., Fr 0–23, Sa 9–21, So 9–24 Uhr; @📶) Prepaid-Internet-Arbeitsplätze und kostenloses WLAN.

KPIG 107.5FM Spielt den klassischen Santa-Cruz-Soundtrack (also Bob Marley, Janis Joplin, Willie Nelson).

Post (Karte S. 506; www.usps.com; 850 Front St; ⌚Mo–Fr 9–17 Uhr)

Öffentliche Bibliothek (Karte S. 506; www.santacruzpl.org; 224 Church St; ⌚Mo–Do 10–19, Sa 10–17, So 13–17 Uhr; @📶) Kostenloses WLAN und öffentliche Internetterminals.

Santa Cruz County Conference & Visitors Council (Karte S. 512; ☎831-425-1234; www.santacruzca.org; 1211 Ocean St; ⌚Mo–Fr 9–17, Sa & So 10–16 Uhr; @) Kostenlose Broschüren, Karten und Internetterminals.

ℹ Anreise & Unterwegs vor Ort

Santa Cruz liegt 75 Meilen (120 km) südlich von San Francisco, zu erreichen über den Hwy 17, eine kurvenreiche gefährliche Bergstraße. Nach Monterey im Süden ist es etwa eine Autostunde über den Hwy 1.

Greyhound (www.greyhound.com; Metro Center, 920 Pacific St) hat ein paar Busse, die täglich nach San Francisco (16 US$, 3 Std.), Salinas (14 US$, 65 Min.), Santa Barbara (50 US$, 6 Std.) und Los Angeles (57 US$, 9 Std.) fahren.

Santa Cruz Metro (☎831-425-8600; www.scmtd.com; einfache Strecke/Tageskarte 1,50/4,50 US$) betreibt lokale und landesweite Busrouten, die alle vom **Metro Center** (Karte S. 506; 920 Pacific Ave) in der Innenstadt abfahren. Häufige Hwy-17-Expressbusse verbinden Santa Cruz mit der Amtrak/CalTrain-Station (5 US$, 50 Min.) in San Jose.

Santa Cruz Airport Shuttles (☎831-421-9883; http://santacruzshuttles.com) fährt mit Sammeltaxis zu/von den Flughäfen San Jose (45 US$), San Francisco (75 US$) und Oakland (75 US$); die Preise sind für ein oder zwei Passagiere gleich (Kreditkartengebühr 5 US$).

Rund um Santa Cruz

SANTA CRUZ MOUNTAINS

Zwischen Santa Cruz und dem Silicon Valley windet sich der Hwy 9, eine 40 Meilen (64 km) lange Nebenstrecke durch das Hinterland der Santa Cruz Mountains, vorbei an winzigen Städtchen, turmhohen Redwoodwäldern und nebelverhangenen Weinbergen (direkt vom Erzeuger abgefüllter Pinot Noir ist eine Spezialität). Viele Weingüter sind nur am „Passport Day", dem jeweils dritten Samstag im Januar, April, Juli und November geöffnet. Die **Santa Cruz Mountains Winegrowers Association** (www.scmwa.com) gibt eine kostenlose Karte von Weingütern heraus. Darin sind auch solche Kellereien eingezeichnet, die westlich der Innenstadt von Santa Cruz, hinter dem Hwy 1, liegen. Die Karte ist in den Verkaufs- und Verkostungsräumen erhältlich.

Fährt man von Santa Cruz nach Norden, sind es bis Felton 7 Meilen (11 km), die am **Henry Cowell Redwoods State Park** (☎831-335-4598; www.parks.ca.gov; 101 N Big Trees Park Rd; 10 US$/Fahrzeug; ⏲Sonnenauf- bis -untergang) vorbeiführen. Der Park hat kilometerlange Wanderwege durch alten Redwoodwald zu bieten und Campen kann man am San Lorenzo River. In Felton fährt die **Roaring Camp Railroads** (☎831-335-4484; www.roaringcamp.com; 5401 Graham Hill Rd; Touren Erw./Kind 2–12 Jahre ab 24/17 US$, Parken 8 US$; ⏲Abfahrtszeiten per Telefon) mit einer Schmalspurdampflokomotive rauf in die Wälder und mit einer Normalspurbahn runter zur Uferpromenade von Santa Cruz Beach (S. 503).

Fährt man auf dem Hwy 9 weitere 7 Meilen (11 km) nach Norden, erreicht man das hübsche **Boulder Creek**, ein guter Fleck, um einen Happen zu essen. Direkt an der Straße liegt die **Boulder Creek Brewery & Cafe Company** (www.bouldercreekbrewery.net; 13040 Hwy 9; Hauptgerichte 7–15 US$; ⏲So–Do 11.30–22, Fr & Sa bis 22.30 Uhr), eine lokale Institution.

Dem kurvenreichen Hwy 236 nach Nordwesten folgend erreicht man nach 9 Meilen (14 km) den **Big Basin Redwoods State Park** (☎831-338-8860; www.bigbasin.org, www.parks.ca.gov; 21600 Big Basin Way; 10 US$/Auto), in dem sich Naturpfade an gigantischen alten Redwoodbäumen vorbeischlängeln. Der 12,5 Meilen (20 km) lange Abschnitt des aufregenden **Skyline to the Sea Trail** vom Big Basin Redwood State Park nach Waddell Beach endet an der Küste, beinahe 20 Meilen (32 km) nordwestlich von Santa Cruz. Wer den Wochenendfahrplan der Santa Cruz Metro genau studiert, kann es schaffen, morgens mit dem Bus 35A hoch zum Big Basin zu fahren und nachmittags am Strand von Bus 40 aufgesammelt zu werden.

CAPITOLA

6 Meilen (10 km) östlich von Santa Cruz zieht die kleine Seestadt Capitola, die malerisch von Meeresklippen umgeben ist, Familien und wohlhabendere Menschen an. Downtown mit seinen pseudokünstlerischen Läden und touristischen Restaurants in Häusern am Meer ist perfekt zum Rumschlendern. Mitte September lohnt es sich besonders, herzukommen, wenn hier das **Capitola Art & Wine Festival** stattfindet oder wenn am Labor Day Wochenende beim berühmten **Begonia Festival** eine kleine Flotte von blumengeschmückten Flößen auf dem Soquel Creek herumschwimmt.

In **Mr Toots Coffeehouse** mit angeschlossener Kunstgalerie und Livemusik (Karte S. 512; http://tootscoffee.com; 1. Stock, 231 Esplanade; ⏲7–22 Uhr; 📶) gönnt man sich den im Schatten gewachsenen, fair gehandelten Biokaffee. Im Landesinneren geht man in **Gayle's Bakery & Rosticceria** (Karte S. 512; www.gaylesbakery.com; 504 Bay Ave; ⏲6.30–20.30 Uhr; 👪), die die frischeste Feinkost anbietet, mit der man sein Strandpicknick nur ausstatten kann, oder ins **Dharma's** (Karte S. 512; www.dharmaland.com; 4250 Capitola Rd; Hauptgerichte 7–14 US$; ⏲8–21 Uhr; 🌿), mit vegetarischem Global-Fusion-Fast-Food und veganischem Restaurant.

Die **Capitola Chamber of Commerce** (Karte S. 512; ☎800-474-6522; www.capitolachamber.com; 716g Capitola Ave; ⏲10–16 Uhr) bietet Reiseinformationen an. Im Sommer und an Wochenenden in die Innenstadt zu fahren, kann zum Alptraum werden; der Parkplatz hinter der City Hall, unweit der Capitola Ave am Riverview Dr, ist eine mögliche Alternative.

Rund um Santa Cruz

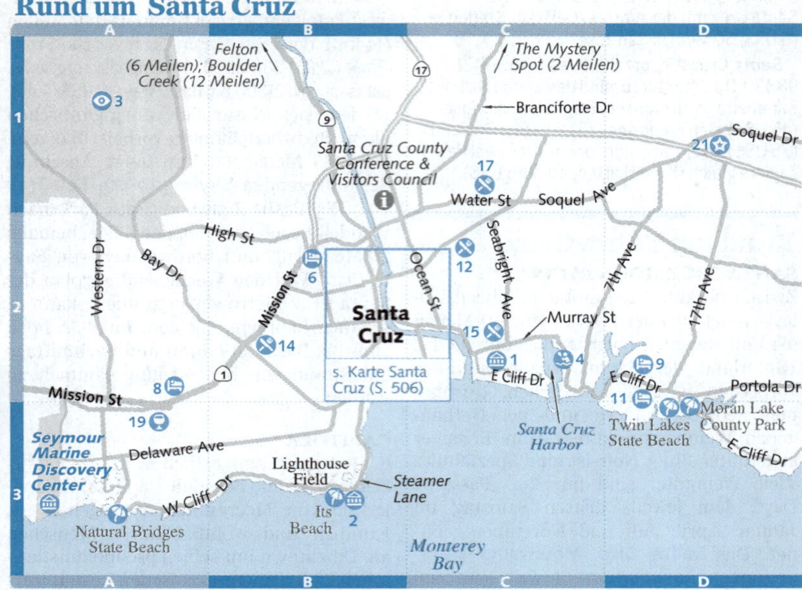

Rund um Santa Cruz

Hightlights

Seymour Marine Discovery Center A3

Sehenswertes

1 Santa Cruz Museum of Natural History C2
2 Santa Cruz Surfing Museum B3
3 University of California, Santa Cruz A1

Aktivitäten, Kurse & Touren

4 Kayak Connection C2
5 O'Neill Surf Shop E2

Schlafen

6 Adobe on Green B&B B2
7 Best Western Plus Capitola By-the-Sea Inn & Suites E2
8 Mission Inn A2
9 Pelican Point Inn D2
10 Pleasure Point Inn E3
11 Sunny Cove Motel D2

Essen

12 Buttery C2
13 Dharma's E2
14 Donnelly Fine Chocolate B2
15 Engfer Pizza Works C2
16 Gayle's Bakery & Rosticceria E2
17 Tacos Moreno C1

Ausgehen

18 Mr Toots Coffeehouse E2
19 Santa Cruz Mountain Brewing A3
20 Verve Coffee Roasters E2

Unterhaltung

Cellar Door .... (siehe 19)
21 Moe's Alley D1

MOSS LANDING & ELKHORN SLOUGH

Bei Moss Landing, das südlich der Countygrenze von Santa Cruz und fast 20 Meilen (32 km) nördlich von Monterey liegt, verläuft der Hwy 1 wieder an der Küste entlang. Vom Fischereihafen in Moss Landing aus legt **Sanctuary Cruises** (☎831-917-1042; www.sanctuarycruises.com; Touren Erw./Kind unter 3/3–12 Jahre 48/10/38 US$) das ganze Jahr hindurch mit Biodiesel-Schiffen zu Wal- und Delfinbeobachtungstouren ab (Reservierung notwendig!). Fangfrische Meeresfrüchte gibt es im lagerhallengroßen **Phil's Fish Market** (www.philsfishmarket.com; 7600 Sandholdt Rd; Hauptgerichte 10–20 US$; ⏲So–Do 10–20, Fr & Sa bis 21 Uhr) oder man geht nach einem Bummel durch die Antiquitätenläden ins **Haute Enchilada**

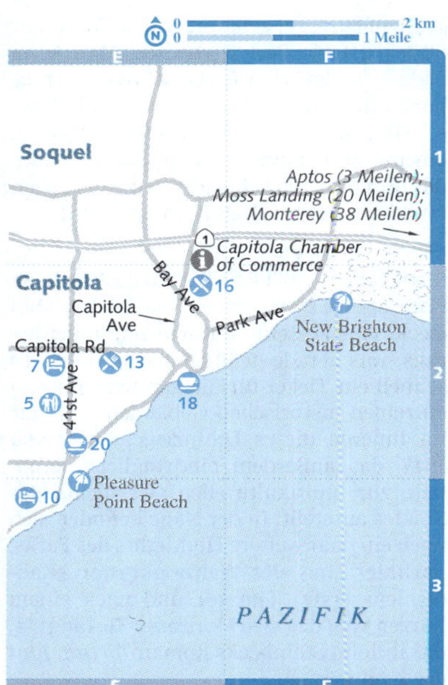

(www.hauteenchilada.com; 7902 Moss Landing Rd; Hauptgerichte 11–26 US$; ⏲10–20 Uhr), ein mexikanisches Restaurant, das in einer Frida-Kahlo-artigen Kunstgalerie untergebracht ist.

Gleich im Osten liegt der bei Vogelbeobachtern und Wanderern beliebte **Elkhorn Slough National Estuarine Research Reserve** (☎831-728-2822; www.elkhornslough.org; 1700 Elkhorn Rd; Erw./Kind unter 16 Jahren 2,50 US$/frei; 1700 Elkhorn Rd, Watsonville; ⏲Mi–So 9–17 Uhr). Wissenschaftliche Touren werden normalerweise samstags und sonntags um 10 und 13 Uhr angeboten. Kajakfahren ist eine fantastische Möglichkeit, die Tümpel zu erkunden – allerdings nicht an windigen Tagen oder wenn die Gezeiten gegen einen arbeiten. Kajaks (35–70 US$) oder geführte Touren (30–120 US$) sollte man im Voraus buchen, am besten bei **Kayak Connection** (☎831-724-5692; www.kayakconnection.com; 2370 Hwy 1) oder **Monterey Bay Kayaks** (☎831-373-5357; www.montereybaykayaks.com; 2390 Hwy 1).

Monterey

In der Arbeiterstadt Monterey dreht sich alles um das Meer. Was die meisten Touristen anzieht, ist das Weltklasse-Aquarium über dem **Monterey Bay National Marine Sanctuary**, das die dichten Algenwälder und das außergewöhnlich vielfältige Wildleben einschließlich Seehunden, Seelöwen, Delfinen und Walen schützt. Die Stadt selbst besitzt mit vielen restaurierten Lehmziegelbauten die am besten erhaltenen historischen Zeugnisse aus spanischer und mexikanischer Zeit. Ein nachmittäglicher Spaziergang durch das historische Viertel der Innenstadt ist deutlich erbaulicher als vertane Zeit in den Touristenghettos am Fisherman's Wharf und der Cannery Row.

Sehenswertes

Monterey Bay Aquarium AQUARIUM
(Karte S. 520; ☎831-648-4888, Tickets 866-963-9645; www.montereybayaquarium.org; 886 Cannery Row; Erw./Kind 3–12 Jahre 30/20 US$; ⏲Juni–Aug. Mo–Fr 9.30–18.30, Sa & So 9.30–20 Uhr, Sep.–Mai tgl. 10–17 oder 18 Uhr;) Ein faszinierendes Erlebnis in Monterey ist der Besuch des enormen Aquariums, das auf dem Gelände der ehemals größten Fabrik für Sardinenbüchsen erbaut wurde. Alle möglichen Wasserlebewesen werden stolz präsentiert, von kindgerechten Seesternen und schleimigen Seeschnecken bis hin zu munteren Seeottern und erstaunlich flinken 360 kg schweren Thunfischen. Das Aquarium ist jedoch mehr als eine bloße Ansammlung von gläsernen Wasserbecken – gut durchdachte Schautafeln vermitteln den kulturellen und historischen Kontext der Bucht.

Jede Minute werden über 7570 l Meerwasser durch den drei Stockwerke hohen **Algenwald** gepumpt, der die natürlichen Bedingungen der See so gut wie möglich nachahmt, was man durch die östlichen Fenster sehen kann. Die großen Raubfische sind während ihrer Fütterungszeit natürlich am beeindruckendsten; Taucher füttern um 11.30 und 16 Uhr mit der Hand. Noch unterhaltsamer sind die Seeotter, die man im **Großen Gezeitenbecken** außerhalb des Aquariums beim Sonnenbader beobachten kann, wo sie auf ihre Auswilderung vorbereitet werden.

Selbst New-Age-Musik und der vereinzelt Unendlichkeit vortäuschende Spiegel kann nicht von der Schönheit der Quallen in der **Jellies Gallery** ablenken. Wer Fische sehen will – darunter Hammerhaie und Suppenschildkröten –, die das Gewicht von Kindern bei Weitem übertreffen, sollte sich das unglaubliche **Open Sea Becken** anschauen. Überall im Haus gibt es **Strei-**

chelbecken, in denen man Seegurken, kalifornischen Adlerrochen und anderem Getier ganz nahe kommen kann. Kleinere Kinder werden die interaktive, zweisprachige **Splash Zone** lieben, in der um 10.30 und 15 Uhr die Pinguine gefüttert werden.

Ein Besuch kann leicht einen ganzen Tag einnehmen. Daher sollte man sich einen Stempel geben lassen und eine Mittagspause einlegen. Wer die langen Warteschlangen im Sommer und am Wochenende umgehen möchte, sollte Karten im Voraus kaufen. Auf der Straße gibt es nur wenige Parkuhrenplätze, aber es gibt massenweise bewachte Parkplätze und Parkhäuser zu vernünftigen Tagesraten oberhalb der Cannery Row.

Cannery Row HISTORISCHE STÄTTE

(Karte S. 520) John Steinbecks Roman *Die Straße der Ölsardinen* hat die Sardinenkonservenindustrie unsterblich gemacht, die für die erste Hälfte des 20. Jhs. Montereys Herzblut war. Als Steinbeck den Roman schrieb, war Cannery Row ein stinkender, ärmlicher Schmelztiegel der Arbeiterklasse, den der Autor als „ein Gedicht, ein Gestank, ein quietschendes Geräusch, eine Art von Licht, ein Ton, eine Gewohnheit, eine Nostalgie, einen Traum" beschrieb. Leider ist aus diesen Zeiten kaum noch etwas übrig. Überfischung und Klimawandel führten zum Zusammenbruch der Industrie in den 1950ern.

Eine bronzene **Büste** des Pulitzer-Preisträgers steht am unteren Ende der Prescott Ave, ein paar Schritte entfernt von der ordinären, mit Restaurantketten und Souvenirläden, die fast nur „Saltwater Taffies" (Bonbons) verkaufen, vollgestopften Ramschmeile, zu der die Cannery Row heute verkommen ist. Die **Cannery Worker Shacks** am Ende des blumengeschmückten Bruce Ariss Way erzählen ernüchternde Geschichten über das harte Leben, das die eingewanderten Arbeiter aus den Philippinen, aus Japan, Spanien und anderen Ländern, die in diesen Hütten hausten, erdulden mussten.

Monterey State Historic Park HISTORISCHE STÄTTE

(☎Handy-Audiotour 831-998-9458; www.parks.ca.gov) Das alte Monterey ist die Heimat einer außerordentlichen Ansammlung von Backstein- und Lehmziegelbauten aus dem 19. Jh., die alle auf einer 2 Meilen (3,2 km) langen selbstgeführten Tour zu besichtigen sind. Sie wird recht bedeutungsschwer „Path of History" genannt und als Monterey State Historic Park verwaltet. Man kann Dutzende der Häuser besichtigen, einige haben zauberhafte Gärten. Nicht alle Häuser sind zur gleichen Zeit geöffnet, was von einem ausgeklügelten Zeitplan abhängt, der durch die einschneidenden Kürzungen im Staatsparkhaushalt bestimmt wird.

Pacific House Museum

(Karte S. 520; ☎831-649-7118; 20 Custom House Plaza; Spende erwünscht; ⏲10–16.30 Uhr) Man steckt eine kostenlose Karte ein, findet heraus, was gerade geöffnet hat und ersteht schnell ein Ticket für die geführte Tour zu einzelnen historischen Gebäuden – all das im Inneren dieses Lehmziegelhauses von 1847, das außerdem eindringliche Exponate zur multikulturellen Geschichte des Staates ausstellt. In der Nähe befinden sich noch ein paar weitere Highlights des Parks, darunter eine **alte Walfangstation**, Kaliforniens erstes **Theater** und nach einem kurzen Weg das **alte Monterey-Gefängnis**, das in John Steinbecks Roman *Tortilla Flat* erwähnt wird.

Custom House

(Karte S. 520; Custom House Plaza; ⏲Sa & So 10–16 Uhr) Im Jahre 1822 beendete das erst seit Kurzem unabhängige Mexiko das spanische Handelsmonopol und legte fest, dass jeder, der Waren nach Alta California einführen wollte, diese zuerst hier ausladen musste, um den Zollwert feststellen zu lassen. 1846 wehte dann der Union Jack über der Zollstation und *voilà!* Kalifornien wurde formal von den USA annektiert. In seinen alten Zustand der 1840er versetzt, werden heute in dem Gebäude exotische Waren ausgestellt, die Händler für kalifornische Kuhhäute eingetauscht haben.

Casa Soberanes

(Karte S. 520; 336 Pacific St) Ein wunderschöner Garten mit verschlungenen Wegen, gepflastert mit Seeohrenschalen, Glasflaschenböden und sogar Walknochen ist Teil dieses Lehmziegelhauses, das in den 1840ern während der spätmexikanischen Periode gebaut wurde. Das Innere ist eklektizistisch dekoriert mit einem Mix aus Neuengland-Antiquitäten, Waren, die im 19. Jh. von chinesischen Handelsschiffen hergebracht wurden, und moderner mexikanischer Volkskunst. Die Öffnungszeiten variieren.

Auf der anderen Seite der Pacific St steht das große und bunte **Monterey Mural**, ein zeitgenössisches Mosaik auf der Außenseite des Monterey Conference Center, das die Stadtgeschichte illustriert.

Stevenson House
(Karte S. 520; 530 Houston St; ⏲Sa 13–16 Uhr) Der schottische Autor Robert Louis Stevenson kam 1879 nach Monterey, um seiner zukünftigen Frau Fanny Osbourne den Hof zu machen. In diesem Gebäude, damals das French Hotel, hat der Romancier angeblich seinen Roman *Die Schatzinsel* geschrieben. Die Fremdenzimmer waren einfach und Stevenson ein unbekannter Habenichts. Heute wird hier eine ausgezeichnete Sammlung von Memorabilien des Schriftstellers gezeigt.

Cooper-Molera Adobe
(Karte S. 520; 525 Polk St; ⏲Laden tgl. 10–16, Mai–Sept. bis 17 Uhr; Tourzeiten variieren) 1827 wurde dieses stattliche Lehmziegelwohnhaus von John Rogers Cooper, einem Kapitän aus Neuengland, erbaut und seine Familie lebte hier bis in die dritte Generation im Jahre 1968. Im Laufe der Zeit wurden die Gebäude geteilt und erweitert, Gärten wurden angelegt und später alles dem National Trust überantwortet. Umschauen lohnt sich, denn der Buchladen verkauft auch nostalgisches Spielzeug und Haushaltswaren.

Monterey History & Maritime Museum MUSEUM
(Karte S. 520; ☎831-372-2608; http://montereyhistory.org; 5 Custom House Plaza; Eintritt 5 US$, frei jeden 1. Di im Monat nach 15 Uhr; ⏲Di–So 10–17 Uhr) Die riesige und moderne Austellungshalle, die in Ufernähe liegt, beleuchtet Montereys salzige Vergangenheit, angefangen bei den frühen spanischen Entdeckern bis zur achterbahnartigen Entwicklung der lokalen Sardinenindustrie, die Mitte des 20. Jhs. die Cannery Row zum Leben erweckte. Weitere Highlights sind eine Flaschenschiffsammlung und die historische Fresnel-Linse des Leuchtturms „Point Sur Lightstation".

Monterey Museum of Art MUSEUM
(MMA; www.montereyart.org; Erw./Kind unter 13 Jahre 10 US$/frei; ⏲Mi–Sa 11–17 & So 13-16 Uhr) Das **MMA Pacific Street** (Karte S. 520; ☎831-372-5477; 559 Pacific St) befindet sich in der Innenstadt und besitzt eine besondere Sammlung mit zeitgenössischer kalifornischer Kunst sowie moderner Landschaftsmalerei und -fotografie, darunter auch Ansel Adams und Edward Weston. Wechselausstellungen werden im **MMA La Mirada** (Karte S. 520; ☎831-372-3689; 720 Via Mirada), der Villa eines ehemaligen Stummfilmstars, gezeigt. Die bescheidenen Anfänge des Hauses als Lehmziegelbau sind kaum auszumachen. Die Eintrittskarte gilt für beide Museen.

Royal Presidio Chapel KIRCHE
(Karte S. 520; www.sancarloscathedral.net San Carlos Cathedral, 500 Church St; Spende erwünscht; ⏲Mi 10–12, Fr 10–15, Sa 10–14, So 13–15 Uhr, jeden 2. & 4. Mo des Monats 13.15–15.15 Uhr) Die im Jahr 1794 aus Sandstein erbaute, bezaubernde Kirche ist das älteste Gotteshaus Kaliforniens, das kontinuierlich als solches genutzt wurde. Seit 1770 als Missionskirche geplant, zog die Mission kurz darauf nach Carmel um. Als sich Monterey unter der mexikanischen Regierungszeit in den 1820ern immer weiter ausdehnte, wurden ältere Gebäude sukzessive zerstört. Heute ist dieses National Historic Landmark die stärkste Erinnerung an die besiegten spanischen Kolonialherren.

GRATIS **Presidio of Monterey Museum** MUSEUM
(Karte S. 520; www.monterey.org; Bldg 113, Corporal Ewing Rd; ⏲Mo 10–13, Do-Sa 10–16, So 13–16 Uhr) Auf dem Gelände der ursprünglich spanischen Festung beleuchtet dieses kleine Museum Montereys Geschichte aus militärischer Perspektive mit Blick auf die indianische, mexikanische und amerikanische Periode.

Aktivitäten

Wie der größere Namensvetter in San Francisco ist die **Fisherman's Wharf** eine kitschige Touristenfalle und Ausgangspunkt für Hochseeangeltrips. Dabei ist die authentische **Municipal Wharf II** nur einen kurzen Spaziergang Richtung Osten entfernt. Hier schaukeln die Fischerboote auf den Wellen, Maler arbeiten an ihren Bildern und Fischhändler verkaufen fangfrische Ware.

GRATIS **Dennis the Menace Park** SPIELPLATZ
(Karte S. 520; 777 Pearl St; ⏲10 Uhr–Dämmerung, Sept.–Mai Di geschl.; 👪) Ein Muss für alle Fans von super Spielplätzen! Dieser Park verdankt seine Entstehung Hank Ketcham, dem Zeichner klassischer Comic Strips. Das hier ist nicht irgendein idiotensicherer Standardspielplatz, der von zu vieler Sicherheitsvorschriften erstickt wird. Pfeilschnelle Rutschen, ein Heckenlabyrinth und irre hohe Kletterwände machen es selbst Erwachsenen schwer, hier nicht zu spielen.

Monterey Peninsula

PAZIFIK
Ocean View Blvd
Point Pinos
Point Pinos Lighthouse
Pacific Grove
Asilomar State Beach
Spanish Bay
Sunset Dr
Asilomar Blvd
Ridge Rd
Lover's Point
Monarch Grove Sanctuary
Alder St
Forest Ave
Shoreline Park
Pine Ave
Sinex Ave
Tor (Maut)
Sunset Dr
Spanish Bay Rd
The Links at Spanish Bay
Point Joe
17-Mile Dr
David Ave
Prescott Ave
Lighthouse Ave
Monterey
Monterey Bay
Monterey State Beach
Del Monte Beach
Forest Lodge Rd
Presidio of Monterey
Veterans Memorial Park
Congress Rd
Ocean Rd
Stevenson Dr
Sloat Rd
Lopez Rd
Forest Lake
Forest Lake Rd
Bird Rock
Bird Rock Rd
Botanical Reserve
Pacific St
Del Monte Ave
Fremont St
Sanctuary Beach Resort (9 Meilen); Moss Landing (18 Meilen)
Skyline Dr
Skyline Forest Dr
Munras Ave
Cypress Point
Spyglass Hill Golf Course
Sunridge Rd
Scenic Dr
Monterey Peninsula Airport (2 Meilen); Salinas (17 Meilen)
Cypress Point Golf Course
Ronda Rd
Portola Rd
Pebble Beach Golf Course
Pebble Beach
Sunset Point
Cypress Dr
Stillwater Cove
Carpenter St
2nd Ave
Pescadero Point
Cabrillo Hwy
Carmel Beach
San Antonio Ave
Scenic Rd
Junipero Ave
Carmel Bay
Carmel Point
Carmel-by-the-Sea
Tor House
San Carlos Borroméo de Carmelo Mission
Carmel Valley Rd
Rio Rd
Carmel River Lagoon & Natural Preserve
Carmel River State Park
Carmel River
Carmel River State Beach
Carmel Valley
Point Lobos
Whalers Cove
Point Lobos State Natural Reserve
Big Sur (20 Meilen); Hearst Castle (85 Meilen)
s. Detailplan
s. Karte Monterey (S. 520)
Park St
Lighthouse Ave
Central Ave
Pine Ave
200 m
0.1 Meilen
2 km
1 Meile

CENTRAL COAST AM HWY 1

Monterey Peninsula

Highlights
Monarch Grove Sanctuary.................B2
Point Pinos Lighthouse.......................B2
San Carlos Borroméo de Carmelo Mission...C6
Tor House...B6

Sehenswertes
1 17-Mile Drive.......................................B5
2 Lone Cypress.......................................A5
3 Museum of Natural History..................D1

Aktivitäten, Kurse & Touren
4 Pacific Grove Golf Links.......................B2

Schlafen
5 Asilomar Conference Grounds............B2
6 Carmel River Inn.................................C6
7 Carmel Village Inn................................C5
8 Centrella Inn...D1
9 Lodge at Pebble Beach........................A5
10 Mission Ranch......................................B6
11 Pacific Gardens Inn.............................B2
12 Sea View Inn..B5
13 Sunset Inn Hotel..................................B2
14 Veterans Memorial Park Campground.......................................C3

Essen
Bruno's Market & Deli..............(siehe 7)
Carmel Belle.............................(siehe 15)
15 La Bicyclette..B5
16 Monterey's Fish House........................D3
Mundaka.................................(siehe 15)
17 Passionfish...C1
18 Red House Café....................................C1

Ausgehen
19 Jack London's......................................E5

Unterhaltung
20 Forest Theater......................................C5

Radfahren & Mountainbiken

Längs einer ehemaligen Eisenbahnstrecke verläuft der **Monterey Peninsula Recreational Trail** 18 autofreie Meilen (29 km) entlang der Küste und passiert auf dem Weg nach Lovers Point in Pacific Grove auch die Cannery Row. Rennradfreaks mit Nerven aus Stahl können die Rundfahrt nach Carmel auf dem **17-Mile Drive** (s. Kasten S. 526) machen. Mountainbiker fahren am besten nach **Fort Ord**, da gibt es Singletrails und Feldwege in einer Gesamtlänge von 50 Meilen (80 km); Mitte April findet hier regelmäßig das Fahrrad- und Outdoorsport-Festival **Sea Otter Classic** (www.seaotterclassic.com) statt.

Adventures by the Sea RADFAHREN
(Karte S. 520; ☎831-372-1807; www.adventuresbythesea.com; 299 Cannery Row; Miete pro Std./Tag 7/25 US$) Beach Cruiser und Trekkingfahrräder werden auf der Cannery Row und **Downtown** (210 Alvarado St) verliehen.

Bay Bikes RADFAHREN
(Karte S. 520; ☎831-655-2453; www.baybikes.com; 585 Cannery Row; pro Std./Tag ab 8/32 US$) In der Nähe des Aquariums können Cruiser, Tandems, Trekkingfahrräder und Mountainbikes geliehen werden.

Walbeobachtung

Wale kann man das ganze Jahr über vor der Küste der Monterey Bay beobachten. Die Saison für Blau- und Buckelwale geht von Ende April bis Anfang Dezember, während Grauwale von Mitte Dezember bis Mitte April vorbeikommen. Tourboote fahren von Fisherman's Wharf im Zentrum und auch von Moss Landing aus ab (s. S. 512). Mindestens einen Tag vorher reservieren und sich auf eine kalte schaukelnde Fahrt einstellen!

Monterey Whale Watching BOOTSTOUREN
(Karte S. 520; ☎831-372-2203, Tickets 800-979-3370; www.montereywhalewatching.com; 96 Fisherman's Wharf; 2 1\2 Std. Tour Erw./Kind 3–12 Jahre 40/30 US$) Mehrere Abfahrten täglich.

Monterey Bay Whale Watch BOOTSTOUREN
(Karte S. 520; ☎831-375-4658; www.montereybaywhalewatch.com; 84 Fisherman's Wharf; 2 1\2 Std. Tour Erw./Kind 4–12 Jahre ab 38/27 US$) Ausfahrten morgens und nachmittags.

Tauchen & Schnorcheln

Die Monterey Bay bietet Weltklasse Tauch und Schnorchelplätze: so bei **Lovers Point** in Pacific Grove und im **Point Lobos State Natural Reserve** nahe Carmel-by-the-Sea. Hier muss man das ganze Jahr über Neoprenanzüge tragen, denn selbst im Sommer treibt die Strömung aus den tiefen Schluchten der Bucht kaltes nährstoffreiches Wasser nach oben, das den vielen Meerestieren als Futter dient. Diese kalten Strömungen sorgen auch für die kühlen Wassertemperaturen in der Bucht und den Sommernebel, der die Halbinsel bedeckt.

Monterey Bay Dive Charters GERÄTETAUCHEN
(☎831-383-9276; www.mbdcscuba.com; Tauchausrüstung pro Tag 79–89 US$, Strand/Boot Tauchgang ab 49/199 US$) Hier kann man sich eine komplette Gerätetauchausrüstungen inklusive Neoprenanzug ausleihen. Angeboten werden organisierte Kleingruppentauchgänge vom Strand oder Boot aus und für Anfänger ein dreieinhalbstündiges Taucherlebnis (159 US$, kein PADI Zertifikat benötigt).

Kajakfahren & Surfen

Monterey Bay Kayaks KAJAKFAHREN
(Karte S. 520; ☎800-649-5357; www.montereybaykayaks.com; 693 Del Monte Ave; Miete 30–50 US$/Tag, Touren Erw./Kind ab 50/40 US$;) Verleih von Kajaks und Stand-up-Paddelbrett-Ausrüstungen. Außerdem werden Kajakstunden und geführte Touren durch die Monterey Bay angeboten, einschließlich Vollmond-, Sonnenauf- und -untergangstouren sowie Abenteuerfahrten für die ganze Familie.

Sunshine Freestyle Surf SURFEN
(Karte S. 520; ☎831-375-5015; http://sunshinefreestyle.com; 443 Lighthouse Ave; Verleih von Surfbrett halber/ganzer Tag 20/30 US$, Neoprenanzug 10/15 US$, Boogieboard 7/10 US$) Montereys ältester Surfladen verleiht und verkauft alles, was man zum Surfen braucht. Surftipps für die Bay muss man den Mitarbeitern allerdings aus der Nase ziehen.

Feste & Events

AT&T Pebble Beach National Pro-Am GOLF
(www.attpbgolf.com) Berühmtes Golfturnier bringt Profis und Promis zusammen; Anfang Februar.

Castroville Artichoke Festival ESSEN
(www.artichoke-festival.org) Nördlich von Monterey werden dreidimensionale Agro-Art-Skulpturen, Kochvorführungen, ein Bauernmarkt und Ackerführungen dargeboten; Mitte Mai.

Strawberry Festival at Monterey Bay ESSEN
(www.mbsf.com) Beerenstarke Wettbewerbe im Kuchenessen und Livemusik gibt es in Watsonville, nördlich von Monterey; Anfang August.

Concours d'Elegance AUTOS
(www.pebblebeachconcours.net) Oldtimer verstopfen die Zufahrtsstraßen nach Pebble Beach; Mitte August.

Monterey County Fair KULTUR
(www.montereycountyfair.com) Altmodisches Vergnügen, Fahrgeschäfte, Pferdereiten und Viehwettbewerbe, Weinverkostung und Livemusik; Ende August bis Anfang September.

LP TIPP **Monterey Jazz Festival** MUSIK
(www.montereyjazzfestival.org) Eines der ältesten Jazz Festivals (seit 1958) weltweit; Mitte September.

Schlafen

Wer im Sommer oder zu besonderen Ereignissen kommen will, muss im Voraus buchen! Wer dem Touristenstrom und den unverschämten Preisen auf der Cannery Row aus dem Weg gehen will, sollte sich überlegen, in Pacific Grove (S. 523) zu übernachten. Preiswertere Ketten- und unabhängige Motels säumen die Munras Ave, südlich von Downtown, und die N Fremont St, östlich des Hwy 1.

InterContinental–The Clement HOTEL $$$
(Karte S. 520; ☎831-375-4500, 888-424-6835; www.intercontinental.com; 750 Cannery Row; Zi. 200–455 US$;) Wie die aufgebrezelte Version einer Sommerresidenz eines Millionärs aus Neuengland thront dieses Hotel mit allem Drum und Dran über der Cannery Row. Wer den ultimativen Kick in Sachen Luxus und Romantik sucht, sollte eine Suite mit Meerblick, Balkon und offenem Kamin buchen und morgens im Erdgeschoss im C Restaurant am Strand frühstücken. Parken kostet 18 US$.

Sanctuary Beach Resort HOTEL $$$
(☎831-883-9478, 877-944-3863; www.thesanctuarybeachresort.com; 3295 Dunes Dr, Marina; Zi. 179–329 US$;) „Von der Brandung in den Schlaf gewogen" könnte das Motto dieser niedriggelegenen Einsiedelei in den Dünen nördlich von Monterey sein. Die Stadthäuschen beherbergen kleine Zimmer ausgestattet mit Gaskaminen und Ferngläsern zur Walbeobachtung. Beim Strand handelt es sich um ein abgesperrtes Naturreservat, aber es gibt genug andere Strände und Wanderwege in der Nähe.

Jabberwock B&B $$$
(Karte S. 520; ☎831-372-4777, 888-428-7253; www.jabberwockinn.com; 598 Laine St; Zi. inkl. Frühstück 169–309 US$;) Hoch auf einem Hügel gelegen und hinter dichtem Blattwerk kaum sichtbar, erklingt in den sieben makellosen Zimmer dieses Art-and-Craft-Hauses aus dem Jahr 1911 eine verspielte

Melodie wie bei *Alice im Wunderland*. Beim Nachmittagstee und Gebäck oder Wein und Hors d'oeuvres am Abend kann man die genialen Gastgeber über die vielen erhaltenen Bauelemente des Hauses ausfragen.

Casa Munras BOUTIQUEHOTEL $$

(Karte S. 520; ☎831-375-2411; www.hotelcasamunras.com; 700 Munras Ave; Zi. 185–279 US$; @📶🏊🐾) Die schicken modernen Zimmer wurden um eine Lehmziegelhazienda aus dem 19. Jh. herum gebaut, in der einmal ein spanischer Kolonialherr residierte. Die Zimmer in dem zweigeschossigen motelartigen Gebäude verfügen über vornehme Betten und Gaskamine. Im beheizten Außenpool kann man planschen, an der Tapasbar abschalten oder im Minispa mit Meersalz ausspannen. Gebühren für Haustiere liegen bei 50 US$.

Hotel Abrego BOUTIQUEHOTEL $$

(Karte S. 520; ☎831-372-7551; www.hotelabrego.com; 755 Abrego St; Zi 140–270 US$; 📶🏊🐾) Ein weiteres Boutiquehotel in der Innenstadt, wenn auch mit etwas geringeren Annehmlichkeiten. Die meisten der geräumigen modernen Zimmer verfügen über offene Gaskamine sowie Chaiselongues. Abtauchen kann man im Außen- und im Whirlpool. Haustiergebühr 30 US$.

Monterey Hotel HISTORISCHES HOTEL $$

(Karte S. 520; ☎831-375-3184, 800-966-6490; www.montereyhotel.com 406 Alvarado St; Zi. 70–310 US$; 📶) Im Herzen von Downtown und nur einen kurzen Weg vom Fisherman's Wharf entfernt beherbergt dieses Bauwerk von 1904 fünf Dutzend kleine, etwas laute, aber frisch renovierte Zimmer mit Möbeln im viktorianischen Stil und Lamellenfensterläden. Es gibt keinen Aufzug; Parken kostet 17 US$.

Colton Inn MOTEL $$

(Karte S. 520; ☎831-649-6500; www.coltoninn.com; 707 Pacific St; Zi. 109–199 US$; ❄📶) Dieses Meister-Motel mitten im Zentrum bildet sich – obwohl es keinen Pool und keinen Ausblick hat – etwas auf seine Sauber- und Freundlichkeit ein. Die Mitarbeiter verleihen gern DVDs und einige Zimmer haben echte offene Kamine, Whirlpools oder Küchenzeilen und für Gäste gibt es sogar eine Sauna.

HI Monterey Hostel HOSTEL $

(Karte S. 520; ☎831-649-0375; www.montereyhostel.org; 778 Hawthorne St; B 25–28 US$, Zi. 59–75 US$, alle mit Gemeinschaftsbad; ⏲Check-in 16–22 Uhr; @) Vier Blocks von der Cannery Row und dem Aquarium entfernt stopfen sich in diesem einfachen sauberen Hostel die Backpackergäste beim Frühstück die Bäuche mit selbstgemachten Waffeln voll. Reservierung wird unbedingt empfohlen! Zum Hostel gelangt man mit dem MST Bus 1 von der Transit Plaza im Zentrum.

Veterans Memorial Park CAMPING $

(Karte S. 516; ☎831-646-3865; www.monterey.org; Veterans Memorial Park, hinter Skyline Dr; Zelt- & Wohnmobilstellplatz 25–30 US$) Tief im Wald versteckt und in der Nähe von Wanderwegen, die durch Naturreservate führen, bietet dieser Gemeindecampingplatz 40 gut gepflegte Rasenstellplätze, die nicht reserviert werden können. Zur Ausstattung gehören Münzduschen mit heißem Wasser, Wassertoiletten, Trinkwasser, Lagerfeuer- und Grillstellen sowie Picknickbereiche. Der Mindestaufenthalt beträgt drei Nächte.

Essen

Die Lighthouse Ave von der Cannery Row den Berg hoch ist gesäumt von preiswerten, freundlichen Restaurants aus aller Herren Länder. Von japanischem Sushi über hawaiianisches BBQ bis nahöstliches Kebab ist alles dabei. Alternativen finden sich auch in Pacific Grove (S. 524) im Westen.

First Awakenings BRUNCH $

(Karte S. 520; www.firstawakenings.net; American Tin Cannery Mall, 125 Oceanview Blvd; Hauptgerichte 5–12 US$; ⏲Mo–Fr 7–14, Sa & So bis 14.30 Uhr 👪) Die Tische in diesem versteckten Café brechen unter der Last typisch amerikanischen Frühstücks- und Mittagsessens – ganz gleich ob süß oder herzhaft – und endlos vielen Kannen leckerstem Kaffee fast zusammen. Zu bestellen sind Kreationen wie „Bluegerm"-Pfannkuchen oder die gut gewürzten „Viva Carnita"-Rühreier.

Monterey's Fish House SEAFOOD $$

(Karte S. 516; ☎831-373-4647; 2114 Del Monte Ave; Hauptgerichte 12–35 US$; ⏲Mo–Fr 11.30–14.30, tgl. 15–21.30 Uhr) Umgeben von Fotos sizilianischer Fischer kann man fangfrische Meeresfrüchte mit gelegentlich asiatischem Einschlag genießen. Reservierungen sind unerlässlich (da es einfach *so* voll ist)! Aber zugleich herrscht eine lässige Insel-Atmosphäre. Hawaiihemden scheinen das Outfit des gepflegten Mannes in diesem Restaurant zu sein. Gut sind die gegrillten Austern oder – für die wirklich Tapferen – die mexikanischen Tintenfischsteaks.

Monterey

0 400 m
0 0,2 Meilen
Monterey Bay Aquarium
Eardley Ave
David Ave
Irving St
Prescott Ave
Hoffman Ave
McClellan Ave
Drake Ave
Laine St
Dickman Ave
Hawthorne St
Lighthouse Ave
Foam St
Wave St
Cannery Row
Monterey Peninsula Recreation Trail
Scholze Park
San Carlos Beach Park
Reeside Ave
Coast Guard Headquarters
Monterey Bay
Coast Guard Wharf
Bolio Rd
Presidio of Monterey
Lower Presidio Park
Shoreline Park
Infantry St
Fishermans Wharf
Municipal Wharf II
Artillery St
Seeno St
Lighthouse Tunnel
Scott St
Oliver St
Monterey State Historic Park
Pacific House Museum
Monterey History & Maritime Museum
Portola Plaza
Monterey State Beach
Franklin St
Del Monte Ave
Larkin St
Van Buren St
Tyler St
Adams St
Lake El Estero
Anthony St
Camino El Estero
El Estero Park
Pearl St
Pacific St
Calle Principal
Alvarado St
Transit Plaza
Alma St
Dutra St
Madison St
Polk St
Hartnell St
Houston St
Abrego St
Figueroa St
Church St
Fremont St
Hartnell Gulch
Perry Ln
Cass St
Munras Ave
Mesa Rd
Fishnet Rd
El Dorado St
Martin St
Abrego St
CENTRAL COAST AM HWY 1

Monterey

Montrio Bistro
KALIFORNISCH **$$$**

(Karte S. 520; ☎831-648-8880; www.montrio.com; 414 Calle Principal; Hauptgerichte 14–29 US$; ⏲So–Do 17–22 Uhr, Fr & Sa bis 23 Uhr; 👪) Das Montrio, eine Feuerwache aus dem Jahr 1910, wirkt im Innern mit seinen lederbezogenen Wänden und Eisengittern ziemlich aufgebrezelt. Aber auf den Tischen liegen Wachspapierdecken und Malstifte für Kinder bereit. Auf der Karte stehen moderne amerikanische Gerichte mit kalifornischem Einschlag – einschließlich tapasartiger Kleinigkeiten –, die aus saisonalen und lokalen Bioprodukten hergestellt werden.

RG Burgers
DINER **$**

(Karte S. 520; www.rgburgers.com; 570 Munras Ave; Artikel 4–12 US$; ⏲So–Do 11–20, Fr & Sa bis 21 Uhr) Neben dem Trader Joe's Supermarkt, wo man sich mit Wanderproviant und Salaten zum Mitnehmen eindecken kann, kommen in dieser lokalen Burgerbude Rind-, Bison-, Truthan-, Hühnchen- und vegetarische Frikadellen auf den Grill, garniert mit Süßkartoffelfritten und mächtigen Milchshakes.

Old Monterey Marketplace
BAUERNMARKT **$**

(Karte S. 520; www.oldmonterey.org; Alvarado St, zw. Del Monte Ave & Pearl St; ⏲Sep–Mai Di 16–19, Juni–Aug. bis 20 Uhr) Ob Regen oder Sonnenschein, hier gibt's frisches Obst und Gemüse, handgemachten Käse und Backwaren sowie Essen aus aller Welt zum Mitnehmen.

Crêpes of Brittany
SNACKS **$**

(Karte S. 520; www.vivalecrepemonterey.com; 6 Old Fisherman's Wharf; Snacks 4–9 US$; ⏲So–Do 8.30–19, So 8.30–20 Uhr) Original herzhafte und süße Crêpes werden hier von einem französischen Auswanderer liebevoll zubereitet – das hausgemachte Karamell ist einsame Spitze. Lange Schlangen am Wochenende; im Winter ist nicht so lang offen.

Ausgehen & Unterhaltung

In der Alvarado St im Zentrum, in der touristischen Cannery Row und in der bei Einheimischen beliebten Lighthouse Ave kann man von Kneipen zu Kneipe ziehen. Um einen Überblick über die umfangreichen Unterhaltungsangebote und das Nachtleben zu bekommen, checkt man die kostenlose *Monterey County Weekly* (www.montereycountyweekly.com).

A Taste of Monterey WEINBAR
(Karte S. 520; www.atasteofmonterey.com; 700 Cannery Row; kostenlose Weinprobe 5–20 US$; ⌚11–18 Uhr) Hier probiert man prämierte Weine aus dem Monterey County, die bis in die Santa Lucia Highlands reichen, genießt verträumt die Ausblicke aufs Meer und studiert dann die gut durchdachten Schautafeln zum Thema Küfern und Korkenproduktion.

East Village Coffee Lounge CAFÉ
(Karte S. 520; www.eastvillagecoffeelounge.com; 498 Washington St; ⌚Mo–Fr 18–spät, Sa & So 19 Uhr–open end) Das schnittige Kaffeehaus an einer geschäftigen Ecke in Downtown brüht Kaffee mit fair gehandelten Biobohnen. Abends kommen viele Nachtschwärmer um Filme, Open-Mic-Sessions, DJs und vor allem den Alkohol zu genießen.

Cannery Row Brewing Co BRAUEREIKNEIPE
(Karte S. 520; www.canneryrowbrewingcompany.com; 95 Prescott Ave; ⌚So–Do 11.30–24, Fr & Sa bis 2 Uhr) Biere aus aller Welt und die verführerische Terrasse mit knisternden Feuerstellen ziehen Menschenmassen in diese Kleinbrauerei auf der Cannery Row. Das ordentliche Kneipenfutter besteht aus Burgern, Fritten, Salaten, BBQ und mehr.

Crown & Anchor PUB
(Karte S. 520; www.crownandanchor.net; 150 W Franklin St; ⌚11–2 Uhr) Im Untergeschoss dieses britischen Pubs fällt zuerst der rotkarierte Teppich ins Auge. Wenigstens kennen sich die Jungs hinter der Bar mit den vielen verschiedenen Fassbieren und Single-Malt-Whiskys aus, von den verdammt guten Fish & Chips gar nicht erst zu reden.

Sly McFly's Fueling Station LIVEMUSIK
(Karte S. 520; www.slymcflys.net; 700 Cannery Row; ⌚11.30–2 Uhr) Tür an Tür mit Billardhallen, Comedyläden und Touristenrestaurants wird in dieser Spelunke direkt am Wasser live Blues, Jazz und Rock aufgespielt. Bloß nix zu essen bestellen!

Sardine Factory LOUNGE
(Karte S. 520; www.sardinefactory.com; 701 Wave St; ⌚17–24 Uhr) Die legendäre Cocktaillounge mit offenem Kamin serviert Schankweine, bringt sättigende Häppchen an den Tisch und an manchen Abenden gibt es die Pianomusik auch live.

Osio Cinemas KINO
(Karte S. 520; ☎831-644-8171; www.osiocinemas.com; 350 Alvarado St) Dieses Kino im Zentrum zeigt Indie-Dramen, topaktuelle Dokumentarfilme und ausgefallene Hollywoodstreifen. Im Cafe Lumiere gibt es verschiedene dekadente Käsekuchen und Blatttee oder Bubble Tea.

Shoppen

Cannery Row ist vollgestopft mit Touristenläden, während sich in Downtowns Seitenstraßen echte Schätze verbergen.

Monterey Peninsula Art Foundation Gallery KUNST
(Karte S. 520; www.mpaf.org; 425 Cannery Row; ⌚11–17 Uhr) In einem gemütlichen Haus mit Seeblick verkaufen über zwei Dutzend lokale Künstler ihre Pleinairgemälde und Zeichnungen. Außerdem gibt es Zeitgenössisches in jeglicher medialen Formen.

Cannery Row Antique Mall ANTIQUITÄTEN
(Karte S. 520; http://canneryrowantiquemall.com; 471 Wave St; ⌚10–17.30 Uhr) In dieser historischen Konservendosenfabrik von 1920 wird auf zwei Stockwerken faszinierendes Treib- und Strandgut aus vergangenen Jahrzehnten hoch übereinander gestapelt.

Book Haven BÜCHER
(Karte S. 520; 559 Tyler St; ⌚Mo–Sa 10–18 Uhr) Hohe Regale, voll mit neuen und gebrauchten Büchern, einschließlich seltener Erstausgaben und Titeln von John Steinbeck.

Luna Blu BEKLEIDUNG
(Karte S. 520; 176 Bonifacio Pl; ⌚Di–Sa 11–19, So & Mo bis 17 Uhr) Vintage- und Markenklamotten, Taschen sowie irre Hüte für Sie und Ihn.

Praktische Informationen

Doctors on Duty (Karte S. 520; ☎831-649-0770; http://doctorsonduty.com; 501 Lighthouse Ave; ⌚Mo–Sa 8–20, So 8–18 Uhr) Ambulanz, aber keine Notfallklinik.

FedEx Office (Karte S. 520; www.fedex.com; 799 Lighthouse Ave; pro Min. 0,20–0,30 US$; ⌚Mo–Fr 7–23, Sa & So 9–21 Uhr; @📶) Internetplätze mit Abrechnung nach Nutzungszeit und kostenloses WLAN.

Monterey County Convention & Visitors Bureau (Karte S. 520; ☎831-657-6400, 877-666-8373; www.seemonterey.com; 401 Camino El Estero; ⊙Mo–Sa 9–18, So bis 17 Uhr) Hier gibt's die kostenlose *Monterey County Film & Literary Map.* Von November bis März ist eine Stunde früher geschlossen.

Öffentliche Bücherei (Karte S. 520; www.monterey.org; 625 Pacific St; ⊙Mo–Mi 12–20, Do–Sa 10–18 Uhr; @📶) Kostenloses WLAN und öffentliche Internetterminals.

Post (Karte S. 520; www.usps.com; 565 Hartnell St; ⊙Mo–Fr 8.30–17, Sa 10–14 Uhr)

Anreise & Unterwegs vor Ort

Ein paar Meilen östlich von Downtown in der Nähe des Hwy 68 starten vom **Monterey Peninsula Airport** (MRY; www.montereyairport.com; 200 Fred Kane Dr, hinter Olmsted Rd) Flüge mit United (L. A., San Francisco und Denver), American (L. A.), Allegiant Air (Las Vegas) und US Airways (Phoenix).

Monterey Airbus (☎831-373-7777; www.montereyairbus.com) verbindet Monterey mit den Flughäfen von San Jose (35 US$, 90 Min.) und San Francisco (45 US$, 2¼ Std.) beinahe ein Dutzend Mal täglich.

Wer nicht nach Monterey fliegt oder mit dem Auto fährt, kommt mit dem Greyhound-Bus oder einem Amtrak-Zug nach Salinas, und dann geht es mit dem lokalen Monterey-Salinas Transit Bus (Details s. S. 547) weiter.

Monterey-Salinas Transit (☎888-678-2871; www.mst.org) betreibt lokale und regionale Busse; einfache Fahrten kosten 1–3 US$ (Tageskarte 8 US$). Die Routen laufen auf der **Transit Plaza** (Karte S. 520; Ecke Pearl & Alvarado Sts) in Downtown zusammen.

Von Ende Mai bis Anfang September fährt von 10–19 Uhr ein kostenloses **Trolley** des MST durch die Innenstadt, nach Fisherman's Wharf und zur Cannery Row.

Pacific Grove

Im Jahre 1875 als ruhiges Sommerrefugium für Methodisten erbaut, hat sich PG bis ins 20. Jh. seine altertümliche religiös-feierliche Einstellung bewahrt – erst seit 1969 ist der Verkauf von Alkohol hier legal, wodurch PG die letzte „trockene" Stadt Kaliforniens war. Heute sind die schattigen Alleen von stattlichen viktorianischen Häusern gesäumt. Die charmante kompakte Innenstadt liegt um die Lighthouse Ave herum.

Sehenswertes & Aktivitäten

Der treffend benannte **Ocean View Blvd** bietet Ausblicke vom Lover's Point nach Westen zum Point Pinos, wo er zum **Sunset Dr** wird, und hat verlockende Ausweichbuchten, von denen aus man einen Spaziergang an donnernden Brandungen, Felsvorsprüngen und wimmelnden Gezeitentümpeln vorbei machen kann. Die Route ist übrigens auch super zum Radfahren geeignet. Einige sagen, die Strecke sei mindestens so schön wie der berühmte 17-Mile Drive – und sie ist umsonst.

Point Pinos Lighthouse LEUCHTTURM
(Karte S. 516; www.ci.pg.ca.us/lighthouse; hinter der Asilomar Ave; Erw./Kind 2/1 US$; ⊙Do–Mo 13–16 Uhr) An der Spitze der Halbinsel von Monterey steht der älteste ununterbrochen betriebene Leuchtturm der Westküste. Hier werden seit 1855 kontinuierlich Schiffe vor den Gefahren der Landspitze gewarnt. Im Innern gibt es bescheidene Ausstellungsstücke zur Geschichte des Leuchtturms und – leider – auch zu seiner Unzulänglichkeiten, den Wracks vor Ort.

GRATIS **Monarch Grove Sanctuary** PARK
(Karte S. 516; www.ci.pg.ca.us/monarchs; an der Ridge Rd, Pacific Grove; ⊙Sonnenauf- bis -untergang) Zwischen Oktober und Februar versammeln sich über 250 000 wandernde Monarchfalter im Dickicht der hohen Eukalyptusbäume, die im Landesinneren von der Lighthouse Ave abgesondert sind. Freiwillige Helfer stehen bereit, alle möglichen Fragen zu beantworten.

Museum of Natural History MUSEUM
(Karte S. 516; www.pgmuseum.org; 165 Forest Ave; empfohlene Spende pro Pers./Fam. 3/5 US$; ⊙Di–Sa 10–17 Uhr; 👪) Die Skulptur eines Grauwals ziert den Eingang dieses Kindermuseums mit altmodischen Ausstellungen über Seeotter, Küstenvögel, Schmetterlingen, die Küste von Big Sur und Indianerstämme.

Pacific Grove Golf Links GOLF
(Karte S. 516; ☎831-648-5775; www.pggolflinks.com; 77 Asilomar Blvd; Greenfee 42–65 US$) Wer sich das Golfspielen auf dem berühmten Pebble Beach nicht leisten will oder kann, kann sich diese historische 18-Loch-Anlage, auf der Maultierhirsche frei herumlaufen, zumindest mal anschauen. Es gibt einen imposanten Seeblick und der ist viel einfacher (gschweige denn billiger) als eine Abschlagszeit zu bekommen.

Schlafen

B&Bs sind mittlerweile in vielen der stattlichen viktorianischen Villen zu finden, die man Downtown und am Strand bewundern kann. Viele befinden sich am westlichen Ende der Halbinsel, jenseits der Lighthouse und Asilomar Aves.

LP TIPP **Asilomar Conference Grounds** LODGE $$
(Karte S. 516; 831-372-8016, 888-635-5310; www.visitasilomar.com; 800 Asilomar Ave, Pacific Grove; Zi. inkl. Frühstück 115–175 US$;) Die Staatspark-Lodge, die sich über mehr als 40 ha Sanddünen und Pinienwälder erstreckt, ist ein echtes Fundstück. Man sollte sich aber nicht auf die 08/15 Motelzimmer einlassen, sondern eines der historischen Häuser buchen, die von Julia Morgan, einer Architektin des frühen 20. Jhs., entworfen wurden (sie ist auch für das Hearst Castle verantwortlich). Die dünnwandigen Zimmer mit Hartholzböden sind zwar klein, teilen sich aber eine angenehme Lounge mit offenem Kamin. Der Aufenthaltsraum der Lobby verfügt über Tischtennis-, Poolbillardtische und WLAN. Man kann auch Räder ausleihen.

Centrella Inn B&B $$$
(Karte S. 516; 831-372-3372, 800-233-3372; www.centrellainn.com; 612 Central Ave; DZ inkl. Frühstück 119–399 US $;) Diese am Meer liegende, mit Türmchen verzierte, viktorianische Villa, heute ein National Historic Landmark, ist mit ihren zauberhaften Gärten und einem Pianola geradezu gemacht für romantische Nächten. Einige der großzügigen Zimmer haben offene Kamine, Badewannen auf Krallenfüßen und Küchenzeilen, während die privateren Hütten ideal für Familien und Hochzeitsreisende sind. Im Preise inbegriffen sind frisch gebackene Kekse am Nachmittag und Wein und Hors d'oeuvres am Abend.

Sunset Inn Hotel MOTEL $$$
(Karte S. 516; 831-375-3529; www.gosunsetinn.com; 133 Asilomar Blvd; Zi. 139–400 US$;) In diesem kleinen Motel, das zwischen Golfplatz und Strand liegt, wird der Gast in frisch renovierten Zimmern von aufmerksamen Mitarbeitern versorgt. Die Zimmer haben Holzböden, Kingsize-Betten mit Federbettauflagen im fröhlichen floralen Design und einige haben Whirlpools und offenen Kamine. Als Gast hat man auch Zugang zum erstklassigen Spa in Pebble Beach.

Pacific Gardens Inn MOTEL $$
(Karte S. 516; 831-646-9414, 800-262-1566; www.pacificgardensinn.com; 701 Asilomar Blvd; DZ 105–225 US$;) Ein zuvorkommender Besitzer und eine Gemeinschaftslobby sorgen für den kleinen Unterschied in diesem freundlichen holzgedeckten Motel, das unter alten Eichen liegt. Für die kühleren Nächte haben einige der gemütlichen Zimmer Holzkamine. Der Strand liegt direkt gegenüber.

Essen

Bei all diesen beliebten Restaurants im Zentrum sollte man reservieren.

LP TIPP **Passionfish** SEAFOOD $$$
(Karte S. 516; 831-655-3311; www.passionfish.net; 701 Lighthouse Ave; Hauptgerichte 16–28 US$; 17–22 Uhr) Frische nachhaltig gefangene Meeresfrüchte werden kunstvoll auf jede nur erdenkliche Art zubereitet. Auf der saisonalen Karte stehen auch bei Niedrigtemperatur gegartes Fleisch und vegetarische Gerichte. Das erdfarbene Dekor ist etwas karg und die Tische stehen ein klein wenig zu eng zusammen. Aber die ambitionierte globale Weinkarte orientiert sich preislich am Einzelhandel und es gibt doppelt so viele chinesische Teesorten wie offene Weine.

Red House Cafe CAFÉ $$
(Karte S. 516; 831-643-1060; www.redhousecafe.com; 662 Lighthouse Ave; Hauptgerichte 5–16 US$; Sa & So 8-11, Di–So 11–14.30 & 17–21 Uhr;) Dieses Haus mit roten Schindeln von 1895 ist vollgestopft mit Einheimischen und serviert Leibgerichte mit köstlich gehobenem Touch: von Armer Ritter aus Zimtbrioche zum Frühstück bis zu Blauschimmelkäsesoufflées und Brathühnchen zum Abendessen. Es gibt eine gehobene französische Teekarte. Nur Barzahlung möglich.

Praktische Information

Pacific Grove Chamber of Commerce (Karte S. 516; 831-373-3304, 800-656-6650; www.pacificgrove.org; 584 Central Ave; Mo–Fr 9.30–17, Sa 10–15 Uhr) Touristeninformation.

Anreise & Unterwegs vor Ort

MST (888-678-2871; www.mst.org) Buslinie 1 verbindet Downtown Monterey, Cannery Row und Pacific Grove miteinander und zwar täglich alle halbe Stunde zwischen 6.15 und 10.45 Uhr.

Carmel-by-the-Sea

Mit einer fanatischen Hingabe an seine vierbeinigen Bewohner verströmt das altmodische Carmel-by-the-Sea die gut gepflegte Atmosphäre eines Country Clubs.

Einfach mal in ein beliebiges Café setzen und die Parade der schick behüteten Damen, die mit ihren Modelabeleinkaufstaschen zum Lunch tippeln, beobachten oder über die adretten Gentlemen schmunzeln, die mit ihren – natürlich offenen – Cabrios die Ocean Ave, die Hauptstraße mit dem wahrscheinlich zähesten Verkehr der Central Coast, rauf und runter fahren. Die Märchenhäuser des Architekten Hugh Comstock mit ihren gemauerten Schornsteinen und den verspielten Giebeln auf den Pultdächern sind über die ganze Stadt verteilt. Hier sind sogar die Zeitungsautomaten, Telefonzellen und Mülleimer mit Schindeln verkleidet und die Gemeindeverordnung verbietet, Werbetafeln und Neonreklame anzubringen.

Gegründet als Erholungsort am Meer in den 1880ern – was bei einem ständig im Nebel verschwindenden Strand reichlich komisch ist – zog Carmel ziemlich schnell berühmte Künstler und Schriftsteller an, wie z.B. Sinclair Lewis und Jack London mit ihren Anhängern. Das künstlerische Erbe wird in den über 100 Galerien, die die makellose Straßen säumen, am Leben gehalten. Aber die unverschämt hohen Immobilienpreise haben schon lange jede Form von bodenständiger Bohème vernichtet.

Sehenswertes

Man sollte die proppenvollen Einkaufsstraßen des Zentrums schnell hinter sich lassen und stattdessen durch die von Bäumen gesäumten Wohnviertel spazieren und nach charmanten und außergewöhnlichen Häusern Ausschau halten. Die Märchen-Architektur auf der Torres St, zwischen der 5th und 6th Avenue, ist genauso, wie man sie sich vorstellt. Ein anderes abgefahren cooles Haus in der Form eines Schiffes, gebaut aus Stein und Wrackteilen, befindet sich in der Nähe der 6th Ave und Guadalupe St, drei Blocks östlich der Torres St.

San Carlos Borroméo de Carmelo Mission KIRCHE
(Karte S. 516; www.carmelmission.org; 3080 Rio Rd; Erw./Kind 6.50/2 US$; ⌚Mo–Sa 9.30–17, So 10.30–17 Uhr) Die ursprüngliche Missionsstation von Monterey wurde von dem spanischen Priester Junípero Serra im Jahr 1770 gegründet, aber der nicht tragfähige Boden und der unsittliche Einfluss der spanischen Soldaten führten nur zwei Jahre später zum Umzug nach Carmel. Heute ist die Missionskirche von Monterey eine der schönsten Kaliforniens, eine Oase der Ruhe, eingebettet in einen Blumengarten.

Die ehemalige Lehmkirche (die allererste Kirche war aus Holz) wurde später durch eine Gewölbebasilika aus Steinen ersetzt, die in den Santa Lucia Mountains gebrochen wurden. Museumsexponate sind über die gesamte idyllische Anlage verteilt. Die spartanische Zelle, die Sarra zugeordnet wird, sieht aus wie aus dem Italowestern *Zwei glorreiche Halunken*, während eine separate Kapelle sein Grabmal beherbergt. Auf keinen Fall am Grabstein von „Old Gabriel" vorbeilaufen, einem konvertierten von Serra getauften Indianer, der laut Inschrift mit 151 Jahren starb. Es heißt, er habe geraucht wie eine Schlot und sieben Frauen überlebt. So geht's auch ...

Tor House HISTORISCHES GEBÄUDE
(Karte S. 516; ☎831-624-1813; www.torhouse.org; 26304 Ocean View Ave; Tour Erw./Kind 12–17 Jahre 10/5 US$; ⌚Fr & Sa 10–15 Uhr) Auch wer noch nie von Robinson Jeffers gehört hat, einem Poeten des 20. Jhs., sollte dem von ihm selbst gebauten Haus einen Besuch abstatten. Es bietet faszinierende Einblicke sowohl in den Menschen als auch die Lebenweise der Bohèmes des alten Carmel. Ein Bullauge des keltisch inspirierten **Hawk Tower** stammt angeblich vom Wrack des Schiffes, das Napoleon nach Elba brachte. Der einzige Weg, um den Besitz zu erkunden, ist einen Platz bei einer Tour zu reservieren (Kinder unter 12 Jahren sind nicht erlaubt), auch wenn man den Turm von der Straße aus erspähen kann.

Aktivitäten

Wenn auch nicht immer sonnig, ist **Carmel Beach** ein großartiger weißer Sandhalbmondstrand, auf dem verwöhnte Vierbeiner ohne Leine aufgeregt herumtollen.

LP TIPP **Point Lobos State Natural Reserve** PARK
(Karte S. 516; www.parks.ca.gov, www.pointlobos.org; pro Fahrzeug 10 US$; ⌚8 Uhr–30 Min. nach Sonnenuntergang; 👪) Sie bellen, sie baden und sind gar lustig anzuschauen. Seelöwen sind ganz offensichtlich die Stars hier im Punta de los Lobos Marinos (Point of the Sea Wolves), 4 Meilen (6,5 km) südlich von Carmel, wo dramatisch felsige Küstenlinien ausgezeichnete Gezeitenbecken aufweisen.

Der Weg über das gesamte Gelände ist knapp 10 km lang, aber auch kürzere Strecken haben ihren Reiz, einschließlich **Bird Island**, den schattigen **Piney Woods**,

PANORAMASTRASSE: 17-MILE DRIVE

Was gibt's zu sehen?

Pacific Grove und Carmel sind durch den spektakulären, wenn auch überbewerteten 17-Mile Drive (Karte S. 516) miteinander verbunden, der sich durch das reiche Privatresort Pebble Beach windet. Das Tempolimit 20 mph einzuhalten, ist wirklich kein Problem, denn hinter jeder Kurve versteckt sich ein Postkartenmotiv, besonders wenn die Wildblumen blühen. Den Drive mit dem Rad zu bewältigen, ist unglaublich populär. Man sollte es aber auf jeden Fall unter der Woche tun, wenn weniger Verkehr ist und dann auch unbedingt der Richtung des Verkehrsfluss folgen, also von Nord nach Süd.

Mit der an der Einfahrt ausgehändigten Tourkarte sind die wesentlichen Attraktionen einfach zu lokalisieren. So z. B. die **Spanish Bay**, wo der Forscher Gaspar de Portolá 1769 den Anker warf, den tückisch felsigen **Point Joe**, der in der Vergangenheit oft fälschlicherweise für die Einfahrt in die Monterey Bay gehalten wurde und somit für die dort liegenden Wracks verantwortlich ist, und **Bird Rock**, ein sicherer Ort für Seehunde und Seelöwen. Das eigentliche Markenzeichen aber ist die **Lone Cypress**, die seit über 250 Jahren auf einem Felsvorsprung direkt an der Küste wächst.

Abgesehen von den Küstenpanoramen sind weitere Topattraktionen in Pebble Beach natürlich die weltberühmten **Golfplätze**, auf denen jeden Februar ein Promi- und ein Profitournier stattfinden – Tiger Woods ist mittlerweile gut für beides. Die luxuriöse **Lodge at Pebble Beach** (☎831-624-3811, 800-654-9300; www.pebblebeach.com; 1700 17-Mile Drive; Zi. 715–995 US$; ❄@☎≋) umfasst einen Spa nebst Designerläden, in denen auch die ausgefallensten Wünsche erfüllt werden können. Aber auch wer von Beruf nicht Erbe ist, kann hier Spaß haben und in die besondere Atmosphäre der Schönen und Reichen eintauchen, die sich in den mit Kunst vollgestopften öffentlichen Anlagen oder der Cocktailbar des Resorts vergnügen.

Die Straße

Die Mautstraße wird von der **Pebble Beach Company** (www.pebblebeach.com; pro Fahrzeug/Fahrrad 9,50 US$/frei) betrieben und ist von Sonnenauf- bis -untergang geöffnet. Die Maut wird bei einem mindestens 24 US$ teuren Besuch in einem Pebble Beach Restaurant angerechnet.

Zeit & Strecke

Es gibt fünf verschiedenen Zufahrten zum 17-Mile Drive. Wie weit man fährt und wie lange man dazu braucht, hängt ganz von der eigenen Lust und/oder Planung ab. Die besten Ausblicke auf der Tour bieten sich vom Pacific Grove (hinter dem Sunset Dr) nach Carmel.

der historischen **Whaler's Cabin** und dem **Devil's Cauldron**, einem Strudelbecken, das bei Flut richtig loslegt. Der Algenwald in **Whalers Cove** eignet sich wunderbar zum Schnorcheln und Tauchen; für ein **Taucherlaubnis** (☎831-624-8413; pro Zwei-Pers.-Team 10 US$) muss man allerdings reservieren!

An Wochenenden sollte man früh unterwegs sein, denn die Parkmöglichkeiten sind dünn gesät. Bitte nicht auf dem Hwy 1 parken, um den Eintritt zu sparen, da die kalifornischen Staatsparks chronisch unterfinanziert sind und jede Hilfe brauchen, die sie kriegen können!

Feste & Events

Carmel Art Festival KULTUR
(www.carmelartfestival.org) Maler, die im Freien arbeiten, und einheimische Bildhauer trifft man hier im Devendorf Park an einem langen Wochenende Mitte Mai.

Carmel Bach Festival MUSIK
(www.bachfestival.org) Im Juli finden über die ganze Stadt verstreut Klassik- und Kammermusikkonzerte sowie offene Proben statt.

Harvest Farm-to-Table ESSEN, WEIN
(www.harvestcarmel.com) Kochvorführungen, Workshops zum Gärtnern und Grillen, Wein- und Käseverkostungen locken Ende

September Besucher ins benachbarte Carmel Valley.

Schlafen

Stark überteuerte Boutiquehotels, Inns und B&Bs füllen sich erstaunlich schnell, besonders im Sommer; an Wochenenden muss man häufig für mindestens zwei Nächte buchen. Bei der Handelskammer bekommt man eventuell noch Last-Minute-Angebote. Wer's preiswerter möchte, sollte nach Monterey ausweichen.

Mission Ranch INN $$$
(Karte S. 516; ☎831-624-6436, 800-538-8221; www.missionranchcarmel.com; 26270 Dolores St; Zi. inkl. Frühstück 135–285 US$; 📶) Wen die grasenden Schafe auf der Weide mit dem Pazifik im Hintergrund schon nicht davon überzeugen, hier abzusteigen, den überzeugt vielleicht der Hinweis, dass kein Geringerer als Clint Eastwood diese historische Ranch restauriert hat. Die Unterkünfte reichen von Zimmern im Shabby-Chic-Look im Innern einer umgebauten Scheune bis zu einem Farmhaus von 1850 für eine Familie.

Sea View Inn B&B $$
(Karte S. 516; ☎831-624-8778; www.seaviewinncarmel.com; Camino Real zw. 11th & 12th Aves; Zi. inkl. Frühstück 135–265 US$; 📶) Im Sea View – einem behaglichen Refugium vor der Hektik der Innenstadt – sind die Ecken am offenen Kamin wie geschaffen zum Lesen oder einen Fünf-Uhr-Tee. Die günstigsten Zimmer mit schrägen Decken bieten kaum genug Platz, um einer Katze auf den Po zu hauen, dafür ist der Strand direkt nebenan.

Carmel River Inn INN $$$
(Karte S. 516; ☎831-624-1575, 800-966-6490; www.carmelriverinn.com; 26600 Oliver Rd; DZ 159–319 US$; 📶🏊👪🐾) Versteckt hinter dem Hwy 1 vermietet dieses friedvolle Gartenanwesen südlich von Carmels Mission für Hochzeitspaare und Familien Hütten, die von weißen Lattenzäunen umgeben sind; einige haben offenen Kamine und Küchenzeilen und alle haben einfache Landhauszimmer. Haustiere kosen 20 US$.

Carmel Village Inn MOTEL $$
(Karte S. 516; ☎831-624-3864, 800-346-3864; www.carmelvillageinn.com; Ecke Ocean & Junípero Aves; DZ inkl. Frühstücksbuffet 80–250 US$; 📶) Mit fröhlichen Blumendekor vor dem Haus bietet dieses zentral gegenüber dem Devendorf Park gelegene Motel hübsche Zimmer, einige davon mit Gaskaminen, und nächtliche Ruhestunden.

Essen

Carmels Restaurantszene zeichnet sich eher durch europäische Straßenatmosphäre als durch die Sorge um das leibliche Wohl aus. Viele Läden öffnen zeitig zum Frühstück und servieren Abendessen nur vor 21 Uhr.

La Bicyclette FRANZÖSISCH, ITALIENISCH $$$
(Karte S. 516; www.labicycletterestaurant.com; Dolores St an der 7th Ave; Hauptgerichte mittags 7–16 US$, 3-Gänge-Festpreismenü abends 28 US$; ⏲11.30–16 & 17–22 Uhr) Rustikale europäische Hausmannskost, die mit lokalen saisonalen Zutaten und einer offenen Küche mit Pizza-Holzofen knutschende Pärchen in das Bistro lockt. Exzellente offene einheimische Weine.

Mundaka TAPAS $$
(Karte S. 516; www.mundakacarmel.com; San Carlos St zw. Ocean & 7th Aves; kleine Teller 4–19 US$; ⏲So–Mi 17.30–22, Do–Sa 17.30–23 Uhr) Dieser versteckte steinerne Innenhof ist ein exquisiter Zufluchtsort vor Carmels spießiger Meute der „Frischverheiraten und fast Begrabenen". Einfach entspannt die Tapasteller kreisen lassen und hausgemachte Sangria genießen, während DJs auflegen oder Flamencogitarren ertönen.

Carmel Belle KALIFORNISCH $$
(Karte S. 516; www.carmelbelle.com; Doud Craft Studios, Ecke Ocean Ave & San Carlos St; Hauptgerichte Brunch 5–12 US$; ⏲8–17Uhr) Frische, meistens Bioprodukte finden ihren Weg vom Carmel Valley auf die kleinen Teller der Nobel-Metzgerei, Käse- und Weinhandlung.

Bruno's Market & Deli DELI, LEBENSMITTEL $
(Karte S. 516; www.brunosmarket.com; Ecke 6th & Junpíero Aves; Sandwiches 5–8 US$; ⏲7–20 Uhr) Dieser kleine Feinkostsupermarkt verkauft an der Theke leckere saftige Rindfleischsandwiches vom Bürgermeisterstück und hat alle Zutaten für ein zünftiges Strandpicknick in den Regalen, einschließlich Sparky's Root Beer aus Pacific Grove.

Ausgehen & Unterhaltung

Forest Theater THEATER
(Karte S. 516; ☎831-626-1681; www.foresttheaterguild.org; Ecke Mountain View Ave & Santa Rita St; ⏲Mai–Juli) Im 1910 gegründeten, heute ältesten nicht professionellen Theater westlich der Rocky Mountains werden Musicals, Dramen und Komödien aufgeführt oder Filme gezeigt; das alles unterm Sternenhimmel und im Scheine flackernder Feuerbecken.

Jack London's KNEIPE

(Karte S. 516; www.jacklondons.com; Su Vecino Court, Dolores St, zw. 5th & 6th Aves; ⌚11 Uhr–open end) Hier kann man mit den Caddies aus Pebble Beach ein bis fünf Bierchen kippen und sich am knisternden Kaminfeuer entspannen.

 Praktische Informationen

Die Gebäude in Downtown haben keine Hausnummern, daher bestehen die Adressen lediglich aus dem Straßennamen und der nächstgelegenen Kreuzung.

Carmel Chamber of Commerce (☎831-624-2522, 800-550-4333; www.carmelcalifornia.org; San Carlos St, zw. 5th & 6th Aves; ⌚10–17 Uhr) Kostenlose Karten und Infos, auch zu den ansässigen Kunstgalerien.

Carmel Pine Cone (www.pineconearchive.com) Kostenlose wöchentliche Zeitung voller Lokalkolorit und ortsansässigen Persönlichkeiten. Der regelmäßige Polizeibericht ist reine Gesellschaftskomödie.

 Anreise & Unterwegs vor Ort

Carmel liegt 5 Meilen (8 km) südlich von Monterey, wenn man über den Hwy 1 fährt. Kostenlose Parkplätze gibt auf einem **Gemeindegrundstück** (Ecke 3rd & Junípero Aves) hinter dem Vista Lobos Gebäude.

Die **MST** (☎888-678-2871; www.mst.org) Busse 5 (2 US$, alle 30 Min.) und 7 (2 US$, stündl.) verbinden Carmel mit Monterey. Bus 4 verkehrt zwischen Carmel Downtown und der Mission (1 US$, alle 30 Min.). Bus 22 (3 US$) kommt zwischen Mai und September auf seiner Tour von/nach Big Sur dreimal durch, den Rest des Jahres zweimal.

Big Sur

Big Sur bezeichnet mehr einen Gemütszustand denn einen Ort, den man auf einer Karte findet. Hier gibt es keine Ampeln, Banken oder Shoppingmeilen; und wenn die Sonne untergeht, sind der Mond und die Sterne die einzige Straßenbeleuchtung – sofern der dichte Sommernebel die nicht auch noch ausgelöscht hat. Viel ist schon geschrieben worden über die raue Schönheit und Kraft dieses kostbaren Stückchen Erde, das zwischen der Santa Lucia Range und dem Pazifischen Ozean eingeklemmt liegt, aber nichts bereitet einen wirklich auf den ersten Blick auf diese schroffe unberührte Küste vor.

Big Sur – so benannt von spanischen, auf der Monterey-Halbinsel lebenden Spaniern, die die Wildnis als *el país grande del sur* („das große Land im Süden") bezeichneten –, wurde in den 1950ern und 60ern ein Zufluchtsort für Künstler und Schriftsteller, darunter Henry Miller und Beat-Generation-Visionäre wie Lawrence Ferlinghetti. Heute zieht Big Sur selbsternannte Künstler, New-Age-Mystiker, übrig gebliebene Hippies und Großstadtflüchtlinge auf der Suche nach Abgeschiedenheit und Reflexion in diese smaragdgrüne Ecke des Kontinents.

Sehenswertes & Aktivitäten

Alle folgenden Orte sind von Norden nach Süden aufgelistet. Die meisten Parks sind eine halbe Stunde vor Sonnenaufgang bis eine halbe Stunde nach Sonnenuntergang geöffnet. Zugang zu den Campingplätzen besteht rund um die Uhr. In den Staatsparks berechtigt die Parkquittung (10 US$) zum Eintritt am gleichen Tag in alle Parks außer Limekiln; man sollte sich nicht um die Parkgebühr drücken, indem man illegalerweise draußen am Hwy 1 parkt.

Bixby Bridge WAHRZEICHEN

Diese Denkmal liegt weniger als 15 Meilen (24 km) südlich von Carmel. Die den Rainbow Canyon überspannende Brücke ist eine der höchsten offenen Bogenbrücken der Welt. Sie wurde von Sträflingen gebaut, deren Strafzeit dafür verkürzt wurde, und 1932 fertiggestellt. Auf der Nordseite gibt es eine Haltebucht, um das perfekte Foto zu schießen. Bevor die Bixby Bridge gebaut worden war, mussten die Reisenden auf der heute genannten **Old Coast Rd** durchs Landesinnere fahren. Sie zweigt gegenüber der Haltebucht ab und verbindet sich nach etwa 11 Meilen (18 km) wieder mit dem Hwy 1 in der Nähe des Andrew Molera State Park. Wenn es trocken genug ist, ist diese Route mit einem Geländewagen oder Mountainbike befahrbar.

Point Sur State Historic Park LEUCHTTURM

(☎831-625-4419; www.pointsur.org; Erw./Kind 6–17 Jahre 10/5 US$, Mondscheintour 15/10 US$; ⌚unterschiedliche Tourzeiten) Nur etwa 6 Meilen (10 km) südlich der Bixby Bridge erhebt sich Point Sur wie eine samtig grüne Festung. Dieser imposante Vulkanberg sieht aus wie eine Insel, ist aber tatsächlich durch eine Sandbank mit dem Land verbunden. Oben auf dem Berg befindet sich der steinerne Leuchtturm von 1889, der bis 1974 in Betrieb war. Die Ausblicke aufs Meer und die Geschichten der Leuchtturmwächterfamilien sind sehr fesselnd. Der

Führungstreffpunkt ist am verschlossenen Tor eine Viertel Meile nördlich der Point Sur Naval Facility. Touren werden normalerweise samstags und sonntags ganzjährig um 10 Uhr und von November bis März mittwochs um 13 Uhr angeboten, von April bis Oktober mittwochs und samstags um 14 Uhr. In dieser Zeit gibt es auch monatliche Vollmondtouren. Termine bitte vorab telefonisch erfragen und früh kommen, denn die Zahl der Plätze ist begrenzt (keine Reservierungen).

Andrew Molera State Park PARK

(☎831-667-2315; www.parks.ca.gov; 10 US$/Fahrzeug) Benannt nach dem Bauern, der in Kalifornien die ersten Artischocken anpflanzte. Diesen Park, der oft links liegen gelassen wird, durchziehen viele Wanderwege, die über grüne Wiesen, vorbei an Wasserfällen, Klippen und felsigen Stränden führen, an denen man hervorragend Tiere beobachten kann. Die Abzweigung zum Park befindet sich mehr als 8 Meilen (13 km) südlich der Bixby Bridge.

Vom Parkplatz aus geht man eine halbe Meile (800 m) den Strand entlang zum Campingplatz; die Stellplätze werden in der Reihenfolge der Ankunft verteilt. Vom Campingplatz aus führt ein sanfter 400 m langer Pfad an der 1861 **Cooper Cabin** aus Sequoiaholz vorbei, dem ältesten Gebäude von Big Sur. Man kann auch auf dem Hauptweg bleiben und zum wunderschönen Strand gehen, wo der Big Sur River ins Meer fließt und Kondore gelegentlich über die Wellen kreisen.

Im **Big Sur Discovery Center** (☎831-620-0702; www.ventanaws.org; Eintritt frei; ⏲Ende Mai–Mitte Sept. Fr–So 9–16 Uhr) des Parks, das südlich des Parkplatzes liegt, kann man alles über den gefährdeten kalifornischen Kondor lernen. Im benachbarten Labor für Vogelberingung, einer kleinen Hütte, die geöffnet ist, wenn es die Finanzierung erlaubt, kann man den Naturforschern bei der Arbeit an ihrem Langzeitprojekt zur Vogelbeobachtung über die Schulter blicken.

Auf der anderen Seite vom Hwy 1, gegenüber vom Parkeingang, bietet **Molera Horseback Tours** (☎831-625-5486, 800-942-5486; http://molerahorsebacktours.com; 40–70 US$/Pers.; 👪) geführte Ausflüge auf dem Pferd am Strand an. Auch ohne Anmeldung und als Reit-Anfänger ist man willkommen. Kinder müssen mindestens sechs Jahre alt sein.

Pfeiffer Big Sur State Park PARK

(☎831-667-2315; www.parks.ca.gov; 10 US$/Fahrzeug) Pfeiffer Big Sur, benannt nach den ersten europäischen Siedlern von Big Sur, die 1869 hier ankamen, ist der größte Staatspark in Big Sur. Durch die Redwoodwäldchen und rüber in die angrenzende Ventana Wilderness winden sich die Wanderwege. Der beliebteste Weg zu den 18 m hohen **Pfeiffer Falls**, einem zarten, im Wald versteckten Wasserfall, der normalerweise von Dezember bis Mai fließt, ist ein leichter 2,3 km langer Rundweg. Die rustikale Big Sur Lodge, die in den 1930ern vom Civilian Conservation Corps (CCC) gebaut wurde, befindet sich in der Nähe des Parkeingangs, etwa 13 Meilen (21 km) südlich der Bixby Bridge.

Pfeiffer Beach STRAND

(www.fs.usda.gov; 5 US$/Fahrzeug; ⏲9–20 Uhr; 🐾) Dieser phänomenale halbmondförmige und hundefreundliche Strand ist bekannt für seine riesige zweifarbige Felsformation, durch die die Wellen mit gewaltiger Kraft brechen. Hier ist es oft windig, und die Brandung ist zum Schwimmen zu gefährlich. Aber man sollte mal im nassen Sand buddeln – denn er ist lila! Das liegt daran, dass Mangangranat aus den oberhalb gelegenen, zerklüfteten Hügeln ausgewaschen wird.

Um den Strand über den Hwy 1 zu erreichen, biegt man scharf rechts auf die Sycamore Canyon Rd ein, die durch ein kleines gelbes Schild mit der Aufschrift „Narrow Road" (enge Straße) gekennzeichnet ist. Es befindet sich etwa eine halbe Meile (800 m) südlich der Big Sur Station, bzw. 2 Meilen (3,2 km) südlich vom Pfeiffer Big Sur State Park. Von der Abzweigung windet sich eine weitere enge 2 Meilen (3,2 km) lange Straße (Wohnwagen und Anhänger sind verboten) runter zum Strand.

Henry Miller Library KUNSTZENTRUM

(☎831-667-2574; www.henrymiller.org; Eintritt gegen Spende; ⏲Mi–Mo 11–18 Uhr; @📶) „Hier in Big Sur habe ich zum ersten Mal gelernt, Amen zu sagen!", schrieb Henry Miller, der 17 Jahre in Big Sur lebte. Dieser Ort, an dem Miller nie gewohnt hat, an dem sich aber seine Fangemeinde versammelt, hat etwas von einem lebenden Denkmal oder einer alternativen Kulturstätte mit Buchladen. Das Haus gehörte bis zu seinem Tod dem Maler Emil White, einem Freund Millers, und wird heute von einer gemeinnützigen Organisation betrieben. Im Inneren be-

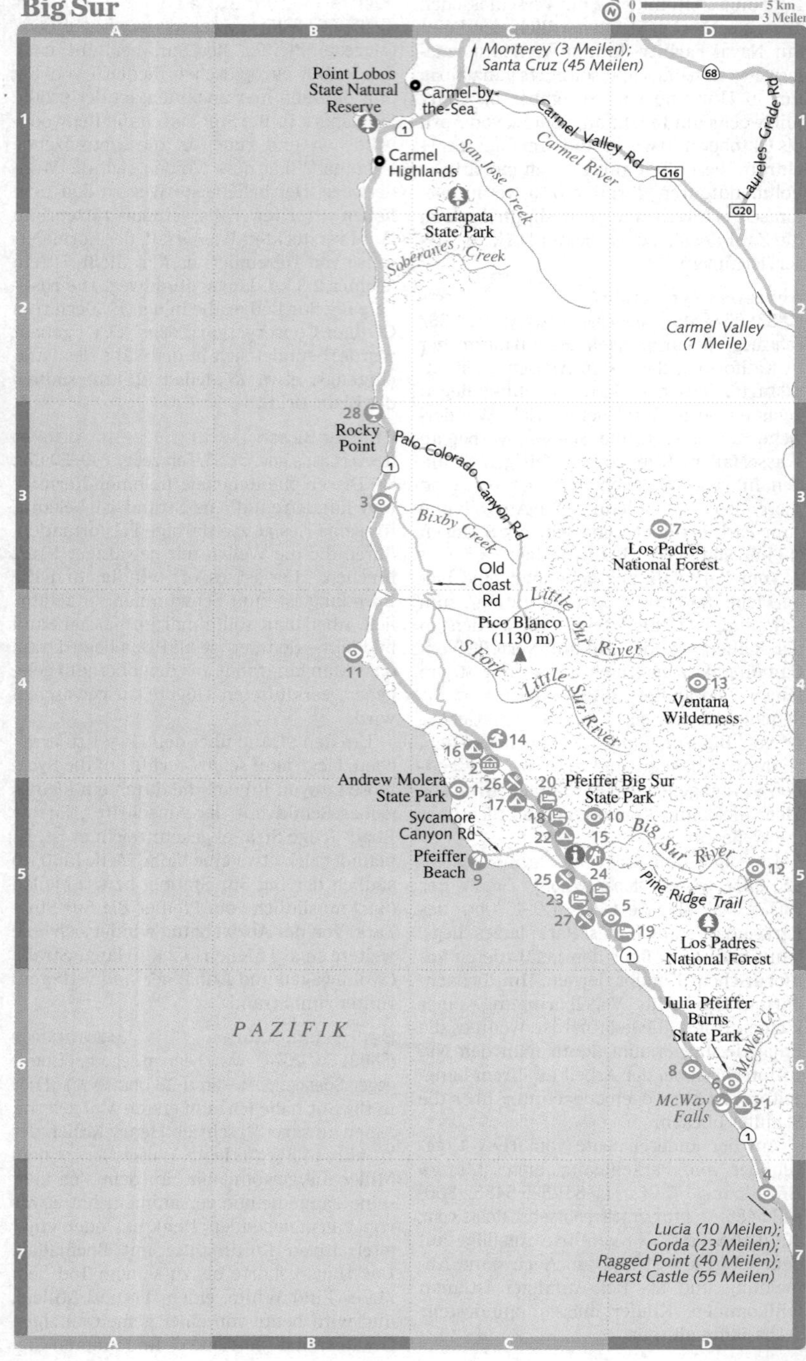
0 5 km
0 3 Meilen
Monterey (3 Meilen); Santa Cruz (45 Meilen)
Point Lobos State Natural Reserve
Carmel-by-the-Sea
Carmel Highlands
Carmel Valley Rd
Carmel River
San Jose Creek
Laureles Grade Rd
G16
G20
68
Garrapata State Park
Soberanes Creek
Carmel Valley (1 Meile)
Rocky Point
Palo Colorado Canyon Rd
Bixby Creek
Old Coast Rd
Los Padres National Forest
Little Sur River
Pico Blanco (1130 m)
S Fork Little Sur River
Ventana Wilderness
Andrew Molera State Park
Pfeiffer Big Sur State Park
Sycamore Canyon Rd
Pfeiffer Beach
Big Sur River
Pine Ridge Trail
Los Padres National Forest
Julia Pfeiffer Burns State Park
McWay Cr
McWay Falls
PAZIFIK
Lucia (10 Meilen); Gorda (23 Meilen); Ragged Point (40 Meilen); Hearst Castle (55 Meilen)

Big Sur

Sehenswertes
- 1 Andrew Molera State Park C5
- 2 Big Sur Discovery Center C4
- 3 Bixby Bridge B3
- 4 Esalen Institute D7
- 5 Henry Miller Library D5
- 6 Julia Pfeiffer Burns State Park D6
- 7 Los Padres National Forest D3
- 8 Partington Cove D6
- 9 Pfeiffer Beach C5
- 10 Pfeiffer Big Sur State Park C5
- 11 Point Sur State Historic Park B4
- 12 Sykes Hot Springs D5
- 13 Ventana Wilderness D4

Aktivitäten, Kurse & Touren
- 14 Molera Horseback Tours C4
- 15 Pine Ridge Trailhead C5

Schlafen
- 16 Andrew Molera State Park Campground C4
- 17 Big Sur Campground & Cabins C5
- 18 Big Sur Lodge C5
- 19 Deetjen's Big Sur Inn D5
- 20 Glen Oaks Motel C5
- 21 Julia Pfeiffer Burns State Park Campground D6
- 22 Pfeiffer Big Sur State Park Campground C5
- 23 Post Ranch Inn C5
- Ripplewood Resort .... (siehe 20)
- 24 Ventana Inn & Spa C5

Essen
- 25 Big Sur Bakery & Restaurant C5
- Big Sur Lodge .... (siehe 18)
- 26 Big Sur River Inn C5
- Big Sur Roadhouse .... (siehe 26)
- Deetjen's Big Sur Inn .... (siehe 19)
- 27 Nepenthe & Café Kevah C5
- Restaurant at Ventana .... (siehe 24)

Ausgehen
- Maiden Publick House .... (siehe 26)
- 28 Rocky Point B3

Unterhaltung
- Henry Miller Library .... (siehe 5)

finden sich Kopien aller Werke, die Miller geschrieben hat, viele Gemälde aus seinem Besitz und Exponate aus Big Sur und der Beat Generation, darunter Kopien der Top-100-Bücher, die Miller nach seinen eigenen Aussagen am meisten beeinflusst haben. Hier kann man rumstöbern und auf der Veranda abhängen. Das Haus liegt etwa 500 m südlich vom Nepenthe Restaurant.

Partington Cove STRAND

Ein rauer und atemberaubender Ort, wo die aufschäumende Brandung die Haut salzig macht. Diese versteckte Bucht ist benannt nach einem Siedler, der hier in den 1880ern einen Schiffsanleger baute. Ursprünglich zum Aufladen von Fracht genutzt, wurde Partington Cove angeblich zum Landeplatz für Alkoholschmuggler während der Prohibitionszeit. Auf dem steilen, eine halbe Meile (800 m) langen unbefestigten Weg runter zur Bucht geht man über eine coole Brücke und durch einen noch cooleren Tunnel. Das Wasser in der Bucht ist unglaublich blau und mitten drin wachsen verschlungene Algenwälder. Es gibt keinen richtigen Zugang zum Strand und das Schwimmen im Meer ist nicht ungefährlich, aber manche Leute klettern über die Steine und suchen kleine Gezeitenbecken, während die Wellen bedrohlich brechen.

Auf der westlichen Seite des Hwy 1, etwa 6 Meilen (10 km) südlich vom Nepenthe Restaurant oder 2 Meilen (3,2 km) nördlich vom Julia Pfeiffer Burns State Park, muss man nach der unmarkierten Abzweigung des Wanderweges im Scheitelpunkt einer großen Haarnadelkurve Ausschau halten. Der Weg beginnt direkt hinter dem verschlossenen Fahrzeugtor.

Julia Pfeiffer Burns State Park PARK

(☎831-667-2315; www.parks.ca.gov; 10 US$/Fahrzeug) Benannt nach einem weiteren Big Sur Pionier, liegt dieser Park zu beiden Seiten des Hwy 1. Seine große Attraktion sind die **McWay Falls**, Kaliforniens einziger Küstenwasserfall, der 24 m tief gerade runter ins Meer stürzt – oder auf den Strand, je nach Gezeitenstand. Der Wasserfall ist *das* klassische Big-Sur-Fotomotiv mit baumbewachsenen Steinen, die über einen goldenen, halbmondförmigen Strand herausragen, daneben blaue Wasserbecken und eine weiße Brandung. Um diese spektakuläre Aussicht zu bekommen, nimmt man den kurzen Panoramaweg westlich vom Parkplatz und geht dann unter dem Hwy

1 durch einen Tunnel. Von den Bänken am Weg aus kann man zwischen Mitte Dezember und Mitte April auch Grauwale auf der Durchreise beobachten.

Der Parkeingang befindet sich auf der Ostseite des Hwy 1, etwa 8 Meilen (13 km) südlich vom Nepenthe Restaurant.

Esalen Institute — THERMALQUELLEN

(☎831-667-3000; www.esalen.org; 55000 Hwy 1; 📶) Nur durch ein beleuchtetes Schild mit der Aufschrift „Esalen Institute – By Reservation Only" ausgewiesen, ist dieser berühmte Ort eine Art New-Age-Hippie-Camp für Erwachsene. Auf Esoterikworkshops wird alles behandelt, bei dem es darum geht „das menschliche Fassungsvermögen zu vergrößern", von Gestaltwandlung bis zur Thai-Massage. Seit Hunter S Thompson in den 1960ern hier als schwer bewaffneter Hausmeister unterwegs war, hat sich mit Sicherheit einiges verändert.

Esalens berühmte **Bäder** (☎831-667-3047; 20 US$/Pers., nur Kreditkarten; ⏲öffentlicher Eintritt 1–3 Uhr nachts, mit Reservierungen Mo–Do & Sa 8–20, Fr & So 8–12 Uhr) werden von einer natürlichen heißen Quelle gespeist und befinden sich auf einem Felsvorsprung über dem Meer. Jede Wette, dass man danach beim Baden – und vor allem an stürmischen Winternächten – nie wieder einen vergleichbaren Panoramablick haben wird! Nur von zwei kleinen Außenpools blickt man direkt über die Wellen. Sobald man sich also umgezogen hat (Badekleidung ist optional) und eine kurze Dusche genommen hat, sollte man nach draußen eilen, um sich den besten Platz zu sichern. Sonst liegt man in einem lauwarmen Pool ohne Aussicht oder – noch schlimmer – einer wackeligen Badewanne.

Esalen befindet sich etwas mehr als 11 Meilen (18 km) südlich vom Nepenthe Restaurant und 10 Meilen nördlich von Lucia.

Limekiln State Park — PARK

(☎831-667-2403; www.parks.ca.gov; 8 US$/Fahrzeug; ⏲8 Uhr–Sonnenuntergang) Der winzige Park liegt 2 Meilen (3,2 km) südlich von Lucia. Sein Name stammt von den vier verbliebenen holzbefeuerten Brennöfen, die hier ursprünglich in den 1870ern und 1880ern gebaut worden waren, um den herausgebrochenen Sandstein zu Pulver zu verarbeiten. Das Pulver ist der Hauptbestandteil des Zements, mit dem die Gebäude von Monterey bis San Francisco gebaut wurden. Tragischerweise haben die Pioniere in den steilen Schluchten die uralten Redwoodwälder abgeholzt, um die Öfen zu befeuern. An den historischen Ort führt ein Rundweg von 1 Meile (1,6 km) durch einen Sequoiawald, mit einem 400 m langen Abstecher zu einem herrlichen 30 m hohen Wasserfall.

Zum Zeitpunkt der Recherchen war die Zukunft dieses Parks unsicher – er könnte 2012 geschlossen werden.

Los Padres National Forest — WALD

Die sich endlos windende 40 Meilen (64 km) lange Straße des Hwy 1 südlich von Lucia nach Hearst Castle ist noch spärlicher bevölkert, noch rauer, noch entlegener und verläuft hauptsächlich durch Staatswälder. Man sollte auf jeden Fall genug Benzin im Tank haben, um die teure Tankstelle in Gorda, etwa 11 Meilen (18 km) südlich vom Limekiln State Park, zu erreichen.

Etwa 5 Meilen (8 km) südlich der Nacimiento-Fergusson Rd, fast direkt gegenüber des Plaskett Creek Campground, liegt die **Sand Dollar Beach Picnic Area** (www.fs.usda.gov; pro Fahrzeug 5 US$; ⏲9–20 Uhr). Von dort gelangt man in fünf Minuten zu Fuß runter auf den längsten Sandstrand im Süden von Big Sur. Der halbmondförmige Sandstreifen wird durch die hohen Klippen vor dem Wind geschützt.

1971 fanden einheimische Taucher in den Wassern von **Jade Cove** einen 2525 kg schweren Jadebrocken, der zweieinhalb Meter lang und geschätzte 180 000 US$ wert war. Die Leute suchen deshalb noch heute den Strand ab. Die Jade ist hier schwarz oder blau-grün und sieht stumpf aus, bis man sie ins Wasser taucht. Die beste Zeit, Jade zu finden, ist während der Ebbe oder nach einem großen Sturm. Ausschau halten sollte man auch nach Drachenfliegern, die hier eine dramatische Landung am Strand hinlegen. Wege zum Wasser findet man ab den Abzweigungen direkt südlich vom Plaskett Creek Campground.

Solange es noch hell ist, sollte man auf dem Highway weiterfahren bis **Salmon Creek Falls**, der normalerweise von Dezember bis Mai Wasser führt. Den aus zwei Zuflüssen bestehenden Wasserfall, der in einer Waldschlucht verborgen liegt, kann man von der Haarnadelkurve des Hwy 1, etwa 8 Meilen (13 km) südlich von Gorda, sehen. Die Parkmöglichkeiten am Straßenrand sind jedoch schnell belegt, denn jeder macht sich auf den Weg zu den zehn Minuten entfernten Wasserfällen, um in den Pools zu planschen, wo die Kinder jauchzen und die Hunde glücklich japsen.

Ragged Point WAHRZEICHEN

Den letzten – oder ersten – Blick auf die felsige Schönheit von Big Sur bekommt man auf dieser etwa 15 Meilen (24 km) nördlich von Hearst Castle gelegenen rauen Klippe, von wo aus man in beide Richtungen einen herrlichen Blick auf die Küste hat. Einst Teil des Hearst Imperiums gehört es jetzt zu einem weitreichenden, langweiligen Resort mit einer teuren Tankstelle. Nach Süden, wenn sich der Hwy 1 langsam dem Wasser nähert, wird das Land zunehmend stürmischer.

Schlafen

Die Unterkünfte von Big Sur haben, abgesehen von einigen wenigen Ausnahmen, keine Fernseher und noch seltener Telefone. Hier kann man der Welt entfliehen. Es gibt grundsätzlich nicht besonders viele Zimmer, daher ist die Nachfrage oft größer als das Angebot und die Preise steigen ins Unermessliche. Ein höherer Preis bedeutet nicht unbedingt eine bessere Ausstattung. Im Sommer und an den Wochenenden geht ohne Reservierung gar nichts, egal ob für Zimmer oder für Campingplätze.

LP TIPP **Post Ranch Inn** RESORT $$$

(☎831-667-2200, 888-524-4787; www.postranchinn.com; 47900 Hwy 1; DZ ab 595 US$;) Die legendäre Post Ranch hat an der Küste das letzte Wort in Sachen Luxus. Es verwöhnt seine Gäste mit exklusiven Unterkünften inklusive Spabecken aus Schiefer, Kamin, privater Terrasse und Wanderstöcken für Küstenwanderungen. Die Zimmer mit Meerblick sind eine Ode an die See, während die Qualität der Baumhäuser ohne Ausblick gern etwas schwankt. Auf der Klippe im Infinity Pool herumzuplanschen ist nach einer Schamanen-Heilung im Spa, dem Gruppenyoga oder den Meditations- oder Tai-Chi-Chuan-Klassen herrlich entspannend. Ein Minuspunkt: Das Essen im Panorama-Meerblick-Restaurant ist enttäuschend.

Ventana Inn & Spa RESORT $$$

(☎831-667-2331, 800-628-6500; www.ventanainn.com; 48123 Hwy 1; DZ ab 450 US$;) Im Gegensatz zu Big Surs alternativer Hippie-Atmosphäre schafft es das Ventana, der Luxusbude ein bisschen Seele einzuhauchen. Hochzeitsreisende und vor Paparazzi fliehende Promis laufen vom Yogakurs zum japanischen Bad und zum Pool mit optionaler Badekleidung oder verkriechen sich den ganzen Tag neben dem Holzkamin in ihrer Villa oder der Hütte mit Meerblick.

AUF DEM HIGHWAY 1

Auf diesem schmalen zweispurigen Highway durch Big Sur und darüber hinaus kommt man nur sehr langsam vorwärts. Man braucht etwa drei Stunden, um die Entfernung zwischen der Monterey-Halbinsel und San Luis Obispo zurückzulegen. Will man auch noch die Küste erkunden, dauert es noch viel länger. Im Dunkeln zu fahren kann sehr riskant sein und, was noch wichtiger ist, es ist sinnlos, denn man hat nichts von der Aussicht. Auf Fahrradfahrer aufpassen und immer die markierten Haltebuchten verwenden, um den schneller fahrenden Verkehr vorbeiziehen zu lassen!

Glen Oaks Motel MOTEL $$$

(☎831-667-2105; www.glenoaksbigsur.com; Hwy 1; DZ 175–350 US$;) Die rustikalen Zimmer und Hütten in diesem Motel aus Redwoodholz und Lehm aus den 1950ern sind einfach schick. Auf dramatische Art und Weise in öko-freundliches Design umgewandelt, haben all diese kuschelig romantischen Verstecke Gaskamine. Das hölzerne Ferienhäuschen hat eine Küchenzeile und eine Dusche für zwei oder man nimmt eines der Ein-Zimmer-Häuser mit kompletter Küche.

Treebones Resort JURTEN $$$

(☎877-424-4787; www.treebonesresort.com; 71895 Hwy 1; DZ 170–285 US$;) Man sollte sich nicht von der Bezeichnung „Resort" irreführen lassen. Ja, es gibt einen Whirlpool mit Blick aufs Meer, einen beheizten Pool und Massagebehandlungen. Aber die lauten Jurten mit poliertem Pinienholzboden, Steppdecken auf den Betten, Waschtischen und Redwoodholzterrassen sind eher eine Art „glamping" („glamouröser Campingurlaub") mit eingeschränkter Privatsphäre. Die Bäder und Duschen sind einen kurzen Spaziergang entfernt. Im Preis inbegriffen ist ein Waffeln-zum-Selbermachen-Frühstück. Bei der Anfahrt auf die ausgeschilderte Abzweigung eine Meile (1,6 km) nördlich von Gorda achten!

Big Sur Lodge LODGE $$$

(☎831-667-3100, 800-424-4787; www.bigsurlodge.com; 47225 Hwy 1; DZ 189–369 US$;) Was man hier eigentlich bezahlt, ist die ruhige Lage mitten im Pfeiffer Big Sur State Park. Die ziemlich rustikalen Doppelhäuser

COMEBACK DES KALIFORNISCHEN KONDORS

Wenn es um gefährdete Arten geht, ist die Geschichte des Kalifornischen Kondors die größte Erfolgsgeschichte des Landes. Diese gigantischen urzeitlichen Vögel wiegen um die 10 kg und haben eine Flügelspannweite von 3 m, wodurch sie auf der Suche nach Beute große Entfernungen zurücklegen können. Man erkennt sie leicht an ihrem nackten rosa Kopf und den großen weißen Flecken auf der Unterseite jeder Schwinge.

Diese riesigen Vögel wurden so selten, dass es 1987 nur noch 27 davon auf der ganzen Welt gab. Sie alle waren aus der Wildnis heraus in spezielle Brutquartiere gebracht worden. Heute gibt es wieder fast 400 lebende Kalifornische Kondore und immer mehr gefangene Tiere werden zurück in die Wildnis entlassen, wo sie hoffentlich wieder anfangen werden, sich natürlich zu vermehren.

Das Pinnacles National Monument (S. 547) und die Big-Sur-Küste bieten hervorragende Möglichkeiten, diese majestätischen Vögel zu beobachten.

haben eine Terrasse oder einen Balkon mit Blick in den Redwoodwald. Die familienfreundlichen Zimmer haben eine Küche oder einen Holzkamin. Der Außenpool ist normalerweise zwischen März und Oktober geöffnet.

Big Sur Campground & Cabins HÜTTEN, CAMPING **$$**
(☎831-667-2322; www.bigsurcamp.com; 47000 Hwy 1; Hütten 90–345 US$, Stellplatz für Zelt/Wohnwagen ab 40/50 US$;) Die gemütlichen Hütten liegen direkt am Big Sur River im Schatten der Redwoodbäume und sind mit kompletter Küche und Kamin ausgestattet; die Wohnzelte sind sehr hundefreundlich (Haustiergebühr 15 US$). Der Campingplatz am Fluss ist besonders bei Wohnwagenbesitzern beliebt. Es gibt heiße Duschen, eine Münzwaschmaschine, einen Spielplatz und einen Gemischtwarenladen.

Ripplewood Resort HÜTTEN **$$**
(☎831-667-2242; www.ripplewoodresort.com; 47047 Hwy 1; Hütten 95–195 US$;) Ripplewood, nördlich vom Pfeiffer Big Sur State Park, verlangt das ganze Jahr über die gleichen Raten. Die amerikana-typischen Hütten haben alle Küche und Bad und einige dazu noch Kamine. In den Hütten unter Redwoodbäumen am Fluss ist es ruhig, aber an der Straße kann es laut werden. WLAN funktioniert nur im Restaurant.

Deetjen's Big Sur Inn LODGE **$$**
(☎831-667-2377; www.deetjens.com; 48865 Hwy 1; DZ 90–250 US$) Versteckt zwischen Redwoodbäumen und Wisterien wurde diese Ansammlung von rustikalen, aber dünnwandigen Zimmern und Hütten am Fluss vom norwegischen Einwanderer Helmuth Deetjen in den 1930ern gebaut. Einige Zimmer werden mit Holzkaminen beheizt und die billigeren haben Gemeinschaftsbäder.

Ragged Point Inn MOTEL **$$**
(☎805-927-4502; www.raggedpointinn.net; 19019 Hwy 1; Zi. 129–269 US$;) Die Zimmer in dem zweistöckigen Motel sind nichts Besonderes, abgesehen vom Meerblick. Haustiergebühr 50 US$.

Lucia Lodge MOTEL **$$**
(☎831-688-4884, 866-424-4787; www.lucialodge.com; 62400 Hwy 1; DZ 150–275 US$;) Ein traumhafter Blick über die Klippen aus Hütten der 1930er.

Öffentliches Camping

Camping ist im Augenblick in vier der **Staatsparks** (☎Reservierungen 916-638-5883, 800-444-7275; www.reserveamerica.com) von Big Sur möglich und es stehen zwei Campingplätze des **United States Forest Service (USFS)** (☎Reservierungen 518-885-3639, 877-444-6777; www.recreation.gov) entlang des Hwy 1 zur Verfügung.

Pfeiffer Big Sur State Park CAMPING **$**
(www.parks.ca.gov; Hwy 1; Zelt- & Wohnwagenstellplätze 35–50 US$, Hike-&-Bike-Plätze 5 US$) Über 200 Stellplätze verteilen sich auf das von Redwoodbäumen beschattete Flusstal. Die Ausstattung enthält Trinkwasser, Münzduschen, aber keine Wohnwagenanschlüsse.

Andrew Molera State Park CAMPING **$**
(www.parks.ca.gov; Hwy 1; Zeltstellplätze 25 US$) Zwei Dutzend einfache Stellplätze mit Feuerstelle und Trinkwasser, aber ohne Meerblick, werden ohne Voranmeldung der Reihe nach vergeben.

Julia Pfeiffer Burns State Park CAMPING **$**
(www.parks.ca.gov; Hwy 1; Zeltstellplätze 30 US$) Zwei kleine Campingplätze auf einem halb-

schattigen Steilufer; keine Voranmeldung; Registrierung in der Big Sur Station (10,5 Meilen/17 km nördlich) oder im Pfeiffer Big Sur State Park (11 Meilen/18 km nördlich).

Limekiln State Park CAMPING $
(www.parks.ca.gov; Hwy 1; Zelt- & Wohnwagenstellplätze 35 US$) In der Nähe des Parkeingangs. Zwei Dutzend Stellplätze kuscheln sich unter einer Hwy-1-Brücke nahe am Meer. Duschen gibt es auch.

USFS Kirk Creek Campground CAMPING
(www.campone.com; Hwy 1; Zelt- & Wohnwagenstellplätze 2 US$) Über 30 schöne, aber ungeschützt gelegene Stellplätze an der Steilküste mit Meerblick, Trinkwasser und Grillplätzen, 2 Meilen (3,2 km) südlich von Limekiln.

USFS Plaskett Creek Campground CAMPING
(www.campone.com; Hwy 1; Zelt- & Wohnwagenstellplätze 22 US$) Fast 40 großzügige und schattige Stellplätze mit Trinkwasser auf einer bewaldeten Lichtung in der Nähe des Sand Dollar Beach, etwa 5 Meilen (8 km) südlich der Nacimiento-Fergusson Rd.

Essen

Genau wie die Unterkünfte sind auch die Restaurants und Cafés in Big Sur oft überteuert, überfüllt und wenig überzeugend.

Restaurant at Ventana KALIFORNISCH $$$
(☎831-667-4242; www.ventanainn.com; 48123 Hwy 1; Mittag Hauptgerichte 10–18 US$, abends Hauptgerichte 29–38 US$ ⌚11.30–21 Uhr; 📶) Die Aussage „Je besser der Ausblick desto schlechter das Essen" scheint hier nicht zuzutreffen. Die Terrassen des Resortrestaurants mit Meerblick und die Cocktailbar sind ohne Einschränkung der beste Platz zum Essen entlang des Hwy 1. Hier gibt's zarte Bisonsteaks mit getrüffelten Maccaroni und Käse, Curry-Geflügelsalat oder geröstete Gemüsepasta mit Kräutern direkt aus dem Vorgarten.

Nepenthe & Café Kevah KALIFORNISCH $$$
(☎831-667-2345; www.nepenthebigsur.com 48510 Hwy 1; Café Hauptgerichte 11–17 US$, Restaurant Hauptgerichte 15–39 US$; ⌚Restaurant 11.30–22, Café 9–16 Uhr; 👪) Nepenthe stammt aus dem Griechischen und heißt „Insel ohne Leid". Und es ist tatsächlich schwer, sich hier elend zu fühlen, wenn man auf der Terrasse am Feuer sitzt. Die bodenständige kalifornische Bistroküche (den bekannten Ambrosia Burger versuchen!) kommt nicht an die Aussicht oder die Geschichte des Hauses heran – Orson Welles und Rita Hayworth besaßen hier in den 1940ern für kurze Zeit eine Hütte. Unten serviert das Café Kevah leichte zwanglose Brunches und von der Außenterrasse (die im Winter und bei schlechtem Wetter geschlossen ist) hat man einen unglaublichen Blick aufs Meer.

Big Sur Bakery & Restaurant KALIFORNISCH $$$
(☎831-667-0520; www.bigsurbakery.com; 47540 Hwy 1; Snacks & Getränke ab 4 US$, Hauptgerichte 14–36 US$; ⌚Bäckerei tgl. ab 8, Restaurant Di–Fr 11–14.30, Sa & So 10.30–14.30, Abendessen Di–Sa ab 17.30 Uhr) Dieses warm beleuchtete, schräge Haus hinter der Shell-Tankstelle hat eine saisonale Speisekarte: Holzofenpizzas stehen neben raffinierteren Gerichten wie in Butter gebackenem Heilbutt. Vorne gibt es eine schöne Veranda; die Bäckerei schenkt den teuersten Espresso von ganz Big Sur aus. Man muss mit langen Schlangen und hochnäsiger Bedienung rechnen.

Deetjen's Big Sur Inn KALIFORNISCH $$$
(☎831-667-2377;www.deetjens.com;48865Hwy1; Frühstück Hauptgerichte 10–12 US$, abends Hauptgerichte 24–36 US$; ⌚8–11.30 & 18–21 Uhr) Diese drollige Lodge von vorvorgestern hat einen gemütlichen, mit Kerzen beleuchteten Speisesaal, wo es auf der täglich wechselnden Karte Steaks, Bohneneintopf und weitere herzhafte Landhausgerichte gibt, überwiegend mit lokalen Bio-Zutaten, hormonfreiem Fleisch und nachhaltig gefangenem Fisch. Lieber frühstücken als abendessen.

Big Sur Lodge AMERIKANISCH, LEBENSMITTEL $$$
(☎831-667-3100; www.bigsurlodge.com; 47225 Hwy 1; Frühstück & Mittag Hauptgerichte 8–15 US$, abends Hauptgerichte 8–27 US$; ⌚Restaurant 7.30–21, Laden 8–21 Uhr; 👪) Die Lodge liegt im Pfeiffer Big Sur State Park. In diesem hüttenartigen Speisesaal sitzt man am Holztisch und füllt sich mit Portionen in Größe für hungrige Wanderer den Magen mit Regenbogenforelle, Pasta Primavera, Grillhähnchen und gemischtem Salat. Der kleine Laden der Lodge führt Campingbedarf, Snacks, Getränke und Eis.

Big Sur River Inn AMERIKANISCH, LEBENSMITTEL $$$
(☎831-667-2700; www.bigsurriverinn.com; Hwy 1; Hauptgerichte 9–29 US$; ⌚Restaurant 8–21, Laden 11–19 Uhr; 📶👪) Altes rustikales Mittagsrestaurant mit einer Terrasse über einer Bucht voller quakender Frösche. Das einem Hochzeitsempfang würdige Essen besteht

hauptsächlich aus klassischem amerikanischen Seafood, gegrilltem Fleisch und Pasta, doch auch Frühstück und Mittagessen im Diner-Stil – von Beerenpfannkuchen bis zu BLT-Sandwiches – sind sehr gut. Der benachbarte Laden hat eine begrenzte Auswahl an abgepacktem Essen, Obst und Gemüse, aber auch frische Obstsmoothies und eine Burrito-Bar.

Big Sur Roadhouse MEXIKANISCH, AMERIKANISCH **$$**
(☎831-667-2264; www.bigsurroadhouse.com; 47080 Hwy 1; Hauptgerichte 14–26 US$; ⊙Mi–Mo 17.30–21 Uhr) Dieses latino-angehauchte Roadhouse scheint mit seiner Thekenplatte aus Kupfer und dem Eckkamin geradezu zu glühen. An den draußen am Fluss stehenden Tischen kann man sich über herzhafte mit Adobo marinierte Rippensteaks, gefüllte Pasillapaprikas oder gegrilltes Huhn mit Yambohnensalat hermachen.

Ausgehen & Unterhaltung

Henry Miller Library THEATER
(☎831-667-2574; www.henrymiller.org; Hwy 1) Südlich von Nepenthe offeriert dieser gemeinnützige Laden ein vielfältiges Angebot an Livekonzerten, Autorenlesungen, Open-Mike-Nächten und Open-Air-Vorführungen von Indie-Filmen.

Maiden Publick House BAR
(☎831-667-2355; Hwy 1) Diese Tränke, in der Nähe des Big Sur River Inn, hat eine enzyklopädische Bier-Bibel und vor allem an den Wochenenden jammen hier zusammengewürfelte einheimische Musiker.

Rocky Point BAR
(www.rocky-point.com; 36700 Hwy 1; ⊙9–21 Uhr) 2,5 Meilen (4 km) nördlich der Bixy Bridge, auf der schwindelerregenden hohen Terrasse mit Meerblick werden den ganzen Tag über Bloody Marys serviert.

Praktische Informationen

Besucher betreten oft die Geschäfte entlang des Hwy 1 und fragen „Wie weit ist es noch bis Big Sur?". Tatsächlich gibt es keine Stadt mit dem Namen Big Sur, auch wenn man den Namen auf den Landkarten findet. Die Geschäfte konzentrieren sich auf einen Streifen nördlich des Pfeiffer Big Sur State Park. Er wird manchmal auch „das Dorf" genannt, denn hier findet man die meisten Unterkünfte, Restaurants und Geschäfte, einige mit kostenlosem WLAN, wenn auch der Telefonempfang schlecht ist.

Big Sur Chamber of Commerce (☎831-667-2100; www.bigsurcalifornia.org; ⊙Mo, Mi & Fr 9–13 Uhr) Die kostenlose Zeitung *Big Sur Guide* (auch online zum Runterladen) bekommt man in den Geschäften vor Ort.

Big Sur Station (☎831-667-2315; www.parks.ca.gov; Hwy 1; ⊙8–16 Uhr, Nov.–März Mo & Do geschl.) Etwa 1,5 Meilen (2,4 km) südlich des Pfeiffer Big Sur State Park hat diese von vielen Agenturen genutzte Rangerstation Informationen und Karten zu den Staatsparks Los Padres National Forest und Ventana Wilderness.

Henry Miller Library (www.henrymiller.org; Hwy 1; ⊙Mi–Mo 11–18 Uhr; @📶) Kostenloses WLAN und öffentliche Internetterminals (gegen Spende).

Pacific Valley Station (☎805-927-4211; www.fs.usda.gov; Hwy 1; ⊙8–16.30 Uhr) Südlich der Nacimiento-Fergusson Rd gelegen hat die USFS-Rangerstation ein paar wenige Besucherinformationen.

Postamt (www.usps.com; 47500 Hwy 1; ⊙Mo–Fr 10.30–14.30 Uhr) Nördlich der Big Sur Bakery.

Anreise & Unterwegs vor Ort

Big Sur entdeckt man am besten mit dem Auto, denn es lohnt sich, immer wieder anzuhalten und sich die raue Schönheit der Landschaft anzusehen, die sich hinter jeder Haarnadelkurve offenbart. Auch wenn man selber mit den engen Kehren gut klarkommt, die anderen Fahrer sind vielleicht nicht so gut: Man muss auf der Strecke mit einer Durchschnittsgeschwindigkeit von 35 mph (55 km/h) oder weniger rechnen. Teile des Hwy 1 sind arg ramponiert, was von dem andauernden Kampf zeugt, ihn trotz Erdrutschen und Auswaschungen offen zu halten. Unter ☎800-427-7623 bekommt man den Highway-Zustandsbericht. Auf jeden Fall vor der Abfahrt volltanken!

MST (☎888-678-2871; www.mst.org) Bus 22 (3 US$, 1 1\4 Std.) fährt von Monterey über Carmel nach Süden bis zum Nepenthe Restaurant dreimal täglich zwischen Ende Mai und Anfang September und im restlichen Jahr zweimal täglich an Samstagen und Sonntagen.

Point Piedras Blancas

Entlang der kalifornischen Küste stehen immer noch viele Leuchttürme, aber nur wenige bieten so ein geschichtsträchtiges Seepanorama wie dieser. Vom Staat als bemerkenswerte Landschaft anerkannt, wurden die herausragenden, windumtosten Böden um diesen 1875 erbauten **Leuchtturm** (☎805-927-7361; www.piedrasblancas.org; Tour Erw./Kind 6-17 Jahre US$ 10/5; ⊙Tourzeiten variieren) – einer der höchsten an der ganzen Westküste – mit viel Arbeit wieder mit einheimischen Pflanzen bepflanzt. Der Anblick ist pittoresk, beinahe genauso wie damals, als die ersten Leuchtturmwächter den Schiffen halfen, den Hafen der Walfangstation von San Simeon Bay zu finden. Geführte Touren werden derzeit dienstags, donnerstags und samstags um 9.45 Uhr angeboten. Treffpunkt ist am alten Piedras Blancas Motel, etwa 1,5 Meilen (2,4 km) nördlich des Leuchtturms. Reservieren kann man nicht, aber man sollte vorher anrufen, um sich den Zeitplan bestätigen zu lassen.

An einem ausgeschilderten Aussichtspunkt 4,5 Meilen (7 km) nördlich von Hearst Castle kann man eine Kolonie von See-Elefanten beobachten, größer als die im Anõ Nuevo State Reserve. Während der Hochsaison im Winter suchen in den Buchten und Stränden auf diesem Küstenabschnitt etwa 16 000 Robben Zuflucht. An sonnigen Tagen liegen sie normalerweise „dumm rum wie Bananenschalen", um einen der Parkführer zu zitieren. Erklärende Schautafeln und die blaue Jacken tragenden Guides der **Friends of the Elephant Seal** (www.elephantseal.org) entzaubern das Verhalten dieser Biester.

Hearst Castle

Das wichtigste, was man über William Randolph Hearst (1863–1951) wissen muss, ist, dass der nicht wie *Citizen Kane* lebte. Nicht dass Hearst nicht bombastisch, intrigant und aufgeblasen gewesen wäre, aber der depressive Einsiedler aus dem Film war er definitiv nicht. Hearst bezeichnete seine 165-Zimmer-Monstrosität auch nicht als Castle – er bevorzugte den offiziellen Namen *La Cuesta Encantada* („Der verzauberte Berg"), oder er nannte es ganz einfach „die Ranch". Von den 1920er- bis in die 1940er-Jahre bewirteten Hearst und Marion Davies, seine langjährige Geliebte (Hearsts Ehefrau weigerte sich, in die Scheidung einzuwilligen), einen nicht enden wollenden Strom, bestehend aus den wichtigsten Menschen jener Zeit. Einladungen waren heiß begehrt, aber Hearst hatte auch seine Macken – er verachtete Trunkenheit, und seine Gäste durften nicht über das Thema Tod sprechen.

Hearst Castle ist eine wunderliche, geschichtsträchtige (Winston Churchill schrieb hier in den 1930ern seine Anti-Nazi-Essays), überkandidelte Hommage an den Überfluss, hoch oben auf einem Hügel. Ein Besuch hier ist einfach ein Muss! Julia Morgans Entwurf für das Hauptgebäude, die Casa Grande, basierte auf dem Design einer spanischen Kathedrale. Die Architektin erfüllte über die Jahrzehnte jeden von Hearsts Wünschen. Sie baute die Mitbringsel seiner legendären Einkaufstouren durch Europa (alte Artefakte, Klösterliches etc.) in die Anlage mit ein. Diese breitet sich auf einer großen Fläche mit üppigen Gärten aus, akzentuiert durch glitzernde Brunnen und Fontänen, Statuen aus dem alten Griechenland und dem maurischen Spanien sowie die Ruinen von dem, was zu Hearsts Zeiten der größte Privatzoo der Welt war (wenn man den Hwy 1 entlangfährt, sichtet man manchmal noch die verbliebene Zebraherde).

Ähnlich wie Hearsts Baubudget damals verschlingt eine Besichtigung des Schlosses so viel Zeit und Geld, wie man zulässt. Um das gesamte **State Historic Monument** (☎Info 805-927-2020, Reservierung 800-444-4445; www.hearstcastle.org; geführte Tour Erw./Kind ab 25/12 US$; ⏲tgl., Uhrzeiten variieren) zu sehen, muss man sich einer Tour anschließen. Wer in der sommerlichen Hauptsaison früh genug da ist, bekommt vielleicht noch ein Ticket für den Nachmittag des gleichen Tages. Spezielle Ferien- und Abendtouren muss man mindestens zwei Wochen im Voraus buchen.

Die Touren beginnen normalerweise täglich um 8.20 Uhr, und die letzte Fuhre verlässt das Visitor Center für die zehnminütige Fahrt den Berg hoch um 15.20 Uhr (Spätsommer & Dez.). Es gibt drei Haupttouren: Der geführte Teil dauert in allen Fällen etwa 45 Minuten; danach kann man auf eigene Faust durch die Gärten und über die Terrassen laufen, die legendären Neptun- und die römischen Brunnen fotografieren und die Aussicht genießen. Die Führer wissen wirklich viel – das kann man ruhig mal testen. Am allerbesten sind die Abendtouren in den Weihnachtsferien, bei denen Schauspieler historische Szenen nachstellen, die einen in die Blütezeit des Schlosses in den 1930ern versetzen.

Die Einrichtungen des Visitor Center (essen und trinken ist auf dem Hügel nicht erlaubt) sind auf gigantische Besuchergruppen eingerichtet. Besser holt man sich ein Mittagessen in Sebastian's General Store am Strand gegenüber vom Hwy 1 oder in Cambria. Bevor man das Schloss verlässt, sollte man sich noch etwas Zeit nehmen und das oft übersehene Museum im hinte-

ABSTECHER

VENTANA WILDERNESS

Die 810 km² große **Ventana Wilderness** (www.ventanawild.org) ist das wilde Hinterland von Big Sur. Sie liegt im nördlichen Los Padres National Forest, der die Santa Lucia Range einschließt und parallel zur Küste verläuft. In diesem Wildnisgebiet wachsen hauptsächlich Eichen und Chaparral, nur in den Canyons, die sich durch den Big Sur River und den Little Sur River gebildet haben, gibt es vereinzelte Haine von Küstenmammutbäumen. Die endemische Grannentanne wächst weiter oben am Hang auf den Felsen.

Obwohl die Ventana Wilderness infolge der verheerenden Brände von 2008 nur teilweise zugänglich ist, ist sie bei abenteuerlustigen Backpackern immer noch populär. Ein beliebtes Ziel für Übernachtungen sind die **Sykes Hot Springs**, natürliche, 35 °C warme Mineralquellen, umgeben von Mammutbäumen. Während der Hauptsaison (April–Sept.) darf man hier allerdings keine Einsamkeit erwarten. Bis hierher ist es ein leicht anstrengender, 16 km (einfache Strecke) langer Weg auf dem **Pine Ridge Trail**, der an der **Big Sur Station** (☎831-667-2315; www.parks.ca.gov; Hwy 1; ⏲8–16 Uhr, Nov.–März Mo & Di geschl.) beginnt, wo man eine kostenlose Genehmigung zum Feuermachen bekommt und für das Parken am Trailhead zahlt (5 US$).

ren Teil des Visitor Centers besuchen. Das fünf Stockwerke hohe **Kino** des Zentrums zeigt einen 40-minütigen historischen Film (Ticket im Eintrittspreis enthalten) über das Schloss und die Familie Hearst.

In Sachen Kleidung empfiehlt sich der Zwiebellook: Das Visitor Center kann sich in grauem Nebel verstecken, während am Schloss oben strahlender Sonnenschein herrscht – und umgekehrt. Der **RTA-Bus 12** (☎805-541-2228; www.slorta.org) macht drei oder viermal täglich die Runde von San Luis Obispo (3 US$, 2 Std.) über Morro Bay, Cayucos und Cambria nach Hearst Castle.

San Simeon

Die kleine San Simeon Bay entstand 1852 als Walfangstation. Vom Ufer aus wurde Jagd auf Grauwale gemacht, die auf dem Weg zu ihren Futterplätzen in Alaska oder zu den Geburtsgewässern der Baja California waren. Russische Fellhändler jagten hier auch Seeotter. 1865 kaufte Senator George Hearst 18 200 ha Weideland und gründete eine Siedlung auf der Westseite des Hwy 1. Die von der Architektin Julia Morgan gestalteten Häuser aus dem 19. Jh. sind jetzt an die Angestellten der 32 275 ha großen Rinderranch der Heart Corporation vermietet.

Sehenswertes & Aktivitäten

GRATIS **William Randolph Hearst Memorial State Beach** STRAND
(www.parks.ca.gov; ⏲Sonnenaufgang–Sonnenuntergang) Auf der anderen Seite des Hwy 1, gegenüber vom Hearst Castle, bietet dieser Strand einen schönen, sandigen Bereich mit Steinformationen, Kelpwäldern, einem wackeligen Holzsteg (Angeln erlaubt) und Picknickbereichen mit Grill.

Sea for Yourself Kayak Tours KAJAKFAHREN
(☎805-927-1787, 800-717-5225; www.kayakcambria.com; Leihkajak 20–65 US$, Touren ab 50 US$) Direkt am Strand kann man Seekajaks, Neoprenanzüge, Bodyboards und Surfboards mieten oder an einer geführten Paddeltour rund um die San Simeon Cove teilnehmen.

GRATIS **Coastal Discovery Center** MUSEUM
(☎805-927-6575; Hwy 1; ⏲Mitte März–Okt. Fr–So 11–17 Uhr, Nov.–Mitte März Fr–So 10–16 Uhr; 👪) Neben erklärenden Schautafeln gibt es hier ein künstliches Gezeitenbecken zu sehen, durch das Kindern bestimmte Sachverhalte veranschaulicht werden, und Videoaufnahmen vom Tiefseetauchen sowie von einem Wrack aus dem Zweiten Weltkrieg, das gleich vor der Küste liegt.

Schlafen & Essen

Die ein paar Meilen südlich der Walfangstation gelegene moderne Stadt San Simeon ist nicht viel mehr als ein Streifen langweiliger Motels und Restaurants. Es gibt bessere Orte zum Übernachten in Cambria, und weiter südlich liegen auch noch Strandorte wie Cayucos.

San Simeon State Park CAMPING $
(☎Reservierung 800-444-7275; www.reserveamerica.com; Hwy 1; Stellplatz Zelt & Wohnmobil

20–35 US$) Etwa 4,5 Meilen (7,2 km) südlich von Hearst Castle liegen zwei beliebte Campingplätze: der **San Simeon Creek** mit heißen Duschen und WCs sowie der unerschlossene **Washburn** an einem Feldweg. Beide Plätze bieten Trinkwasser.

Sebastian's General Store DELI, LEBENSMITTEL $
(442 San Simeon Rd, am Hwy 1; Hauptgerichte 7–12 US$; ⌚Di–So 11–17 Uhr, Küche bis 16 Uhr) Der kleine historische Laden liegt an einer Seitenstraße des Hwy 1 gegenüber vom Schloss. Verkauft werden hier kalte Getränke, Hearst-Ranch-Rindfleisch-Burger, riesige Deli-Sandwiches und Salate für Strandpicknicks an der San Simeon Cove. Weine der Hearst Ranch Winery können an der Bar mit Kupferplatte probiert werden.

Cambria

Ausgestattet mit einer ordentlichen Dosis natürlicher Schönheit ist die Küstenoase Cambria eine einsame Perle an der Küste. Der Ort wurde auf Land gebaut, das einst zur Mission San Miguel gehörte. Einer seiner ersten Spitznamen war Slabtown („Bretterstadt"), inspiriert von den rauen Holzbrettern, aus denen die Häuser der Pioniere gebaut waren. Heute scheint Geld – genau wie im benachbarten Hearst Castle – in diesem Wohnort für wohlhabende Senioren keine Rolle mehr zu spielen. Das hiesige Motto „Pines by the Sea" prangt hinten auf den BMWs, die hier zuhauf herumgondeln.

Sehenswertes & Aktivitäten

Auch wenn die milchig-weißen Mondsteine schon lange weg sind, zieht es Romantiker immer noch zum **Moonstone Beach** mit seiner Promenade am Meer und der malerischen, steinigen Küste. Seine Ruhe hat, wer die Windsor-Rd-Abfahrt vom Hwy 1 nimmt und dann bis zum Ende der Straße fährt. Ab hier kann man den 3,2 km langen Rundweg über die **East West Ranch** abwandern.

Nach einer zehnminütigen Fahrt von Cambria aus Richtung Süden, vorbei an der Abzweigung zum Weingebiet Paso Robles vom Hwy 46, kommt mit dem kleinen **Harmony** ein schönes Stückchen ländliches Amerika in Sicht. Hier gibt es eine Molkerei von 1865, in der sich heute Ateliers örtlicher Künstler befinden, und das Weingut **Harmony Cellars** (www.harmonycellars.com; 3255 Harmony Valley Rd; ⌚10–17 Uhr).

Schlafen

Cambrias beste Motels und Hotels reihen sich am Moonstone Beach Dr aneinander, die ruhigeren B&Bs liegen rund um das Dorf.

Blue Dolphin Inn HOTEL $$$
(☎805-927-3300, 800-222-9157; www.cambriainns.com; 6470 Moonstone Beach Dr; DZ inkl. Frühstückskorb 159–239 US$;) Dieses sandfarbene, zweistöckige, lamellenverkleidete Haus ist zwar nicht so schick wie andere Motels am Strand, aber die Zimmer sind mit romantischen Kaminen, weichen Matratzen und dicken Bettdecken ausgestattet. Haustiergebühr 25 US$.

Fogcatcher Inn HOTEL $$$
(☎805-927-1400, 800-425-4121; www.fogcatcherinn.com; 6400 Moonstone Beach Dr; DZ inkl. Frühstück 129–379 US$;) Die Motels am Moonstone Beach Dr sind einander ziemlich ähnlich, aber dieses hier sticht wegen seines Whirlpools hervor. Die nachgemacht britischen Cottages im Tudor-Stil verfügen über luxuriöse, moderne Zimmer, einige mit Kamin und Meerblick.

Cambria Shores Inn MOTEL $$$
(☎805-927-8644, 800-433-9179; www.cambriashores.com; 6276 Moonstone Beach Dr; DZ inkl. Frühstück 150–290 US$;) Einen Steinwurf vom Moonstone Beach entfernt bietet dieses Motel mit Meerblick sogar Wellnesspakete für Hunde (Haustiergebühr 15 US$), darunter einen Willkommensfresskorb. Im Preis inbegriffen ist ein Korb mit Frühstück, der zum Zimmer gebracht wird.

Bluebird Inn MOTEL $$
(☎805-927-4634, 800-552-5434; http://bluebirdmotel.com; 1880 Main St; DZ 70–220 US$;) Außer mit den ruhigen Gärten punktet dieses freundliche East-Village-Motel mit schlichten, bezahlbaren Zimmern, von denen einige Kamine und eigene Terrassen oder Balkone zur Bucht raus haben. WLAN gibt's nur in der Lobby.

HI Cambria Bridge Street Inn HOSTEL $
(☎805-927-7653; www.bridgestreetinncambria.com; 4314 Bridge St; B 22–25 US$, Zi. 45–80 US$; ⌚Check-in 17–21 Uhr;) In dem in einem Pfarrhaus aus dem 19. Jh. untergebrachten kleinen Hostel fühlen sich Traveller eher wie im B&B der eigenen Oma. Das HI Cambria Bridge Street Inn mit Blümchencharme bietet eine Gemeinschaftsküche, allerdings haben die leicht schäbigen Zimmer dünne Wände. Im Voraus buchen!

Essen & Ausgehen

Von Café zu Café und von Kneipe zu Kneipe des East Village sind es nur kurze Fußwege.

Indigo Moon KALIFORNISCH **$$**
(www.indigomooncafe.com; 1980 Main St; Hauptgerichte mittags 6–13 US$, abends 13–29 US$; ⌚Mo–Sa 10–16 & 17–21, So 10–15 & 17–21 Uhr) In diesem Laden, der traditionell hergestellten Käse und Wein verkauft, stehen auch ein paar schicke Bistrotische – passend zu den marktfrischen Salaten, knusprigen Sandwiches und Süßkartoffelpommes. Einheimische Insider tratschen während des Mittagessens auf der Terrasse hinten, während Pärchen sich an Zitronenrisotto, Forelle mit Krabbenfüllung oder Hühnchen mit Korianderkruste laben.

Sow's Ear AMERIKANISCH **$$$**
(☎805-927-4865; www.thesowsear.com; 2248 Main St; Hauptgerichte abends 11–30 US$; ⌚17–21 Uhr) Seit mehr als einem Jahrzehnt serviert man im altmodischen Sow's Ear jetzt schon gehobenes Soulfood. Das Lokal befindet sich in einem netten Haus an der Flaniermeile des East Village. Man sollte unbedingt reservieren, um etwas von dem traditionellen Hummer-Pot-Pie, dem Schweinefilet mit Olalliebeeren-Chutney und dem frisch gebackenem Brot im Terrakottatopf abzubekommen.

Linn's Easy as Pie Cafe DELI, BÄCKEREI **$**
(www.linnsfruitbin.com; 4251 Bridge St; Gebäck 4–10 US$; ⌚Okt.–April 10–18 Uhr, Mai–Sept. bis 19 Uhr; 👪) Wer keine Zeit hat, Linn's Fruit Bin, den echten Hofladen draußen an der Santa Rosa Creek Rd (20 Min. auf der Main St gen Osten) zu besuchen, der kann sich hier auf die berühmten Olalliebeerenkuchen und -marmeladen stürzen. Die gibt es zum Mitnehmen oder aber wie auch Salate, Sandwiches und andere Leckereien auf der sonnigen Terrasse.

Wild Ginger FUSION **$$**
(www.wildgingercambria.com; 2380 Main St; Hauptgerichte 12–17 US$; ⌚Mo–Mi, Fr & Sa 11–14.30, Fr–Mi 17–21 Uhr; 🌶) Dieses helle, lustige Café im Besitz eines Kochs serviert asiatische Küche aus gartenfrischen Zutaten, perfekt gewürzt und angerichtet, dazu hausgemachte Sorbets in exotischen Geschmacksrichtungen wie Granatapfel und Ananas-Kokos. Man muss meistens warten.

Lily's Coffeehouse CAFÉ **$**
(www.lilyscoffee.com; 2028 Main St; Kaffee & Snacks 2–8 US$; ⌚Mi–Mo 8.30–17 Uhr; 📶) Das frankophile Lily's hat eine friedliche Gartenterrasse und braut starken Kaffee und Tee. Samstags zwischen 11 und 16 Uhr gibt es auf Anfrage Crêpes.

Praktische Informationen

Cambria hat drei unterscheidbare Viertel: das touristische East Village, eine halbe Meile (800 m) vom Hwy 1 entfernt, wo sich die Antiquitätenläden, Galerien und Cafés an der Main St aneinanderreihen, das neuere West Village weiter die Main St runter, wo sich die **Chamber of Commerce** (☎805-927-3624; www.cambriachamber.org; 767 Main St; ⌚Mo–Fr 9–17, Sa & So 12–16 Uhr) befindet, und den Moonstone Beach am Hwy 1, wo die Motels liegen.

Anreise & Unterwegs vor Ort

Von San Luis Obispo fährt Bus 12 von **RTA** (☎805-541-2228; www.slorta.org) drei- oder viermal täglich über Morro Bay und Cayucos nach Cambria (3 US$, 1¾ Std.) und den Moonstone Beach Dr und die Main St entlang durch East und West Village.

Cayucos

Mit seinen historischen Häuserfronten, hinter denen sich Antiquitätenläden und Restaurants verbergen, erinnert das nette, ruhige Cayucos an eine Grenzstadt des Wilden Westens. Aber nur einen Block westlich auf der Ocean Ave heißt es *surf's up*!

Sehenswertes & Aktivitäten

Am Nordende des Zentrums, direkt am breiten, weißen Sandstrand, befindet sich Cayucos langer, hölzerner Anleger, der bei Fischern beliebt und auch ein geschütztes Terrain für Surf-Anfänger ist.

Cayucos Surf Company SURFEN
(☎805-995-1000; www.surfcompany.com; 95 Cayucos Dr; Leihboard & -anzug 8–38 US$, 2 Std. Unterricht 80–100 US$; ⌚9–18 Uhr) Der witzige, von Einheimischen betriebene Surfshop in der Nähe des Anlegers vermietet Surfboards, Boogieboards und Neoprenanzüge. Anfänger sollten im Voraus anrufen!

Schlafen

In Cayucos herrscht kein Mangel an Motels oder Strandpensionen; die meisten sind etwas teurer als in Morro Bay 6 Meilen (9,6 km) südlich.

LP TIPP **Cass House Inn** B&B **$$$**
(☎805-995-3669; www.casshouseinn.com; 222 N Ocean Ave; DZ inkl. Frühstück 165–

325 US$;) In der wunderhübsch renovierten viktorianischen Pension von 1867 erwarten einen fünf wirklich luxuriöse Zimmer, einige mit Meerblick, tiefen Badewannen und alten Kaminöfen (um den kühlen Küstennebel zu bekämpfen). Alle Zimmer sind mit weichen Betten, Flachbild-TV samt DVD-Spielern und geschmackvollen, romantischen Akzenten eingerichtet. Ohne Reservierung geht nichts!

Seaside Motel MOTEL $$
(805-995-3809, 800-549-0900 www.seasidemotel.com; 42 S Ocean Ave; DZ 80–160 US$;) Vom Besitzer dieses alten Motels werden Gäste herzlichst begrüßt. Die kitschigen Landhauszimmer mögen zwar etwas klein sein, aber einige haben eine Küchenzeile. Allerdings muss man auf ruhige Nachbarn hoffen …

Cayucos Beach Inn MOTEL $$
(805-995-2828, 800-482-0555; www.cayucosbeachinn.com; 333 S Ocean Ave; DZ 85–175 US$;) Ein bemerkenswert tierfreundliches Motel: Die Türen sind sogar mit Haustierklappen versehen (Haustiergebühr 10 US$). Die großen Zimmer sind unspektakulär, aber die begrünten Picknickbereiche sind sehr einladend. Vorn kann man grillen.

Cypress Tree Motel MOTEL $$
(805-995-3917, 800-241-4289; www.cypresstreemotel.com; 125 S Ocean Ave; DZ 50–120 US$;) Das Retromotel hat gepflegte, aber etwas kitschige Mottozimmer, z. B. „Nautical Nellie" mit einem Netz voller Muscheln hinter dem Bett. Haustiere 10 US$.

Essen

Cass House Restaurant EURASISCH $$$
(805-995-3669; www.casshouseinn.com; 222 N Ocean Ave; 4-Gänge-Festpreismenü abends 64 US$, inkl. passender Weine 92 US$; Do–Mo 17–21 Uhr) Das makellose, vom Koch persönlich geführte Restaurant im Inn straft alle Erwartungen Lügen. Das saisonal geprägte Menü sollte man in Ruhe genießen: Das könnte Fingerfood sein – z. B. Schnapper-Ceviche mit Limette oder handgemachter Käse –, aber auch ganz klassisch Schweinelende in Kirschjus oder Kabeljau mit Zitronengrasbutter. Dazu gibt es erstklassige regionale Weine.

Hoppe's Bistro & Weinbar KALIFORNISCH $$$
(805-995-1006; www.hoppesbistro.com; 78 N Ocean Ave; abends Hauptgerichte 18–35 US$; Mi–So 11–22 Uhr) In diesen etwas kitschigen Restaurants steht hauptsächlich frischer Fisch auf der Karte. Es wird überwiegend mit Biozutaten gekocht. Die Gerichte mit Rotem Seeohr sind unglaublich! Der Sommelier kennt sich mit lokalen Weinen aus.

Ruddell's Smokehouse SEAFOOD $
(www.smokerjim.com; 101 DZ St; Stück 5–12 US$; 11–18 Uhr;) „Smoker Jim" verwandelt fangfrischen Fisch in saftig geräucherte Fischstücke und Sandwiches. Die Fisch-Tacos sind mit einer einzigartigen Apfel-Sellerie-Tunke gewürzt. Zum Bestellen quetscht man sich durch die Tür. An den Tischen draußen dürfen Hundebesitzer mit ihrem Vierbeiner Platz nehmen.

Sea Shanty DINER $
(www.seashantycayucos.com; 296 S Ocean Ave; Hauptgerichte 7–25 US$; Sept.–Mai 8–21 Uhr, Juni–Aug. bis 22 Uhr;) In dieser Familienkneipe mit einer Quadrillion Baseballkappen an der Decke kann man ganz anständig frühstücken oder Fish & Chips essen – aber der wirkliche Knaller sind die Desserts.

Brown Butter Cookie Co BÄCKEREI $
(www.brownbuttercookies.com; 250 N Ocean Ave; Snacks ab 2 US$; 10–17 Uhr) Süchtig machende Kekse, die den unglaublichen Preis wert sind.

Schooner's Wharf BAR & GRILL $$
(www.schoonerswharf.com; 171 N Ocean Ave; Hauptgerichte 9–42 US$; So–Do 11–21, Fr & Sa bis 22 Uhr) Hierher kommen die meisten wegen der Bar mit Meerblick, nicht unbedingt wegen des Essens.

An- & Weiterreise

Von San Luis Obispo aus fährt Bus 12 von **RTA** (805-541-2228; www.slorta.org) drei- oder viermal täglich den Hwy 1 entlang nach Cayucos (2,50 US$, 1 Std.) über Morro Bay, und weiter Richtung Norden nach Cambria (2 US$, 25 Min.) und Hearst Castle (2 US$, 40 Min.).

Morro Bay

Morro Bay ist die Basis der kommerziellen Fischereiflotte. Am berühmtesten dürfte hier aber der Morro Rock sein, ein Berg aus Vulkangestein, der sich dramatisch aus dem Meer erhebt. Er gehört zu den Nine Sisters, einer 21 Mio. Jahre alten Kette von Bergen, die sich bis nach San Luis Obispo erstreckt. Eine weniger aufsehenerregende Sehenswürdigkeit in Morro Bay ist das Kraftwerk, das drei zigarrettenförmige

Rauchsäulen über der Bucht aufsteigen lässt. Entlang dieser Küste, die von Arbeitersiedlungen geprägt ist, gibt es fantastische Möglichkeiten zum Kajakfahren, Wandern und Campen – alle mehr oder weniger in der Nähe von San Luis Obispo, wo der Hwy 1 auf den Hwy 101 trifft.

Sehenswertes & Aktivitäten

Um die Natursehenswürdigkeiten dieser Stadt zu besichtigen, braucht man gut einen halben Tag. Die Bucht selbst ist vom Meer durch eine 8 km lange Landzunge getrennt. Von Morro Rock aus nach Süden führt der Embarcadero, eine kleine Promenade, an der sich Fischrestaurants und Souvenirläden aneinanderreihen. Hier ist auch der Startpunkt für die Bootsausflüge.

Morro Rock WAHRZEICHEN

Angehörige der Chumash sind die einzigen Menschen, denen es gesetzlich erlaubt ist, auf den Vulkanbrocken zu klettern, der ein geschützter Nistplatz für Wanderfalken ist. Traveller können am kleinen Strand an der Nordseite des Felsens faulenzen, allerdings nicht ganz rundherum fahren – stattdessen kann man ein Kajak mieten. Die Gewässer vor dem Felsen sind ein gigantischer Meeresarm und ein Zufluchtsort für zwei Dutzend bedrohte und gefährdete Spezies, darunter Braunpelikane, Seeregenpfeifer und Seeotter.

Morro Bay State Park PARK

(Information 805-772-2560, Museum 805-772-2694; www.parks.ca.gov; Morro Bay State Park Rd; Eintritt zum Park frei, Museum Erw./Kind 2 US$/frei; Park Sonnenaufgang–Sonnenuntergang, Museum 10–17 Uhr;) Das kleine naturhistorische **Museum** mitten in dem bewaldeten Küstenpark hat coole interaktive Ausstellungsstücke für Kinder, die zeigen, wie die Naturgewalten uns alle beeinflussen. Nördlich vom Museum befindet sich ein Eukalyptuswald, in dem eine der letzten kalifornischen Kanadareiherkolonien beheimatet ist.

Kayak Horizons KAJAKFAHREN

(805-772-6444; www.kayakhorizons.com; 551 Embarcadero; Kanu- & Kajakverleih 12–44 US$, Touren & Unterricht 65 US$) Einer von vielen Läden am Embarcadero, die Leihkajaks und Touren für Anfänger anbieten. Wer auf eigene Faust lospaddelt, sollte die Gezeitenpläne im Hinterkopf behalten. Idealerweise fährt man mit der Ebbe raus und dann wieder rein. Der Wind ist generell morgens am ruhigsten.

Morro Bay Golf Course GOLF

(805-782-8060; www.slocountyparks.com; Greenfee 15–50 US$) Südlich des Embarcadero – neben dem State Park – liegt dieser 18-Loch-Golfplatz mit seinen baumgesäumten Fairways und Meerblick. Driving Range, Mietschläger und Carts sind verfügbar.

Geführte Touren

Sub-Sea Tours BOOTSAUSFLÜGE

(805-772-9463; www.subseatours.com; 699 Embarcadero; 45-minütige Tour Erw./Kind 3–12 Jahre 14/7 US$; Abfahrten Juni–Sept. 10–16 Uhr stündl., Okt.–Mai & Mo–Fr 13, Sa & So 11–15 Uhr;) Die bierglasbodengroßen Fenster des gelben Halbtauchers gewähren einen Blick in Kelpwälder und auf Fischschwärme. Toll für Kids!

Virg's Landing ANGELN

(805-772-1222, 800-762-5263; www.morrobaysportfishing.com; 1169 Market St; Touren 65–250 US$) Salzwasserfans, die das Sportangeln ausprobieren möchten, können Halb- oder Ganztagestrips bei diesem einheimischen Ausrüster buchen.

Central Coast Outdoors OUTDOOR

(805-528-1080, 888-873-5610; www.centralcoastoutdoors.com; Touren 65–150 US$) Führt Kajaktouren (auch bei Sonnenuntergangs und Vollmond), Wanderungen und Fahrradtouren an der Küste entlang und zu benachbarten Weingütern durch.

Feste & Events

Morro Bay Winter Bird Festival NATUR

(www.morrobaybirdfestival.org) Im Januar sammeln sich hier Vogelkundler zu Wanderungen, Kajaktouren und von Naturkundlern geleiteten Events, während derer mehr als 200 Spezies erspäht werden können.

Schlafen

Dutzende Motels finden sich am Hwy 1 und rund um Harbor St und Main St zwischen der Innenstadt und dem Embarcadero.

Anderson Inn INN $$$

(805-772-3434, 866-950-3434; www.andersoninnmorrobay.com; 897 Embarcadero; DZ 239–349 US$;) Ähnlich wie ein Boutiquehotel hat dieses Gasthaus am Ufer nur eine Handvoll großer, in angenehmen Erdfarben gehaltener Zimmer mit Flachbild-TV, Minikühlschrank und – wenn man bei der Zimmervergabe viel Glück hat — einem Gaskamin, einem eigenen Whirlpool und Blick auf den Hafen.

La Serena Inn MOTEL $$
(☎805-772-5665, 800-248-1511; www.laserenainn.com; 990 Morro Ave; DZ 89–169 US$; 📶) Die großen, gut gepflegten Zimmer in diesem eher langweiligen dreistöckigen Motel sind alle mit Mikrowelle und einem kleinen Kühlschrank ausgestattet. Wer entspannen will, sollte nach einem Zimmer mit Blick auf den Morro Rock und einem eigenen Balkon fragen, von dem aus man das sanfte Schaukeln der Boote im Hafen hören kann.

Morro Bay State Park Campground CAMPING $
(☎Reservierungen 800-444-7275; www.reserveamerica.com; Stellplatz Zelt & Wohnmobil ohne/mit Stromanschluss 35/50 US$) Weniger als 2 Meilen (ca. 3 km) südlich der Innenstadt und des Embarcadero stehen Travellern über 115 Holzhütten, umgeben von Eukalyptusbäumen und Zypressen und mit Wegen runter zum Strand, zur Verfügung. Zur Ausstattung gehören Feuerstellen, Duschen und eine Wohnmobilabfallanlage.

Beach Bungalow Inn & Suites MOTEL $$
(☎805-772-9700;www.morrobaybeachbungalow.com; 1050 Morro Ave; DZ 100–250 US$; 📶🐾) Die schicken Zimmer dieses buttergelben Motels sind modern eingerichtet; Gebühr für Haustiere 20 US$.

Inn at Morro Bay MOTEL $$
(☎805-772-5651, 800-321-9566; www.innatmorrobay.com; 60 State Park Rd; DZ 115–275 US$; 🏊) Ältere zweistöckige Lodge an der Küste im Inneren des State Parks. Eine Renovierung steht an.

Essen & Ausgehen

Logisch: Am Embarcadero reihen sich Fischrestaurants aneinander.

Taco Temple KALIFORNISCH $$
(2680 Main St, abseits des Hwy 1; Hauptgerichte 7–13 US$; ⏲Mi–Sa 11–21, So bis 20 Uhr; 👪) Wer die Lage direkt an der Straße übersehen kann, bekommt hier große Portionen kalifornisch-mexikanischer Gerichte serviert. Am Tisch nebenan unterhalten sich möglicherweise Fischer über die gute, alte Zeit, vielleicht sitzen da aber auch hungrige Surfer. Unbedingt die Specials probieren – sie verdienen ihren Namen! Nur Barzahlung.

Giovanni's Fish Market & Galley SEAFOOD $$
(www.giovannisfishmarket.com; 1001 Front St; Hauptgerichte 7–13 US$; ⏲9–18 Uhr; 👪) Dieser Familienbetrieb am Embarcadero ist ein klassischer kalifornischer Seafood-Schuppen. Die Leute stehen hier wegen der Fish & Chips und der krassen Knoblauchpommes Schlange. Drinnen wird zudem alles verkauft, was man für einen Grillabend am Strand braucht.

Shine Cafe & Sunshine Health Foods VEGETARISCH $
(www.sunshinehealthfoods-shinecafe.com; 415 Morro Bay Blvd; Hauptgerichte 5–14 US$; ⏲Mo–Fr 11–17, Sa 9–17, So 10–16 Uhr; 🌿) Das Shine Cafe, das sich in einem kleinen Naturkostladen versteckt, serviert überwiegend Bio-Fast-Food, z. B. Tempeh-Tacos, frische Salate und Blaubeersmoothies. Gut fürs Karma!

Stax Wine Bar TAPAS $$
(www.staxwine.com; 1099 Embarcadero; Platte für mehrere 6–10 US$; ⏲So–Do 12–20, Fr & Sa bis 22 Uhr) Man hockt auf Barhockern vor den Fenstern mit Hafenblick und gen eßt eine handverlesene Auswahl kalifornischer Weine. Tapasgroße Häppchen von handgemachtem Käse und Pökelfleisch halten den Hunger auf Abstand, wenn abends Livemusik gespielt wird.

Last Stage West BARBECUE $$
(www.laststagewest.net; 15050 Morro Rd, Atascadero; Hauptgerichte 6–20 US$; ⏲12–21 Uhr) In diesem Western-Roadhouse mit Platz für Livebands kriegt man geräuchertes Bürgermeisterstück, langsam gegarte Rippchen und Ribeye-Steak. Um hin zu kommen, fährt man auf dem Hwy 41 ab der Kreuzung mit dem Hwy 1 in Morro Bay etwa 10 Meilen (16 km) gen Nordosten.

Praktische Informationen

Morro Bay Chamber of Commerce (☎805-772-4467, 800-231-0592; www.morrobay.org; 845 Embarcadero; ⏲Mo–Fr 9–17, Sa 10–16, So 10–14 Uhr) Mitten im Ort gelegen. Die Main St ein paar Blocks weiter oben bildet das nicht ganz so touristische Zentrum.

Anreise & Unterwegs vor Ort

Von San Luis Obispo fährt Bus 12b von **RTA** (☎805-541-2228; www.slorta.org) an Wochentagen stündlich und an Wochenenden mehrmals täglich den Hwy 1 entlang nach Morro Bay (2,50 US$, 40 Min.). Drei- oder viermal täglich fährt Bus 12b von Morro Bay weiter nach Norden nach Cayucos (1,50 US$, 15 Min.), Cambria (2 US$, 45 Min.) und Hearst Castle (2 US$, 1 Std.). Von Ende Mai bis Anfang Oktober zuckelt ein **Shuttle** (einfache Strecke 1,25 US$, Tageskarte 3 US$) an der Küste entlang und durchs Zentrum (Di–Do keine Fahrten; Abfahrt unterschiedl.).

Montaña de Oro State Park

Im Frühling sind die Hügel mit Kalifornischem Mohn, wildem Senf und anderen Wildblumen bedeckt – diesem Bild verdankt der Park seinen Namen, den spanischen Ausdruck für „goldener Berg". Die windgepeitschte Steilküste ist beliebt bei Wanderern, Mountainbikern und Reitern. In der Nordhälfte des Parks finden sich Sanddünen und ein uraltes Stück Meeresboden, das durch seismische Aktivitäten zutage trat. **Spooner's Cove**, einst von Schmugglern benutzt, ist jetzt ein Bilderbuchsandstrand und Picknickbereich. Beim Baden in Gezeitentümpeln sollte man daran denken, die dort lebenden Meeresbewohner wie Seesterne, Napfschnecken und Krabben höchstens mit dem Handrücken zu berühren, um sie nicht zu erschrecken, und sie nie aus dem Wasser zu nehmen. Man kann am Strand und auf den grasbewachsenen Küstenvorsprüngen wandern oder zum Visitors Center fahren, um die aufregende, 11 km lange Rundstrecke über **Valencia** und **Oats Peaks** abzulaufen.

Schlafen

Montaña de Oro State Park Campground CAMPING $

(☎Reservierungen 800-444-7275; www.reserveamerica.com; Stellplatz Zelt & Wohnmobil 20–25 US$, Hike-&-Bike-Plätze 5 US$) In einem schmalen Canyon beim Visitors Center liegt dieser spartanische Campingplatz mit schattiger Auffahrt. Es gibt Plumpsklos, Trinkwasser und Feuerstellen.

Praktische Informationen

Montaña de Oro State Park (☎805-772-7434; www.parks.ca.gov; 3550 Pecho Valley Rd, Los Osos; Eintritt frei; ⏲Sonnenaufgang–Sonnenuntergang)

An- & Weiterreise

Von Norden fährt man vom Hwy 1 in Morro Bay am South Bay Blvd ab; nach 4 Meilen (6,4 km) geht's rechts für weitere 6 Meilen (9,6 km) auf die Los Osos Valley Rd (die zur Pecho Valley Rd wird). Von Süden fährt man in San Luis Obispo an der Los Osos Valley Rd vom Hwy 101 ab und dann 16 Meilen (26 km) Richtung Nordwesten.

AM HWY 101

Der Hwy 101 durchs Landesinnere ist die schnellere Verbindung zwischen der Bay Area und Südkalifornien. Zwar geht ihm die malerische Landschaft des an der Küste verlaufenden Hwy 1 ab, aber der alte El Camino Real (Straße des Königs), der von spanischen Konquistadoren und Missionaren angelegt wurde, hat doch seinen eigenen Reiz. Er führt von den fruchtbaren Feldern Salinas', verewigt durch Autor John Steinbeck, zu den mit Eichen gesprenkelten goldenen Hügeln von San Luis Obispo und hinüber zum Strand von Santa Barbara. Auf dem Weg kommt man an verlassenen Missionen, dem erstaunlichen Pinnacles National Monument und tollen Weingütern vorbei.

Gilroy

Etwa 30 Meilen (48 km) südlich von San Jose befindet sich die selbsternannte „Knoblauchhauptstadt der Welt". Hier steigt jedes Jahr am letzten vollständigen Wochenende im Juli das beliebte **Gilroy Garlic Festival** (www.gilroygarlicfestival.com). Da gibt's Knoblauchfritten, Knoblaucheiscreme sowie Kochwettbewerbe in sengend heißer Sonne.

Die **Gilroy Gardens** (☎408-840-7100; www.gilroygardens.org; 3050 Hecker Pass Hwy/Hwy 152; Erw./Kind 3–10 Jahre 45/35 US$; ⏲Mitte Juni–Mitte Aug. Mo–Fr 11–17 Uhr, Ende März–Nov. Sa & So 11–18 Uhr; 👪) sind ein unkommerzieller Themenpark, in dem es um Lebensmittel und Pflanzen statt um Zeichentrickfiguren geht. Man muss Blumen, Obst und Gemüse schon sehr mögen, um hier Spaß zu haben. Die Rides, z. B. die „Mushroom Swing", sind eher lasch.

Bei der Fahrt nach Osten auf dem Hwy 152 zur I-5 kommt die **Casa de Fruta** (☎408-842-7282; www.casadefruta.com; 10021 Pacheco Pass Hwy, Hollister; Eintritt frei; 👪) in Sicht. Die kommerzielle Farm hat ein paar kitschige, altmodische Fahrgeschäfte (2,50–4 US$) für die Kleinsten, u. a. Karussells und Bähnchen. Die Öffnungszeiten variieren.

San Juan Bautista

Im stimmungsvollen San Juan Bautista kann man den Geist der Vergangenheit praktisch hören. Vor der Mission aus dem 15. Jh. liegt die einzige original spanische Plaza des Staates. Entlang der 3rd St finden sich viele hübsche historische Gebäude, in denen oft Antiquitätenläden und kleine Gartenrestaurants logieren. Der Hahn, der hier kräht, ist übrigens einer der Stadthähne, die auf allen Straßen Vorfahrt haben!

WAS ZUM ...?

„Oh mein Gott!" ist einer der noch am ehesten zitierbaren Ausrufe von Besuchern des **Madonna Inn** (☎805-543-3000, 800-543-9666; www.madonnainn.com; 100 Madonna Rd; Zi. 179–449 US$;), eines herausgeputzten Pralinchens, das vom Hwy 101 zu sehen ist. Man würde solch unglaublichen Kitsch in Las Vegas erwarten und nicht hier – aber hier ist er, in all seiner trashigen Extravaganz! Japanische Touristen, Urlauber aus dem Mittleren Westen und hippe, auf Ironie stehende Städter lieben die 110 Mottozimmer – darunter „Yosemite Rock", „Caveman" und das heiße, pinkfarbene „Floral Fantasy". Fotos der verschiedenen Zimmer kann man vorab online begutachten, man kann aber auch durch die Flure laufen und einen Blick in diejenigen werfen, die gerade geputzt werden. Das Pissoir in der Herrentoilette ist ein bizarrer Wasserfall. Aber der beste Grund, hier zu übernachten, sind die Kekse aus der Bäckerei!

Sehenswertes

Mission San Juan Bautista MISSION

(www.oldmissionsjb.org; 406 2nd St; Erw./Kind 5–17 Jahre 4/2 US$; ⌚9.30–16.30 Uhr) Diese 1797 gegründete Mission besitzt von allen 21 echten Missionen in Kalifornien die größte Kirche. Da man sie unglücklicherweise direkt über dem San-Andreas-Graben gebaut hat, wurde sie schon häufiger von Erdbeben durchgeschüttelt. Unter den Glocken, die heute im Turm hängen, sind auch die, die nach dem großen Erdbeben von San Francisco (1906) gerettet wurden, als der ursprüngliche Bau zusammenfiel. Hier wurden Teile von Alfred Hitchcocks Thriller *Vertigo* gedreht, allerdings ist der Kirchturm in der Schlussszene nur ein Spezialeffekt. Unterhalb des Friedhofs sieht man immer noch einen Teil des El Camino Real, der alten Straße, die gebaut wurde, um die Missionen zu verbinden.

San Juan Bautista State Historic Park PARK

(☎831-623-4881; www.parks.ca.gov; 2nd St, zw. Washington St & Mariposa St; Eintritt zum Park frei, Museum Erw./Kind 3 US$/frei; ⌚10–16.30 Uhr) Die Gebäude rund um die alte spanische Plaza gegenüber der Mission sind Teil dieses Geschichtsparks. Die großen Ställe der Plaza lassen erahnen, dass San Juan Bautista in seiner Blütezeit in den 1860ern eine Kutschenstation war. 1876 fuhr die Eisenbahn an der Stadt vorbei, und seitdem ist es ein verschlafenes Nest im Hinterland.

Gegenüber der 2nd St liegt das **Plaza Hotel** von 1858, das einst ein einstöckiges Lehmziegelgebäude war und nun ein kleines Geschichtsmuseum beherbergt. Nebenan ist das **Castro-Breen Adobe**, das dem mexikanischen General José Castro gehörte, der eine erfolgreiche Revolte gegen einen unbeliebten Gouverneur anführte. 1848 wurde es von der Familie Breen gekauft, die Überlebende der Donner-Party-Katastrophe (ein von George Donner geführter Siedlertreck, bei dem es zu Kannibalismus kam) waren.

Schlafen

Fremont Peak State Park CAMPING $

(☎831-623-4255; www.parks.ca.gov; San Juan Canyon Rd, abseits des Hwy 156; Auto 6 US$, Stellplatz Zelt & Wohnmobil 25 US$; ⌚Park 8 Uhr–30 Min. nach Sonnenuntergang, Campingplatz 24 Std.) In diesem Park 11 Meilen (18 km) südlich der Stadt befindet sich ein hübscher, aber einfacher Campingplatz mit 20 von Eichen beschatteten Stellplätzen auf einem Hügel, von dem aus man in der Ferne die Monterey Bay sieht. Das mit einem 30-Zoll-Teleskop ausgestattete **Observatorium** (☎831-623-2465;) ist für die Öffentlichkeit in mondlosen Samstagnächten zwischen April und Oktober ab ca. 20 Uhr geöffnet.

Essen & Ausgehen

Jardines de San Juan MEXIKANISCH $$

(www.jardinesrestuarant.com; 115 3rd St; Hauptgerichte 8–18 US$; ⌚So–Do 11.30–21, Fr & Sa bis 22 Uhr;) Der älteste Kandidat in einer langen Reihe von mexikanischen Lokalen der Stadt. Hier steht der hübsche Garten im Mittelpunkt und nicht das authentische Essen. Sonntagbends gibt es *pollos borrachos* („Betrunkene Hühnchen").

San Juan Bakery BÄCKEREI $

(319 3rd St; Snacks 2–4 US$; ⌚7.30–15 Uhr) Hier kriegt man Zimtbrot, warme Brötchen und Guavenpastete für die lange Fahrt nach Süden. Früh da sein – das Gute ist schnell weg!

Vertigo Coffee COFFEESHOP $

(www.vertigocoffee.com; 81 4th St; Snacks & Getränke 2–5 US$; ⌚Mo 6.30–16, Di–Do 6.30–17.30, Fr 6.30–19, Sa 8–19, So 8–16 Uhr) Starker Espresso, Filterkaffee und klebrige Bärentatzen machen dieses Café eines Kaffeerösters zu einem echten Fundstück.

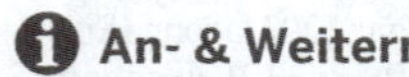

An- & Weiterreise

San Juan Bautista liegt am Hwy 156, einen 3,5 Meilen (5,6 km) langen Schlenker östlich vom Hwy 101, südlich von Gilroy auf dem Weg nach Monterey oder Salinas. Weiter im Süden führt der Hwy 101 durch dieselben sonnenwarmen Eukalyptuswälder, durch die schon James Stewart und Kim Novak in *Vertigo* gefahren sind.

Salinas

Salinas, hauptsächlich bekannt als Geburtsort John Steinbecks und unter dem Spitznamen „Salatschüssel der Welt", ist ein von Landarbeitern geprägter Ort mit schäbigen, ja, schmuddeligen Straßen. Er bildet einen starken Kontrast zur restlichen Monterey Peninsula, was auch in Steinbecks Roman *Jenseits von Eden* Thema ist. Die Altstadt verläuft entlang der Main St; das National Steinbeck Center liegt am Nordende.

Sehenswertes

National Steinbeck Center MUSEUM

(☎831-775-4721; www.steinbeck.org; 1 Main St; Erw./Kind 6–12 Jahre/Jugendl. 13–17 Jahre 11/6/8 US$; ⏲10–17 Uhr; 👪) Das Museum wird alle begeistern, auch wenn sie vorher noch nie von Nobelpreisträger John Steinbeck (1902–1968) gehört haben, einem Studienabbrecher der Stanford University. Als hart, humorvoll und spröde porträtierte er die gebeutelte Spezies der auf dem Land arbeitenden Amerikaner in Werken wie *Die Früchte des Zorns.* Interaktive, kindgerechte Ausstellungen und kurze Videos geben einen spannenden Überblick über das Leben und Schaffen des Schriftstellers. Zu den Highlights gehört Rocinante, der Camper, in dem Steinbeck durch ganz Amerika reiste, während er für *Reisen mit Charley* recherchierte. Es lohnt sich, einen Moment Steinbecks Dankesrede für den Nobelpreis zuzuhören – einem Mix aus Anmut und Kraft.

Das Ticket gilt auch für das **Rabobank Agricultural Museum**, das Besuchern einen Einblick in die moderne Landwirtschaftsindustrie gewährt und die Themen Wasser, Pestizide und Transport abhandelt – das ist viel interessanter, als es klingt!

Steinbeck House HISTORISCHES GEBÄUDE

(132 Central Ave) Steinbeck wurde in diesem Haus geboren und verbrachte den größten Teil seiner Kindheit hier, drei Blocks westlich vom Zentrum. Jetzt ist der Bau ein niedliches Mittagscafé. Was Steinbeck davon hielte, steht auf einem anderen Blatt.

Garden of Memories Memorial Park FRIEDHOF

(768 Abbott St, westlich vom Hwy 101 Exit Sanborn Rd) Steinbeck wurde im Hamilton-Familiengrab beigesetzt, etwa 2 Meilen (3 km) südlich vom Zentrum Ecke Main, John und Abbott Sts.

Geführte Touren

Farm TOUREN

(☎831-455-2575; www.thefarm-salinasvalley.com; Eintritt frei, geführte Touren Erw./Kind 2–15 Jahre 8/6 US$; ⏲Anfang Nov.–Mitte März 10–17 Uhr, Mitte März–Anfang Nov. bis 18 Uhr) Auf dieser Biogemüse- und -obstfarm in Familienbesitz werden lehrreiche 45-minütige geführte Wanderungen über die zugehörigen Felder veranstaltet, normalerweise dienstags und donnerstags um 13 Uhr. Bei der Hinfahrt unbedingt auf die etwas gruseligen riesigen Skulpturen der Landarbeiter vom örtlichen Künstler John Cerney achten, die auch am Hwy 101 stehen! Die Farm befindet sich abseits des Hwy 68 am Spreckels Blvd, etwa 3,5 Meilen (5,6 km) südlich vom Zentrum.

Ag Venture Tours TOUREN

(☎831-761-8463; http://agventuretours.com; halbtägige Minivan-Touren Erw./Kind 7–20 Jahre ab 70/55 US$) Hier bekommt man einen tieferen Einblick in die kommerzielle und biologische Landwirtschaft und erfährt Wissenswertes über die Weinberge von Salinas Valley und Monterey County.

Feste & Events

California Rodeo Salinas RODEO

(www.carodeo.com) Ende Juli gibt's hier Bullenreiten, Kälberfangen, Pferdeshows und Cowboypoesie.

Steinbeck Festival KULTUR

(www.steinbeck.org) Viertägiges Festival Anfang August mit Filmen, Lesungen, geführten Bus- und Wandertrips, Musik und einer literarischen Kneipentour.

California International Airshow FLUGSHOW

(www.salinasairshow.com) Professionelle Stuntflieger; alte und Militärflugzeuge (Ende Sept).

Schlafen

Salinas hat zahlreiche Budget-Motels am Hwy 101, auch an der Abfahrt Market St.

Best Western Plus Salinas Valley Inn & Suites MOTEL $$
(☎831-751-6411, 800-780-7234; www.bestwestern.com; 187 Kern St; Zi. inkl. Frühstück 99–299 US$;) So schick, wie es in der Nähe der Autobahn nur eben geht: Die Kette hat neuere, geschmackvolle Zimmer (Haustier 20 US$) sowie einen Pool und einen Whirlpool. Achtung: Nicht mit dem weniger schönen Best Western Salinas Monterey Hotel verwechseln!

Laurel Inn MOTEL $
(☎831-449-2474, 800-354-9831; www.laurelinnmotel.com; 801 W Laurel Dr; Zi. 60–100 US$;) Wem Kettenhotels nicht zusagen, der findet in diesem weitläufigen, familiengeführten Haus klassische Motelzimmer, die aber trotzdem geräumig sind. Es gibt einen Pool, einen Whirlpool und eine Trockensauna zum Entspannen.

Essen & Ausgehen

Habanero Cocina Mexicana MEXIKANISCH $$
(157 Main St; Hauptgerichte 5–15 US$; ⏲So–Do 11–21, Fr & Sa bis 22 Uhr) Auf der Restaurantmeile in der Innenstadt, gleich südlich vom National Steinbeck Center. Die mexikanische Küche hier mochten wir wegen der hausgemachten Tortillas, des Angebots von frischen Salsas und der chilischarfen Carne-Asada-Tacos.

First Awakenings DINER $$
(www.firstawakenings.net; 171 Main St; Hauptgerichte 5–12 US$; ⏲7–14 Uhr;) Ran an die übergroßen Frühstücksgerichte mit dicken Pfannkuchen und Eiercrêpes! Später am Tag empfiehlt sich dieser Diner, wenn man Lust auf von Hand zusammengestellte Feinkost-Sandwiches, BBQ-Schinkenburger und marktfrische Salate hat.

Monterey Coast Brewing Co BRAUEREIKNEIPE $$
(165 Main St; Hauptgerichte 8–25 US$; ⏲Di–So 11–23, Mo bis 21 Uhr) Diese kleine Brauerei bringt Leben in die Innenstadt. Das Probierpack mit neun Sorten Bier kostet nur 10 US$.

A Taste of Monterey WEINBAR
(www.atasteofmonterey.com; Degustationsgebühr 5 US$; 127 Main St; ⏲Mo–Mi 11–17, Do–Sa bis 18 Uhr) In dieser Probierstube in der Innenstadt werden Weine aus der Gegend ausgeschenkt. Besucher sollten nach der kostenlosen Karte fragen, auf der die örtlichen Weingüter entlang des Hwy 101 eingezeichnet sind.

Parktische Informationen

Salinas Valley Chamber of Commerce (☎831-751-7725; www.salinaschamber.com; 119 E Alisal St; ⏲Mo & Mi–Fr 8–17, Di 9.30–17 Uhr) In der Handelskammer werden kostenlos Touristeninformationen und Karten ausgegeben. Das Gebäude liegt fünf Blocks östlich der Main St.

An- & Weiterreise

Amtrak (www.amtrak.com; 11 Station Pl, an der W Market St) betreibt täglich verkehrende Züge auf der Seattle–L. A.-*Coast-Starlight*-Route über Oakland (16 US$, 3 Std.), Paso Robles (24 US$, 2 Std.), San Luis Obispo (31 US$, 3½ Std.) und Santa Barbara (49 US$, 6½ Std.).

Greyhound (www.greyhound.com; 19 W Gabilan St, Ecke Salinas St) hat ein paar Busse täglich nach Santa Cruz (14 US$, 65 Min.) und den Hwy 101 entlang nach Norden Richtung San Francisco (25 US$, 4 Std.) oder aber nach Süden Richtung San Luis Obispo (30 US$, 2½ Std.) und Santa Barbara (50 US$, 4¾ Std.).

Vom benachbarten **Salinas Transit Center** (110 Salinas St) fahren die Busse 20 und 21 von **MST** (☎888-678-2871; www.mst.org) täglich alle 30 bis 60 Minuten nach Monterey (3 US$, 1 Std.).

Pinnacles National Monument

Benannt nach den hohen Felsnadeln, die urplötzlich aus den mit Sträuchern bedeckten Hügeln östlich von Salinas Valley herausragen, schützt dieser abseits gelegene **Park** (☎831-389-4486; www.nps.gov/pinn; 5 US$/Fahrzeug) die Reste eines alten Vulkans. Hier sieht man die Spuren eines beeindruckenden geologischen Dramas: zerklüftete Monolithen, kahle Schluchten und verwinkelte Höhlen – das Ergebnis mehrerer Millionen Jahre der Erosion.

Sehenswertes & Aktivitäten

Neben den **Klettermöglichkeiten** (Routeninformationen s. www.pinnacles.org) sind die größten Attraktionen des Parks die beiden *talus caves*, Höhlen, die entstanden sind, als Gesteinsbrocken so auf Felsspalten gefallen sind, dass sie diese abdeckten, aber nicht auffüllten. Die **Balconies Cave** kann jederzeit erkundet werden. Durch sie hindurchzukrabbeln, empfiehlt sich allerdings nicht für Menschen mit Klaustrophobie, denn drinnen ist es vollkommen dunkel (man braucht unbedingt eine Taschenlampe). Sich zu verlaufen, ist hier normal. Man findet die Höhle im Rahmen einer Wanderung auf einem 4 km langen Rundwegs, der beim Westeingang beginnt. Näher am Osteingang liegt die **Bear Gulch Cave**, die saisonal geschlossen ist, damit keiner die dort heimische Kolonie von Townsend-Langohrfledermäusen stört.

Um die schroffe Schönheit der Pinnacles wirklich bewundern zu können, muss man hier wandern. Einige moderate Rundwege unterschiedlicher Länge und Schwierigkeit führen hinauf zu den **High Peaks** und umfassen auch Abschnitte auf sehr schmalen Klippen. Am frühen Morgen oder am späten Nachmittag kann man die bedrohten Kalifornischen Kondore am Himmel kreisen sehen (s. S. 534). Ranger veranstalten geführte Vollmond- und Neumondwanderungen sowie coole Fledermaus- und Sternenbeobachtungstouren an ausgewählten Freitag- und Samstagabenden von Frühling bis Herbst. Hierfür sind Reservierungen notwendig. Einfach ☎831-389-4486, Durchwahl 243 anrufen!

Schlafen

Pinnacles Campground CAMPING $

(☎Info 831-389-4485, Reservierungen 877-444-6777; www.recreation.gov; Stellplatz Zelt & Wohnmobil ohne/mit Stromanschluss 23/36 US$; 🏊👪) Auf der Ostseite des Parks befindet sich dieser beliebte, familienorientierte Campingplatz mit mehr als 130 Stellplätzen (einige liegen im Schatten). Zudem gibt es Trinkwasser, Feuerstellen und in der Saison einen Swimmingpool.

Praktische Informationen

Die beste Zeit, um das Pinnacles National Monument zu besuchen, ist der Frühling oder der Herbst. Im Sommer ist die Hitze hier extrem. Auskunft, Karten, Bücher und Wasser in Flaschen gibt es auf der Ostseite des Parks im **Campingplatzladen** (⌚Mo–Fr 15–18, Sa & So 9–18 Uhr) des kleinen **NPS Visitor Center** (⌚9.30–17 Uhr).

An- & Weiterreise

Die beiden Seiten des Parks sind nicht durch eine Straße verbunden. Um den weniger erschlossenen **Westeingang** (⌚Mitte März–Anfang Nov. 7.30–20 Uhr, Anfang Nov.–Mitte März bis 18 Uhr) zu erreichen, fährt man vom Hwy 101 in Soledad ab und folgt dem Hwy 146 für 14 Meilen (22,5 km) Richtung Nordosten. Der **Osteingang** (⌚24 Std.), in dessen Nähe sich auch das Visitor Center und der Campingplatz befinden, wird hingegen am besten über den einsamen Hwy 25 im San Benito County, südöstlich von Hollister und nordöstlich von King City, angefahren.

Mission San Antonio de Padua

Diese abgelegene, stille und eindrucksvolle **Mission** (☎831-385-4478; www.missionsanantonio.net; am Ende der Mission Rd, Jolon; Erw./Kind unter 13 Jahren 5/3 US$; 10–16 Uhr) liegt im Valley of the Oaks, einem Teil des ausgedehnten Hearst-Ranch-Besitzes. Mittlerweile befindet es sich innerhalb des Gebiets des noch betriebenen Fort Hunter Liggett, einer Garnison.

Die Mission wurde 1771 von dem Franziskanerpater Junípero Serra gegründet. Die von indianischen Arbeitskräften errichtete Kirche wurde getreu dem Erscheinungsbild vom Anfang des 19. Jhs. wiederhergestellt; sie besitzt eine Holzkanzel, einen von einem Baldachin überwölbten Altar und dekorative Schnörkel auf den weiß getünchten Wänden. Durch eine knarrende Tür gelangt man in einen von einem Kreuzgang umgebenen Garten, in dessen Mitte ein Brunnen steht. In dem kleinen Museum befindet sich eine Sammlung von solch nützlichen Dingen wie einer Olivenpresse und eines Webstuhls, die früher in den Werkstätten der Mission benutzt wurden. Auf dem Gelände kann man auch noch die Überreste einer Wassermühle und eines Bewässerungssystems mit Wasserrinnen sehen.

Hierher kommen nur selten Besucher, vielleicht hat man die ganze große Anlage sogar für sich allein, außer während der **Mission Days** Ende April und **La Fiesta** am zweiten Sonntag im Juni. Einen Besucherpass bekommt man bei der Hinfahrt an einem Checkpoint der Armee; man braucht dazu eine Identitätsbescheinigung mit Lichtbild und den Nachweis der Zulassung des Fahrzeugs. Von Norden kommend nimmt man vom Hwy 101 vor King City die Ausfahrt Jolon Rd und folgt der Jolon Rd (County Rte G14) ungefähr 18 Meilen (28,8 km) nach Süden bis zur Mission Rd. Von Süden kommend nimmt man die Ausfahrt Jolon Rd (County Rte G18) des Hwy 101 und fährt dann 22 Meilen (35,2 km) Richtung Nordwesten bis zur Mission Rd.

San Miguel

San Miguel ist ein kleines Bauerndorf am Hwy 101, wo sich der Alltag – so scheint es jedenfalls – seit Jahrzehnten nicht verändert hat. Die **Mission San Miguel Arcángel** (☎805-467-3256; www.missionsanmiguel.org; 775 Mission St; empfohlene Spende pro Pers./Fam. 2/5 US$; ⏲10–16.30 Uhr) hat beim Erdbeben von Paso Robles im Jahr 2003 große Schäden erlitten. Obwohl die Reparaturen immer noch im Gang sind, wurden die Missionskirche, der Friedhof, das Museum und die Gärten schon wieder geöffnet. Der riesige Kaktus vorne wurde ungefähr zu der Zeit gepflanzt, als die Mission 1818 gebaut wurde.

Hungrig? Im Inneren einer alten umgebauten Tankstelle in der Innenstadt befindet sich die **Station 3** (1199 Mission St; Snacks 2–6 US$; ⏲Mo–Fr 6–14.30, Sa & So 7–14.30 Uhr), wo man die Lebensgeister weckenden Espresso und guten Kaffee, Frühstücksburritos, Sandwiches mit Schweinefleisch und supergute Brownies bekommen kann.

Paso Robles

Im nördlichen San Luis Obispo County liegt Paso Robles. Der Ort befindet sich mitten im Herzen einer landwirtschaftlich geprägten Region, in der das meiste Geld derzeit mit Trauben verdient wird. Massenweise Weingüter entlang des Hwy 46 produzieren eine große, neuartige Vielfalt von mehr als akzeptablen Weinen. Das mediterrane Klima bringt noch einen weiteren Bonus mit sich: eine aufblühende Olivenölindustrie. Pasos historisches Zentrum liegt an der Park St und der 12th St. Dort warten Boutiquen und Weinstuben auf Besucher.

Sehenswertes & Aktivitäten

Man könnte Tage damit verbringen, durch das Hinterland abseits des Hwy 46 zu wandern, sowohl östlich als auch westlich vom Hwy 101. Die meisten Weingüter haben Probierstuben, und bei einigen bietet das Personal geführte Touren über das Gelände an. Alles weitere, das man wissen muss, findet sich unter www.pasowine.com.

EASTSIDE

GRATIS **Tobin James Cellars** WEINGUT
(www.tobinjames.com; 8950 Union Rd; ⏲10–18 Uhr) Das Ganze erinnert an einen lebhaften Western-Saloon. Es werden kräftige Rote ausgeschenkt, darunter ein ungezähmter Zinfandel („Ballistic") und „Liquid Love", ein lange gereifter Dessertwein. Keine Degustationsgebühr.

GRATIS **Eberle** WEINGUT
(www.eberlewinery.com; 3810 E Hwy 46; ⏲Okt.–März 10–17 Uhr, April–Sept. 10–18 Uhr) Von hier oben hat man einen schönen Blick über die Weinberge. Bocciaplätze und tägliche Führungen durch die hiesigen Weinkeller vervollständigen das Angebot. Bei den kostenlosen Weinproben kann man sich durch die ganze Palette von roten und weißen Sorten samt Verschnitten und Portwein probieren.

Clautiere WEINGUT
(www.clautiere.com; 1340 Penman Springs Rd; ⏲Do–Mo 12–17 Uhr) Von der fantasievollen Probierstube, in der man Hüte à la Dr. Seuss ausprobieren kann, darf man sich nicht täuschen lassen: Auch Feinschmecker sind begeistert von den hiesigen Cuvées im Rhône-Stil!

Cass WEINGUT
(www.casswines.com; 7350 Linne Rd; ⏲Mo–Fr 12–17, Sa & So 11–18 Uhr) Na, steigen die reichhaltigen Tropfen im Stil der französischen Weine – von Roussanne bis Syrah – schon zu Kopf? Im Marktcafé bekommt man täglich bis 16 Uhr leichte Gerichte.

WESTSIDE

Tablas Creek WEINGUT
(www.tablascreek.com; 9339 Adelaida Rd; ⏲10–17 Uhr) Auf diesem nachhaltig bewirtschafteten Weingut in den Bergen kann man mal so richtig durchatmen. Es ist zwar bekannt für seine Rhône-Weine, aber auch die eigenen Vorzeige-Cuvées haben einen guten Ruf. Touren gibt es normalerweise täglich um 10.30 und 14 Uhr (Reservierung empfohlen).

Castoro WEINGUT
(www.castorocellars.com; 1315 N Bethel Rd; ⏲10–17.30 Uhr) Das Ehepaar produziert verdammt guten Wein, auch aus von Hand gepressten Biotrauben. Im Sommer werden Konzerte im Weinberg veranstaltet.

Zenaida WEINGUT
(www.zenaidacellars.com; 1550 W Hwy 46; ⏲11–17 Uhr) Rustikale Probierstube, die schlicht spitzenklasse ist, um die Gutssorten und die eigene „Fire Sign"-Mélange zu probieren. Die Übernachtungsmöglichkeiten (ab 250 US$/Nacht) sind ebenfalls sehr verführerisch.

Dark Star WEINGUT
(www.darkstarcellars.com; 2985 Anderson Rd; ⏲Fr–So 10.30–17 Uhr) Wenn man Glück hat,

JAMES DEAN MEMORIAL

In Cholame, etwa 25 Meilen (40 km) östlich von Paso Robles am Hwy 46, gibt es eine Gedenkstätte in der Nähe der Stelle, wo James Dean, der Star aus *Denn sie wissen nicht, was sie tun,* am 30. September 1955 im Alter von 24 Jahren mit seinem Porsche tödlich verunglückte. Ironischerweise hatte er kurz vorher einen Fernsehspot zur öffentlichen Sicherheit gedreht, in dem er sagte: „Die Straße ist kein Platz für Autorennen. Das ist Mord. Denk dran, fahr vorsichtig. Das Leben, das du rettest, könnte meines sein." Bei der Eiche vor dem Truckstop Jack Ranch Cafe ist eine silbern glänzende Gedenktafel mit alten Fotos angebracht, und drinnen gibt es Filmandenken zu sehen.

trifft man den Winzer in seinem familiär geführten Probierraum an, wo er schwere, verwegene Rotweine ausschenkt, darunter Verschnitte wie den „Left Turn".

Feste & Events

Weinfeste ESSEN & WEIN
(www.pasowine.com) Weinliebhaber kommen beim Zinfandel Festival Mitte März, beim Wine Festival Mitte Mai und beim Harvest Wine Weekend Mitte Oktober zusammen.

California Mid-State Fair KULTUR
(www.midstatefair.com) Ende Juli und Anfang August finden zwölf Tage lang Rock- und Country-&-Western-Konzerte, Landwirtschaftsausstellungen, Kirmes und Rodeos statt, zu denen die Massen herbeipilgern.

Schlafen

Motelketten und Hotels reihen sich am Hwy 101 aneinander. B&Bs und Ferienwohnungen liegen verteilt zwischen den Weingütern außerhalb der Stadt.

Hotel Cheval BUUTIQUEHOTEL $$$
(805-226-9995, 866-522-6999; www.hotelcheval.com; 1021 Pine St; DZ inkl. Frühstück 300–400 US$;) Hier kann man mit dem oder der Liebsten im Inneren eines mit Kunst verschönerten Adlerhorsts kuscheln. Die zwölf stylishen, modernen Zimmer verfügen alle über kalifornische King-Size-Betten, Wellnessausstattung und Fensterläden. Einige haben zudem einen Gaskamin und eine Sonnenterrasse mit Teakmöbeln. Die Angestellten wirken etwas hochnäsig. Haustiere 30 US$.

Wild Coyote Estate Winery B&B $$$
(805-610-1311; www.wildcoyote.biz; 3775 Adelaida Rd; DZ inkl. Frühstück 225–275 US$;) Ein Rückzugsort gefällig? Hier kann man sich zwischen die hochklassigen Weingüter auf Paso Robles' Westseite zurückziehen. Es gibt nur fünf romantische Lehm-Casitas im Stil des Südwestens. Vor dem Kamin im Pueblo-Kiva-Stil erwartet Gäste eine kostenlose Flasche Wein. Draußen gibt es einen Whirlpool und mehrere Grillplätze.

Inn Paradiso B&B $$
(805-239-2800; www.innparadiso.com; 975 Mojave Ln; DZ inkl. Frühstück ab 265 US$;) In dem traulichen B&B mit nur drei modernen Zimmern ziehen die netten Gastgeber alle Register des Luxus: Gaskamine in den Wohnzimmern, tiefe Badewannen, King-Size-Himmelbetten, französische Balkone… Vegetarisches Frühstück ist verfügbar.

Melody Ranch Motel MOTEL $
(805-238-3911, 800-909-3911; 939 Spring St; Zi. 63–78 US$;) Es gibt nur ein Stockwerk und 19 einfache Zimmer in diesem kleinen, familiengeführten Innenstadtmotel von 1950 – deshalb sind die Preise hier fast so klein wie der Swimmingpool.

Courtyard Marriott HOTEL $$
(805-239-9700, 888-236-2427; www.courtyardpasorobles.com; 120 S Vine St, am Hwy 101; Zi. 129–259 US$;) Modernes Hotel mit makellosen Zimmern und einer umfangreichen Ausstattung.

Adelaide Inn MOTEL $$
(805-238-2770, 800-549-7276; www.adelaideinn.com; 1215 Ysabel Ave, am Hwy 101; Zi. 85–135 US$;) Frisch gebackene Kekse und Minigolf machen Kids in diesem Familienmotel glücklich.

Essen & Ausgehen

Restaurants, Cafés und Bars findet man rund um den City Park in der Innenstadt, ein grünes Viereck an der Spring St zwischen 11th St und 12th St.

Artisan KALIFORNISCH $$$
(805-237-8084; www.artisanpasorobles.com; 1401 Park St; Hauptgerichte mittags 10–22 US$, abends 26–31 US$; So–Do 11–21, Fr & Sa bis 22 Uhr) Der umweltbewusste Koch Chris Kobayashi kommt öfter mal aus der Küche, um sich davon zu überzeugen, dass seine wun-

derbaren, zeitgenössischen Versionen von moderner amerikanischer Küche bei den Gästen auch gut ankommen. Gekocht wird mit Fleisch von Biobauernhöfen, im Meer gefangenem Fisch und handgemachtem kalifornischem Käse. Trotz Reservierung lange Wartezeiten!

Thomas Hill Organics Market Bistro VERSCHIEDENES $$$
(805-226-5888; www.thomashillorganics.com; 1305 Park St; Hauptgerichte 18–26 US$; mittags Mo & Mi–Sa 11–15 Uhr, So 10–15 Uhr, abends Mi, Do, So & Mo 17–21, Fr & Sa bis 22 Uhr) Das Biobistro, das sich in einer Seitenstraße versteckt, hat nur ein paar wenige Tische – also ist es ratsam, zu reservieren. Die Zutaten für die meisten Speisen der vielfältigen Fusion-Karte, die Gerichte von vietnamesischen Schweinefleischsandwiches bis zur Entenbrust mit Harissasauce beinhaltet, kommen aus der Umgebung. Der Service hier ist allerdings ultralangsam.

Villa Creek KALIFORNISCH $$$
(805-238-3000; 1144 Pine St; Hauptgerichte 22–35 US$; 5.30–22 Uhr) Hier hockt man lässig an der Weinbar und lässt die Tapasteller kreisen oder speist edel im eleganten Restaurant. Die Kochtraditionen der frühen spanischen Missionen werden hier mit nachhaltigen Biozutaten zelebriert: Auf riesigen Tellern kommen handgemachter Käse, Würstchen und Oliven oder Eintopf nach Rancherart mit Ente auf die Tische. Reservierung empfohlen!

Firestone Walker Brewing Co BRAUEREI
(www.firestonebeer.com; 1400 Ramada Dr; 12–19 Uhr) Hierher kommt man mit den Kumpels, um ein paar berühmte Biere wie das Double Barrel Ale zu probieren.

Vinoteca WEINBAR
(www.vinotecawinebar.com; 835 12th St; Mo–Do 16–21, Fr & Sa bis 23 Uhr) Begeistert mit seiner Weinauswahl und den mittwochs stattfindenden Triff-den-Winzer-Nächten.

Praktische Informationen

Paso Robles Chamber of Commerce (805-238-0506; www.pasoroblschamber.com; 1225 Park St; Mo–Fr 8.30–16.30, Sa 10–14 Uhr) Informationen und kostenlose Karten der Weingüter.

An- & Weiterreise

Amtrak (www.amtrak.com; 800 Pine St) lässt täglich *Coast-Starlight*-Züge Richtung Norden nach Salinas (19 US$, 2 Std.) und Oakland (29 US$, 5 Std.) oder Richtung Süden nach Santa Barbara (26 US$, 4¾ Std.) und Los Angeles (45 US$, 7½ Std.) fahren. Mehrmals täglich bilden Thruway-Busse die Verbindungen zwischen den öfter verkehrenden Regionalzügen, darunter der *Pacific Surfliner*.

Vom Bahnhof aus schickt **Greyhound** (www.greyhound.com; 800 Pine St) einige Busse täglich den Hwy 101 entlang Richtung Süden nach Santa Barbara (40 US$, 3 Std.) und Los Angeles (58 US$, 6 Std.) oder Richtung Norden nach San Francisco (54 US$, 6½ Std.) über Santa Cruz (40 US$, 3¼ Std.).

Bus 9 von **RTA** (805-541-2228; www.slorta.org) fährt zwischen San Luis Obispo und Paso Robles (2,50 US$, 70 Min.), an Werktagen stündlich und drei- bis viermal täglich an den Wochenenden.

San Luis Obispo

Fast genau auf halbem Weg zwischen Los Angeles und San Francisco liegt San Luis Obispo („SLO") und ist damit ein beliebter Zwischenstopp für Traveller. Weil es hier nicht eine einzige Attraktion gibt, die man unbedingt gesehen haben muss, scheint es, als wäre ein Besuch in SLO Zeitverschwendung. Trotzdem herrscht in dieser lebendigen, aber entspannten Stadt eine beneidenswert hohe Lebensqualität – tatsächlich hat Talk-Show-Diva Oprah sie einmal als glücklichste Stadt Amerikas bezeichnet. Für Reisende ist SLOs Nähe zu Stränden, State Parks und dem Hearst Castle ein gutes Argument für ein Päuschen an der Küste. Studenten der CalPoly-Universität bringen während des Semesters eine gesunde Portion Leben in die Straßen, Kneipen und Cafés. San Luis Obispo, das sich an die Ausläufer des Santa-Lucia-Gebirges schmiegt, ist nur einen Traubenwurf von den aufstrebenden Edna-Valley-Weingütern entfernt, die für ihre frischen Chardonnays und feinen Syrahs und Pinot Noirs bekannt sind.

Sehenswertes

Der San Luis Obispo Creek, der einst die Obstplantagen der Missionen bewässerte, fließt durch die Innenstadt. Oberhalb der Higuera St ist die **Mission Plaza** eine schattige Oase mit restaurierten Lehmgebäuden und Brunnen über dem Creek. Unbedingt nach dem **Moon Tree** Ausschau halten, einem Küstenmammutbaum, der aus Samen gezogen wurde, die an Bord der Apollo-14-Mondmission mitgereist sind!

Mission San Luis Obispo de Tolosa MISSION
(www.missionsanluisobispo.org; 751 Palm St; empfohlene Spende 2 US$; ⌚9–16 Uhr) Die satt hallenden Glocken, die man in der ganzen Stadt hört, erklingen in dieser aktiven Gemeinde. Die fünfte Mission in Kalifornien wurde 1772 errichtet und nach einem französischen Heiligen des 13. Jhs. benannt. Sie trägt den Spitznamen „Prinz der Missionen“ und weist eine untypische L-Form sowie weiße Wände mit Bildern der Stationen des Kreuzwegs auf. Ein benachbartes Gebäude birgt ein altmodisches Museum über das Alltagsleben während der Besiedlung durch die Chumash und während der spanischen Kolonialzeit.

GRATIS **San Luis Obispo Museum of Art** MUSEUM
(www.sloma.org; 1010 Broad St; ⌚11–17 Uhr, Sept.–Juni Di geschl.) In der Nähe des Creeks zeigt diese kleine Galerie Werke einheimischer Maler, Bildhauer, Drucker und Fotografen sowie Wanderausstellungen von kalifornischer Kunst.

Bubblegum Alley SCHRÄG
(abseits des 700 Block der Higuera St) San Luis Obispos merkwürdigste Sehenswürdigkeit ist bunt „gepflastert“ mit Tausenden ausgekauter Kaugummis. Man muss aufpassen, wo man hintritt!

Aktivitäten

Der beliebteste Wanderweg führt hinauf zum **Bishop Peak** (471 m), dem höchsten Gipfel der Nine Sisters, einer Vulkankette, die sich nach Norden bis nach Morro Bay erstreckt. Der Weg, der pro Strecke 3,5 km lang ist, beginnt in einem Eichenwäldchen (auf Gifteichen achten!) und steigt dann in steinigen Serpentinen ohne Vegetation an. Für den Panoramablick muss man ganz nach oben auf die Felsen klettern. Um zum Startpunkt der Strecke zu kommen, fährt man von der Innenstadt aus Richtung Nordwesten auf der Santa Rosa St (Hwy 1), biegt dann links auf den Foothill Dr ab und dann rechts auf den Patricia Dr; nach 0,8 Meilen (1,3 km) kommen links drei schwarze Pfähle mit Wanderwegmarkierungen in Sicht.

Noch mehr Bergwanderungen mit Blick aufs Meer kann man im benachbarten Montaña de Oro State Park (S. 544) unternehmen.

Feste & Events

LP TIPP **San Luis Obispo Farmers Market** ESSEN, KULTUR
(www.downtownslo.com; ⌚Do 18–21 Uhr) Wenn der größte und beste Wochenmarkt des Countys stattfindet, gibt es auf der Higuera St eine riesige Straßenparty, komplett mit rauchenden Grills, überquellenden Obst- und Gemüseständen, Livemusik an allen Ecken und kostenloser Unterhaltung am Straßenrand, von Erweckungspredigern bis zu durchgeknallten politischen Aktivisten. Eine der abwechslungsreichsten Abendunterhaltungen an der Central Coast!

Concerts in the Plaza MUSIK, ESSEN
(www.downtownslo.com) Von Anfang Juni bis Anfang September rockt die Mission Plaza

TOP 5: EDNA-VALLEY-WEINGÜTER

Karten der Weingüter und weitere Reisetipps findet man auf www.slowine.com.

» **Edna Valley Vineyard** (ednavalleyvineyard.com; 2585 Biddle Ranch Rd; ⌚10–17 Uhr) Hier nippt man vor Panoramafenstern an Chardonnays vom Weingut Paragon Vineyard.

» **Kynsi** (www.kynsi.com; 2212 Corbett Canyon Rd; ⌚Do–Mo 11–17 Uhr) Kleines Weingut in Familienbesitz, das einen hitverdächtigen Pinot Noir ausschenkt.

» **Niven Family Wine Estates** (www.baileyana.com; 5828 Orcutt Rd; ⌚10–17 Uhr) Weinproben mit Weinen von fünf Premiumlabeln in einem Holzschulhaus aus dem frühen 20. Jh.

» **Talley** (www.talleyvineyards.com; 3031 Lopez Dr; ⌚10.30–16.30 Uhr) Unprätentiöse Weine zum vernünftigen Preis zwischen grünen Hügeln. Täglich finden Touren über das Weingut statt.

» **Tolosa** (www.tolosawinery.com; 4910 Edna Rd; ⌚11–16:45 Uhr) Klassische, nicht im Eichenfass ausgebaute Chardonnays, sanfte Pinot Noirs und schwere rote Cuvées; geführte Touren und Fass-Verkostung nach Vereinbarung.

in der Innenstadt mit Livekonzerten lokaler Bands und Imbissständen.

Savor the Central Coast ESSEN, WEIN
(www.savorcentralcoast.com) Bauernhof- und Ranchbesichtigungen, Weinprobenwettbewerbe und Abendessen von gefeierten Chefköchen finden Ende September und Anfang Oktober statt.

Schlafen

Motels gibt es abseits des Hwy 101, vor allem am nordöstlichen Ende der Monterey St und rund um die Santa Rosa St (Hwy 1).

San Luis Creek Lodge HOTEL $$
(☎805-541-1122, 800-593-0333; www.sanluiscreeklodge.com; 1941 Monterey St; Zi. inkl. Frühstück 139–239 US$;) Ja, es steht ein bisschen sehr nah an den benachbarten Motels, aber dieses Boutique-Inn bietet frische, geräumige Zimmer mit göttlichen Betten (einige Zimmer verfügen sogar über Gaskamine und Wannen mit Massagedüsen) in drei merkwürdig schlecht zusammenpassenden Gebäuden im Tudor-, Arts-and-Crafts- und Southern-Plantation-Stil. Flauschige Bademäntel, DVDs, Schachbretter und Brettspiele können kostenlos ausgeliehen werden.

Peach Tree Inn MOTEL $$
(☎805-543-3170, 800-227-6396; www.peachtreeinn.com; 2001 Monterey St; Zi. inkl. Frühstück 79–200 US$;) Die volkstümlichen, ziemlich unspektakulären Motelzimmer hier sind einladend, vor allem die direkt am Fluss oder die mit Schaukelstühlen auf den Holzterrassen mit Blick über die grünen Wiesen, Eukalyptusbäume und Rosengärten. Zum herzhaften Frühstück gehört selbst gebackenes Brot.

Petit Soleil INN $$
(☎805-549-0321; www.petitsoleilslo.com; 1473 Monterey St; Zi. inkl. Frühstück 159–299 US$;) Dieses schwulenfreundliche französische B&B ist eine sehr charmante Abwandlung eines Motels. Jedes Zimmer ist geschmackvoll mit provençalischem Flair gestaltet, und das Frühstück ist ein wahres Festessen. In den Zimmern nach vorne raus hört man allerdings den Straßenlärm.

HI Hostel Obispo HOSTEL $
(☎805-544-4678; www.hostelobispo.com; 1617 Santa Rosa St; B 24–27 US$, Zi. ab 45 US$; Check-in 16.30–22 Uhr;) An einer baumgesäumten Straße in der Nähe des Bahnhofs residiert dieses solarstrombetriebene Hostel in einem avocadofarbenen umgebauten viktorianischen Haus, was ihm ein bisschen B&B-Charme verleiht. Zur Ausstattung gehören Küche und Fahrradverleih (ab 10 US$/Tag). Man muss eigene Handtücher mitbringen. Kreditkarten werden hier nicht genommen.

Essen

Luna Red FUSION $$$
(☎805-540-5243; www.lunaredslo.com; 1009 Monterey St; kleine Portion 4–15 US$, Hauptgerichte abends 18–26 US$; Mo–Do 11–21, Fr 11–22, Sa 16–22, So 17–21 Uhr) Der fantasievolle Koch hier kreiert bedacht auf Frische und Gewürze kalifornische, mediterrane und asiatische Tapas. Lokale Ausbeute vom Land und aus der See prägt die Karte, dazu kommen hausgeräucherte italienische Dauerwürste und hausgemachter Käse. Die strammen Cocktails verstärken den Eindruck von gehobenem Ambiente unter Laternen. Das Restaurant hat einen polierten Parkettboden.

Big Sky Café KALIFORNISCH $$
(www.bigskycafe.com; 1121 Broad St; Hauptgerichte 6–22 US$; Mo–Mi 7–21, Do–Fr 7–22, Sa 8–22, So 8–21 Uhr;) Das Big Sky verfügt schon über große Räumlichkeiten – aber manchmal muss man immer noch lange warten. Das Motto hier ist „Analoges Essen für eine digitale Welt". Vegetarier haben fast genauso viel Auswahl wie die Fleischfans, und viele der Zutaten stammen aus lokaler Produktion. Einige der Hauptgerichte sind ein bisschen langweilig, aber das Frühstück (tgl. bis 13 Uhr) bekommt Top-Noten!

Meze Wine Café & Market MEDITERRAN $$
(www.mezemarket.com; 1880 Santa Barbara Ave; Sandwiches 8–10 US$, Platte f. mehrere Pers. 5–25 US$; Mo–Sa 10–21.30, So 11.30–20 Uhr) Ein Stück unterhalb der Amtrak-Haltestelle befindet sich dieser kleine mediterran-nordafrikanische Genießer-Markt, der gleichzeitig auch noch Weinshop und Tapasbar ist – ein vielseitiges Juwel! Man versammelt sich mit Freunden um das Käse-Charcuterie-Brett, oder man schaut kurz vorbei auf ein hausgemachtes Sandwich und einen Couscous-Salat.

Firestone Grill BARBECUE $
(www.firestonegrill.com 1001 Higuera St; Hauptgerichte 5–12 US$; So–Mi 11–22, Do–So 11–23 Uhr;) Wer Wartezeiten, lange Schlangen und Sports-Bar-Service verkraftet, be-

San Luis Obispo

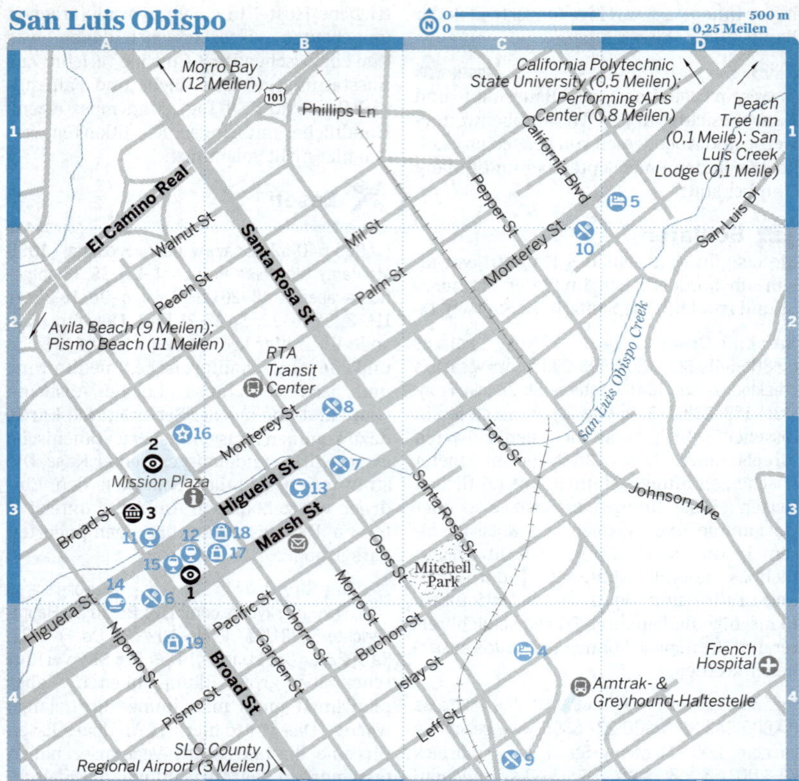

kommt schließlich ein authentisches Steak-Sandwich à la Santa Maria auf getoastetem Knoblauchbrötchen oder eine Reihe saftiger Schweinerippchen.

Splash Cafe CAFÉ $
(www.splashbakery.com; 1491 Monterey St; Gerichte 3–10 US$; So–Do 7–20, Fr & Sa bis 21.30 Uhr;) Frische Suppen und Salate, Sandwiches auf hausgemachtem Brot und verführerische Backwaren sind Gründe genug, um in diesem schicken Café die Füße von sich zu strecken, das nicht weit von der Motelmeile entfernt liegt. Der Bioladen Sweet Earth Chocolates ist nebenan.

New Frontiers Natural Marketplace LEBENSMITTEL, FAST FOOD $
(http://newfrontiers.com; 1531 Froom Ranch Way, am Hwy 101 Exit Los Osos Valley Rd; 8–21 Uhr) Biolebensmittel, Picknick-Delikatessen sowie warme und kalte Salate. 15 Minuten Fahrt von der Innenstadt über den Hwy 101 nach Süden.

LO Donut Company SNACKS $
(www.slodonutcompany.com; 793 E Foothill Blvd; Snacks ab 2 US$; 24 Std.;) Hier kommen die wahrscheinlich bizarrsten Donuts der Welt her, z.B. Sorten wie Schinken-Ahorn oder Erdnussbutter-Marmelade. Außerdem bekommt man fair gehandelten und vor Ort gerösteten Biokaffee. Der Laden liegt eine fünfminütige Autofahrt von der Innenstadt aus nach Norden an der Santa Rosa St (Hwy 1).

Bel Frites SNACKS $
(www.belfrites.com; 1127 Garden St; Snacks 4–8 US$; Di–Do 15–2.30, Fr & Sa 12–2:30, So 12–18 Uhr) In diesem Laden bekommen Nachtschwärmer Pommes frites auf belgische Art, aber mit amerikanischen Gewürzen und Saucen.

Ausgehen

Im Zentrum ist die Higuera St voller Studentenkneipen und Clubs.

San Luis Obispo

Sehenswertes
1 Bubblegum Alley A3
2 Mission San Luis Obispo de Tolosa A3
3 San Luis Obispo Museum of Art A3

Schlafen
4 HI Hostel Obispo C4
5 Petit Soleil D1

Essen
Bel Frites .... (siehe 12)
6 Big Sky Café A3
7 Firestone Grill B3
8 Luna Red B2
9 Meze Wine Café & Market C4
10 Splash Cafe C2

Ausgehen
11 Creekside Brewing Co A3
12 Downtown Brewing Co A3
13 Granada Bistro B3
14 Kreuzberg A3
15 Mother's Tavern A3

Unterhaltung
16 Palm Theatre A3

Shoppen
17 Finders Keepers B3
18 Hands Gallery B3
19 Mountain Air Sports A4

Downtown Brewing Co BRAUEREIKNEIPE
(www.slobrew.com; 1119 Garden St) Meistens wird diese Brauereikneipe SLO Brew genannt. Sie ist gemütlich (Dachbalken, Backstein) und schenkt reichlich Bier vom Fass aus, mit dem man das Standard-Kneipenessen runterspülen kann. Im Untergeschoss stehen an den meisten Abenden DJs am Plattenteller oder Livebands mit Namen wie „Atari Teenage Riot" spielen.

Creekside Brewing Co BRAUEREIKNEIPE
(www.creeksidebrewing.com; 1040 Broad St) Hier entspannt man sich auf einer luftigen Terrasse über dem rauschenden Fluss. Ausgeschenkt werden recht anständige eigene Biere und belgisches Bier in Flaschen. Montags kosten alle Pints normalerweise nur 3 US$.

Kreuzberg COFFEESHOP
(www.kreuzbergcalifornia.com; 685 Higuera St; ⌚6.30–24 Uhr; 📶) SLOs neuestes Café hat mit bequemen Couchen, großen Bücherregalen, einheimischer Kunst an den Wänden und gelegentlicher Livemusik eine treue Fangemeinde gewonnen.

Mother's Tavern BAR
(www.motherstavern.com; 729 Higuera St; 📶) Das höhlenartige zweistöckige „MoTav" fasziniert die partyerprobten Studentenmassen mit DJs, die ordentlich was zum Tanzen auflegen, und häufigen Live-Events.

Granada Bistro LOUNGE
(www.granadabistro.com; 1126 Morro St; ⌚Do–So) Das Wohnzimmer der It-Girls: Hier wird die Szene mit importierten Weinen, Bier und akustischer Livemusik aufgemischt.

Unterhaltung

Palm Theatre KINO
(☎805-541-5161; www.thepalmtheatre.com; 817 Palm St) In SLOs winziger Chinatown zeigt dieses klitzekleine Kino ausländische und Independent-Streifen. Und: Es ist das erste solarbetriebene Kino der USA. Das San Luis Obispo International Film Festival Mitte März sollte man sich schon mal im Kalender notieren.

Sunset Drive-In KINO
(☎805-544-4475; www.fairoakstheatre.net; 255 Elks Lane, an der S Higuera St; 👪) Den Sitz zurückklappen, die Füße aufs Armaturenbrett und die Finger in die riesigen Popcorntüten: Das hier ist ein klassisch amerikanisches Drive-in-Kino. Man bleibt auch für den zweiten Film (normalerweise ein B-Movie aus Hollywood), der keinen zusätzlichen Eintritt kostet. Das Kino liegt an der Higuera St, eine etwa zehnminütige Fahrt vom Zentrum nach Süden.

Performing Arts Center THEATER
(PAC; ☎805-756-2787, 888-233-2787; www.pacslo.org; 1 Grand Ave) Dieses auf dem Campus der California Polytechnic State University gelegene top-moderne Theater ist die größte Kulturarena in ganz SLO. Hier findet eine Vielzahl von Konzerten, Theaterstücken, Tanzveranstaltungen, Stand-Up-Comedy- und weiteren Shows von namhaften Künstlern statt. Das Parken während der Veranstaltungen kostet 6 US$.

Shoppen

Im Stadtzentrum sind die Higuera St, die Marsh St und alle Einkaufszentren und Querstraßen dazwischen ein Shoppingmekka mit einzigartigen Boutiquen. Einfach mal ein bisschen rumlaufen – hier findet jeder etwas Wunderbares!

Hands Gallery KUNST, SCHMUCK
(www.handsgallery.com; 777 Higuera St; ⌚Mo–Mi 10–18, Do 10–20, Fr & Sa 10–19, So 11–17 Uhr) Eine hell leuchtende Galerie, die schöne, moderne Handwerkskunst von aufstrebenden kalifornischen Künstlern verkauft, darunter Schmuck, Textilkunst, Metallskulpturen, Keramiken und Glasarbeiten – perfekt als Geschenke oder Souveniers!

Mountain Air Sports OUTDOOR-AUSRÜSTUNG
(www.mountainairsports.com; 667 Marsh St; ⌚Mo–Sa 10–18, Do bis 20, So 11–16 Uhr) Dies ist so ziemlich der einzige Outdoor-Ausstatter zwischen Monterey und Santa Barbara. Hier bekommt man alles von Campingkocherbenzin und Zelten bis zu Markenklamotten und Wanderschuhen.

Finders Keepers BEKLEIDUNG
(www.finderskeepersconsignment.com; 1124 Garden St; ⌚10–17 Uhr) Verdammt stylishe Secondhand-Damenmode, die zum luftigen, lässigen mediterranen Lifestyle von SLO passt, dazu ausgewählte Handtaschen, Mäntel und Schmuck.

Praktische Informationen

SLOs kompakte Innenstadt wird durch die parallel verlaufenden Einbahnstraßen Higuera St und Marsh St zweigeteilt. Banken mit rund um die Uhr zugänglichen Geldautomaten sind an der Marsh St zu finden, in der Nähe der Post. Die meisten Cafés in der Innenstadt bieten kostenloses WLAN.

FedEx Office (www.fedex.com; 1127 Chorro St; 0,20–0,30 US$/Min.; ⌚Mo–Fr 7–23, Sa & So 9–21 Uhr; @📶) Internetzugang mit minutengenauer Abrechnung sowie kostenloses WLAN.

French Hospital (☎805-543-5353; www.frenchmedicalcenter.org; 1911 Johnson Ave; ⌚24 Std.) Ambulanz.

Öffentliche Bücherei (www.slolibrary.org; 995 Palm St; ⌚Mi–Sa 10–17, Di bis 20 Uhr; @📶) Kostenloses WLAN und öffentliche Internetterminals.

San Luis Obispo Chamber of Commerce (☎805-781-2777; www.visitslo.com; 1039 Chorro St; ⌚So–Mi 10–17, Do–Sa 10–19 Uhr) Kostenlose Karten und Informationen.

Anreise & Unterwegs vor Ort

An der Broad St, mehr als 3 Meilen (4,8 km) südöstlich vom Zentrum, bietet der **SLO County Regional Airport** (SBP; www.sloairport.com; 📶) Pendelflüge mit United (L. A. und San Francisco) und US Airways (Phoenix).

Amtrak (www.amtrak.com; 1011 Railroad Ave) betreibt den täglich von Seattle nach L. A. verkehrenden *Coast Starlight* und den zweimal täglich fahrenden *Pacific Surfliner* von SLO nach San Diego. Beide Züge fahren nach Süden Richtung Santa Barbara (29 US$, 2¾ Std.) und Los Angeles (34 US$, 5½ Std.). Nur der *Coast Starlight* hat Anschluss Richtung Norden nach Salinas (31 US$, 3½ Std.) und Oakland (34 US$, 6 Std.). Die mehrmals täglich fahrenden Thruway-Busse bieten Anschluss an weitere regionale Züge.

Vom Bahnhof aus, etwa 0,6 Meilen (1 km) östlich vom Zentrum, lässt **Greyhound** (www.greyhound.com; 1023 Railroad Ave) täglich einige Busse den Hwy 101 entlang Richtung Süden über Santa Barbara (26 US$, 2¼ Std.) nach Los Angeles (38 US$, 5¼ Std.) und Richtung Norden über Santa Cruz (39 US$, 4 Std.) nach San Francisco (48 US$, 6½ Std.) fahren.

San Luis Obispos **Regional Transit Authority** (RTA; ☎805-541-2228; www.slorta.org) hat täglich countyweit verkehrende Busse mit eingeschränktem Service an den Wochenenden. Einzeltickets kosten 1,50 bis 3 US$ (Tageskarten 5 US$). Alle Busse sind mit zwei Fahrradhalterungen ausgestattet. Am **Transit Center** (Ecke Palm & Osos Sts) im Zentrum können sich Schlangen bilden.

SLO Transit (☎805-541-2877; www.slocity.org) betreibt lokale Stadtbusse und die Innenstadtbahn (0,50 US$), die ganzjährig donnerstags zwischen 15 und 22 Uhr sowie zwischen April und Oktober freitags von 15 bis 22 und samstags von 13 bis 22 Uhr alle 15 bis 20 Minuten ihre Kreise dreht.

Avila Beach

Das malerische, sonnige Avila Beach beeindruckt Besucher mit seinen goldenen Sandstränden und einem nagelneuen Geschäftsviertel, das von Restaurants, Läden und Cafés umgeben ist. 2 Meilen (3 km) westlich vom Zentrum liegt Port San Luis, ein aktiver Fischerhafen.

Sehenswertes & Aktivitäten

Wer einen faulen Tag am Strand verbringen möchte, mietet Klappstühle und Schirm, Surfboard, Boogieboard und Neoprenanzug unterhalb des **Avila Pier** an der Promenade im Zentrum. Im Hafen begleitet einen das „Bellen" der Seelöwen, wenn man den **Harford Pier** hinunterspaziert, einen der authentischsten Angelkais an der Central Coast.

Point San Luis Lighthouse LEUCHTTURM
(Karte S. 558; www.sanluislighthouse.org; Leuchtturm Erw./Fam. 5/10 US$, Trolleytour inkl. Leuchtturm 20 US$/Pers.; ⌚geführte Wanderun-

ABSTECHER

CARRIZO PLAIN NATIONAL MONUMENT

Im östlichen SLO County versteckt sich das **Carrizo Plain National Monument** (www.ca.blm.gov/bakersfield; Eintritt frei; ⌚24 Std.), ein wahres Wunderland für Geologen: Hier kann man über die San-Andreas-Verwerfung laufen oder fahren. Das friedliche Tierreservat schützt auch eine Vielzahl von Spezies, darunter der bedrohte Kalifornische Kondor und *jewel flowers* (Streptanthus), Wapitis, Gabelböcke und Kitfüchse. Einen Geländewagen und Wanderkarten bekommt man beim **Goodwin Education Center** (☎805-475-2131; ⌚Dez.–Mai Do–So 9–16 Uhr) hinter den blendend weißen Salzflächen des Soda Lake und in der Nähe des Wanderweges nach Painted Rock, wo Piktogramme der amerikanischen Ureinwohner zu sehen sind. Das Carrizo Plain National Monument befindet sich etwa 55 verschlungene Meilen (88,5 km) östlich vom Hwy 101 bzw. 55 Meilen (88,5 km) westlich vom I-5 Freeway (über den Hwy 58 und die Soda Lake Rd). Zwei einfache **Campingplätze des Bureau of Land Management (BLM)** bieten kostenlose Stellplätze, die der Reihe nach vergeben werden.

gen Mi & Sa 9–13 Uhr, Trolleytouren jeden 1. & 3. Sa des Monats 12, 13 & 14 Uhr) Allein der Weg zu diesem malerischen Leuchtturm von 1890 im Schatten des Diablo-Canyon-Kernkraftwerks ist ein Abenteuer. Die billigste Art, zum Leuchtturm zu kommen, ist ein steiniger, holpriger 6 km langen Weg. Je nach Wetterlage ist er nur im Rahmen von **geführten Wanderungen** (☎805-541-8735) zugänglich, die von Dozenten der Pacific Gas & Electric durchgeführt werden. Kinder unter neun Jahren dürfen nicht mitwandern. Gebucht werden muss die Tour mindestens zwei Wochen im Voraus. Reichlich Getränke mitbringen! Wer es einfacher haben möchte und lieber zu dem Leuchtturm fahren will, in dem es eine echte Fresnelllinse und authentische viktorianische Möbel zu sehen gibt, kann sich samstagnachmittags in die **Trolleybahn** (☎805-540-5771) setzen. Vorab reservieren!

Avila Valley Barn FARM

(Karte S. 558; http://avilavalleybarn.com; 560 Avila Beach Dr; ⌚Juni–Okt. tgl. 9–18 Uhr, Nov.–Mai Do-Mo 9–17 Uhr; 👪) Zu diesem Hof gehören Felder, auf denen Besucher selbst ernten dürfen. Man parkt am Rand der Schaf- und Ziegengehege, holt sich ein Eis, einen Korb und geht auf die Felder. Dort gibt es gegen Ende des Frühjahrs leckere Olalliebeeren und Erdbeeren, im Sommer Pfirsiche und Nektarinen und im Herbst Äpfel und Kürbisse.

Sycamore Mineral Springs THERMALQUELLEN

(Karte S. 558; ☎805-595-7302, 800-234-5831; www.sycamoresprings.com; 1215 Avila Beach Dr; pro Std. 12,50–17,50 US$/Pers.; ⌚8–24 Uhr, letzte Reservierung 22.45 Uhr) Man sollte sich die Zeit für ein luxuriöses Bad nehmen: Die Becken aus Mammutbaumholz reihen sich an einem bewaldeten Hügel diskret aneinander. Allerdings muss man vorab anrufen und reservieren, denn oft ist alles ausgebucht, vor allem im Sommer und an den Wochenenden nach Einbruch der Dunkelheit.

Avila Hot Springs THERMALQUELLEN

(Karte S. 558; ☎805-595-2359; www.avilahotsprings.com; 250 Avila Beach Dr; Erw./Kind unter 16 Jahren 10/8 US$; ⌚So–Do 8–21, Fr & Sa bis 22 Uhr; 👪) Top für Familien: Dieses Schwimmbad mit etwas schwefeligem, lauwarmem Wasser hat eine ziemlich coole Wasserrutsche (geöffnet tgl. 12–17 Uhr).

Central Coast Kayaks KAJAKFAHREN

(Karte S. 558; ☎805-773-3500; www.centralcoastkayaks.com; 1879 Shell Beach Rd, Shell Beach; Kajak od. Stehpaddelboard 20–60 US$, 2-stündige Kajaktour 70 US$) Raus geht's zu den Seeottern und Robben, durch beeindruckende Meereshöhlen, Bögen und Kelpwälder.

Patriot SportAngeln BOOTSTOUREN

(Karte S. 558; ☎805-595-7200, 800-714-3474; www.patriotsportfishing.com; Harford Pier, abseits des Avila Beach Dr; geführte Touren Erw./Kind 4–12 Jahre/Kind unter 4 Jahren ab 35/15/10 US$) Dieses alteingesessene einheimische Unternehmen organisiert Hochseeangeltouren und Wettbewerbe sowie von Dezember bis April Walbeobachtungsfahrten.

Schlafen

Avila La Fonda BOUTIQUEHOTEL $$$

(Karte S. 558; ☎805-595-1700; www.avilalafonda.com; 101 San Miguel St; Suite 250–800 US$; @📶🐾) Am Gebäude der kleinen Pension im Zentrum ist ein harmonischer Mix aus

San Luis Obispo Bay

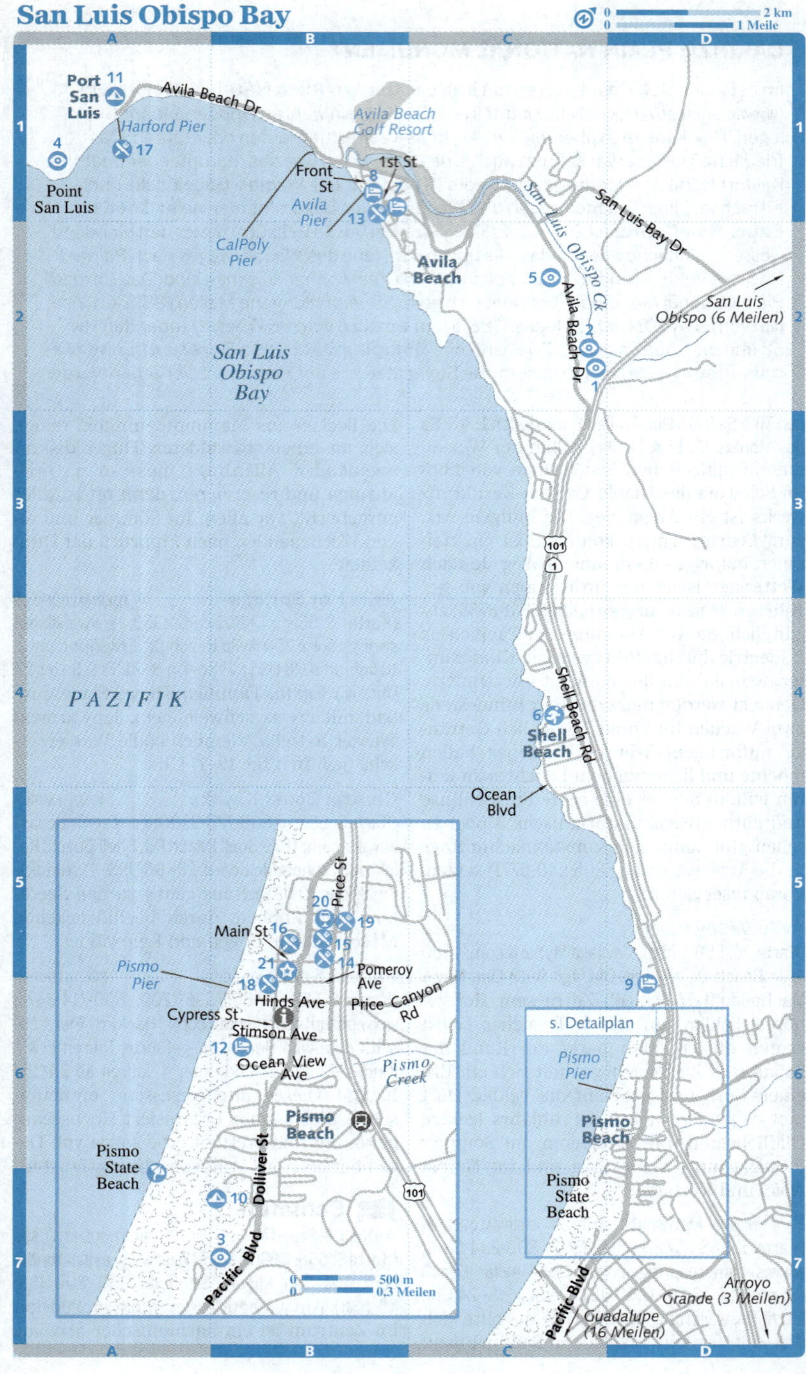

San Luis Obispo Bay

Sehenswertes
1 Avila Hot Springs C2
2 Avila Valley Barn C2
3 Monarch Butterfly Grove B7
4 Point San Luis Lighthouse A1
5 Sycamore Mineral Springs C2

Aktivitäten, Kurse & Touren
6 Central Coast Kayaks C4
Patriot Sportfishing .... (siehe 17)

Schlafen
Avila Hot Springs Campground ... (siehe 1)
7 Avila La Fonda B1
8 Avila Lighthouse Suites B1
9 Pismo Lighthouse Suites D6
10 Pismo State Beach – North Beach Campground B7
11 Port San Luis A1
12 Sandcastle Inn B6

Essen
Avila Beach Fish & Farmers Market .... (siehe 13)
13 Avila Grocery & Deli B1
14 Cracked Crab B5
15 Giuseppe's B5
16 Old West Cinnamon Rolls B5
17 Olde Port Inn A1
Pete's Pierside Cafe .... (siehe 17)
18 Splash Cafe B6
19 Utopia Bakery Cafe B5

Ausgehen
20 Taste of the Valleys E5

Unterhaltung
21 Pismo Bowl E5

mexikanischem und spanischem Kolonialstil zu erkennen: handbemalte Fliesen, bemalte Glasfenster, Eisen und dunkles Holz. Auf der Terrasse gibt es Grillmöglichkeiten, eine Bar und eine Feuerstelle, an der man abends bei einem Wein und Hors d'oeuvres zusammensitzen kann. Die bunten, weitläufigen Zimmer und Suiten sind mit allen modernen Annehmlichkeiten (außer Klimaanlagen) ausgestattet, außerdem gibt es Whirlpools und einige Quartiere mit Küchen. Haustiergebühr 50 US$.

Avila Lighthouse Suites HOTEL **$$$**
(Karte S. 558; 805-627-1900, 800-372-8452; www.avilalighthousesuites.com; 550 Front St; Suite inkl. Frühstück 229–479 US$;) Noch näher am Meer und das Bett stünde mitten im Sand. Dieses apartmentartige Hotel bietet Suiten und Villen mit Küchenzeilen – ideal für Familien! Aber es sind der gigantische beheizte Pool, die Tischtennisplatten, das Putting-Green und das Gartenschachspiel, die die Kids begeistern.

Port San Luis CAMPING **$**
(Karte S. 558; Stellplatz Wohnmobil ohne/mit Anschlüssen ab 30/45 US$) Die in der Reihenfolge der Ankommenden vergebenen Stellplätze am Straßenrand haben Meerblick. Nur Wohnmobile (keine Zelte)!

Avila Hot Springs Campground CAMPING **$**
(Karte S. 558; 805-595-2359; www.avilahotsprings.com; 250 Avila Beach Dr; Stellplatz Zelt & Wohnmobil ohne/mit Anschlüssen ab 30/45 US$) Der überfüllte Campingplatz am Hwy 101 verfügt über Warmwasserduschen und WCs. Im Sommer geht ohne Reservierung gar nichts.

Essen

Am Harford Pier in Port San Luis reihen sich Fischläden aneinander, die den Rotbarsch, die Seezunge, den Lachs und den restlichen frischen Tagesfang quasi direkt vom Boot weg verkaufen.

Avila Beach Fish & Farmers Market MARKT **$**
(Karte S. 558; www.avilabeachpier.com; April–Mitte Sept. Fr 16–20 Uhr) Hier gibt es Imbissstände, bei deren Anblick einem das Wasser im Mund zusammenläuft (Spezialität ist natürlich Fisch), Livemusik und Unterhaltung – kurz: eine große Straßenparty, die im Frühling und Sommer jede Woche an der Promenade im Zentrum stattfindet.

Avila Grocery & Deli AMERIKANISCH, FAST FOOD **$**
(Karte S. 558; http://avilagrocery.com; 354 Front St; Hauptgerichte 5–11 US$; 7–19 Uhr;) Alles, was man für ein Strandpicknick braucht, bekommt man in diesem familienfreundlichen Deli und Supermarkt an der Promenade. Der Chipotle Tri-tip Steak Wrap ist der absolute Hammer! Das gleiche gilt fürs Frühstück – zum Niederknien!

Pete's Pierside Cafe SEAFOOD, FAST FOOD **$**
(Karte S. 558; www.petespiersidecafe.com; Harford Pier, abseits des Avila Beach Dr; Hauptgerich-

te 5–12 US$; ⌚11–17 Uhr) In diesem einfachen Fischladen gibt es knusprige Fish & Chips, frische Austern und Krebsbeine. Und an der hervorragenden Salsabar (Saucentheke) findet jeder etwas zum Aufpeppen seiner Fischtacos.

Olde Port Inn SEAFOOD $$$
(Karte S. 558; ☎805-595-2515; www.oldeportinn.com; Harford Pier, abseits des Avila Beach Dr; Hauptgerichte 10–38 US$; ⌚So–Do 11.30–21, Fr & Sa bis 22 Uhr) Clam Chowder (Muschelsuppe) und Cioppino (Meeresfrüchteeintopf) sind die Highlights in diesem echten Old-School-Fischrestaurant an der Spitze des Harford Piers. Ein paar Tische haben Glasplatten, damit man beim Essen aufs Meer gucken kann.

Anreise & Unterwegs vor Ort

Von Ende Mai bis September fährt ein kostenloser **Trolley** rund um das Zentrum von Avila Beach und um Port San Luis sowie raus zum Hwy 101. Die Bahn verkehrt normalerweise stündlich zwischen 10 und 20 Uhr an Samstagen und zwischen 10 und 17 Uhr an Sonntagen. In Shell Beach bietet der Trolley Anschluss zum Bus 21 des **South County Regional Transit** (SCAT; ☎805-781-4472; www.slorta.org), der stündlich nach Pismo Beach (1,25 US$, 15 Min.) rausfährt.

Pismo Beach

Pismo Beach ist die größte der fünf Städte in der San Luis Obispo Bay. In dieser Retro-Strandstadt aus den 1950ern gibt es viel mehr Geschäfte am Strand als im benachbarten Avila, dennoch ist der Strand einladend weit und sandig. Ein hölzerner Anlegesteg, auf dem einst James Dean ein Date mit Pier Angeli hatte, streckt sich der untergehenden Sonne entgegen. Irgendwie wirkt Pismo Beach heute noch immer wie die Kulisse für *Denn Sie wissen nicht, was Sie tun* oder *American Graffiti*. Wer auf der Suche nach einem Urlaubsort ist, in dem Sand und Meer satt vorhanden sind, sollte hier Halt machen.

Sehenswertes & Aktivitäten

Pismo bezeichnet sich selbst gern als „Muschelhauptstadt der Welt", aber mittlerweile ist der **Strand** eher muschelfrei. Mehr Glück könnte man haben, wenn man versucht, am **Anleger** einen Fisch zu erwischen (mit Angelverleih). Neoprenanzüge, Boogieboards und Surfbretter findet man in den benachbarten Surfshops.

GRATIS **Monarch Butterfly Grove** PARK
(Karte S. 558; www.monarchbutterfly.org; ⌚Sonnenaufgang–Sonnenuntergang) Zwischen Ende Oktober und Februar überwintern hier mehr als 25 000 schwarz-orange gemusterte Monarchfalter. Sie sammeln sich in großen Gruppen in den Kronen der Eukalyptusbäume, sodass man sie leicht für Blätter halten könnte. Freiwillige Helfer können einem alles über die unglaubliche Reise der Insekten erzählen, die jeweils die gesamte Lebensspanne eines Schmetterlings dauert. Man findet die Tiere nahe einem Schotterparkplatz an der Westseite des Pacific Blvd (Hwy 1), gleich südlich vom North Beach Campground am Pismo State Beach.

Feste & Events

Classic at Pismo Beach KULTUR
(www.thepismobeachclassic.com) Mitte Juni versammeln sich Hot Rods und Muscle Cars nahe dem Hwy 1.

Clam Festival ESSEN
(www.classiccalifornia.com) Mitte Oktober werden die einst reichlich vorhandenen und heute noch leckeren Mollusken gefeiert: Dazu gehören Muschelsuchen, Chowder-Kochwettbewerbe, Imbissstände und Livemusik.

Schlafen

Pismo Beach besitzt Dutzende von Motels, aber die Zimmer sind schnell ausgebucht und die Preise steigen im Sommer ins Unermessliche, vor allem an den Wochenenden. Resorthotels finden sich an den Klippen nördlich der Stadt an der Price St und der Shell Beach Rd. Die Motels liegen in der Nähe vom Strand und entlang dem Hwy 101.

Pismo Lighthouse Suites HOTEL $$$
(Karte S. 558; ☎805-773-2411, 800-245-2411; www.pismolighthousesuites.com; 2411 Price St; Suite inkl. Frühstück 149–329 US$;) Hier gibt es alles, was eine Familie im Urlaub braucht – vom Nintendo und einer Küchenzeile im Zimmer bis zum Gartenschach, einem Putting-Green, Tischtennis- und Badmintonplätzen. Dieses moderne Hotel, in dem es nur Suiten gibt, ist einfach *zu* verlockend!

Sandcastle Inn HOTEL $$$
(Karte S. 558; ☎805-773-2422, 800-822-6606; www.sandcastleinn.com; 100 Stimson Ave; Zi. inkl. Frühstück 169–435 US$;) Viele der Quartie-

ABSTECHER

GUADALUPE

Der Hwy 1 beendet seine kurze Verbindung mit dem Hwy 101 südlich von Pismo Beach, wo er Richtung Küste abbiegt. Etwa 15 Meilen (24 km) weiter südlich hat man fast das Gefühl, man müsste wie im Wilden Westen dem rollenden Steppengras ausweichen, wenn man auf der einzigen Straße durch das Bauerndorf Guadalupe fährt.

1923 fiel eine riesige Menschenmenge aus Hollywood in dieses verschlafene Nest ein – die Stummfilmversion von *Die zehn Gebote* wurde hier gedreht. Riesige ägyptische Sets wurden zwischen den Sanddünen von Guadalupe aufgebaut, komplett mit Sphinxen etc. Danach sparte der Regisseur Cecil B. DeMille Geld, indem er die herrlichen Kulissen aus Stroh, Gips und Farbe einfach stehen ließ, bis sie im Sand versunken waren. Im Laufe der darauffolgenden Jahrzehnte geriet der genaue Standort der riesigen Kulissen in Vergessenheit.

1983 begannen Film- und Archäologiefans damit, nach der „Verlorenen Stadt von DeMille" zu suchen. Viele Requisiten sind gefunden worden, und die Position der Hauptkulissen wurde gekennzeichnet. Über diese merkwürdigen archäologischen Ausgrabungen erfährt man unter www.lostcitydemille.com mehr.

Zurück in der Stadt kann man sich einige der wiedergefundenen Filmrequisiten im kleinen **Dunes Visitor Center** (www.dunescenter.org; 1055 Guadalupe St; Eintritt gegen Spende; ⌚Di–Sa 10–16 Uhr) ansehen. Dort gibt es auch eine Ausstellung zur Ökologie von Nordamerikas größter Dünenlandschaft und über die Dunites, einen Volksstamm, der in den 1930ern in den Dünen lebte.

Das Dünenschutzgebiet, das eine staatlich geschützte archäologische Ausgrabungsstätte ist (man darf hier nicht selbst graben und keine Souvenirs mitnehmen, sorry!) befindet sich etwa 5 Meilen (8 km) westlich der Stadt via Hwy 166. Zu den aktuelleren Filmen, die hier gedreht wurden, gehört *Pirates of the Caribbean – Am Ende der Welt* (2007).

re im Ostküstenstil befinden sich nur ein paar Schritte vom Strand entfernt. In der besten Suite des Hauses möchte man sich am liebsten gleich verloben, nachdem man auf der Terrasse mit Meerblick bei Sonnenuntergang eine Flasche Wein geöffnet hat. WLAN gibt's nur in der Lobby.

Pismo State Beach CAMPING $

(Karte S. 558; ☎Reservierungen 800-444-7275; www.reserveamerica.com; Stellplatz Zelt & Wohnmobil 25–35 US$) Etwa 1 Meile (1,6 km) südlich vom Zentrum an der Dolliver St (Hwy 1) bietet der staatliche **North Beach Campground** über 100 großzügig bemessene Grasstellplätze im Schatten von Eukalyptusbäumen. Der Campingplatz verfügt über einen guten Zugang zum Strand, Toiletten und Warmwasserduschen.

Essen

LP TIPP **Cracked Crab** SEAFOOD $$$

(Karte S. 558; www.crackedcrab.com; 751 Price St; Hauptgerichte 9–50 US$; ⌚So–Do 11–21, Fr & Sa 11–22 Uhr; 👪) Frischer Fisch ist das Markenzeichen dieses superlässigen Grills in Familienbesitz. Wenn einem der berühmte Bucket o'Seafood, gefüllt mit Fischstücken, Cajun-Würstchen, roten Kartoffeln und Maiskolben auf den mit einer Papierdecke bedeckten Tisch gestellt wird, sollte man bereits eines dieser lächerlichen Plastiklätzchen tragen. Hervorragende regionale Weinkarte!

Giuseppe's ITALIENISCH $$$

(Karte S. 558; www.guiseppesrestaurant.com; 891 Price St; Hauptgerichte mittags 9–15 US$, abends 12–32 US$; ⌚mittags Mo–Fr 11.30–15 Uhr, abends So–Do 16.30–22, Fr & Sa bis 23 Uhr) Hier kommt von Zeit zu Zeit hervorragendes süditalienisches Essen auf den Tisch. Die rendevoustaugliche *cucina* ist stark von der Persönlichkeit des Besitzers geprägt – man schaue sich nur die vor der Tür aufgereihten Vesparoller an! Mit den Holzofenpizzas und traditioneller Pasta wie Spaghettini mit Shrimps ist man auf der sicheren Seite. Man muss frühzeitig kommen oder lange warten (keine Reservierungen).

Splash Cafe SEAFOOD $

(Karte S. 558; www.splashcafe.com; 197 Pomeroy Ave; Gerichte 4–10 US$; ⌚8–21 Uhr; 👪) Oberhalb vom Pier bilden sich Schlangen vor dieser schon etwas heruntergekommenen

Frittenbude im Surfer-Stil, die berühmt ist für ihren ausgezeichneten Clam Chowder. Letzterer wird in einer Schüssel aus selbst gebackenem Sauerteigbrot serviert. Zudem bekommt man hier eine große Auswahl von gegrillten und gebratenen Salzwasserspezialitäten. Im Winter kürzer geöffnet.

Klondike Pizza PIZZERIA $$

(www.klondikepizza.com; 104 Bridge St; Pizzas 12–26 US$; ⏲So–Do 11–21, Fr & Sa bis 22 Uhr; 👪) Auf der anderen Seite des Hwy 101, im kleinen Arroyo Grande, befindet sich diese unterirdisch gelegene Pizzeria unter alaskischer (!) Leitung. Der Boden ist übersät mit Erdnussschalen, und man kann Schach und andere Brettspiele spielen, während man auf seine Rentier-Würstchen-Pie wartet. Zweimal im Monat gibt es samstagabends sogenannte Sing-alongs – da können wirklich alle mitsingen.

Doc Burnstein's Ice Cream Lab EIS $

(www.docburnsteins.com; 114 W Branch St; Snacks 3–8 US$; ⏲So–Do 11–21.30, Fr & Sa bis 22.30 Uhr; 👪) An der Hauptstraße von Arroyo Grande serviert das Doc Eis in herrlichen Geschmacksrichtungen, z. B. Petite Syrah Sorbet oder das „Elvis Special" (Erdnussbutter mit Banane). Wer schon immer mal bei der Eiscremezubereitung zuschauen wollte, kommt mittwochs um Punkt 19 Uhr hierher.

Old West Cinnamon Rolls BÄCKEREI $

(Karte S. 558; www.oldwestcinnamon.com; 861 Dolliver St; Snacks & Getränke 2–5 US$; ⏲6.30–17.30 Uhr) Der Name sagt wirklich schon alles über diese verblüffende Bäckerei am Strand.

Utopia Bakery Cafe BÄCKEREI $

(Karte S. 558; www.utopiabakery.com; 950 Price St; Snacks & Sandwiches 2–8 US$; ⏲6–18 Uhr) Dies ist genau die richtige Anlaufstelle, um sich mit Keksen, Croissants, Schokokuchen und koffeinhaltigen Heißgetränken einzudecken.

Ausgehen & Unterhaltung

Taste of the Valleys WEINBAR

(Karte S. 558; www.pismowineshop.com; 911 Price St; ⏲Mo–Do 12–21, Fr & Sa bis 22, So bis 20 Uhr) Der ruhige Weinladen ist vom Boden bis zur Decke vollgestopft mit kalifornischen Jahrgängen. Man kann um einen Schluck des Weines bitten, der gerade offen ist, oder sich durch die beeindruckende Liste von 500 offenen Weinen probieren.

Pismo Bowl BOWLING

(Karte S. 558; www.pismobeachbowl.com; 277 Pomeroy Ave; ⏲So–Do 12–22 Uhr, Fr & Sa bis Mitternacht; 👪) Diese altmodische Bowlingbahn, quasi *das* Symbol von Pismo Beachs Retro-Vibe, ist nur einen kurzen Weg vom Pier entfernt. Freitag- und samstagabends ist „Cosmic Bowling" bei Schwarzlicht und Rockmusik.

ℹ Praktische Informationen

Pismo Beach Visitors Information Center
(☎805-773-4382, 800-443-7778; www.classiccalifornia.com; 581 Dolliver St, Ecke Hinds Ave; ⏲Mo–Fr 9–17, Sa 11–16 Uhr) Kostenlose Karten für Traveller sowie Prospekte.

ℹ Anreise & Unterwegs vor Ort

Bus 10 von **RTA** (☎805-541-2228; www.slorta.org) fährt an Wochentagen stündlich und an den Wochenenden ein paarmal täglich von der Pismos Premium Outlets Mall, etwa 1 Meile (1,6 km) vom Strand entfernt, nach San Luis Obispo (2 US$, 25 Min.). **South County Regional Transit** (SCAT; ☎805-781-4472; www.slorta.org) betreibt stündlich verkehrende Nahverkehrsbusse (1,25 US$), die Pismo Beach mit Shell Beach und Arroyo Grande verbinden.

La Purísima Mission State Historic Park

Die von bunten Blumenplantagen umgebene idyllische Tal-**Mission** (www.lapurisimamission.org, www.parks.ca.gov; 2295 Purisima Rd, Lompoc; 6 US$/Fahrzeug; ⏲9–17 Uhr) wurde in den 1930ern umfassend durch den Civilian Conservation Corps (CCC) restauriert. Heute ist es eine der beeindruckendsten von Kaliforniens ursprünglich 21 spanischen Missionen. Zu den stimmungsvollen Lehmgebäuden gehören eine Kirche, Wohngebäude und Läden. Auf den Feldern der Mission grast immer noch Vieh, und in den benachbarten Blumengärten werden Heilpflanzen des Chumash-Stammes gezüchtet.

Die Mission erreicht man nach 15 Meilen (24 km) auf dem Hwy 246, sie liegt westlich vom Hwy 101. Hinter dem Golfplatz geht es ab zur Purisima Rd (rechts), dann muss man noch eine weitere Meile (1,6 km) fahren.

Santa Barbara Wine Country

Mit Eichen gesprenkelte Hügel, sich windende Landstraßen, Reihen von süßen, schweren Trauben, so weit das Auge reicht – man kommt so schnell ins Schwärmen, wenn es um das Santa Maria Valley und das Santa Ynez Valley geht. Der eine oder andere hat sich vielleicht auch durch den oscarprämierten Film *Sideways* zu einem Besuch hier inspirieren lassen, jene Ode an die Freuden und Leiden des Lebens auf dem Weinberg aus Sicht der beiden von einer Midlife Crisis geplagten Freunde Miles und Jack. Der Film entspricht in einem Punkt der Wirklichkeit: Dieses Weinanbaugebiet ist ideal, um zu sich selbst zu finden, egal ob auf eigene Faust oder zusammen mit Freunden.

Mit mehr als 100 Weingütern, die über die ganze Region verteilt sind, scheint Letzteres erst einmal eine große Herausforderung zu sein. Aber die fünf kleinen Städte inmitten des Anbaugebietes – Buellton, Solvang, Santa Ynez, Ballard und Los Olivos – sind alle nicht mehr als 10 Meilen (16 km) voneinander entfernt. Es ist also ein Leichtes, anzuhalten, eine Runde zu shoppen und zu essen, wo und wann immer man Lust hat. Am besten belastet man sich erst gar nicht mit detaillierten Plänen und vorgeschriebenen Weinrouten. Einfach die Landschaft genießen und dort anhalten, wo die Schilder am hübschesten sind und die Atmosphäre passt!

Sehenswertes & Aktivitäten

In der Nähe der Küste gedeiht der Pinot Noir – eine besonders empfindliche Traube – im Nebel. Weiter im Landesinneren sind es die sonnenverwöhnten Rhône-Sorten wie der Syrah. Die Gebühr für Weinproben beträgt im Schnitt 10 US$, und das Personal mancher Weingüter bietet auch Führungen durch den Weinberg an (teilweise Reservierung erforderlich).

FOXEN CANYON

Der ländliche **Foxen Canyon Wine Trail** (www.foxencanyonwinetrail.com) verläuft nördlich vom Hwy 154 und westlich von Los Olivos bis zum Santa Maria Valley.

Firestone WEINGUT

(☎805-688-3940; www.firestonewine.com; 5000 Zaca Station Rd; Tour 5 US$; ⊙Probierstube 10–17 Uhr, Tourzeiten variieren) Das Firestone Vineyard ist das älteste Weingut in Santa Barbara und stammt von 1972. Der Panoramablick über das Weingut vom schicken holzgetäfelten Probierraum aus ist genauso beeindruckend wie die hochwertigen Syrahs, Pinots Noirs und Bordeaux.

Foxen WEINGUT

(www.foxenvineyard.com; 7600 Foxen Canyon Rd; ⊙11–16 Uhr) Von hier stammen vollmundige Pinot Noirs, Chardonnays und Rote in

ABSTECHER

VERSTECKTE STRÄNDE ABSEITS DES HWY 1

Westlich von Lompoc liegen einige richtig unberührte Strände, die den Aufwand der Anfahrt wirklich wert sind.

Der **Ocean Beach County Park** (www.countyofsb.org/parks; ⊙8 Uhr–Sonnenuntergang) und der **Surf Beach** mit dem Amtrak-Bahnhof in der Ferne sind in Wirklichkeit ein einziger Strand, der sich bis zur Vandenberg Air Force Base schlängelt. Während der 10 Meilen (16 km) langen Fahrt von Lompoc über die Ocean Ave nach Westen kommt man an merkwürdig aussehenden Konstruktionen vorbei, die zur Unterstützung des Starts von Spionage- und kommerziellen Satelliten dienen. Die Dünen sind unbefestigt; Schautafeln erklären die Ökologie des Meeresarms. Weil hier die gefährdeten Schneeregenpfeifer nisten, sind zwischen März und September manchmal große Teile des Strandes gesperrt.

Verlässt man den Hwy 1 etwa 5 Meilen (8 km) östlich von Lompoc und folgt dann der Jalama Rd für 14 Meilen (22,5 km) über eine gewundene Asphaltstraße an Farmen und Feldern vorbei, kommt man zum **Jalama Beach County Park** (www.countyofsb.org/parks; Auto/Hund 10/3 US$; 🅟🐾). Nahe diesem absolut abseits gelegenen Strand befindet sich ein verrückter **Campingplatz** (☎805-736-3504; www.jalamabeach.com; Stellplatz Zelt & Wohnmobil ohne/mit Anschlüssen ab 25/40 US$, Hütte 100–220 US$; ⊙Laden & Café 7–21 Uhr), auf dem sich nur die neu gebauten Hütten reservieren lassen. Wer campen will, sollte um 8 Uhr da sein, um sich auf die Warteliste für die Stellplätze setzen zu lassen. Eine halbe Meile (800 m) südlich vom Hwy 1 steht manchmal ein Schild mit der Aufschrift „Campground full" – dann braucht man gar nicht erst hinfahren.

Rhône-Tradition. Besucher sitzen in einer solarstrombetriebenen Probierstube auf einer ehemaligen Viehranch. Ein Stück die Straße runter serviert das rustikale Shack mit Blechdach Bordeaux-Weine und Cal-Ital-Varianten unter dem Boutiquelabel „Foxen 7200".

Zaca Mesa WEINGUT
(www.zacamesa.com; 6905 Foxen Canyon Rd; ⏲10–16 Uhr, Ende Mai–Anfang Sept. Fr & Sa bis 17 Uhr) Zaca Mesa ist nicht nur für nachhaltig angebaute französische Sorten und den charakteristischen Rotwein Z Cuveé bekannt, sondern auch für das Gartenschachbrett, den schattigen Picknickbereich und die Wanderwege mit Blick über die Weinberge.

Kenneth Volk WEINGUT
(www.volkwines.com; 5230 Tepusquet Rd; ⏲10.30–16.30 Uhr) Nur ein etablierter Kult-Winzer kann Weinliebhaber überzeugen, so weit ins Hinterland zu fahren, um Standards setzende Pinots Noirs und Weine aus alten Rebsorten wie den blumigen Malvasia oder einen tintendunklen Negrette zu probieren.

SANTA RITA HILLS

Der **Santa Rita Hills Wine Trail** (www.santaritahillswinetrail.com) ist herausragend, wenn es um umweltbewussten Anbau und erstklassigen Pinot Noir geht. Ländliche Probierstuben reihen sich an einer malerischen Westkurve des Hwy 101 zwischen der Santa Rosa Rd und dem Hwy 246 aneinander.

Alma Rosa WEINGUT
(www.almarosawinery.com; 7250 Santa Rosa Rd; ⏲11–16.30 Uhr) Kakteen und Kopfsteinpflaster sind das Erste, was Besucher auf der Ranch wahrnehmen, die man über eine lange, kurvenreiche Zufahrt erreicht. Hier werden hammermäßige gutseigene Pinot Noirs und ein leckerer Pinot Blanc aus vom Staat Kalifornien zertifizierten Biotrauben ausgeschenkt.

Melville WEINGUT
(www.melvillewinery.com; 5185 E Hwy 146; ⏲11–16 Uhr) Die mediterrane Villa im Gebirge bietet gutseigene, nur in kleinen Auflagen abgefüllte Pinot Noirs, Syrahs and Chardonnays an. Diejenigen, die sie hergestellt haben, sprechen lieber über Pfund pro Pflanze statt über Tonnen pro Hektar… Hier wachsen allein mehr als ein Dutzend verschiedener Pinot-Noir-Varianten.

Babcock WEINGUT
(www.babcockwinery.com; 5175 E Hwy 146; ⏲10.30–16 Uhr, April–Okt. bis 17 Uhr) Weingut in Familienbesitz. Hier kriegt man verschiedene gute Tropfen – Chardonnay, Sauvignon Blanc, Pinot Noir, Syrah, Cabernet Sauvignon und mehr von einem innovativen Winzer. Der Rotwein Fathom ist die Pilgerfahrt wert.

SANTA YNEZ VALLEY

Dutzende von Weingütern finden sich im Dreieck zwischen den Hwys 154, 246 und 101, u.a. auch im Zentrum von Los Olivos und in Solvang. Lärmende Tourgruppen, gehetzte Angestellte und knausrige Füllstände in den Gläsern sorgen bei vielen stark frequentierten Winzereien für Enttäuschung, aber nicht auf diesen einladenden Weingütern.

Beckmen WEINGUT
(www.beckmenvineyards.com; 2670 Ontiveros Rd; ⏲11–17 Uhr) An den Pavillons beim Ententeich kann man wunderbar picknicken. Der einzigartige Boden des Purisima Mountain lässt die auf diesem ruhigen Weingut biodynamisch angebauten gutseigenen Rhône-Sorten gut gedeihen. Um hinzukommen, der Roblar Ave westlich des Hwy 154 folgen!

Kalyra WEINGUT
(www.kalyrawinery.com; 343 Refugio Rd; ⏲Mo–Fr 11–17, Sa & So 10–17 Uhr) Ein australischer Surfer ist um die halbe Welt gereist, um seine beiden liebsten Dinge zu verbinden: das Surfen und den Weinanbau. Seinen einzigartigen Shiraz-Cabernet Sauvignon aus australischen Trauben muss man unbedingt probiert haben. Gut sind auch die Tropfen aus regionalen Rebsorten, alle abgefüllt in Flaschen mit von Aborigine-Kunst inspirierten Etiketten.

RUND UM DIE WEINDÖRFER

Käpt'n, wir sind auf eine Windmühle gestoßen! **Solvang** ist ein touristisches „dänisches" Dorf, das 1911 am einstigen Standort einer spanischen Mission aus dem 19. Jh. und einer mexikanischen *rancho* erbaut wurde. Mit seinen Krimskramsläden und den putzigen Motels ist die Stadt fast so süß wie die skandinavischen Süßigkeiten, die den Besucherhorden aufgedrängt werden. Solvangs **Elverhøj Museum** (www.elverhoj.org; 1624 Elverhoy Way; Erw./Kind unter 13 Jahren 3 US$/frei; ⏲Mi & Do 13–16, Fr–So 12–16 Uhr) beschreibt das echte dänische Leben in der

Region, während die **Mission Santa Inés** (www.missionsantaines.org; 1760 Mission Dr; Erw./Kind unter 12 Jahren 5 US$/frei; 9–16.30 Uhr) Zeugin der Chumash-Revolte von 1824 gegen die Grausamkeiten der Spanier ist.

Weiter nordwestlich liegt die schicke Rancherstadt **Los Olivos** mit ihrer vier Blocks langen Hauptstraße, an der sich Weinstuben und Bars, Kunstgalerien, Cafés und überraschend modische Läden aneinanderreihen, als wäre das hier Napa. Das kleine **Wilding Art Museum** (www.wildingmuseum.org; 2928 San Marcos Ave; Eintritt gegen Spende; Mi–So 11–17 Uhr) zeigt kalifornische und amerikanische Westernkunst mit Schwerpunkt auf Naturmotiven.

HIGHWAY 154 (SAN MARCOS PASS RD)

Der **Los Padres National Forest** (www.r5.fs.fed.us/lospadres) bietet mehrere gute Wanderwege abseits der Paradise Rd, die den Hwy 154 nördlich des San Marcos Pass kreuzt. Zu empfehlen ist der 3,2 km lange Rundweg **Red Rock Trail**, an dem der Santa Ynez River tiefe Wasserbecken mit Steinen und Wasserfällen bildet – super, um ein bisschen zu schwimmen und sich in die Sonne zu legen! Auf dem Weg zum Startpunkt, der auf der anderen Seite der Kreuzung mit dem Fluss liegt, kann man an der **Ranger Station** (805-967-3481; 3505 Paradise Rd; Mo–Fr 8.30–16.30 Uhr) anhalten und Wanderkarten, Informationen und einen National Forest Adventure Pass zum Parken (5 US$/Tag) bekommen.

Nordwestlich davon befindet sich die **Cachuma Lake Recreation Area** (www.cachuma.com; Auto 10 US$; Sonnenaufgang–Sonnenuntergang), ein Paradies für Angler, Kanu- und Kajakfahrer. Hier werden **Tierbeobachtungsfahrten** (805-686-5050/5055; Erw./Kind 4–12 Jahre 15/7 US$) angeboten und es gibt ein kinderfreundliches **Naturzentrum** (805-693-0691; 2265 Hwy 154; Juni–Aug. tgl., Sept.–Mai nur an den Wochenenden).

Geführte Touren

Sustainable Vine Wine Tours WEINGUT
(805-698-3911; www.sustainablevine.com; Ganztagestour inkl. Mittagessen 125 US$) Biodiesel-Lkws touren über Weinberge, die biologisch bewirtschaftet werden.

Santa Barbara Wine Country Cycling Tours WEINGUT
(888-557-8687; www.winecountrycycling.com; Leihfahrrad 45–85 US$/Tag, halb-/ganztägige Touren ab 70/135 US$) Die Touren beginnen in Santa Ynez; hochwertige Straßen- und Trekkingräder können ebenfalls ausgeliehen werden.

Schlafen

Die horrenden Übernachtungspreise vor Ort kann man umgehen, indem man eine Tagestour von Santa Barbara aus hierher unternimmt. Alternativ stehen in Buellton einfache Kettenhotels direkt am Hwy 101. Ein paar Meilen auf dem Hwy 246 weiter östlich, in Solvang, gibt es noch viel mehr Motels und Hotels, aber Hoffnungen auf Schnäppchen braucht man sich nicht machen, vor allem nicht an den Wochenenden. In den kleineren Weindörfern gibt es eine Handvoll historischer Pensionen.

Ballard Inn & Restaurant B&B $$$
(805-688-7770, 800-638-2466; www.ballardinn.com; 2436 Baseline Ave, Ballard; Zi. inkl. Frühstück 269–345 US$;) Ein Traum für Hochzeitsreisende und Romantiker ist diese alte Postkutschenstation aus dem 19. Jh. zwischen Los Olivos und Solvang. Holzkamine machen die Zimmer mit eigenem Bad noch gemütlicher. Eine Weinprobe ist im Preis inbegriffen. Unbedingt reservieren!

Hadsten House Inn BOUTIQUEHOTEL $$
(805-688-3210, 800-457-5373; www.hadstenhouse.com; 1450 Mission Dr; Zi. inkl. Frühstück 150–255 US$;) In diesem aufpolierten Motel wurde alles verschönert außer der langweiligen Fassade. Innen findet man einen beheizten Pool und überraschend edle Zimmer mit Flachbild-TV, dicken Bettdecken und L'Occitane-Pflegeprodukten. Im Preis inbegriffen ist eine nachmittägliche Wein-und-Käse-Probe.

Cachuma Lake Recreation Area CAMPING, HÜTTEN $
(Info 805-686-5055, Reservierung für Jurten & Hütten 805-686-5050; www.cachuma.com; Stellplatz Zelt & Wohnmobil ohne/mit Anschlüssen ab 20/40 US$, Jurte 80–105 US$, Hütte 100–220 US$) Die Campingplätze mit Warmwasserdusche, die nach dem Prinzip „Wer zuerst kommt, mahlt zuerst" vergeben werden, füllen sich schnell, vor allem im Sommer und an den Wochenenden. Die umweltfreundlichen Leinwandjurten und die Holzhütten (ohne Klimaanlage) müssen reserviert werden.

Los Padres National Forest CAMPING $
(Reservierung 877-444-6777; www.recreation.gov; Stellplatz Zelt & Wohnmobil 19–35 US$)

Santa Barbara Wine Country

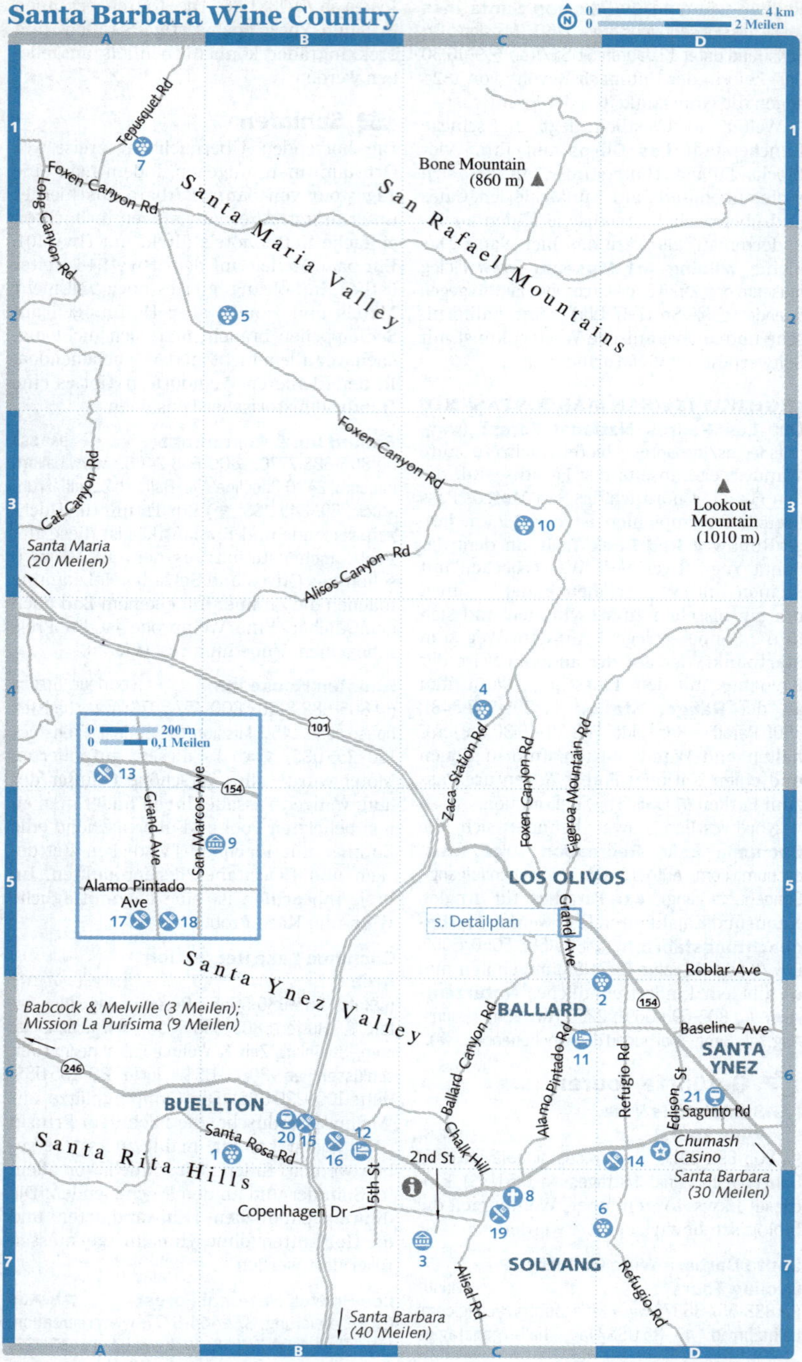

0 — 4 km
0 — 2 Meilen

A B C D
1 2 3 4 5 6 7

Tepusquet Rd
7
Foxen Canyon Rd
Long Canyon Rd
Santa Maria Valley
San Rafael Mountains
Bone Mountain
(860 m)
5
Foxen Canyon Rd
Cat Canyon Rd
Santa Maria
(20 Meilen)
Lookout
Mountain
(1010 m)
10
Alisos Canyon Rd
4
101
Zaca Station Rd
Foxen Canyon Rd
Figueroa Mountain Rd
0 — 200 m
0 — 0,1 Meilen
13
154
Grand Ave
San Marcos Ave
9
Alamo Pintado
Ave
17
18
LOS OLIVOS
s. Detailplan
Grand Ave
Santa Ynez Valley
Roblar Ave
2
154
BALLARD
Babcock & Melville (3 Meilen);
Mission La Purísima (9 Meilen)
Ballard Canyon Rd
11
Alamo Pintado Rd
Refugio Rd
Baseline Ave
SANTA
YNEZ
246
Edison St
21
Sagunto Rd
BUELLTON
20
15
12
Chalk Hill
Santa Rosa Rd
16
Chumash
Casino
Santa Rita Hills
1
5th St
2nd St
14
Santa Barbara
(30 Meilen)
8
Copenhagen Dr
19
6
3
SOLVANG
Alisal Rd
Refugio Rd
Santa Barbara
(40 Meilen)

Santa Barbara Wine Country

Sehenswertes

1 Alma Rosa ... B6
2 Beckmen ... D6
3 Elverhøj Museum ... C7
4 Firestone ... C4
5 Foxen ... B2
6 Kalyra ... D7
7 Kenneth Volk ... A1
8 Mission Santa Inés ... C7
9 Wildling Art Museum ... B5
10 Zaca Mesa ... C3

Schlafen

11 Ballard Inn & Restaurant ... C6
12 Hadsten House Inn ... B6

Essen

13 Brothers' Restaurant at Mattei's Tavern ... A4
14 El Rancho Market ... D6
15 Ellen's Danish Pancake House ... B6
16 Hitching Post II ... B6
17 Los Olivos Café ... A5
18 Petros ... A5
19 Solvang Bakery ... C7

Ausgehen

20 Avant Tapas & Wine ... B6
21 Maverick Saloon ... D6

Folgende Campingplätze vergeben ihre Stellplätze an Traveller entweder in der Reihenfolge von deren Ankunft oder auf Reservierung: Fremont, Paradise und Los Prietos vor der Ranger Station und Upper Oso am Ende der Paradise Rd, am Hwy 154.

Essen

Petros MEDITERRAN $$$

(☎805-686-5455; www.petrosrestaurant.com; Fess Parker Wine Country Inn & Spa, 2860 Grand Ave, Los Olivos; Platte f. 2 Pers. 6–18 US$, Hauptgerichte abends 22–36 US$; ⌚So–Do 7–22, Fr & Sa bis 23 Uhr) In dem sonnendurchfluteten, modernen Lokal mit klarem Design wird hochwertige griechische Küche serviert, die eine tolle Abwechslung zum italienisch geprägten Wine-Country-Kitsch sein dürfte. Gegrillte Pita mit süß-pikanten Dips, Fladenbrotpizza und Lammkeule mit Fetakruste schmecken auch wählerischen Essern. Reservierung empfohlen.

Los Olivos Café KALIFORNISCH $$$

(☎805-688-7265; www.losolivoscafe.com; 2879 Grand Ave, Los Olivos; Hauptgerichte 12–30 US$; ⌚11.30–20.30 Uhr) Mit weißen Sonnensegeln und Spalieren voller Blauregen erzeugt das kalifornisch-mediterrane Bistro ein lässig-schickes Ambiente, das einen hervorragenden Abschluss für einen langen Tag voller Unternehmungen abgibt. Die Gerichte auf der Karte sind unterschiedlich gut: Am besten beschränkt man sich auf die Antipasti-Teller, die herzhaften Salate und die knusprigen Pizzas. Und dann wären da noch die scheinbar endlosen Weinregale an der Bar. Verlockend! Ohne Reservierung geht aber leider gar nichts.

Brothers Restaurant at Mattei's Tavern AMERIKANISCH $$$

(☎805-688-4820; www.matteistavern.com; 2350 Railway Ave, Los Olivos; Hauptgerichte 18–44 US$; ⌚17–21 Uhr) Wer die Straße zu dieser authentischen Taverne aus dem 19. Jh. entlangfährt, rechnet fast schon damit, dass gleich eine Postkutsche vorbeigedonnert kommt. Im Lokal sitzt man an Tischen mit karierten Tischdecken und bekommt Klassiker wie im Holzrauch geräucherten Lachs und im Ofen gegarte Lammkeule vorgesetzt. Zeit, sich aufzubrezeln! Hier reserviert man auch besser.

Hitching Post II STEAK $$$

(☎805-688-0676; www.hitchingpost2.com; 406 E Hwy 246, Buellton; Hauptgerichte 22–48 US$; ⌚Mo–Fr 17–21.30, Sa & So 16–21.30 Uhr) In dieser Gegend wird man sich schwer tun, bessere Steaks und Koteletts auf den Teller zu bekommen als in diesem legendären, altmodischen Country-Steakhouse: Serviert werden über Eichenholz gegrillte Steaks und Baby Back Ribs, dazu gibt es hauseigenen Pinot Noir (der übrigens auch ziemlich gut ist). Wer hier essen möchte, muss unbedingt reservieren.

El Rancho Market FAST FOOD, LEBENSMITTEL $

(www.elranchomarket.com; 2886 Mission Dr (Hwy 246), Solvang; ⌚6–22 Uhr) Hier kann man seinen Picknickkorb füllen oder aber nach einem Tag voller Windmühlen, Holzschuhe und *abelskiver* ins echte Leben zurückkehren. Dieser Supermarkt hat eine fantastische Feinkostabteilung. Außerdem gibt's Gegrilltes zum Mitnehmen, Salate und Suppen, ein gutes Weinangebot und eine Espressobar.

Ellen's Danish Pancake House FRÜHSTÜCK $$
(www.ellensdanishpancakehouse.com; 272 Ave of the Flags, Buellton; Hauptgerichte 6–12 US$; ⌚Di–So 6–20, Mo bis 14 Uhr; 👪) Wer braucht Solvang? Die Einheimischen kommen hierher, wenn sie Lust auf leckere dänische Pfannkuchen, dänische Würstchen und nicht ganz so dänische belgische Waffeln haben.

Solvang Bakery BÄCKEREI $
(www.solvangbakery.com; 460 Alisal Rd, Solvang; Gebäck ab 2 US$; ⌚7–18 Uhr) Solvangs Bäckereien ziehen einen magisch an, dabei sind die meisten noch nicht mal besonderes gut. Diese wunderbare Ausnahme hat dänische Kekse, mit Zuckerguss überzogene Mandelbutterringe und mehr im Angebot.

Ausgehen & Unterhaltung

Avant Tapas & Wine WEINBAR
(www.avantwines.com; 35 Industrial Way, Buellton; ⌚Do & So 11–20, Fr & Sa bis 22 Uhr) Geheimtipp: In der oberen Etage eines Gebäudes im Industrieschick lockt diese Weinbar mit heißen und kalten Tapas, Pizzas und Do-it-yourself-Verkostungen von mehr als 30 Boutiqueweinen, die hier vor Ort in Fässern lagern.

Maverick Saloon BAR, NACHTCLUB
(www.mavericksaloon.org; 3687 Sagunto St, Santa Ynez; ⌚12–2 Uhr) In dem Örtchen Santa Ynez, auf der Strecke zum Chumash Casino, treten in dieser Motorradspelunke Country-&-Western- sowie Rockbands auf. Nachts stehen DJs am Plattenteller und am Wochenende wird getanzt.

Praktische Informationen

Die **Santa Barbara County Vintners' Association** (www.sbcountywines.com) veröffentlicht eine Weingutkarte für Touren auf eigene Faust; man kriegt sie in den Probierstuben und beim **Solvang Visitors Center** (☎805-688-6144, 800-468-6765; www.solvangusa.com; 1639 Copenhagen Dr, Solvang; ⌚9–17 Uhr).

Anreise & Unterwegs vor Ort

Das Wine Country liegt nordwestlich von Santa Barbara; man fährt in weniger als einer Stunde über den Hwy 101 oder den malerischeren, engeren und kurvenreicheren Hwy 154 (San Marcos Pass Rd). Der Hwy 246 verläuft von Ost nach West durch das Santa Ynez Valley und passiert zwischen Santa Ynez (abseits des Hwy 154) und Buellton (abseits des Hwy 101) Solvang (wo er Mission Dr heißt).

Santa Barbara

Kurz: Diese Gegend ist verdammt toll, um herumzufahren. Nur 90 Minuten nördlich von Los Angeles, eingekeilt zwischen Bergen und dem Pazifik, sonnt sich Santa Barbara in seiner fast makellosen Perfektion. Der Ort wurde von spanischen Missionaren gegründet und wirkt mit seinen roten Ziegeldächern, den weißen Fassaden und dem mediterrane Flair wirklich wie eine amerikanische Version der Riviera. Santa Barbara ist mit einem fast schon unheimlich guten Wetter gesegnet, und kein Besucher kann sich dem Reiz der Strände entziehen, an denen die Stadt liegt. Die hässlichen Ölbohrtürme draußen im Meer muss man einfach ignorieren.

Geschichte

Für Hunderte von Jahren vor der Ankunft der Spanier lebten hier die Chumash. Sie etablierten Handelsrouten bis hinüber zu den Channel Islands, die sie mit ihren *tomols* genannten Kanus aus Mammutbaumholz erreichten. 1542 segelte der Entdecker Juan Rodríguez Cabrillo in den Kanal und beanspruchte ihn für Spanien. Auf der Nachbarinsel ereilte ihn aber kurz darauf sein Schicksal.

Die Chumash hatten wenig Grund zur Sorge, bis die Spanier Ende des 18. Jhs. zurückkehrten – und zwar für länger. Spanische Soldaten und Geistliche trafen ein; Erstere wollten Militärposten errichten, die Priester kamen, um die „Wilden" zum Christentum zu bekehren. Die Spanier zwangen die Chumash, die Channel Islands zu verlassen, die Missionen und Militärposten zu bauen und sich als Arbeitskräfte zu verdingen. Viele amerikanische Ureinwohner veränderten ihre Essgewohnheiten und ihre Kleidung und starben an europäischen Krankheiten oder infolge schlechter Behandlung und des Kulturschocks.

Nachdem Mexiko 1821 seine Unabhängigkeit von Spanien erlangt hatte, kamen mexikanische Bauern in die Region. Eine Menge Ostküstler strömten im Zuge des Goldrauschs von 1849 herbei, und in den späten 1890ern war die Stadt bereits zum Urlaubsort für Reiche geworden. Nach einem schweren Erdbeben 1925 erließ man Gesetze, die besagten, dass der Großteil der Gebäude der Stadt im mittlerweile als charakteristisch erachteten imitierten spanischen Stil wieder aufgebaut werden sollte, eben mit weiß verputzten Wänden und roten Dachziegeln.

Sehenswertes

Mission Santa Barbara MISSION

(www.sbmission.org; 2201 Laguna St; Erw./Kind 6–15 Jahre 5/1 US$; ⌚9–16.30 Uhr) Hochherrschaftlich regiert die „Königin der Missionen" über die Stadt. Sie war die zehnte Mission in Kalifornien, geweiht am Feiertag der Heiligen Barbara im Jahr 1786. Seitdem war sie durchgängig mit katholischen Priestern besetzt und entging der durch die mexikanische Politik erzwungenen Säkularisation. Heute ist sie Franziskanerkloster, Dorfkirche und historisches Museum zugleich. Die Steinkirche von 1820 zeigt Malereien der Chumash und besitzt wunderschöne Kreuzgänge; die imposante dorische Fassade, eine Hommage an eine Kapelle im alten Rom, ist gekrönt von zwei Glockentürmen. Hinter der Kirche befindet sich ein weitläufiger Friedhof – eine Tür mit Totenschädelschnitzereien führt nach draußen – mit 4000 Chumash-Gräbern und den aufwendigen Mausoleen der frühen Siedler.

El Presidio de Santa Barbara State Historic Park HISTORISCHE STÄTTE

(☎805-965-0093; www.sbthp.org; 123 E Cañon Perdido St; Erw./Kind unter 17 Jahren 5 US$/frei; ⌚10.30–16.30 Uhr) Gegründet 1782, um die Missionen zwischen San Diego und Monterey zu beschützen, war dieses Fort die letzte militärische Bastion Spaniens in Alta California. Aber ihr Auftrag war nicht allein der Schutz – der Militärposten diente auch als sozialer und politischer Knotenpunkt sowie als Zwischenstopp für Reisende des spanischen Militärs. Heute ist dieser kleine Stadtpark der Standort der ältesten Gebäude der Stadt, die nahezu ständig gepflegt und restauriert werden müssen. Auf jeden Fall der Kapelle einen Besuch abstatten! Der Innenraum leuchtet in allen Farben des Regenbogens. Die Eintrittskarten gestatten auch Zutritt zur **Casa de la Guerra** (15 E De La Guerra St; ⌚Sa & So 12–16 Uhr), einem Holzbau im Kolonialstil aus dem 19. Jh., in dem Ausstellungsstücke des spanisch-amerikanischen Erbes gezeigt werden.

GRATIS **Santa Barbara County Courthouse** HISTORISCHE GEBÄUDE

(1100 Anacapa St; ⌚Mo–Fr 8.30–16.45, Sa & So 10–16.45 Uhr) Das im spanisch-maurischen Revivalstil erbaute Gebäude ist für ein Gericht fast absurd hübsch. Der schöne Bau von 1929 ist geschmückt mit von Hand mit Malereien verzierten Decken, eisernen Kronleuchtern und Fliesen aus Tunesien und Spanien. Im stillen Wandgemälderaum im 2. Stock kann man sich spanische Kolonialgeschichte ansehen. Danach könnte man den 26 m hohen Glockenturm hinaufklettern, um durch die Bögen der Panoramablick auf die Stadt, das Meer und die Berge zu genießen. Die von Dozenten geführten Touren beginnen normalerweise täglich um 14 Uhr sowie montags, dienstags, mittwochs und freitags um 10.30 Uhr.

Santa Barbara Historical Museum MUSEUM

(www.santabarbaramuseum.com; 136 E De La Guerra St; Eintritt gegen Spende; ⌚Di–Sa 10–17, So 12–17 Uhr) Dieses romantisch anmutende Museum in einem kreuzgangähnlichen Lehmziegelinnenhof wird nicht von vielen Touristen angesteuert. Die unglaublich faszinierende Sammlung lokaler Erinnerungsstücke reicht von schlicht und schön – wie die Flechtkörbe der Chumash und Textilien aus der Kolonialzeit – bis zu verblüffend – wie eine aufwendig verzierte Truhe, die einst Junípero Serra gehörte. Man lernt etwas über die Verwicklung Santa Barbaras in den Sturz des letzten chinesischen Kaisers und findet einige andere interessante Fußnoten der lokalen Geschichte.

Santa Barbara Botanic Garden GARTEN

(www.sbbg.org; 1212 Mission Canyon Rd; Erw./Kind 2–12 Jahre/Student 8/4/6 US$; ⌚Nov.–Feb. 9–17 Uhr, März–Okt. bis 18 Uhr; 👪🐾) Der herzerfrischende Spaziergang durch den 16 ha großen Garten steht ganz im Zeichen der kalifornischen Flora. Über 8 km teilweise rollstuhltauglicher Wege winden sich zwischen Kakteen, Sequoias und Wildblumen hindurch, vorbei am alten Missionsdamm, der ursprünglich von den Mitgliedern des Chumash-Stammes errichtet wurde. Geführte Touren beginnen täglich um 14 Uhr sowie samstags und sonntags um 11 Uhr. Am Kiosk am Eingang gibt es das „Family Discovery Sheet". Angeleinte Hunde sind willkommen. Auf der Website oder per Telefon gibt's Wegbeschreibungen. Von der Mission aus fährt man etwa zehn Minuten den Hügel hinauf zum Garten.

Santa Barbara Museum of Art MUSEUM

(www.sbma.net; 1130 State St; Erw./Kind 6–17 Jahre 9/6 US$; ⌚Di–So 11–17 Uhr; 👪) Kulturkenner werden die Galerien im Stadtzentrum lieben, die über eine beeindruckende und gut zusammengestellte Sammlung

Santa Barbara Zentrum

Santa Barbara Zentrum

Highlights
- El Presidio de Santa Barbara State Historic Park C3
- Santa Barbara County Courthouse B3
- Santa Barbara Historical Museum B4
- Santa Barbara Museum of Art B3

Sehenswertes
- 1 Karpeles Manuscript Library B3
- 2 Santa Barbara Maritime Museum A6
- 3 Stearns Wharf B6
- 4 Ty Warner Sea Center B6

Aktivitäten, Kurse & Touren
- 5 Condor Express A6
- 6 Los Baños del Mar A6
- 7 Paddle Sports A6
- 8 Santa Barbara Sailing Center A6
- 9 Santa Barbara Trolley (Haupthaltestelle) B6
- 10 Wheel Fun B5
- 11 Wheel Fun B5

Schlafen
- 12 Brisas del Mar A5
- 13 Canary Hotel B3
- 14 Harbor House Inn B5
- 15 Inn of the Spanish Garden C3
- 16 James House B1
- 17 Marina Beach Motel A5
- 18 Presidio Motel B2
- 19 Santa Barbara Tourist Hostel B5

Essen
- 20 Bouchon B2
- 21 Brophy Bros A6
- 22 D'Angelo Pastry & Bread E5
- 23 El Buen Gusto C3
- 24 Lilly's Taquería E5
- 25 Metropulos C5
- Olio Pizzeria .... (siehe 20)
- 26 Palace Grill B4
- 27 Santa Barbara Farmers Market B4
- 28 Santa Barbara Shellfish Company B5
- 29 Silvergreens B4
- 30 Sojourner C3

Ausgehen
- 31 Blenders in the Grass B4
- 32 Brewhouse B5
- 33 French Press B3
- 34 Press Room B4

Unterhaltung
- 35 Santa Barbara Bowl D2
- 36 Soho B3
- 37 Velvet Jones B4

Shoppen
- 38 Channel Island Surfboards B5
- 39 CRSVR B4
- 40 REI B5

verfügen. Man sieht Werke von zeitgenössischen kalifornischen Künstlern, aber auch solche von modernen Meistern wie Matisse und Chagall, Fotografien aus dem 20. Jh. und asiatische Kunst. Zudem gibt's provokative Sonderausstellungen, eine interaktive Kindergalerie und ein Café. Sonntags zahlt jeder so viel Eintritt, wie er möchte.

Santa Barbara Maritime Museum MUSEUM
(www.sbmm.org; 113 Harbor Way; Erw./Kind 1–5 Jahre/Jugendl. 6–17 Jahre 7/2/4 US$, jeden 3. Do im Monat frei; ⏲Sept.–Mai Do–Di 10–17 Uhr, Juni–Aug. bis 18 Uhr; 👪) Selbst die Kids werden in diesem Museum am Jachthafen ihren Spaß haben. Die Ausstellungshalle auf zwei Ebenen feiert Santa Barbaras von Salzwasser geprägte Geschichte mit historischen Artefakten und Erinnerungsstücken Es gibt Mitmach-Angebote und virtuelle Ausstellungsstücke. Dazu kommt ein kleines Theater für Dokumentarfilme.

GRATIS **Karpeles Manuscript Library** MUSEUM
(www.rain.org/~karpeles; 21 W Anapamu St; ⏲10–16 Uhr) Dieses Archivmuseum, das vollgestopft ist mit historischen Dokumenten, ist für Geschichtsfreaks, Wissenschaftler und Musikliebhaber eine wahre Wonne. Die hiesigen Wechselausstellungen beschäftigen sich oft mit literarischen Meisterwerken von Shakespeare bis Sherlock Holmes.

Stearns Wharf WAHRZEICHEN
(www.stearnswharf.org) Am Südende der State St liegt die Stearns Wharf, deren ehemaliger Mitbesitzer der Schauspieler Jimmy Cagney war. Erbaut im Jahre 1872, ist sie der älteste immer noch betriebene Holzpier der Westküste. Man darf hier zwar 90 Minuten lang umsonst parken, wenn man sein Ticket von einem beliebigen Geschäft oder Restaurant abstempeln lässt, aber über die holprigen Holzbohlen zu laufen, ist viel witziger.

TOP 5: HIGHLIGHTS FÜR KIDS IN SANTA BARBARA

Museum of Natural History (www.sbnature.org; 2559 Puesta del Sol; Erw./Kind 3–12 Jahre/Jugendl. 13-17 Jahre 11/7/8 US$; ⏲10–17 Uhr; 👪) Naturpanoramen, glitzernde Edelsteine und ein stockdunkles Planetarium fesseln Kinder und regen ihre Fantasie an. Das Museum liegt eine gut zehnminütige Autofahrt von der Mission entfernt.

Arroyo Burro (Hendry's) Beach (s. unten) Der weitläufige Sandstrand liegt fernab der Touri-Gegenden und ist bei einheimischen Familien beliebt.

Ty Warner Sea Center (www.sbnature.org/seacenter; 211 Stearns Wharf; Erw./Kind 2–12 Jahre/Jugendl. 13–17 Jahre 8/5/7 US$; ⏲10–17 Uhr; 👪) Hier gibt es ein Grauwalskelett zum Bestaunen, ein Gezeitenbecken zum Fischestreicheln und ein 5700-l-Flutbecken.

Santa Barbara Sailing Center (s. unten) Im Rahmen der einstündigen Hafenrundfahrt lernen die Kiddies Seelöwen aus der Nähe kennen.

Santa Barbara Maritime Museum (S. 571) Durch ein Periskop linsen, virtuelle Fische angeln und supertolle Schiffsmodelle bestaunen – das sind hier die Highlights.

STRÄNDE

Der lange, sandige Abschnitt zwischen Stearns Wharf und Montecito heißt **East Beach** und ist Santa Barbaras größter und am stärksten besuchter Strand. Am seinem hinteren Ende, in der Nähe des Biltmore Hotels, strotzt der schöne, aber schmale **Butterfly Beach** nur so vor Armani-Badeanzügen und Gucci-Sonnenbrillen.

Zwischen Stearns Wharf und dem Hafen liegt der bei Travellern beliebte **West Beach**. Dort finden sich auch die **Los Baños del Mar** (☎805-966-6110; 401 Shoreline Dr; Eintritt 6 US$; 👪), ein öffentlicher beheizter Schwimmbadkomplex, ideal für Freizeit- und Bahnenschwimmer; ein Planschbecken für die ganz Kleinen ist auch dabei. Bezüglich der Öffnungszeiten am besten anrufen! Westlich des Hafens ist der **Leadbetter Beach** *der* Spot für Surfanfänger und Windsurfer. Die Stufen am Westende führen zum **Shoreline Park** mit Picknicktischen und sagenhaften Drachenflugbedingungen.

Weiter westlich, nahe der Kreuzung des Cliff Dr und der Las Positas Rd bietet der familienfreundliche **Arroyo Burro (Hendry's) Beach** kostenfreie Parkplätze und ein Restaurant mit Bar. Oberhalb des Strandes befindet sich die **Douglas Family Preserve** direkt an den Klippen – sie ist spitze, um die Vierbeiner mal tollen zu lassen.

Außerhalb der Stadt jenseits des Hwy 101 findet man noch mehr geräumige, familiengerechte **staatseigene Strände** (☎805-958-1033; www.parks.ca.gov; Auto 10 US$; ⏲Sonnenaufgang–Sonnenuntergang; 👪), einschließlich **Carpinteria State Beach**, etwa 12 Meilen (19,3 km) südöstlich von Santa Barbara, und die **Refugio & El Capitán State Beaches** über 20 Meilen (32 km) westlich von Goleta.

Aktivitäten

Surfen, Kajakfahren, Segeln & Walbeobachtung

Santa Barbaras Nähe zu den windumtosten Channel Islands macht es zu einem idealen Ort, um zu lernen, wie man die Wellen bändigt. Außer für blutige Anfänger sind die Bedingungen im Sommer viel zu lahm; hier geht im Winter die Post ab. **Rincon Point** in Carpinteria ist der Spot für Profis und hat lange, glatte Pointbreaks, während **Leadbetter Point** viel besser für Anfänger geeignet ist. Vom Frühjahr bis zum Herbst kann man sich mit dem Kajak die ruhigen Gewässer des Hafens oder die Buchten der Gaviotaküste erpaddeln. Auch die Channel Islands sind gute Ziele, wenn man es lieber einsamer hat und spannende Seehöhlen erkunden möchte. Im Hafen sind die Stehpaddler unterwegs.

Santa Barbara Sailing Center KAJAKFAHREN, SEGELN

(☎805-962-2826, 800-350-9090; www.sbsail.com; 133 Harbor Way; Miete pro Std. Einer-/Zweierkajak 10/15 US$, Kajakunterricht & -touren 55–95 US$, Katamarantouren 10–65 US$) Vermietet Kajaks, bietet geführte Touren und Segelkurse sowie Cocktail- und Naturbeobachtungsfahrten an.

Santa Barbara Adventure Co KAJAKFAHREN, SURFEN

(☎805-884-9283; www.sbadventureco.com; Kajaktouren 50–105 US$, Surf- & Stehpaddelunterricht 99–125 US$) Hat Kurse im normalen Surfen und im Stehpaddeln sowie geführte Kajaktouren an der Küste im Programm – nach den *stargazing floats* fragen!

Paddle Sports KAJAKFAHREN, SURFEN
(☎805-899-4925; www.kayaksb.com; 117b Harbor Way; Surfbrett 10–30 US$, Kajak 25–120 US$, Stehpaddelboard 40–65 US$, Stehpaddelkurs 1 Std. 65 US$, 2-stündige Kajaktour 50 US$) Freundlicher einheimischer Ausrüster, bequemerweise direkt am Hafen.

Condor Express BOOTSTOUREN
(☎805-882-0088, 888-779-4253; www.condorcruises.com; 301 W Cabrillo Blvd; Erw./Kind 5–12 Jahre ab 48/25 US$) Führt ganzjährig kommentierte Walbeobachtungstouren, u.a. um die Channel Islands, an Bord eines ruhig segelnden Katamarans durch.

Radfahren

Ein gepflasterter Erholungspfad führt zwischen dem Leadbetter Beach und dem Andrée Clark Bird Refuge knapp 5 km an der Küste entlang, vorbei an der Stearns Wharf. Die **Santa Barbara Bicycle Coalition** (www.sbbike.org) bietet online kostenlose Fahrradtourkarten an.

Wheel Fun RADFAHREN
(www.wheelfunrentals.com; ⌚8–20 Uhr) Cabrillo (23 E Cabrillo Blvd); State St (22 State St) Vermietet Beach-Cruiser, Trekkingbikes und diese komischen Viersitzer-Familienkutschen mit Pedalantrieb und Fransenverdeck (einheimische Kids bewerfen die Dinger gern mit Wasserballons!).

Drachen- & Gleitschirmfliegen

Für Meerblick aus der Vogelperspektive bieten **Eagle Paragliding** (☎805-968-0980; www.eagleparagliding.com) und **Fly Above All** (☎805-965-3733; www.flyaboveall.com) Drachenflugunterricht (ab 200 US$) und Tandemflüge (60–200 US$) an. Wer Unterricht im Hängegleiten braucht, kann sich auch an **Fly Away** (☎805-403-8487; www.flyawayhanggliding.com) wenden.

Geführte Touren

Architectural Foundation of Santa Barbara STADTSPAZIERGANG
(☎805-965-6307; www.afsb.org; Erw./Kind unter 12 Jahren 10 US$/frei) Die gemeinnützige Organisation bietet faszinierende 90-minütige geführte Stadtspaziergänge in Kleingruppen durch das Zentrum Santa Barbaras an, bei denen Kunst, Geschichte und Architektur im Mittelpunkt stehen; üblicherweise finden diese Touren am Samstag- und Sonntagmorgen statt.

Santa Barbara Trolley BUSTOUREN
(☎805-965-0353; www.sbtrolley.com; Erw./Kind 3–12 Jahre 19/8 US$; ⌚10–17.30 Uhr) Biodieselbetriebene Bähnchen drehen eine 90-minütigen Runde (mit Kommentaren) vorbei an den Haupttouristenattraktionen; Abfahrt ist an der Stearns Wharf (letzte Abfahrt 16 Uhr). Die Tickets, die den ganzen Tag gelten, erlauben beliebig häufiges Ein- und Aussteigen. Außerdem kriegt man kleine Rabatte an ausgewählten Attraktionen.

Feste & Events

First Thursday KULTUR
(www.santabarbaradowntown.com) Am ersten Donnerstagabend eines jeden Monats ist in den Galerien, Museen und Theatern der Innenstadt was los: Dann findet jeweils eine große Straßenparty mit Live-Unterhaltung statt.

Santa Barbara International Film Festival KINO
(http://sbiff.org) Filmkenner kommen zwischen Ende Januar und Anfang Februar in Scharen, um Vorführungen von amerikanischen und ausländischen Independent-Filmen beizuwohnen.

I Madonnari Italian Street Painting Festival KULTUR
(www.imadonnarifestival.com) Kreidebilder verzieren die Bürgersteige rund um die Mission während des Memorial-Day-Wochenendes.

Summer Solstice Celebration KULTUR
(www.solsticeparade.com) Durchgeknallte, unglaublich beliebte – und einfach wilde –

SANTA BARBARAS URBAN WINE TRAIL

Keinen fahrbaren Untersatz für eine Spritztour in Santa Barbaras Weinregion? Kein Problem! Man kann die Strecke zwischen den fast ein Dutzend Weinstuben (und einer superguten Kleinbrauerei) in der Nähe des Strandes südöstlich des Zentrums auch einfach zu Fuß zurücklegen. Der gut genutzte **Urban Wine Trail** (www.urbanwinetrailsb.com) ist einfach ideal. Die meisten der Probierstuben sind von 11–18 Uhr geöffnet.

Performancekunstparade im Freien. Sie findet Ende Juni statt.

Old Spanish Days Fiesta KULTUR
(www.oldspanishdays-fiesta.org) Anfang August, während dieses langwierigen und ein bisschen überbewerteten Kulturerbe-Festivals mit Rodeos, Musik und Tanz ist die Stadt schlicht überfüllt.

Avocado Festival ESSEN
(www.avofest.com) Im Dörfchen Carpinteria kann man Anfang Oktober das weltgrößte Guacamolefass bestaunen. Den Rahmen bilden Imbiss- und Kunsthandwerksbuden sowie Livebands.

Schlafen

Bevor jemand einen Herzinfarkt kriegt, hier eine Warnung: Die Preise sind happig! Für einfache Motelzimmer am Strand muss man im Sommer auf jeden Fall mindestens 200 US$ hinlegen. Bloß nicht ohne Reservierung auftauchen, vor allem nicht an Wochenenden! Preiswertere Alternativen finden sich entlang der oberen State St und am Hwy 101 zwischen Goleta und Carpinteria.

LP TIPP **Inn of the Spanish Garden** BOUTIQUEHOTEL $$$
(805-564-4700, 866-564-4700; http://spanishgardeninn.com; 915 Garden St; DZ inkl. Frühstück 259–519 US$;) In diesem eleganten Innenstadthotel im Spanish-Revival-Stil haben die Zimmer eigene Balkone und Patios mit Blick auf den schönen Innenhof mit Springbrunnen. Die zwei Dutzend romantischen Unterkünfte sind mit Luxusbettwäsche und tiefen Badewannen ausgestattet. Der Service ist ebenfalls Spitzenklasse.

Four Seasons Resort – The Biltmore RESORT $$$
(805-969-2261, 800-819-5053; www.fourseasons.com/santabarbara; 1260 Channel Dr; DZ ab 595 US$;) Hier, im ach-so-komfortablen Biltmore von 1927, hat man automatisch das Bedürfnis, weißes Leinen zu tragen und einen auf großen Gatsby zu machen. Santa Barbaras Vorzeigeresort wurde im spanischen Kolonialstil erbaut und bietet einen herrlichen Blick über den Butterfly Beach. Jedes Detail ist perfekt, angefangen bei den Bädern mit mediterranen Fliesen, bis hin zu den verstecken Gartenhäusern für Hochzeitsreisende. WLAN gibt es leider nur am Pool und in der Lobby. Das Hotel liegt 15 Fahrminuten über den Hwy 101 Richtung Süden vom Zentrum entfernt.

El Capitan Canyon HÜTTEN, CAMPING $$
(805-685-3887, 866-352-2729; www.elcapitancanyon.com; 11560 Calle Real, abseits des Hwy 101; Safarizelt 155 US$, Hütte 225–350 US$;) Auf zum „Glamping" (= Glamour-Camping) in diesem bewaldeten, autofreien Gebiet in der Nähe des El Capitán State Beach, 20 Meilen (32 km) auf dem Hwy 101 westlich von Santa Barbara! Tagsüber genießen Gäste das tolle Gelände, nachts wissen sie die rustikalen Safarizelte und Zedernholzhütten am Bach zu schätzen. Letztere verfügen über himmlische Matratzen, Gaskamine und Feuerstellen auf den Terrassen.

Canary Hotel HOTEL $$$
(805-884-0300, 877-468-3515; www.canarysantabarbara.com; 31 W Carrillo St; DZ ab 299 US$;) Das schickste mehrstöckige Hotel im Zentrum hat einen Dachpool und eine Veranda mit Cocktailbar, von der aus man den Sonnenuntergang beobachten kann. In den geschniegelten Zimmer stehen Himmelbetten und allerlei moderne Annehmlichkeiten – allerdings sind die „Suiten" nur größere Zimmer. Der Straßenlärm kann nachts lästig sein. Haustiergebühr 35 US$.

James House B&B $$$
(805-569-5853; www.jameshousesantabarbara.com; 1632 Chapala St; Zi. inkl. Frühstück 190–240 US$;) Wer schon immer einmal in einem traditionellen B&B übernachten wollte, mietet sich in diesem stattlichen Haus im amerikanischen Queen-Anne-Stil ein, das einen charmant-herzlichen Besitzer hat. Alle mit Antiquitäten möblierten Zimmer atmen pure Eleganz; sie haben hohe Decken, einige auch offene Kamine. Keine Spur vom momentan so angesagten Shabby-Chic! Das Frühstück ist übrigens auch hervorragend.

Harbor House Inn MOTEL $$
(805-962-9745, 888-474-6789; www.harborhouseinn.com; 104 Bath St; Zi. 129–335 US$;) Alle Studiozimmer in diesem Motel sind hell, haben Holzböden, kleine Küchen und ein fröhliches Design. Im Preis sind ein Willkommensfrühstückskörbchen, die Benutzung des DVD-Verleihs und der Räder mit Dreigangschaltung enthalten.

Agave Inn MOTEL $$
(805-687-6009; www.agaveinnsb.com; 3222 State St; Zi. 79–209 US$;) Im Herzen immer noch ein Motel, vermittelt dieses Budget-Boutique-Haus eine fröhliche Atmosphäre à la mexikanischer Pop trifft

Moderne. Die Farben hier könnten direkt aus einem Frida-Kahlo-Gemälde stammen. Pluspunkte sind die familienfreundliche Zimmergröße, die Küchenzeilen und die Bettsofas. Mit dem Auto braucht man zehn Minuten bis in die Innenstadt.

Presidio Motel MOTEL $$
(☎805-963-1355; http://thepresidiomotel.com; 1620 State St; Zi. inkl. Frühstück 119–220 US$; ❄📶) Das gleich nördlich vom Zentrum gelegene Presidio ist fürs Übernachten, was H&M fürs Shoppen ist: eine preiswerte, trendige Alternative. Die modernen Motelzimmer mit dem träumerischen Bettzeug und den mit Kunst verzierten Wänden haben viel Ausdruck. Laut kann es allerdings schon mal werden. Beach-Cruiser-Fahrräder können kostenlos ausgeliehen werden.

Brisas del Mar HOTEL $$
(☎805-966-2219, 800-468-1988; www.sbhotels.com; 223 Castillo St; Zi. inkl. Frühstück 145–290 US$; ❄@📶🏊) Daumen hoch für die Gratisgeschenke (DVDs, Wein, Käse, Milch und Kekse) und die mediterran gestaltete Auffahrt! Nur der Motelflügel ist nicht sehr hübsch. Die weiter vom Strand entfernten Filialen können etwas preiswerter sein.

State Park Campgrounds CAMPING $
(☎Reservierungen 800-444-7275; www.reserveamerica.com; Stellplatz Zelt & Wohnmobil 35–50 US$, Hike-&-Bike-Stellplatz 10 US$) In weniger als 30 Minuten ist man an den staatlichen Stränden Santa Barbaras, Carpinteria Beach, Refugio Beach und El Capitán Beach. An jedem Strand gibt es einen meist gerammelt vollen, beliebten Campingplatz mit Spültoiletten, Warmwasserduschen, Grills und Picknicktischen. Man muss im Voraus buchen.

Marina Beach Motel MOTEL $$
(☎805-963-9311, 877-627-4621; www.marinabeachmotel.com; 21 Bath St; Zi. 115–289 US$; ❄@📶🐾) Blumengeschmücktes einstöckiges Motel am Meer. Einige Zimmer sind mit Küchenzeilen ausgestattet. Haustiere 10 US$.

Blue Sands Motel MOTEL $$
(☎805-965-1624; www.thebluesands.com; 421 S Milpas St; Zi. 99–259 US$; 📶🏊🐾) Leicht kitschiges zweistöckiges Motel, ein paar Schritte vom East Beach entfernt. Einige Zimmer haben Küchenzeilen; Haustiergebühr 10 US$.

Motel 6 Santa Barbara MOTEL $$
(☎805-564-1392, 800-466-8356; www.motel6.com; 443 Corona del Mar; Zi. 85–185 US$; 📶🏊🐾) Das allererste Motel 6, umgebaut im Ikea-Design; Haustiergebühr 10 US$.

Santa Barbara Tourist Hostel HOSTEL $
(☎805-963-0154; www.sbhostel.com; 134 Chapala St; B 25–43 US$, Zi. 79–139 US$; ⏲Check-in 14.30–23.15 Uhr; @📶) Durchreisende Fremde, vorbeirumpelnde Züge und eine lärmige Bar direkt vor der Haustür – das ist entweder der Text eines perfekten Country-&-Western-Songs oder die Beschreibung dieses niedrigen, ramponierten Hostels.

ABSTECHER

OJAI

Hollywood-Regisseur Frank Capra wählte das Ojai Valley als Kulisse für das mythische Shangri-La in seinem Film *In den Fesseln von Shangri-La von* 1937. Heute zieht Ojai (der Name wird „*oh*-hi" ausgesprochen und bedeutet „Mond" in der Sprache der Chumash) Künstler, Biobauern, spirituell Unentschlossene und auch sonst alle an, die sich mal verwöhnen lassen möchten. Wer hier ist, sollte zuerst die Arcade Plaza besichtigen, einen Irrgarten aus Gebäuden im Mission-Revival-Stil an der Ojai Ave (der Hauptstraße im Zentrum) mit auf künstlerisch gemachten Boutiquen und Cafés.

Ojai ist berühmt für seine Version des Alpenglühens: Wenn die Berge bei Sonnenuntergang rosa aufleuchten ist das der sogenannte *pink moment*. Der ideale Aussichtspunkt für dieses Bild ist der friedvolle **Meditation Mount** (www.meditationmount.org; 10340 Reeves Rd; Eintritt frei), zu finden im Osten des Ortszentrums an der Ojai Ave (Hwy 150), an Boccali's Pizzeria links. Wanderkarten, auf denen die Thermalquellen, Wasserfälle und andere Aussichtspunkte verzeichnet sind, gibt es in der **Ojai Ranger Station** (☎805-646-4348; www.fs.fed.us/r5/lospadres; 1190 E Ojai Ave; ⏲Mo–Fr 8–16.30 Uhr).

Ojai liegt etwa 35 Meilen (56 km) östlich von Santa Barbara, erreichbar über die Hwys 101 und 150, bzw. 15 Meilen (24 km) landeinwärts von Ventura (via Hwy 33).

Essen

LP TIPP **Bouchon** FRANZÖSISCH **$$$**
(☎805-730-1160; www.bouchonsantabarbara.com; 9 W Victoria St; Hauptgerichte 28–36 US$; ⏲So–Do 17.30–21, Fr & Sa bis 22 Uhr) Aromatische, saisonale französische Küche mit kalifornischem Einschlag dominiert die Karte des geselligen Bouchon (der Name bedeutet „Korken"). Lokal erzeugte Bauernhofprodukte und Fleisch von freilaufenden Tieren harmonieren wunderbar mit den mehr als 30 lokalen offenen Weinen. Pärchen lassen sich am besten auf dem romantisch mit Kerzen beleuchteten Patio nieder.

LP TIPP **Santa Barbara Shellfish Company** SEAFOOD **$$**
(www.sbfishhouse.com; 230 Stearns Wharf; Gerichte 5–19 US$; ⏲11–21 Uhr) Aus dem Meer in die Pfanne und auf den Teller – das beschreibt wohl am besten, was sich in dieser Krabbenbude am Ende des Piers, die quasi so etwas wie eine Eckkneipe ist, abspielt. Kurz: großartige Hummercremesuppe, Meerblick und seit 25 Jahren in Betrieb.

Olio Pizzeria ITALIENISCH **$$**
(☎805-899-2699; www.oliopizzeria.com; 11 W Victoria St; Gerichte 3–24 US$; ⏲Mo–Sa 11.30–14 Uhr, So–Do 17–22, Fr & Sa bis 23 Uhr) Gemütliches Lokal mit hoher Decke und einer ansehnlichen Weinsammlung an der Bar. Im Angebot sind leckere, knusprige Pizzas, importierter Käse, Fleisch, traditionelle Antipasti und *dolci*.

Palace Grill SÜDSTAATEN **$$$**
(www.palacegrill.com; 8 E Cota St; Hauptgerichte mittags 8–15 US$, abends 16–30 US$; ⏲tgl. 11.30–15, So–Do 17.30–22, Fr & Sa bis 23 Uhr; 👪) Voller Mardi-Gras-Überschwang tischt das Personal dieses Grilllokals köstliche Biscuits und enorme (wenn auch nur mittelmäßig leckere) Portionen von Jambalaya, Gumbo *ya-ya* und Blackened Catfish auf. Es kann gut sein, dass einen die Angestellten stürmisch zum Mitsingen auffordern.

Silvergreens GESUND **$$**
(www.silvergreens.com; 791 Chapala St; Gerichte 4–10 US$; ⏲Mo–Fr 7.30–22, So 11–22 Uhr; 👪✍) Wer sagt, dass Fast Food nicht frisch und lecker sein kann? Unter dem Motto „Iss schlau, lebe gut" verkauft dieses sonnendurchflutete Café ernährungsphysiologisch sinnvolle Salate, Suppen, Sandwiches und Frühstücksburritos (mit Kalorientabelle auf der Rechnung).

Brophy Bros SEAFOOD **$$**
(www.brophybros.com; 119 Harbor Way; Hauptgerichte 9–20 US$; ⏲So–Do 11–22, Fr & Sa bis 23 Uhr) Der Laden ist schon ewig bekannt für fangfrische Meeresfrüchte, die raubeinige Atmosphäre, die Hafenlage und das Holzdeck, auf dem sich der Sonnenuntergang genießen lässt. Einfach an den langen Warteschlangen für Tische vorbeigehen und an der Bar Austern und Bloody Marys probieren!

El Buen Gusto MEXIKANISCH **$**
(836 N Milpas St; Gerichte 3–8 US$; ⏲8–21 Uhr) Während man auf seine authentischen Tacos wartet, kann man in den Plastiksitzecken mit einem *agua fresca* oder kühlem Pacifico (mexikanischem Pils) abhängen, während man sich mit mexikanischen Musikvideos und Fußball aus den Fernsehern berieseln lässt. *Menudo* (Kuttelsuppe) und *birria* (scharfer Eintopf) sind die Wochenendspezialitäten.

D'Angelo Pastry & Bread CAFÉ **$**
(25 W Gutierrez St; Gerichte 2–8 US$; ⏲7–14 Uhr) Die witzige Retrobäckerei mit ihren silbernen Bistrotischen auf dem Gehweg ist ideal für ein schnelles Frühstück oder einen Brunch, sei es nur für ein Croissant mit Butter und einen Espresso oder opulenter für „Eggs Rose", das Lieblingsgericht von Cat Cora, Teilnehmerin an der TV-Kochshow „Iron Chef America".

Sojourner GESUND **$$**
(www.sojournercafe.com; 134 E Cañon Perdido St; Hauptgerichte 8–15 US$; ⏲Mo–Sa 11–23, So bis 22 Uhr; ✍) Der beliebte Ökoladen betreibt sein ganzheitliches, natürliches und quasi fleischfreies Geschäft schon seit 1978. Die mit Chili gewürzten Tempeh-Tacos und die Ingwer-Tofu-Wan-Tans sind lecker. Fair gehandelter Kaffee, einheimische Biere und Weine sowie gute Desserts runden eine Mahlzeit hier ab.

Lilly's Taquería MEXIKANISCH **$**
(www.lillystacos.com; 310 Chapala St; Gerichte ab 2 US$; ⏲Mo & Mi–Do 11–21, Fr & Sa bis 22, So bis 21.30 Uhr) Hier stehen immer Leute Schlange – wegen der *adobada*-Tacos (mit mariniertem Schweinefleisch).

Metropulos DELI **$**
(www.metrofinefoods.com; 216 E Yanonali St; Gerichte 6–10 US$; ⏲Mo–Fr 8.30–17.30, Sa 10–16 Uhr) Traditionell hergestelltes Brot, Käse und Pökelfleisch, sorgfältig zusammengebaute Sandwiches und marktfrische Salate.

Santa Barbara Farmers Market MARKT $

(www.sbfarmersmarket.org; Ecke Santa Barbara & Cota Sts; ⌚Sa 8.30–13 Uhr) Dieselben Farmer und Lebensmittelfachverkäufer versammeln sich dienstagnachmittags auch auf der unteren State St.

Ausgehen

Santa Barbaras Nachtleben ist hauptsächlich von Studentenkneipen und den Clubs an der unteren State St geprägt. Samstagabends kann es hier richtig rundgehen.

Brewhouse BRAUEREIKNEIPE

(www.brewhousesb.com; 229 W Montecito St; ⌚So–Do 11–23, Fr & Sa bis 24 Uhr; 📶) Diese raubeinige Kneipe neben den Gleisen stellt in „Kleinauflagen" einzigartige eigene Biere her (das auf belgische Art gebrautes Saint Barb ist der Kracher!). An den Wänden hängt coole Kunst, und mittwochs bis samstags gibt's abends rockige Livemusik.

Press Room KNEIPE

(http://pressroomsb.com; 15 E Ortega St) Ein wahrer Magnet für Studenten und Traveller aus Europa. Es gibt keinen besseren Laden, um Fußball zu gucken, die Jukebox zu füttern und sich von den englischen Barkeepern auf den Arm nehmen zu lassen.

French Press COFFEESHOP

(1101 State St; ⌚Mo–Fr 6–19, Sa 7–19, So 8–17 Uhr; 📶) Dieser Coffeeshop an der State St beschämt die großen Ketten mit in Santa Cruz gerösteten Bohnen, funkelnden italienischen Kaffeemaschinen und Baristas, die sich mit Espresso und würzigen Chais richtig, richtig gut auskennen.

Blenders in the Grass SAFT, SMOOTHIES $

(www.drinkblenders.com; 720 State St; Getränke 3–6 US$; ⌚Mo–Do 7–21, Fr 7–22, Sa 8–22, So 8–21 Uhr) Für den schnellen Energieschub zwischendurch empfiehlt die örtliche Saftbar einen Weizengras-Shot oder alternativ einen Dattel-Milchshake.

Hollister Brewing Co BRAUEREIKNEIPE

(www.hollisterbrewco.com; Camino Real Marketplace, 6980 Marketplace Dr, abseits des Hwy 101, Exit Glen Annie Rd; ⌚11–22 Uhr) Bierliebhaber werden den Trip in die Nähe des UCSB-Campus zwecks Verkostung solch einzigartiger Perlen der Braukunst wie White Star XPA oder Hip Hop Imperial Ale keinesfalls bereuen. Von der Innenstadt aus dauert es etwa 20 Minuten (auf dem Hwy 101 Richtung Norden fahren!).

Unterhaltung

Der kostenlose wöchentlich erscheinende *Santa Barbara Independent* (www.independent.com) und der „Scene"-Teil der *Santa Barbara News-Press* (www.sbnewspress.com) enthalten Kalender, in denen alle Veranstaltungen und Live-Shows verzeichnet sind, einschließlich der Programme der historischen Filmpaläste und der Theater im Zentrum.

Santa Barbara Bowl MUSIK, COMEDY

(☎805-962-7411; www.sbbowl.org; 1122 N Milpas St) Dieses steinerne Freiluftamphitheater, das während der New-Deal-Ära in den 1930ern erbaut wurde, bietet Meerblick – ausgerechnet von den billigsten Plätzen ganz oben. Einfach zurücklehnen und genießen, sei es im Sommersonnenschein oder unter den Sternen bei Stand-up-Comedy oder einem Jazz-, Folk- oder Rockkonzert (nicht selten auch mit großen Stars).

Soho MUSIK

(☎805-962-7776; www.sohosb.com; 1221 State St, 2. Ebene) Im 1. Stock eines Bürokomplexes in Downtown, einem unauffälligen Ziegelsteinbau, läuft beinahe jeden Abend geniale Mucke. Mit von der Partie sind Indie, Jazz, Folk, Funk und Weltmusik, manchmal legen auch DJs auf.

Velvet Jones MUSIK, COMEDY

(☎805-965-8676; www.velvet-jones.com; 423 State St) Den Laden im Zentrum gibt's schon ewig. Geboten werden Punk, Indie, Rock, Hip-Hop, Comedy und Ü18-DJ-Nächte für die Studenten der Stadt. Viele Bands machen hier Halt auf ihrem Weg von San Francisco nach L.A.

Zodo's Bowling & Beyond BOWLING, BILLARD

(☎805-967-0128; www.zodos.com; 5925 Calle Real, abseits des Hwy 101, Exit Fairview Rd; 👪) Mit mehr als 40 Biersorten vom Fass, Pooltischen und Videospielhalle (Skee-Ball!) bietet die Bowlingbahn in der Nähe der UCSB gute, alte Familienunterhaltung. Bezüglich freier Bahnen und der berühmten „Glow Bowling"-Nächte ruft man am besten an. Über den Hwy 101 sind es von der Innenstadt gute 15 Minuten Richtung Norden.

Shoppen

An der **State St** im Zentrum reihen sich die Läden aneinander, Vintage-Klamottenläden genauso wie Boutiquen, die die neuesten Trendmarken verkaufen; preisbewusste Shopper werden im unteren Teil der State

AUTOFREIES SANTA BARBARA

Wer mit öffentlichen Verkehrsmitteln nach Santa Barbara kommt, erhält dicke Hotelrabatte und eine Tasche voller Gutscheine für die unterschiedlichsten Aktivitäten und Attraktionen. Zu verdanken ist das der Organisation **Santa Barbara Car Free** (www.santabarbaracarfree.org).

St fündig, während die betuchtere Klientel nach Uptown strebt. Wer Indie-Läden sucht, sollte die **Funk Zone**, östlich der State St, gleich südlich des Hwy 101, aufsuchen.

Channel Islands Surfboards OUTDOOR-AUSRÜSTUNG
(www.cisurfboards.com; 36 Anacapa St) Ein von Hand hergestelltes, authentisches SoCal-Surfboard gefällig? Mitten in der Funk Zone verkauft dieser Surfershop innovative, professionelle Boards, coole Surferklamotten und diese topmodischen Strickmützchen.

CRSVR SCHUHE, BEKLEIDUNG
(www.crsvr.com; 632 State St) Dieses Sportschuhfachgeschäft, betrieben von DJs, besticht durch die exklusive Schuhauswahl – seltene Nike-Editionen und andere Sportschuhmarken –, und aktuelle T-Shirt-Mode, Kappen und weitere Accessoires für den modernen, urbanen Mann.

REI OUTDOOR-AUSRÜSTUNG
(www.rei.com; 321 Anacapa St; Mo–Fr 10–21, Sa 10–19, So 11–18 Uhr) Der größte unabhängige Outdoorhändler der Westküste hat alles, von Funktionskleidung über Schuhe und Sportausrüstung bis zu Freizeitkarten.

Praktische Informationen

Verschiedene Cafés im Zentrum bieten kostenloses WLAN.

FedEx Büro (www.fedex.com; 1030 State St; 0,20–0,30 US$/Min.; Mo–Fr 7–23, Sa & So 9–21 Uhr; @) Internetterminals (gegen Bezahlung) und kostenloses WLAN.

Öffentliche Bücherei (www.sbplibrary.org; 40 E Anapamu St; Mo–Do 10–20, Fr & Sa 10–17.30, So 13–17 Uhr; @) Öffentliche Internetterminals und kostenloses WLAN.

Post (www.usps.com; 836 Anacapa St; Mo–Fr 9.30–18, Sa 10–14 Uhr) Komplettservice.

Santa Barbara Cottage Hospital (805-682-7111; http://cottagehealthsystemc.org; Ecke Pueblo & Bath Sts; 24 Std.) Notaufnahme.

Visitor Center (805-965-3021; www.santabarbaraca.com; 1 Garden St; Mo–Sa 9–17, So 10–17 Uhr) Karten, Broschüren und Touristeninformationen am Wasser.

An- & Weiterreise

Gut 10 Meilen (16 km) westlich der Innenstadt hinter dem Hwy 101 wird der kleine **Santa Barbara Airport** (SBA; www.flysba.com; 500 Fowler Rd) von American (L. A.), Frontier (Denver), Horizon (Seattle), United (Denver, L. A. & San Francisco) und US Airways (Phoenix) angeflogen.

Der **Santa Barbara Airbus** (805-964-7759, 800-423-1618; www.sbairbus.com) pendelt zwischen dem Los Angeles International Airport (LAX) und Santa Barbara (einfache Strecke/hin & zurück 48/90 US$, 2½–3 Std, 8-mal tgl.).

Der *Coast Starlight* von **Amtrak** (www.amtrak.com; 209 State St), der von Seattle nach L. A. fährt, stoppt hier täglich. Die regionalen *Pacific-Surfliner*-Züge fahren gen Süden nach L. A. (25 US$, 3 Std., 6-mal tgl.) und San Diego (35 US$, 6 Std., 4-mal tgl.) bzw. gen Norden nach San Luis Obispo (29 US$, 2¾ Std., 2-mal tgl.). Die Amtrak-Thruway-Busse (Linie 17) fahren ebenfalls nach Norden (Hwy 101) über San Luis Obispo und Paso Robles in die San Francisco Bay Area.

Greyhound (www.greyhound.com; 34 W Carrillo St) hat ein paar tägliche Touren auf dem Hwy 101 gen Süden nach L. A. (18 US$, 3 Std.) oder gen Norden bis San Francisco (53 US$, 9 Std.) über San Luis Obispo (26 US$, 2¼ Std.).

Unterwegs vor Ort

Alle Busse des **Metropolitan Transit District** (MTD; 805-963-3366; www.sbmtd.gov; 1020 Chapala St) sind vorn mit einem Träger für zwei Fahrräder ausgerüstet; eine Fahrt kostet 1,75 US$. Beim Einsteigen nach einem kostenlosen Umsteigeticket *(transfer)* fragen.

Der elektrische **Downtown-Shuttle** des MTD fährt alle zehn bis 15 Minuten auf der State St bis Stearns Wharf, der **Waterfront-Shuttle** alle 15 bis 30 Minuten von Stearns Wharf weiter nach Westen zum Hafen und nach Osten zum Zoo. Beide Routen sind von 10 bis 18 Uhr in Betrieb (plus Ende Mai–Anfang Sept. Fr & Sa 18–22 Uhr). Das Ticket kostet 0,25 US$ (Umsteigen kostenlos).

Auf zehn Gemeindegrundstücken und in Parkhäusern ist Parken für die ersten 75 Minuten kostenlos, jede weitere Stunde kostet 1,50 US$.

Channel Islands National Park

Dieser abgelegene Park sollte auf der Urlaubs-To-Do-Liste nicht zu weit unten stehen! Man kann hier wandern, Kajak fahren, tauchen, campen und Wale beobachten – und das alles inmitten einer rauen, urzeitlichen Landschaft. Mit einer einzigartigen Flora und Fauna, Gezeitenbecken und Kelpwäldern sind die Inseln die Heimat von 145 Spezies, die es sonst nirgendwo auf der Welt gibt, was ihnen den Spitznamen „kalifornische Galapagos" einbrachte

Sehenswertes & Aktivitäten

Die meisten Traveller kommen im Sommer, wenn es auf den Inseln heiß, staubig und knochentrocken ist. Viel schöner aber ist ein Besuch im Frühjahr, wenn die Wildblumen blühen oder zu Herbstbeginn, wenn sich der Nebel verzieht und die Kajakbedingungen ideal werden. Im Winter kann es hier stürmisch sein, doch die Jahreszeit ist toll, wenn man Tiere beobachten möchte, vor allem Wale.

Bevor man ablegt, sollte man einen kleinen Halt im NPS Visitor Center (S. 581) von Ventura Harbor einlegen und sich mit ein paar naturgeschichtlichen Exponaten, einem kurzen Video und Infos über von Rangern geleitete Familienprogramme während der Wochenenden und Ferien vorbereiten.

Anacapa Island — INSEL

Wenn man nicht viel Zeit hat, verschafft einem Anacapa Island, das eigentlich aus drei einzelnen Inselchen besteht, einen denkwürdigen Einblick in die Ökologie der Inselgruppe. Die Boote legen an der East Island an; nach einem kurzen Aufstieg erreicht man ein 3,2 km langes Wegenetz, von dem aus man einen fantastischen Blick auf die Pflanzenwelt, den historischen Leuchtturm und die felsigen Inseln Middle Island und West Island hat. Kajakfahren, Tauchen, Planschen in den Gezeitentümpeln und das Beobachten der Robben sind Aktivitäten, denen Besucher hier gerne nachgehen. Nach der Besichtigung des kleinen Museums im Visitors Center sollte man sich nach von Rangern geführten Touren erkundigen. Im Sommer kann man sich auf TV-Monitoren gelegentlich Livebilder ansehen, die Sporttaucher mit der Videokamera aufnehmen.

Santa Cruz Island — INSEL

Die größte Insel (248 km²) prägen zwei Bergketten. Die westlichen drei Viertel des Eilands werden von Nature Conservancy verwaltet und können nur mit einer Genehmigung betreten werden (Antrag unter www.nature.org/cruzpermit). Aber das restliche Viertel im Osten verwaltet der NPS. Es bietet alles, was man für einen Tag voller Action oder eine Tour mit Übernachtung braucht. Man kann schwimmen, tauchen, schnorcheln und Kajak fahren. Es gibt auch ein paar Wanderwege, die man allerdings in der Mittagssonne meiden sollte, da kaum Schatten vorhanden ist. Es ist ein 1,5 km langer Aufstieg zum beeindruckenden, wenn auch windgepeitschten Cavern Point.

Santa Rosa Island — INSEL

Schneeweiße Strände und die Chance Hunderte verschiedene Vögel und Pflanzen

DAS PARADIES – VERLOREN & WIEDERGEFUNDEN

Der Mensch hat deutliche Fußabdrücke auf den Channel Islands hinterlassen, jenen Inseln, die einst von den Stämmen der Chumash und Gabrieleño bewohnt waren. Im 19. Jh. wurden die Inseln von Rindern massiv überweidet, was zu Erosion führte, außerdem knabberten Kaninchen die einheimischen Pflanzen ab. Das US-Militär benutzte San Miguel Mitte des 20. Jhs. sogar als Bombenübungsgelände. Im Jahr 1969 verschmutzte ein 2000 km² großer Ölteppich die nördlichen Inseln und tötete zahllose Seevögel und Säugetiere. Zudem hat das Hochseeangeln zur Zerstörung von drei Vierteln der Kelpwälder rund um die Inseln geführt.

Doch trotz dieser katastrophalen Vergangenheit sieht die Zukunft für die Inseln nicht düster aus. Braunpelikane, 1970 durch den Einsatz von DDT auf ein einziges Junges auf der Insel Anacapa dezimiert, sind zurückgekehrt, und Weißkopfseeadler wurden vor Kurzem wieder ausgewildert. Auf San Miguel hat sich die einheimische Fauna wieder erholt, seit die alles wegweidenden Schafe verschwunden sind. Auf Santa Cruz haben der National Park Service (NPS) und die Nature Conservancy ehrgeizige Mehrjahrespläne aufgestellt, um invasive Pflanzenarten und verwilderte Schweine zu eliminieren. Weitere Informationen hat der **NPS** (☎805-658-5730; www.nps.gov/chis; 1901 Spinnaker Dr, beim Harbor Blvd, Ventura; ⌚8.30–17 Uhr; 👪) und die **Nature Conservancy** (www.nature.org).

zu sehen, sind nur zwei der Highlights auf Santa Rosa, um die herum sich Robben und See-Elefanten tummeln. Jede Menge Wanderwege winden sich durch das Grasland, die Canyons und entlang der Strände. Wegen der starken Winde sind Schwimmen, Tauchen und Kajakfahren allerdings normalerweise nur was für Experten.

San Miguel Island INSEL

Die abgelegenste der Nordinseln bietet Einsamkeit und viel Wildnis, ist aber oft nebelverhangen und sehr windig. Einige Bereiche sind nicht zugänglich, damit das empfindliche Ökosystem geschont wird, das u.a. aus einem gespenstischen Caliche-Wald (erhärtete Kalkabgüsse von Bäumen und anderer Vegetation) und saisonalen Robben- und Seelöwenkolonien besteht.

Santa Barbara Island INSEL

Die nur 2,6 km² große, isoliert gelegene Insel ist etwas für Naturliebhaber. Großes, blühendes Mädchenauge, Cream Cups (eine Mohnart) und Wegwarten (Zichorien) sind nur einiger der bemerkenswerten Pflanzen dieser Insel. Außerdem ist das Eiland ein Tummelplatz für Seevögel und andere marine Spezies wie gigantische See-Elefanten und winzige Lummenalke, die in den Felsspalten der Klippen nisten. Im Visitor Center der Insel gibt es Infos über die besten Tauch-, Schnorchel- und Kajakspots.

Geführte Touren

Für die meisten Touren muss eine Mindestteilnehmerzahl zusammenkommen; außerdem können sie aufgrund von Wind- und Brandungsbedingungen jederzeit abgesagt werden.

Island Packers WALBEOBACHTUNG

(☎805-642-1393; www.islandpackers.com; 1691 Spinnaker Dr, Ventura Harbor; 3-stündige Rundfahrt Erw./Kind ab 33/24 US$, Tagestour ab 72/54 US$) Bietet Walbeobachtungsexkursionen von Ende Dezember bis Anfang April (Grauwale); im Sommer sieht man Blau- und Buckelwale.

Paddle Sports of Santa Barbara KAJAKFAHREN, WANDERN

(☎805-899-4925, 888-254-2094; www.kayaksb.com; 117b Harbor Way, Santa Barbara; Tagestouren ab 175 US$) Organisierte Kajaktrips und Wandertouren auf allen fünf Inseln.

Santa Barbara Adventure Co KAJAKFAHREN

(☎805-899-4925, 888-254-2094; www.kayaksb.com; 720 Bond Ave, Santa Barbara; Tagestouren Erw./Kind ab 170/150 US$; 👪) Bietet sowohl Tages- als auch Übernachttouren mit Seekajaks zu den Inseln an.

Schlafen

Jede Insel hat einfache, ganzjährig zur Verfügung stehende **Campingplätze** (☎Reservierungen 518-885-3639, 877-444-6777; www.recreation.gov; Stellplatz Zelt 15 US$) mit Plumpsklos und Picknicktischen. Wasser gibt es nur auf Santa Cruz und Santa Rosa. Camper müssen alles mitbringen und auch wieder mitnehmen, einschließlich Müll. Wegen der Brandgefahr sind Lagerfeuer nicht gestattet (geschlossene Campinggasöfen sind o.k.). Man muss im Voraus buchen.

NPS-CAMPINGPLÄTZE AUF DEN CHANNEL ISLANDS

NAME	STELLPLÄTZE	ENTFERNUNG VOM BOOTSANLEGER	BESCHREIBUNG
Anacapa	7	600 m zu Fuß; 154 Stufen	Hoch gelegen, felsig, der Sonne ausgesetzt & abgelegen
San Miguel	9	Steiler Weg über 1,6 km bergauf	Ständig wechselndes Wetter
Santa Barbara	10	Steile 600 m bergauf	Groß, mit Rasen & umgeben von Wanderwegen
Santa Cruz (Scorpion Ranch)	40	Flach, 600 m entfernt	Beliebt bei Gruppen, oft überfüllt & nur teilweise schattig
Santa Rosa	15	Flacher, 2,5 km langer Weg	Eukalyptushain in einem windigen Canyon

Praktische Informationen

NPS Visitor Center (☎805-658-5730; www.nps.gov/chis; 1901 Spinnaker Dr, abseits des Harbor Blvd, Ventura; ⊙8.30–17 Uhr; 👪) In diesem Laden auf dem Festland am hinteren Ende des Ventura Harbor gibt es Bücher, Karten und Infos für die Ausflugsplanung.

An- & Weiterreise

Touren können aufgrund der See- und Wetterbedingungen jederzeit abgesagt werden. An Wochenenden, Feiertagen und im Sommer muss im Voraus reserviert werden.

FLUGZEUG **Channel Islands Aviation** (☎805-987-1301; www.flycia.com; Tagestour Erw./Kind ab 160/135 US$, Camper ab 300 US$) bietet halbtägige Strandtouren, Brandungsangeln und ein Camper-Shuttle nach Santa Rosa Island an; der Abflug erfolgt in Camarillo oder Santa Barbara.

SCHIFF/FÄHRE **Island Packers** (☎805-642-1393; www.islandpackers.com; 1691 Spinnaker Dr, Ventura Harbor; Tagestour Erw./Kind ab 56/39 US$) hat einen regelmäßigen Fährdienst zu allen Inseln; Camper zahlen extra. Einige Abfahrten erfolgen in Oxnard.

Ventura

Der Hauptabfahrtspunkt für Touren zu den Channel Islands wirkt auf den ersten Blick nicht wirklich wie ein verzaubertes Küstenstädtchen, aber es hat definitiv charmante Ecken, besonders entlang der Strände und im historischen Teil des Zentrums an der Main St, nördlich des Hwy 101.

Sehenswertes & Aktivitäten

San Buenaventura State Beach STRAND
(☎805-968-1033; www.parks.ca.gov; Auto 10 US$; ⊙Sonnenaufgang–Sonnenuntergang; 👪) Jenseits des Hwy 101 gelegen, ist dieser lange goldene Strand perfekt zum Schwimmen, Surfen oder Faulenzen. Fahrradwege verbinden mehrere nahe beieinander liegende Strände.

Mission San Buenaventura MISSION
(www.sanbuenaventuramission.org; 211 E Main St; Erw./Kind 2/0,50 US$; ⊙Mo–Fr 10–17, Sa 9–17, So 10–16 Uhr) Venturas spanische Wurzeln werden in dieser letzten der kalifornischen Missionen, die von Junípero Serra 1782 gegründet wurden, ganz deutlich. Ein Spaziergang durch und um diese kleine Gemeindekirche ist ein ruhiges Erlebnis. Man kommt u. a. durch ein kleines Museum, vorbei an Heiligenstatuen, jahrhundertealten Gemälden, sehr ungewöhnlichen Holzglocken und einem Innenhof mit Garten.

Limoneira BAUERNHOF
(☎805-525-5541; www.limoneira.com; 1141 Cummings Rd, Santa Paula; Touren 20–40 US$) Eine 20-minütige Autofahrt außerhalb der Stadt liegt die Ranch, auf der man der Frucht begegnet, die Ventura berühmt gemacht hat: der Zitrone. Der historische Hofladen lädt zu einem Besuch ein, und auf Außenplätzen kann man Boccia spielen. Man sollte für die geführten Touren reservieren, die über die Ranch, die moderne Verpackungshalle und die Obst- und Avocadoplantagen mit Meerblick führen. Bezüglich der Öffnungszeiten ruft man am besten vorher an.

California Oil Museum MUSEUM
(☎805-933-0076; www.oilmuseum.net; 1001 E Main St, abseits des Hwy 126, Santa Paula; Erw./Kind 6–17 Jahre/Senior 4/1/3 US$; ⊙Mi–So 10–16 Uhr) Wer den oscarprämierten Film *There Will Be Blood* kennt, weiß bereits, dass der frühe Ölboom in SoCal ein blutiges Geschäft war. Hier kann man die Geschichte von Südkaliforniens schwarzem Gold durch bescheidene historische Exponate nachvollziehen, z. B. anhand eines Original-Bohrgestänges aus den 1890er-Jahren und alten Zapfsäulen. Die Innenstadt von Santa Paula ist etwa 13 Meilen (21 km) von Ventura entfernt. Hin kommt man über den Hwy 126 nach Osten.

Schlafen & Essen

Mittelklassemotels und Strandhotelburgen gibt es abseits des Hwy 101 und am Ventura Harbor. Alternativ kann man auf dem Hwy 101 weiter nach Süden bis Camarillo fahren, wo preiswertere Motelketten ansässig sind. In Venturas Zentrum finden sich an der Main St Tacoläden, gesundheitsbewusste Cafés im SoCal-Stil und Kulinarisches aus aller Welt.

Brooks KALIFORNISCH $$$
(☎805-652-7070; www.restaurantbrooks.com; 545 E Thompson Blvd; Hauptgerichte 17–34 US$; ⊙Di–Do & So 17–21, Fr & Sa bis 22 Uhr) Direkt am Hwy 101 wird oberschicke New American Cuisine aufgefahren, z. B. frittierte Austern in Maismehl, Jalapeño-Cheddar-Bratkartoffeln und Maytag-Blauschimmelkäse mit Beeren der Saison.

Anacapa Brew Pub BRAUEREIKNEIPE $$
(www.anacapabrewing.com; 472 E Main St; Hauptgerichte 9–20 US$; ⊙Mo–Mi 11.30–21, Do–So bis 24 Uhr) Direkt im Zentrum zapft dieser

lockere Brauereiausschank seine Hausmarken – hervorzuheben ist das Pierpoint IPA (Indian Pale Ale). Zusätzlich gibt's anständige Schweinenacken-Sandwiches.

Mary's Secret Garden VEGETARISCH $
(☎805-641-3663; 100 S Fir St; Hauptgerichte 5–12 US$; ⏲Di–Do 16–21.30, Fr & Sa 11–21.30 Uhr; ✎) Zwei Blocks östlich der California St an einem hübschen Park verkauft der vegan bewirtschaftete Laden frische Säfte, Smoothies und absolut überirdische Kuchen mit Aromen aus aller Welt.

Ausgehen

Wine Rack WEINBAR
(www.weaverwines.com; 14 S California St; ⏲Mo & Di 16–21, Mi & Do 14–22, Fr & Sa 12–22, So 14–20 Uhr) In diesem gehobenen Weingeschäft können Wein-Novizen an der unprätentiösen Probierbar herumlungern und mit Käsehäppchen versorgt der Livemusik zuhören.

Zoey's Café CAFÉ $$
(☎805-652-1137; www.zoeyscafe.com; 185 E Santa Clara St; Hauptgerichte 9–15 US$; ⏲Di–Sa 18–21 Uhr, bei Liveauftritten open end) Gemütliches Kaffeehaus, das Pizza und Pannini serviert. Fast immer spielen Livebands der Musikrichtungen Bluegrass, Folk und Singer-Songwriter.

Shoppen

An der Main St gibt es eine super Auswahl von Antiquitätenläden, klassischer und Secondhand-Mode sowie einige Indie-Boutiquen.

Patagonia OUTDOOR-AUSRÜSTUNG
(www.patagonia.com; 235 W Santa Clara St; ⏲Mo–Sa 10–18 & So 11–17 Uhr) Ventura ist der Geburtsort dieses Vorreiters in Sachen Outdoor-Bekleidung, bekannt für seine nachhaltigen und ökologisch vorbildlichen Herstellungsverfahren.

Real Cheap Sports OUTDOOR-AUSRÜSTUNG
(www.realcheapsports.com; 36 W Santa Clara St; ⏲Mo–Sa 10–18, So bis 17 Uhr) Psst, nicht weitersagen! Hier gibt's alle Outdoor-Marken einschließlich Patagonia zu Outlet-Preisen.

Camarillo Premium Outlets EINKAUFSZENTRUM
(www.premiumoutlets.com; 740 E Ventura Blvd, Camarillo; ⏲Mo–Sa 10–21 & So 10–20 Uhr) Für stark reduzierte Designerware lohnt sich die 20-minütige Fahrt zu dieser Mall auf dem Hwy 101 nach Süden.

Praktische Informationen

Ventura Visitors & Convention Bureau
(☎805-648-2075, 800-483-6214; www.ventura-usa.com; 101 S California St; ⏲Mo–Fr 8.30–17, Sa 9–17, So 10–16 Uhr) Kostenlose Infos und Karten; in der Innenstadt.

An- & Weiterreise

In Venturas personallosem **Amtrak-Bahnhof** (www.amtrak.com; Ecke Harbor Blvd & Figueroa St) halten täglich fünf Züge nach Santa Barbara (12 US$, 40 Min.) im Norden und L. A. (20 US$, 2¼ Std.) im Süden. **Vista** (☎800-438-112; www.goventura.org) betreibt täglich mehrere Coastal-Express-Busse zwischen Ventura und Santa Barbara (3 US$, 35 Min.).

Los Angeles

Inhalt »

Gut essen

» Bottega Louie (S. 617)

» Osteria Mozza & Pizzeria Mozza (S. 618)

» Ivy (S. 620)

» Bazaar (S. 620)

» Gjelina (S. 622)

Schön übernachten

» Standard Downtown L. A. (S. 614)

» Hollywood Roosevelt Hotel (S. 614)

» Beverly Hills Hotel (S. 615)

» Casa Del Mar (S. 616)

» Queen Mary Hotel (S. 617)

Auf nach Los Angeles!

Ah, Los Angeles, du magische Traumfabrik! Vielleicht glaubt man, L.A. schon zu kennen: gottgleiche Promi-Verehrung, plastische Chirurgie, endlose Verkehrsstaus, Erdbeben, Waldbrände, ... Und es stimmt auch, dass die kleine Kellnerin von heute vielleicht schon morgen die Leinwand erobert. Man wird künstlich erblondete Mädchen sehen und Typen, die auf dem Freeway bei 80 Meilen pro Stunde mit dem Handy am Ohr die Spuren wechseln, aber L.A. hat noch mehr zu bieten, z.B. jede Menge faszinierende Dinge und Ecken, die nichts mit der Unterhaltungsindustrie zu tun haben. Die innovativen Restaurants setzen schon seit Generationen Maßstäbe. Kunst und Architektur? Frank Lloyd Wright und Frank Gehry sind nur zwei große Namen. Musik? The Doors, Dr. Dre und Gustavo Dudamel!

Man sollte seine Vorurteile über Bord werfen. Die Wahrheit über L.A. läuft nicht im Kino und steht nicht in den Klatschzeitungen. Man erkennt sie in alltäglichen Dingen.

Reisezeit

Los Angeles

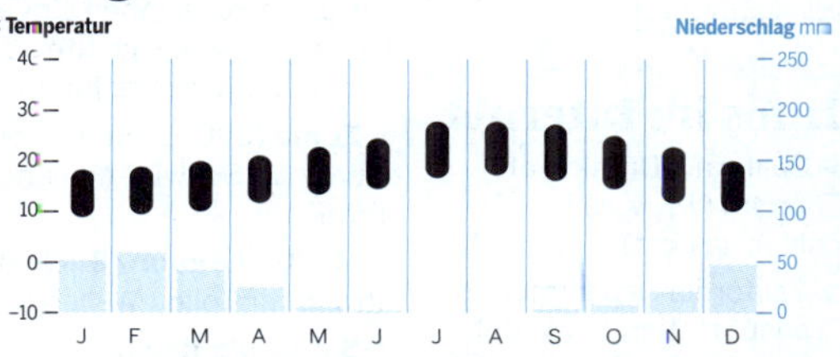

Feb. And the Oscar goes to ... Der rote Teppich wird ausgerollt und man kann Promis sichten.

April & Sept. Die meisten Touristen sind da, wenn die Sommersonne die goldene Sandstrände küsst.

Okt.–Nov. & Jan.–März Regenzeit in der Region.

SCHON GEWUSST?

Mit fast 10 Mio. Einwohnern ist L. A. das bevölkerungsreichste County der USA. Wäre es ein Staat, nähme es Rang 8 ein.

Kurzinfos L. A.

» **Bevölkerung**
3,8 Mio. Ew.

» **Niedrigste/höchste Durchschnittstemperatur** Jan. 8/19 °C, Juli 17/28 °C

» **L. A.–Disneyland**
26 Meilen (42 km)

» **L. A.–San Diego**
120 Meilen (193 km)

» **L. A.–Palm Springs**
110 Meilen (177 km)

Reiseplanung

Hotels in Top-Lage mindestens drei Wochen vorher buchen, vor allem, wenn man an einem Sommerwochenende anreist. Reservierungen für beliebte Restaurants zwei Wochen vorab vornehmen! An den Wochenenden ist es schwer, einen Platz zu kriegen, aber: Die beste Chance, Promis beim Dinner zu sichten, hat man dienstags bis donnerstags.

Infos im Internet

» California Division of Tourism (www.visitcalifornia.com)

» California Department of Transportation (www.dot.ca.gov/cgi-bin/roads.cgi) Aktuelle Highway-Infos.

» L. A. Inc. (discoverlosangeles.com) Webauftritt des offiziellen Touristenbüros.

» Los Angeles Times (www.latimes.com)

Und es gibt Leute, die zu Fuß gehen

„No one walks in L. A.“: In L. A. geht niemand zu Fuß, sangen die Missing Persons in den 80ern, aber das war einmal. In der Gegend, in der die Autokultur geprägt wurde, ist man das Verkehrschaos, den Smog und die hohen Benzinpreise leid. Die „Angelenos“ ziehen in die dichter bevölkerten Viertel und spazieren, radeln und fahren „öffentlich“.

Man braucht kein Auto, wenn man in der Nähe der Haltestellen der Metro Red Line übernachtet, die zwischen der Union Station in Downtown L. A. und dem San Fernando Valley verkehrt und Koreatown, Hollywood und die Universal Studios passiert. Tagestickets (5 US$ mit TAP-Geldkarten) sind spottbillig und häufig ist man unterirdisch viel schneller unterwegs als im berüchtigten oberirdischen Stadtverkehr. Straßenbahnen pendeln zwischen Downtown und Long Beach, Pasadena und East L. A. Zur Zeit der Recherche stand die Inbetriebnahme der Culver City Line bevor, die 2015 bis nach Santa Monica führen soll.

2011 bewilligte die Stadt Los Angeles den Bau eines insgesamt ca. 2700 km langen Fahrradwegenetzes. Räder dürfen in den Metro-Zügen transportiert werden, und die Busse sind mit Fahrradhalterungen ausgerüstet.

Es soll irgendwann eine U-Bahn-Strecke nach Santa Monica ans Meer geben, aber bis dahin wird man den Bus, das Rad oder aber, schluck, das Auto nach Mid-City, Beverly Hills und zu den Stränden nehmen müssen.

GRAUMAN'S CHINESE THEATRE

Ja, die ganzen anderen Touristen pilgern ebenfalls hierhin, aber selbst die skeptischsten und reisemüdesten Traveller werden feststellen, dass ihre Hände oder Füße in ein paar Abdrücke der Stars passen, die im Beton vor dem Grauman's Chinese Theatre in Hollywood (S. 595) verewigt sind – ist das etwa nichts?

Top Five: Strände in L. A.

» **El Matador** (außerhalb der Karte S. 636) Ein von verwitterten Felsklippen eingerahmtes Refugium. Verstreut liegen einige riesige Steinblöcke. Die Brandung ist heftig und definitiv nichts für Kinder.

» **Zuma** (S. 605) Bildschöner 3 km langer Sandstreifen, ideal zum Schwimmen und Bodysurfing. Für Leute mit Top-Figur.

» **Malibu Lagoon/Surfrider** (S. 605) Legendärer Surfstrand mit tollen Wellen und einer Lagune mit Vögeln.

» **Santa Monica** (S. 605) Familien flüchten sich vor der Hitze weiter landeinwärts an diesen extrabreiten Strand. Hier findet man die berühmte Santa Monica Pier und den Fahrradweg South Bay Bicycle Trail (S. 611).

» **Venice** (S. 607) Eine bunte Endlos-Parade aus Normalos und schrägen Vögeln. Sonntags wird am Strand getrommelt.

Geschichte

Los Angeles' Besiedlungsgeschichte begann bereits 6000 v. Chr. Damals lebten hier die Gabrieleño- und Chumash-Stämme. Ihr Jäger- und Sammlerdasein endete Ende des 18. Jhs. mit der Ankunft spanischer Missionare und Pioniere unter der Führung von Padre Junípero Serra. Die 1781 gegründete Siedlung El Pueblo de la Reina de Los Angeles (Dorf der Königin der Engel) entwickelte sich zu einer florierenden Bauerngemeinde, blieb jedoch viele Jahrzehnte ein abgeschiedener Außenposten.

1821 verloren die Spanier das Territorium an die Mexikaner, und nach dem Mexikanisch-Amerikanischen Krieg (1846–1848) geriet Kalifornien unter US-amerikanische Kontrolle. L. A. erhielt am 4. April 1850 das US-Stadtrecht.

Eine Reihe einschneidender Ereignisse ließ die Bevölkerungszahl bis 1930 auf 2 Mio. ansteigen: das Ende des Goldrauschs in Nord-Kalifornien in den 1850er-Jahren, die Einführung der Eisenbahn in den 1870er-Jahren, die Geburtsstunde der Zitrusfrüchte-Industrie Ende des 19. Jhs., die Entdeckung von Öl im Jahre 1892, die Eröffnung des San Pedro Harbor 1907, die Entwicklung der Filmindustrie 1908 und die Inbetriebnahme des L. A. Aqueduct 1913. Ab dem Ersten Weltkrieg sorgten die Flug- und Verteidigungsindustrie für eine stabile lokale Wirtschaft bis zum Ende des Kalten Kriegs. 1932 fanden die zehnten Olympischen Sommerspiele in L. A. statt, und die 10th St wurde in Olympic Blvd umbenannt. L. A. hatte sich offiziell zur Weltstadt gemausert.

Nach dem Zweiten Weltkrieg begrüßte die Stadt eine Welle neuer Einwohner. Günstige Immobilienpreise, die sprichwörtlichen „unbegrenzten Möglichkeiten" und das verlässlich gute Wetter hatten sie angelockt. Sie machten aus L. A. die gigantische Metropole von heute. Kulturell prägte L. A.s freier, selbstbestimmter Lebensstil das amerikanische Bewusstsein in den 1960er- und 1970er-Jahren. Den Höhepunkt dieses Booms des nationalen Selbstverständnisses bildeten die zweiten kalifornischen Olympischen Sommerspiele 1984.

L. A.s Wachstum ist nicht ohne Folgen geblieben. Problematisch sind neben der Bildung ausgedehnter Vorortsiedlungen auch die Luftverschmutzung, wobei die Smogwerte in den letzten Jahren (seit Beginn der Aufzeichnungen) zurückgegangen sind. Krawalle in den Jahren 1965 und 1992 schürten das Misstrauen zwischen der städtischen Polizei und verschiedenen ethnischen Gruppen. Seither ist die Quote der Gewaltverbrechen aber deutlich zurückgegangen, und im Mai 2005 wählten die Angelenos mit Antonio Villaraigosa zum ersten Mal seit 1872 wieder einen Mann mit lateinamerikanischen Wurzeln zum Ersten Bürgermeister.

Seit Beginn des 21. Jhs. trüben dunkle Wolken in Form von Staus, einer wackeligen nationalen Wirtschaft, einem mangelhaften öffentlichen Bildungssystem und einem instabilen Immobilienmarkt den sonst so sonnigen Himmel über L. A. Aber alles in allem ist L. A. doch eine echte Überlebenskünstlerin.

NICHT VERSÄUMEN

ANGELS FLIGHT

Die „kürzeste Eisenbahn der Welt" (298 Fuß/ca. 91 m) ist **Angels Flight** (erb. 1901; Karte S. 590; www.angelsflight.com; 0,25 US$/Fahrt; ⌚6.45–22 Uhr). Attraktion und Pendlerzug für „Faultiere" gleichzeitig. Unermüdlich legt die niedliche Standseilbahn das steile Stück zwischen Hill St und Olive St zurück.

Sehenswertes

Los Angeles ist ein riesiges, amorphes Gebilde, aber die touristisch interessanten Gegenden sind ziemlich klar definiert. Etwa 12 Meilen (19 km) landeinwärts befindet sich der Dreh- und Angelpunkt der Region: Downtown L. A. vereint fantastische Architektur und Kultur und hat ein ausgeprägtes *global-village*-Flair. Nordwestlich von Downtown erstrecken sich Hollywood und die hippen Viertel Los Feliz und Silver Lake. West Hollywood ist L. A.s Zentrum für urbane Eleganz und die Hochburg der hiesigen Schwulen- und Lesbengemeinde, während Long Beach, gleich unterhalb von Downtown, ein lebendiges Viertel mit Großstadtkultur ist. Die meisten TV- und Filmstudios befinden sich nördlich von Hollywood im San Fernando Valley. Pasadena, östlich davon, hat den Charme einer typisch amerikanischen Kleinstadt im Großformat.

Südlich von Hollywood lockt Mid-City mit der Museum Row. Weiter westlich liegen das schnieke Beverly Hills und die Westside-Gemeinden Westwood und Brentwood. Santa Monica ist die touristen- und

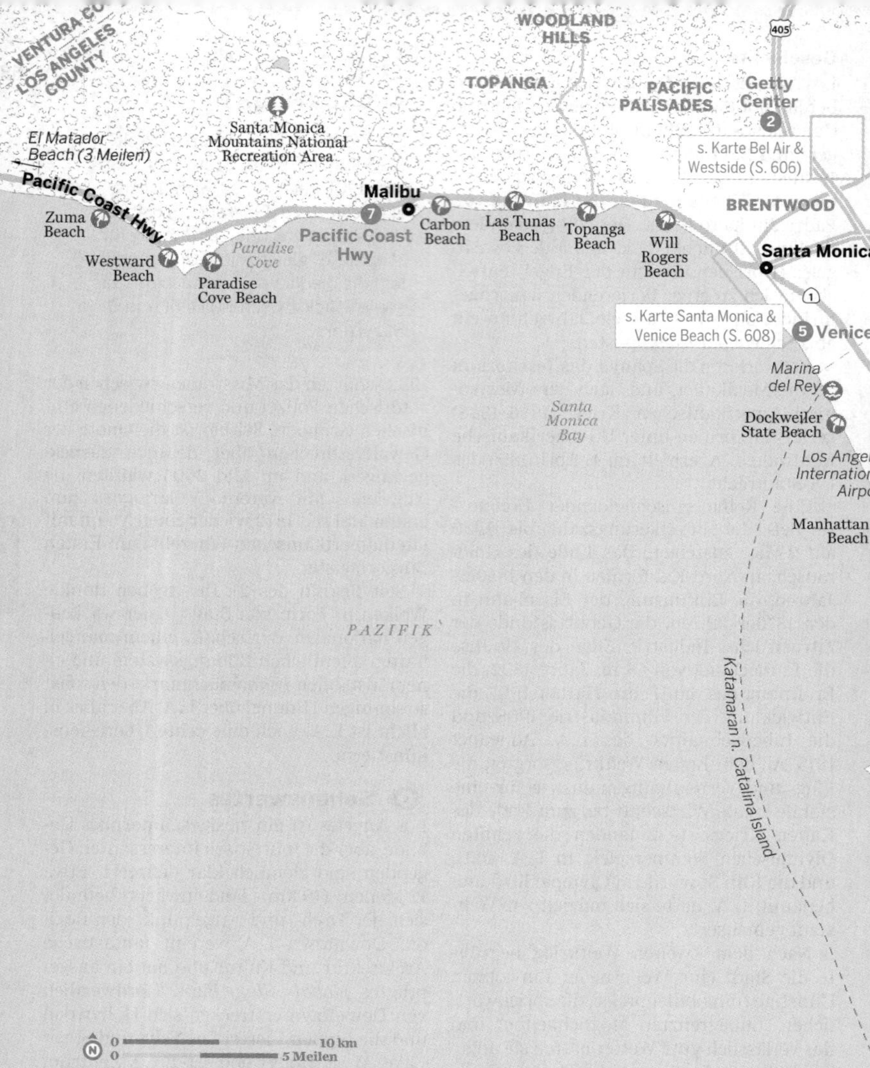

Highlights

1. Bei einer **Studio-Führung** hinter die Kulissen blicken (S. 595)
2. Weltberühmte Orte wie die **Walt Disney Concert Hall** (S. 589), das **Los Angeles County Museum of Art** (S. 601) und das **Getty Center** (S. 603) besuchen
3. Sich in den unzähligen **multikulturellen Restaurants** auf die Suche nach dem perfektem Taco, dem besten koreanischen Grillteller oder Krabben-Jiaozi machen (S. 617)
4. In der altehrwürdigen **Hollywood Bowl** ein Picknick und ein Konzert unter freiem Himmel erleben (S. 628)
5. Sich in **Venice** unter das gebräunte Skater-, Blader-, Radfahrer- und Straßenmusikantenvolk mischen (S. 607)

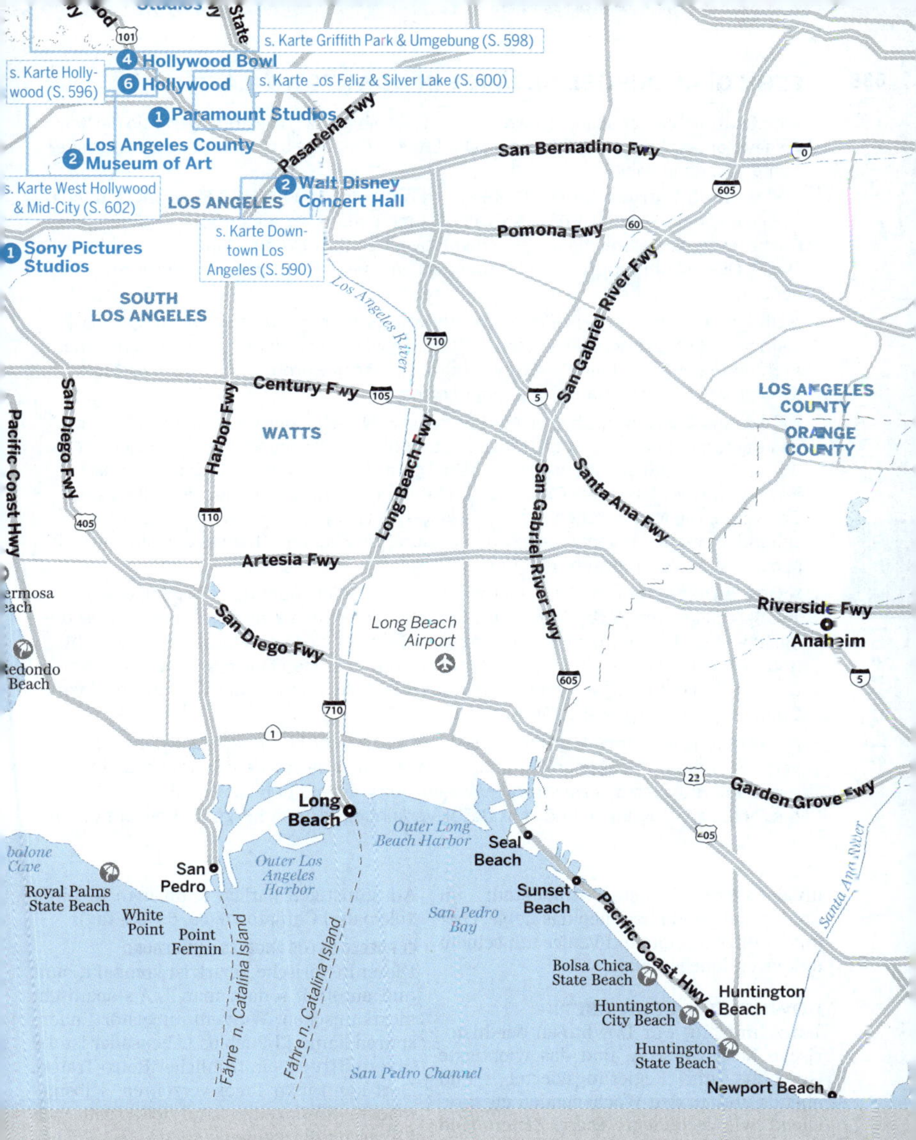

6 In einem hippen Club in **Hollywood** mit den Reichen und Schönen feiern (S. 624)

7 Den atemberaubend schönen **Pacific Coast Highway** in **Malibu** abfahren (S. 605)

ZEHN GLAMOURÖSE GEBÄUDE IN DOWNTOWN L.A.

Architekturliebhaber sollten Downtown erst als „abgehakt" erklären, wenn sie die Walt Disney Concert Hall, die Cathedral of Our Lady of the Angels und ein paar der folgenden Bauten gesehen haben.

» **Richard J. Riordan Central Library** (erb. 1922; 630 W 5th St) Bertram Goodhue ließ sich von der Entdeckung des Grabs Tutanchamuns im selben Jahr inspirieren; die Bücherei zieren zahlreiche ägyptische Motive. Der Tom-Bradley-Flügel, ein achtstöckiges Glasatrium, wurde 1993 hinzugefügt und nach einem früheren Bürgermeister benannt.

» **US Bank Tower** (erb. 1989; 633 W 5th St) Das höchste Gebäude westlich von Chicago hat 73 Etagen und misst stolze 310 m. Es wurde von Henry Cobb designt, einem Architekten aus I. M. Peis New Yorker Büro. Der Turm wurde 1996 im Film *Independence Day* von einem Raumschiff angegriffen.

» **Caltrans Building** (erb. 2004; 100 S Main St) Dies ist der Hauptsitz des District 7 des California Department of Transportation (kalifornisches Verkehrsministerium). Der in Santa Monica ansässige Architekt Thom Mayne gewann 2005 den Pritzker Prize, gewissermaßen der Oscar der Architektur, für den futuristischen Stil dieses Bauwerks. Die Neonstreifen auf der Fassade lassen an die Lichter von vorüberrauschenden Autos auf dem Freeway denken, und die Fenster öffnen und schließen sich je nach Außentemperatur und Sonnenstand.

» **One Bunker Hill** (erb. 1931; 601 W 5th St) Die Reliefs über dem Eingang dieses zwölfstöckigen Art-déco-/Moderne-Bürogebäudes erinnern an den früheren „Bewohner": die South California Edison Company. Sie symbolisieren Wasserenergie, Licht und Strom. In der über 12 m hohen Lobby wurden 17 Arten Marmor verwendet, die Decken sind mit Blattgold verziert und das Wandbild stammt von Hugo Ballin, einem Bühnenbildner von Cecil B. DeMille.

» **Millenium Biltmore Hotel** (erb. 1923; 515 S Olive St) Eins der stattlichsten Hotels von L. A.; man blickt auf den Pershing Square. Es wurde von dem Team gestaltet, auf dessen Konto auch das New Yorker Waldorf Astoria geht und hat bereits Präsidenten, politische Tagungen und acht Oscar-Verleihungen beherbergt. Es besticht durch

fußgängerfreundlichste Strandstadt im County, nett sind aber auch das noble, eher unauffällige Malibu und Venice mit seinem unkonventionellen Flair.

DOWNTOWN & UMGEBUNG

Jahrzehntelang war Downtown der historische Kern von L.A. und das wichtigste Geschäfts- und Regierungsviertel – und abends und an den Wochenenden entsprechend wie leergefegt. Diese Zeiten sind vorbei. Die Theater, Kinos und anderen Unterhaltungseinrichtungen sind gut besucht und Tausende junger Berufstätiger und Künstler sind in die neuen Lofts eingezogen, woraufhin Bars, Restaurants und Galerien ihre Pforten öffneten. Das Ganze hat noch nicht den Stil eines zweiten Manhattan, doch für abenteuerlustige Stadtmenschen ist dies sicherlich eine gute Zeit, um sich in Downtown niederzulassen.

Downtown kann zu Fuß, mit der U-Bahn oder dem DASH-Minibus erkundet werden. Am günstigen parken kann man in Little Tokyo und Chinatown (ca. 6 US$/Tag).

EL PUEBLO DE LOS ANGELES & UMGEBUNG

Dieser historische Bezirk ist kompakt, bunt und autofrei, sodass man L.A.s spanisch-mexikanischen Wurzeln ungestört nachspüren kann. El Pueblos Lebensader ist die **Olvera Street**, ein fröhlicher Retro-Traum. Dort kann man Tacos verzehren, selbstgemachte Süßigkeiten und folkloristischen Billigschmuck kaufen.

GRATIS **Avila Adobe** HISTORISCHES WOHNHAUS
(Karte S. 590; ☎213-628-1274, Olvera St; ⏲9–16 Uhr) Diese Ranch von 1818 ist das wohl älteste erhaltene Gebäude der Stadt. Es ist mit antiken Möbeln ausgestattet und ein Video informiert über die Geschichte und die Highlights des Viertels.

La Plaza de Cultura y Artes KULTURMUSEUM
(Karte S. 590; www.lapca.org; 501 Main St; Erw./Student/Senior 9/5/7 US$; ⏲Mi–So 12–19 Uhr;

geschnitzte, mit Gold überzogene Decken, Marmorböden und prächtige Treppen und umfasst verschiedene Baustile, von Renaissance über Barock bis Neoklassizismus.

» **Oviatt Building** (erb. 1928; 617 S Olive St) Dieses Art-déco-Schmuckstück wurde vom leicht exzentrischen James Oviatt konzipiert. Er war der Besitzer des Herrenbekleidungsgeschäfts, das sich hier befand (im heutigen Cicada-Restaurant). Oviatt verliebte sich auf einer Reise nach Paris in den Art-déco-Stil und ließ Teppiche, Stoffe und Armaturen aus Frankreich kommen, darunter die angeblich größte Lieferung geätztes Deko-Glas von René Lalique, die jemals den Atlantik überquerte.

» **Fine Arts Building** (erb. 1927; 811 W 7th St) Das zwölfstöckige Walker-&-Eisen-Bauwerk ist eine Augenweide, innen wie außen. Die Fassade strotzt nur so von Blumen- und Tiermustern, und Skulpturen blicken von den Bogenfenstern oben herab. Besonders umwerfend ist die kathedralenartige Lobby. Das Fine Arts Building ist im Stil der spanischen Renaissance gebaut und hat ein mit Galerien versehenes Zwischengeschoss. Dort stehen große Skulpturen, die die Künste repräsentieren.

» **High School for the Visual and Performing Arts** (erb. 2008; auch bekannt als High School No. 9; Ecke N Grand Ave & W Cesar Chavez Blvd) Die Metallverkleidung an der Außenseite (geschaffen von der österreichischen Architekturfirma Coop Himmelb(l)au) greift das Design der Walt Disney Concert Hall ein paar Querstraßen weiter auf – so, als wollte man die Studenten inspirieren. Nach dem schneckenförmigen Aufgang auf dem Dach Ausschau halten!

» **Historische Lichtspielhäuser** Bis Hollywood Mitte der 1920er-Jahre „in" wurde, war der Broadway L.A.s wichtigstes Unterhaltungszentrum, mit mehr als einem Dutzend Kinos in verschiedenen Stilrichtungen (Beaux Arts, Ostindisch, spanisch-gotisch usw.), die heute unter Denkmalschutz stehen. Besonders hervor stechen das **Los Angeles Theater** (Karte S. 590; 615 S Broadway) von 1931, in dem Charlie Chaplins *Lichter der Großstadt* Premiere feierte, und das **Orpheum Theater** (Karte S. 590; 842 S Broadway) von 1926, in dem unlängst das Casting für *American Idol* (das amerikanische DSDS) stattfand. Die Los Angeles Conservancy (S. 613) bietet hervorragende Führungen an und zeigt im Rahmen ihrer „Last Remaining Seats"-Reihe Hollywoodklassiker auf den Großleinwänden.

Ⓟ) Das neue Museum (eröffnet 2010) widmet sich der mexikanisch-amerikanischen Geschichte in Los Angeles. Die Ausstellungen decken die Stadtgeschichte von den Zoot-Suit-Aufständen bis zur feministischen Chicana-(Latina-)Bewegung ab. Die Calle Principal zeigt die Main Street, wie sie in den 1920er-Jahren aussah.

Nebenan steht **La Placita** (Kirche unserer Königin der Engel; Karte S. 590; 535 N Main St; ⏲8–20 Uhr), erb. 1822. L.A.s Latino-Gemeinde hat ein sehr emotionales Verhältnis zu dieser Kirche. Drinnen findet man einen mit Gold verzierten Altar und eine bemalte Decke.

Union Station WAHRZEICHEN

(Karte S. 590; 800 N Alameda St; Ⓟ) Das majestätische Gebäude von 1939 ist Amerikas letzter Bahnhof aus guten alten Zeiten. Sein prächtiges Art-déco-Interieur ist in Filmen wie *Blade Runner, Bugsy* oder *Rain Man* zu sehen.

Chinese American Museum KULTURMUSEUM

(Karte S. 590; ☎213-485-8567; www.camla.org; 425 N Los Angeles St; Erw./Student/Senior 3/2/2 US$; ⏲Di–So 10–15 Uhr) Das kleine, aber smart aufgemachte Museum erhebt sich da, wo früher eine chinesische Apotheke plus Warenhaus standen. Die Ausstellungsstücke behandeln Fragen zur Identität. L.A.s Original-Chinatown befand sich hier; sie musste nach Norden „umziehen", um Platz für die Union Station zu schaffen. Das „neue" **Chinatown** liegt etwa 800 m weiter nördlich (via Broadway und Hill St) und ist vollgestopft mit Dim-Sum-Imbissbuden, Kräuterapotheken, Kuriositätenläden und avantgardistischen Kunstgalerien in der **Chung King Road**.

GRATIS **Walt Disney Concert Hall** KONZERTHALLE, ARCHITEKTUR

(Karte S. 590; www.laphil.com; 111 S Grand Ave) Dieser glamouröse Veranstaltungsort für Konzerte wurde von Frank Gehry erdacht.

Downtown Los Angeles

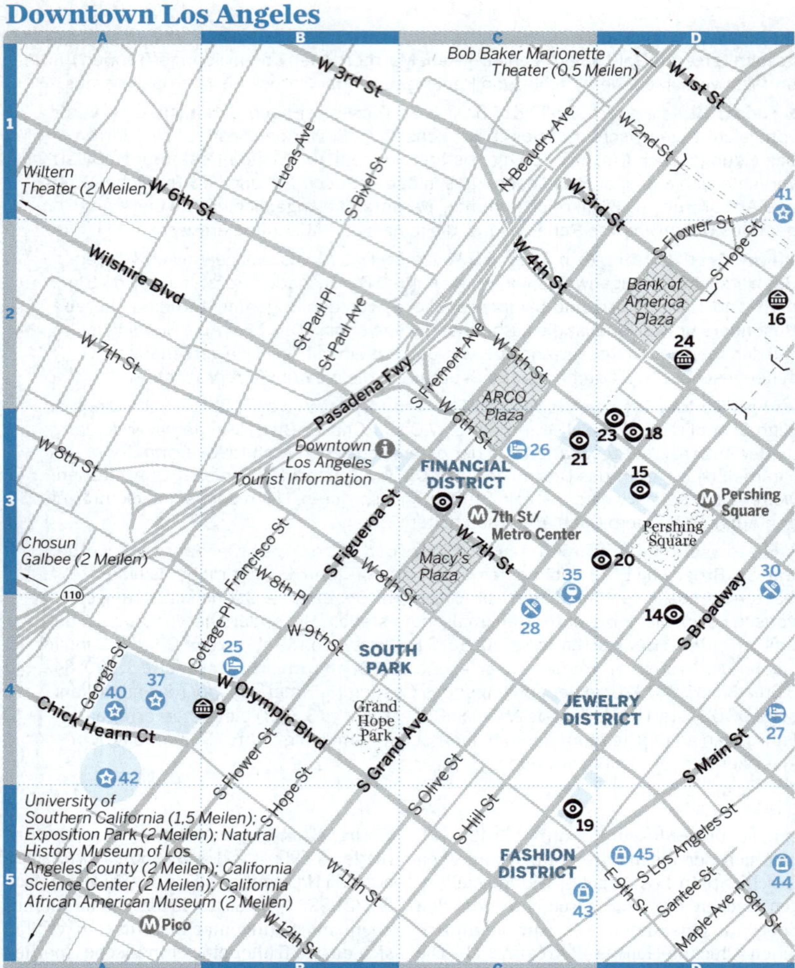

Die kurvigen Wände aus Edelstahl scheinen sich den Gesetzen der Schwerkraft zu widersetzen und beschwören Bilder von einem Schiff in einem kosmischen Meer herauf. Das Auditorium erinnert an ein herrlich gearbeitetes Instrument, denn die Wände sind mit glattem Douglastannenholz verkleidet. Auf der Website stehen Infos zu kostenlosen Führungen bzw. Audio-Führungen. Die Disney Hall ist Sitz des Orchesters Los Angeles Philharmonic (S. 628).

Cathedral of Our Lady of the Angels KIRCHE

(Karte S. 590; www.olacathedral.org; 555 W Temple St; ⌚Mo–Fr 6.30–18, Sa 9–18, So 7–18 Uhr) Beim Bau der Hauptkirche der katholischen Erzdiözese von L.A. im Jahr 2002 kombinierte der Architekt José Rafael Moneo gotische Proportionen und ein gewagtes modernes Design. Die Kathedrale wartet mit Unmengen von Kunst auf (z.B. mit John Navas' Wandteppichen von Heiligen), und durch Alabasterfenster strömt viel Licht herein. Die Führungen (Mo–Fr 13 Uhr) und Orgelproben (Mi 12.45 Uhr) sind kostenlos und begehrt. Wenn man nicht gerade zur Messe kommt, muss man ziemlich viel Geld fürs Parken bezahlen: unter der Woche 4 US$ für 15 Minuten (max. 18 US$) bis 16 Uhr, samstags 5 US$.

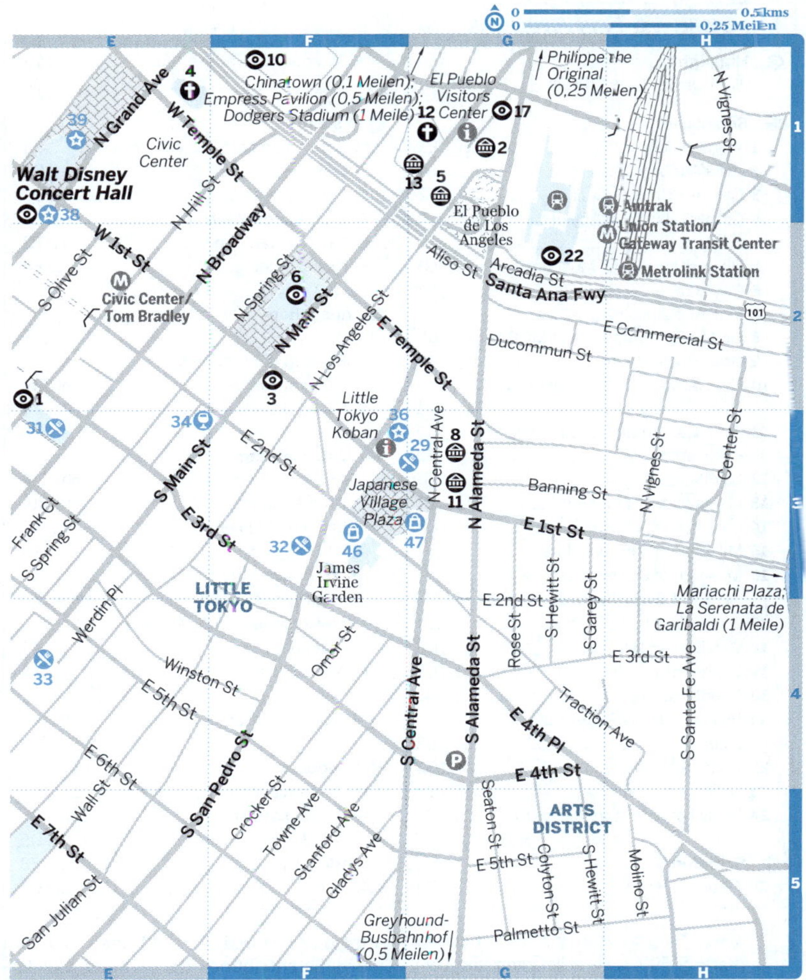

Museum of Contemporary Art

KUNSTMUSEUM

(MoCA; Karte S. 590; www.moca.org; 250 S Grand Ave; Erw./Kind/Student & Senior 10/frei/5 US$, 17–20 Uhr, Do frei; ⏲Mo & Fr 11–17, Do bis 20, Sa & So bis 18 Uhr) Das MoCA (Museum für moderne Kunst) beherbergt fantastische Ausstellungen, die Schlagzeilen machen, und die ständige Sammlung umfasst hochkarätige Werke aus den 1940er-Jahren bis heute. Arata Isozaki hat das Gebäude entworfen. Viele halten es für sein Meisterstück. Das Parken kostet 9 US$ (an der Walt Disney Concert Hall). MoCA hat noch zwei Zweigstellen: das Geffen Contemporary (Karte S. 590) in Little Tokyo und das MoCA Pacific Design Center (S. 599) in West Hollywood.

GRATIS City Hall (Rathaus)

ARCHITEKTUR

(Karte S. 590; ☎213-978-1995; 200 N Spring St; ⏲Mo–Fr 8–17 Uhr) Das Rathaus von 1928 mit der wie eine Zikkurat geformten „Krone" diente in der TV-Serie *Superman* als Sitz des Daily Planet, flog im Science-Fiction-Thriller *Krieg der Welten* von 1953 in die Luft und zierte die Dienstmarke im Vorspann der Serie *Polizeibericht*. Bei klarem Wetter hat man eine super Aussicht vom Observation Deck ganz oben. Infos zu Führungen erhält man telefonisch.

Downtown Los Angeles

Highlights
Walt Disney Concert Hall E1

Sehenswertes
1 Angels Flight E2
2 Avila Adobe G1
3 Caltrans Building F2
4 Cathedral of Our Lady of the Angels E1
5 Chinese American Museum G1
6 City Hall F2
7 Fine Arts Building C3
8 Geffen Contemporary at MOCA G3
9 Grammy Museum B4
10 High School for the Visual and Performing Arts F1
11 Japanese American National Museum G3
12 La Placita G1
13 La Plaza de Cultura y Artes G1
14 Los Angeles Theater D4
15 Millennium Biltmore Hotel D3
16 Museum of Contemporary Art (MOCA Grand Ave) D2
17 Olvera St G1
18 One Bunker Hill D3
19 Orpheum Theater C5
20 Oviatt Building D3
21 Richard J Riordan Central Library C3
22 Union Station G2
23 US Bank Tower D3
24 Wells Fargo History Museum D2

Schlafen
25 Figueroa Hotel B4
26 Standard Downtown LA C3
27 Stay D4

Essen
28 Bottega Louie C4
29 Daikokuya G3
30 Gorbals D3
31 Grand Central Market E3
32 Lazy Ox Canteen F3
33 Nickel Diner E4

Ausgehen
34 Edison E3
Rooftop Bar @ Standard Downtown LA .... (siehe 26)
35 Seven Grand C3

Unterhaltung
Ahmanson Theater .... (siehe 39)
Dorothy Chandler Pavilion .... (siehe 39)
36 East West Players F3
37 LA Live A4
38 Los Angeles Philharmonic E1
Mark Taper Forum .... (siehe 39)
39 Music Center of Los Angeles County E1
40 Nokia Theater A4
41 Redcat D1
42 Staples Center A4

Shoppen
43 California Mart C5
44 Flower Market D5
45 New Mart D5
46 RIF F3
47 Tokyo G3

GRATIS **Wells Fargo History Museum** MUSEUM
(Karte S. 590; www.wellsfargohistory.com; 333 S Grand Ave; ⌚Mo–Fr 9–17 Uhr) Folgt man der Grand Ave Richtung Süden, stößt man auf dieses kleine, faszinierende Museum, in dem die Ära des Goldrauschs wieder lebendig wird: Zu sehen sind eine Concord-Postkutsche, ein 100 Unzen/2841 g schwerer Goldnugget und ein Bankschalter aus dem 19. Jh.

Dodger Stadium BASEBALLSTADION
(Karte S. 590; losangeles.dodgers.mlb.com; 1000 Elysian Park Ave; Führung Erw./Kind 4–14 Jahre/Senior 15/10/10 US$; ⌚Führungen 10 & 11.30 Uhr, nicht während Spielen) Gleich nördlich von Chinatown befindet sich das heißgeliebte Baseballstadion der Los Angeles Dodgers (s. S. 629) mit 56 000 Sitzplätzen. Bei den Führungen (bis 90 Min.) sieht man sich die Journalistentribüne, die Trainer-/Spielerbank, das Feld, den Dugout Club und das Trainingszentrum an.

LITTLE TOKYO

„Klein-Tokyo" ist ein moderner, hübscher Mix aus buddhistischen Tempeln und japanischen Läden und Restaurants – ganz so, wie man es erwarten würde. Außerdem befindet sich hier ein zunehmend beliebterer **Arts District**, der ein junges, abenteuerlustiges Publikum anzieht, das in improvisierten Ateliers in verlassenen Lagerhallen wohnt und arbeitet. Das wiederum hat die Eröffnung zahlreicher Restaurants, Bars und Clubs nach sich gezogen. Karten und Infos liefert das Besucherzentrum **Little**

Tokyo Koban (Karte S. 590; ☎213-613-1911; 307 E 1st St; ⏲Mo–Sa 10–18 Uhr).

Japanese American National Museum MUSEUM
(Karte S. 590; www.janm.org; 369 E 1st St; Erw./Senior & Student 9/5 US$; ⏲Di, Mi & Fr–So 11–17, Do bis 20 Uhr) Gefüllt mit Fotografien, Kunst, rituellen Gegenständen und sogar einer Uniform des *Star-Trek*-Darstellers George Takei, eines japanischstämmigen Amerikaners. Ein besonderer Fokus liegt auf dem düsteren Kapitel der Internierungslager während des Zweiten Weltkriegs.

SOUTH PARK

Die südwestliche Ecke von Downtown, South Park, ist kein Park, sondern ein aufstrebendes Viertel, in dem sich die Staples Center-Arena (S. 629), das Convention Center von L.A. und LA Live befinden. Letzteres umfasst ein Dutzend Restaurants, Veranstaltungsorte für Konzerte, einen 54-stöckigen Hotelturm und das Nokia Theatre (7100 Sitzplätze), in dem die MTV Music Awards überreicht werden und das Finale von *American Idol* stattfindet. Hier ist auch der Fashion District (s. S. 631) zuhause.

Parken kann man auf privaten Plätzen (8–20 US$). South Park liegt in der Nähe der Metro Blue Line.

Grammy Museum MUSEUM
(Karte S. 590; www.grammymuseum.org; 800 W Olympic Blvd; Erw./Kind/Senior & Student 12,95/10,95/11,95 US$; ⏲Mo–Fr 11.30–19.30, Sa & So 10–19.30 Uhr) Das Highlight von LA Live. Musikfans werden sich in der interaktiven Ausstellung verlieren, die Musikgenres definiert, voneinander abgrenzt und miteinander verbindet, und in allen Ecken laufen Live-Aufnahmen. Man kann einen Blick auf die Bassdrum von Guns N' Roses werfen, auf Lester Youngs Tenorsaxophon, Yo Yo Mas Cello und Michaels Handschuh. In interaktive Schallkammern können sich Besucher im Mischen und Remixen, Singen und Rappen versuchen.

Downtown L.A. Flower Market BLUMENMARKT
(Karte S. 590; www.laflowerdistrict.com; Wall St zw. 7th & 8th St; Eintritt Mo–Fr 2 US$, Sa 1 US$; ⏲Mo, Mi & Fr 8–12, Di, Do & Sa 6–12 Uhr) Schnittblumen zu ermäßigten Preisen sind das Highlight auf diesem Markt; für ein paar Dollar bekommt man einen ganzen Arm voll Hawaii-Ingwer oder Röschen, eine Topfpflanze oder eine grazile Orchidee. Am hektischsten geht es in den frühen Morgenstunden zu, wenn die Floristen für ihre Geschäfte einkaufen. Bargeld mitbringen!

EXPOSITION PARK

Ein paar Meilen südlich von Downtown erstreckt sich der familienfreundliche Exposition Park (außerhalb der Karte S. 590), der ab 1872 zunächst als Landwirtschaftsmesse diente und heute drei hochkarätige Museen, den hübschen **Rose Garden** (Eintritt frei; ⏲Mitte März–Dez. 9 Uhr–Sonnenuntergang) und das **Los Angeles Memorial Coliseum** (erb. 1923) beherbergt; Letzteres war 1932 und 1984 einer der Schauplätze der Olympischen Spiele. Die **University of Southern California** (USC; www.usc.edu) liegt nördlich der Museen. Zu den berühmten Absolventen gehören George Lucas, John Wayne und Neil Armstrong.

Der DASH-Minibus F (S. 634) und die Metro Expo Line fahren von Downtown nach South Park. Parkplätze gibt's ab ca. 6 US$.

Natural History Museum of Los Angeles County NATURKUNDEMUSEUM
(außerhalb der Karte S. 590; www.nhm.org; 900 Exposition Blvd; Erw./Kind/Senior & Student 12/5/8 US$; ⏲9.30–17 Uhr; 👪) In dem fürstlichen Gebäude (es diente als Columbia University im ersten Teil von *Spider Man*) kann man eine Reise durch die Erdzeitalter machen. Die **Dino Hall** war zur Zeit der Recherche kurz vor der Wiedereröffnung. Weitere Publikumslieblinge sind die ausgestopften afrikanischen Elefanten und der imposante Riesenmaulhai, eine besonders seltene Art. Darüber hinaus sind fantastische Navajo-Textilien, -Körbe und -Schmuck in der **Hall of Native American Cultures** ausgestellt. Die **Gem & Mineral Hall** ist ein funkelndes Spektakel inklusive Edelsteintunnel zum Durchlaufen und mehr Gold als man in irgendeiner anderen Sammlung dieser Art in den USA finden wird. Kinder lieben das **Discovery Center** und den **Insect Zoo** mit Taranteln, Kakerlaken und anderen Kriech- und Krabbeltierchen.

GRATIS **California Science Center** NATURKUNDEMUSEUM
(außerhalb der Karte S. 590; www.californiasciencecenter.org; 700 State Dr; ⏲10–17 Uhr; 👪) In dem ganz und gar nicht angestaubten Museum werden Erdbeben simuliert, Küken schlüpfen im Brutkasten, man kann virtuelle Spiele spielen, auf Knöpfe drücken, Knäufe ziehen u. Ä. Bei unserem Besuch bereitete man sich gerade auf die Ankunft der

neuen Star-Attraktion, des **Space Shuttle Endeavour**, vor. Weiter interessante „Flugobjekte" sind z.B. der *Wright Glider* (1902) und der sowjetische *Sputnik*, der 1957 die erste Erdumkreisung schaffte.

Das Museum ist in drei Hauptbereiche untergliedert. **World of Life** konzentriert sich auf den menschlichen Körper. Man kann in ein rotes Blutkörperchen „einsteigen", um einen Computerflug durch den Blutkreislauf zu machen, Gertie fragen, wie lang der Dickdarm ist, und Tess kennenlernen, eine riesige Puppe („15 m voller Grips, Schönheit und Biologie"). Im **IMAX Theater** (☎213-744-7400; Erw./Kind/Senior & Student 8,25/5/6 US$; 👪) kann man den actionreichen Tag ausklingen lassen.

Außerhalb der Schulferien wimmelt es montag- bis freitagvormittags von Kindern.

California African American Museum KULTURMUSEUM

(außerhalb der Karte S. 590; www.caamuseum.org; 600 State Dr; Eintritt frei; ⏲Di–Sa 10–17, So 11–17 Uhr) In diesem gefeierten Museum stehen afrikanische und afro-amerikanische Kunst und Geschichte (insbesondere in Kalifornien und anderen Staaten im Westen) im Mittelpunkt. Dazu gibt's jede Menge Vorträge und Vorführungen.

SOUTH LOS ANGELES

Das Gebiet südlich des Exposition Park war lange als South Central bekannt, dieser Name wurde jedoch nach den Aufständen 1992, die sich vor allem hier abspielten, nicht mehr genutzt. Banden, Drogen, Armut, Kriminalität und Erschießungskommandos aus vorbeifahrenden Autos prägen – nicht ganz unberechtigt – das Image dieses Bezirks. Das ist wirklich schade, denn South Central (benannt nach der Hauptverkehrsader, der Central Ave) war einst das stolze, pulsierende Herz der afro-amerikanischen Gemeinde von L.A. Die noblen Geschäfte und Restaurants von **Leimert Park Village** (luh-*mört* gesprochen), vor allem an der Kreuzung Degnan und 43rd St, erinnern an diese Zeiten.

Watts Towers WAHRZEICHEN

(www.wattstowers.org; 1727 E 107th St; Führungen Erw./Kind/Senior & Jugendl. 7/frei/3 US$; ⏲Führungen alle 30 Min. Okt.–Juni Do & Fr 11–15, Sa 10.30–15, So 12.30–15 Uhr, Juli–Sept. Do–Sa 10.30–15 & So 12.30–15 Uhr; Ⓟ) South L.A.s ganzer Stolz sind diese Türme, eins der beeindruckendsten Beispiele für Volkskunst weltweit. Der italienische Einwanderer Simon Rodia brauchte 33 Jahre (1921–1954), um diese skurrile Freiformskulptur aus einem kunterbunten Sammelsurium gefundener Gegenstände (Limo-Flaschen, Muscheln, Steine, Tonscherben etc.) zu erschaffen.

HOLLYWOOD, LOS FELIZ & SILVER LAKE

Alternde Filmstars wissen, dass eine Schönheitsoperation manch verblassende Karriere wieder ankurbeln kann. Dasselbe scheint für den legendären **Hollywood Boulevard** (Karte S. 596) zu gelten, der in den vergangenen Jahren umfassend saniert wurde. Obwohl er dem Glamour seiner goldenen Zeit (1920er-1940er-Jahre) immer noch hinterherhinkt, wirkt der Boulevard mittlerweile weit weniger schäbig als zu Ende des 20. Jhs.

Nun erstrahlen seine historischen Filmpaläste in neuem Glanz, während die Red Line der Metro Rail für eine gute Anbindung sorgt. Parallel sind hier ein paar der heißesten Bars und Nachtclubs von L.A. entstanden. Sogar der Oscar hat eine neue Dauerheimat im Kodak Theatre gefunden, das zum gigantischen Einkaufs- und Unterhaltungskomplex namens Hollywood & Highland gehört.

Das interessanteste Teilstück des Hollywood Blvd erstreckt sich zwischen La Brea Ave und Vine St: Der **Hollywood Walk of Fame** ehrt über 2000 Berühmtheiten mithilfe von Messingsternen, die in den Bürgersteig eingelassen sind. Besondere historische Leckerbissen sind deutlich mit Schildern gekennzeichnet. Man kann sich den auch geführten Stadtspaziergängen von Red Line Tours (S. 613) anschließen.

Jenseits des Hwy 101 (Hollywood Fwy) führt der Hollywood Blv nach Osten zu den Vierteln **Los Feliz** (ausgesprochen los *fih*-liss) und **Silver Lake**. Bei beiden handelt es sich um hippe Künstlerenklaven mit funky Bars, brummenden Restaurants und Einkaufsmöglichkeiten der ganz anderen Art.

Die Metro Red Line verbindet Central Hollywood (Haltestellen: Hollywood/Highland und Hollywood/Vine) und Los Feliz (Haltestelle: Vermont/Sunset) mit Downtown L.A. und dem San Fernando Valley. In den Seitenstraßen gibt es zahllose gebührenpflichtige Parkpätze. Die Tiefgarage von Hollywood & Highland verlangt 2 US$ für vier Abstellstunden, wenn das Ticket vom Hollywood Visitors Center (Karte S. 596) oder einem beliebigen anderen Händler in

ABSTECHER

EIN BLICK HINTER DEN VORHANG

Wer hätte gedacht, dass es eine Woche dauert, eine halbstündige Sitcom-Folge zu drehen? Oder dass man deshalb so selten eine Zimmerdecke im Fernseher sieht, weil dort normalerweise Scheinwerfer und Lampen hängen? Dies und andere Details über die wunderbare Welt des Films und Fernsehens lernt man bei einer Studioführung. In der ruhigen Sommerpause (Mai–Aug.) stehen die Chancen, ein paar Stars zu sichten, am schlechtesten. Am besten reserviert man vorab (Lichtbildausweis mitbringen!).

Paramount Studios (außerhalb der Karte S. 596; ☎323-956-1777; www.paramountstudios.com/special-events/tours.html; 5555 Melrose Ave, Hollywood; Führungen 45 US$; ⏲Mo–Fr nach vorheriger Reservierung) Das einzige Filmstudio, das sich direkt in Hollywood befindet, hat zweistündige Tramfahrten über das historische Gelände im Programm. Die Besucherzahl ist auf acht Personen pro Tram begrenzt, sodass man ausreichend Gelegenheit hat, den Guide mit Fragen zu bombardieren. Die Führungen sind immer unterschiedlich. Jeden Tag hat man Zugang zu einem anderen Set; vielleicht sind *Dr. Phil* oder *Nip/Tuck – Schönheit hat ihren Preis* dabei. Kinder müssen mindestens zwölf Jahre alt sein

Sony Pictures Studios (☎323-520-8687; www.sonypicturesstudiostours.com; 10202 W Washington Blvd, Culver City; Führungen 33 US$; ⏲Führungen Mo–Fr 9.30, 10.30, 13.30 & 14.30 Uhr; 🅿) Bei den zweistündigen Spaziergängen besucht man eventuell die Bühnen, auf denen *Men in Black*, *Spider Man*, *Charlie's Angels* und andere Blockbuster gedreht wurden. Kinder hüpften hier über den gelben Ziegelsteinweg in *Der Zauberer von Oz*, als das Sony Pictures Studio noch MGM Studio hieß. Vielleicht kann man sogar einen Blick auf das *Jeopardy!*-Set werfen. Mindestalter: zwölf Jahre.

Warner Bros Studios (Karte S. 598; ☎818-972-8687; www.wbstudiotour.com; 3400 Riverside Dr, Burbank; Führungen 45 US$; ⏲Mo–Fr 8.30–16 Uhr, März–Sept. längere Öffnungszeiten) Der 2¼-stündige Blick hinter die Kulissen macht Spaß, ist aber auch realitätsnah. Los geht's mit einem Video über die Greatest Hits von Warner Brothers (*Denn sie wissen nicht was sie tun*, *Harry Potter* etc.), bevor man mit der Minibahn zu Tonbühnen, Sets und Fachabteilungen fährt (z. B. der Kostüm- und Bühnenbildner). Das Studiomuseum ist eine Schatzkiste voller Requisiten und Andenken, darunter der sprechende Hut aus *Harry Potter*. Führungen starten etwa halbstündlich. Mindestalter: acht Jahre. Fürs Parken muss man 7 US$ hinblättern.

der Mall entwertet wird (kein Einkauf erforderlich).

HOLLYWOOD BOULEVARD

Grauman's Chinese Theatre KINO
(Karte S. 596; 6925 Hollywood Blvd) Der Anblick des Chinese Theatre, das Zentrum des berühmten Walk of Fame, wird auch die Herzen der verwöhntesten Reisenden höher schlagen lassen. Hier haben sich Generationen von Hollywoodlegenden im Beton verewigt, sei es mit ihren Füßen oder Händen, Rastalocken (Whoopi Goldberg) oder magischen Objekten (der Zauberstab des jungen *Harry Potter*). Superman, Marilyn Monroe und andere Star-Double posieren gegen ein Trinkgeld für Fotos, und vielleicht bekommt man auch kostenlose Eintrittskarten für Fernsehsendungen in die Hand gedrückt.

El Capitan Theatre KINO
(Karte S. 596; ☎323-467-7674; 6838 Hollywood Blvd) Ein extravagantes Ambiente für Disney-Studio-Premieren.

Egyptian Theatre KINO
(Karte S. 596; ☎323-466-3456; www.egyptiantheatre.com; 6712 Hollywood Blvd) Sitz der gemeinnützigen American Cinematheque (S. 627).

Hollywood & Highland Center THEATER
(Karte S. 596; www.kodaktheatre.com; Erw./Kind & Senior 15/10 US$; ⏲10.30–16 Uhr; bleibt ab und an geschl.) Im ehemaligen Kodak Theatre schreiten Super-Promis anlässlich der Oscarverleihungen über den roten Teppich. Auf den Säulen im Eingangsbereich stehen die Namen prämierter Filme. Die 30-minütigen Touren führen in den großen Saal, den VIP-Raum und an einem echten Oscar

Hollywood

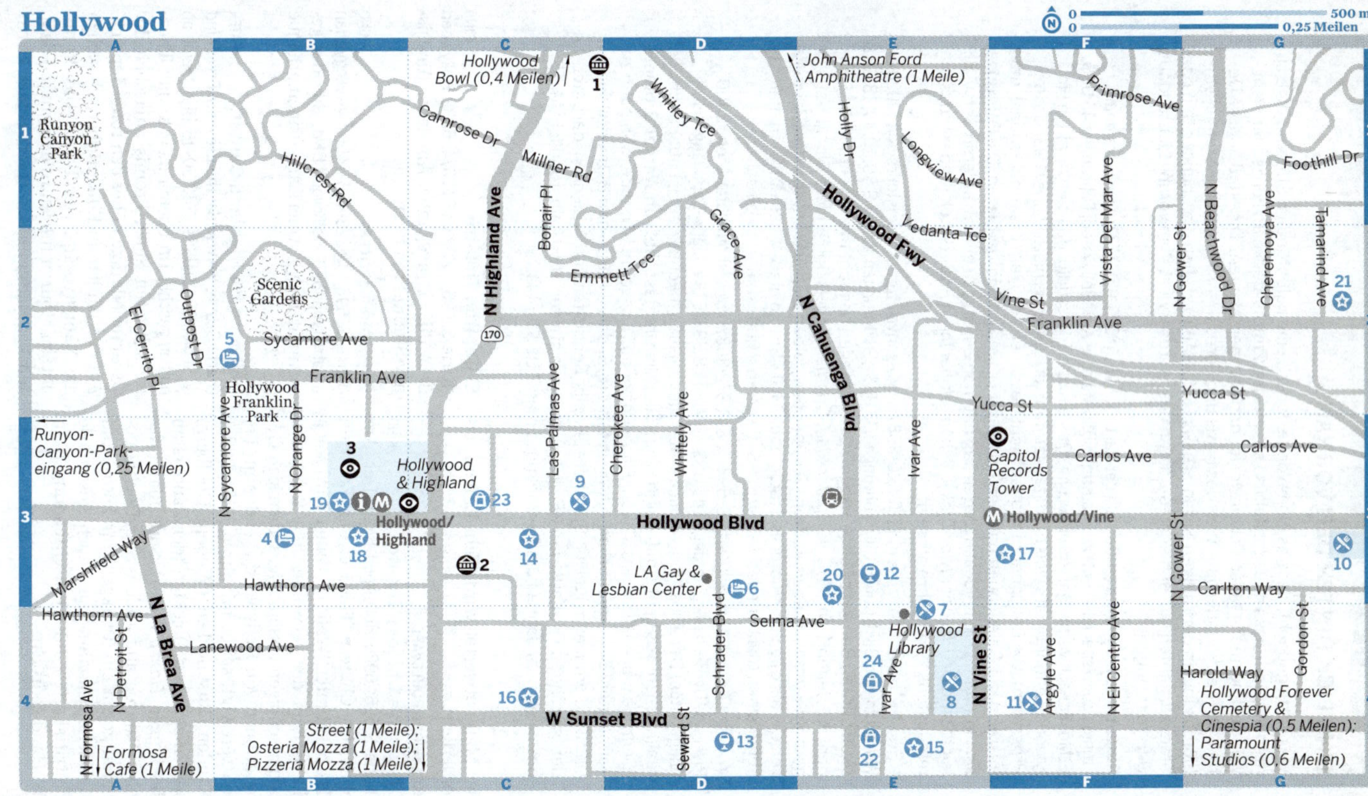
0 500 m
0 0,25 Meilen
Runyon Canyon Park
Hollywood Bowl (0,4 Meilen)
1
John Anson Ford Amphitheatre (1 Meile)
Camrose Dr
Millner Rd
Hillcrest Rd
Whitley Tce
Primrose Ave
Holly Dr
Longview Ave
Foothill Dr
Hollywood Fwy
Vedanta Tce
Grace Ave
Bonair Pl
Emmett Tce
N Highland Ave
Vista Del Mar Ave
N Gower St
N Beachwood Dr
Cheremoya Ave
Tamarind Ave
21
Scenic Gardens
El Cerrito Pl
Outpost Dr
5
Sycamore Ave
N Cahuenga Blvd
Vine St
Franklin Ave
Hollywood Franklin Park
Yucca St
Runyon-Canyon-Park-eingang (0,25 Meilen)
N Sycamore Ave
N Orange Dr
3
Hollywood & Highland
Las Palmas Ave
Cherokee Ave
Whitely Ave
Ivar Ave
Capitol Records Tower
Carlos Ave
19
23
9
Hollywood/Highland
Hollywood Blvd
Hollywood/Vine
4
18
14
2
17
10
Marshfield Way
Hawthorn Ave
LA Gay & Lesbian Center
6
20
12
Carlton Way
7
Selma Ave
Schrader Blvd
Hollywood Library
N La Brea Ave
Lanewood Ave
24
Argyle Ave
N El Centro Ave
Harold Way
Gordon St
N Detroit St
N Formosa Ave
16
8
N Vine St
11
Hollywood Forever Cemetery & Cinespia (0,5 Meilen); Paramount Studios (0,6 Meilen)
W Sunset Blvd
Seward St
13
22
15
Formosa Cafe (1 Meile)
Street (1 Meile); Osteria Mozza (1 Meile); Pizzeria Mozza (1 Meile)
A
B
C
D
E
F
G
1
2
3
4

Hollywood

Sehenswertes

- Egyptian Theatre .... (siehe 14)
- El Capitan Theatre .... (siehe 18)
- Grauman's Chinese Theatre ... (siehe 19)
- 1 Hollywood Heritage Museum C1
- 2 Hollywood Museum C3
- 3 Hollywood & Highland Center B3

Schlafen

- 4 Hollywood Roosevelt Hotel B3
- 5 Magic Castle Hotel B2
- 6 USA Hostels Hollywood D3

Essen

- 7 Hollywood Farmers Market E4
- 8 Hungry Cat E4
- 9 Musso & Frank Grill C3
- 10 Palms Thai G3
- 11 Waffle F4

Ausgehen

- 12 Beauty Bar E3
- 13 Cat & Fiddle D4

Unterhaltung

- 14 American Cinematheque C3
- 15 ArcLight & Cinerama Dome E4
- 16 Catalina Bar & Grill C4
- 17 Drai's F3
- 18 El Capitan Theatre B3
- 19 Grauman's Chinese Theatre B3
- 20 Hotel Café E3
- 21 Upright Citizens Brigade G2

Shoppen

- 22 Amoeba Music E4
- 23 Frederick's of Hollywood C3
- 24 Space 1520 .... E4

vorbei. Der Cirque du Soleil gastiert hier mit seinem neuen Programm **Iris** (www.cirque dusoleil.com; Tickets 43–253 US$) rund um das Thema Film. Übrigens: Die erste Oscarverleihung fand im Hollywood Roosevelt Hotel (erb. 1927) schräg gegenüber statt.

Hollywood-Schriftzug WAHRZEICHEN

(Karte S. 598) Dieser Schriftzug, L.A.s bekanntestes Wahrzeichen, prangt seit 1923 an dem Hang über Hollywood. Seine ursprüngliche Funktion war, für eine Maklerfirma namens Hollywood Land zu werben. Die Buchstaben sind jeweils über 15 m hoch und bestehen aus Metallblech. Zu dem Schild hochzuwandern ist verboten, das ist aber auch nicht nötig, denn es gibt viele Orte, an denen man einen guten Blick auf den Schriftzug hat, z. B. der Einkaufskomplex Hollywood & Highland, der Griffith Park und der obere Abschnitt des Beachwood Dr.

Hollywood Museum MUSEUM

(Karte S. 596; www.thehollywoodmuseum.com; 1660 N Highland Ave; Erw./Student/Senior/Kind 15/12/12/5 US$; ⌚Mi–So 10–17 Uhr) Das etwas muffige, 3150 m² große Museum ist ein Schrein, in dem Kitsch, Kostüme, Requisiten und allerlei Krimskrams von Charlie Chaplin bis *Glee* aufbewahrt werden.

Hollywood Bowl & Umgebung AMPHITHEATER

(außerhalb der Karte S. 596; ☎323-850-2000; www.hollywoodbowl.com; 2301 N Highland Ave; ⌚Konzerte Ende Juni–Sept.) Seit 1922 haben die Konzerte in der Hollywood Bowl in L.A. Tradition. Im Sommer ist das Amphitheater mit 18 000 Sitzplätzen die „Heimat" des Philharmonieorchesters von L.A., hier treten aber auch bekannte Rock-, Jazz- und Blueskünstler auf. Viele Konzertbesucher kommen schon früher, um vor der Show noch ein Picknick auf dem parkähnlichen Gelände zu machen (Alkohol ist erlaubt). Wer sich für die Geschichte der Bowl interessiert, sollte dem **Hollywood Bowl Museum** (außerhalb der Karte S. 596; www.hollywoodbowl.com/visit/museum.cfm; 2301 N Highland Ave; Eintritt frei; ⌚Mitte Juni–Mitte Sept. Di–Sa 10–20, So 16–19, Mitte Sept.–Mitte Juni Di–Fr 10–17 Uhr) einen Besuch abstatten. Tagsüber ist das Hollywood-Bowl-Gelände frei zugänglich.

Hollywood Heritage Museum MUSEUM

(Karte S. 596; www.hollywoodheritage.org; 2100 N Highland Ave; Erw./Kind 7 US$/frei; ⌚Mi–So 12–16 Uhr; P) Gegenüber der Bowl befand sich früher ein Pferdestall, den Filmpionier Cecil B. DeMille 1913/1914 für seinen Film *The Squaw Man*, Hollywoods ersten abendfüllenden Streifen, nutzte. Heute ist dort ein Museum zu den Anfängen der Filmemacherei untergebracht (inkl. Kostümen, Projektoren und Kameras sowie einer Nachbildung von DeMilles Büro).

Griffith Park PARK

(Karte S. 598; www.laparks.org/dos/parks/griffithpk; Eintritt frei; ⌚6–22 Uhr, Wege ab Sonnenuntergang geschl.; P 👪) Der größte Stadtpark der USA ist fünfmal so groß wie der Central Park in New York. Er umfasst ein Freilufttheater, einen Zoo, ein Observatorium, ein Museum, historische Züge, Golf-, Tennis- und Spielplätze, Reitwege, 85 km Spazierwege, Batmans Höhlen und

Griffith Park & Umgebung

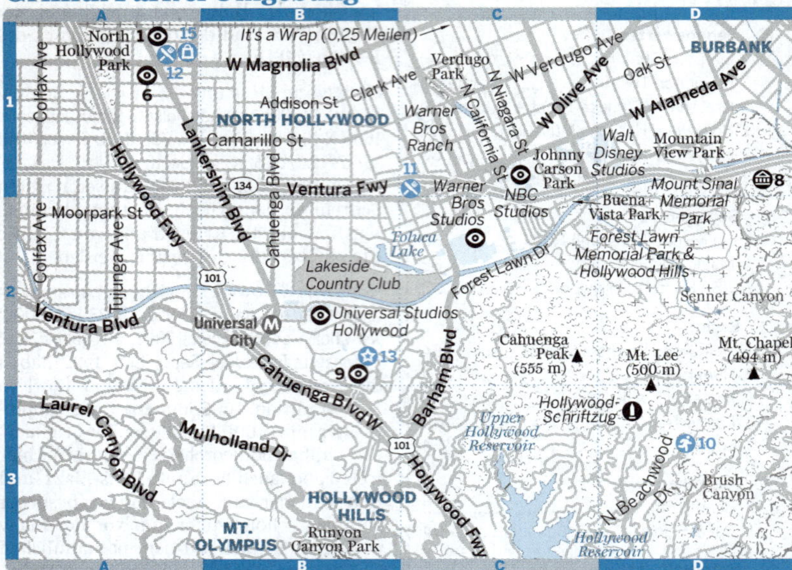

den Hollywood-Schriftzug. In der **Ranger Station** (Karte S. 598; 4730 Crystal Springs Dr) gibt's Karten.

Kinder stehen total auf das Karussell **Griffith Park Merry-Go-Round** (Karte S. 598; Fahrten 1 US$; ⌚Mai–Sept. tgl. 11–17, Okt.–April Sa & So 11–17 Uhr; 👪) von 1926. Die Pferdchen sind herrlich geschnitzt und bemalt und haben Schweife aus echtem Rosshaar. Aber auch die altmodischen Waggons und Dampflokomotiven im **Travel Town Museum** (Karte S. 598; 5200 W Zoo Dr; Eintritt frei; ⌚Mo–Fr 10–17, Sa & So bis 18 Uhr; 👪) stehen hoch im Kurs. Die **Griffith Park & Southern Railroad** (Karte S. 598; 4400 Crystal Springs Dr; Tickets 2,50 US$; ⌚Mo–Fr 10–16.30, Sa & So bis 17 Uhr ; 👪) ist ein Miniaturzug, der durch eine nachgebaute Westernstadt und ein Indianerdorf tuckert.

Griffith Observatory OBSERVATORIUM
(Karte S. 598; www.griffithobservatory.org; 2800 Observatory Rd; Eintritt frei, Planetarium Vorführungen Erw./Kind/Senior 7/3/5 US$; ⌚Di–Fr 12–22, Sa & So 10–22 Uhr, manchmal Di geschl.; P 👪) Über Los Feliz ragen die drei Kuppeln des Observatoriums von 1935 auf, zu dem ein High-Tech-Planetarium und das Leonard Nimoy Event Horizon Theater (inkl. Filmvorführungen) gehören. Bei klarem Nachthimmel kann man oft einen Blick durch die Teleskope werfen.

Los Angeles Zoo & Botanical Gardens ZOO
(Karte S. 598; www.lazoo.org; 5333 Zoo Dr; Erw./Kind/Senior 14/9/11 US$; ⌚10–17 Uhr; P 👪) 1100 gefiederte, pelzige und flossenbewehrte Geschöpfe „wohnen" hier, u. a. im Campo Gorilla Reserve und den Sea Cliffs, welche der kalifornischen Küste nachempfunden sind. Dort leben Seehunde.

Museum of the American West MUSEUM
(Karte S. 598; www.autrynationalcenter.org; 4700 Western Heritage Way; Erw./Kind/Student & Senior 10/4/6 US$, 2. Di im Monat kostenlos; ⌚Di–Fr 10–16, Sa & So bis 17 Uhr; P 👪) Die Ausstellung zu den schönen und hässlichen Seiten der amerikanischen Ausdehnung gen Westen wird selbst die widerwilligsten Museumsgänger in ihren Bann ziehen. Zu sehen sind eine authentische Postkutsche, eine Colt-Sammlung und ein Saloon. Das dazu gehörende **Southwest Museum of the American Indian** (234 Museum Dr) soll 2013 wiedereröffnet werden.

Hollyhock House ARCHITEKTUR
(erb. 1919; Karte S. 600; www.hollyhockhouse.net; Barnsdall Art Park; Erw./Student/Kind 7/3 US$/frei; ⌚Führungen stdl. Mi–So 12.30–15.30 Uhr; P) Dies ist ein frühes Meisterwerk von Frank Lloyd Wright. Es war sein erster Versuch, einen kombinierten Innen-/Außen-

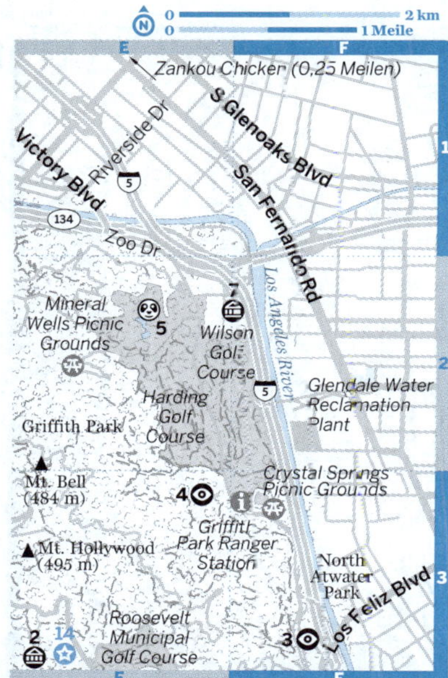

Griffith Park & Umgebung

Sehenswertes

1 Academy of Television Arts & Sciences A1
2 Griffith Observatory E3
3 Griffith Park & Southern Railroad F3
4 Griffith Park Merry-Go-Round E3
5 Los Angeles Zoo & Botanical Gardens E2
6 Millennium Dance Complex A1
7 Museum of the American West F2
8 Travel Town Museum D1
9 Universal City Walk B2

Aktivitäten, Kurse & Touren

10 Sunset Ranch Hollywood D3

Essen

11 Bob's Big Boy C1
12 Eclectic A1

Unterhaltung

13 Gibson Amphitheatre B2
14 Greek Theatre E3

Shoppen

15 Vintage Clothing Store District A1

Lebensraum zu schaffen, der mit L.A.s sonnigem Klima harmonierte. Später nannte der berühmte Architekt diesen Stil California Romanza. Zutritt nur im Rahmen einer Führung.

Hollywood Forever Cemetery FRIEDHOF
(außerhalb der Karte S. 596; www.hollywoodforever.com; 6000 Santa Monica Blvd; ⌚8–17 Uhr; P) Auf diesem Friedhof neben den Paramount Studios haben viele Berühmtheiten ihre letzte Ruhe gefunden, z. B. Rudolph Valentino, Tyrone Power, Jayne Mansfield und Cecil B. DeMille. Im Blumenladen nahe dem Eingang erhält man eine Karte (5 US$). Infos zu **Filmvorführungen** auf dem Gelände – kein Witz! – auf S. 627.

GRATIS **826 LA Time Travel Mart** GALERIE
(außerhalb der Karte S. 600; www.826la.org; 1714 W Sunset Blvd; Mo–Fr 12–20, Sa & So bis 18 Uhr) Auf den ersten Blick ist dies ein gewöhnlicher Lebensmittelladen mit Produkten aus der Vergangenheit und der Zukunft: Waltran (nicht ernsthaft), Gewürzpeelings (das schon), Saugnapf-Uhren u. Ä. Mit den Einnahmen wird ein Zentrum im Hinterzimmer finanziert, das auf Hausaufgabenbetreuung und Schreibseminare spezialisiert ist. Erdacht wurde das Konzept von Schriftsteller, Drehbuchautor und McSweeney-Gründer Dave Eggers.

WEST HOLLYWOOD

Über dem Santa Monica Blvd flattern die Regenbogenflaggen stolz im Wind, und die Promis machen die Klatschkolumnisten glücklich, indem sie sich in den Clubs am sagenumwobenen Sunset Strip danebenbenehmen. Willkommen in West Hollywood (WeHo) – das sind 5 km² Persönlichkeit pur!

Die Boutiquen auf dem Robertson Blvd und in der Melrose Ave versorgen die Hollywood-Stars mit allem, was in ist und Klasse hat, der Santa Monica Blvd ist das Zentrum der Schwulen- und Lesbenszene, in den östlichen Bezirken von WeHo wimmelt es von russischsprachigen Einwanderern und auf dem Sunset Blvd reihen sich Clubs und mondäne Hotels aneinander. Außerdem hat man einen Blick über ganz L. A. WeHo liefert zudem den Nährboden für brandheiße Innenarchitektur, insbesondere die **Avenues of Art and Design** rund um den Beverly Blvd und die Melrose Ave.

Pacific Design Center DESIGNZENTRUM
(Karte S. 602; www.pacificdesigncenter.com; 8687 Melrose Ave; ⌚Mo–Fr 9–17 Uhr) Um die 130 Galerien sind in den blauen und grünen „Walen" des von Cesar Pelli entworfenen Pa-

Los Feliz & Silver Lake

Los Feliz & Silver Lake

Sehenswertes
1 Hollyhock House A2

Essen
2 El Conquistador C3
3 Umami Burger A2
4 Yuca's B1

Ausgehen
5 Akbar B3
6 Dresden A1
7 Good Luck Bar B2
8 MJ's D1

Unterhaltung
9 Little Temple B3
10 Spaceland D3

Shoppen
11 Bar Keeper B3
12 Wacko/Soap Plant A2

cific Design Center untergebracht (2012 soll ein roter Wal hinzukommen). Man darf auf einen Schaufensterbummel vorbeischauen, verkauft wird allerdings hauptsächlich an Händler. Vor Ort befindet sich ein kleiner Ableger des **Museum of Contemporary Art** (Karte S. 602, Eintritt frei). Fürs Parken muss man 6 US$ pro Stunde zahlen.

Schindler House ARCHITEKTUR
(Karte S. 602; www.makcenter.org; 835 N Kings Rd; Erw./Senior & Student 7/6 US$, Fr 16–18 Uhr frei; ⌚Mi–So 11–18 Uhr) Rudolph Schindler (1887-1953) war ein Vorreiter der „klassischen Moderne" in der Architektur. Dies war sein Wohnhaus. Hier werden Wechselausstellungen und Vorträge geboten.

Die Preise fürs Parken variieren stark von Platz zu Platz. Vorsicht ist geboten, wenn man den Wagen an der Straße abstellt. Es gibt nur wenige Flächen, auf denen man stehen darf, und Falschparken wird strikt geahndet. Der DASH-Bus fährt nach WeHo.

Sunset Strip VIERTEL

Beim berühmten Sunset Strip handelt es sich um ein Teilstück des Sunset Blvd zwischen Laurel Canyon Blvd und Doheny Dr. Seit den 1920er-Jahren pulsiert hier das Nachtleben. Im **Chateau Marmont** und in Clubs wie Ciro's (mittlerweile **Comedy Store**; S. 629), Mocambo und Trocadero (beide inzwischen geschlossen) tummelten sich neben Bogart, Bacall, Monroe und Sinatra einst noch weitere Vertreter der High Society Hollywoods. Mit dem **Whisky-a-Go-Go** (☎310-652-4202; 8901 W Sunset Blvd) wurde hier in den 1960er-Jahren die erste Diskothek der USA eröffnet. Dort nahm das Go-Go-Tanzen seinen Anfang – ebenso die Karriere der Doors, die 1966 als Hausband des Clubs fungierten. In seiner früheren Erscheinungsform als Hyatt Hotel erhielt das benachbarte **ANdAZ** (Karte S. 602; ☎323-656-1234; 8401 W Sunset Blvd) während der 1970er-Jahre den Spitznamen „Riot House" (etwa „Haus der Unruhe"): Damals logierten dort bevorzugt wilde Rockstars wie Led Zeppelin, die einmal gleich sechs Stockwerke mieteten und Motorradrennen in den Fluren veranstalteten.

Obwohl der Strip bis heute als angesagte Nightlife-Meile gilt, ist er inzwischen deutlich in die Jahre gekommen. Billboards und andere riesige Werbebanner verhüllen die Gebäudefassaden und sorgen so für eine visuelle Kakophonie. Zu den jüngeren Locations zählen z. B. das **House of Blues** (Karte S. 602) und das **Mondrian Hotel** (Karte S. 602) mit der **Sky Bar** (S. 626). Letzteres ist auch nach 15 Jahren beim Jetset immer noch schwer angesagt. Im **Viper Room**, der bis vor Kurzem noch teilweise Johnny Depp gehört hat, starb der Schauspieler River Phoenix 1993 an einer Überdosis. Drei Jahre später verprügelte Tommy Lee dort einen Paparazzo.

MID-CITY

Mid-City umfasst ein recht amorphes Gebiet östlich von West Hollywood, südlich von Hollywood, westlich von Koreatown und nördlich der I-10 (die hier Santa Monica Freeway heißt). Die Hauptattraktionen sind ein historischer Bauernmarkt und ein paar echte Top-Museen. Man kann problemlos einen Parkplatz an der Straße, auf dem Markt oder in dem angrenzenden Einkaufszentrum Grove finden. Die Hauptsehenswürdigkeiten werden auch von den DASH-Bussen auf ihrer Fairfax-Route angesteuert.

Los Angeles County Museum of Art KUNSTMUSEUM

(Karte S. 602; www.lacma.org; 5905 Wilshire Blvd; Erw./Kind unter 17 J./Student & Senior 15/frei/10 US$; ⏲Mo, Di & Do 12–20, Fr 12–21, Sa & So 11–20 Uhr) Eins der besten Kunstmuseen des Landes und das größte im Westen der USA. Die Sammlung in dem neuen, von Renzo Piano gestalteten **Broad Contemporary Art Museum** (B-CAM) umfasst Stücke von Jeff Koons, Roy Lichtenstein und Andy Warhol sowie zwei riesige Werke aus verrostetem Stahl von Richard Serra.

In den anderen LACMA-Pavillons liegt der Fokus auf Gemälden, Skulpturen und Kunsthandwerk. Vertreten sind z. B. Rembrandt, Cézanne und Magritte, Fotografien von Ansel Adams und Henri Cartier-Bresson, uralte Tonwaren aus China, der Türkei und Iran, und der japanische Pavillon ist eine wahre Schatztruhe. Die Wechselausstellungen machen häufig Schlagzeilen. Parkplatz: 10 US$.

La Brea Tar Pits HISTORISCHE STÄTTE

Vor 10 000 bis 40 000 Jahren konservierte aus der Erde hervorsprudelndes Rohöl, das klebrig war wie Teer (engl. *tar*), Säbelzahntiger, Mammuts und andere inzwischen ausgestorbene Tiere aus der Eiszeit in den La Brea Tar Pits. Ihre versteinerten Überreste sind im **Page Museum** (Karte S. 602; www.tarpits.org; 5801 Wilshire Blvd; Erw./Kind/Senior & Student 11/5/8 US$, 1. Di im Monat frei; ⏲9.30–17 Uhr; 👪) ausgestellt. Die Ausgrabungen dauern an, sodass immer wieder neue Fossilien hinzukommen. Man kann den emsigen Archäologen bei der Arbeit zusehen. Der Parkplatz kostet 7 US$.

Petersen Automotive Museum MUSEUM

(Karte S. 602; www.petersen.org; 6060 Wilshire Blvd; Erw./Kind/Student/Senior 10/3/5/8 US$; ⏲Di–So 10–18 Uhr; 👪) Eine nicht vierzeilige, sondern -stöckige Ode an das Automobil ist dieses Museum mit seiner Sammlung aus auf Hochglanz polierten Oldtimern und einer geistreichen L. A.-Straßenszene. Parken kostet 8 US$.

BEVERLY HILLS & WESTSIDE

Allein das Wort Beverly Hills beschwört dank Film und Fernsehen Assoziationen wie Ruhm und Reichtum herauf. Villen thronen in gepflegten Gärten entlang von Palmen bestandener Avenues, besonders nördlich des **Sunset Blvd**. Der legendäre **Rodeo Drive** umfasst drei Häuserblocks mit Stil pur für die Prada- und Gucci-Brigade.

West Hollywood & Mid-City

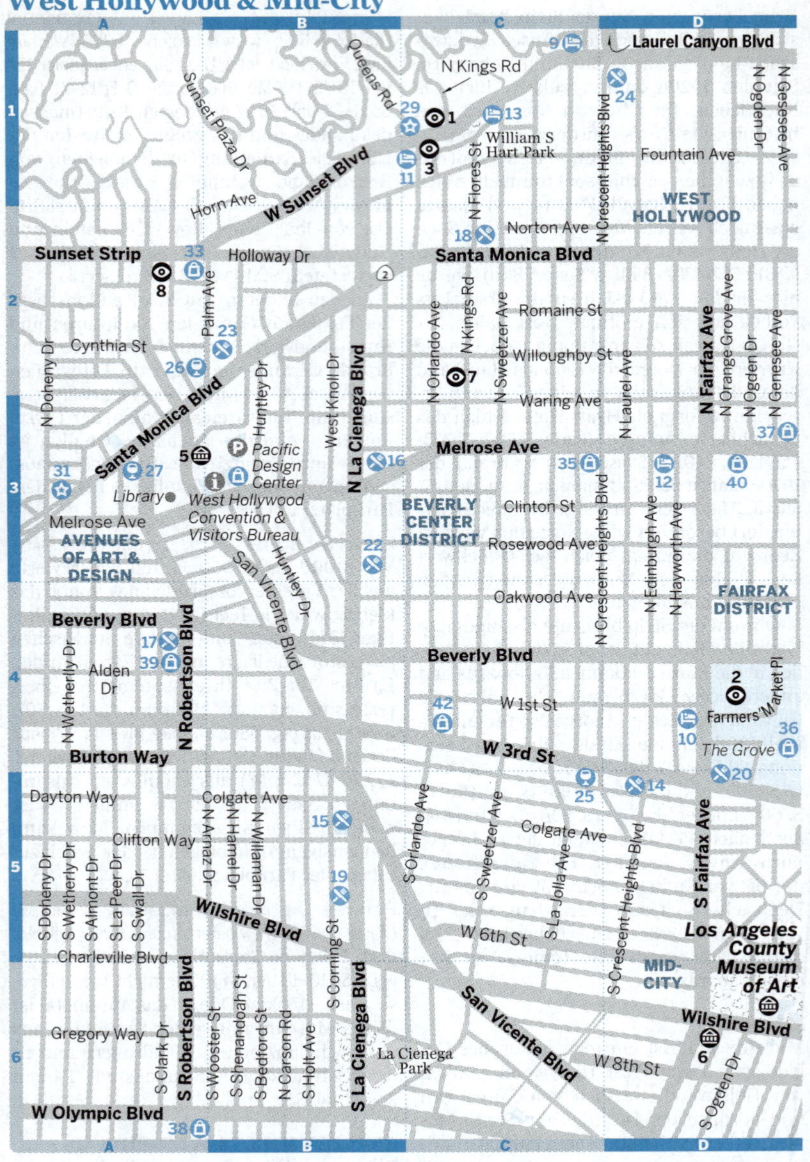

Heutzutage basiert Beverly Hills' Wohlstand vor allem auf dem Vermögen Neureicher. Es handelt sich dabei um iranische Immigranten, die sich nach dem Sturz des Schahs Ende der 1970er-Jahre hier niedergelassen haben. Etwa 25% der 35000 Einwohner haben iranische Wurzeln, weshalb sich für das Gebiet der Spitzname „Tehrangeles" etabliert hat.

Auf manchen städtischen Parkplätzen bzw. in Parkhäusern kann man bis zu zwei Stunden kostenlos parken.

Westlich von Beverly Hills bis Santa Monica liegen die reichen Viertel Brentwood,

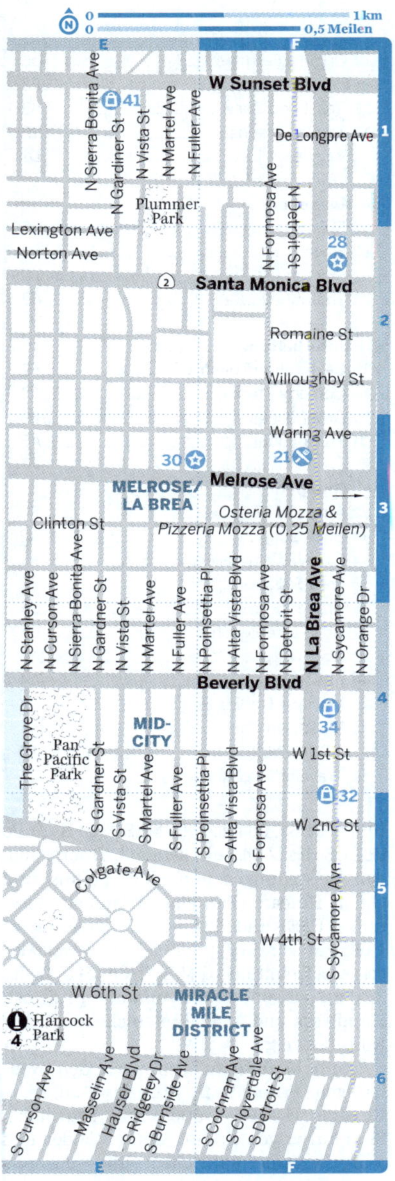

Bel Air, Westwood und die eigenständige Stadt Culver City; sie werden unter dem Begriff Westside zusammengefasst.

Getty Center KUNSTMUSEUM
(außerhalb der Karte S. 606; www.getty.edu; 1200 Getty Center Dr; Eintritt frei; ⌚So & Di–Do 10–17.30, Fr & Sa bis 21 Uhr) Ein Dreifachgenuss: bahnbrechende Kunstausstellungen (Renaissance bis David Hockney), Richard Meiers umwerfende Architektur und Robert Irwins Garten, der sich ständig verändert. An klaren Tagen darf man auch noch 4.) den fantastischen Ausblick auf die Stadt und das Meer auf die Liste schreiben. Am besten kommt man am späten Nachmittag, wenn der größte Menschenandrang vorüber ist. Auf S. 605 stehen Infos zur Getty Villa. Parken kostet 15 US$. Alternativ kann man den Metro-Bus 761 nehmen.

Paley Center for Media MUSEUM
(www.paleycenter.org; 465 N Beverly Dr; empfohlene Spende Erw./Kind/Senior/Student 10/5/8/8 US$; ⌚Mi–So 12–17 Uhr) In diesem Medienarchiv mit Aufzeichnungen von 1918 bis ins Internetzeitalter können TV- und Radio-Junkies ihrer Leidenschaft ungehemmt frönen. Einfach die Favoriten heraussuchen, einen Sitzplatz mit eigener Konsole suchen und los geht's. Es werden regelmäßig Vorträge und Vorführungen angeboten. Das Paley Center liegt gleich südlich des Little Santa Monica Blvd.

Museum of Tolerance MUSEUM
(www.museumoftolerance.com; 9786 W Pico Blvd; Erw./Kind/Student & Senior 15/12/11 US$; ⌚Mo–Do 10–17, Fr bis 15.30, So 11–17 Uhr; P 👪) Mittels interaktiver Technologien werden die Besucher mit den Themen Rassismus und Bigotterie konfrontiert. Schwerpunkt ist der Holocaust. U. a. sind einige Gegenstände aus der Nazizeit und Briefe von Anne Frank ausgestellt. Eine „historische Wand" feiert die Vielfalt, stellt Intoleranz bloß und setzt sich für die Menschenrechte ein. Besser vorab um Tickets kümmern!

GRATIS **Annenberg Space for Photography** MUSEUM
(www.annenbergspaceforphotography.org; 2000 Ave of the Stars, Nr. 10; Eintritt frei; ⌚Mi–So 11–18 Uhr) Ein tolles Museum mit Spezialausstellungen in einem wie eine Kamera geformten Gebäude im „Wolkenkratzer-Dorf" Century City, gleich westlich von Beverly Hills. Mittwochs bis freitags zahlt man 3,50 US$ fürs Parken, samstags und sonntags bzw. tgl. nach 16.30 Uhr 1 US$.

Museum of Jurassic Technology MUSEUM
(www.mjt.org; 9341 Venice Blvd, Culver City; empfohlene Spende Erw./Student & Senior/Kind unter 12 Jahren 5/3 US$/frei; ⌚Do 14–20, Fr–So 12–18 Uhr) Nein, hier geht es nicht um Dinosaurier und noch viel weniger um Technologie.

West Hollywood & Mid-City

Stattdessen zupft der Wahnsinn höchstpersönlich an den Synapsen und bittet darum, eingelassen zu werden, während man verzweifelt versucht, den kamerunischen Stinkameisen, dem Tribut an die Wohnwagenparks und der Skulptur des Papstes in einem Nadelöhr eine Bedeutung abzuringen. Vielleicht ist das alles nur Quatsch und Hokuspokus. Vielleicht aber auch nicht.

University of California, Los Angeles UNIVERSITÄT

(Karte S. 606; Campusführung Reservierungen 310-825-8764; www.ucla.edu; 405 Hilgard Ave) Westwood ist gewissermaßen ein Synonym für die UCLA, die Alma Mater von Francis Ford Coppola, James Dean, Jim Morrison und zahlreichen Nobelpreisträgern. Auf dem Campus zu parken kostet 11 US$ pro Tag.

Zu den hervorragenden, von der Universität betriebenen Museen gehören das **Hammer Museum** (Karte S. 606; www.hammer.ucla.edu; 10899 Wilshire Blvd; Erw./Kind/Senior 10/frei/5 US$, Do frei; Di, Mi, Fr & Sa 11–19, Do bis 21, So bis 17 Uhr) mit seinen bahnbrechenden Ausstellungen zu moderner Kunst und einem Hofcafé (Parkplatz Hammer Museum: 3 US$) und das **Fowler Museum of Cultural History** (Karte S. 606; www.fowler.ucla.edu; Eintritt frei; Mi & Fr–So 12–17, Do bis 20 Uhr), das eine große Auswahl an Kunst, Handwerk und Artefakten nicht-westlicher Kulturen zeigt.

Dann kann man sich noch den weitläufigen **Franklin D. Murphy Sculpture Garden** (Karte S. 606) mit Dutzenden Skulpturen von Rodin, Moore, Calder und anderen amerikanischen und europäischen Künstlern anschauen oder durch den friedlichen **Mildred E. Mathias Botanical Garden** (Karte S. 606) spazieren. Der abgeschiedene **UCLA Hannah Carter Japanese Garden** (Karte S. 606; www.japanesegarden.ucla.edu; 10619 Bellagio Rd) war bei unserem Besuch wegen Sanierungsarbeiten geschlossen.

Westwood Village Memorial Park FRIEDHOF
(Karte S. 606; 1218 Glendon Ave, Westwood; Eintritt frei; ⌚8–17 Uhr) Dieser briefmarkengroße Friedhof verbirgt sich zwischen den Hochhäusern von Westwood und hat berühmte „Bewohner" wie Marilyn Monroe, Burt Lancaster und Rodney Dangerfield.

Sawtelle Blvd VIERTEL
Bis Little Tokyo ist der Weg zu weit? Nun, es gibt noch ein kleineres japanisches Viertel, dessen Zentrum der Sawtelle Blvd ist, zwischen dem Olympic und dem Santa Monica Blvd und gleich westlich der I-405. Manchmal wird es **Little Osaka** genannt. Man kann sich locker ein oder zwei Stunden die Zeit damit vertreiben, die Geschäfte nach *Manga*-Comics, japanischem Billigschmuck und Haushaltswaren zu durchforsten, sich angesichts exotischer Lebensmittel ratlos am Kopf zu kratzen und ein paar Restaurants zu probieren. Die meisten findet man ein paar Häuserblocks nördlich des Olympic Blvd.

Skirball Cultural Center MUSEUM
(☎Tickets 877-722-4849; www.skirball.org; 2701 N Sepulveda Blvd; Erw./Kind 2–12 J./Student/Senior 10/5/7/7 US$, Do frei; ⌚Di, Mi & Fr 12–17, Do bis 21, Sa & So 10–17 Uhr, an jüdischen Feiertagen geschl.; P) Das Museum im Sepulveda Pass jenseits des Getty Center hat zwei Hauptattraktionen: Kinder können **Noahs Arche** erkunden, eine gigantische Holzkonstruktion von Moshe Safdie, und den überdachten Spielplatz mit den fantasievollen Figuren aus Fußmatten, Sitzfedern, Metallsieben und anderen recycelten Gegenständen unsicher machen. Zutritt zur Arche hat man mit Zeitfenstertickets, die auch den Museumseintritt umfassen; Vorabreservierungen sind sinnvoll. Die Dauerausstellung (für die Erwachsenen) deckt 4000 Jahre Geschichte, Traditionen, Prozesse und Triumphe des jüdischen Volks ab. Zu den Exponaten zählt ein nachgebauter Mosaikboden aus einer alten Synagoge aus Galiläa und Hitlers Hassschrift *Mein Kampf*.

MALIBU

Seit den frühen 1930er-Jahren denkt man bei dem Wort Malibu automatisch an Promis. Clara Bow und Barbara Stanwyck waren die Ersten, die sich in der **Malibu Colony** niederließen. Seither ist dies das Revier der Hollywood-Elite.

Entlang des 27 Meilen (43 km) langen Abschnitts des Pacific Coast Hwy, der durch Malibu führt (hier tauchen die Santa Monica Mountains ins Meer), erstrecken sich ein paar schöne Strände: **Las Tunas**, **Point Dume**, **Zuma** und der weltbekannte Surfstrand **Surfrider**. Hinter Malibu liegt der **Malibu Creek State Park**, der zur Santa Monica Mountains National Recreation Area gehört und von Wanderwegen durchzogen ist (s. S. 611). Malibu hat nicht wirklich ein Zentrum, die meisten Restaurants und Geschäfte drängen sich aber unweit des 100 Jahre alten **Malibu Pier**. Stars kann man am ehesten im Einkaufszentrum **Malibu Country Mart** (3835 Cross Creek Rd) sichten.

Getty Villa KUNSTMUSEUM
(www.getty.edu; 17985 Pacific Coast Hwy; Eintritt frei; ⌚Mi–Mo 10–17 Uhr; P) Malibus kulturelles Highlight: Die nachgebaute römische Villa ist das richtige Ambiente für die griechischen, römischen und etruskischen Antiquitäten. Eintritt nur mit Zeitfensterticket (man kann nicht einfach hineinmarschieren)! Mehr Infos gibt es unter „Getty Center". Fürs Parken zahlt man 15 US$.

15 MINUTEN RUHM

Für alle, die sich immer gewünscht haben, einmal in ihrer Lieblingsshow live dabeizusein: In L. A. werden Träume Wirklichkeit, allerdings muss man ein wenig Vorarbeit leisten – bevor man anreist. Hier ein paar Tipps.

Die Sitcoms und Spielshows werden gewöhnlich zwischen August und März mit Livepublikum aufgezeichnet. Kostenlose Tickets bekommt man z. B. über **Audiences Unlimited** (☎818-260-0041; www.tvtickets.com). Karten für die *Tonight Show* in den **NBC Studios** (Karte S. 598; 3000 W Alameda Ave, Burbank) gibt's unter www.nbc.com/nbc/footer/Tickets.shtml.

Wer nicht nur zusehen, sondern mitmachen möchte, hat am ehesten Chancen bei *The Price is Right* (Der Preis ist heiß). Aufgezeichnet wird in **CBS Television City** (Karte S. 602; www.cbs.com/daytime/price; 7800 Beverly Blvd, Mid-City).

SANTA MONICA

Santa Monica ist eine Strandschönheit, die städtische Coolness mit einem entspannten Flair vereint.

Touristen, Teenager und Straßenkünstler bevölkern die von Kettenläden gesäum-

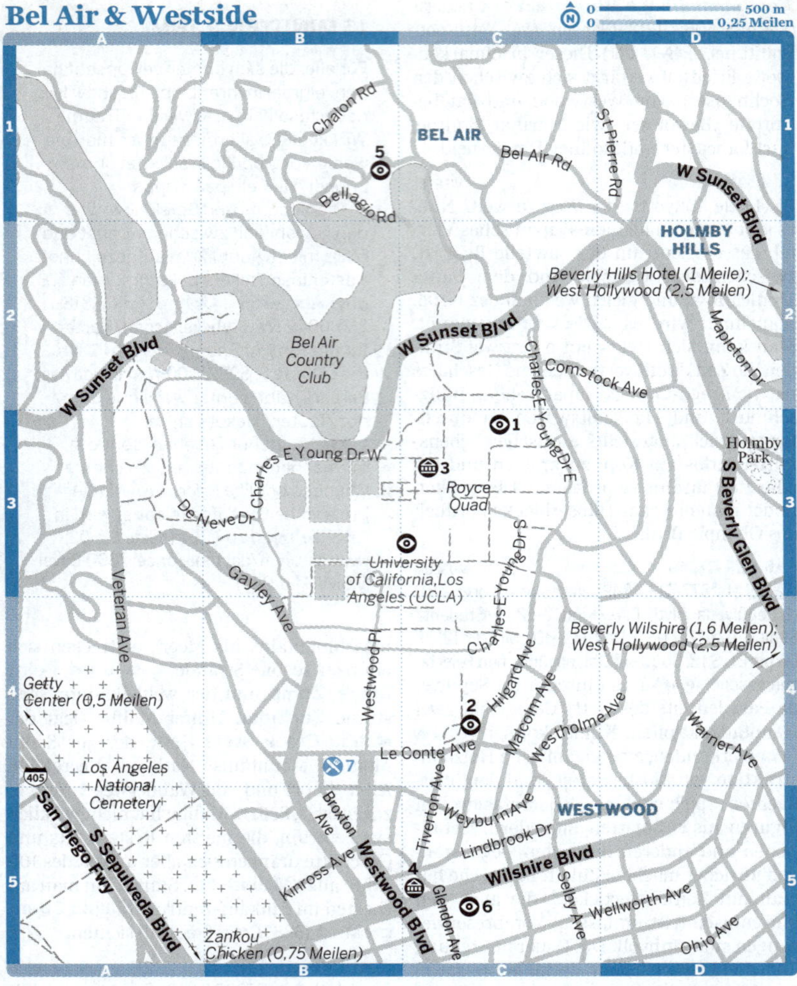

te Fußgängerzone **Third Street Promenade** (Karte S. 608). Etwas mehr Lokalkolorit bieten die von Promis favorisierte **Montana Avenue** oder die bodenständige **Main Street** (Karte S. 608), gewissermaßen die Lebensader des Viertels, das einst den Spitznamen „Dogtown" trug und die Wiege der Skateboardkultur war. Vielerorts am Strand können Fahrräder und Inlineskates ausgeliehen werden.

In den Parkhäusern an der 2nd und der 4th St kann man zwei Stunden lang umsonst stehen (pauschal 3 US$ nach 18 Uhr). Außerdem fahren die meisten Linien von Santa Monicas Big Blue Bus zur Promenade.

Santa Monica Pier VERGNÜGUNGSPARK

(Karte S. 608; www.santamonicapier.org; Eintritt frei, unbegrenzte Fahrten unter/über 7 Jahre 16/22 US$; ⏲24 Std.; 👪) Alle Kinder lieben das Pier von 1908, zu dessen Attraktionen ein wunderschönes Karussell von 1922, ein winziges Aquarium mit Becken zum Anfassen und der **Pacific Park** (www.pacpark.com) mit dem solarzellenbetriebenen Riesenrad gehören.

Bergamot Station Arts Center KUNSTGALERIEN & MUSEUM

(2525 Michigan Ave; ⏲Di–Sa 10–18 Uhr; 🅿) Kunstfans zieht es landeinwärts zu diesem avantgardistischen Zentrum, einer ehema-

Bel Air & Westside

Sehenswertes

Essen

ligen Straßenbahnhalle, die heute 35 Galerien und das moderne **Santa Monica Museum of Art** (www.smmoa.org; 2525 Michigan Ave; empfohlene Spende 5 US$; ⌚Di–Sa 11–18 Uhr) beherbergt.

VENICE

Venice wurde 1905 vom exzentrischen Tabakerben Abbot Kinney geschaffen und diente als Vergnügungspark namens „Venice of America". Man konnte sich von italienischen *gondolieri* durch die Kanäle schippern lassen. Die meisten Wasserstraßen sind seither in asphaltierte Straßen umgebaut worden, während mit Blumen überwucherte Villen die noch verbliebenen Kanäle säumen. Sie sind über den Venice und den Washington Blvd erreichbar.

Die angesagteste Westside-Meile ist der **Abbot Kinney Boulevard** (Karte S. 608), funky, kultiviert und von Palmen gesäumt, inklusive Restaurants, Yogastudios, Kunstgalerien und Geschäften, in denen altmodische Möbel und selbst geschneiderte Mode verkauft werden.

In den Seitenstraßen des Abbot Kinney Blvd kann man seinen Wagen abstellen oder die Parkplätze am Strand nutzen (6–15 US$).

South Bay & Palos Verdes

Südlich vom LAX liegen drei typisch amerikanische Strandorte an der Santa Monica Bay: **Manhattan Beach**, **Hermosa Beach** und **Redondo Beach** versprühen einen entspannten Vibe. Teure, wenn nicht gar mondäne Wohnhäuser ziehen sich hinunter bis zum weißen Superstrand. Er ist die örtliche Hauptattraktion und wird vom **South Bay Bicycle Trail** (S. 611) gesäumt.

Die Strände führen schnurstracks zur **Palos Verdes Peninsula**. Auf dieser hervorstehenden Felszunge lebt eine der reichsten und exklusivsten Gemeinden im Großraum L.A. Wer dem Palos Verdes Dr die spektakulär schroffen Küste entlang folgt, hat eine tolle Aussicht auf Pazifik und Catalina Island.

Wayfarers Chapel KIRCHE
(www.wayfarerschapel.org; 5755 Palos Verdes Dr S; ⌚8–17 Uhr) Die an einen Hang gebaute Kirche im Stil der Moderne (erb. 1949) ist von alten Mammutbäumen und Gärten umgeben. Sie geht auf das Konto von Lloyd Wright (Frank Lloyd Wrights Sohn) und besteht beinahe vollständig aus Glas. Sie ist eine der beliebtesten Hochzeitskapellen von L.A.

SAN PEDRO

Andere Strandorte in L.A. putzen sich heraus, kokettieren und spielen sich auf, doch San Pedro (*pih*-dro) verleugnet nicht, was es ist: ein Hafen im Schatten des eleganten Palos Verdes. Er begann ganz klein und wuchs mit der Ankunft kroatischer, italienischer, griechischer, japanischer und skandinavischer Fischer. Heutzutage bevölkern deren Nachfahren die Enklave (90 000 Ew.), die zum größten Containerhafen Nordamerikas gehört (das nahe gelegene Long Beach ist der zweitgrößte).

Das Wahrzeichen von San Pedro ist das **Point Fermin Lighthouse** (www.pointfermin lighthouse.org; 807 W Paseo del Mar; Eintritt frei, Spenden erbeten; ⌚Führungen Di–So 13, 14, 15 Uhr) von 1874, der wie ein viktorianisches Haus aus Holz besteht. Das beeindruckende **Fort MacArthur** (www.ftmac.org; 3601 S Gaffey St; empfohlene Spende Erw./Kind 3/1 US$; ⌚Di, Do, Sa & So 12–17 Uhr) aus der Zeit des Zweiten Weltkriegs beleuchtet die Militärgeschichte mittels Waffen und anderen Gegenständen in einer labyrinthartigen Befestigungsanlage in den Klippen.

Wer gern alte Boote erkundet, sollte sich das Museumsschiff **SS Lane Victory** (www.lanevictory.org; Berth 94; Erw./Kind 3/1 US$; ⌚9–15 Uhr) ca. 1,5 km weiter nördlich ansehen; es war von 1945 bis 1971 auf den sieben Weltmeeren zuhause. Touren auf eigene Faust führen durch den Maschinen- und Frachtraum. Eine Anfahrtsbeschreibung findet man auf der Website.

Weiter südlich wird man im **Ports O'Call Village** (Berth 77; Eintritt frei; ⌚11–22 Uhr) von kreischenden Möwen und Kindern umringt. Die Andenkenläden kann man getrost links liegen lassen und sich stattdessen auf dem und im lauten **San Pedro Fish Market & Restaurant** mit frischem Fisch und Krabben verwöhnen. Anschließend lockt eine Hafenrundfahrt oder eine Walbeobachtungstour (Jan.–März).

San Pedros **Arts District** (6th St, zw. Pacific Ave & Palos Verdes St) wartet mit Cafés, Kunstgalerien, Armee-Shops und Restaurants, viele in Art-déco-Bauten, auf. Auch das **Warner Grand Theatre** (erb. 1931; www.warnergrand.org; 478 W 6th St) wurde in diesem Stil errichtet.

San Pedro ist am besten mit dem Auto zu erreichen. In Downtown L.A. oder auf dem Freeway 405 nimmt man den Freeway 110.

LONG BEACH

San Pedro hat sich sein Hafenstadtflair bewahrt, derweil sind Long Beachs Ecken und Kanten mit den Jahren weicher geworden. Downtown brummt es und die Uferpromenade wurde saniert. Entlang der Pine Ave drängen sich Restaurants und Clubs, die sowohl von fein herausgeputzten Normalos als auch testosterongeladenen Verbindungsmitgliedern frequentiert werden.

Die Metro Blue Line (55 Min.) verbindet Long Beach mit Downtown L.A., und die Passport-Minibusse (www.lbtransit.org) bringen Passagiere kostenlos zu den Sehenswürdigkeiten (1,25 US$ bei anderen Fahrtzielen).

Queen Mary KREUZFAHRTSCHIFF
(www.queenmary.com; 1126 Queens Hwy; Erw./Kind/Senior ab 25/13/22 US$; ⌚10–18 Uhr) Long Beachs Aushängeschild ist dieses prächtige Schiff, auf dem es angeblich spukt. Der britische Ozeandampfer hat hier seinen ständigen Ankerplatz. Er ist größer und nobler als die *Titanic* und hatte auf seinen insgesamt 1001 Atlantiküberquerungen zwischen 1936 und 1964 Könige, Würdenträger, Immigranten und Soldaten „geladen“. Fürs Parken zahlt man 12 US$.

Aquarium of the Pacific AQUARIUM
(www.aquariumofpacific.org; 100 Aquarium Way; Erw./Kind/Senior 25/13/22 US$; ⌚9–18 Uhr; 👪) Kinder werden es genießen, durch diese Unterwasserwelt voller Haie, Quallen und Seehunde zu toben. Einmal einen echten Hai streicheln – wow! Der Parkplatz kostet 8 bis 15 US$. Ein Kombiticket für die *Queen Mary* und das Aquarium schlägt mit 36/20 US$ für Erw./Kind von 2 bis 11 Jahren zu Buche.

Santa Monica & Venice Beach

Sehenswertes
1 Karussell A3
2 Pacific Park Amusement Park A3
3 Santa Monica Pier Aquarium A3
Third Street Promenade (siehe 16)

Aktivitäten, Kurse & Touren
4 Perry's Café & Rentals A4
5 Perry's Café & Rentals A2

Schlafen
6 Casa Del Mar A3
7 Embassy Hotel Apartments B1
8 HI-Los Angeles/Santa Monica B2
9 Hotel Erwin A6
10 Viceroy B3

Essen
11 3 Square Café & Bakery B6
12 Gjelina B6
13 Joe's B6
14 Library Alehouse B5
15 Real Food Daily B2
16 Santa Monica Farmers Market B2
17 Santa Monica Place B2
Umami Burger (siehe 25)

Ausgehen
18 Chez Jay B3
19 Copa d'Oro B2
20 Galley B4
21 Otherroom B6
22 Roosterfish B6
23 Ye Old King's Head B2

Unterhaltung
24 Zanzibar B2

Shoppen
25 Fred Segal B2
26 Puzzle Zoo B2
Ten Women (siehe 11)

Museum of Latin American Art KUNSTMUSEUM
(www.molaa.org; 628 Alamitos Ave; Erw./Kind/Student & Senior 9/frei/6 US$, So frei; ⌚Mi–So 11–17 Uhr; P) Das einzige Museum im Westen der USA, das auf moderne Kunst aus Lateinamerika spezialisiert ist. Schwerpunkte der ständigen Sammlung sind Spiritualität und Landschaften. Die Sonderausstellungen sind erste Sahne.

Gondola Getaway BOOTSFAHRTEN
(www.gondo.net; 5437 E Ocean Blvd; 85 US$ pro Paar; ⌚11–23 Uhr) Etwa 3 Meilen (4,5 km) östlich von Downtown Long Beach kann man die Kanäle in dem edlen Viertel Naples mit echten Gondeln abfahren (1 Std.).

SAN FERNANDO VALLEY

Das riesige Netz aus Vororten, das unter dem Namen „the Valley" zusammengefasst wird, ist Sitz der meisten großen Filmstudios und deshalb das perfekte Pflaster für eingefleischte Filmfans. Außerdem ist es die Hochburg der Pornofilmindustrie weltweit. Ein Künstlerviertel in North Hollywood (NoHo) verleiht dem Valley einen hippen Einschlag.

Universal Studios Hollywood THEMENPARK
(Karte S. 598; www.universalstudioshollywood.com; 100 Universal City Plaza; Eintritt unter/über 1,20 m Körpergröße 77/69 US$; ⌚tgl., Öffnungszeiten variieren; 👪) Eins der ältesten und größten Filmstudios der Welt öffnete seine Pforten erstmalig 1915 für die Öffentlichkeit. Der Universal-Vorsitzende Carl Laemmle ließ die Besucher für goldige 0,25 US$ (inkl. „Fresspaket" für mittags) beim Stummfilmdreh zusehen.

Die Wahrscheinlichkeit, hier Filmaufnahmen mitzuerleben, sind gleich null, dafür haben sich in Universals Themenpark schon Generationen von Besuchern bestens amüsiert. Ein guter Auftakt ist die 45-minütige **Studio-Tour** in den Waggons der riesigen Tram. Sie fährt an Tonbühnen und Sets vorbei (z. B. von *Desperate Housewives*). Außerdem werden eine Haiattacke à la *Der weiße Hai* und ein Erdbeben der Stärke 8,3 simuliert. Ziemlicher Quatsch, aber witzig!

Weitere Attraktionen sind **King Kong in 3-D**, der von Krusty dem Clown „entworfene" **Simpsons Ride** und die Dinos aus **Jurassic Park**, während **Spezialeffekt-Bühnen** den Besuchern die Kunst der Filmemacherei näherbringen. **Water World** floppte in den Kinos, doch die auf dem Streifen basierende Live-Show ist ein Dauerbrenner, mit riesigen Feuerbällen und der Bruchlandung eines Wasserflugzeugs. Achtung: Kinder unter zehn Jahren sind für viele Attraktionen noch zu „kurz" bzw. werden eventuell Angst kriegen.

Man sollte einen kompletten Tag für den Besuch einplanen, besonders im Sommer. Dann steht man vor den Highlights nämlich schon mal locker 45 Minuten in der Schlange. Wer darauf keine Lust hat, kann sich einen Front of Line Pass gönnen (149 US$).

Der angrenzende **Universal City Walk** ist eine unverhohlen kommerzielle, aber auch unterhaltsame Fantasie-Meile voller Restaurants, Geschäften, Bars und Unterhaltung. Wer in den Park zurückkehren möchte, sollte sich einen Stempel besorgen.

Fürs Parken zahlt man 12 US$. Alternativ nimmt man die Metro Red Line.

NoHo Arts District VIERTEL

(www.nohoartsdistrict.com) Am Ende der Metro Red Line liegt **North Hollywood** (NoHo), einst ein heruntergekommenes Künstlerviertel, das seit einer Sanierung stolze 20 Theater auf 2,6 km² sowie aufstrebende Galerien, Restaurants, Fitness-Studios und Geschäfte für Retroklamotten ringsum vereint. Die meisten Theater sind sogenannte *equity waiver houses* mit höchstens 99 Sitzplätzen, sodass Mitglieder der Actors' Equity Union, einer Schauspielergewerkschaft, auch für untertarifliche Löhne arbeiten dürfen, z. B., um Stücke oder Talente auf die kleinen Bühnen bringen, bevor es in bekanntere Häuser geht.

Die Hall of Fame Plaza der **Academy of Television Arts & Sciences** (Karte S. 598; ☎818-754-2000; www.emmys.tv; 5200 Lankershim Blvd, North Hollywood; Eintritt frei) ist förmlich überladen mit Büsten und lebensgroßen Bronzefiguren von TV-Legenden wie Johnny Carson, Bill Cosby, Lucille Ball etc. und einem riesigen, glänzenden Emmy. Im **Millennium Dance Complex** (Karte S. 598; www.millenniumdancecomplex.com; 5113 Lankershim Blvd, North Hollywood; Unterricht ab 15 US$) werden viele Hip-Hop-Tänzer von Weltformat ausgebildet. Das Gelände ist öffentlich zugänglich. Geschäfte für Vintage-Kleidung säumen den Magnolia Blvd östlich des Lankershim Blvd. Dort sind viele Promis Stammkunden.

Am besten kommt man donnerstags bis sonntags am späten Nachmittag nach NoHo und bleibt bis zum frühen Abend. Dann ist rund um die Theater jede Menge los.

PASADENA

Unterhalb der San Gabriel Mountains liegt das vornehme Pasadena mit seinen altmodischen Villen, der herrlichen Arts-and-Crafts-Architektur und Kunstmuseen. Alljährlich am Neujahrstag verfolgt die ganze Nation die hiesige **Rose Parade**.

Den höchsten Unterhaltungswert hat **Old Town Pasadena**, ein lebendiger Einkaufs- und Entertainment-Bezirk mit hübsch restaurierten spanischen Kolonialgebäuden am des Colorado Blvd, westlich des Arroyo Parkway. Infos erhält man im **Pasadena Convention & Visitors Bureau** (☎626-795-9311, 800-307-7977; www.pasadenacal.com; 171 S Los Robles Ave; ⏲Mo–Fr 8–17, Sa 10–16 Uhr). Das **California Institute of Technology** (Caltech; www.caltech.edu; 551 S Hill Ave) außerhalb des Stadtzentrums ist eine der weltbesten wissenschaftlichen Universitäten und Betreiber des **Jet Propulsion Laboratory** (JPL; www.jpl.nasa.gov), des wichtigsten NASA-Zentrums für Roboterexpeditionen ins Sonnensystem.

Von Downtown L. A. aus fährt die Metro Gold Line nach Pasadena. Die ARTS-Busse (0,50 US$) fahren sieben verschiedene Strecken in der Stadt ab.

LP TIPP **Huntington Library** MUSEUM, GARTEN

(www.huntington.org; 1151 Oxford Rd; Erw./Kind Di–Fr 15/6 US$, Sa & So 20/6 US$; ⏲Juni–Aug. Di–So 10.30–16.30, Sept.–Mai Di–Fr 12–16.30, Sa & So 10.30–16.30 Uhr; P) Die Bibliothek besticht durch ein paar seltene Bücher, darunter eine Gutenberg-Bibel, die eigentlichen Highlights sind aber die wunderbare Sammlung britischer und französischer Kunst (besonders berühmt ist Thomas Gainsboroughs *Knabe in Blau*) und die wunderschönen Gärten. Im Rosengarten wachsen mehr als 1200 verschiedene Arten (die nette Teestunde vorab reservieren, Erw./Kind 28/15 US$), es gibt einen Desert Garden (Wüstengarten) und im chinesischen Garten führt eine Steinbrücke über einen kleinen See.

Norton Simon Museum KUNSTMUSEUM

(www.nortonsimon.org; 411 W Colorado Blvd; Erw./Kind & Student/Senior 10/frei/5 US$; ⏲Mi–Do & Sa–Mo 12–18, Fr bis 21 Uhr; P) Schlendert man nach Westen, sieht man Rodins *Denker*, gewissermaßen die Ouvertüre zu einer wunderbaren Symphonie europäischer Kunst. Auch das Untergeschoss mit den indischen und südostasiatischen Skulpturen ist ein Muss.

Gamble House ARCHITEKTUR

(www.gamblehouse.org; 4 Westmoreland Pl; Erw./Kind/Student & Senior 10/frei/7 US$; ⏲Eintritt nur mit Führung Do–So 12–15 Uhr; P) Das Gebäude von Charles und Henry Greene ist ein Meisterwerk kalifornischer Arts-and-Crafts-Architektur (erb. 1908); hier wohnte

Doc Brown in der Filmtrilogie *Zurück in die Zukunft*. Zutritt im Rahmen einer einstündigen Führung!

Pacific Asia Museum KUNSTMUSEUM (www.pacificasiamuseum.org; 46 N Los Robles Ave; Erw./Student & Senior 9/7 US$; ⌚Mi–So 10–18 Uhr; P) Der nachgebaute chinesische Palast beherbergt neun Galerien mit hervorragenden Wechselausstellungen zeitgenössischer Kunst und Artefakten aus Asien und von den Pazifikinseln, sprich Buddhas aus dem Himalaja, chinesisches Porzellan, japanische Trachten etc.

Pasadena Museum of California Art KUNSTMUSEUM (www.pmcaonline.org; 490 E Union St; Erw./Student & Senior/Kind 7/5 US$/frei, 1. Fr im Monat frei; ⌚Mi–So 12–17 Uhr; P) Die moderne Galerie widmet sich Kunst, Architektur und Design made in California ab 1850. Alle paar Monate wird ein anderes Programm geboten. Einen Abstecher wert ist auch die mit Kenny Scharfs Graffitis versehene **Kosmic Kavern**.

Rose Bowl & Brookside Park STADION (www.rosebowlstadium.com; 1001 Rose Bowl Dr) Eins der altehrwürdigen Wahrzeichen von L.A. ist das Rose Bowl Stadium (erb. 1922) mit 93 000 Sitzplätzen. Hier findet immer am Neujahrstag das berühmte Rose Bowl Game zwischen zwei der besten College-Footballteams statt. Davon abgesehen dient es als Veranstaltungsort für Konzerte u.Ä. und den riesigen **Rose-Bowl-Flohmarkt** (S. 630).

Um die Rose Bowl erstreckt sich der **Brookside Park** im ausgetrockneten Flussbett des Arroyo Seco, das sich von den San Gabriel Mountains bis Downtown L.A. erstreckt. Der Park lädt zum Wandern, Radfahren und Picknicken ein. Südlich des Stadions befindet sich das **Kidspace Children's Museum** (S. 612).

Aktivitäten

Fahrradfahren & Inlineskaten

Wenn man sich Tourismusvideos von L.A. anschaut (oder den Vorspann von *Herzbube mit zwei Damen*), kennt man den **South Bay Bicycle Trail**, der ideal ist zum Radfahren oder Skaten. Nördlich von Santa Monica bis zur South Bay folgt der gepflasterte Weg dem Strandverlauf 22 Meilen (35 km) und beschreibt einen Umweg um den Jachthafen Marina del Rey. Mountainbikefahrer werden die **Santa Monica Mountains** (Karte S. 606) als durchaus ernst zunehmende Herausforderung empfinden. Praktische Infos gibt's unter www.labikepaths.com.

Räder kann man vielerorts leihen, insbesondere an den Stränden. Die Preise liegen bei etwa 6 bis 10 US$ pro Stunde bzw. 10 bis 30 US$ pro Tag (supermoderne Mountainbikes sind teurer).

Perry's Cafe & Rentals FAHRRADVERLEIH (Karte S. 608; ☎310-939-0000; www.perryscafe.com; Ocean Front Walk; Räder 10/25 US$ pro Std./Tag; ⌚9.30–17.30 Uhr) Mehrere Filialen am Radweg. Man kann auch Bodyboards ausleihen (8/17 US$ pro Std./Tag). Ausschließlich Barzahlung!

Wandern

Überraschenderweise hat man es von der zweitgrößten Metropole des Landes aus gar nicht weit „ins Grüne".

Wer nur einen kurzen Spaziergang machen möchte, könnte den **Griffith Park** (Karte S. 598) oder **Runyon Canyon** (Karte S. 598; www.runyon-canyon.com) ansteuern, beide nur einen Katzensprung vom Hollywood Blvd entfernt. Runyon Canyon ist ein Favorit beim hippen, Fitness besessenen und Hunde besitzenden Stadtvolk; die wenigsten Tiere sind an der Leine. Man hat einen schönen Blick auf den Hollywood-Schriftzug, die Stadt und – bei klarem Wetter – den Strand. Der südliche Ausgangspunkt des Runyon-Wanderwegs befindet sich am Ende der Fuller St (eine Seitenstraße der Franklin Ave).

Runyon Canyon liegt am Ostrand der über 600 km² großen **Santa Monica Mountains National Recreation Area** (Karte S. 636; ☎805-370-2301; www.nps.gov/samo). Das hügelige, bewaldete Gelände mit der für Kalifornien typischen Chaparral-Vegetation erstreckt sich vom Norden Santa Monicas entlang der Santa Monica Bay bis Point Mugul (Ventura County). Beliebte Wanderziele sind der **Will Rogers State Historic Park**, **Topanga State Park** und **Malibu Creek State Park**. In Letzterem führt ein Pfad zum Set der TV-Serie *M*A*S*H*; dort verrotten in aller Ruhe ein alter Jeep und andere Requisiten. Der Wanderweg beginnt am Hauptparkplatz des Parks in der Malibu Canyon Rd, die Las Virgenes Rd heißt, wenn man vom Hwy 101 (Hollywood Fwy) kommt. Das Parken kostet 8 US$. Weitere Infos liefert die Santa Monica Mountains Conservancy (http://smmc.ca.gov).

LOS ANGELES

NICHT VERSÄUMEN

VENICE BOARDWALK

Freakshow, menschlicher Zoo mit Karnevalsatmosphäre … den **Venice Boardwalk** (Ocean Front Walk; Karte S. 608) muss man einfach gesehen haben! Hier schlägt die Gegenkultur mit aller Wucht zu. Der Boardwalk ist der optimale Ort, um sich Zöpfe flechten zu lassen bzw. sich eine *qi-gong*-Rückenmassage, billige Sonnenbrille oder ein Freundschaftsarmband zu gönnen. Begegnungen mit Bodybuildern, Basketballspielern mit großen Ambitionen, Schlangenbeschwörern in knapper Badehose oder Sikh-Musikanten auf Inlinern sind unausweichlich, vor allem an heißen Sommernachmittagen. Nach Einbruch der Dunkelheit wird die Stimmung allerdings etwas zwielichtig.

Reiten

Auf den bewaldeten Reitwegen des Griffith Park oder Topanga Canyon hat man die Hektik der Großstadt schnell vergessen. Man ist stets in Begleitung eines erfahrenen Reiters. Die Preise variieren. Mindestens 20% Trinkgeld geben!

Los Angeles Horseback Riding REITEN

(☎818-591-2032; www.losangeleshorsebackriding.com; 2661 Old Topanga Canyon Rd, Topanga Canyon) Ausritte bei Sonnenuntergang, Vollmond oder tagsüber in den Santa Monica Mountains. Überall hat man geniale Aussichten. Ohne Reservierung geht hier nichts.

Sunset Ranch Hollywood REITEN

(Karte S. 598; ☎323-469-5450; www.sunsetranchhollywood.com; 3400 Beachwood Dr, Hollywood) Geführte Reitausflüge. Sehr beliebt sind die „Dinner-Ausritte" freitagabends.

Schwimmen & Surfen

L.A. ist Strandkultur, keine Frage. Aber man darf nicht vergessen, dass der Pazifik generell ziemlich kalt ist und man in den kühleren Monaten definitiv einen Neoprenanzug braucht. Die Wasserhöchsttemperaturen liegen bei 21 °C im August und September. Die Wasserqualität variiert; aktuelle Infos liefert die „Beach Report Card" unter www.healthebay.org.

Eine Übersicht der besten Strände in L.A. findet man auf S. 584.

Surf-Novizen müssen an die 120 US$ für bis zu zwei Stunden Privatunterricht hinlegen (in einer Gruppe 65–75 US$). Brett und Neoprenanzug sind inbegriffen. Wir empfehlen folgende Surfschulen:

Learn to Surf LA SURFSCHULE

(www.learntosurfla.com)

Malibu Long Boards SURFSCHULE

(www.malibulongboards.com)

Surf Academy SURFSCHULE

(www.surfacademy.org)

Los Angeles mit Kindern

Den Nachwuchs bei Laune zu halten, ist ein Klacks in L.A.

Der weitläufige Los Angeles Zoo (S. 598) im familienfreundlichen Griffith Park ist schon mal ein bombensicherer Tipp. Dinosaurier-Fans lieben das Page Museum der La Brea Tar Pits (S. 601) und das Natural History Museum (S. 593). Die kleinen Forscher von morgen sollten einen Abstecher ins California Science Center (S. 593) nebenan machen. Wer sich eher für das Leben unter Wasser interessiert, ist im Aquarium of the Pacific (S. 608) an der richtigen Adresse. Teenager finden vielleicht die „Geistertour" auf der *Queen Mary* (S. 608) spannend. Super ist auch Noahs Arche im Skirball Cultural Center (S. 605).

Der Santa Monica Pier (S. 606), nur einer von mehreren Vergnügungsparks in L.A., ist für Kinder aller Altersgruppen geeignet. Die Universal Studios Hollywood (S. 609) bieten weniger Programm für jüngere Kinder. Infos zu Disneyland und Knott's Berry Farm (S. 657) gibt's im Kapitel „Orange County".

Kidspace MUSEUM

(www.kidspacemuseum.org; 480 N Arroyo Blvd, Pasadena; Eintritt 8 US$, ⊙Mo–Fr 9.30–17, Sa & So 10–17 Uhr; P 👪) Interaktive Ausstellungen, „Lernzonen" unter freiem Himmel und Gartenanlagen sind ideal für Kinder unter zehn Jahren. Am besten kommt man nach 13 Uhr, wenn die Schulklassen wieder abgezogen sind.

Bob Baker Marionette Theater PUPPENTHEATER

(außerhalb der Karte S. 590; www.bobbakermarionettes.com; 1345 W 1st St, nahe Downtown; Eintritt 15 US$, nur mit Reservierung; ⊙Di–Fr 10.30, Sa & So 14.30 Uhr; P 👪) Die singenden und tanzenden Marionetten haben schon ganze Generationen kleiner Angelenos verzückt.

Geführte Touren

Esotouric GESCHICHTE, LITERATUR
(☎323-223-2767; www.esotouric.com; Bustouren 58 US$) Hip, unkonventionell, lehrreich und unterhaltsam sind die Stadtspaziergänge und Bustouren mit Themen wie literarische Schwergewichter (Chandler bis Bukowski), berühmte Orte des Verbrechens (Black Dahlia) und historische Viertel.

Los Angeles Conservancy ARCHITEKTUR, SPAZIERGÄNGE
(☎213-623-2489; www.laconservancy.org; Führungen 10 US$) Spaziergänge mit architektonischem Schwerpunkt, vor allem in Downtown L.A. Auf der Website stehen Infos zu Erkundungstouren auf eigene Faust.

Melting Pot Tours KULINARISCH, SPAZIERGÄNGE
(☎800-979-3370; www.meltingpottours.com; Führungen ab 58 US$; ⊙Mi–So) Bei diesen Spaziergängen isst man sich quer durch den Original Farmers Market und die Gassen von Old Town Pasadena.

Six Taste KULINARISCH, SPAZIERGÄNGE
(☎888-313-0936; www.sixtaste.com; Führungen 55–65 US$) Kulinarische Spaziergänge zu Restaurants in verschiedenen Stadtvierteln wie Downtown, Little Tokyo, Chinatown, Thai Town und Santa Monica.

Out & About SCHWUL-LESBISCH
(www.outandabout-tours.com; Führungen 60 US$; ⊙Sa & So) Hochmotivierte Guides zeigen den Teilnehmern Meilensteine der schwullesbischen Geschichte von L.A. – es gibt viel mehr, als man vielleicht denken würde!

Red Line Tours SPAZIERGÄNGE, BUS
(☎323-402-1074; www.redlinetours.com; Führungen ab 25 US$) Unterhaltsam und pädagogisch wertvoll sind die Spaziergänge durch Hollywood und Downtown; dank der Kopfhörer kann man den Straßenlärm ausblenden.

Starline Tours BUS
(☎323-463-333, 800-959-3131; www.starlinetours.com; Führungen ab 39 US$) Kommentierte Busfahrten durch die Stadt, vorbei an den Wohnhäusern der Stars und zu Vergnügungsparks.

Bikes & Hikes LA RADFAHREN
(☎323-796-8555; www.bikesandhikesla.com; Fahrradtouren 44–158 US$) Fahrten durch Hollywood und zu den Anwesen der Promis und natürlich das Aushängeschild, die sechstündige „LA in One Day"-Tour (158 US$) von WeHo bis zu den Stränden.

Feste & Events

Abgesehen von den jährlich stattfindenden Ereignissen gibt's auch monatliche Events wie die Tage der Offenen Tür in Galerien und Geschäften und kulinarische Schmankerl beim **Downtown LA Art Walk** (www.downtownartwalk.com; ⊙2. Do im Monat) und den **First Fridays** (⊙1. Fr im Monat) auf dem Abbot Kinney Blvd in Venice.

Tournament of Roses PARADE
(☎626-449-4100; www.tournamentofroses.com) Die Reiterparade am Neujahrstag mit blumengeschmückten Umzugswagen geht über den Colorado Blvd in Pasadena. Dann steigt das Footballspiel in der Rose Bowl.

Toyota Grand Prix of Long Beach AUTORENNEN
(☎888-827-7333; www.longbeachgp.com) Einwöchiges Autospektakel mit Klassefahrern Mitte April.

NICHT VERSÄUMEN

RONALD REAGAN LIBRARY & MUSEUM

Ganz gleich, was für eine Meinung man über Ronald Reagan (1911–2004) hat, seine **Bibliothek** (www.reaganlibrary.com; 40 Presidential Dr; Erw./Jugendl./Senior 12/6/9 US$; ⊙10–17 Uhr; Ⓟ) ist faszinierend. In der Ausstellung werden Stationen aus Reagans Leben nachgezeichnet, angefangen bei seiner Kindheit in Dixon, Illinois, über seine frühen Jahre bei Radio und Film bis hin zu seiner Amtszeit als Gouverneur von Kalifornien. Der Schwerpunkt liegt allerdings auf seiner Präsidentschaft (1980–1988) in den letzten Jahren des Kalten Kriegs. Man kann Nachbauten des Oval Office und Cabinet Room im Weißen Haus, Memorabilien der Reagan-Familie, Geschenke von Staatsoberhäuptern, einen nuklearen Lenkflugkörper und auch ein Stück Berliner Mauer (inkl. Graffiti) besichtigen. Reagans Grab befindet sich ebenfalls auf dem Gelände. Man nimmt die I-405 (San Diego Fwy) nach Norden, fährt dann auf der 118 (Ronald Reagan Fwy) nach Westen bis zur Ausfahrt Madera Rd South. Dort biegt man rechts auf die Madera Rd und fährt 3 Meilen (ca. 5 km) geradeaus bis zum Presidential Dr.

Fiesta Broadway STRASSENFEST
(☎310-914-0015; www.fiestabroadway.la) Mexikanischer Jahrmarkt am historischen Broadway in Downtown mit Auftritten von Latino-Stars. Am letzten Sonntag im April.

West Hollywood Halloween Carnival STRASSENFEST
(☎323-848-6400; www.visitwesthollywood.com) Exzentrisches Happening mit häufig nicht jugendfreien Kostümen auf dem Santa Monica Blvd. Immer am 31. Oktober.

Schlafen

Wer das süße Strandleben genießen will, sollte sich eine Bleibe in Santa Monica, Venice oder Long Beach suchen. Long Beach ist praktisch, wenn man Disneyland und Orange County sehen will. Für einen hohen Coolness-Faktor und die besten Partys sind Hollywood oder WeHo die beste Adresse. Die Kultur darf nicht zu kurz kommen? Dann ist Downtown top. Die Übernachtungssteuer liegt bei 12 bis 14%; immer nach Preisnachlässen fragen! Die hier angegebenen Tarife gelten in der Hauptsaison.

DOWNTOWN

LP TIPP **Standard Downtown LA** HOTEL $$
(Karte S. 590; ☎213-892-8080; www.standardhotel.com; 550 S Flower St; Zi. ab 165 US$;) Das genial durchdesignte Hotel mit 207 Zimmern, ein ehemaliges Bürogebäude, hat es auf eine junge, hippe, feierfreudige Klientel abgesehen und die Dachbar brummt. Wer Kinder hat oder ordentlich durchschlafen will, sucht sich besser eine andere Bleibe. Moderne, minimalistische Zimmer inklusive Podestbetten und Duschen mit „Durchblick". Parken kostet 33 US$.

Figueroa Hotel HISTORISCHES HOTEL $$
(Karte S. 590; ☎213-627-8971, 800-421-9092; www.figueroahotel.com; 939 S Figueroa St; Zi. 148–184 US$, Suite 225–265 US$;) Eine weitläufige Oase aus den 1920er-Jahren, in der man sich von L.A.s Hektik erholen kann. Die spanische Lobby zieren jede Menge Fliesen, dahinter findet man einen Pool und eine quirlige Bar. Die Zimmer (marokkanisch, mexikanisch, im Zen-Stil o. Ä. aufgemacht) sind komfortabel, aber unterschiedlich groß. Parkplatz: 12 US$.

Stay HOSTEL $
(Karte S. 590; ☎213-213-7829; www.stayhotels.com; 636 S Main St; B 35 US$, Zi. mit/ohne Bad 80/60 US$;) Das groovige Stay erstreckt sich über die ersten drei Etagen des Hotel Cecil, hat Marmorböden und himmelblaue Wände. In der Lobby (WLAN) befindet sich eine Wand aus Milchglas. Die Zimmer bieten Retro-Möbel und -Tagesdecken, iPod-Ladestationen und knallorange Wände. Zu den meisten Unterkünften gehören Gemeinschaftsbäder mit Marmorduschen.

HOLLYWOOD

Hollywood Roosevelt Hotel HOTEL $$$
(Karte S. 596; ☎323-466-7000, 800-950-7667; www.hollywoodroosevelt.com; 7000 Hollywood Blvd; Zi. ab 269 US$;) Dieses altehrwürdige Hotel beherbergt die Elite, seit hier 1929 die erste Oscarverleihung stattfand. Es vereint eine palastähnliche spanische Lobby mit modernen asiatischen Zimmern, einem belebten Pool und fantastischen Restaurants: Das Public und die „Burgerbar" 25 Degrees. Parkplatz: 33 US$.

Magic Castle Hotel HOTEL $$
(Karte S. 596; ☎323-851-0800, 800-741-4915; www.magiccastlehotel.com; 7025 Franklin Ave; Zi. 154–304 US$;) Die Wände sind dünn, aber das renovierte ehemalige Apartmentgebäude mit zentralem Hof besticht durch moderne Möbel, schöne Kunstwerke, bequeme Bademäntel und eine noble Badausstattung. In den meisten Zimmern gibt's ein separates Wohnzimmer. Und zum Frühstück werden frisch gebackene Leckereien und Gourmetkaffee auf dem Balkon oder am Pool aufgetischt. Man sollte nachfragen, ob man sich den namensgebenden Privatclub für Magier ansehen darf. Parken: 10 US$.

USA Hostels Hollywood HOSTEL $
(Karte S. 596; ☎323-462-3777, 800-524-6783; www.usahostels.com; 1624 Schrader Blvd; inkl. Frühstück & Steuer B ab 30–40 US$, Zi. ab 70–85 US$;) Nichts für introvertierte Leute. Dieses energiegeladene Hostel ist nur wenige Schritte von Hollywoods Partymeile entfernt. Bei den organisierten Barbecues, Comedy-Abenden, Touren und beim kostenlosen Pfannkuchenfrühstück in der Gästeküche findet man schnell Anschluss.

WEST HOLLYWOOD & MID-CITY

Mondrian HOTEL $$$
(Karte S. 602; ☎323-650-8999; www.mondrianhotel.com; 8440 W Sunset Blvd; Zi. 295–375 US$, Suite 405–495 US$;) Dieses Ian-Schrager-Hotel ist die Topadresse seit den Glanzzeiten der zugehörigen Sky Bar in den 1990er-Jahren. Hier ein paar Stichworte: schicke Holzböden, wogende weiße Laken, Kronleuchter, Glaselemente in Orange und Pink, Regenduschen und Daunendecken.

SCENIC DRIVES: MULHOLLAND DRIVE

Was man zu sehen bekommt

Die legendäre Straße windet sich 24 Meilen lang (ca. 39 km) durch die Santa Monica Mountains, vorbei an den Anwesen der Reichen und Berühmten (Jack Nicholson hat die Hausnummer 12850, Warren Beatty die 13671), und gewährt an jeder Biegung traumhafte Ausblicke auf Downtown, Hollywood und das San Fernando Valley. Die Straße ist nach ihrem Schöpfer, dem kalifornischen Aquädukt-Bauer William Mulholland, benannt. Besonders schön ist die Strecke kurz vor Sonnenuntergang (besser von Westen nach Osten fahren, sonst wird man von der Sonne geblendet!) und an klaren Wintertagen, wenn man das komplette Panorama, von den schneebedeckten San Gabriel Mountains (Karte S. 636) bis zum glitzernden Pazifik, genießen kann.

Auf jeden Fall sollte man bis zum Aussichtspunkt Hollywood Bowl Overlook (außerhalb der Karte S. 596) hinauffahren, um den Blick auf den Hollywood-Schriftzug (Karte S. 598) und die wie ein Bienenkorb geformte Bowl genießen zu können. An anderen Haltebuchten hat man Zugang zu Wanderwegen, z. B. zum Runyon Canyon (S. 611). Nach Einbruch der Dunkelheit ist es verboten, an der Strecke stehenzubleiben.

Dauer & Strecke

Die komplette Route abzufahren, dauert etwa eine Stunde, doch schon ein kurzes Stück lohnt sich. Der Mulholland Dr führt vom US-101 Fwy (Hollywood Fwy; Exit Cahuenga nehmen und den Schildern folgen!) bis etwa zwei 2 Meilen (3 km) westlich der I-405 (San Diego Fwy). Ein 8 Meilen langer (ca. 13 km) unbefestigter Abschnitt (Autos verboten, aber frei für Spaziergänger und Radfahrer!) verbindet die Straße mit dem Mulholland Hwy, der weitere 23 Meilen (37 km) in Serpentinen durch die Berge bis zum Leo Carrillo State Beach führt.

Nicht zu vergessen: das höchst attraktive Personal. Der Parkplatz kostet 32 US$.

Standard Hollywood HOTEL $$
(Karte S. 602; ☎323-650-9090; www.standardhotel.com; 8300 W Sunset Blvd; Zi. 165–250 US$, Suite ab 350 US$;) Diese strahlend weiße Anlage am Sunset Strip ist ein echter Hingucker mit dem an Kunstrasen angrenzenden Pool, der einen Blick quer über L.A. gewährt, und den geräumigen Zimmern mit silbernen Sitzsäcken, orange gekachelten Bädern und warholesken Vorhängen. Parken: 29 US$.

Farmer's Daughter Hotel MOTEL $$
(Karte S. 602; ☎323-937-3930; www.farmersdaughterhotel.com; 115 S Fairfax Ave; Zi. 219–269 US$;) Gegenüber dem Original Farmers Market, der Grove-Mall und den CBS Studios findet man das verlässlich gute Motel, das Top-Kritiken für seine schicke „Stadt-Cowboy"-Aufmachung abstaubt. Abenteuerlustige Turteltauben sollten nach dem No Tell Room fragen. Parken: 18 US$.

Chateau Marmont HISTORISCHES HOTEL $$$
(Karte S. 602; ☎323-656-1010; www.chateaumarmont.com; 8221 W Sunset Blvd; Zi. 415 US$, Suite 500–875 US$;) Die französisch angehauchte Luxusausstattung hat ein paar Jährchen auf dem Buckel, doch das (unechte) Schloss hatte schon diverse hochkarätige Übernachtungsgäste, von Greta Garbo bis Bono – auch wegen der besonderen Diskretion, die hier gewahrt wird. Sehr romantisch sind die Häuschen im Garten. Fürs Parken zahlt man 28 US$.

Orbit Hotel & Hostel HOSTEL $
(Karte S. 602; ☎323-655-1510; www.orbithotel.com; 7950 Melrose Ave; B 35 US$, Zi. 75–85 US$; P) Wer gern feiert, wird in diesem Hostel im Retro-Look förmlich aufblühen: Hippe Geschäfte, Bars und Clubs sind gleich um die Ecke. Bei Filmabenden, dem Sonntags-BBQ und gemeinsamem Clubbing (Shuttlebus vor Ort) lernt man schnell andere Traveller kennen. In den Schlafsälen (bis 6 Pers.) stehen große Betten, die privaten Zimmer sind mit TVs und eigenem Bad ausgestattet.

BEVERLY HILLS & WESTSIDE

LP TIPP **Beverly Hills Hotel** HOTEL $$$
(Karte S. 606; ☎310-276-2251, 800-283-8885; www.beverlyhillshotel.com; 9641 Sunset Blvd; Zi. ab 530 US$;) Der legendäre Pink Palace (Rosa Palast) von 1912 ist unglaublich opulent. Die Poolterrasse ist ein echter Klassiker, das Gelände wunderbar

grün und die Polo Lounge unverändert eine nette Adresse fürs Mittagessen – für lauter wohlhabende, gutgekleidete Leute. Die Zimmer haben ein gemütlich altmodisches Flair, mit goldenen Akzenten und Marmorfliesen. Parkplatz: 33 US$.

Avalon Hotel HOTEL **$$**
(Karte S. 606; ☎310-277-5221; www.avalonbeverlyhills.com; 9400 W Olympic Blvd; Zi. 228–370 US$;) Der Liebling der Fashion-Victim-Riege verkörpert den Stil der 1950er-Jahre mit dem Schick des 21. Jhs. Zu den berühmtesten Gästen in dem Apartmentgebäude zählte Marilyn Monroe. Heute prägt ein schönes, betuchtes, metrosexuelles Publikum die Atmosphäre in der schicken Restaurant-Bar mit Blick auf einen sanduhrförmigen Pool. Die Zimmer zur anderen Seite bekommen weniger Lärm ab. Parkplatz: 30 US$. Das Avalon befindet sich nahe der Ecke Olympic Blvd und Beverly Dr.

Beverly Wilshire HOTEL **$$$**
(außerhalb der Karte S. 606; ☎310-275-5200; www.fourseasons.com/beverlywilshire; 9500 Wilshire Blvd; Zi. 495–545 US$, Suite 695–1795 US$;) Nimmt die Ecke Wilshire Blvd und Rodeo Dr seit 1928 in Beschlag, die Ausstattung ist aber sehr modern, im neuen und im ursprünglichen Flügel (Stil: italienische Renaissance). Ach, und genau: Dies ist das Hotel, aus dem Julia Roberts in *Pretty Woman* zuerst herausstolperte und später hinausstolzierte. Parken: 33 US$.

MALIBU

Malibu Beach Inn INN **$$$**
(☎310-456-6444; www.malibubeachinn.com; 22878 Pacific Coast Hwy; Zi. ab 325 US$;) Wer leben möchte wie ein Milliardär, könnte damit beginnen, bei einem zu wohnen. Hollywood-Mogul David Geffen hat jede Menge Geld in diese Hacienda mit der intimen Atmosphäre unweit seines Wohnhauses am Carbon Beach gesteckt. Man übernachtet in einem von 47 superluxuriösen Zimmern mit Meerblick; sie sind in beruhigenden Brauntönen gehalten und mit Kaminen, einem ausgewählten Weinsortiment und Gourmet-Leckerbissen von Dean & Deluca ausgestattet. Parken kostet 23 US$. Das Inn liegt gleich westlich des Sweetwater Canyon Dr.

Leo Carrillo State Beach Campground CAMPING **$**
(☎800-444-7275; www.reserveamerica.com; 35000 W Pacific Coast Hwy; Stellplatz 35 US$;) Auf dem schattigen, kinderfreundlichen Campingplatz mit 140 Stellplätzen wird es im Sommer voll, deshalb: früh buchen, vor allem an Wochenenden! Zur Anlage gehören Toiletten mit Spülung und münzbetriebene Warmwasserduschen. Man kann sich die Zeit am langen Sandstrand, den Seetangbänken vor der Küste und den Gezeitentümpeln vertreiben. Der Eingang befindet ist ca. 500 m westlich des Malibu Pier.

SANTA MONICA & VENICE

Casa Del Mar HOTEL **$$$**
(Karte S. 608; ☎310-581-5533; www.hotelcasadelmar.com; 1910 Ocean Way, Santa Monica; Zi. 425–1275 US$;) Ein historisches Ziegelsteingebäude am Strand (erb. 1926). Die puderblauen Zimmer haben Eingangsbereiche mit Holzböden, Himmelbetten und Marmorbäder mit großen Badewannen. In der Lobbybar ist sommers wie winters etwas los (im Winter knistert der Kamin vor sich hin). Der Parkplatz kostet 34 US$.

Viceroy HOTEL **$$$**
(Karte S. 608; ☎310-260-7500, 800-622-8711; www.viceroysantamonica.com; 1819 Ocean Ave, Santa Monica; Zi. ab 370 US$;) Die unschöne Hochhausfassade sollte man ignorieren, um sich kopfüber in Kelly Wearstlers (aus der TV-Show *Top Design*) kitschiges „Hollywood Regency"-Dekor mit Farben von Delfingrau bis Mambagrün zu stürzen. Nett sind die Hütten am Pool, die italienische Designerbettwäsche, die schicke Bar und das Restaurant. Parken: 33 US$.

Hotel Erwin HOTEL **$$**
(Karte S. 608; ☎310-452-1111; www.jdvhotels.com; 1679 Pacific Ave, Venice; Zi. ab 169 US$;) Kein schlechtes Wahrzeichen für Venice! Die Zimmer sind nicht die größten und auch nicht die ruhigsten (der Straßenverkehr ...), aber dafür ist man nur wenige Schritte vom Strand entfernt und kann sich an der Graffiti- oder Anime-Kunst erfreuen – und an den Minibars, die ausgestattet sind mit alkoholfreien Getränken, die in den 1970er-Jahren in waren, und Sonnenbrillen (!). Die Dachbar gewährt einen tollen Blick auf die Küste. Parken kostet 28 US$.

Embassy Hotel Apartments BOUTIQUEHOTEL **$$**
(Karte S. 608; ☎310-394-1279; www.embassyhotelapts.com; 1001 3rd St, Santa Monica; Zi. 169–390 US$;) Die dezente Oase im spanischen Kolonialstil (erb. 1927) hat unglaublich viel Charme. Ein klappriger Aufzug

befördert die Gäste zu Zimmern, in denen in jeder Faser das Flair längst vergangener Zeiten steckt – und das trotz Internetzugangs. Dank der Küchen sind viele Unterkünfte auch für Selbstversorger geeignet. Keine Klimaanlagen.

HI Los Angeles-Santa Monica HOSTEL $
(Karte S. 608; 310-393-9913; www.lahostels.org; 1436 2nd St, Santa Monica; Zi. 26–30 US$;) Auch die nobleren Adressen beneiden diese Jugendherberge um ihre Lage nahe an Strand und Promenade. Sie hat 200 Betten in Mehrbettzimmern (nach Geschlechtern getrennt) und Mini-Doppelzimmer mit Gemeinschaftsbädern. Eine saubere, sichere Anlage. Wer Party machen will, sollte aber besser in Hollywood übernachten.

LONG BEACH

Queen Mary Hotel KREUZFAHRTSCHIFF $$
(562-435-3511; www.queenmary.com; 1126 Queens Hwy, Long Beach; Zi. 110–395 US$;) Sich auf eine Reise begeben, ohne vom Ufer abzulegen – diese Möglichkeit bietet das Kreuzfahrtschiff (S. 608). Die Prunkzimmer strotzen von Art-déco-Elementen. Um die billigsten Unterkünfte (innen!) sollte man aber besser einen Bogen machen. Im Übernachtungspreis inbegriffen ist eine Führung. Parken kostet 12 bis 15 US$.

Hotel Varden BOUTIQUEHOTEL $$
(562-432-8950, 877-382-7336; www.thevardenhotel.com; 335 Pacific Ave; Zi. ab 109 US$;) Es ist offensichtlich, dass die Designer bei der Renovierung der 35 winzigen Zimmer in diesem Hotel von 1929 einen Heidenspaß hatten: Ein modernistischer Stil mit viel Weiß, Minischreibtische und -becken, jede Menge rechte Winkel und bequeme Betten sind das Resultat. Im Preis inbegriffen sind ein einfaches kontinentales Frühstück und eine „Weinstunde". Das Varden ist nur einen Häuserblock von den Restaurants, Bars und Club der Pine Ave entfernt. Parken: 10 US$.

PASADENA

Bissell House B&B B&B $$
(626-441-3535; www.bissellhouse.com; 201 S Orange Grove Blvd; Zi. 155–255 US$;) Kostbare Antiquitäten, Holzböden und ein Kaminfeuer machen dieses romantische viktorianische B&B (erb. 1887) mit sechs Zimmern an der Millionaire's Row zu einer Bastion der Gastfreundlichkeit. Wer nicht auf Blumendeko steht, sollte das Prince-Albert-Zimmer nehmen. Der Garden Room hat einen Whirlpool für zwei.

Saga Motor Hotel HISTORISCHES MOTEL $$
(626-795-0431; www.thesagamotorhotel.com; 1633 E Colorado Blvd; Zi. 79–135 US$ inkl. Frühstück;) Eine der besten Adressen an der Motel-Meile in Pasadena (an der berühmten Route 66) ist das gepflegte Retro-Inn von 1957. Die komfortablen Zimmer sind sauber. Am schönsten sind die Unterkünfte am Pool, der von Stühlen und Liegen umgeben ist. Für Familien stehen extragroße Apartments zur Verfügung.

Essen

L.A.s kulinarische Szene ist eine der dynamischsten und vielseitigsten der Welt. Man wird keine Schwierigkeiten haben, in Vierteln wie Little Tokyo und Chinatown authentische internationale Küche oder gediegene Restaurants zu finden, in denen Starköche kalifornische Gerichte aus marktfrischen Zutaten zaubern.

Abends sollte man besser nicht ohne Reservierung losziehen, vor allem in den Nobelrestaurants.

DOWNTOWN

Die Restaurantszene in Downtown ist in den letzten Jahren so richtig durchgestartet. Für kulinarische Streifzüge bieten sich die 7th St östlich der Grand Ave, Little Tokyo (nicht nur wegen der japanischen Küche), **LA Live** (Karte S. 590) und die Stände des **Grand Central Market** (Karte S. 590; 317 S Broadway; 9–18 Uhr) an.

Bottega Louie ITALIENISCH $$
(Karte S. 590; 213-802-1470; www.bottegalouie.com; 700 S Grand Ave; Hauptgerichte 11–18 US$; morgens, mittags & abends) Die breite Marmorbar zieht Künstlervolk und Büroangestellte an. In der offenen Küche grillt das in Weiß gekleidete Team hausgemachte Würste und schiebt Pizzas mit dünnem Boden in den Holzofen, die anschließend in einem weißen, riesigen Speisesaal serviert werden. Konstant quirlige Atmosphäre.

Lazy Ox Canteen PUB-RESTAURANT $$
(Karte S. 590; 213-626-5299; www.lazyoxcanteen.com; 241 S San Pedro St; Vorspeisen 4–16 US$, Hauptgerichte 21–21 US$; mittags & abends) Dies ist Little Tokyos kulinarische Zukunft: Der Trend geht hin zu modernen Tapas in postindustriellem Ambiente. Konkret sind das z. B. gegrillter Tintenfisch mit *garbanzos* (Kichererbsen), Muscheln, fantastische Burger und vegetarische Gerichte. Dazu gibt's Bier oder Wein von der kreativen Getränkekarte.

Gorbals MODERN-AMERIKANISCH $$
(Karte S. 590; ☎213-488-3408; www.thegorbalsla.com; 501 S Spring St; kleine Teller 8–17 US$; ⊙Mo–Mi 18–24, Do–Sa 18–2 Uhr) *Top-Chef*-Gewinner Ilan Hall peppt traditionelles jüdisches Wohlfühlessen auf: in Speck gewickelte Matzeknödel, Kartoffel-Latkes (wie Rösti) mit geräucherter Apfelsauce und *gribenes*-Sandwiches (mit gebratenen Hühnergrieben). Das Gorbals befindet sich im hinteren Teil der Lobby des Alexandria Hotel.

Nickel Diner IMBISS $
(Karte S. 590; www.5cdiner.com; 524 S Main St; Hauptgerichte 8–14 US$; ⊙Di–So 8–15.30, Di–Sa 18–23 Uhr) Im Künstlerviertel von Downtown katapultiert einen dieser Imbiss in die 1920er-Jahre, die Zutaten sind aber durch und durch 21. Jh.: Artischocken mit Quinoa-Salat-Füllung, Burger mit Poblano-Chilischoten etc. Zum Nachtisch führt kein Weg am Speck-Donut mit Ahornsirup-Glasur vorbei.

Philippe the Original IMBISS $
(außerhalb der Karte S. 590; www.philippes.com; 1001 N Alameda St; Sandwiches 6–7,50 US$; ⊙6–22 Uhr; P) Schwere Jungs vom LAPD (L.A. Police Department), gestresste Anwälte und Urlauber aus dem Mittleren Westen drängen sich in dem Imbiss von 1908 am Rand von Chinatown. Hier gibt's das legendäre französische „Tunk-Sandwich". Man bestellt Fleisch nach Wahl auf einem krossen Brötchen, das *au jus* (mit Bratensaft) serviert wird, und hockt sich an einen Tisch (der Boden ist mit Sägespänen bedeckt). Der Kaffee kostet gerade mal 0,10 US$ (das ist kein Tippfehler!). Ausschließlich Barzahlung.

HOLLYWOOD, LOS FELIZ & SILVER LAKE

Osteria Mozza & Pizzeria Mozza ITALIENISCH $$$
(außerhalb der Karte S. 602; ☎323-297-0100; www.mozza-la.com; 6602 Melrose Ave, Mid-City; Hauptgerichte Osteria 17–29 US$, Pizzeria 10–18 US$; ⊙mittags & abends) In L.A.s bestem Italiener muss man Wochen im Voraus reservieren. Hier schwingen die Starköche Mario Batali und Nancy Silverton das Zepter. In dem Gebäude sind zwei Restaurants untergebracht: Die Osteria bietet eine umfangreiche Karte, in der Pizzeria werden die formvollendeten Teigfladen vor den Augen der Gäste zubereitet (☎323-297-0101, 641 N Highland Ave).

FESTESSEN AUF RÄDERN

2009 begann Roy Choider (in Korea geboren, in L. A. aufgewachsen), die Straßen der Stadt mit einem Imbisswagen abzufahren. Er verkaufte koreanisches Grillfleisch (Rind) in mexikanischen Tacos und twitterte seinen Aufenthaltsort – ein neuer Trend war geboren. Sein Kogi-Truck lieferte die Inspiration für eine ganze Reihe kreativer mobiler Küchen, von Brasilianisch über Singapurisch, Südstaaten-BBQs und vietnamesischen *banh-mi*-Sandwiches bis hin zu gegrillten Käsesandwiches mit Rippchen und *mac and cheese* (Maccheroni und Käse). Heute klappern Hunderte von Food Trucks L. A. ab (besonders gut: Kogi, der Grilled Cheese Truck und der Dim Sum Truck), und ohne sie wären Straßenfeste, Mittagspausen und Kneipentouren nur halb so schön. Unter www.trucktweets.com kann man sich über die täglichen Standorte informieren.

Musso & Frank Grill BAR, GRILLRESTAURANT $$
(Karte S. 596; ☎323-467-7788; 6667 Hollywood Blvd; Hauptgerichte 12–35 US$; ⊙Di–Sa 11–23 Uhr) Im ältesten Restaurant am Boulevard atmet man Hollywood-Geschichte. Die Kellner balancieren mit Steaks, Koteletts, gegrillter Leber und anderen Gerichten beladene Teller wie in den guten alten Zeiten, als das Wort Cholesterin noch nicht Teil des aktiven Wortschatzes war. Die Kehle mit mildem Martini ölen und den reibungslosen Service genießen!

Street FUSION $$
(außerhalb der Karte S. 596; ☎323-203-0500; www.eatatstreet.com; 742 N Highland Ave; Gerichte 7–17 US$; ⊙mittags & abends) Lust auf singapurischen *kaya*-(Kokosmarmelade-)Toast mit einem weichem Spiegelei, ukrainische Spinatklöße oder syrische Lammköfte (Fleischbällchen)? Starköchin Susan Feniger serviert kleine Portionen von Gerichten aus aller Welt in einem edlen Ambiente.

Hungry Cat SEAFOOD $$
(Karte S. 596; ☎323-462-2155; www.thehungrycat.com; 1535 Vine St, Hollywood; Hauptgerichte 10–27 US$; ⊙mittags & abends; P) Kleiner, schicker Laden im Herzen von Hollywood. Hier sorgen frischer Fisch und Meeres-

früchte für vermehrten Speichelfluss. Es gibt Hummerbrötchen, üppige Krebsküchlein und tolle Tagesangebote. Eine fleischige Alternative ist der Pug Burger, der in Avocado, Speck und Schimmelkäse „ertränkt" wird. Eine andere Filiale findet man am Strand in Santa Monica (☎310-459-3337, 100 W Channel Rd, Santa Monica; ⏰tgl. abends, Sa & So Brunch).

Waffle MODERN-AMERIKANISCH **$**
(Karte S. 596; ☎323-465-6901; www.thewaffle.us; 6255 W Sunset Blvd; die meisten Hauptgerichte 9–12 US$; ⏰So–Do 6.30–14.30, Fr & Sa bis 16.30 Uhr) Wenn man einen Abend durch die Clubs gezogen ist, kann man sich ruhig etwas Vernünftiges gönnen. Das moderne Wohlfühlessen – Maismehl-Jalapeño-Waffeln mit gegrilltem Huhn, Möhrenkuchenwaffeln, *mac and cheese* (Maccheroni und Käse), Sandwiches, gewaltige Salate & Co. – besteht aus lokalen Biozutaten und ist somit beinahe gesund!

Umami Burger BURGER **$$**
(Karte S. 600; www.umamiburger.com; 4655 Hollywood Blvd; Burger 9–17 US$; ⏰mittags & abends; P 👪) Ein extrem cooles, geräumiges Ziegelsteinambiente, das eingerahmt wird von verrostetem Eisen. Man kann sich an den Dauerbrennern laben (der Umami, der SoCal und der Truffle), *carnitas* – mexikanisches Schmorfleisch vom Schwein – und einen Jurky Burger (kurz für *jerk turkey*, marinierter Truthahn) bestellen. An der Weinbar gibt's für 4 US$ feines Bier oder Wein und Happy-Hour-Burger für nur 5 US$ (15–19 Uhr). Weitere Filialen findet man im Einkaufszentrum Space 1520 und in der Modeboutique Fred Segal in Santa Monica.

Yuca's TAQUERIA **$**
(Karte S. 600; www.yucasla.com; 2056 Hillhurst Ave, Los Feliz; Tacos 1,75–2 US$, Burritos 2,50–4 US$, Tortas 3,50 US$; ⏰Mo–Sa mittags & abends; P) Die Lage dieser Taqueria ist definitiv nicht der Grund, weshalb es die Leute in die schlichte Parkplatz-Imbissbude zieht. Dann müssen es wohl doch die Tacos, *tortas,* Burritos und anderen mexikanischen Klassiker sein, die der Herrera-Familie den begehrten James-Beard-Preis eingetragen haben.

ESSEN IN L.A.: DIE BESTEN ETHNISCHEN VIERTEL

So ziemlich die genialsten kulinarischen Schätze L. A.s sind die ländertypischen Restaurants. Im County sind um die 140 verschiedenen Nationalitäten ansässig. Wir können leider nur einen Bruchteil nennen, haben aber im Folgenden die bekanntesten Viertel mit authentischer Küche und weiterem Unterhaltungspotenzial aufgeführt.

» **Little Tokyo** Downtown L. A.; unbedingt probieren: eine Schüssel dampfender Ramen-Nudeln bei **Daikokuya** (Karte S. 590; www.daikoku-ten.com; 327 E 1st St; ⏰Mo–Sa 11–14.30 & 17–24 Uhr). Außerdem: japanische Popkultur im Tokyo (114 Japanese Village Plaza) erleben.

» **Chinatown** Downtown L. A.; unbedingt probieren: Dim Sum im **Empress Pavilion** (außerhalb der Karte S. 590; www.empresspavilion.com; 2. Stock, 988 N Hill St; Dim Sum 2–6 US$ pro Teller, die meisten Hauptgerichte 10–25 US$; ⏰10–14.30 & 17.30–21, Sa & So bis 22 Uhr). Außerdem: die Galerien für moderne Kunst an der Chung King Rd besuchen.

» **Boyle Heights (Mexikanisch)** Ost-L. A.; unbedingt probieren: Gourmet-Tortillasuppe im **La Serenata de Garibaldi** (außerhalb der Karte S. 590; www.laserenataonline.com; 1842 E 1st St; Hauptgerichte 10–25 US$; ⏰Mo–Fr 11.30–22.30, Sa & So 9–22.30 Uhr). Außerdem: den Mariachis auf der Mariachi Plaza lauschen.

» **Koreatown** Westlich von Downtown L. A.; unbedingt probieren: Barbecue direkt am Tisch mit jeder Menge *banchan* (Beilagen) im **Chosun Galbee** (www.chosungalbee.com; 3300 Olympic Blvd; Hauptgerichte 12–24 US$; ⏰11–23 Uhr). Außerdem: Die riesige Mall Koreatown Galleria (Olympic Blvd und Western Ave) nach Haushaltsartikeln und noch mehr Essen durchstöbern.

» **Thai Town** Ost-Hollywood; unbedingt probieren: Currys im Beisein eines Elvis-Imitators im **Palms Thai** (Karte S. 596; www.palmsthai.com; 5900 Hollywood Blvd; Hauptgerichte 6–19 US$; ⏰So–Do 11–24, Fr & Sa bis 2 Uhr). Außerdem: eine Blumengirlande im Thailand-Plaza-Einkaufszentrum (5321 Hollywood Blvd) mitnehmen.

El Conquistador MEXIKANISCH **$$**
(Karte S. 600; ☎323-666-5136; www.elconquistadorrestaurant.com; 3701 W Sunset Blvd, Silver Lake; Hauptgerichte 9–16,50 US$; ⏲Di–So mittags, tgl. abends) Herrlich kitschige mexikanische Cantina – der perfekte Ort, um eine solide Basis für eine lange Nacht „auf der Piste" zu schaffen. Die Margaritas haben es in sich, deshalb ordentlich Nachos, *chiles rellenos* (gefüllte Paprika, normalerweise mit Käse, aber andere Zutaten gehen auch!) und Quesadillas bestellen. Lecker!

WEST HOLLYWOOD & MID-CITY

Ivy AMERIKANISCH **$$$**
(Karte S. 602; ☎310-274-8303; www.theivyla.com; 113 N Robertson Blvd; Hauptgerichte 20–38 US$; ⏲Mo–Fr 11.30–23, Sa 11–23, So 10–23 Uhr) Zwischen den Fashion-Boutiquen am Robertson Blvd sind dieses rustikale Häuschen und die Terrasse mit dem Lattenzaun *die* Adresse für die Mittagspause. Die Chancen, ein paar B-Promis (vielleicht sogar ein paar „richtige") an einer Mohrrübe knabbern zu sehen oder leitende Studiomitarbeiter bei einem Hummeromelett über Filmfortsetzungen sinnieren zu hören, stehen gut.

Original Farmers Market MARKT **$**
(Karte S. 602; Ecke 3rd St & S Fairfax Ave; 👪) Der Markt besteht aus einem Dutzend guten, günstigen Restaurants, die meisten *al fresco* – unter freiem Himmel. Empfehlenswert: der klassische Imbiss Du-par's, die Cajun-Küche des Gumbo Pot, das mexikanische Grillrestaurant ¡Loteria! oder das Banana Leaf mit Gerichten made in Singapur.

Comme Ça FRANZÖSISCH **$$**
(Karte S. 602; ☎323-782-1178; www.commecarestaurant.com; 8479 Melrose Ave, West Hollywood; Frühstück 8–14 US$, Mittagessen 12–25 US$, Abendessen 19–28 US$; ⏲8–0 Uhr) Der Begriff Bistroküche wird diesem lebendigen, ganztägig geöffneten frankophilen Restaurant nicht gerecht. Wir empfehlen die *croque madame, moules frites,* die Käse- und die Meeresfrüchtetheke, die von Michelin-Sternekoch David Myers sorgsam überwacht werden. Außerdem geht's an der Bar wie in guten alten Zeiten zu. Der Penicillin-Cocktail lindert Wehwehchen mit Scotch, Ingwer, Zitrone und Honig.

AOC WEINLOKAL **$$$**
(Karte S. 602; ☎323-653-6359; www.aocwinebar.com; 8022 W 3rd St, Mid-City; Hauptgerichte 4–14 US$; ⏲abends) Dies ist das Terrain reicher, ranker und schlanker, mit Silikon aufgepolsterter Menschen, die auf der Speisekarte lauter kleine Portionen finden, mit leckerem Käse und Wurst aus eigener Herstellung sowie Häppchen wie geschmorte Schweinebäckchen. Die Weinauswahl ist sehr umfangreich.

Marix Tex Mex MEXIKANISCH **$**
(Karte S. 602; www.marixtexmex.com; 1108 N Flores St; Hauptgerichte 9–19 US$; ⏲11.30–23 Uhr) Viele Abende haben ihren Anfang mit einem Flirt auf Marixes Terrassen bei einer genialen Margarita genommen, gefolgt von Fisch-Tacos, Fajitas, Sandwiches mit Chipotle-Hühnchen oder dem All-you-can-eat-Angebot am Taco-Dienstag.

Veggie Grill VEGETARISCH **$**
(Karte S. 602; www.veggiegrill.com; 8000 W Sunset Blvd; Hauptgerichte 7–9,50 US$; ⏲11–23 Uhr; ✎) Knuspriges Hühnchen nach Santa-Fe-Art und Sandwich mit *carne asada* – gegrilltem „Fleisch". Klingt nicht besonders vegetarisch, aber diese lokale Restaurantkette verwendet ausschließlich gewürzte Gemüseproteine (vor allem Tempeh). Leckere Beilagen sind die „Sweetheart"-Süßkartoffel-Pommes oder Grünkohl mit Miso-Dressing.

Pink's HOT DOGS **$**
(Karte S. 602; www.pinkshollywood.com; 709 N La Brea Ave, Mid-City; Gerichte 3,45–6,20 US$; ⏲So–Do 9.30–2, Fr & Sa bis 3 Uhr) Seit 1939 stehen die Leute an diesem Hot Dog-Stand Schlange, und zwar den ganzen Tag (insbesondere nach durchzechten Nächten). Die Spezialität des Hauses sind die Chili Dogs (3,45 US$).

BEVERLY HILLS & WESTSIDE

LP TIPP **Bazaar** SPANISCH **$$$**
(Karte S. 602; ☎310-246-5555; 465 S La Cienega Blvd; Gerichte 8–18 US$; ⏲Sa & So Brunch 11–15, tgl. 18–23 Uhr) Im SLS Hotel verzückt das Bazaar mit Philippe Starcks übertriebenem Design und der „Molekulargastronomie" von José Andrés. Der Caprese-Salat löst eine wahre Geschmacksexplosion auf dem Gaumen aus, gut sind aber auch die Foie Gras und das Philly-Käsesteak auf „Luftbrot". Achtung: Die kleinen Tapas läppern sich!

Spago KALIFORNISCH, FUSIONSKÜCHE **$$$**
(☎310-385-0880; www.wolfgangpuck.com; 176 N Cañon Dr, Beverly Hills; Hauptgerichte 43–150 US$; ⏲Mo–Sa mittags, tgl. abends) Wolf-

gang Puck definierte die kalifornische Küche für SoCal (Südkalifornien), und in seinem noblen Vorzeigerestaurant nördlich des Wilshire Blvd werden schon lange regelmäßig Promis gesichtet. Hier kann man die Geschmacksknospen mit Fusionküche (Schweinekoteletts, Steinpilze, Pasta und Pizzas) verwöhnen. Am schönsten sitzt man auf der hübschen Terrasse. Unbedingt reservieren!

Matsuhisa JAPANISCH **$$$**
(Karte S. 602; ☎323-659-9639; www.nobumatsuhisa.com; 129 S La Cienega Blvd; Gerichte 5–36 US$; ⌚Mo–Fr mittags, Mo–So abends) Chefkoch Nobu Matsuhisa fährt fort, Nobu-Restaurants in allen großen Gourmethauptstädten der Welt zu eröffnen. Und hier, auf der Restaurantmeile La Cienega, begann sein Eroberungsfeldzug. Neben Klassikern wie Hummer-Ceviche und Sushi mit Koriander und Jalapeños gibt es auch immer noch ein paar weitere frische und innovative Gerichte.

Yakitoriya JAPANISCH **$$**
(☎310-479-5400; 11301 W Olympic Blvd, West L.A.; Gerichte 2,50–27 US$; ⌚abends 👪) Einfach und authentisch ist der familienbetriebene *yakitori*-(Grillhähnchen-)Imbiss. Die Hühnchenspieße sind zart und lecker. Es gibt noch mehr gute japanische Lokale auf dem Sawtelle Blvd nördlich des Olympic Blvd.

Nate 'n Al's DELI **$$**
(www.natenal.com; 414 N Beverly Dr, Beverly Hills; Gerichte 6,50–13 US$; ⌚morgens mittags & abends) Elegante Senioren, geschwätzige Mädchen, Finanzberater und sogar Larry King sorgen dafür, dass in diesem typisch New Yorker „Deli“ seit 1945 stets reger Betrieb herrscht. Hier gibt's die wohl besten Pastrami-Roggensandwiches, Bagel mit Lachs und Hühnersuppen diesseits von Manhattan.

Tender Greens BIO **$**
(www.tendergreensfood.com; 9523 Culver Blvd, Culver City; Gerichte 10,50 US$; ⌚mittags & abends; 🌱) Ob herbivor oder carnivor, die Geschmacksknopsen werden Purzelbäume schlagen, wenn sie mit den sorgsam zusammengestellten Salaten in Berührung kommen. Der Ahi-Thunfisch-Nizzasalat und das gegrillte *flatiron steak* (Schulterstück) sind hervorragend, die Hühnersuppe wärmt Körper und Seele. Die Zutaten kommen aus der Umgebung. Auf der Website findet man die Adressen weiterer Filialen in Hollywood, WeHo (Karte S. 602) und Pasadena.

Shamshiri PERSISCH **$$**
(www.shamshiri.com; 1712 Westwood Blvd, Westwood; Vorspeisen 4–16 US$, Hauptgerichte 13–24 US$; ⌚mittags & abends; 🅿) Eins von mehreren persischen Restaurants in Westwood. Die Angestellten backen sogar das Fladenbrot selbst, aus dem anschließend Schawarmas, Kebabs und Falafeln mit Huhn, Rind oder Lamm gemacht werden. Außerdem gibt's Salate und vegane Eintöpfe. Die Mittagsangebote sind preisgünstig.

Versailles KUBANISCH **$**
(www.versaillescuban.com; 10319 Venice Blvd, Culver City; Hauptgerichte 11–15 US$; ⌚mittags & abends; 🅿) Dieses kubanische Restaurant im Country-Stil ist nicht originell aufgemacht, aber das ist egal, wenn die Knoblauchsauce (wird zu Brathähnchen, Fisch etc. serviert) derartig himmlisch schmeckt. Viele Gerichte werden mit Reis, Bohnen und gebratenen Kochbananen gereicht. Eine weitere Filiale ist in West-L.A. (☎310-289-0392), 1415 S La Cienega Blvd.

Diddy Riese Cookies DESSERT **$**
(Karte S. 606; ☎310-208-0448; www.diddyriese.com; 926 Broxton Ave, Westwood; Kekse 0,35 US$; ⌚Mo–Do 10–24, Fr bis 1, Sa 12–1, So bis 24 Uhr) Eine lange Nacht in Westwood ist nicht vollständig ohne ein sensationell günstiges Eiscreme-Sandwich von Diddy (1,50 US$). Man hat die Wahl zwischen mehr als einem Dutzend Eissorten und zehn verschiedenen Cookies (frisch gebacken!).

MALIBU

Reel Inn SEAFOOD **$$**
(www.reelinnmalibu.com; 18661 Pacific Coast Hwy; frisch gegrillter Fisch 12–25 US$; ⌚mittags & abends; 🅿) Meer, Pacific Coast Hwy, Reel Inn. In dieser wackeligen Bude (Bedienung an der Theke, Picknicktische) werden Fisch und Meeresfrüchte für jedes Budget verkauft, und zwar gegrillt, gebraten oder nach Cajun-Art gewürzt. Unter den Fans von Krautsalat, Kartoffeln und Cajun-Reis (werden zu den meisten Gerichten serviert) sind Harley-Fahrer, Strandgänger und Familien. Auf dem Weg zum Topanga State Park oder zur Getty Villa (S. 605) kann man hier einen Zwischenstopp machen.

Inn of the Seventh Ray BIO **$$$**
(☎310-455-1311; www.innoftheseventhray.com; 128 Old Topanga Canyon Rd; Hauptgerichte

24–55 US$; ⌚mittags & abends; P ✍) Wer die 1960er-Jahre miterlebt hat, wird in diesem New-Age-Refugium in unfassbar idyllischer Lage im Topanga Canyon ein paar Déjà-vus haben. Die Gerichte aus Biozutaten (häufig Rohkost) sind meist fleischlos und zum Teil ziemlich esoterisch angehaucht. Hat jemand Lust auf knusprig gebratene, vegane Ente?

SANTA MONICA & VENICE

Die Third Street Promenade und die Main St in Santa Monica sowie der Abbot Kinney Blvd in Venice sind gute Anlaufstellen, wenn der Magen knurrt.

LP TIPP **Gjelina** KALIFORNISCH $$
(Karte S. 608; ☎310-450-1429; www.gjelina.com; 1429 Abbot Kinney Blvd, Venice; Gerichte 8–25 US$; ⌚mittags & abends) Ob man ein Plätzchen zwischen Hipstern und Yuppies am Gemeinschaftstisch erhascht oder einen eigenen Tisch auf der rustikalen Steinterrasse abgreift, man wird auf jeden Fall mit kleinen, kreativen Gerichten (Pfifferlinge mit Gravy-Sauce auf Toast oder rohe Gelbschwanzmakrele mit Chili und Minze, getränkt in Olivenöl und Blutorange) oder sensationellen Holzofenpizzas verwöhnt.

3 Square Café & Bakery KALIFORNISCH $
(Karte S. 608; ☎310-399-6504; 1121 Abbot Kinney Blvd, Venice; Hauptgerichte 8–20 US$; ⌚Café Mo–Do 8–22, Fr bis 23, Sa 9–23, So bis 22 Uhr, Bäckerei 7–19 Uhr) Winziges, modernistisches Café, in dem sich die Gäste an Hans Röckenwagners Brezel-Burgern, Gourmetsandwiches und Apfelpfannkuchen laben. Die Regale in der Bäckerei sind mit rustikalen Broten und luftig-lockeren Croissants gefüllt.

Library Alehouse PUB $$
(Karte S. 608; www.libraryalehouse.com; 2911 Main St, Santa Monica; Hauptgerichte 12–20 US$; ⌚11.30–24 Uhr) Die Einheimischen lieben nicht nur das Essen, sondern auch die 29 Biersorten vom Fass und sitzen entweder im holzvertäfelten Innenraum oder auf der gemütlichen Terrasse hinten. Angus-Rind-Burger, Fisch-Tacos und herzhafte Salate machen die Stammgäste (im Schnitt über 30 Jahre alt) glücklich.

Real Food Daily VEGETARISCH $
(www.realfood.com; Karte S. 608; 514 Santa Monica Blvd, Santa Monica; Hauptgerichte 10–14 US$; ⌚mittags & abends; ✍) Für alle, die Tempeh mögen. Und Seitan. Die Königin der veganen Küche, Ann Gentry, weiß genau, wie man Fleischersatz eine Gourmetnote verleiht. Zuerst könnte man die Linsen-Walnuss-Pâté genießen, dann ein veganes Club Sandwich mit einem Caesar-Salat und als Nachtisch ein Stück Tofukäsekuchen verdrücken. Ein weiterer Ableger ist in West Hollywood (Karte S. 602; 414 N La Cienega Blvd).

Father's Office PUB $$
(abseits der 1018 Montana Ave; Gerichte 6–16 US$; ⌚Mo–Do 17–1, Fr 16–2, Sa 12–2, So bis 24 Uhr) Ellbogen an Ellbogen drängen sich die Gäste in diesem Pub, um den feinsten Burger von Los Angeles zu verzehren, mit trocken abgehangenem Rindfleisch, das in geräucherten Schinken gewandet und mit karamellisierten Zwiebeln und einer genialen Kombination aus Gruyère und Blauschimmelkäse serviert wird. Dazu Pommes frites und einen Krug handgefertigtes Bier bestellen (es gibt hier drei Dutzend Fassbiere!). Der einzige Nachteil: Der Service ist

DIE GENIALEN BAUERNMÄRKTE VON L.A.

In einer Stadt dieser Ausmaße vergisst man schnell, dass Kalifornien einer der Bundesstaaten mit den höchsten Agrarerträgen ist. Auf Dutzenden von zertifizierten Bauernmärkten geben sich Farmer aus der Umgebung, Starköche und Liebhaber lokaler Erzeugnisse ein Stelldichein. Hier zwei Top-Adressen:

Santa Monica (Karte S. 608; www01.smgov.net/farmers_market; ⌚Mi & Sa 8.30–13 Uhr; Ecke 3rd St Promenade & Arizona Ave, So 9.30–13 Uhr Ecke Main St & Ocean Park Blvd) Das Beste vom Besten. Erklärte Gourmets und angesehene Köche wählen aus alltäglichen Waren und exotischen asiatischen Gemüsen, tradtionellen Tomatensorten, Kräutern und aus ihnen hergestellten Lotionen und Tränken, aus Rohkäse und Biofleisch.

Hollywood (Karte S. 596; www.farmernet.com; Ecke Ivar & Selma Aves; ⌚So 8–13 Uhr) Um die 90 Bauern stellen ihre Stände neben Verkäufern bereits vorgefertigter Speisen auf (mexikanisch, karibisch etc.). Außerdem gibt's Espresso, Kunsthandwerk und Straßenmusik.

manchmal von oben herab. Auch in Culver City (☎310-736-2224; 3229 Helms Ave) ist das Lokal durch eine Filiale vertreten.

Joe's KALIFORNISCH **$$$**
(Karte S. 608; www.joesrestaurant.com; 1023 Abbot Kinney Blvd, Venice; Hauptgerichte Mittagessen 13–18 US$, Abendessen 26–30 US$; ⊙Di–So mittags, tgl. abends) Wie ein guter Wein scheint dieses wunderbar unprätentiöse Restaurant im Alter immer besser zu werden. Davon zeugt auch der neue Michelin-Stern. Besitzer und Koch Joe Miller serviert verlässlich gute, schnörkellose, saisonale kalifornisch-französische Küche. Die nettesten Tische stehen draußen auf der Terrasse mit dem Wasserfallbrunnen. Die dreigängigen Mittagsmenüs sind sensationell günstig (18 US$).

Santa Monica Place EINKAUFSZENTRUM **$$**
(Karte S. 608; www.santamonicaplace.com; 3. Stock, Ecke Third St & Broadway, Santa Monica; 👪) Normalerweise würden wir nicht in einer Mall essen, aber die Indoor-Outdoor-Terrasse ist einfach klasse: Man kann latino-asiatische Fusionküche von Zengo kosten (z. B. Pekingenten-Tacos), Sushi von Ozumo oder Holzofenpizzas von Antica. Die meisten Restaurants bieten einen Ausblick über die angrenzenden Häuserdächer, manche auch bis zum Meer. An den Marktständen gibt's alles von *salumi* bis Soufflés.

LONG BEACH & SAN PEDRO

San Pedro Fish Market & Restaurant SEAFOOD **$$**
(www.sanpedrofishmarket.com; 1190 Nagoya Way, San Pedro; Mahlzeiten 13,50 US$; ⊙morgens, mittags & abends; P 👪) Meeresfrüchte-Festgelage können eigentlich nicht bodenständiger und dekadenter ausfallen als in diesem Familienbetrieb mit Hafenblick. Man wählt fangfrische Leckerbissen, die mit Kartoffeln, Tomaten und Paprika serviert werden, dann sucht man sich einen Tisch, krempelt die Arme hoch und macht sich über die Krebse, dicken Krabben, glitschigen Austern, zarten Makrelen und den Heilbutt her. Nicht vergessen: nach Knoblauchbrot und einer Extraportion Servietten fragen!

Number Nine VIETNAMESISCH **$**
(www.numberninenoodles.com; 2118 E 4th St, Long Beach; Hauptgerichte 7–9 US$; ⊙12–0 Uhr) An der Retro Row. Riesige Portionen vietnamesische Nudeln und Huhn mit fünf Gewürzen und Frühlingsrolle werden in minimalistischem Ambiente verspeist. Das Fleisch und Geflügel stammen von artgerecht gehaltenen Tieren.

George's Greek Café GRIECHISCH **$$**
(www.georgesgreekcafe.com; 135 Pine Ave, Long Beach; Hauptgerichte 8–19 US$; ⊙So–Do 11–22, Fr & Sa bis 23 Uhr) Vielleicht wird man am Eingang auf der großzügigen Terrasse von George persönlich begrüßt. Dieser Laden ist das Herz der Pine-Ave-Restaurantszene, sowohl geografisch als auch im Herzen der Einheimischen, die den *saganaki* (gebackenen Schafskäse) und die Lammkoteletts lieben.

Alegria SPANISCH **$$**
(www.alegriacocinalatina.com; 115 Pine Ave, Long Beach; Tapas 5–11 US$, Hauptgerichte 7–20 US$;) Long Beachs belebter Ausgehbezirk um die Pine Ave, der vielfarbige Mosaikboden, die Trompe-l'oeil-Wandbilder und die exzentrische Art-Nouveau-Bar liefern das ideale Ambiente für die hiesige Latino-Küche. Tolle Tapas-Karte. Die Paella ist ein Fest für alle Sinne! An manchen Abenden wird sogar Flamenco getanzt.

SAN FERNANDO VALLEY

Asanebo SUSHI **$$$**
(☎818-760-3348; 11941 Ventura Blvd, Studio City; Gerichte 3–21 US$; ⊙Di–Fr mittags, Di–So abends) Der Ventura Blvd in Studio City ist die „Sushi-Meile". Einheimische berichten gern, dass es nirgendwo in Amerika eine höhere Konzentration an Sushi-Restaurants gibt. Asanebo leuchtet heller als der Rest – das liegt wohl an dem Michelin-Stern. Wie wär's mit Heilbutt-Sashimi mit frischen Trüffeln oder Kanpachi mit Miso und Serrano-Chilis?

Zankou Chicken ARMENISCH **$**
(außerhalb der Karte S. 598; www.zankouchicken.com; 1001 N San Fernando Rd, Burbank; Hauptgerichte 8–11 US$; ⊙10–22 Uhr) Hühnchen vom Drehspieß nach armenischer Art. Dazu Knoblauchsauce – und man hat garantiert Ruhe vor Vampiren. Auch in Westwood (außerhalb der Karte S. 606; ☎310-444-0550; 1716 Sepulveda Blvd).

Eclectic KALIFORNISCH-ITALIENISCH **$$**
(Karte S. 598; www.eclecticwinebarandgrille.com; 5156 Lankershim Blvd, North Hollywood; Hauptgerichte 8–32 US$; ⊙mittags & abends) Ein Fixpunkt des Arts District (S. 610) in NoHo ist dieses loftartige Restaurant. Der Name („vielseitig") ist Programm, wobei die Gerichte tendenziell einen italienischen Ein-

schlag haben (Pasta, Pizza, Sandwiches, Lammrücken). Ideal zum Leute beobachten; nach den Vorführungen schaut das Künstlervolk gern mal vorbei.

Bob's Big Boy IMBISS **$**

(Karte S. 598; www.bigboy.com; 4211 Riverside Dr, Burbank; Hauptgerichte 6–9 US$; ⌚24 Std.; 🅿) Fast schon ein Wahrzeichen ist dieser 50er-Jahre-Coffee-Shop, in dem schon Fleischklößchen, Burger, *mac and cheese*, Fritten und Shakes serviert wurden, lange bevor Wohlfühlessen „aus der guten alten Zeit" in wurde.

PASADENA & SAN GABRIEL VALLEY

Saladang Song THAI **$$**

(www.saladangsong.com; 383 S Fair Oaks Ave; Gerichte 10–18 US$; ⌚morgens, mittags & abends; 🅿) Ein moderner „Thaitempel". Hohe Betonwände mit stylishen Stahleinsätzen säumen den Sitzbereich im Freien. Sogar aus einfachen Currys wird im Saladang Song etwas ganz besonderes gemacht. Interessant: die Frühstückssuppen.

Burger Continental NAHÖSTLICH **$**

(☎626-792-6634; www.burgercontinental.com; 535 S Lake Ave, Pasadena; Hauptgerichte 9–14 US$; ⌚morgens, mittags & abends; 🅿) Klingt nach Frikadelle auf Brötchen und fertig, tatsächlich ist dies aber das beliebteste Restaurant für Leckerbissen aus dem Nahen Osten in Pasadena. Neben Hummus, dem Klassiker, werden frische Kebabs und ausgefallenere Gerichte aufgetischt, z.B. der Moon-of-Tunis-Teller (Hühnchen, Gyros und Krabben in Filo-Teig). Die Livebands und Bauchtänzerinnen sind Zucker für Ohren und Augen. Tolle Terrasse!

Ausgehen

Schon vor den Tagen des Rat Pack galt Hollywoods Nachtleben als legendär, und die Barkeeper von heute sind mindestens genauso kreativ wie die von früher. Klassische Ausgeh-Reviere sind der Hollywood Blvd und der Sunset Strip, aber auch die Strandorte und Downtown bieten jede Menge gute Bars, Kneipen und Clubs.

DOWNTOWN

Edison BAR

(Karte S. 590; www.edisondowntown.com; 108 W 2nd St, Eingang abseits der Harlem Alley; ⌚Mi–Fr 17–2, Sa 18–2 Uhr) *Metropolis* trifft auf *Blade Runner* in dieser Kellerbar mit Industrie-Schick. Seine Mojitos schlürft man umgeben von Turbinen (früher war dies ein Kesselraum). Das Interieur mit kakaofarbenen Sofas und drei höhlenartigen Bars ist ordentlich herausgeputzt. Kleiderordnung! Keine Sportklamotten, Flip Flops oder ausgebeulten Jeans.

Seven Grand BAR

(Karte S. 590; www.sevengrand.la; 515 W 7th St) Sieht aus, als hätten Hipster den Jagdclub von Mama und Papa übernommen: Auf dem Boden liegen Teppiche mit Karo-Muster, Hirschköpfe hängen an den Wänden. Das Getränk erster Wahl ist Whiskey: Es gibt mehr als 100 Sorten aus Schottland, Irland und sogar Japan.

Rooftop Bar@ Standard Downtown LA BAR

(Karte S. 590; 550 S Flower St; ⌚12–1.30 Uhr) Das Ambiente dieser Lounge im Freien, umgeben von einem Meer aus Hochhäusern, ist ganz schön surreal. Man kann sich auf vibrierenden Wasserbetten in futuristischen Gehäusen hinflätzen, die Bedienungen sind supersexy und der Pool bietet Abkühlung, falls es einem zu heiß werden sollte. An den Wochenenden wird die Samtkordel vorgehängt (Zutritt nicht für Jedermann)!

HOLLYWOOD, LOS FELIZ & SILVER LAKE

Formosa Cafe BAR

(außerhalb der Karte S. 596; ☎323-850-9050; 7156 Santa Monica Blvd, Hollywood) In dieser Bar pflegten sich Bogie und Bacall ein paar Drinks zu genehmigen, der Nostalgiefaktor ist entsprechend hoch. Darauf einen Mai Tai oder Martini!

Dresden PIANOBAR

(Karte S. 600; www.thedresden.com; 1760 N Vermont Ave, Los Feliz; Mo–Sa 16–2, So bis 0 Uhr) Was Bogie und Bacall für das Formosa waren, sind das Sängerduo Marty & Elayne für das Dresden. Sie sind eine echte Institution (und zwar eine höchst lebendige), ihre Version von „Muskrat Love" ist legendär. In dem Film *Swingers* (1996) sangen sie „Stayin' alive".

Good Luck Bar BAR

(Karte S. 600; ☎323-666-3524; 1514 Hillhurst Ave, Los Feliz; Mo–Fr 19–2, Sa & So 20–2 Uhr) Cooles Publikum, laute Jukebox und umwerfend starke Drinks. Diese kultige Bar ist im Karmesinrot einer chinesischen Opiumhöhle gehalten. Beliebte Getränke sind der himmelblaue Yee Mee Loo und der chinesische Whiskey auf Kräuterbasis.

SCHWULEN- & LESBENSZENE VON LOS ANGELES

Die Regenbogenflagge flattert in „Boystown" ganz besonders stolz im Wind, am Santa Monica Blvd in West Hollywood. Dort findet man Dutzende gut besuchter Bars, Cafés, Restaurants, Fitnessstudios und Clubs. Am meisten los ist von Donnerstag bis Sonntag. Die meisten Lokale und Läden sind auf ein schwules Publikum zugeschnitten. Schönheit ist dabei extrem wichtig, und wer nicht braungebrannt, top gestylt und durchtrainiert oder eine *fag hag* (eine Frau, die sich vor allem mit schwulen oder bisexuellen Männern umgibt) ist, wird sich hier leicht wie das hässliche Entlein vorkommen.

Andernorts ist die Schwulenszene entschieden entspannter. Silver Lake, L. A.s ursprüngliche Schwulenenklave, hat sich vom Leder-und-Levi's-Image befreit und zieht heute niedliche Hipster aller Ethinien sowie die älteren Semester an. Auch in Long Beach gibt's eine beachtliche Szene.

Für alle, die nicht so auf Nachtleben stehen: Die Gay Community nutzt noch viele andere Kanäle zum Kontakte knüpfen und Kennenlernen. Der **Will Rogers Beach** („Ginger Rogers" für Freunde) in Santa Monica ist der inoffizielle Schwulenstrand von L. A. Man kann mit den **Frontrunners** (www.lafrontrunners.com) joggen, eine Führung zur Schwulengeschichte machen (S. 613), mit **Great Outdoors** (www.greatoutdoors la.org) wandern gehen, eine Show im **Celebration Theatre** oder ein Konzert des fantastischen **Gay Men's Chorus of Los Angeles** (www.gmcla.org) ansehen.

Die **Long Beach Pride Celebration** (www.longbeachpride.com; ⌚Ende Mai) ist eine Art Aufwärmübung für die **LA Pride** (www.lapride.org; ⌚Mitte Juni), ein Endlos-Party-Wochenende mit Umzug auf dem Santa Monica Blvd, das Hunderttausende Besucher anzieht.

Im Folgenden haben wir ein paar der bekanntesten Ausgehadressen aufgelistet. Mehr Infos liefern kostenlose Zeitschriften und www.losangeles.gaycities.com.

Die Gay Bar (plus Restaurant) in L. A. ist **The Abbey** (Karte S. 602; www.abbeyfood andbar.com; 692 N Robertson Blvd; Hauptgerichte 9–24 US$; ⌚9–2 Uhr). Man kann sich z. B. auf der begrünten Terrasse oder in der eleganten Lounge niederlassen, Martinis und Mojitos schlürfen und feine Pub-Küche genießen.

Eleven (Karte S. 602; www.eleven.la; 8811 Santa Monica Blvd; Hauptgerichte 13–29 US$; ⌚Di–So 18–22, Sa & So 11–15 Uhr) Glamouröses Lokal in einem historischen Gebäude. Zu essen gibt's moderne amerikanische Küche. Es werden verschiedene Mottoabende geboten, z. B. Musical Mondays oder wilde Tanzpartys .Infos zu Clubbing-Nächten stehen auf der Website.

Akbar (Karte S. 600; www.akbarsilverlake.com; 4356 W Sunset Blvd) Die beste Jukebox der Stadt, eine Kasbah-Atmosphäre und ein Publikum, das jede Stunde anders aussieht, von schwul über hetero bis einfach nur hip, ohne zu hip zu sein. An manchen Abenden dient das Hinterzimmer als Tanzfläche, sonst werden dort Comedy, Kunsthandwerker-Workshops oder „Bears in Space" geboten.

MJ's (Karte S. 600; www.mjsbar.com; 2810 Hyperion Ave) Beliebter moderner Laden mit Programmpunkten wie Tanzen, Pornostar der Woche etc. Junges, bunt gemischtes Publikum.

Oil Can Harry's (www.oilcanharrysla.com; 11502 Ventura Blvd, Studio City) Wer noch nie im Country- oder Western-Stil getanzt hat, wird Augen machen – das kann wirklich sexy sein! Und die Oil Can ist der perfekte Rahmen, an drei Abenden pro Woche. Anfänger können Unterricht nehmen. Samstags ist Retro-Discoabend.

Roosterfish (Karte S. 608; www.roosterfishbar.com; 1302 Abbot Kinney Blvd, Venice) Die letzte Schwulenbar der Westside (mit Billardtisch und Terrasse hinten) ist seit mehr als drei Jahrzehnten für die Männer in Venice da. Sie hat ein modernes, entspanntes Flair. Freitagabends ist am meisten los.

Silver Fox (www.silverfoxlongbeach.com; 411 Redondo Ave, Long Beach) Eine der Säulen der Schwulenszene von Long Beach. Der Silver Fox wird von allen Altersgruppen frequentiert und ist vor allem für die Karaoke-Abende bekannt. Nur eine kurze Autofahrt von der Retro-Einkaufsmeile (Retro Row) entfernt.

Cat & Fiddle PUB
(Karte S. 596; www.thecatandfiddle.com; 6530 Sunset Blvd; ⏲11.30–2 Uhr; 🅿) Morrissey, Frodo & Co. – man weiß einfach nie, wer hier auf ein Boddingtons oder die sonntagabendliche Jazz-Einlage vorbeischaut. In diesem britischen Pub mit Biergarten geht es aber nach wie vor mehr darum, Freunde zu treffen und gesellig zu sein, als darum, Geschäfte abzuschließen.

Beauty Bar BAR, NAGELSTUDIO
(Karte S. 596; www.beautybar.com; 1638 N Cahuenga Blvd; ⏲So–Mi 21–2, Do–Sa 18–2 Uhr) Selbst nach all diesen Jahren ist die winzige Retro-Cocktailbar die richtige Adresse, wenn man seine Nägel grellpink lackieren lassen und bei ein paar Martinis den neuesten Tratsch mitbekommen möchte (10 US$, Do–Sa 19–23 Uhr).

WEST HOLLYWOOD

WeHo ist das Epizentrum der Schwulenszene von L. A. (s. Kasten S. 625), doch es gibt eine Reihe anderer Läden, die von Hipstern & Co. frequentiert wird.

Sky Bar BAR
(Karte S. 602; ☎323-848-6025; 8440 W Sunset Blvd, West Hollywood) Die Poolbar des Mondrian Hotel hat Snobismus zur Tugend erklärt. Wenn man nicht unverschämt hübsch, reich oder Übernachtungsgast ist, wird man wohl kaum in den Genuss der teuren Drinks (die wegen des Pools dennoch in Plastikbecher gefüllt werden) in Gesellschaft der ultimativen In-Meute kommen.

El Carmen TEQUILABAR
(Karte S. 602; ☎323-852-1552; 8138 W 3rd St, Mid-City; ⏲Mo–Fr 17–2, Sa & So 19–2 Uhr) Unter aufgehängten Stierköpfen und *lucha-libre*-Masken (mexikanisches Wrestling) werden Cocktails gemixt, die auf mehr als 100 Tequila-Sorten basieren. Viele Gäste sind in der Filmbranche.

SANTA MONICA & VENICE

Copa d'Oro LOUNGE
(Karte S. 608; www.copadoro.com; 217 Broadway; ⏲Mo–Fr 18–2 Uhr, Sa & So 20–2 Uhr) Altmodische Cocktails aus hochwertigen Alkoholsorten, mit frischen Kräutern, Früchten, Säften und auch ein wenig Gemüse. Die Rockmusik und das glatte, dunkle Ambiente tun dem Genuss keinen Abbruch.

Ye Olde King's Head PUB
(Karte S. 608; ☎310-451-1402; www.yeoldekingshead.com; 116 Santa Monica Blvd, Santa Monica; ⏲8–2 Uhr) Das inoffizielle Hauptquartier der großen britischen Auswanderergemeinde von Santa Monica ist mit allen Schikanen ausgestattet: Darts, Fußballübertragungen, traditionell englischem Frühstück und das beste Fish'n'Chips der Stadt.

Otherroom BAR
(Karte S. 608; ☎310-396-6230; 1201 Abbot Kinney Blvd, Venice; ⏲17–2 Uhr) Dunkel, laut und mit Industrieflair kommt diese loftähnliche Lounge daher, die auch gut nach Soho in New York passen würde. Tatsächlich ist dies jedoch ein lockerer Schlupfwinkel für Pärchen, Künstler und Berufstätige. Es gibt ausschließlich Bier und Wein, aber die Auswahl ist nobel und handverlesen; manchmal gilt das auch für die Gäste.

Wer Lust auf eine Bar mit Geschichte hat, könnte **Chez Jay** (Karte S. 608; ☎310-395-1741; 1657 Ocean Ave, Santa Monica) oder das **Galley** (Karte S. 608; ☎310-452-1934; 2442 Main St, Santa Monica) ansteuern, beide mit nautischem Dekor.

☆ Unterhaltung

L. A.s Nachtleben ist lebendig, fortschrittlich und vielseitig. In trendigen Tanzclubs kann man auf Tuchfühlung mit Hipster-Typen gehen, experimentellen Sounds in Untergrundbars lauschen, Avantgarde pur bei einem Multimedia-Event in einer verlassenen Lagerhalle erleben oder den Ohren mit einem Konzert des L. A. Philharmonic-Orchesters schmeicheln. Ob Klassiker oder alternatives Theater, Performance-Kunst oder Comedy Clubs, L. A. bietet das volle Programm. Selbst ein Kinobesuch kann hier monumental-luxuriöse Ausmaße annehmen!

Die kostenlose *L. A. Weekly* und der Veranstaltungskalender der *Los Angeles Times* sind die besten Infoquellen zur lokalen Unterhaltungsszene. Tickets gibt's an den Abendkassen oder bei **Ticketmaster** (☎213-480-3232; www.ticketmaster.com). Über **LAStageTIX** (www.theatrela.org) können für viele Shows online Karten zum halben Preis erworben werden.

Kinos

Kinobesuche sind in L. A. oft mehr als ein bloßer Zeitvertreib. Häufig bleiben die Zuschauer sitzen, bis der komplette Abspann durchgelaufen ist. Abgesehen von klassischen Hollywood-Theatern wie dem Grauman's Chinese und El Capitan haben wir ein paar Kinos mit besonders gediegener Atmosphäre aufgelistet. Die Eintrittskarten kosten zwischen 12 und 15 US$ (ein bisschen weniger vor 18 Uhr). Bei den meisten Kinos können Tickets vorab online oder über das **Moviefone** (☎in allen Vorwahlenbereichen von L.A. 777-3456) gebucht werden.

ArcLight KINO
(Karte S. 600; ☎323-464-4226; www.arclightcinemas.com; 6360 W Sunset Blvd, Hollywood) Das Lieblings-Multiplex eingefleischter Cineasten; noble Sitze und keine Werbung vor dem Film (nur Trailer). Nach dem auffälligen Cinerama Dome Ausschau halten!

American Cinematheque KINO
(☎323-466-3456; www.americancinematheque.com) Hollywood (Karte S. 596; Egyptian Theatre, 6712 Hollywood Blvd); Santa Monica (außerhalb der Karte S. 608; Aero Theatre, 1328 Montana Ave) Vielseitiges, internationales Programm für echte Filmliebhaber. Oft finden anschließend Diskussionen mit Darstellern oder Regisseuren statt.

Cinespia FREILUFTKINO
(außerhalb der Karte S. 596; www.cemeteryscreenings.com; 6000 Santa Monica Blvd, Hollywood; ⌚Sa & So Mai–Okt.) Auf dem Gelände des Hollywood Forever Cemetery (S. 627). Die Filme werden auf die Mausoleumswand projiziert. Picknick und Cocktailzutaten mitbringen (richtig: Alkohol ist erlaubt) und Klassiker mit jeder Menge Hipstern anschauen. Bis der Film beginnt, legt ein DJ auf.

Livemusik

Im Folgenden haben wir ein paar unserer Lieblingsclubs für Livemusik aufgeführt. Die Kosten für den Eintritt gehen z.T. weit auseinander. Wenn es nicht anders angegeben ist, sind die Lokale jeden Abend geöffnet. Die Gäste müssen volljährig sein (21 Jahre).

Troubadour LIVEMUSIK
(Karte S. 602; www.troubadour.com; 9081 Santa Monica Blvd, West Hollywood; ⌚Mo–Sa) Das „Troub" hat die Karriere der Eagles und von Tom Waits angekurbelt und ist noch heute eine gute Adresse, wenn man die Stars von morgen erleben möchte. Das Publikum ist gemischt, jedes Alter ist vertreten. Die Atmosphäre ist erfrischend locker. Montags ist der Eintritt kostenlos.

Spaceland LIVEMUSIK
(Karte S. 600; www.clubspaceland.com; 1717 Silver Lake Blvd, Silver Lake) Schwerpunktmäßig treten hier einheimische Alternative-Rock-, Indie-, Skate-Punk- und Elektro-Trash-Bands auf und träumen von einer großen Zukunft. Beck und die Eels hatten hier in ihren Anfängen ein paar Auftritte.

Catalina Bar & Grill JAZZ
(Karte S. 600; www.catalinajazzclub.com; 6725 W Sunset Blvd, Hollywood; Eintritt 12–35 US$, plus Abendessen oder 2 Getränke; ⌚Di–So) L.A.s Top-Jazzclub hat keine besonders aufregende Lage, aber das Programm kann sich sehen lassen (Ann Hampton Calloway, Karen Akers etc.).

McCabe's Guitar Shop AKUSTIK
(außerhalb der Karte S. 608; www.mccabes.com; 3101 Pico Blvd; Tickets 8–22 US$; ⌚Fr & Sa 20 Uhr, So 11 & 19 Uhr) Ein Mekka für Musiker. Hier werden Gitarren und andere Instrumente verkauft, und in dem winzigkleinen Hinterzimmer haben schon Berühmtheiten wie Jackson Browne und Liz Phair live und unplugged gespielt. Sonntags um 11 Uhr findet eine sehr beliebte Show für Kinder statt.

Hotel Cafe LIVEMUSIK
(Karte S. 596; www.hotelcafe.com; 1623-1/2 N Cahuenga Blvd; Tickets 10–15 US$) *Die* Adresse für Livemusik wartet zuweilen mit großen Namen auf (z.B. Suzanne Vega), generell ist das Hotel Cafe aber ein Sprungbrett für aufstrebende Liedermacher mit Message.

GROSSE KONZERTBÜHNEN

» **Staples Center** (Karte S. 590; www.staplescenter.com; 1111 S Figueroa St, Downtown)

» **Nokia Theatre** (Karte S. 590; www.nokiatheatrelive.com; 1111 S Figueroa St, Downtown)

» **Gibson Amphitheatre** (Karte S. 598; ☎818-622-4440; www.hob.com; 100 Universal City Plaza, Universal City)

» **Wiltern Theater** (außerhalb der Karte S. 590; www.livenation.com; 3790 Wilshire Blvd)

» **Greek Theatre** (Karte S. 598; www.greektheatrela.com; 2700 N Vermont Ave, Griffith Park)

» **John Anson Ford Amphitheatre** (außerhalb der Karte S. 596; www.fordtheatres.org; 2580 E Cahuenga Blvd, Hollywood; ⌚Mai–Okt.)

Rechtzeitig hier sein; der Eingang ist in einer Seitengasse.

Babe & Ricky's BLUES
(www.bluesbar.com; 4339 Leimert Blvd, Leimert Park) Mama Laura leitet L.A.s ältesten Bluesclub schon seit fast vier Jahrzehnten. Anlässlich der Jamsession montagabends (mit kostenlosem Essen) platzt das Lokal oft aus allen Nähten.

Nachtclubs

Wer alle L.A.-Klischees bestätigt sehen möchte, muss nichts anderes tun, als sich zu einem Nachtclub in Hollywood oder West Hollywood aufzumachen. Um die Kleiderschränke von Türstehern zu beeindrucken, muss man a) einen superheißen Körper haben, b) ein gesundes Selbstbewusstsein oder c) eine dicke Brieftasche. Die Clubs in den anderen Vierteln sind um einiges entspannter, allerdings haben meist nur Leute über 21 Jahren Zutritt (Ausweis mit Foto mitnehmen!). Der Eintritt liegt bei 5 bis 20 US$. Einlass ist normalerweise von 21 bis 2 Uhr.

Drai's CLUB
(Karte S. 596; www.draishollywood.com; 6250 Hollywood Blvd; ⌚Di–Sa 22–3 Uhr) Auf dem Dach des W Hotel befindet sich dieser klassische After-hour-Club. Wer auffälligen Schmuck, plastische Chirurgie, Hip-Hop und verschwitzte Körper auf einer überfüllten Tanzfläche mag, wird sich im Himmel wähnen. Die Top-Abende sind mittwochs und freitags.

Little Temple CLUB
(Karte S. 600; www.littletemple.com; 4519 Santa Monica Blvd; ⌚Mi–So 21–2 Uhr) Die Buddha-Lounge versorgt das Publikum mit internationaler Musik (live bzw. von lokalen DJs zusammengemischt). Hier wippen Fans guter Reggae-, Funk- und Latino-Musik gemeinsam im Takt. Der Eintrittspreis variiert.

Zanzibar WELTMUSIK
(Karte S. 608; www.zanzibarlive.com; 1301 5th St, Santa Monica; Eintritt 7–10 US$; ⌚Di–So) Beat-Freaks lieben diesen groovigen Schuppen mit dem sinnlichen afrikanischen Flair. Immer andere internationale DJs legen je nach Abend arabische, Latino- oder afrikanische Rhythmen auf. Das Publikum ist entsprechend multikulti.

Konzerte & Theater

Hollywood Bowl AMPHITHEATER
(außerhalb der Karte S. 596; ☎323-850-2000; www.hollywoodbowl.com; 2301 N Highland Ave, Hollywood; Tickets 1–105 US$; ⌚Ende Juni–Sept.) Eine dieser Sachen, die man unbedingt machen muss, wenn man Los Angeles im Sommer besucht: einen Auftritt des Philharmonieorchesters von L.A. oder ein Konzert berühmter Rock-, Jazz-, Blues- oder Popmusiker in der Bowl mitnehmen. Nett ist ein Picknick vor der Show (Alkohol ist erlaubt).

Los Angeles Philharmonic ORCHESTER
(Karte S. 590; www.laphil.org; 111 S Grand Ave, Downtown) Die Philharmoniker von L.A. haben Weltformat und bringen unter dem Taktstock des Venezolaners Gustavo Dudamel klassische wie moderne Darbietungen auf die Bühne der Walt Disney Concert Hall.

Redcat THEATER
(Karte S. 590; ☎213-237-2800; www.redcat.org; 631 W 2nd St, Downtown) Das Theater gehört zum Walt-Disney-Concert-Hall-Komplex und besticht durch ein internationales Aufgebot avantgardistischen und experimentellen Theaters, darstellende Künste, Tanz, Vorlesungen, Film- und Video-Vorführungen.

Theater

Kaum zu glauben, aber L.A. hat mehr Theater als New York. Manche bieten mehr als 1000 Besuchern Platz, andere sind sogenannte *equity-waiver*-Häuser mit 99 oder weniger Sitzen, in denen Schauspieler sich selbst oder neue Werke präsentieren können, ohne an die Vorschriften der Gewerkschaft Actors' Equity gebunden zu sein. Hier ein paar der besten Adressen:

Music Center of Los Angeles County THEATER
(Karte S. 590; ☎213-628-2772; www.musiccenter.org; 135 N Grand Ave) Der Dreifach-Kracher: Das große Gelände umfasst den **Dorothy Chandler Pavilion**, Sitz der LA Opera unter Leitung von Placido Domingo, das hufeisenförmige, mehrfach mit dem Tony Award und dem Pulitzer-Preis ausgezeichnete **Mark Taper Forum** und das **Ahmanson Theatre**, das für seine großen Broadway-Tourneeshows bekannt ist. Anrufen und nach „Hot Tix" für 20 US$ fragen! Parkplatz: 9 US$.

Actors' Gang THEATER
(www.theactorsgang.com; 9070 Venice Blvd, Culver City) Mitbegründet von Tim Robbins. Das sozial engagierte Ensemble hat für seine mutigen, unkonventionellen Interpreta-

tionen klassischer und neuer Werke schon viele Preise abgestaubt.

East West Players THEATER
(Karte S. 590; www.eastwestplayers.org; 120 N Judge John Aiso St, Little Tokyo; Tickets 23–38 US$) Dieses 1965 gegründete, bahnbrechende asiatisch-amerikanische Ensemble spielt moderne Klassiker sowie Erstlingswerke lokaler Stückeschreiber. Im Ensemble waren spätere Tony-, Emmy- und Oscargewinner.

Will Geer Theatricum Botanicum AMPHITHEATER
(www.theatricum.com; 1419 N Topanga Canyon Blvd, Malibu) Tolles Sommerprogramm im Wald, ca. 6,3 Meilen (10 km) vom Pacific Coast Highway entfernt. Den Topanga Canyon Blvd hochfahren!

Celebration Theatre SCHWUL-LESBISCH
(Karte S. 602; www.celebrationtheatre.com; 7051 Santa Monica Blvd, West Hollywood) Eins der führenden Theater der USA für schwule und lesbische Theaterstücke. Es hat schon etliche Preise abgeräumt.

Comedy

Keine Frage: L.A. ist eine der wichtigsten Comedy-Metropolen der Welt. Wer in Clubs, in denen Abendessen serviert wird, nichts isst, muss häufig zusätzlich zum Eintritt (meist 5–20 US$) mindestens zwei Getränke zahlen. Wenn nicht anders angegeben liegt das Mindestalter bei 21 Jahren.

Upright Citizens Brigade COMEDY
(Karte S. 596; www.ucbtheatre.com; 5919 Franklin Ave; Eintritt bis 10 US$) Wurde in New York von *SNL*-Absolventen gegründet, darunter Amy Poehler. 2005 hat sich die Sketch-Comedy-Truppe in Hollywood geklont. Angeblich ist dies das beste Improvisationstheater der Stadt.

Groundlings COMEDY
(Karte S. 602; www.groundlings.com; 7307 Melrose Ave, Mid-City) Improvisationstheater plus Schule. Hier begannen die Karrieren von Lisa Kudrow, Jon Lovitz, Will Ferrell und anderen Top-Talenten. Bei der Improv Night donnerstags kommen das gesamte Ensemble, ehemalige Schüler und Überraschungsgäste zusammen. Alle Altersgruppen sind vertreten.

Comedy Store COMEDY
(Karte S. 602; www.thecomedystore.com; 8433 W Sunset Blvd, West Hollywood) Ob Chris Tucker oder Whoopi Goldberg, es gibt kaum einen berühmten Comedian, der nicht irgendwann mal auf dieser Bühne aufgetreten wäre. In seinem früheren Leben diente der Comedy Store als Gangster-Treffpunkt.

Comedy & Magic Club COMEDY
(www.comedyandmagicclub.com; 1018 Hermosa Ave, Hermosa Beach) Vor allem bekannt als der Ort, an dem Jay Leno fast jeden Sonntag seine *Tonight-Show*-Nummern austestet. Nur mit Reservierung; ab 18 Jahren.

Sport

Dodger Stadium BASEBALL
(außerhalb der Karte S. 590; www.dodgers.com; 1000 Elysian Park Dr, Downtown) Die Dodgers, L.A.s Major League Baseball-Team, spielen von April bis Oktober in diesem legendären Stadion.

Staples Center BASKETBALL, EISHOCKEY
(Karte S. 590; www.staplescenter.com; 1111 S Figueroa St, Downtown) Diese wie ein Ufo geformte Sportarena ist mit allen technischen Finessen ausgestattet und das Zuhause der Lakers, Clippers und Sparks (Basketball) sowie der Kings (Eishockey). Außerdem treten hier Stars wie Britney Spears und Katy Perry auf.

 Shoppen

Trendbewusste Modefreaks und Paparazzi zieht es an den Robertson Blvd (zwischen N Beverly Blvd und W 3rd St) oder in die Melrose Ave (zwischen San Vicente Blvd und La Brea Ave) in West Hollywood. Der Fashion District (s. Kasten S. 631) in Downtown L.A. spricht dagegen eher Schnäppchenjäger an. Wenn Geld keine Rolle spielt, kann man sich in Beverly Hills mit internationaler Topmode, Schmuck und Antiquitäten eindecken. Dies gilt vor allem für den Rodeo Dr, der auch das beste Jagdrevier für Anhänger grooviger Klänge ist. Östlich davon liegt Silver Lake mit coolem Kitsch und Sammlerstücken, die vor allem im Umkreis der Sunset Junction (Hollywood Blvd/Sunset Blvd) zu finden sind. In Santa Monica säumen gute Boutiquen die Tony Montana Ave und die facettenreiche Main St, während die Third Street Promenade mittlerweile fest in der Hand großer Ketten von H&M bis Banana Republic ist. Entlang des Venice Boardwalk im nahen Venice wartet günstiger und abgefahrener Nippes auf Käufer. Einheimische bevorzugen allerdings den Abbot Kinney Blvd mit seinem abwechslungsreichen Mix aus Kunst-, Mode- und New-Age-Läden.

Fahey/Klein Gallery GALERIE

(Karte S. 602; www.faheykleingallery.com; 148 S La Brea Ave; ⌚Di–Sa 10–18 Uhr) Altmodische und moderne Kunstfotografien von Ikonen wie Annie Leibovitz, Bruce Weber und dem fantastischen Rock-n-Roll-Fotografen Jim Marshall.

Ten Women GALERIE

(Karte S. 608; www.tenwomengallery.com; 1237 Abbot Kinney Blvd) Die helle, außergewöhnliche Galerie ist ein Gemeinschaftsprojekt von zwei Dutzend Künstlerinnen, die malen, Glasobjekte blasen und andere wunderschöne Gegenstände aus unterschiedlichen Materialien herstellen. Außerdem wechseln sie sich an der Kasse ab.

Fred Segal KLEIDUNG

West Hollywood (Karte S. 602; ☎323-651-4129; 8100 Melrose Ave; P); Santa Monica (Karte S. 608; ☎310-458-9940; 500 Broadway; P) Cameron und Gwyneth gehören zu den Stars, die sich in der Nr. 1 der L.A.-Fashionboutiquen einkleiden, hier bekommt man aber auch Pflegeprodukte, Sonnenbrillen, Geschenke und noch mehr.

Kitson KLEIDUNG

(Karte S. 602; ☎310-859-2652; 115 S Robertson Blvd, West Hollywood) Wer die letzten Modetrends kennen möchte, muss in diesem hippen Laden vorbeischauen, in dem die Outfits und Accessoires von morgen verkauft werden (super: viele einheimische Label!). Steht bei Promis hoch im Kurs.

American Rag Cie RETRO

(Karte S. 602; www.amrag.com; 150 S La Brea; ⌚Mo–Sa 10–21, So 12–19 Uhr; P) Lagerhallenausmaße und Industriecharme prägen dieses Geschäft, das trendbewusste Fashion Victims seit 1985 hervorragend aussehen lässt. Einfach mitmachen und wie die anderen Retro-Junkies nach Lederwaren, Jeans, T-Shirts und Schuhen aus zweiter Hand suchen! Das heißt nicht, dass es nicht auch verschiedene Neuwaren gäbe. Das Ganze ist nicht billig, aber 1a zum Stöbern. Uns haben die altmodischen Haushaltsartikel im Maison-Midi-Flügel besonders gut gefallen.

RIF SCHUHE

(Karte S. 590; www.rif.la; 334 E 2nd St; ⌚12–19 Uhr) Mit einer Prise Hip-Hop „gewürzt" ist dieser Schuhladen die ideale Anlaufstelle für neue und gebrauchte limierte Auflagen, importierte und Old-School-Turnschuhe.

Jewelry District SCHMUCK

(Karte S. 590; www.lajd.net; Hill St, Downtown) Günstige Klunker gibt's in diesem lebendigen Downtown-Bezirk zwischen der 6th & 8th St. Uhren, Gold, Silber und Edelsteine bekommt man hier teilweise 70% unter dem Einzelhandelspreis, auch wenn diese Stücke nicht unbedingt für den Roten Teppich geeignet sind.

Rose Bowl Flea Market FLOHMARKT

(www.rgcshows.com; 1001 Rose Bowl Dr, Pasadena; Eintritt 8–20 US$; ⌚5–16.30 Uhr 2. So im Monat) Die „Mutter aller Flohmärkte" mit über 2500 Verkäufern wird einmal monatlich aufgebaut.

Melrose Trading Post FLOHMARKT

(Karte S. 602; www.melrosetradingpost.com; Fairfax High School, 7850 Melrose Ave, West Hollywood; Eintritt 2 US$; ⌚So 9–17 Uhr) Netter wöchentlicher Flohmarkt. Hier suchen Hipster-Typen nach Retro-Schätzen.

Amoeba Music MUSIK

(Karte S. 596; www.amoeba.com; 6400 W Sunset Blvd, Hollywood; ⌚Mo–Sa 10.30–23, So 11–21 Uhr; P) Trägt nicht ohne Grund den Spitznamen „Hot-moeba": Großartige Angestellte und Hörstationen helfen dabei, die mehr als eine halbe Million neuer und gebrauchter CDs, DVDs, Videos und Platten zu sondieren. Außerdem: kostenlose Liveauftritte im Laden.

Head Line Records MUSIK

(Karte S. 602; www.headlinerecords.com; 7706 Melrose Ave, Mid-City; ⌚12–20 Uhr) Die ultimative Quelle für Punk und Hardcore.

Bar Keeper COCKTAILS

(Karte S. 600; www.barkeepersilverlake.com; 3910 W Sunset Blvd; ⌚Mo–Do 12-18, Fr & Sa 11–19

IT'S A WRAP

Wie ein Filmstar fühlen kann man sich am ehesten, wenn man ihre Klamotten trägt. **It's a Wrap** Mid-City (Karte S. 602; www.itsawrap.com; 1164 S Robertson Blvd) und Burbank (Karte S. 598; 3315 W Magnolia Blvd) ist bis unter die Decke mit ausrangierter Bühnengarderobe vollgestopft, von Tops bis hin zu Smokings, die bei TV- oder Filmproduktionen von Promis und Statisten getragen wurden. Die Etiketten geben Aufschluss darüber, welchen Schauspieler man „beerbt" hat.

DER FASHION-BEZIRK LEICHT GEMACHT

Nordstroms halbjährlicher Sale? „Alles muss raus" bei Barneys? Das ist doch bloß Kinderkram für die echten Shoppingsüchtigen, die all ihre Ressourcen für Downtown L.A.s **Fashion District** (Karte S. 590; ☎213-488-1153; www.fashiondistrict.org) aufsparen, einen 90 Häuserblocks umspannenden, wuseligen Traum aus Geschäften, Ständen und Ausstellungsräumen, in denen die Schnäppchenjagd olympische Disziplin ist. Der Bezirk ist grob in folgende Bereiche untergliedert:

Nachgemachte Designerwaren (Santee & New Alleys) Zugang hat man in der 11th St zwischen der Maple Ave und der Santee St.

Kinder (Wall St) Zwischen der 12th St und dem Pico Blvd.

Schmuck und Accessoires (Santee St) Zwischen dem Olympic Blvd und der 11th St.

Männer und Brautmoden (Los Angeles St) Zwischen der 7th und der 9th St.

Textilien (8th St) Zwischen der Santee und der Wall St.

Frauen (Los Angeles St) Zwischen dem Olympic und dem Pico Blvd; außerdem in der 11th St zwischen der Los Angeles und der San Julian St.

Geschäfte mit Schildern, auf denen *Wholesale Only* oder *Mayoreo* steht, sind nicht öffentlich zugänglich. Es ist o. k. zu handeln, den Preis um mehr als 10 oder 20 % zu drücken ist aber unwahrscheinlich. Ein Großteil der Verkäufer akzeptiert nur Bargeld. Geld-zurück- bzw. Umtauschgarantien sind eher die Seltenheit. Man beachte zudem, dass es sich vielfach um B-Ware (*seconds*) mit kleinen Mängeln handelt. In den wenigsten Geschäften gibt's Umkleiden. Üblicherweise sind die Geschäfte montags bis samstags von 9 bis 17 Uhr geöffnet, viele Läden bleiben sonntags geschlossen. Die Santee Alley ist die Ausnahme.

Fast jeden letzten Freitag im Monat (außer bei Messen oder um Feiertage herum; vorher anrufen!) hat die breite Masse bei den *sample sales* in Dutzenden Designerläden die Gelegenheit, tolle Schnäppchen zu machen, und zwar von 9 bis 15 Uhr in und um den **New Mart** (Karte S. 590; ☎213-627-0671; 127 E 9th St, Downtown), der auf moderne, junge Designer spezialisiert ist, und den **California Mart** (Karte S. 590; ☎213-630-3600; 110 E 9th St, Downtown), einen der größten Bekleidungsmärkte im Land (1500 Verkaufsräume!).

Uhr, So bis 18 Uhr) Barkeeper und Cocktailfans aus der Eastside haben jetzt ein neues zweites Zuhause. Es gibt jede Menge Stilgläser, Absinth-Brunnen, Shaker, Mixer und Gefäße, die man zur Zubereitung leckerer Cocktails braucht.

Puzzle Zoo SPIELZEUG
(Karte S. 608; www.puzzlezoo.com; 1413 Third St Promenade, Santa Monica; ⏲So–Do 10–21 Uhr, Fr & Sa bis 23 Uhr) Eine umfassende Auswahl an Puzzles, Brettspielen und Spielzeugen, darunter so ziemlich jede *Star-Wars*-Figur, die man sich vorstellen kann.

Wacko/Soap Plant POPKULTUR
(Karte S. 600; www.soapplant.com; 4633 Hollywood Blvd, Los Feliz; ⏲Mo–Mi 11–19, Do–Sa bis 21, So 12–18 Uhr) Billy Shires Laden mit allem, was kitschig, schräg und ausgeflippt ist, ist schon seit 1976 eine gute Adresse zum Stöbern. Wie wär's mit Hula-Girl-Rührstäbchen, einem Frida-Kahlo-Netzbeutel, einem aufblasbaren Globus oder ähnlich schrulligem Krimskrams?

Meltdown Comics & Collectibles COMICS
(Karte S. 602; ☎323-851-7283; www.meltcomics.com; 7522 W Sunset Blvd, West Hollywood; ⏲11–21, Mi 10–22 Uhr) Der coolste Comicladen in Los Angeles lockt mit Indie- und Mainstream-Titeln, von japanischen Mangas bis hin zu Comicromanen, wie Daniel Clowes' *Ghost World*. In der Baby-Melt-Abteilung sind geniale Kinderbücher zu finden.

Frederick's of Hollywood UNTERWÄSCHE
(Karte S. 596; www.fredericks.com; 6751 Hollywood Blvd; ⏲Mo–Sa 10–21, So 11–19 Uhr) Der legendäre Erfinder des dekolleteeverschönernden Push-Up-BHs und des Tangas führt auch Nachthemden und Unterhosen ohne Eingriff, alles geschmackvoll präsentiert, sodass es keinen Grund gibt, rot anzulaufen.

Space 1520 EINKAUFSZENTRUM
(Karte S. 596; www.space1520.com; 1520 N Cahuenga Blvd; ⌚Mo–Fr 11–21, Sa 10–22, So bis 21 Uhr; P) Die schickste Minimall Hollywoods ist ein Designer-Schmuckstück aus Ziegeln, Holz, Beton und Glas. Hier sind klassische und hippe Mini-Ketten ansässig wie Umami Burger und der Buchladen für Kunst und Design Hennesy & Ingalls.

Praktische Informationen

Buchläden

$1 Bookstore (www.odbstore.com; 248 Pine Ave, Long Beach; ⌚So–Do 10–21, Fr 9–22, Sa 10–22 Uhr) Cooler Laden mit jeder Menge Romanen und Fachliteratur, Comics, Schulbüchern und Zeitschriften. Und es stimmt wirklich: Alles kostet 1 US$!

Book Soup (Karte S. 602; www.booksoup.com; 8818 W Sunset Blvd, West Hollywood) Hier werden regelmäßig Promis gesichtet.

Distant Lands (www.distantlands.com; 56 S Raymond Ave, Pasadena) Eine Schatzkiste voller Reiseliteratur und technischer Spielereien.

Traveler's Bookcase (Karte S. 602; www.travelersbookcase.com; 8375 W 3rd St, Mid-City) Auch hier ist der Name Programm: Reiseliteratur.

Vroman's (www.vromansbookstore.com; 695 E Colorado Blvd, Pasadena) Der älteste Buchhandel in SoCal (seit 1894) wird gern von einheimischen Literaten aufgesucht.

Gefahren & Ärgernisse

Von dem, was man in den Filmen immer so sieht, sollte man sich nicht verrückt machen lassen: In L. A. herumzuspazieren ist im Allgemeinen ungefährlich. Die niedrigste Kriminalitätsrate haben die Westside-Viertel von Westwood bis Beverly Hills sowie die Strandorte (ausgenommen manche Ecken von Venice) und Pasadena.

Downtowns Obdachlosenviertel Skid Row wird grob von der 3rd, Alameda, 7th und Main St begrenzt. Hier und in Santa Monica leben viele Obdachlose, sie lassen einen aber gewöhnlich in Ruhe, wenn man sie in Ruhe lässt.

Geld

Travelex (☎310-659-6093; US Bank, 8901 Santa Monica Blvd, West Hollywood; ⌚Mo–Do 9–17 Uhr, Fr bis 18, Sa bis 13 Uhr)

Infos im Internet

Daily Candy LA (www.dailycandy.com) L. A.-Stil portionsweise.

Discover Los Angeles (discoverlosangeles.com) Offizielle Seite der Touristeninformation.

Gridskipper LA (www.gridskipper.com/travel/los-angeles) Stadtführer für Unkonventionelle.

L. A. Observed (www.laobserved.com) Nachrichten-Blog mit gesammelten Infos (und Zusammenfassungen) aus anderen Medien.

L. A.com (www.la.com) Tipps zum Shoppen, Essen, Ausgehen und zu Veranstaltungen von Leuten, die Ahnung haben.

Thrillist (www.thrillist.com) Ein *Daily Candy* für Männer.

Internetzugang

In Cafés, auch in der einheimischen Kette **Coffee Bean & Tea Leaf** (www.cbtl.com), darf man als Gast das WLAN nutzen. Büchereien gewähren kostenlosen Internetzugang. Im Folgenden haben wir zwei Hauptfilialen aufgeführt; weitere Adressen gibt's telefonisch oder online.

Los Angeles Public Library (☎213-228-7000; www.lapl.org; 630 W 5th St, Downtown; 📶)

Santa Monica Public Library (☎310-458-8600; www.smpl.org; 601 Santa Monica Blvd; 📶)

Medien

Infos zu Magazinen mit Veranstaltungskalender s. S. 626.

KCRW 89,9 FM (www.kcrw.org) Der National Public Radio-Sender (NPR) mit Sitz in Santa Monica bietet brandneue Songs und sorgfältig ausgewählte Beiträge.

KPCC 89,3 FM (www.kpcc.org) Das NPR aus Pasadena sendet niveauvolle lokale Talkshows.

LA Weekly (www.laweekly.com) Kostenloses Magazin mit alternativen Nachrichten und Infos zu Events etc.

Los Angeles Magazine (www.losangelesmagazine.com) Monatlich erscheinendes Hochglanz-Lifestyle-Magazin mit praktischem Restaurantguide.

Los Angeles Times (www.latimes.com) Die wichtigste Tageszeitung im Westen hat schon Dutzende von Pulitzer-Preisen abgestaubt.

Medizinische Versorgung

Cedars-Sinai Medical Center (☎310-423-3277; 8700 Beverly Blvd, West Hollywood; ⌚24 Std.-Notaufnahme)

Rite-Aid-Apotheken (☎800-748-3243; ⌚z. T. 24 Std.) Telefonisch nach der nächstgelegenen Filiale fragen.

Notfall

Notfallrufnummer (☎911) Eine Nummer für alles: Polizei-, Krankenwagen- und Feuerwehrnotruf.

Rape & Battering Hotline (☎800-656-4673) Bei Vergewaltigung oder Misshandlung.

Post

Die ☎800-275-8777 anrufen oder unter www.usps.com nach der nächstgelegenen Filiale suchen.

Telefon

In L. A. County gibt's zehn Vorwahlen (manche sind mit denen benachbarter Countys identisch). Man wählt zunächst die 1, dann die jeweilige Vorwahl (auch, wenn man sich innerhalb desselben Vorwahlenbereichs befindet) und zuletzt die sieben Ziffern der Rufnummer.

Touristeninformation

Beverly Hills (☎310-248-1015, 800-345-2210; www.lovebeverlyhills.org; 239 S Beverly Dr, Beverly Hills; ⏰Mo–Fr 8.30–17 Uhr)

Downtown L. A. (☎213-689-8822; http://discoverlosangeles.com; 685 S Figueroa St; ⏰Mo–Fr 8.30–17 Uhr)

Hollywood (☎323-467-6412; http://discoverlosangeles.com; Hollywood & Highland-Komplex, 6801 Hollywood Blvd; ⏰Mo–Sa 10–22, So bis 19 Uhr)

Long Beach (☎562-628-8850; www.visitlongbeach.com; 3. Stock, One World Trade Center; ⏰Juni–Sept. So–Do 11–19, Fr & Sa 11.30–19.30 Uhr, Okt.–Mai Fr–So 10–16 Uhr)

Santa Monica (☎310-393-7593, 800-544-5319; www.santamonica.com) Visitor Center (1920 Main St; ⏰9–18 Uhr); Informationskiosk (☎1400 Ocean Ave; ⏰Juni–Aug. 9–17, Sept.–Mai 10–16 Uhr)

ℹ An- & Weiterreise

Auto & Motorrad

Alle größeren internationalen Autovermietungen unterhalten Büros an den Flughäfen und im Stadtgebiet (zentrale Rufnummern für Reservierungen s. S. 862). Wer noch keine Reservierung gemacht hat, kann die *courtesy phones* in den Ankunftsbereichen des LAX nutzen. Büros und Parkplätze befinden sich außerhalb des Flughafens und können mit kostenlosen Shuttles erreicht werden.

Eagle Rider (☎888-600-6020; www.eaglerider.com; 11860 S La Cienega Blvd, Hawthorne; ⏰9–17 Uhr), gleich südlich des LAX, und **Route 66** (☎310-578-0112, 888-434-4473; www.route66riders.com; 4161 Lincoln Blvd, Marina del Rey; ⏰Di–Sa 9–18, So & Mo 10–17 Uhr) vermieten Harleys. Man bezahlt ab 140 US$ pro Tag (Ermäßigungen bei längerer Mietdauer).

Bus

Die wichtigste **Greyhound-Haltestelle** (☎213-629-8401, 800-231-2222; www.greyhound.com; 1716 E 7th St) befindet sich in einem unschönen Teil von Downtown; besser nicht abends oder nachts dort ankommen! Bus Nr. 18 legt die zehnminütige Strecke zur 7th St-Metrostation zurück, von wo aus man Orte in der gesamten Stadt erreichen kann, z. B. Hollywood mit der Red Line von Metro Rail und Santa Monica mit dem Bus „620 Rapid" (via Wilshire Blvd).

Greyhound nimmt etwa stündlich Kurs auf San Diego (19 US$, 2¼–3 ¾Std.). Außerdem gibt es täglich etwa vier Verbindungen nach/ab Santa Barbara (18 US$, 2¼–2¾ Std.), ein Dutzend nach/ab San Francisco (56,50 US$, 7¼–12¼ Std.) und ein halbes Dutzend nach Anaheim (11 US$, 1 Std.). Ein paar Busse auf dem Weg nach Norden halten an dem Terminal in **Hollywood** (☎323-466-6381; 1715 N Cahuenga Blvd) und ein paar mit Fahrtzielen im Süden passieren **Long Beach** (☎562-218-3011; 1498 Long Beach Blvd).

Mehr Infos gibt's auf S. 860 und S. 864.

Flugzeug

Der **Los Angeles International Airport** (LAX www.lawa.org; 1 World Way, Los Angeles) ist einer der größten Flughäfen der Welt. Er liegt an der Küste zwischen Venice und der South-Bay-Stadt Manhattan Beach. Es gibt acht Terminals; die meisten internationalen Airlines nutzen das Tom Bradley International Terminal. Vor allen Terminals (untere Ebene) halten kostenlose Shuttles, die zu den übrigen Terminals und Hotels fahren. Es gibt zudem einen kostenlosen Minibus für körperlich eingeschränkte Personen; ☎310-646-6402 anrufen!

Die Einheimischen lieben den **Bob Hope Airport** (BUR; www.bobhopeairport.com; 2627 N Hollywood Way, Burbank) im San Fernando Valley, der meist Burbank Airport genannt wird. Der Art-déco-Flughafen ist benutzerfreundlich und liegt nah an Hollywood, Downtown und Pasadena.

Im Süden, an der Grenze zu Orange County, liegt der **Long Beach Airport** (LGB; www.longbeach.gov/airport; 4100 Donald Douglas Dr, Long Beach). Die Lage ist günstig für einen Besuch in Disneyland. Der **Ontario International Airport** (ONT; www.lawa.org/ont; 2900 E Airport Dr, Ontario) liegt etwa 35 Meilen (56 km) östlich von Downtown L. A.

Zug

Amtrak-Züge fahren in der historischen **Union Station** (☎800-872-7245; www.amtrak.com; 800 N Alameda St) in Downtown ein; sie kommen aus Kalifornien und dem ganzen Land. Der *Pacific Surfliner* steuert täglich San Diego (36 US$, 2¾ Std.), Santa Barbara (29 US$, 2¾–3¼ Std.) und San Luis Obispo (40 US$, 5½ Std.) an. Genaueres hierzu steht auf S. 867.

ℹ Unterwegs vor Ort

Auto & Motorrad

Die meisten Reisenden bewegen sich im (Miet-)Wagen fort. Sich in L. A. zurechtzufinden, muss nicht zwingend ein Albtraum sein (ein Navi wäre nicht schlecht), wobei man zu den Stoßzeiten auf mit die übelsten Verkehrsstaus des gesamten Landes gefasst sein muss (ca. 7.30–9 & 16–18.30 Uhr).

Die Parkplätze sind bei Motels und günstigeren Hotels gewöhnlich kostenlos, die edleren Unterkünfte stellen hingegen zwischen 8 und 36 US$ in Rechnung. Bessere Restaurants, Hotels und Clubs bieten gewöhnlich einen Parkservice (2,50–10 US$).

In den Kapiteln zu den einzelnen Vierteln haben wir unter „Sehenswertes" Tipps zu Parkmöglichkeiten vor Ort aufgelistet.

Fahrrad

Die meisten Busse sind mit Halterungen für Fahrräder ausgerüstet. Der Transport der Drahtesel ist kostenlos, für das sichere Ein- und Ausladen ist man allerdings selbst verantwortlich. Räder dürfen außerhalb der Stoßzeiten (wochentags 6.30–8.30 & 16.30–18.30 Uhr) auch in den Metro-Rail-Zügen mitgenommen werden. Namen von Fahrradverleihen gibt's auf S. 611.

Vom/zum Flughafen

LOS ANGELES INTERNATIONAL AIRPORT

Am LAX fahren auf der unteren Ebene aller Terminals Sammeltransporter von **Prime Time** (☎800-473-3743; www.primetimeshuttle.com) und **Super Shuttle** (☎310-782-6600; www.supershuttle.com) ab. Bis Santa Monica zahlt man gewöhnlich 20 US$, nach Hollywood 25 US$ und 16 US$ nach Downtown. Der **Disneyland Express** (☎714-978-8855; www.grayline.com) nimmt mindestens stündlich vom LAX aus Kurs auf die Hotels rund um Disneyland (einfache Strecke/hin & zurück 22/32 US$).

Draußen sind ein paar Leute dafür zuständig, Travellern ein Taxi zu rufen. Die Strecke nach Downtown L. A. kostet pauschal 46,50 US$. Die Taxifahrt nach Santa Monica liegt bei etwa 30 US$ (2,85 US$ plus 2,70 US$/Meile), nach Hollywood sind es ca. 42 US$ und bis zu 90 US$ bis Disneyland. Wenn man am LAX einsteigt, muss man eine Extragebühr von 4 US$ zahlen.

LAX Flyaway Buses (☎866-435-9529; www.lawa.org/flyaway) fahren alle 30 Minuten an den LAX-Terminals ab (ca. 5–24 Uhr). Es geht nonstop nach Westwood (5 US$, 30 Min.) und zur Union Station (7 US$, 45 Min.) in Downtown L. A.

Andere **öffentliche Verkehrsmittel** sind langsamer und weniger komfortabel, aber auch billiger. Vor der unteren Ebene aller Terminals halten Shuttles, mit denen man kostenlos zum Parkplatz C, neben dem LAX Transit Center, gelangen kann. Dort fahren Busse ins gesamte Stadtgebiet ab. Alternativ nimmt man Shuttlebus G zur Aviation Station und Metro Green Line. Dort kann man in die Metro Blue Line umsteigen und nach Downtown L. A. oder Long Beach (40 Min.) fahren.

Beliebte Routen (die Fahrtzeiten sind geschätzt und abhängig vom Verkehr):

DOWNTOWN Metro-Busse 42a oder 439 West (1,50 US$, 1½ Std.)

HOLLYWOOD Metro-Bus 42a West nach Overhill/La Brea, Umsteigemöglichkeit in Metro-Bus 212 North (3 US$, 1½ Std.)

VENICE & SANTA MONICA Big Blue Bus 3 oder Rapid 3 (1 US$, 30–50 Min.)

BOB HOPE AIRPORT

Typische Shuttle-Preise: Hollywood 23 US$, Downtown 24 US$ und Pasadena 23 US$. Taxifahrer verlangen für diese Ziele ca. 20, 30 bzw. 40 US$. Metro-Bus 222 fährt nach Hollywood (30 Min.), nach Downtown nimmt man den Metro-Bus 94 South (1 Std.).

LONG BEACH AIRPORT

Shuttles nach Disneyland kosten 35 US$, bis Downtown L. A. sind es 40 US$ und 29 US$ bis Manhattan Beach. Für ein Taxi muss man 45, 65 bzw. 40 US$ einkalkulieren. Der Long Beach Transit Bus 111 legt die Strecke zur Transit Mall in Downtown Long Beach in etwa 45 Minuten zurück. Dort geht's mit der Metro Blue Line weiter nach Downtown L. A. und darüber hinaus.

Öffentlicher Nahverkehr

Hilfe bei der Streckenplanung liefert **Metro** (☎800-266-6883; www.metro.net). Der öffentliche Nahverkehr umfasst etwa 200 Buslinien und sechs U- und Straßenbahnen:

BLUE LINE Downtown (7th St/Metro Center) bis Long Beach.

EXPO LINE Downtown (7th St/Metro Center) bis Culver City, via Exposition Park (soll 2012 in Betrieb genommen werden).

GOLD LINE Union Station bis Pasadena und East L. A.

GREEN LINE Norwalk bis Redondo Beach, mit Shuttle zum LAX.

PURPLE LINE Downtown bis Koreatown.

RED LINE Union Station bis North Hollywood, via Downtown, Hollywood und Universal Studios.

Tickets kosten 1,50 US$; wer umsteigen will, muss beim Einsteigen ein Transferticket kaufen. Ein kostenloses Umsteigen zwischen Bus und Metro ist nicht möglich, es sei denn, man kauft eine TAP Card für unbegrenzte Fahrten (5/20/75 US$ plus 1 US$ für die wieder aufladbare Karte pro Tag/Woche/Monat). Metrotickets und TAP Cards gibt es an Automaten an den Haltestellen. Weitere Verkaufsstellen findet man unter www.metro.net.

Lokale **DASH-Minibusse** (☎aktuelle Ortsvorwahl + 808-2273; www.ladottransit.com; 0,50 US$) verkehren in Downtown und Hollywood. Santa Monicas **Big Blue-Busse** (☎310-451-5444; www.bigbluebus.com, 1 US$) decken einen Großteil der Westside und den Flughafen LAX ab. Der Line 10 Freeway Express verbindet Santa Monica mit Downtown L. A. (2 US$; 1 Std.).

Taxi

Am besten ruft man sich ein Taxi, wenn man nicht gerade eins an den Flughäfen, (Bus-) Bahnhöfen und großen Hotels erwischt. Sie sind mit Taxametern ausgestattet. Die Mindestgebühr liegt bei 2,85 US$, danach zahlt man 2,70 US$ pro Meile. Die Taxifahrer, die zum Flughafen fahren, nehmen Kreditkarten an (wenn auch nicht immer bereitwillig). Empfehlenswerte Anbieter sind etwa:

Checker (☎800-300-5007)
Independent (☎800-521-8294)
Yellow Cab (☎800-200-1085)

RUND UM LOS ANGELES

Six Flags Magic Mountain & Hurricane Harbor

Geschwindigkeit ist alles im Vergnügungspark **Six Flags Magic Mountain** (Karte S. 636; www.sixflags.com/parks/magicmountain; 26101 Magic Mountain Parkway, Valencia; Erw./Kind unter 1,20 m 62/37 US$; ⏰auf der Webseite; 👪), ca. 30 Meilen (48 km) nördlich von L. A., abseits der I-5 (Golden State Fwy). Es geht hoch und runter, auf und ab, schnell und immer schneller.

Teenager und Studenten kreischen sich auf den 16 Achterbahnen die Seele aus dem Leib. Eine heißt auch passenderweise **Scream**, Schrei, und wartet mit sieben Loopings auf (bei einem erreicht man den Zustand der Schwerelosigkeit!). Die Beine baumeln frei in der Luft. Ist der Magen davon unbeeindruckt geblieben, sollte man auch noch die **X2** ausprobieren: Die Sitzreihen drehen sich um 360 Grad, rasen vorwärts und stürzen in die Tiefe – und das alles gleichzeitig. Bei vielen Karussells ist eine Mindestgröße zwischen 36 und 58 Inches (ca. 90 bis 1,50 m) vorgeschrieben. Es gibt auch weniger rasante Fahrgeschäfte für die Kleineren sowie Shows, Umzüge und Konzerte für alle Altersgruppen.

An heißen Sommertagen ist den Kleinen vielleicht eher nach der Attraktion nebenan: Der **Six Flags Hurricane Harbor** (www.sixflags.com/parks/hurricaneharborla; 26101 Magic Mountain Parkway; Erw./Kind unter 1,20 m 35/25 US$; 👪) ist ein ca. 9 ha großer Dschungel-Wasserpark mit einer Tropenlagune, schäumenden Wellenbecken und superschnellen Wasserrutschen.

Auf der Website stehen weitere Ermäßigungen. Wer kein Auto hat, sollte in den Hotels nach Flyern für organisierte Touren Ausschau halten. Parkplatz: 15 US$.

Catalina Island

Die mediterran anmutende Insel Catalina ist nur *26 miles across the sea* – 26 Meilen (42 km) vom Ufer entfernt –, wie schon die Four Preps gesungen haben. Gefühlt sind es jedoch Lichtjahre bis L. A. Im Sommer wird sie von Tagesausflüglern überrannt, doch wenn man über Nacht bleibt, kann man den Wechsel vom Trubel tagsüber zum romantischen Flair abends miterleben.

Catalina gehört zu den Channel Islands, hat ein einzigartiges Ökosystem und eine faszinierende Geschichte. Bis Ende des 19. Jhs. wurde sie abwechselnd von Seeotterwilderern, Schmugglern und Unions-Soldaten bewohnt. Der Kaugummi-Magnat William Wrigley Jr. kaufte die Insel 1919 und ließ sein Baseball-Team, die Chicago Cubs, im Sommer hier trainieren. 1924 wurden für den Dreh eines Westernfilms (*The Vanishing American*) Bisons importiert. Ihre Nachfahren bilden heute eine (domestizierte) Herde aus ca. 250 Tieren. 88 % der sonnenverwöhnten Hänge, Täler und Canyons gehören der Santa Catalina Island Conservancy, die dafür Sorge trägt, dass nicht bzw. wenig gebaut wird. Das Gelände ist aber öffentlich zugänglich.

Mehr Infos erhält man im **Catalina Visitors Bureau** (☎310-510-1520; www.catalina.com; Green Pier, Avalon).

👁 Sehenswertes & Aktivitäten

Ein Großteil der touristischen Aktivitäten spielt sich in der winzigen Stadt Avalon ab. Der Jachthafen rahmt die kleine Innenstadt mit Geschäften, Hotels und Restaurants ein. Die einzige weitere Siedlung ist das entlegene Two Harbors im Hinterland. Dort gibt's einen Gemischtwarenladen, ein Tauch- und Kajakzentrum, eine Snackbar und eine Lodge.

Das bekannteste Wahrzeichen von Avalon ist das Art-déco-**Kasino** (☎310-510-0179; 1 Casino Way) von 1929, das gar kein Kasino ist, sondern als Kino und Festsaal dient. Bei der amüsanten einstündigen Führung werden tolle Wandbilder, ein glitzerndes Kuppeldach und historische Infos geboten (Erw./Kind 2–12 Jahre 17,50/14,25 US$). Im Preis inbegriffen ist der Eintritt zum **Catalina Island Museum** (www.catalinamuseum.org; 1 Casino Way; Erw./Kind/Senior 5/2/4 US$;

Rund um Los Angeles

⌚10–17 Uhr) mit seiner unspektakulären Sammlung zur Geschichte der Insel.

Das hügelige Inland von Catalina, ein Schutzgebiet mit bunter Flora, Fauna und tollem Blick auf die Küste, die sandigen Buchten und L.A., kann nur zu Fuß, mit dem Mountainbike oder im Rahmen einer geführten Tour besichtigt werden. Karten und die obligatorischen Genehmigungen hält die **Catalina Island Conservancy** (☎310-510-2595; www.catalinaconservancy.org; 125 Claressa Ave; Fahrradgenehmigung Erw./Std. 35/25 US$, Wandergehmigung frei; ⌚8.30–16.30 Uhr, mittags geschl.) bereit. Wanderer können das **Airport Shuttle** (☎310-510-0143; Erw./Kind hin & zurück 25/20 US$, nur mit Reservierung; ⌚ab 5-mal tgl.) zum Flughafen auf dem Hügel nehmen und von dort aus 16 km bis Avalon (fast nur bergab) laufen. Schatten gibt es kaum, deshalb Hut aufsetzen, gut eincremen und viel Wasser mitbringen!

Der schmale Sandstrand von Avalon entlang der Crescent Ave ist überlaufen. Am palmengesäumten **Descanso Beach** (Eintritt 2 US$), einem Strandclub mit Bar und Restaurant einen kurzen Fußmarsch nördlich vom Kasino, ist es kaum besser. In der Nähe erstreckt sich aber so ziemlich das beste Kajakterrain von SoCal.

Schnorcheln kann man an der Lovers' Cove und im Casino Point Marine Park, einem Wasserschutzgebiet, das zugleich der beste Tauchgrund in Strandnähe ist. Ausrüstung gibt's bei folgenden Anbietern oder am Green Pier.

Geführte Touren

Discovery Tours (☎310-510-2500; www.visitcatalinaisland.com) und **Catalina Adventure Tours** (☎310-510-2888; www.catalinaadventuretours.com) bieten Touren (16–79 US$) durch Avalon, an der Küste entlang, ins Inland und Glasbodenbootfahrten zu den fischreichen „Unterwassergärten". Bei der zweistündigen **Zip-Line-Tour** (113 US$) rauscht man fünf verschiedene Seilrouten entlang, bis zu 180 m über dem Boden und fast 90 km/h schnell. Das ist eine sehr beliebte Attraktion und zum Teil einen Monat und mehr im Voraus ausgebucht, deshalb: so früh wie möglich reservieren!

Schlafen & Essen

An Wochenenden und von Mai bis September ziehen die Übernachtungspreise ordentlich an, zu anderen Zeiten liegen die Tarife 30 bis 60 % unter den wie folgt angegebenen:

Hotel Metropole BOUTIQUEHOTEL **$$$**
(☎800-300-8528; www.hotel-metropole.com; 205 Crescent Ave; Zi. ab 249 US$) Die neueste, coolste Adresse in Avalon. Die Zimmer zum

Meer sind riesig, haben Holzböden, Kamine und großzügige Wannen. Im Restaurant „M" wird kreative Fusionsküche serviert, z.B. Entenbrust und Austernpilze in Blutorangenmelasse.

Hermosa Hotel & Cottages HÜTTEN $
(☎310-510-1010, 877-453-1313; www.hermosahotel.com; 131 Metropole St; Zi. ohne Bad 45–75 US$, Hütte mit Bad 65–170 US$) Ordentlich, zentral, anheimelnd und taucherfreundlich sind die kompakten Holzzimmer und Cottages (manche wurden 1896 erbaut). Einige Zimmer sind mit Küchenzeilen und Klimaanlagen ausgestattet.

Campingplätze CAMPING $
(☎310-510-8368; www.visitcatalinaisland.com/camping; Stallplatz Erw./Kind 14/7 US$ pro Pers.) Die Natur (und möglicherweise auch ein Bison) hautnah erleben kann man auf einem der Campingplätze. Einer ist ca. 1,5 Meilen (2 km) von Avalon entfernt (Hermit Gulch), Little Harbor ist besonders malerisch. Nur mit Reservierung!

Ristorante Villa Portofino ITALIENISCH $$
(☎310-510-2009; 101 Crescent Ave; Hauptgerichte 15–35 US$; ⊙abends) Im Restaurant des Hotels Villa Portofino gibt's hervorragende italienische Spezialitäten wie in den Spitzenrestaurants in L.A., beispielsweise *mezzaluna di pollo* (Pasta mit Hühnchenfüllung) und *vitello al marsala* (Kalb in Pilz-Marsalasauce). Den Hafenblick bekommt man gratis dazu.

Cottage IMBISS $
(www.menu4u.com/thecottage; 603 Crescent Ave; Sandwiches & Burger 8–11 US$; ⊙morgens, mittags & abends) Riesige Frühstücksangebote, Sandwiches sowie amerikanische, italienische und mexikanische Klassiker.

Casino Dock Cafe CAFÉ $
(www.casinodockcafe.com; 1 Casino Way; Vorspeisen 6–12 US$, Sandwiches, Burger & Hot Dogs 4–10 US$; ⊙morgens & mittags) Café am Wasser mit lockerer Atmosphäre, prima für ein paar Bier oder eine einfache Mahlzeit.

ℹ Anreise & Unterwegs vor Ort

Von den verschiedenen Festlandhäfen aus sind es ca. 1½ Std. bis Catalina.

Catalina Express (☎800-481-3470; www.catalinaexpress.com; Erw./Kind hin & zurück 69,50/54 US$) Fähren nach Avalon ab San Pedro, Long Beach und Dana Point in Orange County und nach Two Harbors ab San Pedro. Bis zu 30 Verbindungen täglich.

Catalina Marina del Rey Flyer (☎310-305-7250; Erw./Kind hin & zurück 54/42 US$) Ein Katamaran fährt von Marina del Rey in L.A. aus nach Avalon und Two Harbors. Die Fahrtzeiten sind saisonal unterschiedlich.

Catalina Passenger Service (☎800-830-7744; www.catalinainfo.com; Erw./Kind hin & zurück 68/51 US$) Ein Katamaran nimmt von Newport Beach, Orange County, Kurs auf Avalon.

In Avalon sind die meisten touristisch interessanten Orte nicht weiter als zehn Gehminuten entfernt. Der Avalon Trolley (einfache Strecke/Tagesticket 2/6 US$) fährt auf zwei Routen zu sämtlichen Sehenswürdigkeiten und Wahrzeichen.

Big Bear Lake

Big Bear Lake und die Städte im Tal ringsum (insgesamt 21000 Ew.) sind vielseitige, familienfreundliche Ferienorte, die im Winter von passionierten Skifahrern und Snowboardern frequentiert werden. Den Rest des Jahres zieht es Wanderer, Mountainbikefahrer und Wassersportfans dorthin. Die Stadt liegt 99 Meilen (ca. 160 km) nordöstlich von L.A. und ist ein beliebtes Ziel für Kurztrips.

Um nach Big Bear zu gelangen, folgt man dem **Rim of the World Drive** (Hwy 18), einer kurvigen Straße, die 37 Meilen lang (ca 60 km) durch den **San Bernardino National Forest** bis San Bernardino führt. Bei klarem Wetter ist die Aussicht umwerfend. An den Wochenenden wimmelt es in dem Wald von Ausflüglern, doch montags bis donnerstags hat man die Pfade und Einrichtungen oft ganz für sich allein. Dann sind auch die Übernachtungspreise günstiger.

Aktivitäten

Ein Großteil von Big Bear liegt zwischen dem Südufer des Sees und den Bergen. Die wichtigste Straße, der Big Bear Blvd (Hwy 18), ist von Motels, Hütten und Firmen gesäumt. Er führt am fußgängerfreundlichen „Village" mit seinen niedlichen Geschäften, Restaurants und der Big Bear Lake Resort Association vorbei. Die Skigebiete liegen östlich des Village. Der North Shore Blvd (Hwy 38) ist ruhiger. Dort hat man Zugang zu Campingplätzen.

Wandern

Im Sommer wechseln die Naturfreunde von Ski- zu Wanderstiefeln und sind auf den

Waldwegen unterwegs. Wer nur Zeit für eine einzige Kurzwanderung hat, absolviert am besten den **Castle Rock Trail** (hin & zurück ca. 3,8 km) mit einer tollen Aussicht. Dessen erste 800 m sind aber ziemlich steil – danach wird's etwas flacher. Der Startpunkt liegt abseits vom Hwy 18 am westlichen Ende des Sees. Ebenfalls beliebt ist der mittelschwere **Cougar Crest Trail** (hin & zurück ca. 8 km), der nahe dem Discovery Center beginnt. Diese Route trifft nach etwa 3,2 km auf den **Pacific Crest Trail** (PCT). Unterwegs hat man einen prima Blick auf den See und das Holcomb Valley. Die meisten Wanderer marschieren noch weitere 800 m in Richtung Osten, um auf dem Gipfel des **Bertha Peak** (2591 m) den Blick rundum über Bear Valley, Holcomb Valley und die Mojave Desert schweifen zu lassen.

Mountainbiken

Big Bear ist mit einem mehr als 160 km langen Netz aus radtauglichen Wegen ein Mekka für Mountainbikefahrer. Jedes Jahr finden hier mehrere Rennen für Profis und Amateure statt. Eine gute Strecke „zum Reinkommen" ist der ca. 14 km lange Rundweg **Grandview Loop**. Startpunkt ist der Snow Summit, der mit dem **Scenic Sky Chair** (einfache Strecke/hin & zurück ohne Rad 8/12 US$, mit Rad einfache Strecke/Tagesticket 12/25 US$) problemlos zu erreichen ist. Eine der besten einspurigen Strecken ist der mittelschwere **Grout Bay Trail** (21 km), der am Nordufer des Sees beginnt.

Ein guter Radverleih ist **Bear Valley Bikes** (☎909-866-8000; 40298 Big Bear Blvd; halber/ganzer Tag ab 30/40 US$) nahe dem Vergnügungspark Alpine Slide.

SKIFAHREN

Der 2438 m hohe Bergkamm über dem südlichen Seeufer beschert Big Bear normalerweise Schnee von Mitte Dezember bis März oder April. Mit **Bear Mountain** (☎909-585-2519; www.bearmountain.com) und **Snow Summit** (☎909-866-5766; www.snowsummit.com) überziehen gleich zwei Skigebiete denselben Berg abseits des Hwy 18. Beim etwas höher gelegenen Bear Mountain handelt es sich um einen All-Mountain-Freestylepark mit einem Höhenunterschied von 507,5 m. Beim Snow Summit (Höhenunterschied 365,7 m) liegt der Schwerpunkt dagegen auf traditionellem Abfahrtslauf. Zusammen haben beide Skigebiete 60 Pisten. Diese werden von insgesamt 26 Liften bedient, zu denen vier Highspeed-Anlagen mit viersitzigen Sesseln gehören. Montags bis freitags kosten Erwachsenenliftpässe für halbe/ganze Skitage 46/56 US$ (Sa & So 59/69 US$). Derselbe Pass gilt für beide Skigebiete, zwischen denen ein kostenloser Shuttleservice verkehrt. Komplette Ski- und Stiefelausrüstungen kosten ungefähr 25 US$.

Wassersport

Am **Swim Beach** in der Nähe des Village sind Rettungsschwimmer im Einsatz. Der Strand ist sehr beliebt bei Familien. Wer etwas mehr Privatsphäre haben möchte, kann sich ein Boot, ein Kajak oder einen Waverunner leihen und sich damit aufs Wasser begeben. Eine nette Anlaufstelle ist **Boulder Bay** nahe dem westlichen Ende des Sees. Boote kann man bei **Holloway's** (☎909-866-5706; www.bigbearboating.com; 398 Edgemoor Rd) mieten.

Cantrell Guide Service ANGELN
(☎909-585-4017) Cantrell bietet eine Geld-zurück-Garantie für den Fall, dass man beim Angeln leer ausgeht. Man muss eine Angellizenz vorlegen (gibt's in den Sportgeschäften in der Stadt). Die Mindestleihdauer für die Boote liegt bei drei Stunden (75 US$/Std.).

Alpine Slide VERGNÜGUNGSPARK
(www.alpineslidebigbear.com; 800 Wild Rose Ln; Preise unterschiedl.; ⏲Öffnungszeiten variieren) Super für Familien geeignet. Dieser kleine Vergnügungspark hat eine Wasserrutsche (Tagesticket 12 US$), eine Rodel- und Go-kart-Bahn und einen Minigolfplatz.

☞ Geführte Touren

Wer mag, kann eine 20 Meilen (32 km) lange Tour entlang des Gold Fever Trail durch das Holcomb Valley unternehmen, Schauplatz des größten Goldrauschs in Südkalifornien in den frühen 1860er-Jahren. Die unbefestigte Straße kann mit dem Mountainbike und so ziemlich allen Fahrzeugen bewältigt werden. Man sollte zwei bis vier Stunden einplanen (inkl. Stopps). Im Big Bear Discovery Center gibt's eine kostenlose Broschüre mit zwölf interessanten Stätten entlang der Route.

Off-Road Adventures (☎909-585-1036; www.offroadadventure.com) organisiert unterschiedliche geführte Touren, u.a. zum Butler Peak, auf dem ein historischer Aussichtsturm thront. Der Panoramablick von dort oben ist spitze!

Schlafen

Am teuersten sind Übernachtungen in der Wintersaison, am günstigsten im Sommer. Die Big Bear Lake Resort Association nimmt Buchungen für 20 US$ pro Reservierung vor.

Big Bear wartet mit fünf **US Forest Service-Campingplätzen**(☎800-444-6777;www.recreation.gov) auf (die meisten am Nordufer), die von Frühling bis Herbst geöffnet sind (genaue Daten variieren) und Trinkwasser und Toiletten mit Spülung bieten.

Knickerbocker Mansion B&B **$$**
(☎909-878-9190, 800-388-4179; www.knickerbockermansion.com; 869 Knickerbocker Rd; Zi. 125–280 US$; P@) Abseits des Touristengewühls im Village haben Thomas und Stanley unheimlich viel Liebe in dieses B&B mit neun Zimmern und zwei Suiten in einer Blockhütte (erb. 1920er-Jahre) und einer umgebauten Remise gesteckt. Das Frühstück ist zum Sterben gut und freitags und samstags wird ein feines Abendessen serviert (reservieren!).

Grey Squirrel Resort HÜTTEN **$$**
(☎909-866-4335, 800-381-5569; www.greysquirrel.com; 39372 Big Bear Blvd; Zi. 94–218 US$; P@) An der Hauptstraße in den Ort, umgeben von Kiefern, befindet sich dieses nette Refugium (erb. 1927). Man übernachtet in klassischen Berghütten, die nach Waldbewohnern benannt sind (2–14 Per.). Sie alle haben eine Küche, die schönsten sogar einen Kamin, eine Sonnenterrasse und einen Whirlpool.

Northwoods Resort HOTEL **$$**
(☎909-866-3121, 800-866-3121; www.northwoodsresort.com; 40650 Village Dr; Zi. 139–169 US$; P@) Resort ist vielleicht ein wenig übertrieben, aber dieses Inn mit 148 Zimmern ist die beste Adresse vor Ort in Sachen moderne Extras. Durch Flure mit Holzbalken gelangt man zu Zimmern im Motel-Stil (Achtung: dünne Wände!). Der große Pool ist ganzjährig beheizt. Im Restaurant (Hauptgerichte Mittagessen 10–15 US$, Abendessen 10–32 US$) mit Tischen auf der Terrasse neben dem Teich gibt's Sandwiches, Steaks und Pizzas.

Castlewood Theme Cottages COTTAGES **$$**
(☎909-866-2720; www.castlewoodcottages.com; 547 Main St; Zi. 49–319 US$; P) Wenn einen öde Motelzimmer zum Gähnen bringen, sind diese schön aufgemachten, sauberen und erstaunlich detailverliebten Motto-Hütten inklusive Whirlpools vielleicht genau die richtige Art Abwechslung. Man kann sich wie Tarzan fühlen, wie Robin Hood und Marian oder Antonius und Cleopatra oder, umgeben von Waldelfen, um einen überdachten Wasserfall herumtoben. Das Ganze ist kitschig, schräg und superwitzig. Nur für Gäste ohne Kinder!

Big Bear Hostel HOSTEL **US$**
(☎909-866-8900; www.bigbearhostel.com; 541 Knickerbocker Rd; B 25–30 US$, Zi. ab 35 US$/Pers.; P@) Grayson, ein Mountainbikefahrer und passionierter Snowboarder, verwaltet dieses Hostel mit 49 Betten und kennt sich bestens in der Gegend aus. Möbel und Bettwäsche sind nichts besonderes, aber, naja, das ist ja auch kein Hotel. Die Terrasse lädt zum Faulsein mit Seeblick ein. Bettlaken werden gestellt, Handtücher müssen selbst mitgebracht werden.

Essen & Ausgehen

Grizzly Manor Cafe IMBISS **$**
(☎909-866-6226; 41268 Big Bear Blvd; Hauptgerichte 3–9 US$; ⏱morgens & mittags;) In diesem gut besuchten Einheimischencafé ca. 400 m östlich des Village fühlt man sich, als wäre man geradewegs in eine Hinterwäldler-Sitcom hineingestolpert. Die Frühstücksportionen sind riesig (die Pfannkuchen hängen über den Tellerrand!), die Angestellten respektlos, die Wände mit komischen Stickern beklebt und die Preise klein.

Himalayan SÜDASIATISCH **$**
(www.himalayanbigbear.com; 672 Pine Knot Ave; Hauptgerichte 8–16 US$; ⏱mittags & abends;) Authentische Küche aus Nepal und Indien in anheimelndem Ambiente. Momo (Klöße nach tibetischer Art) sind ein netter Auftakt, die Hühnersuppe strotzt nur so vor Knoblauch, Zwiebeln und Tomaten und das Hühnchen aus dem Tandoor-Ofen bzw. mit *saag* (pürierter Spinat) stehen hoch im Kurs.

Peppercorn Grille ITALIENISCH-AMERIKANISCH **$$**
(www.peppercorngrille.com; 553 Pine Knot Ave; Hauptgerichte 12–34 US$; ⏱mittags & abends) Einheimische wie Besucher schwören auf die italienisch inspirierten, amerikanischen Gerichte, die in dem süßen Cottage im Village aufgetischt werden: Pizzas aus dem Ziegelofen, Pasta, Hühnerbrust (gefüllt mit Artischocken und Spinat), Steaks, Hummer und hausgemachte Desserts wie Tiramisu.

Praktische Informationen

Fahrer brauchen einen National Forest Adventure Pass, um im Wald parken zu dürfen. Diese Pässe können im Big Bear Discovery Center besorgt werden.

Touristeninformation

Big Bear Discovery Center (☎909-382-2790; www.bigbeardiscoverycenter.com; 40971 North Shore Dr (Hwy 38), Fawnskin; ⏲Do–Mo 8.30–16.30 Uhr) Das Zentrum wird in Kooperation mit dem US Forest Service betrieben und bietet Infos zu Outdoor-Aktivitäten, Ausstellungen und Führungen.

Big Bear Lake Resort Association (☎909-866-7000, 800-424-4232; www.bigbear.com; 630 Bartlett Rd; ⏲Mo–Fr 8–17, Sa & So 9–17 Uhr) Karten, Infos und Zimmerreservierungen.

An- & Weiterreise

Von der I-10 kommend nimmt man die I-210 und CA-330 (in Highland) bis zur CA-18 (in Running Springs). Keine Lust auf Serpentinen? Dann ist die CA-38 nahe Redlands eine Alternative – etwas länger, aber nicht so aufwühlend für den Magen.

Busse der **Mountain Area Regional Transit Authority** (MARTA; www.marta.cc) verkehren zwischen Big Bear und der Greyhound-Bushaltstelle in San Bernardino (10 US$; Mo–Fr 3-mal, Sa 1-mal); dort fahren Busse nach L. A. (13 US$, 1¼ Std.) ab.

Disneyland & Orange County

Inhalt »

Gut essen

» Bluewater Grill (S. 666)

» French 75 Bistro & Champagne Bar (S. 671)

» Sabatino's Sausage Company (S. 666)

» Napa Rose (S. 654)

» Nick's Deli (S. 660)

Schön übernachten

» Shorebreak Hotel (S. 651)

» Disney's Grand Californian Hotel & Spa (S. 652)

» Newport Channel Inn (S. 665)

» Casa Laguna Inn (S. 669)

» Montage (S. 670)

Auf nach Disneyland & Orange County!

Lange bevor die *Real Housewives* ihre Poolpartys gaben und die reichen Jugendlichen aus der MTV-Serie *Laguna Beach* sich in den Fernsehprogrammen anbrüllten, wurde das Bild Orange Countys von einer unschuldigen, animierten Maus bestimmt. Walt Disney hätte sich wohl nicht träumen lassen, dass Mickey sich einmal das Scheinwerferlicht mit Botox-Promis und „Rich Kids" teilen würde, die mit ihrem Porsche den Highway entlangdüsen. Walt Disney könnte sich allerdings vorgestellt haben, wie jene Jugendlichen eines Tages mit ihren Kindern nach Disneyland kommen.

Die scheinbar widersprüchlichen Kulturen und viele vietnamesische und lateinamerikanische Einwanderer prägen die drei Millionen starke Bevölkerung des Countys. Und wenngleich die Klischees aus dem Fernsehen zutreffen: Man findet auch viel Individualität und Aufgeschlossenheit, die dem OC Authentizität verleihen.

Reisezeit

Anaheim

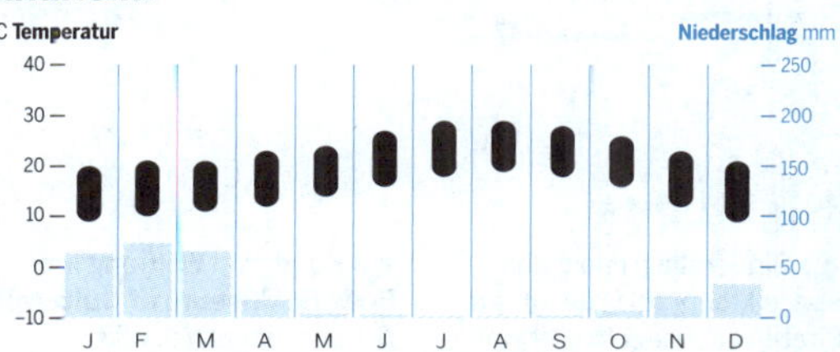

Mai Spring Break lockt die Massen. Nach dem Memorial Day ist weniger los. Es ist mild und sonnig.

Juli & Aug. Ferien: Höhepunkt der Strandsaison mit Surf- und Kunstfestivals an der Küste.

Sept. Blauer Himmel, im Landesinneren bereits kühler, weniger Andrang in den Themenparks.

Highlights

1 Cinderella treffen, den Space Mountain Ride fahren, Piraten nachsegeln und ein Feuerwerk im **Disneyland Park** (S. 645) bestaunen.

2 Mit anderen Pixar-Begeisterten das **Cars Land** (S. 651), einen neuen Bereich des Disney California Adventure Park, besichtigen

3 Kunst von Weltrang im **Bowers Museum of Cultural Art** anschauen (S. 658)

4 In der vietnamesischen Enklave **Little Saigon** eine Pho-Suppe essen (S. 659)

5 Den Promis in Surf City, USA – auch **Huntington Beach** genannt – beim Wellenreiten zusehen (S. 660)

6 Shoppen, mit dem Fahrrad die Strandwege erkunden und die Schönen in **Newport Beach** beobachten (S. 662)

7 Die schicke, lebenslustige Kunstszene von Laguna Beach beim **First Thursdays Art Walk** (S. 668) oder beim **Festival of the Arts** erleben (S. 670)

Anreise & Unterwegs vor Ort

Auto

Am einfachsten kann man sich vor Ort mit dem Auto fortbewegen. Man sollte jedoch vermeiden, die Freeways während der Hauptverkehrszeiten am Morgen und am Nachmittag zu benutzen (7–10 & 15–19 Uhr).

Bus

Die **Orange County Transportation Authority** (OCTA; ☎714-636-7433; www.octa.net; ⊙Infos Mo–Fr 7–20, Sa & So bis 19 Uhr) unterhält im gesamten County Busverbindungen. Die Busse fahren an Werktagen meist von etwa 5 bis 22 Uhr, an Wochenenden im Allgemeinen kürzer. Der Fahrpreis beträgt 1,50 US$ pro Fahrt oder 4 US$ für eine Tageskarte. Beide Fahrkarten werden im Bus verkauft, und man muss passend zahlen. OCTA Buslinienkarten und Fahrpläne gibt's an Bahnhöfen und online. Für telefonische Fahrplanauskünfte während der oben genannten Öffnungszeiten anrufen; außerhalb der Geschäftszeiten gibt's nämlich keinen automatischen Telefonservice.

Zeitlich gesehen wäre es zwar nicht sehr effizient, das ganze Orange County mit dem Bus zu erkunden, aber das Ein- und Aussteigen aus dem OCTA Bus 1, der die Küste zwischen Long Beach und San Clemente entlangfährt, ist eine günstige und einfache Möglichkeit, die am Meer gelegenen Orte des Countys zu besichtigen. Bus 1 fährt werktags etwa halbstündlich (4.30–22 Uhr) und am Wochenende stündlich (5.30–19.20 Uhr).

Flugzeug

Wer nach Disneyland oder zu den Stränden in Orange County will, kann den immer geschäftigen Los Angeles International Airport (LAX) umgehen, indem er zum leichter handhabbaren **John Wayne Airport** (SNA; ☎949-252-5200; 18601 Airport Way; www.ocair.com) in Santa Ana fliegt. Der Flughafen liegt von Newport Beach aus 8 Meilen (etwa 13 km) landeinwärts, via Hwy 55, nahe der Abzweigung vom I-405 (San Diego Fwy). Fluglinien, die das Orange County anfliegen, sind u. a. Alaska, American, Continental, Delta, Frontier, Northwest, Southwest, United und US Airways.

Der **Long Beach Airport** (LGB; ☎562-570-2600; www.longbeach.gov/airport; 4100 Donald Douglas Dr), im Norden gleich hinter der County-Grenze, ist eine praktische Alternative.

Vom John Wayne Airport fährt der Orange County Bus 76 nach Westen zur South Coast Plaza und zum Huntington Beach sowie nach Südosten zur Fashion Island in Newport Beach. Um vom Long Beach Airport ins Orange County zu gelangen, nimmt man den Long Beach Bus 111 zum Long Beach Transit Center. Mit dem Orange County Bus 60 zur 7th und Channel fahren und in den Orange County Bus 1 umsteigen, der die ganze Küste des Orange County entlangfährt.

Weitere Informationen zu Shuttle-Services, s. S. 643.

Zug

Fullerton, Anaheim, Orange, Santa Ana, Irvine, Laguna Niguel, San Juan Capistrano und San Clemente werden alle von Amtraks Pacific Surfliner (S. 867) angefahren.

Von Los Angeles nach Anaheim (14 US$) ist man etwa 40 Minuten unterwegs, und die Fahrt von L. A. nach San Juan Capistrano (20 US$) dauert eine Stunde und 20 Minuten. Von San Diego nach San Juan Capistrano (21 US$) braucht man eine Stunde und 20 Minuten und zwei Stunden nach Anaheim (27 US$). Der Pacific Surfliner fährt an Wochentagen von 6–17 Uhr und an den Wochenenden von 7–17 Uhr etwa stündlich.

DISNEYLAND & ANAHEIM

Mickey ist eine glückliche Maus. Er wurde 1928 vom Trickfilmzeichner Walt Disney erschaffen und ist auf eine Multimediadampfwalze aufgesprungen (Film, TV, Bücher, Musik, Merchandising & Freizeitparks), die aus ihm einen internationalen Superstar gemacht hat. Außerdem lebt er im *Happiest Place on Earth*, dem „glücklichsten Ort der Welt", einem Stück Hyperrealität, das von sogenannten *Imagineers* entworfen wurde und in dem die Straßen immer sauber sind und die Angestellten – Cast Members genannt – immer fröhlich. Und an jedem Tag des Jahres gibt es eine Parade. Es wäre

NICHT VERSÄUMEN

ÜBERRASCHENDE PERSPEKTIVEN

Die coole optische Täuschung entlang der Main Street, USA beachten: Wenn man vom Eingang aus die Straße in Richtung Sleeping Beauty Castle hinaufschaut, sieht alles weit entfernt und überdimensional groß aus. Wenn man am Schloss ist und zurückschaut, wirkt alles näher und kleiner. Diese Technik nennt man erzwungene Perspektive. Es handelt sich dabei um einen Trick, der an Hollywood-Sets angewandt wird, wo die Gebäude in abnehmender Größe gebaut werden, um Höhe oder Tiefe vorzutäuschen – willkommen in Disneyland.

leicht, diesen Typen zu hassen, aber seit er 1955 die Türen von Disneyland geöffnet hat, ist er für Millionen von Gästen ein aufmerksamer Gastgeber gewesen.

Doch es gibt Gründe zur Unzufriedenheit. Jeder Ride scheint in einem Geschenkeladen zu enden, die Preise sind hoch und es wird genörgelt, das Management könnte mehr bezahlbare Wohnungen für die Angestellten vor Ort gewährleisten sowie die Gesundheitsversorgung für mehr Arbeiter der drei Hotels übernehmen. (Mit 20 000 Mitarbeitern ist das Disneyland Resort der größte private Arbeitgeber in Orange County.)

Trotzdem – die Parade geht weiter und für Millionen von Kindern und Familien, die jedes Jahr zu Besuch kommen, bleibt Disneyland ein magisches Erlebnis.

Geschichte

Auch nach seinem 55. Geburtstag möchte Disneyland der *Happiest Place on Earth*, der glücklichste Ort der Welt bleiben. Diesen Ausdruck hat Walt Disney selbst geprägt, als der „Themenpark" (ein weiterer von Disney erfundener Begriff) am 17. Juli 1955 öffnete. Der Bau des Parks, der auf den Orangen- und Walnussplantagen Anaheims errichtet wurde, hatte nur ein Jahr gedauert. Doch der Tag, an dem Disneyland eröffnet wurde, glich einer Katastrophe. Die Temperaturen von über 40 °C brachten den Asphalt zum Schmelzen, was dazu führte, dass die High Heels der Damen im Teer stecken blieben. Es gab Probleme mit den Leitungen, woraufhin sämtliche Trinkwasserbrunnen nicht mehr funktionierten. Die Hollywoodstars erschienen nicht rechtzeitig und mehr als doppelt so viele Gäste wie erwartet (etwa 28 000 bis zum Ende des Tages) drängten sich durch die Eingangstore – einige von ihnen mit gefälschten Eintrittskarten. Aber begeisterte Disneyfans ließen sich auch davon nicht lange abschrecken. Allein in den ersten zehn Jahren kamen mehr als 50 Mio. Besucher.

FASTPASS: WAS MAN WISSEN SOLLTE

Auch wer keine Smartphone-App (S. 656) hat, die ihn über die aktuellen Wartezeiten an den Rides und Attraktionen der Themenparks informiert, kann seine Wartezeit mit dem Fastpass erheblich verkürzen.

An den Eingängen ausgewählter Rides stehen Fastpass-Ticketautomaten. Steckt man die Eintrittskarte für den Park oder die Jahreskarte hinein, erhält man ein Stück Papier, auf dem die *return time*, die Zeit für die Rückkehr zur Attraktion, angegeben ist (immer mindestens 40 Minuten später). Taucht man dann innerhalb der auf dem Ticket angegebenen Zeitspanne auf, kann man sich in die Fastpass-Schlange des Rides stellen, wo ein Mitarbeiter das Fastpass-Ticket kontrolliert. Warten muss man trotzdem noch, allerdings nicht so lange (normalerweise 15 Minuten oder weniger). Das Fastpass-Ticket sollte man bis zum Fahrtantritt aufbewahren, falls es noch ein weiterer Mitarbeiter sehen möchte.

Auch wenn man zu spät kommt und die auf dem Fastpass-Ticket angegebene Zeitspanne verpasst hat, kann man versuchen, sich in die Fastpass-Schlange zu stellen. Die Mitarbeiter sind meist nicht so streng, wenn es um die Einhaltung der Zeitspanne geht, jedoch sollte man da sein, bevor diese Zeitspanne nicht mehr angezeigt wird.

Natürlich gibt's dabei auch einen Haken. Wenn man einen Fastpass bekommen hat, muss man mindestens zwei Stunden warten, bevor man sich den nächsten holen kann (unten auf dem Ticket nachschauen, wann die nächste Fastpass-Ausgabe möglich ist). Alles will gut überlegt sein: Vor der Entnahme eines Fastpasses sollte man auf das Display über dem Automaten schauen, wo die *return time* für den Fahrtantritt angezeigt wird. Wenn diese erst sehr viel später am Tag ist oder nicht in den eigenen Zeitplan passt, dann lohnt sich ein Fastpass vielleicht gar nicht. Dies gilt auch, wenn die aktuelle Wartezeit an einem Ride nur 15–20 Minuten beträgt.

Einige Disneylandfans haben regelrechte Strategien entwickelt, um sich das Fastpass-System zunutze zu machen. Beispielsweise spricht bisher nichts dagegen, sich im Disneyland Park und in Disney's California Adventure parallel einen Fastpass zu holen. Wer ein Park Hopper Ticket hat und wem die sehr langen Wege zwischen den beiden Parks nichts ausmachen, kann den ganzen Tag zwischen rund einem Dutzend der beliebtesten Rides und Attraktionen hin- und herwechseln.

In den 1990er-Jahren unternahm Anaheim, jene Stadt, die Disneyland umgibt, eine atemberaubende 4,2 Mrd. US$ teure Umgestaltung und Erweiterung. Dabei wurden heruntergekommene Gebiete gesäubert und es wurde die erste Polizeitruppe der USA gegründet, die speziell den Schutz der Touristen zum Ziel hat. (Sie wird hier „touristenorientierte Polizei" genannt.) Der Meilenstein der fünfjährigen Bemühungen war die Eröffnung eines zweiten Themenparks im Jahre 2001, Disney California Adventure (DCA). Dieser Park grenzt an den ursprünglichen Disneyland Park an und ist eine Hommage an die berühmtesten Naturdenkmäler und die kulturelle Geschichte des Bundesstaates. Unlängst kam Downtown Disney, eine Fußgängerzone, hinzu und zum Zeitpunkt der Recherche wurden im DCA gerade größere Baumaßnahmen durchgeführt. Dieses immer weiter expandierende Gefüge nennt sich Disneyland Resort.

Die umliegenden Straßen wurden verbreitert, verschönert und bekamen den erhabenen Namen „The Anaheim Resort". 2008 öffnete auf der Katella Ave der Anaheim Garden Walk, der vom Park aus zu Fuß erreichbar ist. Obwohl es ihr an Charakter fehlt, bringt diese Einkaufsstraße dem an Disney angrenzenden Stadtviertel eine willkommene Reihe von Lokalen.

Sehenswertes & Aktivitäten

Man kann den Disneyland Park oder das Disney's California Adventure (DCA) an einem Tag erkunden. Um aber alle Rides auszuprobieren, benötigt man mindestens zwei Tage (drei, wenn man beide Parks besucht), da man für die Hauptattraktionen oft eine Stunde oder mehr warten muss. Um die gerade im Sommer lange Wartezeit zu verkürzen, kommt man am besten Mitte der Woche, schon vor Parköffnung und nutzt außerdem das Fastpass-System (S. 656), das für bestimmte Attraktionen bestimmte Zeiten zuweist. Es sind auch verschiedene Mehrtageskarten erhältlich. Die Webseite informiert über Ermäßigungen und saisonale Öffnungszeiten. Parken kostet 15 US$.

DISNEYLAND PARK

Beim Passieren des Drehkreuzes (auf die riesige Mickeymaus aus Blumen achten) am Eingang des **Disneyland Park** (☎714-781-4565/4400; www.disneyland.com; 1313 Harbor Blvd, Anaheim; Tageskarte Disneyland Park oder DCA Erw./Kind 3–9 Jahre 80/74 US$, beide Parks 105/99 US$; 👪) nach dem Schild über dem nahe gelegenen Torbogen Ausschau halten, der in die Main Street, USA führt. Darauf steht: „Hier verlässt Du das Heute und betrittst die Welt von gestern, morgen und der Fantasie". Eine passende, aber etwas schräge Begrüßung, die jene fröhliche, durchaus auch etwas schräge Realität des Parks erahnen lässt. Diese wird aber von den Millionen Kindern, die jedes Jahr zu Besuch kommen, mit Begeisterung angenommen.

Das makellose Disneyland ist immer noch exakt nach den Originalplänen von Walt Disney angelegt: Die **Main Street, USA**, eine schöne Verkehrsstraße, die von altmodischen Eisdielen und Läden gesäumt ist, bildet das Eingangstor zum Park.

Main Street, USA

Die belebte Main Street, USA wurde in Anlehnung an Walt Disneys Heimatstadt Marceline, Missouri (MO) gestaltet und erinnert an eine klassische amerikanische Stadt Anfang des 20. Jhs. Es handelt sich dabei um eine idyllische, schonungslos heitere Darstellung mit einem Barbershop-Quartett, Spielhäusern, Eisdielen und einer Dampflok.

Wer zu einem besonderen Anlass zu Besuch kommt, sollte bei der City Hall vorbeischauen, um sich einen überdimensionalen Anstecker abzuholen: Den gibt es für Geburtstagkinder, für frisch Vermählte oder für Paare, die ihren Hochzeitstag feiern. Dort findet man auch ein Informationszentrum. Ganz in der Nähe befindet sich ein Bahnhof für die **Disneyland Railroad**, ein Dampfzug, der rund um den Park herumfährt und an vier verschiedenen Stellen anhält.

Auf der Main Street gibt's jede Menge zu kaufen – aber das kann man sich auch für abends aufheben, denn die Geschäfte bleiben noch geöffnet, wenn die Attraktionen des Parks bereits schließen. Das gilt auch für die Ausstellung **Disneyland Story: Presenting Great Moments with Mr. Lincoln**, in der alte Fotos betrachtet werden können und wo man geschichtliche Informationen erhält. Sie befindet sich hinter dem Parkeingang auf der rechten Seite. Für die Jüngeren ist sie zwar vermutlich weniger spannend, die Erwachsenen werden es jedoch bestimmt interessant finden, mehr über die Ziele, Pläne und den persönlichen Werdegang von Walt Disney zu erfahren.

Die Main Street endet auf der **Central Plaza**, dem Zentrum des Parks, von wo aus man Zugang zu den acht verschiedenen Ländern (wie etwa Frontierland und Tomorrowland) hat. Das **Sleeping Beauty Castle** dominiert den Platz und seine Türme und Kuppeln sind dem bayerischen Schloss Neuschwanstein, das dem geisteskranken König Ludwig gehörte, nachempfunden. Einen Unterschied gibt's jedoch: Das Dach wurde hier andersherum aufgesetzt.

Tomorrowland

Wie malten sich die *Imagineers* von Disney im Jahre 1950 die Zukunft aus? Ein Besuch in Tomorrowland stellt eine im Weltraumzeitalter lebende Gesellschaft vor, in der Monorailbahnen und Raketen die vorrangigen Fortbewegungsmittel sind. 1998 wurde dieses „Land" zu Ehren von drei zeitlosen Futuristen – Jules Verne, H.G. Wells und Leonardo da Vinci – umgestaltet. Große Unternehmen, etwa Microsoft und HP, leisten finanzielle Unterstützung für futuristische Robotershows und interaktive Ausstellungen im Pavillon **Innoventions**.

Die Hightech-**Monorail**-Bahn im Retrolook fährt auch eine Haltestelle in Tomorrowland an. Sie legt auf ihren Gummirädern eine 13-minütige, etwas über 4 km lange Schleife nach Downtown Disney zurück. Gleich danach dürfen die Kinder beim **Buzz Lightyear's Astro Blaster** mit Laserstrahlen um sich schießen. Dann steigt man in das **Finding Nemo Submarine Voyage**, sucht von einem restaurierten U-Boot aus nach Nemo oder donnert durch einen unterirdischen Vulkanausbruch.

Das kürzlich neu konzipierte und umgestaltete **Star Tours** verfrachtet die Besucher in ein Starspeeder-Shuttle. Los geht die wilde und holprige 3-D-Fahrt durch die Wüstenschluchten von Tatooine zu einer Raumfahrtmission mit mehreren, sich abwechselnden Handlungen, sodass man immer wieder aufs Neue mitfahren kann.

Space Mountain, die Hauptattraktion von Tomorrowland und eine der besten Achterbahnen in Amerika, schießt die Besucher mit schreckenerregender Geschwindigkeit in die absolute Dunkelheit.

Ein weiterer Klassiker ist **Captain EO**, ein kurzer Science-Fiction-Film in 3-D mit einem jungen Michael Jackson als Hauptperson. Der Film wurde in Disneyland in den späten 1980er- und bis Mitte der 1990er-Jahre gezeigt. Nach dem Tod des Superstars begann Disney, den Film zu seinen Ehren wieder auszustrahlen. Wer Gelegenheit hat, sollte sich diesen Film von Francis Ford Coppola anschauen. Besonders die Erwachsenen werden wahrscheinlich Spaß daran haben, einen noch unverbrauchten Michael zu sehen – und den Kindern werden seine liebenswerten animierten Kumpels gefallen. Man sollte dabei auf Anjelica Huston in ihrer reizvollen Nebenrolle achten.

Fantasyland

Hinter dem Sleeping Beauty Castle liegt Fantasyland. Es ist voller Figuren aus klassischen Kindergeschichten – wer Prinzessinnen und andere kostümierte Figuren treffen möchte, ist hier genau richtig. Und wer sich nur eine einzige Attraktion in Fantasyland anschauen kann oder möchte, sollte sich für **„it's a small world"** entscheiden, wo man bei einer Bootsfahrt an Hunderten von schrägen animierten Kinderpuppen aus ganz unterschiedlichen Kulturen vorbeikommt (zu denen mittlerweile auch Disney-Figuren zählen) – und alle singen den nervigen Titelsong in einer verblüffenden Vielfalt an Sprachen. Ein weiterer Klassiker, die **Matterhorn Bobsleds**, ist eine Stahlrahmen-Achterbahn, die eine Bergabfahrt mit dem Bob imitiert. Die Attraktion **Storybook Land Canal Boats** ist eine kommentierte Bootsfahrt, die an handgefertigten Miniaturen aus berühmten Disney-Geschichten vorbeiführt. Darunter auch die Stroh- und Backsteinhäuser aus *Die drei kleinen Schweinchen*, das Bergdorf aus *Pinocchio* und die königliche Stadt Agrabah aus *Aladdin*.

Liebhaber von Attraktionen der „alten Schule" haben bestimmt ihren Spaß an **Mr. Toad's Wild Ride**, einem verrückten Trip durch London in einer offenen Blechkiste. Die Geschichte wurde von *Der Wind in den Weiden* inspiriert. Die Kleineren lieben es, bei der **Mad Tea Party** in einer Teetasse

DIE FÜNF BELIEBTESTEN THEMENPARKBEREICHE FÜR KINDER

- » Fantasyland (S. 646)
- » Mickey's Toontown (S. 647)
- » Paradise Pier (S. 651)
- » Critter Country (S. 647)
- » Cars Land (S. 651)

herumgewirbelt zu werden, mit dem **King Arthur Carrousel** zu fahren und dann mit den Figuren im nahe gelegenen **Mickey's Toontown** herumzuspringen. In der Minimetropole geht's drunter und drüber, außerdem können die Kleinen hier durch die Häuser von Mickey und Minnie streifen.

Frontierland

Im Sog der erfolgreichen Filmreihe *Fluch der Karibik* wurde Tom Sawyer Island – übrigens die einzige Attraktion im Park, die von Onkel Walt persönlich entworfen wurde – als **Pirate's Lair on Tom Sawyer Island** umgestaltet und ehrt Tom nun nur noch im Namen. Nach einer Floßfahrt zur Insel kann man zwischen umherstreifenden Piraten, Kannibalenkäfigen, gespenstisch anmutenden Erscheinungen und vergrabenen Schätzen umherschlendern. Oder man macht auf dem **Sailing Ship Columbia** (dem Nachbau eines Segelschiffs aus dem 18. Jh.) oder dem **Mark Twain Riverboat**, einem Schaufelraddampfer im Mississippi-Stil, eine Rundfahrt um die Insel. Das übrige Frontierland ist mit einer Schießbude und der **Big Thunder Mountain Railroad**, einer Bergwerk-Achterbahn, ein Tribut an den Wilden Westen.

Adventureland

Der Stil von Adventureland orientiert sich ein wenig an Südostasien und Afrika. Das unbestrittene Highlight ist das **Indiana Jones Adventure**, das sich dem Dschungel-Thema widmet. Riesige, geländegängige Humvee-artige Fahrzeuge schlingern und schleudern bei Begegnungen mit Krabbeltieren und schaurigen Totenköpfen durch die Wildnis, während sie Stunts aus den berühmten Indy-Filmen nachstellen – da läuft es einem eiskalt den Rücken hinunter. (Bei der Fahrt Indy genauer anschauen: Ist er aus Fleisch und Blut oder ist es nur eine animatronische Figur?) Wer Glück hat, ergattert einen Platz im vorderen Teil des Gefährts.

Nebenan klettern die Kleinen gerne die Treppen zu **Tarzan's Treehouse** hinauf. Die Attraktion **Jungle Cruise** verschafft mit einer Bootsfahrt durch den Dschungel Abkühlung: Exotische, audio-animatronische Tiere aus dem Amazonas, Ganges, Nil und Irrawaddy springen aus dem Wasser und stellen den Kapitän vor so manche Herausforderung. Der ein wenig erzwungen wirkende Humor der Geschichte, die während der Fahrt erzählt wird, kann etwas nervig sein, aber den Kindern macht das nichts aus.

New Orleans Square

Zichorienkaffee, Jazzbands, schmiedeeiserne Balkone, Minz-Juleps und Beignets – das muss New Orleans sein. (Natürlich Walt Disneys Version davon: Die Getränke sind also alkoholfrei und die Beignets sehen aus wie Mickey Mouse.) New Orleans war die Lieblingsstadt von Walt Disney und seiner Frau Lilian und er zollte der Stadt Respekt, indem er diesen liebenswerten Platz bauen ließ. **Pirates of the Caribbean**, die längste Fahrt in Disneyland (17 Min.), die gleichzeitig als Inspiration für die Filme diente, wurde 1967 eröffnet und war die erste Erweiterung des Originalparks. Heute treibt man durch die unterirdischen Welten fieser Piraten, wo künstliche Skelette auf Bergen von Beute sitzen, Kanonen über das Wasser schießen, Mädchen versteigert werden und die mechanische Jack-Sparrow-Figur gruselig echt aussieht. Im **Haunted Mansion** spuken „999 glückliche Spukgestalten" – Gespenster, Kobolde, Schattenwesen und Geister – umher, während man im Doom Buggy durch mit Spinnweben bedeckte Friedhöfe voller tanzender Skelette fährt. Die Disneyland-Railroad hält am New Orleans Square.

Critter Country

Im hinter dem Haunted Mansion gelegenen *Critter Country* ist der **Splash Mountain** die Hauptattraktion: Die Wildwasserbahn führt die Besucher durch die Geschichte von Brer Rabbit und Brer Bear, die auf dem umstrittenen Film *Onkel Remus' Wunderland* aus dem Jahre 1946 basiert. Direkt an der großen Rutsche macht eine Kamera einen Schnappschuss. Manche Besucher ziehen dann ihre Shirts hoch, was dem Ride den Spitznamen „Flash Mountain" eingebracht hat. Aber: Bilder, die nicht jugendfrei sind, werden vernichtet. Direkt nach Splash Mountain warten die fahrenden Bienenkörbe der Attraktion **The Many Adventures of Winnie the Pooh**. An Sommerwochenenden kann man auf den ganz in der Nähe gelegenen Rivers of America mit **Davy Crockett's Explorer Canoes** umherpaddeln.

DISNEY CALIFORNIA ADVENTURE

„Der andere Park", Disney California Adventure (DCA; ☎714-781-4565/4400; www.disneyland.com; 1313 Harbor Blvd, Anaheim; Tageskarte Disneyland Park oder DCA Erw./Kind 3–9 Jahre 80/74 US$, beide Parks 105/99 US$; 👪), der 2001 eröffnet wurde, liegt genau gegenüber

Disneyland Resort

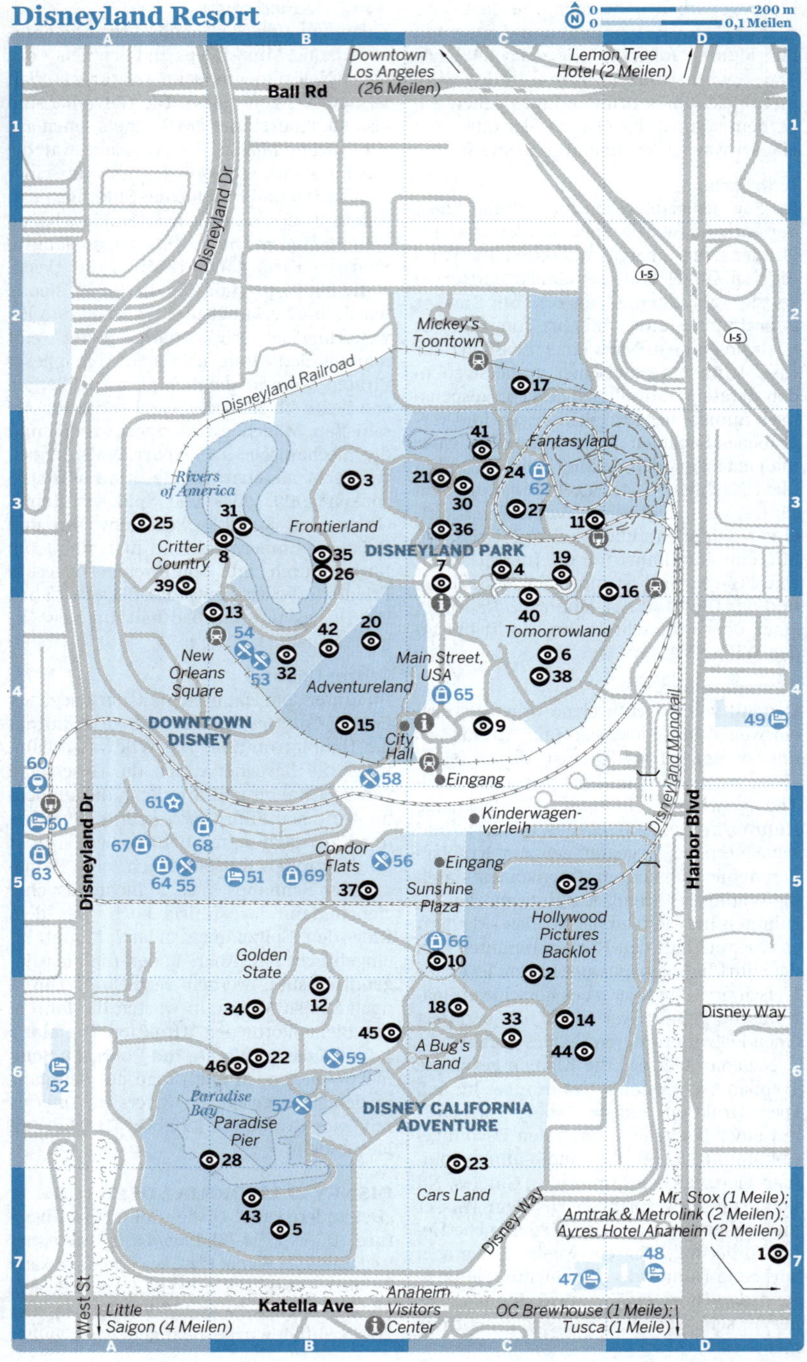

Disneyland Resort

Sehenswertes

1 Anaheim GardenWalk D7
2 Animation Building C5
3 Big Thunder Mountain Railroad B3
4 Buzz Lightyear's Astro Blaster C3
5 California Screamin' B7
6 Captain EO C4
7 Central Plaza C3
8 Davy Crockett's Explorer Canoes B3
9 Disneyland Story: Presenting Great Moments with Mr. Lincoln C4
10 ElecTRONica C5
11 Finding Nemo Submarine Voyage C3
12 Grizzly River Run B6
13 Haunted Mansion B4
14 Hyperion Theater C6
15 Indiana Jones Adventure B4
16 Innoventions D3
17 It's a Small World C2
18 It's Tough to Be a Bug C6
19 Jedi Training Academy C3
20 Jungle Cruise B4
21 King Arthur Carousel C3
22 Little Mermaid Ariel's - Undersea Adventure B6
23 Luigi's Roamin' Tires C6
24 Mad Tea Party C3
25 Many Adventures of Winnie the Pooh A3
26 Mark Twain Riverboat B3
Mater's Junkyard Jamboree .... (siehe 23)
27 Matterhorn Bobsleds C3
28 Mickey's Fun Wheel B6
29 Monsters, Inc: Mike & Sulley to the Rescue! C5
30 Mr. Toad's Wild Ride C3
31 Pirate's Lair on Tom Sawyer Island B3
32 Pirates of the Caribbean B4
33 Princess Dot Puddle Park C6
Radiator Springs Racers .... (siehe 23)
34 Redwood Creek Challenge Trail B6
35 Sailing Ship Columbia B3
36 Sleeping Beauty Castle C3
37 Soarin' over California B5
38 Space Mountain C4
39 Splash Mountain A3
40 Star Tours C4
41 Storybook Land Canal Boats C3
42 Tarzan's Treehouse B4
43 Toy Story Mania B7
44 Twilight Zone Tower of Terror C6
45 Walt Disney Imagineering Blue Sky Cellar B6
46 World of Color B5

Schlafen

47 Alpine Inn C7
48 Candy Cane Inn D7
49 Carousel Inn & Suites D4
50 Disneyland Hotel A5
51 Disney's Grand Californian Hotel & Spa B5
52 Disney's Paradise Pier Hotel A6

Essen

53 Blue Bayou B4
54 Café Orleans B4
55 Catal Restaurant A5
56 La Brea Bakery B5
Napa Rose .... (siehe 51)
57 Pacific Wharf Food Court B6
58 Picnic Area B4
59 Wine Country Trattoria B6

Ausgehen

60 ESPN Zone A4
Golden Vine Winery .... (siehe 59)
Nava Rose Lounge .... (siehe 51)
Uva Bar .... (siehe 55)

Unterhaltung

61 House of Blues A5

Shoppen

62 Bibbidi Bobbidi Boutique C3
63 Compass Books A5
64 Disney Vault 28 .... A5
65 Emporium C4
66 Greetings from California C5
67 Lego Imagination Center A5
68 LittleMissMatched A5
69 World of Disney B5

von Disneylands Denkmal für die Fantasie und die Illusion. Das DCA ist eine Ode an die Geografie, Geschichte und Kultur Kaliforniens – oder zumindest eine von negativen Aspekten befreite, jugendfreundliche Version davon. Es ist flächenmäßig größer als Disneyland und fühlt sich sogar nachmittags an Sommerwochenenden weniger überfüllt an. Wer im Original-Themenpark Platzangst bekommt und das Gedränge

NICHT VERSÄUMEN

DISNEYLAND: FEUERWERKE, PARADEN & SHOWS

Magical, das Feuerwerkspektakel über dem Sleeping Beauty Castle, findet im Sommer jeden Abend gegen 21.30 Uhr statt. Für die restliche Zeit des Jahres gibt's online einen Plan, der Auskunft darüber gibt, wann und wo am Abend Feuerwerke stattfinden. Im Winter fällt nach dem Feuerwerk in der Main Street, USA künstlicher Schnee. Die sehr kurze **Celebrate! A Street Party** Parade, welche die Main Street, USA hinunterzieht, kann man hingegen getrost vernachlässigen – es lohnt nicht, seinen Besuch danach zu richten.

Bei der **Princess Fantasy Faire** im Fantasyland können sich kleine Prinzessinnen und Ritter zum Königshof gesellen und einige der Disney-Prinzessinnen treffen. Den ganzen Tag über werden im Sommer Geschichten erzählt und es finden Krönungszeremonien statt. Jungs können bei der **Jedi Training Academy** im Tomorrowland lernen, sich „die Macht" zunutze zu machen. Padawane werden hier in der Hochsaison mehrmals täglich aufgenommen.

Fantasmic!, eine Veranstaltung, die im Freien auf den Rivers of America von Disneyland stattfindet, ist mit ihren Schiffen in Originalgröße, ihren Lasern und ihrem Feuerwerk vielleicht die beste Show von allen. Um sich die besten Plätze unten am Wasser zu sichern, muss man früh da sein, oder aber sich etwas gönnen und **Balkonplätze** (☎714-781-4400; Erw./Kind 59/49 US$) oben auf dem New Orleans Square reservieren. Die Tickets beinhalten erstklassige Sitzplätze während der Show, Kaffee und Gebäck. Bis zu 30 Tage im Voraus buchen.

Über sämtliche Showzeiten informiert man sich am besten gleich nach der Ankunft im Park. Weitere Infos über Events im Disney California Adventure finden sich auch auf S. 647.

nicht mag – oder sich, äh, langweilt – der wird diesen Park mit seinen moderneren Rides und Attraktionen vorziehen. Kritiker des DCA bemängeln hingegen, dass der neuere Park viel weniger märchenhaft wirkt als der Disneyland Park.

Obwohl der Park erst etwa zehn Jahre alt ist, treiben die Disney-Bosse derzeit seine Erweiterung und Verbesserung voran. Im Moment werden in DCA umfassende Baumaßnahmen für eine Gesamtsumme in der Höhe von 1,1 Mrd. US$ durchgeführt, die noch 2012 abgeschlossen sein sollen. Der Park bleibt während der Baumaßnahmen geöffnet. Einige der brandneuen Attraktionen wurden bereits eröffnet, etwa die gewaltige **World-of-Color**-Wassershow und der Ride **Little Mermaid – Ariel's Undersea Adventure**. Andere, wie etwa das **Cars Land** (das auf dem Disney/Pixar-Klassiker basiert) werden mit Spannung erwartet.

SUNSHINE PLAZA

Der Eingang zum DCA wurde so entworfen, dass er wie eine altmodische, gemalte Collage-Postkarte aussieht. Wenn man durch die Drehkreuze geht, lohnt es sich einen Blick auf die wunderschönen Mosaike auf beiden Seiten des Eingangs zu werfen. Eines davon stellt Nordkalifornien dar, das andere Südkalifornien. Nachdem man unter der Golden Gate Bridge hindurchgegangen ist, kommt man zur Sunshine Plaza, wo ununterbrochen eine rund 15 m hohe Sonne aus goldenem Titan „scheint" (Heliostate lenken die echten Sonnenstrahlen auf die Disney-Sonne um). Es ist geplant, die Sunshine Plaza durch eine Hommage an das Straßenbild des Los Angeles der 1920er-Jahre zu ersetzen. Auch eine rote Straßenbahn soll es geben, die bis in den Bereich hinunterfahren wird, der dann in „Hollywoodland" umbenannt werden soll.

Hollywood Pictures Backlot

Mit seinen Studiohallen, Requisiten und dem Studioladen ist das Hollywood Pictures Backlot so angelegt, dass es wie das Gelände eines Hollywood Studios aussieht. Wer früh dran ist, hat freien Blick auf das **Wandgemälde** mit der erzwungenen Perspektive am Ende der Straße, eine Kulisse aus Himmel und Erde, die zumindest auf Fotos den Eindruck erweckt, die Straße würde weitergehen.

Die Attraktion schlechthin ist jedoch der **Twilight Zone Tower of Terror**, in dem man einen 13-stöckigen Fahrstuhlschacht in einem Spukhotel hinunterstürzt, das dem historischen Hollywood Roosevelt Hotel in

Los Angeles unheimlich ähnelt. Von den oberen Etagen aus kann man auf das Santa-Ana-Gebirge blicken – wenn auch nur für einige wenige Sekundenbruchteile und mit pochendem Herzen. Die (noch) nicht so mutigen Kinder können beim Ride **Monsters, Inc: Mike & Sulley to the Rescue!** mit einem Taxi durch „Monstropolis" selbst zurück zum Anfang der Straße fahren.

Im klimatisierten **Animation Building** kann man sich live mit Crush, der animierten Meeresschildkröte aus *Findet Nemo* unterhalten. Darüber hinaus können angehende Künstler in der Animation Academy lernen, wie Disney-Künstler zu zeichnen, entdecken, wie aus Zeichentrick-Illustrationen beim Character Close-Up 3-D-Figuren werden oder beim interaktiven Sorcerer's Workshop ins Staunen geraten.

Es sind Veränderungen geplant, allerdings wurden nicht alle der Öffentlichkeit angekündigt; dieser Themenparkbereich wird jedenfalls bald als „Hollywoodland" neu gestaltet werden.

A Bug's Land

Riesiger Klee, Insekten, auf denen man reiten kann, sowie überdimensionaler künstlicher Abfall geben Kindern einen Einblick in die Welt aus der Perspektive eines Käfers. Zu den Attraktionen hier, die in Zusammenarbeit mit den Pixar Studios nach ihrem Film *Das große Krabbeln* entworfen wurden, gehört die 3-D-Show **It's Tough to Be a Bug!**: Die Kinder werden begeistert sein, wenn sie sich für die Show ein Paar „Käferaugen" aufsetzen dürfen. Der **Princess Dot Puddle Park**, wo die Gäste herumplanschen und das Sprühwasser der Berieselungsanlagen und die erfrischenden Brunnen genießen können, ist an einem glühend heißen Sommertag eine echte Wohltat.

Golden State

Auf den ersten Blick erscheint das Konzept dieses Teils des Parks, der die kulturellen und wissenschaftlichen Errungenschaften Kaliforniens würdigt, nicht besonders spannend. Aber Golden State beherbergt eine der coolsten Attraktionen des DCA, den virtuellen Drachenflug **Soarin' over California**. Hier kann man mithilfe der Omnimax-Technologie über verschiedene Wahrzeichen, beispielsweise die Golden Gate Bridge, die Yosemite Falls, den Lake Tahoe und Malibu fliegen. (Die Attraktion ist Teil der **Condor Flats**, ein Tribut an die Luft- und Raumfahrtindustrie des Bundesstaates.) Beim Segeln kann man den Wind im Gesicht genießen und den Duft des Meeres, der Orangenhaine und der Pinienwälder schnuppern. Beim **Grizzly River Run** macht man eine Floßfahrt auf einem nachempfundenen Flusslauf der Sierra Nevada. Dabei wird man garantiert nass, weshalb man diesen Ride am besten an einem warmen Tag ausprobiert.

Ganz in der Nähe können Kinder den **Redwood Creek Challenge Trail** mit seinen „Big-Sir-Mammutbäumen", Holztürmen und Aussichtspunkten, einer Felsrutsche und Kletterquergängen meistern. Im **Walt Disney Imagineering Blue Sky Cellar** kann man hinter die Kulissen schauen und erfährt, woran in Disneylands Themenparks als nächstes gearbeitet werden wird.

Paradise Pier

Die neueste Attraktion ist hier der Ride **Little Mermaid – Ariel's Undersea Adventure**, wo die Besucher in riesige Venusmuscheln einsteigen und (mithilfe von ausgeklügelten Spezialeffekten sozusagen unter die Wellen in eine kunterbunte Unterwasserwelt abtauchen. Die gemeine Ursula flößt mit ihren mehr als 2 m Höhe und über 3,5 m Breite Respekt ein.

Dieser Teil des Parks wurde so gestaltet, dass er eine Kombination aus allen Strandvergnügungsmeilen in Kalifornien zu sein scheint. Die hochmoderne Achterbahn **California Screamin'** sieht aus wie eine alte Holzachterbahn, hat aber seidenglatte Stahlgleise. Man fühlt sich, als würde man aus einer Kanone geschossen – einfach genial! Nicht weniger beliebt ist der 4-D-Ride **Toy Story Mania!** mit vielen altmodischen Spielautomaten. Den Park aus der Vogelperspektive betrachten? Dann nichts wie hin zu **Mickey's Fun Wheel**, einem Riesenrad, das so hoch ist wie ein 15-stöckiges Gebäude und dessen Gondeln beständig hin- und herschaukeln (es sei denn, man hat um eine der feststehenden Gondeln gebeten).

Cars Land

Nach diesem nagelneuen Bereich des DCA sollte man die Augen aufhalten. Er wurde in Anlehnung an den beliebten Disney/Pixar-Film *Cars* gestaltet und wird voraussichtlich irgendwann 2012 eröffnet. Dann kann man mit dem Traktor durch **Mater's Junkyard Jamboree** fahren, den Autoscooter durch **Luigi's Flying Tires** steuern oder eine Fahrt mit den verrückten **Radiator Springs Racers** unternehmen. Route-66-Souvenirläden und Imbisse greifen diesen besonderen nostalgischen Glanz abends im Schein von Neonlichtern wieder auf.

DOWNTOWN DISNEY

Diese 400 m lange Fußgängerzone wirkt länger als sie ist – vor allem, weil sie so vollgestopft ist mit Geschäften, Restaurants, Örtlichkeiten für Veranstaltungen und, im Sommer, mit Menschenmassen. Die meisten Geschäfte und Restaurants gehören zu irgendeiner Kette und es gibt sehr wenige Läden mit individuellem Charakter. An Sommerabenden spielen Musiker im Freien.

Schlafen

Die Hotels in Anaheim machen ihr größtes Geschäft mit Disneyland-Besuchern. Aber die Stadt ist das ganze Jahr über auch Veranstaltungsort von Kongressen. Die Zimmerpreise steigen jeweils dementsprechend, sodass die unten angegebenen Preise schwanken. Die meisten Hotels bieten Paketpreise für Unterkunft und Eintrittskarten für Disneyland oder andere lokale Attraktionen an. Einige von ihnen bieten auch Shuttles zum Park. Die aufgeführten Preise gelten für normale Doppelzimmer in der Hauptsaison. Viele Hotels haben Familienzimmer für bis zu sechs Personen.

Für das umfassendes Disney-Erlebnis ist es durchaus lohnend, sich einen Aufenthalt direkt im **Resort** (☎Reservierungen 714-956-6425; www.disneyland.com) zu gönnen. Achtung: Die drei Disney-Hotels erheben eine zusätzliche Resortgebühr in Höhe von 14 US$ pro Tag, die Parken, Internetzugang und andere Annehmlichkeiten abdeckt. Das Disneyland-Hotel ist nichts Besonderes, wird aber gerade renoviert (deshalb sollte man vorher aktuelle Infos einholen).

LP TIPP **Disney's Grand Californian Hotel & Spa** LUXUSHOTEL $$$

(☎714-635-2300; http://disneyland.disney.go.com/grand-californian-hotel; 1600 S Disneyland Dr; DZ 384–445 US$; ❄📶🏊👪) An der Promenade von Downtown Disney sieht man schon den Eingang zu diesem Hotel im Kunsthandwerkerstil, das sein Geld wirklich wert ist. Es lockt Besucher mit familienfreundlichen Schnitzeljagd-Abenteuern und von kleinen Hütten gesäumten Swimmingpools, daneben verfügt es praktischerweise über seinen eigenen Eingang zum DCA. Selbst wenn man nicht hier übernachten möchte, kann man den Zauber des Hotels einmal auf sich wirken lassen, indem man zum Mittagessen oder auf ein Glas Wein ins **Napa Rose**, die hauseigene Weinbar und Gastwirtschaft des Hotels, einkehrt – **Disney Dining** (☎714-781-3463) nimmt Reservierungen entgegen.

Disney's Paradise Pier Hotel HOTEL $$

(☎714-999-0990; www.disneyland.com; 1717 S Disneyland Dr; Zi. 290–370 US$; @📶🏊👪) Von einigen Zimmern am Paradise Pier aus kann man Feuerwerke und die märchenhafte Show der World of Color des DCA beobachten – ein großer Vorteil für all jene, die mit kleinen Kindern unterwegs sind, die früh ins Bett gehen müssen. Auf der Sonnenterrasse des Paradise Pier Hotels – dem günstigsten, aber wohl unterhaltsamsten der drei Disney Hotels – gibt's Sonnenschein, Surfbretter und eine riesige Superrutsche. Die Kinder werden die Stranddeko lieben, ganz zu schweigen vom Dachpool und dem Videoraum für die Kleinen, in dem Adirondack-Stühle in Miniaturausführung stehen. Die Zimmer sind, wie in den anderen Hotels, in makellosem Zustand und mit farbenfrohen Stoffen und maßgearbeiteten Möbeln ausgestattet. Das Hotel hat einen direkten Zugang zum DCA.

Candy Cane Inn MOTEL $$

(☎714-774-5284; www.candycaneinn.net; 1747 S Harbor Blvd; Zi. 123–144 US$; ❄📶🏊👪) Leuchtende Blumen, saubere Außenanlagen und eine gepflasterte Einfahrt begrüßen die Gäste in diesem süßen Motel, das an den Haupteingang von Disneyland grenzt. Die Zimmer bieten allen modernen Komfort sowie Daunenbettdecken und Innenfensterläden. Das Motel ist eine tolle Wahl, weshalb man unbedingt sehr frühzeitig buchen sollte.

Carousel Inn & Suites HOTEL $$

(☎714-758-0444; www.carouselinnandsuites.com; 1530 S Harbor Blvd; Zi. 139–239 US$; ❄📶🏊👪) Dieses vierstöckige, erst kürzlich umgestaltete Hotel bemüht sich, stilvoll auszusehen – mit modernisierten Möbeln und Blumentöpfen, die von den schmiedeeisernen Geländern der Gänge im Freien herunterhängen. Der Dachpool bietet eine tolle Sicht auf das Feuerwerk des Disneyland Parks.

Alpine Inn MOTEL $$

(☎714-535-2186; www.alpineinnanaheim.com; 715 W Katella Ave; Zi. 86–189 US$; ❄🏊) Liebhaber von Kitsch werden dieses schneebedeckte Motel mit seiner Hüttenform und den glitzernden „Eiszapfen" – selbstverständlich umgeben von Palmen – lieben.

NICHT VERSÄUMEN

DCA: SHOWS & PARADEN

Disney California Adventure (DCA) hat gegenüber dem original Disneyland Park einen großen Vorteil: Die Live-Unterhaltung ist hier vielfältiger und häufig beeindruckender. Die erste Show ist die **World of Color**, eine umwerfende nächtliche Vorführung mit Lasern, Lichtern und Animation über Paradise Bay. Die Show ist so beliebt, dass man ein Fastpass-Ticket (s. S. 656) benötigt. **Sitzplatzreservierungen** (☎714-781-4400; 15 US$/Pers.) beinhalten noch ein Picknick – bis zu 30 Tage im Voraus reservieren. Tipp: Wer im Sommer hierher kommt und ein Park Hopper Ticket hat, der sollte sich zunächst die World of Color anschauen und dann rüber in den Disneyland Park gehen um das Feuerwerk und die spätere Fantasmic!-Show mitzuerleben.

Tagsüber die **Pixar Play Parade** nicht verpassen, die vom Rennauto Lightning McQueen aus *Cars* angeführt wird und dynamische, fast schon akrobatische Auftritte von Figuren aus anderen beliebten animierten Filmen wie *Die Monster AG*, *Die Unglaublichen*, *Ratatouille*, *Findet Nemo* und *Toy Story* präsentiert. Man muss dabei damit rechnen, dass man von Außerirdischen mit Wasserschläuchen nassgespritzt wird.

Ebenfalls beliebt ist **Disney's Aladdin – A Musical Spectacular**, ein 40-minütiges Spektakel in einem Akt, das auf dem gleichnamigen Film basiert. Es findet im Hyperion-Theater auf dem Gelände der Hollywood Studios statt. Die beste Sicht auf den fliegenden Teppich hat man vom ersten Rang aus. Teenager werden vermutlich das nahe gelegene **ElecTRONica**, eine Straßenshow im Partystil mit Live-DJs, Laserlicht, Kampfsportlern und Tanz vorziehen. Im Onlineplan kann man nach Datum und Uhrzeit schauen.

Die direkt neben dem DCA gelegene Unterkunft bietet einen Ausblick auf das Riesenrad und befindet sich in der Nähe einer Shuttle-Haltestelle. Die Zimmer sind schon etwas älter, aber sauber. Außerdem gibt's fünf familienfreundliche Suiten.

Lemon Tree Hotel HOTEL **$$**
(☎866-311-5595; http://lemon-tree-hotel.com; 1600 E Lincoln Ave; Zi. 89–119 US$, Suite 159 US$; ❄📶🏊) Disneybesucher und Ausflügler schätzen an dieser Unterkunft in australischer Hand die günstigen Preise und die gemeinschaftlichen Grillplätze. Die einfache, aber ansprechende Unterkunft hat Studios mit Küchennischen und eine Zweizimmersuite mit drei Betten und einer Küche, die ideal für Familien geeignet ist.

Ayres Hotel Anaheim HOTEL **$$**
(☎714-634-2106; www.ayreshotels.com/anaheim; 2550 E Katella Ave; Zi. 129–149 US$; ❄@📶🏊) Wer es lieber etwas gehobener mag, gleichzeitig aber ein erschwingliches Hotel sucht, der sollte sich für dieses Hotel im französischen Landhausstil entscheiden. Hier sind Annehmlichkeiten wie Abendempfänge, große Flachbild-TVs und Pillowtop-Betten im Preis inbegriffen.

Essen

Für beide Parks **Disney Dining** (☎714-781-3463; 🕗7–21 Uhr) anrufen, wenn man eine Reservierung vornehmen möchte, eine bestimmte Ernährung einhalten muss oder sich über Character Dining (bei dem Disneyfiguren im Speisesaal unterwegs sind und die Kinder begrüßen) informieren möchte. Bei Geburtstagen vorher anrufen. Es gibt Partys, bei denen man seinen Kuchen selbst verzieren kann und auch Geburtstagsgerichte werden angeboten (48 Std. im Voraus bestellen).

Innerhalb der Themenparks gibt es Dutzende von Gastronomiebetrieben. Es gehört dazu, die Essensstände im Vorbeigehen nach Leckerbissen wie riesigen Dillgurken, Putenschenkeln oder mit Zucker bestäubten Churros abzuklappern. Auf den Karten der Parks sind Restaurants, in denen man gesundes Essen und vegetarische Kost bekommt, mit einem roten Apfelsymbol gekennzeichnet.

DISNEYLAND PARK

Blue Bayou CAJUN **$$$**
(☎714-781-3463; New Orleans Sq; Mittagessen 22–40 US$; 🕗11.30 Uhr–Parkschluss) Dieses von der „Bucht" im Inneren der Pirates of the Caribbean umgebene Restaurant ist für seine Monte Cristo Sandwiches zur Mittagszeit und für seine kreolischen und Cajun-Spezialitäten zum Abendessen berühmt. Eine Reservierung ist erforderlich. Unabhängig von der Tageszeit hat man hier

den Eindruck, draußen unter den Sternen zu Abend zu essen, während die Boote dieses Rides friedlich vorbeischwimmen.

Café Orleans SÜDSTAATEN-KÜCHE $
(New Orleans Sq; Hauptgerichte 11–20 US$; ⏲11 Uhr–Parkschluss) Hier werden Jambalaya und Virgin Mint Juleps im Cafeteria-Stil serviert. Toll ist es, unter dem Pavillon zu Mittag zu essen und dabei Livemusik zu hören.

DISNEY CALIFORNIA ADVENTURE

Neben dem folgenden Lokal gibt's am Pacific Wharf auch einen guten Gastronomiebereich.

Wine Country Trattoria ITALIENISCH $$
(Golden Vine Winery, Golden State; Hauptgerichte 12–25 US$; ⏲11–18 Uhr) Der beste Platz im DCA für ein entspanntes Mittagessen. Hier werden herrlich appetitliche italienische Pasta, Salate, Gourmet-Sandwiches und offene Weine serviert.

DOWNTOWN DISNEY

La Brea Bakery BÄCKEREI, CAFÉ $
(1556 Disneyland Dr; Frühstück 5–20 US$; ⏲8–23 Uhr) In dieser Filiale einer der besten Bäckereien von L. A. werden großartige Sandwiches und Salate serviert. Express-Gerichte für unter 10 US$.

Napa Rose KALIFORNISCH $$$
(☎714-781-3463; Disney's Grand Californian Hotel & Spa, 1600 S Disneyland Dr; Hauptgerichte 32–45 US$; ⏲5.30–22 Uhr) Disneys bestes Restaurant – und eines der feinsten Restaurants in Orange County – verfügt über einen Speisesaal mit hohen Decken im Arts-and-Crafts-Stil, von dem aus man auf den Grizzly Peak des DCA schauen kann. Besonderer Wert wird hier auf die Kombination von heimischen Zutaten und Weinen gelegt. Zugang von Downtown Disney aus oder durch den DCA. Reservierung dringend empfohlen.

Catal Restaurant KALIFORNISCH, ITALIENISCH $$$
(☎714-774-4442; www.patinagroup.com/catal; 1580 S Disneyland Dr; Frühstück 9–14 US$, Abendessen 23–38 US$; ⏲8–22 Uhr; 👪) Der Chefkoch lässt in diesem freundlichen Restaurant mit zwei Stockwerken, das in einem sonnigen, mediterran-provenzalischen Stil mit freiliegenden Balken und zitronengelben Wänden gestaltet ist, kalifornische und italienische Küche miteinander verschmelzen (Tintenfisch-Pasta mit Hummer, gegrillter Ahi mit Currysauce). Wer gern auf dem Balkon sitzen möchte, sollte möglichst vorher reservieren.

ANAHEIM

Die Eröffnung des **Anaheim Garden Walk** (☎714-635-7400; www.anaheimgardenwalk.com; 321 W Katella Ave) im Jahr 2008, einem Freiluft-Einkaufszentrum auf der Katella Ave, einen Block östlich vom Harbor Blvd, brachte willkommene Lokale mit Sitzgelegenheiten mit sich und ist vom Park aus zu Fuß erreichbar. Zwar gibt es dort viele Restaurants, die einer Kette angehören, und man muss auch eine ganze Weile zu Fuß gehen, um dorthin zu gelangen, aber die Möglichkeiten, außerhalb von Downtown Disney Essen zu gehen sind so begrenzt, dass man sich an solchen Details nicht aufhalten sollte. Im Folgenden sind weitere nahe gelegene Lokale aufgelistet.

Tusca KALIFORNISCH, ITALIENISCH $$
(www.tusca.com; Hyatt Regency Orange County, 11999 Harbor Blvd, Garden Grove; Hauptgerichte 11–24 US$; ⏲6.30–14 & 17–22 Uhr) Dass hier zum Abendessen ein Hotel empfohlen wird, das einer Kette angehört, zeigt schon, dass die Restaurantszene in Anaheim nicht allzu aufregend ist. Aber das Tusca mit seinen knusprigen selbstgemachten Pizzas und der saisonal geprägten Pasta, die vom Chefkoch aus Norditalien mit Kräutern und Gemüse aus dem Dachgarten des Hotels zubereitet wird, rechtfertigt einen Abstecher. Unterdessen wird im **OC Brewhouse**, das sich auf der gleichen Etage wie die Lobby befindet, kalifornisches Bier aus Kleinbrauereien ausgeschenkt.

Mr. Stox KALIFORNISCH $$
(☎714-634-2994; www.mrstox.com; 1105 E Katella Ave; Hauptgerichte mittags 12–20 US$, abends 20–42 US$; ⏲ Mo–Fr 11.30–14.30, Mo–Sa 17.30–22, So bis 21 Uhr) Wer Country-Club-Atmosphäre genießen möchte, sollte sich in eine der ovalen Nischen setzen und die besten Gerichte der kalifornischen Küche in ganz Anaheim kosten. Als Hauptgang gibt's beispielsweise Prime Ribs, Ente und Lammcarrée sowie zahlreiche vegetarische Speisen oder Gerichte mit Meeresfrüchten. Schöne Schuhe tragen und vorher reservieren!

Ausgehen & Unterhaltung

DISNEYLAND RESORT

Nach einem langen Tag mit Schlange stehen und Fotos mit Prinzessinnen knipsen mögen sich so manche genervte Eltern nach einem Drink sehnen. Im Disneyland Park ist zwar kein Alkohol erhältlich, im DCA, in Downtown Disney und in den drei Disney Hotels hingegen schon.

Uva Bar WEINBAR

(www.patinagroup.com/catal; 1580 S Disneyland Dr; 11–22 Uhr;) Diese Bar, die einer Pariser Metrostation ähnelt und nach dem italienischen Wort für Traube benannt wurde, ist das beste Freiluft-Lokal in Downtown Disney, wo man Wein genießen, kalifornisch-mediterrane Tapas knabbern und Leute beobachten kann. Es stehen 40 offene Weine zur Auswahl.

Golden Vine Winery WEINBAR

(Golden State; 11 Uhr–Parkschluss) Diese Terrasse in zentraler Lage ist ein wunderbarer Ort, um sich im DCA zu entspannen und sich zu sammeln. Ganz in der Nähe, am Pacific Wharf zaubert **Rita's Baja Blenders** in seinem Straßenverkauf Frozen Cocktails.

Napa Rose Lounge WEINBAR

(Disney's Grand Californian Hotel & Spa, 1600 S Disneyland Dr; 17.30–22 Uhr) Anstoßen und dabei Pizzettas, selbstgemachten Käsekuchen oder Schokoladen-Trüffel-Kuchen von Scharffen-Berger futtern.

ESPN Zone SPORTBAR

(www.espnzone.com; 1545 Disneyland Dr; So–Do 11–23, Fr–Sa bis 24 Uhr) Früh da sein und sich in diesem Sport- und Ausgeh-Imperium mit 175 Fernsehern einen Ledersessel sichern. Gerichte wie im Baseballstadion und Couch-Potato-Klassiker fügen sich zu einer durch und durch amerikanischen Speisekarte zusammen.

House of Blues LIVEMUSIK

(714-778-2583; www.houseofblues.com; 1530 S Disneyland Dr; 11–1.30 Uhr) Im House of Blues gibt's bisweilen eindrucksvolle Rock-, Pop-, Jazz- und Blues-Konzerte. Für Informationen zu Veranstaltungen und Tickets einfach anrufen oder im Internet nachschauen.

Shoppen

DISNEYLAND PARK & DISNEY CALIFORNIA ADVENTURE

Jeder Bereich der Disney Parks verfügt über seine eigenen Geschäfte, die auf dessen jeweilige Themen abgestimmt sind – Davy Crockett, New Orleans, den Wilden Westen, die Route 66 oder den Strandvergnügungspark. Die größten Themenpark-Läden – **Emporium** im Disneyland Park (Main Street, USA) und **Greetings from California** im DCA – haben eine verblüffende Vielfalt an Souvenirs, Bekleidung und Disney-Andenken, von T-Shirts bis hin zu Maus-Ohren. Die Mädchen geraten bei der **Bibbidi Bobbidi Boutique** (Voranmeldungen 714-781-7895; Fantasyland; nur nach Vereinbarung) außer sich, wo ein Prinzessinnen-Look – einschließlich Frisur, Make-up und Gewand – allerdings nicht gerade billig ist.

Wer seine Einkäufe nicht den ganzen Tag mit sich herumtragen möchte, kann sie bei Newsstand (Main Street, USA), Star Trader (Tomorrowland), Pioneer Mercantile (Frontierland) oder Engine Ear Toys (DCA) abgeben. Wer in Disneyland übernachtet, kann sich die Einkaufstüten direkt in sein Hotel liefern lassen und sie sogar mit der Keycard bezahlen.

DOWNTOWN DISNEY

Die meisten Geschäfte in Downtown Disney haben die gleichen Öffnungszeiten wie die Parks.

Disney Vault 28 BEKLEIDUNG, GESCHENKE

Hier findet man eine große Vielfalt an Hipster-Klamotten – von auf alt getrimmten T-Shirts mit coolen Cinderella-Aufdrucken bis hin zu schwarzen Träger-Tops mit weißen Totenköpfen. Hier gibt's auch Disney-Boutique-Artikel wie Kingdom Couture und Disney Vintage.

LittleMissMatched BEKLEIDUNG, GESCHENKE

Eigenwillige, coole Kleidung für Mädchen. Die Besonderheit sind bunte Socken, die nicht zusammen passen und im Dreierpack verkauft werden – es macht also ausnahmsweise mal nichts, wenn eine Socke verschwinden sollte.

Lego Imagination Center BEKLEIDUNG, GESCHENKE

Wie der Name schon sagt. Hier gibt's eine Ausstellung zum Anfassen und die neuesten Lego-Bausets.

World of Disney SOUVENIRS

Piraten und Prinzessinnen sind in dieser Mini-Vermarktungs-Metropole genau richtig. Auf keinen Fall den Raum verpassen, der Disneys Bösewichten gewidmet ist.

Compass Books BÜCHER

Dieser Laden, der im Stil eines New Yorker Explorers Club der alten Schule eingerichtet ist, führt Bestseller, Manga-Taschenbücher und Reiseführer von einem unabhängigen lokalen Buchhändler.

Praktische Informationen

Fastpass & Einzelpersonen

Wer ein wenig im Voraus plant, kann die Wartezeit für beliebte Attraktionen deutlich verkürzen. Eine Möglichkeit ist die Nutzung des Fastpass-Systems (S. 656). Wer allein unterwegs ist, sollte das Begrüßungspersonal am Eingang des Rides fragen, ob es auch eine Schlange für Einzelpersonen (*single-rider-line*) gibt; oftmals kann man sich dann an den Anfang der Schlange stellen. Ob es solch eine Schlange gibt, kann vom Andrang abhängen.

Infos im Internet

Mouse Wait (www.mousewait.com) Diese kostenlose i-Phone-App liefert aktuelle Informationen zu den jeweiligen Wartezeiten an den Rides und zu den Ereignissen in den Parks.

Touring Plans (www.touringplans.com) Diesen „inoffiziellen Disneyland-Führer" gibt es schon seit 1985. Er bietet online sachliche Hinweise, einen Kalender zum voraussichtlichen Andrang (*crowd calendar*) und eine Wartezeiten-App (*lines app*) für die meisten mobilen Geräte.

Kinderwagen-Verleih

Vor dem Haupteingang zum Disneyland Park können Kinderwagen geliehen werden (15 US$/Tag für einen, 25 US$/Tag für zwei Stück). Die gemieteten Kinderwagen dürfen in beide Themenparks mitgenommen werden.

Medizinische Versorgung

Western Medical Center Anaheim (☎714-533-6220; www.westernmedanaheim.com; 1025 S Anaheim Blvd; ⌚24 Std.) Notaufnahme rund um die Uhr erreichbar.

Tickets & Öffnungszeiten

Beide Parks sind an 365 Tagen im Jahr geöffnet, ihre Öffnungszeiten sind jedoch von den anzunehmenden Besucherzahlen abhängig – die erwarteten Gästezahlen werden von der Marketingabteilung im Voraus berechnet. Der **aktuelle Kalender** (☎Bandansage 714-781-4565, persönliche Auskunft 714-781-7290; www.disneyland.com) kann telefonisch oder online abgefragt werden. In der Hauptsaison (Mitte Juni–Anfang Sept.) ist Disneyland normalerweise von 8 Uhr bis Mitternacht geöffnet. Das restliche Jahr über ist es von 10 Uhr bis irgendwann zwischen 20 und 23 Uhr geöffnet. Das DCA schließt im Sommer um 21 Uhr, in der Nebensaison schon früher.

Eine Tageskarte für Disneyland oder DCA kostet für Erwachsene 80 US$ und für Kinder zwischen drei und neun Jahren 74 US$. Der Besuch beider Parks an einem Tag kostet 105/99 US$ für Erwachsene/Kinder. Multiday Park Hopper Tickets kosten 173/161 US$ für zwei Tage, 214/198 US$ für drei Tage, 234/216 US$ für vier Tage und 246/226 US$ für fünf Tage. Die Eintrittspreise steigen jedes Jahr, aktuelle Informationen hierzu gibt's auf der Webseite. Möglicherweise kann man online auch reduzierte Eintrittskarten kaufen.

Für Infos zum Parken, s. S. 656.

Touristeninformation

Anaheim Visitors Center (☎714-765-8888; www.anaheimoc.org; 800 W Katella Ave; ⌚Mo–Fr 8–17 Uhr) Gleich südlich vom DCA im Anaheim Convention Center. Bietet Informationen zu Unterkünften, Gaststätten und Transportmitteln im gesamten County. Kein öffentlicher Internetzugang. Am besten zu Fuß kommen, um die Parkgebühren von 10 US$ am Tag zu sparen.

Central Plaza Information Board (☎714-781-4565; Main Street, USA, Disneyland Park) Eines von mehreren Informationszentren in den Themenparks.

An- & Weiterreise

Auto

Das Disneyland Resort liegt direkt am I-5 am Harbor Blvd, etwa 30 Meilen (48 km) südlich von Downtown L.A. Der Park wird im Wesentlichen von der Ball Rd, dem Disneyland Dr, Harbor Blvd und der Katella Ave eingegrenzt. Riesige Schilder weisen darauf hin, wo man für die Themenparks, Hotels oder die Straßen von Anaheim abbiegen muss.

Ganztägiges Parken kostet 15 US$. Vom Disneyland Dr Richtung Süden bei der Ball Rd in den „Mickey & Friends" Parkkomplex abbiegen (es ist der größte Parkkomplex der Welt, mit einer Kapazität für 10 300 Fahrzeuge). Wer das Auto abgestellt hat, nimmt die Straßenbahn, um zu den Parks zu gelangen, dann gilt es, den Schildern folgen. Der Parkplatz ist nach Schließung der Parks noch eine Stunde lang geöffnet.

Die Parkplätze in Downtown Disney sind für Einkäufer reserviert und haben eine andere Preisstruktur: Die ersten drei Stunden sind kostenlos, ebenso zwei weitere Stunden, wenn man eine Bestätigung von einem Restaurant oder dem Kino hat. Danach kostet es 6 US$ pro Stunde bis maximal 30 US$ am Tag. Downtown Disney bietet auch Valet Parking für zusätzliche 6 US$ plus Trinkgeld.

Bus

Greyhound bietet häufige Fahrten (☎714-999-1256; 100 W Winston Rd) nach und aus Downtown L. A. (8–15 US$, ca. 1 Std.) und nach San Diego (14–27 US$, 2½ Std.) an.

Flugzeug

Für Informationen zu Flugverbindungen, s. S. 643.

Southern California Gray Line/Coach America (☎714-978-8855; www.graylineanaheim.com) lässt mindestens einmal stündlich den Disneyland Resort Express zwischen dem Flughafen in Los Angeles (LAX) und den Hotels im Disneyland-Gebiet (einfache Strecke/hin & zurück von bzw. nach LAX 20/30 US$) verkehren. Auch der Flughafen John Wayne (SNA) in Santa Ana (15/25 US$) wird angefahren.

Zug

Wer mit dem Zug fährt, kommt am **Bahnhof** (2150 E Katella Ave) neben dem Angel Stadium an, das eine kurze Fahrt im Shuttlebus oder Taxi entfernt östlich von Disneyland liegt. Nahverkehrszüge von **Amtrak** (☎714-385-1448; www.amtrak.com) und **Metrolink** (☎800-371-5465; www.metrolinktrains.com) verkehren zwischen Anaheim und der Union Station in L. A. (14 US$, 50 Min.) und San Diego (27 US$, 2 Std.).

Unterwegs vor Ort

Bus

Die Busgesellschaft **Anaheim Resort Transit** (ART; ☎714-563-5287, 888-364-2787; www.rideart.org) betreibt eine regelmäßige Verbindung zwischen Disneyland und den Hotels in der direkten Umgebung, sodass man sich keine Gedanken ums Parken und um den Fußmarsch zum Eingang machen muss. Eine Tageskarte kostet für Erwachsene 4 US$ und für Kinder zwischen 3 und 9 Jahren 1 US$. Man muss die Fahrkarte vor dem Einsteigen kaufen; sie kann an einem Dutzend Kiosken (passend oder mit Kreditkarte zahlen) oder im Internet erworben werden. Wer ohne Fahrkarte einsteigt, kann auch im Bus 3 US$ für eine einfache Fahrt bezahlen. Der Busverkehr beginnt eine Stunde bevor Disneyland öffnet und endet eine halbe Stunde nachdem der Park schließt.

Viele Hotels und Motels haben einen kostenlosen Shuttlebus nach Disneyland und zu anderen Attraktionen der Gegend; vor der Buchung am besten nachfragen.

Monorail

Wer die Monorail vom Tomorrowland zum Disneyland Hotel gegenüber von Downtown Disney nimmt, spart etwa 20 Minuten Gehzeit. Die Fahrt ist kostenlos, wenn man eine Eintrittskarte für den Park hat.

RUND UM DISNEYLAND

Wenn einem die unbarmherzige Heiterkeit von Disneyland allmählich auf die Nerven geht, gibt's im Umkreis von 5 Meilen (8 km) um die Parks einige unterhaltsame – darunter auch kitschige – Alternativen. Anaheims Straßen sind in einem leicht durchschaubaren Raster angelegt, wobei die meisten Stadtviertel nahtlos ineinander übergehen.

Buena Park

Knott's Berry Farm VERGNÜGUNGSPARK

(☎714-220-5200; www.knotts.com; 8039 Beach Blvd; Erw./Kind 3–11 Jahre & Senior 57/25 US$; ⏲ab 10 Uhr, variierende Schließzeiten; ♿) In diesem Wild-West-Park werden die Kinder busweise abgeladen. Der nur 4 Meilen (etwa 6,5 km) nordwestlich von Anaheim an der Interstate 5 (I-5) gelegene Park ist kleiner und nicht ganz so perfektionistisch wie die Disneyland Parks, aber besonders Achterbahnfans, Teenager und jedes Kind, das die *Peanuts* liebt, haben hier viel Spaß. Die Öffnungszeiten sind je nach Saison recht unterschiedlich – also vorher anrufen oder im Internet nachsehen. Auf der Website lohnt es sich, auch nach aktuellen Ermäßigungen zu schauen, die manchmal ganz beachtlich sein können. Parken kostet 14 US$.

Der Park wurde 1940 eröffnet, nachdem bereits das Essen, nämlich Mr. Knott's Boysenbeeren (eine Brombeer-Himbeer-Kreuzung) und Mrs. Knott's gebratenes Hühnchen, Massen lokaler Landarbeiter angezogen hatte. Mr. Knott baute eine künstliche Geisterstadt, um seine Gäste bei Laune zu halten. Schließlich mietete man örtliche Jahrmarktgeschäfte an und verlangte Eintritt. Mrs. Knott briet zwar weiterhin Hühnchen, doch die Rides und Wild-West-Gebäude wurden zu den Hauptattraktionen.

Das Thema Wilder Westen wird heute mit Shows und Vorführungen in der Geisterstadt am Leben gehalten, aber es sind die Attraktionen mit Nervenkitzel, die massenweise Besucher anziehen. In der Nähe saust der **Silver Bullet**, ein sogenannter Inverted Coaster, durch einen Korkenzieher, eine doppelte Spirale und eine Schleife. Von unten sieht man die dreckigen Socken und die nackten Füße der Fahrgäste, die ihre Schuhe ausgezogen haben. Der **Xcelerator** ist eine Achterbahn mit 1950er-Jahre-Motto, die einen in nur 2,3 Sekunden von 0 auf 132 km/h beschleunigt. Am höchsten Punkt gibt's eine haarsträubende Wendung. Eine der größten Achterbahnen aus Holz weltweit – und die größte Attraktion des Parks – ist der 36 m hohe **GhostRider**, bei dem die Fahrgäste für die aufregende Fahrt in Bergwerksloren klettern. **Camp Snoopy** ist ein Wunderland für Kinder, in dem die *Peanuts*-Figuren wohnen, außerdem gibt's hier etliche familienfreundliche Fahrgeschäfte.

Im Oktober findet im Knott's das statt, was als Südkaliforniens beste und gruseligste Halloween-Party gilt. An ausgewählten Terminen von Ende September bis Halloween schließt der Park bereits um 17.30 Uhr, öffnet aber um 19 Uhr als Knott's Scary Farm wieder. Furchteinflößende Labyrinthe und gruselige Shows – einmal ganz zu schweigen von den 1000 umherirrenden Monstern – sorgen für eine unheimliche Atmosphäre.

Neben dem Knott's befindet sich der dazugehörige Wasserpark **Knott's Soak City USA** (☎714-220-5200; www.knotts.com; Erw./Kind 3–11 Jahre & Senior 27/22 US$; ⊙Mitte Mai–Sept.; 👪).

Medieval Times Dinner & Tournament ZUSCHAUERSPORT

(☎714-521-4740; www.medievaltimes.com; 7662 Beach Blvd; Erw./Kind 58/36 US$; ⊙tgl. wechselnde Showzeiten; 👪) Höret, höret! Nehmet eure Sippe und kommet zu den Medieval Times – für einen Abend mit Schlemmerei und Vorstellungen im Stil des 12. Jhs. Die Gäste feuern die Ritter an, während diese sich im Zweikampf üben, fechten und mit ihren Reitkünsten prahlen (und zwar auf echten andalusischen Pferden). Das Abendessen ist ganz o.k., die eigentliche Attraktion ist die Show.

Santa Ana

Discovery Science Center MUSEUM

(☎714-542-2823; www.discoverycube.org; 2500 N Main St; Erw./Kind & Senior 18/13 US$; ⊙10–17 Uhr; 👪) Dieses fantastische Wissenschaftszentrum hat über 100 interaktive Schaukästen innerhalb seiner Ausstellungsbereiche, die u.a. Dynamic Earth, The Body und Dino Quest heißen. Hier kann man sich in das Auge eines Hurrikans begeben – danach sind die Haare allerdings ganz schön zerzaust – oder einen Platz im Shake Shack ergattern und ein Erdbeben der Stärke 6,9 miterleben. Auf der I-5 von Disneyland aus etwa 5 Meilen (ca. 8 km) nach Süden fahren und nach dem zehnstöckigen Würfel Ausschau halten, der auf einer seiner Ecken zu balancieren scheint. Parken kostet 4 US$.

Bowers Museum of Cultural Art MUSEUM

(☎714-567-3600; www.bowers.org; 2002 N Main St; ständige Sammlung Erw./Kind 12/9 US$; ⊙Di–So 10–16 Uhr) Das Bowers ist zwar klein, aber es zieht mit seinen spannenden, hochwertigen Sonderausstellungen große Massen an. Zum Zeitpunkt der Recherche umfasste das Angebot die Ausstellung „The Art and Craft of the American Whaler" und eine Sammlung geliehener chinesischer Exponate aus dem Shanghai-Museum. Das Museum im Missionsstil hat auch eine umfassende ständige Sammlung präkolumbischer, afrikanischer, ozeanischer und indianischer Kunst. Für Sonderausstellungen benötigt man manchmal gesonderte Eintrittskarten, die bis zu 27 US$ für Erwachsene kosten. Am ersten Sonntag im Monat ist der Eintritt frei.

Orange

Für eine angenehme Dosis Kleinstadtleben und eine große Auswahl an kleinen Restaurants und Tante-Emma-Läden fährt man von Disneyland aus 1,5 Meilen (2,4 km) auf dem S Harbor Blvd nach Süden und biegt dann an der Chapman Ave links ab. Dieser Straße etwa 3,5 Meilen (5,6 km) nach Osten bis Old Towne Orange in der Stadt Orange folgen. Old Towne wurde ursprünglich von Alfred Chapman und Andrew Glassell angelegt, die 1869 das etwa 259 ha große Stück Land anstelle eines Honorars für Rechtsdienstleistungen erhalten hatten. Es ist um einen hübschen Platz an der Kreuzung von Chapman Ave und Glassell St herum gebaut und verfügt über die dichteste Ansammlung von Antiquitätenläden im Orange County.

In der **Filling Station** kann man in einer ehemaligen Tankstelle (www.fillingstationcafe.com; 201 N Glassell St; Hauptgerichte 4–12 US$; ⊙9–17 Uhr), in der nun statt Super bleifrei Gourmet-Rühreier und Eierkuchen-Sandwiches serviert werden, genüsslich frühstücken. Fürs Mittag- oder Abendessen schnappt man sich einen Tisch auf der Terrasse des **Felix Continental Cafe** (www.felixcontinentalcafe.com; 36 Plaza Sq; Hauptgerichte mittags 5–12 US$, abends 7–14 US$; ⊙Mo–Fr 11–22, Sa & So ab 8 Uhr). Dieser langjährige Favorit serviert perfekt gewürzte karibische, kubanische und spanische Gerichte, die meist von einer ordentlichen Portion Schwarze Bohnen oder Reis begleitet werden. Disneylands fantastische Main Street, USA wird ein wenig von ihrem Glanz verlieren, nachdem man im **Watson Drug & Soda Fountain** (www.watsonsdrugs.com; 116 E Chapman Ave; ⌚Mo–Sa 6.30–21, So 8–20 Uhr), einem 100 Jahre alten Diner und Café, einen *chocolate malt* geschlürft hat.

Little Saigon

Wenn man von Disneyland aus ein paar Meilen weiter nach Südwesten fährt, erreicht man in der Nähe der Kreuzung der I-405 und des Highway 22 die Stadt Westminster. Die hiesige große Gemeinschaft von Vietnamesen hat an der Kreuzung von Bolsa Ave und Brookhurst Ave ihr eigenes dynamisches Geschäftsviertel aufgebaut. Im Zentrum liegt die **Asian Garden Mall** (www.asiangardenmall.com; 9200 Bolsa Ave), ein riesiger Komplex, vollgepackt mit 400 Ethno-Läden, darunter auch welche mit Spezialisierung auf Pflanzenheilkunde sowie Jade-Juweliere. Im Sommer gibt's an Wochenenden abends von 19 Uhr bis Mitternacht einen Nachtmarkt mit Verkaufsständen, Essen und Live-Unterhaltung.

Wer um die Mittagszeit hier ist, sollte die Foto-Speisekarten der recht einfachen Lokale auf der unteren Ebene Richtung Nordeingang der Mall durchforsten. Der Mini-Gastronomiebereich bietet eine Vielfalt an Nudel- und Gemüsegerichten. Die *pho ga* (Hühnernudelsuppe) ist fantastisch!

Ein weiteres beliebtes Restaurant ist das **Brodard** (www.brodard.net; 9892 Westminster Ave, Garden Grove; Hauptgerichte unter 13 US$; ⌚8–21 Uhr, Di geschl.). Schon allein die Suche nach dem Lokal ist ein Riesenspaß. Es ist bekannt für sein *nem nuong cuon* (Reispapier, das um eine Schweinefleischpastete gewickelt ist und mit Spezialsauce serviert wird): Achtung, Suchtgefahr! Von Disneyland dem Harbor Blvd 3,5 Meilen (ca. 5,6 km) nach Süden folgen. An der W 17th St, die in die Westminister Ave übergeht, rechts abbiegen und die Brookhurst Ave überqueren. An der Mall links hinter den 99 Cent Store fahren und an der roten Markise anhalten.

STRÄNDE IM ORANGE COUNTY

Orange Countys 42 Meilen (68 km) lange Küste ist ein einladender Streifen von Stränden und Küstengemeinden, die alle einen ganz eigenen, unverwechselbaren Charme haben. Die sechs größten Orte, beginnend mit Seal Beach im Norden, sind durch den Pacific Coast Hwy (PCH; Hwy 1) miteinander verbunden und zeigen sich von Ort zu Ort malerischer – und mancher wird sagen, auch protziger – je weiter man nach Süden kommt.

Von Seal Beach führt der PCH durch das heruntergekommene Sunset Beach, das surfverrückte Huntington Beach sowie die eleganten Orte Newport Beach und Corona del Mar, bevor man die mit Klippen und Buchten reich gesegnete Künstlerenklave Laguna Beach erreicht. Dana Point (gleich südlich) zieht das Jacht-Publikum an, während San Clemente am Ende des Countys wieder zur Kleinstadtatmosphäre zurückkehrt – und außerdem einen tollen Surf Spot hat.

Im Sommer sind die Unterkünfte lange im Voraus ausgebucht, die Preise steigen und manche Hotels verlangen einen Mindestaufenthalt von zwei oder drei Nächten.

Seal Beach

Im Wettbewerb der bezaubernden Kleinstädte hat Seal Beach einen unbestreitbaren Vorteil gegenüber der Konkurrenz: seinen 2,5 km langen, unberührten Strand, der wie eine bereits verliehene Siegerkrone zu glitzern scheint. Ganz zu schweigen von der sich über drei Häuserblocks erstreckenden Main St, auf der sich von Einheimischen geführte Restaurants, Tante-Emma-Läden und weltoffene Cafés, die erfrischend relaxt und sehr einladend sind, aneinanderreihen.

Die Main St geht in den **Seal Beach Pier** über, der 575 m weit ins Meer ragt. Der Strand hier ist nach Süden ausgerichtet und ist (abgesehen von den Ölbohrinseln, die von den Einheimischen wohl einfach übersehen werden) sehr ansprechend. Die sanften Wellen machen ihn zu einem tollen Ort, um Surfen zu lernen, bevor man sich dann zu den schwierigeren Wellen weiter südlich aufmacht. Durch die guten thermischen Winde eignet sich die Küste hier auch erstklassig zum Kitesurfen. Für Surfunterricht nach dem beschrifteten Kleinbus der **M&M Surfing School** (☎714-846-7873; www.mmsurfingschool.com; 3 Std. Gruppenunterricht 65 US$) Ausschau halten, der meist auf der Fläche nördlich des Piers parkt.

Das einzige Hotel, das vom Strand aus gut zu Fuß erreichbar ist, heißt **Pacific**

Inn (☎562-493-7501, 866-466-0300; www.pacificinn-sb.com; 600 Marina Dr; Zi. ab 159 US$; ❄@📶🏊🐾). Die kürzlich renovierten Zimmer sind mit Daunendecken und kostenlosem WLAN ausgestattet. Darüber hinaus gibt's einen Pool in sonniger Lage.

Was das Essen angeht, so sind eigentlich die meisten Restaurants auf der Main St empfehlenswert. Morgens ist **Nick's Deli** (223 Main St; Hauptgerichte 5–8 US$; ⏲Mo–Fr 7–19, Sa & So bis 16 Uhr) eine ausgezeichnete Wahl, denn dort gibt es die besten Frühstücks-Burritos des Countys (es wird etwa einer pro Minute verkauft). Publikumsliebling für frischen Fisch ist **Walt's Wharf** (www.waltswharf.com; 201 Main St; Hauptgerichte mittags 8–15 US$, abends 13–27 US$; ⏲11–15.30 & 16–21 Uhr); manche kommen sogar extra aus L.A. hierher. Am Wochenende ist das Walt's brechend voll und man kann fürs Abendessen nicht reservieren. Aber die lange Wartezeit für die auf Eichenholz gegrillten Fische, Meeresfrüchte oder Steaks, die mit leckeren Saucen serviert werden, lohnt sich.

Huntington Beach

Im Juni 2011 verlieh der Bürgermeister von Huntington Beach (HB) der Surflegende Kelly Slater den „Key to the city" (eine Art Ehrenbürgerschaft) – viel mehr muss man eigentlich nicht wissen, um den Charakter dieser Strandgemeinde zu durchschauen. HB ist seit fast 100 Jahren ein Surf-Mekka. Alles begann 1914, als der irisch-hawaiianische Surfstar George Freeth (der vom Eisenbahnmagnaten Henry Huntington nach Kalifornien geholt wurde) den exotischen Sport erstmals vorführte. In den letzten Jahren wurde das Surfimage von HB intensiv vermarktet, wobei die Stadtväter bei ihren Bemühungen, die Exklusivrechte an dem nun geschützten Beinamen „Surf City, USA" zu sichern, sogar etwas *aggro* (Surferslang für „besitzergreifend") geworden sind. Dieser Spitzname stammt ursprünglich von Jan and Deans gleichnamigem Pophit aus dem Jahr 1963. Aber der Sport ist auf jeden Fall ein großes Geschäft und so kommen die Einkäufer großer Einzelhändler her, um auszukundschaften, was die Surfer hier tragen, um den Look dann wenig später zu vermarkten.

Die kommerzielle Entwicklung entlang der Main St hat im Zentrum eine etwas vorgefertigte Atmosphäre hinterlassen, aber die langweiligen Fassaden werden oft belebt durch auf dem Gehweg „surfende" Skateboarder oder Betrunkene, die in den vielen Bars der Straße so richtig auf den Putz hauen. Ob man einfach mal den Blick über die schönen, blonden Menschen schweifen lässt, die im Sand Volleyball spielen, oder auf den Strandwegen entlang skatet: HB ist immer noch der Ort schlechthin, um den Lifestyle der Küste Südkaliforniens zu genießen.

Ende Juli findet in der Stadt die **US Open of Surfing** (www.usopenofsurfing.com) statt, ein Sechs-Sterne-Wettbewerb, der über 600 Surfer und 400 000 Zuschauer anzieht – auch mit zahlreichen Konzerten, Motocross-Shows und Skater-Jams.

👁 Sehenswertes & Aktivitäten

Surfen in Huntington Beach ist ein einziger Wettkampf. Wer sein Longboard nicht unter Kontrolle hat, zieht den Zorn der Einheimischen auf sich, die ihr Territorium verteidigen wollen. Deshalb ist es besser, nördlich vom Pier zu surfen und bei der **M&M Surfing School** (☎714-846-7873; www.mmsurfingschool.com; 3 Std. Gruppenunterricht 65 US$) Unterricht (inkl. Bodyguard) zu nehmen. Für Unterricht im Kitesurfen sollte man **Kitesurfari** (☎714-964-5483; www.kitesurfari.com; 18822 Beach Blvd; 3 Std. Unterricht ab 180 US$) ausprobieren. Wer die Surfer einfach nur in Aktion beobachten will, sollte runter zum **Huntington City Beach** am Fuß des Piers gehen. Gleich südlich davon liegt der **Huntington State Beach**, wo man am Strand ein Lagerfeuer machen kann. Bei den Konzessionären in der Nähe Holz kaufen und dann eine Betonfeuerstelle suchen. Am **Dog Beach**, nordwestlich von der Goldenwest St, kann man mit seinem Hund in der Brandung herumtollen. Huntington Beach ist stolz darauf, eine hundefreundliche Gemeinde zu sein: Beim Visitor Center bekommt man umfassende Listen mit einem Verzeichnis der Hundewiesen sowie der Cafés und Läden, die auf Hunde eingestellt sind.

International Surfing Museum MUSEUM
(☎714-960-3483; www.surfingmuseum.org; 411 Olive Ave; empfohlene Spende 2 US$; ⏲Mo & Mi–Fr 12–17, Di bis 21, Sa & So 11–18 Uhr) In diesem Museum neben der Main St gibt's eine kleine, aber interessante Sammlung an Surf-Denkwürdigkeiten. Die Ausstellungen erzählen mit Fotos, Surfboards und Surf-Musik die Geschichte des Sports. Es

werden auch Filme gezeigt und besondere Veranstaltungen angeboten. Genaue Informationen hierzu gibt's auf der Website.

Bolsa Chica State Ecological Reserve NATURSCHUTZGEBIET
(☎714-846-1114; ⊙Sonnenaufgang–Sonnenuntergang) Gleich nördlich von Huntington Beach schaut man vom Pacific Coast Hwy (PCH) aus auf das Bolsa Chica State Ecological Reserve. Auf den ersten Blick wirkt es vielleicht eher trostlos (besonders mit den kleinen, verstreuten Ölpumpen), aber dieser renaturierte Salzsumpf, in dem es von Vögeln nur so wimmelt, ist eine ökologische Erfolgsgeschichte: Berichten zufolge wurden hier im vergangenen Jahrzehnt 321 der 420 Vogelarten von Orange County gesehen. Diese 680 ha Land wurden von einer Gruppe entschlossener Einheimischer im Laufe der Jahre vor zahlreichen Erschließungsprojekten gerettet. Am Parkplatz neben dem PCH beginnt ein 2,5 km langer Rundweg. In der Nähe der Kreuzung zwischen PCH und Warner gibt's ein kleines **Informationszentrum** (3842 Warner Ave; ⊙Di–Fr 9–16, Sa & So 10–15 Uhr).

Schlafen

In Huntington Beach gibt's nicht viele günstige Übernachtungsmöglichkeiten. Das gilt vor allem im Sommer, wenn ganz gewöhnliche Motels ihre Preise absurd in die Höhe schrauben. Wer Budget-Unterkünfte sucht, sollte ins Landesinnere in Richtung I-405 fahren.

LP TIPP **Shorebreak Hotel** LUXUSHOTEL $$$
(☎714-861-4470; www.shorebreakhotel.com; 500 Pacific Coast Hwy; Zi. ab 224 US$;) Das brandneue Shorebreak – das neueste Hotel von Joie de Vivre, der weit verbreiteten kalifornischen Boutiquehotel-Kette – ist atemberaubend, elegant und gewinnt mühelos das Rennen um das coolste Hotel in Strandnähe. Es bietet einen luftigen Innenhof mit mehreren Feuerstellen, ein modernes Fitness-Center, einen abendlichen Weinempfang für die Gäste und 157 Zimmer mit Flachbild-TVs und Terrasse oder Balkon (einige davon zum Meer hin). Es gibt sogar einen „Beach Butler", der den Surfunterricht für die Gäste bucht.

Hotel Huntington Beach HOTEL $
(☎714-891-0123, 877-891-0123; www.hotelhb.com; 7667 Center Ave; Zi. ab 85 US$;) Diesem achtstöckigen Hotel, das aussieht wie ein Bürogebäude, fehlt es sicherlich an Persönlichkeit und es ist auch schon ein wenig abgewohnt, aber die Zimmer sind sauber und perfekt für Reisende, die gleich nach dem Aufstehen weiterfahren wollen (das Hotel grenzt an die I-405).

Comfort Suites HOTEL $$
(☎714-841-1812; www.comfortsuiteshuntingtonbeach.com; 16301 Beach Blvd (Hwy 39); Zi. 100–120 US$;) Diese Kette ist wegen des warmen Frühstücks (das z. B. Rühreier mit Speck umfasst), der kostenlosen Parkmöglichkeit und der unentgeltlichen WLAN-Nutzung erwähnenswert. Die Preise sind für komfortable beziehungsweise herausragende Zimmer sehr angemessen. Näher an der I-405 als am Strand. Zum Meer muss man etwa 10 Min. fahren.

Sun 'n Sands MOTEL $$
(☎714-536-2543, www.sunnsands.com; 1102 Pacific Coast Hwy; Zi. 149–189 US$, Mini-Suite 229–269 US$;) Dieses familienbetriebene Motel würde überall östlich der Stadt weit unter 100 US$ pro Nacht kosten, aber aufgrund seiner Lage gegenüber vom Strand kann es sich Preise in absurder Höhe erlauben. Von hier aus hat man Blick auf den Huntington Beach Pier, wodurch es nachts aber auch sehr laut werden kann.

Essen & Ausgehen

In HB eine Bar zu finden ist nicht schwer. Einfach am frühen Abend die Main Street hinaufgehen, und es scheint, als gäbe es in dieser Stadt nichts anderes als Bars.

Sugar Shack FRÜHSTÜCK $
(www.hbsugarshack.com; 2131/2 Main St; Hauptgerichte 5–10 US$; ⊙Mo, Di & Do 6–16, Mi bis 20, Fr–So bis 17 Uhr) Die Terrasse neben dem Gehweg ist der Ort, an dem man in diesem alteingesessenen Lokal an der Main St in HB am besten Leute beobachten kann. Und wer wirklich früh da ist, kann hier Surfer antreffen, die gerade in ihre Neoprenanzüge schlüpfen. Das Frühstücks-Special für 5,55 US$ umfasst zwei Pfannkuchen, ein Ei mit Speck oder ein Würstchen. Am Klemmbrett an der Außenwand kann man sich für einen Tisch anmelden.

Chronic Tacos MEXIKANISCH $
(www.eatchronictacos.com; 328 11th St; Hauptgerichte unter 8 US$; ⊙8–21 Uhr) Um die Haute Cuisine der Surfer zu kosten, empfiehlt es sich, in diesen mit Aufklebern übersäten Schuppen zu schlendern und einen frisch zubereiteten Fatty Taco zu bestellen. Dann sollte man es sich gemütlich machen und

eines der besten mexikanischen Gerichte der Umgebung genießen. Musik von The Dead aus der Stereoanlage, ein paar herumhängende Surfern, die Billard spielen, und gesprächige, lockere Mitarbeiter – man möchte am liebsten gar nicht mehr gehen. Weitere Filialen sind in ganz Südkalifornien zu finden.

Park Bench Cafe FRÜHSTÜCK, CAFÉ **$**
(www.parkbenchcafe.com; 17732 Goldenwest St; Hauptgerichte Frühstück 6–10 US$, Mittagessen 9–11 US$; ⌚Di–Fr 7.30–14, Sa & So bis 15 Uhr; 👪🐾) Eine kurze Fahrt östlich des PCH auf der Goldenwest St führt zu diesem schattigen Freiluftcafé im Huntington Central Park. Wer mit Hund reist, kann für seinen Liebling das Hound Dog Heaven Pastetchen von der Hunde-Speisekarte bestellen.

RA Sushi SUSHI **$$**
(www.rasushi.com; 155 5th St; Hauptgerichte 10–18 US$; ⌚Di–Fr 11–23 Uhr) Das Sushi ist ganz passabel in diesem trendigen, clubähnlichen Lokal, das sich an der Straße gegenüber vom Strand befindet. Die eigentliche Attraktion ist die kostengünstige Happy Hour (Mo–Sa 15–19 Uhr), u. a. mit einer langen Liste an vergünstigten Vorspeisen im asiatischen Stil, Gyoza mit Schweinefleischfüllung und knusprigen Tintenfischringen (je 5 US$) oder heißem Sake (2 US$) und Wodka-Martini (5 US$).

Deville PUB, BURGER **$**
(424 Olive Ave; Hauptgerichte 4–9 US$; ⌚Mo–Fr 11–23, Sa & So ab 10 Uhr) Dieser düstere, bodenständige Pub an der Straße gegenüber vom International Surfing Museum zählt hier wegen der leckeren Burger für 5 US$ und dem Bier für 1 US$ zu den beliebtesten Kneipen. Es befindet sich in einer kleinen Seitenstraße, daher ist es hier etwas ruhiger als in den lauten Bars an der Main St.

Duke's AMERIKANISCH **$$**
(www.dukeshuntington.com; 317 Pacific Coast Hwy; Mittagessen 9–15 US$, Abendessen 20–30 US$; ⌚Di–Sa Mittag bis 22, Mo 17–22 Uhr; 👪) Dieses Restaurant im Hawaii-Stil – nach der Surflegende Duke Kahanamoku benannt – ist eindeutig auf Touristen getrimmt, aber es ist auch unterhaltsam und bietet einen der besten Ausblicke weit und breit. Am besten beginnt man mit der Poke-Roll als Vorspeise und wählt dann als Hauptgang aus einer langen Liste den Fisch und den gewünschten Würzegrad aus. Wer einfach nur einen Drink möchte, sollte die Treppe hinunter in die Barefoot Bar gehen.

Beachfront 301 AMERIKANISCH **$$**
(www.beachfront301.com; 301 Main St; Hauptgerichte 8–18 US$; ⌚10 Uhr–open end; 👪) Diese lockere Bar mit Grillrestaurant ist für ihre belebte Happy Hour mit einem günstigen Angebot an Essen und Getränken bekannt (Mo ganztägig & Di–Fr 15–21 Uhr). Zu den Sonderangeboten gehören auch die Baja-style Chicken Tacos und die Zwiebelringe für 3 US$. Für 5 US$ bekommt man eine vegetarische Pizza, einen Santa Fe Chicken Wrap oder einen doppelten Cheeseburger.

ℹ Praktische Informationen

Huntington Beach Convention and Visitors Bureau (☎714-969-3492; www.surfcityusa.com; Suite 208, 301 Main St; ⌚Mo–Fr 9–17 Uhr) Im Kongress- und Visitor Center gibt's Stadtpläne für Touristen und weitere Informationen.

Newport Beach & Umgebung

Das Popkultur-Image von Newport Beach – reiche Kids, die mit Sportwagen über *The OC* fahren und ein ernsthafter George Michael Bluth, der wie in der Fernsehserie *Arrested Development* gefrorene Bananen an einem Stand verkauft – ist überraschend authentisch. Die nobelste Strandgemeinde in Orange County ist voller schöner, wohlhabender Menschen. Die Einheimischen, die fast alle unverbraucht und sonnengebräunt aussehen, sind in Sachen Urlaubskleidung die Referenz. Und es wird schwierig sein, auch nur einen einzigen sinnierenden Raucher mit Pickeln im Gesicht und einem zu groß geratenen Pullover zu finden. Und ja: Es gibt hier gefrorene Bananen (obwohl die klassische Sommererfrischung in Newport eigentlich der *Balboa Bar* ist, ein quadratisches Stück Vanilleeis, das in Schokolade getaucht und am Stil gereicht wird).

Warum also Newport besichtigen? Einfach, weil die Umgebung besonders schön ist. Die Stadt umschließt einen hübschen Naturhafen, der in den USA gar zu den größten Naturhäfen für Sportboote zählt. Die Balboa-Halbinsel, die mit einer Seite dem Hafen und mit der anderen dem offenen Meer zugewandt ist, bietet fantastisch breite Strände. Zu fast jeder Tageszeit sind die befestigten Strandwege, die bis an den Horizont zu reichen scheinen, von Fahrradfahrern, Joggern und Skatern bevölkert. Gleich südöstlich von Newport befinden sich die extravagante Strandgemeinde Corona del Mar und der historische Crystal Cove State Park.

Für eine bodenständigere Atmosphäre dem Hwy 55 nach Süden auf die Balboa-Halbinsel folgen. Auf der 6 Meilen (9,6 km) langen und 400 m breiten Halbinsel finden sich weiße Sandstrände, zahlreiche Hotels, Fischrestaurants und stilvolle Häuser – und viele Surfer, die durch die Wellen jagen. Hotels, Restaurants und Bars drängen sich um die beiden Piers der Halbinsel: den **Newport Pier** in der Nähe des westlichen Endes der Halbinsel und den **Balboa Pier** in der Nähe des östlichen Endes. Auf dem Streifen, der dem offenen Meer zugewandt ist, wimmelt es von Badefreudigen und man kann wunderbar Leute beobachten.

Sehenswertes & Aktivitäten

Lovell House HISTORISCHES GEBÄUDE
(1242 W Ocean Front) Dieses Haus aus dem Jahre 1926 ist eines der aus architektonischer Sicht bedeutendsten Häuser in Newport Beach. Es befindet sich neben dem Radweg am Strand. Es wurde vom wegweisenden modernistischen Architekten Rudolph Schindler entworfen und mit vor Ort gegossenen Betonrahmen und Holz gebaut.

Balboa Fun Zone VERGNÜGUNGSPARK
(www.thebalboafunzone.com; 603 E Bay Ave; ⌚So–Do 11–21, Fr & Sa bis 22 Uhr) Gegenüber vom Balboa Pier, auf jener Seite der Halbinsel, auf der sich der Hafen befindet, können Besucher in das kultige Riesenrad einsteigen (von oben aus hat man einen großartigen Blick aufs Meer) oder eine Runde auf dem Karussell von 1936 drehen.

Newport Harbor Nautical Museum MUSEUM
(☎949-675-8915; www.nhnm.org; Balboa Fun Zone, 600 E Bay Ave; Erw./Kind 4/2 US$; ⌚So–Do 11–18, Sa bis 19 Uhr) Dieses originelle Schifffahrtsmuseum präsentiert Modellschiffe, maritime Denkwürdigkeiten und hat auch einen kinderfreundlichen Bereich mit einem Touch Tank zu bieten – das ist ein Wasserbecken, in dem die Besucher mit den Meerestieren (Seesterne, Fledermausseesterne, Seeigel) aus den Gezeitentümpeln der Region auf Tuchfühlung gehen können. Der nahe **Balboa Pavilion**, ein Wahrzeichen aus dem Jahre 1905, ist nachts wunderschön beleuchtet.

Wedge SURFEN
Ganz an der Spitze der Halbinsel, neben dem West Jetty, befindet sich The Wedge, ein Ort zum Bodysurfen und Kneeboarden, der für seine perfekten Hohlwellen berühmt ist, die eine Höhe von über 9 m erreichen können. Sich an der kleinen Gruppe orientieren, die sich die hyperdynamischen Actionszenen von der Küste aus ansieht. Aber Achtung: Man sollte sich nicht selbst hineinwagen – die Wellen sind Brandungswellen und schmettern die Bodysurfer regelmäßig wie Stoffpuppen auf den Sand.

Balboa Island INSEL
In der Mitte des Hafens befindet sich diese Insel, auf der die Zeit stehengeblieben zu sein scheint. Ihre Straßen sind größtenteils immer noch von eng aneinander gereihten Strandhäusern aus den 1920er- und 1930er-Jahren gesäumt, einer Zeit, als dieser Ort noch ein sommerliches Ausflugsziel für die Bewohner von L.A. war. Die etwa 2,4 km lange Promenade, die einmal um die Insel führt, ist autofrei und lädt zum Bummeln oder Joggen ein. In der Nähe des Riesenrads auf der Hafenseite legt die **Balboa Island Ferry** (www.balboaislandferry.com; 410 S Bayfront; Erw./Kind/Auto & Fahrer 1/0,50/2 US$; ⌚6.30–24 Uhr) ab. Sie bringt Passagiere auf die andere Seite der Bucht. Die Fähre legt etwa elf Blocks westlich der Marine Ave, in der Agate Ave an, wo sich Bademode-Boutiquen, italienische Trattorien und Cocktailbars aneinanderreihen.

Orange County Museum of Art MUSEUM
(☎949-759-1122; www.ocma.net; 850 San Clemente Dr; Erw./Kind unter 12 Jahren 12 US$/frei; ⌚Mi & Fr–So 11–17, Do bis 20 Uhr) Dieses bezaubernde Museum, das weniger als 1 Meile (1,6 km) von Fashion Island entfernt ist, würdigt die kalifornische Kunst und top-aktuelle Künstler mit Ausstellungen die in den beiden großen Galeriebereichen alle vier bis sechs Monate wechseln. Außerdem gibt's einen Skulpturengarten, einen Geschenkeladen mit großer Auswahl und ein Kino. Dort laufen Klassiker, Filme zum Thema Kunst oder ausländische Streifen.

Corona del Mar STADTVIERTEL
Die noble Schlafstadt, die auf den privilegierten östlichen Klippen des Newport Channels liegt, bietet einen der besten Küstenblicke Südkaliforniens. Dazu gehört auch ein luxuriöser Abschnitt des Pacific Coast Hwy mit schicken Geschäften und Restaurants sowie der **Corona del Mar State Beach** (☎949-644-3151; www.parks.ca.gov; ⌚5–22 Uhr), der am Fuße felsiger Klippen liegt. Parken kostet 15 US$, in der

Newport Beach

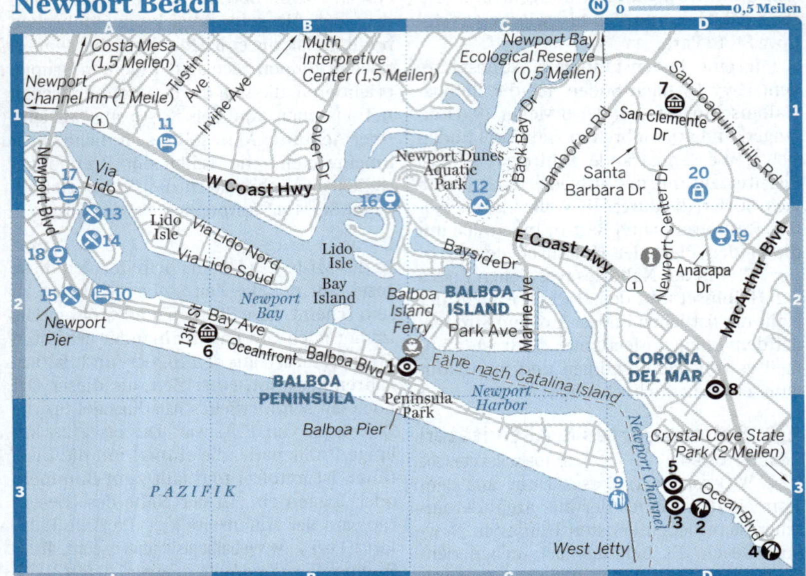

Hochsaison während der Sommerferien sogar noch mehr. Wer früh dran ist (oder das Glück auf seiner Seite hat), kann auch versuchen, einen kostenlosen Parkplatz oberhalb des Strands auf dem Ocean Blvd zu ergattern.

Der **Lookout Point** liegt oberhalb des Strands am Ocean Blvd, nahe der Heliotrope Ave. Die Einheimischen veranstalten hier Cocktailpartys zum Sonnenuntergang. Man sollte mit seinem Chardonnay aber etwas zurückhaltend umgehen, da offene Behältnisse eigentlich verboten sind. Stufen führen zur **Pirate's Cove** hinunter, die einen tollen, wellenlosen Strand hat und für Familien ideal geeignet ist. Einige Szenen aus *Gilligans Insel* wurden hier gedreht. Etwas weiter östlich, auf dem Ocean Blvd, befindet sich der **Inspiration Point**, ein weiterer toller Ort, um die Aussicht zu genießen. Kinder lieben den Gezeitentümpel gleich östlich am **Little Corona del Mar Beach**.

Die Vorzeigeattraktion von Corona del Mar ist die kleine Einrichtung **Sherman Library & Gardens** (☎949-673-2261; www.slgardens.org; 2647 E Coast Hwy; Erw./Kind 3/1 US$, Mo Eintritt frei; ⌚Gärten tgl. 10.30–16 Uhr, Bibliothek Di–Do 9–16.30 Uhr). Die Gärten sind gepflegt, üppig und äußerst farbenreich. Die kleine wissenschaftliche Präsenzbibliothek verwaltet eine Fülle historischer Dokumente aus ganz Kalifornien sowie Gemälde von frühen kalifornischen Landschaftsmalern. Wer um die Mittagszeit hier ist, kann mit Blick auf die Gärten im französisch angehauchten **Café Jardin** (☎949-673-0033; ⌚Mo–Fr 11.30–14 Uhr; Menü 20–25 US$) speisen.

Crystal Cove State Park — PARK

(☎949-494-3539; www.crystalcovestatepark.com; Pacific Coast Hwy; ⌚6 Uhr–Sonnenuntergang) Sobald man die Parkplätze (15 US$) hinter sich gelassen hat, vergisst man schnell, dass sich dieser Nationalpark eigentlich in einem überfüllten Ballungsgebiet befindet. Hier werden die Besucher mit über 800 ha unerschlossenem Waldgebiet und 5,6 km Küste überrascht. Jedermann glaubte früher übrigens, dass auch die Bergkuppen zum Nationalpark gehören, bis sie die Irvine Company, der derzeitige Grundeigentümer, planiert hat, um Platz für Mc Mansions zu schaffen – diese Häuser sind der Traum vieler Bewohner im OC. Für einen ruhigeren, kurzzeitigen Aufenthalt kann man bei **Reserve America** (☎800-444-7275; www.reserveamerica.com; Zeltstellplätze 20 US$) einen Zeltstellplatz auf einem der im Landesinneren gelegenen Campingplätze des Parks (einfache Wanderstrecke ca. 4,8 km) reservieren.

Newport Beach

Sehenswertes

1 Balboa Fun Zone ... B2
Balboa Pavilion ... (siehe 1)
2 Corona del Mar State Beach ... D3
3 Inspiration Point ... D3
4 Little Corona del Mar Beach ... D3
5 Lookout Point ... D3
6 Lovell House ... A2
Newport Harbor Nautical Museum ... (siehe 1)
7 Orange County Museum of Art ... D1
Pirate's Cove ... (siehe 5)
8 Sherman Library & Gardens ... D2

Aktivitäten, Kurse & Touren

9 Wedge ... D3

Schlafen

10 Bay Shores Peninsula Hotel ... A2
11 Holiday Inn Express ... A1
12 Newport Dunes Waterfront Resort & Marina ... C1

Essen

13 Bluewater Grill ... A2
14 Sabatino's Sausage Company ... A2
15 Sol Grill ... A2

Ausgehen

16 3-Thirty-3 Waterfront ... B1
17 Alta Coffee Warehouse ... A1
18 Cassidy's Bar & Grill ... A2
19 Muldoon's ... D2

Shoppen

20 Fashion Island ... D1

Newport Bay Ecological Reserve NATURSCHUTZGEBIET

Vom Hafen aus landeinwärts gelegen, wo das abfließende Wasser aus den San Bernardino Mountains auf das Meer trifft, bietet das leicht salzige Wasser des Newport Bay Ecological Reserve über 200 Vogelarten einen Lebensraum. Dies ist eines der wenigen Mündungsgebiete in Südkalifornien, die erhalten geblieben sind, und es ist ein wichtiges Zwischenziel auf dem Pacific Flyway. Das **Muth Interpretive Center** (949-923-2290; www.ocparks.com/unbic; 2301 University Dr; Di–So 10–16 Uhr) nahe der Irvine Ave und außerhalb der Sichtweite des Parkplatzes, ist aus nachhaltigen Materialien gebaut. Drinnen gibt's Schautafeln und Informationen zu dem etwa 304 ha großen Naturschutzgebiet sowie einen kinderfreundlichen, interaktiven Raum mit zahlreichen kleinen Terrarien, in denen Schlangen und Spinnen wohnen. Wer sich für geführte Touren mit Naturforschern und Back Bay Wochenendtouren mit dem Kajak interessiert (ab 20 US$/Pers.), sollte sich an **Newport Bay Naturalists & Friends** (949-640-6746; www.newportbay.org) wenden.

Schlafen

Die Preise fallen im Winter um 40 % (oder mehr). Die hier genannten Preise gelten für die Hauptsaison.

Newport Dunes Waterfront Resort & Marina CAMPINGPLATZ

(949-729-3863; www.newportdunes.com; 1131 Back Bay Dr; Stellplatz Zelt & Wohnmobil mit Anschlüssen ab 64 US$, Hütten ab 146 US$) Willkommen im Wohnmobil-Himmel. Neben diversen Anschlüssen bietet das Newport Dunes einen Pool, ein Spa, ein Spielzimmer und einen kleinen Strand an einer von Newports Brackwasserlagunen. Für diejenigen ohne einen Winnebago sind die winzigen Hütten ein gutes Angebot, vor allem in der Nebensaison. Es gibt auch ein paar Zeltstellplätze. In der Lobby kann man die Handabdrücke mehrerer Schauspieler der inzwischen abgesetzten Serie *O.C., California* in Beton sehen; das Erinnerungsstück wurde von seinem ehemaligen Ehrenplatz in der Touristeninformation hierher verbannt.

Newport Channel Inn MOTEL $$

(800-255-8614; www.newportchannelinn.com; 6030 W Coast Hwy; Zi. 109–200 US$) Radfahrer lieben dieses zweistöckige Motel wegen seiner Nähe zum Radweg am Strand, der sich direkt auf der anderen Straßenseite befindet. Weitere Argumente, die für dieses Motel sprechen, sind die großen Zimmer, eine große gemeinsame Sonnenterrasse und wirklich freundliche Inhaber. Das große Zimmer 219 unter dem Dach bietet bis zu sieben Personen Platz. Eine hervorragende, preisgünstige Wahl, die auch für Reisegruppen gut geeignet ist.

Bay Shores Peninsula Hotel HOTEL $$

(949-675-3463, 800-222-6675; www.thebestinn.com; 1800 W Balboa Blvd; DZ 179–300 US$) *Endless Summer* als Motiv für die Wandgestaltung, frisch gebackene Cookies, Regale mit kostenlosen Filmen … Dieses dreistöckige Hotel verströmt eine fröhliche, auf Strand getrimmte Gastfreundlichkeit, die allen Zugang zum Surfer-Lifestyle zu ermöglichen scheint, auch Landratten mittleren Alters, die noch nie in ihrem Leben ein Board angefasst haben.

Holiday Inn Express MOTEL **$$**
(☎800-308-5401; www.hienewportbeach.com; 2300 W Coast Hwy; Zi. 190–219 US$; ❄@🏊📶) Regionaler Charme ist in diesem Holiday Inn Motel eher spärlich gesät, dafür ist es aber preiswert. Die Zimmer sind modern eingerichtet und verfügen über Extras wie Mikrowelle und Kühlschrank. Zentrale Lage am PCH zwischen den großen Attraktionen.

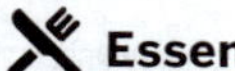

Essen

LP TIPP **Bluewater Grill** SEAFOOD **$$**
(www.bluewatergrill.com; 630 Lido Park Dr; Hauptgerichte 8–30 US$; ⌚Mo–Do 11–22, Fr & Sa bis 23, So 10–22 Uhr) Dieses Fischrestaurant im Neuengland-Stil hat ein lockeres und dennoch elegantes Ambiente. Es befindet sich an einem ruhigen Fleck am Rand der Bucht und begeistert die Einheimischen mit seinen großzügigen Sitzplätzen auf der Veranda, der Austernbar, dem frisch gegrillten Schwertfisch und der berühmten Muschelsuppe nach Art des Hauses. Zum Mittagessen sollte man die Wraps mit Ceviche und Salat probieren oder zur Happy Hour (Mo–Fr 15.30–18.30 Uhr) kommen und an der Bar mit Seefahrer-Atmosphäre Platz nehmen.

Sabatino's Sausage Company ITALIENISCH **$$**
(www.sabatinoschicagosausage.com; 251 Shipyard Way; Hauptgerichte 10–27 US$; ⌚Mo–Fr 11–22, Sa & So ab 8.30 Uhr) Vom Bluewater Grill aus befindet sich dieses angenehm rustikale italienische Restaurant mit karierten Tischdecken und Rotwein aus dem Zapfhahn gleich um die Ecke. Es ist für seine sizilianische Wurst berühmt – wer hier zu Gast ist, kann beobachten, wie die Einheimischen hereinströmen, um an der Theke in der Mitte einzukaufen. Aber das Sabatino's bereitet auch schmackhafte Eintöpfe mit Meeresfrüchten oder Pasta mit frischen Venus- und Miesmuscheln zu. Wer in einer kleinen Gruppe hierher kommt, dem sei als Vorspeise die brutzelnde Wurstpfanne (mit sautierten Paprika und Zwiebeln) empfohlen. Man sollte wissen, dass das Sabatino's etwas versteckt liegt, nämlich auf der Seite, die der Bucht zugewandt ist. Es ist zwar nicht sonderlich weit vom Strand entfernt, aber es liegt auch nicht gerade auf dem Weg.

Sol Grill SEAFOOD, AMERIKANISCH **$**
(www.solgrill.com; 110 McFadden Pl; Hauptgerichte 5–25 US$; ⌚Di–So 17–22 Uhr; 👪) Diese bodenständige Bar mit angeschlossenem Speiselokal ist auf Ahi Chowder (Thunfischsuppe), Hummer-Ravioli und fruchtigen Sangria spezialisiert. Es hat farbenfroh gestrichene Wände sowie ein bescheidenes Ambiente. Abends gibt's Livemusik und Kerzenlicht. Dieser Ort ist erfrischend unkonventionell – besonders angesichts seiner Lage auf der anderen Straßenseite des Newport Pier. Und die Preise sind wirklich mehr als fair.

Ausgehen

Ruby's Crystal Cove Shake Shack CAFÉ, SAFTBAR
(☎949-464-0100; 7703 E Coast Hwy; Shakes unter 5 US$; ⌚10 Uhr–Sonnenuntergang) Dieser Milchshake-Stand aus Holz macht den Eindruck, schon immer da gewesen zu sein. Und tatsächlich steht er hier schon seit geraumer Zeit. Er gehört jetzt zwar zu Ruby's-Diner-Kette, aber die Shakes und der Blick aufs Meer sind genauso gut wie früher. Der Stand befindet sich gleich östlich vom Crystal Cove/Los Trancos Eingang zum State Park.

Alta Coffee Warehouse COFFEESHOP
(www.altacoffeeshop.com; 506 31st St; ⌚So–Do 7–23, Fr & Sa bis 24 Uhr) Stammgäste hängen ihre Tasse in diesem gemütlichen Coffeeshop, der in einem einladenden Bungalow untergebracht ist, gern an die Wand. Den Iced Toffee Coffee probieren oder mittags auf einen Salat auf der Veranda vorbeischauen.

Muldoon's PUB
(www.muldoonspub.com; 202 Newport Center Dr; ⌚Di–Sa 11.30–open end, So 10.30–15 Uhr) Die irische Tradition Südkaliforniens wird im lebendigen Muldoon's gepflegt. Es befindet sich auf einer schmalen Promenade gegenüber von Fashion Island.

Cassidy's Bar & Grill BAR
(2603 Newport Blvd; ⌚11 Uhr–open end) Diese Kneipe in zentraler Lage bietet günstige Drinks, süchtig machende Cheeseburger (für den besonderen Kick die charakteristische Hot Pepper Sauce dazunehmen) und Specials wie saftige Ribs oder Hühnchen. Um die Mittagszeit sind deshalb – auch unter der Woche – die meisten Barhocker ständig besetzt. An der Kreuzung von Balboa und Newport Blvd gelegen.

ABSTECHER

COSTA MESA

Es gehört schon viel dazu, die Bewohner von Newport Beach vom geliebten Sand und dem Meer wegzuholen. Aber wenn es etwas gibt, das sie noch mehr lieben als Segeln, Biken und Stehpaddeln, dann ist es ein fabelhaftes Aussehen – sie alle pilgern daher häufig in den im Landesinneren gelegenen Vorort von Costa Mesa, um ihre Kreditkarten im **South Coast Plaza** (☎800-782-8888; www.southcoastplaza.com; 3333 Bristol St) gewaltig zu beanspruchen. In diesem ausgedehnten Einkaufszentrum sind 300 Luxusgeschäfte untergebracht. Es zieht jährlich 25 Mio. Besucher an und verzeichnet einen Jahresumsatz von etwa 1,5 Mrd. US$. Boutiquen wie Chanel und Rolex tragen ihren Teil dazu bei, die Zahlen hoch zu halten.

Wer nicht bereit ist, 1000 Dollar für einen Bikini und Sandalen auszugeben, sollte eher das **Lab** (☎714-966-6660; www.thelab.com; 2930 Bristol St; ⏲Mo–Sa 10.30–21, So 11–18 Uhr) besuchen, eine mit Efeu bewachsene „Anti-Mall" im Freien, wo alternative Shopper in Vintage-Mode, trendigen Klamotten und einer vielfältigen Auswahl an Tennisschuhen stöbern können. Im Lab auch beim feurigen, kubanisch angehauchten Lokal **Habana** auf einen Mojito vorbeischauen oder nebenan die Bar im Stil der 1960er-Jahre mit den von den Südstaaten inspirierten, kleinen Gerichten im **Memphis Cafe** (www.memphiscafe.com) ansteuern. Noch einen stimmungsvolleren und trendigeren Ort im sonnigen Newport zu finden, ist nahezu unmöglich.

3-Thirty-3 Waterfront BAR, LOUNGE
(www.3thirty3nb.com; 333 Bayside Dr; ⏲Mo–Fr 11.30–2, Sa & So ab 9 Uhr) Diese stilvolle Lounge am Hafen, die perfekt ist für eine entspannte Happy Hour mit Freunden (man sollte die Gourmet-Sandwiches und die Pommes probieren), verwandelt sich im Laufe des Abends in einen Treffpunkt der klischeehaften „Szene" Newports – d.h. man trifft auf mit Botox behandelte (Ex-) Schönheiten sowie sonnengegerbte Segler, die alle im mitternächtlichen Jagdfieber sind. Am Wochenende gibt's hier morgens einen angesagten Brunch mit einer Bar, an der man sich seinen Bloody Mary selbst mixen kann, außerdem gigantische Frühstücks-Burritos.

Shoppen

Eine Folge winziger Boutiquen säumt den Pacific Coast Hwy in Corona del Mar. Auf Balboa Island reihen sich auf der Marine Ave bescheidene (aber nicht unbedingt preiswerte) Geschäfte in einer dörflichen Atmosphäre aneinander.

Fashion Island EINKAUFSZENTRUM
(www.shopfashionisland.com; 401 Newport Center Dr; ⏲Mo–Fr 10–21, Sa bis 19, So 11–18 Uhr) Dieses schicke Einkaufszentrum, das manchmal als „Fascist Island" bezeichnet wird, hat annähernd 200 Geschäfte und zieht Shopper auf ihrem Beutefeldzug einfach magisch an. Seine luftigen Fußgängerwege im mediterranen Stil sind von Fachgeschäften, nationalen Ketten, gehobenen Ständen, Restaurants und dem saisonalen Koi-Teich und dem Brunnen gesäumt. Die wichtigsten Geschäfte sind u.a. Bloomingdales, Macy's und Neiman Marcus. Es gibt auch einen kleinen Innenbereich, den Atrium Court, in dem ein Barnes & Noble untergebracht ist.

Praktische Informationen

Für die besten Informationen bestellt man sich auf der Website des **Newport Beach Conference and Visitors' Center** (☎949-719-6100; www.newportbeach-cvb.com; Suite 120, 1200 Newport Center Dr; ⏲9–17 Uhr) vor seiner Ankunft einen Reiseführer.

Unterwegs vor Ort

Der Bus 71 von **OCTA** (☎714-560-6282; www.octa.net) hält an der Ecke Pacific Coast Hwy und Hwy 55 und fährt nach Süden zur Palm St neben dem Balboa Pier. Dieser Bus startet etwa alle 45 Minuten und die Fahrt vom Newport Pier zum Balboa Pier dauert etwa 8 Minuten. Bus 57 hingegen fährt nach Norden zur South Coast Plaza in Costa Mesa. Er fährt täglich etwa alle 30 Minuten vom Newport Transportation Center auf dem San Nicolas Dr (nahe Fashion Island) zur South Coast Plaza. Die Fahrt dauert etwa 25 Minuten. Über die aktuellen Fahrpläne informiert man sich am besten im Internet.

Der Fahrpreis beträgt 1,50 US$ pro Fahrt (nur Bargeld). Die Fahrkarten sind an den OCTA-Fahrkartenautomaten oder beim Busfahrer erhältlich (passend zu bezahlen). Eine Tageskarte (beim Fahrer erhältlich) kostet 4 US$.

Laguna Beach

25130 EW.

Wer schon immer mal geradewegs in ein Gemälde hineinspazieren wollte, kommt dem mit einem Bummel durch Laguna Beach bei Sonnenuntergang recht nah. Aber versteckte Buchten, romantische Klippen, azurblaue Wellen und Parks am Wasser sind nicht die einzigen ästhetischen Anziehungspunkte. Skulpturen, Kunstfestivals und Galerienächte bescheren der Stadt eine künstlerische Sensibilität, die man nirgendwo sonst in Südkalifornien findet. Die meisten Einheimischen hier haben, trotz ihres Vermögens, eine angenehme Einstellung, die man wohl am besten mit „leben und leben lassen" beschreiben könnte. Es liegt eine offensichtliche, künstlerische Lebensfreude in der Luft, die den Sinn für Spaß schärft (die Kids der MTV-Serie *Laguna Beach* bilden dabei die einzige störende Ausnahme).

Die natürliche Schönheit der Stadt war wie ein Sirenengesang für Norman St. Clair aus San Francisco, der Laguna um 1910 für sich entdeckte und hier blieb, um ihre Brandung, Klippen und Hügel zu malen. Seine Begeisterung zog andere Künstler an, die, beeinflusst vom französischen Impressionismus, als Pleinair- oder Freilichtmaler bekannt wurden.

Das teils in Canyons und teils auf der Steilküste liegende Laguna bietet mit einem Mix aus klassischen Arts-and-Crafts-Gebäuden und auffallenden (ab und zu auch grellen) modernen Häusern ebenfalls eine erfrischende Abwechslung zur beigefarbenen Kasten-Architektur des Orange Countys. Es gibt außerdem ein andersartiges Zentrum, bekannt als „The Village", mit Geschäften, Kunstgalerien und Restaurants.

Obwohl Laguna an Sommerwochenenden vor Touristen geradezu überquillt, gibt es jede Menge nicht überfüllter Strände, wenn man sich erst einmal vom Zentrum und dem angrenzenden Main Beach wegbewegt.

Sehenswertes & Aktivitäten

Laguna erstreckt sich über 7 Meilen (11 km) entlang des Pacific Coast Hwy. Geschäfte, Restaurants und Bars häufen sich in The Village auf einem etwa 400 m langen Streifen an drei parallel verlaufenden Straßen: Broadway, Ocean Ave und Forest Ave.

Laguna Art Museum MUSEUM

(☎949-494-8971; www.lagunaartmuseum.org; 307 Cliff Dr; Erw./Kind unter 12 Jahren/Schüler 12/frei/10 US$; ⊙11–17 Uhr, im Sommer länger) Dieses Museum zeigt wechselnde Ausstellungen, die normalerweise einen oder zwei kalifornische Künstler präsentieren, sowie eine Dauerausstellung, bei der die Landschaft Kaliforniens, alte Fotos und Arbeiten der frühen Künstler von Laguna im Mittelpunkt stehen. Das Museum versucht auch, neue Künstler zu fördern und zeigt herausragende ausländische Filme. Das Museum ist beim **First Thursdays Art Walk** (☎949-683-6871; www.firstthursdaysartwalk.com; freier Museeumseintritt; ⊙17–21 Uhr) ein zentral gelegener Anlaufpunkt. Während dieses geselligen monatlichen Events öffnet eine Vielzahl von Galerien ihre Tore für einen Abend voller Kunst, Musik und Sonderausstellungen.

Pacific Marine Mammal Center NATURZENTRUM

(www.pacificmmc.org; 20612 Laguna Canyon Rd; ⊙10–16 Uhr; 👪) Eine gemeinnützige Organisation, die sich der Rettung und Rehabilitation von verletzten oder kranken Meeressäugetieren widmet. Dieses Zentrum, das sich im Nordosten der Stadt befindet, hat eine kleine Belegschaft und viele Freiwillige, die helfen, gerettete Flossenfüßer – meist Seelöwen und Robben – zu pflegen, bevor sie wieder in die freie Wildbahn entlassen werden. Es gibt mehrere Becken und Gehege im Freien – aber nicht vergessen: Das hier ist eine Rettungsstation und nicht SeaWorld. Dennoch ist ein Besuch lehrreich und anrührend. Eintritt gegen Spende. Zudem kommt alles, was im Souvenirladen gekauft wird (Stofftiere ausgenommen), den Tieren zugute.

STRÄNDE

Mit seinen 30 öffentlichen Stränden und Buchten lässt sich Laguna perfekt auf eigene Faust erkunden. Viele Strände sind zwar hinter millionenschweren Häusern versteckt, aber wenn man genau hinsieht, findet man eine der vielen Treppen, die hinunter zum Sand führen. Wer von The Village auf dem PCH nach Süden fährt, sollte einfach eine Querstraße Richtung Meer wählen und nachsehen, was es dort gibt.

Der **Main Beach**, der sich am westlichen Ende des Broadway befindet, hat Volleyball- und Basketballfelder, Bänke, Tische und Toiletten. Es ist auch der beste Strand

Laguna Beach

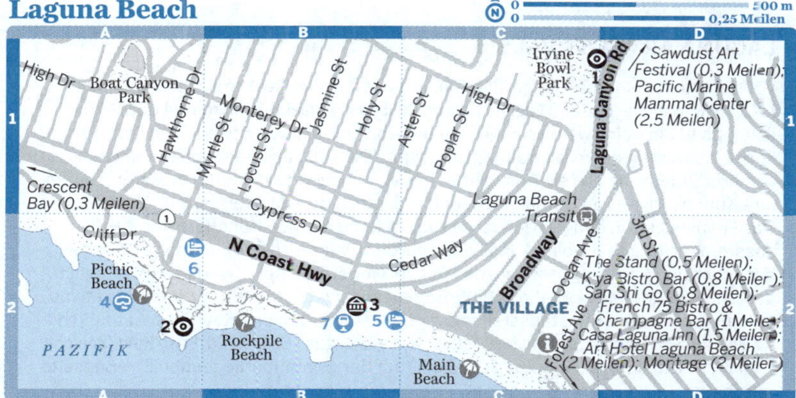

Laguna Beach

Sehenswertes

1 Festival of the Arts C1
2 Heisler Park A2
3 Laguna Art Museum B2

Aktivitäten, Kurse & Touren

4 Diver's Cove A2

Schlafen

5 Inn at Laguna Beach B2
6 Laguna Cliffs Inn A2

Ausgehen

7 Las Brisas B2

zum Schwimmen. Nordwestlich vom Main Beach ist es zum Surfen zu felsig. Die Gezeitentümpel sind am interessantesten (Gezeitentümpel-Etikette: vorsichtig vorangehen und keine Lebewesen wegnehmen, die man an den Felsen findet).

Um einen großartigen Blick auf die zerklüfteten Buchten und das tiefblaue Meer zu genießen, dem Weg gleich nordwestlich vom Main Beach zum grasbewachsenen, auf einer Klippe gelegenen **Heisler Park** folgen. Man sollte unbedingt die Kamera mitnehmen! Hinter dem Park runter zum **Diver's Cove** gehen, einer tiefen, geschützten Bucht, die bei Schnorchlern und natürlich auch bei den Tauchern beliebt ist. Nordwestlich der Stadt hat **Crescent Bay** große, rund brechende Wellen aufzubieten, die gut zum Bodyboarden sind. Parken ist hier jedoch kein leichtes Unterfangen; man kann es aber auf der Steilküste über dem Strand probieren.

Geführte Touren

Das Visitors Center hat Broschüren mit einer ausführlichen Beschreibung von Touren, die man in Eigenregie unternehmen kann. *The Heritage Walking Companion* ist eine Tour zur Architektur der Stadt, wobei der Schwerpunkt auf Bungalows und Cottages liegt. Die Tour *Laguna by Bus*, die man ebenfalls auf eigene Faust unternehmen kann, gibt einen allgemeineren Überblick.

First Thursdays Art Walk STADTSPAZIERGANG
(☎949-683-6871; www.firstthursdaysartwalk.com; Eintritt frei) Es geht sehr fröhlich zu bei diesen Spaziergängen durch das Zentrum, die an jedem ersten Donnerstag im Monat von 18 bis 21 Uhr stattfinden. Es können u.a. 40 lokale Galerien und das Laguna Art Museum besichtigt werden. Shuttles fahren vom Museum zu verschiedenen Galerien.

Schlafen

Die meisten Hotels in Laguna liegen am Pacific Coast Hwy und der Verkehr kann sehr laut sein. Wer empfindlich ist, sollte nach einem Zimmer fragen, das von der Straße abgewandt ist oder zumindest Ohrstöpsel verwenden. Budgetunterkünfte sind im Sommer Fehlanzeige, aber Laguna ist der beste Ort im Orange County für reizende Privatunterkünfte. Die folgenden Preise gelten für den Sommer. Sobald es Herbst wird, sinken sie erheblich.

Casa Laguna Inn B&B **$$$**
(☎800-233-0449; www.casalaguna.com; 2510 S Coast Hwy; Zi. ab 300 US$;) Lagunas B&B-Juwel ist um ein histori-

NICHT VERSÄUMEN

LAGUNA ART FESTIVALS

Vor der Kulisse eines 2,4 ha großen Canyons ist das **Festival of Arts** (☎949-494-1145; www.foapom.com; 650 Laguna Canyon Rd; Erw./Schüler & Senioren 7/4 US$; ⏲Juli & Aug. ab 10 Uhr), ein zweimonatiges Festival mit Original-Kunstwerken in fast jeder Form, die wichtigste Veranstaltung in Laguna. Die 140 ausstellenden Künstler, die vor ihrer Zulassung alle ein Auswahlverfahren mit Jury durchlaufen mussten, zeigen ihre Kunstwerke – von Gemälden über handgefertigte Möbel bis hin zu Schnitzereien. Das Festival, das in den 1930er-Jahren von ortsansässigen Künstlern, die Käufer zusammentrommeln wollten, ins Leben gerufen wurde, zieht heutzutage Stammbesucher und Gäste aus der ganzen Welt an. Neben den Kunstwerken gibt's täglich kostenlose Künstler-Workshops, Führungen und Live-Unterhaltung. Wer eine etwas unkonventionellere Kunstausstellung vorzieht, sollte sich das **Sawdust Art Festival** (☎949-494-3030; www.sawdustartfestival.org; 935 Laguna Canyon Rd; Erw./Kind/Senior 7,75/3,25/6,25 US$; ⏲ Juli & Aug. 10–22 Uhr) auf der gegenüberliegenden Straßenseite anschauen.

Der aufregendste Teil des Hauptfestivals ist das **Pageant of the Masters** (☎949-497-6582; www.pageanttickets.com; Eintritt 15–100 US$; ⏲Juli & Aug. tgl. 20.30–23.30 Uhr), bei dem menschliche Models nahtlos mit Nachstellungen berühmter Gemälde verschmelzen. 1933 war es zunächst die Nebenattraktion des Hauptfestivals. Der Ticketverkauf beginnt normalerweise schon Anfang Dezember des Vorjahres – und die Tickets sind noch vor Jahresende ausverkauft. Manchmal kann man am Eingang noch Tickets ergattern, die kurzfristig storniert wurden.

sches Haus im Mission-Revival-Stil aus den 1920er-Jahren herum gebaut und von einer üppigen, gepflegten und durchdachten Bepflanzung umgeben. Die Zimmer befinden sich in früheren Künstlerbungalows aus den 1930er- und 1940er-Jahren. Sie sind alle mit herrlichen Betten ausgestattet, einige auch mit Whirlpool. Es gibt ein reichhaltiges Frühstück und abends Wein und Käse.

Laguna Cliffs Inn INN $$$
(☎949-497-6645; www.lagunacliffsinn.com; 475 N Coast Hwy; Zi. 209–379 US$; ❄🏊) Ob es nun ein gutes Feng Shui, das freundliche Personal, die gemütlichen Betten oder die Nähe zum Meer sind – irgendwie fühlt sich diese Unterkunft mit ihren 36 Zimmern richtig an. Von den großen grünen Kissen auf dem Bett und dem Flachbild-TV bis hin zum Parkettboden ist die Ausstattung ein schönes Zusammenspiel von neu, gemütlich und sauber. Für einen entspannten Tagesabschluss sollte man es sich mit seinem Schatz draußen im Whirlpool gemütlich machen, wenn die Sonne über dem Meer untergeht. Früher war es unter dem Namen By the Sea Inn bekannt.

Montage RESORT $$$
(☎949-715-6000, 866-271-6953; www.montagelagunabeach.com; 30801 S Coast Hwy; DZ ab 580 US$; @📶🏊) Das Montage, das weit und breit als das luxuriöseste und trendigste Resort der Gegend gilt, ist ein Ort zum Wohlfühlen, an dem man sich zu zweit in einen lauschigen Bungalow zurückziehen kann. Auch wenn man nicht hier übernachtet, kann man für eine Spa-Behandlung oder einen Cocktail hierher kommen und die Kunst in der Lobby sowie den spektakulären Pool mit Sonnenstrahlen-Mosaik bewundern. Am südlichen Ende des Resorts gibt es eine öffentliche Tiefgarage und einen öffentlichen Spazierweg, der sich mit Blick aufs Meer entlang der Klippen um das Gelände schlängelt und einen Zugang zum Sandstrand bietet.

🍃 **Art Hotel Laguna Beach** HOTEL $$
(☎877-363-7229; www.arthotellagunabeach.com; 1404 N Coast Hwy; Zi. ab 154 US$; @📶🏊) Dieses Hotel mit einfacher Einrichtung und 28 Zimmern, das sich 1 Meile (1,6 km) nördlich des Zentrums in der Nähe des Crystal Cove State Parks befindet, wartet mit attraktiven Extras auf, darunter auch gratis WLAN, kostenloses Parken, eine Handvoll Zimmer mit Meerblick und eine Terrasse mit einem brandneuen Whirlpool.

Inn at Laguna Beach HOTEL $$$
(☎949-497-9722; www.innatlagunabeach.com; 211 N Coast Hwy; Zi. 199–599 US$; @📶🏊) Das dreistöckige weiße Hotel aus Beton liegt am Nordende des Main Beach und wählt

mit angenehmer Finesse den goldenen Mittelweg zwischen schick und gemütlich. Alle Zimmer haben einen frischen, sauberen Look, der durch Fensterläden und dicke Federbetten noch aufgewertet wird. Einige haben einen Balkon mit Blick aufs Wasser. Man muss aber auf die Zusatzkosten achten: Parken kostet 20 US$ am Tag, die Resortgebühren betragen weitere 25 US$.

Essen

French 75 Bistro & Champagne Bar FRANZÖSISCH **$$**
(☎949-494-8444; www.french75.net; 1464 S Coast Hwy; Hauptgerichte 19–35 US$; ⏰16.30–23 Uhr) Fantastischer Coq-au-Vin, Schokoladen-Soufflé und eiskalte Champagner-Cocktails (an der Bar tgl. 16.30–18.30 Uhr zum halben Preis) sind die Hauptattraktionen dieses vornehmen, aber gemütlichen Bistros. Ein hervorragender Ort, um einen romantischen Abend zu verbringen. Reservierung wird empfohlen.

San Shi Go SUSHI **$$**
(1100 S Coast Hwy; Hauptgerichte 10–25 US$; ⏰Di–Fr 11.30–14, Mo–Do 17–22, Fr & Sa 17–23 Uhr) In diesem etwas versteckten Sushi-Lokal hat man von einigen Tischen aus einen guten Blick aufs Meer. Viel wichtiger: Die Regenbogen-Rolle und die Zitronen-Lachs-Rolle zergehen praktisch auf der Zunge. Wer es authentischer mag, kann sich an die Sushi-Bar setzen und den Küchenchef darum bitten, dass er einem etwas Besonderes zubereitet (z. B. eine Rolle, die nicht auf der Karte steht).

The Stand VEGAN **$**
(238 Thalia St; Hauptgerichte 6–12 US$ ⏰7–19 Uhr, 🌱) Dieser winzige Tribut an die vegane Küche spiegelt die Highlights des Lebens in Laguna wider – es ist sympathisch, anspruchslos und voller Individualität. Die große Speisekarte beinhaltet Sandwiches mit Hummus und Guacamole, Sonnenblumensprossen-Salate und Burritos mit Bohnen und Reis. Für den kleinen Hunger ein Smoothie oder die Mais-Tortillachips mit Salsa probieren und dazu ein Plätzchen auf der Holzterrasse ergattern.

Ausgehen

K'ya Bistro Bar COCKTAILBAR
(www.kyabistro.com; 1287 S Coast Hwy) In dieser schicken Dachbar gibt's Killer-Cocktails (hat irgendjemand Lust auf einen Erdbeer-Balsamico-Martini?) und leckere kleine Gerichte. Diese Bar, die sich auf dem La Casa del Camino Hotel befindet, ist wegen des tollen Ausblicks auf die Küste und ihrer sympathischen Atmosphäre erwähnenswert. Einfach den vielen Leuten durch die Lobby des Hotels folgen und mit dem Fahrstuhl auf die Dachterrasse fahren. Auf der Cocktailkarte stehen fünf verschiedene Mojitos, darunter auch die Sorten Mango und Waldfrucht.

Las Brisas COCKTAILBAR
(☎949-497-5434; www.lasbrisaslagunabeach.com; 361 Cliff Dr) Die Einheimischen rollen mit den Augen, wenn man diesen Ort voller Touristen nur erwähnt, aber Auswärtige strömen aus gutem Grund hierher: Von den Klippen aus hat man einen tollen Blick auf den Strand. Margaritas schlürfen und dabei von der verglasten Terrasse aus die rauschenden Wellen betrachten – das Bild von der Küste wird einen unvergesslichen Eindruck hinterlassen. Zur Cocktail-Hour wird's brechend voll; deshalb vorab reservieren.

Praktische Informationen

Laguna Beach Library (☎949-497-1733; www.ocpl.org; 363 Glenneyre St; ⏰Mo–Mi 10–20, Do bis 18, Fr & Sa 10–17 Uhr; @📶) Kostenloses WLAN sowie Computer für die Besucher.

Laguna Beach Visitors Center (☎949-497-9229; www.lagunabeachinfo.org; 381 Forest Ave; ⏰Mo–Fr 10–16 Uhr) Die Mitarbeiter in diesem Visitors Center sind sehr hilfsbereit und es gibt eine ganze Wand mit Karten, Broschüren, Busfahrplänen und Coupons.

Anreise & Unterwegs vor Ort

Um vom I-405 nach Laguna zu gelangen, nimmt man den Hwy 133 (Laguna Canyon Rd) in Richtung Südwesten. Laguna wird von OCTAs (☎714-560-6282; www.octa.net) Bus 1, der von Long Beach nach San Clemente der Küste folgt, angesteuert.

Wichtigster Rat? Jede Menge Vierteldollar-Münzen mitbringen, um die Parkuhren zu füttern. Laguna ist von steilen Canyons eingeschlossen und Parken ist ein ewiges Problem. In und um The Village findet man auch ein paar Geldwechselautomaten im Freien (es gibt einen auf dem Cliff Dr beim Heisler Park). Wer über Nacht bleibt, sollte sein Auto am Hotel abstellen und mit dem Lokalbus fahren. Parkplätze in The Village kosten 10 bis 20 US$ oder mehr und sind im Sommer bereits recht früh voll.

Laguna Beach Transit (☎949-497-0746; www.lagunabeachcity.net; 375 am Broadway) hat seinen zentralen Busbahnhof am Broadway, gleich nördlich des Visitors Center im Herzen von The Village. Das Unternehmen versorgt drei Strecken in stündlichen Intervallen (Mo–Fr etwa 7–18, Sa 9–18 Uhr). Die Strecken sind farblich gekennzeichnet und leicht nachvollziehbar, können sich aber ändern. Für Reisende ist die wichtigste Strecke jene, die am PCH von Nord nach Süd verläuft. Im Hotel oder dem Visitors Center gibt's Broschüren und Fahrpläne. Der Fahrpreis beträgt 0,75 US$ (nur passend zahlen). Alle Routen sind im Juli und August kostenlos. Sonntags kein Service.

San Juan Capistrano

San Juan Capistrano ist für die Schwalben bekannt, die jedes Jahr am 19. März (manchmal kommen sie auch etwas früher an) von ihrem Winterquartier zurückkehren. Zudem ist es die Heimat des „Juwels der kalifornischen Missionen".

Sehenswertes & Aktivitäten

Mission San Juan Capistrano HISTORISCHE STÄTTE

(☎949-234-1300; www.missionsjc.com; 31882 Camino Capistrano, Ecke Ortega Hwy; Erw./Kind/Senior 9/5/8 US$; ⊙8.30–17 Uhr) Diese wunderschöne Mission, die etwa 10 Meilen (16 km) südöstlich von Laguna Beach im Landesinneren liegt, wurde um eine Reihe von Arkaden aus dem 18. Jh. errichtet, die von fotogenen Brunnen und üppigen Gärten umgeben sind. Die reizende Serra Chapel, die außen weiß getüncht und innen mit lebhaften Fresken dekoriert ist, gilt als das älteste Gebäude in Kalifornien. Es ist die einzige noch existierende Kapelle, in der Pater Junípero Serra Messen abgehalten hat. Er hat die Mission am 1. November 1776 gegründet und sich über viele Jahre selbst darum gekümmert. Besonders bewegend sind die Überreste der Great Stone Church, die 1812 von einem Erdbeben fast vollständig zerstört wurde. Dabei wurden 42 Indianer, die in der Kirche an einem Gottesdienst teilnahmen, getötet. Mindestens eine Stunde sollte man für die Besichtigung einplanen. Im Eintrittspreis ist eine lohnende Audiotour mit interessanten Geschichten, die von Einheimischen erzählt werden, enthalten.

Um die Rückkehr der Schwalben nach ihrem Aufenthalt in Südamerika zu feiern, richtet die Stadt jedes Jahr das **Festival of the Swallows** aus. Die Vögel nisten bis etwa zum 23. Oktober in den Mauern der Missionsstation. Am besten kann man sie zur Fütterungszeit – normalerweise früh morgens und zwischen dem späten Nachmittag und dem frühen Abend – beobachten.

Los Rios Historic District STADTTEIL

Einen Block weiter westlich, gleich neben dem Bahnhof von Capistrano, befindet sich diese malerische Ansammlung von Strandhäusern und Lehmziegelhütten, in denen Cafés und Souvenirläden untergebracht sind.

Essen

Ramos House Cafe CAFÉ $$

(www.ramoshouse.com; 31752 Los Rios St; Hauptgerichte 13–17 US$, Wochenend-Brunch 35 US$; ⊙Di–So 8.30–15 Uhr; ✎) Das Ramos House ist für seine deftige Hausmannskost mit Kräutern aus dem nahe gelegenen Garten bekannt und ist außerdem die beste Adresse zum Frühstücken oder Mittagessen in der Nähe der Missionsstation. Um hierher zu gelangen, die Eisenbahnstrecke am Ende der Verdugo St überqueren und dann rechts abbiegen. Dort kann man sich dann mit Apfel-Zimt-Beignets, Basilikum-Lachs- oder Pulled-Pork-Sandwiches mit Süßkartoffel-Fritten belohnen.

Tea House on Los Rios CAFÉ $$

(www.theteahouseonlosrios.com; 31731 Los Rios St; Hauptgerichte 13–27 US$; ⊙Mi–Fr 11–17, Sa & So 10–17 Uhr) Wie gemacht für Ladys und ihresgleichen, die gern hier zu Mittag essen oder Tee schlürfen. Man stelle sich mit Blumen bewachsene Holzgitter, eine Veranda voller Tische und eine anmutige Kulisse vor. Aber auf der Speisekarte gibt's nicht etwa nur Gurken-Sandwiches. Es werden auch Prime Rib, Shepherd's Pie und Bier angeboten.

Unterhaltung

Coach House LIVEMUSIK

(☎949-496-8930; www.thecoachhouse.com; 33157 Camino Capistrano) Dies ist ein langjähriger Treffpunkt für Livemusik-Fans, der seinem begeisterten Publikum eine Reihe lokaler und nationaler Rock-, Indie-, Alternative- und Retrobands präsentiert. Man muss mit Eintrittspreisen von 15 bis 40 US$ rechnen, je nachdem, wer gerade auf der Bühne steht. Zuletzt sind hier u.a. Robben Ford, Aimee Mann und die Gin Blossoms aufgetreten.

PANORAMASTRASSE: VON CRYSTAL COVE ZUM DOHENY STATE BEACH

Dieser ruhige Abschnitt des Pacific Coast Highway (PCH) bietet einen wundervollen Blick aufs Meer, einen klassischen Milchshake-Stand am Straßenrand, steile Klippen den schönsten Stadtstrand von Orange County (OC) und die Möglichkeit, einfach das Auto zu parken und die Wanderwege zu erkunden.

Unterwegs

Am bewaldeten Küstenparadies des Crystal Cove State Park (S. 664) starten und dann auf dem PCH in Richtung Süden fahren. Bei Ruby's Crystal Cove Shake Shack (S 666) wird ein kurzer Zwischenstopp für einen Schokoladen-Milchshake eingelegt. Der Straßenimbiss ist, obwohl er mittlerweile einer Kette angehört, noch immer ein guter Klassiker im Orange County. Auf der Weiterfahrt nach Süden, Richtung Laguna Beach, kann man den Blick aufs Meer genießen. Nach einem Stopp bei Las Brisas (S. 671) – mit überwältigender Aussicht und Mango-Ceviche oder Chips und Salsa – geht's weiter nach The Village. Dem PCH bis nach Dana Point und zum familienfreundlichen Ocean Institute (S. 673) folgen, bevor man an den Doheny State Beach (S. 673) gelangt, um in den Gezeitentümpeln zu planschen, am Nachmittag ein Picknick zu machen oder mit dem Fahrrad die Strandwege entlang zu fahren.

Die Strecke

Der Pacific Coast Highway (Hwy 1) vom Crystal Cove State Park nach Süden bis zum Doheny State Beach.

Dauer & Entfernung

15 Meilen (24 km), 35 Minuten ohne Zwischenstopps oder ein bis zwei Stunden und deutlich mehr, wenn man häufig anhält.

Lohnende Abstecher

Auf den Pfaden hoch über dem Meer im Crystal Cove State Park wandern oder von Laguna Beach aus das Landesinnere ansteuern, um die wunderschöne Mission San Juan Capistrano (S. 672) zu besichtigen.

An- und Weiterreise

Von Laguna Beach aus Bus 1 der **OCTA** (☎714-560-6282; www.octa.net) Richtung Süden nach Dana Point nehmen. An der Kreuzung von PCH und Del Obispo St den Bus 91 Richtung Norden nach Mission Viejo nehmen. Die Busse fahren alle 30 bis 60 Minuten, die Fahrt dauert etwa 1 Stunde. Man muss den Preis für die einfache Strecke doppelt und passend bezahlen (1,50 US$).

Der Amtrak-Bahnhof befindet sich einen Block weiter südwestlich der Mission; von L. A. oder San Diego aus kann man zum Mittagessen hier sein, die Mission besichtigen und zum Abendessen wieder zurück in der Stadt sein.

Mit dem Auto am Ortega Hwy von der I-5 abfahren und etwa eine viertel Meile (400 m) in Richtung Westen fahren.

Dana Point & Umgebung

Der Abenteurer Richard Dana, der im 19. Jh. lebte, nannte Dana Point „den einzigen romantischen Fleck an der Küste". Heutzutage denkt man nicht gerade als Erstes an Romantik, wenn man die vollen Jachthäfen der Stadt sieht. Aber wer sich für die Geschichte der Seefahrt oder familientaugliche Attraktionen interessiert, kann hier schön umherschlendern. Rund um den künstlich angelegten Hafen am Dana Point Harbor Dr, gleich neben dem PCH, ist am meisten los.

Das kinderfreundliche **Ocean Institute** (☎949-496-2274; www.ocean-institute.org; 24200 Dana Pt Harbor Dr; Erw./Kind 6,50/4,50 US$, Schifffahrt extra; ⌚Sa & So 10–15 Uhr; 👪) verfügt auch über Nachbauten historischer Großsegler, Ausstellungen zum Thema Seefahrt und ein schwimmendes Forschungslabor. Zu den speziellen Touren, die angeboten werden, gehören auch eine Fahrt zur Erkundung der Meerestiere an Bord des Forschungsschiffs *Sea Explorer* (Erw./Kind 35/22 US$) und eine Piraten-Abenteuer-Segeltour – mit Piratenbesatzung – auf dem fast 36 m langen Großsegler *Spirit of Dana Point*. Genauso unterhaltsam ist es am nahe gelegenen **Doheny State Beach** (☎949-496-6172; www.parks.ca.gov, www.dohenystatebeach.org; ⊙Nov.–Feb. 6–20 Uhr, März–Okt. bis 22 Uhr;). Hier gibt's Picknicktische, Grills, Volleyballfelder, einen Radweg und die Brandung, in der man schwimmen, surfen und tauchen kann. **Campen am Strand** (☎800-444-7275, internationale Anrufer 916-638-5883; www.reserveamerica.com; Zelt- & Wohnmobilstellplätze 25–45 US$) ist hier ebenfalls erlaubt. Parken kostet 15 US$ am Tag.

Passionierte Surfer werden den rund 1,6 km langen Marsch zum weltberühmten **Trestles**, gleich südlich der Stadt **San Clemente** und nördlich vom San Onofre State Beach an der Grenze zum San Diego County, wohl nicht scheuen. Trestles ist ein natürlicher Surfbreak, der ständig einfach perfekte Wellen hervorbringt. Auf www.surfrider.org sind weitere Informationen zum möglichen Ausbau einer nahe gelegenen Mautstraße zu finden, der die Wellen eventuell beeinträchtigen könnte. An der Los Christianos Rd muss man von der I-5 abfahren.

San Diego

Inhalt »

Gut essen

» Prado (S. 707)

» Puerto La Boca (S. 706)

» George's at the Cove (S. 710)

» Bread & Cie (S. 708)

Schön übernachten

» Hotel del Coronado (S. 692)

» Hotel Indigo (S. 704)

» La Pensione Hotel (S. 703)

» Inn at Sunset Cliffs (S. 704)

» Crystal Pier Hotel (S. 705)

Auf nach San Diego!

Eine gewisse Arroganz der Bewohner der *SoCal*-Küste lässt sich nicht leugnen. Es ist ein unbeschwertes Selbstvertrauen, gegründet auf der Überzeugung, dass ihr Leben nunmal einfach *besser* ist. Nichts für ungut – es ist eben so. Doch von all den versnobbten Küstenbewohnern sind die aus San Diego am liebenswertesten: Sei es ein kampferprobter Unprofessor, der Geschichten von der USS *Midway* erzählt oder die Surferkönigin, die Touristen durch die Wellen schleust – die Menschen hier teilen ihr gutes Leben mit anderen.

Das einzige Problem besteht darin, dass man bei einer Küstenlänge von über 100 km und fast perfektem Wetter nicht weiß, wo man mit dem guten Leben anfangen soll. An Bord von historischen Segel- und Schlachtschiffen gehen, die Strandpromenade entlang radeln oder durch den Japanischen Garten spazieren? Am Besten macht man es wie die Einheimischen: nur keine Panik, erst mal einen Fisch-Taco essen und dann mit dem Surfbrett ab an den Strand.

Reisezeit

San Diego

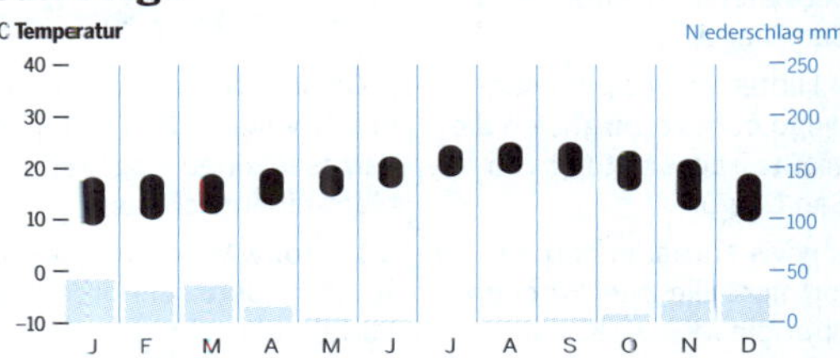

Juni–Aug. In der Hochsaison sind die Temperaturen und Hotelpreise am höchsten.

Sept.–Okt. & März–Mai Zwischensaison: die Zimmerpreise sind vernünftig, die Tage sonnig.

Nov.–Feb. Selbst in der Nebensaison ist es in San Diego sonniger als fast überall sonst in den USA.

NICHT VERSÄUMEN

Im San Diego Zoo Safari Park kann man Nashörner, Giraffen und Strauße in ihrer (fast) natürlichen Umgebung bewundern.

Kurzinfos

» **Einwohner:** 1,3 Mio.

» **Durchschnittstemperatur in San Diego (max.)** Jan. 18 °C, Juli 24,5 °C

» **Von San Diego nach Tijuana** 18 Meilen (29 km)

Reiseplanung

Im Vorfeld der Reise nach San Diego lohnt es sich, im Internet nach Gutscheinen und Sonderangeboten für SeaWorld und den Zoo zu suchen. Wer sich den Stress des südkalifornischen Autoverkehrs nicht antun möchte, bucht ein Hotel im Zentrum – und erkundet die Stadt mit der nostalgischen Trolley-Straßenbahn.

Infos im Internet

» www.sandiego.org ist die Internetseite der offiziellen Touristeninformation von San Diego.

» Hinter www.signonsandiego.com verbirgt sich die größte Tageszeitung von San Diego.

» www.sdreader.com informiert alle zwei Wochen über die Musik-, Kunst- und Theaterszene der Stadt.

Grünes San Diego – die „schönste Stadt der Welt"?

Auf ihre schöne Stadt lassen die Einwohner von San Diego nichts kommen. Und wie es aussieht, bemühen sie sich sehr um den Schutz der wunderbaren Strände und den Erhalt des klaren, blauen Himmels über der Stadt: Nachhaltiges Bauen und umweltfreundliche Unternehmen liegen voll im Trend, und in der entspannten Metropole ging vor kurzem Nordamerikas erste Carsharing-Flotte aus reinen Elektroautos an den Start.

FEINSCHMECKERPARADIES SAN DIEGO

Weinkenner und Gourmets geben anderen kalifornischen Orten oft den Vorzug. Dabei ist San Diego durchaus ein Paradies für Feinschmecker. Die örtlichen Küchenchefs, Lebensmittelerzeuger und Braumeister haben langsam, aber sicher für mehr kulinarische Abwechslung in einer Region gesorgt, die aufgrund ihrer Grenznähe lange Zeit nur mit fantasieloser, mexikanischer Küche assoziiert wurde.

An fast jedem Tag der Woche findet in irgendeinem Viertel San Diegos ein **Farmers Market** statt, auf dem dicke Avocados, leckere Erdbeeren und duftendes Basilikum verkauft werden. Hier trifft man oft auf die Mitarbeiter der stilvollen, aber bodenständigen Restaurants wie dem **JRDN** (S. 709) in Pacific Beach oder **whisknladle** (S. 709) in La Jolla, die hier ebenfalls ihre Pfirsiche und Petersilie einkaufen. Derweil produzieren die Braumeister der vielen **Kleinbrauereien** der Stadt preisgekrönte India Pale Ales und Starkbiere. Probieren kann man sie in jeder Bar in Downtown oder direkt in den **Verkostungsräumen** der Brauereien. Sehr zu empfehlen sind die beiden Kleinbrauereien **AleSmith** und **The Lost Abbey** (S. 711). Also: hinein in die Stadt und die völlig unterschätzte Restaurant- und Barszene von San Diego genießen – noch ist sie ein Geheimtipp!

Die besten Strände in San Diego

» **Coronado** Barfuß durch den weichen, weißen Sand zum prachtvollen, alten Hotel del Coronado laufen, auf der Terrasse einen eisgekühlten Cocktail schlürfen und aufs Meer hinausschauen.

» **La Jolla** Mit dem Kajak in Brandungshöhlen paddeln, vor der Küste schnorcheln oder sich einfach wie am Mittelmeer fühlen.

» **Mission Beach** Mit dem Fahrrad auf den endlos langen Strandpromenaden radeln, in einer nostalgischen Achterbahn den Geschwindigkeitsrausch genießen oder faul im Sand des lebhaften, familienfreundlichen Strandes liegen.

Geschichte

Die ersten Siedlungen in der Gegend entstanden um 18000 v.Chr. Zur Zeit des spanischen Entdeckers Juan Rodriguez Cabrillo, der 1542 als erster Europäer in der Bucht von San Diego vor Anker ging, lebten in der Region die Stämme der Kumeyaay und der Luiseño/Juaneño friedlich nebeneinander. Dies blieb auch so, bis 1769 Junípero Serra und Gaspar de Portolá eine Mission gründeten und einen Militärposten auf dem heute als „Presidio" bezeichneten Hügel errichteten. Damit war San Diego die erste dauerhafte Siedlung der Europäer in Kalifornien.

Highlights

❶ Durch den größten Stadt- und Kulturpark der USA, den **Balboa Park** (S. 683) spazieren und dann einen Margarita im Innenhof des typisch spanischen **Prado** (S. 707) genießen

❷ Das 16 000 m² große Flugdeck und die verwinkelten Gänge des Flugzeugträgers **USS Midway** (S. 682) erkunden, der am Embarcadero vor Anker liegt

❸ Mit dem Kajak durch die schaurig-schönen Brandungshöhlen der **La Jolla Cove** (S. 701) paddeln

❹ Fisch-Tacos, saftige Fischburger und all die klassischen SoCal-Gerichte an den Straßenständen von **Ocean Beach** (S. 708) essen

❺ Im **San Diego Zoo Safari Park** (S. 682) dem König des Dschungels begegnen

❻ An den **La Jolla Shores** (S. 700) surfen lernen

❼ Auf Kneipentour im nächtlichen **Gaslamp Quarter** (S. 710): von der noblen Cocktailbar auf dem Dach in den bodenständigen Pub um die Ecke

GO SAN DIEGO CARD

Wer in San Diego möglichst viele Sehenswürdigkeiten besichtigen möchte, holt sich am besten die **Go San Diego Card** (866-628-9032; www.smartdestinations.com; Tagespass für Erw./Kind 69/58 US$, Pass für 2 Tage 99/87 US$, Pass für 3 Tage 174/134 US$). Je nach Art des Passes gibt's drastische Ermäßigungen beim Eintritt zu 50 Top-Sehenswürdigkeiten der Stadt, darunter auch den San Diego Zoo und den San Diego Zoo Safari Park, das Midway Aircraft Carrier Museum, das Air and Space Museum, Legoland und Knott's Berry Farm. Im Preis enthalten ist auch die Leihgebühr für Kajaks und Fahrräder bei bestimmten Anbietern. Und die Karteninhaber müssen selbst an den gefragtesten Sehenswürdigkeiten nicht anstehen – was an einem heißen Sommernachmittag eine echte Erleichterung ist!

Als das mexikanische Kalifornien 1848 an die USA fiel, war San Diego nur ein kleines, schäbiges Kaff. William Heath Davis aber, ein Immobilienspekulant aus San Francisco, war fest davon überzeugt, dort ein Vermögen machen zu können. In den 1850er-Jahren kaufte er ein knapp 65 ha großes Grundstück an der Bucht und baute eine Pier sowie Lager- und Fertighäuser. Davis scheiterte letztendlich mit seinem verrückten Unternehmen, weil er seiner Zeit zu weit voraus war. Zehn Jahre später schnappte sich Alonzo E. Horton, ein weiterer Spekulant aus San Francisco, 400 ha in bester Lage am Wasser und vermarktete die Gegend als „New Town". Dieses Mal klappte es – und Horton wurde ein reicher Mann.

Als 1869 in den Bergen östlich von San Diego Gold gefunden wurde, ging es mit der neuen Stadt rasant bergauf. Mit dem Goldrausch kam auch die Eisenbahn (1884) und entlang der heutigen 5th St im Gaslamp Quarter entwickelte sich eine typische Stadt des Wilden Westens mit florierenden Saloons, Spielhöllen und Bordellen. Als es mit dem Gold schließlich vorbei war, ging es mit der Wirtschaft genauso steil wieder bergab und die Bevölkerung der Stadt schrumpfte auf weniger als die Hälfte.

Auf die erfolgreiche Panama-Pazifik-Weltausstellung 1914 in San Francisco antwortete San Diego mit einer eigenen Panama-Kalifornien-Ausstellung (1915/16). Die Stadt, die zwar über einen Hochseehafen, einen wichtigen Eisenbahnknotenpunkt und ein perfektes Klima, aber praktisch keinerlei Industrie verfügte, wollte Investoren anlocken. Um San Diego ein einzigartiges Image zu verleihen, wurden die Messehallen im romantischen spanischen Kolonialstil erbaut, der noch heute große Teile der Innenstadt prägt.

Doch erst der Angriff auf Pearl Harbor 1941 brachte San Diego den Aufschwung. Die Pazifikflotte der US-Streitkräfte musste ihr Hauptquartier auf das Festland verlegen. Die Wahl fiel auf San Diego, dessen ausgezeichneter Hochseehafen bei nahezu allen Wetterverhältnissen perfekten Schutz bietet. Das Militär baute die Stadt praktisch neu auf: Der Hafen wurde ausgebaggert, künstliche Inseln wurden aufgeschüttet und ausgedehnte Gebiete mit Fertighäusern bebaut.

Die ständige Präsenz des Militärs seit dem Zweiten Weltkrieg brachte San Diego wirtschaftlichen Wohlstand und die Eröffnung der University of California in den 1960er-Jahren läutete eine neue Ära ein. Studenten und Professoren trieben langsam, aber sicher einen liberalen Keil in die eintönige Heim-und-Herd-Mentalität der Stadt. Die stark naturwissenschaftlich ausgerichtete Universität förderte zudem die Entwicklung der Biotech-Industrie in der Region.

Sehenswertes

DOWNTOWN

Basefallfans strömen ins Stadion Petco Park, Szenegänger bevölkern die Nachtclubs im Gaslamp Quarter, Kinder tollen durch das New Children's Museum, Schiff-Freaks stehen Schlange vor der *USS Midway* – in Downtown herrscht ordentlich Betrieb. Und ständig kommt Neues hinzu. San Diego ist einfach gut drauf. Es scheint, als ob seit der Eröffnung des Petco Park 2004 die Stadt auf einer Boom-Welle schwimmt, die ihren Höhepunkt noch immer nicht erreicht hat. Die überschäumende Energie ist fast mit Händen zu greifen, vor allem am Wochenende.

Downtown liegt direkt am Wasser. Die Skyline wird von Bürotürmen, Hochhäusern und großen Hotels beherrscht. Südlich des Broadway erstreckt sich entlang der

5th Ave das historische Gaslamp Quarter, die Top-Adresse zum Shoppen, Essen und Amüsieren. Auch im trendigen East Village nördlich des Petco Park sprießen neue Bars und Restaurants wie Pilze aus dem Boden. Im Westen liegt das Hafenviertel Embarcadero, wo man am Wasser joggen oder historische Schiffe besichtigen kann. Ein paar Schritte weiter nördlich wird's italienisch: In Little Italy finden sich kleine Familienrestaurants ebenso wie teure Designerläden.

Bald nach seiner Ankunft in San Diego 1867 erwarb Alonzo Horton, ein Spekulant aus San Francisco, ein 400 ha großes Grundstück, das sich südlich des Broadway bis zum Hafen und nach Osten bis zur 15th St erstreckte – für ganze 265 US$! Während sich am Broadway seriöse Geschäfte ansiedelten, wurde die Gegend rund um die 5th Ave zum berüchtigten Rotlichtviertel *The Stingaree* mit Saloons, Bordellen, Spiel- und Opiumhöhlen.

In den 1960er-Jahren war es zu einem schäbigem Viertel mit billigen Absteigen und Bars verkommen. Da die verwahrloste Gegend selbst für Bauunternehmer unattraktiv war, blieben viele alte Häuser stehen, während anderswo in der Stadt munter abgerissen wurde. Als die Bauunternehmer das Viertel Anfang der 1980er-Jahre endlich für sich entdeckten, retteten Denkmalschützer die alten Backsteingebäude vor der Abrissbirne. Die Stadtverwaltung setzte noch eins drauf und spendierte Bäume, Bänke, breite mit Ziegelsteinen gepflasterte Gehwege und Nachbildungen der Gaslaternen des 19. Jhs., die dem Viertel seinen Namen gaben. In die restaurierten Gebäude, die zwischen 1870 und 1920 errichtet worden waren, zogen Restaurants, Bars, Galerien, Geschäfte und Theater ein. Die 6,5 ha große Gegend südlich des Broadway zwischen 4th und 6th Ave steht nun unter Denkmalschutz, entsprechend streng sind hier bauliche Veränderungen reglementiert.

Nach der Eröffnung des Petco Parks erlebt das Gaslamp Quarter einen zweiten Aufschwung, der von viel junger, stilvoller Energie geprägt ist. Reihum eröffnen noble Hotels und schicke Restaurants. Vor den neuen Dachterrassenbars und den eleganten Nachtclubs bilden sich lange Schlangen von cocktail-durstigen Szenegängern. Noch ist das Viertel aber nicht mega-in und so geben sich ein paar ganz normale Bars geben große Mühe, die Kirche auch weiterhin im Dorf zu lassen.

Mittelpunkt des Geschäftslebens in Downtown ist die **Westfield Horton Plaza** (Karte S. 684; Broadway & 4th Sbr; 🅿). Das fünfstöckige Einkaufszentrum wurde vom Architekten Jon Jerde aus Los Angeles entworfen, der auch den Universal CityWalk in Hollywood konzipierte. Bunte Bögen und Säulen, postmoderne Balkone und asymmetrische Grundrisse rund um einen offenen Innenhof erinnern sehr an die fantastischen Konstrukte von M.C. Escher.

William Heath Davis House HISTORISCHES GEBÄUDE

(Karte S. 684; ☎619-233-4692; www.gaslampquarter.org; 410 Island Ave; Erw./Senior 5/4 US$; ⊙Di–Sa 10–18, So 9–15 Uhr) Im ehemaligen Wohnhaus von William Heath Davis, dem Planer des modernen San Diego, ist heute ein Museum untergebracht, das einen gu-

DIE GEISTER VON SAN DIEGO

Man darf sich von der vielen Sonne und den glücklichen Menschen nicht täuschen lassen: In San Diego gibt's beunruhigend viele Geisterhäuser und -hotels. (Wissen die Geister etwas über diese strahlende Stadt am Meer, das wir nicht wissen?) Nehmen wir mal das **Horton Grand Hotel** (S. 704), das genau an der Stelle gebaut wurde, wo im 19. Jh. der Seven Buckets of Blood Saloon stand. Nach Aussage des Hotelpersonals wurde ein notorischer Unruhestifter des Ortes in einem Zimmer über dem Saloon erschossen. Seitdem spukt sein Geist in Zimmer 309 des Hotels, spielt den Zimmermädchen böse Streiche und brachte schon so manchen Gast dazu, um 2 Uhr morgens das Hotel fluchtartig zu verlassen. Eine schmählich sitzengelassene Frau wandelt angeblich nachts durch das **Hotel del Coronado** (S. 692) und erscheint in dem Raum, in dem man ihr das Herz brach, auf dem Fernsehbildschirm. Im **Whaley House** (S. 690), das vom amerikanischen Handelsministerium offiziell als Geisterhaus anerkannt wurde, behaupten Personal und Besucher steif und fest, selbst am helllichten Tag Gespenster gesehen zu haben.

Metropolregion San Diego

0 5 km
0 3 Meilen
Torrey Pines State Reserve
Torrey Pines Municipal Golf Cource
Torrey Pines City Beach
Torrey Pines Gilder Port
Black's Beach
Salk Institute
Solana Beach (13 Meilen); Encinitas (16 Meilen); Carlsbad (26 Meilen); Oceanside (29 Meilen)
Escondido (18 Meilen)
Miramar Rd
UCSD
La Jolla Village Dr
Scripps Pier
Birch Aquarium
US Marine Corps Air Station Miramar
s. Karte La Jolla (S. 696)
La Jolla Shores
La Jolla
Torrey Pines Rd
Genesee Ave
Soledad Mtn. (251 m)
Clairemont Mesa Blvd
Nautilus St
Soledad Mountain Rd
Windansea Beach
Pacific Beach
La Jolla Blvd
Clairemont Dr
Balboa Ave
Tierrasanta Blvd
Tourmaline Surfing Park
Tecolote Canyon National Park
Linda Vista Rd
Garnet Ave
Grand Ave
Crystal Pier
Mission Bay
San Diego Mission Rd
Mission Beach
Mission Blvd
Ingraham St
Qualcomm Stadium
Mission Basilica San Diego de Alcalá
University of San Diego
Mission Valley
Friars Rd
Mission Bay Park
Normal Heights
SeaWorld
Presidio Park
Old Town
Mission Hills
Hillcrest
Washington St
Ocean Beach Park
University Ave
Uptown
North Park
Fairmount Ave
s. Karte Mission Bay & Strände (S. 694)
Nimitz Blvd
San Diego International Airport
Pacific Hwy
6th Ave
30th St
San Diego Zoo
Point Loma Ave
Harbor Dr
s. Karte Balboa Park & Hillcrest (S. 688)
Catalina Blvd
H&M Landing
Harbor Island
Downtown
Balboa Park
Sunset Cliffs Park
s. Karte Downtown San Diego (S. 684)
Market St
Petco Park
Shelter Island
North Island US Naval Air Station
Cabrillo Memorial Dr
National Ave
43rd St
Coronado
Harbor Dr
Coronado Historical Assocation & Visitors Center
Glorietta Bay Inn
Coronado Bay Bridge
8th St
Hotel del Coronado
Cabrillo National Monument
National City Blvd
Point Loma
Old Point Loma Lighthouse
San Diego Bay
Silver Strand Blvd
National City
Fähre zur Santa Catalina Island
PAZIFIK
Silver Strand State Beach

ten Einblick in die Geschichte der Stadt gewährt. Im Obergeschoss ist noch eine Schnapsbrennerei aus der Zeit der Prohibition versteckt. Das Museum kann auf eigene Faust erkundet werden, die Museumsstiftung bietet auch **Führungen** (Erw./Student & Senior 10/8 US$; ⌚Sa 11 Uhr) durch das Viertel an.

San Diego Chinese Historical Museum MUSEUM

(Karte S. 684; ☎619-338-9888; www.sdchm.org; 404 3rd Ave; Eintritt 2 US$; ⌚Di–Sa 10:30–16, So 12–16 Uhr) Das Museum mitten in der ehemaligen Chinatown von San Diego ist in dem schönen Gebäude der chinesischen Mission untergebracht. Das Hauptgebäude stammt aus den 1920er-Jahren, der moderne Anbau wurde im Jahr 2004 fertiggestellt. Zu sehen sind u.a. das holzgeschnitzte Bett eines Kriegsherrn, das aus 40 Teilen besteht und dennoch ohne einen einzigen Nagel auskommt, und die reich verzierten, winzigen Schuhe einer Frau mit abgebundenen Füßen.

Museum of Contemporary Art MUSEUM

(Karte S. 684; ☎858-454-3541; www.mcasd.org; 1001 & 1100 Kettner Blvd; Erw./Student/Senior 10/frei/5 US$; ⌚Do–Di 11–17, jeden 3. Do im Monat 11–19 Uhr, von 17–19 Uhr Eintritt frei) In dem Museum für zeitgenössische Kunst sind vor allem Werke des Minimalismus und der Pop Art sowie der Konzeptkunst und der neuen, grenzüberschreitenden *Cross-Border Art* zu sehen. Bereits in den 1960er-Jahren wurde das Stammhaus des Museums in La Jolla eröffnet (s. S. 696). Die Eintrittskarten für alle Standorte sind sieben Tage lang gültig.

New Children's Museum MUSEUM

(Karte S. 684; ☎619-233-8792; www.thinkplaycreate.org; 200 W Island Ave; Erw. & Kind/Senior/Kind unter 1 Jahr 10/5/frei US$; ⌚Mo, Di, Fr & Sa 10–16, Do 10–18, So 12–16 Uhr) Das Museum mit Betonfußböden, endlos hohen Wänden, funktionalem Mobiliar und moderner Ausstattung ist für Kinder und Erwachsene gleichermaßen interessant. Sehr gelobt wird es für seine nachhaltig umweltbewusste Ausrichtung. Kunstatelier, Kindermuseum und moderne Kunstgalerie in einem – die einzigartige Präsentation von Kunstwerken soll Kinder aller Altersstufen dazu anregen, über Kunst nachzudenken, sich von ihr inspirieren zu lassen und schließlich auch selbst künstlerisch tätig zu werden.

LITTLE ITALY

Wie es sich in einem richtigen italienischen Viertel gehört, gibt's hier gemütliche Pizzerien mit rotkarierten Tischdecken, einfache Espressobars, typische Familienbetriebe und familienfreundliche Trattorias. Hier vertrödeln auch Einheimische mal einen Nachmittag. Das fußgängerfreundliche Stadtviertel liegt auf einem kleinen Hügel östlich des Embarcadero und nördlich der Ash St.

In Little Italy wurde die Gemeinschaft schon immer groß geschrieben. Die ersten italienischen Einwanderer, zumeist Fischer mit ihren Familien, kamen Mitte des 19. Jhs. hierher. Ihre Blütezeit hatte die verschworene Gemeinschaft in den 1920er-Jahren, als sich dank der Prohibition ganz neue Geschäftsfelder auftaten (Stichwort Schwarzbrennerei).

Das Ende der guten alten Zeit kam mit dem Bau der I-5 im Jahr 1962, die direkt an Little Italy vorbeiführt. Nur die robustesten der alteingesessenen Familienbetriebe überlebten inmitten der schicken Restaurants und Spezialitätengeschäften. Am besten besucht sind die Straßencafés auf der östlichen Seite der **India Street** (Karte S. 684) – genau richtig, um ein Glas Chianti zu genießen.

EMBARCADERO

Von Downtown in Richtung Westen erstreckt sich jenseits der Straßenbahnschienen bis zu den Piers des Embarcadero ein 450 m breiter, künstlich aufgefüllter Streifen. Die breite Fußgängerzone liegt direkt am Wasser und bietet einen herrlichen Blick auf die vielen Schiffe und Boote im Hafen. Die Restaurants sind durchweg überteuert. An den Piers legen die Fähren nach Coronado ab, es gibt einen öffentlichen Angelsteg und das San Diego Convention Center befindet sich ebenfalls hier. Dieses vom kanadischen Avantgarde-Architekten Arthur Erickson entworfene Kongresszentrum, das stark an ein riesiges Kreuzfahrtschiff erinnert, ist gut 800 m lang.

Maritime Museum MUSEUM

(Karte S. 684; ☎619-234-9153; www.sdmaritime.com; 1492 N Harbor Dr; Erw./Kind/Senior 14/8/11 US$; ⌚9–20 Uhr, Ende Mai–Anfang Sept. 9–21 Uhr; 👪) Die 30 m hohen Masten des berühmten Windjammers *Star of India*, der zusammen mit sechs weiteren Schiffen zu besichtigen ist, weisen den Weg zum Museum. Das auf der Isle of Man gebaute

Segelschiff lief 1863 vom Stapel und wurde zunächst auf der Handelsroute zwischen England und Indien eingesetzt. Später brachte es Auswanderer nach Neuseeland, transportierte Waren von und nach Hawaii und endete schließlich bei der Lachsfischerei in Alaska. Bis heute stellt die *Star of India* ihre Fahrtüchtigkeit einmal im Jahr bei einem Segeltörn unter Beweis und ist damit das weltweit älteste noch im Einsatz befindliche Schiff.

Auf der HMS *Surprise* erfährt man in der kleinen, aber feinen Piratenausstellung alles über den legendären Piratenkodex. Richtig eng wird's im sowjetischen Jagd-U-Boot B-39. Achtung: Das U-Boot ist nichts für Leute mit Platzangst! Wer die Besichtigung wagt, sollte sich unbedingt die Torpedorohre ansehen. Als letzte Chance, sich von einem manövrierunfähigen U-Boot zu retten, ließen sich die Matrosen wie menschliche Torpedos aus den Rohren hinausschießen. In der Nähe befinden sich gebührenpflichtige Parkplätze. Ein Tagesparkplatz kostet 10 US$.

USS Midway Museum MUSEUM

(Karte S. 684; ☎619-544-9600; www.midway.org; Navy Pier; Erw./Kind/Senior & Student 18/10/15 US$; ⏲10–17 Uhr; 👪) Ein paar Schritte weiter südlich liegt eine besonders schwergewichtige Attraktion des Embarcadero. Die USS *Midway* mit einem Gesamtgewicht von 69 000 t ist der dienstälteste Flugzeugträger der US-Marine. Seit seiner Inbetriebnahme 1945 war das Schiff u.a. im Vietnamkrieg und im ersten Golfkrieg im Einsatz. Seit 2004 ist es als Museumsschiff zu besichtigen. Mithilfe des tollen Audioguides, auf dem auch Originalberichte ehemaliger Besatzungsmitglieder zu hören sind, können die Besucher auf eigene Faust Maschinenraum, Arrestzelle, Kombüse und das 16 000 m² große Landedeck erkunden, auf dem Kampfjets inklusive einer F-14 Tomcat in Reih und Glied stehen. Bei den von Fachleuten geführten *Docent Tours* darf man auch die Deckaufbauten besichtigen, schaut auf der Brücke und im Flugkontrollzentrum vorbei, sieht das Landedeck von oben und wirft einen Blick auf die herrliche San Diego Bay. Parken kostet 5 bis 7 US$.

Seaport Village PLATZ

(Karte S. 684; ☎619-235-4014; www.seaportvillage.com; ⏲Sommer 10–22 Uhr) Bei dem weiter südlich gelegenen Seaport Village handelt es sich weder um einen Hafen noch um ein Dorf, sondern um eine sehr touristische Uferpromenade mit unzähligen Restaurants direkt am Wasser und noch mehr

SAN DIEGO MIT KINDERN

» **San Diego Zoo** Mit Pandabären und Koalas, Flamingos und einem völlig neuartigen Elefantengehege ist dies zweifellos der beste Zoo in den USA (S. 685).

» **SeaWorld** Das Vergnügen, Killerwal Shamu und seinen Freunden beim Toben zuzuschauen und watschelnde Pinguine zu beobachten, wird mit Sonderangeboten und Kombitickets günstiger (S. 694).

» **San Diego Zoo Safari Park** Eine Reise nach Afrika mitten im Norden von San Diego (S. 683).

» **Birch Aquarium** Das Aquarium in La Jolla, das zum Scripps Institute of Oceanography gehört, ist ebenso unterhaltsam wie lehrreich (S. 698).

» **Balboa Park** Nach dem Besuch des Zoos sollte man einen weiteren Tag im Park verbringen und einige der besten Museen des Landes besichtigen (S. 683). Das Reuben H. Fleet Science Center (mit IMAX-Kino), das Model Railroad Museum und das Natural History Museum sind ideal für alle Kinder, aber auch das Marie Hitchcock Puppet Theater und das Automotive Museum sind sehr interessant. Außerdem bieten die vielen Plätze, Parks und Springbrunnen genügend Auslauf und Bewegung für Kinder jeden Alters.

» **Mission Beach und Pacific Beach** Inmitten von Surfern, Radlern, Skatern und Sonnenanbetern werden sich vor allem Teenies pudelwohl fühlen. Als Alternative können sie in der Mission Bay mit dem Kajak paddeln oder auf einem Raddampfer mitfahren (S. 695).

» **USS Midway Museum** An Bord des ausrangierten Flugzeugträgers bekommen die Kids eine Vorstellung vom Leben der Soldaten auf See (S. 682).

ABSTECHER

SAN DIEGO ZOO SAFARI PARK

Wie nahe kommen sich Besucher und Tiere in dem 7 km² großen **Wildtierpark** (☎760-747-8702; www.sandiegozoo.org; 15500 San Pasqual Valley Rd, Escondido; Eintritt inkl. Parkbahn Erw./Kind 40/30 US$; ⏲ab 9 Uhr, wechselnde Schließzeiten; 👪), der sich nur knapp 50 km nordöstlich der Innenstadt befindet? Auf der Tafel beim *Lowlands Gorilla Habitat* ist jedenfalls Folgendes zu lesen: „Gorillas betrachten einen längeren Augenkontakt nicht nur als unhöflich, sondern als Bedrohung. Bitte beachten Sie die kommunikativen Signale unserer Gorillas und vermeiden Sie es, sie direkt anzustarren." Es scheint also, als ob sich Mensch und Tier so nahe kommen, dass die Menschen an ihre guten Manieren erinnert werden müssen. Doch die Tafel bringt nur die hier gesammelten Erfahrungen zum Ausdruck. Vorrangiges Ziel des Parks ist der Schutz und der Erhalt wilder Tiere und ihrer Lebensräume. Gleichzeitig sollen die Besucher behutsam belehrt werden.

Die mit Biodiesel betriebene Parkbahn *The Journey of Africa* nimmt Besucher auf eine Minisafari durch den zweitgrößten Kontinent der Welt mit. Auf der linken Sitzreihe lassen sich die Nashörner, Giraffen, Strauße und anderen Pflanzenfresser besser beobachten. Per Gesetz ist es übrigens verboten, Raubtiere und ihre Beute im gleichen Gehege zu halten. Um den Großkatzen ins gelbe Auge zu blicken, folgt man auf dem *Safari Walk* den Schildern zum 3000 m² großen *Lion Camp* – und betet, dass es jetzt kein Erdbeben gibt, das die Ordnung des Parks durcheinanderwirbelt. Ein Kombiticket mit dem San Diego Zoo kostet 76 bzw. 56 US$.

Und was hat der Park dem Wildtierliebhaber zu bieten, der das alles schon kennt? Ein einmaliges Erlebnis ist die Übernachtung auf dem Campingplatz **Roar & Snore** (☎619-718-3000; Ticket Erw./Kind 180/150 US$; ⏲je nach Saison). Auf einem Hügel schläft die ganze Familie in einem Zelt – mit Blick auf die „ostafrikanische" Savanne und ihre wilden Bewohner.

Um zum Wildtierpark zu kommen, fährt man auf dem Freeway bis zur Ausfahrt Via Rancho Parkway, hält sich dort rechts und folgt der San Pasqual Rd. Dann nochmals rechts abbiegen und der Beschilderung zum Park folgen. Parken kostet 10 US$. Infos zu Bussen gibt's beim **North San Diego County Transit District** (☎619-233-3004, aus dem Norden San Diegos 800-266-6883; www.gonctd.com).

Souvenirläden (mit den üblichen Kaffeebechern und T-Shirts). Hier kann man ganz entspannt sitzen, Livemusik hören oder einfach nur aufs Meer hinausschauen.

BALBOA PARK

Es stimmt schon: Der Balboa Park ist der größte Stadt- und Kulturpark der USA. Doch damit nicht genug – hier befindet sich auch eine der größten Freiluftorgeln der Welt und die jährlich stattfindende (kostenlose) Umweltmesse EarthFair ist die größte unseres Planeten (s. S. 703).

Schon 1868 ließ der Städteplaner Alonzo Horton an dieser Stelle den damals größten Park westlich des Mississippi anlegen. Damals bestand das 565 ha große Gelände nordöstlich des Zentrums aus ein paar Hügeln voller Gestrüpp und tiefen Furchen von zumeist ausgetrockneten Wasserläufen. In der Folgezeit konnten die hartnäckigen Förderer des Balboa Park verhindern, dass Bauunternehmer das wirtschaftliche Potenzial des Geländes ausnutzten. Lediglich in den 1950er-Jahren musste ein kleines Stück des Parks für den Bau des Highway und des Navy Hospital geopfert werden. Inzwischen laufen bereits die Planungen für die Hundertjahrfeier des Parks im Jahr 2015.

Heute erstreckt sich der Park immer noch über beeindruckende 485 ha in bester Lage, nur wenige Minuten entfernt von Hillcrest, Downtown, den Stränden und Mission Valley. Hier verbringen die Einheimischen ihre Freizeit, sie joggen, gehen spazieren, inlineskaten, spielen Ball und faulenzen in der Sonne. Doch auch die Kultur kommt nicht zu kurz: Entlang des einzigartigen zentralen Fußwegs El Prado gibt's jede Menge Museen und Theater; eines davon ist der originalgetreue Nachbau von Shakespeares Old Globe Theatre in London. Im Norden des Parks befindet sich der weltberühmte Zoo von San Diego. Der Balboa Park ist nach dem spanischen Er-

Downtown San Diego

oberer Vasco Núñez de Balboa benannt, der angeblich als erster Europäer den Pazifik zu Gesicht bekam.

Der Hauptfußweg El Prado führt mitten durch den Park. Rechts und links von ihm stehen hübsche Gebäude im spanischen Kolonialstil, die einst für die Panama-Kalifornien-Ausstellung 1915/16 errichtet wurden. Heute befinden sich in den mit (neoklassizistischen) Beaux-Art- und barocken Stilelementen verzierten Gebäuden einige Museen und Gärten des Parks. Die damaligen Messehallen bestanden zumeist aus Drahtgeflecht, das mit Stuck und Gips, Hanf und Rosshaar gefüllt wurde – sie waren also ganz bestimmt nicht für die Ewigkeit gedacht. Aufgrund ihrer Beliebtheit bei der Bevölkerung wurden sie im Lauf der Zeit aber durch dauerhafte Nachbauten aus Beton ersetzt.

Der Besuch aller Sehenswürdigkeiten würde mehrere Tage in Anspruch nehmen. Viele der 15 Museen sind am Montag geschlossen, in einigen ist an manchen Dienstagen (in regelmäßigem Wechsel) der Eintritt frei.

Ein guter Plan des Parks ist im **Balboa Park Information Center** (Karte S. 688; ☎619-239-0512; www.balboapark.org; 1549 El Prado; ⌚9.30–16.30 Uhr) erhältlich, das sich im House of Hospitality befindet. Das hilfsbereite Personal verkauft auch den sieben Tage gültigen **Passport to Balboa Park** (für den einmaligen Eintritt in 14 Parkmuseen Erw./Kind 45/24 US$) und den **Stay-for-the-Day Pass** (Eintritt in bis zu 5 Museen an 1 Tag für 35 US$).

Der Balboa Park ist vom Zentrum aus gut mit Bus 7 zu erreichen, der den Park Blvd entlangfährt. Der Park Blvd führt auch zu den kostenlosen Parkplätzen in der Nähe der meisten Sehenswürdigkeiten des Parks. Die kostenlose Straßenbahn *Balboa Park Tram* fährt die wichtigsten Stationen des Parks an, die jedoch auch gut zu Fuß zu erreichen sind.

California Building & Museum of Man

MUSEUM

Aus Richtung Westen führt der El Prado unter einem Bogen hindurch zum Gebäudekomplex des California Quadrangle, an dessen Nordseite sich das **Museum of Man** (Karte S. 688; ☎619-239-2001; www.museumofman.org; Erw./Kind 3–12 Jahre/Jugendl. 13–17 Jahre/Senior 12,50/5/8/10 US$; ⏰10–16.30 Uhr) befindet. Das Museumsgebäude war früher der Haupteingang zur Ausstellung von 1915. Seine Erbauer ließen sich angeblich vom spätbarocken Churriguerismus der Kirche von Tepotzotlán nahe von Mexico City inspirieren. Der als **Tower of California** bezeichnete Turm des California Building, der mit blauen und gelben Kacheln geschmückt ist, wurde zu einem Wahrzeichen San Diegos. Das Museum of Man dokumentiert die Entwicklung der Menschheit, wobei der Schwerpunkt auf den indianischen Kulturen in Amerika und insbesondere im Südwesten des Landes liegt.

San Diego Zoo

ZOO

(Karte S. 688; ☎619-231-1515; www.sandiegozoo.org; 2920 Zoo Dr; Eintritt inkl. Busrundfahrt & Seilbahn 40/30 US$ pro Erw./Kind; ⏰ab 9 Uhr, wechselnde Schließzeiten; 👪) In dem weltberühmten Zoo, der sich im nördlichen Teil des Balboa Parks befindet, lebt so ziemlich alles, was kriecht und krabbelt, springt und stampft, fliegt und schwimmt. Schon seit seiner Eröffnung im Jahr 1916 bemüht sich der Zoo um eine artgerechte Haltung und Präsentation der Tiere in einer Umgebung, die so weit wie möglich ihrem natürlichen Lebensraum entspricht. Dieser Ansatz führte zu einem grundlegenden Umdenken in der Gestaltung von Zoos, in denen dann, so kann man zumindest vermuten, „glücklichere" Tiere leben.

Aufgrund der möglichst orginalgetreuen Nachbildung der natürlichen Lebensräume ist der Zoo auch zu einem der großartigsten botanischen Gärten der USA geworden. Dabei nutzen die Fachleute das wüstenähnliche Klima von San Diego, um exotische Pflanzen wie Bambusgewächse, Eukalyptusbäume oder den seltenen hawaiianischen Koabaum gedeihen zu lassen. Diese Pflanzen verdecken nicht nur Käfige und Zäune, sondern werden auch speziell angebaut, um die wählerischen Zoobewohner damit zu füttern.

Derzeit leben in dem herrlich gestalteten Zoo Tausende von Tieren, die mehr als 800 Arten repräsentieren. Im (ganz neu gestalteten) **Polar Bear Plunge** lassen sich die Eisbären durch dicke Glasscheiben beim Schwimmen und Tauchen beobachten. Großer Beliebtheit erfreuen sich auch **Elephant Odyssey** und **Panda Canyon**, wo ein Wärter Informationen über die Pandabären, die hier im Freigehege leben, liefert und vor allem dafür sorgt, dass die Leute nicht zu lange stehen bleiben.

Im **Lost Forest** leben rote Orang-Utans und schwarze Siamangs friedlich nebeneinander. Unbedingt einen Besuch wert sind die riesigen Volieren **Scripps Aviary** und **Owens Rain Forest Aviary**, wo sich die (erstaunlich zutraulichen) Vögel an sorgfältig platzierten Futterstellen ganz aus der Nähe beobachten lassen. Wer allerdings Hitchcocks Film *Die Vögel* bedrohlich findet, wird sich in den Volieren nicht wirklich wohlfühlen. Die Koalas im **Outback** sind mittlerweile so beliebt, dass sie zum inoffiziellen Symbol von San Diego wurden – was australische Besucher ziemlich über-

Downtown San Diego

Highlights
- Maritime Museum B1
- Museum of Contemporary Art Downtown C1
- New Children's Museum D3
- USS Midway Museum A2

Sehenswertes
- 1 Hornblower Cruises B2
- 2 San Diego Chinese Historical Museum D4
- 3 San Diego Harbor Excursion B2
- 4 Seaport Village B4
- 5 William Heath Davis House E3

Aktivitäten, Kurse & Touren
- 6 Another Side of San Diego D3

Schlafen
- 7 500 West Hotel C2
- 8 HI San Diego Downtown Hostel E3
- 9 Horton Grand Hotel D3
- 10 Hotel Indigo F3
- 11 USA Hostels San Diego E3

Essen
- 12 Café 222 .... D3
- 13 Candelas D3
- 14 Hodad's F2
- 15 La Puerta D3
- 16 Oceanaire Seafood Room E4

Ausgehen
- 17 Altitude Sky Lounge E4
- 18 Extraordinary Desserts C1
- 19 Star Bar E2
- 20 Tipsy Crow E2
- 21 Wine Steals East Village E4

Unterhaltung
- 22 Anthology C1
- 23 Arts Tix D2
- 24 Civic Theatre D1
- 25 Croce's Restaurant & Jazz Bar E2
- 26 Gaslamp 15 .... E3
- 27 Petco Park F4
- San Diego Opera .... (siehe 24)
- 28 San Diego Repertory Theatre D2
- 29 San Diego Symphony E1

Shoppen
- 30 Le Travel Store E3
- 31 Westfield Horton Plaza D2

raschen dürfte. Nicht ganz so knuddelig ist der Komodowaran im Reptilienhaus – diese indonesischen Echsen können bis zu stolzen 3 m lang werden.

Im **Discovery Outpost** dürfen kleine Gäste kleine Tiere streicheln und bei den Tiervorführungen zusehen. Kinder wie Erwachsene sind begeistert von der Aufzuchtstation, in der sie den Nachwuchs des Zoos bestaunen können.

Es lohnt sich, möglichst früh zu kommen, denn viele Tiere sind morgens am aktivsten. Der kostenlose Parkplatz am Park Blvd ist zwar recht groß, nach Öffnung des Zoos aber schnell belegt. Tipp: Den genauen Standort des Autos notieren, um es am Ende eines langen Tages auch wiederzufinden. Bus 7 fährt von der Innenstadt zum Zoo. Wer den Zoo kurz verlassen und wiederkommen möchte, bekommt einen Stempel auf die Hand. Man sollte sich auch die Zeit für die 35-minütige Busrundfahrt im Doppeldecker nehmen, denn dabei bekommt man einen ersten Überblick – und interessante Informationen über die Tiere. So braucht z.B. ein Grizzlybär nur sechs Sekunden, um über ein gesamtes Football-Feld zu rennen!

San Diego Natural History Museum
MUSEUM

(Karte S. 688; ☎619-232-3821; www.sdnhm.org; 1788 El Prado; Erw./Kind/Senior 17/11/15 US$; ⏲10–17 Uhr; 👪) Bis zu 75 Mio. Jahre alte Fossilien aus Südkalifornien sind seit 2006 in der neuen Dauerausstellung *Fossil Mysteries* zu bestaunen. Aktuelle und künftige Ausstellungen beschäftigen sich mit den Auswirkungen des Klimawandels auf die Polarregionen und den uralten Bindungen zwischen Mensch und Pferd. Zum Zeitpunkt der Recherche hatte das Museum gerade einen staatlichen Zuschuss von 7 Mio. US$ erhalten. Damit soll eine Dauerausstellung über die natürlichen Lebensräume im südlichen Kalifornien eingerichtet werden.

San Diego Air & Space Museum
MUSEUM

(Karte S. 688; ☎619-234-8291; www.sandiegoairandspace.org; 2001 Pan American Plaza; Erw./Kind/Student & Senior 16,50/6/13,50 US$; ⏲Juni–Aug. 10–17.30 Uhr, Sept.–Mai 10–16.30 Uhr) Ein Blick auf die eingedellte silberne Schüssel in der Rundhalle des Luft- und Raumfahrtmuseums am Ende der Pan American Plaza genügt, um zu wissen, warum man besser nicht Astronaut geworden ist. Die Schüssel ist die als Gumdrop bezeichnete Kommandokapsel von Apollo 9, die 1969 bei einem Testflug der Mondlandefähre vor den ersten Mondflügen verwendet wurde. Die Ausstellung erzählt die Geschichte der Luftfahrt anhand von zahlreichen originalen Fluggeräten mit gefährlich klingenden Namen wie *Flying Tiger, Cobra* oder *Skyhawk* und einigen Nachbauten. Ebenfalls zu sehen ist Mondgestein und ein Raumanzug.

San Diego Museum of Art MUSEUM

(Karte S. 688; ☎619-232-7931; www.sdmart.org; 1450 El Prado, Plaza de Panama; Erw./Kind/Senior 12/4,50/9 US$; ⏲Juni–Sept. Di–Sa 10–17, So 12–17, Do 12–21 Uhr) Der aus San Diego stammende Architekt William Templeton Johnson ließ das Museumsgebäude im plateresken Stil aus dem Spanien des 16. Jhs. errichten. Dieser zeichnet sich durch reich verzierte Fassaden aus, die an filigrane Silberschmiedearbeiten erinnern. Die Sammlung des Museums umfasst Gemälde europäischer Künstler – die Büsten einiger alter spanischer Meister schmücken die Fassade –, bemerkenswerte Beispiele der amerikanischen Landschaftsmalerei und eine herrliche Kollektion asiatischer Kunst. Im **Skulpturengarten** sind Werke von Alexander Calder und Henry Moore zu bewundern. Bei der Abendveranstaltung „Cocktail & Culture", deren Termin jeweils auf der Homepage angekündigt wird und die 15 US$ kostet, gibt's Cocktails, Musik von DJs und eine Vorschau auf kommende Ausstellungen.

GRATIS **Timken Museum of Art** MUSEUM

(Karte S. 688; ☎619-239-5548; www.timkenmuseum.org; 1500 El Prado; ⏲Di–Sa 10–16.30, So 13.30–16.30 Uhr) Es ist nicht nur die imposante Sammlung alter europäischer Meister, durch die sich das Timken von den anderen Museen des Balboa Park unterscheidet. Schon von außen steht dieses Kunstmuseum in krassem Gegensatz zum allgegenwärtigen spanischen Kolonialstil. Und der Eintritt ist frei. Zu den Gemälden, die aus der Sammlung der Putnam Foundation stammen, gehören Werke der europäischen Meister Rembrandt, Rubens, El Greco, Cézanne und Pissarro sowie der amerikanischen Künstler John Singleton Copley und Eastman Johnson.

Balboa Park Gardens BOTANISCHE GÄRTEN

(Karte S. 688) Im Balboa Park befinden sich auch neun botanische Gärten, vor allem südlich der Hauptachse El Prado. In einem Hof gegenüber des Old Globe Theater verbirgt sich der **Alcazar Garden**, ein formstreng gestalteter Garten im spanischen Stil. Etwas weiter südlich zeigt der **Palm Canyon** mehr als 50 Palmenarten. Für einen ruhigen Spaziergang und/oder ein wenig Meditation bietet sich der **Japanese Friendship Garden** (☎619-232-2721; www.niwa.org; Erw./Student & Senior 4/3 US$; ⏲Di–So 10–16, im Sommer 10–17 Uhr) an. In dem angenehmen Rückzugsgebiet nördlich des Spreckels Organ Pavilion schlängelt sich ein kurzer Fußweg an sanft plätschernden Wasserläufen und einem Teich mit Kois vorbei zum Exhibit House. Der rundum verglaste Meditationsraum bietet freien Blick auf den Zen Garden.

Spreckels Organ Pavilion WAHRZEICHEN

(Karte S. 688) In einem extravagant verzierten Pavillon mit halbrunden Säulenarkaden, südlich der Plaza de Panama gelegen, steht eine der größten Freiluftorgeln der Welt. Die mit Zucker reich und berühmt gewordene Familie Spreckels schenkte die Orgel mit mehr als 4500 Pfeifen der Stadt San Diego mit der Auflage, dass die Stadt immer einen Organisten zu beschäftigen habe. Kostenlose Konzerte finden jeden Sonntag um 14 Uhr statt.

Reuben H. Fleet Science Center MUSEUM

(Karte S. 688; ☎619-238-1233; www.rhfleet.org; 1875 El Prado; Erw./Kind & Senior 10/8,75 US$; ⏲10–wechselnde Schließzeiten; 👪) Die Ausstellungen des familienfreundlichen, interaktiven Museums, in dem es auch ein **Imax-Kino** (Eintritt inkl. Science Center 14,50/11,75 US$ pro Erw./Kind) gibt, beschäftigen sich unter Schlagwörtern wie „So Watt!" mit Energie oder „Origins in Space" mit den technologischen „Abfallprodukten" der Raumfahrtforschung. Besonders faszinierend sind die farbigen Bilder von kollidierenden Galaxien, die vom Hubble Weltraumteleskop stammen.

Mingei International Museum MUSEUM

(Karte S. 688; ☎619-239-0003; www.mingei.org; 1439 El Prado; Erw./Kind/Senior 7/4/5 US$; ⏲Di–So 10–16 Uhr) Neben der ausgestellten Volkskunst aus aller Welt lohnt sich in die-

Balboa Park & Hillcrest

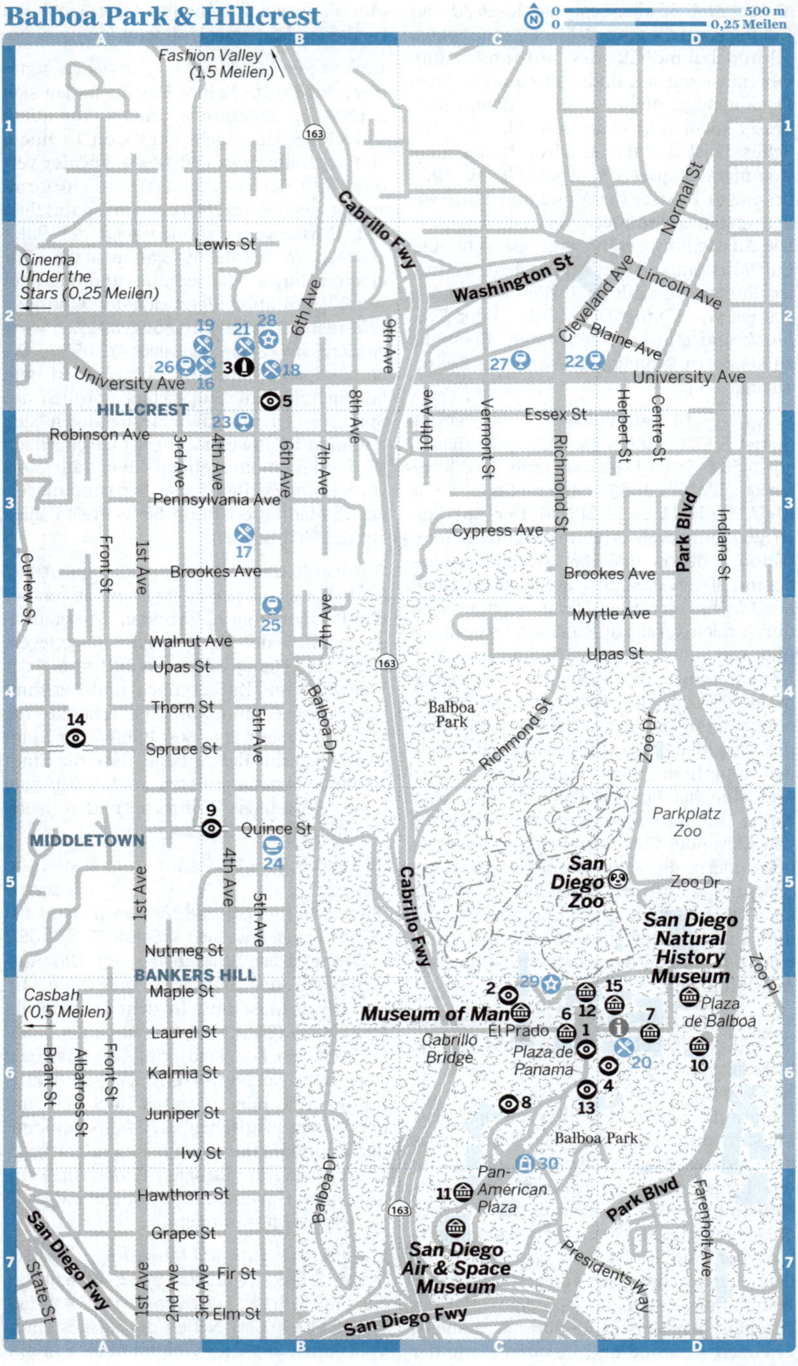

Balboa Park & Hillcrest

Highlights

Museum of Man C6
San Diego Air & Space Museum C7
San Diego Natural History Museum D6
San Diego Zoo D5

Sehenswertes

1 Alcazar Garden C6
2 California Building C6
3 Hillcrest Gateway B2
4 Japanese Friendship Garden D6
5 Kahn Building B2
6 Mingei International Museum C6
7 Museum of Photographic Arts D6
8 Palm Canyon C6
9 Quince St Bridge B5
10 Reuben H. Fleet Science Center D6
11 San Diego Automotive Museum C7
San Diego Model Railroad Museum ..... (siehe 7)
12 San Diego Museum of Art C6
13 Spreckels Organ Pavilion C6
14 Spruce St Footbridge A4
15 Timken Museum of Art D6

Essen

16 Bread & Cie B2
17 Hash House a Go Go B3
18 Khyber Pass B2
19 Kous Kous B2
20 Prado D6
21 Saigon on Fifth B2
Tea Pavilion ..... (siehe 4)

Ausgehen

22 Baja Betty's C2
23 Brass Rail B3
24 Extraordinary Desserts B5
25 Nunu's Cocktail Lounge E4
26 Urban Mo's A2
27 Wine Steals C2

Unterhaltung

28 Landmark Hillcrest Cinemas B2
29 Old Globe Theater C6

Shoppen

30 United Nations International Gift Shop C6

sem Museum auch ein Besuch im hübschen Museumsshop.

Museum of Photographic Arts MUSEUM

(Karte S. 688; ☎619-238-7559; www.mopa.org; 1649 El Prado; Erw./Kind/Senior 8/frei/6 US$; ⏲Di–So 10–17 Uhr) Das Museum zeigt nicht nur hervorragende Fotografien, sondern auch Filme im hauseigenen Kino.

San Diego Model Railroad Museum MUSEUM

(Karte S. 688; ☎619-696-0199; www.sdmrm.org; 1649 El Prado; Erw./Senior/Student 7/6/3 US$; ⏲Di–Fr 11–16, Sa & So 11–17 Uhr; 👪) Das Modelleisenbahnmuseum ist eines der größten seiner Art und zeichnet sich durch die genial gestalteten Miniaturlandschaften aus.

San Diego Automotive Museum MUSEUM

(Karte S. 688; ☎619-231-2886; www.sdautomuseum.org; 2080 Pan-American Plaza; Erw./Kind/Senior 8/4/6 US$; ⏲10–17 Uhr) Blitzendes Chrom und spitze Heckflossen, soweit das Auge reicht.

OLD TOWN

1769 gründeten Padre Junípero Serra und Don Gaspar de Portola auf dem Presidio Hill hoch über dem Tal des San Diego River die erste spanische Siedlung in Kalifornien. Spanische Soldaten bauten am südwestlichen Fuß des Hügels Lehmziegelhäuser für ihre Familien. 1821 – in diesem Jahr zählte die Gemeinschaft 600 Mitglieder – wurde sie Kaliforniens erste offizielle, nicht militärische spanische Siedlung, ein sogenanntes *pueblo*. Die Altstadt blieb das Zentrum der Stadt, bis es sich nach dem verheerenden Brand von 1872 nach Downtown verlagerte.

Heute fühlt man sich in dem Gebiet unterhalb des Presidio Hill, das als *Old Town* bezeichnet wird, wieder in die Zeit zwischen 1821 und 1872 zurückversetzt. Obwohl es weder richtig alt – die meisten Gebäude wurden rekonstruiert – noch wirklich eine Altstadt, sondern eher ein schattiger Vorort ist, gibt es doch mehr oder weniger originalgetreu das historische San Diego wieder. Rund um die den Fußgängern vorbehaltene Old Town Plaza stehen historische Gebäude neben Geschäften, Restaurants und Cafés. Ein guter Ausgangspunkt, um das „alte" San Diego für sich zu entdecken.

Am Old Town Transit Center in der Taylor St, östlich der Congress St am westlichen Rand von Old Town gelegen, halten nicht nur die *Coaster*-Pendlerzüge, sondern auch die blauen und grünen Linien des San Diego Trolley und viele Busse. Die Haltestelle der Old Town Trolley Tours liegt südöstlich der Old Town Plaza in der Twiggs St.

Old Town State Historic Park Visitor Center MUSEUM

(☎619-220-5422; www.parks.ca.gov; Robinson-Rose House, 4002 Wallace St; ⏰10–17 Uhr; Ⓟ) Das Visitor Center befindet sich am westlichen Ende der Plaza de las Armas in der Nähe des Eingangs zum Old Town State Historic Park. In dem Museum sind jede Menge Erinnerungsstücke und Bücher zu dem Stadtviertel ausgestellt. Ein Diorama zeigt, wie das *pueblo* 1872 aussah. Wer sich für die ganze Geschichte interessiert, macht eine der Führungen mit, die um 11 und 14 Uhr beim Visitors Center starten. Eine Reihe kleiner, historisch wirkender Gebäude (von denen aber nur eines ein Original ist) säumen den südlichen Rand der Plaza. In einigen sind Souvenir- und Geschenkeläden untergebracht. Reichlich kostenlose Parkplätze gibt's beim Old Town Transit Center, das nur einen Häuserblock entfernt ist.

Whaley House HISTORISCHES GEBÄUDE

(☎619-297-7511; www.whaleyhouse.org; 2476 San Diego Ave; Erw./Kind/Senior 6/4/5 US$; ⏰Juni–Aug. 10–21.30 Uhr, Sept.–Mai Mo & Di 10–17, Do–Sa 10–21.30 Uhr) Was man wirklich in dem hübschen viktorianischen Haus zu sehen bekommt, kann niemand vorhersagen. Das älteste Backsteingebäude der Stadt, das zwei Häuserblocks nordöstlich der historischen Altstadt steht, diente früher als Gerichtsgebäude, Theater und privates Wohnhaus, doch das reißt niemanden vom Hocker. Das wirklich Tolle an dem Haus ist, dass es vom amerikanischen Handelsministerium *offiziell* als Geisterhaus anerkannt wurde. Die Museumsführer behaupten, es spuke hier sogar tagsüber. Sie erzählen von gesichtslosen Gestalten, ominösen Stimmen und dem vollständigen Entladen einer Fotobatterie während des Aufenthalts im Haus. Auf Anfrage geben die mitteilsamen Führer gern ihre Geschichten zum Besten.

Presidio Hill PARK

(Karte S. 680) Geht man von der Old Town die Mason St in Richtung Osten bis hinauf auf den Presidio Hill, hat man einen herrlichen Blick auf die Bucht von San Diego und das Mission Valley. Allerdings sollte man sich nicht auf die Markierungen dieses am miserabelsten ausgewiesenen Weges Kaliforniens verlassen. Folgt man am Ende der Mason St dem nach links zeigenden Pfeil, kommt man nach einer Reihe historischer Wegmarkierungen *vermutlich* zum Serra Museum. Folgt man dem Pfeil in Richtung Presidio Hill, muss man bei dem Trampelpfad auf dem Gipfel nach links abbiegen, um zum **Fort Stockton Memorial** zu kommen. Nachdem US-Truppen den Hügel im Mexikanisch-Amerikanischen Krieg von 1846 bis 1848 erobert hatten, benannten sie das Fort zu Ehren des Geschwaderführers Robert Stockton. Das Denkmal besteht aus einem Fahnenmast, einer Kanone, ein paar Gedenktafeln und Erdwällen. Der Weg nach rechts führt vom Gipfel auf den Presidio Dr hinunter und weiter bis zur **El-Charro-Statue**. Das Geschenk Mexikos an San Diego anlässlich dessen 200. Geburtstags stellt einen mexikanischen Cowboy hoch zu Ross dar. Von den Originalbauten auf dem Presidio Hill ist nichts mehr erhalten.

Junípero Serra Museum MUSEUM

(☎619-232-6203; www.sandiegohistory.org; 2727 Presidio Dr; Erw./Kind/Student & Senior 6/2/4 US$; ⏰Sa & So 10–17 Uhr, Mo–Fr wechselnde Öffnungszeiten; Ⓟ) Das Gebäude im spanischen Kolonialstil wurde 1929 von William Templeton Johnson entworfen. Im Museum ist eine kleine, aber feine Sammlung von Gebrauchsgegenständen und Bildern aus der Zeit der Missionare und der ersten Siedler zu sehen.

Mission Basilica San Diego de Alcalá MISSION

(Karte S. 680; ☎619-281-8449; www.missionsandiego.com; 10818 San Diego Mission Rd; Erw./Kind/Student & Senior 3/1/2 US$; ⏰9–16.45 Uhr) Nachdem die erste Mission in Kalifornien auf dem Presidio Hill in der Nähe der heutigen Altstadt errichtet worden war, beschloss Padre Junípero Serra 1773, sie einige Meilen flussaufwärts zu verlegen, wo das Wasser besser und der Boden fruchtbarer war. 1784 bauten die Missionare eine solide Kirche aus Lehmziegeln und Holz, die jedoch bei einem Erdbeben 1803 zerstört wurde. Reste der sofort wiederaufgebauten Kirche stehen noch heute an einem Hang über dem Mission Valley. Mit dem Ende der Missionstätigkeit in den 1830er-Jahren wurden die Gebäude an die mexikanische Regierung übergeben. Später wurden sie zu Kasernen der US-Truppen umfunktioniert, bevor sie schließlich ganz zerfielen. Eini-

ABSTECHER

NORTH PARK

Das derzeit schwer angesagte Stadtviertel ist eine schön sanierte, künstlerisch angehauchte Enklave östlich von Hillcrest, deren umweltfreundliche Restaurant- und Kneipenszene allgemein sehr gelobt wird. Das große North-Park-Schild an der 30th Ave und University Ave markiert den Ort des Geschehens. So können Fleischfans guten Gewissens in **The Linkery** (www.thelinkery.com; 3794 30th St; Hauptgerichte 10–25 US$; ⌚Mo–Do 17–23, Fr 12–24, Sa 11–24, So 11–22 Uhr) einkehren. Auf der täglich wechselnden Speisekarte finden sich hausgemachte Würstchen und selbst geräuchertes Fleisch aus nachhaltiger und artgerechter Tierhaltung. Dazu gibt's eine große Auswahl an Bieren aus den örtlichen Kleinbrauereien. Im **Alchemy** (www.alchemysandiego.com; 1503 30th St; Hauptgerichte 13–25 US$; ⌚So–Do 16–24, Fr & Sa 16–1, Sa & So 10–14 Uhr) nebenan werden Zutaten aus der Region zu kleinen, international inspirierten Gerichten – wie Parmesanfritten mit Aiolisauce – verarbeitet und in einem Speiseraum mit viel hellem Holz und Kunst an den Wänden serviert.

Süßes zum Nachtisch wie Törtchen, Tiramisu und dicke Schokoladenkekse gibt's bei **Heaven Sent Desserts** (www.heavensentdesserts.com; 3001 University Ave; ⌚Di–Do 11–23, Fr & Sa 11–24, So 11–22 Uhr). Einen Häuserblock weiter westlich duftet es im **Caffé Calabria** (www.caffecalabria.com; 3933 30th St; ⌚Mo & Di 6–15, Mi–Fr 6–23, Sa & So 7–23 Uhr) nach frisch geröstetem Kaffee und echter italienischer Pizza aus dem Holzbackofen. Von der sonnigen Terrasse des Cafés aus lässt sich das vielfältige und energiegeladene Treiben in North Park prima beobachten.

gen Berichten zufolge bestanden sie in den 1920er-Jahren nur noch aus Fassaden und ein paar bröckelnden Wänden. 1931 begann die Instandsetzung und umfangreiche Renovierung, sodass heute die hübsche weiße Kirche und einige andere Gebäude wieder im alten Glanz erstrahlen.

Der Bougainvillea-Garten im Innenhof ist ein ruhiger Ort der Meditation. Die auf Ziegel aufgemalte Darstellung der Kreuzigungsgeschichte ist in ihrer Einfachheit sehr berührend. In einem kleinen Museum werden in einer Glasvitrine verschiedene Gegenstände wie alte Brillen, Knöpfe und Medizinflaschen gezeigt, die auf dem Gelände ausgegraben wurden. Diese Ausgrabungen dauern bis heute an. Man sollte nicht überrascht sein, wenn man Archäologen, wie derzeit gegenüber des Visitors Center, beim Buddeln zuschauen kann. Wenn nicht, kann man wenigstens einen Blick auf alte Fotografien und Gerätschaften werfen. Wer bei Sonnenuntergang kommt, kann eine einmalige Sicht über das Tal und den Ozean dahinter erleben.

Die Missionsstation liegt zwei Häuserblocks nördlich der I-8. Man erreicht sie über die Ausfahrt Mission Gorge Rd, östlich der I-15. Nach der Abfahrt am Schnellrestaurant Roberto's vorbei, dann links in die San Diego Mission Rd (rechts die Twain Ave) und dieser bis zur Mission folgen. Man kann auch mit dem Trolley bis zur Haltestelle Mission fahren, dann zwei Häuserblocks Richtung Norden gehen und nach rechts in die San Diego Mission Rd einbiegen.

UPTOWN

Östlich von Old Town erstreckt sich zwischen dem Mission Valley im Norden und der Innenstadt im Süden Uptown. Die hügelige Gegend nördlich von Downtown und westlich des Balboa Park mauserte sich Ende des 19. Jhs. zum vornehmsten Viertel San Diegos – nur wer eine Pferdekutsche besaß, konnte es sich leisten, hier zu wohnen. Die nach einigen der wohlhabenden Bewohner auch als Bankers Hill bezeichnete Höhenlage bot den freien Blick auf die Bucht und die Halbinsel Point Loma – bis die I-5 kam.

Spruce St Footbridge & Quince St Bridge BRÜCKE

(Karte S. 688) Auf dem Weg nach Hillcrest im Norden lohnt sich ein Abstecher über die 114 m lange **Spruce St Footbridge**. Die 1912 über einem tiefen Canyon zwischen Front St und Brant St errichtete Hängebrücke schaukelt bedenklich unter den Füßen – doch keine Angst, das tut sie nun schon seit fast 90 Jahren. Die nahe gelegene **Quince St Bridge** zwischen der 4th und der 3rd Ave ist dagegen eine Jochbrücke aus Holz. Sie wurde bereits 1905 gebaut und 1988 restauriert, nachdem sich eine Bürgerinitiative nachdrücklich gegen den geplanten Abriss ausgesprochen hatte.

HILLCREST

An der nordwestlichen Ecke des Balboa Park beginnt **Hillcrest** (Karte S. 688), das Zentrum von Uptown. Der Vorort entstand Anfang des 20. Jhs. als Wohngegend der einfachen Mittelklasse. Inzwischen hat er sich zum unkonventionellsten Viertel San Diegos entwickelt, das trotz typischer Vorstadtarchitektur großstädtisches Flair hat und das Mekka der Schwulen- und Lesbenszene ist. Die University Ave und 5th Ave sind voller Cafés, topmodischer Secondhandläden und ausgezeichneter Restaurants aller Preisklassen.

Guter Ausgangspunkt für einen Rundgang ist der **Hillcrest Gateway** (Karte S. 688), der Bogen über der University Ave, auf Höhe der 5th Ave gelegen. In der 5th Ave befinden sich zwischen University Ave und Washington St das Multiplex-Kino **Landmark Hillcrest Cinemas** (Karte S. 688) und Dutzende von Restaurants und Geschäften. Auf der University Ave geht es weiter in Richtung Osten bis zum Haus Nr. 535. Das 1919 erbaute **Kahn Building** (Karte S. 688) mit der kitschigen Fassade ist ein original erhaltenes Geschäftshaus aus der Gründerzeit von Hillcrest. Weiter südlich in der 5th Ave gibt's eine Vielzahl von Cafés, schwulenfreundlichen Bars, edlen Bekleidungsgeschäften und unabhängigen Buchläden, von denen viele eine gute Auswahl an ausgefallenen Titeln führen.

CORONADO

Bis 1885 war Coronado Island nur ein wildes Stückchen Land vor der Küste, genau gegenüber der heutigen Dowtown San Diego. Abgesehen von ein paar Eselhasen, die gelegentlich von Großindustriellen abgeschossen wurden, hatte die Insel nichts zu bieten. Drei Jahre später war alles ganz anders. Im Februar 1888 wurde das Hotel del Coronado eröffnet – damals das größte Hotel westlich des Mississippis. Heute sind das Hotel und seine fantastische Umgebung die Hauptanziehungspunkte des top gepflegten Stadtteils.

Der Ort **Coronado** (Karte S. 680) ist seit 1969 über die elegant geschwungene, mehr als 3 km lange Coronado Bay Bridge mit dem Festland verbunden. Zudem gelangt man auch über die schmale, sandige Landzunge Silver Strand, die in Richtung Süden zum Imperial Beach führt, auf die Halbinsel. Auf der Nordspitze der Insel unterhält die US-Navy einen Marinestützpunkt.

Das **Coronado Visitors Center** (Karte S. 680; ☎619-437-8788; www.coronadovisitorcenter.com; 1100 Orange Ave; ⌚Mo–Fr 9–17, Sa & So 10–17 Uhr) bietet jeden Dienstag, Donnerstag und Samstag einen geführten Inselrundgang (12 US$) an. Los geht's jeweils um 11 Uhr beim **Glorietta Bay Inn** (Karte S. 680; 1630 Glorietta Blvd) in der Nähe des Silver Strand Blvd. Das Visitor Center informiert auch über Führungen zu speziellen Themen wie die Coronado Tree Tour, Gondelfahrten usw. Sehr empfehlenswert ist auch die Broschüre für einen Rundgang auf eigene Faust, der zu den öffentlichen Kunstwerken von Coronado führt.

Die **Coronado Historical Assocation,** die sich in den Räumen des Visitor Center befindet, bietet 90-minütige **Führungen** (☎619-437-8788; 15 US$; ⌚Di & Fr 10.30, Sa & So 14 Uhr) durch das geschichtsträchtige Hotel del Coronado an. Unbedingt vorher reservieren.

Hotel del Coronado HISTORISCHES GEBÄUDE
(1500 Orange Ave) Das weltberühmte Hotel mit der strahlend weißen Fassade, den roten Dachtürmen, Kuppeln und Balkonen war die Idee von Elisha Babcock und Hampton L. Story. Nachdem sie zunächst nur besagte Eselhasen gejagt hatten, kauften sie die Halbinsel schließlich für 110 000 US$. Um den wohlhabenden Kunden die Inselgrundstücke schmackhafter zu machen, planten sie den Bau eines Luxushotels. Der Landverkauf auf Coronado Island verlief äußerst erfolgreich und so begannen die beiden Investoren 1887 mit dem Bau des Hotels. Dabei waren ihnen solide Handwerksarbeit und technische Innovationen – es war das erste Hotel mit elektrischem Licht – ebenso wichtig wie die schnelle Vollendung des Baus. Schon im Februar 1888 wurde das Hotel mit 399 fertiggestellten Zimmern prunkvoll eröffnet – die Bauarbeiten dauerten jedoch noch weitere zwei Jahre an. Obwohl das Hotel ein voller Erfolg war, wurden Babcock und Story zahlungsunfähig. So übernahm 1900 der Millionär John D. Spreckels die Insel und machte sie zu einem der mondänsten Badeorte der Westküste.

Zu den Gästen, die einst im Hotel logierten, gehörten elf Präsidenten der USA und gekrönte Häupter aus aller Welt. Sie alle sind in der Fotogalerie unterhalb der

Eingangshalle verewigt. Das liebevoll *The Del* genannte Hotel diente 1959 als Drehort des Filmklassikers *Manche mögen's heiß* von Billy Wilder und ist seitdem untrennbar mit Marilyn Monroe verbunden, die die Hauptrolle in der großartigen Komödie spielte. Heute ist das Coronado noch immer ein schickes, prächtig herausgeputztes Hotel, in dem sich Übernachtungsgäste und Tagesausflügler gleichermaßen fühlen, als ob sie zur protzigsten Party der Stadt eingeladen seien.

Coronado Ferry FÄHRE

(Karte S. 680; ☎619-234-4111; www.sdhe.com; einfache Strecke 4,25 US$; ⌚9–22 Uhr) Die Coronado Ferry verkehrt stündlich zwischen dem Broadway Pier am Embarcadero von San Diego und dem Fähranleger am Beginn der First St auf Coronado Island. Dort kann man bei **Bikes & Beyond** ein Fahrrad mieten (☎619-435-7180; Leihgebühr für 1–2 Std. 25 US$; ⌚9–20 Uhr je nach Saison, deshalb vorher anrufen).

POINT LOMA

Cabrillo National Monument DENKMAL

(Karte S. 680; ☎619-557-5450; www.nps.gov/cabr; pro Pers./Auto 3/5 US$; ⌚9–17 Uhr) Einen halben Tag sollte man für den Besuch des **Cabrillo National Monument** auf der Südspitze von Point Loma einplanen. Von der schmalen Halbinsel, die wie ein Schutzwall zwischen dem Pazifik und der Bucht liegt, hat man einen großartigen Blick auf Downtown San Diego, Coronado und die San Diego Bay. Das Denkmal auf dem Hügel ist zudem der beste Platz in ganz San Diego, um vom Land aus die Wanderung der Grauwale zu beobachten (Jan.–März). Es steht an der Stelle, an der der portugiesische Konquistador Juan Rodriguez Cabrillo 1542 als erster Europäer die Westküste der heutigen USA erreichte. Ein kleines Museum erzählt von seinen Reisen. Im 1854 errichteten **Old Point Loma Lighthouse** auf der Inselspitze ist noch immer die typische Einrichtung eines Leuchtturms in den 1880er-Jahren zu sehen. Sie bezeugt das harte, einsame Leben eines Leuchtturmwärters – endlose Wartungsarbeiten und schlaflose Nächte. Technikbegeisterte können sich die massive, knapp 1,60 m große und 900 kg schwere Fresnel-Linse ansehen. In den **Gezeitentümpeln** an der Seeseite der Inselspitze tummeln sich Seeanemonen und Seesterne; sie sind per pedes oder mit dem Auto zu erreichen.

OCEAN BEACH

Im Vorort Ocean Beach sind Strandläufer und Restaurants weit weniger fein als in den Badeorten weiter nördlich. Und das Pier? Es scheint ihm nichts auszumachen, dass es so gar nicht fotogen ist. Vielmehr macht genau das den Charme des Künstlerviertels südlich der I-8 und Mission Beach aus. Man kann sich ein Tattoo stechen lassen oder nach Antiquitäten stöbern und niemand stört sich daran, wenn man ohne T-Shirt oder Schuhe ins Restaurant marschiert. Hier gibt's die besten preiswerten Restaurants der Stadt, und einen schönen Sonnenuntergang kostenlos dazu. Und auch die Surfer verfolgen hier wesentlich geringere Ambitionen.

In der Hauptstraße, der fast senkrecht auf den Strand zulaufenden Newport Ave, gibt's jede Menge Surfläden, Bars, Musikshops, Internetcafés und Secondhandläden mit Klamotten und Möbeln. Die Straße endet einen Häuserblock vor dem 800 m langen **Ocean Beach Pier** (Karte S. 694), wo man herrlich angeln oder einfach nur frische Seeluft schnuppern kann.

Nördlich des Piers, unweit des Endes der Newport Ave, konzentriert sich das Strandleben, hier wird Beachball gespielt und abends gegrillt. Noch etwas weiter nördlich erstreckt sich das Hundeparadies des **Dog Beach** (Karte S. 694). In dem sumpfigen Gelände, dem Mündungsgebiet des San Diego River, dürfen die Vierbeiner ohne Leine herumtollen. Ein paar Straßen südlich des Piers kann man im **Sunset Cliffs Park** die spektakulärsten Sonnenuntergänge beobachten.

Gute Surfspots gibt's vor den Klippen des Parks und weiter südlich vor Point Loma. Die ganz Mutigen surfen im Slalom durch die Pfeiler des Piers. Für Neulinge können die Strudel und Strömungen allerdings tödlich sein!

MISSION BAY

San Diego gilt als Eldorado für Wassersportler. Das eigentliche Paradies für Segler, Windsurfer und Kajakfahrer liegt aber in der Mission Bay, der im Sonnenlicht glitzernden Bucht westlich der I-5.

Im 18. Jh. entstand an der Mündung des San Diego River eine seichte Bucht, sofern der Fluss Wasser führte; bei Trockenheit verwandelte sich die Gegend dagegen in sumpfiges Marschland, das die Spanier „falsche Bucht" nannten. Nach dem Zweiten Weltkrieg wurden – dank städteplanerischer Weitsicht und zum Schutz der Meeresküste – die Sümpfe in einen 18 km² großen Wasserspielplatz verwandelt, der von einer mehr als 40 km langen Küstenlinie eingefasst wird. Insgesamt 36 ha wurden in öffentliche Parks verwandelt. Mithilfe von Staatsanleihen und der sachkundigen Unterstützung durch Ingenieure des Armeekorps wurde der Fluss durch einen Kanal ins Meer geleitet und die Sümpfe damit trockengelegt. Aus Millionen von Tonnen an Schlamm und Schlick wurden Inseln, Buchten und Halbinseln geformt. Ein Viertel der neu gewonnenen Grundstücke wurde an Hotels, Bootswerften und andere Betriebe verpachtet, die seitdem der Stadtkasse kontinuierliche Einnahmen verschaffen. Heute ist der Mission Bay Park mit 17 km² das größte von Menschenhand geschaffene Wassersportrevier der USA.

SeaWorld AQUARIUM & VERGNÜGUNGSPARK

(Karte S. 680; ☎800-257-4268, 619-226-3901; www.seaworld.com/seaworld/ca; 500 SeaWorld Dr; Erw./Kind 3–9 Jahre 70/62 US$; ⏲Juli–Mitte Aug. 9–22 Uhr, restliches Jahrkürzere Öffnungszeiten, Fr–So 9–23 Uhr; 👪) Neben dem Zoo ist SeaWorld die größte Touristenattraktion von San Diego und Shamu längst das inoffizielle Maskottchen der Stadt – wobei man fairerweise erwähnen sollte, dass mittlerweile mehrere Killerwale als Shamu auftreten. SeaWorld ist schamlos kommerziell, aber eben auch sehr unterhaltsam und sogar lehrreich. Wegen der großen Beliebtheit muss man in der Hochsaison mit langen Warteschlangen vor den Fahrgeschäften, Vorführungen und Tiergehegen rechnen.

Besonders berühmt sind die aufwendigen Shows mit dressierten Delfinen, Robben, Seelöwen und natürlich Killerwalen. Die derzeitigen Hits sind **Blue Horizons**, eine fantastische Show mit Vögeln und Delfinen, und die Killerwal-Show **One Ocean**, bei der Shamu und seine Freunde das Publikum mit ihren Kunststücken begeistern. Zum Zeitpunkt der Recherche wurde gerade die sehr akrobatische Wassershow **Cirque de la Mer** in den höchsten Tönen gelobt. Außerdem gibt's in dem Park auch zooähnliche Tiergehege und ein paar Rides (Fahrgeschäfte).

Im **Penguin Encounter** riecht man die 250 Frackträger lange, bevor man sie sieht. Die Anlage bildet die Lebensbedingungen der Pinguine in der Antarktis ziemlich originalgetreu nach. Im **Shark Encounter** schwimmen Dutzende von Haien über den

Mission Bay & Strände

Mission Bay & Strände

Sehenswertes
1 Giant Dipper Roller Coaster B4

Aktivitäten, Kurse & Touren
2 Mission Bay Sportcenter B3
3 Pacific Beach Surf School B2
4 Plunge... B4

Schlafen
5 Banana Bungalow B2
6 Beach Cottages................................... B1
7 Crystal Pier Hotel B1
8 Ocean Beach Hotel A7
9 Ocean Beach International Hostel A7

Essen
10 Filippi's Pizza Grotto B1
11 Hodad's... A7
12 JRDN B1
13 South Beach Bar & Grille........................A7
14 The Mission E2

Ausgehen
15 Pacific Beach Bar & Grill........................ E1

Shoppen
16 Pangaea Outpost...... .... E1
17 South Coast Surf Shop A7

Köpfen der Besucher, die durch einen 17 m langen, gläsernen Tunnel gehen. So erkennt man gut die ungeheure Größe von Riff-, Sand- und anderen Haien. Aber Achtung: Das Haiaquarium ist immer brechend voll.

Zu den für einen Vergnügungspark typischen Rides – von denen es hier nicht allzu viele gibt – gehören die simulierten Hubschrauberflüge von **Wild Arctic** und die **Journey to Atlantis**, eine Mischung aus Wildwasser- und Achterbahn, bei der man am Ende 18 m in die Tiefe rauscht. Wer vorne sitzt, wird kaum trocken bleiben.

Um den happigen Eintrittspreis zu senken, sollte man nach den überall ausliegenden Gutscheinen oder Sonderangeboten bei der Online-Buchung Ausschau halten. Die zusätzlichen Ausgaben summieren sich auch ganz schön: Der Parkplatz kostet 14 US$, Essen und Getränke sind extrem teuer (2,79 US$ für ein einfaches Mineralwasser): Am besten lässt man sich einen Stempel auf die Hand drücken, verlässt den Park und stärkt sich außerhalb der Anlage – das lohnt sich vor allem im Sommer, wenn der Park länger geöffnet hat. Günstiger ist auch ein Kombiticket oder eines der speziellen Angebote, die auf der Homepage von SeaWorld zu finden sind.

Der Park ist gut mit dem Auto zu erreichen: Nach der Kreuzung I-8/I-5 noch eine knappe Meile (1,6 km) auf der I-5 nach Norden fahren und dann in den Sea World Dr einbiegen. Von Downtown fährt Bus 9 nach SeaWorld. Letzter Einlass 90 Minuten vor Schließung des Parks.

MISSION BEACH & PACIFIC BEACH

Einen typisch kalifornischen Strandtag verbringt man am besten an dem knapp 5 km langen Sandstreifen zwischen South Mission Jetty und Pacific Beach Point. An den Sommerwochenenden ist der breite Strand ein beliebtes Ziel für Sonnenanbeter, Familien und Surfer.

Im Frühsommer, vor allem aber im Juni, muss man mit dem berüchtigten *June Gloom* rechnen. Der Seenebel kann sich recht hartnäckig halten und den Juni zum sonnenärmsten Monat des Jahres machen.

Im nördlichen Vorort Pacific Beach (oder einfach PB) verlagern sich die Aktivitäten wieder ins Landesinnere, besonders entlang der **Garnet Ave** (Karte S. 694), in der sich Horden von Twens mit Bier zuschütten und billige Tacos verschlingen. Vor allem an Taco Tuesdays ist hier die Hölle los. Am meerseitigen Ende der Garnet Ave lohnt sich ein Abstecher zum **Crystal Pier** (Karte S. 694). Auf dem Anleger aus den 1920er-Jahren befindet sich das ausgefallenste Hotel von San Diego (S. 705): Auf der gesamten Länge des Piers stehen dicht an dicht hübsche, kleine Holzhäuschen. Surfen rund um den Crystal Pier ist recht anspruchsvoll – die Wellen sind steil und schnell.

Ocean Front Walk STRANDPROMENADE
(Karte S. 694) Auf der Strandpromenade tummeln sich das ganze Jahr über Jogger, Inlineskater, Radfahrer und einige mutige Hundebesitzer – ein toller Ort, um Leute zu beobachten. Nur durch eine Häuserreihe vom Strand getrennt zieht sich der Mission Blvd die ganze Küste entlang. Er besteht praktisch nur aus Surfläden, Imbissbuden, Strandbars und Motels im Stil der 1960er-Jahre. Der sanfte Beach Break ist gut geeignet für Surfanfänger, Bodyboarder und Bodysurfer.

La Jolla

La Jolla

Highlights

Sehenswertes

Schlafen

Essen

Ausgehen

Belmont Park VERGNÜGUNGSPARK

(Karte S. 694; ☎858-488-1549; www.belmontpark.com; Eintritt frei, Rides 2–6 US$, Rides pauschal 27/16 US$ pro Erw./Kind; ⏰ab 11 Uhr; P 👪) Den familiären Vergnügungspark mitten im Stadtteil Mission Beach gibt's schon seit 1925. Als dem Park Mitte der 1990er-Jahre die Abrissbirne drohte, rettete eine Bürgerinitiative die alte Schwimmhalle **The Plunge** (Karte S. 694) und die klassische Holzachterbahn **Giant Dipper** (Karte S. 694; 6 US$/Pers.; ⏰ab 11 Uhr), die es trotz ihres hohen Alters ganz schön in sich hat. Außerdem gibt's im Belmont Park noch Boxautos, eine Looping-Bahn, ein Karrussell und den beliebten FlowRider, eine Wellenmaschine für Surfsimulationen.

Cheap Rentals FAHRRADVERLEIH, WASSERSPORT

(☎858-488-9070; www.cheap-rentals.com; 3689 Mission Blvd) Um die Gegend zu erkunden, kann man hier ein Fahrrad oder Inliner leihen. Der Laden an der Ecke Santa Clara Plaza hat von Fahrrädern, Inlinern und Baby Joggern (etwa 5/12 US$ pro Std./Tag) über Surfbretter (15 US$/Tag) bis hin zu Kajaks (30 US$/Tag) die unterschiedlichsten Fortbewegungsmittel im Sortiment. Reservierungen sind möglich – was im Sommer vor allem Langschläfer freuen dürfte.

LA JOLLA

Die Einheimischen erzählen gerne, „La Jolla" (sprich „la hoya") sei vom spanischen Wort für „Juwel" abgeleitet. Ein Blick auf die gepflegten Grünanlagen, eleganten Boutiquen und noblen Restaurants im Zentrum genügt, um zu erkennen, dass diese Behauptung durchaus zutreffen könnte. Andere widersprechen dem und erklären, die Ureinwohner, die hier bis Mitte des 19. Jhs. lebten, hätten die Gegend „Mut la Hoya, la Hoya" (Ort der vielen Höhlen) genannt. Mit Blick auf die vielen Brandungshöhlen, sandigen Buchten und eine Küstenlandschaft, die ideale Bedingungen zum Kajakfahren, Tauchen, Schnorcheln und Erforschen von Gezeitentümpeln bietet, werden Freiluftfanatiker und spaßorientierte Familienurlauber der zweitgenannten Erklärung nichts entgegenhalten.

Obwohl zur Stadt San Diego gehörend, fühlt sich La Jolla an wie eine eigenständige Gemeinde in einer anderen Welt. Grund dafür ist zum einen der hohe Wohlstand der Bevölkerung, zum anderen aber die besondere Lage hoch über San Diegos schönstem Küstenabschnitt. Der Stadtteil, der sich im Prinzip von Pacific Beach nach Norden an Torrey Pines vorbei bis Del Mar erstreckt, kam zum ersten Mal in Mode, als sich Ellen Browning Scripps 1897 hier niederließ. Die reiche Zeitungserbin erwarb den Großteil der Grundstücke an der Prospect St und stiftete sie verschiedenen Einrichtungen der Stadt. So entstanden u.a. die **Bishop's School** (Karte S. 696; Ecke Prospect St & La Jolla Blvd) und der **La Jolla Woman's Club** (Karte S. 696; 715 Silverado St). Außerdem beauftragte sie Irving Gill mit der architektonischen Gestaltung der Gebäude, die sich mit Bögen, Arkaden, Palmengärten, roten Ziegeldächern und hellem Stuck durch einen schlichten, aber eleganten mediterranen Stil auszeichnen.

Bus 30 fährt von Downtown San Diego via Old Town Transit Center nach La Jolla.

LA JOLLA VILLAGE & DIE KÜSTE

Das allgemein als Village bezeichnete Zentrum von La Jolla erhebt sich auf einem steilen Felsen, der an drei Seiten vom Pazifik umspült wird. Direkten „Kontakt" zwischen dem kleinen Stadtzentrum und dem Meer gibt's kaum. Aber von einigen der schicken Restaurants mit Dachterrasse hat man einen herrlichen Blick auf das tiefblaue Wasser. Die Hauptverkehrsachsen Prospect St und Girard Ave sind gesäumt von Boutiquen, Galerien und Juwelieren.

Ein paar Häuserblocks westlich des Village schlängelt sich ein 800 m langer Weg die Klippen hinauf. Der Blick von dort oben auf die Küste ist unbeschreiblich. Am westlichen Ende des Weges, am Coast Dr in Höhe des Jenner Blvd, befindet sich der **Children's Pool** (s. Kasten S. 699). Ellen Browning Scripps finanzierte den künstlich aufgeschütteten Wall zum Schutz des Strandes vor den starken Wellen.

Weiter nordöstlich erreicht man am östlichen Ende des Küstenweges die Landspitze Point La Jolla und den **Ellen Browning Scripps Park** (Karte S. 696), eine hübsche Grünanlage mit Palmen. Hier kann man herrlich lesen, entspannen, mit den Kindern spielen und den Sonnenuntergang genießen. Nur ein paar Schritte weiter nördlich befinden sich Grillstellen und Picknicktische hoch über der Bucht von **La Jolla Cove**. Die Bucht mit dem herrlichen Strand ist eines der besten Schnorchelgebiete der Gegend, aber auch sehr beliebt bei erfahrenen und sehr guten Schwimmern.

Athenaeum Music & Arts Library BIBLIOTHEK

(Karte S. 696; ☎858-454-5872; www.ljathenaeum.org; 1008 Wall St; ⌚Di–Sa 10–17.30, Mi 10–20.30 Uhr; P) In der kleinen, aber sehr eleganten Villa im Stil der spanischen Renaissance, die sich in der Nähe der Kreuzung zwischen Prospect St und Girard Ave befindet, werden auch Kunstausstellungen und Konzerte veranstaltet. Dazu passt die große Auswahl an Kunst- und Musikbüchern. Unter den gebrauchten Büchern, die zum Verkauf stehen, finden sich auch aktuelle Romane.

Museum of Contemporary Art MUSEUM

(MCASD; Karte S. 696; ☎858-454-3541; www.mcasd.org; 700 Prospect St; Erw./Student/Senior 10/frei/5 US$; ⌚Do–Di 11–17, jeden 3. Do im Monat 11–19 Uhr, von 17–19 Uhr Eintritt frei) Das kleine, aber ausgezeichnete Kunstmuseum in La Jolla zeigt Weltklasseausstellungen, die alle sechs Monate wechseln. Irving Gill entwarf das Gebäude 1916 als Wohnhaus für Ellen Browning Scripps, die Restaurierung führte der postmoderne Architekt Robert Venturi aus Philadelphia durch. Zusammen mit der „Filiale" in San Diego besitzt das Museum für zeitgenössische Kunst insgesamt mehr als 4000 Kunstwerke, die nach 1950 entstanden sind. Von der Krichman Family Gallery im Inneren blickt man direkt aufs Meer hinaus. Die passenden Wasserfahrzeuge – von Kajaks über Kanus bis hin zu Paddle-Boards – hat Nancy Rubins zu ihrer Skulptur *Pleasure Point* verarbeitet, die vor dem Gebäude zu sehen ist. Die Eintrittskarten gelten jeweils eine Woche lang für alle Standorte des Museums.

San Diego-La Jolla Underwater Park Ecological Reserve SCHNORCHELN & TAUCHEN

Die weißen Bojen, die vor der Küste von Point La Jolla bis zum Scripps Pier im Norden zu sehen sind, markieren dieses Meeresschutzgebiet, in dem eine Vielzahl von Meerestieren und -pflanzen, riesige Seetangwälder, Riffe und unterseeische Canyons geschützt werden (s. S. 697). Die Höhlen östlich der Bucht wurden von den Wellen aus dem weichen Sandstein gewaschen.

Cave Store HÖHLE

(Karte S. 696; ☎858-459-0746; www.cavestore.com; 1325 Coast Blvd; Erw./Kind 4/3 US$; ⌚10–17 Uhr) Ziemlich unheimlich wird es weiter nördlich am Coast Blvd: 145 hölzerne Stufen führen in einen feuchten, von Menschen gegrabenen, bis 1905 fertiggestellten Tunnel und weiter in die größte Höhle, die Sunny Jim Cave. Vom Inneren der Höhle kann man auf Höhe des Meeresspiegels die Kajakfahrer vor der Küste paddeln sehen.

Windansea Beach STRAND

(Karte S. 680) Das sehr beliebte, aber nicht für Anfänger geeignete Surfgebiet befindet sich 2 Meilen (3,2 km) südlich des Zentrums (den La Jolla Blvd in Richtung Süden bis zur Nautilus St fahren und dann weiter in Richtung Westen). Auf Auswärtige sind die Einheimischen hier nicht immer gut zu sprechen. Wer es schafft, sie zu besänftigen, wird feststellen, dass sich die sehr dauerhafte und energiegeladene Reef Break am besten bei mittlerem bis niedrigem Wasserstand surfen lässt. Direkt südlich von **Big Rock** befindet sich am Beginn der Palomar Ave die kalifornische Ausgabe der Pipeline von Hawaii mit steilen, sich weit oben überschlagenden Wellen. Der „große Felsen" verdankt seinen Namen dem großen Riff, das direkt vor der Küste aus dem Wasser ragt. Bei Ebbe bilden sich tolle Gezeitentümpel.

LA JOLLA SHORES

Bei dem einfach *Shores* (Küsten) genannten Strand nordöstlich von La Jolla Cove gehen die felsigen Klippen von La Jolla in weite Sandstrände über, die sich bis nach Del Mar im Norden erstrecken. Um zum **Strand** (Karte S. 680) zu gelangen, fährt man von der Torrey Pines Rd Richtung Norden in den La Jolla Shores Dr und biegt nach ca. 400 m links in die Ave de la Playa in Richtung Westen ein. Die Wellen sind auch für Surfanfänger sanft genug. Kajakfahrer können ohne größere Probleme an der Küste einsteigen.

Einige der besten Strände des San Diego County befinden sich nördlich der Shores, am **Torrey Pines City Beach** (Karte S. 680). Bei extrem niedrigem Wasserstand – also etwa zweimal im Jahr – kann man am Strand entlang von La Jolla Shores bis Del Mar im Norden gehen. Am **Torrey Pines Glider Port** (Karte S. 680) am Ende des Torrey Pines Scenic Dr nutzen Drachen- und Gleitschirmflieger den Seewind über den hohen Klippen – ein herrlicher Anblick. Wer's selber probieren möchte, kann einen Tandemflug buchen (S. 703). Unterhalb der Klippen erstreckt sich **Black's Beach** (Karte S. 680), ein legendärer, inoffizieller FKK-Strand. Eigentlich ist Badebekleidung vorgeschrieben, die meisten scheinen das jedoch nicht zu wissen. Das äußerste (nördliche) Ende gehört den Schwulen.

Birch Aquarium — AQUARIUM

(Karte S. 680; ☎858-534-3474; http://aquarium.ucsd.edu; 2300 Exhibition Way; Erw./Kind/Student & Senior 12/8,50/9 US$; ⏲9–17 Uhr; P 👪) Das Aquarium westlich der North Torrey Pines Rd informiert sehr anschaulich über die Arbeit der Meereskundler und das Leben im Meer. In der **Hall of Fishes** wird in mehr als 60 Becken das Leben in den Gewässern vom nordwestlichen Pazifik bis zu den Tropen Mexikos und der Karibik präsentiert. Taucher füttern Leopardenhaie, Garibaldifische, Seebarsche und Aale in einem 275 000 l fassenden Becken voller Seetang. Die genauen Termine der 30-minütigen Fütterungsshows finden sich im Internet. In dem knapp 50 000 l fassenden Haifischbecken tummeln sich Weiß- und Schwarzspitzen-Riffhaie sowie viele andere Bewohner der tropischen Korallenriffe. Im hinteren Teil des Aquariums befindet sich ein kleiner Gezeitentümpel, den man auch mit den Händen erforschen darf.

Bus 30 fährt von Downtown San Diego und La Jolla zum Aquarium.

GRATIS Salk Institute — ARCHITEKTUR

(Karte S. 680; ☎858-453-4100 Durchwahl 1287; www.salk.edu; 10010 N Torrey Pines Rd; ⏲Führungen zur Architektur Mo–Fr 12 Uhr, Reservierung erforderlich) Jonas Salk, der den Impfstoff gegen Kinderlähmung entwickelte, gründete 1960 das Salk Institute als biologisches und biomedizinisches Forschungsinstitut. Die Verwaltung des San Diego County stiftete dafür knapp 11 ha Land, die Aktion „March of Dimes" lieferte die finanzielle Unterstützung und der Architekt Louis Kahn entwarf das Gebäude. Das 1965 fertiggestellte Institut wurde ein Meisterwerk der modernen Architektur. Kubistische Laborgebäude mit Spiegelglasfassaden gruppieren sich um eine klassisch proportionierte Plaza, die mit Travertinplatten gepflastert ist und einen atemberaubenden Blick auf den Pazifik bietet. Am Salk Institute arbeiten die besten Wissenschaftler in einer rein der Forschung gewidmeten Umgebung. Mittlerweile wurden die Einrichtungen stark erweitert. Jack McAllister, ein Schüler von Louis Kahn, entwarf die neuen Laborgebäude. Bus 101 fährt vom Knotenpunkt University Town Center (UTC) die North Torrey Pines Rd entlang bis zum Institut.

Torrey Pines State Natural Reserve — NATURSCHUTZGEBIET

(Karte S. 680; ☎858-755-2063; www.torreypine.org; 12600 N Torrey Pines Rd; Auto 10 US$; ⏲8 Uhr–Sonnenuntergang) Vogelfreunde, Walbeobachter, Wanderer und alle, die den Blick auf die spektakuläre Küste genießen wollen, besuchen diesen **Naturpark**. In dem bewaldeten Naturschutzgebiet stehen u. a. die letzten Torrey-Kiefern *(Pinus torreyana)* des amerikanischen Festlands. Die äußerst seltene Kiefernart hat sich an die geringen Niederschläge und den sandigen, steinigen Boden angepasst, den es sonst nur noch auf der Insel Santa Rosa im Channel Islands National Park vor der Küste von Santa Barbara gibt. Die steil aufragenden Sandsteinwände der ausgetrockneten Flussläufe sind zu spektakulären Strukturen erodiert. Der Blick über das Meer bis nach Oceanside im Norden ist einfach atemberaubend, besonders bei Sonnenuntergang. Da das Naturschutzgebiet an der pazifischen Vogelzuglinie, dem Pacific Flyway, liegt, legen hier viele Zugvögel eine Zwischenstation ein.

Hauptzufahrtsstraße ist die North Torrey Pines Rd, in der auch Bus 101 hält; von dieser zweigt am nördlichen Ende des Parks die Torrey Pines Park Rd ab und windet sich zu einem einfachen Lehmziegelhaus hinauf. In dem Haus, das 1922 als Sommerhaus für – richtig! – Ellen Browning Scripps erbaut wurde, ist heute das **Visitors Center** (⌚Mitte März–Okt. 9–18 Uhr, Nov–Mitte März 9–16 Uhr) untergebracht. Eine kleine Ausstellung informiert über die Flora und Fauna des Parks. Die von Rangern geführten Spaziergänge in die Natur beginnen jeweils um 10 und 14 Uhr, allerdings nur am Wochenende.

Für Fußgänger ist der Eintritt in den Park frei. Verschiedene Wanderwege führen durch den Park und hinunter zum Strand. Wer eine repräsentative Auswahl der Highlights des Parks und vielleicht sogar Wale sehen will, begibt sich auf den 1 km langen Guy-Fleming-Rundwanderweg.

Torrey Pines Municipal Golf Course

GOLF

(Karte S. 680) Im Juni 2008 strömten die Massen hierher, um Tiger Woods bei den historischen US Open gewinnen zu sehen. Der nördlich der Drachenfliegerklippen liegende Golfplatz von Torrey Pines ist einer von nur zwei öffentlichen Plätzen, die dieses legendäre Turnier bisher ausrichten durften.

University of California, San Diego

UNIVERSITÄT

(UCSD; Karte S. 680) Die University of California in San Diego (UCSD) wurde 1960 gegründet. Heute büffeln an ihren Instituten mehr als 22 000 Studenten. Die für ihre mathematische und naturwissenschaftliche Ausrichtung bekannte Universität genießt hohes Ansehen. Der 4,8 km² große Campus liegt in einer parkähnlichen Landschaft auf den sanften Hügeln an der Küste, im Schatten großer, duftender Eukalyptusbäume. Das herausragendste Gebäude ist die verblüffend futuristische **Geisel Library**, eine auf dem Kopf stehende Pyramide aus Glas und Beton. Ihr Namensgeber Theodor Geisel ist besser bekannt als Dr. Seuss, der Schöpfer des weihnachtshassenden *Grinch*. Geisel und seine Frau, die beide lange Jahre in La Jolla lebten, finanzierten einen Großteil der Bibliothek. Jedes Jahr im März, dem Geburtsmonat Geisels, ist eine Sammlung seiner Zeichnungen und Bücher im Erdgeschoss zu sehen.

Eine eindrucksvolle Verbindung von Kunst und Lehre stellen die Installationen

SEELÖWEN KONTRA SCHWIMMER

Der **Children's Pool** (Karte S. 696) wurde Anfang der 1930er-Jahre angelegt, als der Bundesstaat das Gelände der Stadt schenkte, mit der Auflage, es als öffentlichen Park und Schwimmbecken für Kinder zu nutzen. Als Teil der Abmachung bezahlte Ellen Browning Scripps den 90 m langen Schutzwall vor der Küste. Dann kamen die Seelöwen und zogen Touristen an, nervten aber mit der Zeit die Schwimmer. Tierschützer wollten die Bucht als Kinderstube der Seelöwen erhalten, während einige Schwimmer und Taucher sie daraus verbannen wollten, weil sie den Bakteriengehalt des Wassers in gefährliche Höhen trieben. 2005 gab das Oberste Gericht von Kalifornien den Sportlern Recht. Das amerikanische Berufungsgericht lehnte, ebenso wie das Oberste Gericht von Kalifornien, den Einspruch der Tierschützer 2008 ab. Seitdem tobt die Schlacht zwischen den Tierschützern, der Stadtverwaltung und dem Obersten Gericht von Kalifornien: Dieses hatte 2009 angeordnet, die Seelöwen zu entfernen. Daraufhin forderte die Stadtverwaltung die Tierschützer auf, einen Bereich für die Seelöwen abzusperren, doch diese Notlösung scheiterte schließlich an den zu hohen Kosten. Die Aktivisten setzen den Kampf dennoch fort, indem sie mit einer Informationstafel am Zugang zur Bucht demonstrieren. Weitere Infos zu diesem Dauerkonflikt gibt's unter www.savesandiegoseals.com.

und Skulpturen der **Stuart Collection** dar, die auf dem Freigelände des Campus verteilt sind. Mithilfe der Stuart-Collection-Broschüre und einer Übersichtskarte, die es am Informationsschalter der Bibliothek gibt, sind sie problemlos zu finden. Von der Ostecke des zweiten Stocks der Bibliothek windet sich eine von dem Künstler Alexis Smith geschaffene, allegorische Schlange rund um einen naturbelassenen kalifornischen Garten und vorbei an einer riesigen Marmorausgabe von John Miltons *Das verlorene Paradies*. Weitere Werke sind der *Sonnengott* von Niki de Saint Phalle, *Vices & Virtues* von Bruce Nauman – sieben Tugenden und sieben Laster, in riesigen Neonbuchstaben geschrieben – und ein ganzer Wald aus Bäumen, die Gedichte vortragen und Lieder singen. Die meisten Installationen befinden sich in der Nähe der Geisel Library.

Der **UCSD Bookstore** beim Price Center verfügt über eine ausgezeichnete Auswahl an Reiseliteratur, Kunstbüchern, Science-Fiction-Romanen, Werken zur Geschichte Kaliforniens usw. Das Personal ist äußerst hilfsbereit. Das **La Jolla Playhouse** (858-550-1010; www.lajollaplayhouse.org) im Mandell Weiss Center for the Performing Arts ist bekannt für seine erstklassigen Theateraufführungen.

Den Universitätscampus erreicht man am besten über den La Jolla Village Dr oder die N Torrey Pines Rd. Alternativ nimmt man Bus 30 von Downtown San Diego. Im Visitors Center am Gilman Dr gibt's eine Übersichtskarte des Campus. Am Wochenende ist das Parken kostenlos. Gebührenpflichtige Parkplätze befinden sich nördlich der Bibliothek.

Aktivitäten

Surfen

San Diego verfügt über hervorragende Surfreviere, die Anfänger genauso wie Cracks glücklich machen werden. Deshalb kann es im Wasser auch schon mal eng werden. Einige der Surfspots, vor allem die Sunset Cliffs und Windansea, sind besonders fest in der Hand von Einheimischen, die fremde Surfer, die nicht ganz ihr Weltklasseniveau bieten können, gerne mit viel Hohn und Spott überschütten.

Im Herbst entsteht durch die ablandigen Santa-Ana-Winde eine kräftige Dünung. Im Sommer wird der Wellengang von Süd- und Südwestwinden bestimmt, im Winter von West- und Nordwestwinden. Im Frühjahr schließlich herrschen oft auflandige Winde vor, bei denen man teilweise noch ganz gut surfen kann.

Surfanfänger, die ein Brett leihen und einen Kurs belegen wollen, sind am Mission Beach oder Pacific Beach richtig; hier ist der Wellengang recht human. Der Tourmaline Surfing Park (Karte S. 680) nördlich des Crystal Pier eignet sich besonders gut für die ersten Stehversuche auf dem Brett.

Die besten Surfspots finden sich – von Süd nach Nord – am: Imperial Beach (südlich der Halbinsel Coronado; besonders gut im Winter), vor Point Loma (schwer zu reitende, aber deshalb weniger volle Reef Breaks, die im Winter am besten sind), bei den Sunset Cliffs in Ocean Beach (hier ist man nicht so gut auf Auswärtige zu sprechen), am Pacific Beach, Big Rock (die kalifornische „Pipeline"), Windansea (geniale Reef Breaks, am besten bei mittlerem bis niedrigem Wasserstand; Auswärtige sind auch hier nicht gerne gesehen), La Jolla Shores (Beach Break, am besten im Winter) und Black's Beach (schnelle, kraftvolle Welle). An der nördlichen Küste des San Diego County (Karte S. 718) wird am Cardiff State Beach, San Elijo State Beach, Swami's Beach, Carlsbad State Beach und vor Oceanside gesurft.

Für Bodysurfing gut geeignet sind die Wellen von Coronado, Mission Beach, Pacific Beach und La Jolla Shores.

Pacific Beach Surf School SURFEN

(Karte S. 694; ☎858-373-1138; www.pacificbeachsurfschool.com; 4150 Mission Blvd, Suite 161; Einzel-/Zweierunterricht 80/65 US$ pro Pers.) In San Diegos ältestem Surfladen kann man nicht nur Bretter und Nassanzüge leihen (25 US$/½ Tag), sondern auch surfen lernen.

Surf Diva SURFEN

(☎858-454-8273; www.surfdiva.com; 2160 Avenida de la Playa) Die tollen Surf-Diven veranstalten in La Jolla zweitägige Wochenendkurse ausschließlich für Mädchen jeden Alters (165 US$/Pers.) und Einzelunterricht für Mädchen und Jungs (60 US$/Pers. pro 90 Min.; mit jedem weiteren Teilnehmer wird's günstiger). Der Anfängerunterricht findet in der sanften Dünung von La Jolla Shores statt.

Tauchen & Schnorcheln

Direkt vor der Küste des ganzen San Diego County können Taucher Seetangwälder,

Schiffswracks (u.a. die *Yukon,* ein Zerstörer aus dem Zweiten Weltkrieg) und unterseeische Canyons entdecken.

Einige kommerzielle Veranstalter bieten Tauchkurse an, verkaufen oder verleihen Ausrüstungen, befüllen Druckluftflaschen und organisieren Bootsausflüge zu den Schiffswracks und Inseln der Umgebung.

San Diego-La Jolla Underwater Park Ecological Reserve TAUCHEN & SCHNORCHELN

Das Meeresschutzgebiet, das nur ein paar Beinschläge von der La Jolla Cove entfernt ist, bietet einige der schönsten und am besten zugänglichen (kein Boot erforderlich!) Tauch- und Schnorchelgebiete Kaliforniens. Das im Durchschnitt 6 m tiefe und 24 km² große Gewässer ist die Heimat des leuchtend orangeroten Garibaldifisches. Der unter Naturschutz stehende, typisch kalifornische Fisch darf – wie alles andere im Naturpark – nur angeschaut, aber nicht angefasst und schon gar nicht gefangen werden. Wer sich an dieses Verbot nicht hält, kann sich auf eine Geldstrafe gefasst machen. Weiter entfernt von der Küste erstrecken sich ausgedehnte Wälder des kalifornischen Riesenseetangs, der bis zu 60 cm am Tag wachsen kann. Der unterseeische La Jolla Canyon ist 30 m tief.

OEX Dive & Kayak WASSERSPORT

(☎858-454-6195; www.oexcalifornia.com; 2243/2132 Avenida de la Playa, La Jolla) Von der Ausrüstung bis zum Unterricht – selbst im Speerfischen oder Stehpaddeln auf dem Surfbrett – bietet dieser Laden alles unter einem Dach.

Angeln

Wer über 16 Jahre alt ist, braucht zum Angeln eine staatliche Genehmigung (14/22/43 US$ für 1/2/10 Tage) – es sei denn, die Angel wird von einem Fischer-Pier ausgeworfen. Weitere Infos zum Angeln erhält man unter ☎619-465-347 (Tonband). Eine Erweiterung des Angelscheins für das offene Meer (5 US$) ist derzeit für zehntägige, nicht aber für ein- oder zweitägige Angeltouren erforderlich.

Die beliebtesten Stege zum Angeln sind der Imperial Beach Municipal Pier, der Embarcadero Fishing Pier im Marina Park, der Shelter Island Fishing Pier, der Ocean Beach Pier und natürlich der Crystal Pier in Pacific Beach. Die beste Jahreszeit zum Pier-Angeln ist von April bis Oktober. Am Haken hängen können u.a. Barrakudas, Barsche oder Gelbschwanzmakrelen. Im Sommer steht der Weiße Thunfisch hoch im Kurs.

Die folgenden Veranstalter bieten geführte Angeltouren an. Angelschein und -ausrüstung sind im Preis (10–15 US$) nicht enthalten.

H&M Landing ANGELN

(Karte S. 680; ☎619-222-1144; www.hmlanding.com; 2803 Emerson St, Shelter Island) Halbtagesausflüge vor der Küste kosten 46 US$ pro Person. Auf der Internetseite werden auch Tagesausflüge und mehrtägige Touren angeboten.

Mission Bay Sportfishing ANGELN

(außerhalb der Karte S. 694; ☎619-222-1164; 1551 West Mission Bay Dr) Die Halbtagesausflüge des freundlichen Veranstalters kosten 40 US$ für Erwachsene (etwas weniger für Kinder). Infos zum Thunfischfang mit Übernachtung und zum Bootsverleih gibt's im Internet.

Bootsverleih

Rund um die Mission Bay kann man Motor- und Segelboote, Windsurfbretter, Kajaks und Jetskis ausleihen. Erfahrene Segler können auch eine Jacht oder ein Segelboot mieten und damit in der San Diego Bay herumfahren oder hinaus auf den Pazifik schippern. Folgende Chartergesellschaften haben ihren Sitz auf Harbor Islands, im Westen der San Diego Bay, in der Nähe des Flughafens:

WANDERN MIT BLICK AUF DIE STADT

Ein beliebter Wanderweg führt auf den Gipfel des 477 m hohen **Cowles Mountain** (www.mtpr.org) in der Nähe der San Diego State University. Auf dem zweistündigen Rundweg (er ist knapp 5 km lang) tummeln sich Jogger, Hundebesitzer und Mütter mit Kinderwagen, die alle nur eines wollen: den herrlichen Blick genießen, der an einem klaren Tag von La Jolla weit nach Süden bis nach Coronado reicht. Anfahrt: Die I-8 an der Ausfahrt College Ave North verlassen und der College Ave bis zur Navajo Rd folgen. Rechts in die Navajo Rd einbiegen und auf dieser noch knapp 2 Meilen (3,2 km) weiterfahren, anschließend links in den Goldcrest Dr abbiegen. Dort befindet sich der Parkplatz.

Family Kayak KAJAKFAHREN
(☎619-282-3520; www.familykayak.com) Ein Seekajak eignet sich perfekt dazu, das maritime Leben zu beobachten oder Klippen und Höhlen zu erkunden, die nur vom Wasser her zugänglich sind. So bietet das Unternehmen geführte Seekajaktouren durch die San Diego Bay an (42/17 US$ pro Erw./Kind).

Mission Bay Sportcenter KAJAKFAHREN, BOOTSVERLEIH
(Karte S. 694; ☎858-488-1004; www.missionbaysportcenter.com; 1010 Santa Clara Pl). Ein Segelboot kostet 24/72/96 US$ pro Stunde/4 Stunden/Tag, ein Einerkajak 13/39/44 US$.

Walbeobachtung

Von Mitte Dezember bis Ende Februar schwimmen Grauwale auf ihrer jährlichen Wanderung zur Baja California im Süden an San Diego vorbei. Mitte März kehren sie dann wieder nach Alaska zurück. Die insgesamt knapp 20 000 km lange Reise ist die längste, die ein Säugetier dieser Erde zurücklegt.

Der Aussichtspunkt am Cabrillo National Monument (Karte S. 680) auf den Klippen von Point Loma ist der beste Ort an Land, um die Wale zu beobachten. Zur Wanderung der Wale gibt's auch das ganze Jahr über Filme und Ausstellungen. Während der Saison bieten die Wächter der Nationalparks entsprechende Veranstaltungen an. Südwestlich des Old Point Loma Lighthouse befindet sich ein rundum verglaster Ausguck, von dem aus man einen tollen Blick auf die auftauchenden Riesen hat (Fernglas nicht vergessen!). Auch im Naturpark Torrey Pines State Natural Reserve (S. 698) und in der La Jolla Cove (S. 697) weiter nördlich kann man die Wale gut beobachten.

H&M Landing BOOTSFAHRT
(S. 701) Während der Saison werden dreistündige Bootsausflüge zur Walbeobachtung (Erw./Kind 25/17,50 US$) und sechsstündige Fahrten zum Beobachten von Blauwalen (Erw./Kind 80/55 US$) organisiert.

Hornblower Cruises BOOTSFAHRT
(Karte S. 684; ☎888-467-6256; www.hornblower.com; Fahrt Erw./Kind/Senior 40/20/33 US$) Hier dauern die Fahrten dreieinhalb Stunden und werden ebenfalls nur während der Saison angeboten.

Drachenfliegen

Torrey Pines Glider Port ABENTEUERSPORT
(Karte S. 680; ☎858-452-9858; www.flytorrey.com; 2800 Torrey Pines Scenic Dr; Tandemflug mit Gleitschirm/Drachen 150/200 US$/Pers.) Beim Tandemflug spielt das Alter keine Rolle. Die Ausbilder des weltberühmten Flugcenters am Meer haben sich schon mit dreijährigen Knirpsen und 99-jährigen Senioren in die Lüfte geschwungen. Die Flüge dauern zwischen 20 und 25 Minuten. Der Unterschied zwischen Gleitschirm- und Drachenfliegen? Beim Gleitschirmfliegen sitzen Pilot und Passagier in einem Gurtzeug unter einem Stück Stoff, das einem Fallschirm ähnelt. Drachenflieger dagegen „hängen" bäuchlings ausgestreckt unter den starren, dreieckigen Tragflügeln.

Erfahrene Piloten dürfen alleine fliegen, wenn sie Mitglied der US-Paraglidingorganisation USHGA sind bzw. einen 30 Tage gültigen USHGA-Mitgliedsausweis besitzen.

☞ Geführte Touren

In vielen Broschüren und Magazinen gibt's Rabattgutscheine für Touren, ebenso spezielle Angebote im Internet.

Another Side of San Diego WANDERN & BOOTSFAHRTEN
(Karte S. 684; ☎619-239-2111; www.anothersideofsandiegotours.com; 300 G St) Der hoch angesehene Veranstalter bietet geführte Touren mit dem Segway durch den Balboa Park sowie Ausritte am Strand und Gourmettouren im Gaslamp Quarter an.

Hike, Bike, Kayak San Diego RADFAHREN
(☎858-551-9510, 866-425-2925; www.hikebikekayak.com; 2246 Avenida de la Playa, La Jolla) Wie der Name schon sagt, wird gewandert, geradelt und gepaddelt.

Old Town Trolley Tours TROLLEY
(☎619-298-8687; www.trolleytours.com; Erw./Kind 34/17 US$) Nicht mit der städtischen „Trolley"-Straßenbahn verwechseln, die Teil des öffentlichen Nahverkehrs ist: Die orange-grünen, nostalgisch angehauchten Busse mit offenen Fenstern fahren die Hauptsehenswürdigkeiten in Downtown und Umgebung sowie auf der Halbinsel Coronado ab. Tickets sind einen ganzen Tag lang gültig; man kann jederzeit ein- und aussteigen. Die Busse, die im 30-Minuten-Takt fahren, starten in Old Town.

San Diego Harbor Excursion BOOTSFAHRTEN
(Karte S. 684; ☎619-234-4111; www.sdhe.com; 1050 N Harbor Dr; Erw./Kind ab 22/11 US$) Gro-

ße Auswahl von Hafenrundfahrten und Bootsfahrten in der Bucht von San Diego.

Feste & Events

Den aktuellsten Veranstaltungskalender gibt's beim San Diego Convention & Visitors Bureau.

Kiwanis Ocean Beach Kite Festival DRACHENFEST
(www.oceanbeachkiwanis.org) Am ersten Samstag im März werden in Ocean Beach Drachen gebastelt, kunstvoll verziert und in die Lüfte entlassen. Auch Drachenflugwettbewerbe stehen auf dem Programm.

EarthFair VOLKSFEST
(www.earthdayweb.org/EarthFair.html) Am Tag der Erde im April strömen jedes Jahr mehr als 60 000 Besucher zur größten – kostenlosen – Umweltmesse in den Balboa Park, wo u.a. der tolle „Food Pavilion" voller Biolebensmittel lockt.

San Diego County Fair VOLKSFEST
(www.sdfair.com) 2011 kamen mehr als 1,4 Mio. Besucher zu dem riesigen Volksfest in Del Mar. Von Mitte Juni bis zum 4. Juli locken erstklassige Vorführungen aller Art sowie Hunderte von Fahrgeschäften und Shows die Massen zum Rummelplatz Del Mar Fairgrounds.

US Open Sandcastle Competition KURIOS
(www.usopensandcastle.com) Es ist immer wieder erstaunlich, was beim Sandburgenwettbewerb Mitte Juli am Imperial Beach südlich von Coronado so alles aus Sand gebaut wird.

San Diego Gay Pride SCHWULE & LESBEN
(www.sdpride.org) Ende Juli feiert San Diegos Schwulengemeinde in Hillcrest und im Balboa Park.

Comic-Con International COMICS
(www.comic-con.org) Amerikas größte Messe für Sammler von Comics und allem, was irgendwie mit Pop und Film zu tun hat, findet Ende Juli im San Diego Convention Center statt.

December Nights WEIHNACHTSLIEDER
(www.balboapark.org) Zu dem weihnachtlichen Festival im Balboa Park gehören Kunsthandwerk, Weihnachtslieder und ein Lichterumzug durch den Park.

Harbor Parade of Lights KULTUR
(www.sdparadeoflights.org) Ebenfalls im Dezember zieht an zwei Sonntagabenden eine Prozession von mehr als 100 bunt geschmückten und beleuchteten Schiffen durch den Hafen.

Schlafen

Die im Folgenden genannten Preise beziehen sich jeweils auf ein Doppelzimmer in der Hauptsaison im Sommer. Suiten sind teurer. Von September bis Juni gehen die Zimmerpreise ganz schön in den Keller, oft spart man bis zu 40 % oder noch mehr. Budgetreisende sollten die günstigeren Unterkünfte im benachbarten Mission Valley in Betracht ziehen.

DOWNTOWN

Trotz der aktuellen Beliebtheit finden sich in Downtown immer noch tolle, ausgefallene Budgetunterkünfte. Daneben gibt's auch ein paar unabhängige Mittelklassehotels sowie Boutiquehotels und B&Bs. Und die meisten Luxushotels der Stadt stehen auch in diesem Viertel.

USA Hostels San Diego HOSTEL $
(Karte S. 684; ☎619-232-3100, 800-438-8622; www.usahostels.com; 726 5th Ave; B/DZ inkl. Frühstück ab 28/72 US$; ❄@📶) Das fröhliche Hostel im Gaslamp Quarter, das schon zu viktorianischen Zeiten ein Hotel war, verfügt über freundliche Zimmer, eine komplett ausgestattete Küche und einen einladenden Kinosaal. Im Preis inbegriffen ist ein Frühstück mit Pfannkuchen und die Nutzung der Waschmaschinen. Das Abendessen in familiärer Atmosphäre kostet 5 US$.

HI San Diego Downtown Hostel HOSTEL $
(Karte S. 684; ☎619-525-1531; www.sandiegohostels.org/downtown; 521 Market St; B 29–32 US$, DZ mit/ohne Bad 93/77 US$, jeweils inkl. Frühstück; @📶) Das freundliche, hilfsbereite Personal des geschäftigen, labyrinthartigen Hostels organisiert auch eine Menge Aktivitäten und Touren. Das ehemalige Hotel aus der viktorianischen Zeit befindet sich mitten im Gaslamp Quarter, ganz in der Nähe der öffentlichen Verkehrsmittel und des Nachtlebens. Im Preis enthalten sind Pfannkuchen zum Frühstück sowie die Benutzung der gut eingerichteten Küche und des Waschsalons. Für die Schränke ist ein eigenes Schloss mitzubringen. Das Haus ist rund um die Uhr geöffnet.

La Pensione Hotel BOUTIQUEHOTEL $
(außerhalb der Karte S. 684; ☎800-232-4683; www.lapensionehotel.com; 606 W Date St; Zi. 100 US$; P❄📶) Die Zimmer des vierstöckigen Hotels in Little Italy gruppieren sich

rund um einen mit Fresken geschmückten Innenhof. Genau der richtige Ort, um bei einem Cappuccino aus dem Café nebenan zu entspannen! Nach umfangreichen Renovierungsarbeiten im Jahr 2010 ist das Hotel nun wie neu und sehr stilvoll – aber die Zimmer sind immer noch klein. Die Lage ist unschlagbar zentral. Wer trotzdem mit dem Auto kommt, kann es in der hoteleigenen Tiefgarage kostenlos parken.

Little Italy Inn B&B $$
(außerhalb der Karte S. 684; ☎619-230-1600; www.littleitalyhotel.com; 505 W Grape St; Zi. mit Gemeinschaftsbad/eigenem Bad 89/109 US$, Apt. mit 2 Zi. ab 149 US$, jeweils inkl. Frühstück;) Wer Little Italy am liebsten nicht mehr verlassen möchte, mietet sich in diesem hübschen B&B ein. Die Pension mit den 23 Zimmern in einer Villa im viktorianischen Stil überzeugt mit gemütlichen Betten, kuscheligen Bademänteln, einem entspannten, europäischen Frühstück und Weinabenden am Wochenende.

Hotel Indigo BOUTIQUEHOTEL $$
(Karte S. 684; ☎619-727-4000; www.hotelsandiegodowntown.com; 509 9th Ave; Zi. ab 146 US$; P @) Das erste nach LEED zertifizierte Hotel San Diegos sieht toll aus und ist durch und durch umweltfreundlich. Die Ausstattung ist farbenfroh und modern, die Zimmer haben Fenster vom Boden bis zur Decke, Wellnessbäder und große Flachbildfernseher. Ein Parkplatz kostet 35 US$.

500 West Hotel HOSTEL & PENSION $
(Karte S. 684; ☎619-231-4092; www.500westhotelsd.com; 500 W Broadway; EZ/DZ mit Gemeinschaftsbad ab 50/62 US$; @) Trendbewusste Preisfüchse lieben die ehemalige Jugendherberge im Beaux-Arts-Stil aus den 1920er-Jahren. Die Zimmer sind winzig, aber hell und freundlich eingerichtet, und es gibt eine Gemeinschaftsküche.

Horton Grand Hotel HISTORISCHES HOTEL $$
(Karte S. 684; ☎619-544-1886, 800-542-1886; www.hortongrand.com; 311 Island Ave; Zi. 149–269 US$; @) Der Klassiker des Gaslamp Quarters wurde 1886 errichtet und war einmal das Wohnhaus des legendären Wyatt Earp. Die Einrichtung samt marmorner Kamine stammt noch aus viktorianischer Zeit.

CORONADO

Hotel del Coronado HISTORISCHES LUXUSHOTEL $$$
(Karte S. 680; ☎619-435-6611, 800-468-3533; www.hoteldel.com; 1500 Orange Ave; Zi. ab 325 US$; P @) Man *muss* nicht unbedingt den antiquierten Fahrstuhl – stilecht mit uniformiertem Liftboy – benutzen, um in sein Zimmer im 2. Stock zu gelangen. Doch wenn man schon mal im unglaublich nostalgischen, 120 Jahre alten „Del" ist, sollte man doch alles mitnehmen. Hier kommen Tradition (S. 708), Luxus und der Zugang zum schönsten Strand von San Diego zusammen. Zu den vielen Annehmlichkeiten vor Ort gehören zwei Swimmingpools, ein komplett ausgestatteter Wellnessbereich, ein Fitnessstudio, Läden, Restaurants und bestens gepflegte Grünanlagen. Die Hälfte der Betten steht allerdings nicht im berühmten Hotel aus der viktorianischen Zeit, sondern in einem siebenstöckigen Nebengebäude aus den 1970er-Jahren. Das echte Del-Feeling garantiert natürlich nur ein Zimmer im Originalhotel. Das zeigt sich auch an den Preisen. Außerdem wird eine Kurtaxe *(resort fee)* in Höhe von 25 US$ pro Tag fällig. Dafür darf man dann den Breitbandinternetanschluss im Zimmer nutzen, kostenlos Ortsgespräche führen und im Fitnessstudio schwitzen. Ein Parkplatz kostet ebenfalls 25 US$.

Coronado Inn MOTEL $$
(☎619-435-4121, 800-598-6624; www.coronadoinn.com; 266 Orange Ave; Zi. 119–159 US$, Suite mit Küche 179–199 US$; P @) In dem ordentlichen, motelähnlichen Hotel mit kleinem Parkplatz, das sich in der Orange Ave in der Nähe des Fähranlegers befindet, fühlt man sich ganz wie zu Hause. Unter den Palmen am Swimmingpool kann man herrlich entspannen oder den mitgebrachten Fisch auf den Gemeinschaftsgrill werfen.

OCEAN BEACH & POINT LOMA

Inn at Sunset Cliffs HOTEL $$
(Karte S. 694; ☎619-222-7901, 866-786-2543; www.innatsunsetcliffs.com; 1370 Sunset Cliffs Blvd, Point Loma; Zi. ab 175 US$; P @) Von dem entzückenden Hotel mit blumengeschmücktem Innenhof aus hört man die Wellen gegen die felsige Küste schlagen. Die frisch renovierten Zimmer sind lichtdurchflutet, aber sehr klein. In letzter Zeit ist das Hotel etwas umweltfreundlicher geworden, da der Wasserverbrauch gesenkt und weniger Plastikmüll produziert wurde.

Ocean Beach Hotel HOTEL $$
(Karte S. 694; ☎619-223-7191; www.obhotel.com; 5080 Newport Ave, Ocean Beach; DZ ab 129 US$; @) Das erst vor Kurzem umgebaute Hotel ist nur durch eine Straße vom Strand

getrennt. Die makellos sauberen Zimmer sind eher klein, und die Ausstattung im französischen Landhausstil wirkt etwas veraltet, aber sie verfügen alle über einen Kühlschrank und kostenloses WLAN.

Ocean Beach International Hostel HOSTEL $
(Karte S. 694; ☎800-339-7263; www.californiahostels.com; 4961 Newport Ave; B inkl. Frühstück 35 US$; @📶) Ein riesiges Peace-Zeichen weist den Weg zur günstigsten Unterkunft in Ocean Beach, die nur ein paar Blocks vom Meer entfernt ist. In der witzigen, etwas heruntergekommenen Jugendherberge für Rucksack-Traveller und Studenten aus aller Welt gibt's Feuerwerk, Barbecues, kostenlose Bettwäsche und einen Surfbrettverleih. Außerdem werden die Gäste kostenlos vom Flughafen, Bahnhof oder Busbahnhof abgeholt.

MISSION BAY & PACIFIC BEACH

Crystal Pier Hotel KURIOSES, HISTORISCHES HOTEL $$$
(Karte S. 694; ☎800-748-5894; www.crystalpier.com; 4500 Ocean Blvd; Hütte für 2 Pers. ab 300 US$, mind. 3 Nächte; P📶) Weiße Holzhäuschen mit Blumenkästen und blauen Fensterläden sind das Markenzeichen der beliebten Anlage – und das nicht nur, weil sie so malerisch aussehen. Das Besondere an den 1936 errichteten Häuschen ist, dass sie direkt auf dem Pier stehen und einen einmaligen Blick auf Küste und Meer bieten. In den neueren, größeren Häuschen können mehr Personen übernachten, doch die älteren sind die besseren. Im Sommer muss man lange im Voraus buchen.

Banana Bungalow HOSTEL $
(Karte S. 694; ☎858-273-3060; www.bananabungalow.com; 707 Reed Ave; B/Zi. 35/150 US$; @📶) Der „Bananenbungalow" liegt direkt am Meer, nur ein paar Häuserblocks von den Bars der Garnet Ave entfernt. Die Quartiere sind relativ sauber, aber sehr einfach und oft unangenehm lärmgeplagt, denn der Gemeinschaftshof, der zur Strandpromenade und zum Mission Beach hinausgeht, ist optimal für Bierpartys. Damit ist der Banana Bungalow so etwas wie das Party-Hostel der Stadt.

Campland on the Bay CAMPING $
(Karte S. 694; ☎800-422-9386; www.campland.com; 2211 Pacific Beach Dr; Stellplatz Zelt & Wohnmobil 52–142 US$; P📶🏊👪) Auf dem 16 ha großen, kinderfreundlichen Campingplatz direkt an der Mission Bay gibt's neben Wohnmobilstellplätzen mit allen Anschlüssen auch ein Restaurant, zwei Swimmingpools, ein kleines Lebensmittelgeschäft, einen Jachthafen und einen Bootsverleih. Die Lage ist traumhaft, die Zeltplätze sind es leider nicht: Viele liegen den ganzen Tag über in der prallen Sonne und sind extrem staubig.

Beach Cottages HOTEL & BUNGALOWS $$$
(Karte S. 694; ☎858-483-7440; www.beachcottages.com; 4255 Ocean Blvd; Zi. ab 285 US$, Bungalow ab 300 US$; P@📶🏊👪) Das malerische Hotel in Familienbesitz, das aus den 1940er-Jahren stammt und direkt am Strand steht, hat 17 gemütliche Bungalows und ein paar motelähnliche Zimmer im Hauptgebäude.

OLD TOWN

Old Town Inn HOTEL $$
(☎800-643-3025; www.oldtown-inn; 4444 Pacific Hwy; Zi. 90–135 US$, mit Küche 145–155 US$, jeweils inkl. Frühstück; P❄@📶🏊) Verglichen mit den herausgeputzten, schicken Hotels in Downtown wirken die Zimmer dieses Motels etwas düster, das einfache Haus im Stil einer spanischen Mission ist jedoch durchaus zu empfehlen. Da es sehr zentral in der Nähe der I-5, gegenüber dem Old Town Transit Center liegt, ist Old Town gut zu Fuß zu erreichen. Feste Matratzen, ein hauseigener Waschsalon und kostenloses WLAN sind weitere Pluspunkte. Parkplatz und ein kleines Frühstück sind im Preis inbegriffen.

LA JOLLA

Hier ist selbst an Werktagen außerhalb der Saison kaum ein günstiges Zimmer zu finden. Nicht ganz so teure Hotels, darunter eine Handvoll Mittelklassehotels verschiedener Ketten und einige wenige Motels im Familienbesitz, gibt's am La Jolla Blvd, südlich der Stadt. Wer länger bleibt, zahlt relativ gesehen weniger.

La Valencia HISTORISCHES HOTEL $$$
(Karte S. 696; ☎858-454-0771, 800-451-0772; www.lavalencia.com; 1132 Prospect St, La Jolla; Zi. 285–515 US$, Suite 695 US$; P❄@📶🏊) Der mediterran angehauchte, rosarote Hotelpalast aus dem Jahr 1926 ist ganz im Stil des alten Hollywood gehalten. Die 116 Zimmer sind – entsprechend der damaligen Zeit – recht klein, verfügen aber über den ganzen Charme der goldenen Filmzeiten. Diesen schmälern auch nicht die neuesten Bemühungen um mehr Umweltfreundlichkeit.

NICHT VERSÄUMEN

FISCH-TACOS

Die Zutaten dieses südkalifornischen Grundnahrungsmittels sind immer gleich: Eine weiche Tortilla wird mit Fisch, Salsa, Kraut und einer speziellen Sauce gefüllt. Es ist die Art der Zubereitung, die die in San Diego verbreitete Variante des Fisch-Tacos so interessant macht. Ralph Rubio, der 1983 die auf Fischgerichte spezialisierte Fast-Food-Kette **Rubio's Fresh Mexican Grill** (www.rubios.com) gründete, wird für die Einführung der beliebten Tacos verantwortlich gemacht. Welche nun die besten in der Stadt sind? Zu den beständigen Spitzenreitern gehören die hoch aufgeschichteten Teile des **South Beach Bar & Grille** (S. 708) in Ocean Beach, wo gebackene Goldmakrelen verwendet werden. Beim **Blue Water Seafood Market & Grill** (www.bluewater.sandiegan.com; 3667 India St) werden die Tacos mit superfrischem gegrilltem Fisch gefüllt. Der maiskolbengroße frittierte Fisch in den Tacos der alteingesessenen Kette **Roberto's** (www.robertos.us) macht jede Diät zunichte. Andere schwören auf die Erzeugnisse der Minikette **Brigantine** (www.brigantine.com; 1333 Orange Ave).

Selbst wenn eine Nacht im Hollywood der 1920er-Jahre das Budget sprengen sollte, darf man es nicht versäumen, etwas im eleganten **La Sala** zu trinken, einer Bar im spanischen Kolonialstil. Ein Parkplatz kostet 32 US$.

Grande Colonial Hotel LUXUSHOTEL **$$$**
(Karte S. 696; ☎888-828-5498; www.thegrandecolonial.com; 910 Prospect St; Zi. 255–500 US$, Suite ab 325 US$; ❄📶🏊) Warme Farben, Kunstdrucke und klassisches Mobiliar verleihen dem beliebten Hotel eine konservative, kultivierte Atmosphäre. Es ist die ältere, ernste Stiefschwester des rosafarbenen Palasts ein Stück weiter. Die zentrale Lage des Hotels, das es seit fast 100 Jahren gibt, macht es zum idealen Ausgangspunkt für Erkundungen. Das Personal ist zuvorkommend. Ein Parkplatz kostet 22 US$ pro Tag.

Essen

Im Gegensatz zu anderen kalifornischen Städten ist San Diego nicht gerade als Paradies für Feinschmecker bekannt, aber in die Restaurantszene kommt zunehmend Bewegung. In der Regel findet man Spitzenrestaurants und gute Steakhäuser im Gaslamp Quarter, lässige Seafood-Lokale an den Stränden, Ethno-Küche in der Gegend um Hillcrest und gute Tacos und Margaritas praktisch überall. Ein ausführliches Verzeichnis der schon länger existierenden Restaurants in San Diego findet man in dem während der Saison erscheinenden kostenlosen Magazin *Edible San Diego*.

DOWNTOWN & EMBARCADERO

Es scheint, dass im Gaslamp Quarter wöchentlich neue Restaurants eröffnet werden, vor allem in den und um die trendigen Hotels am nahegelegenen Petco Park. Es ist dringend empfehlenswert, zu reservieren! Wer gerne italienisch isst, hat die Qual der Wahl unter den vielen Straßenrestaurants in der India St in Little Italy.

Café 222 FRÜHSTÜCK **$**
(Karte S. 684; ☎619-236-9902; www.cafe222.com; 222 Island Ave; Hauptgerichte 7–11 US$; ⏰7–13.45 Uhr; 👪) Das nette, kleine Frühstückslokal ist bekannt für seine Kürbiswaffeln, Orangen-Pekannuss-Pfannkuchen und Omeletts aus legefrischen Eiern. Die Armen Ritter mit Erdnussbutter und Banane wurden sogar schon von Food Network vorgestellt.

LP TIPP **Puerto La Boca** ARGENTINISCH **$$**
(außerhalb der Karte S. 684; ☎619-234-4900; www.puertolaboca.com; 2060 India St; Hauptgerichte mittags 8–12 US$; abends 15–45 US$; ⏰Mo–Do 11–22, Fr 11–23, Sa 12–23, So 13–20.30 Uhr; 👪) Obwohl sich das neu eröffnete, noble argentinische Restaurant in Little Italy befindet, ist es überraschend authentisch. Es gibt Chorizo und Steaks vom Grill, fritierte Empanadas, Miesmuscheln mit viel Knoblauch und dazu ein Gläschen Malbec oder Torrontés. Richtig günstig wird das Essen und der Wein zur Happy Hour (Mo–Sa 16.30–19.30 Uhr, So ganztägig).

C Level SEAFOOD **$$**
(☎619-298-6802; www.islandprime.com; 880 Harbor Island Dr; Hauptgerichte 14–30 US$; ⏰11 Uhr–open end) Das Essen ist ebenso gut und ansprechend wie die Aussicht, die man von der herrlichen Lounge auf Harbor Island hat. Mit Blick auf die Bucht und die Innen-

stadt werden sorgfältig zubereitete Salate, Sandwiches und leichte Meeresfrüchtegerichte serviert, die wahre Begeisterungsstürme auslösen. Das üppige Hummer-Fontina-Käse-Sandwich mit Hummercremesuppe ist unbedingt zu empfehlen. Zur Social Hour (Mo–Fr 15.30–17.30 Uhr) kann man für 5 US$ essen, trinken und sich unterhalten. Das C Level befindet sich auf der Landzunge von Harbor Island, die in der Nähe des Flughafens in die San Diego Bay hineinragt. Um vom Gaslamp Quarter und Embarcadero herzukommen, fährt man auf dem North Harbor Dr in Richtung Norden.

Filippi's Pizza Grotto PIZZERIA **$$**
(Karte S. 684; www.realcheesepizza.com; 1747 India St; Hauptgerichte 11–20 US$; ⏲So–Do 11–22, Fr & Sa 11–23.30 Uhr) Das original italienische Restaurant mit rot karierten Tischdecken, winzigen Sitzecken und einem kleinen Feinkostgeschäft im vorderen Bereich wird von den Einheimischen regelmäßig für seine Pizzas gelobt. Man sollte sich darauf gefasst machen, dass die Warteschlange oft bis auf die Straße hinausreicht. In Pacific Beach gibt's eine **Filiale** (Karte S. 694, 962 Garnet Ave).

Candelas MEXIKANISCH **$$$**
(Karte S. 684; ☎619-702-4455; www.candelas-sd.com; 416 3rd Ave; Hauptgerichte 18–53 US$; ⏲17–23 Uhr) Eine rustikale, aber edle Einrichtung, schmeichelndes Licht, aufmerksames Personal und leckere mexikanische Spezialitäten – mit Edelschimmelkäse überbackenes Rinderfilet oder mit Tequila flambierte Riesengarnelen – machen das Candelas zu einem der romantischsten Restaurants in Downtown. Wohl nirgends sonst werden so viele Heiratsanträge gemacht. In Coronado wurde vor Kurzem eine **Filiale** (1201 1st St) eröffnet.

The Oceanaire Seafood Room SEAFOOD **$$$**
(Karte S. 684; ☎619-858-2277; www.theoceanaire.com; 400 J St; Hauptgerichte 24–40 US$; ⏲So–Do 17–22, Fr & Sa 17–23 Uhr) Der hervorragende Service passt zum noblen Ambiente eines Art-déco-Luxusdampfers und den innovativen Kreationen wie Frikadellen aus Maryland-Krabben oder Alaska-Heilbutt im Meerrettichmantel. In der Happy Hour (Mo–Fr 17–18 Uhr) gibt's die Muscheln an der Austernbar eimerweise.

La Puerta MEXIKANISCH **$**
(Karte S. 684; www.taco619.com; 560 4th Ave; Hauptgerichte 7–10 US$; ⏲Mo–Sa 11.30–2, So 10–2 Uhr) In der schummrigen, mexikanischen Bar, die eher wie das Versteck eines Vampirs wirkt, gibt's Corona-Bier zu Enchiladas und frischer Guacamole.

Mona Lisa ITALIENISCH, FEINKOST **$**
(Karte S. 684; www.monalisalittleitaly.com; 2061 India St; Hauptgerichte mittags 6–9 US$, abends 12–18 US$; ⏲Mo–Sa 11–22, So 15–22 Uhr) In dem alteingesessenen italienischen Restaurant mit Deli kann man leckere Kalbspiccata vor Ort essen oder sich mit Leckereien fürs Picknick im Grünen eindecken.

BALBOA PARK

LP TIPP **Prado** MEDITERRAN, AMERIKANISCH **$$**
(Karte S. 688; ☎619-557-9441; www.pradobalboa.com; 1549 El Prado; Hauptgerichte mittags 10–15 US$, abends 21–34 US$; ⏲Mo–Fr 11.30–15 & Di–So ab 17, Sa & So 11–15 Uhr; 👪) Das Lokal inmitten der Museen des Balboa Park ist ein Klassiker für mittags. Auf der Karte stehen gedämpfte Muscheln, Paella mit Shrimps, gegrillte *Portobello*-Sandwiches und andere Köstlichkeiten. Die luftige Terrasse und die mexikanischen Fliesen im Inneren sind gleichermaßen ansprechend. In der Happy Hour (Di–Fr 16–18 Uhr) gibt's Essen und Getränke fast umsonst.

Tea Pavilion ASIATISCH **$**
(Karte S. 688; 2215 Pan American Way; Hauptgerichte 5–10 US$; ⏲10–17 Uhr, im Sommer längere Öffnungszeiten) Das unauffällige Lokal in der Nähe des Japanischen Gartens ist ideal für eine Verschnaufpause: Man lässt sich unter einem Sonnenschirm nieder und genießt eine würzige Nudelsuppe oder einfach nur eine Tasse Tee.

OLD TOWN

In Old Town gibt's jede Menge lebhafter mexikanischer Restaurants, aber nur einige wenige sind wirklich authentisch. Ein nettes Plätzchen im Freien und eiskalte Margaritas können das Mittag- oder Abendessen dennoch zu etwas Besonderem machen.

Old Town Mexican Café MEXIKANISCH **$**
(☎619-297-4330; www.oldtownmexcafe.com; 2489 San Diego Ave; Hauptgerichte 4–15 US$; ⏲7–2 Uhr; 👪) Während man darauf wartet, dass ein Tisch frei wird, kann man dem Personal durch ein Fenster beim Zubereiten der Tortillas zusehen. Nach dem Frühstück, das aus tollen *chilaquiles* – weichen Tortillachips mit viel *mole* – besteht, gibt's an der Bar in der Mitte *pozole* (Schweinefleischeintopf), Avocado-Tacos und Margaritas.

HILLCREST & MISSION HILLS

In der Gegend um Hillcrest gibt's besonders viele ethnische Restaurants, vor allem in der University Ave und der 5th Ave. Diese sind in der Regel zwangloser – und besser – als die Restaurants in Downtown.

Bread & Cie BÄCKEREI $

(Karte S. 688; www.breadandciecatering.com; 350 University Ave; Hauptgerichte 6–10 US$; ⏲Mo–Fr 7–19, Sa 7–18, So 9–18 Uhr; 👪) Ein wunderbarer Angriff auf alle Sinne: verführerisch duftendes, frisches Brot, lautstark diskutierende Einheimische und reihenweise Tabletts mit leckerem Gebäck. In dem geschäftigen Laden an einer Kreuzung mitten in Hillcrest wird täglich Brot mit schwarzen Oliven, Walnüssen und Rosinen und vielem anderen gebacken. Eine Sünde wert sind auch die Mandelcroissants und die unglaublich großen, üppigen *pains au chocolat*.

Kous Kous MAROKKANISCH $$

(Karte S. 688; www.kouskousrestaurant.com; 3940 4th Ave; Hauptgerichte 14–20 US$; ⏲17 Uhr–open end; 🍸) Essen wie in einem Märchen aus Tausendundeiner Nacht: Der Speiseraum des marokkanischen Restaurants wird mit orientalischen Laternen beleuchtet, die dicken Sitzkissen schimmern in den Farben von Edelsteinen, die Cocktails sind mehr als exotisch, und über allem schwebt der Duft von Ingwer, Muskatnuss und anderen Gewürzen des Orients. Sehr zu empfehlen sind die Lammwürstchen und die Spezialität des Hauses: *B'stila roll* (Blätterteig gefüllt mit Safranhühnchen und gebraten in Honig, Zimt und mit Mandeln).

Khyber Pass NAHÖSTLICH $$

(Karte S. 688; www.khyberpasssandiego.com; 523 University Ave; Hauptgerichte 14–30 US$; ⏲11.30–22 Uhr; 🍸) Afghanische Wandteppiche und melancholische Fotos prägen das Flair in dem Lokal mit den hohen Decken. Die afghanische Küche ist recht abenteuerlich. Noch nie probiert? Es ist eine Mischung aus indischer und arabischer Küche, mit Joghurtcurrys, Hammelfleisch am Spieß und Eintöpfen.

Saigon on Fifth VIETNAMESISCH $$

(Karte S. 688; 3900 5th Ave; Hauptgerichte 11–16 US$; ⏲11–24 Uhr; Ⓟ) Elegantes, aber nicht extravagantes Restaurant mit guter vietnamesischer Küche.

Hash House a Go Go FRÜHSTÜCK $$

(Karte S. 688; www.hashhouseagogo.com; 3628 5th Ave; Hauptgerichte morgens & mittags 8–17 US$, abends 15–39 US$; ⏲tgl. 7.30–14, Di–So 17.30–21 Uhr) Um herauszufinden, ob das sagenhaft beliebte Frühstückslokal das ganze Bohei (und die langen Warteschlangen) wert ist, probiert man es am besten selbst und mindestens zu zweit aus, denn die Portionen sind riesig!

CORONADO

Coronado Brewing Company KNEIPE $$

(www.coronadobrewingcompany.com; 170 Orange Ave; Hauptgerichte 10–22 US$; ⏲10.30 Uhr–open end) Das süffige, hausgebraute Coronado Golden Pils passt hervorragend zu Pizza, Pasta, Pommes und Sandwiches. Das Grillrestaurant mit Bar in der Nähe des Fähranlegers ist gut für die Seele und schlecht für die Figur… Es gibt sogar eine Bierverkostung für 9 US$.

1500 Ocean SEAFOOD $$$

(Karte S. 680; ☎619-522-8490; www.dine1500ocean.com; Hotel del Coronado; 1500 Orange Ave; Hauptgerichte 18–45 US$; ⏲Di–Do 17.30–21, Fr–So 17.30–22 Uhr) Leuchtende Ringelblumen säumen die Terrasse des romantischsten Restaurants im Hotel del Coronado. Zwischen Palmen hindurch blickt man direkt aufs Meer. Hier lässt es sich vorzüglich flirten, feiern oder einfach nur mit Enten-Confit und gebratenen Jakobsmuscheln das gute Leben genießen.

OCEAN BEACH

In dem kurz „OB" genannten Stadtteil gibt's die besten und günstigsten Restaurants, vor allem in der Newport Ave.

Hodad's BURGER $

(Karte S. 694; www.hodadies.com; 5010 Newport Ave, Ocean Beach; Burger 4–9 US$; ⏲5–22 Uhr) Gäbe es ein Hochglanzmagazin über das tolle Leben am Strand, wäre die erste Titelgeschichte dem legendären Hodad's gewidmet gewesen: An den Wänden hängen Surfbretter und Autokennzeichen, die Tische sind aus grobem Holz, Hamburger und Pommes werden eimerweise serviert. Viele halten die saftigen Burger hier für die besten der Stadt. Eine Portion Zwiebelringe dazu, und man ist satt und glücklich. In Downtown wurde vor Kurzem eine **Filiale** (Karte S. 684, 945 Broadway Ave) eröffnet.

South Beach Bar & Grille MEXIKANISCH, KALIFORNISCH $

(Karte S. 694; www.southbeachob.com; 5059 Newport Ave; Hauptgerichte 8–10 US$; ⏲So–Do 11–1, Fr & Sa 11–2 Uhr) Vielleicht liegt es an

ZUM MARKT, ZUM MARKT!

Zum kalifornischen Lebensstil gehört es, sich auf dem Bauernmarkt vor Ort mit frischen Eiern und Basilikum einzudecken. So finden auch in San Diego an fast jedem Tag der Woche ein oder auch mehrere Märkte statt. Ein ausführliches Verzeichnis, wo es gerade die angesagtesten Tamales und die besten Avocados und Ingwerwurzeln gibt, findet man auf der Website des San Diego Farm Bureau (www sdfarmbureau. org). An den einzelnen Wochentagen finden folgende Märkte statt:

» Dienstag – **Coronado Farmers Market** (1st St & B Ave, am Fähranleger; ⏲14.30–13 Uhr) und **UCSD La Jolla Farmers Market** (Town Square; ⏲10–14 Uhr).

» Mittwoch – **Ocean Beach Farmers Market** (4900 Newport Ave, ⏲16–20 Uhr) und **Carlsbad Farmers Market** (Roosevelt St & Carlsbad Village Dr, ⏲13–17 Uhr)

» Donnerstag – **North Park Farmers Market** (3151 University & 32nd St, ⏲15–19 Uhr) und **SDSU Farmers Market** (Campanile Walkway in der Nähe der Love Library, ⏲10–15 Uhr)

» Freitag – **Imperial Beach Farmers Market** (Seacoast Dr, Pier Plaza; ⏲14–19.30 Uhr) und **Mission Hills Farmers Market** (Falcon St & W Washington; ⏲15–19 Uhr)

» Samstag – **Little Italy Mercato** (Date St & Kettner; ⏲9–13.30 Uhr) und **Del Mar Farmers Market** (1050 Camino del Mar; ⏲13–16 Uhr)

» Sonntag – **Gaslamp Farmers Market** (Block 400 der 3rd Ave, ⏲9–13 Uhr), **Hillcrest Farmers Market** (3960 Normal St & Lincoln St; ⏲9–14 Uhr), **Point Loma Farmers Market** (Cañon & Rosecrans; ⏲9.30–14.30 Uhr) und **Solana Beach Farmers Market** (410 S Cedros Ave; ⏲13–17 Uhr)

den gebackenen Goldmakrelen. Oder an der weißen Sauce mit Schuss. Oder an der Kohl-Salsa-Schicht. Sei's drum, auf jeden Fall sind die Fisch-Tacos in dieser Strandbar mit Grill noch einen Tick besser als die vielen anderen tollen Fisch-Tacos der Stadt. Freitags begibt man sich einfach zur Quelle des fröhlichen Lärmes, der aus dem unscheinbaren Gebäude am Ende der Newport Ave dringt.

MISSION BAY & PACIFIC BEACH

In den beiden Küstenorten kann man gut und günstig essen. Hier wie dort gibt's eine junge, zumeist einheimische Kneipenszene. Die meisten Restaurants in „PB" befinden sich in der Garnet Ave.

The Mission FRÜHSTÜCK, LATEINAMERIKANISCH $
(Karte S. 694; 3795 Mission Blvd; Gerichte 7–11 US$; ⏲7–15 Uhr;) Zum Frühstück gibt's legendär guten Kaffee und hausgemachtes Zimtbrot, zu mittag chinesisch-lateinamerikanische Spezialitäten wie Ingwer-Sesam-Wraps oder Rosmarinkartoffeln mit Salsa und Eiern. Zu den neueren Restaurants der Stadt gehören **The Mission SoMa** (1250 J St) und **The Mission North Park** (2801 University Ave).

JRDN SEAFOOD, KALIFORNISCH $$$
(Karte S. 694; www.jrdn.com; Tower 23, 723 Felspar St; Hauptgerichte morgens 10–18 US$, mittags 9–18 US$, abends 23–46 US$; ⏲Mo–Fr 7–11, Sa & So 9–16, tgl. 17–22 Uhr) Im schicken JRDN werden Fleisch und Meeresfrüchte, beides aus nachhaltiger Produktion, mit einheimischem Gemüse serviert. Nichts hier erinnert aber an einen Garten oder einen Bauernmarkt: Gespeist wird im futuristisch eingerichteten Innenraum oder auf der Terrasse mit Blick aufs Meer. Unbedingt probieren: die getrockneten Jakobsmuscheln mit Krabbenfleischrisotto, Heilbutt-Miso und „Creamer" (alias Kartoffelpüree) mit Frühlingszwiebeln!

LA JOLLA

La Jolla ist eine Hochburg der Haute Cuisine, doch es gibt auch einige günstige und mittelteure Restaurants.

Harry's Coffee Shop DINER $
(Karte S. 696; www.harryscoffeeshop.com; 7545 Girard Ave; Gerichte 5–12 US$; ⏲6–15 Uhr;) Zur Stammkundschaft des klassischen Cafés mit Kunststoffsitzen und typisch US-amerikanischer Küche gehören Sprösslinge aus gutem Hause mit blauen Haaren ebenso wie Sportgrößen.

whisknladle AMERIKANISCH MO
(Karte S. 696; ☎858-551-7575; www.whisknladle.com; 1044 Wall St; Hauptgerichte Brunch & mittags 12–19 US$, abends 15–30 US$; ⏲Mo–Fr

11.30–21.30, Sa & So 10–21.30 Uhr) Das Restaurant mit dem seltsamen Namen serviert sorgfältig ausgewähltes und schmackhaftes Slow Food mit frischen Zutaten, die ganz einfach zubereitet werden. Gespeist wird vor allem im luftigen, überdachten Innenhof. Daneben gibt's noch eine kleine Bar mit einer pseudokünstlerischen Wand aus leeren Weinflaschen. Zu den beliebtesten Abendessen gehören in Teig gebackene Chorizo mit Datteln und geschmortes Knochenmark (schmeckt wesentlich besser als es klingt!). Der Mittagsklassiker sind die frischen Miesmuscheln mit Pommes.

George's at the Cove MODERN-AMERIKANISCH **$$**
(Karte S. 696; ☎858-454-4244; www.georgesatthecove.com; 1250 Prospect St; Hauptgerichte 11–48 US$; ⌚11–23 Uhr) Die europäisch-kalifornische Küche von Chefkoch Trey Foshee ist ebenso spektakulär wie die Lage des Restaurants direkt am Meer. Im George's, das schon lange zu den Top-Restaurants Kaliforniens zählt, hat man die Wahl zwischen drei Lokalitäten in verschiedenen Preisklassen: **George's Bar** (Hauptgerichte mittags 9–16 US$), **Ocean Terrace** (Hauptgerichte mittags 11–18 US$) und **George's California Modern** (Hauptgerichte abends 28–48 US$). Für die Bar ist keine Tischreservierung nötig, wohl aber für die beiden anderen Restaurants.

Ausgehen

Wer in die lebhafte Barszene der Stadt eintauchen will, besucht die Bars auf den Dächern trendiger Hotels im Gaslamp Quarter. In Hillcrest gibt's besonders viele Künstler- und Schwulenkneipen, und in den lässigen Bars am Strand, wo Bier und Tacos billig sind, treffen sich Surfer und Studenten.

LP TIPP **Wine Steals** WEINBAR
(Karte S. 688; ☎619-295-1188; www.winestealssd.com; 1243 University Ave, Hillcrest) Entspannte Weinverkostungen (man nimmt eine kleine Probe verschiedener Weine oder sucht sich einen bestimmten Wein aus dem Regal an der Rückwand aus), Livemusik, Feinschmeckerpizzas und Käseteller locken jeden Abend die Massen in die dezent beleuchtete Weinbar. Seit Kurzem gibt's auch zwei Filialen in der Stadt: das **Wine Steals East Village** in Downtown (Karte S. 684; 793/5 J Street) und die **Lounge-Point Loma** (2970 Truxtun Rd, Point Loma).

LP TIPP **Cafe 1134** CAFÉ **$**
(1134 Orange Ave, Coronado; Hauptgerichte 8–10 US$; ⌚9–19 Uhr) Das coole Café in der Hauptstraße von Coronado hat weit mehr zu bieten als nur den schwarzen Muntermacher. Neben köstlichem Rührei auf griechische Art, getoasteten Panini, Spinatsalat und erstklassigem Tee gibt's auch eine große Auswahl von Bier und Wein. Beim „Money Wise Menu" am Sonntag-, Montag- und Dienstagabend purzeln die Preise in den Keller.

Starlite COCKTAILBAR
(www.starlitesandiego.com; 3175 India St, Mission Hills) Die schwer angesagte Cocktailbar mit tollen Eigenkreationen und der beliebten Theke in der Mitte liegt zwar etwas abseits, aber die Fahrt dorthin lohnt sich allemal. Die Karte ändert sich oft, aber ein Cocktail mit Ingwerbier ist immer dabei. Vom Gaslamp Quarter oder von Downtown fährt man auf der I-5 in Richtung Norden bis Exit 17B und danach noch eine halbe Meile (800 m) weiter auf der India St. Das Starlite liegt auf der rechten Seite.

Living Room Coffeehouse CAFÉ
(Karte S. 696; www.livingroomcafe.com; 1010 Prospect St, La Jolla; ⌚6–24 Uhr) In dem beliebten Café, das sehr zentral mitten im Village liegt, gibt's Spinatsalat, Quiche Lorraine und Aprikosenstrudel. Neben der **Filiale** (2541 San Diego Ave) in Old Town wurden noch weitere in ganz San Diego eröffnet.

Extraordinary Desserts CAFÉ
(Karte S. 688; ☎619-294-2132; www.extraordinarydesserts.com; 2929 5th Ave, Hillcrest; ⌚Mo–Do 8.30–23, Fr 8.30–24, Sa 10–24, So 10–23 Uhr; 👪) Karen Krasnes Schatzkästchen voller stilvoll dekadenter Backwaren – Obsttörtchen, üppig dicke Kekse, sahniger Schokoladenkäsekuchen, süßer Brotauflauf – ist das Paradies auf Erden für alle Naschkatzen. Dazu gibt's Biokaffee, Wein und kuschelige Sofaecken, um sich die süßen Leckereien zu teilen. Die **Filiale** (1430 Union St) in Little Italy verfügt auch über eine Bar.

Altitude Sky Lounge COCKTAILBAR
(Karte S. 684; www.altitudeskylounge.com; 660 K St) Die Dachgartenbar des Hotels Marriott ist wirklich toll. Sie hat zwar die übliche Feuerstelle und eine schicke Einrichtung, doch im Gegensatz zu den anderen Freiluftbars ist die Stimmung hier freundlich und kein bißchen etepetete. Und der Blick auf den Petco Park ist grandios!

Tipsy Crow LOUNGEBAR
(Karte S. 684; www.thetipsycrow.com; 770 5th Ave, Downtown) Die stimmungsvolle Bar in

SAN DIEGOS KLEINBRAUEREIEN

Für die Einwohner San Diegos ist das Bierbrauen eine ernste Angelegenheit. Selbst in Spelunken wird über die Qualität des Hopfens und die Beschaffenheit von Fässern diskutiert. In den Außenbezirken der Stadt befinden sich mehrere Kleinbrauereien, die sich auf helles India Pale Ale (IPA) und belgische Biere spezialisiert haben. Bei Bierkennern am beliebtesten sind folgende Brauereien:

Stone Brewing Company (☎760-471-4999; www.stonebrew.com; 1999 Citracado Pkwy, Escondido; ⏲11–21 Uhr) Bevor man unter fachkundiger Leitung Oaked Arrogant Bastard Ale und Stone Barley Wine verkostet, kann man an einer Gratis-Führung durchs Haus teilnehmen.

Lost Abbey (☎800-918-6816; www.lostabbey.com; 155 Mata Way 104, San Marcos; ⏲Mi & Do 13–18, Fr 15–21, Sa & So 12–18 Uhr) Im Verkostungsraum werden mehr als 20 Biersorten (1 US$/Probe) vom Fass ausgeschenkt, z. B. Lost and Found Abbey Ale.

AleSmith (☎858-549-9888; www.alesmith.com; 9368 Cabot Dr; ⏲Do & Fr 14–19, Sa 12–18, So 12–16 Uhr) Wee Heavy und das Starkbier Old Numbskull (1 US$/Probe) sind die Spezialitäten dieser Brauerei.

einem historischen Gebäude im Gaslamp Quarter verteilt sich auf drei Stockwerke. Im Erdgeschoss befindet sich die langgestreckte Mahagoni-Bar, darüber das noble „Nest" im Stil einer Lounge (früher war dort angeblich ein Bordell). Unten ist das aus Backstein gemauerte „Underground" mit Tanzfläche und Livemusik.

Nunu's Cocktail Lounge COCKTAILBAR
(Karte S. 688; www.nunuscocktails.com; 3537 5th Ave, Hillcrest) In der dunklen, anrüchigen, aber sehr angesagten Kneipe werden schon seit Anfang der 1960er-Jahre Cocktails gemixt, was unschwer an den abgerundeten Sitzecken, der großen Theke und der liebenswert kitschigen Einrichtung zu erkennen ist.

Cosmopolitan Restaurant & Hotel BAR
(www.oldtowncosmo.com; 2660 Calhoun St, Old Town) Der Service in dem historischen Gebäude (aus den 1820er-Jahren) in Old Town ist zwar ziemlich dürftig, doch das macht die gute Stimmung wieder wett, die zur Happy Hour von 15 bis 18 Uhr hier zu herrschen pflegt.

Pacific Beach Bar & Grill BAR
(Karte S. 694; ☎858-272-4745; 860 Garnet Ave, Pacific Beach) Dieser Klassiker lockt junges Volk in Partylaune an die langen Holztische in den Innenhöfen und an die große Theke in der Mitte.

Star Bar BAR
(Karte S. 684; ☎619-234-5575; 423 E St) Dies ist die perfekte Bar, wenn man sich einfach die Kante geben muss. Hier werden Träume begraben.

☆ Unterhaltung

In der Donnerstagsausgabe des kostenlosen Wochenmagazins *San Diego Reader* sowie in der Rubrik *Night & Day* der San Diego *Union Tribune* sind die aktuellen Kinoprogramme, Theatervorführungen, Kunstausstellungen und Musikveranstaltungen in der Gegend aufgelistet. An einem Kiosk vor dem Einkaufszentrum Horton Plaza verkauft **Arts Tix** (Karte S. 684; ☎858-381-5595; www.sdartstix.com; Ecke 3rd Ave & Broadway, Downtown; ⏲Di–Do 9.30–17, Fr & Sa 9.30–18 Uhr) Eintrittskarten für die Abendvorstellungen desselben Tages zum halben Preis sowie reduzierte Tickets für andere Veranstaltungen.

San Diego hat auch eine lebendige Theaterkultur, Eintrittskarten gibt's an den Theaterkassen oder bei Arts Tix.

LP TIPP **Cinema Under the Stars** KINO
(außerhalb der Karte S. 688; ☎619-295-4221; www.topspresents.com; 4040 Goldfinch St, Mission Hills; 👪) In dem familienfreundlichen Freilichtkino werden alte und neue Klassiker gezeigt – sei es *Die große Liebe meines Lebens* von 1957 oder das neueste Abenteuer von Harry Potter. Für ungetrübten Filmgenuss sorgen Heizlampen, Liegestühle und Fleecedecken.

San Diego Opera OPER
(Karte S. 684; ☎619-533-7000; www.sdopera.com; Civic Theatre, Ecke 3rd Ave & B St) Unter der Leitung von Dirigentin Karen Keltner bringt das großartige Ensemble ein buntes, aber immer erstklassiges Programm auf die Bühne.

Anthology LIVEMUSIK
(Karte S. 684; ☎619-595-0300; www.anthologysd.com; 1337 India St; Eintritt 0–60 US$) In dem schicken, exklusiven Club in der Nähe von Little Italy treten bekannte und unbekannte Jazz-, Blues- und Indie-Musiker auf.

San Diego Symphony KLASSISCHE MUSIK
(KarteS. 684; ☎619-235-0804; www.sandiegosymphony.com; 750 B St) Das seit fast 100 Jahren bestehende, ausgezeichnete Symphonieorchester präsentiert in der Copley Symphony Hall neben klassischer Musik auch Konzerte für die ganze Familie. Ab Juni spielt die Musik draußen, beim lebhaften *Summer Pops*-Festival im südlichen Embarcadero Marina Park.

Casbah LIVEMUSIK
(Karte S. 688; ☎619-232-4355; www.casbahmusic.com; 2501 Kettner Blvd; Eintritt 0–20 US$) Schon Liz Phair, Alanis Morisette und die Smashing Pumpkins traten auf ihrem Weg nach oben hier auf. Neben den Stars von morgen wie Bon Iver stehen aber vor allem Künstler aus der Region auf der Bühne.

La Jolla Playhouse THEATER
(☎619-550-1010; www.lajollaplayhouse.com; UCSD, 2910 La Jolla Village Dr) Klassische und zeitgenössische Stücke.

Landmark Hillcrest Cinemas KINO
(Karte S. 688; ☎619-819-0236; www.landmarktheatres.com; 3965 5th Ave, Hillcrest) Das Kino im kastenförmigen, postmodernen Village Hillcrest Center zeigt regelmäßig neue Kunst- und ausländische Filme sowie alte Klassiker.

Croce's Restaurant & Jazz Bar JAZZ & LIVEMUSIK
(Karte S. 684; www.croces.com; Ecke 5th Ave & F St) Zum Gedenken an ihren verstorbenen Ehemann Jim betreibt Ingrid Croce das lebhafte Restaurant mit Jazzclub, in dem jeden Abend großartiger Jazz, Blues oder R&B gespielt wird.

Gaslamp Stadium 15 KINO
(Karte S. 684; ☎619-232-0400; www.readingcinemasus.com; 701 5th Ave) Das Kino in der Innenstadt zeigt immer die neuesten Filme.

Old Globe Theatre THEATER
(Karte S. 688; ☎619-234-5623; www.theoldglobe.org; Balboa Park) Auf drei Bühnen wird – natürlich – Shakespeare sowie Klassisches und Zeitgenössisches gegeben.

San Diego Repertory Theatre THEATER
(Karte S. 684; ☎619-544-1000; www.sandiegorep.com; Lyceum Theatre, 79 Horton Plaza) Avantgarde- und multikulturelles Theater sowie hin und wieder ein Musical.

Petco Park STADION
(Karte S. 684; ☎619-795-5011, Tickets 877-374-2784; www.padres.com; 100 Park Blvd) Hier spielen die Baseball-Profis der San Diego

SCHWULEN- & LESBENSZENE IN SAN DIEGO

Interessanterweise sehen viele Historiker die Gründe für die Entwicklung der großen Schwulengemeinde in San Diego in der starken Militärpräsenz. Während des Zweiten Weltkriegs konnten schwule Männer aufgrund der zwangsläufig engen Beziehungen zu Soldaten aus ganz Amerika plötzlich starke, wenn auch heimliche, soziale Netzwerke aufbauen. Und nach dem Krieg blieben viele einfach in der Stadt.

Ende der 1960er-Jahre wurde die homosexuelle Gemeinschaft zunehmend politisch aktiv und machte das Stadtviertel Hillcrest zum inoffiziellen Hauptquartier. Heute findet man dort die höchste Dichte von Schwulen- und Lesbenbars. Die Szene ist im Allgemeinen lässiger und freundlicher als die in San Francisco oder L. A.

» **Baja Betty's** (Karte S. 688; www.bajabettyssd.com; 1421 University Ave) Die Bar mit Restaurant gehört einem Schwulen, aber auch Heteros sind gern gesehen. An der Partystimmung dürfte der in Strömen fließende Tequila nicht ganz schuldlos sein. Zu essen gibt's u. a. *Mexi-queen queso dip* mit *You Go Grill*-Schwertfisch-Tacos.

» **Brass Rail** (Karte S. 688; www.thebrassrailsd.com; 3796 5th Ave) In der ältesten Schwulenbar der Stadt gibt's jeden Abend eine andere Musikrichtung zu hören – von Latino über afrikanisch bis hin zu den Top 40.

» **Urban Mo's** (Karte S. 688; www.urbanmos.com; 308 University Ave) Halb Bar, halb Restaurant. Doch das Mo's ist nicht für tolles Essen, guten Service oder günstige Preise bekannt, sondern für die Clubatmosphäre, die lässige Stimmung auf der Tanzfläche und die Happy Hour.

Padres. Die Saison dauert von April bis Anfang Oktober, **Führungen** hinter die Kulissen des Stadions werden das ganze Jahr über angeboten (⏲Mai–Aug. Di–So 10.30, 12.30 & 14.30 Uhr, April & Sept. 10.30 & 12.30 Uhr, je nach Spielplan).

Qualcomm Stadium STADION
(Karte S. 680; ☎619-280-2121; www.chargers.com; 9449 Friars Rd, Mission Valley) Im Stadion der NFL-Footballer San Diego Chargers dauert die Saison von August bis Januar.

Shoppen

San Diego ist nicht gerade als Einkaufsparadies bekannt, auch wenn das Angebot groß ist und jeden Geschmack bedient. Modebewusste werden in den Nobelboutiquen von La Jolla fündig, Liebhaber von farbenfrohem Kunsthandwerk stöbern in den Museumsläden im Balboa Park und an den Ständen der mexikanischen Handwerker in Old Town. Hillcrest und Ocean Beach sind voller Secondhandläden für Klamotten, in SeaWorld gibt's Plüsch-Shamus in allen Variationen, und in den Küstenorten wimmelt es von Surfläden und Boutiquen für Bademode.

Mit der grünen Linie der San-Diego-Trolleys (oder dem Auto) gelangt man zu den drei großen Einkaufszentren im Mission Valley, die nördlich von der I-8 zu sehen sind und an den Hotel Circle angrenzen.

LP TIPP **Bazaar del Mundo Shops** HAUSHALTSWAREN & KUNSTHANDWERK
(www.bazaardelmundo.com; 4133 Taylor St, Old Town) Die lebhaften Läden, die sich in einem romantischen, an eine Hazienda erinnernden Gebäude in Old Town befinden, haben sich auf hochwertiges lateinamerikanisches Kunsthandwerk, Volkskunst, mexikanischen Schmuck und Wohnaccessoires spezialisiert.

United Nations International Gift Shop HAUSHALTSWAREN & KUNSTHANDWERK
(Karte S. 688; United Nations Bldg, 2171 Pan American Plaza, Balboa Park) Die fair gehandelten Souvenirs und Haushaltswaren stammen aus Afrika und Lateinamerika.

Pangaea Outpost MARKT
(Karte S. 694; www.pangaeaoutpost.com; 909 Garnet Ave, Pacific Beach) In der abgefahrenen Markthalle befinden sich 70 abgefahrene Miniboutiquen und Kunsthandwerksläden, die Babyplanschbecken, handbemalte Weingläser, leuchtend bunte Figürchen aus Oaxaca u. v. m. verkaufen.

Westfield Horton Plaza Center EINKAUFSZENTRUM
(Karte S. 684; Ecke Broadway & 4th St, Downtown; P) In dem riesigen Einkaufszentrum in der Innenstadt findet sich die größte Ansammlung von Geschäften aller Art und eine Vielzahl zwangloser Restaurants.

Fashion Valley EINKAUFSZENTRUM
(außerhalb der Karte S. 688; www.simon.com; 7007 Friars Rd) In dem am weitesten westlich gelegenen Einkaufszentrum sind Tiffany & Co, Burberry, Louis Vuitton, Kiehl's, Restoration Hardware und die Kaufhäuser Neiman Marcus, Saks Fifth Avenue, Macy's und Nordstrom vertreten.

South Coast Surf Shop BEKLEIDUNG & OUTDOOR-AUSRÜSTUNG
(Karte S. 694; www.southcoast.com; 5023 Newport Ave) Hier ist das Personal mindestens so surfbegeistert wie seine Kunden. Das Geschäft für Bademode und Surfausstattung in Ocean Beach bietet eine gute Auswahl der Marken Quiksilver, Hurley, Billabong und O'Neill, jeweils für Männer und Frauen.

Le Travel Store BÜCHER
(Karte S. 684; 745 4th Ave) Super Auswahl von Karten, Reiseführern und Zubehör.

Praktische Informationen

Gefahren & Ärgernisse

San Diego ist relativ sicher, allerdings sollte man in den Straßen östlich der 6th Ave in Downtown etwas vorsichtig sein, vor allem nach Einbruch der Dunkelheit. Aggressives Betteln ist das größte Problem.

Geld

Geldautomaten gibt's überall in San Diego.

Travelex (☎619-235-0901; 177 Horton Plaza, Downtown; ⏲Mo–Fr 10–19, Sa 10–18, So 11–16 Uhr) Wechselt Geld.

Internetzugang

Kostenlosen Internetzugang und WLAN bieten alle städtischen Bibliotheken. Ein Benutzerausweis ist nicht erforderlich. Die einzelnen Benutzungsordnungen sind unter www.sandiego.gov/public-library nachzulesen.

Medien

KPBS 89.5FM (www.kpbs.org) Staatlicher Rundfunk mit erstklassigen Nachrichten- und Informationssendungen.

San Diego Reader (www.sdreader.com) Jeden zweiten Donnerstag informiert das Magazin aktuell über die sehr aktive Musik-, Kunst- und Theaterszene der Stadt.

San Diego Union-Tribune (www.signonsandiego.com) Größte Tageszeitung von San Diego.

Notfall & Medizinische Versorgung

Scripps Mercy Hospital (☎619-294-8111; www.scripps.org; 4077 5th Ave, Hillcrest; ⏲24 Std.) Hat eine rund um die Uhr geöffnete Notaufnahme.

Post

Die Adressen der Postämter in der Stadt sind telefonisch unter ☎800-275-8777 oder im Internet unter www.usps.com ermittelbar.

Post Downtown (Karte S. 684; ☎619-232-8612; 815 E St; ⏲Mo–Fr 8.30–17 Uhr)

Touristeninformation

Das **Balboa Park Visitors Center** (Karte S. 688; ☎619-239-0512; www.balboapark.org; 1549 El Prado; ⏲9.30–16.30 Uhr), das sich im House of Hospitality befindet, verkauft Übersichtspläne vom Park und den Passport to Balboa Park (Erw./Kind 45/24 US$, inkl. Eintritt in den Zoo 77/42 US$), der sieben Tage lang gültig ist und den einmaligen Eintritt in 14 Museen des Parks gewährt.

San Diego Visitor Information Centers (☎619-236-1212, 800-350-6205; www.sandiego.org) Downtown (Karte S. 684; Ecke W Broadway & Harbor Dr; ⏲Juni–Sept. 9–17 Uhr, Okt.–Mai 9–16 Uhr); La Jolla (7966 Herschel Ave; ⏲11–17 Uhr, Juni–Sept. & Sa & So evtl. längere Öffnungszeiten) Die Touristeninformation in Downtown wurde für die Besucher aus aller Welt eingerichtet.

Old Town State Historic Park Visitor Center (☎619-220-5422; www.parks.ca.gov; Robinson-Rose House, Old Town; ⏲10–17 Uhr; Ⓟ) Im Robinson Rose House am westlichen Ende der Plaza in Old Town gibt's Infomaterial über die Nationalparks im San Diego County.

ℹ An- & Weiterreise

Auto & Motorrad

Die in Nord-Süd-Richtung verlaufende I-5 ist die Hauptverkehrsader der Region. Parallel zur Küste kommt man auf ihr vom Marinestützpunkt Camp Pendleton im Norden bis nach San Ysidro an der amerikanisch-mexikanischen Grenze im Süden. Die I-8 führt von Ocean Beach nach Osten durch das Mission Valley, vorbei an El Cajon und anderen Vororten, bis ins Imperial Valley und weiter bis nach Arizona.

Bus

Greyhound (Karte S. 684; ☎619-515-1100; www.greyhound.com; 120 W Broadway, Downtown) verkehrt zwischen San Diego und allen größeren Städten in Nordamerika. So fährt stündlich ein Direktbus nach Los Angeles (einfache Strecke/hin & zurück 19/31 US$, 2–3 Std.). Für die Fahrt von San Diego nach San Francisco (einfache Strecke 72–90 US$, 11–13 Std., 6–8-mal tgl.) muss man in L. A. umsteigen.

Flugzeug

Aufgrund der nicht allzu langen Start- und Landebahnen ist das **San Diego International Airport-Lindbergh Field** (SAN; Karte S. 680; ☎619-231-2100; www.san.org; 3225 N Harbor Dr) meist nur über Inlandsflüge zu erreichen. Der Flughafen ist 3 Meilen (4,8 km) von der Innenstadt entfernt. So sind die Flugzeuge, die über den Balboa Park einfliegen, bestens zu beobachten (und zu hören). Wer direkt von Europa nach San Diego will, muss sehr wahrscheinlich in einem der großen US-Flughäfen wie L. A., Chicago oder Miami umsteigen – und dort die Zollformalitäten erledigen.

Zug

Amtrak (☎800-872-7245; www.amtrak.com) Der *Pacific Surfliner* fährt mehrmals täglich vom **Santa Fe Depot** (Karte S. 684; 1055 Kettner Blvd, Downtown) nach Los Angeles (36 US$, 3 Std.) und Santa Barbara (41 US$, 5½ Std.). Zwischen San Diego und Anaheim (27 US$, 2 Std.) verkehren die Pendlerzüge von Amtrak und **Metrolink** (☎800-371-5465; www.metrolinktrains.com).

ℹ Unterwegs vor Ort

Viele Besucher sind mit dem Auto unterwegs, da man sich in der Stadt recht gut zurechtfindet, aber es ist auch möglich, den gesamten Aufenthalt über mit Bus, Straßenbahn (Trolley) und Zug des gut ausgebauten **Metropolitan Transit System** (MTS; ☎619-233-3004; www.sdmts.com) herumzukommen.

Auto

Alle großen Autovermietungen haben einen Schalter am Flughafen. Weniger bekannte Firmen sind zuweilen günstiger. Es lohnt sich, die Preise zu vergleichen! Vor der Fahrt nach Mexiko unbedingt die Versicherungspolice der Autovermietung überprüfen!

Die Adressen der großen Autovermietungen stehen auf S. 862. Kleinere, unabhängige Vermieter in Little Italy, z. B. **West Coast Rent A Car** (☎619-544-0606; www.westcoastrentacar.net; 834 W Grape St), vermieten ältere Mietwagen zu günstigeren Preisen. So liegt die Leihgebühr für einen Tag bei 35 US$.

Bus

Die Busse des MTS bedienen den Großteil des Stadtgebiets und fahren auch entlang der North County Coast, nach La Jolla und bis zu den Stränden. Das ist sehr praktisch, wenn man in der Innenstadt wohnt und nicht bis in die Puppen feiern will. Im Transit Store gibt's den kostenlosen Netzplan *Regional Transit Karte*.

TIJUANA, MEXIKO

Die Zeiten sind hart in Tijuana. Jahrelang war „TJ" ein billiges Vergnügungsparadies jenseits der Grenze, beliebt bei hartgesottenen Partygängern aus San Diego und L.A. und natürlich bei unternehmungslustigen Matrosen. Doch die Drogenkriminalität und die vielen tödlichen Schießereien der letzten Zeit haben die einst geschäftigen Touristengebiete fast zu Geisterstädten gemacht.

Die Maßnahmen der Regierung zur Verbesserung der Situation waren nicht sehr erfolgreich. Die allgegenwärtige Präsenz von schwer bewaffneten Soldaten in kugelsicheren Westen scheint die ausländischen Gäste eher zu verschrecken als zu beruhigen. Andererseits werden unerschrockene Touristen, die bescheiden (ohne auffälligen Schmuck) auftreten und sich ihrer Umgebung stets bewusst sind, mit authentischen Restaurants, großartigen kulturellen Sehenswürdigkeiten und einer freundlichen Bevölkerung belohnt.

Nachdem man die Fußgängerbrücke an der Grenze überquert hat, besorgt man sich im **Visitor Center** (www.tijuanaonline.org; ⌚9–18 Uhr) des Grenzkontrollpunkts San Ysidro einen Stadtplan. Durch das Drehkreuz gehen und dann der Straße bis zum **Tijuana Arch** folgen! Nach zehn Minuten erreicht man die lange Avenida Revolución (La Revo). In den einst lärmigen Seitenstraßen der La Revo sind heute deutlich weniger Nachtschwärmer unterwegs, doch es gibt immer noch jede Menge Souvenirläden, Apotheken mit günstigen Preisen und Spirituosenläden. Geld wechseln ist nicht nötig, denn fast alle Geschäfte nehmen US-Dollar.

Nur eine kurze Autofahrt entfernt ist das **Centro Cultural Tijuana** (CECUT; ☎01-664-687-9600; www.cecut.gob.mx; Ecke Paseo de los Heroes & Av Independencia). Das moderne Kulturzentrum präsentiert anspruchsvolle Konzerte, Theatervorstellungen, Lesungen, Konferenzen und Tanzdarbietungen. Im Kulturzentrum befindet sich auch das **Museo de las Californias**. Das ausgezeichnete Museum erklärt die Geschichte der Halbinsel Baja California von der Frühgeschichte über die ersten spanischen Eroberungen, die Missionszeit, den Vertrag von Guadalupe-Hidalgo, die Bedeutung des Colorado River und den Bau der Eisenbahn bis in die Gegenwart. Die Erläuterungen sind auf Englisch.

Wer mehr über Tijuana erfahren will, kann bei **Turista Libre** (www.turistalibre.com) eine recht nüchterne Tagestour buchen, denn die Unternehmungen des ungewöhnlichen Reisebüros stehen unter dem Motto: „Kein Drogenkrieg. Kein Abstecher ins Rotlichtviertel. Keine blöden Shows. Keine Gringo-Klischees. *Lo mejor del alternaturismo.*"

Nach Tijuana fährt die blaue Linie des San Diego Trolley, und zwar von Old Town über Downtown San Diego nach San Ysidro (2,50 US$, etwa 30 Min.). Von der Haltestelle San Ysidro über die oben genannte Fußgängerbrücke gehen! Man kann auch über die Grenze fahren, aber es ist besser, das Auto auf der US-amerikanischen Seite stehen zu lassen. Der Verkehr in Tijuana ist hektisch, parken ist ein einziger Kampf, und bei der Wiedereinreise in die USA bilden sich meistens lange Warteschlangen. Wer trotzdem fährt, sollte in einem der US-Büros in der Via San Ysidro oder Camino de la Plaza eine mexikanische Kfz-Versicherung für einen Tag abschließen.

Aber alle Besucher benötigen ihren Reisepass und ihr US-Visum für die Wiedereinreise in die USA.

Infos zu Strecken und Fahrpreisen erteilt die **MTS** per Telefon (☎619-233-3004, automatische Ansage rund um die Uhr unter 619-685-4900, innerhalb von San Diego 511). Infos zur Routenplanung gibt's auch unter www.sdmts.com. Eine Fahrt kostet zumeist 2,25 US$, mit dem Express-Bus 2,50 US$. In allen Bussen muss das Fahrgeld passend gezahlt werden, denn die Fahrer können kein Geld wechseln. Im **Transit Store** (Karte S. 684; ☎619-234-1060; Ecke Broadway & 1st Ave; ⌚Mo–Fr 9–17 Uhr) bekommt man neben Netzplänen und Fahrscheinen auch den Day Tripper-Pass, der 1/2/3/4 Tage gültig ist und jeweils 5/9/12/15 US$ kostet. Tagesfahrkarten sind direkt im Bus erhältlich.

Nützliche Verbindungen von und nach Old Town sowie in die Innenstadt sind im Folgenden aufgelistet:

LINIE 3 Hillcrest, UCSD Medical Center, Balboa Park

LINIE 7 Balboa Park, Zoo

LINIE 30 Old Town, Pacific Beach, La Jolla
LINIE 35 Old Town, Ocean Beach
LINIE 901 Coronado, PETCO Park

Fahrrad

Manche Gegenden rund um San Diego eignen sich hervorragend zum Radfahren, vor allem Pacific Beach, Mission Beach, Mission Bay und die Halbinsel Coronado.

Die Busse des öffentlichen Nahverkehrs verfügen alle über Fahrradträger. Der Transport der Zweiräder ist kostenlos. Einfach dem Busfahrer vor dem Einsteigen Bescheid sagen und das Fahrrad auf dem Träger am Heck des Busses befestigen! Weitere Infos gibt's unter ☎619-685-4900.

Drahtesel ausleihen kann man bei Cheap Rentals (S. 696).

Vom/Zum Flughafen

Der *Flyer*-Bus 992 (2,25 US$) verkehrt alle zehn bis 15 Minuten zwischen dem Flughafen und der Innenstadt, wo er mehrere Haltestellen entlang des Broadway anfährt. Eine Fahrt mit dem Shuttle-Bus vom Flughafen nach Downtown, die u. a. von **Super Shuttle** (☎800-974-8885; www.supershuttle.com) angeboten wird, kostet zwischen 8 und 10 US$. Mit dem Taxi kostet die gleiche Strecke 10 bis 15 US$.

Schiff/Fähre

San Diego Harbor Excursion betreibt ein **Wassertaxi** (☎619-235-8294; www.sdhe.com; einfache Strecke 7 US$/Pers.; ⏲So–Do 9–21, Fr & Sa 9–23 Uhr), das bei Bedarf Harbor Island, Shelter Island, Downtown und Coronado anfährt. Die von der gleichen Gesellschaft betriebene **Coronado Ferry** (☎619-234-4111; www.sdhe.com; einfache Strecke 4,25 US$/Pers.; ⏲9-22 Uhr) verkehrt stündlich zwischen dem Broadway Pier am Embarcadero und dem Fähranleger am nördlichen Ende der First St. Wer zu einem Spiel der Padres möchte, parkt das Auto am Fähranleger von Coronado und lässt sich mit dem **PETCO-Shuttle-Boot** (einfache Strecke 4,25 US$, nur an Spieltagen), das ebenfalls von der SDHE betrieben wird, zum Stadion schippern.

Taxi

Eine Fahrt mit dem Taxi kostet 2,20 US$ für die erste Zehntelmeile (160 m) und 2,30 US$ für jede weitere Meile (1,6 km). Zu den bekanntesten Taxiunternehmen gehören:

Orange Cab (☎619-291-3333; www.orangecabsandiego.com)

Yellow Cab (☎619-234-6161; www.driveu.com)

Trolley

Die Trolley-Straßenbahn von San Diego ist ein leistungsfähiges, angenehmes und im Allgemeinen sehr sicheres Verkehrsmittel. Außerdem macht es Spaß, damit zu fahren, vor allem Kindern. Es gibt eine blaue, eine orange und eine grüne Linie. Die Wagen der blauen Linie fahren in Richtung Süden bis nach San Ysidro, der letzten Station vor Tijuana diesseits der Grenze. Endstation im Norden ist das Old Town Transit Center. Die grüne Linie fährt nach Osten durch das Mission Valley, am Fashion Valley vorbei zum Qualcomm Stadium und zur Mission San Diego de Alcala. Die orange Linie verbindet das Convention Center und Seaport Village mit der Innenstadt.

Die Trolleys verkehren zwischen 4.15 Uhr und Mitternacht, und zwar tagsüber im 15-Minuten-Takt, abends alle 30 Minuten. Eine einfache Fahrt kostet 2,50 US$. Fahrscheine werden an den Automaten auf den Bahnsteigen gezogen.

Zug

Die *Coaster*-Pendlerzüge (4,50–5,50 US$) fahren vom **Santa-Fe-Depot** in Downtown (Karte S. 684) die Küste entlang ins North County. Unterwegs halten sie in Solana Beach, Encinitas, Carlsbad und Oceanside. Bevor die Züge die North County Coast erreichen, machen sie noch Station im Old Town Transit Center und im Sorrento Valley, von wo aus eine *Coaster*-Linie durch den Naturpark von Torrey Pines führt. Die automatisch entwerteten Fahrscheine sind an den *Coaster*-Haltestellen erhältlich. Die Automaten akzeptieren Bargeld und Kreditkarten.

Montags bis freitags verkehren täglich elf Züge in beide Richtungen. Die ersten Züge fahren in Oceanside um 5.15 Uhr ab und erreichen das Santa-Fe-Depot um 6.31 Uhr, die letzten Züge fahren jeweils um 17.35 und 19.03 Uhr ab. Samstags verkehren sechs Züge, an Sonn- und Feiertagen nur vier.

Weitere Infos gibt's beim **North San Diego County Transit District** (☎619-233-3004, im North County 800-266-6883; www.gonctd.com).

NORTH COUNTY COAST

An der North County Coast fühlt man sich wie im Sommerlager: Hier gibt's jede Menge Outdoor-Aktivitäten, eine atemberaubende Landschaft und ein recht entspanntes Alltagsleben. Und im Fall des Falles ist die Großstadt weniger als eine Autostunde entfernt.

Das North County, wie die Einheimischen den Küstenabschnitt nennen, beginnt im hübschen Del Mar nördlich von La Jolla und Torrey Pines, und erstreckt sich entlang der Küste am Solana Beach, an den Städtchen Encinitas und Carlsbad (mit dem kalifornischen Legoland) vorbei bis nach Oceanside, das im wesentlichen als Schlafstadt des Marinestützpunktes Camp Pendleton dient. Die kleinen Orte liegen direkt am Meer, mit Blick auf fantastische Strände, die gute Bedingungen zum Surfen bieten. Sie warten aber auch mit einer Vielzahl einzigartiger Sehenswürdigkeiten auf, etwa der Pferderennbahn von Del Mar, dem Chopra Center und natürlich Legoland.

Fährt man auf dem Hwy 1 weiter nach Norden, treten an die Stelle von steilen Klippen und kleinen Buchten allmählich breite Sandstrände. Direkt an der Küste entlang verlaufen auch die Eisenbahnschienen. Die vorbeirauschenden Züge können zwar lästig sein, erlauben aber die Erkundung des Gebiets in einem entspannten Tagesausflug. Mit dem Auto dauert die Fahrt über die I-5 von San Diego nach Del Mar außerhalb der Hauptverkehrszeit gerade mal 20 bis 30 Minuten, nach Oceanside 45 bis 60 Minuten.

Anreise & Unterwegs vor Ort

Die landschaftlich schönste Straße nach Del Mar ist die North Torrey Pines Rd. Weiter in Richtung Norden ändert die S21 ihren Namen von Camino del Mar in Coast Highway 101, dann in Old Highway 101 und schließlich in Carlsbad Blvd. Wer es eilig hat oder direkt nach Los Angeles möchte, nimmt die parallel verlaufende I-5, das geht schneller. In der Hauptverkehrszeit kann es überall zu Staus kommen, auch auf dem Weg zur Pferderennbahn von Del Mar, wenn ein Rennen oder der Jahrmarkt stattfindet.

Bus 101 fährt am University Towne Centre in der Nähe von La Jolla ab und folgt der Küstenstraße bis nach Oceanside. Weitere Infos gibt's beim **North County Transit District** (NCTD; ☎760-966-6500; www.gonctd.com).

Der NCTD betreibt auch den *Coaster*-Pendlerzug, der vom Santa-Fe-Depot in Downtown San Diego nach Norden fährt, mit Stopps in Old Town, Solana Beach, Encinitas, Carlsbad und Oceanside. Mit dem Zug lassen sich die nördlichen Küstenorte einfach und bequem besuchen, denn die meisten Haltestellen befinden sich mitten in der Stadt und in Strandnähe.

Del Mar

Del Mar ist der feudalste Küstenort des North County. Hier gibt's gute, wenn auch teure Restaurants, noble Boutiquen und eine legendäre Pferderennbahn. Im Juni findet ein großer Jahrmarkt statt. Das Zentrum von Del Mar, das manchmal als „Village" bezeichnet wird, erstreckt sich über 1,5 km an der Camino del Mar entlang. An der Kreuzung von 15th St und Camino del Mar liegt das stilvolle Einkaufszentrum Del Mar Plaza, das mit Restaurants, Geschäften und Terrassen der inoffizielle Mittelpunkt der Stadt ist.

Sehenswertes & Aktivitäten

Seagrove Park PARK

Von dem Park am westlichen Ende der 15th St hat man einen herrlichen Blick aufs Meer. Trotz des gelegentlich vorbeirauschenden Zuges auf den nahe gelegenen Gleisen ist die kleine, sehr gepflegte Grünfläche am Strand ein beliebter Treffpunkt der Einheimischen und ein idealer Ort für ein Picknick.

Del Mar Racetrack & Fairgrounds PFERDERENNEN

(☎858-755-1141; www.dmtc.com; 2260 Jimmy Durante Blvd; Eintritt 5–20 US$) Die üppigen Parkanlagen und die lachsrote, mediterrane Architektur der 1937 von Bing Crosby, Jimmy Durante und einer Reihe anderer Hollywoodstars gegründeten Pferderennbahn sind eine echte Augenweide. Die Pferde laufen von Mitte Juli bis Anfang September.

California Dreamin' BALLONFAHREN

(☎800-373-3359; www.californiadreamin.com; ab 178 US$/Pers.) Bunte Heißluftballone sind das Wahrzeichen am Himmel nördlich von Del Mar. Los geht's bei Sonnenuntergang.

Schlafen

L'Auberge del Mar LUXUSHOTEL $$$

(☎800-245-9757; www.laubergedelmar.com; 1540 Camino Del Mar; Zi. ab 450 US$; P) Die schicken, aber schlichten Zimmer der umweltfreundlichen Hotelanlage direkt am Strand sind in den Farben von Himmel, Meer und Sand gehalten. Die Terrasse und die Cocktailbar am Swimmingpool, die auch Nicht-Hotelgästen offen stehen, sind wohl die besten Orte, um in Del Mar den Sonnenuntergang zu genießen.

Les Artistes Inn KURIOSES GASTHAUS $$

(☎858-755-4646; www.lesartistesinn.com; 944 Camino del Mar; Zi. ab 105 US$; P) Die künstlerisch angehauchte Herberge im Stil der Lehmziegelarchitektur des Südwestens ist eine der (vergleichsweise) günstigen Unterkünfte von Del Mar. Im Hof steht eine Buddha-Statue; ein rustikaler, offener Kamin sorgt für behagliche Wärme. Jedes der zwölf Zimmer ist nach einem berühmten Künstler benannt und entsprechend eingerichtet.

North County Coast

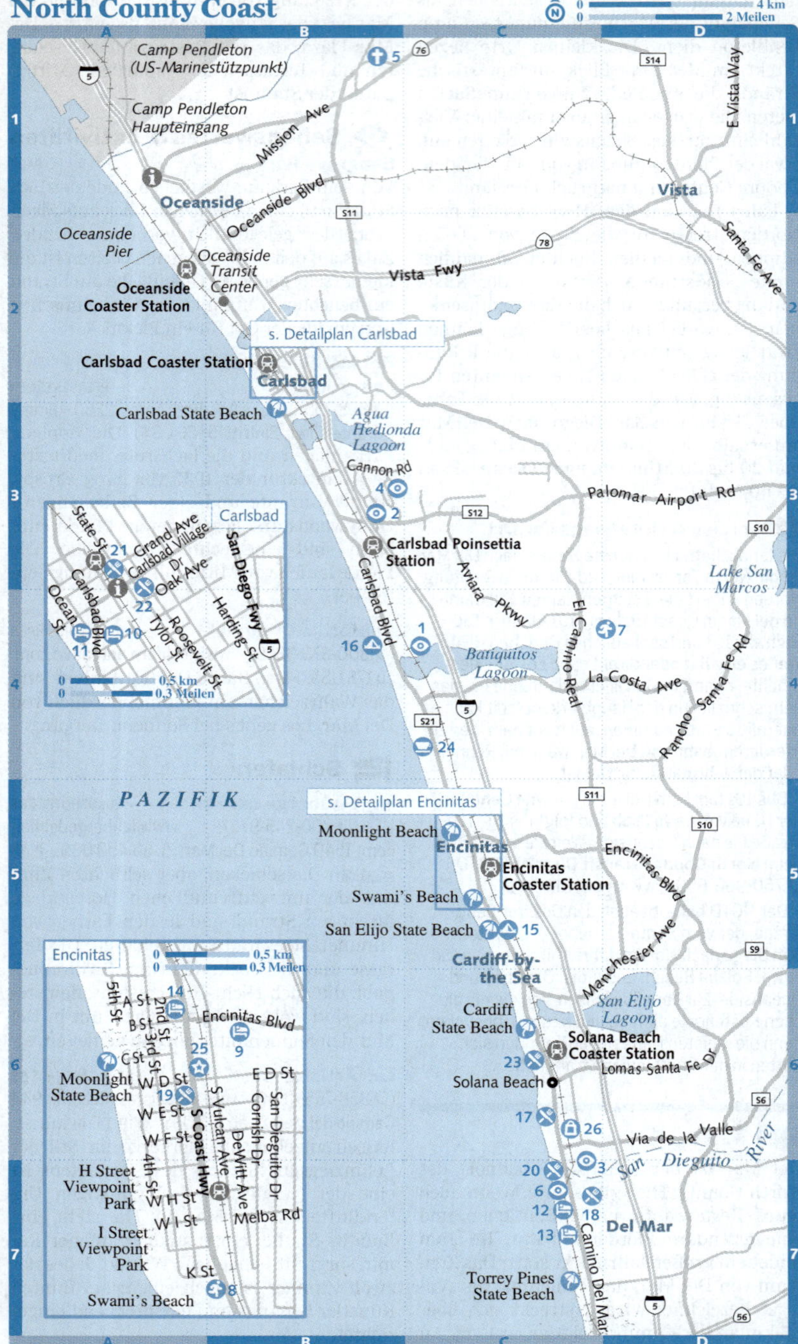

0 4 km
0 2 Meilen
Camp Pendleton
(US-Marinestützpunkt)
Camp Pendleton
Haupteingang
Mission Ave
Oceanside
Oceanside Blvd
Oceanside
Pier
Oceanside
Transit
Center
Oceanside
Coaster Station
Vista Fwy
Vista
E Vista Way
Santa Fe Ave
s. Detailplan Carlsbad
Carlsbad Coaster Station
Carlsbad
Carlsbad State Beach
Agua
Hedionda
Lagoon
Cannon Rd
Palomar Airport Rd
Carlsbad Poinsettia
Station
Carlsbad Blvd
Aviara Pkwy
El Camino Real
Lake San
Marcos
Batiquitos
Lagoon
La Costa Ave
Rancho Santa Fe Rd
PAZIFIK
s. Detailplan Encinitas
Moonlight Beach
Encinitas
Encinitas
Coaster Station
Swami's Beach
San Elijo State Beach
Encinitas Blvd
Manchester Ave
Cardiff-by-
the Sea
San Elijo
Lagoon
Cardiff
State Beach
Solana Beach
Coaster Station
Lomas Santa Fe Dr
Solana Beach
Via de la Valle
San Dieguito River
Del Mar
Camino Del Mar
Torrey Pines
State Beach
Carlsbad
State St
Grand Ave
Carlsbad Village Dr
Oak Ave
San Diego Fwy
Carlsbad Blvd
Ocean St
Roosevelt St
Tylor St
Harding St
0 0,5 km
0 0,3 Meilen
Encinitas
0 0,5 km
0 0,3 Meilen
5th St
A St
2nd St
B St
3rd St
Encinitas Blvd
C St
Moonlight
State Beach
W D St
E D St
W E St
S Coast Hwy
S Vulcan Ave
Cornish Dr
San Dieguito Dr
W F St
DeWitt Ave
H Street
Viewpoint
Park
4th St
W H St
W I St
Melba Rd
I Street
Viewpoint
Park
K St
Swami's Beach

North County Coast

Sehenswertes

1 Batiquitos Lagoon Nature Center C4
2 Carlsbad Ranch.. .... B3
3 Del Mar Racetrack & Fairgrounds C6
4 Legoland California......... B3
5 Mission San Luis Rey de Francia B1
6 Seagrove Park C7

Aktivitäten, Kurse & Touren

7 Chopra Center for Wellbeing......... D4
8 Self-Realization Fellowship Retreat & Hermitage B7

Schlafen

9 Best Western Encinitas Inn & Suites......... B6
10 Best Western Plus Beach View Lodge......... A4
11 Carlsbad Inn Beach Resort......... A4
12 L'Auberge del Mar C7
13 Les Artistes Inn C7
14 Moonlight Beach Motel A6
15 San Elijo State Beach Campground C5
16 South Carlsbad State Park Campground B4

Essen

17 Beach Grass Café......... C5
18 Del Mar Plaza C7
19 El Q'ero......... B6
Harvest Ranch Market ....(siehe 18)
20 Jake's del Mar C7
21 Le Passage A3
22 Pizza Port Carlsbad......... A3
23 Pizza Port Solana Beach C5

Ausgehen

Carruth Cellars ....(siehe 26)
24 Pannikin Coffee & Tea C4

Unterhaltung

25 La Paloma Theatre A3

Shoppen

26 Cedros Design District......... C6

Essen

Jake's del Mar SEAFOOD $$
(858-755-2002; 1660 Coast Blvd; Hauptgerichte mittags 10–18 US$ abends 10–37 US$; 11.30–21, Mo 16–21 Uhr) Das allzeit beliebte Lokal am nördlichen Rand des Seagrove Park hat etwas von einem Club. Unter der Holzbalkendecke und mit Blick auf historische Fotos genießen hier reiche ältere Herren Meeresfrüchte-Eintopf, Seebarsch im Teigmantel, Fischfilets und Hummerschwänze. Dabei schauen sie den Kindern und Volleyballspielern am Strand zu.

Harvest Ranch Market MARKT $
(www.harvestranchmarkets.com; 1555 Camino Del Mar; 8–21 Uhr) Auf dem „Markt" in der Del Mar Plaza decken sich Selbstversorger mit erstklassigen Lebensmitteln und Sandwiches für den Strand ein. Die Termine der nächsten **Weinverkostungen** (10–20 US$/Pers.; meist Do & Fr 16–18, Sa 15–18 Uhr) stehen auf einer Tafel am Eingang.

Solana Beach

Solana Beach ist vielleicht nicht so vornehm wie der Nachbar im Süden, doch die Strände sind genauso gut. Außerdem kann es mit dem **Cedros Design District** (Cedros Ave) aufwarten, einer langen Prachtstraße voller Einrichtungshäuser, Kunst- und Architekturateliers, Antiquitätengeschäften und Boutiquen, die handgefertigte Kleidung verkaufen.

Die Verkaufsschlager des **Beach Grass Cafe** (www.beachgrasscafe.com; 159 S Hwy 101; Hauptgerichte 6–15 US$; tgl. 7–15, So–Do 17–21 Uhr;), in dem die Einheimischen gerne frühstücken, sind Pfannkuchen mit Ananas und Macacha-Taco-Omelettes (mit Rindfleischstreifen).

Die Filiale der beliebten regionalen Pizzeria- und Brauereikette **Pizza Port** (www.pizzaport.com; 135 N Hwy 101; Hauptgerichte 8–15 US$) befindet sich gegenüber dem Bahnhof.

Carruth Cellars (858-847-9463 www.carruthcellars.com; 320 S Cedros Ave; Mo–Sa 12–21, So 12–18 Uhr), eine freundliche Weinkellerei mitten im Ort, verkauft nicht nur Weine wie den Sonoma Syrah, sondern auch Käse aus der Region.

Cardiff-by-the-Sea

Die Ansammlung von Restaurants, Surfläden und New-Age-Unternehmen am Pacific Coast Highway nördlich von Encinitas, zu der die Gemeinde eigentlich auch gehört, wird von den Einheimischen nur „Cardiff" genannt. Bekannt ist sie für gute Surfstrände und entspannten Massentourismus.

In Cardiff befindet sich auch die **San Elijo Lagoon** (☎760-436-3944; www.sanelijo.org), ein 4 km² großes Naturschutzgebiet, das besonders bei Vogelbeobachtern sehr beliebt ist. Reiher, Blässhühner, Seeschwalben, Enten, Silberreiher und 250 weitere Vogelarten leben in der Lagune. Wanderwege in einer Gesamtlänge von gut 11 km erschließen das Gebiet. Das Naturschutzzentrum wurde zum Zeitpunkt der Recherche gerade umgebaut und befindet sich in der Manchester Ave 2710.

Am **Cardiff State Beach** (☎760-753-5091; www.parks.ca.gov; ⏲7 Uhr–Sonnenuntergang), südlich von Cardiff-by-the-Sea, sind die Brecher über dem Riff vor allem bei Longboardern sehr beliebt.

Etwas weiter nördlich bietet der **San Elijo State Beach** im Winter gute Wellen für Wassersportler.

San Elijo State Beach Campground (☎760-753-5091, Reservierung 800-444-7275; www.parks.ca.gov.reserveamerica.com; Stellplatz f. Zelt/Wohnmobil 26/39 US$; 📶) Vom Campingplatz am Ende des Birmingham Dr kann man den Surfern zuschauen.

Encinitas

Goldene Lotuskuppeln am South Coast Highway 101 markieren die südliche Stadtgrenze von Encinitas. Ebenso abgefahren wie sein extravagantes Wahrzeichen ist der ganze kleine Küstenort. Seit Paramahansa Yoganada 1937 hier das **Self-Realization Fellowship Retreat & Hermitage** gründete, zieht die Stadt Heiler, Erleuchtung Suchende und hartgesottene Surfer gleichermaßen magisch an. Direkt neben den goldenen Lotuskuppeln der Meditationsklause befindet sich die Parkbucht für **Swami's** Strand. Die Einheimischen ziehen seine kraftvolle Reefbreak-Welle allen anderen Surfwellen vor. Wer seine Yogaübungen machen, meditieren oder einfach nur in einer schönen Umgebung spazieren gehen möchte, begibt sich in den **Meditation Garden** (215 K St; www.yogananda-srf.org; ⏲Di–Sa 9–17, So 11–17 Uhr) der Klause, von dem man auch einen herrlichen Blick auf das Meer hat.

Das Zentrum von Encinitas liegt nördlich der Klause, zwischen der E und der D St. Die Hauptsehenswürdigkeit der Stadt, neben Straßencafés, Bars, Restaurants und Surfläden, ist das **La Paloma Theatre** (⏲760-436-7469; www.lapalomatheatre.com; 471

PANORAMASTRASSE: VON CARLSBAD NACH DEL MAR

Die Fahrt auf der schönen Küstenstraße führt durch die malerischen Städtchen im Norden von San Diego, vorbei an bemerkenswerten geografischen Landmarken und Einkaufsmeilen voller Designerläden, bis sie schließlich auf der Terrasse eines Restaurants mit – natürlich – atemberaubendem Blick aufs Meer endet.

Sehenswertes

Los geht's in Carlsbad (S. 721). Auf dem Carlsbad Blvd fährt man gen Süden, bis man die Batiquitos Lagoon (S. 722) erreicht, eine der letzten Marschen Kaliforniens. Weiter geht's nach Süden. Auf halber Strecke nach Encinitas bietet sich eine Rast im Café Pannikin Coffee and Tea (S. 721) an, das direkt am Pacific Coast Highway liegt. Auf dem Hwy 101 fährt man an der San-Elijo-Lagune vorbei nach Solana Beach. Dort lohnt es sich, anzuhalten und im Cedros Design District (S. 719) nach Büchern und Wohnaccessoires zu stöbern. Dann probiert man bei Carruth Cellars (S. 719) den lokalen Wein, bevor man bergab nach Del Mar fährt, wo man auf der Terrasse der L'Auberge del Mar (S. 717) den Sonnenuntergang mit einem Cocktail genießt. Oder auch mit zwei …

Strecke

Auf dem Carlsbad Blvd nach Süden, dann auf der Vulcan Ave weiter in Richtung Süden bis zum North Coast Hwy 101 und auf der Camino del Mar nach Del Mar. Entscheidend ist, dass man immer auf der Küstenstraße bleibt und nicht auf den Freeway auffährt.

Länge & Dauer

17 Meilen (27 km), die ohne Zwischenstopp in 22 Minuten zu schaffen sind. Mit mehreren Pausen ist man ein bis zwei Stunden unterwegs.

WAS ZUM ...?

Äußerste Zurückhaltung ist angesagt, wenn beim Small Talk die Rede von der vielgeschmähten Statue des *Magic Carpet Ride* (Ritts auf dem fliegenden Teppich) ist, die seit 2007 am Chesterfield Dr auf der Westseite des Hwy 101 steht. Die Statue sollte das typische Lebensgefühl der Surfer zum Ausdruck bringen – und ziemlich cool sein. Und was stellt das 120 000 US$ teure Kunstwerk nun dar? Einen schlaksigen jungen Mann, der beim Versuch, das Gleichgewicht auf dem Brett zu halten, die Arme unbeholfen von sich streckt. Von Anfang an war er dem allgemeinen Spott und den Angriffen von Witzbolden ausgesetzt, die ihm einmal eine mexikanische Wrestlingmaske, ein anderes Mal ein Bikinioberteil verpassten. Wer sich selbst eine Meinung bilden will, muss zum San Elijo State Beach fahren.

S Coast Hwy 101). Das 1928 erbaute Kino zeigt jeden Abend die neusten Filme. Jeden Freitag um Mitternacht rockt *The Rocky Horror Picture Show* über die Leinwand. Nur Bares, keine Kreditkarten!

Schlafen

Moonlight Beach Motel MOTEL $$

(760-753-0623; www.moonlightbeachmotel.com; 233 2nd St; Zi. 135–170 US$; P ❄ 📶 👪) Das familiäre Motel liegt eineinhalb Häuserblocks vom Strand und dem Kindervergnügungspark am Moonlight Beach entfernt. Die Zimmer im oberen Stockwerk bieten eine eigene Sonnenterrasse und teilweise Meerblick. Die Einrichtung könnte etwas moderner sein, aber die Zimmer sind sauber, ruhig und haben eine komplett ausgestattete Küchenzeile.

Best Western Encinitas Inn & Suites HOTEL $$

(760-942-7455; www.bwencinitas.com; 85 Encinitas Blvd; Zi. 160–210 US$; P ❄ 📶 🐾) Von außen sieht das Hotel wie eine Mischung aus modernem Baumhaus und altem Missionsgebäude aus. Die großzügigen, gut ausgestatteten Zimmer sind modern möbliert und verfügen über alle Annehmlichkeiten des 21. Jhs.

Essen & Ausgehen

El Q'ero PERUANISCH $$$

(760-753-9050; www.qerorestaurant.com; 564 S Coast Hwy; Hauptgerichte mittags 10–18 US$, abends 32–48; Di–Sa 11.30–15 & ab 17 Uhr) In dem bezaubernden, winzigen peruanischen Restaurant sorgen der rote Fliesenboden, farbig bedruckte Tischdecken und grellbunte Bilder für die richtige Atmosphäre. Noch besser ist das Essen. Bei perfekt gewürzten Gerichten wie *papa lomo saltado* (Steak mit Knoblauch, grobem Pfeffer und sautierten Zwiebeln) oder *aji gallina* (zartem Hühnchen in Chilisauce mit gerösteten Walnüssen) glaubt man, in Peru zu sein. „Slow Food" bezieht sich hier übrigens auf die Dauer der Zubereitung – aber die Wartezeit lohnt sich allemal. Abends unbedingt reservieren!

Pannikin Coffee & Tea CAFÉ $

(www.pannikincoffeeandtea.com; 510 N Coast Hwy; 6–18 Uhr) Das Café im gelben, ehemaligen Bahnhofsgebäude ist das beste Beispiel dafür, was alles möglich ist, auch wenn ein Coffeeshop nicht zu einer der großen Ketten gehört. Großer Innenhof mit Stühlen aus hellem Fichtenholz? Logisch. Kreidetafel mit Kaffee- und Teesorten? Logisch. Jede Menge Muffins und Desserts in der Auslage? Logisch. Eigenwillige Einrichtung mit einem oder zwei gut ausgesuchten Akzenten? Logisch!

Carlsbad

Carlsbad ist in erster Linie für die kalifornische Version des Legoland bekannt. Doch es hat auch atemberaubend schöne Natur zu bieten, von langen, feinsandigen Stränden über ein 20 ha großes Blumenfeld bis zu einer Lagune, in der jede Menge Tiere und Pflanzen beheimatet sind.

Der Ort entstand, als die Eisenbahnlinie in den 1880er-Jahren bis hierher ausgebaut wurde. Im Gegensatz zu den meisten Städten im North County, die sich am Highway entlang ausbreiten, ist die Innenstadt von Carlsbad quadratisch und kompakt. Als John Frazier, ein ehemaliger Schiffskapitän und einer der ersten Siedler, einen Brunnen bohrte, entdeckte er eine Mineralquelle. Ihr Wasser war dem des böhmischen (heute tschechischen) Kurorts Karlsbad ähnlich. Frazier ließ also ein großes Kurhotel bauen, das bis in die 1930er-Jahre Bestand hatte.

Carlsbad liegt direkt an der I-5. Seine Nord-Süd-Achse ist der Carlsbad Blvd. Viele Hotels und Restaurants der Stadt befinden sich am oder in der Nähe des Carlsbad Village Dr, der die Ost-West-Verbindung zwischen I-5 und Carlsbad Blvd darstellt.

Sehenswertes & Aktivitäten

Legoland California VERGNÜGUNGSPARK
(☎760-918-5346; www.california.legoland.com; 1 Legoland Dr; Erw./Kind 69/59 US$; ⏲ ab 10 Uhr, Schließzeiten variieren; 👪) Getreu dem dänischen Vorbild wurde auch im kalifornischen Legoland eine fantastische Welt aus den kleinen, bunten Steinchen geschaffen. In dem vor allem für kleinere Kinder tollen Park kann man locker einen ganzen Tag verbringen.

Die neueste Themenwelt des Parks ist das **Land of Adventure**, in dem ein 5 m hoher Pharao aus mehr als 300 000 Legosteinen über das neue *Lost Kingdom Adventure* wacht. Im Inneren darf die ganze Familie mit Laserpistolen aus einem fahrenden Auto schießen. Zu den Highlights gehört auch immer noch das **Miniland**, in dem die Skylines der größten Städte der Welt komplett aus Legosteinen nachgebaut sind. Überall im Park warten weitere Attraktionen auf die Kleinen: Kinderschminken, Bootsfahrten, Mini-Achterbahnen. Es gibt Kombitickets, die auch für das Erlebnisbad und Aquarium nebenan gelten.

Von der I-5 fährt man auf die Legoland/Cannon Rd und folgt der Beschilderung. Von den Innenstädten von Carlsbad oder San Diego fährt der *Coaster*-Pendlerzug bis zur Haltestelle Carlsbad Village. Von dort geht es mit Bus 344 direkt zum Park. Parken kostet 12 US$.

Carlsbad Ranch GÄRTEN
(☎760-431-0352; www.theflowerfields.com; 5704 Paseo del Norte; Erw./Senior/Kind 10/9/5 US$; ⏲9–18 Uhr) Von Anfang März bis Anfang Mai ist das gut 20 ha große Gelände ein Meer aus karminroten, safrangelben und schneeweißen Blüten. Die Blumenfelder beginnen zwei Straßen östlich der I-5. An der Ausfahrt „Palomar Airport Rd" fährt man in Richtung Osten und biegt dann nach links in die Paseo del Norte Rd ein.

Batiquitos Lagoon NATURSCHUTZGEBIET
(☎760-931-0800; www.batiquitosfoundation.org; 7380 Gabbiano Ln; ⏲Mo–Fr 9–12.30, Sa & So 9–15 Uhr) Die Batiquitos-Lagune zwischen Carlsbad und Encinitas ist eines der letzten Marschgebiete Kaliforniens. Bei einem Rundgang sind für die Gegend typische Pflanzen wie der stachelige Feigenkaktus, der nordamerikanische Beifuß und Eukalyptusbäume ebenso zu entdecken wie typische Lagunenvögel, etwa der Kanadaund der Silberreiher. Um zum Nature Center zu kommen, folgt man der Poinsettia Ln in Richtung Osten bis hinter die Biegung der I-5 und fährt dann nach rechts in den Batiquitos Dr ein. Danach geht's rechts in die Gabbiano Lane, der man bis zum Ende folgt.

Chopra Center for Wellbeing SPIRITUELL
(☎760-494-1600; www.chopra.com; 2013 Costa del Mar; ⏲Mo–Fr 7–20, Sa & So 7–18 Uhr) An diesem Ort der Ruhe und der mentalen Stärkung kann man in den mehrere Regale füllenden Büchern des Meisters der alternativen Gesundheit, Deepak Chopra, und seines Schülers David Simon schmökern. Dazu wird kostenlos Tee gereicht. Das einladende, auf jeden (Bekehrungs-)Zwang verzichtende Zentrum auf dem üppig grünen Gelände des Hotels La Costa Resort & Spa bietet Ayurveda-Programme und Workshops sowie Yogakurse und persönliche Beratung an.

Schlafen & Essen

South Carlsbad State Park Campground CAMPING $
(☎760-438-3143, Reservierung unter 800-444-7275; www.parks.ca.gov; 7201 Carlsbad Blvd; Stellplatz f. Zelt & Wohnmobil 35–50 US$; 📶) Der Campingplatz liegt 3 Meilen (5 km) südlich des Stadtzentrums auf den Klippen hoch über dem Strand. Die 222 Zelt- und Wohnmobilplätze sind sehr gefragt, deshalb mehrere Monate vor dem gewünschten Aufenthalt buchen!

Best Western Plus Beach View Lodge HOTEL $$
(☎760-729-1151; www.beachviewlodge.com; 3180 Carlsbad Blvd; DZ 152–215 US$; P📶🏊) Das kleine, freundliche Hotel ist nur durch den Hwy 101, der hier Carlsbad Blvd heißt, vom Strand getrennt. Von der schön gestalteten Eingangshalle hat man einen herrlichen Blick aufs Meer. Die drei Stockwerke sind rund um einen kleinen Innenhof mit Swimmingpool angeordnet. Das „Plus" bedeutet, dass das Hotel schöner und besser ist, als man es sonst von Best Western kennt.

Carlsbad Inn Beach Resort LUXUSHOTEL $$$
(☎760-434-7020, 800-235-3939; www.carlsbadinn.com; 3075 Carlsbad Blvd; DZ ab 240 US$;

ABSTECHER

TEMECULA

Laut Speisekarte im Swing Inn Cafe bedeutete „Temecula" in der Sprache der amerikanischen Ureinwohner „Tal der Freude". Diese Bezeichnung trifft wohl heute noch zu wenn man den Massen von Touristen, die für ein Wochenende anreisen, um Wein zu verkosten, ein bißchen zu spielen und Westernklamotten einzukaufen, Glauben darf.

Die Gegend im Riverside County, gut eine Stunde nördlich der Innenstadt von San Diego gelegen, wurde in den 1820er-Jahren für die Rinderzucht der Mission San Luis Rey genutzt. Später befand sich hier eine Postkutschenstation der Butterfield-Linie. Viel interessanter ist aber die jüngere Geschichte. Seit der Ort sich selbst als stilvolles Weindorf vermarktet, erlagen viele Neubürger dem Charme der Kleinstadtidylle.

Traveller schlendern durch die aus fünf Häuserblocks bestehende Front Street im Herzen der Altstadt von Temecula, wo sich hinter nachgemachten Westernfassaden eine Reihe von Restaurants, Antiquitätenläden und Weingeschäften befindet. Und hier ist auch das Revier der Motorradfahrer, die wie einst die Kavallerie urplötzlich in der Hauptstraße auftauchen. Günstig essen kann man im bereits erwähnten **Swing Inn Cafe** (www.swinginncafe; 28676 Old Town Front St; ⌚5–21 Uhr). Für 6 US$ gibt's zwei Eier, zwei Pfannkuchen und zwei Scheiben Schinken. Das im Hickoryholzfeuer geräucherte Schweinefleisch im Grillrestaurant **Sweet Lumpy's BBQ** (www.sweetlumpys.com; 41915 3rd St; Hauptgerichte 7–20 US$; ⌚Di–Fr 11–20, Sa & So 8–20 Uhr) nebenan wurde zum besten Grillfleisch Südkaliforniens gewählt. Olivenöl in verschiedenen Geschmacksrichtungen, das man kostenlos probieren darf, gibt's in der **Temecula Olive Oil Company** (www.temeculaoliveoil.com; 28653 Old Town Front St). Direkt daneben bietet das **Temecula House of Jerky** (www.getmyjerky.com; 28655 Old Town Front St) Dörrfleisch von Strauß, Büffel, Rotwild und den anderen üblichen Verdächtigen. Auf dem stimmungsvollen Antiquitätenmarkt **Country Porch** (28693 Old Town Front St) findet man von klassischen Sonnenbrillen bis zum Cowboystiefel einfach alles.

Die Weinverkostungen in den Hügeln, zehn Minuten östlich der Altstadt, sind sehr beliebt. Das Weingut **Wilson Creek** (☎951-699-9463; www.wilsoncreekwinery.com; 35960 Rancho California Rd; Weinprobe 12–15 US$; ⌚10–17 Uhr) produziert Mandelsekt, der während des Gärungsprozesse mit Mandelöl aufgegossen wird, und einen mit Schokolade versetzten Portwein. Weiter im Landesinneren stellt die Weinkellerei **Leonesse Cellars** (☎951-302-7601; www.leonessecellars.com; 38311 De Portola Rd; Weinprobe 14 US$; ⌚11–17 Uhr) den preisgekrönten weißen Viognier und roten Melange des Reves her. Der Blick vom trutzigen Turm im Tudorstil ist auch preisverdächtig. Führungen durch die Weinberge bietet **Grapeline Temecula** (☎888-894-6379; www.gogrape.com; Führung inkl. Weinprobe 98 US$/Pers.) an. Die Internetseite www.temeculawines.org ist mit den Websites der einzelnen Weingüter und Kellereien verlinkt, auf denen oft Gutscheine für zwei Verkostungen zum Preis von einer angeboten werden.

Temecula aus der Vogelperspektive sieht man bei einer Ballonfahrt mit **California Dreamin'** (☎800-373-3359; www.californiadreamin.com); die Fahrt kostet ab 178 US$ pro Nase. Natürlich kann man auch auf Wein, Dörrfleisch und Heißluftballons verzichten und sich direkt in das größte Kasino Kaliforniens, ins **Pechanga Resort & Casino** (☎877-711-2946; www.pechanga.com; 45000 Pechanga Pkwy) begeben. Vielleicht genügt ja eine kleine, rollende Kugel, um das „Tal der Freude" kennenzulernen?

P ❄ @ ≋ 👪) Das noble Hotel im Tudor-Stil liegt direkt am Strand. Den Gästen wird ein anspruchsvolles Aktivitäts- und Veranstaltungsprogramm geboten, z. B. Stehpaddeln (15 US$/Pers.), Segeln (45 US$/Pers.), Yoga (5 US$) oder Weinproben (5 US$).

Pizza Port PIZZERIA KNEIPE **$**

(www.pizzaport.com; 571 Carlsbad Village Dr; Hauptgerichte 8–20 US$; ⌚So–Do 11–22, Fr & Sa 11–24 Uhr; 👪) Wie im Tante-Emma-Laden vergangener Zeiten scheint in dieser lockeren Pizzeria jeder einfach mal so vorbeizuschauen. Die dicken, butterweichen Pizzas, die in dem mit Surfbrettern verzierten Minilagerhaus serviert werden, sind ein echter Genuss. Das Angebot reicht von der üblichen Peperonipizza bis hin zur Pizza Margherita oder der mit Gemüse und viel Knoblauch (nichts für Weicheier!).

Le Passage FRANZÖSISCH **$$**
(www.lepassagefrenchbistro.net; 2961 State St; Hauptgerichte mittags 10–16 US$, abends 16–32 US$; ⌚Di–Fr 11.30–15 & 17 Uhr–open end, Sa 12–15 & 17 Uhr–open end) Das freundliche, rustikale französische Bistro ist eine angenehme Zuflucht vor dem Getümmel am Strand und nur ein bißchen zu fein für T-Shirts und Flip-Flops. Zwischen freiliegenden Backsteinmauern im Inneren und auf einer gemütlichen Terrasse hinter dem Haus werden gebackener Camembert und Lavendelhühnchen serviert.

Oceanside

Oceanside, das direkt neben dem riesigen Marinestützpunkt Camp Pendleton liegt, ist lange nicht so zauberhaft wie Encinitas und Carlsbad, hat jedoch breite Strände und tolle Surfgebiete. Amtrak-Züge, Greyhound-Busse, die *Coaster*-Pendlerzüge und die städtischen Busse halten am **Oceanside Transit Center** (235 S Tremont St). Ein weiterer Besuchermagnet ist das **California Welcome Center** (☎760-721-1101, 800-350-7873; www.oceansidechamber.org, www.californiawelcomecenter.org; 928 N Coast Hwy; ⌚9–17 Uhr), in dem es jede Menge Broschüren und Gutscheine für die Sehenswürdigkeiten vor Ort sowie Karten- und Infomaterial über den Großraum San Diego und ganz Kalifornien gibt.

Für einen netten Spaziergang eignet sich der nahe gelegene **Oceanside Pier**, der knapp 600 m weit aufs Meer hinausführt. Die **Mission San Luis Rey de Francia** (☎760-757-3651; www.sanluisrey.org; 4050 Mission Ave; Erw./Kind/Senior 5/3/4 US$; ⌚Mo–Fr 9–17, Sa & So 10–17 Uhr) liegt 4 Meilen (6,5 km) weit im Landesinneren. Sie wurde 1798 als 18. der insgesamt 21 Missionen in Kalifornien gegründet. Als größte kalifornische Mission erhielt sie den Spitznamen *King of the Missions*. Sie war auch am erfolgreichsten in der Anwerbung von konvertierten Ureinwohnern. Nach der Säkularisierung der Missionen durch die mexikanische Regierung wurde San Luis zur Ruine. Nur die Lehmziegelmauern der 1811 erbauten Kirche sind noch original erhalten. Im Inneren beleuchten Ausstellungen die Arbeit und das Leben der Missionare, teilweise anhand von original erhaltenen religiösen Kunstwerken und Gebrauchsgegenständen. Vor der Kirche sind Überreste der *lavanderia* (Waschhaus der Luiseno-Indianer) und der Missionskaserne zu erkennen. Zur Mission fährt man von der I-5 auf den Hwy 76 in Richtung Osten und verlässt ihn nach 4 Meilen (6,5 km) bei der Ausfahrt Rancho del Oro. Die Mission liegt dann links.

Palm Springs & die Wüsten

Inhalt »

Gut essen

» Trio (S. 736)
» Cheeky's (S. 736)
» C'est Si Bon (S. 772)
» Ricochet Gourmet (S. 748)
» Pastels Bistro (S. 773)

Schön übernachten

» Riviera Palm Springs (S. 734)
» El Morocco Inn & Spa (S. 736)
» Palms at Indian Head (S. 754)
» Mandalay Bay (S. 779)

Auf nach Palm Springs & in die Wüsten!

Die Landschaft Kaliforniens entfaltet sich auf unbestreitbar kunstvolle Art und Weise: Vulkangipfel wachen über Sanddünen, während die Berge in unglaublichen Schattierungen schimmern. Heißes Mineralwasser sprudelt aus dem Erdinneren, speist Palmenoasen und lindert schmerzende Muskeln in stilvollen Spas. Winzige Wildblumen brechen durch den trockenen Boden und feiern den Frühling.

Es ist aber nicht nur die Natur, die die Wüsten geformt hat. Ihr reichhaltiger Boden hat Goldsucher und Bergleute angelockt, und ihre Schönheit und Spiritualität berührt seit jeher die Herzen vieler Künstler, Visionäre und Wanderer. Exzentriker, Außenseiter und das Militär fühlen sich von ihrer Weite und Einsamkeit angezogen, während Hipster und Stars ihr Klima und Retro-Flair schätzen. Und mittendurch führt die legendäre Route 66 mit ihren stimmungsvoll verfallenden Relikten am Straßenrand...

Reisezeit

Palm Springs

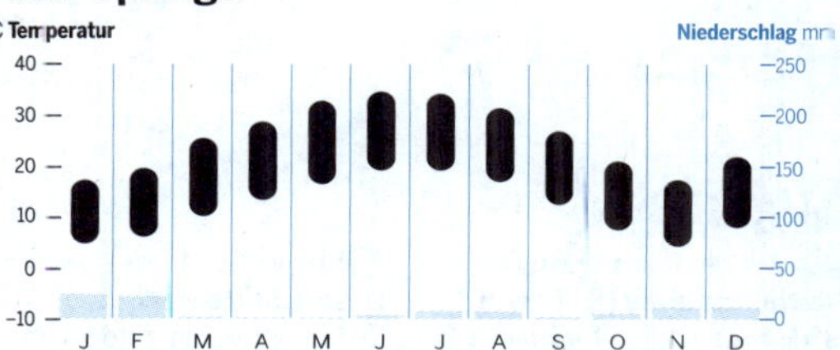

Feb. & März Eine bunte Palette aus Wildblumen hüllt den Wüstenboden in ein grandioses Farbenmeer.

Nov.–April Die hellen, warmen Tage sind perfekt für Outdoor-Aktivitäten.

Juli & Aug. Nichts für Herzkranke: Die Temperaturen steigen, dafür sinken die Zimmerpreise.

Highlights

1 Mit der **Palm Springs Aerial Tramway** (S. 728) in 15 Minuten durch fünf verschiedene Lebensräume fahren

2 Im **Death Valley National Park** (S. 764) durch Geisterstädte schlendern

3 Im **Hidden Valley** (S. 742) im Joshua Tree National Park über Felsen klettern

4 Im weiten **Anza-Borrego Desert State Park** (S. 750) Elefantenbäume entdecken

5 Im vergessenen Mojave National Preserve das **Hole-in-the-Wall** (S. 762) bestaunen

6 Sich selbst (aber hoffentlich kein Geld) auf dem **Las Vegas Strip** (S. 778) verlieren

7 Im **California Route 66 Museum** (S. 759) in Victor-ville in die Mythologie der Mutter aller Straßen eintauchen

8 In Palm Springs in einem **Boutique-Hotel im Mid-Century-Modern-Stil** (S. 735) neben (oder in) einem nierenförmigen Pool entspannen

PALM SPRINGS & DAS COACHELLA VALLEY

Das Rat Pack ist zurück – oder zumindest sein Lieblingstreffpunkt. In den 1950er- und 60er-Jahren war Palm Springs, etwa 100 Meilen östlich von L.A., der swingende Rückzugsort von Sinatra, Elvis und Dutzenden anderer Stars, die in schicken Villen auf prächtigen Anwesen nächtelang durchfeierten. Als das Rat Pack später jedoch seine Sachen packte, ergab sich das 780 km² große Coachella Valley kampflos Rentnern in Golfoutfits. Jedenfalls bis zur Mitte der 1990er-Jahre, als sich eine neue Generation in den charmanten Retro-Schick der Stadt verliebte – in ihre von berühmten Architekten entworfenen Bungalows aus Stahl und Glas, ihre Boutiquehotels mit Vintage-Dekor und nierenförmigen Pools und ihre stilvoll-entspannten Pianobars, in denen perfekte Martinis serviert werden. Heute mischen sich in Palm Springs Rentner ganz gelassen mit Hipstern und der recht großen Schwulen- und Lesbengemeinde.

Palm Springs ist die wichtigste Stadt im Coachella Valley, einer Kette von Wüstenstädten – vom langweiligen Cathedral City über das glamouröse Palm Desert bis hin zu Amerikas Dattel-Hauptstadt Indio – die durch den Hwy 111 miteinander verbunden sind. Desert Hot Springs liegt nördlich von Palm Springs und erfreut sich dank einer Reihe schicker Boutiquehotels, die über seinen wohltuenden Quellen errichtet wurden, eines regen Besucherstroms.

Das Tal ist ein wunderbarer Spielplatz für Körper und Geist. Man kann an einem einzigen Tag am Pool entspannen, durch die Palmenoase eines Canyons wandern oder eine Schneeschuh-Tour durchs Gebirge machen. Oder man fahndet nach moderner Architektur aus der Mitte des letzten Jahrhunderts, besucht einen Windpark, schaut sich an, wo Elvis mal gewohnt hat oder stellt sich breitbeinig über eine Erdbeben-Bruchlinie. Oder man entspannt beim Golfen, Tennis spielen oder Shoppen. Langeweile ist hier ein unbekanntes Konzept.

Geschichte

Seit über 1000 Jahren bewohnen die Cahuilla-Indianer (ka-*wie*-ja) die Canyons am Südwestrand des Coachella Valley. Die frühen spanischen Entdecker nannten die Theermalquellen unter Palm Springs *agua caliente* (heißes Wasser), später übernahmen die Cahuilla den Namen für ihren lokalen Stammesverband.

1876 teilte die US-amerikanische Bundesregierung das Tal in einer Art Schachbrettmuster unter zwei Parteien auf: Die Southern Pacific Railroad erhielt die Abschnitte mit ungeraden Zahlen, während die Agua Caliente die Bereiche mit geraden Zahlen als Reservat zugeteilt wurden. Bis zu den 1940er-Jahren wurden keine formalen Grenzen abgesteckt, als bereits ein Großteil des Landes der Indianer bebaut worden war. Da den Stämmen die Kasinos der Gegend gehören, sind sie heute relativ wohlhabend.

Die Stadt Indio liegt 20 Meilen (32 km) südöstlich von Palm Springs und entstand als Lager für Eisenbahnbauarbeiter, während die artesischen Quellen zur Bewässerung des Getreides angezapft wurden. Aus dem französisch regierten Algerien wurden 1890 Dattelpalmen importiert, die heute neben Zitrusfrüchten und Trauben zu den wichtigsten Produkten des Tales gehören.

Sehenswertes

In Palm Springs' kompaktem Zentrum verläuft der Hwy 111 als Einbahnstraße unter dem Namen Palm Canyon Dr nach Süden; parallel führt der Indian Canyon Dr Richtung Norden. Der Tahquitz Canyon Way teilt die Adressen in Nord und Süd und führt zum Flughafen von Palm Springs im Osten.

Viele der faszinierendsten Sehenswürdigkeiten der Gegend liegen nicht in Downtown Palm Springs, sondern über das gesamte Coachella Valley verstreut. Auch wenn er praktisch ist, kann eine Fahrt über den Hwy 111 wegen der vielen Ampeln extrem langatmig sein. Je nachdem, wohin im Tal man möchte, geht's möglicherweise schneller, auf die I-10 auszuweichen und über Straßen weiterzufahren, die nach Frank Sinatra,

KURZINFOS

- **Einwohner von Palm Springs** 44500
- **Einwohner von Las Vegas** 583750
- **Von Los Angeles nach Palm Springs** 110 Meilen (177 km), 2–3 Std.
- **Von San Diego nach Borrego Springs** 95 Meilen (153 km), 1½–2 Std.
- **Von Los Angeles nach Las Vegas** 280 Meilen (451 km), 4–5 Std.

NICHT VERSÄUMEN

ELVIS' LIEBESNEST

Eines der spektakulärsten Mid-Century-Modern-Wohnhäuser in Palm Springs wurde in den frühen 1960er-Jahren vom ortsansässigen Bauunternehmer Robert Alexander für seine Frau Helen entworfen. Es besteht aus vier kreisrunden Zimmern, die man auf drei Ebenen errichtete – und rundum wurden mit Glas und Stein Akzente gesetzt. Das Look-Magazin nannte das Gebäude das „Haus von morgen" und widmete ihm einen achtseitigen Beitrag, der die Alexanders zu nationalen Berühmtheiten machte. Tragischerweise starb die ganze Familie 1965 bei einem Flugzeugabsturz, aber das Anwesen erlangte nur ein Jahr später noch größeren Ruhm, als Elvis Presley einzog. Am 1. Mai 1967 trug er seine frisch angetraute Frau Priscilla in ihren Flitterwochen über die Türschwelle. Das **Elvis Honeymoon Hideaway** (Karte S. 730; ☎760-322-1192; www.elvishoneymoon.com; 1350 Ladera Circle; Touren tgl. auf Anfrage, 25 US$/Pers.) wurde authentisch nachempfunden und kann für Events gebucht oder auf einer der täglichen Touren besucht werden. Tickets gibt's telefonisch oder online.

Bob Hope, Gerald Ford, Dinah Shore und anderen Größen benannt sind.

LP TIPP **Palm Springs Aerial Tramway** SEILBAHN

(Karte S. 734; ☎760-325-1449; www.pstramway.com; 1 Tram Way; hin & zurück Erw./Kind 23,95/16,95 US$; ⏲Mo–Fr 10–20, Sa & So 8–20, letzte Bahn bergab 21.45 Uhr; 👪) Diese Seilbahn, deren Gondeln sich sogar drehen, befindet sich nördlich vom Zentrum und ist ein Highlight jedes Besuchs in Palm Springs. Sie klettert in weniger als 15 Minuten über 1800 Höhenmeter durch fünf Vegetationszonen hinauf, von der Sonora-Wüste bis zu den San Jacinto Mountains. Während des 2,5 Meilen langen Aufstiegs erlebt man angeblich denselben Temperaturunterschied wie auf einer Fahrt von Mexiko nach Kanada. Wenn man oben in den Kiefernwald tritt, ist es bis zu 4 °C kälter als unten, man sollte also warme Kleidung einpacken. Auch Schnee ist keine Seltenheit, nicht mal im Frühling oder Herbst.

In der **Bergstation** (2596 m) am Ende der Seilbahn warten eine Bar, eine Cafeteria, eine Aussichtsplattform und ein Kino, in dem Dokumentarfilme gezeigt werden. Außerdem gibt's ein Restaurant, ein Café und eine Cocktailbar (einfach mal nach Pauschalangeboten mit Abendessen fragen). Hier oben erstreckt sich die Wildnis des **Mt. San Jacinto State Park**, der von diversen Wanderwegen durchzogen ist.

Die Abzweigung zur Seilbahn liegt 3 Meilen (ca. 5 km) nördlich von Downtown Palm Springs.

Palm Springs Art Museum MUSEUM

(Karte S. 730; ☎760-322-4800; www.psmuseum.org; 101 Museum Dr; Erw./Kind 12,50/5 US$, Do 16–20 Uhr frei; ⏲Di, Mi & Fr–So 10–17, Do 12–20 Uhr) Dieses herausragende Kunstmuseum ist ein guter Ort, um in Sachen Entwicklung der amerikanischen Malerei, Bildhauerei, Fotografie und Glaskunst aus dem letzten Jahrhundert am Puls der Zeit zu bleiben. Neben den gut präsentierten Wechselausstellungen lohnt sich die ständige Sammlung besonders dank ihrer modernen Gemälde und Skulpturen – sie umfasst u.a. Werke von Henry Moore, Ed Ruscha, Mark di Suvero. Auch die atemberaubende Glaskunst von Dale Chihuly und William Morris ist absolut sehenswert.

Village Green Heritage Center HISTORISCHE STÄTTE

(Karte S. 730; 219-221 S Palm Canyon Dr) Rund um diesen kleinen grünen Platz im Zentrum kann man drei Ausstellungen in historischen Gebäuden besuchen.

Die **Palm Springs Historical Society** (www.pshistoricalsociety.org; Erw./Kind 1 US$/frei; ⏲Okt.–Mai Mi–Sa 10–16, 12–15 Uhr) taucht mit einer kleinen, aber sehr feinen Ausstellung mit Fotografien und anderen Erinnerungsstücken in Palm Springs' reiche Vergangenheit ein. Ein lehrreiches, unterhaltsames Video läuft in Dauerschleife. Die Society befindet sich im ältesten Gebäude der Stadt, dem McCallum Adobe (1884).

GRATIS **Agua Caliente Cultural Museum** (www.accmuseum.org; ⏲Mitte Sept.–Mitte Mai Mi–Sa 10–17, So 12–17, Mitte Mai–Mitte Sept. nur Fr–So) Das Museum zeigt nur eine kleine Ausstellung (ein großes neues Museum ist immer noch in Planung), die die Besucher mit wechselnden Ausstellungsstücken und speziellen Events in die lokale Stammesgeschichte einführt.

Ruddy's General Store (Erw./Kind 95 ¢/frei; ⌚Okt.–Juni Do–So 10–16, Juli–Sept. Sa & So 10–16 Uhr) ist die Reproduktion eines Gemischtwarenladens aus den 1930er-Jahren.

Moorten Botanical Garden GÄRTEN
(Karte S. 730; ☎760-327-6555; www.moortengarden.com; 1701 S Palm Canyon Dr; Erw./Kind 4/2 US$; ⌚Mo, Di & Do–Sa 9–16.30, So 10–16 Uhr) Chester „Cactus Slim" Moorten, Mitglied der ursprünglichen Stummfilm-Komikergruppe Keystone Cops, und seine Frau Patricia ließen ihre Leidenschaft für Pflanzen in diesem kompakten Garten erblühen, der 1938 entstand. Heute kümmert sich ihr Sohn Clark, Experte auf dem Gebiet der Pflanzen mit geringem Wasserbedarf, um die bezaubernde Symphonie aus Kakteen, Sukkulenten und anderen Wüstenpflanzen.

Palm Springs Air Museum MUSEUM
(Karte S. 734; ☎760-778-6262; www.air-museum.org; 745 N Gene Autry Trail; Erw./Kind 15/8 US$; ⌚10–17, letzter Einlass 16 Uhr; 👪) Dieses Museum, in dem es auch ein Kino gibt, liegt direkt neben dem Flughafen. Es zeigt eine außergewöhnliche Sammlung mit Flugzeugen und Erinnerungsstücken aus dem Zweiten Weltkrieg und gelegentlich gibt's sogar Flugschauen.

Living Desert ZOO
(Karte S. 734; ☎760-346-5694; www.livingdesert.org; 47900 Portola Ave; Erw./Kind 14,25/7,75 US$; ⌚Juni–Sept. 8–13.30 Uhr (letzter Einlass 13 Uhr), Okt.–Mai 9–17 Uhr (letzter Einlass 16 Uhr); 👪) Dieser unglaubliche, wunderbar weite, offene Zoo in Palm Desert, zeigt eine Vielzahl von Wüstenpflanzen und -tieren sowie Ausstellungen zur Geologie der Wüste und der Kultur der Indianer. Er ist ebenso lehrreich wie unterhaltsam und die 30-minütige Anfahrt durch das Tal auf jeden Fall wert. Zu den Highlights gehören das für Besucher zugängliche Wildtier-Krankenhaus und das „afrikanische" Dorf mit Fairtrade-Markt und „Geschichten-Hain". Kamelritte, eine Runde auf dem Karussell der bedrohten Tierarten und eine Fahrt mit dem Shuttle, das man an elf Attraktionen verlassen und wieder besteigen kann, kosten extra.

Cabot's Pueblo Museum MUSEUM
(Karte S. 734; ☎760-329-7610; www.cabotsmuseum.org; 67616 E Desert Ave, am Miracle Hill; Tour Erw./Kind 10/8 US$; ⌚Touren Okt.–Mai Di–So 9.30, 10.30, 11.30, 13.30 & 14.30, Juni–Sept. 9.30 Uhr) Cabot Yerxa, ein reicher Gentleman von der Ostküste, der die High Society für die Einsamkeit der Wüste aufgab, erbaute 1913 dieses Haus in Desert Hot Springs eigenhändig aus (wieder-) gefundenen Objekten, darunter auch Telefonmasten und Wagenteile. Heute ist es ein skurriles Museum, das indianische Korb- und Keramikwerke sowie eine Fotoausstellung über Cabots Alaska-Reisen zur Zeit der Jahrhundertwende zeigt. Zur Sicherheit

TOP FIVE: SPAS

In diesen Verwöhn-Tempeln kann man kleine Wehwehchen lindern und seinen Körper in einen entspannten und zufriedenen Klops verwandeln. Die Auswahl ist riesig (unglaublich, aber wahr: es gibt sogar ein Tier-Spa; wer's mit eigenen Augen sehen möchte: www.aquapaws.net), aber hier sind unsere fünf Favoriten. Reservierungen unerlässlich

» **Estrella Spa im Viceroy Palm Springs** (Karte S. 730; ☎760-320-4117; www.viceroypalmsprings.com; 415 S Belardo Rd) Stilvolles Spa in einem Boutiquehotel mit Massagen in kleinen Häuschen am Pool.

» **Feel Good Spa im Ace Hotel & Swim Club** (Karte S. 730; ☎760-329-8791; www.acehotel.com/palmsprings/spa; 701 E Palm Canyon Dr) Im jüngstem unter den hippen Spas in Palm Springs kann man sich in einer Jurte behandeln lassen.

» **Spa Resort Casino** (Karte S. 730; ☎760-778-1772; www.sparesortcasino.com; 100 N Indian Canyon Dr) Hier kann man den fünfstufigen „Taking of the Waters"-Kurs durch die ursprünglichen Thermalquellen des Tales besuchen.

» **Spa Terre im Riviera Palm Springs** (Karte S. 730; ☎760-778-6690; www.psriviera.com; 1600 N Indian Canyon Dr) Das ultimative Verwöhnprogramm, mit Watsu-Pool und exotischen Spa-Ritualen.

» **Palm Springs Yacht Club** (Karte S. 734; ☎760-770-5000; www.theparkerpalmsprings.com/spa; Parker Palm Springs, 4200 E Palm Canyon Dr) Dieses neu renovierte Spa ist nun wieder der schillernde Liebling der Stars, Sternchen und Society-Ladies.

Palm Springs

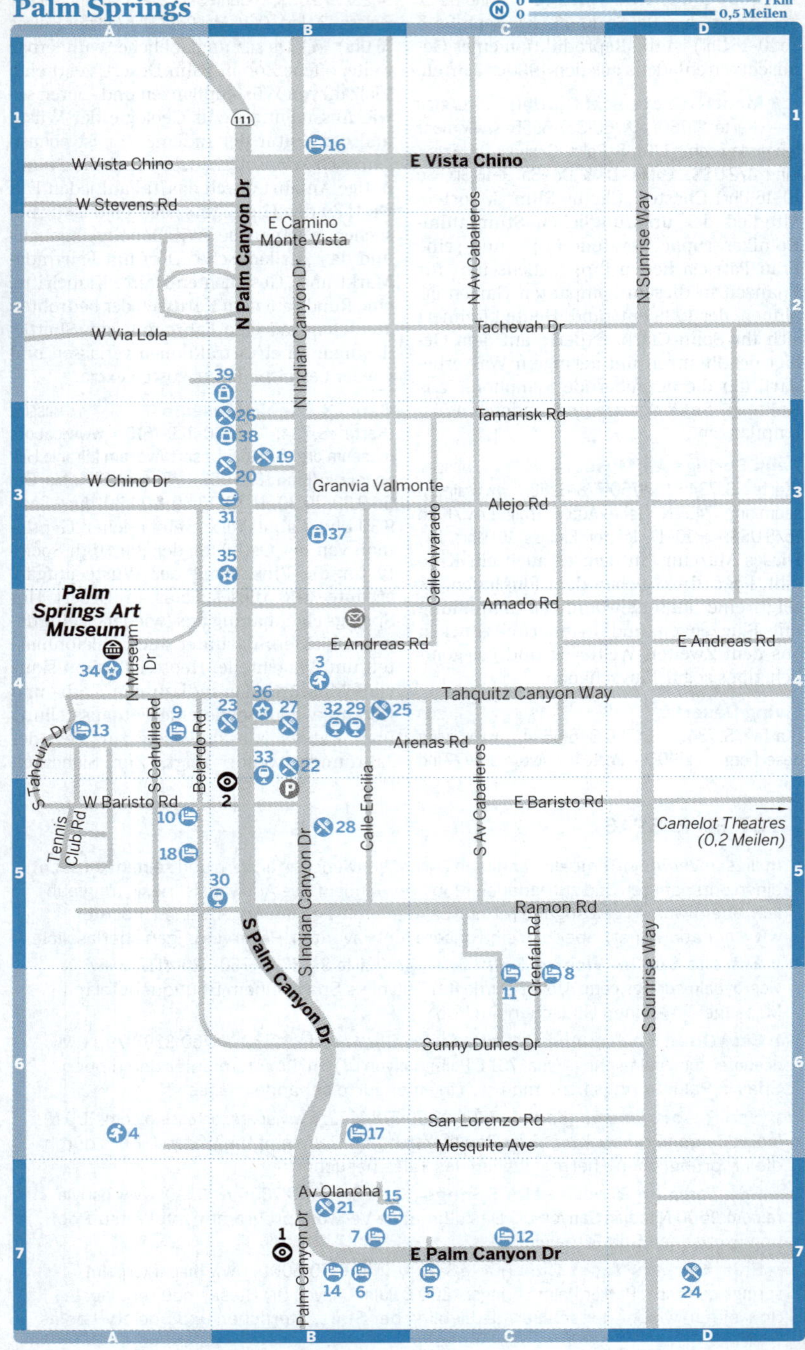
0 1 km
0 0,5 Meilen
W Vista Chino
E Vista Chino
W Stevens Rd
E Camino Monte Vista
N Palm Canyon Dr
N Indian Canyon Dr
N Av Caballeros
N Sunrise Way
Tachevah Dr
W Via Lola
Tamarisk Rd
W Chino Dr
Granvia Valmonte
Alejo Rd
Calle Alvarado
Amado Rd
Palm Springs Art Museum
E Andreas Rd
N Museum Dr
Tahquitz Canyon Way
S Tahquitz Dr
S Cahuilla Rd
Belardo Rd
Arenas Rd
W Baristo Rd
E Baristo Rd
S Av Caballeros
Calle Encilia
Tennis Club Rd
Camelot Theatres (0,2 Meilen)
S Indian Canyon Dr
S Palm Canyon Dr
Ramon Rd
Grenfall Rd
S Sunrise Way
Sunny Dunes Dr
San Lorenzo Rd
Mesquite Ave
Av Olancha
Palm Canyon Dr
E Palm Canyon Dr

Palm Springs

Highlights
Palm Springs Art Museum A4

Sehenswertes
Agua Caliente Cultural Museum . (siehe 2)
1 Moorten Botanical Garden B7
Palm Springs Historical Society . (siehe 2)
Ruddy's General Store .... (siehe 2)
2 Village Green Heritage Center B5

Aktivitäten, Kurse & Touren
Estrella Spa at Viceroy Palm Springs .... (siehe 18)
Feel Good Spa at Ace Hotel & Swim Club .... (siehe 5)
3 Spa Resort Casino B4
Spa Terre at Riviera Palm Springs .... (siehe 16)
4 Tahquitz Canyon A6

Schlafen
5 Ace Hotel & Swim Club C7
6 Caliente Tropics B7
7 Casitas Laquita B7
8 Century Palm Springs C6
9 Chase Hotel at Palm Springs A4
10 Del Marcos Hotel A5
11 Hacienda at Warm Sands C6
12 Horizon Hotel C7
13 Orbit In A4
14 Palm Springs Travelodge B7
15 Queen of Hearts B7
16 Riviera Palm Springs B1
17 Triangle Inn B6
18 Viceroy A5

Essen
19 Cheeky's E3
20 Copley's E3
21 El Mirasol E7
22 Fisherman's Market & Grill E4
King's Highway .... (siehe 5)
23 Matchbox B4
24 Native Foods D7
25 Sherman's B4
26 Trio B3
27 Tyler's Burgers B4
28 Wang's in the Desert B5

Ausgehen
Birba .... (siehe 19)
29 Hunters B4
30 Melvyn's B5
31 Palm Springs Koffi B3
Shanghai Red's .... (siehe 22)
32 Streetbar B4
33 Village Pub B4

Unterhaltung
34 Annenberg Theatre A4
35 Azul B3
Palm Springs Follies .... (siehe 36)
36 Plaza Theater B4
Spa Resort Casino .... (siehe 3)

Shoppen
37 Angel View B3
38 Modern Way B3
39 Trina Turk B2

sollte man sich die Tourzeiten vorab telefonisch bestätigen lassen.

Aktivitäten

Tahquitz Canyon WANDERN

(Karte S. 730; ☎760-416-7044; www.tahquitzcanyon.com; 500 W Mesquite Ave; Erw./Kind 12,50/6 US$; ⊙Okt.–Juni tgl. 7.30–17, Juli–Sept. Fr–So 7.30–17, letzter Einlass 15.30 Uhr) Dieser Canyon ist ein historisch bedeutender, heiliger Ort für die Agua-Caliente-Stämme und diente 1937 in Frank Capras Film *In den Fesseln von Shangri-La* als Kulisse. In den 1960er-Jahren wurde er von jugendlichen Besetzern in Beschlag genommen und entwickelte sich schnell zu einer Arena für Kämpfe zwischen Stammesangehörigen, Gesetzesvertretern und den Jugendlichen, die das Recht beanspruchten, in den Felsnischen und Höhlen zu wohnen. Nachdem man die Besetzer schließlich doch losgeworden war, brauchte der Stamm Jahre, um all den Müll abzutransportieren, die Graffitis wieder zu entfernen und den Canyon in seinen ursprünglichen Zustand zurück zu versetzen.

Im Visitor Center sind Ausstellungen zu Natur und Geschichte sowie ein Film über den legendären Tahquitz zu sehen, einen Schamanen des Cahuilla-Volkes. Ranger leiten informative, 2½-stündige Wanderungen über ca. 3,2 km, die auch an einem saisonalen, knapp 20 m hohen Wasserfall, einem antiken Bewässerungssystem und Felszeichnungen vorbeiführen. Die Touren beginnen jeden Tag, an dem der Canyon geöffnet ist, um 8 Uhr, 10 Uhr, 12 Uhr und 14 Uhr am Visitor Center (vorab telefonisch reservieren). Selbstgeführte Wanderungen sind bis 15.30 Uhr möglich.

Indian Canyons WANDERN
(Karte S. 734; ☎760-323-6018; www.indian-canyons.com; Erw./Kind 9/5 US$, geführte Wanderungen 3/2 US$; ⏲Okt–Juni tgl. 8–17, Juli–Sept Fr–So 8–17 Uhr) Die Ströme aus den San Jacinto Mountains halten die reiche Pflanzenvielfalt in den Oasen rund um Palm Springs am Leben. Diese von Schatten spendenden Fächerpalmen und hoch aufragenden Klippen gesäumten Canyons, die seit Jahrhunderten das Zuhause amerikanischer Ureinwohner und heute Teil der Agua Caliente Indian Reservation sind, sind ein Paradies für Wanderer.

Dem Eingangstor am nächsten liegt der **Andreas Canyon** mit einem nettem Picknickbereich. Ganz in der Nähe warten eindrucksvolle Felsformationen, an denen neben Felszeichnungen auch Mörserlöcher der Indianer zu sehen sind, die zum Mahlen von Samen benutzt wurden. Der Anstieg zum Canyon ist eine einfache Wanderung. 20 Minuten zu Fuß vom Andreas Canyon entfernt liegt der **Murray Canyon**, der bei Vogelbeobachtern beliebt ist. Mit etwas Glück sieht man vielleicht sogar eines der scheuen Dickhornschafe auf den Hängen über dem Canyon. Am Ende der kurvenreichen Zufahrtsstraße liegt der 15 Meilen (24 km) lange **Palm Canyon**, die weitläufigste der Schluchten, mit guten Wanderwegen und einem Laden, in dem man Snacks kaufen kann. Morgens kann man nach Tierspuren im Sand Ausschau halten.

Von Downtown Palm Springs geht's für 2 Meilen (ca. 3 km) auf dem Palm Canyon Dr nach Süden (geradeaus weiterfahren, wenn die Hauptstraße nach Osten abbiegt) zum Eingang des Reservats. Von hier sind es 3 Meilen (4,8 km) bis zum Trading Post, der Hüte, Karten, Wasser und Nippes verkauft. An den Streckenposten am Eingang jedes Canyons gibt's Karten und Wanderinfos.

Mt. San Jacinto State Park WANDERN
(Karte S. 734; ☎951-659-2607; www.parks.ca.gov) Die Wildnis, die sich hinter der Bergstation der Palm Springs Aerial Tramway erstreckt, ist von Wanderwegen mit insgesamt 87 km Länge durchzogen, darunter auch eine einfache Route auf den Mt. San Jacinto (3302 m). Das Visitor Center des Parks in der Station verkauft Bücher, Karten und Natur-Souvenirs. Wer sich ins Hinterland aufmacht (egal, ob zu einem Campingtrip mit Übernachtung oder nur für eine mehrstündige Wanderung), muss sich an der Rangerstation unterhalb der Bergstation anmelden, um eine Genehmigung zu bekommen.

Winter Adventure Center WINTERSPORT
(⏲Mitte Nov–Mitte Apr. Do–Mo 10–16, je nach Schneebedingungen, letzter Einlass 14.30 Uhr) Außerhalb der Bergstation der Palm Springs Aerial Tramway stattet dieser Anbieter nach dem „Wer zuerst kommt, mahlt zuerst"-Prinzip alle Besucher über 18 mit Schneeschuhen (18 US$) und Langlaufski (21 US$) für das verschneite Hinterland aus.

Smoke Tree Stables REITEN
(Karte S. 734; ☎760-327-1372; www.smoketreestables.com; 2500 S Toledo Ave; 1-/2-stündige geführte Ausritte 50/90 US$) Dieser Anbieter in der Nähe des Indian Canyons organisiert Ausritte – von einstündigen Ausflügen bis zu Ganztagestouren – für Anfänger und erfahrene Reiter. Reservierungen erforderlich.

SONNIGES LEBEN IN SUNNYLANDS

Sunnylands (Karte S. 734; ☎760-328-2829; www.sunnylands.org; 70177 Hwy 111, Rancho Mirage) ist ein Mid-Century-Modern-Anwesen mit jeder Menge Retro-Glamour, das sich im Besitz der Annenbergs befindet, einer der einflussreichsten Familien Amerikas. Es wurde von A. Quincy Jones entworfen und ist von einer phänomenalen Anlage umgeben, die auch einen Golfplatz mit neun Löchern und elf Fischteiche umfasst; inzwischen sollte die Anlage für die Öffentlichkeit zugänglich sein. Walter Annenberg (1908–2002) war ein amerikanischer Verleger, US-Botschafter und Philanthrop. Auf ihrem Wintersitz in Rancho Mirage empfingen er und seine Frau sieben US-Präsidenten, diverse Könige und internationale Berühmtheiten. Das neue Zentrum wurde mithilfe modernster nachhaltiger Technologien geschaffen, hier wachsen Pflanzen mit geringem Wasserverbrauch und es macht sich ein Solarfeld zunutze. Im Inneren sollten nun historische Ausstellungen, Kunstgalerien und ein Café entstanden und Touren mit Vorabreservierung möglich sein. Aktuelle Informationen gibt's beim offiziellen Visitor Center von Palm Springs oder auf der Website.

Knott's Soak City WASSERPARK
(Karte S. 734; ☎760-327-0499; www.knotts.com/public/park/soakcity; 1500 S Gene Autry Trail; Erw./Kind 32/22 US$, nach 15 Uhr 22/12 US$; ⏲Mitte März–Sept., Öffnungszeiten variieren; 👪) Ein toller Ort, um sich an heißen Tagen abzukühlen: Das Knott's bietet ein riesiges Wellenbad und rasante Wasser- und Reifenrutschen. Parken kostet 8 US$. Die aktuellen Öffnungszeiten gibt's online oder telefonisch.

Stand By Golf GOLF
(☎760-321-2665; www.standbygolf.com) Golf ist hier eine der beliebtesten Freizeitbeschäftigungen, und über das Tal sind mehr als 100 öffentliche, halbprivate, private und Ressort-Golfplätze verstreut. Dieser Anbieter bucht vergünstigte Abschlagszeiten für denselben oder folgenden Tag auf ein paar Dutzend örtlichen Golfplätzen.

Geführte Touren

An der Touristeninformation gibt's Broschüren für Touren in Eigenregie, u. a. zu den Themen öffentliche Kunst und historische Stätten (gratis), zu Modernismus (5 US$) oder zu den Häusern der Stars (5 US$).

Best of the Best Tours TOUREN
(☎760-320-1365; www.thebestofthebesttours.com; Touren ab 25 US$) Ausführliches Programm inklusive Windpark-Touren und Bustouren zu den Häusern der Stars.

Desert Adventures JEEP-TOUREN
(☎760-340-2345; www.red-jeep.com; Touren 90 Min/3 Std. 85/125 US$) Jeeptouren durchs Hinterland des Joshua Tree National Park und zur San-Andreas-Spalte.

Historic Walking Tours STADTSPAZIERGANG
(☎760-323-8297; www.pshistoricalsociety.org; Tour 10 US$; ⏲Do & Sa 10 Uhr) Wie der Name schon sagt: ein geschichtlicher Stadtspaziergang der Palm Springs Historical Society.

Palm Springs Modern Tours HISTORISCH
(☎760-318-6118; psmoderntours@aol.com; Touren 75 US$) Dreistündige Minivan-Tour zu den architektonischen Schmuckstücken des Mid-Century Modern, die von großen Meistern wie Albert Frey, Richard Neutra und John Lautner entworfen wurden.

Feste & Events

Palm Springs International Film Festival FILM
(www.psfilmfest.org) Anfang Januar findet dieses mit Hollywoodstars gespickte Filmfestival statt, bei dem mehr als 200 Filme aus über 60 Ländern gezeigt werden. Im Juni folgt ein Kurzfilmfestival.

Modernism Week KULTUR
(www.modernismweek.com) Ein zehntägiges Festival, das alles rund um das Thema „Mid-Century Modern" feiert, mit Architektur- und Wohnhaus-Touren, Filmen, Vorträgen, einer Designshow und jeder Menge Partys. Mitte Februar.

Coachella Music & Arts Festival MUSIK
(www.coachella.com; 1-/3-Tagespass ca. 100/300 US$) Dieses Festival findet an zwei Wochenenden im April im Indio's Empire Polo Club statt und ist das heißeste Indie-Musikfestival seiner Art. Tickets früh buchen, sonst kann man's vergessen.

Stagecoach Festival MUSIK
(www.stagecoachfestival.com; 1-/3-Tagespass ab 100/250 US$) Am Wochenende nach dem Coachella feiert dieses Festival an selber Stelle neue und etablierte Countrymusiker.

Restaurant Week ESSEN
(www.palmspringsrestaurantweek.com) Vergünstigte Festpreis-Menüs in den besten Restaurants des Tals. Im Juni.

Schlafen

Palm Springs und das Coachella Valley bieten eine erstaunliche Vielfalt an Unterkünften an, darunter schicke Boutiquehotels mit Vintage-Flair, Luxusressorts mit Rundumservice und Kettenmotels. Die hier angegebenen Preise gelten für die Hochsaison (Nov.–April); im Sommer kann man ziemlich spektakuläre Schnäppchen machen. Allgemein gilt, dass die Preise an Werktagen günstiger sind als am Wochenende. Frühstück ist oft inbegriffen, die Qua-

NICHT VERSÄUMEN

VILLAGEFEST

Der beste Tag für einen Besuch in Palm Springs ist der Donnerstag, wenn sich der Palm Canyon Dr in ein lustiges Straßenfest mit Bauernmärkten, Essensständen, Livemusik und Kunst- und Kunsthandwerksständen verwandelt. Diese Party wird allwöchentlich von 18 Uhr bis 22 Uhr (Juni–Sept. ab 19 Uhr) unter dem Namen Villagefest zwischen der Amado und Baristo Rd gefeiert und lockt Einheimische und Touristen in Scharen an.

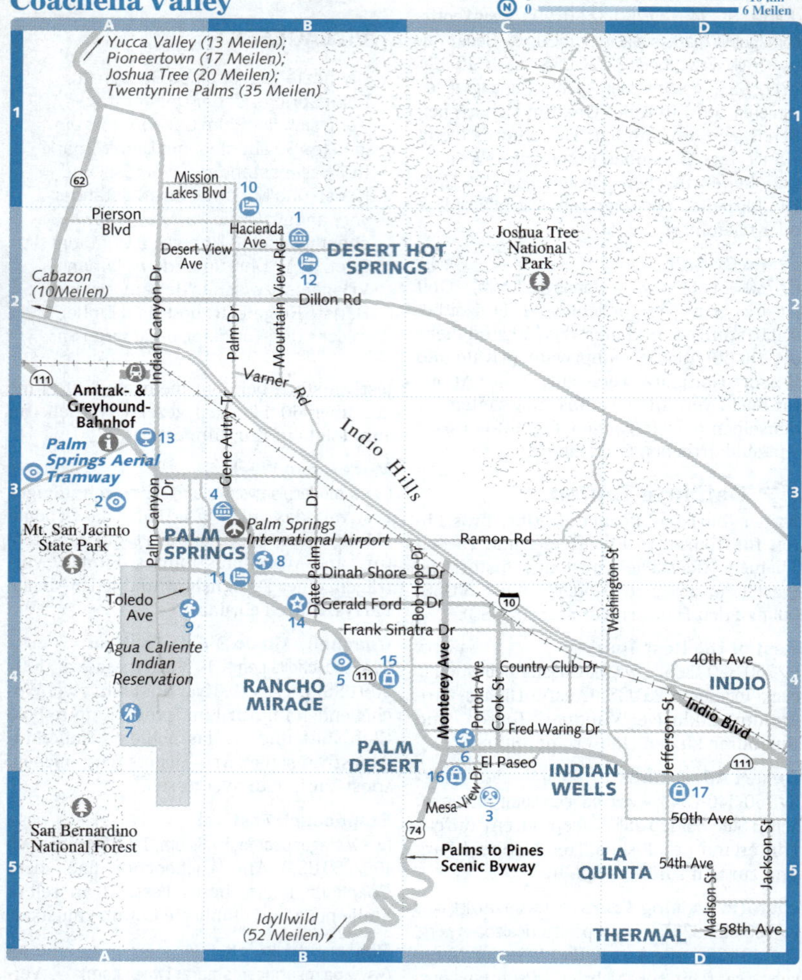

litätspanne ist aber groß. Camper sollten sich in den Joshua Tree National Park oder zum Mt. San Jacinto State Park aufmachen. Haustiere sind in den meisten Häusern willkommen, aber meist kosten sie extra.

PALM SPRINGS

LP TIPP **Riviera Palm Springs** LUXUSHOTEL $$$
(Karte S. 730; ☎760-327-8311; www.psriviera.com; 1600 Indian Canyon Dr; Zi. 240–260 US$, Suite 290–540 US$;) Wer sich nach Luxus sehnt, sollte in diesem berühmten Spielplatz des Rat Pack einchecken, der gerade erst eine teure Renovierung hinter sich hat und heller als je zuvor glitzert. Man kann sämtliche schicken, modernen Annehmlichkeiten inmitten üppiger Gärten und nette 1960er-Jahre-Akzente wie Flokatis, klassisch überbordende Kristallleuchter und Warhol-Kunst erwarten.

Ace Hotel & Swim Club HOTEL $$
(Karte S. 730; ☎760-325-9900; www.acehotel.com/palmsprings; 701 E Palm Canyon Dr; Zi. 120–190 US$, Suite 200–440 US$;) Palm Springs goes Hollywood – mit allem Pomp, aber ohne Arroganz. Dieses ehemalige Howard-Johnson-Motel hat sich mittlerweile in einen angesagten Hipster-Treffpunkt verwandelt. Die Zimmer (viele mit

Coachella Valley

Highlights
Palm Springs Aerial Tramway A3

Sehenswertes
1 Cabot's Pueblo Museum B2
2 Elvis Honeymoon House A3
3 Living Desert C5
4 Palm Springs Air Museum B3
5 Sunnylands Estate B4

Aktivitäten, Kurse & Touren
6 Funseekers C4
7 Indian Canyons A4
8 Knott's Soak City B3
Palm Springs Yacht Club .... (siehe 11)
9 Smoke Tree Stables A4

Schlafen
10 El Morocco Inn & Spa B1
11 Parker Palm Springs B3
12 The Spring B2

Ausgehen
13 Toucan's Tiki Lounge A3

Unterhaltung
14 Desert IMAX Theatre B4

Shoppen
15 Collectors Corner B4
16 El Paseo C5
17 Shields Date Gardens D5

Terrasse) im schicken Zelthütten-Look sind mit sämtlichen Lifestyle-Notwendigkeiten (riesige Flachbild-TVs, MP3-Anschlüsse) vollgepackt. Ein trendiges Restaurant und eine lebendige Bar gibt's auch.

Parker Palm Springs RESSORT $$$
(Karte S. 734; ☎760-770-5000; www.theparkerpalmsprings.com; 4200 E Palm Canyon Dr; Zi. ab 255 US$; ❄📶🏊🐾) Dieses Resort mit Rundumservice war Schauplatz der Reality-Serie *Welcome to the Parker* und schmückt sich mit ausgefallenem Dekor von Jonathan Adler. Man kann auf einen Cocktail im Mister Parkers vorbeischauen oder einen schicken Brunch im Fünf-Sterne-Café Norma's genießen. Die Anlage lockt außerdem mit Hängematten, Boule-Bahnen und einem tollen Spa.

Caliente Tropics MOTEL $
(Karte S. 730; ☎760-327-1391; www.calientetropics.com; 411 E Palm Canyon Dr; DZ 66–111 US$; ❄📶🏊👪🐾) Einst tummelte sich Elvis im Pool dieser besten Wahl in der Budgetklasse, einer nett herausgeputzten Motor-Lodge im Tiki-Stil der 1950er-Jahre. In den geräumigen, in warmen Farben gehaltenen Zimmern entschwebt man auf wunderbaren Matratzen ins Land der Träume.

Orbit In BOUTIQUEHOTEL $$
(Karte S. 730; ☎760-323-3585; www.orbitin.com; 562 W Arenas Rd; DZ inkl. Frühstück 149–259 US$; ❄📶🏊) In dieser fabelhaften Retro-Unterkunft kann man während der „Orbitini"-Happy-Hour – den kleinen Finger à la Austin Powers schön an der Unterlippe – in die 1950er-Jahre zurückreisen. Die Zimmer liegen rund um ein ruhiges Solebad inklusive Whirlpool und Feuerstelle und sind mit teurem Mid-Century-Modern-Mobiliar (Eames, Noguchi & Co) ausgestattet. Auf der langen Liste der Gratis-Extras stehen neben Leihfahrrädern auch Limonade und Snacks den ganzen Tag.

Palm Springs Travelodge MOTEL $
(Karte S. 730; ☎760-327-1211; www.palmcanyonhotel.com; 333 E Palm Canyon Dr; Zi. inkl. Frühstück 60–140 US$; ❄📶🏊🐾) Hier spart man Bares, ohne auf Stil oder Komfort zu verzichten – moment mal, in einem Travelodge? Diese 2.0-Ausgabe heißt ihre Gäste in einer schicken Lobby willkommen, bettet sie in Zimmern mit modernen schwarzen Möbeln zur Ruhe und sorgt am Pool mit Barbecues, Feuerstellen und überdachten Lounge-Betten für Entspannung. Nicht mehr das Motel, das unsere Eltern kannten.

Viceroy BOUTIQUEHOTEL $$$
(Karte S. 730; ☎760-320-4117; www.viceroypalmsprings.com; 415 S Belardo Rd; DZ 310–400 US$; ❄📶🏊🐾) Wenn man sich ein Pucci-Kleidchen überwirft, passt man perfekt in dieses Miniressort im 1960er-Jahre-Schick, das ganz in Schwarz, Weiß und Zitronengelb gehalten ist (getreu dem Motto: „Austin Powers meets Givenchy"). Es bietet ein Spa mit Rundumservice (s. Kasten S. 729), ein fabelhaftes, aber teures kalifornisch-französisches Restaurant für ein schickes Mittag- oder elegantes Abendessen und einen kostenlosen Cityrad-Verleih. Wer mindestens drei Wochen im Voraus bucht, kann einiges sparen.

Chase Hotel at Palm Springs MOTEL $$
(Karte S. 730; ☎760-320-8866; www.chasehotelpalmsprings.com; 200 W Arenas Rd; DZ inkl. Frühstück 120–210 US$; ❄📶🏊) Ein klassischer Motelkomplex im Mid-Century-Modern-Stil mit großen, offenen Räumen: Das Chase bietet makellose, übergroße Zimmer, die gemütlich sind und gleichzeitig Desig-

ner-Schick versprühen. Wirklich sein Geld wert, und der freundliche Service und die kostenlosen Kekse am Nachmittag runden das Ganze ab.

Del Marcos Hotel BOUTIQUEHOTEL **$$**
(Karte S. 730; ☎760-325-6902; www.delmarcoshotel.com; 225 W Baristo Rd; Zi. 140–200 US$;) In diesem von William F. Cody entworfenen Schmuckstück von 1947 wird man auf dem Weg zum Pool und zu den unsagbar schicken Zimmern von eingängiger Musik begleitet. Sehr tierlieb (kostenlose Knochen, Spielsachen und Leckerlis).

Horizon Hotel BOUTIQUEHOTEL **$$**
(Karte S. 730; ☎760-323-1858; www.thehorizonhotel.com; 1050 E Palm Canyon Dr; Zi. 140–220 US$;) In diesem anheimelnden Rückzugsort, eine weitere Cody-Schöpfung, entspannten seinerzeit schon Marilyn Monroe und Betty Grable an der Poolbar. Hier kann man eine Dusche im Freien, ein Bad im chemiefreien Pool und eine private Terrasse genießen. Nur für Erwachsene.

DESERT HOT SPRINGS

LP TIPP **El Morocco Inn & Spa** BOUTIQUEHOTEL **$$$**
(Karte S. 734; ☎760-288-2527; www.elmoroccoinn.com; 66814 4th St; Zi. inkl. Frühstück 169–249 US$;) In diesem atemberaubend schönen Zufluchtsort, in dem alle Zeichen auf Romantik stehen, folgt man dem Ruf der Kasbah. Zehn exotisch eingerichtete Zimmer versammeln sich um eine Pool-Terrasse, auf der der engagierte Gastgeber während der Happy Hour kostenlose „Moroccotinis" serviert. Weitere Highlights: das hauseigene Spa, eine riesige DVD-Bibliothek und köstlicher, hausgemachter Pfefferminz-Eistee. Das original Sultanszelt im Spa-Garten sollte man nicht verpassen.

The Spring BOUTIQUEHOTEL **$$$**
(☎760-251-6700; www.the-spring.com; 12699 Reposo Way; Zi. inkl. Frühstück 179–279 US$;) Verwöhnen Sie sich selbst mit einer Übernachtung in diesem bescheidenen 1950er-Jahre-Motel, das sich in ein schickes, flüsterleises Spa-Hotel verwandelt hat und über drei von natürlichen, heißen Mineralquellen gespeiste Pools verfügt. Das Design der zehn Zimmer ist minimalistisch, die Annehmlichkeiten (dicke Decken, weiche Bademäntel, kleine Küchen) hingegen ganz und gar nicht. Wenn man eine der Anwendungen oder die beruhigende Aussicht auf das Tal und die Berge genießt, erreicht man einen Zustand vollkommener Gelassenheit.

Essen

LP TIPP **Trio** MODERN AMERIKANISCH **$$**
(Karte S. 730; ☎760-864-8746; www.triopalmsprings.com; 707 N Palm Canyon Dr; Hauptgerichte 13–28 US$; ⊙16–22 Uhr) Das Erfolgskonzept dieses modernen Hauses aus den 1960er-Jahren: aufgepeppte US-Klassiker (grandioser Schmorbraten!), auffällige Kunst und Panoramafenster. Das dreigängige „Frühaufsteher"-Abendessen für 19 US$ (16–18 Uhr) ist ein echtes Schnäppchen.

LP TIPP **Cheeky's** MODERN AMERIKANISCH **$$**
(Karte S. 730; ☎760-327-7595; www.cheekysps.com; 622 N Palm Canyon Dr; Hauptgerichte 6–13 US$; ⊙Mi–Mo 8–14 Uhr;) Die Warteschlangen können lang und der Service so lala sein, aber die Karte mit farmfrischen Zutaten überzeugt mit Cleverness und Kreativität. Die Gerichte ändern sich wöchentlich, aber die Probier-Menüs mit Variationen cremiger Rühreier, Pesto Frittatas mit Rucola oder Speck tauchen regelmäßig auf.

Tyler's Burgers BURGER **$**
(Karte S. 730; http://tylersburgers.com; 149 S Indian Canyon Dr; Burger 4,50–9 US$; ⊙Mo–Sa 11–16 Uhr;) Mit Abstand die besten Burger der Stadt. Warteschlangen sind praktisch unvermeidbar, was vermutlich auch der Grund für den außergewöhnlich gut bestückten Zeitschriftenständer ist.

Sherman's FEINKOST **$$**
(Karte S. 730; ☎760-325-1199; www.shermansdeli.com; 401 E Tahquitz Canyon Way; Sandwiches 9–12 US$; ⊙7–21 Uhr;) Dieser koschere Feinkostladen aus den 1950er-Jahren mit luftiger Terrasse auf dem Bürgersteig lockt mit 40 verschiedenen Sandwiches (das warme mit Pastrami ist großartig!), köstlich knusprigen Grillhähnchen und zum Sterben leckeren Kuchen Gäste aller Altersklassen an. Die Wände zieren Porträtfotos berühmter Stammgäste, darunter auch Don Rickles.

Fisherman's Market & Grill MEERESFRÜCHTE **$$**
(Karte S. 730; ☎760-327-1766; www.fishermans.com; 235 S Indian Canyon Dr; Hauptgerichte 8–15 US$; ⊙Mo–Sa 11–21, So 12–20 Uhr;) In diesem schnickschnackfreien Imbiss sind die Meeresfrüchte so frisch, dass man beinahe erwartet, draußen Fischerboote schaukeln zu sehen. Die Fish & Chips sind ein Klassiker, ebenso die Fisch-Tacos und

das Meeresfrüchte-Gumbo. Zum Mitnehmen telefonisch bestellen.

El Mirasol MEXIKANISCH $$
(Karte S. 730; 760-323-0721; http://elmirasolcocinamexicana.menutoeat.com; 140 E Palm Canyon Dr; Hauptgerichte 10–19 US$; 11–22 Uhr) In der Stadt gibt's sicher auffälligere mexikanische Restaurants, aber am Ende landen doch alle im El Mirasol, das mit seiner Einrichtung in Erdtönen, seinen großzügigen Margaritas und seinen schwungvollen Gerichten überzeugt. Das Hühnchen mit Mole bzw. *pipián*-Sauce (aus gemahlenen Kürbiskernen und Chilis) sind die Stars der Karte.

Native Foods VEGAN $
(Karte S. 730; 760-416-0070 www.nativefoods.com; Smoke Tree Village, 1775 E Palm Canyon Dr; Hauptgerichte 8–11 US$; Mo–Sa 11.30–21.30 Uhr) Der veganen Spitzenköchin Tanya Petrovna gelingt es hervorragend, Gerichte ohne Fleisch oder Milchprodukte in geballte Geschmackskompositionen zu verzaubern. Die kreativen Sandwiches, südwestkalifornischen Salate, zischend heißen Reistöpfe und köstlichen Pizzas und Burger sind eine Wohltat für Körper und Seele.

Matchbox BISTRO $$
(Karte S. 730; 760-778-6000; www.matchboxpalmsprings.com; 2. Stock, 155 S Palm Canyon Dr; Pizza ab 13 US$, Hauptgerichte 18–30 US$; So–Do 17–23, Fr & Sa 17–1 Uhr) Dieses lebhafte Bistro mit Blick von der Terrasse auf die Plaza ist für Pizzas mit dem gewissen Etwas berühmt – bei den vielfältigen Belägen läuft einem das Wasser im Munde zusammen, z.B. würzige Artischockenherzen, hausgemachte Fleischbällchen oder gebratener Knoblauch. Tolle Happy Hour bis 18.30 Uhr.

King's Highway AMERIKANISCH $$
(Karte S. 730; 760-325-9900; www.acehotel.com; Ace Hotel & Swim Club, 701 E Palm Canyon Dr; Hauptgerichte 8–30 US$; So–Mi 7–1, Do-Sa bis 3 Uhr) Ein Paradebeispiel für gelungenes Recycling: Dieses ehemalige Kettenrestaurant ist heute ein Diner für das 21. Jh., in dem die Tagliatelle handgemacht sind, der Seebarsch wild gefangen, das Rind mit Gras gefüttert sowie das Gemüse Bio ist – und der Käse stammt von kleinen Käsereien. Das Frühstück ist auch klasse.

Wang's in the Desert ASIATISCH $$
(Karte S. 730; 760-325-9264; www.wangsinthedesert.com; 424 S Indian Canyon Dr; Hauptgerichte 12–20 US$; So–Do 17–21.30, Fr & Sa bis 22.30 Uhr) Dieses von Mondlicht erhellte, bei Schwulen beliebte Restaurant mit Koi-Teich im Inneren serviert kreative Variationen chinesischer Klassiker und ist zur täglichen Happy Hour besonders geschäftig.

Copley's AMERIKANISCH $$$
(Karte S. 730; 760-327-9555; www.copleyspalmsprings.com; 621 N Palm Canyon Dr; Hauptgerichte 27–38 US$; Jan.–April 18 Uhr–open end, Juli & Aug. und Mai, Juni & Sept.–Dez. Mo geschl.) Nach Aufenthalten in Großbritannien, Australien und Hawaii zaubert Küchenchef Copley nun zum Schwärmen köstliche US-Gerichte auf dem ehemaligen Anwesen von Cary Grant. Das Hummer-Gratin kommt wahrscheinlich nie aus der Mode. Den Schatz und die Kreditkarte mitbringen.

Ausgehen

Viele Restaurants bieten eine äußerst beliebte Happy Hour an, darunter auch das Wang's, das Matchbox und das Azul. Die Hotelbars im Parker, im Riviera und im Ace sind immer angesagt.

Birba BAR
(Karte S. 730; www.birbaps.com; 622 N Palm Canyon Dr; Mi–Fr 18–23, Sa & So ab 9.30 Uhr) Diese fabelhafte Drinnen-Und-Draußen-Bar serviert Cocktails und Pizzas. Deckenhohe Glastüren trennen den langen Marmor-Tresen von einer von Hecken umgebenen Terrasse mit versunkenen Feuerstellen.

Shanghai Red's BAR
(Karte S. 730; www.fishermans.com/shanghaireds.php; 235 S Indian Canyon Dr; 17 Uhr–open end) Dieses Lokal gehört zum Fishermans Market & Grill (S. 736) und bietet einen geschäftigen Innenhof, ein generationenübergreifendes Publikum und freitag- und samstagabends Liveblues.

Melvyn's LOUNGE
(Karte S. 730; www.inglesideinn.com; 200 W Ramon Rd; 10–2 Uhr) In diesem ehemaligen Lieblingsort Sinatras im Ingleside Inn kann man sich den Bentley-Fahrern anschließen und bei entspanntem Jazz einen perfekten Martini genießen. Der Jazznachmittag am Sonntag ist eine alte Tradition. Die Schuhe vorher auf Hochglanz polieren!

Palm Springs Koffi CAFÉ
(Karte S. 730; www.kofficoffee.com; 515 N Palm Canyon Dr; 17.30–20 Uhr) Diese cool-minimalistische, unabhängige Café-Bar versteckt sich zwischen den Kunstgalerien auf dem N Palm Canyon Dr und serviert starken Bio-Kaffee.

BEGEGNUNG MIT DER VERGANGENHEIT

Im Zentrum veranstaltet das Plaza Theater von 1936 die **Palm Springs Follies** (☎760-327-0225; www.psfollies.com; 128 S Palm Canyon Dr; Tickets 50–93 US$; ⊙Nov–Mai), eine dreistündige Revue im Stil der berühmten Broadwayshow „Ziegfeld Follies", mit Musik, Tanz, Showgirls und unanständigen Witzen. Der Clou? Viele Darsteller sind genauso alt wie das Theater – alle sind über 50, einige bereits über 80. Dies ist aber kein Amateur-Abend: in ihren besten Zeiten standen diese Oldies neben Hollywood- und Broadwaystars auf der Bühne, die auch heute noch manchmal als Gaststars auftreten.

Village Pub PUB
(Karte S. 730; www.palmspringsvillagepub.com; 266 S Palm Canyon Dr;) Diese entspannte Kneipe ist der perfekte Ort, um mit Freunden bei einem Bier, Darts, lauter Musik und gelegentlichen Livebands abzuhängen.

☆ Unterhaltung

Azul MUSIK
(Karte S. 730; ☎760-325-5533; www.azultapaslounge.com; 369 N Palm Canyon Dr; Hauptgerichte 11–24 US$; ⊙11 Uhr–open end) Das Azul ist nicht nur bei Schwulen beliebt und bietet in seiner Pianobar fast jeden Abend ein Unterhaltungsprogramm und sonntags die unglaublich lustige **Judy Show** (www.thejudyshow.com; inkl. Abendessen 35 US$), bei der Parodist Michael Holmes als Judy Garland, Mae West und andere Ikonen von einst auftritt.

Annenberg Theater DARSTELLENDE KÜNSTE
(Karte S. 730; ☎760-325-4490; www.psmuseum.org) Dieses nette Theater im Palm Springs Art Museum bietet eine bunte Mischung aus Filmen, Vorträgen, Theaterstücken, Ballett und musikalischen Darbietungen.

Spa Resort Casino KASINO
(Karte S. 730; www.sparesortcasino.com; 401 E Amado Rd; ⊙24 Std.) Mitten in Downtown Palm Springs befinden sich diese vollkommen legale Lasterhöhle, die den Agua-Caliente-Stämmen gehört, sowie weitere Spielhallen an der I-10. Vegas ist das nicht gerade.

Camelot Theatres KINO
(außerhalb der Karte S. 730; www.camelottheatres.com; 2300 Baristo Rd; Erw./Kind 10/7 US$, vor 14 Uhr 7/6,50 US$) Das beste Programmkino der Wüste hat auch eine Bar und ein Café.

Desert IMAX Theatre KINO
(Karte S. 734; www.desertimax.org; 68510 E Palm Canyon Dr, Cathedral City; Tickets 8–12 US$;) Hier werden Hollywood-Blockbuster und 3D-Filme sowie Virtual-Reality-Ride Filme im IMAX-Format gezeigt.

Shoppen

Trina Turk KLEIDUNG
(Karte S. 730; www.trinaturk.com; 891 N Palm Canyon Dr) Trina kreiert figurumschmeichelnde Mode im „California Chic", die sie in ihrer Boutique in einem Gebäude von Albert Frey aus den 1960er-Jahren zwischen Flokatis und Folientapete mit Blumenmuster wunderbar präsentiert. Ihre Männerkollektion „Mr. Turk" gibt's hier auch.

Angel View SECONDHANDLADEN
(Karte S. 730; www.angelview.org; 462 N Indian Canyon Dr; ⊙Mo–Sa 9–18, So 10–17 Uhr) In diesem etablierten Secondhandladen können Trendsetter nach Klamotten und Accessoires fahnden, die heute noch genauso cool sind wie vor einer oder zwei Generationen, als sie zum ersten Mal getragen wurden.

Collectors Corner VINTAGE
(Karte S. 734; 71280 Hwy 111, Rancho Mirage) Antiquitäten, Vintage-Klamotten, Schmuck und Möbel ziehen die begeisterten Kunden in diesen Laden neben dem Eisenhower Medical Center, 12 Meilen (19 km) südöstlich von Palm Springs an.

El Paseo EINKAUFSZENTRUM
(Karte S. 734; www.elpaseo.com; El Paseo, Palm Desert) Wer Lust auf eine richtige Shoppingtour hat, sollte sich nach Palm Desert zur eleganten Mall El Paseo aufmachen, die auch als „Rodeo Drive der Wüste" bekannt ist. Sie verläuft einen Block südlich parallel zum Hwy 111, 14 Meilen (22,5 km) südöstlich von Palm Springs.

Desert Hills Premium Outlets EINKAUFSZENTRUM
(www.premiumoutlets.com; 48400 Seminole Dr, Cabazon; ⊙So–Do 10–20, Fr bis 21, Sa 9–21 Uhr) Schnäppchenjäger könnten beim Bummel durch die Dutzende von Outlets hier durchaus fündig werden: Sie reichen von Gap bis Gucci und von Polo bis Prada, und Kaufhäuser wie Off 5th und Barneys New York sind ebenfalls vertreten. Es empfiehlt sich, bequeme Schuhe zu tragen – dieses Einkaufszentrum ist riesig! Es liegt nahe der

SCHWULEN- & LESBENSZENE IN PALM SPRINGS

Palm Springs wird oft „Provincetown der Wüste“ oder „Key West des Westens“ genannt und ist eines der beliebtesten US-Reiseziele für Schwule und Lesben. Weitere Infos gibt's unter www.palmspringsgayinfo.com oder www.visitgaypalmsprings.com und im *Official Gay & Lesbian Visitors Guide*, den es an der Touristeninformation gibt. Anfang April wird während des Nabisco- (ehemals Dinah Shore) LPGA-Golfturniers das **Dinah Shore Weekend** (www.dinahshoreweekend.com) mit lesbischen Comedians, Poolpartys, DJs und vielem mehr gefeiert. Am Osterwochenende ist die **White Party** (www.jeffreysanker.com) eines der größten schwulen Dance-Events der USA. Anfang November kann man beim **Palm Springs Pride** (www.pspride.org) mitfeiern.

Resorts

Die Männerresorts sind im Viertel Warm Sands, gleich südlich von Downtown Palm Springs, oder auf der 1 Meile entfernten San Lorenzo Rd versammelt. Die meisten gehören zur FKK-Szene. Die wenigen lesbischen Resorts sind über die Stadt verstreut.

» **Hacienda at Warm Sands** (Karte S. 730; ☎760-327-8111; www.thehacienda.com; 586 Warm Sands Dr; Zi. inkl. Frühstück & Mittagessen 150–400 $; ❄@📶🏊) Das Hacienda legt die Luxus-Messlatte mit indonesischen Teakholz- und Bambusmöbeln sehr hoch und hat ein tolles Management, das nie aufdringlich, aber immer erreichbar ist.

» **Triangle Inn** (Karte S. 730; ☎760-322-7993; www.triangle-inn.com; 555 E San Lorenzo Rd; Zi. inkl. Frühstück 125–205 US$; ❄@📶🏊) In diesem intimen FKK-Rückzugsort im Mid-Century-Modern-Stil übernachtet man in heimeligen Suiten mit Küchenzeile, großen Bädern und einem wahren Buchstaben-Chaos der Unterhaltungsgeräte (DVD, TV, VCR, CD). Der Tag beginnt mit einem Frühstück am Pool zwischen prächtigen Bougainvilleen und Paradiesvögeln.

» **Century Palm Springs** (Karte S. 730; ☎760-323-9966; www.centurypalmsprings.com; 598 Grenfall Rd; Zi. inkl. Frühstück 180–300 US$; ❄@📶🏊🐾) Im Century, das 1955 von William Alexander entworfen wurde, sind die Zimmer in Orange und Olive gehalten und mit plüschigem Bettzeug und Stücken von Starck, Eames und Noguchi eingerichtet. Auf der Pool-Terrasse kann man Cocktails und den Bergblick genießen.

» **Casitas Laquita** (Karte S. 730; ☎760-416-9999; www.casitaslaquita.com; 450 E Palm Canyon Dr; Zi. 155–195 US$; ❄📶🏊) Diese neu renovierte Anlage im Südwest-Stil richtet sich an ein lesbisches Publikum und bietet Zimmer und Suiten mit Küche; ein paar haben sogar Kiva-artige Kamine. Die Tapas und Getränke am Nachmittag sind inklusive, ebenso wie das Frühstück. Am Pool gibt's kostenlos WLAN.

» **Queen of Hearts** (Karte S. 730; ☎760-322-5793; www.queenofheartsps.com; 435 Avenida Olancha; Zi. inkl. Frühstück 145–165 US$, Suite 185–350 US$; ❄📶🏊🐾) Palm Springs' erstes lesbisches Hotel kann sich dank seiner freundlichen Besitzerin Michelle über viele Stammgäste freuen. Es liegt in einer ruhigen Ecke der Stadt, und die neun Zimmer umringen einen Pool und von Obstbäumen umrahmte Terrassen.

Ausgehen & Unterhaltung

Die Bars im Azul (S. 738) und Wang's (S. 737) sind beliebte Schwulentreffs.

» **Toucan's Tiki Lounge** (Karte S. 734; www.toucanstikilounge.com; 2100 N Palm Canyon Dr; ⏲12–2 Uhr) Ein paar Meilen nördlich der Arenas Rd bietet dieser Lieblingstreff für jeden etwas: tropischen Schnickschnack, Bingo-Abende, Karaoke, Travestie-Shows, eine Raucherterrasse und eine Tanzfläche. Am Wochenende sehr voll.

» **Hunters** (Karte S. 730; www.huntersnightclubs.com; 302 E Arenas Rd; ⏲10–2 Uhr) Äußerst bunt gemischtes schwules Publikum, jede Menge Bildschirme, eine lebendige Tanzfläche und Billardtische.

» **Streetbar** (Karte S. 730; www.psstreetbar.com; 244 E Arenas Rd) Tolle Mischung aus Einheimischen, Stammgästen und gelegentlichen Travestiekünstlern. Von der Terrasse am Straßenrand aus kann man zusehen, wie die das Leben vorbeizieht.

I-10 (Exit Fields Rd), 20 Minuten westlich von Palm Springs.

Modern Way MÖBEL
(Karte S. 730; www.psmodernway.com; 745 N Palm Canyon Dr) Der älteste, stilvollste Secondhandladen für Sammler von Möbeln der Moderne.

 Praktische Informationen

Die Hochsaison dauert von Oktober bis April, aber in Palm Springs (44 500 Ew, 148 m) geht's auch im Sommer noch relativ turbulent zu, wenn die Hotelpreise sinken und die Temperaturen auf über 37 °C klettern. Zwischen Juni und August verkürzen viele Läden ihre Öffnungszeiten oder bleiben ganz geschlossen, man sollte also besser vorher anrufen und sich erkundigen.

Desert Regional Medical Center (☎800-491-4990; 1150 N Indian Canyon Dr) 24-stündige Notaufnahme und Überweisung zu entsprechenden Ärzten.

Palm Springs Official Visitors Center (☎760-778-8418; www.visitpalmsprings.com; 2901 N Palm Canyon Dr; ⌚9–17 Uhr) Diese gut sortierte Touristeninformation mit kompetentem Personal liegt 3 Meilen (5 km) nördlich vom Zentrum an der Abzweigung zur Seilbahn in einer von Albert Frey entworfenen Tankstelle von 1965.

Polizei Palm Springs (☎760-323-8116) Für weniger dringende Angelegenheiten.

Post Palm Springs (Karte S. 730; 333 E Amado Rd; ⌚Mo–Fr 8–17, Sa 9–15 Uhr)

Palm Springs Public Library (300 S Sunrise Way; ⌚Di–Mi 9–20, Do–So bis 18 Uhr) In der öffentlichen Bibliothek gibt's kostenlos WLAN und Internetterminals.

 An- & Weiterreise

Auto & Motorrad

Von L. A. dauert die Reise nach Palm Springs und ins Coachella Valley auf dem I-10 etwa zwei bis drei Stunden.

Bus

Greyhound bietet täglich ein paar Busse nach/von L. A. (32,50 US$, 3 Std.) an. Der Busbahnhof befindet sich am Bahnhof von Palm Springs.

Flugzeug

Der **Palm Springs International Airport** (Karte S. 734; www.palmspringsairport.com; 3400 E Tahquitz Canyon Way) liegt zehn Autominuten nordöstlich von Downtown Palm Springs und wird das ganze Jahr von Alaska, Allegiant, American, Delta, Horizon, United, US Airways und Westjet sowie saisonal von Sun Country angeflogen.

Zug

Amtrak fährt den unbesetzten und irgendwie unheimlichen Bahnhof von Palm Springs (Karte S. 734) an – er ist menschenleer und liegt

DIE PERFEKTE DATTEL

Das Coachella Valley ist der ideale Ort, um sich seine geheimsten Träume zu erfüllen – sofern sie sich um Datteln drehen. Etwa 90 % der Datteln der USA werden hier angebaut, in Dutzenden verschiedenen Formen, Größen und Saftigkeitsgraden – auch Arten mit so exotisch klingenden Namen wie Halawy, Deglet Noor und Golden Zahidi.

In den Dattelhainen darf man kostenlos die Sorten probieren – ein Akt schamloser, aber köstlicher Werbung. Ein besonderer Genuss ist der Dattel-Shake: zerquetschte Datteln in einem Vanille-Milchshake. Viel reichhaltiger, als er aussieht!

» **Shields Date Gardens** (Karte S. 734; www.shieldsdates.com; Ecke Hwy 111 & Jefferson St, Indio; ⌚9–17 Uhr) Seit 1924 im Geschäft: Hier kann man sich *The Romance and Sex Life of the Date* anschauen, der die muntere Atmosphäre eines Lehrfilms aus den 1950er-Jahren versprüht.

» **Oasis Date Gardens** (www.oasisdate.com; 59-111 Grapefruit Blvd, Thermal; ⌚9–16 Uhr) Dieser Dattelhain mit Bio-Siegel liegt auf dem Weg zum Salton Sea und ist praktisch, wenn man noch eine Geschenkbox kaufen und einen leckeren Dattelshake genießen möchte.

» **Hadley Fruit Orchards** (www.hadleyfruitorchards.com; 48980 Seminole Dr, Cabazon; ⌚Mo–Do 9–19, Fr–So 8–20 Uhr) Dieser berühmte Dattelhain behauptet, das Studentenfutter erfunden zu haben, und eignet sich prima als Zwischenstopp, wenn man auf dem Weg von oder nach L. A. noch Reiseproviant braucht.

» **National Date Festival** (www.datefest.org; Riverside County Fairgrounds, 82-503 Hwy 111, Indio; Erw./Kind 8/6 US$, Parken 7 US$; 👪) Wer Lust auf altmodisch-albernen Spaß hat, sollte im Februar kommen und sich die unglaublichen Kamel- und Straußenrennen anschauen. Auf der I-10 die Ausfahrt Monroe St nehmen.

mitten im Nirgendwo, 5 Meilen (8 km) nördlich der Stadt. Die Sunset-Limited-Züge fahren sonntags, mittwochs und freitags nach/von L. A. (37 US$, 2½ Std.), haben aber oft Verspätung.

Unterwegs vor Ort

Auto & Motorrad

Auch wenn die meisten Sehenswürdigkeiten in Palm Springs zu Fuß erreichbar sind, braucht man ein Auto, um das Tal zu erkunden. Die großen Leihwagenfirmen haben Filialen am Flughafen. **Scoot Palm Springs** (☎760-413-2883; www.scootpalmsprings.com) befindet sich im Ace Hotel & Swim Club (S. 734) und verleiht Motorroller (50 US$/halber Tag). Motorräder gibt's bei **Eaglerider** (☎877-736-8243; www.eaglerider.com); die Preise beginnen bei 94 US$ pro Tag für eine Sportster, Versicherung nicht eingeschlossen.

Bus

Mit alternativen Brennstoffen betriebene Busse von **SunLine** (www.sunline.org; einfache Fahrt/Tagespass 1/3 US$) pendeln zwischen etwa 5 und 22 Uhr durch das Tal, wenn auch recht langsam. Die nützlichste Route fährt Bus 111, der Palm Springs über den Hwy 111 mit Palm Desert (1 Std.) und Indio (1½ Std.) verbindet. Die Busse haben Klimaanlagen, Rollstuhllifte und Fahrradständer. Nur Barzahlung (passend zahlen).

Fahrrad

Viele Hotels bieten kostenlos oder gegen eine kleine Gebühr einen Fahrradverleih an. Ansonsten kann man sich bei **Funseekers** (Karte S. 734; ☎760-340-3861; www.palmdesertbikerentals.com; 73-865 Hwy 111, Palm Desert; Fahrrad pro 24 Std./3 Tage/Woche ab 25/50/65 US$, Lieferung & Abholung ab 30 US$) ein Fahrrad leihen oder kaufen, um eine Tour durch die Stadt oder die Berge zu machen. Mopeds und Segways sind ebenfalls im Angebot.

Zum/Vom Flughafen

Viele Hotels bieten kostenlosen Flughafentransfer; sonst kostet ein Taxi aus Downtown Palm Springs ca. 12 US$. Wer anderswo im Coachella Valley übernachtet, kann einen vermutlich günstigeren Sammel-Van von **Desert Valley Shuttle** (☎760-251-4020; www.palmsspringshuttle.com) oder **Skycap Shuttle** (☎760-272-5988; www.skycapshuttle.com) nehmen. Die Preise hängen von der Entfernung ab, Reservierungen sind empfohlen. Der SunLine-Bus 24 hält am Flughafen, fährt aber nicht bis Downtown Palm Springs.

JOSHUA TREE NATIONAL PARK

Die skurrilen Joshua Trees (Josua-Palmlilien; baumhohe Yuccas), die die Besucher dieses 3200 km² großen Parks an der Grenze der Colorado- und Mojave-Wüste willkommen heißen, sehen aus, als seien sie einem Buch von Dr. Seuss entsprungen. Es waren mormonische Siedler, die den Bäumen ihren Namen gaben, da ihre gen Himmel wachsenden Äste sie an den biblischen Propheten Josua erinnerten, als er den Weg ins Gelobte Land wies.

Kletterer kennen den „JT" als beste Kletterregion Kaliforniens, aber auch Kinder und Junggebliebene freuen sich über die Möglichkeit, auf, über und um gigantische Felsbrocken zu klettern. Wanderer suchen nach verborgenen, schattigen Petticoat-Palmen-Oasen, die von natürlichen Quellen und kleinen Flussläufen bewässert werden, während Mountainbiker vom Wüstenpanorama, das sich von den unbefestigten Jeepstraßen bietet, wie hypnotisiert sind.

Im Frühling ist der Park besonders schön, wenn die Joshua Trees eine einzige riesige Blüte tragen und tiefrote Blüten die oktopusartigen Tentakel des Ocotillo-Kaktus zieren. Die mystische Atmosphäre dieser kargen, felsigen Landschaft hat schon viele Künstler inspiriert, aber am bekanntesten ist wohl die Band U2, die ihr Album von 1987 *The Joshua Tree* nannte.

Falls man keinen Tagesausflug von Palm Springs hierher macht, kann man im Trio

WAS ZUM ...?

Wenn man die **World's Biggest Dinosaurs** (☎951-922-0076; www.cabazondinosaurs.com; 50770 Seminole Dr, Cabazon, nahe Ausfahrt Main St an der I-10; Erw./Kind 7/6 US$; ⏲saisonal, meist 10–18 Uhr) westlich von Palm Springs erstmals sieht, traut man seinen Augen kaum. Claude K. Bell, ein Bildhauer der Knott's Berry Farm, hat über ein Jahrzehnt damit zugebracht, diese Betonriesen zu erschaffen, die heute chirstlichen Kreationisten gehören, die glauben, Gott habe die echten Dinosaurier, gemeinsam mit den anderen Tieren, an einem Tag erschaffen. Im Souvenirladen kann man denselben Dino-Kram kaufen, den man auch in einem Naturkundemuseum erwarten würde, und darüber hinaus alles über die angeblichen Täuschungen und Trugschlüsse der Evolution und des Darwinismus lesen.

Joshua Tree National Park

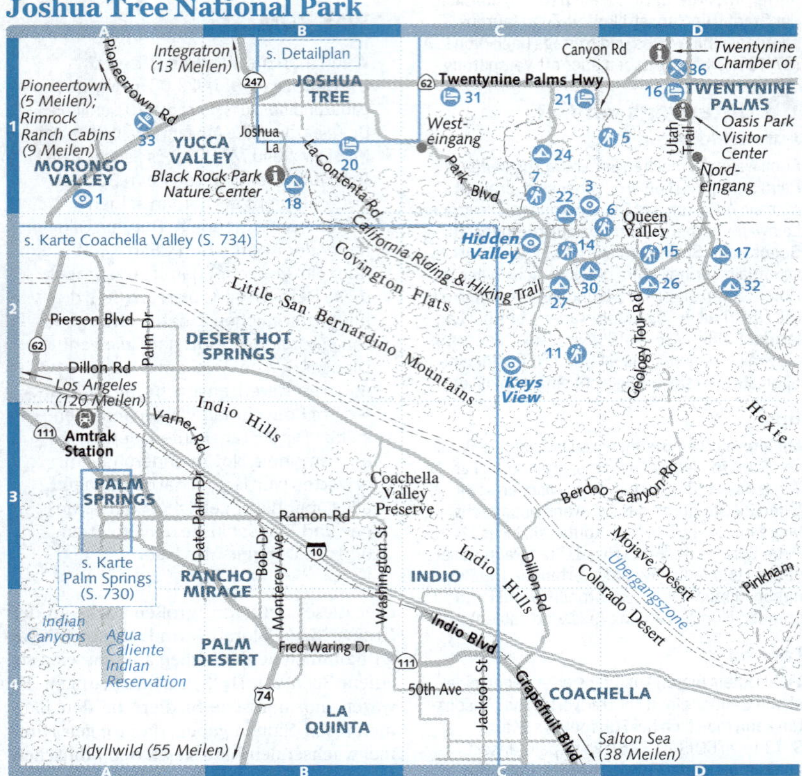

der Wüstenstädte absteigen, die durch den Twentynine Palms Hwy (Hwy 62) entlang des Nordrands des Parks miteinander verbunden sind. Yucca Valley ist der kommerziellste der drei Orte und hat Banken, Supermärkte und größere Läden. Joshua Tree ist bei Künstlern und Schriftstellern beliebt und lockt mit den besten Restaurants am Highway. Twentynine Palms schließlich ist das Zuhause des größten US-Marinestützpunkts und etwas bodenständiger.

Sehenswertes & Aktivitäten

Joshua Tree verfügt über drei Parkeingänge. Den Westeingang erreicht man von der Stadt Joshua Tree aus, den Nordeingang von Twentynine Palms und den Südeingang von der I-10. Die meisten Sehenswürdigkeiten liegen in der Nordhälfte des Parks, inklusive sämtlicher Joshua Trees.

LP TIPP **Hidden Valley** OUTDOOR

8 Meilen (ca. 13 km) südlich des Westeingangs liegt diese Ansammlung skurriler, dramatischer Felsen, die ein wahres Mekka für Kletterer ist – aber hier kann sich eigentlich jeder beim Klettern über die gigantischen Felsbrocken austoben. Ein leichter, etwa 1,5 km langer Rundwanderweg führt durch das Tal und wieder zurück zum Parkplatz und Picknickbereich.

LP TIPP **Keys View** AUSSICHTSPUNKT

Vom Park Blvd sind es 20 Autominuten hinauf nach Keys View (1580 m), von wo sich ein atemberaubender Blick auf das Coachella Valley bietet, der bis zum Salton Sea und – an guten Tagen – sogar bis nach Mexiko reicht. Direkt vor der Nase des staunenden Betrachters ragen der Mt. San Jacinto (3302 m) und der Mt. San Gorgonio (3505 m) auf, zwei der höchsten Gipfel Südkaliforniens, während man in der Tiefe einen Teil der San-Andreas-Spalte sieht.

Desert Queen Ranch HISTORISCHE STÄTTE

(☎Reservierungen 760-367-5555; Tour Erw./Kind 5/2,50 $; ⏲Touren ganzjährig tgl. 10 & 13,

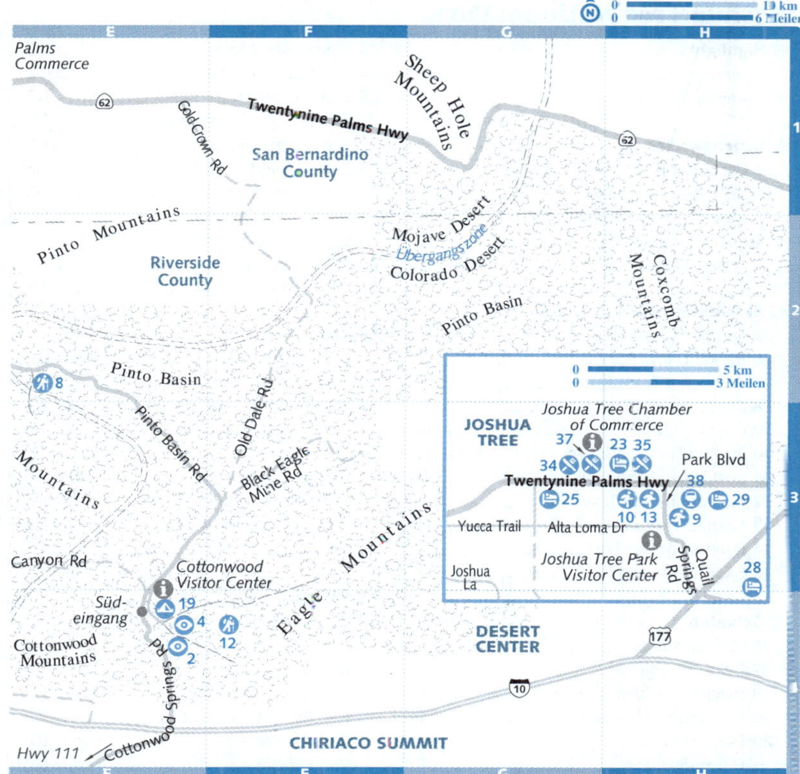

Okt–Mai Di & Do–Sa 19 Uhr) Wer sich für lokale Geschichte und Legenden interessiert, sollte sich einer 90-minütigen geführten Tour über diese Ranch anschließen, die auch als Keys Ranch – nach ihrem Erbauer, dem russischen Einwanderer William Keys – bekannt ist. 1917 erbaute er auf dem 65 ha großen Anwesen einen Hof, den er im Laufe der folgenden 60 Jahre zu einer Ranch inklusive Schule, Laden und Werkstatt ausbaute. Die Gebäude sehen im Großen und Ganzen noch genauso aus wie 1969, als Keys starb.

Reservierungen für die Tour sind dringend empfohlen; manchmal sind einen Tag vorher noch Restkarten an den Visitor Centers der Parks Cottonwood, Joshua Tree und Oasis (S. 746) erhältlich.

Die Ranch liegt 2 Meilen (3,2 km) nordöstlich des Hidden Valley Campground an einer unbefestigten Straße. Der Tourleiter erwartet die Besucher an der Straße vor dem geschlossenen Tor.

Oasis of Mara
OASE

In dieser natürlichen Oase hinter dem Oasis Visitor Center in Twentynine Palms stehen auch die 29 Originalpalmen, nach denen die Stadt benannt wurde. Sie wurden von Angehörigen des Serrano-Stammes gepflanzt, die diese Oase „den Ort der kleinen Quellen und des üppigen Grases" nannten. Die Pinto-Mountain-Spalte, ein Teil der San-Andreas-Verwerfung, verläuft ebenso durch die Oase wie ein 800 m langer, rollstuhlgerechter Naturpfad inklusive Wüstenpalmen mit Infotafeln.

Geology Tour Road
AUTO-TOUR

Östlich des Hidden Valley kann sich jeder, der ein Allradfahrzeug oder ein Mountainbike hat, an diesen 18 Meilen (29 km) langen Ausflug durch das Pleasant Valley wagen, wo die Kraft der Erosion, Erdbeben und uralte Vulkane eine atemberaubend prachtvolle Szenerie geschaffen haben. Bevor man losfährt, kann man sich an einem der Visitor Centers des Parks eine Broschüre zu Touren

Joshua Tree National Park

Highlights
Hidden Valley C2
Keys View C2

Sehenswertes
1 Big Morongo Canyon Preserve A1
2 Cottonwood Spring E4
3 Desert Queen Ranch C1
4 Lost Palms Oasis Trail E4
Oasis of Mara .... (siehe 16)

Aktivitäten, Kurse & Touren
5 49 Palms Oasis Trail D1
6 Barker Dam Trail D2
7 Boy Scout Trail C1
8 Cholla Cactus Garden Trail E2
9 Coyote Corner H3
10 Joshua Tree Outfitters H3
11 Lost Horse Mine Trail C2
12 Mastodon Peak Trail F4
13 Nomad Ventures H3
14 Ryan Mountain Trail C2
15 Skull Rock Loop D2

Schlafen
16 29 Palms Inn D1
17 Belle Campground D2
18 Black Rock Campground B1
19 Cottonwood Campground E4
20 Desert Lily B1
21 Harmony Motel C1
22 Hidden Valley Campground C2
23 High Desert Motel H3
24 Indian Cove Campground C1
25 Joshua Tree Inn G3
26 Jumbo Rocks Campground D2
27 Ryan Campground C2
28 Sacred Sands H3
29 Safari Motor Inn H3
30 Sheep Pass Campground C2
31 Spin & Margie's Desert Hide-a-Way C1
32 White Tank Campground D2

Essen
Crossroads Cafe .... (siehe 10)
33 Earth Wise Organic Farms A1
34 Joshua Tree Farmers Market G3
35 JT's Country Kitchen H3
36 Mango Hut D1
Pie for the People .... (siehe 35)
Restaurant at 29 Palms Inn .... (siehe 16)
Ricochet Gourmet .... (siehe 10)
37 Sam's G3

Ausgehen
38 Joshua Tree Saloon H3

Shoppen
Funky & Darn Near New .... (siehe 33)
Red Arrow Gallery .... (siehe 10)
Ricochet Wears .... (siehe 10)
Wind Walkers .... (siehe 10)

in Eigenregie mitnehmen und sich über die aktuelle Straßensituation informieren.

Covington Flats AUTO-TOUR

Joshua Trees wachsen im ganzen Nordteil des Parks, auch direkt am Park Blvd, aber einige der größten Bäume dieser Gegend sieht man bei einer Fahrt über die La Contenta Rd, südlich des Hwy 62 zwischen den Orten Yucca Valley und Joshua Tree. Wer nach der perfekten Fotoidylle sucht, kann der unbefestigten Straße vom Picknickbereich über 3,8 Meilen (6,1 km) zum Eureka Peak (1681 m) hinauf folgen.

Pinto Basin Road AUTO-TOUR

Um den natürlichen Übergang von der hoch gelegenen Mojave- zur Colorado-Wüste im Flachland zu sehen, muss man sich vom Hidden Valley aus über 30 Meilen (48 km) nach Cottonwood Spring hinunterschlängeln. Der **Cholla Cactus Garden**, in dem ein 400 m langer Rundweg zwischen winkenden Ocotillo-Kakteen und hüpfenden „Teddybär"-Chollas hindurchführt, bietet sich als Zwischenstopp an. Nahe des Cottonwood Visitor Center liegt **Cottonwood Spring**, eine Oase mit einer natürlichen Quelle, auf die die Cahuilla jahrhundertelang angewiesen waren. Hier kann man *morteros* sehen, runde Aushöhlungen in den Felsen, die die Indianer zum Mahlen von Samen benutzten. Ende des 19. Jhs. kamen Minenarbeiter hierher, um nach Gold zu suchen.

Wandern

Wer die beinahe psychedelische Mondlandschaft des JT wirklich erleben möchte, muss das Auto stehen lassen. Das Personal in den Visitor Centers hilft dabei, den Wanderweg auszusuchen, der am besten zum jeweiligen Zeitplan und Fitnessstand passt. Die angegebenen Entfernungen gelten immer für den ganzen Rundweg.

49 Palms Oasis Auf diesem fast 5 km langen Weg mit jeder Menge Aufs und Abs entkommt man den Menschenmassen; Startpunkt ist nahe Indian Cove.

Barker Dam Eine 1,8 km lange Wanderung führt an einen kleinen See und zu indianischen Felsenmalereien; der Rundweg beginnt am Barker-Dam-Parkplatz.

Lost Horse Mine Ein anstrengender, 6,5 km langer Aufstieg führt zu den Überresten einer authentischen „Old-West"-Gold- und Silbermine hinauf, die bis 1931 in Betrieb war.

Lost Palms Oasis Diesen abgeschiedenen, mit Petticoat-Palmen bewachsenen Canyon erreicht man auf einer eher ebenen, 11,6 km langen Wanderung, die in Cottonwood Spring beginnt.

Mastodon Peak Auf dieser 4,8 km langen Tour von Cottonwood Spring aus genießt man den Blick auf die Eagle Mountains und den Salton Sea aus 1027 m Höhe.

Ryan Mountain Wer einen Blick aus der Vogelperspektive wagen möchte, kann den 4,8 km langen Aufstieg auf diesen 1664 m hohen Gipfel in Angriff nehmen.

Skull Rock Dieser leichte, 2,7 km lange Weg führt um spektakulär erodierte Felsen herum und beginnt am Campingplatz Jumbo Rocks.

Trekkingrouten, etwa der 26 km lange Rundweg **Boy Scout Trail** und ein 56 km langer Abschnitt des **California Riding & Hiking Trail**, stellen eine echte Herausforderung dar, weil man pro Person literweise Wasser mitschleppen muss. Im Park sind keine offenen Feuer erlaubt, deshalb muss man auch einen Campingkocher und Brennstoff mitbringen. Wanderer, die im Hinterland übernachten, müssen sich in ein Register an einer der 13 Anschlagtafeln an den Wanderparkplätzen im Park eintragen (das hilft beim Durchzählen der Wanderer sowie bei Rettungsmaßnahmen und Feuerschutz). Nicht registrierte Fahrzeuge, die über Nacht parken, werden verwarnt oder abgeschleppt.

Radfahren

Radfahren ist nur auf asphaltierten und unbefestigten öffentlichen Straßen erlaubt; auf Wanderwegen sind Fahrräder nicht gestattet. **Village Bicycle** (☎760-808 4557; Hallee Rd; ⏲Mo–Fr 10–18, Sa 9–21, So 9–14 Uhr), hinter Sam's in Joshua Tree, verleiht einfache Mountainbikes für 45 US$ pro Tag. Der Besitzer übernimmt auch Reparaturen.

Zu den beliebtesten Fahrradstrecken gehören die anspruchsvolle **Pinkham Canyon Rd**, die am Visitor Center Cottonwood beginnt, und die lange Tour über die **Black Eagle Mine Rd**, die 6,5 Meilen (10,5 km) weiter nördlich beginnt. Im **Queen Valley** stehen ein paar einfachere Routen zur Wahl, die auch Fahrradständer bieten, sodass man sein Rad abschließen und wandern kann. Auf der Strecke wimmelt es aber

PANORAMASTRASSE: PALMS TO PINES SCENIC BYWAY

Was gibt's zu sehen?

Dieser Tagesausflug von Palm Springs klettert in wenigen Stunden zu imposanten Kiefernwäldern hinauf und wieder zu den Wüsten hinunter. Während die Straße ansteigt, ändert sich die Szenerie bald in eine von Gelbkiefern bedeckte Gebirgslandschaft. Hier kann man Weißkopfseeadler und Rotluchse erspähen und im Anschluss in den Desert Hills Premium Outlets (S. 738) nach Schnäppchen suchen.

Die Route

Von Palm Springs geht's auf dem Hwy 111 Richtung Südosten nach Palm Desert, dann gegenüber der Monterey Ave, nach rechts auf den Palms to Pines Scenic Byway (CA74) abbiegen. Am Mountain Center auf die Rte 243, auch Banning-Idyllwild Panoramic Hwy genannt, Richtung Norden wechseln. Sie schlängelt sich über 28 Meilen (45 km) nach Banning, wo man wieder auf die I-10 nach Osten Richtung Palm Springs fahren kann.

Dauer & Länge

Die Entfernung zwischen Palm Desert und Banning beträgt 68 Meilen (etwa 110 km). Wenn man genügend Zeit für freiwillige und unfreiwillige Abstecher, Ohs und Ahs einplant, sollte die Fahrt etwa 105 Minuten dauern.

von Autos, ebenso wie auf der holprigen, sandigen und steilen **Geology Tour Rd** (S. 743). In **Covington Flats** (S. 744) steht ein weites Netzwerk aus unbefestigten Straßen zur Verfügung.

Klettern

Die Felsen im JT sind für ihre raue Oberfläche berühmt, die viel Reibung bieten, und unter all den Felsbrocken, Spalten und Mehrseillängen-Wänden kann man aus über 8000 festen Routen wählen, viele praktisch direkt neben der Hauptstraße. Die längsten Kletterstrecken sind nicht viel länger als 30 m, aber es gibt jede Menge technisch anspruchsvolle Routen, und die meisten eignen sich prima dazu, das Toprope-Klettern zu trainieren. Einige der beliebtesten Kletterrouten findet man rund um das Hidden Valley.

Die folgenden Läden versorgen Kletterer mit hochwertiger Ausrüstung, Ratschlägen und Tourinfos:

Joshua Tree Outfitters (☎760-366-1848; www.joshuatreeoutfitters.com; 61707 Twentynine Palms Hwy, Joshua Tree; ⊙meistens 9–17 Uhr)

Nomad Ventures (☎760-366-4684; www.nomadventures.com; 61795 Twentynine Palms Hwy, Joshua Tree; ⊙Okt.–April Mo–Do 8–18, Fr & Sa bis 20, So bis 19 Uhr, Mai–Sept. tgl. 9–19 Uhr)

Coyote Corner (☎760-366-9683; www.joshuatreevillage.com/546/546.htm; 6535 Park Blvd, Joshua Tree; ⊙9–19 Uhr)

Die folgenden Anbieter organisieren geführte Klettertouren und bieten Kletterunterricht ab 135 US$ für eine eintägige Trainingseinheit.

Joshua Tree Rock Climbing School (☎760-366-4745; www.joshuatreerockclimbing.com)

Vertical Adventures (☎949-854-6250; www.verticaladventures.com)

Uprising Adventure (☎888-254-6266; www.uprising.com)

Feste & Events

National Park Art Festival KUNST
(www.joshuatree.org) Dieses gemeinnützige Festival präsentiert Anfang April Gemälde, Skulpturen, Fotografien, Keramik und Schmuck zum Thema „Wüste".

Joshua Tree Music Festival MUSIK
(www.joshuatreemusicfestival.com; 2-Tagespass 60 US$) Dieses familienfreundliche Indie-Festival bringt den Joshua Tree Lake Campground zum Beben. Ihm folgt eine soulige Roots-Party Mitte Oktober. Keine Hunde.

Pioneer Days KULTUR
(www.visit29.org) Der Old-West-Karneval von Twentynine Palms wird am dritten Wochenende im Oktober mit einer Parade, einem Armdrück-Turnier und einem Chili-Essen gefeiert.

Hwy 62 Art Tours KUNST
(www.mbcac.org) An zwei Wochenenden im Oktober kann man durch Künstlerateliers, Galerien und Werkstätten touren.

Schlafen

Im Park stehen nur Campingplätze zur Verfügung, aber entlang des Hwy 62 gibt's jede Menge Unterkünfte. Twentynine Palms hat die größte Auswahl, darunter auch einige nationale Kettenmotels (Näheres auf den Websites), aber die Alternativen im JT haben mehr Charme und Charakter.

LP TIPP **Hicksville Trailer Palace** MOTEL $$
(☎310-584-1086; www.hicksville.com; Zi. 75–200 US$;) Lust, mal zwischen leuchtenden Perücken, in einem Spukhaus oder einem Pferdestall zu übernachten? Dann sollte man im Hicksville einchecken, dessen „Zimmer" acht abgefahren eingerichtete alte Wohnwägen sind, die sich rund um einen nierenförmigen Salzwasserpool gruppieren. In jedem der Zimmer, die von den Fantasien des aus L.A. stammenden Schriftstellers und Regisseurs Morgan Higby Night inspiriert wurden, reist man in eine einzigartige, surreale und leicht unheimliche Welt; bis auf zwei teilen sich alle die Gemeinschaftseinrichtungen. Um Schaulustige fernzuhalten, bekommt man die Wegbeschreibung erst, nachdem man reserviert hat.

Desert Lily B&B $$
(☎760-366-4676; www.thedesertlily.com; Joshua Tree Highlands; EZ/DZ inkl. Frühstück 140/155 US$; ⊙Juli & Aug. geschl.; @) Die charmante Carrie wacht über diese Unterkunft mit drei Zimmern, in der Old-West-Stil auf Südwest-Dekor trifft. Der Tag beginnt mit einem üppigen Frühstück, und im Gemeinschaftsbereich mit Kamin steht immer ein Teller mit frischen Keksen bereit. Die Zimmer sind ein wenig eng, aber es gibt auch vier private Hütten mit kompletter Küche, falls man mehr Ellbogenfreiheit braucht. Über wohlerzogene Haustiere lässt sich verhandeln.

Sacred Sands B&B $$$
(☎760-424-6407; www.sacredsands.com; 63155 Quail Springs Rd, Joshua Tree; DZ inkl. Frühstück 269–299 US$; ❄📶) Diese beiden luxuriösen Suiten in völlig abgeschiedener Lage (hier könnte man eine Stecknadel fallen hören) bieten je eine eigene Außendusche, einen Whirlpool, eine Sonnenterrasse und eine Veranda, auf der man unter den Sternen schlafen kann – das ultimative romantische Nest. Die Besitzer Scott und Steve sind großzügige Gastgeber und begnadete Frühstücksköche.

Spin & Margie's Desert Hide-a-Way BOUTIQUE-INN $$
(☎760-366-9124; www.deserthideaway.com; Sunkist Rd, abseits des Twentynine Palms Hwy; Suite 125–175 US$; ❄📶) In diesem hübschen Inn im Hacienda-Stil kann man nach einem langen anstrengenden Tag seine innere Ruhe wiederfinden. Die fünf auffällig gestrichenen Suiten sind eine exzentrische Symphonie aus Wellblech, alten Nummernschildern und Cartoon-Kunst. Jedes verfügt über eine eigene Küche sowie einen Flachbild-TV und DVD- und CD-Player. Die sachkundigen, geselligen Besitzer sorgen für einen entspannten Aufenthalt. Das Haus liegt an der unbefestigten Sunkist Rd, 3 Meilen (ca. 5 km) östlich des Zentrums von Joshua Tree.

Joshua Tree Inn MOTEL $
(☎760-366-1188; www.joshuatreeinn.com; 61259 Twentynine Palms Hwy, Joshua Tree; DZ/3BZ/4BZ inkl. Frühstück 95/110/125 US$; ❄📶🏊) Dieses angenehme Motel lockt mit großzügigen Zimmern hinter türkisfarbenen Türen, die auf einen Wüstengarten-Innenhof führen. 1973 erlangte es zweifelhaften Ruhm, als sich Rocklegende Gram Parsons in Zimmer 8 eine Überdosis verpasste; heute ist das Zimmer zu seinen Ehren mit Fotos und Postern dekoriert. Im Gemeinschaftsbereich gibt's einen Kamin, und die Rezeption ist nur von 15 Uhr bis 20 Uhr besetzt.

Safari Motor Inn MOTEL $
(☎760-366-1113; www.joshuatreemotel.com; 61959 Twentynine Palms Hwy, Joshua Tree; Zi. 55–75 US$; ❄📶🏊) Dieses Motel ist eine ausgezeichnete Wahl für moderne Nomaden, die nicht zuviel Geld für ein Dach über dem Kopf hinblättern wollen. Die meisten der heruntergekommenen, standardmäßigen Zimmer bieten Mikrowellen und Minikühlschränke. Es liegt nur einen kurzen Spaziergang von den Restaurants und Outdoor-Läden entfernt. Haustiere erlaubt.

Harmony Motel MOTEL $
(☎760-367-3351; www.harmonymotel.com; 71161 Twentynine Palms Hwy, Twentynine Palms; EZ/DZ 70/77 US$; ❄@📶🏊) Dieses Motel aus den 1950er-Jahren, in dem einst sogar U2 übernachteten, bietet einen kleinen Pool und große, fröhlich gestrichene Zimmer, einige mit Küchenzeile.

High Desert Motel MOTEL $
(☎760-366-1978; www.highdesertmotel.com; 61310 Twentynine Palms Hwy, Joshua Tree Zi. 50–70 US$; ❄📶🏊) Unscheinbare Zimmer mit Minikühlschrank und Mikrowelle, aber trotzdem eine anständige Budgetoption

29 Palms Inn HOTEL $$
(☎760-367-3505; www.29palmsinn.com; 73950 Inn Ave, Twentynine Palms; Zi. & Cottage inkl. Frühstück 95–260 US$; ❄@📶🏊🐾) Die altmodischen Lehm- und Holzhütten, die rund um eine Palmenoase stehen, stecken bis in den letzten Winkel voller Geschichte.

Camping

Von allen neun **Campingplätzen** (Zelt- & Wohnmobilstellplätze 10–15 US$) im Park gibt's nur am Cottonwood und Black Rock Trinkwasser, Wasserklosetts und Abfallsammelstellen. Indian Cove und Black Rock nehmen **Reservierungen** (☎877-444-6777; www.recreation.gov) entgegen. Alle anderen funktionieren nach dem „Wer zuerst kommt, mahlt zuerst"-Prinzip und sind mit Plumpsklos, Picknicktischen und Feuerkörben ausgestattet. Keiner dieser Plätze bietet Duschen, aber im Coyote Corner (S. 746) im JT gibt's ein paar; Benutzung 4 US$. Während der Wildblumensaison im Frühling sind die Campingplätze schon um die Mittagszeit voll, wenn nicht sogar früher.

Wildcampen (kein offenes Feuer) ist 1 Meile (1,6 km) abseits der Startpunkte der Wanderwege und Straßen, bzw. 30 m von Wasserquellen entfernt, erlaubt; man muss sich aber bei einem der 13 Sammelpunkte des Parks selbst registrieren. **Joshua Tree Outfitters** (☎760-366-1848; 61707 Twentynine Palms Hwy, Joshua Tree) verleiht und verkauft hochwertige Campingausrüstung.

Entlang des Park Blvd dienen die geschützten Felsnischen des Campingplatzes Jumbo Rocks bei Sonnenaufgang oder -untergang als perfekte Aussichtplattformen. Auch von Belle und White Tank bietet sich ein großartiges Panorama. Hidden Valley ist immer voll. Die Campingplätze Sheep Pass und Ryan liegen zentral. Der familienfreundliche Black Rock eignet sich prima

ABSTECHER

BIG MORONGO CANYON PRESERVE

Das Schutzgebie **Big Morongo Canyon Preserve** (760-363-7190; 11055 East Dr, Morongo Valley; Eintritt frei; 7.30 Uhr–Sonnenuntergang) wurde von niemand Geringerem als der Audubon Society als einer der wichtigsten Lebensräume für Vögel in Kalifornien bezeichnet. Es beherbergt eine von einer natürlichen Quelle gespeiste Wüstenoase, die einen ursprünglichen Uferlebensraum darstellt, in dem Pappeln und Weiden wachsen. Selbst Dickhornschafe zieht es gelegentlich zu diesen Wasserlöchern. Vom Infokiosk am Eingang schlängeln sich Holzstege durch sumpfige Wälder. Der Eingang ist im Morongo Valley am Hwy 62, etwa 25 Autominuten westlich von Joshua Tree Richtung I-10.

für Campingneulinge; der abgeschiedenere Indian Cove hat mehr als 100 Plätze. Cottonwood, nahe des Südeingangs des Parks, ist bei Wohnmobil-Besitzern beliebt.

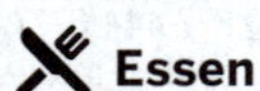

Essen

In Yucca Valley gibt's mehrere große Supermärkte sowie den winzigen Laden der **Earth Wise Organic Farms** an der Abzweigung zur Pioneertown Rd, eine Kooperative, die Produkte örtlicher Farmer verkauft. Samstagmorgens treffen sich die Einheimischen zum Tratschen und Einkaufen auf dem **Farmers Market** auf einem Parkplatz in der Nähe von Joshua Tree Health Foods, gleich westlich des Park Blvd in Joshua Tree.

Ricochet Gourmet INTERNATIONAL $
(www.ricochetjoshuatree.com; 61705 Twentynine Palms Hwy, Joshua Tree; Hauptgerichte 8–15 US$; Mo–Sa 7–17, So 8–17 Uhr) Dieses Café mit Feinkostladen ist in der ganzen Nachbarschaft beliebt. Die Karte hüpft von Frühstücks-Frittatas zu Curryhühnchen-Salat und würzigen Suppen, alles aus Bio- und saisonalen Zutaten hausgemacht.

Restaurant at 29 Palms Inn AMERIKANISCH $$
(760-367-3505, www.29palmsinn.com; 73950 Inn Ave, Twentynine Palms; Hauptgerichte Mittagessen 7,50–10 US$, Abendessen 9–21 US$;) Dieses renommierte Restaurant hat einen eigenen Bio-Garten und serviert mittags Burger und Salate. Abends gibt's Grillfleisch und köstliche Pasta.

JT's Country Kitchen FRÜHSTÜCK, ASIATISCH $
(760-366-8988; 61768 Twentynine Palms Hwy, Joshua Tree; Hauptgerichte 4–10 US$; 6–15.30 Uhr) Dieses Restaurant am Straßenrand serviert echte Hausmannskost: Eier, Pfannkuchen, *biscuits and gravy*, Sandwiches und…wie war das? Kambodschanischer Nudelsalat? Lecker!

Sam's PIZZA, INDISCH $
(760-366-9511; 61380 Twentynine Palms Hwy, Joshua Tree; Hauptgerichte 8–11 US$; Mo–Sa 11–21, So 15–20 Uhr;) Ja, hier gibt's auch Pizza, aber eingeweihte Einheimische pilgern für die wunderbar würzigen indischen Currys hierher. Viele fleischlose Alternativen, auch zum Mitnehmen.

Crossroads Cafe AMERIKANISCH $
(760-366-5414; 61715 Twentynine Palms Hwy, Joshua Tree; 7–14 Uhr, die abendlichen Öffnungszeiten erfragen) Das sehr beliebte Crossroads erstrahlt zwar in neuem Look, aber es ist immer noch der richtige Ort für ein kohlehydratreiches Frühstück, frische Sandwiches und bunte Gartensalate, die sowohl Allesfresser als auch Veganer glücklich machen.

Pie for the People PIZZA $
(760-366-0400; 61740 Twentynine Palms Hwy, Joshua Tree; Stück 3–4 US$, Pizza ab 11 US$; Mo & Do 11–21, Fr 6 Sa bis 22, So bis 20 Uhr) Köstliche Pizzas zum Mitnehmen oder Liefernlassen.

Mango Hut PHILIPPINISCH $$
(760-367-4488; www.themangohut.com; 6427 Mesquite Ave #A, Twentynine Palms; Hauptgerichte 7–16 US$; So, Mo, Mi & Do 10–21, Fr 6 Sa 8–22 Uhr) Amerikanisches und philippinisches Frühstück, Burger und Fleischgerichte.

Ausgehen & Unterhaltung

Im Pappy & Harriet's in Pioneertown (S. 750) gibt's Livemusik.

Joshua Tree Saloon BAR
(http://thejoshuatreesaloon.com; 61835 Twentynine Palms Hwy, Joshua Tree; Hauptgerichte 9–17 US$; 8 Uhr–open end;) Diese Kneipe mit Jukebox, Billardtischen und Cowboy-Ambiente serviert Bar-Essen sowie Burger und Steaks. Die meisten Gäste kommen wegen des abendlichen Unterhaltungsprogramms hierher, beispielsweise den Talentabenden am Dienstag, der Karaoke am Mittwoch und den DJs am Freitag. Nur für alle über 21.

Shoppen

Wind Walkers KUNSTHANDWERK
(http://windwalkershoppe.com; 61731 Twentynine Palms Hwy, Joshua Tree) Dieser hübsche Laden bietet einen Innenhof mit großen und kleinen Tonwaren sowie eine handverlesene Auswahl von indianischem Kunsthandwerk, z.B. Silberschmuck, Decken und Nippes.

Red Arrow Gallery KUNST
(www.theredarrowgallery.com; 61597 Twentynine Palm Hwy, Joshua Tree; ⌚Fr 17–20, Sa & So 12–17 Uhr) Es lohnt sich immer, mal vorbeizuschauen und anzusehen, was gerade an den Wänden dieser renommierten Galerie hängt, die lokale Künstler ausstellt.

Funky & Darn Near New VINTAGE
(55812 Twentynine Palms Hwy, Yucca Valley) In ihrem großen Laden gleich westlich der Abfahrt Pioneertown Rd verkauft Evelyn wunderschöne, handverlesene Vintage-Kleider und handgeschneiderte neue Kleidung zu fairen Preisen.

Ricochet Wears VINTAGE
(61705 Twentynine Palms Hwy, Joshua Tree; ⌚Fr & Mo 11–15, Sa & So 10–15 Uhr) Tolle Auswahl an Secondhand-Klamotten und -Accessoires, darunter auch Cowboyhemden und -stiefel und ein paar hübsche alte Schürzen.

Praktische Informationen

Der **Joshua Tree National Park** (☎760-367-5500; www.nps.gov/jotr) wird im Süden von der I-10 und im Norden vom Hwy 62 (Twentynine Palms Hwy) flankiert. Einfahrtsgenehmigungen (15 US$/Fahrzeug) sind sieben Tage lang gültig, und man bekommt eine Karte mit dem saisonal neu aufgelegten *Joshua Tree Guide* dazu.

Im Park gibt's außer Toiletten keine Infrastruktur, man sollte also vorher auftanken und Trinkwasser und genug Vorräte einpacken. Trinkwasser erhält man an den Campingplätzen Oasis of Mara, Black Rock und Cottonwood, am Westeingang und an der Rangerstation in Indian Cove.

Handys funktionieren im Park nicht, aber am Intersection-Rock-Parkplatz nahe des Hidden Valley Campground gibt's ein Notfalltelefon.

Hunde müssen an der Leine gehalten werden und sind auf den Wanderwegen nicht erlaubt.

Internetzugang

Coyote Corner (6535 Park Blvd, Joshua Tree; ⌚9–19 Uhr) WLAN für Kunden kostenlos.

Joshua Tree Outfitters (61707 Twentynine Palms Hwy, Joshua Tree; 2 US$/15 Min.; ⌚meistens 9–17 Uhr)

San Bernardino County Library Joshua Tree (6465 Park Blvd; ⌚Mo–Fr 10–18, Sa bis 14 Uhr); Twentynine Palms (6078 Adobe Rd; ⌚Mo & Di 12–20, Mi–Fr 10–18, Sa 9–17 Uhr) Kostenloses WLAN und Internetterminals.

Medizinische Versorgung

Hi-Desert Medical Center (☎760-366-3711 6601 Whitefeather Rd, Joshua Tree; ⌚24 Std.)

Touristeninformation

Black Rock Park Nature Center (9800 Black Rock Canyon Rd, südlich des Hwy 62; ⌚Okt–Mai Sa–Do 8–16, Fr 12–20 Uhr) Am Black Rock Campground.

Cottonwood Visitor Center (Cottonwood Spring Rd, nördlich der I-10; ⌚9–15 Uhr) Gleich hinter dem Südeingang des Parks.

Joshua Tree Chamber of Commerce (☎760-366-3723; www.joshuatreechamber.org; 6448 Hallee Rd; ⌚Di, Do & Sa 10–16 Uhr) Nahe Sam's in Joshua Tree.

WAS ZUM ...?

1947 zog der ehemalige Luftfahrtingenieur George van Tassel mit seiner Familie auf ein staubiges Wüstenfleckchen nördlich von Joshua Tree. Zu seinem Grundstück gehörte auch ein freistehender Felsen, unter dem der Vorbesitzer Frank Critzer eine Reihe von Räumen ausgegraben hatte. Van Tassel begann, in diesen Räumen zu meditieren, und bekam, so will es die Legende, 1953 Besuch von einer fliegenden Untertasse von der Venus. Die Außerirdischen luden ihn auf ihr Schiff ein und weihten ihn in das Geheimnis der Verjüngung lebender Zellen ein. Van Tassel nutzte sein außerirdisches Wissen, um das **Integratron** (☎760-364-3126; www.integratron.com; 2477 Belfield Blvd, Landers; Klangbäder ab 10 US$, private Touren ab 60 US$) zu errichten, einen Kuppelbau aus Holz, den er wahlweise als Zeitmaschine, Anti-Schwerkraft-Apparat oder Verjüngungskammer bezeichnete. Wer eine Tour bucht oder ein Klangbad nimmt, bei dem unter der Kuppel mit perfekter Akustik auf Kristallkugeln geklopft wird, kann sich selbst ein Bild machen. Auf der Website gibt's Näheres zu speziellen Events wie UFO-Symposien. An zwei Wochenenden im Monat finden öffentliche Klangbäder statt (Termine auf der Website). Sonstige Besuche nur nach Anmeldung.

ABSTECHER

PIONEERTOWN: ZURÜCK IN DIE VERGANGENHEIT

Wer vom Hwy 62 Richtung Norden auf die Pioneertown Rd in Yucca Valley abbiegt und ihr über 5 Meilen (8 km) folgt, kommt geradewegs in die Vergangenheit. **Pioneertown** (www.pioneertown.com; Eintritt frei;) sieht zwar aus wie eine Grenzstadt aus den 1870er-Jahren, wurde tatsächlich aber 1946 als Filmset für Hollywood-Western erbaut. Gene Autry und Roy Rogers gehörten zu den ursprünglichen Investoren, und über 50 Filme und mehrere TV-Serien wurden in den 1940er- und 1950er-Jahren hier gedreht. Heute stellt die Pioneertown Posse von April bis Oktober samstags und sonntags um 14.30 Uhr kostenlos Schießereien auf der „Mane St" nach.

Für Lokalkolorit, köstliches Barbeque, billiges Bier und tolle Livemusik schaut man am besten im **Pappy & Harriet's Pioneertown Palace** (760-365-5956; www.pappyandharriets.com; 53688 Pioneertown Rd; Burger 5–12 US$, Hauptgerichte 16–30 US$; Do–So 11–2, Mo 17–24 Uhr) vorbei, ein Honky Tonk wie aus dem Bilderbuch. Die Talentabende am Montag sind legendär und bringen oft erstaunliche Begabungen ans Licht.

Nur einen Stolperer einfernt liegt das stimmungsvolle **Pioneertown Motel** (760-365-7001; www.pioneertown-motel.com; 5040 Curtis Rd; Zi. 50–100 US$;), in dem die Leinwand-Stars von damals während der Dreharbeiten übernachteten und dessen Zimmer heute mit exzentrischen Western-Erinnerungsstücken dekoriert sind; einige verfügen über eine Küchenzeile.

4,5 Meilen (7,2 km) weiter nördlich liegen die **Rimrock Ranch Cabins** (760-228-1297; www.rimrockranchcabins.com; 50857 Burns Canyon Rd, Pioneertown; Hütte 90–140 US$;), vier Vintage-Hütten aus den 1940er-Jahren. Sie bieten Küchen und private Terrassen, von denen man wunderbar in die Sterne gucken kann.

Joshua Tree Park Visitor Center (Park Blvd, Joshua Tree; 8–17 Uhr) Vor dem Westeingang.

Oasis Park Visitor Center (National Park Blvd, am Utah Trail, Twentynine Palms; 8–17 Uhr) Vor dem Nordeingang.

Twentynine Palms Chamber of Commerce (760-367-3445; www.visit29.org; 73484 Twentynine Palms, Twentynine Palms; Mo–Fr 9–17, Sa & So 10–16 Uhr)

Anreise & Unterwegs vor Ort

Man kann in Palm Springs oder L. A. einen Wagen mieten. Von L. A. aus braucht man über die I-10 und den Hwy 62 2½–3 Stunden. Von Palm Springs erreicht man den West- (oder vorzugsweise) Südeingang des Parks in etwa einer Stunde.

Bus 1 von **Morongo Basin Transit Authority** (www.mbtabus.com) fährt häufig über den Twentynine Palms Hwy (einfache Strecke 1–2 US$, Tagespass 3 US$) hierher. Bus 12 fährt von Joshua Tree und Yucca Valley (einfache Strecke/hin & zurück 7/11 US$) nach Palm Springs, aber die Verbindungen sind seltener. Viele Busse sind mit Fahrradständern ausgestattet.

ANZA-BORREGO DESERT STATE PARK

Dieser riesige, wenig erschlossene Park wurde von prähistorischen Meeren und tektonischen Kräften geformt, erstreckt sich über 2590 km² und ist der größte State Park der USA außerhalb Alaskas. Die menschliche Geschichte reicht hier über 10 000 Jahre zurück, wie Piktogramme und Felsenmalereien amerikanischer Ureinwohner dokumentieren. Der Park ist nach dem spanischen Entdecker Juan Bautista de Anza benannt, der 1774 als Vorreiter mexikanischer Kolonisten hier ankam. Dabei begegnete er sicher unzähligen *borregos*, den wilden Dickhornschafen der Halbinsel, die sich im Süden früher bis zur Baja California ausbreiteten (heute gibt's nur noch ein paar Hundert dieser Tiere, die von Dürren, Krankheiten, Wilderei und Autofahrern, die nicht auf den Straßen bleiben, bedroht sind). In den 1850er-Jahren wurde Anza-Borrego zu einer Haltestelle der Butterfield-Kutschenlinie, die Post zwischen St. Louis und San Francisco zustellte.

Im Winter und Frühling ist hier Hochsaison. Je nach der Regenmenge im Winter erblühen die Wildblumen in mehr oder weniger leuchtender Pracht, wenn auch nur für kurze Zeit. Die ersten Knospen sprießen meist ab Ende Februar und stellen einen grandiosen Kontrast zu den gedämpften Erdtönen der Wüste dar. Im Sommer wird es extrem heiß: die durchschnittliche Tagestemperatur liegt im Juli bei 41 °C, aber das Thermometer kann auch auf bis zu 51 °C klettern.

Sehenswertes & Aktivitäten

Die größte Stadt des Parks, **Borrego Springs** (3429 Ew.), bietet ein paar Restaurants und Unterkünfte. Am Stadtrand befinden sich das Visitor Center des Parks und leicht erreichbare Sehenswürdigkeiten, etwa der Borrego Palm Canyon und Fonts Point, die den Rest des Parks recht gut repräsentieren. Das Gebiet rund um Split Mountain, östlich von Ocotillo Wells, ist für Touren mit „Off-Highway Vehicles" (OHV) beliebt und bietet Interessantes für Geologen und spektakuläre Windhöhlen. Die südlichste Region der Wüste ist auch die am wenigsten besuchte und bietet, abgesehen von Blair Valley, nur wenige präparierte Wege und Einrichtungen. Neben der herrlichen Einsamkeit gehören auch historische Stätten und Thermalquellen zu den Attraktionen.

Viele der atemberaubendsten Sehenswürdigkeiten sind nur über unbefestigte Straßen zu erreichen. An der Infotafel im Visitor Center erfährt man, auf welchen Strecken man einen Geländewagen braucht und welche momentan unpassierbar sind.

Peg Leg Smith Monument DENKMAL
Die Steinhaufen an der Straße nordöstlich von Borrego Springs, wo die County Rte S22 eine 90-Grad-Wende nach Osten macht, ist tatsächlich ein Denkmal, das an Thomas Long „Peg Leg" Smith erinnert – Bergmann, Pelzjäger, Pferdedieb, Trickbetrüger und Wildwest-Legende. Er zog 1829 durch Borrego Springs und sammelte dabei angeblich ein paar Steine ein, die sich später als pures Gold erweisen sollten. Seltsamerweise fand er die Ader später, als er während des Goldrauschs zurückkehrte, nicht wieder. Nichtsdestotrotz erzählte er unzähligen Goldgräbern davon (oft im Austausch gegen ein paar Drinks), und viele kamen hierher, um nach dem „verlorenen" Gold zu suchen und den Mythos so zu untermauern.

Fonts Point AUSSICHTSPUNKT
Östlich von Borregos Springs biegt eine 4 Meilen (6,4 km) lange, unbefestigte Straße, die manchmal auch ohne Geländewagen passierbar ist (Aktuelles gibt's am Visitor Center), von der County Rte S22 nach Süden zum Fonts Point (380 m) ab. Hier oben entfaltet sich ein spektakuläres Panorama, das sich im Westen über das Borrego Valley und im Süden über die Borrego Badlands erstreckt. Hier scheint die Wüste direkt unter den Füßen des Betrachters in die Tiefe zu stürzen – ein unglaubliches Gefühl.

Vallecito County Park HISTORISCHE STÄTTE
(☎760-765-1188; www.co.san-diego.ca.us/parks; 37349 County Rte S2; Eintritt 3 US$/Auto; ⌚Sept.–Mai) Das Herz dieses hübschen kleinen Parks in einem erfrischenden Tal im Südteil des State Parks ist der Nachbau einer historischen Postkutschenstation, der **Butterfield Stage Station**. Sie liegt 36 Meilen (ca. 58 km) südlich von Borrego Springs und ist über die County Rte S2 zu erreichen. Campinginformationen gibt's aus S. 754.

Agua Caliente County Park HEISSE QUELLEN
(☎760-765-1188; www.co.san-diego.ca.us/parks; 39555 County Rte S2; Eintritt 3 US$/Auto; ⌚Sept.–Mai) In diesem hübschen Park, 4 Meilen (6,4 km) von Vallecito entfernt, kann man in einem der Innen- oder Außenpools baden, die von Mineralquellen gespeist werden. Campinginformationen gibt's auf S. 754.

Wandern

Borrego Palm Canyon Trail WANDERN
Dieser beliebte, 4,8 km lange Rundweg beginnt am Ende des Borrego Palm Canyon Campground, 1,5 km nördlich des Visitor Center, und führt an Palmenhainen, einem Wasserfall und einer wunderschönen Oase vorbei durch trockene Felslandschaft. Nach Dickhornschafen Ausschau halten.

Maidenhair Falls Trail WANDERN
Dieser anspruchsvolle Weg beginnt am Hellhole Canyon Trailhead, 2 Meilen (ca. 3 km) westlich des Visitor Center an der County Rte S22, und klettert über 4,8 km an mehreren Palmenoasen vorbei zu einem saisonalen Wasserfall, über dessen Wasser sich einige Vögel und viele Pflanzen freuen.

Ghost Mountain Trail WANDERN
Ein steiler, 3,2 km langer Rundweg klettert zu den Überresten dieses Lehmhauses aus den 1930er-Jahren hinauf, das vom Wüstenbewohner Marshall South und seiner Familie erbaut wurde. Die Wanderung beginnt im Blair Valley an dem einfachen Campingplatz Little Pass.

Pictograph/Smuggler's Canyon Trail WANDERN
Dieser 3,2 km lange Rundweg im Blair Valley führt an Felsen vorbei, die indianische Piktogramme zieren, und bietet einen schönen Blick auf das Vallecito Valley. Von der County Rte S2 geht's über die Abfahrt Blair Valley auf einer unbefestigten Straße 3,8

Anza-Borrego Desert State Park

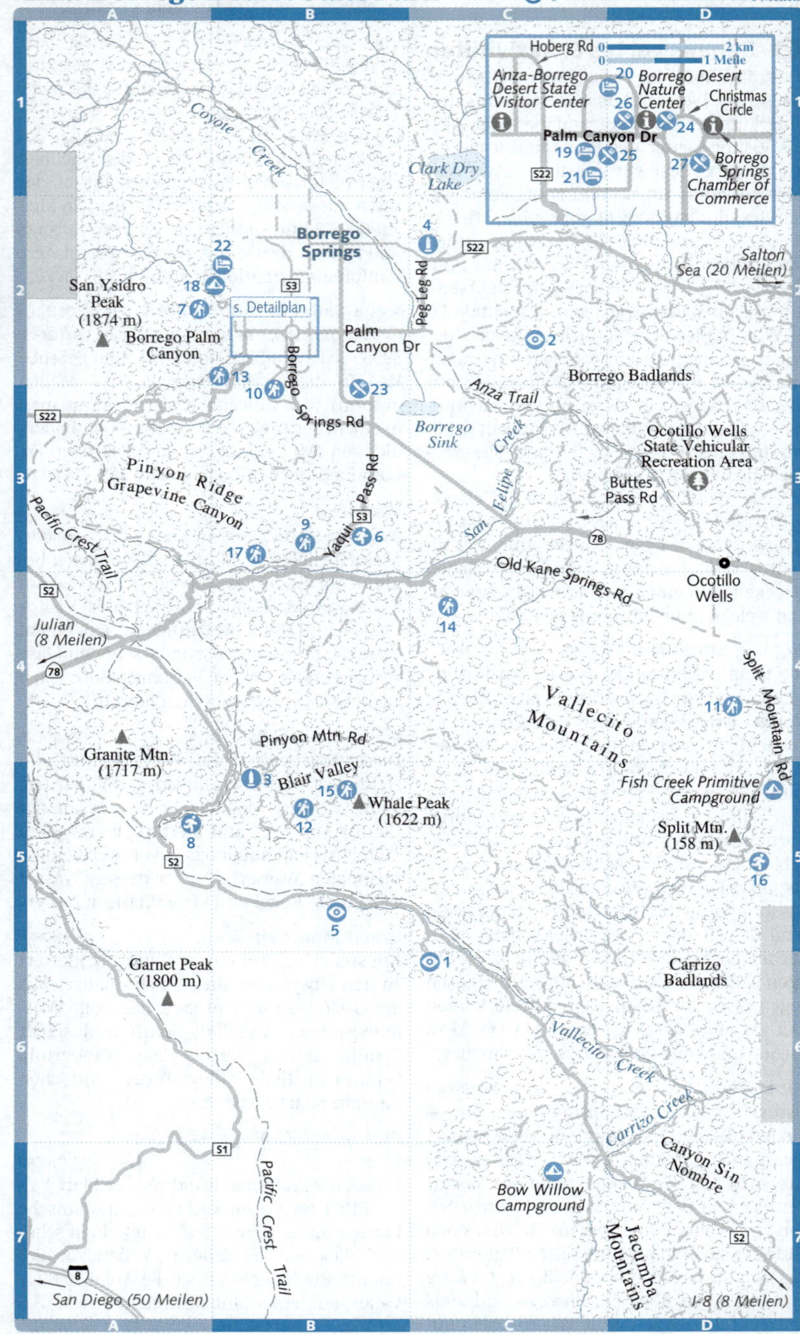

0 10 km
0 6 Meilen
Hoberg Rd
0 2 km
0 1 Meile
Anza-Borrego Desert State Visitor Center
20 Borrego Desert Nature Center
26
Christmas Circle
24
Palm Canyon Dr
19
25
S22
21
27 Borrego Springs Chamber of Commerce
Coyote Creek
Clark Dry Lake
4
S22
Borrego Springs
22
18
S3
San Ysidro Peak (1874 m)
7
s. Detailplan
Peg Leg Rd
Salton Sea (20 Meilen)
Borrego Palm Canyon
Palm Canyon Dr
2
Borrego Badlands
13
10
Borrego Springs Rd
23
Anza Trail
S22
Borrego Sink
San Felipe Creek
Ocotillo Wells State Vehicular Recreation Area
Pinyon Ridge
Grapevine Canyon
Yaqui Pass Rd
Buttes Pass Rd
Pacific Crest Trail
S3
9
6
78
17
Old Kane Springs Rd
Ocotillo Wells
S2
14
Julian (8 Meilen)
78
Split Mountain Rd
Vallecito Mountains
11
Pinyon Mtn Rd
Granite Mtn (1717 m)
3
Blair Valley
15
Whale Peak (1622 m)
Fish Creek Primitive Campground
12
8
Split Mtn. (158 m)
S2
16
5
1
Garnet Peak (1800 m)
Carrizo Badlands
Vallecito Creek
Carrizo Creek
S1
Canyon Sin Nombre
Bow Willow Campground
Pacific Crest Trail
Jacumba Mountains
S2
8
San Diego (50 Meilen)
I-8 (8 Meilen)

Anza-Borrego Desert State Park

Sehenswertes

1 Agua Caliente County Park C6
2 Fonts Point C2
3 Foot and Walker Pass Monument B5
4 Peg Leg Smith Monument C2
5 Vallecito County Park B5

Aktivitäten, Kurse & Touren

6 Bill Kenyon Overlook B3
7 Borrego Palm Canyon Trail A2
8 Box Canyon A5
9 Cactus Loop Trail B3
10 Carrizo Bikes B3
11 Elephant Tree Trail D4
12 Ghost Mountain Trail B5
13 Hellhole Canyon/Maidenhair Falls Trail B2
14 Narrows Earth Trail C4
15 Pictograph/Smuggler's Canyon Trail B5
16 Split Mountain Wind Caves D5
17 Yaqui Well Trail B3

Schlafen

Agua Caliente County Park Campground .... (siehe 1)
18 Borrego Palm Canyon Campground B2
19 Borrego Valley Inn C1
20 Hacienda del Sol D1
21 Palm Canyon Resort C1
22 Palms at Indian Head B2
Vallecito County Park Campground .... (siehe 5)
Yaqui Pass Primitive Campground .... (siehe 5)

Essen

23 Arches B3
24 Carlee's Place C1
25 Carmelita's Bar & Grill C1
26 Center Market C1
27 French Corner C1
Red Ocotillo .... (siehe 22)

Meilen (6 km) bis zu einer Abzweigung, die nach weiteren 1,5 Meilen (2,4 km) zu einem Parkplatz führt.

Elephant Tree Trail WANDERN

Die seltenen Elefantenbäume verdanken ihren Namen ihren dicken, eher kurzen Stämmen, die an Elefantenbeine erinnern. Leider ist entlang dieses 2,4 km langen Rundwegs nur noch ein lebender Elefantenbaum erhalten geblieben, aber die einfache Wanderung durch ein Erosionsfeld ist trotzdem sehr schön. Die Abzweigung liegt an der Split Mountain Rd, 6 Meilen (9,6 km) südlich vom Hwy 78 und Ocotillo Wells.

Split Mountain Wind Caves WANDERN

4 Meilen (6,4 km) südlich des Elephant Tree Trail biegt von der Split Mountain Rd eine unbefestigte Straße zum Fish Creek Primitive Campground ab; nach weiteren 4 Meilen erreicht man Split Mountain, wo eine beliebte Geländewagenstrecke durch 180 m hohe Felswände führt, die durch Erdbeben und Erosion entstanden sind. Am Südende dieser 2 Meilen (3,2 km) langen Schlucht führt ein steiler Weg zu den schönen **Höhlen**, die der Wind in den Sandstein geschnitten hat.

Blair Valley OUTDOOR

Im Westen des Parks, etwa 5 Meilen (8 km) südöstlich von Scissors Crossing (wo die County Rte S2 den Hwy 78 kreuzt), liegt Blair Valley, das für seine Piktogramme und *morteros* (Aushöhlungen in den Felsen zum Mahlen von Getreide) der Indianer bekannt ist. Das Tal und die Startpunkte seiner Wanderwege liegen ein paar Meilen östlich der County Rte S2 entlang einer unbefestigten Straße. Drüben an der Nordseite des Tals markiert ein **Denkmal** am Foot and Walker Pass eine knifflige Stelle der Postkutschenstrecke Butterfield Overland Stage Route. Im **Box Canyon** kann man noch immer die Kerben sehen, die für die Kutschen in die Felsen gehauen werden mussten, um den Emigrant Trail breiter zu machen.

Radfahren

Auf über 500 Meilen der unbefestigten und asphaltierten Straßen (aber nicht auf den Wanderwegen) des Parks darf man Radfahren. Beliebte Routen sind der Grapevine Canyon abseits des Hwy 78 und der Canyon Sin Nombre in den Carrizo Badlands. Zu den flacheren Gebieten gehören auch Blair Valley und Split Mountain; Näheres gibt's am Visitor Center. **Carrizo Bikes** (☎760-767-3872; 3278 Wagon Rd, Borrego Springs) verleiht Fahrräder und übernimmt Reparaturen

Feste & Events

Peg Leg Smith Liars Contest KULTUR

Bei dieser äußerst lustigen Veranstaltung am ersten Samstag im April wetteifern

Amateur-Lügner in der Western-Tradition des Geschichtenerfindens miteinander. Jeder kann mitmachen, solange sich die Geschichte um Gold und Minen im Südwesten dreht, weniger als fünf Minuten lang ist und mit der Wahrheit nichts zu tun hat.

Schlafen

Man darf überall im Hinterland kostenlos zelten, sofern man sich abseits der Straßen und mindestens 30 m vom Wasser entfernt aufhält. Außerdem gibt's mehrere einfache Campingplätze mit Plumpsklo, aber im ganzen Park steht nirgendwo Trinkwasser zur Verfügung. Sämtliche Feuer müssen in Metallbehältern entzündet werden. Das Sammeln von Pflanzen (egal, ob tot oder lebendig) ist streng verboten.

Im Sommer sinken die Zimmerpreise dramatisch, und ein paar Unterkünfte bleiben ganz geschlossen.

LP TIPP Palms at Indian Head BOUTIQUEHOTEL **$$**
(☎760-767-7788; www.thepalmsatindianhead.com; 2220 Hoberg Rd, Borrego Springs; Zi. 170–250 US$; ❄ 🏊) Der ehemalige Treffpunkt von Cary Grant, Marilyn Monroe und anderen Stars der Vergangenheit wurde als schicke moderne Mid-Century-Unterkunft wiedergeboren. Bei einem Martini oder Hühnchen-Cordon-Bleu im hauseigenen Grillrestaurant mit Bar kann man in diese vergangene Ära abtauchen, während man den faszinierenden Blick auf die Wüste genießt.

LP TIPP Borrego Valley Inn BOUTIQUEHOTEL **$$**
(☎760-767-0311; www.borregovalleyinn.com; 405 Palm Canyon Dr, Borrego Springs; Zi. inkl. Frühstück 185–275 US$; ❄ 📶 🏊) Das kleine, makellose Hotel, das mit allerlei Southwestern-Nippes und indianischen Webarbeiten vollgepackt ist, ist ein intimes Spa-Ressort – der perfekte Ort für Erwachsene. Es gibt einen FKK-Pool, die meisten Zimmer haben eine Küchenzeile und die Anlage ist komplett rauchfrei.

Palm Canyon Resort MOTEL **$$**
(☎760-767-5341; www.palmcanyonresort.com; 221 Palm Canyon Dr, Borrego Springs; Zi. 90–215 US$; 📶 🏊 👪) Wer auf der Suche nach etwas Old-West-Flair ist, sollte in diesem einladenden Motel einchecken. Aber nicht beirren lassen: Das Haus wurde erst in den 1980er-Jahren erbaut! Es liegt rund 800 m vom Visitor Center des Parks entfernt und verfügt über zwei Pools, an denen man wunderbar entspannen kann, sowie ein Restaurant und einen Saloon zum Wiederauftanken.

Hacienda del Sol HOTEL **$**
(☎760-767-5442; www.haciendadelsol-borrego.com; 610 Palm Canyon Dr, Borrego Springs; Zi./Duplex/Hütte 75/120/160 US$; 📶 🏊 👪) Sonnen Sie sich im Retro-Glanz dieses kleinen Hotels, das kürzlich in den Genuss einiger Verbesserungen kam und jetzt mit neuen Betten und DVD-Playern (kostenloser DVD-Verleih) ausgestattet ist. Man kann aus Hotelzimmern, Hütten und Duplex-Wohneinheiten wählen. Der Pool eignet sich prima zum Entspannen und Leute treffen.

Borrego Palm Canyon Campground CAMPINGPLATZ **$**
(☎Reservierungen 800-444-7275; www.reserveamerica.com; Zelt-/Wohnmobilplätze mit Anschlüssen 25/35 US$) Dieser Campingplatz in der Nähe des Visitor Center verfügt über super Toiletten, dicht beisammen liegende Zeltplätze und ein Amphitheater für Ranger-Programme.

Agua Caliente County Park CAMPINGPLATZ **$**
(☎Reservierungen 858-565-3600; www.co.san-diego.ca.us/parks; 39555 County Rte S2; Stellplatz Zelt 19 US$, Stellplatz Wohnmobil Teilanschluss/alle Anschlüsse 24/28 US$; ⏲Sept.–Mai; 🐾) Eine gute Wahl für gesellige Wohnmobil-Camper, mit natürlichen heißen Badequellen.

Vallecito County Park CAMPINGPLATZ **$**
(☎Reservierungen 858-565-3600; www.co.san-diego.ca.us/parks; 37349 County Rte S2; Stellplatz Zelt & Wohnmobil 19 US$; ⏲Sept.–Mai; 🐾) Nette Plätze in einem kühlen, grünen Tal.

Essen & Ausgehen

Im Sommer verkürzen viele Geschäfte ihre Öffnungszeiten oder bleiben an einigen Tagen ganz geschlossen. Selbstversorger können sich im **Center Market** (590 Palm Canyon Dr; ⏲Mo–Sa 8.30–18.30, So bis 17 Uhr) in Borrego Springs eindecken.

LP TIPP French Corner FRANZÖSISCH **$$**
(☎760-767-5713; 721 Avenida Sureste, Borrego Springs; Hauptgerichte 15–25 US$; ⏲Okt.–Mai Mi–So 11–14.30 & 17–21 Uhr) Einen Hauch Europa kann man in diesem Antiquitätenladen mit Bistro erleben, in dem die Besitzer Yves und Elyan mit Versuchungen wie herzhaftem Bœuf Bourguignon, leichten Quiches, süßen und salzigen Crêpes und sogar in Knoblauch getränkten *escargots* (Schnecken) locken. Die hausgemachte

LEICHTE WANDERUNGEN IM ANZA-BORREGO

» **Bill Kenyon Overlook** Dieser 1,6 km lange Rundweg vom Yaqui Pass Primitive Camp führt zu einem Aussichtspunkt über den San Felipe Wash, die Pinyon Mountains und, an klaren Tagen, den Salton Sea.

» **Yaqui Well Trail** Ein über 3 km langer Wanderweg führt an beschilderten Wüstenpflanzen und einem natürlichen Wasserloch vorbei, das eine bunte Vogelwelt anzieht; der Weg beginnt gegenüber vom Campingplatz Tamarisk Grove.

» **Narrows Earth Trail** 4,5 Meilen (7,2 km) östlich von Tamarisk Grove entlang des Hwy 78 beginnt dieser 800 m lange Pfad, der der Traum eines jeden Amateur-Geologen ist und durch eine Störzone führt. Hier findet man auch die niedrigen, leuchtend roten Chuparosa-Büsche, die Kolibris anziehen.

» **Cactus Loop Trail** Ein 1,6 km langer Rundweg in Eigenregie führt an einer großen Vielfalt an Kakteen vorbei; der Weg beginnt gegenüber dem Campingplatz Tamarisk Grove und bietet einen schönen Blick auf den San Felipe Wash.

pâté sollte man unbedingt probieren und auf keinen Fall das Dessert auslassen (die Crême Brûlée ist der Wahnsinn).

Red Ocotillo AMERIKANISCH **$$**
(☎760-767-7788; 2220 Hobert Rd; Hauptgerichte 10–36 US$; ⌚7–21 Uhr; 🐾) Dieses beliebte Restaurant im Palms Hotel des Indian Head bekommt für sein schnickschnackfreies Essen höchstes Lob. Stammgäste schwören auf die Eier Benedikt und hausgemachten Pommes Frites, nach denen man sich die Finger leckt, aber den fetten Burgern geben auch wir unsere Stimme. Die Aussicht auf die Wüste ist fantastisch, besonders von der Terrasse aus.

Carmelita's Bar & Grill MEXIKANISCH **$$**
(575 Palm Canyon Dr; Frühstück 5–9 US$, Mittag- & Abendessen 9,50–14 US$; ⌚Mo–Fr 10–21, Sa & So 8–21 Uhr; 👪) Dieses lebendige Restaurant mit fröhlicher Einrichtung serviert das beste mexikanische Essen der Stadt, u.a. köstliche *huevos rancheros*. Die Barkeeper wissen, wie man eine gute Margarita mixt.

Arches AMERIKANISCH **$$**
(☎760-767-5700; 1112 Tilting T Dr, Borrego Springs; Hauptgerichte 9–25 US$; ⌚7–21 Uhr) In diesem schicken Restaurant im Borrego Springs Resort kann man von den weiß gedeckten Tischen den Blick auf den Golfplatz genießen. Auf der Karte stehen auch Tex-Mex-Gerichte wie Salate und Fleischgerichte, darunter an Wochenendabenden auch Entrecôte. In der Fireside Lounge kann man den Tag wunderbar ausklingen lassen.

Carlee's Place AMERIKANISCH **$$**
(☎760-767-3262; 660 Palm Canyon Dr, Borrego Springs; Hauptgerichte Mittagessen 7–14 US$, Abendessen 12–23 US$; ⌚11–21 Uhr) Auch wenn die Einrichtung aussieht, als sei sie seit den 1970er-Jahren nicht erneuert worden, ist das Carlee's bei den Einheimischen dank seiner Burger, Pasta und Steaks beliebt. Der Billardtisch, die Livemusik und die Karaoke-Abende locken ebenfalls viele Gäste an.

ℹ Praktische Informationen

Man darf kostenlos durch den Park fahren, aber wer zeltet, wandert oder ein Picknick macht, muss 8 US$ Eintritt pro Auto zahlen. Wenn man die 500 Meilen an unbefestigten Straßen im Hinterland in Angriff nehmen möchte, braucht man einen Geländewagen.

In Borrego Springs gibt's Geschäfte, Banken, Tankstellen, ein Postamt und eine öffentliche Bibliothek mit kostenlosem Internetzugang und WLAN. Handys funktionieren vielleicht in Borrego Springs, aber nirgendwo sonst.

Borrego Desert Nature Center (☎760-767-3098; www.california-desert.org; 652 Palm Canyon Dr, Borrego Springs; ⌚Sept.–Juni tgl. 9–17, Juli & Aug Fr & Sa 9–15 Uhr) Ein toller Buchladen der Anza-Borrego Desert Natural History Association, der auch Touren, Vorträge, Wanderungen und Survival-Kurse organisiert

Chamber of Commerce (☎760-767-5555; www.borregospringschamber.com; 786 Palm Canyon Dr, Borrego Springs; ⌚Mo–Sa 9–16 Uhr) Touristeninformation.

Visitor Center (☎760-767-4205; www.parks.ca.gov; 200 Palm Canyon Dr, Borrego Springs; ⌚Okt.–Mai tgl. 9–17 Uhr, Juni–Sept. nur Sa & So, wegen Budgetkürzungen könnte es zu Änderungen kommen) Die Steinmauern des Visitor Center reichen teilweise in den Untergrund und verschmelzen auf wunderbare Weise mit der Bergkulisse, während im Inneren hervorragende audiovisuelle Ausstellungen warten. 2 Meilen westlich von Borrego Springs.

Wildblumen-Hotline (☎760-767-4684)

Anreise & Unterwegs vor Ort

Der öffentliche Nahverkehr bedient den Anza-Borrego Desert State Park nicht. Von Palm Springs (1½ Std.) geht's auf der I-10 nach Indio, dann auf dem Hwy 86 am Salton Sea entlang nach Süden und dann nach Westen auf die S22. Von L. A. (3 Std.) und Orange County (über Temecula) fährt man auf der I-15 Richtung Süden zum Hwy 79 und der County Rte S2 bzw. S22. Von San Diego (2 Std.) ist die Route über die I-8 zur County Rte S2 am einfachsten, aber wer lieber mehr Panorama hätte, kann von der I-8 auch auf den kurvigen Hwy 79 nach Norden wechseln und durch den Cuyamaca Rancho State Park nach Julian und dann auf dem Hwy 78 Richtung Osten fahren.

RUND UM ANZA-BORREGO

Julian

Der Bergort Julian mit seiner drei Häuserblocks langen Hauptstraße ist einer der bevorzugten Zufluchtsorte der Städter, die sein altmodisches Flair aus den 1870er-Jahren, seine Goldgräber-Legenden und seinen berühmten Apfelkuchen lieben. Nach dem Bürgerkrieg kamen zahlreiche Goldsucher hierher, darunter auch viele Konföderierten-Veteranen, aber die Bevölkerung explodierte erst, als 1869 tatsächlich Gold entdeckt wurde. Heute sind Äpfel hier das neue Gold. In den Obstgärten vor der Stadt, entlang des Hwy 178, wachsen fast 17000 Bäume. Die Ernte findet im Frühherbst statt, dann darf man bei manchen Farmern sogar Äpfel für den Eigenbedarf pflücken. Aber egal, wann man kommt, man sollte unbedingt ein Stück des köstlichen Apfelkuchens probieren, der in den Bäckereien überall in der Stadt verkauft wird.

Julian liegt an der Kreuzung der Highways 78 und 79, etwa 1¼ Stunden von San Diego (über die I-8 und den Hwy 79 Richtung Norden) und 40 Minuten von Borrego Springs Head (Richtung Süden über den Yaqui Pass auf der County Rte S3, und dann auf dem Hwy 78 nach Westen) entfernt.

Nähere Infos gibt's beim **Chamber of Commerce** (☎760-765-1857; www.julianca.com; 2129 Main St; ⌚10–16 Uhr).

Sehenswertes

Eagle & High Peak Mine MINE
(☎760-765-0036; Ende C St; Erw./Kind 10/5 US$; ⌚Öffnungszeiten telefonisch erfragen; 👪) Auf einer einstündigen Tour durch diese ehemalige Goldmine wird man mit Geschichten des harten Lebens der frühen Pioniere der Stadt unterhalten.

Schlafen & Essen

Julian Gold Rush Hotel HOTEL $$
(☎760-765-0201; www.julianhotel.com; 2032 Main St; Zi. 135–210 US$) In diesem mit Antiquitäten gefüllten B&B von 1897 erwecken die Spitzenvorhänge, freistehende Badewannen und andere Einrichtungsstücke die vergangene Ära mit viel Liebe zum Detail wieder zum Leben.

Orchard Hill Country Inn B&B $$$
(☎760-765-1700; www.orchardhill.com; 2502 Washington St; Zi. 195–250 US$, Hütte 295–375 US$, alle inkl. Frühstück; @📶) In diesem romantischen B&B kann man die Zeit zurückdrehen. Die Zimmer befinden sich in einer schönen Holzvilla und sind ebenso wie das Dutzend gemütlicher Hütten sehr geschmackvoll eingerichtet. Jede hat einen eigenen Stil, aber alle haben einen Kamin oder eine Terrasse, und einige sogar einen Whirlpool.

Julian Pie Company KUCHEN $
(2225 Main St; ⌚9–17 Uhr) Dieser beliebte Laden serviert Apfel-Cidre, Cidre-Donuts mit Zimt und klassische Apple Pies und Apfelgebäck.

Salton Sea

Wenn man auf dem Hwy 111 Richtung Indio nach Südosten fährt, bietet sich ein überraschender Anblick: Kaliforniens größter See liegt inmitten der größten Wüste des Bundesstaats. Der Salton Sea hat eine faszinierende Vergangenheit, eine komplizierte Gegenwart und eine ungewisse Zukunft.

Geologen zufolge erstreckte sich der Golf von Kalifornien vom heutigen Coachella Valley einst über 240 km nach Norden, aber da der Colorado River Millionen Jahre lang reichhaltigen Schlick transportierte, wurde er nach und nach immer weiter abgeschnitten und hinterließ schließlich eine Senke. Mitte des 19. Jhs. entstanden in dieser Senke zahlreiche Salzminen, und Geologen fanden heraus, dass sich der mineralienreiche Boden hervorragend als Ackerland eignete, woraufhin das Wasser des Colorado River in Bewässerungskanäle umgeleitet wurde.

1905 brach der Colorado River über die Ufer und schuf den Salton Sea. 18 Monate, 1500 Arbeiter und 500000 t Stein waren nötig, um den Fluss wieder in seine Schranken zu verweisen, aber da kein natürlicher Abfluss vorhanden war, blieb das Wasser des Sees erhalten. Heute ist der Salton Sea 56 km lang und 24 km breit, und sein Wasser ist 30 % salzhaltiger als das des Pazifiks.

Mitte des letzten Jahrhunderts wurden im Salton Sea Fische ausgesetzt und der See als „Kalifornische Riviera" vermarktet. Schon bald säumten Ferienhäuser die Ufer. Die Fische wiederum lockten Vögel an, und der See ist noch immer eines der besten Ziele zur Vogelbeobachtung: Hier leben Wandervögel und bedrohte Arten, etwa Schneegänse, Schwarzhalstaucher, Schwarzkopf-Ruderenten, Weiß- und Braunpelikane, Weißkopfseeadler und Wanderfalken.

Wenn man heute überhaupt noch etwas vom Salton Sea hört, dann steht das vermutlich im Zusammenhang mit dem alljährlichen Fischsterben, das auf die phosphor- und stickstoffhaltigen Abwässer des Farmlands rundum zurückzuführen ist. Die Mineralien verursachen Algenblüten, und wenn die Algen absterben, führt dies zu Sauerstoffmangel im Wasser – und bei den Fischen. Selbst wenn schon morgen sämtliche Farmen ihre Arbeit einstellen würden, lagerten im Boden noch so viele Mineralien, dass sie die Senke erst in einigen Generationen erreichen würden.

Eine mögliche Lösung könnte sein, den Wasserzufluss des Sees abzuschneiden und ihn sterben zu lassen, aber dadurch entstünde ein neues Dilemma: Ein ausgetrockneter Salton Sea würde ein staubiges Becken und damit die Möglichkeit einer riesige Staubwolke entstehen lassen, die eine verheerende Luftverschmutzung für die Region bedeuten würde. Die Diskussion dauert weiter an.

Leider stand zum Zeitpunkt der Recherche die **Salton Sea State Recreation Area** (☎760-393-3052; www.parks.ca.gov) am Nordufer des Sees wegen Budgetkürzungen kurz vor der Schließung. Weiter südlich ist das Schutzgebiet **Sonny Bono Salton Sea National Wildlife Refuge** (www.fws.gov/saltonsea; 906 W Sinclair Rd, Calipatria; ⏲Sonnenaufgang–Sonnenuntergang, Visitor Center ganzjährig Mo–Fr 7–15.15, Okt–Feb Sa & So 10–14 Uhr) ein wichtiger Landeplatz für Vögel, die auf dem Pacific Flyway unterwegs sind. Hier gibt's ein Visitor Center, einen kurzen, selbstgeführten Wanderweg, einen Aussichtsturm und einen Picknickbereich. Das Gebiet liegt 4 Meilen (6,4 km) westlich des Hwy 111 zwischen Niland und Calipatria.

WAS ZUM ...?

Der **Salvation Mountain** (www.salvationmountain.us) südlich des Salton Sea ist ein kurioser Anblick: Dieser Hügel aus Beton und handgefertigten Lehmziegeln ragt 30 m in die Höhe, ist bunt bemalt, mit diversen Fundstücken (Heuballen, Reifen, Telefonmasten) verziert und mit religiösen Botschaften beschriftet. Er verkörpert die Vision von Leonard Knight, der bereits seit drei Jahrzehnten daran arbeitet, gehört zu den wichtigsten Werken amerikanischer Volkskunst und wurde vom US-Senat als nationales Kulturgut anerkannt. Er steht in Niland, 3 Meilen (4,8 km) abseits des Hwy 111, und ist über die Main St erreichbar.

ROUTE 66

Die legendäre Route 66 wurde 1926 fertiggestellt und verband Chicago durch das Herz der USA mit Los Angeles. Die „Mother Road", wie der Schriftsteller John Steinbeck sie nannte, entstand während der Großen Depression, als Tausende von Migranten der „Dust Bowl" entflohen und in heruntergekommenen alten Karren mit der Aufschrift „California or Bust" (Kalifornien oder Untergang) nach Westen zogen, wie Steinbeck es auch in *Früchte des Zorns* beschreibt. Nach dem Zweiten Weltkrieg zog es die Amerikaner dank ihres neuen Wohlstands dann zum Vergnügen mit ihren Cabrios auf diese Straße.

Als sich der Verkehr in der Nachkriegs-Zeit auf das Interstate-Highway-Netz verlagerte, mussten in den kleinen Städten entlang der Route 66 viele Motels mit ihren klassischen Neonreklameschildern, Diners und Drive-ins schließen. Jedes Jahr steht ein weiteres Wahrzeichen zum Verkauf, aber viele werden inzwischen auch vor dem Verfall gerettet.

In Kalifornien folgt die Route 66 meist dem National Old Trails Hwy, auf dem Schlaglöcher und gefährliche Unebenheiten keine Seltenheit sind. Vom Strand in Santa Monica rumpelt die Straße durch das L.A.-Basin, überquert den Cajon Pass zu den Eisenbahnstädten Barstow und Victorville und wagt sich durch einige Geisterstädte in der Mojave-Wüste, bevor sie schließlich Needles nahe der Grenze zu Nevada erreicht.

Von L. A. nach Barstow

Die Route 66 beginnt in Santa Monica an der Kreuzung Ocean Ave und Santa Monica Blvd. Man folgt Letzterem durch Beverly Hills und West Hollywood, biegt dann rechts auf den Sunset Blvd ab und folgt dem 110 Fwy Richtung Norden nach Pasadena. An der Ausfahrt 31B geht's auf der Fair Oaks Ave nach Süden für einen leckeren *egg cream* (Milchmixgetränk) in der **Fair Oaks Pharmacy** (☎626-799-1414; www.fairoakspharmacy.net; 1526 Mission St, South Pasadena; Hauptgerichte 4,50–10 US$; ⌚Mo–Sa 9–21, So 10–19 Uhr; 👪), einer nostalgischen „Soda Fountain“ von 1915. Dann wenden und der Fair Oaks Ave zurück nach Norden folgen. Rechts auf den Colorado Blvd abbiegen, wo das **Saga Motor Hotel** (☎626-795-0431; www.thesagamotorhotel.com; 1633 E Colorado Blvd, Pasadena; Zi. 92–135 US$; ❄📶🏊👪) im Vintage-Stil seinen Gästen noch immer altmodische Zimmerschlüssel aus Metall aushändigt.

Auf dem Colorado Blvd geht's weiter Richtung Osten zum Colorado Pl und **Santa Anita Park** (☎626-574-7223, Tourreservierungen 626-574-6677; www.santaanita.com; 285 W Huntington Dr, Arcadia; ⌚Rennen 26. Dez.–20. April), wo der Marx-Brothers-Film *Ein Tag beim Rennen* gedreht wurde und auch das legendäre Vollblut Seabiscuit seine Rennen bestritt. Während der Rennsaison führen kostenlose Tram-Touren hinter die Kulissen in die Jockey-Räume und den Trainingsbereich (nur am Wochenende, Reservierungen empfohlen).

Der Colorado Pl biegt auf den Huntington Dr E ab, dem man bis zur 2nd Ave folgt, wo man erst nach Norden und dann Richtung Osten auf den Foothill Blvd abbiegt. Diese ältere Anschlussstraße der Route 66 folgt dem Foothill Blvd bis Monrovia, wo das **Aztec Hotel** (311 W Foothill Blvd, Monrovia) von 1925 steht, in dem es angeblich spukt und das mit seiner Architektur im Maya-Revival-Stil einen Blick wert ist. Im Mai 2011 wurde über das Gebäude eine Zwangsvollstreckung verhängt, und zum Zeitpunkt der Recherche war sein Schicksal noch ungewiss.

Weiter geht's auf dem W Foothill Blvd nach Osten, dann auf der S Myrtle Ave Richtung Süden und mit einem linken Haken auf dem E Huntington Dr bis nach Duarte, wo jeden September eine **Route-66-Parade** (http://duarteroute66parade.com) stattfindet, die von lauten Marschkapellen, altmodischen Karnevalsspielen und einer Oldtimer-Show begleitet wird. In Azusa biegt der Huntington Dr auf den E Foothill Blvd ab, der in Glendora zum Alosta Blvd wird, wo **The Hat** (☎626-857-0017; 611 W Rte 66, Glendora; Hauptgerichte 3–7,50 US$; ⌚So–Do 10–23, Fr & Sa bis 1 Uhr; 👪) seit 1951 turmhohe Pastrami-Sandwiches verkauft.

Richtung Osten warten auf dem Foothill Blvd in Rancho Cucamonga zwei auffällige Retro-Steakhäuser. Zunächst erreicht man das **Magic Lamp Inn** (☎909-981-8659; 8189 Foothill Blvd, Rancho Cucamonga; Hauptgerichte Mittagessen 11–17 US$, Abendessen 15–42 US$; ⌚Di–Fr 11.30–14.30, Di–Do 17–23, Fr & Sa 17–22.30, So 16–21 Uhr) aus dem Jahr 1955, das leicht an seinem großartigen Neonschild zu erkennen ist. Mittwoch- bis samstagabends darf getanzt werden. Ein Stück die Straße runter serviert das rustikale **Sycamore Inn** (☎909-982-1104; www.thesycamoreinn.com; 8318 Foothill Blvd, Rancho Cucamonga; Hauptgerichte 22–49 $; ⌚Mo–Do 17–21, Fr & Sa bis 22, So 16–20.30 Uhr) seit 1848 saftige Steaks.

Auf der Fahrt nach Fontana, dem Geburtsort des berüchtigten Hells-Angels-Biker-Clubs, passiert man den inzwischen geschlossenen Saftstand **Giant Orange** (15395 Foothill Blvd, Fontana) aus den 1920er-Jahren, der zwischen SoCals Zitrushainen einst praktisch zum Inventar gehörte.

Der Foothill Blvd führt weiter nach Rialto, wo das **Wigwam Motel** (☎909-875-3005; www.wigwammotel.com; 2728 W Foothill Blvd, San Bernardino; Zi. 65–82 US$; ❄📶🏊) zu finden ist, dessen verrückte Tipi-Nachbauten aus Beton von 1949 stammen. Von hier geht's weiter Richtung Osten, dann auf der N East St nach Norden zum **First McDonald's Museum** (☎909-885-6324; 1398 N E St, San Bernadino; Eintritt gegen Spende; ⌚10–17 Uhr), das interessante Ausstellungen zur historischen Route 66 zeigt. Jetzt weiter nach

UNTERWEGS AUF DER MOTHER ROAD

Route-66-Fans, die jede Meile des alten Highways abfahren möchten, finden auf www.historic66.com kostenlose Wegbeschreibungen, die keine einzige Kurve auslassen. Näheres zum geschichtlichen Hintergrund sowie Fotos und Informationen zu besonderen Events gibt's unter www.cart66pf.org und www.route66ca.org.

Norden, dann links auf die W Highland Ave und über den I-215 Fwy zur I-15, wo man an der Ausfahrt Cleghorn auf den Cajon Blvd abfährt und auf einem alten Abschnitt der Mother Road nach Norden gondelt. Jetzt wieder zurück auf die I-15 und über den Cajon Pass fahren. Oben angekommen geht's über die Ausfahrt Oak Hill Rd (Nr. 138) zum **Summit Inn Cafe** (☎760-949-8688; 5960 Mariposa Rd, Oak Hills; Hauptgerichte 5–12 US$; ⌚Mo–Do 6–20, Fr & Sa bis 21 Uhr), ein Diner aus den 1950er-Jahre, das über alte Zapfsäulen, eine Retro-Jukebox und eine Essenstheke verfügt, an der Straußen-Burger und Dattel-Shakes verkauft werden.

Wieder auf der I-15 geht's bergab nach Victorville und über die Ausfahrt 7th St zu den San Bernardino County Fairgrounds, dem Zuhause der Rennstrecke Route 66 Raceway. Nun der 7th St zur D St folgen und links zum ausgezeichneten **California Route 66 Museum** (www.califrt66museum.org; 16825 South D St, Victorville; Spenden willkommen; ⌚Do–Sa & Mo 10–16, So 11–15 Uhr) abbiegen, das im alten Red Rooster Cafe gegenüber dem Bahnhof untergebracht ist. Hier wartet eine wunderbare Sammlung mit Teardrop-Wohnwagen aus den 1930er-Jahren, mit leuchtend roten Kunstleder-Sitzecken mit Mini-Jukeboxen auf den Tischen und mit vielen Stücken aus dem Roy Rogers Museum, das einst in Victorville zuhause war, bevor es nach Branson, Missouri, umzog, wo es 2010 schloss.

Richtung Norden geht's auf der South D St, die hier zum National Trails Hwy wird, unter der I-15 hindurch. Dieser ländliche Abschnitt nach Barstow ist bei Harley-Fahrern beliebt – hier kann man eine echte Schnitzeljagd zu den alten Ruinen entlang der Mother Road machen, etwa altmodischen Tankstellen und heruntergekommenen Motels.

In Oro Grande wartet der **Iron Hog Saloon** (20848 National Old Trails Hwy, Oro Grande; ⌚Mo–Do & So 8–22, Fr & So bis 2 Uhr), ein altmodischer Honky Tonk, der vor Erinnerungsstücken und Charakter(en) beinahe überquillt. Er ist bei Bikern wahnsinnig beliebt und serviert üppige Portionen deftiger (und ausgefallener) Köstlichkeiten, darunter auch Klapperschlange und Strauß. Weiter nördlich steht **Elmer's Place**, eine bunte Volkskunst-Sammlung am Straßenrand, die kunstvoll um einen Telefonmasten arrangierte Glasflaschen und verwitterte Straßenschilder zeigt.

Barstow

An der Kreuzung von I-40 und I-15, etwa auf halber Strecke zwischen L.A. und Las Vegas, ist das etwas angezählte Barstow (22 639 Ew.) seit Jahrhunderten eine Anlaufstelle für Wüstenreisende. 1776 zog der Priester Francisco Garcés aus den spanischen Kolonien mit seiner Karawane durch den Ort, und Mitte des 19. Jhs. führte der Old Spanish Trail, auf dem die frühen Siedler entlang des Mojave River Vorräte an kalifornische Einwanderer verkauften, ganz in der Nähe vorbei. Damals wurden in den Hügeln außerhalb der Stadt auch mehrere Minen gegraben, und nach 1886 blühte Barstow, das nach einem Eisenbahnfunktionär benannt wurde, als Eisenbahnkreuzung ein wenig auf. Nach 1926 entwickelte es sich zu einem wichtigen Zwischenstopp für Autofahrer auf der Route 66. Heute hält sich die Stadt dank der nahen Militärstützpunkte über Wasser und ist nach wie vor ein geschäftiger Boxenstopp für Reisende.

Sehenswertes

Barstow ist für seine **Wandgemälde** mit geschichtlichen Themen bekannt, die oft leere, mit Brettern vernagelte Gebäude in der Innenstadt zieren, meist entlang der Main St zwischen der 1st und 6th St.

GRATIS Route 66 'Mother Road' Museum MUSEUM

(www.route66museum.org; 681 N 1st St; ⌚Fr–So 10–16 Uhr) Das in der wunderschön renovierten **Casa del Desierto**, einem Harvey House von 1911, das von der berühmten Western-Architektin Mary Colter entworfen wurde, untergebrachte Museum dokumentiert das Leben entlang des historischen Highways mit tollen Schwarz-Weiß-Fotografien und bunt gemischten Relikten – darunter auch ein Ford Model T von 1915 und eine Telefonanlage aus dem Jahr 1913. Im ausgezeichneten Souvenirladen gibt's Reiseführer, Karten und Bücher zur Route 66. Das Museum liegt nördlich der Main St auf der anderen Seite der Bahnschienen.

Western America Railroad Museum MUSEUM

(http://barstowrailmuseum.org; 685 N 1st St; ⌚Fr–So 11–16 Uhr) Eisenbahnfans begeben sich gern auf direktem Weg zu einem anderen Teil des Casa del Desierto, um Eisenbahn-Ausstellungsstücke aus über einem Jahrhundert zu bewundern, darunter alte

Fahrpläne, Uniformen und die unglaubliche Modelleisenbahn Dog Tooth Mountain. Draußen warten historische Lokomotiven, leuchtend rote Güterwaggons und sogar ein Waggon, in dem Rennpferde transportiert wurden.

GRATIS **Desert Discovery Center** MUSEUM
(www.discoverytrails.org; 831 Barstow Rd; ⌚Di–Sa 11–16 Uhr; 👪) Der Star dieses Lernzentrums für Kinder ist in einem Lehmgebäude nahe der I-15 untergebracht: Der „Old Woman"-Meteorit ist der zweitgrößte, der je in den USA gefunden wurde, und wiegt imposante 2753 kg.

Calico Ghost Town GEISTERSTADT
(☎800-862-2542; www.calicotown.com; 36600 Ghost Town Rd, Yermo; Erw./Kind 6/5 US$; ⌚9–17 Uhr; 👪) Diese charmant-kitschige Old-West-Attraktion besteht aus einer Ansammlung nachgebauter Gebäude aus der Pionierzeit, die inmitten der Ruinen einer Silberminenstadt aus dem späten 19. Jh. stehen. Wer sich beim Goldwaschen versuchen, eine Tour durch die Maggie Mine machen, mit der Schmalspurbahn fahren oder die „geheimnisvolle Baracke" sehen möchte, zahlt extra. Darüber hinaus finden eher altmodische Veranstaltungen wie Nachstellungen von Bürgerkriegsschlachten oder Bluegrass-Musikfeste statt, mit denen Traditionen und Vergangenheit gefeiert werden sollen. Einen **Campingplatz** (Zelt-/Wohnmobilplatz mit Komplettanschluss 25/30 US$) gibt's auch. Man erreicht die Stadt über die Ausfahrt Ghost Town Rd der I-15.

Schlafen & Essen

Erst, wenn die Mojave zufriert, wird es keine freien Zimmer mehr in Barstow geben. Man fährt einfach die E Main St entlang und sucht sich aus der Reihe nationaler Ketten-Motels das richtige aus; oft gibt's Doppelzimmer schon ab 40 US$.

Oak Tree Inn MOTEL $
(☎760-254-1148; www.oaktreeinn.com; 35450 Yermo Rd, Yermo; Zi. inkl. Frühstück 53–74 US$; ❄📶🏊🐾) Etwas mehr Klasse und Komfort bietet dieses dreistöckige Motel, dessen Zimmer mit blickdichten Vorhängen und dreifach verglasten Fenstern ausgestattet sind. Es liegt 11 Meilen (17,7 km) östlich der Stadt (an der Ausfahrt Ghost Town Rd die I-15 verlassen) in der Nähe der Calico Ghost Town. Das Frühstück wird in einem Diner im 1950er-Jahre-Stil serviert, das auch als 24-Stunden-Rastplatz dient.

Lola's Kitchen MEXIKANISCH $
(1244 E Main St; Hauptgerichte 5–12 US$; ⌚4–19.30, Sa bis 16.30 Uhr; 👪) Interstate-Trucker, Arbeiter und Hipster auf dem Weg nach Vegas treffen sich in dieser einfachen mexikanischen *cocina*, die sich inmitten einer Einkaufsmeile versteckt und von zwei Schwestern geführt wird, die köstliche *carne-asada*-Burritos, *chile-verde*-Enchiladas und vieles mehr zubereiten. Während man wartet, werden heiße, frische Tortilla-Chips mit scharfer Salsa serviert.

Idle Spurs Steakhouse STEAKHAUS $$
(☎760-256-8888; 690 Old Hwy 58; Hauptgerichte Mittagessen 8–21 US$, Abendessen 13–40 US$; ⌚Mo–Fr 11–21, Sa & So 16–21 Uhr; 👪) Dieses Restaurant mit Western-Motto sitzt seit 1950 im Sattel. Es umgibt einen Innenhof und eine Bar und ist ein Favorit der Einheimischen und Wohnmobilurlauber. Hier gibt man sich schnell dem inneren Fleischfan geschlagen und genießt das langsam gebratene *prime rib* und andere Steaks sowie köstliche Hummerschwänze. Eine Kinderkarte gibt's auch.

Texas Style BBQ BARBECUE $
(208 E Main St; Sandwiches 5,50–8,50 US$, Abendessen 9–14 US$; ⌚10–22 Uhr) Das nennen wir scharf! Dieses bodenständige Restaurant aus dem Lone-Star-State brät saftige Rinderbrust, *tri-tip*-Steaks, Schweinerippchen und würzige Würste mit gebackenen Bohnen und Kartoffeln. Als Dessert den Süßkartoffelkuchen probieren!

☆ Unterhaltung

Skyline Drive-In KINO
(☎760-256-3333; 31175 Old Hwy 58; Erw./Kind 6/2 US$; 👪) Eines der letzten Autokinos Kaliforniens: Dieses Kino aus den 1960er-Jahren zeigt jeden Abend einen oder zwei Filme.

Praktische Informationen

Barstow Area Chamber of Commerce (☎760-256-8617; www.barstowchamber.com; 681 N 1st Ave; ⌚Mo–Fr 8.30–17.30, Sa 10–14 Uhr) Am Bahnhof, gleich nördlich der Innenstadt.

Barstow Community Hospital (☎760-256-1761; 555 S 7th Ave; ⌚Notaufnahme 24 Std.)

Anreise & Unterwegs vor Ort

Man braucht ein Auto, um die Gegend um Barstow und die Route 66 zu erkunden . Ein paar größere Leihwagenfirmen haben Filialen in der Stadt.

Es fahren häufig Greyhound-Busse von L. A. (33,50 US$, 2½–5¼ Std.), Las Vegas (29 US$,

2¾ Std) und Palm Springs (40 US$, 3¾ Std.) zum **Hauptbusbahnhof** (1611 E Main St) östlich der Innenstadt, nahe der I-15.

Amtraks *Southwest Chief* fährt täglich nach/von L. A. (51 US$, 3¾ Std.), ist aber oft verspätet. Am historischen **Bahnhof** (685 N 1st Ave) in Barstow gibt's keinen besetzten Ticketschalter.

Von Barstow nach Needles

Barstow verlässt man auf der I-40 Richtung Osten und fährt in Daggett ab, wo sich früher der kalifornische Kontrollposten befand, der unter den Dust-Bowl-Flüchtlingen sehr gefürchtet war. Dann geht's auf der A St nach Norden über die Eisenbahnschienen und rechts in die Santa Fe St. Zur Linken, gleich hinter dem Supermarkt, steht das leicht düstere, verfallende **Daggett Stone Hotel** aus dem 19. Jh., in dem einst Wüstenabenteurer wie Death Valley Scotty (s. S. 765) abstiegen.

Weiter der Santa Fe folgen, die erste Straße rechts, dann wieder links abbiegen und auf dem National Trails Hwy nach Osten fahren. Auf diesem von Schlaglöchern durchzogenen, bröckelnden Hinterland-Abschnitt kriecht die Route 66 durch geisterhafte Wüstenstädte, die früher ordentlich in umgekehrter alphabetischer Reihenfolge benannt waren.

Kurz darauf duckt sich der Highway unter der I-40 durch und man ist in Newberry Springs, wo das leicht angegraute **Bagdad Cafe** (www.bagdadcafethereal.com; 46548 National Old Trails Hwy, Newberry Springs; Hauptgerichte 7–10 US$; ⏲7–19 Uhr) als Hauptdrehort des Indie-Films *Out of Rosenheim* (1987) diente, in dem Marianne Sägebrecht, C. C. H. Pounder und Jack Palance die Hauptrollen spielen und der in Deutschland Kultstatus hat. Das Innere ist bis zum Bersten mit Postern, Filmfotos und Erinnerungsstücken gefüllt, während draußen der alte Wasserturm und der silberne Airstream-Wohnwagen langsam vor sich hinrosten.

Der National Trails Hwy folgt dem Freeway nach Süden, kreuzt ihn in Lavic und verläuft dann entlang der Nordseite der I-40 Richtung Osten. In Ludlow rechts auf die Crucero Rd abbiegen, erneut die I-40 überqueren und dann dem Highway folgen, indem man links abbiegt.

Hinter Ludlow wendet sich die Route 66 vom Freeway ab und führt an unheimlichen Ruinen vorbei, die sich in die majestätische Landschaft einfügen. Nur ein paar Wahrzeichen unterbrechen hier noch den grenzenlosen Horizont; das berühmteste ist wohl das Schild des **Roy's Motel & Cafe** östlich des **Amboy Crater**, eines fast perfekt symmetrischen, vulkanischen Aschekegels, der seit 600 Jahren schläft. Man kann ihn an seiner Westseite erklimmen (bei starkem Wind oder in der Sommerhitze sollte man dies besser nicht tun).

Hinter Essex verlässt die Mother Road den National Trails Hwy und wendet sich auf der Goffs Rd Richtung Norden bis nach Fenner, wo sie erneut die I-40 überquert. In Goffs steht das **Goffs Schoolhouse** (☎760-733-4482; www.mdhca.org; 37198 Lanfair Rd, Goffs; Spenden willkommen; ⏲nach vorheriger Absprache) von 1914. Dieses Gebäude im Missionsstil besteht aus einem einzigen Raum und ist Teil der am besten erhaltenen historischen Siedlung in der Mojave-Wüste.

Nun der Goffs Rd (US Hwy 95) zur I-40 East bis nach **Needles** folgen. Die Stadt wurde nach den nahen Bergspitzen benannt und ist der letzte Zwischenstopp auf der Route 66 vor Arizona, wo die Old Trails Arch Bridge die Familie Joad in *Früchte des Zorns* über den Colorado trug.

Die Ausfahrt J St nehmen, links abbiegen und der J St zum W Broadway folgen, wo man rechts und wieder links auf die F St abbiegt, die auf die Front St trifft und parallel zu den Eisenbahnschienen verläuft. An einer alten Maultier-Kutsche und dem Palm Motel aus den 1920er-Jahren vorbei zum **El Garces** fahren, einem Harvey House von 1908, das seit Jahren renoviert wird.

MOJAVE NATIONAL PRESERVE

Wer auf der Suche nach „Mitten im Nirgendwo" ist, findet dies in der Wildnis des **Mojave National Preserve** (☎760-252-6100; www.nps.gov/moja; Eintritt frei), einer 6475 km² großen Ansammlung von Sanddünen, Joshua Trees, vulkanischen Aschekegeln und Lebensräumen für Dickhornschafe, Kalifornische Wüstenschildkröten, Hasen und Kojoten. Einsamkeit und Ruhe sind hier die Hauptattraktionen. Die Temperaturen pendeln sich im Sommer etwa um 37 °C ein und liegen im Winter um 10 °C; dann kann es auch durchaus zu Schneestürmen kommen, und die starken Winde im Frühling und Herbst hauen den stärksten Mann um. Im Schutzgebiet kann man nirgendwo tanken.

Sehenswertes & Aktivitäten

Man kann einen ganzen Tag oder auch nur ein paar Stunden damit zubringen, durch das Schutzgebiet zu fahren, die Sehenswürdigkeiten zu bestaunen und einen Teil zu Fuß zu erkunden.

Cima Dome BERG

Der Cima Dome ist von der I-15 aus Richtung Süden zu sehen: ein 450 m hoher Block aus Granit, den spitze Vulkanaschekegel und verkrustete Felsvorsprünge aus Basalt zieren, die von Lavaströmen zurückgelassen wurden. Die Hänge sind mit Joshua Trees bedeckt, die den weltweit größten Wald dieser Art bilden. Wer all das aus der Nähe sehen möchte, kann sich den ca. 5 km langen Rundweg zum **Teutonia Peak** (1754 m) hinauf wagen, der in der Cima Rd beginnt, 6 Meilen (9 km) nordwestlich von Cima.

Kelso Dunes DÜNEN

Diese wunderschönen „singenden" Dünen ragen über 180 m auf und sind die drittgrößten Sanddünen des Landes. Unter den richtigen Bedingungen kann man ihr leises Summen hören, das durch den sich verlagernden Sand verursacht wird. Wenn man eine der Dünen hinunterrennt, kann man den Effekt dadurch manchmal selbst auslösen. Die Dünen erstrecken sich über rund 5 km entlang einer unbefestigten Straße westlich der Kelbaker Rd, 7,5 Meilen (12 km) südlich von Kelso Depot.

Hole-in-the-Wall OUTDOOR

Diese senkrechten Wände aus Rhyolith-Tuff sehen aus wie Klippen aus Schweizer Käse und unpoliertem Marmor und sind das Ergebnis eines mächtigen prähistorischen Vulkanausbruchs, der riesige Felsbrocken über die Landschaft verteilte. Auf dem 800 m langen **Rings Trail** führen Metallringe hinunter und durch eine schmale, von Wasser geformte Schlucht, durch die im 19. Jh. Indianer vor Viehzüchtern flohen. Die **Wild Horse Canyon Rd**, eine unglaubliche Panoramastraße, die über 9,5 Meilen (15 km) durchs Hinterland nach Mid Hills hinaufklettert, beginnt ebenfalls am Hole-in-the-Wall. Am Visitor Center erfährt man, ob sie gerade passierbar ist. Das Hole-in-the-Wall liegt an der Black Canyon Rd, östlich der Kelso-Cima Rd, und ist über die unbefestigte Cedar Canyon Rd erreichbar. Von der I-40 kommend an der Ausfahrt Essex Rd abfahren.

Mitchell Caverns HÖHLEN

(☎760-928-2586) In den Providence Mountains im Ostteil des Schutzgebiets liegen diese wunderschönen Höhlen – ein Tor in eine Welt der skurrilen Kalksteinformationen. Zum Zeitpunkt der Recherche waren die Touren leider auf unbestimmte Zeit ausgesetzt worden. Aktuelle Infos gibt's telefonisch.

Schlafen & Essen

In Baker, nördlich des Schutzgebiets an der I-15, gibt's jede Menge billige, meist uncharmante Motels und Imbiss-Restaurants. Südöstlich des Schutzgebiets, entlang der Route 66, bietet Needles (S. 761) ein paar bessere Optionen.

Camping

Man kann zwischen zwei kleinen, angelegten **Campingplätzen** (Stellplatz Zelt- & Wohnmobil 12 US$) mit Plumpsklos und Trinkwasser wählen, aber wer zuerst kommt, mahlt

FUSS VOM GAS: SCHILDKRÖTEN KREUZEN!

Die Mojave Wüste ist das Zuhause der Kalifornischen Wüstenschildkröte, die bis zu 80 Jahre alt werden kann und sich von Wildblumen und Gräsern ernährt. Ihre Blase dient quasi als Vorratskanister und erlaubt es ihr, bis zu einem Jahr ohne Wasser auszukommen. Mithilfe ihrer starken Hinterbeine gräbt sie sich in den Boden ein, um der sommerlichen Hitze bzw. den eiskalten Temperaturen im Winter zu entkommen und Eier abzulegen. Das Geschlecht der Jungtiere wird durch die Temperaturen bestimmt: Jungs bei kühleren, Mädchen bei wärmeren.

Krankheiten und schwindende Lebensräume haben die Population der Kalifornischen Wüstenschildkröte stark dezimiert. Sie ruhen sich gern im Schatten unter geparkten Autos aus (daher vor dem Losfahren kurz nachsehen) und werden oft von Querfeldein-Fahrern erfasst. Wer eine Schildkröte in Not entdeckt (z.B. wenn ein Tier mitten auf der Straße gestrandet ist), sollte schnellstmöglich einen Ranger informieren.

Es ist illegal, die Tiere hochzuheben oder sich ihnen auch nur zu nähern, und das aus gutem Grund: Eine verängstigte Schildkröte könnte auf ihren scheinbaren Angreifer urinieren und dadurch möglicherweise sterben, bevor der nächste Regen kommt.

zuerst: Hole-in-the-Wall ist von felsiger Wüstenlandschaft umgeben, und Mid Hills (keine Wohnmobile) liegt zwischen Kiefern und Wacholdersträuchern. Wildcampen im Hinterland und in Straßennähe ist im gesamten Schutzgebiet erlaubt, sofern die Stelle bereits zu diesem Zweck benutzt wurde, etwa an der Rainy Day Mine Site und am Granite Pass nahe der Kelbaker Rd oder am Sunrise Rock nahe der Cima Rd. Einzelheiten und Wegbeschreibungen gibt's an den Visitor Centers. Entlang asphaltierter Straßen, in den Picknickbereichen und in einem Umkreis von 180 m rund um eine Wasserquelle ist campen nicht erlaubt.

Praktische Informationen

Hole-in-the-Wall Visitor Center (☎760-252-6104; ⌚Okt–Apr Mi–So 9–16, Mai–Sept Fr–So) Saisonale Ranger-Programme, Informationen zum Hinterland und Aktuelles zu Straßenbedingungen. Es liegt 20 Meilen (32 km) nördlich der I-40 und ist über die Essex Rd erreichbar.

Kelso Depot Visitor Center (☎760-252-6108; Kelbaker Rd, Kelso; ⌚9–17 Uhr) Das größte Visitor Center des Schutzgebiets ist in einem elegant renovierten Eisenbahndepot aus den 1920er-Jahren zu finden, das im Spanish-Mission-Revival-Stil erbaut wurde. Es ist mit kompetenten Rangern besetzt, die gern bei der Tagesplanung helfen. Außerdem sind hier ausgezeichnete Ausstellungen zur Natur- und Kulturgeschichte zu sehen, und am altmodischen **Thekenimbiss** (Gerichte 3,50–8,50 US$) kann man sich stärken.

An- & Weiterreise

Die Mojave National Preserve wird im Norden von der I-15 und im Süden von der I-40 gesäumt. Der Haupteingang befindet sich abseits der I-15 in Baker; von hier bis zum zentralen Kelso Depot Visitor Center sind es etwa 30 Meilen (48 km) Richtung Süden über die Kelbaker Rd, die nach weiteren 23 Meilen (37 km) wieder auf die I-40 trifft. Die Cima Rd bzw. die Morning Star Mine Rd nahe Nipton sind zwei weitere Zufahrtsstraßen im Norden. Von der I-40 führt die Essex Rd zur Black Canyon Rd und zum Hole-in-the-Wall.

RUND UM DAS MOJAVE NATIONAL PRESERVE

Nipton

Am Nordrand des Schutzgebiets liegt der winzige einsame Außenposten **Nipton** (www.nipton.com), der 1900 als Lager für Arbeiter der nahen Goldmine entstand. Die Eisenbahn führt seit 1905 auf dem Weg von Salt Lake City nach Los Angeles durch die Siedlung. 2010 machte der Ort Schlagzeilen, als er eine Solaranlage in Betrieb nahm, die 85% seines Strombedarfs deckt.

Das charismatische **Hotel Nipton** (☎760-856-2335; www.nipton.com; 107355 Nipton Rd; Zelthütten DZ 65 US$, Zi. ohne Bad 80 US$, alle inkl. Frühstück; ⌚Rezeption 8–18 Uhr; ❄📶) stammt ebenfalls aus dem ersten Jahrzehnt des 20. Jhs. Das Lehmgebäude verfügt über fünf Zimmer, die sich zwei Bäder teilen, sowie eine Rundum-Veranda und Öko-Lodges (Zelthütten), die mit Strom, Ventilatoren, Holzöfen und erhöhten Betten ausgestattet sind. Alle Gäste können sich in den beiden Whirlpools im Freien entspannen.

Man checkt am gut sortierten **Trading Post** (⌚8–18 Uhr) ein, der Karten, Bücher, Lebensmittel, Getränke und Souvenirs verkauft. Nebenan lockt das **Whistle Stop Oasis** (Gerichte 7–10 US$; ⌚11–18 Uhr, zum Abendessen reservieren). Hier wird kein Alkohol ausgeschenkt, aber man kann sich im Laden nebenan ein Bier oder eine Flasche Wein kaufen, die man dann zum Essen mitbringt.

Einen **Wohnmobilpark** (Stellplätze 25 US$) gibt's auch.

Primm

An der Grenze zu Nevada, neben einer Outlet Mall abseits der I-15, befinden sich die **Terrible's Primm Valley Casino Resorts** (☎702-386-7867; www.primmvalleyresorts.com; 31900 Las Vegas Blvd S; Zi ab 25 US$; ❄@📶🏊), ein Trio aus Kasinohotels, die mit einer Tram verbunden sind. Die schlichten Zimmer sind etwas in die Jahre gekommen, aber für eine Nacht ist das durchaus o.k. Das familienfreundliche Buffalo Bill's ist die beste Option und bietet einen eigenen Vergnügungspark (inklusive nervenkitzelnder Achterbahn und Wildwasserbahn) sowie einen Pool in Büffelform. Im Whiskey Pete's sind Haustiere erlaubt (15 US$ Gebühr). Das Primm Valley Hotel & Casino auf der anderen Seite des Freeways verfügt über ein Spa und ein ziemlich neues Fitnesscenter. Alle bieten die gesamte Palette kasinotypischer Restaurants, darunter auch Fastfood-Läden, All-You-Can-Eat-Büffets und rund um die Uhr geöffnete Cafés.

DEATH VALLEY NATIONAL PARK

Schon der Name beschwört Bilder karger, heißer, höllischer Landschaften herauf – eines zermürbenden, trostlosen, leblosen Ortes alttestamentarischer Unnachgiebigkeit. Bei näherem Hinsehen erkennt man aber, dass die Natur im Death Valley ein großartiges Spektakel vollführt: singende Sanddünen, von Wasser geformte Canyons, Felsbrocken, die sich über den Wüstenboden bewegen, erloschene Vulkankrater, von Palmen beschattete Oasen und unzählige einheimische Wildtiere. Dies ist ein Gebiet der Superlative, das die US-Rekorde für die heißeste Temperatur (57°C), den tiefsten Punkt (Badwater, 86 m unter dem Meeresspiegel) und den größten Nationalpark außerhalb Alaskas (rund 13000 km²) hält.

Hauptsaison ist im Winter und Frühling, wenn die Wildblumen blühen. Von Ende Februar bis Anfang April sind die Unterkünfte in einem Umkreis von über 160 km normalerweise komplett ausgebucht und die Campingplätze schon vor 12 Uhr voll, besonders am Wochenende. Im Sommer, wenn das Thermometer auf über 49°C klettert, ist ein Auto mit zuverlässiger Klimaanlage unerlässlich, und Outdoor-Erkundungen sollten sich auf den frühen Morgen und den späten Nachmittag beschränken. Die heißeste Zeit des Tages verbringt man am besten am Pool, oder man entflieht in höhere – und kühlere – Gefilde.

Sehenswertes

FURNACE CREEK

Furnace Creek ist das kommerzielle Zentrum des Death Valleys und bietet einen Gemischtwarenladen, eine Tankstelle, ein Postamt, einen Geldautomaten, Internetzugang, einen Golfplatz, Unterkünfte und Restaurants. Eine Solaranlage, die derzeit ein Drittel des Energiebedarfs von Furnace Creek deckt, wird geschickt von einem Dattelhain verborgen.

GRATIS **Borax Museum** (Okt–Mai 9–21 Uhr, im Sommer wechselnd) Dies ist der perfekte Ort, wenn man herausfinden möchte, was die ganze Aufregung um dieses Borax eigentlich soll. Hinten ist zudem eine tolle Sammlung mit Post- und anderen Kutschen zu sehen. Nach einer kurzen Fahrt Richtung Norden erreicht man einen Lehrpfad, der den Spuren der chinesischen Arbeiter aus dem 19. Jh. folgt und durch die Lehmruinen der **Harmony Borax Works** führt, wo man auch einen Abstecher durch den kurvigen **Mustard Canyon** machen kann.

SÜDLICH VON FURNACE CREEK

Wenn möglich, sollte man frühmorgens aufbrechen und nach **Zabriskie Point** hinauffahren, um die spektakuläre Aussicht auf das goldene Ödland des Tals zu genießen, in dem Erosionen Wellen, Falten und Rinnen formten. Auf der Weiterfahrt nach **Dante's View** entkommt man der Hitze in 1669 m Höhe; von hier aus kann man sowohl den höchsten (Mt. Whitney) als auch den tiefsten (Badwater) Punkt der kontinentalen USA sehen. Die Fahrt dauert hin und zurück etwa 1½–2 Stunden.

Badwater, eine irgendwie bedrohliche Landschaft rissiger Salzebenen, liegt 17 Meilen (27 km) südlich von Furnace Creek. Hier kann man auf einen Holzsteg hinausgehen, der sich über ein konstant verdampfendes Becken mit salzigem, mineralienreichem Wasser erstreckt, das in seiner grandiosen Schönheit aus einer anderen Welt zu stammen scheint. Unterwegs bietet sich ein Abstecher zum schmalen **Golden Canyon** an, der auf einem zwei Meilen langen Rundweg leicht zu erkunden ist; wahlweise kann man auch dem **Devil's Golf Course** einen Besuch abstatten, auf dem sich das Salz zu säbelzahnförmigen Mini-Gebirgen aufgetürmt hat. Die 9 Meilen (14,5 km) lange Panorama-Rundtour auf dem **Artists Drive** macht man am besten am Spätnachmittag, wenn die Hügel durch die freiliegenden Mineralien und die Vulkanasche in einem Feuerwerk der Farben erstrahlen.

STOVEPIPE WELLS & UMGEBUNG

Stovepipe Wells liegt 26 Meilen (42 km) nordwestlich von Furnace Creek und war in den 1920er-Jahren der erste Touristenort im Death Valley. Heute gibt's hier einen kleinen Laden, eine Tankstelle, einen Geldautomaten, ein Motel, einen Campingplatz und eine Bar. Unterwegs kann man nach der Parkbucht am Straßenrand Ausschau halten, von der aus man auf die pulverigen, saharaartigen **Sand Dunes** wandern kann. Die Dünen sind am fotogensten, wenn die Sonne tief steht, und besonders magisch sind sie bei Vollmond. Auf der anderen Straßenseite liegt das **Devil's Cornfield**, auf dem zahlreiche Arrwoweed-Büsche wachsen. 2,5 Meilen (4 km) südwestlich von Stovepipe Wells führt eine 3 Meilen (4,8 km) lange Schotterstraße zum **Mosaic Canyon**, in dem man

ZU HAUSE IM DEATH VALLEY

Die Timbisha-Schoschonen lebten jahrhundertelang in der Panamint Range und besuchten das Tal jeden Winter, um Eicheln zu sammeln, Wasservögel zu jagen, Fische in den Sümpfen zu fangen und kleine Felder mit Mais, Kürbis und Bohnen zu bebauen. Nachdem die Bundesregierung 1933 das Death Valley National Monument geschaffen hatte, wurde der Stamm gezwungen, mehrmals umzuziehen und wurde schließlich auf ein 16 ha großes Dorf nahe Furnace Creek begrenzt, in dem er heute noch lebt. Im Jahr 2000 unterzeichnete Präsident Clinton ein Gesetz, durch das dem Stamm über 2800 ha ihres Landes zurückgegeben wurden. So entstand das erste Reservat in einem US-Nationalpark. Näheres gibt's unter http://timbisha.org.

über die glatten, mehrfarbigen Felswände wandern und klettern kann. Zur Mittagszeit leuchten die Farben am stärksten.

EMIGRANT CANYON RD

6 Meilen (9,6 km) südwestlich von Stovepipe Wells zweigt die Emigrant Canyon Rd vom Hwy 190 ab und führt nach Süden zu den höheren Lagen des Parks. Unterwegs passiert man die Abzweigung nach **Skidoo**, einer Bergbau-Geisterstadt, in der 1923 der Stummfilm *Gier* gedreht wurde. Man erreicht ihre Überreste und damit auch einen atemberaubenden Blick auf die Sierra Nevada nach 8 Meilen (12,8 km) über eine Schotterstraße, die nur für Fahrzeuge mit hoher Bodenfreiheit freigegeben ist.

Weiter südlich passiert die Emigrant Canyon Rd die Abzweigung zu einer 7 Meilen (11,2 km) langen, unbefestigten Straße, die an den **Eureka Mines** vorbei zum schwindelerregenden **Aguereberry Point** führt (nur Fahrzeuge mit hoher Bodenfreiheit), von wo sich aus 1961 m Höhe ein toller Blick auf das Tal und die farbprächtigen Funeral Mountains bietet. Die beste Zeit für einen Besuch ist am Spätnachmittag.

Anschließend klettert die Emigrant Canyon Rd steil über den Emigrant Pass und weiter durch den Wildrose Canyon, bis sie die **Holzkohlenmeiler** erreicht, eine Reihe großer, bienenkorbförmiger Steinbauten, in denen die Bergarbeiter einst Brennstoff zum Schmelzen von Silber und Bleierz erzeugten. Die Landschaft hier ist subalpin, von Wäldern aus Pinyon-Kiefern und Wacholdersträuchern durchzogen und kann sogar im Frühling schneebedeckt sein.

PANAMINT SPRINGS

30 Meilen (48 km) westlich von Stovepipe Wells liegt Panamint Springs am Rand des Parks, eine winzige Enklave mit Motel, Campingplatz, teurer Tankstelle und einem kleinen Laden. Von hier aus sind mehrere Kleinode ganz leicht zu erreichen, die oft links liegen gelassen werden. Vom **Father Crowley Point** blickt man z. B. tief in den Rainbow Canyon hinein, der von Lavaströmen geschaffen wurde und von bunten Vulkankegeln durchzogen ist. Im Frühling versuchen sich Abenteuerlustige in Eigenregie an der 2 Meilen (3,2 km) langen Schotterstraße, der eine 1,6 km lange Querfeldeinwanderung zu den **Darwin Falls** folgt, einem von Quellen gespeisten Wasserfall, der in eine von Weiden umrahmte Schlucht stürzt, die Zugvögel anlockt. Man kann aber auch über die unerbittliche Saline Valley Rd nach **Lee Flat** hinausfahren, wo Joshua Trees wachsen.

SCOTTY'S CASTLE & UMGEBUNG

55 Meilen (88 km) nördlich von Furnace Creek steht **Scotty's Castle** (Erw./Kind 11/6 US$; ⏲Gelände Mai–Okt 7.30–17.30, Nov.–April 7.30–18 Uhr), das nach Walter E. Scott alias „Death Valley Scotty" benannt wurde, einem talentierten Lügenbold, der die Menschen mit ausgefallenen Gold-Geschichten in seinen Bann zog. Seine lukrativste Freundschaft verband ihn mit Albert und Bessie Johnson, Versicherungsmagnaten aus Chicago. Obwohl sie wussten, dass Scotty ein Lügner und Schmarotzer war, finanzierten sie den Bau seiner aufwendigen, spanisch inspirierten Villa. Nach einer Renovierung erstrahlt das historische Gebäude wieder in seiner alten Eleganz der 1930er-Jahre und ist mit Schafsfellvorhängen, Schnitzereien aus kalifornischen Redwoods, handgefertigten Fliesen, kunstvollem Schmiedeeisen, gewebten Schoschonen-Körben und im oberen Stock mit einer dröhnenden Orgel ausgestattet.

Kostümierte Führer erzählen auf der **Living History Tour** (⏲mindestens stündl. Mai–Okt. 9.30–16, Nov.–April 9–17 Uhr) Scottys zweifelhafte Geschichte mit bunten Details nach. Wer eher auf Fakten steht, kann

Death Valley & Umgebung

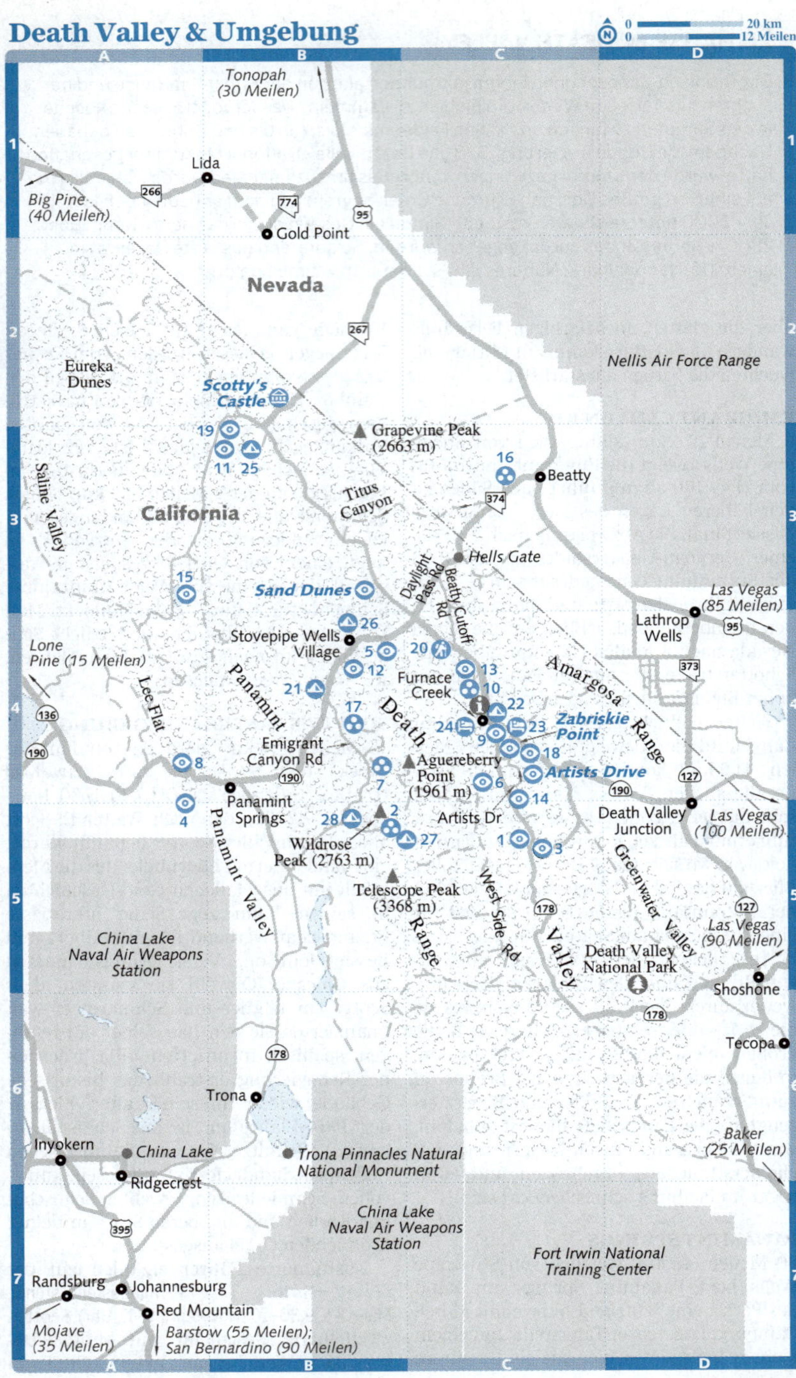

0 20 km
0 12 Meilen
Tonopah (30 Meilen)
Lida
Big Pine (40 Meilen)
Gold Point
Nevada
Eureka Dunes
Scotty's Castle
Grapevine Peak (2663 m)
Nellis Air Force Range
Saline Valley
California
Titus Canyon
Beatty
Hells Gate
Daylight Pass Rd
Beatty Cutoff Rd
Sand Dunes
Stovepipe Wells Village
Lathrop Wells
Las Vegas (85 Meilen)
Lone Pine (15 Meilen)
Lee Flat
Panamint
Furnace Creek
Amargosa Range
Death
Zabriskie Point
Emigrant Canyon Rd
Aguereberry Point (1961 m)
Artists Drive
Panamint Springs
Artists Dr
Death Valley Junction
Las Vegas (100 Meilen)
Wildrose Peak (2763 m)
Telescope Peak (3368 m)
Panamint Valley
West Side Rd
Range
Valley
Greenwater Valley
Death Valley National Park
Las Vegas (90 Meilen)
Shoshone
China Lake Naval Air Weapons Station
Tecopa
Trona
Baker (25 Meilen)
Inyokern
China Lake
Trona Pinnacles Natural National Monument
Ridgecrest
China Lake Naval Air Weapons Station
Fort Irwin National Training Center
Randsburg
Johannesburg
Red Mountain
Mojave (35 Meilen)
Barstow (55 Meilen); San Bernardino (90 Meilen)

Death Valley & Umgebung

Highlights

Artists Drive C4
Sand Dunes B3
Scotty's Castle B2
Zabriskie Point C4

Sehenswertes

1 Badwater C5
Borax Museum .... (siehe 24)
2 Charcoal Kilns B5
3 Dante's View C5
4 Darwin Falls A5
5 Devil's Cornfield B4
6 Devil's Golf Course C4
7 Eureka Mines B4
8 Father Crowley Point A4
9 Golden Canyon C4
Goldwell Open Air Museum .... (siehe 16)
10 Harmony Borax Works C4
11 Little Hebe Crater B3
12 Mosaic Canyon B4
13 Mustard Canyon C4
14 Natural Bridge C4
15 Racetrack A3
16 Rhyolite C3
17 Skidoo B4
18 Twenty Mule Team Canyon C4
19 Ubehebe Crator B3

Aktivitäten, Kurse & Touren

Farabee's Jeep Rentals .... (siehe 23)
20 Salt Creek Interpretive Trail C4

Schlafen

21 Emigrant Campground B4
22 Furnace Creek Campground C4
23 Furnace Creek Inn C4
24 Furnace Creek Ranch C4
Manogany Flat Campground .... (siehe 27)
25 Mesquite Springs Campground B3
26 Stovepipe Wells Campground B4
Sunset Campground .... (siehe 22)
Texas Springs Campground .... (siehe 22)
27 Thorndike Campground C5
28 Wildrose Campground B5

sich den **Underground Tours** (Erw./Kind 11/6 US$; ⌚Nov.–April, bei ausreichend Personal häufiger) oder einer geführten Ranger-Wanderung zu Scottys Hütte auf der **Lower Vine Ranch** (Erw./Kind 15/8 US$; ⌚ganzjährig Mi & Sa 14, Jan.–April 10 Uhr) anschließen, die aber seltener angeboten werden.

Man kann sich unter ☎877-444-6777 oder auf www.recreation.gov mindestens einen Tag vor dem Besuch Tickets bestellen. Am Tag der Tour sind die Tickets nicht reservierbar und werden am Visitor Center von Scotty's Castle verkauft, wo auch eine einführende Ausstellung zu sehen ist. An geschäftigen Wochenenden sind Wartezeiten von bis zu zwei Stunden für die nächste verfügbare Tour keine Seltenheit.

3 Meilen (4,8 km) westlich von Scottys Zuhause führt eine holprige, unbefestigte Straße zum 235 m tiefen **Ubehebe Crater**, der durch das explosive Aufeinandertreffen feuriger Magma und kühlem Grundwasser entstand. Wanderer können seinen 800 m breiten Rand umrunden und zum jüngeren **Little Hebe Crater** hinüberwandern.

Von hier geht es weitere 27 Meilen (43,2 km) auf einer reifenschindenden, unbefestigten Straße (nur für Fahrzeuge mit hoher Bodenfreiheit) langsam voran, bis man schließlich den unheimlichen **Racetrack** erreicht, wo man über die rätselhaften, verblassten Spuren staunen kann, die langsam wandernde Felsen in das trockene Seebett gedrückt haben.

Am Scotty's Castle gibt's eine Snackbar, aber keine Tankstelle.

RICHTUNG BEATTY

Wenn man von Furnace Creek Richtung Norden fährt, zweigt der Hwy 374 vom Hwy 190 ab und führt über 22 Meilen (35 km) nach Beatty hinter der Grenze zu Nevada. 2 Meilen (3,2 km) außerhalb der Parkgrenze ist die Abzweigung zur Einbahnstraße **Titus Canyon Rd**, einer der spektakulärsten Strecken des Hinterlandes, die auf 27 nicht asphaltierten Meilen (43,2 km) zurück ins Death Valley führt. Die Straße klettert, stürzt und schlängelt sich zu einem Bergrücken der Grapevine Mountains und sinkt dann, vorbei an Geisterstädten, Felsenmalereien und dramatischen, schmalen Schluchten, langsam wieder zum Wüstenboden hinab. Die besten Lichtbedingungen findet man morgens vor. Wir empfehlen Fahrzeuge mit hoher Bodenfreiheit. Über die Straßenbedingungen kann man sich am Visitors Center informieren.

Rhyolite (www.rhyolitesite.com; Hwy 374; ⌚Sonnenaufgang–Sonnenuntergang), eine Geisterstadt ein paar Meilen hinter der Abzweigung zum Titus Canyon, symbolisiert die turbulente Geschichte der Goldrauschstädte des Wilden Westens. Das „Bottle House“ von 1906 oder die skelettartigen Überreste einer dreistöckigen Bank sollte man nicht verpassen. Hier steht außerdem das bizarre **Goldwell Open Air Museum** (www.goldwellmuseum.org; Eintritt frei; ⌚24 Std.), eine psychedelische Kunstinstallation, die 1984 von dem belgischen Künstler Albert Szukalski begonnen wurde.

Aktivitäten

Familien können am Visitor Center in Furnace Creek einen Freizeitführer mitnehmen, der das **Junior-Ranger-Programm** enthält, das Spaß für alle Altersklassen bietet. Hier gibt's auch informative Broschüren zu allen erdenklichen Aktivitäten, z.B. Wanderwegen und Mountainbike-Touren.

Farabee's Jeep Rentals TOUR-TIPP
(☎760-786-9872; www.deathvalleyjeeprentals.com; 2-/4-türiger Jeep inkl. 200 Meilen 175/195 US$; ⌚Mitte Sept.–Mitte Mai) Wer keinen Geländewagen hat, das Hinterland des Parks aber trotzdem erkunden möchte, kann sich bei diesem Anbieter einen ausleihen, sofern er über 25 Jahre alt und im Besitz eines gültigen Führerscheins, einer Kreditkarte und eines Versicherungsnachweises ist. Das Büro befindet sich neben dem Furnace Creek Inn.

Furnace Creek Cyclery MOUNTAINBIKING
(☎760-786-3372, Durchwahl 372; Fahrradverleih 1/24hr 10/49 US$; ⌚ganzjährig) Eine weitere Möglichkeit, die Asphaltstraßen zu verlassen, ist, sich bei der Cyclery der Furnace Creek Ranch ein Mountainbike zu leihen. Radfahren ist auf allen asphaltierten und unbefestigten Straßen erlaubt, aber nicht auf den Wanderwegen. Am Visitor Center kann man sich eine Tour empfehlen lassen. Das Cyclery-Personal organisiert auch die 2½-stündige **Hells Gate Downhill Bike Tour** (Tour 49 US$; ⌚10 & 14 Uhr), die in bis zu 670 m Höhe führt, bevor man die 16 km lange Abfahrt zurück auf den Talboden genießen kann. Mindestalter 18 Jahre.

Furnace Creek Golf Course GOLF
(☎760-786-3373; Hwy 190, Furnace Creek; Green Fee Sommer/Winter 30/55 US$; ⌚ganzjährig) Allein schon, weil dies der tiefstgelegene Golfplatz (18 Löcher, Par 70) der Welt ist, sollte man hier ein paar Runden spielen. Er wurde 1997 von Perry Dye neu gestaltet und von der Audubon Society für sein umweltfreundliches Management außerdem als Schutzgebiet in ihre Golfplatz-Partnerinitiative aufgenommen. Näheres gibt's unter http://acspgolf.auduboninternational.org.

Furnace Creek Stables REITEN
(☎760-614-1018; www.furnacecreekstables.net; Hwy 190, Furnace Creek; 1-/2-stündige Ausritte 45/65 US$; ⌚Mitte Okt.–Mitte Mai) Hier schwingt man sich in den Sattel, um auf einer geführten Tour zu erfahren, wie das Death Valley vom Rücken eines Pferdes aussieht. Der allmonatliche Ausritt bei Vollmond ist besonders beeindruckend.

Furnace Creek Ranch Swimming Pool SCHWIMMEN
Dieser riesige, von Quellen gespeiste Pool wird konstant auf 29 °C gehalten und mithilfe eines raffinierten Durchflusssystems gereinigt, das nur ganz wenig Chlor benötigt. Er steht vorwiegend den Gästen der Furnace Creek Ranch zur Verfügung, aber es wird auch eine begrenzete Anzahl von Besucherpässen (5 US$) ausgegeben.

Wandern

Im Sommer sollte man der Hitze wegen nur auf den höher gelegenen Bergwegen wandern, die im Winter verschneit sein können.

Am Hwy 190, direkt nördlich der Beatty Cutoff Rd, liegt der 800 m lange **Salt Creek Interpretive Trail**. Gegen Ende des Winters und zu Frühlingsbeginn tummeln sich seltene Zahnbarsche im Bach neben dem Plankenweg. Ein paar Meilen südlich von Furnace Creek liegt der **Golden Canyon**, wo ein Naturlehrpfad sich 1 Meile (1,6 km) zu den oxidierten Eisenklippen der **Red Cathedral** hinaufwindet. Wer einen guten Orientierungssinn hat, kann von hier aus bis zum **Zabriskie Point** weiterlaufen. Das ist eine anstrengende Rundtour von insgesamt 6,4 km Länge. Bevor man Badwater erreicht, kann man sich auf dem 1,6 km langen Rundweg zur **Natural Bridge** eine Weile die Beine vertreten.

Abseits der Wildrose Canyon Rd beginnt an den Holzkohlemeilern ein 13,4 km langer Rundwanderweg zum **Wildrose Peak** (2763 m). Der Höhenunterschied beträgt 670 m, doch schon ab halber Höhe genießt man wundervolle Aussichten. Der am schwersten zu erklimmende Gipfel im Park ist der **Telescope Peak** (3368 m) – die Entfernung von oben bis zum Wüstenboden ist doppelt so groß, wie der Grand Canyon tief ist. Der 22,5 km lange Rundweg steigt über Mahogany Flat abseits der oberen Wildrose Canyon Rd auf 914 m an. Bevor man los

CAMPING IM DEATH VALLEY

Von den neun Campingplätzen des Parks nimmt nur der in **Furnace Creek** (☎877-444-6777; www.recreation.gov) Reservierungen entgegen, und auch nur von Mitte April bis Mitte Oktober. Auf allen anderen Plätzen gilt: Wer zuerst kommt, mahlt zuerst. Während der Hochzeiten, etwa am Wochenende und während der Wildblumensaison im Frühling, sind die Campingplätze schon am Vormittag voll.

Wildcampen im Hinterland (kein Lagerfeuer) ist 2 Meilen (3,2 km) abseits asphaltierter Straßen und in ausreichender Entfernung zu bebauten Gebieten bzw. Picknickbereichen sowie 100 m von Wasserquellen entfernt erlaubt; am Visitor Center gibt's kostenlose Genehmigungen.

In der Furnace Creek Ranch und im Stovepipe Wells Village gibt's öffentliche Duschen (5 US$ inklusive Schwimmbadnutzung).

CAMPINGPLATZ	SAISON	LAGE	GEBÜHR	MERKMALE
Furnace Creek	ganzjährig	Talboden	Mitte Okt.–Mitte April 18 US$, sonst 12 US$	Schöne Anlage, einige Schattenplätze
Sunset	Okt–April	Talboden	12 US$	riesig, eher für Wohnmobile
Texas Spring	Okt–April	Talboden	14 US$	gut für Zelte
Stovepipe Wells	Okt–April	Talboden	12 US$	wie ein Parkplatz, nahe an den Dünen
Mesquite Springs	ganzjährig	550 m	12 US$	nahe an Scotty's Castle
Emigrant	ganzjährig	640 m	frei	nur Zelte
Wildrose	ganzjährig	1250 m	frei	Wasser saisonal
Thorndike	März–Nov.	2260 m	frei	evtl. Geländewagen nötig, kein Wasser
Mahogany Flat	März–Nov.	2500 m	frei	evtl. Geländewagen nötig, kein Wasser

geht, sollte man unbedingt weitere Informationen im Visitors Center einholen.

Feste & Events

Death Valley '49ers KULTUR
(www.deathvalley49ers.org) Anfang oder Mitte November baut Furnace Creek ein historisches Lager inklusive Cowboy-Lyrik, Lagerfeuermusik, Goldwasch-Wettbewerb und Western-Kunstschau nach. Wer früh kommt, kann zusehen, wie die Pionierkutschen donnernd in der Stadt eintreffen.

Badwater Ultramarathon SPORT
(www.badwater.com) Der Badwater, der „härteste Wettlauf der Welt", ist ein 135 Meilen (216 km) langer Ultramarathon, der vom Badwater Basin zum Whitney Portal (S. 764) hinaufführt und im Hochsommer Mitte Juli bei mörderischer Hitze stattfindet.

Schlafen

Übernachten im Park ist teuer, und im Frühling sind die Unterkünfte oft ausgebucht, aber es gibt ein paar Orte am Parkrand, in denen günstigere Unterkünfte zu finden sind. Am nächsten liegt Beatty (S. 771), aber in Las Vegas (S. 775) und Ridgecrest (S. 775) ist die Auswahl größer.

Stovepipe Wells Village MOTEL $$
(☎760-786-2387; www.escapetodeathvalley.com; Hwy 190, Stovepipe Wells Village; Stellplatz Wohnmobil mit Anschlüssen 31 US$, Zi. 80–155 US$; ❄📶🏊👪) Die frisch renovierten Zimmer sind mit Kaffeemaschinen sowie hochwertiger Bettwäsche unter bunten Tagesdecken mit Indianermustern ausgestattet. Der kleine Pool ist schön kühl, und das Restaurant im Cowboy-Stil (Hauptgerichte 5–25 US$) serviert jeden Tag drei anständige Mahlzeiten.

Furnace Creek Ranch RESSORT $$
(☎760-786-2345; www.furnacecreekresort.com; Hwy 190, Furnace Creek; Hütte 130–162 US$, Zi. 162–213 US$; ❄📶🏊👪) Wie gemacht für Familien: Dieses weitläufige Ressort wurde kürzlich einem Facelifting unterzogen, das zu schicken Zimmern in Wüstenfarben, modernen Bädern, neuen Möbeln und Fenstertüren geführt hat, die auf Terrassen mit gemütlichen Gartenmöbeln führen. Zur

Anlage gehören auch ein Spielplatz, ein von Quellen gespeister Pool und Tennisplätze.

Furnace Creek Inn HOTEL **$$$**
(760-786-2345; www.furnacecreekresort.com; Hwy 190, Furnace Creek; Zi. 335–455 US$, Suite 440–470 US$; Mitte Okt.–Mitte Mai;) In diesem eleganten Hotel von 1927 im Missionsstil rollt man morgens aus dem Bett und zählt die Farben der Wüste, während man die Vorhänge zur Seite schiebt. Nach einem schweißtreibenden Tag voller Erkundungstouren kann man hier herrlich faul die Aussicht genießen und mit einem Cocktail am von Quellen gespeisten Pool entspannen. Die Lobby erstrahlt im 1930er-Retro-Look, und die Zimmer sind vielleicht etwas üppiger, als man vermuten würde.

Panamint Springs Resort MOTEL, CAMPINGPLATZ **$**
(760-482-7680; www.deathvalley.com/psr; Hwy 190, Panamint Springs; Stellplatz Zelt 7,50 US$, Wohnmobil mit Teilanschluss/allen Anschlüssen 15/30 US$, Zi. 80–110 US$;) Bei diesen Preisen weiß man, dass man nicht das Ritz erwarten darf, aber die schlichten, angezählten Zimmer sind sauber und recht geräumig. Kein schlechter Ausgangspunkt für eine Entdeckertour ins Death Valley.

Essen & Ausgehen

In Furnace Creek und Stovepipe Wells gibt's einfache Lebensmittelläden und Campingzubehör, und im Scotty's Castle eine Snackbar.

Toll Road Restaurant AMERIKANISCH **$$**
(Stovepipe Wells Village, Hwy 190; Frühstücksbüffet 12 US$, Abendessen 12–25 US$; Mitte Mai–Mitte Okt. 7–9.30 & 19–22, Mitte Okt.–Mitte Mai 7–10 & 17–21 Uhr;) Auf dieser Ranch werden überdurchschnittlich leckere Cowboy-Klassiker zubereitet, und der rustikale Kamin und die wackeligen Holztische und -stühle erzeugen ein nettes Old-West-Flair. Viele der hauptsächlich fleischlastigen Gerichte werden aus regionalen Zutaten zubereitet, z. B. Mesquite-Honig, Opuntien und Pinyon-Kerne. Neben kühlem Bier vom Fass und Skynyrd aus der Jukebox wird im **Badwater Saloon** (ab 11 Uhr) auch Essen serviert, inklusive nächtlicher Snacks.

49'er Cafe AMERIKANISCH **$$**
(Furnace Creek Ranch, Hwy 190, Furnace Creek; Hauptgerichte 8–25 US$; 7–21 Uhr;) Dieses familienfreundliche Restaurant serviert zwar nur durchschnittliches Essen, ist aber immer supervoll. Die Portionen sind riesig.

Wrangler Restaurant STEAKHAUS **$$$**
(Furnace Creek Ranch, Hwy 190, Furnace Creek; Frühstücks-/Mittagsbüffet 11/15 US$, Hauptgerichte Abendessen 28–39 US$; Okt.–Mai 6–9, 11–14 & 15.30–21, Mai–Okt. 6–10 & 18–21.30 Uhr) Das größte Restaurant der Ranch tischt zum Frühstück und Mittagessen (wenn die Tour-Busse einfallen) üppige Büffets auf und verwandelt sich abends in ein teures Steakhaus.

Corkscrew Saloon AMERIKANISCH **$$**
(Furnace Creek Ranch, Hwy 190, Furnace Creek; Hauptgerichte 6–23 US$, Barbecue 28–36 US$; 11.30–24 Uhr) Dieser gesellige Laden bietet Darts, Bier vom Fass und zum Abendessen ein grandioses Barbecue sowie ziemlich gute, aber teure Pizza und Kneipen-Klassiker wie Zwiebelringe und Burger.

19th Hole Bar & Grill AMERIKANISCH **$**
(Hauptgerichte 8–11 US$; Okt.–Mai Mittagessen) Dieses Lokal auf dem Golfplatz serviert die saftigsten Burger im ganzen Park.

Furnace Creek Inn INTERNATIONAL **$$$**
(760-786-2345; Hauptgerichte Mittagessen 13–17 US$, Abendessen 24–38 US$; Mitte Okt.–Mitte Mai 7.30–10.30, 12–14.30 & 17.30–21.30 Uhr) Von diesem schicken Speisesaal bietet sich ein sensationeller Ausblick auf die Panamint Mountains. Hier gibt's neben einer Kleiderordnung (keine Shorts oder T-Shirts, Jeans sind o.k.) auch eine kreative Karte, die von kontinentaler, Südwest- und mexikanischer Küche inspiriert ist. Der Nachmittagstee in der Lobby-Lounge und der sonntägliche Brunch sind ziemlich etepetete und schon lange Tradition. Der schönste Platz für einen Cocktail bei Sonnenuntergang ist die Terrasse.

Panamint Springs Resort AMERIKANISCH **$$**
(Hwy 190, Panamint Springs; Gerichte ab 10 US$; morgens, mittags & abends;) Dieses freundliche Outback-Café am Westrand des Parks serviert Pizza, Burger, Salate, Steaks und andere Klassiker. Auf der Terrasse vorne kann man mit einem der 100 Flaschenbiere aus aller Welt auf das tolle Panorama anstoßen.

Praktische Informationen

Einfahrtsgenehmigungen (20 US$/Fahrzeug) sind sieben Tage lang gültig und werden an Selbstbedienungsstationen überall im Park verkauft. Kostenlose Karten und Zeitungen gibt's gegen Vorlage der Quittung am Visitor Center.

Handyempfang ist im Park mäßig bis nicht vorhanden, aber in Furnace Creek, Stovepipe Wells

Village und am Scotty's Castle gibt's Telefonzellen; Telefonkarten werden in den Gemischtwarenläden in Stovepipe Wells und Furnace Creek verkauft. Letzteres bietet auch **Internetzugang** (pro Std./24 Std. 5/11 US$; ⌚7–22 Uhr) an, der per Kreditkarte aktiviert werden kann.

Furnace Creek Visitor Center (☎760-786-3200; www.nps.gov/deva; Hwy 190, Furnace Creek; ⌚8–17 Uhr) Zum Zeitpunkt der Recherche wurde dieses Visitor Center gerade renoviert, sollte inzwischen aber wieder offen sein. Von November bis März stehen darüber hinaus täglich von Rangern angebotene Aktivitäten auf dem Programm.

Scotty's Castle Visitor Center (☎760-786-2392, Ausfahrt 231; North Hwy; ⌚Mai–Okt. 8.45–16.30, Nov.–April 8.30–17.30 Uhr) Zeigt Ausstellungen aus der einem Museum würdigen Sammlung des Schlosses.

An- & Weiterreise

Benzin ist im Park sehr teuer, man sollte also vorher tanken.

Furnace Creek ist über Baker (115 Meilen/185 km, 2–2½ Std.), Beatty (45 Meilen/72,5 km, 1–1½ Std.), Las Vegas (über den Hwy 160, 120 Meilen/193 km, 2½–3 Std.), Lone Pine (105 Meilen/169 km, 2 Std.), Los Angeles (300 Meilen/483 km, 5–5½ Std.) und Ridgecrest (über Trona, 120 Meilen/193 km, 2½–3 Std.) erreichbar.

RUND UM DEN DEATH VALLEY NATIONAL PARK

Beatty, Nevada

45 Meilen (72 km) nördlich von Furnace Creek hat diese historische Goldgräberstadt im Bullfrog Mining District (1154 Ew.) sicher schon bessere Tage gesehen, eignet sich aber gut als relativ erschwinglicher Ausgangspunkt für Ausflüge ins Death Valley. Hier gibt's einen Geldautomaten, eine 24-Stunden-Tankstelle, eine öffentliche Bibliothek mit Internetzugang und ein winziges Museum mit Artefakten aus vergangenen Old-West-Bergbautagen, und all das entlang des Hwy 95, der hier Main St heißt.

Schlafen & Essen

Atomic Inn MOTEL $
(☎775-553-2250; www.atomic-inn.com; 350 S 1st St; Zi. inkl. Frühstück 52–60 US$; ❄🐾) Dieses hübsch renovierte Motel wurde 1980 als Wohnkomplex für das Militärpersonal der nahen Nellis Air Force Base erbaut, zu der auch ein Kernwaffentestgelände und ein geplantes Atommülllager gehören. Wer sich eines der Luxuszimmer gönnt, genießt einen Flachbild-TV mit DVD-Player; neben der Rezeption kann man Filme ausleihen. In der Lobby werden außerdem jeden Abend Filmklassiker gezeigt. Hut ab auch für das solarbetriebene Warmwassersystem und das Wasser sparende Anwesen.

Motel 6 MOTEL $
(☎775-553-9090; www.motel6.com; 550 US Hwy 95 N; Zi. 53–59 US$; ❄🐾) Dies ist ein durchschnittliches Motel 6, man darf also keinen Schnickschnack erwarten. Allerdings gehört es zu den bewundernswert gut geführten, recht modernen und supersauberen Häusern der Kette und ist daher sein Geld wert.

Stagecoach Hotel & Casino HOTEL $
(☎775-553-2419; 900 Hwy 95 N; Zi. 60–110 US$; ❄📶🏊) Die Zimmer sind ziemlich karg, aber gemütlich genug für eine Übernachtung – und am Pool kann man nach einem staubigen Tag im Death Valley wunderbar entspannen. Rita's Café serviert drei anständige Mahlzeiten pro Tag, während das Alexander grandiose Steaks und andere Fleischgerichte zubereitet. Am Wochenende gibt's Livemusik.

Exchange Club Motel MOTEL $
(☎775-553-2333; 119 W Main St; Zi. 60 US$; ❄📶) Die 44 Zimmer wurden jüngst einer Renovierung unterzogen, die neue Teppiche und Möbel in neutralen Farben mit sich brachte.

KC's Outpost Saloon AMERIKANISCH $
(100 Main St; Gerichte 3,50–8 US$; ⌚So–Do 10–22, Fr & Sa bis 23 Uhr; 👪) KC's köstliche Burger und dicke Sandwiches (auch vegetarische Optionen) – aus selbstgebackenem Brot – ernten begeisterte Kritiken. Der Kartoffelsalat ist eine tolle Beilage.

Shoshone

Shoshone (31 Ew.) ist nur ein Fleck auf der Wüstenkarte und liegt 55 Meilen (88,5 km) von Furnace Creek entfernt hinter Death Valley Junction, auch wenn die meisten sich dazu entscheiden, der 20 Meilen (32,2 km) längeren, aber landschaftlich schöneren Route über den Hwy 178 durch das Badwater Basin zu folgen. Der Ort verfügt über eine Tankstelle, einen Laden, Unterkünfte und kostenloses WLAN.

Am **Shoshone Museum** (Eintritt gegen Spende; ⌚9–15 Uhr), das skurrile, wohlmeinende Ausstellungen zeigt und das örtliche

LEBEN IN DEATH VALLEY JUNCTION

Die Stelle, an der der Hwy 127 auf den Hwy 190 trifft, liegt 30 Meilen (48 km) östlich von Furnace Creek, ist als Death Valley Junction (3 Einwohner sowie ein paar ortsansässige Geister) bekannt und das Zuhause von Kaliforniens schrägster Highway-Attraktion: dem **Amargosa Opera House** (www.amargosaoperahouse.com; Shows Erw./Kind 15/12 US$; ⏲So 14 Uhr). Dieses Gebäude mit Innenhof wurde in den 1920er-Jahren im mexikanischen Kolonialstil von der Pacific Borax Company erbaut und war einst der soziale Mittelpunkt von Death Valley Junction, bevor es nach 1948 dem Verfall anheimfiel. 1967 blieb der Wagen der New Yorker Tänzerin Marta Becket ganz in der Nähe liegen. Marta verliebte sich in den Ort und beschloss, ihm neues Leben einzuhauchen, indem sie – was auch sonst? – ein Opernhaus eröffnete. Bis vor Kurzem unterhielt Marta ihre neugierigen Besucher mit herzerweichend kitschigen Tanz- und Pantomimen-Shows, die in einem Saal aufgeführt wurden, dessen Wände sie persönlich mit aufwendigen Wandgemälden verziert hatte. Die Gemälde zeigten Zuschauer, die so aussahen, wie Marta sich ein Opernpublikum des 16. Jhs. vorstellte, darunter auch Nonnen, Zigeuner und Könige.

Heute ist Marta über 80 Jahre alt, und ihre wilden Tanztage sind vorbei, auch wenn sie ihre Fans bei der sonntäglichen Matinée nach wie vor mit Gesang und Geschichtenerzählen unterhält. 2010 war sie außerdem in einem 70 Minuten langen Dokumentarfilm mit dem Titel *The Ghosts of Death Valley Junction* zu sehen, und zum Zeitpunkt der Recherche hoffte sie, bald die Premiere ihrer neuen Show *Life is a Three Ring Circus* feiern zu können. Touren durch das Opernhaus kosten 5 US$; Näheres gibt's an der Rezeption im angeschlossenen **Motel** (☎775-852-4441; Zi. 65–85 US$; ❄📶). Um die exzentrische Erfahrung abzurunden, kann man darüber nachdenken, eine Nacht in einem der extrem verblassten Zimmer mit Boudoir-Lampen und Wandgemälden, aber ohne TV oder Telefon zu verbringen. Das **Café** (Gerichte 6,50–16 US$, Stück Kuchen 3 US$; ⏲So–Do 7–15, Fr & Sa bis 20 Uhr) serviert köstliche selbstgebackene Kuchen.

Visitor Center (☎760-852-4524; www.deathvalleychamber.org; ⏲10–16 Uhr) beherbergt, kann man nach dem alten Chevy Ausschau halten, der davor parkt.

Gegenüber bietet das **Shoshone Inn** (☎760-852-4335; www.shoshonevillage.com; Hwy 127; DZ 96–105 US$, Hütte 113 US$; ❄📶🏊) aus den 1950er-Jahren modernisierte Hütten und ein Dutzend einfacher Zimmer rund um einen Innenhof, alle mit Satelliten-TV; zum Zeitpunkt der Recherche wurden sie renoviert, und einige haben Kühlschrank und Mikrowelle. Ein nettes Extra ist der kleine, von Thermalquellen gespeiste Pool. Der **Shoshone RV Park** (☎760-852-4569; Stellplatz Wohnmobil mit allen Anschlüssen 25 US$) liegt gleich nördlich der Stadt.

LP TIPP **Cafe C'est Si Bon** (Hwy 127; Hauptgerichte 7–10 US$; ⏲meist Mi–Mo 8–17 Uhr; 📶🌿👪) ist ein stets freundlicher, solarbetriebener Ort, an dem der geniale Koch und Besitzer grandiosen Espresso, Gourmet-Gebäck und „Flexitarisches" zum Frühstück und Mittagessen zubereitet (man stelle sich hausgemachte Crêpes und Quiches vor). Im Hintergrund läuft Weltmusik, die gelegentlich vom fröhlichen Quieken von Pizza, dem Hausschwein, unterbrochen wird. Den Skulpturengarten sollte man ebenfalls besuchen.

Tecopa

8 Meilen (12,8 km) südlich von Shoshone liegt diese alte Bergbaustadt (150 Ew.), die nach einem Frieden stiftenden Paiute-Häuptling benannt wurde und ein paar wohltuende Thermalquellen beherbergt.

Aktivitäten

An zwei Orten kann man baden:

Delight's Hot Springs Resort THERMALQUELLE
(☎760-852-4343; www.delightshotspringsresort.com; 368 Tecopa Hot Springs Rd; Thermalquelle 10–17 Uhr 10 US$, 10–22 Uhr 15 US$, Wohnmobilplätze mit Anschlüssen 39 US$, Zi. 79 US$, Hütte 89–125 US$) Hier gibt's vier private, von Thermalquellen gespeiste Becken, in denen man plantschen kann, und eine Handvoll Hütten aus den 1930er-Jahren inklusive Küchenzeile sowie neuere Motelzimmer, falls man über Nacht bleiben möchte.

Tecopa Hot Springs THERMALQUELLE
(☎760-852-4481; www.tecopahotsprings.org; 860 Tecopa Hot Springs Rd; Badehaus 10 US$, Stell-

platz Zelt/Wohnmobil 20/30 US$, Zi. 70–85 US$; ⏲Okt.–Mai 7–21 Uhr) Hier warten zwei einfache, aber saubere Badehäuser – eins für Männer, eins für Frauen – in denen Stammesälteste, „überwinternde" Wohnmobilurlauber aus kälteren Regionen und neugierige Reisende gemeinsam baden. Zudem gibt's private Pools (25 US$) für bis zu sechs Personen. In den Campinggebühren ist die Benutzung des Badehauses eingeschlossen.

China Ranch Date Farm FARM
(☎760-852-4415; www.chinaranch.com; ⏲9–17 Uhr) Diese familiengeführt Bio-Dattel-Farm gleich außerhalb von Tecopa ist eine herrlich grüne Oase inmitten der brennend heißen Wüste. Man kann wandern und Vögel beobachten oder sich, klar, mit köstlichen Datteln eindecken und das leckere Dattel-Nuss-Brot probieren. Wer hierher möchte, muss dem Old Spanish Trail Hwy von der Tecopa Hot Springs Rd nach Osten folgen, an der Furnace Creek Rd rechts abbiegen und dann nach den Schildern Ausschau halten.

Schlafen & Essen

Cynthia's HOSTEL & B&B $
(☎760-852-4580; www.discovercynthias.com; 2001 Old Spanish Trail Hwy; B 22–25 US$, DZ/Tipi 98/148 US$; ❄📶) In dieser sympathischen Unterkunft, die von der freundlichen Cynthia geführt wird, kann man das Bett seinem Budget entsprechend auswählen. Zur Wahl stehen ein buntes, wild dekoriertes Privatzimmer in einem Vintage-Wohnwagen, ein Bett in einem Schlafsaal und ein Indianer-Tipi mit dicken Teppichen, Feuerstelle und gemütlichen Doppelbetten. Die Tipis liegen eine kurze Fahrt entfernt auf der China Ranch. Kaffee und Tee gibt's kostenlos, und man kann die Gemeinschaftsküche benutzen. Reservierungen sind erforderlich, aber es reicht, wenn man einfach kurz vor der Ankunft von unterwegs aus anruft.

LP TIPP **Pastels Bistro** KALIFORNISCH $
(Hauptgerichte 12–26 US$; ⏲normalerweise 9–21 Uhr) Mehr Feinkost gibt's in der ganzen Wüste nicht. Die kalifornische Fusion-Karte, deren Gerichte oft mit Bio-Zutaten zubereitet sind, ändert sich ständig, und das Brot wird täglich frisch gebacken.

UPPER MOJAVE DESERT

Die Mojave-Wüste nimmt ein riesiges Areal ein. Sie erstreckt sich von den Stadtgebieten am Nordrand des L. A. County bis in die abgelegene, dünn besiedelte Landschaft des Mojave National Preserve (S. 761). Die obere Mojave-Wüste ist ein rauer Landstrich mit ein paar Bergwerkssiedlungen und großen für Waffen- und Luftfahrttests gesperrten Gebieten. Die meisten Fahrzeuge hier sind große Sattelschlepper, die zwischen Bakersfield und Barstow auf dem Hwy 58 und weiter oben in den Sierras auf dem US Hwy 395 unterwegs sind – die beiden Highways kreuzen sich an der Kramer Junction. Trotzdem gibt's auch in dieser Region einige Sehenswürdigkeiten.

Lancaster-Palmdale

Das Antelope Valley ist flach wie ein Pfannkuchen. Es ist schwer, hier ein Tal zu entdecken – von einer Antilope ganz zu schweigen. Im Frühling ist es dafür mit einem leuchtend orangefarbenen Teppich aus Kalifornischem Mohn bedeckt und sieht aus wie eine Kulisse aus *Der Zauberer von Oz*.

Westlich von Lancaster kann man im **Antelope Valley California Poppy Reserve** (☎661-724-1180; www.parks.ca.gov; 15101 Lancaster Rd, Höhe 170th St W; 10 US$/Fahrzeug; ⏲Sonnenaufgang–Sonnenuntergang) wunderbar durch ein Meer aus Wildblumen wandern. Man erreicht das Schutzgebiet über den Hwy 14 südlich der Mojave; nach 25 Meilen (40 km) an der Ausfahrt Ave I in Lancaster abfahren und 15 Meilen (24 km) Richtung Westen den Schildern folgen.

Das **Mojave Desert Information Center** (☎661-724-1206; ⏲Mo–Fr 8–17 Uhr) ist ebenfalls im Schutzgebiet und hält Broschüren, Karten und Tipps zu den Sehenswürdigkeiten in und um das Antelope Valley bereit.

GRATIS **Arthur B Ripley Desert Woodland State Park** (Lancaster Rd, Höhe 210th St W; ⏲Sonnenaufgang–Sonnenuntergang) Der Park liegt 5 Meilen (8 km) westlich und bietet einen schönen Naturlehrpfad durch seltene Joshua Trees.

Östlich von Lancaster zeigt das **Antelope Valley Indian Museum** (☎661-942-0662; http://avim.parks.ca.gov; Ave M; Erw./Kind unter 12 Jahre 3 US$/frei; ⏲Sa & So 11–16 Uhr) indianische Ausstellungsstücke aus Kalifornien und dem ganzen Südwesten, stand zum Zeitpunkt der Recherche jedoch wegen Budgetkürzungen kurz vor der Schließung. Telefonisch erfährt man mehr.

Im nahen **Saddleback Butte State Park** (☎661-942-0662; 170th St E, südlich der

Ave J; Stellplätze Zelt- & Wohnmobil 20 US$) kann man zwischen Joshua Trees in einem Wüstenschildkröten-Habitat zelten (wer zuerst kommt, mahlt zuerst), aber auch diesem Campingplatz droht die Schließung.

Budgetmotels säumen den Sierra Hwy östlich von Lancasters Zentrum sowie den Hwy 14. Das **Town House Motel** (☎661-942-1195; 44125 Sierra Hwy; Zi. 60–70 US$; ❄📶🏊) bietet saubere, einfache Zimmer im 1950er-Retrostil. Weitere Kettenmotels und -hotels versammeln sich weiter südlich nahe dem L.A./Palmdale Regional Airport.

Das **Lemon Leaf Cafe** (http://thelemonleaf.com; 653 W Lancaster Blvd; Hauptgerichte 10–17 US$; ⏲Mo–Do & Sa 7–21, Fr bis 22 Uhr) in Lancasters Zentrum ist ein wahrer Schatz, eine kulinarische Oase mit marktfrischen mediterranen Salaten, gegrillten Panini-Sandwiches, Pasta und Pizza und erfrischend säuerlicher Zitronentarte.

Mojave

Bei einer Fahrt auf dem Hwy 14 nach Norden ist Mojave (4238 Ew.) die erste Station des „Luft-und-Raumfahrt-Dreiecks", zu dem auch Boron (S. 774) und Ridgecrest (S. 775) gehören. Das bescheidene Städtchen ist das Zuhause eines riesigen Luftwaffenstützpunkts und des ersten kommerziellen Weltraumhafens des Landes und war bereits Zeuge einiger Schlüsselmomente in der Geschichte der Luft- und Raumfahrt.

Die sagenumwobene **Edwards Air Force Base** (☎661-277-8707; www.edwards.af.mil) ist ein Testgelände der US-Luftwaffe, der NASA und ziviler Flugzeuge und beherbergt eine Schule für Testpiloten, die den „Stoff, aus dem die Helden sind" verkörpern. Hier startete Chuck Yeager zum ersten Überschallflug der Welt, und hier glitten auch die ersten Space Shuttles nach ihren Missionen wieder auf die Erde zurück. Kostenlose fünfstündige Touren durch das Luftfahrtmuseum und das NASA-Forschungszentrum finden normalerweise am ersten und dritten Freitag des Monats statt. Reservierungen sind erforderlich und müssen mindestens 14 Tage im Voraus erfolgen (30 Tage für nicht US-Bürger). Weitere Einzelheiten gibt's auf der Website (unter „Questions").

Der **Mojave Air & Space Port** (www.mojaveairport.com) entstand 2003. Er ist der erste kommerzielle Weltraumhafen der USA und schrieb ein paar Monate später mit dem Start des **SpaceShipOne** Geschichte, dem ersten privat finanzierten Weltraumflug eines Menschen, der den Grundstein für den kommerziellen Weltraumtourismus legte. Dutzende von Luftfahrtunternehmen arbeiten hier daran, immer bessere Technologien zu entwickeln, darunter auch das SpaceShipTwo für Richard Bransons Virgin Galactic.

Im kleinen **Legacy Park** des Flughafens sind ein Nachbau des SpaceShipOne sowie eine riesige Roton-Rakete ausgestellt, eine frühe, wiederverwendbare zivile Raumfähre, die hier Ende der 1990er Jahre entwickelt wurde. Im **Voyager Cafe** sind ein paar tolle alte Fotografien zu sehen.

Der Weltraumbahnhof ist auch das Zuhause eines riesigen **Flugzeug-Friedhofs**, auf dem ausgemusterte kommerzielle Flugzeuge in der trockenen Wüstenluft darauf warten, als Ersatzteillager zu dienen.

Boron

Nahe dem Hwy 58, etwa auf halber Strecke zwischen Mojave und Barstow, erschien dieser kleine Ort (2253 Ew.) 1927 auf der Bildfläche, als hier einige der reichsten Borax-Vorkommen der Welt entdeckt wurden. Heute ist sie das Zuhause von Kaliforniens **größter offener Tagebaumine**, die vom riesigen globalen Bergbau-Konzern Rio Tinto Borax betrieben wird. Die Abbaufläche ist 1600 m breit, 2400 m lang und bis zu 200 m tief. Sie sieht aus wie ein künstlicher Grand Canyon und deckt den weltweiten Bedarf an diesem vielseitigen Mineral zu 40 %. Am staubigen Wüsten-Bahnhof in Boron lieferten früher die berühmten Lastentransportteams des Death Valleys, die aus jeweils 20 Maultieren bestanden, ihre riesigen Borax-Ladungen ab, die sie über 260 km weit hierherschleppen mussten.

👁 Sehenswertes

Borax Visitors Center MUSEUM

(☎760-762-7588; www.borax.com; Borax Rd, abseits Hwy 58; 3 US$/Auto; ⏲9–17 Uhr) Auf einem Hügel auf dem Gelände der Minenanlage riecht dieses Museum deutlich nach Firmenwerbung, aber es zeigt auch ein paar gute Ausstellungsstücke und einen Film, die den Vorgang des Borax-Abbaus, seine Verarbeitung und seine Verteilung erklären und die vielfältige Nutzbarkeit des Minerals für Alltagsprodukte wie Waschmittel und Dünger erklären. Zudem ist der Blick auf die Mine von hier oben atemberaubend.

Saxon Aerospace Museum MUSEUM
(☎760-762-6600; www.saxonaerospacemuseum.com; 26922 Twenty Mule Team Rd; Eintritt gegen Spende; ⊙normalerweise 10–16 Uhr) Dieses bescheidene, von Freiwilligen geführte Museum erzählt von Meilensteinen in der Geschichte der Luftfahrttests in der umliegenden Wüste, u.a. dem ersten Durchbrechen der Schallmauer, dem ersten Überschallflug und der ersten Landung des Space Shuttles.

Twenty Mule Team Museum MUSEUM
(☎760-762-5810; www.20muleteammuseum.com; 26962 Twenty Mule Team Rd; Eintritt auf Spendenbasis; ⊙10–16 Uhr) Dieses Museum mit kleinem Budget liegt direkt neben dem Saxon Aerospace Museum und zeigt eine bunte Schatzkiste historischen Allerleis, darunter auch ein Schönheitssalon aus den 1930er-Jahren, Produkte aus vor Ort abgebautem Borax sowie Szenenfotos und Zeitschriftenartikel zum Film *Erin Brockovich*, der ganz in der Nähe mit zahlreichen Statisten aus der Gegend gedreht wurde.

Essen

Domingo's MEXIKANISCH $$
(☎760-762-6266; 27075 Twenty Mule Team Rd; Hauptgerichte 6–18 US$; ⊙11–22 Uhr;) Signierte Fotos von Astronauten und Testpiloten zieren die Wände dieses lässigen Lokals, das sich zum Mittagessen mit Gästen aus den nahen Militärstützpunkten füllt.

Ridgecrest

Ridgecrest (27 616 Ew.) ist ein praktischer Zwischenstopp, in dem man Benzin, Vorräte, Informationen und günstige Unterkünfte auf dem Weg ins Death Valley oder in die östliche Sierra Nevada bekommt. Hauptdaseinszweck des Ortes ist die China Lake US Naval Air Weapons Station, die sich nördlich der Stadt über 4000 km² erstreckt (ein Drittel der Größe von Delaware!).

GRATIS **US Naval Museum of Armament & Technology** (☎760-939-3530; www.chinalakemuseum.org; ⊙Mo–Sa 10–16 Uhr) Das Museum befindet sich direkt auf dem Stützpunkt und feiert ungeniert die Macht des US-Militärs – Technologie-, Luftfahrt-, Geschichts- und Militärfans werden begeistert sein, und vielleicht lassen sich sogar erklärte Pazifisten mitreißen.

Viele der Raketen, Lenkflugkörper, Torpedos, Waffen, Bomben und Streuwaffen, die hier ausgestellt sind, wurden auf diesem Stützpunkt entwickelt oder getestet, bevor sie im Zweiten Weltkrieg oder in Afghanistan zum Einsatz kamen. Wer mal einen **Tomahawk-Flugkörper** anfassen oder sich mit einer „Fat Man" (Atombombe, die auf Japan abgeworfen wurde) fotografieren lassen wollte, ist hier genau richtig. Ein Dokumentarfilm nimmt die Zuschauer auf einen Helikopterflug über den Stützpunkt mit, auf dem man sich die 6,5 km lange **Überschall-Forschungsstrecke** und das Testgelände des Raketenabwehrsystems aus der Vogelperspektive anschauen kann.

Wer das Museum besuchen möchte, muss beim Visitor Center auf dem China Lake Blvd (nahe der Inyokern Rd) vorbeischauen, ein Formular ausfüllen und einen Führerschein, Fahrzeugschein und Versicherungsschein des Autos vorlegen. Ausländische Besucher müssen außerdem ihren Reisepass zeigen.

Trona Pinnacles

Was haben die Filme *Kampfstern Galactica, Star Trek V: Am Rande des Universums* und *Planet der Affen* gemeinsam? Antwort: Teile der Filme wurden in Trona Pinnacles gedreht, einem unglaublichen Naturdenkmal, in dem Tuffsteine aus einem uralten Seebett ragen und aussehen wie von einem anderen Stern. Etwa 18 Meilen (29 km) östlich von Ridgecrest auf der Rte 178 nach der Abzweigung Ausschau halten; von dort sind es weitere 5 Meilen (8 km) nach Süden auf einer holprigen, unbefestigten Straße zu einer schönen Panoramarundstraße und ein paar kurzen Wanderwegen. Kostenlose einfache Campingplätze sind auch vorhanden.

Randsburg

20 Meilen (32 km) südlich von Ridgecrest liegt die „lebende Geisterstadt" Randsburg abseits des Hwy 395. Hier kann man ein Geschichtsmuseum, einen Antiquitätenladen, einen Saloon und ein Operncafé (in dem ab und zu altmodische Melodramen gespielt werden) besuchen. Oder man übernachtet in einem wirklich alten Hotel und lauscht nachts dem Heulen der Kojoten.

LAS VEGAS

Hier kann man um 3 Uhr morgens in einem verrauchten Kasino ein Elvis-Double Arm in Arm mit einem glitzernden Showgirl vor-

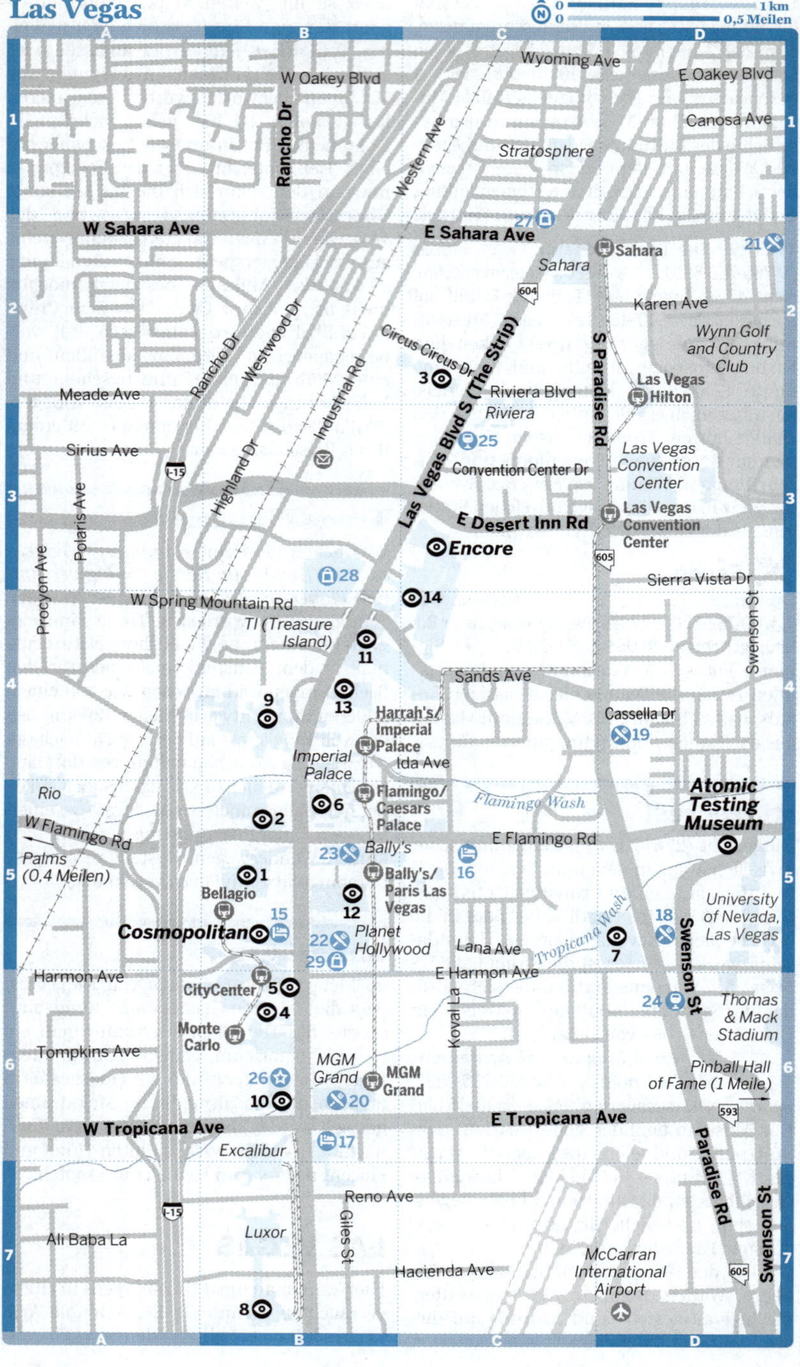

0 1 km
0 0,5 Meilen
Wyoming Ave
W Oakey Blvd
E Oakey Blvd
Rancho Dr
Canosa Ave
Western Ave
Stratosphere
W Sahara Ave
E Sahara Ave
27
Sahara
21
Sahara
604
Karen Ave
Westwood Dr
Rancho Dr
Circus Circus Dr
S Paradise Rd
Wynn Golf and Country Club
Industrial Rd
3
Las Vegas Blvd S (The Strip)
Las Vegas Hilton
Meade Ave
Riviera Blvd
Riviera
25
Las Vegas Convention Center
Sirius Ave
Convention Center Dr
I-15
Highland Dr
Polaris Ave
E Desert Inn Rd
Las Vegas Convention Center
Encore
605
Procyon Ave
28
Sierra Vista Dr
W Spring Mountain Rd
14
Swenson St
TI (Treasure Island)
11
Sands Ave
13
9
Harrah's/Imperial Palace
Cassella Dr
19
Imperial Palace
Ida Ave
Rio
Flamingo/Caesars Palace
Flamingo Wash
Atomic Testing Museum
6
2
W Flamingo Rd
E Flamingo Rd
Palms (0,4 Meilen)
Bally's
23
16
1
Bally's/Paris Las Vegas
Bellagio
12
University of Nevada, Las Vegas
15
18
Cosmopolitan
Planet Hollywood
7
Tropicana Wash
22
Lana Ave
Swenson St
29
Harmon Ave
E Harmon Ave
CityCenter
5
24
Thomas & Mack Stadium
4
Monte Carlo
Koval La
Tompkins Ave
MGM Grand
Pinball Hall of Fame (1 Meile)
26
MGM Grand
10
20
593
W Tropicana Ave
E Tropicana Ave
17
Excalibur
Paradise Rd
Reno Ave
I-15
Giles St
Luxor
Swenson St
Ali Baba La
McCarran International Airport
Hacienda Ave
605
8

Las Vegas

Highlights

- Atomic Testing Museum D5
- Cosmopolitan B5
- Encore C3

Sehenswertes

- Adventuredome ...... (siehe 3)
- Aria ...... (siehe 5)
- 1 Bellagio B5
- Bellagio Conservatory & Botanical Gardens ...... (siehe 1)
- Bellagio Gallery of Fine Art ...... (siehe 1)
- 2 Caesars Palace B5
- 3 Circus Circus C2
- 4 CityCenter B6
- 5 Crystals B6
- 6 Flamingo B5
- 7 Hard Rock D5
- 8 Mandalay Bay B7
- Mandarin Oriental ...... (siehe 4)
- Midway ...... (siehe 3)
- 9 Mirage B4
- 10 New York New York B6
- 11 Palazzo B4
- 12 Paris Las Vegas B5
- Shark Reef ...... (siehe 8)
- Vdara ...... (siehe 4)
- 13 Venetian B4
- Wildlife Habitat ...... (siehe 6)
- 14 Wynn Las Vegas C4

Aktivitäten, Kurse & Touren

- Qua Baths & Spa ...... (siehe 2)

Schlafen

- Bill's Gamblin' Hall & Saloon ...... (siehe 6)
- Caesars Palace ...... (siehe 2)
- 15 Cosmopolitan B5
- Encore ...... (siehe 14)
- Hard Rock ...... (siehe 7)
- Mandalay Bay ...... (siehe 8)
- Paris Las Vegas ...... (siehe 12)
- 16 Platinum Hotel & Spa C5
- 17 Tropicana B6

Essen

- Buffet Bellagio ...... (siehe 1)
- DOCG Enoteca ...... (siehe 15)
- 18 Ferraro's D5
- Fiamma ...... (siehe 20)
- 19 Firefly D4
- House of Blues ...... (siehe 3)
- 20 Joël Robuchon E6
- L'Atelier de Joël Robuchon ...... (siehe 20)
- Le Village Buffet ...... (siehe 12)
- 21 Lotus of Siam C2
- Olives ...... (siehe 1)
- Pink Taco ...... (siehe 7)
- RM Seafood ...... (siehe 8)
- Sage ...... (siehe 4)
- Scarpetta ...... (siehe 15)
- Social House ...... (siehe 5)
- Society Cafe ...... (siehe 14)
- 22 Spice Market Buffet B5
- 23 Sterling Brunch at Bally's B5
- Sunday Gospel Brunch ...... (siehe 7)
- Todd English P.U.B ...... (siehe 4)
- Victorian Room ...... (siehe 6)
- 'wichcraft ...... (siehe 20)
- Wicked Spoon Buffet ...... (siehe 15)

Ausgehen

- Chandelier ...... (siehe 15)
- 24 Double Down Saloon D6
- 25 Fireside Lounge C3
- Gold Lounge ...... (siehe 5)
- LAVO ...... (siehe 11)
- Mix ...... (siehe 8)
- Parasol Up – Parasol Down ...... (siehe 14)
- Red Square ...... (siehe 8)

Unterhaltung

- Drai's ...... (siehe 6)
- LOVE ...... (siehe 9)
- Marquee ...... (siehe 15)
- O ...... (siehe 1)
- Tix 4 Tonight ...... (siehe 6)
- Tryst ...... (siehe 14)
- 26 Zumanity B6

Shoppen

- 27 Bonanza Gifts C2
- 28 Fashion Show Mall B3
- Forum Shops ...... (siehe 2)
- Grand Canal Shoppes ...... (siehe 13)
- 29 Miracle Mile Shops B5
- Shoppes at Palazzo ...... (siehe 11)

beitaumeln sehen, während eine Braut im weißen Kleid „Blackjack!" kreischt.

Vegas ist Hollywood für jedermann. Es ist der einzige Ort der Welt, an dem man antike Hieroglyphen, den Eiffelturm, die Brooklyn Bridge und die Kanäle Venedigs innerhalb weniger Stunden sehen kann. Sicher, das sind alles Nachbauten, aber auf einem Wüstenstreifen, der sich selbst in einen der dekadentesten Orte der Welt verwandelt hat, werden keine halben Sachen gemacht – auch nicht, was die Illusionen angeht.

Las Vegas ist die ultimative Flucht. Zeit spielt hier keine Rolle: Hier gibt's keine Uhren, nur niemals endende Büffets und überschäumende Drinks. Dies ist eine Stadt der multiplen Persönlichkeiten, die sich seit den Zeiten des Rat Packs ständig neu erfindet. Sin City will die Menschen betören und die Massen umschlingen. Hollywood-Superstars tummeln sich in Ultra-Lounges für Super-VIPs, während Collegestudenten nach billigen Ausschweifungen suchen und Großeltern ihr Glück an den einarmigen Banditen versuchen. Man kann an einem Designer-Martini nippen, während man phänomenale kulinarische Gipfel erklimmt oder mit einem meterhohen Cocktail um den Hals durch das Kasino schlendert.

Egal, wie ein Traumurlaub auch aussieht, hier ist er bereits Realität – willkommen in der Traumfabrik.

Sehenswertes

Der **Strip**, auch bekannt als Las Vegas Blvd, ist 6,5 km lang und das Epizentrum von Sin City. Das Circus Circus begrenzt den Strip im Norden, das Mandalay Bay in der Nähe des Flughafens im Süden. Egal, ob man zu Fuß geht oder fährt, die Entfernungen auf dem Strip können täuschen: Ein Spaziergang zu einem scheinbar nahen Kasino dauert fast immer länger, als man denkt.

Downtown Las Vegas ist das ursprüngliche Zentrum der Stadt, in dem auch die ältesten Hotels und Kasinos stehen. Hier erwarten die Besucher Retro-Flair, billigere Drinks und niedrigere Mindesteinsätze. Die Hauptattraktion ist die kunterbunte Fremont St, die auf vier Blocks eine überdachte Fußgängerzone bietet, auf der jeden Abend eine tolle Lichtershow stattfindet.

Die wichtigsten Touristengegenden sind sicher. Auf dem Las Vegas Blvd zwischen Downtown und dem Strip kann es aber schon mal etwas rauer zugehen, und die Freemont St östlich von Downtown ist ziemlich zwielichtig.

Kasinos

LP TIPP **Cosmopolitan** KASINO
(www.cosmopolitanlasvegas.com; 3708 Las Vegas Blvd S) Endlich gibt's auch für Hipster, die sich lange Zeit für zu cool hielten, um nach Vegas zu kommen, einen Ort, dessen Atmosphäre sie auch ohne Ironie aushalten – und sogar genießen. Wie die angesagten „It-Girls" in Hollywood sieht auch das Cosmo Tag und Nacht gut aus und lockt neben aufstrebenden Stars und Trendsettern auch Normalbürger, die sich an seinem zeitgenössischen Design erfreuen. Es konzentriert sich auf den reinen Spaß und vermeidet trotz der allgegenwärtigen augenzwinkernden Retro-Details jede Überheblichkeit. Hier findet man nicht nur Art-o-Matics (alte Zigarettenautomaten, die lokale Kunst statt Nikotin ausgeben), sondern auch das vielleicht beste Büffet der Stadt im **Wicked Spoon**.

LP TIPP **Encore** KASINO
(www.encorelasvegas.com; 3121 Las Vegas Blvd S) Mit dem Encore hat Steve Wynn den Wow-Effekt – und die Skyline – weiter in die Höhe getrieben und die französische Riviera nach Las Vegas geholt, und das so stilvoll, dass selbst Riviera-Stammgäste bezaubert sind. Hier locken ein Blumengarten im Inneren, Schmetterlings-Motive und ein grandioses Luxus-Kasino – eine unglaubliche Oase leuchtender Schönheit. Das **Botero**, das Restaurant unter der Leitung von Mark LoRusso, umgibt eine mächtige Skulptur von Fernando Botero. Das Encore ist an sein Schwester-Ressort angeschlossen, das 2,7 Mrd. US-Dollar teure **Wynn Las Vegas** (www.wynnlasvegas.com; 3131 Las Vegas Blvd S). Vom Strip aus ist der Eingang hinter einem 130 Mio. US-Dollar teuren künstlichen Hügel verborgen, der an einigen Stellen sieben Stockwerke hoch ist. Im Inneren gleicht das Wynn einem wahren Paradies mit Bergpanoramen, spektakulären Wasserfällen, Springbrunnen und anderen Spezialeffekten.

LP TIPP **Hard Rock** KASINO
(www.hardrockhotel.com; 4455 Paradise Rd) Dieses hippe Kasinohotel ist vor allem bei Besuchern aus SoCal beliebt und das Zuhause einer der weltweit eindrucksvollsten Sammlungen mit Rock-'n'-Roll-Memorabilien, darunter auch Jim Morrisons handschriftlicher Text zu einem der größten Hits der Doors und diverse Lederjacken des Who's who berühmter Rockstars. Die Konzerthalle The Joint, der Vanity Nightclub und die sommerlichen Rehab-Poolpartys locken ein aufgebretzeltes, sexgeladenes Publikum inklusive jeder Menge Promis an.

Bellagio KASINO
(www.bellagio.com; 3600 Las Vegas Blvd S) Das Bellagio bezaubert mit Toskana-Architek-

tur und einem 3 ha großen künstlichen See inklusive choreografierter Fontänen, die man nicht verpassen darf. Und unbedingt nach oben blicken, wenn man die Lobby betritt: Die atemberaubende Decke ist ein Werk des weltbekannten Künstlers Dale Chihuly und mit einer von hinten beleuchteten Glasskulptur verziert, die aus 2000 handgeblasenen Blumen besteht. Die **Bellagio Gallery of Fine Art** (Erw./Kind 13 US$/frei; ⏲Mo, Di & Do 10–18, Mi, Fr & Sa 10–19 Uhr) zeigt zeitgenössische Ausstellungen erstklassiger Künstler, und im **Bellagio Conservatory & Botanical Gardens** (Eintritt frei; ⏲tgl.) sind das ganze Jahr über wechselnde Ausstellungen zu sehen.

Venetian KASINO

(www.venetian.com; 3355 Las Vegas Blvd S) Handgemalte Deckenfresken, umherstreifende Pantomimen, Gondelfahrten und Nachbauten bekannter Wahrzeichen Venedigs – all das und mehr bietet das romantische Venetian. Das **Palazzo** (www.palazzo.com; 3325 Las Vegas Blvd S) nebenan nimmt sich weniger überzeugend einer Variation des Italien-Themas an: Trotz der erstklassigen **Shoppes at the Palazzo** und der Abendessen unter Sternenhimmel – inklusive aufregender Kreationen kulinarischer Schwergewichte wie Charlie Trotter, Emeril Legasse und Wolfgang Puck – herrscht im Luxus-Kasino und den anderen Bereiche eine irgendwie fade, uninspirierte Atmosphäre.

Caesars Palace KASINO

(www.caesarspalace.com; 3570 Las Vegas Blvd S) Das Caesars Palace ist durch und durch Las Vegas: eine griechisch-römisches Fantasiewelt mit Marmorkopien klassischer Bildhauerkunst einschließlich eines 4 t schweren Brahma-Schreins in der Nähe des Vordereingangs, den man auf keinen Fall verpassen darf. Turmhohe Springbrunnen, als Göttinnen verkleidete Cocktail-Kellnerinnen und die schicken Haute-Couture-Boutiquen in den **Forum Shops** steigern den Glamourfaktor noch mehr.

Paris Las Vegas KASINO

(www.parislasvegas.com; 3655 Las Vegas Blvd S) Paris Las Vegas strahlt dieselbe Lebensfreude aus wie die Stadt der Lichter selbst und versucht, das Flair der Grande Dame mit Nachbauten ihrer größten Wahrzeichen einzufangen. Tolle Kopien der Opéra, des Arc de Triomphe, der Champs Élysées, des mächtigen Eiffelturms und sogar der Seine umrahmen die Anlage.

Mirage KASINO

(www.mirage.com; 3400 Las Vegas Blvd S) Die überbordende tropische Ausstattung beschert dem großen Atrium ein üppiges Dschungeldach und sanfte Wasserfälle – das Mirage regt die Fantasie seiner Gäste an. Das Atrium ist von einem riesigen Kasino mit polynesischem Motto umgeben, in dem die Spielbereiche voneinander abgetrennt sind, um mehr Intimität zu schaffen – es gibt sogar einen High-Limit-Pokerraum. Das 75 m³ umfassende Salzwasseraquarium, in dem sich 60 verschiedene Spezies tummeln, die aus den Gewässern um Fidschi oder dem Roten Meer stammen, sollte man nicht verpassen. Draußen, in der Lagune vor dem Gebäude, bricht bei Dunkelheit bis Mitternacht stündlich ein falscher Vulkan in einer Feuersbrunst aus.

Flamingo KASINO

(www.flamingolasvegas.com; 3555 Las Vegas Blvd S) Das Flamingo verkörpert das alte Las Vegas. Man kann sich durch die einarmigen Banditen einen Weg zum **Wildlife Habitat** (Eintritt frei; ⏲tgl.) bahnen und die Chile-Flamingos beobachten, die diese sechs tropischen Hektar ihr Zuhause nennen.

New York New York KASINO

(www.nynyhotelcasino.com; 3790 Las Vegas Blvd S) Eine Mini-Metropole mit Nachbauten des Empire State Buildings und der Freiheitsstatue, die von einer Gedenkstätte zum 11. September umgeben ist, sowie einer Kopie der Brooklyn Bridge.

Mandalay Bay KASINO

(M-Bay; www.mandalaybay.com; 3950 Las Vegas Blvd S) Das tropisch inspirierte Mandalay Bay gibt sich nicht mit einer einzigen Fantasie zufrieden und ist auf jeden Fall einen Besuch wert. Die vielleicht beste Attraktion ist das mehrstöckige **Shark Reef** (www.sharkreef.com; Erw./Kind 18/12 US$; ⏲So–Do 10–20, Fr & Sa 10–22 Uhr; 👪), ein Aquarium, das Tausenden Meereslebewesen ein Zuhause schenkt und über einen flachen Pool verfügt, in dem man die kleinen Haie sogar streicheln kann.

Palms KASINO

(www.palms.com; 4321 W Flamingo Rd) Das Palms ist gleichermaßen sexy und anrüchig und zieht scharenweise berüchtigte Promis (man denke an Paris Hilton und Britney Spears) sowie ein jüngeres, meist einheimisches Publikum an. Seine Restaurants und Nachtclubs gehören zu den angesagtesten der Stadt. Weitere Highlights sind das Kino

LAS VEGAS MIT KINDERN

Die Gesetze des Bundesstaates verbieten allen unter 21, sich in Spielhallen aufzuhalten.

Im Hotelkomplex **Circus Circus** (www.circuscircus.com; 2880 Las Vegas Blvd S; 👪) dreht sich alles um Kinder, und sein **Adventuredome** (Erw./Kind 27/17 US$; ⏲So–Do 10–19, Fr & Sa 10–24 Uhr; 👪) ist ein 2 ha großer Hallen-Vergnügungspark mit jeder Menge Spaß, von Laser-Tag über Autoscooter bis hin zu Achterbahnen. Auf der Bühne des **Midway** (Eintritt frei; ⏲11–24 Uhr; 👪) treten Tiere, Akrobaten und Zauberer auf.

Das **Pinball Hall of Fame** (www.pinballmuseum.org; 1610 E Tropicana Ave; Eintritt frei, Spiele 25–50 ¢; ⏲So–Do 11–23, Fr & Sa bis 24 Uhr; 👪) ist ein interaktives Museum, das mehr Spaß macht als jeder Spielautomat.

mit 14 Sälen (auch IMAX-Filme) und der Livemusik-Club **Pearl**. Wer mit dem Aufzug zum **Playboy Club** hochfährt, sollte allerdings keine Ausschweifungen à la Hefner Mansion erwarten: Auch wenn hier ein paar chirurgisch verbesserte Damen mit Bunny-Ohren in einer stilvollen Lounge mit vorwiegend männlichem Publikum die Karten an den Blackjack-Tischen verteilen, ist das Aufregendste hier der atemberaubende Blick auf die Skyline.

Golden Nugget KASINO

(www.goldennugget.com; 129 E Fremont St) Dieses Kasinohotel sieht immer noch phänomenal aus und setzt seit seiner Eröffnung 1946 die Marke für Extravaganz in Downtown. Im schicken Kasino, das für sein Nichtraucher-Pokerzimmer bekannt ist, und in der RUSH-Lounge, in der lokale Bands auftreten, wurde weder an Messing noch an geschliffenem Glas gespart. Hier erlebt man ein ausgesprochen lebendiges Kasino und einige der besten Restaurants der Stadt. Die gigantische, 30 kg schwere „Hand of Faith" (der größte Nugget der Welt), die direkt neben der Hotellobby ausgestellt ist, sollte man sich anschauen.

Weitere Attraktionen

LP TIPP **Atomic Testing Museum** MUSEUM

(www.atomictestingmuseum.org; 755 E Flamingo Rd; Erw./Kind 14/11 US$; ⏲Mo–Sa 10–17, So 12–17 Uhr) Das Atomic Testing Museum unter Leitung des Smithsonian beschwört eine Ära herauf, in der das Wort „Atomkraft" noch etwas Modernes, Geheimnisvolles bedeutete. Es ist das faszinierende Testament einer Zeit, in der die rätselhafte – und zerstörerische – Kraft der Atomenergie noch direkt vor den Toren von Las Vegas getestet wurde. Das ohrenbetäubende Ground Zero Theater, das einem Testbunker aus Beton nachempfunden ist, sollte man nicht verpassen.

LP TIPP **Neon Museum** MUSEUM

(☎702-387-6366; www.neonmuseum.org; 821 Las Vegas Blvd N; Ausstellungen frei, geführte Tour 15 US$; ⏲Ausstellungen 24 Std., geführte Touren Di–Sa 12 & 14 Uhr) Bei der faszinierenden geführten Tour (15 US$) kann man die Freiluft-Ausstellungen des neu enthüllten Neon Boneyard Park erleben, in dem Vintage-Neonschilder – die ursprünglichste Kunstform in Las Vegas – ihren Ruhestand verbringen. Zum Zeitpunkt der Recherche wurde das Museum erweitert, eine Tour in Eigenregie war in Planung; solange es die noch nicht gibt, sollte man aber mindestens ein paar Wochen im Voraus buchen.

Abends (wenn die Neonschilder erst richtig zur Geltung kommen) kann man durch Downtown schlendern und die kostenlose „Erweiterung" des Museums erkunden. Hier findet man überall Freiluft-Galerien mit restaurierten Vintage-Neonschildern, darunter auch leuchtende Wunderlampen, glänzende Martinigläser und Motel-Vordächer aus den 1940er-Jahren. Die größte Sammlung findet sich in der Sackgasse in der 3rd St gleich nördlich der Fremont St.

Fremont Street Experience STRASSE

(www.vegasexperience.com; Fremont St; ⏲stündl. 19–24 Uhr) Eine von einem Stahlbogen überdachte Fußgängerzone mit vier Blocks voller computergesteuerter Lichter: die Fremont Street Experience zwischen Main St und Las Vegas Blvd hat Downtown wieder Leben eingehaucht. Jeden Abend verwandelt sich das Dach in die Bühne einer sechsminütigen Light-and-Sound-Show, die die Umgebung mit 550 000 W Surround-Sound erfreut.

Downtown Arts District KUNSTZENTRUM

An jedem ersten Freitag des Monats findet der **First Friday** (www.firstfriday-lasvegas.org) statt, bei dem 10 000 Kunstliebhaber, Hipster, Indie-Musiker und Mitläufer in den Kunstbezirk in Downtown Las Vegas einfallen. Diese gigantische allmonatliche Straßenparty wird mit Galerieeröffnungen, Performance-Kunst, Livebands und Tattookünstlern gefeiert. Das bunte Treiben findet rund um die **Arts Factory** (101-109 E Charleston Blvd), die **Commerce Street Studios** (1551 S Commerce St) und das **Funk House** (1228 S Casino Center Blvd) statt.

CityCenter EINKAUFSZENTRUM
(www.citycenter.com; 3780 Las Vegas Blvd S) Diese Symbiose ist zwar nicht neu (man denke nur an Riesenhotels mit angeschlossenem Einkaufszentrum), aber die Art und Weise, wie dieser futuristische Komplex eine kleine Galaxie ultramoderner, schicker Hotels in einen Orbit rund um das glitzernde Einkaufszentrum **Crystals** (www.crystalsatcitycenter.com; 3720 Las Vegas Blvd S) setzt, war noch nie da. Zu den phänomenal teuren Unterkünften gehören das unaufdringliche, stilvolle **Vdara** (www.vdara.com; 2600 W Harmon Ave), das subtil opulente **Mandarin Oriental** (www.mandarinoriental.com; 3752 Las Vegas Blvd) und ein Glanzstück dramatischer Architektur, das **Aria** (www.arialasvegas.com; 3730 Las Vegas Blvd S), dessen niveauvolles Kasino den passenden Hintergrund für seine vielen grandiosen Restaurants bietet.

Aktivitäten

LP TIPP **Qua Baths & Spa** SPA
(☎702-731-7776; www.harrahs.com/qua; Caesars Palace, 3570 Las Vegas Blvd S; ⏲6–20 Uhr) Die Tee-Lounge, das Kräuter-Dampfzimmer und der arktische Eis-Raum, in dem es Schneeflocken aus Trockeneis schneit, machen Lust auf einen Spa-Tag mit Freunden.

Desert Adventures KAJAKFAHREN, WANDERN
(☎702-293-5026; www.kayaklasvegas.com; 1647 Nevada Hwy, Suite A, Boulder City; Touren ab 149 US$) Der Lake Mead und der Hoover-Damm sind mit dem Auto nur ein paar Stunden entfernt. Wer sich also gern mal in die reißenden Fluten wagen möchte, kann bei Desert Adventures Halbtags-, Ganztags- und mehrtägige Kajak-Abenteuer buchen. Wanderungen und Reitausflüge gibt's auch.

Escape Adventures MOUNTAINBIKE FAHREN
(☎800-596-2953; www.escapeadventures.com; 8221 W Charleston Blvd; Tour inkl. Fahrrad ab 120 US$) Die beste Adresse für geführte Mountainbike-Touren durch den Red Rock Canyon State Park.

Schlafen

Die Preise fallen oder steigen oft dramatisch. Näheres gibt's auf den Hotel-Websites, auf denen meist auch Kalender mit den aktuellen Tagespreisen zu finden sind.

THE STRIP

LP TIPP **Mandalay Bay** KASINOHOTEL $$
(☎702-632-7777; www.mandalaybay.com; 3950 Las Vegas Blvd S; Zi. 100–380 US$; ❄@📶🏊) Die aufwendig eingerichteten Zimmer versprühen Südsee-Flair, und zu den Annehmlichkeiten gehören wandhohe Fenster und luxuriöse Bäder. Wasserratten werden sich über die riesige Poolanlage freuen, die sogar einen Sand- und Surfstrand bietet.

LP TIPP **Tropicana** KASINOHOTEL $
(☎702-739-2222; www.troplv.com; 3801 Las Vegas Blvd S; Zi./Suite ab 40/140 US$; ❄@📶🏊) Während viele einst gefeierte Häuser inzwischen untergehen, ist das Tropicana – das auf dem Strip schon seit 1953 tropisches Flair versprüht – seit Kurzem (Überraschung!) wieder in. Die millionenschwere Renovierung zeigt sich überall, im lässigen Kasino ebenso wie in den herrlich grünen, entspannenden Gärten mit nagelneuem Pool und Strandclub. Die flotten Zimmer sind in Erdtönen gehalten, und die Suiten auf zwei Ebenen ein echtes Schnäppchen.

Cosmopolitan KASINOHOTEL $$$
(☎702-698-7000; www.cosmopolitanlasvegas.com; 3708 Las Vegas Blvd S; Zi. 200–400 US$; ❄@📶🏊) Sind die ultracoolen, hippen Zimmer ihr Geld auch wirklich wert? Die Indie-Szene scheint das zu glauben. Sie sind beeindruckende Beispiele für modernes Design, aber echtes Vergnügen bereitet es, um 1 Uhr morgens aus dem Zimmer zu stolpern, um in den oberen Lobbys eine Partie Billard zu spielen, bevor man sich auf die Suche nach der „geheimen" Pizzeria begibt.

Bill's Gamblin' Hall & Saloon KASINOHOTEL $
(☎702-737-2100; www.billslasvegas.com; 3595 Las Vegas Blvd S; Zi. 70–200 US$; ❄@📶) Das Bill's liegt zentral am Strip und bietet erschwingliche, nette Zimmer, die sogar über Plasma-TVs verfügen – ein echtes Schnäppchen, also unbedingt weit im Voraus buchen. Die Zimmer sind viktorianisch eingerichtet, und Gäste dürfen kostenlos den Pool des Flamingo nebenan benutzen.

Encore KASINOHOTEL $$$
(☎702-770-8000; www.encorelasvegas.com; 3121 Las Vegas Blvd S; Zi. 199–850 US$; ❄@📶🏊) Eher klassisch-verspielt als übertrieben

opulent – selbst die Menschen, die an den Roulettetischen jubeln, tun das mit etwas mehr Eleganz. Die Zimmer bieten subtilen Luxus.

Caesars Palace KASINOHOTEL **$$**
(☎866-227-5938; www.caesarspalace.com; 3570 Las Vegas Blvd S; Zi. ab 99 US$;) Die Zenturien kann man getrost nach Hause schicken und hier ein stilvolles Lager aufschlagen: Die Zimmer des Caesars gehören zu den luxuriösesten in der Stadt.

Paris Las Vegas KASINOHOTEL **$$**
(☎702-946-7000; www.parislasvegas.com; 3655 Las Vegas Blvd S; Zi. ab 80 US$;) Nette Zimmer mit einem Hauch klassisch französischen Designs; die neueren Red Rooms sind ein Paradebeispiel opulenter Klasse.

DOWNTOWN & ABSEITS DES STRIP

Die Hotels in Downtown sind normalerweise günstiger als die auf dem Strip.

LP TIPP **Hard Rock** KASINOHOTEL $$
(☎702-693-5000; www.hardrockhotel.com; 4455 Paradise Rd; Zi. 69–450 US$;) Alles an diesem Boutiquehotel sagt „Glamour": Durch die Fenstertüren bietet sich ein fantastischer Blick auf die Skyline und Palmen, und die freundlich eingerichteten, europäisch-minimalistischen Zimmer bieten hochmoderne Stereoanlagen und Plasma-TVs. Auch wenn wir total auf die Jukeboxen im HRH All-Suite Tower stehen, sind die Standardzimmer fast genauso cool. Das Herz des Geschehens ist der herrlich abgefahrene Beach Club.

LP TIPP **Artisan Hotel** BOUTIQUEHOTEL $
(☎800-554-4092; www.artisanhotel.com; 1501 W Sahara Ave; Zi. ab 40 US$;) Eine gotisch-barocke Fantasie mit einem dekadenten Touch Rock'n'Roll – hier dreht sich jede Suite um das Werk eines anderen Künstlers. Da an Wochenendabenden unten aber die vielleicht besten After-Partys von Las Vegas gefeiert werden (auch bei der lokalen Alternativszene sehr beliebt), wird man womöglich nicht allzu viel Zeit in seinem Zimmer verbringen. Das libidinösgeheimnisvolle Flair des Hauses ist nicht jedermanns Sache, aber wem so etwas gefällt, wird es lieben. Das Schwester-Hotel des Artisan, das **Rumor** (☎877-997-8667; www.rumorvegas.com; 455 E Harmon Ave; Suite ab 69 US$;), liegt gegenüber dem Hard Rock und lockt mit sorglos-lässiger Miami-Atmosphäre. Seine netten Suiten blicken auf eine von Palmen beschattete Poolanlage, auf deren Lounge-Betten und Hängematten man wunderbar entspannen kann.

El Cortez Cabana Suites BOUTIQUEHOTEL **$**
(☎800-634-6703; www.eccabana.com; 651 E Ogden Ave; Suite 45–150 US$;) Wahrscheinlich wird man dieses glitzernde kleine Boutiquehotel trotz seines kurzen Gastauftritts in Scorceses *Casino* (Tipp: Sharon Stone wurde hier ermordet) kaum wiedererkennen – und das ist auch gut so. Eine umfassende Renovierung hat dieses Haus in Downtown Las Vegas in eine tolle Vintage-Oase verwandelt. Die modernen Suiten sind in Mintgrün gehalten und bieten iPod-Dockingstationen und Badezimmer mit Retro-Fliesen. Und das coolste Vintage-Kasino der Stadt, das El Cortez, liegt direkt gegenüber.

Platinum Hotel BOUTIQUEHOTEL **$$**
(☎702-365-5000; www.theplatinumhotel.com; 211 E Flamingo Rd; Zi. ab 120 US$;) Gleich neben dem Strip liegt dieses schicke Haus ohne Kasino mit seinen kühl-modernen, aber trotzdem gemütlichen Zimmern mit jeder Menge netter Details – viele haben einen Kamin, und alle eine Küche und einen Whirlpool.

Red Rock Resort RESORT **$$$**
(☎702-797-7878; www.redrocklasvegas.com; 11011 W Charleston Blvd; Zi. 110–625 US$;) Das Red Rock rühmt sich selbst als erstes milliardenschweres Kasino-Resort abseits des Strip, und die meisten Gäste, die hier absteigen, meiden den Strip hinterher für alle Zeit. Es wird ein kostenloser Transportservice zum Strip, zum nahen Red Rocks State Park und zu anderen Zielen angeboten. Die Zimmer sind gut ausgestattet und gemütlich.

Essen

Sin City ist ein unvergleichliches kulinarisches Abenteuerland. In den edleren Restaurants sind Reservierungen unerlässlich, und am besten bucht man weit im Voraus.

THE STRIP

Auf dem Strip selbst ist günstiges Essen, außer in Fastfood-Läden, schwer zu finden.

Sage AMERIKANISCH **$$$**
(☎877-230-2742; www.arialasvegas.com; Aria, 3730 Las Vegas Blvd S; Hauptgerichte 25–42 US$; ⊙Mo–Sa 17–23 Uhr) Der renommierte Koch Shawn McClain serviert in einem der schönsten Speisesäle von Vegas saisonale

NICHT VERSÄUMEN

COOLE POOLS

» **Hard Rock** (S. 778) Saisonal gibt's hier Wasser-Blackjack und die sensationellen „Rehab"-Poolpartys in der wunderschönen Anlage des ultrahippen Beach Club.

» **Mirage** (S. 779) Der herrlich grüne, tropische Pool ist ein atemberaubender Anblick: von hohen Klippen stürzende Wasserfälle, tiefe Grotten und von Palmen bedeckte Inseln, auf denen man wunderbar sonnenbaden kann.

» **Mandalay Bay** (S. 779) Hier kann man an einem künstlichen Sand- und Surfstrand plantschen, der mit eigens importiertem kalifornischem Sand angelegt wurde und einen Wellenpool, einen Lazy River, ein Kasino und die Oben-Ohne-Disco Moorea Beach Club bietet, in der DJs den Gästen einheizen.

» **Caesars Palace** (S. 779) Korinthische Säulen, übersprudelnde Fontänen, wunderschöne Palmen und Schwimmbecken mit Marmorintarsien – die Garden of the Gods Oasis ist einfach göttlich. Göttinnen servieren im Sommer gefrorene Trauben, auch in der Oben-Ohne-Lounge am Venus-Pool.

» **Golden Nugget** (S. 780) Der beste Pool in Downtown bietet jede Menge Spaß und keinerlei Attitüde. Man kann am Pool Blackjack spielen, im Whirlpool einen Daiquiri schlürfen oder zuschauen, wie die Haie durch das angeschlossene Aquarium schwimmen.

Köstlichkeiten, global inspiriert und aus farmfrischen Bio-Zutaten zubereitet. Die kreativen, ebenfalls saisonalen Cocktails mit hausgemachten Likören, französischem Absinth und Fruchtpüree sollte man probieren.

LP TIPP **Joël Robuchon** FRANZÖSISCH $$$
(☎702-891-7925; MGM Grand, 3799 Las Vegas Blvd S; Menü 120–420 US$/Pers.; ⏲So–Do 17.30–22, Fr & Sa bis 22.30 Uhr) Eine einzigartige kulinarische Erfahrung: Man muss mindestens drei Stunden einplanen und sich darauf einstellen, ein mehrgängiges Menü mit traditionellen französischen Gerichten zu verspeisen. Im **L'Atelier de Joël Robuchon** nebenan kann man sich an der Theke ein etwas günstigeres, aber trotzdem köstliches Mahl bestellen.

LP TIPP **DOCG Enoteca** ITALIENISCH $$
(☎702-698-7920; Cosmopolitan, 3708 Las Vegas Blvd S; Hauptgerichte 13–28 US$; ⏲10–17 Uhr) Unter all den verlockenden Restaurants des Cosmopolitan ist dies das am wenigsten glitzernde – und das authentischste. Das soll aber nicht heißen, dass es nicht genauso viel Spaß macht. Man bestellt sich eines der zum Sterben leckeren, frischen Pasta-Gerichte oder eine Holzofenpizza im stilvollen Speisesaal, der an eine *enoteca* (Weinladen) erinnert und in dem man das Gefühl hat, man sei Gast auf einer vornehmen Dinnerparty. Oder man entscheidet sich für das sexy **Scarpetta** nebenan, in dem derselbe fantastische Koch, Scott Conant, eine intimere, aber auch etwas teurere Alternative anbietet.

Social House JAPANISCH $$$
(☎702-736-1122; www.socialhouselv.com; Crystals im CityCenter, 3720 Las Vegas Blvd S; Hauptgerichte 24–44 US$; ⏲Mo–Do 17–22, Fr & Sa 12–23, So 12–22 Uhr) Hier genießen die Gäste von japanischem Streetfood inspirierte, kreative Gerichte in einem der entspanntesten, aber gleichzeitig aufregendsten Restaurants auf dem Strip. Speisekarten mit Wasserzeichen, Trennwände aus Holz und dramatisches Rot und Schwarz beschwören eine Vision des kaiserlichen Japans herauf, während Sushi und Steaks absolut zeitgenössisch sind.

RM Seafood SEAFOOD $$$
(☎702-632-9300; www.rmseafood.com; Mandalay Place, 3930 Las Vegas Blvd S; Mittagessen 13–36 US$, Abendessen 20–75 US$; ⏲11.30–23, Restaurant 17–23 Uhr) Der umweltbewusste Koch Rick Moonen serviert seine modernen amerikanischen Meeresfrüchtegerichte wie Cajun-Popcorn und Maine-Hummer mit tollen Beilagen (z. B. eine Gourmetversion von Makkaroni und Käse). An der Bar gibt's Sushi und rohe Krustentiere, und am „Imbiss"-Büffet herzhafte Salate.

Fiamma ITALIENISCH $$$
(☎702-891-7600; www.mgmgrand.com; MGM Grand, 3799 Las Vegas Blvd S; Gerichte 30–60 US$; ⏲So & Mo 17.30–22, Di–Do bis 22.30, Fr & Sa bis 23 Uhr) Das Fiamma liegt zwischen

LUXUS, DER SICH LOHNT: BESTE BÜFFETS

» **Wicked Spoon Buffet** (www.cosmopolitanlasvegas.com; Cosmopolitan, 3708 Las Vegas Blvd S)

» **Le Village Buffet** (www.parislasvegas.com; Paris Las Vegas, 3655 Las Vegas Blvd S)

» **Spice Market Buffet** (Planet Hollywood, 3667 Las Vegas Blvd S)

» **Sterling Brunch at Bally's** (☎702-967-7999; Bally's, 3645 Las Vegas Blvd S; ⏱So)

» **Buffet Bellagio** (☎702-693-7111; www.bellagio.com; Bellagio, 3600 Las Vegas Blvd S)

» **Sunday Gospel Brunch** (☎702-632-7600; www.hob.com; House of Blues, Mandalay Bay, 3950 Las Vegas Blvd S)

weiteren hervorragenden Restaurants im MGM Grand, aber was es von den anderen abhebt, ist die Tatsache, dass man hier ein phänomenales Abendessen genießen kann, das man nicht zehn Jahre lang abbezahlen muss. Wer die Version des Fiamma mit Fleischbällchen vom Kobe-Rind noch nicht kennt, der hat noch nie wirklich Spaghetti gegessen.

Victorian Room CAFÉ **$$**

(www.billslasvegas.com; Bill's Gamblin' Hall & Saloon, 3595 Las Vegas Blvd S; Hauptgerichte 8–25 US$; ⏱24 Std.) Das kitschige, altmodische San-Francisco-Motto täuscht darüber hinweg, dass man hier eines der leckersten kulinarischen Schnäppchen in Las Vegas machen kann. Die Spezialität des Hauses, Steak und Eier (7 US$), schmeckt rund um die Uhr fantastisch.

Olives MEDITERRAN **$$$**

(☎702-693-8865; www.bellagio.com; Bellagio, 3600 Las Vegas Blvd S; Hauptgerichte 16–52 US$; ⏱mittags & abends) Der aus Boston stammende Koch Todd English serviert hier eine Hommage an die lebenspendende Steinfrucht. Flache Pizzas, hausgemachte Pasta und von den Flammen geküsste Fleischgerichte bekommen Bestnoten, und von den Tischen auf der Terrasse hat man einen tollen Blick auf den Lake Como. Sein übermütiges neues Unternehmen, **Todd English PUB** (www.toddenglishpub.com; Crystals im CityCenter, 3720 Las Vegas Blvd S; Hauptgerichte 13–24 US$; ⏱mittags & abends) im CityCenter, ist ebenfalls einen Besuch wert. Es ist eine seltsame, lustige Kreuzung aus englischem Pub und Studentenparty und präsentiert kreative Sandwiches, britische Pub-Klassiker und einen interessanten Werbegag: Wenn man sein Bier in weniger als sieben Sekunden leertrinken kann, geht's aufs Haus.

Society Cafe CAFÉ **$$**

(www.wynnlasvegas.com; Encore, 3121 Las Vegas Blvd S; Hauptgerichte 14–30 US$; ⏱So–Do 7–24, Fr & Sa 7–1 Uhr) Ein Hauch einigermaßen erschwinglicher kulinarischer Hochgenüsse im zauberhaften Ambiente des Encore. Dieses einfache Café nimmt es locker mit den edlen Restaurants der Stadt auf.

'wichcraft SANDWICHES **$**

(www.mgmgrand.com; MGM Grand, 3799 Las Vegas Blvd S; Sandwiches 8–11 US$; ⏱10–17 Uhr) Dieser kleine Design-Sandwichladen ist die geniale Schöpfung des berühmten Küchenchefs Tom Colicchio und einer der besten Orte der Stadt, wenn man Gourmetgenüsse zu kleinen Preisen erleben möchte.

DOWNTOWN & ABSEITS DES STRIPS

Die Restaurants von Downtown Las Vegas liegen normalerweise außerhalb des Gourmet-Radarschirms, bieten aber ein besseres Preis-Leistungs-Verhältnis als die auf dem Strip – sei es bei Kasino-Buffets oder in Retro-Steakhäusern.

Gleich westlich des Strips sind auch die asiatischen Restaurants entlang der Spring Mountain Rd in Chinatown gute Budgetoptionen mit einer großen vegetarischen Auswahl.

LP TIPP **Ferraro's** ITALIENISCH **$$**

(www.ferraroslasvegas.com, 4480 Paradise Rd; Hauptgerichte 10–39 US$; ⏱Mo–Fr 11.30–2, Sa & So 16–2 Uhr) Die Fotografien an den Wänden zeigen, dass die Einheimischen seit 85 Jahren in Scharen ins elegante, familiengeführte Ferraro's strömen, um die köstlichen italienischen Klassiker zu genießen. Heute locken die Terrasse mit Kamin und die fantastische Happy Hour am späten Abend ein buntes Publikum aus Budgetbewussten und Gourmets in die freundliche Bar. Die Pasta ist zum Niederknien lecker und ringt mit dem legendären *osso buco* um die Aufmerksamkeit der Gäste. Die sensationellen Antipasti werden bis Mitternacht serviert.

LP TIPP **Firefly** TAPAS $$
(www.fireflylv.com; 3900 Paradise Rd; kleine Gerichte 4–10 US$, große Gerichte 11–20 US$; So–Do 11.30–2, Fr & Sa bis 3 Uhr) Hinsichtlich der kulinarischen Szene von Las Vegas scheinen sich die Einheimischen in einem Punkt einig zu sein: Ein Essen im Firefly kann doppelt soviel Spaß machen wie in einem der übertriebenen Strip-Restaurants, dafür aber nur halb so teuer sein. Ist das der Grund, warum es immer rappelvoll ist? Also: Spanische Tapas genießen, während der Barkeeper Sangria und köstliche *mojitos* serviert.

Lotus of Siam THAILÄNDISCH $$
(www.saipinchutima.com; 953 E Sahara Ave; Hauptgerichte 9–29 US$; Mo–Fr 11.30–14, Mo–Do 17.30–21.30, Fr & Sa 17.30–22 Uhr) Das beste thailändische Restaurant in den USA? Laut *Gourmet Magazine* ist es das. Bereits nach einer einzigen Gabel Phat Thai – oder von einem der anderen exotischen, nordthailändischen Gerichte – ist man ebenfalls davon überzeugt.

N9NE STEAKHAUS $$$
(702-933-9900; www.palms.com; Palms, 4321 W Flamingo Rd; Hauptgerichte 26–43 US$; abends) Dieses hippe Steakhaus ist auch bei Promis beliebt, und im Herzen des dramatischen Speisesaals lockt eine Champagner- und Kaviarbar. Die Steaks à la Chicago sind grandios, und Austern Rockefeller und pazifisches Sashimi gibt's auch.

Pink Taco MEXIKANISCH $$
(www.hardrockhotel.com; Hard Rock, 4455 Paradise Rd; Hauptgerichte 8–24 US$; Mo–Do 7–11, Fr & Sa bis 3 Uhr) Egal, ob man einen 99-Cent-Taco isst oder einen Margarita zur Happy Hour genießt, auf der grünen Terrasse am Swimmingpool sitzt oder sich unter die freundlichen Rock-'n'-Roll-Gäste mischt – im Pink Taco erlebt man immer einen lustigen Abend.

Golden Gate MEERESFRÜCHTE $
(www.goldengatecasino.com; 1 E Fremont St; 11–3 Uhr) Für seinen Krabben-Cocktail für 1,99 US$ berühmt (die XXL-Version kostet 3,99 US$).

Ausgehen

Wer sich unter das lokale Partyvolk mischen und kostenlose Drinks genießen möchte, sollte sich bei **SpyOnVegas** (www.spyonvegas.com) informieren, das an jedem Abend in der Woche eine offene Bar in einer anderen Lokalität veranstaltet.

THE STRIP

LP TIPP **Mix** LOUNGE
(www.mandalaybay.com; 64. St., THEhotel im Mandalay Bay, 3950 Las Vegas Blvd S; Eintritt nach 22 Uhr 20–25 US$) *Der* Ort für einen Cocktail bei Sonnenuntergang. Vom gläsernen Fahrstuhl bietet sich ein grandioser Ausblick, und da hat man das moderne Design der Einrichtung und den Balkon in schwindelerregender Höhe noch gar nicht gesehen.

LP TIPP **Gold Lounge** LOUNGE, CLUB
(www.arialasvegas.com; Aria, 3730 Las Vegas Blvd S; Eintritt nach 22 Uhr 20–25 US$) In dieser ultraluxuriösen Lounge gibt's zwar keine weichgespülten Top 40, dafür aber Gold, Gold, und noch mehr Gold. Eine wirklich treffliche Hommage an Elvis: Hier kann man dem King vor einem riesigen Porträt zuprosten.

Chandelier BAR
(www.cosmopolitanlasvegas.com; Cosmopolitan, 3708 Las Vegas Blvd S; 17–2 Uhr) In einer Stadt voller schicker Lobby-Bars ist das Chandelier einzigartig: Man lehnt sich zusammen mit den hippen Gästen des Cosmopolitan zurück und genießt das seltsame, aufregende Gefühl, beschwipst in einem riesigen Kristallleuchter zu sitzen.

LAVO LOUNGE, CLUB
(www.palazzo.com; Palazzo, 3325 Las Vegas Blvd S) Eine der interessantesten Restaurant-Lounge-Nachtclub-Kombinationen der Stadt: zur Happy Hour ist die Terrasse des Lavo der Ort, um zu sehen und gesehen zu werden. Man schlürft einen Bellini in der

> **EMERGENCY ARTS**
>
> Ein Café, eine Kunstgalerie, Ateliers und eine Art Gemeindezentrum – und all das unter einem Dach mitten in Downtown Las Vegas? Das Gebäude des **Emergency Arts** (www.emergencyartslv.com; 520 Fremont St) beherbergt auch das **Beat Coffeehouse** (www.thebeatlv.com; Sandwiches 6–7 US$; Mo–Fr 7–24, Sa 9–24, So 9–15 Uhr) und ist eine freundliche Bastion entspannter Coolness und starken Kaffees, in der sich Vinylscheiben auf den Plattentellern drehen. Wer gern ein paar trendige Einheimische treffen möchte, die wissen, wo in der Stadt was läuft, ist hier genau richtig.

dramatisch beleuchteten Bar oder tanzt oben im Club zwischen liegenden Renaissance-Nackedeien.

Parasol Up – Parasol Down BAR, CAFÉ
(www.wynnlasvegas.com; Wynn Las Vegas, 3131 Las Vegas Blvd S; ⌚So–Do 11–4, Fr & Sa bis 5 Uhr) Die Gäste entspannen hier mit einem frisch-fruchtigen *mojito* am beruhigenden Wasserfall des Wynn und erleben eine der überzeugendsten Paradies-Versionen von Las Vegas.

Red Square BAR
(www.mandalaybay.com; Mandalay Bay, 3950 Las Vegas Blvd S) Bergeweise russischer Kaviar, eine Bar aus massivem Eis und über 200 gefrorene Wodkas, Longdrinks und Cocktails. Wer bei Minustemperaturen einen Wodka in der eisgekühlten Bar genießen möchte, darf einen russischen Armeemantel überwerfen.

DOWNTOWN & ABSEITS DES STRIP

Wer mit Einheimischen chillen will, macht sich in eine ihrer Lieblingsbars auf.

LP TIPP **Fireside Lounge** COCKTAILBAR
(www.peppermilllasvegas.com; Peppermill, 2985 Las Vegas Blvd S; ⌚24 Std.) Dieses Retro-Café ist der ungewöhnlichste romantische Ort auf dem Strip. Flirtende Pärchen strömen dank der schummrigen Beleuchtung, der abgesenkten Feuerstelle und den kuscheligen Nischen hierher, die wie dafür geschaffen sind, Tiki-Drinks mit bunten Strohhalmen zu genießen und die wildesten Ideen unter dem Motto „Was in Vegas passiert, bleibt auch in Vegas" zu ersinnen.

LP TIPP **Double Down Saloon** BAR
(www.doubledownsaloon.com; 4640 Paradise Rd; Eintritt frei; ⌚24 Std.) Mehr Punkrock als in einer Kneipe, deren kräftiger, blutroter Haus-Drink „Ass Juice" heißt und in der der Ausdruck „Happy Hour" bedeutet, dass das gesamte Sortiment der Bar 2 US$ kostet, geht nicht. Tipp: Ein Ass Juice und ein Twinkie für 5 US$ sind das bizarrste, abgefahrene Schnäppchen in ganz Vegas. Die Jukebox ist der Hammer; nur Barzahlung.

Beauty Bar COCKTAILBAR
(www.thebeautybar.com; 517 E Fremont St; Eintritt 5–10 $) In den geretteten Überresten eines ehemaligen Schönheitssalons in New Jersey aus den 1950er-Jahren schlürft man heute Cocktails, während man erfährt, wie man mehr aus seinem Typ macht oder ganz entspannt den hippen DJs oder Livebands lauscht. Hinterher kann man auch noch im **Downtown Cocktail Room**, einer Flüsterkneipe, vorbeischauen.

Frankie's Tiki Room THEMENBAR
(www.frankiestikiroom.com; 1712 W Charleston Blvd; ⌚24 Std.) In der einzigen rund um die Uhr geöffneten Tiki-Bar der USA wird die Stärke der Drinks in Totenköpfen angegeben, und die besten Tiki-Bildhauer und -Maler der Welt stellen ihre Werke hier aus.

☆ Unterhaltung

In Las Vegas mangelt es an keinem Abend der Woche an Unterhaltungsoptionen, und **Ticketmaster** (☎702-474-4000; www.ticketmaster.com) verkauft Tickets für so ziemlich alles.

Tix 4 Tonight BUCHUNGSSERVICE
(☎877-849-4868; www.tix4tonight.com; Bill's Gamblin' Hall & Saloon, 3595 Las Vegas Blvd S; ⌚10–20 Uhr) Bietet begrenzte Tickets zum halben Preis für Shows am selben Abend und geringe Ermäßigungen für „dauerhaft ausverkaufte" Shows.

Nachtclubs & Livemusik

Die Eintrittspreise für Nachtclubs variieren stark, je nachdem, in welcher Stimmung die Türsteher sind, wie es mit dem Geschlechterverhältnis im Club aussieht und wie voll der Laden am jeweiligen Abend schon ist.

LP TIPP **Marquee** CLUB
(www.cosmopolitanlasvegas.com; Cosmopolitan, 3708 Las Vegas Blvd) Auf die Frage nach dem coolsten Club in Vegas ist „Marquee" eindeutig die richtige Antwort. Promis (wir haben hier schon Macy Gray gesehen, während wir uns durch die Menge getanzt haben), ein Freiluft-Strandclub, heiße DJs und das gewisse Etwas sind es wert, dass man sich vor diesem Club Ewigkeiten anstellt.

LP TIPP **Tryst** CLUB
(www.trystlasvegas.com; Wynn Las Vegas, 3131 Las Vegas Blvd S) Vom restlichen Drumherum einmal abgesehen: dank des Wasserfalls ist dieser Laden geradezu lächerlich cool (auch im wahrsten Sinne des Wortes). Die blutroten Sitzecken und jede Menge Platz zum Tanzen sorgen dafür, dass man hier viel Spaß hat, ohne dass man sich gleich eine ganze Flasche bestellen muss.

Drai's CLUB
(www.drais.net; Bill's Gamblin' Hall & Saloon, 3595 Las Vegas Blvd S; ⌚Do–Mo 1–8 Uhr) Bereit für eine After-Hours-Party à la Hollywood? Vor

VEGAS-CLUBS FÜR EINSTEIGER

Mit diesen Überlebenstipps fürs Nachtleben, die wir diversen Tüstehern, VIP-Betreuern und Portiers aus der Nase gezogen haben, kommt man an jeder Samtabsperrung vorbei – oder umgeht sie ganz einfach.

» Man vermeidet das Anstehen an langen Warteschlangen, indem man vorab direkt beim VIP-Betreuer reserviert. In den meisten größeren Clubs steht auch schon spätnachtmittags oder am frühen Abend jemand an der Tür.

» Den Portier des eigenen Hotels nach Club-Empfehlungen fragen – er oder sie hat fast immer Freikarten für Clubs oder kann beim VIP-Betreuer welche reservieren.

» Wenn man am Blackjack-Tisch mit den hohen Einsätzen eine Glückssträhne hatte oder es einfach mal krachen lassen möchte, kann man darüber nachdenken, einen Tisch zu reservieren und eine Flasche zu bestellen. Ja, das ist teuer (ab 300 US$–400 US$ aufwärts pro Flasche, inklusive Barkeeper, plus Steuer und Trinkgeld), aber für Gruppen entfällt normalerweise der Eintritt (und das Warten in der Schlange), und man kann sich zwischendurch mal an einem Tisch ausruhen. Man könnte das Ganze also auch eine lohnende Geldanlage nennen.

4 Uhr morgens ist hier eigentlich nichts los, wenn die DJs endlich die angesagten Scheiben auflegen, auf die die coolen Kids gewartet haben. Auf jeden Fall richtig aufdonnern.

Stoney's Rockin' Country LIVEMUSIK
(www.stoneysrockincountry.com; 9151 Las Vegas Blvd S; Eintritt 5–10 US$; ⏲Do–So 19 Uhr–open end) Abseits des Strip, aber die Anreise wert. Freitags und samstags gibt's All-You-Can-Drink-Bier vom Fass und kostenlosen Line-Dance-Unterricht. Der mechanische Stier ist ein Riesenspaß.

Moon CLUB
(www.n9negroup.com; Palms, 4321 W Flamingo Rd; Eintritt ab 20 US$; ⏲Di & Do–So 23–4 Uhr) Dieser stilvolle Laden sieht aus wie ein Nachtclub im Weltall: Das Dach lässt sich öffnen, und man kann zu dröhnenden Beats unter den Sternen tanzen. Im Eintrittspreis ist auch der Besuch des einzigen Playboy-Clubs der Welt enthalten.

Shows

In Las Vegas kann man aus Hunderten von Shows wählen, und eine Cirque-du-Soleil-Show ist immer ein unvergessliches Erlebnis.

LP TIPP **Steel Panther** LIVEMUSIK
(☎702-617-7777; www.greenvalleyranchresort.com; Green Valley Resort, 2300 Paseo Verde Pkwy, Henderson; Eintritt frei; ⏲Do 23 Uhr–open end) Eine Hair-Metal-Tribute-Band macht sich mit visuellen Gags, Kalauern und jeder Menge Drogen- und Sexwitzen über die Zuschauer, sich selbst und die 1980er-Jahre lustig.

LP TIPP **LOVE** DARSTELLENDE KÜNSTE
(☎702-792-7777; www.cirquedusoleil.com; Tickets 99–150 US$) Das Mirage bringt diese beliebte Ergänzung des Cirque-du-Soleil-Programms auf die Bühne; Einheimische, die schon viele Cirque-du-Soleil-Produktionen gesehen haben, halten diese hier für die bisher beste.

O DARSTELLENDE KÜNSTE
(☎702-796-9999; www.cirquedusoleil.com; Tickets 99–200 US$) Die Aqua-Show des Cirque du Soleil, O, ist noch immer ein Favorit und im Bellagio zu sehen.

Zumanity DARSTELLENDE KÜNSTE
(☎702-740-6815; www.cirquedusoleil.com; Tickets 69–129 US$) Eine sinnliche, sexy Show – ebenfalls vom Cirque du Soleil, allerdings nur für Erwachsene. Im New York New York.

Shoppen

Bonanza Gifts GESCHENKE
(2440 Las Vegas Blvd S) Die beste Adresse für kitschige „Das gibt's nur in Vegas"-Souvenirs.

The Attic VINTAGE
(www.atticvintage.com; 1018 S Main St; ⏲10–18 Uhr, So geschl.) Hier können sich die potenziellen Käufer von fantastischen Hüten und Perücken, Club-Outfits im Hippie-Chic und Salonlöwen-Möbeln im besten Vintage-Laden in Vegas verzaubern lassen.

Fashion Show Mall EINKAUFSZENTRUM
(www.thefashionshow.com; 3200 Las Vegas Blvd S) Nevadas größtes und schickstes Einkaufszentrum.

Forum Shops EINKAUFSZENTRUM
(www.caesarspalace.com; Caesars Palace, 3570 Las Vegas Blvd S) Teure Läden in einer klimatisierten Version des alten Rom.

Grand Canal Shoppes EINKAUFSZENTRUM
(www.thegrandcanalshoppes.com; Venetian, 3355 Las Vegas Blvd S) Überdachte Luxus-Einkaufsmeile mit künstlich italienischem Flair inklusive Gondeln.

Shoppes at Palazzo EINKAUFSZENTRUM
(Palazzo, 3327 Las Vegas Blvd S) 60 internationale Designer, von Tory Burch bis Jimmy Choo, preisen hier ihre Waren an.

Miracle Mile Shops EINKAUFSZENTRUM
(www.miraclemileshopslv.com; Planet Hollywood, 3663 Las Vegas Blvd S) Unglaubliche 2,4 km lang; hier gibt's Tattoos, Drinks und Klamotten.

Praktische Informationen

Geld

In allen Hotelkasinos und Banken und in den meisten 24-Stunden-Läden gibt's Geldautomaten. Die Benutzungsgebühr für die Automaten beträgt in den meisten Kasinos 5 US$. Sofern möglich, zieht man am besten in einer der Banken abseits des Strips Geld.

American Express (☎702-739-8474; Fashion Show Mall, 3200 Las Vegas Blvd S; ⏲Mo–Fr 10–21, Sa 10–20, So 12–18 Uhr) Wechselt Geld zu vernünftigen Preisen.

Infos im Internet & Medien

Cheapo Vegas (www.cheapovegas.com) Bietet einen guten Überblick über die Kasinos inklusive Mindesteinsätze an den Tischen und Insider-Tipps zu günstigen Restaurants.

Las Vegas Review-Journal (www.lvrj.com) Tageszeitung; freitags mit dem Wochenendführer *Neon*.

Las Vegas Tourism (www.onlyinvegas.com) Offizielle Tourismuswebsite.

Las Vegas Weekly (www.lasvegasweekly.com) Kostenlose Wochenzeitung mit gutem Veranstaltungskalender inklusive Restaurants.

Las Vegas.com (www.lasvegas.com) Online-Reisebüro.

Lasvegaskids.net (www.lasvegaskids.net) Listet auf, was für die Kleinen geboten wird.

Vegas.com (www.vegas.com) Reiseinformationen inklusive Buchungsservice.

Internetzugang

WLAN ist in den meisten Hotelzimmern verfügbar (ca. 10 US$–25 US$/Tag, manchmal auch in der „Resortgebühr" enthalten), und in den meisten Hotellobbys gibt's außerdem Internetterminals mit angeschlossenem Drucker.

Notfall & Medizinische Versorgung

Gamblers Anonymous (☎702-385-7732) Hilft Spielsüchtigen.

Polizei (☎702-828-3111)

Sunrise Hospital & Medical Center (☎702-731-8000; 3186 S Maryland Pkwy)

University Medical Center (☎702-383-2000; 1800 W Charleston Blvd)

Post

Postamt (☎702-382-5779; 201 Las Vegas Blvd S) In Downtown Las Vegas.

Touristeninformation

Las Vegas Visitor Information Center (☎702-847-4858; www.visitlasvegas.com; 3150 Paradise Rd; ⏲8–17 Uhr) Kostenlose Ortsgespräche, Internetzugang und Karten bis zum Abwinken.

Anreise & Unterwegs vor Ort

Der **McCarran International Airport** (www.mccarran.com) liegt gleich südlich der größten Kasinos auf dem Strip und ist von der I-15 aus leicht zu erreichen. Er wird aus den meisten US-Städten direkt angeflogen, teilweise auch aus Kanada und Europa. **Bell Trans** (☎702-739-7990; www.bell-trans.com) unterhält einen Shuttleservice (6,50 US$) zwischen dem Flughafen und dem Strip; die Preise ins Zentrum sind etwas höher. Wenn man den Flughafen nahe der Gepäckausgabe durch Ausgang 9 verlässt, findet man den Bell-Trans-Kiosk ganz leicht.

Alle Attraktionen in Vegas bieten kostenlose Parkplätze und einen Parkservice (Trinkgeld 2 US$) an. Die **Einschienenbahn** (☎702-699-8299; www.lvmonorail.com) ist schnell, spaßig und rollstuhlgerecht, verbindet das Sahara mit dem MGM Grand und hält unterwegs an den wichtigsten Mega-Resorts entlang des Strip; sie fährt von Montag bis Donnerstag zwischen 7 Uhr und 2 Uhr, freitags bis sonntags bis 3 Uhr. Eine einfache Fahrt kostet 5 US$, ein 24-Stunden-Pass 12 US$, ein Drei-Tages-Pass 28 US$. Der **Deuce** (☎702-228-7433; www.rtcsouthernnevada.com), ein Doppeldeckerbus, pendelt rund um die Uhr oft zwischen dem Strip und Downtown Las Vegas (2-/24-Std.-Pass 5/7 US$).

Kalifornien verstehen

Kalifornien aktuell

Der Traum und die Realität

Auch wenn man alles schon in Film und Fernsehen gesehen hat: Kalifornien wirklich zu erleben, hat immer etwas von einem Schock. Denn die Skater in Venice Beach, die Hippies in Santa Cruz, die Vorzeigefrauen, die am Rodeo Drive powershoppen, und die Millionäre im Silicon Valley leben tatsächlich alle hier – in einem Land, in dem Toleranz das eigentlich verbindende Element darstellt.

Gegenwärtig ist das größte politische Streitthema die gleichgeschlechtliche Ehe bzw. der höchst umkämpfte Versuch, sie zu verbieten. Der medizinische Einsatz von Marihuana ist hingegen in Kalifornien nichts Neues, sondern schon seit 1996 erlaubt. In letzter Zeit haben allerdings die Verbreitung von Marihuanaclubs und Gerüchte über Einmischungen des mexikanischen Drogenkartells für einige Aufregung gesorgt.

Naturwunder

» Höchster Punkt: Mt. Whitney (4421 m)

» Tiefster Punkt: Death Valley (85,95 m unter dem Meeresspiegel)

» Fläche der National- und State Parks:2,6 Mio. ha

» Küstenlänge: 1770 km

Die Wurzeln der Umweltschutzbewegung

Zweifellos exportieren Hollywood und Reality-TV (*The Hills, Real Housewives of Orange County*) die kalifornische Kultur der Verschwendung. Seit den 1960er-Jahren folgen die Kalifornier aber auch gegenläufigen Trends: Sie kaufen Biolebensmittel, pflegen einen ressourcenschonenden Lebensstil, ketten sich als Baumschützer an bedrohte Bäume, rufen nuklearwaffenfreie Zonen aus, unterstützen eine fortschrittliche Umweltschutzgesetzgebung und fahren mit Vorliebe Hybridautos.

Überraschend ist das nicht: Schließlich waren es Kalifornier, die den Naturschutz mitbegründeten, indem sie Gesetze gegen die beliebige Entsorgung von Industrieabfällen erließen, weite Gelände in Top-Lage als städtische Grünflächen erhielten und Urwälder unter Schutz stellten. Allerdings hat die gegenwärtige Haushaltskrise zu tiefen Einschnitten in Umweltschutzprogrammen geführt.

Beste Filme

» *Die Spur des Falken* (1941)

» *Vertigo – Aus dem Reich der Toten* (1958)

» *Die Reifeprüfung* (1967)

» *Chinatown* (1974)

» *Der Blade Runner* (1982)

» *Pulp Fiction* (1994)

» *Sideways* (2004)

Tolle Downloads

» „California Dreaming“ – The Mamas and the Papas

» „Surfer Girl“ – Beach Boys

» „Californication“ – Red Hot Chili Peppers

» „California Love“ – 2Pac

» „California Gurls“ – Katy Perry

Etikette

» Viel Sonnencreme auftragen, auch an wolkigen Tagen!

» Wo es angemessen ist, Trinkgeld geben!

» In geschlossenen Räumen nicht rauchen!

» Sich bei Weinproben nicht volllaufen lassen!

Religionen

(% der Bevölkerung)

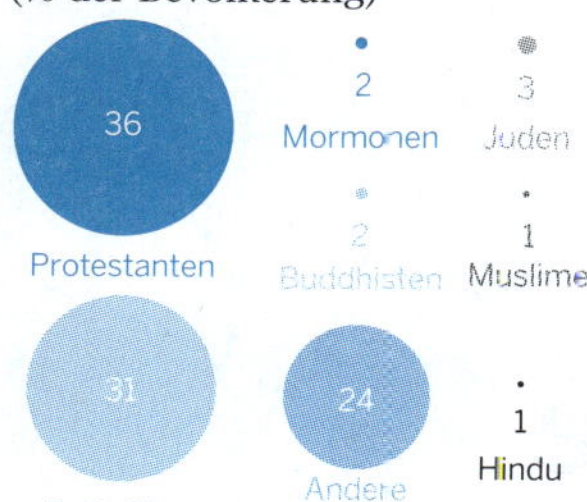

Gäbe es nur 100 Kalifornier, wären ...

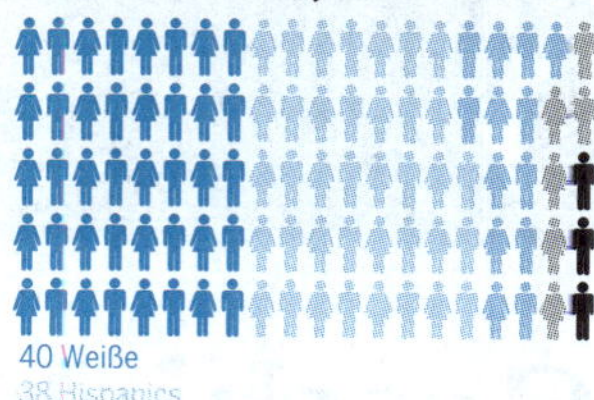

40 Weiße
38 Hispanics
13 asiatische Amerikaner
6 Afroamerikaner
3 Angehörige anderer Ethnien

Schnelle Unternehmen

Kaliforniens technologische Innovationen braucht man niemandem extra vorzustellen – wer hat nicht schon von PCs, iPods und Google gehört? Mittlerweile liefert sich Nordkalifornien mit Silicon Valley und der Biotech-Industrie ein Kopf-an-Kopf-Rennen mit dem Süden und dessen Unterhaltungsindustrie um die wirtschaftliche Spitzenstellung.

Slow Food

In Sachen Essen sind viele Kalifornier echte Fanatiker und verehren heimische Meisterköche wie Rockstars. Nach ein paar Bissen kann man diese Leidenschaft wahrscheinlich verstehen. Das Nachdenken übers Essen bedeutet auch, einen Standpunkt zu Ernährungsfragen zu haben – dementsprechend stehen Biogemüse und -fleisch, nicht genmanipulierte Lebensmittel, Veganertum und Ökowein, Fair-Trade-Kaffee und Nahrungsmittel von örtlichen Produzenten hoch im Kurs.

Neue religiöse Bewegungen

Trotz relativ weniger Anhänger werden neue religiöse Bewegungen und utopische Gemeinschaften in Kalifornien stark beachtet, Vertreter eines Neuheidentums genauso wie esoterische Heiler. Auf religiösem Gebiet machte Kalifornien in den 1960er-Jahren mit indischen Gurus, in den 1970er-Jahren mit Jim Jones' Peoples Temple und dem Erhard Seminars Training (EST), in den 1990er-Jahren in San Diego mit dem Ufo-Kult Heaven's Gate und 2011 schließlich mit dem Radioprediger Harold Camping aus Oakland Schlagzeilen, der verkündete, der Jüngste Tag stehe unmittelbar bevor. Die seit 1954 bestehende umstrittene Scientology-Kirche versucht mit prominenten Mitgliedern wie Filmstar Tom Cruise oder Musiker Beck, an Akzeptanz zu gewinnen.

Kurzinfos Kalifornien

» Bevölkerung: 37,3 Mio. Ew.

» Anteil am US-Bruttoinlandsprodukt: 13 % (1,9 Bio US$)

» Jährliche Steuereinnahmen aus dem Verkauf von medizinischem Marihuana: 105 Mio. US$

Zurück zur Natur

Wenn man es wie die Einheimischen machen will, führen alle Wege zurück zur Natur. Mehr als 60 % aller Kalifornier erklären, sie hätten schon mal einen Baum umarmt, fast 25 % haben sich als Surfer versucht, und wenigstens jeder Fünfte badet schon mal nackt.

Auf dem Land

Weniger als 10 % der Kalifornier leben in ländlichen Gebieten, aber dennoch befindet sich dort einer der wichtigsten Wirtschaftsfaktoren des Landes, die Landwirtschaft. Im Central Valley werden fast 50 % aller Früchte geerntet, die in den USA auf den Markt kommen.

Indianerkasinos

Obwohl nur weniger als 1 % Kaliforniens als Stammesreservate ausgewiesen sind, werden hier jährlich fast 7 Mrd. US$ in Spielkasinos erwirtschaftet, weil die Wähler mit Volksentscheid 5 im Jahr 1998 das Glücksspiel in den Reservaten erlaubt haben

Geschichte

Gold wird üblicherweise als Grund für den verrückten Verlauf der kalifornischen Geschichte angegeben. Tatsächlich aber begann alles mit einer Menge faszinierender Lügen. Etwa jene, es gäbe eine sonnenverwöhnte, von Amazonen bewohnte Insel. Diese besäßen goldene Waffen und flögen auf Greifen, denen sie ihre Söhne zum Fraß vorwürfen. Diese Geschichte ist kein verdrehtes Hollywood-Remake von *Wonder Woman*, sondern findet sich im spanischen Roman *Las Sergas de Esplandián*, einer Fortsetzung des Amadis-Ritterromans, die Garci Ordóñez de Montalvo Anfang des 16. Jhs. verfasste und von der sich spanische Abenteurer inspirieren ließen. Dazu gehörte auch der Konquistador Hernán Cortés, der 1524 in einem Brief aus Mexiko erklärte, er hoffe, die sagenhafte Insel binnen weniger Tage zu finden; dazu müsse man nur etwas weiter nach Nordwesten segeln.

Abgesehen von den mythischen Vogelungeheuern und den mordenden Frauen lagen Montalvo und Cortés aber nicht ganz falsch: Vor der Westküste Mexikos lag eine Halbinsel, sie wurde von den spanischen Kolonisten dann nach Montalvos sagenhafter Amazonenkönigin Calafia Baja California (Niederkalifornien) benannt. Darüber lag Alta California (Oberkalifornien): Das war zwar keine Insel, aber immerhin ein Gebiet mit Goldvorkommen. In Montalvos Geschichte wurde die Kriegerkönigin Calafia schließlich friedlich und bekannte sich zum Christentum. Ganz so verlief die kalifornische Geschichte allerdings nicht.

Bevor die Europäer kamen

Die indigenen Einwohner Kaliforniens ließen sich keineswegs so leicht charakterisieren wie Montalvos Amazonen. Um 1500 lebten mehr als 300 000 indigene Amerikaner im Gebiet von Kalifornien, die rund 100 verschiedene Sprachen sprachen. Die politische Führung lag meist in männlicher Hand, es gab aber weibliche Schamanen, die Mächte aus der Traumwelt anriefen, um Krankheiten zu kurieren, das Wetter zu beein-

ZEITLEISTE

10 000–6000 v. Chr.

Amerikanische Ureinwohner besiedeln das Land – von den Yurok im Norden, die in Giebelhäusern aus Mammutbaumholz leben, bis zu den Tipai-Ipai, die im Süden in strohgedeckten Kuppelbauten wohnen.

1542–1543

Juan Rodríguez Cabrillo erkundet als erster Europäer die kalifornische Küste. Die Reise endet abrupt, als er sich an einem scharfkantigen Felsbrocken verletzt und an Wundbrand stirbt.

1579

Sir Francis Drake landet an der kalifornischen Küste nördlich von San Francisco und beansprucht „Nova Albion“ (Neu-England), wie er den Landstrich nennt, für seine Königin, Elisabeth I.

flussen und Erfolge bei Jagd oder Krieg herbeizuführen. Fischervölker an der Zentralküste wie die Ohlone, Miwok und Pomo bauten unterirdische Rundhäuser und Saunen, wo sie Zeremonien abhielten, Geschichten erzählten und Glücksspiele machten. Die Jägergemeinschaften im Nordwesten wie die Hupa, Karok und Wiyot bauten große Häuser und Redwood-Einbäume, während im Südwesten Kaliforniens die Quechan und Mohave hochwertige Töpferwaren herstellten und Bewässerungssysteme schufen, die Ackerbau in der Wüste ermöglichten.

Anders als Montalvos Amazonen horteten die Ureinwohner kein Gold und waren auch nicht angriffslustig. Die indigenen Kalifornier verfügten nicht über Schrift, hielten sich aber an mündliche Verträge und Flächennutzungsvereinbarungen; von Neuankömmlingen erwartete man dies ebenso. Deshalb löste die erste spanische Erkundungsmission, die Juan Rodríguez Cabrillo 1542 nach Alta California unternahm, keine kriegerischen Auseinandersetzungen aus.

Als der englische Pirat Sir Francis Drake nördlich von San Francisco auf Miwok-Land vor Anker ging, hielt man die Engländer für Tote, die aus dem Jenseits zurückgekehrt waren, und Schamanen sahen darin ein Zeichen für den bevorstehenden Weltuntergang. Der Austausch von Geschenken und Geschichten verminderte die Spannungen zwischen den Ureinwohnern und den spanischen und englischen Abenteurern, aber die schlimmen Befürchtungen sollten sich später als durchaus begründet erweisen: Innerhalb von hundert Jahren nach Beginn der spanischen Kolonisierung im Jahr 1769 war die kalifornische Urbevölkerung durch von Europäern eingeschleppte Krankheiten, Zwangsarbeit und Hungersnöte auf 20 000 Menschen zurückgegangen.

Indigene Völker Kaliforniens

- » Cahuilla
- » Hupa
- » Karok
- » Miwok
- » Mohave
- » Ohlone
- » Paiute
- » Pomo
- » Wiyot
- » Yuma

Spaniens „Mission Impossible"

Als im 18. Jh. russische und englische Trapper begannen, mit wertvollen Otterfellen aus Alta California zu handeln, beschlossen die Spanier, die Region zu kolonisieren. Um der Ehre Gottes und des spanischen Fiskus willen sollten überall Missionen errichtet und innerhalb von zehn Jahren zu blühenden, von einheimischen Konvertiten geleiteten Wirtschaftsunternehmen werden. Die „heilige Expedition" wurde von Spaniens General-Visitator in Mexiko, José de Gálvez, gebilligt – er war ein Don Quixote mit hochfliegenden Plänen: So wollte er die Provinz Sonora mit einer Armee gedrillter Affen im Zaum halten.

Kaum wurde Spaniens Missionsplan 1769 umgesetzt, drohte er schon zu scheitern. Während der Franziskaner Junípero Serra und Hauptmann Gaspar de Portolà über Land nordwärts zogen, um die Mission San Diego de Alcalá zu gründen, kam die Hälfte der Seeleute auf Versorgungsschiffen um. Portolà hatte von einer sagenhaften Bucht im Norden gehört, da er aber im Nebel die Monterey Bay nicht fand, gab er auf und kehrte um.

1769

Padre Junípero Serra und Kapitän Gaspar de Portolà leiten eine spanische Expedition mit dem Ziel, Missionen zu gründen. Sie treiben die Ureinwohner zusammen, bekehren sie und beuten sie als Zwangsarbeiter aus.

1821

Mit der mexikanischen Unabhängigkeit endet die spanische Kolonialherrschaft über Kalifornien. Mexiko erbt 21 Missionen, anarchische Californio-Cowboys und die dezimierte indianische Bevölkerung.

1826–1832

Der Teenager Kit Carson ist auf dem Santa Fe Trail nach Los Angeles unterwegs – über 1500 km durch Wüsten voller Klapperschlangen. Doch jene Ebenen werden von Apachen und Comanchen verteidigt.

1835

Ein Gesandter von US-Präsident Andrew Jackson unterbreitet ein formelles Kaufangebot für Nordkalifornien, doch Mexiko versucht stattdessen erfolglos, Kalifornien an England loszuwerden.

DIE REPUBLIK DER BÄRENFLAGGE

Im Juni 1846 tranken sich einige US-amerikanische Siedler Mut an und erklärten in der Stadt Sonoma die Unabhängigkeit. Es wurde nicht geschossen, sondern einfach der nächstbeste mexikanische Beamte gefangen genommen und eine hastig zusammengenähte Fahne aufgezogen. Am nächsten Morgen stellten die Einheimischen fest, dass sie in der unabhängigen „Bärenrepublik" unter einer Fahne lebten, auf der ein Grizzlybär dargestellt war, der einem betrunkenen Hund verzweifelt ähnlich sah (S. 203). Die Republik der Bärenflagge existierte gerade einmal einen Monat, dann kam der Befehl der US-amerikanischen Regierung, den Aufstand abzublasen.

Portolà berichtete Gálvez, man könne Kalifornien ruhig den Russen oder Engländern überlassen, wenn sie es denn haben wollten. Serra jedoch gab nicht auf und konnte weitere Unterstützung mobilisieren, sodass neben den Missionen Militärposten (Presidios) errichtet wurden: 1775 in Monterey, 1776 in San Francisco und 1782 in Santa Barbara. Wenn die Soldaten nicht regelmäßig bezahlt wurden, plünderten und terrorisierten sie die umliegenden Siedlungen. Der Klerus trat dieser Behandlung der potenziellen indianischen Konvertiten entgegen. Seinerseits setzte er aber die Soldaten ein, um Zwangsarbeiter zum Bau der Missionen zusammenzutreiben. Für ihre Plackerei erhielten die Ureinwohner eine Mahlzeit pro Tag (wenn überhaupt) und die Zusicherung auf einen Platz im Himmel – und der wurde häufig sehr bald benötigt, weil mit den Spaniern die Pocken ins Land kamen.

Die Ureinwohner probten zahlreiche Aufstände gegen die 21 spanischen Missionen. Nur einen Monat nach Gründung der Mission San Diego wurde sie von entflohenen Konvertiten angegriffen. Als Bewohner eines Yuma-Dorfs 1781 entdeckten, dass das Vieh der Soldaten ihren Bohnenvorrat für den Winter aufgefressen hatte, unternahmen sie einen Überraschungsangriff, töteten 30 Soldaten und vier Priester und nahmen Geiseln. Spanien war auf Verluste bei dem sowieso unprofitablen Unternehmen nicht eingestellt; nach dem Tod von Padre Serra (1784) blieb nur eine Handvoll unwillige Soldaten in Kalifornien stationiert.

Kalifornien unter mexikanischer Herrschaft

Spanien bedauerte den Verlust Kaliforniens an Mexiko im mexikanischen Unabhängigkeitskrieg (1810–21) nicht sonderlich. Solange die Missionen das beste Weideland besaßen, konnten die *rancheros* (Rancher) mit ihnen auf dem wachsenden Markt für Rindsleder und Talg (zur Seifenherstellung) nicht konkurrieren. Aber spanische, mexikanische und US-amerikanische Siedler, die Ureinwohnerinnen geheiratet hatten, bildeten inzwischen eine recht große Gemeinschaft. So gelang

1846

Schneestürme in der Sierra Nevada veranlassen Mitglieder der Donner Party zum Kannibalismus, um nicht zu verhungern. Einige marschieren hilfesuchend 160 km weit; die Hälfte der 87 Personen überlebt.

1848

Mühlenarbeiter finden Gold in der Nähe des heutigen Placerville Sam Brannan. Ein Zeitungsherausgeber und Großmaul lässt diese Nachricht vom Stapel – und der Goldrausch ist nicht mehr aufzuhalten.

1850

In Erwartung großer Steuereinkünfte machen die USA Kalifornien zum 31. Bundesstaat. Doch die Goldgräber finden Steuerschlupflöcher, so müssen die Rancher Südkaliforniens die Steuerlast tragen.

1851

Die Nachricht von Goldfunden in Australien sorgt für Jubelstürme in Melbourne und für Panik in San Francisco, weil der Preis für das kalifornische Gold plötzlich in den Keller geht.

es diesen „Californios" im Jahr 1834, die mexikanische Regierung zur Säkularisierung der Missionen zu überreden.

Die Californios nutzten die Gelegenheit und privatisierten den Grundbesitz der Missionen. Nur wenige Californios konnten lesen und schreiben, daher wurden Grenzstreitigkeiten nicht vertraglich geregelt, sondern mit Muskelkraft gelöst. Laut Gesetz sollte die Hälfte des Landes an die amerikanischen Ureinwohner gehen, die auf den Missionen gearbeitet hatten, aber nur wenige dieser Arbeiter erhielten ihr Land.

Durch Heirat und Fusionen verfügten im Jahr 1846 gerade einmal 46 *ranchero*-Familien über den Großteil der Ländereien und des Reichtums in Kalifornien. Der durchschnittliche *rancho* (Ranch) umfasste rund 6500 ha; aus den Bretterbuden waren elegante Haciendas geworden, in denen Frauen angeblich nachts ihre Zimmer nicht verlassen durften. Aber herumstoßen ließen sich die Rancherfrauen nicht: Frauen leiteten 13 % der kalifornischen Ranches, ritten so ausdauernd wie Männer und lösten romantische Skandale aus, die einer Seifenoper würdig waren.

Unterdessen kamen über den Santa Fe Trail Zuwanderer aus den USA im Handelsposten Los Angeles an. Die nördlichen Pässe durch die Sierras waren schwieriger zu bewältigen, wie die Donner Party (s. S. 430) tragisch erfahren musste: Ihre Mitglieder blieben in einem verlassenen Gebirgspass stecken, viele starben und die Überlebenden ernährten sich vom Fleisch der Leichen. Die USA wollten sich Kalifornien einverleiben, aber als US-Präsident Andrew Jackson dem finanziell ausgebluteten Mexiko das Territorium für 500 000 US$ abkaufen wollte, wurde das Angebot schroff zurückgewiesen. 1845 annektierten die USA das zu Mexiko gehörende Texas, woraufhin Mexiko die diplomatischen Beziehungen abbrach und anordnete, alle Ausländer ohne gültige Papiere aus Kalifornien auszuweisen.

1846 brach der Mexikanisch-Amerikanische Krieg aus. Er zog sich zwei Jahre hin, wobei es in Kalifornien nur zu wenigen Kampfhandlungen kam. Die Feindseligkeiten endeten mit dem Vertrag von Guadalupe Hidalgo, in dem Mexiko Kalifornien und den heutigen Südwesten der USA abtreten musste. Für Mexiko hätte der Zeitpunkt nicht schlechter sein können – nur wenige Tage nach der Vertragsunterzeichnung wurde in Kalifornien Gold gefunden.

Heureka!

Auch der Goldrausch begann mit einem Bluff. Sam Brannan, ein Grundstücksspekulant, abtrünniger Mormone und Herausgeber einer Boulevardzeitung, wollte 1848 gerade kalifornisches Sumpfland abstoßen, als ihm Gerüchte zu Ohren kamen, dass in der Nähe von Sutter's Mill, rund 193 km von San Francisco entfernt, Goldnuggets gefunden worden seien. Da die Nachricht geeignet war, die Auflage seiner Zei-

10. Mai 1869

Der goldene Nagel wird eingeschlagen: Die erste Bahnstrecke quer über den Kontinent verbindet Kalifornien nun mit der Ostküste.

1882

Der US-Chinese-Exclusion-Act stoppt die Zuwanderung chinesischer Migranten. Den Chinesen im Land wird die Staatsbürgerschaft versagt. Rassistische Gesetze treten in Kraft und gelten bis 1943.

1906

Ein Erdbeben ebnet in nur 47 Sekunden ganze Wohnblocks von San Francisco ein. Danach brechen Brände aus, die drei Tage lang wüten. Die Überlebenden beginnen sofort mit dem Wiederaufbau.

SCIENCE PHOTO LIBRARY/GETTY ©

» Erdbeben in San Francisco

tung und die Grundstückspreise in die Höhe zu treiben, verkaufte er die Gerüchte als Tatsache. Zunächst allerdings blieb die Geschichte weitgehend unbeachtet – schließlich waren schon seit 1775 immer wieder geringe Mengen Gold in Südkalifornien gefunden worden. Also dachte sich Brannan eine andere Geschichte aus, die er von in Sutter's Mill angestellten Mormonen unter dem Siegel der Verschwiegenheit erfahren haben wollte. Sein Verständnis von Verschwiegenheit bestand darin, durch die Straßen San Franciscos zu laufen, dabei „Gold am American River!" zu schreien und mit einem Fläschchen Goldstaub herumzufuchteln, dass ihm angeblich als Zehnt für die Kirche der Mormonen anvertraut worden war.

In ihrem Bestseller *Töchter des Himmels* erzählt Amy Tan anhand der Geschichte von vier in China geborenen Frauen und ihren in Amerika geborenen Töchtern von der Einwanderung und den Hoffnungen in San Franciscos Chinatown.

Auch andere Zeitungen in der ganzen Welt waren wenig pingelig in der Überprüfung der Geschichte und veröffentlichten hastig Storys über „Goldberge" in der Nähe von San Francisco. 1850, als Kalifornien als 31. Staat in die USA aufgenommen wurde, war die nicht-indigene Bevölkerung von 15000 auf 93000 Menschen in die Höhe geschnellt. Die meisten Neuankömmlinge waren keine US-Amerikaner, sondern Peruaner, Australier, Chilenen und Mexikaner. Auch einige Chinesen, Iren, hawaiianische Ureinwohner und französische Goldsucher strömten herbei.

Zu Anfang arbeiteten die Goldwäscher Seite an Seite, schliefen in Unterkünften dicht an dicht, spülten chinesisches Essen mit Feuerwasser hinunter und schlemmten mit französischer Küche und australischem Wein. Aber mit jeder neuen Zuwandererwelle sank der Profit der Einzelnen und es wurde immer schwerer, Gold zu finden. Im Jahr 1848 verdiente jeder Goldsucher in heutiger Kaufkraft durchschnittlich rund 300000 US$, 1849 nur noch 95000 bis 145000 US$, und 1865 war der Verdienst schließlich auf 35000 US$ gefallen. Als immer weniger Gold an der Oberfläche zu finden war, grub und sprengte man sich einen Weg in die Berge. Diese Arbeit war kräftezehrend und gefährlich. Da kaum Ärzte vor Ort waren, endeten Verletzungen häufig tödlich. Die Lebenshaltungkosten in den kalten, schmutzigen Camps waren astronomisch: 1849 kostete ein Bett in einer zugigen Absteige, wo man mit Männern zusammenhauste, die sich kaum wuschen, bis zu 10 US$ pro Nacht – nach heutiger Kaufkraft rund 250 US$. Für scheußlichen Fraß wie wabblige Omeletts musste man 2 US$ – heute wären das 50 US$ – berappen. In diesen Lagern lebte manchmal neben 400 Männern nur eine Frau – bezahlter Sex, Alkohol und Opium standen hoch im Kurs.

Bürgerwehren & Räuberbarone

Die erfolgreichsten Goldsucher waren früh gekommen und sahen zu, schnell wieder Land zu gewinnen. Wer zu lange blieb, verlor sein Vermögen auf der Suche nach dem nächsten Nugget oder wurde zum Ziel

1927
Nach einem Jahr Tüftelei gelingt dem Erfinder Philo Farnsworth aus San Francisco die erste Fernsehübertragung: das Bild eines geraden Strichs.

1928
Im Film *Der Jazzsänger* rebelliert ein jüdischer Sänger gegen seinen Vater und tritt mit aufgemalter schwarzer Hautfarbe auf – der erste Tonfilm in Spielfilmlänge. Hollywoods goldenes Zeitalter bricht an.

1934
In San Francisco werden bei einem Hafenarbeiterstreik von der Polizei 34 Streikende getötet und 40 verletzt. Massendemos und stadtweite Streiks folgen; die Hafenunternehmen geben nach.

1942
Aufgrund der Executive Order 9066 werden 120000 japanischstämmige Amerikaner interniert. Die kalifornische Japanese American Citizens' League klagt und legt die Grundlage für den Civil Rights Act (1964).

von Neid und Missgunst. Erfolgreiche Peruaner und Chilenen wurden schikaniert und erhielten keine Verlängerung ihrer Schürfrechte, sodass die meisten von ihnen Kalifornien schon 1855 wieder verlassen hatten. Auch indianische Arbeiter, die den *49ers* zu Wohlstand verholfen hatten, gingen bei der Vergabe der Schürfrechte leer aus. Jede Missetat wurde den Australiern in die Schuhe geschoben: Zwischen 1851 und 1856 brachte San Franciscos selbst ernannte Bürgerwehr sogenannte „Sydney Ducks" vor Gericht, verurteilte sie und hängte sie auf. Der ganze Vorgang, die „Kangaroo Trials", dauerte gerade einmal ein paar Stunden. Zwischen 1849 und 1851 wurden Wohnheime, in denen Australier logierten, sechsmal Ziel von Brandstiftungen. Kein Wunder, dass sich viele zur Heimkehr entschlossen, als 1851 in Australien Gold gefunden wurde. Und auch die Chinesen, die 1860 die bevölkerungsreichste Gruppe in Kalifornien stellten, mussten viel Ausländerhass ertragen. Weil ihnen die Schürfrechte entzogen wurden, verlegten sich viele Chinesen auf Dienstleistungsgeschäfte, die auch dann überlebten, wenn Schürfunternehmen pleitegingen – was abermals den Neid der Bergarbeiter anzog.

Derartige Auseinandersetzungen lenkten jedoch nur von der wirklichen Bedrohung ab, die für die Bergarbeiter nicht von Kollegen oder Dienstleistern, sondern von jenen ausging, die sich im Besitz der Produktionsmittel befanden: nämlich Kaliforniens „Räuberbarone", Spekulanten, die Kapital und Maschinen horteten, die für die Ausbeutung der 1860 entdeckten Comstock-Silbermine benötigt wurden. Mit der Industrialisierung des Bergbaus wurden viele Arbeiter entbehrlich; arbeitslosen Goldgräbern kamen nun die chinesischen Hafenarbeiter als Ziel ihres Zorn gelegen. Diskriminierende kalifornische Gesetze, die Chinesen in ihren Rechten bei Wohnung, Arbeit und Staatsbürgerschaft einschränkten, wurden 1882 durch den Chinese Exclusion Act noch weiter verschärft, ein US-amerikanisches Bundesgesetz, das bis 1943 gültig blieb.

Die Gesetze, mit denen die Arbeitsmöglichkeiten neu eingereister Chinesen beschnitten wurden, passten den Räuberbaronen sehr gut ins Konzept, denn sie brauchten billige Arbeitskräfte für den Bau von Bahnstrecken zu ihren Claims, um die Märkte der Ostküste beliefern zu können. Um Tunnel durch die Sierras zu sprengen, wurden Arbeiter in Weidenkörben an schroffen Felswänden heruntergelassen. Sie platzierten die Dynamitstangen in Felsvorsprüngen, zündeten sie an und zogen dann am Seil, um rechtzeitig vor der Detonation wieder hochgezogen zu werden. Wer die Plackerei einen weiteren Tag überlebt hatte, nächtigte in Schlafbaracken in der kalten, einsamen Bergregion, beaufsichtigt von bewaffnetem Wachpersonal. Mit kaum einer Aussicht auf andere legale Beschäftigung schufteten schätzungsweise 12 000 chine-

17. Juli 1955

Disneyland wird eröffnet, doch angesichts des Massenansturms bricht die Kanalisation zusammen, in Fantasyland gibt es ein Gasleck. Walt Disney startet am nächsten Tag mit besserem Erfolg neu.

1957

Mitten in der McCarthy-Ära erringt der Buchladen City Lights im Prozess um das Verbot der Veröffentlichung von Allen Ginsbergs „Howl" einen bahnbrechenden Sieg vor Gericht.

1966

Ronald Reagan wird zum Gouverneur gewählt und ebnet damit einen neuen Karriereweg für alternde Filmstars. Er bleibt bis 1975 im Amt und wird schließlich 1981 der 40. Präsident der USA.

1967

Am 14. Januar wird beim Human-Be-In im Golden Gate Park der Summer of Love eingeläutet – mit Muschelbläsern, Drogen und zu Zigarettenblättchen gefalteten Einberufungsbescheiden.

sische Arbeiter in der Sierra Nevada und erreichten 1869 schließlich das östliche Ende des US-amerikanischen Eisenbahnnetzes.

Öl & Wasser

KÄMPFE UM DAS WASSER

Chinatown (1974) ist die erfundene, aber dennoch überraschend genaue Beschreibung der brutalen Kämpfe ums Wasser beim Bau von Los Angeles und San Francisco.

Während des Amerikanischen Bürgerkriegs (1861–65) konnten sich die Kalifornier nicht auf Nahrungsmittellieferungen von der Ostküste verlassen und mussten selber für ihre Ernährung sorgen. Mit schamloser Propaganda lockte Kalifornien kleine Farmer aus dem Mittleren Westen herbei, um das Central Valley urbar zu machen: „Viele Morgen unbeanspruchtes staatliches Land ohne Wirbelstürme und Blizzards für Millionen Farmer", behauptete ein Plakat, das natürlich die Erdbeben und die fortgesetzten Landstreitigkeiten mit *rancheros* und Ureinwohnern unerwähnt ließ. Die Strategie hatte Erfolg, denn mehr als 120 000 Farmer kamen in den 1870er und 1880er-Jahren nach Kalifornien.

Die Farmer mussten jedoch feststellen, dass der Goldrausch das Land stark verwüstet hatte. Die Hügel waren kahl, die Vegetation vernichtet, Bäche versandet und Quecksilber belastete das Trinkwasser. Durch die offenen Abwasserkanäle der mangelnden Kanalisation verbreitete sich die Cholera rasend schnell in den Camps und forderte viele Menschenleben. Kleinere Goldfunde in den Bergen Südkaliforniens führten dazu, dass für die trockenen Täler lebenswichtige Bäche umgeleitet wurden. Und da es für die Bergbaukonzessionen seitens der US-Regierung erhebliche Steuerbefreiungen gab, fehlten die Mittel zur Sanierung der Brachen und zum Ausbau der Wasserversorgung.

1859 stimmten frustrierte Farmer aus der Gegend südlich von San Luis Obispo für eine Abspaltung von Kalifornien, aber wegen des Bürgerkriegs wurde aus diesen Plänen nichts. 1884 verabschiedeten die Südkalifornier ein wegweisendes Gesetz, dass das Abladen von Müll in den kalifornischen Flüssen untersagte. Mit der Unterstützung von boomenden Agrarunternehmen und Immobiliengesellschaften wurden Anleihen für den Bau von Aquädukten und Staudämmen aufgenommen, die eine großflächige Landwirtschaft und Grundstückserschließungen möglich machen sollten. Bis ins 20. Jh. wurden zwei Drittel des verfügbaren Wasser vom südlichen Drittel des Bundesstaats verbraucht, sodass schließlich in Nordkalifornien wiederum der Ruf nach Abspaltung laut wurde.

1892 war Edward Doheny mit Immobilienspekulationen in Los Angeles pleite gegangen, doch dann grub er ein Loch, das Kalifornien verändern sollte. Schon im folgenden Jahr erbrachte seine Ölquelle einen Ertrag von 40 Barrel pro Tag. Im Jahr 1900 wurden in Kalifornien 4 Mio. Barrel des „schwarzen Goldes" gefördert. Die Downtown von Los Angeles wuchs rund um Dohenys Ölquelle und wurde zu einem Industriezentrum mit 100 000 Einwohnern.

5. Juni 1968

Nach den kalifornischen Vorwahlen wird der Präsidentschaftskandidat und frühere Justizminister Robert Kennedy, Unterstützer der Bürgerrechtsbewegung und Armutsbekämpfer, ermordet.

1969

Indigene Aktivisten besetzen Alcatraz, fordern die Insel ein und werden 1971 vom FBI vertrieben. Öffentliche Unterstützung führt zu mehr Selbstbestimmung in Ureinwohnerterritorien.

» Alcatraz (S. 79)

Während das idyllische Südkalifornien verstädterte, formten Nordkalifornier, die Verwüstung durch Bergbau und Abholzung selbst kennengelernt hatten, die erste Naturschutzbewegung in den USA. 1892 gründete der Naturforscher John Muir den Sierra Club und setzte sich für die Gründung der ersten Nationalparks ein. Trotz seiner Einwände wurden jedoch Dämme und Pipelines zur Versorgung der Gemeinden in den südkalifornischen Wüsten und der Küstenstädte gebaut – darunter der riesige Hetch-Hetchy-Stauseee im Yosemite National Park, der heute die Bay Area mit Wasser versorgt. Im dürregeplagten Kalifornien kochen immer wieder Spannungen zwischen Landerschließern und Umweltschützern, zwischen nordkalifornischen Wasserhortern und südkalifornischen Wasserverschwendern hoch, die unbedingt ihren Rasen sprengen müssen.

Aufräumen im Wilden Westen

1906 wurde San Francisco von einem großen Erdbeben und von Bränden heimgesucht. Dies sollte für Kalifornien das Signal für Veränderungen sein. Korrupte Bosse hatten nämlich die öffentlichen Gelder für das Wasserleitungsnetz und für Hydranten beiseite geschafft, sodass es nur eine einzige funktionierende Wasserquelle in der ganzen Stadt gab. Als sich der Rauch verzogen hatte, war man sich einig, dass im Wilden Westen aufgeräumt werden musste.

Während in San Francisco 15 Gebäude pro Tag wiederaufgebaut wurden, machten sich kalifornische Politiker daran, schrittweise städtische, bundesstaatliche und nationale Gesetze zu reformieren. Aus Sorge um die öffentliche Gesundheit und zur Unterbindung der Prostitution verabschiedete Kalifornien 1914 den Red Light Abatement Act, der zur Schließung der Bordelle führte. Im Zuge der Mexikanischen Revolution (1910–1921) kamen Einwanderer, die revolutionäre Ideen, darunter ethnischen Stolz und Arbeitersolidarität, ins Land brachten. Als Kaliforniens Häfen wuchsen, gelang es der Hafenarbeitergewerkschaft an der gesamten Westküste, einen historischen, 83 Tage dauernden Streik durchzuführen, mit dem Zugeständnisse beim Arbeitsschutz und eine angemessenere Entlohnung durchgesetzt werden konnten (1934).

Auf dem Höhepunkt der Weltwirtschaftskrise flohen 1935 rund 200 000 Farmerfamilien aus der von Dürre betroffenen Dust Bowl in Texas und Oklahoma nach Kalifornien. Dort fanden sie in den großen Agrarunternehmen nur schlecht bezahlte Jobs mit miesen Arbeitsbedingungen. Kalifornische Künstler machten die Durchschnittsamerikaner auf das bedauernswerte Los der Migranten aufmerksam. Die ganze Nation wurde von Dorothea Langes erschreckenden Dokumentarfotos hungernder Familien und dem erschütternden Roman *Die Früchte des Zorns* (1939) aufgerüttelt. Das Buch wurde weithin verbo-

Der mit dem Oscar ausgezeichnete Film *There Will Be Blood* (2007), eine Adaption des Buchs *Oil!* von Upton Sinclair, handelt von einem kalifornischen Ölmagnaten, der auf dem realen, südkalifornischen Tycoon Edward Doheny beruht.

1969

Die UCLA wird mit dem Stanford Research Institute über ARPANET, den Vorläufer des Internets, vernetzt. Mit einer unerwünschten politischen Gruppen-Message schlägt die Geburtsstunde des Spams.

1977

Harvey Milk wird als erster bekennender Schwuler in ein öffentliches Amt gewählt. Als Stadtrat San Franciscos setzt er sich für die Rechte Schwuler ein, doch Dan White, ein politische Gegner, ermordet ihn.

1989

Am 17. Oktober erreicht das Loma-Prieta-Erdbeben um Santa Cruz 6,9 auf der Richterskala. Dabei stürzt ein zweigeschossiger Abschnitt der Interstate 880 ein. 63 Menschen sind tot, Tausende verletzt.

1992

Drei von vier Polizisten, die den Afroamerikaner Rodney King verprügelt haben sollen, werden von der weißen Geschworenen freigesprochen. Es kommt in Los Angeles zu Unruhen, die sechs Tage andauern.

Der mit einem Oscar ausgezeichnete Film *L.A. Confidential* (1997) handelt von drei Cops, die im Los Angeles der Nachkriegszeit vor dem Hintergrund politischer Korruption und der Scheinwelt Hollywoods ein Verbrechen aufklären wollen.

ten, und angesichts der Verfilmung von 1940 wurde dem Hauptdarsteller Henry Fonda und auch Steinbeck selbst vorgeworfen, sie seien Sympathisanten des Kommunismus. Andererseits wurde Steinbeck für sein Meisterwerk mit dem Pulitzer- und dem Nobelpreis ausgezeichnet und trug mit den Sympathien, die sein Buch für die Nöte der Landarbeiter weckte, zur Gründung der vereinigten Landarbeitergewerkschaft bei.

Im Zweiten Weltkrieg änderte sich die Zusammensetzung der kalifornischen Arbeitnehmerschaft: Für die kriegswichtigen Industrien wurden Frauen und Afroamerikaner verpflichtet und mexikanische Arbeiter herangezogen, um den Arbeitskräftemangel auszugleichen. Hochqualifizierte Ingenieure aus aller Welt wurden vom Militär und der Flugzeugindustrie beschäftigt, sie legten den Grundstein für Kaliforniens High-Tech-Industrie. Zehn Jahre nach Kriegsende war Kaliforniens Bevölkerung um 40 % gewachsen und betrug nun fast 13 Mio.

Hollywood & die Gegenkultur

Kaliforniens tollster Exportschlager war wohl das sonnige, gesunde Selbstbild, das es mit seiner heimischen Film- und Fernsehbranche der Welt präsentierte. 1908 wurde der Bundesstaat dank ständigen Sonnenscheins und vielseitig verwendbarer Schauplätze zum Standort vieler Filmproduktionen, auch wenn sich Kaliforniens Rolle darauf beschränkte, exotische Lokalitäten zu repräsentieren oder als Kulisse für Zeitstücke wie Charlie Chaplins *Goldrausch* (1925) zu dienen. Doch nach und nach drängte sich Kalifornien mit seinen sonnigen Stränden und den Palmen in Filmen und Fernsehshows in den Vordergrund. Durch die Suggestivkraft Hollywoods tauschte Kalifornien sein Wildwestimage gegen ein neues, von Beach Boys und Bikinischönheiten geprägtes Bild, das sich auch besser vermarkten ließ.

Der Hollywood Walk of Fame ehrt mehr als 2000 Top-Talente der Filmwelt mit in den Bürgersteig eingelassenen Sternen. Da einige abblätternde Sterne mittlerweile zu Stolpersteinen geworden sind, wird der Walk jetzt restauriert.

Keineswegs alle Kalifornier erkannten sich in dem Strandparty-Film *Beach Blanket Bingo* (1965) wieder, jedoch fanden Matrosen aus dem Zweiten Weltkrieg, die wegen Aufsässigkeit oder Homosexualität entlassen worden waren, ein neues Zuhause – in San Francisco, in den Bebop-Jazzclubs von North Beach, in den Bohème-Cafés der Stadt oder auch im City Lights Bookstore. San Francisco wurde zur Heimat der freien Rede und der Freigeister, und schon bald wurde jeder, der Bedeutung hatte, verhaftet: Der Beat-Poet Lawrence Ferlinghetti, weil er Allen Ginsbergs episches Poem „Howl" veröffentlicht hatte, der Comedian Lenny Bruce, weil er das böse F-Wort auf der Bühne gesagt hatte und Carol Doda, weil sie sich oben ohne gezeigt hatte. Als der CIA den Fehler machte, dem Schriftsteller und willigen Probanden Ken Kesey psychoaktive Drogen zu verabreichen, um so die ultimative Kampfmaschine zu erschaffen, trat der Geheimdienst stattdessen unwillentlich die psychedelische Ära los. Am 14. Januar 1967 stachelte der Drogengu-

1994

Orange County, eine der reichsten Gemeinden der USA, erklärt den Bankrott, nachdem die Finanzverwaltung durch Geschäfte mit Risikoderivaten 1,5 Milliarden US$ verloren hatte.

1994

Los Angeles ist das Epizentrum eines Erdbebens der Stärke 6,7; die Erdstöße sind noch in Las Vegas zu spüren. Das Beben fordert 72 Menschenleben und verursacht Schäden in Höhe von 12 Milliarden US$.

März 2000

Mit dem Absturz des Nasdaq platzt die Dotcom-Blase. Die traditionelle Industrie freut sich, bis der Dominoeffekt einsetzt, der Dollar abgewertet wird und ab 2002 auch die Kurse an der NYSE abrutschen.

Januar 2001

Blackout im Sonnenstaat: Der deregulierte Energiemarkt Kaliforniens verursacht ein Chaos, in dessen Folge am 17. und 18. Januar mehrere 100 000 Haushalte von der Stromversorgung abgeschnitten sind.

KALIFORNIENS BÜRGERRECHTSBEWEGUNG

Schon vor dem Marsch auf Washington (1963) war die Bürgerrechtsbewegung in Kalifornien nicht untätig gewesen. Als 110 000 US-Amerikaner japanischer Abstammung an der gesamten Westküste auf Anordnung von Präsident Roosevelt in Internierungslager verschleppt wurden (1942), strengte die in San Francisco ansässige Japanese American Citizen's League sofort Klagen an, die bis vor den Obersten Gerichtshof gingen. Diese Prozesse wurden zu wegweisenden Präzedenzfällen und 1992 erhielten die Internierten schließlich Wiedergutmachungen und ein offizielles Entschuldigungsschreiben, unterschrieben vom Präsidenten George H. W. Bush. In Übernahme der von Mahatma Gandhi und Martin Luther King Jr. entwickelten Praxis des gewaltlosen Widerstands riefen die Arbeiterführer César Chávez und Dolores Huerta 1962 die United Farm Workers Union ins Leben, um sich für die Rechte der unterrepräsentierten Arbeitsmigranten einzusetzen. Während die Bürgerrechtsaktivisten nach Washington marschierten, setzten sich Chávez und die kalifornischen Obstpflücker nach Sacramento in Marsch und machten damit die Öffentlichkeit auf die Fragen der fairen Entlohnung und des Gesundheitsrisikos durch Pestizide aufmerksam. Als Robert Kennedy entsandt wurde, um die Beschwerden zu untersuchen, verbündete er sich mit Chávez und führte so die Latinos an die US-amerikanische Politik heran.

ru Timothy Leary beim Human Be-In im Golden Gate Park eine Menge von 20 000 Hippies an, einen neuen amerikanischen Traum unter dem Motto „Turn on, tune in, drop out" zu träumen. Nach dem Verblühen von Flower Power verbreiteten sich neue Rebellionen in der Bay Area: Black Power, Gay Pride (s. S. 75) und „medizinische" Marihuanaclubs.

Doch auch wenn Nordkalifornien in den 1940er- bis 1960er-Jahren die öffentlichkeitswirksamere Gegenkultur besaß, war es doch der Nonkonformismus im sonnigen Südkalifornien, der die USA bis ins Mark erschütterte. Als 1947 Senator Joseph McCarthy eine Hexenjagd gegen vermeintliche Kommunisten in der Filmbranche begann, weigerten sich zehn Autoren und Regisseure, Auskunft über ihre Verbindungen zur KPUSA zu geben oder Namen zu nennen. Sie wurden wegen Missachtung des Kongresses verurteilt und von Hollywood mit Arbeitsverbot belegt. Die leidenschaftliche Verteidigung der Verfassung durch die „Hollywood Ten" wurde im ganzen Land beachtet und wichtige Hollywood-Akteure äußerten deutlich ihre Ablehnung und beschäftigten die boykottierten Talente, bis schließlich die kalifornischen Gerichte in den 1960er-Jahren dem Treiben der Jünger McCarthys ein Ende setzten.

Kaliforniens Strandparadiesimage und seine Ölindustrie wurden schließlich nicht durch Hollywood-Regisseure, sondern durch Santa Barbaras Strandgänger dauerhaft verändert. Am 28. Januar 1969 kippte

Erin Brockovich (2000) basiert auf der wahren Geschichte einer südkalifornischen Mutter, die entdeckte, dass eine Kleinstadt von Industrieabfällen vergiftet wurde und die einen Prozess gewann, mit dem die Haftungsregelungen für Industrieunternehmen verschärft wurden.

2003

Der Republikaner Arnold Schwarzenegger („The Governator") wird zum Gouverneur von Kalifornien gewählt. Bei Umweltfragen hält er sich nicht an die Linie seiner Partei. 2007 wird er erneut gewählt.

2004

Googles Börsengang erbringt historische 1,67 Milliarden US$ bei 85 US$ pro Aktie. Der Wert der Aktien ist inzwischen rasant gestiegen und lag Anfang 2012 bei etwa 600 US$.

2007

Bei Buschfeuern im dürregeplagten Südkalifornien müssen 900 000 Menschen ihre Wohnungen verlassen. Arbeitsmigranten, Gefängnisinsassen und die Feuerwehr von Tijuana unterstützen die Brandbekämpfung.

2007

Die Immobilien- und Finanzkrise stürzt den Bundesstaat Kalifornien in eine tiefe Krise. Im Dezember 2008 liegt die Arbeitslosenrate bei 9,3 %.

eine Bohrinsel 750 000 l Öl in den Santa Barbara Channel; Delfine und Robben wurden getötet und rund 3600 Meeresvögel verendeten. Ganz unerwartet lancierte die entspannte Strandgemeinde einen wirksamen Protest, der zur Einrichtung der Umweltschutzbehörde führte.

Kalifornien ist der wichtigste Hochtechnologie-Standort der USA: Hier wird ein Drittel des Risikokapitals investiert, hier arbeitet die Hälfte der Beschäftigten in der Biotechnologie, und von hier stammt die Hälfte aller von der FDA seit 1985 zugelassenen medizinischen Therapien.

Die Computerfreaks

Als Silicon Valley 1968 den ersten PC vorstellte, jubelte die Reklame, dass Hewlett-Packards „leichte" (18 kg) Maschine „Polynome fünften Grades, Bessel-Funktionen, elliptische Integrale und Regressionsanalysen" berechnen könne – und das für gerade einmal 4900 US$ (rund 29 000 US$ nach heutiger Kaufkraft). Die Verbraucher wussten nicht so recht, was sie mit solchen Geräten anfangen sollten, doch Stewart Brand, ein Autor und früherer CIA-LSD-Tester erklärte in seinem 1969 veröffentlichten *Whole Earth Catalog*, dass diese Technologie, bislang von den Herrschenden zum Regieren verwendet, den normalen Bürgern mehr Einfluss geben könnte. In dem Willen, den Menschen die Kraft des Computers zu Nutze zu machen, stellten der 21-jährige Steve Jobs und Steve Wozniak beim West Coast Computer Faire von 1977 den Apple II vor – der hatte einen riesigen Speicher (4 KB RAM) und einen blitzschnellen Mikroprozessor (1 MHz). Damit war allerdings die Frage noch nicht gelöst, was normale Menschen mit der geballten Rechnerkraft anfangen sollten.

Mitte der 1990er-Jahre boomte die Dotcom-Branche im Silicon Valley mit Internet-Startups. Plötzlich gab es alles online – Post, Nachrichten, Politik, Tierfutter und Sex. Aber als die versprochenen Profite der Dotcom-Unternehmen ausblieben, wurde das Risikokapital abgezogen und die schönen Aktienvermögen platzten, als der Nasdaq am 10. März 2000 in den Keller fiel. Über Nacht wurden 26-jährige Vizepräsidenten und Angestellte im Dienstleistungssektor der Bay Area gleichermaßen arbeitslos. Da aber Internetnutzer weiterhin in Abermilliarden Websites nach nützlichen Informationen – und auch nacheinander – suchten, erlebten Suchmaschinen und soziale Netzwerke einen Boom.

Mehr über die Garagenwerkstätten des Silicon Valley und ihre Kultur erfährt man unter www.folklore.org, hier gibt es Klatsch und Tratsch über die Freaks, die Geschichte schrieben.

Aber auch Biotechnologie ist in Kalifornien ein Thema: Schon 1976 wurde bei einer Bierrunde in einer Bar von San Francisco Genentech gegründet. Dem Unternehmen gelang es schnell, das menschliche Insulin zu klonen und einen Impfstoff gegen Hepatitis B zu entwickeln. 2004 billigten die kalifornischen Wähler eine 3-Milliarden-US$-Finanzspritze für die Forschung an Stammzellen. 2008 war Kalifornien der größte Geldgeber der Stammzellenforschung und bildete den Kern des neuen Biotech-Index des Nasdaq. Nun wartet man auf einen neuen Boom – aber wenn man an die Geschichte Kaliforniens denkt, darf man noch mit einigem rechnen.

Sommer 2008

Nord- und Mittelkalifornien werden von mehr als 2000 Flächenbränden heimgesucht, die Farmland und Wälder zerstören. Die Ursache hierfür sind abermals zu wenig Niederschläge.

November 2008

Die kalifornischen Wähler stimmen für Proposition 8, der die Ehe als Verbindung zwischen Mann und Frau definiert. Gerichte verurteilten das Gesetz als nicht verfassungsgemäß. Weitere Prozesse folgen.

2013

Nach gerichtlichen Auseinandersetzungen zwischen dem Golden Gate Yacht Club und der Société Nautique de Genève hat der America's Cup in San Francisco das Zeug zur nautischen Schlammschlacht.

2013

Der östliche Teil der Bay Bridge steht vor der Fertigstellung. Er enthält die nach dem Erdbeben von 1989 erforderliche Nachrüstung und bietet auch Radwege für Pendler.

Kalifornische Küche

Nicht jeder küsst den Boden, wenn er in Kalifornien landet, aber das könnte sich ändern, sobald man das Essen gekostet hat. Wer im Golden State von den Surfer würdigen Fischtacos bis zu den aus vielfältigen Zutaten bestehenden Schlemmermenüs der Starköche alles durchgekostet hat, hat oft Grund, den Küchenchef zu loben – aber die reichen das Lob schnell an ihre Erzeuger vor Ort weiter. Im fruchtbaren Central Valley Kaliforniens wächst eigentlich alles; die Weidegründe der Nordküste bieten makelloses Futter für Kaliforniens glücklichstes Vieh und bei einer 1600 km langen Küstenlinie können Fisch und Meeresfrüchte frischer nicht sein.

Die in Pasadena geborene Julia Child (1912–2004) gab Amerika mit ihrem *Mastering the Art of French Cooking* (1961) das Werkzeug an die Hand, Essen selbst zu kochen und zu genießen.

Damals & heute

„Lasst die Zutaten für sich selbst sprechen!" ist die Parole der kalifornischen Küche. Bei solch frischen Zutaten braucht es keine schweren französischen Saucen und keine übertrieben aufgebauschte Molekularküche, um erinnerungswürdige Mahlzeiten zu kreieren. Die Gerichte haben eine gewisse Leichtigkeit und profitieren oft von den Kochkünste der Nachbarn jenseits des Pazifiks in Ostasien und dem entfernten Mittelmeer. Dort sind Klima und Bodenbeschaffenheit ähnlich wie in Kalifornien.

Fusion Soul Food

Neben seiner außerordentlich fruchtbaren Erde kann Kalifornien noch auf einen weiteren kulinarischen Vorteil verweisen: eine Lust auf Kochexperimente, die bis in die Zeit des Wilden Westens zurückreicht. Die meisten Goldgräber waren Männer und nicht gewohnt für sich selbst zu kochen. Das scheint jedenfalls offensichtlich, wenn man sich frühe kulinarische Experimente aus den Bergbaulagern anschaut wie Gelee-Omeletts und Chop-Suey, ein amerikanisch-chinesisches Nudelgericht, dessen Name vom kantonesischen Ausdruck für „odds and ends" (Kleinigkeiten und Reste) herrührt. Aber der Goldrausch machte Amerika auch bekannt mit Hangtown Fry (einem Omelett mit Schinken und Austern), Dim Sum („kleine Mahlzeiten" auf kantonesisch) und dem ersten italienischen Restaurant in den USA, das 1886 in San Francisco eröffnet wurde.

Slow Food Nation: Why Our Food Should Be Good, Clean and Fair (2007) ist ein Manifest für Amerikas Essrevolution, verfasst von der Kalifornierin Alice Waters und dem italienischen Slow-Food-Gründer Carlo Petrini.

Über 150 Jahre später ist die Fusionsküche keine Modeerscheinung mehr, sondern den Kaliforniern in Fleisch und Blut übergegangen. Die Küchenchefs können nicht anders als lokale und internationale Aromen zu vermischen. Bevor Kalifornien 1850 ein Bundesstaat der USA wurde, gehörte es zu Mexiko, und kalifornische Versionen mexikanischer Klassiker vermitteln immer noch heimatliche Gefühle. Die kalifornische Küche hat den Burrito hervorgebracht – eine Riesenmahlzeit im

Die Bestände einiger Fischarten im Pazifik sind fast bis zur völligen Ausrottung überfischt, was Störungen der heimischen Aquakultur verursacht. Mehr Informationen dazu finden sich auf der Seite der Monterey Bay Aquarium's Seafood Watch (www.montereybayaquarium.org/cr/seafoodwatch.aspx).

Tortillamantel – und den koreanischen Taco: mariniertes Rindfleisch, Gemüse und Reis, umhüllt von Seetang.

Alice Waters' kulinarische Revolution

Das Kochen mit heimischen und saisonalen Zutaten entspricht dem Zeitgeist in den USA, aber in Kalifornien begann man damit schon vor 40 Jahren. Als sich die turbulenten 1960er-Jahre dem Ende zuneigten, kamen viele desillusionierte Idealisten zu dem Schluss, dass die Revolution nicht auf einem goldenen Tablett serviert werden würde – aber die kalifornischen Pioniere der ökologischen Landwirtschaft wollten die Idee nicht aufgeben. 1971 eröffnete Alice Waters das Chez Panisse (S. 156) in einem umgebauten Haus in Berkeley, mit der damals radikalen Vorstellung, das Beste aus Kaliforniens saisonaler, naturbelassener und nachhaltig produzierter Fülle an Nahrungsmitteln herauszuholen. Waters kombinierte französische Lebenslust mit Wildwestfantasien und ihre Gäste schmeckten den Unterschied.

Bis heute inspiriert Waters' Credo von biologisch nachhaltigen, saisonalen und lokal produzierten Zutaten sowie Fleisch von Tieren aus Weidehaltung die weltweite Slow-Food-Bewegung. Wer den Unterschied schmecken möchte, sucht in diesem Führer nach Restaurants mit dem Zeichen ◩.

Kampf der Esskulturen: Ostküste gegen Westküste

Kaliforniens Anforderungen ans Essen sind leicht übertrieben: Nicht jeder Kalifornier verlangt nach Burgern mit Fleisch vom Weiderind und Ketchup aus alten Tomatensorten. Aber wenn die New Yorker Küchenchefs David Chang und Anthony Bourdain spotten, die kalifornische Küche bestehe hauptsächlich darin, eine biologisch angebaute Feige auf den Teller zu legen, drehen die kalifornischen Starköche den Spieß um und raten den New Yorker Kollegen, öfter mal rauszukommen und in der Tat einige Missionsfeigen zu probieren – eine von hunderten alter Sorten, die kalifornische Gärtner seit dem 19. Jh. angebaut haben.

Rivalitäten zwischen Ost- und Westküste flackern nicht nur in Rap-Wettbewerben auf, sondern auch im kulinarischen Freestyle. Dabei verfolgen die Gourmetexperten die James Beard Awards (die Gastronomie-Oscars) wie Sportreporter einen Mannschaftsvergleich. Mit einer New Yorker Herausforderung auf dem Tisch kombinieren die kalifornischen Chefköche Tendenzen der Fusionsküche mit biologisch angebauten Zutaten und weiten dabei die historischen kalifornisch-mexikanischen und kalifornisch-italienischen Küchen auf weitere Bindestrich-Küchen mit größerem Bioanteil aus: kalifornisch-vietnamesisch, kalifornisch-marokkanisch, kalifornisch-ecuadorianisch. Inzwischen sehen New Yorker Speisekarten verdächtig kalifornisch aus, erwähnen Bauernhöfe

URBANE KÜCHENGÄRTEN

Nicht alle der tollen Zutaten auf San Franciscos Speisekarten stammen von Bauernmärkten oder Spezialitätenimporteuren: Zunehmend wachsen sie in städtischen Hinterhöfen. Inspiriert von den Programmen zur urbanen Landwirtschaft auf dem **Green Festival** von San Francisco und den Bienenkörben entlang der Freeway-Auffahrt an der **Hayes Valley Farm**, bewirtschaften Küchenchefs ebenso wie Hobbyköche in San Francisco ihre eigenen Küchengärten. In Workshops der Nonprofit-Organisation **Garden for the Environment** (www.gardenfortheenvironment.org) für nachhaltiges Gärtnern in San Francisco erhält man Tipps zum eigenen Bioanbau, Gärtnern für Kinder und zum richtigen Kompostieren in der Stadt (in San Francisco inzwischen gesetzlich geregelt).

vor Ort und stellen Biospezialitäten aus (woher sonst?) Kalifornien vor. Wenn die Küchenchefs beider Küsten beweisen wollen, dass Vertrauen in frische, saisonale Zutaten eine Küche nicht notwendigerweise vorhersagbar macht, stehen die Gewinner dieses Ost-West-Kampfes ums Essen schon fest: die Verbraucher und Restaurantgäste.

Frühstück, Mittag- & Abendessen in Kalifornien

Ganz gleich, wann man ankommt, in Kalifornien gibt immer und zu jeder Zeit großartige Mahlzeiten zu verkosten. Besucher erwarten Brunchs und Food Trucks, Bistros und aus dem Boden schießende Restaurants.

Frühstück

Kalifornien ist die Heimat der klassischen Diners im Vinyl-Look, die Vorbild für viele Kinofilme von *American Graffiti* bis *Swingers* waren, und die Frühstücksbuden sind in Los Angeles immer noch die beste Gelegenheit, tagsüber einen Hollywoodstar zu Gesicht zu kriegen. Aber jetzt stiehlt ihnen, geradezu wortwörtlich, ein Landei die Show: Eier vom Bauernhof. Wie jeder, der kalifornische Kochsendungen kennt, weiß, stellen Eier die ultimative kulinarische Herausforderung dar. Kalifornische Küchenchefs verwenden sie als Podium für ihre Zutaten der Saison – Dungeness-Krabben, Morcheln, gelbe Paprika –, garantieren ihnen jedoch auch eine Starbehandlung, die normalerweise anderen Proteinen vorbehalten ist. Sie servieren Eier, die langsam oder *sous-vide* („Vakuumgaren", eingeschweißt in einem Beutel im Niedrigtemperaturwasserbad) weich gekocht werden. Man sollte diese Wochenend-Brunchs nicht verpassen, wenn kalifornische Starköche aus Eiern und anderen Erzeugnissen vom Bauernmarkt Festessen zaubern, die bis zum Abendessen sättigen.

Mittagessen

Kalifornier haben für ihr Mittagessen unter der Woche oft nur 30 Minuten Zeit, und jede Minute zählt. Wer hin- und hergerissen ist zwischen einer Gourmetmahlzeit am Restauranttisch und dem Genießen der Sonnenstrahlen im Freien, muss sich nicht länger entscheiden: Food Trucks liefern Feinschmeckeroptionen mitten ins Büro, vom Brathähnchensalat bis zu gerösteter Ente und frischer Mango im Brötchen. Um den Truck zu finden, der gleich am nächsten Straßenrand steht, sucht man nach „Food Truck" samt Ortsangabe auf Twitter. Bargeld und Sonnenschutz nicht vergessen: Die meisten Trucks nehmen nur

COUPONS & DEALS

Gutscheine und Angebote für Top-Restaurants in Kalifornien bieten Open Table (www.opentable.com) und Blackboard Eats (http://blackboardeats.com).

VEGANER & VEGETARIER SIND WILLKOMMEN

Alle geplagten Vegetarier, die daran gewöhnt sind, mit aufgewärmter vegetarischer Lasagne auszukommen, können sich entspannen: Das hier ist Kalifornien. Vegetarische Bedürfnisse sind kein nachträglicher Einfall der kalifornischen Küche, die sich um die je nach Jahreszeit erhältlichen Obst- und Gemüsesorten herum entwickelt hat anstelle um das sonst in Amerika übliche Fleisch mit Kartoffeln. Lange bevor die Schauspielerin Alicia Silverstone (bekannt aus *Clueless – Was sonst!*) in ihrem Kochbuch *The Kind Diet* und auf ihrer Website (www.thekindlife.com) eine veganische Diät bewarb, waren Restaurants in L. A., San Francisco und der Nordküste auf Veganer eingestellt. Nicht alle Diners können Veganer verpflegen, aber Bäckereien, Bistros und selbst von Mama und Papa geführte Buden in den abgelegenen Sierras sind auf Anfragen nach Mahlzeiten ohne Fleisch, Milchprodukte und Eier eingerichtet. Vegetarische und veganische Restaurants und Naturkostläden in der Nähe findet man über das kostenlose Onlineverzeichnis von Happy Cow (www.happycow.net).

Bares und bei beliebten Trucks steht man häufig zehn bis 20 Minuten in der Schlange. Erlaubnisscheine, an gut sichtbarer Stelle platziert, garantieren saubere Zubereitung und Kühlung der Lebensmittel sowie geregelte Arbeitsbedingungen.

Abendessen

Die aufwendigsten Mahlzeiten werden in Kalifornien immer noch zum Abendessen serviert – auch wenn die kalifornische Küche Wert darauf legt, zu genießen, und nicht, sich den Bauch vollzuschlagen. Deshalb sind die Portionen auch nicht allzu groß. In den meisten Restaurants wird ein für Kalifornien typischer legerer Stil gepflegt: Jeans sind okay, Diätanforderungen werden gern erfüllt und gut geschulte Bedienungen helfen dabei, das neue Lieblingsgericht zu entdecken. Anders als in den Kinoversionen kalifornischer Restaurants werden die meisten Bedienungen ihr Sternzeichen wahrscheinlich für sich behalten, aber sie schwärmen durchaus von ihren „persönlichen Favoriten" und klinken sich in die Unterhaltung am Tisch mit ein. Reservierungen sind bei beliebten Restaurants empfehlenswert, an Wochenenden praktisch obligatorisch, außer man möchte vor 18 Uhr oder nach 21.30 Uhr essen. Viele gehobene Restaurants bietet einen lebhaften Schauplatz und erschwingliche Speisen an der Bar – ohne Reservierung.

In letzter Zeit wird auch an unerwarteten Orten zu Tisch gebeten, etwa in Galerien, Warenhäusern und vor Ladenfronten. Die Küchenchefs solcher Pop-up-Restaurants servieren überaus kreative Mahlzeiten zu einem bestimmten Thema, z. B. Straßensnacks, Benefizveranstaltungen und Winzermenüs. Feinschmecker suchen via Twitter, www.eater.com und www.chowhound.com nach diesen nächtlichen Geschmacksereignissen, aber es gibt ein paar Nachteile: Pop-ups verlangen oft Restaurantpreise, haben aber keine vorher einsehbaren Speisekarten, keine Qualitätskontrollen, keine gesundheitlich geprüften sanitären Anlagen und keinen professionellen Service. Man sollte Bargeld dabei haben und frühzeitig kommen, denn die meisten Pop-ups akzeptieren keine Kreditkarten und die beliebten Gerichte sind schnell aus.

Regionale Spezialitäten

Was ist nun das beste auf der einheimischen Speisekarte? Wegen der abwechslungsreichen saisonalen Küche Kaliforniens hängt das vom Urlaubsort und der Jahreszeit ab. Der Winter bedeutet in den Sierras eher schmale Ernten, ist aber ideal für die Zitrusfrüchte Südkaliforniens. Listen mit den saisonal verfügbaren Lebensmitteln findet man auf www.cuesa.org/page/seasonal-foods.

Nordküste & die Sierras

Hippies und Hedonismus haben die abgelegenen Regionen Nordkaliforniens zu Feinschmeckerzielen gemacht. San Franciscos Hippies kehrten in den 1970er-Jahren aufs Land zurück, um unabhängiger zu leben und ließen dort aus dem Nichts die Traditionen des Brotbackens und der Käseherstellung und der gesamten Selbstversorgung durch eigenen Anbau wieder aufleben (Hinweis: Auf den Farmen von Mendocino bis Humboldt sind die „Betreten verboten"-Schilder durchaus ernst gemeint. Man sollte sie beachten). Die Hippiesiedler waren frühe Verfechter der pestizidfreien Landwirtschaft und erfanden eine herzhafte ökologisch geprägte Küche, gesundheitsbewusst und sättigend.

Wer in den Sierras in Gasthäuser entlang der Straße und Saloons einkehrt, lernt dort eine nordkalifornische Küche kennen, die seit den Zeiten der Goldschürfer robusten Appetit befriedigt und tüchtige Trinker versorgt. Ein bemerkenswertes Überbleibsel der Goldrauschküche ist das den Kater kurierende Hangtown Fry, ein Omelett mit Eiern, Schinken und Austern. Das war das teuerste Gericht des Goldrauschs: Die Austern wurden, auf Eis gepackt, 160 km weit über Land hergebracht, das Pökelfleisch kam von der Ostküste und ein Dutzend Eier kosteten 1849 in Kalifornien 10 US$ – heute wären das 272 US$.

An der Nordküste kann man den Einfluss der Küche der Ohlone- und Miwokindianer verkosten. Diese Ureinwohner Nordkaliforniens haben nicht nur geangelt, Wild gejagt und Brot aus Eichelmehl gebacken, sie pflegten auch ihre Obstgärten und bauten entlang der Küste Nahrungsmittel an. Zu so viel aufmerksamer Fürsorge kam eine Natur, die es gut mit diesem Landstrich meinte und wahre Goldgruben an Wildblumenhonig und Brombeeren lieferte. Neben dem traditionellen Sammeln von Meeresfrüchten wurden auch nachhaltig wirtschaftende Kaviar- und Austernfarmen entlang der Küste angelegt. Furchtlose Sammler haben jede essbare Pflanze vom Alpensäuerling in den Sierras bis zum Seetang von Mendocino ausfindig gemacht, doch die besten Plätze, an denen wilde Pilze wachsen, werden in jeder Gemeinde wie Staatsgeheimnisse gehütet.

Top 5 der Zutaten an der Nordküste & in den Sierras

» Nachhaltig gezüchtete Austern

» Ollalieberries (Kreuzung aus diversen Beerensorten)

» Wild wachsende Pilze

» Nachhaltig gezüchtete Seeohren

» Wildbret vom Hirsch

Das nordkalifornische Wine Country: Napa und Sonoma

Mit der internationalen Anerkennung für die örtlichen Weine in den 1970ern (S. 810) verlangten die angeheiterten Besucher des Wine Country auch nach Essbarem. Diesem Bedürfns kamen die Käsehersteller von Sonoma und Restaurantbesitzer der Weinregion gerne nach. Starkoch Thomas Keller machte 1994 in Yountville aus einem Restaurant, das 1900 noch ein Saloon gewesen war, einen internationalen Feinschmeckertempel. Ungezwungen und elegant zugleich präsentierte er im French Laundry (S. 189) Bioprodukte aus dem Garten als mehrgängige kulinarische Kunstwerke. Andere Küchenchefs folgten, begierig darauf, sich einen Namen und ihr Glück unter den freigebigen Weinverkostern zu machen. Diejenigen mit dem besten Preis-Leistungs-Verhältnis finden sich im Kapitel „Napa & Sonoma Wine Country". Aber Sonoma hat seinen Ursprung als mexikanische Kolonie nicht vergessen, und so findet man immer noch beeindruckende Taco-Trucks in Napas Weinbergen.

San Francisco Bay Area

Aufgrund des Zusammentreffens der Goldgräber bot San Francisco schon zur Zeit des Goldrausches eine unerreichte Vielfalt an Neuheiten und kulinarische Spezialitäten von allgegenwärtigen chinesischen Straßensnacks bis zur feinen französischen Küche für plötzlich reich gewordene Goldsucher. Heute finden abenteuerlustige Restaurantbesucher in San Franciscos mehr preisgekrönte Küchenchefs und Restaurants als in jeder anderen US-Stadt – fünfmal mehr Restaurants als in New York, falls jemand noch mitzählt – und allein in San Francisco gibt es 25 Farmers Markets, mehr als in jeder anderen Stadt in den USA.

SELBSTVERPFLEGUNG

Mit Zutaten von den Verkaufsständen für Obst, Gemüse und handgemachte Lebensmittel, die auf Bauernmärkten im ganzen Land zu finden sind, kann man sich problemlos seine eigenen leckeren Mahlzeiten zusammenstellen. Märkte in der Nähe findet man unter www.cafarmersmarkets.com. Ein Lebensmittelladen mag der letzte Platz sein, an dem man essen möchte, aber in kalifornischen Tante-Emma-Läden werden Bentoboxen mit Sushi aus nachhaltigem Fischfang verkauft und „Mexicatessans", die nach frischen, in ihren Maishülsen dampfenden Tamales (würzige gefüllte Maisküchlein) duften.

KOCHKURSE

Wer Kaliforniens typische Gerichte zu Hause kochen will, nimmt Unterricht bei führenden Küchenchefs, die ihre Geheimnisse in Workshops und Kursen an diesen kulinarischen Bildungseinrichtungen teilen:

» **Culinary Institute of America** (S. 191)

» **Ramekins Sonoma Valley Culinary School** (S. 205)

» **Relish Culinary School** (S. 228)

Castroville ist die Quelle nahezu aller Artischocken in Amerika und gibt jedes Jahr im Mai alles für das Artichoke Festival (www.artichoke-festival.org).

Einige Neuheiten San Franciscos hatten ein außergewöhnliches Durchhaltevermögen, darunter der immer beliebte Fischtopf *cioppino* (Dungeness-Krabbeneintopf), die von Ghirardelli-Familie erfundenen Schokoladenbars und das Sauerteigbrot – das Originalrezept des Teiges aus der Goldrauschära verleiht den hiesigen Laiben immer noch diesen charakteristisch intensiven Geschmack. Dim sum ist kantonesisch für den Mandarin-Begriff *xiao che* (kleine Mahlzeit) oder *yum cha* (Tee trinken). Es gibt Dutzende Orte in San Francisco, wo man die dampfenden Körbe mit Klößchen, Tabletts mit in Knoblauch angeröstetem Grüngemüse und Tellern mit süßen Sesambällchen als Mittagessen bezeichnet.

Mexikanisches, französisches und italienisches Essen bleiben in San Francisco immerwährende Favoriten, dazu kommen ethnische Küchenmoden jüngeren Datums: *izakaya* (japanische Bars servieren kleine Teller), koreanische Tacos, *banh mi* (vietnamesische Sandwiches: mariniertes Fleisch und Sauergemüse auf französischem Baguette) und *alfajores* (arabisch-argentinisches Mürbteiggebäck mit Milchkaramellcreme gefüllt). Neben den offensichtlichen Einflüssen aus dem Pazifischen Raum gibt es in San Francisco kein Degustationsmenü, das ohne zusammengeklaubte Zutaten komplett wäre – wie wilde Pfifferlinge, die unter Kaliforniens Eichen gefunden wurden, Kuba-Spinat (auch Winterportulak oder Gewöhnliches Tellerkraut) von den Hängen Berkeleys oder Kapuzinerkresse aus den Hinterhöfen der Stadt – und Daniel Patterson setzt den Standard im Coi (s. S. 95).

Central Coast & Central Valley

Die meisten der landwirtschaftlichen Erzeugnisse Kaliforniens werden im heißen, bewässerten Central Valley südlich der Bay Area angebaut, aber reisende Feinschmecker ziehen es vor, dieses sonnendurchflutete Gebiet schnell hinter sich zu lassen und Los Angeles rechtzeitig zum Abendessen zu erreichen – wenn auch nur, um stinkenden Rinderfutterplätzen zu entgehen, ohne den Appetit zu verlieren. Doch sie versäumen so einige der frischesten Meeresfrüchte um Monterey Bay herum, hervorragende Weinproben von den Santa Cruz Mountains bis Santa Barbara (s. S. 810) und lohnende Stopps an Obst- und Gemüseständen, mit Erdbeeren aus Watsonville bis Mangos aus Santa Barbara. Ein Großteil der Region betreibt das Agrargeschäft im großen Stil, aber die Höfe im Central Valley, die auf ökologischen Landbau umgestellt haben, haben dabei geholfen, aus Kalifornien den größten Bioproduzenten der USA zu machen

Südkalifornien

Bei der Sonnenbräune wird in der Gegend hier schon mal nachgeholfen, aber beim Essen ist in Südkalifornien alles echt. Wer in Los Angeles Authentisches sucht, findet in Koreatown vor Geschmack berstende *kalbi* (marinierte gegrillte Rindfleischrippchen), in East L.A. Tacos *al pastor* (mariniertes gebratenes Schweinefleisch) und in Little Tokyo jeden Tag

TOP 5 MIT SOCAL-STARS GESPICKTE ESS-EVENTS

» **Taste of the Nation** Der Juni wird heiß in Culver City mit der Spendensammlung für Share Our Strength, der Nonprofit-Organisation gegen Kinderhunger, bei der jede Menge Küchenchefs antreten, angeführt vom Starkoch der TV-Show *Top Chef* Tom Colicchio (www.tasteofthenation.com).

» **American Wine & Food Festival** Dieses von vielen Stars besuchte Feinschmecker-Event mit Spendensammlung findet jeden September auf dem Studiogelände der **Universal Studios** (S. 609) statt (www.awff.org).

» **Dine LA** Im September feiern 40 Toprestaurants und angehende Starköche die Vielfalt Kaliforniens mit kreativ zusammengestellten Menüs (http://discoverlosangeles.com/play/dining).

» **Santa Barbara Vintner's Fest** Im April ein Hoch auf Kaliforniens andere Weinregion, die der Film *Sideways* berühmt machte (www.santabarbara.com)!

» **National Date Festival** Beim Indio's February Festival kann man ein berühmtes Date abkriegen, wenn die A-Promis von Palm Springs für süße Leckereien ihre Liegestühle am Pool verlassen (S. 740).

frisch zubereitete Ramen-Nudeln. Surfer befahren den Highway One zwischen den Strandorten Laguna Beach und La Jolla auf der Suche nach der ultimativen Welle und ebensolchen Fischtacos.

Man kann nicht sagen, was in L. A. zuerst da war: die Küchenchefs oder die Stars und Sternchen. Wahre Unsterblichkeit erreicht man nicht mit einem Stern im Michelin-Führer oder auf dem Walk of Fame, sondern wenn ein Gericht nach einem benannt wird – an Robert H. Cobb, den gefeierten Besitzer des Brown Derby Restaurant in Hollywood, erinnert man sich als Namensgeber des Cobb-Salats (Kopfsalat, Tomaten, Eier, Hähnchen, Schinken und Roquefort). Wolfgang Puck rief den Starkoch-Trend 1982 mit seinem mit Sternen bedachten Restaurant Spago auf dem Sunset Strip ins Leben. Reservierungen am privaten Tisch des Küchenchefs sind heute so gesucht wie der Eintritt in die VIP-Hinterzimmer der Clubs. Ebenso wie gewisse Hollywood-Blockbuster können auch trendige Bistros in L.A. dem Hype nicht immer gerecht werden – die brutalstehrlichen Meinungen für L.A. stehen auf www.laweekly.com und www.eater.com. Wenn alles andere schiefgeht, kann man noch mitternächtliche Streifzüge zu örtlichen Food Trucks und Hollywood Diners unternehmen, die sich seit der Erfindung des Farbfilms nicht verändert haben.

Wein, Bier & mehr

Der gewaltige Getränkekonsums sagt eine Menge über Kalifornien aus. Missionare pflanzten im 18. Jh. die ersten Weinstöcke und brachten Kalifornien auf den Geschmack, was dazu führte, dass die Siedler im mexikanischen Sonoma in einer durchzechten Nacht des Jahres 1846 die „Bear-Flag-Revolte" anzettelten und die unabhängige Republik Kalifornien ausriefen (sie existierte einen Monat). Der Goldrausch führte auch zu einem Ansturm auf die Bars. Um 1850 hatte San Francisco einen Frauenanteil von einer Frau auf 100 Männer, aber 500 Saloons, die ihren Fusel anpriesen. Heute zeigen sich Kaliforniens Traditionen von Wein, Bier und Cocktails in Saloon-Revivals, Weinlokal-Trends und einem Boom der Kleinbrauereien – und, für den Morgen danach, in speziellen Kaffeeröstungen.

Der perfekte Wein zum Abendessen lässt sich mit dem interaktiven Führer auf www.wineanswers.com finden.

Wein

Der Messwein der Missionare war gut für Sonntage und Minirevolutionen, aber in den 1830er-Jahren importierten die Kalifornier bereits Spitzenrebsorten. Als sich die Ankunft französischer Weine über Australien während des Goldrauschs verzögerte, begannen die zwei tschechischen Brüder Korbel 1882 ihren eigenen Sekt zu keltern (heute ist ihr Weingut der größte Lieferant für Schaumweine in den USA). Die Kunden wanden sich dem heimischen Stoff aus den Sonoma und Napa Valleys zu, und am Ende des Jahrhunderts gewannen Jahrgänge aus dem kalifornischen Wine Country still und leise Medaillen bei den Pariser Wettbewerben. So manche kalifornische Rebe überlebte die staatlichen Kontrollen während der Prohibition, dem Alkoholverbot in den USA von 1920 bis 1933, mit der Begründung, dass die Trauben für Messweine im Osten gebraucht würden – eine Goldgrube für den Schmuggel, der die illegalen Kneipen der Westküste stets gut versorgte und alte Weinstöcke davor bewahrte, von den Behörden ausgerissen und vernichtet zu werden.

Der Film *Bottle Shock* (2008) nimmt sich zwar gegenüber der wahren Geschichte des Judgment of Paris einige Freiheiten heraus – was war mit dieser Dreiecks-Liebesgeschichte? – fängt aber die Stimmung in den Weinbergen von Sonoma und Napa in den 1970er-Jahren gut ein.

Kaliforniens Vorzeigeweine

Bis 1976 war Kalifornien besonders bekannt für in Massen produzierten Billigwein und Weinschorle in Flaschen. Doch dann gewannen neue Weingüter im Napa Valley und den Santa Cruz Mountains plötzlich internationales Ansehen. Bei einer legendären Blindverkostung, die von internationalen Weinkritikern durchgeführt wurde, übertrafen der Cabernet Sauvignon aus Stag's Leap Wine Cellars, der Chardonnay von Chateau Montelena und der Cabernet Sauvignon von Ridge Monte Bello altehrwürdige französische Weine und erlangten höchste Auszeichnungen. Diese Veranstaltung wurde als Judgment of Paris bzw. Weinjury von Paris bekannt. Die Verkostung wurde 30 Jahre später mit Weinen von Stag's Leap und Ridge wiederholt, die wieder erstklassige Auszeichnungen entgegennehmen konnten (Montelena hatte seinen damaligen Weinberg verkauft).

Sonoma, Napa, die Region Santa Cruz und das Mendocino County erzeugen noch heute die berühmtesten Jahrgangsweine des gesamten Bundesstaats. Die außergewöhnliche Kombination aus Küstennebel, sonnigen Tälern, felsigen Hängen und vulkanischen Böden in den Napa und Sonoma Valleys ähneln den Weinanbauregionen in Frankreich und Italien. Kostbares Schwemmland im engen, knapp 50 km langen Napa Valley wird für bis zu 50 000 US$ pro Hektar verkauft. Viele Weingüter dort halten verständlicherweise an ihren bewährten, gut verkäuflichen Chardonnay- und Cabernet-Sauvignon-Weinen fest. Im benachbarten Sonoma und Mendocino hingegen herrschen komplexe Mikroklimata; vor allem der dichte Morgennebel schützt die dünnschaligen, aber hochgeschätzten Pinot-Noir-Trauben.

Jedoch macht die typisch kalifornische Risikobereitschaft auch vor diesen angesehenen Gebieten nicht halt. Unkonventionelle Rotweinverschnitte und außergewöhnliche Pinots mit „Waldboden"-Aroma erreichen höchste Auszeichnungen in Fachzeitschriften und beim Superbowl der US-Weinwettbewerbe, der San Francisco Chronicle Wine Competition (http://winejudging.com); weitere Top-Vorschläge stehen auf S. 202.

Nachhaltig gekelterte Weine

Während der Dotcom-Blase Ende der 1990er-Jahre galt es im Silicon Valley als ultimatives Statussymbol, einen Weinberg zu besitzen. Im Glauben, die gefürchtete Reblaus-Seuche sei mit der anscheinend resistenten kalifornischen Wurzelstocks AxR1 („Aramon Rupestris Ganzin No. 1") besiegt, schien das eine vergleichsweise solide Investition zu sein – bis die Reblaus ein katastrophales Comeback hinlegte und im ganzen Bundesstaat tonnenweise infizierte Weinstöcke bis zu den Wurzeln ausgegraben werden mussten. Aber dieses Desaster führte auch zum entscheidenden Umbruch: Die Winzer überdachten ihre bisherige Vorgehensweise von Grund auf, setzten nunmehr auf Ökoanbau und biologische Verfahren, um den Boden gesund und Schädlinge auf Abstand zu halten.

Heute sind diese nachhaltigen Weinanbau- und Erzeugungsmethoden in ganz Kalifornien weit verbreitet. Die Pioniere unter den grünen Winzern haben die Lodi-Regeln, benannt nach der Stadt Lodi 160 km östlich von San Francisco, für ökologischen Weinanbau etabliert (s. www.lodiwine.com) und setzen auf Demeter-Zertifizierung für Bioweine (http://demeter-usa.org). Kaliforniens Winzer experimentieren jetzt mit natürlichen Prozessen beim Keltern wie etwa der Wildhefegärung, was den Nervenkitzel des Unerwarteten in die Verkostungen bringt. Besucher der Weinberge können Eulenkästen zur Schädlingsbekämpfung entdecken, Schafe zur Unkrautvertilgung und Solaranlagen auf

Top Five: Unabhängige Weinregionen

» Mendocino (S. 245)

» Santa Ynez & Santa Maria Valleys (S. 562)

» Paso Robles (S. 549)

» Lodi (S. 389)

» Santa Cruz Mountains (S. 511)

DIE BESTEN WEINVERKOSTUNGEN KALIFORNIENS

» **San Francisco Chronicle Wine Competition Grand Tasting** (http://winejudging.com) Im Februar in San Francisco.

» **Sonoma County Harvest Fair and Wine Competition** (www.harvestfair.org) Im Oktober in Santa Rosa.

» **International Alsace Varietal Festival** (www.avwines.com) Im Februar in Mendocino.

» **Rhône Rangers Grand Tasting** (www.rhonerangers.org) In San Francisco im März, in Los Angeles und Paso Robles im August.

» **Santa Barbara Vintners' Festival** (http://sbcountywines.com/events/festival.html) In Lompoc im April.

LEED-zertifizierten („Leadership in Energy and Environmental Design") Gebäuden der Weingüter – alles zunehmend Standard bei Kaliforniens umweltschutzerfahrenen Winzern.

Andere Weinregionen

Heute gibt es nichts besseres als sich durch Kaliforniens Weinangebot durchzutesten. Die große Bandbreite an alten wie importierten Rebsorten spiegelt diese lebendige und abwechslungsreiche Landschaft Kaliforniens perfekt wieder. Es gibt 112 verschiedene AVAs, American Viticulture Areas, die für ihre verschiedenen Rebsorten bekannt sind und unterschiedliche Methoden der Weinherstellung entwickelt haben. In den zerklüfteten heißen Gebirgsausläufern der Sierra, die sich vom Amador County bis nach Lodi im Central Valley (S. 350) erstrecken, wird der herzhafte Zinfandel favorisiert, während in den steilen, teilweise bewaldeten Santa Cruz Mountains der feine Küsten-Chardonnay und der komplexe Cabernet Sauvignon gekeltert werden. Das heiße Central Valley produziert 75% aller kalifornischen Weine und obwohl das meiste nur massenhaft produzierter Billigwein ist, holen kleinere Erzeuger mit ungewöhnlichen Syrah-Verschnitten das Beste aus der Sonnenlage des Tals heraus, besonders in der Gegend um Paso Robles (S. 549). Der Film *Sideways* von 2004 feierte völlig zu Recht die Pinot Noirs der Central Coast, den AVAs Santa Maria und Santa Ynez Valley rund um Santa Barbara, die mit Sonne, kühlen Meeresbrisen und Morgennebel gesegnet sind.

Sideways, der Kinofilm über einen Roadtrip durch das Wine Country von 2004, war bei Kritikern beliebt, doch Kaliforniens Winzer sind ihm in Hassliebe verbunden, weil er den kalifornischen Pinot Noir auf Kosten des Merlot verklärt.

Der Boom der Weinlokale

Im L.A. der 1990er-Jahre musste man noch den *bottle service* für VIPs in Anspruch nehmen, um in Kalifornien ein anständiges Glas Wein zu bekommen. Heute gibt es jedoch keinen Grund mehr für solche fantasievollen Ausreden. In Kalifornien lagern die Barkeeper zunehmend die Fässer heimischer Weingüter ein und schenken den guten Stoff direkt vom Fass aus. Trendige Weinlokale und Restaurants, die an die Rezession denken, haben damit begonnen, erstklassige kalifornische

TIPPS ZUR WEINPROBE

» **Schwenken** Vor dem Verkosten eines Rotweins sollte man das Glas schwenken, um den Wein mit Sauerstoff anzureichern und die Aromen freizusetzen.

» **Schnuppern** Um den Geruch aufzufangen, steckt man die Nase ins Glas (nicht in den Wein). Die Nase signalisiert den Geschmacksknospen, was kommt.

» **Schlürfen** Man nimmt einen Schluck und bewegt ihn langsam im Mund, um alle Aromen und Strukturen aufzunehmen. Nach dem Schlucken sollte man durch die Nase ausatmen, um den Abgang mitzunehmen.

» **Nicht schlucken, wenn man noch Auto oder Rad fährt** Nach zu vielen Schlückchen kann man die Spur nur schwer halten, also spuckt man den getesteten Wein besser in die bereit stehenden Spucknäpfe.

» **Man muss nichts kaufen** Niemand erwartet, dass man Wein kauft, vor allem wenn man für die Verkostung oder die Führung zahlt. Allerdings ist es vor einem Picknick im Weinberg üblich, eine Flasche zu kaufen.

» **Take it easy** Eine Weinverkostung ist keine olympische Disziplin, es gibt keinen Grund zur Eile. Mehr als drei oder vier Weingüter am Tag sollte man nicht einplanen.

» **Nicht rauchen** Auch nicht in den Weinbergen. Erst wenn man den Besitz wieder verlassen hat, kann man sich eine anstecken.

» **Fragen kostet nichts** Die meisten Winzer erklären ihren Besuchern gern, was sie probieren.

KALIFORNISCHE BIERFESTE

» **California Beer Festival** (www.californiabeerfestival.com) Im September in Ventura.

» **Sierra Brew Fest** (www.musicinthemountains.org/brewfest.php) Im August in Grass Valley.

» **San Francisco Beer Week** (www.sfbeerweek.org) Im Februar in San Francisco.

» **California Festival of Beers** (www.hospiceslo.org/beerfes) Im Mai in San Luis Obispo.

» **San Diego Festival of Beers** (http://sdbeerfest.org) Im September in San Diego.

Weine aus kleiner Produktion *alla spina*, also vom Fass, anzubieten. Ein Glas oder eine Karaffe *alla spina* ist umweltfreundlicher als Flaschen und hat das bessere Preis-Leistungs-Verhältnis als eine Auswahl an Flaschen, bei denen in der Regel immer der ein oder andere Reinfall dabei ist. Trotzdem sollte man in Weinlokalen und Restaurants mit ausgesuchten Weinen immer die Weinkarte genau studieren und den Sommelier nach Kultweinen fragen, die selten außerhalb Kaliforniens zu finden sind.

Bier

Mit dem Snobismus beim Trinken verhält es sich in Kalifornien häufig anders als anderswo: Die Weintrinker sind stets offen für ein Glas regionalen, guten Weines, wohingegen die Biertrinker viel Wirbel um ihr von Mönchen gebrautes belgisches Triple (9% Alkohol) machen und über die jeweiligen Hopfenlevel streiten. Kalifornische Biertrinker sind von einer reichen Auswahl verwöhnt. Laut Brewers' Association hat Kalifornien doppelt so viele Brauereien wie jeder andere Bundesstaat. Hier läuft man nicht Gefahr, unpassende Speisen zum Bier zu bestellen – viele kalifornische Sommeliers empfehlen gern das passende Bier zur Mahlzeiten und so mancher schicke nordkalifornische Saloon bietet Teller mit Probierhäppchen an, die besonders gut zum Bier passen.

Top Five: Kalifornische Biersorten

» **Boont Amber Ale** Anderson Valley Brewery (Mendocino)

» **Baltic Porter** Uncommon Brewers (Santa Cruz)

» **Christmas Ale** Anchor Steam (San Francisco)

» **Racer 5 IPA** Bear Republic (Healdsburg)

» **Pale Ale** Sierra Nevada (Chico)

„Dampfbrauen"

„Dampf ablassen" bekam während des Goldrauschs eine neue Bedeutung. Um der Nachfrage nach Alkohol nachzukommen, begannen Bierbrauer, Bier bei höheren Temperaturen zu brauen wie etwa das Ale. Das Ergebnis war eine bernsteinfarbige Flüssigkeit mit starkem, malzigem Geschmack, die beim Fassanstich so stark sprudelte, dass Dampf aufstieg. Die Anchor Brewing Company in San Francisco stellt ihr berühmtes Anchor Steam Amber Ale seit 1896 immer noch auf diese Weise her und verwendet dafür Destilliergeräte aus Kupfer.

Wo man kalifornisches Bier findet

Qualitätsbiere mit kleinem Ausstoß, die es sonst nirgendwo gibt, findet man bei jeder der Kleinbrauereien, die in den Regionenkapiteln aufgelistet sind – jede kalifornische Stadt, die etwas auf sich hält, hat wenigstens eine kleine Hausbrauerei oder eine erwähnenswerte Kleinbrauerei mit Schenke. Das Yard House in L.A. hat mit rund 160 Fassbieren so ziemlich das umfangreichste Biersortiment, da reicht nur noch Toronado (S. 108) in San Francisco mit einem Angebot von 400 Bieren heran. Aber zur sofortigen Erfrischung an sengend heißen Sommertagen gibt es in nahezu allen kalifornischen Tante-Emma-Läden Bier aus Hausbrauereien sowohl in Flaschen und Dosen als auch im Sixpack und einzeln. Kalifornische Kleinbrauereien füllen ihr Bier aus ökonomischen und ökologischen Gründen zunehmend in Dosen ab, um es besser in ganz Kalifornien absetzen zu können. Es stellt sich auch gleich dieses typisch befriedigende Gefühl ein, wenn die kalte Bierdose an einem heißen kalifornischen Strandtag beim Aufreißen zischt.

Spirituosen

Am Abend heißt es Party feiern als wäre es das Jahr 1899. Bevor die Barkeeper am Abend ihre Shaker in die Hand nehmen, haben sie den Tag damit verbracht, Rezepte aus dem 19. Jh. zu entstauben. Der größte Ehrentitel für einen kalifornischen Barkeeper ist in diesen Tagen nicht Mixologe (zu technisch) oder Künstler (zu mittelalterlich), sondern „Alkohol-Historiker". Verschwunden sind die Mixbecher des verrückten Wissenschaftlers von vor zwei Jahren. Kalifornische Barkeeper werden jetzt nach ihren Absinth-Brunnen und Sektquirl-Vorführungen beurteilt, die aus der Zeit längst vergangener Ozeandampfern stammen. Man sollte nicht überrascht sein, wenn der anachronistische Cocktail in einem Likörglas, einer Bowleschüssel oder einem Einweckglas serviert wird und nicht in einem Trink-, Highball- oder Martiniglas. Dieser ganze Authentizität-Trip zur Happy Hour hört sich vielleicht gekünstelt an, aber wenn man dem Alkohol in Weinlokalen und wiederbelebten „Flüsterkneipen" (illegale Kneipe während der Prohibition) gut zugesprochen hat, spielt das auch keine Rolle mehr.

Erforschte Cocktails

Cocktails tauchen in Kalifornien seit den Tagen der Barbary Coast von San Francisco (1850er) auf den Speisekarten zur Happy Hour auf. Sie wurden dazu verwendet, Seeleute zu betäuben und für auslaufende Schiffe zu schanghaien. Heute suchen Barkeeper nach alten Rezepten und beleben Kaliforniens Traditionen neu. Da wird Absinth aus Brunnen in Likörgläser mit Sazerac gegossen, komplett mit den traditionellen schaumigen Eiweißen im Pisco Sour, als hätte niemand jemals was von Veganismus oder Salmonellen gehört. Barkeeper versuchen offenbar noch heute, Seeleute mit Kombinationen aus lohfarbenem Port und nicaraguanischem Rum k.o. zu schlagen. Ein Irish Coffee (Kaffee, Sahne, Zucker und irischer Whisky) ist ein weiterer kalifornischer Cocktail, der für neblige Roman-noir-Nächte in San Francisco ideal geeignet ist, während Margaritas (Tequila, Limette, Cointreau, Eis und Salz) die Streifzüge durch die Strandbars Südkaliforniens seit den 1940er-Jahren befeuert haben.

Jeder kalifornische Barkeeper hat so seine eigenen Ansichten zum Martini, der 1887 erstmals von Professor Jerry Thomas in einem Führer über Bars und ihre Getränke erwähnt wurde. Man sagt, der Martini sei erfunden worden, als eine Schnapsdrossel in eine Bar in San Francisco marschierte und nach etwas verlangte, mit dem er durchhalten könne, bis er Martinez auf der anderen Seite der Bucht erreicht hätte – wer's glaubt wird selig! Aber darauf trinken wir. Das Original wurde mit Wermut, Gin, Magenbitter, Zitrone, Maraschino und Eis gemacht, doch in den 1950er-Jahren hatte sich das Rezept auf Gin mit Wermut und einer Olive oder einer Zitronenspirale reduziert. Heute bieten die kalifornischen Alkohol-Historiker Variationen des Originals an, ebenso wie die Hollywood-Version von Sinatras Rat Pack.

Top Five: Kalifornische Spirituosen

» **Old Potrero Hotaling's Whiskey** San Francisco

» **Hangar One Vodka** Alameda

» **209 Gin** San Francisco

» **Ballast Point Three Sheets Rum** San Diego

» **Takara Sake** Berkeley

Kaffee

Wenn sich kalifornische Paare trennen, ist die heikelste Frage: Wer kriegt die Kaffeemaschine? Kalifornier sind ihren speziellen Röstungen und Baristas zutiefst ergeben, und die meisten ersten Treffen mit dem Internet-Date finden auf neutralem Kaffeehausboden statt. Das Peet's Coffee in Berkeley löste schon 1966 das Kaffeespezialitätenfieber für Espresso aus sortenreinen Bohnen aus (1971 lieferten sie Bohnen an eine

Filiale, die als Starbucks bekannt ist). Santa Cruz übernahm 1978, ebenfalls recht früh, die Kaffeespezialitäten – wie Berkeley ist es eine Kaffee trinkende Collegestadt – und Santa Cruz Coffee wurde einer der ersten Röstereien und Cafés, das zertifizierte Fair-Trade-Kaffeebohnen anbot.

Kaffee der Dritten & Vierten Welle

Kalifornien wurde seitdem zu einem Zentrum für Kaffee der „Dritten Welle". Für Jonathan Gold von *L.A. Weekly* muss Kaffee direkt von kleinen Höfen stammen und seine mittlere Röstung muss die Bohneneigenschaften maximal befördern, anstatt sie bis zu einer teerähnlichen Härte zu überrösten. Die „Dritte Welle"-Cafés in Los Angeles rösten in der Regel nicht selbst, sondern picken sich die besten Bohnen von Kleinröstereien entlang der Westküste und aus Chicago heraus. Das Blue Bottle Coffee in San Francisco fügte der Kaffeemania das „Vierte Welle"-Element der Selbstdarstellung hinzu und führte eine Kaffeebrühmaschine aus Japan für 20 000 US$ ein, die mit Vakuumdrucktechnik arbeitet. Inzwischen gilt Sightglass Coffee (S. 104) als neuestes Objekt der Kaffeekultverehrung; die Firma röstet Bohnen in kleinen Portionen in einer traditionellen Kaffeerösterei.

In den Foren auf www.coffeegeek.com kann man die koffeinhaltigen Diskussionen über die Kaffeeröster der „Dritten Welle" verfolgen – und die aufkommenden Kaffeehäuser der „Vierten Welle", die in ganz Kalifornien eröffnet werden.

Kaffeegesellschaft

In manchen kalifornischen Cafés, die durch ihren WLAN-Zugang Telearbeitern als Büros dienen, erntet man schon mal böse Blicke, wenn man zu laut lacht. Aber es gibt auch schon eine Gegenbewegung. Cafés der „Dritten Welle" beschränken die WLAN-Nutzung, entfernen Steckdosen und veranstalten Events, um die lebhaftere Kaffeehauskultur im Kalifornien der 1960er-Jahre wieder aufleben zu lassen. Wer das kostenlose WLAN im Café nutzt, sollte daran denken, einmal in der Stunde etwas zu bestellen, die Laptops nicht unbeaufsichtigt zu lassen und gelassen mit Störungen umzugehen.

SURFERSLANG

Riptionary (www.riptionary.com), das beste Online-Lexikon der Welt für Surfer-Slang, hilft bei der Übersetzung von Sachen wie: „The big mama is fully mackin' some gnarly grinders!"

Zu den südkalifornischen Erfindungen gehören das Space Shuttle, Mickey Mouse, Weißmacher-Zahncreme, der Hula-Hoop-Reifen (zumindest als geschützte Handelsmarke), Barbie, das Skateboard und die Surfbrett-Technologie, der Cobb Salad und der Glückskeks.

Lebensart

Im Kalifornien unserer Träume würden wir aufwachen, ein Glas Weizengrassaft runterkippen und lässig zum Strand runtergehen, solange die Surfbedingungen gut sind. Rettungsschwimmer winken uns zu, während wir in den Badeklamotten vorbeijoggen. Mit dem Skateboard fahren wir auf dem Bürgersteig zur Yogastunde, wo alle unsere tollen Yogapositionen bewundern. Ein Taco-Truck mit unserem Lieblingsessen kommt vorbei: kohlenhydratarme, nachhaltige Tilapia-Fisch-Tacos (natürlich mit von Hand geangeltem Fisch) mit Bio-Mango-Chipotle-Salsa.

Danach ein Nickerchen am Strand, und beim Erwachen versperrt uns ein Casting-Agent die Sonne und will uns überreden, in einem Film nach einem Bestseller-Comic mitzuspielen. Wir sagen, dass unser Anwalt sich die Papiere mal anschauen wird, und mit Anwalt meinen wir den Mitbewohner, der im Fernsehen einen spielt. Das Gespräch wird durch eine SMS unterbrochen, ein paar Freunde wollen uns in einer Bar treffen.

Dieser Casting-Agent war echt stressig, er wollte schon in einem Monat oder so eine Antwort – also gehen wir erst mal bei der medizinischen Haschisch-Ausgabestelle vorbei und dann zum Tattoo-Laden, um uns in fünf Sprachen „Peace" in den Bizeps stechen zu lassen, als Erinnerung daran, immer cool zu bleiben. In der Bar werden wir auf die Bühne gerufen, um ein Set mit der Band zu spielen und danach erzählen wir der Drummerin, dass der Casting-Agent unseren entspannten Vibe gestört hat. Sie schlägt als Ausgleich ein paar Tage im Wine Country vor, aber wir haben uns am Wochenende schon für ein Urschrei-Darmreinigungs-Seminar in Big Sur angemeldet.

Wir kehren in unser Strandhaus zurück, um unser Social-Network-Profil zu aktualisieren und lassen eine Million Freunde an den wichtigsten Ereignissen unseres Tages teilhaben: „Wahnsinns-Taco, ordentliche Yogapositionen, Peace-Tätowierung, Filmangebot". Dann wiederholen wir unser abendliches Mantra: „Ich bin ein Kind des Universums ... ich bin gesegnet oder zumindest kein New Yorker ... morgen ist wieder ein Tag voller Sonnenschein und neuer Möglichkeiten ... Om".

Regionale Identität

Und jetzt der Realitätstest: Jeder Nordkalifornier, dem man von diesem kalifornischen Traum erzählt, ist garantiert beleidigt. Soso, politische Proteste und die Entwicklung von Open-Source-Software kommen also im Traum nicht vor? Typische südkalifornische Faulenzer! Doch auch die Südkalifornier werden angesichts dieser Klischees mit den Augen rollen: Sie haben das Jet Populsion Lab der NASA und fast die Hälfte aller Filme der Welt schließlich nicht erschaffen, während sie relaxten!

Doch manches aus der kalifornischen Traumwelt entspricht auch der Realität. Etwa 80% der Kalifornier leben in der Nähe der Küste und nicht im Landesinneren, auch wenn die kalifornischen Strände nicht immer sonnig oder zum Schwimmen geeignet sind (das wird wahrscheinlicher, je weiter südlich man sich befindet, daher die unvermeidlichen südkalifornischen Assoziationen mit Surfen, Sonne und erstklassigen Fernsehserien wie *Baywatch* und *O.C., California*). Und zumindest ein anderes Klischee ist wahr: Über 60 % der Kalifornier geben zu, schon einmal einen Baum umarmt zu haben.

Selbsthilfe, Fitness und Body-Modification sind in ganz Kalifornien große Wirtschaftszweige, sie werden seit den 1970er-Jahren erfolgreich als „Light"-Version einer religiösen Erfahrung vermarktet – die ganze Agonie und Ekstase der großen Religionen ohne all die heftigen Gebote. Mit Sport und gesunder Ernährung haben es die Kalifornier geschafft, zu den fittesten Amerikanern überhaupt zu gehören. Trotzdem sind fast 250 000 Kalifornier scheinbar krank genug, um Anspruch auf Rezepte für medizinisches Marihuana zu haben.

Eins haben die Nord- und die Südkalifornier jedenfalls gemeinsam: Sie sind von der New Yorker Illusion verblüfft, dass sich die ganze Welt um den „Big Apple" dreht – wo doch alle wissen, dass das Quatsch ist!

Lifestyle

Das zauberhafte Leben, von dem wir geträumt haben, ist ein teurer Spaß, selbst in Kalifornien. Nur wenige Kalifornier können es sich leisten, sich den ganzen Tag zu sonnen und sich nebenbei ein bisschen zu vernetzen, schließlich muss man auch an die UV-Strahlung und die Miete denken. Einer kürzlichen Untersuchung der Universität Cambridge zufolge sind Kreativität, Fantasie, Intellektualismus und Lockerheit prägende Eigenschaften der Kalifornier im Vergleich zu Einwohnern anderer Bundesstaaten.

Der typische Kalifornier lebt praktisch im Auto und nicht zu Hause. Er fährt jeden Tag durchschnittlich je 30 Minuten zur Arbeit und zurück und gibt mindestens 20 % seines Einkommens im Zusammenhang mit dem Auto aus. Doch die Kalifornier sind auch an die Spitze der Nation geprescht, was die Senkung des Energieverbrauchs in ihren abgasgeprüften Autos angeht: In Kalifornien werden mehr Hybrid- und spritsparende Fahrzeuge gekauft als in irgendeinem anderen Bundesland. Obwohl Kalifornien für seinen Smog berüchtigt ist, liegen hier zwei der amerikanischen Städte mit der saubersten Luft (San Luis Obispo und Salinas).

Jedenfalls können sich ohnehin nur wenige Kalifornier ein Traumhaus am Strand leisten, und bei einem mittleren Haushaltseinkommen von 56134 US$ sind die meisten keine Hausbesitzer, sondern Mieter. Von den zehn Gebieten in den USA mit den höchsten Kaufpreisen für Häuser befinden sich acht in Kalifornien, und in der teuersten Gegend,

In Südkalifornien leben Tausende Anhänger der Santeria, einer Fusion aus Katholizismus und Glaubenselementen der Yoruba, die von westafrikanischen Sklaven in der Karibik und in Südamerika praktiziert wurden. In *botanicas* (Läden für volkstümliche Kräutermedizin) bekommt man Amulette, Kerzen und dergleichen.

HEIRAT: GLEICHES RECHT FÜR ALLE

40 000 Kalifornier hatten sich bereits als „Domestic Partners" (in häuslichen Partnerschaften lebend) registrieren lassen, als der Bürgermeister von San Francisco, Gavin Newsom, 2004 trotz eines in Kalifornien geltenden Verbots gleichgeschlechtlicher Ehen die Eheschließung dieser Paare zuließ. Sofort gaben sich 4000 gleichgeschlechtliche Paare das Ja-Wort. Kalifornische Gerichte hoben im Juni 2008 das Verbot des Bundesstaates auf, doch im November wurde in einem Volksentscheid beschlossen, die Verfassung des Bundesstaates zu erweitern, um gleichgeschlechtliche Ehen zu verbieten. Bürgerrechtsaktivisten stellen die Verfassungsmäßigkeit dieser Erweiterung in Frage. Doch mittlerweile hat Kaliforniens Ruf als Oase der Toleranz für Lesben, Schwule, Bisexuelle und Transsexuelle gelitten, denn andere Bundesstaaten haben die gleichgeschlechtliche Ehe bereits legalisiert, darunter Massachusetts, New Hampshire, Vermont, Connecticut, Iowa, New York und Washington, D.C.

dem Vorort La Jolla, kostet ein Haus durchschnittlich 1,875 Mio. US$. Fast die Hälfte der Kalifornier lebt in Städten, doch der größte Teil der anderen Hälfte wohnt in Vorstädten, wo die Lebenshaltungskosten genauso hoch, wenn nicht noch höher sind: Marin County außerhalb von San Francisco ist gegenwärtig die teuerste Wohngegend der USA. Andererseits stehen kalifornische Städte (besonders San Francisco und San Diego) regelmäßig an der Spitze der Liste der amerikanischen Städte mit der höchsten Lebensqualität.

Und was den Mitbewohner aus unserem Traum betrifft: Für jeden zweiten Kalifornier zwischen 18 und 24 Jahren sind die Mitbewohner die Eltern. Von den erwachsenen Kaliforniern lebt jeder vierte allein und fast 50% sind unverheiratet. Von denen, die gegenwärtig verheiratet sind, werden es 33% in zehn Jahren nicht mehr sein. Immer mehr Kalifornier leben in wilder Ehe: Die Zahl der unverheirateten Paare, die zusammenleben, ist seit 1990 um 40% gestiegen.

Obdachlosigkeit gehört nicht zum kalifornischen Traum, doch für mindestens 160 000 Kalifornier ist sie Realität. Einige sind Teenager, die weggelaufen sind oder von ihren Familien rausgeworfen wurden, doch die größte Gruppe der obdachlosen Kalifornier, fast 30 000 insgesamt, sind Veteranen des US-Militärs. Hinzu kommt, dass in den 1970er-Jahren Programme zur psychischen Gesundheit gekürzt wurden und in den 1980er-Jahren aus dem Bundeshaushalt finanzierte Programme zur Behandlung von Drogenabhängigen eingestellt wurden. Viele Kalifornier, die psychisch krank waren oder Drogenprobleme hatten, waren nun plötzlich auf sich gestellt.

In den Schlangen der Obdachlosenunterkünfte stehen auch viele Geringverdiener, die sich von ihren Mindestlöhnen keine Krankenversicherung und keine teure Miete leisten können. Einige kalifornische Städte haben, anstatt die Ursachen der Obdachlosigkeit anzugehen, das Herumlungern, das Betteln und sogar das Sitzen auf dem Bürgersteig kriminalisiert. Zum Glück ist Mitgefühl noch immer legal und jedem Besucher steht es frei, lokale Wohltätigkeitsorganisationen zu unterstützen, die ihren Beitrag dazu leisten, den kalifornischen Traum am Leben zu halten.

Die Zahl der Gefängnisinsassen ist seit 1988 um über 200% gestiegen, vor allem wegen Straftaten im Zusammenhang mit Drogen. Mehr als vier von Tausend Kaliforniern sitzen gegenwärtig im Gefängnis.

Bevölkerung & Multikulturelles

Kalifornien ist mit 37 Mio. Einwohnern der bevölkerungsreichste Bundesstaat der USA, jeder neunte Amerikaner lebt hier. Er ist auch der Bundesstaat mit der am schnellsten wachsenden Einwohnerzahl: Hier befinden sich drei der zehn größten amerikanischen Städte (Los Angeles, San Diego und San Jose) und jedes Jahr ziehen über 350 000 Menschen nach Kalifornien. Dabei wirkt der Staat gar nicht mal besonders überfüllt. Mit knapp 90 Personen pro km² ist die Bevölkerungsdichte fast dreimal so hoch wie der amerikanische Durchschnitt.

Statistisch ist der durchschnittliche Kalifornier ein etwa 34 Jahre alter Lateinamerikaner, der im dicht besiedelten L.A., Orange County oder San Diego County lebt und mehr als eine Sprache spricht. Jeder vierte Kalifornier ist außerhalb der USA geboren und jeder zweite aus einem anderen Bundesland hergezogen.

Jeder vierte Einwanderer in die USA landet in Kalifornien, die größte Einwanderergruppe sind Mexikaner. Die meisten, die legal in den Bundesstaat einwandern, werden von bereits hier lebenden Immigranten unterstützt. Das ist aber keine fundamental neue Entwicklung: Ehe Kalifornien 1850 Bundesstaat der USA wurde, war es mexikanisches und spanisches Territorium, und historisch betrachtet war die

Einwanderung – ob nun legal oder illegal – immer die größte Quelle des Wirtschaftswachstums.

Die meisten Kalifornier betrachten ihren Staat als entspannte multikulturelle Gesellschaft, die jedem eine Chance gibt, den amerikanischen Traum zu leben. Es wird von niemandem erwartet, dass er seine kulturelle oder persönliche Identität aufgibt, um Kalifornier zu werden – die Bewegungen des Chicano Pride, des Gay Pride und der Black Power schufen sich alle hier ihre Basis. Doch historisch betrachtet entstanden die kalifornischen Chinatowns, Japantowns und andere ethnische Enklaven alle aus einer Stimmung der ethnischen Absonderung heraus, nicht aus freier Wahl. Und Chancengleichheit mag zwar ein gemeinsames Ziel sein, in der Realität ist sie aber eine große Baustelle. Selbst durch ethnisch integrierte Gegenden können sich tiefe Gräben hinsichtlich des Einkommens, der Sprache, der Bildung und ironischerweise des Internetzugangs ziehen (und schließlich ist dies doch die Heimat des Silicon Valley).

Die kalifornische Kultur spiegelt die gemischte Identität des Staates wider. Die Zahl der Lateinamerikaner und Asiaten nimmt beständig zu. Mehr als 30 % der Amerikaner asiatischer Herkunft leben in Kalifornien und es wird erwartet, dass die lateinamerikanische Bevölkerung 2020 die größte ethnische Gruppe Kaliforniens bildet. Die Latino-Kultur ist eng mit der kalifornischen Kultur verbunden, von Jennifer Lopez und Tex-Mex-Klängen bis zu Burritos, Margaritas und dem geflügelten Wort von Gouverneur Schwarzenegger aus dem Film Termitator II, „Hasta la vista, Baby". Die Afroamerikaner machen zwar nur 6,6 % der Bevölkerung aus und sind erst im Zuge des Booms der Schiffsindustrie während des Zweiten Weltkriegs hergekommen, doch auch sie haben ihren Beitrag zur Kultur der Westküste geleistet, von Jazz und Hip-Hop bis zu Mode und mehr.

Was den „Golden State" zusammenhält, sind nicht eine gemeinsame Herkunft oder Sprache und auch nicht die allgegenwärtigen Cocktails oder typischen Sprüche: Es ist die Entscheidung, Kalifornier zu sein. Damit einher geht das Recht, eine (oder keine) Religion zu wählen. Die Kalifornier gehen zwar nicht so oft zur Kirche wie der durchschnittliche Amerikaner und jeder fünfte Kalifornier gehört überhaupt keiner Religion an, doch der Bundesstaat ist einer der religiös vielfältigsten der USA. Etwa ein Drittel der Kalifornier sind Katholiken, was teilweise auf die große lateinamerikanische Bevölkerung zurückzuführen ist, und ein weiteres Drittel sind Protestanten. Doch in Kalifornien leben auch über 1 Mio. Muslime und hier gibt es die größte Anzahl von Buddhisten außerhalb Asiens. Zudem befindet sich in L.A. die zweitgrößte jüdische Gemeinschaft Nordamerikas.

SPRACHEN

In Kalifornien werden mehr als 200 verschiedene Sprachen gesprochen. Zu den zehn häufigsten zählen Spanisch, Chinesisch, Tagalog, Persisch und Deutsch. Fast 40 % aller Kalifornier sprechen zu Hause eine andere Sprache als Englisch.

Sport

In Kalifornien gibt es mehr Profivereine als in irgendeinem anderen Bundesstaat, und die Loyalität zu den einheimischen NFL-Footballteams und NBA-Basketballteams sitzt tief. Wer einen Beweis braucht, wie sehr sich die Kalifornier für Sport begeistern können, sollte nur mal versuchen, Karten für ein Footballspiel der Oakland Raiders oder der San Diego Chargers, ein Baseballspiel der San Francisco Giants, ein Basketballspiel der Los Angeles Lakers oder ein Eishockeyspiel der Los Angeles Kings zu bekommen.

Einer jüngeren Untersuchung zufolge verbringen die Kalifornier nicht so viel Zeit vor der Glotze wie andere Amerikaner, doch wenn zwei kalifornische Teams gegeneinander spielen, sind die Straßen verwaist und alle Augen kleben am Bildschirm. Die erbittertsten Gegner sind die San Francisco '49ers und die Oakland Raiders, die L.A. Lakers und die L.A. Clippers, die San Francisco Giants und die L.A. Dodgers, und im

AN ALLE (NICHT-)SPORTFANS

Auch wer sich eigentlich nicht so für Sport begeistert, dürfte in Kalifornien etwas finden, wobei er gern zuschaut:

» Der bei Zuschauern an der Küste beliebteste Sport ist Surfen, beim jährlichen Wettbewerb Mavericks Surf Contest in der Nähe von Half Moon Bay werden die Wellen bis zu 30 m hoch.

» Der Siegeszug des Beachvolleyballs als Profisport begann in den 1920er-Jahren in Santa Monica; inzwischen ist er eine olympische Disziplin. Jeden Sommer finden in Südkalifornien Turniere statt, darunter am Hermosa Beach und Manhattan Beach in L. A.

» Motorsport ist eine weitere kalifornische Leidenschaft, besonders in Bakersfield und in Long Beach in der Nähe von L. A.

Baseball die Oakland Athletics und die Anaheim's Angels. Auch im kalifornischen Collegesport gibt es starke Rivalitäten, vor allem zwischen den Cal Bears der UC Berkeley und den Stanford University Cardinals sowie zwischen den USC Trojans und den UCLA Bruins.

Wer kleinere Spiele mit genauso hingebungsvollen Fans sehen will (für die die Tickets viel billiger und leichter zu bekommen sind) sollte sich in Sacramento ein Profispiel der Männer oder Frauen im Basketball (WNBA), in Anaheim oder San Jose ein Profieishockeyspiel oder in San Jose oder L. A. ein Profifußballspiel anschauen. Man kann auch irgendwo in Kalifornien ein Baseballspiel eines Minor-League-Teams besuchen, am besten der erfolgreichen San Jose Giants.

Abgesehen von den Endspielen der Meisterschaft (Play-offs) dauern die normalen Spielzeiten der Major Leagues im Baseball von April bis September, im Fußball von April bis Oktober, im Basketball (WNBA) von Mai bis Mitte September, im Football (NFL) von September bis Anfang Januar, im Eishockey (NHL) von Oktober bis März und im Basketball (NBA) von November bis April.

Am Drehort: Film & TV

Man stelle sich vor, in einer Welt zu leben, in der es keinen Orson Welles gibt, der „Rosebud" flüstert, keine Judy Garland, die dreimal die Absätze zusammenschlägt, keinen John Travolta, der in seinem weißen Anzug tanzt oder keinen Terminator, der verspricht: „Ich komme wieder". Diese kultigen Film- und TV-Szenen wurden allesamt in Kalifornen ausgeheckt. Von dem Moment an, in dem Filme – und später das Fernsehen – im 20. Jh. das beherrschende Unterhaltungsmedium wurden, stand Kalifornien im Mittelpunkt der Welt der Popkultur und hat diesen Platz seither nicht mehr verlassen.

Shakespeare behauptete zwar, „die ganze Welt ist eine Bühne", aber in Kalifornien ist sie eher ein Film-Set. Jeder palmengesäumte Boulevard oder Strand scheint auf IMDB.com seine eigene Filmzusammenfassung zu haben, und das ist kein Wunder: Jedes Jahr nutzen etwa 40 TV-Serien und viele Kinofilme kalifornische Schauplätze, nicht zu reden von all den Szenen, die auf dem Gelände der südkalifornischen Studios gedreht werden.

Top Filmfestivals in Kalifornien

» AFI Fest (www.afi.com/afifest)

» L.A. Film Fest (www.lafilmfest.com)

» Outfest (www.outfest.org)

» Palm Springs International Film Festival (www.psfilmfest.org)

» San Francisco International Film Festival (www.sffs.org)

» Sonoma International Film Festival (www.sonomafilmfest.org)

Die Industrie

Was im Rest der Welt als Unterhaltungsindustrie für Film und Fernsehen bekannt ist, nennen Südkalifornier einfach „Die Industrie". Sie entstand auf den bescheidenen Plantagen und Gärten von Hollywoodland, einem Viertel von Los Angeles, als unternehmerisch ausgerichtete Filmemacher Anfang des 20. Jhs. hier Studios aufbauten. Der Deutsche Carl Laemmle eröffnete 1915 die Universal Studios und verkaufte neugierigen Gästen ein Mittagessen, die kamen, um den Zauber der Filmproduktion mitzuerleben. Der polnische Immigrant Samuel Goldwyn tat sich mit Cecil B. DeMille zusammen und formte die Paramount Studios, und Jack Warner und seine Brüder, Söhne polnischer Eltern, kamen ein paar Jahre später aus Kanada.

Dank des anhaltend schönen Wetter in Südkalifornien (über 315 Sonnentage im Jahr) waren hier fast immer problemlos Außenaufnahmen möglich und so blühte in Los Angeles bald das Filmgeschäft. Hinzu kam die Nähe zur mexikanischen Grenze, die es den Filmemachern ermöglichte, ihre Ausrüstung in Sicherheit zu bringen, wenn ihnen die Inkassobeauftragten von Patentinhabern wie Thomas Edison zu nahe kamen. Palm Springs wurde für die Hollywood-Stars ein beliebtes Ziel für den Wochenendausflug, teilweise deshalb, weil die Entfernung von L.A. (knapp unter 100 Meilen) gerade noch von den Einschränkungen ihrer Studioverträge gedeckt war.

Die Fans liebten die frühen Stummfilmstars wie Charlie Chaplin und Harold Lloyd, und die erste große Hollywoodhochzeit ereignete sich 1920, als Douglas Fairbanks und Mary Pickford heirateten und de facto Hollywoods erstes Königspaar wurden. Mit *Der Jazz-Sänger* von 1927 machte die Stummfilmära Platz für Tonfilme. Das Warner-Bros.-Musical mit Al Jolson hatte in Downtown L.A. Premiere und leitete Hollywoods glanzvolles Goldenes Zeitalter ein.

Hollywood & darüber hinaus

In den 1920er-Jahren wurde Hollywood das gesellschaftliche und finanzielle Zentrum der Filmindustrie, aber es ist ein Mythos, dass ein Großteil der Filmproduktion hier stattfand. Von den großen Studios stand nur Paramount Pictures im eigentlichen Hollywood, allerdings umgeben von einer ganzen Reihe von Blocks, in denen mit der Produktion verbundene Arbeiten wie Ausleuchtung und Postproduktion erledigt wurden.

Die meisten Filme werden seit Langem in der Umgebung von L.A. gedreht, z.B. in Culver City (bei MGM, jetzt Sony Pictures), in der Studio City (bei Universal Studios) und in Burbank (bei Warner Bros. und später bei Disney). Es sei auch daran erinnert, dass die ersten großen Kinopaläste Kaliforniens nicht am Hollywood Blvd gebaut wurden, sondern am Broadway in Downtown L.A.

Das Filmemachen war auch nicht nur auf L.A. beschränkt. Die American Film Manufacturing Company, auch bekannt als Flying „A“ Studios, wurde 1910 gegründet und drehte jahrelang ihre Kassenschlager zuerst in San Diego und dann in Santa Barbara. Auch die Balboa Studios in Long Beach waren eine große Traumfabrik der Stummfilmzeit. Zu den bekannten Filmproduktionsfirmen, die ihren Sitz in der San Francisco Bay Area haben, gehören beispielsweise Francis Ford Coppolas Zoetrope, George Lucas' Tricktechnik-Firma Industrial Light & Magic und das Computeranimationsfilm-Studio Pixar. Sowohl San Francisco

DREHBUCH-AUTOREN

In den 1930er- bis 1950er-Jahren arbeiteten die amerikanischen Schriftsteller F. Scott Fitzgerald, Dorothy Parker, Truman Capote, William Faulkner und Tennessee Williams immer wieder mal als Drehbuchautoren.

KALIFORNIEN AUF ZELLULOID

Bilder von Kalifornien sind weit über die Grenzen des Bundesstaats hinaus bekannt, was sich letztlich wieder auf Kalifornien selbst auswirkt. Hollywoodfilme zeigen Kalifornien nicht nur als Kulisse, sondern als Thema und manchmal fast als Filmfigur. Besonders L.A. liebt es, die Kamera auf sich selbst zu richten, oft mit dem dunklen Blickwinkel des Film Noir. Bei den klassischen Kalifornien-Streifen aus der Zeit vor der Jahrtausendwende ist das hier unsere Top-Auswahl:

» **Der Malteser Falke** (1941) John Huston inszeniert Humphrey Bogart als Sam Spade, den klassischen Privatdetektiv in San Francisco.

» **Boulevard der Dämmerung** (1950) Billy Wilders Stars Gloria Swanson und William Holden in einem Fegefeuer der Hollywood-Eitelkeiten.

» **Vertigo – Aus dem Reich der Toten** (1958) Die Golden Gate Bridge funkelt und verwirrt in Alfred Hitchcocks Noir-Thriller mit James Stewart und Kim Novak in den Hauptrollen.

» **Die Reifeprüfung** (1967) Dustin Hoffman flüchtet auf der Suche nach dem Sinn aus dem statusbesessenen kalifornischen Vorort und macht sich über die Bay Bridge auf nach Berkeley (in falscher Richtung).

» **Chinatown** (1974) Roman Polanskis packende Version der Wasserkriege zu Anfang des 20. Jhs., die L.A. wachsen ließen und beinahe zerstörten.

» **Der Blade Runner** (1982) Ridley Scotts Science-Fiction-Cyberpunk-Thriller entwirft ein L.A. des 21. Jhs., mit hoch aufragenden Firmen-Bollwerken und chaotischen Straßen.

» **The Player** (1992) Unter der Regie von Robert Altman spielt Tim Robbins die Hauptrolle in dieser Satire über Hollywood, in der Dutzende Schauspieler Kurzauftritte haben und sich selbst auf den Arm nehmen.

als auch L.A. bleiben Kreativzentren für aufstrebende unabhängige Filmemacher.

Wegen der hohen Drehkosten werden Motivsucher weit über L.A.s San Fernando Valley (wo die meisten Kino- und Fernsehstudios ihren Sitz haben) hinausgeschickt, durchs ganze Land und nach Norden über die Grenze nach Kanada. Dort im „Hollywood des Nordens" werden die Filmproduktions-Crews mit offenen Armen (und Geldbeuteln) empfangen, besonders in Vancouver, Toronto und Montreal. Der Los Angeles Economic Development Council berichtet, dass nur 2,5% der Menschen, die heute in L.A. County leben, unmittelbar in der Film-, TV- und Radioproduktion beschäftigt sind.

Für Fans auf der Suche nach ihren Stars und für Cineasten ist L.A. aber immer noch eine Pilgerstätte. Erfahrungen, die eines Hollywoodstars würdig sind, gibt es hier genug: eine Tour durch die großen Filmstudios machen, Teil des Publikums in einem TV-Studio werden, Seite an Seite mit den gerade angesagten Stars in Boutiquen einkaufen, sehen, wo die Berühmtheiten leben, essen gehen und Clubs besuchen oder ein mit Stars gespicktes Filmfestival oder die Gala nach einer Preisverleihung besuchen.

Trickfilmmagie

1923 kam ein junger Cartoonzeichner namens Walt Disney in L.A. an und fünf Jahre später hatte er seinen Durchbruch mit dem Hit *Steamboat Willie*, in der eine Maus namens Mickey die Hauptrolle spielte. Dieser Film war der Anfang des Disney-Imperiums, und Dutzende anderer Zeichentrickstudios folgten mit Filmen, Fernsehprogrammen und Special Effects. Zu den beliebtesten gehören Warner Bros. (Bugs Bunny und andere in *Looney Tunes*), Hanna-Barbera (*Familie Feuerstein, Die Jetsons, Scooby-Doo*), DreamWorks (*Shrek, Madagascar, Kung-Fu Panda*) und Film Roman (*Die Simpsons, King of the Hill*). Auch wenn ein großer Teil der eigentlichen Trickfilm-Arbeit in Übersee (etwa in Südkorea) gemacht wird, sind Konzeption und Überwachung immer noch in L.A. angesiedelt.

In San Francisco wird George Lucas' Industrial Light & Magic von einem Team von Hightech-Zauberern betrieben, die computergenerierte Effekte für Blockbuster wie *Star Wars, Jäger des verlorenen Schatzes, Terminator, Transformers* und ihre Fortsetzungen produzieren. Pixar Animation Studios, angesiedelt in der East Bay, haben eine ununterbrochene Reihe von Zeichentrick-Hits produziert, darunter *Toy Story, Findet Nemo, Cars* und *Ratatouille*.

Das Fernsehen

Die erste TV-Station ging 1931 in Los Angeles auf Sendung. In den folgenden Jahrzehnten des 20. Jhs. wurden Kultbilder von L.A. in die Wohnzimmer Amerikas ausgestrahlt, von Serien wie *Dragnet* (in den 1950er-Jahren), *The Beverly Hillbillies* (in den 1960er-Jahren), *Drei Mädchen und drei Jungen* (in den 1970er-

MEILENSTEINE KALIFORNISCHER FILMGESCHICHTE

1913

Regisseur Cecil B. de Mille dreht den ersten abendfüllenden Hollywood-Spielfilm, das stumme Westerndrama *The Squaw Man*.

1927

Mit dem ersten Tonfilm *Der Jazz-Sänger* endet die Stummfilmära. Sid Grauman eröffnet sein Chinese Theatre in Hollywood; seitdem haben die Stars dort ihre Hand- und Fußabdrücke hinterlassen.

1939

Der Zauberer von Oz ist der erste landesweit gezeigte Farbfilm. Trotzdem verliert er im Folgejahr den Oscar für den Besten Film an *Vom Winde verweht*.

1950er-Jahre

Während der antikommunistischen Ära des Kalten Krieges verfolgt das Komitee für Unamerikanische Umtriebe auch viele Hollywood-Schauspieler, Regisseure und Drehbuchautoren und setzt sie auf eine schwarze Liste; einige von ihnen gehen deshalb nach Europa.

1975

Die Ära der modernen Blockbuster beginnt mit dem Thriller *Der Weiße Hai* des jungen Filmemachers Steven Spielberg, zu dessen weiteren Blockbustern *E. T.* und *Jurassic Park* gehören.

2001

Das im neuen Hollywood & Highland Complex am Hollywood Blvd. gelegene Kodak Theatre wird ständiger Gastgeber der Oscarverleihung.

Jahren), *L.A. Law* (in den 1980er-Jahren), *Baywatch, Melrose Place* und *Der Prinz von Bel-Air* (in den 1990er-Jahren) bis zu den „Dramödien“ (Drama-Komödien) für Teenager *Beverly Hills 90210* (in den 1990er-Jahren), das die Postleitzahl von L.A. zu einem Statussymbol machte, und *O.C., California* (in den 2000er-Jahren), das in Newport Beach im Orange County spielt. Als Fan von Reality-TV findet man eine Hauptrolle für Südkalifornien in allem von *Top Chef* bis zu *Real Housewives of Orange County* und *Laguna Beach* sowie *The Hills* auf MTV, über reiche wunderschöne Menschen in ihren Zwanzigern, die in Südkalifornien herumtollen. Wer sich in L.A. unter das Live-Publikum eines Studios mischt (S. 605), kann einen Blick auf neue TV-Shows erhaschen.

Südkalifornien ist auch eine vielseitig einsetzbare Kulisse für trendige Kabel-TV-Dramen, von *Weeds – Kleine Deals unter Nachbarn* auf Showtime (über eine südkalifornische Witwe, die Marihuana anbaut und Kontakte zu mexikanischen Drogenkartellen hat) bis zu den Polizeiserien *The Closer* auf TNT über Mordermittler in L.A. und *The Shield – Gesetz der Gewalt* auf FX, die Polizeikorruption in der Stadt der Engel in fiktiver Form darstellt. *Six Feet Under* auf HBO (in den 2000er-Jahren) warf einen Blick auf das moderne L.A. durch die Augen einer exzentrischen Großfamilie, die ein Bestattungsinstitut führt. *Entourage* ebenfalls auf HBO porträtiert die Höhen, Tiefen und Intrigen Hollywoods aus der Sicht eines angehenden Stars und seiner Clique, während *Californication* auf Showtime kompromisslos zeigt, was geschieht, wenn ein erfolgreicher Romanautor aus New York nach Hollywood gerät. Noch mehr beißende Sozialsatire über Hollywood und das Leben in L.A. (und jetzt auch New York City) bietet *Lass es, Larry!* auf HBO, von und mit *Seinfeld*-Miterfinder Larry David und häufigen Gastauftritten von berühmten Stars, die sich selbst spielen, darunter Martin Scorsese, Julia Louis-Dreyfus und Wanda Sykes.

Musik & Kunst

Wenn die Kalifornier ihrem Glücksstern danken – oder dem guten Karma oder der Göttin –, dass sie nicht in New York leben, dann bezieht sich das nicht nur auf das Strandwetter. In Kalifornien gibt es eine blühende Musik- und Kunstszene, die nicht nur keine Angst vor der totalen Unabhängigkeit hat, sondern auch komplett andersartig sein kann. Der Musikgeschmack der Kalifornier ist vielfältig, von perfekter Oper bis zu schrägem Punk. Kritiker haben vergeblich versucht, eine Gemeinsamkeit der hier sprießenden Stile, Musik- und Kunstrichtungen ausfindig zu machen – aber für Kalifornien, dem ethnisch und abstammungstechnisch buntesten Staat des Landes, ist diese Vielfältigkeit wirklich sinnvoll.

Während des Erdbebens in San Francisco von 1906 verlor die durchreisende Metropolitan Opera all ihre Kostüme, und der Tenor Enrico Caruso fiel aus dem Bett. Caruso kehrte nie in die Stadt zurück, aber die Met gab kostenlose Gastspiele in den verwüsteten Straßen.

Musik

Im Kalifornien der Träume jammt man entspannt mit einer Band – nur, welche Art von Musik wird's wohl sein? Beach Boys Cover, Rap, Bluegrass, Hardcore, Swing, klassischer Soul, Hard Bop, Heavy-Metal-Riffs zur Oper oder DJ-Mashups aus all dem zusammen? Kein Problem: ein Spaziergang die Straße runter hört sich an wie ein voll beladener iPod, der auf Random gestellt wurde.

Der größte Teil der Musikindustrie ist in Los Angeles beheimatet, und die Film- und Fernsehindustrie von SoCal hat ein paar wichtige Talente hervorgebracht. Aber die problembehafteten Pop-Prinzessinnen dieser Tage und die gestylten Boybands existieren nur dank der lautstarken Revolution all der innovativen Jahrzehnte, die vorher kamen, vom Country Folk bis zum Urban Rap.

Frühe vielseitige Sounds

Chronologisch gesehen gelangte die mexikanische Volksmusik noch vor dem Goldrausch nach Kalifornien. Der Rausch hatte dann Western Bluegrass, lauten Dancehall Ragtime und chinesische klassische Musik im Gepäck. Doch zum Beginn des 20. Jhs. war die Oper des Kaliforniers liebstes Kind. Die Stadt San Francisco alleine hatte 20 Konzert- und Opernsäle, bevor das Erdbeben von 1906 die Häuser im wahrsten Sinne des Wortes zum Beben brachte. Kurz danach kehrten talentierte Opernsänger in die zerstörte Stadt zurück, um kostenlose öffentliche Aufführungen anzubieten, wodurch die Arien wie Hymnen für den Wiederaufbau der Stadt klangen. Zu den ersten öffentlichen Gebäuden, die in San Francisco wieder aufgebaut wurden, gehörte das War Memorial Opera House, mittlerweile Heimat der zweitgrößten Opernkompanie nach der der Metropolitan Opera in New York.

In den 1950er-Jahren erreichte der kantige, Honkytonk-Bakersfield-Sound das Landesinnere von Kaliforniens Central Valley. Dort präsentierten Buck Owens and the Buckaroos und Merle Haggard den trinkfesten Zuhörern aus der Dust Bowl (Teile der Great Plains, bes. Oklahoma) und Cowboys ihre eigenen Versionen der Nashville Country Hits.

Swing Jazz, Blues & Soul

Swing war das nächste große Ding, das in den 1930ern und 1940ern über Kalifornien hereinbrach. Big Bands starteten eine Lindy-Hop-Manie (Vorläufer des Jive und Boogie) in L.A., und Seeleute auf Landurlaub

MUSIK-GESCHICHTE

Waiting for the Sun: Strange Days, Weird Scenes and the Sound of Los Angeles des britischen Rockhistorikers Barney Hoskyns folgt den verschlungen Pfaden der Musikszene von SoCal, von Nat King Cole bis NWA.

enterten die Underground-Jazz-Clubs von San Francisco. Die afroamerikanische Gemeinde Kaliforniens wuchs durch die „Great Migration" während des Schiffs- und Industriebooms des Zweiten Weltkriegs, und aus dieser lebendigen Szene kam der West Coast Blues Sound. Der aus Texas stammende Bluesmusiker T-Bone Walker arbeitete in den Clubs von L. A.s Central Avenue, bevor er mit seiner elektrischen Gitarre Hits bei Capitol Records landete. Während der 1940er- und 1950er-Jahre gedieh der West Coast Blues Sound in San Francisco und Oakland durch Gitarristen wie den Texaner Pee Wee Crayton und Lowell Fulson aus Oklahoma.

Mit Beatpoeten, die zu improvisierten Bassklängen lamentierten, und Zuhörern, die ihre Zustimmung durch Fingerschnippen ausdrückten, erhob sich der coole 1950er-West-Coast-Jazz von Chet Baker und Dave Brubeck aus den Vierteln von San Franciscos North Beach. Im Zentrum der afroamerikanischen Kultur entlang von L. A.s Central Avenue hielt der Hard Bop von Charlie Parker und Charles Mingus die SoCal-Szene lebendig und hip. Im Kalifornien der 1950er und 1960er lagen Doo-Wop, Rhythm 'n' Blues und Soul Music auf den Plattentellern der Nachtclubs von South Central L. A., das als „Harlem des Westens" galt. Der Soulsänger Sam Cooke betrieb hier sein eigenes hitverdächtiges Plattenlabel und brachte darüber Soul- und Gospeltalente nach Los Angeles.

Rockin' Out

Das erste hausgemachte Rock 'n' Roll-Talent, das in den 1950ern groß rauskam, war Richie Valens, dessen „La Bamba" die verrockte Version eines mexikanischen Volksliedes war. Dick Dale (aka „Der König der Surfgitarre"), dessen Aufnahme von „Miserlou" im Film *Pulp Fiction* verwendet wurde, begann in Orange County in den 1950ern mit Reverb Effects (Nachhalleffekten) zu experimentieren und setzte sich dann in den 1960er-Jahren mit seiner Band Del-Tones an die Spitze der Charts. Sie beeinflussten alle, von den Beach Boys bis zu Jimi Hendrix.

Als Joan Baez und Bob Dylan in den frühen 1960ern ihre kurze stürmische Liebesaffäre mit Nordkalifornien hatten, stöpselte Dylan seine Gitarre ein und spielte Folk Rock. Als Janis Joplin und Big Brother &

IN KALIFORNIEN IST DER PUNK NOCH NICHT TOT

In den 1970ern spielten die amerikanischen Radios nur noch kommerziellen Stadionrock, für den die Plattenlabels die DJs bezahlten, sehr zum ausdrücklichen Missfallen der kalifornischen Rockkritiker Lester Bangs und Greil Marcus. Die kalifornischen Teenager, die von der vorgefertigten Einheitsmusik gelangweilt waren, begannen, ihre eigene Musik mit Secondhand-Gitarren, drei Griffen und lausigen Verstärkern zu machen, die ein lautes Grundrauschen zum allgemeinen Zorn hinzufügten.

L. A.-Punk begleitete die raue einheimische Skaterszene mit dem Hardcoregrind von Black Flag aus Hermosa Beach und von The Germs. Die L. A.-Band X verband von 1977 bis 1986 Punk und New Wave mit John Does Rockabilly-Gitarre, Exene Cervenkas wehklagendem Gesang und enttäuscht-romantischen Texten, inspiriert von Charles Bukowski und Raymond Chandler. Die lokale L. A.-Radiostation KROQ rebellierte gegen die Tyrannei der Playlisten, jagte einheimischen Punk über den Äther und begründete die Punk-Funk-Sensation Red Hot Chili Peppers.

San Franciscos Punkszene war kunstvoll und absurd, wie in jener seltenen Kombination beim Dead-Kennedys-Sänger (und zukünftigen Bürgermeisterkandidaten von San Francisco) Jello Biafra, der „Holiday in Cambodia" heulte. Das war angemessen anarchisch für eine Stadt, in der 1978 die einheimische Band The Avengers Vorband für die San-Francisco-Show der Sex Pistols war, die Sid Vicious mit einer Überdosis in Haight feierte, was letztendlich zur Auflösung der Band führte.

the Holding Company ihren schlurfenden Musikstil in San Francisco entwickelten, wandelte sich der Folk Rock ins Psychedelische. Aus dem gleichen San-Francisco-Mischmasch entstammte Jefferson Airplanes psychedelischer Hit „White Rabbit", basierend auf Lewis Carrolls Kinderklassiker *Alice im Wunderland*.

In der Zwischenzeit drehten Jim Morrison mit seinen Doors und The Byrds die Köpfe der Leute in Richtung L.A.s berühmtem Sunset Strip. Das Epizentrum von L.A.s psychedelischer Rock-Szene waren das Viertel Laurel Canyon oberhalb des Sunset Strip und der legendäre Nachtclub Whisky A-Go-Go. Früher oder später endeten einige dieser 1960er-Rock'n' Roll-Headliner mit einer Überdosis. Diejenigen, die überlebten, rissen sich zusammen und sahnten ab – nur für die echte Jam-Band, die Grateful Dead, blieb der Song bis zum Ableben des Gitarristen Jerry Garcia in einer Entzugsklinik in Marin County 1995 immer derselbe.

Der vom Country beeinflusste Pop der Eagles und Linda Ronstadt wurde zu Amerikas Soundtrack der 1970er-Jahre, begleitet von den mexikanisch angehauchten Sounds von Santana aus San Francisco und den legendären Funk-Bands War aus Long Beach und Sly and the Family Stone, die sich ihren Groove in der Bay Area aneigneten, bevor sie nach L.A. auswanderten.

In der „Morning Becomes Eclectic"-Show auf Südkaliforniens KCRW Radiostation (www.kcrw.com) hört man Live-Auftritte aus dem Studio und Interviews mit den Musikern.

Post-Punk bis Pop

In den 1980ern stiegen so einflussreiche L.A.-Crossoverbands wie Bad Religion (Punk) und Suicidal Tendencies (Hardcore/Thrash) auf, und eher mainstreamorientierte Frauenbands wie The Bangles und The Go-Gos, New Waver Oingo Boingo, die Rocker Jane's Addiction und die Red Hot Chili Peppers eroberten die Welt im Sturm. Von Hollywood aus etablierten sich Guns N' Roses als *die* Hard-Rock-Band der 1980er-Jahre. Auf der 1982er-Single „Valley Girl" von Frank Zappa brachte dessen 14-jährige Tochter Moon Unit dem Rest von Amerika bei, „Omi *Go*-o-od!" wie ein L.A.-Teenager zu sagen.

In den 1990er-Jahren wurden alternative Rockbands wie Beck und Weezer landesweit bekannt. Los Lobos waren die Könige der Latinobands, eine Ehre, die seither an Ozomatli weitergereicht wurde. Eine andere wichtige Band der 1990er waren die Ska-Punk-Altrocker No Doubt aus Orange County (deren Sängerin Gwen Stefani später eine Solokarriere startete). Berkeley belebte den Punk in den 1990ern wieder, inklusive der Grammy-Gewinner Green Day.

Zu den SoCal-Rockstars des neuen Jahrtausends gehören der zugängliche Hip-Hop der Black Eyed Peas mit Frontfrau Fergie, die San-Diego-Pop-Punkster Blink 182, The Offspring aus Orange County und die Indie-Rocker Avi Buffalo aus Long Beach sowie Rilo Kiley aus L.A.

Rap & Hip-Hop

Seit den 1980ern war L.A. eine Wiege des West Coast Rap und Hip-Hop. Eazy E, Ice Cube und Dr. Dre veröffentlichten 1989 ihr wegweisendes NWA-Album (Niggaz With Attitude) *Straight Outta Compton*. Death Row Records, mitbegründet von Dr. Dre, hat einige sagenhafte Raptalente hervorgebracht, darunter der Bad Boy von Long Beach Snoop Dog und der verstorbene Tupac Shakur, der seine Rapperkarriere ausgerechnet in Marin County begann und 1996 in Las Vegas im Rahmen einer mutmaßlichen East-Coast/West-Coast-Rapperfehde erschossen wurde. Diese Fehden beeinflussten auch die musikalische und strafrechtliche Karriere von L.A.-Rapper Game, auf dessen 2009er *R.E.D Album* Diddy, Dr. Dre, Snoop Dog und viele mehr zu hören waren.

Während der 1980er und 1990er hatte Kalifornien seine bahnbrechende Hip-Hop-Szene nahe der Straße von L.A. und dem Herzen der Black-Power-Bewegung in Oakland. In den späten 1990ern begründete

Kuriose kalifornische Architektur

» **Hearst Castle** San Simeon

» **Tor House** Carmel-by-the-Sea

» **Theme Building** LAX Airport

» **Wigwam Motel** San Bernardino

» **Integratron** Landers

1915 beauftragte Zeitungsmogul William Randolph Hearst die erste lizenzierte Architektin Kaliforniens Julia Morgan, sein Hearst Castle zu bauen. Dieser Auftrag beschäftigte Morgan jahrzehntelang.

die Bay Area die „Hyphy Bewegung", eine Reaktion auf die wachsende Kommerzialisierung des Hip-Hop, mit Underground-Künstlern wie E-40. Ebenfalls aus Oakland stammend, verbanden 2010 Michael Franti & Spearhead auf *The Sound of Sunshine* Hip-Hop mit Funk, Reggae, Jazz und Rockelementen zu Botschaften für soziale Gerechtigkeit und Frieden. Mittlerweile haben Korn aus Bakersfield und Linkin' Park aus dem L.A. County Hip-Hop mit Rap und Metal kombiniert und den sogenannten „Nu Metal" geschaffen.

Architektur

Kalifornien hat mehr zu bieten als Strandhäuser und Promenaden. Die Kalifornier haben Stilrichtungen von außerhalb an das Klima und die verfügbaren Materialien angepasst. Es wurden kühle, vom Lehmziegelbau inspirierte Häuser in San Diego und nebelresistente redwoodgedeckte Häuser in Mendocino gebaut. Und nach eineinhalb Jahrhunderten, in denen sich die Kalifornier inspirieren ließen und diese Einflüsse nach Lust und Laune kombiniert haben, findet man das Unerwartete überall: gekachelte Maya-Deko-Fassaden in Oakland, shintoinspirierte Bögen in L.A., englische Strohdächer in Carmel und chinesisch anmutende Straßenlaternen in San Francisco. Kalifornische Architektur war bereits postmodern, bevor es ein Wort dafür gab.

Spanische Missionen & Viktorianische Königinnen

Die ersten spanischen Missionen wurden um einen Innenhof gebaut, mit Materialien, die die kalifornischen Ureinwohner in der Nähe fanden: Lehmziegel, Kalkstein und Gras. Viele Missionen zerfielen zu Staub, als der Einfluss der Kirchen schwand, aber der Stil erwies sich in diesem Klima als praktisch. Frühe kalifornische Siedler übernahmen ihn im „Rancho-Adobe-Stil" (*adobe* = Lehmziegel), wie man an El Pueblo de Los Angeles und in San Diegos Altstadt sehen kann.

Als Mitte des 19. Jhs. der Goldrausch im Gange war, importierten die neureichen Kalifornier Baumaterialien, um riesige Villen im europäischen Stil zu bauen. Bei den Verzierungen setzten sie noch einen drauf.

Viele Millionäre bevorzugten den vergoldeten Queen-Anne-Stil. Unglaubliche Beispiele viktorianischer Architektur, darunter die „Painted Ladies" und die „Lebkuchenhäuser", können in den nordkalifornischen Städten San Francisco, Ferndale und Eureka entdeckt werden.

Kalifornische Architektur hatte auch immer ihre Gegenbewegung. Viele Architekten verschmähten den verzierten viktorianischen Stil und bevorzugten die geraden, klassischen Linien der spanischen Kolo-

KALIFORNIENS NACKTE ARCHITEKTUR

Kalifornien, wo Kleidung relativ ist, war nie besonders schüchtern, wenn es darum ging, seine Vorzüge zu präsentieren. Beginnend in den 1960er-Jahren, begeisterte die minimalistische Glaswand-Ästhetik des International Style, verkörpert durch die Bauhaus-Architekten Walter Gropius und Ludwig Mies van der Rohe sowie Le Corbusier. Offene Grundrisse und deckenhohe Fenster passten besonders gut zur Sehen-und-gesehen-werden-Kultur von Südkalifornien. Die Umsetzung in den Wohnzimmern der Österreicher Rudolph Schindler und Richard Neutra kann heute noch in L. A. und Palm Springs bewundert werden. Neutra und Schindler wurden von Frank Lloyd Wright beeinflusst, der das Hollyhock House in L. A. in einem Stil baute, den er „California Romanza" nannte. Neutra arbeitete auch mit Charles und Ray Eames bei den experimentellen offenen Case Study Häusern zusammen, von denen einige direkt vor der Skyline von L. A. stehen und immer noch für legendäre Filmkulissen herhalten, z. B. in *L. A. Confidential*.

nialarchitektur. Die Details des Misson Revival sind zurückhaltend und funktional: gebogene Türen und Fenster, lange, überdachte Terrassen, Brunnen, Innenhöfe, solide Wände und mit roten Dachziegeln gedeckte Dächer. Diesen Stil sieht man in verschiedenen südkalifornischen Bahnhöfen und auch bei herausragenden Gebäuden in San Diegos Balboa Park und in der Innenstadt von Santa Barbara.

Art déco & Arts and Crafts

Einfachheit war das Kennzeichen des kalifornischen Arts-and-Crafts-Stils. Sowohl von japanischem Design als auch von Englands Arts and Crafts Movement beeinflusst, zeigen die Holzarbeiten und handwerklichen Details eine eindeutige Abkehr von der industriellen Revolution. Die SoCal-Architekten Charles und Henry Greene und Bernard Maybeck in Nordkalifornien machten den vielseitigen einstöckigen Bungalow populär, der an der Wende zum 20. Jh. in Mode kam. Heute findet man ihn in Pasadena und Berkeley, wo er mit seinen überhängenden Dächern, Terrassen und Sleeping Porches (Außenschlafzimmer) eine Harmonie zwischen Innen und Außen anstrebt.

Kalifornien war von Beginn an kosmopolitisch, und man konnte nie genau sagen, welcher internationale Einfluss es am meisten geprägt hat. In den 1920er-Jahren kopierte der internationale Art déco Elemente aus der Antike – Zeichen der Maya, Säulen der Ägypter, Zikkurate der Babylonier – und verschmolz sie zu modernen Motiven, die die strengen Fassaden bedecken und die stromlinienförmigen Hochhäuser schmücken, vor allem in L.A. und der Innenstadt von Oakland. In der geradlinigen Moderne wurde Dekoration auf ein Minimum reduziert und man ahmte das aerodynamische Aussehen von Kreuzfahrtschiffen und Flugzeugen nach.

Postmoderne Entwicklung

In Anbetracht seiner mythischen Natur konnte Kalifornien gar nicht anders, als die Fakten ein wenig auszuschmücken. Man kam ab von der strikten Moderne und fügte untypische postmoderne Formen hinzu. Richard Meier hinterließ seine Spuren in West L.A. mit dem Getty Center, einem Gebäude in Form einer aufsteigenden weißen Welle auf dem Gipfel eines sonnenverbrannten Hügels. Der in Kanada geborene Frank Gehry zog nach Santa Monica, und der aufgebauschte, bildhauerische Stil seiner Walt Disney Concert Hall in L.A. schickt ein Augenzwinkern in Richtung der stromlinienförmigen kalifornischen Moderne. Renzo Pianos charakteristischer auf links gedrehter Industriestil kann im Sägezahn-Dach und den Zeichnungen aus rotem Stahl auf der neuen Erweiterung des Broad Contemporary Art Museums des Los Angeles County Museum of Art bewundert werden.

San Francisco hat in letzter Zeit eine Sorte Postmoderne von mit dem Pritzker Prize ausgezeichneten Architekten hervorgebracht, die die Weite des kalifornischen Landes vergrößert und nachahmt, vor allem im Golden Gate Park. Die Schweizer Architekten Herzog & de Meuron haben das M.H. de Young Memorial Museum mit Kupfer verkleidet, das über kurz oder lang grün oxidieren wird, um sich dann in die Parklandschaft einzufügen. Nebenan hat Renzo Piano im wahrsten Sinne des Wortes die Latte des umweltfreundlichen Designs höher gelegt, indem er die vom LEED (Leadership in Energy and Environmental Design) mit Platin ausgezeichnete California Academy of Sciences mit einem lebenden Garten umhüllt hat.

Bildende Künste

Auch wenn die frühesten europäischen Künstler ausgebildete Kartografen waren, die die westlichen Entdecker begleiteten, zeigen ihre Bilder von Kalifornien als einer Insel mehr Fantasie als wissenschaftliche Genauigkeit. Diese mythologisierenden Tendenzen hielten während des Goldrauschs an, als Künstler aus dem Westen hin und her schwankten zwischen Karikaturen über das Lasterleben des Wilden Westens und schicksalhafter Propaganda, die die Pioniere dazu bringen sollte, im goldenen Westen zu siedeln. Die Fertigstellung der Transkontinentalen Eisenbahn 1869 brachte eine Flut von romantischen Malern her, die epische kalifornische Landschaften produzierten. Anfang des 20. Jhs. entstanden Kolonien von kalifornischen impressionistischen Freiluftmalern, vor allem in Laguna Beach und Carmel-by-the-Sea.

Mit der Erfindung der Fotografie zeigte sich die unglaubliche Realität von Kaliforniens Landschaft und seinen Einwohnern. Pirkle Jones sah expressives Potenzial in der kalifornischen Landschaftsfotografie nach dem Zweiten Weltkrieg. Der aus San Francisco stammende Ansel Adams hatte bereits mit seinen großartigen Yosemite-Fotografien Eindruck hinterlassen. Adams gründete die Group f/64 mit Edward Weston aus Carmel und Imogen Cunningham aus San Francisco. Die aus Berkeley kommende Dorothea Lange richtete ihre unnachgiebige Linse auf die Notlage der kalifornischen Wanderarbeiter während der Großen Depression und der Amerikaner japanischer Abstammung, die während des Zweiten Weltkriegs in Internierungslager gesperrt wurden. Sie schoss ergreifende Dokumentarfotos.

Daten zu Museen, Galerien, Kunstausstellungen und die Termine der nächsten Aufführungen in ganz SoCal findet man in den Zeitschriften *ArtScene* (www.artscenecal.com) oder *Artweek LA* (www.artweek.la).

Als der Amerikanische Westen nach dem Krieg mit Straßen durchzogen wurde und durchgeplante Städte angelegt wurden, haben die kalifornischen Maler die abstrakten Formen der gestalteten Landschaften auf der Leinwand festgehalten. In San Francisco wurden Richard Diebenkorn und David Park führende Vertreter der Bay Area Figurative Art, während der aus San Francisco stammende Bildhauer Richard Serra die urbane Ästhetik in massiven, rostenden Monolithen einfing, die wie ein Schiffsbug aussahen und an ein Industrie-Stonehenge erinnern. Währenddessen haben Pop-Art-Künstler den Ethos des überbordenden Konsums eingefangen, z. B. durch Wayne Thiebauds Kaugummiautomaten, die Pools in L. A. des britischen Immigranten David Hockney und vor allem durch Ed Ruschas Studien der SoCal-Popkultur. In San Francisco zeigten Künstler ihre Liebe zu den ungehobelten Beat-Collagen der 1950er, die psychedelischen Fillmore-Poster der 1960er, den urigen Funk und Beautiful-Mess-Punk der 1970er und die Graffitis und die Skatekultur der 1980er.

Heute vermischt Kaliforniens zeitgenössische Kunstszene all diese Einflüsse mit den von den Wandmalern ausgedrückten sozialen Kommentaren, einer an Besessenheit grenzenden Liebe zum Handwerk und einem Umfeld in den Neuen Medien, die durch Kaliforniens brandak-

LATINO-WANDGEMÄLDE: AUF DIE STRASSE DAMIT!

Als die staatliche Works Progress Administration in den 1930ern begann, Initiativen zur Verschönerung der Städte im ganzen Land zu finanzieren, wurden Wandgemälde zur bevorzugten Kunstform in Kaliforniens Städten. Die mexikanischen Wandmaler Diego Rivera, David Alfaro Siqueiros und José Clemente Orozco begannen mit der Verbreitung von Wandgemälden in ganz L. A. – heute sind es mehrere Tausend. Rivera wurde auch nach San Francisco eingeladen, um Wandgemälde für das San Francisco Art Institute zu machen, und ihr Einfluss ist erkennbar an der Innengestaltung von San Franciscos Coit Tower und den Massen von Gemälden im Mission District, die von **Precita Eyes** (www.precitaeyes.org) erhalten und ausgeweitet werden. Die Wandgemälde verliehen dem Stolz der Chicanos Ausdruck sowie den Protesten gegen die US-Politik der 1970er, vor allem in San Diegos Chicano Park und mit den East-L. A.-Gemälden von Kollektiven wie den East Los Streetscapers.

tuelle Technologien begünstigt wird. L.A.s Museum of Contemporary Art zeigt provokative und Avantgarde-Shows, genauso wie LACMAs Broad Contemporary Art Museum und das Museum of Contemporary Art San Diego, das sich auf die Pop Art und Konzeptkunst nach 1950 spezialisiert hat. Um die experimentellsten Ausprägungen der Kunst aus Kalifornien zu sehen, sollte man durch die SoCal-Galerien in Downtown L.A. und Culver City streifen und dann die unabhängigen NorCal-Kunstbetriebe in San Franciscos Mission District und die laborartigen Galerien von SOMAs Yerba Buena Arts District erkunden.

Zeitlose, seltene Fotografien von Ansel Adams werden mit Auszügen aus den Werken anerkannter kalifornischer Schriftsteller wie Jack Kerouac und Joan Didion in *California: With Classic California Writings* herausgegeben von Andrea Gray Stillman, kombiniert.

Theater

In einem kalifornischen Tagtraum wird man von einem Talentscout für den Film entdeckt, aber die meisten kalifornischen Schauspieler fangen tatsächlich im Theater an. L.A. ist die Heimat von mehr als 25% der berufstätigen Schauspieler des Landes und damit die zweiteinflussreichste Theaterstadt in Amerika. Und San Francisco ist die Basis des experimentellen Theaters seit den 1960er-Jahren.

Zu den Häusern in und um L.A., in denen man gewesen sein muss, gehört das Geffen Playhouse nahe der UCLA, das Ahmanson Theatre und das Mark Taper Forum in Downtown L.A. sowie das Actors' Gang Theatre, mitbegründet von Schauspieler Tim Robbins. Kleine Theater gedeihen in West Hollywood (WeHo) und North Hollywood (NoHo), die Antwort der Westküste auf den Off- und Off-Off-Broadway. Zu den einflussreichen multikulturellen Theatern gehören die East West Players in Little Tokyo. Die Kritiker rühmen vor allem die innovative Long Beach Opera und Orange Countys South Coast Repertory.

Fotografie-Fans können ihre Tour durch Kalifornien entlang der hervorragenden Sammlungen des SFMOMA und LAs Getty Center planen – Kaliforniens Louvre der Fotografie mit mehr als 31000 Bildern.

San Franciscos Präferenzen sind seit dem großen Erdbeben von 1906 offensichtlich, als die Überlebenden in aufgestellten Zelten inmitten der rauchenden Schutthaufen unterhalten und die berühmten Theater lange vor dem Rathaus wieder aufgebaut wurden. Große Produktionen, die nur auf ihren Ruf zum Broadway oder nach London warten, haben im American Conservatory Theater Premiere. Und San Franciscos Antwort auf Edinburgh ist das alljährliche S.F. Fringe Festival im Exit Theatre. Das Magic Theatre hat sich 1970 einen landesweiten Ruf erworben, als Sam Shepard der Haus-Drehbuchautor des Theaters war. Und auch heute noch haben hier innovative Stücke aus Kalifornien Premiere. Auf der anderen Seite der Bay hat das Berkeley Repertory Theatre mit hochgelobten Produktionen über solch unübliche Themen wie den Aufstieg und Fall des Peoples Temple von Jim Jones Erfolge gefeiert.

Literatur

Kalifornien hat den absatzstärksten Buchmarkt der USA; die Menschen lesen deutlich mehr als der nationale Durchschnitt. Das bücherversessene San Francisco, in dem mehr Schriftsteller und Bühnenautoren leben und mehr Bücher pro Kopf verkauft werden als in jeder anderen US-Stadt, verzerrt die Statistik allerdings ein wenig. Romanautoren, Dichter und Geschichtenerzähler fanden die gesamte Westküste schon seit Langem anziehend und die literarische Gemeinde Kaliforniens ist so stark wie nie.

Wahrscheinlich hat fast jeder schon Bücher kalifornischer Autoren gelesen, ohne es sich bewusst gemacht zu haben, denn viele der bekanntesten Werke hier ansässiger Autoren spielen nicht in ihrem Heimatstaat. Beispiele sind Ray Bradburys dystopischer Klassiker *Fahrenheit 451* aus den 1950er-Jahren, Alice Walkers Werk *Die Farbe Lila*, für das sie den Pulitzerpreis erhielt, Ken Keseys typischer 1960er-Jahre-Roman *Einer flog über das Kuckucksnest*, Isabel Allendes Bestseller *Das Geisterhaus*, die feministische Dichtkunst von Adrienne Rich sowie Michael Chabons mit dem Pulitzerpreis ausgezeichnetes Buch *Die unglaublichen Abenteuer von Kavalier und Clay*.

Einen Einblick ins Herz Kaliforniens vermittelt die Lektüre von *Highway 99: A Literary Journey Through California's Central Valley*, herausgegeben von dem in Oakland ansässigen Autor Stan Yogi. Er zeigt das Land aus multikulturellen Perspektiven, angefangen von den frühen europäischen Siedlern bis zu den aus Mexiko und Asien eingewanderten Farmern im 20. Jh.

Frühe Stimmen des Sozialrealismus

Der wohl einflussreichste kalifornische Autor war John Steinbeck, der 1902 in Salinas geboren wurde. Steinbeck lenkte die Aufmerksamkeit auf die bäuerlichen Gemeinschaften im Central Valley. Sein erster Kalifornien-Roman wurde in den 1930er-Jahren veröffentlicht: *Tortilla Flat* spielt in der mexikanisch-amerikanischen Gemeinschaft von Monterey. Sein Meisterwerk *Früchte des Zorns* erzählt von den Kämpfen der Wanderarbeiter. Ein weiterer Vertreter des Sozialrealismus, Eugene O'Neill, verpflanzte sich mithilfe seines Nobelpreis-Schecks 1936 in die Nähe von San Francisco und schrieb dort das autobiografische Schauspiel *Eines langen Tages Reise in die Nacht*.

Zu einem denkwürdigen Streifzug durch Kalifornien laden in *My California: Journeys by Great Writers* zeitgenössische Autoren ein, von Pico Iyer bis zu Michael Chabon. Die Einnahmen aus den Onlineverkäufen (www.angelcitypress.com/myca.html) unterstützen den California Arts Council.

Ab den 1920er-Jahren betrachteten viele Romanautoren L. A. in politischer Hinsicht und sahen die Stadt eher unvorteilhaft und als ultimative Metapher für den Kapitalismus. Zu den Klassikern dieser Richtung gehört etwa Upton Sinclairs *Öl!*, ein historischer Roman mit sozialistischen Untertönen, der Skandale aufdeckte. Aldous Huxleys *Nach vielen Sommern* basiert auf dem Leben des Verlegers William Randolph Hearst (der auch Orson Welles zu *Citizen Kane* inspirierte). F. Scott Fitzgeralds letzter Roman *Die Liebe des letzten Tycoon* stellt vernichtende Beobachtungen über Hollywoods frühe Jahre an, indem er das Leben eines Filmproduzenten aus den 1930er-Jahren verfolgt, der sich langsam zu Tode schuftet.

Der berufsmäßige Radaumacher Jack London wuchs in Oakland im nördlichen Kalifornien auf. Er verfasste eine ganze Menge einflussreicher Romane, darunter die Geschichten vom Goldrausch am Klondike im späten 19. Jh. Oakland wurde bekanntermaßen von der literarischen Koryphäe der „Lost Generation“, Gertrude Stein, verachtet (die für kurze Zeit hier lebte), sie stichelte „There is no there there“ – auch wenn sie damit, um ehrlich zu sein, nur sagen wollte, dass sie ihr altes Haus nicht mehr finden konnte, als sie in den 1930er-Jahren aus Europa zurückkehrte.

Pulp Noir & Science Fiction

In den 1930er-Jahren wurden San Francisco und Los Angeles zu Hauptstädten der Pulp-Detektivgeschichten. Einige davon bildeten die Grundlage für entsprechende Kriminalfilme. Dashiell Hammett (*Der Malteser Falke*) hüllte San Francisco in einen unheimlichen Nebel. Der König der hartgesottenen Krimiautoren war Raymond Chandler, der seine Heimatstadt Santa Monica nur oberflächlich als Bay City tarnte. Seit den 1990er-Jahren wurde die Renaissance des kalifornischen Kriminalromans von James Ellroy *(L. A. Confidential: Stadt der Teufel)*, Elmore Leonard *(Schnappt Shorty)* und Walter Mosley *(Teufel in Blau)* bestimmt. Mosleys Easy-Rawlins-Krimis sind in den verarmten Vierteln von South Central L. A. angesiedelt.

Kalifornien hat sich auch als guter Nährboden für die Fantasie von Science-Fiction-Autoren erwiesen. An den in Berkeley geborenen Philip K. Dick erinnert man sich hauptsächlich wegen seiner Science-Fiction-Romane, insbesondere *Träumen Roboter von elektrischen Schafen?*, das 1982 Grundlage des dystopischen SF-Klassikers *Blade Runner* wurde. Dicks Roman *Das Orakel vom Berge* bot das ultimative Was-wäre-wenn-Szenario: San Francisco, circa im Jahre 1962, wenn Japan und Nazideutschland den zweiten Weltkrieg gewonnen hätten. Ursula K. Le Guin (*Winterplanet, Der Magier der Erdsee*), hochgelobte Fantasy-Autorin, Feministin und Essayistin, wuchs in den 1940er-Jahren ebenfalls in Berkeley auf.

POESIE

California Poets: From the Gold Rush to the Present (2003) herausgegeben von Dana Gioia, Chryss Yost und Jack Hicks, ist eine bahnbrechende Anthologie mit aufschlussreichen Einführungen, die jeden Poeten in einen gebührenden Kontext stellt.

Treibende gesellschaftliche Kräfte

Nach dem Chaos des Zweiten Weltkriegs brachte die Beat-Generation einen provokanten neuen Schreibstil hervor: kurz, scharf, spontan und lebendig. Ausgehend von San Francisco drehte sich die Szene um Jack Kerouac (*Unterwegs*), Allen Ginsberg (*Geheul*) und Lawrence Ferlinghetti, Patron und Verleger der Beat-Poeten. Der Maler, Dichter und Dramatiker Kenneth Rexroth war dabei behilflich, die Karriere verschiedener Autoren und Künstler der Bay Area voranzubringen und teilte das Interesse für japanische Traditionen mit dem Buddhisten Gary Snyder, einem stark ökologisch orientierten Beat-Poeten.

KALIFORNIEN ERLESEN

Klassiker mit eher ungewöhnlichen literarischen Schauplätzen:

» **Central Coast** *Selected Poetry of Robinson Jeffers* – Zwischen den aufragenden, windumtosten Kiefern, die Tor House (S. 525) umgeben, fand Jeffers die Inspiration für überwältigende, verdrehte Gedichte.

» **Central Valley** *Die Schwertkämpferin* (Maxine Hong Kingston) – Geschichte einer heranwachsenden Sino-Amerikanerin, reflektiert im zerbrochenen Spiegel kalifornischer Identität.

» **Gold Country** *Roughing It* (Mark Twain) – Der Meister sardonischer Beobachtung erzählt von Erdbeben, Silberbooms und -pleiten und wie man einen Monat lang im Wilden Westen über die Runden kommt.

» **Sierra Nevada** *Riprap and Cold Mountain Poems* (Gary Snyder) – Beeinflusst von japanischer und chinesischer Spiritualität sowie klassischer Literatur, fängt der Beat-Poet die meditative Offenheit der wilden Berglandschaften ein.

Wenige Autoren haben die zeitgenössische Kultur Kaliforniens so gut eingefangen wie Joan Didion. Am bekanntesten ist ihre Essaysammlung *Slouching Towards Bethlehem,* die einen sarkastischen Blick auf die Zeit des Flower Power in den 1960er-Jahren und auf Haight-Ashbury (den Hippie-Stadtteil von San Francisco) wirft. Auch Tom Wolfe rückte das San Francisco der 60er-Jahre mit *Der Electric Kool-Aid Acid Test* ins rechte Licht, mit dem er die legendäre Reise von Ken Kesey und seiner Band, den Merry Pranksters nachzeichnet. Deren mit LSD gewürzte Fahrt im „magischen Bus" begann in der Nähe von Santa Cruz. In den 1970er-Jahren fing Charles Bukowskis halb autobiografischer Roman *Der Mann mit der Ledertasche* das heruntergekommene Stadtzentrum von L. A. ein und Richard Vasquez' *Chicano* warf einen dramatischen Blick auf den Latino-Stadtteil von L.A.

Mit ihrem Gefühl für das überschäumende San Francisco der 1970er-Jahre ziehen die im Stil eines Fortsetzungsromans geschriebenen *Stadtgeschichten* von Armistead Maupin die Leser in ihren Bann; der Autor folgt den Lebenswegen einiger schillernder, fiktiver, homo- und heterosexueller Charaktere. Und noch ein bisschen später, Mitte der 1980er-Jahre, bescherte uns Bret Easton Ellis' *Unter Null* aufsehenerregende Enthüllungen über das kokainvernebelte Leben der reichen Beverly-Hills-Teenager in SoCal.

Geografie & Natur

Mehr als 1200 Luftaufnahmen dokumentieren unter www.californiacoastline.org fast jeden Kilometer der prachtvoll zerklüfteten kalifornischen Küste zwischen Oregon und der mexikanischen Grenze.

Schneebedeckte Gipfel, sengend heiße Wüsten und neblige Küstenwälder – Kalifornien besitzt erstaunlich vielfältige Ökosysteme und eine entsprechend reiche Tierwelt. Tatsächlich ist der Bundesstaat die Region mit der größten Artenvielfalt in ganz Nordamerika. Dank des mediterranen Klimas, bestimmt von trockenen Sommern und milden, feuchten Wintern, findet man hier eine einzigartige Flora und Fauna. Gleichzeitig aber ist Kalifornien der bevölkerungsreichste Bundesstaat der USA und hat die höchste Wachstumsrate – eine enorme Belastung für die vielen kostbaren natürlichen Ressourcen.

Geografie

Als flächenmäßig drittgrößter US-Bundesstaat nach Alaska und Texas erstreckt sich Kalifornien über mehr als 400 000 km² und ist damit größer als 85 der kleinsten Länder der Welt zusammen. Es grenzt im Norden an Oregon, im Süden an Mexiko und im Osten an Nevada und Arizona; im Westen bildet die 1350 km lange Pazifikküste die Grenze.

Geologie & Erdbeben

Laut dem US Geological Survey liegt die Chance, dass Kalifornien in den nächsten 30 Jahren von einem Erdbeben der Stärke 6,7 aufwärts getroffen wird, bei 99,7 %.

ERDBEBEN

Kalifornien ist geologisch eine komplexe Landschaft aus Felsen und Erdkruste, entstanden, als sich der nordamerikanische Kontinent Hunderte Millionen Jahre lang westwärts bewegte. Die aufgefalteten Küstengebirge, das tief abfallende Central Valley und die immer noch in die Höhe wachsende Sierra Nevada sind Zeugnis der gigantischen Kräfte, die beim Zusammenstoß der kontinentalen und der ozeanischen Platten im Spiel waren.

Alles änderte sich vor rund 25 Mio. Jahren, als die ozeanischen Platten aufhörten, gegeneinander zu prallen, sich stattdessen aufeinander zu schoben und dabei die riesige San-Andreas-Verwerfung schufen. Da sich die Platten an dieser Kontaktzone in unregelmäßigen Abständen verhaken und sich dann abrupt wieder voneinander lösen, wird Kalifornien auch immer wieder von Erdbeben durchgeschüttelt.

Das berüchtigtste Erdbeben im Bundesstaat ereignete sich 1906, erreichte eine Stärke von 7,8 auf der Richterskala und zerstörte San Francisco; mehr als 3000 Personen starben. 1989 machte die Bay Area wiederum Schlagzeilen, als beim Loma-Prieta-Erdbeben (7,1) ein Abschnitt der Bay Bridge zusammenbrach. Das letzte „große Beben" ereilte 1994 Los Angeles: Das Northridge-Erdbeben (6,7) ließ Teile des Santa Monica Fwy einstürzen, wodurch es zum – bislang – kostspieligsten Erdbeben in der Geschichte der USA wurde.

Von der Küste zum Central Valley

Ein großer Teil der kalifornischen Küste ist bestimmt von den zerklüfteten Küstengebirgen, die feuchte Winterstürme abfangen. San Francisco liegt etwa in der Mitte der Küstengebirge und teilt sie somit in zwei Hälften. Während die neblige Nordküste nur sehr spärlich besiedelt ist

Kaliforniens Geografie

haben Zentral- und Südkalifornien ein wesentlich milderes Klima und sind außerdem viel stärker bevölkert.

In den nördlichsten Abschnitten der Coastal Ranges fallen im Jahr mehr als 3048 mm Regen, wozu mancherorts noch gut 300 mm Niederschläge durch anhaltenden Sommernebel hinzukommen. Nährstoffreiche Böden und die reichliche Wasserzufuhr lassen Wälder mit gigantischen Bäumen gedeihen – zumindest dort, wo sie nicht abgeholzt wurden. Dazu gehören auch Haine riesiger Küstenmammutbäume, die sich von Big Sur im Süden bis hinauf nach Oregon erstrecken.

An den Ostflanken gehen die Coast Ranges in sanfte Hügel über, die schließlich dem weiten Central Valley weichen. Dieses ebene Becken im Landesinneren, einst ein Binnenmeer, mutet heute wie ein großes landwirtschaftliches Kraftwerk an, das die Hälfte aller Früchte, Nüsse und Gemüse der USA in einem Gesamtwert von mehr als 14 Mrd. US$ pro Jahr produziert. In dem riesigen Gebiet mit einer Länge von rund

725 km und einer Breite von 80 km regnet es zwar so wenig wie in einer Wüste, es empfängt aber einen mächtigen Wasserzulauf aus der Sierra Nevada.

Vor der Ankunft der Europäer war das Central Valley ein Naturparadies – eine Region mit ausgedehnten Sümpfen, in denen Wildgänse lebten, deren Schwärme den Himmel verdunkelten sowie von Wildblumen bedeckte Savannen, in denen sich Millionen von Gabelböcken, Wapitis und Grizzlybären tummelten. Praktisch die gesamte Landschaft wurde untergepflügt und fremde Pflanzen (landwirtschaftliche Nutzpflanzen inbegriffen) und Viehherden traten an die Stelle der ursprünglichen Natur.

Berg-Highlights

An der Ostgrenze des Central Valley ragt Kaliforniens bekanntestes topografisches Merkmal auf, die weltberühmte Sierra Nevada, das „Lichtgebirge", wie der Naturschützer John Muir sie nannte. Der 650 km lange und 80 km breite Gebirgszug ist nicht nur einer der größten der Welt, sondern zu ihm zählen auch dreizehn Gipfel mit einer Höhe von mehr als 4000 m. Die weite, unberührte Landschaft der High Sierra liegt zum größten Teil in einer Höhe von über 2700 m und ist mit ihren Gletschern, wie gemeißelt wirkenden Granitgipfeln und einsamen Schluchten zwar wunderschön anzuschauen, aber nur schwer zugänglich. Für die Siedler des 19. Jhs. war sie eines der größten Hindernisse auf dem Weg nach Kalifornien.

Die hochragende Sierra Nevada hält Unwetter auf und lässt sie abregnen, wobei der Niederschlag oberhalb von 900 m Höhe meist als Schnee herunter kommt. Auf den mittleren Höhen am Westhang erreichen die Schneefälle durchschnittlich 12 m, was die Gegend zu einem erstklassigen Ski- und Wintersportgebiet macht. Die Wassermengen speisen ein halbes Dutzend größerer Flusssysteme an den West- und Osthängen der Gebirgskette, die den Löwenanteil des Wassers für die Landwirtschaft im Central Valley liefern und auch die großstädtischen Gebiete von San Francisco bis L.A. damit versorgen.

An ihrem nördlichen Ende geht die Sierra Nevada unmerklich in die südlichen Ausläufer der vulkanischen Kaskadenkette über, die sich nordwärts bis nach Oregon und Washington erstreckt. An ihrem südlichen Ende schlägt die Sierra Nevada einen Haken nach Westen und schließt mit den Transverse Ranges (einem der wenigen Gebirgszüge in den USA mit Ost-West-Ausrichtung) an die Southern Coast Ranges an.

HÖHEN & TIEFEN

In Kalifornien befinden sich sowohl der höchste Punkt der kontinentalen USA (mit Ausnahme Alaskas): der Mt. Whitney, 4421 m, als auch der niedrigste Punkt Nordamerikas (Badwater, Death Valley, 86 m unter dem Meeresspiegel); die beiden Punkte sind gerade einmal 145 km entfernt – eine Strecke, die ein Kalifornischer Kondor locker im Flug bewältigt.

Die Wüsten & darüber hinaus

Da der Westhang der Sierra Nevada den Großteil des Wassers abfängt, ist das Land östlich des Sierrakamms trocken und wüstenartig, mit weniger als 250 mm Niederschlag pro Jahr. Überraschenderweise werden jedoch einige Täler am östlichen Rand der Sierra Nevada von Bächen

FAST EINE INSEL

Ein großer Teil Kaliforniens bildet eine biologische Insel, die durch die hohen Berge der Sierra Nevada vom übrigen Nordamerika abgeschnitten ist. Wie bei anderen derartigen „Inseln" hat die Evolution auch hier unter den Bedingungen biologischer Isolation eine einmalige Tier- und Pflanzenwelt hervorgebracht. Unter den Staaten der USA nimmt Kalifornien deswegen in der Anzahl endemischer Pflanzen, Amphibien, Reptilien, Süßwasserfische und Säugetiere den ersten Platz ein. Und noch eindrucksvoller ist die Tatsache, dass 30 % aller Pflanzen-, 50 % aller Vogel- und 50 % aller Säugetierarten, die es in den USA gibt, in Kalifornien vorkommen.

SEE-ELEFANTEN BEOBACHTEN

Die Nördlichen See-Elefanten folgen einem präzisen Jahreslauf: Im November und Dezember kehren die erwachsenen Bullen an den von ihrer Kolonie bevorzugten kalifornischen Strand zurück und beginnen mit ihren Rangkämpfen. Nur den größten, stärksten und aggressivsten Alpha-Tieren gelingt es, sich einen Harem zu verschaffen. Im Januar und Februar bringen jene Kühe, die noch vom letzten Jahr her trächtig sind, ihre Jungen zur Welt. Sie paaren sich bald darauf mit den dominanten Bullen, die gleich danach zu ihren Weidegründen aufbrechen.

Bei der Geburt wiegt ein See-Elefantenkalb rund 34 kg; während es von seiner Mutter gestillt wird, legt es täglich rund 4,5 kg zu. Doch die Seeelefantenkühe verlassen den Strand im März und lassen ihre Jungen, die „Heuler", zurück. Bis zu zwei Monate lang leben die Jungen nun in Gruppen zusammen und lernen zu schwimmen – erst in Gezeitenbecken, dann im offenen Meer. Im Mai brechen auch sie auf; in der langen Fastenzeit haben sie bis zu 30 % ihres Körpergewichts verloren.

Zwischen Juni und Oktober kehren See-Elefanten aller Altersgruppen und beider Geschlechter in kleinen Gruppen an die Strände zurück, wo sie ihren Fellwechsel erleben.

See-Elefanten darf man nur aus sicherer Entfernung beobachten und sich ihnen nicht nähern oder sie anderweitig belästigen: Es handelt sich um unberechenbare, wilde Tiere, die sich im Sand schneller bewegen können als Menschen.

bewässert, sodass dort gute Bedingungen für Ackerbau und Viehzucht herrschen.

Verschiedene Gebiete in der Nordhälfte Kaliforniens, insbesondere auf dem hochgelegenen Modoc-Plateau im Nordosten, sind Kaltwüsten am Westrand des Great Basin, die von genügsamen Wüstenbeifußbüschen und Hainen aus Wacholderbäumen bedeckt sind. Die Temperaturen steigen, je weiter man nach Süden kommt. Sie machen einen großen Sprung beim Abstieg vom Mono Lake in das Owens Valley, östlich der Sierra Nevada. Jene südliche, sehr heiße Wüste (ein Teil der Mojave-Wüste) beinhaltet auch das Death Valley, einen der heißesten Orte auf Erden.

Der Rest Südkaliforniens besteht aus kleinen Gebirgszügen und Wüstenbecken. Die Berge am Ostrand des Los Angeles Basin setzen sich als Kamm südwärts über San Diego hinaus bis in den Norden von Niederkalifornien fort. Die Mojave-Wüste der südlichen Sierra Nevada geht in die Colorado-Wüste rund um den Saltonsee über, die wiederum einen Teil der großen mexikanischen Sonora-Wüste bildet.

Der Höhepunkt der Paarungszeit der Nördlichen See-Elefanten an der Pazifikküste fällt genau auf den Valentinstag (14. Februar).

Tiere in freier Wildbahn

Die überwältigende Menge wilder Tiere, welche die ersten europäischen Siedler antrafen, gehört zwar längst der Vergangenheit an, gleichwohl kann man in Kalifornien am richtigen Ort und zur richtigen Jahreszeit noch immer Tiere in freier Wildbahn beobachten. Auf der Reise wird man durchaus so eindrucksvolle Tiere wie Kojoten, Rotluchse oder Adler zu Gesicht bekommen. Leider handelt es sich bei vielen Arten aber nur noch um kümmerliche Restbestände, die von der expandierenden menschlichen Bevölkerung Kaliforniens zunehmend verdrängt werden.

Die Superstars des Meeres

Auch wer nur einen Tag an der kalifornischen Küste verbringt, kann dort Gruppen von Großen Tümmlern und Schweinswalen erblicken, die draußen im Meer herumschwimmen und akrobatische Kunststücke zeigen. Die verspielten Seeotter und Seehunde halten sich in der Regel näher am Strand auf, hier vor allem rund um öffentliche Kais und geschützte Buchten. Seit dem Erdbeben von 1989 sammeln sich die laut bellenden Seelöwen an San Franciscos Pier 39 (S. 70) – sehr zur Freude der Touristen. Weitere Orte, an denen man Robben in freier Wildbahn sehen kann, sind das Point Lobos State Natural Reserve in der Nähe von Monterey und der Channel Islands National Park.

Die einst von der Ausrottung bedrohten Grauwale schwimmen heute in wachsender Zahl an der kalifornischen Küste entlang. Ausgewachsene Wale erreichen ein Alter von bis zu 50 Jahren, sind länger als ein Bus und können bis zu 40 t auf die Waage bringen, sodass es beim Eintauchen ins Wasser oder bei Sprüngen ganz mächtig spritzt. Im Sommer weiden die Wale in den arktischen Gewässern zwischen Alaska und Sibirien. Im Herbst ziehen sie die kanadische und US-amerikanische Pazifikküste entlang – südwärts, zu geschützten Lagunen, die im Golf von Kalifornien im mexikanischen Bundesstaat Baja California liegen. Auf ihrer 965 km langen Wanderung passieren die Wale zwischen Dezember und April auch Kalifornien.

Auch den im späten 19. Jh. ebenfalls fast bis zur Ausrottung gejagten Nördlichen See-Elefanten ist ein bemerkenswertes Comeback an der kalifornischen Küste gelungen. Das Año Nuevo State Reserve nördlich von Santa Cruz ist ein wichtiges Aufzuchtgebiet der riesigen Tiere. Kaliforniens größte See-Elefantenkolonie lebt jedoch in Piedras Blancas (S. 536), nahe dem Hearst Castle, südlich von Big Sur. Eine weitere, kleinere Kolonie ist in der Point Reyes National Seashore (S. 139) zu Hause.

Die Könige der Berge

Kaliforniens wichtigstes Symboltier, das auch die Staatsflagge ziert, ist der Grizzlybär. Mit unerbittlicher Verfolgung zu Beginn des 20. Jhs. ausgerottet, durchstreiften Grizzlys einst in großer Zahl die Strände und Savannen und fraßen alles – von Walkadavern bis zu Eicheln. Besonders stark verbreitet waren die Grizzlybären im Central Valley, sie zogen sich dann aber vor den Jägern in die Berge zurück.

Heute sind nur noch die kleineren Vettern der Grizzlys, die Schwarzbären, übrig geblieben, die in der Regel weniger als 180 kg wiegen. Diese gedrungenen Allesfresser ernähren sich von Beeren, Nüssen, Wurzeln, Gräsern, Insekten, kleinen Säugetieren und Fischen. Sie können aber auch auf Campingplätzen und bei Berghütten ihr Unwesen treiben, nämlich dann, wenn die Nahrungsmittel nicht ordnungsgemäß gelagert werden (Sicherheitstipps stehen auf S. 848).

In Kaliforniens Bergwäldern leben schätzungsweise 25 000 bis 35 000 Schwarzbären, deren Fell von schwarz über dunkelbraun und zimtfarben bis ins Blonde gehen kann.

Pumas gehen überall in den Bergen und Wäldern Kaliforniens auf die Jagd, vor allem in jenen Gebieten, in denen es von Rehen geradezu wimmelt. Die einsam umherstreifenden Pumas, die eine Länge von 2,40 m und ein Gewicht von knapp 80 kg erreichen können, sind eindrucksvolle Raubtiere (s. S. 848). Angriffe auf Menschen kommen nur selten vor, aber vorrangig dort, wo sich die hungrigen Tiere in die Enge getrieben sehen – z. B. im Grenzgebiet zwischen der Wildnis und den rapide wuchernden Vorstädten.

Noch mehr große & kleine Säuger

Als die europäischen Siedler im 19. Jh. nach Kalifornien vordrangen, erging es nicht nur den Grizzlybären, sondern noch einer ganzen Reihe anderer großer Säugetiere schlecht. Die gewaltigen Herden der Tule-Wapitis und Gabelböcke im Central Valley wurden besonders hart getroffen; kleine Bestände der Gabelböcke konnten sich in der nordöstlichen Ecke des Bundesstaats halten, die Wapitis wurden fast bis zur Ausrottung gejagt – eine kleine, übrig gebliebene Herde wurde nach Point Reyes umgesiedelt, wo sich die Bestände seither erholen.

Einige kleinere Säugetierarten haben sich an den Rändern der Städte gut behauptet. Rotluchse, Kojoten und Füchse sind so häufig, dass man ihnen bei Reisen durch einsamere Areale des Bundesstaats mit an Sicherheit grenzender Wahrscheinlichkeit begegnen wird, in Bergwäldern wie in der Wüste oder längs der Küste. Wer scharfe Augen hat, erblickt vielleicht auch ein Wiesel, einen Dachs, einen Biber oder erspäht eines der wirklich seltenen Tiere: z.B. einen Marder oder Fischmarder.

Tiere der Wüste

Die Wüste ist zwar keineswegs leblos, aber die meisten Tiere, die hier wohnen, lassen sich nicht in der Tageshitze blicken, sondern sind wie Fledermäuse nachts unterwegs. An den Straßenrändern erblickt man oft Wegekuckucke, jene schwarzweiß gemusterten Vögel mit langem Schwanz und dem an einen punkigen Irokesenhaarschnitt erinnernden Kamm. Zu den weiteren Wüstenbewohnern zählen die Baue grabenden Kitfüchse, die auf Bäume kletternden Graufüchse, außerdem Hasen, Kängururatten, die bedächtigen (und bedrohten) Gopherschildkröten und eine Reihe von Schlangen, Eidechsen und Spinnen. Wüsten-Dickhornschafe sowie unzählige Vögel strömen zu den Wasserlöchern, die meist rund um saisonale Wasserquellen und um Oasen mit Fächerpalmen liegen; man findet sie insbesondere im Joshua Tree National Park und im Anza-Borrego Desert State Park.

Auf der Website der kalifornischen Ortsgruppe der Audubon Society (http://ca.audubon.org) gibt's hilfreiche Auflistungen von Vögeln, einen Nachrichtenblog und Beschreibungen der wichtigsten Arten und bedeutendsten Vogelbeobachtungsgebiete im ganzen Bundesstaat.

Vögel & Schmetterlinge

Kalifornien liegt auf dem Gebiet wichtiger Wanderrouten von mehr als 350 Vogelarten, die den Bundesstaat teilweise nur durchqueren, teilweise aber auch hier überwintern. Aus diesem Grund ist Kalifornien eines der interessantesten Ziele für Vogelbeobachtungen in Nordamerika. Sehenswert ist beispielsweise die Ansammlung von etwa einer Million Enten, Gänsen und Schwänen – jedes Jahr Anfang November kommen sie in den Klamath Basin National Wildlife Refuges (S. 325) zusammen. Im Winter ziehen diese Wasservögel weiter nach Süden, in die Reservate im Central Valley – ein weiteres Gebiet, in dem man große Scharen heimischer Vögel und Zugvögel beobachten kann.

Das ganze Jahr über gibt es an den Stränden, Meeresarmen und Buchten Kaliforniens, darunter in der Point Reyes National Seashore und auf den Kalifornischen Kanalinseln, Reiher, Kormorane, Regenpfeiferartige und Möwen zu sehen. Monarchfalter sind prächtige, orangefarbene Schmetterlinge, die auf der Suche nach Seidenpflanzen – ihrer einzigen Nahrungsquelle – gewaltige Wanderungen zurücklegen. In Kalifornien überwintern sie zu Zehntausenden, vor allem an der zentralen Küste, darunter in Santa Cruz, Pacific Grove und Pismo Beach.

Bei der Fahrt an der Küste von Big Sur entlang sollte man zum Himmel aufblicken, um die gefährdeten Kalifornischen Kondore (s. Kasten S. 534) zu erspähen, die auch über dem Pinnacles National Monument im Binnenland ihre Kreise ziehen. Die Augen offen halten sollte man außerdem nach den prächtigen Weißkopfseeadlern, die wieder auf den Channel Islands (S. 578) Fuß gefasst haben und manchmal auch am Big Bear Lake in der Nähe von Los Angeles (S. 637) überwintern.

Blumen & Bäume

Kaliforniens 6000 Pflanzenarten sind teils von eindrucksvoller Erscheinung, teils kaum auszumachen. Viele Arten sind so unscheinbar und ähnlich, dass nur ein passionierter Botaniker sie unterscheiden kann, doch zusammengenommen bilden sie im Frühjahr so wundervolle, bunte Blütenteppiche, dass einem der Atem stockt. Das Blumensymbol des Bundesstaats ist der gelb-orangefarbene Kalifornische Mohn.

In Sachen Bäume ist Kalifornien ein Land der Superlative: Hier finden sich die höchsten (Küstenmammutbäume bis 115 m), die größten (die Riesenmammutbäume der Sierra Nevada mit über 12 m Umfang) und die ältesten (die fast 5000 Jahre alten Grannenkiefern der White Mountains; s. Kasten S. 478). Der Riesenmammutbaum kommt ausschließlich in Kalifornien vor; er wächst in abgelegenen Hainen an den Westhängen der Sierra Nevada, u.a. in den Nationalparks Yosemite, Sequoia und Kings Canyon.

Nicht weniger als 20 endemische Eichenarten wachsen in Kalifornien, darunter (in den Küstengebirgen) auch immergrüne Lebenseichen mit fleischigen Blättern und schuppigen Eicheln. Zu den selteneren einheimischen Baumarten zählen die Monterey- und die Torrey-Kiefern, knorrige Bäume, die sich an die rauen Lebensbedingungen der Küste (starke Winde, wenig Regen und sandige oder steinige Böden) angepasst haben. Die letztgenannte Art wächst nur bei San Diego im Torrey Pines State Reserve sowie im Channel Islands National Park, wo es noch Dutzende weiterer endemischer Arten zu entdecken gibt.

Die Sierra Nevada im Binnenland besteht aus drei verschiedenen ökologischen Zonen: Die trockenen Gebirgsausläufer im Westen sind mit Eichen und Chaparral bedeckt; in einer Höhe von 600 m beginnt die Zone der Nadelwälder und oberhalb von 2400 m liegt die alpine Zone. In der Sierra Nevada wachsen 23 Koniferenspezies, darunter in den Wäldern der mittleren Zone die gewaltigen Douglasien und Gelbkiefern und – als größte überhaupt – die Riesenmammutbäume. Zu den Laubbäumen zählen die hübschen Amerikanischen Zitterpappeln, Bäume mit weißem Stamm, deren schimmerndes Blattwerk die Ränder von Bergwiesen verschönert. Die großen, runden Blätter werden im Herbst fahlgelb – ein wunderschöner Anblick, den man insbesondere rund um den June Lake in der östlichen Sierra Nevada genießen kann.

HÖCHSTER BAUM

2006 wurde im Redwood National Park (de genaue Standort wird verheimlicht) der höchste Baum der Welt entdeckt. Der auf den Namen Hyperion getaufte Küstenmammutbaum hat eine Höhe von 115,55 m.

Kakteen & ihre Verwandten

Südlich der Sierra Nevada haben sich verschiedene Kakteen und andere Wüstenpflanzen an das trockene Klima angepasst – mit dünnen, stacheligen Blättern, die den Flüssigkeitsverlust aushalten und weidende Tiere abschrecken sowie mit Frucht- und Blütezyklen, die während der kurzen Regenfälle im Winter beginnen.

Zu den verbreitetsten und am leichtesten identifizierbaren Arten zählen die Cylindropuntien, die so pelzig ausschauen, dass man ihnen den Spitznamen „Teddybärkakteen" gegeben hat. Kuschelig sind diese Pflanzen allerdings keineswegs, vielmehr graben sich ihre scharfen, spitzen Dornen bei der kleinsten Berührung tief in die Haut ein. Aufpassen muss man auch auf *acacia greggii*, den „Augenblick-mal-Busch", eine Akazienart mit kleinen, scharfen, hakenförmigen Dornen, an denen man mit Haut und Kleidung leicht hängen bleiben kann. Der dor-

WILD NACH WILDBLUMEN

Die Farbe der berühmten „goldenen Hügel" Kaliforniens resultiert aus den vielen Pflanzen, die in Vorbereitung auf den langen, trockenen Sommer ausdörren. Viele Pflanzen haben sich an lange Trockenheitsperioden angepasst, indem sie in den milden, feuchten Wintern Kaliforniens kräftig wachsen. Mit den ersten Regenfällen im Herbst erwachen sie zum Leben und blühen dann bereits ab Februar. In den Wüsten Südkaliforniens ist die Hauptblütezeit im März, in anderen tief gelegenen Gebieten des Bundesstaats stehen die Wildblumen im April in voller Blüte. Die spektakulärsten Blütenteppiche sieht man regelmäßig im Anza-Borrego Desert State Park, im Death Valley National Park, im Antelope Valley Poppy Preserve sowie im Carrizo Plain National Monument. Da der Schnee in den höheren Lagen der Sierra Nevada viel später schmilzt, kann man die Blütenpracht der Tuolumne Meadows im Yosemite National Park erst Ende Juni oder Anfang Juli bei Spaziergängen erleben und fotografieren.

nige Ocotillo, der bis zu 6 m hoch werden kann, hat stockartige Zweige, die im Frühjahr blutrote Blüten hervorbringen.

Wie Fantasieprodukte aus einem Buch von Dr. Seuss wirken die merkwürdigen Josuabäume, die größte Palmlilienart aus der Familie der Agaven, deren schwere, cremefarben-grünlich-weiße Blüten im Frühjahr aufbrechen. Die Josuabäume erhielten ihren Namen von den auswandernden Mormonen, die sich durch die gebogenen Äste an die ausgebreiteten Arme eines biblischen Propheten erinnert fühlten. Die Josuabäume wachsen überall in der Mojave-Wüste, doch werden ihr Lebensraum und ihre langfristigen Überlebenschancen von der globalen Erwärmung ernsthaft bedroht.

Experten und Naturfreunde wissen gleichermaßen www.calflora.org zu schätzen, eine große Datenbank mit Ortsangabe und Fotos von mehr als 2250 kalifornischen Pflanzenspezies, von Wüstenkakteen bis zu seltenen Wildblumen in den Bergen.

Nationalparks & State Parks

Die meisten Kalifornier betrachten die Erholung im Freien als entscheidenden Punkt ihrer Lebensqualität. Die Zahl der Schutzgebiete ist beträchtlich angewachsen – eine Folge wichtiger Gesetze, die seit den 1960er-Jahren verabschiedet wurden. Dazu gehörten der bahnbrechende California Coastal Act von 1976, der die Küste vor weiterer Bebauung bewahrte sowie der umstrittene California Desert Protection Act von 1994, an dem viele Rancher, Bergleute und Geländewagenfahrer Anstoß nahmen. Heute schützen die **California State Parks** (www.parks.ca.gov) fast ein Drittel der Küsten im Bundesstaat, außerdem Mammutbaumwälder, Bergseen, Wüstencanyons, Wasserfälle, Wildreservate und historische Stätten.

In den letzten Jahren haben Budgetkürzungen auf Bundes- und bundesstaatlicher Ebene sowie eine chronische Unterfinanzierung zu großflächigen Parkschließungen geführt, zur Einschränkung von Besuchereinrichtungen und zu ständig steigenden Eintritts- und Aufenthaltsgebühren. Dabei liegt der Schutz der Wildnis auch wirtschaftlich im Interesse Kaliforniens, weil die Einnahmen aus dem Erholungstourismus jene aus den Ressourcen ausbeutenden Industrien (wie dem Bergbau) bei Weitem übertreffen.

Leider aber werden einige der kalifornischen Parks förmlich zu Tode geliebt. Der Massenandrang hat schwerwiegende Auswirkungen auf die Umwelt, und das Interesse an öffentlicher Zugänglichkeit lässt sich immer weniger mit den Bedürfnissen des Naturschutzes vereinbaren. Wenn möglich, sollte man besonders berühmte Parks wie den Yosemite in der Zwischensaison (also nicht im Sommer) besuchen, um dem größten Ansturm zu entgehen. Eine Alternative sind auch weniger bekannte Schutzgebiete unter der Verwaltung des **National Park Service** (www.nps.gov/state/CA), die den größten Teil des Jahres nur wenig besucht werden und für die man auch nicht Monate im Voraus Genehmigungen, Campingplätze oder andere Unterkünfte reservieren muss.

Es gibt auch 18 National Forests in Kalifornien, die vom **US Forest Service** (USFS; www.fs.fed.us/r5/) verwaltet werden, darunter die Gebiete um den Mt. Whitney, den Mt. Shasta und den Big Bear Lake sowie viele weitere Areale, die eine Erkundung lohnen. Die von den Vogelbeobachtern bevorzugten National Wildlife Refuges (NWR) werden vom **US Fish & Wildlife Service** (USFWS; www.fws.gov/refuges) verwaltet und weitere Wildnisgebiete vom **Bureau of Land Management** (BLM; www.blm.gov/ca/st/en.html) betreut.

Kaliforniens wundervollste Parks

- » Channel Islands National Park (S. 578)
- » Death Valley National Park (S. 764)
- » Point Reyes National Seashore (S. 139)
- » Redwood National & State Parks (S. 285)
- » Yosemite, Sequoia & Kings Canyon National Parks (S. 442 & S. 462)

Umweltprobleme in Kalifornien

Kalifornien ist in vielerlei Hinsicht eine Erfolgsgeschichte, aber Wachstum und Entwicklung haben der Umwelt einen hohen Preis abverlangt. Seit 1849 rissen die Goldsucher auf der Suche nach dem „großen Fund" überall das Land auf und schwemmten insgesamt mehr als 1,5 Milliarden Tonnen Geröll sowie giftiges Quecksilber in unberechenbarer Menge stromabwärts ins Central Valley, wo die Flüsse und Bäche verstopft und vergiftet wurden.

Wasser – genauer gesagt: der Wassermangel – steht schon seit Langem im Mittelpunkt der andauernden Kämpfe um die Umwelt und gegen Katastrophen. Trotz des Widerstands von John Muir, Kaliforniens bedeutendstem Vorkämpfer für den Umweltschutz, wurde der Tuolumne River in den 1920er-Jahren zum Hetch Hetchy (im Yosemite National Park) gestaut, um San Francisco mit Trinkwasser zu versorgen. In ähnlicher Weise trug die Ableitung von Wasser nach Los Angeles zur Zerstörung des Owens Lake und seiner fruchtbaren Feuchtgebiete sowie zur Schädigung des Mono Lake (s. Kasten S. 482) bei. Im ganzen Bundesstaat haben Staudämme an Flüssen und auch die Wasserentnahme für häusliche und landwirtschaftliche Zwecke zahllose Lachswanderwege zerstört und Sümpfe trockengelegt. Das Central Valley beispielsweise ähnelt heute einer Staubschüssel, weil der Grundwasserspiegel so stark gesunken ist.

Veränderte und geschwächte Habitate auf dem Land und im Wasser sind leichte Beute für invasive Arten, darunter hochaggressive, die in Kalifornien gewaltige wirtschaftliche und ökologische Schäden anrichten. Allein in der San Francisco Bay, einem der wichtigsten Mündungsgebiete der Welt, finden sich heute mehr als 230 fremde Spezies, die dem maritimen Ökosystem zusetzen und mancherorts schon bis zu 95% der gesamten Biomasse ausmachen.

Obschon sich die Luftqualität in Kalifornien in den letzten Jahrzehnten beträchtlich verbessert hat, ist sie – bezogen auf den Landesdurchschnitt – immer noch sehr schlecht. Die Hauptverursacher dieses Problems sind neben Industrieemissionen die Autoabgase und der Feinstaub, der auch durch den Abrieb von Fahrzeugreifen entsteht. Ein noch größeres Gesundheitsrisiko stellt das Ozon dar, der Hauptbestandteil des Smogs, der Los Angeles und das Central Valley an sonnigen Tagen so diesig aussehen lässt.

Aber es gibt Hoffnung: Autos mit geringem Schadstoffausstoß gehören zu den gefragtesten im Bundesstaat und die ständig steigenden Benzinkosten sorgen dafür, dass immer mehr benzinfressende SUVs von der Straße verschwinden. Die kalifornischen Wähler stimmten kürzlich für die Errichtung von Solarkraftwerken, und man möchte sogar die starken Gezeiten des Pazifik zur Erzeugung von mehr „sauberer“ Energie nutzen. Nach gesetzlicher Vorgabe müssen bis 2020 die öffentlichen Versorgungsbetriebe 33% ihres Bedarfs aus erneuerbaren Energien decken – es ist das ehrgeizigste Umweltziel, das sich ein Bundesstaat der USA bislang gesteckt hat.

Ohne Wasser wäre Südkalifornien nicht zu dem geworden, was es heute ist. Marc Reisners unbedingt lesenswertes Buch *Cadillac Desert: The American West and Its Disappearing Water* zeichnet die zuweilen gewalttätigen Kämpfe um das Wasser nach, in denen das moderne Kalifornien entstand.

Der 1892 von John Muir mitbegründete Sierra Club (www.sierraclub.org) war die erste Umweltschutzorganisation der USA und ist immer noch die landesweit aktivste. Sie bietet Bildungsveranstaltungen, Gruppenwanderungen, organisierte Ausflüge und Freiwilligenjobs.

Praktische Informationen

Allgemeine Informationen

Ermäßigungen

Infos zu Kinder- und Familienrabatten stehen auf S. 50.

American Association of Retired Persons (AARP; ☎888-687-2277; www.aarp.org; Jahresmitgliedschaft Amerikaner/Ausländer 16/28 US$) Mitgliederrabatte von meist 10 % für Traveller ab 50 Jahren.

American Automobile Association (AAA; ☎877-428-2277; www.aaa.com; Jahresmitgliedschaft ab 48 US$) Die Mitgliedschaft in der AAA bzw. deren internationalen Partnerorganisationen (z. B. ADAC) bringt kleine Vergünstigungen von meist 10 % bei Amtrak-Zugtickets, Mietwagen, Motels, Hotels, Kettenrestaurants, bestimmten Läden, geführten Touren und Themenparks.

America the Beautiful Interagency Annual Pass (http://store.usgs.gov/pass; 80 US$/Jahr) Dieser Pass erlaubt es vier Erwachsenen, zusammen mit all ihren Kindern unter 16 Jahren sämtliche Nationalparks bzw. Erholungsgebiete (z. B. von USFS, BLM) ein Jahr lang zu besuchen. Er kann online und bei allen Nationalparkverwaltungen gekauft werden.

Die **Go Los Angeles Card** (Tagespass Erw./Kind 60/50 US$) und die **Go San Diego Card** (Erw./Kind 70/59 US$) erlauben den Besuch aller großen südkalifornischen Themenparks (außer Disneyland). Die **Go San Francisco Card** (Erw./Kind 55/40 US$) deckt Museen, Leihfahrräder und eine Bootsfahrt in der Bucht ab. Achtung: Damit sich diese Pässe auch nur ansatzweise lohnen, ist über mehrere Tage intensives Sightseeing erforderlich. Die besten Preise bringt der Online-Vorabkauf über www.smartdestinations.com.

Mit dem **Internationalen Studentenausweis** (International Student Identity Card, ISIC; www.isic.org; 22 US$) erhalten Vollzeitstudenten Rabatt bei Flugtickets, Reiseversicherungen und örtlichen Attraktionen. Die **International Youth Travel Card** (IYTC; 22 US$) für Nichtstudenten unter 26 Jahren gewährt ähnliche Vorteile. ISIC-Ausweise gibt's z. B. bei Studentenwerken, die IYTC-Variante bei Herbergsverbänden und jugendorientierten Reisebüros wie STA Travel.

Senioren ab 65 (z. T. auch ab 55 oder 60) Jahren erhalten oft dieselben Vergünstigungen wie Studenten. Als Altersnachweis genügt in der Regel ein Ausweisdokument mit Geburtsdatum.

Mit dem **Southern California CityPass** (www.citypass.com; Erw./Kind 3–9 Jahre ab 276/229 US$) für Südkaliforniens Themenparks kann man Disneyland und das Disney California Adventure über drei Tage besuchen – ebenso einen Tag lang die Universal Studios und Sea World. Zudem ist ein weiterer Tag im San Diego Zoo oder Safari Park enthalten. Ab Erstgebrauch sind die Pässe 14 Tage lang gültig. Sie können entweder persönlich bei teilnehmenden Attraktionen oder zwecks maximaler Ersparnis vorab übers Internet gekauft werden.

Mit der **Student Advantage Card** (☎877-256-4672; www.studentadvantage.com; 23 US$) genießen Studenten aus aller Welt z. B. Rabatte bei Amtrak (15 %) und Greyhound (20 %). Zudem kommen sie bei bestimmten Fluglinien, Handelsketten, Hotels und Motels 10 bis 20 % günstiger weg.

Essen

Preiskategorien unter „Essen" (jeweils bezogen auf ein Standardhauptgericht zum Abendessen):

Günstig ($) unter 10 US$

Mittelteuer ($$) größtenteils 10–20 US$

Teuer ($$$) über 20 US$

Getränke, Steuern, Trinkgelder, Vor- und Nachspeisen kommen separat hinzu. Tipp: Mittags sind dieselben Gerichte normalerweise günstiger (z. T. bis zu 50 %).

Mittagessen gibt's allgemein von 11.30 bis 14.30 Uhr, Abendessen täglich

PRAKTISCH & KONKRET

» **Fernsehen** PBS (Public Broadcasting Service); Kabelsender: CNN (Nachrichten), ESPN (Sport), HBO (Spielfilme), Weather Channel (Wetter)

» **Maße & Gewichte** Unze (*ounce*, Abk. oz), Pfund (*pound*, Abk. lb), Tonne (*ton*, Abk. t); Hohlmaße: Unze *(oz)*, US-Pint *(pint)*, US-Quart *(quart)*, US-Gallone (*gallon*, Abk. gal); Längenmaße: Fuß (*foot*, Abk. ft), Yard *(yd)*, Meile (*mile*, Abk. mi)

» **Radio** National Public Radio (NPR) am unteren Ende der FM-Skala

» **Strom** 110/120 V Wechselstrom bei 50/60 Hz; die meisten ausländischen bzw. mitgebrachten Geräte brauchen entsprechende Adapter.

» **Video & DVD** NTSC-Videostandard (nicht kompatibel zu PAL oder SECAM), DVD-Regionalcode 1 (nur USA und Kanada)

» **Zeitungen** *Los Angeles Times* (www.latimes.com), *San Francisco Chronicle* (www.sfgate.com), *San Jose Mercury News* (www.mercurynews.com), *Sacramento Bee* (www.sacbee.com)

zwischen 17.30 bis 21 Uhr. Vor allem am Freitag- und Samstagabend haben manche Lokale aber länger auf. Frühstück wird mancherorts von 7 bis 10.30 Uhr serviert – in einigen Diners und Cafés auch bis zum Nachmittag oder sogar ganztags. Ein entspannter Wochenendbrunch kommt normalerweise samstags und sonntags von 10 bis 15 Uhr auf den Tisch. Die Restaurantverzeichnisse in den Regionenkapiteln enthalten vollständige Angaben zu den Öffnungszeiten.

Typisch für Kalifornien: Auch in hiesigen Lokalen geht's recht locker zu. Fast überall ist man mit einem schicken Hemd, langer Hose und ordentlichen Schuhen passend gekleidet. Viele Restaurants gestatten auch weitaus zwanglosere Klamotten. Ansonsten zu beachten:

» Bei Kellnerservice wird überall ein Trinkgeld von 15 bis 20 % erwartet.

» In Innenräumen herrscht Rauchverbot. Teilweise darf auf Veranden oder an Straßentischen gequalmt werden – auch wenn die Gäste nebenan davon wohl nicht begeistert sind.

» Meist kann eigener Wein mitgebracht werden. Dies ist jedoch mit einer Korkgebühr von 15 bis 30 US$ verbunden. Zum Mittagessen wird kaum Alkohol getrunken. Ein mittägliches Glas Wein oder Bier ist zwar ungewöhnlich, aber normalerweise in Ordnung.

» Wer eine Portion zwischen zwei oder mehr Personen aufteilen möchte, bezahlt eventuell einen kleinen Aufpreis.

» Vegetarier und Touristen mit Lebensmittelallergien oder anderen gesundheitlichen Einschränkungen haben Glück: Die meisten Lokale sind auf Sonderwünsche eingestellt.

» Details zu Restaurantbesuchen mit Kindern stehen auf S. 50.

Feiertage & Ferien

An den folgenden öffentlichen Feiertagen sind Banken, Schulen und Behörden (inkl. Postfilialen) landesweit geschlossen. Bei Verkehrsmitteln, Museen und anderen Einrichtungen gelten die jeweiligen Sonntagszeiten. Falls Feiertage aufs Wochenende fallen, werden sie gewöhnlich am daruffolgenden Montag nachgeholt.

Neujahr 1. Januar

Martin Luther King Jr. Day Dritter Montag im Januar

Presidents Day Dritter Montag im Februar

Ostern März/April

Memorial Day Letzter Montag im Mai

US-Unabhängigkeitstag 4. Juli

Labor Day Erster Montag im September

Columbus Day Zweiter Montag im Oktober

Veterans Day 11. November

Thanksgiving Vierter Donnerstag im November

Weihnachten 25. Dezember

Schulferien

» Rund um Ostern (März od. April) legen die Colleges ein- bis zweiwöchige Frühjahrsferien („Spring Break") ein. Vor allem an der Küste, in der Wüste und nahe den Themenparks im Süden erhöhen dann einige kalifornische Hotels bzw. Resorts ihre Preise.

» Die Sommerschulferien (Anfang Juni–Ende Aug.) machen Juli und August zu den betriebsamsten Reisemonaten.

Freiwilligenarbeit

Großstädte bieten die besten Möglichkeiten, bei spontanen Freiwilligen-Engagements für gemeinnützige Organisationen Einheimische kennenzulernen. Auf den Websites von lokalen Initiativen wie **One Brick** (www.onebrick.org), **HandsOn Bay Area** (www.handsonbayarea.org), **LA Works** (www.laworks.com), **Volunteer San Diego** (www.volunteersandiego.org) oder **OneOC** (www.

oneoc.org) kann man sich über Projekte informieren und online dafür anmelden. Weitere Optionen vor Ort sind über **Craigslist** (www.craigslist.org) und alternative Wochenzeitungen ermittelbar.

Infos im Internet

California Volunteers (www.californiavolunteers.org) Bundesstaatliches Verzeichnis mit Freiwilligenjobs; inklusive Vermittlungsservice und Links zu nationalen Freiwilligentagen oder Langzeitprogrammen.

Habitat for Humanity (www.habitat.org) Gemeinnützige Organisation, die den sozialen Wohnbau fördert; Wochenend- und Wochenprojekte.

Idealist.org (www.idealist.org) Gratis durchforstbare Datenbank mit kurzen und längeren Engagements.

Sierra Club (www.sierraclub.org; Jahresmitgliedschaft 25 US$) Tages- und Wochenendprojekte plus längere „Freiwilligenferien" (auch für Familien) mit Schwerpunkt auf Naturschutz.

TreePeople (www.treepeople.org) Halb- oder ganztägige Gruppenprojekte im Umkreis von L.A., deren Teilnehmer z.B. Bäume pflanzen, eingeschleppte Pflanzenarten bekämpfen oder Habitate renaturieren. Der Einsatzbereich reicht von Stadtparks bis zu brandgeschädigten Wäldern.

Wilderness Volunteers (www.wildernessvolunteers.org) Einwöchige Trips, die dem Erhalt von Nationalparks und Outdoor-Erholungsgebieten dienen.

Worldwide Opportunities on Organic Farms (www.wwoofusa.org) Längerfristige Freiwilligenarbeit auf lokalen Bio-Bauernhöfen.

Gefahren & Ärgernisse

Trotz der scheinbar endlosen Gefahrenliste (z.B. Schusswaffen, Gewaltverbrechen, soziale Unruhen, Erdbeben) ist Kalifornien ein sehr sicheres Reiseziel. Verkehrsunfälle sind das größte Risiko für Touristen. Darum bitte immer anschnallen – hier herrscht sowieso Gurtpflicht! Stadtverkehr und Menschenmassen sind allgemein am lästigsten. Eine kleine Gefahr geht auch von Natur und Tierwelt aus. Und selbstverständlich wäre da noch die bedrohliche, wenn auch unwahrscheinliche Möglichkeit einer Naturkatastrophe.

Erdbeben

Kaliforniens Erde bebt permanent – allerdings meistens so schwach, dass dies nur empfindliche seismologische Geräte registrieren. Im Ernstfall gilt:

» Im Inneren von Gebäuden sollte man unter Türeingänge oder Tische flüchten. Dabei den Kopf schützen und von Dingen fernbleiben, die zersplittern (z.B. Fenster, Spiegel) oder umfallen (z.B. Bücherregale) können. Auf keinen Fall in Aufzüge steigen oder panisch auf die Straße rennen!

» In Einkaufszentren und öffentlichen Großgebäuden werden wahrscheinlich der Feueralarm und/oder die Sprinkleranlage ausgelöst.

» Unter freiem Himmel ist es ratsam, sich möglichst rasch von Gebäuden, Bäumen und Stromleitungen wegzubewegen.

» Autofahrer sollten schnellstmöglich an sicherer Stelle halten (d.h. abseits von Brücken, Hochstraßen oder Hochspannungsleitungen) und so lange im Fahrzeug bleiben, bis das Beben vorüber ist.

» Auf gebäudenahen Bürgersteigen schützen Türeingänge vor herabfallenden Backsteinen, Schuttpartikeln und Glassplittern. Zudem ist stets mit Nachbeben zu rechnen.

» Das Telefon sollte man nur in echten Notfällen benutzen. Radiosender informieren über die aktuelle Lage.

Gefährliche Tierarten

» Man sollte sich Wildtieren niemals nähern oder diese gar füttern. Die Tiere verlieren sonst ihre angeborene Scheu vor Menschen und werden aggressiver.

» Jegliches Stören besonders geschützter Arten (z.B. vieler Meeressäuger) ist in Kalifornien eine Straftat und mit extrem hohen Bußgeldern belegt.

» Lebensmittel, Müll und andere „duftende" Gegenstände in Zelten, Autos oder auf Picknicktischen locken Schwarzbären oft zu Campingplätzen. Deshalb ist es sehr sinnvoll, immer auf bärensichere Behältnisse (werden evtl. gestellt) zurückzugreifen. Weitere Sicherheitstipps zum Reisen in Bärengebieten gibt's online unter http://sierrawild.gov/bears.

» Wer in der Wildnis einem Schwarzbären begegnet, sollte keinesfalls wegrennen. Stattdessen ratsam: stets zusammenbleiben, kleine Kinder direkt neben sich halten, die ganz Kleinen auf den Arm nehmen und einen Mindestabstand von 90 bis 100 m einhalten. Wenn der Bär auf einen zukommt, sollte man langsam und großzügig Platz machen, um ihn vorbeizulassen. Besonders wichtig ist es, dem Tier keine seiner Fluchtwege zu verstellen und sich nie (!!!) zwischen eine Bärin und ihr Junges zu begeben. Manche Schwarzbären täuschen einen Angriff vor, um die Überlegenheitsfrage zu klären. Dann behauptet man seine Position, macht sich so groß wie möglich (z.B. durch das Schwenken der Arme über dem Kopf) und schreit bedrohlich.

» Berglöwen (Cougars oder Pumas) greifen Menschen nur sehr selten an. Bei Begegnungen mit ihnen sollte man Ruhe bewahren, Kleinkinder auf den Arm nehmen, das Tier im Auge behalten und sich vorsichtig zurückziehen. Mittels eines Stocks oder erhobener Arme lässt sich die eigene Silhouette effektiv vergrößern. Aggressive Großkatzen schreit man am besten an oder bewirft sie mit Steinen. Im Fall einer Attacke empfiehlt sich wütender Widerstand.

» Schlangen und Spinnen bevölkern nicht nur reine Wildnisgebiete, sondern ganz Kalifornien. Wer draußen in der Natur seine Schuhe ausgezogen hat (insbesondere Camper), wirft darum vor dem erneuten Anziehen besser einen Blick hinein. Schlangenbisse sind selten; am häufigsten kommen sie vor, wenn Wanderer auf Schlangen treten oder diese provozieren (z. B. durch Hochheben oder Reizen mit Stöcken). Die meisten Krankenhäuser haben Gegengift auf Lager.

Unterströmungen

Wer von einer gefährlichen Unterströmung aufs offene Meer hinausgezogen wird, sollte keinesfalls panisch dagegen ankämpfen: Schnelle Erschöpfung steigert die Gefahr des Ertrinkens. Stattdessen heißt es möglichst ruhig an der Wasseroberfläche bleiben, parallel zur Küstenlinie schwimmen bis die Strömung abbricht und dann zum Strand zurückkehren.

Geld

Dollar-Wechselkurse und Tipps zur Reisekostenberechnung finden sich auf S. 18.

Geldautomaten

» Die meisten Banken, Einkaufszentren, Flughäfen, Lebensmittelläden und Verbrauchermärkte haben Geldautomaten (Automatic Teller Machines; ATM), die rund um die Uhr zur Verfügung stehen.

» Pro Transaktion kommen Bearbeitungsgebühren (min. 2–3 US$) und eventuell Zuschläge der eigenen Bank hinzu.

» Die meisten Geldautomaten sind international vernetzt und haben annehmbare Wechselkurse.

» Achtung: Bei Barabhebungen per Kreditkarte fallen in der Regel sehr hohe Zinssätze und Bearbeitungsgebühren an. Die jeweilige Kreditkartenfirma unbedingt rechtzeitig um eine PIN-Nummer bitten!

Bargeld

» Statt großer Barbeträge verwenden die meisten Amerikaner im Alltag lieber Kredit- und Lastschriftkarten. Manche Geschäfte nehmen keine Geldscheine über 20 US$ an.

Kreditkarten

» Bekannte Kreditkarten (vor allem Visa, MasterCard und American Express) werden fast überall akzeptiert. Tatsächlich braucht man für das telefonische Buchen von Mietwagen, Hotelzimmern oder Tickets so gut wie immer Plastikgeld. Auch bei Notfällen können Kreditkarten essenziell sein.

Geld umtauschen

» Ausländisches Bargeld kann man an Großflughäfen, bei Wechselstuben wie **American Express** (www.americanexpress.com) und manchen Banken umtauschen. Es ist immer ratsam, zuerst nach allen Konditionen und Gebühren zu fragen.

» Da sich Fremdwährungen außerhalb von Großstädten oft nur schwer umtauschen lassen, heißt's dort unbedingt eine Kreditkarte oder genügend Dollar dabeihaben.

Reiseschecks

» Reiseschecks sind heute kaum noch in Gebrauch.

» Größere Restaurants, Hotels und Kaufhäuser nehmen

TRINKGELD

Achtung: Trinkgeld ist in den USA obligatorisch und entfällt nur bei ausgesprochen schlechtem Service.

Gepäckträger (Flughäfen & Hotels)	2 US$/Gepäckstück, min. 5 US$/Wagen
Barkeeper	10–15 % pro Runde, min. 1 US$/Getränk
Rezeptionisten	Kein Trinkgeld für einfache Infos, bis zu 20 US$ für Last-Minute-Reservierungen von Restauranttischen, gefragten Veranstaltungstickets usw.
Zimmermädchen	2–4 US$/Tag (unordentliche Gäste spendieren mehr) unter der dafür vorgesehenen Karte hinterlegen
Parkservice	Min. 2 US$ bei Schlüsselrückgabe
Restaurantkellner & Zimmerservice	15–20 % (sofern nicht bereits in der Rechnung enthalten)
Taxifahrer	10–15 % des Fahrpreises nach Taxameter, auf den nächsten vollen Dollarbetrag aufrunden

oft Varianten in US-Dollar (!) an. Bei kleinen Läden, Märkten und Fast-Food-Ketten hat man aber eventuell Pech.

» Reiseschecks von Visa und American Express werden am häufigsten akzeptiert.

Steuern

» Auf die meisten Waren und Dienstleistungen (ausgen. Benzin) erhebt Kalifornien eine bundesstaatliche Verkaufssteuer von 8,25 %.

» Hinzu kommen noch kommunale Verkaufssteuern (min. 1,5 %).

» Die regional variierende Übernachtungssteuer für Touristen liegt im derzeitigen Durchschnitt stets über 10 %.

Gesundheit

Dehydrierung, Hitzeschäden & Hitzschlag

» Vor allem an heißen Sommertagen oder in Südkaliforniens Wüstenregionen sollte man sich langsam akklimatisieren und dabei viel Wasser trinken. Bei Outdoor-Aktivitäten beträgt die empfohlene Flüssigkeitsmenge pro Person und Tag ungefähr 4 l.

» Dehydrierung oder Salzmangel können Hitzeschäden verursachen. Zu den häufigen Symptomen zählen starke Schweißausbrüche, fahle Haut, Erschöpfung, Antriebslosigkeit, Kopfschmerzen, Übelkeit, Erbrechen, Benommenheit, Muskelkrämpfe und eine schnelle, flache Atmung.

» Wer sich lange und dauerhaft hohen Temperaturen aussetzt, riskiert einen potenziell tödlichen Hitzschlag. Also unbedingt auf Anzeichen wie Verwirrung, Hyperventilation oder ausbleibenden Schweißfluss bei geröteter, heißer und trockener Haut achten!

» Bei ernsten Hitzeprobleme muss man ins Krankenhaus. Bis dahin heißt's aus der Sonne gehen, alle wärmespeichernden Kleidungsstücke ausziehen (Baumwolle ist o.k.) sowie den Körper per Wasser und Ventilator kühlen. Eisbeutel im Nacken, unter den Armen und in der Leistengegend sind ebenfalls hilfreich.

Medizinische Versorgung, Kosten & Versicherung

» Die medizinische Versorgung in den USA ist spitzenmäßig, ohne entsprechende Versicherung aber teils unbezahlbar. Vor allem von Auswärtigen und ausländischen Touristen fordern viele US-Mediziner ihr Honorar direkt bei der Behandlung.

» Durch Herumtelefonieren lassen sich Ärzte finden, die die eigene Versicherung akzeptieren. Bei dringenden Notfällen aber schleunigst ✆911 wählen oder die rund um die Uhr geöffnete Notaufnahme (Emergency Room, ER) des nächstgelegenen Krankenhauses aufsuchen!

» Alle Rezepte bzw. Dokumente sollten für spätere Versicherungs-, Abrechnungs- und Rückerstattungszwecke unbedingt sorgfältig aufbewahrt werden.

» Vor medizinischen Behandlungen müssen Kunden mancher Reisekrankenversicherer eventuell erst eine Genehmigung dafür einholen oder zwecks Begutachtung des jeweiligen Falles bei einem Callcenter anrufen.

» Medikamente sollten in ihren etikettierten Originalverpackungen mitgebracht werden. Empfehlenswert ist auch ein datierter und unterschriebener Brief des eigenen Arztes, der Aufschluss über den Gesundheitszustand und alle verordneten Arzneien (inkl. internationaler Freinamen) gibt.

Reiseversicherung

Höchst empfehlenswert ist eine gute Reiseversicherung, die Diebstahl, Verlust und alle medizinischen Behandlungen (inkl. Krankenhausaufenthalte, Rettungsflüge in die Heimat) abdeckt. Achtung: Unbedingt sorgfältig das Kleingedruckte lesen! Manche Policen greifen nicht bei „gefährlichen" Aktivitäten wie Sporttauchen, Motorrad- und Skifahren!

Wer Flugtickets oder Mietwagen per Kreditkarte bezahlt, genießt eventuell bereits einen begrenzten Unfallversicherungsschutz. Mitunter kann es auch ausreichen, eine schon vorhandene Kranken- bzw. Hausratsversicherung nach detaillierter Prüfung entsprechend zu ergänzen. Wenn man einen Großteil des Trips bereits im Voraus bezahlt hat, ist zudem eine Reiserücktrittsversicherung sinnvoll.

Die weltweit gültige Reiseversicherung unter www.lonelyplanet.com/bookings kann jederzeit online abgeschlossen, erweitert und in Anspruch genommen werden – selbst wenn man bereits unterwegs ist.

Unterkühlung

» Vor allem beim winterlichen Skifahren und Wandern können die Temperaturen in Berg- oder Wüstenregionen rasch unter den Gefrierpunkt fallen. Selbst plötzlicher Frühjahrsregen oder starke Winde senken die Körpertemperatur eventuell gefährlich schnell.

» Wolle und Synthetikfasern speichern Wärme besser als Baumwollsachen. Zudem empfiehlt sich wasserdichte Zusatzbekleidung wie eine Goretex-Jacke, Regenhaube oder -hose. Schnell verdauliche, energiereiche Snacks (Schokolade, Nüsse, Trockenfrüchte) sind ebenfalls sehr sinnvoll.

» Unterkühlung äußert sich z. B. in Erschöpfung, Benommenheit, Zittern, Bewegungsstörungen, Sprachschwierigkeiten, Schwächeanfällen, Muskelkrämpfen und irrationalem oder sogar aggressivem Verhalten.

» Unterkühlte Menschen sollten an eine geschützte Stelle gebracht und in trockene, warme Kleidung gesteckt werden. Parallel verabreicht man ihnen am besten heiße Getränke (keinen Kaffee oder Alkohol!) und kalorienreiches Essen.

» Bei starker Unterkühlung ist es ratsam, die Person in einen warmen Schlafsack zu packen und diesen mit einer wind- und wasserabweisenden Außenhülle zu versehen. Den Patienten bitte unbedingt sanft behandeln und keinesfalls warmrubbeln!

Internetzugang

» Die aufgeführten Internetcafés verlangen pro Online-Stunde durchschnittlich 6 bis 12 US$.

» **FedEx Office** (☎800-254-6567; www.fedex.com) ist in den meisten Groß- und Kleinstädten vertreten. Diese Filialen offerieren neben SB-Arbeitscomputern (Nutzung 0,20–0,30 US$/Std.) teils auch Gratis-WLAN und die Möglichkeit, Digitalfotos auszudrucken oder auf CD zu brennen.

» In diesem Buch kennzeichnet das Internetsymbol (@) alle Unterkünfte, Cafés, Restaurants, Bars und Einrichtungen, die Gästecomputer mit Online-Zugang besitzen. Das WLAN-Symbol (📶) weist auf einen vorhandenen Drahtloszugang hin. Beide Internetoptionen können jeweils kostenlos oder -pflichtig sein.

» Kostenlose oder -pflichtige WLAN-Hotspots gibt's an Großflughäfen sowie in vielen Hotels, Motels und Cafés (z. B. Starbucks). Dies gilt auch für manche Touristeninformationen, Wohnmobilparks (z. B. KOA), Museen, Bars, Restaurants (inkl. Fast-Food-Ketten wie McDonalds) und Läden (z. B. Apple-Stores).

» Öffentliches Gratis-WLAN verbreitet sich immer mehr und steht nunmehr sogar in einigen State Parks zur Verfügung (Übersicht unter www.parks.ca.gov/wifi).

» Websites wie www.wififreespot.com/ca.html oder www.jiwire.com informieren über weitere öffentliche WLAN-Hotspots.

» Solche Hotspots findet man auch zunehmend in kommunalen Bibliotheken. Sie haben ansonsten Internetterminals mit eventuell begrenzter Nutzungsdauer. Zudem müssen sich auswärtige Besucher mitunter anmelden und eine kleine Gebühr entrichten.

Karten & Stadtpläne

Touristeninformationen verteilen kostenlose, aber oft sehr einfache Karten und Stadtpläne. Ausgedehnte Autotouren erfordern detailliertere Straßenkarten bzw. -atlanten oder ein GPS-Navigationssystem. Letzteres funktioniert aber nicht immer und überall. Mitglieder der **American Automobile Association** (AAA; ☎800-874-7532; www.aaa.com) oder einer internationalen Partnerorganisation (z. B. ADAC; Mitgliedsausweis mitbringen!) erhalten Gratisstraßenkarten bei allen AAA-Filialen. Der umfassende *California Road & Recreation Atlas* (25 US$) von Benchmark Maps führt auch topografische bzw. landschaftliche Details, Campingplätze und Erholungsgebiete auf. Um sich in verkehrsreichen Stadtgebieten zu orientieren, ist er allerdings weniger praktisch. Auf S. 42 stehen Infos zu topografischen Karten für Wanderer und Wildnisfans.

Öffnungszeiten

Die Regionenkapitel nennen Öffnungs- bzw. Geschäftszeiten nur bei Abweichung von folgenden allgemeinen Standards:

Allgemeine Öffnungszeiten Mo–Fr 9–17 Uhr

Banken Mo–Fr 8.30–16.30, teils auch Fr bis 17.30 & Sa 9–12.30 Uhr

Bars tgl. 17–24 Uhr

Läden & Geschäfte Mo–Sa 10–18, So 12–17 Uhr, Einkaufszentren länger

Nachtclubs Do–Sa 22–2 Uhr

Postfilialen Mo–Fr 9–17, teils auch Sa 9–12 Uhr

Restaurants tgl. 7–10.30, 11.30–14.30 & 17–21.30 Uhr, Fr & Sa teils länger

Post

» Der **US Postal Service** (USPS; ☎800-275-8777; www.usps.com) ist günstig und verlässlich.

» Zum Recherchezeitpunkt konnten Postkarten und Standardbriefe bis zu 1 Unze (ca. 28 g) Gewicht für 0,44 US$ landesweit verschickt werden (nach Europa/Kanada/Mexiko 0,98/0,75/0,79 US$). Alle paar Jahre erhöhen sich die Posttarife leicht.

» Für Pakete und wichtige Briefe nach Übersee empfehlen sich Kurierdienste wie **Federal Express** (FedEx; ☎800-463-3339; www.fedex.com) oder **UPS** (☎800-782-7892; www.ups.com).

Rechtsfragen

Drogen & Alkohol

» Kalifornien wertet den Besitz von höchsten 1 Unze (ca. 28 g) Marihuana als minderschwere Straftat (*misdemeanor*). Größere Mengen oder der Besitz aller anderen Drogen zählen dagegen als Verbrechen (*felony*) und werden mit langjährigen Haftstrafen geahndet. Drogenvergehen bei Ausländern sind generell ein Abschiebungsgrund.

» Die Polizei kann Kraftfahrer jederzeit einer Alkohol- und Drogenkontrolle unterziehen. Bei Verdacht auf zu viel Promille (Grenze 0,8) hat man einen Atem-, Urin- oder Bluttest zu absolvieren. Wird dieser verweigert, gilt er automatisch als nicht bestanden.

» Das Strafspektrum bei Fahren unter Alkohol- oder Drogeneinfluss (*Driving under the Influence*; DUI) reicht von Führerscheinentzug und Bußgeld bis hin zu Gefängnisstrafen.

» Geöffnete Alkoholflaschen bzw. Dosen dürfen selbst im leeren Zustand nicht im Innenraum von Fahrzeugen transportiert werden. Sofern sie nicht noch voll und versiegelt sind, verstaut man solche Dinge daher am besten im Kofferraum.

» Außerhalb von Privatgrundstücken oder Einrichtungen mit offizieller Ausschanklizenz ist der Alkoholkonsum strikt verboten. Das betrifft somit auch viele Parks und Strände. Zahlreiche Campingplätze lassen ihre Gäste dennoch einen heben.

» Bars, Nachtclubs und Spirituosenläden geben Alkohol wegen des gesetzlichen Mindestalters (21 Jahre) oft nur gegen Vorlage eines Lichtbildausweises aus. Das ist ganz normal und keinesfalls persönlich zu nehmen.

Polizei & Sicherheit

» Bei Polizeikontrollen sollte man immer höflich und kooperativ sein. Unbedingt die Hände in Sichtweite der Beamten halten (z.B. am oberen Lenkradrand) und niemals ohne explizite Aufforderung aussteigen!

» Bußgelder können prinzipiell nicht sofort vor Ort bezahlt werden. Im Gegenteil: Solch ein Ansinnen wird schlimmstenfalls als Bestechungsversuch gewertet.

» Bei Verkehrsvergehen erläutern die Polizisten alle Optionen. Normalerweise muss man die Strafe innerhalb von 30 Tagen begleichen; das Prozedere lässt sich meist auf dem Postweg regeln.

» In den USA gilt die Unschuldsvermutung. Verhaftete dürfen die Aussage verweigern und haben Rechtsanspruch auf ein Telefonat. Wer sich keinen Anwalt leisten kann, bekommt kostenlos einen Pflichtverteidiger. Ausländische Touristen ohne Anwalt, Freunde oder Familienangehörige in den USA sollten eine diplomatische Vertretung ihres Heimatlands kontaktieren. Deren Nummer wird auf Anfrage von der Polizei ermittelt.

» In Notfällen können Polizei, Feuerwehr und Rettungsdienst unter ☎911 alarmiert werden. Ansonsten lässt sich über die Telefonauskunft (☎411) die Nummer des nächstgelegenen Polizeireviers herausfinden.

» Wegen der anhaltenden Furcht vor Terroranschlägen sollte Gepäck vor allem an Flughäfen oder Busbahnhöfen niemals unbeaufsichtigt zurückgelassen werden.

» Bis zu einem maximalen Wirkstoffgehalt von 2,5 Unzen (ca. 74 ml) dürfen Tränengas und Pfefferspray in Kalifornien legal mitgeführt werden. In Flugzeugen sind diese Selbstverteidigungsmittel aber per Bundesgesetz strikt verboten.

» In Fällen von sexueller Gewalt werden Hilfszentren für Vergewaltigungsopfer und Krankenhäuser im Namen der Betroffenen aktiv. Zudem fungieren sie als Schnittstellen zu den Behörden (inkl. Polizei). Entsprechende Kontaktdaten finden sich in lokalen Telefonbüchern. Als Alternative steht die **landesweite Hilfshotline für Opfer sexueller Gewalt** (National Sexual Assault Hotline; ☎800-656-4673; www.rainn.org) rund um die Uhr zur Verfügung.

Rauchen

» In öffentlichen Gebäuden (u.a. Flughäfen, Einkaufszentren, Bahn- und Busbahnhöfen) herrscht generell Rauchverbot.

» Dasselbe gilt für Restaurants. Allerdings darf eventuell im Freien auf Veranden oder an Straßentischen gequalmt werden. Dennoch immer zuerst um Erlaubnis bitten!

» In Hotels muss man nach speziellen Raucherzimmern fragen. Aber in manchen Unterkünften ist blauer Dunst per Gesetz komplett verboten.

» Achtung: Einige Groß- und Kleinstädte verlangen von Rauchern, im Freien einen gewissen Mindestabstand zu allen öffentlichen Einrichtungen einzuhalten!

Reisen mit Behinderung

Reisende mit Behinderung finden in Kalifornien ein anständiges Spektrum von Einrichtungen.

Infos im Internet

Access Northern California (www.accessnca.com) Viele Links zu Infoquellen, Publikationen, geführten Touren, Outdoor-Freizeitmöglichkeiten und Verkehrsmitteln (inkl. Mietwagen bzw. -vans) für Reisende mit Behinderung – ergänzt durch einen Veranstaltungskalender und ein Unterkunftsverzeichnis mit Suchfunktion.

Access San Francisco (www.onlyinsanfrancisco.com/plan_your_trip/access_guide.asp) Die behindertenspezifischen Reiseinfos sind zwar leicht veraltet, aber immer noch nützlich und gratis herunterladbar.

Access Santa Cruz County (www.sharedadventures.com/access_guide.htm) Auch dieser englisch- und spanischsprachige Reiseführer für Traveller mit Handicap ist etwas veraltet, aber immer noch praktisch. Innerhalb Amerikas wird er für 3 US$ verschickt.

Accessible San Diego (http://asd.travel) Jährlich

aktualisierter Stadtführer (Download-/Printversion 3/5 US$) in Broschürenform.

California Coastal Conservancy (www.wheelingcalscoast.org) Behindertenspezifische Gratis-Infos zu Stränden, Parks und Wanderwegen plus herunterladbare Rollstuhlfahrer-Küstenführer für San Francisco, Los Angeles und Orange County.

California State Parks (http://access.parks.ca.gov) Datenbank mit Karte, die sich online nach behindertengerechten Einrichtungen in Kaliforniens State Parks durchsuchen lässt.

Disabled Sports Eastern Sierra (http://disabledsportseasternsierra.org) Sommerliche und winterliche Outdoor-Aktivitäten im Bereich von Mammoth Mountain bzw. der dortigen Seen.

Disabled Sports USA Far West (www.dsusafw.org) Organisiert neben Sommer- und Wintersportangeboten auch Outdoor-Freizeitprogramme (Jahresmitgliedschaft 30 US$).

Flying Wheels Travel (www.flyingwheelstravel.com) Reisebüro mit Rundumservice.

Los Angeles for Disabled Visitors (http://discoverlosangeles.com/guides/la-living/) Tipps zu barrierefreien Sehenswürdigkeiten, Unterhaltungsoptionen, Museen, Themenparks und Verkehrsmitteln.

MossRehab Resource Net (www.mossresourcenet.org/travel.htm) Nützliche Links und allgemeine Hinweise zum Reisen mit Behinderung.

Theme-Park Access Guide (www.mouseplanet.com/tag) Schildert die persönlichen Erfahrungen eines Rollstuhlfahrers in Disneyland und anderen südkalifornischen Themenparks.

Yosemite Access Guide (www.nps.gov/yose/planyourvisit/upload/access.pdf) Herunterladbare Infos zum Yosemite National Park – detailliert, aber leicht veraltet.

Kommunikationsmittel

» US-Telefongesellschaften bieten Gehörlosenverbindungen über spezielle Ausgabegeräte an (in Kalifornien ☎711 wählen).

» Viele Geldautomaten sind in Braille beschriftet.

Mobilität & Barrierefreiheit

» Einmündungen bzw. Kreuzungen haben meist abgesenkte Bordsteine und teilweise auch Fußgängerampeln mit akustischen Signalen für Sehbehinderte.

» Aufgrund des Americans with Disabilities Act (ADA) müssen alle öffentlichen Gebäude ab Baujahr 1993 über Rollstuhlrampen und Behindertentoiletten verfügen.

» Motels und Hotels ab Baujahr 1993 haben zumindest ein barrierefreies Zimmer nach ADA-Standard zur Verfügung zu stellen. Am besten schildert man seine persönlichen Bedürfnisse gleich beim Reservieren.

» Vor 1993 errichtete Privatgebäude (u.a. Hotels, Restaurants, Museen, Theater) sind aber eventuell nicht barrierefrei. Somit ist es ratsam, vorab per Telefon nach vorhandenen Einrichtungen fragen.

» In den meisten Nationalparks, vielen State Parks und einigen anderen Outdoor-Erholungsgebieten führen rollstuhlgerechte Pfade asphaltiert oder als Stege durch die Natur.

Öffentliche Verkehrsmittel

» Alle größeren Fluglinien, Greyhound-Busse und Amtrak-Züge sind auf Passagiere mit Handicap eingerichtet. Meist muss das betreffende Unternehmen spätestens 48 Stunden vorher vom jeweiligen Anliegen unterrichtet werden (Details unter „Verkehrsmittel & -wege, S. 858).

» Große Autovermieter offerieren ohne Aufpreis handgesteuerte Fahrzeuge und Vans mit Rollstuhllifter, die aber lange im Voraus reserviert werden müssen.

» Für rollstuhlgerechte Mietvans empfehlen sich **Wheelchair Getaways** (☎800-642-2042; www.wheelchairgetaways.com; in Los Angeles, San Diego & San Francisco) oder **Mobility Works** (☎877-275-4915; www.mobilityworks.com; in Los Angeles).

» Öffentliche Busse und Züge (inkl. U-Bahnen) haben normalerweise Rollstuhllifte.

» Blindenhunde dürfen in allen öffentlichen Verkehrsmitteln mitfahren.

» Taxifirmen besitzen mindestens einen rollstuhlgerechten Van. Allerdings muss man so ein Fahrzeug telefonisch bestellen und eventuell eine Weile darauf warten.

Schwule & Lesben

Kalifornien steht bei LGBTQ-Travellern hoch im Kurs. Zu ihren beliebtesten Zielen gehören Castro (San Francisco; S. 107), West Hollywood (WeHo), Silver Lake und Long Beach (alle L.A.; S. 625), Hillcrest (San Diego; S. 712), die Wüstenresorts von Palm Springs (S. 739) sowie Guerneville (S. 219) und Calistoga (S. 192) im Wine Country. Obwohl die Szene mancherorts von schwulen Männern geprägt ist, fühlen sich Frauen normalerweise nicht allzu sehr ausgeschlossen.

Schwule und Lesben genießen in Kalifornien umfangreiche Bürgerrechte. Dennoch wurde die Legalisierung gleichgeschlechtlicher Ehen und eingetragener homosexueller Partnerschaften gerade gestoppt. Achtung: Trotz allgemein breiter Toleranz muss immer noch mit Homophobie gerechnet werden! Vor allem abseits der Küste beschränkt sich die Toleranz in vielen Kleinstädten auf „Frag nichts, sag nichts".

Infos im Internet

Advocate (www.advocate.com/travel) Website mit News, Reiseberichten und -führern für die Szene.

Damron (www.damron.com) Die klassischen, schwullesbischen Reiseführer wie *Men's Travel Guide*, *Women's Traveller* oder *Accommodations* decken die ganze Welt ab. Sie sind stark werbelastig und jetzt auch als E-Books erhältlich. Zudem gibt's nun die Handy-App „Gay Scout".

Gay.com Daily Travel (daily.gay.com/travel) Stadtführer, Reisenews im Blog-Stil und Infos zu Sonderveranstaltungen.

Gay & Lesbian Yellow Pages (www.glyp.com) Umfasst Werbeanzeigen von lokalen Restaurants, Bars oder Clubs und bietet nun auch die Handy-App „Gay Yellow Pages" an.

Gay & Lesbian National Hotline (☎888-843-4564; www.glnh.org; ⊙Mo–Fr 13–21, Sa 9–14 Uhr) Beratung, Hilfe und Tipps aller Art.

Gay Travelocity (www.travelocity.com/gaytravel) LGBT-Reiseberichte plus Buchungsmöglichkeiten für Hotels, Aktivitäten und geführte Touren.

Out Traveler (www.outtraveler.com) Kostenloses Onlinemagazin, Handy-App, Reiseplaner und -führer.

Purple Roofs (www.purpleroofs.com) Onlineverzeichnis mit LGBT-freundlichen Unterkünften.

Strom

Details zu Strom und Steckdosen s. Grafik (mittlere Spalte).

Telefon

Handys

» Der US-Handystandard (GSM 1900/CDMA 800) ist nicht kompatibel mit den Systemen anderer Länder. In Kalifornien funktionieren daher nur mitgebrachte Multiband-GSM-Geräte (Tri- oder Quadband). Dabei ist es normalerweise günstiger, die SIM-Karte des eigenen Mobilfunk-Providers vor Ort durch eine amerikanische Prepaid-Variante (wiederaufladbar) zu ersetzen.

» Telekommunikations- und Elektronikläden verkaufen neben SIM-Karten auch günstige Prepaid-Handys inklusive Gesprächsguthaben.

» In Los Angeles und San Francisco verleiht **TripTel** (☎877-874-7835; www.triptel.com) Mobiltelefone zu variierenden, aber normalerweise hohen Preisen.

Münz- & Kartentelefone

» Noch vorhandene Telefonzellen sind hauptsächlich Münzfernsprecher. Manche Geräte akzeptieren aber nur Kreditkarten (z. B. in Nationalparks).

» In der Regel kosten Ortsgespräche mindestens 0,50 US$.

» Eine normalerweise günstigere Option für Ferngespräche sind Prepaid-Telefonkarten, die von Zeitungsständen, Elektronikläden, Verbraucher- und Supermärkten verkauft werden.

Vorwahlen & Rufnummern

» US-Telefonnummern bestehen stets aus einer dreistelligen Regionalvorwahl und einer siebenstelligen Anschlussnummer.

» Obwohl die Anschlussnummer normalerweise bei Gesprächen innerhalb derselben Region ausreicht, sind mancherorts auch bei Ortsgesprächen alle zehn Ziffern zu verwenden.

» Bei Ferngesprächen wählt man nacheinander ☎1, Regionalvorwahl und Anschlussnummer.

» Kostenlose Servicenummern beginnen mit ☎800, ☎866, ☎877 oder ☎888; zusätzlich ist zuvor die ☎1 einzugeben.

» Direkte Auslandsgespräche ab den USA erfordern zuerst den Ländercode ☎011; es folgen die Kennzahl des jeweiligen anderen

Lands, Ortsvorwahl (normalerweise ohne die erste „0") und Anschlussnummer.

» Die Vermittlung für Auslandsgespräche ist unter ☎00 erreichbar.

» ☎1 lautet der internationale Ländercode für Ferngespräche in die USA und nach Kanada; Verbindungen zwischen beiden Ländern sind dennoch immer Auslandstelefonate.

Touristeninformation

» Die Website der **California Travel and Tourism Commission** (www.visitcalifornia.com) erleichtert die Reiseplanung mit zahllosen Details.

» Diese bundesstaatliche Agentur betreibt auch mehrere **California Welcome Centers** (www.visitcwc.com), die Karten plus Broschüren verteilen und bei der Unterkunftssuche helfen.

» In fast allen Groß- und Kleinstädten warten lokale Touristeninformationen oder Chambers of Commerce ebenfalls mit Karten, Broschüren und Infos auf (s. Regionenkapitel).

» Nützliche Tourismus-Websites werden auf S. 19 erwähnt.

Unterkunft

» In den Budgetbereich fallen z. B. Campingplätze, Hostels und Motels. Da Mittelklasseoptionen ein allgemein besseres Preis-Leistungs-Verhältnis haben, werden sie in diesem Buch bevorzugt genannt.

» Bei Mittelklassehotels bzw. -motels sind saubere, komfortable und geräumige Zimmer mit eigenen Bädern zu erwarten. Als Standard gibt es z. B. Kabelfernsehen, eine Kaffeemaschine, Telefon mit Direktwahl und eventuell auch Mikrowellenherde oder Minikühlschränke.

» Spitzenklassehotels bieten erstklassige Einrichtungen und teils eine malerische Lage, topmodernes Design oder historisches Ambiente. Standardmäßig sind Annehmlichkeiten wie Pools, Fitnessräume, Businesszentren, Bars und Restaurants mit Rundumservice bzw. Ausschanklizenz vorhanden.

» Das Schwimmersymbol (🏊) kennzeichnet Adressen mit Pool draußen oder drinnen.

» Südkalifornische Unterkünfte sind fast immer klimatisiert. Das Gegenteil gilt in Nordkalifornien und Küstengebieten bis hinunter nach Santa Barbara: Da es dort kaum heiß wird, gibt's vielleicht nicht einmal Zimmerventilatoren. Das Symbol ❄ weist auf eine Klimaanlage hin.

» Das Internetsymbol (@) zeigt an, dass Gäste Computerterminals mit Onlinezugang benutzen können – eventuell aber kostenpflichtig (z. B. in hoteleigenen Businesszentren mit Rundumservice).

» Drahtlos-Internet wird durch das WLAN-Symbol (📶) markiert. Da auch in diesem Fall vielleicht Gebühren anfallen (vor allem bei WLAN-Nutzung im Zimmer), empfiehlt sich die Suche nach Gratis-Hotspots in öffentlichen Hotelbereichen wie Lobby oder Poolareal.

» In vielen US-Unterkünften herrscht heute komplettes Rauchverbot. Noch existente Raucherzimmer werden oft nicht renoviert und liegen weniger attraktiv. Qualmen in ausgewiesenen Nichtraucherquartieren kann eine heftige „Reinigungsgebühr" von 100 US$ oder mehr nach sich ziehen.

B&Bs

B&Bs (Bed & Breakfast bzw. Übernachtung mit Frühstück) sind eine atmosphärische oder sogar romantische Alternative zu unpersönlichen Hotels und Motels. Sie befinden sich normalerweise in viktorianischen Häusern oder anderen historischen Gebäuden, die oft mit Antikmöbeln und Blumentapeten ausgestattet sind. Wer Wert auf Privatsphäre legt, empfindet Kaliforniens B&Bs aber meist als zu vertraulich.

Trotz der Bezeichnung ist Frühstück häufig, aber nicht immer im Preis enthalten. Die Zimmer sind ganz verschieden ausgestattet, verfügen aber nur sehr selten über Fernseher und Telefon. Die günstigsten Varianten teilen sich Gemeinschaftsbäder. Ein Zertifikat der **California Association of Bed & Breakfast Inns** (www.cabbi.com) bescheinigt einen hohen Standard.

Obwohl B&Bs meist auf Reservierung bestehen, akzeptieren sie Gäste gelegentlich auch ohne. Das Rauchen ist allgemein untersagt, Kinder sind in der Regel nicht willkommen. Am Wochenenden und in der Hauptsaison gilt oft ein gewisser Mindestaufenthalt.

Camping

In Kalifornien ist Camping mehr als nur eine günstige Übernachtungsmöglichkeit: Die besten Stellplätze liegen direkt am Strand, an Bergseen oder unter dem Blätterdach von Mammutbäumen (Details auf S. 37).

Hostels

Aktuell gehören 19 kalifornische Hostels zu **Hostelling**

UNTERKÜNFTE ONLINE BUCHEN

Unter hotels.lonelyplanet.com/california gibt's weitere Unterkunftsbewertungen und unabhängig recherchierte Infos von Lonely Planet Autoren – inklusive Empfehlungen zu den besten Adressen. Außerdem kann online gebucht werden.

ÖKO-HOTELS & -MOTELS

Überraschenderweise surfen viele kalifornische Hotels und Motels noch nicht auf der Öko-Welle. Handtücher und Bettwäsche können auf Wunsch mehrmals verwendet werden. Doch abgesehen davon sind selbst so simple Umweltschutzmaßnahmen wie das Umstellen auf große Seifenspender oder Verzicht auf Plastik- bzw. Styroporbecher und vorgepacktes Frühstück noch ziemlich selten. Trotzdem stellen manche Unterkünfte inzwischen Recyclingkörbe in die Zimmer und bieten mitunter auch kostenlose oder -pflichtige Leihfahrräder an. Öko-Quartiere können freiwillig am bundesstaatlichen **California Green Lodging Program** (www.dgs.ca.gov/travel/Programs/GreenLodging\Directory.aspx) teilnehmen, für dessen Zertifikat zwei stilisierten Palmen stehen.

International USA (HI-USA; ☎301-495-1240; www.hiusa.org). Die Schlafsäle von HI-Herbergen sind normalerweise nach Geschlechtern getrennt. Meist herrscht Rauch- und Alkoholverbot. Mitglieder von HI-USA (Jahresmitgliedschaft Erw./Senior 28/18 US$, unter 18 Jahren gratis) bzw. Inhaber eines Internationalen Jugendherbergsausweises erhalten 3 US$ Rabatt pro Übernachtung.

Kalifornien hat zudem Dutzende eigenständiger Hostels, die sich vor allem auf Küstenstädte verteilen und generell entspanntere Regeln aufstellen. So gibt's oft keine Sperrstunde und regelmäßig Partys plus Aktivitäten. Manchmal beinhaltet der Preis ein kleines Frühstück. Zudem können Herbergsgäste oft an Touren in der Umgebung teilnehmen oder sich an Verkehrsknotenpunkten abholen lassen. Trotz stets verschiedener Einrichtung umfasst das Angebot typischerweise gemischte Schlafsäle, separate Zimmer mit Gemeinschaftsbädern, Gemeinschaftsküchen, abschließbare Spinde, Internetzugang, eine Waschküche und Wohnbereiche mit Fernsehen.

Vor allem in der Hauptsaison ist es ratsam, Schlafsaalbetten (20–40 US$/Nacht inkl. Steuern) zu reservieren. Dies kann meist online oder telefonisch erledigt werden. Viele eigenständige Hotels sind bei Reservierungsservices wie www.hostels.com, www.hostelz.com oder www.hostelworld.com registriert, die im Vergleich zu Direktbuchungen manchmal niedrigere Preise bieten.

Hotels & Motels

Die Preise für Hotel- oder Motelzimmer berechnen sich oft nach Bettengröße und -zahl. Die Anzahl der Personen ist eher zweitrangig: Für Quartiere mit einem Doppel- oder Queensize-Bett bezahlen ein oder zwei Gäste dasselbe. Ein Kingsize-Bett oder zwei Doppelbetten kosten vergleichsweise mehr.

Bei Dritt- und Viertgästen wird oft ein kleiner Zuschlag fällig. Bis zu einer variierenden Altergrenze übernachten Kinder eventuell gratis. Allerdings werden separate Gitter- oder Beistellbetten meist extra berechnet. Achtung: Suiten oder „Juniorsuiten" sind manchmal nur übergroße Normalzimmer – daher am besten beim Buchen nach der Größe fragen!

Kürzliche Renovierung, Aussicht oder mehr Platz erhöhen höchstwahrscheinlich den Tarif. Beschreibungen wie „Meerblick" oder „Uferlage" sind oft übertrieben: Mancherorts braucht man ein Periskop, um die Brandung zu erkennen. Wer nicht reserviert hat, sollte vor allem Motelzimmer immer vor dem Bezahlen besichtigen.

Im Preis enthaltenes Frühstück kann von wässrigem Kaffee mit mickrigem Donut bis zum All-You-Can-Eat-Buffet mit kalten und warmen Speisen alles Mögliche sein.

Preise

» Die Unterkunftsverzeichnisse dieses Buchs sind nach den persönlichen Präferenzen der jeweiligen Autoren sortiert. Dabei gelten die Preiskategorien bzw. -symbole **$** (unter 100 US$), **$$** (100–200 US$) und **$$$** (über 200 US$) jeweils für ein Doppelzimmer.

» Allgemein sinken die Zimmerpreise werktags. Ausnahmen sind Hotels, die auf Geschäftsreisende abzielen und Touristen mit Wochenend-Deals locken.

» Sofern nicht anderweitig vermerkt, verstehen sich alle angegebenen Tarife ohne Steuern (zzgl. min. 10 %) und gelten für die Hauptsaison. Diese geht landesweit von Juni bis August – außer in Wüstengebieten und alpinen Skiregionen (dort Dez.–April).

» Bedeutende Feiertage (S. 847) oder Festivals (S. 26) lassen die Preise zusätzlich steigen. Dann bestehen manche Unterkünfte außerdem auf mehrtägigen Mindestaufenthalten.

» Bestimmte Ausweise bzw. Pässe (S. 846) und die Mitgliedschaft in Automobilclubs (S. 861) bringen teilweise bis zu 10 % Ermäßigung auf die Standardtarife von Hotels oder Motels, die solche spezifischen Rabatte gewähren.

» Zudem lohnt sich ein Blick auf die Website von **Roomsaver.com** (www.roomsaver.com) sowie in Gratis-Anzeigenmagazine mit Hotel- und Motelgutscheinen, die in Tankstellen, Touristeninformationen oder Raststätten am Highway ausliegen.

» Vergünstigungen können auch Buchungen über Reise-Sparwebsites wie **Priceline** (www.priceline.com), **Hotwire** (www.hotwire.com) oder **Hotels.com** (www.hotels.com) bringen.

» Laufkundschaft ohne Reservierung kann vor allem während der Nachsaison mitunter um den Zimmerpreis feilschen.

Reservierungen

» Reservierung empfiehlt sich ganzjährig an Wochenenden und Feiertagen sowie ganzwöchig während der Hauptsaison.

» Bei telefonischen Reservierungen sollte man sich vor Übermittlung der Kreditkartendaten grundsätzlich eine Auftragsnummer geben lassen und nach den Stornobedingungen fragen.

» Wer spätabends eintrifft, sollte sein Hotel rechtzeitig am Ankunftstag darüber informieren. Manche Unterkünfte sind überbucht, bringen Gäste bei Reservierungsabsicherung per Kreditkarte aber anderweitig unter. Falls nicht, sofort protestieren!

Versicherung

Details zur Kranken- und Kraftfahrzeugversicherung stehen auf S. 850 bzw. S. 864.

Visa

» Achtung: Die folgenden Infos können sich jederzeit ändern! Es ist unbedingt erforderlich, den aktuellen Stand rechtzeitig vor der Ankunft in Amerika zu ermitteln.

» Dank des Visa Waiver Program (VWP) können sich Bürger bestimmter Staaten maximal 90 Tage lang visumfrei in den USA aufhalten (nicht verlängerbar). Inklusive Deutschland, Österreich und der Schweiz gilt diese Regelung derzeit für 36 Länder. Voraussetzung ist ein Reisepass, der allen aktuellen US-Bestimmungen entspricht (s. S. 858).

» Bürger aus VWP-Ländern müssen sich zudem spätestens 72 Stunden vor Reisebeginn online beim Electronic System for Travel Authorization (ESTA; Registrierung 14 US$; esta.cbp.dhs.gov) anmelden. Nach Erteilung der Einreisegenehmigung ist die ESTA-Registrierung zwei Jahre lang gültig.

» Falls der eigene Reisepass nicht den aktuellen Anforderungen entspricht, ist ein herkömmliches Visum bei einer diplomatische Vertretung Amerikas in der Heimat zu beantragen (140 US$, nicht rückerstattbar). Das Prozedere umfasst eine persönliche Befragung und kann mehrere Wochen dauern!

» Weitere Visuminfos: travel.state.gov/visa.

Zeit

» Kalifornien folgt der Pacific Standard Time (MEZ –9 Std.). 12 Uhr in L.A. bedeutet somit 15 Uhr in New York und 21 Uhr in Berlin.

» Mit Beginn der US-Sommerzeit (Daylight Saving Time; DST) am zweiten Märzsonntag werden die Uhren eine Stunde vorgestellt. Am ersten Novembersonntag wandern die Zeiger dann wieder eine Stunde zurück.

Zoll

Aktuelle Zollfreimengen für Ausländer (auch bei Wohnsitz in den USA):

» 1 l alkoholische Getränke (Mindestalter 21 Jahre)

» 200 Zigaretten (1 Stange) oder 50 nicht-kubanische Zigarren (Mindestalter jeweils 18 Jahre)

» Geschenke und gekaufte Artikel im maximalen Gesamtwert von 100 US$. Barbeträge ab einem Gesamtwert von 10 000 US$ (in Dollar und/oder ausländischer Währung und/oder Reiseschecks, als Geldanweisung oder anderes Bargeld-Äquivalent) sind grundsätzlich anzugeben. An die Einfuhr illegaler Drogen sollte man nicht mal denken!

Die **amerikanische Zoll- & Grenzschutzbehörde** (US Customs & Border Protection; www.cbp.gov) informiert über aktuelle Bestimmungen.

Verkehrsmittel & -wege

AN- & WEITERREISE

Per Flieger oder Überland-Option wie Bus, Auto und Zug gelangt man einfach, aber nicht immer günstig nach Kalifornien. Geführte Touren, Flug- und Zugtickets sind online unter www.lonelyplanet.com/bookings buchbar.

Einreise

Mit **US-VISIT** (www.dhs.gov/us-visit) hat die US-Heimatschutzbehörde (US Department of Homeland Security; DHS) ein Registrierungsprogramm für USA-Besucher eingerichtet, von dem aktuell nur viele Kanadier, manche Mexikaner und Kinder unter 14 Jahren ausgenommen sind. Bürger aller anderen Länder müssen bei Einreise ein Digitalfoto von sich machen und elektronische Fingerabdrücke einscannen lassen. Meist dauert der ganze Vorgang nicht mal eine Minute.

Unabhängig vom eigenen Visumstatus haben US-Einwanderungsbeamte die uneingeschränkte Befugnis, einem die Einreise nach Amerika zu verweigern. Eventuell fragen sie nach Reisedetails oder dem Vorhandensein ausreichender Geldmittel. Somit ist es ratsam, seinen Reiseplan aufzulisten, ein Rückflug- oder Anschlussticket vorzulegen und mindestens eine bekannte Kreditkarte zu besitzen. Freunde, Verwandte oder Geschäftskontakte in den USA sollten nicht übermäßig betont werden – dies könnte die Beamten zu dem Schluss kommen lassen, dass die Wahrscheinlichkeit einer Überziehung des Visums steigt. Weitere Visuminfos stehen auf S. 857.

Kalifornien ist eine bedeutende Landwirtschaftsregion. Um die Ausbreitung von Schädlingen und Krankheiten zu verhindern, dürfen bestimmte Lebensmittel (u. a. Fleischwaren, frisches Obst und Gemüse) eventuell nicht in den Bundesstaat eingeführt werden. Backwaren, Schokoladenprodukte und Hartkäse sind legal. Wer aus Mexiko oder einem US-Nachbarstaat (Oregon, Nevada, Arizona) nach Kalifornien fährt, muss mit einer kurzen Kontrolle bzw. Befragung durch Vertreter der kalifornischen Lebensmittel- und Landwirtschaftbehörde (California Department of Food and Agriculture) rechnen.

Infos zu Grenzübergängen nach Mexiko stehen auf S. 859.

Reisepass

» Gemäß der Western Hemisphere Travel Initiative (WHTI) dürfen grundsätzlich nur Touristen mit einem maschinell lesbaren Reisepass (Machine-Readable Passport; MRP) auf dem Luft-, Land- oder Seeweg in die USA einreisen.

» Ausländische Reisepässe müssen grundsätzlich allen aktuellen US-Bestimmungen entsprechen und nach dem geplanten Ausreisedatum noch mindestens sechs Monate lang gültig sein.

» Alle ab dem 26. Oktober 2006 ausgestellten oder erneuerten Reisepässe müssen elektronische Varianten (e-Passports) mit Digitalfoto und biometrischem Chip sein. Weitere Infos hierzu stehen unter www.cbp.gov/travel im Netz.

Flugzeug

» Um durch die Sicherheitskontrollen am Flughafen zu kommen (durchschnittl. Wartezeit 30 Min.), sind eine Bordkarte und ein Lichtbildausweis erforderlich.

» Eventuell kommt es zu einer zweiten Kontrolle, bei der man abgetastet wird und sein Handgepäck durchsuchen lassen muss.

» Die Bestimmungen zur Flughafensicherheit verbieten derzeit das Mitführen vieler Alltagsgegenstände (z. B. Taschenmesser) an Bord von Flugzeugen. Somit ist es ratsam, rechtzeitig vor dem Start alle aktuellen Regelungen über die Website der **Transportation Security Administration** (TSA; ☎866-289-9673; www.tsa.gov) zu ermitteln.

» Zum Recherchezeitpunkt mussten alle Flüssigkeiten und gelartigen Substanzen in

Behältern mit maximal 3 Unzen (100 ml) Inhalt abgefüllt sein, die wiederum in einen durchsichtigen, vollständig verschließbaren Kunststoffbeutel (max. 1 Quart bzw. 1 l) zu packen waren. Die wenigen Ausnahmen (z. B. Medikamente) mussten grundsätzlich unaufgefordert bei den Kontrollbeamten angegeben werden.

» Das gesamte Bordgepäck wird auf Sprengstoffe untersucht. Die TSA unterzieht den Kofferinhalt eventuell einer Sichtprüfung und bricht ggf. die Schlösser auf. Entweder schließt man sein Gepäck gar nicht erst ab oder verwendet Schlösser mit offizieller TSA-Zulassung, die z. B. von **Travel Sentry** (www.travelsentry.org) hergestellt werden.

Flughäfen

Kaliforniens wichtigste internationale Flughäfen:

Los Angeles International Airport (IATA-Code LAX; www.lawa.org/lax) Kaliforniens größter und geschäftigster Flughafen liegt 20 Meilen (32 km) südwestlich von Downtown L. A. in Küstennähe.

San Francisco International Airport (IATA-Code SFO; www.flysfo.com) Nordkaliforniens größtes Luftkreuz findet man 14 Meilen (22,5 km) südlich von Downtown S. F. an der San Francisco Bay.

Regionalflughäfen mit begrenzten internationalen Verbindungen:

LA/Ontario International Airport (IATA-Code ONT; www.lawa.org/ont) Im Riverside County östlich von L. A.

Mineta San José International Airport (IATA-Code SJC; www.flysanjose.com) In San Franciscos South-Bay-Region.

Oakland International Airport (IATA-Code OAK; www.flyoakland.com) In San Franciscos East-Bay-Region.

Palm Springs International Airport (IATA-Code PSP; www.palmspringsairport.com) In der Wüste östlich von L. A.

San Diego International Airport (IATA-Code SAN; www.san.org) Nordwestlich von Downtown San Diego (4 Meilen/6,4 km).

Für weitere Regionalflughäfen mit Inlandsverbindungen s. S. 866.

Auf dem Landweg

Grenzübergänge

Von den USA aus gelangt man relativ leicht hinüber nach Kanada oder Mexiko. Die Einreise *nach* Amerika kann dagegen problematisch werden, wenn erforderliche Papiere fehlen. Deshalb ist es sehr wichtig, die sich ständig verändernden Bestimmungen für Reisepass (S. 858) und Visum (S. 857) rechtzeitig auf der Website des **US-Außenministeriums** (US State Department; travel.state.gov) zu überprüfen.

Die **amerikanische Zoll- & Grenzschutzbehörde** (US Customs & Border Protection; apps.cbp.gov/bwt) informiert online über die aktuellen Wartezeiten an allen Grenzübergängen nach Mexiko. Der Übergang San Ysidro zwischen San Diego und Tijuana ist weltweit der betriebsamste seiner Art. Details zu Reisen nach Tijuana stehen auf S. 715.

AUTO & MOTORRAD

» Autofahrer, die von Kanada oder Mexiko in die

REISEN & KLIMAWANDEL

Der Klimawandel stellt eine ernste Bedrohung für unsere Ökosysteme dar. Zu diesem Problem tragen Flugreisen immer stärker bei. Lonely Planet sieht im Reisen grundsätzlich einen Gewinn, ist sich aber der Tatsache bewusst, dass jeder seinen Teil dazu beitragen muss, die globale Erwärmung zu verringern.

Fast jede Art der motorisierten Fortbewegung erzeugt CO_2 (die Hauptursache für die globale Erwärmung), doch Flugzeuge sind mit Abstand die schlimmsten Klimakiller – nicht nur wegen der großen Entfernungen und der entsprechend großen CO_2-Mengen, sondern auch, weil sie diese Treibhausgase direkt in hohen Schichten der Atmosphäre freisetzen. Die Zahlen sind erschreckend: Zwei Personen, die von Europa in die USA und wieder zurück fliegen, erhöhen den Treibhauseffekt in demselben Maße wie ein durchschnittlicher Haushalt in einem ganzen Jahr.

Die englische Website www.climatecare.org und die deutsche Internetseite www.atmosfair.de bieten sogenannte CO_2-Rechner. Damit kann jeder ermitteln, wie viele Treibhausgase seine Reise produziert. Das Programm errechnet den zum Ausgleich erforderlichen Betrag, mit dem der Reisende nachhaltige Projekte zur Reduzierung der globalen Erwärmung unterstützen kann, beispielsweise Projekte in Indien, Honduras, Kasachstan und Uganda.

Lonely Planet unterstützt gemeinsam mit Rough Guides und anderen Partnern aus der Reisebranche das CO_2-Ausgleichs-Programm von climatecare.org. Alle Reisen von Mitarbeitern und Autoren von Lonely Planet werden ausgeglichen. Weitere Informationen gibt's auf www.www.lonelyplanet.de.

USA einreisen möchten, brauchen neben sämtlichen Zulassungs- und Versicherungspapieren auch einen gültigen nationalen Führerschein. Eine Internationale Fahrerlaubnis (International Driving Permit; IDP) ist eine sinnvolle Ergänzung, aber nicht offiziell vorgeschrieben.

» Nutzer von Mietwagen bzw. -motorrädern sollten unbedingt vorab ermitteln, ob die jeweilige Verleihfirma Trips nach Mexiko oder Kanada erlaubt – höchstwahrscheinlich nicht!

Von/Nach Kanada

» Kanadische Autoversicherungen gelten normalerweise in den USA und umgekehrt.

» Wenn alle erforderlichen Papiere vorhanden sind, lässt sich die Grenze von Kanada aus in der Regel recht zügig und problemlos überqueren.

» Vor allem im Sommer kann der starke Grenzverkehr an Wochenenden und Feiertagen lange Wartezeiten bedingen.

» Gelegentlich durchsuchen die Beamten auf beiden Seiten manche Fahrzeuge richtig gründlich. Dann heißt's stets ruhig und höflich bleiben.

Von/Nach Mexiko

» Sofern kein längerer Aufenthalt in Tijuana geplant ist, bringt die Ausfuhr eines Fahrzeugs nach Mexiko mehr Ärger als Nutzen. Stattdessen lässt man das Auto besser auf US-Boden stehen und überquert die Grenze per pedes oder Shuttleservice ab San Diego (S. 715).

» Wer dennoch rüberfahren möchte, muss vorab oder spätestens beim Grenzübertritt eine mexikanische Autoversicherung abschließen.

» Wegen verschärfter Sicherheitsmaßnahmen sind die Wartezeiten seit ein paar Jahren ziemlich lang.

BUS

» Dank der Kooperation von **Greyhound USA** (☎800-231-2222; www.greyhound.com) und **Greyhound México** (☎800-010-0600; www.greyhound.com.mx) verkehren Direktbusse zwischen kalifornischen und mexikanischen Großstädten.

» Der Grenzübertritt in Richtung Norden kann eine Weile dauern, da die US-Einwanderungsbeamten eventuell alle Buspassagiere einzeln kontrollieren.

» Wer mit **Greyhound Canada** (☎800-661-8747; www.greyhound.ca) zwischen Kanada und Amerika unterwegs ist, muss in der Regel an der Grenze umsteigen.

ZUG

» **Amtrak** (☎800-872-7245; www.amtrak.com) schickt täglich zwei Cascades-Züge und mehrere Thruway-Busse vom kanadischen Vancouver (British Columbia) nach Seattle (Washington).

» Die amerikanische bzw. kanadische Zoll- und Einwanderungskontrolle findet nicht beim Einsteigen, sondern jeweils direkt an der Grenze statt.

» Ab Seattle rollt der *Coast Starlight* (s. rechte Spalte) von Amtrak südwärts nach L.A. und hält in diversen kalifornischen Städten.

» Derzeit verkehren keinerlei Züge zwischen Kalifornien und Mexiko.

REISEWARNUNG FÜR MEXIKO

Seit April 2011 warnt das **US-Außenministerium** (US Department of State; http://travel.state.gov) vor steigender Gewalt- und Drogenkriminalität entlang der amerikanisch-mexikanischen Grenze. Im mexikanischen Grenzgebiet (vor allem in Tijuana) sollten Traveller extreme Vorsicht walten lassen, große Menschenmengen oder Demonstrationen meiden und nie bei Dunkelheit herumfahren – insbesondere nicht in Autos mit US-Nummernschildern!

Bus

» Als größte Fernbusfirma bedient **Greyhound** (☎800-231-2222; www.greyhound.com) die ganzen USA und somit auch Kalifornien.

» Seit Kurzem steuert Greyhound viele Kleinstädte nicht mehr an. Die Busse sind auf wichtigen Highways unterwegs und halten in größeren Städten bzw. Siedlungen.

» Der **Discovery Pass** (www.discoverypass.com) des Unternehmens erlaubt während einer gewissen Anzahl von aufeinanderfolgenden Tagen (7/15/30/60 Tage 246/356/456/556 US$) unbegrenzte Fahrten durch ganz Amerika und Kanada.

» Bei Reisebeginn in den USA kann der Pass entweder direkt an Greyhound-Terminals gekauft oder vorab online bestellt und dort abgeholt werden. Beide Optionen sind maximal bis zwei Stunden vor der Abfahrt möglich.

» Mehr zu Greyhound (inkl. Bordstandards, Preise und Reservierungen) steht auf S. 864.

Zug

» Das recht umfangreiche Schienennetz von **Amtrak** (☎800-872-7245; www.amtrak.com) deckt die ganzen USA ab.

» Die Ticketpreise variieren je nach Zugtyp und -Klasse (z. B. Business-Klasse, Schlafwagen, Großraumwaggon mit oder ohne Reservierung).

» Auf Fernstrecken verfügen die komfortablen, wenn auch etwas langsamen Züge über Speise- und Loungewagen.

» Amtraks **USA Rail Pass** (www.amtrak.com) gilt für Fahrten im Großraumwaggon (15/30/45 Tage

389/579/749 US$, Kind 2–15 Jahre 50 %).

» Dabei beschränkt sich die konkrete Reisestrecke je nach gebuchter Taganzahl auf acht, zwölf oder 18 einzelne „Abschnitte" (*segments*) in einfacher Fahrtrichtung.

» Achtung: Ein solcher Abschnitt entspricht nicht der einfachen Fahrtstrecke im herkömmlichen Sinn! Wenn zum Erreichen des Ziels mehr als ein Zug erforderlich ist, verbraucht dies gleich mehrere *segments*.

» Zugpässe kauft man am besten online. Für jeden einzelnen Reiseabschnitt empfiehlt sich eine rechtzeitige Platzreservierung.

» Infos zum California Rail Pass der Amtrak gibt's auf S. 867.

AMTRAK-ROUTEN NACH/ AB KALIFORNIEN

California Zephyr Tägliche Verbindung zwischen Chicago und Emeryville bei San Francisco (ab 149, 52 Std.); über Denver, Salt Lake City, Reno und Sacramento.

Coast Starlight Fährt täglich die Westküste entlang von Seattle nach L.A. (ab 104 US$, 35 Std.) und hat eventuell WLAN an Bord; über Portland, Sacramento, Oakland und Santa Barbara.

Southwest Chief Rollt täglich von Chicago nach L.A. (ab 149 US$, 44 Std.); über Kansas City, Albuquerque, Flagstaff und Barstow.

Sunset Limited Pendelt dreimal pro Woche zwischen New Orleans und L.A. (ab 138 US$, 47 Std.); über Houston, San Antonio, El Paso, Tucson, Palm Springs.

Mehr zu Amtrak-Zügen (inkl. Bordstandards, Preisen, Reservierungen und innerkalifornischen Routen) steht auf S. 867.

UNTERWEGS VOR ORT

Die meisten Touristen erkunden Kalifornien per Auto. Ansonsten kann man Inlandsflüge nutzen (bei wenig Zeit) oder mit Bustrips und oft malerischen Zugreisen Geld sparen.

Auto, Motorrad & Wohnmobil

Kaliforniens Autoleidenschaft grenzt fast an Wahnsinn – allerdings aus mindestens einem guten Grund: Für eine lückenlose Abdeckung mit öffentlichen Verkehrsmitteln ist der Bundesstaat einfach zu groß. Eigene Fahrzeuge bieten ein Maximum an Flexibilität und Komfort. Doch diese Unabhängigkeit hat ihren Preis: Mietwagen- und Benzinkosten können die Reisekasse stark strapazieren.

Automobilclubs

Folgende Organisationen offerieren neben Pannenhilfe rund um die Uhr z. B. auch Gratisstraßenkarten und Rabatte bei Unterkünften, Sehenswürdigkeiten, Unterhaltungsoptionen oder Mietwagen:

American Automobile Association (AAA; ☎877-428-2277; www.aaa.com) Die Zweigstellen in ganz Kalifornien können ohne Voranmeldung aufgesucht werden. Die AAA hat auch Zusatzversicherungen für Motorräder oder Wohnmobile im Programm und kooperiert wechselseitig mit internationalen Partnerorganisationen (z. B. dem ADAC; Mitgliedsausweis mitbringen!).

Better World Club (☎866-238-1137; www.betterworldclub.com) Die ökobewusste Alternative zur AAA unterstützt Umweltschutzprojekte und bietet einen Pannenservice für Radfahrer an (s. S. 865).

Benzin

» Tankstellen sind in Kalifornien allgegenwärtig und nur in Nationalparks oder einigen dünn besiedelten Wüsten- bzw. Bergregionen etwas rar. Fast immer ist Selbsttanken angesagt.

» Der Benzinpreis wird pro US-Gallone (3,78 l) berechnet. Zum Recherchezeitpunkt kostete eine Gallone Normalbenzin zwischen 3,75 und 4,25 US$ (0,99–1,12 US$/l).

Führerschein

» Ausländische Autofahrer können ihren nationalen Führerschein zwölf Monate lang legal in Kalifornien verwenden.

» Zusätzlich empfiehlt sich eine Internationale Fahrerlaubnis (International Driving Permit; IDP): Sie erleichtert die Kommunikation mit Autovermietern und Verkehrspolizisten – vor allem, wenn der eigene Führerschein keine Angaben auf Englisch enthält.

» Biker benötigen einen gültigen US-Motorradführerschein oder ihre nationale Fahrerlaubnis plus eine spezielle IDP-Variante.

» Gegen Gebühr sind internationale Führerscheine bei Automobilclubs oder den Straßenverkehrsbehörden (Führerscheinstellen) in der Heimat erhältlich. Achtung: Sie gelten grundsätzlich nur in Verbindung mit der jeweiligen heimischen Fahrerlaubnis!

Mieten

AUTO

Mietwagenkunden müssen meist mindestens 25 Jahre alt sein, einen gültigen Führerschein und eine bekannte Kreditkarte besitzen (keine Scheck- oder Lastschriftkarte!). Gegen einen Aufpreis von ca. 25 US$ pro Tag akzeptieren ein paar Autovermieter eventuell auch Fahrer zwischen 21 und 24 Jahren. Wer keine Kreditkarte hat, kann gelegentlich auch eine große Barsumme hinterlegen.

Bei Reservierung im Voraus gibt's Mittelklasse-Mietwagen inklusive unbegrenzter Fahrtkilometer oft ab ca. 30 US$ pro Tag (zzgl.

ENTFERNUNGSTABELLE (in Meilen)

	Anaheim	Arcata	Bakersfield	Death Valley	Las Vegas	Los Angeles	Monterey	Napa	Palm Springs	Redding	Sacramento	San Diego	San Francisco	San Luis Obispo	Santa Barbara	Sth Lake Tahoe
Arcata	680															
Bakersfield	135	555														
Death Valley	285	705	235													
Las Vegas	265	840	285	140												
Los Angeles	25	650	110	290	270											
Monterey	370	395	250	495	535	345										
Napa	425	265	300	545	590	400	150									
Palm Springs	95	760	220	300	280	110	450	505								
Redding	570	140	440	565	725	545	315	190	650							
Sacramento	410	300	280	435	565	385	185	60	490	160						
San Diego	95	770	230	350	330	120	465	520	140	665	505					
San Francisco	405	280	285	530	570	380	120	50	490	215	85	500				
San Luis Obispo	225	505	120	365	405	200	145	265	310	430	290	320	230			
Santa Barbara	120	610	145	350	360	95	250	370	205	535	395	215	335	105		
Sth Lake Tahoe	505	400	375	345	460	480	285	160	485	260	100	600	185	390	495	
Yosemite	335	465	200	300	415	310	200	190	415	325	160	430	190	230	345	190

Versicherung, Steuern und Gebühren). Pauschalangebote für ganze Wochenenden oder Wochen sind normalerweise günstiger. An Flughäfen sind die Tarife manchmal niedriger, aber mit höheren Gebühren verbunden. Bei Pauschalangeboten mit Flug und Mietwagen sind mitunter separate örtliche Steuern beim Abholen des Fahrzeugs zu entrichten. Vermieterfilialen in Stadtzentren haben teilweise einen Gratisservice, der Autos beim Kunden vorbeibringt oder dort abholt.

Allgemein beinhaltet der Mietpreis unbegrenzte Fahrtkilometer. Mehrere Fahrer und die Rückgabe an einem anderen Ort kosten aber oft extra. Manche Verleiher lassen Kunden vorab die letzte Tankfüllung bezahlen. Das rechnet sich aber praktisch nie: Man bezahlt vergleichsweise mehr als an einer normalen Tankstelle und sollte das Auto sinnigerweise mit fast leerem Tank zurückgeben. Bei den gesetzlich vorgeschriebenen Kindersitzen (ca. 10 US$/Tag, max. 50 US$ pro Mietzeitraum) ist es ratsam, einen zusammen mit dem Auto zu reservieren.

Große internationale Autovermieter:

Alamo (☎877-222-9075; www.alamo.com)

Avis (☎800-331-1212; www.avis.com)

Budget (☎800-527-0700; www.budget.com)

Dollar (☎800-800-3665; www.dollar.com)

Enterprise (☎800-261-7331; www.enterprise.com)

Fox (☎800-225-4369; www.foxrentacar.com)

Hertz (☎800-654-3131; www.hertz.com)

National (☎877-222-9058; www.nationalcar.com)

Thrifty (☎800-847-4389; www.thrifty.com)

Über Spar-Reisewebsites wie **Priceline** (www.priceline.com) oder **Hotwire** (www.hotwire.com) gibt's Mietwagen eventuell günstiger – ebenso über Online-Reisebüros wie **Expedia** (www.expedia.de), **Orbitz** (www.orbitz.com) oder **Travelocity** (www.travelocity.de).

Wer den eigenen Beitrag zum Klimawandel minimieren möchte, kann bei einigen Großfirmen (u. a. Avis, Budget, Enterprise, Fox, Hertz, Thrifty) umweltfreundliche Biosprit- oder Hybridautos mieten. Sie sind jedoch deutlich teurer und zudem rar; darum unbedingt rechtzeitig reservieren!

Simply Hybrid (☎323-653-0011, 888-359-0055; www.simplyhybrid.com; Los Angeles) Manche Filialen bieten kostenloses Abliefern bzw. Abholen des Autos beim Kunden an; dreitägige Mindestmietdauer.

Zipcar (☎866-494-7227; www.zipcar.com; Anmeldung/Jahresmitgliedschaft 25/50 US$) Vor allem an der Küste ist dieser Carsharing-Club derzeit in 20 kalifornischen Städten vertreten. Die

Nutzungsgebühr pro Stunde oder Tag beinhaltet begrenzte Fahrtkilometer, das Benzin und die Versicherung (evtl. mit Selbstbeteiligung bis zu 500 US$). Auch ausländische Fahrer können sich online anmelden.

Über **Car Rental Express** (www.carrentalexpress.com) lassen sich eigenständige Autovermieter finden und vergleichen – besonders nützlich bei der Suche nach günstigeren Langzeit-Leihdauern. Manche eigenständigen Firmen akzeptieren eventuell auch Fahrer unter 25 Jahren:

Rent-a-Wreck (☎877-877-0700; www.rentawreck.com) Die zehn Filialen verteilen sich größtenteils auf L.A. und den Großraum San Francisco Bay. Kunden-Mindestalter und Zuschläge variieren je nach Filialstandort.

Super Cheap Cars (www.supercheapcar.com) Zwischen 21 und 24 Jahren bezahlen Kunden normalerweise einen pauschalen Zuschlag, zwischen 18 und 21 Jahren pro Tag eine Extragebühr. Hat insgesamt drei Filialen in San Francisco, L.A. und Orange County.

Mehr zum Mieten von rollstuhlgerechten Vans steht auf S. 853.

MOTORRAD

Vor allem für Harley-Davidson-Fans sind Motorradmiete und -versicherung nicht gerade günstig. Je nach Modell kosten Leihbikes ca. 100 bis 200 US$ pro Tag (zzgl. Steuern und Gebühren). Schutzhelme, unbegrenzte Fahrtkilometer und die Haftpflichtversicherung sind im Preis enthalten. Rückgabe an einem anderen Ort und ein Collision Damage Waiver (CDW; s. S. 864) müssen extra bezahlt werden. Bei dreitägiger oder einwöchiger Mietdauer gibt's eventuell Rabatt. Die Kaution (1000–3000 US$) ist per Kreditkarte zu hinterlegen.

Motorräder und -roller vermieten:

Dubbelju (☎415-495-2774, 866-495-2774; www.dubbelju.com; 698a Bryant St, San Francisco) Harley-Davidsons, BMWs, japanische Importmodelle und E-Motorräder.

Eagle Rider (☎888-900-9901; www.eaglerider.com) Landesweit vertretene Firma mit zwölf Filialen in Kalifornien und einer in Reno (Nevada). Aufpreis von 250 US$ bei Rückgabe an einem anderen Ort.

Route 66 (☎310-578-0112, 888-434-4473; www.route66riders.com; 4161 Lincoln Blvd, Marina del Rey) Verleiht Harley-Davidsons im South-Bay-Bereich von L.A.

WOHNMOBIL

In ganz Kalifornien gibt's jede Menge Campingplätze mit Strom- und Wasseranschlüssen für Wohnmobile (Recreational Vehicles). Wenige geeignete Parkplätze mit entsprechenden Anschlussmöglichkeiten machen „RVs" in Großstädten jedoch äußerst unpraktisch. Die rollenden Heime haben zudem ein träges Fahrverhalten und einen extrem hohen Spritverbrauch. Trotzdem bieten sie Transport, Unterkunft und Kochgelegenheit in einem. Allerdings sind viele Orte in National- und State Parks oder in den Bergen nicht für Wohnmobile zugänglich.

Mietwohnmobile sollten so früh wie möglich reserviert werden. Der Ausleihpreis hängt von Fahrzeugtyp und -größe ab. Campervans oder 7,5 m lange Fahrzeuge für bis zu fünf Personen kosten zumeist über 100 US$ pro Tag. Fahrtkilometer (ab 0,35 US$/Meile), Schlaf- oder Kochausrüstung (50–100 US$), Fahrzeugreinigung (100 US$) und Steuern kommen oft noch separat hinzu. Haustiere an Bord sind eventuell erlaubt (teils gegen Aufpreis).

Wohnmobilvermieter:

Cruise America (☎480-464-7300, 800-671-8042; www.cruiseamerica.com) Zwei Dutzend Abholfilialen in ganz Kalifornien.

El Monte (☎562-483-4956, 888-337-2214; www.elmonterv.com) Nach AAA-Rabatten fragen.

Happy Travel Campers (☎310-928-3980, 800-370-1262; www.camperusa.com) In L.A. ansässig.

Moturis (☎877-297-3687; www.moturis.com) In L.A., San Diego, San Francisco und Sacramento.

Road Bear (☎818-865-2925, 866-491-9853; www.roadbearrv.com) In L.A. und San Francisco.

Parken

» In kalifornischen Kleinstädten und ländlichen Gebieten gibt's normalerweise viele Gratisparkplätze. Die begrenzten Abstellmöglichkeiten der Großstädte sind teuer.

» In den Kapiteln zu L.A., San Francisco und San Diego weist das Symbol P auf kostenlose Parkplätze hin.

» Kommunale Parkuhren bzw. -automaten akzeptieren Münzen (z.B. Vierteldollars) und manchmal auch Kreditkarten.

» Wer über Nacht auf großstädtische Parkplätze oder -häuser zurückgreift, wird dafür mindestens 25 US$ los.

» Hotels und Restaurants in größeren Städten bieten normalerweise einen Parkservice zum Pauschalpreis an.

» Um Abschleppen plus Bußgeld beim Parken an der Straße zu vermeiden, muss man unbedingt alle Hinweis- bzw. Verbotsschilder (u.a. bezüglich Straßenreinigungszeiten, reinem Anwohnerparken) und Farbmarkierungen genau beachten.

Straßenzustand & Gefahren

Unter ☎800-427-7623 oder www.dot.ca.gov gibt's aktuelle Infos zu Kaliforniens Highways (inkl. Straßensperrungen und Baustellen).

Details zu Highways in Nevada bekommt man unter ☎877-687-6237 oder www.nvroads.com.

In (Berg-)Regionen mit Schneefällen sind eventuell Winterreifen und Schneeketten erforderlich. Von Letzteren legt man sich idealerweise einen eigenen Satz zu und übt die korrekte Montage schon vor dem Start. Unterwegs gibt's Schneeketten zumeist recht teuer bei Highwayraststätten, Tankstellen oder im nächstgelegenen Ort. Die meisten Autovermieter untersagen jedoch den Kettengebrauch – ebenso Fahrten auf unbefestigten Pisten oder im Gelände, die bei feuchtem Wetter besonders gefährlich sein können.

Draußen auf dem Land grast das Vieh manchmal uneingezäunt direkt am Straßenrand. In solchen „Open Ranges" weisen üblicherweise Schilder mit Rindersymbol auf diese Gefahr hin. An Strecken mit regelmäßigem Wildwechsel ist stattdessen die Silhouette eines springenden Hirschs abgebildet. Vor allem nachts sind diese Verkehrszeichen sehr ernst zu nehmen! In Küstengebieten kann Nebel das Fahren erschweren. Dann heißt's das Tempo angemessen verringern und bei zu schlechter Sicht an einem sicheren Ort abseits der Straße anhalten. An Küstenklippen und in den Bergen besteht die Gefahr, dass Steinschläge, Murenabgänge oder Lawinen die Fahrzeuge schwer beschädigen bzw. ganz außer Gefecht setzen.

Verkehrsregeln

» In den USA gilt Rechtsverkehr.

» Handytelefonate am Steuer sind untersagt.

» Gurtpflicht besteht für Fahrer, Beifahrer und Kinder unter 16 Jahren. Dennoch bitte auch jüngere Kinder grundsätzlich sicher angurten!

» Kindersitze sind ein gesetzliches Muss für alle Kinder unter sechs Jahren bzw. 60 lb (27,2 kg) Körpergewicht.

» Motorradfahrer haben Schutzhelme zu tragen. Auf Freeways herrscht Motorrollerverbot.

» Sonderspuren für Fahrgemeinschaften (High-Occupancy Vehicles; HOV) sind durch ein Diamantsymbol gekennzeichnet und Fahrzeugen mit mehreren Insassen vorbehalten – manchmal aber nur während der Rush Hour am Morgen oder Abend.

» Sofern nicht anderweitig durch Schilder angezeigt, beträgt das Tempolimit 65 mph (105 km/h) auf Freeways, 55 mph (88 km/h) auf zweispurigen Highways ohne Mittelstrich, 35 mph (56 km/h) auf städtischen Hauptstraßen und 25 mph (40 km/h) in Geschäfts- bzw. Wohnvierteln oder in der Nähe von Schulen.

» Schulbusse mit blinkenden Warnlichtern dürfen grundsätzlich nicht überholt werden.

» Falls Schilder nichts anderes besagen, darf an roten Ampeln rechts abgebogen werden, wenn die Räder vorher vollständig zum Stillstand gekommen sind. Der fließende Verkehr hat aber immer Vorfahrt!

» An Kreuzungen mit vier Stoppschildern geht's in Ankunftsreihenfolge voran. Wenn zwei Fahrzeuge gleichzeitig ankommen, gilt „rechts vor links". Im Zweifelsfall lässt man dem anderen Verkehrsteilnehmer per höflichem Handzeichen den Vortritt.

» Wenn sich Notfall- oder Einsatzfahrzeuge (Polizei, Feuerwehr, Rettungsdienst) nähern, ist in Fahrt- und Gegenrichtung vorsichtig eine ausreichende Gasse zu bilden.

» Kalifornien hat zudem strenge Gesetze zur Müllvermeidung: Es ist verboten, irgendwelche Gegenstände aus dem Autofenster zu werfen. Die Geldstrafe bei Verstößen kann bis zu 1000 US$ betragen. Wie das USFS-Maskottchen Woodsy Owl sagt: „Give a hoot, don't pollute" (etwa „Gib acht und sei kein Umweltsünder").

» Das Fahren unter Alkohol- und/oder Drogeneinfluss ist höchst illegal (s. S. 851).

» Ebenso streng verboten sind geöffnete (selbst leere!) Behälter mit alkoholischen Getränken im Fahrzeuginnenraum. Sofern sie nicht voll und noch versiegelt sind, gehören solche Behältnisse grundsätzlich in den Kofferraum.

Versicherung

Zur Deckung fremder Sach- und Personenschäden schreibt Kalifornien per Gesetz eine Haftpflichtversicherung für alle Fahrzeuge vor. Mietwagenkunden sollten ermitteln, ob dies bereits ausreichend durch ihre eigene KFZ- oder Reiseversicherung (S. 857) gewährleistet wird. Falls nicht, bezahlt man für eine extra abgeschlossene US-Haftpflichtversicherung ca. 20 US$ pro Tag.

Weitere 20 US$ pro Tag kostet der sogenannte Collision Damage Waiver (CDW) bzw. Loss Damage Waiver (LDW), der Schäden am eigenen Fahrzeug abdeckt. Die damit eventuell verbundene Selbstbeteiligung (100–500 US$) an jeglichen Reparaturen wird von manchen Kreditkartenfirmen übernommen – vorausgesetzt, man bezahlt den kompletten Mietpreis per Plastikgeld. Achtung: Einige Autovermieter verlangen das direkte Begleichen von Unfallschäden. Da die jeweilige Kreditkartengesellschaft den ausgelegten Betrag in diesem Fall erst später zurückerstattet, sollten sämtliche Konditionen unbedingt rechtzeitig und sorgfältig überprüft werden.

Bus

Mit **Greyhound** (☎800-231-2222; www.greyhound.com) lassen sich Großstädte oder Ziele an der Küste recht günstig erreichen. Allerdings steuern die Busse keine entlegenen Ecken oder Nationalparks an. Die Verbindungshäufigkeit schwankt zwischen „selten" und „regelmäßig". Die Hauptstrecken werden aber mehrmals täglich bedient.

Greyhound-Busse sind allgemein sauber, komfortabel und zuverlässig. Am besten nimmt man einen Sitz vorne in ausreichendem Abstand zur Bordtoilette. Eine Klimaanlage (evtl. zu effektiv – Pulli mitbringen!) und beschränkt verstellbare Sitze sorgen für etwas Komfort. Vereinzelt gibt's auch Bordsteckdosen und WLAN. Rauchen im Bus ist grundsätzlich verboten. Auf Fernverbindungen gibt es Zwischenstopps zwecks Essen und Fahrerwechsel.

Die meisten Busbahnhöfe wirken recht trostlos und liegen oft in zwielichtigen Gegenden. Wer bei Dunkelheit ankommt, nimmt am besten ein Taxi in die Stadt. In Kleinstädten ohne richtigen Busbahnhof sollte man Ankunfts- bzw. Abfahrtszeit und -ort des jeweiligen Busses genau kennen. Wenn er auftaucht, unübersehbar winken und mit dem exakten Betrag bezahlen – es gibt kein Wechselgeld!

Preise

Ticketkauf im Voraus (7–14 Tage) spart Geld. Wer Hin- und Rückfahrt zusammen bucht, kommt eventuell ebenfalls günstiger weg (Mo–Do).

Rabatte auf Listenpreise gibt's für Senioren ab 62 Jahren (5 %), Studenten mit Student Advantage Card (20 %; s. S. 846) und Kinder von zwei bis elf Jahren (25 %).

Die Greyhound-Website hat immer wieder Werbe- und Sonderangebote wie Mitfahrertarife mit 50 % Ermäßigung. Sie unterliegen jedoch eventuell bestimmten Beschränkungen oder gelten nicht zu bestimmten Zeiten.

Beispiele für Greyhound-Routen (inkl. Preise und Fahrtdauer):

L.A.–San Francisco (55 US$, 7½–12¼ Std., 14-mal tgl.)

L.A.–San Diego (18 US$, 2½–3¼ Std., 19-mal tgl.)

L.A.–Santa Barbara (18 US$, 2¼–2¾ Std., 4-mal tgl.)

San Diego–Anaheim (18 US$, 2–2¼ Std., 6-mal tgl.)

San Francisco–Sacramento (21 US$, 2–2¾ Std., 7-mal tgl.)

San Francisco–San Luis Obispo (48 US$, 6½–7¼ Std., 5-mal tgl.)

Reservierungen

Tickets lassen sich leicht online per Kreditkarte erwerben und dann persönlich am Busbahnhof abholen (Lichtbildausweis erforderlich!). Alternativ kann man sie persönlich bei einem Reisebüro oder auch telefonisch erstehen. Die Ticketschalter von Greyhound-Terminals akzeptieren auch Lastschriftkarten, Reiseschecks und Bargeld.

Bordplätze können meist nicht reserviert werden. Auch der Ticketkauf im Voraus garantiert keinen Sitzplatz in einem bestimmten Bus, sofern man nicht die Option „Priority Boarding" (5 US$) hinzunimmt. Dieser „Vorrang beim Einsteigen" steht an manchen Busbahnhöfen zur Verfügung. Ansonsten empfiehlt es sich, mindestens eine Stunde vor der Abfahrt zu erscheinen, um einen freien Platz zu ergattern – an Wochenenden und Feiertagen bzw. zur Urlaubszeit am besten noch früher!

Reisende mit Behinderung sollten ihre speziellen Bedürfnisse spätestens 48 Stunden vor der Abfahrt unter ☎800-752-4841 (Telex bzw. TDD/TTY ☎800-345-3109) schildern. Rollstühle können als Gepäck aufgegeben werden; Behindertenbegleittiere sind an Bord erlaubt.

Fahrrad

Radler erfreuen zwar die Umwelt, können Kalifornien aber auch bei Topkondition wohl nur zu einem kleinen Teil erkunden: Die Entfernungen sind riesig. Je nach Jahreszeit kann man Wüsten (Sommer) und Berge (Winter) komplett vergessen.

Nützliche Infoquellen für Pedalisten:

Adventure Cycling Association (www.adventurecycling.org) Super Online-Anbieter von radlerfreundlichen Karten, Langstrecken-Routenführern und technischen Spielereien.

Better World Club (☎866-238-1137; www.betterworldclub.com) Die Jahresmitgliedschaft (40 US$ zzgl. Anmeldegebühr 12 US$) berechtigt zur zweimaligen Inanspruchnahme der Pannenhilfe (24 Std.). Sie beinhaltet auch den Transport zur nächstgelegenen Fahrradwerkstatt im Umkreis von 30 Meilen (48 km).

California Department of Transportation (www.dot.ca.gov/hq/tpp/offices/bike) Verkehrsregeln, Sicherheitstipps und Links zu Radfahrorganisationen in ganz Kalifornien.

Fahrradtransport

» Manche Lokalbusse und -züge erfreuen temporär Tretfaule mit speziellen Fahrradständern.

» Greyhound-Busse nehmen Fahrräder als aufgegebenes Gepäck mit (zzgl. 30–40 US$). Dafür müssen die Bikes zerlegt und in Transportboxen verstaut sein, die bei manchen Busbahnhöfen für 10 US$ ausgeliehen werden können.

» Die meisten *Cascades-*, *Pacific-Surfliner-*, *Capital-Corridor-* und *San-Joaquin-*Züge von Amtrak verfügen über Radständer im Waggon, an denen unverpackte Drahtesel sicher angeschlossen werden können. Diese Option (zzgl. 5–10 US$)

sollte möglichst zusammen mit dem Zugticket reserviert werden.

» Bei Amtrak-Zügen ohne Radständer sind Bikes in Boxen (15 US$) zu verpacken und als Gepäck aufzugeben (5 US$). Diese Möglichkeit besteht aber nicht bei allen Bahnhöfen oder Zügen!

» Bei sämtlichen Flügen muss man Fahrräder demontiert in Transportboxen stecken und als Gepäck aufgeben. Vorab macht es Sinn, sich bei der jeweiligen Fluglinie nach allen Details und Zusatzgebühren (50–100 US$ oder mehr) zu erkundigen.

Leihen & Kaufen

» In den meisten Großstädten und größeren Ortschaften lassen sich Fahrräder stunden-, tages- oder wochenweise ausleihen.

» Die Tagesmietpreise liegen zwischen 10 (Strandcruiser) und 45 US$ oder mehr (Mountainbikes). Wer ein Rad mehrere Tage oder eine Woche ausleihen will, kann nach einer Ermäßigung fragen.

» Meist muss eine Kaution (ab 200 US$) per Kreditkarte hinterlegt werden.

» Neue Drahtesel gibt's bei Fahrradfachhändlern, Sportgeschäften und -discountern. Gute Quellen für Gebrauchtmodelle sind Schwarze Bretter von Hostels, Cafés und Universitäten.

» Auch über Kleinanzeigen-Websites wie **Craigslist** (www.craigslist.org) kann man gebrauchte Bikes prima kaufen und verkaufen.

Verkehrsregeln

» Radeln ist auf allen Straßen und Highways erlaubt – sogar auf Freeways, wenn es keine Ausweichmöglichkeiten wie schmale Nebenspuren gibt. Alle obligatorischen Ausfahrten sind entsprechend beschildert.

» In manchen Großstädten gibt's separate Fahrradspuren. Nichtsdestotrotz erfordert Radfahren im dichten Verkehr grundsätzlich immer große Um- und Vorsicht.

» Für Radfahrer und Kraftfahrzeuge gelten dieselben Verkehrsregeln. Achtung: Dennoch nehmen keinesfalls alle Autofahrer Rücksicht auf schwächere Verkehrsteilnehmer!

» Für alle Radler unter 18 Jahren besteht gesetzliche Helmpflicht.

» Drahtesel müssen in einwandfreiem technischem Zustand sein (besonders Lenkung, Bremsen, Reifen). Zudem ist es wichtig, vor allem bei Nebel oder Dunkelheit immer eine ausreichende Sicherheitsbeleuchtung zu verwenden und reflektierende Kleidung zu tragen.

Flugzeug

Kaliforniens internationale Hauptluftkreuze (S. 858) werden durch kleinere Regionalflughäfen ergänzt, von denen ebenfalls Inlandsflüge starten. Beispiele:

Arcata/Eureka Airport (IATA-Code ACV; www.co.humboldt.ca.us/aviation) An der Nordküste.

Bob Hope Airport (IATA-Code BUR; www.bobhopeairport.com) In Burbank, L.A. County.

Fresno Yosemite International Airport (IATA-Code FYI; www.flyfresno.org) Im Central Valley.

John Wayne Airport (IATA-Code SNA; www.ocair.com) In Santa Ana, Orange County.

Long Beach Airport (IATA-Code LGB; www.lgb.org) Im L.A. County.

Monterey Peninsula Airport (MRY; www.montereyairport.com) An der Central Coast.

Redding Municipal Airport (IATA-Code RDD; http://ci.redding.ca.us/transeng/airports/rma.htm) In den Northern Mountains.

Sacramento International Airport (IATA-Code SMF; www.sacairports.org/int) Im Gold Country.

San Luis Obispo County Regional Airport (IATA-Code SBP; www.sloairport.com) An der Central Coast.

Santa Barbara Municipal Airport (IATA-Code SBA; www.flysba.com) An der Central Coast.

Mehrere große US-Airlines sind in Kalifornien unterwegs. Die Flüge werden oft von regionalen Tochtergesellschaften wie American Eagle, Delta Connection oder United Express abgewickelt. Die Alaska Airlines, deren Partnerfirma Horizon Air sowie die beliebten Billiganbieter Southwest und JetBlue bedienen viele Regionalflughäfen. Virgin America fliegt derzeit ab San Francisco, Los Angeles und San Diego.

Nahverkehr

Außer in Großstädten geht's mit öffentlichen Verkehrsmitteln allgemein nur sehr zäh voran: Der Nahverkehr bedient abgelegene Kleinstädte und Vororte eventuell nur spärlich. Dennoch sind öffentliche US-Verkehrsmittel normalerweise günstig, sicher und verlässlich. Die Regionenkapitel nennen jeweils Details zu lokalen Optionen.

Bus, Cable Car & Straßenbahn

» Die meisten Metropolen und größeren Städte haben verlässliche Regionalbusnetze (ca. 1–3 US$/Fahrt). Sie sind aber eventuell auf Pendler ausgelegt und verkehren abends bzw. am Wochenende nur eingeschränkt.

» Im ausgedehnten Netz von San Franciscos Municipal Railway (MUNI) sind Busse, Züge, historische Straßenbahnen und die berühmten Cable Cars unterwegs.

» San Diegos Straßenbahnen rollen durch einige Stadtviertel und hinunter zur mexikanischen Grenze.

Fahrrad

» Kleinere Städte und Ortschaften lassen sich ganz gut per Drahtesel erkunden. In Regionen mit hoher Verkehrsdichte (z.B. L.A.) hat man aber kaum Spaß im Sattel.

» Nach Einschätzung der **League of American Bicyclists** (www.bikeleague.org) zählen Davis, San Francisco, San Luis Obispo, Santa Barbara und Santa Cruz zu Kaliforniens fahrradfreundlichsten Gemeinden.

» Bikes können in vielen Bussen und Zügen (s. S. 865) mitgenommen werden – teils aber nur außerhalb der Pendlerzeiten.

» Auf S. 866 stehen Infos zum Ausleihen und Kaufen von Fahrrädern.

Taxi

» Taxifahrer benutzen Gebührenzähler (Startpreis 2,50–3,50 US$, zzgl. 2–3 US$/weitere Meile) und akzeptieren eventuell Kreditkarten.

» Gepäcktransport und Abholen am Flughafen kosten teilweise extra.

» Das obligatorische Trinkgeld (10–15 %) wird auf den nächsten vollen Dollarbetrag aufgerundet.

» Taxis kann man in den geschäftigsten Großstadtbezirken auf der Straße anhalten, anderswo müssen sie aber oft telefonisch bestellt werden.

Zug

» Das ständig wachsende Metronetz von L.A. besteht aus U- und Straßenbahnlinien. Die Pendlerzüge der Metrolink verbinden die Stadt mit umliegenden Bezirken.

» Entlang der Küste verkehren San Diegos *Coaster*-Pendlerzüge zwischen Downtown und Oceanside im North County.

» Den Großraum San Francisco Bay kann man mit Bay Area Rapid Transit (BART) oder Caltrain erkunden.

Schiff/Fähre

Auf dem Wasserweg geht's in Kalifornien kaum voran. Trotzdem fahren ein paar Kähne übers offene Meer nach Catalina Island (vor L.A. bzw. dem Orange County) und zum Channel Islands National Park (ab Ventura oder Oxnard nördlich von L.A.). Ab San Francisco schippern Fähren regelmäßig über die San Francisco Bay nach Sausalito, Larkspur, Tiburon, Angel Island, Oakland, Alameda und Vallejo.

Zug

Die komfortablen, aber gelegentlich unpünktlichen Züge von **Amtrak** (☎800-872-7245; www.amtrak.com) bedienen Kaliforniens Metropolen und eine begrenzte Anzahl von Kleinstädten. An manchen Bahnhöfen besteht Anschluss zu firmeneigenen Thruway-Bussen. In diesen und in allen Amtrak-Zügen herrscht grundsätzlich Rauchverbot.

Kalifornische Regionalrouten:

California Zephyr Fährt täglich von Emeryville (nahe San Francisco) nach Truckee (beim Lake Tahoe) und Reno (Nevada). Zwischenstopps: Davis und Sacramento.

Capitol Corridor Verbindet San Franciscos East-Bay-Region (inkl. Oakland, Emeryville, Berkeley) sowie San Jose mehrmals täglich mit Davis und Sacramento. Von dort aus rollen Thruway-Busse westwärts nach San Francisco, nordwärts nach Auburn (Gold Country) und ostwärts nach Truckee (beim Lake Tahoe) bzw. Reno (Nevada).

Coast Starlight Durchquert täglich fast ganz Kalifornien in Nord-Süd-Richtung und hat eventuell WLAN an Bord. Zwischenstationen: L.A., Santa Barbara, San Luis Obispo, Paso Robles, Salinas, San Jose, Oakland, Emeryville, Davis, Sacramento, Chico, Redding und Dunsmuir.

Pacific Surfliner Bedient die Route San Diego–Anaheim/Disneyland–L.A. mehr als ein Dutzend Mal pro Tag. Von den sechs Anschlusszügen gen Norden bzw. Santa Barbara fahren drei weiter bis nach San Luis Obispo. Der Trip führt über weite Strecken direkt an der herrlichen Küste entlang.

San Joaquin Pendelt mehrmals täglich zwischen Bakersfield und Oakland bzw. Sacramento. Thruway-Busanschluss besteht z.B. nach San Francisco, Los Angeles, Palm Springs und zum Yosemite National Park.

Preise

Zugtickets können telefonisch, online oder persönlich am Bahnhof gekauft werden. Der Preis hängt u.a. von Reisetag, Route und Zugklasse ab. Zu Spitzenzeiten (z.B. im Sommer) können die Tarife etwas höher sein. Tickets mit Hin- und Rückfahrt kosten so

BITTE EINSTEIGEN! KALIFORNIENS PANORAMABAHNEN

» **Napa Valley Wine Train** (S. 177)

» **California State Railroad Museum** (S. 365)

» **Railtown 1897 State Historic Park** (S. 358)

» **Roaring Camp Railroads** (S. 511)

» **Skunk Train** (S. 251)

» **Yosemite Mountain Sugar Pine Railroad** (S. 458)

viel wie zwei separat gebuchte Einzelstrecken.

Senioren ab 62 Jahren und Studenten mit Internationalem Studentenausweis (ISIC) oder Student Advantage Card (S. 846) erhalten 15 % Rabatt. In Begleitung eines Erwachsenen können maximal zwei Kinder (2–15 Jahre) zum halben Preis mitfahren. Mitglieder der AAA oder internationaler Partnerorganisationen (z. B. ADAC) sparen 10 %. Da Sonder- und Werbeangebote immer wieder zu haben sind, lohnt sich ein Besuch der Amtrak-Website oder eine entsprechende Nachfrage.

Auszug aus dem kalifornischen Amtrak-Fahrplan:

L.A.–Oakland/San Francisco (54 US$, 12 Std.)

L.A.–San Luis Obispo (33 US$, 5½ Std.)

L.A.–Santa Barbara (25 US$, 2¾ Std.)

San Diego– L.A. (31 US$, 2½ Std.)

San Francisco/ Emeryville–Sacramento (28 US$, 2¼ Std.)

San Francisco/ Emeryville–Truckee (44 US$, 5½ Std.)

Reservierungen

Zugtickets können bis zu elf Monate vor dem jeweiligen Abfahrtstag reserviert werden. Da die Verbindungen vor allem im Sommer oder rund um Feiertage schnell ausgebucht sind, sollte man Fahrkarten so früh wie möglich reservieren. Die Reservierungsmöglichkeit fehlt normalerweise bei den günstigsten Großraumwagenplätzen, gehört in der Businessklasse aber zum Standard.

Passagiere mit Handicap und Bedarf nach entsprechender Unterstützung, Rollstuhlplätzen, Transfersitzen oder behindertengerechten Unterkünften sollten sich rechtzeitig unter ☎800-872-7245 (Telex bzw. TDD/TTY ☎800-523-6590) melden sowie gleich beim Buchen nach Ermäßigungen fragen.

Zugpässe

» Der California Rail Pass der Amtrak (Erw./Kind 2–15 Jahre 159/80 US$) umfasst insgesamt sieben Reisetage innerhalb von drei Wochen. Er gilt für alle Züge (außer bestimmte Fernverbindungen) und die meisten Thruway-Anschlussbusse.

» Passinhaber müssen Sitzplätze für jeden einzelnen Reiseabschnitt reservieren und sich vor dem Einsteigen jeweils gesonderte Tickets ausdrucken lassen.

» Details zum USA Rail Pass der Amtrak s. S. 860.

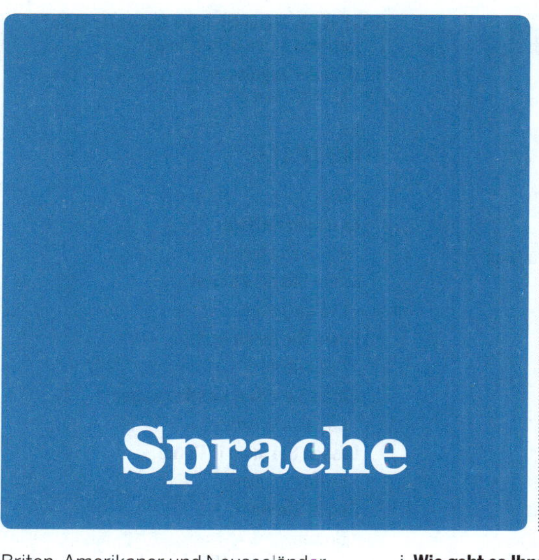

Sprache

NOCH MEHR ENGLISCH?

Weitere Informationen zum Englischen und praktische Redewendungen finden sich im *Sprachführer Englisch* von Lonely Planet.

Briten, Amerikaner und Neuseeländer, deutsche Geschäftsleute und norwegische Wissenschaftler, der indische Verwaltungsbeamte und die Hausfrau in Kapstadt – fast jeder scheint Englisch zu sprechen. Und wirklich: Englisch ist die am weitesten verbreitete Sprache der Welt (wenn's auch nur den zweiten Platz für die am meisten gesprochene Muttersprache gibt – Chinesisch ist die Nr. 1).

Und selbst die, die nie Englisch gelernt haben, kennen durch englische Musik oder Anglizismen in Technik und Werbung immer ein paar Wörter. Ein paar Brocken mehr zu lernen, um beim Smalltalk zu glänzen, ist nicht schwer. Hier sind die wichtigsten Wörter und Wendungen für die fast perfekte Konversation in fast allen Lebenslagen aufgelistet:

KONVERSATION & NÜTZLICHES

Wer einen Fremden nach etwas fragt, sollte die Frage oder Bitte auf jeden Fall mit einer höflichen Entschuldigung einleiten („Excuse me, ...").

Hallo.	*Hello.*
Guten ...	*Good ...*
Tag	*day*
Tag (nachmittags)	*afternoon*
Morgen	*morning*
Abend	*evening*
Auf Wiedersehen.	*Goodbye.*
Bis später.	*See you later.*
Tschüss.	*Bye.*
Wie geht es Ihnen/dir?	*How are you?*
Danke, gut.	*Fine. And you?*
Und Ihnen/dir?	*... and you?*
Wie ist Ihr Name?/ Wie heißt du?	*What's your name?*
Mein Name ist ...	*My name is ...*
Wo kommen Sie her?/ Wo kommst du her?	*Where do you come from?*
Ich komme aus ...	*I'm from ...*
Wie lange bleiben Sie/ bleibst du hier?	*How long do you stay here?*
Ja.	*Yes.*
Nein.	*No.*
Bitte.	*Please.*
Danke/Vielen Dank.	*Thank you (very much).*
Bitte (sehr).	*You're welcome.*
Entschuldigen Sie, ...	*Excuse me, ...*
Entschuldigung.	*Sorry.*
Es tut mir leid.	*I'm sorry.*
Verstehen Sie (mich)?	*Do you understand (me)?*
Ich verstehe (nicht).	*I (don't) understand.*
Könnten Sie ...?	*Could you please ...?*
bitte langsamer sprechen	*speak more slowly*
das bitte wiederholen	*repeat that*
das bitte aufschreiben	*write it down*

FRAGEWÖRTER

Wer?	*Who?*
Was?	*What?*
Wo?	*Where?*
Wann?	*When?*
Wie?	*How?*
Warum?	*Why?*
Welcher?	*Which?*
Wie viel/viele?	*How much/many?*

GESUNDHEIT

Wo ist der/die/das nächste ...?
Where's the nearest ...?

Apotheke	*chemist*
Zahnarzt	*dentist*
Arzt	*doctor*
Krankenhaus	*hospital*

Ich brauche einen Arzt.
I need a doctor.

Gibt es in der Nähe eine (Nacht-)Apotheke?
Is there a (night) chemist nearby?

Ich bin krank.	*I'm sick.*
Es tut hier weh.	*It hurts here.*
Ich habe mich übergeben.	*I've been vomiting.*
Ich habe ...	*I have ...*
Durchfall	*diarrhoea*
Fieber	*fever*
Kopfschmerzen	*headache*
(Ich glaube,)	*(I think)*
Ich bin schwanger.	*I'm pregnant.*
Ich bin allergisch gegen	*I'm allergic to ...*
Antibiotika	*antibiotics*
Aspirin	*aspirin*
Penizillin	*penicillin*

MIT KINDERN REISEN

Ich brauche ...	*I need a/an ...*
Gibt es ...?	*Is there a/an ...?*
einen Wickelraum	*baby change room*
einen Babysitter	*babysitter*
einen Kindersitz	*booster seat*
eine Kinderkarte	*children's menu*
einen Kinderstuhl	*highchair*
(Einweg-)Windeln	*(disposable) nappies*
ein Töpfchen	*potty*
einen Kinderwagen	*stroller*

Stört es Sie, wenn ich mein Baby hier stille?
Do you mind if I breastfeed here?

Sind Kinder zugelassen?
Are children allowed?

NOTFALL

Hilfe! *Help!*

Es ist ein Notfall!
It's an emergency!

Rufen Sie die Polizei!
Call the police!

Rufen Sie einen Arzt!
Call a doctor!

Rufen Sie einen Krankenwagen!
Call an ambulance!

Lassen Sie mich in Ruhe!
Leave me alone!

Gehen Sie weg!
Go away!

PAPIERKRAM

Name	*name*
Staatsangehörigkeit	*nationality*
Geburtsdatum	*date of birth*
Geburtsort	*place of birth*
Geschlecht	*sex/gender*
(Reise-)Pass	*passport*
Visum	*visa*

SHOPPEN & SERVICE

Ich suche ...
I'm looking for ...

Wo ist der/die/das (nächste) ...?
Where's the (nearest) ...?

Wo kann ich ... kaufen?
Where can I buy ...?

Ich möchte ... kaufen.
I'd like to buy ...

Wie viel (kostet das)?
How much (is this)?

Das ist zu viel/zu teuer.
That's too much/too expensive.

Können Sie mit dem Preis heruntergehen?
Can you lower the price?

Ich schaue mich nur um.
I'm just looking.

Haben Sie noch andere?
Do you have any others?

Können Sie ihn/sie/es mir zeigen?
Can I look at it?

mehr	*more*
weniger	*less*
kleiner	*smaller*
größer	*bigger*

Nehmen Sie ...?	*Do you accept ...?*
Kreditkarten	*credit cards*
Reiseschecks	*traveller's cheques*
Ich möchte ...	*I'd like to ...*
Geld umtauschen	*change money*
einen Scheck einlösen	*cash a cheque*
Reiseschecks einlösen	*change traveller's cheques*

Ich suche ...	*I'm looking for ...*
einen Arzt	*a doctor*
eine Bank	*a bank*
die ... Botschaft	*the ... embassy*
einen Geldautomaten	*an ATM*
das Krankenhaus	*the hospital*
den Markt	*the market*
ein öffentliches Telefon	*a public phone*
eine öffentliche Toilette	*a public toilet*
die Polizei	*the police*
das Postamt	*the post office*
die Touristen-information	*the tourist information*
eine Wechselstube	*an exchange office*

Wann macht er/sie/es auf/zu?
What time does it open/close?

Ich möchte eine Telefonkarte kaufen.
I want to buy a phone card.

Wo ist hier ein Internetcafé?
Where's the local Internet cafe?

Ich möchte ...	*I'd like to ...*
ins Internet	*get Internet access*
meine E-Mails checken	*check my email*

UHRZEIT & DATUM

Wie spät ist es?	*What time is it?*
Es ist (ein) Uhr.	*It's (one) o'clock.*
Zwanzig nach eins	*Twenty past one*
Halb zwei	*Half past one*
Viertel vor eins	*Quarter to one*
morgens/vormittags	*am*
nachmittags/abends	*pm*

jetzt	*now*
heute	*today*
heute Abend	*tonight*
morgen	*tomorrow*
gestern	*yesterday*
Morgen	*morning*
Nachmittag	*afternoon*
Abend	*evening*

Montag	*Monday*
Dienstag	*Tuesday*
Mittwoch	*Wednesday*
Donnerstag	*Thursday*
Freitag	*Friday*
Samstag	*Saturday*
Sonntag	*Sunday*

Januar	*January*
Februar	*February*
März	*March*
April	*April*
Mai	*May*
Juni	*June*
Juli	*July*
August	*August*
September	*September*
Oktober	*October*
November	*November*
Dezember	*December*

UNTERKUNFT

Wo ist ...?	*Where's a ...?*
eine Pension	*bed and breakfast guesthouse*
ein Campingplatz	*camping ground*
ein Hotel/Gasthof	*hotel*
ein Privatzimmer	*room in a private home*
eine Jugend-herberge	*youth hostel*

Wie ist die Adresse?
What's the address?

Ich möchte bitte ein Zimmer reservieren.
I'd like to book a room, please.

Für (drei) Nächte/Wochen.
For (three) nights/weeks.

Ein Zimmer reservieren

(per Brief, Fax oder E-Mail)

An ...	*To ...*
Vom ...	*From ...*
Datum	*Date*

Ich möchte reservieren ...
I'd like to book ...

auf den Namen ...	*in the name of ...*
vom ... bis zum ...	*from ... to ...*

(Bett-/Zimmeroptionen s. „Unterkunft")

Kreditkarte	*credit card*
Nummer	*number*
gültig bis	*expiry date*

Bitte bestätigen Sie Verfügbarkeit und Preis.	*Please confirm availability and price.*

Haben Sie ein ...?	*Do you have a ... room?*
Einzelzimmer	*single*
Doppelzimmer	*double*
Zweibettzimmer	*twin*

Wieviel kostet es pro Nacht/Person?
How much is it per night/person?

Kann ich es sehen?
May I see it?

Kann ich ein anderes Zimmer bekommen?
Can I get another room?

Es ist gut, ich nehme es.
It's fine. I'll take it.

Ich reise jetzt ab.
I'm leaving now.

VERKEHRSMITTEL & -WEGE

Öffentliche Verkehrsmittel

Wann fährt ... ab?
What time does the ... leave?

das Boot/Schiff	*boat/ship*
die Fähre	*ferry*
der Bus	*bus*
der Zug	*train*

Wann fährt der ... Bus?
What time's the ... bus?

erste	*first*
letzte	*last*
nächste	*next*

Wo ist der nächste U-Bahnhof?
Where's the nearest metro station?

Welcher Bus fährt nach ...?
Which bus goes to ...?

U-Bahn	*metro*
(U-)Bahnhof	*(metro) station*
Straßenbahn	*tram*
Straßenbahnhaltestelle	*tram stop*
S-Bahn	*suburban (train) line*

Eine ... nach (Miami).
A ... to (Miami).

einfache Fahrkarte	*one-way ticket*
Rückfahrkarte	*return ticket*
Fahrkarte 1. Klasse	*1st-class ticket*
Fahrkarte 2. Klasse	*2nd-class ticket*

Der Zug wurde gestrichen.
The train is cancelled.

Der Zug hat Verspätung.
The train is delayed.

Ist dieser Platz frei?
Is this seat free?

Muss ich umsteigen?
Do I need to change trains?

Sind Sie frei?
Are you free?

Was kostet es bis ...?
How much is it to ...?

Bitte bringen Sie mich zu (dieser Adresse).
Please take me to (this address).

Private Transportmittel

Wo kann ich ein ... mieten?
Where can I hire a/an ...?

Ich möchte ein ... mieten.
I'd like to hire a/an ...

Auto	*car*
Fahrzeug mit Automatik	*automatic*
Fahrzeug mit Schaltung	*manual*
Allradfahrzeug	*4WD*

Schilder

Danger	*Gefahr*
No Entry	*Einfahrt verboten*
One-way	*Einbahnstraße*
Entrance	*Einfahrt*
Exit	*Ausfahrt*
Keep Clear	*Ausfahrt freihalten*
No Parking	*Parkverbot*
No Stopping	*Halteverbot*
Toll	*Mautstelle*
Cycle Path	*Radweg*
Detour	*Umleitung*
No Overtaking	*Überholverbot*

Motorrad	*motorbike*
Fahrrad	*bicycle*

Wieviel kostet es pro Tag/Woche?
How much is it per day/week?

Wo ist eine Tankstelle?
Where's a petrol station?

Benzin	*petrol*
Diesel	*diesel*
Bleifreies Benzin	*unleaded*

Führt diese Straße nach ...?
Does this road go to ...?

Wo muss ich bezahlen?
Where do I pay?

Ich brauche einen Mechaniker.
I need a mechanic.

Das Auto hat eine Panne.
The car has broken down.

Ich habe einen Platten.
I have a flat tyre.

Das Auto/Motorrad springt nicht an.
The car/motorbike won't start.

Ich habe kein Benzin mehr.
I've run out of petrol.

WEGWEISER

Können Sie mir bitte helfen?
Could you help me, please?

Ich habe mich verirrt.
I'm lost.

Wo ist (eine Bank)?
Where's (a bank)?

In welcher Richtung ist (eine öffentliche Toilette)?
Which way's (a public toilet)?

Wie kann ich da hinkommen?
How can I get there?

Wie weit ist es?
How far is it?

Können Sie es mir (auf der Karte) zeigen?
Can you show me (on the map)?

links	*left*
rechts	*right*
nahe	*near*
weit weg	*far away*
hier	*here*
dort	*there*
an der Ecke	*on the corner*
geradeaus	*straight ahead*
gegenüber ...	*opposite ...*
neben ...	*next to ...*
hinter ...	*behind ...*
vor ...	*in front of ...*

Norden	*north*
Süden	*south*
Osten	*east*
Westen	*west*

Biegen Sie ... ab.	*Turn ...*
links/rechts	*left/right*
an der nächsten Ecke	*at the next corner*
bei der Ampel	*at the traffic lights*

Schilder

Police	*Polizei*
Police Station	*Polizeiwache*
Entrance	*Eingang*
Exit	*Ausgang*
Open	*Offen*
Closed	*Geschlossen*
No Entry	*Kein Zutritt*
No Smoking	*Rauchen verboten*
Prohibited	*Verboten*
Toilets	*Toiletten*
Men	*Herren*
Women	*Damen*

ZAHLEN

0	*zero*
1	*one*

2	*two*
3	*three*
4	*four*
5	*five*
6	*six*
7	*seven*
8	*eight*
9	*nine*
10	*ten*
11	*eleven*
12	*twelve*
13	*thirteen*
14	*fourteen*
15	*fifteen*
16	*sixteen*
17	*seventeen*
18	*eighteen*
19	*nineteen*
20	*twenty*
21	*twentyone*
22	*twentytwo*
23	*twentythree*
24	*twentyfour*
25	*twentyfive*
30	*thirty*
40	*fourty*
50	*fifty*
60	*sixty*
70	*seventy*
80	*eigthy*
90	*ninety*
100	*hundred*
1000	*thousand*
2000	*two thousand*
100 000	*hundred thousand*
eine Million	*one million*

Hinter den Kulissen

WIR FREUEN UNS ÜBER EIN FEEDBACK

Post von Travellern zu bekommen, ist für uns ungemein hilfreich – Kritik und Anregungen halten uns auf dem Laufenden und helfen, unsere Bücher zu verbessern. Unser reiseerfahrenes Team liest alle Zuschriften ganz genau, um zu erfahren, was an unseren Reiseführern gut und was schlecht ist. Wir können solche Post zwar nicht individuell beantworten, aber jedes Feedback wird garantiert schnurstracks an die jeweiligen Autoren weitergeleitet, rechtzeitig vor der nächsten Nachauflage.

Wer uns schreiben will, erreicht uns über **www.lonelyplanet.de/kontakt**.

Hinweis: Da wir Beiträge möglicherweise in Lonely Planet Produkten (Reiseführer, Web sites, digitale Medien) veröffentlichen, ggf. auch in gekürzter Form, bitten wir um Mitteilung, falls ein Kommentar nicht veröffentlicht oder ein Name nicht genannt werden soll. Wer Näheres über unsere Datenschutzpolitik wissen will, erfährt das unter www.lonelyplanet.com/privacy.

DANK VON LONELY PLANET

Vielen Dank den Reisenden, die uns nach der letzten Auflage des Reiseführers hilfreiche Hinweise, nützliche Ratschläge und interessante Anekdoten schickten:

Martina Alpeza, Gino Assaf, Hans ter Beek, Collette Beuther, Lalimarie Bhagwani, Dr. Andrew Brandeis, Rob Brehant, Thor Brisbin, Scott Broc, Alison Cant, Dave Carlisle, Deric Carner, Roe Cheung, Michael Chien, Ted Choi, May Chu, Eileen Connery, Gerald Crosby, Christine Dauer, Jason Dibler, Silke Diedenhofen, Robert Douthit, Richard Edwards, Keith Endean, Kenneth Endo, Edgar Ennen, Damian Ennis, Behrooz Farahani, Gerhard Faul, Gentry Fischer, Judy Fried, Pierre Garapon, Peter Garvey, Marg Gibson, Sven Gold, Monica Griffin, Cindy de Groot, Michael Gullo, Caroline Hall, Chris Hardman, Henrik Hiltunen, Bobbi Lee Hitchon, T.J. Huffman, Mary Jenn, Winnie Kaplan, Marijn Kastelein, S. Keizer, Christine Klerian, Ali Komiha, Harish Kumar, April Kummrow, Jason Kwon, Tom Laufer, Jennifer Lee, Ali Lemer, Gillian Lomax, Bo Lorentzen, Diderik Lund, Megan MacDonald, Melissa MacNabb, Stephanie Magalhaes, Ara Martirosyan, Victoria Mascord, Trevor Mazzucchelli, Kevin McElroy, Jimmy McGill, Steve McInnes, Ben Miller, Molly Mitoma, Jacqui Monaghan, Heather Monell, Kirsty Moore, Bradford Nordeen, Junhui Park, Jerry Patel, Sudha Patel, Sheri Peters, Celeste Perez, Juliana Pesavento, Charlotte Pothuizen, Louisa Ramshaw, Mona Reed, Christine Rice, Bobby Richards, Raphael Richards, Julia Ringma, Daniel Roberts, Matthew Roder, Danny Roman, Elizabeth Saenger, Karen Sams, Art Sandoval, Elie Sasson, Matthew Scharpnick, Hannah Schmidt, Scott Schmidt, David Schnur, Geoff Shepherd, Joe Silins, Aimee Smith, Allie Smith, Mike Smith, Renee Stuart, Susan Sueiro, Estrella Tadeo, Emanuela Tasinato, Mona Telega, Amanda Thomas, Aaron Tomas, Carton Tsutomu, Christian Utzman, Ophelie Vantournout, Luka Vidovic, Lorna Visser, Ira Vouk, Gordon Waggoner, Cyndi Wish, Alex Wong, Dr. Felix Z., Greta Zeit

DANK DER AUTOREN

Sara Benson

Ohne all die Leute von Lonely Planet und meine Mitautoren hätte dieses Buch niemals so problemlos entstehen können. Ich danke all jenen, die ich unterwegs getroffen habe und die mir mit Ortskenntnis und Tipps weitergeholfen haben. Ein dickes Danke geht an all meine Freunde und die Familie im Golden State, vor allem an die Picketts für ihre Gastfreundschaft am Lake Tahoe und Jai für viel Spaß auf der Straße (Cowbears!). P.S.: MSC Jr – zum Glück hat uns die Lawine nicht erwischt! Puh! Wir sind unverwundbar!

Andrew Bender
Ich danke Suki Gear, Alison Lyall und Sam Benson für die Gelegenheit, ihre gute Laune und die Ratschläge. Danke auch an Adrienne Costanzo, Karen Grant, Corey Hutchison und Bella Li für ihre Unterstützung.

Alison Bing
Danke an Suki Gear und Sam Benson, deren Führung, Überblick und Unterstützung das hier alles möglich gemacht haben. Eine kalifornische Bärenumarmung geht an John Vlahides und Robert Landon, weil sie die Latte für die Autoren dieses Buches so schwindelerregend hoch gelegt haben, an Brice Gosnell und Heather Dickson bei Lonely Planet, an die Sanchez Writers' Grotto, und vor allem an Marco Flavio Marinucci, dessen Freundlichkeit und Espresso der Hit waren.

Nate Cavalieri
Mein Dank gilt meiner Lebensgefährtin Florence Chien, die mich auf meiner Reise durch Nordkalifornien begleitet und diesen Text sorgfältig gelesen hat. Danke an The Ben Calhoun und Catrin Einhorn für die Unterkunft während der Fertigstellung des Buches. Danke auch an die tollen Leute von Lonely Planet und vor allem für den Enthusiasmus meiner Redakteurin und Mentorin Suki Gear.

Bridget Gleeson
Ich danke meiner lieben Schwester Molly, meinem Schwager Germán und meiner besten Freundin Starla Silver für ihre Gastfreundschaft sowie all ihren Freunden für die vielen Restaurant- und Kneipentipps. Danke auch an meine Mutter Margaret, die mir immer eine treue Reisegefährtin ist.

Beth Kohn
Wie immer gilt mein Dank all den üblichen Verdächtigen, vor allem dem Multitasking-Talent Suki Gear und dem Dynamo, auch bekannt als Sam Benson. Zum kalifornischen Gefolge und den Experten gehören diesmal Agent „Pedal-to-the-metal" Moller, Felix „Hella Loves Oakland" Thomson, Jenny „Stink" G., Dillon „The Scientist" Dutton, Julia „Wawona" Brashares sowie viele hilfreiche und geduldige Ranger vom Yosemite National Park.

Andrea Schulte-Peevers
Ein riesiges Dankeschön an Suki Gear für eine weitere Runde Kalifornien! Herzlich danke ich auch meinem Mann David für seine Gesellschaft, während wir durch die Wüste zogen. Ruhm und Ehre gebühren all den tollen Leuten, die ihre Ortskenntnisse mit mir teilten, mich in die richtige Richtung schubsten und mich an die richtigen Leute verwiesen, darunter Hillary Angel, Mark Graves, Cheryl Chipman und Christopher Vonloudermilk.

John Vlahides
Ein herzliches Dankeschön schulde ich Suki Gear, und meinen Mitautoren Sam Benson und Alison Bing für ihre wunderbare Hilfe und die stets gute Laune. Kate Brady, Steven Kahn, Karl Soehnlein, Kevin Clarke, Jim Aloise und Adam Young – ihr habt mich bei Laune gehalten und zum Lachen gebracht, wenn es unmöglich schien. Und euch, liebe Leser, danke ich dafür, dass ich euer Guide durch das Wine Country sein durfte. Habt Spaß! Ich bin sicher, dass ihr den haben werdet!

QUELLENNACHWEIS

Die Klimakartendaten stammen von Peel MC, Finlayson BL & McMahon TA (2007) *Updated World Map of the Köppen-Geiger Climate Classification, Hydrology and Earth System Sciences*, 11, 163344.

Titelfoto: Weingut, Santa Maria, Kalifornien, Brent Winebrenner. Viele der Fotos in diesem Reiseführer können bei Lonely Planet Images (www.lonelyplanetimages.com) lizensiert werden.

ÜBER DIESES BUCH

Dies ist die 2. deutschsprachige Auflage von *Kalifornien*, basierend auf der 6. Auflage von *California*. Sie wurde von einem tollen Team geschrieben (s. Die Autoren), koordiniert von Sara Benson. Die vorangegangene Auflage entstand ebenfalls unter der Leitung von Sara Benson. Dieser Band wurde vom Lonely Planet Büro in Oakland in Auftrag gegeben und von diesem Team betreut:

Verantwortliche Redakteurin Suki Gear

Leitende Redakteurin Bella Li

Leitende Kartografen Corey Hutchison, Eve Kelly

Leitende Layoutdesignerin Kerrianne Southway

Redaktion Bruce Evans, Annelies Mertens, Anna Metcalfe

Kartografie Shahara Ahmed, David Connolly, Alison Lyall

Layoutdesign Chris Girdler, Jane Hart

Redaktionsassistenz Holly Alexander, Andrew Bain, Judith Bamber, Elin Berglund, Adrienne Costanzo, Emma Gilmour, Carly Hall, Paul Harding, Pat Kinsella, Katie O'Connell, Kristin Odijk, Monique Perrin

Kartografieassistenz Ildiko Bogdanovits, Xavier Di Toro, Mick Garrett, Karen Grant, Valentina Kremenchutskaya, James Leversha, Marc Milinkovic

Umschlagrecherche Naomi Parker

Bildrecherche Sabrina Dalbesio

Dank an Helen Christinis, Ryan Evans, Wayne Murphy, Susan Paterson, Julie Sherdian, Angela Tinson, Gerard Walker

Register

A

B

C

Verweise auf Karten **000**
Verweise auf Fotos **000**

Verweise auf Karten **000**
Verweise auf Fotos **000**

D

E

Verweise auf Karten **000**
Verweise auf Fotos **000**

L

M

Verweise auf Karten **000**
Verweise auf Fotos 000

N

O

P

Q

R

Verweise auf Karten **000**
Verweise auf Fotos 000

S

Verweise auf Karten **000**
Verweise auf Fotos 000

Verweise auf Karten **000**
Verweise auf Fotos 000

Auf einen Blick

Empfehlungen von Lonely Planet:

 Das empfiehlt unser Autor

 Hier bezahlt man nichts

 Nachhaltig und umweltverträglich

Unsere Autoren haben diese Einrichtungen gewählt, weil man dort großen Wert auf Nachhaltigkeit legt: etwa durch die Förderung einheimischer Gemeinschaften oder Hersteller, durch eine umweltverträgliche Bewirtschaftung oder durch ein Engagement im Naturschutz.

Mit diesen Symbolen sind wichtige Kategorien leicht zu finden:

Sehenswertes, Strände, Aktivitäten, Kurse, Touren, Feste & Events, Schlafen, Essen, Ausgehen, Unterhaltung, Shoppen, Praktisches/Transport

Diese Symbole bieten wertvolle Zusatzinformationen:

Telefonnummer, Öffnungszeiten, Parkplatz, Rauchen verboten, Klimaanlage, Internetzugang, WLAN, Schwimmbecken, vegetarische Speisen, Speisekarte auf Englisch, familienfreundlich, tierfreundlich, Bus, Fähre, Metro, Subway/Skyway, Straßenbahn, Zug

Diese Abkürzungen werden in den Kapiteln „Schlafen" verwendet:

B	Bett im Schlafraum	DZ	Doppelzimmer	4BZ	Vierbettzimmer
Zi.	Zimmer	2BZ	Zweibettzimmer	FZ	Familienzimmer
EZ	Einzelzimmer	3BZ	Dreibettzimmer	Apt.	Apartment

Die Reihenfolge spiegelt die Bewertung durch die Autoren wider.

Kartenlegende

Sehenswertes
- buddhistisch
- christlich
- Denkmal
- hinduistisch
- islamisch
- jüdisch
- Museum/Galerie
- Ruine
- Schloss
- Strand
- Weingut/Weinberg
- Zoo
- andere Sehenswürdigkeit

Aktivitäten, Kurse & Touren
- Kanu/Kajak fahren
- Schwimmbecken
- Ski fahren
- surfen
- tauchen/schnorcheln
- wandern
- windsurfen
- andere/r Aktivität/Kurs/Tour

Schlafen
- Camping
- Unterkunft

Essen
- Lokal

Ausgehen
- Bar/Kneipe
- Café

Unterhaltung
- Unterhaltung

Shoppen
- Shoppen

Praktisches
- Bank
- Botschaft/Konsulat
- Internetzugang
- Krankenhaus/Arzt
- Polizei
- Post
- Telefon
- Toilette
- Touristeninformation
- andere Einrichtung

Verkehrsmittel
- Bus
- Einschienenbahn
- Fähre
- Fahrrad
- Flughafen
- Grenzübergang
- Metro
- Parkplatz
- Seilbahn/Gondelbahn
- Straßenbahn
- Taxi
- Tankstelle
- Zug
- anderes Verkehrsmittel

Verkehrswege
- Mautstraße
- Autobahn
- Hauptstraße
- Landstraße
- Verbindungsstraße
- sonstige Straße
- unbefestigte Straße
- Platz/Promenade
- Treppe
- Tunnel
- Fußgängerüberführung
- Stadtspaziergang
- Abstecher vom Stadtspaziergang
- Pfad

Geografisches
- Aussichtspunkt
- Berg/Vulkan
- Hütte/Unterstand
- Leuchtturm
- Oase
- Park
- Pass
- Picknickplatz
- Wasserfall

Städte
- Hauptstadt (Staat)
- Hauptstadt (Bundesland/Provinz)
- Großstadt
- Kleinstadt/Ort

Grenzen
- Internationale Grenze
- Bundesstaat/Provinz
- umstrittene Grenze
- Region/Vorort
- Meerespark
- Klippen
- Mauer

Gewässer
- Fluss/Bach
- periodischer Fluss
- Sumpf/Mangrove
- Riff
- Kanal
- Wasser
- Trocken-/Salz-/periodischer See
- Gletscher

Gebietsformen
- Friedhof
- Friedhof (christlich)
- Highlight (Gebäude)
- Park/Wald
- Sehenswürdigkeit (Gebäude)
- Sportgelände
- Strand/Wüste

DIE LONELY PLANET STORY

Ein ziemlich mitgenommenes altes Auto, ein paar Dollar in der Tasche und eine Vorliebe für Abenteuer – 1972 war das alles, was Tony und Maureen Wheeler für die Reise ihres Lebens brauchten, die sie durch Europa und Asien bis nach Australien führte. Die Tour dauerte einige Monate, und am Ende saßen die beiden – erschöpft, aber voller Inspiration – an ihrem Küchentisch und schrieben ihren ersten Reiseführer *Across Asia on the Cheap*. Innerhalb einer Woche hatten sie 1500 Exemplare verkauft. Lonely Planet war geboren.

Heute hat der Verlag Büros in Melbourne, London und Oakland und mehr als 600 Mitarbeiter und Autoren. Und alle teilen Tonys Überzeugung: „Ein guter Reiseführer sollte drei Dinge tun: informieren, bilden und unterhalten." Und an diesem Grundsatz änderte sich auch nichts, als 2011 BBC Worldwide alleiniger Inhaber von Lonely Planet wurde.

DIE AUTOREN

Sara Benson

Hauptautorin, Central Coast, Lake Tahoe Nachdem sie das College in Chicago absolviert hatte, stieg Sara ins Flugzeug nach Kalifornien – mit nur einem Koffer und 100 US$ in der Tasche. Seither treibt sie sich im Golden State herum, vor allem zwischen San Francisco und Los Angeles. Um diesen Führer auf den neusten Stand zu bringen, fuhr sie mit dem Kajak und dem Fahrrad die Küste entlang. In der Sierra Nevada hat sie als Ranger im Nationalpark gearbeitet. Sara hat über 40 Reise- und Sachbücher geschrieben und zu den Lonely Planet Bänden *USA* und *Coastal California* beigetragen. Online gibt's mehr Infos: auf www.indietraveler.blogspot.com, www.indietraveler.net und über @indie_traveler auf Twitter.

Mehr über Sara gibt's hier:
lonelyplanet.com/members/Sara_Benson

Andrew Bender

Los Angeles Andy ist ein echter Angeleno, nicht weil er in Los Angeles geboren wäre, sondern weil er die Stadt zu seiner gemacht hat. Vor 20 Jahren packte der geborene Neuengländer seine Sachen ins Auto und fuhr quer durchs Land, weil er beim Film arbeiten wollte. Dabei entdeckte er, dass der eigentliche Spaß das Reisen war (und das Schreiben darüber). Seither sind seine Arbeiten in der *Los Angeles Times*, in *Forbes*, in über zwei Dutzend Lonely Planet Titeln und in seinem Blog auf www.wheres-andy-now.com erschienen. Seine Passion zur Zeit: die nächste ethnische Enklave L.A.s zu entdecken und Sonnenaufgänge über dem Fahrradweg in Santa Monica.

Alison Bing

San Francisco, Willkommen in Kalifornien, Geschichte, Kalifornische Küche, Wein, Bier & mehr Alison Bing, Autorin, Kunstkritikerin und abenteuerlustige Esserin, ließ sich vor 16 Jahren auf Kalifornien ein. Seitdem hat sie alles getan, was man hier tun sollte, und ein paar Dinge, die sie besser gelassen hätte, etwa in Kneipen in San Francisco für Bands aus Los Angeles zu werben oder sich im Bus 7 nach Haight zu verlieben. Alison hat einen Uniabschluss in Internationaler Diplomatie, den man ihren eigenwilligen Reportagen in Magazinen, Zeitungen und öffentlichen Radiosendern und ihren mehr als 20 Büchern nicht unbedingt anmerkt …

Nate Cavalieri

North Coast & Redwoods, Die Northern Mountains, Gold Country & Central Valley Nate Cavalieri wurde mitten in Michigan geboren, lebt in Nordkalifornien und war mit Fahrrad, Bus oder Mietwagen kreuz und quer auf den Nebenstraßen in diesem Gebiet unterwegs, um die höchsten Bäume, die besten Campingplätze und das hopfigste Bier zu finden. Außer für Lonely Planet Bände über Kalifornien und Lateinamerika schreibt Nate über Musik und Profiradfahren. Er ist der Jazz-Redakteur beim Rhapsody Music Service. Fotos von seinen Reisen durch Nordkalifornien und Weiteres findet man auf www.natecavalieri.com.

Mehr über Nate gibt's hier:
lonelyplanet.com/members/natecavalieri

Bridget Gleeson

Disneyland & Orange County, San Diego, Reiseplaner Disneyland Obwohl sie eigentlich ganz Lateinamerika bereist, um über Gletscher, Pinguine und Riesenschildkröten zu schreiben, ziehen der Sonnenschein und die Segelboote Südkaliforniens Bridget immer wieder zurück in die USA. Sie berichtet über Essen, Wein, Hotels und Abenteuerreisen für Afar, Budget Travel, Jetsetter, Mr & Mrs Smith und Delta Sky.

Mehr über Bridget gibt's hier:
lonelyplanet.com/members/bridgetgleeson

Beth Kohn

Marin County & Bay Area, Yosemite & Sierra Nevada Beth lebt schon lange in San Francisco. Sie liebt es, irgendwelche Aktivitäten im Freien zu unternehmen oder im Wasser zu planschen. Für diesen Band erkundete sie Rad- und Wanderwege in der Bay Area, schleppte einen bärensicheren Kanister über den John Muir Trail und stürzte sich aufopferungsvoll in Thermalquellen – alles zu Recherchezwecken, versteht sich. Beth schrieb an den Lonely Planet Bänden *Yosemite, Sequoia & Kings Canyon National Parks* und *Mexiko* mit. Weitere Beispiele ihrer Arbeiten finden sich auf www.bethkohn.com.

Andrea Schulte-Peevers

Palm Springs & die Wüsten Andrea verliebte sich sofort in Kalifornien – den Elan, die Menschen, die Sonne –, als sie im Golden State landete. Sie wuchs in Deutschland auf, lebte in London und bereiste die Welt, bevor sie einen Abschluss an der UCLA machte und eine Karriere als Reiseautorin einschlug. Andrea hat Beiträge für ungefähr 60 Lonely Planet Bände verfasst, darunter *Kalifornien* und *Los Angeles & Southern California*.

John A. Vlahides

Napa & Sonoma Wine Country John A. Vlahides ist Co-Moderator der TV-Serie *Lonely Planet: Roads Less Travelled,* die von National Geographic Channels International ausgestrahlt wird. John lernte in Paris das Kochen, bei denselben Küchenchefs wie Julia Child. Er war einst Portier eines Luxushotels und ist Mitglied bei *Les Clefs d'Or,* dem renommierten internationalen Verband der weltbesten Hotelportiers. Er lebt in San Francisco, wo er als Tenor mit dem San Francisco Symphony Orchestra singt. Er fährt gern Ski in der Sierra Nevada. Mehr zu John gibt es auf JohnVlahides.com und Twitter.com/JohnVlahides.

Mehr über John gibt's hier:
lonelyplanet.com/members/johnvlahides

Mit einem Beitrag von...

Sarah Chandler Sarah schrieb im Kapitel „Palm Springs & die Wüsten" über Las Vegas. Sie pendelt momentan zwischen den USA und Amsterdam hin und her, wo sie als Autorin, Schauspielerin und Dozentin an der Universität Amsterdam arbeitet. Wenn es nötig wird, verdoppelt sie sich immer...

Lonely Planet Publications,

Locked Bag 1, Footscray,
Melbourne, Victoria 3011,
Australia

Verlag der deutschen Ausgabe:
MAIRDUMONT, Marco-Polo-Str. 1, 73760 Ostfildern,
www.mairdumont.com,
lonelyplanet@mairdumont.com

Chefredakteurin deutsche Ausgabe: Birgit Borowski
Übersetzung: Julie Bacher, Dorothee Büttgen, Berna Ercan, Tobias Ewert, Derek H. Frey, Karen Gerwig, Marion Gref-Timm, Jürgen Kucklinski, Laura Leibold, Britt Maaß, Marion Matthäus, Ute Perchtold, Dr. Christian Rochow, Katja Weber
Redaktion: Julia Berger, Annegret Hägele, Frank J. Müller, Adriana Popescu, Olaf Rappold, Verena Stindl, Katrin Sterba (red.sign, Stuttgart)
Redaktionsassistenz: Dr. Dirk Mende, Karin Rappold, Thomas Tilsner
Satz: Neslihan Tatar-Akbiyik (red.sign, Stuttgart)

Kalifornien

2. deutsche Auflage Juli 2012, übersetzt von *California 6th edition*, März 2012 Lonely Planet Publications Pty

Printed in China

Titelfoto: Weingut, Santa Maria, Kalifornien, Brent Winebrenner